LAROUSSE
POCKET

DICCIONARIO
ESPAÑOL-FRANCÉS
FRANCÉS-ESPAÑOL

LAROUSSE

POCKET

DICCIONARIO

ESPAÑOL-FRANCÉS
FRANCÉS-ESPAÑOL

LAROUSSE

Av. Diagonal 407 Bis-10   Dinamarca 81   21 Rue de Montparnasse   Valentín Gómez 3530
08008 Barcelona   México 06600, D. F.   75298 París Cedex 06   1191 Buenos Aires

© Larousse, París

"D. R." © MCMXCIV, por Ediciones Larousse, S. A. de C. V.
Dinamarca núm. 81, México 06600, D. F.

SEGUNDA EDICIÓN — 6ª reimpresión

ISBN 2-03-401114-7 (Larousse, París)
ISBN 970-607-957-2 (Ediciones Larousse)

Impreso en México — Printed in Mexico

A NUESTROS LECTORES

La gama POCKET LAROUSSE es ideal para todas las situaciones lingüísticas, desde el aprendizaje de idiomas en la escuela y en casa hasta los viajes al extranjero.

EL POCKET español/francés resulta muy manejable y está pensado para responder de manera práctica y rápida a los diferentes problemas que plantea la lectura del francés actual. Con sus más de 55 000 palabras y expresiones y por encima de las 80 000 traducciones, este diccionario permitirá al lector comprender con claridad un amplio espectro de textos y realizar traducciones del francés de uso corriente con rapidez y corrección.

De entre las características de esta obra, nueva en su totalidad, cabe destacar el tratamiento totalmente al día de las siglas y abreviaturas, nombres propios y términos comerciales e informáticos más comunes.

A través de un tratamiento claro y detallado del vocabulario básico, así como de los indicadores de sentido que guían hacia la traducción más adecuada, se permite al usuario escribir en francés con precisión y seguridad.

Se ha puesto especial cuidado en la presentación de las entradas, tanto desde el punto de vista de su estructura como de la tipografía empleada. Para aquellos lectores que todavía están en un nivel básico o intermedio en su aprendizaje del francés, el POCKET es el diccionario ideal.

Le invitamos a que se ponga en contacto con nosotros si tiene cualquier observación o crítica que hacer; entre todos podemos hacer del POCKET un diccionario aún mejor.

EL EDITOR

AU LECTEUR

La gamme LAROUSSE DE POCHE offre un outil de travail idéal pour le travail scolaire, l'auto-apprentissage ou le voyage.

Le POCHE espagnol/français apporte une réponse directe et pratique au plus grand nombre des questions posées par la lecture de l'espagnol d'aujourd'hui. Avec plus de 55 000 mots et expressions éclairés par plus de 80 000 traductions, il permet d'avoir accès à un large éventail de textes, et de traduire l'espagnol courant rapidement et avec précision. De nombreux sigles et noms propres, les termes les plus courants du lexique économique et informatique en font une référence des plus actuelles.

Par le traitement clair et détaillé du vocabulaire fondamental, les exemples de constructions grammaticales, les tournures idiomatiques, les indications de sens soulignant la ou les traductions appropriées, le POCHE permet de s'exprimer dans une langue simple sans risque de contresens et sans hésitation.

Une présentation, une typographie et un format très étudiés concourent à rendre sa consultation plus aisée. Pour tous ceux qui apprennent l'espagnol, qu'ils soient débutants ou d'un niveau déjà plus avancé, ce nouveau dictionnaire constitue un précieux support.

N'hésitez pas à nous faire part de vos observations, questions ou critiques éventuelles, vous contribuerez ainsi à rendre cet ouvrage encore meilleur.

L'ÉDITEUR

ABREVIATURAS _____ ABRÉVIATIONS

abreviatura	*abrev/abr*	abréviation
adjetivo	*adj*	adjectif
adjetivo femenino	*adj f*	adjectif féminin
adjetivo numeral	*adj num*	adjectif numéral
administración	ADMIN	administration
adverbio	*adv*	adverbe
aeronáutica, aviación	AERON/AÉRON	aéronautique, aviation
agricultura	AGR(IC)	agriculture
americanismo	*Amer/Amér*	américanisme
anatomía	ANAT	anatomie
arquitectura	ARQUIT/ARCHIT	architecture
argot	*arg*	argot
artículo	*art*	article
astrología	ASTROL	astrologie
astronomía	ASTRON	astronomie
automovilismo	AUTOM	automobile
francés belga	*Belg*	belgicisme
biología	BIOL	biologie
botánica	BOT	botanique
francés canadiense	*Can*	canadianisme
química	CHIM	chimie
cine	CIN	cinéma
comercio	COM(M)	commerce
comparativo	*compar*	comparatif
conjunción	*conj*	conjonction
construcción	CONSTR	construction
costura	COUT	couture
cocina	CULIN	art culinaire
definido	*def/déf*	défini
demostrativo	*dem/dém*	démonstratif
deportes	DEP	sports
derecho	DER	droit
despectivo	*despec*	péjoratif
desusado	*desus*	vieilli
economía	ECON/ÉCON	économie
educación	EDUC	éducation
electricidad	ELECTR/ÉLECTR	électricité
español de España	*Esp*	espagnol d'Espagne
sustantivo femenino	*f*	nom féminin
familiar	*fam*	familier
figurado	*fig*	figuré
ferrocarril	FERROC	rail
finanzas	FIN	finances
física	FÍS	physique
fotografía	FOT	photographie
sustantivo femenino plural	*fpl*	nom féminin pluriel
generalmente	*gen/gén*	généralement
geografía	GEOGR/GÉOGR	géographie
geología	GEOL/GÉOL	géologie

geometría	GEOM/GÉOM	géométrie
gramática	GRAM	grammaire
francés suizo	*Helv*	helvétisme
historia	HIST	histoire
humorístico	*hum*	humoristique
impersonal	*impers*	impersonnel
indefinido	*indef/indéf*	indéfini
informática	INFORM	informatique
infinitivo	*infin*	infinitif
interjección	*interj*	interjection
interrogativo	*interr*	interrogatif
invariable	*inv*	invariable
irónico	*irón/iron*	ironique
jurídico	JUR	juridique
lingüística	LING	linguistique
literal	*lit/litt*	littéral
literatura	LITER	littérature
locución, locuciones	*loc*	locution(s)
locución adjetiva	*loc adj*	locution adjectivale
locución adverbial	*loc adv*	locution adverbiale
locución conjuntiva	*loc conj*	locution conjonctive
locución preposicional	*loc prép*	locution prépositionnelle
sustantivo masculino	*m*	nom masculin
matemáticas	MAT(HS)	mathématiques
medicina	MED/MÉD	médecine
meteorología	METEOR/ MÉTÉOR	météorologie
muy familiar	*mfam*	très familier
sustantivo masculino y femenino	*mf*	nom masculin et féminin
– (con una desinencia femenina)	*m, f*	– (avec une désinence féminine)
militar	MIL	domaine militaire
mitología	MITOL	mythologie
sustantivo masculino plural	*mpl*	nom masculin pluriel
música	MÚS/MUS	musique
mitología	MYTH	mythologie
sustantivo	*n*	nom
náutica	NÁUT/NAVIG	navigation
sustantivo femenino	*nf*	nom féminin
sustantivo femenino plural	*nfpl*	nom féminin pluriel
sustantivo masculino	*nm*	nom masculin
sustantivo masculino y femenino	*nmf*	nom masculin et féminin
– (con una desinencia femenina)	*nm, f*	– (avec une désinence féminine)
sustantivo masculino plural	*nmpl*	nom masculin pluriel
número	*núm*	numéro
despectivo	*péj*	péjoratif
personal	*pers*	personnel

fotografía	PHOT	photographie
física	PHYS	physique
plural	*pl*	pluriel
política	POLÍT/POLIT	politique
posesivo	*poses/poss*	possessif
participio pasado	*pp*	participe passé
preposición	*prep/prép*	préposition
pronombre	*pron*	pronom
psicología	PSICOL/ PSYCHOL	psychologie
algo	*qqch*	quelque chose
alguien	*qqn*	quelqu'un
química	QUÍM	chimie
religión	RELIG	religion
educación	SCOL	domaine scolaire
singular	*sg*	singulier
culto	*sout*	soutenu
sujeto	*suj*	sujet
superlativo	*superl*	superlatif
sustantivo	*sust*	substantif
tauromaquia	TAUROM	tauromachie
teatro	TEATR	théâtre
tecnología	TECNOL/ TECHNOL	technologie
televisión	TÉLÉ	télévision
telecomunicaciones	TELECOM/ TÉLÉCOM	télécommunications
muy familiar	*tfam*	très familier
televisión	TV	télévision
universidad	UNIV	université
verbo	*v*	verbe
verbo copulativo	*v attr*	verbe suivi d'un attribut
verbo auxiliar	*v aux*	verbe auxiliaire
verbo intransitivo	*vi*	verbe intransitif
verbo impersonal	*v impers*	verbe impersonnel
verbo pronominal	*vp*	verbe pronominal
verbo transitivo	*vt*	verbe transitif
vulgar	*vulg*	vulgaire
zoología	ZOOL	zoologie
equivalente cultural	≃	équivalent culturel

LA ORDENACIÓN ALFABÉTICA EN ESPAÑOL

En este diccionario se ha seguido la ordenación alfabética internacional; por lo tanto, las consonantes **ch** y **ll** no se consideran letras aparte. Esto significa que las entradas con **ch** aparecerán después de **cg** y no al final de **c**; del mismo modo las entradas con **ll** vendrán después de **lk** y no al final de **l**. Adviértase, sin embargo, que la letra **ñ** sí se considera letra aparte y sigue a la **n** en orden alfabético.

L'ORDRE ALPHABÉTIQUE EN ESPAGNOL

Ce dictionnaire respectant l'ordre alphabétique international, les lettres espagnoles **ch** et **ll** ne sont pas traitées comme des lettres à part entière. Le lecteur trouvera donc les entrées comprenant les consonnes **ch** dans l'ordre alphabétique strict c'est à dire après celles comprenant **cg** et non plus à la fin de la lettre **c**. De la même façon, les mots comprenant un **ll** figurent après ceux comprenant **lk** et non à la fin de la lettre **l**. Notons cependant que le **ñ** reste une lettre à part entière et figure donc après le **n** dans l'ordre alphabétique.

MARCAS REGISTRADAS

El símbolo ® indica que la palabra en cuestión se considera marca registrada. Hay que tener en cuenta, sin embargo, que ni la presencia ni la ausencia de dicho símbolo afectan a la situación legal de ninguna marca.

NOMS DE MARQUE

Les noms de marque sont désignés dans ce dictionnaire par le symbole ®. Néanmoins, ni ce symbole ni son absence éventuelle ne peuvent être considérés comme susceptibles d'avoir une incidence quelconque sur le statut légal d'une marque.

TRANSCRIPCIÓN FONÉTICA ———— TRANSCRIPTION PHONÉTIQUE

Vocales españolas

[i] piso, imagen
[e] tela, eso
[a] pata, amigo
[o] bola, otro
[u] luz, una

Voyelles françaises

[i] fille, île
[e] pays, année
[ɛ] bec, aime
[a] lac, papillon
[o] drôle, aube
[ɔ] botte, automne
[u] outil, goût
[y] usage, lune
[ø] aveu, jeu
[œ] peuple, bœuf
[ə] le, je

Diptongos españoles

[ei] ley, peine
[ai] aire, caiga
[oi] soy , boina
[ǝu] causa, aurora
[eu] Europa, feudal

Nasales françaises

[ɛ̃] timbre, main
[ɑ̃] champ, ennui
[ɔ̃] ongle, mon
[œ̃] parfum, brun

Semivocales

hierba, miedo   [j]
agua, hueso   [w]
                       [ɥ]

Semi-voyelles

yeux, lieu
ouest, oui
lui, nuit

Consonantes

papá, campo   [p]
vaca, bomba   [b]
curvo, caballo   [ß]
toro, pato   [t]
donde, caldo   [d]
que, cosa   [k]
grande, guerra   [g]
aguijón   [ɤ]
ocho, chusma   [ʧ]

fui, afable   [f]
                       [v]
cera, paz   [θ]
cada, pardo   [ð]
solo, paso   [s]
                       [z]
                       [ʃ]
                       [ʒ]
gema, jamón   [x]
madre, cama   [m]
no, pena   [n]
caña   [ɲ]
ala, luz   [l]
altar, paro   [r]
perro, rosa   [rr]
llave, collar   [ʎ]

Consonnes

prendre, grippe
bateau, robe

théâtre, temps
dalle, ronde
coq, quatre
garder, épilogue

physique, fort
voir, rive

cela, savant
fraise, zéro
charrue, schéma
rouge, jabot

mât, drame
nager, trône
agneau, peigner
halle, lit
arracher, sabre

El símbolo ['] representa la "h aspirada" francesa, por ejemplo **hacher** ['aʃe].

Le symbole ['] représente le "h aspiré" français, par exemple **hacher** ['aʃe].

Ya que la pronunciación del español no presenta irregularidades, las palabras españolas no llevan transcripción fonética en este diccionario. En cambio, todas las palabras francescas llevan transcripción fonética. En el caso de los compuestos franceses (ya sea cuando lleven guiones o no) se proporciona la transcripción fonética de todo aquel elemento que no aparezca en el diccionario como entrada en sí misma.

La prononciation de l'espagnol ne présentant pas d'irrégularités, les mots espagnols ne portent pas de transcription phonétique dans ce dictionnaire. En revanche, tous les mots français sont suivis d'une phonétique. Pour les mots composés français (avec ou sans trait d'union), la transcription phonétique est présente pour ceux des éléments qui n'apparaissent pas dans le dictionnaire en tant que libellé (terme-vedette de l'entrée) à part entière.

Cuadro de Conjugación

Abreviaturas: *pres ind* = presente indicativo, *imperf ind* = imperfecto indicativo, *pret perf sim* = pretérito perfecto simple, *fut* = futuro, *cond* = condicional, *pres subj* = presente subjuntivo, *imperf indic* = imperfecto indicativo, *imperf subj* = imperfecto subjuntivo, *imperat* = imperativo, *ger* = gerundio, *partic* = participio

N.B. Todas las formas del *imperf subj* pueden conjugarse con las terminaciones: -se, -ses, -se, -semos, -seis, -sen

acertar: *pres ind* acierto, acertamos, etc., *pres subj* acierte, acertemos, etc., *imperat* acierta, acertemos, acertad, etc.

adquirir: *pres ind* adquiero, adquirimos, etc., *pres subj* adquiera, adquiramos, etc., *imperat* adquiere, adquiramos, adquirid, etc.

AMAR: *pres ind* amo, amas, ama, amamos, amáis, aman, *imperf ind* amaba, amabas, amaba, amábamos, amabais, amaban, *pret perf sim* amé, amaste, amó, amamos, amasteis, amaron, *fut* amaré, amarás, amará, amaremos, amaréis, amarán, *cond* amaría, amarías, amaría, amaríamos, amaríais, amarían, *pres subj* ame, ames, ame, amemos, améis, amen, *imperf subj* amara, amaras, amara, amáramos, amarais, amaran, *imperat* ama, ame, amemos, amad, amen, *ger* amando, *partic* amado, -da

andar: *pret perf sim* anduve, anduvimos, etc., *imperf subj* anduviera, anduviéramos, etc.

asir: *pres ind* asgo, ase, asimos, etc., *pres subj* asga, asgamos, etc., *imperat* ase, asga, asgamos, asid, etc.

avergonzar: *pres ind* avergüenzo, avergonzamos, etc., *pret perf sim* avergoncé, avergonzó, avergonzamos, etc., *pres subj* avergüence, avergoncemos, etc., *imperat* avergüenza, avergüence, avergoncemos, avergonzad, etc.

caber: *pres ind* quepo, cabe, cabemos, etc., *pret perf sim* cupe, cupimos, etc., *fut* cabré, cabremos, etc., *cond* cabría, cabríamos, etc., *pres subj* quepa, quepamos, etc., *imperf subj* cupiera, cupiéramos, etc., *imperat* cabe, quepa, quepamos, cabed, etc.

caer: *pres ind* caigo, cae, caemos, etc., *pret perf sim* cayó, caímos, cayeron, etc., *pres subj* caiga, caigamos, etc., *imperf subj* cayera, cayéramos, etc., *imperat* cae, caiga, caigamos, caed, etc., *ger* cayendo

conducir: *pres ind* conduzco, conduce, conducimos, etc., *pret perf sim* conduje, condujimos, etc., *pres subj* conduzca, conduzcamos, etc., *imperf subj* condujera, condujéramos, etc., *imperat* conduce, conduzca, conduzcamos, conducid, etc.

conocer: *pres ind* conozco, conoce, conocemos, etc., *pres subj* conozca, conozcamos, etc., *imperat* conoce, conozca, conozcamos, etc.

dar: *pres ind* doy, da, damos, etc., *pret perf sim* di, dio, dimos, etc., *pres subj* dé, demos, etc., *imperf subj* diera, diéramos, etc., *imperat* da, dé, demos, dad, etc.

decir: *pres ind* digo, dice, decimos, etc., *pret perf sim* dije, dijimos, etc., *fut* diré, diremos, etc., *cond* diría, diríamos, etc., *pres subj* diga, digamos, etc., *imperf subj* dijera, dijéramos, etc., *imperat* di, diga, digamos, decid, etc., *ger* diciendo, *partic* dicho, -cha.

discernir: *pres ind* discierno, discernimos, etc., *pres subj* discierna, discernamos, etc., *imperat* discierne, discierna, discernamos, discernid, etc.

dormir: *pres ind* duermo, dormimos, etc., *pret perf sim* durmió, dormimos, durmieron, etc., *pres subj* duerma, durmamos, etc., *imperf subj* durmiera, durmiéramos, etc., *imperat* duerme, duerma, durmamos, dormid, etc., *ger* durmiendo

errar: *pres ind* yerro, erramos, etc., *pres subj* yerre, erremos, etc., *imperat* yerra, yerre, erremos, errad, etc.

estar: *pres ind* estoy, está, estamos, etc., *pret perf sim* estuve, estuvimos, etc., *pres subj* esté, estemos, etc., *imperf subj* estuviera, estuviéramos, etc., *imperat* está, esté, estemos, estad, etc.,

HABER: *pres ind* he, has, ha, hemos, habéis, han, *imperf ind* había, habías, había, habíamos, habíais, habían, *pret perf sim* hube, hubiste, hubo, hubimos, hubisteis, hubieron, *fut* habré, habrás, habrá, habremos, habréis, habrán, *cond* habría, habrías, habría, habríamos, habríais, habrían, *pres subj* haya, hayas, haya, hayamos, hayáis, hayan, *imperf subj* hubiera, hubieras, hubiera, hubiéramos, hubierais, hubieran, *imperat* he, haya, hayamos, habed, hayan, *ger* habiendo, *partic* habido, -da

hacer: *pres ind* hago, hace, hacemos, etc., *pret perf sim* hice, hizo, hicimos, etc., *fut* haré, haremos, etc., *cond* haría, haríamos, etc., *pres subj* haga, hagamos, etc., *imperf subj* hiciera, hiciéramos, etc., *imperat* haz, haga, hagamos, haced, etc., *partic* hecho, -cha

huir: *pres ind* huyo, huimos, etc., *pret perf sim* huyó, huimos, huyeron, etc., *pres subj* huya, huyamos, etc., *imperf subj* huyera, huyéramos, etc., *imperat* huye, huya, huyamos, huid, etc., *ger* huyendo

ir: *pres ind* voy, va, vamos, etc., *pret perf sim* fui, fue, fuimos, etc., *pres subj* vaya, vayamos, etc., *imperf subj* fuera, fuéramos, etc., *imperat* ve, vaya, vayamos, id, etc., *ger* yendo

leer: *pret perf sim* leyó, leímos, leyeron, etc., *imperf subj* leyera, leyéramos, etc., *ger* leyendo

lucir: *pres ind* luzco, luce, lucimos, etc., *pres subj* luzca, luzcamos, etc., *imperat* luce, luzca, luzcamos, lucid, etc.

mover: *pres ind* muevo, movemos, etc., *pres subj* mueva, movamos, etc., *imperat* mueve, mueva, movamos, moved, etc.

nacer: *pres ind* nazco, nace, nacemos, etc., *pres subj* nazca, nazcamos, etc., *imperat* nace, nazca, nazcamos, naced, etc.

oír: *pres ind* oigo, oye, oímos, etc., *pret perf sim* oyó, oímos, oyeron, etc., *pres subj* oiga, oigamos, etc., *imperf subj* oyera, oyéramos, etc., *imperat* oye, oiga, oigamos, oíd, etc., *ger* oyendo

oler: *pres ind* huelo, olemos, etc., *pres subj* huela, olamos, etc., *imperat* huele, huela, olamos, oled, etc.

parecer: *pres ind* parezco, parece, parecemos, etc., *pres subj* parezca, parezcamos, etc., *imperat* parece, parezca, parezcamos, pareced, etc.,

PARTIR: *pres ind* parto, partes, parte, partimos, partís, parten, *imperf ind* partía, partías, partía, partíamos, partíais, partían, *pret perf sim* partí, partiste, partió, partimos, partisteis, partieron, *fut* partiré, partirás, partirá, partiremos, partiréis, partirán, *cond* partiría, partirías, partiría, partiríamos, partiríais, partirían, *pres subj* parta, partas, parta, partamos, partáis, partan, *imperf subj* partiera, partieras, partiera, partiéramos, partierais, partieran, *imperat* parte, parta, partamos, partid, partan, *ger* partiendo, *partic* partido, -da

pedir: *pres ind* pido, pedimos, etc., *pret perf sim* pidió, pedimos, pidieron, etc., *pres subj* pida, pidamos, etc., *imperf subj* pidiera, pidiéramos, etc., *imperat* pide, pida, pidamos, pedid, etc., *ger* pidiendo

poder: *pres ind* puedo, podemos, etc., *pret perf sim* pude, pudimos, etc., *fut* podré, podremos, etc., *cond* podría, podríamos, etc., *pres subj* pueda, podamos, etc., *imperf subj* pudiera, pudiéramos, etc., *imperat* puede, pueda, podamos, poded, etc., *ger* pudiendo

poner: *pres ind* pongo, pone, ponemos, etc., *pret perf sim* puse, pusimos, etc., *fut* pondré, pondremos, etc., *cond* pondría, pondríamos, etc., *pres subj* ponga, pongamos, etc., *imperf subj* pusiera, pusiéramos, etc., *imperat* pon, ponga, pongamos, poned, etc., *partic* puesto, -ta

predecir: se conjuga como **decir** excepto en la segunda persona del singular del *imperat* predice

querer: *pres ind* quiero, queremos, etc., *pret perf sim* quise, quisimos, etc., *fut* querré, querremos, etc., *cond* querría, querríamos, etc., *pres subj* quiera, queramos, etc., *imperf subj* quisiera, quisiéramos, etc., *imperat* quiere, quiera, queramos, quered, etc.

reír: *pres ind* río, reímos, etc., *pret perf sim* rió, reímos, rieron, etc., *pres subj* ría, riamos, etc., *imperf subj* riera, riéramos, etc., *imperat* ríe, ría, riamos, reíd, etc., *ger* riendo

saber: *pres ind* sé, sabe, sabemos, etc., *pret perf sim* supe, supimos, etc., *fut* sabré, sabremos, etc., *cond* sabría, sabríamos, etc., *pres subj* sepa, sepamos, etc., *imperf subj* supiera, supiéramos, etc., *imperat* sabe, sepa, sepamos, sabed, etc.

salir: *pres ind* salgo, sale, salimos, etc., *fut* saldré, saldremos, etc., *cond* saldría, saldríamos, etc., *pres subj* salga, salgamos, etc., *imperat* sal, salga, salgamos, salid, etc.

sentir: *pres ind* siento, sentimos, etc., *pret perf sim* sintió, sentimos, sintieron, etc., *pres subj* sienta, sintamos, etc., *imperf subj* sintiera, sintiéramos, etc., *imperat* siente, sienta, sintamos, sentid, etc., *ger* sintiendo

SER: *pres ind* soy, eres, es, somos, sois, son, *imperf ind* era, eras, era, éramos, erais, eran, *pret perf sim* fui, fuiste, fue, fuimos, fuisteis, fueron, *fut* seré, serás, será, seremos, seréis, serán, *cond* sería, serías, sería, seríamos, seríais, serían, *pres subj* sea, seas, sea, seamos, seáis, sean, *imperf subj* fuera, fueras, fuera, fuéramos, fuerais, fueran, *imperat* sé, sea, seamos, sed, sean, *ger* siendo, *partic* sido, -da

sonar: *pres ind* sueno, sonamos, etc., *pres subj* suene, sonemos, etc., *imperat* suena, suene, sonemos, sonad, etc.

TEMER: *pres ind* temo, temes, teme, tememos, teméis, temen, *imperf ind* temía, temías, temía, temíamos, temíais, temían, *pret perf sim* temí, temiste, temió, temimos, temisteis, temieron, *fut* temeré, temerás, temerá, temeremos, temeréis, temerán, *cond* temería, temerías, temería, temeríamos, temeríais, *pres subj* tema, temas, tema, temamos, temáis, teman, *imperf subj* temiera, temieras, temiera, temiéramos, temierais, temieran, *imperat* teme, tema, temamos, temed, teman, *ger* temiendo, *partic* temido, -da

tender: *pres ind* tiendo, tendemos, etc., *pres subj* tienda, tendamos, etc., *imperat* tiende, tendamos, etc.

tener: *pres ind* tengo, tiene, tenemos, etc., *pret perf sim* tuve, tuvimos, etc., *fut* tendré, tendremos, etc., *cond* tendría, tendríamos, etc., *pres subj* tenga, tengamos, etc., *imperf subj* tuviera, tuviéramos, etc., *imperat* ten, tenga, tengamos, tened, etc.

traer: *pres ind* traigo, trae, traemos, etc., *pret perf sim* traje, trajimos, etc., *pres subj* traiga, traigamos, etc., *imperf subj* trajera, trajéramos, etc., *imperat* trae, traiga, traigamos, traed, etc., *ger* trayendo

valer: *pres ind* valgo, vale, valemos, etc., *fut* valdré, valdremos, etc., *cond* valdría, valdríamos, etc., *pres subj* valga, valgamos, etc., *imperat* vale, valga, valgamos, valed, etc.

venir: *pres ind* vengo, viene, venimos, etc., *pret perf sim* vine, vinimos, etc., *fut* vendré, vendremos, etc., *cond* vendría, vendríamos, etc., *pres subj* venga, vengamos, etc., *imperf subj* viniera, viniéramos, etc., *imperat* ven, venga, vengamos, venid, etc., *ger* viniendo

ver: *pres ind* veo, ve, vemos, etc., *pret perf sim* vi, vio, vimos, etc., *imperf subj* viera, viéramos, etc., *imperat* ve, vea, veamos, ved, etc., *ger* viendo, etc., *partic* visto, -ta

Conjugaisons

Abréviations: *ppr* = participe présent, *pp* = participe passé, *pr ind* = présent de l'indicatif, *imp* = imparfait, *fut* = futur, *cond* = conditionnel, *pr subj* = présent du subjonctif

acquérir: *pp* acquis, *pr ind* acquiers, acquérons, acquièrent, *imp* acquérais, *fut* acquerrai, *pr subj* acquière

aller: *pp* allé, *pr ind* vais, vas, va, allons, allez, vont, *imp* allais, *fut* irai, *cond* irais, *pr subj* aille

asseoir: *ppr* asseyant, *pp* assis, *pr ind* assieds, asseyons, *imp* asseyais, *fut* assiérai, *pr subj* asseye

atteindre: *ppr* atteignant, *pp* atteint, *pr ind* atteins, atteignons, *imp* atteignais, *pr subj* atteigne

avoir: *ppr* ayant, *pp* eu, *pr ind* ai, as, a, avons, avez, ont, *imp* avais, *fut* aurai, *cond* aurais, *pr subj* aie, aies, ait, ayons, ayez, aient

boire: *ppr* buvant, *pp* bu, *pr ind* bois, buvons, boivent, *imp* buvais, *pr subj* boive

conduire: *ppr* conduisant, *pp* conduit, *pr ind* conduis, conduisons, *imp* conduisais, *pr subj* conduise

connaître: *ppr* connaissant, *pp* connu, *pr ind* connais, connaît, connaissons, *imp* connaissais, *pr subj* connaisse

coudre: *ppr* cousant, *pp* cousu, *pr ind* couds, cousons, *imp* cousais, *pr subj* couse

courir: *pp* couru, *pr ind* cours, courons, *imp* courais, *fut* courrai, *pr subj* coure

couvrir: *pp* couvert, *pr ind* couvre, couvrons, *imp* couvrais, *pr subj* couvre

craindre: *ppr* craignant, *pp* craint, *pr ind* crains, craignons, *imp* craignais, *pr subj* craigne

croire: *ppr* croyant, *pp* cru, *pr ind* crois, croyons, croient, *imp* croyais, *pr subj* croie

cueillir: *pp* cueilli, *pr ind* cueille, cueillons, *imp* cueillais, *fut* cueillerai, *pr subj* cueille

devoir: *pp* dû, due, *pr ind* dois, devons, doivent, *imp* devais, *fut* devrai, *pr subj* doive

dire: *ppr* disant, *pp* dit, *pr ind* dis, disons, dites, disent, *imp* disais, *pr subj* dise

dormir: *pp* dormi, *pr ind* dors, dormons, *imp* dormais, *pr subj* dorme

écrire: *ppr* écrivant, *pp* écrit, *pr ind* écris, écrivons, *imp* écrivais, *pr subj* écrive

essuyer: *pp* essuyé, *pr ind* essuie, essuyons, essuient, *imp* essuyais, *fut* essuierai, *pr subj* essuie

être: *ppr* étant, *pp* été, *pr ind* suis, es, est, sommes, êtes, sont, *imp* étais, *fut* serai, *cond* serais, *pr subj* sois, sois, soit, soyons, soyez, soient

faire: *ppr* faisant, *pp* fait, *pr ind* fais, fais, fait, faisons, faites, font, *imp* faisais, *fut* ferai, *cond* ferais, *pr subj* fasse

falloir: *pp* fallu, *pr ind* faut, *imp* fallait, *fut* faudra, *pr subj* faille

FINIR: *ppr* finissant, *pp* fini, *pr ind* finis, finis, finit, finissons, finissez, finissent, *imp* finissais, finissais, finissait, finissions, finissiez, finissaient, *fut* finirai, finiras, finira, finirons, finirez, finiront, *cond* finirais, finirais, finirait, finirions, finiriez, finiraient, *pr subj* finisse, finisses, finisse, finissions, finissiez, finissent

fuir: *ppr* fuyant, *pp* fui, *pr ind* fuis, fuyons, fuient, *imp* fuyais, *pr subj* fuie

haïr: *ppr* haïssant, *pp* haï, *pr ind* hais, haïssons, *imp* haïssais, *pr subj* haïsse

joindre: *comme* **atteindre**

lire: *ppr* lisant, *pp* lu, *pr ind* lis, lisons, *imp* lisais, *pr subj* lise

mentir: *pp* menti, *pr ind* mens, mentons, *imp* mentais, *pr subj* mente

mettre: *ppr* mettant, *pp* mis, *pr ind* mets, mettons, *imp* mettais, *pr subj* mette

mourir: *pp* mort, *pr ind* meurs, mourons, meurent, *imp* mourais, *fut* mourrai, *pr subj* meure

naître: *ppr* naissant, *pp* né, *pr ind* nais, naît, naissons, *imp* naissais, *pr subj* naisse

offrir: *pp* offert, *pr ind* offre, offrons, *imp* offrais, *pr subj* offre

paraître: *comme* **connaître**

PARLER: *ppr* parlant, *pp* parlé, *pr ind* parle, parles, parle, parlons, parlez, parlent, *imp* parlais, parlais, parlait, parlions, parliez, parlaient, *fut* parlerai, parleras, parlera, parlerons, parlerez, parleront, *cond* parlerais, parlerais, parlerait, parlerions, parleriez, parleraient, *pr subj* parle, parles, parle, parlions, parliez, parlent

partir: *pp* parti, *pr ind* pars, partons, *imp* partais, *pr subj* parte

plaire: *ppr* plaisant, *pp* plu, *pr ind* plais, plaît, plaisons, *imp* plaisais, *pr subj* plaise

pleuvoir: *pp* plu, *pr ind* pleut, *imp* pleuvait, *fut* pleuvra, *pr subj* pleuve

pouvoir: *pp* pu, *pr ind* peux, peux, peut, pouvons, pouvez, peuvent, *imp* pouvais, *fut* pourrai, *pr subj* puisse

prendre: *ppr* prenant, *pp* pris, *pr ind* prends, prenons, prennent, *imp* prenais, *pr subj* prenne

prévoir: *ppr* prévoyant, *pp* prévu, *pr ind* prévois, prévoyons, prévoient, *imp* prévoyais, *fut* prévoirai, *pr subj* prévoie

recevoir: *pp* reçu, *pr ind* reçois, recevons, reçoivent, *imp* recevais, *fut* recevrai, *pr subj* reçoive

RENDRE: *ppr* rendant, *pp* rendu, *pr ind* rends, rends, rend, rendons, rendez, rendent, *imp* rendais, rendais, rendait, rendions, rendiez, rendaient, *fut* rendrai, rendras, rendra, rendrons, rendrez, rendront, *cond* rendrais, rendrais, rendrait, rendrions, rendriez, rendraient, *pr subj* rende, rendes, rende, rendions, rendiez, rendent

résoudre: *ppr* résolvant, *pp* résolu, *pr ind* résous, résolvons, *imp* résolvais, *pr subj* résolve

rire: *ppr* riant, *pp* ri, *pr ind* ris, rions, *imp* riais, *pr subj* rie

savoir: *ppr* sachant, *pp* su, *pr ind* sais, savons, *imp* savais, *fut* saurai, *pr subj* sache

servir: *pp* servi, *pr ind* sers, servons, *imp* servais, *pr subj* serve

sortir: *comme* **partir**

suffire: *ppr* suffisant, *pp* suffi, *pr ind* suffis, suffisons, *imp* suffisais, *pr subj* suffise

suivre: *ppr* suivant, *pp* suivi, *pr ind* suis, suivons, *imp* suivais, *pr subj* suive

taire: *ppr* taisant, *pp* tu, *pr ind* tais, taisons, *imp* taisais, *pr subj* taise

tenir: *pp* tenu, *pr ind* tiens, tenons, tiennent, *imp* tenais, *fut* tiendrai, *pr subj* tienne

vaincre: *ppr* vainquant, *pp* vaincu, *pr ind* vaincs, vainc, vainquons, *imp* vainquais, *pr subj* vainque

valoir: *pp* valu, *pr ind* vaux, valons, *imp* valais, *fut* vaudrai, *pr subj* vaille

venir: *comme* **tenir**

vivre: *ppr* vivant, *pp* vécu, *pr ind* vis, vivons, *imp* vivais, *pr subj* vive

voir: *ppr* voyant, *pp* vu, *pr ind* vois, voyons, voient, *imp* voyais, *fut* verrai, *pr subj* voie

vouloir: *pp* voulu, *pr ind* veux, veux, veut, voulons, voulez, veulent, *imp* voulais, *fut* voudrai, *pr subj* veuille

a¹ (*pl* **aes**), **A** (*pl* **Aes**) *f* [letra] a *m inv*, A *m inv*.

a² *prep* (*a + el = al*) **-1.** [gen] à; **voy ~ Sevilla/África/Japón** je vais à Séville/en Afrique/au Japon; **llegó a Barcelona/la fiesta** il est arrivé à Barcelone/la fête; **a la salida del cine** à la sortie du cinéma; **está a más de cien kilómetros** c'est à plus de cent kilomètres; **está a la derecha/izquierda** c'est à droite/gauche; **a las siete/los once años** à sept heures/onze ans; **¿a cuánto están las peras?** à combien sont les poires?; **vende las peras a cien pesetas** elle vend les poires à cent pesetas; **ganaron por tres a cero** ils ont gagné trois à zéro; **escribir a máquina/mano** écrire à la machine/la main; **sueldo a convenir** salaire à négocier. **-2.** [cuando] : **al oír la noticia se desmayó** en apprenant la nouvelle il s'est évanoui. **-3.** [período de tiempo] : **a las pocas semanas** quelques semaines après; **al mes de casados** au bout d'un mois de mariage. **-4.** [frecuencia, cantidad] par; **cuarenta horas a la semana** quarante heures par semaine; **a cientos/miles** par centaines/milliers. **-5.** [con complemento directo] : **quiere a su hijo/gato** il aime son fils/chat. **-6.** [modo] à, en; **a la antigua** à l'ancienne; **a lo grande** en grand; **a escondidas** en cachette. **-7.** (*después de verbo y antes de infin*) [finalidad] : **entró a pagar** il entra pour payer; **aprender a nadar** apprendre à nager; **vino a buscar un libro** il est venu chercher un livre. **-8.** (*antes de infin*) [condición] : **a no ser por mí, hubieses fracasado** si je n'avais pas été là, tu aurais échoué. **-9.** [en oraciones imperativas] : **¡a comer!** à table!; **¡niños, a callar!** les enfants, taisez-vous! **-10.** (*antes de 'por'*) [en busca de] : **ir a por pan** aller chercher du pain. **-11.** [indica desafío] : **a que je parie que; ¿a que no lo haces?** je parie que tu ne le fais pas; **¡a que te caes!** tu vas tomber!

abad, desa *m, f* abbé *m*, abbesse *f*.

abadía *f* abbaye *f*.

abajo ◇ *adv* **-1.** [posición] dessous; **vive ~** il habite en dessous; **~ del todo** tout en bas; **más ~** plus bas. **-2.** [dirección] en bas, vers le bas; **mirar hacia ~** regarder en bas; **ir para ~** descendre; **correr escaleras ~** dévaler l'escalier; **calle ~** en descendant la rue; **río ~** en aval. **-3.** [en un texto] ci-dessous. ◇ *interj* : **¡~ la dictadura!** à bas la dictature! ◆ **de abajo** *loc adj* : **el piso de ~** l'étage en dessous; **la vecina de ~** la voisine du dessous; **el estante de ~** l'étagère du bas; **la tienda de ~** le magasin d'en bas.

abalanzarse *vp* se ruer.

abalear *vt Amer* tirer sur.

abalorio *m* [cuenta] perle *f* de verre; [bisutería] verroterie *f*.

abanderado *m lit & fig* porte-drapeau *m*.

abandonado, da *adj* **-1.** [desierto, desamparado] abandonné(e). **-2.** [descuidado – persona] négligé(e); [– jardín, casa] laissé(e) à l'abandon, mal entretenu(e).

abandonar *vt* **-1.** [gen] abandonner; [lugar, profesión, cónyuge] quitter. **-2.** [obligaciones, estudios] négliger. ◆ **abandonarse** *vp* **-1.** [de aspecto] se négliger, se laisser aller. **-2.** **~se a** [desesperación, dolor] s'abandonner à, succomber à; [vicio] sombrer dans.

abandono m -1. [acción] abandon m. -2. [estado] laisser-aller m inv.

abanicar vt éventer. ◆ **abanicarse** vp s'éventer.

abanico m lit & fig éventail m.

abaratar vt baisser le prix de. ◆ **abaratarse** vp [precio] baisser; [producto] coûter moins cher.

abarcar vt -1. [gen] embrasser; [espacio] comprendre; [temas] recouvrir. -2. [con los brazos] encercler. -3. [con la vista] embrasser du regard.

abarrotado, da adj plein(e) à craquer, bondé(e); [sala] comble; ~ (de) [desván, baúl] bourré (de).

abarrotar vt : ~ algo (de o con) remplir qqch (de); [desván, baúl] bourrer qqch (de).

abarrote m Amer épicerie f.

abarrotería f Amer épicerie f.

abarrotero, ra m, f Amer épicier m, -ère f.

abastecer vt approvisionner, ravitailler. ◆ **abastecerse** vp : ~se (de) s'approvisionner (de o en).

abasto m : no dar ~ fig ne pas s'en sortir, être débordé(e).

abatible adj [asiento] inclinable; [mesa] à abattants.

abatido, da adj abattu(e).

abatir vt abattre. ◆ **abatirse** vp : ~se (sobre) s'abattre (sur).

abdicación f abdication f.

abdicar vi abdiquer; ~ de algo fig renoncer à qqch.

abdomen m abdomen m.

abdominal adj abdominal(e). ◆ **abdominales** mpl abdominaux mpl; hacer ~es faire des abdominaux.

abecé m -1. [abecedario] alphabet m. -2. fig [primeras nociones] B.A.-Ba m inv.

abecedario m -1. [alfabeto] alphabet m. -2. [libro] abécédaire m.

abedul m bouleau m.

abeja f abeille f.

abejorro m ZOOL bourdon m.

aberración f aberration f.

abertura f ouverture f.

abertzale adj & mf nationaliste basque.

abeto m sapin m.

abierto, ta ◇ pp irreg → abrir. ◇ adj -1. [gen] ouvert(e); estar ~ a être ouvert à; ~ de par en par grand ouvert. -2. fig [liberal] à l'esprit ouvert.

abigarrado, da adj lit & fig bigarré(e).

abismal adj abyssal(e).

abismo m lit & fig abîme m .

ablandar vt -1. [material] ramollir. -2. fig [persona] attendrir; [carácter] adoucir; [rigor] assouplir; [ira] apaiser. ◆ **ablandarse** vp -1. [material] se ramollir. -2. fig [persona] s'attendrir; [carácter] s'adoucir; [rigor] s'assouplir; [ira] s'apaiser.

ablativo m GRAM ablatif m .

abnegación f dévouement m.

abnegarse vp se dévouer, se sacrifier.

abochornar vt vexer, faire honte. ◆ **abochornarse** vp rougir de honte.

abofetear vt gifler.

abogacía f barreau m.

abogado, da m, f avocat m, -e f; ~ defensor défenseur m; ~ del estado avocat représentant les intérêts de l'État; ~ de oficio avocat commis d'office; ~ laboralista avocat spécialisé en droit du travail; hacer de ~ del diablo se faire l'avocat du diable.

abogar vi [interceder] : ~ por algo/alguien plaider pour qqch/qqn.

abolición f abolition f.

abolir vt abolir.

abolladura f bosse f.

abollar vt bosseler, cabosser. ◆ **abollarse** vp se bosseler, se cabosser.

abombado, da adj bombé(e).

abominable adj abominable.

abominar vt -1. [condenar] condamner. -2. [detestar] avoir en horreur.

abonado, da m, f abonné m, -e f.

abonar vt -1. [factura, deuda] régler; ~ algo en la cuenta de alguien verser qqch sur le compte de qqn. -2. [tierra] amender. ◆ **abonarse** vp : ~se (a) [revista] s'abonner (à); [piscina, teatro] prendre un abonnement (à).

abonero, ra m, f Amer colporteur m, -euse f.

abono m -1. [pase] abonnement m, carte f d'abonnement. -2. [fertilizante] engrais m. -3. [pago] règlement m. -4. COM crédit m. -5. Amer paiement m; pagar en ~s payer par versements échelonnés.

abordar vt aborder.

aborigen adj aborigène. ◆ **aborígenes** mpl aborigènes mpl.

aborrecer vt avoir en horreur, détester.

abortar ◇ vi -1. [intencionadamente] avorter, se faire avorter; [espontáneamente] faire une fausse couche. -2. fig [fracasar] **échouer.** ◇ *vt fig* [hacer fracasar] **faire avorter.**

aborto *m* **-1.** [intencionado] **avortement** *m*; [espontáneo] **fausse couche** *f*. **-2.** *fam despec* [persona fea] **avorton** *m*. **-3.** *fam* [cosa mal hecha] : **te ha salido hecho un ~ tu l'as complètement raté.**

abotonar *vt* **boutonner.** ◆ **abotonarse** *vp* **se boutonner.**

abovedado, da *adj* ARQUIT **voûté(e).**

abr. *abrev de* **abril.**

abrasar ◇ *vt* **-1.** [gen] **brûler.** **-2.** *fig* [suj: calor, pasión] **embraser;** [suj : sed, deseo] **torturer;** [suj : odio, celos] **ronger.** ◇ *vi* [café etc] **être brûlant(e).** ◆ **abrasarse** *vp* **brûler;** [persona] **se brûler;** [plantas] **griller.**

abrazadera *f* **anneau** *m*.

abrazar *vt* **-1.** [con los brazos] **serrer dans ses bras. -2.** *fig* [doctrina] **épouser;** [profesión] **entrer dans.**

abrazo *m* **accolade** *f*; **dar un ~ a alguien embrasser qqn;** **un (fuerte) ~** [en cartas] **(très) affectueusement.**

abrebotellas *m inv* **ouvre-bouteille** *m*.

abrecartas *m inv* **ouvre-papier** *m*.

abrelatas *m inv* **ouvre-boîte** *m*.

abrevadero *m* [construido] **abreuvoir** *m*; [natural] **point** *m* **d'eau.**

abreviar *vt* **abréger;** [texto] **réduire;** [viaje, estancia] **écourter;** [trámites] **accélérer.**

abreviatura *f* **abréviation** *f*.

abridor *m* **-1.** [abrebotellas] **décapsuleur** *m*. **-2.** [abrelatas] **ouvre-boîte** *m*.

abrigar *vt* **-1.** [arropar – suj : persona] **couvrir;** [– suj : ropa] **tenir chaud. -2.** *fig* [albergar] **nourrir.** ◆ **abrigarse** *vp* **-1.** [arroparse] **se couvrir. -2.** [resguardarse] : **~se de** [lluvia, viento] **s'abriter de;** [frío] **se protéger de.**

abrigo *m* **-1.** [prenda] **manteau** *m*. **-2.** [refugio] **abri** *m*; **al ~ de à l'abri de.**

abril *m* **avril** *m*; *ver también* **septiembre.** ◆ **abriles** *mpl* [años] : **tiene 14 ~es elle a 14 printemps.**

abrillantar *vt* **faire briller.**

abrir ◇ *vt* **-1.** [gen] **ouvrir;** [alas] **déployer;** [melón] **découper. -2.** [luz] **allumer. -3.** [agujero, camino, túnel] **percer;** [canal] **creuser;** [surco] **tracer. -4.** [piernas] **écarter.** ◇ *vi* [establecimiento] **ouvrir.** ◆ **abrirse** *vp* **-1.** [sincerarse] : **~se a alguien s'ouvrir** ○ **se confier à qqn. -2.** [comunicarse] : **~se (con alguien) être ouvert(e)(avec qqn). -3.** [cielo] **se dégager. -4.** *mfam* [irse] **se casser.**

abrochar *vt* **fermer;** [cinturón, cordones] **attacher.** ◆ **abrocharse** *vp* [ropa] **se fermer;** [cinturón] **s'attacher; abróchense los cinturones attachez vos ceintures.**

abroncar *vt fam* . **-1.** [reprender] **passer un savon à. -2.** [abuchear] **huer.**

abrumar *vt* **-1.** [agobiar] **accabler; el trabajo me abruma je suis accablé de travail. -2.** [fastidiar] **épuiser.**

abrupto, ta *adj* **abrupt(e).**

absceso *m* MED **abcès** *m*.

absentismo *m* **absentéisme** *m*.

ábside *m o f* **abside** *f*.

absolución *f* **-1.** DER **acquittement** *m*. **-2.** RELIG **absolution** *f*.

absolutismo *m* **absolutisme** *m*.

absoluto, ta *adj* **absolu(e).** ◆ **en absoluto** *loc adv* [en negativas] **certainement pas;** [tras pregunta] : **¿te gusta? — en ~ ça te plaît? — pas du tout; nada en ~ rien du tout.**

absolver *vt* **-1.** DER **acquitter; absolvieron al acusado del delito ils ont acquitté l'accusé. -2.** RELIG : **~ (a alguien de algo) absoudre (qqn de qqch).**

absorbente *adj* **-1.** [material] **absorbant(e). -2.** [persona, carácter] **exclusif(ive). -3.** [actividad] **prenant(e).**

absorber *vt* **absorber; el trabajo lo absorbe il est accaparé par son travail.**

absorción *f* **absorption** *f*.

absorto, ta *adj* **absorbé(e); ~ en plongé(e) dans.**

abstemio, mia *adj* : **es ~ il ne boit pas d'alcool.**

abstención *f* **abstention** *f*.

abstenerse *vp* : **~ (de algo/de hacer algo) s'abstenir (de qqch/de faire qqch).**

abstinencia *f* **abstinence** *f*.

abstracción *f* **abstraction** *f*.

abstracto, ta *adj* **abstrait(e); en ~ dans l'abstrait.**

abstraer *vt* **abstraire; ~ conceptos conceptualiser.**

abstraído, da *adj* **absorbé(e).**

absuelto, ta *pp irreg* → **absolver.**

absurdo, da *adj* **absurde.** ◆ **absurdo** *m* **absurde** *m*.

abuchear *vt* **huer.**

abuelo, la *m, f* **grand-père** *m*, **grand-mère** *f*; [en lenguaje infantil] **papy** *m*, **mamie** *f*; **¡cuéntaselo a tu abuela!** *fam* **à d'autres!**

abulia *f* **apathie** *f*.

abúlico, ca *adj* **apathique.**

abultado, **da** *adj* volumineux(euse).

abultar ◇ *vt* **-1.** [hinchar – mejillas] gonfler; [– suj : hinchazón] faire enfler. **-2.** [aumentar, exagerar] grossir. ◇ *vi* **-1.** [ser difícil de manejar] prendre de la place. **-2.** [tener forma de bulto] faire une bosse.

abundancia *f* abondance *f*; **en ~** en abondance.

abundante *adj* abondant(e).

abundar *vi* [haber mucho] abonder; **la región abunda en riquezas** la région regorge de richesses.

aburguesarse *vp* s'embourgeoiser.

aburrido, **da** ◇ *adj* **-1.** [harto, fastidiado] : **estar ~** s'ennuyer; **estar ~ de hacer algo** en avoir assez de faire qqch. **-2.** [que aburre] ennuyeux(euse). ◇ *m, f* : **es un ~** il est ennuyeux, il n'est pas drôle.

aburrimiento *m* ennui *m*.

aburrir *vt* ennuyer. ◆ **aburrirse** *vp* s'ennuyer.

abusado, **da** *adj Amer* rusé(e).

abusar *vi* abuser; **~ de algo/de alguien** abuser de qqch/de qqn.

abusivo, **va** *adj* abusif(ive).

abuso *m* [mal uso] : **~ (de)** abus *m* (de).

abusón, **ona** ◇ *adj* abusif(ive). ◇ *m, f* profiteur *m*, -euse *f*.

abyecto, **ta** *adj culto* abject(e).

a/c *abrev de* a cuenta.

a. C. (*abrev de* antes de Cristo) av. J.-C.

acá *adv* **-1.** [lugar] ici; **de ~ para allá** ici et là. **-2.** [tiempo] : **de una semana ~** depuis une semaine. **-3.** *Amer* [aquí] ici.

acabado, **da** *adj* **-1.** [completo] poussé(e), approfondi(e); [perfecto] parfait(e). **-2.** [fracasado] fini(e). ◆ **acabado** *m* finition *f*.

acabar ◇ *vt* finir; [provisiones] épuiser. ◇ *vi* **-1.** [gen] finir; **~ bien/mal** finir bien/mal; **~ por hacer** o **haciendo algo** finir par faire qqch; **~ con algo** [violencia, crimen] venir à bout de, en finir avec; [salud] détruire, ruiner; [juguete, máquina] casser; **~ con la paciencia de alguien** faire perdre patience à qqn, pousser qqn à bout; **~ con alguien** en finir avec o se débarrasser de qqn; *fig* achever qqn; **~ en** finir en; **las palabras que acaban en n** les mots qui finissent en n; **de nunca ~** [cuento, historia] à n'en plus finir, sans fin. **-2. ~ de hacer algo** [haber hecho recientemente] venir de faire qqch; **acabo de llegar ahora mismo** je viens juste d'arriver. **-3.** [volverse] devenir; **~ loco** devenir fou. **-4.** (*en frase negativa antes de infin*) : **no acabo de entender su reacción** je n'arrive pas à comprendre sa réaction. ◆ **acabarse** *vp* **-1.** [agotarse] : **se nos ha acabado la gasolina** nous n'avons plus d'essence; **se ha acabado la comida** il ne reste plus rien à manger; **las vacaciones se han acabado** les vacances sont finies. **-2.** [comida, bebida] : **acábate la sopa** finis ta soupe. **-3.** *loc* : **¡se acabó!** [¡basta ya!, se terminó] c'est fini!; [no hay más] c'est tout!, un point c'est tout!

acacia *f* acacia *m*.

academia *f* **-1.** [gen] école *f*. **-2.** [sociedad] académie *f*. ◆ **Academia** *f* : **Real Academia Española** académie de la langue espagnole, ≃ Académie française.

académico, **ca** ◇ *adj* **-1.** [año, diploma – escolar] scolaire; [– universitario] universitaire. **-2.** [estilo] académique. ◇ *m, f* académicien *m*, -enne *f*.

acaecer *v impers culto* avoir lieu.

acalorado, **da** *adj* **-1.** [con calor] : **estar ~** avoir chaud. **-2.** [apasionado – persona] emporté(e); [– defensor] ardent(e); [– debate] passionné(e); [– tema] brûlant(e). **-3.** [excitado] échauffé(e).

acalorar *vt* **-1.** [dar calor] donner chaud. **-2.** [excitar] échauffer. ◆ **acalorarse** *vp* **-1.** [coger calor] avoir chaud. **-2.** [excitarse] s'échauffer.

acampada *f* camping *m*; **hacer ~ libre** faire du camping sauvage.

acampar *vi* camper.

acanalar *vt* **-1.** [terreno] sillonner. **-2.** [madera, metal] canneler.

acantilado *m* falaise *f*.

acaparar *vt lit & fig* accaparer, monopoliser.

acápite *m Amer* paragraphe *m*.

acaramelado, **da** *adj* **-1.** [con caramelo] caramélisé(e). **-2.** *fig* [afectado] tout sucre tout miel. **-3.** [novios] : **estar ~s** *fig* roucouler.

acariciar *vt* caresser. ◆ **acariciarse** *vp* se caresser.

acarrear *vt* **-1.** [transportar] emporter; [suj : agua] charrier. **-2.** *fig* [ocasionar] entraîner; [disgustos] amener; [problemas] poser.

acartonarse *vp fam* se ratatiner.

acaso *adv* peut-être; **~ venga** peut-être viendra-t-il; **vendrá ~** il viendra peut-être; **¿~ no lo sabías?** comme si tu ne le savais pas; **por si ~** au cas où. ◆ **si acaso** ◇ *loc adv* [en todo caso] à la rigueur; **hoy**

no puedo, si ~ mañana aujourd'hui je ne peux pas, demain à la rigueur. ◇ *loc conj* [en caso de que] si jamais; **si ~ llama** si jamais il appelle.

acatar *vt* observer, respecter.

acatarrarse *vp* s'enrhumer.

acaudalado, da *adj* fortuné(e).

acaudillar *vt* **-1.** [capitanear] commander, diriger. **-2.** *fig* [liderar] prendre la tête de.

acceder *vi* **-1.** [consentir] : **~ (a algo/a hacer algo)** consentir (à qqch/à faire qqch). **-2.** [tener acceso, alcanzar] : **~ a** accéder à.

accesible *adj* accessible.

acceso *m* **-1.** [entrada, paso] : **~ (a)** accès (à). **-2.** [trato] abord *m*. **-3.** *fig* [ataque – de fiebre] accès *m*; [– de tos] quinte *f*.

accesorio, ria *adj* accessoire, secondaire. ◆ **accesorio** *m (gen pl)* [del automóvil, de vestir] accessoire *m*; **~s de cocina** ustensiles *mpl* de cuisine.

accidentado, da ◇ *adj* **-1.** [vida, viaje] mouvementé(e). **-2.** [terreno, camino] accidenté(e). ◇ *m, f* accidenté *m*, -e *f*.

accidental *adj* **-1.** [asunto] secondaire, accessoire. **-2.** [muerte, choque] accidentel(elle); [encuentro] imprévu(e).

accidentarse *vp* avoir un accident.

accidente *m* **-1.** [gen & GEOGR] accident *m*; **~ laboral/de tráfico** accident du travail/de la route; **~ del terreno** accident de terrain. **-2.** GRAM flexion *f*.

acción *f* **-1.** [gen] action *f*; **poner en ~** mettre en route. **-2.** [hecho] acte *m*; **unir la ~ a la palabra** joindre le geste à la parole.

accionar *vt* actionner.

accionista *mf* ECON actionnaire *mf*.

acechar *vt* guetter.

acecho *m* guet *m*; **escapar al ~ de** échapper au regard de; **estar al ~ (de)** *lit & fig* être à l'affût (de).

aceite *m* huile *f*.

aceitera *f* burette *f* d'huile. ◆ **aceiteras** *fpl* huilier *m*.

aceitoso, sa *adj* huileux(euse), gras(grasse).

aceituna *f* olive *f*; **~ rellena** olive farcie.

aceleración *f* accélération *f*.

acelerador, ra *adj* d'accélération. ◆ **acelerador** *m* accélérateur *m*.

acelerar *vt & vi* accélérer. ◆ **acelerarse** *vp* [persona] s'activer; [motor] s'emballer; **¡no te aceleres!** *fam fig* du calme!

acelga *f* bette *f*.

acento *m* accent *m* .

acentuación *f* accentuation *f*.

acentuar *vt lit & fig* accentuer. ◆ **acentuarse** *vp lit & fig* s'accentuer.

acepción *f* acception *f*.

aceptable *adj* acceptable.

aceptación *f* **-1.** [aprobación] acceptation *f*. **-2.** [éxito] succès *m*; **tener buena ~** être bien reçu(e).

aceptar *vt* accepter.

acequia *f* canal *m* d'irrigation.

acera *f* **-1.** [de la calle] trottoir *m*. **-2.** [lado] côté *m* de la rue. **-3.** *loc* : **de la otra ~, de la ~ de enfrente** *fam despec* de la pédale.

acerbo, ba *adj culto* acerbe.

acerca ◆ **acerca de** *loc adv* au sujet de.

acercar *vt* rapprocher; **¡acércame el pan!** passe-moi le pain. ◆ **acercarse** *vp* **-1.** [aproximarse] se rapprocher, s'approcher. **-2.** [ir, venir] passer. **-3.** [avecinarse] approcher.

acero *m* [aleación] acier *m*; **~ inoxidable** acier inoxydable.

acérrimo, ma *adj* [defensor] acharné(e); [enemigo] juré(e).

acertado, da *adj* [respuesta, idea] bon(bonne); [disparo] dans le mille; [observación] judicieux(euse).

acertar ◇ *vt* **-1.** [dar en el blanco] mettre dans le mille. **-2.** [adivinar] deviner. **-3.** [elegir bien] bien choisir. ◇ *vi* **-1.** [atinar] bien faire; **acertaste al decírselo** tu as bien fait de le lui dire. **-2.** [conseguir] : **~ a hacer algo** arriver à faire qqch. **-3.** [hallar] : **~ con** trouver.

acertijo *m* [enigma] devinette *f*.

acetona *f* acétone *f*.

achacar *vt* : **~ algo a alguien** [responsabilidad, error] faire retomber qqch sur qqn.

achantar *vt fam* [acobardar] flanquer la trouille à. ◆ **achantarse** *vp fam* [acobardarse] se dégonfler.

achaque *m* problème *m* de santé.

achatado, da *adj* écrasé(e).

achicar *vt* **-1.** [tamaño] rétrécir. **-2.** [agua – de barco] écoper; [– de terreno] drainer. **-3.** *fig* [acobardar] intimider. ◆ **achicarse** *vp* [acobardarse] se laisser intimider.

achicharrar ◇ *vt* **-1.** [chamuscar] griller, faire brûler. **-2.** *fig* [molestar] : **~ (a)** harceler ○ accabler (de). ◇ *vi* [sol] être de plomb; [calor] être torride. ◆ **achicha-rrarse** *vp* -1. *fig* [de calor] cuire. -2. [chamuscarse] griller, brûler.

achicoria *f* chicorée *f*.

achinado, da *adj* -1. [ojos] bridé(e). -2. [persona] oriental(e). -3. *Amer* [persona] d'origine indienne.

achuchado, da *adj fam* -1. [difícil] dur(e). -2. [escaso] ric-rac.

achuchar *vt fam* -1. [abrazar] serrer très fort dans ses bras; [estrujar] écraser. -2. *fig* [presionar] tanner.

achuchón *m fam* -1. [abrazo] gros câlin *m*. -2. [indisposición] malaise *m*; **le dio un ~** il s'est senti mal.

acicalar *vt* pomponner. ◆ **acicalarse** *vp* se faire beau(belle); [mujer] se pomponner.

acicate *m* éperon *m*.

acidez *f* -1. [cualidad] acidité *f*. -2. MED : **~ (de estómago)** aigreurs *fpl* (d'estomac).

ácido, da *adj* acide. ◆ **ácido** *m* -1. QUÍM acide *m* . -2. *fam* [droga] acide *m*.

acierto *m* -1. [a pregunta] bonne réponse *f*; [en quinielas] combinaison *f* gagnante. -2. [habilidad, tino] discernement *m*; **tuviste mucho ~** tu as vu juste. -3. [éxito] succès *m*, réussite *f*.

aclamación *f* acclamation *f*; **por ~** *fig* par acclamation.

aclamar *vt* -1. [ovacionar] acclamer. -2. [elegir] proclamer.

aclaración *f* éclaircissement *m*.

aclarar ◇ *vt* -1. [gen] éclaircir; [cabello] désépaissir; [salsa] allonger; **~ la voz** s'éclaircir la voix. -2. [ropa] rincer. ◇ *v impers* -1. [amanecer] se lever. -2. [despejarse] s'éclaircir. ◆ **aclararse** *vp fam* -1. [explicarse] être clair(e). -2. [entender] : **ya me aclaro** je vois; **no me aclaro** je n'y comprends rien. -3. [organizarse] s'y retrouver.

aclaratorio, ria *adj* explicatif(ive).

aclimatación *f* acclimatation *f*.

aclimatar *vt* -1. [gen] acclimater. -2. *fig* [a ambiente] habituer. ◆ **aclimatarse** *vp* -1. [al clima] : **~se (a)** s'acclimater (à). -2. [a ambiente] : **~se (a)** s'adapter (à).

acné *m* ○ *f* acné *f*.

acobardar *vt* faire peur à. ◆ **acobardarse** *vp* avoir peur; **~se ante** se laisser impressionner par.

acogedor, ra *adj* accueillant(e).

acoger *vt* accueillir, recevoir. ◆ **acogerse** *vp* : **~se a** [ley, protección institucional] se retrancher derrière, recourir à.

acojonar *vt & vi vulg* -1. [asustar] foutre les jetons. -2. [impresionar] scier. ◆ **acojonarse** *vp vulg* avoir les jetons.

acolchar *vt* [ropa] matelasser; [pared] capitonner.

acometer ◇ *vt* -1. [atacar] attaquer. -2. [emprender] se lancer dans. ◇ *vi* [embestir] : **~ contra** foncer dans ○ sur.

acometida *f* -1. [ataque] assaut *m*. -2. [enlace de tuberías] raccordement *m*.

acomodado, da *adj* -1. [rico] aisé(e). -2. [instalado] calé(e).

acomodador, ra *m, f* ouvreur *m*, -euse *f*.

acomodar *vt* -1. [colocar, instalar] faire asseoir. -2. [adaptar] ajuster. ◆ **acomodarse** *vp* [instalarse] se mettre à l'aise; **~se en** s'installer dans.

acomodaticio, cia *adj* [complaciente] accommodant(e).

acompañamiento *m* -1. [comitiva – en entierro] cortège *m*; [– de rey] escorte *f*. -2. MÚS accompagnement *m*. -3. CULIN garniture *f*.

acompañante *mf* compagnon *m*, compagne *f*; **no tengo ~ para la fiesta** je n'ai personne pour m'accompagner à la fête.

acompañar ◇ *vt* -1. [gen] accompagner; **~ a alguien** [ir con] accompagner qqn; [a casa] raccompagner qqn. -2. **~a alguien** [estar con] tenir compagnie à qqn. -3. [compartir emociones con] : **~ en algo a alguien** partager qqch avec qqn; **~ en el sentimiento** présenter ses condoléances. -4. [adjuntar] joindre. ◇ *vi* [hacer compañía] tenir compagnie; **la desgracia le acompaña** la malchance le poursuit.

acompasar *vt* rythmer; **~ algo (a)** régler qqch (sur).

acomplejar *vt* : **~ a alguien** donner des complexes à qqn. ◆ **acomplejarse** *vp* avoir des complexes.

acondicionado, da *adj* aménagé(e); [con material] équipé(e).

acondicionador *m* [aparato] climatiseur *m*.

acondicionar *vt* aménager; [con material] équiper.

acongojar *vt* [angustiar] angoisser. ◆ **acongojarse** *vp* [angustiarse] s'affoler; [atemorizarse] être terrorisé(e).

aconsejar *vt* conseiller; ~ **a alguien que haga algo** conseiller à qqn de faire qqch.

acontecer *v impers* arriver.

acontecimiento *m* événement *m*; **adelantarse** ○ **anticiparse a los** ~**s** devancer les événements.

acopio *m* surabondance *f*; **hacer** ~ **de** [comestibles] faire provision de; [valor, paciencia] s'armer de.

acoplar *vt* -1. [encajar] ajuster, raccorder. -2. *fig* [adaptar] adapter; [horario] aménager. ◆ **acoplarse** *vp* -1. [adaptarse] s'entendre. -2. [encajar] s'ajuster.

acorazado, da *adj* blindé(e). ◆ **acorazado** *m* cuirassé *m*.

acordar *vt* : ~ **algo** décider qqch, convenir de qqch, se mettre d'accord sur qqch; ~ **hacer algo** décider ○ convenir de faire qqch, se mettre d'accord pour faire qqch; **según lo acordado** comme convenu. ◆ **acordarse** *vp* : ~**se de algo** se souvenir de qqch, se rappeler qqch; ~**se de hacer algo** penser à faire qqch.

acorde ○ *adj* : ~ **(con)** en accord (avec). ○ *m* MÚS accord *m*.

acordeón *m* accordéon *m*.

acordonar *vt* -1. [atar] lacer. -2. [cercar] encercler.

acorralar *vt* [perseguir] traquer; *fig* [en una discusión] acculer.

acortar *vt* -1. [longitud] raccourcir. -2. [tiempo] écourter. ◆ **acortarse** *vp* [días] raccourcir; [reunión] être écourté(e).

acosar *vt* -1. [perseguir] traquer. -2. [importunar] harceler.

acoso *m* -1. [persecución] poursuite *f*. -2. [hostigamiento] harcèlement *m*; ~ **sexual** harcèlement sexuel.

acostar *vt* [en la cama] coucher. ◆ **acostarse** *vp* -1. [irse a la cama, tumbarse] se coucher. -2. *fam* [copular] : ~**se con alguien** coucher avec qqn.

acostumbrado, da *adj* -1. [habitual] habituel(elle). -2. [habituado] : **estar** ~ **(a)** être habitué (à).

acostumbrar ○ *vt* [habituar] habituer; ~ **a alguien a algo/a hacer algo** habituer qqn à qqch/à faire qqch. ○ *vi* [soler] : ~ **a hacer algo** avoir l'habitude de faire qqch. ◆ **acostumbrarse** *vp* -1. [habituarse] : ~**se a algo/a hacer algo** s'habituer à qqch/à faire qqch. -2. [adquirir hábito] : ~**se a hacer algo** prendre l'habitude de faire qqch.

acotación *f* -1. [nota] annotation *f*. -2. TEATR indication *f* scénique.

acotamiento *m Amer* bas-côté *m*.

acotar *vt* -1. [terreno, campo] délimiter. -2. [texto] annoter.

acrecentar *vt* accroître.

acreditado, da *adj* -1. [médico, abogado etc] reconnu(e); [marca] réputé(e). -2. [embajador, enviado] accrédité(e).

acreditar *vt* -1. [certificar] certifier; [autorizar] autoriser. -2. [confirmar] attester. -3. [embajador, enviado] accréditer.

acreedor, ra ○ *adj* : **hacerse** ~ **de** se montrer digne de. ○ *m, f* créancier *m*, -ère *f*.

acribillar *vt* -1. [agujerear, herir] cribler; **me han acribillado los mosquitos** je me suis fait dévorer par les moustiques. -2. *fam fig* [molestar] : ~ **a alguien a preguntas** bombarder qqn de questions.

acrílico, ca *adj* acrylique.

acristalar *vt* vitrer.

acrobacia *f* acrobatie *f*.

acróbata *mf* acrobate *mf*.

acromático, ca *adj* achromatique.

acrópolis *f* acropole *f*.

acta *f* (el) -1. [de junta, reunión] procès-verbal *m*; **levantar** ~ dresser un procès-verbal. -2. [de defunción etc] acte *m*. -3. ~ **(de nombramiento)** arrêté *m* de nomination. ◆ **actas** *fpl* actes *mpl*.

actitud *f* attitude *f*.

activar *vt* activer; [explosivo, mecanismo] déclencher.

actividad *f* activité *f*.

activismo *m* POLÍT action *f* directe.

activo, va *adj* actif(ive); **volcán** ~ volcan en activité; **en** ~ [en funciones] en activité. ◆ **activo** *m* ECON actif *m*.

acto *m* -1. [acción & TEATR] acte *m*; **hacer** ~ **de presencia** faire acte de présence; ~ **sexual** [coito] acte sexuel. -2. [ceremonia] cérémonie *f*. ◆ **en el acto** *loc adv* sur-le-champ; **fotos de carné en el** ~ photos d'identité minute.

actor, triz *m, f* acteur *m*, -trice *f*.

actuación *f* -1. [proceder] conduite *f*, façon *f* d'agir. -2. [papel] rôle *m*; [de la policía etc] intervention *f*. -3. [interpretación] jeu *m*. -4. DER procédure *f*.

actual *adj* actuel(elle).

actualidad *f* actualité *f*; **de** ~ d'actualité; **en la** ~ actuellement, à l'heure actuelle; **ser** ~ faire la une de l'actualité.

actualizar vt actualiser; [datos] mettre à jour; [repertorio] renouveler.

actualmente adv actuellement.

actuar vi -1. [gen] agir; ~ **de** [ejercer función] remplir la fonction de. -2. [representar] jouer. -3. DER instruire un procès.

acuarela f aquarelle f. ◆ **acuarelas** fpl aquarelles fpl.

acuario m aquarium m. ◆ **Acuario** ◇ m inv [zodiaco] Verseau m inv . ◇ mf inv [persona] verseau m inv.

acuartelar vt MIL [alojar] caserner; [retener] consigner.

acuático, ca adj aquatique.

acuchillar vt -1. [apuñalar] poignarder. -2. [mueble, parqué] poncer.

acuciar vt culto presser; ~ **con preguntas** presser de questions.

acuclillarse vp s'accroupir.

acudir vi -1. [ir] : ~ **a** [cita] se rendre à; [escuela, iglesia] aller à. -2. [venir] arriver; ~ **en auxilio de** venir en aide à. -3. [recurrir] : ~ **a** faire appel à.

acueducto m aqueduc m.

acuerdo m accord m; **de** ~ d'accord; **de** ~ **con** [conforme a] en accord avec; **estar de** ~ être d'accord; **ponerse de** ~ se mettre d'accord; **llegar a un** ~ parvenir à un accord; ~ **marco** accord-cadre m.

acumular vt accumuler. ◆ **acumularse** vp s'accumuler.

acunar vt bercer.

acuñar vt [monedas, medallas] frapper; ~ **moneda** battre monnaie.

acuoso, sa adj aqueux(euse); [jugoso] juteux(euse).

acupuntura f acupuncture f.

acurrucarse vp se blottir.

acusación f [inculpación] accusation f.

acusado, da adj & m, f accusé(e).

acusar vt accuser; ~ **(a alguien de algo)** accuser (qqn de qqch).

acusativo m GRAM accusatif m.

acuse de recibo m accusé m de réception.

acusica adj & mf fam rapporteur(euse).

acústico, ca adj acoustique. ◆ **acústica** f acoustique f.

a.D. (abrev de anno Domini) A.D.

adagio m -1. [sentencia breve] adage m. -2. MÚS adagio m.

adaptación f adaptation f.

adaptar vt adapter. ◆ **adaptarse** vp : ~**se (a)** s'adapter (à).

adecuado, da adj adéquat(e); ~ **para niños** qui convient parfaitement aux enfants.

adecuar vt adapter. ◆ **adecuarse** vp : ~**se a** s'adapter à.

adefesio m fam horreur f.

a. de JC., a. JC. (abrev de antes de Jesucristo) av. J.-C.

adelantado, da adj avancé(e), en avance; **por** ~ d'avance.

adelantamiento m AUTOM dépassement m.

adelantar ◇ vt -1. [gen] avancer; ~ **con** [conseguir] : ¿qué adelantas con eso? à quoi est-ce que ça t'avance? -2. [dejar atrás] dépasser; [coche] doubler. ◇ vi -1. [progresar] faire des progrès. -2. [reloj] avancer. ◆ **adelantarse** vp -1. [en el tiempo] être en avance; ~**se para hacer algo** s'y prendre à l'avance pour faire qqch; **adelantársele a alguien** devancer qqn. -2. [reloj] avancer. -3. [en el espacio] s'avancer, avancer.

adelante ◇ adv en avant; **de ahora en** ~ dorénavant, à l'avenir; **más** ~ [en el tiempo] plus tard; [en el espacio] plus loin; [en un texto] plus bas; **ir** ~ fig aller de l'avant; **salir** ~ fig s'en sortir; **seguir** ~ suivre son cours. ◇ interj : ¡~! [¡siga!] en avant!; [¡pase!] entrez!

adelanto m -1. [anticipo] avance f. -2. [progreso] progrès m.

adelgazar ◇ vi maigrir. ◇ vt [kilos] perdre.

ademán m [gesto] geste m; **hacer** ~ **de** faire mine de. ◆ **ademanes** mpl [modales] manières fpl.

además adv en plus, de plus, en outre; ~ **de** non seulement, outre que; ~ **de ser caro es malo** non seulement c'est cher, mais en plus c'est mauvais.

adentrarse vp : ~ **en** [selva etc] s'enfoncer dans; [tema etc] pénétrer plus avant dans.

adentro adv à l'intérieur, dedans; **tierra** ~ à l'intérieur des terres; **mar** ~ au large.

adentros mpl : **para mis/tus etc** ~ dans mon/ton etc for intérieur, en moi-même/toi-même etc.

adepto, ta ◇ adj [partidario] adepte; **ser** ~ **a** [doctrina, religión] être un adepte de; [partido, política] être partisan de. ◇ m, f : ~ **(a)** [doctrina, religión] adepte mf (de); [partido, política] partisan m (de).

aderezar *vt* -1. [sazonar] assaisonner. -2. [adornar] parer.

aderezo *m* -1. [aliño] assaisonnement *m*. -2. [adorno] parure *f*.

adeudar *vt* -1. [deber dinero] devoir. -2. COM débiter.

adherir *vt* coller. ◆ **adherirse** *vp* [pegarse] coller.

adhesión *f* adhésion *f*.

adhesivo, va *adj* adhésif(ive). ◆ **adhesivo** *m* -1. [pegatina] autocollant *m*. -2. [sustancia] adhésif *m*.

adicción *f* : ~ (a) dépendance *f* (vis-à-vis de).

adición *f* -1. [añadidura] ajout *m*. -2. [suma] addition *f*.

adicional *adj* supplémentaire; [cláusula etc] additionnel(elle).

adicto, ta ◇ *adj* : ~ (a) dépendant(e) (de). ◇ *m, f* fidèle *mf*; **un ~ al alcohol/al tabaco** un alcoolique/fumeur.

adiestrar *vt* [animal] dresser; [persona] entraîner; [soldado] exercer.

adinerado, da *adj* nanti(e).

adiós ◇ *m* adieu *m*. ◇ *interj* : ¡~! au revoir!

adiposo, sa *adj* adipeux(euse).

aditivo *m* additif *m*.

adivinanza *f* devinette *f*.

adivinar *vt* deviner.

adivino, na *m, f* devin *m*, devineresse *f*.

adjetivo, va *adj* adjectival(e). ◆ **adjetivo** *m* adjectif *m* .

adjudicación *f* -1. [de premio etc] attribution *f*. -2. DER adjudication *f*.

adjudicar *vt* -1. [gen] attribuer; [premio] décerner; [pensión] allouer. -2. DER adjuger. ◆ **adjudicarse** *vp* [apropiarse] s'attribuer.

adjuntar *vt* joindre.

adjunto, ta ◇ *adj* -1. [unido] ci-joint(e); ~ **le remito...** veuillez trouver ci-joint... -2. [auxiliar] adjoint(e). ◇ *m, f* [auxiliar] adjoint *m*, -e *f*.

administración *f* administration *f*. ◆ **Administración** *f* [gobierno] Administration *f*; **Administración pública** service *m* public.

administrador, ra *adj & m, f* administrateur(trice), gestionnaire.

administrar *vt* -1. [gen] administrer; [empresa, paga etc] gérer. -2. [justicia] rendre. -3. [racionar – fuerzas] économiser; [– alimentos] rationner. ◆ **adminis-**trarse *vp* [emplear dinero] gérer son budget.

administrativo, va ◇ *adj* administratif(ive). ◇ *m, f* employé *m*, -e *f* de bureau.

admirable *adj* admirable.

admiración *f* -1. [sentimiento] admiration *f*. -2. [signo ortográfico] point *m* d'exclamation.

admirador, ra *m, f* admirateur *m*, -trice *f*.

admirar *vt* -1. [gen] admirer. -2. [sorprender] étonner. ◆ **admirarse** *vp* : ~**se (de)** [sorprenderse] s'étonner (de); [maravillarse] être en admiration (devant).

admisible *adj* acceptable.

admisión *f* -1. [de persona] admission *f*. -2. [de solicitudes etc] acceptation *f*.

admitir *vt* -1. [gen] admettre; ~ **a alguien en** admettre qqn à ○ dans. -2. [aceptar] accepter.

admón. *abrev de* administración.

ADN (*abrev de* ácido desoxirribonucleico) *m* A.D.N. *m*.

adobar *vt* faire mariner.

adobe *m* pisé *m* (brique).

adobo *m* -1. [acción] marinage *m*. -2. [salsa] marinade *f*.

adoctrinar *vt* endoctriner.

adolecer ◆ **adolecer de** *vi* -1. [enfermedad] souffrir de. -2. [defecto] pécher par.

adolescencia *f* adolescence *f*.

adolescente *adj & mf* adolescent(e).

adonde *adv* où; **la ciudad ~ vamos** la ville où nous allons.

adónde *adv* où; ¿~ **vas?** où vas-tu?

adondequiera *adv* n'importe où; ~ **que vaya** où que j'aille.

adonis *m* fig adonis *m*.

adopción *f* adoption *f*.

adoptar *vt* adopter.

adoptivo, va *adj* adoptif(ive).

adoquín *m* -1. [piedra] pavé *m*. -2. fam [zoquete] cruche *f*.

adorable *adj* [persona] adorable; [ambiente etc] merveilleux(euse), délicieux(euse).

adoración *f* adoration *f*.

adorar *vt* adorer.

adormecer *vt* -1. [producir sueño] endormir. -2. fig [aplacar] calmer. -3. [entumecer – miembros] engourdir; [– encía] insensibiliser. ◆ **adormecerse** *vp* s'endormir.

adormidera *f* pavot *m*.

adormilarse *vp* s'assoupir.

adornar ◇ *vt* [habitación, tienda etc] décorer; [vestido etc] orner. ◇ *vi* être décoratif(ive).

adorno *m* ornement *m*, décoration *f*; de ~ [árbol, figura] décoratif(ive), pour décorer; [persona] inutile.

adosado, da *adj* [casa, chalet] jumeau(elle); [pared] mitoyen(enne).

adquirir *vt* acquérir; [éxito] remporter; [enfermedad, vicio] contracter.

adquisición *f* acquisition *f*.

adquisitivo, va *adj* : **el poder** ~ le pouvoir d'achat.

adrede *adv* exprès; **lo hizo** ~ il l'a fait exprès.

adrenalina *f* adrénaline *f*.

adscribir *vt* –1. [asignar] attribuer; [horario] fixer. –2. [destinar] rattacher. ◆ **adscribirse** *vp* : ~**se (a)** [grupo, partido] adhérer (à); [ideología] souscrire (à).

adscrito, ta ◇ *pp irreg* → **adscribir**. ◇ *adj* rattaché(e).

aduana *f* douane *f*.

adueñarse *vp* : ~ **de algo** [apoderarse] s'approprier qqch; *fig* [invadir] s'emparer de qqch.

adulación *f* flatterie *f*.

adulador, ra *adj & m, f* flatteur(euse).

adular *vt* flatter.

adulterar *vt* [alimento, hechos] dénaturer; [vino] frelater; [verdad] déformer.

adulterio *m* adultère *m*.

adúltero, ra *adj & m, f* adultère.

adulto, ta *adj & m, f* adulte.

advenedizo, za *adj & m, f* [a un lugar] étranger(ère); [a una posición etc] parvenu(e).

advenimiento *m* avènement *m*.

adverbio *m* adverbe *m*.

adversario, ria *m, f* adversaire *mf*.

adversidad *f* adversité *f*.

adverso, sa *adj* adverse; [circunstancias] défavorable; [destino, viento] contraire.

advertencia *f* avertissement *m*; **servir de** ~ servir de leçon.

advertir *vt* –1. [notar] remarquer. –2. [prevenir] signaler, faire remarquer. –3. [avisar] avertir, prévenir.

adviento *m* Avent *m*.

adyacente *adj* adjacent(e).

aéreo, a *adj* aérien(enne).

aerobic *m* aérobic *m*.

aeroclub (*pl* **aeroclubs**) *m* aéro-club *m*.

aerodeslizador *m* aéroglisseur *m*.

aerodinámico, ca *adj* aérodynamique. ◆ **aerodinámica** *f* aérodynamique *f*.

aeródromo *m* aérodrome *m*.

aeroespacial, aerospacial *adj* aérospatial(e).

aerofagia *f* aérophagie *f*.

aerofaro *m* balise *f* lumineuse (*d'aéroport*).

aerolínea *f* ligne *f* aérienne.

aerolito *m* aérolithe *m*.

aeromodelismo *m* aéromodélisme *m*.

aeromoza *f* Amer hôtesse *f* de l'air.

aeronauta *mf* aéronaute *mf*.

aeronáutico, ca *adj* aéronautique. ◆ **aeronáutica** *f* aéronautique *f*.

aeronaval *adj* aéronaval(e).

aeronave *f* aéronef *m*.

aeroplano *m* aéroplane *m*.

aeropuerto *m* aéroport *m*.

aerosol *m* aérosol *m*.

aerospacial = **aeroespacial**.

aerostático, ca *adj* aérostatique.

aeróstato *m* aérostat *m*.

aerotaxi *m* avion-taxi *m*.

aerotransportado, da *adj* aéroporté(e).

aerotrén *m* Aérotrain® *m*.

afabilidad *f* affabilité *f*.

afable *adj* affable.

afamado, da *adj* renommé(e).

afán *m* –1. [en el trabajo] ardeur *f*. –2. [de aventuras] soif *f*; [por aprender] désir *m* .

afanador, ra *m, f* Amer homme *m* de peine, femme *f* de service.

afanar *vt fam* [robar] piquer. ◆ **afanarse** *vp* [esforzarse] : ~**se (por hacer algo)** s'efforcer (de faire qqch).

afanoso, sa *adj* –1. [penoso] laborieux(euse). –2. [deseoso] : ~ **por** avide de.

afear *vt* enlaidir.

afección *f* affection *f*.

afectación *f* affectation *f*.

afectado, da ◇ *adj* affecté(e); [por enfermedad] atteint(e). ◇ *m, f* [de accidente] victime *f*; [de siniestro] sinistré *m*, -e *f*; [de enfermedad] malade *mf*.

afectar *vt* –1. [afligir, fingir] affecter. –2. [atañer, perjudicar] toucher; [suj : enfermedad, desastre] frapper; [suj : decisión, discusión] porter tort à.

afectísimo, ma *adj* [en cartas] : **suyo** ~ bien à vous.

afectivo, va adj **–1.** [emocional] affectif(ive). **–2.** [sensible] sensible.

afecto m affection f; sentir ~ **por alguien, tenerle ~ a alguien** avoir de l'affection pour qqn.

afectuoso, sa adj affectueux(euse).

afeitar vt raser. ◆ **afeitarse** vp se raser.

afelpado, da adj pelucheux(euse).

afeminado, da adj efféminé(e). ◆ **afeminado** m efféminé m.

afeminarse vp être efféminé.

aferrarse vt : ~ **(a)** lit & fig s'accrocher (à).

affaire m [negocio] affaire f.

afianzar vt **–1.** [idea] cautionner; [teoría] étayer; [pedido] appuyer; [sospechas] renforcer. **–2.** [pared etc] consolider, renforcer. ◆ **afianzarse** vp se cramponner; ~se con se raccrocher à; ~se en [una opinión] être conforté(e) dans.

afiche m Amer affiche f.

afición f **–1.** [inclinación] penchant m; por ~ par goût, pour le plaisir; tener ~ a algo aimer bien qqch. **–2.** [conjunto de aficionados] fans mpl; [al fútbol] supporters mpl; [al arte] amateurs mpl.

aficionado, da ◇ adj : ser ~ a algo être un grand amateur de qqch. ◇ m, f amateur mf; **para ser un ~ pinta bien** pour un amateur, il ne peint pas mal.

aficionar vt : ~ **a alguien a algo** faire aimer qqch à qqn. ◆ **aficionarse** vp : ~se **a algo** prendre goût à qqch, se passionner pour qqch.

afilado, da adj **–1.** [fino] effilé(e); [cuchillo] aiguisé(e); [lápiz] taillé(e). **–2.** fig [mordaz] incisif(ive).

afilador, ra ◇ adj à aiguiser (después de sust). ◇ m, f rémouleur m. ◆ **afiladora** f affûteuse f.

afilalápices m inv taille-crayon m.

afilar vt [cuchillo, tijeras] aiguiser; [lápiz] tailler.

afiliado, da m, f adhérent m, -e f; ~ **a** affilié m à.

afiliarse vp : ~ **a** [asociación] s'affilier à; [partido] adhérer à.

afín adj voisin(e); [gustos] commun(e); [materias] similaire.

afinar vt **–1.** MÚS [instrumento] accorder; [voz] poser. **–2.** [trabajo] peaufiner; [tiro] ajuster. **–3.** [metal] affiner.

afinidad f **–1.** [semejanza] affinité f. **–2.** [parentesco] : por ~ par alliance.

afirmación f affirmation f.

afirmar vt **–1.** [decir] affirmer. **–2.** [afianzar] conforter. **–3.** CONSTR renforcer. ◆ **afirmarse** vp **–1.** [asegurarse] se confirmer. **–2.** [ratificarse] : ~se en lo dicho maintenir ce que l'on a dit.

afirmativo, va adj affirmatif(ive); **en caso ~** dans l'affirmative.

aflicción f peine f profonde.

afligir vt affliger. ◆ **afligirse** vp être affligé(e).

aflojar ◇ vt **–1.** [cinturón, nudo] desserrer; [cuerda] donner du mou. **–2.** fam [dinero] filer. ◇ vi **–1.** [fiebre] baisser; [viento] tomber; [tormenta] se calmer. **–2.** fig [ceder] lâcher du lest.

aflorar vi lit & fig affleurer.

afluencia f affluence f, flot m.

afluente m affluent m.

afluir vi **–1.** [gente, fluido] : ~ **a** affluer à. **–2.** [río] : ~ **a** se jeter dans.

afonía f extinction f de voix.

afónico, ca adj aphone.

aforo m capacité f d'accueil.

afortunado, da ◇ adj **–1.** [agraciado] chanceux(euse); **es muy ~** il a beaucoup de chance. **–2.** [feliz] heureux(euse). ◇ m, f [en lotería] gagnant m, -e f.

afrancesado, da ◇ adj très français(e); **tiene un estilo ~** il a un style très français. ◇ m, f HIST partisan de Napoléon pendant la guerre d'Espagne.

afrenta f **–1.** [vergüenza] déshonneur m. **–2.** [agravio] affront m.

África Afrique f.

africano, na ◇ adj africain(e). ◇ m, f Africain m, -e f.

afro adj inv [peinado] afro; [música] africain(e).

afroamericano, na adj afro-américain(e).

afrodisíaco, ca, afrodisiaco, ca adj aphrodisiaque. ◆ **afrodisíaco, afrodisiaco** m aphrodisiaque m.

afrontar vt **–1.** [hacer frente] affronter. **–2.** [carear] confronter.

afuera adv dehors, à l'extérieur. ◆ **afueras** fpl : **las ~s** la banlieue, les environs mpl.

afuerita adv Amer fam dehors.

afusilar vt Amer fam fusiller.

agachar vt baisser (la tête etc). ◆ **agacharse** vp se baisser.

agalla f (gen pl) ZOOL ouïe f. ◆ **agallas** fpl fig cran m; tener ~s avoir du cran.

agarrada f → agarrado.

agarrado, da adj **-1.** [asido] accroché(e); ~ **(de)** accroché à; ~**s del brazo** bras dessus bras dessous; ~**s de la mano** main dans la main. **-2.** fam [tacaño] radin(e). ◆ **agarrado** m slow m. ◆ **agarrada** f fam prise f de bec.

agarrar ◇ vt **-1.** [asir] saisir. **-2.** [ladrón, enfermedad] attraper; ~**la** fam prendre une cuite. ◇ vi [planta] prendre. ◆ **agarrarse** vp **-1.** [sujetarse] s'accrocher; ~**se de** ◇ a algo se raccrocher à qqch; ~**se fuerte** se cramponner. **-2.** CULIN [pegarse] attacher. **-3.** fam fig [pelearse] s'accrocher. **-4.** [poner pretexto] : ~**se a algo** prendre qqch pour excuse.

agarrón m **-1.** [tirón] : **dar un** ~ **a alguien** empoigner qqn. **-2.** [altercado] empoignade f.

agarrotar vt [apretar – cuello] serrer; [– garganta] comprimer. ◆ **agarrotarse** vp **-1.** [entumecerse] s'engourdir. **-2.** [atascarse] s'enrayer.

agasajar vt traiter comme un roi(une reine); ~ **a alguien con algo** offrir qqch à qqn.

ágata f (el) agate f.

agazaparse vp **-1.** [esconderse] se tapir. **-2.** [agacharse] se pelotonner.

agencia f **-1.** [empresa] agence f; ~ **de aduanas** bureau m de douane; ~ **de viajes/de publicidad** agence de voyages/de publicité; ~ **inmobiliaria/matrimonial** agence immobilière/matrimoniale. **-2.** ECON succursale f.

agenda f **-1.** [gen] agenda m; ~ **de direcciones** carnet m d'adresses; ~ **de teléfonos** répertoire m téléphonique. **-2.** [de trabajo] programme m.

agente ◇ mf agent m; ~ **comercial** commercial m, -e f; ~ **de aduanas** douanier m; ~ **de cambio (y bolsa)** agent de change; ~ **secreto** agent secret. ◇ m [causa activa] agent m.

ágil adj **-1.** [movimiento, persona] agile. **-2.** [estilo] enlevé(e); [mente] alerte.

agilidad f agilité f.

agilizar vt faciliter.

agitación f agitation f.

agitador, ra ◇ adj violent(e). ◇ m, f agitateur m, -trice f.

agitar vt **-1.** [mover – botella etc] secouer; [– líquido] remuer; [– brazos] agiter. **-2.** [inquietar] agiter. **-3.** [alterar, perturbar] semer le trouble.

aglomeración f agglomération f; [de gente] foule f.

aglomerar vt agglomérer; [datos, pruebas] accumuler. ◆ **aglomerarse** vp s'amasser.

aglutinar vt **-1.** [pegar] agglutiner. **-2.** fig [reunir] regrouper; [esfuerzos] conjuguer; [ideas] rassembler.

agnóstico, ca adj & m, f agnostique.

ago. abrev de agosto.

agobiar vt accabler. ◆ **agobiarse** vp se sentir oppressé(e); **no te agobies** ne t'en fais pas.

agobio m [físico] étouffement m; **es un** ~ [psíquico] c'est pénible.

agolparse vp **-1.** [gente] s'attrouper; [sangre] affluer. **-2.** fig [problemas] s'accumuler.

agonía f **-1.** [gen] agonie f. **-2.** fig [angustia] angoisse f.

agonizante adj agonisant(e).

agonizar vi **-1.** [expirar, extinguirse] agoniser, être à l'agonie. **-2.** fig [sufrir] souffrir le martyre.

agorafobia f agoraphobie f.

agosto m **-1.** [mes] août m; ver también septiembre. **-2.** fig [cosecha] temps m des moissons. **-3.** loc : **hacer su** ~ faire son beurre.

agotado, da adj épuisé(e); ~ **de trabajar** épuisé par le travail.

agotador, ra adj épuisant(e).

agotamiento m épuisement m.

agotar vt épuiser.

agraciado, da ◇ adj **-1.** [atractivo] ravissant(e). **-2.** [afortunado] : ~ **con algo** qui a la chance de gagner qqch. ◇ m, f [afortunado] heureux gagnant m, heureuse gagnante f.

agraciar vt **-1.** [embellecer] embellir. **-2.** [conceder] accorder. **-3.** culto [premiar] : ~ **con** gratifier de.

agradable adj agréable.

agradar vi être agréable.

agradecer vt **-1.** [suj : persona] : ~ **algo a alguien** [dar las gracias] remercier qqn de qqch; [estar agradecido] être reconnaissant(e) à qqn de qqch. **-2.** [suj : cosas] apprécier.

agradecido, da adj reconnaissant(e).

agradecimiento m reconnaissance f.

agrado m **-1.** [gusto] plaisir m. **-2.** [afabilidad] complaisance f.

agrandar vt agrandir.

agrario, ria adj [reforma] agraire; [explotación, política] agricole.

agravante ◇ adj aggravant(e). ◇ m circonstance f aggravante.

agravar vt **-1.** [empeorar] aggraver. **-2.** [aumentar] augmenter (le poids de). ◆ **agravarse** vp s'aggraver.

agraviar vt offenser.

agravio m **-1.** [ofensa] offense f. **-2.** [perjuicio] injustice f.

agredir vt agresser.

agregado, da ◇ adj [añadido] ajouté(e). ◇ m, f **-1.** EDUC maître m auxiliaire. **-2.** [de embajada] attaché, -e f; ~ **cultural** attaché culturel. ◆ **agregado** m ajout m.

agregar vt : ~ (algo a algo) ajouter (qqch à qqch). ◆ **agregarse** vp : ~se (a algo) rejoindre (qqch).

agresión f [ataque] agression f.

agresividad f agressivité f.

agresivo, va adj **-1.** [ofensivo, provocativo] agressif(ive). **-2.** fig [emprendedor] dynamique.

agresor, ra m, f agresseur m.

agreste adj **-1.** [rural] rural(e). **-2.** [abrupto, rocoso] sauvage. **-3.** fig [basto, rudo] fruste.

agriar vt **-1.** [alimento] rendre aigre. **-2.** fig [carácter] aigrir. ◆ **agriarse** vp **-1.** [leche] tourner; [vino] devenir aigre. **-2.** fig [carácter] s'aigrir.

agrícola adj agricole.

agricultor, ra m, f agriculteur m, -trice f.

agricultura f agriculture f.

agridulce adj aigre-doux(aigre-douce).

agrietar vt [muro] lézarder; [tierra] crevasser; [labios, manos] gercer. ◆ **agrietarse** vp [labios, manos] se gercer.

agrio, gria adj **-1.** [ácido] aigre. **-2.** fig [desagradable] âpre. ◆ **agrios** mpl agrumes mpl.

agronomía f agronomie f.

agropecuario, ria adj agricole.

agrupación f **-1.** [asociación] groupe m. **-2.** [agrupamiento] regroupement m.

agrupamiento m [concentración] regroupement m.

agrupar vt grouper, regrouper.

agua f (el) eau f; ~ **bendita/destilada/dulce/potable** eau bénite/distillée/douce/potable; ~ **mineral** eau minérale; ~ **(mineral) con gas/sin gas** eau gazeuse/plate; **hacer** ~ NÁUT prendre l'eau; fig couler. ◆ **aguas** fpl **-1.** [manantial, de río, mar] eaux fpl; ~s **territoriales** ○ **jurisdiccionales** eaux territoriales. **-2.** [de tejado] pente f. **-3.** [de diamante] eau f. ◆ **(agua de) Colonia** f eau f de Cologne. ◆ **agua oxigenada** f eau f oxygénée.

aguacate m **-1.** [fruto] avocat m. **-2.** [árbol] avocatier m.

aguacero m averse f.

aguachirle m [café] lavasse f.

aguado, da adj **-1.** [vino etc] coupé(e); [sopa] trop liquide. **-2.** fig [estropeado] gâché(e). ◆ **aguada** f ARTE gouache f.

aguafiestas mf inv rabat-joie mf inv.

aguafuerte m f eau-forte f.

aguamarina f aigue-marine f.

aguamiel f Amer CULIN eau mélangée avec du sucre de canne.

aguanieve f neige f fondue.

aguantar ◇ vt **-1.** [gen] tenir. **-2.** [resistir, tolerar] supporter. **-3.** [contener] retenir. ◇ vi résister. ◆ **aguantarse** vp **-1.** [contenerse] se retenir. **-2.** [resignarse] faire avec.

aguante m **-1.** [paciencia] patience f. **-2.** [resistencia] résistance f; **tener** ~ être résistant(e).

aguar vt **-1.** [mezclar con agua] couper (avec de l'eau). **-2.** fig [estropear] gâcher. ◆ **aguarse** vp être gâché(e).

aguardar vt être dans l'attente de.

aguardiente m eau-de-vie f.

aguarrás m white-spirit m.

agudeza f **-1.** [delgadez] finesse f. **-2.** fig [de los sentidos, del ingenio] acuité f. **-3.** [dicho ingenioso] mot m d'esprit.

agudizar vt **-1.** [afilar] aiguiser. **-2.** fig [acentuar] accentuer. ◆ **agudizarse** vp **-1.** [crisis] devenir plus aigu(uë). **-2.** [ingenio] devenir plus subtil(e).

agudo, da adj **-1.** [gen] pointu(e); [crisis, voz, nota] aigu(uë); [problema, enfermedad] grave; [olor, sabor] fort(e). **-2.** fig [perspicaz – mente] vif(vive); [– oído] fin(e); [– vista] perçant(e). **-3.** fig [ingenioso] spirituel(elle). **-4.** GRAM: **palabra** ~ mot m accentué sur la dernière syllabe.

agüero m : **de buen/mal** ~ de bon/mauvais augure.

aguijón m **-1.** [de insecto] dard m. **-2.** [de planta] épine f.

aguijonear vt **-1.** [espolear – buey] aiguillonner; [– caballo] éperonner. **-2.** fig [estimular] titiller.

águila f (el) **-1.** [ave] aigle m. **-2.** fig [persona] lumière f.

aguileño, ña *adj* aquilin; **una nariz aguileña** un nez aquilin.

aguilucho *m* aiglon *m*.

aguinaldo *m* étrennes *fpl*.

aguja *f* aiguille *f*; ~ **hipodérmica** seringue *f* hypodermique. ◆ **agujas** *fpl* -1. [de res] aiguillettes *fpl*. -2. [de ferrocarril] aiguillage *m*.

agujerear *vt* percer un trou. ◆ **agujerearse** *vp* trouer; ~**se los calcetines** trouer ses chaussettes.

agujero *m* trou *m*; ~ **negro** ASTRON trou noir.

agujctas *fpl* courbatures *fpl*.

aguzar *vt* -1. [cuchillo, apetito] aiguiser. -2. *fig* [ingenio] affiner; ~ **el oído** tendre l'oreille.

ah *interj* : ¡~! ah!

ahí *adv* là; **la solución está** ~ c'est là qu'est la solution; ¡~ **tienes!** voilà!; **está por** ~ [en un lugar indefinido] il est quelque part par là; [fuera] il est sorti; **de** ~ **que** [por eso] d'où le fait que; **por** ~, **por** ~ à peu près; **por** ~ **va la cosa** c'est à peu près ça.

ahijado, da *m, f* -1. [de padrinos] filleul *m*, -e *f*. -2. *fig* [protegido] protégé *m*, -e *f*.

ahijuna, aijuna *interj Amer fam* : ¡~! putain!

ahínco *m* acharnement *m*.

ahogar *vt* -1. [asfixiar – en el agua] noyer; [– cubriendo boca y nariz] étouffer. -2. [estrangular] étrangler. -3. [extinguir, dominar] étouffer. ◆ **ahogarse** *vp* -1. [en el agua] se noyer. -2. [asfixiarse] s'étouffer. -3. *fig* [sofocarse] étouffer.

ahogo *m* -1. [asfixia] étouffement *m*. -2. *fig* [angustia] oppression *f*.

ahondar *vi* : ~ **(en algo)** [penetrar] s'enfoncer (dans qqch); *fig* [profundizar] approfondir (qqch).

ahora ◇ *adv* maintenant; ~ **vive en México** maintenant il vit au Mexique; ~ **nos vemos** on se voit tout à l'heure; ~ **mismo** [enseguida] tout de suite; [hace poco] à l'instant; **ha salido** ~ **mismo** il vient juste de sortir, il est sorti à l'instant; **ven** ~ **mismo** viens tout de suite; **por** ~ pour le moment. ◇ *conj* -1. [ya...ya] : **haga frío,** ~ **calor siempre viste igual** qu'il fasse froid ou qu'il fasse chaud, il s'habille toujours de la même façon. -2. [pero] mais; **dámelo,** ~ **no me hago responsable** donne-le moi, mais je n'en

prends pas la responsabilité; ~ **bien** cela dit.

ahorcado, da *m, f* pendu *m*, -e *f*.

ahorcar *vt* pendre. ◆ **ahorcarse** *vp* se pendre.

ahorita, ahoritita *adv Amer fam* tout de suite.

ahorrar *vt* économiser; [en el banco] épargner. ◆ **ahorrarse** *vp* [esfuerzos] s'épargner; [problemas] s'éviter.

ahorro *m* -1. [gen] épargne *f*. -2. *(gen pl)* [cantidad ahorrada] économies *fpl*. -3. *fig* [de tiempo] gain *m*.

ahuecar ◇ *vt* -1. [poner hueco] creuser; [tronco] évider; ~ **las manos** tendre le creux de la main. -2. [mullir – almohada] retaper; [– vestido] faire bouffer; [– tierra] ameublir. ◇ *vi fam* [irse] mettre les voiles. ◆ **ahuecarse** *vp fam fig* boire du petit-lait.

ahuevado, da *adj Amer fam* abruti(e).

ahumado, da *adj* fumé(e). ◆ **ahumado** *m* fumage *m*.

ahumar *vt* -1. [secar al humo] fumer. -2. [llenar de humo] enfumer. ◆ **ahumarse** *vp* -1. [saber a humo] prendre un goût de fumée. -2. [ennegrecerse de humo] noircir.

ahuyentar *vt* -1. [espantar, asustar] faire fuir. -2. *fig* [apartar] chasser.

airado, da *adj* irrité(e).

airar *vt* exaspérer.

aire *m* -1. [gen] air *m*; **al** ~ [al descubierto] à l'air; **al** ~ **libre** [en el exterior] en plein air; **estar algo en el** ~ [idea] être dans l'air; [proyecto] être encore vague; [rumor] circuler; **tomar el** ~ prendre l'air. -2. [garbo] allure *f*, [bailarina] grâce *f*. -3. *loc* : **a mi/tu etc** ~ à ma/ta etc guise. ◆ **aires** *mpl* [vanidad] airs *mpl*; **darse** ~**s** *fig* se donner de grands airs. ◆ **aire (acondicionado)** *m* air *m* conditionné.

airear *vt* -1. [ventilar] aérer. -2. *fig* [contar] ébruiter. ◆ **airearse** *vp* s'aérer.

airoso, sa *adj* -1. [garboso] gracieux(euse). -2. [triunfante] : **salir** ~ **de algo** s'en tirer brillamment.

aislado, da *adj* isolé(e).

aislar *vt* isoler.

aizkolari *m* DEP bûcheron participant à des compétitions sportives au Pays basque.

ajá *interj* -1. *fam* ¡~! [aprobación] voilà!. -2. ¡~! [sorpresa] ha!

ajardinado, da *adj* aménagé(e) en espaces verts.

ajedrez *m* échecs *mpl*.

ajeno, na *adj* **–1.** [de otro] d'autrui. **–2.** [extraño] : ~ **a** [negocio] étranger(ère) à; [carácter] contraire à; [voluntad] indépendant(e) de. **–3.** *fig* [libre] : ~ **de** libre de.

ajetreo *m* **–1.** [tarea] agitation *f*. **–2.** [animación] effervescence *f*.

ají *m Amer* piment *m*.

ajiaco *m Amer* CULIN *ragoût aux piments.*

ajillo ◆ al ajillo *loc adj* CULIN *avec une sauce à base d'huile, d'ail et de piment.*

ajo *m* ail *m*; **andar** ○ **estar en el** ~ *fig* être dans le coup.

ajuar *m* trousseau *m (de mariée).*

ajuntarse *vp fam* vivre ensemble.

ajustado, da *adj* **–1.** [ceñido – ropa] moulant(e); [– tuerca, resultado] serré(e). **–2.** [justo] correct(e); [precio] raisonnable. **◆ ajustado** *m* ajustage *m*.

ajustadores *mpl Amer* soutien-gorge *m*.

ajustar *vt* **–1.** [arreglar, adaptar; conducta] adapter; [horario] aménager. **–2.** [apretar] serrer. **–3.** [encajar] ajuster; [piezas] façonner; [ventana] calfeutrer. **–4.** [pactar – matrimonio] arranger; [– precio, paz] négocier; [– pleito] conclure. **–5.** *loc* : ~ **(las) cuentas** *fam* régler des comptes. **◆ ajustarse** *vp* : ~**se a** [adaptarse a] s'adapter à; [conformarse con] cadrer avec.

ajuste *m* ajustage *m*; [de piezas] façonnage *m*; [de mecanismo] réglage *m*; [de salario] ajustement *m*; ~ **de cuentas** *fig* règlement *m* de comptes.

al → **a, el.**

ala *f (el)* **–1.** [gen] aile *f*; [de tejado] pente *f*; [de sombrero] bord *m*; [de mesa] abattant *m*. **–2.** DEP ailier *m*. **–3.** *loc* : **dar** ~**s a alguien** donner des ailes à qqn. **◆ ala delta** *f* DEP deltaplane *m*.

alabanza *f* louange *f*.

alabar *vt* vanter; ~ **algo** faire les louanges de qqch.

alabastro *m* albâtre *m*.

alacena *f* placard *m* à provisions.

alacrán *m* ZOOL scorpion *m*.

alado, da *adj* [con alas] ailé(e).

alambique *m* alambic *m*.

alambrada *f* grillage *m*.

alambre *m* fil *m* de fer.

alameda *f* **–1.** [sitio con álamos] peupleraie *f*. **–2.** [paseo] promenade *f (bordée d'arbres).*

álamo *m* peuplier *m*.

alarde *m* : ~ **(de)** déploiement *m* (de); **hacer** ~ **de** faire étalage de.

alardear *vi* : ~ **de** se targuer de.

alargador, ra *adj* : **un cable** ~ un prolongateur. **◆ alargador** *m* rallonge *f*.

alargar *vt* **–1.** [mangas, falda etc] rallonger. **–2.** [viaje, plazo, conversación] prolonger. **–3.** [pasar] : ~ **algo a alguien** passer qqch à qqn. **–4.** *fig* [ampliar – ración] augmenter; [– territorio] étendre. **◆ alargarse** *vp* **–1.** [hacerse más largo – días] rallonger; [– reunión] se prolonger. **–2.** *fig* [en comentarios] se répandre.

alarido *m* hurlement *m*.

alarma *f* **–1.** [aparato, inquietud] alarme *f*; **dar la** ~ sonner l'alarme. **–2.** MIL alerte *f*.

alarmante *adj* alarmant(e).

alarmar *vt* **–1.** [dar la alarma] alerter. **–2.** *fig* [asustar] alarmer. **◆ alarmarse** *vp* [asustarse] s'alarmer.

alazán, ana *adj* alezan(e).

alba *f (el)* aube *f*.

albacea *mf* exécuteur *m*, -trice *f* testamentaire.

albahaca *f* basilic *m*.

albaicín *m quartier d'une ville construit à flanc de colline, en particulier à Grenade (el Albaicín).*

Albania Albanie *f*.

albañil *m* maçon *m*.

albañilería *f* maçonnerie *f*.

albarán *m* bon *m* de livraison.

albaricoque *m* **–1.** [fruto] abricot *m*. **–2.** [árbol] abricotier *m*.

albatros *m* albatros *m*.

albedrío *m* [antojo, elección] guise *f*; **libre** ~ libre arbitre *m*.

alberca *f* **–1.** [gen] bassin *m*; [artificial] réservoir *m* d'eau. **–2.** *Amer* [piscina] piscine *f*.

albergar *vt* **–1.** [personas] héberger. **–2.** [sentimientos] nourrir; [esperanzas] caresser. **◆ albergarse** *vp* loger.

albergue *m* hébergement *m*; [de montaña] refuge *m*; ~ **de juventud** ○ **juvenil** auberge *f* de jeunesse.

albino, na *adj & m, f* albinos.

albis ◆ in albis *loc adv* : **estar/quedarse in** ~ [ignorancia] ne rien entendre; [distracción] avoir la tête ailleurs.

albóndiga *f* boulette *f* (de viande).

albor *m* **–1.** [blancura] blancheur *f*. **–2.** [luz del alba] lueur *f* du jour. **–3.** *(gen pl) fig* [principio] aube *f*.

alborada f **-1.** [amanecer] petit matin m. **-2.** LITER & MÚS aubade f.

alborear v impers poindre (le jour).

albornoz m peignoir m (de bain).

alborotar ◇ vi chahuter. ◇ vt **-1.** [perturbar] mettre en émoi. **-2.** [amotinar] ameuter. **-3.** [desordenar] mettre sens dessus dessous. ◆ **alborotarse** vp [perturbarse] s'affoler.

alboroto m **-1.** [ruido] tapage m, vacarme m. **-2.** [jaleo] agitation f. **-3.** [desorden] bazar m.

alborozar vt transporter de joie.

alborozo m débordement m de joie.

albufera f marécage m (du Levant espagnol).

álbum m album m.

albúmina f albumine f.

alcachofa f **-1.** BOT artichaut m. **-2.** [de ducha, regadera] pomme f; [de tubo] crépine f.

alcahuete, ta m, f **-1.** [mediador] entremetteur m, -euse f. **-2.** [chismoso] commère f.

alcalde, desa m, f maire m; **la alcaldesa** [mujer alcalde] Madame le maire; [mujer del alcalde] la femme du maire.

alcaldía f **-1.** [cargo, lugar] mairie f. **-2.** [jurisdicción] commune f.

alcance m portée f; **al ~ de** à portée de; **al ~ de la mano** à la portée de la main; **a mi/a tu etc ~** à ma/à ta etc portée; **dar ~ a alguien** rattraper qqn; **de corto/largo~** [arma] à faible/longue portée; **de pocos ~s** [persona] limité(e) intellectuellement; **fuera de ~** hors d'atteinte, hors de portée.

alcanfor m camphre m.

alcantarilla f égout m.

alcantarillado m : **el ~** les égouts mpl.

alcanzar ◇ vt **-1.** [llegar a, dar en] atteindre. **-2.** [igualarse con] rattraper. **-3.** [coger, agarrar] attraper. **-4.** [entregar] passer. **-5.** [lograr] obtenir. **-6.** [afectar] toucher, frapper. ◇ vi **-1.** [ser suficiente] : **~ para algo/hacer algo** suffire pour qqch/faire qqch. **-2.** [poder] : **~ a hacer algo** arriver à faire qqch.

alcaparra f câpre f.

alcayata f [clavo] piton m.

alcázar m alcazar m.

alce m ZOOL élan m.

alcoba f chambre f à coucher.

alcohol m alcool m .

alcoholemia f taux m d'alcool dans le sang, alcoolémie f.

alcohólico, ca ◇ adj **-1.** [bebida] alcoolisé(e). **-2.** [persona] alcoolique. ◇ m, f alcoolique mf.

alcoholímetro m **-1.** [para bebida] alcoomètre m. **-2.** [para la sangre] Alcootest® m.

alcoholismo m alcoolisme m.

alcohotest m Alcootest® m.

alcornoque m **-1.** [árbol, madera] chêne-liège m. **-2.** fig [persona] empoté(e).

aldaba f **-1.** [llamador] marteau m. **-2.** [pestillo] loquet m.

aldea f petit village m, hameau m.

aldeano, na m, f villageois m, -e f.

ale interj : ¡~! allez!

aleación f alliage m.

aleatorio, ria adj aléatoire.

alebrestarse vp Amer **-1.** [rebelarse] se soulever. **-2.** [ponerse nervioso] s'énerver.

aleccionar vt **-1.** [enseñar] : **~ algo a alguien** apprendre qqch à qqn. **-2.** [corregir] : **~ a alguien** faire la leçon à qqn.

alegación f argument m.

alegar vt [motivos] alléguer, prétexter; [pruebas, argumentos] avancer.

alegato m plaidoyer m.

alegoría f allégorie f.

alegórico, ca adj allégorique.

alegrar vt **-1.** [persona] : **~ a alguien** faire plaisir à qqn. **-2.** fig [habitación etc] égayer. **-3.** fig [achispar] griser. ◆ **alegrarse** vp **-1.** [sentir alegría] se réjouir, être content(e). **-2.** fig [achisparse] être un peu gai(e).

alegre adj **-1.** [gen] gai(e), joyeux(euse); [cara] réjoui(e); [noticia] heureux(euse). **-2.** [que da alegría] réjouissant(e). **-3.** fig [irreflexivo] insouciant(e). **-4.** fam [achispado] gai(e). **-5.** fig [deshonesto - vida] dissolu(e); [- moral] léger(ère); [- mujer] facile.

alegría f **-1.** [sentimiento] joie f; **me da mucha ~ verte** je suis très heureux ⌐ cela me fait très plaisir de te voir. **-2.** [calidad] gaieté f. **-3.** fig [irresponsabilidad] légèreté f, insouciance f.

alejamiento m éloignement m.

alejar vt **-1.** [poner más lejos] éloigner, écarter. **-2.** fig [ahuyentar] chasser. ◆ **alejarse** vp s'éloigner, s'écarter.

aleluya ⌐ m ⌐ f alléluia m. ⌐ interj : ¡~! alléluia!

alemán. ana ◇ *adj* allemand(e). ◇ *m, f*
[persona] Allemand *m*, -e *f*. ◆ **alemán** *m*
[idioma] allemand *m*.

Alemania Allemagne *f*.

alentador. ra *adj* encourageant(e).

alentar *vt* encourager.

alergia *f lit & fig* allergie *f*; **tener ~ a algo**
être allergique à qqch.

alérgico. ca *adj lit & fig* : **~ (a)** allergique
(à).

alero *m* **-1.** [del tejado] auvent *m*. **-2.** DEP
ailier *m*.

alerta ◇ *adv* : **estar ~** être sur ses gardes,
être sur le qui-vive. ◇ *f* alerte *f*; **dar la voz
de ~** donner l'alerte. ◇ *interj* : **¡~!** alerte!

alertar *vt* alerter.

aleta *f* **-1.** [de pez] nageoire *f*. **-2.** [de
buzo] palme *f*. **-3.** [de nariz, coche] aile *f*.

aletargar *vt* engourdir, donner envie de
dormir à. ◆ **aletargarse** *vp* [animal] hi-
berner; [persona] s'assoupir.

aletear *vi* battre des ailes.

alevín *m* **-1.** [cría de pez] alevin *m*. **-2.** *fig*
[en una profesión] débutant *m*, -e *f*; DEP
poussin *m*, -e *f*.

alevosía *f* [traición] traîtrise *f*.

alfabetizar *vt* **-1.** [personas] alphabétiser.
-2. [palabras, letras] classer par ordre al-
phabétique.

alfabeto *m* alphabet *m*.

alfalfa *f* luzerne *f*.

alfarería *f* poterie *f*.

alférez *m* ≃ sous-lieutenant *m*.

alfil *m* fou *m* (aux échecs).

alfiler *m* épingle *f*; **~ de corbata** épingle
à cravate; **~ de gancho** *Amer* épingle *f* à
nourrice.

alfombra *f* tapis *m*.

alfombrar *vt* tapisser (le sol).

alfombrilla *f* **-1.** [alfombra pequeña] car-
pette *f*. **-2.** [felpudo] paillasson *m*. **-3.** [del
baño] tapis *m* de bain.

alforja *f* (gen pl) [de persona] besace *f*; [de
caballo] sacoche *f* (de selle).

alga *f* (el) algue *f*.

algarroba *f* **-1.** [planta] vesce *f*. **-2.** [fruto]
caroube *f*.

algarrobo *m* caroubier *m*.

algazara *f* : **con gran ~** à grand bruit.

álgebra *f* (el) algèbre *f*.

álgido. da *adj* [punto] culminant(e); mo-
mento] critique. fort(e).

algo ◇ *pron* quelque chose; **¿tienes ~
que decir?** as-tu quelque chose à dire?;
por ~ lo habrá dicho ce n'est pas pour
rien qu'il l'a dit; **por ~ será** il y a certai-
nement une raison; **~ de** un peu de; **~ de
dinero** un peu d'argent; **~ es ~** c'est
mieux que rien, c'est toujours ça. ◇ *adv*
un peu, légèrement; **es ~ presumida** elle
est un peu prétentieuse.

algodón *m* coton *m*; **~ (hidrófilo)** coton
(hydrophile); **criado entre algodones** *fig*
élevé dans du coton.

algoritmo *m* INFORM algorithme *m*.

alguacil *m* huissier *m*.

alguien *pron* quelqu'un; **¿hay ~ en casa?**
il y a quelqu'un?; **llegará a ser ~** il de-
viendra quelqu'un.

alguno. na ◇ *adj* (antes de sust masculino :
algún) **-1.** [indeterminado] un, une,
quelque; **algún día** un jour; **algún
tiempo** quelque temps; **algunas veces**
quelquefois; **en algún sitio** quelque part;
en ~s casos dans certains cas; **~ que
otro** quelques-uns. **-2.** (después de sust)
[ninguno] aucun(e); **no hay mejora al-
guna** il n'y a aucune amélioration. ◇ *pron*
[alguien] quelqu'un; [cosa] : **¿te gustó ~?**
est-ce qu'il y en a un qui t'a plu?; **~s de,
~s (de)** entre certains(es) de, quelques-
uns(quelques-unes) de; **~s de sus ami-
gos no vinieron** certains de ses amis ne
sont pas venus; **~s de entre ellos se fue-
ron a esquiar** quelques-uns d'entre eux
sont allés faire du ski.

alhaja *f* **-1.** [joya] bijou *m*. **-2.** [objeto de
valor] joyau *m*.

aliado. da *adj* allié(e).

alianza *f* alliance *f*.

aliar *vt* allier. ◆ **aliarse** *vp* s'allier.

alias ◇ *adv* alias. ◇ *m* surnom *m*; [de es-
critor] pseudonyme *m*.

alicaído. da *adj* **-1.** [triste] abattu(e). **-2.**
fig [débil] affaibli(e).

alicates *mpl* pince *f*.

aliciente *m* **-1.** [incentivo] encourage-
ment *m*. **-2.** [atractivo] attrait *m*.

alienación *f* aliénation *f*.

alienar *vt* **-1.** [enajenar] rendre fou(folle).
-2. FILOSOFÍA aliéner. ◆ **alienarse** *vp* de-
venir fou(folle).

aliento *m* **-1.** [respiración, hálito] haleine
f; **cobrar ~** reprendre haleine; son
souffle; **quedarse sin ~** [cortarse la res-
piración] être hors d'haleine, être à bout

de souffle; [sorprenderse, admirarse] avoir le souffle coupé. **-2.** *fig* [ánimo] **courage** *m*.

aligerar *vt* **-1.** [peso] alléger. **-2.** [ritmo] accélérer; [paso] hâter. **-3.** *fig* [dolor] soulager.

alijo *m* marchandise *f* de contrebande.

alimaña *f* animal *m* nuisible.

alimentación *f* alimentation *f*.

alimentar ◇ *vt* [persona, animal, sentimiento] nourrir; [fuego, relación etc] entretenir; [máquina etc] alimenter. ◇ *vi* [nutrir] être nourrissant(e). ◆ **alimentarse** *vp* [comer] se nourrir, s'alimenter.

alimenticio, cia *adj* alimentaire; [nutritivo] nourrissant(e).

alimento *m* **-1.** [gen] aliment *m*. **-2.** [comida, fomento] nourriture *f*.

alineación *f* **-1.** [en el espacio] alignement *m*. **-2.** DEP composition *f* (d'une équipe).

aliñar *vt* assaisonner.

aliño *m* assaisonnement *m*.

alioli *m* CULIN aïoli *m*.

alirón *interj* : ¡~!, ¡~! hip, hip, hip, hourra!

alisar *vt* [el pelo] lisser; [papel] défroisser. ◆ **alisarse** *vp* : ~se el pelo se lisser les cheveux.

alistarse *vp* MIL s'engager.

aliviar *vt* **-1.** [calmar – dolor etc] calmer, atténuer; [– ánimo] apaiser. **-2.** [aligerar – persona] soulager; [– carga] alléger.

alivio *m* soulagement *m*.

aljibe *m* **-1.** [de agua] citerne *f*. **-2.** NÁUT bateau-citerne *m*.

allá *adv* **-1.** [espacio] là-bas; ~ **abajo** là en bas; ~ **arriba** là-haut; **más** ~ plus loin; **más** ~ **de** au-delà de. **-2.** [tiempo] : ~ **por los años veinte** autrefois, dans les années vingt; ~ **para Navidad** aux environs de Noël. **-3.** *loc* : ~ **él/ella etc** libre à lui/elle etc. ◆ **el más allá** *m* l'au-delà *m*.

allanamiento *m* : **proceder al** ~ entrer par la force; ~ **de morada** violation *f* de domicile.

allegado, da ◇ *adj* proche. ◇ *m, f* **-1.** [familiar] proche parent *m*, -e *f*; **los** ~**s** les proches *mpl*. **-2.** [amigo] proche *m*.

allí *adv* **-1.** [gen] là, là-bas; ~ **nació** c'est là-bas qu'elle est née; ~ **mismo** à cet endroit-là; **está por** ~ il est quelque part par-là; **voy hacia** ~ j'y vais. **-2.** [entonces] : **hasta** ~ jusqu'alors, jusque-là.

alma *f* (el) **-1.** [gen] âme *f*. **-2.** [núcleo] cœur *m*. **-3.** *loc* : **partir el** ~ **a alguien** briser le cœur de ◊ à qqn; **sentirlo en** ◊ **con el** ~ regretter du fond du cœur; **ser un** ~ **de cántaro** être sans cœur.

almacén *m* magasin *m*. ◆ **(grandes) almacenes** *mpl* grand magasin *m*.

almacenar *vt* **-1.** [guardar] stocker. **-2.** [reunir] collectionner.

almendra *f* amande *f*.

almendrado, da *adj* en amande. ◆ **almendrado** *m* CULIN pâte *f* d'amande; **de** ◊ aux amandes.

almendro *m* amandier *m*.

almíbar *m* sirop *m*.

almidón *m* amidon *m*.

almidonar *vt* amidonner, empeser.

almirantazgo *m* amirauté *f*.

almirante *m* amiral *m*.

almohada *f* oreiller *m*.

almohadilla *f* petit coussin *m*, coussinet *m*.

almorrana *f* (gen pl) hémorroïde *f*.

almorzar ◇ *vt* **-1.** [al mediodía] manger au déjeuner. **-2.** [a media mañana] : ~ **un bocadillo** prendre un sandwich. ◇ *vi* **-1.** [al mediodía] déjeuner. **-2.** [a media mañana] prendre un en-cas.

almuerzo *m* **-1.** [al mediodía] déjeuner *m*. **-2.** [a media mañana] *en-cas pris entre le petit déjeuner et le déjeuner*.

aló *interj* Amer : ¿~? allô?

alocado, da *m, f* fou *m*, folle *f*.

alojamiento *m* logement *m* .

alojar *vt* [gen] loger; [hospedar] héberger. ◆ **alojarse** *vp* **-1.** [hospedarse] loger; ~**se en el hotel** descendre à l'hôtel, passer la nuit à l'hôtel. **-2.** [introducirse] se loger.

alondra *f* alouette *f*.

alpaca *f* **-1.** [animal, tejido] alpaga *m*. **-2.** MINERÍA maillechort *m*.

alpargata *f* (gen pl) espadrille *f*.

Alpes : **los** ~ les Alpes *fpl*.

alpinismo *m* alpinisme *m*.

alpinista *mf* alpiniste *mf*.

alpino, na *adj* alpin(e).

alpiste *m* **-1.** [planta] alpiste *m*. **-2.** [semilla para aves] millet *m* long.

alquilar *vt* louer. ◆ **alquilarse** *vp* se louer; [casa, oficina] être à louer; 'se **alquila'** 'à louer'.

alquiler *m* **-1.** [acción] location *f*; **de** ~ **de** location; **tenemos pisos de** ~ nous avons des appartements à louer. **-2.** [precio – de casa, oficina] loyer m; [– de televisión, coche] location f.

alquimia f alchimie f.

alquitrán m goudron m.

alrededor adv -1. [en torno] : ~ (de) autour (de); a tu ~ autour de toi; de ~ environnant(e). -2. [aproximadamente] : ~ de environ, aux alentours de. ◆ **alrededores** mpl environs mpl, alentours mpl.

alta f → **alto**.

altanería f morgue f, suffisance f.

altar m autel m .

altavoz m haut-parleur m.

alteración f -1. [cambio] modification f. -2. [excitación] agitation f. -3. [alboroto] trouble m.

alterar vt -1. [cambiar] modifier. -2. [perturbar] troubler. -3. [estropear] altérer, détériorer; [alimentos] gâter. ◆ **alterarse** vp -1. [perturbarse] se troubler. -2. [estropearse] se détériorer; [alimentos] se gâter.

altercado m altercation f.

alternador m alternateur m.

alternar ◇ vt faire alterner. ◇ vi -1. [relacionarse] nouer des relations; ~ con alguien fréquenter qqn. -2. [sucederse] : ~ con alterner avec. ◆ **alternarse** vp -1. [en el tiempo] se relayer. -2. [en el espacio] alterner.

alternativo, va adj alternatif(ive). ◆ **alternativa** f [opción] alternative f.

alterne m : un bar de ~ un bar à entraîneuses.

alterno, na adj -1. [corriente] alternatif(ive). -2. GEOM alterne.

alteza f fig [de sentimientos] grandeur d'âme. ◆ **Alteza** f [tratamiento] Altesse f; Su Alteza Real Son Altesse Royale.

altibajos mpl -1. [del terreno] irrégularités fpl. -2. fig [de vida] : **los** ~ les hauts et les bas mpl.

altillo m -1. [armario] placard situé en hauteur dans une niche. -2. [cerro] mamelon m.

altiplano m haut plateau m.

altísimo, ma adj très haut(e).

altisonante adj pompeux(euse).

altitud f altitude f.

altivez f morgue f, suffisance f.

altivo, va adj hautain(e).

alto, ta adj -1. [gen] haut(e); [persona, árbol] grand(e); [precio] élevé(e); [calidad] supérieur(e). -2. [música, voz] fort(e). -3. [hora] avancé(e). ◆ **alto** ◇ m -1. [altura, lugar elevado] hauteur f. -2. [interrupción]

halte f. -3. MÚS alto m. -4. loc : pasar por ~ passer sous silence; por todo lo ~ en grand. ◇ adv -1. [arriba] haut. -2. [en voz fuerte] fort. ◇ interj : ¡~! halte! ◆ **alta** f (el) -1. [de enfermedad] fin de l'arrêt maladie; dar de alta ○ el alta donner l'autorisation de reprendre le travail. -2. [documento] autorisation f de sortie. -3. [en organismo] inscription f .

altoparlante m Amer haut-parleur m.

altramuz m lupin m.

altruismo m altruisme m.

altura f -1. [gen] hauteur f; tiene dos metros de ~ [gen] cela a deux mètres de haut; [persona] il mesure deux mètres. -2. [en el mar] haute mer f; [altitud] altitude f. -3. [nivel, valor] niveau m; a la ~ de au niveau de. ◆ **alturas** fpl -1. [el cielo] cieux mpl. -2. loc : a estas ~ à cette date.

alubia f haricot m blanc.

alucinación f hallucination f.

alucinado, da adj -1. [que tiene alucinaciones] halluciné(e). -2. fam fig [sorprendido] épaté(e); estoy ~ je n'en reviens pas.

alucinante adj lit & fig hallucinant(e).

alucinar ◇ vi -1. [desvariar] avoir des hallucinations, délirer. -2. fam [equivocarse] rêver, halluciner. ◇ vt fam fig [seducir] épater.

alucinógeno, na adj hallucinogène. ◆ **alucinógeno** m hallucinogène m.

alud m lit & fig avalanche f.

aludido, da m, f personne f visée; darse por ~ se sentir visé.

aludir vi : ~ a [sin mencionar] faire allusion à; [mencionar] évoquer.

alumbrado m éclairage m .

alumbramiento m -1. [mediante luz] éclairage m. -2. [parto] mise f au monde.

alumbrar ◇ vt -1. [iluminar, instruir] éclairer. -2. [dar a luz] mettre au monde. ◇ vi [iluminar] éclairer.

aluminio m aluminium m.

alumnado m effectif m scolaire.

alumno, na m, f élève mf.

alunizar vi atterrir sur la Lune.

alusión f allusion f; hacer ~ a faire allusion à.

alusivo, va adj allusif(ive); ~ (a) faisant allusion à.

aluvión m -1. [inundación] crue f. -2. [depósito] alluvion f. -3. fig [gran cantidad] flot m.

alvéolo, alveolo *m* alvéole *f*.

alza *f (el)* hausse *f*; **en ~** en hausse.

alzamiento *m* soulèvement *m*.

alzar *vt* **-1.** [levantar] lever; [voz] élever; [tono] hausser. **-2.** [aumentar, enderezar] relever; [edificio] élever. **-3.** [sublevar] soulever. ◆ **alzarse** *vp* **-1.** [levantarse] se lever. **-2.** [sublevarse] se soulever.

a.m. (*abrev de* ante meridiem) a.m.

ama *f* → amo.

amabilidad *f* amabilité *f*.

amabilísimo, ma *superl* → amable.

amable *adj* aimable.

amaestrado, da *adj* dressé(e).

amaestrar *vt* dresser.

amagar ◇ *vt* **-1.** [dar indicios de] annoncer. **-2.** [mostrar intención] esquisser. ◇ *vi* [ser inminente] menacer.

amago *m* **-1.** [indicio] signe *m* avant-coureur. **-2.** [amenaza] menace *f*.

amainar *vi* **-1.** [temporal] se calmer; [viento] faiblir. **-2.** *fig* [enfado] passer.

amalgama *f* amalgame *m*.

amalgamar *vt* amalgamer.

amamantar *vt* allaiter.

amanecer ◇ *m* lever *m* du jour. ◇ *v impers* commencer à faire jour. ◇ *vi* [en un lugar] arriver au lever du jour.

amanerado, da *adj* **-1.** [afeminado] efféminé(e). **-2.** [afectado] maniéré(e).

amansar *vt* **-1.** [animal, pasiones] dompter. **-2.** *fig* [persona] calmer. ◆ **amansarse** *vp* se calmer.

amante *mf* **-1.** [querido] amant *m*, maîtresse *f*. **-2.** *fig* [aficionado] : **ser ~ de algo/de hacer algo** aimer qqch/faire qqch.

amañar *vt* [falsear] truquer; [resultado] fausser; [documento] falsifier.

amaño *m* (*gen pl*) [treta] ruse *f*.

amapola *f* **-1.** [flor] coquelicot *m*. **-2.** [semilla] pavot *m*.

amar *vt* aimer.

amaranto *m* amarante *f*.

amargado, da *adj & mf* aigri(e).

amargar *vt* **-1.** [alimento] donner un goût amer à. **-2.** *fig* [comida, día] gâcher; **~ la vida** gâcher la vie. ◆ **amargarse** *vp* **-1.** [alimento] devenir aigre. **-2.** *fig* [persona] s'aigrir.

amargo, ga *adj lit & fig* amer(ère).

amargor *m* [sabor] amertume *f*.

amargoso, sa *adj Amer* amer(ère).

amargura *f* [sentimiento] amertume *f*.

amarillento, ta *adj* jaunâtre.

amarillo, lla *adj* **-1.** [color] jaune. **-2.** PRENSA à sensation (*después de sust*). ◆ **amarillo** *m* [color] jaune *m*.

amarilloso, sa *adj Amer* jaunâtre.

amarra *f* amarre *f*.

amarrar *vt* **-1.** NÁUT amarrer. **-2.** [sujetar] : **~ algo/alguien (a algo)** attacher qqch/qqn (à qqch).

amarre *m* amarrage *m*.

amarrete *Amer adj fam* rapiat(e).

amasar *vt* **-1.** [masa] pétrir. **-2.** *fam fig* [riquezas] amasser.

amasia *f Amer* [amante] maîtresse.

amasiato *m Amer* concubinage.

amasijo *m fam fig* [mezcla] ramassis *m*.

amateur *adj & mf* amateur *m*.

amazona *f* **-1.** MITOL amazone *f*. **-2.** *fig* [jinete] cavalière *f*.

Amazonas *m* : **el ~** l'Amazone.

Amazonia Amazonie *f*.

amazónico, ca ◇ *adj* amazonien(enne). ◇ *m, f* Amazonien *m*, -enne *f*.

ámbar *m* ambre *m*.

ambición *f* ambition *f*.

ambicionar *vt* avoir l'ambition de, désirer.

ambicioso, sa *adj & m, f* ambitieux(euse).

ambidextro, tra *adj & m, f* ambidextre.

ambientación *f* RADIO, CIN & TEATR bruitage *m*.

ambientador *m* désodorisant *m*.

ambiental *adj* **-1.** [físico, atmosférico] ambiant(e). **-2.** ECOLOGÍA de l'environnement, environnemental(e).

ambiente ◇ *adj* ambiant(e). ◇ *m* **-1.** [aire] air *m*, atmosphère *f*. **-2.** [circunstancias] environnement *m*. **-3.** [ámbito] milieu *m*. **-4.** [animación] ambiance *f*.

ambigüedad *f* ambiguïté *f*.

ambiguo, gua *adj* ambigu(uë).

ámbito *m* **-1.** [espacio, límites] enceinte *f*; [de una ley] portée *f*. **-2.** [ambiente] milieu *m*.

ambivalente *adj* ambivalent(e).

ambos, bas ◇ *pron pl* tous les deux(toutes les deux). ◇ *adj pl* les deux.

ambulancia *f* ambulance *f*.

ambulante *adj* ambulant(e).

ambulatorio *m* dispensaire *m*.

ameba, amiba *f* amibe *f*.

amedrentar *vt* : ~ **a** effrayer, faire peur à. ◆ **amedrentarse** *vp* s'effrayer, avoir peur.

amén *adv* [en plegaria] amen; **en un decir** ~ *fig* en moins de temps qu'il n'en faut pour le dire.

amenaza *f* -1. [peligro] menace *f*; ~ **de muerte** menace de mort. -2. [aviso] alerte *f*; ~ **de bomba** alerte à la bombe.

amenazar *vt* menacer; **amenaza lluvia** il menace de pleuvoir; ~ **a alguien con algo/con hacer algo** menacer qqn de qqch/de faire qqch; ~ **a alguien de algo** menacer qqn de qqch.

amenidad *f* [entretenimiento] entrain *m*; [agrado] agrément *m*, charme *m*.

amenizar *vt fig* égayer.

ameno, na *adj* agréable.

América Amérique *f*; ~ **Central/del Norte/del Sur** Amérique centrale/du Nord/du Sud.

americana *f* → americano.

americanismo *m* américanisme *m*.

americano, na ◇ *adj* américain(e). ◇ *m, f* Américain *m*, -e *f*. ◆ **americana** *f* [chaqueta] veste *f*.

ameritar *vt Amer* mériter.

amerizar *vi* amerrir.

ametralladora *f* mitrailleuse *f*.

ametrallar *vt* mitrailler.

amianto *m* amiante *m*.

amiba = ameba.

amígdala *f* amygdale *f*.

amigdalitis *f* amygdalite *f*.

amigo, ga ◇ *adj* -1. [gen] ami(e); **hacerse** ~ **de** devenir ami avec; **hacerse** ~**s de** se devenir amis. -2. [aficionado] : **ser** ~ **de algo** être amateur de qqch. ◇ *m, f* -1. [gen] ami *m*, -e *f*. -2. *fam* [novio] petit ami *m*, petite amie *f*.

amigote, amiguete *m fam* copain *m*, pote *m*.

amiguismo *m* copinage *m*.

aminoácido *m* acide *m* aminé.

aminorar ◇ *vt* réduire; [paso etc] ralentir. ◇ *vi* diminuer.

amistad *f lit & fig* amitié *f*; **hacer** ○ **trabar** ~ **(con)** lier amitié (avec), se lier d'amitié (avec). ◆ **amistades** *fpl* amis *mpl*, relations *fpl*.

amistoso, sa *adj* amical(e); **consejo** ~ conseil d'ami.

amnesia *f* amnésie *f*.

amnistía *f* amnistie *f*.

amnistiar *vt* amnistier.

amo, ama *m, f* -1. [dueño] maître *m*, maîtresse *f*. -2. [propietario] propriétaire *mf*. -3. [jefe] patron *m*, -onne *f*. ◆ **ama de casa** *f* maîtresse *f* de maison. ◆ **ama de cría** *f* nourrice *f*. ◆ **ama de llaves** *f* gouvernante *f*.

amodorrarse *vp* s'assoupir.

amoldar *vt* : ~ **algo (a)** adapter ○ ajuster qqch (à). ◆ **amoldarse** *vp* [adaptarse] : ~**se a** s'adapter à.

amonestación *f* -1. [reprimenda] réprimande *f*. -2. DEP avertissement *m*. ◆ **amonestaciones** *fpl* [de boda] bans *mpl*.

amonestar *vt* -1. [reprender] réprimander. -2. DEP donner un avertissement à. -3. [anunciar boda] publier les bans de.

amoníaco, amoniaco *m* -1. [gas] ammoniac *m*. -2. [disolución] ammoniaque *f*.

amontonar *vt* -1. [apilar] entasser. -2. [reunir – pruebas, recuerdos] accumuler; [– riqueza] amasser. ◆ **amontonarse** *vp* -1. [personas] se masser. -2. [problemas, trabajo] s'accumuler; [ideas, solicitudes] se bousculer.

amor *m* amour *m*; **hacer el** ~ faire l'amour; **por** ~ **al arte** pour l'amour de l'art; **¡por el** ~ **de Dios!** pour l'amour de Dieu! ◆ **amor propio** *m* amour-propre *m*.

amoral *adj* amoral(e).

amoratado, da *adj* violacé(e).

amoratar *vt* [suj : el frío] rendre violacé(e); [suj : persona] contusionner. ◆ **amoratarse** *vp* [por el frío] violacer; [por golpes] bleuir.

amordazar *vt* [persona] bâillonner; [animal] museler.

amorfo, fa *adj lit & fig* amorphe.

amorío *m fam* [romance] flirt *m*; **los** ~**s de su juventud** ses amours de jeunesse.

amoroso, sa *adj* [persona] aimant(e), affectueux(euse); [ademán, relación] amoureux(euse); [carta] d'amour (*después de sust*).

amortajar *vt* [difunto] ensevelir.

amortiguador, ra *adj* amortisseur(euse). ◆ **amortiguador** *m* [en automóvil] amortisseur *m*.

amortiguar *vt* [ruido, golpe] amortir.

amortización *f* ECON amortissement *m*.

amortizar *vt* amortir.

amotinar *vt* soulever; [muchedumbre] ameuter. ◆ **amotinarse** *vp* [pueblo] se soulever; [presos, soldados] se mutiner.

amparar *vt* protéger. ◆ **ampararse** *vp* **-1.** *fig* [apoyarse] : ~**se en** [ley] s'abriter derrière; [excusas] se retrancher derrière. **-2.** [cobijarse] : ~**se de** o **contra** se protéger de o contre.

amparo *m* **-1.** [protección] protection *f*. **-2.** [refugio] abri *m*; **al** ~ **de** [persona, ley] sous la protection de; [caridad, fortuna] à l'aide de; [lluvia, desastre] à l'abri de.

amperio *m* ampère *m*.

ampliación *f* **-1.** [de foto, local] agrandissement *m*; [de carretera] élargissement *m*; [de plazo] prolongation *f*; [de negocio] développement *m*. **-2.** [de número] augmentation *f*; ~ **de capital** ECON augmentation de capital.

ampliar *vt* **-1.** [foto, local] agrandir; [poderes, carretera] élargir; [plazo] prolonger; [negocio] développer. **-2.** [capital] augmenter. **-3.** [estudios] poursuivre.

amplificación *f* amplification *f*.

amplificador, ra *adj* amplificateur(trice). ◆ **amplificador** *m* amplificateur *m*.

amplificar *vt* amplifier.

amplio, plia *adj* **-1.** [gen] spacieux(euse). **-2.** [mundo] vaste; [sala] grand(e). **-3.** [poderes, conocimientos] étendu(e); [exposición, estudio] approfondi(e).

amplitud *f* **-1.** [gen] largeur *f*; [de sala] grandeur *f*. **-2.** *fig* [extensión – de conocimientos] étendue *f*; [– de catástrofe] ampleur *f*. **-3.** FÍS amplitude *f*.

ampolla *f* [en la piel, medicamento] ampoule *f*.

amputar *vt* amputer.

Amsterdam Amsterdam.

amueblar *vt* meubler.

amuleto *m* amulette *f*.

amurallar *vt* entourer de murailles.

anacronismo *m* anachronisme *m*.

anagrama *m* anagramme *f*.

anal *adj* ANAT anal(e). ◆ **anales** *mpl* *lit* & *fig* annales *fpl*.

analfabetismo *m* analphabétisme *m*, illettrisme *m*.

analfabeto, ta *adj* & *m, f* analphabète, illettré(e).

analgésico, ca *adj* analgésique. ◆ **analgésico** *m* analgésique *m*.

análisis *m* analyse *f*; ~ **gramatical** analyse grammaticale.

analista *mf* MED & FIN analyste *mf*; ~ **programador** INFORM analyste-programmeur *m*.

analizar *vt* analyser.

analogía *f* analogie *f*; **por** ~ par analogie; **presentar** ~**s** présenter des similitudes.

analógico, ca *adj* **-1.** [análogo] analogue. **-2.** INFORM & TECNOL analogique.

análogo, ga *adj* analogue; ~ **a** semblable à.

anaranjado, da *adj* orangé(e).

anarquía *f* *lit* & *fig* anarchie *f*.

anárquico, ca *adj* *lit* & *fig* anarchique.

anarquista *adj* & *mf* anarchiste.

anatomía *f* anatomie *f*.

anatómico, ca *adj* anatomique.

anca *f* (el) [de caballo] croupe *f*; [de rana] cuisse *f*.

ancestral *adj* ancestral(e).

ancho, cha *adj* large; **a mis/tus/sus etc anchas** *fig* à mon/ton/son etc aise; **quedarse tan** ~ ne pas être gêné pour autant. ◆ **ancho** *m* largeur *f*; **cinco metros de** ~ cinq mètres de large; **a lo** ~ **(de)** sur (toute) la largeur (de). ◆ **ancho de tela** *m* lé *m*.

anchoa *f* anchois *m*.

anchura *f* largeur *f*.

anciano, na ◇ *adj* âgé(e). ◇ *m, f* personne *f* âgée, vieux monsieur *m*, vieille dame *f*.

ancla *f* (el) ancre *f*.

anclar *vi* jeter l'ancre.

andadas *fpl* : **volver a las** ~ *fam* *fig* rechuter.

andaderas *fpl* [para niños] trotteur *m*.

andadura *f* marche *f*.

ándale, ándele *interj* Amer *fam* : ¡~! allez!

Andalucía Andalousie *f*.

andalucismo *m* **-1.** [doctrina] *doctrine prônant l'autonomie de l'Andalousie.* **-2.** LING *mot ou expression proprement andaloux.*

andaluz, za ◇ *adj* andalou(se). ◇ *m, f* Andalou *m*, -se *f*.

andamio *m* échafaudage *m* (partie).

andando *interj* : ¡~! en route!

andante ◇ *adj* [caballero etc] errant(e); [cadáver] ambulant(e). ◇ *adv* MÚS andante.

andanza *f* (gen pl) [aventura] aventure *f* (gen pl); **mala** ~ mauvaise fortune *f*.

andar[1] ◇ *vi* **-1.** [caminar, funcionar] marcher; **hemos venido andando** nous sommes venus à pied. **-2.** [estar] être; ~ **preocupado** être inquiet; ~ **mal de di-**

nero être à court d'argent; **las cosas andan mal** les choses vont mal; **creo que anda por ahí** je crois qu'il est quelque part par-là; ~ **haciendo algo** être en train de faire qqch; ~ **tras algo/alguien** [buscar] être à la recherche de qqch/qqn; [perseguir] courir après qqch/qqn; ~ **en** [papeleos, negocios] être dans; [asuntos, líos] être mêlé(e)à; [pleitos] être en. **-3.** [hurgar] : ~ **en** fouiller dans. **-4.** (antes de 'a' y de sust pl) [expresa acción] : **andaban a puñetazos** ils se battaient à coups de poing; **andaban a gritos** ils se criaient dessus. **-5.** [alcanzar, rondar] : **andará por los sesenta años** il doit avoir dans les soixante ans; **andamos por los mil números vendidos** nous avons vendu dans les mille numéros. **-6.** loc : **quien mal anda mal acaba** on récolte ce que l'on a semé. ◇ vt **-1.** [recorrer] parcourir; **anduvieron tres kilómetros** ils ont fait trois kilomètres (à pied).**-2.** Amer [llevar puesto] porter. ◆ **andarse** vp [obrar] : ~**se con cuidado/misterios** faire attention/des mystères. ◆ **anda** interj : **¡anda!** [¡vamos!, ¡por favor!] allez!; [sorpresa, desilusión] non!, sans blague!; **¡anda ya!** [incredulidad] c'est pas vrai!

andar² m démarche f, allure f. ◆ **andares** mpl démarche f; **tener ~es de** avoir une démarche de, marcher comme.

andas fpl brancard m; **llevar a alguien en ~** fig être aux petits soins pour qqn.

ándele = **ándale**.

andén m quai m (de gare).

Andes mpl : **los ~** les Andes fpl.

andinismo m Amer andinisme m.

andinista mf Amer montagnard m, -e f.

andino, na ◇ adj andin(e); [cordillera] des Andes. ◇ m, f Andin m, -e f.

Andorra : **(el principado de) ~** (principauté d') Andorre f.

andorrano, na ◇ adj andorran(e). ◇ m, f Andorran m, -e f.

andrajo m lit & fig loque f.

andrajoso, sa ◇ adj déguenillé(e). ◇ m, f gueux m, gueuse f.

andrógino, na adj androgyne. ◆ **andrógino** m androgyne m.

androide ◇ adj [masculino] masculin(e). ◇ m [autómata] androïde m.

andurriales mpl coin m perdu.

anécdota f anecdote f.

anecdótico, ca adj anecdotique.

anegar vt **-1.** [inundar] inonder. **-2.** [ahogar] noyer. ◆ **anegarse** vp **-1.** [inundarse] s'inonder; **sus ojos se anegaron en lágrimas** ses yeux se sont baignés de larmes. **-2.** [ahogarse] se noyer.

anemia f anémie f.

anémona f anémone f.

anestesia f anesthésie f.

anestésico, ca adj anesthésique, anesthésiant(e). ◆ **anestésico** m anesthésique m, anesthésiant m.

anestesista mf anesthésiste mf.

anexar vt [documento] joindre.

anexión f annexion f.

anexionar vt [tierras] annexer.

anexo, xa adj [edificio] annexe; [documento] joint(e). ◆ **anexo** m annexe f.

anfetamina f amphétamine f.

anfibio, bia adj lit & fig amphibie. ◆ **anfibios** mpl amphibiens mpl.

anfiteatro m amphithéâtre m.

anfitrión, ona ◇ adj d'accueil (después de sust). ◇ m, f hôte m, hôtesse f.

ánfora f (el) amphore f.

ángel m lit & fig ange m; ~ **custodio** o **de la guarda** ange gardien; **tener ~** avoir du charme.

angelical adj angélique.

angina f (gen pl) angine f; **tener ~s** avoir une angine. ◆ **angina de pecho** f MED angine f de poitrine.

anglicano, na adj & m, f anglican(e).

anglicismo m anglicisme m.

angloamericano, na ◇ adj anglo-américain(e). ◇ m, f Anglo-Américain m, -e f.

anglosajón, ona ◇ adj anglo-saxon(onne). ◇ m, f Anglo-Saxon m, -onne f.

Angola Angola m.

angora f angora m; **de ~** [de gato, conejo] angora; [de cabra] mohair.

angosto, ta adj culto étroit(e).

angostura f **-1.** [de lugar] étroitesse f. **-2.** [alcohol] angustura f.

anguila f anguille f.

angula f alevin m d'anguille.

angular adj angulaire. ◆ **gran angular** m FOT objectif m grand-angle, grand-angle m.

ángulo m angle m .

anguloso, sa adj anguleux(euse).

angustia f angoisse f.

angustiar vt angoisser. ◆ **angustiarse** vp s'angoisser.

angustioso. sa adj angoissant(e).

anhelante adj : ~ (**por algo/por hacer algo**) désireux(euse) (de qqch/de faire qqch).

anhelar vt [dignidades] briguer; [gloria] aspirer à; ~ **hacer algo** rêver de faire qqch.

anhelo m aspiration f, désir m.

anhídrido m anhydride m; ~ **carbónico** dioxyde m de carbone.

anidar vi -1. [pájaro] faire son nid, nicher. -2. fig [sentimiento] : ~ **en** habiter.

anilla f anneau m. ◆ **anillas** fpl DEP anneaux mpl.

anillo m -1. [gen & ASTRON] anneau m. -2. [sortija] bague f; ~ **de boda** alliance f.

animación f animation f.

animado. da adj -1. [gen] animé(e). -2. [persona - con buen ánimo] en pleine forme; [- divertida] drôle.

animador. ra m, f animateur m, -trice f.

animadversión f antipathie f.

animal ◇ adj -1. [especie] animal(e). -2. fam fig [persona - basto] brute; [- ignorante] bête. ◇ mf fam fig [persona] brute f. ◇ m animal m; ~ **doméstico** o **de compañía** animal domestique o de compagnie.

animalada f fam fig ânerie f.

animar vt -1. [estimular] encourager. -2. [alegrar] : ~ **a alguien** remonter le moral à qqn. -3. [avivar - diálogo, fiesta] animer; [- fuego] activer. ◆ **animarse** vp -1. [alegrarse] s'animer. -2. [atreverse] : ~**se (a hacer algo)** se décider (à faire qqch).

ánimo ◇ m -1. [energía, valor] courage m. -2. [aliento] encouragement m; **dar** ~**s a alguien** encourager qqn. -3. [intención] : **con** ~ **de** avec l'intention de; **sin** ~ **de** sans intention de. -4. [estado] humeur f; **tener el** ~ **dispuesto para** être d'humeur à. ◇ interj [para alentar] : **¡**~**!** courage!

animoso. sa adj [valiente] courageux(euse); [decidido] résolu(e).

aniñado. da adj [comportamiento] enfantin(e); [voz, rostro] d'enfant.

aniquilar vt anéantir, exterminer.

anís m -1. BOT anis m. -2. [licor] ≃ pastis m.

aniversario m anniversaire m.

ano m anus m.

anoche adv hier soir, la nuit dernière; **antes de** ~ avant-hier soir.

anochecer ◇ m : **al** ~ à la tombée de la nuit. ◇ v impers faire nuit; **ya empieza a** ~ **la nuit commence à tomber.** ◇ vi arriver quelque part de nuit.

anodino, na adj -1. [sin gracia] quelconque, insipide. -2. [insubstancial] inconsistant(e).

ánodo m anode f.

anomalía f anomalie f.

anómalo, la adj anormal(e).

anonadado, da adj -1. [sorprendido] abasourdi(e). -2. [abatido] anéanti(e).

anonimato m anonymat m.

anónimo, ma adj anonyme. ◆ **anónimo** m lettre f anonyme.

anorak, anorac m anorak m.

anorexia f anorexie f.

anormal adj & mf anormal(e).

anotación f note f, annotation f.

anotar vt [apuntar] noter; [un libro] annoter.

anquilosamiento m -1. [estancamiento - de la economía etc] stagnation f; [- de un partido etc] sclérose f. -2. MED ankylose f.

anquilosarse vp -1. [estancarse - economía etc] stagner; [- ideas etc] se scléroser. -2. MED s'ankyloser.

ansia f (el) -1. [afán] : ~ **de** soif f de; **hacer algo con** ~ faire qqch avec avidité. -2. [ansiedad] anxiété f; [angustia] angoisse f.

ansiar vt : ~ **hacer algo** mourir d'envie de faire qqch; **ansio llegar a casa** il me tarde d'arriver à la maison.

ansiedad f anxiété f.

ansioso, sa adj -1. [impaciente] impatient(e); **estar** ~ **por** o **de hacer algo** mourir d'impatience de faire qqch. -2. [angustiado] anxieux(euse).

antagónico, ca adj antagonique; [opiniones] opposé(e).

antagonista mf : ~ **de** opposant m, -e f à.

antaño adv autrefois, jadis.

antártico, ca adj antarctique. ◆ **Antártico** m : **el Antártico** l'Antarctique m (océan).

Antártida f : **la** ~ l'Antarctique m (continent).

ante m -1. [piel curtida] daim m. -2. [animal] élan m.

ante prep -1. [gen] devant; ~ **las circunstancias** vu les circonstances; ~ **el juez** par-devant le juge; ~ **notario** par-devant notaire; ~ **los ojos** sous les yeux.

-2. [respecto de] : **su opinión prevaleció ~ la mía** son opinion a prévalu sur la mienne. ◆ **ante todo** *loc adv* avant tout.

anteanoche *adv* avant-hier soir.

anteayer *adv* avant-hier.

antebrazo *m* avant-bras *m*.

antecedente ◇ *adj* précédent(e). ◇ *m* **-1.** [precedente] précédent *m*. **-2.** *(gen pl)* [de persona – pasado] antécédents *mpl*; [– experiencia] bagage *m*; [de asunto] précédents *mpl*; **poner en ~s** [informar] aviser.

anteceder *vt* précéder.

antecesor, ra *m, f* [predecesor] prédécesseur *m*.

antedicho, cha *adj* [cosa] susdit(e), susmentionné(e); [persona] susnommé(e).

antediluviano, na *adj lit & fig* antédiluvien(enne).

antelación *f* : **con ~** à l'avance; **con una hora de ~** avec une heure d'avance.

antemano ◆ **de antemano** *loc adv* d'avance.

antena *f* RADIO, TV & ZOOL antenne *f*.

anteojos *mpl* **-1.** [prismáticos] jumelles *fpl*. **-2.** *desus* [gafas] lunettes *fpl*. **-3.** *Amer* lunettes *fpl*.

antepasado, da *m, f* ancêtre *mf*.

antepenúltimo, ma *adj & m, f* antépénultième *m*.

anteponer *vt* **-1.** [poner delante] : **~ algo a algo** mettre qqch devant qqch. **-2.** [dar preferencia] faire passer avant. ◆ **anteponerse** *vp* : **~se a** passer avant.

anterior *adj* **-1.** [previo] d'avant *(después de sust)*, précédent(e); **~ a** antérieur à. **-2.** [delantero – miembro, fachada] antérieur(e); [– fila etc] de devant *(después de sust)*.

anterioridad *f* : **con ~** à l'avance; **con ~ a** avant.

antes ◇ *adv* **-1.** [gen] avant: **puede inscribirse si lo desea pero ~ deberá rellenar el cuestionario** vous pouvez vous inscrire si vous le désirez mais auparavant vous devrez remplir ce questionnaire; **mucho/poco ~** longtemps/peu de temps avant; **lo ~ posible** dès que possible. **-2.** [expresa preferencia] : **~... que** plutôt... que; **prefiero el mar ~ que la sierra** je préfère de beaucoup la mer à la montagne; **iría a la cárcel ~ que mentir** j'irais en prison plutôt que de mentir. ◇ *adj* anterior] d'avant *(después de sust)*, précédent(e): **el mes ~** le mois d'avant

précédent. ◆ **antes de** *loc prep* : **~ de hacer algo** avant de faire qqch. ◆ **antes (de) que** *loc conj* avant que; **~ (de) que llegarais** avant que vous n'arriviez.

antesala *f* hall *m*; **estar en la ~ de** *fig* être au seuil de.

antiadherente *adj* antiadhésif(ive).

antiaéreo, a *adj* antiaérien(enne).

antiarrugas *adj inv* antirides.

antibala, antibalas *adj inv* pare-balles.

antibiótico, ca *adj* antibiotique. ◆ **antibiótico** *m* antibiotique *m*.

anticiclón *m* anticyclone *m*.

anticipación *f* avance *f*; **con ~ a** avant; **con ~** à l'avance; **con un mes de ~** avec un mois d'avance.

anticipado, da *adj* anticipé(e); **por ~** par anticipation, d'avance.

anticipar *vt* **-1.** [adelantar] avancer. **-2.** [prever] anticiper. **-3.** [pago] faire une avance, payer un acompte. **-4.** [información] : **no te puedo ~ nada** je ne peux encore rien te dire. ◆ **anticiparse** *vp* **-1.** [suceder antes – estación] être en avance; [– fecha] être avancé(e); **~se a su tiempo** être en avance sur son temps. **-2.** [adelantarse] : **~se a alguien** précéder qqn, devancer qqn; **~se a hacer algo** faire qqch plus tôt que prévu.

anticipo *m* **-1.** [de dinero] avance *f*, acompte *m*. **-2.** [presagio] signe *m*.

anticlerical *adj* anticlérical(e).

anticonceptivo, va *adj* [pastilla etc] contraceptif(ive); [metodos] de contraception. ◆ **anticonceptivo** *m* contraceptif *m*.

anticongelante ◇ *adj* antigivrant(e). ◇ *m* AUTOM antigel *m*.

anticonstitucional *adj* anticonstitutionnel(elle).

anticorrosivo, va *adj* anticorrosion. ◆ **anticorrosivo** *m* antirouille *m*.

anticuado, da *adj* [objetos, música] démodé(e); [palabras] vieilli(e); [persona] vieux *m*, vieillotte *f*.

anticuario, ria *m, f* antiquaire *mf*; **en un ~** chez un antiquaire.

anticuerpo *m* anticorps *m*.

antidepresivo, va *adj* antidépresseur *m*. ◆ **antidepresivo** *m* antidépresseur *m*.

antideslizante *adj* antidérapant(e).

antidisturbios *adj inv* → **brigada**.

antidoping *adj* antidoping.

antídoto *m* antidote *m*.

antier *adv Amer fam* l'autre jour.

antiespasmódico, ca *adj* antispasmodique. ◆ **antiespasmódico** *m* antispasmodique *m*.

antiestético, ca *adj* inesthétique.

antifaz *m* [de cara] masque *m*; [de ojos] loup *m*.

antigás *adj inv* à gaz; **una careta ~** un masque à gaz.

antigualla *f despec* [cosa] vieillerie *f*; [persona] vieux fossile *m*.

antigubernamental *adj* contre le ○ opposé(e) au gouvernement.

antigüedad *f* -1. [pasado] antiquité *f*. -2. [vejez, veteranía] ancienneté *f*. ◆ **antigüedades** *fpl* [objetos] antiquités *fpl*.

antiguo, gua *adj* -1. [gen] ancien(enne); [viejo] vieux(vieille). -2. [pasado de moda] dépassé(e); **a la antigua** à l'ancienne.

antihéroe *m* antihéros *m*.

antihigiénico, ca *adj* antihygiénique.

antihistamínico, ca *adj* antihistaminique. ◆ **antihistamínico** *m* antihistaminique *m*.

antiinflacionista *adj* anti-inflationniste.

antiinflamatorio, ria *adj* anti-inflammatoire. ◆ **antiinflamatorio** *m* anti-inflammatoire *m*.

antílope *m* [animal] antilope *f*.

antimilitarista *adj & mf* antimilitariste.

antinatural *adj* qui va contre la nature.

antiniebla *adj inv* AUTOM antibrouillard.

antioxidante *adj & m* antirouille.

antipatía *f* [por una persona] antipathie *f*; [por una cosa] répugnance *f*; **tener ~ a alguien** avoir de l'antipathie pour qqn.

antipático, ca ○ *adj* antipathique. ○ *m, f* personne *f* désagréable.

antípodas *fpl* : **las ~** les antipodes *mpl*.

antiquísimo, ma *adj* très ancien(enne).

antirreflectante *adj* antireflet *(inv)*.

antirrobo ○ *adj inv* antivol. ○ *m* [en coche] antivol *m*.

antisemita *adj & mf* antisémite.

antiséptico, ca *adj* antiseptique. ◆ **antiséptico** *m* antiseptique *m*.

antiterrorista *adj* antiterroriste.

antítesis *f inv* antithèse *f*.

antitetánico, ca *adj* [vacuna] antitétanique.

antivirus *m inv* -1. MED antiviral *m*. -2. INFORM antivirus *m*.

antojarse *v impers* -1. [capricho] : **antojársele a alguien algo/hacer algo** avoir envie de qqch/de faire qqch. -2. [posibilidad] : **se me antoja que...** j'ai le sentiment que...

antojitos *mpl Amer* amuse-gueule *mpl*.

antojo *m* envie *f*; **a mi/tu** etc **~** à ma/ta etc guise.

antología *f* anthologie *f*.

antónimo *m* antonyme *m*.

antonomasia *f* : **por ~** par excellence.

antorcha *f* torche *f*; **~ olímpica** flambeau *m* olympique.

antracita *f* anthracite *m*.

antro *m despec* boui-boui *m*.

antropófago, ga *adj & m, f* anthropophage.

antropología *f* anthropologie *f*.

anual *adj* annuel(elle).

anualidad *f* annuité *f*.

anuario *m* annuaire *m*.

anudar *vt lit & fig* nouer. ◆ **anudarse** *vp lit & fig* se nouer; **se le anudó la voz** sa gorge se noua.

anulación *f* [gen] annulation *f*; [de ley] abrogation *f*.

anular[1] ○ *adj* [en forma de anillo] annulaire. ○ *m* → **dedo**.

anular[2] *vt* -1. [cancelar] annuler; [compromiso] décommander; [ley] abroger. -2. [reprimir – personalidad] étouffer. ◆ **anularse** *vp* [cancelarse] être annulé(e).

anunciación *f* annonce *f*. ◆ **Anunciación** *f* RELIG Annonciation *f*.

anunciante ○ *adj* : **la empresa ~** l'annonceur *m*. ○ *mf* annonceur *m*, -euse *f*.

anunciar *vt* -1. [notificar, presagiar] annoncer. -2. [hacer publicidad de] : **~ algo** faire la publicité pour qqch. ◆ **anunciarse** *vp* : **~se en** [solicitud] passer une annonce dans; [publicidad] faire de la publicité dans.

anuncio *m* -1. [gen] annonce *f*. -2. [publicitario] publicité *f*; **~ (publicitario)** message *m* publicitaire; [en televisión] spot *m* publicitaire; [en revista] encart *m* publicitaire; [cartel] affiche *f* (publicitaire); **~ por palabras** petites annonces.

anverso *m* [de moneda] face *f*; [de hoja] recto *m*.

anzuelo *m* -1. [para pescar] hameçon *m*. -2. *fam* [señuelo] appât *m*.

añadido, da *adj* : **~ (a)** ajouté(e) (à). ◆ **añadido** *m* ajout *m*.

añadidura f complément m; **por ~ en plus**, qui plus est.

añadir vt ajouter.

añejo, ja adj **-1.** [vino, licor] vieux(vieille). **-2.** [costumbre] ancien(enne).

añicos mpl : **hacer ~** [cosa] mettre en pièces; [persona] démolir.

añil m [color] indigo m.

año m **-1.** [gen] année f, an m; **en el ~ 1939** en 1939; **los ~s 30** les années 30; **desde hace tres ~s** depuis trois ans; **~ académico** ○ **escolar** [de septiembre a junio] année scolaire; **~ bisiesto** [de 366 días] année bissextile; **~ nuevo** nouvel an; **¡Feliz ~ nuevo!** Bonne année! **-2.** ECON exercice m; **~ fiscal** exercice m (annuel). ◆ **años** mpl [edad] âge m; **¿cuántos ~s tienes? — tengo 17 (~s)** quel âge as-tu? — j'ai 17 ans; **cumplir ~s** fêter son anniversaire. ◆ **año luz** (pl **años luz**) m FÍS année-lumière f; **estar a ~s luz de** fig être à des années-lumière de.

añoranza f [del pasado] nostalgie f; [de una persona] regret m; [de un país] mal m du pays.

añorar vt [pasado] avoir la nostalgie de; **añora su país natal** il a le mal du pays; **añoro a mi hermana** ma sœur me manque.

aorta f ANAT aorte f.

apabullar vt troubler. ◆ **apabullarse** vp se laisser dépasser par les événements.

apacentar vt [suj : pastor] faire paître.

apache ○ adj apache. ○ mf Apache mf.

apacible adj **-1.** [agradable] paisible. **-2.** [pacífico] doux(douce).

apaciguar vt apaiser, calmer. ◆ **apaciguarse** vp s'apaiser, se calmer.

apadrinar vt **-1.** [niño] être le parrain de. **-2.** [artista etc] parrainer.

apagado, da adj **-1.** [luz, fuego] éteint(e). **-2.** [persona, color] terne. **-3.** [sonido] étouffé(e); [voz] faible, petit(e).

apagar vt **-1.** [extinguir, desconectar] éteindre. **-2.** [aplacar – dolor etc] calmer; [– sed] étancher; [– ilusiones] faire perdre. **-3.** [rebajar – color] atténuer; [– sonido] étouffer. **-4.** loc : **apaga y vámonos** fig n'en parlons plus. ◆ **apagarse** vp [gen] s'éteindre; [ilusiones] s'envoler.

apagón m coupure f ○ panne f de courant.

apaisado, da adj oblong(ongue).

apalabrar vt convenir verbalement de.

apalancamiento m fam flemmardise f.

apalancar vt [para abrir] forcer (avec un pied-de-biche); [para mover] soulever (avec un levier). ◆ **apalancarse** vp mfam [apoltronarse] : **se apalancó** il est resté planté là.

apalear vt rouer de coups.

apañado, da adj fam [hábil, mañoso] débrouillard(e).

apañar vt fam . **-1.** [reparar] retaper, rafistoler, raccommoder. **-2.** [amañar] goupiller. ◆ **apañarse** vp fam se débrouiller; **apañárselas (para hacer algo)** fig se débrouiller (pour faire qqch).

apaño m fam **-1.** [reparación] rafistolage m; [de ropa] reprise f. **-2.** [chanchullo] magouille f.

aparador m **-1.** [mueble] buffet m. **-2.** [escaparate] vitrine f.

aparato m **-1.** [gen] appareil m; [de radio, televisión] poste m. **-2.** [ostentación] apparat m, pompe f.

aparatoso, sa adj **-1.** [ostentoso] tape-à-l'œil. **-2.** [espectacular] spectaculaire.

aparcamiento m **-1.** [acción] créneau m; [resultado] stationnement m. **-2.** [parking] parking m; [hueco] place f (de parking).

aparcar ○ vt **-1.** [estacionar] garer. **-2.** [posponer] suspendre. ○ vi [estacionar] se garer; **'prohibido ~'** 'défense de stationner'.

aparear vt **-1.** [animales] accoupler. **-2.** [de dos en dos] rassembler par paires; [niños] mettre deux par deux. ◆ **aparearse** vp [animales] s'accoupler.

aparecer vi **-1.** [gen] apparaître; [en una lista] figurer. **-2.** [acudir] arriver; **~ por venir. -3.** [encontrarse] être retrouvé(e). **-4.** [publicarse] paraître. ◆ **aparecerse** vp [Virgen etc] apparaître.

aparejador, ra m, f [de arquitecto] métreur m, -euse f.

aparejo m **-1.** [de caballerías] harnais m. **-2.** TECNOL palan m. **-3.** NÁUT gréement m. ◆ **aparejos** mpl matériel m.

aparentar ○ vt **-1.** [fingir] : **~ algo** feindre ○ simuler qqch; **~ hacer algo** faire semblant de faire qqch. **-2.** [edad] faire; **no aparenta los años que tiene** il ne fait pas son âge. ○ vi [presumir] se faire remarquer.

aparente adj **-1.** [gen] apparent(e). **-2.** [llamativo] voyant(e).

aparición f **-1.** [gen] apparition f. **-2.** [publicación] parution f.

apariencia f -1. [aspecto exterior] apparence f; **guardar las ~s** sauver les apparences; **las ~s engañan** les apparences sont trompeuses. -2. [falsedad] frime f.

apartado, da adj -1. [separado] écarté(e). -2. [alejado] retiré(e). ◆ **apartado** m -1. [de texto] alinéa m. -2. [de oficina] section f. ◆ **apartado de correos** m boîte f postale.

apartamento m appartement m.

apartar vt -1. [quitar, alejar] écarter; **~ la vista** détourner les yeux; **no ~ la vista de algo/alguien** ne pas quitter qqch/qqn des yeux. -2. [separar] séparer -3. [escoger] mettre de côté. ◆ **apartarse** vp se pousser; **~se de** [la gente] s'éloigner de; [un tema, camino] s'écarter de; [el mundo] se retirer de.

aparte adv -1. [gen] à part. -2. [con omisión de] : **~ de mis** à part. -3. [además de] : **~ de en plus de; ~ de fea...** non seulement elle est laide... adj inv à part. ◇ m -1. [párrafo] alinéa m. -2. TEATR aparté m.

apartheid m apartheid m.

apasionado, da adj & m, f passionné(e).

apasionante adj passionnant(e).

apasionar vt [entusiasmar] passionner. ◆ **apasionarse** vp [entusiasmarse] s'enthousiasmer; [ponerse nervioso] s'emporter; **~se por** o **con** se passionner pour, être passionné(e)de.

apatía f apathie f.

apático, ca adj apathique. ◇ m, f mou m, molle f.

apátrida adj & mf apatride.

apdo. (abrev de **apartado**)BP.

apeadero m [de tren] halte f.

apear vt -1. [bajar] faire descendre. -2. fam [disuadir] : **~ alguien de algo** faire démordre qqn de qqch. -3. fam [disuadirse] : **no conseguimos apearle de sus ideas** nous n'avons pas réussi à le faire démordre de ses idées. ◆ **apearse** vp [bajarse] : **~se (de)** descendre (de).

apechugar vi : **~ con** [dificultad] faire face à; [consecuencias] assumer.

apedrear vt lapider. ◇ v impers grêler.

apegarse vp : **~se (a)** s'attacher (à).

apego m [afecto] attachement m; **tener ~ a** être attaché(e)à; **tomar ~ a** se prendre d'affection pour.

apelación f [appel m.

apelar vi -1. DER faire appel; **~ ante/contra** se pourvoir en/contre. -2. [recurrir] : **~ a** [persona, violencia etc] avoir recours à; [sentido común, bondad] en appeler à.

apelativo, va adj GRAM appellatif(ive). ◆ **apelativo** m surnom m.

apellidar vt [dar por nombre] baptiser, surnommer. ◆ **apellidarse** vp se nommer, s'appeler.

apellido m nom m (de famille).

apelmazar vt [jersey] feutrer; [arroz] faire coller; [bizcocho] alourdir. ◆ **apelmazarse** vp [jersey] se feutrer; [arroz] coller; [bizcocho] être lourd(e).

apelotonar vt [ropa] mettre en boule; [lana] mettre en pelote. ◆ **apelotonarse** vp s'agglutiner.

apenado, da adj Amer gêné(e).

apenar vt faire de la peine. ◆ **apenarse** vp avoir de la peine.

apenas adv -1. [casi no] à peine; **~ me puedo mover** je peux à peine bouger; **~ si** c'est à peine si. -2. [tan sólo] à peine, tout juste; **hace ~ dos minutos** ça fait à peine o tout juste deux minutes. -3. [tan pronto como] à peine; **~ llegó, le dieron la mala noticia** il était à peine arrivé qu'on lui annonça la mauvaise nouvelle; **~ se fueron, me acosté** je me suis couché dès qu'ils sont partis.

apéndice m -1. [gen & ANAT] appendice m. -2. [de documento] annexe f.

apendicitis f appendicite f.

apercibir vt -1. [darse cuenta] remarquer. -2. DER faire une sommation. -3. [amonestar] rappeler à l'ordre. ◆ **apercibirse** vp : **~se de algo** se rendre remarquer qqch.

aperitivo m [bebida] apéritif m; [comida] amuse-gueule m.

apertura f -1. [gen] ouverture f; [de calle etc] percement m; [de exposición] vernissage m. -2. DEP [en rugby] coup m d'envoi. -3. [en ajedrez] entrée f de jeu. -4. POL política d'ouverture, comme celle du régime franquiste à partir de 1970.

aperturista adj [política] d'ouverture; [tendencia] à l'ouverture. ◇ mf partisan m de l'ouverture.

apesadumbrar vt accabler. ◆ **apesadumbrarse** vp être accablé(e).

apestar vi [oler mal] : **~ (a algo)** puer (qqch); **este cuarto apesta a tabaco** cette chambre pue le tabac. ◇ vt -1. [hacer que huela mal] empester. -2. [contagiar peste] transmettre la peste.

apetecer ◇ *vi* : ¿te apetece un café? tu as envie d'un café?; **me apetece salir** j'ai envie de sortir. ◇ *vt* : **tenían todo cuanto apetecían** ils avaient tout ce dont ils avaient envie.

apetecible *adj* [comida] appétissant(e); [vacaciones etc] tentant(e).

apetito *m* appétit *m*; **abrir el ~** ouvrir l'appétit; **tener ~** avoir faim.

apetitoso, sa *adj* **-1.** [sabroso] délicieux(euse). **-2.** [deseable – comida] appétissant(e); [– empleo, propuesta] alléchant(e).

apiadar *vt* apitoyer. ◆ **apiadarse** *vp* : **~se (de)** s'apitoyer (sur).

ápice *m* **-1.** [pizca] iota *m*; **no ceder ni un ~** ne pas céder d'un pouce. **-2.** [vértice – de montaña] sommet *m*; [– de edificio, hoja] haut *m*; [– de la lengua] bout *m*. **-3.** *fig* sommet *m*.

apicultura *f* apiculture *f*.

apilar *vt* empiler. ◆ **apilarse** *vp* s'empiler.

apiñar *vt* entasser. ◆ **apiñarse** *vp* s'entasser, se serrer les uns contre les autres.

apio *m* céleri *m*.

apisonadora *f* rouleau *m* compresseur.

aplacar *vt* calmer. ◆ **aplacarse** *vp* se calmer.

aplastante *adj* [mayoría etc] écrasant(e); [lógica] implacable.

aplastar *vt* écraser.

aplatanar *vt* *fam* [calor] abrutir; [gripe] sonner. ◆ **aplatanarse** *vp* *fam* se ramollir.

aplaudir *vt* *lit & fig* applaudir.

aplauso *m* **-1.** [con manos] applaudissement *m*. **-2.** *fig* [alabanza] éloge *m*.

aplazamiento *m* report *m*.

aplazar *vt* reporter.

aplicación *f* application *f*.

aplicado, da *adj* appliqué(e).

aplicar *vt* appliquer. ◆ **aplicarse** *vp* **-1.** [esmerarse] : **~se en (hacer) algo** s'appliquer à (faire) qqch. **-2.** [concernir] : **~se a alguien/a algo** s'appliquer à qqn/a qqch.

aplomo *m* aplomb *m*; **perder el ~** perdre son aplomb.

apocado, da *adj* timide.

apocalipsis *m* ○ *f* apocalypse *f*. ◆ **Apocalipsis** *m* ○ *f* Apocalypse *f*.

apocarse *vp* **-1.** [intimidarse] s'effrayer. **-2.** [rebajarse] se rabaisser.

apócope *f* GRAM apocope *f*.

apodar *vt* surnommer. ◆ **apodarse** *vp* être surnommé(e).

apoderado, da *m, f* **-1.** [representante] fondé *m*, -e *f* de pouvoir. **-2.** TAUROM manager *m*, fondé *m* de pouvoir.

apoderar *vt* [dar poderes] déléguer ses pouvoirs à. ◆ **apoderarse** *vp* : **~se de** s'emparer de.

apodo *m* surnom *m*.

apogeo *m* apogée *m*; **estar en (pleno) ~** être à l'apogée.

apolillar *vt* [polillas] faire des trous. ◆ **apolillarse** *vp* être mité(e), se miter.

apolítico, ca *adj* apolitique.

apología *f* apologie *f*.

apoplejía *f* apoplexie *f*.

apoquinar *vt & vi* casquer.

aporrear *vt* [golpear] taper.

aportación *f* apport *m*.

aportar *vt* [gen] apporter; [datos, pruebas] fournir; [dinero] faire un apport de.

aposentar *vt* loger. ◆ **aposentarse** *vp* se loger.

aposento *m* **-1.** [habitación] chambre *f*. **-2.** [alojamiento] : **dar ~, tomar ~** loger.

aposición *f* apposition *f*.

aposta *adv* exprès.

apostante *mf* parieur *m*, -euse *f*.

apostar *vt* [jugarse] parier. ◇ *vi* [en juego] : **~ (por)** parier ○ miser (sur). ◆ **apostarse** *vp* [jugarse] : **~se algo con alguien** parier qqch avec qqn; **~se algo a que** parier qqch que.

apostar *vt* [emplazar] poster. ◆ **apostarse** *vp* [colocarse] se poster.

apostas = aposta.

apostilla *f* annotation *f*.

apóstol *m* *lit & fig* apôtre *m*.

apostólico, ca *adj* apostolique.

apóstrofo *m* GRAM apostrophe *f*.

apoteósico, ca *adj* triomphal(e).

apoyar *vt* **-1.** [gen] appuyer. **-2.** *fig* [defender] soutenir. ◆ **apoyarse** *vp* **-1.** [sostenerse] : **~se en** s'appuyer sur. **-2.** *fig* [basarse] : **~se en** reposer sur. **-3.** [respaldarse] se soutenir.

apoyo *m* **-1.** [físico] support *m*, appui *m*. **-2.** *fig* [moral] soutien *m*.

apreciable *adj* **-1.** [perceptible] sensible. **-2.** *fig* [estimable] remarquable.

apreciación *f* appréciation *f*.

apreciar vt -1. [gen] apprécier. -2. [percibir] distinguer. -3. [opinar] estimer; ~ que es necesario hacer algo juger nécessaire de faire qqch.

aprecio m estime f.

aprehender vt [coger – persona] appréhender; [– mercancía, sentido] saisir.

aprehensión f [de persona] capture f; [de mercancía] saisie f.

apremiante adj pressant(e), urgent(e).

apremiar ◇ vt -1. [meter prisa] presser, bousculer. -2. [obligar] : ~ a alguien a hacer algo contraindre qqn à faire qqch. ◇ vi [ser urgente] presser.

apremio m [urgencia] urgence f.

aprender vt -1. [gen] apprendre. -2. [memorizar] retenir. ◆ **aprenderse** vp apprendre.

aprendiz, za m, f -1. [principiante] apprenti m, -e f. -2. [novato] débutant m, -e f.

aprendizaje m apprentissage m.

aprensión f : ~ (por) [miedo] appréhension f (de); [escrúpulo] dégoût m (pour).

aprensivo, va adj -1. [miedoso] craintif(ive). -2. [escrupuloso] délicat(e). -3. [hipocondríaco] alarmiste.

apresar vt -1. [suj : un animal] saisir. -2. [suj : una persona] capturer.

apresurado, da adj pressé(e); [huida, partida] précipité(e).

apresurar vt [trámites etc] activer; [persona] presser. ◆ **apresurarse** vp se dépêcher.

apretado, da adj -1. [comprimido] serré(e). -2. fig [apurado] critique. -3. fig [programa] chargé(e).

apretar ◇ vt -1. [gen] serrer; éstos zapatos me aprietan ces chaussures me serrent. -2. [gatillo, botón] appuyer sur. -3. fig [paso, marcha] presser. -4. [ropa, objetos] tasser. -5. [labios] pincer. -6. fig [presionar] : ~ a alguien harceler qqn, faire pression sur qqn. ◇ vi [lluvia, tormenta] redoubler. ◆ **apretarse** vp se serrer; ~se el cinturón se serrer la ceinture.

apretón m bousculade f; ~ de manos poignée f de main.

apretujar vt [objetos] tasser; [persona] écraser. ◆ **apretujarse** vp [gen] se masser; [por frío, miedo] se blottir, se pelotonner.

apretujón m fam dar un ~ a alguien [abrazo] serrer qqn très fort; [empujón] bousculer qqn.

aprieto m fig situation f difficile; **poner en un** ~ **a alguien** mettre qqn dans l'embarras; **verse en un** ~ être très ennuyé(e).

aprisa adv vite.

aprisionar vt -1. [gen] emprisonner. -2. [atar] immobiliser.

aprobación f approbation f.

aprobado, da adj approuvé(e). ◆ **aprobado** m mention f passable.

aprobar vt -1. [gen] approuver; [ley] adopter. -2. [examen, asignatura] réussir.

apropiación f appropriation f.

apropiado, da adj approprié(e).

apropiar vt : ~ (a) adapter (à). ◆ **apropiarse** vp : ~se de algo s'approprier qqch.

aprovechable adj [objeto] utilisable; [prenda] mettable.

aprovechado, da ◇ adj -1. [persona] : **es muy** ~ c'est un profiteur. -2. [tiempo] bien employé(e); [espacio] bien conçu(e); **un día bien** ~ une journée bien remplie. -3. [alumno] appliqué(e). ◇ m, f [sinvergüenza] profiteur m, -euse f.

aprovechamiento m -1. [buen uso] utilisation f, exploitation f. -2. [en el estudio] assimilation f.

aprovechar ◇ vt -1. [gen] : ~ algo profiter de qqch. -2. [lo inservible] récupérer, se servir de. ◇ vi [ser provechoso] profiter; [mejorar] progresser, faire des progrès; ¡que aproveche! bon appétit! ◆ **aprovecharse** vp : ~se (de) profiter (de), tirer parti (de).

aprovisionamiento m approvisionnement m.

aproximación f -1. [gen] rapprochement m. -2. [mediante cálculo] approximation f; **con** ~ approximativement. -3. [en lotería] lot m de consolation.

aproximadamente adv approximativement.

aproximado, da adj approximatif(ive).

aproximar vt approcher, rapprocher. ◆ **aproximarse** vp -1. [fecha] approcher. -2. [persona] s'approcher.

aptitud f aptitude f; **tener** ~ **para algo** être doué(e)pour qqch.

apto, ta adj -1. [capaz] : ~ (para) apte (à). -2. [adecuado] bon(bonne); ~ **para el servicio militar** bon pour le service. -3. CIN : **película no apta para menores** film interdit aux moins de dix-huit ans.

apuesta f pari m.

apuesto, ta adj fringant(e).

apuntador, **ra** *m, f* TEATR souffleur *m*, -euse *f*.

apuntalar *vt lit & fig* étayer.

apuntar ◇ *vt* -1. [anotar] noter; ~ **a alguien** [en lista] inscrire qqn; **apúntamelo (en la cuenta)** mets-le sur mon compte. -2. [dirigir - arma, dedo] pointer; ~ **a alguien (con el dedo)** montrer qqn du doigt; ~ **a alguien (con un arma)** viser qqn. -3. TEATR souffler. -4. *fig* [sugerir] évoquer. -5. *fig* [indicar] signaler; [importancia] souligner. ◇ *vi* [empezar a salir] poindre. ◆ **apuntarse** *vp* -1. [en lista, curso] s'inscrire. -2. [participar] être partant(e); ~**se (a hacer algo)** se joindre à qqn (pour faire qqch); **yo me apunto** je viens avec vous.

apunte *m* -1. [nota escrita] note *f*. -2. [boceto] esquisse *f*. ◆ **apuntes** *mpl* EDUC notes *fpl*, cours *mpl*.

apuñalar *vt* poignarder.

apurado, **da** *adj* -1. [necesitado] dans le besoin; ~ **de** à court de. -2. [avergonzado] gêné(e). -3. [difícil] délicat(e).

apurar *vt* -1. [botella, cigarrillo] finir; [existencias] épuiser. -2. [meter prisa] bousculer. -3. [preocupar] inquiéter. -4. [avergonzar] gêner. ◆ **apurarse** *vp* -1. [preocuparse] s'inquiéter. -2. [darse prisa] se dépêcher.

apuro *m* -1. [dificultad] gros ennui *m*; **estar en** ~**s** avoir des problèmes; **sacar de un** ~ **a alguien** tirer qqn d'affaire. -2. [escasez] manque *m* (d'argent). -3. [vergüenza] gêne *f*; **me da** ~ **decírtelo** ça me gêne ◇ ça m'ennuie de te le dire.

aquejado, **da** *adj* : ~ **de** atteint(e) de.

aquel, **aquella** (*mpl* **aquellos**, *fpl* **aquellas**) *adj demos* ce, cette; **dame aquellos libros** donne-moi les livres qui sont là-bas; ~ **edificio que se ve a lo lejos es nuevo** le bâtiment qu'on voit là-bas, au loin, est neuf; **en aquella época** à cette époque-là.

aquél, **aquélla** (*mpl* **aquéllos**, *fpl* **aquéllas**) *pron demos* celui-là, celle-là; **este cuadro me gusta pero** ~ **del fondo no** ce tableau(-ci) me plaît mais pas celui du fond; ~ **fue mi último día en Londres** ce fut mon dernier jour à Londres; **aquéllos que quieran hablar que levanten la mano** que ceux qui veulent parler lèvent la main.

aquelarre *m* [de brujas] sabbat *m*.

aquella → aquel.

aquélla → aquél.

aquello *pron demos (neutro)* cela; ~ **que se ve al fondo es el mar** c'est la mer que l'on voit dans le fond; **no sé si** ~ **lo dijo en serio** je ne sais pas s'il a dit cela sérieusement.

aquellos, **aquellas** → aquel.

aquéllos, **aquéllas** → aquél.

aquí *adv* -1. [gen] ici; ~ **arriba/abajo** en haut/bas; ~ **cerca** près d'ici; ~ **dentro** dedans; ~ **fuera** dehors; ~ **mismo** ici même; **por** ~ par ici; **de** ~ **a mañana** d'ici demain. -2. [en tiempo pasado] : ~ **empezaron los problemas** c'est là que les problèmes ont commencé.

ara *f (el)* culto. -1. [piedra] pierre *f* d'autel. -2. [altar] autel *m*. ◆ **en aras de** *loc prep* au nom de.

árabe ◇ *adj* arabe. ◇ *mf* Arabe *mf*. ◇ *m* [lengua] arabe *m*.

Arabia Saudí Arabie Saoudite *f*.

arábigo, **ga** *adj* -1. [de Arabia] arabique. -2. [numeración] arabe.

arado *m* charrue *f*.

Aragón Aragon *m*.

aragonés, **esa** ◇ *adj* aragonais(e). ◇ *m, f* Aragonais *m*, -e *f*.

arancel *m* -1. [tarifa] tarif *m* douanier. -2. [tasa] droit *m* de douane, taxe *f*.

arancelario, **ria** *adj* [reforma etc] douanier(ère); [tasa, derechos] de douane.

arándano *m* -1. [fruto rojo] airelle *f*. -2. [fruto azul] myrtille *f*.

arandela *f* TECNOL rondelle *f*.

araña *f* -1. [animal] araignée *f*. -2. [lámpara] lustre *m*.

arañar *vt* -1. [con las uñas] griffer. -2. [raspar] égratigner, érafler. -3. *fig* [reunir] grappiller.

arañazo *m* égratignure *f*, éraflure *f*.

arar *vt* labourer.

arbitraje *m* arbitrage *m*.

arbitrar *vt* -1. DEP & DER arbitrer. -2. [disponer - medidas] prendre; [- recursos] employer.

arbitrariedad *f* -1. [cualidad] arbitraire *m*. -2. [acción] acte *m* arbitraire; **con** ~ de façon arbitraire.

arbitrario, **ria** *adj* arbitraire.

arbitrio *m* volonté *f*.

árbitro *m* DEP & DER arbitre *m*.

árbol *m* -1. [gen] arbre *m*; ~ **de Navidad** sapin *m* de Noël. -2. NÁUT [palos] mât *m*. ◆ **árbol genealógico** *m* arbre *m* généalogique.

arbolar vt -1. [barco] mâter. -2. [bandera] arborer; ~ **la bandera** hisser le pavillon. -3. [mar] déchaîner.

a·boleda f bois m.

arbusto m arbuste m.

arca f (el) coffre m; ~ **de Noé** arche f de Noé. ◆ **arcas** fpl caisses fpl; ~s **públicas** caisses de l'État.

arcada f -1. (gen pl) [de estómago] haut-le-cœur m inv. -2. ARQUIT [arco] arcade f. -3. [de puente] arche f.

arcaico, ca adj archaïque.

arcángel m archange m.

arce m érable m.

arcén m bas-côté m.

archiconocido, da adj fam archi-connu(e).

archiduque, quesa m, f archiduc m, archiduchesse f.

archipiélago m archipel m.

archivador, ra m, f archiviste mf. ◆ **archivador** m classeur m.

archivar vt -1. [cosas] classer. -2. fig [pensamientos] enfouir. -3. INFORM [fichero] archiver.

archivo m -1. [gen] archives fpl. -2. INFORM fichier m.

arcilla f argile f.

arcipreste m RELIG archiprêtre m.

arco m -1. [gen & GEOM] arc m. -2. ARQUIT arche f; ~ **de herradura** arc en fer à cheval; ~ **triunfal** o **de triunfo** arc de triomphe. -3. MÚS archet m. ◆ **arco iris** arc-en-ciel m.

arcón m grand coffre m.

arder vi lit & fig brûler; **está que arde** [lugar o reunión] ça chauffe, ça barde; [persona] il bout de colère.

ardid m ruse f.

ardiente adj brûlant(e); [deseo, defensor, brasa] ardent(e); [admirador] fervent(e).

ardilla f écureuil m.

ardor m -1. lit & fig ardeur f. -2. [quemazón] brûlure f.

arduo, dua adj ardu(e).

área f (el) -1. [gen] zone f. -2. GEOM surface f; ~ **de servicio** aire f de service. -3. [medida] are m. -4. DEP: ~ **(de castigo o penalti)** surface f (de réparation).

arena f -1. [partícula] sable m; ~s **movedizas** sables mouvants. -2. HIST & TAUROM arène f.

arenal m étendue f de sable.

arenga f harangue f.

arenilla f sable m fin; [en el ojo] poussière f.

arenoso, sa adj sablonneux(euse); [playa] de sable.

arenque m hareng m.

aretes mpl Amer boucles fpl d'oreille.

argamasa f CONSTR mortier m.

Argel Alger.

Argelia Algérie f.

argelino, na ◇ adj algérien(enne). ◇ m, f Algérien m, -enne f.

Argentina f: (**la**) ~ (**l'**) Argentine f.

argentino, na ◇ adj argentin(e). ◇ m, f Argentin m, -e f.

argolla f -1. [gen] anneau m. -2. Amer [anillo] alliance f.

argot m (pl **argots**) -1. [jerga popular] argot m. -2. [jerga técnica] jargon m.

argucia f sophisme m.

argumentación f argumentation f.

argumentar vt -1. [teoría, opinión] argumenter. -2. [razones, excusas] invoquer.

argumento m -1. [razonamiento] argument m. -2. [trama] thème m.

aridez f lit & fig aridité f.

árido, da adj [gen] aride; [aburrido] rébarbatif(ive). ◆ **áridos** mpl céréales et légumes secs.

Aries ◇ m inv [zodiaco] Bélier m . ◇ mf inv [persona] bélier m inv.

ariete m -1. HIST & MIL bélier m. -2. DEP avant-centre m.

arisco, ca adj [huidizo] farouche; [insociable] bourru(e).

arista f ARQUIT arête f.

aristocracia f aristocratie f.

aristócrata mf aristocrate mf.

aritmético, ca adj arithmétique. ◆ **aritmética** f arithmétique f.

arlequín m arlequin m.

arma f (el) arme f; ~ **blanca/de fuego** arme blanche/à feu; ~ **homicida** arme du crime. ◆ **armas** fpl MIL armes fpl

armada f → armado.

armadillo m tatou m.

armado, da adj armé(e). ◆ **armada** f [marina] marine f; [escuadra] flotte f.

armador, ra m, f armateur m.

armadura f -1. [de gafas] monture f; [de tejado] charpente f; [de barco] carcasse f. -2. [de guerrero] armure f.

armamentista adj → carrera.

armamento m armement m.

armar vt -1. [arma, personas] armer. -2. [mueble, tienda de campaña] monter. -3. fam fig [provocar] faire; ~ un escándalo faire un scandale; ~la fam faire des histoires. ◆ **armarse** vp [con armas] s'armer; ~se de [de paciencia etc] s'armer de; se armó la gorda o la de San Quintín o la de Dios es Cristo fam ça a bardé.

armario m armoire f; ~ (empotrado) placard m.

armatoste m [mueble] mastodonte m; [máquina] engin m.

armazón m o f armature f.

armería f -1. [depósito] arsenal m. -2. [museo] musée m de l'armée. -3. [tienda, arte] armurerie f.

armiño m hermine f.

armisticio m armistice m.

armonía f harmonie f.

armónico, ca adj harmonique. ◆ **armónico** m harmonique m. ◆ **armónica** f harmonica m.

armonioso, sa adj harmonieux(euse).

armonizar ◇ vt [gen & MÚS] harmoniser. ◇ vi [concordar] : ~ con être en harmonie avec.

arnés m armure f. ◆ **arneses** mpl -1. [de animal] harnais m. -2. [instrumentos] matériel m.

aro m -1. [círculo] cercle m; TECNOL bague f. -2. [pendiente, anillo] anneau m; los ~s olímpicos les anneaux olympiques. -3. [servilletero] rond m de serviette. -4. loc : entrar o pasar por el ~ céder, s'incliner.

aroma m arôme m.

aromático, ca adj aromatique.

aromatizar vt aromatiser.

aros mpl Amer boucles fpl d'oreille.

arpa f (el) harpe f.

arpía f MITOL & fig harpie f.

arpillera f toile f à sac, toile f de jute.

arpón m harpon m.

arquear vt arquer; [cejas] hausser; [espalda] courber; ~ el lomo [un gato] faire le gros dos. ◆ **arquearse** vp [por el peso] ployer.

arqueo m -1. [curvamiento] courbure f. -2. COM caisse f; ~ de caja contrôle m o vérification f de caisse.

arqueología f archéologie f.

arqueólogo, ga m, f archéologue mf.

arquero m -1. DEP & MIL archer m. -2. DEP [portero] gardien m de but.

arquetipo m archétype m.

arquitecto, ta m, f architecte mf.

arquitectura f architecture f.

arrabal m : los ~es les faubourgs, les quartiers populaires.

arrabalero, ra ◇ adj -1. [del arrabal] des faubourgs, des quartiers populaires. -2. [barriobajero] populacier(ère); [lenguaje] de charretier. ◇ m, f [barriobajero] zonard m, -e f.

arraigar ◇ vt enraciner. ◇ vi -1. [en un lugar] prendre racine, pousser. -2. fig [en un tiempo] s'enraciner. ◆ **arraigarse** vp [establecerse] se fixer; ~se a s'attacher à.

arraigo m enracinement m; tener mucho ~ [una tradición etc] être bien ancré(e).

arrancar ◇ vt -1. [gen] arracher; [árbol] déraciner. -2. [coche] faire démarrer; [máquina] mettre en marche. -3. INFORM [programa] lancer. ◇ vi -1. [coche, máquina] démarrer. -2. [provenir] : ~ de remonter à. -3. [partir] partir. ◆ **arrancarse** vp : ~se a hacer algo se mettre à faire qqch.

arranque m -1. [comienzo] point m de départ, amorce f. -2. AUTOM démarreur m. -3. fig [arrebato] accès m; en un ~ de generosidad dans un élan de générosité.

arras fpl -1. [fianza] arrhes fpl. -2. [en boda] les treize pièces ou autre cadeau que le jeune marié offre à sa femme pendant la cérémonie du mariage.

arrasar vt ravager, dévaster.

arrastrar ◇ vt -1. [gen] traîner; [carro, vagón] remorquer; [suj : corriente, aire] emporter. -2. fig [convencer] rallier. -3. fig [producir] entraîner; ~ a alguien a algo/a hacer algo [impulsar a] pousser qqn à qqch/à faire qqch. ◇ vi traîner (par terre). ◆ **arrastrarse** vp -1. [por el suelo] se traîner; [reptil] ramper. -2. fig [humillarse] ramper.

arrastre m -1. [acarreo] déplacement m. -2. [pesca] pesca de ~ pêche f au chalut o à la traîne. -3. loc : estar para el ~ être au bout du rouleau.

arre interj : ¡ ~! hue!

arrear vt -1. [azuzar – animal] stimuler; [– persona] presser. -2. fam [un golpe etc] flanquer. -3. [poner arreos] harnacher.

arrebatado, da adj -1. [impetuoso] emporté(e). -2. [ruborizado] tout rouge(toute rouge). -3. [iracundo] furieux(euse).

arrebatar vt -1. [arrancar] arracher. -2. fig [cautivar] fasciner. ◆ **arrebatarse** vp s'emporter.

arrebato *m* [arranque] emportement *m*; [de pasión] extase *f*; ~ **de amor** transport *m* amoureux; ~ **de ira** accès *m* de colère.

arrebujar *vt* -1. [sin orden] mettre en vrac. -2. [arropar] emmitoufler. ◆ **arrebujarse** *vp* [arroparse] s'emmitoufler.

arreciar *vi* lit & fig redoubler.

arreglado, da *adj* -1. [reparado] réparé(e); [ropa] retouché(e). -2. [ordenado] rangé(e). -3. [persona] arrangé(e), soigné(e). -4. fig [solucionado] réglé(e). -5. fig [precio] raisonnable.

arreglar *vt* -1. [gen & MÚS] arranger; [curar] remettre d'aplomb. -2. [ordenar] ranger. -3. [solucionar] régler. -4. [acicalar] préparer; [mujer] pomponner. -5. fam [como amenaza] : ¡**ya te arreglaré!** tu vas voir! ◆ **arreglarse** *vp* -1. [apañarse] s'arranger; **saber arreglárselas** savoir s'y prendre. -2. [acicalarse] se préparer; [una mujer] se pomponner.

arreglo *m* arrangement *m*; [de ropa] retouche *f*; **no tiene** ~ cela ne peut pas s'arranger, il n'y a pas de solution; **con** ~ **a** conformément à.

arremangar *vt* retrousser. ◆ **arremangarse** *vp* retrousser ses manches.

arremeter *vi* : ~ **contra** se jeter sur; fig s'en prendre à.

arremetida *f* bourrade *f*.

arremolinarse *vp* -1. fig [personas] se bousculer. -2. [cosas] tourbillonner.

arrendamiento *m*, **arriendo** *m* -1. [acción] location *f*. -2. [precio] loyer *m*.

arrendar *vt* louer.

arrendatario, ria ◇ *adj* de location. ◇ *m, f* locataire *m*; [agrícola] exploitant *m*, -e *f*.

arrepentido, da ◇ *adj* repenti(e), repentant(e); **estar** ~ **de algo** regretter qqch. ◇ *m, f* repenti *m*, -e *f*.

arrepentimiento *m* repentir *m*.

arrepentirse *vp* : ~ **(de algo)** se repentir (de qqch), regretter (qqch).

arrestar *vt* arrêter.

arresto *m* arrestation *f*.

arriar *vt* [velas] amener; [bandera] baisser.

arriba ◇ *adv* -1. [posición] au-dessus; **vive (en el piso de)** ~ il habite au-dessus; ~ **del todo** tout en haut; **más** ~ plus haut, au-dessus. -2. [dirección] en haut; **mirar hacia** ~ regarder en l'air; **ir para** ~ monter; **calle** ~ en remontant la rue; **río** ~ en amont. -3. [en un texto] ci-dessus. -4. *loc* : **de** ~ **abajo** [cosa] du début à la fin; [persona] des pieds à la tête; **mirar a alguien de** ~ **abajo** [con desdén] regarder de haut en bas. ◇ *interj* : ¡ ~! courage!; ¡~ **la República!** vive la République!; ¡~ **las manos!** haut les mains! ◇ *prep* : ~ **(de)** *Amer* [encima de] sur. ◆ **arriba de** *loc prep* plus de. ◆ **de arriba** *loc adj* : **la vecina de** ~ la voisine du dessus; **el estante de** ~ l'étagère du haut.

arribar *vi* [por tierra] parvenir; [por mar] toucher au port.

arribeño, ña *m, f Amer fam* habitant *m*, -e *f* des hauts plateaux.

arribista *adj & mf* arriviste.

arriendo → arrendamiento.

arriesgado, da *adj* -1. [peligroso] risqué(e). -2. [temerario] audacieux(euse).

arriesgar *vt* risquer. ◆ **arriesgarse** *vp* s'exposer, prendre des risques; ~**se a** se risquer à.

arrimar *vt* -1. [acercar] approcher, rapprocher. -2. fig [arrinconar] mettre dans un coin. ◆ **arrimarse** *vp* -1. [en el espacio] s'approcher, se rapprocher; ~**se a algo** s'appuyer sur. -2. fig [ampararse] : ~**se a alguien** s'en remettre à qqn.

arrinconar *vt* -1. [apartar, abandonar] mettre dans un coin. -2. fig [persona – acorralar] acculer; [– dejar de lado] délaisser, mettre à l'écart.

arrodillarse *vp* [ponerse de rodillas] s'agenouiller.

arrogancia *f* arrogance *f*.

arrogante *adj* arrogant(e).

arrojado, da *adj* courageux(euse), intrépide.

arrojar *vt* -1. [lanzar] jeter. -2. [despedir – humo, lava] cracher; [– olor] dégager. -3. [echar] chasser. -4. [resultado] faire apparaître, mettre en évidence. -5. [vomitar] rendre. ◆ **arrojarse** *vp* se jeter.

arrojo *m* courage *m*.

arrollador, ra *adj* [fuerza] irrésistible; [éxito] retentissant(e); [belleza] éblouissant(e).

arrollar *vt* -1. [enrollar] enrouler. -2. [atropellar] renverser. -3. [suj : agua, viento] emporter. -4. [vencer] mettre en déroute.

arropar *vt* -1. [con ropa] couvrir. -2. fig [con protección] protéger. ◆ **arroparse** *vp* se couvrir.

arroyo *m* -1. [riachuelo] ruisseau *m*. -2. [de la calle] caniveau *m*.

arroz *m* riz *m*; ~ **blanco** riz nature; ~ **con leche** riz au lait.

arruga *f* –1. [de ropa] pli *m*. –2. [de piel] ride *f*.

arruinar *vt* lit & fig ruiner. ◆ **arruinarse** *vp* se ruiner.

arrullar *vt* chanter une berceuse à, bercer. ◆ **arrullarse** *vp* lit & fig roucouler.

arrullo *m* –1. [de palomas] roucoulement *m*. –2. [nana] berceuse *f*. –3. fig [susurro] murmure *m*.

arrumar *vt* Amer empiler.

arrume *m* Amer pile *f*.

arsenal *m* –1. [de barcos, armas] arsenal *m*. –2. [de cosas] stock *m*.

arsénico *m* arsenic *m*.

art. (abrev de artículo) art.

arte *m* ○ *f* –1. [gen] art *m* . –2. [astucia] ruse *f*; **por** ○ **con malas** ~**s** par des moyens pas très catholiques. ◆ **artes** *fpl* arts *mpl*; ~**s gráficas/plásticas** arts graphiques/plastiques; **bellas** ~**s** beaux-arts *mpl*.

artefacto *m* appareil *m*.

arteria *f* artère *f*.

artesanal *adj* artisanal(e).

artesanía *f* artisanat *m*.

artesano, na *m, f* artisan *m*, -e *f*.

Ártico *m* : **el Ártico** l'Arctique *m*.

articulación *f* articulation *f*.

articulado, da *adj* articulé(e).

articular *vt* –1. [gen] articuler. –2. [plan, proyecto] élaborer.

artículo *m* article *m*; ~ **de fondo** PRENSA article de fond; ~ **de primera necesidad** produit *m* de première nécessité.

artífice *mf* artisan *m*, -e *f*.

artificial *adj* lit & fig artificiel(elle).

artificio *m* –1. [aparato] engin *m*. –2. fig [artimaña] artifice *m*.

artificioso, sa *adj* fig [engañoso] trompeur(euse).

artillería *f* artillerie *f*.

artillero *m* artilleur *m*.

artilugio *m* –1. [mecanismo] engin *m*. –2. fig [maña] stratagème *m*.

artimaña *f* (gen pl) ruse *f*, subterfuge *m*.

artista *mf* lit & fig artiste *mf*.

artístico, ca *adj* artistique.

artritis *f* arthrite *f*.

artrosis *f* arthrose *f*.

arz. abrev de arzobispo.

arzobispo *m* archevêque *m*.

as *m* as *m* .

asa *f* (el) anse *f* (poignée).

asado *m* rôti *m*.

asador *m* –1. [aparato] rôtissoire *f*. –2. [varilla] broche *f*.

asaduras *fpl* abats *mpl*.

asalariado, da *m, f* salarié *m*, -e *f*.

asalmonado, da *adj* [color] saumon (inv).

asaltante *mf* assaillant *m*, -e *f*.

asaltar *vt* –1. [gen] assaillir; [castillo, ciudad] prendre d'assaut. –2. [banco, persona, tren] attaquer; ~ **con** fig assaillir de. –3. fig [suj : duda] assaillir; [suj : idea] venir.

asalto *m* –1. [de castillo, ciudad] assaut *m*; [de banco] hold-up *m*; [de persona] attaque *f*, agression *f*. –2. DEP round *m*.

asamblea *f* [reunión] assemblée *f*.

asar *vt* –1. [al horno] rôtir; [a la parrilla] griller. –2. fig [importunar] : ~ **a alguien a preguntas** harceler qqn de questions. ◆ **asarse** *vp* fig cuire, étouffer.

ascendencia *f* –1. [linaje] ascendance *f*. –2. [origen, clase social] : **es de baja/alta** ~ il est de basse/haute extraction. –3. fig [influencia] ascendant *m*.

ascendente ◇ *adj* ascendant(e). ◇ *m* ASTROL ascendant *m*.

ascender ◇ *vi* –1. [subir] monter. –2. [incrementarse] augmenter. –3. [progresar – en empleo] être promu(e); [– en deportes] monter dans le classement; ~ **a primera división** monter en première division. –4. [suj : factura, cuenta] : ~ **a** s'élever à. ◇ *vt* : ~ **a alguien (a algo)** promouvoir qqn (à qqch).

ascendiente *mf* [antepasado] ancêtre *mf*.

ascensión *f* ascension *f*. ◆ **Ascensión** *f* RELIG Ascension *f*.

ascenso *m* –1. [en empleo] avancement *m*, promotion *f*; [en deportes] : **el equipo lucha por el** ~ **a primera** l'équipe fait tout pour monter en première division. –2. [a un monte] ascension *f*.

ascensor *m* ascenseur *m*.

ascético, ca *adj* ascétique.

asco *m* [sensación] dégoût *m*; ¡**qué** ~ **de tiempo!** quel sale temps!, quel temps pourri!; ¡**qué** ~! c'est dégoûtant ○ répugnant!; **dar** ~ dégoûter; **hacer** ~**s a algo** faire la fine bouche devant qqch; **estar hecho un** ~ fam être vraiment dégoûtant(e); **ser un** ~ fam [cosa mala] être nul(nulle); [cosa fea] être une horreur; [cosa sucia] être vraiment dégoûtant(e).

ascua *f* (el) charbon *m* ardent.

aseado, **da** *adj* **-1.** [limpio – persona] net(nette); [– animal] propre. **-2.** [arreglado] soigné(e).

asear *vt* nettoyer. ◆ **asearse** *vp* **-1.** [lavarse] faire sa toilette. **-2.** [arreglarse] se préparer.

asediar *vt* assiéger; *fig* harceler.

asedio *m* siège *m*; *fig* harcèlement *m*.

asegurado, **da** *m*, *f* assuré *m*, -e *f*.

asegurador, **ra** *m*, *f* assureur *m*.

asegurar *vt* **-1.** [fijar] assujettir; [tuerca] resserrer. **-2.** [garantizar] assurer. ◆ **asegurarse** *vp* [cerciorarse] : ~**se de que** s'assurer que; **asegúrate de cerrar la puerta** n'oublie pas de fermer la porte. **-2.** [hacer un seguro] : ~**se (contra)** s'assurer (contre).

asentamiento *m* **-1.** [de edificio] assise *f*. **-2.** [de personas] colonie *f*.

asentar *vt* **-1.** [instalar – empresa] implanter; [– campamento, pueblo] installer. **-2.** [asegurar – cimientos] asseoir; [– conocimientos] parfaire. ◆ **asentarse** *vp* **-1.** [instalarse] s'établir, se fixer. **-2.** [posarse] se déposer.

asentir *vi* **-1.** [estar conforme] : ~ **(a algo)** admettre (qqch). **-2.** [afirmar con la cabeza] acquiescer.

aseo *m* **-1.** [acción] toilette *f*; [cualidad] propreté *f*. **-2.** [habitación] salle *f* d'eau. ◆ **aseos** *mpl* toilettes *fpl*.

aséptico, **ca** *adj* **-1.** MED aseptique. **-2.** *fig* [discurso] aseptisé(e).

asequible *adj* accessible.

aserradero *m* scierie *f*.

asesinar *vt* assassiner.

asesinato *m* assassinat *m*.

asesino, **na** ◇ *adj* [mano, mirada] assassin(e); [arma, tendencias] meurtrier(ère). ◇ *m*, *f* assassin *m*, meurtrier *m*, -ère *f*.

asesor, **ra** *m*, *f* **-1.** [gen] conseiller *m*, -ère *f*; ~ **de imagen** conseiller en communication; ~ **fiscal** conseiller fiscal. **-2.** ECON consultant *m*, -e *f*.

asesorar *vt* conseiller. ◆ **asesorarse** *vp* : ~**se (en algo)** se faire conseiller (sur qqch); ~**se de o con alguien** prendre conseil auprès de qqn.

asesoría *f* **-1.** [oficio] conseil *m*. **-2.** [oficina] cabinet *m* de conseil; ~ **jurídica** cabinet juridique.

asestar *vt* [golpe, puñalada] asséner; [tiro] tirer.

asexuado, **da** *adj* asexué(e).

asfaltado *m* [acción] asphaltage *m*; [asfalto] chaussée *f*.

asfaltar *vt* asphalter.

asfalto *m* asphalte *m*.

asfixia *f* asphyxie *f*.

asfixiante *adj* [gas] asphyxiant(e); [calor] étouffant(e).

asfixiar *vt* **-1.** [ahogar] asphyxier. **-2.** *fig* [agobiar] étouffer, oppresser. ◆ **asfixiarse** *vp* **-1.** [ahogarse] s'asphyxier. **-2.** *fam* [de calor] crever de chaleur. **-3.** *fig* [agobiarse] étouffer.

así ◇ *adv* ainsi; [de este modo] comme ceci; [de ese modo] comme cela; **era** ~ **de largo** il était long comme ça; ~ **es/era/ fue como** voilà comment, c'est ainsi que; ~, ~ comme ci comme ça, couci couça; **algo** ~ qqch comme ça; ~ **como** [igual que] de même que, ainsi que; [del mismo modo] comme; ~ **es c'est ça; y** ~ **todos los días** et c'est comme ça tous les jours; **y** ~ **sucesivamente** et ainsi de suite. ◇ *conj* **-1.** [de modo que] ainsi; ~ **(es) que** alors; **estoy enferma** ~ **que no voy je** suis malade, alors je n'y vais pas. **-2.** [aunque] : **no lo haré** ~ **me paguen** je ne le ferai pas même pour de l'argent. **-3.** *Amer* [aun si] même si. ◇ *adj inv* [como éste] pareil(eille). ◆ **así pues** *loc adv* donc, par conséquent. ◆ **así y todo** *loc adv* malgré tout.

Asia Asie *f*.

asiático, **ca** ◇ *adj* asiatique. ◇ *m*, *f* Asiatique *mf*.

asidero *m* **-1.** [agarradero] manche *m*. **-2.** *fig* [apoyo] soutien *m*.

asiduidad *f* assiduité *f*.

asiduo, **dua** ◇ *adj* assidu(e). ◇ *m*, *f* habitué *m*, -e *f*.

asiento *m* **-1.** [mueble] siège *m*; **tomar** ~ prendre place. **-2.** [localidad] place *f*. **-3.** [base] assise *f*. **-4.** [emplazamiento] site *m*. **-5.** COM écriture *f*; ~ **contable** écriture comptable.

asignación *f* **-1.** [a una persona] attribution *f*; [a un grupo] répartition *f*; [de fondos, vacante] affectation *f*. **-2.** [sueldo] appointements *mpl*; [de funcionario] traitement *m*.

asignar *vt* **-1.** [atribuir] : ~ **algo a alguien** assigner o attribuer qqch à qqn. **-2.** [destinar] : ~ **a alguien** a affecter qqn à.

asignatura *f* matière *f* (d'enseignement).

asilado, **da** *m*, *f* réfugié *m*, -e *f*.

asilo *m lit & fig* asile *m*; ~ **político** asile politique.

asimilación *f* -1. [gen & LING] assimilation *f*. -2. [comparación] confrontation *f*.

asimilar *vt* -1. [gen] assimiler. -2. [comparar] confronter. ◆ **asimilarse** *vp* s'assimiler.

asimismo *adv* aussi, de même; **es ~ necesario que...** de même, il est nécessaire que...

asistencia *f* -1. [presencia] présence *f*. -2. [ayuda, público] assistance *f*; ~ **médica** soins *mpl*; ~ **técnica** assistance technique. -3. [afluencia] fréquentation *f*. -4. DEP passe *f*.

asistenta *f* femme *f* de ménage.

asistente *mf* -1. [ayudante] assistant *m*, -e *f*; ~ **social** assistante sociale. -2. [presentes] : **los ~s** les personnes présentes.

asistido, da *adj* AUTOM & INFORM assisté(e).

asistir ◇ *vt* -1. [acompañar] assister. -2. [ayudar – a heridos, necesitados] secourir; [– a enfermos] soigner. ◇ *vi* [presenciar] : **~ a** assister à.

asma *f (el)* asthme *m*.

asno *m lit & fig* âne *m*.

asociación *f* association *f*; ~ **de consumidores** association de (défense des) consommateurs; ~ **de ideas** association d'idées.

asociado, da ◇ *adj* associé(e). ◇ *m, f* -1. [miembro] associé *m*, -e *f*. -2. EDUC maître *m* de conférences.

asociar *vt* associer. ◆ **asociarse** *vp* s'associer.

asolar *vt* dévaster.

asomar ◇ *vi* [gen] apparaître; [pañuelo, camisa etc] sortir, dépasser; [sol] poindre. ◇ *vt* passer; ~ **la cabeza por la ventana** passer la tête par la fenêtre. ◆ **asomarse** *vp* : **~se a** se pencher à.

asombrar *vt* [causar admiración] stupéfier; [causar sorpresa] étonner. ◆ **asombrarse** *vp* : **~se (de)** [sentir admiración] être stupéfié(e)(par); [sentir sorpresa] s'étonner (de).

asombro *m* [admiración] stupéfaction *f*; [sorpresa] étonnement *m*.

asombroso, sa *adj* [sensacional] stupéfiant(e), ahurissant(e); [sorprendente] étonnant(e).

asomo *m* [gen] pointe *f*; [de duda] ombre *f*; [de esperanza] lueur *f*; **ni por ~** pas le moins du monde; **no creer algo ni por ~** ne pas croire une seconde à qqch.

aspa *f (el)* [de molino] aile *f*; [de hélice] pale *f*.

aspaviento *m (gen pl)* simagrée *f*; **hacer ~s** faire des simagrées.

aspecto *m* [gen] aspect *m*, apparence *f*; [de persona – presencia, pinta] allure *f*; [– cara, estado físico] mine *f*; **tener buen/mal ~** avoir bonne/mauvaise mine; **bajo este ~** sous cet angle; **en todos los ~s** à tous points de vue.

aspereza *f* -1. [de piel etc] rugosité *f*; [de terreno] aspérité *f*. -2. *fig* [de carácter] rudesse *f*.

áspero, ra *adj* -1. [al tacto – piel] rugueux(euse); [– tejido] rêche. -2. [al gusto] âpre. -3. [terreno] raboteux(euse). -4. *fig* [carácter] revêche.

aspersión *f* aspersion *f*.

aspersor *m* [para jardín] asperseur *m*; [para cultivos] pulvérisateur *m*.

aspiración *f* aspiration *f*.

aspirador *m*, **aspiradora** *f* aspirateur *m*.

aspirante ◇ *adj* aspirant(e). ◇ *mf* candidat *m*, -e *f*.

aspirar ◇ *vt* aspirer. ◇ *vi* : **~ a algo** [ansiar] aspirer à qqch.

aspirina® *f* aspirine *f*.

asquear *vt* dégoûter.

asquerosidad *f* [cosa mala] nullité *f*; [cosa fea] horreur *f*; [cosa sucia] : **es una ~** c'est vraiment répugnant.

asqueroso, sa *adj* répugnant(e).

asta *f (el)* -1. [de bandera, lanza] hampe *f*. -2. [de pincel] manche *m*. -3. [de toro] corne *f*.

asterisco *m* astérisque *m*.

astigmatismo *m* astigmatisme *m*.

astilla *f* [de piedra, madera] éclat *m*; [en el dedo] écharde *f*.

astillero *m* chantier *m* naval.

astracán *m* astrakan *m*.

astringente *adj* astringent(e).

astro *m* -1. [cuerpo celeste] astre *m*. -2. *fig* [persona] vedette *f*, star *f*.

astrofísica *f* astrophysique *f*.

astrología *f* astrologie *f*.

astrólogo, ga *m, f* astrologue *mf*.

astronauta *mf* astronaute *mf*.

astronomía *f* astronomie *f*.

astrónomo, ma *m, f* astronome *mf*.

astucia *f* -1. [picardía] astuce *f*. -2. *(gen pl)* [treta] ruse *f*.

astuto, ta *adj* [listo, sagaz] astucieux(euse); [taimado] rusé(e).

asumir *vt* assumer.

Asunción GEOGR Asunción.

asunto *m* **-1.** [gen] sujet *m*. **-2.** [negocio] affaire *f*. **-3.** *fam* [romance] liaison *f*. ◆ **Asuntos Exteriores** *mpl* Affaires *fpl* étrangères.

asustado, da *adj* effrayé(e).

asustar *vt* effrayer, faire peur. ◆ **asustarse** *vp* : ~ **(de)** avoir peur (de); **no se asusta de** ○ **por nada** il n'a peur de rien.

atacante ◇ *adj* attaquant(e). ◇ *mf* assaillant *m*, -e *f*.

atacar *vt* **-1.** [gen] attaquer; **me ataca los nervios** *fig* il me tape sur les nerfs. **-2.** [sobrevenir] être surpris(e)par; **me atacó el sueño** j'ai été surpris par le sommeil; **le atacó la fiebre** il a eu une poussée de fièvre; **me atacó la risa** j'ai été pris d'un fou rire. **-3.** *fig* [combatir – idea] critiquer, s'en prendre à; [– suj : medicamento] combattre.

atadura *f* **-1.** [ligadura] attache *f*; [sentimental] lien *m*. **-2.** *fig* [obligación] astreinte *f*; [económica] contrainte *f*.

atajar ◇ *vi* [acortar] couper, prendre un raccourci. ◇ *vt* **-1.** *fig* [interrumpir] : ~ **a alguien** couper la parole à qqn. **-2.** [contener – hemorragia, ofensiva] stopper; [– incendio] maîtriser; [– proceso, epidemia] enrayer.

atajo *m* **-1.** [camino, medio] raccourci *m*. **-2.** *despec* [panda] bande *f*.

atañer *vi* concerner; [asunto] regarder.

ataque *m* **-1.** [gen & DEP] attaque *f*. **-2.** *fig* [de nervios, llanto] crise *f*; ~ **cardíaco** crise cardiaque; ~ **de tos** quinte *f* de toux; ~ **de risa** fou rire *m*.

atar *vt* **-1.** [unir] attacher. **-2.** *fig* [relacionar] relier. **-3.** *fig* [constreñir] astreindre. ◆ **atarse** *vp* **-1.** [anudar] : ~ **se los cordones** nouer ses lacets. **-2.** [comprometerse] prendre des engagements.

atardecer ◇ *m* tombée *f* du jour. ◇ *v impers* : **atardece** le jour tombe.

atareado, da *adj* occupé(e), pris(e).

atascar *vt* boucher. ◆ **atascarse** *vp* **-1.** [obstruirse] se boucher. **-2.** *fig* [detenerse] s'embourber, s'enliser; [al hablar] bafouiller.

atasco *m* **-1.** [obstrucción] engorgement *m*. **-2.** AUTOM embouteillage *m*. **-3.** [impedimento] entrave *f*.

ataúd *m* cercueil *m*.

ataviar *vt* parer. ◆ **ataviarse** *vp* : ~ **se (con)** se parer (de).

ate *m* *Amer* gelée *f* de coing.

atemorizar *vt* effrayer. ◆ **atemorizarse** *vp* s'effrayer, prendre peur.

Atenas Athènes.

atención ◇ *f* **-1.** [interés] attention *f*; **llamar la** ~ [atraer] attirer l'attention; [amonestar] rappeler à l'ordre; **poner** ○ **prestar** ~ prêter attention. **-2.** [cortesía] prévenance *f*, égard *m* . ◇ *interj* : ¡ ~! votre attention s'il vous plaît! ◆ **atenciones** *fpl* attentions *fpl*.

atender ◇ *vt* **-1.** [aceptar – petición, ruego] répondre, accéder à; [– consejo, instrucciones] faire cas de. **-2.** [cuidar de] s'occuper de; [enfermo] soigner; [cliente] servir; **¿le atienden?** on s'occupe de vous? ◇ *vi* **-1.** [estar atento] être attentif(ive); ~ **(a algo)** écouter (qqch). **-2.** [responder] répondre; ~ **por** répondre au nom de.

ateneo *m* [asociación] cercle *m*.

atenerse *vp* : ~ **a** [orden, instrucciones] s'en tenir à; [ley] observer; **atente a las consecuencias** tu l'auras voulu.

atentado *m* attentat *m* .

atentamente *adv* **-1.** [con atención] attentivement. **-2.** [con cortesía] poliment. **-3.** [en cartas] : **le saluda muy** ~ veuillez agréer, Madame/Monsieur, mes salutations distinguées.

atentar *vi* : ~ **contra** attenter à.

atento, ta *adj* **-1.** [pendiente] : ~ **(a)** attentif(ive) (à). **-2.** [cortés] attentionné(e).

atenuante *m* DER circonstance *f* atténuante.

atenuar *vt* atténuer.

ateo, a *adj & m*, *f* athée.

aterrador, ra *adj* terrifiant(e).

aterrar *vt* terrifier.

aterrizaje *m* atterrissage *m*; ~ **forzoso** atterrissage forcé.

aterrizar *vi* **-1.** [avión] atterrir. **-2.** *fig* [persona] débarquer.

aterrorizar *vt* terroriser. ◆ **aterrorizarse** *vp* paniquer.

atesorar *vt* **-1.** [riquezas] amasser. **-2.** *fig* [conocimientos] accumuler; [virtudes] réunir.

atestado *m* constat *m*.

atestar *vt* **-1.** [llenar por completo] remplir, bourrer. **-2.** DER attester.

atestiguar *vt* : ~ **algo** témoigner de qqch.

atiborrar *vt* bourrer. ◆ **atiborrarse** *vp* *fam* *fig* : ~ **se (de)** s'empiffrer (de).

ático *m* appartement situé au dernier étage d'un immeuble.

atinar *vi* **-1.** [adivinar] voir juste; ~ **con** [respuesta, camino] trouver. **-2.** [dar en el blanco] viser juste. **-3.** [acertar] : ~ **a hacer algo** réussir à faire qqch.

atingencia *f Amer* [relación] rapport *m*.

atípico, ca *adj* atypique.

atisbar *vt* entrevoir.

atisbo *m* (*gen pl*) soupçon *m*; [de esperanza] lueur *f*.

atizar *vt* **-1.** [fuego, sentimientos] attiser; [sospechas] éveiller. **-2.** *fam* [bofetada] flanquer. ◆ **atizarse** *vp fam* [comida, bebida] s'envoyer.

atlántico, ca *adj* atlantique. ◆ **Atlántico** *m* : **el Atlántico** l'Atlantique *m*.

atlas *m* atlas *m*.

atleta *mf lit & fig* athlète *mf*.

atlético, ca *adj* athlétique.

atletismo *m* athlétisme *m*.

atmósfera *f lit & fig* atmosphère *f*.

atmosférico, ca *adj* atmosphérique.

atolladero *m fig* [apuro] pétrin *m*, impasse *f*; **sacar del** ~ tirer d'affaire.

atolondrado, da *adj & m, f* étourdi(e).

atolondramiento *m* étourderie *f*.

atómico, ca *adj* atomique.

atomizador *m* atomiseur *m*.

átomo *m lit & fig* atome *m* .

atónito, ta *adj* sans voix; **mirar con ojos** ~**s** regarder avec des yeux ronds.

átono, na *adj* GRAM atone.

atontado, da *adj* **-1.** [aturdido] étourdi(e). **-2.** [tonto] abruti(e).

atontar *vt* **-1.** [aturdir] étourdir. **-2.** [alelar] abrutir.

atormentar *vt lit & fig* torturer.

atornillar *vt* visser.

atorón *m Amer* embouteillage *m*.

atorrante *Amer adj & mf* feignant(e).

atosigar *vt fig* harceler.

atracador, ra *m, f* [de banco] gangster *m*; [en la calle] voleur *m*, -euse *f* (*à main armée*).

atracar ◇ *vi* NÁUT : ~ **(en)** accoster (à). ◇ *vt* [banco] attaquer; [persona] agresser. ◆ **atracarse** *vp* : ~**se de** se gaver de.

atracción *f* **-1.** [gen] attraction *f*. **-2.** *fig* [atractivo] attrait *m*; [de persona] charme *m*; **sentir** ~ **por** être attiré(e) par.

atraco *m* hold-up *m inv* .

atracón *m fam* **darse un** ~ **(de)** se goinfrer (de).

atractivo, va *adj* attirant(e). ◆ **atractivo** *m* attrait *m*; [de persona] charme *m*.

atraer *vt* FÍS & *fig* attirer.

atragantarse *vp* : ~ **(con)** s'étrangler (avec); **se me ha atragantado** *fig* je ne peux plus le voir en peinture.

atrancar *vt* **-1.** [cerrar] bloquer (*porte, serrure*). **-2.** [obturar] boucher. ◆ **atrancarse** *vp* **-1.** [encerrarse] s'enfermer à double tour. **-2.** [atascarse] se boucher. **-3.** *fig* [al hablar] bafouiller.

atrapar *vt* **-1.** [coger, alcanzar] attraper. **-2.** *fam* [conseguir] décrocher. **-3.** *fam* [engañar] rouler.

atrás *adv* **-1.** [detrás – posición] derrière, à l'arrière; **los niños suben** ~ les enfants montent derrière o à l'arrière; [– movimiento] arrière, en arrière; **hacer marcha** ~ faire marche arrière; **dar un paso** ~ faire un pas en arrière. **-2.** [antes] plus tôt, avant; **(pocos) días** ~ quelques jours plus tôt, il y a quelques jours.

atrasado, da *adj* [gen] en retard; [pago] arriéré(e); **mi reloj está** ~ ma montre retarde.

atrasar ◇ *vt* [reloj] retarder; [acontecimiento] reporter; ~ **el reloj una hora** retarder sa montre d'une heure. ◇ *vi* retarder; **mi reloj atrasa** ma montre retarde. ◆ **atrasarse** *vp* **-1.** [demorarse] s'attarder. **-2.** [quedarse atrás] prendre du retard.

atraso *m* retard *m*. ◆ **atrasos** *mpl* arriérés *mpl*.

atravesar *vt* **-1.** [cruzar, vivir] traverser. **-2.** [interponer] mettre en travers. **-3.** [traspasar – agua] traverser, passer à travers; [– bala, clavo] transpercer. ◆ **atravesarse** *vp* **-1.** [interponerse] se mettre en travers. **-2.** *loc* : **se me ha atravesado** *fig* je ne peux plus le voir.

atrayente *adj* attrayant(e), séduisant(e).

atreverse *vp* : ~ **(a algo/hacer algo)** oser (qqch/faire qqch).

atrevido, da ◇ *adj* **-1.** [descarado] effronté(e); [valiente] intrépide. **-2.** [hecho, dicho] osé(e). ◇ *m, f* effronté *m*, -e *f*.

atrevimiento *m* **-1.** [osadía] hardiesse *f*. **-2.** [insolencia] écart *m*.

atribución *f* attribution *f*.

atribuir *vt* [imputar] : ~ **algo a** attribuer qqch à. ◆ **atribuirse** *vp* s'attribuer.

atributo *m* attribut *m*.

atrio *m* **-1.** [de iglesia] portique *m*. **-2.** [de casa] cour *f* intérieure.

atrocidad f -1. [crueldad] atrocité f. -2. fig [necedad] énormité f.

atropellado, da adj précipité(e).

atropellar vt -1. [suj : vehículo] renverser. -2. fig [suj : persona] piétiner, marcher sur. ◆ **atropellarse** vp [al hablar] bredouiller.

atropello m -1. [por vehículo] accident m; **fue víctima de un** ~ il a été renversé par une voiture. -2. fig [moral] violation f.

atroz adj atroce; [comida] infâme.

ATS (abrev de **ayudante técnico sanitario**) mf infirmier m, -ère f.

atte. abrev de **atentamente**.

atuendo m toilette f, tenue f.

atún m thon m.

aturdido, da adj abasourdi(e).

aturdimiento m -1. [desconcierto] confusión f. -2. [irreflexión] étourderie f.

aturdir vt -1. [suj : hecho físico] étourdir. -2. fig [suj : hecho moral] abasourdir. ◆ **aturdirse** vp -1. [por un hecho físico] être étourdi(e). -2. fig [por un hecho moral] être abasourdi(e).

audacia f audace f.

audaz adj audacieux(euse).

audición f audition f.

audiencia f -1. [gen] audience f; [en conferencia etc] auditoire m . -2. [tribunal] cour f; [edificio] palais m de justice; ~ **pública** audience f publique.

audífono m audiophone m, appareil m acoustique.

audio m son m.

audiovisual adj audiovisuel(elle).

auditivo, va adj auditif(ive).

auditor, ra m, f -1. [oyente] auditeur m, -trice f. -2. FIN audit m.

auditoría f -1. [profesión, balance] audit m. -2. [despacho] cabinet m d'audit.

auditorio m -1. [público] auditoire m. -2. [lugar] auditorium m.

auge m essor m .

augurar vt [suj : persona] prédire; [suj : suceso] présager.

augurio m augure m.

aula f (el) [de escuela] salle f de classe; [de universidad] salle f de cours.

aullar vi hurler.

aullido m hurlement m.

aumentar ◇ vt -1. [gen] augmenter; ~ **de peso** prendre du poids. -2. [en óptica] grossir. -3. [sonido] monter. ◇ vi augmenter.

aumentativo, va adj augmentatif(ive). ◆ **aumentativo** m GRAM augmentatif m.

aumento m -1. [de sueldo, tarifas] augmentation f; **ir en** ~ augmenter; [tensión] monter. -2. [en óptica] grossissement m; **de** ~ grossissant(e).

aun ◇ adv [hasta, incluso] même; ~ **en pleno invierno...** même en plein hiver... ◇ conj [aunque] bien que; ~ **estando malo, vendrá** il viendra, bien qu'il soit malade; **ni** ~ **puesto de puntillas logra ver** même sur la pointe des pieds, il ne voit pas; ~ **cuando** quand bien même, même si.

aún adv [todavía] encore; ~ **no ha llamado** il n'a pas encore appelé.

aunar vt [ideas, voluntades] rassembler; [esfuerzos] conjuguer, unir. ◆ **aunarse** vp [aliarse] s'unir.

aunque conj -1. [a pesar de que] bien que (+ subjuntivo); ~ **está enfermo, sigue viniendo** bien qu'il soit malade, il continue à venir. -2. [incluso si] même si (+ indicativo); ~ **esté enfermo seguirá viniendo** même s'il est malade il continuera à venir.

aúpa interj fam ¡~! hop là! [¡levántate!] debout là-dedans!; ~ **el Atlético!** allez l'Atlético! ◆ **de aúpa** loc adj fam du tonnerre; **un miedo de** ~ une peur bleue; **un frío de** ~ un froid de canard.

aupar vt -1. [persona] hisser; ~**a alguien** faire la courte échelle à qqn. -2. fig [animar] encourager. ◆ **auparse** vp [ascender] : ~**se en** s'élever à.

aureola f lit & fig auréole f.

auricular ◇ adj auriculaire. ◇ m [de teléfono] écouteur m. ◆ **auriculares** mpl [de equipo de música] casque m.

aurora f aurore f .

auscultar vt ausculter.

ausencia f [gen] absence f; [de glucosa etc] carence f; [de aire] manque m .

ausentarse vp s'absenter.

ausente adj absent(e).

austeridad f austérité f.

austero, ra adj austère; **ser** ~ **en la comida** manger avec modération.

austral adj austral(e).

Australia Australie f.

australiano, na ◇ adj australien(enne). ◇ m, f Australien m, -enne f.

Austria Autriche f.

austríaco, ca ◇ adj autrichien(enne). ◇ m, f Autrichien m, -enne f.

autarquía *f* autarcie *f*.

auténtico, ca *adj* **-1.** [veraz] authentique. **-2.** [no falsificado, verdadero] vrai(e); [piel] véritable; **son brillantes ~s** ce sont de vrais diamants; **es un ~ cretino** c'est un vrai crétin.

auto *m* **-1.** *fam* [coche] auto *f*. **-2.** DER arrêt *m* . **-3.** LITER ≃ mystère *m (drame religieux des XVIe et XVIIe siècles espagnols)*.

autoadhesivo, va *adj* autocollant(e).

autobiografía *f* autobiographie *f*.

autobús *m* autobus *m*.

autocar *m* autocar *m*.

autocine *m* drive-in *m inv*.

autocontrol *m* self-control *m*.

autóctono, na *adj & m,f* autochtone.

autodefensa *f* autodéfense *f*; DEP self-défense *f*.

autodeterminación *f* autodétermination *f*.

autodidacta *adj & mf* autodidacte.

autoedición *f* INFORM publication *f* assistée par ordinateur, microédition *f*.

autoescuela *f* auto-école *f*.

autoestop, autostop *m* auto-stop *m*, stop *m*; **hacer ~** faire de l'auto-stop o du stop.

autoestopista, autostopista *mf* auto-stoppeur *m*, -euse *f*.

autógrafo *m* autographe *m*.

autómata *m lit & fig* automate *m*.

automático, ca *adj* automatique; [gesto] mécanique.

automatización *f* automatisation *f*; **~ de fábricas** robotisation *f*.

automatizar *vt* automatiser.

automedicarse *vp* prendre des médicaments sans avis médical.

automóvil *m* automobile *f*.

automovilismo *m* automobilisme *m*.

automovilista *mf* automobiliste *mf*.

automovilístico, ca *adj* automobile.

autonomía *f* **-1.** [gen] autonomie *f* . **-2.** POLÍT Communauté *f* autonome.

autonómico, ca *adj* **-1.** [gen] autonome. **-2.** POLÍT d'une Communauté autonome.

autónomo, ma ◇ *adj* **-1.** [gen] autonome. **-2.** [trabajador] indépendant(e), à son compte. ◇ *m, f* travailleur *m* indépendant.

autopista *f* autoroute *f* .

autopsia *f* autopsie *f*.

autor, ra *m, f* auteur *m* .

autoría *f* **-1.** [de obra] paternité *f* littéraire. **-2.** [de crimen] perpétration *f*.

autoridad *f* **-1.** [gen] autorité *f*; **ser una ~ en** faire autorité en matière de. **-2.** [ley] : **la ~** les autorités *fpl*.

autoritario, ria *adj & m,f* autoritaire.

autorización *f* autorisation *f*; **dar ~ a alguien (para hacer algo)** donner l'autorisation à qqn (de faire qqch).

autorizado, da *adj* autorisé(e).

autorizar *vt* autoriser.

autorretrato *m* autoportrait *m*.

autoservicio *m* **-1.** [tienda] libre-service *m*. **-2.** [restaurante] self-service *m*.

autostop = **autoestop**.

autostopista = **autoestopista**.

autosuficiencia *f* autosuffisance *f*.

autosugestión *f* autosuggestion *f*.

autovía *f* route *f* à quatre voies, quatre-voies *f*.

auxiliar[1] ◇ *adj* [gen & GRAM] auxiliaire; [mueble] d'appoint. ◇ *mf* [ayudante] assistant *m*, -e *f*; **~ administrativo** employé *m*, -e *f* de bureau; **~ técnico sanitario** infirmier *m*, -ère *f*.

auxiliar[2] *vt* assister, aider.

auxilio *m* aide *f*, secours *m*, assistance *f*; **pedir ~** demander de l'aide, appeler au secours; **primeros ~s** premiers secours.

av., avda. (*abrev de* **avenida**) av.

aval *m* **-1.** [persona] caution *f*, garant *m*. **-2.** [banca] aval *m* .

avalancha *f lit & fig* avalanche *f*.

avalar *vt* avaliser, donner son aval à.

avalista *mf* caution *f*, garant *m*, -e *f*.

avance *m* **-1.** [de dinero] avance *f*; [de tropas] avancée *f*. **-2.** [de la ciencia etc] progrès *m*. **-3.** RADIO & TV présentation *f* des programmes; **~ informativo** flash *m* d'informations; **~ meteorológico** prévisions *fpl* météo.

avanzadilla *f* MIL avant-garde *f*.

avanzado, da *adj* avancé(e); [alumno] en avance. ◆ **avanzada** *f* MIL avant-garde *f*.

avanzar ◇ *vi* avancer. ◇ *vt* **-1.** [adelantar] avancer. **-2.** [anticipar] annoncer.

avaricia *f* avarice *f* .

avaricioso, sa *adj & m,f* intéressé(e).

avaro, ra *adj & m,f* avare.

avasallar *vt* **-1.** [arrollar] accabler. **-2.** [someter] asservir.

avatar *m* (gen pl) avatar *m*; **los ~es de la vida** les surprises de la vie.

ave f (el) lit & fig oiseau m; ~ **de rapiña** oiseau de proie.

AVE (abrev de de alta velocidad española) m train à grande vitesse espagnol, ≃ TGV.

avecinarse vp [acercarse] approcher, être proche.

avellana f noisette f.

avemaría f (el) [oración] Ave Maria m inv, Ave m inv.

avena f avoine f.

avenencia f [acuerdo] entente f.

avenida f avenue f.

avenido, da adj : **bien/mal** ~**s en bons/ mauvais termes.

avenirse vp s'entendre; ~ **a algo** s'entendre sur qqch; ~ **a hacer algo** consentir, se résoudre à faire qqch.

aventajado, da adj [adelantado] remarquable.

aventajar vt [superar] dépasser, devancer; ~ **a alguien en algo** surpasser qqn en qqch, l'emporter sur qqn en qqch.

aventar vt Amer [tirar] jeter.

aventón m Amer : **dar** ~ déposer qqn (en voiture).

aventura f aventure f.

aventurado, da adj risqué(e); [proyecto, afirmación] hasardeux(euse).

aventurarse vp s'aventurer.

aventurero, ra ◇ adj [persona, espíritu] aventureux(euse). ◇ m,f aventurier m, -ère f.

avergonzar vt faire honte. ◆ **avergonzarse** vp : ~**se (de algo/de alguien)** avoir honte (de qqch/de qqn).

avería f panne f; [de barco] avarie f.

averiado, da adj en panne.

averiar vt endommager. ◆ **averiarse** vp tomber en panne.

averiguación f recherche f, enquête f.

averiguar vt [indagar] rechercher, chercher à savoir; [enterarse] arriver à savoir, découvrir.

aversión f aversion f.

avestruz m autruche f.

aviación f aviation f.

aviador, ra m, f aviateur m, -trice f.

aviar vt -1. [maleta] faire; [habitación] mettre en ordre. -2. [comida] préparer.

avícola adj avicole.

avicultura f aviculture f.

avidez f avidité f.

ávido, da adj : ~ **de** avide de.

avinagrado, da adj -1. [sabor, vino] aigre. -2. fig [persona, carácter] aigri(e); [expresión] renfrogné(e).

avinagrarse vp -1. [vino] tourner au vinaigre. -2. fig [persona] s'aigrir.

avío m -1. [preparativo] : **el** ~ les préparatifs mpl. -2. [víveres] : **el** ~ les provisions fpl. ◆ **avíos** mpl fam attirail m; ~**s de coser** nécessaire m de couture.

avión m avion m; **en** ~ en avion; **por** ~ par avion; ~ **a reacción** avion à réaction.

avioneta f avion m de tourisme.

avisar vt -1. [informar, advertir] prévenir. -2. [llamar] appeler.

aviso m -1. [gen] avertissement m; **poner sobre** ~ **a alguien** mettre qqn sur ses gardes; **sin previo** ~ sans préavis. -2. [notificación] avis m; [en aeropuertos] appel m; **hasta nuevo** ~ jusqu'à nouvel ordre.

avispa f guêpe f.

avispado, da adj fam fig futé(e).

avispero m lit & fig guêpier m .

avituallar vt ravitailler.

avivar vt raviver.

axila f aisselle f.

axioma m axiome m.

ay ◇ m plainte f. ◇ interj : ¡~! [dolor físico] aïe!; [sorpresa, pena] oh!; ¡~ **de ti!** gare à toi!

ayer ◇ adv lit & fig hier; ~ **noche** hier soir; ~ **por la mañana** hier matin. ◇ m fig : **del** ~ d'antan, du temps jadis.

ayo, ya m, f [preceptor] précepteur m, -trice f; [educadora] gouvernante f.

ayuda f aide f.

ayudante adj & mf assistant(e).

ayudar vt aider. ◆ **ayudarse** vp : ~**se (de o con)** s'aider (de); **hacer algo ayudándose de alguien** faire qqch avec l'aide de qqn.

ayunar vi jeûner.

ayunas fpl : **en** ~ [para análisis] à jeun; **estar en** ~ [sin comer] jeûner; fig [sin enterarse] ne rien savoir de qqch.

ayuno m jeûne m; **hacer** ~ faire maigre.

ayuntamiento m -1. [corporación] municipalité f. -2. [edificio] mairie f.

azabache m jais m.

azada f houe f.

azafata f [de avión] hôtesse f de l'air; [de exposición etc] hôtesse f d'accueil.

azafate m Amer [bandeja] plateau m.

azafrán m safran m.

azahar m fleur f d'oranger.

azar *m* hasard *m*; **al ~** au hasard; **por (puro) ~** par (pur) hasard.

azotaina *f fam* raclée *f*; [en el trasero] fessée *f*.

azotar *vt* **-1.** [suj : persona] frapper; [con látigo] fouetter; [en el trasero] : **~ a alguien** donner une fessée à qqn. **-2.** *fig* [suj : calamidad] s'abattre sur.

azote *m* **-1.** [golpe] coup *m*; [con la mano] gifle *f*; [en el trasero] fessée *f*; [con látigo] coup *m* de fouet. **-2.** *fig* [calamidad] fléau *m*.

azotea *f* **-1.** [de edificio] terrasse *f*. **-2.** *fam fig* [de persona] ciboulot *m* .

azteca ◇ *adj & m* aztèque. ◇ *mf* Aztèque *mf*.

azúcar *m* o *f* sucre *m*; **~ moreno** sucre roux.

azucarado, da *adj* sucré(e). ◆ **azucarero, ra** *m* sucrier *m*.

azucena *f* lis *m*, lys *m*.

azufre *m* soufre *m*.

azul ◇ *adj* bleu(e). ◇ *m* bleu *m* .

azulejo *m* azulejo *m*, carreau *m* de faïence.

B

b, **B** *f* [letra] b *m inv*, B *m inv*.

baba *f* bave *f*.

babear *vi* baver.

babero *m* bavoir *m*.

babi *m* tablier *m* (d'écolier).

babilónico, ca *adj* **-1.** HIST babylonien(enne). **-2.** [fastuoso] somptueux(euse).

bable *m* dialecte asturien.

babor *m* bâbord *m*; **a ~** à bâbord.

babosada *f Amer* sottise *f*.

baboso, sa ◇ *adj* **-1.** [gen] baveux(euse). **-2.** *Amer fam* [tonto] crétin(e). ◇ *m,f Amer fam* [tonto] crétin(e). ◆ **babosa** *f* ZOOL limace *f*.

babucha *f* babouche *f*.

baca *f* galerie *f* (de voiture).

bacalao *m* morue *f*; **partir** o **cortar el ~** *fam fig* mener la barque.

bacanal *f* orgie *f*.

bacarrá, bacará *m* baccara *m*.

bache *m* **-1.** [en carretera] nid-de-poule *m*. **-2.** *fig* [para los negocios, las personas] mauvaise passe *f*, moment *m* difficile. **-3.** [en un vuelo] trou *m* d'air.

bachiller *mf* bachelier *m*, -ère *f*.

bachillerato *m* (ancien) cycle d'études secondaires en Espagne.

bacilo *m* bacille *m* .

bacilón, ona = **vacilón**.

bacinica *f Amer* pot *m* de chambre.

bacon *m inv* bacon *m*.

bacteria *f* bactérie *f*.

bacteriológico, ca *adj* bactériologique.

báculo *m* [de obispo] crosse *f*.

badén *m* **-1.** [bache] cassis *m*. **-2.** [cauce] rigole *f*.

bádminton *m inv* badminton *m*.

bagaje *m* [cultural etc] bagage *m*.

bagatela *f* bagatelle *f*.

bahía *f* baie *f*.

bailaor, ra *m, f* danseur *m*, -euse *f* de flamenco.

bailar ◇ *vt* danser; **que me quiten lo bailado** *fam* c'est toujours ça de pris. ◇ *vi* **-1.** [danzar] danser. **-2.** *fig* [no encajar] jouer; **los pies me bailan en los zapatos** je nage dans mes chaussures.

bailarín, ina *m, f* danseur *m*, -euse *f*.

baile *m* **-1.** [gen] danse *f*. **-2.** [fiesta] bal *m*. ◆ **baile de San Vito** *m* danse *f* de Saint-Guy.

bailotear *vi fam* guincher.

baja *f* → **bajo**.

bajada *f* **-1.** [descenso] descente *f*. **-2.** [pendiente] pente *f*. **-3.** [de aguas, precios etc] baisse *f*. ◆ **bajada de bandera** *f* [en taxi] prise *f* en charge.

bajamar *f* marée *f* basse.

bajar ◇ *vt* **-1.** [gen] baisser; **~ los precios/el telón/el volumen** baisser les prix/le rideau/le son; **~ la cabeza** baisser la tête. **-2.** [descender, poner abajo] descendre; **~ las escaleras** descendre l'escalier; **~ las maletas del armario** descendre les valises de l'armoire. ◇ *vi* **-1.** [disminuir – fiebre, precio etc] descendre; [– hinchazón] dégonfler. **-2.** [descender] descendre. ◆ **bajarse** *vp* **-1.** [inclinarse] se baisser. **-2.** [apearse] : **~se (de) des-**

cendre (de); **se bajó a la calle para com-
prar pan** il est descendu acheter du pain.
bajero, ra *adj* de dessous; **una sábana
bajera** un drap de dessous.
bajeza *f* bassesse *f*.
bajial *m Amer* plaine *f*.
bajo, ja *adj* -1. [gen] bas(basse); [persona,
estatura] petit(e). -2. [sonido – grave]
grave; [– flojo] faible; **en voz baja** à voix
basse. -3. [calidad, inclinación] mau-
vais(e); [instintos] primaire; [dichos]
ignoble. -4. [lenguaje] vulgaire. ◆ **bajo** *m*
-1. *(gen pl)* [dobladillo] ourlet *m*. -2. [piso]
rez-de-chaussée *m*. -3. MÚS [instrumento,
cantante] basse *f*; [instrumentista] bassiste
m. ◇ *adv* bas; **hablar** ~ parler tout bas.
◇ *prep* -1. [gen] sous; ~ **el sol/el puente**
sous le soleil/le pont; ~ **los Austrias** sous
les Habsbourg; ~ **pena de** sous peine de;
~ **palabra** sur parole. -2. [con tempera-
turas] : **estamos a dos grados** ~ **cero** il
fait moins deux. ◆ **baja** *f* -1. [descenso]
baisse *f*. -2. [cese] : **dar de baja a alguien**
[en una empresa] licencier qqn; [en un club,
sindicato] exclure qqn; **darse de baja (de)**
[dimitir] quitter, donner sa démission (de);
[salirse] se retirer (de). -3. [por enferme-
dad – permiso] congé *m* maladie; [– docu-
mento] arrêt *m* maladie; **estar de baja** être
arrêté(e) ○ en congé maladie. -4. MIL perte
f, mort *m*. ◆ **bajos** *mpl* [de una casa] rez-
de-chaussée *m*.
bajón *m* chute *f*; **dar un** ~ [temperaturas
etc] chuter; [salud] se dégrader.
bajura *f* → **pesca**.
bala *f* balle *f*.
balacear *vt Amer* [tirotear] blesser par
balle.
balacera *f Amer* fusillade *f*.
balada *f* -1. [LITER & MÚS] ballade *f*. -2. [can-
ción lenta] slow *m*.
balance *m* [gen & COM] bilan *m*; [de discu-
sión, reunión] résultat *m*; **hacer el** ~
(de) faire le point (de).
balancear *vt* balancer. ◆ **balancearse**
vp [gen] se balancer; [un barco] rouler.
balanceo *m* [gen] balancement *m*; [de
barco] roulis *m*; [del péndulo] oscillation *f*.
balancín *m* -1. [mecedora] fauteuil *m* à
bascule, rocking-chair *m*; [en el jardín] ba-
lancelle *f*. -2. [columpio] bascule *f*. -3. AU-
TOM culbuteur *m*.
balanza *f* [gen & COM] balance *f*; ~ **co-
mercial/de pagos** balance commerciale/
des paiements; **se inclinó la** ~ **a nuestro
favor** la balance a penché de notre côté.

balar *vi* bêler.
balaustrada *f* balustrade *f*.
balazo *m* [disparo] balle *f*; [herida] bles-
sure *f* par balle.
balbucear, balbucir *vi & vt* balbutier.
balbuceo *m* balbutiement *m*.
balbucir = balbucear.
Balcanes *mpl* : **los** ~ les Balkans *mpl*.
balcón *m* -1. [terraza] balcon *m*. -2. [mi-
rador] belvédère *m*.
baldado, da *adj* [tullido] impotent(e); [ex-
hausto] éreinté(e).
balde *m* seau *m*. ◆ **en balde** *loc adv* en
vain.
baldeo *m* lavage *m* à grande eau.
baldosa *f* [en casa] carreau *m*; [en acera]
dalle *f*.
baldosín *m* petit carreau *m*.
balear[1] *vt Amer* transpercer d'une balle.
balear[2] *adj* des Baléares.
Baleares *fpl* : **(las)** ~ les Baléares *fpl*.
baleárico, ca *adj* des Baléares.
baleo *m Amer* coup *m* de feu.
balido *m* bêlement *m*.
balín *m* balle *f* de petit calibre.
baliza *f* balise *f*.
ballena *f* baleine *f*.
ballesta *f* -1. [arma antigua] arbalète *f*. -2.
AUTOM ressort *m* de suspension.
ballet (*pl* **ballets**) *m* ballet *m*.
balneario *m* station *f* thermale, ville *f*
d'eaux.
balompié *m* football *m*.
balón *m* -1. [pelota, recipiente] ballon *m*.
-2. [en tebeos] bulle *f*.
baloncesto *m* basket-ball *m*.
balonmano *m* hand-ball *m*.
balonvolea *m* volley-ball *m*.
balsa *f* -1. [embarcación] radeau *m*. -2.
[estanque] étang *m*. -3. *loc* : **ser una** ~ **de
aceite** *fig* être d'un calme plat.
balsámico, ca *adj* : **una pastilla balsá-
mica** une pastille qui adoucit la gorge.
bálsamo *m* *lit & fig* baume *m*.
Báltico *m* : **el** ~ la Baltique.
Bálticos *adj* → **países**.
baluarte *m* *lit & fig* bastion *m*.
bamba *f* [baile] bamba *f*. ◆ **bambas** *fpl*
[calzado] tennis *mpl*.
bambalina *f* TEATR frise *f*; **entre** ~**s** *fig* sur
les planches.

bambú (*pl* **bambúes** ○ **bambús**) *m* bambou *m*.

banal *adj* banal(e).

banana *f* banane *f*.

banca *f* -1. [gen] banque *f*, secteur *m* bancaire. -2. [asiento] banc *m*.

bancario, ria *adj* bancaire.

bancarrota *f* faillite *f*; **en ~** en faillite.

banco *m* -1. [asiento, concentración] banc *m*; **~ de peces** banc de poissons; **~ de arena** banc de sable. -2. FIN, INFORM & MED banque *f*; **~ de sangre** banque du sang. -3. [de carpintero] établi *m*. ◆ **Banco Mundial** *m* Banque *f* mondiale.

banda *f* -1. [gen & RADIO] bande *f*; **~ armada** bande armée; **~ magnética** bande magnétique. -2. MÚS fanfare *f*. -3. [faja] écharpe *f*. -4. [cinta] ruban *m*. -5. DEP [en fútbol] touche *f*. -6. *loc*: **se cerró en ~** il n'a rien voulu savoir. ◆ **banda sonora** *f* CIN bande *f* originale.

bandada *f* [de aves] volée *f*; [de peces] banc *m*; [de niños] groupe *m*.

bandazo *m* embardée *f*; **dar ~s** [barco] gîter; [borracho] tituber; [persona] *fig* être une vraie girouette.

bandeja *f* plateau *m*; **servir** ○ **dar algo a alguien en ~** *fig* amener qqch à qqn sur un plateau.

bandera *f* drapeau *m*; **jurar ~** prêter serment au drapeau; **~ blanca** drapeau blanc.

banderilla *f* -1. TAUROM banderille *f*. -2. [aperitivo] mini-brochette *f* (*amuse-gueule*).

banderín *m* -1. [bandera] fanion *m*. -2. MIL porte-drapeau *m*.

bandido, da *m, f* -1. [delincuente] bandit *m*. -2. [granuja] coquin *m*, -e *f*.

bando *m* -1. [facción] camp *m*. -2. [de alcalde] arrêté *m* (*municipal*).

bandolero, ra *m, f* brigand *m*. ◆ **bandolera** *f* [correa] bandoulière *f*; **en bandolera** en bandoulière.

bandurria *f* mandoline *f* espagnole.

banjo *m* banjo *m*.

banquero, ra *m, f* banquier *m*, -ère *f*.

banqueta *f* -1. [gen] banquette *f*. -2. *Amer* [acera] trottoir *m*.

banquete *m* banquet *m*; **darse un ~** *fig* faire un festin.

banquillo *m* -1. [asiento] petit banc *m*. -2. DEP banc *m*. -3. DER banc *m* des accusés.

bañada *f* *Amer* [acción de bañarse] bain *m*.

bañadera *f* *Amer* [bañera] baignoire *f*; [autobús] bus *m*.

bañador *m* maillot *m* de bain.

bañar *vt* -1. [bañer. -2. [cubrir]: **~ con** ○ **de** CULIN enrober de; [con oro] recouvrir de. -3. [mojar]: **~ en** tremper dans. ◆ **bañarse** *vp* se baigner.

bañera *f* baignoire *f*.

bañista *mf* baigneur *m*, -euse *f*.

baño *m* -1. [gen] bain *m*; [en el mar] baignade *f*; **darse un ~** prendre un bain. -2. [pila] baignoire *f*. -3. [cuarto de aseo] salle *f* de bains. -4. [capa] couche *f*. ◆ **baños** *mpl* eaux *fpl*, bains *mpl*. ◆ **baño María** *m* bain-marie *m*.

baobab (*pl* **baobabs**) *m* baobab *m*.

bar *m* bar *m*; **~ musical** *bar avec une ambiance de discothèque*.

barahúnda *f* [ruido] foire *f*; [desorden] chantier *m*.

baraja *f* jeu *m* de cartes.

barajar *vt* -1. [mezclar cartas] battre (les cartes). -2. [considerar] brasser; [ideas] mettre en avant; [posibilidades] évoquer. ◆ **barajarse** *vp* [nombres, posibilidades] être envisagé(e); [datos, cifras] être examiné(e).

baranda, barandilla *f* [de escalera] rampe *f*; [de balcón] balustrade *f*.

baratija *f* babiole *f*.

baratillo *m* brocanteur *m*.

barato, ta *adj* bon marché, pas cher(ère). ◆ **barato** *adv* (à) bon marché; **comprar ~** acheter à bas prix; **salir ~** ne pas revenir cher.

barba *f* barbe *f*; **dejarse ~** se laisser pousser la barbe; **por ~** par tête.

barbacoa *f* barbecue *m*.

barbaridad *f* -1. [cualidad] atrocité *f*; **¡qué ~!** quelle horreur! -2. [disparate] ineptie *f*. -3. [montón]: **una ~ (de)** des tonnes (de); **comer una ~** manger comme quatre; **gastar una ~** dépenser une fortune.

barbarie *f* barbarie *f*.

barbarismo *m* barbarisme *m*.

bárbaro, ra ◇ *adj* -1. [gen & HIST] barbare; **¡qué ~!** [arrojado] quelle brute!, quel sauvage! -2. [basto] grossier(ère). -3. *fam* [extraordinario] super. ◇ *m, f* HIST Barbare *mf*. ◆ **bárbaro** *adv* *fam* **pasarlo ~** [magníficamente] s'éclater.

barbecho *m* jachère *f*.

barbería *f* coiffeur *m* (pour hommes) (*salon*).

barbero *m* coiffeur *m* (pour hommes).

barbilampiño ◇ *adj* imberbe. ◇ *m* jeunot *m*.

barbilla *f* menton *m*.

barbo *m* barbéau *m*.

barbudo, da *adj & m, f* barbu(e).

barca *f* barque *f*.

barcaza *f* barcasse *f*; ~ **de desembarque** péniche *f* de débarquement.

Barcelona Barcelone.

barcelonés, esa ◇ *adj* barcelonais(e). ◇ *m, f* Barcelonais *m*, -e *f*.

barco *m* bateau *m*; ~ **de vela/de motor** bateau à voile/à moteur; ~ **mercante** cargo *m*.

baremo *m* [escala] barème *m*.

bario *m* baryum *m*.

barítono *m* baryton *m*.

barman (*pl* **barmans**) *m* barman *m*.

Barna *abrev de* **Barcelona**.

barniz *m* vernis *m*.

barnizar *vt* vernir.

barómetro *m* baromètre *m*.

barón, onesa *m, f* baron *m*, -onne *f*.

barquero, ra *m, f* passeur *m*, -euse *f*.

barquillo *m* CULIN gaufre *f*.

barra *f* -**1.** [gen] barre *f*; [de oro] lingot *m*; [de hielo] pain *m*; [para cortinas] tringle *f*; ~ **de labios** rouge *m* à lèvres; ~ **de pan** ≃ baguette *f*. -**2.** [de bar] comptoir *m*, bar *m*; ~ **americana** bar à hôtesses; ~ **libre** boisson à volonté.

barrabasada *f fam* -**1.** [tontería] belle bêtise *f*. -**2.** [jugarreta] vacherie *f*.

barraca *f* -**1.** [chabola] baraque *f*. -**2.** [caseta de feria] stand *m*. -**3.** [en Valencia y Murcia] chaumière *f*.

barracón *m* baraquement *m*.

barranco *m* -**1.** [precipicio] précipice *m*. -**2.** [cauce] ravin *m*.

barraquismo *m* : **el** ~ la prolifération *f* des bidonvilles.

barrena *f* mèche *f*; ~ **de mano** vrille *f*.

barrenar *vt* -**1.** [taladrar] forer, perforer. -**2.** [frustrar – leyes] enfreindre; [– principios] manquer à; [– esfuerzos] saboter.

barrendero, ra *m, f* balayeur *m*, -euse *f*.

barreno *m* -**1.** [instrumento] foret *m*. -**2.** [agujero] trou *m* de mine.

barreño *m* bassine *f*.

barrer *vt* -**1.** [gen] balayer. -**2.** *fam* [derrotar] battre à plate couture.

barrera *f* -**1.** [gen] barrière *f*; ~**s arancelarias** barrières douanières. -**2.** DEP [de jugadores] mur *m*.

barriada *f* banlieue *f*.

barricada *f* barricade *f*.

barrido *m* [gen & TECNOL] balayage *m*; **dar un** ~ donner un coup de balai.

barriga *f* ventre *m*; **echar** ~ prendre du ventre.

barrigón, ona *adj* [hombre] bedonnant; [mujer] qui a du ventre. ◆ **barrigón** *m* [vientre] (gros) ventre *m*; [persona] gros père *m*.

barril *m* baril *m*; [de madera] tonneau *m*; **de** ~ [cerveza] (à la) pression.

barrio *m* quartier *m*; **mandar a alguien al otro** ~ *fam fig* achever qqn.

barriobajero, ra *despec* ◇ *adj* peuple. ◇ *m, f* zonard *m*, -e *f*.

barrizal *m* bourbier *m*.

barro *m* -**1.** [del campo] boue *f*. -**2.** [de alfarero] argile *f*. -**3.** [de la piel] acné *f*.

barroco, ca *adj* -**1.** ARTE baroque. -**2.** *fig* [lenguaje, estilo] ampoulé(e); [persona, peinado etc] extravagant(e). ◆ **barroco** *m* ARTE baroque *m*.

barrote *m* barreau *m*.

bartola ◆ **a la bartola** *loc adv fam* **tumbarse a la** ~ flemmarder; **tomar algo a la** ~ prendre qqch à la rigolade.

bártulos *mpl* affaires *fpl*; **liar los** ~ *fam fig* prendre ses cliques et ses claques.

barullo *m fam* -**1.** [ruido] boucan *m*; **armar** ~ faire du boucan. -**2.** [desorden] bazar *m*.

basalto *m* basalte *m*.

basar *vt* [fundamentar] baser. ◆ **basarse** *vp* : ~ **se en** se baser sur.

basca *f* -**1.** *fam* [de amigos] potes *mpl*. -**2.** [náusea] mal *m* au cœur.

báscula *f* bascule *f*. ◆ **báscula de baño** *f* pèse-personne *m*.

bascular *vi* basculer.

base *f* -**1.** [gen, MAT & MIL] base *f*; **a** ~ **de bien** drôlement bien; **de** ~ [de partido, sindicato etc] de la base; **sentar las** ~**s** poser les jalons. -**2.** INFORM base *f*. ◆ **base de datos** *f* INFORM base *f* de données.

baseball *m inv* base-ball *m*.

básico, ca *adj* [fundamental] de base, essentiel(elle).

basílica *f* basilique *f*.

basilisco *m* : **ponerse hecho un** ~ *fam fig* se mettre en rogne.

basta *interj* : ¡~! ça suffit!; ¡~ de caprichos! finis les caprices!; ¡~ de bromas! trêve de plaisanteries.

bastante ◇ *adv* assez; **no come ~** il ne mange pas assez; **es lo ~ lista para...** elle est assez futée pour...; **gana ~** il gagne bien sa vie. ◇ *adj* assez; **no tengo ~ dinero** je n'ai pas assez d'argent; **tengo ~ frío** j'ai plutôt froid; **éramos ~s** nous étions assez nombreux; **gana ~ dinero** il gagne pas mal d'argent.

bastar *vi* suffire; **basta con decirlo** il suffit de le dire; **basta con que se lo digas** il suffit que tu le lui dises. ◆ **bastarse** *vp* se suffire à soi-même.

bastardo, da ◇ *adj* **-1.** [gen] bâtard(e). **-2.** *despec* [innoble] infâme. ◇ *m, f* [descendiente] bâtard *m*, -e *f*.

bastidor *m* [armazón & AUTOM] châssis *m*. ◆ **bastidores** *mpl* TEATR coulisses *fpl*; **entre ~es** *fig* dans les coulisses.

basto, ta *adj* **-1.** [tosco, grosero] grossier(ère). **-2.** [áspero] rugueux(euse). ◆ **bastos** *mpl* l'une des quatre couleurs du jeu de cartes espagnol.

bastón *m* [para andar] canne *f*; [para esquiar] bâton *m* . ◆ **bastón de mando** *m* MIL bâton *m* de commandement.

basura *f* **-1.** [desperdicios] ordures *fpl*. **-2.** *fig* [de mala calidad] saleté *f*.

basurero *m* **-1.** [persona] éboueur *m*. **-2.** [vertedero] décharge *f*.

bata *f* **-1.** [de casa] robe *f* de chambre. **-2.** [de trabajo] blouse *f*.

batacazo *m* [caída] : **darse** ○ **pegarse un ~** se casser la figure.

batalla *f* **-1.** [entre ejércitos] bataille *f*; **~ campal** MIL bataille rangée; *fig* foire *f* d'empoigne. **-2.** *fig* [lucha interior] lutte *f*. **-3.** *loc* : **de ~** [de uso diario] de tous les jours.

batallar *vi* [con armas, por una cosa] se battre.

batallón, ona *adj* **-1.** [peleón] bagarreur(euse). **-2.** [revoltoso] turbulent(e). **-3.** *fam* [peliagudo] épineux(euse). ◆ **batallón** *m* MIL & *fig* bataillon *m*.

batata *f* patate *f* douce.

bate *m* DEP batte *f*.

batear ◇ *vt* DEP frapper. ◇ *vi* DEP être à la batte.

batería ◇ *f* **-1.** [gen & MIL] batterie *f*; **~ de cocina** batterie de cuisine. **-2.** TEATR rampe *f*. **-3.** *loc* : **aparcar en ~** se garer en épi. ◇ *m* MÚS batteur *m*.

batido, da *adj* **-1.** [nata] fouetté(e). **-2.** [claras, camino] battu(e). ◆ **batido** *m* **-1.** [acción] battage *m*. **-2.** [bebida] milkshake *m*. ◆ **batida** *f* **-1.** [de caza] battue *f*. **-2.** [de policía] : **dar una batida** ratisser.

batidor *m* **-1.** CULIN batteur *m*. **-2.** [en la caza] rabatteur *m*. **-3.** MIL éclaireur *m*.

batiente *m* **-1.** [de puerta, ventana] battant *m*. **-2.** [de puerto] brise-lames *m*; [natural] brisant *m*.

batín *m* veste *f* d'intérieur.

batir ◇ *vt* **-1.** [gen] battre; [nata] fouetter. **-2.** [zona ~ suj : policía] ratisser. ◇ *vi* [lluvia] battre. ◆ **batirse** *vp* [luchar] se battre.

baturro, rra ◇ *adj* aragonais(e). ◇ *m, f* **-1.** [campesino aragonés] paysan aragonais(paysanne aragonaise). **-2.** [terco] : **es un ~** il est buté.

batuta *f* MÚS baguette *f* de chef d'orchestre; **llevar uno la ~** *fig* faire la loi.

baúl *m* **-1.** [gen] malle *f*. **-2.** Amer [maletero] coffre *m* (de voiture).

bautismo *m* baptême *m* (sacrement).

bautizar *vt* lit & *fig* baptiser.

bautizo *m* baptême *m* (cérémonie).

baya *f* BOT baie *f*.

bayeta *f* **-1.** [tejido] flanelle *f*. **-2.** [para fregar] lavette *f* (carré de tissu-éponge) .

bayoneta *f* MIL baïonnette *f*.

baza *f* **-1.** [en naipes] pli *m*. **-2.** [ventaja] atout *m*. **-3.** *loc* : **meter ~ en** mettre son nez dans.

bazar *m* bazar *m*.

bazo, za *adj* bis(e). ◆ **bazo** *m* ANAT rate *f*.

bazofia *f* lit & *fig* cochonnerie *f*.

bazuca, bazooka *m* bazooka *m*.

be *f* : **~ larga** Amer b *m*, lettre b.

beatificar *vt* **-1.** RELIG béatifier. **-2.** *fig* [hacer venerable] ennoblir.

beato, ta *adj* & *m,f* **-1.** [beatificado] bienheureux(euse). **-2.** [piadoso] dévot(e). **-3.** *fig* [santurrón] bigot(e).

beba *f* Amer *fam* bébé *m*, petite fille *f*.

bebe *m* Amer *fam* bébé *m*, petit garçon *m*.

bebé *m* bébé *m*; **~ probeta** bébé éprouvette.

bebedero *m* **-1.** [de jaula] auget *m*. **-2.** [abrevadero] abreuvoir *m*.

bebedor, ra *m, f* buveur *m*, -euse *f*.

beber ◇ *vt* **-1.** [gen] boire. **-2.** *fig* [conocimientos] puiser. ◇ *vi* boire; **~ a** ○ **por** [brindar] boire à.

bebida *f* boisson *f* .

bebido, da *adj* gris(e) (ivre).

beca f [subvención] bourse f.

becar vt : ~ **a alguien** attribuer une bourse à qqn.

becario, ria m, f boursier m, -ère f.

becerro, rra m, f veau m, génisse f.

bechamel, besamel f → salsa.

bedel m appariteur m.

begonia f bégonia m.

beige adj & m inv beige.

béisbol m base-ball m.

bejuco m Amer [liana] liane f.

belén m **-1.** [de Navidad] crèche f. **-2.** fam [desorden] foutoir m. **-3.** (gen pl) fig [embrollo] histoire f.

belga ◇ adj belge. ◇ mf Belge mf.

Bélgica f Belgique f.

Belgrado Belgrade.

bélico, ca adj de guerre; [actitud] guerrier(ère).

belicoso, sa adj belliqueux(euse).

beligerante adj & mf belligérant(e).

bellaco, ca m, f scélérat m, -e f.

belleza f beauté f.

bello, lla adj beau(belle).

bellota f gland m.

bemol ◇ adj bémol. ◇ m MÚS bémol m; **tiene (muchos) ~es** [es difícil] ce n'est pas de la tarte; [tiene valor] il en a dans le ventre; [es un abuso] c'est un peu fort.

bendecir vt bénir; [capilla] consacrer.

bendición f bénédiction f.

bendito, ta ◇ adj **-1.** [santo] bénit(e). **-2.** [dichoso] bienheureux(euse). **-3.** [para enfatizar] sacré(e). ◇ m, f simple m d'esprit.

benedictino, na adj & m, f bénédictin(e).

benefactor, ra ◇ adj bienfaisant(e). ◇ m, f bienfaiteur m, -trice f.

beneficencia f **-1.** [virtud] bienfaisance f. **-2.** [residencia benéfica] : **la ~** le bureau d'aide sociale.

beneficiar vt [favorecer] profiter à; **esta actitud no te beneficia** cette attitude te fait du tort. ◆ **beneficiarse** vp gagner; **no se beneficia nadie** personne n'y gagne; **~se de algo** profiter de qqch.

beneficiario, ria m, f bénéficiaire mf.

beneficio m **-1.** [bien] bienfait m; **a ~ de** [gala, concierto] au profit de; **en ~ de todos** dans l'intérêt de tous; **en ~ propio** dans son propre intérêt. **-2.** [ganancia] bénéfice m.

beneficioso, sa adj bienfaisant(e).

benéfico, ca adj **-1.** [favorable] bienfaisant(e). **-2.** [función, institución] de bienfaisance.

Benelux el ~ le Benelux.

beneplácito m consentement m.

benevolencia f bienveillance f.

benévolo, la, benevolente adj bienveillant(e).

bengala f **-1.** [para pedir ayuda] fusée f de détresse. **-2.** [para fiestas] feu m de Bengale.

benigno, na adj **-1.** MED bénin(igne). **-2.** [clima, temperatura] doux(douce).

benjamín, ina m, f benjamin m, -e f.

berberecho m coque f (coquillage).

berenjena f aubergine f.

berenjenal m fam [caos] pagaille f; **meterse en un ~** se mettre dans de beaux draps.

Berlín Berlin.

berlinés, esa ◇ adj berlinois(e). ◇ m, f Berlinois m, -e f.

bermejo, ja adj vermeil(eille).

bermudas fpl bermuda m.

Berna Berne.

berrear vi [gen] beugler; [niño] brailler.

berrido m [gen] beuglement m; [de niño] braillement m.

berrinche m fam **coger un ~** piquer une crise.

berro m cresson m.

berza f chou m.

berzotas mf fam **ser un ~** être bouché.

besamel = bechamel.

besar vt embrasser. ◆ **besarse** vp s'embrasser.

beso m baiser m; **comer a ~s** couvrir de baisers.

bestia ◇ adj fig : **es muy ~** c'est une vraie brute. ◇ mf fig [persona] brute f. ◇ f [animal] bête f; **~ de carga** bête de somme.

bestial adj **-1.** [brutal] bestial(e). **-2.** fam [tremendo] terrible. **-3.** fam [formidable] super.

bestialidad f **-1.** [brutalidad] brutalité f. **-2.** fam [tontería] énormité f. **-3.** fam [montón] : **una ~ de** des tonnes de.

best seller (pl **best sellers**) m best-seller m.

besucón, ona ◇ adj : **es muy ~** il a la manie d'embrasser. ◇ m, f : **es un ~** il a la manie d'embrasser.

besugo m -1. [pescado] daurade f. -2. fam [persona] andouille f.

besuquear vt fam bécoter. ◆ **besuquearse** vp fam se bécoter.

bético, ca adj de la Bétique (ancien nom de l'Andalousie).

betún m -1. [para el calzado] cirage m. -2. QUÍM bitume m.

bianual adj -1. [cada dos años] bisannuel(elle). -2. [dos veces al año] semestriel(elle).

biberón m biberon m.

biblia f bible f. ◆ **Biblia** f : **la** ~ la Bible.

bibliografía f bibliographie f.

biblioteca f bibliothèque f.

bibliotecario, ria m, f bibliothécaire mf.

bicarbonato m -1. QUÍM bicarbonate m. -2. FARMACIA bicarbonate m (de soude).

bicentenario m bicentenaire m.

bíceps m biceps m.

bicharraco m fam -1. [animal] bestiole f. -2. [persona] sale type m.

bicho m -1. [animal] bête f; [insecto] bestiole f. -2. [persona mala] : **mal** ~ sale type m; ~ **raro** drôle d'oiseau m. -3. [pillo] peste f.

bici f fam vélo m.

bicicleta f bicyclette f.

bicoca f fam **ser algo una** ~ être une bonne affaire; **una** ~ **de trabajo** une bonne planque.

bicolor adj bicolore.

bidé m bidet m.

bidimensional adj en deux dimensions.

bidón m bidon m.

biela f bielle f.

Bielorrusia Biélorussie f.

bien ◇ adv -1. [gen] bien; **has hecho** ~ tu as bien fait; **habla** ~ **el inglés** il parle bien l'anglais; ~ **que vendría pero no puede** il viendrait bien ◇ volontiers mais il ne peut pas; **encontrarse** ~ se sentir bien; **estar** ~ [de salud] aller bien, se porter bien; [de aspecto, de calidad, de comodidad] être bien; [ser suficiente] suffire; **está** ~ **que te vayas pero antes despídete de todos** tu peux t'en aller mais avant dis au revoir à tout le monde; **pasarlo** ~ **bien** s'amuser; **¡muy ~!** très bien!; **¡ya está ~!** ça suffit!; **tener a** ~ **hacer algo** [culto] bien vouloir faire qqch; **como** ~ **le parezca** comme bon vous semble; **¡~ por el campeón!** bravo pour le champion! -2. [de manera agradable]

bon; **oler** ~ sentir bon. -3. [de acuerdo] d'accord; **¿nos vamos?** — ~ **on y va?** — d'accord; **¡está ~!** d'accord! ◇ adj inv bien. ◇ m bien m; **el** ~ **y el mal** le bien et le mal; **es por tu** ~ c'est pour ton bien; **hacer el** ~ faire le bien. ◇ conj : ~... ~ soit... soit. ◆ **bienes** mpl biens mpl; ~**es gananciales** DER acquêts mpl; ~**es inmuebles** o **raíces** biens immobiliers; ~**es muebles** biens mobiliers. ◆ **más bien** loc adv plutôt.

bienal ◇ adj biennal(e), bisannuel(elle). ◇ f biennale f.

bienaventurado, da m, f bienheureux m, -euse f.

bienestar m -1. [placidez] bien-être m. -2. [confort económico] confort m.

bienhechor, ra m, f bienfaiteur m, -trice f.

bienio m -1. [período] espace de deux ans. -2. [aumento de sueldo] prime d'ancienneté accordée au bout de deux ans d'activité.

bienvenido, da adj bienvenu(e); **¡~! soyez le bienvenu!** ◆ **bienvenida** f bienvenue f; **dar la bienvenida** souhaiter la bienvenue.

bies m inv biais m; **al** ~ [costura] en biais: [sombrero, etc] de biais.

bife m Amer bifteck m.

bífido, da adj bifide.

biftec = bistec.

bifurcación f bifurcation f.

bifurcarse vp bifurquer; [tronco, rama] se diviser en deux.

bigamia f bigamie f.

bígamo, ma adj & m, f bigame.

bigote m moustache f.

bigotudo, da adj moustachu(e).

bikini = biquini.

bilateral adj bilatéral(e).

biliar adj biliaire.

bilingüe adj bilingue.

bilingüismo m bilinguisme.

bilis f lit & fig bile f.

billar m billard m.

billete m billet m; **sacar un** ~ prendre un billet; ~ **de ida y vuelta** aller-retour m; ~ **sencillo** aller m simple.

billetera f, **billetero** m portefeuille m.

billón m billion m.

bingo m -1. [juego, premio] bingo m. -2. [sala] salle f de bingo.

binóculo m binocle m.

biodegradable adj biodégradable.

biografía f biographie f.
biográfico, ca adj biographique.
biógrafo, fa m, f biographe mf.
biología f biologie f.
biológico, ca adj biologique.
biólogo, ga m, f biologiste mf.
biombo m paravent m.
biopsia f MED biopsie f.
bioquímico, ca ◇ adj biochimique. ◇ m, f biochimiste mf. ◆ **bioquímica** f biochimie f.
biorritmo m biorythme m.
biosfera f biosphère f.
bipartidismo m bipartisme m.
bipartito, ta adj bipartite, biparti(e).
biplaza adj m & m biplace m.
biquini, bikini m bikini m, deux-pièces m.
birlar vt fam [robar] faucher.
birra f mfam [cerveza] mousse f.
birrete m -1. [de clérigo] barrette f. -2. [de catedrático, abogado] bonnet m; [de juez] toque f.
birria f fam -1. [cosa, persona fea] horreur f; [cuadro] croûte f. -2. [cosa sin valor] camelote f.
bis (pl **bises**) ◇ adj inv bis; **viven en el 15** ~ ils habitent au 15 bis. ◇ m bis m; **pedir un** ~ bisser. ◇ adv MÚS [para repetir] bis.
bisabuelo, la m, f arrière-grand-père m, arrière-grand-mère f.
bisagra f charnière f.
biscuit m biscuit m (porcelaine).
bisección f bissection f.
bisector, triz adj bissecteur(trice). ◆ **bisectriz** f bissectrice f.
biselar vt biseauter.
bisexual adj & mf bisexuel(elle).
bisiesto adj → **año**.
bisnieto, ta m, f arrière-petit-fils m, arrière-petite-fille f.
bisonte m bison m.
bisoño, ña ◇ adj novice. ◇ m, f [principiante] débutant m, -e f; MIL jeune recrue f.
bistec, bisté, biftec m bifteck m.
bisturí (pl **bisturís**) m bistouri m.
bisutería f bijoux mpl fantaisie.
bit (pl **bits**) m INFORM bit m.
bíter, bitter m bitter m.
bizco, ca ◇ adj : **es** ~ il louche. ◇ m, f loucheur m, -euse f.
bizcocho m -1. [postre] gâteau m. -2. [pan ácimo] biscuit m.

bizquear vi -1. [quedarse bizco] loucher. -2. fam fig [asombrarse] être épaté(e).
blablablá m fam bla-bla m.
blanco, ca ◇ adj blanc(blanche). ◇ m, f Blanc m, Blanche f. ◆ **blanco** m -1. [color, espacio] blanc m. -2. [de disparo] cible f; **dar en el** ~ mettre dans le mille; **fue el** ~ **de todas las miradas** tous les regards se sont portés sur lui. -3. fig [objetivo] but m. ◆ **blanca** f MÚS blanche f; **estar** o **quedarse sin blanca** fig ne pas avoir un sou. ◆ **blanco del ojo** m blanc m de l'œil. ◆ **en blanco** loc adv -1. [vacío] : **dejar su hoja en** ~ rendre copie blanche. -2. [sin saber] : **quedarse con la mente en** ~ avoir un trou de mémoire. -3. [sin dormir] : **pasar la noche en** ~ passer une nuit blanche.
blancura f blancheur f.
blandengue ◇ adj lit & fig mollasse. ◇ mf lavette f.
blando, da adj -1. [gen] mou(molle); [carne] tendre. -2. fig [de carácter] faible; **es demasiado** ~ **con los alumnos** il n'est pas assez sévère avec les élèves.
blandura f -1. [gen] mollesse f. -2. fig [de carácter] faiblesse f.
blanquear vt [dinero] blanchir.
blanquecino, na adj blanchâtre; [tez, luz] blafard(e).
blanqueo m -1. [de ropa] blanchissage m. -2. [de pared, dinero] blanchiment m.
blanquillo m Amer œuf m.
blasfemar vi -1. RELIG blasphémer. -2. [maldecir] jurer.
blasfemia f -1. [contra Dios] blasphème m. -2. [palabrota] juron m. -3. fig [injuria] sacrilège m.
blasfemo, ma ◇ adj blasphématoire; [persona] blasphémateur(trice). ◇ m, f blasphémateur m, -trice f.
blazer (pl **blazers**) m blazer m.
bledo m : **me importa un** ~ fam je m'en fiche comme de l'an quarante.
blindado, da adj blindé(e).
blindar vt blinder.
bloc (pl **blocs**) m bloc-notes m.
bloque m -1. [gen & INFORM] bloc m. -2. [edificio] immeuble m. ◆ **bloque del motor** m bloc-moteur m.
bloquear vt -1. [gen] bloquer. -2. [bienes] saisir; [cheque] faire opposition à; [cuenta, créditos] geler. ◆ **bloquearse** vp [gen] se bloquer; [persona] faire un blocage.

bloqueo *m* **-1.** [gen] blocage *m*. **-2.** [de país, ciudad] blocus *m*; [de mercancías] embargo *m*; ~ **económico** embargo économique. **-3.** [de bienes] saisie *f*; [de cuenta, créditos] gel *m*.

blues *m inv* MÚS blues *m*.

blusa *f* chemisier *m*.

blusón *m* chemise *f* ample.

bluyín *m*, **bluyines** *mpl Amer* jean *m*.

boa *f* [animal] boa *m*.

bobada *f fam* bêtise *f*; **decir** ○ **hacer** ~**s** dire ○ faire des bêtises.

bobería *f fam* bêtise *f*.

bobina *f* bobine *f*.

bobo, ba *adj & m,f.* **-1.** [tonto] idiot(e). **-2.** [ingenuo] niais(e).

boca *f* bouche *f*; **mantener seis** ~**s** avoir six bouches à nourrir; ~ **de metro** bouche de métro; **abrir** ○ **hacer** ~ mettre en appétit; **se me hace la** ~ **agua** j'en ai l'eau à la bouche; **quitar de la** ~ ôter de la bouche. ◆ **boca arriba** *loc adv* sur le dos. ◆ **boca abajo** *loc adv* sur le ventre, à plat ventre. ◆ **boca a boca** *m* bouche-à-bouche *m inv*.

bocacalle *f* rue *f*; **gire a la izquierda en la tercera** ~ prenez la troisième rue à gauche.

bocadillo *m* **-1.** [para comer] sandwich *m*. **-2.** [en cómic] bulle *f*.

bocado *m* **-1.** [gen] bouchée *f*; [un poco] morceau *m*; **no probar** ~ ne rien avaler. **-2.** [mordisco] : **dar un** ~ mordre.

bocajarro ◆ **a bocajarro** *loc adv* **-1.** [decir] à brûle-pourpoint. **-2.** [disparar] à bout portant.

bocanada *f* [de líquido] gorgée *f*; [de humo, aire] bouffée *f*.

bocata *m fam* sandwich *m*.

bocazas *mf fam despec* grande-gueule *f*.

boceto *m* ébauche *f*, esquisse *f*.

bochorno *m* **-1.** [calor] chaleur *f* étouffante. **-2.** [vergüenza] : **pasó un** ~ il est devenu tout rouge.

bochornoso, sa *adj* **-1.** [tiempo] étouffant(e). **-2.** [vergonzoso] honteux(euse).

bocina *f* **-1.** [de coche] Klaxon® *m*. **-2.** [megáfono] porte-voix *m*.

bocinazo *m* coup *m* de Klaxon.

boda *f* mariage *m*; ~**s de oro/plata** noces *fpl* d'or/d'argent.

bodega *f* **-1.** [gen] cave *f* à vin. **-2.** [en buque, avión] cale *f*.

bodegón *m* **-1.** ARTE nature *f* morte. **-2.** [taberna] taverne *f*.

bodrio *m fam despec* horreur *f*; [comida] ragougnasse *f*.

body (*pl* **bodies** ○ **bodys**) *m* body *m*.

BOE (*abrev de* **Boletín Oficial del Estado**) *m* Journal officiel espagnol.

bofetada *f* gifle *f*; **darse de** ~**s con algo** *fig* [no pegar] aller mal avec qqch.

bofetón *m* claque *f*.

bofia *f fam* **la** ~ les poulets *mpl*, les flics *mpl*.

boga *f* [remo] nage *f*; **estar en** ~ être en vogue.

bogavante *m* homard *m*.

Bogotá Bogota.

bogotano, na ◇ *adj* de Bogota. ◇ *m, f* habitant *m*, -e *f* de Bogota.

bohemio, mia ◇ *adj* **-1.** [artista] bohème; [vida] de bohème. **-2.** [de Bohemia] bohémien(enne). ◇ *m, f.* **-1.** [artista] bohème *m*. **-2.** [de Bohemia] Bohémien *m*, -enne *f*.

boicot (*pl* **boicots**), **boycot** (*pl* **boycots**) *m* boycott *m*.

boicotear, boycotear *vt* boycotter.

boina *f* béret *m*.

bol *m* bol *m*.

bola *f* **-1.** [gen] boule *f*. **-2.** [canica] bille *f*. **-3.** *fam* [mentira] : **contar** ~**s** raconter des bobards. **-4.** *loc* : **en** ~**s** *fam* à poil.

bolada *f Amer fam* occase *f*.

bolea *f* DEP volée *f*.

bolear *vt Amer* cirer.

bolera *f* boulodrome *m*.

bolería *f Amer* cireur *m* de chaussures (boutique).

bolero *m* **-1.** MÚS boléro *m*. **-2.** *Amer* cireur *m* de chaussures.

boletería *f Amer* guichet *m*.

boletero, ra *m, f Amer* guichetier *m*, -ère *f*.

boletín *m* bulletin *m*; ~ **de noticias** ○ **informativo** bulletin d'informations; ~ **de prensa** communiqué *m* de presse; ~ **meteorológico** bulletin météorologique.

boleto *m* [de lotería, rifa] billet *m*; [de quinielas] bulletin *m*.

boli *m fam* stylo *m*, Bic® *m*.

boliche *m* **-1.** [en la petanca] cochonnet *m*. **-2.** [bolera] boulodrome *m*.

bólido *m* bolide *m*.

bolígrafo *m* stylo-bille *m*.

bolillo *m Amer* [panecillo] petit pain *m*.

bolívar *m* bolivar *m*.

Bolivia Bolivie *f*.

boliviano, na ◇ *adj* bolivien(enne). ◇ *m, f* Bolivien *m*, -enne *f*.

bollo *m* **-1.** [de pan] pain `au lait; [dulce]: los ~s la viennoiserie. **-2.** [abolladura] coup *m*.

bolo *m* **-1.** [de juego] quille *f*. **-2.** *Amer fam* [borracho] poivrot *m*. ◆ **bolos** *mpl* [juego] quilles *fpl*.

bolsa *f* **-1.** [gen] sac *m*; ~ **de basura** sac-poubelle *m*; ~ **de viaje** sac *m* de voyage. **-2.** [edificio & FIN] Bourse *f*; **la ~ baja/ sube** la Bourse est en baisse/en hausse; **jugar en** ~ jouer en Bourse. **-3.** [cavidad] poche *f*. **-4.** *Amer* [bolso] sac *m* (à main); ~ **de dormir** sac *m* de couchage. ◆ **bolsa de agua caliente** *f* bouillotte *f*.

bolsillo *m* poche *f*; **de** ~ [libro etc] de poche; **meterse a alguien en el** ~ se mettre qqn dans la poche.

bolso *m* sac *m* (à main).

boludo, da *m, f Amer mfam* con *m*, conne *f*.

bomba *f* **-1.** [explosivo] bombe *f*; ~ **atómica** bombe atomique; ~ **de mano** grenade *f*. **-2.** [máquina] pompe *f*. **-3.** *fig* [acontecimiento]: **ser una** ~ faire ○ avoir l'effet d'une bombe. **-4.** *loc*: **pasarlo** ~ *fam* s'éclater. **-5.** *Amer* [surtidor de gasolina] pompe *f* à essence.

bombachas *fpl Amer* pantalon *m* bouffant.

bombachos *mpl* culotte *f* bouffante.

bombardear *vt lit & fig* bombarder.

bombardeo *m* bombardement *m*.

bombardero, ra *adj* de bombardement. ◆ **bombardero** *m* bombardier *m*.

bombazo *m* **-1.** [bomba] bombardement *m*. **-2.** *fig* [noticia]: **ser un** ~ faire l'effet d'une bombe.

bombear *vt* pomper.

bombero, ra *m, f* **-1.** [gen] pompier *m*. **-2.** *Amer* [de gasolinera] pompiste *mf*.

bombilla *f* ampoule *f* (électrique).

bombillo *m Amer* ampoule *f* (électrique).

bombín *m* chapeau *m* melon.

bombo *m* **-1.** [tambor] grosse caisse *f*. **-2.** [elogio]: **dar mucho** ~ **a** [algo] faire beaucoup de bruit autour de; [alguien] ne pas tarir d'éloges sur. **-3.** *fig* [ruido]: **con mucho** ~, **a** ~ **y platillo** à grand bruit.

bombón *m* **-1.** [golosina] chocolat *m* (*bonbon*). **-2.** *fam fig* [mujer]: **ser un** ~ être jolie comme un cœur.

bombona *f* bonbonne *f*; ~ **de butano** bouteille *f* de gaz.

bonachón, ona *fam* ◇ *adj* bonhomme. ◇ *m, f* brave homme *m*, brave femme *f*.

bonanza *f* **-1.** [de tiempo, mar] calme *m* plat. **-2.** [prosperidad] prospérité *f*.

bondad *f* bonté *f*; **tener la** ~ **de hacer algo** avoir la bonté de faire qqch.

bondadoso, sa *adj* bon(bonne); **es** ~ il respire la bonté.

bonete *m* [de eclesiástico] barrette *f*.

boniato *m* patate *f* douce.

bonificar *vt* **-1.** [descontar] faire une remise de. **-2.** [el suelo] bonifier.

bonito, ta *adj* joli(e); [bueno] gentil(ille). ◆ **bonito** *m* thon *m*.

bono *m* **-1.** [vale] bon *m* d'achat. **-2.** COM [título] obligation *f*; [del Tesoro] bon *m*; ~ **basura** obligation de pacotille.

bonobús *m* coupon d'autobus valable pour 10 trajets.

bonoloto *f* ≃ loto *m*.

bonsai *m* bonsaï *m*.

boñiga *f* bouse *f*.

boom *m* boom *m*.

boomerang = **bumerán**.

boquerón *m* anchois *m* (*frais*).

boquete *m* [rotura] brèche *f*.

boquiabierto, ta *adj*: **estar** ~ avoir la bouche ouverte; **quedarse** ~ *fig* rester bouche bée.

boquilla *f* **-1.** [para fumar] fume-cigarette *m inv*. **-2.** [de pipa, aparato] tuyau *m*. **-3.** [de flauta] bec *m*. ◆ **de boquilla** *loc adv fam* [promesas etc] en l'air.

borbotear, borbotar *vi* bouillonner.

borbotón ◆ **a borbotones** *loc adv* à gros bouillons.

borda *f* NÁUT: **por la** ~ par-dessus bord. ◆ **fuera borda** *m* hors-bord *m*.

bordado, da *adj* brodé(e). ◆ **bordado** *m* broderie *f*.

bordar *vt* **-1.** [gen] broder. **-2.** [hacer bien] fignoler.

borde ◇ *adj mfam* [antipático] emmerdant(e); ◇ *m, f mfam* [antipático] emmerdeur(euse). ◇ *m* bord *m*; **al** ~ **de** *fig* au bord de.

bordear *vt* **-1.** [estar alrededor de] border; [moverse alrededor de] longer. **-2.** *fig* [rozar – años] friser; [– éxito] frôler.

bordillo *m* bord *m*; [de acera, andén] bordure *f*.

bordo m NÁUT bord m. ◆ **a bordo** loc adv à bord.

borla f -1. [adorno] pompon m. -2. [de licenciado] *pompon du bonnet des diplômés universitaires dont la couleur varie suivant la faculté.*

borrachera f -1. [embriaguez] : **coger una ~** se soûler. -2. *fig* [emoción] ivresse f.

borrachín, ina m, f fam poivrot m, -e f.

borracho, cha ◇ adj -1. [ebrio] soûl(e). -2. *fig* [emocionado] : **~ de** ivre(e). ◇ m, f [persona] ivrogne mf. ◆ **borracho** m [bizcocho] baba m au rhum.

borrador m -1. [escrito] brouillon m. -2. [de lápiz] gomme f; [en pizarra] tampon m. -3. [cuaderno] cahier m de brouillon.

borrar vt -1. [gen] effacer; [con goma] gommer. -2. [tachar] rayer. ◆ **borrarse** vp -1. [desaparecer] s'effacer. -2. [olvidarse] : **se me ha borrado su cara** je ne me souviens plus de son visage.

borrasca f tempête f.

borrego, ga m, f -1. [animal] agneau m, agnelle f. -2. *fam despec* [persona] plouc mf.

borrón m -1. [mancha] pâté m. -2. loc : **hacer ~ y cuenta nueva** faire table rase.

borroso, sa adj [visión, fotografía] flou(e); [escritura, texto] à moitié effacé(e).

Bosnia Bosnie f.

bosnio, nia ◇ adj bosniaque. ◇ m, f Bosniaque mf.

bosque m [pequeño] bois m; [grande] forêt f.

bosquejar vt ébaucher, esquisser.

bosquejo m -1. [esbozo] ébauche f, esquisse f. -2. *fig* [de tema, situación] : **hacer un ~ de algo** peindre qqch à grands traits.

bostezar vi bâiller.

bostezo m bâillement m.

bota f -1. [calzado] botte f; **~ de agua** o **lluvia** botte en caoutchouc. -2. [de vino] outre f.

botafumeiro m encensoir m.

botana f Amer amuse-gueule m.

botánico, ca ◇ adj botanique. ◇ m, f botaniste mf. ◆ **botánica** f botanique f.

botar ◇ vt -1. NÁUT lancer. -2. *fam* [despedir] virer. -3. [pelota] faire rebondir. -4. DEP : **~ el córner** tirer un coup franc. -5. Amer [tirar] jeter. ◇ vi -1. [gen] sauter; [coche] cahoter. -2. [pelota] rebondir.

bote m -1. [tarro] pot m. -2. [recipiente – lata] boîte f; [– de plástico] bouteille f. -3. [barca] canot m; **~ salvavidas** canot de sauvetage. -4. [propina] pourboire m. -5. [salto] bond m; **dar ~s de alegría** sauter de joie. -6. [de pelota] rebond m; **dar ~s** rebondir. -7. loc fam **chupar del ~** s'en mettre plein les poches; **tener en el ~ a alguien** avoir qqn dans la poche. ◆ **a bote pronto** loc adv à brûle-pourpoint.

botella f bouteille f; **~ de oxígeno** MED bouteille d'oxygène; [de submarinista] bouteille de plongée.

botellín m canette f.

boticario, ria m, f desus apothicaire m.

botijo m cruche f.

botín m -1. [de guerra, atraco] butin m. -2. [calzado] bottine f.

botiquín m [mueble] armoire f à pharmacie; [maletín] trousse f à pharmacie.

botón m bouton m *(de fleur, vêtement)*. ◆ **botones** m inv [de hotel] groom m; [de oficinas] garçon m de courses.

boutique f boutique f *(de vêtements)*.

bóveda f ARQUIT voûte f.

bovino, na adj bovin(e). ◆ **bovinos** mpl bovins mpl.

box *(pl boxes)* m -1. [de caballo] box m. -2. [de coches] stand m. -3. Amer DEP boxe f.

boxeador, ra m, f DEP boxeur m, -euse f.

boxear vi boxer.

boxeo m boxe f.

bóxer *(pl bóxers)* m [perro] boxer m.

boya f -1. [en el mar] bouée f. -2. [de red] flotteur m.

boyante adj [gen] heureux(euse); [negocio, economía] prospère, florissant(e); [situación, posición] brillant(e).

boycot = boicot.

boycotear = boicotear.

boy scout *(pl boy scouts)* m boy-scout m.

bozal m muselière f.

bracear vi -1. [mover los brazos] remuer o agiter les bras. -2. [nadar] nager la brasse.

braga f *(gen pl)* culotte f.

bragueta f braguette f.

braille m braille m.

bramar vi -1. [animal, viento] mugir. -2. [persona – de dolor] hurler; [– de ira] rugir.

bramido *m* -1. [de animal] mugissement *m*. -2. [de dolor] hurlement *m*; [de ira] rugissement *m*.

brandy, **brandi** *m* brandy *m*.

branquia *f* (*gen pl*) branchie *f*.

brasa *f* braise *f*; **a la ~** CULIN sur la braise.

brasero *m* brasero *m*.

brasier, **brassier** *m* Amer soutien-gorge *m*.

Brasil (el) ~ (le) Brésil.

brasileño, **ña** ⋄ *adj* brésilien(enne). ⋄ *m, f* Brésilien *m*, -enne *f*.

brasilero, **ra** *adj* Amer brésilien(enne).

braveza *f* bravoure *f*.

bravío, **a** *adj* [animal] sauvage; [persona] indomptable.

bravo, **va** ⋄ *adj* -1. [persona] brave. -2. [animal] sauvage. -3. [mar] démonté(e). ⋄ *m* [aplauso] bravo *m*. ⋄ *interj* : **¡~!** bravo! ◆ **por las bravas** *loc adv* de force.

bravuconear *vi despec* fanfaronner.

bravura *f* -1. [de persona] bravoure *f*. -2. [de animal] férocité *f*.

braza *f* [DEP & medida] brasse *f*.

brazada *f* brassée *f*, brasse *f*.

brazalete *m* -1. [en la muñeca] bracelet *m*. -2. [en el brazo] brassard *m*.

brazo *m* -1. [gen] bras *m*; **cogidos del ~** bras dessus bras dessous; **llevar en ~s** porter dans ses bras; **quedarse** ○ **estarse con los ~s cruzados** rester les bras croisés; **ser el ~ derecho de alguien** être le bras droit de qqn. -2. [de animal] patte *f* avant; [de caballo] jambe *f*. ◆ **brazo de gitano** *m* CULIN ≈ gâteau *m* roulé. ◆ **brazo de mar** *m* GEOGR bras *m* de mer.

brebaje *m* breuvage *m*.

brecha *f* -1. [abertura] brèche *f*. -2. *fig* [impresión] : **hacer ~ en alguien** ébranler qqn.

bregar *vi* -1. [reñir] se battre. -2. [trabajar] trimer. -3. *fig* [luchar] se démener.

breva *f* -1. [fruta] figue *f*. -2. [cigarro] cigare *m* aplati. -3. *loc* : **¡no caerá esa ~!** *fam* je n'aurai pas cette veine!

breve *adj* bref(brève); **en ~** [pronto] d'ici peu.

brevedad *f* brièveté *f*; **a ○ con la mayor ~** dans les plus brefs délais.

bribón, **ona** *m, f* vaurien *m*, -enne *f*.

bricolaje, **bricolage** *m* bricolage *m*.

brida *f* bride *f*.

bridge *m* bridge *m* (*jeu*).

brigada ⋄ *m* MIL ≈ adjudant *m*. ⋄ *f* brigade *f*; **~ antidisturbios** ≈ CRS; **~ antidroga** brigade des stupéfiants.

brillante ⋄ *adj* -1. [gen] brillant(e). -2. [sonrisa] radieux(euse). ⋄ *m* brillant *m* (*diamant*).

brillantez *f fig* splendeur *f*.

brillantina *f* brillantine *f*.

brillar *vi lit & fig* briller.

brillo *m* éclat *m*.

brilloso, **sa** *adj* Amer brillant(e).

brincar *vi* sauter; **~ de alegría** sauter de joie.

brinco *m* [salto] bond *m* .

brindar ⋄ *vi* trinquer; **~ por algo/alguien** porter un toast à qqch/qqn; **~ a la salud de alguien** boire à la santé de qqn. ⋄ *vt* offrir. ◆ **brindarse** *vp* : **~se a hacer algo** offrir de faire qqch.

brindis *m* toast *m*.

brío *m* [al andar] allant *m*; [al trabajar] entrain *m*.

brioche *m* brioche *f*.

brisa *f* brise *f*.

británico, **ca** ⋄ *adj* britannique. ⋄ *m, f* Britannique *mf*.

brizna *f* [gen] brin *m*; [de aire] souffle *m*.

broca *f* mèche *f* (*outil*).

brocha *f* brosse *f*; **~ de afeitar** blaireau *m*.

brochazo *m* coup *m* de pinceau.

broche *m* -1. [cierre – de ropa] agrafe *f*; [– de joya] fermoir *m*. -2. [joya] broche *f* .

broker (*pl* **brokers**) *m* FIN agent *m* de change.

broma *f* [ocurrencia, chiste] plaisanterie *f*; [jugarreta] farce *f*; **en ~** pour rire; **gastar una ~ a alguien** faire une farce à qqn; **ni en ~** *fig* jamais de la vie.

bromear *vi* plaisanter.

bromista *adj & mf* farceur(euse).

bromuro *m* QUÍM bromure *m*.

bronca *f* → **bronco**.

bronce *m* bronze *m*.

bronceado, **da** *adj* bronzé(e). ◆ **bronceado** *m* bronzage *m*.

bronceador, **ra** *adj* bronzant(e). ◆ **bronceador** *m* crème *f* solaire.

bronco, **ca** *adj* -1. [material] grossier(ère). -2. [voz, sonido, tos] rauque. -3. *fig* [persona, modales] rustre. ◆ **bronca** *f* -1. [riña] bagarre *f*; **buscar bronca** chercher la bagarre. -2. [regañina] : **echar una**

bronca a alguien passer un savon à qqn.
-3. [abucheo] huées *fpl* .
bronquio *m* bronche *f.*
bronquitis *f* bronchite *f.*
brotar *vi* **-1.** [planta] pousser. **-2.** [líquido] jaillir. **-3.** *fig* [sentimiento] naître. **-4.** [granos etc] sortir.
brote *m* **-1.** [yema] bourgeon *m*. **-2.** *fig* [inicios] premiers signes *mpl.*
bruces ◆ **de bruces** *loc adv* à plat ventre; **caerse de** ~ s'étaler de tout son long.
bruja ◇ *adj inv* Amer *fam* à sec *(sans argent)*. ◇ *f* → **brujo**.
brujería *f* sorcellerie *f.*
brujo, ja ◇ *adj* ensorceleur(euse). ◇ *m, f* sorcier *m*, -ère *f.* ◆ **bruja** *f* **-1.** [mujer fea] laideron *m*; **estar hecha una bruja** être épouvantable. **-2.** [mujer mala] mégère *f.*
brújula *f* boussole *f* .
bruma *f* [niebla] brume *f.*
bruñido *m* brunissage *m.*
brusco, ca *adj* brusque.
Bruselas Bruxelles.
brusquedad *f* **-1.** [imprevisión] soudaineté *f.* **-2.** [grosería] brusquerie *f*; **con** ~ brusquement.
brut *adj inv* [champán] brut.
brutal *adj* **-1.** [violento] brutal(e). **-2.** *fam* [extraordinario] super.
brutalidad *f* **-1.** [brusquedad] brutalité *f.* **-2.** [locura] folie *f.*
bruto, ta ◇ *adj* **-1.** [torpe, bestia] lourdaud(e); [mal educado] rustre. **-2.** [petróleo, sueldo etc] brut(e); **en** ~ [diamante] brut(e). ◇ *m, f* [torpe, bestia] brute *f.*
bubónica *adj* → **peste**.
bucal *adj* buccal(e).
Bucarest Bucarest.
bucear *vi* [en el agua] faire de la plongée sous-marine.
buceo *m* plongée *f* (sous-marine).
buche *m* **-1.** [gen] jabot *m*. **-2.** *fam* [de persona] panse *f.*
bucle *m* **-1.** [gen & INFORM] boucle *f.* **-2.** [de carretera] virage *m* en épingle à cheveux.
bucólico, ca *adj* **-1.** [campestre] champêtre. **-2.** LITER bucolique.
Budapest Budapest.
budismo *m* bouddhisme *m.*
buen = bueno.
buenaventura *f* **-1.** [adivinación] bonne aventure *f.* **-2.** [suerte] destin *m.*

bueno, na *(compar* mejor, *superl* el mejor, la mejor) *adj (antes de sust masculino :* buen) **-1.** [gen] bon(bonne); **un hombre** ~ un homme bon; **un buen cuchillo** un bon couteau; **una buena siesta** une bonne sieste; **ser** ~ **con alguien** être gentil avec qqn. **-2.** [tranquilo] sage; **un niño** ~ un enfant sage. **-3.** [curado, sano] : **estar** ~ être en bonne santé. **-4.** [tiempo, clima] : **hace buen día** ○ **tiempo** il fait beau. **-5.** *fam* [atractivo] : **está** ~ il est canon. **-6.** [uso enfático] : **ese buen hombre** brave homme; **un buen día** un beau jour. **-7. de buenas a primeras** [de repente] tout à coup; [a primera vista] de prime abord; **ser de buen ver** être bien de sa personne; **estar de buenas** être de bonne humeur; **lo** ~ **es que...** la meilleure c'est que... ◆ **bueno** ◇ *adv* bon. ◇ *interj* Amer : **¿~?** [al teléfono] allô? ◆ **buenas** *interj* : **¡buenas!** bonjour!
Buenos Aires Buenos Aires.
buey *m* bœuf *m.*
búfalo *m* buffle *m.*
bufanda *f* écharpe *f.*
bufar *vi* **-1.** [toro] souffler; [caballo] s'ébrouer. **-2.** *fig* [persona] fulminer.
bufé *(pl* bufés), **buffet** *(pl* buffets) *m* buffet *m (de réception).*
bufete *m* cabinet *m* (d'avocat).
buffet = bufé.
bufido *m* **-1.** [de animal] soufflement *m*. **-2.** *fam* [de persona] gueulante *f*; **lanzar un** ~ pousser une gueulante.
bufón, ona *adj* bouffon(onne). ◆ **bufón** *m* bouffon *m.*
bufonada *f* bouffonnerie *f.*
buhardilla *f* **-1.** [desván] mansarde *f.* **-2.** [ventana] lucarne *f.*
búho *m* hibou *m.*
buitre *m* **-1.** [ave] vautour *m*. **-2.** *fig* [persona] requin *m.*
bujía *f* AUTOM bougie *f.*
bulbo *m* BOT & ANAT bulbe *m* .
buldozer *(pl* buldozers), **bulldozer** *(pl* bulldozers) *m* bulldozer *m.*
bulevar *(pl* bulevares) *m* boulevard *m.*
Bulgaria Bulgarie *f.*
búlgaro, ra ◇ *adj* bulgare. ◇ *m, f* Bulgare *mf.* ◆ **búlgaro** *m* [lengua] bulgare *m.*
bulín *m* Amer garçonnière *f.*
bulla *f* [jaleo] raffut *m*; **armar** ~ faire du raffut.
bulldozer = buldozer.

bullicio *m* [ruido] brouhaha *m*; [multitud] agitation *f*.

bullicioso, sa ◇ *adj* **-1.** [ruidoso, agitado] animé(e). **-2.** [inquieto] turbulent(e). ◇ *m, f* nerveux *m*, -euse *f*.

bullir *vi* **-1.** [hervir] bouillir; [burbujear] bouillonner. **-2.** *fig* [multitud] grouiller, fourmiller.

bulto *m* **-1.** [gen] bosse *f*; **hacer mucho ~** prendre beaucoup de place. **-2.** [forma imprecisa] masse *f*; [de persona] silhouette *f*. **-3.** [equipaje] paquet *m*; **~ de mano** bagage *m* à main. **-4.** *loc* : **escurrir el ~** [trabajo] se dérober; [cuestión] éluder la question.

bumerán (*pl* **bumerans**), **bumerang** (*pl* **bumerangs**) *m* boomerang *m*.

bungalow (*pl* **bungalows**) *m* bungalow *m*.

búnquer (*pl* **búnquers**), **bunker** (*pl* **bunkers**) *m* **-1.** [refugio] bunker *m*. **-2.** *fig* POLÍT *faction conservatrice d'un parti.*

buñuelo *m* **-1.** CULIN beignet *m*; **~ de viento** pet-de-nonne *m*. **-2.** *fig* [cosa mal hecha] horreur *f*.

BUP (*abrev de* **Bachillerato Unificado Polivalente**) *m* EDUC *scolarité de la troisième à la première en Espagne.*

buque *m* navire *m* .

burbuja *f* bulle *f*.

burbujear *vi* faire des bulles, pétiller.

burdel *m* bordel *m*.

burdo, da *adj* grossier(ère).

burgués, esa *adj & m, f* bourgeois(e).

burguesía *f* bourgeoisie *f*.

burla *f* **-1.** [mofa] moquerie *f*; **hacer ~ de algo/alguien** se moquer de qqch/qqn. **-2.** [broma] plaisanterie *f*. **-3.** [engaño] escroquerie *f*.

burlar *vt* **-1.** [engañar] tromper. **-2.** [esquivar – vigilancia] déjouer; [– ley] contourner. ◆ **burlarse** *vp* : **~se de** se moquer de.

burlesco, ca *adj* LITER burlesque; [tono] moqueur(euse).

burlón, ona *adj* moqueur(euse).

buró *m Amer* [mesilla de noche] table *f* de nuit.

burocracia *f* bureaucratie *f*.

burócrata *mf* bureaucrate *mf*.

burrada *f* **-1.** [dicho] énormité *f*. **-2.** *fam* [cantidad] **hay una ~ de gente** il y a vachement de monde.

burro, rra ◇ *adj* [necio] bête. ◇ *m, f* **-1.** [animal, necio] âne *m*, ânesse *f*. **-2.** *fig* [trabajador] : **ser un ~ para el trabajo** être un bourreau de travail. **-3.** *loc* : **no ver tres en un ~** *fam* être myope comme une taupe.

bursátil *adj* boursier(ère).

bus *m* AUTOM & INFORM bus *m*.

busca ◇ *f* recherche *f*; **en ~ de** [algo] en quête de; [alguien] à la recherche de. ◇ *m inv* = **buscapersonas**.

buscapersonas, busca *m inv* bip *m*.

buscar ◇ *vt* **-1.** [gen] chercher. **-2.** INFORM rechercher. ◇ *vi* : **ir/venir/pasar a ~ a alguien/algo** aller/venir/passer chercher qqn/qqch.

buscavidas *mf inv fam* **-1.** [ambicioso] démerdard(e). **-2.** [entrometido] fouinard(e).

buscón, ona *m, f* : **es un ~** il vit d'expédients.

búsqueda *f* recherche *f*.

busto *m* buste *m*.

butaca *f* **-1.** [mueble] fauteuil *m*. **-2.** [localidad] place *f*; **~ (de patio)** fauteuil *m* d'orchestre.

butano *m* gaz *m* (butane).

butifarra *f* CULIN *saucisse catalane.*

buzo *m* **-1.** [buceador] plongeur *m*. **-2.** [ropa] bleu *m* de travail. **-3.** *Amer* [chandal] survêtement *m*.

buzón *m* boîte *f* aux lettres.

byte (*pl* **bytes**) *m* INFORM octet *m*.

c, C *f* [letra] c *m inv*, C *m inv*.

c., c/ (*abrev de* **calle**) R.

c/ *abrev de* **cuenta**.

cabal *adj* [persona] accompli(e). ◆ **cabales** *mpl* : **no estar en sus ~es** *fig* ne pas avoir toute sa tête.

cabalgar *vi* chevaucher.

cabalgata *f* chevauchée *f*. ◆ **cabalgata de los Reyes Magos** *f défilé de chars et de cavaliers déguisés en Rois Mages pour l'Épiphanie.*

caballa *f* ZOOL maquereau *m*.

caballería f -1. [animal] monture f. -2. MIL cavalerie f. -3. [nobleza] chevalerie f.

caballero ◇ adj [cortés] galant(e). ◇ m -1. [hombre cortés] gentleman m; **ser todo un ~** être un vrai gentleman. -2. [señor] monsieur m; '~s' [en aseos] 'messieurs'; **de ~** [ropa] pour homme. -3. [noble] chevalier m.

caballete m -1. [de mesa] tréteau m. -2. [de lienzo] chevalet m. -3. [de nariz] arête f.

caballito m petit cheval m. ◆ **caballitos** mpl manège m (de chevaux de bois). ◆ **caballito de mar** m hippocampe m.

caballo m -1. [animal] cheval m; **montar a ~** faire du cheval. -2. [de ajedrez] cavalier m. -3. [naipe] l'une des cartes du jeu espagnol, ≃ le [tarot] cavalier m. -4. mfam [heroína] héro f. -5. loc: **estar a ~ entre** être à cheval sur.

cabaña f -1. [choza] cabane f. -2. [ganado] cheptel m.

cabaret (pl cabarets) m cabaret m.

cabecear vi -1. [con la cabeza] hocher la tête. -2. [dormir] dodeliner de la tête. -3. [en fútbol] faire une tête. -4. [vehículo] bringuebaler; [barco] tanguer.

cabecera f -1. [de cama] chevet m. -2. [lugar de preferencia] place f d'honneur. -3. [de texto] tête f de chapitre; [de periódico] manchette f. -4. [de río] source f.

cabecilla mf meneur m, -euse f.

cabellera f chevelure f.

cabello m -1. [pelo] cheveu m. -2. [cabellera] cheveux mpl. ◆ **cabello de ángel** m CULIN cheveu m d'ange.

caber vi -1. [gen] rentrer, tenir; **la maleta no cabe en el armario** la valise ne rentre pas dans l'armoire; **detrás caben tres** on tient à trois derrière; **no cabe nadie más** il n'y a plus de place. -2. [ser bastante ancho] aller; **no me caben los pantalones** ce pantalon est trop petit pour moi. -3. [ser posible]: **cabe la posibilidad de que...** il est possible que...; **cabe preguntarse si...** on peut se demander si... -4. MAT: **diez entre dos caben a cinco** dix divisé par deux égale cinq. -5. loc: **dentro de lo que cabe** [dentro de lo posible] autant que possible; [después de todo] l'un dans l'autre.

cabestrillo ◆ **en cabestrillo** loc adj en écharpe.

cabestro m -1. [cuerda] licou m. -2. [animal] sonnailler m.

cabeza f -1. [gen] tête f; **actuar con ~** agir avec discernement; **a la** ○ **en ~** à la ○ en tête; **de ~** – la tête la première; **tirarse de ~ (a)** plonger (dans); **~ lectora** tête de lecture. -2. [jefe] chef m; **~ de familia** chef de famille. -3. [ciudad] ville f principale; [de distrito] chef-lieu m. -4. loc: **alzar** ○ **levantar ~** s'en sortir; **andar** ○ **estar mal de la ~** ne pas tourner rond; **sentar la ~** se ranger; **se le subió a la ~** ça lui est monté à la tête; **traer de ~** rendre fou(folle) ○ malade. ◆ **cabeza de ajo** f tête f d'ail. ◆ **cabeza de turco** f tête f de Turc.

cabezada f -1. [de sueño] dodeLinement m; **dar ~s** dodeliner de la tête. -2. [de cortesía] signe m de (la) tête. -3. [golpe] coup m de tête.

cabezal m -1. [de aparato] tête f de lecture. -2. [almohada] traversin m.

cabezón, ona ◇ adj -1. [de cabeza grande] qui a une grosse tête. -2. [terco] têtu(e). ◇ m, f [terco] entêté m, -e f.

cabezota ◇ adj fam têtu(e) comme une mule. ◇ mf tête f de mule.

cabezudo, da adj & m, f cabochard(e). ◆ **cabezudo** m déguisement de carnaval en forme de tête gigantesque.

cabida f [de depósito] contenance f; [de teatro etc] capacité f d'accueil.

cabina f cabine f; [en piscina] cabine f de bain; **~ telefónica** cabine téléphonique.

cabinera f Amer hôtesse f de l'air.

cabizbajo, ja adj tête basse; **miraba el suelo, ~** il regardait par terre, la tête basse.

cable m câble m; **echar un ~** fam filer un coup de main.

cabo m -1. GEOGR cap m. -2. NÁUT cordage m. -3. MIL ≃ brigadier m; [de escuadra] ≃ caporal m. -4. [trozo, punta] bout m; [de lápiz] pointe f. -5. loc: **atar ~s** faire des recoupements; **llevar algo a ~** mener qqch à bien, réaliser qqch. ◆ **al cabo de** loc prep au bout de. ◆ **cabo suelto** m [laguna] point m d'interrogation; **no dejar ningún ~ suelto** ne rien laisser au hasard.

cabra f chèvre f; **estar como una ~** fam [chiflado] être complètement taré(e); [nervioso] être excité(e) comme une puce.

cabrales m inv fromage bleu des Asturies au goût très fort.

cabré → caber.

cabrear vt mfam emmerder. ◆ **cabrearse** vp mfam se foutre en rogne.

cabreo *m* *mfam* rogne *f*; [gritando] gueu-lante *f*.

cabría → caber.

cabriola *f* **-1.** [de caballo] : **lanzar una ~** caracoler. **-2.** [de niño] cabriole *f*.

cabrita *f* *Amer* pop-corn *m*.

cabrito *m* **-1.** [animal] chevreau *m*. **-2.** *mfam* [cabrón] petite ordure *f*.

cabro, bra *m, f* *Amer* *fam* gamin *m*, -e *f*.

cabrón, ona *adj & m, f* *vulg* enfoiré(e). ◆ **cabrón** *m* *vulg* [cornudo] cocu *m*.

cabuya *f* *Amer* corde *f*.

caca *f* *fam* **-1.** [excremento] crotte *f*; [lenguaje infantil] caca *m* . **-2.** [cosa sucia] : **es ~** c'est crade. **-3.** *fig* [cosa mala] : **es una ~** c'est merdique.

cacahuate *m* *Amer* cacahouète *f*.

cacahuete *m* **-1.** [fruto] cacahouète *f*. **-2.** [planta] arachide *f*.

cacao *m* **-1.** [gen] cacao *m*. **-2.** [árbol] cacaoyer *m*. **-3.** *fam* [follón] pagaille *f*; **tener un ~ mental** s'emmêler les pinceaux.

cacarear ◇ *vt* *fam* [pregonar] crier sur les toits. ◇ *vi* [gallina] caqueter, glousser.

cacatúa *f* **-1.** [ave] cacatoès *m*. **-2.** *fam* [mujer vieja] vieille sorcière *f*.

cacería *f* partie *f* de chasse.

cacerola *f* fait-tout *m* *inv*.

cacha *f* *fam* [muslo] cuisse *f*. ◆ **cachas** *adj* *inv & m inv* *fam* [persona fuerte] : **está ~s** il est baraqué.

cachalote *m* cachalot *m*.

cacharrazo *m* [golpe ruidoso] : **dar ~s** taper comme une brute; **pegarse un ~** *fam* se faire un gnon.

cacharro *m* **-1.** [recipiente] pot *m*; [de cocina] ustensile *m*; **fregar los ~s** faire la vaisselle. **-2.** *fam* [trasto] truc *m*. **-3.** [coche] guimbarde *f*.

cachaza *f* : **tener ~** *fam* être cool.

cachear *vt* fouiller *(une personne)*.

cachemir *m* , **cachemira** *f* cachemire *m*.

cacheo *m* fouille *f*.

cachet *(pl* **cachets***) m* **-1.** [distinción] style *m*. **-2.** [cotización de artista] cachet *m*.

cachetada *f* *Amer* *fam* baffe *f*.

cachete *m* **-1.** [moflete] joue *f*. **-2.** [bofetada] gifle *f*; **dar un ~** donner une gifle.

cachirulo *m* **-1.** *fam* [chisme] bidule *m*. **-2.** [de licor etc] flacon *m*. **-3.** [pañuelo] *fou-lard du costume traditionnel aragonais que les hommes se mettent sur la tête.*

cachivache *m* *fam* truc *m*.

cacho *m* **-1.** *fam* [pedazo] bout *m* . **-2.** *Amer* [asta] corne *f*.

cachondearse *vp* *fam* se marrer; **~ de se** foutre de.

cachondeo *m* *fam* [cosa poco seria] rigolade *f*.

cachondo, da *fam* ◇ *adj* **-1.** [divertido] marrant(e). **-2.** [salido] excité(e). ◇ *m, f* rigolo *m*, -ote *f (qui fait rire)* .

cachorro, rra *m, f* **-1.** [de perro] chiot *m*. **-2.** [de mamífero] petit *m*.

cacique *m* **-1.** [en política] personnage *m* influent. **-2.** *fig & despec* [déspota] tyran *m*. **-3.** [jefe indio] cacique *m*.

caco *m* *fam* voleur *m*.

cacto *m*, **cactus** *m* cactus *m*.

cada *adj* *inv* **-1.** [gen] chaque; **a ~ rato** à chaque instant; **~ cual** chacun; **~ uno (de)** chacun (de); **una de ~ diez personas** une personne sur dix. **-2.** [con regularidad] tous les, toutes les; **~ dos días** tous les deux jours. **-3.** [valor progresivo] : **~ vez** o **día más** de plus en plus; **~ vez más largo** de plus en plus long. **-4.** [valor enfático] : **¡se pone ~ sombrero!** elle met de ces chapeaux!

cadáver *m* cadavre *m* .

cadavérico, ca *adj* cadavérique.

cadena *f* **-1.** [gen] chaîne *f*; **en ~** en chaîne; [trabajo] à la chaîne; **~ de montaje** ECON chaîne de montage. **-2.** [de inodoro] chasse *f* (d'eau). **-3.** [emisora de radio] station *f* . **-4.** [sucesión] enchaînement *m* . ◆ **cadenas** *fpl* AUTOM chaînes *fpl*. ◆ **cadena perpetua** *f* : **a ~ perpetua** à perpétuité.

cadencia *f* cadence *f*.

cadera *f* hanche *f*.

cadete *m* MIL cadet *m*.

Cádiz Cadix.

caducar *vi* **-1.** [carnet, pasaporte, ley] expirer. **-2.** [alimento, medicamento] être périmé(e).

caducidad *f* **-1.** [de carnet, pasaporte, ley] expiration *f*. **-2.** [de alimento, medicamento] → **fecha**.

caduco, ca *adj* **-1.** [gen] périmé(e); [persona] décati(e). **-2.** [fama, belleza] éphémère. **-3.** [ley & BOT] caduc(caduque).

caer *vi* **-1.** [gen] tomber; **~ en domingo** tomber un dimanche. **-2.** [entender] saisir; **¿no caes?** tu ne vois pas? **-3.** *fig* [recordar] : **~ en algo** se rappeler qqch; **¡ya caigo!** j'y suis! **-4.** *fig* [aparecer] : **dejarse ~ por casa de alguien** passer chez qqn.

-5. *fig* [sentar] : **su cumplido me cayó bien** son compliment m'a fait plaisir; **el comentario le cayó mal** la remarque ne lui a pas plu; **me cae bien** je l'aime bien; **me cae mal, no me cae bien** je ne l'aime pas, il ne me revient pas. **-6.** *fig* [estar situado] se trouver; ~ **lejos** être loin. **-7.** *loc* : ~ **bajo** tomber bien bas; **estar al** ~ [persona] être sur le point d'arriver; [noche] être sur le point de tomber. ◆ **caerse** *vp* tomber; ~**se de** [procedencia] tomber de; [manera] tomber sur; ~**se del árbol** tomber de l'arbre; ~**se de lado** tomber sur le côté; ~**se de espaldas** tomber à la renverse.

café ◇ *m* **-1.** [gen] café *m*; ~ **con leche** café au lait; ~ **descafeinado** café décaféiné; ~ **instantáneo** ○ **soluble** café instantané ○ soluble; ~ **solo** café noir. **-2.** [planta] caféier *m*. ◇ *adj inv* [color] couleur café.

cafeína *f* caféine *f*.

cafetera *f* → cafetero.

cafetería *f* snack-bar *m*.

cafetero, ra *adj* **-1.** [país] producteur(trice) de café. **-2.** [aficionado] amateur de café. ◆ **cafetera** *f* **-1.** [aparato] cafetière *f*. **-2.** *fam* [aparato viejo] vieux machin *m*; [coche] guimbarde *f*.

cafiche *m Amer fam* maquereau *m*.

cafre ◇ *adj* grossier(ère). ◇ *mf* grossier personnage *m*.

cagada *f* → cagado.

cagado, da *m, f vulg* [cobarde] trouillard *m*, -e *f*. ◆ **cagada** *f vulg* **-1.** [equivocación] connerie *f*. **-2.** [excremento] merde *f*; [de mosca] chiure *f*.

cagar *vulg* ◇ *vi* [defecar] chier. ◇ *vt* [estropear] foutre en l'air; **la has cagado** *fig* tu t'es foutu dedans. ◆ **cagarse** *vp vulg* **-1.** [defecar] chier dans sa culotte. **-2.** *fig* [insultar] **me cago en tu madre!** putain de ta mère! **-3.** [acobardarse] chier dans son froc.

caído, da *adj fig* [decaído – persona] abattu(e); [moral] bas(basse). ◆ **caído** *m (gen pl)* : **los** ~**s** les morts *(pour la patrie)*. ◆ **caída** *f* **-1.** [gen] chute *f*. **-2.** [de precios, paro etc] baisse *f*. **-3.** [de la noche] tombée *f*. **-4.** [de terreno] pente *f*.

caimán *m* **-1.** [animal] caïman *m*. **-2.** *fig* [persona] vieux renard *m*.

caja *f* **-1.** [gen] boîte *f*; ~ **de herramientas** boîte à outils. **-2.** [para transporte, de dinero] caisse *f*; ~ **de ahorros** caisse d'épargne; ~ **registradora** caisse enregis-

treuse. **-3.** [de mecanismos] boîtier *m* . **-4.** [de muerto] cercueil *m*. **-5.** [de dinero] coffre *m*; ~ **fuerte** ○ **de caudales** coffre-fort *m*. **-6.** [hueco – de escalera, ascensor] cage *f*; [– de chimenea] conduit *m*; ~ **torácica** cage thoracique. **-7.** *MÚS* caisse *f* de résonance. ◆ **caja de música** *f* boîte *f* à musique. ◆ **caja negra** *f* boîte *f* noire.

cajero, ra *m, f* caissier *m*, -ère *f*. ◆ **cajero** *m* : ~ **(automático)** distributeur *m* (automatique de billets).

cajetilla *f* [de cerillas] boîte *f*; [de cigarrillos] paquet *m*.

cajón *m* **-1.** [compartimento] tiroir *m*. **-2.** [recipiente] caisse *f*. ◆ **cajón de sastre** *m* fourre-tout *m*.

cajuela *f Amer AUTOM* coffre *m*.

cal *f* chaux *f*.

cala *f* **-1.** [bahía pequeña] crique *f*. **-2.** [del barco] cale *f*. **-3.** [de fruta] morceau *m* (pour goûter). **-4.** [planta, flor] arum *m*.

calabacín *m* courgette *f*.

calabaza *f* courge *f*; [grande] potiron *m*, citrouille *f*; [planta, recipiente] calebasse *f*; **dar** ~**s a alguien** *fam fig* [pretendiente] envoyer promener qqn; [en un examen] recaler qqn; **recibir** ~**s** *fam fig* [en un examen] se faire recaler; [suj : pretendiente] se faire jeter.

calabozo *m* cachot *m*; [en comisaría] dépôt *m*.

calada *f* → calado.

calado, da *adj* trempé(e). ◆ **calado** *m* **-1.** *NÁUT* [de barco] **tirant** *m* d'eau; [de puerto] profondeur *f*. **-2.** [bordado] broderie *f* ajourée. ◆ **calada** *f* **-1.** [inmersión] trempage *m*. **-2.** [de cigarrillo] bouffée *f*.

calamar *m* calmar *m*, calamar *m*.

calambre *m* **-1.** [descarga eléctrica] décharge *f* électrique. **-2.** [contracción muscular] crampe *f*.

calamidad *f* [desgracia] calamité *f*; **es una** ~ c'est une catastrophe. ◆ **calamidades** *fpl* malheurs *mpl*.

calamitoso, sa *adj* désastreux(euse).

calaña *f despec* : **de esa** ~ de cet acabit.

calar ◇ *vt* **-1.** [empapar] transpercer, passer au travers de. **-2.** *fig* [persona] percer à jour. **-3.** [tela] ajourer. **-4.** [gorro, sombrero] enfoncer. **-5.** [fruta] entamer. **-6.** [pared, tabla] percer, perforer. ◇ *vi* **-1.** *NÁUT* avoir un tirant d'eau. **-2.** *fig* [ideas, palabras] : ~ **en** avoir un impact sur. **-3.** *fig* [en el conocimiento] : ~ **en lo más hondo** aller au fond des choses. ◆ **ca-**

larse *vp* **-1.** [persona etc] se faire tremper. **-2.** [motor] caler.

calavera ◇ *f* tête *f* de mort. ◇ *m fig* tête *f* brûlée.

calaveras *fpl Amer* AUTOM feux *mpl* arrière.

calcar *vt* **-1.** [dibujo] décalquer; [original] calquer. **-2.** *fig* [imitar – movimientos] reproduire; [– escena] reprendre.

calceta *f* bas *m* (de laine); **hacer ~** tricoter.

calcetín *m* chaussette *f*.

calcificarse *vp* se calcifier.

calcinar *vt* calciner.

calcio *m* calcium *m*.

calco *m lit & fig* calque *m*; **ser un ~ de** être calqué(e) sur.

calcomanía *f* décalcomanie *f*.

calculador, ra *adj lit & fig* calculateur(trice). ◆ **calculadora** *f* calculatrice *f*.

calcular *vt* **-1.** [cantidades] calculer. **-2.** [suponer] : **le calculo sesenta años** je lui donne soixante ans.

cálculo *m* MAT & MED calcul *m*.

caldear *vt* chauffer; [ánimos] échauffer.

caldera *f* **-1.** [recipiente] fait-tout *m inv*. **-2.** [máquina] chaudière *f*.

calderilla *f* petite monnaie *f*.

caldero *m* chaudron *m*.

caldo *m* **-1.** [sopa] bouillon *m*. **-2.** *(gen pl)* [vino, aceite] cru *m*.

calefacción *f* chauffage *m*; **~ central** chauffage central.

calefactor *m* radiateur *m*.

calendario *m* calendrier *m*; **~ de trabajo** planning *m*; **~ escolar** calendrier scolaire; **~ laboral** année *f* de travail.

calentador, ra *adj* chauffant(e). ◆ **calentador** *m* [de agua] chauffe-eau *m inv*; [media] guêtre *f*.

calentar *vt* **-1.** [comida] faire chauffer; **~ agua** faire chauffer de l'eau. **-2.** *fig* [público etc] chauffer. **-3.** *fig* [pegar] frapper. ◆ **calentarse** *vp* **-1.** [suj : persona] se réchauffer; [suj : comida] chauffer. **-2.** [suj : ánimos, deportista] s'échauffer. **-3.** *mfam fig* [sexualmente] bander.

calentura *f* **-1.** [fiebre] température *f*. **-2.** **tener ~** avoir de la fièvre; [pústula] bouton *m* de fièvre.

calenturiento, ta *adj* **-1.** [con fiebre] fiévreux(euse). **-2.** *fig* [febril] : **una mente calenturienta** une âme exaltée; **una imaginación calenturienta** une imagination débridée.

calesitas *fpl Amer* manège *m* (de chevaux de bois).

calibrado *m*, **calibración** *f* calibrage *m*.

calibrar *vt* **-1.** [medir, dar calibre] calibrer. **-2.** *fig* [juzgar] mesurer.

calibre *m* **-1.** [diámetro, instrumento] calibre *m*; [de alambre] jauge *f*. **-2.** *fig* [tamaño, importancia] taille *f*, importance *f*; **de mucho ~** de taille.

calidad *f* qualité *f*; **la ~ humana** les qualités humaines; **de ~** de qualité; **en ~ de** en qualité de, en tant que.

cálido, da *adj* **-1.** [temperatura, colores] chaud(e). **-2.** [afectuoso] chaleureux(euse).

caliente *adj* **-1.** [gen] chaud(e); **en ~** *fig* à chaud. **-2.** *fig* [acalorado] passionné(e). **-3.** *mfam* [excitado] : **ponerse ~** bander.

calificación *f* **-1.** [atributo] qualification *f*. **-2.** EDUC note *f*.

calificar *vt* **-1.** [gen] qualifier. **-2.** EDUC noter.

calificativo, va *adj* qualificatif(ive). ◆ **calificativo** *m* qualificatif *m*.

caligrafía *f* **-1.** [arte] calligraphie *f*. **-2.** [rasgos] écriture *f*.

cáliz *m* calice *m*.

calizo, za *adj* calcaire. ◆ **caliza** *f* calcaire *m*.

callado, da *adj* **-1.** [que no habla] réservé(e). **-2.** [en silencio] silencieux(euse).

callar ◇ *vi* se taire. ◇ *vt* [ocultar] taire, passer sous silence; [secreto] garder. ◆ **callarse** *vp* se taire.

calle *f* **-1.** [gen] rue *f*; **~ peatonal** rue piétonnière ○ piétonne. **-2.** DEP couloir *m*. **-3.** *loc* : **dejar a alguien en la ~**, **echar a alguien a la ~** mettre qqn sur le pavé, mettre qqn à la porte.

callejear *vi* flâner.

callejero, ra *adj* **-1.** [escena etc] de la rue; [venta] ambulant(e); **un perro ~** un chien errant. **-2.** [persona] : **es muy callejera** elle est tout le temps dehors. ◆ **callejero** *m* [guía] répertoire *m* des rues.

callejón *m* ruelle *f*; **~ sin salida** *lit & fig* impasse *f*.

callejuela *f* ruelle *f*.

callista *mf* pédicure *mf*.

callo *m* **-1.** [dureza] durillon *m*; [en el pie] cor *m*. **-2.** *fam fig* [persona fea] : **es un ~** il est laid comme un pou. ◆ **callos** *mpl* CULIN tripes *fpl*.

calma *f* calme *m*; **estar en ~** être calme.

calmante ◇ adj calmant(e). ◇ m calmant m.

calmar vt calmer. ◆ **calmarse** vp se calmer.

caló m parler gitan repris dans la langue familière.

calor m chaleur f; **entrar en** ~ [persona] se réchauffer; [deportista] s'échauffer; **tener** ~ avoir chaud.

caloría f calorie f.

calote m Amer escroquerie f.

calumnia f calomnie f.

calumniar vt calomnier.

calumnioso, sa adj calomnieux(euse).

caluroso, sa adj -1. [con calor] chaud(e). -2. fig [afectuoso] chaleureux(euse).

calva f → calvo.

calvario m -1. [vía crucis] chemin m de croix. -2. fig [sufrimiento] calvaire m.

calvicie f calvitie f.

calvo, va adj & m, f chauve. ◆ **calva** f crâne m dégarni.

calzada f chaussée f.

calzado, da adj -1. [con zapatos] chaussé(e). -2. [ave] pattu(e). -3. [cuadrúpedo] balzan(e). ◆ **calzado** m chaussure f.

calzador m chausse-pied m inv.

calzar vt -1. [gen] chausser; [guantes] mettre. -[llevar un calzado] porter; **¿qué número calza?** quelle est votre pointure? -3. [poner cuña a] caler. ◆ **calzarse** vp se chausser; ~**se unas sandalias** mettre des sandales.

calzo m [cuña] cale f.

calzón m (gen pl) -1. desus [pantalón] culotte f. -2. Amer [calzoncillos] slip m.

calzonarias fpl Amer dessous mpl, lingerie f féminine.

calzoncillos mpl [slip] slip m; [short] caleçon m.

calzones mpl Amer slip m.

cama f lit m; **estar en** ○ **guardar** ~ rester au lit, garder le lit; **hacer la** ~ faire son lit; ~ **nido** lit gigogne.

camada f [crías] portée f.

camafeo m camée m.

camaleón m lit & fig caméléon m.

cámara ◇ f -1. [gen & TECNOL] chambre f; ~ **de gas** chambre à gaz; ~ **frigorífica** chambre froide. -2. CIN & TV caméra f; **a** ~ **lenta** au ralenti. -3. FOT : ~ **(fotográfica)** appareil m photo. -4. [de barco] carré m (des officiers). -5. [de balón, neumático]

chambre f à air. ◇ mf [persona] cameraman m.

camarada mf camarade mf.

camaradería f camaraderie f.

camarero, ra m, f -1. [de bar, restaurante] serveur m, -euse f, garçon m; [de hotel] garçon m d'étage, femme f de chambre. -2. [de rey etc] chambellan m, dame f d'honneur.

camarilla f bande f (groupe).

camarón m crevette f.

camarote m cabine f.

cambalache m Amer [chamarileo] brocante f.

cambiante adj changeant(e).

cambiar ◇ vt changer; ~ **algo (por)** échanger qqch (contre). ◇ vi -1. [gen] : ~ **(de)** changer (de); ~ **de parecer** changer d'avis; ~ **de casa** déménager. -2. AUTOM : ~ **(de velocidades)** changer de vitesse. ◆ **cambiarse** vp [de ropa] se changer; ~**se de zapatos** changer de chaussures; ~**se de casa** déménager.

cambio m -1. [variación] changement m; **a las primeras de** ~ fig tout d'un coup. -2. [trueque] échange m; **a** ~ en échange. -3. [suelto, dinero devuelto] monnaie f. -4. [de acciones, divisas] change m. -5. AUTOM : ~ **(de marchas** ○ **velocidades)** changement m de vitesse. ◆ **en cambio** loc adv -1. [por otra parte] en revanche (lenguaje escrito), par contre (lenguaje hablado). -2. [en su lugar] à la place, en échange. ◆ **cambio de rasante** m sommet m de côte. ◆ **libre cambio** m libre-échange m.

cambista mf cambiste mf.

cambujo, ja adj Amer métis(isse) (d'Indien et de Noir).

camelar vt fam embobiner.

camelia f camélia m.

camello, lla m, f [animal] chameau m, chamelle f. ◆ **camello** m mfam [traficante] dealer m.

camellón m Amer terre-plein m central.

camelo m fam baratin m.

camerino m TEATR loge f.

camilla ◇ f [de ambulancia etc] brancard m. ◇ adj → mesa.

camillero, ra m, f brancardier m.

caminante mf marcheur m, -euse f.

caminar ◇ vi -1. [gen] marcher. -2. fig [ir] : ~ **(hacia)** aller (au-devant de); ~ **hacia su ruina** courir à sa perte. ◇ vt [una distancia] parcourir.

caminata f trotte f.

camino m -1. [gen] chemin m; **de** ~ en chemin; **nos pilla de** ~ c'est sur le chemin; **abrirse alguien** ~ fig faire son chemin; **quedarse alguien a medio** ~ fig s'arrêter en chemin. -2. [viaje] route f.

camión m -1. [gen] camion m; ~ **cisterna** camion-citerne m. -2. Amer [bus] bus m.

camionero, ra m, f camionneur m, routier m.

camioneta f camionnette f.

camisa f -1. [prenda] chemise f. -2. TECNOL manchon m. -3. ZOOL mue f. -4. BOT peau f. -5. loc : **se mete en** ~ **de once varas** il se mêle de ce qui ne le regarde pas; **mudar** o **cambiar de** ~ retourner sa veste. ◆ **camisa de fuerza** f camisole f de force.

camiseta f -1. [ropa interior] tricot m de corps. -2. [de verano] tee-shirt m. -3. [de deporte] maillot m.

camisola f -1. [camisón] nuisette f. -2. Amer [prenda femenina] chemise f; [camisón] chemise f de nuit.

camisón m chemise f de nuit.

camorra f bagarre f; **buscar** ~ chercher la bagarre.

campal adj → batalla.

campamento m -1. [lugar] campement m. -2. [personas] troupe f.

campana f -1. cloche f; [de chimenea] hotte f; **doblar las** ~s sonner les cloches; [en entierro] sonner le glas; ~ **extractora de humos** hotte f aspirante. -2. loc : **oír** ~**s y no saber dónde** ne comprendre qu'à moitié.

campanada f -1. [de campana, reloj] sonnerie f. -2. fig [suceso] : **la** ~ **del siglo** l'événement m du siècle; **ser la** ~ faire sensation.

campanario m clocher m.

campanilla f [instrumento, flor] clochette f; [de puerta] sonnette f.

campanilleo m tintement m.

campante adj -1. fam [tranquilo] cool; **estar** o **quedarse tan** ~ fig ne pas s'en faire. -2. [contento] fier(fière).

campaña f campagne f (électorale, publicitaire) .

campechano, na adj fam **es un hombre** ~ c'est un chic type.

campeón, ona m, f champion m, -onne f.

campeonato m championnat m; **de** ~ fam fig d'enfer.

campero, ra adj de campagne. ◆ **campera** f -1. (gen pl) [bota] ≃ camarguaise f. -2. Amer [chaqueta] blouson m.

campesino, na adj & m, f paysan(anne).

campestre adj champêtre.

camping m camping m.

campito m Amer propriété f à la campagne.

campo m -1. [gen] champ m; ~ **de batalla/de tiro** champ de bataille/de tir; **dejar el** ~ **libre** fig laisser le champ libre. -2. [campiña] campagne f. -3. DEP & AERON terrain m; [de tenis] court m. -4. fig [ámbito] domaine m. ◆ **campo de concentración** m camp m de concentration. ◆ **campo de trabajo** m [de vacaciones] chantier m de jeunesse; [para prisioneros] camp m de travail. ◆ **campo visual** m champ m visuel.

Campsa (abrev de **Compañía Arrendataria del Monopolio de Petróleos, SA**) f compagnie pétrolière espagnole semi-publique.

campus m campus m.

camuflaje m camouflage m.

camuflar vt camoufler.

cana f → cano.

Canadá (el) ~ (le) Canada.

canadiense ◇ adj canadien(enne). ◇ mf Canadien m, -enne f.

canal ◇ m -1. [gen, GEOGR & ANAT] canal m. -2. [res] carcasse f. -3. RADIO & TV chaîne f. -4. [de agua, gas] conduite f. ◇ m o f [de tejado] gouttière f.

canalé m côtes fpl (d'un tricot).

canalizar vt lit & fig canaliser.

canalla mf canaille f.

canalón m -1. [de tejado] gouttière f. -2. CULIN = **canelón**.

canapé m canapé m.

Canarias fpl (las) ~ (les) Canaries fpl.

canario, ria ◇ adj canarien(enne). ◇ m, f Canarien m, -enne f. ◆ **canario** m [pájaro] canari m.

canasta f -1. [de mimbre] corbeille f. -2. [juego de naipes] canasta f. -3. DEP panier m.

canastilla f -1. [de costura, pan] corbeille f. -2. [de bebé] layette f.

canasto m grande corbeille f.

cancela f grille f.

cancelación f annulation f.

cancelar vt -1. [gen] annuler; [contrato, suscripción] résilier. -2. [deuda] solder; [hipoteca] lever.

cáncer *m* MED & *fig* cancer *m*. ◆ **Cáncer** ◇ *m inv* [zodiaco] Cancer *m inv* . ◇ *mf inv* [persona] cancer *m inv*.

cancerígeno, na *adj* cancérigène.

canceroso, sa *adj & m, f* cancéreux(euse).

cancha *f* [de fútbol, golf] terrain *m*; [de tenis] court *m*.

canciller *m* **-1.** [de gobierno, embajada] chancelier *m*. **-2.** [de asuntos exteriores] ministre *m* des Affaires étrangères.

canción *f* chanson *f*; ~ **de cuna** berceuse *f*.

cancionero *m* [de canciones] recueil *m* de chansons; [de poesías] recueil *m* de poésies.

candado *m* cadenas *m*.

candela *f* **-1.** [vela] chandelle *f*. **-2.** *fam fig* [lumbre] : **dar** ~ donner du feu.

candelabro *m* candélabre *m*.

candelero *m* chandelier *m*; **estar en el** ~ *fig* être très en vue.

candente *adj* **-1.** [incandescente] incandescent(e). **-2.** *fig* [tema] brûlant(e).

candidato, ta *m, f* candidat *m*, -e *f*.

candidatura *f* **-1.** [para un cargo] candidature *f*. **-2.** [lista] liste *f* (*de candidats*).

candidez *f* candeur *f*.

cándido, da *adj* candide.

candil *m* **-1.** [gen] lampe *f* à huile. **-2.** *Amer* [araña] lustre *m*.

candilejas *fpl* **-1.** TEATR feux *mpl* de la rampe. **-2.** *fig* théâtre *m*.

canelo, la *adj* cannelle (*inv*). ◆ **canela** *f* cannelle *f*.

canelón, canalón *m* CULIN cannelloni *m*.

cangrejo *m* crabe *m*.

canguro ◇ *m* [animal] kangourou *m*. ◇ *mf fam* [persona] baby-sitter *mf*; **hacer de** ~ faire du baby-sitting.

caníbal *adj & mf* cannibale.

canibalismo *m* cannibalisme *m*.

canica *f* [pieza] bille *f*. ◆ **canicas** *fpl* [juego] billes *fpl*.

caniche *m* caniche *m*.

canícula *f* canicule *f*.

canijo, ja *despec* ◇ *adj* rachitique. ◇ *m, f* nabot *m*, -e *f*.

canilla *f* **-1.** ANAT tibia *m*. **-2.** [bobina] cannette *f*. **-3.** *Amer* [grifo] robinet *m*. **-4.** *Amer fam* [pierna] canne *f*.

canillita *m Amer* crieur *m* de journaux.

canino, na *adj* canin(e). ◆ **canino** *m* [diente] canine *f*.

canjear *vt* échanger.

cano, na *adj* [pelo, barba] blanc(blanche). ◆ **cana** *f* cheveu *m* blanc.

canoa *f* canot *m*; [de deporte] canoë *m*.

canódromo *m* cynodrome *m*.

canon *m* **-1.** [norma & MÚS] canon *m*. **-2.** [modelo] idéal *m*. **-3.** [impuesto] redevance *f*.

canónigo *m* chanoine *m*.

canonizar *vt* RELIG canoniser.

canoso, sa *adj* grisonnant(e).

cansado, da *adj* **-1.** [gen] fatigué(e); **estar** ~ **de algo** *fig* être fatigué de qqch. **-2.** [pesado, cargante] fatigant(e).

cansador, ra *adj Amer* ennuyeux(euse).

cansancio *m* fatigue *f*.

cansar *vt & vi* fatiguer. ◆ **cansarse** *vp* **-1.** [agotarse] : ~**se (de)** se fatiguer (de). **-2.** *fig* [hartarse] : ~**se (de algo/de hacer algo)** se lasser de qqch/de faire qqch.

Cantabria Cantabrique.

cantábrico, ca *adj* cantabrique. ◆ **Cantábrico** *m* : **el Cantábrico** le golfe de Gascogne.

cántabro, bra ◇ *adj* cantabre. ◇ *m, f* Cantabre *mf*.

cantaleta *f Amer* rengaine *f*.

cantamañanas *mf inv* baratineur *m*, -euse *f*.

cantante *adj & mf* chanteur(euse).

cantaor, ra *m, f* chanteur *m*, -euse *f* de flamenco.

cantar ◇ *vt* **-1.** [canción] chanter. **-2.** [bingo, el gordo] annoncer; [horas] sonner. ◇ *vi* **-1.** [gen] chanter. **-2.** *fam fig* [confesar] cracher le morceau. **-3.** *fam fig* [apestar] puer. ◇ *m culto* chant *m* .

cántaro *m* cruche *f*.

cante *m fam* [error] bourde *f* . ◆ **cante jondo** *m* chant *m* flamenco.

cantera *f* **-1.** [de piedra] carrière *f*. **-2.** *fig* [de profesionales] vivier *m*.

cantero *m Amer* plate-bande *f*.

cantidad ◇ *f* **-1.** [número, medida] quantité *f*. **-2.** [abundancia] : ~ **de** beaucoup de; **hay** ~ **de gente** il y a beaucoup de monde. **-3.** [de dinero] somme *f*. ◇ *adv fam* vachement; ~ **de bien** vachement bien.

cantilena, cantinela *f* rengaine *f*.

cantimplora *f* gourde *f*.

cantina *f* [de cuartel] popote *f*; [de estación, escuela] cafétéria *f*.

cantinela = cantilena.

canto *m* **-1.** [gen] chant *m*. **-2.** [borde – de mesa etc] arête *f*; [– de moneda, libro] tranche *f*; **de** ~ sur le côté; [libro] sur la tranche. **-3.** [de cuchillo] dos *m*. **-4.** [piedra] caillou *m*; ~ **rodado** galet *m*.

cantor, ra *adj & m, f* chanteur(euse).

canturrear, canturriar *vt & vi* chantonner.

canutas *fpl fam* **pasarlas** ~ en baver.

canuto *m* **-1.** [tubo] tube *m*. **-2.** *fam* [porro] pétard *m*.

caña *f* **-1.** [de planta, bota] tige *f*; ~ **de azúcar** canne *f* à sucre. **-2.** [de cerveza] demi *m*; **darle** ○ **meterle** ~ **a algo** *fam fig* se défoncer pour qqch. ◆ **caña (de pescar)** *f* canne *f* à pêche; **pescar con** ~ pêcher à la ligne.

cañabrava *f Amer* bambou *m*.

cáñamo *m* chanvre *m*.

cañería *f* canalisation *f*.

caño *m* tuyau *m*.

cañón *m* **-1.** [gen] canon *m*; [de chimenea] conduit *m*; [de órgano] tuyau *m*. **-2.** GEOGR cañon *m*, canyon *m*.

caoba *f* acajou *m*.

caos *m inv* chaos *m*.

caótico, ca *adj* chaotique.

cap. (*abrev de* **capítulo**) chap.

capa *f* **-1.** [manto & TAUROM] cape *f*. **-2.** [baño, estrato, grupo social] couche *f*; ~ **de ozono** couche d'ozone. **-3.** *loc* : **andar de** ~ **caída** [negocio] battre de l'aile; [persona] être dans une mauvaise passe.

capacidad *f* capacité *f*.

capacitación *f* formation *f*.

capacitar *vt* **-1.** [formar] : ~ **a alguien para algo** former qqn à qqch. **-2.** [habilitar] : ~ **a alguien para hacer algo** habiliter qqn à faire qqch.

cápar *vt* châtrer.

caparazón *m* **-1.** [concha] carapace *f*. **-2.** *fig* [coraza] : **meterse en su** ~ rentrer dans sa coquille.

capataz *m* **-1.** [de finca] chef *m* d'exploitation. **-2.** [de obra] chef *m* de chantier.

capaz *adj* : ~ **(de algo/de hacer algo)** capable (de qqch/de faire qqch).

capazo *m* cabas *m*.

capear *vt fig* **-1.** [eludir – dificultades] contourner; [– compromisos] se dérober à; [– trabajo] fuir. **-2.** [torear] *faire des passes avec la cape*.

capellán *m* aumônier *m*.

caperuza *f* capuchon *m*.

capicúa ◇ *adj inv* palindrome. ◇ *m inv* nombre *m* palindrome.

capilar *adj & m* capillaire.

capilla *f* chapelle *f*; ~ **ardiente** chapelle ardente.

cápita ◆ **per cápita** *loc adj* par personne; [renta] par habitant.

capital ◇ *adj* capital(e); **lo** ~ **es...** l'essentiel, c'est... ◇ *m* ECON capital *m* . ◇ *f* [ciudad] capitale *f*.

capitalismo *m* capitalisme *m*.

capitalista *adj & mf* capitaliste.

capitalizar *vt* **-1.** ECON capitaliser. **-2.** *fig* [sacar provecho] : ~ **algo** tirer profit de qqch.

capitán, ana *m, f* capitaine *m* .

capitanear *vt* **-1.** MIL commander. **-2.** [dirigir] mener. **-3.** [equipo deportivo] être le capitaine de.

capitanía *f* **-1.** [empleo] charge *f* de capitaine. **-2.** [oficina] bureau *m* du capitaine.

capitel *m* ARQUIT chapiteau *m*.

capitoste *mf despec* caïd *m*.

capitulación *f* capitulation *f*.

capitular *vi* capituler.

capítulo *m lit & fig* chapitre *m* .

capó, capot *m* capot *m*.

caporal *m* MIL caporal *m*.

capot = **capó**.

capota *f* AUTOM capote *f*.

capote *m* **-1.** [militar etc] capote *f*. **-2.** TAUROM cape *f*.

capricho *m* caprice *m*; **darse un** ~ se faire un petit plaisir; **por puro** ~ par pur caprice.

caprichoso, sa *adj* capricieux(euse).

Capricornio ◇ *m inv* [zodiaco] Capricorne *m inv*. ◇ *mf inv* [persona] capricorne *m inv*.

cápsula *f* **-1.** [gen] capsule *f*. **-2.** [pastilla] gélule *f*.

captar *vt* **-1.** [atraer] gagner. **-2.** [entender] saisir. **-3.** [sintonizar] capter.

captura *f* capture *f*.

capturar *vt* capturer.

capucha *f* [de impermeable etc] capuche *f*; [de bolígrafo] capuchon *m*.

capuchón *m* capuchon *m*.

capullo, lla *adj & m, f vulg* con(conne). ◆ **capullo** *m* **-1.** [de flor] bouton *m*. **-2.** [de gusano] cocon *m*. **-3.** *fam* [prepucio] gland *m*.

caqui, **kaki** ◇ *adj inv* [color] kaki *(inv)*. ◇ *m* **-1.** [planta] plaqueminier *m*. **-2.** [fruto, color] kaki *m*.

cara *f* **-1.** [rostro] visage *m*, figure *f*; ~ **a** face à face; **de** ~ [sol] dans les yeux. **-2.** [aspecto] tête *f*; **tener buena/mala** ~ avoir bonne/mauvaise mine; **tener** ~ **de enfado** avoir l'air fâché; **tiene** ~ **de ponerse a llover** on dirait qu'il va pleuvoir. **-3.** [lado, superficie, anverso de moneda] face *f*; **a** ~ **o cruz** à pile ou face. **-4.** *fam* [osadía] culot *m*; **tener (mucha)** ~, **tener la** ~ **muy dura** avoir un sacré culot. **-5.** [de edificio] façade *f*. **-6.** *loc* : **cruzar la** ~ **a alguien** gifler qqn; **de** ~ **a** en vue de; **de** ~ **al futuro** face à l'avenir; **decir algo a alguien a la** ○ **en** ~ dire qqch en face à qqn; **echar en** ~ jeter à la figure; **romper** ○ **partir la** ~ **a alguien** casser la figure à qqn; **nos veremos las** ~**s** on se retrouvera.

carabela *f* caravelle *f*.

carabina *f* **-1.** [arma] carabine *f*. **-2.** *fam fig* [mujer] chaperon *m*.

Caracas Caracas.

caracol *m* **-1.** ZOOL escargot *m*; ~ **de mar** bigorneau *m*. **-2.** [concha] coquillage *m*. **-3.** ANAT limaçon *m*. **-4.** [rizo] accroche-cœur *m*.

caracola *f* conque *f*.

carácter (*pl* **caracteres**) *m* caractère *m*; **(tener) buen/mal** ~ (avoir) bon/mauvais caractère.

característico, **ca** *adj* caractéristique. ◆ **característica** *f* caractéristique *f*.

caracterización *f* **-1.** [gen] caractérisation *f*. **-2.** [maquillaje] grimage *m*.

caracterizar *vt* **-1.** [definir] caractériser. **-2.** [representar] incarner. **-3.** [maquillar] grimer. ◆ **caracterizarse** *vp* : ~**se por** se caractériser par.

caradura *adj & mf fam* gonflé(e); **es un caradura** il est gonflé.

carajillo *m* café arrosé de rhum ou de cognac.

carajo *m fam* ¡**qué** ~! bordel!

caramba *interj* ¡~! [sorpresa] ça alors!; [enfado] zut alors!

carambola *f* [en billar] carambolage *m*. ◆ **carambolas** *interj Amer fam* : ¡~! zut!

caramelizar *vt* caraméliser.

caramelo *m* **-1.** [golosina] bonbon *m*. **-2.** [azúcar fundido] caramel *m*.

carantoñas *fpl* : **hacer** ~ faire des mamours; *fig* faire patte de velours.

cárate = **kárate**.

carátula *f* **-1.** [de libro] couverture *f*; [de disco] pochette *f*. **-2.** [careta] masque *m*.

caravana *f* **-1.** [gen] caravane *f*; [de bohemios] roulotte *f*. **-2.** [de coches] bouchon *m*. ◆ **caravanas** *fpl Amer* [pendientes] pendants *mpl* d'oreilles; [cortesía afectada] courbettes *fpl*.

caray *interj* ¡~! interj!

carbón *m* **-1.** [para quemar] charbon *m*. **-2.** [para dibujar] fusain *m*.

carboncillo *m* fusain *m*.

carbonero, **ra** *adj & m*, *f* charbonnier(ère). ◆ **carbonera** *f* **-1.** [de carbón] cave *f* à charbon. **-2.** [de leña] pile *f* de bois.

carbonilla *f* **-1.** [ceniza] escarbille *f*. **-2.** [resto de carbón] poussier *m*.

carbonizar *vt* carboniser. ◆ **carbonizarse** *vp* être carbonisé(e).

carbono *m* carbone *m*.

carburador *m* carburateur *m*.

carburante *m* carburant *m*.

carburar ◇ *vt* TECNOL carburer. ◇ *vi fam* gazer.

carca *adj & mf despec* réac.

carcajada *f* éclat *m* de rire; **reír a** ~**s** rire aux éclats.

carcajearse *vp* rire aux éclats; ~ **de** se moquer de.

carcamal *mf fam despec* vieux croulant *m*.

cárcel *f* prison *f*.

carcelero, **ra** *m*, *f* gardien *m*, -enne *f* de prison.

carcoma *f* **-1.** [insecto] ver *m* à bois. **-2.** [polvo] vermoulure *f*.

carcomer *vt* **-1.** [gen] ronger. **-2.** [salud] miner.

cardar *vt* **-1.** [lana] carder. **-2.** [pelo] crêper.

cardenal *m* **-1.** RELIG cardinal *m*. **-2.** [hematoma] bleu *m*.

cardiaco, **ca**, **cardíaco**, **ca** *adj* cardiaque.

cárdigan, **cardigán** *m* cardigan *m*.

cardinal *adj* cardinal(e).

cardiólogo, **ga** *m*, *f* cardiologue *mf*.

cardiovascular *adj* cardio-vasculaire.

cardo *m* **-1.** [planta] chardon *m*. **-2.** *fam fig* [persona] : **es un** ~ il est aimable comme une porte de prison.

carecer *vi* : ~ **de algo** manquer de qqch.

carena *f* NÁUT carénage *m*.

carencia *f* carence *f*.

carente *adj* : ~ **de** dépourvu(e).

carestía f -1. [escasez] manque m. -2. [encarecimiento] cherté f.

careta f -1. [máscara] masque m; ~ **antigás** masque à gaz. -2. fig [engaño] façade f.

carey m -1. [tortuga] caret m. -2. [material] écaille f.

carga f -1. [gen, MIL & ELECTR] charge f; **volver a la ~** fig revenir à la charge. -2. [acción] chargement m. -3. [cargamento] cargaison f; **de ~** [tren, camión] de marchandises. -4. [repuesto] recharge f.

cargado, da adj -1. [gen] chargé(e). -2. [bebida alcohólica] tassé(e); **un café ~** un café serré. -3. [tiempo, atmósfera] lourd(e); **un cielo ~** un ciel couvert; **¡qué habitación más cargada!** on étouffe dans cette pièce!

cargador, ra adj chargeur(euse). ◆ **cargador** m -1. [de arma] chargeur m. -2. [persona] débardeur m.

cargamento m chargement m, cargaison f.

cargante adj fam fig assommant(e).

cargar ◇ vt -1. [gen, MIL & ELECTR] charger. -2. [pluma, mechero] recharger. -3. fig [responsabilidad, tarea] repasser. -4. fam fig [molestar] assommer. -5. [suj : humo] : **~ la cabeza** donner mal à la tête; **~ el ambiente** enfumer l'atmosphère. -6. [importe, factura, deuda] faire payer; [precio] faire monter. -7. [anotar] : **~ algo en cuenta** porter qqch sur un compte. ◇ vi -1. [recaer] : **~ algo sobre alguien** faire retomber qqch sur qqn. -2. **~ con** [paquete] porter; [costes] prendre à sa charge; fig [responsabilidad, culpa] assumer; fig [consecuencias] accepter. ◆ **cargarse** vp -1. fam [romper] bousiller. -2. fam [suspender] recaler. -3. fam [matar] dégommer. -4. [por el humo] : **se me carga el pecho** j'ai les poumons tout encrassés. -5. loc : **¡te la vas a ~!** fam tu vas voir ce que tu vas voir!

cargo m -1. [gen & DR] charge f; **correr a ~ de** être à la charge de; **hacerse ~ de** [ocuparse de] se charger de; [asumir el control de] prendre en charge; [comprender] se rendre compte de. -2. [empleo] poste m. -3. ECON débit m.

cargosear vt Amer agacer.

cargoso, sa adj Amer agaçant(e).

carguero m cargo m.

Caribe m : **el ~** la mer des Caraïbes.

caricatura f caricature f.

caricaturizar, caricaturar vt caricaturer.

caricia f lit & fig caresse f.

caridad f charité f.

caries f inv carie f.

carillón m carillon m.

cariño m -1. [afecto] affection f, tendresse f; **tomar ~ a alguien** prendre qqn en affection. -2. [cuidado] soin m. -3. [apelativo] chéri m, -e f.

cariñoso, sa adj affectueux(euse).

carisma m charisme m.

carismático, ca adj charismatique.

Cáritas f Caritas Internationalis (œuvre de charité).

caritativo, va adj [persona] charitable; [asociación] caritatif(ive).

cariz m (sin pl) [de asunto, acontecimiento] tournure f.

carlista adj & mf carliste.

carmesí (pl **carmesíes**) ◇ adj cramoisi(e). ◇ m rouge m cramoisi.

carmín ◇ adj [color] carmin (inv). ◇ m -1. [color] carmin m. -2. [lápiz de labios] rouge m à lèvres.

carnada f lit & fig appât m.

carnal adj -1. [de la carne] charnel(elle). -2. [tío, sobrino] au premier degré; [primo] germain(e).

carnaval m carnaval m.

carnaza f lit & fig appât m.

carne f -1. [de persona, fruta] chair f; **en ~ viva** à vif; **ser alguien de ~ y hueso** fig être qqn d'humain. -2. [alimento] viande f; **~ de cerdo/de cordero/de ternera** viande de porc/d'agneau/de veau; **~ picada** viande hachée. ◆ **carne de gallina** f chair f de poule.

carné (pl **carnés**), **carnet** (pl **carnets**) m -1. [documento] carte f; **~ de conducir** permis m de conduire; **~ de identidad** carte d'identité. -2. [agenda] agenda m.

carnicería f -1. [tienda] boucherie f. -2. fig [destrozo, masacre] carnage m.

carnicero, ra ◇ adj [animal] carnassier(ère). ◇ m, f lit & fig [persona] boucher m, -ère f.

cárnico, ca adj [industria] de la viande; [producto] de boucherie.

carnívoro, ra adj carnivore. ◆ **carnívoro** m carnivore m.

carnoso, sa adj charnu(e).

caro, ra adj cher(chère). ◆ **caro** adv : **costar/vender ~** coûter/vendre cher; **esta tienda vende ~** ce magasin est cher.

carozo m Amer noyau m (de fruit).

carpa f -1. [pez] carpe f. -2. [de circo] chapiteau m; [para fiestas etc] tente f.

carpeta f chemise f (de bureau).

carpintería f [de muebles] menuiserie f; [de tejado] charpenterie f.

carpintero, ra m, f [de muebles] menuisier m; [de tejado] charpentier m.

carraca f -1. [instrumento] crécelle f. -2. fig [cosa vieja] épave f.

carraspear vi -1. [hablar ronco] parler d'une voix rauque. -2. [toser] se racler la gorge.

carraspera f : tener ~ être enroué(e).

carrera f -1. [gen & DEP] course f; en una ~ en courant; tomar ~ prendre de l'élan; ~ armamentista ○ de armamentos course aux armements. -2. [trayecto] parcours m. -3. [estudios] cursus m (universitaire); hacer la ~ de derecho faire des études de droit. -4. [profesión] carrière f. -5. [calle] nom de certaines rues en Espagne.

carrerilla f : coger ○ tomar ~ prendre de l'élan. ◆ de carrerilla loc adv [de corrido] d'une seule traite; [de memoria] de A à Z.

carreta f charrette f.

carretada f -1. [carga de carreta] charretée f. -2. fam [gran cantidad] tonne f.

carrete m -1. [de hilo, alambre] bobine f. -2. FOT pellicule f. -3. [para pescar] moulinet m. -4. [de máquina de escribir] ruban m.

carretero, ra m, f [conductor] charretier m, -ère f.

carretera f route f; ~ comarcal/nacional route départementale/nationale; ~ de cuota Amer autoroute f.

carretilla f [carro de mano] brouette f.

carril m -1. [de carretera] voie f; ~ bus couloir m d'autobus. -2. [de ferrocarril] rail m. -3. [huella] ornière f.

carrillo m joue f; comer a dos ~s fig manger comme quatre.

carro m -1. [gen] chariot m; ~ de combate char m d'assaut; ¡para el ~! fam [¡basta ya!] eh, mollo! -2. Amer [coche] voiture; ~ comedor wagon-restaurant m.

carrocería f -1. [de automóvil] carrosserie f. -2. [taller] atelier m de carrosserie.

carromato m -1. [carro] roulotte f. -2. [coche viejo] guimbarde f.

carroña f charogne f.

carroza ◇ f [coche] carrosse m. ◇ mf [viejo] fam ringard m, -e f.

carruaje m voiture f.

carrusel m -1. [tiovivo] manège m. -2. [de caballos] carrousel m.

carta f -1. [escrito] lettre f; echar una ~ poster une lettre; ~ de recomendación lettre de recommandation. -2. [naipe, menú, mapa] carte f; a la ~ à la carte; echar las ~s a alguien tirer les cartes à qqn; ~ verde carte verte (délivrée par les assurances automobiles). -3. [documento] charte f. -4. loc : jugarse todo a una ~ fig mettre tous ses œufs dans le même panier. ◆ carta de ajuste f TV mire f. ◆ carta blanca f : tener ~ blanca avoir carte blanche.

cartabón m équerre f.

cartapacio m -1. [carpeta] cartable m. -2. [cuaderno] cahier m.

cartearse vp s'écrire, échanger des lettres.

cartel m -1. [anuncio] affiche f; 'prohibido fijar ~es' 'défense d'afficher'. -2. fig [fama] : de ~ de renom.

cártel m cartel m.

cárter m AUTOM carter m.

cartera f -1. [gen] portefeuille m; ~ de clientes fichier m de clients; ~ de pedidos carnet m de commandes. -2. [para documentos] porte-documents m; [sin asa] serviette f; [de colegial] cartable m. -3. Amer [bolso] sac m à main.

carterista mf pickpocket m.

cartero, ra m, f facteur m, -trice f.

cartílago m cartilage m.

cartilla f -1. [documento] livret m; ~ de ahorros livret de caisse d'épargne; ~ de la seguridad social carte f de sécurité sociale; ~ militar livret matricule. -2. [para aprender a leer] premier livre de lecture.

cartografía f cartographie f.

cartomancia f cartomancie f.

cartón m -1. [material] carton m; ~ piedra carton-pâte m. -2. [de cigarrillos] cartouche f.

cartuchera f cartouchière f.

cartucho m -1. [de arma] cartouche f. -2. [de avellanas etc] cornet m; [de monedas] rouleau m.

cartujo, ja adj chartreux(euse). ◆ cartujo m -1. [religioso] chartreux m. -2. fig [persona retraída] ermite m. ◆ cartuja f chartreuse f.

cartulina f bristol f.

casa f -1. [gen] maison f; ~ adosada/unifamiliar maison jumelle/individuelle; ~ de campo maison de campagne; ~ de

huéspedes pension *f* de famille; ~ **de socorro** poste *m* de secours. **-2.** [vivienda] logement *m* . **-3.** [familia] famille *f*. **-4.** [organismo] : ~ **Consistorial** hôtel *m* de ville. **-5.** *loc* : **caérsele a uno la ~ encima** [estar a disgusto] ne plus se supporter chez soi; [tener problemas] avoir le moral à zéro; **echar** ○ **tirar la ~ por la ventana** [derrochar] jeter l'argent par les fenêtres; **ser de andar por ~** ne pas être génial(e).

casaca *f* casaque *f*.

casado, da *adj & m, f* marié(e); **estar ~ con alguien** être marié avec qqn.

casamiento *m* mariage *m*.

casar ◇ *vt* **-1.** [gen] marier. **-2.** [cuentas] enfiler; [trozos] recoller. ◇ *vi* aller ensemble. ◆ **casarse** *vp* : ~**se (con)** se marier (avec).

cascabel *m* grelot *m* .

cascada *f* cascade *f* .

cascado, da *adj* **-1.** *fam* [estropeado] nase. **-2.** [ronco] éraillé(e).

cascanueces *m inv* casse-noix *m inv*.

cascar ◇ *vt* **-1.** [huevo, nuez, voz] casser. **-2.** *fam* [suj : enfermedad] amocher. **-3.** *fam* [pegar] cogner. ◇ *vi fam* [hablar] papoter.

cáscara *f* **-1.** [de huevo, nuez etc] coquille *f*. **-2.** [de limón, naranja] écorce *f*; CULIN zeste *m*; [de plátano] peau *f*.

cascarilla *f* [de arroz, maíz] enveloppe *f*; [de cacao] coque *f*.

cascarón *m* coquille *f (d'œuf)* .

cascarrabias *mf inv* grincheux *m*, -euse *f*.

casco *m* **-1.** [para la cabeza] casque *m*. **-2.** [de barco] coque *f*. **-3.** [de ciudad] : ~ **antiguo** vieille ville *f*; ~ **urbano** centre-ville *m*. **-4.** [de caballo] sabot *m*. **-5.** [envase] bouteille *f* vide. **-6.** [pedazo] éclat *m*. ◆ **cascos** *mpl fam* [cabeza] tête *f*; **ser alegre** ○ **ligero de ~s** être tête-en-l'air. ◆ **cascos azules** *mpl* : **los ~s azules** les casques bleus.

caserío *m* **-1.** [pueblecito] hameau *m*. **-2.** [casa de campo] ferme *f*. **-3.** [chalet] maison *f* de campagne.

caserna *f* caserne *f*.

casero, ra ◇ *adj* **-1.** [de casa – comida] maison; [– trabajos] ménager(ère); [– fiesta, velada] familial(e), de famille. **-2.** [hogareño] casanier(ère). ◇ *m, f* **-1.** [propietario] propriétaire *mf*. **-2.** [encargado] intendant *m*, -e *f*.

caserón *m* bâtisse *f*.

caseta *f* **-1.** [casa pequeña] maisonnette *f*. **-2.** [en la playa] cabine *f*. **-3.** [de tiro] stand *m*; [de feria] *tente installée dans les foires pour danser le flamenco*. **-4.** [para perro] niche *f*.

casete, cassette ◇ *m* ○ *f* [cinta] cassette *f*. ◇ *m* [magnetófono] magnétophone *m*.

casi *adv* presque; ~ **no dormí** je n'ai presque pas dormi; ~ **se cae** il a failli tomber; ~ **nunca** presque jamais.

casilla *f* **-1.** [de teatro, circo] guichet *m*. **-2.** [de caja, armario] casier *m*. **-3.** [de impreso, ajedrez etc] case *f*.

casillero *m* casier *m*.

casino *m* **-1.** [para jugar] casino *m*. **-2.** [asociación] cercle *m*.

caso *m* **-1.** [gen & GRAM] cas *m*; **el ~ es que…** le fait est que…; **en el mejor/peor de los ~s** dans le meilleur/pire des cas; ~ **que** ○ **dado el ~ que, en ~ de que** au cas où; **en todo** ○ **cualquier ~** en tout cas. **-2.** DER affaire *f*. **-3.** *loc* : **hacer ~ a** prêter attention à; **no hacer** ○ **venir al ~** *fam* tomber comme un cheveu sur la soupe; **ser un ~** *fam* être un cas.

caspa *f* pellicules *fpl (de cheveux)*.

casquete *m* calotte *f*.

casquillo *m* **-1.** [de bala] douille *f*. **-2.** [de bombilla] culot *m*. **-3.** [de bastón] manche *m*.

cassette = **casete**.

casta *f* **-1.** [linaje] lignée *f*. **-2.** [especie, calidad] race *f*. **-3.** [en la India] caste *f*.

castaña *f* → **castaño**.

castañetear ◇ *vt* : ~ **los dedos** faire claquer ses doigts. ◇ *vi* claquer des dents.

castaño, ña *adj* [color] marron; [pelo] châtain. ◆ **castaño** *m* **-1.** [color] marron *m inv*; [pelo] châtain *m* . **-2.** [árbol, madera] châtaignier *m* . ◆ **castaña** *f* **-1.** [fruto] châtaigne *f*; **castañas asadas** marrons *mpl* chauds. **-2.** *fam* [puñetazo] châtaigne *f*. **-3.** *fam* [borrachera] : **agarrarse una castaña** prendre une cuite.

castañuela *f* castagnette *f*.

castellanizar *vt* hispaniser.

castellano, na ◇ *adj* castillan(e). ◇ *m, f* [persona] Castillan *m*, -e *f*. ◆ **castellano** *m* [lengua] castillan *m*, espagnol *m*.

castellanoparlante ◇ *adj* de langue castillane, hispanophone. ◇ *mf* [persona] hispanophone *mf*.

castidad *f* chasteté *f*.

castigador, ra *fam* ◇ *adj* de séducteur(trice). ◇ *m, f* tombeur *m*, -euse *f*.

castigar *vt* **-1.** [imponer castigo] punir; **le han castigado sin postre** il a été privé de dessert. **-2.** DEP pénaliser. **-3.** [maltratar] endommager, frapper; [el cuerpo] mortifier. **-4.** *fig* [enamorar] séduire.

castigo *m* **-1.** [sanción] punition *f*; **quedar sin ~** rester impuni(e). **-2.** [sufrimiento] épreuve *f*. **-3.** DEP penalité *f*.

Castilla Castille *f*.

Castilla-La Mancha Castille-La Manche.

Castilla-León Castille-León.

castillo *m* **-1.** [gen] château *m*. **-2.** NÁUT : **~ de popa/de proa** gaillard *m* d'arrière/d'avant.

castizo, za *adj* pur(e); [autor] puriste.

casto, ta *adj* chaste.

castor *m* castor *m*.

castrar *vt* **-1.** [animal, persona] castrer. **-2.** *fig* [debilitar] : **~ el entendimiento** ramollir le cerveau.

castrense *adj* militaire.

casual *adj* fortuit(e).

casualidad *f* hasard *m*; **dio la ~ de que...** il s'est trouvé que...; **por ~** par hasard; **¡qué ~!** quelle coïncidence!

casulla *f* chasuble *f*.

cataclismo *m* *lit & fig* cataclysme *m*.

catacumbas *fpl* catacombes *fpl*.

catador, ra *m, f* dégustateur *m*, -trice *f*; **~ de vinos** taste-vin *m*.

catalán, ana ◇ *adj* catalan(e). ◇ *m, f* Catalan *m*, -e *f*. ◆ **catalán** *m* [lengua] catalan *m*.

catalanismo *m* **-1.** [palabra] catalanisme *m*. **-2.** POLÍT nationalisme *m* catalan.

catalejo *m* longue-vue *f*.

catalizador, ra *adj* **-1.** QUÍM catalytique. **-2.** *fig* [impulsor] : **ser el elemento ~ de** être le détonateur de. ◆ **catalizador** *m* *lit & fig* catalyseur *m*.

catalogar *vt* *lit & fig* cataloguer; **se le cataloga entre los mejores especialistas** on le classe parmi les meilleurs spécialistes; **~ a alguien de algo** taxer qqn de qqch.

catálogo *m* catalogue *m*.

Cataluña Catalogne *f*.

catamarán *m* catamaran *m*.

cataplasma *f* **-1.** MED cataplasme *m*. **-2.** *fam fig* [pesado] pot *m* de colle.

catapulta *f* catapulte *f*.

catar *vt* **-1.** [probar] goûter. **-2.** [saborear] déguster.

catarata *f* **-1.** [de agua] chute *f*. **-2.** *(gen pl)* MED cataracte *f*.

catarro *m* rhume *m*.

catarsis *f* catharsis *f*.

catastro *m* cadastre *m*.

catástrofe *f* catastrophe *f*.

catastrófico, ca *adj* catastrophique.

catch *(pl catchs)* *m* DEP catch *m*.

cátcher *(pl catchers)* *m* [béisbol] catcher *m* *inv*.

catchup, ketchup *m* *inv* ketchup *m* *inv*.

cate *m* *fam* dar un **~ a alguien** [golpe] flanquer une baffe à qqn; **sacar un ~** [en examen] prendre une gamelle.

catear *vt* *fam* coller, recaler.

catecismo *m* catéchisme *m*.

cátedra *f* chaire *f*.

catedral *f* cathédrale *f*.

catedrático, ca *m, f* professeur *m* d'université.

categoría *f* **-1.** [gen] catégorie *f*. **-2.** [posición social] rang *m*; **de ~** [persona] de haut rang; [cosa] de classe. **-3.** [calidad] : **de primera ~** de premier choix, de qualité supérieure.

categórico, ca *adj* catégorique.

catequesis *f* catéchèse *f*.

catering *m* catering *m*.

cateto, ta *adj & m, f despec* [palurdo] plouc.

cátodo *m* cathode *f*.

catolicismo *m* catholicisme *m*.

católico, ca *adj & m, f* catholique.

catolizar *vt* convertir au catholicisme.

catorce *núm* quatorze; *ver también* **seis**.

catorceavo, va, catorzavo, va *núm* quatorzième.

catorceno, na *núm* quatorzième.

catorzavo, va = **catorceavo**.

catre *m* *fam* [cama] pieu *m* .

catrín, trina *adj* *Amer fam* bêcheur(euse).

cauce *m* **-1.** [procedimiento] cours *m*. **-2.** [de río] lit *m*. **-3.** [de riego] canal *m*.

caucho *m* caoutchouc *m* .

caudal *m* **-1.** [cantidad de agua] débit *m*. **-2.** [capital] fortune *f*. **-3.** [abundancia] mine *f*; **tiene un ~ de conocimientos** c'est un puits de science.

caudaloso, sa *adj* **-1.** [río] à fort débit. **-2.** [persona] fortuné(e).

caudillo *m* **-1.** [en la guerra] caudillo *m*, chef *m* militaire. **-2.** [en una comunidad] chef *m* de file.

causa f cause f; **a ~ de** à cause de.

causalidad f causalité f.

causante ◇ adj : **la razón ~ de** la cause de. ◇ mf : **ser el ~ de** être à l'origine de.

causar vt causer; [placer, víctimas] faire; [enfermedad] provoquer; [perjuicio] porter.

cáustico, ca adj lit & fig caustique.

cautela f précaution f; **con ~** avec précaution.

cauteloso, sa adj & m, f prudent(e).

cautivador, ra ◇ adj captivant(e); **una mirada cautivadora** un regard charmeur. ◇ m, f charmeur m, -euse f.

cautivar vt -1. [apresar] capturer. -2. [seducir] captiver.

cautiverio m , **cautividad** f captivité f .

cautivo, va adj & m, f captif(ive).

cauto, ta adj prudent(e).

cava ◇ adj ANAT cave. ◇ m vin catalan fabriqué selon la méthode champenoise. ◇ f -1. [bodega] cave f. -2. AGR bêchage m.

cavar ◇ vt creuser. ◇ vi [con laya] bêcher; [con azada] biner.

caverna f caverne f.

cavernícola ◇ adj [animales] cavernicole; [personas] des cavernes. ◇ mf -1. HIST homme m des cavernes. -2. fig ours m.

caviar m caviar m.

cavidad f cavité f.

cavilar vi cogiter.

cayado m -1. [de pastor] houlette f. -2. [de obispo] crosse f.

cayo m îlot bas et sablonneux.

caza ◇ f -1. [acción de cazar] chasse f; **salir o ir de ~** aller à la chasse. -2. [animales, carne] gibier m . ◇ m avion m de chasse.

cazabombardero m chasseur m bombardier.

cazador, ra ◇ adj [perro etc] de chasse. ◇ m, f lit & fig chasseur m, -euse f. ◆ **cazadora** f [prenda] blouson m.

cazadotes m inv coureur m de dot.

cazalla f eau-de-vie anisée.

cazar vt -1. [animales] chasser. -2. fig [sorprender] attraper; **lo cazaron con las manos en la masa** ils l'ont pris la main dans le sac. -3. fam [conseguir] dégoter.

cazo m -1. [recipiente] casserole f. -2. [utensilio] louche f.

cazoleta f -1. [recipiente] cassolette f. -2. [de pipa] fourneau m.

cazuela f -1. [recipiente] casserole en terre cuite. -2. [guiso] ragoût m; **a la ~** à la casserole.

cazurro, rra ◇ adj -1. [bruto] abruti(e). -2. [huraño] renfermé(e). ◇ m, f [bruto] brute f.

c/c abrev de **cuenta corriente**.

CC OO (abrev de **Comisiones Obreras**) fpl syndicat espagnol.

CD m -1. (abrev de **cuerpo diplomático**) CD m. -2. (abrev de **compact disc**) CD m.

ce f c m inv; **~ cedilla** c cédille.

CDS (abrev de **Centro Democrático y Social**) m parti politique espagnol de tendance libérale.

CE ◇ m (abrev de **Consejo de Europa**) CE m. ◇ f -1. (abrev de **Comunidad Europea**) CE f. -2. (abrev de **constitución española**) Constitution f espagnole.

cebada f orge f.

cebar vt -1. [sobrealimentar] gaver. -2. [máquina] mettre en marche; [arma, anzuelo] amorcer. -3. [fuego, horno] alimenter. ◆ **cebarse** vp : **~se en** s'acharner sur.

cebo m -1. [para cazar, atraer] appât m. -2. [para alimentar] pâtée f.

cebolla f -1. BOT oignon m. -2. [pieza] filtre m; [de cañería, tubo] crapaudine f.

cebolleta f [tallo] ciboulette f; [bulbo] petit oignon m.

cebollino m -1. [planta] ciboule f. -2. fam [necio] crétin m, -e f.

cebra f zèbre m.

cecear vi zézayer.

ceceo m zézaiement m (prononciation propre à certains parlers andalous et latino-américains).

cecina f viande séchée et salée.

cedazo m tamis m.

ceder ◇ vt céder. ◇ vi -1. [gen] céder; **~ a** céder à; **~ en** céder sur; **~ a una propuesta** accepter une proposition; **~ en sus pretensiones** en rabattre. -2. [destensarse] se détendre. -3. [disminuir – dolor] s'apaiser; [– tiempo] s'adoucir; [– temperatura] baisser.

cedro m cèdre m.

cédula f certificat m; **~ de habitabilidad** certificat garantissant l'habitabilité d'un logement; **~ (de identidad)** Amer carte f d'identité.

CEE (abrev de **Comunidad Económica Europea**) f CEE f.

cegar ◇ vt -1. [gen] aveugler. -2. [tapar – tubo etc] boucher; [– ventana, puerta] murer. ◇ vi être aveuglant(e). ◆ **cegarse** vp lit & fig être aveuglé(e).

cegato, ta adj & m, f fam bigleux(euse).

ceguera m -1. [de visión] cécité f. -2. fig [de razón] aveuglement m.

ceja f -1. ANAT sourcil m. -2. [borde] rebord m. -3. MÚS sillet m; [para elevar el tono] capodastre m. -4. loc : **meterse algo entre ~ y ~** fam fig se mettre qqch dans la tête.

cejar vi : **~ en** renoncer à, abandonner; **no ~ en su empeño** ne pas abandonner la partie.

celar vt -1. [vigilar] surveiller. -2. [ocultar] dissimuler; [ilusión, esperanza] nourrir secrètement.

celda f cellule f (pièce).

celebración f -1. [festejo] célébration f. -2. [realización] tenue f.

celebrar vt -1. [centenario, misa etc] célébrer; [cumpleaños, buena noticia etc] fêter. -2. [reunión, junta] tenir; [partido deportivo] disputer; [elecciones] organiser. -3. [alegrarse de] se réjouir de, se féliciter de; [alabar] louer, faire l'éloge de. ◆ **celebrarse** vp -1. [gen] avoir lieu. -2. [centenario, misa etc] être célébré(e).

célebre adj [con fama] célèbre.

celebridad f célébrité f.

celeridad f promptitude f.

celeste adj [bóveda, cuerpos] céleste.

celestial adj -1. [del cielo] céleste; [gloria] de Dieu. -2. fig [placer etc] divin(e); [música] céleste.

celestina f entremetteuse f.

celibato m célibat m.

célibe adj & mf célibataire.

celo m -1. [esmero] zèle m. -2. [devoción] ferveur f. -3. [de animal] amours fpl; **en ~** [hembra] en chaleur; [macho] en rut. -4. [cinta adhesiva] Scotch® m. ◆ **celos** mpl jalousie f; **dar ~s** rendre jaloux(ouse); **tener ~s de alguien** être jaloux(ouse) de qqn.

celofán m Cellophane® f.

celosía f jalousie f (de fenêtre).

celoso, sa ◇ adj -1. [con celos] jaloux(ouse). -2. [cumplidor] : **~ en su trabajo** exigeant dans son travail. ◇ m, f [con celos] jaloux m, -ouse f.

celta ◇ adj celte. ◇ mf Celte mf. ◇ m [lengua] celtique m.

celtíbero, ra, celtibero, ra ◇ adj celtibère. ◇ m, f Celtibère mf.

céltico, ca adj celtique.

célula f cellule f. ◆ **célula fotoeléctrica** f cellule f photoélectrique.

celular adj cellulaire.

celulitis f cellulite f.

celulosa f cellulose f.

cementar vt cémenter.

cementerio m -1. [de muertos] cimetière m. -2. [de cosas inutilizables] dépotoir m; **~ de automóviles** ○ **coches** casse f.

cemento m -1. [de construcción] ciment m; **~ armado** béton m armé. -2. [de dientes] cément m.

cena f dîner m; **dar una ~** avoir du monde à dîner.

cenagal m -1. [lugar] bourbier m. -2. fig [apuro] : **estar metido en un ~** être en mauvaise posture.

cenagoso, sa adj bourbeux(euse).

cenar ◇ vt manger au dîner; **cenó huevos** il a mangé des œufs au dîner. ◇ vi dîner.

cencerro m sonnaille f; **estar como un ~** fam fig avoir un grain.

cenefa f -1. [de tela] liseré m. -2. [de pared – abajo] plinthe f; [– arriba] frise f.

cenicero m cendrier m.

cenit = zenit.

cenizo, za adj cendré(e); [tez] cendreux(euse). ◆ **cenizo** m -1. [mala suerte] poisse f. -2. [gafe] : **ser un ~** porter la poisse. -3. [en la vid] oïdium m. ◆ **ceniza** f cendre f. ◆ **cenizas** fpl [de cadáver] cendres fpl.

censar vt recenser.

censo m -1. [de población] recensement m; **~ (electoral)** listes fpl électorales. -2. [tributo] ≃ taxe f d'habitation.

censor, ra m, f censeur m.

censura f -1. [gen] censure f; [de local] fermeture f; [de actividad] interdiction f. -2. [reprobación] condamnation f; **ha sido objeto de ~ por...** il a été condamné pour...

censurar vt -1. [gen] censurer. -2. [reprobar] blâmer.

centauro m centaure m.

centavo, va núm centième m.

centella f -1. [rayo] éclair m. -2. [chispa] étincelle f. -3. fig [cosa, persona] : **ser una ~** être plus rapide que l'éclair; **como una ~** comme l'éclair.

centellear vi scintiller.

centelleo m scintillement m.

centena *f* centaine *f*.

centenar *m* centaine *f*.

centenario, ria *adj* centenaire. ◆ **centenario** *m* centenaire *m*; **quinto** ~ cinq centième anniversaire.

centeno *m* seigle *m*.

centésimo, ma *núm* centième.

centígrado, da *adj* centigrade. ◆ **centígrado** *m* degré *m* centigrade.

centigramo *m* centigramme *m*.

centilitro *m* centilitre *m*.

centímetro *m* centimètre *m*.

céntimo *m* [moneda] centime *m*.

centinela *m* sentinelle *f*.

centollo *m* araignée *f* de mer.

centrado, da *adj* -1. [gen] centré(e); ~ **en** centré o basé sur. -2. [persona] équilibré(e).

central ◇ *adj* central(e). ◇ *m* DEP arrière *m* centre. ◇ *f* -1. [oficina] maison *f* mère. -2. [de energía] centrale *f*; ~ **nuclear** centrale nucléaire.

centralismo *m* centralisme *m*.

centralista *adj & mf* centraliste.

centralita *f* standard *m* (téléphonique).

centralización *f* centralisation *f*.

centralizar *vt* centraliser.

centrar *vt* -1. [gen & DEP] centrer; ~ **una novela en cuestiones sociales** axer un roman sur des problèmes sociaux. -2. [arma] pointer; [foto] cadrer. -3. [persona] stabiliser. -4. [mirada] concentrer. -5. [atención, interés] capter. ◆ **centrarse** *vp* -1. [concentrarse] : ~**se en** se concentrer sur. -2. [equilibrarse] se stabiliser.

céntrico, ca *adj* central(e); **un piso** ~ un appartement situé en plein centre-ville.

centrifugar *vt* centrifuger.

centrífugo, ga *adj* centrifuge.

centrista *adj & mf* centriste.

centro *m* -1. [gen] centre *m*; **me voy al** ~ [de ciudad] je vais en ville. -2. [de rebelión etc] foyer *m*; [católico, docente etc] institution *f*; [de estudios, investigación] institut *m*. -3. [de las miradas] cible *f*; [de curiosidad] objet *m*. -4. [de problema] cœur *m*. ◆ **centro comercial** *m* centre *m* commercial. ◆ **centro de gravedad** *m* centre *m* de gravité. ◆ **centro de mesa** *m* centre *m* de table.

centrocampista *mf* DEP demi *m*.

céntuplo, pla *adj* centuple; **la céntupla parte** le centième. ◆ **céntuplo** *m* centuple *m*.

centuria *f* -1. *culto* [siglo] siècle *m*. -2. [división militar] centurie *f*.

centurión *m* centurion *m*.

ceñir *vt* -1. [apretar – ropa] mouler; [– cinturón] serrer. -2. [abrazar] : ~ **por la cintura** prendre par la taille. -3. *fig* [amoldar] : ~ **a** limiter à, borner à. ◆ **ceñirse** *vp* -1. [apretarse] serrer; **se ciñó el cinturón** il serra sa ceinture. -2. [amoldarse, limitarse] : ~**se a** s'en tenir à.

ceño *m* : **fruncir el** ~ froncer les sourcils.

CEOE (*abrev de* **Confederación Española de Organizaciones Empresariales**) *f confédération des organisations patronales en Espagne*.

cepa *f* -1. [de vid] cep *m*. -2. [de árbol, familia] souche *f*.

cepillar *vt* -1. [gen] brosser; [caballo] bouchonner. -2. [madera] raboter. -3. *fam* [adular] : ~ **a alguien** cirer les pompes à qqn. ◆ **cepillarse** *vp* -1. [pelo, dientes] brosser. -2. *fam* [comida] s'envoyer; [trabajo] expédier. -3. *fam* [robar] dévaliser. -4. *fam* [suspender] étendre. -5. *vulg* [matar] butter.

cepillo *m* -1. [para limpiar] brosse *f*. -2. [de carpintero] rabot *m*. -3. [de donativos] tronc *m*.

cepo *m* -1. [para cazar] piège *m*. -2. [para vehículos] sabot *m*. -3. [para sujetar] attache *f*. -4. [para presos] cep *m*.

CEPSA (*abrev de* **Compañía Española de Petróleos, SA**) *f groupe pétrolier espagnol*.

cera *f* -1. [gen] cire *f*; ~ **depilatoria/virgen** cire dépilatoire/vierge. -2. [para esquíes] fart *m*.

cerámica *f* céramique *f*.

ceramista *mf* ceramiste *mf*.

cerca ◇ *f* [valla] clôture *f*. ◇ *adv* -1. [en el espacio] près; **vive muy** ~ il habite tout près; **por aquí** ~ tout près; **de** ~ de près. -2. [en el tiempo] proche; **la Navidad ya está** ~ Noël est proche. ◆ **cerca de** *loc prep* près de; **vive** ~ **de aquí** il habite près d'ici; **ganó** ~ **de tres millones** il a gagné près de trois millions.

cercado *m* -1. [valla] clôture *f*. -2. [lugar] enclos *m*.

cercanía *f* proximité *f*. ◆ **cercanías** *fpl* -1. [afueras] banlieue *f*. -2. [alrededores] environs *mpl*.

cercano, na *adj* : ~ **(a)** proche (de); **vive en un pueblo** ~ il habite un village voisin.

cercar *vt* **-1.** [vallar] clôturer. **-2.** [rodear, acorralar] encercler.

cerciorar *vt* assurer. ◆ **cerciorarse** *vp* : ~**se (de)** s'assurer (de); **me cercioré de que no había nadie** je me suis assuré qu'il n'y avait personne.

cerco *m* **-1.** [gen] cercle *m*; [de herida] cerne *m*; [de mancha] auréole *f*. **-2.** [de puerta, ventana] encadrement *m*. **-3.** [de astro, luz] halo *m*. **-4.** [de soldados] haie *f*; [de policías] cordon *m*.

cerda *f* → **cerdo**.

Cerdeña Sardaigne *f*.

cerdo, da *m, f* **-1.** [animal] porc *m*, truie *f*. **-2.** *fam fig* [persona] porc *m*. ◆ **cerdo** *m* [carne] porc *m*. ◆ **cerda** *f* [pelo – de cerdo] soie *f*; [– de caballo] crin *m*.

cereal *m* céréale *f*.

cerebelo *m* cervelet *m*.

cerebral *adj* cérébral(e).

cerebro *m* **-1.** [cabecilla & ANAT] cerveau *m*. **-2.** [inteligencia] cervelle *f*; **utilizar el ~** faire fonctionner sa cervelle; **tiene ~** il est loin d'être bête. **-3.** *fig* [eminencia] tête *f*.

ceremonia *f* cérémonie *f*.

ceremonial ◇ *adj* cérémoniel(elle); [traje] de cérémonie. ◇ *m* cérémonial *m*.

ceremonioso, sa *adj* [persona] cérémonieux(euse); [acogida, saludo etc] solennel(elle).

cereza *f* cerise *f*.

cerezo *m* **-1.** [árbol] cerisier *m*. **-2.** [madera] merisier *m*.

cerilla *f* allumette *f*.

cerillo *m* *Amer* allumette *f*.

cerner, cernir *vt* [cribar] tamiser. ◆ **cernerse** *vp* *lit & fig* planer.

cernícalo *m* **-1.** [ave] buse *f*. **-2.** *fam* [bruto] mufle *m*.

cernir = **cerner**.

cero *núm* zéro; **hace cinco grados bajo ~** il fait moins cinq; **ser un ~ a la izquierda** *fam* être un zéro; *ver también* **seis.**

cerrado, da *adj* **-1.** [gen] fermé(e). **-2.** [tiempo, cielo] couvert(e); [vegetación, lluvia] dru(e); **hace una noche cerrada** il fait nuit noire. **-3.** [persona, carácter] renfermé(e). **-4.** [sentido, mensaje] caché(e). **-5.** [acento, deje] prononcé(e). **-6.** [corriente, circuito] coupé(e).

cerradura *f* serrure *f*.

cerrajería *f* serrurerie *f*.

cerrajero, ra *m, f* serrurier *m*.

cerrar ◇ *vt* **-1.** [gen] fermer; [agua, gas] couper; [paso, carretera] barrer. **-2.** [agujero, bote etc] boucher. **-3.** *fig* [conversación, contrato etc] clore; [trato] conclure. **-4.** [ir último] : ~ **el desfile** fermer la marche. **-5.** [herida] refermer. ◇ *vi* fermer; ~ **con llave** fermer à clé; ~ **con candado** cadenasser; ~ **con cerrojo** verrouiller. ◆ **cerrarse** *vp* **-1.** [gen] se fermer; ~**se a algo** fermer(e)à. **-2.** [herida] se refermer. **-3.** [debate, acto etc] être clos(e).

cerrazón *f* **-1.** [obscuridad] : **había una gran ~** le ciel s'obscurcissait. **-2.** *fig* [obstinación] entêtement *m*.

cerro *m* colline *f*; **irse por los ~s de Úbeda** *fig* s'écarter du sujet.

cerrojo *m* verrou *m*; **echar el ~** mettre le verrou.

certamen *m* concours *m* (de poésie etc).

certero, ra *adj* **-1.** [tiro] précis(e). **-2.** [opinión, juicio etc] sûr(e); [respuesta] juste.

certeza *f* certitude *f*; **tener la ~ de que...** être certain(e) que...

certidumbre *f* certitude *f*.

certificación *f* **-1.** [hecho] attestation *f*. **-2.** [documento] certificat *m*.

certificado, da *adj* [carta, paquete] recommandé(e). ◆ **certificado** *m* certificat *m*; ~ **médico** certificat médical.

certificar *vt* **-1.** [gen] certifier. **-2.** *fig* [inocencia] prouver; [sospechas etc] confirmer. **-3.** [carta, paquete] envoyer en recommandé.

cerumen *m* cérumen *m*.

cervato *m* faon *m*.

cervecería *f* brasserie *f*.

cervecero, ra ◇ *adj* [industria etc] de la bière; [ciudad etc] producteur(trice) de bière. ◇ *m, f* brasseur *m*, -euse *f*.

cerveza *f* bière *f*; ~ **de barril** bière (à la) pression; ~ **negra** bière brune.

cervical ◇ *adj* cervical(e). ◇ *f* (gen pl) vertèbres *fpl* cervicales.

cesante ◇ *adj* **-1.** [gen] sans emploi. **-2.** *Amer* [en paro] au chômage. ◇ *mf* sans-emploi *mf inv*.

cesantear *vt* *Amer* licencier.

cesar ◇ *vt* [destituir] démettre de ses fonctions; [funcionario] révoquer. ◇ *vi* **-1.** [parar] : ~ **(de hacer algo)** cesser (de faire qqch); **sin ~** sans cesse, sans arrêt. **-2.** [dimitir] démissionner.

cesárea *f* césarienne *f*; **practicar una ~** faire une césarienne.

cese *m* **-1.** [gen] arrêt *m*; [de la actividad, las hostilidades] cessation *f*. **-2.** [destitución] renvoi *m*; [de funcionario] révocation *f*. **-3.** [documento] ordre *m* de cessation de paiements.

cesión *f* cession *f*.

césped *m* pelouse *f*, gazon *m*; **'prohibido pisar el** ~**'** 'pelouse interdite'.

cesta *f* panier *m*. ◆ **cesta de la compra** *f* panier *m* de la ménagère.

cesto *m* **-1.** [cesta grande] corbeille *f*. **-2.** DEP [baloncesto] panier *m*.

cetro *m* **-1.** [vara, reinado] sceptre *m*. **-2.** *fig* [superioridad] : **ostentar el** ~ **de** tenir le sceptre de.

cf., cfr. (*abrev de* **confróntese**) cf.

cg (*abrev de* **centigramo**) cg.

ch/ *abrev de* **cheque**.

chabacano, na ◇ *adj* vulgaire. ◇ *m Amer* [árbol] abricotier *m*; [fruto] abricot *m*.

chabola *f* baraque *f*; **los barrios de** ~**s** les bidonvilles.

chacal *m* chacal *m*.

chacarero, ra *m, f Amer* fermier *m*, -ère *f*.

chacha *f fam* bonne *f*.

chachachá *m* cha-cha-cha *m inv*.

cháchara *f fam* papotage *m*; **estar de** ~ papoter.

chacolí (*pl* **chacolís**) *m* vin léger du Pays basque.

chacra *f Amer* ferme *f*.

chafar *vt* **-1.** [gen] écraser; [peinado] aplatir. **-2.** [ropa] froisser. **-3.** *fig* [plan, proyecto etc] faire tomber à l'eau. **-4.** [suj : enfermedad] mettre à plat; ~ **la moral** saper le moral. ◆ **chafarse** *vp* [plan, proyecto etc] tomber à l'eau.

chaflán *m* **-1.** [de edificio] pan *m* coupé; **estar en el** ~ **entre** être à l'angle de. **-2.** GEOM chanfrein *m*.

chagra *Amer* ◇ *mf* paysan *m*, -anne *f*. ◇ *f* ferme *f*.

chal *m* châle *m*.

chalado, da *adj & m, f fam* dingue.

chaladura *f fam* **-1.** [locura] lubie *f*. **-2.** [enamoramiento] béguin *m*.

chalar *vt* rendre fou(folle). ◆ **chalarse** *vp* perdre la tête; ~ **se por alguien** s'enticher de qqn.

chalé (*pl* **chalés**), **chalet** (*pl* **chalets**) *m* pavillon *m*; [en el campo] maison *f* de campagne; [de alta montaña] chalet *m*.

chaleco *m* gilet *m*; ~ **salvavidas** gilet de sauvetage.

chalet = **chalé**.

chalupa *f* NÁUT chaloupe *f*.

chamaco, ca *m, f Amer fam* gosse *mf*.

chamarra *f* blouson *m*.

chamba *f fam* **tener** ~ avoir du pot.

chamiza *f* **-1.** [hierba] chaume *m*. **-2.** [leña] petit bois *m*.

chamizo *m* **-1.** [leña] tison *m*. **-2.** [casa] cahute *f*. **-3.** *fam despec* [lugar] bouge *m*.

champán, champaña *m* champagne *m*.

champiñón *m* champignon *m* (*de Paris*).

chamuscar *vt* CULIN flamber. ◆ **chamuscarse** *vp* [el bigote] se griller; [el pelo] se brûler.

chamusquina *f* : **oler a** ~ *fam fig* sentir le roussi.

chance *f Amer* possibilité *f*, occasion *f*.

chanchada *f Amer* sale tour *m*.

chancho *m Amer* cochon *m*.

chanchullo *m fam* magouille *f*.

chancla *f* **-1.** *despec* [calzado viejo] savate *f*. **-2.** [chancleta] sandale *f*; [para playa] tong *f*.

chancleta *f* sandale *f*; [para playa] tong *f*.

chándal (*pl* **chándals**), **chandal** (*pl* **chandals**) *m* survêtement *m*.

changarro *m Amer* petit magasin *m*.

chanquete *m* alevin d'anchois préparé en friture.

chantaje *m* chantage *m*.

chantajear *vt* faire chanter.

chantajista *mf* maître-chanteur *m*.

chanza *f* plaisanterie *f*.

chao *interj fam* : **¡**~**!** ciao!, tchao!

chapa *f* **-1.** [gen] plaque *f*. **-2.** [tapón] capsule *f*. **-3.** [insignia] badge *m*. **-4.** [del guardarropa] jeton *m*. **-5.** *Amer* [cerradura] serrure *f*. ◆ **chapas** *fpl* : **jugar a las** ~**s** jouer à pile ou face.

chapado, da *adj* plaqué(e); ~ **en oro** plaqué or; ~ **a la antigua** *fig* vieux jeu.

chaparro, rra ◇ *adj* boulot(otte). ◇ *m, f* petit gros *m*, petite boulotte *f*. ◆ **chaparro** *m* buisson *m* d'yeuses.

chaparrón *m* **-1.** [de agua] averse *f*. **-2.** *fam fig* [gran cantidad] : **un** ~ **de** une pluie de. **-3.** *fam* [bronca] : **dar un** ~ **a alguien** passer un savon à qqn.

chapeado, da *adj* plaqué(e).

chapear *vt Amer* [escardar] débroussailler.

chapela *f* béret *m*.

chapista *adj & mf* tôlier *m*.

chapopote *m Amer* goudron *m*.

chapotear *vi* barboter.

chapucear *vt* [motor etc] bricoler; [trabajo] bâcler.

chapucería *f* : **es una** ~ ce n'est ni fait ni à faire.

chapucero, ra ◇ *adj* [trabajo] bâclé(e). ◇ *m, f* : **no seas** ~ ne fais pas n'importe quoi.

chapulín *m* Amer sauterelle *f*.

chapurrear, chapurrar *vt* fam baragouiner.

chapuza *f* -1. [trabajo mal hecho] travail *m* de cochon. -2. [trabajo ocasional] bricole *f*.

chapuzón *m* : **darse un** ~ piquer une tête.

chaqué *m* jaquette *f*.

chaqueta *f* -1. [de traje] veste *f*. -2. [de punto] cardigan *m*.

chaquetón *m* trois-quarts *m*.

charada *f* charade *f*.

charanga *f* -1. [banda] fanfare *f*. -2. fam [fiesta] bamboula *f*.

charca *f* mare *f*.

charco *m* flaque *f* (d'eau).

charcutería *f* charcuterie *f*.

charla *f* -1. [conversación] discussion *f*. -2. [conferencia] : **dar una** ~ **sobre** faire un exposé sur.

charlar *vi* discuter, bavarder.

charlatán, ana ◇ *adj* bavard(e). ◇ *m, f* -1. [parlanchín] bavard *m*, -e *f*. -2. [embaucador] baratineur *m*, -euse *f*. -3. [vendedor] camelot *m*.

charlestón *m* charleston *m*.

charlotada *f* -1. [payasada] bouffonnerie *f*. -2. TAUROM corrida *f* bouffonne.

charlotear *vi* papoter.

charnego, ga *m, f* despec immigrant en Catalogne venant d'une autre région d'Espagne.

charol *m* -1. [piel] cuir *m* verni; **de** ~ [zapatos] verni(e). -2. [barniz] vernis *m*. -3. Amer [bandeja] plateau *m*.

charola *f* Amer plateau *m*.

chárter *adj inv & m inv* charter.

chasca *f* Amer tignasse *f*.

chascar ◇ *vt* [lengua, dedos] faire claquer. ◇ *vi* -1. [lengua] claquer. -2. [madera] craquer.

chasco *m* -1. [decepción] déception *f*; **llevarse un** ~ être très déçu(e). -2. [burla] tour *m*.

chasis *m* -1. AUTOM & FOT châssis *m*. -2. fam [de persona] : **quedarse en el** ~ fig n'avoir que la peau sur les os.

chasquear ◇ *vt* -1. [látigo, lengua] faire claquer. -2. fig [engañar] jouer un tour. ◇ *vi* [madera] craquer.

chasquido *m* -1. [de lengua, látigo] claquement *m*; [de arma] détonation *f*. -2. [de madera] craquement *m*.

chatarra *f* -1. [metal, piezas] ferraille *f*. -2. fam despec [bisutería] camelote *f*. -3. fam [monedas] ferraille *f*, mitraille *f*.

chatarrero, ra *m, f* ferrailleur *m*.

chateo *m* : **ir de** ~ faire la tournée des bars.

chato, ta ◇ *adj* -1. [nariz] aplati(e); [persona] au nez camus. -2. [aplanado] plat(e). ◇ *m, f* fam [apelativo] mon coco *m*, ma cocotte *f*; **¡chata!** [piropo] ma poule! ◆ **chato** *m* [de vino] petit verre *m*.

chau, chaucito *interj* Amer fam : **¡~!** salut!

chauvinista = chovinista.

chava *f* Amer fam nana *f*.

chaval, la *m, f* fam jeune *mf*.

chaveta *f* -1. [clavija] clavette *f*. -2. fam [cabeza] boule *f*; **perder la** ~ perdre la boule. -3. Amer [navaja] canif *m*.

chavo *m* fam -1. [dinero] : **no tener un** ~ ne pas avoir un radis. -2. Amer [hombre] mec *m*.

che, ché *interj* Amer fam : **¡~!** eh!

chef (*pl* chefs) *m* chef *m*, chef *m* cuisinier.

chelo, la *adj* Amer blond(e).

chepa *f* fam bosse *f*.

cheque *m* chèque *m*; **extender un** ~ faire un chèque; ~ **al portador** chèque au porteur; ~ **cruzado** ○ **barrado/nominativo** chèque barré/nominatif ○ à ordre; ~ **(de) gasolina** chèque *m* essence; ~ **de viaje** chèque de voyage, traveller's cheque.

chequear *vt* -1. MED : ~ **a alguien** faire un bilan de santé à qqn. -2. [comprobar] vérifier.

chequeo *m* -1. MED bilan *m* de santé. -2. [comprobación] vérification *f*.

chequera *f* carnet *m* de chèques.

chévere *adj* Amer fam super.

chic *adj inv* chic.

chica *f* → chico.

chicano, na ◇ *adj* chicano. ◇ *m, f* Chicano *mf*. ◆ **chicano** *m* [lengua] langue des Mexicains émigrés aux États-Unis.

chicarrón, ona *m, f* grand garçon *m*, grande fille *f*.

chicha f fam -1. [para comer] viande f. -2. [de persona] graisse f.

chícharo m Amer petit pois m.

chicharra f cigale f.

chicharro m [pez] chinchard m.

chicharrón m charbon m (viande carbonisée). ◆ **chicharrones** mpl rillons mpl.

chiche ◇ m Amer [adorno] bibelot m. ◇ f mfam [pecho de mujer] néné m.

chichón m bosse f.

chicle m chewing-gum m.

chiclé, chicler m AUTOM gicleur m.

chico, ca ◇ adj [pequeño] petit(e). ◇ m, f -1. [joven] garçon m, fille f. -2. [tratamiento] : ¡mira, ~! fam écoute, mon vieux! ◆ **chico** m [recadero] garçon m de courses. ◆ **chica** f [criada] bonne f.

chicote m Amer fouet m.

chifla f -1. [burla] : hacer ~ a alguien se moquer de qqn. -2. [silbido] sifflement m.

chiflado, da fam ◇ adj -1. [loco] cinglé(e). -2. [apasionado] : ~ por [afición, persona] dingue de. ◇ m, f [loco] cinglé m, -e f.

chiflar ◇ vt fam [encantar] : me chiflan las patatas fritas j'adore les chips. ◇ vi [silbar] siffler. ◆ **chiflarse** vp : ~se por algo s'emballer pour qqch; ~se por alguien s'enticher de qqn.

chiflido m Amer sifflement m.

chilaba f djellaba f.

chile m piment m .

Chile Chili m.

chileno, na ◇ adj chilien(enne). ◇ m, f Chilien m, -enne f.

chillar vi -1. [gritar] crier. -2. [chirriar] grincer. -3. fam [reñir] : le chilló il lui a crié dessus.

chillido m -1. [grito] cri m. -2. [chirrido] grincement m.

chillón, ona ◇ adj -1. [voz, color] criard(e). -2. [niños] braillard(e). ◇ m, f braillard m, -e f.

chilpayate, ta m, f Amer gamin m, -e f.

chimenea f cheminée f.

chimpancé m chimpanzé m.

china f → chino.

China (la) ~ (la) Chine.

chinchar vt fam taquiner. ◆ **chincharse** vp fam ahora te chinchas maintenant, tant pis pour toi.

chinche ◇ f punaise f (insecte). ◇ adj & mf fam fig taquin(e).

chincheta f punaise f (clou).

chinchilla f chinchilla m.

chinchín m -1. [ruido] flonflon m. -2. fam [brindis] toast m; ¡~! tchin-tchin!

chinchón m alcool m d'anis.

chingado, da adj Amer vulg [jodido] foutu(e). ◆ **chingada** f Amer vulg ¡vete a la chingada! va te faire foutre!

chingar vulg ◇ vt -1. [molestar] emmerder. -2. [estropear] foutre en l'air. -3. Amer [joder] baiser. ◇ vi [fornicar] baiser. ◆ **chingarse** vp vulg [beberse] se bourrer la gueule.

chino, na ◇ adj chinois(e). ◇ m, f Chinois m, -e f. ◆ **chino** m [lengua] chinois m. ◆ **china** f -1. [piedra] caillou m. -2. fam [droga] boulette f. ◆ **chinos** mpl jeu qui consiste à deviner combien de pièces ou de cailloux l'autre joueur cache dans sa main.

chip (pl chips) m INFORM puce f.

chipirón m petit calmar m.

Chipre Chypre.

chiquillada f gaminerie f.

chiquillo, lla m, f gamin m, -e f.

chiquito, ta adj tout petit(toute petite). ◆ **chiquito** m [de vino] petit verre m.

chiribita f étincelle f. ◆ **chiribitas** fpl fam los ojos le hacían ~s fig ses yeux jetaient des étincelles.

chirimbolo m fam truc m.

chirimoya f anone f.

chiringuito m -1. fam [bar] buvette f. -2. [negocio] affaire f; montarse un ~ monter une petite affaire.

chiripa f fam fig : tener ~ avoir du bol; de ○ por ~ par miracle.

chirla f petite coque f (coquillage).

chirona f fam en ~ en taule.

chirriar vi grincer.

chirrido m grincement m.

chis = ¡chist!

chisme m -1. [cuento] commérage m. -2. fam [cosa] truc m.

chismear, chismorrear vi faire des commérages, cancaner.

chismoso, sa adj & m, f cancanier(ère).

chispa f -1. [de fuego, electricidad] étincelle f; echa ~s fam il n'est pas à prendre avec des pincettes. -2. [de lluvia] gouttelette f. -3. fig [cantidad pequeña] pincée f. -4. fig [agudeza] esprit m.

chispazo m -1. [salto de la chispa] étincelle f. -2. fig [suceso detonante] détonateur m.

chispear ◇ vi **-1.** [gen] étinceler. **-2.** *fig* [ojos – de alegría, malicia] pétiller; [– por enfado, rabia] jeter des étincelles. ◇ v impers [llover] pleuvoter; **apenas chispeaba** il ne tombait que quelques gouttes.

chisporrotear vi [leña] craquer; [fuego] crépiter; [aceite] grésiller.

chist, chis interj : ¡~! chut!

chistar vi : **sin** ~ sans broncher.

chiste m histoire f drôle, blague f; **contar** ~s raconter des histoires drôles o des blagues; ~ **verde** blague cochonne.

chistera f chapeau m haut de forme.

chistorra f saucisson typique d'Aragon et de Navarre.

chistoso, sa ◇ adj **-1.** [persona] blagueur(euse). **-2.** [suceso] drôle. ◇ m, f blagueur m, -euse f.

chita ◆ **a la chita callando** loc adv fam [en silencio] doucement; [con disimulo] en douce.

chitón interj : ¡~! chut!

chivar vt fam souffler (la réponse). ◆ **chivarse** vp fam [niños] cafter; [delincuentes] moucharder.

chivatazo m fam mouchardage m; **dar el** ~ moucharder.

chivato, ta adj & m, f fam mouchard(e). ◆ **chivato** m [luz] voyant m lumineux; [alarma] sonnerie f.

chivo, va m, f chevreau m, chevrette f; **ser el** ~ **expiatorio** fig être le bouc émissaire.

choc, shock m choc m (psychologique).

chocante adj choquant(e).

chocar ◇ vi **-1.** [colisionar] heurter; ~ **contra** rentrer dans. **-2.** fig [discutir] s'accrocher; [pelear] se battre. **-3.** fig [extrañar] choquer. ◇ vt **-1.** [manos] taper dans; **¡choca esa mano** o **los cinco!, ¡chócala!** tope là! **-2.** [copas, vasos] : **chocaron sus copas** ils ont trinqué.

chochear vi **-1.** [de viejo] être gâteux(euse). **-2.** fam fig [chiflarse] : ~ **por alguien** être gaga devant qqn; ~ **por algo** être dingue de qqch.

chocho, cha adj **-1.** [viejo] gâteux(euse). **-2.** fam fig [encariñado] gaga.

choclo m Amer maïs m.

chocolate m **-1.** [para comer, beber] chocolat m; ~ **a la taza** chocolat à cuire; ~ **blanco/con leche** chocolat blanc/au lait. **-2.** fam [para fumar] shit m.

chocolatina f barre f chocolatée.

chófer, chofer mf chauffeur m.

chollo m fam [trabajo, situación] bon plan m; [producto, compra] occase f.

chomba, chompa f Amer pull m.

chompipe m Amer dindon m.

chongo m Amer chignon m.

chopo m peuplier m noir.

choque m **-1.** [impacto] choc m; [de coche, tren etc] collision f. **-2.** fig [disputa] accrochage m.

chorizar vt fam piquer.

chorizo m **-1.** CULIN [embutido] chorizo m. **-2.** fam [ladrón] voleur m.

choro m Amer moule f.

chorra ◇ mf mfam [tonto] : **es un** ~ il est nase. ◇ f mfam [suerte] : **tener** ~ avoir du pot.

chorrada f fam **-1.** [regalo] bricole f. **-2.** [palabras] bêtise f.

chorrear ◇ vi **-1.** [gotear] goutter. **-2.** [brotar] couler. ◇ vt ruisseler de; ~ **sudor** ruisseler de sueur.

chorro m **-1.** [de líquido] jet m; **salir a** ~**s** couler à flots. **-2.** [hilo] filet m. **-3.** fig [de luz, gente, dinero] flot m.

choteo m fam blague f; **tomar a** ~ prendre à la rigolade.

chotis m danse, musique et chanson typiques de Madrid à la mode au début du siècle.

choto, ta m, f **-1.** [cabrito] chevreau m, chevrette f. **-2.** [ternero] veau m.

chovinista, chauvinista adj & mf chauvin(e).

choza f hutte f.

christmas = **crismas**.

chubasco m averse f.

chubasquero m ciré m.

chúcaro, ra adj Amer fam sauvage.

chuchería f **-1.** [golosina] friandise f. **-2.** [baratija] babiole f.

chucho m fam cabot m (chien).

chufa f souchet m (tubercule avec lequel on fait la «horchata»).

chulada f **-1.** [bravuconada] vantardise f. **-2.** fam [preciosidad] bijou m; **¡qué** ~ **de coche tienes!** t'en as une belle voiture!

chulear fam ◇ vt : ~ **a alguien** se faire entretenir par qqn. ◇ vi frimer; ~ **de** se vanter de.

chulería f **-1.** [descaro] insolence f; [valentonería] vantardise f. **-2.** [salero] charme m.

chuleta ◇ f **-1.** [de ternera] côtelette f; [de cerdo] côte f. **-2.** [en exámenes] antisèche f. ◇ adj & mf fam [chulo] frimeur(euse).

chulo, la ◇ *adj* **-1.** [insolente] : **ponerse ~ la** ramener. **-2.** [presumido] crâneur(euse). **-3.** *fam* [bonito] chouette. **-4.** [del Madrid castizo] typique de Madrid. ◇ *m, f* **-1.** [presumido] crâneur *m*, -euse *f*. **-2.** [madrileño] figure typique du peuple madrilène. ◆ **chulo** *m* [proxeneta] souteneur *m*.

chumbera *f* figuier *m* de Barbarie.

chumbo *adj* → **higo.**

chungo, ga *adj fam* craignos. ◆ **chunga** *f fam* **tomarse algo a chunga** prendre qqch à la rigolade.

chupa *f fam* cuir *m* (blouson).

chupachup® *m* sucette *f* ronde.

chupado, da *adj* **-1.** [delgado] squelettique. **-2.** *fam* [fácil] : **está ~** c'est du tout cuit. ◆ **chupada** *f* [al fumar] taffe *f*.

chupar *vt* **-1.** [succionar] sucer; [al fumar] tirer sur. **-2.** [absorber] absorber. **-3.** [arruinar] soutirer. ◆ **chuparse** *vp* **-1.** [adelgazar] devenir squelettique. **-2.** *fam* [aguantar] se taper; **se ha chupado siete kilómetros andando** il s'est tapé sept kilomètres à pied.

chupatintas *mf inv despec* gratte-papier *m inv.*

chupe *m Amer* ragoût *m.*

chupete *m* [para bebés] tétine *f.*

chupetón *m* [para bebés] suçon *m.*

chupi *adj fam* génial(e).

chupinazo *m* **-1.** [disparo] coup *m* de feu; [cañonazo] coup *m* de canon; [en fiestas] coup d'envoi d'une fête. **-2.** [en fútbol] shoot *m*; **dar un ~** shooter.

chupón, ona *adj* **-1.** [bebé] qui tète beaucoup. **-2.** *fam fig* [gorrón] parasite. ◆ **chupón** *m Amer* [chupete] tétine *f.*

churrería *f* commerce de «churros».

churro *m* **-1.** CULIN long beignet cylindrique. **-2.** *fam* [fracaso] bide *m*; [cosa mal hecha] truc *m* mal foutu. **-3.** *fam* [suerte] pot *m.*

churrusco *m* morceau de pain roussi.

churumbel *m fam* chérubin *m.*

chusco, ca *adj* cocasse. ◆ **chusco** *m fam* quignon *m* (de pain).

chusma *f* racaille *f.*

chut *m* DEP shoot *m.*

chutar *vi* **-1.** [lanzar] shooter. **-2.** *fam* [funcionar] marcher; **esto va que chuta** ça marche comme sur des roulettes. ◆ **chutarse** *vp mfam* se shooter.

chute *m mfam* [de heroína] shoot *m.*

cía., Cía. (abrev de **compañía**) Cie.

CIA *f* (abrev de **Central Intelligence Agency**) *m* CIA *f.*

cianuro *m* cyanure *m.*

ciático, ca *adj* sciatique. ◆ **ciática** *f* sciatique *f.*

cicatero, ra *adj & m,f* pingre.

cicatriz *f lit & fig* cicatrice *f.*

cicatrizar *vt & vi* cicatriser.

cicerone *mf* guide *mf.*

cíclico, ca *adj* cyclique; [enseñanza, aprendizaje] progressif(ive).

ciclismo *m* cyclisme *m.*

ciclista *adj & mf* cycliste.

ciclo *m* cycle *m.*

ciclocrós *m* cyclo-cross *m inv.*

ciclomotor *m* cyclomoteur *m.*

ciclón *m* cyclone *m.*

ciclostil, ciclostilo *m* [técnica] polycopie *f*; [máquina] machine *f* à polycopier.

cicuta *f* ciguë *f.*

ciego, ga ◇ *adj* **-1.** [gen] aveugle; **a ciegas** à l'aveuglette. **-2.** *fig* [de ira, amor] aveuglé(e); **~ de** aveuglé par, fou de. **-3.** [pozo, tubería] obstrué(e). **-4.** *mfam* [drogado] défoncé(e). ◇ *m, f* [invidente] aveugle *mf*. ◆ **ciego** *m mfam* [borrachera de droga] défonce *f.*

cielo ◇ *m* **-1.** [gen] ciel *m*. **-2.** [nombre cariñoso] : **(mi) ~** mon ange; **ser un ~** être un ange. **-3.** [parte superior] plafond *m*; **~ raso** faux plafond. **-4.** *loc* : **como llovido** ◇ **caído del ~** [oportunamente] à pic; [inesperadamente] comme par miracle; **estar en el séptimo ~** être au septième ciel; **mover ~ y tierra** remuer ciel et terre. ◆ **cielos** *interj* : **¡~s!** ciel!

ciempiés, cienpiés *m inv* mille-pattes *m inv.*

cien = **ciento.**

ciénaga *f* marécage *m.*

ciencia *f* science *f.* ◆ **ciencias** *fpl* sciences *fpl.* ◆ **a ciencia cierta** *loc adv* avec certitude. ◆ **ciencia ficción** *f* science-fiction *f.*

cieno *m* **-1.** [fango] vase *f.* **-2.** *fig* [deshonra] boue *f.*

cienpiés = **ciempiés.**

científico, ca *adj & m,f* scientifique.

ciento, cien *núm* cent; **cien mil** cent mille; **~ cincuenta** cent cinquante; **~s de miles de pesetas** des centaines de milliers de pesetas; **por ~** pour cent; **al ~ por ~, al cien por cien** à cent pour cent;

pura lana al cien por cien cent pour cent pure laine; *ver también* **seis**.

cierne ◆ en cierne(s) *loc adv* en herbe.

cierre *m* **-1.** [gen] fermeture *f*. **-2.** [mecanismo] fermeture *f* Éclair®; ~ **relámpago** *Amer* fermeture *f* Éclair.

cierto, ta *adj* certain(e); **cierta tristeza** une certaine tristesse; **estar en lo ~** être dans le vrai; **lo ~ es que...** c'est un fait que... ◆ **cierto** *adv* certainement. ◆ **por cierto** *loc adv* bien sûr.

ciervo, va *m, f* cerf *m*, biche *f*.

CIF *m abrev de* **código de identificación fiscal**.

cifra *f* [gen] chiffre *m*.

cifrado, da *adj* codé(e).

cifrar *vt* **-1.** [codificar] coder. **-2.** *fig* [centrar] : ~ **en** fonder sur, placer dans. ◆ **cifrarse** *vp* : ~**se en** se chiffrer par o en.

cigala *f* langoustine *f*.

cigarra *f* cigale *f*.

cigarrillo *m* cigarette *f*.

cigarro *m* **-1.** [cigarrillo] cigarette *f*. **-2.** [habano] cigare *m*.

cigüeña *f* cigogne *f*.

cigüeñal *m* arbre *m* à cames.

cilicio *m* cilice *m*.

cilindrada *f* cylindrée *f*.

cilíndrico, ca *adj* cylindrique.

cilindro *m* cylindre *m*.

cima *f* **-1.** [punta] cime *f*. **-2.** *fig* [apogeo] sommet *m*.

cimbrear *vt* **-1.** [vara, junco etc] faire vibrer. **-2.** [caderas] balancer.

cimentar *vt* **-1.** [edificio] creuser les fondations de; [ciudad] fonder. **-2.** *fig* [paz, unión] asseoir.

cimiento *m (gen pl)* **-1.** CONSTR : **los ~s** les fondations *fpl*. **-2.** *fig* [principio] : **echar los ~s de algo** jeter les bases de qqch.

cinc, zinc *m* zinc *m*.

cincel *m* ciseau *m (outil)*.

cincelar *vt* ciseler.

cincha *f* sangle *f*.

cincho *m* **-1.** [cinturón] ceinture en tissu. **-2.** [de tonel] cerceau *m*.

cinco *núm* cinq; **choca esos ~** *fig* serre-moi la pince; *ver también* **seis**.

cincuenta *núm* cinquante; *ver también* **sesenta**.

cincuentón, ona *m, f* quinquagénaire *mf*.

cine, cinema *m* cinéma *m*.

cineasta *mf* cinéaste *mf*.

cineclub *m* ciné-club *m*.

cinéfilo, la ◇ *adj* de cinéphile. ◇ *m, f* cinéphile *mf*.

cinema = **cine**.

cinemascope *m* CinémaScope® *m*.

cinematografía *f* cinématographie *f*.

cinematográfico, ca *adj* cinématographique.

cinematógrafo *m* cinématographe *m*.

cinerama *m* Cinérama® *m*.

cíngaro, ra, zíngaro, ra ◇ *adj* tsigane. ◇ *m, f* Tsigane *mf*.

cínico, ca *adj & m, f* cynique.

cinismo *m* cynisme *m*.

cinta *f* **-1.** [gen] ruban *m*; ~ **adhesiva** o **autoadhesiva** ruban adhésif; ~ **métrica** mètre-*m* ruban. **-2.** [de imagen, sonido] cassette *f*; ~ **de vídeo** cassette vidéo; ~ **magnética** o **magnetofónica** bande *f* magnétique. **-3.** [mecanismo] : ~ **(transportadora)** transporteur *m* à bande.

cintura *f* **-1.** [de persona] taille *f*. **-2.** [de traje] ceinture *f*.

cinturilla *f* gros grain *m*.

cinturón *m* **-1.** [gen & DEP] ceinture *f*. **-2.** [tipo de vía] périphérique *m*. ◆ **cinturón de seguridad** *m* ceinture *f* (de sécurité).

ciprés *m* cyprès *m*.

circense *adj* de cirque.

circo *m* cirque *m*.

circuito *m* **-1.** [gen, DEP & ELECTR] circuit *m*; [de bicicletas] piste *f*. **-2.** [contorno] périmètre *m*. ◆ **corto circuito** *m* court-circuit *m*.

circulación *f* circulation *f*.

circular[1] *adj & f* circulaire.

circular[2] *vi* **-1.** [gen] circuler; ~ **por** [persona, líquido] circuler dans; [vehículos] circuler sur. **-2.** [monedas] être en circulation.

circulatorio, ria *adj* circulatoire.

círculo *m* **-1.** [gen & GEOM] cercle *m*. **-2.** [corro] attroupement *m*. ◆ **círculo vicioso** *m* cercle *m* vicieux. ◆ **círculos** *mpl* [medios] milieux *mpl*.

circuncisión *f* circoncision *f*.

circundante *adj* environnant(e).

circundar *vt* entourer.

circunferencia *f* GEOM circonférence *f*.

circunscribir *vt* circonscrire. ◆ **circunscribirse** *vp* : ~**se a** s'en tenir à.

circunscripción *f* **-1.** [limitación] étroitesse *f*. **-2.** [distrito] circonscription *f*.

circunscrito, ta ◇ *pp irreg* → circunscri-bir. ◇ *adj* circonscrit(e).

circunstancia *f* **-1.** [gen & DER] circons-tance *f.* **-2.** [requisito] condition *f.*

circunstancial *adj* [accidental] fortuit(e).

circunvalar *vt* faire le tour de.

cirio *m* cierge *m*; **ser/montar un ~** *fig* être/faire toute une histoire.

cirrosis *f* cirrhose *f.*

ciruela *f* prune *f*; **~ pasa** pruneau *m.*

cirugía *f* chirurgie *f*; **~ estética** ○ **plástica** chirurgie esthétique ○ plastique.

cirujano, na *m, f* chirurgien *m*, -enne *f.*

cisco *m* **-1.** [carbón] poussier *m.* **-2.** *fam* [alboroto] grabuge *m.* **-3.** *loc* : **hecho ~** [persona] démoli; [cosa] déglingué; **tener los pies hechos ~** avoir les pieds en compote.

cisma *m* schisme *m.*

cisne *m* cygne *m.*

cisterna *f* **-1.** [de retrete] chasse *f* d'eau. **-2.** [aljibe, tanque] citerne *f.*

cistitis *f inv* cystite *f.*

cisura *f* fissure *f.*

cita *f* **-1.** [entrevista] rendez-vous *m*; **te-ner una ~** avoir rendez-vous. **-2.** [refe-rencia] citation *f.*

citación *f* citation *f.*

citar *vt* citer. ◆ **citarse** *vp* se donner rendez-vous.

cítara *f* cithare *f.*

citología *f* cytologie *f.*

cítrico, ca *adj* [ácido] citrique; **un fruto ~** un agrume. ◆ **cítricos** *mpl* agrumes *mpl.*

CiU (*abrev de* Convergència i Unió) *f coa-lition nationaliste catalane.*

ciudad *f* **-1.** [localidad] ville *f.* **-2.** [de-portiva] village *m.*

ciudadanía *f* **-1.** [nacionalidad] citoyen-neté *f.* **-2.** [población] : **la ~** les habitants *mpl.*

ciudadano, na ◇ *adj* citadin(e). ◇ *m, f* **-1.** [habitante] citadin *m*, -e *f.* **-2.** [súbdito] citoyen *m*, -enne *f.*

Ciudad de México, Ciudad de Méjico Mexico.

cívico, ca *adj* civique.

civil ◇ *adj lit & fig* courtois(e); **tener un comportamiento ~** se comporter cor-rectement. ◇ *m* **-1.** [no militar] civil *m.* **-2.** *fam* [Guardia Civil] *membre de la Guardia Ci-vil.*

civilización *f* civilisation *f.*

civilizado, da *adj* civilisé(e).

civilizar *vt* civiliser. ◆ **civilizarse** *vp* apprendre les bonnes manières.

civismo *m* **-1.** [urbanidad] civisme *m.* **-2.** [cortesía] civilité *f.*

cizaña *f* ivraie *f*; **meter** ○ **sembrar ~** *fig* semer la zizanie.

cl (*abrev de* centilitro) cl.

clamar ◇ *vt* clamer, crier; **~ justicia** de-mander justice. ◇ *vi* **-1.** [implorar] : **~ a** en appeler à. **-2.** [protestar] : **~ contra** crier à; **~ contra la injusticia** crier à l'in-justice.

clamor *m* clameur *f.*

clamoroso, sa *adj* retentissant(e).

clan *m* clan *m.*

clandestino, na *adj* clandestin(e).

claqué *m* : **el ~** les claquettes *fpl.*

claqueta *f* CIN clap *m.*

clara *f* → claro.

claraboya *f* lucarne *f.*

clarear ◇ *vt* éclairer. ◇ *v impers* **-1.** [ama-necer] poindre; **al ~ el día** au point du jour. **-2.** [despejarse] s'éclaircir. ◆ **cla-rearse** *vp* **-1.** [transparentarse] être trans-parent(e). **-2.** *fig* [descubrirse] se trahir; **su maldad se clarea en sus palabras** sa méchanceté transparaît dans ses paroles.

claridad *f* **-1.** [gen] clarté *f*; [de agua, dia-mante] pureté *f*; **me lo dijo con una ~ meridiana** il me l'a dit très clairement. **-2.** [lucidez] lucidité *f.*

clarificar *vt* clarifier; [tema, misterio] éclaircir.

clarín *m* clairon *m.*

clarinete ◇ *m* [instrumento] clarinette *f.* ◇ *mf* [persona] clarinettiste *mf.*

clarividencia *f* clairvoyance *f.*

claro, ra *adj* **-1.** [gen] clair(e); [imagen] net(nette); **tener la mente clara** avoir les idées claires; **una clara victoria** une franche victoire; **~ está que...** il est clair que...; **dejar ~ que...** faire comprendre que...; **a las claras** clairement; **poner** ○ **sacar en ~** tirer au clair; **pasar una no-che en ~** passer une nuit blanche. **-2.** [di-luido] léger(ère). **-3.** [poco tupido] clair-semé(e). ◆ **claro** *m* **-1.** [en multitud] vide *m*; [en bosque] clairière *f.* **-2.** METEOR éclair-cie *f.* **-3.** [en pintura] clair *m.* ◇ *adv* clai-rement. ◇ *interj* : **¡~ (está)!** bien sûr! ◆ **clara** *f* **-1.** [de huevo] blanc *m.* **-2.** [be-bida] panaché *m.* **-3.** [calvicie] : **tiene unas claras** il se dégarnit.

clase f -1. [gen] classe f; ~ **media/obrera** ○ **trabajadora** classe moyenne/ouvrière; ~ **preferente/turista** classe affaires/économique; **primera** ~ première classe. -2. [tipo] : **toda** ~ **de** toutes sortes de. -3. [manera de ser] genre m. -4. [asignatura] cours m; **dar** ~**s** [profesor] donner des cours; [alumno] suivre des cours; ~**s particulares** cours particuliers.

clásico, ca ◇ adj -1. [gen] classique. -2. [peculiar] : ~ **de** typique de. ◇ m, f classique m.

clasificación f classement m.

clasificar vt classer. ◆ **clasificarse** vp se classer; **se clasificó para la final** il s'est qualifié pour la finale.

clasista adj & mf élitiste.

claudicar vi -1. [someterse] abandonner. -2. [renunciar] : ~ **de** [deberes, principios] manquer à; [promesa, compromiso] faillir à.

claustro m -1. ARQUIT & RELIG cloître m. -2. [asamblea] réunion f; ~ **de profesores** conseil m de classe.

claustrofobia f claustrophobie f.

cláusula f -1. [artículo] clause f. -2. GRAM proposition f.

clausura f -1. [gen & RELIG] clôture f. -2. [de local] fermeture f.

clausurar vt -1. [acto] clôturer. -2. [local] fermer.

clavadista mf Amer plongeur m, -euse f.

clavado, da adj -1. [con clavos] cloué(e). -2. [en punto] sonnant(e). -3. [a la medida] : **ir** ~ aller comme un gant. -4. [parecido] : **ser** ~ **a alguien** être la copie conforme de qqn. -5. fam [inmóvil] planté(e); **permanecer** ~ **en la puerta** rester planté devant la porte. -6. fam [pasmado] : **me dejó** ~ il m'a scié.

clavar vt -1. [gen] planter; [con clavos] clouer. -2. fig [fijar] : ~ **la mirada/la atención en** fixer son regard/son attention sur. -3. fam fig [dejar pasmado] : ~ **en el suelo** clouer sur place. -4. mfam [cobrar] faire casquer. ◆ **clavarse** vp -1. [hincarse] : **me clavé un cristal en el pie** je me suis planté un bout de verre dans le pied. -2. Amer [bucear] plonger.

clave ◇ adj inv clef; **es el punto** ~ c'est l'élément clef. ◇ m MÚS clavecin m. ◇ f -1. [código] code m; **en** ~ codé(e). -2. [MÚS & solución] clef f.

clavel m œillet m.

clavetear vt -1. [adornar con clavos] clouter. -2. [poner clavos] clouer grossièrement.

clavicémbalo m clavecin m.

clavicordio m clavecin m.

clavícula f clavicule f.

clavija f -1. TECNOL & MÚS cheville f. -2. ELECTR fiche f.

clavo m -1. [pieza metálica] clou m; **agarrarse a un** ~ **ardiendo** être prêt(e)à tout (pour s'en sortir); **como un** ~ pile à l'heure; **dar en el** ~ mettre dans le mille. -2. BOT & CULIN clou m de girofle. -3. MED broche f.

claxon m Klaxon® m.

clemencia f clémence f.

clemente adj lit & fig clément(e).

cleptómano, na adj, m, f cleptomane mf.

clerical adj & mf clérical(e).

clérigo m prêtre m.

clero m clergé m.

cliché, clisé m lit & fig cliché m.

cliente, ta m, f client m, -e f.

clientela f clientèle f.

clima m lit & fig climat m .

climatizado, da adj climatisé(e).

climatizar vt climatiser.

climatología f climatologie f.

clímax m point m culminant.

clínico, ca adj clinique; [informe, material etc] médical(e). ◆ **clínica** f clinique f.

clip m -1. [para papel] trombone m. -2. [para cabello] pince f. -3. [pendiente, videoclip] clip m.

clisé = cliché.

clítoris m clitoris m.

cloaca f égout m.

cloquear vi glousser.

cloro m chlore m.

clorofila f chlorophylle f.

cloroformo m chloroforme m.

clown m clown m.

club (pl **clubs** ○ **clubes**) m club m; ~ **de fans** fan club; ~ **náutico** yacht-club m.

cm (abrev de **centímetro**) cm.

CNT (abrev de **Confederación Nacional del Trabajo**) f syndicat espagnol.

Co. (abrev de **compañía**) Cie.

coacción f pression f.

coaccionar vt : ~ **a alguien a** ○ **para hacer algo** faire pression sur qqn pour lui faire faire qqch.

coagular vt coaguler; [leche] cailler.
◆ **coagularse** vp (se) coaguler; [leche] (se) cailler.

coágulo m caillot m.

coalición f coalition f.

coaligar = coligar.

coartada f alibi m.

coartar vt entraver; [sentimiento] brider.

coautor, ra m, f coauteur m.

coba f fam [halago] lèche f; **dar ~ a alguien** passer de la pommade à qqn.

cobalto m cobalt m.

cobarde adj & mf lâche.

cobardía f lâcheté f.

cobertizo m **-1.** [tejado adosado] auvent m. **-2.** [barraca] remise f.

cobertura f couverture f; **~ informativa** PRENSA couverture d'un événement.

cobija f Amer [manta] couverture f.

cobijar vt abriter. ◆ **cobijarse** vp **-1.** [gen] se réfugier. **-2.** [de las intemperies] s'abriter.

cobijo m refuge m; [contra las intemperies] abri m; **dar ~ a alguien** héberger qqn.

cobra f [serpiente] cobra m.

cobrador, ra m, f [del autobús] receveur m, -euse f; [de facturas, recibos] encaisseur m.

cobrar ◇ vt **-1.** [deuda, cheque] encaisser; [sueldo] toucher; **¿me cobra, por favor?** je vous dois combien s'il vous plaît?; **me han cobrado muy caro** on m'a pris très cher. **-2.** [adquirir] : **~ importancia** prendre de l'importance. **-3.** [sentir] : **~ afecto a alguien** prendre qqn en affection. ◇ vi **-1.** [en el trabajo] être payé(e). **-2.** fam [recibir paliza] : **¡vas a ~!** tu vas t'en ramasser une! ◆ **cobrarse** vp [suj : accidente etc] se solder par.

cobre m **-1.** [gen] cuivre m. **-2.** Amer sou m; **no tener un ~** ne pas avoir un sou.

cobrizo, za adj **-1.** [color, piel] cuivré(e). **-2.** [metal] cuivreux(euse).

cobro m encaissement m.

coca f **-1.** [planta] coca f. **-2.** fam [cocaína] coke f.

cocaína f cocaïne f.

cocción f cuisson f.

cóccix, coxis m coccyx m.

cocear vi ruer.

cocer vt cuire. ◆ **cocerse** vp **-1.** [comida] cuire; **a medio ~se** à mi-cuisson. **-2.** fig [plan] se tramer.

coche m voiture f; **~ cama** [de tren] wagon-lit m; **~ celular** fourgon m cellulaire; **~ de alquiler/de bomberos/de carreras** voiture de location/de pompiers/de course; **~ familiar** break m; **~ restaurante** [de tren] wagon-restaurant m. ◆ **coche bomba** m voiture f piégée.

cochera f [de coches] garage m; [de autobuses, tranvías] dépôt m.

cochinada f fam fig [porquería, grosería] cochonnerie f; [mala jugada] vacherie f.

cochinilla f **-1.** [crustáceo] cloporte m. **-2.** [insecto] cochenille f.

cochinillo m cochon m de lait.

cochino, na ◇ adj **-1.** [persona] dégoûtant(e). **-2.** [tiempo] de cochon; [dinero] : **¡este ~ dinero!** l'argent, toujours l'argent! ◇ m, f [animal] cochon m, truie f.

cocido m pot-au-feu m .

cociente m quotient m.

cocina f **-1.** [habitación, arte] cuisine f; **~ de mercado** cuisine du marché. **-2.** [electrodoméstico] cuisinière f.

cocinar ◇ vt cuisiner. ◇ vi faire la cuisine, cuisiner.

cocinero, ra m, f cuisinier m, -ère f.

cocker m cocker m.

cocktail = cóctel.

coco m **-1.** [árbol] cocotier m; [fruto] noix f de coco. **-2.** fam [cabeza] caboche f; **comerse el ~** fam se prendre la tête. **-3.** fam [fantasma] Père m fouettard.

cocodrilo m crocodile m.

cocotero m cocotier m.

cóctel, coctel, cocktail m cocktail m. ◆ **cóctel molotov** m cocktail m Molotov.

coctelera f shaker m.

codazo m coup m de coude; **abrirse paso a ~s** jouer des coudes.

codear vt pousser du coude. ◆ **codearse** vp : **~se (con)** fréquenter.

codera f **-1.** [gen] coude m (pièce de cuir). **-2.** DEP coudière f.

codicia f **-1.** [de riqueza] cupidité f; **mirar con ~** convoiter du regard. **-2.** fig [de aprender, saber] : **~ (de)** soif f (de).

codiciar vt convoiter.

codicioso, sa adj avide.

codificar vt **-1.** [gen & INFORM] coder. **-2.** [ley] codifier.

código m **-1.** [gen] code m; **~ civil/penal** code civil/pénal; **~ de barras** code-barres m; **~ de circulación** code de la route; **~ de identificación fiscal** code d'identification fiscale *(attribué aux entreprises en Espagne)*; ~ **postal** code postal. **-2.** INFORM: ~ **máquina** langage *m* machine.

codillo *m* **-1.** [gen & CULIN] épaule *f*. **-2.** [de tubería] coude *m*.

codo *m* **-1.** [en brazo, tubería] coude *m*; **estaba de ~s sobre la mesa** il était accoudé à la table. **-2.** [medida] coudée *f*. **-3.** *loc* : ~ **con** ~, ~ **a** ~ coude à coude; **empinar el ~** *fam* lever le coude; **hablar por los ~s** *fam* être un moulin à paroles.

codorniz *f* caille *f*.

COE *(abrev de* Compañías de Operaciones Especiales) *fpl* corps d'élite de l'armée espagnole.

coeficiente *m* **-1.** [índice] coefficient *m*. **-2.** [grado, índice] taux *m*; ~ **intelectual** o **de inteligencia** quotient *m* intellectuel.

coercer *vt* limiter.

coetáneo, a *adj* contemporain(e).

coexistir *vi* coexister.

cofia *f* coiffe *f*.

cofradía *f* **-1.** [religiosa] confrérie *f*. **-2.** [no religiosa] corporation *f*.

cofre *m* **-1.** [para joyas] coffret *m*. **-2.** [arca] coffre *m*.

coger ◇ *vt* **-1.** [gen] prendre; ~ **el avión** prendre l'avion; ~ **a alguien de** o **por la mano** prendre qqn par la main; **le fui cogiendo cariño** je me suis pris d'affection pour lui. **-2.** [ladrón, pez, gripe etc] attraper. **-3.** [vehículo, persona] rattraper. **-4.** [frutos, flores] cueillir. **-5.** [suj : coche] renverser; [suj : toro] encorner. **-6.** [entender] saisir; **no cogió el chiste** il n'a pas compris la plaisanterie. **-7.** [sorprender] : **me cogió la lluvia** la pluie m'a surpris. **-8.** [encontrar] : **lo cogí de buen humor** je suis bien tombé, il était de bonne humeur. **-9.** [emisora] capter. **-10.** *Amer vulg* [fornicar] baiser. ◇ *vi* **-1.** [situarse] : ~ **cerca/lejos (de)** être près/loin (de). **-2.** [dirigirse] : ~ **a la derecha/a la izquierda** prendre à droite/à gauche. **-3.** *loc* : **cogió y se fue** il est parti sans faire ni una ni deux. ◆ **cogerse** *vp* **-1.** [agarrarse] s'accrocher; ~**se de** o **a algo** s'accrocher à qqch. **-2.** [pillarse, tomarse] se prendre; ~**se los dedos en la puerta** se prendre les doigts dans la porte.

cogida *f* **-1.** [de torero] coup *m* de corne. **-2.** [de frutos] cueillette *f*.

cognac = **coñá**.

cogollo *m* **-1.** [de lechuga, col etc] cœur *m*. **-2.** [de árbol, planta] bourgeon *m*.

cogorza *f fam* cuite *f*.

cogote *m fam* [nuca] colback *m*.

cohabitar *vi* : ~ **con alguien** vivre avec qqn.

cohecho *m* corruption *f*.

coherencia *f* cohérence *f*.

coherente *adj* cohérent(e).

cohesión *f* cohésion *f*.

cohete *m* fusée *f*.

cohibido, da *adj* intimidé(e).

cohibir *vt* intimider. ◆ **cohibirse** *vp* se laisser intimider.

COI *(abrev de* Comité Olímpico Internacional) *m* CIO *m*.

coima *f Amer fam* pot-de-vin *m*.

coincidencia *f* coïncidence *f*.

coincidir *vi* **-1.** [gen] coïncider; [versiones] se recouper; [fechas] concorder. **-2.** [dos personas] se retrouver. **-3.** [estar de acuerdo] être d'accord; **todos coinciden en que...** tout le monde s'accorde à dire que...; **todos coinciden en los gustos** ils ont tous les mêmes goûts.

coito *m* coït *m*.

cojear *vi* **-1.** [persona] boiter. **-2.** [mueble] être bancal(e). **-3.** *fig* [negocio etc] battre de l'aile; ~ **de** se ressentir de.

cojera *f* boiterie *f*.

cojín *m* coussin *m*.

cojinete *m* [en un eje] palier *m*; ~ **de bolas** roulement *m* à billes; [en un riel del ferrocarril] coussinet *m*.

cojo, ja ◇ *adj* **-1.** [persona] boiteux(euse). **-2.** [mueble, razonamiento, frase] bancal(e). ◇ *m, f* boiteux *m*, -euse *f*.

cojón *m (gen pl) vulg* couille *f*. ◆ **cojones** *interj vulg* **¡cojones!** [enfado] bordel!

cojonudo, da *adj vulg* super.

cojudez *f Amer mfam* connerie *f*.

cojudo, da *adj Amer mfam* con *m*, conne *f*.

col *f* chou *m*; ~ **de Bruselas** chou de Bruxelles.

cola *f* **-1.** [gen] queue *f*; **hacer** ~ faire la queue; ~ **de caballo** [peinado] queue de cheval. **-2.** [de vestido] traîne *f*. **-3.** [pegamento] colle *f*. **-4.** [bebida] Coca® *m*. **-5.** *loc* : **tener** o **traer** ~ avoir des répercussions.

colaboración *f* collaboration *f*.

colaborador, ra ◇ *adj* coopératif(ive). ◇ *m, f* collaborateur *m*, -trice *f*.

colaborar *vi* **-1.** [gen] : ~ **(en/con)** collaborer (à/avec). **-2.** [contribuir] : ~ **a que** contribuer à ce que.

colación *f* [para comer] collation *f*; **sacar ○ traer a ~** *fig* faire mention de.

colado, da *adj* **-1.** [líquido] filtré(e). **-2.** *fig* [enamorado] : **estar ~ por alguien** *fam* en pincer pour qqn. **◆ colada** *f* [ropa] lessive *f*; **hacer la colada** faire la lessive.

colador *m* passoire *f*.

colapsar *vt* paralyser. ◇ *vi* s'effondrer.

colapso *m* **-1.** MED baisse *f* de tension. **-2.** [de tráfico] : **provocar el ~ del tráfico** paralyser la circulation. **-3.** [de actividad] effondrement *m*.

colar ◇ *vt* **-1.** [un líquido] filtrer; [leche] passer. **-2.** [dinero falso] écouler; [mentira] faire croire à. **-3.** [por sitio estrecho] glisser, introduire. ◇ *vi* [cosa falsa] prendre; **su mentira no cuela** son mensonge ne prend pas; **esto no cuela** c'est louche. **◆ colarse** *vp* **-1.** [líquido] : **~se (por ○ en)** s'infiltrer (dans). **-2.** [en un sitio] se faufiler; [en una fiesta etc] s'incruster; **~se en una cola** resquiller. **-3.** *fam* [por error] se planter.

colateral *adj* collatéral(e).

colcha *f* couvre-lit *m*.

colchón *m* matelas *m*.

colchoneta *f* [para playa] matelas *m* pneumatique; [en gimnasio] tapis *m* de sol.

cole *m fam* bahut *m* (collège).

colear *vi* **-1.** [animal] remuer la queue. **-2.** *fig* : **el asunto todavía colea** l'affaire n'est pas close.

colección *f lit & fig* collection *f*.

coleccionable ◇ *adj* détachable. ◇ *m* supplément *m* détachable.

coleccionar *vt* collectionner.

coleccionista *mf* collectionneur *m*, -euse *f*.

colecta *f* collecte *f*.

colectividad *f* collectivité *f*; **la ~ agrícola** l'ensemble *m* des agriculteurs.

colectivo, va *adj* collectif(ive). **◆ colectivo** *m* **-1.** [gen] ensemble *m*; **~ médico** profession *f* médicale. **-2.** [de investigación] groupe *m* d'étude, comité *m*.

colector, ra ◇ *adj* collecteur(trice). ◇ *m*, *f* receveur *m*, -euse *f*; **~ de contribuciones** receveur des contributions. **◆ colector** *m* collecteur *m*; **~ de basuras** vide-ordures *m inv*.

colega *mf* **-1.** [compañero profesional] collègue *mf*; [abogado, médico etc] confrère *m*, consœur *f*. **-2.** *fam* [amigo] pote *m*.

colegiado, da *adj* inscrit(e)(à l'ordre professionnel). **◆ colegiado** *m* DEP arbitre *m*.

colegial, la *m*, *f* collégien *m*, -enne *f*. **◆ colegial** *adj* scolaire.

colegio *m* **-1.** [de niños] école *f*. **-2.** [de profesionales] corporation *f*; [de abogados, médicos] ordre *m*; **~ profesional** association *f* professionnelle.

cólera ◇ *m* MED choléra *m*. ◇ *f* [ira] colère *f*; **montar en ~** prendre une colère.

colérico, ca *adj* **-1.** [carácter] coléreux(euse). **-2.** MED cholérique.

colesterol *m* cholestérol *m*.

coleta *f* [de pelo] couette *f*.

coletilla *f* [en una carta] petite note *f*.

colgado, da ◇ *adj* **-1.** [gen] : **~ (de)** pendu (à). **-2.** [teléfono] raccroché(e). **-3.** *fam fig* [abandonado] : **dejar ~ a alguien** *fam* laisser qqn en rade; **estar ~** *fam* être taré. ◇ *m*, *f fam* **ser un ~** être nase.

colgador *m* [para secar la ropa] étendoir *m*.

colgante ◇ *adj* suspendu(e). ◇ *m* [de pulsera, broche etc] breloque *f*; [de cadena, collar] pendentif *m*.

colgar ◇ *vt* **-1.** [gen] pendre; [cuadro] accrocher; [ropa] étendre; **~ el teléfono** raccrocher. **-2.** [imputar] : **~ algo a alguien** mettre qqch sur le dos de qqn. **-3.** [ocupación, profesión] laisser tomber. **-4.** [suspender en examen] coller. ◇ *vi* **-1.** [gen] : **~ (de)** pendre (à). **-2.** [hablando por teléfono] raccrocher. **◆ colgarse** *vp* : **~se (de)** se suspendre (à), se pendre (à).

colibrí (*pl* **colibríes**) *m* colibri *m*.

cólico *m* colique *f*.

coliflor *f* chou-fleur *m*.

coligar, coaligar *vt* rapprocher; **~ dos países** resserrer les liens entre deux pays.

colilla *f* mégot *m*.

colimba *f* *Amer fam* service *m* (militaire).

colina *f* colline *f*.

colindante *adj* [país, pueblo etc] limitrophe; [casa] voisin(e).

colisión *f* **-1.** [de vehículos] collision *f*. **-2.** *fig* [de ideas, personas] affrontement *m*.

colisionar *vi* [it & fig] : **~ contra** heurter.

collage *m* collage *m*.

collar *m* collier *m*.

collarín *m* minerve *f*.

colmado, da *adj* plein(e), rempli(e). **◆ colmado** *m* épicerie *f*.

colmar *vt* **-1.** [recipiente] remplir à ras bord. **-2.** *fig* [aspiración, deseo] combler.

colmena *f* ruche *f*.

colmillo *m* -1. [de una persona] **canine** *f*. -2. [de animal] **croc** *m*. -3. [de elefante] **défense** *f*.

colmo *m* comble *m* .

colocación *f* -1. [gen] emplacement *m*. -2. *fig* [contratación] placement *m*. -3. [empleo] place *f*.

colocado, da *adj* -1. [gen] placé(e); **estar muy bien** ~ [en empresa etc] avoir une bonne place. -2. *fam* [de alcohol, drogas] raide.

colocar *vt* -1. [gen] placer; ~ **a alguien en...** [dar empleo] placer qqn chez... -2. [en una posición] mettre; ~ **algo al revés** mettre qqch à l'envers. ◆ **colocarse** *vp* -1. [en un trabajo] trouver une place. -2. *fam* [con drogas] se défoncer; [con alcohol] prendre une cuite.

colofón *m* -1. [de carrera etc] couronnement *m*. -2. [de libro] achevé *m* d'imprimer.

Colombia Colombie *f*.

colombiano, na ◇ *adj* colombien(enne). ◇ *m, f* Colombien *m*, -enne *f*.

colon *m* côlon *m*.

colonia *f* -1. [gen] colonie *f*. -2. [de niños] colonie *f* de vacances. -3. [perfume] eau *f* de Cologne. -4. *Amer* quartier *m*, ≃ arrondissement; ~ **proletaria** bidonville *m*.

colonial *adj* colonial(e).

colonización *f* colonisation *f*.

colonizador, ra *adj & m, f* colonisateur(trice).

colonizar *vt* coloniser.

colono *m* colon *m*.

coloquial *adj* parlé(e)*(langue)*.

coloquio *m* -1. [conversación] discussion *f*. -2. [debate] colloque *m*.

color *m* -1. [gen] couleur *f*; **de** ~ **de couleur; en** ~ en couleurs; **lleno de** ~ *fig* [escena] coloré(e). -2. [aspecto] jour *m*.

colorado, da *adj* [rojo] rouge; **poner** ~ **a alguien** faire rougir qqn; **ponerse** ~ rougir. ◆ **colorado** *m* [color] rouge *m*.

colorante ◇ *adj* colorant(e). ◇ *m* [para teñir] colorant *m*.

colorear *vt* colorier.

colorete *m* blush *m*, fard *m* à joues.

colorido *m* [de dibujo etc] coloris *m*; [de paisaje] couleur *f*.

colorista *adj* [gen] varié(e).

colosal *adj* colossal(e).

coloso *m* -1. [estatua] colosse *m*. -2. *fig* [cosa, persona] géant *m*, -e *f*.

columna *f* -1. [gen & ARQUIT] colonne *f*. -2. *fig* [pilar] pilier *m* . ◆ **columna vertebral** *f* colonne *f* vertébrale.

columnata *f* colonnade *f*.

columnista *mf* chroniqueur *m*, -euse *f*.

columpiar *vt* balancer. ◆ **columpiarse** *vp* se balancer.

columpio *m* balançoire *f*.

coma ◇ *m* MED coma *m*; **en** ~ dans le coma. ◇ *f* GRAM virgule *f*.

comadreja *f* belette *f*.

comadrona *f* sage-femme *f*.

comandancia *f* -1. [rango] grade *m* de commandant; [cargo] charge *f* de commandant. -2. [edificio] bureau *m* du commandant.

comandante *m* commandant *m* .

comandar *vt* MIL commander.

comando *m* MIL commando *m* .

comarca *f* région *f*.

comba *f* corde *f* à sauter; **jugar a la** ~ sauter à la corde.

combar *vt* faire ployer. ◆ **combarse** *vp* ployer.

combate *m* combat *m* .

combatiente *mf* combattant *m*, -e *f*.

combatir ◇ *vi*: ~ **(contra)** combattre (contre). ◇ *vt* combattre.

combativo, va *adj* combatif(ive).

combi *m* [frigorífico] réfrigérateur-congélateur *m*.

combinación *f* -1. [gen, QUÍM & MAT] combinaison *f*. -2. [bebida] cocktail *m*. -3. [plan] manœuvre *f*. -4. [de enlace] : **tener buena** ~ ne pas avoir beaucoup de changements *(en métro)*.

combinado *m* -1. [bebida] cocktail *m*; [helado] assortiment *m* de glaces. -2. DEP équipe *f* de sélection. -3. *Amer* [radiograma] combiné *m* (avec radio et platine).

combinar *vt* -1. [mezclar] combiner. -2. [armonizar] assortir. -3. [planificar] organiser.

combustible *adj & m* combustible.

combustión *f* combustion *f* .

comecocos *m inv fam* -1. [convincente] : **ser un** ~ prendre la tête. -2. [difícil de comprender] casse-tête *m*.

comedia *f* -1. [gen] comédie *f*. -2. *fig* [engaño] farce *f*.

comediante, ta *m, f inv lit & fig* comédien *m*, -enne *f*.

comedido, da *adj* réservé(e).

comedirse *vp* être réservé(e).

comedor *m* salle *f* à manger; ~ **de empresa** restaurant *m* d'entreprise.

comensal *mf* convive *mf*.

comentar *vt* commenter; **se lo comentaré** je lui en parlerai.

comentario *m* commentaire *m*. ◆ **comentarios** *mpl* [murmuraciones] commentaires *mpl* (malveillants).

comentarista *mf* commentateur *m*, -trice *f*.

comenzar ◇ *vt* commencer; ~ **a hacer algo** commencer à faire qqch; ~ **haciendo algo** commencer par faire qqch. ◇ *vi* commencer.

comer ◇ *vi* manger; [al mediodía] déjeuner; [por la noche] dîner. ◇ *vt* -1. [gen] manger. -2. [energía etc] consommer; [colores] ternir. -3. [en juegos de tablero] prendre. -4. *fig* [suj : celos etc] dévorer. ◆ **comerse** *vp* -1. [gen] manger. -2. [gastar – metal] ronger; [– fortuna] engloutir. -3. [en juegos de tablero] prendre. -4. *fig* [palabras de alguien] boire. -5. *fam* [letras, sílabas] avaler; [líneas, palabras] sauter. -6. *Amer vulg* [fornicar] : ~**se a alguien** baiser qqn.

comercial *adj* commercial(e); [zona, calle] commerçant(e).

comercializar *vt* commercialiser.

comerciante *mf* commerçant *m*, -e *f*.

comerciar *vi* commercer; ~ **con** [persona, país, empresa] faire du commerce avec.

comercio *m* commerce *m*; ~ **exterior/interior** commerce extérieur/intérieur.

comestible *adj* comestible. ◆ **comestibles** *mpl* alimentation *f*.

cometa ◇ *m* ASTRON comète *f*. ◇ *f* cerf-volant *m*.

cometer *vt* commettre.

cometido *m* -1. [objetivo] objectif *m*. -2. [deber] devoir *m*.

comezón *f* -1. [picor] démangeaison *f*. -2. *fig* [sentimiento] : **sentir la** ~ **de algo** être torturé(e) par qqch; **sentía** ~ **por hablar** ça le démangeait de parler.

cómic (*pl* **cómics**), **comic** (*pl* **comics**) *m* bande *f* dessinée.

comicidad *f* comique *m*.

comicios *mpl* élections *fpl*.

cómico, ca ◇ *adj* comique. ◇ *m, f* [actor] comique *m*.

comida *f* -1. [alimento] nourriture *f*. -2. [almuerzo, cena etc] repas *m*; [al mediodía] déjeuner *m*.

comidilla *f fam* **ser la** ~ être l'objet de tous les potins.

comienzo *m* commencement *m*, début *m*.

comillas *fpl* guillemets *mpl*; **entre** ~ entre guillemets.

comino *m* [planta] cumin *m*; **me importa un** ~ *fig* je m'en fiche complètement.

comisaría *f* commissariat *m*.

comisario, ria *m, f* commissaire *m* .

comisión *f* -1. [recargo, delegación] commission *f*; **(trabajar) a** ~ (travailler) à la commission; ~ **investigadora** commission d'enquête. -2. [acción] : **acusado de la** ~ **de delitos** accusé d'avoir commis des délits.

comisura *f* commissure *f*.

comité *m* comité *m*.

comitiva *f* cortège *m*.

como ◇ *adv* -1. [gen] comme; **vive** ~ **un rey** il vit comme un roi; **lo he hecho** ~ **es debido** je l'ai fait comme il faut; ~ **te lo decía ayer** comme je te le disais hier; **es tan alto** ~ **yo** il est aussi grand que moi. -2. [en calidad de] comme, en tant que; **asiste a las clases** ~ **oyente** il assiste aux cours comme auditeur libre; ~ **periodista tengo una opinión muy diferente sobre el tema** en tant que journaliste j'ai un avis très différent sur le sujet. -3. [aproximadamente] à peu près, environ; **me quedan** ~ **mil pesetas** il me reste à peu près mille pesetas. ◇ *conj* -1. [ya que] comme; ~ **no llegabas, nos fuimos** comme tu n'arrivais pas, nous sommes partis. -2. [si] si; ¡~ **vuelvas a hacerlo!** si jamais tu recommences! -3. [que] que; **verás** ~ **vas a ganar** tu vas voir que tu vas gagner. ◆ **como que** *loc conj* [que] que; **le pareció** ~ **que lloraban** il lui sembla qu'ils pleuraient. ◆ **como quiera que** *loc conj* [de cualquier modo que] de quelque façon que; ~ **quiera que se vista, siempre va bien** quoi qu'elle mette, elle est toujours bien habillée; ~ **quiera que sea** quoi qu'il en soit. ◆ **como si** *loc conj* comme si.

cómo ◇ *adv* -1. [de qué modo, por qué motivo] comment; ¿~ **lo has hecho?** comment l'as-tu fait?; ¿~ **te llamas?** comment t'appelles-tu?; **no sé** ~ **has podido decir eso** je ne sais pas comment tu as pu dire ça; ¿**a** ~ **están los tomates?** à combien sont les tomates?; ¿~? [qué dices] comment? -2. [exclamativo] comme; ¡~ **pasan los años!** comme les années passent!; ¡~ **no!** bien sûr! ◇ *m* : **el** ~ **y el**

porqué le comment et le pourquoi. ◇ *interj* : ¡~! comment!

cómoda *f* commode *f*.

comodidad *f* : **es una gran ~** c'est très pratique. ◆ **comodidades** *fpl* confort *m*.

comodín *m* **-1.** [naipe] joker *m*. **-2.** [cosa] passe-partout *m*; [persona] homme *m* à tout faire.

cómodo, da *adj* **-1.** [confortable] confortable. **-2.** [fácil, oportuno] pratique. **-3.** [a gusto] : **sentirse ~** être à l'aise.

comodón, ona *adj & m, f fam* flemmard(e).

comoquiera *adv* [de cualquier manera] n'importe comment; **~ que...** de quelque façon que...

compa *mf Amer fam* [amigo] copain *m*, copine *f*.

compactar *vt* **-1.** [gen] réduire. **-2.** [lana] faire rétrécir.

compact disc = compact disk.

compact disk, compact disc *m* [disco] Compact Disc® *m*, disque *m* laser; [aparato] platine *f* laser.

compacto, ta *adj* **-1.** [gen] compact(e). **-2.** *fig* [escritura] serré(e).

compadecer *vt* avoir pitié de; **te compadezco** je compatis. ◆ **compadecerse** *vp* : **~se de alguien** plaindre qqn.

compadrear *vi Amer* se vanter.

compadreo *m Amer* camaraderie *f*.

compaginar *vt* **-1.** [combinar] concilier. **-2.** [en imprenta] mettre en pages. ◆ **compaginarse** *vp* : **~se con** aller de pair avec.

compañerismo *m* camaraderie *f*.

compañero, ra *m, f* **-1.** [pareja, acompañante] compagnon *m*, compagne *f*. **-2.** [de trabajo] collègue *mf*; [de estudios] camarade *mf*. **-3.** [par] pendant *m*; **he perdido el ~ de este guante** j'ai perdu l'autre gant.

compañía *f* **-1.** [gen] compagnie *f*; **en ~ de** en compagnie de; **hacer ~ a alguien** tenir compagnie à qqn. **-2.** [empresa] société *f*; **~ multinacional** société multinationale; **~ de seguros** compagnie *f* d'assurances.

comparación *f* comparaison *f*; **en ~ con** par rapport à; **sin ~** de loin; **es el más fuerte sin ~** il est de loin le plus fort.

comparar *vt* : **~ con** comparer (à).

comparativo, va *adj* comparatif(ive).

comparecer *vi* **-1.** DER comparaître. **-2.** [aparecer] se présenter.

comparsa ◇ *f* **-1.** TEATR figurants *mpl*. **-2.** [en carnaval] troupe de compagnons qui chantent pour critiquer les notables de leur ville ou de leur village. ◇ *mf* **-1.** TEATR figurant *m*, -e *f*. **-2.** *fig* [persona] subalterne *m*.

compartimento, compartimiento *m* compartiment *m*.

compartir *vt* partager.

compás *m* **-1.** [gen & NÁUT] compas *m*. **-2.** [MÚS & período] mesure *f*; [ritmo] rythme *m*; **al ~** en rythme; **llevar/perder el ~** tenir/perdre le rythme; **marcar el ~** battre la mesure.

compasión *f* compassion *f*.

compasivo, va *adj* compatissant(e).

compatibilidad *f* compatibilité *f*.

compatibilizar *vt* rendre compatible.

compatible *adj* [gen & INFORM] compatible.

compatriota *mf* compatriote *mf*.

compendiar *vt* résumer.

compendio *m* **-1.** [libro] précis *m*. **-2.** *fig* [síntesis] : **se considera como un ~ de virtudes** à l'entendre, c'est la vertu personnifiée.

compenetración *f* entente *f*.

compenetrarse *vp* se compléter.

compensación *f* **-1.** [contrapartida & BANCA] compensation *f*; **en ~ (por)** en échange (de). **-2.** [indemnización] dédommagement *m*.

compensar *vt* **-1.** [valer la pena] : **no me compensa (perder tanto tiempo)** ça ne vaut pas la peine (que je perde tant de temps); **ver a sus hijos sanos le compensaba de tantos sacrificios** voir ses enfants en bonne santé le récompensait de tous ses sacrifices. **-2.** [indemnizar] : **~ a alguien (de ○ por)** dédommager qqn (de).

competencia *f* **-1.** [gen & ECON] concurrence *f*. **-2.** [incumbencia] : **no es de mi ~** cela n'est pas de mon ressort. **-3.** [aptitud] compétence *f*. **-4.** [atribuciones] attribution *f*.

competente *adj* compétent(e).

competer *vi* : **~ a** incomber à.

competición *f* **-1.** [lucha] lutte *f*. **-2.** DEP compétition *f*.

competidor, ra *adj & m, f* concurrent(e).

competir *vi* **-1.** [entre personas] : **~ (por/con)** concourir (pour/avec), être en compétition (pour/avec). **-2.** [entre empresas, productos] : **~ (con)** faire concurrence (à).

competitividad f compétitivité f.

competitivo, va adj **-1.** [capaz de competir] compétitif(ive); [donde hay competencias] concurrentiel(elle). **-2.** [de la competición] de compétition.

compilar vt [gen & INFORM] compiler; [información] rassembler.

compinche mf fam acolyte m.

complacencia f **-1.** [agrado] plaisir m, satisfaction f. **-2.** [indulgencia] complaisance f.

complacer vt **-1.** [dar satisfacción] rendre heureux(euse); **me complace verlo** je suis heureuse de le voir. **-2.** [acceder a los deseos] : ~ **a alguien** faire plaisir à qqn.

complaciente adj **-1.** [amable] prévenant(e). **-2.** [indulgente] complaisant(e).

complejo, ja adj complexe. ◆ **complejo** m complexe m; ~ **(industrial)** complexe industriel.

complementar vt compléter. ◆ **complementarse** vp se compléter.

complementario, ria adj complémentaire.

complemento m complément m.

completar vt compléter.

completo, ta adj complet(ète); **por** ~ complètement, en entier.

complexión f constitution f.

complicación f **-1.** [gen] complication f. **-2.** [complejidad] complexité f.

complicado, da adj **-1.** [difícil] compliqué(e). **-2.** [comprometido] : ~ **(en)** impliqué (dans).

complicar vt **-1.** [dificultar] compliquer. **-2.** [comprometer] : ~ **(en)** impliquer (dans). ◆ **complicarse** vp se compliquer.

cómplice mf complice mf.

complicidad f complicité f; **de** ~ [mirada] complice.

compló (pl **complós**), **complot** (pl **complots**) m complot m.

componente ◇ adj composant(e). ◇ m **-1.** [gen & ELECTR] composant m. **-2.** [persona] membre m.

componer vt **-1.** [gen] composer. **-2.** [arreglar] arranger; [algo roto] réparer. **-3.** [adornar – cosa] décorer; [– persona] parer. ◆ **componerse** vp **-1.** [estar formado] : ~se de se composer de. **-2.** [engalanarse] se parer.

comportamiento m comportement m.

comportar vt impliquer. ◆ **comportarse** vp se conduire.

composición f composition f.

compositor, ra m, f compositeur m, -trice f.

compostura f **-1.** [de algo roto] réparation f; [de algo descosido] raccommodage m. **-2.** [de persona] maintien m; [de rostro] expression f. **-3.** [en el comportamiento] circonspection f.

compota f CULIN compote f.

compra f **-1.** [gen] achat m; **ir de** ~s aller faire des courses; ~ **a plazos** COM achat à tempérament. **-2.** [de comestibles] : **hacer la** ~ faire son marché; **ir a la** ~ aller au marché.

comprador, ra adj & m, f acheteur(euse).

comprar vt acheter.

compraventa f achat m et vente.

comprender vt comprendre. ◆ **comprenderse** vp [entre personas] se comprendre.

comprensión f compréhension f.

comprensivo, va adj compréhensif(ive).

compresa f **-1.** [para herida] compresse f. **-2.** [para menstruación] serviette f hygiénique.

comprimido, da adj comprimé(e). ◆ **comprimido** m comprimé m.

comprimir vt comprimer.

comprobante m **-1.** [documento] pièce f justificative. **-2.** [recibo] reçu m.

comprobar vt vérifier.

comprometer vt **-1.** [poner en peligro] compromettre. **-2.** [avergonzar] faire honte. **-3.** [hacer responsable] impliquer; ~ **a alguien (a hacer algo)** engager qqn (à faire qqch). ◆ **comprometerse** vp **-1.** [gen] : ~se **(a hacer algo/en algo)** s'engager (à faire qqch/dans qqch). **-2.** [novios] se fiancer.

comprometido, da adj **-1.** [con una idea] engagé(e). **-2.** [difícil] délicat(e).

compromiso m **-1.** [obligación] engagement m; ~ **matrimonial** promesse f de mariage. **-2.** [cita] : **tengo un** ~ je suis pris, je ne suis pas libre. **-3.** [acuerdo] compromis m. **-4.** [dificultad] embarras m.

compuerta f vanne f.

compuesto, ta ◇ pp irreg → **componer**. ◇ adj **-1.** [gen] composé(e); ~ **de** composé de. **-2.** [persona] paré(e).

compulsar vt **-1.** [cotejar] confronter avec l'original. **-2.** [hacer una copia] faire une copie conforme de.

compungido, da adj contrit(e).

computador *m*, **computadora** *f* ordinateur *m*.

computar *vt* **-1.** [calcular] calculer. **-2.** [considerar] prendre en compte.

cómputo *m* calcul *m*.

comulgar *vi* **-1.** RELIG communier. **-2.** *fig* [con ideas etc] : ~ **con algo** partager qqch.

común *adj* **-1.** [gen] commun(e); **hacer algo en** ~ faire qqch ensemble; **tener algo en** ~ avoir qqch en commun; **por lo** ~ en général. **-2.** [frecuente] courant(e). **-3.** [ordinario] ordinaire.

comuna *f* communauté *f*.

comunicación *f* **-1.** [gen] communication *f*; **ponerse en** ~ **con alguien** se mettre en rapport avec qqn. **-2.** [oficial] allocution *f*. ◆ **comunicaciones** *fpl* moyens *mpl* de communication.

comunicado, da *adj* desservi(e); **bien** ~ [lugar] bien desservi. ◆ **comunicado** *m* communiqué *m*.

comunicar ◇ *vt* **-1.** [gen] communiquer. **-2.** [movimiento, virus] transmettre. ◇ *vi* **-1.** [persona] : ~ **con alguien** contacter qqn. **-2.** [dos cosas] communiquer; ~ **con algo** communiquer avec qqch; [dos regiones, ciudades etc] être relié(e)à qqch. **-3.** [teléfono, línea] être occupé(e). ◆ **comunicarse** *vp* **-1.** [persona – hablarse] communiquer; [– relacionarse] se voir. **-2.** [dos habitaciones] communiquer; [dos regiones, ciudades etc] : **Sevilla se comunica con Jerez por autopista** Séville est reliée à Jerez par l'autoroute. **-3.** [el fuego] se propager.

comunicativo, va *adj* communicatif(ive).

comunidad *f* communauté *f*; ~ **autónoma** communauté autonome *(nom donné à chacune des 17 régions d'Espagne, dotées d'un gouvernement et d'institutions propres)*. ◆ **Comunidad Valenciana** communauté *f* autonome de Valence.

comunión *f* *lit & fig* communion *f*.

comunismo *m* communisme *m*.

comunista *adj & mf* communiste.

comunitario, ria *adj* communautaire.

con *prep* **-1.** [gen] avec; **lo ha conseguido** ~ **su esfuerzo** il y est parvenu grâce à son effort; **una cartera** ~ **varios documentos** un attaché-case contenant plusieurs documents; **para** ~ avec; **es amable para** ~ **todos** il est aimable avec tout le monde. **-2.** [a pesar] bien que; ~ **todo** malgré tout; ~ **todo lo estudioso que es le suspendieron** bien qu'il soit très studieux, il n'a pas été reçu. **-3.** [para

introducir una condición] *(+ infin)* si *(+ verbe)*; ~ **salir a las diez vale** si nous partons à dix heures, ça va. **-4.** [a condición de que] : ~ **(tal) que** *(+ subjuntivo)* du moment que; ~ **que llegue a tiempo me conformo** du moment qu'il arrive à l'heure, je ne me plains pas. **-5.** [para expresar queja o decepción] : **¡mira que perder** ~ **lo bien que jugaste!** quel dommage que tu aies perdu, tu avais pourtant si bien joué!

conato *m* **-1.** [intento] tentative *f*; ~ **de robo** tentative de vol. **-2.** [comienzo] début *m*; ~ **de incendio** début d'incendie.

concadenar = concatenar.

concatenar, concadenar *vt* enchaîner.

concavidad *f* **-1.** [cualidad] concavité *f*. **-2.** [lugar] anfractuosité *f*.

cóncavo, va *adj* concave.

concebir *vt & vi* concevoir.

conceder *vt* **-1.** [dar] accorder; [premio] décerner. **-2.** [asentir] admettre.

concejal, la *m, f* conseiller *m* municipal, conseillère *f* municipale.

concentración *f* **-1.** [gen] concentration *f*; ~ **parcelaria** ECON remembrement *m*. **-2.** [de gente] rassemblement *m*. **-3.** DEP entraînement *m*.

concentrado *m* concentré *m*.

concentrar *vt* **-1.** [gen] rassembler. **-2.** QUÍM & MIL concentrer. ◆ **concentrarse** *vp* **-1.** [fijar la atención] se concentrer. **-2.** [reunirse] se rassembler.

concéntrico, ca *adj* concentrique.

concepción *f* conception *f*.

concepto *m* **-1.** [idea] concept *m*. **-2.** [opinión] : **tener un gran** ~ **de alguien** avoir une haute idée de qqn. **-3.** [motivo] : **bajo ningún** ~ en aucun cas; **en** ~ **de** au titre de. **-4.** [de cuenta] chapitre *m*.

concernir *v impers* concerner; **en lo que concierne a...** en ce qui concerne...; **por lo que a mí me concierne** en ce qui me concerne.

concertar ◇ *vt* [precio] convenir de; [entrevista, cita] fixer; [pacto etc] conclure. ◇ *vi* [concordar] : ~ **(con)** concorder (avec).

concertina *f* concertina *m*.

concertista *mf* concertiste *mf*.

concesión *f* [gen & COM] concession *f*; [de un premio] remise *f*.

concesionario, ria *adj & m, f* concessionnaire.

concha f -1. [de animales] coquille f; [de tortuga] carapace f. -2. [material] écaille f. -3. Amer vulg [coño] chatte f. ◆ **concha de su madre** mf Amer vulg salaud m, salope f.

conchabarse vp fam s'acoquiner.

conchudo, da adj Amer vulg con(conne).

conciencia, consciencia f conscience f; **a ~** consciencieusement; **remorderle a alguien la ~** avoir mauvaise conscience.

concienciar vt faire prendre conscience. ◆ **concienciarse** vp prendre conscience.

concierto m -1. MÚS [obra] concerto m; [función] concert m. -2. [acuerdo] accord m. -3. [orden] ordre m.

conciliar vt -1. [enemigos] réconcilier. -2. [varias actividades, cosas etc] concilier; **~ el sueño** trouver le sommeil.

concilio m concile m.

concisión f concision f.

conciso, sa adj concis(e).

conciudadano, na m, f concitoyen m, -enne f.

cónclave, conclave m -1. RELIG conclave m. -2. [familiar, entre amigos etc] réunion f.

concluir ◇ vt -1. [finalizar] terminer, finir. -2. [sacar conclusión] conclure. ◇ vi finir; **~ haciendo** ○ **por hacer algo** finir par faire qqch.

conclusión f -1. [gen] conclusion f; **en ~** pour conclure. -2. [acuerdo] accord m; **llegar a una ~** parvenir à un accord.

concluyente adj concluant(e).

concordancia f [gen & GRAM] concordance f; [entre palabras] accord m.

concordar ◇ vt [personas] mettre d'accord; [cosas] accorder. ◇ vi -1. [coincidir] concorder. -2. GRAM s'accorder; **~ en número y persona** s'accorder en genre et en nombre.

concorde adj : **estar ~** être d'accord.

concordia f entente f.

concretar vt -1. [precisar] préciser; **~ una fecha** convenir d'une date. -2. [concretizar] : **~ un acuerdo** conclure un accord. -3. [reducir a lo esencial] résumer. ◆ **concretarse** vp -1. [limitarse] : **~se a hacer algo** se borner à faire qqch. -2. [materializarse] se concrétiser.

concreto, ta adj concret(ète); [determinado] précis(e); **en ~** [en resumen] en bref; [específicamente] précisément; **nada en ~** rien de précis. ◆ **concreto armado** m béton m armé.

concurrencia f -1. [asistencia] assistance f. -2. [de sucesos] coïncidence f; [de circunstancias] concours m.

concurrido, da adj [lugar] fréquenté(e); [espectáculo] couru(e).

concurrir vi -1. [asistir] : **~ a** assister à. -2. [influir] : **~ a** contribuer à. -3. [participar] : **~ a** participer à.

concursante mf participant m, -e f (à un concours).

concursar vi concourir.

concurso m -1. [gen] concours m; **~ de televisión** jeu m télévisé. -2. [para una obra] adjudication f; **salir a ~** être mis(e) en adjudication. -3. [licitación] appel m d'offres; **~ público** adjudication f.

condado m [territorio] comté m.

condal adj comtal(e); **la Ciudad ~** Barcelone.

conde, desa m, f comte m, comtesse f.

condecoración f -1. [insignia] décoration f. -2. [acto] remise f de décoration.

condecorar vt décorer (d'une médaille).

condena f peine f.

condenado, da ◇ adj -1. [a una pena] condamné(e). -2. RELIG damné(e). -3. fam fig [maldito] satané(e). ◇ m, f -1. [a una pena] condamné m, -e f. -2. RELIG damné m, -e f.

condenar vt -1. [gen] condamner; **~ a alguien a algo/a hacer algo** condamner qqn à qqch/à faire qqch. -2. [al fracaso, silencio etc] : **~ a** vouer à.

condensar vt lit & fig condenser.

condescendencia f -1. [benevolencia] complaisance f. -2. [altivez] condescendance f.

condescender vi : **~ a** [con amabilidad] consentir à; [con desprecio] condescendre à.

condescendiente adj complaisant(e).

condición f -1. [gen] condition f; **con una sola ~** à une seule condition; **de ~ humilde** de condition modeste. -2. [carácter] naturel m. ◆ **condiciones** fpl -1. [aptitud] dispositions fpl. -2. [circunstancias] conditions fpl; **condiciones atmosféricas/de vida** conditions atmosphériques/de vie. -3. [estado] état m; **estar en condiciones (de ○ para hacer algo)** être en état (de faire qqch); **no estar en condiciones, estar en malas condiciones** [alimento] être avarié(e).

condicionado, da adj conditionné(e).

condicional ◇ *adj* –**1.** [gen & GRAM] conditionnel(elle). –**2.** [con condiciones] sous condition. ◇ *m* GRAM conditionnel *m*.

condicionar *vt* : ~ **(algo a algo)** faire dépendre (qqch de qqch); **condicionará su respuesta al resultado** il donnera sa réponse en fonction du résultat.

condimentar *vt* assaisonner.

condimento *m* condiment *m*.

condolencia *f* condoléances *fpl*; **expresar su** ~ **a alguien** présenter ses condoléances à qqn.

condolerse *vp* : ~ **(de)** compatir (à).

condón *m fam* capote *f*, préservatif *m*.

cóndor *m* condor *m*.

conducción *f* –**1.** [de vehículo, negocio] conduite *f*. –**2.** FÍS conduction *f*.

conducir ◇ *vt* –**1.** [gen] conduire; ~ **una investigación** mener une enquête. –**2.** [líquido] amener. ◇ *vi* conduire; **tu decisión no nos condujo a nada** ta décision ne nous a menés à rien.

conducta *f* conduite *f* (*comportement*).

conducto *m* –**1.** [de fluido & ANAT] conduit *m*. –**2.** *fig* [camino] voie *f*.

conductor, ra ◇ *adj* FÍS conducteur(trice). ◇ *m, f* [de automóvil] conducteur *m*, -trice *f*; [de camion, autobus] chauffeur *m*. ◆ **conductor** *m* FÍS conducteur *m*.

conectado, da *adj* –**1.** ELECTR branché(e). –**2.** INFORM connecté(e).

conectar ◇ *vt* –**1.** ELECTR : ~ **algo (a)** brancher qqch (sur). –**2.** [unir] : ~ **algo (con)** raccorder qqch (à). ◇ *vi* –**1.** RADIO & TV prendre l'antenne. –**2.** [persona] : ~ **con** entrer en contact avec.

conejo, ja *m, f* lapin *m*, -e *f*.

conexión *f* –**1.** [entre dos cosas] lien *m*. –**2.** ELECTR branchement *m*. –**3.** RADIO & TV liaison *f*.

conexo, xa *adj* connexe.

confabular *vi* deviser. ◆ **confabularse** *vp* se liguer.

confección *f* –**1.** [de ropa] confection *f*, prêt-à-porter *m*. –**2.** [de comida, medicamento] préparation *f*; [de lista] établissement *m* .

confeccionar *vt* –**1.** [gen] confectionner. –**2.** [bebida, preparación] préparer; [lista] dresser, établir.

confederación *f* confédération *f*.

confederado, da *adj* confédéré(e).

confederarse *vp* se confédérer.

conferencia *f* –**1.** [gen] conférence *f*; **dar una** ~ faire une conférence. –**2.** [por teléfono] communication *f* (longue distance); **poner una** ~ téléphoner (à longue distance).

conferir *vt* [gen] : ~ **algo a alguien** conférer qqch à qqn; [responsabilidades] confier qqch à qqn.

confesar *vt* –**1.** [gen] avouer; ~ **su ignorancia** confesser son ignorance. –**2.** RELIG : ~ **a alguien** confesser qqn; ~ **algo** confesser qqch. ◆ **confesarse** *vp* RELIG : ~**se (de algo)** se confesser (de qqch).

confesión *f* –**1.** [de culpa, secreto] aveu *m*. –**2.** RELIG confession *f*.

confesionario *m* confessionnal *m*.

confesor *m* confesseur *m*.

confeti *mpl* confetti *m*.

confiado, da *adj* confiant(e).

confianza *f* –**1.** [fe, seguridad] : ~ **(en algo/alguien)** confiance (en qqch/qqn); **tengo** ~ **en que se arreglarán las cosas** j'ai bon espoir que les choses s'arrangent; **de** ~ de confiance. –**2.** [familiaridad] : **tengo mucha** ~ **con él** nous sommes très intimes; **nos tratamos con mucha** ~ nous sommes très proches; **conmigo hay** ~ nous sommes entre amis; **en** ~ entre nous. ◆ **confianzas** *fpl* : **tomar** ~**s con alguien** prendre des libertés avec qqn.

confiar *vt* : ~ **algo a alguien** confier qqch à qqn. ◇ *vi* –**1.** [tener fe] : ~ **en** avoir confiance en ◇ dans, compter sur. –**2.** [esperar] : ~ **en/en que** avoir bon espoir de/que; **confío en verle mañana** j'espère le voir demain. ◆ **confiarse** *vp* [despreocuparse] être sûr(e) de soi.

confidencia *f* confidence *f*.

confidencial *adj* confidentiel(elle).

confidente *mf* –**1.** [amigo] confident *m*, -e *f*. –**2.** [soplón] indicateur *m*, -trice *f*.

configurar *vt* [formar] donner forme à.

confín *m* (gen pl) confins *mpl*.

confinar *vt* –**1.** [detener] interner; ~ **en el domicilio** assigner à résidence. –**2.** [desterrar] exiler.

confirmación *f* confirmation *f*.

confirmar *vt* [gen] confirmer. –**2.** [idea] : **confirma la idea que tenía de que...** cela me conforte dans l'idée que...

confiscar *vt* confisquer.

confitado, da *adj* confit(e).

confite *m* sucrerie *f*.

confitería *f* –**1.** [gen] confiserie *f*. –**2.** *Amer* salon *m* de thé.

confitura f confiture f.

conflagración f conflagration f.

conflictivo, va adj [situación] conflictuel(elle); [tema, asunto] polémique; [persona] contestataire.

conflicto m conflit m.

confluir vi **-1.** [ríos] confluer; [calles] converger. **-2.** [personas] se rejoindre.

conformar vt [configurar] adapter. ◆ **conformarse** vp : ~se con se contenter de; [suerte, destino] se résigner à.

conforme ◇ adj **-1.** ~ **a** [acorde] conforme à; [adaptado] adapté(e)à. **-2.** ~ **con** [de acuerdo] d'accord avec; [contento] heureux(euse)de. ◇ adv **-1.** [igual, según] tel que(telle que); **te lo cuento** ~ **lo he vivido** je te le raconte tel que je l'ai vécu. **-2.** [a medida que] à mesure que; ~ **envejecía** à mesure qu'il vieillissait. **-3.** [en cuanto] dès que; ~ **amanezca, iré** j'irai dès qu'il fera jour; ~ **a** conformément à.

conformidad f **-1.** [aprobación] consentement m; ~ **con** consentement à. **-2.** [resignación] résignation f.

conformista adj & mf conformiste.

confort m confort m.

confortable adj confortable.

confortar vt réconforter.

confrontar vt confronter; ~ **a los testigos** confronter les témoins.

confundir vt **-1.** [gen] : ~ **una cosa con otra** confondre une chose avec une autre; ~ **algo** [letras, números etc] mélanger; **confundí la receta** je me suis trompé de recette. **-2.** [liar] embrouiller. ◆ **confundirse** vp **-1.** [equivocarse] se tromper; **se ha confundido** [al teléfono] vous faites erreur. **-2.** [liarse] s'embrouiller. **-3.** [no distinguirse] : ~se **en** ○ **entre** se fondre dans.

confusión f **-1.** [gen] confusion f. **-2.** [error] erreur f.

confuso, sa adj confus(e).

congelación f **-1.** [de alimentos] congélation f. **-2.** [de precios, salarios] gel m.

congelador m congélateur m.

congelados mpl surgelés mpl.

congelar vt **-1.** [alimento] congeler; [a temperatura baja] surgeler. **-2.** [precios, salarios etc] geler. ◆ **congelarse** vp lit & fig geler.

congeniar vi : ~ **(con)** sympathiser (avec).

congénito, ta adj **-1.** [malformación] congénital(e); [enfermedad] héréditaire. **-2.** [talento etc] inné(e).

congestión f **-1.** MED congestion f. **-2.** [atasco] : **la** ~ **del tráfico** les encombrements mpl.

congestionar vt bloquer. ◆ **congestionarse** vp **-1.** MED être congestionné(e); **se le congestionó la cara de rabia** son visage est devenu rouge de colère. **-2.** [atascarse] être bloqué(e).

conglomerado m **-1.** GEOL & ECON conglomérat m. **-2.** TECNOL aggloméré m. **-3.** fig [mezcla] groupement m; ~ **urbano** conurbation f.

congoja f angoisse f.

congraciarse vp : ~ **con alguien** s'attirer la sympathie de qqn.

congratular vt : ~ **a alguien por algo** féliciter qqn de ○ pour qqch. ◆ **congratularse** vp : ~se **por algo** se féliciter de qqch; ~se **de que** ○ **que** se féliciter que.

congregación f congrégation f.

congregar vt réunir.

congresista mf **-1.** [en congreso] congressiste mf. **-2.** [político] membre m du Congrès.

congreso m **-1.** [reunión] congrès m. **-2.** POLÍT : ~ **de diputados** [en España] ≈ Chambre f des députés. ◆ **Congreso** m **el Congreso** [en Estados Unidos] le Congrès.

congrio m congre m.

congruente adj : **ser** ~ **(con)** avoir un rapport logique (avec).

cónico, ca adj **-1.** GEOM conique. **-2.** [bonete] pointu(e).

conjetura f conjecture f; **hacerse una** ~ se livrer à des conjectures; **hacer** ~s se perdre en conjectures.

conjugación f **-1.** [GRAM – de un verbo] conjugaison f; [– clase de verbos] groupe m. **-2.** [de cosas] ensemble m.

conjugar vt **-1.** [gen & GRAM] conjuguer. **-2.** [ideas, opiniones] rassembler.

conjunción f lit & fig conjonction f.

conjuntar vt **-1.** [gen] assortir. **-2.** DEP [equipo] souder.

conjuntivo, va adj conjonctif(ive).

conjunto, ta adj [gen] conjoint(e); [hechos, acontecimientos] simultané(e). ◆ **conjunto** m **-1.** [gen, MAT & MÚS] ensemble m; [de rock] groupe m; **en** ~ dans l'ensemble; **un** ~ **de circunstancias** un concours m de circonstances. **-2.** [de deporte] tenue f.

conjurar ◇ *vi* [conspirar] conspirer. ◇ *vt* **-1.** [exorcizar] conjurer. **-2.** [evitar] parer à.

conjuro *m* [exorcismo] conjuration *f*; [súplica] exhortation *f*.

conllevar *vt* **-1.** [implicar] impliquer; ~ **riesgos** comporter des risques. **-2.** [soportar] supporter, endurer.

conmemoración *f* commémoration *f*.

conmemorar *vt* commémorer.

conmigo *pron pers* avec moi; **llevo/tengo algo** ~ je porte/j'ai qqch sur moi.

conmoción *f* **-1.** [física, psíquica] commotion *f*; ~ **cerebral** commotion cérébrale. **-2.** [política, social] bouleversement *m*.

conmocionar *vt* **-1.** [física o psíquicamente] commotionner. **-2.** [política o socialmente] bouleverser.

conmovedor, ra *adj* émouvant(e).

conmover *vt* **-1.** [enternecer] émouvoir. **-2.** [sacudir] ébranler. ◆ **conmoverse** *vp* **-1.** [enternecerse] s'émouvoir. **-2.** [sacudirse] s'ébranler.

conmutador *m* **-1.** ELECTR commutateur *m*. **-2.** [centralita] standard *m* téléphonique.

connotación *f* connotation *f*.

cono *m* cône *m*.

conocedor, ra *m, f* connaisseur *m*, -euse *f*; **ser un buen** ~ **de...** être un fin connaisseur en...

conocer *vt* **-1.** [gen] connaître; ~ **a alguien de oídas** avoir entendu parler de qqn; ~ **a alguien de vista** connaître qqn de vue; **darse a** ~ se faire connaître. **-2.** [por primera vez] : ~ **a alguien** faire la connaissance de qqn. **-3.** [reconocer] : ~ **a alguien (por algo)** reconnaître qqn (à qqch). ◆ **conocerse** ◇ *vp* **-1.** [gen] se connaître; ~**se de toda la vida** se connaître depuis toujours. **-2.** [por primera vez] faire connaissance. ◇ *v impers* [parecer] : **se conoce que...** apparemment...

conocido, da ◇ *adj* connu(e). ◇ *m, f* connaissance *f*.

conocimiento *m* connaissance *f*; **perder/recobrar el** ~ MED perdre/reprendre connaissance. ◆ **conocimientos** *mpl* connaissances *fpl*; **tener muchos** ~**s** savoir beaucoup de choses.

conque *conj* alors; **está de mal humor,** ~ **trátale con cuidado** il est de mauvaise humeur, alors sois gentil avec lui; *¿* ~ **nos**

vamos o nos quedamos? alors, on reste ou on s'en va?

conquista *f* lit & fig conquête *f*.

conquistador, ra ◇ *adj* [seductor] séducteur(trice). ◇ *m, f* **-1.** [de tierras] conquérant *m*, -e *f*. **-2.** HIST conquistador *m*. **-3.** *fig* [persona seductora] séducteur *m*, -trice *f*.

conquistar *vt* lit & fig conquérir.

consabido, da *adj* [broma etc] classique; [costumbre, paseo] traditionnel(elle).

consagración *f* consécration *f*; [de obispo, rey] sacre *m*.

consagrar *vt* consacrer; [obispo, rey] sacrer; ~ **algo a algo/a alguien** consacrer qqch à qqch/à qqn. ◆ **consagrarse** *vp* **-1.** [dedicarse] : ~**se a** se consacrer à. **-2.** [alcanzar fama] obtenir la consécration.

consciencia = conciencia.

consciente *adj* conscient(e); **ser** ~ **de algo** être conscient(e) de qqch; **estar** ~ être conscient(e)(éveillé).

consecución *f* [de un deseo, objetivo] réalisation *f*; [de un premio] obtention *f*; [de un proyecto] réussite *f*.

consecuencia *f* conséquence *f*; **a** ○ **como** ~ **de** à la suite de; **tener** ~**s** avoir des conséquences.

consecuente *adj* [coherente] conséquent(e).

consecutivo, va *adj* consécutif(ive); **el número dos es el** ~ **al uno** le chiffre deux vient immédiatement après le un.

conseguir *vt* obtenir; [un objetivo] atteindre; ~ **hacer algo** réussir à faire qqch.

consejero, ra *m, f* conseiller *m*, -ère *f*; **Juan es un buen** ~ Juan est de bon conseil.

consejo *m* conseil *m*; **dar un** ~ donner un conseil.

consenso *m* [acuerdo] consensus *m*; [consentimiento] consentement *m*; **de mutuo** ~ d'un commun accord.

consensuar *vt* approuver à la majorité.

consentimiento *m* consentement *m*.

consentir ◇ *vt* **-1.** [gen] permettre; [el mal, el alboroto] tolérer; **no te consiento que me repliques así** je ne te permets pas de me répondre de cette façon. **-2.** [mimar] gâter; **le consentía todos los caprichos** elle lui passait tous ses caprices. ◇ *vi* : ~ **en algo/en hacer algo** consentir à qqch/à faire qqch.

conserje *mf* gardien *m*, -enne *f*.

conserjería f **-1.** [de hotel] réception f.
-2. [de edificio] loge f; [de tribunal etc]
conciergerie f.

conserva f conserve f; **en ~ en** conserve.

conservación f **-1.** [gen] conservation f.
-2. [mantenimiento] entretien m.

conservador, ra adj & m, f conservateur(trice).

conservante m conservateur m (produit).

conservar vt [gen & CULIN] conserver; [cartas, secreto, salud] garder. ◆ **conservarse**
vp [persona] être bien conservé(e); **se conserva joven** il reste jeune.

conservatorio m conservatoire f.

considerable adj [enorme] considérable;
[importante, eminente] remarquable.

consideración f **-1.** [valoración] examen
m . **-2.** [respeto] considération f; **en ~ a
algo** compte tenu de qqch; **en ~ a alguien** par égard pour qqn; **tratar a alguien con ~** avoir beaucoup d'égards
pour qqn. **-3.** [importancia] : **de ~ grave;
hubo varios heridos de ~** plusieurs personnes ont été grièvement blessées.

considerado, da adj [atento] courtois(e);
[respetado] considéré(e).

considerar vt considérer; **~ las consecuencias** mesurer les conséquences.

consigna f consigne f.

consignar vt **-1.** [gen] consigner. **-2.**
[cantidad] allouer. **-3.** [paquete – enviar]
envoyer; [– depositar] laisser à la consigne.

consigo pron pers [con uno mismo] avec
soi; [con él, ella] avec lui, avec elle; [con
usted] avec vous; **llevar mucho dinero ~
no es prudente** il n'est pas prudent
d'avoir beaucoup d'argent sur soi; **lleva
siempre la pistola ~** il a toujours son
pistolet sur lui.

consiguiente adj résultant(e); **recibimos
la noticia con la ~ pena** nous avons appris la nouvelle et en avons été peinés;
por ~ par conséquent.

consistencia f consistance f.

consistente adj consistant(e).

consistir vi **-1.** [gen] : **~ en** consister en.
-2. [deberse a] : **~ en** reposer sur.

consola f [tablero de mandos] console f; **~
de videojuegos** console de jeux (vidéo).

consolación f consolation f.

consolar vt consoler. ◆ **consolarse** vp
se consoler.

consolidar vt consolider.

consomé m bouillon m de viande.

consonancia f harmonie f; **en ~ con** en
accord avec.

consonante f consonne f.

consorcio m pool m, consortium m.

conspiración f conspiration f.

conspirador, ra m, f conspirateur m,
-trice f.

conspirar vi conspirer.

constancia f **-1.** [perseverancia – en una
empresa] **persévérance** f; [–en las ideas,
opiniones] **constance** f. **-2.** [testimonio]
preuve f; **dejar ~ de algo** [probar] prouver qqch; [dejar testimonio] laisser un témoignage de qqch; [registrar] inscrire
qqch.

constante ◇ adj constant(e). ◇ f
constante f.

constar vi **-1.** [información] : **~ (en)** figurer (dans); **me consta que ha llegado**
je suis sûr qu'il est arrivé; **hacer ~** faire
observer; **que conste que...** note que...,
notez que... **-2.** [estar constituido por] : **~
de** se composer de.

constatar vt [observar] constater; [comprobar] vérifier.

constelación f constellation f.

consternación f consternation f.

consternar vt consterner.

constipado, da ◇ adj : **estar ~** être enrhumé(e). ◇ m rhume m.

constiparse vp s'enrhumer.

constitución f **-1.** [gen] constitution f.
-2. [composición] composition f.
◆ **Constitución** f [de un Estado] : **la
Constitución** la Constitution.

constitucional adj constitutionnel(elle).

constituir vt constituer; **constituye para
nosotros un honor...** c'est pour nous un
honneur de...

constituyente ◇ adj constituant(e). ◇ m
constituant m.

constreñir vt **-1.** [obligar] : **~ a alguien
a hacer algo** contraindre qqn à faire
qqch. **-2.** [oprimir] étouffer.

construcción f **-1.** [gen] construction f.
-2. [arte] bâtiment m.

constructivo, va adj constructif(ive).

constructor, ra adj constructeur(trice).
◆ **constructor** m [de edificios] constructeur m.

construir vt construire.

consuegro, gra m, f : **mis ~s** les beauxparents de mon fils/ma fille.

consuelo m consolation f, réconfort m.

cónsul *m* , **consulesa** *f* consul *m*.

consulado *m* consulat *m*.

consulta *f* **-1.** [petición de parecer] consultation *f*; **hacer una ~ a alguien** consulter qqn. **-2.** [de médico] consultation *f*; [despacho] cabinet *m* (médical).

consultar ◇ *vt* [libro, persona] consulter; [dato, fecha] vérifier. ◇ *vi* : **~ con alguien** consulter qqn.

consultorio *m* **-1.** [de médico] cabinet *m* (de consultation). **-2.** PRENSA courrier *m* des lecteurs. **-3.** RADIO *émission durant laquelle un spécialiste répond aux questions des auditeurs.* **-4.** [oficina] bureau *m*; **~ jurídico** cabinet *m* (d'avocat).

consumar *vt* consommer (*le mariage*).

consumición *f* consommation *f*.

consumidor, ra *m, f* consommateur *m*, -trice *f*.

consumir ◇ *vt* **-1.** [gen] consommer. **-2.** [suj : fuego, enfermedad etc] consumer. ◇ *vi* consommer. **◆ consumirse** *vp* **-1.** [con la enfermedad] être rongé(e). **-2.** [con el fuego] être consumé(e).

consumismo *m* surconsommation *f*.

consumo *m* consommation *f* .

contabilidad *f* COM comptabilité *f*; **llevar la ~** tenir la comptabilité.

contabilizar *vt* COM comptabiliser.

contable *mf* comptable *mf*.

contactar *vi* : **~ con alguien** contacter qqn.

contacto *m* contact *m*; **perder el ~ con alguien** perdre (le) contact avec qqn.

contado, da *adj* **-1.** [raro] rare; **contadas veces, en contadas ocasiones** rarement. **-2.** [enumerado] compté(e). **◆ al contado** *loc adv* : **pagar al ~** payer comptant.

contador *m* compteur *m*.

contagiar *vt* [enfermedad] transmettre; [persona] contaminer. **◆ contagiarse** *vp* [enfermedad] se transmettre; [persona] être contaminé(e); [risa] se communiquer; **~se con algo** attraper qqch.

contagio *m* contagion *f*.

contagioso, sa *adj* contagieux(euse); [risa] communicatif(ive).

container = **contenedor**.

contaminación *f* [del medio ambiente] pollution *f*; [contagio] contamination *f*.

contaminar *vt* **-1.** [el medio ambiente] polluer; [contagiar] contaminer. **-2.** *fig* [pervertir] donner le mauvais exemple à.

contar ◇ *vt* **-1.** [enumerar, incluir] compter; **~ a alguien entre** compter qqn parmi. **-2.** [narrar] raconter. ◇ *vi* **-1.** [gen] compter; **~ con algo/alguien** [confiar en] compter sur qqch/qqn; **no contaba con esto** je ne m'attendais pas à ça. **-2.** [tener] avoir, disposer de; **cuenta con dos horas para hacerlo** il a deux heures pour le faire.

contemplación *f* contemplation *f*. **◆ contemplaciones** *fpl* égards *mpl*; **no andarse con contemplaciones** ne pas y aller par quatre chemins.

contemplar *vt* **-1.** [mirar] contempler. **-2.** [considerar] envisager.

contemplativo, va *adj* contemplatif(ive).

contemporáneo, a *adj* contemporain(e).

contención *f* **-1.** CONSTR soutènement *m*. **-2.** [moderación] retenue *f*.

contenedor, ra *adj* qui contient. **◆ contenedor** *m* container *m*; **~ de basura** benne *f* à ordures.

contener *vt* contenir; [respiración, risa] retenir. **◆ contenerse** *vp* se retenir.

contenido *m* contenu *m*.

contentar *vt* faire plaisir à. **◆ contentarse** *vp* : **~se con algo** se contenter de qqch.

contento, ta *adj* content(e); **~ con** content de. **◆ contento** *m* joie *f* .

contestación *f* réponse *f*.

contestador ◆ contestador (automático) *m* répondeur *m* (automatique).

contestar *vt* [dar respuesta] répondre.

contestatario, ria *adj* contestataire.

contexto *m* contexte *m*.

contextualizar *vt* replacer dans son contexte.

contienda *f* [competición, combate] combat *m*; [guerra] conflit *m*.

contigo *pron pers* avec toi.

contiguo, gua *adj* contigu(ë); [casa, habitación] voisin(e).

continencia *f* [abstinencia] abstinence *f*; [moderación] modération *f*.

continental *adj* continental(e).

continente *m* **-1.** GEOGR continent *m*. **-2.** [recipiente] contenant *m*.

contingente ◇ *adj* imprévisible. ◇ *m* MIL contingent *m*.

continuación *f* suite *f*; **a ~** ensuite.

continuar ◇ *vt* continuer. ◇ *vi* continuer; **~ haciendo algo** continuer à faire qqch.

continuidad f continuité f; [permanencia] maintien m.

continuo, nua adj **-1.** [gen & ELECTR] continu(e); [movimiento] perpétuel(elle). **-2.** [constante] continuel(elle). **-3.** [persona] persévérant(e).

contonearse vp se dandiner.

contorno m **-1.** [línea] contour m. **-2.** (gen pl) [territorio] alentours mpl.

contorsionarse vp se contorsionner; [de dolor] se tordre.

contorsionista mf contortionniste mf.

contra ◇ prep contre; **en ~** [opuesto] contre; **estar en ~ de algo** être contre qqch; **en ~ de** [a diferencia de] contrairement à. ◇ m : **el pro y el ~** le pour et le contre.

contraataque m contre-attaque f.

contrabajo ◇ m **-1.** [instrumento] contrebasse f. **-2.** [voz, cantante] basse f. ◇ mf [instrumentista] contrebassiste mf.

contrabandista mf contrebandier m, -ère f.

contrabando m contrebande f.

contracción f contraction f.

contraceptivo, va adj contraceptif(ive). ◆ **contraceptivo** m contraceptif m.

contrachapado, da adj contreplaqué(e). ◆ **contrachapado** m [madera] contreplaqué m.

contracorriente f contre-courant m; **ir a ~** fig aller à contre-courant.

contradecir vt contredire. ◆ **contradecirse** vp se contredire.

contradicción f contradiction f.

contradicho, cha pp irreg → contradecir.

contradictorio, ria adj contradictoire.

contraer vt **-1.** [reducir el volumen] contracter. **-2.** [coger – acento, deje] prendre; [– enfermedad] attraper. ◆ **contraerse** vp se contracter.

contraespionaje m contre-espionnage m.

contraindicación f contre-indication f.

contralor m Amer inspecteur m des Finances.

contraloría f Amer inspection f des Finances.

contralto ◇ m [voz] contralto m. ◇ mf [cantante] contralto mf.

contraluz m contre-jour m; **a ~** à contre-jour.

contramaestre m **-1.** NÁUT maître m d'équipage. **-2.** [capataz] contremaître m, -esse f.

contrapartida f contrepartie f; **como ~** en contrepartie.

contrapelo ◆ **a contrapelo** loc adv **-1.** [acariciar] à rebrousse-poil. **-2.** fig [actuar] à contrecœur.

contrapesar vt lit & fig contrebalancer.

contrapeso m contrepoids m; **servir de ~** faire contrepoids.

contraponer vt **-1.** [oponer] opposer. **-2.** [cotejar] confronter. ◆ **contraponerse** vp s'opposer.

contraportada f [de revista, libro] quatrième f de couverture; [de periódico] dernière page f.

contraproducente adj contre-productif (ive).

contrapuesto, ta pp irreg → contraponer.

contrapunto m **-1.** MÚS contrepoint m. **-2.** fig [entre cosas, personas] note f d'originalité.

contrariar vt contrarier.

contrariedad f **-1.** [dificultad] ennui m. **-2.** [disgusto] contrariété f. **-3.** [oposición] contradiction f.

contrario, ria adj contraire; [parte] adverse; **ser ~ a algo** [persona] être opposé à qqch; **llevar la contraria** [en lo dicho] contredire; [en lo hecho] contrarier. ◆ **contrario** m **-1.** [rival] adversaire m. **-2.** [opuesto] contraire m; **al ~** au contraire; **al ~ de lo que pensaba** contrairement à ce que je pensais; **de lo ~** sinon; **todo lo ~** bien au contraire.

contrarreembolso = contrarrembolso.

contrarreloj adj DEP contre la montre.

contrarrembolso, contrarreembolso m livraison f contre remboursement.

contrarrestar vt **-1.** [paliar] neutraliser; [contrapesar] compenser. **-2.** DEP [pelota] retourner.

contrasentido m [interpretación] contresens m; [absurdidad] non-sens m inv.

contraseña f [palabra] mot m de passe.

contrastar ◇ vi contraster. ◇ vt **-1.** [comprobar] éprouver. **-2.** [hacer frente] résister à.

contraste m contraste m; [de caracteres etc] différence f.

contratar vt **-1.** [personal] embaucher; [detective, deportista] engager. **-2.** [servicio, obra] : **~ algo con alguien** passer un contrat pour qqch avec qqn.

contratiempo m contretemps m; **tener un** ~ avoir un empêchement; **a** ~ MÚS à contretemps; [demasiado tarde] trop tard.

contratista mf entrepreneur m, -euse f.

contrato m contrat m.

contribución f contribution f.

contribuir vi -1. [gen] contribuer. -2. [tomar parte] : ~ **a** participer à. -3. [pagar impuestos] payer des impôts.

contribuyente mf contribuable mf.

contrincante mf adversaire mf.

control m -1. [gen] contrôle m. -2. [dispositivo de funcionamiento] commande f.

controlador, ra m, f contrôleur m, -euse f; ~ **aéreo** aiguilleur m du ciel.

controlar vt -1. [vigilar, dominar] surveiller. -2. [comprobar] contrôler. -3. [regular] régler. ◆ **controlarse** vp se contrôler.

controversia f controverse f.

contundencia f -1. [física] force f. -2. fig [en el ánimo] : **con** ~ d'un ton tranchant.

contundente adj -1. [arma, objeto] tranchant(e). -2. fig [razonamiento, argumento] convaincant(e); [lógica] implacable; [prueba] indiscutable.

contusión f contusion f.

convalecencia f convalescence f.

convaleciente adj convalescent(e).

convalidar vt -1. [estudios] homologuer [asignatura], obtenir l'équivalence de. -2. [ratificar] confirmer.

convencer vt : ~ **a alguien (de algo)** convaincre qqn (de qqch). ◆ **convencerse** vp : ~**se de algo** se convaincre de qqch.

convencimiento m conviction f.

convención f convention f.

convencional adj conventionnel(elle).

conveniencia f -1. [pertinencia – de medida, oferta] opportunité f; [– de respuesta] à-propos m inv. -2. [interés] convenance f; **por su propia** ~ dans son propre intérêt. ◆ **conveniencias** fpl convenances fpl.

conveniente adj [beneficioso] bon (bonne); [pertinente] opportun(e); [correcto] convenable; **sería** ~ **asistir a la reunión** il vaudrait mieux aller à la réunion.

convenio m convention f.

convenir ◇ vi -1. [gen] convenir; **conviene analizar la situación** il serait bon d'analyser la situation; **no te conviene hacerlo** tu ne devrais pas le faire; ~ **en que** [acordar que] convenir que; **convenimos en reunirnos** nous avons convenu de nous réunir; ~ **en** [un precio etc] convenir de. -2. [asentir] : ~ **en que** admettre que. ◇ vt : ~ **algo** convenir de qqch.

convento m couvent m.

convergencia f -1. [de caminos] croisement m. -2. fig [de intereses etc] convergence f.

converger vi -1. [físicamente] converger. -2. [dos ideas, dos opiniones] : ~ **en** tendre vers.

conversación f conversation f. ◆ **conversaciones** fpl [negociaciones] pourparlers mpl.

conversada f Amer conversation f.

conversador, ra ◇ adj bavard(e). ◇ m, f : **ser un gran** ~ être volubile.

conversar vi : ~ **con alguien** avoir une conversation avec qqn.

conversión f conversion f.

converso, sa adj & m, f converti(e).

convertir vt -1. [dinero, persona] convertir; ~ **a alguien a algo** RELIG convertir qqn à qqch. -2. [transformar] : ~ **algo en** transformer qqch en; **convirtió a su hijo en una estrella** il a fait de son fils une vedette. ◆ **convertirse** vp -1. RELIG : ~**se (a)** se convertir (à). -2. [transformarse] : ~**se en** devenir.

convexo, xa adj convexe.

convicción f conviction f; **tener la** ~ **de que...** être convaincu(e) que... ◆ **convicciones** fpl convictions fpl.

convicto, ta adj DER : ~ **de** convaincu(e) de.

convidar ◇ vt inviter; ~ **a alguien a tomar algo** offrir un verre à qqn. ◇ vi : ~ **a** [incitar] inviter à.

convincente adj convaincant(e).

convite m -1. [invitación] invitation f. -2. [fiesta] banquet m.

convivencia f vie f en commun.

convivir vi : ~ **con** vivre avec; **convive con sus hermanos** il vit avec ses frères.

convocar vt [asamblea, elecciones] convoquer; [huelga] appeler à.

convocatoria f -1. [anuncio, escrito] convocation f; [de huelga] appel m. -2. [examen] session f.

convoy (pl **convoyes**) m convoi m.

convulsión f -1. [de músculos] convulsion f. -2. [política, social] agitation f. -3. [de tierra, mar] secousse f.

convulsionar *vt* convulsionner, convulser.

conyugal *adj* conjugal(e).

cónyuge *mf* conjoint *m*, -e *f*.

coña *f mfam* -1. [guasa] connerie *f*; **estar de ~** déconner. -2. [molestia] galère *f*; **dar la ~** emmerder.

coñá (*pl* **coñás**), **coñac** (*pl* **coñacs**), **cognac** (*pl* **cognacs**) *m* cognac *m*.

coñazo *m mfam* **ser un ~** [persona, libro etc] être chiant(e).

coño *vulg* ⟨⟩ *m* -1. [genital] con *m*. -2. [para énfatizar] : **¿dónde ~ está el jersey?** où est le pull, bordel?; **¿qué ~ estás haciendo?** qu'est-ce que tu fais, bordel? ⟨⟩ *interj* : **¡~!** [enfado] bordel!; [asombro] putain!

cooperación *f* coopération *f*.

cooperar *vi* : **~ (en algo)** coopérer (à qqch).

cooperativa *f* → cooperativo.

cooperativo, va *adj* coopératif(ive). ◆ **cooperativa** *f* coopérative *f*; **cooperativa agrícola** coopérative agricole.

coordinador, ra *adj & m, f* coordinateur(trice).

coordinar *vt* coordonner; [palabras] aligner.

copa *f* -1. [vaso] verre *m* (à pied). -2. [contenido] verre *m*; **ir de ~s** sortir prendre un verre. -3. [de árbol] cime *f*. -4. [de sombrero] calotte *f*; **de ~ (alta)** haut de forme. -5. DEP coupe *f*. ◆ **copas** *fpl* [naipes] *l'une des quatre couleurs du jeu de cartes espagnol.*

copar *vt* -1. [puestos] accaparer. -2. MIL prendre par surprise.

Copenhague Copenhague.

copeo *m* : **ir de ~** faire la tournée des bars.

copete *m* -1. [de ave] huppe *f*. -2. [de pelo] houppe *f*. -3. *loc* : **de alto ~** huppé(e).

copia *f* -1. [reproducción, acción] copie *f*; [de foto] épreuve *f*; **~ de seguridad** copie de sauvegarde. -2. [persona] : **ser una ~ de alguien** être tout le portrait de qqn.

copiar ⟨⟩ *vt* copier. ⟨⟩ *vi* [en examen] copier.

copiloto *mf* copilote *mf*.

copión, ona *m, f* copieur *m*, -euse *f*.

copioso, sa *adj* [comida] copieux(euse); [lluvia, cabellera] abondant(e).

copla *f* -1. [canción] chanson *f* populaire. -2. [estrofa] couplet *m*.

copo *m* flocon *m*.

copropiedad *f* copropriété *f*.

copropietario, ria *m, f* copropriétaire *mf*.

copular *vi* copuler.

copulativo, va *adj* copulatif(ive).

coquetear *vi* [tratar de agradar] minauder; [flirtear] aguicher.

coqueto, ta *adj* -1. [gen] coquet(ette). -2. [que flirtea] aguicheur(euse).

coraje *m* -1. [valor] courage *m*. -2. [rabia] : **dar ~** faire rager.

coral ⟨⟩ *adj* MÚS choral(e). ⟨⟩ *m* [de mar] corail *m*. ⟨⟩ *f* -1. [coro] chorale *f*. -2. [composición] choral *m*.

Corán *m* : **el ~** le Coran.

coraza *f* -1. [gen] carapace *f*. -2. [de soldado] cuirasse *f*.

corazón *m* -1. [gen] cœur *m*; **no tener ~** ne pas avoir de cœur, être sans cœur; **ser de buen ~** avoir bon cœur; **de (todo) ~** de tout cœur. -2. [valor, energía] courage *m*. -3. → dedo.

corazonada *f* -1. [intuición] pressentiment *m*. -2. [impulso] coup *m* de tête.

corbata *f* cravate *f*.

corbeta *f* NÁUT corvette *f*.

Córcega Corse *f*.

corchea *f* croche *f*.

corchete *m* -1. [de broche] agrafe *f*; [a presión] bouton-pression *m*. -2. [signo ortográfico] crochet *m*.

corcho *m* -1. [material] liège *m*. -2. [tapón] bouchon *m*.

corcholata *f Amer* capsule *f*.

córcholis *interj* : **¡~!** nom d'une pipe!

cordel *m* ficelle *f*.

cordero, ra *m, f* lit & fig agneau *m*, agnelle *f*.

cordial *adj* cordial(e).

cordialidad *f* cordialité *f*.

cordillera *f* chaîne *f* (de montagnes); [andina] cordillère *f*. ◆ **cordillera Cantábrica** : **la ~ Cantábrica** les monts *mpl* Cantabriques.

Córdoba Cordoue.

cordón *m* -1. [gen] cordon *m*; [de zapatos] lacet *m*; **~ umbilical** cordon ombilical. -2. [cable eléctrico] fil *m*. -3. *Amer* [de la acera] bordure *f* du trottoir.

cordura *f* [juicio] raison *f*; [prudencia] sagesse *f*.

Corea Corée *f*; **~ del Norte/Sur** Corée du Nord/Sud.

corear vt **-1.** [canción] reprendre en chœur. **-2.** [decisiones etc] approuver.

coreografía f chorégraphie f.

coreógrafo, fa m, f chorégraphe mf.

corista ◇ mf choriste mf. ◇ f [bailarina] girl f.

cornada f coup m de corne.

cornamenta f **-1.** [de toro] cornes fpl; [de ciervo] bois mpl. **-2.** fam [del cónyuge engañado] cornes fpl.

córnea f cornée f.

córner (pl **córners**) m corner m.

corneta ◇ f [instrumento] cornet m. ◇ mf [instrumentista] cornettiste mf.

cornete m cornet m.

cornetín ◇ m cornet m à piston. ◇ mf [instrumentista] cornettiste mf.

cornisa f corniche f.

cornudo, da ◇ adj **-1.** [animal] à cornes. **-2.** fam fig [cónyuge] cocu(e). ◇ m, f fam fig cocu m, -e f.

coro m chœur m; **a ~** en chœur; **hablar a ~** parler tous en même temps.

corona f **-1.** [gen] couronne f; **~ fúnebre/de laurel** couronne mortuaire/de lauriers. **-2.** [de santos] auréole f.

coronación f lit & fig couronnement m.

coronar vt **-1.** [gen] couronner. **-2.** fig [concluir] achever. **-3.** fig [alcanzar] atteindre.

coronel m colonel m.

coronilla f sommet m du crâne; **estar hasta la ~** fig en avoir par-dessus la tête.

corpiño m bustier m.

corporación f corporation f.

corporal adj corporel(elle).

corporativo adj corporatif(ive).

corpóreo, a adj corporel(elle).

corpulencia f corpulence f.

corpulento, ta adj corpulent(e).

corral m **-1.** [para los animales] cour f (de ferme); [para aves] basse-cour f. **-2.** [para teatro] ancien théâtre en plein air.

correa f **-1.** [tira & TECNOL] courroie f; [de reloj] bracelet m; [de perro] laisse f; [de bolso] anse f. **-2.** [cinturón] ceinture f.

corrección f correction f; **con toda ~** parfaitement.

correccional m maison f de redressement.

correctivo, va adj correctif(ive). ◆ **correctivo** m correction f.

correcto, ta adj correct(e).

corrector, ra adj & m, f correcteur(trice).

corredor, ra adj m, f **-1.** [deportista] coureur m, -euse f. **-2.** [intermediario] courtier m, -ère f; **~ de comercio** COM ≃ agent m de change. ◆ **corredor** m corridor m.

corregir vt corriger. ◆ **corregirse** vp se corriger.

correlación f corrélation f.

correlativo, va adj **-1.** [en relación] corrélatif(ive). **-2.** [en consecución] consécutif(ive).

correo ◇ m **-1.** [correspondencia] courrier m; **a vuelta de ~** par retour du courrier; **echar al ~** poster; **~ certificado** courrier recommandé; **~ comercial** prospectus m. **-2.** [servicio] poste f. ◇ adj postal(e). ◆ **Correos** mpl poste f.

correoso, sa adj [sustancia] caoutchouteux(euse); [pan] mou(molle); [carne, persona] coriace.

correr ◇ vi **-1.** [andar deprisa] courir; **a todo ~** à toute vitesse. **-2.** [ir deprisa] aller vite; [coche] rouler vite. **-3.** [pasar por – río, agua del grifo] couler; [– camino] passer. **-4.** [tiempo, horas] passer. **-5.** [propagarse – suceso, noticia] se propager; [– rumor] courir. **-6.** [moneda] avoir cours. **-7.** [pagar]: **~ con** [gastos] prendre à sa charge; [cuenta] régler; **~ a cargo de** être à la charge de. **-8.** [cantidad, sueldo etc] être dû(due). ◇ vt **-1.** [recorrer – distancia] courir; [– lugar] parcourir. **-2.** [deslizar – mesa, silla etc] pousser; [– cortinas] tirer. **-3.** [experimentar – aventuras, vicisitudes] connaître; [– riesgo] courir. ◆ **correrse** vp **-1.** [desplazarse – persona] se pousser; [– cosa] glisser. **-2.** [pintura, colores] couler. **-3.** vulg [tener un orgasmo] jouir.

correría f escapade f.

correspondencia f **-1.** [entre hechos] rapport m. **-2.** [entre estaciones, personas] correspondance f; **mantener una ~ con alguien** entretenir une correspondance avec qqn. **-3.** [correo] courrier m.

corresponder vi **-1.** [pagar, compensar]: **~ a algo** remercier de qqch; **me lo ofreció para corresponderme** il me l'a offert pour me remercier. **-2.** [pertenecer, coincidir]: **~ (con)** correspondre (à). **-3.** [tocar]: **te corresponde a ti hacerlo** c'est à toi de le faire; **le corresponde la herencia** l'héritage lui revient. **-4.** [a un sentimiento, favor] rendre; **él la quiere y ella le corresponde** il l'aime et elle le lui rend bien. ◆ **corresponderse** vp **-1.** [escribirse] : ~**se con alguien** correspondre avec qqn. **-2.** [amarse] : ~**se en el amor** s'aimer mutuellement. **-3.** [habitaciones] communiquer.

correspondiente *adj* correspondant(e).

corresponsal *mf* **-1.** PRENSA correspondant *m*, -e *f*. **-2.** COM représentant *m*, -e *f*.

corretear *vi* **-1.** [correr – niños] galoper; [– ratones] trotter. **-2.** *fam* [vagar] traîner.

correveidile *mf* rapporteur *m*, -euse *f*.

corrido, da *adj* **-1.** [pasado] bon(bonne); **un kilo ~ de...** un bon kilo de... **-2.** [avergonzado] gêné(e). ◆ **corrida** *f* TAUROM corrida *f*. ◆ **de corrido** *loc prep* [de memoria] par cœur; [de una vez] d'un trait.

corriente ◇ *adj* **-1.** [gen] courant(e). **-2.** [nada excepcional] ordinaire. ◇ *f* courant *m*; **estar al ~ de** [pagos] être à jour pour; [noticias] être au courant de; **ir contra ~** aller à contre-courant.

corro *m* **-1.** [círculo] cercle *m*; [baile] ronde *f*; **en ~** en rond. **-2.** FIN [en Bolsa] corbeille *f*.

corroborar *vt* corroborer.

corroer *vt* **-1.** [gen] corroder; GEOL éroder. **-2.** *fig* [consumir] ronger.

corromper *vt* corrompre. ◆ **corromperse** *vp* **-1.** [pudrirse] pourrir. **-2.** [pervertirse] se corrompre.

corrosivo, va *adj* **-1.** [que desgasta] corrosif(ive). **-2.** [mordaz] décapant(e).

corrupción *f* corruption *f*.

corrusco *m* quignon *m* de pain.

corsario, ria *adj* pirate; **una nave corsaria** un bateau pirate; **un capitán ~** un corsaire. ◆ **corsario** *m* corsaire *m*.

corsé *m* corset *m*.

cortacésped *m* tondeuse *f* à gazon.

cortado, da *adj* **-1.** [labios, manos] gercé(e). **-2.** [nata, leche] tourné(e). **-3.** *fig* [avergonzado] timide; **quedarse ~** être décontenancé. **-4.** [estilo] haché(e). ◆ **cortado** *m* noisette *f* (café).

cortafuego *m* coupe-feu *m inv*.

cortante *adj* **-1.** [afilado] coupant(e). **-2.** *fig* [tajante] cassant(e); [viento] cinglant(e); [frío] glacial(e).

cortapisa *f* entrave *f*; **le puso ~s** il lui a mis des bâtons dans les roues.

cortar ◇ *vt* **-1.** [gen] couper; [el césped] tondre. **-2.** [interrumpir – abusos, hemorragia] arrêter; [– conversación] interrompre. **-3.** [dar forma – papel] découper; [– tela] tailler. **-4.** [labios, piel] gercer. **-5.** [alterar – leche] faire tourner; [– mayonesa]

faire tomber. **-6.** [gastos] réduire. **-7.** [poner fin a – beca, subvención] retirer; [– abusos] couper court à. **-8.** [aire, olas] fendre. **-9.** *fig* [molestar] gêner; **me corta su seriedad** sa gravité me met mal à l'aise. ◇ *vi* **-1.** [gen] couper. **-2.** *fam* [cesar una relación] rompre. ◆ **cortarse** *vp* **-1.** [gen] se couper. **-2.** [labios, piel] se gercer. **-3.** [alimento – leche] tourner; [– mayonesa] ne pas prendre. **-4.** *fig* [turbarse] se troubler.

cortaúñas *m inv* coupe-ongles *m inv*.

corte ◇ *m* **-1.** [raja – en papel, tela] déchirure *f*; [– en la piel] entaille *f*. **-2.** [de pelo, prenda, esquema] coupe *f*. **-3.** [herida, pausa, interrupción] coupure *f*. **-4.** [de tela] coupon *m*. **-5.** [estilo de una obra] ton *m*. **-6.** [del cuchillo] fil *m*. **-7.** *fam* [respuesta ingeniosa] vanne *f*. **-8.** *fam* [vergüenza] honte *f*; **me da ~ salir a la calle** j'ai honte de sortir. ◇ *f* cour *f* (du roi). ◆ **Cortes** *fpl* Parlement espagnol.

cortejar *vt* courtiser.

cortejo *m* cortège *m*.

cortés *adj* courtois(e).

cortesía *f* **-1.** [modales] politesse *f*; **de ~** de politesse. **-2.** [favor] gentillesse *f*. **-3.** [regalo] : **el aperitivo es ~ de la casa** l'apéritif vous est offert par la maison.

corteza *f* **-1.** [del árbol] écorce *f*. **-2.** [de pan, queso etc] croûte *f*; [naranja etc] peau *f*; ~ **terrestre** croûte terrestre. **-3.** ANAT cortex *m*.

cortijo *m* ferme *f* (andalouse).

cortina *f* rideau *m*.

cortisona *f* cortisone *f*.

corto, ta *adj* **-1.** [en extensión, tiempo] court(e); **una corta espera** une brève attente. **-2.** *fig* [bobo] : ~ (de alcances) simplet.

cortocircuito *m* court-circuit *m*.

cortometraje *m* court-métrage *m*.

cosa *f* **-1.** [gen] chose *f*; **poca ~** pas grand-chose. **-2.** [pertenencias] (gen pl) affaires *fpl*. **-3.** [instrumentos] (gen pl) matériel *m*; ~ **s de coser** nécessaire *m* de couture. **-4.** [ocurrencia] (gen pl) truc *m*; **¡qué ~s tienes!** tu as de ces idées! **-5.** [manías] (gen pl) manie *f*. **-6.** *loc* : **como quien no quiere la ~** mine de rien; **como si tal ~** comme si de rien n'était; **eso es ~ mía** c'est mon affaire, cela ne regarde que moi. ◆ **cosa de** *loc adv* environ; **tuvimos que esperar ~ de 10 minutos** on a dû attendre quelque chose comme 10 minutes.

coscorrón *m* coup *m* sur la tête.

cosecha *f* récolte *f*; **de su (propia) ∼** de son cru.

cosechar ◇ *vt* -1. AGR récolter. -2. *fig* [ganar] obtenir. ◇ *vi* faire la récolte.

coseno *m* cosinus *m*.

coser ◇ *vt* -1. [con hilo] coudre. -2. [con grapas] agrafer. -3. *loc* : **ser cosa de ∼ y cantar** être simple comme bonjour. ◇ *vi* coudre.

cosido *m* couture *f (action)*.

cosmético, ca *adj* cosmétique. ◆ **cosmético** *m* cosmétique *m*. ◆ **cosmética** *f* cosmétique *f*.

cósmico, ca *adj* cosmique.

cosmopolita *adj & mf* cosmopolite.

cosmos *m* cosmos *m*.

coso *m* Amer [chisme] truc *m*.

cosquillas *fpl* chatouilles *fpl*; **hacer ∼** chatouiller, faire des chatouilles; **tengo ∼** ça me chatouille.

cosquilleo *m* -1. [agradable] chatouillement *m*. -2. *fig* [desagradable] frisson *m*.

costa *f* côte *f*. ◆ **Costa Brava** *f* : **la Costa Brava** la Costa Brava. ◆ **Costa del Sol** *f* : **la Costa del Sol** la Costa del Sol. ◆ **a costa de** *loc prep* -1. [a expensas de] aux dépens de. -2. [a fuerza de] au prix de. ◆ **a toda costa** *loc prep* à tout prix.

costado *m* flanc *m*; **dormir de ∼** dormir sur le côté; **en ambos ∼s de la calle** des deux côtés de la rue.

costal *m* sac *m (de jute)*.

costanera *f* Amer bord *m* de mer.

costar ◇ *vt* -1. [dinero] coûter. -2. [tiempo] prendre. ◇ *vi* [ser difícil] coûter.

Costa Rica Costa Rica *m*.

costarricense, **costarriqueño, ña** ◇ *adj* costaricien(enne). ◇ *m, f* Costaricien *m*, -enne *f*.

coste *m* coût *m*; **∼ de la vida** coût de la vie.

costear *vt* -1. [pagar] payer, financer; [rentabilizar] couvrir. -2. NÁUT longer, côtoyer.

costero, ra ◇ *adj* côtier(ère). ◇ *m, f* habitant *m*, -e *f* du littoral.

costilla *f* -1. [de persona] côte *f*. -2. [de animal] côtelette *f*. -3. [de silla] barreau *m*; [de barco] membrure *f*. -4. *fam fig* [cónyuge] moitié *f*.

costo *m* -1. [gen] coût *m*. -2. *fam* [hachís] hasch *m*.

costoso, sa *adj* -1. [precio] coûteux(euse). -2. *fig* [trabajo] pénible; [triunfo] difficile.

costra *f* croûte *f*.

costumbre *f* -1. [hábito] habitude *f*. -2. [práctica] coutume *f*.

costumbrismo *m* peinture *f* des mœurs.

costura *f* couture *f*; **alta ∼** haute couture.

costurera *f* couturière *f*.

costurero *m* -1. [objeto] corbeille *f* à ouvrage. -2. [oficio] couturier *m*.

cota *f* -1. [altura, nivel] cote *f*. -2. [jubón] cotte *f*; **∼ de mallas** cotte de mailles.

cotarro *m* : **alborotar el ∼** mettre la pagaille; **dirigir el ∼** faire la loi.

cotejar *vt* confronter *(comparer)*.

cotejo *m* confrontation *f*.

cotidiano, na *adj* quotidien(enne).

cotilla *mf fam* commère *f*.

cotillear *vi fam* faire des ragots.

cotilleo *m fam* potin.

cotillón *m* cotillon *m*.

cotización *f* -1. [de producto] prix *m*. -2. [en Bolsa – precio] cours *m*; [– actividad] cotation *f*.

cotizar ◇ *vt* [valorar] estimer; [en Bolsa] coter. ◇ *vi* [pagar] cotiser, verser une cotisation. ◆ **cotizarse** *vp* -1. [bonos, valores etc] : **∼se (a)** être coté(e) (à). -2. [valorarse] être apprécié(e).

coto *m* -1. [terreno] réserve *f*; **∼ de caza** chasse *f* réservée. -2. **poner ∼ a** [impedir algo] mettre le holà à.

cotorra *f* -1. [ave] perruche *f*. -2. *fam fig* [persona] pie *f*; **hablar como una ∼** être un moulin à paroles.

COU *(abrev de curso de orientación universitaria) m* EDUC année de préparation à l'entrée à l'université.

cowboy *(pl cowboys) m* cow-boy *m*.

coxis = **cóccix**.

coyote *m* coyote *m*.

coyuntura *f* -1. [situación] conjoncture *f*; [oportunidad] occasion *f*. -2. [unión] jointure *f*.

coz *f* -1. [del animal] ruade *f*; [patada] coup *m* de sabot. -2. [de arma] recul *m*.

crac *(pl cracs)*, **crack** *(pl cracks)* -1. [figura] star *f*. FIN krach *m*.

crack *m inv* -1. [droga] crack *m*. -2. → **crac**.

cráneo *m* ANAT crâne *m* .

crápula ◇ *m* débauché *m*. ◇ *f* débauche *f*.

cráter *m* cratère *m*.

crawl = crol.

creación *f* création *f*.

creador, ra *adj & m, f* créateur(trice).

crear *vt* **-1.** [gen] créer. **-2.** [desorden, descontento etc] provoquer; [rumores] répandre.

creatividad *f* créativité *f*.

creativo, va *adj & m, f* créatif *m*, -ive *f*.

crecer *vi* **-1.** [niños, sentimientos] grandir; [plantas, cabello] pousser. **-2.** [días, noches] allonger. **-3.** [río] grossir; [marea] monter; [luna] croître. **-4.** [interés, gusto, afición] être croissant(e). ◆ **crecerse** *vp* prendre de l'assurance.

creces ◆ **con creces** *loc adv* largement.

crecido, da *adj* [cantidad, niño] grand(e). ◆ **crecida** *f* crue *f*.

creciente ◇ *adj* croissant(e). ◇ *m* phase *f* ascendante (de la Lune).

crecimiento *m* croissance *f*; [de precios] augmentation *f*.

credencial *f* [pase] laissez-passer *m*. ◆ **credenciales** *fpl* lettres *fpl* de créance.

credibilidad *f* crédibilité *f*.

crédito *m* **-1.** [gen] crédit *m*; **a** ~ à crédit; ~ **al consumo** crédit à la consommation. **-2.** [confianza] confiance *f*; **dar** ~ **a una cosa** croire qqch. **-3.** [en universidad] ≈ unité *f* de valeur.

credo *m lit & fig* credo *m*.

crédulo, la *adj* crédule.

creencia *f* **-1.** [de fe] croyance *f*. **-2.** [de opinión] conviction *f*.

creer ◇ *vt* croire. ◇ *vi* : ~ **en croire en.** ◆ **creerse** *vp* **-1.** [considerarse] se croire; **¿quién se cree que es?** pour qui se prend-il? **-2.** [dar por cierto] croire.

creíble *adj* crédible.

creído, da *m, f* prétentieux *m*, -euse *f*.

crema ◇ *f* **-1.** [gen] crème *f*. **-2.** [betún] cirage *m*. ◇ *adj inv* crème.

cremallera *f* **-1.** [para cerrar] fermeture *f* Éclair®. **-2.** TECNOL crémaillère *f*.

crematístico, ca *adj* financier(ère).

crematorio, ria *adj* crématoire. ◆ **crematorio** *m* crématorium *m*.

cremoso, sa *adj* crémeux(euse).

crepe *f* crêpe *f*.

crepitar *vi* crépiter.

crepúsculo *m lit & fig* crépuscule *m*.

crespo, pa *adj* crépu(e).

cresta *f* **-1.** [gen] crête *f*; **dar a alguien en la** ~ *fig* rabattre le caquet à qqn. **-2.** [penacho] huppe *f*.

Creta Crète *f*.

cretino, na *m, f* crétin *m*, -e *f*.

cretona *f* cretonne *f*.

creyente *mf* croyant *m*, -e *f*.

cría *f* ↦ **crío**.

criadero *m* **-1.** [de plantas] pépinière *f*; [de animales] élevage *m*. **-2.** [de mineral] gisement *m*.

criadilla *f* testicules d'animal (taureau par exemple) utilisés en cuisine.

criado, da ◇ *adj* élevé(e); **bien** ~ bien élevé. ◇ *m, f* domestique *mf*.

criador, ra ◇ *adj* producteur(trice). ◇ *m, f* éleveur *m*, -euse *f*; ~ **de vino** viticulteur *m*.

crianza *f* **-1.** [de bebé] allaitement *m*. **-2.** [de animales, del vino] élevage *m*. **-3.** [educación] éducation *f*.

criar *vt* **-1.** [amamantar] allaiter. **-2.** [cuidar – animales, niños] élever. **-3.** [plantas] cultiver. ◆ **criarse** *vp* **-1.** [crecer] grandir. **-2.** [reproducirse] se reproduire.

criatura *f* **-1.** [niño] enfant *m*; [bebé] nourrisson *m*. **-2.** [ser vivo] créature *f*.

criba *f* **-1.** [tamiz] crible *m*. **-2.** [selección] passage *m* au crible.

cricket = criquet.

crimen *m* crime *m* .

criminal *adj & m, f* criminel(elle).

crin *f* **-1.** [material] crin *m*. **-2.** [pelos] *(gen pl)* crinière *f*.

crío, a *m, f* gamin *m*, -e *f*. ◆ **cría** *f* **-1.** [hijo del animal] petit *m*. **-2.** [crianza – de animales] élevage *m*; [– de plantas] culture *f*.

criollo, lla ◇ *adj* créole. ◇ *m, f* Créole *mf*.

cripta *f* crypte *f*.

criquet, cricket *m* cricket *m*.

crisantemo *m* chrysanthème *m*.

crisis *f* **-1.** [gen] crise *f*. **-2.** [escasez] pénurie *f*.

crisma *f fam* [cabeza] : **romperle la** ~ **a alguien** casser la figure à qqn.

crismas, christmas, crisma *m* carte *f* de vœux.

crisol *m* **-1.** [gen] creuset *m*. **-2.** [prueba] révélateur *m*.

crispar *vt* crisper; ~ **los nervios** taper sur les nerfs. ◆ **crisparse** *vp* se crisper.

cristal *m* **-1.** [gen] verre *m*; [vidrio fino] cristal *m*. **-2.** [de ventana] vitre *f*, carreau *m*. **-3.** *fig* [espejo] glace *f*.

cristalera f [techo] verrière f; [puerta] porte f vitrée; [armario] armoire f à glace.

cristalería f -1. [objetos] verrerie f. -2. [fábrica, tienda] vitrerie f; **pasar por la ~** aller chez le vitrier.

cristalino, na adj cristallin(e). ◆ **cristalino** m cristallin m.

cristalizar vt cristalliser. ◆ **cristalizarse** vp [sustancia, sentimiento] se cristalliser; [asunto] se concrétiser; **~se en** fig aboutir à.

cristiandad f chrétienté f.

cristianismo m -1. [religión] christianisme m. -2. [fieles] chrétienté f.

cristiano, na adj & m, f chrétien(enne).

cristo m christ m. ◆ **Cristo** m Christ m.

criterio m -1. [norma] critère m. -2. [juicio] discernement m. -3. [opinión] avis m.

crítica f → crítico.

criticar vt critiquer.

crítico, ca adj & m,f critique. ◆ **crítica** f critique f.

criticón, ona ◇ adj qui a la critique facile. ◇ m,f critiqueur m, -euse f.

Croacia Croatie f.

croar vi coasser.

croata ◇ adj croate. ◇ mf Croate mf.

croissant (pl **croissants**) m croissant m (pâtisserie).

crol, crawl m crawl m.

cromado m chromage m.

cromatismo m chromatisme m.

cromo m -1. [metal] chrome m. -2. [estampa] image f.

cromosoma m chromosome m.

crónico, ca adj chronique. ◆ **crónica** f -1. [gen] chronique f. -2. [de televisión] magazine m d'information.

cronista mf chroniqueur m, -euse f.

cronología f chronologie f.

cronometrar vt chronométrer.

cronómetro m chronomètre m.

croqueta f CULIN croquette f.

croquis m croquis m.

cross m inv cross m inv.

cruce m -1. [de caminos & BIOL] croisement m; [de carreteras, calles] carrefour m. -2. [de teléfono] interférence f. -3. [de electricidad] court-circuit m.

crucero m -1. [viaje] croisière f. -2. [de iglesia] croisée f du transept.

crucial adj crucial(e).

crucificar vt crucifier; fig [atormentar] tourmenter.

crucifijo m crucifix m.

crucifixión f crucifixion f.

crucigrama m mots croisés mpl.

crudeza f -1. [del tiempo] rigueur f. -2. [de descripción] crudité f. -3. [de comportamiento] rudesse f; [de la verdad, realidad] dureté f.

crudo, da adj -1. [gen] cru(e); **es la cruda realidad** c'est la dure réalité; **de forma cruda** crûment. -2. [tiempo] rude, rigoureux(euse). -3. [color] écru(e). ◆ **crudo** m pétrole m brut, brut m.

cruel adj cruel(elle).

crueldad f cruauté f.

cruento, ta adj sanglant(e).

crujido m craquement m; [de dientes] grincement m; [de la seda] crissement m.

crujiente adj craquant(e); [pan, patatas fritas] croustillant(e).

crujir vi craquer; [dientes] grincer; [seda] crisser.

cruz f -1. [gen] croix f. -2. [de moneda] pile f. -3. [de ramas] fourche f. -4. fig [aflicción – persona] poids m; [– actividad etc] calvaire m. -5. loc : **hacer ~ y raya** [con un asunto] tourner la page; [con una persona] couper les ponts. ◆ **Cruz Roja** f : **la Cruz Roja** la Croix-Rouge.

cruza f Amer croisement m.

cruzado, da adj -1. [gen & BIOL] croisé(e). -2. [atravesado] : **~ (en)** en travers (de).

cruzar vt -1. [poner en cruz, emparejar] croiser. -2. [poner de través] mettre en travers. -3. [calle] traverser. -4. [palabras] échanger. ◆ **cruzarse** vp : **~se con alguien** croiser qqn; **me crucé con ella** je l'ai croisée; **~se de brazos/piernas** croiser les bras/les jambes.

CSIC (abrev de **Consejo Superior de Investigaciones Científicas**) m conseil supérieur de la recherche scientifique en Espagne, ≈ CNRS.

cta. abrev de **cuenta**.

cte. abrev de **corriente**.

CTNE (abrev de **Compañía Telefónica Nacional de España**) f compagnie espagnole des télécommunications, ≈ France Télécom.

cuaderno m cahier m.

cuadra f -1. [gen] écurie f. -2. Amer [manzana] pâté m de maisons.

cuadrado, da adj -1. [gen & MAT] carré(e). -2. [persona] : **estar cuadrada** fam être un pot à tabac. ◆ **cuadrado** m carré m.

cuadrangular *adj* quadrangulaire.

cuadrante *m* **-1.** GEOGR & GEOM quadrant *m*. **-2.** [reloj] cadran *m*.

cuadrar *vi* **-1.** [información, hechos] concorder; [caracteres, ropa] s'accorder; **su confesión no cuadra con la declaración** ses aveux ne concordent pas avec sa déclaration. **-2.** [números, cuentas] tomber juste. **-3.** [venir a medida] convenir; **le cuadra ese trabajo** ce travail lui convient parfaitement. ◆ **cuadrarse** *vp* **-1.** MIL se mettre au garde-à-vous. **-2.** [mostrar firmeza] durcir le ton.

cuadrícula *f* quadrillage *m*.

cuadrilátero *m* **-1.** GEOM quadrilatère *m*. **-2.** DEP ring *m*.

cuadrilla *f* **-1.** [de amigos, maleantes] bande *f*; [de trabajadores] équipe *f*. **-2.** [de torero] équipe qui assiste le matador.

cuadro *m* **-1.** [gen] tableau *m*; ~ **de costumbres** étude *f* de mœurs; ~ **sinóptico** tableau synoptique. **-2.** [escena] spectacle *m*. **-3.** GEOM carré *m*; **a** ~ **s** [tela] à carreaux. **-4.** [de personas] équipe *f*; **el** ~ **de dirigentes** la direction. **-5.** [de bicicleta] cadre *m*.

cuádruple *m* quadruple *m*.

cuajar ◇ *vt* **-1.** [leche] cailler; [sangre] coaguler. **-2.** [de adornos] couvrir. ◇ *vi* **-1.** [lograrse — proyecto, acción] aboutir; [– acuerdo] être conclu(e). **-2.** [gustar – persona] être adopté(e); [– moda] prendre; [– nieve] tenir. ◆ **cuajarse** *vp* **-1.** [leche] cailler; [flan, hielo] prendre; [sangre] coaguler. **-2.** [llenarse] se remplir; **se le cuajaron los ojos de lágrimas** ses yeux se sont emplis de larmes.

cuajo *m* **-1.** [fermento] présure *f*. **-2.** *fig* [calma] nonchalance *f*. ◆ **de cuajo** *loc adv* complètement; **arrancar de** ~ [árbol] déraciner; [pie, mano] arracher.

cual *pron relat* : **el/la** ~ lequel/laquelle; **llamé a Juan, el** ~ **dormía** j'ai appelé Juan, qui dormait; **al/a la** ~ auquel/à laquelle; **la película a la** ~ **hago referencia** le film auquel je fais référence; **Ana, a la** ~ **veo a menudo...** Ana, que je vois souvent...; **del/de la** ~ dont; **el libro/el amigo del** ~ **te hablé** le livre/l'ami dont je t'ai parlé; **lo** ~ [sujeto] ce qui; [complemento] ce que; **está muy enfadada, lo** ~ **es comprensible/entiendo perfectamente** elle est très fâchée, ce qui est compréhensible/ce que je comprends parfaitement; **sea** ~ **sea** quel que soit,

quelle que soit; **sea** ~ **sea el resultado** quel que soit le résultat.

cuál *pron* **-1.** [interrogativo] quel, quelle; [especificando] lequel, laquelle; **¿**~ **es la diferencia?** quelle est la différence?; **¿**~ **prefieres?** laquelle préfères-tu?; **no sé** ~ **es son mejores** je ne sais pas lesquels sont les meilleurs. **-2.** *(en oraciones distributivas)* : **todos han contribuido,** ~ **más,** ~ **menos** ils ont tous participé, certains plus que d'autres.

cualidad *f* qualité *f*.

cualificado, da *adj* qualifié(e).

cualitativo, va *adj* qualitatif(ive).

cualquiera *(pl* **cualesquiera)** ◇ *adj (antes de sust :* **cualquier)**. **-1.** [gen] (antes de sust) n'importe quel, n'importe quelle; **cualquier día vendré a visitarte** un de ces jour, je viendrai te rendre visite; **en cualquier momento** n'importe quand; **en cualquier lugar** n'importe où. **-2.** [ordinario] *(después de sust)* quelconque; **un sitio** ~ un endroit quelconque. ◇ *pron* n'importe qui; ~ **te lo dirá** n'importe qui te le dira; ~ **que** [persona] quiconque; [cosa] quel que(quelle que); ~ **que te viera se reiría** quiconque te verrait rirait; ~ **que sea la razón** quelle que soit la raison. ◇ *mf* moins *mf* que rien. ◇ *f fam* traînée *f*.

cuan *adv* [gen] : **se desplomó** ~ **largo era** il est tombé de tout son long.

cuando ◇ *adv* : **mañana es** ~ **me voy de vacaciones** c'est demain que je pars en vacances; **de** ~ **en** ~, **de vez en** ~ de temps en temps. ◇ *conj* **-1.** [de tiempo] quand, lorsque; **llegué a París quand o lorsque je suis arrivé à Paris. -2.** [si] si; ~ **tú lo dices será verdad** si c'est toi qui le dis, ça doit être vrai.

cuándo ◇ *adv* quand; **¿**~ **vienes?** quand viens-tu?; **le pregunté** ~ **se iba** je lui ai demandé quand il partait. ◇ *m* : **ignora el cómo y el** ~ **de la operación** il ignore comment et quand se déroulera l'opération.

cuantía *f* quantité *f*; [importe] montant *m*.

cuantificar *vt* quantifier.

cuantitativo, va *adj* quantitatif(ive).

cuanto, ta ◇ *adj* **-1.** [todo] tout le, toute la; **despilfarra** ~ **dinero gana** il gaspille tout l'argent qu'il gagne. **-2.** *(antes de adv)* [compara cantidades] : **cuantas más mentiras digas, menos te creerán** plus tu mens, moins on te croira. ◇ *pron relat (gen pl)* [sujeto] **tous**

ceux qui, toutes celles qui; [complemento] tous ceux que(toutes celles que); **dio las gracias a todos** ∼**s le ayudaron** il remercia tous ceux qui l'avaient aidé; **me gustaron cuantas vi** toutes celles que j'ai vues m'ont plu. ◆ **cuanto** ⋄ *pron relat (neutro)* **-1.** [todo lo que] tout ce que; **comprendo** ∼ **dice** je comprends tout ce qu'il dit; **come** ∼ **quieras** mange autant que tu voudras. **-2.** [compara cantidades] : ∼ **más se tiene, más se quiere** plus on en a, plus on en veut. ⋄ *adv* [compara cantidades] : ∼ **más gordo está, más come** plus il est gros, plus il mange. ◆ **cuanto antes** *loc adv* le plus vite possible, dès que possible; ∼ **antes empecemos, antes acabaremos** plus vite nous commencerons, plus vite nous finirons. ◆ **en cuanto** *loc conj* dès que. ◆ **en cuanto a** *loc prep* en ce qui concerne; **en** ∼ **a tu petición** en ce qui concerne ta demande.

cuánto, ta ⋄ *adj* **-1.** [interrogativo] combien de; **¿**∼ **pan quieres?** combien de pain veux-tu?; **no sé** ∼**s invitados había** je ne sais pas combien il y avait d'invités. **-2.** [exclamativo] que de; **¡cuánta gente había!** que de gens il y avait là!; **¡**∼**s libros tienes!** tu en as des livres! ⋄ *pron (gen pl)* combien; **¿**∼**s son?** combien sont-ils?; **dime cuántas quieres** dis-moi combien tu en veux; **¡**∼**s quisieran conocerte!** combien aimeraient te connaître! ◆ **cuánto** *pron (neutro)* **-1.** [interrogativo] combien; **¿**∼ **quieres?** combien en veux-tu?; **me gustaría saber** ∼ **te costará** j'aimerais savoir combien ça va te coûter. **-2.** [exclamativo] **¡**∼ **han cambiado las cosas!** comme les choses ont changé!; **¡**∼ **me gusta este cuadro!** que j'aime ce tableau!

cuarenta *núm* quarante; *ver también* **sesenta.**

cuarentena *f* quarantaine *f*; **poner en** ∼ [enfermo] mettre en quarantaine; [noticia] attendre pour divulguer.

cuaresma *f* carême *m*.

cuartear *vt* [fruta] couper en quartiers; [res] dépecer.

cuartel *m* caserne *f*.

cuartelazo *m* *Amer* putsch *m*.

cuartelillo *m* [de policía] poste *m*.

cuarteto *m* **-1.** MÚS quatuor *m*; [de jazz] quartette *m*. **-2.** [poema] quatrain *m*. **-3.** [cuatro cosas] ensemble *m* de quatre (éléments).

cuartilla *f* feuille *f* (de papier).

cuarto, ta *núm* quatrième; **una cuarta parte** un quart; *ver también* **sexto.** ◆ **cuarto** *m* **-1.** [parte] quart *m*; **ser tres** ∼**s de lo mismo** *fig* être du pareil au même. **-2.** [sala] pièce *f*; [de dormir] chambre *f*; ∼ **de baño** salle *f* de bains; ∼ **de estar** salle *f* de séjour. **-3.** [dinero] *(gen pl)* sou *m*.

cuarzo *m* quartz *m*.

cuate, ta *m, f Amer* ami *m*, -e *f*.

cuatrimestral *adj* **-1.** [en frecuencia] : **una revista** ∼ un magazine qui sort tous les quatre mois. **-2.** [en duración] de quatre mois.

cuatro ⋄ *núm* quatre; *ver también* **seis.** ⋄ *adj fig* [poco] : ∼ **fresones** une poignée de fraises; **parece que pasó hace** ∼ **días** on dirait que c'était hier.

cuatrocientos, tas *núm* quatre cents; *ver también* **seiscientos.**

cuba *f* tonneau *m*; **estar como una** ∼ *fig* être complètement rond(e).

Cuba Cuba.

cubalibre *m* rhum-Coca *m*, Cuba-libre *m*.

cubano, na ⋄ *adj* cubain(e). ⋄ *m, f* Cubain *m*, -e *f*.

cubertería *f* ménagère *f* (couverts).

cubeta *f* **-1.** [cuba pequeña] petit tonneau *m*; [de barómetro] cuvette *f*. **-2.** FOT bac *m*.

cúbico, ca *adj* **-1.** [gen & MAT] cubique. **-2.** [para volúmenes] : **metro** ∼ mètre cube.

cubierto, ta ⋄ *pp irreg* → **cubrir.** ⋄ *adj* couvert(e); **estar/ponerse a** ∼ être/se mettre à l'abri. ◆ **cubierto** *m* **-1.** [para comer] couvert *m*. **-2.** [comida] menu *m*. ◆ **cubierta** *f* **-1.** [para tapar - libro] couverture *f*; [- cama] couvre-lit *m*; [- mueble] housse *f*. **-2.** [de neumático] enveloppe *f*. **-3.** [de barco] pont *m*.

cubilete *m* gobelet *m*.

cubismo *m* cubisme *m*.

cubito *m* [de hielo] glaçon *m*.

cubo *m* **-1.** [recipiente] seau *m*; ∼ **de la basura** poubelle *f*. **-2.** GEOM & MAT cube *m*.

cubrecama *m* couvre-lit *m*.

cubrir *vt* **-1.** [gen] couvrir. **-2.** [disimular] cacher. **-3.** [puesto, vacante] pourvoir; ∼ **sus necesidades** pourvoir à ses besoins. ◆ **cubrirse** *vp* : ∼**se (de)** se couvrir (de); ∼**se de gloria** se couvrir de gloire.

cucaña *f* mât de cocagne.

cucaracha *f* ZOOL cafard *m*.

cuchara *f* **-1.** [para comer] cuillère *f*, cuiller *f*. **-2.** [instrumento] benne *f*.

cucharada f cuillerée f.

cucharilla f petite cuillère f; [en recetas de cocina] cuillère f à café.

cucharón m louche f.

cuchichear vi chuchoter.

cuchilla f [hoja] lame f.

cuchillo m couteau m .

cuchitril m [vivienda] taudis m; [bar] boui-boui m.

cuclillo m coucou m (oiseau).

cuco, ca adj fam **-1.** [bonito] mignon(onne). **-2.** [astuto] futé(e). ◆ **cuco** m coucou m (oiseau).

cucú (pl **cucúes**) m coucou m (chant, pendule).

cucurucho m **-1.** [papel] cornet m. **-2.** [gorro] cagoule f (de pénitent).

cuece → cocer.

cuello m **-1.** [del cuerpo] cou m. **-2.** [de prenda, objeto] col m; ~ **de botella** goulot m; [en carretera] goulet m.

cuenca f **-1.** [de río, región minera] bassin m. **-2.** [del ojo] orbite f.

cuenco m terrine f (plat).

cuenta f **-1.** [acción de contar] compte m; **echar** ~**s** faire les comptes; **he perdido la** ~ je ne sais plus où j'en suis; **me lo dijo tantas veces que perdí la** ~ il me l'a dit je ne sais combien de fois; ~ **atrás** compte à rebours. **-2.** BANCA & COM compte m; **abrir una** ~ ouvrir un compte; **pagar a** ~ verser un acompte; ~ **corriente** compte courant; ~ **de ahorros** compte épargne. **-3.** [suma, división etc] opération f . **-4.** [factura] note f; [de restaurante] addition f . **-5.** [obligación, cuidado] charge f; **los gastos corren de mi** ~ je prends les frais à ma charge; **déjalo de mi** ~ laisse-moi m'en occuper; **lo haré por mi** ~ je le ferai moi-même. **-6.** [bolita – de collar] perle f; [– de rosario] grain m. **-7.** loc : **a fin de** ~**s** en fin de compte, tout compte fait; **ajustarle a alguien las** ~**s** régler son compte à qqn; **caer en la** ~ comprendre; **darse** ~ **de** se rendre compte de; **más de la** ~ un peu trop; **tener en** ~ **algo** tenir compte de qqch.

cuentarrevoluciones m inv compte-tours m inv.

cuentista mf **-1.** [escritor] conteur m, -euse f. **-2.** [mentiroso] menteur m, -euse f.

cuento m **-1.** [fábula, narración] conte m . **-2.** [mentira] histoire f; **lo que me dices es un** ~ tu me racontes des histoires; ~

chino histoire à dormir debout. **-3.** loc : **tener (mucho)** ~ jouer la comédie; **eso no viene a** ~ cela n'a rien à voir.

cuerda f **-1.** [gen & GEOM] corde f. **-2.** [de reloj] ressort m; **dar a** ~ **un reloj** remonter une montre; **habla como si le hubieran dado cuerda** il ne peut plus s'arrêter de parler. **-3.** loc : **tener mucha** ~, **tener** ~ **para rato** en avoir pour un moment. ◆ **cuerdas vocales** fpl cordes fpl vocales.

cuerdo, da ◇ adj **-1.** [sano de juicio] : **no estás muy** ~ tu ne vas pas bien. **-2.** [sensato] raisonnable, sage. ◇ m, f sage mf.

cueriza f Amer volée f (de coups).

cuerno m **-1.** [gen] corne f. **-2.** MÚS trompe f. ◆ **cuernos** mpl fam cornes fpl.

cuero m **-1.** [gen] cuir m; ~ **cabelludo** cuir chevelu; **en** ~**s**, **en** ~**s vivos** nu(e) comme un ver. **-2.** Amer vulg [prostituta] pute f.

cuerpo m corps m; **de** ~ **entero** [retrato] en pied; **de** ~ **presente** sur son lit de mort; **en** ~ **y alma** fig corps et âme; **luchar a** ~ lutter corps à corps; **tomar** ~ prendre corps.

cuervo m corbeau m.

cuesta f [pendiente] côte f; **ir** ~ **abajo** descendre (la côte); **ir** ~ **arriba** monter (la côte); **llevar a** ~**s** porter sur le dos; **se le hizo** ~ **arriba hacer este trabajo** fig ça lui a été pénible de faire ce travail.

cuestión f question f .

cuestionar vt remettre en question.

cuestionario m questionnaire m.

cueva f GEOL grotte f.

cuicos mpl Amer fam flics mpl.

cuidado ◇ m **-1.** [vigilancia] attention f; **con** ~ faire attention à. **-2.** [esmero & MED] soin m; ~**s intensivos** soins intensifs; **eso me trae sin** ~ fig je n'en ai rien à faire. ◇ interj : **¡**~**!** attention!

cuidadoso, sa adj soigneux(euse).

cuidar ◇ vt **-1.** [gen] soigner. **-2.** [cosa] prendre soin de. ◇ vi : ~ **de** s'occuper de. ◆ **cuidarse** vp se ménager; ~**se de** s'occuper de.

culata f **-1.** [de arma] culasse f. **-2.** [de animal] croupe f.

culé (pl **culés**) DEP fam ◇ adj du football-club de Barcelone. ◇ mf supporter du football-club de Barcelone.

culebra f couleuvre f.

culebrón m TV feuilleton m mélo.

culinario, ria adj culinaire.

culminación f point m culminant.

culminar ◇ *vt* : ~ **(con)** mettre le point final (à). ◇ *vi* culminer; ~ **(con)** *fig* s'achever (par).

culo *m* **-1.** [de personas] derrière *m*, cul *m* *(mfam)*. **-2.** [de objetos, líquido] fond *m*; [de botella] cul *m*.

culpa *f* faute *f*; **tiene la** ~ c'est de sa faute; **echar la** ~ **a alguien** rejeter la faute sur qqn; **por** ~ **de** à cause de.

culpabilidad *f* culpabilité *f*.

culpable ◇ *adj* : ~ **(de)** coupable (de); **declarar** ~ **a alguien** déclarer qqn coupable; **declararse** ~ plaider coupable. ◇ *mf* coupable *mf*; **tú eres el** ~ c'est de ta faute.

culpar *vt* : ~ **a alguien de algo** [atribuir la culpa] reprocher qqch à qqn; [acusar] accuser qqn de qqch.

cultismo *m* mot *m* savant.

cultivar *vt* cultiver. ◆ **cultivarse** *vp* se cultiver.

cultivo *m* culture *f* (*des terres*).

culto, ta *adj* [persona] cultivé(e); [lengua] soutenu(e). ◆ **culto** *m* culte *m*.

cultura *f* culture *f*.

cultural *adj* culturel(elle).

culturismo *m* DEP musculation *f*, culturisme *m*.

cumbre *f* sommet *m*; **en el momento** ~ **de su carrera** au faîte de sa carrière.

cumpleaños *m inv* anniversaire *m*.

cumplido, da *adj* **-1.** [completo, amplio] bon(bonne); **un** ~ **vaso de...** un bon verre de...; **una cumplida recompensa** une bonne récompense; **cinco años** ~**s** cinq ans révolus. **-2.** [perfecto] parfait(e); **es un** ~ **galán** c'est un parfait séducteur. **-3.** [cortés] poli(e). ◆ **cumplido** *m* **-1.** [alabanza] compliment *m*. **-2.** [cortesía] : **sin** ~**s** sans façons.

cumplidor, ra ◇ *adj* sûr(e), digne de confiance. ◇ *m, f* personne *f* de confiance.

cumplimentar *vt* **-1.** [saludar] accueillir. **-2.** [felicitar] féliciter. **-3.** [cumplir] exécuter.

cumplimiento *m* [de un deber] accomplissement *m*; [de orden, contrato] exécution *f*; [de ley, promesa] respect *m*; [de plazo] échéance *f*.

cumplir ◇ *vt* **-1.** [deber, misión] accomplir; [orden, contrato] exécuter; [promesa, palabra] tenir; [ley] respecter. **-2.** [años] avoir; **ha cumplido 40 años** il a fêté ses 40 ans. **-3.** [condena] purger; [servicio militar] faire. ◇ *vi* **-1.** [plazo, garantía] expirer. **-2.** [persona] faire son devoir; ~ **con alguien** s'acquitter de ses obligations envers qqn; **para** ○ **por** ~ par courtoisie; ~ **con el deber** remplir son devoir; ~ **con la palabra** tenir parole.

cúmulo *m* **-1.** [de papeles, ropa etc] tas *m*. **-2.** [nube] cumulus *m*. **-3.** *fig* [de asuntos, acontecimientos] série *f*.

cuna *f lit & fig* berceau *m*.

cundir *vi* **-1.** [propagarse] se répandre; **cunde la voz de que...** le bruit court que... **-2.** [dar de sí] : **esta semana me ha cundido mucho** j'ai bien rempli ma semaine; **este jamón nos ha cundido mucho** avec ce jambon, nous avons eu largement de quoi manger; **me cunde más cuando estudio por la mañana** c'est le matin que je travaille le mieux.

cuneta *f* [de calle] caniveau *m*; [de carretera] fossé *m*.

cuña *f* **-1.** [para sujetar] cale *f*; [para hender] coin *m*; **hacer la** ~ [en esquí] faire du chasse-neige. **-2.** [orinal] urinal *m*.

cuñado, da *m, f* beau-frère *m*, belle-sœur *f*.

cuño *m* poinçon *m*.

cuota *f* **-1.** [contribución – a entidad, club] cotisation *f*; [– a Hacienda] contribution *f*. **-2.** [precio, gasto] frais *mpl*. **-3.** [cupo] quote-part *f*; ~ **de mercado** part *f* de marché.

cupé *m* coupé *m*.

cupido *m fig* coureur *m* de jupons.

cupiera *etc* → **caber**.

cuplé *m* chanson populaire espagnole légèrement satirique et licencieuse.

cupo ◇ *v* → **caber**. ◇ *m* **-1.** [cantidad máxima – de reclutas] contingent *m*; [– de mercancías] quota *m*. **-2.** [cantidad proporcional] quote-part *f*.

cupón *m* **-1.** [de pedido, compra] bon *m*. **-2.** [de lotería] billet *m*. **-3.** [de acciones] coupon *m*.

cúpula *f* **-1.** ARQUIT coupole *f*. **-2.** *fig* [mandos] : **la** ~ les dirigeants *mpl*.

cura ◇ *m* curé *m*. ◇ *f* **-1.** [curación] guérison *f*. **-2.** [tratamiento] soin *m*.

curación *f* guérison *f*.

curado, da *adj* [alimento] sec(sèche); [pescado] salé(e); [carne] séché(e); **estoy** ~ **de espanto** j'en ai vu d'autres. ◆ **curado** *m* séchage *m*; [de pescado] salage *m*.

curandero, ra *m, f* guérisseur *m*, -euse *f*.

curar ◇ *vt* **-1.** [gen] soigner. **-2.** [alimento, material] faire sécher. ◇ *vi* guérir. ◆ **curarse** *vp* **-1.** [gen] se soigner; [sanar] : ~**se (de)** guérir (de). **-2.** [material, alimento] sécher. **-3.** *loc* : ~**se en salud** prendre ses précautions; *fig* parer à toute éventualité.

curativo, va *adj* curatif(ive).

curcuncho *Amer* ◇ *adj* **-1.** [joroba] bosse *f*. **-2.** [jorobado] bossu *m*.

curdo, da *Amer fam* ◇ *adj* [borracho] rond(e). ◇ *m, f* [borracho] soûlard *m*, -e *f*.

curiosear ◇ *vi* [fisgonear] épier; [por una tienda] fouiner. ◇ *vt* [libros, revistas] parcourir.

curiosidad *f* **-1.** [gen] curiosité *f* . **-2.** [aseo] soin *m*.

curioso, sa ◇ *adj* **-1.** [gen] curieux(euse). **-2.** [cuidadoso] soigneux(euse). **-3.** [aseado] soigné(e). ◇ *m, f* curieux *m*, -euse *f*.

curita *f Amer* pansement *m* adhésif.

currante *adj & mf fam* bosseur(euse).

currar, currelar *vi fam* bosser.

curre = curro.

currelar = currar.

currículum, currículo *m* curriculum *m*; ~ **vitae** curriculum vitae *m*.

curro, curre *m fam* boulot *m*.

cursar *vt* **-1.** [estudiar] faire des études de; ~ **leyes** faire son droit. **-2.** [enviar] envoyer. **-3.** [órdenes, instrucciones] donner. **-4.** [petición, solicitud] présenter.

cursi *fam* ◇ *adj* [persona, modales] snob; [objeto, vestido] cucul (la praline). ◇ *mf* bêcheur *m*, -euse *f*.

cursilería *f* **-1.** [objeto] bibelot *m*; [acto, comportamiento] : **hacer** ~**s** faire des chichis. **-2.** [cualidad – de objeto] mauvais goût *m*; [– de persona] snobisme *m*.

cursillo *m* **-1.** [curso] stage *m*. **-2.** [conferencias] cycle *m* de conférences.

cursiva *f* → letra.

curso *m* **-1.** [gen & ECON] cours *m*; **de** ~ **legal** [moneda] ayant cours légal; **seguir su** ~ suivre son cours; **en** ~ en cours. **-2.** [año académico] année *f* scolaire. **-3.** [conjunto de estudiantes] promotion *f*.

cursor *m* INFORM curseur *m*.

curtido, da *adj* tanné(e). ◆ **curtido** *m* tannage *m*.

curtir *vt* **-1.** [piel] tanner. **-2.** *fig* [persona] aguerrir. ◆ **curtirse** *vp* **-1.** [pieles] sécher. **-2.** [persona] s'aguerrir.

curva *f* → curvo.

curvatura *f* courbure *f*.

curvo, va *adj* courbe. ◆ **curva** *f* **-1.** [gen] courbe *f*; [de carretera] virage *m* . **-2.** [del cuerpo] : **las curvas** les formes *fpl*, les rondeurs *fpl*.

cúspide *f lit & fig* sommet *m* .

custodia *f* **-1.** [vigilancia] garde *f* . **-2.** RELIG ostensoir *m*.

custodiar *vt* **-1.** [vigilar] garder. **-2.** [proteger] veiller sur.

custodio ◇ *adj* → ángel. ◇ *m* gardien *m*.

cutáneo, a *adj* cutané(e).

cutícula *f* cuticule *f*.

cutis *m* peau *f* (du visage).

cutre *adj fam* **-1.** [gen] craignos. **-2.** [tacaño] radin(e).

cutter (*pl* **cutters**) *m* cutter *m*.

cuyo, ya *adj* dont le, dont la; **ese es el señor** ~ **hijo viste ayer** c'est le monsieur dont tu as vu le fils hier; **un equipo cuya principal estrella...** une équipe dont la vedette...; **el libro en cuya portada...** le livre sur la couverture duquel...; **esos son los amigos en cuya casa nos hospedamos** ce sont les amis chez qui nous avons logé.

CV *(abrev de curriculum vitae) m* CV *m*.

d, D *f* [letra] d *m inv*, D *m inv*.

D. *abrev de* don.

dactilar *adj* → huella.

dádiva *f* [regalo] présent *m*; [donativo] don *m*.

dado, da *adj* donné(e); **en un momento** ~ à un moment donné; **ser** ~ **a** [sentir afición] être féru de; [sentir inclinación] être enclin à. ◆ **dado** *m* dé *m*. ◆ **dado que** *loc conj* étant donné que.

daga *f* dague *f*.

daguerrotipo *m* daguerréotype *m*.

dale *interj* : ¡~! allez!, vas-y!

dalia *f* dahlia *m*.

dálmata *mf* [perro] dalmatien *m*, -enne *f*.

daltónico, ca *adj & m, f* daltonien(enne).

daltonismo *m* daltonisme *m*.

dama *f* dame *f*. ◆ **dama de honor** *f* [de novia] demoiselle *f* d'honneur; [de reina] dame *f* d'honneur. ◆ **damas** *fpl* dames *fpl* (jeux).

damisela *f despec & iron* [señorita] donzelle *f*.

damnificado, da *adj & m, f* sinistré(e).

damnificar *vt* endommager.

dandi, dandy *m* dandy *m*.

danés, sa ◇ *adj* danois(e). ◇ *m, f* Danois *m, -e f*. ◆ **danés** *m* [lengua] danois *m*.

danza *f* danse *f*.

danzar *vi* danser; *fig* [ir de un sitio a otro] avoir la bougeotte.

dañar *vt* -**1.** [gen - cosechas etc] endommager; [- vista etc] abîmer. -**2.** *fig* [reputación] porter tort à. ◆ **dañarse** *vp* [persona] se faire mal; [cosa] s'abîmer.

dañino, na *adj* [tabaco, alcohol etc] nocif(ive); [animal] nuisible.

daño *m* -**1.** [dolor] mal *m*; **hacer(se)** ~ (se) faire mal. -**2.** [perjuicio] dégât *m*, dommage *m*; ~**s y perjuicios** DER dommages et intérêts.

dar ◇ *vt* -**1.** [gen] donner; ~ **algo a alguien** donner qqch à qqn; **dame un caramelo** donne-moi un bonbon; **me dio un consejo/permiso para...** il m'a donné un conseil/la permission de...; **¿podrías ~me un ejemplo?** pourrais-tu me donner un exemple?; **¿te gusta? te lo doy** ça te plaît? je te le donne; **esta fuente ya no da agua** cette source ne donne plus d'eau. -**2.** [producir - beneficios, intereses] rapporter. -**3.** [suj: reloj] sonner; **el reloj ha dado las dos** l'horloge a sonné deux heures. -**4.** [suministrar]: **todavía no nos han dado la luz/el agua** nous n'avons pas encore l'électricité/l'eau. -**5.** [encender] allumer; **da la luz de la cocina** allume la lumière de la cuisine. -**6.** CIN & TV passer; TEATR donner. -**7.** [provocar]: ~ **gusto/miedo/pena** faire plaisir/peur/de la peine; **me da risa** ça me fait rire; ~ **escalofríos** donner des frissons. -**8.** [decir] dire; ~ **los buenos días** dire bonjour; ~ **las gracias** dire merci, remercier. -**9.** [expresa acción]: **voy a ~ un paseo** je vais me promener; ~ **un grito** pousser un cri; ~ **un empujón a alguien** bousculer qqn. -**10.** *fam* [fastidiar]: **me dio la tarde con sus preguntas** il m'a enquiquinée tout l'après-midi avec ses questions. -**11.** [considerar]: ~ **algo por** considérer qqch comme; **lo doy por hecho** c'est comme si c'était fait; **lo dieron por muerto** on l'a tenu pour mort. ◇ *vi* -**1.** [repartir - en naipes] donner. -**2.** [horas] sonner; **acaban de ~ las tres horas** viennent juste de sonner. -**3.** [golpear]: **la piedra dio contra el cristal** la pierre a heurté la vitre. -**4.** [suceder]: **le dio un mareo/un ataque de nervios** il a eu un malaise/une crise de nerfs. -**5.** [accionar]: ~ **a** [llave de paso] tourner; [botón, timbre] appuyer sur. -**6.** [estar orientado]: ~ **a** [ventana, balcón] donner sur; [puerta] ouvrir sur; [fachada, casa] être orienté(e)à. -**7.** [encontrar]: ~ **con algo/alguien** trouver qqch/qqn; **he dado con la solución** j'ai trouvé la solution; **di con él al salir de aquí** je l'ai rencontré en sortant d'ici. -**8.** ~ **de** [proporcionar] donner à; ~ **de comer a alguien** donner à manger à qqn; **le da de mamar a su hijo** elle allaite son fils. -**9.** ~ **que** [motivar]: ~ **que pensar** donner à penser; **esa historia dio mucho que hablar** cette histoire a fait beaucoup parler les gens. -**10.** [coger costumbre]: **le ha dado por dejarse la barba** il s'est mis dans la tête de se laisser pousser la barbe. -**11.** [ser suficiente]: ~ **para**: **esa tela no da para una falda** il n'y a pas assez de tissu pour faire une jupe. -**12.** *loc*: ~ **de sí** [ropa] se détendre; [calzado] se faire; **esta tarjeta de teléfono no da para más** il n'y a plus d'unités sur cette carte de téléphone; **no doy para más** je suis épuisé; **te digo que pares y tú ¡dale (que dale)!** je te dis d'arrêter et toi tu continues! ◆ **darse** *vp* -**1.** [suceder]: **se ha dado el caso de...** il est arrivé que... -**2.** [entregarse]: ~**se a** se mettre à; ~**se a la bebida** s'adonner à la boisson. -**3.** [golpearse]: ~**se contra** se cogner contre. -**4.** [tener aptitud]: **se me dan bien las matemáticas** je suis bon en mathématiques. -**5.** [considerarse]: **puedes** ~**te por suspendido** tu peux considérer que tu as échoué. -**6.** *loc*: **dársela a alguien** [engañar] rouler qqn; **se las da de listo** il se croit très intelligent; **se las da de valiente** il joue les durs.

dardo *m* -**1.** [de juego] fléchette *f*. -**2.** *fig* [comentario] pique *f*.

dársena *f* NÁUT bassin *m*.

datar ◇ *vt* dater. ◇ *vi* : ~ **de** dater de, remonter à.

dátil *m* datte *f*. ◆ **dátil (de mar)** *m* datte *f* de mer.

dato *m* **-1.** [gen, INFORM & MAT] donnée *f.*
-2. [información] renseignement *m;* ~s
personales coordonnées *fpl.*

dcha. (*abrev de* **derecha**) dr., dte.

d. de JC., d.JC. (*abrev de* **después de Je-**
sucristo) apr. J.-C.

de¹ *f* d *m inv.*

de² *prep* (*de* + *el* =*del*) **-1.** [gen] de; **el co-**
che ~ **mi padre** la voiture de mon père;
bebió un vaso ~ **agua** il a bu un verre
d'eau; **los libros** ~ **historia** les livres
d'histoire; **una bici** ~ **carreras** un vélo de
course; **vengo** ~ **mi casa** je viens de chez
moi; **soy** ~ **Bilbao** je suis de Bilbao; **llo-**
rar ~ **alegría** pleurer de joie; **es** ~ **buena**
familia elle est de bonne famille; ~ **una**
sola vez d'un trait; **el mejor** ~ **todos** le
meilleur de tous; **más/menos** ~ plus/
moins de; ~ **nueve a cinco** de neuf
heures à cinq heures; **a las tres** ~ **la tarde**
à trois heures de l'après-midi. **-2.** [mate-
ria] en; **un reloj** ~ **oro** une montre en or.
-3. [en descripciones] : ~ **fácil manejo** fa-
cile à utiliser; **la señora** ~ **verde** la dame
en vert; **un sello** ~ **cincuenta pesetas** un
timbre à cinquante pesetas. **-4.** [en cali-
dad de] comme; **trabaja** ~ **camarero en**
un hotel il travaille comme serveur dans
un hôtel. **-5.** [durante] : **trabaja** ~ **noche**
y duerme ~ **día** il travaille la nuit et dort
le jour; **llegamos** ~ **madrugada** nous
sommes arrivés à l'aube. **-6.** (*antes de infin*)
[condición] si; ~ **querer ayudarme, lo**
haría s'il voulait m'aider il le ferait. **-7.**
[enfatiza la cualidad] : **el idiota** ~ **tu her-**
mano ton idiot de frère.

dé ~ **dar.**

deambular *vi* déambuler.

deán *m* doyen *m* (*ecclésiastique*).

debajo *adv* dessous; **por** ~ **de** en dessous
de, au-dessous de; **por** ~ **de la rodilla** au-
dessous du genou; **por** ~ **del puente**
sous le pont; ~ **de sous;** ~ **de la cama**
sous le lit.

debate *m* débat *m.*

debatir *vt* : ~ **algo** débattre de qqch.
◆ **debatirse** *vp* [luchar] se débattre.

debe *m* débit *m;* ~ **y haber** débit et crédit.

deber¹ ◇ *vt* devoir; **debo hacerlo** je dois
le faire; **debes dominar tus impulsos** tu
dois maîtriser tes impulsions; **deberían**
abolir esa ley cette loi devrait être abolie;
~ **algo a alguien** devoir qqch à qqn;
¿cuánto ○ qué le debo? combien je vous
dois? ◇ *vi* : ~ **de** devoir; **deben de ser las**
siete il doit être sept heures; **no debe de**

haber nadie en casa il ne doit y avoir
personne à la maison; **debe de tener**
más de sesenta años elle doit avoir plus
de soixante ans. ◆ **deberse** *vp* : ~**se a**
[ser consecuencia de] être dû(due)à; [dedi-
carse a] se devoir à; **el retraso se debe a**
la huelga le retard est dû à la grève; **dice**
que se debe a sus hijos elle dit qu'elle se
doit à ses enfants.

deber² *m* devoir *m.* ◆ **deberes** *mpl* [tra-
bajo escolar] devoirs *mpl;* **hacer los** ~**es**
faire ses devoirs.

debido, da *adj* **-1.** [adeudado] dû(due).
-2. [justo, conveniente] nécessaire; **como**
es ~ [como está mandado] comme il se
doit; [correctamente] comme il faut, cor-
rectement. ◆ **debido a** *loc conj* du fait de,
en raison de.

débil ◇ *adj* faible; [tras una enfermedad]
affaibli(e). ◇ *mf* faible *mf.*

debilidad *f* **-1.** [gen] faiblesse *f.* **-2.** [afi-
ción, cariño] : **tener ○ sentir** ~ **por** avoir
un faible pour.

debilitar *vt* affaiblir. ◆ **debilitarse** *vp*
s'affaiblir.

debut (*pl* **debuts**) *m* **-1.** [de artista] débuts
mpl. **-2.** [de película] sortie *f;* [de obra de
teatro] première *f.*

debutar *vi* débuter, faire ses débuts.

década *f* **-1.** [años] décennie *f.* **-2.** [días]
décade *f.*

decadencia *f* décadence *f.*

decadente *adj* décadent(e).

decaer *vi* [gen] décliner; [enfermo] s'affai-
blir; [estado de salud] s'aggraver; [calidad]
baisser; [entusiasmo] tomber.

decaído, da *adj* **-1.** [desalentado]
abattu(e). **-2.** [debilitado] affaibli(e).

decaimiento *m* **-1.** [desaliento] abatte-
ment *m.* **-2.** [falta de fuerzas] faiblesse *f.*

decálogo *m* **-1.** RELIG décalogue *m.* **-2.** *fig*
[normas] règles *fpl* d'or.

decano, na *m, f* doyen *m,* -enne *f.*

decapitar *vt* décapiter.

decena *f* dizaine *f.*

decencia *f* décence *f;* **con** ~ décemment.

decenio *m* décennie *f.*

decente *adj* décent(e); [precio, propina]
correct(e); **una mujer** ~ une femme qui
se respecte.

decepción *f* déception *f.*

decepcionar *vt* décevoir.

decibelio *m* décibel *m.*

decidido, da *adj* décidé(e).

decidir vt décider; ~ **hacer algo** décider de faire qqch; ~ **algo** [determinar] décider de qqch.

décima f → décimo.

decimal ◇ adj [sistema] décimal(e); **la parte** ~ le dixième. ◇ m décimale f.

décimo, ma núm dixième; ver también **sexto.** ◆ **décimo** m [fracción, lotería] dixième m. ◆ **décima** f [en medidas] dixième m; **una décima de segundo** un dixième de seconde; **tiene unas décimas (de fiebre)** il a un peu de fièvre.

decimoctavo, va núm dix-huitième.

decimocuarto, ta núm quatorzième.

decimonoveno, na núm dix-neuvième.

decimoquinto, ta núm quinzième.

decimoséptimo, ma núm dix-septième.

decimosexto, ta núm seizième.

decimotercero, ra núm treizième.

decir vt -1. [gen] dire; **¿cómo se dice?** comment dit-on?; ~ **a alguien que haga algo** dire à qqn de faire qqch; ~ **mucho de algo** en dire long sur qqch; **se dice que...** il paraît que...; ~ **que sí/no** dire oui/non; **¿diga?, ¿dígame?** [al teléfono] allô! -2. [lección] réciter. -3. loc : ~ **para sí se dire;... y dijo para sí : «ya veremos»**... et il s'est dit : «on verra bien»; **el qué dirán** le qu'en-dira-t-on; **es** ~ c'est-à-dire; **no me dice nada el tenis** le tennis ne me dit rien.

decisión f décision f.

decisivo, va adj décisif(ive).

declamar vt déclamer.

declaración f -1. [gen] déclaration f; ~ **del impuesto sobre la renta,** ~ **de renta** déclaration d'impôt sur le revenu, déclaration de revenus. -2. [de testigo, reo] déposition f.

declarar ◇ vt déclarer. ◇ vi DER [ante el juez] déposer; [en un juicio] témoigner. ◆ **declararse** vp se déclarer; ~**se a favor/en contra de algo** se déclarer pour/contre qqch; ~**se culpable/inocente** plaider coupable/non coupable.

declinar vt & vi décliner.

declive m -1. [decadencia] déclin m. -2. [cuesta] pente f; **en** ~ en pente; fig en déclin.

decodificador = descodificador.

decoración f -1. [gen] décoration f. -2. TEATR décor m.

decorado m décor m; **el** ~ CIN & TEATR décors m.

decorar vt décorer.

decorativo, va adj décoratif(ive).

decoro m -1. [pudor] décence f; **vestir con (mucho)** ~ s'habiller (très) convenablement. -2. [dignidad] dignité f; **vivir con** ~ vivre décemment.

decoroso, sa adj convenable.

decrecer vi décroître.

decrépito, ta adj despec [persona] décrépit(e); [civilización] décadent(e).

decretar vt décréter.

decreto m décret m; ~ **ley** décret-loi m.

dedal m dé m (à coudre).

dedicación f -1. [de tiempo] : **de** ~ **en exclusiva** à plein temps, à temps complet. -2. [entrega] dévouement m.

dedicar vt -1. [tiempo, dinero, energía] consacrer; [palabras] adresser. -2. [obra, monumento] dédier. -3. [firmar] dédicacer. ◆ **dedicarse** vp : ~**se a** [a una profesión] faire; **se dedica a la fotografía** il fait de la photo; [a una actividad, persona] se consacrer à; **¿a qué te dedicas?** qu'est-ce que tu fais dans la vie?; **me dedico a la enseñanza** je suis enseignant.

dedicatoria f dédicace f.

dedo m -1. [gen] doigt m; **a** ~ au hasard; **elegir a alguien a** ~ désigner qqn; **hacer** ~ fam faire du stop; (~) **anular** annulaire m; (~) **corazón** majeur m; (~) **índice** index m; (~) **meñique** petit doigt; (~) **pulgar** pouce m. -2. [del pie] orteil m. -3. loc : **pillarse** o **cogerse los** ~**s** fig se brûler les doigts; **poner el** ~ **en la llaga** mettre le doigt sur la plaie.

deducción f déduction f.

deducir vt déduire.

defecar vi déféquer.

defecto m défaut m . ◆ **por defecto** loc adv par défaut.

defectuoso, sa adj [mercancía] défectueux(euse); [trabajo] mal fait(e).

defender vt -1. [gen & DER] défendre. -2. [resguardar] : ~ **a alguien (de)** protéger qqn (de). ◆ **defenderse** vp -1. [gen] se défendre. -2. [resguardarse] : ~**se (de)** se protéger (de); **se defiende del frío** il se protège du froid; **se defiende en el trabajo** fig il se défend bien dans son travail.

defensa ◇ f -1. [gen, MIL & DEP] défense f; **en** ~ **propia** pour se défendre. -2. DER [argumentos] plaidoyer m. ◇ mf DEP arrière m. ◆ **defensas** fpl MED défenses fpl.

defensivo, va adj défensif(ive); [línea] de défense. ◆ **defensiva** f : **ponerse/estar a la defensiva** se mettre/être sur la défensive.

defensor, ra ◇ adj → **abogado**. ◇ m, f [persona] défenseur m. ◆ **defensor del pueblo** m médiateur m (de la République).

deferencia f déférence f; **por ~ a** par respect pour.

deficiencia f -1. [defecto] défaillance f. -2. [insuficiencia & MED] insuffisance f.

deficiente adj -1. [gen] déficient(e); [alimento] pauvre. -2. [alumno] médiocre. ◆ **deficiente (mental)** mf arriéré m, -e f.

déficit m -1. ECON déficit m. -2. [falta] manque m.

deficitario, ria adj déficitaire.

definición f -1. [gen & TECNOL] définition f. -2. [descripción] description f. -3. [resolución] position f (idéologique).

definir vt définir. ◆ **definirse** vp se définir; [en política etc] prendre position.

definitivo, va adj définitif(ive); **en definitiva** en définitive.

deforestación f déboisement m, déforestation f.

deformación f déformation f.

deformar vt lit & fig déformer. ◆ **deformarse** vp se déformer.

deforme adj difforme.

defraudar vt -1. [decepcionar] décevoir. -2. [estafar] frauder; **~ a Hacienda** frauder le fisc.

defunción f décès m.

degeneración f -1. [moral] décadence f. -2. [física] dégénérescence f.

degenerado, da ◇ adj décadent(e). ◇ m, f dégénéré m, -e f.

degenerar vi : **~ (en)** dégénérer (en).

deglutir vt & vi déglutir.

degollar vt égorger.

degradar vt [moralmente & MIL] dégrader; [de un cargo] destituer. ◆ **degradarse** vp -1. [gen] se dégrader. -2. [caer bajo] se rabaisser.

degustación f dégustation f.

dehesa f pâturage m.

dejadez f laisser-aller m.

dejado, da ◇ adj négligent(e); [aspecto] négligé(e). ◇ m, f souillon mf. ◆ **dejada** f DEP amorti m.

dejar ◇ vt -1. [gen] laisser; **deja el libro en la mesa** laisse le livre sur la table; **he dejado el abrigo en el guardarropa** j'ai laissé mon manteau au vestiaire; **deja un poco de café para mí** laisse-moi un peu de café; **dejaré la llave a la portera** je laisserai la clef à la concierge; **su abuelo le dejó mucho dinero** son grand-père lui a laissé beaucoup d'argent; **déjalo, no importa** laisse (tomber), ce n'est pas grave; **¡déjame!, que tengo trabajo** laisse-moi (tranquille), j'ai du travail; **deja que tu hijo venga con nosotros** laisse ton fils venir avec nous; **~ a alguien en algún sitio** [con el coche] déposer qqn quelque part; **más vale ~lo correr** il vaut mieux laisser courir. -2. [prestar] : **~ algo a alguien** prêter qqch à qqn. -3. [abandonar – familia, trabajo, país] quitter; [– estudios] arrêter, abandonner; **ha dejado la bebida** il a arrêté de boire. -4. [causar – efecto] : **me ha dejado los zapatos como nuevos** il a remis mes chaussures à neuf; **me dejaste preocupado** j'étais inquiet pour toi. -5. **no ~** [impedir] empêcher; **sus gritos no me dejaron dormir** ses cris m'ont empêché de dormir. -6. [omitir] oublier; **lo copió todo, sin ~ una coma** il a tout recopié à la virgule près; **~ algo por** ○ **sin hacer** ne pas faire qqch; **dejó la cama sin hacer** il n'a pas fait son lit; **ha dejado por resolver...** il a laissé en suspens... -7. [aplazar] : **dejaremos la fiesta para cuando se encuentre bien** nous attendrons qu'il aille mieux pour faire cette fête. -8. [esperar] : **~ que** attendre que; **dejó que terminara de llover para salir** il a attendu qu'il cesse de pleuvoir pour sortir. ◇ vi -1. [parar] : **~ de hacer algo** arrêter ○ cesser de faire qqch; **deja de gritar** arrête de crier. -2. [expresa promesa] : **no dejaremos de venir a verte** nous ne manquerons pas de venir te voir; **¡no dejes de escribirme!** n'oublie pas de m'écrire! -3. loc : **~ (mucho** ○ **bastante) que desear** laisser (beaucoup) à désirer. ◆ **dejarse** vp -1. [olvidar] : **~se algo en algún sitio** laisser ○ oublier qqch quelque part. -2. [cesar] : **¡déjate de tonterías!** arrête de raconter des bêtises! -3. [descuidarse] se laisser aller; **se dejó mucho después del accidente** il s'est beaucoup laissé aller après l'accident. -4. loc : **~se llevar (por)** [lo que uno lee, oye etc] se laisser influencer (par); [por la cólera] se laisser emporter (par).

deje m -1. [tonillo] accent m. -2. *fig* [sensación] arrière-goût m.

del → de.

delantal m tablier m.

delante *adv* devant; **pasar** ∼ passer devant; **el de** ∼ celui de devant. ◆ **delante de** *loc prep* devant; ∼ **de la ventana** devant la fenêtre; ∼ **de él** devant lui; ∼ **de mi casa** devant chez moi; **por** ∼ **de todos** devant tout le monde.

delantero, ra ◇ *adj* avant, de devant; **las ruedas delanteras** les roues avant. ◇ m, f DEP avant m. ◆ **delantera** f -1. DEP ligne f d'attaque. -2. *fam* [de mujer] : **¡vaya delantera!** il y a du monde au balcon! -3. *loc* : **llevar la delantera a alguien** avoir de l'avance sur qqn.

delatar *vt* dénoncer; *fig* [suj : ojos, sonrisa etc] trahir. ◆ **delatarse** *vp* se trahir.

delator, ra m, f délateur m, -trice f.

delegación f -1. [autorización, personas] délégation f. -2. [de empresa privada] filiale f. -3. [de organismo público] office m régional; ∼ **de Hacienda** centre m des impôts. -4. [oficina] agence f.

delegado, da m, f -1. [gen] délégué m, -e f. -2. COM représentant m, -e f.

delegar *vt* : ∼ **algo (en** ○ **a alguien)** déléguer qqch (à qqn).

deleite m délice m.

deletrear *vt* épeler.

deleznable *adj fig* [clima, libro, actuación] exécrable; [razón, excusa] minable.

delfín m dauphin m.

delgado, da *adj* -1. [persona – esbelta] mince; [– flaca] maigre. -2. [cosa] fin(e).

deliberación f délibération f.

deliberar *vi* délibérer.

delicadeza f délicatesse f.

delicado, da *adj* délicat(e); [educado] attentionné(e); [debilitado] affaibli(e); **estar** ∼ **de salud/del estómago** avoir la santé/l'estomac fragile.

delicia f délice m; **¡qué** ∼! quel plaisir!; **estar contigo es una** ∼ c'est un vrai plaisir d'être avec toi.

delicioso, sa *adj* [comida] délicieux(euse); [persona] charmant(e).

delimitar *vt* délimiter.

delincuencia f délinquance f.

delincuente mf délinquant m, -e f.

delineante mf dessinateur m, -trice f.

delinquir *vi* commettre un délit.

delirante *adj* délirant(e).

delirar *vi* délirer.

delirio m délire m .

delito m délit m; **cometer un** ∼ commettre un délit.

delta m delta m.

demacrado, da *adj* [rostro] émacié(e); [cuerpo] décharné(e).

demagogo, ga m, f démagogue mf.

demanda f -1. [gen & ECON] demande f; ∼ **salarial** revendication f salariale. -2. DER action f en justice; **presentar una** ∼ **contra alguien** poursuivre qqn en justice.

demandante mf demandeur m, -eresse f.

demandar *vt* DER : ∼ **a alguien (por difamación)** poursuivre qqn (en diffamation).

demarcación f -1. [señalización] démarcation f. -2. [territorio] zone f; ∼ **territorial** [jurisdicción] circonscription f.

demás ◇ *adj* autre; **la** ∼ **gente** les autres gens. ◇ *pron* : **las/los** ∼ les autres; **lo** ∼ le reste; **por lo** ∼ à part ça; **y** ∼ et autres.

demasiado, da *adj* trop de; ∼ **pan** trop de pain; **demasiada comida** trop à manger. ◆ **demasiado** *adv* trop; **habla** ∼ il parle trop; **va** ∼ **rápido** il va trop vite.

demencia f démence f.

demencial *adj* démentiel(elle).

demente *adj & mf* dément(e).

democracia f démocratie f.

demócrata *adj & mf* démocrate.

democrático, ca *adj* démocratique.

demografía f démographie f.

demoler *vt* démolir.

demolición f démolition f.

demonio m -1. RELIG démon m. -2. *fig* diable m. -3. [para dar énfasis] : **¿ dónde/ qué** ∼**s...?** bon sang, où/qui ...? ◆ **demonios** *interj* : **¡**∼**s!** flûte!

demora f retard m.

demorar *vt* retarder. ◆ **demorarse** *vp* -1. [ir despacio] s'attarder. -2. [llegar tarde] être en retard.

demostración f -1. [gen] démonstration f. -2. [prueba] preuve f; [de dolor, alegría] manifestation f. -3. [exhibición – deportiva] exhibition f; [– de poder, riqueza] étalage m.

demostrar *vt* -1. [teoría, hipótesis, verdad] démontrer. -2. [alegría, impaciencia, dolor] manifester; [poder, riqueza] faire étalage de. -3. [funcionamiento, procedimiento] montrer.

denegar vt rejeter.

denigrante adj [acusación, pena] infamant(e); [trabajo, actividad] dégradant(e); [trato etc] humiliant(e).

denigrar vt [humillar] humilier.

denominación f dénomination f; ~ de origen appellation f d'origine.

denominador m dénominateur m; ~ común dénominateur commun.

denotar vt témoigner de; **un lenguaje que denota mucha cultura** un langage qui témoigne d'une grande culture.

densidad f [gen & INFORM] densité f; ~ de población densité de population; alta/doble ~ [disquete] haute/double densité.

denso, sa adj **-1.** [gen & FÍS] dense. **-2.** [líquido] épais(aisse).

dentadura f dentition f; ~ postiza dentier m.

dentera f : dar ~ faire grincer des dents; fig faire envie.

dentífrico, ca adj dentifrice. ◆ **dentífrico** m dentifrice m.

dentista mf dentiste mf.

dentro adv dedans, à l'intérieur; **quedarse** ~ rester à l'intérieur; **ahí** ~ làdedans; **el bolsillo de** ~ la poche intérieure; **por** ~ à l'intérieur; fig intérieurement; **hay que lavar el coche por** ~ il faut laver l'intérieur de la voiture. ◆ **dentro de** loc prep **-1.** [gen] dans; ~ del sobre dans l'enveloppe; ~ de un año dans un an; ~ de lo posible dans la mesure du possible; ~ de poco d'ici peu. **-2.** [de un espacio imaginario] : ~ de mi/tu etc alma en moi/toi etc.

denuncia f **-1.** [a la autoridad] plainte f; **presentar una ~ (contra)** déposer une plainte (contre). **-2.** [de delito] dénonciation f.

denunciar vt **-1.** [a la autoridad] signaler. **-2.** [delito] dénoncer.

deparar vt [sorpresa] causer; [placer] procurer; [oportunidad] offrir; **lo que nos depara la vida** ce que la vie nous réserve.

departamento m **-1.** [gen] département m. **-2.** [en grandes almacenes] rayon m. **-3.** [en escuela, universidad] section f. **-4.** [en empresa] service m. **-5.** [de cajón, maleta] compartiment m.

departir vi converser.

dependencia f **-1.** [gen] dépendance f. **-2.** [departamento] service m. ◆ **dependencias** fpl [habitaciones] pièces fpl; [edificios] dépendances fpl.

depender vi dépendre; ~ de algo/de alguien dépendre de qqch/de qqn.

dependienta f vendeuse f.

dependiente ◇ adj dépendant(e). ◇ m vendeur m.

depilar vt épiler. ◆ **depilarse** vp s'épiler.

depilatorio, ria adj dépilatoire. ◆ **depilatorio** m dépilatoire m.

deplorable adj déplorable; [persona] lamentable.

deportar vt déporter; [inmigrante] expulser.

deporte m sport m; **hacer** ~ faire du sport; **practicar un** ~ pratiquer un sport.

deportista adj & mf sportif(ive).

deportivo, va adj **-1.** [gen] sportif(ive); **la ropa deportiva** les vêtements de sport. **-2.** [conducta, comportamiento] sport, fair-play. **-3.** NÁUT [barco, puerto] de plaisance. ◆ **deportivo** m voiture f de sport.

deposición f **-1.** [destitución - de ministro, secretario] destitution f; [- de rey] déposition f. **-2.** [defecación] selles fpl.

depositar vt **-1.** [objetos, dinero] déposer. **-2.** fig [sentimientos] : ~ su confianza en alguien placer sa confiance en qqn; ~ ilusiones en alguien entretenir des illusions sur qqn; ~ cariño en alguien donner son affection à qqn. ◆ **depositarse** vp [asentarse] se déposer.

depositario, ria adj & m, f dépositaire.

depósito m **-1.** [gen & COM] dépôt m; ~ de cadáveres morgue f; ~ de muebles garde-meuble m; ~ legal dépôt légal. **-2.** [recipiente] réservoir m; ~ de gasolina réservoir d'essence.

depravado, da adj & m, f dépravé(e).

depravar vt dépraver.

depreciar vt déprécier. ◆ **depreciarse** vp se déprécier.

depredador, ra adj **-1.** [animal] prédateur(trice). **-2.** fig [persona] rapace. ◆ **depredador** m prédateur m.

depresión f dépression f; ~ atmosférica dépression atmosphérique.

depresivo, va ◇ adj [deprimido] dépressif(ive); [deprimente] déprimant(e). ◇ m, f dépressif m; -ive f.

deprimido, da adj déprimé(e).

deprimir vt **-1.** [desanimar] déprimer. **-2.** fig [empobrecer] appauvrir. ◆ **deprimirse** vp être déprimé(e).

deprisa, de prisa adv vite.

depuración f -1. [de agua, metal, gas] épuration f. -2. fig [de organismo, corporación etc] purge f.

depurar vt -1. [gen] épurer. -2. fig [organismo, corporación etc] purger. -3. [gusto] affiner.

derby (pl **derbys**) m derby m.

derecha f → derecho.

derecho, cha ◇ adj droit(e); **en la fila derecha** dans la file de droite. ◇ adv droit; **andar** ~ se tenir droit; **me fui** ~ **a la cama** je suis allé (tout) droit au lit; **ir** ~ **al grano** aller droit au but. ◆ **derecho** m -1. [gen & DER] droit m; ¡**no hay** ~! ce n'est pas juste!; '**reservado el** ~ **de admisión**' 'droit d'entrée réservé'; ~ **civil/penal** droit civil/pénal; ~**s humanos** droits de l'homme. -2. [de tela, prenda] endroit m; **del** ~ à l'endroit. ◆ **derecha** f droite f; **a la** ~**a** à droite; **ser de** ~**as** être de droite. ◆ **derechos** mpl [tasas] droits mpl; ~**s de aduana** droits de douane; ~**s de autor** droits d'auteur.

deriva f dérive f; **a la** ~ à la dérive.

derivación f dérivation f.

derivado, da adj GRAM dérivé(e). ◆ **derivado** m QUÍM dérivé m.

derivar ◇ vt dériver; [carretera] dévier; [conversación] détourner. ◇ vi -1. [desviarse] dériver; [conversación] détourner. -2. [proceder & GRAM] : ~ **de** dériver de.

dermatólogo, ga m, f dermatologue mf.

dermis f derme m.

derogación f dérogation f.

derramamiento m écoulement m; ~ **de sangre** effusion f de sang.

derramar vt répandre; [por accidente] renverser; ~ **lágrimas** verser des larmes. ◆ **derramarse** vp se répandre.

derrame m -1. MED épanchement m; ~ **sinovial** épanchement de synovie. -2. [de líquido] déversement m; [de sangre] écoulement m.

derrapar vi déraper.

derretir vt fondre. ◆ **derretirse** vp -1. [gen] fondre. -2. fam fig [enamorarse] : ~**se (por alguien)** être fou(folle) (de qqn).

derribar vt -1. [edificio] démolir. -2. [árbol, avión] abattre. -3. fig [gobierno, gobernante] renverser.

derribo m -1. [de edificio] démolition f; [de árbol] abattage m. -2. [material] gravats mpl.

derrocar vt POLÍT renverser.

derrochar vt -1. [malgastar] gaspiller. -2. [rebosar de] déborder de; **derrocha energía** il déborde d'énergie.

derroche m -1. [malgasto] gaspillage m. -2. [abundancia] profusion f; [de alegría] explosion f.

derrota f -1. [fracaso] échec m. -2. MIL & DEP défaite f. -3. NÁUT route f.

derrotar vt -1. [gen & DEP] battre; MIL vaincre. -2. fig [desmoralizar] accabler.

derrotero m -1. [camino] chemin m. -2. NÁUT route f.

derrotista adj & mf défaitiste.

derrumbamiento m effondrement m; [intencionado] démolition f.

derrumbar vt -1. [físicamente] démolir. -2. [moralmente] abattre. ◆ **derrumbarse** vp lit & fig s'effondrer.

desaborido, da fam ◇ adj rasoir. ◇ m, f raseur m, -euse f.

desabotonar vt déboutonner. ◆ **desabotonarse** vp se déboutonner; ~**se el abrigo** déboutonner son manteau.

desabrochar vt -1. [ropa – con botones] déboutonner; [– con corchetes, broches] dégrafer. -2. [cinturón] défaire. ◆ **desabrocharse** vp se déboutonner; ~**se el abrigo** déboutonner son manteau.

desacato m -1. [desobediencia] désobéissance f. -2. [insolencia] manque m de respect. -3. DER outrage m.

desacierto m maladresse f.

desaconsejar vt déconseiller.

desacorde adj [opiniones] discordant(e); **estar** ~ **con algo** [personas] être en désaccord avec qqch.

desacreditar vt discréditer.

desactivar vt [bomba] désamorcer.

desacuerdo m désaccord m .

desafiante adj provocant(e).

desafinar vi [cantante] chanter faux; [instrumento, instrumentista] jouer faux.

desafío m défi m.

desaforado, da adj -1. [apetito, ambición] démesuré(e). -2. [gritos] épouvantable.

desafortunado, da ◇ adj -1. [persona] malchanceux(euse); **ser** ~ ne pas avoir de chance. -2. [accidente, declaraciones] malheureux(euse). ◇ m, f: **es un** ~ **con las mujeres/los coches** il n'a pas de chance avec les femmes/les voitures.

desagradable adj désagréable; [aspecto] déplaisant(e).

desagradar vi déplaire.

desagradecido, da m, f ingrat m, -e f.

desagrado m mécontentement m.

desagraviar vt : ~ a alguien por algo [ofensa] se faire pardonner qqch par qqn; [perjuicio] dédommager qqn de qqch.

desagravio m [por un perjuicio] dédommagement m.

desagüe m -1. [cañería] tuyau m d'écoulement. -2. [vaciado] écoulement m.

desaguisado m [destrozo] dégâts mpl.

desahogado, da adj -1. [amplio] spacieux(euse); [vaciado] dégagé(e). -2. [persona] aisé(e); [posición, situación] confortable.

desahogar vt [pena] soulager; [ira] décharger; [pasiones] donner libre cours à. ◆ **desahogarse** vp -1. [contar] s'épancher. -2. [liquidar] se libérer (d'une dette).

desahogo m -1. [moral] soulagement m. -2. [de espacio] : tener un mayor ~ avoir plus de place. -3. [económico] aisance f; vivir con ~ vivre confortablement.

desahuciar vt -1. [inquilino] expulser. -2. [enfermo] condamner.

desahucio m expulsion f.

desaire m affront m; hacer un ~ a alguien faire un affront à qqn.

desajuste m -1. [de pieza] jeu m; [de máquina, conducta] dérèglement m. -2. [entre declaraciones] discordance f. -3. [económico etc] déséquilibre m.

desalentar vt décourager. ◆ **desalentarse** vp se décourager.

desaliento m découragement m.

desaliñado, da adj [aspecto] négligé(e); [pelo] ébouriffé(e).

desaliño m négligé m; un cierto aire de ~ un petit air négligé.

desalmado, da ◇ adj sans-cœur. ◇ m, f : es un ~ il n'a pas de cœur.

desalojar vt -1. [por fuerza, emergencia] (faire) évacuer. -2. [por propia voluntad] quitter.

desambientado, da adj [persona] mal à l'aise; [cosa] déplacé(e).

desamor m -1. [falta – de cariño] manque m d'affection; [– de amor] indifférence f. -2. [odio] aversion f.

desamparado, da ◇ adj abandonné(e) , délaissé(e). ◇ m, f laissé-pour-compte m, laissée-pour-compte f.

desamparar vt abandonner, délaisser.

desamparo m -1. [abandono] abandon m. -2. [aflicción] détresse f.

desangrar vt saigner; fig ruiner. ◆ **desangrarse** vp [mucho] saigner abondamment; [totalmente] perdre tout son sang.

desanimado, da adj -1. [persona] découragé(e). -2. [fiesta, lugar] : la fiesta estaba muy desanimada il n'y avait pas d'ambiance à la fête.

desanimar vt décourager. ◆ **desanimarse** vp se décourager.

desánimo m découragement m.

desapacible adj désagréable; [tiempo, día etc] vilain(e).

desaparecer vi disparaître.

desaparecido, da m, f disparu m, -e f.

desaparición f disparition f.

desapego m indifférence f.

desapercibido, da adj : pasar ~ passer inaperçu(e).

desaprensivo, va m, f personne f sans scrupules.

desaprobar vt désapprouver.

desaprovechar vt -1. [gen] ne pas profiter de; he desaprovechado las vacaciones je n'ai pas profité des vacances. -2. [tiempo, ocasión] perdre. -3. [tela, agua etc] gaspiller.

desarmador m Amer tournevis m.

desarmar vt -1. [gen] désarmer. -2. [desmontar] démonter.

desarme m -1. MIL & POLIT désarmement m . -2. [desarticulación] démontage m.

desarraigar vt -1. déraciner. -2. [vicio, costumbre] éradiquer.

desarraigo m lit & fig déracinement m.

desarreglar vt -1. [desordenar] déranger. -2. [estropear] dérégler.

desarreglo m -1. [gen] désordre m. -2. [de mecanismo] déréglement m.

desarrollado, da adj -1. [persona] épanoui(e). -2. [país] développé(e).

desarrollar vt -1. [gen] développer; [planta] faire pousser. -2. [cosa enrollada] dérouler. -3. [actividades, experiencias] avoir. ◆ **desarrollarse** vp -1. [crecer – niño] grandir; [– planta] pousser. -2. [mejorar] se développer. -3. [suceder] se dérouler.

desarrollo m -1. [gen] développement m. -2. [de niño, planta] croissance f.

desarticular vt -1. [huesos] déboîter. -2. [mecanismo] démonter. -3. fig [organización, banda] démanteler; [plan] déjouer.

desasirse *vp* [librarse] se dégager; ~ **de** [costumbre, vicio] se défaire de.

desasosegar *vt* troubler.

desasosiego *m* trouble *m*.

desastre *m* **-1.** [catástrofe, fracaso] désastre *m*; ~ **aéreo** catastrophe *f* aérienne. **-2.** *fig* [persona inútil] calamité *f*.

desastroso, sa *adj* **-1.** [devastador] désastreux(euse). **-2.** *fam* [inepto] nul(nulle).

desatar *vt* **-1.** [gen] détacher. **-2.** *fig* [tormenta, ira, pasiones] déchaîner; [lengua] délier. ◆ **desatarse** *vp* **-1.** [gen] se détacher. **-2.** *fig* [tormenta, violencia] éclater; [ira, pasiones] se déchaîner.

desatascar *vt* **-1.** [lavabo] déboucher. **-2.** [coche, carreta] désembourber.

desatender *vt* **-1.** [obligación, trabajo] négliger. **-2.** [consejos] ne pas écouter; [ruegos] rester sourd à. **-3.** [persona] : ~ **a alguien** ne pas s'occuper de qqn; **le procesaron por** ~ **a una persona** il a été condamné pour non-assistance à personne en danger.

desatino *m* **-1.** [locura] folie *f*. **-2.** [desacierto] bêtise *f*.

desautorizar *vt* **-1.** [rechazar – persona] désavouer; [– noticia, declaración] démentir; [– huelga, manifestación] interdire. **-2.** [desacreditar] discréditer.

desavenencia *f* [desacuerdo] désaccord *m*; [riña] brouille *f*.

desavenirse *vp* : ~ **(con)** se brouiller (avec).

desayunar ◇ *vi* déjeuner, prendre son petit déjeuner. ◇ *vt* : ~ **algo** prendre qqch au petit déjeuner.

desayuno *m* petit déjeuner *m*.

desazón *f* **-1.** [falta de sabor] fadeur *f*. **-2.** [desasosiego] inquiétude *f*; **causar** ~ chagriner.

desazonar *vt* causer du chagrin à.

desbancar *vt fig* [ocupar el puesto de] supplanter.

desbandada *f* dispersion *f*; **a la** ~ à la débandade.

desbarajuste *m* désordre *m*.

desbaratar *vt* **-1.** [mecanismo] détraquer. **-2.** [conspiración, planes] faire échouer. **-3.** [fortuna] dilapider.

desbloquear *vt* débloquer; [país] lever le blocus de.

desbocado, da *adj* **-1.** [caballo] emballé(e). **-2.** [ropa] : **un jersey** ~ un pull au col qui bâille.

desbocarse *vp* [caballo] s'emballer.

desbordamiento *m lit & fig* débordement *m*.

desbordar *vt* **-1.** [cauce, ribera] déborder. **-2.** [límites, línea] dépasser; [paciencia] pousser à bout. ◆ **desbordarse** *vp* **-1.** [líquido, río] : ~**se (de)** déborder (de). **-2.** *fig* [sentimiento] se déchaîner.

descabalgar *vi* descendre de cheval.

descabellado, da *adj* insensé(e).

descabezar *vt* **-1.** [persona] décapiter. **-2.** [planta, árbol] étêter.

descafeinado, da *adj* **-1.** [sin cafeína] décaféiné(e). **-2.** *fig* [sin fuerza] faiblard(e). ◆ **descafeinado** *m* décaféiné *m*.

descalabrar *vt fam* **-1.** [herir] amocher. **-2.** *fig* [perjudicar] casser.

descalabro *m* revers *m*.

descalcificar *vt* décalcifier.

descalificar *vt* disqualifier.

descalzar *vt* déchausser. ◆ **descalzarse** *vp* se déchausser.

descalzo, za *adj* **-1.** [pies] pieds nus, nu-pieds. **-2.** RELIG déchaux(chaussée).

descampado *m* terrain *m* découvert.

descansar *vi* **-1.** [reposar, dormir] se reposer; **¡que descanses!** dors bien! **-2.** [cadáver, viga, teoría] : ~ **(en)** reposer (sur).

descansillo *m* palier *m* (*d'escalier*).

descanso *m* **-1.** [reposo] repos *m*; **tomarse un** ~ se reposer; **¡~!** MIL repos! **-2.** [alivio] soulagement *m*. **-3.** [pausa] pause *f*; CIN & TEATR entracte *m*; DEP mi-temps *f*.

descapotable ◇ *adj* décapotable. ◇ *m* décapotable *f*.

descarado, da ◇ *adj* effronté(e); [flagrante] éhonté(e). ◇ *m, f* effronté *m*, -e *f*.

descarga *f* **-1.** [de mercancías] déchargement *m*. **-2.** [de electricidad, arma] décharge *f*.

descargar ◇ *vt* décharger. ◇ *vi* [tormenta] s'abattre. ◆ **descargarse** *vp* **-1.** [desahogarse] : ~**se con alguien** se défouler sur qqn. **-2.** DER prouver son innocence. **-3.** [batería] se décharger.

descargo *m* **-1.** [de camión, barco] déchargement *m*. **-2.** [excusa] excuse *f*; DER décharge *f*; **en** ~ **de su conciencia** par acquit de conscience. **-3.** [de deuda] acquittement *m*; [recibo] reçu *m*.

descarnado, da *adj* **-1.** [persona, animal] décharné(e). **-2.** [descripción] cru(e).

descaro *m* effronterie *f*.

descarriarse *vp* **-1.** [ovejas, ganado] s'égarer. **-2.** *fig* [pervertirse] s'écarter du droit chemin.

descarrilamiento *m* déraillement *m*.

descarrilar *vi* dérailler.

descartar *vt* écarter; [ayuda, propuesta] rejeter.

descastado, da *m, f* ingrat *m, -e f*.

descendencia *f* **-1.** [hijos] descendants *mpl*; **tener ~** avoir des enfants. **-2.** [linaje] origine *f*.

descender *vi* **-1.** [en categoría] descendre; **~ de** [de tren, avión, linaje] descendre de; [derivarse de] découler de. **-2.** [cantidad, valor, nivel] baisser.

descenso *m* **-1.** [gen & DEP] descente *f*. **-2.** [de cantidad, valor, nivel] baisse *f*.

descentrado, da *adj* **-1.** [geométricamente] décentré(e). **-2.** [mentalmente] désaxé(e); [- distraído] déconcentré(e).

descentralizar *vt* décentraliser.

descentrar *vt* **-1.** [geométricamente] décentrer. **-2.** [mentalmente] désaxer.

descifrar *vt* déchiffrer; [misterio] élucider; [problema] démêler.

descodificador, ra, decodificador, ra *adj* de décodage. ◆ **descodificador, decodificador** *m* décodeur *m*.

descolgar *vt* décrocher. ◆ **descolgarse** *vp* **-1.** [caer] se décrocher; **~se (por algo)** se laisser glisser (le long de qqch). **-2.** DEP : **~se de** se détacher de.

descolonización *f* décolonisation *f*.

descolorido, da *adj* décoloré(e).

descompasado, da *adj* excessif(ive).

descomponer *vt* **-1.** [pudrir, dividir] décomposer. **-2.** [estropear] détraquer. **-3.** [desordenar] mettre en désordre; [peinado] défaire. **-4.** *fig* [enojar] : **eso le descompuso** ça l'a mis hors de lui. **-5.** *fig* [afectar] bouleverser. ◆ **descomponerse** *vp* **-1.** [pudrirse] se décomposer. **-2.** [irritarse] : **se descompuso** il s'est mis dans tous ses états. **-3.** *Amer* [averiarse] tomber en panne.

descomposición *f* décomposition *f*; [diarrea] : **~ de vientre** dérangement *m* intestinal.

descompostura *f* **-1.** [de vestimenta] laisser-aller *m*. **-2.** [de comportamiento] grossièreté *f*. **-3.** *Amer* [avería] panne *f*.

descompuesto, ta ◇ *pp irreg* → **descomponer**. ◇ *adj* décomposé(e); [mecanismo, aparato] détraqué(e).

descomunal *adj* énorme.

desconcentrar *vt* déconcentrer.

desconcertante *adj* déconcertant(e).

desconcertar *vt* déconcerter. ◆ **desconcertarse** *vp* être déconcerté(e).

desconchado *m* écaillure *f (de peinture)*.

desconcierto *m* [desorden] désordre *m*; [desorientación, confusión] confusion *f*.

desconectar *vt* [aparato] débrancher; [línea] couper. ◆ **desconectarse** *vp* se détacher; **~se de algo** se couper de qqch.

desconfianza *f* méfiance *f*.

desconfiar *vi* : **~ de** [sospechar de] se méfier de; [no confiar en] ne pas avoir confiance en.

descongelar *vt* **-1.** [producto] décongeler; [nevera] dégivrer. **-2.** *fig* [créditos] dégeler; [cuenta] débloquer; [salarios, precios] libérer.

descongestionar *vt* **-1.** [gen & MED] décongestionner. **-2.** *fig* [dejar libre] débloquer.

desconocer *vt* [ignorar] ne pas connaître; **desconozco sus planes** je ne connais pas ses projets.

desconocido, da ◇ *adj* **-1.** [no conocido] inconnu(e). **-2.** [muy cambiado] méconnaissable. ◇ *m, f* inconnu *m, -e f*.

desconocimiento *m* méconnaissance *f*.

desconsiderado, da *m, f* malotru *m, -e f*.

desconsolar *vt* affliger.

desconsuelo *m* peine *f*, douleur *f*.

descontado, da *adj* déduit(e). ◆ **por descontado** *loc adv* : **dar por ~ que** être convaincu(e) que.

descontar *vt* **-1.** [cantidad] : **~ algo de** déduire qqch de. **-2.** COM [letra, pagaré] escompter.

descontentar *vt* : **~ a alguien** [medidas, noticias] mécontenter qqn; [actitud] déplaire à qqn.

descontento, ta *adj* mécontent(e). ◆ **descontento** *m* mécontentement *m*, grogne *f (fam)*.

descontrol *m fam* pagaille *f*.

desconvocar *vt* : **~ una huelga** annuler un ordre de grève.

descorazonador, ra *adj* décourageant(e).

descorazonar *vt* décourager.

descorchar *vt* [botella] déboucher.

descorrer *vt* tirer *(rideaux, verrou etc)*.

descoser *vt* découdre.

descosido, da *adj* [tela, ropa] décousu(e).
◆ **descosido** *m* : **como un ~** [beber] comme un trou; [comer] comme quatre; [correr] comme un dératé; [gritar] comme un putois; [reír] comme un bossu; **hablar como un ~** être un moulin à paroles.

descoyuntar *vt* déboîter. ◆ **descoyuntarse** *vp* se déboîter; **se descoyuntó el hombro** il s'est déboîté l'épaule.

descrédito *m* discrédit *m*.

descreído, da *m, f* incroyant *m*, -e *f*.

descremado, da *adj* écrémé(e).

describir *vt* décrire.

descripción *f* description *f*.

descrito, ta *pp irreg* → **describir**.

descuartizar *vt* dépecer.

descubierto, ta ◇ *pp irreg* → **descubrir**.
◇ *adj* découvert(e). ◆ **descubierto** *m* [de cuenta bancaria] découvert *m*; [de empresa] déficit *m*. ◆ **al descubierto** *loc adv* **-1.** [al raso] en plein air; [sin protección] à découvert; [sin disfraz] ouvertement. **-2.** BANCA à découvert.

descubridor, ra *m, f* découvreur *m*, -euse *f*.

descubrimiento *m* **-1.** [gen] découverte *f*; [de máquina, artefacto] invention *f*. **-2.** [estatua, placa] inauguration *f*.

descubrir *vt* **-1.** [gen] découvrir; [máquina, artefacto] inventer. **-2.** [estatua, placa] inaugurer. **-3.** [vislumbrar] apercevoir. **-4.** [intenciones, secreto] dévoiler; [culpable] démasquer. ◆ **descubrirse** *vp* se découvrir; **~se ante algo** *fig* être en admiration devant qqch.

descuento *m* **-1.** [de precio] remise *f*, réduction *f*. **-2.** BANCA escompte *m*.

descuidado, da *adj* **-1.** [abandonado - persona] négligé(e); [- jardín, plantas] mal entretenu(e). **-2.** [despistado] distrait(e).

descuidar ◇ *vt* [desatender] négliger.
◇ *vi* [no preocuparse] ne pas s'inquiéter; **descuida, que yo me encargo** ne t'inquiète pas; je m'en occupe. ◆ **descuidarse** *vp* **-1.** [abandonarse] se négliger, se laisser aller. **-2.** [despistarse] ne pas faire attention.

descuido *m* négligence *f*; [falta de atención] inattention *f*.

desde *prep* **-1.** [tiempo] depuis; **~ el lunes hasta el viernes** du lundi au vendredi; **~ hace mucho/un mes** depuis longtemps/un mois; **no lo veo ~ el mes pasado** je ne l'ai pas vu depuis un mois;

~ ahora dès à présent; **~ entonces** depuis; **~ entonces no lo he vuelto a ver** je ne l'ai plus revu depuis; **~ que** depuis que; **~ que murió mi madre** depuis que ma mère est morte. **-2.** [espacio] de; **~ aquí hasta el centro** d'ici au centre-ville. ◆ **desde luego** *loc adv* **-1.** [para confirmar] bien sûr. **-2.** [para reprochar] décidément; **¡~ luego tienes cada idea!** décidément, tu as de ces idées!

desdecir *vi* : **~ de** [desmerecer de] être indigne de; [desentonar con] ne pas aller avec. ◆ **desdecirse** *vp* se dédire; **~se de** revenir sur.

desdén *m* dédain *m*.

desdentado, da *adj* édenté(e).

desdeñar *vt* dédaigner.

desdeñoso, sa *adj* dédaigneux(euse).

desdibujarse *vp* s'estomper.

desdicha *f* [desgracia] malheur *m*.

desdichado, da *adj & m, f* malheureux(euse).

desdicho, cha *pp irreg* → **desdecir**.

desdoblar *vt* déplier; [duplicar] dédoubler.

desear *vt* **-1.** [gen] désirer; **desearía estar allí** je voudrais y être; **¿qué desea?** [en tienda] vous désirez? **-2.** [esperar, felicitar por] souhaiter; **te deseo un feliz Año Nuevo** je te souhaite une bonne année.

desecar *vt* dessécher; [pantano, río] assécher. ◆ **desecarse** *vp* se dessécher; [pantano, río] s'assécher.

desechable *adj* jetable.

desechar *vt* **-1.** [gen] se débarrasser de. **-2.** [oferta, ayuda] rejeter; [críticas] passer outre. **-3.** [idea] chasser; [sospecha] écarter.

desecho *m* déchet *m*.

desembalar *vt* déballer.

desembarazar *vt* débarrasser; **~ el paso** dégager le passage. ◆ **desembarazarse** *vp* : **~se de** se débarrasser de.

desembarcar ◇ *vt* débarquer. ◇ *vi* **-1.** [gen] débarquer. **-2.** *Amer* [de autobús, tren] descendre. ◆ **desembarcarse** *vp* *Amer* descendre.

desembarco *m* [de pasajeros & MIL] débarquement *m*.

desembarque *m* [de mercancías] débarquement *m*.

desembocadura *f* [de río] embouchure *f*.

desembocar *vi* : ~ **en** [río] se jeter dans; [calle] déboucher sur; **la disputa desembocó en drama** la dispute a tourné au drame.

desembolso *m* [de dinero] versement *m*; ~ **inicial** acompte *m*.

desembuchar ◇ *vt* [ave] dégorger. ◇ *vi fam fig* vider son sac.

desempañar *vt* [con trapo] enlever la buée de; [electrónicamente] désembuer.

desempaquetar *vt* [paquete] défaire; [caja] déballer.

desempatar *vi* départager; **jugar para** ~ faire la belle.

desempate *m* résultat *m* final; **el partido de** ~ la belle.

desempeñar *vt* **-1.** [cargo, misión] remplir; [función] exercer. **-2.** [papel] jouer. **-3.** [joyas] récupérer une chose mise en gage. ◆ **desempeñarse** *vp* se libérer de ses dettes.

desempeño *m* **-1.** [de cargo, misión, función] exercice *m*. **-2.** [de papel] interprétation *f*.

desempleado, da *m*, *f* chômeur *m*, -euse *f*.

desempleo *m* chômage *m*.

desempolvar *vt* **-1.** [muebles] épousseter. **-2.** *fig* [recuerdos] remuer.

desencadenar *vt* **-1.** [preso, perro] détacher. **-2.** *fig* [pasiones, furia] déchaîner; [guerra, conflicto] déclencher; [polémica] engager. ◆ **desencadenarse** *vp* se déchaîner; [guerra, conflicto] se déclencher.

desencajar *vt* déboîter. ◆ **desencajarse** *vp* se déboîter; [rostro] se décomposer.

desencantar *vt* **-1.** [decepcionar] décevoir. **-2.** [romper el hechizo] désenchanter. ◆ **desencantarse** *vp* déchanter.

desencanto *m* désenchantement *m*.

desenchufar *vt* débrancher.

desenfadado, da *adj* [persona, conducta] décontracté(e); [comedia, programa de TV] léger(ère).

desenfado *m* décontraction *f*.

desenfocado, da *adj* [imagen] flou(e); [visión] trouble.

desenfrenado, da *adj* **-1.** [ritmo, carrera] effréné(e); **un baile** ~ une danse endiablée. **-2.** [comportamiento, estilo] débridé(e); [apetito] insatiable.

desenfreno *m* **-1.** [exceso] frénésie *f*. **-2.** [vicio] débordement *m*.

desenfundar *vt* **-1.** [mueble, traje] enlever la housse de. **-2.** [pistola] dégainer.

desenganchar *vt* **-1.** [vagón] décrocher. **-2.** [caballo] dételer. ◆ **desengancharse** *vp* **-1.** [soltarse] décrocher, dégager. **-2.** *fam* [de un vicio] décrocher.

desengañar *vt* **-1.** [a una persona equivocada] : ~ **a alguien** ouvrir les yeux à qqn. **-2.** [a una persona esperanzada] : ~ **a alguien** faire perdre ses illusions à qqn. ◆ **desengañarse** *vp* : **desengáñate** détrompe-toi.

desengaño *m* déception *f*; **llevarse un** ~ **con alguien** être déçu(e) par qqn.

desengrasar *vt* dégraisser.

desenlace *m* dénouement *m*.

desenmarañar *vt* *lit & fig* démêler.

desenmascarar *vt* démasquer.

desenredar *vt* *lit & fig* démêler. ◆ **desenredarse** *vp* : ~**se de algo** bien se tirer de qqch; ~**se el pelo** se démêler les cheveux.

desenrollar *vt* dérouler.

desenroscar *vt* [tornillo, tuerca] dévisser.

desentenderse *vp* [hacerse el desentendido] faire la sourde oreille.

desenterrar *vt* *lit & fig* déterrer.

desentonar *vt* **-1.** MÚS [cantante] chanter faux; [instrumento] jouer faux. **-2.** *fig* [color] détonner; [persona, modales] être déplacé(e).

desentrenado, da *adj* : **estar** ~ manquer d'entraînement.

desentumecer *vt* dégourdir. ◆ **desentumecerse** *vp* se dégourdir.

desenvoltura *f* aisance *f*.

desenvolver *vt* défaire (*un paquet*). ◆ **desenvolverse** *vp* **-1.** [asunto, proceso] se dérouler. **-2.** [persona] s'en tirer.

desenvuelto, ta ◇ *pp irreg* → **desenvolver**. ◇ *adj* à l'aise; [para arreglárselas] débrouillard(e).

deseo *m* **-1.** [gen] désir *m*. **-2.** [voto] souhait *m*; **buenos** ~**s** les meilleurs vœux.

deseoso, sa *adj* : **estar** ~ **de algo/hacer algo** avoir envie de qqch/faire qqch.

desequilibrado, da *adj & m*, *f* déséquilibré(e).

desequilibrio *m* déséquilibre *m*.

desertar *vi* déserter.

desértico, ca *adj* désertique; [despoblado] désert(e).

desertización *f* désertification *f*.

desertor *m* déserteur *m*.

desesperación f désespoir m; **causar ~** désespérer; **con ~** désespérément; **ser una ~** être désespérant(e).

desesperado, da adj désespéré(e); **actuar a la desesperada** tenter le tout pour le tout.

desesperante adj désespérant(e).

desesperar vt désespérer. **✦ desesperarse** vp se désespérer; [irritarse, enojarse] s'arracher les cheveux.

desestabilizar vt déstabiliser.

desestimar vt **-1.** [despreciar] sous-estimer. **-2.** [rechazar] rejeter.

desfachatez f fam toupet m.

desfalco m détournement m de fonds.

desfallecer vi **-1.** [debilitarse] défaillir; **~ de** [hambre, miedo] mourir de; [cansancio] tomber de. **-2.** [desmayarse] s'évanouir.

desfallecimiento m **-1.** [desmayo] évanouissement m. **-2.** [debilidad] malaise m.

desfase m **-1.** [desacuerdo] décalage m. **-2.** [desajuste] déphasage m.

desfavorable adj défavorable.

desfigurar vt [rostro] défigurer; [cuerpo, verdad] déformer.

desfiladero m défilé m (en montagne).

desfilar vi **-1.** MIL défiler. **-2.** fig [marcharse] se retirer.

desfile m défilé m .

desfogar vt [irritación, mal humor] décharger; [pasiones] donner libre cours à. **✦ desfogarse** vp se défouler.

desgajar vt arracher; [naranja] couper en quartiers. **✦ desgajarse** vp **-1.** [gen] être arraché(e); [hojas de un libro] se détacher. **-2.** [abandonar] : **~se de** s'arracher à.

desgana f **-1.** [falta de hambre] : **tener ~** manquer d'appétit. **-2.** [falta de ánimo] : **hacer algo con ~** faire qqch à contrecœur.

desganado, da adj : **estoy ~** [sin apetito] je n'ai pas faim; [sin ganas] je n'ai envie de rien.

desgarbado, da adj dégingandé(e).

desgarrador, ra adj déchirant(e).

desgarrar vt lit & fig déchirer. **✦ desgarrarse** vp se déchirer; **se me desgarra el corazón** ça me fend le cœur.

desgarro m déchirure f.

desgastar vt user. **✦ desgastarse** vp s'user; fig [persona] être fatigué(e).

desgaste m usure f.

desglosar vt **-1.** [gen] découper. **-2.** [impreso] détacher. **-3.** [gastos] ventiler.

desglose m découpage m; [de gastos] ventilation f.

desgracia f **-1.** [gen] malheur m. **-2.** [mala suerte] malchance f; **por ~** malheureusement. **-3.** loc : **caer en ~ con** tomber en disgrâce auprès de.

desgraciado, da ◇ adj **-1.** [gen] malheureux(euse); [suceso] funeste. **-2.** [sin suerte] : **ser ~** ne pas avoir de chance. ◇ m, f **-1.** [gen] malheureux m, -euse f. **-2.** fig [persona insignificante] pauvre homme m, pauvre femme f.

desgraciar vt **-1.** [arruinar] abîmer; [afear] gâcher. **-2.** [herir] esquinter.

desgranar vt **-1.** [maíz, uva] égrener. **-2.** [insultos, frases] débiter; [ventajas etc] énumérer.

desgravar vt dégrever.

desgreñado, da adj échevelé(e).

desguace m [de coches] casse f.

deshabitado, da adj inhabité(e).

deshabituar vt déshabituer. **✦ deshabituarse** vp se déshabituer.

deshacer vt **-1.** [gen] défaire. **-2.** [derretir] faire fondre. **-3.** [poner fin a – pacto, contrato] rompre; [– negocio] annuler; [– plan] déjouer; [– organización] dissoudre. **-4.** [destruir – casa] détruire; [– matrimonio] briser. **-5.** fig [afligir] abattre. **-6.** [despedazar – libro] déchirer; [– res] dépecer. **✦ deshacerse** vp **-1.** [desvanecerse] disparaître. **-2.** [afligirse] se désespérer. **-3.** fig [librarse] : **~se de** se débarrasser de. **-4.** fig [decir] : **~se en** [cumplidos] se répandre en; [elogios] ne pas tarir de; [insultos] couvrir de; [excusas] se confondre en. **-5.** fig : **~se por** [desvivirse] se mettre en quatre pour; [estar enamorado] être fou(folle) de.

desharrapado, da ◇ adj déguenillé(e). ◇ m, f clochard m, -e f.

deshecho, cha ◇ pp irreg → deshacer. ◇ adj **-1.** [gen] défait(e). **-2.** [derretido] fondu(e). **-3.** [motor, máquina] mort(e). **-4.** fig [afligido] abattu(e).

desheredar vt déshériter.

deshidratar vt déshydrater. **✦ deshidratarse** vp se déshydrater.

deshielo m dégel m.

deshilachar vt effilocher.

deshilvanado, da adj **-1.** [tela] débâti(e). **-2.** fig [discurso, guión] décousu(e).

deshinchar vt **-1.** [globo, neumático] dégonfler. **-2.** [hinchazón] désenfler. **✦ deshincharse** vp **-1.** [hinchazón] désenfler.

-2. [globo, neumático] se dégonfler. **-3.** *fam fig* [pedante, presumido] s'écraser.

deshojar *vt* [árbol, flor] effeuiller; [libro] arracher les pages de. ◆ **deshojarse** *vp* s'effeuiller.

deshollinar *vt* ramoner.

deshonesto, ta *adj* **-1.** [sin honradez] malhonnête. **-2.** [sin pudor] indécent(e).

deshonra *f* déshonneur *m*.

deshonrar *vt* déshonorer.

deshora ◆ **a deshora, a deshoras** *loc adv* [en momento inoportuno] au mauvais moment; [en horas poco habituales] à n'importe quelle heure; **llegar a ~** rentrer à une heure indue.

deshuesar *vt* [carne] désosser; [fruta] dénoyauter.

deshumanizar *vt* déshumaniser. ◆ **deshumanizarse** *vp* devenir inhumain(e).

desidia *f* laisser-aller *m inv*.

desierto, ta *adj* **-1.** [gen] désert(e). **-2.** [libre] : **la vacante queda desierta** le poste reste à pourvoir; **el premio ha quedado ~** le prix n'a pas été attribué. ◆ **desierto** *m* désert.

designar *vt* **-1.** [nombrar] désigner. **-2.** [fijar, determinar] choisir; [fecha] fixer.

designio *m* dessein *m*.

desigual *adj* **-1.** [gen] inégal(e); [distinto] dépareillé(e); **un terreno ~** un terrain accidenté. **-2.** [carácter, tiempo] changeant(e).

desilusión *f* désillusion *f*; **llevarse una ~ con** être très déçu(e) par.

desilusionar *vt* **-1.** [decepcionar] décevoir. **-2.** [desengañar] désillusionner. ◆ **desilusionarse** *vp* **-1.** [decepcionarse] être déçu(e). **-2.** [desengañarse] : **¡desilusiónate!** ne te fais pas d'illusions!

desincrustar *vt* [cañerías] détartrer.

desinfección *f* désinfection *f*.

desinfectar *vt* désinfecter.

desinflamar *vt* désenflammer.

desinflar *vt* **-1.** [quitar aire] dégonfler. **-2.** *fig* [quitar importancia] minimiser. **-3.** [desanimar] démoraliser. ◆ **desinflarse** *vp* **-1.** [perder aire] se dégonfler. **-2.** [desanimarse] se démoraliser.

desintegración *f* **-1.** [gen] désintégration *f*. **-2.** [de grupos, organizaciones] éclatement *m*.

desintegrar *vt* désintégrer. ◆ **desintegrarse** *vp* se désintégrer.

desinterés *m* **-1.** [indiferencia] manque *m* d'intérêt, indifférence *f*. **-2.** [generosidad] désintéressement *m*.

desinteresado, da *adj* désintéressé(e).

desinteresarse *vp* : **~ de o por algo** se désintéresser de qqch.

desintoxicar *vt* désintoxiquer.

desistir *vi* : **~ (de hacer algo)** renoncer (à faire qqch).

desleal *adj* déloyal(e).

deslealtad *f* déloyauté *f*.

desleír *vt* délayer.

desligar *vt* **-1.** [desatar] détacher. **-2.** *fig* [separar] : **~ algo (de)** dissocier qqch (de). ◆ **desligarse** *vp* **-1.** [desatarse] se détacher; [de una obligación] se dégager. **-2.** *fig* [separarse] : **~se de** se dissocier de; **~se de un grupo** prendre ses distances à l'égard d'un groupe.

deslindar *vt* **-1.** [limitar] délimiter. **-2.** *fig* [separar] cerner.

desliz *m* impair *m*.

deslizar *vt* glisser. ◆ **deslizarse** *vp* **-1.** [gen] glisser; [serpiente] ramper; [lágrimas] couler. **-2.** [introducirse] se glisser. **-3.** [tiempo] passer.

deslomar *vt* esquinter. ◆ **deslomarse** *vp* *fam* s'esquinter.

deslucido, da *adj* **-1.** [sin brillo] terni(e). **-2.** [sin gracia] terne.

deslumbrar *vt* *lit & fig* éblouir.

desmadejar *vt* *fig* affaiblir.

desmadrarse *vp* *fam* délirer.

desmadre *m* *fam* bazar *m*.

desmán *m* **-1.** [abuso] excès *m*, abus *m*. **-2.** *(gen pl)* [desgracia] malheur *m*.

desmandarse *vp* **-1.** [desobedecer] n'en faire qu'à sa tête. **-2.** [insubordinarse] se rebeller.

desmantelar *vt* démanteler; [fábrica] désaffecter; [nave] démâter.

desmaquillador, ra *adj* démaquillant(e).

desmayar *vi* faiblir. ◆ **desmayarse** *vp* s'évanouir.

desmayo *m* **-1.** [físico] évanouissement *m*. **-2.** [moral] défaillance *f*; **sin ~** sans relâche.

desmedido, da *adj* démesuré(e).

desmelenado, da *adj* **-1.** [persona] déchaîné(e). **-2.** [cabello] décoiffé(e).

desmembrar *vt* démembrer; [disgregar] faire éclater.

desmemoriado, da ◇ adj : estar ~ ne pas avoir de mémoire. ◇ m, f ingrat m, -e f.

desmentir vt démentir.

desmenuzar vt **-1.** [trocear] déchiqueter, réduire en charpie; [pan] émietter. **-2.** fig [examinar, analizar] éplucher.

desmerecer ◇ vt être indigne de, ne pas mériter; **desmerece la recompensa** il ne mérite pas la récompense. ◇ vi **-1.** [decaer] perdre. **-2.** [ser inferior] : ~ **de alguien en algo** être inférieur(e)à qqn en qqch.

desmesurado, da adj démesuré(e).

desmitificar vt démythifier.

desmontar vt démonter.

desmoralizar vt démoraliser. ◆ **desmoralizarse** vp se démoraliser.

desmoronamiento m éboulement m.

desmoronar vt **-1.** [edificio] abattre; [rocas] faire s'ébouler. **-2.** fig [a una persona] décourager. ◆ **desmoronarse** vp **-1.** [edificio] s'écrouler; [rocas] s'ébouler. **-2.** fig [persona, imperio] s'effondrer.

desnatado, da adj écrémé(e).

desnaturalizado, da adj dénaturé(e).

desnivel m **-1.** [cultural, social] clivage m, déséquilibre m. **-2.** [de terreno] dénivellation f.

desnivelar vt **-1.** [gen] déséquilibrer; [balanza] dérégler. **-2.** [terreno] déniveler. ◆ **desnivelarse** vp **-1.** [gen] être dénivelé(e). **-2.** fig [desequilibrarse] basculer.

desnucar vt briser la nuque. ◆ **desnucarse** vp se rompre le cou.

desnudar vt **-1.** [persona] déshabiller. **-2.** fig [cosa] dépouiller. ◆ **desnudarse** vp se déshabiller.

desnudez f nudité f.

desnudo, da adj nu(e); [árbol, hombro, paisaje] dénudé(e); [decorado] dépouillé(e); **es la verdad desnuda** c'est vérité toute nue. ◆ **desnudo** m nu m.

desnutrición f malnutrition f.

desobedecer vt désobéir.

desobediencia f désobéissance f.

desobediente adj désobéissant(e).

desocupado, da adj **-1.** [ocioso, vacío] inoccupé(e). **-2.** [sin empleo] au chômage.

desocupar vt [local – abandonar] évacuer; [– dejar libre] libérer.

desodorante m déodorant m, désodorisant m.

desolación f **-1.** [destrucción] dévastation f; **causar** ~ dévaster. **-2.** [desconsuelo] désolation f.

desolador, ra adj [noticia] désolant(e); [espectáculo] affligeant(e).

desolar vt **-1.** [destruir] dévaster. **-2.** [afligir] désoler.

desorbitado, da adj exorbitant(e); **con los ojos** ~s les yeux exorbités.

desorden m désordre m.

desordenado, da adj **-1.** [persona] désordonné(e); [armario, habitación etc] en désordre. **-2.** fig [vida] déréglé(e).

desordenar vt mettre en désordre, déranger; [pelo] décoiffer.

desorganización f désorganisation f.

desorganizar vt désorganiser.

desorientar vt lit & fig désorienter. ◆ **desorientarse** vp être désorienté(e).

despabilar vt **-1.** [despertar] réveiller. **-2.** fig [avivar] dégourdir. ◆ **despabilarse** vp **-1.** [despertarse] se réveiller. **-2.** fig [salir adelante] se secouer.

despachar ◇ vt **-1.** [mercancía, entradas] vendre. **-2.** [cliente] servir. **-3.** fam fig [trabajo, discurso, comida] expédier. **-4.** [empleado] congédier. **-5.** [asunto] traiter; [negocio] régler. **-6.** Amer [facturar] enregistrer. ◇ vi **-1.** [sobre un asunto] : ~ **con alguien** avoir un entretien avec qqn. **-2.** [en tienda] servir. ◆ **despacharse** vp [hablar francamente] : ~**se (con alguien)** se soulager (auprès de qqn).

despacho m **-1.** [gen] bureau m. **-2.** [venta] vente f; [local de venta] : ~ **de localidades** [en teatro] guichet m; [quiosco] ≃ bureau m de location; ~ **de pan** dépôt m de pain. **-3.** [comunicación oficial] dépêche f; [del juez] mandat m.

despacio adv lentement.

despampanante adj fam [chica] canon.

desparejar vt dépareiller.

desparpajo m fam sans-gêne m inv.

desparramar vt **-1.** [líquido] répandre. **-2.** fig [dinero] dilapider. ◆ **desparramarse** vp [líquido] se répandre; [personas, ganado] se disperser.

despecho m dépit m.

despectivo, va adj **-1.** [despreciativo] méprisant(e); **de manera despectiva** avec mépris. **-2.** GRAM péjoratif(ive). ◆ **despectivo** m GRAM forme f péjorative.

despedazar vt **-1.** [físicamente] dépecer. **-2.** fig [moralmente] briser.

despedida *f* -1. [adiós] : **la** ~ **les** adieux. -2. [fiesta] soirée *f* d'adieux.

despedir *vt* -1. [decir adiós] faire ses adieux à; **fuimos a** ~**le a la estación** nous sommes allés lui dire au revoir à la gare. -2. [echar – de un club etc] renvoyer; [– de un empleo] licencier. -3. [lanzar, arrojar] jeter; [suj : volcán] cracher. -4. *fig* [difundir, desprender] dégager. ◆ **despedirse** *vp* : ~**se (de)** [una persona] dire au revoir (à); [una cosa] dire adieu (à).

despegado, da *adj fig* distant(e).

despegar *vt* & *vi* décoller. ◆ **despegarse** *vp* -1. [etiqueta, pegatina, sello] se décoller. -2. [alejarse] : ~**se de alguien** se détacher de qqn.

despegue *m* décollage *m*.

despeinar *vt* décoiffer. ◆ **despeinarse** *vp* se décoiffer.

despejado, da *adj* -1. [gen] dégagé(e). -2. *fig* : **tener la mente despejada** avoir les idées claires.

despejar *vt* -1. [gen] dégager; [mesa] débarrasser. -2. MAT [incógnita] déterminer. ◆ **despejarse** *vp* -1. [espabilarse] s'éclaircir les idées; [despertarse] se réveiller. -2. [tiempo] s'éclaircir; [cielo] se dégager.

despeje *m* DEP dégagement *m*.

despellejar *vt* -1. [animal] dépouiller. -2. *fig* [criticar] : ~ **a alguien** casser du sucre sur le dos de qqn.

despelotarse *vp fam* -1. [desnudarse] se mettre à poil. -2. [mondarse] : ~ **(de risa)** se tordre de rire.

despensa *f* garde-manger *m*.

despeñadero *m* précipice *m*.

despeñar *vt* précipiter, jeter. ◆ **despeñarse** *vp* se précipiter.

desperdiciar *vt* gaspiller; [ocasión] perdre.

desperdicio *m* -1. [gen] gaspillage *m*; [de tiempo] perte *f*. -2. [residuo] : **los** ~**s** les déchets.

desperdigar *vt* disperser.

desperezarse *vp* s'étirer.

desperfecto *m* [deterioro] dégât *m*; [imperfección] défaut *m*; **sufrir** ~**s** être endommagé(e).

despertador *m* réveil *m* (objet).

despertar ◇ *vt* -1. [gen] réveiller. -2. [interés] éveiller; [admiración] provoquer. ◇ *vi* se réveiller. ◇ *m* réveil *m* (action). ◆ **despertarse** *vp* se réveiller.

despiadado, da *adj* impitoyable.

despido *m* licenciement *m*.

despiece *m* dépeçage *m*.

despierto, ta *adj lit* & *fig* éveillé(e).

despilfarrar *vt* gaspiller.

despilfarro *m* gaspillage *m*.

despintar *vt* délaver.

despiole *m Amer fam* boucan *m*.

despistado, da ◇ *adj* -1. [distraído] tête en l'air. -2. [confundido] : **estar** ~ être désorienté(e). ◇ *m, f* tête *f* en l'air.

despistar *vt* -1. [perder] égarer; [a la policía etc] semer. -2. *fig* [confundir] désorienter, dérouter. ◆ **despistarse** *vp* -1. [perderse] s'égarer. -2. *fig* [distraerse] avoir un moment d'inattention.

despiste *m* [distracción] étourderie *f*; [error] faute *f* d'étourderie.

desplante *m* insolence *f (remarque etc)*.

desplazado, da *adj fig* : **encontrarse** ~ ne pas se sentir à sa place.

desplazamiento *m* déplacement *m*.

desplazar *vt* -1. [gen] déplacer. -2. *fig* [desbancar] : ~ **a alguien/algo** supplanter qqn/qqch. ◆ **desplazarse** *vp* [viajar] se déplacer; **tiene que** ~**se cinco kilómetros** il doit faire cinq kilomètres.

desplegar *vt* -1. [gen & MIL] déployer. -2. [tela, periódico etc] déplier.

despliegue *m* déploiement *m*.

desplomarse *vp lit* & *fig* s'effondrer.

desplumar *vt lit* & *fig* plumer.

despoblado, da *adj* dépeuplé(e).

despojar *vt* : ~ **a alguien de algo** dépouiller qqn de qqch. ◆ **despojarse** *vp* : ~**se de** [bienes, ropa] se dépouiller de; [comida] se priver de.

despojo *m* [acción] dépouillement *m*. ◆ **despojos** *mpl* -1. [sobras, residuos] restes *mpl*. -2. [de animales] abats *mpl*; [de aves] abattis *mpl*. -3. [restos mortales] dépouille *f* (mortelle).

desposar *vt* marier. ◆ **desposarse** *vp* se marier.

desposeer *vt* : ~**a alguien de algo** déposséder qqn de qqch.

déspota *mf lit* & *fig* despote *m*.

despotricar *vi* : ~ **(contra)** *fam* déblatérer (contre).

despreciar *vt* -1. [desdeñar] mépriser. -2. [rechazar] rejeter.

desprecio *m* mépris *m*.

desprender *vt* -1. [soltar] détacher; [despegar] décoller. -2. [olor] dégager; [luz] diffuser. ◆ **desprenderse** *vp* -1. [sol-

tarse] se détacher; [despegarse] se décoller.
-2. *fig* [deducirse] : **de sus palabras se desprende que...** ses paroles laissent entendre que... **-3.** [librarse, renunciar] : ~**se de** se défaire de.

desprendido, da *adj* [generoso] généreux(euse), désintéressé(e).

desprendimiento *m* **-1.** [separación] détachement *m*; ~ **de retina** décollement *m* de la rétine. **-2.** *fig* [generosidad] générosité *f*.

despreocupado, da ◇ *adj* [sin preocupaciones] insouciant(e). ◇ *m, f* [sin preocupaciones] insouciant *m, -e f*; **es un ~ en el vestir** il s'habille n'importe comment.

despreocuparse *vp* : ~ **de** [un asunto] ne plus penser à; [una persona, un negocio] négliger.

desprestigiar *vt* discréditer.

desprevenido, da *adj* : **coger** ○ **pillar** ~ prendre au dépourvu; **estar** ~ ne pas s'attendre à qqch.

desproporcionado, da *adj* disproportionné(e).

despropósito *m* absurdité *f*, bêtise *f*.

desprovisto, ta *adj* : ~ **de** dépourvu(e) de.

después *adv* **-1.** [gen] après; **poco ~** peu après; **años ~** des années après; **el año ~** l'année d'après. **-2.** [más adelante – en el tiempo] plus tard; **dos días ~** deux jours plus tard; [– en el espacio] plus loin; **dos filas ~** deux rangs plus loin; [– en una lista] plus bas. **-3.** [entonces] ensuite, puis; **llamé primero y ~ entré** j'ai sonné, puis je suis entré. ◆ **después de** *loc prep* après; **llegó ~ de ti** il est arrivé après toi; ~ **de comer** après le déjeuner. ◆ **después de que** *loc conj* après que; ~ **de que lo hice** après que je l'ai fait; ~ **de que hubiese hablado** après qu'il eut parlé. ◆ **después de todo** *loc adv* après tout.

despuntar ◇ *vt* [lápiz etc] épointer. ◇ *vi* **-1.** [planta] bourgeonner; [flor, capullo] éclore. **-2.** *fig* [persona] : ~ **entre/por se** distinguer de/par; **no despunta por su inteligencia** il ne brille pas par son intelligence. **-3.** [día] poindre.

desquiciar *vt* **-1.** [puerta, ventana] dégonder. **-2.** *fig* [desequilibrar] détraquer, perturber; [sacar de quicio] rendre fou(folle), faire sortir de ses gonds.

desquite *m* revanche *f*.

destacamento *m* MIL détachement *m*.

destacar ◇ *vt* **-1.** [poner de relieve] souligner, faire remarquer; **cabe ~ que...** il convient de souligner que... **-2.** MIL détacher. ◇ *vi* [sobresalir] ressortir. ◆ **destacarse** *vp* : ~**se (de/por)** se distinguer (de/par).

destajo *m* forfait *m* (contrat); **a ~** [por un tanto] au forfait; *fig* [sin descanso] d'arrache-pied.

destapar *vt* **-1.** [quitar la tapa] ouvrir. **-2.** [quitar la cubierta] découvrir. ◆ **destaparse** *vp* **-1.** [desarroparse] se découvrir. **-2.** *fig* [revelarse] se montrer sous son vrai jour.

destartalado, da *adj* **-1.** [casa, mueble] délabré(e); [coche, aparato] déglingué(e) *fam.* **-2.** [desparejado] dépareillé(e).

destello *m* **-1.** [de luz, brillo] éclat *m*; [de estrella] scintillement *m*. **-2.** *fig* [de alegría, esperanza] étincelle *f*.

destemplado, da *adj* **-1.** [enfermo] fiévreux(euse). **-2.** [instrumento] désaccordé(e). **-3.** [tiempo] maussade. **-4.** [carácter etc] emporté(e). **-5.** [voz, tono] aigre.

desteñir ◇ *vt* faire perdre sa couleur à. ◇ *vi* déteindre.

desternillarse *vp* : ~ **de risa** se tordre de rire.

desterrar *vt* **-1.** [persona] exiler. **-2.** *fig* [idea] chasser. **-3.** *fig* [costumbre, hábito] bannir.

destetar *vt* sevrer.

destiempo ◆ **a destiempo** *loc adv* à contretemps.

destierro *m* exil *m*.

destilación *f* distillation *f*.

destilar ◇ *vt* **-1.** [gen] distiller. **-2.** [pus, sangre] suinter. ◇ *vi* suinter, goutter.

destilería *f* distillerie *f*.

destinar *vt* **-1.** [gen] destiner; [cartas] adresser; [cargo, empleo] affecter. **-2.** [designar] : ~ **a alguien a** [cargo, empleo] affecter qqn à; [lugar] envoyer qqn à.

destinatario, ria *m, f* destinataire *mf*.

destino *m* **-1.** [sino] destin *m*. **-2.** [rumbo, finalidad] destination *f*; **con ~ a** à destination de. **-3.** [plaza, empleo] affectation *f*, poste *m*.

destitución *f* destitution *f*.

destituir *vt* destituer.

destornillador *m* tournevis *m*.

destornillar *vt* dévisser.

destreza *f* adresse *f*.

destronar vt lit & fig détrôner.

destrozar vt -1. [romper] mettre en pièces; [estropear] abîmer, détériorer; [destruir] détruire. -2. fig [persona, carrera] briser.

destrozo m dégât m; **ocasionar grandes ~s** faire de gros dégâts.

destrucción f destruction f.

destruir vt détruire; [argumento, proyecto] démolir.

desvaído, da adj -1. [color] pâle, passé(e). -2. [mirada] vague; [forma, contorno] flou(e).

desvalido, da adj & m, f déshérité(e) (pauvre).

desvalijar vt dévaliser.

desván m grenier m.

desvanecer vt dissiper. ◆ **desvanecerse** vp -1. [gen] se dissiper. -2. [persona] s'évanouir.

desvanecimiento m évanouissement m.

desvariar vi délirer, divaguer.

desvarío m -1. [dicho] absurdité f; [hecho] folie f. -2. [estado] délire m.

desvelar vt -1. [persona] empêcher de dormir. -2. [noticia, secreto etc] dévoiler. ◆ **desvelarse** vp : ~se por hacer algo se donner du mal pour faire qqch.

desvelo m -1. [insomnio] insomnie f. -2. [esfuerzo] effort m.

desventaja f désavantage m.

desventura f malheur m.

desvergonzado, da adj & m, f effronté(e).

desvergüenza f -1. [atrevimiento, frescura] effronterie f. -2. [dicho, hecho] insolence f.

desvestir vt dévêtir. ◆ **desvestirse** vp se dévêtir.

desviación f déviation f.

desviar vt -1. [gen] détourner; [pelota, disparo, tráfico] dévier; [barco] dérouter. -2. [pregunta] éluder. ◆ **desviarse** vp -1. [cambiar de dirección – conductor] dévier; [– avión, barco] changer de route. -2. [cambiar] : ~se de tema faire une digression; ~se de propósito changer de cap.

desvincular vt : ~ a alguien de una obligación dégager qqn d'une obligation. ◆ **desvincularse** vp : ~se de [amigos] se détacher de; [responsabilidad] se dégager de.

desvío m -1. [vía] déviation f. -2. fig désaffection f, froideur f.

desvirtuar vt dénaturer.

desvivirse vp : ~ (por alguien/algo) se dépenser sans compter pour qqn/qqch; ~ por hacer algo mourir d'envie de faire qqch.

detallar vt détailler.

detalle m -1. [gen] détail m; **con ~** en détail; **entrar en ~s** entrer dans les détails. -2. [amabilidad] attention f; **tener un ~** avoir une délicate attention. ◆ **al detalle** loc adv COM au détail.

detallista ◇ adj pointilleux(euse). ◇ mf COM détaillant m, -e f.

detectar vt détecter.

detective mf détective mf.

detener vt -1. [arrestar, parar] arrêter. -2. [retrasar] retenir. ◆ **detenerse** vp -1. [pararse] s'arrêter. -2. [demorarse] s'attarder.

detenidamente adv attentivement.

detenido, da ◇ adj -1. [detallado] approfondi(e). -2. [arrestado] : estar ~ être en état d'arrestation. ◇ m, f détenu m, -e f.

detenimiento ◆ **con detenimiento** loc adv avec attention.

detergente m [para la ropa] lessive f; [para el suelo etc] détergent m.

deteriorar vt détériorer. ◆ **deteriorarse** vp fig [empeorar] se détériorer, se dégrader.

deterioro m détérioration f.

determinación f détermination f; **tomar una ~** prendre une résolution.

determinado, da adj -1. [concreto] certain(e); **en ~s casos** dans certains cas. -2. [resuelto] déterminé(e).

determinar vt -1. [gen] déterminer; [fecha] fixer. -2. [causar, motivar] être à l'origine de. -3. [decidir] : ~ algo/hacer algo décider qqch/de faire qqch. ◆ **determinarse** vp : ~se a hacer algo se résoudre à faire qqch.

detestar vt détester.

detractor, ra adj & m, f détracteur(trice).

detrás adv -1. [en el espacio] derrière; **siéntate ~** assieds-toi derrière; **tus amigos vienen ~** tes amis nous suivent. -2. [en el orden] après, ensuite; **primero entró él y ~ ella** il est entré le premier et elle après lui. ◆ **detrás de** loc prep -1. [gen] derrière; ~ **de la puerta** derrière la porte; **estar ~ de algo** être derrière qqch. -2. [a espaldas de] par-derrière; **decir algo ~ de alguien** dire qqch dans le dos de qqn. ◆ **por detrás** loc adv à l'arrière; ha-

blar de alguien por ~ parler de qqn par-derrière.

detrimento *m* : **causar** ~ faire des dégâts; **en** ~ **de** au détriment de.

detrito *m* détritus *m*. ◆ **detritos** *mpl* [residuos] détritus *mpl*.

deuda *f* dette *f*; ~ **pública** ECON dette publique.

deudor, ra *adj & m, f* débiteur(trice).

devaluación *f* ECON dévaluation *f*.

devaluar *vt* dévaluer.

devanar *vt* dévider.

devaneos *mpl* **-1.** [distracción] divagations *fpl*. **-2.** [amoríos] amourettes *fpl*.

devastar *vt* dévaster.

devoción *f* RELIG & *fig* dévotion *f*.

devocionario *m* missel *m*.

devolución *f* retour *m* à l'expéditeur; [de importe] remboursement *m*.

devolver ◇ *vt* **-1.** [gen] rendre; [importe] rembourser; [carta, paquete] renvoyer, retourner; [brillo] redonner. **-2.** [colocar en su sitio] remettre. ◇ *vi* [vomitar] rendre. ◆ **devolverse** *vp Amer* revenir.

devorar *vt lit & fig* dévorer.

devoto, ta ◇ *adj* **-1.** [beato] dévot(e). **-2.** [admirador] : **ser muy** ~ **(de alguien)** être un fervent admirateur (de qqn). **-3.** [lugar] de dévotion; **una imagen devota** une image pieuse. ◇ *m, f* **-1.** [gen] adepte *mf*. **-2.** [beato] dévot *m*, -e *f*.

devuelto, ta *pp irreg* → **devolver**.

dg (*abrev de* decigramo) dg.

di -1. → **dar. -2.** → **decir.**

día *m* **-1.** [gen] jour *m*; **me voy el** ~ **ocho** je pars le huit; **¿a qué** ~ **estamos?** quel jour sommes-nous?; **al** ~ **siguiente** le lendemain; **a plena luz del** ~ à la lumière du jour; ~ **y noche** jour et nuit; **el** ~ **de hoy/de mañana** aujourd'hui/demain; **hoy en** ~ de nos jours; **todos los** ~**s** tous les jours; **un** ~ **sí y otro no** un jour sur deux; **de** ~ **en** ~ de jour en jour; **del** ~ du jour; **menú del** ~ plat du jour; **pan del** ~ du pain frais; ~ **de pago** [de sueldo] jour de paie; ~ **festivo** jour férié; ~ **hábil** o **laborable** o **de trabajo** jour ouvrable. **-2.** [tiempo, espacio de tiempo] journée *f*; **un** ~ **lluvioso** une journée pluvieuse; **todo el (santo)** ~ toute la (sainte) journée. **-3.** [conmemoración] fête *f*; ~ **de los Inocentes** [28 de diciembre] ≃ 1er avril (*jour de farces traditionnelles*); **el** ~ **de la madre** la fête des Mères; **el** ~ **de San Juan** la Saint-Jean. **-4.** *loc* : **mañana será otro**

~ demain, il fera jour; **poner algo al** ~ mettre qqch à jour; **poner alguien al** ~ mettre qqn au courant; **un** ~ **es un** ~ une fois n'est pas coutume; **vivir al** ~ vivre au jour le jour. ◆ **días** *mpl* **-1.** [vida] vie *f*; **pasar sus** ~**s haciendo algo** passer sa vie à faire qqch. **-2.** [época] époque *f*; **en mis** ~**s** à mon époque, de mon temps. ◆ **buen día** *interj Amer* : **¡buen** ~! bonjour! ◆ **buenos días** *interj* : **¡buenos** ~**s!** bonjour!

diabético, ca *adj & m, f* diabétique.

diablo *m lit & fig* diable *m*. ◆ **diablos** *mpl* [para dar énfasis] : **¿dónde/cómo** ~**s...?** où/comment diable...? ◇ *interj* : **¡** ~**s!** diable!

diablura *f* diablerie *f*.

diabólico, ca *adj lit & fig* diabolique.

diadema *f* serre-tête *m*; [joya] diadème *m*.

diáfano, na *adj* **-1.** [transparente] diaphane. **-2.** *fig* [claro] limpide.

diafragma *m* diaphragme *m*.

diagnosticar *vt* diagnostiquer.

diagnóstico *m* diagnostic *m*.

diagonal GEOM ◇ *adj* diagonal(e). ◇ *f* diagonale *f*.

diagrama *m* diagramme *m*.

dial *m* [de teléfono] cadran *m*.

dialecto *m* dialecte *m*.

diálisis *f* dialyse *f*.

dialogar *vi* dialoguer.

diálogo *m* dialogue *m*.

diamante *m* diamant *m*. ◆ **diamantes** *mpl* [palo de baraja] carreau *m*.

diámetro *m* diamètre *m*.

diana *f* **-1.** [en blanco de tiro] : **hacer** ~ faire mouche. **-2.** [en cuartel] réveil *m*.

diapasón *m* diapason *m*.

diapositiva *f* diapositive *f*.

diario, ria *adj* quotidien(enne); [actividad] journalier(ère); **a** ~ tous les jours; **ropa de** ~ vêtements de tous les jours. ◆ **diario** *m* journal *m*.

diarrea *f* diarrhée *f*.

dibujante *mf* dessinateur *m*, -trice *f*.

dibujar *vt & vi* dessiner.

dibujo *m* dessin *m*; ~ **lineal** o **técnico** dessin industriel; ~**s animados** dessins animés.

dice → **decir.**

diccionario *m* dictionnaire *m*.

dicha *f* **-1.** [felicidad] bonheur *m*. **-2.** [suerte] chance *f*.

dicho, cha ◇ *pp irreg* → **decir.** ◇ *adj* ce, cette; **o mejor ~ ou plutôt; ~ y hecho** aussitôt dit aussitôt fait. ◆ **dicho** *m* dicton *m*.

dichoso, sa *adj* **-1.** [feliz, afortunado] heureux(euse). **-2.** [para enfatizar] maudit(e).

diciembre *m* décembre *m; ver también* **septiembre.**

dicotomía *f* dichotomie *f.*

dictado *m* dictée *f.*

dictador, ra *m, f* dictateur *m.*

dictadura *f* dictature *f .*

dictáfono *m* Dictaphone® *m.*

dictamen *m* **-1.** [opinión] opinion *f;* **dar un ~ donner un avis. -2.** [informe] rapport *m.*

dictar *vt* **-1.** [gen] dicter. **-2.** [sentencia, fallo] prononcer; [ley, decreto] promulguer.

dictatorial *adj* dictatorial(e).

didáctico, ca *adj* didactique.

diecinueve *núm* dix-neuf; **el siglo ~ le dix-neuvième siècle;** *ver también* **seis.**

dieciocho *núm* dix-huit; **el siglo ~ le dix-huitième siècle;** *ver también* **seis.**

dieciséis *núm* seize; **el siglo ~ le seizième siècle;** *ver también* **seis.**

dieciseisavo, va *núm* seizième.

diecisiete *núm* dix-sept; **el siglo ~ le dix-septième siècle;** *ver también* **seis.**

diente *m* dent *f;* **~ de leche** dent de lait; **hablar entre ~s** parler entre ses dents. ◆ **diente de ajo** *m* gousse *f* d'ail.

diera → **dar.**

diéresis *f* GRAM tréma *m.*

dieron *etc* → **dar.**

diesel, diésel *adj* diesel.

diestro, tra *adj* adroit(e); **a ~ y siniestro** *fig* à tort et à travers.

dieta *f* régime *m.* ◆ **dietas** *fpl* indemnités *fpl;* **~s por desplazamiento** frais *mpl* de déplacement.

dietario *m* livre *m* de comptes.

dietético, ca *adj* diététique. ◆ **dietética** *f* diététique *f.*

dietista *mf Amer* nutritionniste *mf.*

diez *núm* dix; *ver también* **seis.**

difamar *vt* diffamer.

diferencia *f* **-1.** [gen] différence *f .* **-2.** [de opiniones, punto de vista] différend *m .*

diferencial ◇ *adj* [gen & MAT] différentiel(elle); [rasgo] distinctif(ive). ◇ *m* TECNOL différentiel *m.*

diferenciar *vt* différencier; [los colores, las letras] reconnaître; **~ lo bueno de lo malo** distinguer le bien et le mal. ◆ **diferenciarse** *vp* **-1.** [ser distinto] se différencier. **-2.** [descollar] se distinguer.

diferente ◇ *adj* différent(e); **~ de/a** différent de. ◇ *adv* différemment.

diferido ◆ **en diferido** *loc adv* en différé.

diferir *vt & vi* différer.

difícil *adj* difficile; **~ de hacer** difficile à faire.

dificultad *f* difficulté *f .*

dificultar *vt* rendre difficile.

difuminar *vt* [color] estomper; [olor] dissiper; [sonido] assourdir.

difundir *vt* diffuser; [noticia] répandre. ◆ **difundirse** *vp* **-1.** [gen] se diffuser; [noticia] se répandre; [epidemia] se propager. **-2.** [publicación] être diffusé(e).

difunto, ta *adj & m, f* défunt(e).

difusión *f* diffusion *f.*

diga → **decir.**

digerir *vt* digérer; *fig* [hechos] se faire à.

digestión *f* digestion *f.*

digestivo, va *adj* digestif(ive).

digital *adj* **-1.** [gen] digital(e). **-2.** INFORM numérique.

dígito *m* chiffre *m.*

dignarse *vp* : **~ hacer algo** daigner faire qqch.

dignidad *f* dignité *f.*

dignificar *vt* rendre digne.

digno, na *adj* digne; **~ de** digne de.

digo → **decir.**

digresión *f* digression *f.*

dijera *etc* → **decir.**

dilapidar *vt* dilapider.

dilatar *vt* **-1.** [gen] dilater. **-2.** [prolongar] faire durer.

dilema *m* dilemme *m.*

diligencia *f* **-1.** [esmero, cuidado] application *f.* **-2.** [prontitud] : **con ~** rapidement. **-3.** [trámite, gestión] démarche *f.* **-4.** [vehículo] diligence *f.*

diligente *adj* appliqué(e).

diluir *vt* diluer. ◆ **diluirse** *vp* se diluer.

diluviar *v impers* pleuvoir à torrents.

diluvio *m* déluge *m.*

dimensión *f* dimension *f.*

diminutivo *m* diminutif *m.*

diminuto, ta *adj* tout petit(toute petite) , minuscule.

dimisión f démission f; **presentar la ~** présenter sa démission.

dimitir vi : **~ (de)** démissionner (de).

dimos → dar.

Dinamarca Danemark m.

dinámico, ca adj dynamique.

dinamismo m dynamisme m.

dinamita f dynamite f.

dinamo, dínamo f dynamo f.

dinastía f dynastie f.

dineral m fam fortune f.

dinero m argent m; **~ negro ○ sucio** argent sale; **andar bien de ~** être en fonds; **un hombre de ~** un homme riche.

dinosaurio m dinosaure m.

dintel m linteau m.

dio → dar.

diócesis f diocèse m.

dioptría f dioptrie f.

dios, sa m dieu m, déesse f; **todo ~** mfam tout le monde. ◆ **Dios** m Dieu; **a Dios gracias** grâce à Dieu; **a la buena de Dios** au petit bonheur la chance; **¡Dios mío!** mon Dieu!; **¡por Dios!** je t'en/vous en prie!; **¡vaya por Dios!** nous voilà bien!

diploma m diplôme m.

diplomacia f diplomatie f.

diplomado, da adj & m, f diplômé(e).

diplomático, ca ○ adj diplomatique. ○ m, f diplomate mf.

diptongo m diphtongue f.

diputación f -1. [corporación] conseil m. -2. [cargo] députation f. -3. institution chargée du gouvernement des provinces d'une communauté autonome en Espagne.

diputado, da m, f député m.

dique m -1. [en río] digue f . -2. [en puerto] dock m .

dirá → decir.

dirección f -1. [gen & COM] direction f; [de calle, de las agujas del reloj] sens m; **~ prohibida** sens interdit; **~ única** sens unique; **~ asistida** AUTOM direction assistée; **~ comercial** direction commerciale; **en ~ a** en direction de. -2. [señas] adresse f. ◆ **Dirección** f : **Dirección General de Tráfico** organisme dépendant du ministère de l'Intérieur espagnol chargé de la circulation routière.

directivo, va ○ adj directeur(trice); [personal] de direction. ○ m, f dirigeant m, -e f. ◆ **directiva** f -1. [junta] direction f. -2. [norma] directive f.

directo, ta adj direct(e). ◆ **directo** ○ m [tren] direct m. ○ adv tout droit, directement. ◆ **directa** f AUTOM cinquième vitesse f (dernière vitesse) . ◆ **en directo** loc adv en direct.

director, ra m, f directeur m, -trice f; **~ de cine** réalisateur m; **~ de teatro** metteur m en scène; **~ de orquesta** chef m d'orchestre; **~ general** president-directeur m général.

directorio m [gen & INFORM] répertoire m.

directriz f GEOM directrice f. ◆ **directrices** fpl directives fpl.

diría → decir.

dirigente adj & mf dirigeant(e).

dirigir vt -1. [gen] diriger. -2. [obra de teatro] mettre en scène; [película] réaliser. -3. [palabra, carta] adresser. -4. [asesorar] guider. -5. [dedicar] : **~ algo a** consacrer qqch à. ◆ **dirigirse** vp -1. [encaminarse] : **~se a ○ hacia** se diriger vers. -2. [hablar, escribir] : **~se a alguien** s'adresser à qqn.

discar vt Amer composer (un número de téléphone).

discernir vt discerner.

disciplina f discipline f.

discípulo, la m, f disciple mf.

disc-jockey (pl disc-jockeys) mf disc-jockey mf.

disco m -1. [gen, DEP & INFORM] disque m; **~ compacto** disque compact; **~ de larga duración** trente-trois-tours m; **~ duro/flexible** disque dur/souple. -2. [semáforo] feu m; **~ rojo** feu rouge.

discografía f discographie f.

disconforme adj : **estar ~ con** ne pas être d'accord avec, être en désaccord avec.

disconformidad f désaccord m.

discontinuo, nua adj discontinu(e).

discordante adj discordant(e).

discordia f discorde f.

discoteca f discothèque f.

discreción f discrétion f. ◆ **a discreción** loc adv à volonté.

discrecional adj [servicio de transporte] spécial(e).

discrepancia f divergence f.

discrepar vi diverger; **~ de** être en désaccord avec.

discreto, ta adj -1. [gen] discret(ète). -2. [cantidad] modéré(e).

discriminación f discrimination f .

discriminar vt discriminer.

disculpa f excuse f; **pedir** ~s présenter ses excuses.

disculpar vt excuser.

discurrir vi **-1.** [tiempo, vida] s'écouler; [acto, sesión] se dérouler. **-2.** [pensar] réfléchir.

discurso m discours m .

discusión f discussion f.

discutible adj discutable.

discutir ◇ vi **-1.** [pelearse] se disputer. **-2.** [conversar] : ~ **de** ○ **sobre** discuter de. ◇ vt : ~ **algo** discuter de qqch.

disecar vt disséquer.

disección f dissection f.

diseminar vt disséminer.

disentir vi ne pas être d'accord.

diseñar vt **-1.** [gen] dessiner. **-2.** [crear] concevoir.

diseño m **-1.** [gen] dessin m. **-2.** [concepción] conception f; **de** ~ design; ~ **asistido por ordenador** INFORM conception assistée par ordinateur, CAO f; ~ **gráfico** infographie f.

disertación f dissertation f.

disfraz m déguisement m; **de disfraces** [baile, fiesta] costumé(e).

disfrazar vt déguiser. ◆ **disfrazarse** vp : ~**se (de)** se déguiser (en).

disfrutar ◇ vi **-1.** [sentir placer] s'amuser. **-2.** [disponer de] : ~ **de** [comodidades etc] bénéficier de; [buena salud, favor etc] jouir de. ◇ vt : ~ **algo** profiter de qqch.

disgregar vt **-1.** [multitud, manifestación] disperser. **-2.** [roca] désagréger. ◆ **disgregarse** vp **-1.** [familia, manifestación] se disperser. **-2.** [roca] se désagréger. **-3.** [imperio] se morceler.

disgustar vt déplaire. ◆ **disgustarse** vp se fâcher.

disgusto m contrariété f; **dar un** ~ contrarier; **llevarse un** ~ être contrarié(e).

disidente adj & mf dissident(e).

disimular ◇ vt dissimuler, cacher. ◇ vi faire comme si de rien n'était.

disimulo m dissimulation f; **con** ~ en cachette.

disipar vt dissiper. ◆ **disiparse** vp se dissiper.

diskette = disquete.

dislexia f dyslexie f.

dislocar vt démettre. ◆ **dislocarse** vp se démettre.

disminución f diminution f; [de temperatura, paga etc] baisse f.

disminuir vt & vi diminuer.

disolución f **-1.** [gen] dissolution f. **-2.** [mezcla] solution f.

disolvente ◇ adj dissolvant(e). ◇ m dissolvant m.

disolver vt dissoudre. ◆ **disolverse** vp se dissoudre; [manifestación] se disperser.

disparar ◇ vt [flecha, dardo] lancer. ◇ vi tirer. ◆ **dispararse** vp **-1.** [arma de fuego] partir. **-2.** [persona] s'emporter. **-3.** [precios] s'envoler.

disparatado, da adj [ilógico] absurde; [raro] extravagant(e); **¡qué ideas más disparatadas!** quelles drôles d'idées!

disparate m **-1.** [comentario, acción] bêtise f; [idea] drôle d'idée f. **-2.** [dineral] fortune f; **costar un** ~ coûter une fortune.

disparidad f disparité f.

disparo m **-1.** [de bala] coup m de feu. **-2.** [de pelota, flecha] tir m.

dispensar ◇ vt **-1.** [disculpar] excuser. **-2.** [honores] rendre; [bienvenida] réserver; [ayuda] donner. ◇ vi [eximir] : ~ **de** dispenser de.

dispensario m dispensaire m.

dispersar vt disperser. ◆ **dispersarse** vp se disperser.

dispersión f **-1.** [gen & FÍS] dispersion f. **-2.** [de objetos] désordre m.

disperso, sa adj dispersé(e).

disponer ◇ vt **-1.** [gen] disposer; ~ **lo necesario para** prendre ses dispositions pour. **-2.** [preceptuar] : ~ **algo** [suj : persona] décider de qqch; [suj : ley] stipuler qqch. ◇ vi : ~ **de** disposer de. ◆ **disponerse** vp : ~**se a** s'apprêter à.

disponibilidad f disponibilité f.

disponible adj disponible.

disposición f **-1.** [gen] disposition f; **a** ~ **de** à la disposition de; **tener** ~ **para** avoir des dispositions pour. **-2.** [estado] : **estar** ○ **hallarse en** ~ **de** être en état de.

dispositivo m dispositif m; ~ **intrauterino** stérilet m.

dispuesto, ta ◇ pp irreg → **disponer**. ◇ adj **-1.** [listo] prêt(e); **estar** ~ **a algo/hacer algo** être prêt à qqch/faire qqch. **-2.** [capaz] : **ser muy** ~ avoir de bonnes dispositions.

disputa f dispute f.

disputar vt **-1.** [competir] : ~ **algo** se disputer qqch. **-2.** [debatir] : ~ **algo** discuter de qqch.

disquete, diskette m INFORM disquette f.

disquetera f INFORM unité f de disquette.

distancia f distance f; **a ~** à distance; **se saludaron a ~** ils se sont salués de loin.

distanciar vt éloigner; [en competición] distancer. ◆ **distanciarse** vp s'éloigner, prendre ses distances.

distante adj **-1.** [espacio] éloigné(e); **no está muy ~** ce n'est pas très loin. **-2.** [trato] distant(e).

distar vi **-1.** [hallarse a] : **ese sitio dista varios kilómetros de aquí** cet endroit est à plusieurs kilomètres d'ici. **-2.** fig [diferir] : **~ de** être loin de.

diste etc → **dar.**

distender vt distendre; [ambiente, cuerda] détendre.

distendido, da adj [informal] décontracté(e).

distinción f distinction f; **a ~ de** à la différence de.

distinguido, da adj **-1.** [destacado] éminent(e). **-2.** [elegante] distingué(e).

distinguir vt **-1.** [gen] distinguer. **-2.** [galardonar] : **~ con** décorer de. ◆ **distinguirse** vp se distinguer.

distintivo, va adj distinctif(ive). ◆ **distintivo** m **-1.** [insignia] badge m. **-2.** [característica] signe m distinctif.

distinto, ta adj [diferente] différent(e). ◆ **distintos, tas** adj pl [varios] plusieurs.

distorsión f **-1.** [de tobillo, rodilla] entorse f. **-2.** [de imágenes, sonidos] distorsion f.

distracción f distraction f.

distraer vt distraire. ◆ **distraerse** vp **-1.** [entretenerse] se distraire. **-2.** [despistarse] être distrait(e); [del trabajo] se déconcentrer; **~se un momento** avoir un moment d'inattention.

distraído, da ◇ adj **-1.** [entretenido] amusant(e). **-2.** [despistado] distrait(e). ◇ m, f étourdi m, -e f.

distribución f distribution f.

distribuidor, ra ◇ adj [entidad] qui distribue; [red] de distribution. ◇ m, f [persona] distributeur m, -trice f; **~ exclusivo** représentant m exclusif. ◆ **distribuidor** m [aparato] distributeur m.

distribuir vt distribuer.

distrito m district m, circonscription f; EDUC académie f; **~ postal** code m postal.

disturbio m troubles mpl, émeute f.

disuadir vt dissuader.

disuasión f dissuasion f.

disuasivo, va adj dissuasif(ive).

disuelto, ta pp irreg → **disolver.**

DIU (abrev de **dispositivo intrauterino**) m stérilet m.

diurético, ca adj diurétique. ◆ **diurético** m FARMACIA diurétique m.

diurno, na adj diurne.

divagar vi **-1.** [delirar] divaguer. **-2.** [desviarse] : **~ sobre** se perdre en considérations sur. **-3.** [deambular] errer.

diván m divan m.

divergencia f lit & fig divergence f.

divergir vi lit & fig diverger.

diversidad f diversité f.

diversificar vt diversifier. ◆ **diversificarse** vp se diversifier.

diversión f distraction f.

diverso, sa adj [diferente] différent(e); [variado] divers(e). ◆ **diversos, sas** adj pl [varios] plusieurs.

divertido, da adj amusant(e), drôle.

divertir vt amuser. ◆ **divertirse** vp s'amuser; [con pasatiempos] se divertir.

dividendo m FIN & MAT dividende m.

dividir vt **-1.** [gen & MAT] diviser. **-2.** [trocear] couper en morceaux. **-3.** [repartir] partager.

divinidad f divinité f.

divino, na adj **-1.** [de dioses] divin(e). **-2.** fig [excelente] merveilleux(euse); [gusto, comida] exquis(e).

divisa f (gen pl) **-1.** [moneda extranjera] devise f (étrangère). **-2.** [distintivo] insigne m.

divisar vt apercevoir.

división f **-1.** [gen, MIL & DEP] division f. **-2.** fig [de opinión] discorde f; **hubo ~ de opiniones** les avis ont été partagés.

divisor m MAT diviseur m.

divo, va m, f **-1.** MÚS chanteur m d'opéra, diva f. **-2.** fig [figura] vedette f.

divorciado, da adj & m, f divorcé(e).

divorciar vt **-1.** [personas] prononcer le divorce de. **-2.** fig [cosas] séparer. ◆ **divorciarse** vp divorcer.

divorcio m lit & fig divorce m.

divulgación f vulgarisation f.

divulgar vt **-1.** [difundir – noticia, secreto] divulguer; [– rumor] propager. **-2.** [cultura, ciencia] vulgariser.

dizque adv Amer apparemment.

dl (abrev de **decilitro**) dl.

dm (*abrev de* **decímetro**) dm.

DNI (*abrev de* **documento nacional de identidad**) *m* carte d'identité espagnole.

do *m* do *m*.

dobladillo *m* ourlet *m*.

doblado, da *adj* **-1.** [papel, camisa] plié(e). **-2.** [voz, película] doublé(e).

doblaje *m* doublage *m*.

doblar ◇ *vt* **-1.** [gen, NÁUT & CIN] doubler. **-2.** [plegar] plier. **-3.** [torcer] tordre. **-4.** [girar a] : ~ **la esquina** tourner au coin de la rue. **-5.** *fig* [castigar] : ~ **a alguien a palos** rouer qqn de coups. ◇ *vi* **-1.** [girar] tourner. **-2.** [campanas] : ~ **(a muerto)** sonner le glas. ◆ **doblarse** *vp* [someterse] : ~**se a** ○ **ante algo** plier sous ○ se soumettre à qqch; [a una petición] accéder à qqch.

doble ◇ *adj* **-1.** [gen] double; **de** ~ **sentido** à double sens; ~ **«l»** deux «l». **-2.** [cantidad] : **tiene** ~ **número de habitantes** elle a deux fois plus d'habitants; ~ **de ancho que...** deux fois plus large que... ◇ *mf* **-1.** [persona] double *m*. **-2.** CIN doublure *f*. ◇ *m* [duplo, copia] double *m*; **gana el** ~ **que yo** elle gagne deux fois plus que moi. ◇ *adv* double; **ver** ~ voir double; **trabajar** ~ travailler deux fois plus. ◆ **dobles** *m inv* DEP [en tenis] double *m*.

doblegar *vt* **-1.** [torcer] plier. **-2.** [someter] faire fléchir. ◆ **doblegarse** *vp* [someterse] : ~**se a** se plier à; ~**se ante/bajo** fléchir devant/sous.

doblez ◇ *m* [pliegue] pli *m*. ◇ *m* ○ *f fig* [falsedad] duplicité *f*.

doce ◇ *núm* douze. ◇ *fpl* : **las** ~ [de la mañana] midi; [de la noche] minuit; *ver también* **seis**.

doceavo, va *núm* douzième.

docena *f* douzaine *f*; **por** ~**s** [doce a doce] à la douzaine; [en cantidad] beaucoup.

docencia *f* enseignement *m*.

docente ◇ *adj* [personal] enseignant(e); [centro] d'enseignement. ◇ *mf* enseignant *m*, -e *f*.

dócil *adj* [manso] docile; [niño] facile.

docto, ta *adj & m, f* savant(e).

doctor, ra *m, f* docteur *m*; ~ **en** [en derecho, medicina] docteur en; [en ciencias, letras] docteur ès.

doctorar *vt* : ~ **a alguien** délivrer un doctorat à qqn.

doctrina *f* doctrine *f*.

documentación *f* **-1.** [en archivos] documentation *f*. **-2.** [identificación personal] papiers *mpl*.

documentado, da *adj* **-1.** [informado] documenté(e). **-2.** [con papeles encima] : **ir** ~ avoir ses papiers sur soi.

documental *adj & m* documentaire.

documentar *vt* **-1.** [evidenciar] documenter; [petición] fournir des documents à l'appui de. **-2.** [informar] informer. ◆ **documentarse** *vp* se documenter.

documento *m* **-1.** [escrito] document *m*; ~ **nacional de identidad** carte *f* nationale d'identité. **-2.** [testimonio] témoignage *m*.

dogma *m* dogme *m*.

dogmático, ca *adj* dogmatique.

dólar *m* dollar *m*.

dolencia *f* douleur *f*.

doler *vi* **-1.** [físicamente] faire mal; **me duele la pierna** ma jambe me fait mal; **me duele la cabeza** j'ai mal à la tête. **-2.** [moralmente] faire de la peine, faire du mal; **me duele verte llorar** ça me fait de la peine de te voir pleurer. ◆ **dolerse** *vp* : ~**se de** ○ **por** [quejarse] se plaindre de; [arrepentirse] regretter de; [apenarse] être affligé(e) par.

dolido, da *adj* meurtri(e).

dolmen *m* dolmen *m*.

dolor *m* douleur *f*; ~ **de muelas** rage *f* de dents; **tener** ~ **de cabeza/de estómago** avoir des maux de tête/d'estomac; **tener** ~ **de barriga/de riñones** avoir mal au ventre/aux reins.

dolorido, da *adj* **-1.** [físicamente] endolori(e). **-2.** [moralmente] peiné(e).

doloroso, sa *adj* douloureux(euse).

domador, ra *m, f* dompteur *m*, -euse *f*.

domar *vt* **-1.** [fieras, pasiones] dompter. **-2.** [persona, animal] dresser.

domesticar *vt* **-1.** [animal] domestiquer. **-2.** [persona] apprivoiser.

doméstico, ca *adj* **-1.** [de casa] ménager(ère). **-2.** [animal] domestique.

domiciliación *f* domiciliation *f*; ~ **bancaria** domiciliation bancaire.

domiciliar *vt* [pago] payer par virement bancaire.

domicilio *m* domicile *m*; ~ **social** siège *m* social.

dominante *adj* dominant(e); [persona] dominateur(trice).

dominar vt dominer; [conocer, controlar] maîtriser. ◆ **dominarse** vp [contenerse] se dominer, se maîtriser.

domingo m dimanche m; ver también **sábado**.

dominguero, ra fam ◇ adj du dimanche. ◇ m, f : **es un** ~ c'est un conducteur du dimanche.

dominical adj dominical(e).

dominicano, na ◇ adj dominicain(e). ◇ m, f Dominicain m, -e f.

dominio m -1. [control] domination f; **el** ~ **de los Austrias** l'empire d'Autriche. -2. [autoridad] pouvoir m; **el** ~ **de la Iglesia** le pouvoir de l'Église. -3. [territorio, ámbito] domaine m. -4. [conocimiento] maîtrise f. ◆ **dominios** mpl territoires mpl.

dominó m -1. [juego] dominos mpl. -2. [ficha] domino m.

don m -1. [tratamiento] : ~ **Luis García,** ~ **Luis** monsieur Luis García, monsieur García. -2. [habilidad] don m; **tener el** ~ **de los idiomas** avoir le don des langues; **tener el** ~ **de los negocios** avoir le sens des affaires.

donaire m -1. [gen] grâce f; [al andar] allure f; [al expresarse] esprit m. -2. [dicho] mot m d'esprit.

donante mf [de cuadros, bienes] donateur m, -trice f; [de sangre, órganos] donneur m, -euse f.

donar vt faire don de.

donativo m don m.

doncella f -1. LITER damoiselle f. -2. [criada] bonne f.

donde ◇ adv où; **el bolso está** ~ **lo dejaste** le sac est là où tu l'as laissé; **de** o **desde** ~ d'où; **pasaré por** ~ **me manden** je passerai par où on me dira de passer. ◇ pron où; **esa es la casa** ~ **nací** c'est la maison où je suis né; **de** ~ d'où; **la ciudad de** ~ **viene** la ville d'où il vient; **ese es el camino por** ~ **pasamos** c'est le chemin par lequel nous sommes passés. ◆ **de donde** loc adv d'où.

dónde adv (interrogativo) où; ¿~ **estás?** où es-tu?; **no sé** ~ **está** je ne sais pas où il est; ¿**a** ~ **vas?** où vas-tu?; ¿**de** ~ **eres?** d'où es-tu?; ¿**por** ~ **se va al teatro?** par où va-t-on au théâtre?

dondequiera ◆ **dondequiera que** loc adv où que; ~ **que estés** où que tu sois.

doña f : ~ **Luisa García,** ~ **Luisa** madame Luisa García, madame García.

dopado, da adj dopé(e).

dopaje = doping.

dopar vt doper.

doping, dopaje m dopage m.

doquier ◆ **por doquier** loc adv partout.

dorado, da adj -1. [color, época] doré(e). -2. fig [edad, siglo] d'or. ◆ **dorada** f [pez] daurade f.

dorar vt -1. [gen] dorer. -2. [alimento – en la sartén] faire revenir; [– en el horno] faire dorer. -3. [verdad, mala noticia] enjoliver. ◆ **dorarse** vp dorer.

dormilón, ona fam ◇ adj : **es un niño** ~ c'est un enfant qui dort beaucoup. ◇ m, f [persona] marmotte f.

dormir ◇ vt endormir; ~ **la siesta** faire la sieste. ◇ vi dormir. ◆ **dormirse** vp -1. [persona] s'endormir; ~**se en los laureles** s'endormir sur ses lauriers. -2. [mano, pierna] s'engourdir; **se me ha dormido la mano** j'ai la main tout engourdie.

dormitar vi somnoler.

dormitorio m chambre f (à coucher); [de colegio] dortoir m.

dorsal ◇ adj dorsal(e). ◇ m DEP dossard m. ◇ f dorsale f.

dorso m dos m; '**véase al** ~' 'voir au dos'.

dos núm deux; **cada** ~ **por tres** à tout bout de champ; ver también **seis**.

DOS (abrev de disk operating system) m DOS m.

doscientos, tas núm deux cents; ver también **seiscientos**.

dosificar vt -1. [gen & QUÍM] doser. -2. fig [palabras] peser.

dosis f inv lit & fig dose f.

dossier m inv dossier m.

dotación f -1. [gen] dotation f. -2. [plantilla] personnel m.

dotado, da adj : ~ **para** [persona] doué pour; ~ **de** [instalación, aparato] équipé de.

dotar vt -1. [gen] doter; ~ **algo de** [de material] équiper qqch de; [personas] fournir le personnel nécessaire à. -2. fig [suj : naturaleza] : ~ **a alguien de** douer qqn de.

dote m o f [en boda] dot f. ◆ **dotes** fpl [dones] qualités fpl; **tener** ~**s de** être doué(e) pour.

Dr. (abrev de doctor) Dr.

Dra. (abrev de doctora) Dr.

dragar vt draguer.

dragón m dragon m.

drama *m* drame *m*; **hacer un ~** *fig* faire tout un cirque; **hacer un ~ de algo** *fig* faire un drame de qqch.

dramático, ca *adj lit & fig* dramatique.

dramatizar *vt* dramatiser; [obra, poema] adapter.

dramaturgo, ga *m, f* dramaturge *m*.

drástico, ca *adj* **-1.** [efecto, cambio] radical(e). **-2.** [medida] draconien(enne), drastique.

drenar *vt* drainer.

driblar *vt* DEP dribbler.

droga *f* drogue *f*.

drogadicto, ta *adj & m, f* toxicomane.

drogar *vt* droguer. ◆ **drogarse** *vp* se droguer.

droguería *f* droguerie *f*.

dromedario *m* dromadaire *m*.

drugstore (*pl* **drugstores**) *m* drugstore *m*.

dto. *abrev de* **descuento.**

dual *adj* dual(e).

dualidad *f* dualité *f*.

Dublín Dublin.

ducado *m* **-1.** [tierras] duché *m*. **-2.** [moneda] ducat *m*.

ducha *f* douche *f*; **tomar** o **darse una ~** prendre une douche.

duchar *vt* doucher. ◆ **ducharse** *vp* se doucher.

duda *f* doute *m*; **no cabe ~** il n'y a pas de doute; **salir de ~s** en avoir le cœur net; **sin ~** sans doute.

dudar ◇ *vi* **-1.** [desconfiar] : ~ **de** douter de. **-2.** [no estar seguro] : ~ **sobre** avoir des doutes sur. **-3.** [vacilar] hésiter. ◇ *vt* douter; **dudo que venga** je doute qu'il vienne; **lo dudo** j'en doute.

dudoso, sa *adj* **-1.** [improbable] : **es ~ que...** il n'est pas certain que... **-2.** [vacilante] hésitant(e). **-3.** [sospechoso] douteux(euse).

duelo *m* **-1.** [combate] duel *m*. **-2.** [sentimiento] deuil *m*.

duende *m* **-1.** [personaje] lutin *m*. **-2.** *fig* [encanto] charme *m*.

dueño, ña *m, f* propriétaire *mf*.

Duero *m* : **el ~** le Douro.

dulce ◇ *adj* doux (douce); [con azúcar] sucré(e). ◇ *m* [pastel] gâteau *m*; [caramelo] bonbon *m*; ~ **de membrillo** pâte *f* de coings. ◆ **dulces** *mpl* sucreries *fpl*, friandises *fpl*.

dulcificar *vt* **-1.** [endulzar] sucrer. **-2.** *fig* [suavizar] adoucir.

dulzura *f* douceur *f*.

duna *f* dune *f*.

dúo *m* duo *m*; **a ~** en duo.

duodécimo, ma *núm* douzième.

duodeno *m* ANAT duodénum *m*.

dúplex, duplex *m* duplex *m*.

duplicado, da *adj* [documento] en double exemplaire. ◆ **duplicado** *m* duplicata *m*; **por ~** en double exemplaire.

duplicar *vt* **-1.** [cantidad] doubler. **-2.** [documento] faire un double de. ◆ **duplicarse** *vp* doubler; **se ha duplicado el precio** le prix a doublé.

duque, sa *m, f* duc *m*, duchesse *f*.

duración *f* durée *f*.

duradero, ra *adj* durable.

durante *prep* pendant; ~ **las vacaciones** pendant les vacances; ~ **toda la semana** toute la semaine.

durar *vi* durer; [quedarse, subsistir] persister.

dureza *f* **-1.** [gen] dureté *f*. **-2.** [callosidad] durillon *m*.

duro, ra *adj* dur(e); **ser ~ de pelar** être un dur à cuire. ◆ **duro** ◇ *m* **-1.** [moneda] : **un ~** cinq pesetas. **-2.** [persona] dur *m*. ◇ *adv* dur; **trabajar ~** travailler dur; **pegar ~** frapper fort.

d/v *abrev de* **días vista.**

E

EA (*abrev de* **Eusko Alkartasuna**) *f parti politique basque né d'une scission du PNV.*

ebanista *mf* ébéniste *mf*.

ebanistería *f* **-1.** [oficio] ébénisterie *f*. **-2.** [taller] atelier *m* d'ébéniste.

ébano *m* [madera] ébène *f*.

ebrio, bria *adj lit & fig* ivre.

Ebro *m* : **el ~** l'Èbre *m*.

ebullición *f* ébullition *f*.

eccema *m* eczéma *m*.

echar ◇ *vt* **-1.** [tirar] lancer; [basura, red etc] jeter. **-2.** [añadir, accionar] mettre; ~ **azúcar en el café** mettre du sucre dans son café; ~ **el freno de mano** mettre le frein à main; ~ **la llave** fermer à clef. **-3.**

[dar] : ~ **comida** [a animales] donner à manger; ~ **de comer** [a personas] servir à manger. **-4.** [salir] : **los rosales echan flores** les rosiers fleurissent; ~ **los dientes** faire ses dents. **-5.** [vapor, chispas] faire; ~ **humo** fumer. **-6.** [carta, postal] poster. **-7.** [expulsar] mettre à la porte. **-8.** [condena] : ~ **diez años de prisión** condamner à dix ans de prison. **-9.** [adivinar] donner; **¿cuántos años le echas?** quel âge tu lui donnes? **-10.** [en televisión, cine] passer; **¿qué echan en el cine de al lado?** qu'est-ce qu'on joue au cinéma d'à côté? **-11.** loc : ~ **abajo** [derrumbar] abattre; ~ **cuentas** faire des comptes; **echo de menos a mis hijos** [añorar] mes enfants me manquent; ~ **las cartas** tirer les cartes. ◇ vi **-1.** [empezar] : ~ **a hacer algo** se mettre à faire qqch. **-2.** fam [dirigirse] prendre; ~ **por el camino** prendre le chemin. ◆ **echarse** vp **-1.** [lanzarse] se jeter. **-2.** [acostarse] s'allonger. **-3.** [apartarse] : ~**se a un lado** se pousser; ~**se atrás** [retroceder] reculer; fig se raviser. **-4.** loc : ~**se a perder** [comida] s'abîmer; [plan, fiesta] mal tourner.

echarpe m écharpe f.

eclesiástico, ca adj ecclésiastique. ◆ **eclesiástico** m ecclésiastique m.

eclipsar vt **-1.** [suj : astro] éclipser. **-2.** fig faire de l'ombre à.

eclipse m éclipse f.

eco m écho m; **hacerse** ~ **de** se faire l'écho de. ◆ **eco del radar** m écho-radar m.

ecografía f échographie f.

ecología f écologie f.

ecológico, ca adj écologique.

ecologista adj & mf écologiste.

economato m coopérative f.

economía f économie f; ~ **familiar** économie domestique; ~ **sumergida** économie parallèle.

económico, ca adj **-1.** [gen] économique; **sirven comidas económicas** on sert des repas à bas prix. **-2.** [persona] économe.

economista mf économiste mf.

economizar vt lit & fig économiser.

ecosistema m écosystème m.

ecu (abrev de **unidad de cuenta europea**) m ECU m, écu m.

ecuación f MAT équation f.

ecuador m [de la tierra] équateur m.

Ecuador Équateur m.

ecuánime adj **-1.** [en el juicio] impartial(e). **-2.** [en el ánimo] serein(e).

ecuatoriano, na ◇ adj équatorien(enne). ◇ m, f Équatorien m, - enne f.

ecuestre adj équestre.

edad f âge m; **¿qué** ~ **tienes?** quel âge astu?; **una persona de** ~ une personne âgée; ~ **del pavo** âge ingrat; ~ **escolar** âge scolaire; **Edad Media** Moyen Âge; **tercera** ~ troisième âge.

edelweiss m inv edelweiss m.

edén m lit & fig éden m.

edición f édition f; ~ **de bolsillo** édition de poche.

edicto m édit m.

edificante adj édifiant(e).

edificar vt **-1.** [construir] construire. **-2.** [aleccionar] édifier.

edificio m bâtiment m; [bloque] immeuble m.

edil m [concejal] conseiller m municipal, conseillère f municipale.

Edimburgo Édimbourg.

editar vt éditer.

editor, ra ◇ adj éditeur(trice); **una empresa editora** une maison d'édition. ◇ m, f **-1.** [de publicación, disco] éditeur m, -trice f. **-2.** [de programa de radio, televisión] réalisateur m, -trice f. ◆ **editor** m INFORM éditeur m de textes.

editorial ◇ adj éditorial(e). ◇ m éditorial m. ◇ f maison f d'édition.

edredón m édredon m; ~ **(nórdico)** couette f.

educación f éducation f; **recibió una buena** ~ **en esa escuela** il a reçu une bonne éducation dans cette école; **¡qué poca** ~**!** qu'il est mal élevé!; ~ **física** éducation physique; **mala** ~ mauvaise éducation.

educado, da adj bien élevé(e); **mal** ~ mal élevé.

educador, ra m, f éducateur m, -trice f.

educar vt éduquer; [criar] élever.

edulcorante ◇ adj édulcorant(e). ◇ m édulcorant m.

edulcorar vt édulcorer.

EE (abrev de **Euskadiko Ezkerra**) m parti politique basque de gauche.

EE UU (abrev de **Estados Unidos**) mpl USA mpl.

efectivamente adv effectivement.

efectividad f effet m.

efectivo, va adj **-1.** [eficaz] positif(ive). **-2.** [real] réel(elle). **-3. hacer ~** [promesa, amenaza, plan] mettre à exécution; [sueño] réaliser; [deseo] exaucer; [dinero, crédito] payer. ◆ **efectivo** m [dinero] liquidités fpl, avoirs mpl en liquide; **no tengo ~** je n'ai pas de liquide; **en ~** en espèces. ◆ **efectivos** mpl effectifs mpl.

efecto m **-1.** [gen] effet m; **~ invernadero** effet de serre; **~ óptico** illusion f d'optique; **~s especiales** effets spéciaux; **~s secundarios** effets secondaires. **-2.** [artificio] trucage m. **-3.** [finalidad] but m; **a ~ de** dans le but de; **a ~s de, para los ~s de** pour. ◆ **en efecto** loc adv en effet.

efectuar vt effectuer. ◆ **efectuarse** vp avoir lieu.

efeméride f [suceso notable] date f anniversaire. ◆ **efemérides** fpl [notas, libro de sucesos] éphéméride f.

efervescencia f lit & fig effervescence f.

efervescente adj effervescent(e).

eficacia f efficacité f.

eficaz adj efficace.

eficiencia f efficacité f.

eficiente adj efficace.

efímero, ra adj éphémère.

efusión f effusion f.

efusivo, va adj expansif(ive).

EGB (abrev de **enseñanza general básica**) f EDUC cycle d'enseignement comprenant l'école primaire et les trois premières années du secondaire.

egipcio, cia ◇ adj égyptien(enne). ◇ m, f Égyptien m, -enne f.

Egipto Égypte f; **el ~ antiguo** l'Egypte ancienne.

egocéntrico, ca adj & m, f égocentrique.

egoísmo m égoïsme m.

egoísta adj & mf égoïste.

ególatra adj égotiste.

egresado, da m, f Amer diplômé m, -e f.

egresar vi Amer obtenir son diplôme.

egreso m Amer diplôme m.

eh interj : ¡~! hé!

ej. abrev de **ejemplar**.

eje m [gen] axe m; [de rotación] arbre m; [de coche] essieu m.

ejecución f exécution f.

ejecutar vt [gen & INFORM] exécuter.

ejecutivo, va ◇ adj exécutif(ive); **la secretaría ejecutiva** le secrétariat de direction. ◇ m, f [profesional] cadre mf;

~ agresivo jeune cadre dynamique. ◆ **ejecutivo** m → **poder**.

ejem interj : ¡~! hum!

ejemplar adj & m exemplaire.

ejemplificar vt [ilustrar] illustrer (par des exemples); [dar ejemplos de] donner des exemples de.

ejemplo m exemple m; **por ~** par exemple.

ejercer ◇ vt exercer. ◇ vi exercer; **~ de** exercer la profession de.

ejercicio m exercice m .

ejercitar vt [un derecho] exercer. ◆ **ejercitarse** vp : **~se (en algo)** s'exercer (à qqch).

ejército m lit & fig armée f.

ejote m Amer haricot m vert.

el, la (mpl **los**, fpl **las**) art ('el' antes de sust femenino que empiece por 'a' o 'ha' tónicas; a + el = **al**; de + el = **del**) **-1.** [gen] le, la; **~ libro/la casa** le livre/la maison; **~ amor/la vida** l'amour/la vie; **los niños imitan a los adultos** les enfants imitent les adultes; **~ Sena/Everest** la Seine/l'Everest; **¡ahora con ustedes, ~ inigualable Pérez!** et voici l'inégalable Pérez!; **prefiero ~ grande** je préfère le grand. **-2.** [indica pertenencia] : **se rompió la pierna** il s'est cassé la jambe; **se quitó los zapatos** il a enlevé ses chaussures. **-3.** [con días de la semana] : **vuelven ~ sábado** ils reviennent samedi prochain. **-4.** (con complemento de nombre, especificativo y posesivo) : **~ de** celui de, celle de; **he perdido ~ tren, cogeré ~ de las doce** j'ai raté mon train, je prendrai celui de midi; **mi hermano y ~ de Juan** mon frère et celui de Juan. **-5.** (antes de frase) : **~ que** [sujeto] celui qui, celle qui; [complemento] celui que, celle que; **~ que primero llegue...** celui qui arrivera le premier...; **coge ~ que quieras** prends celui que tu voudras.

él, ella pron pers [sujeto] il, elle; [predicado y complemento] lui, elle; **se llama Juan** il s'appelle Juan; **el culpable es ~** c'est lui le coupable; **díselo a ~** dis-le-lui; **voy con ella** je vais avec elle; **le hablé de ~** je lui ai parlé de lui; **de ~/ella** [posesivo] à lui/elle.

elaborar vt **-1.** [gen] élaborer, mettre au point. **-2.** [confeccionar] fabriquer.

elasticidad f **-1.** [de músculo, tejido] élasticité f. **-2.** [en deporte, en el carácter] souplesse f.

elástico, ca *adj lit & fig* élastique. ◆ **elástico** *m* élastique *m*. ◆ **elásticos** *mpl* bretelles *fpl*.

elección *f* -1. [nombramiento] élection *f*. -2. [opción] choix *m*. ◆ **elecciones** *fpl* élections *fpl* .

electo, ta *adj* élu(e).

elector, ra *m, f* électeur *m*, -trice *f*.

electorado *m* électorat *m*.

electoral *adj* électoral(e).

electricidad *f* électricité *f*.

electricista ◇ *adj* : **un ingeniero** ~ un ingénieur électricien. ◇ *mf* électricien *m*, -enne *f*.

eléctrico, ca *adj* électrique.

electrificar *vt* électrifier.

electrizar *vt lit & fig* électriser.

electrocutar *vt* électrocuter. ◆ **electrocutarse** *vp* s'électrocuter.

electrodoméstico *m* (gen pl) appareil *m* électroménager; **los** ~**s** l'électroménager *m*.

electromagnético, ca *adj* électromagnétique.

electrón *m* électron *m*.

electrónico, ca *adj* électronique. ◆ **electrónica** *f* électronique *f*.

elefante, ta *m, f* éléphant *m*. ◆ **elefante marino** *m* éléphant *m* de mer.

elegancia *f* élégance *f*.

elegante *adj* élégant(e).

elegantoso, sa *adj Amer* élégant(e).

elegía *f* élégie *f*.

elegir *vt* -1. [escoger] choisir. -2. [por votación] élire.

elemental *adj* -1. [básico] élémentaire. -2. [obvio] évident(e).

elemento *m* -1. [gen] élément *m* . -2. *fam* [persona] numéro *m*; **¡vaya** ~! quel numéro!

elenco *m* -1. [de artistas – conjunto] troupe *f*; [– reparto] distribution *f*. -2. [catálogo] liste *f*.

elepé *m* trente-trois-tours *m inv*.

elevación *f* -1. [gen] élévation *f*. -2. TECNOL levage *m*; **de** ~ [aparatos] de levage.

elevado, da *adj* -1. [alto] élevé(e). -2. *fig* [sublime] noble.

elevador, ra *adj* élévateur(trice). ◆ **elevador** *m* -1. [gen] élévateur *m*. -2. [ascensor] ascenseur *m*.

elevalunas *m inv* lève-glace *m*, lève-vitre *m* .

elevar *vt* -1. [gen] élever; ~ **al cuadrado/cubo** élever au carré/cube. -2. [material, mercancía] monter. ◆ **elevarse** *vp* : ~**se (a)** s'élever (à).

elidir *vt* élider.

eliminar *vt* éliminer.

elipse *f* GEOM ellipse *f*.

élite, elite *f* élite *f*.

elitista *adj & mf* élitiste.

elixir, elíxir *m lit & fig* élixir *m*.

ella → **él**.

ellas → **ellos**.

ello *pron pers (neutro)* -1. [sujeto] cela; **me es antipático, pero** ~ **no impide que le hable** il m'est antipathique, mais cela ne m'empêche pas de lui parler. -2. *(después de prep)* [complemento] : **de** ~ en, de cela; **no quiero hablar de** ~ je ne veux pas en parler; **para** ~ pour cela; **para** ~ **tendremos que...** pour cela nous devrons...; **en** ~ **y**; **no quiero pensar en** ~ je ne veux pas y penser.

ellos, ellas *pron pers* [sujeto] ils, elles; [predicado y complemento] eux, elles; ~ **se llaman Juan y Pepito** ils s'appellent Juan et Pepito; **los culpables son** ~ ce sont eux les coupables; **díselo a** ~ dis-le-leur; **voy con ellas** je vais avec elles; **le hablé de** ~ je lui ai parlé d'eux; **de** ~**/ellas** [posesivo] à eux/elles.

elocuencia *f* éloquence *f*.

elocuente *adj* éloquent(e).

elogiar *vt* : ~ **algo/a alguien** faire l'éloge de qqch/qqn.

elogio *m* éloge *m*.

El Salvador Salvador *m*.

elucidar *vt* élucider.

elucubración *f* élucubration *f*.

elucubrar *vt* -1. [reflexionar] : ~ **sobre** méditer sur. -2. *despec* [imaginar] échafauder.

eludir *vt* éviter; [pregunta] éluder; [dificultad] contourner; [perseguidores] échapper à.

emanar *vi* : ~ **de** émaner de.

emancipación *f* -1. [gen] émancipation *f*; [de esclavo] affranchissement *m*. -2. [de territorio] indépendance *f*.

emancipar *vt* [gen] émanciper; [esclavo] affranchir. ◆ **emanciparse** *vp* s'émanciper.

embadurnar *vt* : ~ **(de algo)** barbouiller (de qqch). ◆ **embadurnarse** *vp* : ~**se (de algo)** se barbouiller (de qqch).

embajada f ambassade f.

embajador, ra m, f ambassadeur m, -drice f.

embalaje m emballage m.

embalar vt emballer. ◆ **embalarse** vp lit & fig s'emballer.

embalsamar vt embaumer.

embalse m [construcción] barrage m; [lago] réservoir m.

embarazada ◇ adj f enceinte; **dejar ~** mettre enceinte; **(estar) ~ de** (être) enceinte de; **quedarse ~** tomber enceinte. ◇ f femme f enceinte.

embarazar vt -1. [preñar] faire un enfant à. -2. [impedir, molestar] gêner.

embarazo m grossesse f.

embarazoso, sa adj embarrassant(e).

embarcación f -1. [barco] embarcation f. -2. [embarque] embarquement m.

embarcadero m embarcadère m.

embarcar ◇ vt -1. [para viajar] embarquer. -2. fig : ~ **a alguien en algo** entraîner qqn dans qqch. ◇ vi embarquer. ◆ **embarcarse** vp -1. [para viajar] s'embarquer. -2. fig : ~**se en algo** se lancer dans qqch.

embargar vt -1. DER saisir. -2. [suj : sentimiento] paralyser, saisir.

embargo m -1. DER saisie f. -2. ECON embargo m.

embarque m embarquement m.

embarrancar vi s'échouer. ◆ **embarrancarse** vp s'embourber.

embarullar vt fam embrouiller. ◆ **embarullarse** vp fam s'embrouiller.

embate m -1. [de ira, celos] accès m. -2. [golpe] coup m; ~ **de mar** coup m de mer.

embaucar vt duper.

embeber vt absorber *(un liquide)*. ◆ **embeberse** vp -1. [ensimismarse] s'absorber. -2. fig [empaparse] s'imprégner.

embellecedor m enjoliveur m.

embellecer vt embellir.

embestida f charge f *(attaque)*.

embestir vt charger *(attaquer)*.

emblema m emblème m.

embobar vt ébahir. ◆ **embobarse** vp rester bouche bée.

embocadura f embouchure f.

embolado m fam -1. [mentira, engaño] bobard m. -2. [lío, follón] pétrin m.

embolia f MED embolie f.

émbolo m piston m.

embolsar vt mettre dans un sac. ◆ **embolsarse** vp empocher.

embonar vt Amer fam aller comme un gant à.

emborrachar vt soûler. ◆ **emborracharse** vp se soûler.

emborronar vt -1. [garabatear] gribouiller sur. -2. [escribir de prisa] griffonner.

emboscada f lit & fig embuscade f.

embotellado, da adj en bouteille. ◆ **embotellado** m mise f en bouteille.

embotellamiento m -1. [de tráfico] embouteillage m. -2. [de líquidos] mise f en bouteilles.

embotellar vt -1. [tráfico] embouteiller. -2. [líquido] mettre en bouteilles.

embozar vt -1. [conducto] boucher. -2. fig [disfrazar, encubrir] déguiser. ◆ **embozarse** vp -1. [persona] se couvrir le visage. -2. [conducto] se boucher.

embragar vi embrayer.

embrague m embrayage m.

embriagar vt enivrer. ◆ **embriagarse** vp s'enivrer.

embriaguez f ivresse f.

embrión m lit & fig embryon m.

embrollo m -1. [enredo] embrouillement m. -2. fig [lío] imbroglio m; [embuste] mensonge m.

embromado, da adj Amer fam cassepieds.

embromar vt Amer fam [fastidiar] casser les pieds à.

embrujar vt ensorceler.

embrujo m -1. [encantamiento] ensorcellement m. -2. [encanto] charme m.

embrutecer vt abrutir. ◆ **embrutecerse** vp s'abrutir.

embuchado, da adj : carne embuchada viande préparée en boyaux.

embuchar vt -1. fam [comer] engloutir. -2. [embutir] farcir *(avec de la viande)*.

embudo m entonnoir m.

embuste m mensonge m.

embustero, ra adj & m, f menteur(euse).

embute m Amer fam pot-de-vin m.

embutido m [comida] charcuterie f.

embutir vt -1. [rellenar con carne] farcir. -2. fig [introducir] bourrer.

emergencia f urgence f.

emerger vi émerger.

emigración f -1. [de personas] émigration f. -2. [de aves] migration f.

emigrante *adj & mf* émigrant(e).

emigrar *vi* -1. [persona] émigrer. -2. [ave] migrer.

eminencia *f* [persona] sommité *f*. ◆ **Eminencia** *f* : Su Eminencia Son Éminence.

eminente *adj* -1. [distinguido] éminent(e). -2. [elevado] élevé(e).

emir *m* émir *m*.

emirato *m* émirat *m*.

Emiratos Arabes Unidos : los ~ les Émirats arabes unis.

emisión *f* [puesta en circulación] émission *f*.

emitir *vt & vi* émettre.

emoción *f* émotion *f*.

emocionante *adj* -1. [conmovedor] émouvant(e), touchant(e). -2. [apasionante] palpitant(e).

emocionar *vt* -1. [conmover] émouvoir, toucher. -2. [apasionar] enflammer. ◆ **emocionarse** *vp* -1. [conmoverse] être ému(e), être touché(e). -2. [apasionarse] s'enflammer.

emotivo, va *adj* -1. [persona] émotif(ive). -2. [escena, palabras] émouvant(e).

empachar *vt* donner une indigestion à. ◆ **empacharse** *vp* avoir une indigestion.

empacho *m* indigestion *f*.

empadronar *vt* recenser. ◆ **empadronarse** *vp* se faire recenser.

empalagar *vt* écœurer.

empalagoso, sa *adj* écœurant(e).

empalizada *f* palissade *f*.

empalmar ◇ *vt* -1. [cables, tubos] raccorder. -2. [planes, ideas] enchaîner. -3. [en fútbol] reprendre de volée. ◇ *vi* -1. [medios de transporte] : ~ **(con)** assurer la correspondance (avec). -2. [autopistas, carreteras] se rejoindre. -3. [sucederse] s'enchaîner; **un chiste empalmaba con otro** les blagues n'arrêtaient pas.

empalme *m* -1. [entre cables, tubos] raccordement *m*. -2. [de carreteras] embranchement *m*.

empanada *f* chausson fourré à la viande ou autre ingrédient salé.

empanadilla *f* petit chausson fourré à la viande ou autre ingrédient salé.

empanar *vt* CULIN paner.

empantanar *vt* embourber. ◆ **empantanarse** *vp* s'embourber.

empañar *vt* -1. [cristal] embuer. -2. *fig* [reputación] ternir. ◆ **empañarse** *vp* être embué(e).

empapar *vt* tremper; [tierra] détremper. ◆ **empaparse** *vp* -1. [mojarse] être trempé(e); [persona] se faire tremper. -2. [enterarse bien] : ~**se de** s'imprégner de.

empapelar *vt* -1. [pared] tapisser. -2. *fam fig* [procesar] traîner en justice.

empaquetar *vt* emballer.

emparedado, da *adj* enfermé(e) entre quatre murs, claquemuré(e). ◆ **emparedado** *m* sandwich de pain de mie.

emparedar *vt* -1. [ocultar en la pared] emmurer. -2. *fam* [encarcelar] coffrer.

emparejar *vt* -1. [aparejar] assembler par paires; [personas] mettre deux par deux. -2. [nivelar] mettre au même niveau. ◆ **emparejarse** *vp* se mettre en couple.

emparentar *vi* : ~ **con** s'apparenter à.

emparrar *vt* faire grimper (une plante).

empastar *vt* [muela] plomber.

empaste *m* [de muela] plombage *m*.

empatar *vi* -1. DEP égaliser; ~ **a dos** faire deux partout; ~ **a cero** faire match nul. -2. [en elecciones] être en ballottage.

empate *m* -1. DEP : ~ **a dos** deux partout; ~ **a cero** match *m* nul. -2. [en elecciones] ballottage *m*.

empecinarse *vp* se buter.

empedernido, da *adj* invétéré(e); **es un fumador** ~ c'est un fumeur invétéré.

empedrado *m* pavement *m*.

empedrar *vt* paver.

empeine *m* -1. ANAT cou-de-pied *m*. -2. [de zapato] empeigne *f*.

empeñado, da *adj* -1. [en préstamo] gagé(e). -2. [obstinado] : **estar** ~ **en hacer algo** s'obstiner à faire qqch.

empeñar *vt* -1. [joyas etc] mettre en gage. -2. [palabra] donner; [honor] engager. ◆ **empeñarse** *vp* -1. [obstinarse] : ~**se en hacer algo** [insistir] s'obstiner à faire qqch; [persistir] s'efforcer de faire qqch. -2. [endeudarse] s'endetter.

empeño *m* -1. [de joyas etc] mise *f* en gage. -2. [obstinación] acharnement *m*; **tener** ~ **en hacer algo** tenir absolument à faire qqch.

empeorar *vi* empirer.

empequeñecer *vt* -1. [reducir de tamaño] rapetisser. -2. *fig* [quitar importancia] minimiser.

emperador, triz *m, f* [persona] empereur *m*, impératrice *f*. ◆ **emperador** *m* [pez] espadon *m*.

emperifollar *vt fam* pomponner. ◆ **em-perifollarse** *vp fam* se mettre sur son trente-et-un; [una mujer] se pomponner.

emperrarse *vp* : ~ **(en hacer algo)** s'entêter (à faire qqch).

empezar ◇ *vt* commencer. ◇ *vi* : ~ **a/ por hacer algo** commencer à/par faire qqch; **para** ~ pour commencer.

empinado, da *adj* [en pendiente] escarpé(e).

empinar *vt* -1. [vasija, jarro etc] incliner *(pour boire)*; ~ **el codo** lever le coude. -2. [levantar] dresser. ◆ **empinarse** *vp* -1. [animal] se dresser sur ses pattes de derrière. -2. [persona] se mettre sur la pointe des pieds. -3. *mfam* [miembro viril] : **se le empina** il bande.

empírico, ca ◇ *adj* empirique. ◇ *m, f* empiriste *mf*.

emplasto *m* FARMACIA emplâtre *m*.

emplazamiento *m* -1. [ubicación] emplacement *m*. -2. DER assignation *f*, mise *f* en demeure.

emplazar *vt* -1. [situar] installer. -2. DER assigner en justice.

empleado, da *m, f* employé *m*, -e *f*.

emplear *vt* employer; [tiempo] mettre; **empleó mucho tiempo en hacerlo** il a mis beaucoup de temps à le faire. ◆ **emplearse** *vp* s'employer, s'utiliser.

empleo *m* [trabajo] emploi *m*; **tener un buen** ~ avoir une bonne situation.

emplomadura *f* Amer [de diente] plombage *m*.

emplomar *vt* Amer [diente] plomber.

empobrecer *vt* appauvrir. ◆ **empobrecerse** *vp* s'appauvrir.

empollar ◇ *vt* -1. [huevo] couver. -2. *fam* [estudiar] potasser. ◇ *vi fam* bûcher. ◆ **empollarse** *vp fam* ~**se las matemáticas** bûcher les maths.

empollón, ona *adj & m, f fam* polard(e).

empolvarse *vp* se poudrer.

emporrarse *vp fam* fumer des pétards.

empotrado, da *adj* encastré(e).

empotrar *vt* encastrer.

emprendedor, ra *adj* entreprenant(e); **tener espíritu** ~ être entreprenant(e).

emprender *vt* entreprendre; ~ **el vuelo** s'envoler.

empresa *f* [sociedad comercial] entreprise *f*; ~ **de seguridad** société *f* de gardiennage; ~ **privada** entreprise privée; **pequeña y mediana** ~ PME.

empresarial *adj* patronal(e). ◆ **empresariales** *fpl* études *fpl* de commerce.

empresario, ria *m, f* chef *m* d'entreprise.

empréstito *m* emprunt *m*.

empujar *vt* pousser; ~ **a alguien a que haga algo** pousser qqn à faire qqch.

empuje *m* -1. [impulso] poussée *f*. -2. [energía] entrain *m*.

empujón *m* -1. [empellón] grand coup *m*; **abrirse paso a empujones** se frayer un chemin en bousculant tout le monde. -2. *fig* [impulso] effort *m* .

empuñadura *f* poignée *f*; [de espada] pommeau *m*.

empuñar *vt* empoigner; [arma] braquer.

emular *vt* : ~ **a alguien** [rivalizar] rivaliser avec qqn; [imitar] imiter qqn.

emulsión *f* émulsion *f*.

en *prep* -1. [lugar – en el interior de] dans; [– sobre la superficie de] sur; [– en un punto concreto de] à; **entraron** ~ **la habitación** ils sont entrés dans la pièce; ~ **el plato/ la mesa** dans l'assiette/sur la table; **viven** ~ **París** ils vivent à Paris; ~ **casa** à la maison; ~ **el trabajo** au travail. -2. [tiempo – momento preciso] en, à; [– duración] en; **llegará** ~ **mayo** il arrivera en mai; **nació** ~ **1940** il est né en 1940; ~ **Navidades/invierno** à Noël/en hiver; ~ **la antigüedad** dans l'Antiquité; **lo hizo** ~ **dos días** il l'a fait en deux jours. -3. [medio de transporte] en; **ir** ~ **tren/coche/ avión/barco** aller en train/voiture/avion/ bateau. -4. [modo] en, à; **pagar** ~ **metálico** payer en liquide; ~ **voz baja** à voix basse; **todo se lo gasta** ~ **ropa** elle dépense tout son argent en vêtements; **lo conocí** ~ **su forma de hablar** je l'ai reconnu à sa façon de parler. -5. [seguido de cifra] : **las ganancias se calculan** ~ **millones** les gains se chiffrent en millions; **te lo dejo** ~ **5.000** je te le laisse à 5 000. -6. [tema, cualidad] en; **es un experto** ~ **la materia** c'est un expert en la matière; **es doctor** ~ **medicina** il est docteur en médecine.

enagua *f* (gen pl) jupon *m*.

enajenación *f*, **enajenamiento** *m* aliénation *f*.

enajenar *vt* -1. [enloquecer] rendre fou(folle). -2. [extasiar] ravir; [propiedad] aliéner.

enaltecer *vt* exalter.

enamoradizo, za *adj* : **ser** ~ avoir un cœur d'artichaut.

enamorado, da *adj & m, f* amoureux(euse).

enamorar *vt* séduire. ◆ **enamorarse** *vp* : ~se (de) tomber amoureux(euse) (de).

enano, na *adj & m, f* nain(e).

enarbolar *vt* arborer.

enardecer *vt* enflammer; [ánimos] échauffer.

encabezamiento *m* [de carta, escrito] en-tête *m*; [preámbulo] avant-propos *m inv*.

encabezar *vt* –1. [lista, clasificación] être en tête de. –2. [texto] mettre l'en-tête à. –3. [marcha, expedición] être à la tête de.

encabritarse *vp* –1. [caballo, vehículo] se cabrer. –2. *fam* [persona] se mettre en boule.

encadenar *vt* enchaîner.

encajar ◇ *vt* –1. [meter] emboîter, faire entrer; [meter ajustando] ajuster. –2. [hueso dislocado] remettre. –3. [sol-tar – golpe] assener; [– insultos] lancer. –4. [recibir] encaisser. ◇ *vi* –1. [piezas, obje-tos] s'emboîter, s'ajuster. –2. [declaracio-nes, hechos, datos] : ~ **(con)** cadrer (avec). –3. [ir bien] : ~ **(bien) en/con** aller (bien) dans/avec.

encaje *m* –1. [tejido] dentelle *f*. –2. [ajuste] emboîtement *m*, ajustement *m*.

encalar *vt* blanchir à la chaux.

encallar *vi* [barco] échouer. ◆ **enca-llarse** *vp fig* [solicitud] rester lettre morte.

encaminar *vt fig* [conducta, educación] orienter. ◆ **encaminarse** *vp* : ~se a ○ hacia se diriger vers.

encamotarse *vp Amer fam* s'amouracher (de).

encandilar *vt* éblouir. ◆ **encandilarse** *vp* être ébloui(e).

encantado, da *adj* –1. [contento] en-chanté(e); ~ de conocerle enchanté de faire votre connaissance. –2. [hechi-zado – casa, lugar] hanté(e); [– persona] en-sorcelé(e).

encantador, ra *adj* charmant(e).

encantar *vt* –1. [gustar] : ~le a alguien algo/hacer algo adorer qqch/faire qqch. –2. [embrujar] jeter un sort à.

encanto *m* –1. [atractivo] charme *m*; ser un ~ être adorable. –2. [apelativo cari-ñoso] : oye, ~ écoute, mon trésor. ◆ **en-cantos** *mpl* charmes *mpl*.

encañonar *vt* viser.

encapotado, da *adj* couvert(e) (ciel).

encapotarse *vp* se couvrir *(le ciel)*.

encapricharse *vp* –1. [obstinarse] : ~ con hacer algo se mettre en tête de faire qqch; encaprichársele algo a alguien se mettre qqch en tête. –2. [enamorarse] : ~ con alguien s'enticher de qqn.

encapuchado, da ◇ *adj* masqué(e). ◇ *m, f* homme *m* masqué, femme *f* masquée.

encapuchar *vt* encapuchonner.

encaramar *vt* jucher. ◆ **encaramarse** *vp* : ~se a ○ en se jucher ○ se percher sur.

encarar *vt* –1. [gen & DER] confronter. –2. [hacer frente a] affronter, faire face à. ◆ **encararse** *vp* [enfrentarse] : ~se a ○ con tenir tête à.

encarcelar *vt* emprisonner, écrouer, in-carcérer.

encarecer *vt* –1. [producto] faire monter les prix de. –2. [rogar] : ~ a alguien que haga algo supplier qqn de faire qqch. ◆ **encarecerse** *vp* [precio, producto] aug-menter.

encarecimiento *m* [de precio, producto] augmentation *f*, hausse *f*; ~ de la vida hausse du coût de la vie; con ~ instam-ment.

encargado, da ◇ *adj* : ~ de algo respon-sable de qqch; ~ de hacer algo chargé de faire qqch. ◇ *m, f* responsable *mf*; [de ne-gocio] gérant *m*, -e *f*.

encargar *vt* –1. [poner al cargo] : ~ a al-guien de algo/que haga algo charger qqn de qqch/de faire qqch. –2. [pedir] commander. ◆ **encargarse** *vp* [ocu-parse] : ~se de algo/de hacer algo se charger de qqch/de faire qqch.

encargo *m* –1. [pedido] commande *f*; ha-cer un ~ passer une commande; por ~ sur commande. –2. [recado] commission *f*.

encariñar *vt* attendrir. ◆ **encariñarse** *vp* : ~se con s'attacher à.

encarnación *f* [personificación] incarna-tion *f*.

encarnado, da *adj* –1. [personificado] in-carné(e). –2. [color] incarnat(e); [de la piel] rouge. ◆ **encarnado** *m* incarnat *m*.

encarnar *vt* incarner.

encarnizado, da *adj* acharné(e).

encarnizarse *vp* : ~ **(con)** s'acharner (sur).

encarrilar *vt* –1. [tren] remettre sur les rails. –2. *fig* [hacer ir bien] mettre sur la bonne voie.

encasillar vt –1. [clasificar] cataloguer.
–2. [poner en casillas] inscrire sur du papier quadrillé.

encasquetar vt –1. fam [imponer] : ~ algo a alguien [idea, teoría] enfoncer qqch dans le crâne de qqn; [discurso, lección] assener qqch à qqn; [trabajo, bultos] refiler qqch à qqn. –2. [sombrero] enfoncer sur la tête. ◆ **encasquetarse** vp –1. [sombrero] : se encasquetó la boina il a enfoncé son béret sur sa tête. –2. [empeñarse] : encasquetársele a alguien hacer algo se mettre en tête de faire qqch.

encasquillarse vp [arma de fuego] s'enrayer.

encauzar vt –1. [corriente] canaliser. –2. [orientar] mener.

encender vt –1. [gen] allumer; ~ la chimenea faire du feu dans la cheminée. –2. fig [avivar – corazón, discusión] enflammer; [– ira] provoquer. ◆ **encenderse** vp s'allumer.

encendido, da adj –1. [gen] allumé(e). –2. fig [deseos, mirada] enflammé(e). –3. [mejillas] en feu. ◆ **encendido** m allumage m.

encerado, da adj ciré(e). ◆ **encerado** m –1. [acción] cirage m. –2. [pizarra] tableau m noir.

encerar vt cirer.

encerrar vt –1. [recluir] enfermer. –2. [contener] renfermer. ◆ **encerrarse** vp s'enfermer, se renfermer; ~ en sí mismo se renfermer o se replier sur soi-même.

encerrona f –1. [trampa] piège m. –2. TAUROM corrida f privée.

encestar vi DEP marquer un panier.

enceste m DEP panier m.

encharcar vt détremper. ◆ **encharcarse** vp être détrempé(e).

enchilarse vp Amer fam se fâcher.

enchironar vt fam coffrer.

enchufado, da adj & m, f fam pistonné(e).

enchufar vt –1. [aparato] brancher. –2. fam [a una persona] pistonner.

enchufe m –1. ELECTR prise f (de courant). –2. fam [de persona] piston m.

encía f gencive f.

encíclica f encyclique f.

enciclopedia f encyclopédie f.

encierro m –1. [acción] : su ~ duró dos días il s'est enfermé pendant deux jours. –2. [aislamiento] réclusion f. –3. TAUROM mise f au toril; [toril] toril m.

encima adv –1. [arriba] dessus; ponlo ~ mets-le dessus; yo vivo ~ je vis au-dessus; por ~ par-dessus, au-dessus; fig superficiellement; leer por ~ lire en diagonale. –2. [además] en plus. –3. [sobre sí] : llevar un abrigo ~ porter un manteau; llevar dinero ~ avoir de l'argent sur soi. ◆ **encima de** loc prep –1. [gen] sur; ~ de la mesa sur la table; ~ de tu casa au-dessus de chez toi; estar ~ de alguien être sur le dos de qqn. –2. [además] : ~ de ser guapo es gracioso non seulement il est beau, mais en plus il est drôle. ◆ **por encima de** loc prep –1. [gen] au-dessus de; por ~ de la ciudad au-dessus de la ville; por ~ de sus posibilidades au-dessus de ses moyens. –2. fig [más que] plus que; por ~ de todo plus que tout.

encina f chêne m vert.

encinta adj : estar ~ être enceinte.

enclaustrar vt cloîtrer. ◆ **enclaustrarse** vp se cloîtrer.

enclave m enclave f.

enclenque adj malingre.

encoger ◇ vt –1. [ropa] faire rétrécir. –2. [miembro] contracter. ◇ vi rétrécir. ◆ **encogerse** vp [ropa] rétrécir; [miembro] se contracter; ~se de hombros hausser les épaules.

encogido, da adj timoré(e); tener el corazón ~ avoir le cœur serré.

encolar vt coller; [pared] encoller.

encolerizar vt mettre en colère. ◆ **encolerizarse** vp se mettre en colère.

encomendar vt confier; le encomiendo a Ud mi hijo je vous confie mon fils. ◆ **encomendarse** vp : ~se a s'en remettre à.

encomienda f –1. [encargo] service m. –2. HIST commission d'Indiens dans les anciennes colonies espagnoles. –3. Amer [paquete] colis m.

encontrado, da adj opposé(e); ideas encontradas des idées opposées.

encontrar vt trouver; [persona, dificultades] rencontrer. ◆ **encontrarse** vp –1. [gen] se trouver. –2. [coincidir] : ~se con alguien rencontrer qqn, tomber sur qqn. –3. fig [de ánimo] se sentir; ~se mal de salud être en mauvaise santé.

encorvar vt courber. ◆ **encorvarse** vp [por la edad] se voûter; [por la carga] se courber.

encrespar vt –1. [ánimo] irriter. –2. [agua] déchaîner. –3. [pelo] friser.

encrucijada f croisement m; fig carrefour m.

encuadernación f reliure f.

encuadernador, ra m, f relieur m, -euse f.

encuadernar vt relier; ~ **en rústica** brocher.

encuadrar vt **-1.** [enmarcar] encadrer. **-2.** [enfocar] cadrer.

encubierto, ta ◇ pp irreg → **encubrir**. ◇ adj caché(e); [palabras etc] couvert(e).

encubridor, ra adj & m, f complice.

encubrir vt **-1.** [persona] couvrir; [delito] être complice de. **-2.** [intenciones] dissimuler.

encuentro m **-1.** [gen & DEP] rencontre f. **-2.** [hallazgo] trouvaille f.

encuesta f **-1.** [de opinión] sondage m. **-2.** [investigación] enquête f.

encuestador, ra m, f enquêteur m, -trice f.

encuestar vt : ~ **a alguien** interroger qqn.

endeble adj faible.

endémico, ca adj MED & fig endémique.

endemoniado, da ◇ adj **-1.** fam fig [niño, vida etc] infernal(e); **un trabajo** ~ un travail ingrat. **-2.** [tiempo, olor] épouvantable. **-3.** [poseído] possédé(e). ◇ m, f possédé m, -e f du démon.

endenantes adv Amer fam avant.

enderezar vt lit & fig redresser. ◆ **enderezarse** vp se redresser.

endeudamiento m endettement m.

endeudarse vp s'endetter.

endiablado, da adj épouvantable.

endibia = endivia.

endiñar vt fam [golpe] flanquer; [trabajo] refiler.

endivia, endibia f endive f.

endomingado, da adj endimanché(e).

endomingar vt endimancher. ◆ **endomingarse** vp s'endimancher.

endosar vt **-1.** fig [tarea, carga] repasser; **me endosó sus maletas** il m'a repassé ses valises. **-2.** COM endosser.

endulzar vt **-1.** [con azúcar] sucrer. **-2.** fig [con dulzura] adoucir.

endurecer vt **-1.** [gen] durcir. **-2.** [músculos etc] raffermir. **-3.** fig [persona] endurcir.

ene. abrev de **enero**.

enemigo, ga adj & m, f ennemi(e); **ser** ~ **de algo** détester qqch. ◆ **enemigo** m MIL ennemi m.

enemistad f inimitié f.

enemistar vt brouiller. ◆ **enemistarse** vp se brouiller.

energético, ca adj énergétique.

energía f **-1.** FÍS & fig énergie f. **-2.** [fuerza] force f.

enérgico, ca adj énergique.

energúmeno, na m, f fig énergumène mf.

enero m janvier; ver también **septiembre**.

enervar vt **-1.** [debilitar] affaiblir. **-2.** [poner nervioso] énerver.

enésimo, ma adj **-1.** fig énième; **por enésima vez** pour la énième fois. **-2.** MAT : **enésima potencia** puissance n.

enfadar vt fâcher, mettre en colère. ◆ **enfadarse** vp se fâcher, se mettre en colère.

enfado m colère f.

enfangar vt couvrir de boue. ◆ **enfangarse** vp **-1.** [con barro] se couvrir de boue. **-2.** fam fig [en un asunto sucio] tremper.

énfasis m emphase f.

enfático, ca adj emphatique.

enfatizar vt souligner, mettre l'accent sur.

enfermar ◇ vt **-1.** [contagiar] contaminer. **-2.** fig [irritar] rendre malade. ◇ vi [ponerse enfermo] tomber malade.

enfermedad f maladie f; [de la sociedad etc] mal m.

enfermería f infirmerie f.

enfermero, ra m, f infirmier m, -ère f.

enfermizo, za adj **-1.** [gen] maladif(ive). **-2.** [clima] insalubre; [alimento, curiosidad] malsain(e).

enfermo, ma adj & m, f malade.

enfilar vt **-1.** [dirección] prendre. **-2.** [arma] pointer. ◇ vi : ~ **hacia** aller tout droit vers; **enfiló hacia su casa** il est allé directement chez lui.

enflaquecer ◇ vt amaigrir, faire maigrir. ◇ vi maigrir.

enfocar vt **-1.** [imagen, objetivo] faire la mise au point de. **-2.** [luz, focos] braquer, diriger. **-3.** fig [tema, cuestión] aborder.

enfoque m **-1.** [de imagen] mise f au point. **-2.** fig [de asunto] approche f.

enfrascado, da adj : ~ **en** absorbé(e) dans.

enfrascar vt [mermelada, café etc] mettre en pot; [perfume, solución etc] mettre en flacon. ◆ **enfrascarse** vp : ~**se en** [trabajo, lectura] se plonger dans.

enfrentar vt -1. [hacer frente a] affronter. -2. [poner frente a frente] mettre face à face. -3. [oponer] opposer. ◆ **enfrentarse** vp -1. [luchar] s'affronter. -2. DEP se rencontrer. -3. [hacer frente a] affronter, faire face à; ~**a alguien** tenir tête à qqn; ~**se con alguien** affronter qqn.

enfrente adv en face; **la tienda de** ~ le magasin d'en face; ~ **de mi casa** en face de chez moi.

enfriamiento m refroidissement m.

enfriar vt refroidir. ◆ **enfriarse** vp -1. [sentimientos, tiempo] se refroidir. -2. [café etc] refroidir. -3. [acatarrarse] attraper froid.

enfundar vt [arma] rengainer. ◆ **enfundarse** vp : ~**se el abrigo** endosser son manteau.

enfurecer vt rendre furieux(euse). ◆ **enfurecerse** vp s'emporter.

enfurruñarse vp fam [gruñir] ronchonner; [poner mala cara] bouder.

engalanar vt décorer. ◆ **engalanarse** vp se faire beau(belle).

enganchar vt -1. [sujetar – remolque, vagones] accrocher; [– caballos] atteler. -2. fam fig [atrapar] : ~ **a alguien** [atraer] mettre le grappin sur qqn; [apresar] mettre la main sur qqn. -3. fam [pillar – borrachera] prendre; [– empleo] décrocher; [– marido etc] dégoter. ◆ **engancharse** vp -1. [prenderse] s'accrocher. -2. MIL s'engager. -3. fam [hacerse adicto] : ~**se a** devenir accro à.

enganche m -1. [gen] [de caballos] attelage m. -2. Amer [depósito] acompte m.

engañabobos m inv -1. [cosa] attrapenigaud m. -2. [persona] charlatan m.

engañar vt tromper; ~ **el hambre** tromper la faim; **las apariencias engañan** les apparences sont trompeuses. ◆ **engañarse** vp -1. [ilusionarse] se leurrer. -2. [confundirse] se tromper.

engañifa f fam **hacerle una** ~ **a alguien** mener qqn en bateau.

engaño m tromperie f.

engañoso, sa adj trompeur(euse).

engarzar vt -1. [perlas, abalorios] enfiler. -2. [diamante] sertir. -3. [ideas, palabras] enchaîner.

engatusar vt fam embobiner.

engendrar vt lit & fig engendrer.

engendro m -1. [obra] horreur f. -2. [ser deforme] monstre m.

englobar vt englober.

engomar vt -1. [pegar] engommer. -2. [dar apresto] apprêter.

engordar ◇ vt -1. [animal] engraisser; [aves] gaver. -2. fig [arcas] remplir; [cuenta] faire fructifier. ◇ vi [persona] grossir; [alimento] faire grossir. ◆ **engordarse** vp engraisser.

engorro m embêtement m; **¡vaya un** ~**!** tu parles d'une partie de plaisir!

engorroso, sa adj pénible; [situación] délicat(e).

engranaje m -1. [gen] engrenage m. -2. fig [de ideas] enchaînement m. -3. fig [funcionamiento] rouages mpl.

engranar vt -1. [piezas] engrener. -2. fig [ideas, palabras] enchaîner.

engrandecer vt -1. fig [enaltecer] exalter. -2. [aumentar] agrandir.

engrasar vt graisser.

engreído, da adj & m, f suffisant(e) (prétentieux).

engrescar vt : ~ **a alguien con** monter qqn contre. ◆ **engrescarse** vp se quereller.

engrosar vt -1. [engordar – persona] faire grossir; [– texto] augmenter. -2. fig [aguas, listas] grossir.

engullir vt engloutir (nourriture).

enhebrar vt enfiler.

enhorabuena ◇ f félicitations fpl. ◇ adv [afortunadamente] heureusement; ~ **lo hiciste** tu as eu raison de le faire; **¡**~ **(por...)!** félicitations (pour...)!

enigma m énigme f.

enigmático, ca adj énigmatique.

enjabonar vt savonner; fig [dar coba] passer de la pommade.

enjambre m -1. [de abejas] essaim m. -2. fig [de personas] foule f.

enjaular vt -1. [en jaula] mettre en cage. -2. fam fig [en prisión] coffrer.

enjoyar vt parer de bijoux. ◆ **enjoyarse** vp se parer de bijoux.

enjuagar vt rincer. ◆ **enjuagarse** vp se rincer.

enjuague m [de ropa] rinçage m; [de boca] bain m de bouche.

enjugar vt -1. [lágrimas] sécher. -2. fig [deudas, déficit] éponger.

enjuiciar vt -1. [opinar] porter un jugement sur. -2. DER [persona] juger; [causa] instruire.

enjuto, ta adj [delgado] maigre.

enlace m -1. [gen & QUÍM] liaison f. -2. [persona] délégué m, -e f, responsable mf; **servir de ~ entre** servir d'intermédiaire entre. -3. [casamiento] : ~ **(matrimonial)** union f. -4. [de trenes, autocares] correspondance f; **vía de ~** voie f de raccordement.

enlatar vt mettre en boîte; [conservas caseras] mettre en conserve.

enlazar ◇ vt : ~ **algo a** o **con** [atar] lier qqch à; [trabar, relacionar] relier qqch à. ◇ vi : ~ **(con)** [medios de transporte] assurer la correspondance (avec). ◆ **enlazarse** vp s'unir (par les liens du mariage).

enloquecer ◇ vt -1. [volver loco] rendre fou(folle). -2. fig [gustar mucho] adorer; **me enloquece comer** j'adore manger. ◇ vi devenir fou(folle).

enlutado, da adj en deuil.

enmarañar vt -1. [desordenar] emmêler. -2. [complicar] embrouiller.

enmarcar vt encadrer.

enmascarado, da ◇ adj masqué(e). ◇ m, f homme m masqué, femme f masquée.

enmascarar vt lit & fig masquer.

enmendar vt -1. [gen] corriger; [daño] réparer. -2. [ley, dictamen] amender. ◆ **enmendarse** vp se corriger.

enmicado m Amer film m plastique.

enmienda f -1. [gen & POLÍT] amendement m; **hacer propósito de ~** prendre de bonnes résolutions. -2. [en escritos] correction f.

enmohecer vt [alimentos etc] laisser moisir; [metal] rouiller, faire rouiller. ◆ **enmohecerse** vp moisir; fig [cuerpo, conocimientos] se rouiller.

enmoquetar vt moquetter; ~ **una habitación** poser de la moquette dans une pièce.

enmudecer ◇ vt faire taire. ◇ vi -1. [perder el habla] rester muet(ette). -2. [callarse] se taire.

ennegrecer vt noircir; [suj : nubes] assombrir. ◆ **ennegrecerse** vp se noircir; [nublarse] s'assombrir.

ennoblecer vt -1. [dar un título] anoblir. -2. fig [dignificar] ennoblir.

enojar vt irriter, mettre en colère. ◆ **enojarse** vp se mettre en colère.

enojo m colère f; **causar ~** [enfadar] irriter; [molestar] agacer, ennuyer.

enojoso, sa adj irritant(e); [palabra] déplaisant(e).

enorgullecer vt enorgueillir. ◆ **enorgullecerse** vp : ~**se de** s'enorgueillir de.

enorme adj lit & fig énorme.

enormidad f lit & fig énormité f.

enrabiar vt faire enrager. ◆ **enrabiarse** vp se mettre en colère.

enraizar vi s'enraciner.

enramada f -1. [ramaje] ramure f. -2. [cobertizo] tonnelle f.

enrarecer vt raréfier. ◆ **enrarecerse** vp se raréfier.

enredadera ◇ adj grimpant(e). ◇ f [gen] plante f grimpante; [planta] liseron m.

enredar ◇ vt -1. [gen] emmêler; [situación, asunto] embrouiller. -2. fig [implicar] : ~ **a alguien en** entraîner qqn dans. ◇ vi -1. [hacer travesuras] faire des bêtises. -2. [hurgar] trafiquer. -3. [meter cizaña] intriguer. ◆ **enredarse** vp -1. [gen] s'emmêler; [asunto] s'embrouiller. -2. [suj : plantas] grimper. -3. [empezar] : ~**se en algo** se lancer dans qqch. -4. fam [amancebarse] : ~**se con alguien** se mettre en ménage avec qqn.

enredo m -1. [maraña] enchevêtrement m; [en el pelo] nœud m. -2. [asunto] imbroglio m. -3. [amoríos] liaison f. ◆ **enredos** mpl [trastos] bric-à-brac m inv.

enrejado m -1. [de rejas] grille f. -2. [de cañas] treillage m.

enrevesado, da adj compliqué(e).

enriquecer vt enrichir. ◆ **enriquecerse** vp s'enrichir.

enrojecer ◇ vt rougir; [persona] faire rougir. ◇ vi rougir. ◆ **enrojecerse** vp [persona] rougir; [rostro, mejillas] s'empourprer.

enrolar vt enrôler. ◆ **enrolarse** vp : ~**se (en)** s'enrôler (dans).

enrollar vt -1. [arrollar] enrouler. -2. fam [gustar] brancher. -3. fam [liar] embobiner. ◆ **enrollarse** vp fam -1. [ligar] : ~**se (con)** sortir avec. -2. [hablar] avoir la langue bien pendue; ~**se por teléfono** rester des heures au téléphone; ~**se con alguien** tenir la jambe à qqn. -3. [portarse bien] être sympa; **¡enróllate!** sois sympa!

enroscar vt -1. [atornillar] visser. -2. [enrollar] enrouler.

ensaimada f CULIN gâteau l rioché typique de Majorque.

ensalada f lit & fig salade f.

ensaladilla f macédoine f; ~ **rusa** salade f russe.

ensalzar vt porter aux nues.

ensambladura f, **ensamblaje** m assemblage m.

ensanchar vt élargir; [ampliar] agrandir.

ensanche m -1. [de calle etc] élargissement m. -2. [en la ciudad] zone f d'extension urbaine, quartiers mpl neufs.

ensangrentar vt ensanglanter.

ensañarse vp : ~ **con** s'acharner contre o sur.

ensartar vt -1. [perlas, aguja] enfiler. -2. [puñal, aguja] planter.

ensayar vt -1. [gen] tester. -2. TEATR répéter.

ensayista mf essayiste mf.

ensayo m -1. [de espectáculo] répétition f. -2. [prueba] test m. -3. LITER & DEP essai m.

enseguida adv -1. [pronto, inmediatamente] tout de suite; ~ **vamos** on arrive tout de suite. -2. [acto continuo] aussitôt; **la reconoció** ~ il la reconnut aussitôt.

ensenada f anse f (de mer).

enseña f enseigne f.

enseñante mf enseignant m, -e f.

enseñanza f enseignement m; ~ **a distancia** enseignement à distance; ~ **superior** enseignement supérieur; **primera** ~, ~ **primaria** enseignement primaire; **segunda** ~, ~ **media** enseignement secondaire.

enseñar vt -1. [gen] apprendre; [dar clases] enseigner. -2. [mostrar, indicar] montrer. -3. [dejar ver] laisser voir.

enseres mpl -1. [personales] effets mpl. -2. [de trabajador] matériel m.

ensillar vt seller.

ensimismarse vp : ~ **en** se plonger dans.

ensombrecer vt assombrir. ◆ **ensombrecerse** vp s'assombrir.

ensoñación f rêverie f.

ensopar vt Amer tremper.

ensordecer ◇ vt -1. [causar sordera] rendre sourd(e). -2. [suj : sonido] assourdir. ◇ vi devenir sourd(e).

ensortijar vt [cabello] boucler.

ensuciar vt lit & fig salir. ◆ **ensuciarse** vp se salir.

ensueño m rêve m.

entablado m [armazón] estrade f; [suelo] plancher m.

entablar vt -1. [suelo] poser un plancher sur. -2. [conversación] engager; [negociaciones] entamer; [amistad] nouer. -3. MED mettre une attelle à.

entallar vt -1. [prenda] ajuster. -2. [madera] sculpter.

entarimado m -1. [suelo] plancher m; [parqué] parquet m. -2. [plataforma] estrade f.

ente m -1. [ser] être m. -2. [corporación] organisme m, société f; ~ **público** service m public. -3. fam [persona ridícula] phénomène m.

entelequia f -1. FILOSOFÍA entéléchie f. -2. [fantasía] vue f de l'esprit.

entendederas fpl fam jugeote f; **ser duro** o **corto de** ~ ne pas avoir la comprenette facile.

entender ◇ vt -1. [gen] comprendre; **¿qué entiendes tú por amistad?** qu'est-ce que tu entends par amitié? -2. [opinar, juzgar] penser; **yo no entiendo las cosas así** je ne vois pas les choses de cette façon-là. ◇ vi [saber] : ~ **de** o **en algo** s'y connaître en qqch. ◇ m : **a mi** ~ à mon sens. ◆ **entenderse** vp -1. [gen] se comprendre. -2. [comunicarse] communiquer. -3. [llevarse bien, ponerse de acuerdo] s'entendre. -4. [tener amores] avoir une liaison.

entendido, da ◇ adj -1. [comprendido] compris(e); **¡~!** entendu!; **no darse por** ~ faire comme si de rien n'était. -2. [experto] : **ser** ~ **en** s'y connaître en. ◇ m, f connaisseur m, -euse f. ◆ **bien entendido que** loc adv qu'il soit clair que.

entendimiento m jugement m; **con mucho** ~ avec une grande présence d'esprit.

entente f entente f (commerciale, industrielle).

enterado, da adj averti(e); ~ **en** informé sur; **estar** ~ **de** être au courant de; **no darse por** ~ faire la sourde oreille.

enterar vi : ~ **a alguien de algo** informer qqn de qqch. ◆ **enterarse** vp -1. [saber, descubrir] : ~**se de algo** apprendre qqch; **me enteré de que te habías mudado** j'ai appris que tu avais déménagé. -2. fam [aclararse] piger; **no me entero** je n'y comprends rien. -3. [informarse] : ~**se de algo** se renseigner sur qqch. -4. [percatarse] : ~**se (de)** se rendre compte de.

entereza f [firmeza] fermeté f; [serenidad] force f de caractère; [honradez] intégrité f.

enternecer vt attendrir. ◆ **enternecerse** vp s'attendrir.

entero, ra *adj* **-1.** [completo] entier(ère); **el pueblo** ~ tout le village; **la casa entera** toute la maison. **-2.** [sereno] fort(e). **-3.** [sin daño] intact(e).

enterrador, ra *m, f* fossoyeur *m*, -euse *f*.

enterrar *vt* enterrer; *fig* [olvidar] enfouir. ◆ **enterrarse** *vp fig* s'enterrer.

entibiar *vt* **-1.** [bebida etc] faire tiédir. **-2.** [ánimos, entusiasmo] freiner; [cariño, amistad] affaiblir. ◆ **entibiarse** *vp* **-1.** [bebida etc] tiédir; [atmósfera, habitación] se réchauffer. **-2.** [sentimiento] s'affaiblir.

entidad *f* **-1.** [organismo] organisme *m*; ~ **deportiva** club *m* sportif; ~ **local** collectivité *f* locale. **-2.** [empresa] société *f*; **una** ~ **privada** une société privée; ~ **bancaria** établissement *m* bancaire. **-3.** FILOSOFÍA entité *f*. **-4.** [importancia] envergure *f*.

entierro *m* enterrement *m*.

entlo. *abrev de* **entresuelo.**

entoldado *m* **-1.** [toldo] store *m*. **-2.** [lugar] tente *f*.

entonación *f* intonation *f*; **cantar con buena** ~ chanter dans le ton.

entonar ◇ *vt* **-1.** [cantar] entonner. **-2.** [tonificar] revigorer. ◇ *vi* **-1.** [al cantar] chanter juste. **-2.** [armonizar] : ~ **con** être assorti(e)à.

entonces *adv* alors; **en** ○ **por aquel** ~ en ce temps-là; **desde** ~ depuis.

entornar *vt* [puerta] entrebâiller; [ojos, ventana] entrouvrir; **ojos entornados** yeux mi-clos.

entorno *m* environnement *m*.

entorpecer *vt* **-1.** [debilitar – miembros, mente] engourdir; [– movimientos] entraver. **-2.** [dificultar – tráfico] gêner; [– proceso, evolución] retarder; [– camino, carretera] encombrer.

entrada *f* **-1.** [gen] entrée *f*; [de hotel] hall *m*; [de gas, agua] arrivée *f*. **-2.** [billete] place *f*; **sacar una** ~ prendre une place. **-3.** [pago] apport *m* initial. **-4.** [ingreso] recette *f*; ~ **de dinero** rentrée *f* d'argent. **-5.** [en la frente] : **tener** ~**s** avoir les tempes dégarnies.

entramado *m* lattis *m*.

entrante ◇ *adj* [año, mes] prochain(e); [presidente, gobierno] nouveau(elle). ◇ *m* **-1.** [plato] entrée *f*. **-2.** [hueco] renfoncement *m*.

entraña *f* (*gen pl*) **-1.** [de persona, animal, Tierra] entrailles *fpl*. **-2.** [de asunto, cuestión] cœur *m*.

entrañable *adj* [amigo, recuerdos] cher(chère); [amistad] profond(e); [carta, persona, escena etc] attendrissant(e).

entrañar *vt* comporter.

entrar ◇ *vi* **-1.** [gen] : ~ **(en)** entrer (dans); **entró en la casa** il entra dans la maison; **entró por la ventana** je suis entré par la fenêtre; ~ **en el ejército** entrer dans l'armée; **entramos en un período de...** nous entrons dans une période de...; **esto no entraba en mis cálculos** ceci n'entrait pas dans mes calculs; ~ **de** être embauché(e) comme; **entró de telefonista y ahora es director** il a débuté comme standardiste et maintenant il est directeur. **-2.** [caber] : **este anillo no te entra** cette bague est trop petite pour toi; **no entramos todos en tu coche** nous ne tenons pas tous dans ta voiture. **-3.** [empezar] : ~ **a hacer algo** commencer à faire qqch; **entró a trabajar aquí el mes pasado** il a commencé à travailler ici le mois dernier. **-4.** [estado físico o de ánimo] : **le entraron ganas de hablar** il a eu envie de parler; **me está entrando frío** je commence à avoir froid; **le entró pánico** il fut pris de panique. **-5.** [período de tiempo] commencer; **entró el año con buen tiempo** l'année a commencé avec du beau temps. **-6.** [cantidad] : **¿cuántas entran en un kilo?** il y en a combien dans un kilo? **-7.** *fam* [concepto, asignatura etc] : **no le entra la geometría** la géométrie, ça ne rentre pas. **-8.** AUTOM passer; **no entra la tercera** la troisième ne passe pas. ◇ *vt* **-1.** [meter] rentrer; **entra las sillas porque está lloviendo** rentre les chaises parce qu'il pleut. **-2.** [prenda de vestir] reprendre. **-3.** [abordar] aborder; **a ése no sé por dónde** ~**le** celui-là, je ne sais pas comment l'aborder.

entre *prep* **-1.** [gen] entre; ~ **Barcelona y Madrid** entre Barcelone et Madrid; ~ **la vida y la muerte** entre la vie et la mort; ~ **nosotros** [en confianza] entre nous. **-2.** [en medio de – muchos] parmi; [– cosas] dans, au milieu de; ~ **los mejores** parmi les meilleurs; ~ **los papeles** dans les papiers; **entre los rosales** au milieu des rosiers. **-3.** [adición] : ~ **tú y yo lo conseguiremos** à nous deux nous y arriverons; ~ **una cosa y otra, nos salió carísimo** au total, ça nous est revenu très cher.

entreabierto, ta *pp irreg* → **entreabrir.**

entreabrir *vt* entrouvrir.

entreacto *m* entracte *m*.

entrecejo m : fruncir el ~ froncer les sourcils.

entrecomillado, da adj entre guillemets. ◆ **entrecomillado** m citation f.

entrecortado, da adj entrecoupé(e).

entrecot, entrecote m entrecôte f.

entredicho m : estar en ~ être mis(e) en doute; poner en ~ mettre en doute.

entrega f -1. [de llaves, dinero, premio] remise f; [de pedido, paquete] livraison f. -2. [dedicación] dévouement m. -3. [fascículo] fascicule m.

entregar vt -1. [llaves, dinero, premio] remettre. -2. [pedido, persona] livrer. ◆ **entregarse** vp -1. [rendirse] se rendre. -2. ~se a [familia, amigos, trabajo] se consacrer à; [vicio, bebida] s'adonner à; [pasión, hombre] s'abandonner à.

entreguerras ◆ **de entreguerras** loc adj de l'entre-deux-guerres.

entrelazar vt entrecroiser.

entremés m CULIN hors-d'œuvre m inv.

entremeter vt insérer. ◆ **entremeterse** vp [inmiscuirse] : ~se en se mêler de.

entremezclar vt mélanger. ◆ **entremezclarse** vp se mêler.

entrenador, ra m, f entraîneur m, -euse f.

entrenamiento m entraînement m.

entrenar ◇ vt entraîner. ◇ vi s'entraîner. ◆ **entrenarse** vp s'entraîner.

entrepierna f entrejambe m.

entresacar vt -1. [escoger] sélectionner; [de un texto] tirer. -2. [cortar – cabello] désépaissir; [– monte] éclaircir.

entresijos mpl [de asunto] dessous mpl; [de negocio] ficelles fpl; [del poder] arcanes mpl.

entresuelo m [piso] entresol m.

entretanto adv pendant ce temps, entretemps.

entretención f Amer loisir m.

entretener vt -1. [divertir] distraire. -2. [retrasar – persona] retarder, retenir; [– fecha, resolución] repousser. -3. [mantener] entretenir. -4. [hacer olvidar – hambre] tromper; [– dolor] calmer. ◆ **entretenerse** vp -1. [distraerse] : ~se (con) être distrait(e) (par). -2. [divertirse] se distraire. -3. [retrasarse] s'attarder.

entretenido, da adj [divertido] distrayant(e); [trabajoso] prenant(e).

entretenimiento m -1. [diversión, pasatiempo] distraction f. -2. [mantenimiento] entretien m.

entretiempo m : de ~ [ropa] de demisaison.

entrever vt lit & fig entrevoir.

entrevero m Amer confusion f.

entrevista f -1. [de trabajo etc] entretien m. -2. [de periodista] interview f; hacer una ~ a alguien interviewer qqn.

entrevistar vt interviewer. ◆ **entrevistarse** vp : ~se (con) avoir un entretien (avec).

entrevisto, ta pp irreg → **entrever**.

entristecer vt [persona] attrister; [cosa] rendre triste. ◆ **entristecerse** vp : ~se (por ○ con algo) s'attrister (de qqch).

entrometerse vp : ~ en se mêler de; [conversación] s'immiscer dans.

entrometido, da adj & m, f indiscret(ète).

entroncar vi : ~ con [familia] être apparenté(e) à; [tren etc] assurer la correspondance avec.

entronizar vt introniser.

entubar vt -1. [cosa] tuber. -2. [persona] intuber.

entuerto m tort m; deshacer ~s jouer les redresseurs de torts.

entumecer vt engourdir. ◆ **entumecerse** vp s'engourdir.

entumecido, da adj engourdi(e); los dedos ~s les doigts gourds.

enturbiar vt lit & fig troubler. ◆ **enturbiarse** vp lit & fig se troubler.

entusiasmar vt -1. [animar] enthousiasmer, emballer. -2. [gustar] : me entusiasma la música j'adore la musique. ◆ **entusiasmarse** vp : ~se (con) s'enthousiasmer (pour), s'emballer (pour).

entusiasmo m enthousiasme m.

entusiasta ◇ adj enthousiaste. ◇ mf passionné m, -e f.

enumeración f énumération f.

enumerar vt énumérer.

enunciado m énoncé m (texte).

enunciar vt énoncer.

envainar vt rengainer.

envalentonar vt encourager. ◆ **envalentonarse** vp s'enhardir.

envanecer vt gonfler d'orgueil. ◆ **envanecerse** vp : ~se de algo être fier(fière) de qqch; ~se de hacer algo s'enorgueillir de faire qqch.

envanecimiento m vanité f.

envasado m [en botellas, paquetes] conditionnement m; ~ en latas mise f en conserve.

envasar vt [en botellas, paquetes] conditionner.

envase m -1. [gen] conditionnement m. -2. [envoltorio] emballage m; [botella] bouteille f; [lata] boîte f; ~ **desechable** emballage jetable; ~ **sin retorno** emballage non consigné.

envejecer vt & vi vieillir.

envejecimiento m vieillissement m.

envenenamiento m empoisonnement m.

envenenar vt empoisonner.

envergadura f envergure f.

envés m envers m.

enviado, da m, f envoyé m, -e f; ~ **especial** envoyé spécial, envoyée spéciale.

enviar vt envoyer; ~ **a alguien por algo/a hacer algo** envoyer qqn chercher qqch/faire qqch; ~ **algo por correo** poster qqch.

envidia f -1. [admiración] envie f. -2. [celos] jalousie f; **me da** ~ **tu nuevo vestido** je suis jalouse de ta nouvelle robe; **tener** ~ **de** être jaloux(ouse) de.

envidiar vt -1. [sentir admiración] envier. -2. [sentir celos] être jaloux(ouse) de.

envidioso, sa adj & m, f envieux(euse).

envilecer vt avilir.

envío m -1. [gen] envoi m; **el paquete se perdió en el** ~ le paquet s'est perdu pendant le transport. -2. [paquete] colis m.

envite m -1. [en el juego] mise f. -2. fig [ofrecimiento] offre f.

enviudar vi devenir veuf(veuve).

envoltorio m [papel, cartón etc] emballage m.

envoltura f enveloppe f; **poner una** ~ emballer.

envolver vt -1. [gen] envelopper; **le envuelve el cariño de su familia** sa famille l'entoure de tendresse. -2. [enrollar] enrouler. -3. [implicar] : ~ **a alguien en** mêler qqn à. -4. [engatusar] enjôler. ◆ **envolverse** vp s'envelopper.

envuelto, ta pp irreg → **envolver**.

enyesar vt plâtrer; **tiene un brazo enyesado** il a un bras dans le plâtre.

enzarzar vt envenimer; ~ **a alguien en** [discusión, pelea] entraîner qqn dans. ◆ **enzarzarse** vp : ~**se en** [pelea, negocio] s'empêtrer dans.

enzima f enzyme f.

epatar vt épater.

e.p.d. (abrev de **en paz descanse**) RIP.

épica f → **épico**.

epicentro m épicentre m.

épico, ca adj épique. ◆ **épica** f poésie f épique.

epicúreo, a adj & m, f épicurien(enne).

epidemia f épidémie f.

epidermis f épiderme m.

epiglotis f épiglotte f.

epígrafe m épigraphe f.

epilepsia f épilepsie f.

epílogo m lit & fig épilogue m.

episcopado m épiscopat m.

episodio m épisode m.

epístola f épître f.

epitafio m épitaphe f.

epíteto m épithète f.

época f époque f; [estación] saison f; **de** ~ [traje, coche] d'époque; [película] historique.

epopeya f lit & fig épopée f.

equidad f équité f.

equidistante adj équidistant(e).

equilátero, ra adj équilatéral(e).

equilibrado, da adj équilibré(e). ◆ **equilibrado** m équilibrage m.

equilibrar vt équilibrer.

equilibrio m équilibre m; **perder el** ~ perdre l'équilibre; **hacer** ~**s** fig ménager la chèvre et le chou.

equilibrista mf équilibriste mf.

equino, na adj chevalin(e).

equinoccio m équinoxe m.

equipaje m bagages mpl; ~ **de mano** bagage m à main.

equipar vt : ~ (**con** ○ **de**) équiper (en ○ de). ◆ **equiparse** vp s'équiper.

equiparar vt : ~ **a** ○ **con** comparer à. ◆ **equipararse** vp se comparer.

equipo m -1. [de objetos] matériel m. -2. [de novia] trousseau m; [de soldado] paquetage m. -3. [de personas, jugadores] équipe f; ~ **de rescate** équipe de secours. -4. [de música] chaîne f (hi-fi).

equis ◇ adj x, X; **un número** ~ **de personas** un nombre x de personnes. ◇ f x m inv.

equitación f équitation f.

equitativo, va adj équitable.

equivalente ◇ adj équivalent(e). ◇ m équivalent m.

equivaler vi : ~ **a** équivaloir à.

equivocación f erreur f.

equivocado, da adj erroné(e).

equivocar *vt* : ~ **algo con algo** confondre qqch avec qqch. ◆ **equivocarse** *vp* : ~**se (de)** se tromper (de); ~**se con alguien** se tromper sur qqn.

equívoco, ca *adj* équivoque. ◆ **equívoco** *m* [error] malentendu *m*.

era ◇ *vt* → **ser**. ◇ *f* **-1.** [gen & HIST] ère *f*; [napoleónica, gótica etc] époque *f*; ~ **cristiana** ère chrétienne. **-2.** [para trillar] aire *f*.

erario *m* budget *m*.

ERASMUS (*abrev de* **European Action Scheme for the Mobility of University Students**) Erasmus.

ERC (*abrev de* **Esquerra Republicana de Catalunya**) *f* parti nationaliste catalan de gauche.

erección *f* érection *f*.

erecto, ta *adj* dressé(e); [pene] en érection.

eres → **ser**.

erguido, da *adj* dressé(e).

erguir *vt* dresser. ◆ **erguirse** *vp* se dresser.

erigir *vt* **-1.** [construir] ériger. **-2.** [nombrar] nommer.

erizado, da *adj lit & fig* hérissé(e).

erizar *vt* hérisser. ◆ **erizarse** *vp* se hérisser.

erizo *m* **-1.** [mamífero] hérisson *m*. **-2.** [pez] poisson-globe *m*. ◆ **erizo de mar** *m* oursin *m*.

ermita *f* ermitage *m*.

ermitaño, ña *m, f* ermite *m*. ◆ **ermitaño** *m* bernard-l'ermite *m*.

eros *m* éros *m*.

erosionar *vt* éroder. ◆ **erosionarse** *vp* être érodé(e).

erótico, ca *adj* érotique.

erotismo *m* érotisme *m*.

erradicación *f* éradication *f*; [de locales] suppression *f*.

erradicar *vt* éradiquer.

errante *adj* errant(e); [mendigo] vagabond(e).

errar ◇ *vt* **-1.** [camino, rumbo etc] se tromper de; ~ **la vocación** rater sa vocation. **-2.** [tiro, golpe] manquer. ◇ *vi* **-1.** [equivocarse] se tromper. **-2.** [al disparar] manquer son coup. **-3.** [vagar] errer.

errata *f* erratum *m*, coquille *f*.

erre *f* [letra] r *m inv*; ~ **que** ~ obstinément.

erróneo, a *adj* erroné(e).

error *m* erreur *f*; **estar en un** ~ être dans l'erreur; **salvo** ~ **u omisión** sauf erreur ou omission; ~ **de bulto** grossière erreur.

Ertzaintza *f* police autonome basque.

eructar *vi* faire un rot.

eructo *m* rot *m*.

erudito, ta *adj & m, f* érudit(e).

erupción *f* [de volcán] éruption *f*; **en** ~ en éruption.

es → **ser**.

esa → **ese**.

ésa → **ése**.

esbelto, ta *adj* svelte.

esbozar *vt lit & fig* ébaucher.

esbozo *m* ébauche *f*.

escabechado, da *adj* CULIN mariné(e). ◆ **escabechado** *m* CULIN [proceso] marinage *m*; [salsa] marinade *f*.

escabeche *m* CULIN marinade *f*; [de pescado] escabèche *f*; ~ **de sardina/perdiz** sardines/perdrix marinées.

escabechina *f* massacre *m*.

escabroso, sa *adj* **-1.** [superficie] inégal(e); **un terreno** ~ un terrain accidenté. **-2.** [obsceno] scabreux(euse). **-3.** [espinoso] délicat(e).

escabullirse *vp* **-1.** [escurrirse] filer. **-2.** [escaparse] s'éclipser. **-3.** [escaquearse] se défiler.

escacharrar *vt fam* bousiller; [día, plan] ficher en l'air. ◆ **escacharrarse** *vp fam* se détraquer; [plan] cafouiller.

escafandra *f* scaphandre *m*.

escala *f* **-1.** [gen & FÍS] échelle *f*; **a** ~ **1 :50.000** à l'échelle de 1/50 000; **a** ~ **internacional** à l'échelle internationale; **a gran** ~ à grande échelle. **-2.** [MÚS & de colores] gamme *f*; ~ **musical** gamme. **-3.** [en un viaje] escale *f*; **hacer** ~ faire escale.

escalada *f lit & fig* escalade *f*.

escalador, ra ◇ *adj* qui fait de l'alpinisme. ◇ *m, f* **-1.** [gen] alpiniste *mf*. **-2.** *fam* [de puestos] jeune loup *m*, carriériste *mf*.

escalafón *m* hiérarchie *f*; [en el trabajo] tableau *m* d'avancement.

escalar *vt* escalader *fam fig* [socialmente] : ~ **puestos** grimper dans l'échelle sociale.

escaldado, da *adj* **-1.** CULIN blanchi(e). **-2.** *fig* [persona] échaudé(e).

escaldar *vt* **-1.** CULIN blanchir. **-2.** [metal] chauffer à blanc. **-3.** *fig* [ofender] blesser à vif. ◆ **escaldarse** *vp* s'ébouillanter.

escalera f -1. [gen] escalier m; ~ de caracol escalier en colimaçon; ~ mecánica o automática Escalator® m. -2. [en naipes] quinte f; ~ de color quinte flush.

escalfar vt [huevo] pocher.

escalinata f perron m.

escalofriante adj terrifiant(e).

escalofrío m (gen pl) frisson m.

escalón m -1. [peldaño] marche f. -2. fig [grado] échelon m.

escalonar vt échelonner.

escalope m escalope f.

escama f -1. [de pez, reptil, cebolla] écaille f. -2. [de jabón] paillette f. -3. [en la piel] squame f.

escamar vt -1. [quitar escamas] écailler. -2. fam fig [mosquear] mettre la puce à l'oreille.

escamotear vt [estafar] escroquer; [hurtar] subtiliser.

escampar v impers cesser de pleuvoir.

escandalizar vt [indignar] scandaliser; [alborotar] faire du tapage dans. ◆ escandalizarse vp se scandaliser; ~se de être scandalisé(e) par.

escándalo m -1. [gen] scandale m. -2. [alboroto] tapage m; [en clase] chahut m.

escandaloso, sa ◇ adj -1. [gen] scandaleux(euse). -2. [ruidoso] tapageur(euse); [niños] chahuteur(euse). ◇ m, f : es un ~ il est très bruyant.

escáner (pl escáners), **scanner** (pl scanners) m scanner m.

escaño m siège m (au Parlement).

escapada f -1. [salida rápida] escapade f. -2. DEP échappée f.

escapar vi -1. [huir] : ~ (de) [lugar] s'échapper (de). -2. [librarse, quedar fuera del alcance] : ~ de algo/a alguien échapper à qqch/à qqn. ◆ escaparse vp -1. [huir] s'échapper. -2. [involuntariamente] : se le escapó la risa/un taco un rire/un gros mot lui a échappé; se le escapó el tren/la ocasión a manqué son train/l'occasion. -3. [líquido, gas] fuir.

escaparate m vitrine f.

escapatoria f -1. [fuga] évasion f; [escapada] escapade f; no tener ~ [persona] être au pied du mur. -2. fam [pretexto] échappatoire f.

escape m [de agua, gas etc] fuite f; [de coche] échappement m; a ~ à toute vitesse.

escapulario m scapulaire m.

escaquearse vp fam se défiler; ~ de hacer algo s'arranger pour ne pas faire qqch.

escarabajo m -1. ZOOL scarabée m. -2. fam [coche] coccinelle f.

escaramuza f escarmouche f.

escarbar vt [tierra] gratter; fig [vida, pasado] fouiller.

escarceos mpl -1. [tentativas] incursions fpl. -2. [rodeos] divagations fpl .

escarcha f givre m.

escarlata adj & f écarlate.

escarlatina f scarlatine f.

escarmentar vi tirer la leçon (d'une expérience).

escarmiento m leçon f (avertissement).

escarnio m raillerie f humiliante.

escarola f frisée f.

escarpado, da adj escarpé(e).

escasear vi manquer.

escasez f -1. [carestía] pénurie f. -2. [pobreza] indigence f.

escaso, sa adj -1. [insuficiente - recursos, comida] maigre; [- número, cantidad] faible; andar ~ de dinero être à court d'argent. -2. [poco frecuente] rare. -3. [casi completo] un metro/kilo ~ à peine un mètre/kilo; media hora escasa une petite demi-heure.

escatimar vt [comida, medios] rogner sur; [esfuerzos] ménager; no ~ algo ne pas lésiner sur qqch.

escay, scai m Skaï® m.

escayola f plâtre m.

escena f scène f; poner en ~ mettre en scène; hacer una ~ fig faire une scène.

escenario m -1. [tablas] scène f. -2. CIN & TEATR [lugar de la acción] cadre m. -3. fig [de suceso] théâtre m; el ~ del crimen le lieu du crime.

escenificar vt mettre en scène.

escenografía f scénographie f.

escepticismo m scepticisme m.

escéptico, ca adj & m, f sceptique.

escindir vt scinder. ◆ escindirse vp : ~ se (en) [partido político etc] se scinder (en); [átomo] se diviser (en).

escisión f [de partido político etc] scission f; [del núcleo] fission f.

esclarecer vt [asunto] tirer au clair, élucider.

esclarecimiento m élucidation f.

esclava f → esclavo.

esclavitud f lit & fig esclavage m.

esclavizar *vt* réduire en esclavage; **el vino/su trabajo le esclaviza** il est esclave du vin/de son travail.

esclavo, va *adj & m, f lit & fig* esclave. ◆ **esclava** *f* [pulsera] gourmette *f*.

esclerosis *f* sclérose *f*.

esclusa *f* écluse *f*.

escoba *f* balai *m*.

escobilla *f* -1. [escoba] balayette *f*. -2. ELECTR balai *m*.

escocedura *f* -1. [quemadura, escozor] brûlure *f*. -2. [rojez] irritation *f*.

escocer *vi* -1. [suj : herida, condimento] brûler. -2. *fig* [suj : reprimenda] blesser. ◆ **escocerse** *vp* [piel] être meurtri(e).

escocés, esa ◇ *adj* écossais(e). ◇ *m, f* Écossais *m*, -e *f*. ◆ **escocés** *m* [lengua] écossais *m*.

Escocia Écosse *f*.

escoger *vt* choisir.

escogido, da *adj* choisi(e).

escolar ◇ *adj* scolaire. ◇ *mf* écolier *m*, -ère *f*.

escolarizar *vt* scolariser.

escoliosis *f* scoliose *f*.

escollo *m lit & fig* écueil *m*.

escolta *f* escorte *f*.

escoltar *vt* escorter.

escombro *m (gen pl)* décombres *mpl*.

esconder *vt lit & fig* cacher. ◆ **esconderse** *vp* se cacher; ~ **se de** [mirada, vista] se dérober à; [curiosos, gente etc] fuir.

escondido, da *adj* caché(e); [lugar] retiré(e). ◆ **a escondidas** *loc adv* en cachette.

escondite *m* -1. [lugar] cachette *f*. -2. [juego] cache-cache *m inv*.

escondrijo *m* cachette *f*.

escopeta *f* fusil *m* (de chasse).

escoria *f fig* rebut *m*.

Escorpio, Escorpión ◇ *m inv* [zodiaco] Scorpion *m inv* . ◇ *mf inv* [persona] scorpion *m inv*.

escorpión *m* scorpion *m*. ◆ **Escorpión** = Escorpio.

escotado, da *adj* décolleté(e).

escotar *vt* décolleter.

escote *m* -1. [de prendas] encolure *f*. -2. [de persona] décolleté *m*. -3. *loc* : **pagar a** ~ partager les frais; **pagamos a** ~ chacun paie sa part.

escotilla *f* écoutille *f*.

escozor *m* brûlure *f*; [de ortiga] piqûre *f*.

escribiente *mf* employé *m*, -e *f* aux écritures.

escribir *vt* écrire. ◆ **escribirse** *vp* s'écrire.

escrito, ta ◇ *pp irreg* → escribir. ◇ *adj* écrit(e); **por** ~ par écrit. ◆ **escrito** *m* écrit *m*; [texto] texte *m*.

escritor, ra *m, f* écrivain *m*.

escritorio *m* -1. [mueble] secrétaire *m*. -2. [habitación] bureau *m*.

escritura *f* -1. [gen] écriture *f*. -2. DER acte *m*. ◆ **La Sagrada Escritura** *f (gen pl)* l'Écriture *f* sainte.

escrúpulo *m* -1. [duda, recelo] scrupule *m* . -2. [cuidado] méticulosité *f*. -3. [aprensión] dégoût *m*.

escrupuloso, sa *adj* scrupuleux(euse); [aprensivo] délicat(e).

escrutar *vt* -1. [mirar] scruter. -2. [computar] : ~ **los votos** dépouiller le scrutin.

escrutinio *m* dépouillement *m* du scrutin.

escuadra *f* -1. GEOM équerre *f*. -2. NÁUT escadre *f*. -3. MIL escouade *f*.

escuadrilla *f* escadrille *f*.

escuadrón *m* escadron *m*.

escuálido, da *adj culto* [persona] décharné(e); **un rostro** ~ un visage émacié.

escucha *f* écoute *f*; ~**s telefónicas** écoutes téléphoniques.

escuchar *vt lit & fig* écouter. ◆ **escucharse** *vp* s'écouter parler.

escudería *f* DEP écurie *f*.

escudo *m* -1. [arma] bouclier *m*. -2. [emblema] blason *m*; [de ciudad, familia] armes *fpl*. -3. [moneda] écu *m*.

escudriñar *vt* [mirar] scruter; [investigar] fouiller dans.

escuela *f* école *f*; ~ **privada/pública** école privée/publique; ~ **universitaria** institut *m* universitaire; **ser de la vieja** ~ être de la vieille école.

escueto, ta *adj* [estilo, imagen] sobre; [respuesta, presentación] succinct(e).

escuincle, cla *m, f Amer* gamin *m*, -e *f*.

esculpir *vt* sculpter.

escultor, ra *m, f* sculpteur *m*.

escultura *f* sculpture *f*.

escupidera *f* crachoir *m*.

escupir *vt & vi* cracher.

escupitajo *m* crachat *m*.

escurreplatos *m inv* égouttoir *m* (à vaisselle).

escurridizo, za adj **-1.** [suelo] glissant(e). **-2.** fig [persona] fuyant(e); [respuesta] évasif(ive).

escurridor m [colador] passoire f.

escurrir ◇ vt **-1.** [gen] égoutter; [colada] essorer. **-2.** [vaciar] vider jusqu'à la dernière goutte. ◇ vi **-1.** [cosa mojada, líquido] goutter. **-2.** [suelo] glisser. ◆ **escurrirse** vp **-1.** [cosa mojada] s'égoutter. **-2.** [cosa resbaladiza] glisser.

ese[1] f s m inv; **hacer ~s** [persona] tituber; [coche] zigzaguer.

ese[2], **esa** (mpl **esos**, fpl **esas**) adj demos **-1.** [gen] ce, cette, ce...-là, cette...-là; **¿qué es ~ ruido?** qu'est-ce que c'est que ce bruit?; **esa corbata que llevas hoy es muy bonita** la cravate que tu portes aujourd'hui est très belle; **busco precisamente ~ libro** c'est précisément ce livre que je cherche; **prefiero esa casa a ésta** je préfère cette maison-là à celle-ci. **-2.** (después de sust) despec ce...-là, cette...-là; **el hombre ~ no me inspira confianza** cet homme-là ne m'inspire pas confiance.

ése, ésa (mpl **ésos**, fpl **ésas**) pron demos **-1.** [gen] celui-là, celle-là; **no cojas este diccionario, coge ~** ne prends pas ce dictionnaire-ci, prends celui-là; **dame un vaso - ¿cuál? - ~ que está en la mesa** donne-moi un verre - lequel? - celui qui est sur la table; **ésa es mi idea de...** c'est l'idée que je me fais de... **-2.** [mencionado antes] : **entraron Ana y María, ésa con un vestido rojo** Ana et María sont entrées, la première portait une robe rouge. **-3.** fam [despectivo] : **¿qué se ha creído ésa?** qu'est-ce qu'elle croit, celle-là?; **~ me ha querido timar** ce type-là a essayé de me rouler.

esencia f essence f; [lo principal] essentiel m; **quinta ~** quintessence f.

esencial adj essentiel(elle).

esfera f **-1.** [globo] sphère f; [de reloj] cadran m; **las altas ~s** de fig les hautes sphères de. **-2.** fig [ámbito] domaine m.

esférico, ca adj sphérique. ◆ **esférico** m DEP ballon m.

esfinge f sphinx m.

esfínter m sphincter m.

esforzar vt [voz, vista] forcer. ◆ **esforzarse** vp faire des efforts; **~se en** o **por hacer algo** s'efforcer de faire qqch.

esfuerzo m effort m.

esfumar vt estomper. ◆ **esfumarse** vp fig se volatiliser.

esgrima f escrime f.

esgrimir vt **-1.** [arma blanca] manier; [amenazando] brandir. **-2.** fig [argumento, hecho, idea] invoquer.

esguince m foulure f; [con desgarro] entorse f.

eslabón m chaînon m; **~ perdido** chaînon manquant.

eslip (pl **eslips**), **slip** (pl **slips**) m slip m.

eslogan (pl **eslóganes**), **slogan** (pl **slogans**) m slogan m.

eslora f longueur f (d'un bateau).

Eslovaquia Slovaquie f.

Eslovenia Slovénie f.

esmaltar vt émailler.

esmalte m émail m; [arte] émaillerie f. ◆ **esmalte (de uñas)** m vernis m à ongles.

esmerado, da adj [persona] soigneux(euse); [trabajo, pronunciación etc] soigné(e).

esmeralda ◇ f émeraude f. ◇ adj inv (vert) émeraude. ◇ m vert m émeraude.

esmerarse vp : **~ (en algo/en hacer algo)** s'appliquer (dans qqch/à faire qqch).

esmeril m émeri m.

esmerilar vt [pulir] polir à l'émeri.

esmero m soin m, application f.

esmirriado, da adj chétif(ive).

esmoquin (pl **esmóquines**), **smoking** (pl **smokings**) m smoking m.

esnifar vt fam sniffer.

esnob (pl **esnobs**), **snob** (pl **snobs**) adj & mf snob.

eso pron demos (neutro) cela, ça; **¿le habló usted de ~ en particular?** lui avez-vous parlé de cela en particulier?; **~ me interesa** ça m'intéresse; **~ es la Torre Eiffel** ça, c'est la tour Eiffel; **~ es lo que yo pienso** c'est ce que je pense; **~ de vivir solo no me gusta** je n'aime pas l'idée de vivre seul; **¡~, ~!** c'est ça, c'est ça!; **¿cómo es ~?** comment ça se fait?; **¡~ es!** c'est ça! ◆ **a eso de** loc prep vers. ◆ **en eso** loc adv sur ce. ◆ **y eso que** loc conj et pourtant.

esófago m œsophage m.

esos, esas → **ese**.

ésos, ésas → **ése**.

esotérico, ca adj ésotérique.

espabilar vt **-1.** [despertar] réveiller. **-2.** [avispar] : **~ a alguien** dégourdir qqn. **-3.** [despachar] expédier. ◆ **espabilarse** vp **-1.** [despertarse] se réveiller. **-2.** fam [darse prisa] se remuer. **-3.** [avisparse] se dégourdir,

espachurrar vt fam écrabouiller.

espacial adj spatial(e).

espaciar vt espacer.

espacio m **-1.** [gen] espace m; **no tengo mucho ~** je n'ai pas beaucoup de place; **por ~ de dos años** pendant deux ans; **~ aéreo** espace aérien; **~ de tiempo** laps m de temps. **-2.** RADIO & TV émission f; **~ musical** plage f musicale. **-3.** [entre líneas] interligne m f; **a doble ~** à double interligne.

espacioso, sa adj spacieux(euse).

espada f épée f; **estar entre la ~ y la pared** être pris entre deux feux. ◆ **espadas** fpl [naipes] l'une des quatre couleurs du jeu de cartes espagnol.

espagueti, spaguetti m (gen pl) spaghetti m.

espalda f **-1.** [gen] dos m; **tumbarse de ~s** s'allonger sur le dos; **caerse de ~s** tomber à la renverse; **por la ~** par-derrière. **-2.** DEP dos m crawlé. **-3.** loc : **cubrirse las ~s** protéger ses arrières; **hablar de uno a sus ~s** parler de qqn dans son dos; **volver la ~ a alguien** tourner le dos à qqn.

espaldarazo m : **dar un ~** donner une tape dans le dos; **se pegó un ~** il est tombé sur le dos.

espalderas fpl espalier m (de gymnastique).

espantadizo, za adj craintif(ive).

espantajo m épouvantail m; [para amenazar a niños] croque-mitaine m.

espantapájaros m inv épouvantail m.

espantar vt **-1.** [ahuyentar] faire fuir. **-2.** [asustar] épouvanter. ◆ **espantarse** vp s'affoler; **~se de o por** être épouvanté(e) de o par.

espanto m épouvante f; **¡qué ~!** quelle horreur!; **estoy curado de ~s** fig j'en ai vu d'autres.

espantoso, sa adj **-1.** [aterrador] épouvantable. **-2.** fig [enorme] terrible. **-3.** [feísimo] horrible.

España Espagne f; **la ~ del siglo de oro** l'Espagne du siècle d'or.

español, la ◇ adj espagnol(e). ◇ mf Espagnol m, -e f. ◆ **español** m [lengua] espagnol m.

españolada f despec espagnolade f.

españolizar vt espagnoliser. ◆ **españolizarse** vp devenir espagnol(e).

esparadrapo m sparadrap m.

esparcido, da adj éparpillé(e).

esparcir vt [aceite, noticia etc] répandre; [papeles, objetos] éparpiller. ◆ **esparcirse** vp se répandre.

espárrago m asperge f.

esparto m BOT alfa m.

espasmo m spasme m.

espasmódico, ca adj spasmodique.

espatarrarse vp fam [en sillón, sofá] s'affaler.

espátula f spatule f.

especia f épice f.

especial adj spécial(e); [trato] de faveur; **en ~** [sobre todo] particulièrement; **uno en ~** un en particulier.

especialidad f spécialité f.

especialista ◇ adj spécialiste; **un médico ~** un spécialiste. ◇ mf **-1.** [experto] spécialiste mf. **-2.** CIN cascadeur m, -euse f.

especializado, da adj spécialisé(e).

especializar vt spécialiser.

especie f **-1.** [gen] espèce f. **-2.** [tipo, clase] genre m. **-3.** [variedad] sorte f. **-4. pagar en o ~s** payer en nature.

especificar vt : **~ algo** spécifier qqch; **~ algo a alguien** préciser qqch à qqn.

específico, ca adj spécifique. ◆ **específicos** mpl FARMACIA spécialités fpl.

espécimen (pl **especímenes**) m spécimen m.

espectacular adj spectaculaire.

espectáculo m spectacle m; **dar el ~** fig se donner en spectacle.

espectador, ra m, f spectateur m, -trice f.

espectral adj spectral(e).

espectro m spectre m.

especulación f spéculation f.

especular vi **-1.** [mentalmente] : **~ (sobre)** spéculer (sur). **-2.** [comercialmente] : **~ (con o en)** spéculer (sur).

espejismo m lit & fig mirage m.

espejo m **-1.** [para mirarse] glace f, miroir m; **(~) retrovisor** rétroviseur m. **-2.** fig [imagen] : **ser el ~ de algo** [sociedad, época etc] refléter qqch; [alma] être le miroir de qqch. **-3.** fig [dechado] modèle m.

espeleología f spéléologie f.

espeluznante adj à donner la chair de poule.

espera f **-1.** [acción] attente f; **a la ~ de** [acontecimiento] dans l'espoir de; **en ~ de** [carta, paquete etc] dans l'attente de. **-2.** [calma] patience f.

esperanto *m* espéranto *m*.

esperanza *f* espoir *m*; **perder la** ~ perdre l'espoir; **tener** ~ **de hacer algo** avoir l'espoir de faire qqch; ~ **de vida** espérance *f* de vie.

esperanzar *vt* donner de l'espoir.

esperar *vt* **-1.** [gen] : ~ **(algo/a alguien)** attendre (qqch/qqn); ~ **algo de alguien** attendre qqch de qqn; **era algo de** ~ c'était à prévoir; **como era de** ~ comme il fallait s'y attendre. **-2.** [desear] : ~ **que** espérer que; **espero que sí** j'espère bien; ~ **hacer algo** espérer faire qqch. ◆ **esperarse** *vp* **-1.** [imaginarse] s'attendre à; **no se lo esperaba** il ne s'y attendait pas. **-2.** [aguardar] attendre; **se esperó durante una hora** il a attendu une heure.

esperma ◇ *m* o *f* sperme *m*. ◇ *f Amer* [vela] bougie *f*.

espermatozoide, **espermatozoo** *m* spermatozoïde *m*.

esperpento *m* **-1.** [persona] épouvantail *m*. **-2.** [cosa] horreur *f*.

espeso, sa *adj* **-1.** [gen] épais(aisse). **-2.** [tupido – vegetación] dense; [– bosque] touffu(e). **-3.** [difícil de entender] impénétrable.

espesor *m* épaisseur *f*.

espesura *f* **-1.** [vegetación] fourré *m*. **-2.** [espesor] épaisseur *f*.

espía *mf* espion *m*, -onne *f*.

espiar *vt* épier.

espiga *f* **-1.** [de trigo etc] épi *m*. **-2.** [en telas] chevron *m*. **-3.** [de madera, hierro] cheville *f*.

espigado, da *adj* **-1.** *fig* [persona] : **es** ~ il est grand et mince. **-2.** [planta] monté(e) en graine.

espigón *m* jetée *f*.

espina *f* **-1.** [pez] arête *f*. **-2.** [de planta] épine *f*. **-3.** *fig* [pena] : **tiene una** ~ **clavada** il en a gros sur le cœur; **me da mala** ~ cela ne me dit rien qui vaille. ◆ **espina dorsal** *f* épine *f* dorsale.

espinaca *f* (gen pl) épinard *m*.

espinazo *m* échine *f*.

espinilla *f* **-1.** ANAT tibia *m*. **-2.** [grano] point *m* noir.

espinoso, sa *adj lit & fig* épineux(euse).

espionaje *m* espionnage *m*.

espiral *f* spirale *f*; **en** ~ en spirale.

espirar ◇ *vi* expirer. ◇ *vt* exhaler.

espiritista ◇ *adj* spirite. ◇ *mf* médium *mf*.

espíritu *m* **-1.** [gen & RELIG] esprit *m* . **-2.** *fig* [ánimo] force *f*. ◆ **Espíritu Santo** *m* Saint-Esprit *m*.

espiritual ◇ *adj* spirituel(elle). ◇ *m* MÚS : ~ **(negro)** negro spiritual *m*.

espléndido, da *adj* **-1.** [magnífico] splendide. **-2.** [generoso] prodigue.

esplendor *m* splendeur *f*.

espliego *m* lavande *f*.

espoleta *f* [de proyectil] détonateur *m*.

espolio = expolio.

espolvorear *vt* saupoudrer.

esponja *f* éponge *f*.

esponjoso, sa *adj* spongieux(euse).

espontaneidad *f* spontanéité *f*.

espontáneo, a ◇ *adj* spontané(e). ◇ *m, f* spectateur qui saute dans l'arène pour toréer.

esporádico, ca *adj* sporadique.

esport, sport *adj inv* sport; **un traje** ~ un costume sport.

esposar *vt* passer les menottes à.

esposo, sa *m, f* époux *m*, -ouse *f*. ◆ **esposas** *fpl* menottes *fpl*.

espot (*pl* **espots**), **spot** (*pl* **spots**) *m* spot *m*.

espray (*pl* **esprays**), **spray** (*pl* **sprays**) *m* spray *m*, aérosol *m*.

esprint (*pl* **esprints**), **sprint** (*pl* **sprints**) *m* sprint *m*.

espuela *f* **-1.** [de jinete] éperon *m*. **-2.** *fig* [estímulo] aiguillon *m*. **-3.** *fam fig* [última copa] coup *m* de l'étrier.

espuma *f* **-1.** [de cerveza, jabón] mousse *f*. **-2.** [para pelo] mousse *f* coiffante o de coiffage. **-3.** [de olas, caldo] écume *f*.

espumadera *f* écumoire *f*.

espumarajo *m* écume *f* (bave).

espumoso, sa *adj* [mar, olas] écumeux(euse); [vino] mousseux(euse); [jabón] moussant(e). ◆ **espumoso** *m* [vino] mousseux *m*.

esputo *m* expectoration *f*.

esquech (*pl* **esquechs**), **esquetch** (*pl* **esquetchs**) *m* sketch *m*.

esqueje *m* bouture *f*.

esquela *f* faire-part *m* de décès.

esquelético, ca *adj* squelettique.

esqueleto *m* squelette *m*; **menear** o **mover el** ~ *fam* guincher.

esquema *m* schéma *m*.

esquemático, ca *adj* schématique.

esquematizar *vt* schématiser.

esquetch = esquech.

esquí (*pl* **esquíes** ○ **esquís**), **ski** (*pl* **skíes** ○ **skis**) *m* ski *m*; ~ **náutico** ○ **acuático** ski nautique.

esquiador, ra *m, f* skieur *m*, -euse *f*.

esquiar *vi* skier.

esquilar *vt* tondre (*les animaux*).

esquimal ○ *adj* esquimau(aude). ○ *mf* [persona] Esquimau *m*, -aude *f*. ○ *m* [lengua] esquimau *m*.

esquina *f* coin *m*; **a la vuelta de la** ~ au coin de la rue; **al doblar la** ~ en tournant au coin de la rue.

esquirol *m fam* jaune *mf* (*briseur de grève*).

esquivar *vt* éviter; [golpe] esquiver.

esquivo, va *adj* farouche.

esquizofrenia *f* schizophrénie *f*.

esta → **este**.

ésta → **éste**.

estabilidad *f* stabilité *f*.

estabilizar *vt* stabiliser. ◆ **estabilizarse** *vp* se stabiliser.

estable *adj* stable.

establecer *vt* établir. ◆ **establecerse** *vp* s'établir.

establecimiento *m* établissement *m*.

establo *m* étable *f*.

estaca *f* -1. [palo puntiagudo] pieu *m*. -2. [garrote] gourdin *m*.

estacada *f* [cerco] palissade *f*; **dejar a alguien en la** ~ laisser tomber qqn; **quedar** ○ **quedarse alguien en la** ~ être abandonné(e)à son triste sort.

estación *f* -1. [gen & INFORM] station *f*; ~ **de esquí** station de ski; ~ **de gasolina** pompe *f* à essence; ~ **de metro** station de métro; ~ **de trabajo** poste *m* de travail; ~ **emisora/meteorológica** station de radio/météo. -2. [de tren] gare *f*; ~ **de autocares** gare routière. -3. [del año, temporada] saison *f*. ◆ **estación de servicio** *f* station-service *f*.

estacionamiento *m* stationnement *m*; '~ **indebido**' 'stationnement interdit'.

estacionar *vt* garer. ◆ **estacionarse** *vp* se garer, stationner.

estacionario, ria *adj* stationnaire.

estadio *m* stade *m*.

estadista *mf* homme *m* d'État.

estadístico, ca *adj* statistique. ◆ **estadística** *f* statistique *f*.

estado *m* état *m*; **estar en buen/mal** ~ être en bon/mauvais état; **la carne está en mal** ~ la viande est avariée; ~ **civil** état civil; ~ **de ánimo** humeur *f*; ~ **de excepción** ○ **emergencia** état d'urgence; ~ **de sitio** état de siège; **estar en** ~ (**de esperanza** ○ **buena esperanza**) *fig* attendre un heureux événement. ◆ **Estado** *m* [gobierno] État *m*; **Estado Mayor** MIL état-major *m*.

Estados Unidos (de América) les États-Unis (d'Amérique); ~ **salió vencedor** les États-Unis ont gagné.

estadounidense ○ *adj* américain(e) (*des États-Unis*). ○ *mf* Américain *m*, -e *f*.

estaf (*pl* **estafs**), **staff** (*pl* **staffs**) *m* [de empresa] staff *m*; [de profesores] équipe *f*.

estafa *f* escroquerie *f*.

estafador, ra *m, f* escroc *m*.

estafar *vt* escroquer.

estafeta *f* bureau *m* de poste.

estalactita *f* stalactite *f*.

estalagmita *f* stalagmite *f*.

estallar *vi* éclater; [bomba] exploser; [cristal] voler en éclats; ~ **en sollozos/en una carcajada** éclater en sanglots/de rire.

estallido *m* explosion *f*; [de guerra, neumático] éclatement *m*.

estambre *m* -1. [hilo] fil *m* de laine. -2. [de flor] étamine *f*.

Estambul Istanbul.

estamento *m* classe *f* (*de la société*).

estampa *f* -1. [imagen impresa] estampe *f*. -2. [tarjeta, retrato] image *f*; **este niño es la** ~ **de su padre** cet enfant est l'image de son père. -3. [aspecto] allure *f*.

estampado, da *adj* -1. [tela] imprimé(e). -2. [firma etc] apposé(e). ◆ **estampado** *m* impression *f*.

estampar *vt* -1. [imprimir – metal] estamper; [– tela] imprimer. -2. [escribir] : ~ **su firma** apposer sa signature. -3. *fig* [arrojar] : ~ **algo contra** fracasser qqch contre; ~ **a alguien contra** précipiter qqn contre. -4. *fam fig* [dar] flanquer.

estampida *f* débandade *f*.

estampido *m* fracas *m*.

estampilla *f* -1. [sello – con firma] cachet *m*; [– con letrero] estampille *f*. -2. *Amer* [de correos] timbre *m*.

estancarse *vp* -1. [líquido] stagner. -2. [situación, proyecto] rester en suspens.

estancia *f* -1. [tiempo] séjour *m*. -2. [habitación] pièce *f*. -3. *Amer* [hacienda] ranch *m*.

estanciero *m Amer* propriétaire *m* de ranch.

estanco, ca *adj* étanche. ◆ **estanco** *m* bureau *m* de tabac.

estand (*pl* **estands**), **stand** (*pl* **stands**) *m* stand *m*.

estándar (*pl* **estándares**) *adj & m* standard.

estandarizar *vt* standardiser.

estandarte *m* étendard *m*.

estanding, standing *m* standing *m*.

estanque *m* **-1.** [alberca] étang *m*. **-2.** *Amer* [depósito] réservoir *m*.

estanquero *mf* buraliste *mf*.

estante *m* étagère *f* (planche).

estantería *f* étagère *f* (meuble).

estaño *m* étain *m*.

estar ◇ *vi* **-1.** [gen] être; **la llave está en la cerradura** la clef est dans la serrure; **¿está María?** est-ce que María est là?; **¿a qué estamos hoy?** le combien sommes-nous aujourd'hui?; **hoy estamos a 13 de julio** aujourd'hui nous sommes le 13 juillet; **el dólar está a 95 pesetas** le dollar est à 95 pesetas. **-2.** [quedarse] rester; **estaré un par de horas y me iré** je resterai une heure ou deux et je m'en irai; **estuvo toda la tarde en casa** il est resté chez lui tout l'après-midi. **-3.** [hallarse listo] être prêt; **el almuerzo estará a las tres** le déjeuner sera prêt à trois heures; **~ para** [de humor] être d'humeur à, être disposé(e)à; [en condiciones] être en état de; **no estoy para bromas** je ne suis pas d'humeur à plaisanter; **no estoy para jugar** je ne suis pas en état de jouer; **para eso están los amigos** les amis sont là pour ca; **~ por** [quedar] être à, rester à; [a punto de] être sur le point de; [con ganas de] être tenté(e)de; **esto está por hacer** ceci est à faire; **eso está por ver** ça reste à voir; **estaba por irme cuando llegaste** j'étais sur le point de partir quand tu es arrivé; **estuve por pegarle** j'ai failli le frapper; **estoy por llamarlo** je suis tenté de l'appeler. ◇ *v aux* **-1.** (*antes de gerundio*) [expresa duración]: **estoy pintando** je suis en train de peindre, je peins; **estuvieron trabajando día y noche** ils ont travaillé jour et nuit. **-2.** (*antes de participio, en construcción pasiva*) être; **la exposición está organizada por el ayuntamiento** l'exposition est organisée par la mairie. ◇ *v copulativo* **-1.** [gen] être; **¿cómo estás?** comment vas-tu?; **esta calle está sucia** cette rue est sale; **estoy a régimen** je suis au régime; **está de** ○ **como director de la agencia** il est directeur de l'agence; **es-**

tán de viaje ils sont en voyage; **hoy estoy de buen humor** aujourd'hui je suis de bonne humeur; **está que muerde porque ha suspendido** il n'est pas à prendre avec des pincettes parce qu'il a échoué. **-2.** [consistir]: **el problema está en la fecha** c'est la date qui pose problème. **-3.** [sentar] aller; **este traje te está muy bien** cette robe te va très bien. ◆ **~ en que** [creer que] penser que, croire que; **estoy en que no vendrá** je pense qu'il ne viendra pas. ◆ **estarse** *vp* [permanecer] rester; **estate quieto** reste tranquille; **puedes ~te unos días aquí** tu peux rester quelques jours ici.

estárter (*pl* **estárters**), **starter** (*pl* **starters**) *m* AUTOM starter *m*.

estatal *adj* de l'État; **un representante ~** un représentant de l'État; **un organismo ~** un organisme d'État; **una empresa ~** une entreprise publique.

estático, ca *adj* **-1.** [FÍS & inmóvil] statique. **-2.** [pasmado]: **se quedó ~ del pavor** il a été saisi d'effroi. ◆ **estática** *f* statique *f*.

estatismo *m* **-1.** POLÍT étatisme *m*. **-2.** [inmovilidad] statisme *m*.

estatua *f* statue *f*.

estatura *f* stature *f*.

estatus, status *m* statut *m* social.

estatutario, ria *adj* statutaire.

estatuto *m* statut *m*.

este[1] ◇ *m* est *m*; **el ~ de Europa** l'est de l'Europe. ◇ *adj* [zona, frontera] est; [viento] d'est. ◆ **Este** *m*: **el Este** [punto cardinal] l'Est; **los países del Este** les pays de l'Est.

este[2], **esta** (*mpl* **estos**, *fpl* **estas**) *adj demos* ce, cette, ce...-ci, cette...-ci; **~ hombre** cet homme; **me regaló estos libros** elle m'a offert ces livres; **me gusta más esta casa que ésa** cette maison-ci me plaît plus que celle-là; **esta mañana ha llovido** ce matin il a plu; **no soporto a la niña esta** cette fille, je ne la supporte pas.

éste, ésta (*mpl* **éstos**, *fpl* **éstas**) *pron demos* **-1.** [cercano en el espacio] celui-ci, celle-ci; **aquellos cuadros están bien, aunque éstos me gustan más** ces tableaux-là sont bien mais je préfère ceux-ci; **~ es el modelo más barato** c'est ○ voici le modèle le moins cher; **~ ha sido el día más feliz de mi vida** ça a été le plus beau jour de ma vie. **-2.** *fam despec*: **¿qué hace aquí ~?** qu'est-ce qu'il fait ici lui?; **~ es el que me pegó** c'est lui qui m'a frappé.

estela f -1. [de barco] sillage m; [de estrella fugaz] traînée f. -2. fig [rastro] : dejar ~ laisser des traces.

estelar adj -1. ASTRON stellaire. -2. fig [más importante] marquant(e); **la figura** ~ la vedette; **el momento** ~ le moment clé.

estelaridad f Amer popularité f.

estepa f steppe f.

estera f natte f (en paille).

estercolero m tas m de fumier; fig [lugar sucio] porcherie f.

estéreo ◇ adj stéréo. ◇ m [aparato] stéréo f.

estereofónico, ca adj stéréophonique.

estereotipado, da adj stéréotypé(e).

estereotipo m stéréotype m.

estéril adj lit & fig stérile.

esterilete m stérilet m.

esterilizar vt stériliser.

esterilla f natte f (de plage).

esterlina, sterling f → libra.

esternón m sternum m.

esteta mf esthète mf.

esteticista, esthéticienne f esthéticienne f.

estético, ca adj esthétique. ◆ **estética** f esthétique f.

esthéticienne = esteticista.

estiércol m fumier m.

estigma m lit & fig stigmate m.

estilarse vp fam se faire, se porter, être à la mode; **ya no se estila ese tipo de pantalones** ce type de pantalon ne se fait plus.

estilete m stylet m.

estilista mf styliste mf.

estilístico, ca adj stylistique.

estilizar vt styliser; ~ **la figura** [un vestido] mettre les formes en valeur.

estilo m -1. [gen & GRAM] style m; **por el** ~ de ce genre de; ~ **de vida** style de vie; ~ **directo/indirecto** style direct/indirect. -2. DEP : ~ **libre** nage f libre; ~ **mariposa** nage f papillon. -3. loc : **algo por el** ~ quelque chose comme ça.

estilográfica f → pluma.

estima f estime f; **tener a alguien en mucha** ~ tenir qqn en grande estime.

estimación f -1. [aprecio] estime f. -2. [valoración] estimation f.

estimar vt estimer.

estimulante ◇ adj stimulant(e). ◇ m stimulant m.

estimular vt stimuler.

estímulo m -1. [aliciente] stimulant m; [ánimo] stimulation f. -2. [de órgano] stimulus m.

estío m culto été m.

estipendio m rétribution f.

estipulación f -1. [de precios etc] fixation f. -2. DER stipulation f.

estipular vt stipuler.

estirado, da adj [afectado] guindé(e); [arrogante] hautain(e).

estirar ◇ vt -1. [alargar] étirer. -2. [desarrugar, poner tenso] tendre. -3. fig [dinero, conversación] faire durer. ◇ vi : ~ **de** tirer sur. ◆ **estirarse** vp -1. [desperezarse] s'étirer. -2. [tumbarse] s'étendre. -3. [crecer] pousser.

estirón m -1. [acción] saccade f; **dar un** ~ **a algo** tirer sur qqch. -2. [al crecer] : **¡vaya** ~ **que ha dado este niño!** qu'est-ce qu'il a poussé ce petit!

estirpe f souche f (lignée).

estival adj estival(e).

esto pron demos (neutro) ceci, ça; ~ **es un nuevo producto** ceci est un nouveau produit; ~ **no puede ser** ça n'est pas possible; ~ **que acabas de decir no tiene sentido** ce que tu viens de dire n'a pas de sens; ~ **de trabajar de noche no me gusta** je n'aime pas travailler la nuit; ~ **es** c'est-à-dire; **el precio neto,** ~ **es libre de impuestos, es...** le prix net, c'est-à-dire hors taxe, est de...

estoc (pl estocs), **stock** (pl stocks) m stock m.

Estocolmo Stockholm.

estofa f espèce f, sorte f; **de baja** ~ [gente] de bas étage.

estofado m estouffade f.

estofar vt CULIN cuire à l'étouffée.

estoicismo m stoïcisme m.

estoico, ca adj stoïque.

estomacal ◇ adj -1. [del estómago] stomacal(e); **dolencias** ~**es** maux d'estomac. -2. [bebida] digestif(ive). ◇ m digestif m.

estómago m estomac m.

Estonia Estonie f.

estop = stop.

estorbar ◇ vt [obstaculizar, molestar] gêner; **el ruido le estorba le bruit le gêne; no quiero** ~ je ne veux pas vous déranger. ◇ vi [estar en medio] bloquer le passage.

estorbo *m* gêne *f*.

estornudar *vi* éternuer.

estornudo *m* éternuement *m*.

estos, estas → este.

éstos, éstas → éste.

estoy→ estar.

estrabismo *m* strabisme *m*.

estrado *m* [en escuela] estrade *f*; [en actos solemnes] tribune *f*.

estrafalario *adj* saugrenu(e).

estragón *m* estragon *m*.

estragos *mpl* : **causar** ○ **hacer ~** faire des ravages.

estrambótico *adj* farfelu(e).

estrangulador, ra *m, f* étrangleur *m*, -euse *f*.

estrangulamiento *m* étranglement *m*.

estrangular *vt* **-1.** [ahogar] étrangler. **-2.** MED ligaturer. **-3.** [proyecto] étouffer dans l'œuf.

estraperlo *m* marché *m* noir.

estratagema *f* stratagème *m*.

estratega *mf* stratège *m*.

estrategia *f* stratégie *f*.

estratégico, ca *adj* stratégique.

estratificar *vt* stratifier.

estrato *m* **-1.** GEOL strate *f*. **-2.** *fig* [social] couche *f*.

estratosfera *f* stratosphère *f*.

estrechamiento *m* **-1.** [de tamaño] rétrécissement *m*. **-2.** *fig* [en las relaciones] resserrement *m*.

estrechar *vt* **-1.** [hacer estrecho] rétrécir. **-2.** *fig* [relaciones] resserrer. **-3.** [apretar] serrer; ~ **entre sus brazos** serrer dans ses bras; ~ **la mano a alguien** serrer la main à qqn. ◆ **estrecharse** *vp* **-1.** [hacerse estrecho] se rétrécir. **-2.** [abrazarse] s'étreindre. **-3.** [apretarse] se serrer.

estrechez *f* **-1.** [gen] étroitesse *f*; ~ **de miras** étroitesse d'esprit. **-2.** *fig* [falta de dinero] : **pasar estrecheces** être dans la gêne.

estrecho, cha ◇ *adj* **-1.** [gen] étroit(e); **estar muy ~** être très à l'étroit. **-2.** *fig* [rígido] strict(e). ◇ *m, f fam* bégueule *mf*; **hacerse el ~** jouer les prudes; **ser una estrecha** être une sainte-nitouche. ◆ **estrecho** *m* GEOGR détroit *m*.

estrella ◇ *adj inv* [presentador] vedette; [producto] phare. ◇ *f* **-1.** [gen] étoile *f*. **-2.** *fig* [celebridad] vedette *f*. **-3.** *loc* : **tener buena/mala ~** être né(e) sous une

bonne/mauvaise étoile. ◆ **estrella de mar** *f* étoile *f* de mer.

estrellado, da *adj* étoilé(e).

estrellar *vt* [arrojar] fracasser; [vaso, plato] briser. ◆ **estrellarse** *vp* **-1.** [chocar] : ~**se (contra)** se fracasser (contre); [coche, avión] s'écraser (contre). **-2.** *fig* [fracasar] s'effondrer.

estrellón *m Amer* collision *f*.

estremecer *vt* **-1.** [sacudir] ébranler, faire trembler. **-2.** *fig* [suj : amenazas etc] faire frémir. ◆ **estremecerse** *vp* : ~**se (de)** [horror] frémir (de); [miedo, frío] trembler de.

estremecimiento *m* frémissement *m*.

estrenar *vt* **-1.** [gen] étrenner. **-2.** TEATR donner la première de; CIN projeter pour la première fois. ◆ **estrenarse** *vp* **-1.** [persona] débuter. **-2.** [película] sortir.

estreno *m* **-1.** [de espectáculo] première *f*; [de película] sortie *f*. **-2.** [en un empleo] débuts *mpl*.

estreñido, da *adj* constipé(e).

estreñimiento *m* constipation *f*.

estrépito *m* **-1.** [ruido] fracas *m*. **-2.** *fig* [ostentación] : **con gran ~** à grand bruit.

estrepitoso, sa *adj* retentissant(e).

estrés, stress *m inv* stress *m inv*.

estresar *vt* stresser.

estría *f* vergeture *f*.

estribar *vi* : ~ **en** reposer sur.

estribillo *m* **-1.** MÚS & LITER refrain *m*. **-2.** *fam* [coletilla] tic *m* de langage.

estribo *m* **-1.** [de montura] étrier *m*. **-2.** [de coche, tren] marchepied *m*. **-3.** *loc* : **perder los ~s** perdre les pédales.

estribor *m* tribord *m* .

estricto, ta *adj* strict(e).

estridente *adj* **-1.** [ruido] strident(e). **-2.** *fig* [extravagante] excentrique.

estrofa *f* strophe *f*.

estropajo *m* tampon *m* à récurer.

estropear *vt* **-1.** [averiar] abîmer. **-2.** [planes, proyecto] faire échouer. ◆ **estropearse** *vp* **-1.** [averiarse] tomber en panne. **-2.** [dañarse] s'abîmer. **-3.** [planes, proyecto] échouer.

estropicio *m* casse *f* (*dégâts*).

estructura *f* structure *f*.

estructurar *vt* structurer.

estruendo *m* **-1.** [ruido] vacarme *m*; [de trueno] grondement *m*; [de aplauso] tonnerre *m*. **-2.** [confusión] tumulte *m*.

estrujar *vt* **-1.** [limón, naranja] presser. **-2.** [papel] froisser; [caja, mano] écraser. **-3.** *fig* [sacar partido] exploiter; [sacar dinero] saigner. ◆ **estrujarse** *vp* [apretujarse] se serrer; ~**se la cabeza** se creuser la tête.

estuario *m* estuaire *m*.

estucar *vt* stuquer.

estuche *m* [de gafas, instrumento] étui *m*; [de joyas] coffret *m*. ◆ **estuche de aseo** *m* trousse *f* de toilette.

estuco *m* stuc *m*.

estudiante *mf* étudiant *m*, -e *f*.

estudiantil *adj* estudiantin(e); [equipo, asociación] d'étudiants.

estudiar ◇ *vt* étudier; [lección, idioma] apprendre; ~ **derecho** faire des études de droit. ◇ *vi* étudier; ~ **para médico** faire médecine; **tengo que** ~ **para aprobar** je dois travailler pour être reçu.

estudio *m* **-1.** [trabajo, análisis] étude *f*; **estar en** ~ être à l'étude; ~ **de mercado** étude de marché. **-2.** [local de pintor] atelier *m*. **-3.** [apartamento, local de fotógrafo] studio *m*. **-4.** *(gen pl)* CIN, TV & RADIO studio *m*. ◆ **estudios** *mpl* études *fpl*; **tener** ~**s** avoir fait des études; ~**s primarios/secundarios** études primaires/secondaires.

estudioso, sa ◇ *adj* studieux(euse). ◇ *m, f* spécialiste *mf*.

estufa *f* [para calentar] poêle *m*.

estupefaciente *m* stupéfiant *m*.

estupefacto, ta *adj* stupéfait(e).

estupendamente *adv* merveilleusement bien; **encontrarse** ~ être en pleine forme.

estupendo, da *adj* formidable, magnifique.

estupidez *f* stupidité *f*; **decir/hacer una** ~ dire/faire une bêtise.

estúpido, da ◇ *adj* stupide. ◇ *m, f* idiot *m*, -e *f*.

estupor *m* stupeur *f*.

esturión *m* esturgeon *m*.

estuviera *etc* → **estar**.

esvástica, svástica *f* svastika *m*.

ETA *(abrev de* **Euskadi ta Askatasuna)** *f* ETA *f*.

etapa *f* étape *f*; **por** ~**s** par étapes.

etarra ◇ *adj* de l'ETA. ◇ *mf* membre *m* de l'ETA.

ETB *(abrev de* **Euskal Telebista)** *f* télévision autonome basque.

etc. *(abrev de* **etcétera)** etc.

etcétera ◇ *m* : ... **y un largo** ~... et bien d'autres. ◇ *adv* et cetera.

éter *m* éther *m*.

etéreo, a *adj* éthéré(e); [vapores] d'éther.

eternidad *f lit & fig* éternité *f*.

eterno, na *adj* éternel(elle); *fig* [larguísimo] interminable.

ético, ca *adj* éthique. ◆ **ética** *f* **-1.** FILOSOFÍA éthique *f*. **-2.** [educación] morale *f*; **ética profesional** déontologie *f*.

etílico, ca *adj* éthylique; **en estado** ~ en état d'ivresse.

etimología *f* étymologie *f*.

Etiopía Éthiopie *f*.

etiqueta *f* **-1.** [gen] étiquette *f*; **de** ~ [cena, traje] habillé(e); [visita, recibimiento] officiel(elle); [traje] de soirée. **-2.** INFORM label *m*.

etiquetar *vt* étiqueter; ~ **a alguien de** *fig* étiqueter qqn comme.

etnia *f* ethnie *f*.

étnico, ca *adj* ethnique.

eucalipto *m* eucalyptus *m*.

eucaristía *f* eucharistie *f*.

eufemismo *m* euphémisme *m*.

euforia *f* euphorie *f*.

eufórico, ca *adj* euphorique.

eunuco *m* eunuque *m*.

eureka *interj* : ¡~! eurêka!

eurocheque *m* eurochèque *m*.

eurocomunismo *m* eurocommunisme *m*.

euroconector *m* prise *f* Péritel®.

eurócrata *mf* eurocrate *mf*.

eurodiputado, da *m, f* député *m* européen.

Europa Europe *f*.

europarlamentario, ria ◇ *adj* du Parlement européen. ◇ *m, f* parlementaire *m* européen, parlementaire *f* européenne.

europeizar *vt* européaniser.

europeo, a ◇ *adj* européen(enne). ◇ *m, f* Européen *m*, -enne *f*.

eurovisión *f* Eurovision® *f*.

Euskadi Euskadi *(Pays basque)*.

euskera ◇ *adj* euskarien(enne). ◇ *mf* Euskarien *m*, -enne *f*. ◇ *m* [lengua] euskera *m*.

eutanasia *f* euthanasie *f*.

evacuación *f* évacuation *f*.

evacuado, da *adj & m, f* évacué(e).

evacuar *vt* **-1.** [desalojar] évacuer. **-2.** [defecar] : ~ **(el vientre)** aller à la selle.

evadir *vt* –1. [gen] : ~ **(hacer algo)** éviter (de faire qqch). –2. [responsabilidades] fuir; [pregunta] éluder. ◆ **evadirse** *vp* s'évader.

evaluación *f* –1. [gen] évaluation *f*. –2. EDUC [examen] contrôle *m* des connaissances; [período] trimestre *m*.

evaluar *vt* évaluer; EDUC contrôler les connaissances de.

evangélico, ca *adj & m, f* évangélique.

evangelio *m* évangile *m*; [doctrina] Évangile *m*.

evaporar *vt* évaporer. ◆ **evaporarse** *vp* lit & fig s'évaporer.

evasión *f* –1. [gen] évasion *f*. –2. ECON fuite *f*; ~ **de capitales** o **divisas** fuite des capitaux.

evasivo, va *adj* évasif(ive). ◆ **evasiva** *f* échappatoire *f*; **responder con evasivas** se dérober à une question.

evento *m* événement *m*.

eventual *adj* –1. [no fijo] temporaire. –2. [posible] éventuel(elle).

eventualidad *f* –1. [temporalidad] précarité *f* d'une situation. –2. [posibilidad] éventualité *f*.

evidencia *f* –1. [claridad] évidence *f*; **poner algo en** ~ mettre qqch en évidence; **poner a alguien en** ~ tourner qqn en ridicule. –2. [prueba] preuve *f*.

evidenciar *vt* mettre en évidence. ◆ **evidenciarse** *vp* être évident(e).

evidente *adj* évident(e).

evitar *vt* éviter.

evocación *f* évocation *f*.

evocar *vt* évoquer.

evolución *f* évolution *f*.

evolucionar *vi* évoluer.

evolucionismo *m* évolutionnisme *m*.

evolutivo, va *adj* évolutif(ive).

ex ◇ *mf fam* [cónyuge] ex *mf*. ◇ *adj* ex; **un** ~ **ministro** un ex-ministre, un ancien ministre.

exacerbar *vt* –1. [agudizar] exacerber. –2. [irritar] excéder.

exactitud *f* exactitude *f*.

exacto, ta *adj* exact(e); **3 metros ~s** exactement 3 mètres. ◆ **exacto** *interj* : ¡~! exactement!

exageración *f* exagération *f*; **contar exageraciones** exagérer; **ser una** ~ être exagéré(e).

exagerado, da *adj* exagéré(e); [precio, persona] excessif(ive).

exagerar *vt & vi* exagérer.

exaltado, da *adj & m, f* exalté(e).

exaltar *vt* –1. [encumbrar] élever. –2. [glorificar] exalter. ◆ **exaltarse** *vp* s'exalter.

examen *m* examen *m*; **hacer un** ~ **de algo** examiner qqch; **presentarse a un** ~ se présenter à un examen; ~ **final** examen final; ~ **oral** épreuve *f* orale, oral *m*; ~ **parcial** partiel *m*.

examinar *vt* –1. [observar] examiner. –2. [evaluar, interrogar] faire passer un examen à; ~ **a alguien sobre algo** interroger qqn sur qqch. ◆ **examinarse** *vp* passer un examen.

exánime *adj* –1. [muerto, desmayado] inanimé(e). –2. fig [agotado] éreinté(e); **dejar a alguien** ~ épuiser qqn.

exasperante *adj* exaspérant(e).

exasperar *vt* exaspérer. ◆ **exasperarse** *vp* être exaspéré(e).

excavación *f* excavation *f*; [arqueológica] fouille *f*.

excavador, ra *m, f* personne *f* qui fait des fouilles. ◆ **excavadora** *f* [máquina] pelle *f* mécanique.

excavar *vt* creuser; [zona arqueológica] fouiller.

excedencia *f* [de empleados, embarazadas] congé *m*; [de funcionarios] disponibilité *f*.

excedente ◇ *adj* –1. [producción, dinero etc] excédentaire. –2. [empleado, embarazada] en congé; [funcionario] en disponibilité. ◇ *m* excédent *m*. ◇ *mf* [empleado] employé *m*, -e *f* en congé; [funcionario] fonctionnaire *mf* en disponibilité.

exceder ◇ *vt* dépasser; ~ **a alguien** surpasser qqn. ◇ *vi* : ~ (**a** o **de algo**) dépasser (qqch). ◆ **excederse** *vp* –1. [pasarse de la raya] dépasser les bornes. –2. [exagerar] : ~**se (en algo)** exagérer (dans qqch); ~**se en el peso** peser trop lourd.

excelencia *f* [cualidad] excellence *f*; **por** ~ par excellence. ◆ **Excelencia** *f* : **Su Excelencia** Son Excellence.

excelente *adj* excellent(e).

excelso, sa *adj culto.* –1. [poeta, director] éminent(e). –2. [montes] élevé(e).

excentricidad *f* excentricité *f*.

excéntrico, ca *adj & m, f* excentrique.

excepción *f* exception *f*; **a** o **con** ~ **de** à l'exception de. ◆ **de excepción** *loc adj* d'exception.

excepcional *adj* exceptionnel(elle).

excepto *adv* excepté, hormis.

exceptuar vt **-1.** [excluir] excepter; **exceptuando a los chicos** les garçons exceptés. **-2.** [eximir] : ~ **a alguien (de)** [obligación, tarea] dispenser qqn (de).

excesivo, va adj excessif(ive).

exceso m **-1.** [gen] excès m; ~ **de peso** [obesidad] excès de poids; [carga de más] surcharge f; ~ **de poder** abus m de pouvoir. **-2.** [excedente] excédent m; ~ **de equipaje** excédent de bagages; ~ **de natalidad** excédent des naissances.

excipiente m excipient m.

excisión f excision f.

excitación f excitation f.

excitado, da adj excité(e).

excitante ◇ adj excitant(e), palpitant(e). ◇ m excitant m.

excitar vt **-1.** [inquietar] exciter. **-2.** [incitar] : ~ **a alguien a algo/a hacer algo** pousser qqn à qqch/à faire qqch. **-3.** [activar – apetito] aiguiser; [– deseos] éveiller; [– nervios] taper sur. ◆ **excitarse** vp s'exciter.

exclamación f exclamation f.

exclamar ◇ vt proférer. ◇ vi s'exclamer.

excluir vt exclure; ~ **a alguien de** exclure qqn de.

exclusión f exclusion f.

exclusiva f → exclusivo.

exclusivo, va adj **-1.** [único] seul(e). **-2.** [privilegiado] exclusif(ive). ◆ **exclusiva** f exclusivité f.

Excma. abrev de **Excelentísima**.

Excmo. abrev de **Excelentísimo**.

excombatiente mf ancien combattant m.

excomulgar vt excommunier.

excomunión f excommunication f.

excremento m (gen pl) excrément m.

exculpar vt innocenter.

excursión f **-1.** [viaje] excursion f; **ir de** ~ partir en excursion. **-2.** fam [paseo] : **darse una** ~ faire un tour.

excursionista mf excursionniste mf.

excusa f excuse f.

excusar vt **-1.** [justificar] excuser. **-2.** [evitar] : ~ **hacer algo** s'abstenir de faire qqch. ◆ **excusarse** vp : ~**se (con alguien por algo)** s'excuser (de qqch auprès de qqn).

exégesis f exégèse f.

exento, ta adj : ~ **(de)** [curiosidad, errores] exempt(e)(de); [responsabilidades, obligaciones] libéré(e) (de); [servicio militar] exempté(e) (de); [impuestos] exonéré(e) (de); [clase] dispensé(e) (de).

exequias fpl obsèques fpl.

exhalación f **-1.** [emanación] exhalaison f; [suspiro] exhalation f. **-2.** [rapidez] : **como una** ~ comme l'éclair.

exhalar vt **-1.** [emanar] exhaler. **-2.** fig [suspiros] pousser; [reproches] proférer.

exhaustivo, va adj exhaustif(ive).

exhausto, ta adj [cansado] épuisé(e).

exhibición f **-1.** [de cuadros] exposition f. **-2.** [de danza, karate etc] exhibition f. **-3.** [de película] projection f. **-4.** [de modelos] présentation f. **-5.** [de fuerza] démonstration f.

exhibicionismo m lit & fig exhibitionnisme m.

exhibir vt **-1.** [cuadros, fotografías] exposer. **-2.** [película] projeter. **-3.** [modelos, productos] présenter. ◆ **exhibirse** vp s'exhiber.

exhortación f exhortation f.

exhortar vt : ~ **a alguien a algo/a hacer algo** exhorter qqn à qqch/à faire qqch.

exhumar vt lit & fig exhumer.

exigencia f exigence f; ~**s del trabajo** obligations fpl professionnelles.

exigente ◇ adj exigeant(e). ◇ mf : **es un** ~ il est exigeant.

exigir ◇ vt exiger. ◇ vi [pedir] être exigeant(e).

exiguo, gua adj minime; [salario] maigre; [habitación] exigu(ë).

exiliado, da adj & m, f exilé(e).

exiliar vt exiler. ◆ **exiliarse** vp s'exiler.

exilio m exil m.

eximir vt : ~ **de** exempter de.

existencia f existence f. ◆ **existencias** fpl COM stocks mpl.

existencialismo m existentialisme m.

existir vi **-1.** [gen] exister. **-2.** [haber] : **existe... il y a...; existen varias posibilidades** il y a plusieurs possibilités.

éxito m **-1.** [gen] succès m; [libro] best-seller m; [canción] tube m; **tener** ~ avoir du succès. **-2.** [de empresa, persona] réussite f.

exitoso, sa adj à succès.

éxodo m exode m.

exorbitante adj exorbitant(e).

exorbitar vt exagérer.

exorcismo m exorcisme m.

exorcizar vt exorciser.

exótico, ca adj exotique.

expandir vt -**1.** Fís dilater. -**2.** [noticia, rumor] répandre. ◆ **expandirse** vp [rumor] se répandre.

expansión f -**1.** [gen, Fís & Econ] expansion f. -**2.** fig [de noticia] propagation f. -**3.** [recreo] détente f.

expansionarse vp -**1.** Fís se dilater. -**2.** [divertirse] se détendre. -**3.** [desahogarse] : ~ **con alguien** s'épancher auprès de qqn. -**4.** Econ se développer.

expansionismo m expansionnisme m.

expansivo, va adj lit & fig expansif(ive).

expatriar vt expatrier. ◆ **expatriarse** vp s'expatrier.

expectación f -**1.** [espera] attente f. -**2.** [interés] curiosité f. -**3.** [ansias] impatience f générale.

expectativa f -**1.** [espera] expectative f; **estar a la** ~ être dans l'expectative; **estar a la** ~ **de** être dans l'attente de. -**2.** [posibilidad] perspective f.

expedición f expédition f.

expedicionario, ria ◇ adj expéditionnaire. ◇ m, f membre m d'une expédition.

expediente m -**1.** [documentación, historial] dossier m . -**2.** [investigación] enquête f; **abrir** ~ **a alguien** [castigar] prendre des sanctions contre qqn; [investigar] ouvrir une enquête administrative sur qqn; **cubrir el** ~ fig faire acte de présence.

expedir vt -**1.** [carta, paquete] expédier. -**2.** [pasaporte, certificado] délivrer. -**3.** [contrato] dresser.

expeditivo, va adj expéditif(ive).

expedito, ta adj [vía, camino etc] dégagé(e).

expeler vt expulser; [humo, calor] dégager.

expendedor, ra ◇ adj : **una máquina expendedora de...** un distributeur automatique de... ◇ m, f vendeur m, -euse f; ~ **de tabaco** buraliste mf.

expendeduría f bureau m de tabac.

expensas fpl frais mpl. ◆ **a expensas de** loc prep aux dépens de, aux frais de.

experiencia f expérience f.

experimentado, da adj [persona] expérimenté(e); [método] éprouvé(e).

experimentar vt -**1.** [probar] expérimenter. -**2.** [vivir, sentir] connaître; ~ **lo que es el miedo** savoir ce qu'est la peur.

experimento m expérience f (expérimentation).

experto, ta ◇ adj expert(e). ◇ m, f expert m.

expiar vt expier.

expirar vi expirer.

explanada f terrain m découvert.

explanar vt -**1.** [terreno] aplanir. -**2.** fig [asunto] préciser.

explayar vt étendre. ◆ **explayarse** vp -**1.** [divertirse] se distraire. -**2.** [desahogarse] : ~**se con alguien** s'ouvrir à qqn.

explicación f explication f.

explicar vt expliquer; [asignatura] enseigner. ◆ **explicarse** vp s'expliquer.

explicitar vt expliciter.

explícito, ta adj explicite.

exploración f -**1.** [gen] exploration f; [de yacimientos] prospection f. -**2.** Med examen m.

explorador, ra ◇ adj de reconnaissance. ◇ m, f explorateur m, -trice f; [scout] scout m, -e f.

explorar vt -**1.** [gen] explorer; [en yacimientos] prospecter. -**2.** Med examiner.

explosión f explosion f; **hacer** ~ exploser.

explosionar ◇ vt faire exploser. ◇ vi exploser.

explosivo, va adj explosif(ive). ◆ **explosivo** m explosif m.

explotación f [negocio] exploitation f; ~ **agrícola** exploitation agricole.

explotar ◇ vt exploiter. ◇ vi exploser.

expoliar vt spolier.

expolio, espolio m culto spoliation f.

exponente m -**1.** Mat exposant m. -**2.** fig [representante] représentant m, -e f.

exponer ◇ vt exposer. ◆ **exponerse** vp -**1.** [ponerse a la vista] s'exhiber. -**2.** [arriesgarse] prendre des risques; ~**se a** courir le risque de.

exportación f exportation f.

exportar vt Com & Inform exporter.

exposición f -**1.** [gen] exposition f. -**2.** [explicación] exposé m. -**3.** [riesgo] risque m.

expósito, ta ◇ adj [niño] trouvé(e). ◇ m, f enfant m trouvé, enfant f trouvée.

expositor, ra ◇ adj [principio] fondamental(e). ◇ m, f [que exhibe] exposant m, -e f; fig [que explica] avocat m, -e f.

exprés ◇ adj [tren, café] express. ◇ m = expreso.

expresar vt exprimer. ◆ **expresarse** vp s'exprimer.

expresión f expression f; **reducir a la mínima** ~ réduire à sa plus simple expression.

expresionismo m expressionnisme m.

expresivo, va adj **-1.** [palabras, mirada] expressif(ive). **-2.** [padre, novio] affectueux(euse).

expreso, sa adj [explícito] formel(elle). ◆ **expreso** ◇ m [tren, café] express m. ◇ adv [intencionadamente] exprès.

exprimidor m presse-agrume m.

exprimir vt **-1.** [cítrico] presser. **-2.** fig [persona, noticia] exploiter.

expropiación f **-1.** [acción] expropriation f. **-2.** [terreno] terrain m exproprié.

expropiar vt exproprier.

expuesto, ta ◇ pp irreg → **exponer**. ◇ adj exposé(e); [arriesgado] dangereux(euse).

expulsar vt expulser; [humos, gases] rejeter.

expulsión f expulsion f; [de gases de coche] échappement m.

exquisitez f **-1.** [cualidad] délicatesse f. **-2.** [comida] délice m.

exquisito, ta adj exquis(e).

extasiarse vp : ~ **(ante/con)** s'extasier (devant/sur).

éxtasis ◇ m extase f. ◇ m inv fam [droga] ecstasy m.

extender vt **-1.** [gen] étendre. **-2.** [semillas, azúcar etc] répandre. **-3.** [certificado] délivrer; [cheque] libeller. ◆ **extenderse** vp : ~**se (en/por)** s'étendre (sur/à).

extensión f **-1.** [superficie] étendue f. **-2.** [duración] durée f. **-3.** [acción & INFORM] extension f; **en toda la** ~ **de la palabra** dans tous les sens du terme. **-4.** TELECOM poste m.

extensivo, va adj extensif(ive); **haz** ~**s mis saludos a...** transmets mes salutations à...

extenso, sa adj **-1.** [llanura, miembro] étendu(e). **-2.** [discurso, conversación etc] long(longue).

extenuar vt exténuer. ◆ **extenuarse** vp s'exténuer.

exterior ◇ adj extérieur(e). ◇ m extérieur m; [aspecto] apparence f. ◆ **exteriores** mpl extérieurs mpl.

exteriorizar vt extérioriser.

exterminar vt **-1.** [aniquilar] exterminer. **-2.** [devastar] dévaster.

exterminio m extermination f.

externo, na adj externe; [signo, aspecto] extérieur(e).

extinción f extinction f.

extinguir vt éteindre; [raza] exterminer; [afecto, entusiasmo] tuer. ◆ **extinguirse** vp s'éteindre; [afecto, entusiasmo, ruido] cesser.

extintor, ra adj extincteur(trice). ◆ **extintor** m extincteur m.

extirpación f extirpation f; [de órgano, quiste] ablation f; fig [de un mal] éradication f.

extirpar vt extirper; [muela] arracher; fig [mal] éradiquer.

extorsión f **-1.** [molestia] désagrément m, dérangement m. **-2.** [delito] extorsion f.

extorsionar vt **-1.** [molestar] déranger. **-2.** [delinquir] extorquer.

extorsionista mf escroc m.

extra ◇ adj [calidad, producto] supérieur(e); [horas, trabajo, paga, gastos] supplémentaire. ◇ mf CIN [actor – de relleno] figurant m, -e f; [– substituto] doublure f. ◇ m [regalo] extra m; [plato] supplément m. ◇ f → **paga**.

extracción f extraction f.

extracelular adj extracellulaire.

extracto m extrait m; ~ **de cuentas** relevé m de compte.

extractor, ra adj d'extraction; [industria] de l'extraction. ◆ **extractor** m extracteur m; ~ **(de humos)** hotte f (aspirante).

extraditar vt extrader.

extraer vt **-1.** [sacar] extraire; [muela] arracher. **-2.** [conclusiones] tirer.

extralimitarse vp fig aller trop loin.

extranjería f extranéité f.

extranjero, ra adj & m, f étranger(ère). ◆ **extranjero** m : **vivir en el** ~ vivre à l'étranger.

extrañar vt **-1.** [sorprender] étonner; **me extrañó verte aquí** j'ai été étonné de te voir ici. **-2.** [echar de menos] : **extraña a sus padres** ses parents lui manquent. **-3.** [desterrar] exiler. ◆ **extrañarse** vp : ~**se de** [sorprenderse de] s'étonner de.

extrañeza f **-1.** [sorpresa] étonnement m. **-2.** [rareza] extravagance f.

extraño, ña adj **-1.** [raro] étrange. **-2.** [desconocido, ajeno] étranger(ère). **-3.** [sorprendente] étonnant(e).

extraoficial adj officieux(euse).

extraordinario, ria *adj* extraordinaire; [hora, trabajo] **supplémentaire**; [edición, suplemento] **spécial(e).** ◆ **extraordinario** *m* -1. CULIN extra *m*. -2. PRENSA número *m* hors série. -3. [correo] pli *m* urgent. ◆ **extraordinaria** *f* → paga.

extraparlamentario, ria *adj* extraparlementaire.

extraplano, na *adj* extra-plat(e).

extrapolar *vt* déduire.

extrarradio *m* périphérie *f*.

extraterrestre *adj & mf* extraterrestre.

extravagancia *f* extravagance *f*.

extravagante *adj* extravagant(e).

extraversión = extroversión.

extravertido, da = extrovertido.

extraviado, da *adj* -1. [perdido] perdu(e). -2. [de vida airada] débauché(e).

extraviar *vt* [perder] égarer; **le extraviaba la mirada** il avait le regard égaré. ◆ **extraviarse** *vp* -1. [perderse] s'égarer. -2. [desenfrenarse] se débaucher.

extravío *m* -1. [pérdida] perte *f*. -2. [desenfreno] débauche *f*; ~ **de juventud** écart *m* de jeunesse.

extremado, da *adj* extrême; [vestido] extravagant(e).

Extremadura Estrémadure *f*.

extremar *vt* pousser à l'extrême; [vigilancia] renforcer. ◆ **extremarse** *vp* donner le meilleur de soi-même.

extremaunción *f* extrême-onction *f*.

extremidad *f* extrémité *f*. ◆ **extremidades** *fpl* [manos, pies] extrémités *fpl*.

extremista *adj & mf* extrémiste.

extremo, ma *adj* extrême; [ideología] extrémiste. ◆ **extremo** *m* -1. [en el espacio] extrémité *f*. -2. [límite] : **en último** ~ **en** dernier recours; **llegar al** ~ **de hacer algo** en arriver à faire qqch. -3. DEP ailier *m*. -4. [en un texto] point *m*.

extrínseco, ca *adj* extrinsèque.

extroversión, extraversión *f* extraversion *f*.

extrovertido, da, extravertido, da *adj & m, f* extraverti(e).

exuberancia *f* lit & fig exubérance *f*.

exuberante *adj* exubérant(e).

exultante *adj* débordant(e).

exvoto *m* ex-voto *m inv*.

eyaculación *f* éjaculation *f*.

eyacular *vi* éjaculer.

F

f, F *f* [letra] f *m inv*, F *m inv*. ◆ **23 F** *m date de la tentative de coup d'État perpétrée à la chambre des députés espagnole le 23 février 1981.*

fa *m* MÚS fa *m inv*.

fa. *abrev de* factura.

fabada *f* CULIN *plat asturien comparable au cassoulet.*

fábrica *f* -1. [establecimiento] usine *f*. -2. [fabricación] fabrication *f*. -3. *fig* : **es una** ~ **de mentiras** il ment comme il respire. -4. [obra] maçonnerie *f*.

fabricación *f* fabrication *f*; ~ **en serie** fabrication en série.

fabricante ◇ *adj* qui fabrique. ◇ *mf* fabricant *m*, -e *f*.

fabricar *vt* -1. [producir, elucubrar] fabriquer. -2. [construir] construire.

fábula *f* fable *f*.

fabuloso, sa *adj* fabuleux(euse).

facción *f* POLÍT faction *f*. ◆ **facciones** *fpl* traits *mpl* (du visage); **tiene las facciones finas** il a les traits fins.

faccioso, sa *adj & m, f* rebelle.

faceta *f* facette *f*.

facha ◇ *f* allure *f*. ◇ *mf fam* facho *mf*.

fachada *f* lit & fig façade *f*.

facial *adj* facial(e).

fácil *adj* -1. [gen] facile; **ser una persona** ~ être facile à vivre. -2. [probable] : **es** ~ **que...** il est probable que...

facilidad *f* facilité *f*. ◆ **facilidades** *fpl* facilités *fpl*; ~**es de pago** facilités de paiement.

facilitar *vt* -1. [simplificar, posibilitar] faciliter; ~ **la vida** faciliter la vie. -2. [proporcionar] fournir; **le facilitó la información** il lui a fourni le renseignement.

facsímil, facsímile *m* fac-similé *m*.

factible *adj* faisable.

factor *m* facteur *m*.

factoría *f* -1. [fábrica] usine *f*. -2. [colonia] comptoir *m*.

factótum (*pl* factotums) *mf* factotum *m*.

factura *f* facture *f*; ~ **pro forma** ○ **proforma** facture pro forma.

facturar vt **-1.** [cobrar] facturer. **-2.** [vender] enregistrer un chiffre d'affaires de. **-3.** [consignar] enregistrer.

facultad f faculté f; **tener ~ para** être habilité(e)à.

facultar vt autoriser; [legalmente] habiliter.

facultativo, va ◇ adj **-1.** [opcional] facultatif(ive). **-2.** [médico] médical(e); [parte] de santé. **-3.** [de facultad universitaria] universitaire. ◇ m, f médecin m.

faena f travail m; **~s del campo** travaux des champs; **hacerle una (mala) ~ a alguien** fig jouer un (mauvais) tour à qqn.

faenar vi pêcher (en mer).

fagot ◇ m [instrumento] basson m. ◇ mf [músico] basson m.

faisán m faisan m.

faja f **-1.** [para la cintura] ceinture f. **-2.** [de mujer, terapéutica] gaine f. **-3.** [de libro, terreno] bande f.

fajo m [de billetes] liasse f; [de leña, cañas] fagot m.

FAO (abrev de Food and Agriculture Organization) f FAO f.

fakir = faquir.

falacia f supercherie f.

falangista adj & mf phalangiste.

falaz adj fallacieux(euse).

falda f **-1.** [prenda] jupe f; **~ pantalón** jupe-culotte f. **-2.** [de montaña] flanc m. **-3.** [regazo]: **en la ~ de alguien** sur les genoux de qqn; **en la ~ materna** dans les jupes de sa mère. **-4.** [de mesa camilla] tapis m de table; [de mantel] pan m.

faldero, ra adj **-1.** [perro] de compagnie. **-2.** [mujeriego]: **un hombre ~** un coureur de jupons.

faldón m **-1.** [de chaqueta, frac] basque f; [de camisa] pan m. **-2.** [de tejado] pan m.

falla f **-1.** GEOL faille f. **-2.** [defecto, fallo] défaut m. **-3.** [en Valencia] grande figure en carton-pâte brûlée à Valence lors des fêtes de la Saint-Joseph. ◆ **fallas** fpl fêtes de la Saint-Joseph à Valence.

fallar ◇ vt **-1.** [sentenciar] prononcer; [premio] décerner. **-2.** [equivocar]: **~ el tiro** manquer son coup. ◇ vi **-1.** [fracasar] échouer; **falló en el examen** il a échoué à l'examen. **-2.** [flaquear – memoria] défaillir; [– corazón, nervios] lâcher. **-3.** [decepcionar]: **~le a alguien** laisser tomber qqn; **no me falles** je compte sur toi. **-4.** [errar] rater. **-5.** [ceder] céder. **-6.** [sentenciar] rendre un jugement; **~ a favor/en contra** se prononcer pour/contre.

fallecer vi décéder.

fallecimiento m décès m.

fallo m **-1.** [equivocación] erreur f. **-2.** [sentencia] jugement m; [de concurso] résultat m. **-3.** [deficiencia] défaillance f.

fallutería f Amer fam hypocrisie f.

falo m phallus m.

falsear vt [resultado] fausser; [hecho, palabra] dénaturer.

falsedad f fausseté f; [mentira] mensonge m.

falsete m fausset m.

falsificación f **-1.** [acción] falsification f. **-2.** [objeto falso] faux m.

falsificar vt falsifier; [firma] contrefaire.

falso, sa adj faux(fausse). ◆ **en falso** loc adv : **dar un paso en ~** faire un faux pas; **declarar en ~** faire une fausse déclaration.

falta f **-1.** [gen] manque m; **hace ~ pan** il faut du pain; **me haces ~** tu me manques; **~ de educación** manque d'éducation. **-2.** [ausencia] absence f; **echar en ~ algo** remarquer l'absence de qqch; **echar en ~ a alguien** regretter qqn. **-3.** [imperfección] faute f; **~ de ortografía** faute d'orthographe. ◆ **a falta de** loc prep faute de.

faltar vi **-1.** [gen] manquer; **~ a su palabra** manquer à sa parole; **~ a la confianza de** trahir la confiance de; **~ (el respeto) a alguien** manquer de respect envers qqn. **-2.** [estar ausente] être absent(e); **Pedro falta, creo que está enfermo** Pedro n'est pas là, je crois qu'il est malade; **faltó a la cita** il n'est pas venu au rendez-vous. **-3.** [quedar] rester; **falta un mes para las vacaciones** il reste un mois jusqu'aux vacances; **sólo te falta firmar** il ne te reste plus qu'à signer; **falta mucho por hacer** il y a encore beaucoup à faire; **falta poco para que llegue** il ne va pas tarder à arriver; **faltó poco para que le matase** il s'en est fallu de peu qu'il le tue. **-4.** [morir] disparaître; **cuando sus padres falten** quand ses parents auront disparu. **-5.** loc : **¡no faltaba o faltaría más!** [agradecimiento] je vous en prie!; [rechazo] il ne manquait o manquerait plus que ça!

falto, ta adj dépourvu(e).

fama f **-1.** [popularidad] célébrité f. **-2.** [reputación] réputation f.

famélico, ca *adj* famélique.

familia *f* famille *f*; **acaba de tener** ~ elle vient d'être mère; **en** ~ en famille.

familiar ◇ *adj* **-1.** [gen & LING] familier(ère). **-2.** [de familia] familial(e). ◇ *m* parent *m*, -e *f*.

familiaridad *f* familiarité *f*.

familiarizar *vt* familiariser. ◆ **familiarizarse** *vp* se familiariser.

famoso, sa ◇ *adj* **-1.** [conocido] célèbre. **-2.** *fam* [bueno, excelente] fameux(euse). ◇ *m,* f célébrité *f*.

fan (*pl* **fans**) *mf* fan *mf*.

fanático, ca *adj & m,* f fanatique.

fanatismo *m* fanatisme *m*.

fandango *m* **-1.** [baile, música] fandango *m*. **-2.** *fam* [lío, jaleo] chambard *m*.

fanfarria *f* **-1.** *fam* [jactancia] fanfaronnade *f*. **-2.** [de música] fanfare *f*.

fanfarrón, ona *adj & m,* f fanfaron(onne).

fango *m* boue *f*.

fantasear ◇ *vi* rêvasser. ◇ *vt* rêver de; **fantasea grandes éxitos** il rêve de grands succès.

fantasía *f* **-1.** [imaginación] imagination *f*; **una joya de** ~ un bijou fantaisie. **-2.** [sueño] chimères *fpl*. **-3.** MÚS fantaisie *f*.

fantasma ◇ *m* [espectro] fantôme *m*. ◇ *mf fam* [persona vanidosa] crâneur *m*, -euse *f*.

fantástico, ca *adj* fantastique.

fantoche *m* **-1.** [títere] fantoche *m*. **-2.** [mamarracho] clown *m*. **-3.** [persona vanidosa] vantard *m*, -e *f*.

faquir, fakir *m* fakir *m*.

faraón *m* pharaon *m*.

fardar *vi fam* frimer.

fardo *m* ballot *m*.

farfullar *vt & vi* bredouiller.

faringe *f* pharynx *m*.

faringitis *f* pharyngite *f*.

farmacéutico, ca ◇ *adj* pharmaceutique. ◇ *m,* f pharmacien *m*, -enne *f*.

farmacia *f* pharmacie *f*; ~ **de turno** ○ **de guardia** pharmacie de garde.

fármaco *m* médicament *m*.

faro *m* phare *m*; ~ **antiniebla** phare antibrouillard.

farol *m* **-1.** [farola] lampadaire *m*, réverbère *m*; [linterna] lanterne *f*. **-2.** *fam* [mentira] bluff *m*.

farola *f* lampadaire *m*, réverbère *m*.

farra *f fam* bringue *f*.

farragoso, sa *adj* embrouillé(e).

farsa *f* farce *f*.

farsante *adj & mf* comédien(enne) *(hypocrite)*.

fascículo *m* fascicule *m*.

fascinante *adj* fascinant(e).

fascinar *vt* fasciner; **me fascinan los coches deportivos** j'adore les voitures de sport.

fascismo *m* fascisme *m*.

fascista *adj & mf* fasciste.

fase *f* phase *f*.

fastidiado, da *adj* [de salud] : **estar** ~ *fam* être mal fichu(e); **estar** ~ **del estómago** avoir l'estomac barbouillé.

fastidiar *vt* **-1.** [estropear – fiesta, plan etc] gâcher; [– máquina, objeto etc] casser. **-2.** [molestar] ennuyer; **¡no (me) fastidies!** *fam* fiche-moi la paix! ◆ **fastidiarse** *vp* **-1.** [estropearse] rater; [plan] tomber à l'eau; [máquina] se casser. **-2.** [aguantarse] : **te fastidias, fastídiate** tant pis pour toi.

fastidio *m* ennui *m*; **ser un** ~ être ennuyeux.

fastidioso, sa *adj* ennuyeux(euse).

fastuoso, sa *adj* fastueux(euse).

fatal ◇ *adj* **-1.** [inevitable, seductor] fatal(e). **-2.** [muy malo] très mauvais(e). ◇ *adv* très mal.

fatalidad *f* **-1.** [destino] fatalité *f*. **-2.** [desgracia] malchance *f*.

fatalismo *m* fatalisme *m*.

fatídico, ca *adj* fatidique.

fatiga *f* fatigue *f*. ◆ **fatigas** *fpl* difficultés *fpl*.

fatigar *vt* fatiguer. ◆ **fatigarse** *vp* se fatiguer.

fatigoso, sa *adj* fatigant(e).

fatuo, tua *adj* **-1.** [tonto] niais(e). **-2.** [presuntuoso] prétentieux(euse).

fauna *f* faune *f*.

favor *m* **-1.** [gen] faveur *f*; **a** ~ **de** en faveur de; **de** ~ de faveur; **tener a** ○ **en su** ~ avoir en sa faveur. **-2.** [ayuda] service *m*; **hacer un** ~ **a alguien** [ayuda] rendre un service à qqn; *fam* [acostarse con] se faire qqn; **por** ~ s'il vous plaît.

favorable *adj* : ~ **(para)** favorable (à); ~ **para la salud** bon pour la santé.

favorecer *vt* favoriser; [sentar bien] avantager.

favoritismo *m* favoritisme *m*.

favorito, ta *adj & m,* f favori(ite).

fax *m inv* fax *m*; **mandar por** ~ faxer.

fayuquero, ra *m, f Amer* contrebandier *m*, -ère *f*.

faz *f* face *f*.

FBI (*abrev de* **Federal Bureau of Investigation**) *m* FBI *m*.

fe *f* -1. [gen] foi *f*; **de buena** ~ de bonne foi. -2. [confianza] confiance *f*; **digno de** ~ digne de foi. -3. [documento] certificat *m*; ~ **de erratas** errata *m inv*; ~ **de vida** fiche *f* d'état civil; **dar** ~ **de que** certifier que.

fealdad *f lit & fig* laideur *f*.

feb., febr. (*abrev de* **febrero**) fév.

febrero *m* février *m*; *ver también* **septiembre**.

febril *adj lit & fig* fébrile.

fecha *f* date *f*; ~ **de caducidad** [de alimentos] date limite de consommation; [de medicamento] date limite d'utilisation; [de pasaporte] date d'expiration; ~ **tope** o **límite** date limite.

fechar *vt* dater.

fechoría *f* méfait *m*.

fécula *f* fécule *f*.

fecundación *f* fécondation *f*; ~ **artificial/in vitro** fécondation artificielle/in vitro.

fecundar *vt* -1. [fertilizar] féconder. -2. [hacer productivo] fertiliser.

fecundo, da *adj* fécond(e).

federación *f* fédération *f*.

federal ◇ *adj* -1. [de federación] fédéral(e). -2. [federalista] fédéraliste. ◇ *mf* fédéraliste *mf*.

federar *vt* fédérer. ◆ **federarse** *vp* se fédérer.

federativo, va *m, f* membre *m* de la fédération.

feedback (*pl* **feedbacks**) *m* feed-back *m*.

fehaciente *adj* [documento] qui fait foi; [prueba] irréfutable.

felicidad *f* bonheur *m*. ◆ **felicidades** *interj* : ¡~**es!** félicitations!; [en cumpleaños] joyeux anniversaire!; [en santo] bonne fête!; [en Año Nuevo] meilleurs vœux!

felicitación *f* -1. (*gen pl*) [congratulación] félicitations *fpl*. -2. [deseo] vœux *mpl*. -3. [postal] carte *f* de vœux.

felicitar *vt* -1. [congratular] féliciter. -2. [desear] : ~ **el cumpleaños/el Año Nuevo/las Navidades** souhaiter un joyeux anniversaire/une bonne année/un joyeux Noël.

feligrés, esa *m, f* paroissien *m*, -enne *f*.

felino, na *adj* félin(e). ◆ **felinos** *mpl* félins *mpl*.

feliz *adj* heureux(euse); [cumpleaños, Navidades] joyeux(euse); [Año Nuevo] bon(bonne).

felpa *f* peluche *f*; [de toalla] tissu-éponge *m*.

felpudo *m* paillasson *m*.

femenino, na *adj* -1. [gen & GRAM] féminin(e). -2. [de hembra] femelle. ◆ **femenino** *m* GRAM féminin *m*.

fémina *f* femme *f*.

feminismo *m* féminisme *m*.

feminista *adj & mf* féministe.

fémur (*pl* **fémures**) *m* fémur *m*.

fénix *m* phénix *m*.

fenomenal *adj* -1. [magnífico] superbe. -2. [de fenómeno] phénoménal(e).

fenómeno ◇ *m* phénomène *m*. ◇ *adv fam* vachement bien.

feo, a ◇ *adj* -1. [gen] laid(e); [nariz, tiempo, acción] vilain(e). -2. [asunto] sale; **ponerse** ~ *fig* mal tourner. ◇ *m, f* : **es un** ~ il est laid comme un pou; **una fea** un laideron. ◆ **feo** *m* [desaire] affront *m*; **hacer un** ~ faire un affront.

féretro *m* cercueil *m*.

feria *f* -1. [mercado] foire *f*. -2. COM : ~ **(de muestras)** salon *m*; ~ **del automóvil/libro** salon de l'automobile/du livre. -3. [fiesta popular] fête *f* foraine.

feriante *mf* [de fiesta popular] forain *m*; [de feria de muestras] exposant *m*, -e *f*.

fermentación *f* fermentation *f*.

fermentar ◇ *vi* fermenter. ◇ *vt* faire fermenter.

ferocidad *f* férocité *f*.

feroz *adj* -1. [animal, bestia] féroce; **el lobo** ~ le grand méchant loup. -2. *fig* [mirada] terrible; [crimen, enfermedad, sufrimiento] atroce; [hambre] de loup.

férreo, a *adj* -1. [línea, vía] ferré(e). -2. *fig* [voluntad, disciplina] de fer.

ferretería *f* quincaillerie *f*.

ferrocarril *m* chemin *m* de fer.

ferroviario, ria ◇ *adj* ferroviaire. ◇ *m, f* cheminot *m*.

ferry (*pl* **ferries**) *m* ferry-boat *m*.

fértil *adj* fertile.

fertilidad *f* fertilité *f*.

fertilizante ◇ *adj* fertilisant(e). ◇ *m* engrais *m*.

fertilizar *vt* fertiliser.

ferviente *adj* fervent(e).

fervor m ferveur f.

festejar vt -1. [agasajar] : ~ **a alguien** être aux petits soins pour qqn. -2. [celebrar] fêter; **el 10 se festeja el santo patrón le 10, nous fêtons le patron de notre ville.**

festejo m [agasajo] petites attentions fpl. ◆ **festejos** mpl [fiestas] festivités fpl.

festín m festin m.

festival m festival m.

festividad f fête f.

festivo, va adj -1. [de fiesta] de fête; [día] férié(e). -2. [alegre] enjoué(e); [chistoso] badin(e).

fetal adj fœtal(e).

fetiche m fétiche m.

fetichista adj & mf fétichiste.

fétido, da adj fétide; **una bomba fétida** une boule puante.

feto m fœtus m.

feudal adj féodal(e).

feudalismo m féodalisme m.

FF AA (abrev de **Fuerzas Armadas**) fpl forces armées espagnoles.

fiable adj fiable.

fiador, ra m, f garant m, -e f; **salir ~ se porter garant.**

fiambre m -1. [comida] charcuterie f. -2. fam [cadáver] macchabée m.

fiambrera f [de metal] gamelle f; [de plástico] ≃ Tupperware® m.

fianza f caution f.

fiar ◇ vt -1. [vender a crédito] faire crédit. -2. [hacerse responsable] se porter garant(e) de. ◇ vi : ~ **en** avoir confiance en; **ser de ~** être quelqu'un de confiance. ◆ **fiarse** vp : ~**se de algo/alguien** avoir confiance en qqch/qqn, se fier à qqch/qqn; **¡no te fíes!** méfie-toi!; **se fía demasiado** il est trop naïf.

fiasco m fiasco m.

FIBA (abrev de **Federación Internacional de Baloncesto Amateur**) f FIBA f.

fibra f fibre f; **~ de vidrio** fibre de verre; **~ sensible** fig corde f sensible.

fibroma m fibrome m.

ficción f -1. [simulación] comédie f. -2. [invención] fiction f.

ficha f -1. [para clasificar] fiche f. -2. [contraseña] ticket m. -3. [de juego, teléfono] jeton m; [del dominó] domino m; [de ajedrez] pièce f. -4. DEP contrat m.

fichar ◇ vt -1. [archivar] mettre sur fiche. -2. [suj : policía] ficher. -3. DEP engager. -4. fam [calar] classer, repérer. ◇ vi -1.

[suj : trabajador] pointer. -2. DEP : ~ **(por)** signer un contrat (avec).

fichero m INFORM fichier m.

ficticio, cia adj fictif(ive).

ficus m ficus m.

fidedigno, na adj digne de foi; **según fuentes fidedignas...** de source sûre...

fidelidad f fidélité f.

fideo m vermicelle m .

fiebre f fièvre f; ~ **amarilla** fièvre jaune; ~ **del heno** rhume m des foins.

fiel adj & mf fidèle.

fieltro m feutre m (tissu).

fiero, ra adj lit & fig féroce. ◆ **fiera** ◇ f [animal] fauve m. ◇ m, f -1. [persona] brute f. -2. fam [genio] bête f; **es un fiera en física** c'est une bête en physique.

fierro m Amer -1. [hierro] marque f au fer rouge. -2. [navaja] canif m.

fiesta f -1. [gen] fête f . -2. [día] jour m férié; **hacer ~** être en congé; ~ **mayor** fête du saint patron dans une localité; **la ~ nacional** les courses fpl de taureaux. ◆ **fiestas** fpl fêtes fpl.

FIFA (abrev de **Federación Internacional de Fútbol Asociación**) f FIFA f.

figura f -1. [gen] figure f. -2. [tipo, físico] silhouette f.

figuraciones fpl idées fpl; **son ~ tuyas** tu te fais des idées.

figurado, da adj figuré(e).

figurar ◇ vi -1. [aparecer] figurer. -2. [ser importante] être en vue. ◇ vt -1. [representar] figurer. -2. [simular] feindre. ◆ **figurarse** vp [imaginarse] se figurer, s'imaginer; **¡ya me lo figuraba yo!** c'est bien ce que je pensais!

figurín m dessin m de mode.

fijación f -1. [gen] fixation f. -2. FOT fixage m. ◆ **fijaciones** fpl [en esquí] fixations fpl.

fijador, ra adj fixateur(trice). ◆ **fijador** m [líquido] fixateur m; ~ **de pelo** [espray] laque f; [crema] gel m.

fijar vt fixer; ~ **carteles** coller des affiches; ~ **(el) domicilio** se fixer; ~ **la mirada/la atención en** fixer son regard/son attention sur. ◆ **fijarse** vp faire attention; **no se fijó y se equivocó** il n'a pas fait attention et il s'est trompé; ~**se en algo** [darse cuenta] remarquer qqch; [prestar atención] faire attention à qqch; **fíjate lo que me dijo** tu te rends compte de ce qu'elle m'a dit.

fijo, ja *adj* fixe; [cliente] fidèle. ◆ **fijo** *adv fam* sans faute; **mañana voy ~** j'irai demain sans faute.

fila *f* [hilera] rang *m*; [cola] file *f*; **en ~ a** la file, en file; **ponerse en ~** se mettre en rang; **en ~ india** en file indienne. ◆ **filas** *fpl* [bando, partido] rangs *mpl*; **cerrar ~s** serrer les rangs.

filamento *m* filament *m*.

filántropo, pa *m, f* philanthrope *mf*.

filarmónico, ca *adj* philharmonique.

filatelia *f* philatélie *f*.

filete *m* bifteck *m*.

filiación *f* **-1.** [datos personales] renseignements *mpl* personnels. **-2.** [parentesco] filiation *f*. **-3.** POLÍT appartenance *f*.

filial ◇ *adj* **-1.** [de hijo] filial(e). **-2.** [de empresa]: **una compañía ~** une filiale. ◇ *f* COM filiale *f*.

filigrana *f* **-1.** [en orfebrería, billetes] filigrane *m*. **-2.** *fig* [acción] prouesse *f*; [objeto] bijou *m*, merveille *f*.

Filipinas : **(las) ~** (les) Philippines *fpl*.

film = **filme**.

filmar *vt* filmer; **~ una película** tourner un film.

filme (*pl* **filmes**), **film** (*pl* **films**) *m* film *m*.

filmoteca *f* cinémathèque *f*.

filo *m* fil *m*; **de doble ~, de dos ~s** *lit & fig* à double tranchant. ◆ **al filo de** *loc prep* sur le coup de.

filología *f* philologie *f*; **estudiar ~ inglesa** faire des études d'anglais.

filón *m* *lit & fig* filon *m*.

filoso, sa, filudo, da *adj Amer* aiguisé(e).

filosofía *f* philosophie *f*.

filósofo, fa *m, f* philosophe *mf*.

filtración *f* **-1.** [de agua] filtrage *m*. **-2.** [de noticia etc] fuite *f*.

filtrar *vt* filtrer. ◆ **filtrarse** *vp* [dato, luz] filtrer; [agua] s'infiltrer.

filtro *m* **-1.** [gen & FOT] filtre *m*. **-2.** [pócima] immeuble *m*.

fimosis *f* phimosis *m*.

fin *m* **-1.** [gen] fin *f*; **dar** o **poner ~ a algo** mettre fin à qqch; **~ de semana** weekend *m*; **a ~es de** [semana, año etc] à la fin de; **al** o **por ~** enfin; **a ~ de cuentas, al ~ y al cabo** en fin de compte. **-2.** [objetivo] but *m*. ◆ **a fin de** *loc prep* afin de. ◆ **en fin** *loc adv* enfin.

final ◇ *adj* final(e). ◇ *m* **-1.** [término, muerte] fin *f*; **~ feliz** happy-end *m*. **-2.** [cabo extremo] bout *m*; **a ~es de** [semana, mes etc] à la fin de. ◇ *f* DEP finale *f*.

finalidad *f* but *m*, finalité *f* *sout*.

finalista *adj & mf* finaliste.

finalizar ◇ *vt* terminer, achever. ◇ *vi* se terminer, prendre fin.

financiación *f* financement *m*.

financiar *vt* financer.

financiero, ra ◇ *adj* financier(ère). ◇ *m, f* financier *m*. ◆ **financiera** *f* société *f* financière.

financista *mf Am:er* financier *m*.

finanzas *fpl* finance *f*; **el mundo de las ~** le monde de la finance; **mis ~ están por los suelos** mes finances sont au plus bas.

finca *f* **-1.** [de campo] propriété *f*. **-2.** [de ciudad] immeuble *m*.

fingir ◇ *vt* feindre. ◇ *vi* faire semblant.

finiquito *m* solde *m* (de tout compte).

finito, ta *adj* fini(e).

finlandés, esa ◇ *adj* finlandais(e). ◇ *m, f* Finlandais *m*, -e *f*. ◆ **finlandés** *m* [lengua] finnois *m*.

Finlandia Finlande *f*.

fino, na *adj* **-1.** [gen] fin(e); **tiene el oído ~** elle a l'ouïe fine; **una manta fina** une couverture légère. **-2.** [gusto, modales] raffiné(e); [lenguaje] châtié(e). **-3.** [persona] poli(e).

fino *m* xérès très sec.

finura *f* finesse *f*.

firma *f* **-1.** [gen] signature *f*; **estampar una ~** apposer une signature. **-2.** [empresa] firme *f*.

firmamento *m* firmament *m*.

firmar *vt* signer.

firme ◇ *adj* **-1.** [gen] ferme; **se mantuvo ~ en su posición** il est resté sur ses positions. **-2.** [estable] stable. **-3.** [sólido] solide; **un argumento ~** un argument de poids. ◇ *m* [de carretera] revêtement *m*. ◇ *adv* ferme.

firmeza *f* fermeté *f*; [solidez] solidité *f*.

fiscal ◇ *adj* fiscal(e). ◇ *mf* procureur *m* (de la République).

fiscalizar *vt* **-1.** [los impuestos] soumettre à un contrôle fiscal. **-2.** *fig* [controlar] surveiller.

fisco *m* fisc *m*.

fisgar, fisgonear *vi* fouiner; **~ en** fouiller dans.

fisgón, ona *adj & m, f* fouineur(euse).

fisgonear = fisgar.

físico, ca ◇ adj physique. ◇ m, f physicien m, -enne f. ◆ **físico** m [complexión] physique m. ◆ **física** f [ciencia] physique f.

fisiológico, ca adj physiologique.

fisionomía, fisonomía f physionomie f.

fisioterapeuta mf physiothérapeute mf.

fisonomía = fisionomía.

fístula f MED fistule f.

fisura f -1. [grieta] fissure f. -2. fig [defecto] faille f.

flacidez, flaccidez f flaccidité f.

flácido, da, fláccido, da adj flasque.

flaco, ca adj maigre.

flagelar vt flageller.

flagelo m -1. [instrumento] fouet m. -2. BIOL flagelle m.

flagrante adj flagrant(e).

flamante adj -1. [nuevo] flambant neuf. -2. [vistoso] resplendissant(e).

flambear vt CULIN flamber.

flamenco, ca ◇ adj -1. MÚS flamenco(ca). -2. [de Flandes] flamand(e). ◇ m, f -1. MÚS [bailarín] danseur m, -euse f de flamenco; [cantante] chanteur m, -euse f de flamenco. -2. [de Flandes] Flamand m, -e f. ◆ **flamenco** m -1. MÚS flamenco m. -2. [ave] flamant m. -3. [lengua] flamand m.

flan m flan m; **estar hecho** ○ **como un ~** fig trembler comme une feuille.

flanco m flanc m.

flanquear vt flanquer.

flaquear vi [piernas] flageoler; [fuerzas, entusiasmo] faiblir.

flaqueza f faiblesse f.

flash (pl **flashes**) m -1. [gen & FOT] flash m; **tener un ~** fam avoir un flash. -2. fam [impresión fuerte] : **¡qué ~!** c'est dingue!

flato m flatulence f.

flatulento, ta adj [alimento] flatulent(e); [persona] : **es ~** il a des problèmes intestinaux.

flauta ◇ f flûte f; **de la gran ~** Amer fam fig d'enfer. ◇ interj : **¡(la gran) ~!** Amer fam purée!

flecha f flèche f.

flechazo m -1. [disparo] coup m de flèche; [herida] blessure f par flèche. -2. fam [de amor] coup m de foudre.

fleco m frange f (textile).

flema f -1. [mucosidad] lymphe f. -2. [tranquilidad] flegme m.

flemático, ca adj -1. [con mucosidad] lymphatique. -2. [tranquilo] flegmatique.

flemón m phlegmon m.

flequillo m frange f (de cheveux).

flete m fret m.

flexibilidad f flexibilité f; [de persona] souplesse f.

flexible adj flexible; [persona] souple.

flexión f flexion f.

flipar fam ◇ vi -1. [disfrutar] : **~ (cantidad)** s'éclater (un max). -2. [asombrarse] être scié(e). -3. [con droga] planer. ◇ vt brancher.

flirtear vi flirter.

flojear vi -1. [decaer – fuerzas] faiblir; [– memoria] flancher; [disminuir – calor, ventas] baisser. -2. [no ser muy apto] : **~ en algo** être faible en qqch.

flojera f fam flemme f.

flojo, ja adj -1. [nudo, vendaje] lâche. -2. [bebida, sonido, viento] léger(ère). -3. [malo] faible; [trabajo] médiocre; **~ en inglés** faible en anglais. -4. fam [persona] mou(molle) , flemmard(e).

flor f fleur f; **la ~ (y nata)** la fine fleur; **en ~ de la edad** ○ **de la vida** dans la fleur de l'âge. ◆ **a flor de** loc adv à fleur de.

flora f flore f.

florecer vi -1. [planta] fleurir. -2. [prosperar] être florissant(e).

floreciente adj florissant(e).

Florencia Florence.

florero m vase m.

florido, da adj fleuri(e).

florista mf fleuriste mf.

floristería f magasin m de fleurs; **voy a la ~** je vais chez le fleuriste.

flota f flotte f.

flotación f -1. [en el agua] flottaison f. -2. ECON flottement m.

flotador m flotteur m; [para nadar] bouée f.

flotar vi flotter.

flote ◆ **a flote** loc adv [en el mar] à flot; **sacar a ~** remettre à flot, renflouer; **salir a ~** se remettre à flot, se renflouer.

flotilla f flottille f.

fluctuar vi -1. [variar] fluctuer. -2. [vacilar] hésiter.

fluidez f -1. [gen & ECON] fluidité f; [de relaciones] harmonie f. -2. fig [en el lenguaje] aisance f.

fluido, da adj fluide. ◆ **fluido** m fluide m; **~ (eléctrico)** courant m (électrique).

fluir *vi* couler.

flujo *m* [gen & ECON] flux *m*; **un ~ de pa-
labras** un flot de paroles; **~ de caja**
marge *f* brute d'autofinancement; **~ de
lava** coulée *f* de lave.

flúor *m* fluor *m*.

fluorescente ◇ *adj* fluorescent(e). ◇ *m*
néon *m*.

fluvial *adj* fluvial(e).

FM (*abrev de* **frecuencia modulada**) *f* FM *f*.

FMI (*abrev de* **Fondo Monetario Interna-
cional**) *m* FMI *m*.

fo. *abrev de* **folio**.

fobia *f* phobie *f*.

foca *f* phoque *m*.

foco *m* **-1.** [gen & FÍS] foyer *m*. **-2.** [lám-
para] projecteur *m*. **-3.** *Amer* [bombilla] am-
poule *f*.

fofo, fa *adj* flasque.

fogata *f* flambée *f*.

fogón *m* **-1.** [para cocinar] fourneau *m*. **-2.**
[de máquina de vapor] chaudière *f*.

fogoso, sa *adj* fougueux(euse).

fogueo *m* : **de ~** [munición, tiro] à blanc.

foie-gras *m* pâté *m* (de foie).

folclore, folclor, folklor *m* folklore *m*.

folículo *m* follicule *m*.

folio *m* [hoja] feuille *f* (de papier); [ta-
maño] in-folio *m*.

folklor = folclore.

follaje *m* feuillage *m*.

folletín *m* feuilleton *m*.

folleto *m* [turístico, publicitario] brochure
f; [plegable] dépliant *m*; [explicativo] notice
f.

follón *m fam* **-1.** [alboroto] chahut *m*; [de-
sorden] bazar *m*; **se armó un ~** ça a fait
du chahut; **¡vaya ~!** quel bazar! **-2.** [lío] :
tener follones avoir des histoires. **-3.**
[pelea] grabuge *m*.

fomentar *vt* [gen] encourager, dévelop-
per; [odio, guerra] susciter.

fomento *m* [de producción, industria etc]
développement *m*.

fonda *f* auberge *f*.

fondear *vi* NÁUT mouiller. ◆ **fondear** *vt*
fouiller.

fondo *m* **-1.** [gen] fond *m*; **al ~ de** [pasillo,
sala] au fond de; **emplearse a ~** se don-
ner à fond; **tener buen ~** avoir un bon
fond; **tocar ~** toucher le fond; **doble ~**
double fond. **-2.** [de dinero, biblioteca, ar-
chivo] fonds *m inv*; **a ~ perdido** [pago] à
fonds perdu; **~ común** caisse *f* commune;

~ de inversión ECON fonds commun de
placement; **~ de pensiones** ECON caisse *f*
de retraite. **-3.** DEP [resistencia] endurance
f. ◆ **a fondo** *loc adv* à fond. ◆ **en el
fondo** *loc adv* au fond.

fonema *m* phonème *m*.

fonético, ca *adj* phonétique. ◆ **fonética**
f phonétique *f*.

fontanería *f* plomberie *f*.

fontanero, ra *m, f* plombier *m*.

football = fútbol.

footing *m* footing *m*.

forajido, da *m, f* hors-la-loi *m inv*.

foráneo, a *adj* étranger(ère).

forastero, ra *m, f* étranger *m*, -ère *f*.

forcejear *vi* **-1.** [para soltarse] se débattre.
-2. [luchar] se démener.

fórceps *m* forceps *m*.

forense *mf* médecin *m* légiste.

forestal *adj* forestier(ère).

forfait (*pl* **forfaits**) *m* forfait *m* .

forja *f* **-1.** [fragua] forge *f*. **-2.** [forjadura]
forgeage *m*.

forjar *vt lit & fig* forger. ◆ **forjarse** *vp fig*
[labrarse] se forger.

forma *f* **-1.** [gen] forme *f*; **estar en ~** être
en forme. **-2.** [manera] façon *f*; **de cual-
quier ~, de todas ~s** de toute façon; **de
~ que** de façon que; **~ de pago** modalité
f de paiement. **-3.** RELIG hostie *f*. ◆ **for-
mas** *fpl* [silueta, modales] formes *fpl*.

formación *f* formation *f*; **~ de personal**
formation interne; **~ profesional** *f* ensei-
gnement technique en Espagne.

formal *adj* **-1.** [educado] bien élevé(e); [de
confianza] sérieux(euse). **-2.** [acusación,
compromiso] formel(elle); [lenguaje] sou-
tenu(e). **-3.** [de forma] : **un defecto ~** un
vice de forme.

formalidad *f* **-1.** [gen] formalité *f*. **-2.** [se-
riedad] sérieux *m*.

formalizar *vt* [situación] régulariser;
[acuerdo] officialiser.

formar *vt* former. ◆ **formarse** *vp* se for-
mer; **~se una idea** se faire une idée.

formatear *vt* INFORM formater.

formato *m* [gen & INFORM] format *m*.

fórmica® *f* Formica® *m*.

formidable *adj* formidable.

formol *m* formol *m*.

fórmula *f* formule *f*.

formular ◇ *vt* formuler. ◇ *vi* QUÍM rédi-
ger des formules.

formulario *m* formulaire *m*.

formulismo *m* formalisme *m*.

fornido, da *adj* robuste.

foro *m* -1. [tribunal] barreau *m*. -2. TEATR fond *m* de la scène. -3. [debate] forum *m*.

forofo, fa *m, f fam* DEP supporter *m*.

forraje *m* fourrage *m*.

forrar *vt* [libro, mueble] couvrir; [ropa] doubler. ◆ **forrarse** *vp fam* se remplir les poches.

forro *m* [de libro] couverture *f*; [de mueble] housse *f*; [de ropa] doublure *f*.

fortalecer *vt* [físicamente] fortifier; [moralmente] réconforter.

fortaleza *f* -1. [gen] force *f*. -2. [recinto] forteresse *f*.

fortificación *f* fortification *f*.

fortuito, ta *adj* fortuit(e).

fortuna *f* -1. [suerte] chance *f*; **por ~** heureusement, par chance. -2. [destino] sort *m*. -3. [riqueza] fortune *f*.

forúnculo, furúnculo *m* furoncle *m*.

forzado, da *adj* forcé(e).

forzar *vt* -1. [gen] forcer. -2. [violar] abuser de.

forzoso, sa *adj* [obligatorio] obligatoire; [inevitable] inévitable; **es ~ que...** il est nécessaire que...

forzudo, da ◇ *adj* fort(e). ◇ *m, f* costaud *m*.

fosa *f* fosse *f*; **~ común** fosse commune; **~s nasales** fosses nasales.

fosfato *m* phosphate *m*.

fosforescente *adj* phosphorescent(e).

fósforo *m* -1. QUÍM phosphore *m*. -2. [cerilla] allumette *f*.

fósil ◇ *adj* fossile. ◇ *m* -1. CIENCIA fossile *m*. -2. *fam* [viejo] vieux fossile *m*.

foso *m* -1. [gen & DEP] fosse *f*. -2. [de fortaleza] fossé *m*. -3. [de obras] tranchée *f*. -4. TEATR fosse *f* d'orchestre.

foto *f* photo *f*; **sacar una ~** faire une photo.

fotocomponer *vt* IMPRENTA photocomposer.

fotocopia *f* photocopie *f*.

fotocopiadora *f* photocopieuse *f*.

fotocopiar *vt* photocopier.

fotoeléctrico, ca *adj* photoélectrique.

fotogénico, ca *adj* photogénique.

fotografía *f* photographie *f*.

fotografiar *vt* photographier.

fotógrafo, fa *m, f* photographe *mf*.

fotomatón *m* Photomaton® *m*.

fotonovela *f* roman-photo *m*.

fotorrobot (*pl* **fotorrobots**) *f* portrait-robot *m*.

fotosíntesis *f* photosynthèse *f*.

FP (*abrev de* **formación profesional**) *f enseignement technique en Espagne.*

fra. *abrev de* **factura**.

frac (*pl* **fracs** ○ **fraques**) *m* habit *m*, frac *m*.

fracasar *vi* échouer.

fracaso *m* échec *m*.

fracción *f* fraction *f*.

fraccionamiento *m Amer* [urbanización] lotissement *m*.

fraccionario, ria *adj* MAT fractionnaire; **la moneda fraccionaria** la petite monnaie.

fractura *f* -1. MED fracture *f*. -2. DER effraction *f*.

fracturarse *vp* se fracturer.

fragancia *f* parfum *m*.

fraganti ◆ **in fraganti** *loc adv* en flagrant délit.

fragata *f* frégate *f*.

frágil *adj* fragile; **una memoria ~** une mauvaise mémoire.

fragilidad *f* fragilité *f*.

fragmentar *vt* fragmenter.

fragmento *m* fragment *m*.

fragor *m* fracas *m*; [de trueno] grondement *m*.

fragua *f* forge *f*.

fraguar ◇ *vt* -1. [hierro] forger. -2. *fig* [idea, plan] tramer. ◇ *vi* [cemento, cal] prendre. ◆ **fraguarse** *vp* se tramer.

fraile *m* frère *m* (*religieux*).

frambuesa *f* framboise *f*.

francés, esa ◇ *adj* français(e). ◇ *m, f* Français *m*, -e *f*. ◆ **francés** *m* [lengua] français *m*.

Francia France *f*.

franciscano, na *adj & m, f* franciscain(e).

francmasonería *f* franc-maçonnerie *f*.

franco, ca ◇ *adj* -1. [gen] franc(franche); **~ de porte** franco de port. -2. [indudable] net(nette); **una franca mejoría** une nette amélioration. -3. HIST franc(franque). ◇ *m, f* HIST Franc *m*, Franque *f*. ◆ **franco** *m* [moneda] franc *m*.

francotirador, ra *m, f* franc-tireur *m*.

franela *f* flanelle *f*.

franja *f* [adorno] frange *f*; [de tierra] bande *f*; [de luz] rai *m*.

franquear vt -1. [paso, camino] dégager. -2. [río, obstáculo] franchir. -3. [carta, postal] affranchir.

franqueo m affranchissement m.

franqueza f -1. [sinceridad] franchise f. -2. [confianza] : tener ~ con alguien être en confiance avec qqn.

franquicia f franchise f *(commerciale)*.

franquismo m POLÍT franquisme m.

frasco m flacon m.

frase f phrase f; ~ hecha phrase toute faite.

fraternidad f fraternité f.

fraterno, na adj fraternel(elle).

fratricida adj & mf fratricide.

fraude m fraude f; ~ fiscal fraude fiscale.

fraudulento, ta adj frauduleux(euse).

fray m : ~ Luis frère Luis.

frazada f Amer couverture f; ~ eléctrica couverture chauffante.

frecuencia f fréquence f; ~ modulada modulation f de fréquence; con ~ fréquemment.

frecuentar vt fréquenter.

frecuente adj fréquent(e).

fregadero m évier m.

fregado ◇ m -1. [lavado] lavage m; [de ollas] récurage m. -2. fam [lío] sac m de nœuds. -3. fam [pelea] grabuge m. ◇ adj Amer fam -1. [molesto] enquiquinant(e). -2. [fastidiado] enquiquiné(e).

fregar vt -1. [limpiar] laver; [ollas] récurer; ~ los platos faire la vaisselle. -2. [frotar] frotter. -3. Amer fam [molestar] enquiquiner.

fregona f -1. despec [criada] bonniche f. -2. despec [verdulera] poissarde f. -3. [utensilio] balai-serpillière m.

freidora f friteuse f.

freír vt -1. CULIN faire frire. -2. fam [molestar] enquiquiner; ~ a preguntas bombarder de questions. -3. fam [matar] refroidir. ◆ **freírse** vp frire; se fríen las patatas les pommes de terre sont en train de frire.

frenar ◇ vt freiner; [impulso, ira] refréner; ~ el coche freiner. ◇ vi freiner.

frenazo m -1. AUTOM coup m de frein. -2. fig [parón] coup m d'arrêt.

frenesí (pl frenesíes) m -1. [exaltación] frénésie f. -2. [locura] folie f furieuse.

frenético, ca adj -1. [exaltado] frénétique. -2. [furioso] fou furieux(folle furieuse).

freno m -1. [gen & AUTOM] frein m . -2. [de caballerías] mors m.

frente ◇ f ANAT front m. ◇ m -1. [gen, METEOR & POLÍT] front m; hacer ~ a [problema etc] faire face à; [persona] tenir tête à; ~ frío front froid. -2. [parte delantera] devant m; estar al ~ (de) être à la tête (de). ◆ **de frente** loc adv -1. [foto] de face; [encuentro] nez à nez; [accidente] de plein fouet. -2. [sin rodeos] de front. ◆ **frente a** loc prep -1. [enfrente de] en face de; ~ a su casa en face de chez lui. -2. [con relación a] par rapport à; [ante] devant. ◆ **frente a frente** loc adv face à face.

fresa f -1. [fruto & TECNOL] fraise f. -2. [planta] fraisier m.

fresco, ca ◇ adj -1. [gen] frais(fraîche); su recuerdo permanece ~ en mi memoria je garde son souvenir intact. -2. [caradura] sans-gêne. ◇ m, f: ser un ~ être sans-gêne. ◆ **fresco** m -1. ARTE fresque f; al ~ à fresque. -2. [frío moderado] fraîcheur f; tomar el ~ prendre le frais.

frescor m fraîcheur f.

frescura f -1. [gen] fraîcheur f. -2. [descaro] sans-gêne m.

fresno m frêne m.

fresón m fraise f *(de serre)*.

frialdad f -1. [falta de calor] froid m. -2. fig [indiferencia] froideur f.

fricandó m CULIN fricandeau m.

fricción f friction f; hacerse una ~ con se frictionner à.

friega f friction f *(massage)*.

frigidez f frigidité f.

frigorífico, ca adj frigorifique. ◆ **frigorífico** m réfrigérateur m.

frijol, fríjol m Amer haricot m.

frío, a adj froid(e). ◆ **frío** m froid m; en ~ à froid; la noticia me cogió en ~ la nouvelle m'a pris(e) de court; hace un ~ que pela il fait un froid de canard.

friolento, ta adj Amer frileux(euse).

friolero, ra adj & m, f frileux(euse). ◆ **friolera** f fam costar la friolera de... coûter la bagatelle de...

frisar vt friser; ~ los cincuenta años friser la cinquantaine.

frito, ta ◇ pp irreg → freír. ◇ adj -1. [cocido] frit(e). -2. fig [exasperado] : me tiene ~ il me tape sur les nerfs. ◆ **frito** m (gen pl) friture f.

frívolo, la adj frivole.

frondoso, sa adj touffu(e).

frontal ◇ *adj* frontal(e). ◇ *m* ANAT frontal *m*.

frontera *f* –**1.** [entre países] frontière *f*. –**2.** *fig* [límite] limite *f*.

fronterizo, za *adj* frontalier(ère).

frontispicio *m* –**1.** ARQUIT [fachada] façade *f*; [remate] fronton *m*. –**2.** [de libro] frontispice *m*.

frontón *m* –**1.** [cancha & ARQUIT] fronton *m*. –**2.** [pelota vasca] pelote *f* basque.

frotar *vt* frotter. ◆ **frotarse** *vp* se frotter.

fructífero, ra *adj* [esfuerzos, resultados] fructueux(euse).

frugal *adj* frugal(e).

fruncir *vt* froncer; ~ **el ceño** froncer les sourcils; ~ **la boca** faire la moue.

fruslería *f* broutille *f*.

frustración *f* frustration *f*; [desilusión] déception *f*.

frustrar *vt* –**1.** [insaciar] frustrer. –**2.** [desilusionar] décevoir; **me frustra ver que no mejoro** ça me déçoit de voir que je ne progresse pas. –**3.** [posibilidades, planes] faire échouer. ◆ **frustrarse** *vp* –**1.** [estar insaciado] être frustré(e); [desilusionarse] être déçu(e). –**2.** [planes, proyectos] tomber à l'eau; [intento] échouer.

fruta *f* fruit *m*; **le gusta mucho la** ~ il aime beaucoup les fruits. ◆ **fruta de sartén** *f* beignet *m*.

frutal ◇ *adj* fruitier(ère). ◇ *m* arbre *m* fruitier.

frutería *f* : **ir a la** ~ aller chez le marchand de fruits.

frutero, ra ◇ *adj* fruitier(ère). ◇ *m, f* [vendedor] marchand *m*, -e *f* de fruits. ◆ **frutero** *m* [recipiente] coupe *f* à fruits.

frutilla *f* *Amer* fraise *f*.

fruto *m* fruit *m*; **dar** ~ *fig* porter ses fruits; **sacar** ~ **de algo** tirer profit de qqch. ◆ **frutos secos** *mpl* fruits *mpl* secs.

FSLN (*abrev de* Frente Sandinista de Liberación Nacional) *m* Front *m* sandiniste (*mouvement nicaraguayen de gauche qui a renversé la dictature de Somoza en 1979*).

fucsia ◇ *f* [planta] fuchsia *m*. ◇ *adj inv & m inv* [color] fuchsia.

fue –**1.** → ir. –**2.** → ser.

fuego *m* feu *m*; **pegar** ~ **a** mettre le feu à; ~**s artificiales** feu d'artifice.

fuelle *m* soufflet *m*.

fuente *f* –**1.** [gen] source *f*. –**2.** [construcción] fontaine *f*; ~ **bautismal** fonts *mpl* baptismaux. –**3.** [de vajilla] plat *m*. –**4.**

ELECTR : ~ **de alimentación** source d'alimentation, alimentation *f*.

fuera ◇ *v* –**1.** → ir. –**2.** → ser. ◇ *adv* –**1.** [en el exterior] dehors; **hacia** ~ vers l'extérieur; **por** ~ à l'extérieur; **pintamos la casa por** ~ on a peint l'extérieur de la maison. –**2.** [en otro lugar] ailleurs; **esta semana estaré** ~ cette semaine je ne serai pas là; **de** ~ [extranjero] étranger(ère); [de otro lugar] d'ailleurs. –**3.** *fig* [alejado] : ~ **de hors de; eso está** ~ **de mis cálculos** je n'avais pas prévu ça; **estar** ~ **de sí** être hors de soi; ~ **de plazo** hors délai. ◇ *m* DEP: ~ **de juego** hors-jeu *m inv*. ◇ *interj* : **¡**~**!** dehors! ◆ **fuera de** *loc adv* [excepto] en dehors de; ~ **de eso, me puedes pedir lo que quieras** à part ça, tu peux me demander ce que tu veux. ◆ **fuera de serie** ◇ *adj* [publicación] hors série; *fig* [persona] hors pair. ◇ *mf* : **ser un** ~ **de serie** être exceptionnel(elle).

fueraborda *m inv* hors-bord *m inv*.

fuero *m* –**1.** (*gen pl*) [ley especial] privilège *m*; [en la Edad Media] charte *f*. –**2.** [jurisdicción] tribunal *m*.

fuerte ◇ *adj* –**1.** [gen] fort(e); [material, pared, nudo] solide; [frío, calor, color] intense; [pelea, combate] dur(e). –**2.** [malsonante] grossier(ère). ◇ *adv* –**1.** [gen] fort; **trabaja** ~ il travaille dur. –**2.** [en abundancia] beaucoup; **come** ~ il mange beaucoup. ◇ *m* [fortaleza] fort *m*; **ser algo el** ~ **de alguien** être le point fort de qqn.

fuese –**1.** → ir. –**2.** → ser.

fuerza *f* –**1.** [gen & FÍS] force *f*; **tener** ~**s para** être assez fort(e) pour; **tiene que irse por** ~ il doit absolument partir; ~**s del orden público** forces de l'ordre; **a** ~ **de** à force de; **a la** ~ [contra la voluntad] de force; [por necesidad] forcément; **por la** ~ par la force. –**2.** [electricidad] courant *m*. ◆ **fuerzas** *fpl* [grupo de personas] forces *fpl*.

fuga *f* –**1.** [de presos] évasion *f*. –**2.** [de gas, agua etc] fuite *f*. –**3.** MÚS fugue *f*.

fugarse *vp* [de cárcel] s'évader; **su marido se fugó con otra** son mari est parti avec une autre.

fugaz *adj* fugace.

fugitivo, va ◇ *adj* –**1.** [que huye] en fuite; ~ **de la ley** O **justicia** qui fuit la justice. –**2.** *fig* [que dura poco] fugitif(ive). ◇ *m, f* fugitif *m*, -ive *f*.

fui → ir.

fulano, **na** m, f Machin m, -e f; ~ **de tal** M Untel; **un** ~ un type. ◆ **fulana** f prostituée f.

fulgor m éclat m.

fullero, **ra** adj & m, f tricheur(euse).

fulminante adj **-1.** [enfermedad, mirada] foudroyant(e); [despido, cese] immédiat(e). **-2.** [explosivo] fulminant(e).

fulminar vt foudroyer; ~ **a alguien con la mirada** foudroyer qqn du regard.

fumador, **ra** m, f fumeur m, -euse f; ~ **pasivo** fumeur passif.

fumar vt & vi fumer.

fumigar vt désinfecter (par fumigation).

función f **-1.** [gen] fonction f. **-2.** CIN séance f; TEATR représentation f; ~ **de tarde** matinée f.

funcional adj fonctionnel(elle).

funcionalidad f fonctionnalité f.

funcionamiento m fonctionnement m.

funcionar vi **-1.** [aparato, máquina] fonctionner; ~ **con gasolina** marcher à l'essence; 'no funciona' 'en panne'. **-2.** [plan, actividad] marcher.

funcionario, **ria** m, f fonctionnaire mf.

funda f [gen] étui m; [de almohada] taie f; [de mueble, máquina] housse f; [de disco] pochette f.

fundación f fondation f.

fundador, **ra** adj & m, f fondateur(trice).

fundamental adj fondamental(e).

fundamentar vt : ~ **algo (en)** CONSTR asseoir qqch (sur); fig [teoría etc] fonder qqch (sur). ◆ **fundamentarse** vp : ~se **(en)** CONSTR être assis(e) (sur); fig [teoría etc] se fonder (sur).

fundamento m **-1.** fig [base] fondement m. **-2.** fig [motivo] raison f; **sin** ~ sans fondement. **-3.** (gen pl) [cimientos] fondations fpl.

fundar vt fonder. ◆ **fundarse** vp [teoría, razones etc] : ~se **(en)** se fonder (sur).

fundición f **-1.** [fusión] fonte f. **-2.** [taller] fonderie f.

fundir vt **-1.** [gen] fondre; **fundieron sus intereses** ils ont uni leurs intérêts. **-2.** ELECTR [bombilla, aparato] griller; [fusible] faire sauter. ◆ **fundirse** vp **-1.** ELECTR [bombilla, aparato] griller; [fusible] sauter. **-2.** [derretirse] fondre. **-3.** fig [unirse] se fondre.

fúnebre adj funèbre.

funeral m (gen pl) funérailles fpl.

funerario, **ria** adj funéraire; **una em-**

presa funeraria une entreprise de pompes funèbres. ◆ **funeraria** f pompes fpl funèbres.

funesto, **ta** adj funeste.

fungicida adj & m fongicide.

fungir vi Amer : ~ **de** faire office de.

funicular ◇ adj funiculaire. ◇ m **-1.** [por tierra] funiculaire m. **-2.** [por aire] téléphérique m.

furgón m fourgon m.

furgoneta f fourgonnette f.

furia f fureur f; **ponerse hecho una** ~ devenir fou furieux.

furioso, **sa** adj furieux(euse).

furor m fureur f; **hacer** ~ fig faire fureur.

furtivo, **va** adj furtif(ive); **un cazador** ~ un braconnier.

furúnculo = **forúnculo**.

fusible ◇ adj fusible. ◇ m ELECTR fusible m; **se han quemado los** ~s les plombs ont sauté.

fusil m fusil m (de guerre).

fusilar vt **-1.** [ejecutar] fusiller. **-2.** fam [plagiar] plagier.

fusión f fusion f.

fusionar vt & vi fusionner. ◆ **fusionarse** vp ECON fusionner.

fusta f cravache f.

fustán m Amer jupon m.

fuste m [de columna] fût m.

fútbol, **futbol**, **football** m football m; ~ **sala** football en salle.

futbolín m baby-foot m inv.

futbolista mf footballeur m, -euse f.

fútil adj futile.

futilidad f futilité f.

futón m futon m.

futuro, **ra** adj futur(e). ◆ **futuro** m **-1.** [porvenir] avenir m. **-2.** GRAM futur. ◆ **futuros** mpl ECON opérations fpl à terme.

futurología f futurologie f.

G

g, **G** f [letra] g m inv, G m inv.

g (abrev de gramo) g.

gabacho, cha *fam despec* ◇ *adj* [francés] franchouillard(e). ◇ *m, f* : **no me gustan los ~s** je n'aime pas les Français.

gabán *m* pardessus *m*.

gabardina *f* gabardine *f*.

gabinete *m* –1. [gen] cabinet *m*; **~ de estudios** bureau *m* d'études. –2. [de dama] boudoir *m*.

gacela *f* gazelle *f*.

gaceta *f* gazette *f*.

gacho, cha *adj* : **con la cabeza gacha** la tête basse. ◆ **gachas** *fpl* CULIN *bouillie de maïs.*

gafar *vt fam* porter la poisse à; **nos has gafado el viaje** tu nous as gâché le voyage.

gafas *fpl* lunettes *fpl*; **~ de sol** lunettes de soleil.

gafe *fam* ◇ *adj* : **ser ~** porter la poisse. ◇ *mf* oiseau *m* de malheur.

gag (*pl* gags) *m* gag *m*.

gaita *f* –1. MÚS cornemuse *f*. –2. *fam* [pesadez] galère *f*.

gajes *mpl* primes *fpl*; **~ del oficio** risques *mpl* du métier.

gajo *m* –1. [trozo de fruta] quartier *m*. –2. [racimo – de uvas] grappillon *m*; [– de cerezas] bouquet *m*. –3. [rama] rameau *m*.

gala *f* –1. [gen] gala *m*; **una fiesta de ~** une soirée de gala; **un vestido de ~** une tenue de soirée. –2. [ropa] : **con sus mejores ~s** dans ses plus beaux atours. –3. *loc* : **hacer ~ de algo** [demostrar] faire étalage de qqch; [preciarse de] être fier(ère) de qqch.

galáctico, ca *adj* galactique.

galán *m* –1. [hombre atractivo] bel homme *m*. –2. TEATR jeune premier *m*. ◆ **galán de noche** *m* [perchero] valet *m* de nuit.

galante *adj* galant(e); **tiene fama de ~** il a une réputation de galant homme.

galantear *vt* : **~ a una mujer** faire la cour à une femme.

galantería *f* galanterie *f*.

galápago *m* tortue *f* d'eau douce.

galardón *m* prix *m* (*récompense*).

galaxia *f* galaxie *f*.

galera *f* galère *f*.

galería *f* galerie *f*; **hacer algo para la ~** *fig* faire qqch pour la galerie. ◆ **galerías (comerciales)** *fpl* galerie *f* marchande.

galés, esa ◇ *adj* gallois(e). ◇ *m, f* Gallois *m*, -e *f*. ◆ **galés** *m* [lengua] gallois *m*.

Gales pays *m* de Galles.

Galicia Galice *f*.

galicismo *m* gallicisme *m*.

galimatías *m inv* galimatias *m*.

gallardía *f* –1. [valor] bravoure *f*. –2. [elegancia] prestance *f*.

gallego, ga ◇ *adj* galicien(enne). ◇ *m, f* Galicien *m*, -enne *f*. ◆ **gallego** *m* [lengua] galicien *m*.

galleta *f* biscuit *m*.

gallina ◇ *f* [ave] poule *f*; **~ ciega** colin-maillard *m* . ◇ *mf fam fig* [persona] poule *f* mouillée.

gallinero *m* poulailler *m*.

gallito *m fig* [de un grupo] petit chef *m*; **hacerse el ~ con alguien** jouer les durs avec qqn.

gallo *m* –1. [ave] coq *m* . –2. *fig* [cabecilla] chef *m*. –3. [nota chillona] couac *m*. –4. [pez] limande *f*.

galo, la ◇ *adj* HIST gaulois(e); [francés] français(e). ◇ *m, f* HIST Gaulois *m*, -e *f*; [francés] Français *m*, -e *f*.

galón *m* –1. [distintivo] galon *m*. –2. [medida] gallon *m*.

galopar *vi* galoper.

galope *m* galop *m* .

galpón *m Amer* hangar *m*.

gama *f* gamme *f*.

gamba *f* bouquet *m* (*grosse crevette rose*).

gamberrada *f* acte *m* de vandalisme; **hacer ~s** faire des bêtises.

gamberro, rra ◇ *adj* : **un niño ~** un garnement. ◇ *m, f* voyou *m*.

gammaglobulina *f* gammaglobuline *f*.

gamo *m* daim *m*.

gamonal *m Amer* riche propriétaire *m* terrien.

gamuza *f* –1. [animal, piel] chamois *m*. –2. [paño] peau *f* de chamois.

gana *f* : **~ (de)** envie *f* (de); **lo hago porque me da la (real) ~** je le fais parce que ça me plaît; **no me da la ~ de hacerlo** je n'ai pas envie de le faire; **de buena ~** volontiers; **de mala ~** à contrecœur. ◆ **ganas** *fpl* –1. [deseo] envie *f*; **darle a alguien ~s de** avoir envie de; **tener ~s de algo/ de hacer algo** avoir envie de qqch/de faire qqch; **quedarse con las ~s** rester sur sa faim. –2. [hambre] appétit *m*; **comer con ~s** manger avec appétit.

ganadería f -1. [gen] élevage m. -2. [de país, región etc] cheptel m.

ganado m bétail m .

ganador, ra adj & m, f gagnant(e).

ganancias fpl bénéfices mpl.

ganancial adj → bienes.

ganar ◇ vt -1. [gen] gagner; [gloria, fama] atteindre. -2. [ciudad, castillo] conquérir. -3. [ser superior] : **me ganas en astucia** tu es plus astucieux que moi. ◇ vi gagner; **gana con el trato** il gagne à être connu; **gana para vivir** il gagne juste de quoi vivre; **hemos ganado con el cambio** nous avons gagné au change; **ganamos en espacio** nous y avons gagné en place. ◆ **ganarse** vp : ~**se algo** gagner qqch; [merecer] bien mériter qqch; [recibir] recevoir qqch; ~**se a alguien** gagner la faveur de qqn.

ganchillo m crochet m (ouvrage); **hacer** ~ faire du crochet.

gancho m -1. [gen & DEP] crochet m. -2. [cómplice – de vendedor] rabatteur m; [– de jugador] compère m. -3. loc : **tener** ~ fam [mujer] avoir du chien; [vendedor, título etc] être accrocheur(euse).

gandul, la adj & m, f fam feignant(e).

ganga f fam affaire f en or.

ganglio m ganglion m.

gangrena f gangrène f.

gángster (pl gángsters) m gangster m.

ganso, sa m, f -1. [ave] jars m, oie f. -2. fam [persona] abruti m, -e f.

garabatear vt & vi gribouiller.

garabato m gribouillage m .

garaje m garage m.

garante mf garant m, -e f.

garantía f garantie f; **con** ~ sous garantie; **este libro es una** ~ **de éxito** ce livre, c'est le succès assuré.

garantizar vt garantir; ~ **algo a alguien** assurer qqch à qqn.

garapiñar = garrapiñar.

garbanzo m pois m chiche.

garbeo m fam balade f; **dar un** ~ faire une balade.

garbo m [de persona] allure f; [de escritura] talent m.

gardenia f gardénia m.

garete m : **ir** ○ **irse al** ~ fam fig se casser la figure.

garfio m crochet m.

gargajo m crachat m.

garganta f gorge f .

gargantilla f ras-du-cou m (collier).

gárgara f (gen pl) gargarisme m; **hacer** ~**s** faire des gargarismes.

gargarismo m gargarisme m.

garita f MIL guérite f.

garito m -1. [casa de juego] tripot m. -2. despec [establecimiento] boui-boui m.

garra f griffe f; [de ave de rapiña] serre f; **caer en las** ~**s de alguien** tomber entre les griffes de qqn; **tener** ~ être accrocheur(euse).

garrafa f carafe f.

garrafal adj [error, equivocación] monumental(e).

garrapata f tique f.

garrapiñar, garapiñar vt praliner.

garrote m -1. [palo] gourdin m. -2. [ligadura] garrot m.

garúa f Amer bruine f.

garza f héron m .

gas m gaz m; ~ **butano** gaz butane; ~ **lacrimógeno** gaz lacrymogène; ~ **natural** gaz naturel. ◆ **gases** mpl [en el estómago] gaz mpl. ◆ **a todo gas** loc adv à toute allure.

gasa f gaze f.

gaseoducto m gazoduc m.

gaseoso, sa adj gazeux(euse). ◆ **gaseosa** f limonade f.

gasóleo m gazole m.

gasolina f essence f; **poner** ~ prendre de l'essence; ~ **normal** essence ordinaire; (~) **súper** super m.

gasolinera f pompe f à essence.

gastado, da adj usé(e).

gastar ◇ vt -1. [gen] dépenser. -2. [desgastar] user. -3. [ponerse] porter; **¿qué número de zapatos gastas?** quelle est ta pointure? -4. [hacer] : ~ **una broma/cumplidos a alguien** faire une blague/des compliments à qqn. ◇ vi -1. [dinero] dépenser. -2. [persona] user. ◆ **gastarse** vp -1. [por el uso] s'user; [vela] se consumer. -2. [dinero] dépenser.

gasto m dépense f; **cubrir** ~**s** couvrir les frais; ~ **público** dépenses fpl publiques.

gastritis f gastrite f.

gastronomía f gastronomie f.

gastrónomo, ma m, f gastronome mf.

gatas ◆ **a gatas** loc adv à quatre pattes.

gatear vi marcher à quatre pattes.

gatillo m gâchette f.

gato, **ta** *m, f* chat *m*, chatte *f;* **dar** ∼ **por liebre a alguien** *fam* rouler qqn; **buscar tres pies al** ∼ chercher midi à quatorze heures; **hay** ∼ **encerrado** il y a anguille sous roche. ◆ **gato** *m* AUTOM cric *m*.

gauchada *f* *Amer* [favor] service *m*.

gaucho, **cha** *m, f* gaucho *m*.

gavilán *m* épervier *m*.

gavilla *f* **-1.** [de espigas] gerbe *f.* **-2.** [de sarmientos] fagot *m*.

gaviota *f* mouette *f*.

gay *adj inv & m* gay.

gazapo *m* **-1.** [animal] lapereau *m*. **-2.** [error] lapsus *m*; [imprenta] coquille *f*.

gazpacho *m* CULIN gaspacho *m*.

GB *(abrev de* **Gran Bretaña***) f* GB *f*.

géiser, **géyser** *(pl* **géyseres***) m* geyser *m*.

gel *m* gel *m*.

gelatina *f* [de carne etc] gelée *f;* [ingrediente] gélatine *f*.

gema *f* gemme *f*.

gemelo, **la** *adj & m, f* jumeau(elle). ◆ **gemelo** *m* mollet *m*. ◆ **gemelos** *mpl* **-1.** [de camisa] boutons *mpl* de manchette. **-2.** [prismáticos] jumelles *fpl*.

gemido *m* gémissement *m*.

Géminis ◇ *m inv* [zodiaco] Gémeaux *mpl*. ◇ *mf inv* [persona] gémeaux *m inv*.

gemir *vi* gémir.

gen = gene.

gendarme *mf* gendarme *m*.

gene, **gen** *m* gène *m*.

genealogía *f* généalogie *f*.

generación *f* génération *f*.

generador, **ra** *adj* générateur(trice). ◆ **generador** *m* ELECTR générateur *m*.

general ◇ *adj* général(e); **en** ∼, **por lo** ∼ en général; **hablar de algo en términos** ∼**es** parler de qqch en général. ◇ *m* MIL général *m*.

generalidad *f* **-1.** [mayoría] majorité *f.* **-2.** [vaguedad] généralité *f*.

generalísimo *m* généralissime *m*.

Generalitat *f* POLÍT *nom du gouvernement de Catalogne et de celui de la communauté de Valence.*

generalizar *vt & vi* généraliser. ◆ **generalizarse** *vp* se généraliser.

generar *vt* générer.

genérico, **ca** *adj* générique.

género *m* **-1.** [gen & GRAM] genre *m*; **el** ∼ **humano** le genre humain. **-2.** [productos] marchandise *f.* **-3.** [tejido] tissu *m*.

generosidad *f* générosité *f*.

generoso, **sa** *adj* généreux(euse); [comida] copieux(euse).

génesis *f* genèse *f*.

genético, **ca** *adj* génétique. ◆ **genética** *f* génétique *f*.

genial *adj* génial(e).

genio *m* **-1.** [temperamento] caractère *m*. **-2.** [mal carácter] mauvais caractère *m*. **-3.** [estado de ánimo] humeur *f;* **estar de buen/mal** ∼ être de bonne/mauvaise humeur. **-4.** [ser sobrenatural, persona de talento] génie *m*.

genital *adj* génital(e). ◆ **genitales** *mpl* organes *mpl* génitaux.

genocidio *m* génocide *m*.

gente *f* **-1.** [gen] gens *mpl*; **hay poca** ∼ il n'y a pas beaucoup de monde; **es buena** ∼ *fam* il est sympa; **la** ∼ **bien** *fam* les gens bien; **la** ∼ **menuda** les petits *mpl (les enfants).* **-2.** *fam* [familia] : **mi** ∼ les miens.

gentil *adj* [educado] courtois(e).

gentileza *f* courtoisie *f;* [regalo] attention *f,* cadeau *m* .

gentío *m* foule *f*.

gentuza *f* racaille *f*.

genuflexión *f* génuflexion *f* .

genuino, **na** *adj* authentique; [piel] véritable.

GEO *(abrev de* **Grupo Especial de Operaciones***) m* brigade d'intervention spéciale de la police nationale espagnole, ≃ GIGN.

geografía *f* géographie *f*.

geográfico, **ca** *adj* géographique.

geógrafo, **fa** *m, f* géographe *mf*.

geología *f* géologie *f*.

geólogo, **ga** *m, f* géologue *mf*.

geometría *f* géométrie *f*.

geranio *m* géranium *m*.

gerencia *f* gérance *f*.

gerente *mf* gérant *m*, -e *f*.

geriatría *f* gériatrie *f*.

germánico, **ca** ◇ *adj* HIST germain(e); [alemán] germanique. ◇ *m, f* HIST Germain *m*, -e *f;* [alemán] Allemand *m*, -e *f*. ◆ **germánico** *m* [lengua] germanique *m*.

germen *m* lit & fig germe *m*.

germinar *vi* lit & fig germer.

gerundio *m* gérondif *m*.

gestar *vi* être en gestation. ◆ **gestarse** *vp* [proyecto] être en gestation; [cambio] se préparer; [revolución] couver.

gesticulación f gesticulation f; [gestos] gestes mpl.

gesticular vi gesticuler.

gestión f -1. [diligencia] démarche f. -2. [administración] gestion f; ~ **de cartera** gestion de portefeuille.

gestionar vt -1. [tramitar] faire des démarches pour; **tengo que ~ mis vacaciones** il faut que j'organise mes vacances. -2. [administrar] gérer.

gesto m -1. [gen] geste m. -2. [mueca] grimace f.

gestor, ra ◇ adj gestionnaire. ◇ m, f personne faisant des démarches administratives pour le compte d'un particulier ou d'une entreprise.

gestoría f cabinet m d'affaires.

géyser = géiser.

ghetto = gueto.

giba f bosse f.

Gibraltar Gibraltar.

gigabyte m INFORM gigaoctet m.

gigante, ta m, f géant m, -e f. ◆ **gigante** adj géant(e).

gigantesco, ca adj gigantesque.

gigoló m gigolo m.

gil, la m, f Amer fam empoté m, -e f.

gilipollada, jilipollada f mfam connerie f.

gilipollas, jilipollas adj inv & mf inv mfam con(conne).

gimnasia f gymnastique f.

gimnasio m gymnase m.

gimnasta mf gymnaste mf.

gimotear vi pleurnicher.

gin = ginebra.

gincana, gymkhana f gymkhana m.

ginebra, gin f gin m.

Ginebra Genève.

ginecología f gynécologie f.

ginecólogo, ga m, f gynécologue mf.

gira f tournée f; **estar de ~** être en tournée.

girar ◇ vi -1. [gen] tourner; ~ **en torno a** ○ **alrededor de** fig tourner autour de. -2. COM: ~ **a sesenta días** payer à soixante jours. ◇ vt -1. [volante, llave etc] tourner; [peonza] faire tourner. -2. [dinero] virer. -3. COM [letra] tirer.

girasol m tournesol m.

giratorio, ria adj [movimiento] giratoire; [mueble, silla] pivotant(e); [placa] tournant(e); [puerta] à tambour.

giro m -1. [movimiento] tour m. -2. [de conversación, asunto, frase] tournure f. -3. COM traite f; [envío] virement m; ~ **postal** virement postal, ≈ mandat m.

gis m Amer craie f.

gitano, na ◇ adj -1. [del pueblo gitano] gitan(e). -2. fam [estafador] roublard(e); **¡si será ~ el tío este!** quel arnaqueur ce type! ◇ m, f Gitan m, -e f.

glacial adj glaciaire; [viento, acogida] glacial(e).

glaciar ◇ m glacier m. ◇ adj glaciaire.

gladiador m gladiateur m.

gladiolo, gladíolo m glaïeul m.

glándula f glande f.

glasé adj glacé(e).

glicerina f glycérine f.

global adj global(e).

globo m -1. [gen] globe m. -2. [aeróstato, juguete] ballon m.

glóbulo m MED globule m; ~ **blanco/rojo** globule blanc/rouge.

gloria ◇ f -1. [gen] gloire f. -2. [placer] plaisir m; **es una ~ verte** c'est un plaisir de te voir! -3. loc: **saber a ~** être exquis(e). ◇ m gloria m.

glorieta f -1. [plaza] rond-point m. -2. [de casa, jardín] tonnelle f.

glorificar vt glorifier. ◆ **glorificarse** vp: ~**se de** se glorifier de.

glorioso, sa adj -1. [importante] glorieux(euse). -2. RELIG bienheureux(euse).

glosa f glose f.

glosar vt gloser.

glosario m glossaire m.

glotón, na adj & m, f glouton(onne).

glotonería f gloutonnerie f.

glúcido m glucide m.

glucosa f glucose m.

gluten m gluten m.

gnomo, nomo m gnome m.

gobernación f gouvernement m (direction).

gobernador, ra ◇ adj gouvernant(e). ◇ m, f gouverneur m.

gobernanta f gouvernante f.

gobernante ◇ adj gouvernant(e); [partido, persona] au pouvoir. ◇ mf gouvernant m.

gobernar vt -1. [gen & NÁUT] gouverner. -2. [casa] tenir; [negocios] mener, gérer.

gobierno *m* **-1.** [gen] gouvernement *m* . **-2.** [edificio] : ~ **civil** préfecture *f.* **-3.** NÁUT gouverne *f*; [timón] barre *f.*

goce *m* jouissance *f*, plaisir *m.*

godo, da ◇ *adj* des Goths. ◇ *m, f* : **los ~s** les Goths.

gol *m* DEP but *m.*

goleada *f* carton *m.*

goleador, ra *m, f* buteur *m.*

golear *vt* marquer de nombreux buts contre ; ~ **al equipo contrario** écraser l'adversaire.

golf *m* golf *m.*

golfear *vi fam* [vaguear] glander, glandouiller.

golfista *mf* golfeur *m*, -euse *f.*

golfo, fa *adj & m, f* voyou. ◆ **golfo** *m* GEOGR golfe *m*; **el ~ de León** le golfe du Lion ; **el ~ de Vizcaya** le golfe de Gascogne ; **el ~ Pérsico** le golfe Persique.

golondrina *f* **-1.** [ave] hirondelle *f.* **-2.** [barco] vedette *f.*

golondrino *m* ZOOL hirondeau *m.*

golosina *f* friandise *f.*

goloso, sa *adj & m, f* gourmand(e).

golpe *m* **-1.** [gen] coup *m*; [entre coches] accrochage *m*; ~ **bajo** *lit & fig* coup bas ; ~ **franco** DEP coup franc. **-2.** *fam* [ocurrencia] : **¡tiene cada ~!** [persona] il en sort de belles! ; [película] il y a de ces gags! **-3.** *loc* : **no dar** o **pegar ~** *fam* se la couler douce. ◆ **de golpe** *loc adv* [de una vez] d'un seul coup ; [con brusquedad] brusquement. ◆ **de golpe y porrazo** *loc adv* sans crier gare. ◆ **golpe de Estado** *m* coup *m* d'État. ◆ **golpe de suerte** *m* coup *m* de chance. ◆ **golpe de vista** *m* coup *m* d'œil.

golpear *vt & vi* frapper.

golpista *adj & mf* putschiste.

golpiza *f* Amer volée *f.*

goma *f* **-1.** [sustancia viscosa, golosina] gomme *f* . **-2.** [tira elástica] élastique *m* . **-3.** [caucho] caoutchouc *m*; ~ **espuma** Caoutchouc Mousse *m* . **-4.** *fam* [preservativo] capote *f.* ◆ **Goma 2** *f* plastic *m.*

gomina *f* gomina *f.*

góndola *f* gondole *f.*

gondolero *m* gondolier *m.*

gong *m* gong *m.*

gordinflón, ona *fam* ◇ *adj* grassouillet(ette). ◇ *m, f* gros bonhomme *m*, grosse bonne femme *f.*

gordo, da ◇ *adj* gros(grosse) ; **me cae ~** *fam* je ne peux pas le sentir. ◇ *m, f* **-1.** [gen] gros *m*, grosse *f*; **armar la gorda** *fam fig* faire une scène. **-2.** Amer [querido] (mon) coco *m*, (ma) cocotte *f.* ◆ **gordo** *m* [en lotería] gros lot *m*; **tocarle a alguien el ~** *fig fam* toucher le gros lot.

gordura *f* embonpoint *m.*

gorgorito *m* MÚS roulade *f.*

gorila *m* **-1.** ZOOL gorille *m.* **-2.** *fam* [guardaespaldas] gorille *m*; [en discoteca] videur *m.*

gorjear *vi* [pájaros] gazouiller.

gorra ◇ *f* casquette *f*; **de ~** *fam* à l'œil. ◇ *m fam* parasite *m*; [para la comida] pique-assiette *m.*

gorrear *fam* ◇ *vt* taper. ◇ *vi* vivre en parasite.

gorrinada *f* [lugar] porcherie *f*; [acción] vacherie *f.*

gorrino, na *m, f* **-1.** [animal] goret *m.* **-2.** *fig* [persona] cochon *m*, -onne *f.*

gorrión *m* moineau *m.*

gorro *m* bonnet *m*; **estar hasta el ~ (de)** *fig* en avoir par-dessus la tête (de).

gorrón, ona *fam* ◇ *adj* profiteur(euse). ◇ *m, f* parasite *m*; [para la comida] pique-assiette *mf.*

gorronear *fam vt & vi* taper ; ~ **cigarros** taper des cigarettes.

gota *f* **-1.** [gen & MED] goutte *f*; **es la ~ que colma el vaso** c'est la goutte d'eau qui fait déborder le vase ; **sudar la ~ gorda** *fam* suer à grosses gouttes ; *fig* suer sang et eau. **-2.** [pizca - de aire] souffle *m*; [- de sensatez etc] once *f*; **no me queda ni ~ de harina** il ne me reste pas un gramme de farine. ◆ **gota a gota** *m* goutte-à-goutte *m inv.* ◆ **gota fría** *f* METEOR orage *m* de chaleur.

gotear ◇ *vi* **-1.** [líquido] goutter. **-2.** *fig* [beneficios, ingresos etc] arriver au compte-gouttes. ◇ *v impers* [chispear] tomber des gouttes.

gotera *f* **-1.** [filtración] gouttière *f.* **-2.** [grieta] fuite *f.* **-3.** [mancha] tache *f* d'humidité.

gótico, ca *adj* gothique. ◆ **gótico** *m* [arte] gothique *m.*

gourmet → **gurmet.**

goyesco, ca *adj* de Goya.

gozada *f fam* **¡es una ~!** c'est le pied!

gozar *vi* **-1.** [disfrutar] éprouver du plaisir; **~ con** se réjouir de; [buena comida] se régaler avec; **~ de** jouir de. **-2.** [sexualmente] jouir.

gozne *m* gond *m*.

gozo *m* plaisir *m*; **ser motivo de ~** être une occasion de réjouissance; **¡mi ~ en un pozo!** *fig* c'est bien ma chance!

gr *abrev de* **grado**.

grabación *f* enregistrement *m*.

grabado *m* gravure *f*.

grabador, ra *m, f* graveur *m*, -euse *f*. ◆ **grabadora** *f* magnétophone *m*.

grabar *vt* **-1.** [gen] graver. **-2.** [conversación, concierto & INFORM] enregistrer. ◆ **grabarse** *vp*: **~se en** [recuerdos] se graver dans.

gracia *f* **-1.** [gen] grâce *f*; **no es guapo pero tiene ~** il n'est pas beau mais il a du charme; **goza de la ~ del rey** il jouit de la faveur du roi. **-2.** [humor, chiste] drôlerie *f*; **déjate de ~s** assez plaisanté; **caer en ~** plaire; **hacer ~ a alguien** faire rire qqn; **(no) tener ~** (ne pas) être drôle; **tiene ~** *irón* c'est drôle. **-3.** [arte] goût *m*; [habilidad] talent *m*. ◆ **gracias** *fpl* merci *m*; **dar las ~** remercier; **muchas ~s** merci beaucoup; **~s a** grâce à.

gracioso, sa ◇ *adj* drôle. ◇ *m, f* **-1.** [persona con gracia] comique *m*; **algún ~** un petit plaisantin. **-2.** TEATR bouffon *m*.

grada *f* **-1.** [peldaño] marche *f*; **el rey subió a la ~** le roi gravit les marches du trône. **-2.** [graderío] tribune *f*; TEATR rangée *f*. ◆ **gradas** *fpl* gradins *mpl*.

gradación *f* **-1.** [en retórica] gradation *f*. **-2.** [de colores] dégradé *m*.

gradería *f*, **graderío** *m* tribune *f*.

grado *m* **-1.** [gen, GRAM & GEOM] degré *m*. **-2.** MIL & EDUC grade *m*; **tener el ~ de doctor** avoir le titre de docteur. **-3.** [curso escolar] année *f*. **-4.** [voluntad] gré *m*; **de buen/mal ~** de bon/mauvais gré.

graduación *f* **-1.** [acción] graduation *f*; [de vino, licor etc] titre *m*; **~ de la vista** mesure *f* de l'acuité visuelle. **-2.** [título – MIL] grade *m* [– EDUC] diplôme *m*.

graduado, da ◇ *adj* **-1.** [gafas, termómetro] gradué(e). **-2.** [universitario] diplômé(e). ◇ *m, f* [persona] diplômé *m*, -e *f*. ◆ **graduado** *m* [título] diplôme *m*; **~ escolar** certificat m d'études.

gradual *adj* graduel(elle).

graduar *vt* **-1.** [medir] mesurer; [vino, licor etc] titrer. **-2.** [regular] régler. **-3.** [escalonar – pago] échelonner; [– termómetro] graduer. **-4.** [licenciar – MIL] promouvoir [– EDUC] diplômer. ◆ **graduarse** *vp*: **~se (en)** EDUC obtenir son diplôme (de).

grafía *f* graphie *f*.

gráfico, ca *adj* **-1.** [gen] graphique. **-2.** *fig* [expresivo] parlant(e). ◆ **gráfico** *m* graphique *m*. ◆ **gráfica** *f* courbe *f* (*graphique*).

grafito *m* graphite *m*.

grafología *f* graphologie *f*.

grafólogo, ga *m, f* graphologue *mf*.

gragea *f* dragée *f*.

grajo *m* freux *m* (*corbeau*).

gral. (*abrev de* **general**) gal.

gramática *f* → **gramático**.

gramatical *adj* grammatical(e).

gramático, ca ◇ *adj* grammatical(e). ◇ *m, f* [persona] grammairien *m*, -enne *f*. ◆ **gramática** *f* grammaire *f*.

gramo *m* gramme *m*.

gramófono *m* gramophone *m*.

gramola *f* phonographe *m*.

gran *adj* → **grande**.

granada *f* grenade *f*.

Granada -1. [en España] Grenade. **-2.** [en las Antillas] (la) Grenade.

granadina *f* **-1.** [bebida] grenadine *f*. **-2.** [cante] chanson populaire de Grenade.

granar *vi* grener.

granate *adj inv & m* grenat.

Gran Bretaña Grande-Bretagne *f*.

grande ◇ *adj* (*antes de sust*: **gran**) **-1.** [gen] grand(e). **-2.** *fig & irón*: **es ~ que...** [enojoso] c'est un peu fort que... ◇ *m* [noble] grand *m*. ◆ **a lo grande** *loc adv* en grande pompe; **vivir a lo ~** mener grand train. ◆ **grandes** *mpl* [adultos] grands *mpl*.

grandeza *f* **-1.** [gen] grandeur *f*. **-2.** [dignidad] grandesse *f*; **toda la ~ de España** tous les grands d'Espagne.

grandioso, sa *adj* grandiose.

grandullón, ona ◇ *adj* dégingandé(e). ◇ *m, f despec* grande perche *f*.

granel ◆ **a granel** *loc adv* **-1.** [gen] en vrac; [líquido] au litre. **-2.** [en abundancia] à foison.

granero *m* grenier *m*.

granito *m* granit *m*.

granizada f –1. METEOR grêle f. –2. fig [abundancia] pluie f; **una ~ de golpes** une volée de coups.

granizado m CULIN granité m.

granizar v impers grêler.

granizo m grêle f.

granja f –1. [gen] ferme f; **~ de vacas** ferme d'élevage bovin. –2. [tienda] crèmerie f.

granjearse vp [admiración, amistad] s'attirer.

granjero, ra m, f fermier m, -ère f.

grano m –1. [gen] grain m. –2. [en la piel] bouton m; **ir al ~** fig en venir au fait.

granuja m f canaille f; [niño] garnement m.

granulado, da adj en poudre. ◆ **granulado** m granulés mpl.

grapa f agrafe f.

grapadora f agrafeuse f.

grapar vt agrafer.

GRAPO (abrev de **Grupos de Resistencia Antifascista Primero de Octubre**) mpl groupes terroristes espagnols d'extrême gauche.

grasa f → graso.

grasiento, ta adj graisseux(euse).

graso, sa adj gras(grasse). ◆ **grasa** f graisse f.

gratén m gratin m; **macarrones/patatas al ~** gratin de macaroni/de pommes de terre.

gratificación f gratification f.

gratificante adj gratifiant(e).

gratificar vt récompenser.

gratinado, da adj gratiné(e).

gratinar vt gratiner.

gratis adv –1. [sin dinero] gratuitement. –2. [sin esfuerzo] sans peine.

gratitud f gratitude f.

grato, ta adj agréable; **nos es ~ comunicarle que...** nous avons le plaisir de vous informer que...

gratuito, ta adj gratuit(e).

grava f gravier m.

gravamen (pl **gravámenes**) m –1. ECON [impuesto] taxe f; [carga] charge f. –2. fig [deber] obligation f.

gravar vt –1. ECON grever; [con un impuesto] taxer. –2. fig [empeorar] aggraver.

grave adj –1. [gen] grave. –2. GRAM: **una palabra ~** un mot accentué sur l'avant-dernière syllabe.

gravedad f gravité f.

gravilla f gravillon m.

gravitar vi –1. FÍS graviter. –2. fig [suj: amenaza, peligro] : **~ sobre** peser sur.

gravoso, sa adj [caro] onéreux(euse); [molesto] pesant(e).

graznar vi [cuervo, grajo] croasser.

graznido m –1. [cuervo, grajo] croassement m. –2. fig [de personas] cri m d'orfraie.

Grecia Grèce f.

grecorromano, na adj gréco-romain(e).

gregoriano, na adj grégorien(enne).

gremio m –1. [de un oficio] corporation f. –2. fam [grupo] camp m.

greña f (gen pl) tignasse f; **andar a la ~** fam fig se crêper le chignon.

gres m grès m.

gresca f –1. [ruido, jaleo] chahut m. –2. [pelea] bagarre f.

griego, ga ◇ adj grec(grecque). ◇ m, f Grec m, Grecque f. ◆ **griego** m [lengua] grec m.

grieta f fissure f; [en la piel] gerçure f.

grifa f marijuana f.

grifería f robinetterie f.

grifo m robinet m.

grill (pl **grills**) m gril m.

grillado, da adj & m, f fam cinglé(e).

grillete m fers mpl (de prisonnier).

grillo m grillon m.

grima f: **dar ~** [irritar] écœurer; [dar dentera] faire grincer les dents.

gringo, ga ◇ adj des Gringos. ◇ m, f Gringo m.

gripa f Amer grippe f.

gripe f grippe f.

griposo, sa adj grippé(e).

gris ◇ adj –1. [color] gris(e). –2. fig [triste] morne; **sentirse ~** être morose. ◇ m gris m.

gritar ◇ vi crier. ◇ vt : **~ a alguien** crier après qqn; [a un actor etc] huer qqn.

griterío m cris mpl.

grito m cri m; **dar o pegar un ~** pousser un cri; **un ~ de socorro** un appel au secours.

Groenlandia Groenland m.

grogui adj groggy; **la noticia lo dejó ~** fam fig la nouvelle l'a scié.

grosella f groseille f.

grosería f grossièreté f.

grosero, ra ◇ adj grossier(ère). ◇ m, f malotru m, -e f.

grosor m épaisseur f.

grosso ◆ **grosso modo** *loc adv* grosso modo.

grotesco, ca *adj* grotesque.

grúa *f* **-1.** CONSTR grue *f*. **-2.** AUTOM dépanneuse *f*; ~ **(municipal)** (camion de) la fourrière.

grueso, sa *adj* gros(grosse); [tela, tabla] épais(aisse). ◆ **grueso** *m*. **-1.** [grosor] épaisseur *f*. **-2.** [la mayor parte] : **el** ~ **de** le gros de.

grulla *f* ZOOL grue *f*.

grumete *m* mousse *m*.

grumo *m* grumeau *m*.

gruñido *m* grognement *m*; **soltar un** ~ **a alguien** *fig* gronder qqn.

gruñir *vi* grogner.

gruñón, ona ◇ *adj fam* grognon. ◇ *m, f* râleur *m*, -euse *f*.

grupa *f* croupe *f*.

grupo *m* groupe *m*; ~ **de empresas** ECON groupement *m* d'entreprises; ~ **profesional** équipe *f*. ◆ **grupo sanguíneo** *m* groupe *m* sanguin.

gruta *f* grotte *f*.

guacal *m* Amer **-1.** [calabaza] calebasse *f*. **-2.** [jaula] cage *f*. **-3.** [caja] cageot *m*.

guacamol, guacamole *m* purée d'avocat épicée typique du Mexique.

guachada *f* Amer fam vacherie *f*.

guachimán *m* Amer veilleur *m* de nuit.

guacho, cha *m, f* Amer fam bâtard *m*, -e *f* (enfant).

Guadalquivir *m* : **el** ~ le Guadalquivir.

guadaña *f* faux *f*.

guagua *f* Amer **-1.** [autobús] bus *m*. **-2.** [niño] bébé *m*.

guajolote *m* Amer dindon *m*.

gualdo, da *adj* jaune d'or.

guampa *f* Amer corne *f*.

guampudo, da *adj* Amer à cornes.

guanajo *m* Amer dindon *m*.

guantazo *m* fam baffe *f*.

guante *m* gant *m*; **echarle el** ~ **a algo/a alguien** mettre le grappin sur qqch/qqn.

guantera *f* boîte *f* à gants.

guapo, pa ◇ *adj* [físicamente] beau(belle). ◇ *m, f* **-1.** [valiente] : **¿quién es el** ~ **que...?** qui a le courage de...? **-2.** [fanfarrón] vantard *m*, -e *f*; **se cree el** ~ **del pueblo** il se prend pour le coq du village.

guarangada *f* Amer grossièreté *f*.

guarda ◇ *mf* gardien *m*, -enne *f*; ~ **de caza** garde-chasse *m*; ~ **jurado** agent *m* de sécurité privé. ◇ *f* garde *f*.

guardabarrera *mf* garde-barrière *mf*.

guardabarros *m inv* garde-boue *m inv*.

guardabosque *mf* garde *m* forestier.

guardacoches *mf inv* gardien *m*, -enne *f* de parking.

guardacostas *m inv* garde-côte *m*.

guardador, ra *m, f* gardien *m*, -enne *f*.

guardaespaldas *mf inv* garde *m* du corps.

guardameta *mf* gardien *m* de but.

guardapolvo *m* [bata] blouse *f*.

guardar *vt* **-1.** [gen] garder; ~ **cama/silencio** garder le lit/le silence; ~ **la palabra** tenir parole; ~ **las formas** *fig* sauver les apparences; ~ **las leyes** observer les lois. **-2.** [proteger] : ~ **(de)** protéger (de). **-3.** [colocar] ranger. ◆ **guardarse** *vp* : ~**se de** se garder de; **guardársela a alguien** *fig* garder à qqn un chien de sa chienne.

guardarropa ◇ *mf* employé *m*, -e *f* de vestiaire. ◇ *m* **-1.** [armario – público] vestiaire *m*; [– particular] penderie *f*. **-2.** [prendas] garde-robe *f*.

guardarropía *f* TEATR [prendas] costumes *mpl*; [lugar] magasin *m* des accessoires.

guardería *f* crèche *f* (établissement).

guardia ◇ *f* garde *f*; **estar de** ~ être de garde; **montar (la)** ~ monter la garde; ~ **montada** police *f* montée; ~ **municipal** ○ **urbana** police *f* municipale; **la vieja** ~ la vieille garde. ◇ *mf* agent *m*; ~ **de tráfico** agent de police. ◆ **Guardia Civil** *f* Garde *f* civile, ≃ gendarmerie *f*.

guardián, ana *m, f* gardien *m*, -enne *f*.

guarecer *vt* : ~ **(de)** abriter (de), protéger (de). ◆ **guarecerse** *vp* : ~**se (de)** s'abriter (de).

guarida *f* **-1.** [de animales] tanière *f*. **-2.** *fig* [de malhechores] repaire *m*.

guarnecer *vt* [adornar & CULIN] : ~ **(con)** garnir (de).

guarnición *m* **-1.** [adorno & CULIN] garniture *f*. **-2.** MIL garnison *f*.

guarrada *f* fam cochonnerie *f*; [mala jugada] tour *m* de cochon.

guarrería *f* fam **-1.** [suciedad] cochonnerie *f*. **-2.** *fig* [mala acción] crasse *f*.

guarro, rra ◇ *adj* dégoûtant(e). ◇ *m, f* **-1.** [animal] cochon *m*, truie *f*. **-2.** *fam* [persona – sucia] cochon *m*, -onne *f*; [– mala] pourriture *f*.

guarura *m Amer fam* gorille *m (garde du corps)*.

guasa *f fam* –**1.** [gracia] : **déjate de ~s** arrête de rigoler; **estar de ~** être d'humeur à rigoler. –**2.** [pesadez] : **¡ese tío tiene una ~!** quel raseur ce type!; **¡tiene ~ la cosa!** elle est forte, celle-là!

guasearse *vp fam* **~ (de alguien)** mettre (qqn) en boîte.

guasón, ona *adj & m, f* blagueur *m*, -euse *f*.

Guatemala Guatemala *m*.

guatemalteco, ca ◇ *adj* guatémaltèque. ◇ *m, f* Guatémaltèque *mf*.

guateque *m* surprise-partie *f*, boum *f*.

guau *m* ouah *m*.

guay *adj fam* super; **muy ~** génial(e).

guayabo, ba *m, f Amer fam* beau gosse *m*, belle fille *f*. ◆ **guayabo** *m* [árbol] goyavier *m*. ◆ **guayaba** *f* [fruta] goyave *f*.

Guayana Guyane *f*.

guayín *m Amer fam* camionnette *f*.

gubernativo, va *adj* gouvernemental(e); **una orden gubernativa** un arrêté préfectoral.

guepardo *m* guépard *m*.

güero, ra *adj Amer fam* blond(e).

guerra *f* guerre *f*; [de intereses, ideas, opiniones] conflit *m*; **declarar la ~** déclarer la guerre; **~ civil** guerre civile; **~ fría** guerre froide; **~ relámpago** guerre éclair; **dar ~ a alguien** *fam fig* donner du fil à retordre à qqn; **¡mira que das ~!** ce que tu es casse-pieds!

guerrear *vi* faire la guerre; **los dos pueblos guerrean** les deux peuples se font la guerre.

guerrero, ra ◇ *adj* guerrier(ère). ◇ *m, f* guerrier *m*. ◆ **guerrera** *f* [prenda] vareuse *f*.

guerrilla *f* MIL [grupo] groupe *m* de guérilleros; [estrategia] guérilla *f*.

guerrillero, ra *m, f* guérillero *m*.

gueto, ghetto *m* ghetto *m*.

güevón *m Amer vulg* connard *m*.

guía ◇ *mf* [persona] guide *m*; **~ turístico** guide. ◇ *f* –**1.** [gen] guide *m*; **~ de ferrocarriles** indicateur *m* des chemins de fer; **~ telefónica** annuaire *m* (du téléphone); **~ turística** guide *m* touristique. –**2.** [para cortinas] tringle *f* à glissière.

guiar *vt* –**1.** [gen] guider; **el profesor guió el estudio** le professeur a dirigé l'étude. –**2.** AUTOM conduire. –**3.** [plantas, ramas]

tuteurer. ◆ **guiarse** *vp* : **~se (de** ○ **por)** se guider (sur).

guijarro *m* caillou *m*.

guillado, da *adj fam* timbré(e).

guillotina *f* –**1.** [para decapitar] guillotine *f*. –**2.** [para cortar] massicot *m*.

guillotinar *vt* –**1.** [decapitar] guillotiner. –**2.** [cortar] massicoter.

guinda *f* griotte *f*.

guindilla *f* piment *m* rouge.

Guinea Guinée *f*.

guiñapo *m* loque *f*.

guiñar *vt* : **~ el ojo** faire un clin d'œil.

guiño *m* clin *m* d'œil.

guiñol *m* guignol *m*.

guión *m* –**1.** [esquema] plan *m*. –**2.** CIN & TV scénario *m*. –**3.** GRAM [signo] trait *m* d'union.

guionista *mf* scénariste *mf*.

guiri *adj & mf fam despec* étranger(ère).

guirigay *m* –**1.** *fam* [jaleo] brouhaha *m*. –**2.** [lenguaje ininteligible] charabia *m*.

guirlache *m* amandes grillées et caramélisées.

guirnalda *f* guirlande *f*.

guisa *f* : **a ~ de** en guise de; **de esta ~ de** cette façon.

guisado *m* ragoût *m*.

guisante *m* –**1.** [planta] pois *m*. –**2.** [fruto] petit pois *m*.

guisar *vt & vi* cuisiner. ◆ **guisarse** *vp fig* [persona] faire sa petite cuisine.

guiso *m* ragoût *m*.

güisqui, whisky *m* whisky *m*.

guita *f fam* pognon *m*.

guitarra *f* guitare *f*.

guitarrista *mf* guitariste *mf*.

gula *f* gloutonnerie *f*; **con (tanta) ~ (si)** goulûment.

gurí, isa *m, f Amer fam* gamin *m*, -e *f*.

guripa *m fam* [guardia municipal] poulet *m*.

gurmet *(pl gurmets)*, **gourmet** *(pl gourmets) mf* gourmet *m*.

guru, gurú *m* gourou *m*.

gusanillo *m fam* **sentir un ~ en el estómago** [por el miedo] avoir les tripes nouées; [por el hambre] avoir un petit creux; **tener el ~ de la conciencia** avoir quelque chose sur la conscience; **matar el ~** manger un petit quelque-chose.

gusano *m* –**1.** [animal] ver *m*. –**2.** *fig* [persona] moins-que-rien *m*.

gustar ◇ vi [agradar] plaire; **me gusta esa chica** cette fille me plaît; **me gusta el deporte/ir al cine** j'aime le sport/aller au cinéma. ◇ vt [probar] goûter.

gustazo m fam **darse el ~ de** se payer le luxe de; **¡es un ~!** c'est le pied!

gusto m **-1.** [gen] goût m; **tener buen/ mal ~** avoir bon/mauvais goût; **tomar ~ a algo** prendre goût à qqch. **-2.** [agrado] plaisir m; **con mucho ~** avec plaisir; **da ~ estar aquí** ça fait plaisir d'être ici; **mucho ○ tanto ~** enchanté(e). ◆ **a gusto** loc adv : **estar a ~** être à son aise; **hacer algo a ~** [de buena gana] prendre plaisir à faire qqch; [cómodamente] être à son aise pour faire qqch.

gustoso, sa adj **-1.** [sabroso] savoureux(euse). **-2.** [con placer] : **hacer algo ~** faire qqch avec plaisir.

gutural adj guttural(e).

gymkhana = gincana.

h¹, H f [letra] h m inv, H m inv; **por h o por b** fig pour une raison ou pour une autre.

h, h. (abrev de hora) h.

ha ◇ v → haber. ◇ (abrev de hectárea) ha.

haba f fève f.

habano, na adj havanais(e). ◆ **habano** m [cigarro] havane m.

haber¹ ◇ v aux **-1.** (antes de verbos transitivos) avoir; **lo he/había hecho** je l'ai/ l'avais fait; **los niños ya han comido** les enfants ont déjà mangé. **-2.** (antes de verbos de movimiento, de estado o permanencia) être; **ha salido** il est sorti; **nos hemos quedado en casa** nous sommes restés à la maison. **-3.** [expresa reproche] : **~ venido a la reunión** tu n'avais qu'à venir à la réunion. **-4.** [expresa obligación] : **~ de hacer algo** devoir faire qqch; **has de trabajar más** tu dois travailler davantage. **-5.** [expresa probabilidad] : **ha de ser su hermano** ce doit être son frère. ◇ vt [ocurrir] se produire; **los accidentes habidos este verano** les accidents qui se sont produits cet été. ◇ v impers **-1.** [existir, estar] : **hay mucha gente en la calle** il y a beau-

coup de monde dans la rue; **había/hubo problemas** il y avait/il y a eu des problèmes; **habrá dos mil personas** [expresa futuro] il y aura deux mille personnes; [expresa hipótesis] il doit y avoir deux mille personnes. **-2.** [expresa obligación] : **~ que hacer algo** falloir faire qqch; **habrá que ir a por ella** il faudra aller la chercher. **-3.** [expresa probabilidad] : **han de ser las tres** il doit être trois heures. **-4.** loc : **¡hay que ver qué malo es!** qu'est-ce qu'il est méchant!; **¡hay que ver cómo lo trata!** il faut voir comment il le traite!; **no hay de qué** il n'y a pas de quoi; **¿qué hay?** fam ça va? ◆ **haberse** vp : **sus padres se han amado toda la vida** ses parents se sont aimés toute leur vie; **como hay pocos** comme il y en a peu; **habérselas con alguien** avoir affaire à qqn.

haber² m [en cuentas, contabilidad] crédit m; **tener en su ~** avoir à son crédit; fig avoir à son actif. ◆ **haberes** mpl **-1.** [bienes] avoir m. **-2.** [sueldo] appointements mpl.

habichuela f haricot m.

hábil adj **-1.** [diestro] habile. **-2.** DER : **~ para** apte à; **días ~es** jours ouvrables; **en tiempo ~** dans le délai requis.

habilidad f [destreza] habileté f; [aptitud] don m; **tener ~ para algo** être doué(e) pour qqch.

habilitar vt **-1.** [acondicionar] aménager. **-2.** DER [autorizar] habiliter.

habiloso, sa adj Amer intelligent(e).

habitación f pièce f; [dormitorio] chambre f; **~ doble/simple** chambre double/ individuelle.

habitáculo m réduit m; [de coche] habitacle m.

habitante m habitant m.

habitar vt & vi habiter.

hábitat (pl **hábitats**) m habitat m.

hábito m **-1.** [costumbre] habitude f. **-2.** [traje] habit m.

habitual adj habituel(elle); [cliente, lector] fidèle.

habituar vt : **~ a alguien a** habituer qqn à. ◆ **habituarse** vp : **~se a** s'habituer à; [drogas etc] s'accoutumer à.

habla f (el) **-1.** [idioma] langue f. **-2.** [facultad] parole f; **quedarse sin ~** rester sans voix. **-3.** LING parler m. ◆ **al habla** loc adv : **estar al ~ con alguien** être en communication avec qqn.

hablador, ra adj & m, f bavard(e).

habladurías *fpl* commérages *mpl*.

hablar ◇ *vi* : ~ **(con)** parler (à ○ avec); ~ **bien/mal de alguien** dire du bien/du mal de qqn; ~ **de tú/de usted a alguien** tutoyer/vouvoyer qqn; ~ **en voz alta/baja** parler à voix haute/basse; **¡ni ~!** pas question! ◇ *vt* **-1.** [idioma] parler. **-2.** [asunto] : ~ **algo con alguien** discuter de qqch avec qqn. ◆ **hablarse** *vp* se parler; **no ~ se con alguien** ne pas se parler; **hace un año que no se hablan** ils ne se parlent plus depuis un an.

habrá *etc* → haber.

hacendado, da *m, f* propriétaire *m* terrien.

hacer ◇ *vt* **-1.** [gen] faire; **hizo un vestido/pastel** elle a fait une robe/un gâteau; ~ **planes** faire des projets; ~ **un crucigrama/una fotocopia** faire des mots croisés/une photocopie; **el árbol hace sombra/l'arbre fait de l'ombre; le hice señas** je lui ai fait des signes; **no hagas ruido/el tonto** ne fais pas de bruit/l'idiot; **debes ~ deporte** tu dois faire du sport; **he hecho la cama** j'ai fait le lit; **me hizo daño/reír** il m'a fait mal/rire; **hizo de ella una buena cantante** il a fait d'elle une bonne chanteuse; **voy a ~ teñir este traje** je vais faire teindre cette robe. **-2.** [dar aspecto] : **este espejo te hace gordo** cette glace te grossit; **este peinado la hace más joven** cette coiffure la rajeunit. **-3.** [convertir] rendre; **te hará feliz** il te rendra heureuse. **-4.** [representar] : **~ el papel de** jouer le rôle de. **-5.** [suponer] croire; **yo te hacía en París** je te croyais à Paris. ◇ *vi* **-1.** [intervenir] : **déjame ~ a mí** laisse-moi faire. **-2.** [actuar] : ~ **de** CIN & TEATR jouer le rôle de; [reemplazar] faire office de. **-3.** [aparentar] : ~ **como si** ○ **como que** faire comme si; **hace como si no nos viera** il fait comme s'il ne nous voyait pas; **hace como que no entiende** il fait semblant de ne pas comprendre. **-4.** *loc* : **¿hace?** *fam* d'accord?; **vamos al cine ¿te hace?** on va au cinéma, ça te dit? ◇ *v impers* **-1.** [tiempo meteorológico] faire; **hace frío** il fait froid; **hace buen tiempo** il fait beau. **-2.** [tiempo transcurrido] : **hace una semana** il y a une semaine; **hace mucho** il y a longtemps; **mañana hará un mes que estoy aquí** demain ça fera un mois que je suis ici. ◆ **hacerse** *vp* **-1.** [guisarse, cocerse] cuire. **-2.** [convertirse] devenir; **se hizo monja** elle est devenue bonne sœur; **se hizo rico** il est devenu riche; **~ se viejo** se faire vieux. **-3.**
[resultar] : **se está haciendo tarde** il se fait tard. **-4.** [imaginar] se faire; **no te hagas ilusiones** ne te fais pas d'illusions. **-5.** [simular] : **se hace el gracioso** il fait le malin; **se hace la atrevida** elle joue les courageuses; **se hace el distraído para no saludar** il fait celui qui ne nous a pas vus pour ne pas nous dire bonjour. **-6.** [obligar a] : **le gusta ~ se (de) rogar** elle aime se faire prier. **-7.** [creer] : **se me hace que...** il me semble que..., je crois que... **-8.** [conseguir] : **~ se con algo** [ganar] obtenir qqch.

hacha *f (el)* hache *f*; **ser un ~** *fam fig* être un as.

hachís, haschich, hash *m* haschisch *m*.

hacia *prep* vers; ~ **abajo/arriba** vers le bas/le haut; ~ **aquí/allí** par ici/là; ~ **atrás/adelante** en arrière/avant; ~ **las diez** vers dix heures.

hacienda *f* **-1.** [finca] exploitation *f* agricole. **-2.** [bienes] fortune *f*; ~ **pública** Trésor *m* public.

hada *f (el)* fée *f*.

haga *etc* → hacer.

Haití Haïti.

hala *interj* : **¡~!** [para animar] allez!; [para expresar incredulidad] allons donc!; [para expresar sorpresa] ça alors!

halagador, ra *adj & m, f* flatteur(euse).

halagar *vt* flatter.

halago *m* flatterie *f*.

halagüeño, ña *adj* [noticia, perspectiva] encourageant(e).

halcón *m* **-1.** ZOOL faucon *m*. **-2.** *(gen pl)* Amer *fam* mercenaire *m*.

hale *interj* : **¡~!** allez!

hálito *m lit & fig* souffle *m*.

hall *(pl* halls) *m* hall *m*.

hallar *vt* trouver. ◆ **hallarse** *vp* se trouver; **se halla enfermo/en reunión** il est malade/en réunion.

hallazgo *m* trouvaille *f*; [descubrimiento] découverte *f*.

halo *m* **-1.** [de astros, objetos etc] halo *m*. **-2.** [de santos] auréole *f*. **-3.** *fig* [fama] auréole *f*, aura *f*.

halógeno, na *adj* QUÍM halogène.

halterofilia *f* haltérophilie *f*.

hamaca *f* **-1.** [para colgar] hamac *m*. **-2.** [tumbona] chaise *f* longue.

hambre *f* faim *f*; **tener ~** avoir faim; **matar el ~** calmer sa faim.

hambriento, ta *adj* affamé(e).

hamburguesa *f* hamburger *m*.

hamburguesería *f* fast-food *m*.

hampa *f* : **el** ~ **le** milieu *(la pègre)*.

hámster *(pl* **hámsters)** *m* hamster *m*.

hándicap *(pl* **hándicaps)** *m* handicap *m*.

hangar *m* hangar *m*.

hará *etc* → hacer.

harapiento, ta *adj* en haillons.

harapo *m* haillon *m*.

hardware *m* INFORM matériel *m*.

harén *m* harem *m*.

harina *f* farine *f*.

harinoso, sa *adj* farineux(euse).

harmonía = armonía.

hartar *vt* -1. [atiborrar] gaver. -2. *fam* [fastidiar] fatiguer. ◆ **hartarse** *vp* -1. [atiborrarse] se gaver. -2. *fam* [cansarse] en avoir marre. -3. [excederse] : ~**se de hacer algo** faire qqch du matin au soir.

harto, ta *adj* -1. [de comida] repu(e). -2. *fam* [cansado] fatigué(e); **estar** ~ **de** en avoir marre de. ◆ **harto** *adv* on ne peut plus; **es** ~ **evidente** c'est on ne peut plus évident.

hartón *m* indigestion *f*; **darse un** ~ **de llorar** pleurer toutes les larmes de son corps.

haschich = hachís.

hash = hachís.

hasta ◇ *prep* jusqu'à; **desde aquí** ~ **allí** d'ici jusque-là; ~ **ahora** à tout de suite; ~ **la vista** au revoir; ~ **luego** à tout à l'heure, à plus tard; [adiós] au revoir; ~ **mañana** à demain; ~ **otra** à la prochaine; ~ **pronto** à bientôt. ◇ *adv* même. ◆ **hasta que** *loc conj* jusqu'à ce que.

hastiar *vt* lasser, excéder. ◆ **hastiarse** *vp* : ~**se de** se lasser de.

hastío *m* lassitude *f*; [por la comida] dégoût *m*.

hatajo *m* : ~ **(de)** ramassis *m* (de).

hatillo *m* balluchon *m*.

haya ◇ *v* → haber. ◇ *f* hêtre *m*.

haz ◇ *v* → hacer. ◇ *m* faisceau *m*; [de mieses] gerbe *f*; [de leña] fagot *m*; [de paja, heno] botte *f*; ~ **de rayos luminosos** faisceau lumineux.

hazaña *f* exploit *m*.

hazmerreír *m* risée *f*.

HB *(abrev de* **Herri Batasuna)** *f* parti indépendantiste basque.

he → haber.

hebilla *f* boucle *f* *(de ceinture, de chaussure)*.

hebra *f* -1. [hilo, tabaco] brin *m*; **de** ~ [tabaco] à rouler. -2. [de hortalizas] fil *m*.

hebreo, a ◇ *adj* hébreu(hébraïque). ◇ *m*, *f* israélite *mf*. ◆ **hebreo** *m* [lengua] hébreu *m*.

hechicero, ra ◇ *adj* ensorcelant(e) , envoûtant(e). ◇ *m*, *f* sorcier *m*, -ère *f*.

hechizar *vt lit & fig* envoûter.

hechizo *m lit & fig* envoûtement *m*.

hecho, cha ◇ *pp irreg* → hacer. ◇ *adj* -1. [gen] fait(e); **es un trabajo mal** ~ c'est un travail mal fait; **está muy bien hecha** *fam* elle est très bien faite; **está** ~ **todo un padrazo** c'est le père idéal; **ya es un hombre** ~ **y derecho** il s'est devenu un homme. -2. [comida] cuit(e); **el pastel está muy** ~ le gâteau est trop cuit; **un filete bien/muy/poco** ~ un steak à point/ bien cuit/saignant. ◆ **hecho** *m* fait *m* . ◆ **de hecho** *loc adv* de fait.

hechura *f* façon *f* *(forme)*.

hectárea *f* hectare *m*.

heder *vi* [oler mal] empester.

hedor *m* puanteur *f*.

hegemonía *f* hégémonie *f*.

hegemónico, ca *adj* hégémonique.

helada *f* → helado.

heladería *f* magasin *m* de glaces; **lo compré en la** ~ je l'ai acheté chez le glacier.

helado, da ◇ *adj* -1. [gen] gelé(e); [postre] glacé(e). -2. *fig* [asombrado] : **quedarse** ~ avoir un choc. ◆ **helado** *m* glace *f*. ◆ **helada** *f* gelée *f*.

helar ◇ *vt* -1. [convertir en hielo] geler. -2. *fig* [dejar atónito] glacer. ◇ *v impers* geler; **ayer por la noche heló** il a gelé cette nuit. ◆ **helarse** *vp* geler; **se han helado las plantas** les plantes ont gelé; ¡**me estoy helando!** je gèle!

helecho *m* fougère *f*.

hélice *f* hélice *f*.

helicóptero *m* hélicoptère *m*.

helio *m* hélium *m*.

helipuerto *m* héliport *m*.

Helsinki Helsinki.

helvético, ca ◇ *adj* helvétique. ◇ *m*, *f* Helvète *mf*.

hematoma *m* hématome *m*.

hembra *f* -1. [animal] femelle *f*. -2. [mujer] femme *f*; [niña] fille *f*. -3. ELECTR prise *f* femelle.

hemeroteca *f* bibliothèque *f* de périodiques.

hemiciclo *m* hémicycle *m*.

hemisferio *m* hémisphère *m*.

hemofilia *f* hémophilie *f*.

hemorragia *f* hémorragie *f*; ~ **nasal** saignement *m* de nez.

hemorroides *fpl* hémorroïdes *fpl*.

henchir *vt* remplir; ~ **el pecho de aire** remplir ses poumons d'air.

hender, hendir *vt* fendre.

hendidura *f* fente *f*.

hendir = hender.

heno *m* foin *m*.

hepatitis *f* hépatite *f*.

heptágono *m* heptagone *m*.

herbicida *m* désherbant *m*.

herbívoro, ra ◇ *adj* herbivore. ◇ *m, f* herbivore *m*.

herbolario, ria *m, f* herboriste *mf*. ◆ **herbolario** *m* herboristerie *f*.

herboristería *f* herboristerie *f*.

hercio, hertz *m* hertz *m*.

heredar *vt* hériter; **heredó un piso** il a hérité d'un appartement; **heredó una casa de su padre** il a hérité une maison de son père; **ha heredado la nariz de su madre** il a hérité du nez de sa mère.

heredero, ra ◇ *adj*: **el príncipe** ~ le prince héritier. ◇ *m, f* héritier *m*, -ère *f*.

hereditario, ria *adj* héréditaire.

hereje *mf* -**1.** RELIG hérétique *mf*. -**2.** *fig* [malhablado] blasphémateur *m*, -trice *f*.

herejía *f* [doctrina, postura] hérésie *f*.

herencia *f* héritage *m*.

herido, da *adj* & *m, f* blessé(e). ◆ **herida** *f* lit & fig blessure *f*.

herir *vt* lit & fig blesser.

hermafrodita *adj* & *mf* hermaphrodite.

hermanado, da *adj* [personas] proche; [ciudades] jumelé(e).

hermanar *vt* -**1.** [esfuerzos] conjuguer. -**2.** [personas] rapprocher. -**3.** [ciudades] jumeler. ◆ **hermanarse** *vp* -**1.** [ciudades] être jumelé. -**2.** [ideas, tendencias etc] s'associer.

hermanastro, tra *m, f* demi-frère *m*, demi-sœur *f*.

hermandad *f* -**1.** [asociación] amicale *f*; [RELIG – de hombres] confrérie *f*; [– de mujeres] communauté *f*. -**2.** [amistad] fraternité *f*.

hermano, na ◇ *adj* frère *m*, sœur *f*. ◇ *m, f* frère *m*, sœur *f*.

hermético, ca *adj* lit & fig hermétique.

hermoso, sa *adj* beau(belle).

hermosura *f* beauté *f*.

hernia *f* hernie *f*.

herniarse *vp* -**1.** MED développer une hernie. -**2.** *fam* [esforzarse] : **se hernia a trabajar** il se tue au travail.

héroe *m* héros *m*.

heroico, ca *adj* héroïque.

heroína *f* héroïne *f*.

heroinómano, na *m, f* héroïnomane *mf*.

heroísmo *m* héroïsme *m*.

herpes *m* herpès *m*.

herradura *f* fer *m* à cheval.

herramienta *f* outil *m*.

herrería *f* -**1.** [taller] forge *f*; **en la** ~ chez le forgeron. -**2.** [oficio] forgeage *m*.

herrero *m* forgeron *m*.

herrumbre *f* rouille *f*.

hertz = hercio.

hervidero *m* -**1.** [de sentimientos] bouillonnement *m*; **un** ~ **de intrigas** un foyer d'intrigues. -**2.** [de gente] fourmilière *f*.

hervir ◇ *vt* faire bouillir. ◇ *vi* -**1.** [gen] bouillir. -**2.** *fig* [lugar] : ~ **de** grouiller de.

hervor *m* ébullition *f*; **dar un** ~ **a algo** CULIN blanchir qqch.

heterodoxo *adj* & *mf* hétérodoxe.

heterogéneo, a *adj* hétérogène.

heterosexual *adj* & *mf* hétérosexuel(elle).

hexágono *m* hexagone *m*.

hez *f* lit & fig lie *f*. ◆ **heces** *fpl* [excrementos] selles *fpl*.

hibernal *adj* hivernal(e).

hibernar *vi* hiberner.

híbrido, da *adj* hybride. ◆ **híbrido** *m* hybride *m*.

hice *etc* → hacer.

hidalgo, ga ◇ *adj* noble. ◇ *m, f* hidalgo *m*.

hidratación *f* hydratation *f*.

hidratante ◇ *adj* hydratant(e). ◇ *m* produit *m* hydratant.

hidratar *vt* hydrater.

hidrato *m* QUÍM hydrate *m* .

hidráulico, ca *adj* hydraulique.

hidroavión *m* hydravion *m*.

hidroeléctrico, ca *adj* hydroélectrique.

hidrógeno *m* hydrogène *m*.

hidrografía *f* hydrographie *f*.

hidroplano *m* -**1.** [barco] hydroglisseur *m*. -**2.** [avión] hydravion *m*.

hidrostático, ca *adj* hydrostatique.

hiedra f lierre m.

hiel f fiel m.

hielo m glace f; [en carretera] verglas m; **romper el ~** fig rompre la glace.

hiena f hyène f.

hierático, ca adj hiératique.

hierba, yerba f herbe f; **este tipo es mala ~** ce type c'est de la mauvaise graine; **mala ~ nunca muere** mauvaise herbe croît toujours.

hierbabuena f menthe f.

hieroglífico = **jeroglífico**.

hierro m -1. [gen] fer m; **de ~** [salud, voluntad etc] de fer; **~ forjado** fer forgé. -2. [de puñal, cuchillo] lame f.

HI-FI (abrev de **high fidelity**) f hi-fi f.

hígado m ANAT foie m.

higiene f hygiène f.

higiénico, ca adj hygiénique.

higienizar vt rendre conforme aux règles d'hygiène.

higo m figue f; **~ chumbo** figue de Barbarie.

higuera f figuier m.

hijastro, tra m, f beau-fils m, belle-fille f (enfants d'un premier mariage).

hijo, ja m, f -1. [descendiente] fils m, fille f; **~ de papá** fam fils à papa. -2. [natural] enfant mf. -3. [vocativo]: **¡ay, hija, qué mala suerte!** ma pauvre, c'est vraiment pas de chance!; **¡pues ~, podrías haber avisado!** dis donc, tu aurais pu prévenir!; **~ mío** mon fils; **¡~ mío, qué tonto eres!** qu'est-ce que tu es bête mon pauvre! ◆ **hijo** m enfant m; **tiene dos ~s** elle a deux enfants. ◆ **hijo político** m gendre m. ◆ **hija política** f belle-fille f (bru).

hilacha f effilochure f.

hilada f rangée f.

hilar vt filer.

hilaridad f hilarité f.

hilatura f filature f.

hilera f rangée f.

hilo m -1. [gen] fil m. -2. fig [de agua, sangre etc] filet m; **~ de voz** filet de voix. -3. loc: **colgar** ○ **pender de un ~** ne tenir qu'à un fil; **mover los ~s** tirer les ficelles; **perder/seguir el ~** perdre/suivre le fil. ◆ **hilo musical** m fond m musical.

hilván m faufil m.

hilvanar vt -1. [ropa] faufiler. -2. fig [ideas] relier. -3. fig [discurso] improviser.

himen m ANAT hymen m.

himno m hymne m.

hincapié m : **hacer ~ en** mettre l'accent sur.

hincar vt planter.

hincha ◇ mf DEP supporter m. ◇ f : **tener ~ a alguien** prendre qqn en grippe.

hinchado, da adj [de aire] gonflé(e); [inflamado] enflé(e); **~ de orgullo** gonflé d'orgueil.

hinchar vt -1. [inflar] gonfler. -2. [exagerar] grossir. ◆ **hincharse** vp -1. [aumentar de volumen] enfler. -2. fig [persona] : **~ de orgullo** se gonfler d'orgueil. -3. [excederse – en comida] se gaver; [– en trabajo etc] se tuer.

hinchazón f enflure f.

hindú (pl **hindúes**) ◇ adj -1. [de la India] indien(enne). -2. RELIG hindou(e). ◇ mf -1. [de la India] Indien m, -enne f. -2. RELIG hindou m, -e f.

hinduismo m RELIG hindouisme m.

hinojo m fenouil m.

hipar vi hoqueter.

hiper m fam hypermarché m.

hiperactividad f hyperactivité f.

hipérbaton (pl **hipérbatos** ○ **hiperbatones**) m LITER hyperbate f.

hipérbola f GEOM hyperbole f.

hipermercado m hypermarché m.

hípico, ca adj hippique. ◆ **hípica** f hippisme m.

hipnosis f hypnose f.

hipnótico, ca adj hypnotique.

hipnotismo m hypnotisme m.

hipnotizador, ra ◇ adj -1. [de hipnosis] hypnotique. -2. fig [fascinador] envoûtant(e). ◇ m, f hypnotiseur m, -euse f.

hipnotizar vt lit & fig hypnotiser.

hipo m hoquet m; **quitar el ~** fig couper le souffle.

hipocondriaco, ca adj & m, f hypocondriaque.

hipocresía f hypocrisie f.

hipócrita adj & mf hypocrite.

hipodérmico, ca adj hypodermique.

hipodermis f hypoderme m.

hipódromo m hippodrome m.

hipopótamo m hippopotame m.

hipoteca f hypothèque f.

hipotecar vt lit & fig hypothéquer.

hipotecario, ria adj hypothécaire.

hipotenusa f GEOM hypoténuse f.

hipótesis f hypothèse f.

hipotético, ca adj hypothétique.

hippy (*pl* **hippys**), **hippie** (*pl* **hippies**) *adj & mf* hippie.

hiriente *adj* blessant(e).

hirsuto, ta *adj* **-1.** [cabello] hirsute. **-2.** *fig* [persona] revêche.

hispánico, ca ◇ *adj* hispanique. ◇ *m, f* Espagnol *m*, -e *f*.

hispanidad *f* [cultura] hispanité *f*; [pueblos] monde *m* hispanique.

hispanismo *m* **-1.** [palabra] hispanisme *m*. **-2.** [estudio] *étude de la culture espagnole.*

hispanizar *vt :* ~ **a los indígenas** *transmettre la langue, la culture et les coutumes espagnoles aux indigènes.*

hispano, na ◇ *adj* **-1.** [de la lengua] espagnol(e). **-2.** [en Estados Unidos] latino, hispanique. ◇ *m, f* [en Estados Unidos] Latino *mf*, Hispanique *mf*.

Hispanoamérica Amérique *f* latine.

hispanoamericanismo *m* hispano-américanisme *m*.

hispanoamericano, na ◇ *adj* hispano-américain(e). ◇ *m, f* Hispano-Américain *m*, -e *f*.

hispanófono, na *adj & m, f* hispanophone.

hispanohablante *adj & mf* hispanophone.

histeria *f* hystérie *f*.

histérico, ca *adj & m, f* hystérique.

histerismo *m* hystérie *f*.

historia *f* histoire *f*; ~ **del arte** histoire de l'art; **dejarse de** ~**s** arrêter de raconter des histoires; **pasar algo a la** ~ entrer dans l'histoire; **pasar alguien a la** ~ laisser son nom dans l'histoire.

historiador, ra *m, f* historien *m*, -enne *f*.

historial *m* **-1.** [gen] parcours *m*; ~ **médico** ○ **clínico** dossier *m* médical; ~ **profesional** expérience *f* professionnelle. **-2.** DEP palmarès *m*.

histórico, ca *adj* **-1.** [gen] historique. **-2.** [verdadero] véridique.

historieta *f* **-1.** [chiste] histoire *f* drôle. **-2.** [cómic] bande *f* dessinée.

hit (*pl* **hits**) *m* tube *m*.

hitleriano, na *adj & m, f* hitlérien(enne).

hito *m* **-1.** [mojón] borne *f*. **-2.** *fig* [hecho importante] événement *m* marquant. **-3.** *loc :* **mirar de** ~ **en** ~ regarder fixement.

hizo → hacer.

hl (*abrev de* **hectolitro**) hl.

hmnos. *abrev de* **hermanos**.

hobby (*pl* **hobbys** ○ **hobbies**) *m* hobby *m*.

hocico *m* **-1.** [gen] museau *m*; [de puerco, de jabalí] groin *m*. **-2.** *despec* [de persona] gueule *f*; **romper los** ~**s a alguien** casser la gueule à qqn; **te vas a romper el** ○ **los** ~**(s)** tu vas te casser la gueule.

hockey *m* DEP hockey *m*; ~ **sobre hielo/hierba/patines** hockey sur glace/gazon/patins.

hogar *m* foyer *m*.

hogareño, ña *adj* casanier(ère).

hogaza *f* miche *f*.

hoguera *f* bûcher *m*; [de fiesta] feu *m* de joie.

hoja *f* **-1.** [de plantas, papel] feuille *f*. **-2.** [de metal] lame *f*; ~ **de afeitar** lame de rasoir. **-3.** [de puerta, ventana] battant *m*. ◆ **hoja de cálculo** *f* INFORM feuille *f* de calcul, tableur *m*.

hojalata *f* fer-blanc *m*.

hojaldre *m* CULIN pâte *f* feuilletée.

hojarasca *f* **-1.** [hojas secas] feuilles *fpl* mortes. **-2.** [frondosidad] feuillage *m* épais.

hojear *vt* jeter un coup d'œil à; [libro] feuilleter.

hola *interj :* ¡~! bonjour! *fam* salut!

Holanda Hollande *f*.

holandés, sa ◇ *adj* hollandais(e). ◇ *m, f* Hollandais *m*, -e *f*. ◆ **holandés** *m* [lengua] hollandais *m*. ◆ **holandesa** *f* [papel] hollande *m*.

holding *m* holding *m o f*.

holgado, da *adj* **-1.** [ancho] ample. **-2.** [situación económica] aisé(e); [victoria] facile.

holgar *vi* être inutile; **huelga decir que...** inutile de dire que...

holgazán, na *adj & m, f* fainéant(e).

holgazanear *vi* traîner *(paresser)*.

holgura *f* **-1.** [anchura] ampleur *f*; [distancia] espace *m*. **-2.** [entre piezas] jeu *m*. **-3.** [bienestar] aisance *f*.

hollar *vt* fouler.

hollín *m* suie *f*.

holocausto *m* holocauste *m*.

hombre ◇ *m* homme *m*; **el** ~ **de la calle** ○ **de a pie** l'homme de la rue; **el** ~ **del saco** *fam* le croque-mitaine *m*; **buen** ~ brave homme; **de mundo** homme du monde; ~ **de palabra** homme de parole; **pobre** ~ pauvre homme; **de** ~ **a** ~ d'homme à homme. ◇ *interj :* ¡~! [sorpresa] tiens!; [admiración] ça alors!; [evidencia] et comment!; **ven**

aquí ~, **no llores** viens ici, va, ne pleure pas. ◆ **hombre orquesta** m homme-orchestre m. ◆ **hombre rana** m homme-grenouille m.

hombrear vi jouer les hommes mûrs.

hombrera f épaulette f.

hombría f virilité f.

hombro m épaule f; **a** ~**s** sur les épaules; **encogerse de** ~**s** hausser les épaules; **arrimar el** ~ fig donner un coup de main.

hombruno, na adj hommasse.

homenaje m hommage m; **en** ~ **a** en hommage à; **rendir** ~ **a alguien** rendre hommage à qqn.

homenajeado, da ◇ adj honoré(e). ◇ m, f personne f à laquelle il est rendu hommage.

homenajear vt honorer.

homeopatía f homéopathie f.

homicida adj & mf meurtrier(ère).

homicidio m homicide m.

homilía f homélie f.

homogéneo, a adj homogène.

homologar vt **-1.** [autorizar & DEP] homologuer. **-2.** [equiparar] : ~ **con** aligner sur.

homólogo, ga adj & mf, f homologue.

homónimo, ma homonyme. ◆ **homónimo** m GRAM homonyme m.

homosexual adj & mf homosexuel(elle).

homosexualidad f homosexualité f.

hondo, da adj profond(e); **en lo más** ~ **de** au plus profond de. ◆ **honda** f fronde f.

hondonada f dépression f (du terrain).

hondura f profondeur f.

Honduras Honduras m.

hondureño, ña ◇ adj hondurien(enne). ◇ m, f Hondurien m, -enne f.

honestidad f honnêteté f.

honesto, ta adj honnête.

Hong Kong Hongkong, Hong Kong.

hongo m **-1.** BIOL & MED champignon m. **-2.** [sombrero] chapeau m melon.

honor m honneur m; **en** ~ **a la verdad** pour être franc(franche); **hacer** ~ **a** faire honneur à. ◆ **honores** mpl [ceremonial] honneurs mpl.

honorabilidad f honorabilité f.

honorable adj honorable. ◆ **Honorable** adj : **el Honorable Alcalde** monsieur le maire.

honorar vt honorer.

honorario, ria adj honoraire. ◆ **honorarios** mpl honoraires mpl.

honorífico, ca adj honorifique.

honra f honneur m; **tener a mucha** ~ **algo** se flatter de qqch; **¡claro que soy ecologista, y a mucha** ~! bien sûr que je suis écologiste, et fier de l'être! ◆ **honras fúnebres** fpl honneurs mpl funèbres ○ suprêmes.

honradez f honnêteté f.

honrado, da adj honnête.

honrar vt : ~ **(con)** honorer (de). ◆ **honrarse** vp : ~**se (con** ○ **de** ○ **en)** s'honorer (de).

honroso, sa adj honorable.

hora f **-1.** [gen] heure f; **a la** ~ à l'heure; **a primera** ~ à la première heure; **a primera/última** ~ de en début/fin de; **a última** ~ au dernier moment; **dar la** ~ sonner l'heure; **de última** ~ de dernière heure; [noticia, información] de dernière minute; **en su** ~ le moment venu; **¿éstas son** ~**s de llegar?** c'est à cette heure-ci qu'on rentre?; **trabajar/pagar por** ~**s** travailler/payer à l'heure; **¿qué** ~ **es?** quelle heure est-il?; **¡ya era** ~! il était temps!; ~ **oficial** heure légale; ~ **punta** heure de pointe; ~**s de oficina/de trabajo** heures de bureau/de travail; ~**s de visita** heures de consultation; ~**s extraordinarias** heures supplémentaires; **media** ~ demi-heure f. **-2.** [cita] rendez-vous m; **dar/pedir** ~ donner/prendre rendez-vous; **tener** ~ **en el dentista** avoir rendez-vous chez le dentiste. **-3.** [muerte] : **llegó su** ~ son heure a sonné. **-4.** loc : **ahora es** ~ **me lo dices/lo traes** etc c'est maintenant que tu me le dis/tu me l'apportes etc; **en mala** ~ **lo creí** mal m'en a pris de le croire; **la** ~ **de la verdad** la minute de vérité.

horario, ria adj horaire; **tener problemas** ~**s** avoir des problèmes d'horaire. ◆ **horario** m horaire m; [escolar] emploi m du temps; ~ **comercial** heures fpl d'ouverture; ~ **intensivo** journée f continue; ~ **laboral** horaire de travail.

horca f **-1.** [patíbulo] potence f. **-2.** AGR fourche f.

horcajadas ◆ **a horcajadas** loc adv à califourchon.

horchata f orgeat m.

horizontal adj horizontal(e).

horizonte m **-1.** [gen] horizon m. **-2.** (gen pl) [pensamiento] : **tener amplitud de** ~**s** avoir l'esprit ouvert.

horma *f* [molde] forme *f*; [utensilio] embauchoir *m* .

hormiga *f* fourmi *f* .

hormigón *m* béton *m*; ~ **armado** béton armé.

hormigonera *f* bétonnière *f*.

hormigueo *m* : **sentir** ~ **en** avoir des fourmis dans.

hormiguero ◇ *adj* → **oso**. ◇ *m* fourmilière *f*.

hormiguita *f*: **su mujer es una** ~ sa femme est une vraie petite fourmi.

hormona *f* hormone *f*.

hornada *f* fournée *f*.

hornear *vt* enfourner.

hornillo *m* réchaud *m*; [de laboratorio] fourneau *m*.

horno *m* four *m*; **alto** ~ haut-fourneau *m*; ~ **eléctrico/microondas** four électrique/à micro-ondes.

horóscopo *m* -1. [signo] signe *m* (du zodiaque). -2. [predicción] horoscope *m*.

horquilla *f* -1. [para el pelo] épingle *f* à cheveux. -2. [de bicicleta etc] fourche *f*.

horrendo, da *adj* -1. [espantoso] horrible. -2. *fam* [muy malo, feo] atroce.

hórreo *m* silo en bois sur pilotis en Galice et dans les Asturies.

horrible *adj* horrible.

horripilante *adj* -1. *fam* [muy malo, feo] atroce. -2. [espeluznante] terrifiant(e).

horripilar *vt* terrifier.

horror *m* : **los** ~**es de la guerra** les horreurs de la guerre. ◆ **horrores** *adv fam* **me gusta** ~**es el chocolate** j'adore le chocolat.

horrorizado, da *adj* épouvanté(e).

horrorizar *vt* épouvanter. ◆ **horrorizarse** *vp* être épouvanté(e).

horroroso, sa *adj* -1. [gen] horrible. -2. *fam* [enorme] atroce.

hortaliza *f* légume *m*.

hortelano, na *adj & m, f* maraîcher(ère).

hortensia *f* hortensia *m*.

hortera *adj & mf fam* beauf.

horterada *f fam* **¡es una** ~! c'est d'un beauf!

horticultor, ra *m, f* horticulteur *m*, -trice *f*.

hosco, ca *adj* -1. [persona] bourru(e). -2. [lugar] sauvage.

hospedar *vtr* héberger. ◆ **hospedarse** *vp* loger; [en un hotel] descendre; **se hospedó en el hotel Miramar** il est descendu à l'hôtel Miramar.

hospicio *m* [para niños] orphelinat *m*; [para pobres] foyer *m* d'accueil.

hospital *m* hôpital *m*.

hospitalario, ria *adj* hospitalier(ère).

hospitalidad *f* hospitalité *f*.

hospitalizar *vt* hospitaliser.

hosquedad *f* [de persona] air *m* bourru.

hostal *m* hôtel *m*.

hostelería *f* hôtellerie *f*.

hostia *f* -1. RELIG ostie *f*. -2. *vulg* [bofetada] : **dar una** ~ **a alguien** foutre son poing dans la gueule à qqn. -3. *vulg* [accidente] : **pegarse una** ~ se foutre en l'air. ◆ **hostia** *interj vulg* ¡~!, ¡~s! putain!

hostiar *vt vulg* ~ **a alguien** péter la gueule à qqn.

hostigar *vt* harceler.

hostil *adj* hostile.

hostilidad *f* hostilité *f*.

hotel *m* hôtel *m*.

hoy *adv* aujourd'hui; **de** ~ **en adelante** dorénavant; ~ **día**, ~ **en día**, ~ **por** ~ de nos jours.

hoyo *m* -1. [gen & DEP] trou *m*. -2. *fam* [sepultura] tombe *f*.

hoyuelo *m* fossette *f*.

hoz *f* faucille *f*.

huacal *m Amer* -1. [jaula] cage *f*. -2. [cajón] cageot *m*.

hubiera *etc* → **haber**.

hucha *f* tirelire *f*.

hueco, ca *adj* creux(euse); **una cabeza hueca** une tête vide. ◆ **hueco** *m* -1. [gen] creux *m*. -2. [espacio vacío] place *f*.

huelga *f* grève *f*; **declararse/estar en** ~ se mettre/être en grève; ~ **de hambre** grève de la faim; ~ **general** grève générale.

huelguista *adj & mf* gréviste.

huella *f* -1. [gen] trace *f*; ~ **digital** ◇ **dactilar** empreinte *f* digitale. -2. *fig* [impresión profunda] marque *f*; **dejar** ~ marquer.

huérfano, na *adj & m, f* orphelin(e).

huerta *f* -1. [de verduras] plaine *f* maraîchère; [de árboles frutales] verger *m*. -2. [tierra de regadío] plaines maraîchères irriguées de Valence et de Murcie.

huerto *m* [de verduras] jardin *m* potager, potager *m*.

hueso m **-1.** [del cuerpo] os m . **-2.** [de fruta] noyau m. **-3.** fam [persona] peau f de vache. **-4.** fam [asignatura] bête f noire. **-5.** Amer fam [puesto] planque f dans l'Administration.

huésped, da m, f hôte m, hôtesse f; [de un hotel] client m, -e f.

huesudo, da adj osseux(euse).

hueva f œufs mpl (de poisson).

huevada f Amer vulg connerie f.

huevo m **-1.** [gen & CULIN] œuf m; ~ a la copa ○ tibio Amer œuf à la coque; ~ duro/frito œuf dur/sur le plat; ~ pasado por agua œuf à la coque; ~s al plato œufs sur le plat accompagnés de chorizo; ~s revueltos œufs brouillés. **-2.** (gen pl) vulg [testículos] couilles fpl; ¡y un ~! mon cul!

huevón, huevona m, f Amer vulg flemmard m, -e f. ◆ **huevón** m Amer vulg connard m.

huida f fuite f; [de preso] évasion f.

huidizo, za adj fuyant(e); [animal] farouche.

huir ◇ vi **-1.** [escapar] s'enfuir. **-2.** [evitar] fuir; ~ de algo/alguien fuir qqch/qqn. ◇ vt fuir.

hule m toile f cirée.

humanidad f humanité f. ◆ **humanidades** fpl sciences fpl humaines.

humanismo m humanisme m.

humanitario, ria adj humanitaire.

humanizar vt humaniser. ◆ **humanizarse** vp s'humaniser.

humano, na adj humain(e). ◆ **humano** m (gen pl) homme m.

humareda f nuage m de fumée.

humear vi fumer.

humedad f humidité f.

humedecer vt humecter. ◆ **humedecerse** vp s'humecter.

húmedo, da adj humide.

humidificar vt humidifier.

humildad f humilité f.

humilde adj humble.

humillación f humiliation f.

humillado, da adj humilié(e).

humillante adj humiliant(e).

humillar vt humilier. ◆ **humillarse** vp s'humilier.

humo m fumée f. ◆ **humos** mpl fig : tener (unos) ~s prendre de grands airs; se le han subido los ~s a lui est monté à la tête.

humor m **-1.** [gen & ANAT] humeur f; buen/mal ~ bonne/mauvaise humeur. **-2.** [gracia] humour m; un programa de ~ une émission humoristique; ~ negro humour noir.

humorismo m humour m; el mundo del ~ le monde des comiques.

humorista mf comique m.

humorístico, ca adj humoristique.

hundimiento m **-1.** [naufragio] naufrage m. **-2.** [ruina] effondrement m.

hundir vt **-1.** [gen] plonger; [barco] couler; [garras, uñas] planter. **-2.** [terreno] provoquer l'effondrement de. **-3.** fig [persona] anéantir. ◆ **hundirse** vp **-1.** [objeto] couler; [submarino] plonger. **-2.** [techo, persona] s'effondrer.

Hungría Hongrie f.

huracán m ouragan m.

huraño, ña adj farouche.

hurgar vi fouiller. ◆ **hurgarse** vp : ~se la nariz se mettre les doigts dans le nez.

hurón m **-1.** [animal] furet m. **-2.** fig [persona] ours m.

hurra interj : ¡~! hourra!

hurtadillas ◆ **a hurtadillas** loc adv en cachette.

hurtar vt dérober.

hurto m larcin m.

husmear ◇ vt [olfatear] flairer. ◇ vi [curiosear] fureter.

huso m fuseau m.

huy interj : ¡~! [dolor] aïe!; [sorpresa] oh là là!

I

i, I f [letra] i m inv, I m inv.

IAE (abrev de **Impuesto sobre Actividades Económicas**) m impôt des travailleurs indépendants en Espagne.

iba → ir.

ibérico, ca adj ibérique.

íbero, ra ◇ adj ibère. ◇ m, f [habitante] Ibère mf. ◆ **íbero, ibero** m [lengua] ibère m.

iberoamericano, **na** ◇ *adj* latino-américain(e). ◇ *m, f* Latino-Américain *m*, -e *f*.

Ibiza *f* Ibiza.

IC (*abrev de* **Iniciativa per Catalunya**) *f parti politique catalan.*

iceberg (*pl* **icebergs**) *m* iceberg *m*.

Icona (*abrev de* **Instituto Nacional para la Conservación de la Naturaleza**) *m organisme espagnol pour la défense de la nature,* ≃ SNPN.

icono *m* icône *f*.

iconoclasta *adj & mf* iconoclaste.

id → **ir**.

ida *f* aller *m*; **un billete de** ∼ **y vuelta** un billet aller-retour.

idea *f* **-1.** [gen] idée *f*; ∼ **fija** idée fixe. **-2.** [propósito, plan] intention *f*; **cambiar de** ∼ changer d'avis; **con la** ∼ **de** avec l'intention de. **-3.** [conocimiento] notion *f*; **no tener ni** ∼ **de algo** [suceso] ne pas avoir la moindre idée de qqch; [asignatura, tema] ne rien connaître en qqch.

ideal ◇ *adj* idéal(e). ◇ *m* idéal *m*. ◆ **ideales** *mpl* idéaux *mpl*.

idealista *adj & mf* idéaliste.

idealizar *vt* idéaliser.

idear *vt* concevoir.

ideario *m* idéologie *f*.

ídem *pron* idem; ∼ **de** ∼ *fam* kif kif.

idéntico, ca *adj* identique; ∼ **a** identique à.

identidad *f* identité *f*.

identificación *f* identification *f*.

identificar *vt* [reconocer] identifier. ◆ **identificarse** *vp* : ∼**se (con)** [personaje] s'identifier (avec).

ideología *f* idéologie *f*.

ideólogo, ga *m, f* idéologue *mf*.

idílico, ca *adj* idyllique.

idilio *m* idylle *f*.

idioma *m* langue *f*.

idiosincrasia *f* idiosyncrasie *f*.

idiota *adj & mf* idiot(e).

idiotez *f* idiotie *f*.

ido, ida *adj* [loco] fou(folle); [abstraído] distrait(e).

idolatrar *vt* idolâtrer.

ídolo *m* idole *f*.

idóneo, a *adj* [persona] indiqué(e); [palabra, respuesta] juste.

iglesia *f* église *f*. ◆ **Iglesia** *f* : **la Iglesia** l'Eglise *f*.

iglú (*pl* **iglúes**) *m* igloo *m*.

ignorancia *f* ignorance *f*.

ignorante *adj & mf* ignorant(e).

ignorar *vt* ignorer.

igual ◇ *adj* **-1.** [idéntico, parecido] pareil(eille); **dos libros** ∼**es** deux livres pareils; **llevan jerseys** ∼**es** ils portent le même pull; ∼ **que** le même que; **mi lápiz es** ∼ **que el tuyo** j'ai le même crayon que toi; **su hija es** ∼ **que ella** sa fille est comme elle. **-2.** [liso, constante] égal(e). **-3.** MAT : **A más B es** = **a C** A plus B égale C. ◇ *mf* égal *m*, -e *f*; **sin** ∼ sans égal(e). ◇ *adv* **-1.** [de la misma manera] de la même façon; **al** ∼ **que** de la même façon que; **por** ∼ de la même façon; **repartió el dinero por** ∼ il a distribué l'argent à parts égales. **-2.** [posiblemente] peut-être; ∼ **viene** il viendra peut-être. **-3.** *loc* : **me da** ∼ **salir o quedarme** ça m'est égal de sortir ou de rester là; **es** ∼ **a la hora que vengas** tu peux venir à l'heure que tu veux.

igualado, da *adj* : **estar** ∼ être à égalité; **están muy** ∼**s** ils sont quasiment à égalité.

igualar ◇ *vt* **-1.** [sueldos, terreno etc] égaliser; ∼ **algo/a alguien a** o **con** mettre qqch/qqn sur le même plan que. **-2.** [persona] : ∼ **a alguien en** égaler qqn en; **nadie le iguala en generosidad** personne n'est aussi généreux que lui. ◇ *vi* DEP égaliser. ◆ **igualarse** *vp* **-1.** [gen] être égal(e). **-2.** [a otra persona] : ∼**se a** o **con alguien** se comparer à qqn.

igualdad *f* égalité *f*; **en** ∼ **de condiciones** à conditions égales; ∼ **de oportunidades** égalité des chances.

igualitario, ria *adj* égalitaire.

igualmente *adv* **-1.** [también] également. **-2.** [fórmula de cortesía] : **recuerdos a tus padres – gracias,** ∼ mon bon souvenir à tes parents – merci, pareillement; **¡que te diviertas mucho! –** ∼ amuse-toi bien! – toi aussi.

iguana *f* iguane *m*.

ikurriña *f* drapeau officiel du Pays basque.

ilegal *adj* illégal(e).

ilegible *adj* illisible.

ilegítimo, ma *adj* illégitime.

ileso, sa *adj* indemne; **el conductor salió** o **resultó** ∼ le conducteur est·sorti indemne de l'accident.

ilícito, ta *adj* illicite.

ilimitado, da *adj* illimité(e).

iluminación f -1. [gen] éclairage m; **esta calle tiene poca** ~ cette rue est peu éclairée; [en fiestas] illuminations fpl. -2. RELIG illumination f.

iluminar vt illuminer; [dar luz] éclairer. ◆ **iluminarse** vp [calle] être éclairé(e); [monumento] être illuminé(e); [rostro, mirada etc] s'illuminer.

ilusión f -1. [gen] illusion f; **hacerse** o **forjarse ilusiones** se faire des illusions; ~ **óptica** illusion d'optique. -2. [confianza] espoir m. -3. [emoción] joie f; **¡qué** ~ **verte!** quel plaisir de te voir!; **me hace (mucha)** ~ **que vengas** ça me fait (très) plaisir que tu viennes.

ilusionar vt -1. [esperanzar] : ~ **a alguien** donner de faux espoirs à qqn. -2. [emocionar] ravir; **me ilusiona verte** je suis ravi(e) de te voir. ◆ **ilusionarse** vp -1. [esperanzarse] : ~**se (con)** se faire des illusions (sur). -2. [emocionarse] : ~**se (con)** se réjouir (de).

ilusionista mf illusionniste mf.

iluso, sa adj & m, f naïf(ïve).

ilusorio, ria adj illusoire.

ilustración f -1. [estampa] illustration f. -2. [cultura] instruction f.

ilustrado, da adj -1. [publicación] illustré(e). -2. [persona] instruit(e). -3. HIST éclairé(e).

ilustrador, ra m, f illustrateur m, -trice f.

ilustrar vt -1. [gen] illustrer. -2. [educar] instruire.

ilustrativo, va adj illustratif(ive).

ilustre adj -1. [gen] illustre. -2. [título] : **el** ~ **señor alcalde** monsieur le maire.

imagen f image f; **ser la viva** ~ **de alguien** être tout le portrait de qqn.

imaginación f -1. [facultad] imagination f; **pasar por la** ~ **de alguien** venir à l'esprit o à l'idée de qqn. -2. (gen pl) [idea falsa] idées fpl; **son imaginaciones tuyas** tu te fais des idées.

imaginar vt imaginer. ◆ **imaginarse** vp s'imaginer.

imaginario, ria adj imaginaire.

imaginativo, va adj imaginatif(ive).

imán m -1. [para atraer] aimant m. -2. RELIG imam m.

imbécil adj & mf imbécile.

imbecilidad f imbécillité f.

imberbe adj imberbe.

imborrable adj fig ineffaçable, indélébile.

imbuir vt inculquer; ~ **a alguien ideas falsas** inculquer des idées fausses à qqn.

imitación f imitation f; [de obra literaria] plagiat m; **joya de** ~ bijou fantaisie; **piel de** ~ imitation cuir.

imitador, ra m, f imitateur m, -trice f; **es una imitadora de...** elle imite...

imitar vt imiter.

impaciencia f impatience f.

impacientar vt impatienter. ◆ **impacientarse** vp s'impatienter.

impaciente adj : ~ **(por hacer algo)** impatient(e) (de faire qqch).

impactar vt -1. [golpear] frapper. -2. fig [afectar] toucher.

impacto m impact m; [emocional] choc m.

impagado, da adj impayé(e). ◆ **impagado** m impayé m.

impar adj -1. MAT impair(e). -2. [sin igual] sans pareil(eille).

imparable adj imparable.

imparcial adj impartial(e).

imparcialidad f impartialité f.

impartir vt donner.

impase, impasse m impasse f.

impasible adj impassible.

impávido, da adj impavide.

impecable adj impeccable.

impedido, da ◇ adj infirme, impotent(e); **estar** ~ **de** avoir perdu l'usage de. ◇ m, f infirme mf, impotent m, -e f.

impedimento m empêchement m.

impedir vt -1. [imposibilitar] empêcher; ~ **a alguien hacer algo** empêcher qqn de faire qqch. -2. [dificultar] gêner.

impenetrable adj lit & fig impénétrable.

impensable adj impensable.

impepinable adj fam ser ~ être sûr(e) et certain(e).

imperante adj dominant(e).

imperar vi régner, dominer.

imperativo, va adj impératif(ive). ◆ **imperativo** m impératif m.

imperceptible adj imperceptible.

imperdible m épingle f à nourrice.

imperdonable adj impardonnable.

imperfección f imperfection f.

imperfecto, ta adj imparfait(e). ◆ **imperfecto** m GRAM imparfait m.

imperial adj impérial(e).

imperialismo m impérialisme m.

impericia f incompétence f.

imperio *m* **-1.** [gen] empire *m*. **-2.** [mandato] règne *m* .

imperioso, sa *adj* impérieux(euse).

impermeabilizar *vt* imperméabiliser.

impermeable *adj & m* imperméable.

impersonal *adj* impersonnel(elle).

impertinencia *f* impertinence *f*.

impertinente *adj & mf* impertinent(e). ◆ **impertinentes** *mpl* [anteojos] face-à-main *m*.

imperturbable *adj* imperturbable.

ímpetu *m* **-1.** [empuje] force *f*. **-2.** [energía] énergie *f*.

impetuoso, sa ◇ *adj* impétueux(euse). ◇ *m, f* impulsif *m*, -ive *f*.

impío, a *adj* impie.

implacable *adj* implacable.

implantar *vt* **-1.** [gen] implanter. **-2.** MED [prótesis] poser. ◆ **implantarse** *vp* s'implanter; [idea, democracia etc] être implanté(e).

implicación *f* implication *f*.

implicar *vt* impliquer. ◆ **implicarse** *vp* : ~se en intervenir dans, se mêler de.

implícito, ta *adj* implicite.

implorar *vt* implorer.

imponente *adj* [edificio, montaña etc] imposant(e); [obra, espectáculo] impressionnant(e); **¡estás ~ con ese abrigo!** tu es superbe dans ce manteau!

imponer ◇ *vt* imposer; ~ respeto/silencio imposer le respect/le silence. ◇ *vi* en imposer. ◆ **imponerse** *vp* s'imposer.

impopular *adj* impopulaire.

importación *f* importation *f*.

importador, ra *adj & m, f* importateur(trice).

importancia *f* importance *f*; **dar ~ a algo** accorder de l'importance à qqch; **quitar ~ a algo** relativiser; **darse ~** *fig* faire l'important(e).

importante *adj* important(e).

importar ◇ *vt* **-1.** [gen & INFORM] importer. **-2.** [suj : factura] s'élever à; [suj : artículo, mercancía] valoir. ◇ *vi* **-1.** [preocupar] importer; **eso a ti no te importa** ça ne te regarde pas; **me importas mucho** tu comptes beaucoup pour moi; **no me importa** ça m'est égal; **nos importa saber...** il est important pour nous de savoir...; **¿y a ti qué te importa?** qu'est-ce que ça peut te faire? **-2.** [en interrogación] ennuyer; **¿te importa que venga contigo?** ça t'ennuie si je viens avec toi? ◇ *v*

impers avoir de l'importance; **no importa** ça ne fait rien; **¡qué importa si llueve!** ça ne fait rien s'il pleut!

importe *m* [de factura etc] montant *m*; [de mercancía] prix *m* .

importunar ◇ *vt* importuner. ◇ *vi* être importun(e).

importuno, na = inoportuno.

imposibilidad *f* impossibilité *f* .

imposibilitado, da *adj* infirme; **estar ~ para hacer algo** être inapte à faire qqch.

imposibilitar *vt* : ~ **a alguien para hacer algo** empêcher qqn de faire qqch, mettre qqn dans l'impossibilité de faire qqch.

imposible *adj* impossible.

imposición *f* **-1.** [acción de imponer] fait *m* d'imposer. **-2.** [obligación] contrainte *f*. **-3.** [tributo] imposition *f*. **-4.** [banca] dépôt *m*.

impostor, ra ◇ *adj* [suplantador] : **una persona impostora** une personne qui se fait passer pour quelqu'un d'autre. ◇ *m, f* **-1.** [suplantador] imposteur *m*. **-2.** [calumniador] calomniateur *m*, -trice *f*.

impotencia *f* impuissance *f*.

impotente ◇ *adj* impuissant(e). ◇ *m* impuissant *m*.

impracticable *adj* **-1.** [irrealizable] irréalisable; **el buceo es ~ sin aletas** on ne peut pas faire de plongée sans palmes. **-2.** [intransitable] impraticable.

imprecisión *f* imprécision *f*.

impreciso, sa *adj* imprécis(e).

impregnar *vt* imprégner. ◆ **impregnarse** *vp* : ~se (de) s'imprégner (de).

imprenta *f* imprimerie *f*.

imprescindible *adj* indispensable.

impresentable *adj* : **estás ~** tu n'es pas présentable.

impresión *f* **-1.** [gen] impression *f*; **cambiar impresiones** échanger des impressions; **causar (una) buena/mala ~** faire bonne/mauvaise impression; **dar la ~ de** donner l'impression de; **tener la ~ de que** ○ **que** avoir l'impression que. **-2.** [huella] marque *f*; [en barro] empreinte *f*; ~ **digital** ○ **dactilar** empreinte *f* digitale.

impresionable *adj* impressionnable.

impresionante *adj* impressionnant(e).

impresionar ◇ *vt* **-1.** [gen & FOT] impressionner. **-2.** [sonidos, discurso etc] enregistrer. ◇ *vi* : **esta película impresiona mucho** ce film est très impressionnant.

◆ **impresionarse** *vp* être impression-
né(e).

impresionismo *m* impressionnisme *m*.

impreso, sa ◇ *pp irreg* → **imprimir.** ◇ *adj*
imprimé(e). ◆ **impreso** *m* imprimé *m*.

impresor, ra ◇ *adj* imprimant(e) , impri-
meur(euse). ◇ *m, f* imprimeur *m*. ◆ **im-
presora** *f* INFORM imprimante *f*; **impre-
sora de chorro de tinta** imprimante à jet
d'encre; **impresora de matriz** ○ **de agu-
jas** imprimante matricielle ○ à aiguilles;
impresora láser imprimante laser.

imprevisible *adj* imprévisible.

imprevisto, ta *adj* imprévu(e). ◆ **impre-
visto** *m* imprévu *m*. ◆ **imprevistos** *mpl*
[gastos] dépenses *fpl* imprévues.

imprimir *vt & vi* imprimer.

improbable *adj* improbable.

improcedente *adj* **-1.** [fuera de lugar]
inopportun(e); [comentario] hors de pro-
pos; [petición, reclamación] irrecevable.
-2. DER infondé(e).

improperio *m* injure *f*.

impropio, pia *adj* **-1.** [inadecuado] inap-
proprié(e); [vocabulario] impropre. **-2.** [ex-
traño] inhabituel(elle).

improvisación *f* improvisation *f*.

improvisar *vt* improviser.

improviso ◆ **de improviso** *loc adv* à
l'improviste.

imprudencia *f* imprudence *f*.

imprudente *adj & mf* imprudent(e).

impúdico, ca *adj* impudique.

impuesto, ta *pp irreg* → **imponer.** ◆ **im-
puesto** *m* impôt *m*, taxe *f*; ~ **sobre el va-
lor añadido** taxe sur la valeur ajoutée; ~
sobre la renta impôt sur le revenu.

impugnar *vt* contester.

impulsar *vt* **-1.** [gen] pousser. **-2.** [pro-
mocionar] stimuler, développer.

impulsivo, va *adj & m, f* impulsif(ive).

impulso *m* **-1.** [gen] impulsion *f*; **obe-
decer a sus ~s** obéir à ses impulsions.
-2. [fuerza, arrebato] élan *m*; **tener un ~
de generosidad** avoir un élan de géné-
rosité; **tomar ~** prendre de l'élan.

impulsor, ra ◇ *adj* moteur(trice). ◇ *m, f*
promoteur *m*, -trice *f*.

impune *adj* impuni(e); **quedar ~** rester
impuni(e).

impunidad *f* impunité *f*; **con la más ab-
soluta ~** en toute impunité.

impureza *f (gen pl)* impureté *f*.

impuro, ra *adj* impur(e).

imputación *f* imputation *f*.

imputar *vt* imputer.

inabarcable *adj* trop vaste.

inacabable *adj* interminable.

inaccesible *adj* inaccessible.

inaceptable *adj* inacceptable.

inactividad *f* inactivité *f*.

inactivo, va *adj* inactif(ive).

inadaptación *f* inadaptation *f*.

inadaptado, da *adj & m, f* inadapté(e).

inadecuado, da *adj* inadéquat(e).

inadmisible *adj* inadmissible.

inadvertido, da *adj* inaperçu(e); **pasar ~**
passer inaperçu.

inagotable *adj* inépuisable.

inaguantable *adj* insupportable.

inalámbrico *adj* → **teléfono.**

inalcanzable *adj* inaccessible.

inalterable *adj* inaltérable; [carácter] im-
perturbable.

inamovible *adj* inamovible.

inanimado, da *adj* inanimé(e).

inánime *adj* inanimé(e), sans vie.

inapetencia *f* inappétence *f*.

inapreciable *adj* **-1.** [incalculable] inap-
préciable, inestimable. **-2.** [nimio] insi-
gnifiant(e); [diferencia] imperceptible.

inapropiado, da *adj* inapproprié(e);
[comportamiento, actitud] déplacé(e).

inasequible *adj* **-1.** [por el precio] ina-
bordable. **-2.** [inalcanzable] inaccessible.

inaudible *adj* inaudible.

inaudito, ta *adj* inouï(e).

inauguración *f* inauguration *f*; [de con-
greso etc] cérémonie *f* d'ouverture; [de ca-
rretera] mise *f* en service.

inaugurar *vt* inaugurer.

inca ◇ *adj* inca. ◇ *mf* Inca *mf*.

incaico, ca *adj* inca.

incalculable *adj* incalculable.

incalificable *adj* inqualifiable.

incandescente *adj* incandescent(e).

incansable *adj* infatigable.

incapacidad *f* incapacité *f*.

incapacitado, da *adj & m, f* DER inca-
pable.

incapacitar *vt* : ~ **para** empêcher de;
[para trabajar etc] rendre inapte à.

incapaz *adj* **-1.** [gen & DER] : ~ **(de)** in-
capable (de); **es ~ de matar una mosca**
il ne ferait pas de mal à une mouche; **de-**

clarar ~ **a alguien** DER frapper qqn d'incapacité. **-2.** [sin talento] : **ser** ~ **para** ne pas être doué(e) pour.

incautación f DER saisie f.

incautarse vp : ~ **de** DER saisir; [apoderarse de] s'emparer de.

incauto, ta adj & m, f naïf(ïve).

incendiar vt incendier. ◆ **incendiarse** vp prendre feu.

incendiario, ria adj & m, f incendiaire.

incendio m incendie m.

incentivar vt stimuler.

incentivo m stimulant m; **un trabajo sin** ~**s** un travail peu motivant.

incertidumbre f incertitude f.

incesto m inceste m.

incidencia f **-1.** [repercusión] incidence f. **-2.** [suceso] incident m.

incidente m incident m.

incidir vi **-1.** [incurrir] : ~ **en** [error] tomber dans; ~ **en repeticiones** se répéter. **-2.** [insistir] : ~ **en** [tema] mettre l'accent sur. **-3.** [influir] : ~ **en** avoir une incidence sur. **-4.** [suj : cirujano] : ~ **en** faire une incision dans.

incienso m encens m.

incierto, ta adj **-1.** [dudoso] incertain(e). **-2.** [falso] faux(fausse).

incineración f incinération f.

incinerar vt incinérer.

incipiente adj naissant(e).

incisión f incision f.

incisivo, va adj lit & fig incisif(ive). ◆ **incisivo** m [diente] incisive f.

inciso, sa adj : **un estilo** ~ un style haché. ◆ **inciso** m **-1.** [en un discurso] parenthèse f. **-2.** GRAM incise f.

incitar vt : ~ **a alguien a algo/a hacer algo** inciter qqn à qqch/à faire qqch.

inclemencia f **-1.** [del clima] rigueur f. **-2.** [de una persona] dureté f.

inclinación f **-1.** [desviación] inclinaison f; [de terreno] pente f. **-2.** [afición, saludo] inclination f; **sentir** ~ **por algo/alguien** avoir un penchant pour qqch/qqn.

inclinar vt **-1.** [gen] incliner; ~ **la cabeza** [para saludar] incliner la tête; [para leer] pencher la tête; [por vergüenza] baisser la tête. **-2.** [influir] : ~ **a alguien a hacer algo** pousser qqn à faire qqch. ◆ **inclinarse** vp **-1.** [doblarse] se pencher. **-2.** [para saludar] : ~**se (ante)** s'incliner (devant). **-3.** fig : ~**se por** [preferir] pencher

pour. **-4.** fig : ~**se a** [tender a] être enclin(e)à.

incluir vt **-1.** [poner dentro] inclure. **-2.** [contener] comprendre.

inclusive adv y compris; **hasta la página 9** ~ jusqu'à la page 9 incluse.

incluso, sa adj inclus(e). ◆ **incluso** adv même; **invitó a todos,** ~ **a tu hermano** il a invité tout le monde, même ton frère; ~ **nos invitó a cenar** il nous a même invités à dîner.

incógnito, ta adj inconnu(e). ◆ **de incógnito** loc adv incognito. ◆ **incógnita** f **-1.** MAT inconnue f. **-2.** [enigma] mystère m.

incoherencia f incohérence f.

incoherente adj incohérent(e).

incoloro, ra adj incolore.

incomible adj immangeable.

incomodar vt [molestar] gêner; [suj : visita, llamada etc] déranger; [suj : situación] mettre mal à l'aise. ◆ **incomodarse** vp [enojarse] : ~**se (por)** se fâcher (à cause de).

incomodidad f : **ser una** ~ [no ser confortable] ne pas être confortable; [no ser adecuado] ne pas être pratique.

incómodo, da adj **-1.** [sin comodidad] : **ser** ~ [no confortable] ne pas être confortable; [inadecuado] ne pas être pratique. **-2.** [molesto] gênant(e); **sentirse** ~ se sentir mal à l'aise.

incomparable adj incomparable.

incompatible adj incompatible.

incompetencia f incompétence f.

incompetente adj incompétent(e).

incomprendido, da ◇ adj **-1.** [mal comprendido] : **su discurso fue** ~ son discours n'a pas été compris. **-2.** [persona] incompris(e). ◇ m, f incompris m, -e f.

incomprensible adj incompréhensible.

incomprensión f incompréhension f.

incomunicado, da adj isolé(e).

inconcebible adj inconcevable.

inconcluso, sa adj inachevé(e).

incondicional adj & mf inconditionnel(elle).

inconexo, xa adj décousu(e).

inconformismo m non-conformisme m.

inconfundible adj caractéristique, reconnaissable entre tous(toutes).

incongruente adj incongru(e).

inconsciencia f lit & fig inconscience f.

inconsciente ◇ *adj & mf* inconscient(e). ◇ *m* PSICOL : **el ~** l'inconscient *m*.

inconsecuente ◇ *adj* inconséquent(e). ◇ *mf* : **ser un ~** être inconséquent.

inconsistente *adj* inconsistant(e).

inconstancia *f* inconstance *f*.

inconstante *adj* inconstant(e).

inconstitucional *adj* inconstitutionnel(elle).

incontable *adj* **-1.** [cantidad] innombrable; **un número ~ de** un nombre incalculable de. **-2.** [hecho, suceso] inracontable.

incontinencia *f* incontinence *f*.

incontrolable *adj* incontrôlable.

inconveniencia *f* **-1.** [falta de conveniencia] : **ser una ~** être un inconvénient. **-2.** [despropósito] inconvenance *f*.

inconveniente ◇ *adj* [dicho, conducta] déplacé(e); [ropa, estilo] inconvenant(e). ◇ *m* **-1.** [desventaja] inconvénient *m* . **-2.** [pega, obstáculo] problème *m*; **poner ~s** faire des difficultés.

incordiar *vt fam* casser les pieds.

incordio *m fam* **-1.** [persona] casse-pieds *mf inv*. **-2.** [situación] corvée *f*.

incorporación *f* incorporation *f*.

incorporar *vt* **-1.** [gen] incorporer; **~ los huevos a la masa** incorporer les œufs à la pâte. **-2.** [levantar] redresser. ◆ **incorporarse** *vp* **-1.** [gen] : **~se a algo** [equipo, grupo] intégrer qqch; [trabajo] commencer. **-2.** [levantarse] se redresser.

incorrección *f* incorrection *f*.

incorrecto, ta *adj* incorrect(e).

incorregible *adj* incorrigible.

incorrupto, ta *adj* **-1.** [cadáver] intact(e). **-2.** *fig* [persona] non corrompu(e).

incredulidad *f* incrédulité *f*.

incrédulo, la *adj & m, f* incrédule, sceptique.

increíble *adj* incroyable.

incrementar *vt* accroître. ◆ **incrementarse** *vp* s'accroître, augmenter.

incremento *m* accroissement *m*; [de temperaturas] hausse *f*.

increpar *vt* **-1.** [reprender] blâmer. **-2.** [insultar] injurier.

incriminar *vt* incriminer.

incrustar *vt* incruster. ◆ **incrustarse** *vp* **-1.** [adherirse] s'incruster; [dos objetos, coches etc] s'encastrer. **-2.** *fig* [en la mente] se graver; **aquella imagen se le incrustó**

en la memoria cette image s'est gravée dans sa mémoire.

incubadora *f* couveuse *f*.

incubar *vt* couver.

inculcar *vt* : **~ algo a alguien** inculquer qqch à qqn.

inculpar *vt* : **~ a alguien (de)** inculper qqn (de).

inculto, ta ◇ *adj* inculte. ◇ *m, f* ignorant *m*, -e *f*.

incultura *f* inculture *f*.

incumbencia *f* ressort *m*; **no es de mi ~** ce n'est pas de mon ressort; **eso no es asunto de tu ~** cela ne te regarde pas.

incumbir *vi* : **~ (a)** incomber (à).

incumplimiento *m* [de ley, contrato] non-respect *m*; [de orden] non-exécution *f*; **~ de su palabra/su deber** manquement *m* à sa parole/son devoir.

incumplir *vt* [ley, contrato] ne pas respecter; [orden] ne pas exécuter; [deber, palabra] manquer à; [promesa] ne pas tenir.

incurable *adj* incurable.

incurrir *vi* : **~ en** [falta, delito] commettre; [desprecio, odio, ira] encourir, s'exposer à.

incursión *f* incursion *f*.

indagación *f* investigation *f*.

indagar ◇ *vt* [orígenes, causas] rechercher. ◇ *vi* investiguer, procéder à des investigations.

indecencia *f* indécence *f*.

indecente *adj* **-1.** [impúdico] indécent(e). **-2.** [indigno] infect(e).

indecible *adj* indicible, inexprimable.

indecisión *f* indécision *f*.

indeciso, sa *adj* indécis(e).

indefenso, sa *adj* sans défense.

indefinido, da *adj* indéfini(e); **un contrato ~** un contrat à durée indéterminée.

indeleble *adj culto* indélébile.

indemne *adj* indemne.

indemnización *f* indemnisation *f*; [compensación] indemnité *f*.

indemnizar *vt* : **~ a alguien (por)** indemniser qqn (de).

independencia *f* indépendance *f*.

independentista *adj & mf* indépendantiste.

independiente *adj* indépendant(e).

independizar *vt* rendre indépendant(e); **~ a un país** accorder son indépendance à un pays. ◆ **independizarse** *vp* [persona] s'émanciper; [país] accéder à l'indépendance; ~**se de** devenir indépendant(e) de.

indeseable *adj* indésirable.

indeterminación *f* indétermination *f*.

indeterminado, da *adj* –1. [gen] indéterminé(e); **por un tiempo** ~ pour une durée indéterminée. –2. GRAM: **un artículo** ~ un article indéfini.

indexar *vt* INFORM indexer.

India: (la) ~ (l') Inde *f*.

indiano, na ◇ *adj* indien(enne). ◇ *m, f* –1. [indígena] Indien *m*, -enne *f*. –2. [emigrante] *Espagnol rentré en Espagne après avoir fait fortune en Amérique.*

indicación *f* –1. [gen] indication *f*. –2. [señal, gesto] signe *m*.

indicador, ra *adj* indicateur(trice) , qui indique. ◆ **indicador** *m* indicateur *m*; ~ **de velocidad** compteur *m* de vitesse.

indicar *vt* –1. [gen] indiquer; ~ **algo con la mirada** faire signe du regard. –2. [suj : médico] prescrire.

indicativo, va *adj* indicatif(ive). ◆ **indicativo** *m* GRAM indicatif *m*.

índice *m* –1. [gen & MAT] indice *m*; [de natalidad, alcohol, incremento] taux *m*; ~ **de precios al consumo** indice des prix à la consommation. –2. [alfabético, de autores, obras] index *m*; [de temas, capítulos] table *f* des matières; [de una biblioteca] catalogue *m*. –3. → **dedo**.

indicio *m* indice *m* (*signe*).

Índico *m* → océano.

indiferencia *f* indifférence *f*.

indiferente *adj* indifférent(e).

indígena *adj & mf* indigène.

indigencia *f culto* indigence *f*.

indigente *adj & mf* indigent(e).

indigestarse *vp* –1. [de comida] avoir une indigestion; ~ **de** se donner une indigestion de. –2. *fam fig* : **se me ha indigestado esa chica** je ne peux plus encaisser cette fille; **se me ha indigestado la novela** ce roman me sort par les yeux.

indigestión *f* indigestion *f*.

indigesto, ta *adj lit & fig* indigeste.

indignación *f* indignation *f*.

indignar *vt* indigner. ◆ **indignarse** *vp* : ~**se (por algo/con alguien)** s'indigner (devant qqch/contre qqn).

indigno, na *adj* : ~ **(de)** indigne (de).

indio, dia ◇ *adj* indien(enne). ◇ *m, f* Indien *m*, -enne *f*; **hacer el** ~ *fig* faire le pitre.

indirecto, ta *adj* indirect(e). ◆ **indirecta** *f* sous-entendu *m*; **lanzar una indirecta** [criticar] lancer une pique; [insinuar] glisser une allusion.

indisciplina *f* indiscipline *f*.

indiscreción *f* indiscrétion *f*; **si no es** ~ si cela n'est pas indiscret.

indiscreto, ta *adj* indiscret(ète).

indiscriminado, da *adj* indistinct(e); **de modo** ~ indistinctement.

indiscutible *adj* indiscutable.

indispensable *adj* indispensable.

indisponer *vt* –1. [enfermar] indisposer. –2. [enemistar] brouiller.

indisposición *f* –1. [trastorno] indisposition *f*. –2. [reticencia] : **su** ~ **para trabajar era manifiesta** manifestement, il n'était pas disposé à travailler.

indispuesto, ta ◇ *pp irreg* → **indisponer**. ◇ *adj* souffrant(e).

indistinto, ta *adj* –1. [gen] indistinct(e). –2. [indiferente] : **es** ~ peu importe; **una cuenta indistinta** un compte joint O commun.

individual *adj* –1. [personal] individuel(elle); [habitación] simple, pour une personne; [cama] à une place. –2. [prueba, competición] simple. ◆ **individuales** *mpl* DEP simple *m*; ~**es masculinos/femeninos** simple messieurs/dames.

individualismo *m* individualisme *m*.

individualizar *vi* individualiser; **no quiero** ~ je ne veux nommer personne.

individuo, dua *m, f* individu *m*; *despec* type *m*, bonne femme *f*.

indocumentado, da ◇ *adj* –1. [sin documentación] : **salió** ~ il est sorti sans ses papiers. –2. [ignorante] ignare. ◇ *m, f* [ignorante] ignare *mf*.

índole *f* nature *f*; **ser de** ~ **pacífica** être d'un naturel pacifique.

indolencia *f* indolence *f*.

indoloro, ra *adj* indolore.

indómito, ta *adj* –1. [animal] indompté(e). –2. *fig* [persona, carácter] indomptable.

Indonesia Indonésie *f*.

inducir *vt* –1. [gen & FÍS] induire; ~ **a error** induire en erreur. –2. [incitar] : ~ **a alguien a algo/a hacer algo** inciter qqn à qqch/à faire qqch.

inductor, ra ◇ *adj* inducteur(trice). ◇ *m, f* instigateur(trice). ◆ **inductor** *m* inducteur *m*.

indudable *adj* indubitable.

indulgencia *f* indulgence *f*.

indultar *vt* gracier.

indulto *m* [total] grâce *f*; [parcial] remise *f* de peine.

indumentaria *f* costume *m*.

industria *f* industrie *f*.

industrial ◇ *adj* industriel(elle). ◇ *mf* industriel *m*.

industrializar *vt* industrialiser. ◆ **industrializarse** *vp* s'industrialiser.

inédito, ta *adj* inédit(e).

INEF (*abrev de* **Instituto Nacional de Educación Física**) *m* institut national espagnol de formation des professeurs d'éducation physique.

inefable *adj* ineffable.

ineficaz *adj* inefficace.

ineficiente *adj* inefficace.

ineludible *adj* inévitable, incontournable.

INEM (*abrev de* **Instituto Nacional de Empleo**) *m* institut national espagnol pour l'emploi, ≃ ANPE.

ineptitud *f* inaptitude *f*.

inepto, ta ◇ *adj* inepte. ◇ *m, f* incapable *mf*.

inequívoco, ca *adj* évident(e), manifeste.

inercia *f* inertie *f*; **hacer algo por ~** *fig* faire qqch par habitude.

inerme *adj* [sin armas, defensa] désarmé(e).

inerte *adj* inerte.

inesperado, da *adj* inespéré(e), inattendu(e).

inestable *adj* instable.

inevitable *adj* inévitable.

inexacto, ta *adj* inexact(e).

inexistencia *f* inexistence *f*.

inexperiencia *f* inexpérience *f*.

inexperto, ta *adj* inexpérimenté(e).

inexpresivo, va *adj* inexpressif(ive).

infalible *adj* infaillible.

infame *adj* infâme.

infamia *f* infamie *f*.

infancia *f* enfance *f*.

infante, ta *m, f* **-1.** [niño] enfant *mf*. **-2.** [hijo del rey] infant *m*, -e *f*. ◆ **infante** *m* [soldado] fantassin *m*.

infantería *f* infanterie *f*.

infanticidio *m* infanticide *m*.

infantil *adj* **-1.** [medicina, comportamiento] infantile. **-2.** [lenguaje, juego] enfantin(e); [programa, libro, calzado] pour enfants.

infarto *m* infarctus *m*.

infatigable *adj* infatigable.

infección *f* infection *f*.

infeccioso, sa *adj* infectieux(euse).

infectar *vt* infecter. ◆ **infectarse** *vp* s'infecter.

infeliz ◇ *adj* **-1.** [desgraciado] malheureux(euse). **-2.** *fig* [ingenuo] brave. ◇ *mf* [ingenuo] : **¡pobre ~!** il est bien brave!

inferior *adj & mf* inférieur(e).

inferioridad *f* infériorité *f*.

inferir *vt* **-1.** [deducir] conclure; **infiero que es hora de marcharse** j'en conclus qu'il est temps de partir. **-2.** [ocasionar] faire, causer; **~ una herida** blesser.

infernal *adj* infernal(e).

infestar *vt* **-1.** [corromper] contaminer. **-2.** [suj : animales dañinos] infester. **-3.** *fig* [suj : anuncios, carteles etc] envahir.

infidelidad *f* infidélité *f*.

infiel *adj & mf* infidèle.

infiernillo *m* réchaud *m*.

infierno *m* enfer *m*; **en el quinto ~** au diable (vauvert); **¡vete al ~!** va au diable!

infiltrado, da ◇ *adj* infiltré(e). ◇ *m, f* : **los ~s** les espions.

infiltrar *vt* **-1.** [gen & MED] infiltrer. **-2.** *fig* [ideas] inculquer. ◆ **infiltrarse** *vp* : **~se (en)** s'infiltrer (dans).

ínfimo, ma *adj* infime.

infinidad *f* : **una ~ de** une infinité de; **en ~ de ocasiones** à maintes reprises.

infinitivo, va *adj* infinitif(ive). ◆ **infinitivo** *m* infinitif *m*.

infinito, ta *adj* infini(e); **infinitas cartas** un nombre infini de lettres. ◆ **infinito** *m* infini *m*.

inflación *f* inflation *f*.

inflamable *adj* inflammable.

inflamación *f* inflammation *f*.

inflamar *vt* lit & fig enflammer. ◆ **inflamarse** *vp* s'enflammer.

inflamatorio, ria *adj* inflammatoire.

inflar *vt* **-1.** [con aire] gonfler. **-2.** *fig* [exagerar] grossir. ◆ **inflarse** *vp* : **~se (de)** [hartarse] se gaver (de).

inflexible *adj* **-1.** [material] rigide. **-2.** *fig* [carácter, ideas etc] inflexible.

inflexión *f* inflexion *f*.

infligir *vt* infliger.

influencia f influence f; **de ~** [persona] influent(e).

influenciar vt influencer.

influir vi : **~ en** influer sur, avoir de l'influence sur.

influjo m influence f.

influyente adj influent(e).

información f **-1.** [conocimiento] information f, renseignement m. **-2.** [noticia] information f; **~ meteorológica** bulletin m météorologique. **-3.** [oficina] bureau m d'information; [en aeropuerto] comptoir m information; [en tienda] accueil m. **-4.** [telefónica] renseignements mpl.

informal adj **-1.** [irresponsable] peu sérieux(euse). **-2.** [reunión etc] informel(elle); [ropa etc] décontracté(e).

informante mf informateur m, -trice f.

informar vt informer; **~ a alguien de algo** informer qqn de qqch. ◆ **informarse** vp : **~se (de)** s'informer (de); **~se (sobre)** se renseigner (sur).

informático, ca ◇ adj informatique. ◇ m, f [persona] informaticien m, -enne f. ◆ **informática** f [ciencia] informatique f.

informativo, va adj [publicidad] informatif(ive); [boletín, revista] d'information. ◆ **informativo** m RADIO & TV journal m, informations fpl.

informatizar vt INFORM informatiser.

informe ◇ adj informe. ◇ m rapport m. ◆ **informes** mpl renseignements mpl; [de un empleado] références fpl.

infortunio m infortune f.

infracción f infraction f.

infraestructura f infrastructure f.

infrahumano, na adj inhumain(e).

infranqueable adj infranchissable.

infrarrojo, ja adj infrarouge.

infravalorar vt sous-estimer.

infringir vt enfreindre.

infundado, da adj infondé(e).

infundir vt [miedo, temor, etc] inspirer; [valor, ánimos] insuffler.

infusión f infusion f.

infuso, sa adj infus(e).

ingeniar vt inventer. ◆ **ingeniarse** vp : **ingeniárselas (para)** s'arranger (pour).

ingeniería f **-1.** [ciencia] génie m. **-2.** [estudios] : **estudia ~** il fait des études d'ingénieur.

ingeniero, ra m, f ingénieur m; **~ de caminos, canales y puertos** ingénieur des ponts et chaussées.

ingenio m **-1.** [inteligencia] esprit m, ingéniosité f. **-2.** [máquina] engin m.

ingenioso, sa adj ingénieux(euse).

ingenuidad f ingénuité f.

ingenuo, nua adj & m, f ingénu(e).

ingerencia = injerencia.

ingerir vt ingérer.

Inglaterra Angleterre f.

ingle f aine f.

inglés, esa ◇ adj anglais(e). ◇ m, f Anglais m, -e f. ◆ **inglés** m [lengua] anglais m.

ingratitud f ingratitude f.

ingrato, ta adj ingrat(e).

ingrávido, da adj [sin gravedad] léger(e); fig aérien(enne); **en estado ~** en apesanteur.

ingrediente m ingrédient m.

ingresar ◇ vt [cheque] déposer, remettre; [dinero líquido] déposer, verser. ◇ vi : **~ (en)** être admis(e) (dans o à).

ingreso m **-1.** [en un lugar] admission f. **-2.** [de dinero] dépôt m, versement m; [de cheque] remise f. ◆ **ingresos** mpl [personales] revenus mpl; [comerciales] recettes fpl.

inhabilitar vt **-1.** [incapacitar] déclarer inapte. **-2.** [prohibir] interdire.

inhabitable adj inhabitable.

inhabitado, da adj inhabité(e).

inhalador m inhalateur m.

inhalar vt inhaler.

inherente adj inhérent(e).

inhibir vt **-1.** [gen & MED] inhiber. **-2.** DER dessaisir. ◆ **inhibirse** vp se refréner; **~se de** [responsabilidades, compromisos] se dérober à.

inhóspito, ta adj inhospitalier(ère).

inhumano, na adj inhumain(e).

INI (abrev de **Instituto Nacional de Industria**) m organisme gouvernemental espagnol pour la promotion de l'industrie.

iniciación f **-1.** [gen] initiation f. **-2.** [de suceso, curso] début m.

inicial ◇ adj initial(e). ◇ f [letra] initiale f.

inicializar vt INFORM initialiser.

iniciar vt [empezar] commencer.

iniciativa f initiative f.

inicio m début m.

inigualable adj inégalable.

ininteligible adj inintelligible.

ininterrumpido, da adj ininterrompu(e).

injerencia, ingerencia f ingérence f.

injerir vt [introducir] insérer. ◆ **injerirse**
vp [entrometerse] s'ingérer (dans).

injertar vt greffer.

injerto m greffe f.

injuria f injure f.

injuriar vt injurier.

injurioso, sa adj injurieux(euse).

injusticia f injustice f.

injustificado, da adj injustifié(e).

injusto, ta adj injuste.

inmadurez f immaturité f.

inmaduro, ra adj **-1.** [fruta] pas mûr(e).
-2. [persona] immature.

inmediaciones fpl abords mpl.

inmediatamente adv immédiatement.

inmediato, ta adj **-1.** [contiguo] adja-
cent(e); [cercano] voisin(e). **-2.** [instantá-
neo] immédiat(e); **de ~** immédiatement.

inmejorable adj exceptionnel(elle).

inmensidad f immensité f; fig multitude
f.

inmenso, sa adj immense.

inmersión f immersion f.

inmerso, sa adj [en líquido] immergé(e);
[en lectura] plongé(e).

inmigración f immigration f.

inmigrante mf [establecido] immigré m,
-e f; [recién llegado] immigrant m, -e f.

inmigrar vi immigrer.

inminente adj imminent(e).

inmiscuirse vp : **~ (en)** s'immiscer
(dans).

inmobiliario, ria adj immobilier(ère).
◆ **inmobiliaria** f société f immobilière.

inmoral adj immoral(e).

inmortal adj immortel(elle).

inmortalizar vt immortaliser.

inmóvil adj immobile.

inmoviиlizar vt immobiliser.

inmueble adj & m immeuble.

inmundicia f saleté f, crasse f. ◆ **inmun-
dicias** fpl immondices fpl.

inmundo, da adj immonde.

inmune adj **-1.** MED immunisé(e). **-2.**
[exento] exempt(e).

inmunidad f immunité f.

inmunizar vt immuniser.

inmutar vt impressionner. ◆ **inmutarse**
vp : **no ~se** rester imperturbable.

innato, ta adj inné(e).

innecesario, ria adj inutile.

innovación f innovation f.

innovador, ra adj & m, f innova-
teur(trice), novateur(trice).

innovar vt innover.

innumerable adj innombrable.

inocencia f innocence f.

inocentada f plaisanterie traditionnelle faite
le 28 décembre, jour des saints Innocents, ≃
poisson m d'avril.

inocente adj & mf innocent(e).

inodoro, ra adj inodore. ◆ **inodoro** m
toilettes fpl.

inofensivo, va adj inoffensif(ive).

inolvidable adj inoubliable.

inoperante adj [medida] inopérant(e);
[persona] inefficace.

inoportuno, na, importuno, na adj
inopportun(e).

inoxidable adj inoxydable.

inquebrantable adj inébranlable.

inquietar vt inquiéter. ◆ **inquietarse** vp
s'inquiéter.

inquieto, ta adj **-1.** [preocupado] in-
quiet(ète). **-2.** [agitado] agité(e).

inquietud f inquiétude f. ◆ **inquietudes**
fpl préoccupations fpl.

inquilino, na m, f locataire mf.

inquirir vt culto s'enquérir de.

inquisición f [indagación] enquête f.
◆ **Inquisición** f : **la Inquisición** HIST l'In-
quisition f.

inquisidor, ra adj inquisiteur(trice).
◆ **inquisidor** m inquisiteur m.

inri m : **para más ~** fam fig pour couron-
ner le tout.

insaciable adj insatiable.

insalubre adj culto insalubre.

Insalud (abrev de **Instituto Nacional de la
Salud**) m organisme gouvernemental espagnol
de santé, ≃ CPAM.

insatisfacción f insatisfaction f.

insatisfecho, cha adj **-1.** [descontento]
insatisfait(e). **-2.** [no saciado] **está ~ con
la comida** il n'est pas rassasié.

inscribir vt inscrire; **~ a alguien en** [es-
cuela, curso etc] inscrire qqn à; [registro ci-
vil, lista etc] faire inscrire sur. ◆ **inscri-
birse** vp s'inscrire; **~se en** [lista, registro]
s'inscrire sur; [escuela, curso] s'inscrire à;
[club, asociación] s'inscrire dans.

inscripción f inscription f.

inscrito, ta ◇ pp irreg → inscribir. ◇ adj
inscrit(e).

insecticida adj & m insecticide.

insulso

insecto *m* insecte *m*.

inseguridad *f* insécurité *f*.

inseguro, ra *adj* **-1.** [persona] peu sûr(e) de soi. **-2.** [proyecto, resultado, etc] incertain(e). **-3.** [lugar, artefacto] dangereux(euse).

inseminación *f* insémination *f*; ~ **artificial** insémination artificielle.

insensatez *f* stupidité *f*.

insensato, ta *adj* ridicule.

insensibilidad *f* insensibilité *f*.

insensible *adj* insensible.

inseparable *adj* inséparable.

insertar *vt* insérer.

inservible *adj* inutilisable.

insidioso, sa *adj* insidieux(euse).

insigne *adj* éminent(e).

insignia *f* **-1.** [distintivo] insigne *m*. **-2.** [bandera] pavillon *m*.

insignificante *adj* insignifiant(e).

insinuar *vt* insinuer. ◆ **insinuarse** *vp* **-1.** [declararse] faire des avances. **-2.** [dejarse ver] poindre.

insípido, da *adj lit & fig* insipide.

insistencia *f* insistance *f*.

insistir *vi* : ~ **(en)** insister (sur).

insociable *adj* insociable.

insolación *f* insolation *f*.

insolencia *f* insolence *f*.

insolente *adj & mf* insolent(e).

insolidario, ria *adj* non solidaire.

insólito, ta *adj* insolite.

insoluble *adj* insoluble.

insolvencia *f* insolvabilité *f*.

insolvente *adj* insolvable.

insomnio *m* insomnie *f*.

insondable *adj* insondable.

insonorizar *vt* insonoriser.

insoportable *adj* insupportable.

insostenible *adj* insoutenable.

inspección *f* inspection *f*.

inspeccionar *vt* inspecter.

inspector, ra *m, f* inspecteur *m*, -trice *f*; ~ **de Hacienda** inspecteur des impôts.

inspiración *f* inspiration *f*.

inspirar *vt* inspirer. ◆ **inspirarse** *vp* être inspiré(e); **no escribe si no se inspira** il n'écrit pas s'il n'est pas inspiré; ~**se en** s'inspirer de.

instalación *f* installation *f*. ◆ **instalaciones** *fpl* équipements *mpl*.

instalar *vt* installer. ◆ **instalarse** *vp* : ~**se (en)** s'installer (dans).

instancia *f* **-1.** [solicitud] requête *f*; **a** ~**s de** sur la requête de; **en última** ~ *fig* en dernier ressort. **-2.** DER instance *f*.

instantáneo, a *adj* instantané(e). ◆ **instantánea** *f* FOT instantané *m*.

instante *m* instant *m*; **a cada** ~ à chaque instant; **al** ~ à l'instant; **en un** ~ en un instant.

instar *vt* : ~ **a** o **para** prier instamment de.

instaurar *vt* instaurer.

instigar *vt* inciter.

instintivo, va *adj* instinctif(ive).

instinto *m* instinct *m*.

institución *f* institution *f*. ◆ **instituciones** *fpl* institutions *fpl*.

institucionalizar *vt* institutionnaliser.

instituir *vt* instituer.

instituto *m* **-1.** [corporación] institut *m*. **-2.** EDUC lycée *m*; ~ **de Bachillerato** o **Enseñanza Media** établissement *m* d'enseignement secondaire; ~ **de Formación Profesional** ≃ lycée technique. ◆ **instituto de belleza** ≃ institut *m* de beauté.

institutriz *f* institutrice *f*.

instrucción *f* instruction *f*. ◆ **instrucciones** *fpl* [de uso] mode *m* d'emploi.

instructivo, va *adj* instructif(ive).

instructor, ra ◇ *adj* DER & MIL instructeur. ◇ *m, f* moniteur *m*, -trice *f*; MIL instructeur *m*.

instruido, da *adj* instruit(e).

instruir *vt* instruire.

instrumental ◇ *adj* instrumental(e). ◇ *m* instruments *mpl*.

instrumentista *mf* instrumentiste *mf*.

instrumento *m* instrument *m* .

insubordinado, da ◇ *adj* insubordonné(e); [niño, actitud] rebelle. ◇ *m, f* rebelle *mf*.

insubordinar *vt* soulever. ◆ **insubordinarse** *vp* se soulever, se rebeller.

insubstancial, insustancial *adj* **-1.** [insípido] fade. **-2.** *fig* [sin interés] creux(euse).

insuficiencia *f* insuffisance *f* .

insuficiente ◇ *adj* insuffisant(e). ◇ *m* [nota] mention *f* insuffisante.

insufrible *adj fig* insupportable.

insular *adj & mf* insulaire.

insulina *f* insuline *f*.

insulso, sa *adj lit & fig* fade, insipide.

insultar *vt* insulter.

insulto *m* insulte *f*.

insumiso, sa ◇ *adj* insoumis(e). ◇ *m, f* [gen] rebelle *mf*; MIL insoumis *m*.

insuperable *adj* **-1.** [inmejorable] imbattable. **-2.** [sin solución] insurmontable.

insurrección *f* insurrection *f*.

insustancial = **insubstancial**.

intachable *adj* irréprochable.

intacto, ta *adj* intact(e).

integral ◇ *adj* [total, sin refinar] intégral(e); [pan, arroz] complet(ète). ◇ *f* MAT intégrale *f*.

integrante ◇ *adj* intégrant(e); los países ~s de la OTAN les pays membres de l'OTAN. ◇ *mf* membre *m*.

integrar *vt* **-1.** [gen & MAT] intégrer. **-2.** [componer] composer; los capítulos que integran el libro les chapitres qui composent le livre. ◆ **integrarse** *vp* s'intégrer.

integridad *f* lit & fig intégrité *f*.

íntegro, gra *adj* **-1.** [completo] intégral(e). **-2.** fig [honrado] intègre.

intelecto *m* intellect *m*.

intelectual *adj & mf* intellectuel(elle).

inteligencia *f* **-1.** [entendimiento] intelligence *f*; ~ artificial INFORM intelligence artificielle. **-2.** MIL : los servicios de ~ les services secrets.

inteligente *adj* [gen & INFORM] intelligent(e).

inteligible *adj* intelligible.

intemperancia *f* intolérance *f*.

intemperie *f* intempérie *f*; a la ~ à la belle étoile.

intempestivo, va *adj* [llegada, intervención] intempestif(ive); [proposición, visita] inopportun(e); [comentario] déplacé(e); a horas intempestivas à des heures indues.

intemporal *adj* intemporel(elle).

intención *f* intention *f*; con buena/mala ~ dans une bonne/mauvaise intention.

intencionado, da *adj* intentionné(e).

intendencia *f* intendance *f*.

intensidad *f* [gen & ELECTR] intensité *f*.

intensificar *vt* intensifier. ◆ **intensificarse** *vp* s'intensifier.

intensivo, va *adj* intensif(ive); la jornada intensiva la journée continue.

intenso, sa *adj* intense.

intentar *vt* : ~ hacer algo essayer o tenter de faire qqch.

intento *m* **-1.** [gen] tentative *f*. **-2.** DEP essai *m*.

interactivo, va *adj* INFORM interactif(ive).

intercalar *vt* **-1.** [fichas, hojas] intercaler. **-2.** [capítulos, episodios etc] insérer.

intercambio *m* échange *m*.

interceder *vi* intercéder; ~ por alguien intercéder pour qqn.

interceptar *vt* **-1.** [carta, conversación etc] intercepter. **-2.** [carretera] barrer.

interés *m* [gen & BANCA] intérêt *m*; tener ~ en algo tenir à qqch; tiene ~ en que vengamos il tient à ce nous venions; tener ~ por algo être intéressé(e) par qqch; tiene ~ por comprar el cuadro il est intéressé par l'achat du tableau; intereses creados intérêts communs.

interesado, da ◇ *adj* intéressé(e). ◇ *m, f* personne *f* intéressée.

interesante *adj* intéressant(e).

interesar *vi* intéresser. ◆ **interesarse** *vp* : ~se (por) s'intéresser (à); se interesó por tu salud il s'est inquiété de ta santé.

interfaz, interface (*pl* **interfaces**) *m* o INFORM interface *f*.

interferencia *f* FÍS interférence *f*.

interferir ◇ *vt* **-1.** RADIO, TELECOM & TV brouiller. **-2.** fig [interponerse] interrompre. ◇ *vi* : ~ en [asuntos, problemas etc] se mêler de; [conversación] intervenir dans.

interfono *m* interphone *m*.

interino, na ◇ *adj* intérimaire; el presidente ~ le président par intérim. ◇ *m, f* intérimaire *mf*. ◆ **interina** *f* femme *f* de ménage.

interior ◇ *adj* intérieur(e); la ropa ~ les sous-vêtements. ◇ *m* **-1.** [gen] intérieur *m*. **-2.** [de persona] : en mi ~ en o dans mon for intérieur.

interiorismo *m* architecture *f* d'intérieur.

interiorizar *vt* intérioriser.

interjección *f* interjection *f*.

interlineado *m* interligne *m*.

interlocutor, ra *m, f* interlocuteur *m*, -trice *f*.

intermediario, ria *adj & m, f* intermédiaire.

intermedio, dia *adj* intermédiaire. ◆ **intermedio** *m* intermède *m*; la película tuvo tres ~s il y a eu trois coupures publicitaires pendant le film.

interminable *adj* interminable.

intermitente ◇ adj intermittent(e). ◇ m clignotant m.

internacional adj international(e).

internado, da adj & m, f interné(e); [en colegio] interne. ◆ **internado** m internat m.

internar vt interner; [en colegio] mettre en pension; [en hospital] hospitaliser. ◆ **internarse** vp : ~se en [un lugar] s'enfoncer dans; [un tema] se plonger dans.

interno, na ◇ adj -1. [gen] interne; POLÍT intérieur(e). -2. [en colegio] : los alumnos ~s les internes. ◇ m, f -1. [alumno] interne mf. -2. [preso] interné m, -e f.

interparlamentario, ria adj interparlementaire.

interpelación f interpellation f.

interplanetario, ria adj interplanétaire.

Interpol (abrev de International Criminal Police Organization) f Interpol m.

interpolar vt intercaler.

interponer vt -1. [gen] interposer. -2. DER : ~ un recurso interjeter appel. ◆ **interponerse** vp [entre dos] s'interposer; ~se en [asuntos, vida] se mêler de.

interpretación f interprétation f.

interpretar vt interpréter.

intérprete mf interprète mf.

interpuesto, ta pp irreg → interponer.

interrogación f interrogation f.

interrogante m -1. [incógnita] interrogation f. -2. GRAM point m d'interrogation.

interrogar vt interroger.

interrogatorio m interrogatoire m.

interrumpir vt -1. interrompre. ◆ **interrumpirse** vp s'interrompre; la programación se interrumpió le programme a été interrompu.

interrupción f interruption f; ~ voluntaria del embarazo interruption volontaire de grossesse.

interruptor m interrupteur m .

intersección f intersection f.

interurbano, na adj interurbain(e).

intervalo m intervalle m .

intervención f intervention f; ~ quirúrgica intervention chirurgicale.

intervencionista adj & mf interventionniste.

intervenir ◇ vi : ~ (en) intervenir (dans); ~ en un debate participer à un débat. ◇ vt -1. MED opérer. -2. TELECOM mettre sur écoutes. -3. DER [armas, droga etc] saisir; [cuentas] contrôler.

interventor, ra m, f -1. [contable] contrôleur m de gestion. -2. [revisor] contrôleur m, -euse f. -3. [en elecciones] scrutateur m, -trice f.

interviú (pl interviús) f interview m f.

intestino, na adj intestin(e). ◆ **intestino** m intestin m; ~ delgado intestin grêle; ~ grueso gros intestin.

intimar vi : ~ (con) sympathiser (avec).

intimidación f intimidation f.

intimidad f intimité f; en la ~ dans l'intimité.

intimista adj intimiste.

íntimo, ma adj & m, f intime.

intolerable adj intolérable.

intolerancia f intolérance f.

intoxicación f intoxication f; ~ alimenticia intoxication alimentaire.

intoxicar vt intoxiquer. ◆ **intoxicarse** vp s'intoxiquer.

intranquilizar vt inquiéter. ◆ **intranquilizarse** vp s'inquiéter.

intranquilo, la adj -1. [preocupado] inquiet(ète). -2. [nervioso] agité(e).

intranscendente = intrascendente.

intransferible adj [derecho, cargo] intransmissible; [cuenta] non transférable.

intransigente adj intransigeant(e).

intransitable adj impraticable.

intrascendente, intranscendente adj sans importance.

intrauterino, na adj intra-utérin(e).

intrépido, da adj intrépide.

intriga f -1. [curiosidad] curiosité f; tener ~ por être curieux(euse) de. -2. [género] suspense m; de ~ à suspense. -3. [trama, maquinación] intrigue f.

intrigar vt & vi intriguer.

intrincado, da adj inextricable; un tema ~ un sujet compliqué.

intríngulis m fam hic m.

intrínseco, ca adj intrinsèque.

introducción f introduction f.

introducir vt : ~ (en) introduire (dans). ◆ **introducirse** vp : ~se (en) s'introduire (dans).

intromisión f intrusion f.

introspectivo, va adj introspectif(ive).

introvertido, da adj & m, f introverti(e).

intruso, sa adj & m, f intrus(e).

intuición f intuition f.

intuir vt avoir l'intuition de, pressentir.

intuitivo, va adj intuitif(ive).

inundación f inondation f.

inundar vt inonder; fig envahir. ◆ **inundarse** vp : ~**se (de)** être inondé(e) (de); fig être envahi(e) (par).

inusitado, da adj [palabra, lenguaje] inusité(e); [frío, comportamiento etc] inhabituel(elle).

inútil ◇ adj **-1.** [cosa, acción] inutile. **-2.** [persona – incapaz] maladroit(e); [– incapacitada] invalide. ◇ mf [incapaz] incapable mf; [incapacitado] invalide mf.

inutilidad f **-1.** [cualidad] inutilité f. **-2.** [objeto inservible] : **esta máquina es una** ~ cette machine ne sert à rien. **-3.** [incapacidad] invalidité f.

inutilizar vt : ~ **algo** rendre qqch inutilisable.

invadir vt lit & fig envahir.

invalidez f [incapacidad] invalidité f; ~ **permanente/temporal** incapacité f permanente/temporaire.

inválido, da adj & m, f invalide.

invariable adj invariable.

invasión f invasion f.

invasor, ra ◇ adj : **el país** ~ **fue sancionado** le pays agresseur a été sanctionné. ◇ m, f envahisseur m.

invectiva f invective f.

invención f invention f.

inventar vt inventer. ◆ **inventarse** vp inventer; **se inventó una excusa** il a inventé une excuse.

inventario m inventaire m.

inventiva f imagination f.

invento m invention f.

inventor, ra m, f inventeur m, -trice f.

invernadero, invernáculo m serre f.

invernar vi [hibernar] hiberner; [pasar el invierno] hiverner.

inverosímil adj invraisemblable.

inversión f **-1.** [del orden] inversion f. **-2.** [de dinero, tiempo] investissement m, placement m; **una mala** ~ un mauvais placement.

inverso, sa adj inverse; **a la inversa** à l'inverse.

inversor, ra adj & m, f investisseur(euse).

invertebrado, da adj **-1.** ZOOL invertébré(e). **-2.** fig [sin organización] non structuré(e). ◆ **invertebrado** m invertébré m.

invertido, da adj & m, f [homosexual] homosexuel(elle).

invertir vt **-1.** [orden] inverser. **-2.** [dinero] investir. **-3.** [tiempo] mettre; **invierto mucho tiempo en ir a tu casa** je mets beaucoup de temps pour aller chez toi.

investidura f investiture f.

investigación f **-1.** [estudio] recherche f; [seguimiento] investigation f; ~ **y desarrollo** recherche-développement. **-2.** [indagación] enquête f.

investigador, ra ◇ adj **-1.** [que estudia] : **un centro** ~ un centre de recherche. **-2.** [que indaga] : **una comisión investigadora** une commission d'enquête. ◇ m, f **-1.** [estudioso] chercheur m, -euse f. **-2.** [detective] enquêteur m, -euse f.

investigar ◇ vt **-1.** [estudiar] faire des recherches sur. **-2.** [indagar] rechercher, enquêter sur. ◇ vi **-1.** [estudiar] faire de la recherche. **-2.** [indagar] enquêter.

investir vt : ~ **a alguien con algo** [cargo] investir qqn de qqch; [grado, título] décerner qqch à qqn; [medalla] décorer qqn de qqch.

inveterado, da adj [costumbre] ancré(e).

inviable adj : **tu proyecto es** ~ ton projet n'est pas viable.

invidente ◇ adj aveugle. ◇ mf nonvoyant m, -e f.

invierno m hiver m.

invisible adj invisible.

invitación f invitation f.

invitado, da adj & m, f invité(e).

invitar vt inviter; ~ **a alguien a (hacer) algo** inviter qqn à (faire) qqch; **lo invitó a una copa** il lui a offert un verre; ~ **a** fig [incitar] inviter à; **el sol invita a pasear** le soleil invite à la promenade.

in vitro loc adv **-1.** [de probeta] in vitro. **-2.** → **fecundación**.

invocar vt invoquer.

involución f **-1.** MED involution f. **-2.** fig [de situación] régression f.

involucrar vt : ~ **en** impliquer dans. ◆ **involucrarse** vp : ~**se en** être impliqué(e) dans.

involuntario, ria adj involontaire.

invulnerable adj invulnérable.

inyección f **-1.** [acción] injection f. **-2.** [medicamento] piqûre f.

inyectar vt injecter. ◆ **inyectarse** vp [con drogas] se **piquer**; [con medicamentos] se faire une piqûre de.

iodo = **yodo**.

ion *m* ion *m*.

IPC (*abrev de* índice de precios al consumo) *m* IPC *m*.

ir *vi* **-1.** [gen] aller; **voy a Madrid/al cine** je vais à Madrid/au cinéma; **iremos en coche/en tren/andando** nous irons en voiture/en train/à pied; **todavía va al colegio** il va encore à l'école; **nuestra parcela va de aquí hasta el mar** notre terrain va d'ici à la mer; **sus negocios van mal** ses affaires vont mal; **¡vamos!** on y va!; **~ a mejor/a peor** aller mieux/moins bien. **-2.** (antes de gerundio) [expresa duración gradual]: **voy mejorando mi estilo** j'améliore mon style; **su estado va empeorando** son état se dégrade. **-3.** [expresa negación, opinión] : **~ a hacer algo** aller faire qqch; **voy a llamarlo ahora mismo** je vais l'appeler tout de suite. **-4.** [funcionar] marcher, fonctionner; **tu coche va muy bien** ta voiture marche très bien. **-5.** [vestir] être; **~ de azul/en camiseta/con corbata** être en bleu/en tee-shirt/en cravate. **-6.** [estar] : **iba hecho un pordiosero** on aurait dit un mendiant; **iba muy borracho** il était complètement soûl. **-7.** [vacaciones, tratamiento]: **~le bien a alguien** faire du bien à qqn. **-8.** [ropa]: **~le (bien) a alguien** aller (bien) à qqn; **le va fatal el color negro** le noir ne lui va pas du tout. **-9.** [referirse] : **lo que he dicho no va con** ○ **por nadie en particular** ce que je viens de dire ne vise personne en particulier. **-10.** [ser correspondiente] : **eso va por lo que tú me hiciste** ça c'est en retour de ce que tu m'as fait. **-11.** [buscar] : **~ por algo/alguien** aller chercher qqch/qqn. **-12.** [alcanzar] : **~ por** en être à; **ya va por el cuarto vaso de vino** il en est à son quatrième verre de vin. **-13.** [con valor enfático] : **~ y hacer algo** aller faire qqch, se mettre à; **fue y se lo contó todo** il est allé tout lui raconter; **fue y se puso a llorar** alors il s'est mis à pleurer. **-14.** [tratar] : **~ de** être sur; **¿de qué va la película?** de quoi parle le film? **-15.** [presumir] : **~ de** faire le(la); **va de intelectual cuando en verdad no sabe nada** il fait l'intello alors qu'en réalité il ne sait rien. **-16.** (en presente) [apostar] : **van mil pesetas que no lo haces** je te parie mille pesetas que tu ne le fais pas. **-17.** loc : **¡qué va!** tu parles!; **es el no va más** c'est le nec plus ultra ◆ **irse** *vp* s'en aller, partir; **se ha ido de viaje/a comer** il est parti en voyage/manger; **como sigas me voy** si tu conti-

nues je m'en vais; **esta mancha no se va** cette tache ne part pas; **¡vete!** va-t'en!

ira *f* colère *f*.

IRA (abrev de Irish Republican Army) *m* IRA *f*.

iracundo, da adj coléreux(euse); **se puso ~** il est devenu furieux.

Irak = Iraq.

irakí = iraquí.

Irán : **(el) ~** (l') Iran *m*.

Iraq, Irak : **(el) ~** (l') Irak *m*.

iraquí (pl **iraquíes**), **irakí** (pl **irakíes**) ◇ adj irakien(enne). ◇ mf Irakien *m*, -enne *f*.

irascible adj irascible.

iris *m* inv iris *m*.

Irlanda Irlande *f*; **~ del Norte** Irlande du Nord.

irlandés, esa ◇ adj irlandais(e). ◇ *m, f* Irlandais *m*, -e *f*. ◆ **irlandés** *m* [lengua] irlandais *m*.

ironía *f* ironie *f*; **por una curiosa ~,...** par une curieuse ironie du sort,...

irónico, ca adj ironique.

ironizar ◇ *vt* tourner en dérision. ◇ vi : **~ (sobre)** ironiser (sur).

IRPF (abrev de Impuesto sobre la Renta de las Personas Físicas) *m* impôt sur le revenu des personnes physiques en Espagne.

irracional adj irrationnel(elle).

irradiar vt **-1.** [luz, energía] irradier. **-2.** fig [alegría, felicidad] rayonner de; [simpatía] déborder de.

irreal adj irréel(elle).

irreconocible adj méconnaissable.

irrecuperable adj irrécupérable.

irreflexión *f* irréflexion *f*.

irreflexivo, va adj irréfléchi(e).

irrefutable adj irréfutable.

irregular adj irrégulier(ère).

irregularidad *f* irrégularité *f*.

irrelevante adj insignifiant(e).

irremediable adj irrémédiable.

irreparable adj irréparable.

irresistible adj irrésistible.

irresoluto, ta adj & *m, f* culto irrésolu(e).

irrespetuoso, sa adj irrespectueux(euse).

irrespirable adj irrespirable.

irresponsable adj & mf irresponsable.

irreverente adj irrévérencieux(euse).

irreversible adj irréversible.

irrevocable *adj* irrévocable.
irrigar *vt* irriguer.
irrisorio, ria *adj* dérisoire.
irritable *adj* irritable.
irritar *vt* irriter. ◆ **irritarse** *vp* s'irriter.
irrompible *adj* incassable.
irrupción *f* irruption *f.*
isla *f* île *f*; **las ~s Baleares** les Baléares *fpl*; **las ~s Canarias** les îles Canaries; **las ~s Malvinas** les îles Malouines.
islam *m* islam *m.*
islamismo *m* **-1.** [religión] islam *m.* **-2.** [movimiento] islamisme *m.*
islandés, esa ◇ *adj* islandais(e). ◇ *m, f* Islandais *m*, -e *f.* ◆ **islandés** *m* [lengua] islandais *m.*
Islandia Islande *f.*
isleño, ña *adj & m, f* insulaire.
islote *m* îlot *m.*
isósceles ◇ *adj inv* isocèle. ◇ *m inv* triangle *m* isocèle.
isótopo ◇ *adj* isotopique. ◇ *m* QUÍM isotope *m.*
Israel Israël.
israelí (*pl* israelíes) ◇ *adj* israélien(enne). ◇ *mf* Israélien *m*, -enne *f.*
istmo *m* isthme *m.*
Italia Italie *f.*
italiano, na ◇ *adj* italien(enne). ◇ *m, f* Italien *m*, -enne *f.* ◆ **italiano** *m* [lengua] italien *m.*
item, ítem *m* **-1.** [cosa] objet *m.* **-2.** DER article *m.* **-3.** INFORM élément *m* (d'information).
itinerante *adj* itinérant(e).
itinerario *m* itinéraire *f.*
ITV (*abrev de* **inspección técnica de vehículos**) *f* contrôle technique des véhicules en Espagne.
IVA (*abrev de* **impuesto sobre el valor añadido**) *m* TVA *f.*
izar *vt* hisser.
izda (*abrev de* **izquierda**) gche.
izquierdo, da *adj* gauche; [fila, botón, carril] de gauche. ◆ **izquierda** *f* **-1.** [gen & POLÍT] gauche *f*; **a la izquierda** à gauche; **de izquierdas** de gauche. **-2.** [mano] main *f* gauche; DEP [pie] gauche *m.*

J

j, J *f* [letra] j *m inv*, J *m inv.*
ja *interj* : ¡~! ha!
jabalí, ina *m, f* sanglier *m*, laie *f.*
jabalina *f* DEP javelot *m.*
jabón *m* savon *m.*
jabonero, ra *adj* savonnier(ère). ◆ **jabonera** *f* porte-savon *m.*
jaca *f* **-1.** [caballo] bidet *m.* **-2.** [yegua] jument *f.*
jacal *m* Amer hutte *f.*
jacinto *m* jacinthe *f.*
jacquard *m inv* jacquard *m.*
jactarse *vp* : ~ **de** se vanter de.
jacuzzi (*pl* jacuzzis) *m* Jacuzzi® *m.*
jadeante *adj* haletant(e).
jadear *vi* haleter.
jadeo *m* halètement *m.*
jaguar (*pl* jaguars) *m* jaguar *m.*
jaiba *f* Amer crabe *m.*
jaibol *m* Amer whisky allongé avec de l'eau.
jalea *f* gelée *f*; ~ **real** gelée royale.
jalear *vt* encourager (*par des cris, des applaudissements*).
jaleo *m* **-1.** [alboroto] raffut *m.* **-2.** fam [lío] histoire *f*; **se ha metido en un ~ muy gordo** il s'est embarqué dans une sale histoire. **-3.** fam [desorden] pagaille *f.*
jalonar *vt* lit & fig jalonner.
Jamaica Jamaïque *f.*
jamás *adv* jamais; ~ **de los jamases** fig jamais, au grand jamais.
jamón *m* jambon *m*; ~ **(de) York** jambon blanc; ~ **(en) dulce** jambon cuit; ~ **serrano** jambon de montagne ○ cru.
Japón : **(el)** ~ (le) Japon.
japonés, esa ◇ *adj* japonais(e). ◇ *m, f* Japonais *m*, -e *f.* ◆ **japonés** *m* [lengua] japonais *m.*
jaque *m* échec *m*; ~ **mate** échec et mat.
jaqueca *f* migraine *f.*
jarabe *m* sirop *m.*
jarana *f* **-1.** [juerga] java *f*; **estar** ○ **irse de** ~ faire la java. **-2.** [alboroto] bagarre *f.*

jaranero, ra ◇ *adj* : **es tan ~ que sale todas las noches** il aime tellement faire la fête qu'il sort tous les soirs. ◇ *m, f* noceur *m*, -euse *f*.

jardín *m* jardin *m*; **~ botánico** jardin botanique. ◆ **jardín de infancia** *m* jardin *m* d'enfants.

jardinera *f* → jardinero.

jardinería *f* jardinage *m*.

jardinero, ra *m, f* jardinier *m*, -ère *f*. ◆ **jardinera** *f* jardinière *f*.

jarra *f* [para servir] carafe *f*; **de ◇ en ~s** les poings sur les hanches. ◆ **jarra de cerveza** *f* [para beber] chope *f*.

jarro *m* pichet *m* .

jarrón *m* vase *m*.

jaspeado, da *adj* jaspé(e).

jauja *f fam* pays *m* de cocagne; **¡esto es ~!** c'est Byzance!

jaula *f* cage *f*.

jauría *f* meute *f*.

jazmín *m* jasmin *m*.

jazz *m* jazz *m*.

JC (*abrev de* Jesucristo) J-C.

je *interj* : ¡~! ha!

jeep (*pl* jeeps) *m* Jeep® *f*.

jefatura *f* direction *f*.

jefe, fa *m, f* chef *m*; **~ de estación** chef de gare; **~ de Estado** chef d'État; **~ de estudios** conseiller *m* d'éducation; **~ de gobierno** chef de gouvernement.

jengibre *m* gingembre *m*.

jerarquía *f* hiérarchie *f*; **la alta ~** les hauts dignitaires.

jerárquico, ca *adj* hiérarchique.

jerez *m* xérès *m* .

jerga *f* jargon *m*.

jerigonza *f* -1. [galimatías] charabia *m*. -2. [jerga] jargon *m*.

jeringuilla *f* seringue *f*; **~ hipodérmica** seringue hypodermique.

jeroglífico, ca, hieroglífico, ca *adj* hiéroglyphique. ◆ **jeroglífico, hieroglífico** *m* -1. [carácter] hiéroglyphe *m*. -2. [juego] rébus *m*.

jerséi (*pl* jerséis), **jersey** *m* (*pl* jerseys) pull-over *m*.

Jerusalén Jérusalem.

jesuita *adj & m* jésuite.

jesús *interj* : ¡~! : [tras estornudo] à tes/vos souhaits!; [sorpresa] ça alors!

jet (*pl* jets) ◇ *m* jet *m*. ◇ *f* → jet-set.

jeta *mfam* ◇ *f* [cara] gueule *f*; **tener (mucha) ~** être gonflé(e). ◇ *mf* : **¡es un ~!** il a un culot monstre!

jet-set, jet *f* jet-set *f*.

jijona *m* touron *m* (de Jijona).

jilguero *m* chardonneret *m*.

jilipollada = gilipollada.

jilipollas = gilipollas.

jinete *mf* cavalier *m*, -ère *f*.

jirafa *f* girafe *f*.

jirón *m* lambeau *m*; **hecho jirones** en lambeaux.

jitomate *m* Amer tomate *f*.

JJ OO (*abrev de* juegos olímpicos) *mpl* JO *mpl*.

jockey = yoquey.

jocoso, sa *adj* cocasse.

joder *vulg* ◇ *vi* -1. [copular] baiser. -2. [fastidiar] faire chier; **¡no jodas!** [incredulidad] tu déconnes! ◇ *vt* -1. [fastidiar] emmerder. -2. [estropear] niquer.

jofaina *f* bassine *f*.

jogging *m* jogging *m*.

jolgorio *m* fête *f*.

jolín, jolines *interj fam* ¡~! [asombro] la vache!; [fastidio] mince!, flûte!

jondo *adj* → cante.

Jordania Jordanie *f*.

jornada *f* journée *f*; **~ de trabajo** journée ◇ temps *m* de travail; **~ intensiva** journée continue; **media ~** mi-temps *m*.

jornal *m* salaire *m* journalier.

jornalero, ra *m, f* journalier *m*, -ère *f*.

joroba *f* bosse *f*.

jorobado, da ◇ *adj* -1. *fam* [fastidiado] mal fichu(e); **tengo el estómago ~** j'ai mal à l'estomac. -2. [con joroba] bossu(e). ◇ *m, f* bossu *m*, -e *f*.

jorongo *m* Amer -1. [manta] couverture *f*. -2. [poncho] poncho *m* (mexicain).

jota *f* -1. [letra] j *m inv*. -2. [baile, música] jota *f*. -3. *loc* : **no entiendo ni ~ ◇ una ~ de inglés** *fam* je ne comprends pas un mot d'anglais.

joto *m* Amer vulg pédé *m*.

joven ◇ *adj* jeune. ◇ *mf* jeune homme *m*, jeune fille *f*; **¡~!** garçon!

jovenzuelo, la *m, f* gamin *m*, -e *f*.

jovialidad *f* jovialité *f*.

joya *f* -1. [adorno] bijou *m*. -2. *fig* [persona] perle *f*; [cosa] bijou *m*.

joyería *f* bijouterie *f*, joaillerie *f*.

joyero, **ra** *m*, *f* bijoutier *m*, -ère *f*, joaillier *m*, -ère *f*. ◆ **joyero** *m* coffret *m* à bijoux.

Jr. (*abrev de* **junior**) jr.

juanete *m* MED oignon *m*.

jubilación *f* retraite *f*; ~ **anticipada** retraite anticipée.

jubilado, **da** *adj & m*, *f* retraité(e).

jubilar *vt* mettre à la retraite; *fam fig* [empleado, ropa] mettre au placard. ◆ **jubilarse** *vp* prendre sa retraite.

jubileo *m* RELIG jubilé *m*; **su casa es un** ~ *fam fig* sa maison est un vrai moulin.

júbilo *m* jubilation *f*.

judía *f* haricot *m*; ~ **verde** ○ **tierna** haricot vert.

judicial *adj* judiciaire.

judío, **a** ◇ *adj* juif(ive). ◇ *m*, *f* Juif *m*, -ive *f*.

judo = **yudo**.

judoka = **yudoka**.

juego *m* -1. [gen & DEP] jeu *m*; **estar/poner en** ~ être/mettre en jeu; **estar (en) fuera de** ~ DEP être hors-jeu; *fig* être hors circuit; ~ **de azar** jeu de hasard; ~ **de manos** tour *m* de passe-passe; ~ **de palabras** jeu de mots; **juegos olímpicos** jeux *mpl* Olympiques. -2. [conjunto]: **hacer** ~ aller avec; **zapatos a** ~ **con...** des chaussures assorties à...; ~ **de café/de té** service *m* à café/à thé; ~ **de sábanas** parure *f* de lit.

juerga *f fam* bringue *f*; **irse** ○ **estar de** ~ faire la bringue.

juerguista *fam* ◇ *adj* : **es muy** ~ il aime bien faire la fête. ◇ *mf* fêtard *m*, -e *f*.

jueves *m* jeudi *m*; **no es nada del otro** ~ *fig* ça n'a rien d'extraordinaire; *ver también* **sábado**. ◆ **Jueves Santo** *m* jeudi *m* saint.

juez, **za** *m*, *f* juge *m*; ~ **de línea** [fútbol, rugby] juge de touche; [tenis] juge de ligne; ~ **de paz** juge d'instance.

jugada *f* DEP coup *m*, action *f*; **ha sido una buena** ~ **de...** quelle belle action de...!; **hacer una mala** ~ **a alguien** *fig* jouer un mauvais tour à qqn.

jugador, **ra** *adj & m*, *f* joueur(euse).

jugar ◇ *vi* jouer; ~ **al balón/a la pelota** jouer au ballon/à la balle. ◇ *vt* -1. [partido] faire; ~ **un partido de fútbol** faire un match de foot. -2. [dinero, carta] jouer. ◆ **jugarse** *vp* -1. [echar a suertes] parier. -2. [arriesgar] jouer; **te estás jugando el puesto** tu es en train de jouer ton poste; **se jugó la vida para salvarla** il a risqué sa vie pour la sauver.

jugarreta *f fam* sale coup *m*.

juglar *m* ménestrel *m*.

jugo *m* -1. [gen] jus *m*. -2. ANAT suc *m*. -3. *fig* [interés] : **un artículo con mucho** ~ un article très fouillé; **sacar** ~ **a algo/alguien** tirer parti de qqch/qqn.

jugoso, **sa** *adj* -1. [con jugo] juteux(euse). -2. *fig* [interesante] fouillé(e).

juguete *m* jouet *m*; **un coche de** ~ une petite voiture; **una vajilla de** ~ une dînette.

juguetear *vi* jouer.

juguetería *f* magasin *m* de jouets.

juguetón, **ona** *adj* joueur(euse).

juicio *m* jugement *m*; **(no) estar en su (sano)** ~ (ne pas) avoir toute sa tête; **perder el** ~ perdre la raison. ◆ **Juicio Final** *m* : **el Juicio Final** le Jugement *m* dernier.

juicioso, **sa** *adj* -1. [persona] sensé(e). -2. [acción] judicieux(euse).

jul. (*abrev de* **julio**) juil.

julio *m* -1. [mes] juillet *m*. -2. FÍS joule *m*; *ver también* **septiembre**.

jumbo *m* jumbo-jet *m*.

jun. *abrev de* **junio**.

junco *m* -1. [planta] jonc *m*. -2. [embarcación] jonque *f*.

jungla *f* jungle *f*.

junio *m* juin *m*; *ver también* **septiembre**.

júnior (*pl* **juniors**) ◇ *adj* junior. ◇ *mf* DEP junior *mf*.

junta *f* -1. [reunión, órgano] assemblée *f*; ~ **de accionistas** assemblée des actionnaires; ~ **directiva** comité *m* directeur; ~ **militar** junte *f* (militaire). -2. [unión] joint *m*; ~ **de culata** joint de culasse.

juntar *vt* -1. [unir] réunir; [manos] joindre. -2. [– personas, fondos] rassembler. ◆ **juntarse** *vp* -1. [reunirse – personas] s'assembler; [– ríos, caminos] se rejoindre. -2. [convivir] vivre ensemble. -3. [arrimarse] : ~**se a** se rapprocher de.

junto, **ta** *adj* -1. [reunido] ensemble; **nunca había visto tanta gente junta** je n'avais jamais vu autant de gens réunis; **rezaba con las manos juntas** elle priait les mains jointes. -2. [próximo] côte à côte; **tenía los ojos** ~**s** il avait les yeux rapprochés. ◆ **junto a** *loc prep* à côté de, près de. ◆ **junto con** *loc prep* avec.

juntura *f* jointure *f*.

K

jurado, da *adj* –1. [declaración etc] juré(e). –2. [traductor] assermenté(e). –3. → **guarda**.
◆ **jurado** *m* [tribunal] jury *m*; [miembro] juré *m*.

juramento *m* –1. [promesa] serment *m*; ~ **hipocrático** serment d'Hippocrate. –2. [blasfemia] juron *m*.

jurar ◇ *vt* –1. [prometer] jurer; ~ **por... que** jurer sur... que; ~ **por Dios que** jurer devant Dieu que; **jurársela** ○ **jurárselas a alguien** *fam* jurer de se venger de qqn. –2. [acatar] prêter serment à. ◇ *vi* [blasfemar] jurer.

jurel *m* chinchard *m*.

jurídico, ca *adj* juridique.

jurisdicción *f* –1. [poder, autoridad] autorité *f*; **estar fuera de la** ~ **de alguien** ne pas être de la compétence de qqn. –2. DER juridiction *f*.

jurisdiccional *adj* –1. [gen] juridictionnel(elle). –2. → **aguas**.

jurisprudencia *f* jurisprudence *f*.

jurista *mf* juriste *mf*.

justa *f* HIST joute *f*.

justamente *adv* justement; **tienen** ~ **la misma edad** ils ont exactement le même âge.

justicia *f* justice *f*; **hacer** ~ **a** faire ○ rendre justice à; **es de** ~ **que** c'est justice que; **tomarse alguien la** ~ **por su mano** se faire justice.

justiciero, ra *adj & m, f* justicier(ère).

justificación *f* [gen & INFORM] justification *f*.

justificante *m* justificatif *m*.

justificar *vt* justifier; ~ **a alguien** [excusar] justifier qqn. ◆ **justificarse** *vp* se justifier.

justo, ta *adj* juste; **tendremos la luz justa para...** nous aurons juste assez de lumière pour...; **estar** ○ **venir** ~ être juste. ◆ **justo** ◇ *m* RELIG : **los** ~**s** les justes. ◇ *adv* juste; ~ **ahora iba a llamarte** j'allais justement t'appeler.

juvenil ◇ *adj* –1. [de jóvenes] juvénile. –2. DEP ≃ junior. ◇ *mf* (*gen pl*) DEP ≃ junior *mf*.

juventud *f* –1. [gen] jeunesse *f*. –2. [conjunto] : **la** ~ les jeunes.

juzgado *m* –1. [gen] tribunal *m*; ~ **de guardia** *tribunal où une permanence est assurée*. –2. [territorio] juridiction *f*.

juzgar *vt* juger; **a** ~ **por (como)** à en juger par (la façon dont).

k, K *f* [letra] k *m inv*, K *m inv*.

kafkiano, na *adj* kafkaïen(enne).

kaki = **caqui**.

kárate, cárate *m* karaté *m*.

kart (*pl* **karts**) *m* kart *m*.

katiusca, katiuska *f* botte *f* en caoutchouc.

Kenia Kenya *m*.

ketchup *m* ketchup *m*.

kg (*abrev de* **kilogramo**) kg.

KGB (*abrev de* **Komitet Gosudárstvennoy Bezopásnosti**) *m* KGB *m*.

kibutz = **quibutz**.

kilo, quilo *m* –1. [peso] kilo *m*. –2. *fam* [millón] million *m* de pesetas.

kilogramo, quilogramo *m* kilogramme *m*.

kilometraje, quilometraje *m* kilométrage *m*.

kilométrico, ca, quilométrico, ca *adj* –1. [distancia] kilométrique. –2. *fig* [largo] interminable.

kilómetro, quilómetro *m* kilomètre *m*; ~**s por hora** kilomètres à l'heure; ~ **cuadrado** kilomètre carré.

kimono = **quimono**.

kiosco = **quiosco**.

kit (*pl* **kits**) *m* kit *m*.

kiwi (*pl* **kiwis**) *m* kiwi *m*.

km (*abrev de* **kilómetro**) km.

km² (*abrev de* **kilómetro cuadrado**) km².

km/h (*abrev de* **kilómetro por hora**) km/h.

KO (*abrev de* **knock-out**) *m* KO *m*.

Kuwait –1. [país] Koweït *m*. –2. [ciudad] Koweït City.

L

l, L *f* [letra] l *m inv*, L *m inv*.

l (*abrev de* litro) l.

la[1] *m* MÚS la *m*.

la[2] ⋄ *art* → **el**. ⋄ *pron* → **lo**.

laberinto *m* labyrinthe *m*.

labia *f fam* bagou *m*.

labial ⋄ *adj* labial(e). ⋄ *f* labiale *f*.

labio *m* (*gen pl*) **-1.** [gen] lèvre *f*. **-2.** *fig* [habla] bouche *f*.

labor *f* **-1.** [trabajo] travail *m*; **profesión : sus ~es** profession : femme au foyer. **-2.** [de costura, bordado etc] ouvrages *mpl*; **~ de aguja** travaux *mpl* d'aiguille.

laborable *adj* → **día**.

laboral *adj* [jornada, condiciones] de travail; [accidente, derecho] du travail.

laboratorio *m* laboratoire *m*; **~ de idiomas** o **lenguas** laboratoire de langue.

laborioso, sa *adj* **-1.** [difícil] laborieux(euse). **-2.** [trabajador] travailleur(euse).

laborista *adj & mf* travailliste.

labrador, ra *m, f* cultivateur *m*, -trice *f*.

labranza *f* culture *f*; **una casa de ~** une ferme.

labrar *vt* **-1.** [cultivar] cultiver. **-2.** [arar] labourer. **-3.** [grabar] travailler; *fig* [hacer – fortuna] bâtir; [– futuro, porvenir] se préparer; [– desgracia] faire. ◆ **labrarse** *vp* [fortuna] bâtir; [futuro, porvenir] se préparer.

labriego, ga *m, f* cultivateur *m*, -trice *f*.

laca *f* **-1.** [gen] laque *f*. **-2.** [de uñas] vernis *m*. **-3.** [objeto] laque *m*.

lacar *vt* laquer.

lacayo *m* laquais *m*.

lacerar *vt* **-1.** [cuerpo, rostro etc] lacérer. **-2.** *fig* [honor, reputación] salir.

lacio, cia *adj* **-1.** [cabello] raide. **-2.** [piel, planta] flétri(e). **-3.** *fig* [sin fuerza] abattu(e).

lacón *m* épaule de porc salée.

lacónico, ca *adj* laconique.

lacra *f* fléau *m*; **las ~s de la sociedad** les plaies de la société.

lacrar *vt* cacheter à la cire.

lacre *m* cire *f* à cacheter.

lacrimógeno, na *adj* [gas] lacrymogène; *fig* [película, novela etc] à l'eau de rose.

lacrimoso, sa *adj* **-1.** [con lágrimas] larmoyant(e). **-2.** [triste] mélodramatique.

lactancia *f* allaitement *m*.

lactante *mf* nourrisson *m*.

lácteo, a *adj* **-1.** [producto, industria] laitier(ère); [dieta] lacté(e). **-2.** *fig* [piel] laiteux(euse).

lactosa *f* lactose *m*.

ladear *vt* : **~ la cabeza** pencher la tête.

ladera *f* versant *m*.

ladino, na *adj* rusé(e). ◆ **ladino** *m* [dialecto] ladino *m*, judéo-espagnol *m*.

lado *m* **-1.** [gen] côté *m*; **a ambos ~s** des deux côtés; **de ~** de côté; **dormir de ~** dormir sur le côté; **por un ~..., por otro ~** d'un côté..., d'un autre côté; **en el ~ (de)** sur le côté (de); **en el ~ de abajo/ arriba** en haut/bas. **-2.** [lugar] endroit *m*; **en algún ~** quelque part; **en algún otro ~** ailleurs. **-3.** *loc* : **dejar de ~**, **dejar a un ~** [prescindir] laisser de côté. ◆ **al lado** *loc adv* [cerca] à côté. ◆ **al lado de** *loc prep* [junto a] à côté de. ◆ **de al lado** *loc adj* d'à côté; **la casa de al ~** la maison d'à côté.

ladrar *vi* **-1.** [suj : perro] aboyer. **-2.** *fig* [suj : persona] brailler.

ladrido *m* **-1.** [de perro] aboiement *m*. **-2.** *fig* [de persona] braillement *m*.

ladrillo *m* **-1.** [de arcilla] brique *f*. **-2.** *fam fig* [aburrimiento] : **ser un ~** être ennuyeux(euse) comme la pluie.

ladrón, ona *adj & m, f* voleur(euse). ◆ **ladrón** *m* ELECTR prise *f* multiple.

lagartija *f* petit lézard *m*.

lagarto, ta *m, f* lézard *m*.

lago *m* lac *m*.

lágrima *f* larme *f*; **llorar a ~ viva** pleurer à chaudes larmes. ◆ **lágrimas** *fpl* peines *fpl*.

lagrimal ⋄ *adj* lacrymal(e). ⋄ *m* larmier *m*.

laguna *f* **-1.** [de agua] lagune *f*. **-2.** *fig* [omisión, olvido] lacune *f*.

La Habana La Havane.

La Haya La Haye.

laico, ca *adj & m, f* laïque.

lama *m* lama *m*.

La Mancha (la) Manche (*région d'Espagne*).

lamber *vt Amer fam* lécher les bottes.

lamentable *adj* –1. [triste, penoso] regrettable. –2. [malo] lamentable.

lamentar *vt* regretter; [víctimas, desgracias etc] déplorer; **lamentamos comunicarle...** nous sommes au regret de vous informer... ◆ **lamentarse** *vp* se lamenter; **~se de** ○ **por algo** se lamenter sur qqch.

lamento *m* lamentation *f*.

lamer *vt* lécher. ◆ **lamerse** *vp* se lécher.

lamido, da *adj* décharné(e). ◆ **lamido** *m* coup *m* de langue.

lámina *f* –1. [plancha] lame *f*. –2. [rodaja] tranche *f*. –3. ARTE planche *f*.

laminar[1] *adj* laminaire.

laminar[2] *vt* –1. [hacer láminas] laminer. –2. [cubrir con láminas] stratifier.

lámpara *f* –1. [gen] lampe *f*. –2. *fig* [mancha] tache *f*.

lamparón *m* grosse tache *f*.

lampiño, ña *adj* –1. [sin barba] imberbe. –2. [sin vello] lisse.

lamprea *f* lamproie *f*.

lana *f* [ ] laine *f*; **de ~** en laine. ◇ *m Amer fam* fric *m*.

lance *m* –1. [en juego] coup *m*; [en fútbol] phase *f* de jeu. –2. [acontecimiento] circonstance *f*; **un ~ difícil** un moment difficile. –3. [riña] altercation *f*.

lanceta *f Amer* dard *m*.

lancha *f* –1. [embarcación – grande] chaloupe *f*; [pequeña] barque *f* – **~ salvavidas** canot *m* de sauvetage. –2. [piedra] pierre *f* plate.

landó *m* landau *m*.

lanero, ra *adj* lainier(ère).

langosta *f* –1. [crustáceo] langouste *f*. –2. [insecto] sauterelle *f*.

langostino *m* grosse crevette *f*.

languidecer *vi* languir.

languidez *f* –1. [debilidad] fragilité *f*. –2. [falta de ánimo] langueur *f*.

lánguido, da *adj* –1. [débil] fragile. –2. [falto de ánimo] alangui(e).

lanilla *f* –1. [pelillo] poil *m* (*d'un lainage qui bouloche*). –2. [tejido] lainage *m* fin.

lanolina *f* lanoline *f*.

lanza *f* –1. [arma] lance *f*. –2. [de carruaje] timon *m*.

lanzado, da *adj* [atrevido] intrépide; **ir ~** *fig* [ir rápido] foncer.

lanzagranadas *m inv* lance-grenades *m*.

lanzamiento *m* –1. [gen] lancement *m*. –2. DEP lancer *m*; **~ de peso** lancer du poids. –3. [de objeto] jet *m*.

lanzar *vt* lancer; [suspiro, grito, queja] pousser. ◆ **lanzarse** *vp* –1. [tirarse] se jeter. –2. [empezar] se lancer. –3. [abalanzarse] : **~se sobre alguien** se précipiter sur qqn.

lapa *f* –1. [molusco] patelle *f*. –2. *fam* [persona] pot *m* de colle; **pegarse como una ~** être collant(e).

La Paz La Paz.

lapicera *f Amer* porte-crayon *m*.

lapicero *m* [lápiz] crayon *m*.

lápida *f* ◆ **lápida mortuoria** *f* pierre *f* tombale.

lapidar *vt* lapider.

lapidario, ria *adj* lapidaire.

lápiz *m* crayon *m*; **~ de labios** crayon à lèvres; **~ de ojos** crayon pour les yeux; **~ óptico** INFORM crayon optique.

lapso *m* laps *m*; **en el ~ de...** en l'espace de...

lapsus *m* [al hablar] lapsus *m*; [al actuar] impair *m*.

larga *f* → largo.

largar *vt* –1. [aflojar] larguer. –2. *fam* [dinero, cosa] filer; [bofetada etc] flanquer. –3. *fam* [discurso, sermón] débiter; **el acusado lo largó todo** l'accusé a lâché le morceau. ◆ **largarse** *vp fam* ficher le camp.

largavistas *m inv Amer* jumelles *fpl*.

largo, ga *adj* –1. [gen] long(longue). –2. [y pico] et quelques; **una hora larga** une bonne heure. –3. [alto] grand(e). –4. *fam* [astuto] futé(e). ◆ **largo** *m* longueur *f*; **siete metros de ~** sept mètres de long; **pasar de ~** [en el espacio] passer sans s'arrêter; **a lo ~ de** [en el espacio] le long de; [en el tiempo] tout au long de. ◇ *adv* [extensamente] longuement; **hablar ~ y tendido de algo** parler en long et en large de qqch. ◇ *interj* : **¡~ (de aquí)!** hors d'ici! ◆ **larga** *f* –1. TAUROM passe *f* de cape. –2. *loc* : **a la larga** à la longue; **está aprendiendo y, a la larga, piensa trabajar** pour le moment il apprend et, à long terme, il pense travailler; **dar largas a algo** faire traîner qqch (en longueur).

largometraje *m* long-métrage *m*.

larguero *m* –1. [de cama, puerta etc] montant *m*. –2. [de portería] barre *f* transversale.

largura *f* longueur *f*.

laringe f larynx m.

laringitis f laryngite f.

La Rioja la Rioja.

larva f larve f.

las ◇ art → el. ◇ pron → lo.

lasaña f lasagnes fpl.

lascivo, va ◇ adj lascif(ive). ◇ m, f : **ser un ~** être sensuel.

láser ◇ adj inv → rayo. ◇ m inv laser m.

lástex m inv Lastex® m.

lástima f -1. [compasión] pitié f, peine f; **dar ~** faire de la peine. -2. [disgusto] dommage m; **¡qué ~!** quel dommage!; **hecho una ~** en piteux état.

lastimar vt -1. [herir] faire mal à. -2. fig [ofender] blesser. ◆ **lastimarse** vp : **~se (la pierna/el brazo)** se faire mal (à la jambe/au bras).

lastimoso, sa adj déplorable.

lastre m -1. [peso] lest m. -2. fig [estorbo] fardeau m; **su pasado es un ~ para su carrera** son passé fait obstacle à sa carrière.

lata f -1. [envase] boîte f (de conserve); **una ~ de aceite** un bidon d'huile. -2. fam [fastidio] : **es una ~** [cosa] c'est casse-pieds; [persona] c'est un casse-pieds; **¡qué ~!** quelle barbe!; **dar la ~** casser les pieds.

latente adj latent(e).

lateral ◇ adj -1. [gen] latéral(e). -2. DER [sucesión, línea] collatéral(e). ◇ m -1. [lado] côté m. -2. DEP latéral m.

latido m [palpitación] battement m; [dolor] élancement m.

latifundio m latifundium m (grand domaine agricole).

latifundista mf latifundiste m (grand propriétaire foncier).

latigazo m -1. [golpe] coup m de fouet. -2. [chasquido] claquement m de fouet. -3. fam [trago] : **pegarse un ~** s'en jeter un (derrière la cravate).

látigo m [para pegar] fouet m.

latín m latin m; **saber (mucho) ~** fig être malin comme un singe.

latinajo m fam latin m de cuisine.

latinismo m latinisme m.

latino, na ◇ adj latin(e). ◇ m, f Latin m, -e f.

latinoamericano, na ◇ adj latino-américain(e). ◇ m, f Latino-Américain m, -e f.

latir vi -1. [palpitar] battre. -2. [estar latente] être latent(e).

latitud f GEOGR latitude f.

latón m laiton m.

latoso, sa ◇ adj fam barbant(e). ◇ m, f fam raseur m, -euse f.

laúd m luth m.

laureado, da adj lauréat(e).

laurel m laurier m. ◆ **laureles** mpl lauriers mpl; **dormirse en los ~es** fig s'endormir sur ses lauriers.

lava f lave f.

lavabo m -1. [objeto] lavabo m. -2. [habitación] toilettes fpl.

lavadero m lavoir m.

lavado m lavage m; **~ de cerebro** fig lavage m de cerveau; **~ de estómago** lavage m d'estomac.

lavadora f lave-linge m.

lavamanos m inv lave-mains m inv.

lavanda f lavande f.

lavandería f blanchisserie f.

lavaplatos ◇ mf inv [persona] plongeur m, -euse f. ◇ m inv [máquina] lave-vaisselle m inv.

lavar vt laver; **~ y marcar** un shampooing et un brushing; **~ su honor** sauver son honneur. ◆ **lavarse** vp se laver.

lavativa f -1. [utensilio] poire f à lavement. -2. [acción] lavement m.

lavavajillas m inv lave-vaisselle m inv.

laxante ◇ adj -1. MED laxatif(ive). -2. [relajante] relaxant(e). ◇ m laxatif m.

laxar vt [vientre] purger.

lazada f nœud m.

lazarillo m -1. [persona] guide m d'aveugle. -2. [perro] chien m d'aveugle.

lazo m -1. [atadura] nœud m; [para el pelo] ruban m. -2. [de vaquero] lasso m. -3. (gen pl) fig [vínculo] lien m.

Lda. abrev de licenciada.

Ldo. abrev de licenciado.

le pron pers -1. (complemento indirecto) [a él, ella] lui; [a usted, ustedes] vous; **~ di una manzana** je lui ai donné une pomme; **~ tengo miedo** j'ai peur de lui/d'elle; **~ dije que no** [a usted] je vous ai dit non; **~ gusta leer** il/elle aime lire; **añádele sal a las patatas** rajoute du sel dans les pommes de terre. -2. → se.

leader = líder.

leal adj loyal(e). ◇ mf loyaliste mf.

lealtad f loyauté f.

leasing m leasing m.

lección f leçon f; **dar a alguien una ~ de algo** donner une leçon de qqch à qqn.

lechal ◇ *adj* de lait *(agneau, cochon).* ◇ *m* agneau *m* de lait.

leche *f* -1. [gen] lait *m*; ~ **condensada/ descremada** ○ **desnatada/en polvo** lait concentré/écrémé/en poudre; ~ **merengada** boisson sucrée à base de lait, de blanc d'œuf et de cannelle. -2. *vulg* [semen] foutre *m*; ¡una ~! mon cul!; ¡eres la ~! tu te fais pas chier, toi! -3. *vulg* [bofetada] : **pegar una ~ a alguien** péter la gueule à qqn. -4. *vulg* [accidente] : **pegarse** ○ **darse una** ~ se foutre en l'air. -5. *vulg* [malhumor] : **estar de mala** ~ être d'une humeur de cochon; **tener mala** ~ avoir un foutu caractère.

lechera *f* → lechero.

lechería *f* crémerie *f*.

lechero, ra *adj & m, f* laitier(ère). ◆ **lechera** *f* [para transportar] bidon *m* de lait; [para servir] pot *m* à lait.

lecho *m* -1. [gen] lit *m*; [de mar, lago, canal] fond *m*. -2. [capa] couche *f*.

lechón *m* cochon de lait.

lechuga *f* -1. [planta] laitue *f*. -2. *fam* [billete] billet de mille pesetas.

lechuza *f* chouette *f*.

lectivo, va *adj* [día, jornada] de classe; [año] scolaire.

lector, ra *m, f* lecteur *m*, -trice *f*; ~ **óptico** lecteur optique. ◆ **lector** *m* lecteur *m*.

lectorado *m* poste *m* de lecteur.

lectura *f* lecture *f*; [de tesis] soutenance *f*; [de contador] relevé *m*; ~ **óptica** lecture optique.

leer ◇ *vt* lire. ◇ *vi* lire; ~ **de corrido** lire couramment.

legado *m* -1. DER legs *m*. -2. *fig* [de una generación] héritage *m*. -3. [persona] légat *m*. -4. [cargo diplomático] légation *f*.

legajo *m* dossier *m*.

legal *adj* -1. [gen] légal(e); **un médico** ~ un médecin légiste. -2. *fam* [persona] réglo.

legalidad *f* légalité *f*.

legalizar *vt* légaliser.

legaña *f* (gen pl) chassie *f*.

legañoso, sa *adj* chassieux(euse).

legar *vt* -1. [gen] léguer. -2. [delegar] déléguer.

legendario, ria *adj* légendaire.

legible *adj* lisible.

legión *f* légion *f*. ◆ **Legión** *f* : **la Legión** la Légion. ◆ **Legión de Honor** *f* Légion *f* d'honneur.

legionario, ria *adj* de la Légion. ◆ **legionario** *m* légionnaire *m*.

legislación *f* législation *f*.

legislar *vi* légiférer.

legislatura *f* [periodo] législature *f*.

legitimar *vt* -1. [hacer legal] légitimer. -2. [certificar] légaliser.

legítimo, ma *adj* -1. [gen] légitime. -2. [oro, cuero etc] véritable; [obra] authentique.

lego, ga ◇ *adj* -1. [ignorante] profane. -2. [seglar] laïque. ◇ *m, f* -1. [ignorante] profane *mf*. -2. [seglar] laïc *m*, laïque *f*.

legua *f* lieue *f*; ~ **marina** lieue marine; **se ve a la** ~ *fig* ça saute aux yeux.

legumbre *f* (gen pl) légume *m* sec.

lehendakari, lendakari *m* président du gouvernement autonome du Pays basque espagnol.

leído, da *adj* -1. [obra] lu(e). -2. [persona] lettré(e). ◆ **leída** *f* lecture *f*.

leitmotiv *m* leitmotiv *m*.

lejanía *f* éloignement *m*; **en la** ~ dans le lointain.

lejano, na *adj* -1. [gen] lointain(e); **estar** ~ être loin; **no está tan** ~ **el día en que me hartará** je ne vais pas tarder à en avoir marre de lui. -2. *fig* [ausente] distrait(e).

lejía *f* [para desinfectar] eau *f* de Javel.

lejos *adv* loin; **a lo** ~ au loin; **de** ○ **desde** ~ de loin. ◆ **lejos de** *loc conj* loin de; ~ **de mejorar...** loin de s'améliorer...

lelo, la *adj & m, f* niais(e).

lema *m* -1. [norma] devise *f*. -2. [en diccionario] entrée *f*. -3. MAT lemme *m*.

lencería *f* -1. [de hogar] linge *m*; [de mujer] lingerie *f*. -2. [tienda – de ropa de hogar] magasin *m* de blanc; [– de ropa interior] boutique *f* de lingerie.

lendakari = lehendakari.

lengua *f* langue *f*; ~ **de gato** CULIN langue de chat; ~ **de víbora** ○ **viperina** *fig* langue de vipère; ~ **materna** langue maternelle; **írsele a alguien la** ~, **irse de la** ~ *fig* ne pas tenir sa langue; **morderse la** ~ *fig* se mordre la langue; **tirar a alguien de la** ~ *fig* tirer les vers du nez à qqn.

lenguado *m* sole *f*.

lenguaje *m* langage *m*; ~ **cifrado** langage codé; ~ **coloquial** langage *f* parlée; ~ **corporal** langage du corps; ~ **de programación** langage de programmation; ~ **máquina** langage machine.

lengüeta f languette f.

lengüetazo m, **lengüetada** f coup m de langue.

lente f lentille f; ~s **de contacto** verres mpl de contact. ◆ **lentes** mpl [gafas] lunettes fpl.

lenteja f (gen pl) lentille f.

lentejuela f (gen pl) paillette f.

lenticular adj lenticulaire.

lentilla f (gen pl) lentille f (de contact).

lentitud f lenteur f; **con** ~ lentement.

lento, ta adj lent(e); **a fuego** ~ à feu doux.

leña f -1. [madera] bois m (de chauffage). -2. fam fig [golpe] : **dar** ~ **a alguien** flanquer une volée à qqn. -3. loc : **echar** ~ **al fuego** jeter de l'huile sur le feu.

leñador, ra m, f bûcheron m, -onne f.

leño m bûche f.

Leo ◇ m inv [zodiaco] Lion m . ◇ mf inv [persona] lion m inv.

león, ona m, f -1. [animal] lion m, lionne f. -2. fig [persona] : **ser una leona** être une tigresse. ◆ **león marino** m otarie f.

leonera f -1. [jaula] cage f aux lions. -2. fam fig [habitación] **bazar** m.

leonino, na adj léonin(e); [piel] de lion.

leopardo m léopard m.

leotardo m -1. (gen pl) [medias] collant m (épais). -2. [de gimnasta] justaucorps m.

lépero, ra adj Amer fam grossier(ère).

lepra f lèpre f.

leproso, sa adj & m, f lépreux(euse).

lerdo, da adj & m, f empoté(e).

les pron pers pl -1. (complemento indirecto) [a ellos, ellas] leur; [a ustedes] vous; ~ **he mandado un regalo** je leur ai envoyé un cadeau; ~ **he dicho lo que sé** je vous ai dit ce que je sais; ~ **tengo miedo** j'ai peur d'eux/de vous. -2. → **se.**

lesbiano, na adj lesbien(enne). ◆ **lesbiana** f lesbienne f.

lesión f -1. [herida & DER] lésion f. -2. fig [perjuicio] dommage m; [a la honradez] atteinte f.

lesionado, da adj & m, f blessé(e).

lesionar vt -1. [cuerpo] blesser; **el alcoholismo lesiona el hígado** l'alcoolisme détériore le foie. -2. fig [perjudicar] léser. ◆ **lesionarse** vp : ~**se el brazo** se blesser au bras.

letal adj mortel(elle).

letanía f (gen pl) litanie f.

letargo m -1. [gen & MED] léthargie f. -2. [de animales] hibernation f.

Letonia Lettonie f.

letra f -1. [signo, sentido] lettre f; **dice mucho más de lo que la** ~ **expresa** cela en dit plus long qu'il n'est écrit. -2. [manera de escribir] écriture f. -3. [estilo] caractère m; ~ **cursiva/de imprenta** o **molde** caractère m italique/d'imprimerie; ~ **mayúscula** lettre majuscule; ~ **negrita** o **negrilla** caractère gras; **a la** ~, **al pie de la** ~ fig à la lettre, au pied de la lettre. -4. [de una canción] paroles fpl. -5. COM : ~ **(de cambio)** traite f, lettre f de change; **protestar una** ~ protester une traite. ◆ **letras** fpl EDUC lettres fpl.

letrado, da ◇ adj lettré(e). ◇ m, f avocat m, -e f.

letrero m écriteau m.

letrina f latrines fpl.

leucemia f leucémie f.

leucocito m (gen pl) leucocyte m.

leva f -1. MIL levée f. -2. NÁUT appareillage m. -3. TECNOL came f.

levadura f levure f; ~ **de cerveza** levure de bière.

levantamiento m -1. [gen] soulèvement m; ~ **de pesas** DEP haltérophilie f. -2. [supresión] levée f.

levantar vt -1. [gen] lever; [peso, polvareda] soulever; ~ **el campamento** lever le camp. -2. [retirar – pintura, cal etc] arracher. -3. [desmontar – tienda de campaña, caseta etc] démonter. -4. [erigir, alzar] élever; ~ **el tono** hausser le ton. -5. [empujar – poste, barrera etc] relever; ~ **el ánimo** remonter le moral. -6. [sublevar] : ~ **a alguien contra** monter qqn contre. -7. [redactor – acta, plano] dresser. ◆ **levantarse** vp -1. [gen] se lever. -2. [subir, erguirse] s'élever. -3. [sublevarse] se soulever.

levante m -1. [este] levant m. -2. [viento] vent m d'est. ◆ **Levante** m Levant m (région d'Espagne).

levantino, na ◇ adj levantin(e). ◇ m, f Levantin m, -e f.

levar vt : ~ **anclas** lever l'ancre.

leve adj léger(ère); [enfermedad] bénin(igne); [delito, pecado] petit(e).

levedad f légèreté f; [de enfermedad] bénignité f; [de delito, pecado] petitesse f.

levita f redingote f.

levitar vi léviter.

léxico, **ca** *adj* lexical(e). ◆ **léxico** *m* lexique *m*.

lexicografía *f* lexicographie *f*.

lexicón *m* lexique *m*.

ley *f* **-1.** [gen] loi *f*; **las ~es del juego** les règles du jeu; **~ de incompatibilidades** loi d'incompatibilité *(réglementant le cumul des fonctions)*; **~ de la oferta y de la demanda** loi de l'offre et de la demande; **con todas las de la ~** en bonne et due forme; **regirse por la ~ del embudo** avoir deux poids, deux mesures. **-2.** [de un metal] titre *m*. ◆ **leyes** *fpl* [derecho] droit *m*.

leyenda *f* légende *f*; **la ~ negra** HIST *vision de la conquête de l'Amérique hostile aux colonisateurs espagnols*.

liar *vt* **-1.** [atar] lier; [paquete] ficeler. **-2.** [envolver] envelopper; [cigarrillo] rouler. **-3.** *fam fig* [enredar] embrouiller; **~ a alguien en un asunto** mêler qqn à une histoire. ◆ **liarse** *vp* **-1.** [enredarse] s'embrouiller. **-2.** [empezar] : **~se en** [una discusión etc] se lancer dans. **-3.** *fam* [sexualmente] : **~se (con alguien)** coucher (avec qqn).

Líbano : **el ~** le Liban.

libélula *f* libellule *f*.

liberación *f* **-1.** [gen] libération *f*. **-2.** [de hipoteca] levée *f*.

liberado, **da** *adj* libéré(e).

liberal ◇ *adj* libéral(e). ◇ *mf* libéral *m*, -e *f*.

liberalismo *m* libéralisme *m*.

liberar *vt* **-1.** [gen] libérer. **-2.** [eximir] : **(de algo a alguien)** dispenser (qqn de qqch). ◆ **liberarse** *vp* : **~se (de algo)** se libérer (de qqch).

libertad *f* liberté *f*; **dejar ○ poner a alguien en ~** laisser ○ mettre qqn en liberté; **tener ~ para hacer algo** être libre de faire qqch; **tomarse la ~ de hacer algo** prendre la liberté de faire qqch; **~ bajo fianza** liberté sous caution; **~ condicional** liberté conditionnelle; **~ de expresión** liberté d'expression; **~ de imprenta ○ prensa** liberté de la presse.

libertar *vt* libérer.

libertino, **na** *adj & m*, *f* libertin(e).

Libia Libye *f*.

libido *f* libido *f*.

libio, **bia** ◇ *adj* libyen(enne). ◇ *m*, *f* Libyen *m*, -enne *f*.

libra *f* livre *f*; **~ esterlina/irlandesa** livre sterling/irlandaise.

Libra ◇ *f inv* [zodiaco] Balance *f*. ◇ *mf inv* [persona] balance *f inv*.

librador, **ra** *m*, *f* COM tireur *m*.

libramiento *m*, **libranza** *f* COM tirage *m*.

librar ◇ *vt* **-1.** [eximir] dispenser. **-2.** [entablar] livrer. **-3.** COM tirer. ◇ *vi* [no trabajar] être en congé. ◆ **librarse** *vp* : **~se de algo** [obligación] se dispenser de qqch; **como tú fuiste a la reunión, él se libró** comme tu as été à la réunion, lui s'en est dispensé; **~se de alguien** se débarrasser de qqn; **de buena te libraste** tu l'as échappé belle.

libre *adj* libre; **~ de** libre de; [impuestos] exonéré(e) de; **~ de hipotecas** non hypothéqué(e); **~ de franqueo** franc de port; **~ del servicio militar** dégagé des obligations militaires; **estudiar por ~** être candidat(e) libre.

librecambio *m* libre-échange *m*.

librepensador, **ra** ◇ *adj* libre-penseur; **una persona librepensadora** un libre-penseur. ◇ *m*, *f* libre-penseur *m*.

librería *f* **-1.** [gen] librairie *f*. **-2.** [mueble] bibliothèque *f*.

librero, **ra** ◇ *adj* du livre. ◇ *m*, *f* libraire *mf*. ◆ **librero** *m* Amer [mueble] bibliothèque *f*.

libreta *f* **-1.** [para escribir] carnet *m*. **-2.** BANCA livre *m* de comptes. ◆ **libreta de ahorros** *f* BANCA livret *m* de caisse d'épargne.

libreto *m* **-1.** MÚS livret *m*. **-2.** Amer [guión] scénario *m*.

libro *m* livre *m*; **llevar los ~s** tenir les livres; **~ de bolsillo** livre de poche; **~ de escolaridad/de familia** livret *m* scolaire/ de famille; **~ de reclamaciones** livre des réclamations; **~ de texto** manuel *m* scolaire.

Lic. *abrev de* **licenciado**.

licencia *f* **-1.** [autorización] permission *f*; COM & DEP licence *f*; **~ de armas** permis *m* de port d'armes; **~ de obras** permis *m* de construire. **-2.** [confianza] liberté *f*.

licenciado, **da** *adj & m*, *f* **-1.** EDUC licencié(e); **~ en** licencié en; [letras, ciencias] licencié ès. **-2.** MIL libéré.

licenciar *vt* EDUC décerner le diplôme de licence; MIL libérer. ◆ **licenciarse** *vp* **-1.** EDUC: **~se (en)** obtenir sa licence (en); [ciencias, letras] obtenir sa licence (ès). **-2.** MIL être libéré.

licenciatura *f* EDUC licence *f*.

licencioso, **sa** *adj* licencieux(euse).

liceo *m* **-1.** EDUC lycée *m*. **-2.** [de recreo] club *m*.

lícito, ta *adj* licite.

licor *m* liqueur *f*.

licuadora *f* mixer *m*.

licuar *vt* : ~ **(algo)** passer (qqch) au mixer.

licuefacción *f* liquéfaction *f*.

líder (*pl* **líderes**), **leader** (*pl* **leaders**) ◇ *adj* qui occupe la première place. ◇ *mf* leader *m*.

liderato, liderazgo *m* **-1.** DEP première place *f*. **-2.** [dirección] leadership *m*.

lidia *f* combat *m*.

lidiar ◇ *vi* [luchar] : ~ **(con)** lutter (contre). ◇ *vt* TAUROM toréer.

liebre *f* lièvre *m*.

lienzo *m* toile *f*.

lifting *m* lifting *m*.

liga *f* **-1.** [de medias] jarretière *f*. **-2.** [de estados, personas] ligue *f*. **-3.** DEP [de fútbol etc] championnat *m*.

ligadura *f* **-1.** [acción & MED] ligature *f*. **-2.** [atadura, vínculo] lien *m*. **-3.** MÚS liaison *f*.

ligamento *m* ANAT ligament *m*.

ligar ◇ *vt* **-1.** [gen, CULIN & MÚS] lier; [paquete] ficeler. **-2.** MED ligaturer. ◇ *vi* **-1.** [coincidir] : ~ **con** s'accorder avec. **-2.** *fam* [conquistar] : ~ **(con alguien)** draguer (qqn).

ligazón *f* liaison *f*; [entre dos hechos] rapport *m*.

ligereza *f* **-1.** [gen] légèreté *f*. **-2.** [error] erreur *f*.

ligero, ra *adj* léger(ère); **a la ligera** à la légère.

light *adj inv* [comida] allégé(e); [refresco, tabaco] light.

ligón, ona *adj & m, f fam* dragueur(euse).

liguero, ra *adj* DEP du championnat. ◆ **liguero** *m* porte-jarretelles *m*.

lija *f* **-1.** [pez] roussette *f*. **-2.** [papel] papier *m* de verre.

lila ◇ *f* [planta] lilas *m*. ◇ *adj inv* [color] lilas. ◇ *m* [color] couleur lilas.

liliputiense *adj & mf fam* lilliputien(enne).

lima *f* **-1.** [utensilio] lime *f*. **-2.** BOT [planta] limettier *m*; [fruto] lime *f*.

Lima Lima.

limar *vt* **-1.** [pulir] limer. **-2.** [perfeccionar] polir.

limitación *f* **-1.** [restricción] restriction *f*; ~ **de edad** limite *f* d'âge. **-2.** [distrito] limite *f*.

limitado, da *adj* limité(e).

limitar ◇ *vt* **-1.** [gen] limiter; [terreno] délimiter. **-2.** [definir] délimiter. ◇ *vi* confiner. ◆ **limitarse** *vp* : ~**se a** se borner à.

límite ◇ *adj inv* limite. ◇ *m* limite *f*.

limítrofe *adj* limitrophe.

limón *m* citron *m*.

limonada *f* citronnade *f*; [refresco] rafraîchissement *m*.

limonero, ra *adj* : **la exportación limonera** les exportations de citrons. ◆ **limonero** *m* citronnier *m*.

limosna *f* aumône *f*.

limpia *f Amer* défrichage *m*.

limpiabotas *mf inv* cireur *m* de chaussures.

limpiacristales *m inv* produit *m* pour les vitres.

limpiador, ra *m, f* nettoyeur *m*, -euse *f*.

limpiamente *adv* **-1.** [con destreza] adroitement. **-2.** [honradamente] proprement.

limpiaparabrisas *m inv* essuie-glace *m*.

limpiar *vt* **-1.** [gen] nettoyer. **-2.** *fam* [robar] faucher.

limpieza *f* **-1.** [cualidad] propreté *f*. **-2.** [acción] nettoyage *m*. **-3.** *fig* [destreza] adresse *f*. **-4.** *fig* [honradez] honnêteté *f*.

limpio, pia *adj* **-1.** [sin suciedad, pulcro] propre; **un cielo** ~ un ciel dégagé; **poner en** ~ mettre au propre. **-2.** [neto, claro] net(nette); **sacar en** ~ tirer en clair. **-3.** [honrado] honnête; **un asunto** ~ une affaire claire. **-4.** [sin culpa] : **estar** ~ avoir la conscience nette. **-5.** *fam* [sin dinero] : **dejar** ~ **a alguien** dépouiller qqn. **-6.** [sin mezcla] pur(e); **a grito** ~ *fig* à grands cris; **a puñetazo** ~ *fig* à grands coups de poing. ◆ **limpio** *adv* : **jugar** ~ jouer franc jeu.

linaje *m* lignage *m*.

linaza *f* linette *f*.

lince *m* lynx *m*; **ser un** ~ **para algo** *fig* avoir le génie de qqch.

linchar *vt* lyncher.

lindar *vi* : ~ **con algo** [espacio] être contigu(ë) à qqch; [conceptos] rejoindre qqch; ~ **con el ridículo** friser le ridicule.

linde *m* ○ *f* limite *f*.

lindero, ra *adj* **-1.** [espacio] contigu(ë). **-2.** [conceptos] qui frise. ◆ **lindero** *m* limite *f*.

lindo, da *adj* joli(e); **de lo ~** *fig* joliment.

línea *f* -1. [gen, DEP & MIL] ligne *f*; **cortar la ~ (telefónica)** couper la ligne (téléphonique); **guardar la ~** garder la ligne; **~ continua** ligne blanche; **~ de puntos** pointillé *m*; **~s aéreas** lignes aériennes. -2. [fila] rangée *f*; [de personas] file *f*. -3. [categoría] rang *m*; **en la misma ~** sur le même plan. -4. [relación familiar] lignée *f*. -5. *loc* : **en ~s generales** en gros; **leer entre ~s** lire entre les lignes.

linier (*pl* **liniers**) *m* DEP juge *m* de touche.

linfático, ca *adj & m, f* lymphatique.

lingote *m* lingot *m*.

lingüista *mf* linguiste *mf*.

lingüístico, ca *adj* linguistique. ◆ **lingüística** *f* linguistique *f*.

linimento *m* liniment *m*.

lino *m* lin *m*.

linterna *f* [de pilas] lampe *f* de poche.

lío *m* -1. [paquete] ballot *m*. -2. *fam fig* [enredo] embrouillamini *m*; **hacerse un ~** s'embrouiller; **meterse en un ~** se mettre dans une sale histoire. -3. *fam fig* [jaleo] vacarme *m* . -4. *fam fig* [amorío] aventure *f*.

lipotimia *f* lipothymie *f*.

liquen *m* lichen *m*.

liquidación *f* COM [de factura] règlement *m*; [de existencias] liquidation *f*; [de inversión] réalisation *f*.

liquidar *vt* -1. [gen] liquider. -2. [gastar rápidamente] engloutir. -3. [zanjar] résoudre.

liquidez *f* liquidité *f*.

líquido, da *adj* -1. [gen & FÍS] liquide. -2. ECON [disponible] liquide; [neto] net(nette). ◆ **líquido** *m* -1. [gen, FÍS & MED] liquide *m*. -2. ECON [capital] liquidité *f*.

lira *f* -1. MÚS lyre *f*. -2. [moneda] lire *f*. -3. [en poesía] strophe de cinq ou six vers.

lírico, ca ◇ *adj* lyrique. ◇ *m, f* LITER lyrique *m*. ◆ **lírica** *f* lyrique *f*.

lirio *m* iris *m*.

lirón *m* ZOOL loir *m*; **dormir como un ~** *fig* dormir comme un loir.

lis (*pl* **lises**) *f* iris *m*.

Lisboa Lisbonne.

lisboeta ◇ *adj* lisbonnais(e). ◇ *mf* Lisbonnais *m*, -e *f*.

lisiado, da *adj & m, f* estropié(e).

liso, sa ◇ *adj* -1. [gen] lisse; [terreno] plat(e). -2. [no estampado] uni(e). -3. DEP : **200 metros ~s** 200 mètres plat. ◇ *m, f* *Amer* effronté *m*, -e *f*.

lisonja *f* flatterie *f*.

lisonjear *vt* flatter.

lista *f* -1. [enumeración] liste *f*; **pasar ~** faire l'appel; **~ de boda/de espera** liste de mariage/d'attente; **~ de precios** liste de prix; [en restaurante] carte *f* . -2. [de tela, papel] bande *f*; [de madera] latte *f*. -3. [de color] rayure *f*. ◆ **lista de correos** *f* poste *f* restante.

listado, da *adj* rayé(e).

listín *m* [de teléfonos] annuaire *m*.

listo, ta *adj* -1. [astuto] malin(e); [despabilado] dégourdi(e); **pasarse de ~** vouloir faire le malin. -2. [preparado] prêt(e).

listón *m* [para marcos] baguette *f* .

litera *f* -1. [cama] lit *m* (superposé); [de tren, barco] couchette *f*. -2. [vehículo] litière *f* .

literal *adj* littéral(e).

literario, ria *adj* littéraire.

literato, ta *m, f* écrivain *m*.

literatura *f* littérature *f*.

litigar *vi* être en litige.

litigio *m* litige *m*.

litografía *f* -1. [gen] lithographie *f*. -2. [taller] atelier *m* de lithographie.

litoral ◇ *adj* littoral(e). ◇ *m* littoral *m*.

litro *m* litre *m*.

Lituania Lituanie *f*.

liturgia *f* liturgie *f*.

liviano, na *adj* léger(ère).

lívido, da *adj* [pálido] livide.

ll *f* l *m* mouillé.

llaga *f* plaie *f*.

llagar *vt* faire une plaie à. ◆ **llagarse** *vp* se couvrir de plaies.

llama *f* -1. [gen] flamme *f*. -2. ZOOL lama *m*.

llamada *f* -1. [gen & TELECOM] appel *m*; **hacer una ~** téléphoner; **~ a cobro revertido** appel en PCV; **~ a larga distancia** o **interurbana** appel longue distance o interurbain; **~ urbana** communication *f* locale. -2. [en un libro] renvoi *m*.

llamado *m* *Amer* [de teléfono] appel *m*.

llamamiento *m* appel *m*.

llamar ◇ *vt* -1. [gen] appeler; **~ (por teléfono) a alguien** téléphoner à qqn; **~ de tú/usted a alguien** tutoyer/vouvoyer qqn. -2. DER citer; **~ a alguien a juicio** appeler qqn à comparaître. ◇ vi **-1.** [a la puerta] **frapper**; [con timbre] **sonner**. **-2.** [por teléfono] **téléphoner**. ◆ **llamarse** vp [tener por nombre] **s'appeler**.

llamarada f **-1.** flambée f. **-2.** [rubor] rougeur f.

llamativo, va adj voyant(e).

llamear vi **flamber**.

llaneza f simplicité f.

llano, na adj **-1.** [liso] plat(e). **-2.** [natural, sencillo] simple. **-3.** [sin rango] modeste; **el pueblo ~** le petit peuple. **-4.** GRAM : **una palabra llana** un paroxyton. **-5.** GEOM plan(e). ◆ **llano** m [llanura] plaine f.

llanta f jante f.

llanto m pleurs mpl, larmes fpl.

llanura f plaine f.

llave f **-1.** [gen & DEP] clef f; **echar la ~** fermer à clef; **~ en mano** COM clef-en-main; **~ de contacto** clef de contact; **~ inglesa** clef anglaise; **~ maestra** passepartout m. **-2.** [del gas, agua] robinet m; [de la electricidad] interrupteur m; **~ de paso** robinet d'arrêt. **-3.** [signo ortográfico] accolade f.

llavero m porte-clefs m.

llavín m petite clef f.

llegada f arrivée f.

llegar vi **-1.** [acudir] **arriver**; **~ de viaje** rentrer de voyage. **-2.** [sobrevenir] **venir**; **al ~ la noche** à la nuit tombante. **-3.** [durar, alcanzar] : **~ a** ○ **hasta algo** atteindre qqch, arriver à qqch; **no llegó a la cima** il n'a pas atteint le sommet; **el abrigo le llega hasta la rodilla** son manteau lui arrive au genou; **no llegará a mañana** il ne passera pas la nuit. **-4.** [bastar] suffire; **no me llega para pagar** je n'ai pas assez pour payer. **-5.** [lograr] : **~ a (ser) algo** devenir qqch; **llegarás a ser presidente** tu deviendras président; **¡si llego a saberlo!** si j'avais su! **-6.** [atreverse] : **~ a hacer algo** en arriver à faire qqch. ◆ **llegarse** vp : **~se a** passer par.

llenar vt **-1.** **~ algo (de)** [ocupar, rellenar] remplir qqch (de); [tapizar] couvrir qqch (de). **-2.** [satisfacer] combler. **-3.** [colmar] : **~ a alguien de** [indignación, alegría etc] remplir qqn de; [consejos, alabanzas] abreuver qqn de; [favores] combler qqn de. ◆ **llenarse** vp **-1.** **~ (de algo)** [colmarse] se remplir (de qqch); [cubrirse] se couvrir (de qqch). **-2.** [saciarse] : **ya me he llenado** je n'ai plus faim.

lleno, na adj **-1.** [gen] plein(e); **tener la casa llena** avoir beaucoup de monde chez soi; **~ de** [colmado con] plein de; [cubierto con] couvert de. **-2.** [saciado] repu(e). **-3.** fam [regordete] potelé(e). ◆ **de lleno** loc adv en plein.

llevadero, ra adj supportable.

llevar ◇ vt **-1.** [peso, prenda] **porter**; [carga] **transporter**; **llevaba un saco en las espaldas** il portait un sac sur le dos; **lleva un traje nuevo/gafas** il porte une nouvelle robe/des lunettes; **el avión llevaba carga** l'avion transportait des marchandises. **-2.** [acompañar] **emmener**; **llevo a Juan a su casa** j'emmène Juan chez lui; **nos llevó al teatro** il nous a emmenés au théâtre; **llévenos al hospital** conduisez-nous à l'hôpital. **-3.** [depositar, causar] **apporter**; **le llevé un regalo** je lui ai apporté un cadeau. **-4.** [coche, caballo] **conduire**. **-5.** [inducir] : **~ a alguien a algo/a hacer algo** conduire ○ amener qqn à qqch/à faire qqch; **lo llevaron a la victoria/a dejar la carrera** ils l'ont conduit à la victoire/à abandonner ses études. **-6.** [ocuparse de – cuentas, casa] **tenir**; [– negocio] **diriger, mener**. **-7.** [cobrar] **prendre**; **lleva bastante caro** il prend assez cher. **-8.** [tener] **avoir**; **llevas las manos sucias** tu as les mains sales; **no llevo dinero** je n'ai pas d'argent sur moi. **-9.** [soportar] **supporter**; **lleva su enfermedad con resignación** elle supporte sa maladie avec résignation; **lleva mal la soltería** il vit mal le célibat. **-10.** [mantener] : **~ el paso** marcher au pas. **-11.** [haber pasado tiempo] **lleva dos años aquí** ça fait deux ans qu'il est là; **llevo una hora esperándote** ça fait une heure que je t'attends. **-12.** [ocupar tiempo] **prendre**; **me llevó un día hacer esta tarta** ça m'a pris une journée de faire ce gâteau. **-13.** [sobrepasar en] : **se llevan dos años** ils ont deux ans d'écart; **mi hijo me lleva dos centímetros** mon fils me dépasse de deux centimètres. ◇ vi **-1.** [conducir] : **~ a** mener à. **-2.** (antes de participio) [tener] : **lleva leída media novela** il en est à la moitié du roman. **-3.** (antes de gerundio) [estar] : **lleva mucho tiempo saliendo con él** ça fait longtemps qu'elle sort avec lui. ◆ **llevarse** vp **-1.** [coger] **emporter, prendre**; [arrastrar] **emporter**; **los ladrones se llevaron todos los jugueteros** les voleurs ont tout emporté; **alguien se ha llevado mi bolso** quelqu'un a pris mon sac; **la riada se ha llevado la carretera** la

crue a emporté la route. **-2.** [premio] rem-
porter. **-3.** [acercar] porter; **se llevó la
copa a los labios** elle porta le verre à ses
lèvres. **-4.** [recibir] avoir; **¡me llevé un
susto!** j'ai eu une de ces peurs. **-5.** [en-
tenderse] : ~**se bien/mal (con alguien)**
s'entendre bien/mal (avec qqn). **-6.** [estar
de moda] se porter. **-7.** MAT retenir.

llorar ⋄ *vi* **-1.** [con lágrimas] pleurer. **-2.**
fam [quejarse] : ~**le a alguien** pleurnicher.
⋄ *vt* pleurer.

lloriquear *vi* pleurnicher.

lloro *m* pleurs *mpl*.

llorón, ona ⋄ *adj* pleurnicheur(euse);
[bebé] pleureur(euse). ⋄ *m, f* pleurnicheur
m, -euse *f*.

lloroso, sa *adj* [persona] en pleurs; [ojos,
voz] larmoyant(e).

llover ⋄ *v impers* pleuvoir. ⋄ *vi fig* pleu-
voir; **le llueve el trabajo** il a du travail; à
ne plus savoir qu'en faire.

llovizna *f* bruine.

lloviznar *v impers* bruiner.

lluvia *f* pluie *f*; ~ **ácida** pluies *fpl* acides.

lluvioso, sa *adj* pluvieux(euse).

lo *(mpl* **los,** *fpl* **las)** *pron pers (complemento
directo)* [persona, cosa] le, la, l' *(delante de
vocal)*; [fórmula de cortesía] vous; **no** ~**/la
conozco personalmente** je ne le/la
connais pas personnellement; **la quiere** il
l'aime; **los vi** je les ai vus; **la invito a mi
fiesta** je vous invite à ma soirée. ◆ **lo** *art
det (neutro)* : ~ **antiguo tiene más valor
que lo moderno** les choses anciennes
ont plus de valeur que les modernes; ~
mejor/peor le mieux/pire; ~ **más gra-
cioso es que...** le plus drôle c'est que...
◆ **lo de** *loc prep* : **siento** ~ **de ayer** je re-
grette ce qui s'est passé hier. ◆ **lo que** *loc
conj* ce que; **acepté** ~ **que me ofrecieron**
j'ai accepté ce qu'on m'a offert.

loa *f* **-1.** [alabanza] louange *f*. **-2.** LITER
éloge *m*.

loable *adj* louable.

loar *vt* louer.

lobato = **lobezno.**

lobby *(pl* **lobbies** ○ **lobbys)** *m* lobby *m*.

lobezno, lobato *m* louveteau *m*.

lobo, ba *m, f* loup *m*, louve *f*. ◆ **lobo de
mar** *m* loup *m* de mer.

lóbrego, ga *adj* lugubre.

lóbulo *m* lobe *m*.

local ⋄ *adj* local(e). ⋄ *m* **-1.** [edificio] lo-
cal *m*. **-2.** [sede] siège *m*.

localidad *f* **-1.** [población] localité *f*. **-2.**
[asiento, billete] **place** *f*.

localismo *m* **-1.** [sentimiento] esprit *m* de
clocher. **-2.** LING régionalisme *m*.

localizar *vt* localiser; [persona, objeto]
trouver; [por teléfono] joindre. ◆ **locali-
zarse** *vp* être localisé(e).

loción *f* **-1.** [líquido] lotion *f*. **-2.** [masaje]
friction *f*.

loco, ca ⋄ *adj* fou(folle); **estar** ~ **de
por** ○ **con** être fou de; ~ **de atar** ○ **de re-
mate** fou à lier; **a lo** ~ [conducir] comme
un fou; [responder, trabajar, etc] n'importe
comment. ⋄ *m, f* fou *m*, folle *f*.

locomoción *f* locomotion *f*; **los gastos
de** ~ les frais de transport.

locomotor, ra ⋄ **triz** *adj* locomo-
teur(trice). ◆ **locomotora** *f* locomotive *f*.

locuaz *adj* loquace.

locución *f* locution *f*.

locura *f* folie *f*; **con** ~ à la folie.

locutor, ra *m, f* présentateur *m*, -trice *f*.

locutorio *m* **-1.** [en convento, cárcel] par-
loir *m*. **-2.** TELECOM cabine *f* téléphonique.
-3. RADIO studio *m*.

lodo *m* boue *f*.

logaritmo *m* logarithme *m*.

lógico, ca ⋄ *adj* **-1.** [gen] logique. **-2.**
[normal] : **es** ~ **que...** c'est normal que...
⋄ *m, f* logicien *m*, -enne *f*. ◆ **lógica** *f* lo-
gique *f*.

logístico, ca *adj* logistique. ◆ **logística** *f*
logistique *f*.

logopeda *mf* orthophoniste *mf*.

logotipo *m* logo *m*.

logrado, da *adj* réussi(e); [premio, meda-
lla] obtenu(e).

lograr *vt* : ~ **algo** obtenir qqch; ~ **su ob-
jetivo** atteindre ses objectifs; ~ **hacer
algo** réussir à faire qqch.

logro *m* réussite *f*.

LOGSE *(abrev de* Ley Orgánica de Orde-
nación General del Sistema Educativo) *f ré-
forme de l'enseignement secondaire en Espàgne.*

loma *f* colline *f*.

lombriz *f* ver *m* de terre.

lomo *m* **-1.** [gen] dos *m*. **-2.** [carne] échine
f.

lona *f* **-1.** [tela] toile *f* de bâche. **-2.** DEP
tapis *m*.

loncha *f* tranche *f*.

londinense ⋄ *adj* londonien(enne).
⋄ *mf* Londonien *m*, -enne *f*.

Londres Londres.

longaniza f saucisse f.

longitud f -1. [dimensión] longueur f; **de 10 metros de** ~ de dix mètres de long; ~ **de onda** FÍS & TELECOM longueur d'onde. -2. GEOGR & ASTRON longitude f.

longitudinal adj longitudinal(e).

lonja f -1. [loncha] tranche f. -2. [edificio oficial] bourse f de commerce; ~ **de pescado** halle f aux poissons. -3. ARQUIT parvis m.

loro m -1. [animal] perroquet m. -2. fam [mujer fea] laideron m. -3. fam fig [charlatán] moulin m à paroles.

los ◇ art → **el**. ◇ pron → **lo**.

losa f dalle f.

loseta f carreau m (de céramique).

lote m -1. [gen] lot m; [de una herencia] part f; ~ **de Navidad** cadeau de Noël offert par les entreprises à leurs employés. -2. fam [magreo] : **pegarse el** ~ se peloter.

lotería f -1. [gen] loterie f; **jugar a la** ~ jouer à la loterie; **tocarle a alguien la** ~ gagner à la loterie. -2. [tienda] kiosque de billets de loterie.

loza f -1. [material] faïence f. -2. [objetos] vaisselle f.

lozanía f vigueur f, fraîcheur f.

lozano, na adj vigoureux(euse); [persona] qui respire la santé.

LSD (abrev de **lysergic diethylamide**) m LSD m.

Ltd., ltda. (abrev de **limitada**) SARL.

lubina f bar m, loup m de mer.

lubricante, lubrificante ◇ adj lubrifiant(e). ◇ m lubrifiant m.

lubricar, lubrificar vt lubrifier.

lucero m -1. [astro] étoile f (brillante). -2. fig [lustre] éclat m; **como un** ~ propre comme un sou neuf.

lucha f lutte f; ~ **libre** lutte libre; ~ **de clases** lutte des classes.

luchar vi lutter, se battre.

lucidez f lucidité f.

lúcido, da adj lucide.

luciérnaga f ver m luisant.

lucimiento m éclat m.

lucir ◇ vi -1. [gen] briller; [estrellas] luire. -2. [compensar] profiter; **trabajé mucho pero no me ha lucido** j'ai beaucoup travaillé pour rien. -3. [dar prestigio] faire de l'effet. -4. Amer [parecer] avoir l'air, sembler. ◇ vt -1. [valor, ingenio] faire preuve de. -2. [joyas, ropa] porter; ~ **las piernas** montrer ses jambes. ◆ **lucirse** vp -1. [sobresalir] : ~**se (en)** briller (à). -2. fam fig & irón [quedar mal] : **¡te has lucido!** tu as bonne mine!

lucrativo, va adj lucratif(ive).

lucro m gain m; **el afán de** ~ l'appât du gain.

lucubrar vt -1. [reflexionar] : ~ **sobre** méditer sur. -2. despec [imaginar] échafauder.

lúdico, ca adj ludique.

ludopatía f dépendance f aux jeux.

luego ◇ adv -1. [justo después] ensuite; **primero aquí y** ~ **allí** d'abord ici et ensuite là-bas; **primero dijo que no, pero** ~ **aceptó** il a d'abord dit non et puis il a accepté; **cenamos y** ~ **nos acostamos** on a dîné et on s'est couchés tout de suite après. -2. [más tarde] : **hazlo** ~ fais-le plus tard; **vendré** ~ je viendrai tout à l'heure. -3. Amer [pronto] tôt. ◇ conj [así que] donc; **pienso,** ~ **existo** je pense donc je suis. ◆ **luego luego** loc adv Amer fam tout de suite.

lugar m -1. [gen] lieu m; **en el** ~ **del crimen** sur les lieux du crime; **dar** ~ **a** donner lieu à; **fuera de** ~ hors de propos; **no deja** ~ **a dudas** cela ne fait aucun doute; **si ha** ~ s'il y a lieu; **tener** ~ avoir lieu. -2. [sitio, emplazamiento] endroit m; **en un** ~ **apartado** dans un endroit retiré; **en este** ~ **había una iglesia** à cet endroit, il y avait une église; **la gente del** ~ les gens du coin. -3. [posición, puesto] place f; **ocupar el segundo** ~ être à la deuxième place; **dejar las cosas en su** ~ laisser les choses à leur place; **en tu** ~**, no lo haría** à ta place, je ne le ferais pas. ◆ **en lugar de** loc prep au lieu de. ◆ **lugar común** m lieu m commun.

lugareño, ña adj & m, f villageois(e).

lúgubre adj lugubre.

lujo m luxe m; **con todo** ~ **de detalles** avec un grand luxe de détails; **un piso de** ~ fig un splendide appartement.

lujoso, sa adj luxueux(euse).

lujuria f luxure f.

lumbago m lumbago m.

lumbar adj lombaire.

lumbre f -1. [fuego] feu m . -2. fig [resplandor] éclat m.

lumbrera f fam **no ser ninguna** ~ ne pas être une lumière.

luminoso, sa adj lit & fig lumineux(euse).

luna f **-1.** [astro] Lune f; ~ **llena** pleine lune; ~ **nueva** nouvelle lune. **-2.** [espejo, cristal] glace f. **-3.** loc : **estar en la** ~ être dans la lune. ◆ **luna de miel** f lune f de miel.

lunar ◇ adj lunaire. ◇ m **-1.** [en la piel] grain m de beauté. **-2.** [en telas] pois m; **de** ○ **con** ~**es à** pois.

lunático, ca adj & m, f désaxé(e).

lunes m lundi m; ver también **sábado**.

lupa f loupe f.

lustrabotas m inv , **lustrador** m Amer cireur m de chaussures.

lustrar vt astiquer; [zapatos] faire briller.

lustre m lit & fig éclat m.

lustro m lustre m; **hace** ~**s que no lo veo** il y a des lustres que je ne l'ai pas vu.

lustroso, sa adj brillant(e).

luto m deuil m; **vestir de** ~ porter le deuil.

luxación f luxation f.

Luxemburgo Luxembourg m.

luxemburgués, esa ◇ adj luxembourgeois(e). ◇ m, f Luxembourgeois m, - e f.

luz f **-1.** [gen] lumière f; [electricidad] électricité f; **pagar el recibo de la** ~ payer la facture d'électricité; **se ha ido la** ~ il y a une panne de courant; **cortar la** ~ couper le courant; **encender/apagar la** ~ allumer/éteindre la lumière. **-2.** AUTOM phare m; **darle luces a alguien** faire un appel de phares à qqn; **luces de carretera** ○ **larga** feux mpl de route, phares; **luces de cruce** ○ **cortas** feux mpl de croisement, codes mpl; **luces de posición** ○ **situación** feux mpl de position, veilleuses fpl. **-3.** [destello] scintillement m; **despedir luces** étinceler. **-4.** ARQUIT ouverture f. **-5.** loc : **dar a** ~ mettre au monde, accoucher; **sacar a** ~ révéler; [libro] publier.

lycra® f Lycra® m.

m, **M** f [letra] m m inv, M m inv.

m (abrev de **metro**) m.

m² (abrev de **metro cuadrado**) m².

m³ (abrev de **metro cúbico**) m³.

macabro, bra adj macabre.

macana f Amer fam [garrote] gourdin m; fig blague f.

macarra m fam [granuja] loubard m; [de prostitutas] maquereau m.

macarrón m (gen pl) macaroni m.

macedonia f macédoine f.

macerar vt CULIN faire macérer.

maceta f **-1.** [tiesto] pot m; [con planta] pot m de fleurs. **-2.** [herramienta] petit maillet m.

macetero m cache-pot m.

machaca mf fam **-1.** [pesado] casse-pieds mf inv. **-2.** [currante] homme m à tout faire.

machacar vt **-1.** [triturar] piler. **-2.** fam fig [insistir] rabâcher. **-3.** fam fig [empollar] potasser. ◇ vi fig [insistir] insister; [sobre un tema] rabâcher; [vencer] écraser.

machete m machette f.

machista adj & mf machiste.

macho ◇ adj **-1.** [gen] mâle. **-2.** fig [hombre] macho. ◇ m **-1.** [gen] mâle m . **-2.** fig [hombre] macho m. **-3.** TECNOL pièce f mâle; ELECTR prise f mâle. ◇ interj fam ¡**oye**, ~! eh, mon vieux!

macizo, za adj **-1.** [oro, madera] massif(ive). **-2.** fam fig [persona] : **estar** ~ être baraqué. ◆ **macizo** m massif m.

macramé m macramé m.

macro f INFORM macro-instruction f.

macrobiótico, ca adj macrobiotique. ◆ **macrobiótica** f macrobiotique f.

mácula f **-1.** [gen & ASTRON] tache f. **-2.** fig [engaño] tromperie f.

macuto m sac m à dos.

madeja f pelote f; ~ **de lana** pelote de laine.

madera f **-1.** [gen] bois m; [tabla] planche f; **de** ~ en bois. **-2.** fig [disposición] : **tener** ~ **de** avoir l'étoffe de.

madero m **-1.** [tabla] madrier m. **-2.** fig [necio] bûche f. **-3.** mfam [policía] flic m.

madrastra f belle-mère f (marâtre).

madrazo m Amer grand coup m.

madre f **-1.** [gen] mère f; ~ **de alquiler** mère porteuse; ~ **política** belle-mère f; ~ **soltera** mère célibataire; **me vale** ~ Amer fig je m'en fous complètement. **-2.** [del vino] lie f. **-3.** [de río] lit m . ◆ **madre mía** interj ¡~ **mía**! sainte Vierge!

Madrid Madrid.

madriguera f tanière f; [de conejo] terrier m.

madrileño, ña ◇ adj madrilène. ◇ m, f Madrilène mf.

madrina f lit & fig marraine f.

madroño m -1. [árbol] arbousier m. -2. [fruto] arbouse f.

madrugada f matin m; **la una de la ~** une heure du matin.

madrugador, ra ◇ adj matinal(e). ◇ m, f: **es un ~** il est matinal.

madrugar vi -1. [levantarse] se lever tôt. -2. fig [anticiparse] prendre les devants.

madrugón, ona adj matinal(e). ◆ **madrugón** m : **darse** ○ **pegarse un ~** fam se lever aux aurores.

madurar vt & vi mûrir.

madurez f maturité f.

maduro, ra adj -1. [gen] mûr(e). -2. [idea, proyecto, solución] mûrement réfléchi(e).

maestría f [habilidad] maîtrise f.

maestro, tra ◇ adj maître(maîtresse); **una viga maestra** une poutre maîtresse; **una pared maestra** un mur porteur; **un golpe ~** un coup de maître. ◇ m, f [de escuela] maître m, maîtresse f. ◆ **maestro** m -1. [sabio, director] maître m; **~ de ceremonias** maître de cérémonie; **~ de cocina** chef m cuisinier. -2. [compositor, director] maestro m; **~ (de orquesta)** chef m d'orchestre. -3. TAUROM matador m.

mafia f mafia f.

mafioso, sa ◇ adj mafieux(euse). ◇ m, f mafioso m.

magdalena f CULIN madeleine f.

magia f magie f; [de persona] charme m; **~ negra** magie noire.

mágico, ca adj magique.

magisterio m -1. [título] diplôme d'instituteur. -2. [enseñanza] enseignement m primaire. -3. [profesión] corps m des instituteurs.

magistrado, da m, f magistrat m.

magistral adj magistral(e).

magistratura f magistrature f; **~ de trabajo** ≃ conseil des prud'hommes.

magma m magma m.

magnánimo, ma adj magnanime.

magnate m magnat m.

magnesia f magnésie f.

magnético, ca adj magnétique.

magnetismo m magnétisme m.

magnetizar vt magnétiser.

magnetófono m magnétophone m.

magnicidio m meurtre d'un haut personnage.

magnificencia f magnificence f.

magnífico, ca adj magnifique.

magnitud f -1. [medida] grandeur f. -2. ASTRON magnitude f. -3. [importancia] ampleur f.

magnolia f magnolia m.

mago, ga m, f -1. [prestidigitador] magicien m, -enne f. -2. [en cuentos] enchanteur m, -eresse f.

magro, gra adj maigre. ◆ **magro** m [carne] maigre m.

magulladura f meurtrissure f.

magullar vt [la piel] meurtrir; [la fruta] taler.

maharajá = **marajá**.

mahonesa f → **salsa**.

maicena f Maïzena® f.

mailing m mailing m.

maillot (pl **maillots**) m DEP maillot m; [de ballet] justaucorps m; [de gimnasia] body m; **~ amarillo** maillot jaune.

maître m maître m d'hôtel.

maíz m maïs m.

majadero, ra m, f idiot m, -e f.

majareta adj & mf fam cinglé(e).

majestad f majesté f.

majestuoso, sa adj majestueux(euse).

majo, ja ◇ adj -1. [simpático] gentil(ille). -2. [bonito] mignon(onne). ◇ m, f HIST nom donné au XVIIIᵉ siècle à un certain type populaire madrilène.

mal ◇ adj → **malo**. ◇ m mal m; **el ~** le mal; **el ~ de ojo** le mauvais œil; **no hay ~ que por bien no venga** à quelque chose malheur est bon. ◇ adv mal; **encontrarse ~** se sentir mal; **oír/ver ~** entendre/voir mal; **oler ~** sentir mauvais; fam fig sembler louche; **saber ~** avoir mauvais goût; fig déplaire; **sentar ~ a alguien** [ropa] aller mal à qqn; [comida] ne pas réussir à qqn; [comentario, actitud] ne pas plaire à qqn; **ir de ~ en peor** aller de mal en pis; **no estaría ~ que...** ça serait bien que...

malabarismo m : **hacer ~s** lit & fig jongler.

malabarista mf jongleur m, -euse f.

malacostumbrado, da adj gâté(e) (enfant).

malacostumbrar vt donner de mauvaises habitudes à.

Málaga Malaga.

malaleche fam f [estado] humeur f de cochon; [genio] foutu caractère m; **tener ~** être une peau de vache.

malapata *fam f* poisse *f*; **has tenido ~** tu n'as pas eu de pot.

malaria *f* malaria *f*.

malasangre *f* [mala intención] mauvais esprit *m*; **hacerse ~** *fam* se faire un sang d'encre.

Malasia Malaisie *f*.

malasombra *f fam* [mala suerte] : **tener ~** avoir la poisse.

malcriado, da *adj & m, f* mal élevé(e).

maldad *f* méchanceté *f*.

maldecir ◇ *vt* maudire. ◇ *vi* médire.

maldición *f* malédiction *f*.

maldito, ta *adj* maudit(e).

maleable *adj* malléable.

maleante *adj & mf* délinquant(e).

malecón *m* jetée *f*.

maleducado, da *adj & m, f* mal élevé(e).

maleficio *m* maléfice *m*.

malentendido *m* malentendu *m*.

malestar *m* **–1.** [dolor físico] douleur *f*; **sentir ~ general** avoir mal partout. **–2.** *fig* [molestia] malaise *m*.

maleta *f* valise *f*.

maletero *m* AUTOM coffre *m*.

maletín *m* mallette *f*; [portafolios] attaché-case *m*.

malévolo, la *adj* malveillant(e).

maleza *f* [yerbajos] mauvaises herbes *fpl*; [espesura] broussailles *fpl*.

malformación *f* malformation *f*.

malgastar *vt* gaspiller.

malhablado, da ◇ *adj* grossier(ère). ◇ *m, f* : **es un ~** il parle comme un charretier.

malhechor, ra ◇ *adj* malfaisant(e). ◇ *m, f* malfaiteur *m*.

malhumorado, da *adj* de mauvaise humeur.

malicia *f* **–1.** [maldad] méchanceté *f*. **–2.** [picardía] malice *f*.

malicioso, sa *adj* **–1.** [malo, malintencionado] mauvais(e). **–2.** [pícaro] malicieux(euse).

maligno, na *adj* **–1.** [persona] malveillant(e). **–2.** MED malin(igne); **un tumor ~** une tumeur maligne.

malla *f* **–1.** [tejido] maille *f*. **–2.** [red] filet *m*. **–3.** *Amer* [traje de baño] maillot *m* de bain. ◆ **mallas** *fpl* caleçon *m* (de fille).

Mallorca Majorque.

mallorquín, ina ◇ *adj* majorquin(e). ◇ *m, f* Majorquin *m*, -e *f*.

malo, la ◇ *adj* (compar **peor**, superl **el peor**) (antes de sust masculino : '**mal**') **–1.** [gen] mauvais(e); **una comida mala** un mauvais repas; **un resultado ~** un mauvais résultat; **pasar un mal rato** passer un mauvais quart d'heure; **es ~ para los idiomas** il est mauvais en langues; **ser ~ para la salud** être mauvais pour la santé. **–2.** [malicioso] méchant(e); **ser ~ con alguien** être méchant avec qqn. **–3.** [difícil] dur(e); **lo ~ es que...** le problème, c'est que... **–4.** [enfermo] souffrant(e); **estar ~** ne pas se sentir bien; **ponerse ~** tomber malade. **–5.** [travieso] vilain(e). **–6.** *loc* : **estar de malas** être de mauvaise humeur; **por las malas** de force. ◇ *m, f* [de película etc] méchant *m*, -e *f*.

malograr *vt* **–1.** [desaprovechar] gâcher. **–2.** [estropear] endommager. ◆ **malograrse** *vp* [fracasar] tourner court; [morir] mourir prématurément.

malparado, da *adj* mal en point; **salió ~ de...** il ne s'est pas bien tiré de...

malpensado, da *m, f* : **ser un ~** avoir l'esprit mal tourné.

malsonante *adj* grossier(ère).

malta *m* malt *m*.

Malta Malte.

maltratar *vt* **–1.** [pegar, insultar] maltraiter. **–2.** [estropear] abîmer.

maltrato *m* mauvais traitements *mpl*.

maltrecho, cha *adj* en piteux état.

malva ◇ *f* BOT mauve *f*. ◇ *adj inv* mauve. ◇ *m* [color] mauve *m*.

malvado, da *adj & m, f* méchant(e).

malversación *f* [inversión fraudulenta] malversation *f*; **~ de fondos** détournement *m* de fonds.

malversar *vt* détourner (de l'argent).

Malvinas *fpl* : **las ~** les Malouines *fpl*.

malvivir *vi* vivre pauvrement.

mama *f* **–1.** [órgano – de animal] mamelle *f*; [– de mujer] sein *m*. **–2.** *fam* [madre] maman *f*.

mamá (*pl* **mamás**) *f fam* maman *f*; **~ grande** *Amer fam* grand-mère *f*.

mamadera *f Amer* **–1.** [biberón] biberon *m*. **–2.** [tetina] tétine *f*.

mamar ◇ *vt* **–1.** [gen] téter. **–2.** *fig* [aprender] apprendre au berceau. ◇ *vi* téter.

mamarracho *m* **–1.** [fantoche] : **estar hecho un ~** être mal fagoté(e). **–2.** [imbécil] pauvre type *m*. **–3.** [película] navet *m*; [cuadro] croûte *f*.

mambo *m* mambo *m*.

mamífero, ra *adj* mammifère. ◆ **mamífero** *m* mammifère *m*.

mamografía *f* MED mammographie *f*.

mamotreto *m despec* [libro] pavé *m*; [mueble etc] mastodonte *m*.

mampara *f* [de bañera] pare-douche *f*.

mamporro *m fam* gnon *m*; **darse un ~ se** cogner.

mamut (*pl* **mamuts**) *m* mammouth *m*.

manada *f* **-1.** [de caballos, vacas] troupeau *m*; [de lobos] bande *f*; [de ciervos] harde *f*. **-2.** [de gente] horde *f*.

manager (*pl* **managers**) *m* manager *m*.

Managua Managua.

manantial *m* source *f*.

manazas *adj inv & mf inv* empoté(e).

mancha *f* tache *f*.

manchar *vt* *fig* [deshonrar] souiller. ◆ **mancharse** *vp* [ensuciarse] se tacher.

manchego, ga *adj* de la Manche. ◆ **manchego** *m* → **queso**.

mancillar *vt* [el honor etc] souiller.

manco, ca ◇ *adj* **-1.** [sin brazo, mano] manchot(e). **-2.** *fig* [incompleto] boiteux(euse). ◇ *m, f* manchot *m, -e f*.

mancomunidad *f* association *f*; [de municipios, provincias etc] fédération *f*.

mancorna, mancuerna *f Amer* bouton *m* de manchette.

mandado, da *m, f* envoyé *m, -e f*. ◆ **mandado** *m* [recado] commission *f*.

mandamás *mf* **-1.** [jefe] grand patron *m*. **-2.** [persona influyente] grand manitou *m*.

mandamiento *m* commandement *m*.

mandar ◇ *vt* **-1.** [dar órdenes] ordonner; **el profesor mandó un trabajo para casa** le professeur nous a donné un travail à faire à la maison; **~ hacer algo** faire faire qqch. **-2.** [enviar, encargar] envoyer; **~ a alguien a paseo** ○ **a la porra** *fam* envoyer balader qqn. **-3.** [dirigir – ejército] commander; [– país] diriger. ◇ *vi despec* [dar órdenes] commander; **¿mande?** *fam* pardon?

mandarín *m* mandarin *m*.

mandarina *f* mandarine *f*.

mandatario, ria *m, f* mandataire *mf*.

mandato *m* **-1.** [gen] mandat *m*; **~ judicial** mandat (de justice). **-2.** [mandamiento] ordre *m*.

mandíbula *f* mâchoire *f*.

mandil *m* tablier *m*.

mando *m* **-1.** [gen & MIL] commandement *m*; **estar al ~ de** diriger, commander; **los ~s** les dirigeants. **-2.** [jefe] cadre *m*; **~ intermedios** cadres moyens. **-3.** [dispositivo] commande *f*; **~ a distancia** télécommande *f*.

mandolina *f* MÚS mandoline *f*.

mandón, ona ◇ *adj* autoritaire. ◇ *m, f* petit chef *m*; **es una mandona** elle veut mener tout le monde à la baguette.

mandril *m* **-1.** ZOOL mandrill *m*. **-2.** [pieza] mandrin *m*.

manecilla *f* **-1.** [del reloj] aiguille *f*. **-2.** [cierre] fermoir *m*.

manejable *adj* maniable.

manejar *vt* **-1.** [gen] manier. **-2.** *fig* [dirigir] mener; [negocios] gérer; **~ a alguien a su antojo** mener qqn par le bout du nez. **-3.** *Amer* [coche] conduire. ◆ **manejarse** *vp* **-1.** [moverse] se déplacer. **-2.** [desenvolverse] se débrouiller.

manejo *m* **-1.** [gen] maniement *m*. **-2.** (*gen pl*) *fig* [intriga] manigances *fpl*. **-3.** *fig* [dirección] conduite *f*; [de negocio, empresa] gestion *f*.

manera *f* **-1.** [modo] manière *f*; **de cualquier ~** [sin cuidado] n'importe comment; [sea como sea] de toute façon; **de ninguna ~, en ~ alguna** [refuerza una negación] en aucune façon; [respuesta exclamativa] jamais de la vie; **de todas ~s** de toute façon; **en cierta ~** d'une certaine manière; **de ~ que** de telle sorte que; **no hay ~** il n'y a pas moyen. **-2.** (*gen pl*) [modales] manières *fpl*.

manga *f* **-1.** [de prenda & DEP] manche *f*; **en ~s de camisa** en manches de chemise; **~ corta/larga** manche courte/longue. **-2.** [filtro] chausse *f*. **-3.** [medidor de viento] manche *f* à air. **-4.** [de pastelería] poche *f* à douille. **-5.** [manguera] tuyau *m*. **-6.** *loc*: **ser de ~ ancha, tener ~ ancha** avoir les idées larges.

mangar *vt fam* piquer.

mango *m* **-1.** [asa] manche *m*. **-2.** [árbol] manguier *m*. **-3.** [fruta] mangue *f*.

mangonear *vi fam* **-1.** [entrometerse] fourrer son nez partout. **-2.** [mandar] mener tout le monde à la baguette.

manguera *f* tuyau *m* d'arrosage; [de bombero] lance *f* d'incendie.

manía *f* **-1.** [gen] manie *f*. **-2.** [afición exagerada] folie *f*; **la ~ de los videojuegos** la folie des jeux vidéo. **-3.** *fam* [ojeriza] : **coger ~ a alguien** prendre qqn en grippe.

maniaco, ca, maníaco, ca adj & m, f maniaque (malade).

maniatar vt attacher les mains de.

maniático, ca adj & m, f maniaque; **un ~ del fútbol** fig un fou de football.

manicomio m asile m (d'aliénés).

manicuro, ra m, f manucure mf. ◆ **manicura** f manucure f.

manido, da adj [tema etc] rebattu(e).

manifestación f manifestation f.

manifestar vt **-1.** [gen] manifester. **-2.** [decir] déclarer. ◆ **manifestarse** vp **-1.** [por la calle] manifester. **-2.** [hacerse evidente] se manifester.

manifiesto, ta adj [evidente] manifeste; **poner de ~** mettre en évidence. ◆ **manifiesto** m [escrito] manifeste m.

manillar m guidon m.

maniobra f manœuvre f.

maniobrar vi manœuvrer.

manipulación f manipulation f.

manipular vt manipuler; [información, resultado] trafiquer.

maniquí (pl **maniquíes**) ◇ m [de sastre] mannequin m. ◇ mf **-1.** [modelo] mannequin m. **-2.** fig [títere] pantin m.

manirroto, ta ◇ adj dépensier(ère). ◇ m, f panier m percé.

manitas ◇ adj inv : **es muy ~** il est très habile de ses mains. ◇ mf inv bricoleur m; -euse f; **ser un ~** être bricoleur; **hacer ~** se faire des caresses.

manito, mano m Amer fam pote m.

manivela f manivelle f.

manjar m mets m.

mano f **-1.** [gen] main f; **a ~** [cerca] sous la main; [sin máquina] à la main; **a ~ armada** à main armée; **dar** ○ **estrechar la ~ a alguien** serrer la main à qqn. **-2.** ZOOL patte f de devant. **-3.** [lado] : **a ~ derecha/izquierda** à droite/gauche. **-4.** [de pintura etc] couche f. **-5.** [destreza] : **tiene buenas ~s para bricolar** c'est un bon bricoleur. **-6.** [capacidad de trabajo] : **necesitamos ~s para descargar** on a besoin de bras pour décharger; **~ de obra** main-d'œuvre f. **-7.** [influencia] : **tiene ~ en el ministerio** il a le bras long au ministère. **-8.** [ayuda, intervención] coup m de main; **echar una ~** donner un coup de main. **-9.** [almirez] pilon m. **-10.** [de juegos] partie f. **-11.** fig [de golpes] volée f. **-12.** loc : **bajo ~** en sous-main; **caer en ~s de alguien** tomber entre les mains de qqn; **con las ~s cruzadas, ~ sobre ~** les

bras croisés; **con las ~ en la masa** la main dans le sac; **de primera ~** de première main; **de segunda ~** d'occasion; **a ~** en tête à tête; **¡~s a la obra!** au travail!; **¡~s arriba!, ¡arriba las ~s!** haut les mains!; **tener ~ izquierda** savoir y faire.

manojo m [de espárragos, rábanos] botte f; [de flores] bouquet m; [de pelo] touffe f; [de llaves] trousseau m.

manoletina f **-1.** TAUROM passe inventée par le torero espagnol Manolete. **-2.** [zapato] ballerine f.

manómetro m manomètre m.

manopla f **-1.** [guante] moufle f. **-2.** [de aseo] gant m de toilette.

manosear vt tripoter.

manotazo m claque f.

mansalva ◆ **a mansalva** loc adv [en abundancia] en quantité.

mansedumbre f douceur f; [de animal] docilité f.

mansión f demeure f.

manso, sa adj **-1.** [apacible] paisible, doux(douce). **-2.** [domesticado] docile.

manta ◇ f [abrigo] couverture f; **liarse la ~ a la cabeza** fig sauter le pas. ◇ mf fam [persona] bon m à rien, bonne f à rien.

manteca f **-1.** [grasa animal] graisse f; **~ de cerdo** saindoux m. **-2.** [mantequilla] beurre m; **~ de cacao** beurre de cacao.

mantecado m [de Navidad] gâteau m au saindoux; [helado] glace f à la vanille.

mantel m nappe f.

mantelería f linge m de table.

mantener vt **-1.** [gen] maintenir; **mantengo que...** je maintiens ○ je soutiens que...; **~ la cabeza alta** garder la tête haute. **-2.** [sustentar, tener] entretenir; **~ a una familia** entretenir une famille; **~ relaciones/una conversación** entretenir des relations/une conversation; **~ en buen estado** entretenir. **-3.** [aguantar] soutenir; **~ un edificio** soutenir un bâtiment. ◆ **mantenerse** vp **-1.** [sustentarse] : **~se con** ○ **de** vivre de. **-2.** [permanecer] : **~se derecho/en pie** se tenir droit/debout; **~se joven** rester jeune; **~se en el poder** rester au pouvoir.

mantenimiento m entretien m; [de material] maintenance f.

mantequilla f beurre m.

mantilla f **-1.** [de mujer] mantille f. **-2.** [de bebé] lange m.

manto *m* **-1.** [prenda] grande cape *f*; **el ~ de la Virgen** le manteau de la Vierge. **-2.** *fig* [que oculta] voile *m*. **-3.** [terrestre] manteau *m*.

mantón *m* châle *m* .

manual ◇ *adj* manuel(elle). ◇ *m* [libro] manuel *m*.

manualidad *f* (*gen pl*) travaux *mpl* manuels.

manubrio *m* manivelle *f*.

manufacturar *vt* manufacturer.

manuscrito, ta *adj* manuscrit(e). ◆ **manuscrito** *m* manuscrit *m*.

manutención *f* [sustento] entretien *m*; [alimento] nourriture *f*; **tener para su ~** avoir de quoi se nourrir.

manzana *f* **-1.** [fruta] pomme *f* . **-2.** [grupo de casas] pâté *m* de maisons.

manzanilla *f* **-1.** [planta, infusión] camomille *f*. **-2.** [vino] manzanilla *m* (*vin doux*). **-3.** [aceituna] *type de petites olives.*

manzano *m* pommier *m*.

maña *f* **-1.** [destreza] habileté *f*; **darse ~ para** être doué(e) pour. **-2.** (*gen pl*) [astucia] ruse *f*; **darse ~ para** se débrouiller pour.

mañana ◇ *f* **-1.** [gen] matin *m*; **a las dos de la ~** à deux heures du matin; **a la ~ siguiente** le lendemain matin; **por la ~** le matin. **-2.** [período de tiempo] matinée *f*; **toda la ~** toute la matinée. ◇ *m* [futuro] lendemain *m*, avenir *m*. ◇ *adv* demain; **¡hasta ~!** à demain!; **por la ~** demain matin; **pasado ~** après-demain.

mañanitas *f Amer chant populaire mexicain à l'occasion d'un anniversaire.*

maño, ña *m, f fam* Aragonais *m*, -e *f*.

mañoso, sa *adj* adroit(e) de ses mains.

mapa *m* carte *f* .

mapamundi *m* mappemonde *f*.

maqueta *f* maquette *f*.

maquillaje *m* maquillage *m*.

maquillar *vt lit & fig* maquiller. ◆ **maquillarse** *vp* se maquiller.

máquina *f* **-1.** [gen] machine *f*; **hecho a ~** fait à la machine; **escribir** ○ **pasar a ~** taper à la machine; **a toda ~** à fond de train; **~ de coser** machine à coudre; **~ de escribir** machine à écrire; **~ de vapor** machine à vapeur; **~ fotográfica** appareil *m* photo; **~ traganíqueles** *Amer* machine à sous; **(~) tragaperras** machine à sous. **-2.** *Amer* [coche] voiture *f*.

maquinación *f* machination *f*.

maquinal *adj* machinal(e).

maquinar *vt* manigancer; **~ algo contra alguien** tramer qqch contre qqn.

maquinaria *f* **-1.** [gen] machinerie *f*; [de reloj] mécanisme *m*; **~ agrícola** matériel *m* agricole. **-2.** *fig* [organismo] machine *f*.

maquinilla *f*: **~ (de afeitar)** rasoir *m*; **~ eléctrica** rasoir électrique.

maquinista *mf* [de tren] mécanicien *m*.

mar *m* ○ *f* mer *f*; **alta ~** haute mer; **~ Báltico** mer Baltique; **el ~ Cantábrico** le golfe de Gascogne (*partie sud*); **el ~ Caribe** la mer des Caraïbes; **el ~ Mediterráneo** la mer Méditerranée; **la ~ de** drôlement; **es la ~ de inteligente** il est drôlement intelligent.

mar. *abrev de* **marzo.**

marabunta *f* **-1.** [de hormigas] invasion *f* de fourmis. **-2.** *fig* [muchedumbre] foule *f*.

maraca *f* MÚS : **las ~s** les maracas *fpl*.

marajá, maharajá *m* maharaja *m*.

maraña *f* **-1.** [maleza] broussaille *f*. **-2.** *fig* [enredo] enchevêtrement *m*.

maratón *m* marathon *m*.

maravilla *f* **-1.** [objeto extraordinario] merveille *f*. **-2.** [asombro] émerveillement *m*. **-3.** [planta] souci *m*. **-4.** *loc* : **a las mil ~s, de ~** à merveille; **venir de ~** tomber à pic.

maravillar *vt* **-1.** [gustar] émerveiller. **-2.** [asombrar] stupéfier. ◆ **maravillarse** *vp* **-1.** [admirarse] s'émerveiller. **-2.** [asombrarse] être stupéfait(e).

maravilloso, sa *adj* merveilleux(euse).

marca *f* **-1.** [señal] trace *f*. **-2.** [distintivo] marque *f*; **de ~** de marque; **~ de fábrica** marque; **~ registrada** marque déposée. **-3.** DEP score *m*; **batir una ~** battre un record.

marcado, da *adj* **-1.** [gen] marqué(e). **-2.** [animales] marqué(e) au fer rouge. ◆ **marcado** *m* **-1.** [peinado] mise *f* en plis. **-2.** [señalado] marquage *m*.

marcador, ra *adj* marqueur(euse). ◆ **marcador** *m* [tablero] tableau *m* d'affichage.

marcaje *m* DEP marquage *m*.

marcapasos *m inv* pacemaker *m*.

marcar ◇ *vt* **-1.** [gen] marquer; [indicar] indiquer. **-2.** [resaltar] faire ressortir; **la falda le marca las caderas** sa jupe lui moule les hanches; **~ la diferencia** faire la différence. **-3.** [número de teléfono] composer. **-4.** [cabello] faire une mise en plis. ◇ *vi* marquer.

marcha f -1. [gen] marche f; **dar ~ atrás** fig faire marche arrière. -2. [partida] départ m; **en ~** [máquina] en marche; [asuntos] en cours; **poner en ~** [máquina] mettre en marche; [negocio] mettre en route; **sobre la ~** au fur et à mesure. -3. AUTOM vitesse f; **~ atrás** marche f arrière. -4. fam [animación] ambiance f; **hay mucha ~** il y a beaucoup d'ambiance; **ir de ~** faire la bringue.

marchar vi -1. [andar, funcionar] marcher. -2. [irse] partir. ◆ **marcharse** vp s'en aller; **se marchó** il est parti.

marchitar vt faner. ◆ **marchitarse** vp se faner; [perder fuerza] s'étioler.

marchito, ta adj fané(e); [debilitado] étiolé(e).

marcial adj [de la guerra] martial(e).

marco m -1. [gen] cadre m; [de puerta, ventana] encadrement m. -2. [moneda] mark m. -3. DEP [portería] buts mpl.

mar del Norte m mer f du Nord.

marea f lit & fig marée f; **~ alta/baja** marée haute/basse; **~ negra** marée noire.

marear vt -1. [causar mareo] faire tourner la tête à. -2. fam [fastidiar] assommer. ◆ **marearse** vp [sentir mareo] avoir la tête qui tourne; [en barco] avoir le mal de mer; [en coche, avión] avoir mal au cœur.

marejada f -1. [en el mar] houle f; **hay ~** la mer est houleuse. -2. fig [agitación] effervescence f.

maremoto m raz de marée m.

mareo m -1. [malestar] mal m au cœur; [en barco] mal m de mer. -2. fam [fastidio] plaie f.

marfil m ivoire m.

margarina f margarine f.

margarita f marguerite f.

margen m o f -1. (gen m) [gen & COM] marge f; **al ~** en marge; **~ de error** marge d'erreur. -2. (gen f) [orilla] rive f. -3. (gen m) [ocasión] : **dar ~ a alguien para hacer algo** donner à qqn l'occasion de faire qqch.

marginación f marginalisation f.

marginado, da ◇ adj marginalisé(e). ◇ m, f marginal m, -e f.

maría f Amer fam fille de la campagne qui est partie à la ville.

marica m mfam despec pédale f.

maricón m mfam despec pédé m.

mariconera f fam sac m d'homme.

marido m mari m.

marihuana f marijuana f.

marimacho m fam despec virago f.

marina f → **marino**.

marinero, ra adj -1. [barrio, pueblo] de marins. -2. [buque] marin(e). ◆ **marinero** m marin m.

marino, na adj [del mar] marin(e). ◆ **marino** m marin m. ◆ **marina** f marine f; **marina mercante** marine marchande.

marioneta f marionnette f. ◆ **marionetas** fpl [teatro] marionnettes fpl.

mariposa f -1. [gen] papillon m. -2. [candela, luz] veilleuse f.

mariposear vi papillonner.

mariquita ◇ f [insecto] coccinelle f. ◇ m mfam despec [homosexual] tante f.

marisco m : **el ~, los ~s** les fruits mpl de mer.

marisma f marais m (du littoral).

marisquería f [restaurante] restaurant m de poissons.

marítimo, ma adj maritime.

marketing m marketing m.

mármol m marbre m.

marmota f marmotte f.

mar Muerto m mer f Morte.

mar Negro m mer f Noire.

marqués, esa m, f marquis m, -e f.

marquesina f marquise f (auvent); [de autobús] Abribus® m.

marranada f fam -1. [porquería] cochonnerie f. -2. [mala jugada] saloperie f.

marrano, na m, f -1. [animal] cochon m, truie f. -2. fam [sucio] cochon m, -onne f. -3. fam [sin escrúpulos] salaud m, salope f.

mar Rojo m mer f Rouge.

marrón adj & m marron.

marroquí (pl **marroquíes**) ◇ adj marocain(e). ◇ mf Marocain m, -e f.

Marruecos Maroc m.

Marte ASTRON & MITOL Mars.

martes m mardi m; **~ y trece** ≃ vendredi treize; ver también **sábado**.

martillear, martillar vt marteler.

martillo m marteau m .

mártir m f martyr m, -e f.

martirio m martyre m.

martirizar vt lit & fig martyriser.

maruja f fam bobonne f.

marxismo m marxisme m.

marxista adj & mf marxiste.

marzo m mars m; ver también **septiembre**.

mas *conj* mais; **hace mucho tiempo de eso, ~ todavía lo recuerdo** il y a bien longtemps de cela, mais je m'en souviens encore.

más ◇ *adv* **-1.** *(comparativo)* plus; **Juan es ~ alto** Juan est plus grand; **necesito ~ tiempo** j'ai besoin de plus de temps; **~ de** plus de; **tengo ~ de cien pesetas** j'ai plus de cent pesetas; **~... que...** plus... que...; **Ana es ~ joven que tú** Ana est plus jeune que toi; **tiene dos años ~ que yo** elle a deux ans de plus que moi; **de ~ de** o **en trop; hay mil pesetas de ~** il y a mille pesetas de o **en trop. -2.** *(superlativo)* : **el/la/lo ~ le/le/le plus; es la ~ lista de la clase** c'est la plus intelligente de la classe. **-3.** *(en frases negativas)* : **no quiero ~** je n'en veux plus; **ni un vaso ~** pas un verre de plus. **-4.** *(con pron interrogativo e indefinido)* : **¿qué/quién ~?** quoi/qui d'autre?; **no vendrá nadie ~** personne d'autre ne viendra. **-5.** [indica repetición] encore; **quiero ~ pastel** je veux encore du gâteau. **-6.** [indica preferencia] mieux; **~ vale que nos vayamos** il vaut mieux que nous partions. **-7.** [indica intensidad] : **¡es ~ tonto!** il est tellement bête!; **¡qué día ~ bonito!** quelle belle journée! **-8.** MAT plus. **-9.** *loc*: **~ o ~ de** plus en plus, toujours plus; **el que ~ y el que menos** tout un chacun; **no estaba contento, es ~, estaba furioso** il n'était pas content, je dirais même qu'il était furieux; **no trabaja bien, es ~, ahora mismo se lo digo** il ne travaille pas bien, d'ailleurs je vais le lui dire tout de suite; **~ bien plutôt;** **~ o menos** plus ou moins; **¿qué ~ da?** qu'est-ce que ça peut faire?; **sin ~ (ni ~)** comme ça, sans raison. ◇ *m inv* [MAT & máximo] plus *m*; **es lo ~ que puedo hacer** c'est tout ce que je peux faire. ◆ **por más que** *loc conj* avoir beau; **por ~ que insistas no te lo diré** tu auras beau insister, je ne te le dirai pas.

masa *f* **-1.** [gen] masse *f*. **-2.** CULIN pâte *f*. **-3.** *Amer* [pastelillo] petit-four *m*; [pasta] pâte à base de maïs. ◆ **masas** *fpl* masses *fpl*.

masacre *f* massacre *m*.

masaje *m* massage *m*.

masajista *mf* masseur *m*, -euse *f*.

mascar *vt* mâcher.

máscara *f* masque *m*; **~ antigás** masque à gaz.

mascarilla *f* masque *m*.

mascota *f* mascotte *f*.

masculino, na *adj* masculin(e).

mascullar *vt* marmonner.

masificación *f* massification *f*.

masilla *f* mastic *m*.

masivo, va *adj* massif(ive).

masón, ona *adj & m, f* franc-maçon (onne).

masoquista *adj & mf* masochiste.

mass media, mass-media *mpl* mass media *mpl*.

máster *(pl másters) m* mastère *m*.

masticar *vt* mâcher; *fig* ruminer.

mástil *m* **-1.** [palo & NÁUT] mât *m*. **-2.** [de instrumentos de cuerda] manche *m*.

mastodonte *m* mastodonte *m*.

masturbación *f* masturbation *f*.

masturbar *vt* masturber. ◆ **masturbarse** *vp* se masturber.

mata *f* [arbusto] buisson *m*; [matojo] touffe *f*. ◆ **mata de pelo** *f* touffe *f* de cheveux.

matadero *m* abattoir *m*.

matador, ra *adj fam* **-1.** [feo] monstrueux(euse). **-2.** [agotador] tuant(e). ◆ **matador** *m* TAUROM matador *m*.

matamoscas *m inv* [raqueta] tapette *f* (à mouches); [papel] papier *m* tue-mouches.

matanza *f* **-1.** [masacre] tuerie *f*. **-2.** [del cerdo] abattage *m*.

matar *vt* **-1.** [gen] tuer. **-2.** [apagar – cal] éteindre; [– esperanzas etc] briser; [color] adoucir. **-3.** [redondear] arrondir. **-4.** *loc*: **~las callando** agir en douce. ◆ **matarse** *vp* se tuer; [unos a otros] s'entre-tuer.

matarratas *m inv* **-1.** [veneno] mort-aux-rats *f*. **-2.** *fig* [bebida] tord-boyaux *m*.

matasellos *m inv* cachet *m*.

mate ◇ *adj inv* mat(e). ◇ *m* **-1.** [ajedrez] mat *m*. **-2.** DEP [baloncesto] smash *m*. **-3.** [planta, bebida] maté *m*.

matemático, ca ◇ *adj* mathématique. ◇ *m, f* mathématicien *m*, -enne *f*. ◆ **matemáticas** *fpl* mathématiques *fpl*.

materia *f* matière *f*; **~ prima, primera ~** matière première.

material ◇ *adj* **-1.** [gen] matériel(elle). **-2.** [real] véritable. ◇ *m* **-1.** [materia] matière *f*; **los ~es** [de construcción etc] les matériaux *mpl*. **-2.** [instrumentos] matériel *m*.

materialismo *m* matérialisme *m* .

materialista *adj & mf* matérialiste.

materializar *vt* matérialiser. ◆ **materializarse** *vp* se matérialiser.

maternal *adj* maternel(elle).

maternidad *f* maternité *f.*

materno, na *adj* maternel(elle).

matinal *adj* matinal(e).

matiz *m* nuance *f.*

matizar *vt* -1. [gen] nuancer. -2. *fig* [distinguir] détailler. -3. *fig* [dar tono especial] : ~ **con** teinter de.

matojo *m* buisson *m.*

matón, ona *m, f fam* dur *m,* -e *f.*

matorral *m* fourré *m.*

matraca *f* [instrumento] crécelle *f.*

matriarcado *m* matriarcat *m.*

matrícula *f* -1. [inscripción] inscription *f.* -2. [documento] certificat *m* d'inscription. -3. [del coche] plaque *f* d'immatriculation. ◆ **matrícula de honor** *f* ≃ félicitations *fpl* du jury.

matricular *vt* -1. [inscribir] inscrire. -2. [coche] immatriculer. ◆ **matricularse** *vp* s'inscrire.

matrimonial *adj* matrimonial(e).

matrimonio *m* -1. [unión] mariage *m*; **contraer** ~ se marier. -2. [pareja] couple *m.*

matriz ◇ *f* -1. [gen & MAT] matrice *f.* -2. [de talonario] souche *f.* ◇ *adj* mère; **la casa** ~ la maison mère.

matrona *f* -1. [madre] matrone *f.* -2. [comadrona] sage-femme *f.* -3. [de aduanas, cárceles] fouilleuse *f.*

matutino, na *adj* matinal(e); [prensa] du matin.

maullar *vi* miauler.

maullido *m* miaulement *m.*

mausoleo *m* mausolée *m.*

maxilar *adj & m* maxillaire.

máxima *f* → **máximo.**

máxime *adv* à plus forte raison.

máximo, ma ◇ *superl* → **grande.** ◇ *adj* maximal(e); **el** ~ **responsable** le plus haut responsable. ◆ **máximo** *m* maximum *m*; **como** ~ au maximum. ◆ **máxima** *f* -1. [sentencia, principio] maxime *f.* -2. [temperatura] température *f* maximale.

mayo *m* mai *m*; *ver también* **septiembre.**

mayonesa *f* → **salsa.**

mayor *adj* -1. [comparativo] : ~ **(que)** [de tamaño, importancia] plus grand(e) (que); [de edad] plus âgé(e) (que); [de número] supérieur(e) (à); **su hermano es dos años** ~ son frère a deux ans de plus. -2. [superlativo] : **el/la** ~... [de tamaño, importancia] le plus grand.../la plus grande...; **el** ~ **de sus hermanos** le plus âgé de ses

frères; **el** ~ **número de pasajeros** le plus grand nombre de passagers. -3. [gran] : **de** ~ **importancia** de la plus haute importance. -4. [adulto] grand(e); ~ **de edad** majeur(e). -5. [anciano] âgé(e). -6. MÚS : **en do** ~ en do majeur. -7. *loc* : **al por** ~ en gros. ◇ *mf* : **el/la** ~ l'aîné/l'aînée. ◇ *m* MIL major *m.* ◆ **mayores** *mpl* -1. [adultos] grandes personnes *fpl.* -2. [antepasados] aïeux *mpl.*

mayoral *m* -1. [pastor] berger responsable de plusieurs troupeaux. -2. [capataz] contremaître *m.*

mayordomo *m* majordome *m.*

mayoreo *m Amer* vente *f* en gros.

mayoría *f* majorité *f*; **la** ~ **de** la plupart de. ◆ **mayoría de edad** *f* majorité *f.*

mayorista ◇ *adj* de gros. ◇ *mf* grossiste *mf.*

mayoritario, ria *adj* majoritaire.

mayúsculo, la *adj* [error] monumental(e); [esfuerzo, sorpresa] énorme. ◆ **mayúscula** *f* majuscule *f.*

maza *f* massue *f.*

mazapán *m* massepain *m.*

mazazo *m* coup *m* de massue.

mazmorra *f* : **las** ~**s** les oubliettes *fpl.*

mazo *m* -1. [martillo] maillet *m.* -2. [conjunto] paquet *m*; [de billetes, papeles] liasse *f.*

me *pron pers* [gen] me, m' (delante de vocal); [en imperativo] moi, me; **viene a verme** il vient me voir; ~ **lo dio** il me l'a donné; ~ **tiene miedo** il a peur de moi; **¡mírame!** regarde-moi!; **¡no** ~ **digas que no!** ne me dis pas non!; ~ **gusta leer** j'aime lire; ~ **encuentro mal** je me sens mal.

meandro *m* méandre *m.*

mear *vi vulg* pisser. ◆ **mearse** *vp vulg* pisser.

MEC (abrev de **Ministerio de Educación y Ciencia**) *m* ministère espagnol de l'Éducation.

mecachis *interj fam* ¡~! zut!

mecánica *f* → **mecánico.**

mecánico, ca ◇ *adj* mécanique. ◇ *m, f* mécanicien *m,* -enne *f.* ◆ **mecánica** *f* mécanique *f.*

mecanismo *m* mécanisme *m.*

mecanizar *vt* mécaniser.

mecanografía *f* dactylographie *f.*

mecanógrafo, fa *m, f* dactylo *mf.*

mecapal *m Amer* sangle *f* de porteur.

mecedora *f* fauteuil *m* à bascule.

mecenas *mf inv* mécène *m*.

mecer *vt* bercer. ◆ **mecerse** *vp* se balancer.

mecha *f* mèche *f*.

mechero *m* briquet *m*.

mechón *m* mèche *f*.

medalla ◇ *f* médaille *f*. ◇ *mf* médaillé *m*, -e *f*; **fue ~ de oro** il a eu la médaille d'or.

medallón *m* médaillon *m*.

media *f* → **medio**.

mediación *f* médiation *f*; **por ~ de** par l'intermédiaire de.

mediado, da *adj* [recipiente] à moitié plein(e) o vide; [obra, trabajo, noche] au milieu de; **mediada la noche** au milieu de la nuit; **a ~s de** vers le milieu de; **a ~s de enero** vers la mi-janvier.

mediana *f* → **mediano**.

mediano, na *adj* moyen(enne). ◆ **mediana** *f* -1. GEOM médiane *f*. -2. [de una carretera] ligne *f* blanche.

medianoche (*pl* **medianoches**) *f* -1. [hora] minuit *m*; **a ~** au milieu de la nuit. -2. [bollo] *petit sandwich rond*.

mediante *prep* grâce à.

mediar *vi* -1. [llegar a la mitad] : **mediaba el mes de julio** c'était la mi-juillet; **mediaba la tarde cuando empezó a llover** il a commencé à pleuvoir en plein après-midi. -2. [existir] : **media un kilómetro entre las dos casas** il y a un kilomètre entre les deux maisons; **entre los dos edificios media un jardín** un jardin sépare les deux maisons. -3. [interceder] : **~ en favor de alguien** intercéder en faveur de qqn. -4. [transcurrir] s'écouler.

mediatizar *vt* avoir une influence sur.

medicación *f* -1. [indicación] prescription *f* (médicale); [administración] administration *f* (de médicaments). -2. [medicamentos] traitement *m*.

medicamento *m* médicament *m*.

medicar *vt* donner des médicaments à. ◆ **medicarse** *vp* prendre des médicaments.

medicina *f* -1. [ciencia] médecine *f* . -2. [medicamento] médicament *m*.

medicinal *adj* médicinal(e).

medición *f* mesure *f* (action).

médico, ca ◇ *adj* médical(e). ◇ *m, f* médecin *m*; **~ de cabecera** o **familia** médecin de famille.

medida *f* mesure *f*; **a (la) ~** [ropa] sur mesure; **a la ~ de** à la mesure de; **en cierta ~** dans une certaine mesure. **tomar la ~ de algo** mesurer qqch; **tomar ~s** [disposiciones] prendre des mesures; **a ~ que** au fur et à mesure que. ◆ **medidas** *fpl* [del cuerpo] mensurations *fpl* .

medieval *adj* médiéval(e).

medievo, medioevo *m* Moyen Âge *m*.

medio, dia *adj* -1. [mitad de] demi(e); **media docena** une demi-douzaine; **un kilo y ~** un kilo et demi. -2. [mediano] moyen(enne); **el español ~** l'Espagnol moyen. -3. *fig* [mucho] : **~ pueblo estaba allí** presque tous les habitants du village étaient là. -4. *fig* [incompleto] : **a media luz** dans la pénombre. ◆ **medio** ◇ *adv* à moitié; **~ borracha** à moitié soûle; **a ~ hacer** à moitié fait(e). ◇ *m* -1. [mitad] moitié *f* . -2. [centro, ambiente social & QUÍM] milieu *m*; **en ~s bien informados** dans les milieux bien informés; **en ~ de** au milieu de; **ponerse por (en) ~** *fig* s'interposer. -3. [sistema, manera] moyen *m*; **por ~ de** [persona] par l'intermédiaire de. -4. DEP demi *m*. -5. *loc* : **quitar de en ~ a alguien** [apartar] écarter qqn; [matar] se débarrasser de qqn. ◆ **medios** *mpl* moyens *mpl*; **~s de comunicación** médias *mpl*; **~s de transporte** moyens de transport. ◆ **media** *f* -1. [promedio] moyenne *f* . -2. [hora] : **al dar la media** à la demie. -3. (*gen pl*) [prenda] bas *m*. -4. DEP demis *mpl*. ◆ **a medias** *loc adv* [pagar] moitié moitié; [hacer, creer] à moitié. ◆ **medio ambiente** *m* environnement *m*.

mediocre *adj* médiocre.

mediodía (*pl* **mediodías**) *m* [hora, sur] midi *m*; **al ~** à midi.

medioevo = **medievo**.

medir *vt* -1. [gen] mesurer. -2. *fig* [sopesar] peser. ◆ **medirse** *vp* se mesurer; **~se al hablar** mesurer ses paroles.

meditar *vt* & *vi* méditer.

mediterráneo, a ◇ *adj* méditerranéen(enne). ◇ *m, f* Méditerranéen *m*, -enne *f*. ◆ **Mediterráneo** *m* : **el Mediterráneo** la Méditerranée.

médium *mf inv* médium *mf*.

médula *f* -1. ANAT moelle *f*; **~ espinal** moelle épinière. -2. [de un problema, cosa] cœur *m*.

medusa *f* méduse *f*.

megafonía *f* -1. [técnica] sonorisation *f*. -2. [aparatos] haut-parleurs *mpl*.

megáfono *m* haut-parleur *m*.

mejicano = mexicano.

Méjico = México.

mejilla *f* joue *f*.

mejillón *m* moule *f*.

mejor ◇ *adj* **-1.** *(compar y superl)* meilleur(e); **el ~ pianista** le meilleur pianiste; **la ~ alumna** la meilleure élève; **~ que** meilleur(e) que; **estar ~** aller mieux. **-2.** [preferible] : **(es) ~ que...** il vaut mieux que... ➙ *mf* **el ~** le meilleur; **la ~** la meilleure; **lo ~ es que...** la meilleure c'est que... ◇ *adv (compar y superl)* mieux; **ahora veo ~ (que antes)** je vois mieux maintenant (qu'avant); **el que la conoce ~** celui qui la connaît le mieux; **¡~ para ella!** tant mieux pour elle! ➙ **a lo mejor** *loc adv* peut-être; **a lo ~ viene** il viendra peut-être. ➙ **mejor dicho** *loc adv* plus exactement; **tiene dos primos o ~ dicho un primo y una prima** il a deux cousins ou, plus exactement, un cousin et une cousine.

mejora *f* **-1.** [progreso] amélioration *f*. **-2.** [aumento] augmentation *f*.

mejorar ◇ *vt* **-1.** [gen] améliorer; **esta película mejora a las demás** ce film est meilleur que les autres. **-2.** [enfermo] : **este medicamento lo mejoró** ce médicament lui a fait du bien. **-3.** [sueldo, etc] augmenter. ◇ *vi* **-1.** [enfermo] aller mieux. **-2.** [tiempo] s'améliorer. **-3.** [situación, país] évoluer; **el país ha mejorado mucho** la situation économique du pays s'est beaucoup améliorée. ➙ **mejorarse** *vp* **-1.** [gen] s'améliorer. **-2.** [enfermo] aller mieux; **¡que te mejores!** meilleure santé!

mejoría *f* amélioration *f*.

mejunje *m* lit & fig mixture *f*.

melancolía *f* mélancolie *f*.

melancólico, ca *adj & m, f* mélancolique.

melaza *f* mélasse *f*.

melena *f* **-1.** [de persona] longue chevelure *f*. **-2.** [de león] crinière *f*.

melenudo, da *adj despec* chevelu(e).

melindre *m* CULIN beignet au miel.

mellado, da *adj* **-1.** [cuchillo, plato] ébréché(e). **-2.** [boca] édenté(e).

mellizo, za *adj & m, f* jumeau(elle).

melocotón *m* pêche *f*.

melodía *f* mélodie *f*.

melódico, ca *adj* mélodique.

melodioso, sa *adj* mélodieux(euse).

melodrama *m* **-1.** TEATR & CIN mélodrame *m*. **-2.** *fig* drame *m*; **montar un ~** faire un drame.

melómano, na *m, f* mélomane *mf*.

melón *m* **-1.** [fruto] melon *m*. **-2.** *fam fig* [persona] cruche *f*.

melopea *f fam* cuite *f*.

meloso, sa *adj* **-1.** [dulce] sucré(e). **-2.** *fig* [empalagoso] mielleux(euse).

membrana *f* membrane *f*.

membrete *m* en-tête *m*.

membrillo *m* coing *m*.

memo, ma *adj & m, f* niais(e).

memorable *adj* mémorable.

memorándum (*pl* **memorándums**) *m* **-1.** [cuaderno] agenda *m*. **-2.** [nota diplomática] mémorandum *m*.

memoria *f* **-1.** [gen & INFORM] mémoire *f*; **de ~** par cœur; **hacer ~ (de algo)** essayer de se rappeler (qqch); **traer algo a la ~** rappeler qqch; **~ RAM** mémoire RAM. **-2.** [disertación, informe] mémoire *m*; [de empresa] rapport *m*. **-3.** [lista] inventaire *m*. ➙ **memorias** *mpl* Mémoires *mpl*.

memorizar *vt* mémoriser.

menaje *m* [de cocina] utensiles *mpl*.

mención *f* mention *f*.

mencionar *vt* mentionner.

menda ◇ *pron fam* [el que habla] bibi. ◇ *m* [uno cualquiera] type *m*.

mendicidad *f* mendicité *f*.

mendigar *vt & vi* mendier.

mendigo, ga *m, f* mendiant *m*, -e *f*.

mendrugo *m* quignon *m* (de pain).

menear *vt* **-1.** [mover] remuer; [cabeza] hocher; [caderas] balancer. **-2.** *fig* [activar] relancer. ➙ **menearse** *vp* **-1.** [moverse] bouger. **-2.** [darse prisa, espabilarse] se remuer; **se va a llevar un disgusto de no te menees** *fam* je ne te dis pas la déception qu'il va avoir.

meneo *m* mouvement *m*; [de cabeza] hochement *m*; [de caderas] balancement *m*.

menester *m desus* : **es ~ que** il faut que. ➙ **menesteres** *mpl* occupations *fpl*.

menestra *f* jardinière *f* (de légumes).

mengano, na *m, f* untel *m*, unetelle *f*.

menguante *adj* [gen] décroissant(e).

menguar ◇ *vi* diminuer; [luna] décroître. ◇ *vt* diminuer.

menisco *m* ménisque *m*.

menopausia *f* ménopause *f*.

menor ◇ *adj* **-1.** *(comparativo)* : ~ **(que)** [de tamaño] plus petit(e) (que); [de edad] plus jeune (que); [de número] inférieur(e) (à); **mi hermano ~** mon petit frère; **es un problema de ~ importancia** c'est un problème de moindre importance. **-2.** *(superlativo)* : **el/la ~** [de tamaño, número] le/la plus petit(e); [de edad] le/la plus jeune; [de importancia] le/la moindre. **-3.** [joven, de poca importancia & MÚS] mineur(e); **ser ~ de edad** être mineur(e); **un problema ~** un problème mineur; **en do ~** en do mineur. **-4.** *loc* : **al por ~** au détail. ◇ *mf* **-1.** *(superlativo)* : **el ~** [hijo, hermano] le cadet; **la ~** [hija, hermana] la cadette. **-2.** [de edad] mineur *m*, -e *f*.

Menorca Minorque.

menos ◇ *adv* **-1.** *(comparativo)* [cualidad, intensidad] moins; [cantidad] moins de; ~ **gordo** moins gros; **hace ~ frío** il fait moins froid; ~ **manzanas** moins de pommes; ~ **de** moins de; ~ **de diez** moins de dix; ~**... que...** [cualidad, intensidad] moins... que...; [cantidad] moins de... que...; **hace ~ calor que ayer** il fait moins chaud qu'hier; **tiene ~ libros que tú** elle a moins de livres que toi; **tengo dos años ~ que tú** j'ai deux ans de moins que toi; **de ~** en moins; **hay cien pesetas de ~** il y a cent pesetas en moins. **-2.** *(superlativo)* : **el/la/lo ~** le/la/le moins; **lo ~ posible** le moins possible. **-3.** [excepto] sauf; **todo ~ eso** tout sauf ça. **-4.** [MAT & en horas] moins; **tres ~ dos igual a uno** trois moins deux égale un; **son las dos ~ diez** il est deux heures moins dix. **-5.** *fam* [peor] moins bien; **éste es ~ coche que el mío** cette voiture est moins bien que la mienne. **-6.** *loc* : **es lo de ~** ce n'est pas le plus important; **¡~ mal!** heureusement!; **venir a ~** déchoir. ◇ *m inv* [MAT & mínimo] moins *m*; **es lo ~ que puedo hacer** c'est la moindre des choses que je puisse faire. ◆ **al menos**, **por lo menos** *loc adv* au moins. ◆ **a menos que** *loc conj* à moins que.

menoscabar *vt* [fama, honra] entamer; [derechos, intereses] porter atteinte à.

menospreciar *vt* [despreciar] mépriser; [infravalorar] sous-estimer.

mensaje *m* message *m*.

mensajero, ra ◇ *adj* avant-coureur. ◇ *m, f* **-1.** [de mensajes] messager *m*, -ère *f*. **-2.** [de paquetes] coursier *m*, -ère *f*.

menstruación *f* menstruation *f*.

menstruar *vi* avoir ses règles.

mensual *adj* mensuel(elle).

mensualidad *f* **-1.** [sueldo] mois *m* de salaire. **-2.** [pago] mensualité *f*.

menta *f* menthe *f*; **de ~** à la menthe.

mental *adj* mental(e).

mentalidad *f* mentalité *f*.

mentalizar *vt* : ~ **a alguien (de que)** convaincre qqn (que). ◆ **mentalizarse** *vp* se préparer psychologiquement.

mentar *vt* mentionner.

mente *f* **-1.** [inteligencia] esprit *m*. **-2.** [propósito] intention *f*.

mentecato, ta *m, f* sot *m*, sotte *f*.

mentir *vi* mentir.

mentira *f* [falsedad] mensonge *m*; **aunque parezca ~** aussi étrange que cela puisse paraître; **de ~** faux(fausse); **un reloj de ~** une fausse montre; **parece ~ que...** c'est incroyable que...; **parece ~ cómo pasa el tiempo** c'est fou comme le temps passe.

mentirijillas ◆ **de mentirijillas** *loc adv fam* pour rire.

mentiroso, sa *adj & m, f* menteur(euse).

mentón *m* menton *m*.

menú *(pl* **menús)** *m* menu *m*; ~ **del día** menu du jour.

menudencia *f* broutille *f*.

menudeo *m Amer* vente *f* au détail.

menudillos *mpl* [de ave] abattis *mpl*.

menudo, da *adj* **-1.** [pequeño, insignificante] menu(e). **-2.** *(antes de sust)* [para enfatizar] : **¡menuda suerte he tenido!** j'ai eu une de ces chances!; **¡~ lío!** tu parles d'un pétrin!; **¡~ artista!** quel grand artiste! ◆ **a menudo** *loc adv* souvent.

meñique *m* → **dedo**.

meollo *m* cœur *m*; **el ~ del asunto** le cœur du problème.

mercader *mf* marchand *m*, -e *f*.

mercadería *f* marchandise *f*.

mercadillo *m* petit marché *m*.

mercado *m* marché *m*; ~ **bursátil** marché financier; ~ **común** marché commun; ~ **de abastos** marché de gros.

mercancía *f* marchandise *f*.

mercante *adj* marchand(e).

mercantil *adj* commercial(e).

mercenario, ria ◇ *adj* mercenaire. ◇ *m, f* mercenaire *m*.

mercería *f* mercerie *f*.

mercurio *m* mercure *m*.

merecedor, ra *adj* méritant(e); **ser ~ de algo** mériter qqch.

merecer ◇ *vt* mériter; **merece la pena...** ça vaut la peine de... ◇ *vi* faire reconnaître ses mérites.

merecido *m* : **ha recibido su ~** il a eu ce qu'il méritait *(punition)*.

merendar ◇ *vi* goûter *(l'après-midi)*. ◇ *vt* : **~ algo** [bebida] boire qqch au goûter; [comida] manger qqch au goûter.

merendero *m* buvette *f*.

merengue ◇ *m* –1. CULIN meringue *f*. –2. [baile] merengue *m*. ◇ *adj* DEP *fam du football-club du Real Madrid.* ◇ *mf* DEP *fam supporter du football-club du Real Madrid.*

meretriz *f* prostituée *f*.

meridiano, na *adj* –1. [gen] méridien(enne); [exposición] au midi. –2. *fig* [claro] : **una verdad ~a** une vérité éclatante. ◆ **meridiano** *m* méridien *m*.

merienda *f* goûter *m*.

mérito *m* mérite *m*; **de ~** de valeur; **hacer ~s para** faire tout pour.

merluza *f* –1. [animal] merlu *m*, colin *m*. –2. *fam* [borrachera] cuite *f*.

merma *f* diminution *f*.

mermar ◇ *vi* diminuer. ◇ *vt* réduire; [fortuna] entamer.

mermelada *f* confiture *f*.

mero, ra *adj (antes de sust)* seul(e); **por ~ placer** par pur plaisir; **el ~ hecho de...** le simple fait de... ◆ **mero** *m* mérou *m*.

merodear *vi* marauder.

mes *m* mois *m*; **tener el ~** avoir ses règles.

mesa *f* table *f*; **bendecir la ~** bénir le repas; **poner/quitar la ~** mettre/débarrasser la table; **~ camilla** *petite table ronde équipée d'un brasero*; **~ de despacho** ○ **oficina** bureau *m*; **~ de mezclas** table de mixage; **~ directiva** conseil *m* d'administration. ◆ **mesa redonda** *f* table *f* ronde.

mesero, ra *m, f Amer* serveur *m*, -euse *f*.

meseta *f* GEOGR plateau *m*.

mesías *m* messie *m*. ◆ **Mesías** *m* : **el Mesías** le Messie.

mesilla *f* petite table *f*; **~ de noche** table *f* de nuit.

mesón *m* auberge *f*.

mestizo, za ◇ *adj* métis(isse); [animal, planta] hybride. ◇ *m, f* métis *m*, -isse *f*; [animal, planta] hybride *m*.

mesura *f* mesure *f*; [moderación] : **con ~** avec mesure.

meta *f* –1. [gen] but *m*; **fijarse una ~** se fixer un but. –2. DEP [llegada] ligne *f* d'arrivée.

metabolismo *m* métabolisme *m*.

metacrilato *m* méthacrylate *m*.

metáfora *f* métaphore *f*.

metal *m* –1. [material] métal *m*. –2. MÚS cuivres *mpl*.

metálico, ca *adj* métallique. ◆ **metálico** *m* : **pagar en ~** payer en liquide.

metalurgia *f* métallurgie *f*.

metamorfosis *f* métamorphose *f*.

metedura ◆ **metedura de pata** *f* gaffe *f*.

meteorito *m* météorite *f*.

meteoro *m* phénomène *m* atmosphérique.

meteorología *f* météorologie *f*.

meteorológico, ca *adj* météorologique.

meteorólogo, ga *m, f* météorologue *mf*.

meter *vt* –1. [gen] mettre; **~ algo/a alguien en algo** mettre qqch/qqn dans qqch; **~ la llave en la cerradura** mettre la clef dans la serrure; **~ dinero en el banco** mettre de l'argent à la banque; **¡en menudo lío nos ha metido!** il nous a mis dans un beau pétrin!; **lo metieron en la cárcel** on l'a mis en prison. –2. [hacer participar] : **me metió en la asociación** il m'a fait entrer dans l'association. –3. [causar] : **¡no me metas prisa!** ne me bouscule pas!; **~ miedo a alguien** faire peur à qqn; **no metáis tanto ruido** ne faites pas tant de bruit. –4. *fam* [decir] : **nos metió el mismo rollo** il nous a sorti le même baratin. –5. *fam* [imponer] : **le han metido diez años de cárcel** il en a pris pour dix ans. –6. *fam* [asestar] flanquer; **le metió un puñetazo** il lui a flanqué un coup de poing. –7. *fam* [echar] : **~ una bronca a alguien** engueuler qqn. ◆ **meterse** *vp* –1. [ponerse] se mettre; **no sabía dónde ~me** je ne savais plus où me mettre; **me metí en la cama a las diez** je me suis mis au lit à dix heures. –2. [entrar] entrer; **se metió en el cine** il entra dans le cinéma. –3. *(en frase interrogativa)* [estar] passer; **¿dónde se ha metido?** où est-il passé? –4. [dedicarse a] : **~se a** devenir; **se metió a periodista** il est devenu journaliste. –5. [entrometerse] : **~se en** se mêler de; **¡no te metas!** mêle-toi de ce qui te regarde! –6. [empezar] : **~se a hacer algo** se mettre à faire qqch. –7. **~se con alguien** [atacar] s'en prendre à qqn; [incordiar] taquiner qqn.

meterete, metete adj Amer fam qui fourre son nez partout.

meticuloso, sa adj méticuleux(euse).

metido, da adj **-1.** [envuelto] : **andar** o **estar ~ en** [asuntos] être mêlé à; [trabajo] être pris par. **-2.** [abundante] : **~ en años** d'un âge avancé; **~ en carnes** bien en chair.

metódico, ca adj méthodique.

método m méthode f.

metodología f méthodologie f.

metomentodo fam mf : **ser un ~** fourrer son nez partout.

metralla f mitraille f.

metralleta f mitraillette f.

métrico, ca adj métrique.

metro m **-1.** [gen] mètre m . **-2.** [transporte] métro m.

metrópoli, metrópolis f inv métropole f.

metropolitano, na adj métropolitain(e).

mexicano, na, mejicano, na ◇ adj mexicain(e). ◇ m, f Mexicain m, -e f.

México, Méjico Mexique m; **~ (distrito federal)** Mexico (DF).

mezcla f **-1.** [gen] mélange m. **-2.** [de sonido] mixage m.

mezclar vt **-1.** [gen] : **~ (con)** mélanger (à). **-2.** fig [implicar] : **~ a alguien en algo** mêler qqn à qqch. ◆ **mezclarse** vp **-1.** [gen] : **~se con** o **entre** se mêler à. **-2.** [intervenir] : **~se en** se mêler de. **-3.** [combinarse] : **~se (con)** se mélanger (à).

mezquino, na adj mesquin(e).

mezquita f mosquée f.

mg (abrev de **miligramo**) mg.

mi[1] m MÚS mi m.

mi[2] (pl **mis**) adj poses mon, ma; **~s libros** mes livres.

mí pron pers (después de prep) moi; **no se fía de ~** il n'a pas confiance en moi; **¡a ~ qué!** et alors!; **para ~ que...** [yo creo que] à mon avis; **para ~ que no viene** je pense qu'il ne viendra pas; **por ~** s'il ne tient qu'à moi; **por ~ no hay inconveniente** en ce qui me concerne, je n'y vois pas d'inconvénient.

mía → **mío.**

miaja f miette f.

miau m miaou m.

michelines mpl fam bourrelets mpl.

mico m **-1.** [mono] ouistiti m. **-2.** fam [persona] macaque m.

micro m fam [micrófono] micro m.

microbio m microbe m.

microbús f minibus m.

microfilm (pl **microfilms**), **microfilme** m microfilm m.

micrófono m microphone m.

microondas m inv → **horno.**

microscópico, ca adj microscopique.

microscopio m microscope m.

miedo m peur f; **dar ~** faire peur; **le da ~ la oscuridad** il a peur du noir; **temblar de ~** trembler de peur; **tener ~ a algo/ hacer algo** [asustarse] avoir peur de qqch/ faire qqch; **tener ~ de** fig avoir peur de; **tengo ~ de que se entere** j'ai peur qu'il ne l'apprenne; **de ~** fam fig [estupendo] super.

miedoso, sa adj & m, f peureux(euse).

miel f miel m .

miembro m membre m; **~ (viril)** membre (viril).

mientras ◇ conj **-1.** [al tiempo que] pendant que; **puedo leer ~ escucho música** je peux lire pendant que j'écoute de la musique; **~ más ando más sudo** plus je marche plus je transpire. **-2.** [hasta que] : **~ no se pruebe lo contrario** jusqu'à preuve du contraire; **~ esté aquí** tant que je serai là. **-3.** [por el contrario] : **~ que** alors que. ◇ adv : **~ (tanto)** pendant ce temps; **arréglate, ~ (tanto), hago las matelas** prépare-toi, pendant ce temps, je fais les valises.

miércoles m mercredi m ; ver también **sábado.**

mierda vulg f **-1.** [gen] merde f. **-2.** [suciedad] : **hay mucha ~ aquí** c'est franchement dégueulasse ici. **-3.** loc : **irse a la ~** [para rechazar] aller se faire foutre; [arruinarse] partir en couilles; **mandar a la ~** envoyer se faire foutre.

mies f moisson f; **segar la ~** moissonner. ◆ **mieses** fpl moissons fpl.

miga f **-1.** [de pan] mie f. **-2.** (gen pl) [restos] miettes fpl. ◆ **migas** fpl CULIN pain émietté, imbibé de lait et frit; **hacer buenas/ malas ~s** fam faire bon/mauvais ménage.

migración f migration f.

migraña f migraine f.

migrar vi migrer.

migratorio, ria adj migratoire; **un ave migratoria** un oiseau migrateur.

mijo m millet m.

mil núm mille; **~ gracias** mille fois merci; **~ excusas** mille excuses; ver también **seis.** ◆ **miles** mpl [gran cantidad] milliers mpl .

milagro m miracle m; **de ~** par miracle.

milagroso, sa *adj* miraculeux(euse).

milenario, ria *adj* millénaire. ◆ **milenario** *m* millénaire *m*.

milenio *m* millénaire *m*.

milésimo, ma *núm* millième. ◆ **milésima** *f* millième *m*.

mili *f fam* service *m (militaire)*; **hacer la ~** faire son service.

milicia *f* **-1.** [profesión] carrière *f* des armes. **-2.** (*gen pl*) [gente armada] milice *f*.

miliciano, na ◇ *adj* de l'armée. ◇ *m, f* milicien *m*, -enne *f*.

miligramo *m* milligramme *m*.

milímetro *m* millimètre *m*.

militante ◇ *adj* militant(e); *fig* engagé(e). ◇ *mf* militant *m*, -e *f*.

militar[1] *adj & mf* militaire.

militar[2] *vi* militer.

militarizar *vt* militariser.

milla *f*: **~ (marina)** mille *m* (marin).

millar *m* millier *m* .

millón *núm* million *m*; **un ~ de** un million de; *fig* des milliers de; **un ~ de gracias** mille fois merci. ◆ **millones** *mpl* : **costar/ganar etc millones** coûter/gagner etc des millions; **tener millones** être riche à millions.

millonario, ria *adj & m, f* millionnaire.

millonésimo, ma *núm* millionième; **es la millonésima vez que...** c'est la énième fois que... ◆ **millonésima** *f* millionième *m*.

mimado, da *adj* [niño etc] gâté(e).

mimar *vt* gâter.

mimbre *m* osier *m*.

mímico, ca *adj* mimique; **un actor ~** un mime. ◆ **mímica** *f* geste *m*.

mimo *m* **-1.** [cariño] câlin *m*. **-2.** [malcrianza] : **con tanto ~, este niño está maleducado** on a tellement gâté cet enfant qu'il est mal élevé. **-3.** TEATR mime *m* .

mimosa *f* BOT mimosa *m*.

mimoso, sa *adj* câlin(e).

min (*abrev de minuto*) min.

mina *f* mine *f*; *fig* [persona] perle *f*; **~ de oro** *fig* mine d'or.

minar *vt* miner.

mineral ◇ *adj* **-1.** [de la tierra] minéral(e). **-2.** → **agua**. ◇ *m* minerai *m*.

minería *f* **-1.** [técnica] extraction *f* minière. **-2.** [sector] industrie *f* minière.

minero, ra ◇ *adj* minier(ère). ◇ *m, f* mineur *m*.

miniatura *f* **-1.** [gen] miniature *f*; **en ~** en miniature. **-2.** [reproducción] modèle *m* réduit.

minicadena *f* minichaîne *f*.

minifalda *f* minijupe *f*.

minigolf (*pl* **minigolfs**) *m* minigolf *m*.

mínima *f* → **mínimo**.

mínimo, ma *adj* [muy pequeño] minime; [menor] moindre; **la temperatura mínima** la température minimale; **la más mínima idea** la moindre idée; **como ~** au minimum; **como ~ podrías haber...** tu aurais pu au moins...; **en lo más ~** le moins du monde. ◆ **mínimo** *m* minimum *m*. ◆ **mínima** *f* METEOR température *f* minimale.

ministerio *m* ministère *m*. ◆ **Ministerio** *m* ministère *m*.

ministro, tra *m, f* ministre *m*; **primer ~** Premier ministre.

minoría *f* minorité *f*.

minorista ◇ *adj* au détail. ◇ *mf* détaillant *m*, -e *f*.

minoritario, ria *adj* minoritaire.

minucia *f* [pequeñez] vétille *f*; [detalle] détail *m*; **reparar en ~s** se perdre dans les détails.

minuciosidad *f* minutie *f*.

minucioso, sa *adj* minutieux(euse).

minúsculo, la *adj* minuscule. ◆ **minúscula** *f* minuscule *f*.

minusvalía *f* **-1.** ECON moins-value *f*. **-2.** [física] handicap *m*.

minusválido, da *adj & m, f* handicapé(e).

minuta *f* **-1.** [factura] honoraires *mpl*. **-2.** [menú] carte *f*.

minutero *m* aiguille *f* des minutes.

minuto *m* minute *f* .

mío, mía (*mpl* **míos**, *fpl* **mías**) ◇ *adj poses* à moi; **este libro es ~** ce livre est à moi; **un amigo ~** un de mes amis; **no es asunto ~** ça ne me regarde pas; **no es culpa mía** ce n'est pas (de) ma faute. ◇ *pron poses* **-1.** (*después de art*) : **el ~** le mien; **la mía** la mienne; **aquí guardo lo ~** c'est là que je range mes affaires. **-2.** *loc* : **ésta es la mía** *fam* à moi de jouer; **lo ~ es el teatro** *fam* mon truc c'est le théâtre; **los ~s** [mi familia] les miens.

miope *adj & mf* myope.

miopía *f* myopie *f*.

mira *f* mire *f*; **con ~s a** *fig* en vue de; **tener altas ~s** viser haut.

mirado, da *adj* [prudente] réfléchi(e); **ser ~ en algo** faire attention à qqch; **bien ~** tout bien considéré. ◆ **mirada** *f* regard *m*; **apartar la mirada** détourner les yeux; **dirigir ○ lanzar la mirada** jeter un regard; **fulminar con la mirada** foudroyer du regard; **levantar la mirada** lever les yeux.

mirador *m* **-1.** [balcón] bow-window *m*. **-2.** [para ver un paisaje] belvédère *m*.

miramiento *m* égard *m*; **sin ~s** sans égards.

mirar ◇ *vt* **-1.** [gen] regarder; ¡**mira!** regarde!; **~ de cerca/lejos** regarder de près/de loin; **~ algo por encima** *fig* jeter un coup d'œil à qqch; **de mírame y no me toques** très fragile; **si bien se mira** *fig* si l'on y regarde de près. **-2.** [considerar] penser; **mira bien lo que haces** fais attention à ce que tu fais; **mira si vale la pena** vois si cela vaut la peine; **~ bien/mal a alguien** penser du bien/du mal de qqn. **-3.** *(en imperativo)* [explicación] : **mira, yo creo que...** écoute, je crois que...; **mira, mira** [sorpresa] tiens, tiens. ◇ *vi* **-1.** [gen] regarder. **-2. ~ a** [norte, sur etc] être orienté(e) au; [calle, patio etc] donner sur. **-3.** [cuidar]: **~ por alguien/por algo** veiller sur qqn/à qqch. ◆ **mirarse** *vp* se regarder.

mirilla *f* judas *m* (de porte).

mirlo *m* merle *m*.

mirón, ona ◇ *adj* *fam* curieux(euse); **un tío ~** un voyeur. ◇ *m, f* [voyeur] voyeur *m*, -euse *f*; [curioso] curieux *m*, -euse *f*; [en la calle] badaud *m*, -e *f*.

mirra *f* myrrhe *f*.

misa *f* RELIG messe *f*; **ir a ~** aller à la messe; **esto va a ~** *fam* *fig* c'est tout vu; **no saber de la ~ la mitad** *fam* *fig* n'en savoir rien de rien.

misal *m* **-1.** [de fiel] missel *m*. **-2.** [del sacerdote] bréviaire *m*.

misántropo, pa *m, f* misanthrope *mf*.

miscelánea *f* mélange *m*.

miserable ◇ *adj* misérable; **una cantidad ~** une misère; **un sueldo ~** un salaire de misère. ◇ *mf* **-1.** [tacaño] avare *mf*. **-2.** [ruin] misérable *mf*.

miseria *f* **-1.** [gen] misère *f*. **-2.** [tacañería] avarice *f*.

misericordia *f* miséricorde *f*; **pedir ~** demander miséricorde.

mísero, ra *adj* [pobre] misérable; **no nos ofreció ni un ~ café** il ne nous a même pas offert un malheureux café.

mísil, misil *(pl* **misiles)** *m* missile *m*.

misión *f* mission *f*. ◆ **misiones** *fpl* RELIG missions *fpl*.

misionero, ra *adj & m, f* missionnaire.

misiva *f* culto missive *f*.

mismo, ma ◇ *adj* même; **el ~ piso** le même appartement; **del ~ color** de la même couleur; **en este ~ cuarto** dans cette même chambre; **en su misma calle** dans sa propre rue; **el rey ~** le roi lui-même; **mí/ti etc ~** moi/toi etc même; ¡**tú ~!** à toi de voir! ◇ *pron* : **el ~** le même; **se prohíbe la entrada al edificio al personal ajeno al mismo** accès interdit aux personnes étrangères à l'établissement; **lo ~ (que)** la même chose (que); **dar ○ ser lo ~** être du pareil au même; **me da lo ~** cela m'est égal; **estamos en las mismas** *fig* on n'est pas plus avancés. ◆ **mismo** *adv (después de sust)* : **hoy ~** aujourd'hui même; **encima/detrás ~** juste au-dessus/derrière; **ahora ~** tout de suite; **mañana ~** dès demain.

misógino, na *adj & m, f* misogyne.

misterio *m* mystère *m*.

misterioso, sa *adj* mystérieux(euse).

mística *f* → **místico**.

místico, ca *adj & m, f* mystique. ◆ **mística** *f* mystique *f*.

mitad *f* **-1.** [gen] moitié *f*; **a ~ de precio** à moitié prix; **a ~ del camino** à mi-chemin; **~ hombre, ~ animal** mi-homme, mi-bête; **cortar/partir por la ~** couper/partager en deux; **~ y ~** moitié moitié. **-2.** [medio] milieu *m*; **en ~ de la reunión** au milieu de la réunion.

mítico, ca *adj* mythique.

mitificar *vt* mythifier; *fig* idéaliser.

mitigar *vt* [dolor, frío] calmer.

mitin, mítin *(pl* **mítines)** *m* meeting *m*.

mito *m* **-1.** [gen] mythe *m*; ¡**es puro ~!** c'est un mythe!; **es un ~ que se ha creado** c'est une invention de toutes pièces. **-2.** [personaje - fabuloso] personnage *m* mythique; [- famoso] figure *f*; **un ~ de la Historia** une figure de l'Histoire.

mitología *f* mythologie *f*.

mitote *m* Amer *fam* [bulla] grabuge *m*.

mixto, ta *adj* mixte.

ml *(abrev de* **mililitro)** ml.

mm *(abrev de* **milímetro)** mm.

mobiliario *m* mobilier *m*.

mocasín *m* mocassin *m*.

mochila *f* sac *m* à dos.

mocho, cha *adj* [punta] émoussé(e); [árbol] étêté(e); [animal] écorné(e).

mochuelo *m* -1. [ave] hibou *m*. -2. *fam* [trabajo] corvée *f*.

moción *f* -1. [proposición] motion *f*. -2. [acción] mouvement *m*.

moco *m* morve *f*; **limpiarse los ~s** se moucher.

mocoso, sa ◇ *adj* : **estar ~** avoir le nez qui coule. ◇ *m, f fam despec* morveux *m*, -euse *f*.

moda *f* mode *f*; **estar de ~** être à la mode; **estar pasado de ~** être démodé.

modal *adj* modal(e). ◆ **modales** *mpl* manières *fpl*.

modalidad *f* [tipo] forme *f*.

modelar *vt* -1. [figura, adorno] modeler. -2. *fig* [carácter] former.

modelo ◇ *adj & m* modèle. ◇ *mf* -1. [de artista] modèle *m*. -2. [de moda, publicidad] mannequin *m*.

moderación *f* modération *f*.

moderado, da ◇ *adj & m, f* modéré(e).

moderador, ra ◇ *adj* modérateur(trice). ◇ *m, f* [de debate, reunión] animateur *m*, -trice *f*.

moderar *vt* -1. [velocidad, aspiraciones etc] modérer. -2. [debate, reunión] animer. ◆ **moderarse** *vp* se modérer.

modernismo *m* -1. [gen & LITER] modernisme *m*. -2. [ARQUIT & ARTE] modern style *m*, ≃ Art *m* nouveau.

modernizar *vt* moderniser. ◆ **modernizarse** *vp* se moderniser.

moderno, na *adj* moderne.

modestia *f* modestie *f*.

modesto, ta ◇ *adj* modeste. ◇ *m, f* : **los ~s** les gens modestes.

módico, ca *adj* modique.

modificar *vt* modifier.

modista *mf* -1. [que diseña] couturier *m*. -2. [que cose] tailleur *m*, couturière *f*.

modisto *m* -1. [diseñador] couturier *m*. -2. [que cose] tailleur *m*.

modo *m* -1. [gen] façon *f*, manière *f*; **el ~ que tienes de comer** ta façon de manger; **hazlo del ~ que quieras** fais-le comme tu veux; **a ~ de** [a manera de] en guise de; **de todos ~s** de toute façon ○ manière; **en cierto ~** d'une certaine façon ○ manière; **de ~ que** [de manera que] de façon que; [así que] alors; **lo hizo de ~ que...** il a fait en sorte que... -2. [estilo & GRAM] mode *m*; **~ de vida** mode de vie; **~ de**

empleo mode d'emploi. ◆ **modos** *mpl* manières *fpl*; **buenos/malos ~s** bonnes/ mauvaises manières.

modorra *f fam* **me entra la ~** je ferais bien un petit somme.

modoso, sa *adj* sage.

modular *vt* moduler.

módulo *m* module *m*.

mofa *f* raillerie *f*.

moflete *m* grosse joue *f*.

mogollón *m* -1. *fam* [muchos] : **un ~ de** un tas de. -2. *mfam* [lío] bordel *m*.

mohair *m* mohair *m*.

moho *m* -1. [hongo] moisi *m*. -2. [herrumbre] rouille *f*.

mohoso, sa *adj* -1. [con hongo] moisi(e). -2. [oxidado] rouillé(e).

mojado, da *adj* mouillé(e).

mojar *vt* mouiller; [pan] tremper. ◆ **mojarse** *vp* se mouiller; **el traje no puede ~se** ce costume n'est pas lavable.

mojigato, ta ◇ *adj* -1. [beato] bigot(e). -2. [hipócrita] faux(fausse). ◇ *m, f* -1. [beato] bigot *m*, -e *f*. -2. [hipócrita] petit saint *m*, petite sainte *f*.

mojón *m* borne *f*.

molar[1] *m* molaire *f*.

molar[2] *mfam* ◇ *vt* brancher; **¿te molaría ir al cine?** ça te brancherait d'aller au ciné? ◇ *vi* être vachement classe; **¡cómo me mola ese chico!** ce garçon me plaît vachement.

molcajete *m* Amer mortier *m*.

molde *m* moule *m*.

moldeado *m* -1. [de pelo] mise *f* en plis. -2. [de figura, cerámica] moulage *m*.

moldear *vt* -1. [con molde] mouler. -2. [escultura, carácter] modeler. -3. [cabello] faire une mise en plis.

mole *f* masse *f*.

molécula *f* molécule *f*.

moler *vt* -1. [grano] moudre. -2. *fam* [cansar] crever.

molestar *vt* -1. [fastidiar] gêner; [distraer] déranger; **me molesta hacer...** ça m'ennuie de faire... -2. [doler] faire mal. -3. [ofender] vexer. ◆ **molestarse** *vp* -1. [incomodarse] se déranger; **~se por alguien/algo** se déranger pour qqn/qqch; **~se en hacer algo** prendre la peine de faire qqch. -2. [ofenderse] se vexer.

molestia f -1. [incomodidad] gêne f, dérangement m; **si no es demasiada ~ si** cela ne vous dérange pas trop. -2. [malestar] ennui m.

molesto, ta adj -1. [incordiante] : **ser ~** être gênant. -2. [irritado] : **estar ~** être fâché. -3. [incómodo] gêné(e).

molido, da adj moulu(e); **estar ~** fam être crevé.

molinero, ra adj & m, f meunier(ère).

molinillo m moulin (à café).

molino m moulin m .

molla f -1. [parte blanda] chair f. -2. [gordura] graisse f.

molleja f [de res] ris m; [de ave] gésier m.

mollera f -1. fam fig [juicio] : **no le cabe en la ~ que...** il n'arrive pas à se mettre dans le crâne que... -2. ANAT fontanelle f.

moluscos mpl mollusques mpl.

momentáneo, a adj momentané(e).

momento m moment m; **no para ni un ~** il n'arrête pas un instant; **a cada ~** tout le temps; **al ~** à l'instant; **de ~, por el ~** pour le moment; **desde el ~ (en) que** [tiempo] dès l'instant où; [causa] du moment que; **de un ~ a otro** d'un moment à l'autre.

momia f momie f.

mona f → mono.

Mónaco : **(el principado de) ~** (la principauté de) Monaco.

monada f -1. [preciosidad] : **es una ~** [persona] elle est mignonne; [cosa] c'est mignon. -2. [gracia] pitrerie f.

monaguillo m enfant m de chœur.

monarca m monarque m.

monarquía f monarchie f .

monárquico, ca ◇ adj monarchique; [partidario] monarchiste. ◇ m, f monarchiste mf.

monasterio m monastère m.

Moncloa f : **la ~** POLIT siège de la présidence du gouvernement espagnol.

monda f [acción] épluchage m; [piel] épluchure f; **ser la ~** fam [gracioso] être tordant(e); [desvergonzado] ne pas s'embêter.

mondadientes m inv cure-dents m.

mondadura f -1. [acción] épluchage m. -2. [piel] épluchure f.

mondar vt éplucher, peler.

moneda f -1. [pieza] pièce f (de monnaie). -2. [divisa] monnaie f; **~ extranjera** monnaie étrangère.

monedero, ra m, f monnayeur m. ◆ **monedero** m porte-monnaie m.

monegasco, ca ◇ adj monégasque. ◇ m, f Monégasque mf.

monería f [de niño] pitrerie f; [de mono, payaso] singerie f.

monetario, ria adj monétaire.

mongólico, ca ◇ adj -1. [enfermo] mongolien(enne). -2. [de Mongolia] mongol(e). ◇ m, f -1. [enfermo] mongolien m, -enne f. -2. [de Mongolia] Mongol m, -e f.

mongolismo m mongolisme m.

monigote m -1. [muñeco, persona] pantin m. -2. [dibujo] bonhomme m.

monitor, ra m, f moniteur m, -trice f. ◆ **monitor** m INFORM moniteur m .

monja f religieuse f.

monje m moine m.

mono, na ◇ adj mignon(onne). ◇ m, f singe m guenon f; **ser el último ~** fig être la cinquième roue du carrosse. ◆ **mono** m -1. [prenda – con peto] salopette f; [– con mangas] bleu m de travail; [de esquí] combinaison f. -2. fam [de drogadicto] manque m. ◆ **mona** f -1. fam [borrachera] cuite f. -2. [dulce] : **mona (de Pascua)** gâteau vendu à Pâques, ≃ œuf m de Pâques.

monóculo m monocle m.

monogamia f monogamie f.

monografía f monographie f.

monolingüe ◇ adj monolingue. ◇ m dictionnaire m monolingue.

monólogo m monologue m.

monopatín m skateboard m.

monopolio m monopole m.

monopolizar vt monopoliser.

monosílabo, ba adj monosyllabe. ◆ **monosílabo** m monosyllabe m.

monoteísmo m monothéisme m.

monotonía f monotonie f.

monótono, na adj monotone.

monseñor m monseigneur m.

monserga f fam **no me vengas con ~s** ne me raconte pas d'histoires; **no son más que ~s** ce ne sont que des balivernes.

monstruo ◇ adj inv -1. [grande] énorme. -2. [prodigioso] phénoménal(e). ◇ m monstre m; fig [prodigio] dieu m, génie m.

monstruosidad f monstruosité f.

monstruoso, sa adj monstrueux(euse).

monta f -1. [suma] montant m. -2. [importancia] importance f . -3. [en un caballo] monte f.

montacargas *m inv* monte-charge *m.*

montaje *m* -1. [gen] montage *m.* -2. TEATR réalisation *f.* -3. [farsa] coup *m* monté.

montante *m* montant *m*; ~s **compensatorios** COM montants compensatoires.

montaña *f* montagne *f*; ~ **rusa** montagnes russes.

montañés, esa *adj & m, f* -1. [gen] montagnard(e). -2. [santanderino] de la région de Santander.

montañismo *m* alpinisme *m.*

montañoso, sa *adj* montagneux(euse).

montar ◇ *vt* -1. [gen, TEATR & CIN] monter; ~ **el piso** monter son ménage. -2. [mayonesa, clara] monter; [nata] fouetter. ◇ *vi* -1. [gen] : ~ **(a) montar** (à); ~ **en** [bicicleta] monter à; [avión] monter en. -2. [sumar] : ~ **a** s'élever à. ◆ **montarse** *vp* : ~**se en** [caballo, bicicleta] monter sur; [avión] monter dans; **montárselo** *fam* se débrouiller.

montaraz *adj* sauvage.

monte *m* -1. [elevación] mont *m*, montagne *f.* -2. [bosque] bois *mpl.* ◆ **monte de piedad** *m* mont-de-piété *m.*

montepío *m* caisse *f* de secours.

montés, esa *adj* sauvage.

Montevideo Montevideo.

montículo *m* monticule *m.*

monto *m* montant *m.*

montón *m* tas *m*; **a** ○ **de** ○ **en** ~ en bloc; **hay de eso a montones** il y en a des tas; **ganar a montones** gagner des mille et des cents; **un hombre del** ~ monsieur tout le monde.

montura *f* -1. [gen] monture *f.* -2. [arreos] harnais *m*; [silla] selle *f.*

monumental *adj* monumental(e).

monumento *m* monument *m.*

monzón *m* mousson *f.*

moña ◇ *f* -1. *fam* [borrachera] cuite *f.* -2. [adorno] ruban *m.* ◇ *m fam* pédé *m.*

moño *m* chignon *m*; **estar hasta el** ~ *fig* en avoir ras le bol.

MOPU (*abrev de* **Ministerio de Obras Públicas y Urbanismo**) *m ministère espagnol des Travaux publics et de l'Urbanisme.*

moquear *vi* [suj : persona] avoir le nez qui coule.

moqueta *f* moquette *f.*

mora *f* mûre *f.*

morada *f culto* demeure *f.*

morado, da *adj* violet(ette); **pasarlas moradas** *fam fig* en voir de toutes les couleurs; **ponerse** ~ *fam fig* s'empiffrer. ◆ **morado** *m* -1. [color] violet *m.* -2. [cardenal] bleu *m.*

moral ◇ *adj* moral(e); **un ejemplo** ~ un exemple de moralité. ◇ *f* -1. [ética] morale *f.* -2. [ánimo] moral *m*; **levantar la** ~ remonter le moral. ◇ *m* mûrier *m* noir.

moraleja *f* morale *f (d'une fable).*

moralizar *vi* moraliser.

morbo *m* -1. *fam* **tener** ~ être morbide. -2. MED maladie *f.*

morboso, sa *adj* morbide.

morcilla *f* CULIN boudin *noir*; **¡que te/le/etc den** ~! *mfam fig* va te/allez vous/etc faire voir!

mordaz *adj* acerbe.

mordaza *f* bâillon *m.*

mordedura *f* morsure *f.*

morder ◇ *vt* mordre; [fruta] croquer; **estar alguien que muerde** être d'une humeur de chien. ◇ *vi* mordre. ◆ **morderse** *vp* se mordre.

mordida *f Amer fam* bakchich *m.*

mordisco *m* -1. [mordedura] morsure *f*; **dar un** ~ **en algo** mordre dans qqch; [fruta] croquer qqch. -2. [trozo] morceau *m.*

mordisquear *vt* [objeto] mordiller; [refrigerio] grignoter.

moreno, na ◇ *adj* -1. [pelo, piel] brun(e). -2. [por el sol] bronzé(e); **ponerse** ~ bronzer. -3. [pan, arroz etc] complet(ète); **el azúcar** ~ le sucre roux; **el trigo** ~ le blé noir. ◇ *m, f* brun *m*, -e *f.*

morera *f* mûrier *m* blanc.

moretón *m* bleu *m (hématome).*

morfina *f* morphine *f.*

moribundo, da *adj & m, f* moribond(e).

morir *vi* mourir. ◆ **morirse** *vp* : ~**se (de)** mourir (de).

mormón, ona *adj & m, f* mormon(e).

moro, ra ◇ *adj* -1. HIST maure. -2. *despec* [árabe] arabe. -3. *fam* [machista] macho. ◇ *m, f* -1. HIST Maure *mf.* -2. *despec* [árabe] Arabe *mf*; **hay** ~**s en la costa** les murs ont des oreilles. ◆ **moro** *m fam* [machista] macho *m.* ◆ **Moros y Cristianos** *fête traditionnelle du Levant où est reconstituée l'histoire de la Reconquête de l'Espagne.*

moroso, sa ◇ *adj* : **es un cliente** ~ ce client a un arriéré. ◇ *m, f* mauvais payeur *m.*

morrear vt & vi mfam se bécoter. ◆ **morrearse** vp mfam se bécoter.

morriña f mal m du pays.

morro m -1. [hocico] museau m. -2. (gen pl) fam [labios] lèvres fpl; **estar de ~s** bouder. -3. fam [de coche] avant m; [de avión] nez. -4. fam [caradura] culot m; **¡qué ~ tiene!** il a un de ces culots!

morsa f ZOOL morse m.

morse m (en aposición inv) morse m (code).

mortadela f mortadelle f.

mortaja f linceul m.

mortal adj & mf mortel(elle).

mortalidad f mortalité f.

mortandad f mortalité f.

mortero m mortier m.

mortífero, ra adj mortel(elle); [epidemia etc] meurtrier(ère).

mortificar vt mortifier; fig [torturar] tourmenter. ◆ **mortificarse** vp se mortifier; [torturarse] se tourmenter.

mortuorio, ria adj mortuaire; [cortejo] funèbre.

mosaico, ca adj [de Moisés] mosaïque. ◆ **mosaico** m mosaïque f.

mosca f mouche f; **estar ~** fam [enfadado] faire la tête; **por si las ~s** au cas où; **¿qué ~ me/te etc ha picado?** quelle mouche m'a/t'a etc piqué? ◆ **mosca muerta** f sainte-nitouche f.

moscardón m -1. ZOOL mouche f bleue. -2. fam fig [persona] casse-pieds m inv.

moscatel m muscat m (vin doux).

moscón m -1. [insecto] grosse mouche f. -2. fam fig [persona] casse-pieds m inv.

moscovita ◇ adj moscovite. ◇ mf Moscovite mf.

Moscú Moscou.

mosquearse vp fam [enfadarse] prendre la mouche, se vexer.

mosquete m mousquet m.

mosquetero m mousquetaire m.

mosquetón m mousqueton m.

mosquitero m moustiquaire f.

mosquito m moustique m.

mosso d'esquadra m membre de la police autonome catalane.

mostacho m moustache f.

mostaza f moutarde f.

mosto m [zumo] jus m de raisin; [residuo] moût m.

mostrador m comptoir m.

mostrar vt montrer; [inteligencia, liberalidad] faire preuve de. ◆ **mostrarse** vp se montrer.

mota f [partícula] poussière f; **tener ~s** [jersey] pelucher.

mote m sobriquet m.

motel m motel m.

motín m émeute f; [de soldados, presos] mutinerie f.

motivación f motivation f.

motivar vt motiver.

motivo m -1. [causa] raison f, motif m; **con ~ de** [para celebrar] à l'occasion de; [a causa de] en raison de; **por este ~** pour cette raison. -2. [de obra literaria] sujet m; MÚS & ARTE motif m.

moto f moto f.

motocicleta f motocyclette f.

motociclismo m motocyclisme m.

motociclista mf motocycliste mf.

motocross m motocross m.

motonáutico, ca adj motonautique. ◆ **motonáutica** f motonautisme m.

motoneta f Amer scooter m.

motor, ra o **triz** adj moteur(trice). ◆ **motor** m moteur m . ◆ **motora** f bateau m à moteur.

motorismo m motocyclisme m.

motorista mf motocycliste mf.

motricidad f motricité f.

motriz f → motor.

mountain bike (pl **mountain bikes**) m DEP mountain bike m, VTT m.

mousse m inv o f inv CULIN mousse f.

movedizo, za adj -1. [pieza, panelete] amovible. -2. [arena, terreno] mouvant(e).

mover vt -1. [accionar] faire marcher. -2. [cambiar de sitio] déplacer. -3. [agitar] remuer; **~ las masas** remuer les foules. -4. [suscitar] provoquer; **~ la curiosidad** provoquer la curiosité; **~ a piedad/risa** faire pitié/rire. -5. fig [incitar] : **~ a alguien a algo/a hacer algo** pousser qqn à qqch/à faire qqch. ◆ **moverse** vp -1. [ponerse en movimiento, agitarse] bouger. -2. [trasladarse] se déplacer. -3. [relacionarse] : **~se en/entre** évoluer dans/parmi. -4. [darse prisa] se secouer.

movido, da adj -1. [gen] agité(e); [conversación, viaje] mouvementé(e). -2. [foto, imagen] flou(e). ◆ **movida** f fam [ambiente] : **aquí hay movida** il y a de l'ambiance ici; **~ (madrileña)** mouvement col-

lectif de création et de divertissement né à Madrid à la fin des années 70.

móvil *adj & m* mobile.

movilidad *f* mobilité *f*.

movilizar *vt* mobiliser.

movimiento *m* mouvement *m* .

moviola *f* visionneuse *f*.

moza *f* → **mozo**.

mozárabe *adj & mf* mozarabe.

mozo, za ◇ *adj* jeune. ◇ *m, f* **-1.** [joven] jeune homme, jeune fille *f*; **es buen ~** il est beau garçon. **-2.** *Amer* [camarero] serveur *m*, -euse *f*. ◆ **mozo** *m* **-1.** [camarero] garçon *m*; [criado] domestique *m* . **-2.** MIL appelé *m*.

mu *m* [mugido] meuh *m*; **no decir ni ~** *fig* ne pas piper mot.

mucamo, ma *m, f Amer* domestique *mf*.

muchachada *f Amer* bande *f* d'enfants.

muchacho, cha *m, f* garçon *m*, fille *f*.

muchedumbre *f* foule *f*.

mucho, cha ◇ *adj* **-1.** [gen] beaucoup de; **mucha gente** beaucoup de gens; **~s meses** plusieurs mois; **~ tiempo** longtemps. **-2.** [sueño, hambre, frío etc] très; **hace ~ calor** il fait très chaud. ◇ *pron* : **~s piensan que...** beaucoup de gens pensent que...; **tener ~ que contar** avoir beaucoup de choses à raconter. ◆ **mucho** *adv* **-1.** [gen] beaucoup; **trabaja ~** il travaille beaucoup; **se divierte ~** il s'amuse bien. **-2.** *(indica comparación)* bien; **~ antes/después** bien avant/après; **~ más/menos** beaucoup plus/moins; **~ mejor** bien mieux. **-3.** [largo tiempo] longtemps; **lo sé desde hace ~** je le sais depuis longtemps. **-4.** [frecuentemente] souvent; **viene ~ por aquí** il vient souvent par ici. **-5.** *loc* : **como ~** [como máximo] (tout) au plus; [en todo caso] à la limite; **con ~** de loin; **ni ~ menos** loin de là. ◆ **por mucho que** *loc conj* : **por ~ que insistas...** tu auras beau insister...

mucosidad *f* mucosité *f*.

muda *f* **-1.** [de plumas, piel, voz] mue *f*. **-2.** [ropa] linge *m* de rechange.

mudanza *f* **-1.** [gen] changement *m*; [de plumas, piel] mue *f*. **-2.** [de casa] déménagement *m*; **estar** o **andar de ~** déménager.

mudar ◇ *vt* changer. ◇ *vi* [cambiar] : **~ de** changer de; **~ de casa** déménager; **~de plumas/piel/voz** muer. ◆ **mudarse** *vp* : **~se (de casa)** déménager; **~se (de ropa)** se changer.

mudéjar *adj & mf* mudéjar(e).

mudo, da *adj & m, f* muet(ette).

mueble ◇ *m* meuble *m*; **~ bar** bar *m*. ◇ *adj* → **bien**.

mueca *f* grimace *f*; [de disgusto] moue *f*.

muela *f* **-1.** [diente] dent *f*; [molar] molaire *f*; **tener dolor de ~s** avoir mal aux dents. **-2.** [piedra] meule *f*.

muelle *m* **-1.** [de colchón, reloj] ressort *m*. **-2.** [de puerto] quai *m*.

muérdago *m* gui *m*.

muermo *m fam* [cosa, situación] barbe *f*; [persona] casse-pieds *mf inv*; **tener ~** être ramollo.

muerte *f* **-1.** [gen] mort *f*; **de mala ~** minable. **-2.** [homicidio] meurtre *m*.

muerto, ta ◇ *pp irreg* → **morir**. ◇ *adj* **-1.** [gen] mort(e); **estar ~ de miedo/de frío/de hambre** être mort de peur/de froid/de faim. **-2.** [color] terne. ◇ *m, f* mort *m*, -e *f*; **cargarle a alguien el ~** mettre tout sur le dos de qqn; **hacer el ~** faire la planche.

muesca *f* **-1.** [gen] encoche *f*. **-2.** [corte] entaille *f*.

muestra *f* **-1.** [pequeña cantidad] échantillon *m* . **-2.** [señal, prueba] : **dar ~s de** [inteligencia, prudencia etc] faire preuve de; [cariño, simpatía] donner des marques de; [cansancio] donner des signes de. **-3.** [modelo] modèle *m*; **piso de ~** appartement *m* témoin. **-4.** [exposición] exposition *f*.

muestrario *m* échantillonnage *m*; [de colores] nuancier *m*.

muestreo *m* [para encuesta] échantillonnage *m*.

mugido *m* mugissement *m*.

mugir *vi* mugir; [vaca] meugler.

mugre *f* crasse *f*.

mujer *f* femme *f*; **~ de la limpieza** femme de ménage.

mujeriego *m* coureur *m* de jupons.

mujerzuela *f despec* grue *f*.

mulato, ta *adj & m, f* mulâtre.

muleta *f* **-1.** [para andar] béquille *f*; *fig* soutien *m*. **-2.** TAUROM muleta *f*.

mullido, da *adj* moelleux(euse).

mulo, la *m, f* mulet *m*, mule *f*. ◆ **mula** *f fam fig* [bruto] brute *f*; [testarudo] tête *f* de mule.

multa *f* amende *f*.

multar *vt* condamner à une amende.

multicopista *f* machine *f* à polycopier.

multimedia *adj inv* INFORM multimédia *(inv)*.

multimillonario, ria *adj & m, f* multimillionnaire.

multinacional *f* multinationale *f*.

múltiple *adj* multiple.

multiplicación *f* multiplication *f*.

multiplicar *vt & vi* multiplier. ◆ **multiplicarse** *vp* -1. [gen] se multiplier. -2. [esforzarse] se mettre en quatre.

múltiplo, pla *adj* : **un número ~** un multiple. ◆ **múltiplo** *m* multiple *m*.

multitud *f* multitude *f*.

multitudinario, ria *adj* : **una manifestación multitudinaria** une manifestation de masse.

multiuso *adj inv* à usages multiples.

mundanal *adj* de ce monde.

mundano, na *adj* mondain(e); [del mundo] de ce monde.

mundial ◇ *adj* mondial(e). ◇ *m* coupe *f* du monde.

mundo *m* -1. [gen] monde *m*; **el tercer ~** le tiers monde; **todo el ~** tout le monde. -2. [experiencia] expérience *f*; **hombre/mujer de ~** homme/femme du monde.

munición *f* munition *f*.

municipal ◇ *adj* municipal(e). ◇ *mf* → guardia.

municipio *m* -1. [división territorial] commune *f*. -2. [habitantes] : **el ~** les administrés. -3. [ayuntamiento] municipalité *f*.

muñeco, ca *m, f* [juguete] poupée *f*. ◆ **muñeco** *m* *fig* marionnette *f*. ◆ **muñeca** *f* -1. ANAT poignet *m*. -2. *Amer fam* [enchufe] piston *m*. ◆ **muñeco de nieve** *m* bonhomme de neige.

muñequera *f* DEP poignet *m*.

muñón *m* moignon *m*.

mural ◇ *adj* mural(e). ◇ *m* peinture *f* murale. ◇ *m inv* meuble *m* de rangement mural.

muralla *f* muraille *f*; [defensiva] rempart *m*.

murciélago *m* chauve-souris *f*.

murmullo *m* murmure *m*.

murmuración *f* médisance *f*.

murmurador, ra ◇ *adj* médisant(e). ◇ *m, f* mauvaise langue *f*.

murmurar ◇ *vt* murmurer. ◇ *vi* -1. [gen] murmurer. -2. [criticar] : **~ de** ○ **sobre** dire du mal de. -3. *fig* [quejarse] marmonner.

muro *m* mur *m*.

mus *m inv* jeu de cartes espagnol.

musa *f* muse *f*.

musaraña *f* musaraigne *f*; **mirar a las ~s** *fig* être dans la lune.

muscular *adj* musculaire.

musculatura *f* musculature *f*.

músculo *m* muscle *m*.

musculoso, sa *adj* -1. ANAT musculeux(euse). -2. [fuerte] musclé(e).

museo *m* musée *m*.

musgo *m* BOT mousse *f*.

música *f* → **músico**.

musical *adj* musical(e); **un instrumento ~** un instrument de musique.

music-hall *(pl music-halls)* *m* music-hall *m*.

músico, ca ◇ *adj* musical(e). ◇ *m, f* musicien *m*, -enne *f*. ◆ **música** *f* musique *f*.

musitar *vt* murmurer.

muslo *m* cuisse *f*.

mustio, tia *adj* -1. [marchito] fané(e). -2. [triste] morne.

musulmán, ana *adj & m, f* musulman(e).

mutación *f* mutation *f*; **~ de temperaturas** changement *m* de température.

mutante ◇ *adj* mutant(e). ◇ *m* BIOL mutant *m*.

mutar *vt* [funcionarios] muter.

mutilado, da *adj & m, f* mutilé(e).

mutilar *vt* mutiler.

mutismo *m* mutisme *m*.

mutua *f* → **mutuo**.

mutualidad *f* [asociación] mutuelle *f*.

mutuo, tua *adj* mutuel(elle). ◆ **mutua** *f* mutuelle *f*; **mutua de seguros** société *f* d'assurance mutuelle.

muy *adv* très; **~ cerca/lejos** très près/loin; **~ de mañana** de très bon matin; **eso es ~ de ella** c'est tout elle; **¡el ~ tonto!** quel idiot!; **por ~ cansado que esté...** il a beau être fatigué...

N

n, N *f* [letra] n *m inv*, N *m inv*. ◆ **20 N** *m* 20 novembre 1975, date de la mort du général Franco.

n/ *abrev de* **nuestro.**

n° *(abrev de* **número)** n°.

nabo *m* navet *m*.

nácar *m* nacre *f*.

nacer *vi* **–1.** [gen] naître; **nació en Granada** il est né à Grenade; **ha nacido cantante** c'est un chanteur né; **ha nacido para trabajar** il est fait pour le travail. **–2.** [surgir – río] prendre sa source; [– sol] se lever.

nacido, da ◇ *adj* né(e). ◇ *m, f*: **los ~s en enero/en Valencia** les personnes nées en janvier/à Valence; **un recién ~** un nouveau-né; **ser un mal ~** *fig* être un odieux personnage.

naciente *adj* **–1.** [gen] naissant(e); **el sol ~** le soleil levant. **–2.** [nuevo] jeune; **la república ~** la jeune république.

nacimiento *m* **–1.** [gen] naissance *f*; [de río] source *f*; **de ~** de naissance. **–2.** [belén] crèche *f*.

nación *f* nation *f*; [territorio] pays *m*. ◆ **Naciones Unidas** *fpl*: **las Naciones Unidas** les Nations unies.

nacional ◇ *adj* national(e). ◇ *mf* HIST: **los ~es** les nationalistes *(partisans de Franco)*.

nacionalidad *f* nationalité *f*.

nacionalismo *m* nationalisme *m*.

nacionalista *adj & mf* nationaliste.

nacionalizar *vt* **–1.** ECON nationaliser. **–2.** [persona] naturaliser.

nada ◇ *pron* rien; **no quiero ~** je ne veux rien; **antes de ~** avant tout; **de ~** [respuesta a «gracias»] de rien, je t'en/vous en prie; **un regalito de ~** un petit cadeau de rien du tout; **no dijo ~ de ~** il n'a rien dit du tout; **~ más** c'est tout; **no quiero ~ más** je ne veux rien d'autre; **como si ~** comme si de rien n'était; **¡de eso ~!** pas question! ◇ *adv* **–1.** [en absoluto] du tout; **no me gusta ~** ça ne me plaît pas du tout. **–2.** [poco] peu; **no hace ~ que salió** il est sorti à l'instant même. ◇ *f*: **la ~** le néant. ◆ **nada más** *loc adv* à peine; **~ más irte llamó tu padre** tu étais à peine parti que ton père a appelé.

nadador, ra *adj & m, f* nageur(euse).

nadar *vi* nager; **~ en deudas** être criblé(e) de dettes; **~ en dinero** rouler sur l'or; **~ en la opulencia** nager dans l'opulence.

nadería *f* rien *m*; **se enfada por ~s** un rien l'irrite.

nadie ◇ *pron* personne; **~ más** plus personne; **~ me lo ha dicho** personne ne me l'a dit; **no ha llamado ~** personne n'a téléphoné. ◇ *m*: **ser un ~** être un minable.

nado ◆ **a nado** *loc adv* à la nage.

nafta *f Amer* [gasolina] essence *f*.

naftalina *f* naphtaline *f*.

naïf *adj inv* ARTE naïf(ïve).

nailon, nilón, nylon® *m* Nylon® *m*.

naipe *m* carte *f* (à jouer). ◆ **naipes** *mpl* cartes *fpl* (à jouer).

nalga *f* fesse *f*.

nana *f* **–1.** [canción] berceuse *f*. **–2.** *fam* [abuela] mamie *f*.

napa *f* cuir *m* souple.

naranja ◇ *adj inv* orange. ◇ *m* [color] orange *m*. ◇ *f* [fruto] orange *f*. ◆ **media naranja** *f fam fig* moitié *f (épouse)*.

naranjada *f* orangeade *f*.

naranjo *m* oranger *m*.

narciso *m* BOT narcisse *m*; **es un ~** il est narcissique.

narcótico, ca *adj* narcotique. ◆ **narcótico** *m* narcotique *m*.

narcotizar *vt* endormir (avec un narcotique).

narcotraficante *mf* trafiquant *m*, -e *f* de drogue.

narcotráfico *m* trafic *m* de stupéfiants.

nardo *m* nard *m*.

narigudo, da *adj*: **¡es tan ~!** il a un si grand nez!

nariz *f* nez *m*; **estar hasta las narices** *fig* en avoir par-dessus la tête; **meter las narices en algo** *fig* fourrer son nez dans qqch.

narración *f* narration *f*; [cuento, relato] récit *m*.

narrador, ra *m, f* narrateur *m*, -trice *f*.

narrar *vt* narrer.

narrativo, va *adj* narratif(ive). ◆ **narrativa** *f* [género literario] roman *m*.

NASA *(abrev de* **National Aeronautics and Space Administration)** *f* NASA *f*.

nasal *adj* **–1.** [gen & GRAM] nasal(e). **–2.** [voz] nasillard(e).

nata *f* crème *f*; **~ batida** ○ **montada** crème fouettée; **la (flor y) ~ de...** *fig* la fine fleur de...

natación *f* natation *f*.

natal *adj* natal(e).

natalicio *m* **-1.** [día] jour *m* de naissance. **-2.** [cumpleaños] anniversaire *m*.

natalidad *f* natalité *f*.

natillas *fpl* crème *f* (entremet).

nativo, va ◇ *adj* **-1.** [gen] natif(ive); **ser ~ de** être originaire de; **un profesor de inglés ~** un professeur d'anglais langue maternelle. **-2.** [país, ciudad, pueblo] natal(e). ◇ *m, f* natif *m*, -ive *f*.

nato, ta *adj* **-1.** [de nacimiento] né(e); **es un músico ~** c'est un musicien né. **-2.** [cargo, título] de plein droit.

natural ◇ *adj* **-1.** [gen] naturel(elle); **al ~** au naturel; **esa reacción es ~ en él** cette réaction est naturelle chez lui. **-2.** [nativo] : **ser ~ de** être originaire de. ◇ *mf* [persona] natif *m*, -ive *f*. ◇ *m* [índole] naturel *m*.

naturaleza *f* nature *f*; **por ~** par nature.

naturalidad *f* naturel *m*; **con toda ~** tout naturellement.

naturalización *f* naturalisation *f*.

naturalizar *vt* naturaliser. ◆ **naturalizarse** *vp* se faire naturaliser.

naturista *mf* naturiste *mf*.

naufragar *vi* **-1.** [barco, persona] faire naufrage. **-2.** *fig* [negocio] couler; [asunto, proyecto] échouer.

naufragio *m lit & fig* naufrage *m*.

náufrago, ga *adj & m, f* naufragé(e).

náusea *f* (gen pl) nausée *f*; **tener ~s** avoir la nausée; **me da ~s** ça me donne la nausée.

nauseabundo, da *adj* **-1.** [olor] nauséabond(e). **-2.** [comportamiento, actitud] écœurant(e).

náutico, ca *adj* nautique. ◆ **náutica** *f* navigation *f*.

navaja *f* **-1.** [cuchillo] couteau *m* (à lame pliante); [pequeño] canif *m*. **-2.** ZOOL couteau *m*.

navajero, ra *m, f* agresseur armé d'un couteau.

naval *adj* naval(e).

Navarra Navarre *f*.

navarro, rra ◇ *adj* navarrais(e). ◇ *m, f* Navarrais *m*, -e *f*.

nave *f* **-1.** [barco] navire *m*. **-2.** [vehículo] vaisseau *m*; **~ espacial** vaisseau spatial. **-3.** [de iglesia] nef *f*. **-4.** [almacén] hangar *m*.

navegación *f* navigation *f*.

navegante ◇ *adj* navigant(e); **un pueblo ~** un peuple de navigateurs. ◇ *mf* navigateur *m*, -trice *f*.

navegar *vi* naviguer.

Navidad *f* Noël *m*; **¡Feliz ~!** joyeux Noël!; **las ~es** les fêtes de Noël.

navideño, ña *adj* de Noël.

naviero, ra *adj* [compañía, empresa] de navigation. ◆ **naviero** *m* armateur *m*. ◆ **naviera** *f* compagnie *f* de navigation.

navío *m* vaisseau *m*.

nazi *adj & mf* nazi(e).

nazismo *m* nazisme *m*.

neblina *f* brume *f*.

nebulosa *f* → nebuloso.

nebulosidad *f* nébulosité *f*.

nebuloso, sa *adj* nébuleux(euse). ◆ **nebulosa** *f* ASTRON nébuleuse *f*.

necedad *f* sottise *f*.

necesario, ria *adj* nécessaire; **es ~ hacerlo** il faut le faire; **es ~ que le ayudes** il faut que tu l'aides.

neceser *m* nécessaire *m* (de toilette).

necesidad *f* **-1.** [imperativo] nécessité *f*; **en caso de ~** en cas de besoin; **por ~** par nécessité. **-2.** [menester] besoin *m*; **sentir la ~ de** éprouver le besoin de. ◆ **necesidades** *fpl* **-1.** [fisiológicas] : **hacer sus ~es** faire ses besoins. **-2.** [estrecheces] : **pasar ~es** être dans le besoin.

necesitado, da *adj & m, f* nécessiteux(euse).

necesitar *vt* avoir besoin de; **necesito ayuda/verte** j'ai besoin d'aide/de te voir; **necesito que me digas...** j'ai besoin que tu me dises...; 'se necesita empleada' 'on demande une employée'.

necio, cia *adj & m, f* idiot(e).

necrología *f* nécrologie *f*.

néctar *m* nectar *m*.

nectarina *f* nectarine *f*.

neerlandés, esa ◇ *adj* néerlandais(e). ◇ *m, f* Néerlandais *m*, -e *f*. ◆ **neerlandés** *m* [lengua] néerlandais *m*.

nefasto, ta *adj* néfaste.

negación *f* **-1.** [gen & GRAM] négation *f*. **-2.** [negativa] refus *m*.

negado, da ◇ *adj* inepte; **soy ~ para el latín** je suis nul en latin. ◇ *m, f* incapable *mf*.

negar *vt* **-1.** [desmentir] nier. **-2.** [denegar] refuser; **~ el saludo/la palabra a alguien** refuser de saluer qqn/de parler à qqn.

◆ **negarse** *vp* refuser; **no me pude ~** je n'ai pas pu refuser; **~se a** refuser de.

negativo, va *adj* négatif(ive). ◆ **negativo** *m* FOT négatif *m*. ◆ **negativa** *f* -1. [rechazo] refus *m*. -2. [mentis] : **contestar con la negativa** répondre par la négative.

negligencia *f* négligence *f*.

negligente *adj* négligent(e).

negociable *adj* négociable.

negociación *f* négociation *f*.

negociante ◇ *adj* commerçant(e). ◆ *mf* -1. [comerciante] commerçant *m*, -e *f*. -2. *fig* [interesado] **ser un ~** être personne âpre au gain.

negociar ◇ *vi* -1. [comerciar] faire du commerce. -2. [discutir] : **~ (con)** négocier (avec). ◇ *vt* négocier.

negocio *m* -1. [gen] affaire *f*; **hacer ~** gagner de l'argent; **~ sucio** affaire louche. -2. [establecimiento] commerce *m*.

negra *f* → negro.

negrero, ra ◇ *adj* -1. [de esclavos] négrier(ère). -2. *fig* [déspota] tyrannique. ◇ *m, f lit & fig* négrier *m*.

negrita, negrilla *f* → letra.

negro, gra ◇ *adj* -1. [gen, CIN & LITER] noir(e); [tabaco, cerveza] brun(e); **el mercado ~** le marché noir. -2. [futuro, porvenir] sombre. -3. *fam* [furioso] furax. -4. *loc* : **pasarlas negras** *fam* en baver. ◇ *m, f* Noir *m*, -e *f*. ◆ **negro** *m* -1. [color] noir *m*. -2. *fig* [trabajador anónimo] larbin *m*; [de escritor] nègre *m*. ◆ **negra** *f* -1. MÚS noire *f*. -2. *loc* : **tener la negra** *fam* avoir la poisse.

negrura *f* noirceur *f*.

nene, na *m, f fam* bébé *m*.

nenúfar *m* nénuphar *m*.

neocelandés, esa, neozelandés, esa ◇ *adj* néo-zélandais(e). ◇ *m, f* Néo-Zélandais *m*, -e *f*.

neoclasicismo *m* néo-classicisme *m*.

neolítico, ca *adj* néolithique. ◆ **neolítico** *m* néolithique *m*.

neologismo *m* néologisme *m*.

neón *m* néon *m*.

neoyorquino, na ◇ *adj* new-yorkais(e). ◇ *m, f* New-Yorkais *m*, -e *f*.

neozelandés, esa = neocelandés.

Nepal : **el ~** le Népal.

nervio *m* -1. [gen & ANAT] nerf *m*; **hacer algo con ~** faire qqch avec énergie; **tener ~** avoir du nerf. -2. BOT & ARQUIT nervure *f*. ◆ **nervios** *mpl* [nerviosismo] nerfs *mpl*; te-

ner **~s** être nerveux(euse); **tener un ataque de ~s** avoir une crise de nerfs; **poner los ~s de punta** porter sur les nerfs; **tener los ~s de punta** avoir les nerfs à vif.

nerviosismo *m* nervosité *f*.

nervioso, sa *adj* -1. [gen & ANAT] nerveux(euse). -2. [irritado] énervé(e); **ponerse ~** s'énerver.

nervudo, da *adj* [cuello, manos] nerveux(euse).

neto, ta *adj* net(nette).

neumático, ca *adj* pneumatique. ◆ **neumático** *m* pneu *m*.

neumonía *f* pneumonie *f*.

neurálgico, ca *adj* névralgique.

neurastenia *f* neurasthénie *f*.

neurología *f* neurologie *f*.

neurólogo, ga *m, f* neurologue *mf*.

neurona *f* neurone *m*.

neurosis *f* névrose *f*.

neurótico, ca ◇ *adj* [trastorno, comportamiento] névrotique; [persona] névrosé(e). ◇ *m, f* névrosé *m*, -e *f*.

neutral ◇ *adj* neutre. ◇ *mf* : **los ~es** les pays neutres.

neutralidad *f* neutralité *f*.

neutralizar *vt* neutraliser.

neutro, tra *adj* neutre.

neutrón *m* neutron *m*.

nevado, da *adj* enneigé(e). ◆ **nevada** *f* chute *f* de neige.

nevar *v impers* neiger.

nevera *f* réfrigérateur *m*; [portátil] glacière *f*.

nevisca *f* légère chute *f* de neige.

nexo *m* lien *m* (*rapport*).

ni ◇ *conj* ni; **~... ~... ni...** ni...; **~ de día ~ de noche** ni le jour ni la nuit; **no canto ~ bailo** je ne chante pas et ne danse pas non plus; **~ uno/una ...** même pas uno/une ...; **no comió ni una manzana** il n'a même pas mangé une pomme; **no dijo ~ una palabra** il n'a pas dit un traître mot; **~ que...** comme si...; **¡~ que lo conocieras!** comme si tu le connaissais!; **¡~ pensarlo!** pas question! ◇ *adv* même pas; **~ tiene tiempo para comer** il n'a même pas le temps de manger; **no quiero ~ pensarlo** je ne veux même pas y penser.

Nicaragua Nicaragua *m*.

nicaragüense ◇ *adj* nicaraguayen(enne). ◇ *mf* Nicaraguayen *m*, - enne *f*.

nicho *m* niche *f* (*dans un mur*).

nicky = niqui.

nicotina f nicotine f.

nido m nid m .

niebla f lit & fig brouillard m.

nieto, ta m, f petit-fils m, petite-fille f.
◆ **nietos** mpl petits-enfants mpl.

nieve f neige f. ◆ **nieves** fpl [nevada] chutes fpl de neige.

NIF (abrev de **número de identificación fiscal**) m numéro d'identification fiscale (attribué à tout détenteur d'un compte bancaire en Espagne).

night-club (pl night-clubs) m night-club m.

Nilo m : **el** ~ le Nil.

nilón = nailon.

nimiedad f -1. [cualidad] insignifiance f. -2. [dicho, hecho] vétille f.

nimio, mia adj insignifiant(e).

ninfa f nymphe f.

ninfómana adj & f nymphomane.

ninguno, na ◇ adj (antes de sust masculino : **ningún**) -1. [ni uno] aucun(e); **en ningún lugar** nulle part; **ningún libro** aucun livre; **ninguna mujer** aucune femme; **no tiene ningunas ganas de estudiar** il n'a aucune envie de travailler; **no tiene ninguna gracia** ce n'est pas drôle du tout. -2. [valor enfático] : **no es ningún especialista** ce n'est vraiment pas un spécialiste. ◇ pron : ~ **(de)** aucun (de); ~ **funciona** aucun ne marche; ~ **de ellos lo vio** aucun d'eux ne l'a vu; **ninguna de las calles** aucune des rues.

niña f → **niño**.

niñería f enfantillage m.

niñero, ra adj : **es muy** ~ il aime beaucoup les enfants. ◆ **niñera** f nourrice f.

niñez f -1. [infancia] enfance f. -2. fig [pequeñez] enfantillage m.

niño, ña ◇ adj -1. [crío] petit(e). -2. [joven] : **ser muy** ~ être très jeune. ◇ m, f -1. [crío] enfant mf, petit garçon m, petite fille f; [bebé] bébé m; **los** ~**s** les enfants; ~ **bien** enfant de bonne famille; ~ **bonito** fig préféré m; ~ **prodigio** enfant prodige; **estar como un** ~ **con zapatos nuevos** être heureux comme un roi; **¡qué... ni qué** ~ **muerto!** qu'est-ce que c'est que cette histoire de...! -2. [joven] gamin m, -e f. ◆ **niña** f [del ojo] pupille f; **la niña de sus ojos** fig la prunelle de ses yeux.

nipón, ona ◇ adj nippon(onne). ◇ m, f Nippon m, -onne f.

níquel m nickel m.

niquelar vt nickeler.

niqui, nicky m tee-shirt m.

níspero m -1. [fruto] nèfle f. -2. [árbol] néflier m.

nitidez f netteté f.

nítido, da adj net(nette).

nitrato m nitrate m .

nitrógeno m azote m.

nivel m niveau m; **a** ~ **europeo** au niveau européen; **al** ~ **de** à la hauteur de; **al** ~ **del mar** au niveau de la mer; ~ **de vida** niveau de vie.

nivelación f nivellement m.

nivelar vt niveler; [balanza] équilibrer.

no ◇ adv -1. [gen] non; **¿te gusta?** – ~ ça te plaît? – non; **estás de acuerdo ¿**~**?** tu es d'accord, non? -2. [en forma negativa] ne... pas; ~ **tengo hambre** je n'ai pas faim; **¿**~ **vienes?** tu ne viens pas?; ~ **quiero nada** je ne veux rien; ~ **hemos visto a nadie** nous n'avons vu personne; ~ **fumadores** non-fumeurs; **¿por qué** ~**?** pourquoi pas?; **todavía** ~ pas encore. -3. loc : **¡a que** ~ **te atreves!** je parie que tu ne le fais pas!; **¡cómo** ~**!** bien sûr!; ~ **sólo... sino que** non seulement... mais...; ~ **sólo se equivoca, sino que encima es testarudo** non seulement il a tort mais en plus il s'entête; **pues** ~**, que** ~**, eso sí que** ~ certainement pas. ◇ m non m.

nobiliario, ria adj nobiliaire.

noble adj & mf noble.

nobleza f noblesse f.

noche f [gen] nuit f, [atardecer] soir m; **esta** ~ **ceno en casa** ce soir je dîne à la maison; **de** ~ de nuit; **es de** ~ il fait nuit; **hacer** ~ **en** passer la nuit à; **por la** ~ la nuit; **ayer por la** ~ hier soir; **se ha hecho de** ~ la nuit est tombée; **de la** ~ **a la mañana** du jour au lendemain. ◆ **buenas noches** interj **¡buenas** ~**s!** [despedida] bonne nuit!; [saludo] bonsoir!

Nochebuena f nuit f de Noël.

nochero m Amer -1. [vigilante] veilleur m de nuit. -2. [mesita] table f de nuit.

Nochevieja f nuit f de la Saint-Sylvestre.

noción f notion f. ◆ **nociones** fpl : **tener nociones de...** avoir des notions de...

nocivo, va adj nocif(e).

noctámbulo, la adj & m, f noctambule.

nocturno, na adj nocturne; [clase] du soir; [tren, trabajo etc] de nuit.

nodo m -1. ASTRON & FÍS nœud m. -2. MED nodosité f.

nodriza f nourrice f.

Noël *m* → papá.

nogal *m* noyer *m*.

nómada *adj & mf* nomade.

nombramiento *m* nomination *f*.

nombrar *vt* nommer.

nombre *m* -1. [gen] nom *m*; ~ **artístico** [de actor] nom de scène; [de escritor] nom de plume; ~ **de soltera** nom de jeune fille; ~ **propio** nom propre; **en ~ de** au nom de. -2. [antes de apellido] prénom *m*; ~ **de pila** nom *m* de baptême. -3. *fig* [fama] renom *m* .

nomenclatura *f* nomenclature *f*.

nómina *f* -1. [lista] registre *m* du personnel; **estar en** ~ faire partie du personnel. -2. [hoja] feuille *f* de paie. -3. [pago] paie *f*.

nominal *adj* nominal(e).

nominar *vt* nommer.

nomo = gnomo.

non ◇ *adj* impair(e). ◇ *m* nombre *m* impair. ◆ **nones** *mpl* : **decir que** ~**es** dire que non.

nonagésimo, ma *núm* quatre-vingt-dixième.

nordeste = noreste.

nórdico, ca ◇ *adj* -1. [del norte] du nord. -2. [escandinavo] nordique. ◇ *m, f* Nordique *mf*.

noreste, nordeste *m* nord-est *m*.

noria *f* -1. [para agua] noria *f*. -2. [de una feria] grande roue *f*.

norma *f* -1. [reglamento] règle *f*; ~ **de conducta** ligne *f* de conduite. -2. [industrial] norme *f*.

normal *adj* normal(e).

normalidad *f* normalité *f*; **volver a la** ~ revenir à la normale.

normalizar *vt* normaliser. ◆ **normalizarse** *vp* redevenir normal(e).

normativo, va *adj* normatif(ive). ◆ **normativa** *f* réglementation *f*.

noroeste *m* nord-ouest *m*.

norte ◇ *m* nord *m*. ◇ *adj* [zona, frontera] nord. ◆ **Norte** *m* : **el Norte** [punto cardinal] le nord.

Norteamérica Amérique *f* du Nord.

norteamericano, na ◇ *adj* nord-américain(e), d'Amérique du Nord. ◇ *m, f* Nord-Américain *m*, -e *f*.

Noruega Norvège *f*.

noruego, ga ◇ *adj* norvégien(enne). ◇ *m, f* Norvégien *m*, -enne *f*. ◆ **noruego** *m* [lengua] norvégien *m*.

nos *pron pers* nous; **viene a vernos** il vient nous voir; ~ **lo dio** il nous l'a donné; **vistámonos** habillons-nous; ~ **queremos** nous nous aimons.

nosocomio *m Amer* hôpital *m*.

nosotros, tras *pron pers* nous; **entre** ~ entre nous.

nostalgia *f* nostalgie *f*.

nota *f* [gen & MÚS] note *f*; **sacar buenas** ~**s** avoir de bonnes notes; **tomar** ~ *lit & fig* prendre note; **dar la** ~ se faire remarquer.

notable ◇ *adj* [meritorio] remarquable; [considerable] notable. ◇ *m* -1. [calificación] mention *f* assez bien. -2. *(gen pl)* [persona] notable *m*.

notar *vt* -1. [advertir] remarquer. -2. [sentir] sentir; ~ **calor/frío** avoir chaud/froid. ◆ **notarse** *vp* se remarquer.

notaría *f* -1. [profesión] notariat *m*. -2. [oficina] étude *f* de notaire.

notario, ria *m, f* notaire *m*.

noticia *f* nouvelle *f* . ◆ **noticias** *fpl* : **las** ~**s** RADIO & TV les informations.

notificación *f* notification *f*.

notificar *vt* notifier.

notoriedad *f* notoriété *f*.

notorio, ria *adj* notoire.

nov., novbre. *(abrev de* **noviembre)** nov.

novatada *f* -1. [broma] bizutage *m*. -2. [inexperiencia] erreur *f* de débutant; **pagar la** ~ faire les frais de son inexpérience.

novato, ta *adj & m, f* novice.

novecientos, tas *núm* neuf cents; *ver también* **seiscientos**.

novedad *f* nouveauté *f*; [cambio] nouveau *m*; **sin** ~ rien de nouveau. ◆ **novedades** *fpl* nouveautés *fpl*.

novel *adj* débutant(e).

novela *f* roman *m*; ~ **policíaca** roman policier.

novelar *vt* romancer.

novelesco, ca *adj* romanesque.

novelista *mf* romancier *m*, -ère *f*.

noveno, na *núm* neuvième; *ver también* **sexto**.

noventa *núm* quatre-vingt-dix; *ver también* **sesenta**.

noviazgo *m* fiançailles *fpl*.

noviembre *m* novembre *m*; *ver también* **septiembre**.

novillada *f* TAUROM course *f* de jeunes taureaux.

novillo, lla *m, f* jeune taureau *m*, génisse *f*; **hacer ~s** *fam fig* faire l'école buissonnière.

novio, via *m, f* **-1.** [amante] copain *m*, copine *f*; [prometido] fiancé *m*, -e *f*. **-2.** [recién casados] jeune marié *m*, jeune mariée *f*.

nubarrón *m* gros nuage *m*.

nube *f* **-1.** [gen] nuage *m*. **-2.** *fig* [multitud] nuée *f*. **-3.** [mancha en el ojo] taie *f*. **-4.** *loc* : **estar en las ~s** [estar distraído] être dans les nuages; **poner algo/a alguien por las ~s** [alabar] porter qqch/qqn aux nues; **por las ~s** [caro] hors de prix.

nublado, da *adj* **-1.** [cielo] nuageux(euse). **-2.** *fig* [mirada] brouillé(e).

nublar *vt* **-1.** [cielo] assombrir. **-2.** *fig* [mente, mirada] troubler. ◆ **nublarse** *vp* **-1.** [tiempo] se couvrir. **-2.** [vista] se brouiller. **-3.** *fig* [persona] : **se le nubló la razón** il a perdu son sang-froid.

nubosidad *f* nébulosité *f*.

nuca *f* nuque *f*.

nuclear *adj* nucléaire.

núcleo *m* noyau *m*.

nudillo *m* jointure *f* (*des doigts*).

nudismo *m* nudisme *m*.

nudo *m* **-1.** [gen] nœud *m*; **hacérsele a alguien un ~ en la garganta** avoir la gorge nouée. **-2.** *fig* [de amistad etc] lien *m*.

nudoso, sa *adj* noueux(euse).

nuera *f* belle-fille *f*.

nuestro, tra ◇ *adj poses* notre; **~s libros** nos livres; **este libro es ~** ce livre est à nous; **un amigo ~** un de nos amis; **no es asunto ~** ça ne nous regarde pas; **no es culpa nuestra** ce n'est pas (de) notre faute. ◇ *pron poses* : **el ~** le nôtre; **la nuestra** la nôtre; **ésta es la nuestra** *fam* à nous de jouer; **lo ~ es el teatro** *fam* notre truc c'est le théâtre; **los ~s** [nuestra familia] les nôtres.

nueva *f* → **nuevo**.

Nueva York New York.

Nueva Zelanda Nouvelle-Zélande *f*.

nueve *núm* neuf; *ver también* **seis**.

nuevo, va ◇ *adj* **-1.** [gen] nouveau(elle); **el año ~** le nouvel an. **-2.** [no usado] neuf(neuve). ◇ *m, f* nouveau *m*, -elle *f*. ◆ **buena nueva** *f* bonne nouvelle *f*. ◆ **de nuevo** *loc adv* de ◇ à nouveau.

nuez *f* **-1.** [fruto] noix *f*. **-2.** ANAT pomme *f* d'Adam. ◆ **nuez moscada** *f* noix *f* de muscade.

nulidad *f* nullité *f*.

nulo, la *adj* nul(nulle); **es ~ para la música** il est nul en musique.

núm. (*abrev de* **número**) n°.

numeración *f* **-1.** [acción] numérotation *f*. **-2.** [sistema] numération *f*.

numeral *adj* numéral(e).

numerar *vt* numéroter. ◆ **numerarse** *vp* [suj : personas] se compter.

numérico, ca *adj* numérique.

número *m* **-1.** [MAT, GRAM & cantidad] nombre *m*; **un gran ~ de...** un grand nombre de.... **-2.** [en serie, espectáculo, publicación] numéro *m*; **~ de identificación fiscal** numéro d'identification fiscale (*attribué à tout détenteur d'un compte bancaire en Espagne*). **-3.** [cifra] : **~ redondo** chiffre *m* rond. **-4.** [talla – de ropa] taille *f*; [– de zapatos] pointure *f*. **-5.** [billete] billet *m* (*de loterie*). **-6.** MIL membre *m* (*de la garde civile etc*). **-7.** *loc* : **en ~s rojos** en rouge; **hacer ~s** faire les comptes; **montar el ~** faire son numéro.

numerología *f* numérologie *f*.

numeroso, sa *adj* nombreux(euse).

nunca *adv* jamais; **no llamó ~** il n'a jamais appelé; **~ jamás** o **más** jamais plus.

nuncio *m* nonce *m*.

nupcial *adj* nuptial(e); [tarta] de mariage.

nupcias *fpl* noces *fpl*.

nurse *f* nurse *f*.

nutria *f* loutre *f*.

nutrición *f* nutrition *f*.

nutrido, da *adj* **-1.** [alimentado] nourri(e). **-2.** *fig* [numeroso] nombreux(euse).

nutrir *vt* **-1.** [gen] nourrir. **-2.** *fig* [suministrar] alimenter; **la presa nutre de agua a la ciudad** le barrage alimente la ville en eau. ◆ **nutrirse** *vp* **-1.** [alimentarse] : **~se de** o **con** se nourrir de. **-2.** *fig* [proveerse] : **~se de** o **con** se fournir en.

nutritivo, va *adj* nutritif(ive).

nylon® = **nailon**.

ñ, Ñ *f* [letra] ñ *m inv*, Ñ *m inv* (*15ème lettre de l'alphabet espagnol*).

ñoñería, ñoñez f niaiserie f.

ñoño, ña adj **-1.** [recatado] timoré(e). **-2.** [soso – estilo] mièvre; [– apariencia] cucul.

ñudo Amer ◆ **al ñudo** loc adv fam pour rien.

o¹, O (pl **oes**) f [letra] o m inv, O m inv.

o² conj ('u' en vez de 'o' antes de palabras que empiezan por 'o' u 'ho') ou; **rojo o verde** rouge ou vert; **25 o 30 personas** 25 ou 30 personnes; **uno u otro** l'un ou l'autre. ◆ **o sea (que)** loc conj autrement dit.

o/ abrev de **orden**.

oasis m inv lit & fig oasis f.

obcecar vt aveugler. ◆ **obcecarse** vp **-1.** [empeñarse] s'obstiner. **-2.** [cegarse] : ~**se con** être aveuglé(e) par.

obedecer ⋄ vt obéir à. ⋄ vi obéir; **calla y obedece** tais-toi et obéis; ~ **a** [estar motivado por] être dû(due)à.

obediencia f obéissance f.

obediente adj obéissant(e).

obertura f MÚS ouverture f.

obesidad f obésité f.

obeso, sa adj & m, f obèse.

obispo m évêque m.

objeción f objection f; ~ **de conciencia** objection de conscience.

objetar vt objecter.

objetividad f objectivité f.

objetivo, va adj objectif(ive). ◆ **objetivo** m objectif m.

objeto m objet m; **ser** ~ **de** faire l'objet de. ◆ **objetos perdidos** mpl objets mpl trouvés.

objetor, ra m, f : **fue el único** ~ **a mi solicitud** c'est le seul qui se soit opposé à ma demande; ~ **de conciencia** objecteur m de conscience.

oblicuo, cua adj oblique.

obligación f [gen & COM] obligation f.

obligado, da adj obligatoire; **es** ~ **llevar corbata** le port de la cravate est obligatoire.

obligar vt : ~ **a alguien a hacer algo** obliger qqn à faire qqch. ◆ **obligarse** vp : ~**se a hacer algo** s'engager à faire qqch.

obligatorio, ria adj obligatoire.

oboe ⋄ m [instrumento] hautbois m. ⋄ mf [persona] hautboïste mf.

obra f **-1.** [gen] œuvre f; ~ **de caridad** œuvre de charité; ~**s completas** œuvres complètes; ~ **maestra** chef-d'œuvre m; **por** ~ **de, por** ~ **y gracia de** grâce à; **por** ~ **y gracia del Espíritu Santo** par l'opération du Saint-Esprit. **-2.** CONSTR [lugar] chantier m; [reforma] travaux mpl; ~**s públicas** travaux mpl publics.

obrar vi **-1.** [gen] agir. **-2.** [estar en poder] : ~ **en manos de** être entre les mains de.

obrero, ra adj & m, f ouvrier(ère).

obscenidad f obscénité f.

obsceno, na adj obscène.

obscurecer ⋄ vt **-1.** [gen] assombrir. **-2.** fig [mente] troubler. **-3.** fig [deslucir] faire de l'ombre à. ⋄ v impers [anochecer] faire nuit. ◆ **obscurecerse** vp s'assombrir.

obscuridad f obscurité f.

obscuro, ra adj **-1.** [gen] obscur(e); **a obscuras** dans le noir. **-2.** [color] foncé(e). **-3.** [cielo] sombre.

obsequiar vt offrir; ~ **a alguien con algo** offrir qqch à qqn.

obsequio m cadeau m.

observación f observation f; [advertencia] remarque f.

observador, ra adj & m, f observateur(trice).

observancia f observance f.

observar vt observer; [advertir] remarquer. ◆ **observarse** vp : **se observa una cierta mejora** on observe une légère amélioration.

observatorio m observatoire m.

obsesión f obsession f.

obsesionar vt obséder. ◆ **obsesionarse** vp : ~**se con** être obsédé(e) par.

obsesivo, va adj obsédant(e), obsessionnel(elle).

obseso, sa adj & m, f obsédé(e).

obstaculizar vt **-1.** [obstruir] gêner. **-2.** fig [impedir] faire obstacle à.

obstáculo m obstacle m.

obstante ◆ **no obstante** loc adv néanmoins.

obstetricia f obstétrique f.

obstinado, da adj obstiné(e).

obstinarse *vp* s'obstiner; ~ **en** [idea etc] s'obstiner (dans qqch); ~ **en hacer algo** s'obstiner à faire qqch.

obstrucción *f* obstruction *f*.

obstruir *vt* **-1.** [bloquear] obstruer. **-2.** *fig* [obstaculizar] empêcher. ◆ **obstruirse** *vp* se boucher.

obtener *vt* obtenir. ◆ **obtenerse** *vp* s'obtenir.

obturar *vt* obturer.

obtuso, sa ◇ *adj* **-1.** [gen] obtus(e). **-2.** [sin punta] émoussé(e). ◇ *m, f fig* : **es un** ~ il est obtus.

obús (*pl* **obuses**) *m* **-1.** [cañón] obusier *m*. **-2.** [proyectil] obus *m*.

obviar *vt* [inconveniente, problema] parer à; [dificultad, obstáculo] contourner.

obvio, via *adj* évident(e).

oca *f* **-1.** [animal] oie *f*. **-2.** [juego] jeu *m* de l'oie.

ocasión *f* occasion *f*; **con** ~ **de** à l'occasion de; **de** ~ d'occasion; **en alguna** o **cierta** ~ une fois.

ocasional *adj* occasionnel(elle).

ocasionar *vt* causer.

ocaso *m* **-1.** [anochecer] crépuscule *m*. **-2.** *fig* [decadencia] déclin *m*.

occidental ◇ *adj* occidental(e). ◇ *mf* Occidental(e).

occidente *m* occident *m*. ◆ **Occidente** *m* [bloque de países] Occident *m*.

OCDE (*abrev de* **Organización para la Cooperación y el Desarrollo Económico**) *f* OCDE *f*.

Oceanía Océanie *f*.

oceánico, ca *adj* **-1.** [del océano] océanique. **-2.** [de Oceanía] océanien(enne).

océano *m* océan *m*; **el** ~ **(Glacial) Antártico** l'océan Antarctique; **el** ~ **Atlántico** l'océan Atlantique; **el** ~ **(Glacial) Ártico** l'océan Arctique; **el** ~ **Índico** l'océan Indien; **el** ~ **Pacífico** l'océan Pacifique.

ochenta *núm* quatre-vingts; **página** ~ page quatre-vingt; *ver también* **sesenta**.

ocho *núm* huit; *ver también* **seis**.

ochocientos, tas *núm* huit cents; *ver también* **seiscientos**.

ocio *m* loisirs *mpl*; **el tiempo de** ~ le temps libre.

ocioso, sa *adj* oisif(ive); [inútil] oiseux(euse); **el miércoles es un día** ~ le mercredi, repos.

ocluir *vt* MED occlure; [cañería] boucher. ◆ **ocluirse** *vp* MED se fermer; [cañería] se boucher.

ocre ◇ *m* **-1.** [color] ocre *m*. **-2.** [mineral] ocre *f*. ◇ *adj inv* [color] ocre.

octágono, na *adj* octogonal(e). ◆ **octágono** *m* octogone *m*.

octano *m* octane *m*.

octava *f* → **octavo**.

octavilla *f* **-1.** [de propaganda] tract *m*. **-2.** [tamaño] in-octavo *m inv*.

octavo, va *núm* huitième; *ver también* **sexto**. ◆ **octavo** *m* huitième *m*; ~**s de final** DEP huitième de finale. ◆ **octava** *f* MÚS octave *f*.

octeto *m* INFORM octet *m*.

octogenario, ria *adj & m, f* octogénaire.

octubre *m* octobre *m*; *ver también* **septiembre**.

ocular *adj* oculaire.

oculista *mf* oculiste *mf*.

ocultar *vt* cacher. ◆ **ocultarse** *vp* se cacher.

ocultismo *m* occultisme *m*.

oculto, ta *adj* **-1.** [gen] caché(e). **-2.** *fig* [poderes, ciencias] occulte.

ocupación *f* **-1.** [gen] occupation *f*. **-2.** [empleo] profession *f*.

ocupado, da *adj* occupé(e).

ocupante *adj & mf* occupant(e).

ocupar *vt* **-1.** [gen] occuper. **-2.** [dar trabajo] employer.

ocurrencia *f* **-1.** [idea] idée *f*. **-2.** [dicho gracioso] trait *m* d'esprit.

ocurrente *adj* spirituel(elle).

ocurrir *vi* arriver; **aquí ocurre algo extraño** il se passe quelque chose de bizarre ici; **¿qué te ocurre?** qu'est-ce qui t'arrive? ◆ **ocurrirse** *vp* (venir a la cabeza) : **no se me ocurre ninguna solución** je ne vois aucune solution; **¡ni se te ocurra!** tu n'as pas intérêt; **se me ocurre que podríamos salir** et si on sortait?

oda *f* ode *f*.

odiar *vt & vi* haïr.

odio *m* haine *f*; **tener** ~ **a algo/alguien** haïr qqch/qqn.

odioso, sa *adj* odieux(euse); [lugar, tiempo] détestable.

odisea *f* odyssée *f*.

odontología *f* odontologie *f*.

oeste ◇ *m* **-1.** [gen] ouest *m*; **el** ~ **de Europa** l'Ouest de l'Europe. **-2.** [viento] vent *m* d'ouest. ◇ *adj* [zona, frontera]

ouest; [viento] d'ouest. ◆ **Oeste** *m* : **el
Oeste** [punto cardinal] l'ouest.

ofender ◇ *vt* offenser. ◇ *vi* faire offense.
◆ **ofenderse** *vp* se vexer.

ofensa *f* **-1.** [gen] offense *f*. **-2.** DER ou-
trage *m*.

ofensivo, va *adj* **-1.** [injurioso] offen-
sant(e). **-2.** [de ataque] offensif(ive).
◆ **ofensiva** *f* offensive *f*.

oferta *f* **-1.** [gen & ECON] offre *f*; ~ **pública
de adquisición** offre publique d'achat.
-2. [rebaja] promotion *f*; **de** ~ en pro-
motion.

ofertar *vt* faire une promotion sur.

office *m inv* office *m* *(d'une cuisine)*.

oficial, la *m, f* [obrero] apprenti *m* qualifié,
apprentie *f* qualifiée. ◆ **oficial** ◇ *adj* of-
ficiel(elle). ◇ *m* **-1.** MIL officier *m*. **-2.** [fun-
cionario] employé *m* (administratif).

oficialismo *m Amer* soutien inconditionnel du
parti au pouvoir.

oficiar ◇ *vt* célébrer. ◇ *vi* **-1.** [sacerdote]
officier. **-2.** [actuar de] : ~ **de** faire office
de.

oficina *f* bureau *m*; ~ **de empleo** agence
f nationale pour l'emploi, ≈ ANPE; ~ **de
turismo** office *m* du tourisme.

oficinista *mf* employé *m*, -e *f* de bureau.

oficio *m* **-1.** [gen] métier *m*. **-2.** RELIG office
m.

oficioso, sa *adj* officieux(euse).

ofimática *f* bureautique *f*.

ofrecer *vt* offrir; ~ **perspectivas** ouvrir
des perspectives; ~ **una particularidad/
un aspecto** présenter une particularité/
un aspect. ◆ **ofrecerse** *vp* : ~**se a** ○ **para
hacer algo** s'offrir pour faire qqch.

ofrecimiento *m* offre *f*; ~ **de** ○ **para** offre
de.

ofrenda *f* offrande *f*.

ofrendar *vt* : ~ **algo a alguien** faire of-
frande de qqch à qqn.

oftalmología *f* ophtalmologie *f*.

ofuscar *vt lit & fig* aveugler. ◆ **ofuscarse**
vp : ~**se con** être obsédé(e) par.

ogro, gresa *m, f* ogre *m*, ogresse *f*.

oh *interj* : ¡~! oh!

oída ◆ **de oídas** *loc adv* par ouï-dire.

oído *m* **-1.** [órgano] oreille *f*. **-2.** [sentido]
ouïe *f*. **-3.** *loc* : **de** ~ d'oreille; **hacer** ~**s
sordos** faire la sourde oreille; **ser duro
de** ~ être dur d'oreille; **ser todo** ~**s** être
tout ouïe; **tener (buen)** ~ avoir de

l'oreille; **tener mal** ~, **no tener** ~ ne pas
avoir d'oreille.

oír *vt* **-1.** [gen] entendre. **-2.** [atender]
écouter; **oiga, por favor!** votre attention
s'il vous plaît!; ¡**oiga!** [al teléfono] allô! qui
est à l'appareil?; ¡**oye!** *fam* écoute!

OIT *f* **-1.** (*abrev de* **Organización Interna-
cional del Trabajo**) OIT *f*. **-2.** (*abrev de* **Ofi-
cina Internacional del Trabajo**) BIT *m*.

ojal *m* boutonnière *f*.

ojalá *interj* **-1.** [esperanza] : ¡~ **lo haga!**
pourvu qu'il le fasse. **-2.** [añoranza] : ¡~
estuviera aquí! si seulement il était là!

ojeada *f* coup *m* d'œil; **echar** ○ **dar una**
~ jeter un coup d'œil.

ojear *vt* regarder.

ojera *f* (*gen pl*) cerne *m*; **tener** ~**s** avoir des
cernes ○ les yeux cernés.

ojeriza *f* *fam* **tener** ~ **a alguien** avoir une
dent contre qqn.

ojeroso, sa *adj* : **estar** ~ avoir les yeux
cernés.

ojete *m* **-1.** [para cordones] œillet *m*. **-2.**
vulg trou *m* de balle.

ojo ◇ *m* **-1.** [órgano] œil *m*; *fig*. **-2.** [de
aguja] chas *m*; [de cerradura] trou *m*. **-3.**
loc : **abrir los** ~**s a alguien** ouvrir les
yeux à qqn; **andar con (mucho)** ~ faire
(bien) attention; **a** ~ **(de buen cubero)** à
vue de nez; **comerse con los** ~**s a al-
guien** *fam* dévorer qqn des yeux; **echar el
~ a algo** jeter son dévolu sur qqch; **en un
abrir y cerrar de** ~**s** en un clin d'œil; **mi-
rar** ○ **ver con buenos/malos** ~**s** voir
d'un bon/mauvais œil; **no pegar** ~ ne pas
fermer l'œil; ~**s que no ven, corazón
que no siente** loin des yeux, loin du
cœur; **tener (buen)** ~ avoir le coup d'œil.
◇ *interj* : ¡~! attention! ◆ **ojo de buey** *m*
œil-de-bœuf *m*.

OK *interj* : ¡~! OK!

okupa *mf* *mfam* squatter *m*.

ola *f* vague *f*.

ole, olé *interj* : ¡~! olé!

oleada *f* *lit & fig* vague *f*.

oleaje *m* houle *f*.

óleo *m* ARTE huile *f*.

oleoducto *m* oléoduc *m*.

oler ◇ *vt* sentir. ◇ *vi* sentir; **huele a la-
vanda/tabaco** etc ça sent la lavande/le
tabac etc; **huele a mentira** ça sent le
mensonge. ◆ **olerse** *vp* [sospechar] : ~**se
algo** flairer qqch.

olfatear *vt lit & fig* flairer.

olfato *m* **-1.** [sentido] odorat *m*. **-2.** *fig* [sagacidad] flair *m*.

oligarquía *f* oligarchie *f*.

olimpiada, olimpíada *f* olympiade *f*; **las** ~**s** les JO.

olímpicamente *adv fam* **pasar** ~ **de algo** se ficher royalement de qqch.

olisquear *vt* renifler.

oliva *f* olive *f*.

olivar *m* oliveraie *f*.

olivo *m* olivier *m*.

olla *f* marmite *f*; ~ **a presión** ○ **exprés** autocuiseur *m*, Cocotte-Minute® *f*; ~ **podrida** CULIN ≃ pot-au-feu *m*.

olmo *m* orme *m*.

olor *m* odeur *f*; ~ **a** odeur de.

oloroso, sa *adj* odorant(e). ◆ **oloroso** *m* grand cru de Jerez.

OLP (*abrev de* **Organización para la Liberación de Palestina**) *f* OLP *f*.

olvidadizo, za *adj* : **ser** ~ ne pas avoir de mémoire.

olvidar *vt* oublier. ◆ **olvidarse** *vp* : ~**se (algo/de hacer algo)** oublier (qqch/de faire qqch).

olvido *m* oubli *m*; **caer en el** ~ tomber dans l'oubli.

ombligo *m* nombril *m*.

omisión *f* omission *f*.

omitir *vt* omettre.

ómnibus *m inv* omnibus *m* (*autobus*).

omnipotente *adj* omnipotent(e).

omnipresente *adj* omniprésent(e).

omnívoro, ra *adj & m, f* omnivore.

omoplato, omóplato *m* omoplate *f*.

OMS (*abrev de* **Organización Mundial de la Salud**) *f* OMS *f*.

once *núm* onze; *ver también* **seis.**

ONCE (*abrev de* **Organización Nacional de Ciegos Españoles**) *f* association nationale espagnole d'aide aux aveugles et aux handicapés qui organise notamment une loterie.

onceavo, va *núm* onzième; **la onceava parte** un onzième.

onda *f* **-1.** FÍS & RADIO onde *f*; ~ **corta** ondes courtes; ~ **larga** grandes ondes; ~ **media** ondes moyennes. **-2.** [del pelo, tela etc] ondulation *f*.

ondear *vi* ondoyer.

ondulación *f* ondulation *f*.

ondulado, da *adj* ondulé(e).

ondular *vt & vi* onduler.

ónice, ónix *m* ○ *f* onyx *m*.

ónix = **ónice.**

on-line *adj inv* INFORM en ligne.

onomástico, ca *adj culto* onomastique. ◆ **onomástica** *f culto* [día del santo] fête *f*; [ciencia] onomastique *f*.

onomatopeya *f* onomatopée *f*.

ONU (*abrev de* **Organización de las Naciones Unidas**) *f* ONU *f*.

onza *f* **-1.** [unidad de peso] once *f*. **-2.** [de chocolate] carré *m*.

OPA *f* (*abrev de* **oferta pública de adquisición**) OPA *f*.

opaco, ca *adj* opaque.

ópalo *m* opale *f*.

opción *f* **-1.** [elección] choix *m*. **-2.** [derecho] : **dar** ~ **a algo** donner droit à qqch; **tener** ~ **a algo** avoir droit à qqch. **-3.** COM option *f*; ~ **de compra/de venta** option d'achat/de vente.

opcional *adj* optionnel(elle); **la radio es** ~ la radio est en option.

OPEP (*abrev de* **Organización de Países Exportadores de Petróleo**) *f* OPEP *f*.

ópera *f* opéra *m*.

operación *f* opération *f*; ~ **retorno** *opération de régulation de la circulation routière en période de retour de vacances.*

operador, ra *m, f* INFORM opérateur *m*, -trice *f*. ◆ **operador turístico** *m* tour-opérateur *m*.

operar ◇ *vt* opérer; ~ **de** [enfermo] opérer de. ◇ *vi* **-1.** [gen] opérer. **-2.** COM réaliser une opération. **-3.** MAT faire une opération. ◆ **operarse** *vp* **-1.** [gen] : ~**se (de)** se faire opérer (de). **-2.** [producirse] s'opérer.

operario, ria *m, f* ouvrier *m*, -ère *f*.

operativo, va *adj* opérationnel(elle).

opereta *f* opérette *f*.

opinar ◇ *vt* penser. ◇ *vi* donner son avis ○ son opinion; ~ **bien de alguien** penser du bien de qqn.

opinión *f* **-1.** [parecer] opinion *f*; **expresar** ○ **dar su** ~ donner son opinion; ~ **pública** opinion publique. **-2.** [reputación] réputation *f*.

opio *m* opium *m*.

opíparo, ra *adj* : **una comida opípara** un festin.

oponente *mf* opposant *m*, -e *f*; DEP adversaire *mf*.

oponer *vt* opposer. ◆ **oponerse** *vp* ~**se (a)** s'opposer (à).

oporto *m* porto *m*.

oportunidad *f* -1. [ocasión] occasion *f*; aprovechar la ~ profiter de l'occasion. -2. [conveniencia] opportunité *f*.

oportunismo *m* opportunisme *m*.

oportunista *adj & mf* opportuniste.

oportuno, na *adj* opportun(e); **es ~ decírselo ahora** il convient de le lui dire maintenant.

oposición *f* -1. [gen & POLÍT] opposition *f*. -2. [obstáculo] résistance *f*. -3. *(gen pl)* concours *m*; ~ **a** concours de recrutement de; ~ **a cátedra** ≃ concours d'agrégation.

opositor, ra *m, f* -1. [a un cargo] candidat *m*, -e *f* *(à un concours)*. -2. [oponente] opposant *m*, -e *f*.

opresión *f* -1. [represión, ahogo] oppression *f*. -2. [de un botón] pression *f*.

opresivo, va *adj* oppressif(ive).

opresor, ra ◇ *adj* oppresseur; **una política opresora** une politique d'oppression. ◇ *m, f* oppresseur *m*.

oprimir *vt* -1. [botón] presser. -2. [reprimir] opprimer. -3. *fig* [ahogar] oppresser.

optar *vi* -1. [escoger] : ~ **por algo** choisir qqch; ~ **por hacer algo** choisir de faire qqch. -2. [aspirar] : ~ **a** aspirer à.

optativo, va *adj* optionnel(elle).

óptico, ca ◇ *adj* optique. ◇ *m, f* opticien *m*, -enne *f*. ◆ **óptica** *f* -1. [gen] optique *f*. -2. [tienda] : **en la óptica** chez l'opticien.

optimismo *m* optimisme *m*.

optimista *adj & mf* optimiste.

óptimo, ma ◇ *superl* → **bueno**. ◇ *adj* optimal(e); [temperatura] optimum.

opuesto, ta ◇ *pp irreg* → **oponer**. ◇ *adj* opposé(e).

opulencia *f* opulence *f*.

opulento, ta *adj* opulent(e).

oración *f* -1. [rezo] prière *f*. -2. GRAM proposition *f*.

oráculo *m* oracle *m*.

orador, ra *m, f* orateur *m*, -trice *f*.

oral ◇ *adj* oral(e). ◇ *m* → **examen**.

órale *interj Amer fam* allez!

orangután *m* orang-outan *m*.

orar *vi* prier.

oratorio, ria *adj* oratoire. ◆ **oratoria** *f* art *m* oratoire.

órbita *f* -1. [gen] orbite *f*. -2. *fig* [ámbito] sphère *f* d'influence.

orca *f* orque *f*.

orden *(pl* **órdenes)** ◇ *m* ordre *m*; **en ~** en ordre; **por ~** par ordre; ~ **público** ordre public. ◇ *f* ordre *m*; **¡a la ~!** MIL à vos ordres!; **por ~ de** par ordre de; ~ **de arresto** mandat *m* d'arrêt; **estar a la ~ del día** être monnaie courante. ◆ **del orden del día** *m* ordre *m* du jour.

ordenado, da *adj* ordonné(e).

ordenador *m* INFORM ordinateur *m*; ~ **personal** ordinateur personnel; ~ **portátil** ordinateur portable.

ordenanza ◇ *m* -1. [empleado] garçon *m* de bureau. -2. MIL ordonnance *f*. ◇ *f* *(gen pl)* règlement *m*.

ordenar *vt* -1. [poner en orden] ranger; [ideas, cifras] ordonner; ~ **alfabéticamente** classer par ordre alphabétique. -2. [mandar & RELIG] ordonner. ◆ **ordenarse** *vp* RELIG : ~**se sacerdote** être ordonné prêtre.

ordeñar *vt* traire.

ordinal *adj* ordinal(e).

ordinariez *f* [cualidad] vulgarité *f*; [acción, expresión] grossièreté *f*.

ordinario, ria ◇ *adj* -1. [gen] ordinaire. -2. [vulgar] grossier(ère) , vulgaire. ◇ *m, f* : **ser un ~** être vulgaire.

orégano *m* origan *m*.

oreja *f* oreille *f*; **con las ~s gachas** la queue entre les jambes.

orejera *f* oreillette *f*.

orfanato, orfelinato *m* orphelinat *m*.

orfandad *f* -1. [estado] : **estar en ~** être orphelin(e). -2. [internado] orphelinat *m*. -3. *fig* [desamparo] désarroi *m*.

orfebre *mf* orfèvre *mf*.

orfebrería *f* orfèvrerie *f*.

orfelinato = **orfanato**.

orgánico, ca *adj* organique.

organigrama *m* organigramme *m*.

organillo *m* orgue *m* de Barbarie.

organismo *m* organisme *m*.

organista *mf* organiste *mf*.

organización *f* organisation *f*.

organizar *vt* organiser. ◆ **organizarse** *vp* s'organiser.

órgano *m* -1. [gen] organe *m*. -2. MÚS orgue *m*.

orgasmo *m* orgasme *m*.

orgía *f* orgie *f*.

orgullo *m* -1. [satisfacción] fierté *f*. -2. [soberbia] orgueil *m*.

orgulloso, sa ◇ *adj* -1. [satisfecho] fier(fière); **estar ~ de** être fier de. -2. [soberbio] orgueilleux(euse). ◇ *m, f* orgueilleux *m*, -euse *f*.

orientación f **-1.** [gen] orientation f. **-2.** fig [información] indication f.

oriental ◇ adj oriental(e). ◇ mf Oriental m, -e f.

orientar vt orienter. ◆ **orientarse** vp s'orienter.

oriente m est m, orient m; **el sol sale por ~** le soleil se lève à l'est. ◆ **Oriente** m (el) Oriente l'Orient m; Oriente Medio Moyen-Orient m; Oriente Próximo Proche-Orient m; Lejano ◊ Extremo Oriente Extrême-Orient m.

orificio m orifice m.

origen m origine f; **de ~ español** d'origine espagnole.

original ◇ adj **-1.** [gen] original(e). **-2.** [del origen] originel(elle); **el pecado ~** le péché originel. ◇ m original m.

originalidad f originalité f.

originar vt provoquer, être à l'origine de. ◆ **originarse** vp [incendio] se déclarer; [tormenta] éclater.

originario, ria adj **-1.** [procedente] : **ser ~ de** être originaire de. **-2.** [inicial, primitivo] original(e).

orilla f **-1.** [gen] bord m. **-2.** [de campo, bosque] lisière f.

orín m rouille f. ◆ **orines** mpl urines fpl.

orina f urine f.

orinal m pot m de chambre.

orinar vt & vi uriner. ◆ **orinarse** vp : **~ en la cama/encima** faire pipi au lit/dans sa culotte.

oriundo, da ◇ adj : **~ de** originaire de. ◇ m, f DEP sportif dont l'un des parents est espagnol.

orla f **-1.** [gen] bordure f; [de cuadro] passe-partout m. **-2.** [fotografía] tableau comportant les photos des étudiants et des professeurs d'une même promotion.

ornamentación f ornementation f.

ornamento m ornement m.

ornar vt ornementer.

ornitología f ornithologie f.

ornitólogo, ga m, f ornithologue mf.

oro m or m or m; **estar cargado de ~** fig être riche comme Crésus; **un corazón de ~** un cœur d'or; **un marido de ~** un mari en or; **hacerse de ~** faire fortune; **pedir el ~ y el moro** demander une fortune. ◆ **oros** mpl l'une des quatre couleurs du jeu de cartes espagnol. ◆ **oro negro** m [petróleo] or m noir.

orografía f orographie f.

orquesta f orchestre m.

orquestar vt lit & fig orchestrer.

orquestina f orchestre m de danse.

orquídea f orchidée f.

ortiga f ortie f.

ortodoncia f orthodontie f.

ortodoxia f orthodoxie f.

ortodoxo, xa adj & m, f orthodoxe.

ortografía f orthographe f.

ortopedia f orthopédie f.

ortopédico, ca ◇ adj orthopédique. ◇ m, f orthopédiste mf.

oruga f chenille f.

orujo m marc m (de raisin, d'olives).

orzuelo m orgelet m.

os pron pers vous; **viene a veros** il vient vous voir; **~ lo dio** il vous l'a donné; **levantaos** levez-vous; **no ~ peleéis** ne vous disputez pas.

osa f → oso.

osadía f audace f.

osado, da adj audacieux(euse).

osamenta f ossature f.

osar vi oser.

oscilación f oscillation f.

oscilar vi osciller.

oscurecer = obscurecer.

oscuridad = obscuridad.

oscuro, ra = obscuro.

óseo, a adj osseux(euse).

Oslo Oslo.

oso, osa m, f ours m, ourse f; **~ de felpa** ◊ **de peluche** ours en peluche; **~ hormiguero** fourmilier m; **(~) panda** panda m; **~ polar** ours polaire.

ostensible adj ostensible; **hicieron ~ su desacuerdo** ils ont manifesté leur désaccord.

ostentación f ostentation f.

ostentar vt **-1.** [poseer – récord] détenir; [– título] porter. **-2.** [exhibir] arborer.

ostentoso, sa adj somptueux(euse).

ostra f huître f; **aburrirse como una ~** fam fig s'ennuyer comme un rat mort. ◆ **ostras** interj fam ¡**~s**! la vache!

OTAN (abrev de Organización del Tratado del Atlántico Norte) f OTAN f.

OTI (abrev de Organización de Televisiones Iberoamericanas) f association regroupant toutes les chaînes de télévision de langue espagnole.

otitis f otite f.

otoñal adj automnal(e).

otoño *m lit & fig* automne *m*.

otorgamiento *m* –1. [de privilegio] octroi *m*; [de premio] attribution *f*. –2. DER [de contrato] passation *f*.

otorgar *vt* [privilegio] octroyer; [premio] attribuer; [poderes] conférer; ~ **su apoyo/el perdón** accorder son soutien/son pardon.

otorrino, na *m, f fam* oto-rhino *mf*.

otorrinolaringología *f* oto-rhino-laryngologie *f*.

otro, tra ◇ *adj* autre; ~ **chico** un autre garçon; **la otra calle** l'autre rue; ~**s tres goles** trois autres buts; **el** ~ **día** l'autre jour. ◇ *pron* un autre, une autre; **dame** ~ donne-m'en un autre; **el** ~, **la otra** l'autre; **no fui yo, fue** ~ ce n'était pas moi, c'était quelqu'un d'autre; ~**s habrían abandonado** d'autres auraient abandonné.

output *(pl* **outputs)** *m* INFORM sortie *f*.

ovación *f* ovation *f*.

ovacionar *vt* ovationner.

oval *adj* ovale.

ovalado, da *adj* ovale.

ovario *m* ovaire *m*.

oveja *f* brebis *f*. ◆ **oveja negra** *f* brebis *f* galeuse.

overbooking *m* surréservation *f*; [en aviones] surbooking *m*.

ovillo *m* pelote *f*; **hacerse un** ~ *fig* se pelotonner.

ovino, na ◇ *adj* ovin(e). ◇ *m, f* : **los** ~**s** les ovins *mpl*.

ovíparo, ra *adj & m, f* ovipare.

ovni *(abrev de objeto volador no identificado) m* ovni *m*.

ovulación *f* ovulation *f*.

ovular[1] *adj* ovulaire.

ovular[2] *vi* ovuler.

óvulo *m* ovule *m*.

oxidación *f* oxydation *f*.

oxidar *vt* rouiller; QUÍM oxyder. ◆ **oxidarse** *vp* rouiller, se rouiller; QUÍM s'oxyder.

óxido *m* –1. QUÍM oxyde *m*. –2. [herrumbre] rouille *f*.

oxigenado, da *adj* oxygéné(e).

oxigenar *vt* oxygéner. ◆ **oxigenarse** *vp* s'oxygéner.

oxígeno *m* oxygène *m*.

oyente *mf* –1. RADIO auditeur *m*, -trice *f*. –2. [alumno] auditeur *m* libre.

ozono *m* ozone *m*.

P

p, P *f* [letra] p *m inv*, P *m inv*.

p. = **pág.**

pabellón *m* [gen] pavillon *m*.

pacer *vi* paître.

pachá *(pl* **pachaes** ○ **pachás)** *m* pacha *m*; **vivir como un** ~ *fam fig* vivre comme un pacha.

pachanga *f fam* java *f*.

pacharán *m* prunelle *f (liqueur)*.

pachorra *f fam* tener ~ être pépère.

pachucho, cha *adj fam* estar ~ être mal fichu(e).

paciencia *f* patience *f*; **perder la** ~ perdre patience.

paciente *adj & mf* patient(e).

pacificación *f* pacification *f*.

pacificar *vt* pacifier.

pacífico, ca *adj* –1. [gen] pacifique. –2. [tranquilo] paisible. ◆ **Pacífico** *m* : **el Pacífico** le Pacifique.

pacifismo *m* pacifisme *m*.

pacifista *adj & mf* pacifiste.

pack *(pl* **packs)** *m* pack *m*.

paco, ca *m, f Amer fam* flic *m*.

pacotilla *f* pacotille *f*; **de** ~ de pacotille.

pactar ◇ *vt* négocier. ◇ *vi* : ~ **con el enemigo/el diablo** pactiser avec l'ennemi/le diable.

pacto *m* pacte *m*; **hacer/romper un** ~ conclure/rompre un pacte.

padecer ◇ *vt* –1. [sufrir – enfermedad, frío etc] souffrir de; [injusticias, abusos] subir; ~ **un cáncer** souffrir d'un cancer; **ha padecido un infarto** il a eu un infarctus. –2. [aguantar] supporter; **padeció todas sus impertinencias** elle a supporté toutes ses impertinences. ◇ *vi* souffrir; ~ **de** [enfermedad] souffrir de.

padecimiento *m* souffrance *f*.

padrastro *m* –1. [pariente] beau-père *m* *(second mari de la mère)*. –2. [pellejo] envies *fpl (autour des ongles)*.

padrazo *m fam* papa *m* gâteau.

padre ◇ *m* père *m*; **de** ~ **y muy señor mío** *fam* de tous les diables. ◇ *adj fam* terrible; **un susto** ~ une peur bleue. ◆ **pa-**

dres *mpl* **-1.** [padre y madre] parents *mpl*. **-2.** [antepasados] pères *mpl*.

padrenuestro (*pl* **padrenuestros**) *m* Notre Père *m*.

padrino *m* **-1.** [de bautismo] parrain *m*. **-2.** [en acto solemne] témoin *m*. **-3.** *fig* [protector] protecteur *m*. ◆ **padrinos** *mpl* [padrino y madrina] parrains *mpl*.

padrísimo *adj Amer fam* génial(e).

padrón *m* [censo] recensement *m*; [para votar] registre *m* électoral.

padrote *m Amer fam* maquereau *m*.

paella *f* CULIN paella *f*.

paellera *f* poêle *f* à paella.

pág., p. (*abrev de* **página**) p.

paga *f* paie *f*; ~ **extra** ○ **extraordinaria** ≈ treizième mois.

pagadero, ra *adj* payable.

pagano, na ◇ *adj* païen(enne). ◇ *m, f* **-1.** [no cristiano] païen *m*, -enne *f*. **-2.** *fam* [pagador] : **siempre soy yo el** ~ [de factura, cuenta etc] c'est toujours pour ma pomme; [de culpas ajenas] c'est toujours moi le dindon de la farce.

pagar ◇ *vt* **-1.** [gen] payer; ~ **con su vida** payer de sa vie. **-2.** *fig* [corresponder] rendre, payer de retour. **-3.** *loc* : **me las pagarás** *fam* tu me le paieras; **el que la hace la paga** qui casse les verres la paie. ◇ *vi* payer. ◆ **pagarse** *vp* se payer; ~**se unas vacaciones** se payer des vacances.

pagaré *m* COM billet *m* à ordre; ~ **del Tesoro** bon *m* du Trésor.

página *f* page *f*; **las** ~**s amarillas** les pages jaunes.

pago *m* **-1.** [dinero] paiement *m*; **de** ~ payant(e). **-2.** *fig* [recompensa] : **¿éste es el** ~ **que me das?** c'est comme ça que tu me remercies?; **en** ~ **de** en remerciement de. ◆ **pagos** *mpl* [lugar] : **por estos** ~**s** par ici.

pagoda *f* pagode *f*.

paila *f Amer* [sartén] poêle *f*; **a la** ~ [huevos] au plat.

paipai (*pl* **paipais**), **paipay** (*pl* **paipays**) *m* éventail *m* en palme.

pair ◆ **au pair** *f* jeune fille *f* au pair.

país *m* pays *m*; ~**es desarrollados/subdesarrollados** pays développés/sousdéveloppés. ◆ **países Bálticos** *mpl* : **los** ~**es Bálticos** les pays *mpl* Baltes.

paisaje *m* paysage *m*.

paisajista *adj & mf* paysagiste.

paisano, na ◇ *adj* [de país] du même pays. ◇ *m, f* compatriote *mf*. ◆ **paisano** *m* civil *m*; **de** ~ en civil.

País Vasco *m* : **el** ~ le Pays basque.

Países Bajos *mpl* : **los** ~ les Pays-Bas *mpl*.

paja *f* **-1.** [gen] paille *f*. **-2.** *fig* [relleno] remplissage *m*. **-3.** *vulg* [masturbación] : **hacerse una** ~ se branler.

pajar *m* grenier *m* à paille.

pájara *f fig* garce *f*.

pajarería *f* oisellerie *f*; **en la** ~ chez l'oiselier.

pajarita *f* **-1.** [de tela] nœud *m* papillon. **-2.** [de papel] cocotte *f* en papier.

pájaro *m* **-1.** [ave] oiseau *m*; ~ **bobo** manchot *m*; ~ **carpintero** pivert *m*. **-2.** *fig* [hombre astuto] vieux renard *m*.

paje *m* page *m*.

pajilla, pajita *f* paille *f* (*pour boire*).

Pakistán, Paquistán Pakistan *m*.

pala *f* **-1.** [herramienta] pelle *f*; ~ **mecánica** ○ **excavadora** pelle mécanique. **-2.** [raqueta – de ping-pong] raquette *f*; [– de béisbol] batte *f*. **-3.** [de remo, hélice] pale *f*. **-4.** [de calzado] empeigne *f*.

palabra *f* **-1.** [gen] mot *m*; **de** ~ de vive voix; **tomar** ○ **coger la** ~ **a alguien** prendre qqn au mot; **en una/dos** ~(s) en un/deux mot(s). **-2.** [aptitud, derecho, promesa] parole *f*; **dar/quitar la** ~ **a alguien** donner/couper la parole à qqn; **no tener** ~ ne pas avoir de parole; ~ **de honor** parole d'honneur.

palabrería *f fam* baratin *m*.

palabrota *f* gros mot *m*.

palacete *m* petit palais *m*; [en ciudad] hôtel *m* particulier.

palacio *m* palais *m*; ~ **de congresos** palais des congrès.

palada *f* **-1.** [cantidad] pelletée *f*. **-2.** [movimiento – de pala] coup *m* de pelle; [– de hélice] tour *m* d'hélice; [– de remo] coup *m* de rame.

paladar *m* palais *m*.

paladear *vt* savourer.

palanca *f* **-1.** [barra, mando] levier *m*; ~ **de cambio** levier de (changement de) vitesse(s); ~ **de mando** manche *m* à balai. **-2.** [trampolín] plongeoir *m*.

palangana *f* bassine *f*.

palangre *m* palangre *f*.

palco *m* TEATR loge *f*.

paleografía *f* paléographie *f*.

paleolítico, ca adj paléolithique. ◆ **pa-leolítico** m paléolithique m.

Palestina Palestine f.

palestino, na ◇ adj palestinien(enne). ◇ m, f Palestinien m, -enne f.

paleta f **-1.** [instrumento] petite pelle f; [de albañil] truelle f. **-2.** CULIN spatule f. **-3.** ARTE palette f. **-4.** [de hélice, remo] pale f.

paletilla f **-1.** [anat] omoplate f. **-2.** CULIN [de cerdo, cordero] épaule f.

paleto, ta adj & m, f plouc.

paliar vt **-1.** [dolor, pena] apaiser. **-2.** [error, problema] pallier.

palidecer vi pâlir.

palidez f pâleur f.

pálido, da adj pâle.

palillero m porte-cure-dents m.

palillo m **-1.** [mondadientes] cure-dents m. **-2.** [para tambor, arroz] baguette f. **-3.** fig [persona delgada] : **estar hecho un ~** être maigre comme un clou.

palique m fam causette f; **tener ~** avoir la tchatche.

paliza f fam **-1.** [golpes, derrota] raclée f. **-2.** fig [esfuerzo] : **el viaje en coche que una ~ le** voyage en voiture a été crevant. **-3.** [rollo] plaie f.

palma f **-1.** [de mano] paume f. **-2.** [palmera] palmier m. **-3.** [hoja, triunfo] palme f. ◆ **palmas** fpl [aplausos] applaudisse-ments mpl; **batir ~s** applaudir.

palmada f **-1.** [golpe] tape f (de la main). **-2.** [aplauso] applaudissement m; [para lla-mar] : **dar ~s** frapper dans ses mains.

Palma de Mallorca Palma (de Ma-jorque).

palmar[1] ◇ adj [de mano] palmaire. ◇ m palmeraie f.

palmar[2] vt & vi fam : **~(la)** crever (mourir).

palmarés m palmarès m.

palmear vt **-1.** [representación] applau-dir. **-2.** [persona] : **~ en la espalda** don-ner des tapes amicales dans le dos de. ◇ vi applaudir.

palmera f palmier m.

palmito m **-1.** [árbol] palmier m nain. **-2.** CULIN cœur m de palmier. **-3.** fam fig [ros-tro] minois m; **tener ~** [atractivo] avoir du charme.

palmo m [medida] empan m; fig : **un ~ de** un bout de; **estamos a un ~ de casa** nous sommes à deux pas de la maison; **~ a ~** point par point, minutieusement; **de-**

jar a alguien/quedarse con un ~ de na-rices laisser qqn/rester le bec dans l'eau.

palmotear vi applaudir.

palmoteo m applaudissement m.

palo m **-1.** [gen] bâton m; [de escoba] manche m. **-2.** [DEP – de portería] poteau m; [– de golf] club m. **-3.** [madera & BOT] bois m. **-4.** [golpe] coup m de bâton. **-5.** fam [decepción] : **llevarse un ~** [en examen] se ramasser; [con alguien] se prendre une baffe; **dar un ~ a alguien** [decepcionar] décevoir qqn; [criticar] descendre qqn. **-6.** [mástil] mât m. **-7.** [de baraja] couleur f. **-8.** [de letra] jambage m. **-9.** fam fig [pesadez] galère f; **es un ~** c'est la galère. **-10.** loc : **a ~ seco** [bebida] pur(e); [comida] sans rien, tout seul(toute seule).

paloma f → palomo.

palomar m pigeonnier m.

palomilla f **-1.** [insecto] teigne f. **-2.** [tor-nillo] papillon m. **-3.** [armazón] équerre f.

palomita f pop-corn m inv.

palomo, ma m, f pigeon m, pigeonne f; **paloma mensajera** pigeon voyageur. ◆ **paloma** f colombe f.

palote m [trazo] bâton m (pour apprendre à écrire).

palpable adj lit & fig palpable.

palpar ◇ vt **-1.** [tocar] palper. **-2.** fig [per-cibir] sentir. ◇ vi tâtonner.

palpitación f palpitation f.

palpitante adj palpitant(e).

palpitar vi **-1.** [corazón] palpiter. **-2.** fig [emoción, nerviosismo etc] : **en sus pala-bras palpitaba su emoción** ses paroles trahissaient son émotion.

palta f Amer avocat m (fruit).

paludismo m paludisme m.

palurdo, da adj & m, f fam balourd(e).

pamela f capeline f.

pampa f pampa f.

Pampa f : **la ~** la Pampa.

pamplina f (gen pl) fam fig : **no hace más que contar ~s** il ne raconte que des his-toires.

pan m **-1.** [gen] pain m; **~ de molde** ○ in-glés pain de mie; **~ integral** pain complet; **~ rallado** chapelure f; **a ~ y agua** au pain sec et à l'eau; **estar a ~ y agua de dinero** fig être à court d'argent; **estar a ~ y cuchillo** être logé(e) et nourri(e). **-2.** [de oro, plata] feuille f. **-3.** loc : **contigo ~ y cebolla** avec toi jus-qu'au bout du monde; **llamar al ~ ~ y al vino vino** appeler un chat un chat; **ser el**

~ **nuestro de cada día** être monnaie courante; **es** ~ **comido** c'est du gâteau; **ser más bueno que el** ~ être la bonté même.

pana f velours m côtelé.

panacea f panacée f.

panadería f boulangerie f.

panadero, ra m, f boulanger m, -ère f.

panal m rayon m (d'une ruche).

Panamá Panama m.

panameño, ña ◇ adj panaméen(enne). ◇ m, f Panaméen m, -enne f.

pancarta f pancarte f.

panceta f lard m.

pancho, cha adj fam pépère; **se quedó tan** ~ ça ne lui a fait ni chaud ni froid.

páncreas m pancréas m.

panda ◇ m → **oso**. ◇ f bande f (d'amis).

pandereta f tambour m de basque.

pandero m -1. MÚS tambour m de basque. -2. fam [trasero] popotin m.

pandilla f bande f (d'amis).

panecillo m petit pain m.

panegírico, ca adj : **un discurso** ~ un panégyrique m. ◆ **panegírico** m panégyrique m.

panel m -1. [gen] panneau m. -2. [de coche] tableau m de bord.

panera f corbeille f à pain.

pánfilo, la ◇ adj niais(e). ◇ m, f idiot m, -e f.

panfleto m pamphlet m.

pánico m panique f.

panificadora f boulangerie f industrielle.

panocha f épi m (de maïs).

panorama m panorama m.

panorámico, ca adj panoramique. ◆ **panorámica** f -1. [vista] vue f panoramique. -2. CIN panoramique m.

pantaletas fpl Amer [bragas] culotte f.

pantalla f -1. [gen & INFORM] écran m; **la pequeña** ~ le petit écran; ~ **de cristal líquido** écran à cristaux liquides. -2. [de lámpara] écran m; abat-jour m.

pantalón m (gen pl) pantalon m; **llevar pantalones azules** porter un pantalon bleu; **pantalones cortos** culottes fpl courtes; ~ **pitillo** fuseau m; ~ **tejano** o **vaquero** jean m.

pantano m -1. [ciénaga] marais m. -2. [embalse] retenue f d'eau.

pantanoso, sa adj -1. [con pantanos] marécageux(euse). -2. fig [difícil] épineux(euse).

panteísmo m panthéisme m.

panteón m panthéon m.

pantera f panthère f.

pantimedias fpl Amer collants mpl.

pantorrilla f mollet m.

pantufla f (gen pl) pantoufle f.

panty (pl **pantys**) m collant m.

panza f panse f.

panzada f -1. [golpe] : **darse una** ~ s'étaler de tout son long; [en el agua] faire un plat. -2. fam [hartura] : **darse una** ~ **de comer** s'en mettre plein la panse; **darse una** ~ **de reír** mourir de rire.

pañal m couche f. ◆ **pañales** mpl -1. [de niño] langes mpl. -2. fig [inicios] : **en** ~**es** à ses débuts.

pañería f draperie f; **fuimos a la** ~ nous sommes allés chez le drapier.

paño m -1. [tela] drap m. -2. [trapo] chiffon m; ~ **de cocina** torchon m (de cuisine). -3. [lienzo] pan m de mur. ◆ **paños** mpl -1. [ropaje] drapé m; **estar en** ~**s menores** être en petite tenue. -2. MED compresse f; **venir con** ~**s calientes** fig prendre des gants.

pañoleta f fichu m.

pañuelo m -1. [de nariz] mouchoir m; ~ **de papel** mouchoir en papier. -2. [de adorno] foulard m.

papa f pomme de terre f; **ni** ~ fam fig rien du tout; **no sé ni** ~ **de cocina** je n'y connais rien en cuisine. ◆ **Papa** m pape m.

papá (pl **papás**) m fam papa m. ◆ **papás** mpl : **mis** ~**s** mon papa et ma maman. ◆ **Papá Noel** m père m Noël.

papachador, ra adj Amer réconfortant(e).

papachar vt Amer cajoler.

papada f -1. [de persona] double menton m. -2. [de animal] fanon m.

papagayo m perroquet m.

papalote m Amer cerf-volant m.

papamoscas m inv gobe-mouches m inv.

papanatas m inv o f inv fam ballot m.

papaya f [fruta] papaye f.

papel m -1. [material, documento] papier m; ~ **carbón** papier carbone; ~ **celofán** Cellophane f; ~ **continuo** INFORM papier continu; ~ **de embalar** o **de embalaje** papier d'emballage; ~ **de aluminio** o **de plata** papier d'aluminium; ~ **de fumar**

papier à cigarettes; ~ **de lija** papier de verre; ~ **higiénico** papier toilette; ~ **pintado** papier peint; ~ **secante** papier buvard. **-2.** CIN & TEATR rôle *m*; **desempeñar** ○ **hacer el ~ de** jouer le rôle de. **-3.** FIN valeur *f*; ~ **moneda** papier-monnaie *m*. ◆ **papeles** *mpl* [documentos] papiers *mpl*.

papela *f* mfam [de heroína] dose *f*.

papeleo *m* paperasserie *f*.

papelera *f* → papelero.

papelería *f* papeterie *f*.

papelero, ra *adj* papetier(ère). ◆ **papelera** *f* **-1.** [cesto, cubo] corbeille *f* à papier. **-2.** [fábrica] papeterie *f*.

papeleta *f* **-1.** [boleto] billet *m*; [de votación] bulletin *m* de vote. **-2.** EDUC bulletin *m* de notes. **-3.** *fig* [situación engorrosa] : **¡vaya ~!** quelle tuile !

papera *f* [bocio] goitre *m*. ◆ **paperas** *fpl* oreillons *mpl*.

papi *m* fam papa *m*.

papilla *f* **-1.** [alimento infantil] bouillie *f*. **-2.** *loc* : **hecho ~** [cansado] à ramasser à la petite cuillère; [destrozado] réduit(e) en bouillie.

papiro *m* papyrus *m*.

paquete *m* **-1.** [gen & INFORM] paquet *m*; ~ **bomba** colis *m* piégé; ~ **postal** colis *m* postal. **-2.** [en moto] : **ir de ~** monter derrière. **-3.** [conjunto] train *m*; **un ~ de medidas** un train de mesures; ~ **turístico** voyage *m* organisé. **-4.** fam [pañales] couches *fpl*. **-5.** fam [no apto] : **ser un ~** être nul(nulle). **-6.** fam [cosa fastidiosa] : **me ha tocado el ~ de...** c'est moi qui me suis tapé la corvée de...

paquidermo *m* pachyderme *m*.

Paquistán = Pakistán.

par ○ *adj* **-1.** [gen] pair(e). **-2.** [igual] égal(e); **sin ~** hors pair. ○ *m* **-1.** [pareja – de zapatos etc] paire *f*. **-2.** [dos] : **un ~ de ojos** deux yeux. **-3.** [número indeterminado] : **tomar un ~ de copas** prendre quelques verres. **-4.** [título] pair *m*. ◆ **a la par** *loc adv* **-1.** [simultáneamente] en même temps. **-2.** [a igual nivel] à égalité. **-3.** FIN au pair. ◆ **de par en par** *loc adj* : **abierto de ~ en ~** grand ouvert.

PAR (*abrev de* Partido Aragonés Regionalista) *m* parti régionaliste aragonais.

para *prep* **-1.** [gen] pour; **es ~ ti** c'est pour toi; **es malo ~ la salud** c'est mauvais pour la santé; **sale ~ distraerse** elle sort pour se distraire; **te lo digo ~ que lo sepas** je te le dis pour que tu le saches; **está**

muy espabilado ~ su edad il est très éveillé pour son âge; **¿~ qué?** pourquoi?; **lo he hecho ~ agradarte** je l'ai fait pour te faire plaisir. **-2.** [dirección] : **vete ~ casa** rentre à la maison; **salir ~ Madrid** partir pour Madrid; **échate ~ el lado** mets-toi sur le côté. **-3.** [tiempo] : **tiene que estar hecho ~ mañana** ça doit être fait pour demain; **queda leche ~ dos días** il reste du lait pour deux jours. **-4.** *(después de adj y antes de infin)* [inminencia] : **la cena está lista ~ servir** le dîner est prêt à être servi.

parabién (*pl* parabienes) *m* félicitations *fpl*.

parábola *f* parabole *f*.

parabólico, ca *adj* parabolique.

parabrisas *m inv* pare-brise *m inv*.

paracaídas *m inv* parachute *m*.

paracaidista *mf* parachutiste *mf*.

parachoques *m inv* pare-chocs *m inv*.

parada *f* → parado.

paradero *m* **-1.** [de persona] : **desconozco su ~** j'ignore où il se trouve; **dieron con su ~** ils ont trouvé où il était. **-2.** *Amer* [parada] arrêt *m*.

paradisiaco, ca, paradisíaco, ca *adj* paradisiaque.

parado, da ○ *adj* **-1.** [inmóvil] arrêté(e). **-2.** [pasivo] qui manque d'initiative. **-3.** *fam* [sin empleo] au chômage. **-4.** *loc* : **salir mal/bien ~ de algo** se tirer mal/bien de qqch; **salió bien ~** il s'en est bien tiré; **quedarse ~** rester interdit. ○ *m, f fam* [desempleado] chômeur *m*, -euse *f*. ◆ **parada** *f* **-1.** [gen] arrêt *m*; ~ **de autobús** arrêt d'autobus; ~ **de taxis** station *f* de taxis; ~ **discrecional** arrêt facultatif. **-2.** MIL parade *f*.

paradoja *f* paradoxe *m*.

paradójico, ca *adj* paradoxal(e).

parador *m* [mesón] relais *m*. ◆ **Parador Nacional** *m* monument historique aménagé en hôtel.

parafernalia *f* [de persona] attirail *m*; [de acto, ceremonia] mise *f* en scène.

parafrasear *vt* paraphraser.

paráfrasis *f* paraphrase *f*.

paraguas *m inv* parapluie *m*.

Paraguay : (el) ~ le Paraguay.

paraguayo, ya ○ *adj* paraguayen(enne). ○ *m, f* Paraguayen *m*, -enne *f*.

paragüero *m* porte-parapluie *m*.

paraíso *m* paradis *m*.

paraje *m* contrée *f*.

paralela → paralelo.

paralelismo *m* parallélisme *m*.

paralelo, la *adj* parallèle. ◆ **paralelo** *m* parallèle *m*; **en ~** ELECTR en parallèle. ◆ **paralela** *f* GEOM parallèle *f*. ◆ **paralelas** *fpl* barres *fpl* parallèles.

parálisis *f* paralysie *f*.

paralítico, ca *adj & m, f* paralytique.

paralizar *vt* paralyser. ◆ **paralizarse** *vp* [extremidades] être paralysé(e); [obra] être arrêté(e).

parámetro *m* paramètre *m*.

páramo *m* **-1.** [terreno yermo] désert *m*. **-2.** [lugar solitario] endroit *m* isolé.

parangón *m* comparaison *f*; **sin ~** sans commune mesure.

paranoia *f* paranoïa *f*.

paranormal *adj* paranormal(e).

parapente *m* DEP parapente *m*.

parapetarse *vp* : **~ (tras)** se retrancher (derrière).

parapeto *m* **-1.** [gen] parapet *m*. **-2.** [barricada] barricade *f*.

parapléjico, ca *adj & m, f* paraplégique.

parapsicología, parasicología *f* parapsychologie *f*.

parar ◇ *vi* **-1.** [gen] arrêter; [viento] tomber; [lluvia, ruido] cesser; [tren etc] s'arrêter; **sin ~** sans arrêt. **-2.** [acabar] finir; **¿en qué parará todo esto?** comment tout cela va-t-il finir?; **ir a ~ a manos de** tomber entre les mains de. **-3.** [alojarse] descendre. ◇ *vt* **-1.** [gen] arrêter; [golpe] parer. **-2.** [trampa etc] tendre. **-3.** *Amer* [levantar] lever. ◆ **pararse** *vp* **-1.** [gen] s'arrêter. **-2.** *Amer* [ponerse de pie] se lever.

pararrayos *m inv* paratonnerre *m*.

parasicología = parapsicología.

parásito, ta *adj* parasite. ◆ **parásito** *m* parasite *m*. ◆ **parásitos** *mpl* [interferencias] parasites *mpl*.

parasol *m* parasol *m*.

parcela *f* parcelle *f*.

parche *m* **-1.** [para tapar – en tejido] pièce *f*; [– en neumático] Rustine® *f*; [– en ojo] bandeau *m*. **-2.** [emplasto] emplâtre *m*. **-3.** [chapuza] rafistolage *m*. **-4.** [arreglo provisional] expédient *m*.

parchís *m inv* ≃ petits chevaux *mpl*.

parcial ◇ *adj* **-1.** [no total] partiel(elle). **-2.** [no ecuánime] partial(e). ◇ *m* [examen] partiel *m*.

parcialidad *f* **-1.** [tendenciosidad] partialité *f*. **-2.** [bando] faction *f*.

parco, ca *adj* **-1.** [persona] sobre; **~ en** avare de. **-2.** [sueldo, comida etc] maigre.

pardillo, lla *adj & f fam* [ingenuo] poire.

pardo, da *adj* brun(e); **nubes pardas** des nuages sombres. ◆ **pardo** *m* brun *m*.

parecer ◇ *m* **-1.** [opinión] avis *m*. **-2.** [apariencia] apparence *f*; **es de buen ~** elle a un physique agréable. ◇ *vi* ressembler à; **un perro que parece un lobo** un chien qui ressemble à un loup. ◇ *v copulativo* avoir l'air, paraître; **pareces cansado** tu as l'air fatigué; **parece más grande** elle paraît plus grande. ◇ *v impers* **-1.** [opinar, creer] : **me/te etc parece** il me/te etc semble; **¿qué te parece?** qu'en penses-tu?; **me parece que...** j'ai l'impression que...; **me parece muy bien** je trouve ça très bien; **¿te parece?** ça te va? **-2.** [ser posible] : **parece que...** on dirait que...; **al ~** apparemment. ◆ **parecerse** *vp* se ressembler; **se parecen en los ojos** ils ont les mêmes yeux; **~se a alguien** ressembler à qqn.

parecido, da *adj* [semejante] : **~ (a)** semblable (à); **tus gemelos son ~s** les jumeaux se ressemblent. ◆ **parecido** *m* ressemblance *f*.

pared *f* **-1.** [gen & DEP] mur *m*. **-2.** [ANAT & montaña etc] paroi *f*.

paredón *m* gros mur *m*; [de fusilamiento] mur *m* des fusillés.

parejo, ja *adj* pareil(eille). ◆ **pareja** *f* **-1.** [par] paire *f*. **-2.** [de novios] couple *m*. **-3.** [miembro del par] partenaire *mf*; [– en baile] cavalier *m*, -ère *f*; [– ropa] : **la pareja de este calcetín** la deuxième chaussette.

parentela *f* parenté *f (famille)*.

parentesco *m* lien *m* de parenté.

paréntesis *m inv* parenthèse *f*; **entre ~** entre parenthèses.

pareo *m* pareo *m*.

paria *mf lit & fig* paria *m*.

parida *f fam* **no dice más que ~s** il ne raconte que des bêtises.

pariente, ta *m, f* **-1.** [familiar] parent *m*, -e *f*. **-2.** *fam* [cónyuge] moitié *f (la femme pour son mari)*, homme *m* (le mari pour sa femme).

parietal *m* pariétal *m*.

parir ◇ *vi* [animal] mettre bas; [mujer] accoucher. ◇ *vt* [animal] mettre bas; [mujer] accoucher de.

París Paris.

partido

parisino, na ◇ adj parisien(enne). ◇ m, f Parisien m, -enne f.

parking m parking m.

parlamentar vi parlementer.

parlamentario, ria adj & m, f parlementaire.

parlamento m -1. [gen] parlement m. -2. TEATR tirade f.

parlanchín, ina adj & m, f bavard(e).

parlante adj parlant(e).

parlotear vi fam papoter.

paro m -1. [gen] chômage m. -2. [parada] arrêt m; ~ **cardiaco** arrêt cardiaque; ~ **de imagen** [vídeo] arrêt sur image.

parodia f parodie f.

parodiar vt parodier.

parpadear vi -1. [pestañear] cligner des yeux, battre des paupières. -2. [centellear – luz] clignoter; [– estrella] scintiller.

párpado m paupière f.

parque m parc m; ~ **acuático** parc aquatique; ~ **de atracciones** parc d'attractions; ~ **nacional** parc national; (~) **zoológico** parc zoologique, zoo m; ~ **de bomberos** caserne f de pompiers.

parqué (pl **parqués**), **parquet** (pl **parquets**) m parquet m.

parqueadero m Amer parking m.

parquear vt Amer garer.

parquet = parqué.

parquímetro m parcmètre m.

parra f treille f.

parrafada f -1. [entre amigos etc] : **tuvieron una** ~ **de media hora** ils ont discuté pendant une demi-heure. -2. [monólogo] laïus m.

párrafo m paragraphe m.

parranda f -1. fam [juerga] virée f. -2. [banda] troupe f de musiciens et de chanteurs.

parricidio m parricide m.

parrilla f -1. [utensilio] gril m; **a la** ~ au gril. -2. [sala de restaurante] grill-room m. -3. DEP : ~ **(de salida)** grille f de départ.

parrillada f CULIN assortiment de viandes ou de poissons grillés.

párroco m curé m (de la paroisse).

parroquia f -1. [gen] paroisse f. -2. [clientela] clientèle f.

parroquiano, na m, f -1. [feligrés] paroissien m, -enne f. -2. [cliente] client m, -e f.

parsimonia f -1. [calma] lenteur f. -2. [moderación] parcimonie f.

parte ◇ m [informe] rapport m; **dar** ~ informer; ~ **facultativo** o **médico** bulletin m de santé; ~ **meteorológico** bulletin m météorologique. ◇ f -1. [trozo & DER] partie f; **en** ~ en partie; **por** ~s peu à peu; **vayamos por** ~s procédons par ordre. -2. [porción, lugar] part f; **la mayor** ~ **de la gente** la plupart des gens; **por ninguna** ~ nulle part. -3. [lado] côté m; **estar** o **ponerse de** ~ **de alguien** être o se mettre du côté de qqn; **por** ~ **de madre/padre** du côté maternel/paternel. -4. TEATR rôle m. -5. loc : **de** ~ **de** de la part de; **¿de** ~ **de quién?** c'est de la part de qui?; **por mi** ~ pour ma part; **por otra** ~ d'autre part; **tener** o **tomar** ~ **en algo** prendre part à qqch. ◆ **partes** fpl [genitales] parties fpl intimes.

partera f sage-femme f.

parterre m parterre m.

partición f partage m; [de territorio] partition f.

participación f -1. [colaboración] participation f. -2. [de lotería] billet m. -3. [comunicación] faire-part m.

participante adj & mf participant(e).

participar ◇ vi -1. [colaborar] : ~ **(en)** participer (à). -2. [beneficiarse] : ~ **de** o **en** participer à. -3. [compartir] : ~ **de algo** partager qqch; **participo de tus ideas** je partage tes idées. ◇ vt : ~ **algo a alguien** faire part de qqch à qqn.

partícipe ◇ adj : **hacer** ~ **de algo a alguien** [comunicar] faire part de qqch à qqn. ◇ mf participant m, -e f.

partícula f particule f.

particular ◇ adj -1. [gen] particulier(ère); **en** ~ en particulier. -2. [no público] privé(e). ◇ mf particulier m. ◇ m [asunto] sujet m.

particularizar ◇ vt [caracterizar] particulariser. ◇ vi -1. [pormenorizar] entrer dans les détails. -2. [personalizar] : ~ **en alguien** viser qqn en particulier.

partida f → partido.

partidario, ria ◇ adj partisan; **es partidaria de...** elle est partisan de o pour...; **es** ~ **de cerrar la fábrica** il est pour la fermeture de l'usine. ◇ m, f partisan m.

partidista adj partisan(e).

partido, da adj -1. [roto] cassé(e). -2. [rajado] fendu(e). ◆ **partido** m -1. [gen] parti m; **buen/mal** ~ [novio] bon/mauvais parti. -2. DEP match m; ~ **amistoso** match amical. -3. loc : **sacar** ~ **de** tirer parti de; **tomar** ~ **por** prendre parti pour. ◆ **par-**

tida f -1. [marcha] départ m. -2. [en juego] partie f. -3. [documento] acte m. -4. COM [mercancía] lot m.

partir ◇ vt -1. [romper] casser. -2. [cortar] couper. -3. [repartir] partager. ◇ vi -1. [marchar] : ~ **(hacia)** partir (pour). -2. [basarse en] : ~ **de** partir de. ◆ **partirse** vp se casser. ◆ **a partir de** loc prep à partir de.

partitura f partition f.

parto m [animal] mise f bas; [humano] accouchement m; **estar de** ~ être en travail.

parvulario m école f maternelle.

pasa f [fruta] raisin m sec.

pasable adj acceptable.

pasacalle m MÚS marche f.

pasada f → **pasado**.

pasadizo m passage m.

pasado, da adj -1. [anterior] dernier(ère); **el año** ~ l'année dernière; ~ **un año** un an plus tard; **lo** ~, ~ **está** le passé c'est le passé. -2. [podrido] périmé(e); [fruta] blet(ette). ◆ **pasado** m passé m. ◆ **pasada** f -1. [mano] : **dar una pasada de pintura** donner un coup de peinture. -2. fam [cosa extraordinaria] : **tu coche nuevo es una pasada** ta nouvelle voiture est vraiment géniale. ◆ **de pasada** loc adv en passant. ◆ **mala pasada** f mauvais tour m.

pasador m -1. [cerrojo] verrou m. -2. [para el pelo] barrette f.

pasaje m -1. [gen] passage m. -2. [pasajeros] passagers mpl. -3. [de barco, avión] billet m.

pasajero, ra adj & m, f passager(ère).

pasamano f, **pasamanos** m inv -1. [adorno] galon m. -2. [barandilla] main f courante.

pasamontañas m inv passe-montagne m.

pasaporte m passeport m.

pasapuré, pasapurés m inv presse-purée m.

pasar ◇ vt -1. [gen] passer; **pásame la sal** passe-moi le sel; ~ **la frontera** passer la frontière; **me ha pasado su catarro** il m'a passé son rhume; **pasó dos años en Roma** elle a passé deux années à Rome; **lo pasó muy mal** il a passé un mauvais moment; ~ **droga** passer de la drogue; ~ **una película** passer un film; ~ **la harina por el tamiz** passer la farine au tamis; **ya hemos pasado las Navidades** Noël est déjà passé. -2. [llevar adentro] : ~ **a alguien** faire entrer qqn. -3. [cruzar] tra-

verser. -4. [trasladar] : ~ **algo de un sitio a otro** déménager qqch d'un endroit à un autre. -5. [admitir] tolérer. -6. [consentir] : ~ **algo a alguien** passer qqch à qqn; **le pasa todos sus caprichos** elle lui passe tous ses caprices. -7. [padecer] : **está pasando una depresión** elle fait une dépression; **están pasando problemas económicos** ils ont ces problèmes financiers en ce moment; ~ **frío/hambre** avoir faim/froid. -8. [aprobar] réussir. -9. [sobrepasar] : **ya ha pasado los treinta** il a plus de trente ans. -10. [coche] dépasser. ◇ vi -1. [gen] passer; **pasé por la oficina** je suis passé au bureau; **pasan los días y...** les jours passent et...; **pasó el frío** le froid est passé; ~ **de... a...** passer de... à...; **pasó de la alegría a la tristeza** il est passé de la joie à la tristesse; **ha pasado de presidente a secretario** de président, il est passé secrétaire; ~ **a** passer à; **pasemos a otra cosa** passons à autre chose; ~ **de largo** passer sans s'arrêter. -2. [entrar] entrer; **¡pase!** entrez! -3. [suceder] passer, arriver; **cuéntame lo que pasó** raconte-moi ce qui s'est passé; **¿cómo pasó?** comment est-ce arrivé?; **pase lo que pase** quoi qu'il arrive. -4. [conformarse] : ~ **sin algo** se passer de qqch. -5. fam [prescindir] : **paso de ir al cine** je n'ai aucune envie d'aller au cinéma; ~ **de algo** n'en avoir rien à faire de qqch; **paso de política** la politique, j'en ai rien à faire; **pasa de él** elle ne l'aime pas. -6. [tolerar] : ~ **por algo** supporter qqch. ◆ **pasarse** vp -1. [acabarse, emplear tiempo] passer; **¿se te ha pasado el dolor?** est-ce que la douleur est passée?; **se pasaron el día hablando** ils ont passé la journée à parler. -2. [oportunidad, ocasión] laisser passer. -3. [estropearse – comida natural] se gâter; [– comida envasada, medicamentos] être périmé(e). -4. [cambiar de bando] : ~**se a** passer à; ~**se al otro bando** changer de camp. -5. [olvidar] oublier; **se me pasó decirle que...** j'ai oublié de lui dire que... -6. [no fijarse] : **no se le pasa nada** rien ne lui échappe. -7. fam [propasarse] aller trop loin. -8. [divertirse o aburrirse] : **¿qué tal te lo estás pasando?** alors, tu t'amuses?; **pasárselo bien** bien s'amuser; **se lo pasó muy mal en la fiesta** elle ne s'est pas amusée du tout à la soirée.

pasarela f -1. [de embarque] passerelle f. -2. [de desfile] podium m.

pasatiempo m passe-temps m. ◆ **pasatiempos** mpl PRENSA rubrique f jeux.

Pascal *m* INFORM Pascal *m*.

Pascua *f* **-1.** [de judíos] Pâque *f.* **-2.** [de cristianos] Pâques *fpl;* ... **y santas ~s** ... un point c'est tout. ◆ **Pascuas** *fpl* [Navidad] Noël *m;* **¡felices Pascuas!** joyeux Noël!; **de ~ a Ramos** tous les trente-six du mois.

pase *m* **-1.** [permiso] laissez-passer *m.* **-2.** [de película, diapositivas etc] projection *f.* **-3.** [de modelos] défilé *m.* **-4.** DEP passe *f.*

pasear ◇ *vi* se promener. ◇ *vt* promener. ◆ **pasearse** *vp* se promener.

paseo *m* promenade *f;* **dar un ~, ir de ~** faire une promenade, aller se promener.

pasillo *m* couloir *m.*

pasión *f* passion *f.* ◆ **Pasión** *f* RELIG Passion *f.*

pasividad *f* passivité *f.*

pasivo, va *adj* passif(ive). ◆ **pasivo** *m* passif *m.*

pasmado, da ◇ *adj* **-1.** [asombrado] stupéfait(e). **-2.** [atontado] hébété(e). ◇ *m, f* endormi *m,* -e *f.*

pasmar *vt* stupéfier. ◆ **pasmarse** *vp* s'étonner.

pasmo *m* stupéfaction *f.*

pasmoso, sa *adj* stupéfiant(e).

paso *m* **-1.** [gen] passage *m;* **abrir** ○ **abrirse ~** se frayer un chemin; **¡abran ○!** laissez passer!; **ceder el ~** céder le passage; **'prohibido el ~'** 'défense d'entrer'; **~ a nivel** passage à niveau; **~ del ecuador** EDUC *fête ou voyage organisé par les étudiants parvenus à la moitié de leurs études universitaires;* **~ (de) cebra** passage clouté; **~ elevado** CONSTR passerelle *f;* ◇ **obligado** *fig* passage obligé; **~ peatonal** ○ **de peatones** passage (pour) piétons. **-2.** [forma de andar] pas *m.* **-3.** (gen pl) [gestión] démarche *f.* **-4.** [mal momento] : **(mal) ~** mauvais pas *m.* **-5.** [en procesiones] char *m.* **-6.** *loc* : **a cada ~** à tout moment; **a dos** ○ **cuatro ~s** à deux pas; **~ a ~** pas à pas; **salir del ~** se tirer d'affaire. ◆ **de paso** *loc adv* au passage.

pasodoble *m* paso doble *m inv.*

pasota *adj* & *mf fam* je-m'en-foutiste.

pasta *f* **-1.** [masa] pâte *f;* **~ dentífrica** ○ **de dientes** dentifrice *m.* **-2.** [CULIN – espagueti etc] pâtes *fpl;* [– pastelillo] petit gâteau *m* sec. **-3.** *fam* [dinero] fric *m.*

pastar *vi* paître.

pastel *m* **-1.** CULIN [dulce] gâteau *m;* [salado – de carne, verduras] **tourte** *f;* [– de pescado] pain *m,* terrine *f;* **repartirse el ~**

fig se partager le gâteau. **-2.** [lápiz] pastel *m.*

pastelería *f* pâtisserie *f.*

pasteurizado, da *adj* pasteurisé(e).

pastiche *m* pastiche *m.*

pastilla *f* **-1.** [gen] pastille *f;* [de chocolate] tablette *f;* MED pilule *f;* **~ de jabón** savonnette *f.* **-2.** AUTOM plaquette *f.* **-3.** INFORM puce *f.* **-4.** *loc* : **a toda ~** *fam* à toute pompe.

pasto *m* **-1.** [acción, lugar] pâturage *m.* **-2.** [alimento] pâture *f.* **-3.** [motivo] : **ser ~ para la crítica** alimenter la critique.

pastón *m* *mfam* **valer un ~** valoir un fric fou.

pastor, ra *m, f* berger *m,* -ère *f.* ◆ **pastor** *m* **-1.** [sacerdote] pasteur *m.* **-2.** [perro] chien *m* de berger.

pastoso, sa *adj* pâteux(euse).

pata *f* **-1.** [de animal, persona] patte *f;* **a cuatro ~s** à quatre pattes; **a la ~ coja** *fam* à cloche-pied. **-2.** [de mueble] pied *m.* **-3.** *loc* : **meter la ~** faire une gaffe; **poner/estar ~s arriba** mettre/être sens dessus dessous; **tener mala ~** avoir la poisse. ◆ **pata de gallo** *f* **-1.** [arrugas] patte-d'oie *f.* **-2.** [tejido] pied-de-poule *m.* ◆ **pata negra** *m* jambon de pays de première qualité.

patada *f* coup *m* de pied; **tratar a alguien a ~s** *fam fig* traiter qqn à coups de pied dans le derrière.

patalear *vi* gigoter; [en el suelo] trépigner.

pataleo *m* **-1.** [movimiento] gesticulation *f.* **-2.** [en el suelo] trépignement *m.*

pataleta *f* *fam* cirque *m;* **armó una ~** il a fait tout un cirque.

patán *adj m* & *m* **-1.** [ignorante] plouc. **-2.** [grosero] goujat.

patata *f* pomme de terre *f;* **~s fritas** frites *fpl;* [de bolsa] chips *fpl.*

patatús *m* *fam* **le dio un ~** ça lui a fichu un coup.

paté *m* pâté *m.*

patear ◇ *vt* **-1.** [dar un puntapié a] donner un coup de pied à. **-2.** [pisotear] piétiner. **-3.** [recorrer – ciudad] faire à pied. ◇ *vi* **-1.** [patalear] trépigner. **-2.** *fam fig* [andar] se démener. ◆ **patearse** *vp* **-1.** [recorrer] : **se ha pateado la ciudad** il a fait toute la ville à pied. **-2.** *fam* [malgastar] claquer.

patentado, da *adj* breveté(e).

patente ◇ *adj* manifeste. ◇ *f* **-1.** [de invento] brevet *m.* **-2.** [autorización] patente *f.*

paternal *adj* paternel(elle).

paternalismo *m* paternalisme *m*.

paternidad *m* paternité *f*.

paterno, na *adj* paternel(elle).

patético, ca *adj* pathétique.

patetismo *m* pathétisme *m*; **escenas de gran** ~ des scènes d'un grand pathétique.

patidifuso, sa *adj fam* soufflé(e).

patilla *f* **-1.** [de pelo - corta] patte *f*; [- larga] favoris *mpl*. **-2.** [de gafas] branche *f*.

patín *m* **-1.** [calzado] patin *m*; ~ **de cuchilla** patin à glace; ~ **de ruedas** patin à roulettes. **-2.** [juguete] trottinette *f*. **-3.** [embarcación] pédalo *m*.

pátina *f* patine *f*.

patinaje *m* patinage *m*.

patinar *vi* **-1.** [gen] patiner. **-2.** *fam fig* [meter la pata] gaffer.

patinazo *m* **-1.** [resbalón] glissade *f*; [de coche] dérapage *m*. **-2.** *fam fig* [planchazo] bourde *f*.

patinete *m* trottinette *f*.

patio *m* **-1.** [gen] cour *f*; [de casa española] patio *m*; ~ **interior** cour intérieure; ~ **de recreo** cour de récréation. **-2.** TEATR: ~ **(de butacas)** orchestre *m*.

patitieso, sa *adj fam* **-1.** [de frío] frigorifié(e). **-2.** [de sorpresa] baba *(inv)*.

pato, ta *m, f* canard *m*, cane *f*; **pagar el** ~ *fig* payer les pots cassés.

patológico, ca *adj* pathologique.

patoso, sa *adj & m, f fam* pataud(e).

patria *f* → **patrio**.

patriarca *m* patriarche *m*.

patrimonio *m* patrimoine *m*.

patrio, tria *adj* de la patrie. ◆ **patria** *f* patrie *f*.

patriota *adj & mf* patriote.

patriotismo *m* patriotisme *m*.

patrocinador, ra ◇ *adj* : **la empresa patrocinadora** le sponsor. ◇ *m, f* sponsor *m*.

patrocinar *vt* **-1.** [en publicidad] sponsoriser. **-2.** [respaldar - proyecto] parrainer; [- candidatura] appuyer.

patrocinio *m* **-1.** [en publicidad] parrainage *m*; **bajo el** ~ **de** sous le patronage de. **-2.** [respaldo] appui *m*.

patrón, ona *m, f* patron *m*, -onne *f*. ◆ **patrón** *m* **-1.** [de barco, costurera] patron *m*. **-2.** [referencia] étalon *m*; ~ **monetario** ECON étalon *m* monétaire; ~ **oro** ECON étalon-or *m*.

patronal ◇ *adj* patronal(e). ◇ *f* **-1.** [de empresa] direction *f*. **-2.** [de país] patronat *m*.

patronato *m* patronage *m*; [de beneficiencia] fondation *f*.

patrono, na *m, f* patron *m*, -onne *f*.

patrulla *f* patrouille *f*; ~ **urbana** ≃ îlotiers *mpl*.

patrullar ◇ *vt* patrouiller dans. ◇ *vi* patrouiller.

patuco *m* (gen pl) chausson *m* (de bébé).

paulatino, na *adj* **-1.** [lento] lent(e). **-2.** [gradual] progressif(ive).

pausa *f* pause *f*.

pausado, da *adj* calme; [modales, voz] posé(e).

pauta *f* **-1.** [gen] règle *f*. **-2.** [en papel] ligne *f*.

pavimentación *f* revêtement *m*.

pavimento *m* revêtement *m*; [con adoquines] pavé *m*.

pavo, va ◇ *adj fam despec* godiche. ◇ *m, f* **-1.** [ave] dindon *m*, dinde *f*; ~ **real** paon *m*. **-2.** *fam despec* [tonto] godiche *f*.

pavonearse *vp despec* prendre de grands airs; ~**se de** se vanter de.

pavor *m* épouvante *f*; [colectivo] panique *f*.

paya *f Amer* poème accompagné a la guitare.

payasada *f* [de payaso] clownerie *f*; [de niño etc] pitrerie *f*; **hacer** ~**s** faire le pitre.

payaso, sa ◇ *adj* : **es tan** ~ **que...** il fait tellement le clown que... ◇ *m, f* clown *m*.

payés, esa *m, f* paysan *m*, -anne *f* (en Catalogne et aux Baléares).

payo, ya *m, f* gadjo *mf*.

paz *f* paix *f*; **¡déjame en** ~! laisse-moi tranquille!; **estar** ○ **quedar en** ~ être quitte; **hacer las paces** faire la paix; **que en** ~ **descanse**, **que descanse en** ~ qu'il/elle repose en paix; **tu hermana**, **que en** ~ **descanse**, **era...** ta sœur, paix à son âme, était...

pazo *m* manoir *m* (en Galice).

PC *m* **-1.** (abrev de **personal computer**) PC *m*. **-2.** (abrev de **Partido Carlista**) parti carliste (droite catholique espagnole).

p/cta abrev de **por cuenta**.

PD, PS abrev de **posdata** PS.

pdo. abrev de **pasado**.

peaje *m* péage *m*.

peana *f* socle *m*.

peatón *m* piéton *m*, -onne *f*.

peca *f* tache *f* de rousseur.

pecado m péché m; **sería un ~ tirar toda esa comida** ce serait un crime de jeter toute cette nourriture.

pecador, ra ◇ adj : **los hombres ~es** les pécheurs. ◇ m, f pécheur m, -eresse f.

pecaminoso, sa adj condamnable.

pecar vi pécher; **pecó de prudente** il a péché par excès de prudence.

pecera f aquarium m; [redonda] bocal m (à poissons).

pecho m -1. [gen] poitrine f. -2. [de animal] poitrail m. -3. [mama] sein m; **dar el ~** donner le sein. -4. fig [interior] cœur m. -5. loc : **a lo hecho, ~** ce qui est fait est fait; **tomarse algo a ~** prendre qqch à cœur.

pechuga f -1. [de ave] blanc m. -2. mfam [de mujer] nichons mpl.

pecoso, sa adj : **ser ~** avoir des taches de rousseur.

pectoral ◇ adj pectoral(e). ◇ m FARMACIA sirop m pectoral.

peculiar adj particulier(ère).

peculiaridad f particularité f.

pedagogía f pédagogie f.

pedagogo, ga m, f pédagogue mf.

pedal m pédale f.

pedalear vi pédaler.

pedante adj & mf pédant(e).

pedantería f pédanterie f.

pedazo m morceau m; **hacer ~s** [romper] mettre en morceaux; fig briser.

pedestal m [base] piédestal m.

pedestre adj pédestre.

pediatra mf pédiatre mf.

pedicuro, ra m, f pédicure mf.

pedido m commande f; **hacer un ~** passer une commande.

pedigrí (pl **pedigríes** ○ **pedigrís**), **pedigree** (pl **pedigrees**) m pedigree m.

pedir ◇ vt -1. [solicitar] demander; **~ a alguien que haga algo** demander à qqn de faire qqch; **~ a alguien (en matrimonio)** demander qqn en mariage; **~ prestado** emprunter. -2. [requerir] avoir besoin de; **esta planta pide sol** cette plante a besoin de soleil. ◇ vi [mendigar] mendier.

pedo ◇ m -1. [ventosidad] pet m; **tirarse un ~** vulg péter. -2. mfam [borrachera] cuite f; **cogerse un ~** prendre une cuite. ◇ adj inv mfam **estar ~** être bourré(e).

pedrada f : **a ~s** à coups de pierres.

pedrea f -1. [premio menor] plus petit prix de la loterie nationale espagnole. -2. [lucha] bataille f à coups de pierres.

pedregullo m Amer gravier m.

pedrería f pierres fpl précieuses.

pedrusco m grosse pierre f.

peeling m peeling m.

pega f [obstáculo] difficulté f; **poner ~s (a)** mettre des obstacles (à).

pegadizo, za adj -1. [música] que l'on retient facilement. -2. fig [contagioso] contagieux(euse).

pegajoso, sa adj lit & fig collant(e).

pegamento m colle f.

pegar ◇ vt -1. [adherir, arrimar] coller; **~ un botón** coudre un bouton. -2. [golpear] frapper; [dar una paliza] battre. -3. [dar – golpe, bofetada] donner; [– grito] pousser; **~ un susto** faire peur; **~ saltos** faire des bonds; **~ tiros** tirer des coups de feu. -4. [contagiar – enfermedad] : **~ algo a alguien** passer qqch à qqn. ◇ vi -1. [adherir] coller. -2. [golpear] frapper contre. -3. [armonizar] : **~ con algo** aller avec qqch; **el naranja y el rosa no pegan** le orange et le rose ne vont pas ensemble. -4. [sol] taper. ◆ **pegarse** vp -1. [adherirse] coller; [arroz, guiso etc] attacher. -2. [chocar] : **~se (un golpe) con/contra algo** se cogner contre qqch. -3. [pelearse] se battre. -4. [darse – golpes, puñetazos etc] se donner. -5. fig [contagiarse] s'attraper; **se me pegó su acento** j'ai attrapé son accent; **esta música se pega muy fácilmente** c'est un air que l'on retient très facilement. -6. despec [engancharse] : **~se a alguien** coller qqn, se coller à qqn.

pegatina f autocollant m.

pegote m fam -1. [masa pegajosa] emplâtre m. -2. [chapucería] bricolage m.

peinado m coiffure f.

peinar vt -1. [desenredar] peigner; [arreglar] coiffer. -2. [registrar] ratisser. ◆ **peinarse** vp [desenredarse] se peigner; [arreglarse] se coiffer.

peine m peigne m.

peineta f peigne m (de mantille).

p.ej. (abrev de **por ejemplo**) p. ex.

Pekín Pékin.

pela f fam [dinero] peseta f; **no tengo ni una ~** je n'ai pas un rond.

peladilla f dragée f.

pelado, da adj -1. [cabeza] tondu(e). -2. [montaña, fruta] pelé(e); [verdura, patata] épluché(e); **tengo la espalda pelada** j'ai le dos qui pèle. **-3.** [árbol, habitación, campo] dénudé(e). **-4.** *fam* [sin dinero] fauché(e). **-5.** [número] : **quinientos ~s** cinq cents tout rond. ◆ **pelado** *m* coupe *f* de cheveux.

pelagatos *mf inv fam despec* pauvre type *m*.

pelaje *m* pelage *m*.

pelar *vt* **-1.** [pelo] tondre. **-2.** [fruta] peler; [verduras, patatas] éplucher. **-3.** [aves] plumer. **-4.** *fam fig* [dejar sin dinero] plumer. ◆ **pelarse** *vp* **-1.** [piel] peler. **-2.** [persona] se faire couper les cheveux.

peldaño *m* marche *f*; [de escalera de mano] échelon *m*.

pelea *f* **-1.** [a golpes] bagarre *f*; [boxeo] combat *m*. **-2.** [riña] dispute *f*.

pelear *vi* **-1.** [gen] se battre. **-2.** [reñir] disputer. ◆ **pelearse** *vp* **-1.** [a golpes] se battre. **-2.** [reñir] se disputer.

pelele *m* **-1.** *fam despec* [persona] marionnette *f*. **-2.** [prenda de bebé] grenouillère *f*. **-3.** [muñeco] pantin *m*.

peletería *f* **-1.** [oficio] pelleterie *f*. **-2.** [tienda] : **en la ~** chez le fourreur.

peliagudo, da *adj fig* épineux(euse).

pelicano, pelícano *m* pélican *m*.

película *f* **-1.** CIN film *m*; **~ del Oeste** western *m*; **~ de terror** o **miedo** film d'épouvante; **de ~** du tonnerre. **-2.** [capa fina & FOT] pellicule *f*. **-3.** *fam* [historia increíble] roman *m*.

peligro *m* danger *m*; **correr ~** courir un danger; **correr ~ de** courir le risque de; **fuera de ~** hors de danger; **~ de muerte** danger de mort.

peligroso, sa *adj* dangereux(euse).

pelín *m fam* un petit peu; **es un ~ largo** c'est un poil trop long.

pelirrojo, ja *adj & m, f* roux(rousse).

pellejo *m* **-1.** [gen] peau *f*; **expuso su ~** *fam* il a risqué sa peau. **-2.** [padrastro] envie *f* (*des ongles*).

pellizcar *vt* **-1.** [gen] pincer. **-2.** [pan etc] grignoter.

pellizco *m* **-1.** [en la piel – acción] pincement *m*; [– marca] pinçon *m*. **-2.** [un poco] : **un ~ de sal** une pincée de sel.

pelma, pelmazo, za ◇ *adj fam despec* lourd(e). ◇ *m, f fam despec* casse-pieds *mf inv*.

pelo *m* poil *m*; [cabello] cheveu *m*; **el ~** [de persona] les cheveux; [de animal] le pelage; **con ~s y señales** dans les moindres détails; **montar a caballo a ~** monter à

cru; **no tener ~s en la lengua** *fam* ne pas mâcher ses mots; **no verle el ~ a alguien** *fam* ne pas voir qqn; **se le pusieron los ~s de punta** *fam* ses cheveux se sont dressés sur sa tête; **por los ~s** de justesse; **no se mató por un ~** il s'en est fallu d'un cheveu qu'il ne se tue; **ser (un) hombre de ~ en pecho** être un homme, un vrai; **tomar el ~ a alguien** *fam* [burlarse de] se payer la tête de qqn; [dar a creer] faire marcher qqn. ◆ **a contra pelo** *loc adv* à rebrousse-poil.

pelota ◇ *f* **-1.** [gen] ballon *m*; [pequeña] balle *f*; **~ vasca** pelote *f* basque. **-2.** [esfera] boule *f*. **-3.** *loc* : **hacer la ~** *fam* cirer les bottes. ◇ *mf fam* lèche-bottes *mf inv*.

pelotera *f fam* engueulade *f*.

pelotón *m* **-1.** MIL & DEP peloton *m*. **-2.** [de gente] horde *f*.

pelotudo, da *adj Amer fam* crétin(e).

peluca *f* perruque *f*.

peluche *m* peluche *f*.

peludo, da *adj* poilu(e).

peluquería *f* **-1.** [establecimiento] salon *m* de coiffure; **ir a la ~** aller chez le coiffeur. **-2.** [oficio] coiffure *f*.

peluquero, ra *m, f* coiffeur *m*, -euse *f*.

peluquín *m* postiche *m*.

pelusa *f* **-1.** [vello] duvet *m*. **-2.** [de tela] peluche *f*.

pelvis *f inv* bassin *m*.

pena *f* **-1.** [gen] peine *f*; **dar ~** faire de la peine; **(no) valer** o **merecer la ~ (hacer algo)** (ne pas) valoir la peine (de faire qqch), no **vale la ~ molestarse** ce n'est pas la peine de te déranger; **~ capital** o **de muerte** peine capitale/de mort. **-2.** [lástima] : **es una ~** c'est dommage; **¡qué ~!** quel dommage! **-3.** *Amer* [vergüenza] honte *f*; **me da ~** j'ai honte.

penacho *m* **-1.** [de pájaro] huppe *f*. **-2.** [adorno] aigrette *f*.

penal ◇ *adj* pénal(e). ◇ *m* maison *f* d'arrêt.

penalidad *f* (*gen pl*) peine *f*.

penalización *f* pénalité *f*.

penalti (*pl* **penaltis**), **penalty** (*pl* **penaltys**) *m* penalty *m*; **casarse de ~** *fam* faire un mariage précipité.

penar ◇ *vt* [suj : la ley] punir; [suj : el juez] condamner à. ◇ *vi* [sufrir] peiner.

pender *vi* **-1.** [colgar] : **~ (de)** pendre (à). **-2.** *fig* [amenaza etc] : **~ sobre** peser sur. **-3.** *fig* [sentencia etc] être en suspens.

pendiente ◇ *adj* **-1.** [sin hacer] en suspens; **tengo una asignatura** ~ j'ai une matière à rattraper; **tenemos una cuenta** ~ *fig* nous avons une affaire à régler; **estar** ~ **de** [juicio, respuesta etc] être dans l'attente de. **-2.** [atento] : **está muy** ~ **de sus hijos** elle s'occupe beaucoup de ses enfants. ◇ *m* boucle *f* d'oreille. ◇ *f* pente *f*.

pendón, ona *m, f fam* [vago] glandeur *m*, -euse *f*; **estar hecho un** ~ passer sa vie dehors. ◆ **pendón** *m fam* [mujer] traînée *f*.

péndulo *m* pendule *m*; [de reloj] balancier *m*.

pene *m* pénis *m*.

penene *mf* ≃ maître *m* auxiliaire.

penetración *f* pénétration *f*.

penetrante *adj* pénétrant(e); [voz, grito] perçant(e); **un dolor** ~ une douleur aiguë.

penetrar ◇ *vi* : ~ **(en)** pénétrer (dans); **el frío penetra en los huesos** le froid pénètre les os. ◇ *vt* pénétrer.

penicilina *f* pénicilline *f*.

península *f* péninsule *f*; [pequeña] presqu'île *f*.

Península Ibérica *f* : **la** ~ la péninsule Ibérique.

peninsular ◇ *adj* péninsulaire. ◇ *mf* : **los** ~**es** les Espagnols du continent.

penitencia *f* pénitence *f*.

penitenciaría *f* pénitencier *m*.

penoso, sa *adj* **-1.** [trabajo] pénible. **-2.** [acontecimiento] douloureux(euse). **-3.** [espectáculo] affligeant(e).

pensador, ra *m, f* penseur *m*, -euse *f*.

pensamiento *m* **-1.** [gen & BOT] pensée *f*. **-2.** [mente] esprit *m*.

pensar ◇ *vi* penser; [reflexionar] réfléchir; ~ **en** penser à; **dar que** ~ donner à réfléchir. ◇ *vt* **-1.** [gen] penser. **-2.** [reflexionar] réfléchir à; **piensa lo que te he dicho** réfléchis à ce que je t'ai dit. ◆ **pensarse** *vp* : **tengo que pensármelo** je dois y réfléchir.

pensativo, va *adj* pensif(ive).

pensión *f* pension *f*; **media** ~ demi-pension *f*; ~ **completa** pension complète; ~ **(de jubilación)** retraite *f*.

pensionista *mf* **-1.** [minusválido] pensionné *m*, -e *f*; [jubilado] retraité *m*, -e *f*. **-2.** [en pensión, colegio] pensionnaire *mf*.

pentágono *m* pentagone *m*.

pentagrama *m* MÚS portée *f*.

penúltimo, ma *adj & m, f* avant-dernier(ère).

penumbra *f* pénombre *f*; **en** ~ dans la pénombre.

penuria *f* pénurie *f*.

peña *f* **-1.** [roca] rocher *m*. **-2.** [grupo de personas] bande *f* (d'amis); [asociación] club *m*.

peñasco *m* rocher *m*.

peñón *m* rocher *m*. ◆ **Peñón** *m* : **el Peñón (de Gibraltar)** le rocher de Gibraltar.

peón *m* **-1.** [obrero] manœuvre *m*, ouvrier *m* agricole. **-2.** [en ajedrez] pion *m*. **-3.** [juguete] toupie *f*.

peonza *f* toupie *f*.

peor ◇ *adj* **-1.** *(comparativo)* : ~ **(que)** pire (que); **tú eres malo pero él es** ~ tu es méchant mais il est pire; **su letra es** ~ **que la tuya** son écriture est pire que la tienne; **soy** ~ **alumno que mi hermano** je suis plus mauvais élève que mon frère. **-2.** *(superlativo seguido de sustantivo)* : **el** ~ le plus mauvais; **la** ~ la plus mauvaise; **el** ~ **alumno de la clase** le plus mauvais élève de la classe; **los** ~**es recuerdos de su vida** les plus mauvais souvenirs de sa vie. ◇ *mf* : **el/la** ~ le/la pire; **lo** ~ **es que...**; le pire c'est que...; **Juan es el** ~ **del equipo** Juan est le plus mauvais de l'équipe. ◇ *adv* *(compar y superl)* : **es** ~ **todavía** c'est encore pire; **es cada vez** ~ c'est de pire en pire; **cada día escribe** ~ il écrit de plus en plus mal; **hoy ha dormido** ~ **que ayer** aujourd'hui il a dormi moins bien qu'hier; **si se lo dices será mucho** ~ si tu le lui dis ce sera bien pire; ~ **que nunca** pire que jamais; **estar** ~ [enfermo] aller plus mal.

pepinillo *m* cornichon *m*.

pepino *m* **-1.** BOT concombre *m*. **-2.** *loc* : **importarle algo a alguien un** ~ *fam* se ficher de qqch comme de l'an quarante.

pepita *f* **-1.** [de fruta] pépin *m*. **-2.** [de oro] pépite *f*.

peppermint = **pipermín**.

pequeñez *f* **-1.** [cualidad] petitesse *f*. **-2.** *fig* [insignificancia] broutille *f*.

pequeño, ña ◇ *adj* petit(e). ◇ *m, f* [niño] petit *m*, -e *f*; **de** ~ quand il était petit. ◆ **pequeños** *mpl* : **los** ~**s** les petits.

pequinés *m* [perro] pékinois *m*.

pera ◇ *f* poire *f*; **pedir** ~**s al olmo** *fig* demander la lune; **¡este tío es la** ~**!** *fam fig* c'est quelque chose ce type! ◇ *adj inv fam*

[pijo] snobinard(e); **un niño** ~ un fils à papa.

peral *m* poirier *m*.

percance *m* incident *m*.

percatarse *vp* : ~ **(de algo)** s'apercevoir (de qqch).

percebe *m* -1. ZOOL pouce-pied *m*. -2. *fam* [persona] cloche *f*.

percepción *f* perception *f*.

perceptible *adj* -1. [por los sentidos] perceptible. -2. [que se puede cobrar] recouvrable.

percha *f* -1. [de armario] cintre *m*. -2. [de pared, perchero] portemanteau *m*. -3. [para pájaros] perchoir *m*.

perchero *m* portemanteau *m*.

percibir *vt* percevoir.

percusión *f* percussion *f*.

percutor, percusor *m* percuteur *m*.

perdedor, ra *adj & m, f* perdant(e).

perder ◇ *vt* -1. [gen] perdre; ~ **el conocimiento** perdre connaissance; ~ **el juicio** perdre la tête; ~ **el tiempo** perdre son temps; ~ **la esperanza** perdre espoir; **sus malas compañías le perderán** ses mauvaises fréquentations le perdront. -2. [tren, autobús, ocasión] rater, manquer. ◇ *vi* -1. [gen] perdre. -2. [decaer] baisser. -3. [dejar escapar aire, agua] fuir. ◆ **perderse** *vp* -1. [gen] se perdre; **se me han perdido las gafas** j'ai perdu mes lunettes. -2. [desorientarse] s'y perdre. -3. [desaprovechar] : **¡tú te lo pierdes!** tant pis pour toi! -4. [anhelar] : **se pierde por ella** il ferait n'importe quoi pour elle.

perdición *f* perte *f*; **eso fue su** ~ ça l'a mené à sa perte.

pérdida *f* -1. [gen] perte *f*. -2. [escape] fuite *f*. ◆ **pérdidas** *fpl* -1. MIL, FIN & MED pertes *fpl*; ~**s y ganancias** pertes et profits. -2. [daños] dégâts *mpl*.

perdidamente *adv* éperdument.

perdido, da ◇ *adj* -1. [gen] perdu(e). -2. *fam* [sucio] : **ponerse** ~ se salir; ~ **de barro** couvert de boue. -3. *fam* [de remate] : **loco** ~ fou à lier; **tonto** ~ bête comme ses pieds. ◇ *m, f* débauché *m*, -e *f*.

perdigón *m* -1. [munición] plomb *m* (de chasse). -2. [pájaro] perdreau *m*.

perdiz *f* perdrix *f*.

perdón *m* pardon *m*; **no tener** ~ être impardonnable; **¡~!** pardon!

perdonar *vt* -1. [gen] pardonner; **te perdono tus críticas** je te pardonne tes critiques; **¡perdona!** excuse-moi!, pardon!;

perdone que le moleste excusez-moi o pardon de vous déranger. -2. [eximir de] : ~ **algo a alguien** faire grâce de qqch à qqn; [deuda, obligación] libérer qqn de qqch.

perdonavidas *mf inv fam* **ir de** ~ faire le matamore.

perdurable *adj* -1. [que dura siempre] éternel(elle). -2. [que dura mucho] durable.

perdurar *vi* -1. [durar mucho – tiempo, efecto] durer; [– recuerdo, idea, tradición] persister. -2. [perseverar] : ~ **en** persister dans.

perecedero, ra *adj* périssable.

perecer *vi* périr.

peregrinación *f* -1. RELIG pèlerinage *m*. -2. *fig* [con idas y venidas] pérégrination *f*.

peregrino, na ◇ *adj* -1. [ave] migrateur(trice). -2. *fig* [extraño, extraordinario] étonnant(e). ◇ *m, f* [persona] pèlerin *m*.

perejil *m* persil *m*.

perenne *adj* -1. [gen] vivace; [follaje, hoja] persistant(e); **una planta** ~ une plante vivace. -2. [continuo] perpétuel(elle).

pereza *f* paresse *f*.

perezoso, sa *adj & m, f* paresseux(euse).

perfección *f* perfection *f*.

perfeccionar *vt* perfectionner. ◆ **perfeccionarse** *vp* se perfectionner.

perfeccionista *adj & mf* perfectionniste.

perfecto, ta *adj* parfait(e).

perfidia *f* perfidie *f*.

perfil *m* -1. [gen & GEOM] profil *m*; **de** ~ de profil. -2. [característica] trait *m*.

perfilar *vt* -1. [dibujar] profiler. -2. *fig* [detallar] affiner. ◆ **perfilarse** *vp* se profiler.

perforación *f* -1. [gen & MED] perforation *f*. -2. [de pozo] forage *m*.

perforar *vt* perforer; [pozo] forer.

perfume *m* parfum *m*.

perfumería *f* parfumerie *f*.

pergamino *m* parchemin *m*. ◆ **pergaminos** *mpl* titres *mpl* de noblesse.

pérgola *f* pergola *f*.

pericia *f* habileté *f*.

periferia *f* périphérie *f*.

periférico, ca *adj* périphérique.

perifollos *mpl fam* fanfreluches *fpl*.

perífrasis *f* périphrase *f*.

perilla *f* [barba] bouc *m*.

perímetro *m* périmètre *m*.

periódico, ca *adj* périodique. ◆ **periódico** *m* journal *m*.

periodismo *m* journalisme *m*.

periodista *mf* journaliste *mf*.

periodo, período *m* **-1.** [gen & MAT] période *f*. **-2.** [menstrual] règles *fpl*.

peripecia *f* péripétie *f*.

peripuesto, ta *adj fam* tiré(e)à quatre épingles.

periquete *m* : **en un ~** *fam* en un clin d'œil.

periquito *m* perruche *f*.

peritaje *m* expertise *f*.

peritar *vt* expertiser.

perito *m* **-1.** [experto] expert *m*; **~ mercantil** expert-comptable *m*; **~ tasador** commissaire-priseur *m*. **-2.** [ingeniero técnico] ingénieur *m* technique.

perjudicar *vt* nuire à; [moralmente] porter préjudice à; **~ la salud** nuire à la santé.

perjudicial *adj* : **~ (para)** nuisible (à).

perjuicio *m* [moral] préjudice *m*; [material] dégât *m*; **ir en ~ de** porter préjudice à.

perjurar *vi* **-1.** [jurar ucho] : **jurar y ~** jurer ses grands dieux. **-2.** [jurar en falso] se parjurer.

perla *f* perle *f*; **venir de ~s** *fig* bien tomber.

perlado, da *adj* **-1.** [con perlas] perlé(e). **-2.** [con gotas] : **tenía la frente perlada de sudor** des gouttes de sueur perlaient sur son front.

perlé *m* coton *m* perlé.

permanecer *vi* rester, demeurer; **~ despierto/mudo** rester éveillé/muet.

permanencia *f* **-1.** [en un lugar] : **su... en el país...** votre séjour dans le pays...; **la ~ de las tropas en...** le maintien des troupes dans... **-2.** [duración] permanence *f*.

permanente ◇ *adj* permanent(e). ◇ *f* permanente *f*.

permeable *adj* perméable.

permisible *adj* tolérable; **el rechazo es ~** il est permis de refuser.

permisivo, va *adj* permissif(ive).

permiso *m* **-1.** [gen & MIL] permission *f*; **con ~, ¿me deja pasar?** pardon, pouvez-vous me laisser passer? **-2.** [documento] permis *m*; **~ de conducir** permis de conduire.

permitir *vt* permettre; **¿me permite?** vous permettez? ◆ **permitirse** *vp* se permettre; **no poder ~se algo** ne pas pouvoir se permettre qqch.

permuta, permutación *f* permutation *f*.

pernicioso, sa *adj* pernicieux(euse).

pero *conj* mais; **un alumno inteligente ~ vago** un élève intelligent mais paresseux; **~ ¿cómo quieres que yo lo sepa?** mais, comment veux-tu que je le sache? ◆ **pero** *m* mais *m*; **no hay ~ que valga** il n'y a pas de mais qui tienne; **poner ~s a** trouver à redire à.

perol *m* marmite *f*.

peroné *m* péroné *m*.

perorata *f* laïus *m*.

perpendicular *adj & f* perpendiculaire.

perpetrar *vt* perpétrer.

perpetuar *vt* perpétuer. ◆ **perpetuarse** *vp* se perpétuer.

perpetuo, tua *adj* perpétuel(elle); [amor, nieves] éternel(elle).

perplejo, ja *adj* perplexe.

perra *f* **-1.** → **perro**. **-2.** *fam* [rabieta] colère *f*; **coger una ~** faire une colère. **-3.** *fam* [dinero] : **no tener (ni) una ~** ne pas avoir un rond. **-4.** *fam* [idea fija] : **está con la ~ de irse** il n'a qu'une idée en tête, c'est de partir.

perrera *f* → **perrero**.

perrería *f fam* : **¡no le hagas ~s al niño!** n'embête pas le petit!; **¡han hecho una ~ contigo!** ils t'ont bien arrangé!

perrero, ra *m, f* [persona] employé *m*, -e *f* de la fourrière *(pour chiens)*. ◆ **perrera** *f* **-1.** [lugar] chenil *m*. **-2.** [vehículo] fourgon *m* de la fourrière *(pour chiens)*.

perro, rra ◇ *m, f* **-1.** ZOOL chien *m*, chienne *f*; **~ callejero** chient errant; **(~) lazarillo** chien d'aveugle; **~ lobo** chien-loup *m*; **~ pastor** chien de berger; **~ policía** chien policier. **-2.** *fam despec* [malvado] peau *f* de vache. **-3.** *loc* : **andar como el ~ y el gato** s'entendre comme chien et chat; **ser ~ viejo** être un vieux renard. ◇ *adj fam* [muy malo] de chien; **¡qué vida más perra!** quelle chienne de vie! ◆ **perro caliente** *m* hot-dog *m*.

perruno, na *adj* canin(e).

persecución *f* **-1.** [seguimiento] poursuite *f*. **-2.** [acoso] persécution *f*.

perseguir *vt* **-1.** [gen] poursuivre; *fig* [felicidad etc] recherchèr. **-2.** [atormantar] : **~ a alguien** persécuter qqn.

perseverante *adj* persévérant(e).

perseverar *vi* : ~ **(en)** persévérer (dans).

persiana *f* persienne *f*.

persistente *adj* persistant(e); [persona] tenace.

persistir *vi* : ~ **(en algo)** persister (dans qqch); ~ **en hacer algo** persister à faire qqch.

persona *f* personne *f*; **en** ~ en personne; ~ **mayor** grande personne.

personaje *m* personnage *m*.

personal ◇ *adj* personnel(elle). ◇ *m* **-1.** [trabajadores] personnel *m*. **-2.** *fam* [gente] : ¡**cuánto** ~! quel peuple! ◇ *f* DEP faute *f* personnelle.

personalidad *f* personnalité *f*.

personalizar *vi* viser quelqu'un en particulier; **sin** ~ sans citer de nom.

personarse *vp* se présenter.

personificar *vt* personnifier.

perspectiva *f* [gen] perspective *f*; **en** ~ en perspective.

perspicacia *f* perspicacité *f*.

perspicaz *adj* perspicace.

persuadir *vt* persuader; ~ **a alguien para que haga algo** persuader qqn de faire qqch. ◆ **persuadirse** *vp* : ~se **(de/ de que)** se persuader (de/que).

persuasión *f* persuasion *f*.

persuasivo, va *adj* persuasif(ive). ◆ **persuasiva** *f* pouvoir *m* de persuasion.

pertenecer *vi* : ~ **a** appartenir à; **no me pertenece hacerlo** il ne m'appartient pas de le faire.

perteneciente *adj* : ~ **a** appartenant à; **ser** ~ **a** appartenir à.

pertenencia *f* appartenance *f*. ◆ **pertenencias** *fpl* [enseres] biens *mpl*.

pértiga *f* **-1.** [vara] perche *f*. **-2.** DEP saut *m* à la perche.

pertinaz *adj* **-1.** [terco] obstiné(e). **-2.** [persistente] persistant(e).

pertinente *adj* **-1.** [adecuado] pertinent(e). **-2.** [relativo] approprié(e).

pertrechos *mpl* **-1.** MIL équipement *m*. **-2.** *fig* [utensilios] attirail *m*.

perturbación *f* **-1.** [gen & METEOR] perturbation *f*. **-2.** [emoción, alteración] trouble *m*; **perturbaciones respiratorias** troubles respiratoires.

perturbado, da *adj & m, f* déséquilibré(e).

perturbador, ra *adj & m, f* perturbateur(trice).

perturbar *vt* **-1.** [gen] perturber. **-2.** [impresionar, conmover, alterar] troubler; ~ **el orden público** troubler l'ordre public.

Perú : **(el)** ~ **(le)** Pérou.

peruano, na *adj* ◇ péruvien(enne). ◇ *m, f* Péruvien *m*, -enne *f*.

perversión *f* perversion *f*.

perverso, sa *adj* pervers(e).

pervertido, da *m, f* pervers *m*, -e *f*.

pervertir *vt* pervertir. ◆ **pervertirse** *vp* se pervertir.

pesa *f* **-1.** [gen] poids *m*. **-2.** (*gen pl*) DEP haltère *m*.

pesadez *f* **-1.** [gen] lourdeur *f*. **-2.** [aburrimiento, fastidio] ennui *m*; ¡**qué** ~ **de película!** quel ennui ce film!; **es una** ~ c'est pénible.

pesadilla *f* cauchemar *m*; **tener** ~**s** faire des cauchemars.

pesado, da ◇ *adj* **-1.** [gen] lourd(e). **-2.** [trabajoso] pénible. **-3.** [aburrido] ennuyeux(euse). **-4.** [molesto] assommant(e). ◇ *m, f* casse-pied *mf inv*.

pesadumbre *f* chagrin *m*.

pésame *m* condoléances *fpl*; **dar el** ~ présenter ses condoléances.

pesar ◇ *m* **-1.** [tristeza] chagrin *m*. **-2.** [arrepentimiento] regret *m*. ◇ *vt* peser. ◇ *vi* **-1.** [gen] peser; **este paquete pesa ce paquet pèse lourd; le pesa tanta responsabilidad** toutes ces responsabilités lui pèsent. **-2.** [causar tristeza] causer du chagrin; [causar arrepentimiento] regretter; **me pesa haberlo hecho** je regrette de l'avoir fait. **-3.** [loc] : **mal que le pese** qu'il le veuille ou non. ◆ **pesarse** *vp* se peser. ◆ **a pesar de** *loc prep* malgré; **a** ~ **de todo** malgré tout; **a** ~ **mío** malgré moi. ◆ **a pesar de que** *loc conj* bien que; **saldré a** ~ **de que llueve** je sortirai bien qu'il pleuve. ◆ **pese a** *loc prep* malgré; **es muy activo pese a su edad** il est très actif malgré son âge.

pesca *f* pêche *f*; **ir de** ~ aller à la pêche; ~ **de altura/de bajura** pêche hauturière/côtière.

pescadería *f* poissonnerie *f*.

pescadilla *f* merlan *m*.

pescado *m* poisson *m*; ~ **azul/blanco** poisson gras/maigre.

pescador, ra *m, f* pêcheur *m*, -euse *f*.

pescar *vt* **-1.** [peces] pêcher. **-2.** *fam fig* [enfermedad] attraper. **-3.** *fam fig* [empleo] dégoter. **-4.** *fam fig* [ladrón] cueillir. **-5.** *fam fig* [entender] piger.

pescuezo m cou m.

pesebre m -1. [para animales] mangeoire f. -2. [de Navidad] crèche f.

pesero m Amer taxi m collectif.

peseta f [unidad] peseta f. ◆ **pesetas** fpl [dinero] argent m.

pesetero, ra adj rapiat (inv).

pesimismo m pessimisme m.

pesimista adj & mf pessimiste.

pésimo, ma ◇ superl → **malo**. ◇ adj très mauvais(e).

peso m -1. [gen & DEP] poids m; **tiene un kilo de ~** ça pèse un kilo; **campeón en diferentes ~s** champion dans différentes catégories; **de ~** [importante] de poids; **~ bruto/neto** poids brut/net; **~ muerto** poids mort. -2. [moneda] peso m. -3. [balanza] balance f. -4. loc : **pagar algo a ~ de oro** payer qqch à prix d'or.

pespunte m bâti m (en couture).

pesquero, ra adj [barco etc] de pêche; [industria] de la pêche. ◆ **pesquero** m bateau m de pêche.

pesquisa f recherche f, enquête f.

pestaña f -1. [de párpado] cil m. -2. [saliente] bord m; [de papel] languette f.

pestañear vi cligner des yeux; **sin ~** fig sans broncher.

peste f -1. [enfermedad] peste f; **~ bubónica** peste bubonique. -2. fam [mal olor] infection f. -3. [plaga] invasion f. -4. [molestia] : **ser la ~** être infernal.

pesticida adj & m pesticide.

pestilencia f [mal olor] odeur f pestilentielle.

pestillo m verrou m; **correr** ○ **echar el ~** mettre le verrou.

petaca f -1. [para tabaco] blague f (à tabac). -2. [para bebidas] flasque f. -3. Amer [maleta] malle f; [joroba] bosse f. ◆ **petacas** fpl Amer fam fesses fpl.

pétalo m pétale m.

petanca f pétanque f.

petardo ◇ m -1. [cohete] pétard m. -2. fam [aburrimiento] : **un ~ de película** un film rasoir. -3. fam [porro] pétard m. ◇ mf fam [persona fea] : **ser un ~** être moche comme un pou.

petate m balluchon m.

petición f -1. [acción] demande f; **a ~ de** à la demande de. -2. [escrito] pétition f.

petiso, sa, **petizo, za** adj Amer fam court(e) sur pattes.

peto m -1. [gen] plastron m. -2. [de prenda] bavette f. -3. [prenda] salopette f.

petrificar vt lit & fig pétrifier.

petrodólar m pétrodollar m.

petróleo m pétrole m.

petrolero, ra adj pétrolier(ère). ◆ **petrolero** m pétrolier m.

petrolífero, ra adj pétrolifère.

petulante adj outrecuidant(e).

peúco m (gen pl) chausson m (de bébé).

peyorativo, va adj péjoratif(ive).

pez ◇ m poisson m; **~ espada** espadon m; **estar ~ (en algo)** fig nager complètement (en qqch). ◇ f poix f. ◆ **pez gordo** m fam gros bonnet m.

pezón m -1. [de pecho] mamelon m. -2. BOT queue f.

pezuña f -1. [de animal] sabot m. -2. fam [pie] panard m.

piadoso, sa adj -1. [compasivo] : **ser ~** avoir bon cœur. -2. [religioso] pieux(euse).

pianista mf pianiste mf.

piano m piano m; **~ de cola** piano à queue.

pianola f piano m mécanique.

piar vi piailler.

PIB (abrev de **producto interior bruto**) m PIB m.

pibe, ba m, f Amer fam gamin m, -e f.

pica f [lanza & TAUROM] pique f. ◆ **picas** fpl [palo de baraja] pique m.

picadero m [de caballos] manège m.

picadillo m [de carne] hachis m; [de verdura] julienne f.

picado, da adj -1. [gen] piqué(e); **un cutis ~ de...** un visage marqué par...; **~ de polilla** mangé aux mites. -2. [triturado – carne, verdura] haché(e); [– hielo] pilé(e). -3. [muela] carié(e). -4. fig [enfadado] vexé(e). ◆ **picado** m -1. AERON descender en ~ descendre en piqué; **caer en ~** fig [ventas precios] chuter. -2. CULIN hachis m.

picador, ra m, f -1. TAUROM picador m. -2. [domador] dresseur m, -euse f de chevaux. -3. [minero] piqueur m.

picadora f hachoir m.

picadura f -1. [gen] piqûre f. -2. [marca] marque f. -3. [de diente] : **tener una ~ en un diente** avoir une dent cariée. -4. [de tabaco] **tabac** m haché.

picante ◇ *adj* **-1.** [comida] piquant(e). **-2.** *fig* [chiste, historia] grivois(e). ◇ *m* cuisine *f* épicée.

picantería *f Amer* petit restaurant *m*.

picapica *m* ○ *f bonbon pétillant*; **polvos de ~ poil** *m* à gratter.

picaporte *m* [pestillo] loquet *m*.

picar ◇ *vt* **-1.** [gen & TAUROM] piquer; **me picó una avispa** une guêpe m'a piqué; **~ la curiosidad** piquer la curiosité. **-2.** [escocer] gratter. **-3.** CULIN hacher. **-4.** [comer – suj : ave] picorer; [– suj : persona] grignoter. **-5.** [piedra] concasser; [hielo] piler. **-6.** *fig* [enojar] titiller; [ofender] vexer. **-7.** [billete – suj : revisor] poinçonner; [– en el aparato] composter. **-8.** [texto] saisir. ◇ *vi* **-1.** [gen] piquer. **-2.** [pez] mordre; **¿pican?** ça mord? **-3.** [escocer] gratter. **-4.** [comer – ave] picorer; [– persona] grignoter. **-5.** [sol] brûler. **-6.** *fig* [dejarse engañar] se faire avoir. **-7.** *loc :* **~ (muy) alto** viser (très) haut. ◆ **picarse** *vp* **-1.** [ropa] se miter. **-2.** [vino] se piquer. **-3.** *fig* [enfadarse] se fâcher; [ofenderse] se vexer. **-4.** [el mar] s'agiter. **-5.** [oxidarse] se rouiller. **-6.** [cariarse] : **se me ha picado una muela j'ai** une dent gâtée. **-7.** *fam* [inyectarse droga] se piquer.

picardía *f* **-1.** [astucia] malice *f*. **-2.** [travesura] espièglerie *f*. **-3.** [atrevimiento] effronterie *f*. ◆ **picardías** *m inv* [prenda] nuisette *f*.

pícaro, ra *m, f* **-1.** [astuto] malin *m*, -igne *f*. **-2.** [travieso] coquin *m*, -e *f*. **-3.** [obsceno] : **ser un ~** être grivois. **-4.** LITER *héros de la littérature espagnole des XVIᵉ et XVIIᵉ siècles caractérisé par son espièglerie.*

picatoste *m* croûton *m* (*pour la soupe etc*).

pichichi *mf* DEP *meilleur buteur d'un championnat de football.*

pichincha *f Amer fam* occase *f*.

pichón *m* **-1.** [paloma joven] pigeonneau *m*. **-2.** *fam fig* [apelativo cariñoso] : **oye, ~ dis, mon lapin.**

picnic (*pl* **picnics**) *m* pique-nique *m*.

pico *m* **-1.** [gen] bec *m*. **-2.** [saliente] coin *m*; [punta] pointe *f*. **-3.** [herramienta, montaña] pic *m*. **-4.** *fam* [boca] caquet *m*; **cerrar el ~ fermer** son caquet, la fermer. **-5.** [cantidad indeterminada] : **y ~ et quelques**; **a las cinco y ~** à cinq heures et quelques.

picor *m* démangeaison *f*.

picoso, sa *adj Amer* piquant(e).

picotear *vt* **-1.** [suj : ave] picorer. **-2.** *fig* [comer] grignoter.

pictórico, ca *adj* pictural(e).

pie *m* **-1.** [gen] pied *m*; **a ~** à pied; **de ○ en ~** debout; **de ~ s a cabeza** des pieds à la tête. **-2.** [de escrito] bas *m*; **al ~ de la página** au bas de la page. **-3.** TEATR : **dar ~** donner la réplique. **-4.** *loc :* **al ~ de la letra** au pied de la lettre; **andar con ~s de plomo** y aller doucement; **buscarle (los) tres ~s al gato** chercher midi à quatorze heures; **con buen ~ du** bon pied; **dar ~ a alguien para que haga algo** donner l'occasion à qqn de faire qqch; **en ~ de guerra** sur le pied de guerre; **levantarse con el ~ izquierdo** se lever du pied gauche; **no tener ni ~s ni cabeza** n'avoir ni queue ni tête; **pararle ~s a alguien** remettre qqn à sa place; **seguir en ~** [oferta, proposición] être encore valable; [edificio] être toujours debout.

piedad *f* **-1.** [compasión] pitié *f*. **-2.** [religiosidad] piété *f*.

piedra *f* pierre *f*; **~ pómez** pierre ponce; **~ preciosa** pierre précieuse; **quedarse de ~** rester pétrifié(e).

piel *f* **-1.** [gen] peau *f*; **~ roja** Peau-Rouge *m*; **la ~ de toro** *fig* l'Espagne *f*. **-2.** [cuero] cuir *m*; **una cazadora de ~** un blouson en cuir. **-3.** [pelo] fourrure *f*; **un abrigo de ~es** un manteau de fourrure.

pierna *f* **-1.** [de persona] jambe *f*. **-2.** [de ave, perro etc] patte *f*. **-3.** CULIN [de cordero] gigot *m*.

pieza *f* [gen] pièce *f*; **~ de recambio ○ repuesto** pièce détachée; **dejar/quedarse de una ~** *fig* laisser/rester sans voix.

pifiar *vt* : **~la** *fam* gaffer.

pigmentación *f* pigmentation *f*.

pigmento *m* pigment *m*.

pijama *m* pyjama *m*.

pijo, ja *fam* ◇ *adj* bon chic bon genre. ◇ *m, f* minet *m*.

pila *f* **-1.** [gen & ARQUIT] pile *f*. **-2.** [fregadero] évier *m*.

pilar *m* *lit & fig* pilier *m*.

píldora *f* pilule *f*; **tomar la ~** [anticonceptivo] prendre la pilule; **dorar la ~ a alguien** dorer la pilule à qqn.

pileta *f Amer* **-1.** [fregadero] évier *m*. **-2.** [piscina] piscine *f*.

pillaje *m* pillage *m*.

pillar ◇ *vt* **-1.** [gen] attraper. **-2.** [atropellar] renverser. **-3.** *fam* [sorprender] surprendre; **me pilló en pijama** il m'a surpris en pyjama. **-4.** [aprisionar] coincer; [dedos] pincer. **-5.** [chiste, explicación] saisir. ◇ *vi* [hallarse] : **me pilla de paso** c'est sur mon chemin. ◆ **pillarse** *vp* se coincer; [un dedo] se pincer.

pillo, lla *adj & m, f fam* coquin(e).

pilotar *vt* piloter.

piloto ◇ *m* **-1.** [conductor] pilote *m*; ~ **automático** pilote automatique. **-2.** [indicador luminoso – de aparato] voyant *m* lumineux; [– de vehículo] feu *m*. ◇ *adj inv* [granja, instituto etc] pilote; [piso] témoin.

piltrafa *f* **-1.** *(gen pl)* [resto] restes *mpl.* **-2.** *fam* [persona débil] loque *f*.

pimentón *m* piment *m* rouge moulu.

pimienta *f* poivre *m*.

pimiento *m* piment *m*; ~ **morrón** poivron *m*.

pimpollo *m* **-1.** [de planta] rejeton *m*; [de flor] bouton *m*; [de rosa] bouton *m* de rose. **-2.** *fam fig* [persona atractiva] : **¡vaya ~!** quel beau brin de fille!; **está hecho un ~** il est devenu beau gosse.

pinacoteca *f* **-1.** [museo] pinacothèque *f*. **-2.** [galería] galerie *f (de peinture)*.

pinar *m* pinède *f*.

pinaza *f* aiguille *f (de pin)*.

pincel *m* **-1.** [instrumento] pinceau *m*. **-2.** *fig* [estilo] touche *f*.

pinchadiscos *mf inv* disc-jockey *mf*.

pinchar ◇ *vt* **-1.** [gen] piquer. **-2.** [rueda, globo] crever. **-3.** [fijar] : ~ **algo en la pared** accrocher qqch au mur. **-4.** *fam fig* [irritar] asticoter. **-5.** *fam fig* [incitar] tanner. **-6.** *fam* [teléfono] mettre sur écoutes. ◇ *vi* **-1.** [rueda] crever. **-2.** [barba] gratter. ◆ **pincharse** *vp* **-1.** [gen] se piquer. **-2.** [rueda] crever. **-3.** [inyectarse] se faire faire une piqûre. **-4.** *fam* [droga] se piquer.

pinchazo *m* **-1.** [gen] piqûre *f*. **-2.** [de neumático] crevaison *f*.

pinche ◇ *mf* marmiton *m*. ◇ *adj Amer fam* satané(e).

pinchito *m* mini-brochette de viande servie comme «tapa».

pincho *m* **-1.** [espina] épine *f*. **-2.** [varilla] pique *f*. **-3.** CULIN portion servie comme «tapa» dans les bars; ~ **moruno** brochette de viande de porc.

pinga *f Amer vulg* quéquette *f*.

pingajo *m fam despec* : **ir hecho un ~** être tout déguenillé.

pingo *m despec fam* [persona despreciable] : **estar hecho un ~** mener une vie de bâton de chaise; **estar de ~** [viajar continuamente] être toujours par monts et par vaux; [salir de fiesta] être de sortie.

pingüino *m* pingouin *m*.

ping-pong *m* DEP ping-pong *m*.

pinitos *mpl* : **hacer sus ~** *lit & fig* faire ses premiers pas.

pino *m* pin *m*; **en el quinto ~** *fam fig* à perpète.

pinta *f* → **pinto**.

pintado, da *adj* **-1.** [coloreado] peint(e); **'recién ~'** 'peinture fraîche'. **-2.** [moteado] tacheté(e). **-3.** [maquillado] maquillé(e). ◆ **pintada** *f* **-1.** [escrito] graffiti *m*. **-2.** [ave] pintade *f*.

pintalabios *m inv* rouge *m* à lèvres.

pintar ◇ *vt* **-1.** [gen] peindre. **-2.** *fig* [describir] dépeindre. **-3.** *fig* [aspecto, importar] : **aquí no pinto nada** je n'ai rien à faire ici; **¿qué pinto yo en este asunto?** qu'est-ce que j'ai à voir dans cette affaire? **-2.** [bolígrafo, rotulador] : ~ **bien/mal** écrire bien/mal. ◆ **pintarse** *vp* **-1.** [maquillarse] se maquiller. **-2.** [manifestarse] se voir; **el miedo se pintaba en su cara** la peur se lisait sur son visage. **-3.** *loc* : **pintárselas uno solo para algo** ne pas avoir son pareil pour qqch.

pinto, ta *adj* tacheté(e). ◆ **pinta** *f* **-1.** [lunar] : **con pintas blancas** tacheté de blanc. **-2.** *fig* [aspecto] air *m*; **la comida tiene buena pinta** le repas a l'air bon; **¡vaya pintas que lleva!** il a une de ces allures! **-3.** [unidad de medida] pinte *f*. **-4.** *Amer* [pintada] graffiti *m*. ◆ **pintas** *mf fam* **estar hecho un pintas** avoir une de ces touches.

pintor, ra *m, f* peintre *m*.

pintoresco, ca *adj* pittoresque; *fig* [extravagante] haut(e) en couleur.

pintura *f* **-1.** [gen & ARTE] peinture *f*; ~ **al óleo** peinture à l'huile. **-2.** *fig* [descripción] tableau *m*.

pinza *f (gen pl)* pince *f*.

piña *f* **-1.** [tropical] ananas *m*. **-2.** [del pino] pomme *f* de pin. **-3.** *fig* [conjunto de gente] : **reaccionar en ~** faire bloc. **-4.** *fam* [golpe] : **dar una ~ a alguien** flanquer un coup à qqn.

piñata *f* récipient suspendu que des enfants aux yeux bandés brisent à coups de bâton pour y récupérer des friandises.

piñón *m* pignon *m*.

pío, a *adj* pieux(euse); [obra] pie. ◆ **pío** *m* pépiement *m*; **no decir ni ~** *fig* ne pas piper.

piojo *m* pou *m*.

piola *adj Amer fam* **-1.** [astuto] malin (maligne). **-2.** [estupendo] super.

pionero, ra *m, f* pionnier *m,* -ère *f.*

pipa *f* **-1.** [para fumar] pipe *f.* **-2.** [semilla] pépin *m.* **-3.** [de girasol] graine *f* de tournesol. **-4.** [tonel] tonneau *m.* **-5.** *loc* : **pasarlo** ○ **pasárselo** ○ ~ *fam* s'éclater.

pipermín, peppermint *m* peppermint *m,* menthe *f.*

pipí *m fam* pipi *m;* **hacer** ~ faire pipi.

pique *m* **-1.** [enfado] : **tener un** ~ **con alguien** être en froid avec qqn. **-2.** [rivalidad] concurrence *f;* **irse a** ~ *lit & fig* couler.

piquete *m* **-1.** [gen] piquet *m.* **-2.** [grupo armado] peloton *m;* ~ **de ejecución** peloton d'exécution.

pirado, da *adj fam* cinglé(e).

piragua *f* pirogue *f;* DEP canoë *m.*

piragüismo *m* canoë-kayak *m (discipline).*

pirámide *f* pyramide *f.*

piraña *f* piranha *m.*

pirarse *vp fam* se casser.

pirata ◇ *adj lit & fig* pirate. ◇ *mf* pirate *m.*

piratear *vt & vi* pirater.

pírex, pyrex® *m* Pyrex® *m.*

pirindolo *m* machin *m.*

Pirineos *mpl* : **los** ~ les Pyrénées *fpl.*

piripi *adj fam* pompette.

piro *m* : **darse el** ~ *fam* mettre les voiles.

pirómano, na *m, f* pyromane *mf.*

piropear *vt fam* ~ **a alguien** faire du plat à qqn.

piropo *m fam* compliment *m.*

pirotecnia *f* pyrotechnie *f.*

pirrarse *vp fam* ~ **por algo** être fana de qqch; ~ **por alguien** s'enticher de qqn.

pirueta *f* pirouette *f; fig* [esfuerzo] : **hacer** ~s **con** jongler avec.

piruleta *f* sucette *f (plate et ronde).*

pirulí *(pl* **pirulís)** *m* sucette *f.*

pis *(pl* **pises)** *m fam* pipi *m.*

pisada *f* pas *m.*

pisapapeles *m inv* presse-papiers *m inv.*

pisar *vt* **-1.** [con el pie] marcher sur; [pedal, acelerador] appuyer sur; ~ **a alguien** *lit & fig* marcher sur les pieds de qqn. **-2.** [uvas] fouler. **-3.** *fig* [ir a] mettre les pieds à. **-4.** *fig* [anticiparse] : ~ **una idea a alguien** couper l'herbe sous le pied de qqn.

piscina *f* piscine *f.*

Piscis ◇ *m inv* [zodiaco] Poissons *mpl.* ◇ *mf inv* [persona] poissons *m inv.*

piscolabis *m fam* **tomarse un** ~ casser une petite croûte.

piso *m* **-1.** [vivienda] appartement *m.* **-2.** [planta] étage *m.* **-3.** [suelo] revêtement *m.* **-4.** [capa] couche *f.*

pisotear *vt* **-1.** [con el pie] piétiner. **-2.** *fig* [humillar] bafouer; ~ **a alguien** rabaisser qqn.

pisotón *m fam* **me dieron un** ~ quelqu'un m'a marché sur le pied.

pista *f* piste *f;* ~ **de esquí** piste de ski; ~ **de tenis** court *m* de tennis.

pistacho *m* pistache *f.*

pisto *m* CULIN ≃ ratatouille *f.*

pistola *f* **-1.** [arma, pulverizador] pistolet *m.* **-2.** [herramienta] : ~ **(de grapas)** agrafeuse *f.*

pistolero, ra *m, f* tueur *m,* -euse *f.* ◆ **pistolera** *f* étui *m* de revolver.

pistón *m* piston *m.*

pitada *f Amer fam* taffe *f.*

pitar ◇ *vt* **-1.** [gen] siffler. **-2.** *Amer fam* [dar una calada a] tirer sur. ◇ *vi* **-1.** [tocar el pito] siffler; [del coche] klaxonner. **-2.** *fam* [funcionar] rouler. **-3.** *loc* : **salir/irse/venir pitando** sortir/partir/venir en quatrième vitesse.

pitido *m* coup *m* de sifflet; [del coche] coup *m* de klaxon.

pitillera *f* porte-cigarette *m.*

pitillo *m* cigarette *f.*

pito *m* **-1.** [silbato] sifflet *m;* [del coche] klaxon *m.* **-2.** *fam* [cigarillo] clope *f.* **-3.** *fam* [pene] zizi *m.*

pitón *m* **-1.** [cuerno] corne *f.* **-2.** [pitorro] bec *m* (verseur).

pitonisa *f* voyante *f.*

pitorrearse *vp fam* ~ **(de algo/alguien)** se moquer (de qqch/qqn).

pitorreo *m fam* rigolade *f.*

pitorro *f* bec *m* (verseur).

pívot = pivote.

pivote *(pl* **pivotes),** **pívot** *(pl* **pivots)** *mf* DEP pivot *m.*

pizarra *f* **-1.** [gen] ardoise *f.* **-2.** [encerado] tableau *m.*

pizca *f* **-1.** [gen] *fam* : **una** ~ **de** un petit peu de; **una** ~ **de sal** une pincée de sel; **no veo ni** ~ je n'y vois rien du tout; **no me gusta ni** ~ je n'aime pas ça du tout. **-2.** *Amer* [cosecha] récolte *f.*

pizza *f* pizza *f.*

pizzería f pizzeria f.

placa f -1. [gen] plaque f; ~ **solar** panneau m solaire. -2. ELECTR carte f.

placenta f placenta m.

placentero, ra adj plaisant(e).

placer m plaisir m.

plácido, da adj placide.

plafón m [lámpara] plafonnier m.

plaga f fléau m. -1. [de peste etc] épidémie f. -2. fig [gran cantidad] invasion f.

plagado, da adj rempli(e); ~ **de deudas** criblé de dettes.

plagar vt : ~ **de** remplir de; [paredes] couvrir de.

plagiar vt plagier.

plagio m plagiat m.

plan m -1. [gen] plan m. -2. [para pasar el tiempo] : ¿que ~es tienes? qu'est-ce que tu comptes faire?; ¡menudo ~! fam tu parles d'un amusement! -3. fam [ligue] : salirle un ~ a alguien se faire draguer. -4. fam [modo, forma] : lo dijo en ~ serio il a dit ça sérieusement; lo dijo en ~ (de) broma il a dit ça pour rire.

plancha f -1. [para planchar] fer m à repasser. -2. [para cocinar] gril m; a la ~ grillé(e). -3. [placa] plaque f; [de madera] planche f. -4. fam [metedura de pata] gaffe f. -5. DEP [fútbol] tacle m. -6. [acción] repassage m. -7. [carrocería] tôle f. -8. IMPRENTA planche f.

planchado m repassage m.

planchar vt repasser.

planchista mf tôlier m.

plancton m plancton m.

planeador m planeur m.

planear ◇ vt [hacer planes] projeter; [preparar] planifier. ◇ vi -1. [hacer planes] faire des projets. -2. [en el aire] planer.

planeta m planète f.

planetario, ria adj planétaire.

planicie f plaine f.

planificación f planification f; ~ **familiar** planning m familial.

planificar vt planifier.

planilla f Amer panneau m d'affichage.

planisferio m planisphère m.

plano, na adj -1. GEOM plan(e). -2. [llano] plat(e). ◆ **plano** m plan m; **primer ~** premier plan; **de ~** fig [de lleno] en plein; **el sol da de ~ en la terraza** le soleil donne en plein sur la terrasse. ◆ **plana** f -1. [página] page f; **una ilustración a toda plana** une illustration pleine page. -2. [llanura] plaine f.

planta f -1. [BOT & del pie] plante f. -2. [piso] étage m; ~ **baja** rez-de-chaussée m. -3. [fábrica] usine f; ~ **depuradora** station f d'épuration.

plantación f plantation f.

plantado, da adj planté(e); **dejar ~ a alguien** fam fig laisser tomber qqn; **ser bien ~** fig être bien de sa personne.

plantar vt -1. [gen] planter. -2. fam [asestar, poner] flanquer. -3. fam [decir con brusquedad] : **le plantó cuatro frescas** il lui a sorti ses quatre vérités. -4. fam [despedir] flanquer dehors. -5. fam [abandonar] planter. ◆ **plantarse** vp -1. [gen] se planter. -2. [llegar] : **en cinco minutos te plantas ahí** tu y es en cinq minutes. -3. [en una actitud] : **~se en algo** ne pas démordre de qqch. -4. [en naipes] : **me planto** servi(e).

planteamiento m exposé m.

plantear vt [problema, cuestión etc] poser; [posibilidad, cambio] envisager. ◆ **plantearse** vp [problema, cuestión etc] se poser; [posibilidad, cambio] envisager.

plantel m -1. [criadero] pépinière f. -2. fig [conjunto] groupe m.

plantilla f -1. [de una empresa] personnel m. -2. [suela interior] semelle f. -3. [modelo] patron m.

plantón m fam dar un ~ poser un lapin; **estar de ~** poireauter.

plañidero, ra adj fam geignard(e).

plañir ◇ vt [pérdida] pleurer. ◇ vi gémir.

plaqueta f plaquette f.

plasmar vt -1. fig [reflejar] exprimer. -2. [modelar] façonner. ◆ **plasmarse** vp se concrétiser.

plasta ◇ adj & mf raseur(euse). ◇ f [cosa blanda] bouillie f.

plástica f → plástico.

plástico, ca adj -1. [gen] plastique. -2. [expresivo] éloquent(e). ◆ **plástico** m plastique m. ◆ **plástica** f plastique f.

plastificar vt plastifier.

plastilina f pâte f à modeler.

plata f -1. [metal] argent m; ~ **de ley** argent m titré; **hablar en ~** fam parler franchement. -2. [objetos de plata] argenterie f. -3. Amer [dinero] argent m.

plataforma f -1. [gen] plate-forme f. -2. fig [punto de partida] tremplin m.

platal m Amer fam **un ~** une fortune.

plátano m **-1.** [fruta] banane f. **-2.** [árbol – tropical] bananier m; [– de sombra] platane m.

platea f TEATR parterre m.

plateado, da adj argenté(e).

plática f Amer conversation f.

platicar vi Amer converser.

platillo m **-1.** [plato pequeño] soucoupe f. **-2.** [de balanza] plateau m. **-3.** (gen pl) MÚS cymbale f. ◆ **platillo volante** m soucoupe f volante.

platina f platine f.

platino m platine m. ◆ **platinos** mpl vis fpl platinées.

plato m **-1.** [gen] assiette f; **lavar los ~s** faire la vaisselle; **pagar los ~s rotos** payer les pots cassés. **-2.** [comida] plat m; **~ combinado** plat garni; **primer ~** entrée f; **segundo ~, ~ fuerte** plat de résistance; **el ~ fuerte de la historia** fig le meilleur de cette histoire. **-3.** [de tocadiscos] platine f. **-4.** [de balanza, bicicleta] plateau m.

plató m CIN plateau m.

platónico, ca adj platonique.

platudo, da adj Amer fam friqué(e).

plausible adj plausible.

playa f **-1.** [gen] plage f. **-2.** Amer [aparcamiento] : **~ de estacionamiento** parking m.

play-back (pl **play-backs**) m play-back m.

play-boy (pl **play-boys**) m play-boy m.

playero, ra adj de plage. ◆ **playera** f (gen pl) **-1.** [de deporte] tennis f. **-2.** [sandalia] sandale f de plage.

plaza f **-1.** [gen] place f. **-2.** [puesto de trabajo] poste m. **-3.** [mercado] marché m. **-4.** TAUROM arène f; **~ de toros** arènes fpl. **-5.** COM [zona, población] zone f. **-6.** [fortificación] place f forte.

plazo m **-1.** [de tiempo & COM] délai m; **a corto/largo ~** à court/long terme. **-2.** [de dinero] versement m; **a ~s** à crédit.

plazoleta f petite place f.

plebe f plèbe f.

plebeyo, ya adj & m, f plébéien(enne).

plebiscito m plébiscite m.

plegable adj pliant(e).

plegar vt plier.

plegaria f prière f.

pleito m DER procès m.

plenario, ria adj plénier(ère).

plenilunio m pleine lune f.

plenitud f plénitude f.

pleno, na adj plein(e); **en ~** [en medio de] en plein; **en ~ día** en plein jour; **en plena forma** en pleine forme. ◆ **pleno** m **-1.** [reunión] séance f plénière. **-2.** [en juego de azar] : **acertar el ~** avoir tous les bons numéros.

pletórico, ca adj : **~ de** plein de.

pliego m **-1.** [hoja] feuille f (de papier). **-2.** [documento] pli m; **~ de condiciones** cahier m des charges. **-3.** IMPRENTA cahier m.

pliegue m pli m (document).

plisado m [acción] plissage m; [resultado] plissé m.

plomería f Amer plomberie f.

plomero m Amer plombier m.

plomizo, za adj plombé(e).

plomo m **-1.** [gen] plomb m; **caer a ~** fam tomber comme une masse. **-2.** fam [pelmazo] casse-pieds mf inv.

plotter (pl **plotters**) m INFORM traceur m.

pluma f **-1.** [gen] plume f; (~) **estilográfica** stylo m (à) plume. **-2.** fig [escritor] homme m de plume.

plum-cake (pl **plum-cakes**) m cake m.

plumero m plumeau m; **vérsele a alguien el ~** fam fig voir venir qqn.

plumier (pl **plumiers**) m plumier m.

plumilla f plume f (de stylo).

plumón m **-1.** [de ave] duvet m. **-2.** [anorak] doudoune f.

plural ◇ adj pluriel(elle). ◇ m pluriel m.

pluralidad f pluralité f.

pluralismo m pluralisme m.

pluralizar vi généraliser.

pluriempleo m cumul m d'emplois.

plus (pl **pluses**) m prime f (gratification).

pluscuamperfecto m plus-que-parfait m.

plusmarca f DEP record m.

plusvalía f plus-value f.

pluvial adj pluvial(e).

p.m. (abrev de post meridiem) p.m.

PM (abrev de policía militar) f police militaire espagnole.

PNB (abrev de producto nacional bruto) m PNB m.

PNV (abrev de Partido Nacionalista Vasco) m parti nationaliste basque.

población f **-1.** [gen] population f. **-2.** [acción] peuplement m. **-3.** [ciudad pequeña] localité f.

poblado, da *adj* **-1.** [habitado] peuplé(e). **-2.** *fig* [lleno] rempli(e). ◆ **poblado** *m* village *m*.

poblador, ra ◇ *adj* : **los indios ~es de América** les Indiens qui peuplent l'Amérique. ◇ *m, f* habitant *m*, -e *f*.

poblar *vt* peupler. ◆ **poblarse** *vp* se peupler.

pobre ◇ *adj* pauvre; **¡~ hombre!** pauvre homme!; **¡~ de mí/ti etc!** pauvre de moi/toi etc! ◇ *mf* pauvre *mf*.

pobreza *f* pauvreté *f*; **~ de** [de cosas materiales] manque de.

pochismo *m* Amer fam spanglish *m*.

pocho, cha *adj* **-1.** [persona] patraque. **-2.** [fruta] blet(te). **-3.** Amer fam américanisé(e) *(se dit de Mexicains)*.

pocilga *f* porcherie *f*.

pocillo *m* Amer chope *f*.

pócima *f* **-1.** [brebaje] potion *f*. **-2.** *despec* [bebida de mal sabor] : **este cóctel es una ~** ce cocktail est imbuvable.

poción *f* potion *f*.

poco, ca ◇ *adj* peu de; **~ trabajo** peu de travail; **de poca importancia** peu d'importance; **dame unos ~s días** donne-moi quelques jours; **las vacaciones son pocas** les places sont rares. ◇ *pron* peu; **han aprobado ~s** il y en a peu qui ont réussi; **tengo muy ~s** j'en ai très peu; **tengo amigos, pero ~s** j'ai des amis, mais j'en ai peu; **unos ~s** quelques-uns; **un ~ (de)** un peu (de); **un ~ de paciencia** un peu de patience. ◆ **poco** *adv* **-1.** [con escasez] peu; **come ~** il ne mange pas beaucoup; **está ~ salado** ce n'est pas très salé; **por ~** pour un peu; **por ~ lo consigo** j'ai failli réussir; **por ~ se desmaya** pour un peu, il s'évanouissait. **-2.** [tiempo corto] : **tardaré ~** je ne serai pas long; **al ~ de llegar** peu après son arrivée; **dentro de ~** sous peu; **llegará dentro de ~** il arrivera bientôt ○ sous peu; **hace ~ (tiempo)** il n'y a pas longtemps; **~ a ~** peu à peu; **¡~ a ~!** doucement!

podar *vt* [árboles] élaguer; [vides, rosales] tailler.

poder[1] ◇ *vt* **-1.** [gen] pouvoir; **puedo pagarme el viaje** je peux me payer le voyage; **puede ejercer su carrera** il peut exercer son métier; **no podemos abandonarlo** nous ne pouvons pas l'abandonner; **puede estallar la guerra** la guerre peut éclater; **podías habérmelo dicho** tu aurais pu me le dire. **-2.** [tener más fuerza que] battre; **a mí no hay quien me**

pueda je suis le plus fort. ◇ *vi* **-1.** [ser capaz de dominar] : **~ con algo/con alguien** venir à bout de qqch/qqn. **-2.** [ser capaz de realizar] : **ella sola no podrá con la corrección de pruebas** elle ne pourra pas corriger les épreuves toute seule. **-3.** [soportar] : **no ~ con algo/con alguien** ne pas supporter qqch/qqn. **-4.** *loc* : **no puedo más** je n'en peux plus; **¿se puede?** on peut entrer? ◇ *v impers* [ser posible] : **puede que llueva** il va peut-être pleuvoir; **¿vendrás mañana? – puede** tu viendras demain? – peut-être.

poder[2] *m* **-1.** [gen] pouvoir *m*; **estar en el/hacerse con el ~** être au/prendre le pouvoir; **~ adquisitivo** pouvoir d'achat; **~ ejecutivo** pouvoir exécutif; **~ judicial** pouvoir judiciaire; **~ legislativo** pouvoir législatif. **-2.** [capacidad] puissance *f*; **un detergente de un gran ~ limpiador** un détergent très puissant. **-3.** [posesión] : **estar en ~ de alguien** être entre les mains de qqn. ◆ **poderes** *mpl* **-1.** POLÍT : **~es públicos** pouvoirs publics. **-2.** [autorización] pouvoir *m*, procuration *f*; **dar ~es a alguien** donner procuration à qqn; **por ~es** par procuration.

poderío *m* **-1.** [poder] puissance *f*. **-2.** [territorio] domaine *m*.

poderoso, sa *adj* puissant(e).

podio, podium *m* podium *m*.

podólogo, ga *m, f* podologue *mf*.

podrá → **poder**.

podría → **poder**.

podrido, da ◇ *pp irreg* → **pudrir**. ◇ *adj* pourri(e).

poema *m* poème *m*.

poesía *f* poésie *f*.

poeta *m* poète *m*.

poético, ca *adj* poétique.

poetisa *f* poétesse *f*.

póker = **póquer**.

polaco, ca ◇ *adj* polonais(e). ◇ *m, f* Polonais *m*, -e *f*. ◆ **polaco** *m* [lengua] polonais *m*.

polar *adj* polaire.

polarizar *vt* **-1.** [atención & FÍS] polariser. **-2.** *fig* [asunto, cuestión etc] centrer. ◆ **polarizarse** *vp* : **~se en** se polariser sur; [asunto, cuestión etc] être centré(e) sur.

polaroid® *f inv* Polaroid® *m*.

polca *f* polka *f*.

polea *f* poulie *f*.

polémico, ca *adj* polémique. ◆ **polémica** *f* polémique *f*.

polemizar *vi* : ~ **(sobre)** polémiquer (sur).

polen *m* pollen *m*.

poleo *m* menthe *f*.

poli *fam* ◇ *mf* flic *m*. ◇ *f* : **la** ~ les flics.

poliamida *f* polyamide *m*.

polichinela *f* polichinelle *f*.

policía ◇ *mf* policier *m*, femme *f* policier. ◇ *f* police *f*.

policiaco, ca, **policíaco, ca** *adj* policier(ère).

policial *adj* policier(ère); [furgón, redada etc] de police.

polideportivo, va *adj* omnisports. ◆ **polideportivo** *m* club *m* omnisports.

poliedro *m* polyèdre *m*.

poliéster *m inv* polyester *m*.

polietileno *m* polyéthylène *m*.

polifacético, ca *adj* éclectique.

poligamia *f* polygamie *f*.

polígamo, ma *adj & m, f* polygame.

políglota, ta, **polígloto, ta** *adj & m, f* polyglotte.

polígono *m* -1. GEOM polygone *m*. -2. [superficie de terreno] zone *f*; ~ **industrial** zone industrielle.

polilla *f* mite *f*.

poliomielitis, **polio** *f inv* poliomyélite *f*.

polipiel *f* cuir *m* synthétique.

pólipo *m* polype *m*.

Polisario (*abrev de* **Frente Popular para la Liberación de Sakiet el Hamra y Río de Oro**) *m* Front Polisario (*mouvement armé pour la création d'un État sahraoui indépendant dans le Sahara occidental*).

politécnico, ca *adj* polytechnique.

politeísmo *m* polythéisme *m*.

política *f* → **político**.

político, ca *adj* -1. [gen] politique. -2. [pariente] : **el hermano** ~ le beau-frère; **la familia política** la belle-famille. ◆ **político** *m* homme *m* politique. ◆ **política** *f* politique *f*.

politizar *vt* politiser. ◆ **politizarse** *vp* [debate, conflicto] se politiser; [persona] participer à la vie politique.

polivalente *adj* polyvalent(e).

póliza *f* -1. [de seguros] police *f*. -2. [sello] timbre *m* fiscal.

polizón *m* passager *m* clandestin.

polla *f* → **pollo**.

pollera *f Amer* jupe *f*.

pollería *f* : **en la** ~ chez le volailler.

pollito *m* poussin *m*.

pollo, lla *m, f* -1. [cría de la gallina] poussin *m*. -2. (*gen m*) [joven] *fam* jeunot *m*. ◆ **pollo** *m* poulet *m*. ◆ **polla** *f vulg* bite *f*.

polo *m* -1. [gen] pôle *m*; ~ **negativo/positivo** pôle négatif/positif; ~ **norte/sur** pôle Nord/Sud. -2. [helado] Esquimau® *m*. -3. [camisa] polo *m*. -4. [DEP - con caballos] polo *m*; [- acuático] water-polo *m*.

pololo, la *m, f Amer fam* mec *m*, nana *f*.

Polonia Pologne *f*.

poltrona *f* bergère *f* (*fauteuil*).

polución *f* pollution *f*.

polvareda *f* nuage *m* de poussière.

polvera *f* poudrier *m*.

polvo *m* -1. [partículas en el aire] poussière *f*; **limpiar** o **quitar el** ~ épousseter. -2. [de producto pulverizado] poudre *f*; **en** ~ en poudre. -3. *vulg* [coito] : **echar un** ~ tirer un coup. -4. *loc* : **estar hecho** ~ *fam* être vanné; **hacer** ~ **algo** *fam* bousiller qqch. ◆ **polvos** *mpl* poudre *f* (*cosmétique*).

pólvora *f* poudre *f*.

polvoriento, ta *adj* poussiéreux(euse).

polvorín *m* poudrière *f*.

polvorón *m* petit gâteau fait de pâte sablée, que l'on mange à Noël.

pomada *f* pommade *f*.

pomelo *m* -1. [árbol] pamplemoussier *m*. -2. [fruto] pamplemousse *m*.

pómez *adj* → **piedra**.

pomo *m* [de puerta, cajón etc] bouton *m*.

pompa *f* pompe *f* (*cérémonial*). ◆ **pompa de jabón** *f* (*gen pl*) bulle *f* de savon. ◆ **pompas fúnebres** *fpl* pompes *fpl* funèbres.

pompis *m fam* derrière *m*.

pompón *m* pompon *m*.

pomposo, sa *adj* pompeux(euse).

pómulo *m* [mejilla] pommette *f*.

ponchar *vt Amer* crever (*pneu*). ◆ **poncharse** *vp Amer* crever.

ponche *m* punch *m* (*boisson*).

poncho *m* poncho *m*.

ponderar *vt* -1. [alabar] vanter. -2. [considerar] examiner. -3. [en estadística] pondérer.

ponedor, ra *adj* pondeur(euse).

ponencia *f* -1. [conferencia] communication *f*; [informe] rapport *m*. -2. [cargo] : **ocupa la** ~ **de la mesa sobre...** il est le rapporteur de la table ronde sur .. **-3.** [comisión] commission f.

poner ◇ vt **-1.** [gen] mettre; **¿dónde has puesto el libro?** où as-tu mis le livre?; **pon vinagre en la ensalada** mets du vinaigre dans la salade; **lo pones de mal humor** tu le mets de mauvaise humeur; **~ impedimentos** mettre des bâtons dans les roues; **puso toda su voluntad en ello** il y a mis toute sa volonté; **pon la radio** mets la radio; **~ a régimen** mettre au régime. **-2.** [vestir]: **~ algo a alguien** mettre qqch à qqn. **-3.** [cambiar el humor de] rendre; **~ triste** rendre triste. **-4.** [mostrar] faire; **¡no pongas esa cara!** ne fais pas cette tête. **-5.** [contribuir] : **ya he puesto mi parte** j'ai déjà payé ma part; **~ algo de su parte** y mettre du sien. **-6.** [calificar, tratar] : **~ a alguien de** traiter qqn de. **-7.** [deberes] donner. **-8.** [telegrama, fax] envoyer; **~ una conferencia** faire un appel à l'étranger; **¿me pones con él?** tu me le passes? **-9.** CIN & TV passer; TEATR donner. **-10.** [instalar] : **están poniendo el gas y la luz** on installe le gaz et l'électricité; **han puesto su casa con mucho gusto** ils ont arrangé leur maison avec beaucoup de goût. **-11.** [montar] ouvrir; **han puesto una tienda** ils ont ouvert un magasin. **-12.** [llamar] appeler; **le pusieron Mario** ils l'ont appelé Mario. **-13.** [suponer] : **pon, pongamos que...** mettons, admettons que... **-14.** [suj : ave] pondre. ◇ vi [ave] pondre. ◆ **ponerse** vp **-1.** [colocarse] se mettre; **~se de pie** se mettre debout. **-2.** [ropa, galas, maquillaje] mettre. **-3.** [estar de cierta manera] devenir; **se puso rojo de ira** il est devenu rouge de colère. **-4.** [iniciar acción] : **~se a hacer algo** se mettre à faire qqch. **-5.** [de salud] : **~se bien** se rétablir; **~se malo** ○ **enfermo** tomber malade. **-6.** [llenarse] : **se ha puesto de barro hasta las rodillas** il s'est couvert de boue jusqu'aux genoux. **-7.** [suj : astro] se coucher. **-8.** Amer fam [parecer] : **se me pone que...** je crois que...

poni, poney m poney m.

poniente m **-1.** [occidente] ouest m. **-2.** [viento] vent m d'ouest.

pontífice m pontife m; **sumo ~** souverain m pontife.

pop adj pop.

popa f poupe f.

popote m Amer paille f (pour boire).

populacho m despec populace f.

popular adj populaire.

popularidad f popularité f.

popularizar vt populariser. ◆ **popularizarse** vp devenir populaire.

popurrí (pl **popurrís**) m pot-pourri m.

póquer, póker m poker m.

por prep **-1.** [causa] à cause de; **se enfadó ~ tu culpa** elle s'est fâchée à cause de toi. **-2.** [finalidad] pour; **lo hizo ~ complacerte** il l'a fait pour te faire plaisir; **lo hizo ~ ella** il l'a fait pour elle. **-3.** [medio, modo, agente] par; **~ escrito** par écrit; **~ mensajero/fax** par coursier/fax; **lo cogieron ~ el brazo** ils l'ont pris par le bras; **el récord fue batido ~ el atleta** le record a été battu par l'athlète. **-4.** [tiempo aproximado] : **~ abril** en avril, dans le courant du mois d'avril. **-5.** [tiempo concreto] : **~ la mañana/tarde/ noche** le matin/l'après-midi/la nuit; **~ unos días** pour quelques jours. **-6.** [lugar] : **había papeles ~ el suelo** il y avait des papiers par terre; **¿~ dónde vive?** où habite-t-il?; **entramos en África ~ Tánger** nous sommes entrés en Afrique par Tanger; **pasar ~ la aduana** passer la douane. **-7.** [a cambio de] : **lo ha comprado ~ poco dinero** il l'a acheté pour une petite somme; **cambió el coche ~ la moto** il a échangé sa voiture contre une moto. **-8.** [en lugar de] pour; **él lo hará ~ mí** il le fera pour moi; **tocan a dos ~ cabeza** [distribución] il y en a deux par personne; **huevos ~ docenas** des œufs à la douzaine; **la velocidad era de 20 km ~ hora** la vitesse était de 20 km à l'heure. **-9.** [elección] pour; **votó ~ mí** elle a voté pour moi. **-10.** MAT fois; **tres ~ tres...** trois fois trois... **-11.** [en busca de] : **baja ~ tabaco** descends chercher des cigarettes; **vino a ~ los libros** il est venu chercher les livres. **-12.** [sin inf] : **la mesa está ~ poner** la table n'est pas (encore) mise. **-13.** [a punto de] : **estar ~ hacer algo** être sur le point de faire qqch; **estuvo ~ llamarte** elle a failli t'appeler. **-14.** [concesión] : **~ mucho que llores, no arreglarás nada** tu auras beau pleurer, cela ne changera rien.

porcelana f porcelaine f.

porcentaje m pourcentage m.

porche m porche m.

porcino, na adj porcin(e).

porción f portion f; [de botín, pastel etc] part f.

pordiosero, ra ◇ *adj* qui demande l'aumône. ◇ *m, f* mendiant *m*, -e *f*.

porfía *f* **-1.** [disputa] discussion *f*. **-2.** [insistencia] obstination *f*.

porfiar *vi* **-1.** [disputar] : **siempre está porfiando** il faut toujours qu'il discute. **-2.** [empeñarse] : ~ **en** s'obstiner à.

pormenor *m* (*gen pl*) détail *m*.

porno *adj fam* porno.

pornografía *f* pornographie *f*.

pornográfico, ca *adj* pornographique.

poro *m* pore *m*.

poroso, sa *adj* poreux(euse).

porque *conj* **-1.** [ya que] parce que. **-2.** [para que] pour que.

porqué *m* : **el ~ de...** le pourquoi de...

porquería *f* cochonnerie *f*.

porra ◇ *f* **-1.** [palo] massue *f*; [de policía] matraque *f*. **-2.** CULIN ≃ beignet *m*. **-3.** *loc* : **irse** ○ **mandar a la ~** *fam* envoyer balader. ◇ *interj* (*gen pl*) : **¡~s!** *fam* mince!, nom d'un chien!

porrada *f fam* **una ~ de** un tas de.

porrazo *m* coup *m*.

porro *m fam* joint *m*.

porrón *m* récipient en verre pour boire le vin à la régalade.

portaaviones = portaviones.

portada *f* **-1.** [de libro, revista] couverture *f*; [de periódico] une *f*. **-2.** ARQUIT façade *f*.

portador, ra ◇ *adj* porteur(euse). ◇ *m, f* porteur *m*, -euse *f*; **al** ~ au porteur.

portaequipajes *m inv* coffre *m* à bagages.

portafolios *m inv*, **portafolio** *m* portedocuments *m*.

portal *m* **-1.** [entrada] entrée *f*. **-2.** [belén] crèche *f*.

portalámparas *m inv* douille *f*.

portamaletas *m inv* coffre *m* à bagages.

portamonedas *m inv* porte-monnaie *m inv*.

portar *vt* porter. ◆ **portarse** *vp* se comporter; **¡pórtate bien!** sois sage!; **los niños se han portado bien** les enfants se sont bien tenus; **siempre se ha portado bien conmigo** il a toujours été très correct avec moi.

portátil *adj* portable.

portaviones, portaaviones *m inv* porteavions *m inv*.

portavoz *mf* porte-parole *m inv*.

portazo *m* : **dar un** ~ claquer la porte.

porte *m* **-1.** (*gen pl*) [transporte] port *m*; **~(s) debido(s)/pagado(s)** port dû/payé. **-2.** [prestancia] allure *f*.

portento *m* prodige *m*.

portentoso, sa *adj* prodigieux(euse).

portería *f* **-1.** [de edificio] loge *f* (*de concierge*); **se ocupa de la** ~ c'est la gardienne de l'immeuble. **-2.** DEP buts *mpl*.

portero, ra *m, f* **-1.** [de edificio] gardien *m*, -enne *f*; ~ **electrónico** interphone *m*. **-2.** DEP gardien *m* de but.

pórtico *m* portique *m*.

portillo *m* **-1.** [abertura] brèche *f*. **-2.** [puerta pequeña] guichet *m*.

portuario, ria *adj* portuaire.

Portugal Portugal *m*.

portugués, esa ◇ *adj* portugais(e). ◇ *m, f* Portugais *m*, -e *f*. ◆ **portugués** *m* [lengua] portugais *m*.

porvenir *m* avenir *m*.

posada *f* **-1.** [fonda] auberge *f*. **-2.** [hospedaje] : **dar** ~ héberger.

posaderas *fpl fam* fesses *fpl*.

posar *vt & vi* poser. ◆ **posarse** *vp* **-1.** [pájaro, insecto, avión] se poser. **-2.** [partículas, polvo etc] se déposer.

posavasos *m inv* dessous *m* de verre.

posdata, postdata *f* post-scriptum *m inv*.

pose *f* pose *f* (*attitude*).

poseedor, ra ◇ *adj* : **ser** ~ **de algo** posséder qqch. ◇ *m, f* possesseur *m*; [de récord, armas etc] détenteur *m*, -trice *f*.

poseer *vt* posséder.

poseído, da *adj & m, f* possédé(e).

posesión *f* possession *f*.

posesivo, va *adj* possessif(ive).

poseso, sa *adj & m, f* possédé(e).

posgraduado, da, postgraduado, da *adj & m, f* titulaire *mf* d'un diplôme de troisième cycle.

posguerra, postguerra *f* après-guerre *m* ○ *f*.

posibilidad *f* possibilité *f*; **hay ~es de que...** il est possible que...; **tiene ~es de éxito** il a des chances de réussir.

posibilitar *vt* permettre.

posible *adj* possible; **hacer** ~ rendre possible; **haré/harás etc (todo) lo** ~ je ferai/tu feras (tout) mon/ton etc possible; **lo antes** ~ le plus tôt possible.

posición *f* position *f*; **tiene una buena** ~ il a une belle situation.

posicionarse *vp* se prononcer; ~ **a favor del aborto** se prononcer en faveur de l'avortement.

positivo, va *adj* positif(ive).

posmoderno, na *adj & m, f* postmoderne.

poso *m* dépôt *m* *(d'un liquide)*; ~ **de café** marc *m* de café.

posponer *vt* -1. [relegar] faire passer après. -2. [aplazar] reporter.

pospuesto, ta *pp irreg* → **posponer.**

posta ◆ a posta *loc adv* exprès.

postal ◇ *adj* postal(e). ◇ *f* carte *f* postale.

postdata = posdata.

poste *m* poteau *m*.

póster *(pl* **pósters)** *m* poster *m*.

postergar *vt* -1. [retrasar] repousser. -2. [relegar] reléguer; [en empresa] rétrograder.

posteridad *f* postérité *f*.

posterior *adj* -1. [en el espacio] arrière; **la puerta** ~ **la** porte de derrière. -2. [en el tiempo] ultérieur(e).

posteriori ◆ a posteriori *loc adv* a posteriori.

posterioridad *f* : **con** ~ par la suite.

postgraduado, da = posgraduado.

postguerra = posguerra.

postigo *m* -1. [contraventana] volet *m*. -2. [puerta pequeña] guichet *m*.

postín *m* ostentation *f*; **de** ~ luxueux(euse).

postizo, za *adj* faux(fausse). ◆ **postizo** *m* postiche *m*.

postor, ra *m, f* enchérisseur *m*, -euse *f*.

postrar *vt* abattre. ◆ **postrarse** *vp* se prosterner.

postre ◇ *m* dessert *m*. ◇ *f loc* : **a la** ~ *fig* en définitive.

postrero, ra *adj* dernier(ère).

postrimerías *fpl* fin *f*; **en las** ~ **de** à la fin de.

postulado *m* postulat *m*.

postular *vt* [exigir] réclamer; [donativos, fondos] collecter.

póstumo, ma *adj* posthume.

postura *f* -1. [posición] posture *f*; **en una** ~ **incómoda** en mauvaise posture. -2. [actitud] attitude *f*. -3. [en subasta] offre *f*; [en ruleta etc] mise *f*.

potable *adj* potable.

potaje *m* -1. [caldo] potage *m*. -2. [guiso] *plat de légumes secs.*

potasio *m* potassium *m*.

pote *m* marmite *f*.

potencia *f* puissance *f*.

potencial ◇ *adj* potentiel(elle). ◇ *m* -1. [gen & ELECTR] potentiel *m*. -2. GRAM conditionnel *m*.

potenciar *vt* favoriser; **el clima potencia la agricultura** le climat est favorable à l'agriculture.

potentado, da *m, f* potentat *m*.

potente *adj* puissant(e).

potra *f* → **potro.**

potrero *m Amer* [finca] pré *m*.

potro, tra *m, f* poulain *m*. ◆ **potro** *m* cheval-d'arçons *m inv*. ◆ **potra** *f mfam* pot *m*; **tener potra** avoir de la veine ○ du pot.

pozo *m* [hoyo] puits *m*.

PP *(abrev de* **Partido Popular)** *m parti politique espagnol de droite.*

práctica *f* → **práctico.**

practicante ◇ *adj* pratiquant(e). ◇ *mf* -1. RELIG pratiquant *m*, -e *f*. -2. [auxiliar médico] aide-soignant *m*, -e *f*.

practicar ◇ *vt* DEP faire; ~ **la natación** faire de la natation. ◇ *vi* s'exercer.

práctico, ca *adj* pratique. ◆ **práctico** *m* NÁUT pilote *m*. ◆ **práctica** *f* -1. [gen] pratique *f*; **en la práctica** dans la pratique. -2. [no teoría] : **las prácticas** les travaux pratiques. -3. [en empresa] stage *m*.

pradera *f* prairie *f*.

prado *m* pré *m*.

Praga Prague.

pragmático, ca *adj* pragmatique.

pral. *abrev de* **principal.**

praliné *m* [bombón] chocolat *m* praliné; [crema] praliné *m*.

preacuerdo *m* accord *m* de principe.

preámbulo *m* préambule *m*.

precalentar *vt* -1. CULIN préchauffer. -2. DEP s'échauffer.

precario, ria *adj* précaire.

precaución *f* précaution *f*; **tomar precauciones** prendre des précautions.

precaver *vt* prévenir.

precavido, da *adj* prévoyant(e).

precedente ◇ *adj* précédent(e). ◇ *m* précédent *m*.

preceptivo, va *adj* obligatoire. ◆ **preceptiva** *f* précepte *m*.

precepto *m* -1. [norma] précepte *m*. -2. [mandato] disposition *f*.

preciado, da *adj* précieux(euse).

preciar *vt* apprécier. ◆ **preciarse** *vp* se vanter; **para cualquier médico que se precie...** pour un médecin qui se respecte...

precintar *vt* sceller.

precinto *m* DER scellé *m*; [acción] pose *f* des scellés; **un ~ de garantía** un sceau de garantie.

precio *m lit & fig* prix *m*; **al ~ de** au prix de; **~ de fábrica** o **coste** prix coûtant; **~ de venta (al público)** prix de vente (au public).

preciosidad *f* -1. [cualidad] beauté *f*. -2. [cosa o persona] merveille *f*.

precioso, sa *adj* -1. [valioso] précieux(euse). -2. [bonito] ravissant(e), adorable.

precipicio *m* précipice *m*.

precipitación *f* précipitation *f*.

precipitado, da *adj* précipité(e).

precipitar *vt* précipiter. ◆ **precipitarse** *vp* se précipiter.

precisar *vt* -1. [determinar] préciser. -2. [necesitar] avoir besoin de; **precisa tu colaboración** il a besoin de ta collaboration.

precisión *f* précision *f*.

preciso, sa *adj* -1. [determinado, conciso] précis(e). -2. [necesario] : **es ~ que vengas** il faut que tu viennes.

precocinado, da *adj* précuit(e); **un plato ~** un plat cuisiné.

preconcebido, da *adj* préconçu(e).

preconcebir *vt* concevoir à l'avance.

preconizar *vt* préconiser.

precoz *adj* précoce.

precursor, ra ◇ *adj* précurseur; **un signo ~** un signe avant-coureur. ◇ *m, f* précurseur *m*.

predecesor, ra *m, f* prédécesseur *m*.

predecir *vt* prédire.

predestinado, da *adj* prédestiné(e).

predestinar *vt* prédestiner.

predeterminación *f* prédétermination *f*.

predeterminar *vt* prédéterminer.

prédica *f* prêche *m*.

predicado *m* GRAM prédicat *m*.

predicador, ra *m, f* prédicateur *m*, -trice *f*.

predicar *vt & vi* prêcher.

predicción *f* prédiction *f*; **la ~ del tiempo** les prévisions météorologiques.

predicho, cha *pp irreg* → **predecir**.

predilección *f* prédilection *f*.

predilecto, ta *adj* préféré(e).

predisponer *vt* prédisposer.

predisposición *f* : **~ (a)** prédisposition (à).

predispuesto, ta ◇ *pp irreg* → **predisponer**. ◇ *adj* prédisposé(e); **ser ~ a** avoir une prédisposition à.

predominante *adj* prédominant(e).

predominio *m* prédominance *f*.

preelectoral *adj* préélectoral(e).

preeminente *adj* prééminent(e).

preescolar ◇ *adj* préscolaire. ◇ *m* maternelle *f (cycle)*.

prescrito, ta *pp irreg* → **prescribir**.

prefabricado, da *adj* préfabriqué(e).

prefabricar *vt* préfabriquer.

prefacio *m* préface *f*.

preferencia *f* -1. [predilección] préférence *f*. -2. [ventaja] priorité *f*; **tener ~** [vehículos] avoir (la) priorité.

preferente *adj* préférentiel(elle).

preferible *adj* préférable.

preferir *vt* préférer; **~ algo a algo** préférer qqch à qqch; **prefiere el calor al frío** elle préfère la chaleur au froid; **prefiero aburrirme a salir con ella** je préfère m'ennuyer plutôt que de sortir avec elle.

prefijo *m* -1. GRAM préfixe *m*. -2. TELECOM : **~ (telefónico)** indicatif *m* (téléphonique).

pregón *m* -1. [discurso] discours *m*. -2. [anuncio] avis *m* (au public).

pregonar *vt* -1. [anunciar] rendre public. -2. *fig* [contar] crier sur les toits.

pregunta *f* question *f*; **hacer una ~** poser une question.

preguntar ◇ *vt* demander. ◇ *vi* : **~ por alguien** [interesarse] demander des nouvelles de qqn; **~ por algo/alguien** [solicitar] demander qqch/qqn. ◆ **preguntarse** *vp* se demander.

prehistoria *f* préhistoire *f*.

prehistórico, ca *adj* préhistorique.

prejuicio *m* préjugé *m*.

preliminar *adj & m* préliminaire.

preludio *m* prélude *m*.

prematrimonial *adj* prénuptial(e).

prematuro, ra *adj* prématuré(e).

premeditación *f* préméditation *f*.

premeditar *vt* préméditer.

premiar *vt* récompenser.

premier (*pl* **premiers**) *m* Premier ministre *m* britannique.

premio *m* **-1.** [recompensa] prix *m*. **-2.** [en lotería] lot *m*; ~ **gordo** gros lot.

premisa *f* [supuesto] hypothèse *f*.

premonición *f* prémonition *f*.

premura *f* **-1.** [urgencia] : **con** ~ d'urgence. **-2.** [escasez] manque *m*.

prenatal *adj* prénatal(e).

prenda *f* **-1.** [vestido] vêtement *m*; ~ **de abrigo** vêtement chaud. **-2.** [garantía] gage *m*. **-3.** (*gen pl*) [virtud] qualité *f*; **la generosidad es una de sus** ~**s** la générosité est une de ses qualités. **-4.** [apelativo cariñoso] : **este niño es una** ~ cet enfant est un amour.

prendar *vt* charmer. ◆ **prendarse** *vp* : ~**se de** s'éprendre de.

prender ◇ *vt* **-1.** [objeto, brazo etc] saisir; [persona] arrêter. **-2.** [sujetar] accrocher, attacher; [con alfiler] épingler. **-3.** [encender] allumer; ~ **fuego a** mettre le feu à. ◇ *vi* **-1.** [gen] prendre. **-2.** *fig* [propagarse] : ~ **en ganar**; **el desaliento prendió en el equipo** le découragement a gagné l'équipe. ◆ **prenderse** *vp* prendre feu.

prendido, da *adj* accroché(e); **quedar** ~ **de** être sous le charme de.

prensa *f* presse *f*; ~ **del corazón** presse *f* du cœur.

prensar *vt* presser.

preñado, da *adj fig* [lleno] rempli(e); ~ **de** rempli de. ◆ **preñada** *adj f fam* [mujer] enceinte; [hembra] pleine.

preocupación *f* souci *m*.

preocupado, da *adj* : ~ **(por)** inquiet (de).

preocupar *vt* **-1.** [inquietar] inquiéter. **-2.** [importar] : **no le preocupa lo que piensen los demás** il se moque de ce que pensent les autres. ◆ **preocuparse** *vp* **-1.** [inquietarse] s'inquiéter; ~**se por** se préoccuper o s'inquiéter de; **no te preocupes** ne t'en fais pas. **-2.** [encargarse] : ~**se de** veiller à.

preparación *f* **-1.** [gen] préparation *f*. **-2.** [conocimientos, cultura] bagage *m*.

preparado, da *adj* **-1.** [dispuesto] prêt(e). **-2.** [entendido] compétent(e). ◆ **preparado** *m* FARMACIA préparation *f*.

preparar *vt* préparer. ◆ **prepararse** *vp* : ~**se (a** o **para)** se préparer (à).

preparativo, va *adj* préparatoire. ◆ **preparativo** *m* (*gen pl*) préparatifs *mpl*.

preparatorio, ria *adj* préparatoire.

preponderar *vi* prédominer.

preposición *f* préposition *f*.

prepotente *adj* **-1.** [engreído] arrogant(e). **-2.** [poderoso] tout-puissant(toute-puissante).

prerrogativa *f* prérogative *f*.

presa *f* **-1.** [gen] proie *f*. **-2.** [dique] barrage *m*.

presagiar *vt* [futuro, felicidad] prédire; [tormenta, problemas] présager.

presagio *m* présage *m*.

presbítero *m* prêtre *m*.

prescindir *vi* : ~ **de** [renunciar a] se passer de; [omitir] faire abstraction de.

prescribir ◇ *vt* prescrire. ◇ *vi* DER se prescrire.

prescripción *f* DER prescription *f*; MED ordonnance *f*.

presencia *f* **-1.** [gen] présence *f*; **en** ~ **de** en présence de. **-2.** [aspecto] allure *f*. ◆ **presencia de ánimo** *f* présence *f* d'esprit.

presenciar *vt* assister à; [crimen, delito] être témoin de.

presentación *f* présentation *f*; **tiene buena** ~ [comida] c'est bien présenté; [persona] il présente bien.

presentador, ra *m, f* présentateur *m*, -trice *f*.

presentar *vt* présenter; **me presentó sus excusas** il m'a présenté ses excuses; ~ **a alguien** présenter qqn. ◆ **presentarse** *vp* se présenter.

presente ◇ *adj* présent(e); **el** ~ **mes** le mois courant; **tener algo** ~ ne pas oublier qqch. ◇ *mf* [en un lugar] personne *f* présente. ◇ *m* présent *m*. ◇ *f* [carta] présente *f*.

presentimiento *m* pressentiment *m*.

presentir *vt* pressentir.

preservar *vt* préserver.

preservativo, va *adj* de protection. ◆ **preservativo** *m* préservatif *m*.

presidencia *f* présidence *f*.

presidente, ta *m, f* président *m*, -e *f*.

presidiario, ria *m, f* prisonnier *m*, -ère *f*.

presidio *m* prison *f*.

presidir *vt* **-1.** [ser presidente] présider. **-2.** *culto* [predominar] : **la bondad preside todos sus actos** la bonté préside à tous ses actes.

presión f pression f; **hacer ~ sobre** faire pression sur; **a ~** [envase, spray etc] sous pression; **~ fiscal** pression fiscale, poids m de l'impôt; **~ sanguínea** pression artérielle.

presionar vt **-1.** [apretar] : **~ algo** appuyer sur qqch. **-2.** fig [coaccionar] : **~ a alguien** faire pression sur qqn.

preso, sa adj & m, f prisonnier(ère).

prestación f prestation f. ◆ **prestaciones** fpl [de coche, máquina etc] performances fpl.

prestado, da adj prêté(e); **de ~** [ropa] emprunté(e); [situación] précaire; **pedir o tomar ~ algo** emprunter qqch.

prestamista mf prêteur m, -euse f (sur gages).

préstamo m prêt m; **pedir un ~** faire un emprunt.

prestar vt prêter; **~ crédito a** croire à; **~ oídos** prêter l'oreille; **~ servicio** rendre service. ◆ **prestarse** vp **-1.** [ofrecerse] se proposer; **se prestó a ayudarme** il s'est proposé pour m'aider. **-2.** [participar] : **~se a** se prêter à. **-3.** [dar motivo] : **esto se presta a confusión** cela prête à confusion.

presteza f : **con ~** promptement.

prestidigitador, ra m, f prestidigitateur m, -trice f.

prestigio m prestige m.

prestigioso, sa adj prestigieux(euse).

presto, ta adj **-1.** [dispuesto] prêt(e). **-2.** [rápido] prompt(e).

presumible adj : **es ~ que...** il est probable que...

presumido, da adj & m, f prétentieux(euse).

presumir ◇ vt [suponer] présumer. ◇ vi **-1.** [jactarse] se donner de grands airs; **presume de guapa** elle se croit belle. **-2.** [ser vanidoso] être prétentieux(euse).

presunción f présomption f.

presunto, ta adj présumé(e); **el ~ asesino** l'assassin présumé.

presuntuoso, sa adj & m, f prétentieux(euse).

presuponer vt présupposer.

presupuesto, ta pp irreg → presuponer. ◆ **presupuesto** m **-1.** [estimación] devis m; [de costo] budget m. **-2.** [suposición] présupposé m.

pretencioso, sa, pretensioso, sa adj & m, f prétentieux(euse).

pretender vt **-1.** [intentar] : **~ hacer algo** chercher à faire qqch. **-2.** [aspirar a] : **~ algo** aspirer à qqch; **~ hacer algo** avoir l'intention de faire qqch. **-3.** [afirmar] prétendre. **-4.** [solicitar – plaza, cargo etc] postuler à o pour. **-5.** [cortejar] faire la cour à.

pretendido, da adj prétendu(e).

pretendiente ◇ mf **-1.** [aspirante] candidat m, -e f. **-2.** [a un trono] prétendant m, -e f. ◇ m [de una mujer] prétendant m.

pretensión f prétention f; **sus pretensiones son excesivas** ses prétentions sont exagérées.

pretensioso, sa = pretencioso.

pretérito, ta adj passé(e). ◆ **pretérito** m GRAM passé m; **~ indefinido** passé simple; **~ perfecto** passé composé.

pretexto m prétexte m.

prevalecer vi : **~ (sobre)** l'emporter (sur).

prevaler vi : **~ (sobre)** prévaloir (sur).

prevención f prévention f; **la policía tomó las calles en ~ de disturbios** la police était dans la rue pour prévenir les troubles.

prevenido, da adj **-1.** [previsor] : **ser ~** être prévoyant; **hombre ~ vale por dos** un homme averti en vaut deux. **-2.** [avisado] : **estar ~** être prévenu.

prevenir vt prévenir; **~ a alguien contra algo/alguien** prévenir qqn contre qqch/qqn.

preventivo, va adj préventif(ive).

prever vt prévoir.

previo, via adj préalable; **previa consulta del médico** après consultation du médecin.

previsible adj prévisible.

previsión f prévision f.

previsor, ra adj prévoyant(e).

previsto, ta ◇ pp irreg → prever. ◇ adj prévu(e).

prieto, ta adj **-1.** [gen] serré(e). **-2.** Amer fam [moreno] brun(e).

prima → primo.

primacía f **-1.** [superioridad] suprématie f. **-2.** [prioridad] priorité f.

primar ◇ vi : **~ (sobre)** primer (sur). ◇ vt primer.

primario, ria adj primaire.

primate m ZOOL **los ~s** les primates mpl.

primavera f lit & fig printemps m.

primaveral adj printanier(ère).

primer = primero.

primera f → primero.

primerizo, za ◇ adj **-1.** [principiante] débutant(e). **-2.** [embarazada] : **ser primeriza** attendre son premier enfant. ◇ m, f débutant m, -e f.

primero, ra ◇ núm adj (antes de sust masculino sg : **primer**) premier(ère); **lo** ~ le plus important; **lo** ~ **es lo** ~ procédons par ordre. ◇ núm m, f premier m, -ère f; **es el** ~ **de la clase** c'est le premier de la classe; **a** ~**s de** au début de. ◆ **primero** ◇ adv **-1.** [en primer lugar] d'abord; ~ **acaba y luego ya veremos** finis d'abord et on verra après. **-2.** [antes] : ~... **que**... plutôt... que...; ~ **morir que traicionar** plutôt mourir que trahir. ◇ m **-1.** [piso] premier (étage) m. **-2.** [curso] première année f. ◆ **primera** f **-1.** [velocidad, clase] première f. **-2.** loc : **de primera** fam de première; **en este restaurante se come de primera** on mange super bien dans ce restaurant.

primicia f [de noticia] exclusivité f.

primitivo, va adj primitif(ive).

primo, ma m, f **-1.** [pariente] cousin m, -e f. **-2.** fam [tonto] poire f; **hacer el** ~ **se faire avoir.** ◆ **prima** f [gen] prime f. ◆ **prima dona** f prima donna f.

primogénito, ta adj & m, f aîné(e).

primor m [niño] merveille f; **¡tu bebé es un** ~**!** ton bébé est un amour!

primordial adj primordial(e).

primoroso, sa adj **-1.** [delicado] ravissant(e). **-2.** [diestro] habile.

princesa f princesse f.

principado m [territorio] principauté f.

principal ◇ adj principal(e). ◇ m **-1.** [piso] étage situé entre le rez-de-chaussée et le premier. **-2.** [jefe] chef m.

príncipe m prince m. ◆ **príncipe azul** m prince m charmant.

principiante, ta adj & m, f débutant(e).

principio m **-1.** [comienzo] début m; **a** ~**s de** au début de; **en un** ~ à l'origine. **-2.** [fundamento, ley] principe m; **en** ~ en principe. **-3.** [origen] : **la falta de organización fue el** ~ **de la quiebra** le manque d'organisation est à l'origine de la faillite. ◆ **principios** mpl principes mpl.

pringar ◇ vt **-1.** [ensuciar] tacher (de graisse). **-2.** fam fig [comprometer] : ~ **a alguien** en faire tremper qqn dans. ◇ vi fam trimer. ◆ **pringarse** vp **-1.** [ensu-

ciarse] se tacher (de graisse). **-2.** fig [comprometerse] se salir les mains.

pringoso, sa adj graisseux(euse).

pringue m **-1.** [grasa] graisse f. **-2.** [suciedad] crasse f.

priorato m **-1.** RELIG prieuré m. **-2.** [vino] vin du Priorat (Tarragone).

priori ◆ **a priori** loc adv a priori.

prioridad f priorité f.

prioritario, ria adj prioritaire.

prisa f hâte f; **a** ○ **de** ~ vite; **darse** ~ se dépêcher; **meter** ~ **a alguien** faire se dépêcher ○ bousculer qqn; **tener** ~ être pressé(e).

prisión f **-1.** [cárcel] prison f. **-2.** [encarcelamiento] emprisonnement m.

prisionero, ra m, f prisonnier m, -ère f.

prisma m **-1.** GEOM & FÍS prisme m. **-2.** fig [punto de vista] angle m.

prismático, ca adj GEOM prismatique. ◆ **prismáticos** mpl jumelles fpl.

privación f privation f.

privado, da adj privé(e); **en** ~ en privé.

privar ◇ vt **-1.** [quitar] : ~ **a alguien/ algo de algo** priver qqn/qqch de qqch. **-2.** [prohibir] : ~ **a alguien de hacer algo** interdire à qqn de faire qqch. ◇ vi **-1.** [gustar] raffoler de; **le privan los bombones** il raffole des chocolats. **-2.** [estar de moda] être à la mode. **-3.** fam [beber] picoler. ◆ **privarse** vp : ~**se de** se priver de.

privativo, va adj DER privatif(ive).

privilegiado, da ◇ adj **-1.** [favorecido] privilégié(e). **-2.** [extraordinario] exceptionnel(elle). ◇ m, f **-1.** [afortunado] privilégié m, -e f. **-2.** [muy dotado] surdoué m, -e f.

privilegiar vt privilégier.

privilegio m privilège m.

pro ◇ prep pour. ◇ m pour m; **el** ~ **y el contra, los** ~**s y los contras** le pour et le contre; **en** ~ **de** pour, en faveur de.

proa f **-1.** NÁUT proue f. **-2.** AERON nez m.

probabilidad f probabilité f.

probable adj probable.

probador m cabine f d'essayage.

probar ◇ vt **-1.** [demostrar, indicar] prouver. **-2.** [ensayar] essayer. **-3.** [degustar, catar] goûter. ◇ vi : ~ **a hacer algo** essayer de faire qqch. ◆ **probarse** vp [ropa] essayer.

probeta f éprouvette f.

problema m problème m.

problemático, ca *adj* problématique. ◆ **problemática** *f* problématique *f*.

procedencia *f* **-1.** [origen] origine *f*. **-2.** [punto de partida] provenance *f*. **-3.** [pertinencia] bien-fondé *m*.

procedente *adj* **-1.** [originario] : ~ **de** en provenance de. **-2.** [oportuno] : **no ser** ~ être malvenu(e); [comentario] être déplacé(e).

proceder ◇ *m* comportement *m*. ◇ *vi* **-1.** [derivarse] : ~ **de** venir de. **-2.** [tener origen] : ~ **de** [persona] être originaire de; [cosas] provenir de. **-3.** [actuar] : ~ **(con)** procéder (avec). **-4.** [empezar] commencer; ~ **a** procéder à. **-5.** [ser oportuno] convenir.

procedimiento *m* **-1.** [método] procédé *m*. **-2.** DER procédure *f*.

procesado, da *m, f* accusé *m*, -e *f*.

procesador *m* INFORM processeur *m*, système *m* de traitement; ~ **de textos** système de traitement de texte.

procesar *vt* **-1.** DER poursuivre. **-2.** INFORM traiter.

procesión *f* **-1.** RELIG & *fig* procession *f*. **-2.** [transcurso] : **la** ~ **de los días** les jours qui s'écoulent.

proceso *m* **-1.** [desarrollo] processus *m*. **-2.** [método] procédé *m*. **-3.** [intervalo] espace *m*; **en el** ~ **de** en l'espace de. **-4.** DER procédure *f*.

proclama *f* proclamation *f*.

proclamar *vt* proclamer. ◆ **proclamarse** *vp* **-1.** [nombrarse] se proclamer. **-2.** [conseguir un título] être proclamé(e).

proclive *adj* : ~ **a** enclin(e)à.

procreación *f* procréation *f*.

procrear ◇ *vi* se reproduire. ◇ *vt* engendrer.

procurador, ra *m, f* DER procureur *m*.

procurar *vt* **-1.** [intentar] s'efforcer de. **-2.** [proporcionar] procurer. ◆ **procurarse** *vp* [conseguir] se procurer.

prodigar *vt* prodiguer. ◆ **prodigarse** *vp* **-1.** [exhibirse] se montrer. **-2.** [excederse] : ~**se en** [atenciones, regalos etc] se répandre.

prodigio *m* prodige *m*.

prodigioso, sa *adj* prodigieux(euse).

pródigo, ga *adj & m, f* prodigue.

producción *f* production *f*; ~ **en serie** ECON production en série.

producir *vt* produire. ◆ **producirse** *vp* [ocurrir] se produire.

productividad *f* productivité *f*.

productivo, va *adj* productif(ive).

producto *m* produit *m*.

productor, ra *adj & m, f* producteur(trice). ◆ **productora** *f* CIN maison *f* de production.

proeza *f* prouesse *f*.

prof. (*abrev de profesor*) Pr.

profanar *vt* profaner.

profano, na *adj & m, f* profane.

profecía *f* prophétie *f*.

proferir *vt* proférer.

profesar ◇ *vt* professer; RELIG pratiquer. ◇ *vi* RELIG prononcer ses vœux.

profesión *f* profession *f*.

profesional *adj & mf* professionnel(elle).

profesionalizar *vt* professionnaliser.

profesionista *mf* *Amer* professionnel *m*, -elle *f*.

profesor, ra *m, f* professeur *m*.

profesorado *m* **-1.** [conjunto] corps *m* enseignant. **-2.** [cargo] professorat *m*.

profeta *m* prophète *m*.

profetisa *f* prophétesse *f*.

profetizar *vt* prophétiser.

prófugo, ga *adj & m, f* fugitif(ive).

profundidad *f* profondeur *f*.

profundizar ◇ *vt* approfondir. ◇ *vi* : ~ **en algo** [cuestión, tema] approfondir qqch.

profundo, da *adj* profond(e).

profusión *f* profusion *f*.

progenitor, ra *m, f* géniteur *m*, -trice *f*. ◆ **progenitores** *mpl* géniteurs *mpl*.

programa *f* **-1.** [gen & INFORM] programme *m*. **-2.** TV émission *f*.

programación *f* programmation *f*.

programador, ra *m, f* INFORM programmeur *m*, -euse *f*. ◆ **programador** *m* programmateur *m*.

programar *vt* programmer.

progre *adj & mf* *fam* progressiste.

progresar *vi* progresser.

progresión *f* **-1.** [gen & MAT] progression *f*. **-2.** [mejora] progrès *m*; **su** ~ **en matemáticas...** ses progrès en mathématiques...

progresista *adj & mf* progressiste.

progresivo, va *adj* progressif(ive).

progreso *m* progrès *m*; **hacer** ~**s** faire des progrès.

prohibición *f* interdiction *f*.

prohibido, da *adj* interdit(e).

prohibir vt interdire; **'se prohibe el paso'** 'entrée interdite'.

prohibitivo, va adj **-1.** [señal etc] d'interdiction. **-2.** [precio etc] prohibitif(ive).

prójimo m prochain m.

prole f progéniture f.

proletariado m prolétariat m.

proletario, ria adj & m, f prolétaire.

proliferación f prolifération f.

proliferar vi proliférer.

prolífico, ca adj prolifique.

prolijo, ja adj [persona] prolixe; [explicación, descripción etc] interminable.

prólogo m prologue m; [de una obra] préface f.

prolongación f prolongation f; DER prorogation f; [de carretera, calle etc] prolongement m.

prolongado, da adj prolongé(e).

prolongar vt prolonger.

promedio m moyenne f.

promesa f **-1.** [compromiso] promesse f. **-2.** fig [persona] espoir m.

prometer ◇ vt promettre; **prometió venir** il a promis de venir. ◇ vi promettre. ◆ **prometerse** vp se fiancer.

prometido, da ◇ m, f fiancé m, -e f. ◇ adj [dicho] : **lo ~ ma/ta etc** promesse f.

prominente adj **-1.** [abultado] proéminent(e). **-2.** fig [ilustre] éminent(e).

promiscuo, cua adj dissolu(e).

promoción f **-1.** [gen] promotion f. **-2.** DEP : **de ~** [partido] de barrage.

promocionar vt **-1.** [en publicidad] faire la promotion de. **-2.** [en empresa] promouvoir. ◆ **promocionarse** vp se faire valoir.

promotor, ra ◇ adj : **la empresa promotora** le sponsor. ◇ m, f promoteur m, -trice f.

promover vt **-1.** [iniciar] promouvoir. **-2.** [ocasionar] être à l'origine de.

promulgar vt promulguer.

pronombre m pronom m.

pronosticar vt pronostiquer; [el tiempo] prévoir.

pronóstico m **-1.** [gen & MED] pronostic m; **reservado** pronostic réservé. **-2.** [del tiempo] prévision f.

pronto, ta adj prompt(e); **una pronta curación** un prompt rétablissement. ◆ **pronto** ◇ adv **-1.** [rápidamente] bientôt; **[dentro de poco] bientôt; ven ~** viens vite; **¡hasta ~!** à bientôt!; **tan ~ como** dès

que. **-2.** [temprano] tôt; **salimos ~** nous sommes partis tôt. ◇ m fam saute f d'humeur. ◆ **de pronto** loc adv soudain. ◆ **por lo pronto** loc adv pour le moment.

pronunciación f prononciation f.

pronunciado, da adj prononcé(e).

pronunciamiento m **-1.** [sublevación] putsch m. **-2.** DER prononcé m.

pronunciar vt **-1.** [gen & DER] prononcer. **-2.** [realzar] souligner. ◆ **pronunciarse** vp **-1.** [definirse] : **~se (sobre)** se prononcer (sur). **-2.** [sublevarse] se soulever.

propagación f propagation f.

propaganda f **-1.** [gen] propagande f. **-2.** [prospectos, anuncios] publicité f.

propagar vt propager. ◆ **propagarse** vp se propager.

propalar vt divulguer.

propano m propane m.

propasarse vp **-1.** [excederse] dépasser les bornes. **-2.** [faltar al respeto] : **~ (con alguien)** profiter de qqn.

propensión f tendance f; [a enfermar] prédisposition f.

propenso, sa adj : **~ a** [enfermedad] sujet à; **ser ~ a creer que...** être porté à croire que...

propiciar vt favoriser.

propicio, cia adj propice.

propiedad f **-1.** [gen] propriété f; **~ privada** propriété privée; **~ pública** propriété de l'État. **-2.** [exactitud] justesse f; **con ~** correctement.

propietario, ria m, f **-1.** [de bienes] propriétaire mf. **-2.** [de cargo] titulaire mf.

propina f pourboire m.

propinar vt [golpes, paliza] administrer.

propio, pia adj **-1.** [gen & GRAM] propre; **tiene coche ~** il a sa propre voiture; **por tu ~ bien** pour ton bien; **~ de** propre à; **no es ~ de él** ça ne lui ressemble pas. **-2.** [apropiado] : **~ para** approprié à. **-3.** [natural] vrai(e). **-4.** [mismo] : **el garaje está en la propia casa** le garage est dans la maison même. **-5.** [en persona] lui-même, elle-même; **el ~ compositor** le compositeur lui-même. **-6.** [semejante] ressemblant(e); **es el ~ retrato de su padre** c'est tout le portrait de son père.

proponer vt proposer. ◆ **proponerse** vp se proposer.

proporción f proportion f.

proporcionado, da adj proportionné(e).

proporcionar vt –1. [ajustar] proportionner. –2. [información, datos etc] fournir. –3. [alegría, tristeza] apporter, donner.

proposición f proposition f.

propósito m –1. [intención] intention f; **tener el ~ de** avoir l'intention de. –2. [objetivo] but m. ◆ **a propósito** ◇ loc adj [adecuado] approprié(e). ◇ loc adv –1. [adrede] exprès. –2. [por cierto] à propos. ◆ **a propósito de** loc prep à propos de.

propuesta f proposition f.

propuesto, ta pp irreg → proponer.

propugnar vt soutenir, défendre; **~ una reforma** défendre une réforme.

propulsar vt –1. [impeler] propulser. –2. fig [promover] encourager.

propulsión f propulsion f.

propulsor, ra ◇ adj AERON [hélice, rueda] propulsif(ive); [gas, mecanismo] propulseur; [fuerza] de propulsion. ◇ m, f promoteur m, -trice f. ◆ **propulsor** m AERON propulseur m.

prórroga f –1. [gen] prorogation f; [de servicio militar] report m d'appel. –2. DEP prolongation f.

prorrogar vt [contrato, término] proroger; [plazo, decisión] reporter.

prorrumpir vi : **~ en** [sollozos] éclater en; [lágrimas] fondre en.

prosa f –1. LITER prose f. –2. fig [aspecto aburrido] monotonie f.

proscrito, ta adj & m, f proscrit(e).

prosecución f poursuite f.

proseguir ◇ vt poursuivre. ◇ vi continuer.

proselitismo m prosélytisme m.

prospección f prospection f.

prospecto m prospectus m; [de medicamento] notice f.

prosperar vi –1. [mejorar] prospérer; [en el trabajo] réussir. –2. [propuesta, idea] être retenu(e).

prosperidad f prospérité f; [éxito] réussite f.

próspero, ra adj prospère.

próstata f prostate f.

prostíbulo m maison f close.

prostitución f prostitution f.

prostituir vt prostituer. ◆ **prostituirse** vp se prostituer.

prostituta f prostituée f.

protagonismo m rôle m principal.

protagonista mf –1. [gen] protagoniste mf. –2. LITER héros m, héroïne f; TEATR & CIN acteur m principal, actrice f principale; [papel] personnage m principal.

protagonizar vt –1. [obra, película] jouer le rôle principal dans. –2. fig [suceso] faire la une de; [personas] être l'acteur(trice) de.

protección f protection f.

proteccionismo m protectionnisme m.

protector, ra adj & m, f protecteur(trice). ◆ **protector** m DEP protège-dents m inv.

proteger vt protéger. ◆ **protegerse** vp se protéger.

protege-slips m inv protège-slip m.

protegido, da adj & m, f protégé(e).

proteína f protéine f.

prótesis f MED prothèse f.

protesta f protestation f.

protestante adj & mf protestant(e).

protestar vi : **~ (contra ○ por)** protester (contre); **~ una letra** COM dresser un protêt.

protocolo m –1. [gen] protocole m. –2. DER : **~ (notarial)** minute f.

prototipo m –1. [modelo] archétype m. –2. [primer ejemplar] prototype m.

protuberancia f protubérance f.

provecho m –1. [gen] profit m; **¡buen ~!** bon appétit!; **de ~** [persona] valable; [lectura, consejo] utile; **sacar ~** tirer profit, profiter. –2. [rendimiento] efficacité f.

provechoso, sa adj profitable.

proveedor, ra m, f fournisseur m, -euse f.

proveer vt –1. [gen] fournir. –2. [puesto, vacante] pourvoir. ◆ **proveerse** vp : **~se de** se fournir en; [de víveres] s'approvisionner en.

provenir vi provenir; **~ de** [en el espacio] provenir de; [en el tiempo] dater de.

proverbial adj proverbial(e).

proverbio m proverbe m.

providencia f –1. (gen pl) [medida] dispositions fpl. –2. DER décision f judiciaire; [orden] ordonnance f. ◆ **Providencia** f Providence f.

providencial adj lit & fig providentiel(elle).

provincia f [división administrativa] province f. ◆ **provincias** fpl [campo] province f.

provinciano, na despec adj & m, f provincial(e).

provisión f –1. (gen pl) [suministro] provision f. –2. [disposición] mesure f.

puenting

provisional *adj* provisoire; [presidente, alcalde] par intérim.

provisto, ta *pp irreg* → proveer.

provocación *f* **-1.** [hostigamiento] provocation *f*. **-2.** [ocasionamiento] déclenchement *m*.

provocar *vt* **-1.** [gen] provoquer. **-2.** *Amer fig* [apetecer] : ¿te provoca hacerlo? ça te dit de le faire?

provocativo, va *adj* provocant(e).

proximidad *f* proximité *f*. ◆ **proximidades** *fpl* environs *mpl*.

próximo, ma *adj* **-1.** [gen] proche. **-2.** [siguiente] prochain(e); **el domingo** ~ dimanche prochain; **el** ~ **año** l'année prochaine.

proyección *f* projection *f*; *fig* [alcance, trascendencia]. rayonnement *m*; **de** ~ **internacional** d'envergure internationale.

proyectar *vt* projeter.

proyectil *m* projectile *m*.

proyecto *m* projet *m*; ~ **de investigación** [de un grupo] projet de recherche; [de una persona] mémoire *m*.

proyector, ra *adj* [aparato] de projection. ◆ **proyector** *m* projecteur *m*.

prudencia *f* prudence *f*; **con** ~ [comer, beber] avec modération.

prudente *adj* prudent(e); **a una hora** ~ à une heure raisonnable.

prueba *f* **-1.** [demostración, manifestación] preuve *f*. **-2.** [trance, examen & DEP] épreuve *f*; **a** ~ de à l'épreuve de; **a toda** ~ à toute épreuve; **poner a** ~ [persona] mettre à l'épreuve; [cosa] tester; ~ **de acceso a la universidad** examen *m* d'entrée à l'université. **-3.** TECNOL essai *m*. **-4.** MED analyse *f*; ~ **del embarazo/del sida** test *m* de grossesse/du sida.

PS = PD.

PSC (*abrev de* Partit dels Socialistes de Catalunya) *m* parti socialiste catalan.

pseudónimo, seudónimo *m* pseudonyme *m*.

psicoanálisis *m* psychanalyse *f*.

psicoanalista *mf* psychanalyste *mf*.

psicodélico, ca *adj* psychédélique.

psicología *f* psychologie *f*.

psicológico, ca *adj* psychologique.

psicólogo, ga *m, f* psychologue *mf*.

psicomotor, ra *adj* psychomoteur(trice).

psicópata *mf* psychopathe *mf*.

psicosis *f inv* psychose *f*.

psicosomático, ca *adj* psychosomatique.

psicotécnico, ca ◇ *adj* psychotechnique. ◇ *m, f* psychotechnicien *m*, -enne *f*. ◆ **psicotécnico** *m* [prueba] test *m* psychotechnique.

psiquiatra *mf* psychiatre *mf*.

psiquiátrico, ca *adj* psychiatrique. ◆ **psiquiátrico** *m* hôpital *m* psychiatrique.

psíquico, ca *adj* psychique.

PSOE (*abrev de* Partido Socialista Obrero Español) *m* PSOE *m*.

pta. (*abrev de* peseta) pta.

púa *f* **-1.** [de planta, erizo] piquant *m*. **-2.** [de peine] dent *f*. **-3.** MÚS médiator *m*.

pub (*pl* pubs) *m* bar *m*.

pubertad *f* puberté *f*.

pubis *m* pubis *m*.

publicación *f* publication *f*.

publicar *vt* publier.

publicidad *f* publicité *f*.

publicitario, ria *adj & m, f* publicitaire.

público, ca *adj* public(ique); **en** ~ en public; **hacer** ~ [escándalo, noticia] rendre public. ◆ **público** *m* public *m*.

publirreportaje *m* [anuncio de televisión] film *m* publicitaire; [en una revista] publireportage *m*.

pucha *interj Amer* : ¡~(s)! punaise!

puchero *m* **-1.** [para guisar] marmite *f*. **-2.** [comida] ≃ pot-au-feu *m*. ◆ **pucheros** *mpl* : **hacer** ~s faire la moue.

pucho *m Amer* mégot *m*.

pudding = pudin.

púdico, ca *adj* pudique.

pudiente *adj & mf* nanti(e).

pudin (*pl* púdines), **pudding** *m* (*pl* puddings) pudding *m*.

pudor *m* pudeur *f*; [timidez] retenue *f*.

pudoroso, sa *adj* pudique; [tímido] réservé(e).

pudrir *vt* pourrir. ◆ **pudrirse** *vp* pourrir.

pueblerino, na *adj & m, f* [de pueblo] villageois(e); *despec* [paleto] plouc.

pueblo *m* **-1.** [población] village *m*. **-2.** [nación, proletariado] peuple *m*.

pueda *etc* → poder.

puente *m* **-1.** [gen & ARQUIT] pont *m*; **hacer** ~ faire le pont *(congé)*. **-2.** [aparato dental] bridge *m*. ◆ **puente aéreo** *m* pont *m* aérien.

puenting *m* DEP saut *m* à l'élastique.

puerco, ca ◇ *adj* dégoûtant(e). ◇ *m, f* **-1.** [animal] porc *m*, truie *f*. **-2.** *fam fig* [persona – sucia] cochon *m*, -onne *f*; [– malintencionada] goujat *m*.

puercoespín *m* porc-épic *m*.

puericultor, ra *m, f* puériculteur *m*, -trice *f*.

pueril *adj fig* puéril(e).

puerro *m* poireau *m*.

puerta *f* **-1.** [gen] porte *f*; **de ∼ en ∼** de porte en porte; **∼ giratoria** porte à tambour. **-2.** DEP buts *mpl*. **-3.** *loc* : **a las ∼s de** à deux doigts de; **a ∼ cerrada** à huis clos.

puerto *m* **-1.** [gen & INFORM] port *m*; **∼ deportivo** port de plaisance. **-2.** [de montaña] col *m*.

Puerto Rico Porto Rico *m*, Puerto Rico *m*.

pues *conj* **-1.** [dado que, porque] car. **-2.** [así que] donc; **te decía, ∼, que...** je te disais donc que... **-3.** [enfático] eh bien; **¡∼ ya está!** eh bien voilà!; **¡∼ claro!** mais bien sûr!

puesto, ta ◇ *pp irreg* → **poner**. ◇ *adj* : **ir muy ∼** être bien habillé. ◆ **puesto** *m* **-1.** [gen & MIL] poste *m*; **∼ (de trabajo)** poste (de travail). **-2.** [en fila, clasificación] place *f*. **-3.** [tenderete] étal *m*; **∼ de periódicos** kiosque *m* à journaux. ◆ **puesta** *f* **-1.** [acción] mise *f*; **puesta al día/a punto/en marcha** mise à jour/au point/en marche; **puesta en escena** mise en scène. **-2.** [de ave] ponte *f*. ◆ **puesta de sol** *f* coucher *m* de soleil. ◆ **puesto que** *loc conj* puisque.

puf (*pl* **pufs**) *m* pouf *m*.

púgil *m* pugiliste *m*.

pugna *f lit & fig* lutte *f*.

pugnar *vi lit & fig* se battre.

puja *f* [en subasta – acción] enchère *f*; [– cantidad] mise *f*.

pujar *vi* **-1.** [subastar] enchérir. **-2.** *fig* [esforzarse] lutter.

pulcro, cra *adj* soigné(e).

pulga *f* puce *f*.

pulgada *f* pouce *m* (*mesure*).

pulgar *m* → **dedo**.

pulgón *m* puceron *m*.

pulimentar *vt* polir.

pulir *vt* **-1.** [alisar] polir. **-2.** [perfeccionar] peaufiner. ◆ **pulirse** *vp* [gastarse] engloutir.

pulmón *m* poumon *m*. ◆ **pulmones** *mpl fam fig* : **tener pulmones** avoir du coffre.

pulmonía *f* pneumonie *f*.

pulpa *f* pulpe *f*.

púlpito *m* chaire *f*.

pulpo *m* **-1.** [animal] poulpe *m*. **-2.** *fam* [persona] : **ser un ∼** avoir les mains baladeuses. **-3.** [correa elástica] tendeur *m*.

pulque *m* Amer eau sucrée fermentée.

pulsación *f* pulsation *f*.

pulsador *m* bouton *m* (*de mécanisme, appareil*).

pulsar *vt* **-1.** [botón, tecla etc] appuyer sur; [cuerdas] gratter. **-2.** [asunto, opinión etc] sonder.

pulsera *f* bracelet *m*.

pulso *m* **-1.** [latido] pouls *m*. **-2.** [de fuerza] bras *m* de fer. **-3.** [firmeza] : **tener buen ∼** avoir la main sûre; **a ∼** à la force du poignet. **-4.** *fig* [prudencia] doigté *m*.

pulular *vi* pulluler.

pulverizador, ra *adj* : **un aparato ∼** un pulvérisateur. ◆ **pulverizador** *m* pulvérisateur *m*.

pulverizar *vt lit & fig* pulvériser.

puma *m* puma *m*.

punción *f* ponction *f*.

punición *f* punition *f*.

punk (*pl* **punks** ◇ **punkis**) *adj & mf* punk.

punta *f* **-1.** [gen & GEOGR] pointe *f*; **sacar ∼ a un lápiz** tailler un crayon. **-2.** [de lengua, dedos] bout *m*; [del pan] croûton *m*; **a ∼ de pistola** sous la menace du revolver. **-3.** *loc* : **a ∼ pala** *fam* à la pelle; **tener algo en la ∼ de la lengua** avoir qqch sur le bout de la langue.

puntada *f* **-1.** [pespunte] point *m*. **-2.** [agujero] trou *m* (*d'aiguille*).

puntal *m* **-1.** [madero] étai *m*. **-2.** *fig* [apoyo] soutien *m*; **∼ de familia** soutien de famille.

puntapié *m* coup *m* de pied.

puntear *vt* MÚS : **∼ la guitarra** pincer les cordes de la guitare.

puntera *f* → **puntero**.

puntería *f* **-1.** [destreza] adresse *f* (*au tir*). **-2.** [orientación] ligne *f* de tir.

puntero, ra ◇ *adj* : **∼ en** spécialisé dans. ◇ *m, f* leader *m*; **ser el ∼** être en tête. ◆ **puntera** *f* [de zapato, calcetín] bout *m*.

puntiagudo, da *adj* pointu(e).

puntilla *f* dentelle *f* rapportée. ◆ **de puntillas** *loc adv* sur la pointe des pieds.

puntilloso, sa *adj* pointilleux(euse).

punto m **-1.** [gen] point m; **dar unos ~s a** [en costura] faire un point à; **~ cardinal** point cardinal; **~ culminante** point culminant; **~ de confluencia** point de rencontre; **~ (de sutura)** point (de suture); **~ de venta** point de vente); **~ y coma** point-virgule m; **~s suspensivos** points de suspension. **-2.** [lugar] lieu m; **~ de reunión** lieu de rencontre; [en aeropuerto, estación] point de rencontre. **-3.** [momento] instant m; **estar a ~** être prêt(e); **llegar a ~** arriver à point, tomber à pic. **-4.** [estado] stade m; **estando las cosas en este ~...** les choses en étant arrivées là... **-5.** [grado de color] nuance f. **-6.** [tejido] : **hacer ~** tricoter. **-7.** [pizca, toque] pointe f. **-8.** [objetivo] but m. **-9.** loc : **poner ~ final** mettre un point final. ◆ **en punto** loc adv pile; **a las cinco en ~** à cinq heures pile. ◆ **hasta cierto punto** loc adv jusqu'à un certain point. ◆ **punto de partida** m point m de départ. ◆ **punto de vista** m point m de vue. ◆ **punto muerto** m point m mort.

puntuación f **-1.** [calificación] note f; [en concurso, competiciones] classement m. **-2.** [ortográfica] ponctuation f.

puntual adj **-1.** [gen] ponctuel(elle). **-2.** [exacto, detallado] circonstancié(e).

puntualidad f **-1.** [en el tiempo] ponctualité f. **-2.** [exactitud] précision f.

puntualizar vt préciser.

puntuar ◇ vt **-1.** [calificar] noter. **-2.** [escrito] ponctuer. ◇ vi **-1.** [calificar] noter. **-2.** [entrar en el cómputo] : **~ (para)** compter (pour).

punzada f **-1.** [pinchazo] piqûre f; **darse una ~** se piquer. **-2.** [dolor intenso] élancement m.

punzante adj **-1.** [objeto] pointu(e). **-2.** [dolor, herida] lancinant(e). **-3.** fig [humor, broma etc] caustique.

punzar vt **-1.** [pinchar] piquer. **-2.** [doler] lanciner; **~ el corazón** pincer le cœur.

punzón m poinçon m.

puñado m poignée f.

puñal m poignard m.

puñalada f coup m de poignard.

puñeta ◇ f **-1.** mfam [tontería] connerie f. **-2.** [bocamanga] manchette f. **-3.** loc : **mandar a hacer ~s** fam envoyer balader. ◇ interj fam ¡~! crotte!

puñetazo m coup m de poing.

puñetero, ra ◇ adj fam [persona, cosa] fichu(e); **tu ~ marido** ton fichu mari. ◇ m, f mfam emmerdeur m, -euse f.

puño m **-1.** [mano cerrada] poing m. **-2.** [de manga] poignet m. **-3.** [empuñadura] poignée f. **-4.** loc : **de su ~ y letra** de sa propre main; **morderse los ~s de hambre** avoir l'estomac dans les talons; **morderse los ~s de rabia** écumer de rage.

pupa f **-1.** [erupción] bouton m. **-2.** [daño] : **hacerse ~** se faire bobo.

pupila f pupille f.

pupilaje m [de alumnos] pension f; [de coche] location f d'un box.

pupilo, la m, f **-1.** [discípulo] élève mf. **-2.** [huérfano] pupille mf.

pupitre m pupitre m.

puré m purée f.

pureza f **-1.** [gen] pureté f. **-2.** [integridad] droiture f.

purga f lit & fig purge f.

purgante ◇ adj purgatif(ive). ◇ m purgatif m.

purgar vt purger; [alma] purifier; [pecados] expier. ◆ **purgarse** vp se purger.

purgatorio m purgatoire m.

purificar vt purifier.

puritano, na adj & m, f puritain(e).

puro, ra adj **-1.** [gen] pur(e). **-2.** [íntegro] droit(e). ◆ **puro** m cigare m.

púrpura adj inv & m pourpre.

purpúreo, a adj culto pourpré(e).

purpurina f paillettes fpl (poudre).

purria f fam [escoria] racaille f.

pus m pus m.

pusilánime adj pusillanime.

putear vulg ◇ vt [fastidiar] faire chier. ◇ vi [ir de putas] aller voir les putes.

puto, ta vulg ◇ adj : **este ~...** ce putain de... ◇ m, f pute f.

puzle = **puzzle**.

puzzle, puzle m puzzle m.

PVP (abrev de **precio de venta al público**) m ppv.

PYME (abrev de **Pequeña y Mediana Empresa**) f PME f.

pyrex® = **pírex**.

pza. (abrev de **plaza**) Pl., pl.

Q

q, **Q** *f* [letra] q *m inv*, Q *m inv*.

q.e.p.d. *(abrev de* que en paz descanse*)* RIP.

que ◇ *pron relat* **-1.** [sujeto] qui; **ese hombre es el ~ me lo compró** c'est cet homme qui me l'a acheté; **la moto ~ me gusta es muy cara** la moto qui me plaît est très chère. **-2.** [complemento directo] que; **el hombre ~ conociste ayer...** l'homme que tu as rencontré hier...; **no ha leído el libro ~ le regalé** il n'a pas lu le livre que je lui ai offert. **-3.** [complemento indirecto] : **ese es el chico al ~ hablé** c'est le jeune homme à qui j'ai parlé; **la señora a la ~ fuiste a ver** la dame que tu es allé voir. **-4.** [complemento circunstancial] : **la playa a la ~ fui de vacaciones es preciosa** la plage où j'ai passé mes vacances est très belle; **(en) que** où; **el día en ~ fui era soleado** il faisait beau le jour où j'y suis allé. ◇ *conj* **-1.** [gen] que; **importante ~ me escuches** il est important que tu m'écoutes; **me ha confesado ~ me quiere** il m'a avoué qu'il m'aime; **es más rápido ~ tú** il est plus rapide que toi; **me lo pidió tantas veces ~ se lo di** il me l'a demandé tant de fois que je le lui ai donné; **ven aquí ~ te vea** viens ici que je te voie; **espero ~ te diviertas** j'espère que tu t'amuseras; **quiero ~ lo hagas** je veux que tu le fasses. **-2.** [expresa causa] : **déjalo ~ está durmiendo** laisse-le, il dort. **-3.** [en oraciones exclamativas] : **¡~ te diviertas!** amuse-toi bien! **-4.** [expresa hipótesis] : **~ no quieres, pues no pasa nada** si tu ne veux pas, ce n'est pas grave. **-5.** [expresa reiteración] : **estaban charla ~ charla** ils ne faisaient que bavarder.

qué ◇ *adj* quel, quelle; **¿~ hora es?** quelle heure est-il?; **¿~ libros?** quels livres?; **¡~ día!** quelle journée! ◇ *pron* que; **¿~ quieres?** que veux-tu?; **no sé ~ hacer** je ne sais pas quoi faire; **¿~ te dijo?** qu'est-ce qu'il t'a dit?; **¿~?** [¿cómo?] quoi? ◇ *adv* que; **¡~ tonto eres!** que tu es bête!; **¡y ~!** et alors! [expresa gran cantidad] : **~ de que** de; **¡~ de gente hay aquí!** que de monde il y a ici!

quebradero de cabeza *m (gen pl)* tracas *m.*

quebradizo, **za** *adj* cassant(e); *fig* [débil] fragile.

quebrado, **da** *adj* **-1.** [camino, terreno] accidenté(e); **la voz quebrada** la voix cassée; **una línea quebrada** une ligne brisée. **-2.** MAT [número] fractionnaire. **-3.** LITER : **un verso de pie ~** un vers court.

quebrantahuesos *m inv* gypaète *m.*

quebrantar *vt* **-1.** [incumplir – ley] enfreindre; [– palabra, compromiso] ne pas tenir; [– obligación] ne pas remplir. **-2.** [romper] casser. **-3.** *fig* [debilitar] briser. ◆ **quebrantarse** *vp* **-1.** [romperse] se casser. **-2.** [debilitarse] décliner.

quebranto *m* **-1.** [pérdida] perte *f.* **-2.** [debilitamiento] affaiblissement *m.* **-3.** [pena] détresse *f.*

quebrar ◇ *vt* **-1.** [romper] casser. **-2.** [color] pâlir. ◇ *vi* ECON faire faillite. ◆ **quebrarse** *vp* **-1.** [romperse] se casser; **~se una pierna** se casser une jambe. **-2.** [color] pâlir. **-3.** [voz] se briser; **se le quebró la voz** il avait la voix brisée.

quechua ◇ *adj* quechua. ◇ *mf* : **los ~s** les Quechuas. ◇ *m* [lengua] quechua *m.*

quedar ◇ *vi* **-1.** [permanecer, haber aún, faltar] rester; **el cuadro quedó sin acabar** le tableau est resté inachevé; **quedan tres manzanas** il reste trois pommes; **nos quedan dos días para...** il nous reste deux jours pour...; **queda mucho por hacer** il reste beaucoup à faire. **-2.** [mostrarse] : **quedó como un imbécil** il s'est comporté comme un imbécile; **quedar bien/mal (con alguien)** faire bonne/mauvaise impression (à qqn); **~ en ridículo** se ridiculiser. **-3.** [llegar a ser, resultar] : **la fiesta ha quedado perfecta** la fête a très bien tourné. **-4.** [sentar] : **~ bien/mal a alguien** aller bien/mal à qqn. **-5.** [citarse] : **~ con alguien** prendre rendez-vous avec qqn; **hemos quedado para el lunes** nous nous sommes mis d'accord pour lundi. **-6.** *fam* [estar situado] : **¿por dónde queda eso?** ça se trouve où ça? **-7.** [acordar] : **~ en** convenir de; **~ en que** convenir que; **¿en qué quedamos?** alors, qu'est-ce qu'on décide? ◇ *v impers* : **por mí que no quede** je ferai tout mon possible; **que no quede por falta de dinero** il ne faut pas que l'argent soit un problème. ◆ **quedarse** *vp* **-1.** [permanecer] rester. **-2.** [llegar a ser] devenir; **se quedó ciego** il est devenu aveugle. **-3.** [retener]

garder; **quédese con el cambio** gardez la monnaie.

quedo, da adj tranquille; **con voz queda** à voix basse. ◆ **quedo** adv doucement; **hablar ~** parler tout bas.

quehacer m (gen pl) travail m; **~es domésticos** travaux mpl ménagers.

queja f plainte f.

quejarse vp : **~se (de/a)** [lamentarse] se plaindre (de/à).

quejica adj & mf despec râleur(euse).

quejido m gémissement m.

quejoso, sa adj mécontent(e); **estar ~ de** se plaindre de.

quemado, da adj –1. [gen] brûlé(e). –2. [fusible] grillé(e). –3. loc : **estar ~** [harto] en avoir assez; [agotado] être mort de fatigue.

quemador m brûleur m.

quemadura f brûlure f.

quemar ◇ vt –1. [gen] brûler; [comida] faire brûler. –2. [fusible] fondre; [motor] griller. –3. fig [malgastar] dilapider. ◇ vi –1. [tener fiebre] brûler. –2. fig [desgastar] user. ◆ **quemarse** vp –1. [gen] brûler; **se le quemó el arroz** il a fait brûler le riz. –2. [persona] se brûler; [por el sol] prendre un coup de soleil; [fusible] être grillé(e). –3. fig [hartarse] en avoir assez. –4. fig [desgastarse] s'user.

quemarropa ◆ **a quemarropa** loc adv –1. [disparar] à bout portant. –2. [preguntar, contestar] à brûle-pourpoint.

quemazón f brûlure f; [picor] démangeaison f.

quepa → caber.

quepo → caber.

querella f –1. DER [acusación] plainte f; **presentar una ~** déposer une plainte. –2. [discordia] querelle f.

querer ◇ vt –1. [gen] vouloir; **quiero pan** je veux du pain; **quiere hacerse abogado** il veut devenir avocat; **¿cuánto quiere por el coche?** combien voulez-vous pour la voiture?; **¿tú quieres que me enfade?** tu veux vraiment que je me fâche?; **~ que alguien haga algo** vouloir que qqn fasse qqch. –2. [amar] aimer. –3. loc : **queriendo** [con intención] exprès; **sin ~** sans faire exprès; **~ es poder** vouloir c'est pouvoir. ◇ v impers [haber atisbos] : **hace días que quiere llover** depuis plusieurs jours, on dirait qu'il va pleuvoir. ◇ m amour m. ◆ **quererse** vp s'aimer.

querido, da ◇ adj cher(ère). ◇ m, f amant m, maîtresse f; **¡ven querida!** viens, chérie!

quesera f → quesero.

quesería f fromagerie f.

quesero, ra adj & m, f fromager(ère). ◆ **quesera** f cloche f à fromage.

queso m fromage m; **~ de bola** fromage de Hollande; **(~) manchego** manchego m (fromage de brebis de la Manche); **~ rallado** fromage râpé.

quibutz (pl **quibutzs**), **kibutz** (pl **kibutzs**) m kibboutz m.

quicio m encadrement m (de porte, fenêtre); **estar fuera de ~** fig être hors de soi; **sacar de ~ a alguien** fig mettre qqn hors de lui, faire sortir qqn de ses gonds.

quiebra f –1. [ruina] faillite f. –2. fig [pérdida] effondrement m.

quiebro m –1. [ademán] écart m; DEP feinte f. –2. MÚS trille m.

quien ◇ pron relat –1. [sujeto] qui; **fue mi hermano ~ me lo explicó** c'est mon frère qui me l'a expliqué; **eran sus hermanas ~es le ayudaron** ce sont ses sœurs qui l'ont aidé. –2. [complemento] : **son ellos a ~es quiero conocer** ce sont eux que je voudrais connaître; **era de Pepe de ~ no me fiaba** c'est à Pepe que je ne faisais pas confiance. ◇ pron indef –1. [sujeto] celui qui, celle qui; **~ lo quiera que luche por ello** que celui qui le veut se batte pour l'avoir; **~es quieran verlo que se acerquen** que ceux qui veulent le voir s'approchent. –2. [complemento] : **apoyaré a ~es considere oportuno** je soutiendrai ceux que je jugerai bon de soutenir; **vaya con ~ quiera** allez avec qui bon vous semble. –3. loc : **~ más ~ menos** tout un chacun.

quién pron –1. [interrogativo] qui; **¿~ es ese hombre?** qui est cet homme?; **no sé ~ viene** je ne sais pas qui vient; **¿a ~ has invitado?** qui as-tu invité?; **dime con ~ vas a ir** dis-moi avec qui tu vas y aller; **¿~ es?** [en la puerta] qui est là?; [al teléfono] qui est à l'appareil? –2. [exclamativo] : **¡~ pudiera verlo!** si seulement je pouvais le voir!

quienquiera (pl **quienesquiera**) pron quiconque; **~ que venga...** quiconque viendra...

quieto, ta adj tranquille; **¡estate ~!** tiens-toi tranquille!; **¡~ todo el mundo!** que personne ne bouge!

quietud f tranquillité f; [sosiego] quiétude f.

quijada f mâchoire f.

quijote m despec doux rêveur m.

quijotesco, ca adj chimérique.

quilate m carat m.

quilla f -1. NÁUT quille f. -2. [de ave] bréchet m.

quilo = kilo.

quilogramo = kilogramo.

quilometraje = kilometraje.

quilométrico, ca = kilométrico.

quilómetro = kilómetro.

quimbambas fpl : vete a las ~ va voir ailleurs si j'y suis.

quimera f chimère f.

quimérico, ca adj chimérique.

químico, ca ◇ adj chimique. ◇ m, f chimiste mf. ◆ **química** f chimie f.

quimono, kimono m kimono m.

quina f quinquina m; tragar ~ fig avaler des couleuvres.

quincalla f quincaillerie f (objets).

quince núm quinze; el siglo ~ le quinzième siècle; ver también seis.

quinceañero, ra ◇ adj : un chico ~ un garçon de quinze ans. ◇ m, f adolescent m, -e f (de quinze ans).

quinceavo, va núm quinzième.

quincena f quinzaine f.

quincenal adj bimensuel(elle).

quiniela f -1. [boleto] bulletin m (de loterie). -2. [combinación] combinaison f (au loto); la ~ ≃ le loto m sportif. ◆ **quiniela hípica** f ≃ PMU m.

quinientos, tas núm cinq cents; ver también seiscientos.

quinina f quinine f.

quinqué m lanterne f.

quinquenio m -1. [periodo] quinquennat m. -2. [paga] augmentation de salaire quinquennale.

quinqui mf fam loubard m.

quinta f → quinto.

quintaesencia f inv quintessence f.

quintal m quintal m.

quinteto m -1. MÚS quintette m; [de jazz] quintet m. -2. LITER strophe de cinq vers.

quinto, ta núm cinquième m; ver también sexto. ◆ **quinto** m -1. [parte] cinquième m. -2. MIL appelé m. ◆ **quinta** f -1. [finca] maison f de campagne. -2. MIL promotion f; [curso, edad] : **somos de la misma**

quinta nous sommes de la même année. -3. Amer [chalet] villa f.

quintuplicar vt [multiplicar] quintupler; [rebasar] être cinq fois supérieur(e)à. ◆ **quintuplicarse** vp quintupler.

quiosco, kiosco m kiosque m; ~ **de periódicos** kiosque à journaux.

quiosquero, ra m, f marchand m, -e f de journaux.

quiquiriquí (pl quiquiriquíes) m cocorico m.

quirófano m bloc m opératoire.

quiromancia f chiromancie f.

quiromasaje m chiropractie f, chiropraxie f.

quirúrgico, ca adj chirurgical(e).

quisque m fam cada o **todo** ~ chacun(e); **que cada** ~ **se las arregle** que chacun se débrouille.

quisquilloso, sa adj -1. [detallista] pointilleux(euse). -2. [susceptible] chatouilleux(euse).

quiste m kyste m.

quitaesmalte m dissolvant m (pour ongles).

quitamanchas m inv détachant m.

quitanieves m inv chasse-neige m inv (machine).

quitar vt -1. [gen] enlever; [desconectar] éteindre; ~ **algo a alguien** [despojar, robar] prendre qqch à qqn; ~ **tiempo** prendre du temps; **de quita y pon** amovible. -2. [impedir] empêcher; ~ **el sueño** empêcher de dormir; **esto no quita que...** il n'empêche que... -3. [exceptuar] : **quitando el queso me gusta todo** à part le fromage, j'aime tout. ◆ **quitarse** vp -1. [apartarse] se pousser. -2. [ropa] enlever, retirer; **me quito la chaqueta** j'enlève ma veste. -3. [suj : mancha] partir.

quitasol m parasol m.

quite m DEP [en esgrima] parade f; **estar al** ~ fig se tenir prêt(e) (à aider qqn).

Quito Quito.

quizá, quizás adv peut-être; ~ **llueva mañana** peut-être pleuvra-t-il demain; ~ **no lo sepas** tu ne le sais peut-être pas; ~ **sí/no** peut-être que oui/non.

R

r, R f [letra] r m inv, R m inv.

rábano m radis m; **importar un ~** fig s'en ficher comme de l'an quarante.

rabí (pl inv o **rabíes**) m rabbin m.

rabia f rage f; **me da ~** ça m'énerve; **tenerle ~ a alguien** fig en vouloir à qqn.

rabiar vi **-1.** [sufrir] souffrir le martyre. **-2.** [enfadarse] enrager, se mettre en colère; **no me hagas ~** ne m'oblige pas à me mettre en colère.

rabieta f fam **tener una ~** piquer une crise.

rabillo m : **mirar con el ~ del ojo** fig regarder du coin de l'œil.

rabioso, sa adj **-1.** [gen] enragé(e); [tono, voz] rageur(euse). **-2.** [excesivo] furieux(euse). **-3.** [chillón] criard(e).

rabo m queue f.

rácano, na adj & m, f pingre.

RACE (abrev de Real Automóvil Club de España) m club automobile espagnol.

racha f **-1.** [ráfaga] rafale f. **-2.** [época] vague f; **estar de ~** avoir la chance de son côté; **mala ~** mauvaise passe f; **a ~s** fig par à-coups.

racial adj racial(e).

racimo m [de uva] grappe f; [de dátiles, plátanos] régime m.

raciocinio m **-1.** [facultad] raison f. **-2.** [razonamiento] raisonnement m.

ración f **-1.** [porción] part f; [cantidad fija] ration f. **-2.** [en bar, restaurante] assiette de «tapas».

racional adj **-1.** [ser] raisonnable. **-2.** [método, número] rationnel(elle).

racionalizar vt rationaliser.

racionar vt rationner.

racismo m racisme m.

racista adj & mf raciste.

radar (pl **radares**) m radar m.

radiación f **-1.** FÍS radiation f. **-2.** [acción] rayonnement m.

radiactividad, radioactividad f radioactivité f.

radiactivo, va, radioactivo, va adj radioactif(ive).

radiador m radiateur m.

radiante adj **-1.** [sol, persona] radieux(euse); **~ de alegría** rayonnant(e) de joie. **-2.** FÍS radiant(e).

radiar vt **-1.** [luz, calor] émettre (par radiations). **-2.** FÍS irradier. **-3.** [noticias etc] radiodiffuser.

radical ◇ adj radical(e). ◇ m radical m.

radicalizar vt radicaliser. ◆ **radicalizarse** vp se radicaliser.

radicar vi : **~ en** [problema, dificultad etc] résider dans.

radio ◇ m **-1.** [rayo & GEOM] rayon m. **-2.** ANAT radius m. **-3.** QUÍM radium m. **-4.** Amer radio f. ◇ f radio f.

radioactividad = radiactividad.

radioactivo, va = radioactivo.

radioaficionado, da m, f radioamateur m.

radiocasete, radiocassette m radiocassette f.

radiocontrol m radiocommande f.

radiodespertador m radioréveil m.

radiodifusión f radiodiffusion f.

radioescucha mf inv auditeur m, -trice f; [en barco etc] radio m.

radiofónico, ca adj radiophonique.

radiografía f radiographie f.

radionovela f feuilleton m radiodiffusé.

radiorreloj m radioréveil m.

radiotaxi m radio-taxi m.

radioteléfono m radiotéléphone m.

radioterapia f radiothérapie f.

radioyente mf auditeur m, -trice f.

RAE (abrev de Real Academia Española) f Académie de la langue espagnole, ≃ Académie française.

raer vt racler.

ráfaga f rafale f; [con los faros] appel m de phares.

rafting m DEP rafting m.

raído, da adj râpé(e) (vêtement).

raigambre f **-1.** [tradición] tradition f; **de profunda ~** profondément ancré(e). **-2.** [estirpe] souche f; **de mucha ~** fortement enraciné(e). **-3.** BOT racines fpl.

raíl, rail m rail m.

raíz (pl **raíces**) f **-1.** [gen, MAT & GRAM] racine f; **~ cuadrada** racine carrée. **-2.** [causa] origine f; **a ~ de** à la suite de; **echar raíces** prendre racine.

raja *f* -1. [de melón, sandía etc] tranche *f*; [de limón, salchichón] rondelle *f*. -2. [grieta – en madera, pared] fissure *f*; [– en cristal etc] fêlure *f*.

rajado, da *adj & m, f fam* dégonflé(e).

rajar *vt* -1. [partir – madera, pared] fissurer; [– cristal etc] fêler; **el mármol está rajado** le marbre est fendu; **tiene el labio rajado** il a la lèvre fendue. -2. *mfam* [apuñalar] étriper. ◆ **rajarse** *vp* -1. [partirse – madera, pared] se fissurer; [– cristal etc] se fêler; [– mármol] se fendre. -2. *fam* [echarse atrás] se dégonfler.

rajatabla ◆ a rajatabla *loc adv* à la lettre.

ralea *f despec* engeance *f*; **de su misma ~** du même acabit.

ralentí *m* ralenti *m*.

rallado, da *adj* râpé(e). ◆ **rallado** *m* râpage *m*.

rallador *m* râpe *f*.

ralladura *f* (gen pl) râpure *f*.

rallar *vt* râper.

rally (pl **rallys**) *m* rallye *m*.

RAM (abrev de **random access memory**) *f* RAM *f*.

rama *f* branche *f*.

ramaje *m* branchage *m*.

ramal *m* [de carretera] embranchement *m*; [de cordillera] ramification *f*; [de escalera] volée *f*.

ramalazo *m* -1. *fam* [afeminamiento] : **se le ve el ~** il refile de la bagouse. -2. [ataque] crise *f*.

rambla *f* -1. [avenida] cours *m*. -2. [río] torrent *m*.

ramera *f* prostituée *f*.

ramificación *f* ramification *f*.

ramificarse *vp* : **~ (en)** se ramifier (en).

ramillete *m* bouquet *m*.

ramo *m* -1. [de flores] bouquet *m*. -2. [rama cortada] branche *f*; [de palmera] rameau *m*. -3. [de actividad, ciencia etc] branche *f*.

rampa *f* -1. [para subir y bajar] rampe *f*. -2. [cuesta] côte *f*. -3. [calambre] crampe *f*.

rana *f* grenouille *f*.

ranchero, ra *m, f* fermier *m*, -ère *f*. ◆ **ranchera** *f* -1. *Amer* MÚS *chanson populaire mexicaine*. -2. AUTOM break *m*.

rancho *m* -1. [comida] gamelle *f*. -2. [granja] ranch *m*.

rancio, cia *adj* -1. [pasado – gen] rance; [– vino] aigre. -2. [antiguo] ancien(enne); **de ~ abolengo** de vieille souche.

rango *m* rang *m*.

ranking *m* classement *m*.

ranura *f* rainure *f*; [para monedas] fente *f*.

rapar *vt* raser.

rapaz, za *m, f desus* garçonnet *m*, fillette *f*. ◆ **rapaz** *adj* [que roba] voleur(euse). ◆ **rapaces** *fpl* ZOOL rapaces *mpl*.

rape *m* -1. [pez] baudroie *f*; CULIN lotte *f*. -2. [corte de pelo] : **al ~** (à) ras.

rapé *m* (en aposición inv) tabac *m* à priser.

rapidez *f* rapidité *f*.

rápido, da *adj* rapide. ◆ **rápido** ◇ *adv* vite; **¡no tan ~!** pas si vite! ◇ *m* [tren] rapide *m*. ◆ **rápidos** *mpl* [de río] rapides *mpl*.

rapiña *f* -1. [robo] rapine *f*. -2. → **ave**.

rappel (pl **rappels**) *m* -1. COM rabais *m*. -2. DEP rappel *m*.

rapsodia *f* rhapsodie *f*.

raptar *vt* enlever (personne).

rapto *m* -1. [secuestro] enlèvement *m*. -2. [ataque] accès *m*.

raqueta *f* -1. [gen] raquette *f*. -2. [de croupier] râteau *m*.

raquítico, ca ◇ *adj* -1. MED rachitique. -2. [sueldo etc] maigre. ◇ *m, f* MED rachitique *mf*.

rareza *f* -1. [cosa poco común, poco frecuente] rareté *f*. -2. [curiosidad] curiosité *f*. -3. [extravagancia] bizarrerie *f*.

raro, ra *adj* -1. [extraño, extravagante] bizarre; **¡qué animal más ~!** quel drôle d'animal! -2. [excepcional, escaso] rare; **lo veo rara vez** je le vois rarement.

ras *m* : **a ~ al ~** à ras bord; **a ~ de** au ras de; **a ~ de tierra** à ras de terre.

rasante ◇ *adj* [luz, tiro] rasant(e); [vuelo] en rase-mottes. ◇ *f* inclinaison *f*; **en cambio de ~** en haut d'une côte.

rascacielos *m inv* gratte-ciel *m inv*.

rascador *m* -1. [herramienta] grattoir *m*. -2. [para cerillas] frottoir *m*.

rascar ◇ *vt* -1. [gen] gratter; **rasca un poco la guitarra** *fam* il gratte un peu. -2. [con espátula] racler. ◇ *vi* gratter. ◆ **rascarse** *vp* se gratter.

rasera *f* écumoire *f*.

rasgar *vt* déchirer. ◆ **rasgarse** *vp* se déchirer.

rasgo *m* **-1.** [gen] trait *m*. **-2.** [de heroísmo etc] acte *m*. ◆ **rasgos** *mpl* [de rostro, letra] traits *mpl*.

rasguear *vt* gratter *(la guitare)*.

rasguñar *vt* égratigner; [con uñas] griffer. ◆ **rasguñarse** *vp* s'égratigner; [con uñas] se griffer.

rasguño *m* égratignure *f*.

raso, sa *adj* **-1.** [mano] plat(e); **en campo ∼** en rase campagne. **-2.** [lleno] plein(e); [cucharada etc] ras(e). **-3.** [cielo] dégagé(e). **-4.** [vuelo] en rase-mottes; **muy ∼** très bas. **-5.** MIL → **soldado.** ◆ **raso** *m* satin *m*.

raspa *f* arête *f*.

raspadura *f* **-1.** *(gen pl)* [brizna] raclure *f*. **-2.** [señal] éraflure *f*. **-3.** [acción] raclage *m*.

raspar ◇ *vt* **-1.** [rascar] racler; [suj : vino] râper. **-2.** [rasar] frôler. ◇ *vi* gratter.

rasposo, sa *adj* râpeux(euse); [piel, prenda] rêche.

rastras ◆ **a rastras** *loc adv* : **llevar algo/a alguien a ∼** *lit & fig* traîner qqch/qqn.

rastreador, ra *adj* : **un perro ∼** un limier.

rastrear ◇ *vt* **-1.** [seguir las huellas de] suivre à la trace. **-2.** *fig* [buscar pistas en – suj : persona] ratisser; [– suj : reflector, foco] balayer. ◇ *vi fig* [indagar] enquêter.

rastrero, ra *adj* vil(e).

rastrillo *m* **-1.** [en jardinería] râteau *m*. **-2.** [mercado] petit marché *m* aux puces; [benéfico] vente *f* de charité.

rastro *m* **-1.** [gen] trace *f*; **sin dejar ∼** sans laisser de traces. **-2.** [mercado] marché *m* aux puces.

rastrojo *m* chaume *m*.

rasurar *vt* raser. ◆ **rasurarse** *vp* se raser.

rata ◇ *adj & mf fam* radin(e). ◇ *f* rat *m*.

ratero, ra *m, f* chapardeur *m*, -euse *f*.

ratificar *vt* ratifier. ◆ **ratificarse** *vp* : **∼se en** s'en tenir à.

rato *m* moment *m*; **al (poco) ∼ (de)** juste après; **hace un ∼** ça fait un moment; **mucho ∼** longtemps; **pasar el ∼** passer le temps; **pasar un mal ∼** passer un mauvais moment; **a ∼s** *fig* par moments.

ratón *m* souris *f*.

ratonera *f* **-1.** [gen] souricière *f*. **-2.** [madriguera] trou *m* de souris.

raudal *m* **-1.** [de agua] torrent *m*. **-2.** *fig* [montón] flot *m*; **correr a ∼es** couler à flots; **gana dinero a ∼es** il gagne énormément d'argent.

ravioli *m (gen pl)* ravioli *m*.

raya *f* **-1.** [gen & ZOOL] raie *f*; [raspadura, de color] rayure *f*; [de animal] zébrure *f*; **a ∼s** à rayures. **-2.** [de pantalón] pli *m*. **-3.** *fig* [límite] limite *f*; **pasarse de la ∼** dépasser les bornes. **-4.** [guión] tiret *m*.

rayado, da *adj* rayé(e). ◆ **rayado** *m* **-1.** [rayas] rayures *fpl*. **-2.** [acción] tracé *m*.

rayar ◇ *vt* **-1.** [gen] rayer. **-2.** [trazar rayas] tirer des traits sur. ◇ *vi* **-1.** [aproximarse] : **∼ en algo** friser qqch. **-2.** [amanecer] : **al ∼ el alba** à l'aube. ◆ **rayarse** *vp* se rayer.

rayo *m* **-1.** [gen & FÍS] rayon *m*; **∼ láser/X** rayon laser/X; **∼s infrarrojos/ultravioleta** rayons infrarouges/ultraviolets; **∼s uva** U.V. *mpl*. **-2.** METEOR foudre *f*.

rayón *m* rayonne *f*.

rayuela *f* marelle *f*.

raza *f* **-1.** [gen] race *f*; **de ∼** de race. **-2.** *Amer fam* [cara] culot *m*.

razón *f* **-1.** [gen & MAT] raison *f*; **dar la ∼ a alguien** donner raison à qqn; **en ∼ de ○ a** en raison de; **tener ∼** avoir raison; **y con ∼** non sans raison; **∼ de ser** raison d'être. **-2.** [información] renseignements *mpl*; '**∼ aquí**' 'renseignements'. ◆ **a razón de** *loc adv* à raison de.

razonable *adj* raisonnable.

razonamiento *m* raisonnement *m*.

razonar ◇ *vt* [argumentar] justifier. ◇ *vi* [pensar] raisonner.

re *m* ré *m*.

reacción *f* réaction *f*.

reaccionar *vi* réagir.

reaccionario, ria *adj & m, f* réactionnaire.

reacio, cia *adj* réticent(e); **∼ a algo** réfractaire à; **∼ a ○ en hacer algo** peu enclin à faire qqch; **un caballo ∼** un cheval rétif.

reactivación *f* réactivation *f*; ECON relance *f*.

reactor *m* **-1.** [propulsor] réacteur *m*. **-2.** [avión] avion *m* à réaction.

readmitir *vt* réadmettre; [a despedidos] reprendre.

reafirmar *vt* réaffirmer. ◆ **reafirmarse** *vp* s'affirmer; **∼se en** [opinión, creencia] être conforté(e) dans.

reajuste *m* **-1.** [cambio] réaménagement *m*; **∼ ministerial** remaniement *m* ministériel. **-2.** ECON rajustement *m*.

real *adj* **-1.** [verdadero] réel(elle). **-2.** [de monarquía] royal(e).

realce m -1. [esplendor] éclat m; **dar ~ a** donner de l'éclat à. -2. [en pintura] rehaut m. -3. [en arquitectura, escultura] relief m.

realeza f -1. [monarcas] royauté f. -2. [magnificencia] faste m.

realidad f réalité f; **en ~** en réalité; **~ virtual** réalité virtuelle.

realista adj & mf réaliste.

realización f réalisation f.

realizador, ra m, f CIN & TV réalisateur m, -trice f.

realizar vt réaliser; [esfuerzo, inversión] faire. ◆ **realizarse** vp -1. [gen] se réaliser. -2. [en un trabajo] s'épanouir.

realmente adv réellement; **está ~ enfadado** il est vraiment fâché.

realquilado, da ◇ adj sous-loué(e). ◇ m, f sous-locataire mf.

realquilar vt sous-louer.

realzar vt rehausser.

reanimar vt -1. [físicamente] revigorer. -2. [moralmente] réconforter. -3. MED réanimer.

reanudar vt [amistad, conversación] renouer; [trabajo, clases] reprendre. ◆ **reanudarse** vp [amistad] se renouer; [trabajo, clases] reprendre.

reaparición f réapparition f.

rearme m réarmement m.

reaseguro m COM réassurance f.

reavivar vt raviver.

rebaja f réduction f. ◆ **rebajas** fpl soldes mpl; **comprar algo de ~s** acheter qqch en soldes; **estar de ~s** solder; **ir de ~s** faire les soldes.

rebajado, da adj -1. [precio] réduit(e); [mercancía] soldé(e), en solde. -2. [humillado] rabaissé(e). -3. ARQUIT surbaissé(e).

rebajar vt -1. [precio] réduire; [mercancía] solder; **le rebajo 100 pesetas** je vous fais une réduction de 100 pesetas. -2. [persona] rabaisser. -3. [intensidad] atténuer. -4. [altura] abaisser. ◆ **rebajarse** vp se rabaisser; **~se a hacer algo** s'abaisser à faire qqch.

rebanada f tranche f (de pain); [con mantequilla etc] tartine f.

rebanar vt -1. [pan] couper (en tranches). -2. [cortar] sectionner.

rebañar vt [con pan] saucer; **siempre rebaña la cazuela** il finit toujours les restes dans la casserole.

rebaño m troupeau m.

rebasar vt dépasser.

rebatir vt réfuter.

rebeca f cardigan m.

rebelarse vp se rebeller.

rebelde ◇ adj [gen] rebelle. ◇ mf -1. [sublevado] rebelle mf. -2. DER condamné(e) par contumace.

rebeldía f -1. [gen] révolte f. -2. DER: **en ~** par contumace.

rebelión f rébellion f.

rebenque m Amer fouet m.

reblandecer vt ramollir. ◆ **reblandecerse** vp se ramollir.

rebobinar vt rembobiner.

rebosante adj : **~ (de)** débordant(e) (de).

rebosar ◇ vt [abundar] déborder. ◇ vi déborder; **~ de** déborder de.

rebotar vi rebondir.

rebote m rebond m; **de ~** par ricochet.

rebozado, da adj CULIN pané(e).

rebozar vt CULIN paner.

rebuscado, da adj -1. [complicado] recherché(e). -2. [fingido] affecté(e).

rebuznar vi braire.

recabar vt -1. [pedir] réclamer. -2. [conseguir] obtenir.

recadero, ra m, f coursier m, -ère f.

recado m -1. [mensaje] message m. -2. [encargo, diligencia] course f.

recaer vi -1. [gen] retomber. -2. [enfermo] rechuter; **~ en** [vicio, error etc] retomber dans; **~ sobre** [suj : culpa, responsabilidad etc] retomber sur.

recaída f rechute f.

recalcar vt insister sur; **no hace falta que me lo recalques... ** tu n'as pas besoin de me le répéter...

recalcitrante adj récalcitrant(e).

recalentar vt -1. [volver a calentar] réchauffer. -2. [motor] surchauffer.

recámara f -1. [habitación] dressing m. -2. [de arma de fuego] magasin m. -3. Amer [dormitorio] chambre f.

recamarera f Amer bonne f à tout faire.

recambio m pièce f de rechange; **de ~** de rechange; **una rueda de ~** une roue de secours.

recapacitar vi réfléchir.

recapitulación f récapitulation f.

recapitular vt récapituler.

recargado, da adj surchargé(e).

recargar vt -1. [gen] : **~ (algo/a alguien de algo)** surcharger (qqch/qqn de qqch); **~ el café de azúcar** mettre trop de sucre dans le café. **-2.** [volver a cargar] recharger. **-3.** [aumentar] majorer.

recargo m [de deuda, impuesto etc] majoration f.

recatado, da adj [decente] honnête; [pudoroso] réservé(e).

recato m **-1.** [decencia] pudeur f. **-2.** [miramiento] prudence f; **no tener ~ en** n'avoir aucun scrupule à.

recauchutar vt rechaper.

recaudación f **-1.** [acción] recouvrement m. **-2.** [cantidad] recette f.

recaudador, ra m, f receveur m, -euse f; [de impuestos] percepteur m.

recaudar vt [impuestos, pagos] recouvrer; [donativos] collecter.

recelar vi : ~ **(de)** se méfier (de).

recelo m [suspicacia] méfiance f.

receloso, sa adj [suspicaz] méfiant(e).

recepción f réception f.

recepcionista mf réceptionniste mf.

receptáculo m réceptacle m.

receptivo, va adj réceptif(ive).

receptor, ra ◇ adj récepteur(trice). ◇ m, f receveur m, -euse f. ◆ **receptor** m [aparato] récepteur m.

recesión f ECON récession f.

receta f **-1.** CULIN & fig recette f. **-2.** MED ordonnance f.

rechazar vt **-1.** [gen & MIL] repousser. **-2.** [propuesta, petición & MED] rejeter.

rechazo m **-1.** [negativa] refus m. **-2.** MED & fig rejet m.

rechinar vi grincer.

rechistar vi rechigner.

rechoncho, cha adj fam rondouillard(e).

rechupete ◆ **de rechupete** loc adv fam [comida] : **está de ~** on s'en lèche les babines.

recibidor m [vestíbulo] entrée f.

recibimiento m accueil m.

recibir vt **-1.** [gen] recevoir; ~ **una carta/ invitados** recevoir une lettre/des invités. **-2.** [dar la bienvenida, acoger] accueillir; **el médico recibe los lunes** le médecin reçoit le lundi.

recibo m **-1.** [acción] réception f. **-2.** [documento] reçu m; [de alquiler, luz etc] quittance f.

reciclaje m recyclage m.

reciclar vt recycler.

recién adv récemment; ~ **edificado** récemment construit; **los ~ casados** les jeunes mariés; **los ~ llegados** les nou-

veaux venus; **un ~ nacido** un nouveau-né.

reciente adj **-1.** [gen] récent(e). **-2.** [pan, pintura, sangre etc] frais(fraîche).

recinto m enceinte f.

recio, cia adj **-1.** [persona] robuste. **-2.** [viga, pared etc] solide; [voz, tela] fort(e); **un tiempo ~** un temps rigoureux.

recipiente m récipient m.

reciprocidad f réciprocité f; **en ~ a** en remerciement de.

recíproco, ca adj réciproque.

recital m récital m; [de rock] concert m.

recitar vt réciter.

reclamación f réclamation f.

reclamar ◇ vt réclamer. ◇ vi [protestar] : ~ **(contra)** déposer une réclamation (contre).

reclamo m **-1.** [publicidad] réclame f. **-2.** [ave, pito] appeau m.

reclinar vt [asiento] incliner; ~ **algo contra** appuyer qqch contre. ◆ **reclinarse** vp : **~se sobre** s'appuyer sur.

recluir vt enfermer. ◆ **recluirse** vp s'enfermer, se cloîtrer.

reclusión f **-1.** [encarcelamiento] réclusion f. **-2.** fig [encierro] prison f.

recluso, sa m, f prisonnier m, -ère f.

recluta m recrue f.

reclutamiento m recrutement m; ~ **(obligatorio)** conscription f.

recobrar vt [dinero, salud] recouvrer; ~ **el aliento/conocimiento** reprendre haleine/connaissance. ◆ **recobrarse** vp récupérer; **~se de** se remettre de.

recochineo m fam me roba y encima, **con ~** il me vole, et par-dessus le marché, il se fiche de moi.

recodo m [de camino] détour m; [de río] coude m.

recogedor m pelle f (à poussière).

recoger vt **-1.** [gen] ramasser; [habitación] ranger; ~ **la mesa** débarrasser la table. **-2.** [reunir, albergar] recueillir. **-3.** [ir a buscar] : **pasó a ~me** il est passé me prendre. **-4.** [cosechar, obtener] récolter. **-5.** [acortar – falda, vestido etc] retrousser. ◆ **recogerse** vp **-1.** [retirarse] aller se coucher. **-2.** [meditar] se recueillir. **-3.** [cabello] attacher.

recogido, da adj **-1.** [lugar] tranquille. **-2.** [cabello] attaché(e). ◆ **recogida** f [de frutas, cereales] récolte f; [de basuras] ramassage m.

recogimiento m -1. [concentración] recueillement m. -2. [retiro] retraite f; **vivir en total** ~ vivre complètement retiré(e).

recolección f -1. [de frutas, cereales] récolte f. -2. [de fondos] collecte f.

recolector, ra ◇ adj : **país** ~ pays producteur (de fruits, céréales). ◇ m, f cueilleur m, -euse f.

recomendación f -1. [gen] recommandation f. -2. (gen pl) [informes] références fpl.

recomendado, da m, f : **es un** ~ **de** il a été recommandé par.

recomendar vt recommander.

recompensa f récompense f.

recompensar vt récompenser.

recomponer vt réparer.

recompuesto, ta pp irreg → recomponer.

reconciliación f réconciliation f.

reconciliar vt réconcilier. ◆ **reconciliarse** vp se réconcilier.

reconcomerse vp : ~ **de** être rongé(e) de.

recóndito, ta adj -1. [escondido] retiré(e). -2. [íntimo] : **lo más** ~ **de** le tréfonds de.

reconfortar vt réconforter.

reconocer vt -1. [gen] reconnaître. -2. MED examiner. ◆ **reconocerse** vp se reconnaître.

reconocido, da adj -1. [admitido] reconnu(e). -2. [agradecido] reconnaissant(e).

reconocimiento m -1. [gen & MIL] reconnaissance f. -2. MED : ~ **(médico)** examen m médical.

reconquista f reconquête f. ◆ **Reconquista** f HIST Reconquista f, Reconquête f.

reconstituyente m reconstituant m.

reconstruir vt -1. [gen] reconstruire. -2. [suceso] reconstituer.

reconversión f reconversion f.

recopilación f -1. [de documentos] compilation f; [de datos] rassemblement m. -2. [libro] recueil m.

recopilar vt [documentos] compiler; [datos] rassembler.

récord (pl **récords**) m record m; **batir un** ~ battre un record.

recordar vt -1. [gen] rappeler; **te recuerdo que tienes que madrugar** je te rappelle que tu dois te lever tôt; **me recuerda a un amigo mío** il me rappelle un ami à moi. -2. [acordarse de] se rappeler, se souvenir de; **recuerdo mis primeras**

vacaciones je me rappelle mes premières vacances; **si mal no recuerdo** si je me souviens bien.

recordatorio m -1. [aviso] rappel m. -2. [estampa] image f commémorative.

recordman (pl **recordmen** ◇ **recordmans**) m recordman m.

recorrer vt parcourir.

recorrida f Amer parcours m.

recorrido m [trayecto] parcours m.

recortado, da adj découpé(e).

recortar vt -1. [cortar - lo que sobra] couper; [- figura] découper. -2. fig [sueldo, presupuesto etc] réduire. ◆ **recortarse** vp [perfilarse] se découper.

recorte m -1. [pieza cortada] coupure f; ~ **de prensa** coupure de presse. -2. fig [de presupuesto, gastos etc] réduction f. -3. DEP dribble m; **hacer un** ~ dribbler.

recostar vt appuyer. ◆ **recostarse** vp [en sillón, cama etc] se caler.

recoveco m -1. [rincón] recoin m. -2. [curva] détour m. -3. fig [del alma, corazón] repli m.

recrear vt -1. [entretener] amuser, distraire. -2. [reproducir] recréer. ◆ **recrearse** vp -1. [entretenerse] se distraire. -2. [regodearse] se délecter.

recreativo, va adj [velada, momento] agréable; [sociedad, centro] de loisirs; **una máquina recreativa** un jeu d'arcade.

recreo m -1. [entretenimiento] loisir m. -2. EDUC récréation f.

recriminar vt [acusar] récriminer; [reprender] : ~ **a alguien por algo** reprocher qqch à qqn.

recrudecer vi redoubler. ◆ **recrudecerse** vp s'intensifier.

recta f → recto.

rectal adj rectal(e).

rectángulo, la adj rectangle. ◆ **rectángulo** m rectangle m.

rectificar vt rectifier; [enmendar] corriger.

rectitud f rectitude f; fig [moral] droiture f.

recto, ta adj -1. [gen] droit(e). -2. [justo, verdadero] juste. -3. [no figurado] propre. ◆ **recto** ◇ m ANAT rectum m. ◇ adv tout droit. ◆ **recta** f droite f; **la recta final** la dernière ligne droite.

rector, ra ◇ adj directeur(trice). ◇ m, f EDUC recteur m. ◆ **rector** m RELIG recteur m.

recuadro m encadré m.

recubrir vt recouvrir.

recuento m dénombrement m, décompte m; ~ **de votos** dépouillement m du scrutin.

recuerdo m souvenir m. ◆ **recuerdos** mpl : ¡(dale) ~s a tu hermano! bien des choses à ton frère!

recular vi -1. [retroceder] reculer; ~ **un metro** reculer d'un mètre. -2. fam fig [ceder] se dégonfler.

recuperable adj récupérable.

recuperación f -1. [de lo perdido] récupération f; [de la salud] guérison f; [de la economía] redressement m. -2. MED rééducation f. -3. EDUC rattrapage m.

recuperar vt récupérer; [horas de trabajo, examen] rattraper; ~ **fuerzas** reprendre des forces. ◆ **recuperarse** vp -1. [enfermo] se remettre. -2. [de una crisis] se relever.

recurrente adj -1. DER appelant(e). -2. [repetido] récurrent(e).

recurrir vi -1. [buscar ayuda] : ~ **a algo/alguien** avoir recours à qqch/qqn. -2. DER faire appel.

recurso m -1. [medio] recours m. -2. DER pourvoi m; ~ **(de apelación)** appel m. ◆ **recursos** vt ressources fpl; ~s **propios** ECON fonds mpl propres.

red f -1. [gen & INFORM] réseau m; ~ **de carreteras** O **viaria** réseau routier; ~ **de tiendas** chaîne f de magasins; ~ **de ventas** réseau commercial. -2. [malla] filet m.

redacción f rédaction f.

redactar vt rédiger.

redactor, ra m, f rédacteur m, -trice f.

redada f coup m de filet.

redención f -1. [rescate] rachat m. -2. RELIG rédemption f.

redil m enclos m.

redimir vt -1. [gen & RELIG] racheter. -2. [librar] libérer. ◆ **redimirse** vp [de un castigo] se racheter; [de una obligación] se dispenser.

rédito m ECON intérêt m.

redoblar ◇ vt redoubler; ~ **la vigilancia** redoubler d'attention. ◇ vi battre le tambour; [campanas] sonner.

redomado, da adj fieffé(e); **un mentiroso** ~ un fieffé menteur.

redondear vt -1. [gen] arrondir. -2. [rematar] : ~ **con** achever par.

redondel m rond m; TAUROM arène f.

redondo, da adj -1. [circular, esférico] rond(e); **a la redonda** à la ronde. -2. [ventajoso] en or. -3. [rotundo] catégorique. -4. [cantidad] tout rond.

reducción f réduction f.

reducido, da adj réduit(e); [rendimiento] faible; [casa, espacio] petit(e).

reducir ◇ vt -1. [gen] réduire. -2. [tropas, rebeldes etc] soumettre. ◇ vi AUTOM ralentir. ◆ **reducirse** vp -1. [limitarse] : ~**se a** se réduire à. -2. [equivaler] : **tanta palabrería se reduce a que...** tout ce verbiage revient à dire que...

reducto m fig [refugio] bastion m.

redundancia f redondance f.

redundante adj redondant(e).

redundar vi : ~ **en beneficio/perjuicio de alguien** tourner à l'avantage/au désavantage de qqn.

reeditar vt rééditer.

reelección f réélection f.

reembolsar, rembolsar vt rembourser. ◆ **reembolsarse** vp être remboursé(e).

reembolso, rembolso m remboursement m.

reemplazar, remplazar vt remplacer.

reemplazo, remplazo m MIL contingent m.

reemprender vt reprendre.

reencarnación f réincarnation f.

reencuentro m retrouvailles fpl.

reestreno m TEATR & CIN reprise f.

reestructurar vt restructurer.

refacción f (gen pl) Amer -1. [reparación] réparation f. -2. [recambio] pièce f détachée.

refaccionar vt Amer réparer.

refaccionaria f Amer magasin m de pièces détachées.

referencia f référence f; [a una palabra] renvoi m; **con** ~ **a** en ce qui concerne. ◆ **referencias** fpl [informes] références fpl.

referéndum (pl **referéndums**) m référendum m.

referente adj : ~ **a algo** concernant qqch.

referir vt [narrar] rapporter. ◆ **referirse** vp : ~**se a** [aludir] parler de; [remitirse] se référer à; [relacionarse] se rapporter à; ¿**a qué te refieres?** de quoi parles-tu?; **por lo que se refiere a...** en ce qui concerne...

refilón ◆ **de refilón** *loc adv* **-1.** [de lado] de biais; **dar de ~** frôler. **-2.** *fig* [de pasada] en passant.

refinado, da *adj* raffiné(e).

refinamiento *m* raffinement *m*.

refinar *vt* raffiner.

refinería *f* raffinerie *f*.

reflejar *vt lit & fig* refléter. ◆ **reflejarse** *vp lit & fig* se refléter.

reflejo, ja *adj* **-1.** [gen & FÍS] réfléchi(e). **-2.** [dolor, movimiento] réflexe. ◆ **reflejo** *m* **-1.** [gen] reflet *m*. **-2.** [reacción & MED] réflexe *m*. ◆ **reflejos** *mpl* [tinte de pelo] balayage *m*.

reflexión *f* réflexion *f*.

reflexionar *vi* réfléchir.

reflexivo, va *adj* réfléchi(e).

reflujo *m* reflux *m*.

reforma *f* **-1.** [gen] réforme *f*; **~ agraria** réforme agraire. **-2.** [de local, habitación etc] rénovation *f*; **'cerrado por ~s'** 'fermé pour travaux'. ◆ **Reforma** *f*: **la Reforma** RELIG la Réforme.

reformar *vt* **-1.** [gen] réformer. **-2.** [local, casa etc] rénover. ◆ **reformarse** *vp* changer *(de comportement)*.

reformatorio *m* centre *m* d'éducation surveillée.

reforzar *vt* renforcer.

refractario, ria *adj* réfractaire.

refrán *m* proverbe *m*.

refregar *vt* **-1.** [frotar] frotter; [cacerolas, cacharros] récurer. **-2.** *fig* [restregar] narguer. **-3.** *fig* [reprochar]: **~ algo a alguien por las narices** jeter qqch à la figure de qqn.

refrescante *adj* rafraîchissant(e).

refrescar ◇ *vt* rafraîchir. ◇ *vi* se rafraîchir. ◆ **refrescarse** *vp* [beber, mojarse] se rafraîchir; [salir] prendre le frais.

refresco *m* [bebida] rafraîchissement *m*.

refriega *f* [pelea] bagarre *f*; MIL échauffourée *f*.

refrigeración *f* **-1.** [de alimentos] réfrigération *f*; [de máquinas] refroidissement *m*. **-2.** [aire acondicionado] climatisation *f*.

refrigerador, ra *adj* réfrigérant(e). ◆ **refrigerador** *m* **-1.** [de alimentos] réfrigérateur *m*. **-2.** [de máquinas] refroidisseur *m*.

refrigerar *vt* **-1.** [alimentos] réfrigérer. **-2.** [máquina] refroidir. **-3.** [local] climatiser.

refrigerio *m* **-1.** [refresco] rafraîchissement *m*. **-2.** [tentempié] collation *f*.

refrito, ta *adj* réchauffé(e). ◆ **refrito** *m* CULIN: **hacer un ~ de algo** faire revenir qqch.

refuerzo *m* **-1.** [pieza] renfort *m*. **-2.** [acción] renforcement *m*. ◆ **refuerzos** *mpl* MIL renforts *mpl*.

refugiado, da *adj & m*, *f* réfugié(e).

refugiar *vt* donner refuge à. ◆ **refugiarse** *vp* se réfugier; **~se de** se mettre à l'abri de.

refugio *m* refuge *m*; **~ atómico** abri *m* antiatomique.

refulgir *vi* resplendir.

refunfuñar *vi* ronchonner.

refutar *vt* réfuter.

regadera *vt* **-1.** [gen] arrosoir *m*. **-2.** *Amer* [ducha] douche *f*.

regadío *m* terres *fpl* irrigables.

regalado, da *adj* **-1.** [barato] donné(e); **tener un precio ~** être donné(e). **-2.** [agradable] agréable.

regalar *vt* [dar, deleitar] offrir; **le regaló flores** il lui a offert des fleurs; **nos regaló con sus últimos poemas** il nous a offert ses derniers poèmes. ◆ **regalarse** *vp*: **~se con algo** s'offrir qqch.

regaliz *m* réglisse *f*.

regalo *m* **-1.** [obsequio] cadeau *m*. **-2.** [placer] régal *m*.

regalón, ona *adj Amer fam* gâté(e).

regañadientes ◆ **a regañadientes** *loc adv fam* en rechignant.

regañar ◇ *vt* [reprender] gronder. ◇ *vi* [pelearse] se disputer.

regañina *f* **-1.** [reprensión] réprimande *f*. **-2.** [enfado] dispute *f*.

regañón, ona *adj & m*, *f* ronchonneur(euse).

regar *vt lit & fig* arroser.

regata *f* **-1.** NÁUT régate *f*. **-2.** [reguera] rigole *f*.

regatear ◇ *vt* **-1.** [mercancía] marchander. **-2.** DEP dribbler. ◇ *vi* **-1.** [discutir el precio] marchander. **-2.** NÁUT participer à une régate.

regateo *m* marchandage *m*.

regazo *m* giron *m*.

regeneración *f* **-1.** [de tejido, órgano] régénération *f*. **-2.** [de persona] transformation *f (morale)*.

regenerar *vt* **-1.** [tejido, órgano] régénérer. **-2.** [persona] transformer.

regentar *vt* diriger; [almacén, café etc] tenir.

regente ◇ *adj* régent(e). ◇ *mf* **-1.** [de un país] régent *m*, -e *f*. **-2.** [administrador] gérant *m*, -e *f*. ◇ *m Amer* [alcalde] maire *m*.

reggae *m* reggae *m*.

regidor, ra *m, f* **-1.** [concejal] conseiller *m* municipal, conseillère *f* municipale. **-2.** TEATR & CIN & TV régisseur *m*.

régimen (*pl* **regímenes**) *m* régime *m*; [de colegio, instituto etc] règlement *m*; **Antiguo ~** Ancien Régime; **estar a ~** être au régime.

regimiento *m* régiment *m*.

regio, gia *adj lit & fig* royal(e).

región *f* région *f*.

regir ◇ *vt* **-1.** [gen] régir. **-2.** [país, nación] diriger; [negocio] tenir. ◇ *vi* **-1.** [ley] être en vigueur. **-2.** *fig* [persona] : **~ muy bien** avoir toute sa tête. ◆ **regirse** *vp* : **~se por se** fier à, suivre.

registrado, da *adj* **-1.** [grabado] enregistré(e). **-2.** [patentado] déposé(e).

registrador, ra ◇ *adj* enregistreur(euse). ◇ *m, f* préposé *m*, -e *f* à un registre.

registrar ◇ *vt* **-1.** [gen] enregistrer; [nacimiento, defunción etc] déclarer; [patente] déposer. **-2.** [inspeccionar] fouiller. ◇ *vi* fouiller. ◆ **registrarse** *vp* [matricularse] s'inscrire; [suceder] se produire.

registro *m* **-1.** [gen, INFORM & MÚS] registre *m*; **inscribir en el ~** civil inscrire à l'état civil. **-2.** [inspección] fouille *f*. **-3.** [señal] signet *m*.

regla *f* **-1.** [gen] règle *f*; **en ~** en règle; **por ~ general** en règle générale. **-2.** MAT opération *f*. **-3.** *fam* [menstruación] règles *fpl*.

reglamentación *f* réglementation *f*.

reglamentar *vt* réglementer.

reglamentario, ria *adj* réglementaire.

reglamento *m* règlement *m*.

reglar *vt* régler.

regocijar *vt* réjouir. ◆ **regocijarse** *vp* : **~se (con o de)** se réjouir (de).

regocijo *m* joie *f*.

regodeo *m* délectation *f*.

regordete *adj* rondelet(ette).

regresar ◇ *vi* rentrer. ◇ *vt Amer* [devolver] rendre. ◆ **regresarse** *vp Amer* [volver] rentrer.

regresión *f* régression *f*; [de exportaciones, ventas] recul *m*.

regresivo, va *adj* régressif(ive).

regreso *m* retour *m*.

reguero *m* [de agua, sangre] flot *m*; [de pólvora] traînée *f*.

regulación *f* contrôle *m*; [de mecanismo, reloj] réglage *m*.

regulador, ra *adj* régulateur(trice).

regular¹ ◇ *adj* **-1.** [reglado, uniforme] régulier(ère). **-2.** [mediocre] moyen(enne). **-3.** [moderado] raisonnable. ◇ *adv* [de salud] comme ci comme ça. ◆ **por lo regular** *loc adv* habituellement.

regular² *vt* **-1.** [gen] régler. **-2.** [reglamentar] contrôler.

regularidad *f* régularité *f*; **con ~** régulièrement.

regularizar *vt* régulariser. ◆ **regularizarse** *vp* se mettre en règle.

regusto *m* arrière-goût *m*; *fig* [semejanza] air *m*.

rehabilitación *f* **-1.** [gen] réhabilitation *f*. **-2.** MED rééducation *f*.

rehabilitar *vt* **-1.** [gen] réhabiliter. **-2.** MED rééduquer.

rehacer *vt* refaire. ◆ **rehacerse** *vp* [recuperarse] se remettre.

rehén (*pl* **rehenes**) *m* otage *m*.

rehogar *vt* CULIN faire revenir.

rehuir *vt* fuir; **rehuyó contestarme** il a refusé de me répondre.

rehusar *vt* refuser.

reimpresión *f* réimpression *f*.

reina *f* **-1.** [monarca] reine *f*. **-2.** [en naipes] ≃ dame *f*.

reinado *m* règne *m*.

reinante *adj* **-1.** [persona, monarquía] régnant(e). **-2.** *fig* [frío, calor] qui règne.

reinar *vi* régner.

reincidir *vi* récidiver; **~ en** [falta, error] retomber dans.

reincorporar *vt* [MIL & puesto] réintégrer. ◆ **reincorporarse** *vp* : **~se a** [servicio militar] être réincorporé dans; [trabajo] reprendre.

reino *m* **-1.** [gen] royaume *m*. **-2.** BIOL règne *m*.

Reino Unido *m* : **el ~** le Royaume-Uni.

reinserción *f* réinsertion *f*.

reintegrar *vt* **-1.** [dinero] restituer. **-2.** [timbrar] mettre un timbre fiscal sur. ◆ **reintegrarse** *vp* : **~se a** [puesto] réintégrer; [sociedad] se réinsérer dans.

reintegro *m* **-1.** [reincorporación] réintégration *f*. **-2.** [en lotería] remboursement *m* du billet. **-3.** [póliza] timbre *m* fiscal.

reír ◇ *vi* rire. ◇ *vt* rire de; **le ríe todas las gracias** il rit de toutes ses plaisanteries. ◆ **reírse** *vp* rire; ~**se con** ○ **de algo** rire de qqch; ~**se de alguien** se moquer de qqn.

reiterar *vt* réaffirmer; [solicitud] réitérer.

reiterativo, va *adj* répétitif(ive); **un discurso** ~ un discours plein de répétitions.

reivindicación *f* revendication *f*.

reivindicar *vt* revendiquer.

reivindicativo, va *adj* revendicatif(ive).

reja *f* grille *f*.

rejego, ga *adj Amer fam* têtu(e) comme une mule.

rejilla *f* -**1**. [enrejado] grillage *m*; [de cocina, horno] grille *f*. -**2**. [de silla] cannage *m*.

rejoneador, ra *m, f* TAUROM rejoneador *m*, -ra *f (torero à cheval)*.

rejoneo *m* TAUROM corrida *f* à cheval.

rejuntarse *vp fam* se mettre à la colle.

rejuvenecer *vt & vi* rajeunir. ◆ **rejuvenecerse** *vp* rajeunir.

relación *f* -**1**. [gen] relation *f*; **con** ~ **a, en** ~ **con** en ce qui concerne; **tener** ~ **con alguien** fréquenter qqn; ~ **precio-calidad** rapport *m* qualité-prix; **relaciones públicas** relations publiques. -**2**. [enumeración] liste *f*. -**3**. [descripción] récit *m*. -**4**. [informe] rapport *m*. ◆ **relaciones** *fpl* [contactos] relations *fpl*.

relacionar *vt* -**1**. [vincular] mettre en relation. -**2**. [relatar] rapporter. ◆ **relacionarse** *vp* se faire des relations; ~**se con alguien** fréquenter qqn.

relajación *f* -**1**. [reposo] relaxation *f*. -**2**. *fig* [depravación] relâchement *m*.

relajar *vt* -**1**. [músculo] décontracter. -**2**. *fig* [depravar] relâcher. ◆ **relajarse** *vp* [descansar] se détendre.

relajo *m Amer fam* [alboroto] foire *f*.

relamer *vt* lécher. ◆ **relamerse** *vp* -**1**. [los labios] se pourlécher. -**2**. *fig* [deleitarse] se réjouir.

relamido, da *adj* -**1**. [artificial] affecté(e). -**2**. [pulcro] soigné(e).

relámpago *m* éclair *m*.

relampaguear *vi fig* lancer des éclairs.

relatar *vt* [suceso] relater; [historia] raconter.

relatividad *f* relativité *f*.

relativo, va *adj* relatif(ive).

relato *m* [exposición] rapport *m*; [narración] récit *m*.

relax *m inv* -**1**. [relajación] relaxation *f*. -**2**. [bienestar] détente *f*. -**3**. [sección de periódico] petites annonces *fpl* spécialisées.

relegar *vt* : ~ **(a)** reléguer (à).

relente *m* fraîcheur *f* nocturne.

relevante *adj* éminent(e); [información] important; **de importancia** ~ de première importance.

relevar *vt* -**1**. [eximir] : ~ **a alguien de** [trabajo, obligación] dispenser qqn de; ~ **a alguien de su cargo** relever qqn de ses fonctions. -**2**. [sustituir & DEP] relayer.

relevo *m* -**1**. MIL relève *f*. -**2**. DEP [acción] relais *m*. ◆ **relevos** *mpl* DEP [carrera] course *f* de relais.

relieve *m* relief *m*; **bajo** ~ bas-relief *m*; **poner de** ~ *fig* mettre en relief.

religión *f* religion *f*.

religioso, sa *adj & mf* religieux(euse).

relinchar *vi* hennir.

reliquia *f* relique *f*; *fig* [recuerdo] souvenir *m*.

rellano *m* [de escalera] palier *m*.

rellenar *vt* -**1**. [gen] remplir; [agujeros] boucher. -**2**. CULIN farcir.

relleno, na *adj* CULIN [aceituna, pimiento] farci(e); [tarta, pastel] fourré(e); **estar** ~ [persona] être enveloppé. ◆ **relleno** *m* CULIN farce *f*; [de tarta, pastel] garniture *f*; [de pluma] remplissage *m*.

reloj *m* horloge *f*; [de pulsera] montre *f*; ~ **de arena** sablier *m*; ~ **(de pared)** pendule *f*; ~ **de pulsera** montre-bracelet *f*; **(~) despertador** réveil *m*; **hacer algo contra** ~ *fig* faire qqch dans l'urgence.

relojería *f* horlogerie *f*.

relojero, ra *m, f* horloger *m*, -ère *f*.

reluciente *adj* brillant(e).

relucir *vi* briller; **sacar algo a** ~ *fam fig* remettre qqch sur le tapis.

remachar *vt* -**1**. [machacar] river. -**2**. *fig* [recalcar] appuyer.

remache *m* -**1**. [remachado] rivetage *m*. -**2**. [roblón] rivet *m*.

remanente *m* reste *m*; [de cuenta bancaria] solde *m* positif.

remangar = **arremangar**.

remanso *m* nappe *f* d'eau dormante.

remar *vi* ramer.

rematado, da *adj* -**1**. [acabado] achevé(e). -**2**. *fig* [incurable] fini(e); **ser un loco** ~ être fou à lier.

rematar ◇ *vt* **-1.** [acabar, matar] achever. **-2.** [adjudicar] adjuger. **-3.** [vender] liquider. **-4.** DEP: ~ **el pase** tirer au but. ◇ *vi* DEP tirer au but.

remate *m* **-1.** [fin] fin *f.* **-2.** *fig* [colofón] couronnement *m.* **-3.** [adjudicación] adjudication *f.* **-4.** DEP tir *m* au but. ◆ **de remate** *loc adv* complètement; **loco de** ~ fou à lier.

rembolsar = reembolsar.

rembolsarse = reembolsarse.

rembolso = reembolso.

remedar *vt* [imitar] imiter; *fig* [por burla] singer.

remediar *vt* **-1.** [mal, problema] remédier à; [daño] réparer. **-2.** [peligro] éviter.

remedio *m* **-1.** [gen] solution *f*; **como último** ~ en dernier recours; **no hay** ~ **queda más** ~ **que...** il n'y a pas d'autre solution que...; **no tiene más** ~ il n'a pas le choix; **sin** ~ [inevitablemente] forcément. **-2.** [consuelo] réconfort *m.* **-3.** [medicina] remède *m.*

rememorar *vt* remémorer.

remendar *vt* rapiécer; [zapato] réparer.

remero, ra *m, f* rameur *m,* -euse *f.* ◆ **remera** *f Amer* [prenda] T-shirt *m.*

remesa *f* [envío] livraison *f.*

remeter *vt* remettre; ~ **las sábanas** border le lit.

remezón *m Amer* tremblement *m* de terre.

remiendo *m* **-1.** [parche] pièce *f.* **-2.** *fam* [apaño] rafistolage *m*; **hacer un** ~ **en algo** rafistoler qqch.

remilgado, da *adj* minaudier(ère); **ser** ~ **comiendo** faire la fine bouche.

remilgo *m* minauderie *f.*

reminiscencia *f* réminiscence *f.*

remiso, sa *adj*: **ser** ~ **a hacer algo** n'avoir guère envie de faire qqch.

remite *m*: **el** ~ le nom et l'adresse de l'expéditeur.

remitente *mf* expéditeur *m,* -trice *f.*

remitir ◇ *vt* **-1.** [enviar] expédier. **-2.** [perdonar] remettre. **-3.** [traspasar] transmettre. ◇ *vi* **-1.** [en texto]: ~ **a** renvoyer à. **-2.** [disminuir] s'apaiser; [fiebre] baisser. ◆ **remitirse** *vp*: ~**se a** [atenerse à] s'en remettre à; [referirse a] se reporter à.

remo *m* **-1.** [pala] rame *f.* **-2.** DEP aviron *m.* **-3.** *(gen pl)* [extremidad – de hombre] membres *mpl*; [– de cuadrúpedo] pattes *fpl*; [– de ave] ailes *fpl.*

remoción *f Amer* destitution *f.*

remodelar *vt* [ley, gabinete] remanier; [edificio] rénover.

remojar *vt* **-1.** [humedecer] faire tremper; [pan] tremper. **-2.** *fam* [festejar] arroser.

remojo *m*: **poner en** ~ faire tremper.

remolacha *f* betterave *f.*

remolcador, ra *adj* remorqueur(euse); **un barco** ~ un remorqueur; **un coche** ~ une dépanneuse. ◆ **remolcador** *m* remorqueur *m.*

remolcar *vt* remorquer.

remolino *m* **-1.** [gen] tourbillon *m*; [de agua] remous *m*; *fig* [de gente] foule *f.* **-2.** [de pelo] épi *m.*

remolón, ona ◇ *adj* lambin(e). ◇ *m, f*: **hacerse el** ~ lambiner.

remolque *m* **-1.** [acción] remorquage *m.* **-2.** [vehículo] remorque *f.*

remontar *vt* **-1.** [pendiente, montaña] gravir; [río, posiciones] remonter. **-2.** [obstáculo, desgracia] surmonter. **-3.** [elevar en el aire] faire monter. ◆ **remontarse** *vp* [aves, aviones] s'élever; ~**se a** [gastos] s'élever à. **-2.** *fig* [datar]: ~**se a** remonter à.

remonte *m* remontée *f* mécanique.

rémora *f fam fig* [obstáculo] handicap *m.*

remorder *vt fig* [atormentar, inquietar]: ~**le algo a alguien** ronger qqn; **me remuerde haberle reprendido** je m'en veux de l'avoir grondé.

remordimiento *m* remords *m.*

remoto, ta *adj* **-1.** [en el tiempo, espacio] lointain(e). **-2.** *fig* [improbable] minime; **no tengo ni la más remota idea de ello** je n'en ai pas la moindre idée.

remover *vt* **-1.** [gen] remuer. **-2.** [muebles, objetos] déplacer. **-3.** [pasado] fouiller dans. **-4.** *Amer* [despedir] destituer. ◆ **removerse** *vp* s'agiter.

remplazar = reemplazar.

remplazo = reemplazo.

remuneración *f* rémunération *f.*

remunerar *vt* **-1.** [pagar] rémunérer. **-2.** [recompensar] récompenser.

renacer *vi* renaître.

renacimiento *m* renaissance *f.* ◆ **Renacimiento** *m*: **el Renacimiento** la Renaissance *f.*

renacuajo *m* **-1.** ZOOL têtard *m.* **-2.** *fam fig* [niño] bout-de-chou *m.*

renal *adj* rénal(e).

rencilla *f* querelle *f.*

rencor *m* rancune *f.*

rencoroso, sa *adj & m, f* rancunier(ère).

rendición *f* reddition *f*.

rendido, da *adj* **-1.** [agotado] épuisé(e). **-2.** *fig* [sumiso] : **caer ~ ante** tomber à genoux devant; **un ~ admirador** un fervent admirateur.

rendija *f* fente *f*.

rendimiento *m* [gen] rendement *m*.

rendir ◇ *vt* **-1.** [vencer] soumettre. **-2.** [ofrecer] rendre; **~ homenaje/culto a** rendre hommage/un culte à. **-3.** [cansar] épuiser. ◇ *vi* [tener rendimiento] être performant(e); [negocio] être rentable. ◆ **rendirse** *vp* **-1.** [gen] : **~se (a)** se rendre (à); **~se ante la evidencia** se rendre à l'évidence. **-2.** [desanimarse] abandonner.

renegado, da ◇ *adj* apostat(e). ◇ *m, f* renégat *m*, -e *f*.

renegar ◇ *vt* : **negar y ~ algo** nier fermement qqch. ◇ *vi* **-1.** [repudiar & RELIG] : **~ de algo/alguien** renier qqch/qqn. **-2.** *fam* [gruñir] ronchonner.

Renfe *(abrev de Red Nacional de los Ferrocarriles Españoles) f réseau public espagnol des chemins de fer,* ≃ SNCF.

renglón *m* [línea] ligne *f*; [del presupuesto] poste *m*.

reno *m* renne *m*.

renombrar *vt* INFORM renommer.

renombre *m* renom *m*.

renovación *f* **-1.** [gen] renouvellement *m*. **-2.** [reforma, actualización] rénovation *f*.

renovar *vt* **-1.** [gen] renouveler; [carné, pasaporte] faire renouveler. **-2.** [reformar, actualizar] rénover. **-3.** [innovar] donner une nouvelle dimension à.

renquear *vi* clopiner; *fig* vivoter.

renta *f* **-1.** [ingresos] revenu *m*; **~ fija/variable** FIN revenu fixe/variable; **~ per cápita** ○ **por habitante** revenu par habitant. **-2.** [pensión] rente *f*; **vivir de las ~s** vivre de ses rentes. **-3.** [alquiler] loyer *m*. ◆ **renta pública** *f* dette *f* publique.

rentable *adj* rentable.

rentar ◇ *vt* **-1.** [rendir] rapporter. **-2.** *Amer* [alquilar] louer. ◇ *vi* rapporter.

rentista *mf* rentier *m*, -ère *f*.

renuncia *f* renoncement *m*.

renunciar *vi* renoncer; **~ a algo** [gen] renoncer à qqch; [rechazar] refuser qqch.

reñido, da *adj* **-1.** [desavenido] brouillé(e). **-2.** [batalla, lucha] serré(e). **-3.** [opuesto] : **estar ~ con** être incompatible avec.

reñir ◇ *vt* **-1.** [persona, perro] gronder. **-2.** [batalla, combate] livrer. ◇ *vi* [enfadarse] se disputer.

reo, a *m, f* inculpé *m*, -e *f*.

reojo *m* : **mirar de ~** regarder du coin de l'œil.

repantingarse *vp* se vautrer *(dans un fauteuil)*.

reparación *f* réparation *f*.

reparador, ra *adj* [descanso, sueño] réparateur(trice).

reparar ◇ *vt* réparer. ◇ *vi* [advertir] : **~ en algo** remarquer qqch; **no ~ en gastos** ne pas regarder à la dépense.

reparo *m* **-1.** [pega] objection *f*. **-2.** [apuro] : **no tener ~s en** ne pas hésiter à.

repartición *f* répartition *f*.

repartidor, ra ◇ *adj* distributeur(trice). ◇ *m, f* livreur *m*, -euse *f*.

repartir *vt* **-1.** [dividir] partager. **-2.** [entregar] livrer; [correo, cartas, órdenes] distribuer; [justicia] rendre la justice. **-3.** [esparcir] étaler. **-4.** [asignar] répartir.

reparto *m* **-1.** [gen, CIN & TEATR] distribution *f*. **-2.** [división] partage *m*. **-3.** [de mercancía] livraison *f*; **~ de beneficios** ECON participation *f* aux bénéfices. **-4.** [asignación] répartition *f*.

repasador *m* *Amer* torchon *m*.

repasar *vt* **-1.** [revisar] réviser, revoir. **-2.** [recoser] recoudre.

repaso *m* **-1.** [revisión] révision *f*. **-2.** *fam* [reprimenda] savon *m*.

repatear *vt* *fam* **me repatea...** ça me dégoûte...

repatriar *vt* rapatrier.

repecho *m* raidillon *m*.

repelente *adj* repoussant(e); [niño] odieux(euse).

repeler *vt* **-1.** [rechazar] repousser. **-2.** [repugnar] dégoûter.

repelús *m* : **dar ~** donner le frisson.

repente ◆ **de repente** *loc adv* tout à coup.

repentino, na *adj* soudain(e).

repercusión *f* répercussion *f*; **su película tuvo gran ~ en el público** son film a eu un grand retentissement dans le public.

repercutir *vi* : **~ en** se répercuter sur.

repertorio *m* répertoire *m*.

repesca f EDUC repêchage m.

repetición f répétition f.

repetidor, ra ◇ adj : **un alumno** ~ un redoublant. ◇ m, f EDUC redoublant m, -e f. ◆ **repetidor** m ELECTR relais m.

repetir ◇ vt **-1.** [gen] répéter. **-2.** EDUC : ~ **curso** redoubler. **-3.** [en comida] : ~ **algo** reprendre de qqch. ◇ vi **-1.** EDUC redoubler. **-2.** [alimento] donner des renvois. **-3.** [comensal] reprendre de. ◆ **repetirse** vp se répéter.

repicar ◇ vt [campanas] faire sonner; [tambor] battre. ◇ vi [campanas] carillonner; [tambor] battre.

repique m [de campanas] carillon m.

repiqueteo m **-1.** [de campanas, timbre] carillon m; [de tambor] roulement m. **-2.** fig [de dedos, lluvia] tambourinement m.

repisa f **-1.** [estante] tablette f. **-2.** ARQUIT console f.

replantear vt [tema, problema] reposer.

replegar vt replier. ◆ **replegarse** vp MIL se replier.

repleto, ta adj : ~ **de** plein de; **estoy** ~ je suis repu; **el autobús estaba** ~ l'autobus était plein à craquer.

réplica f **-1.** [gen] réplique f. **-2.** [respuesta] réponse f; **el derecho de** ~ le droit de réponse.

replicar vt répliquer.

repliegue m repli m.

repoblación f repeuplement m; ~ **forestal** reboisement m.

repoblar vt repeupler.

repollo m chou m pommé.

reponer vt **-1.** [volver a poner] remettre; [en empleo, cargo] rétablir. **-2.** [sustituir] remplacer. **-3.** TEATR & CIN reprendre. **-4.** [replicar] répondre. ◆ **reponerse** vp : ~**se (de)** se remettre (de); **tardó en** ~**se** il a mis du temps à s'en remettre.

reportaje m reportage m.

reportar vt **-1.** [gen] apporter. **-2.** ECON rapporter. **-3.** Amer [informar] faire un rapport à.

reporte m Amer rapport m.

reportero, ra, **repórter** m, f reporter m.

reposado, da adj posé(e); [decisión] réfléchi(e).

reposar vi **-1.** [gen] reposer. **-2.** [descansar] se reposer.

reposera f Amer chaise f longue.

reposición f TEATR, CIN & TV reprise f.

reposo m repos m.

repostar vt : ~ **combustible** [suj : avión] se ravitailler en carburant; ~ **gasolina** [suj : coche] prendre de l'essence; **el avión hizo escala para** ~ l'avion a fait une escale technique.

repostería f pâtisserie f.

reprender vt réprimander.

reprensión f réprimande f.

represa f Amer [presa] barrage m.

represalia f (gen pl) représailles fpl.

representación f représentation f; **en** ~ **de** en tant que représentant de.

representante ◇ adj : **ser** ~ **de algo** être représentatif(ive) de qqch. ◇ mf **-1.** [gen & COM] représentant m, -e f. **-2.** [de artista] agent m.

representar vt **-1.** [gen & COM] représenter. **-2.** [aparentar] paraître; **no** ~ **su edad** ne pas faire son âge. **-3.** TEATR [obra] jouer.

representativo, va adj **-1.** [gen] : ~ **(de)** représentatif(ive) (de). **-2.** [que simboliza] : **ser** ~ **de algo** représenter qqch.

represión f **-1.** [política] répression f. **-2.** [psicológica] refoulement m.

reprimenda f réprimande f.

reprimir vt réprimer; [grito] retenir. ◆ **reprimirse** vp réprimer ses envies.

reprobar vt réprouver.

reprochar vt reprocher. ◆ **reprocharse** vp se reprocher.

reproche m reproche m.

reproducción f reproduction f.

reproducir vt reproduire; [discurso] restituer. ◆ **reproducirse** vp se reproduire.

reproductor, ra adj BIOL reproducteur(trice).

reptil m reptile m.

república f république f. ◆ **República Checa** f République f tchèque. ◆ **República Dominicana** f République f Dominicaine.

republicano, na adj & m, f républicain(e).

repudiar vt repousser; [suj : marido] répudier.

repudio m répudiation f.

repuesto, ta ◇ pp irreg → **reponer**. ◇ adj remis(e) (d'une maladie etc). ◆ **repuesto** m pièce f de rechange.

repugnancia f répugnance f.

repugnante adj répugnant(e).

repugnar vt : **este olor me repugna** cette odeur me répugne; **me repugna este tipo de película** j'ai horreur de ce genre de film.

repujar vt repousser (graver).

repulsa f : ~ **ante algo** [medidas, política] rejet m; [violencia, crimen] réprobation f.

repulsión f [aversión] répulsion f.

repulsivo, va adj repoussant(e).

reputación f réputation f; **tener buena/mala ~** avoir bonne/mauvaise réputation.

requemado, da adj brûlé(e).

requerimiento m **-1.** [demanda] requête f. **-2.** DER [orden] sommation f; [aviso] mise f en demeure.

requerir vt [necesitar] exiger. ◆ **requerirse** vp [ser necesario] falloir; **se requiere la nacionalidad española** la nationalité espagnole est exigée.

requesón m sorte de fromage frais.

requisa f **-1.** [requisición] réquisition f. **-2.** [inspección] : **pasar ~ a** faire l'inspection de.

requisito m condition f requise.

res f tête f de bétail.

resabio m **-1.** [sabor] arrière-goût m. **-2.** fig [costumbre] mauvaise habitude f.

resaca f **-1.** fam [de borrachera] gueule f de bois. **-2.** [de las olas] ressac m.

resalado, da adj fam qui a du piquant; [niño] très gracieux(euse).

resaltar ◇ vi **-1.** [destacar] ressortir; [persona] se distinguer. **-2.** [balcón, cornisa etc] faire saillie. ◇ vt [destacar] faire ressortir.

resarcir vt : ~ **a alguien (de algo)** dédommager qqn (de qqch). ◆ **resarcirse** vp : ~**se de** se dédommager de.

resbalada f Amer fam glissade f.

resbaladizo, za adj **-1.** [gen] glissant(e). **-2.** fig [asunto, cuestión etc] délicat(e).

resbalar vi glisser; [suelo, calzada] être glissant(e). ◆ **resbalarse** vp glisser.

resbalón m : **dar** ○ **pegar un ~** glisser.

rescatar vt sauver; [rehén, secuestrado] délivrer; [mediante pago] racheter.

rescate m **-1.** [de persona en peligro] sauvetage m. **-2.** [de rehén, secuestrado] délivrance f, libération f. **-3.** [dinero] rançon f.

rescindir vt résilier.

rescisión f résiliation f.

rescoldo m **-1.** [brasa] dernières braises fpl. **-2.** fig [de un sentimiento] restes mpl.

resecar vt dessécher. ◆ **resecarse** vp se dessécher.

reseco, ca adj desséché(e); [piel, pan] très sec(sèche).

resentido, da ◇ adj : **estar ~ con alguien** en vouloir à qqn. ◇ m, f : **es un ~** il est aigri.

resentimiento m ressentiment m.

resentirse vp **-1.** [debilitarse – salud] se dégrader; [– cimientos] être ébranlé(e). **-2.** [sentir molestias] : ~ **de** se ressentir de. **-3.** [ofenderse] s'offenser.

reseña f compte rendu m.

reseñar vt faire le compte rendu de.

reserva ◇ f **-1.** [gen, MIL & ECON] réserve f; **con ~s** [objeción] avec quelques réserves; ~ **natural** réserve naturelle. **-2.** [de hotel, tren etc] réservation f. **-3.** [discreción] discrétion f. ◇ mf DEP remplaçant m, -e f. ◇ m [vino] : **un ~ del 81** un millésime 81. ◆ **reservas** fpl réserves fpl.

reservado, da adj réservé(e). ◆ **reservado** m [en tren] compartiment m réservé; [en restaurante] salon m particulier.

reservar vt réserver. ◆ **reservarse** vp se réserver; **me reservo para el postre** je me réserve pour le dessert.

resfriado, da adj enrhumé(e). ◆ **resfriado** m rhume m.

resfriar vt refroidir. ◆ **resfriarse** vp [constiparse] prendre froid.

resfrío m Amer rhume m.

resguardar vt : ~ **de** protéger de. ◆ **resguardarse** vp : ~**se de** se mettre à l'abri de.

resguardo m **-1.** [documento] reçu m; [de envío certificado] récépissé m. **-2.** [protección] abri m.

residencia f **-1.** [lugar] lieu m de résidence. **-2.** [casa, establecimiento] résidence f; ~ **universitaria** résidence universitaire. **-3.** [hospital] hôpital m. **-4.** [periodo de formación] internat m. **-5.** [permiso para extranjeros] permis m de séjour.

residencial adj résidentiel(elle).

residente ◇ adj : **los extranjeros ~s en España** les étrangers résidant en Espagne. ◇ mf **-1.** [gen] résident m, -e f. **-2.** [médico] interne m.

residir vi **-1.** [vivir] : ~ **en** [país] résider en; [ciudad] résider à; **reside en la calle Sargenta, número 1** il réside au numéro 1 de la rue Sargenta. **-2.** [radicar] : ~ **en** résider dans.

residuo m résidu m; ~**s radiactivos** déchets m radioactifs.

resignación f résignation f.

resignarse vp : ~ **(a hacer algo)** se résigner (à faire qqch).

resina *f* résine *f*.

resistencia *f* résistance *f*; **oponer gran ~ a** opposer une grande résistance à.

resistente *adj* résistant(e).

resistir ◇ *vt* **-1.** [gen] : **~ (algo)** résister (à qqch); **precio que resiste toda competencia** prix qui défie toute concurrence. **-2.** [tolerar] supporter. ◇ *vi* : **~ (a)** résister (à). ◆ **resistirse** *vp* : **~se (a)** résister (à).

resma *f* rame *f (de papier)*.

resol *m* réverbération *f* du soleil.

resollar *vi* souffler.

resolución *f* **-1.** [gen] résolution *f*; **para la ~ de algo** pour résoudre qqch. **-2.** [firmeza] détermination *f*; **de mucha ~** résolu(e). **-3.** DER décision *f*.

resolver *vt* **-1.** [solucionar] résoudre; **con ese gol el partido estaba resuelto** avec ce but le match était gagné. **-2.** [decidir] : **~ hacer algo** résoudre de faire qqch. ◆ **resolverse** *vp* **-1.** [solucionarse] être résolu(e). **-2.** [decidirse] : **~se a hacer algo** se résoudre à faire qqch.

resonancia *f* **-1.** [gen & FÍS] résonance *f*. **-2.** *fig* [de una noticia etc] retentissement *m*.

resonar *vi* résonner.

resoplar *vi* [por enfado] grogner.

resoplido *m* : **dar ~s** grogner.

resorte *m* ressort *m*; **los ~s del poder** les rênes du pouvoir.

respaldar *vt* soutenir, appuyer. ◆ **respaldarse** *vp* : **~se en** [un asiento] s'adosser à; *fig* [apoyarse] reposer sur.

respaldo *m* **-1.** [de asiento] dossier *m*. **-2.** *fig* [apoyo] soutien *m*.

respectar *v impers* : **por lo que respecta a alguien/a algo, en lo que respecta a alguien/a algo** en ce qui concerne qqn/qqch.

respectivo, va *adj* respectif(ive); **sus ~s padres** leurs parents respectifs.

respecto *m* : **al ~, a este ~** à ce sujet; **(con) ~ a, ~ de** au sujet de.

respetable *adj* respectable.

respetar *vt* respecter.

respeto *m* respect *m*; **por ~ a** par respect pour.

respetuoso, sa *adj* respectueux(euse).

respingo *m* [de animal] : **dar un ~** ruer.

respingón, ona *adj* : **una nariz respingona** un nez en trompette.

respiración *f* respiration *f*; **~ asistida** respiration artificielle.

respirar ◇ *vt* respirer. ◇ *vi* respirer; **no dejar ~ a alguien** *fig* ne pas laisser qqn souffler.

respiratorio, ria *adj* respiratoire.

respiro *m* **-1.** [descanso] répit *m*; **necesitar un ~** avoir besoin de souffler. **-2.** [alivio] soulagement *m*.

resplandecer *vi* **-1.** [brillar] resplendir. **-2.** *fig* [destacar] briller.

resplandeciente *adj* resplendissant(e).

resplandor *m* éclat *m*.

responder ◇ *vt* [contestar] : **~ a alguien** répondre à qqn; [pregunta, cuestión etc] répondre à. ◇ *vi* répondre; [un negocio] marcher; **~ a alguien** à; [tratamiento] réagir à; **~ de algo/de alguien** répondre de qqch/de qqn.

respondón, ona *adj & m, f* insolent(e).

responsabilidad *f* responsabilité *f*.

responsabilizar *vt* faire porter la responsabilité à. ◆ **responsabilizarse** *vp* : **~se de algo** assumer la responsabilité de.

responsable ◇ *adj* : **~ (de)** responsable (de). ◇ *mf* responsable *mf*.

respuesta *f* réponse *f*; **en ~ a** en réponse à.

resquebrajar *vt* fendiller; [vajilla, hielo etc] fêler. ◆ **resquebrajarse** *vp* se fendiller; [vajilla, hielo etc] se fêler.

resquicio *m* **-1.** [abertura] fente *f*; [de puerta] entrebâillement *m*. **-2.** *fig* [de esperanza] lueur *f*.

resta *f* soustraction *f*.

restablecer *vt* rétablir. ◆ **restablecerse** *vp* **-1.** [curarse] se rétablir. **-2.** [reimplantarse] être rétabli(e).

restallar ◇ *vt* faire claquer. ◇ *vi* claquer.

restante *adj* restant(e); **los ~s años de mi vida** les années qu'il me reste à vivre; **lo ~** le reste.

restar ◇ *vt* **-1.** MAT soustraire. **-2.** *fig* [disminuir – importancia, méritos] enlever; [– autoridad] affaiblir; **~ dramatismo** dédramatiser. **-3.** [en tenis] retourner. ◇ *vi* [faltar] rester.

restauración *f* restauration *f*.

restaurante *m* restaurant *m*.

restaurar *vt* restaurer.

restitución *f* restitution *f*.

restituir *vt* **-1.** [devolver] restituer; **~ la salud** remettre sur pied. **-2.** [restaurar] : **~ algo a** rétablir qqch dans.

resto *m* reste *m*. ◆ **restos** *mpl* restes *mpl*.

restregar *vt* frotter. ◆ **restregarse** *vp* [manos] se frotter; **~se por el suelo** se traîner par terre.

restricción *f* **-1.** [reducción] restriction *f*. **-2.** *(gen pl)* [de agua, alimentos etc] rationnement *m*.

restrictivo, va *adj* restrictif(ive).

restringir *vt* restreindre; [agua, alimentos etc] rationner.

resucitar *vt & vi* ressusciter.

resuello *m* souffle *m*.

resulta ◆ **de resultas de** *loc adv* à la suite de.

resuelto, ta ◇ *pp irreg* → **resolver.** ◇ *adj* résolu(e).

resultado *m* résultat *m*.

resultante ◇ *adj* : **~ de** qui résulte de. ◇ *f* FÍS résultante *f*.

resultar ◇ *vi* **-1.** [tener como consecuencia] résulter; **¿qué resultará de todo esto?** que ressortira-t-il de tout cela? **-2.** [ser] : **nuestro equipo resultó vencedor** finalement, notre équipe a gagné; **el viaje resultó largo** le voyage a été long; **resultó ser su primo** il s'est avéré que c'était son cousin; **resultó ser inexacto** on a découvert que c'était faux; **me resulta difícil** ça m'est difficile; **dos personas resultaron heridas** deux personnes ont été blessées; **un éxito** être réussi(e). **-3.** [salir bien] réussir; **el experimento ha resultado** l'expérience a réussi. **-4.** [costar] revenir; **nos resultó caro** ça nous est revenu cher. ◇ *v impers* [suceder] : **resulta que...** il se trouve que...

resumen *m* résumé *m*.

resumir *vt* résumer. ◆ **resumirse** *vp* : **~se en** se résumer à.

resurgir *vi* [economía] reprendre.

resurrección *f* résurrection *f*.

retablo *m* retable *m*.

retaguardia *f* [tropa] arrière-garde *f*; [parte trasera] arrière *m*.

retahíla *f* kyrielle *f*.

retal *m* coupon *m (de tissu)*.

retar *vt* lancer un défi à; **~ a alguien a hacer algo** défier qqn de faire qqch.

retardar *vt* retarder.

rete *adv Amer fam* très.

retén *m* piquet *m (de pompiers, soldats)*.

retención *f* **-1.** [gen & MED] rétention *f*. **-2.** [en el sueldo] retenue *f*. **-3.** *(gen pl)* [en el tráfico] embouteillage *m*.

retener *vt* retenir; **la empresa me retiene parte del salario** l'entreprise me retient une partie de mon salaire; **los piratas del aire retienen a 24 pasajeros** les pirates de l'air retiennent 24 passagers en otage.

reticente *adj* réticent(e).

retina *f* rétine *f*.

retintín *m* **-1.** [ironía] ton *m* moqueur. **-2.** [ruido] tintement *m*.

retirado, da ◇ *adj* **-1.** [gen] retiré(e). **-2.** [jubilado] retraité(e). ◇ *m, f* [jubilado] retraité *m*, -e *f*. ◆ **retirada** *f* retrait *m*; [de ejército vencido] retraite *f*.

retirar *vt* **-1.** [gen] retirer; **~ su candidatura** retirer sa candidature; **retiro lo dicho** je retire ce que j'ai dit. **-2.** [jubilar] mettre à la retraite. ◆ **retirarse** *vp* **-1.** [aislarse, marcharse] se retirer. **-2.** [jubilarse] prendre sa retraite. **-3.** [de campo de batalla] battre en retraite. **-4.** [apartarse] s'écarter.

retiro *m* retraite *f*.

reto *m* défi *m*.

retocar *vt* **-1.** [gen] retoucher. **-2.** [dar el último toque a] mettre la dernière main à.

retoño *m* rejeton *m*.

retoque *m* retouche *f*.

retorcer *vt* **-1.** [torcer] tordre. **-2.** *fig* [tergiversar] déformer. ◆ **retorcerse** *vp* [contraerse] : **~se (de)** se tordre (de).

retorcido, da *adj* **-1.** [torcido] tordu(e). **-2.** *fig* [rebuscado] alambiqué(e). **-3.** *fig* [malintencionado] retors(e).

retórico, ca *adj* rhétorique; **una figura retórica** une figure de rhétorique.

retornar ◇ *vt* [devolver] rendre. ◇ *vi* [regresar] : **~ a** retourner à.

retorno *m* [gen & INFORM] retour *m*; **~ de carro** retour chariot.

retortijón *m (gen pl)* crampe *f (d'estomac)*.

retozar *vi* batifoler.

retractarse *vp* se rétracter; **~ de** [lo dicho] revenir sur.

retraer *vt* [encoger] rétracter. ◆ **retraerse** *vp* **-1.** [encogerse] se rétracter. **-2.** [aislarse, apartarse] : **~se de** se retirer de, s'écarter de. **-3.** [retroceder] se replier.

retraído, da *adj* [tímido] renfermé(e).

retransmisión *f* retransmission *f*.

retransmitir *vt* retransmettre.

retrasado, da ◇ *adj* **-1.** [gen] en retard. **-2.** [mental] attardé(e). ◇ *m, f* attardé *m,* -e *f.*

retrasar ◇ *vt* **-1.** [gen] retarder. **-2.** [aplazar – hora, fecha] reculer; [– viaje, proyecto etc] repousser. ◇ *vi* [reloj] retarder. ◆ **retrasarse** *vp* **-1.** [llegar tarde] être en retard. **-2.** [no estar al día] prendre du retard. **-3.** [aplazarse] être retardé(e). **-4.** [reloj] retarder.

retraso *m* retard *m;* **llegar con ~** arriver en retard.

retratar *vt* **-1.** [fotografiar] photographier. **-2.** [dibujar] faire le portrait de. **-3.** *fig* [reflejar] dépeindre.

retrato *m* **-1.** [gen] portrait *m; ~* **robot** portrait-robot *m;* **ser alguien el vivo ~ de alguien** être le portrait vivant de qqn. **-2.** *fig* [reflejo] : **su novela es un ~ de la sociedad de la época** son roman est une photographie de la société de l'époque.

retrete *m* toilettes *fpl.*

retribución *f* rétribution *f.*

retribuir *vt* rétribuer.

retro *adj* rétro.

retroactivo, va *adj* rétroactif(ive).

retroceder *vi* reculer; **no retrocede ante nada** il ne recule devant rien; **~ en el tiempo** remonter dans le temps.

retroceso *m* **-1.** [gen] recul *m.* **-2.** [en enfermedad] aggravation *f.*

retrógrado, da ◇ *adj* rétrograde. ◇ *m, f :* **es un ~** il est rétrograde.

retrospectivo, va *adj* rétrospectif(ive). ◆ **retrospectiva** *f* rétrospective *f.*

retrotraer *vt* [relato] faire remonter.

retrovisor ◇ *adj* → **espejo.** ◇ *m* rétroviseur *m.*

retumbar *vi* **-1.** [hacer ruido] retentir; [trueno] gronder; [cañón] tonner. **-2.** [resonar] résonner.

reuma, reúma *m* ○ *f* rhumatisme *m.*

reumatismo *m* rhumatisme *m.*

reunificación *f* réunification *f.*

reunificar *vt* réunifier. ◆ **reunificarse** *vp* être réunifié(e).

reunión *f* réunion *f.*

reunir *vt* réunir. ◆ **reunirse** *vp* [congregarse] se réunir.

revalidar *vt* DEP : **~ su título** confirmer son titre.

revalorar = revalorizar.

revalorizar, revalorar *vt* revaloriser. ◆ **revalorizarse, revalorarse** *vp* **-1.** [aumentarse el valor] prendre de la valeur. **-2.** [restituirse el valor] reprendre de la valeur.

revancha *f* revanche *f.*

revelación *f* révélation *f;* **es el cantante ~ del año** ce chanteur est la révélation de l'année.

revelado *m* FOT développement *m.*

revelador, ra *adj* révélateur(trice).

revelar *vt* **-1.** [gen] révéler. **-2.** FOT développer. ◆ **revelarse** *vp* se révéler; **se reveló como un gran músico** il s'est révélé être un grand musicien.

reventa *f* revente *f.*

reventar ◇ *vt* **-1.** [explotar] faire éclater, crever; [pantalones etc] faire craquer. **-2.** [con explosivos] faire sauter. **-3.** *fam* [causar] crever; **estoy reventado** je suis crevé. **-4.** *fam* [destrozar] démolir. **-5.** *fam* [fastidiar] : **su manera de hablar me revienta** il a une façon de parler qui me tue. ◇ *vi* **-1.** [explotar] éclater. **-2.** [desear] : **por hacer algo** mourir d'envie de faire qqch. **-3.** *fam fig* [estallar] exploser. **-4.** *fam* [morir] crever. ◆ **reventarse** *vp* **-1.** [explotar] éclater. **-2.** *fam* [cansarse] se crever.

reventón *m* éclatement *m;* **tuve un reventón** mon pneu a éclaté.

reverberar *vi* **-1.** [luz, calor] : **~ sobre** se réverbérer sur. **-2.** [sonido] résonner.

reverdecer *vi* **-1.** [planta, campo] reverdir. **-2.** *fig* [renacer] se ranimer.

reverencia *f* révérence *f.*

reverenciar *vt* révérer.

reverendo, da *adj* : **~ padre** mon révérend père. ◆ **reverendo** *m* révérend *m.*

reverente *adj* révérencieux(euse); **un ~ silencio** un silence recueilli.

reversible *adj* réversible.

reverso *m* revers *m;* **el ~ de la hoja** le verso.

revertir *vi* **-1.** [devolver] restituer. **-2.** [resultar] : **~ en beneficio de** être à l'avantage de.

revés *m* revers *m;* [de papel] dos *m;* [de tela] envers *m;* **los reveses de la vida** les revers de fortune; **al ~** [de manera opuesta] à l'envers; [en sentido inverso] dans le sens contraire; **lo entiende todo al ~** il comprend tout de travers; **al ~ de lo que piensas...** contrairement à ce que tu penses...; **del ~** à l'envers.

revestimiento *m* revêtement *m*.

revestir *vt* -1. [gen] revêtir; ~ **importancia** revêtir de l'importance. -2. *fig* [falta, defecto etc] camoufler.

revisar *vt* réviser; [cuentas] vérifier; [salud, vista] faire un bilan de.

revisión *f* révision *f*; [de cuentas] vérification *f*; ~ **médica** visite *f* médicale.

revista *f* -1. [gen & TEATR] revue *f*; **pasar** ~ **a algo** passer qqch en revue; ~ **del corazón** presse *f* du cœur. -2. [sección de periódico] rubrique *f*; ~ **de libros/música** rubrique littéraire/musicale.

revistero, ra *m, f* chroniqueur *m*, -euse *f*. ◆ **revistero** *m* porte-revues *m inv*.

revivir ◇ *vi* -1. [resucitar] revivre. -2. *fig* [sentimiento] se ranimer. ◇ *vt* [recordar] revivre.

revocar *vt* DER révoquer; [sentencia] casser.

revolcar *vt* rouler; **el niño revolcó sus juguetes en el barro** l'enfant a traîné ses jouets dans la boue. ◆ **revolcarse** *vp* se rouler.

revolotear *vi* [pájaro] voleter; [hoja, papel etc] voltiger.

revoltijo, revoltillo *m* fouillis *m*.

revoltoso, sa *adj* turbulent(e).

revolución *f* -1. [gen, ASTRON & GEOM] révolution *f*. -2. TECNOL tour *m*.

revolucionar *vt* -1. [perturbar] bouleverser. -2. [transformar] révolutionner.

revolucionario, ria *adj & m, f* révolutionnaire.

revolver ◇ *vt* -1. [dar vueltas a] remuer. -2. [desorganizar] mettre sens dessus dessous. -3. *fig* [irritar] : ~ **el estómago** o **las tripas** soulever le cœur; ~ **la sangre** retourner les sangs. ◇ *vi* : ~ **en** fouiller dans.

revólver *m* revolver *m*.

revuelo *m* -1. [de ave] : **mirar el** ~ **de los gorriones** regarder les moineaux voleter. -2. *fig* [agitación] trouble *m*.

revuelto, ta ◇ *pp irreg* → **revolver**. ◇ *adj* -1. [desordenado] sens dessus dessous. -2. [alborotado] troublé(e). -3. [clima] instable. -4. [aguas, mar] agité(e). -5. [alterado] : **tengo el estómago** ~ j'ai l'estomac barbouillé. ◆ **revuelta** *f* -1. [disturbio] révolte *f*. -2. [curva] détour *m*.

revulsivo, va *adj fig* stimulant(e). ◆ **revulsivo** *m fig* : **servir de** ~ **a** donner un coup de fouet à.

rey *m* roi *m*. ◆ **Reyes Magos** *mpl* : **los Reyes Magos** les Rois mages.

reyerta *f* rixe *f*.

rezagado, da ◇ *adj* : **andar** o **ir** ~ être à la traîne. ◇ *m, f* retardataire *mf*.

rezar ◇ *vt* réciter, dire; ~ **su oración** faire sa prière. ◇ *vi* [orar] prier.

rezo *m* prière *f*.

rezumar ◇ *vt* -1. [transpirar] laisser filtrer. -2. *fig* [manifestar] déborder de. ◇ *vi* suinter.

ría *f* ria *f*.

riachuelo *m* ruisseau *m*.

riada *f* -1. [inundación] inondation *f*. -2. *fig* [multitud] flot *m*.

ribera *f* rive *f*; [de mar] rivage *m*.

ribete *m* liseré *m*; *fig* touche *f*.

ricino *m* ricin *m*.

rico, ca ◇ *adj* -1. [gen] : ~ **(en)** riche (en). -2. [sabroso] délicieux(euse). -3. [simpático] adorable. -4. *fam* [apelativo] : **¡oye** ~**!** écoute, mon vieux! ◇ *m, f* riche *mf*; **los** ~**s** les riches.

rictus *m* rictus *m*.

ridiculez *f* -1. [tontería] chose *f* ridicule. -2. [nimiedad] rien *m*.

ridiculizar *vt* ridiculiser.

ridículo, la *adj* ridicule. ◆ **ridículo** *m* ridicule *m*; **hacer el** ~ se ridiculiser.

riego *m* arrosage *m*; [de campos] irrigation *f*.

riel *m* rail *m*.

rienda *f* -1. [de caballería] rêne *f*; **dar** ~ **suelta a** *fig* laisser libre cours à. -2. [moderación] retenue *f*. ◆ **riendas** *fpl fig* [dirección] rênes *fpl*.

riesgo *m* risque *m*; **a todo** ~ [seguro, póliza] tous risques.

rifa *f* tombola *f*.

rifar *vt* tirer au sort. ◆ **rifarse** *vp* : **se rifan su amor** ils se disputent son amour.

rifle *m* fusil *m*.

rigidez *f* -1. [gen] rigidité *f*. -2. [severidad] rigueur *f*. -3. [inexpresividad] impassibilité *f*.

rígido, da *adj* -1. [gen] rigide; **volverse** ~ [cera, sustancia etc] se solidifier. -2. [inexpresivo] figé(e).

rigor *m* rigueur *f*. ◆ **de rigor** *loc adj* de rigueur.

riguroso, sa *adj* rigoureux(euse)

rimar ◇ *vi* rimer. ◇ *vt* faire rimer.

rimbombante *adj* –1. [grandilocuente] ronflant(e). –2. [ostentoso] tapageur(euse).

rímel, rimmel *m* Rimmel® *m*.

rincón *m* –1. [gen] coin *m*. –2. [lugar alejado] recoin *m*.

rinconera *f* meuble *m* d'angle.

ring *m* ring *m*.

rinoceronte *m* rhinocéros *m*.

riña *f* dispute *f*.

riñón *m* rein *m*.

riñonera *f* [pequeño bolso] banane *f*.

río *m* –1. [con desembocadura – en mar] fleuve *m*; [– en río] rivière *f*. –2. *fig* [abundancia] flot *m*.

rioja *m* vin de la région espagnole de la Rioja.

riojano, na ◇ *adj* de la Rioja. ◇ *m, f* habitant *m*, -e *f* de la Rioja.

riqueza *f* richesse *f*; tener ~ **vitamínica** être riche en vitamines.

risa *f* rire *m*.

risotada *f* éclat *m* de rire.

ristra *f* chapelet *m*.

risueño, ña *adj* –1. [alegre] rieur(euse). –2. [próspero] souriant(e).

ritmo *m* rythme *m*.

rito *m* rite *m*.

ritual ◇ *adj* rituel(elle). ◇ *m* rituel *m*.

rival *adj & mf* rival(e).

rivalidad *f* rivalité *f*.

rivalizar *vi* : ~ **con alguien** rivaliser avec qqn; ~ **en algo** [generosidad, belleza etc] rivaliser de qqch.

rizado, da *adj* –1. [pelo] frisé(e). –2. [mar] moutonneux(euse). ◆ **rizado** *m* : hacerse un ~ se faire friser les cheveux.

rizar *vt* –1. [pelo] friser. –2. [mar] faire moutonner. ◆ **rizarse** *vp* [pelo] se faire friser.

rizo, za *adj* [pelo] frisé(e). ◆ **rizo** *m* –1. [de pelo] boucle *f*; tener ~s **en el pelo** avoir les cheveux frisés. –2. [tela] : ~ **(esponjoso)** tissu-éponge *m*. –3. AERON looping *m*.

RNE (*abrev de* Radio Nacional de España) *f* radio nationale espagnole.

robar *vt* –1. [hurtar] voler. –2. [embelesar] ravir. –3. [en cartas, dominó, damas] piocher. –4. [cobrar caro] : **en ese restaurante te roban** ce sont des voleurs dans ce restaurant.

roble *m* chêne *m* rouvre; *fig* : **estar hecho un** ~ être fort comme un chêne.

robo *m* vol *m*.

robot *m* [gen & INFORM] robot *m*.

robótica *f* INFORM robotique *f*.

robustecer *vt* fortifier. ◆ **robustecerse** *vp* [persona] prendre des forces.

robusto, ta *adj* robuste.

roca *f* [piedra] roche *f*.

rocalla *f* rocaille *f*.

roce *m* –1. [rozamiento] frottement *m*; [ligero] frôlement *m*. –2. [trato] : ~ **(entre)** fréquentation (de). –3. [desavenencia] heurt *m*.

rociar ◇ *vt* –1. [con gotas] asperger. –2. [con cosas] arroser. ◇ *v impers* : **ha rociado** il y a eu de la rosée.

rocío *m* rosée *f*.

rock (*pl* **rocks**), **rock and roll** (*pl* **rocks and roll**) *m* rock *m*.

rockero, ra, roquero, ra ◇ *adj* rock. ◇ *m, f* rockeur *m*, -euse *f*.

rocoso, sa *adj* rocheux(euse).

rodaballo *m* turbot *m*.

rodado, da *adj* –1. [tráfico, tránsito] routier(ère). –2. [piedra] → **canto**.

rodaja *f* tranche *f*; [de limón, salchichón] rondelle *f*.

rodaje *m* –1. [gen & AUTOM] rodage *m*; en ~ en rodage. –2. CIN tournage *m*.

rodapié *m* plinthe *f*.

rodar ◇ *vi* –1. [gen] rouler. –2. CIN tourner. –3. [caer] : **rodó escaleras abajo** il a dégringolé l'escalier. –4. [deambular] : ~ **por** errer dans; ~ **por medio mundo** rouler sa bosse. ◇ *vt* –1. CIN tourner. –2. AUTOM roder.

rodear *vt* –1. [gen] : ~ **(con)** entourer (de). –2. [con tropas, policías etc] cerner. –3. [dar la vuelta a] faire le tour de. –4. [eludir] : ~ **un tema** tourner autour du sujet. ◆ **rodearse** *vp* : ~**se de** s'entourer de.

rodeo *m* –1. [gen] détour *m*; **no andar** ○ **ir con** ~s ne pas y aller par quatre chemins; **dar** ~**s** *fig* tergiverser. –2. [espectáculo, reunión de ganado] rodéo *m*.

rodilla *f* genou *m*; **de** ~s à genoux.

rodillera *f* genouillère *f*.

rodillo *m* rouleau *m*.

rodríguez *m fam* homme resté en ville pendant que sa femme et ses enfants sont en vacances.

roedor, ra *adj* rongeur(euse). ◆ **roedores** *mpl* rongeurs *mpl*.

roer *vt* **-1.** [con dientes] ronger. **-2.** *fig* [atormentar] : **le roe el remordimiento** il est rongé de remords.

rogar *vt* : ~ **a alguien (que) haga algo** prier qqn de faire qqch.

rogativa *f* (gen pl) rogations *fpl*.

rojizo, za *adj* rougeâtre.

rojo, ja ◇ *adj* [gen & POLÍT] rouge; **el color** ~ le rouge. ◇ *m, f* POLÍT rouge *mf*. ◆ **rojo** *m* [color] rouge *m*; **al** ~ **vivo** [incandescente] chauffé(e) au rouge; *fig* [ánimos, persona] très échauffé(e).

rol (*pl* **roles**) *m* **-1.** [papel] rôle *m*. **-2.** NÁUT rôle *m* d'équipage.

rollizo, za *adj* potelé(e).

rollo *m* **-1.** [cilindro] rouleau *m*. **-2.** CIN bobine *f*. **-3.** *fam* [discurso] baratin *m*, tchatche *f*; **cascar** ○ **soltar un** ~ **a alguien** tenir la jambe à qqn; **tener mucho** ~ être un moulin à paroles; **cortar el** ~ **a alguien** couper le sifflet à qqn. **-4.** *fam* [embuste] bobard *m*. **-5.** *fam* [pelmazo] casse-pieds *m inv*. **-6.** *fam* [asunto] : **no sé de qué va el** ~ je ne sais pas de quoi ça cause. **-7.** *fam* [ambiente] : **hay buen** ~ **aquí** c'est sympa ici; **meterse en el** ~ se mettre dans le coup. **-8.** *fam* [pesadez] : **ser un** ~ être gonflant(e); **¡qué** ~**!** quelle barbe!

roll-on *m inv* déodorant *m* à bille.

ROM (*abrev de* read-only memory) *f* ROM *f*.

Roma Rome.

romance ◇ *adj* roman(e). ◇ *m* **-1.** LING roman *m*. **-2.** [aventura] idylle *f*.

románico, ca *adj* roman(e). ◆ **románico** *m* roman *m*.

romano, na ◇ *adj* romain(e). ◇ *m, f* Romain *m, -e f*.

romanticismo *m* romantisme *m*.

romántico, ca *adj* romantique.

rombo *m* losange *m*.

romería *f* **-1.** [peregrinación] pèlerinage *m*. **-2.** [fiesta] fête *f* patronale. **-3.** *fig* [multitud] procession *f*.

romero, ra *m, f* pèlerin *m*. ◆ **romero** *m* BOT romarin *m*.

romo, ma *adj* **-1.** [punta] émoussé(e). **-2.** [de nariz] : **ser** ~ avoir un nez camus.

rompecabezas *m inv* **-1.** [juego] puzzle *m*. **-2.** *fig* [problema] casse-tête *m inv*.

rompeolas *m inv* brise-lames *m inv*.

romper ◇ *vt* **-1.** [partir] casser; *fig* briser; ~ **el hielo** briser la glace. **-2.** [papel, tela] déchirer. **-3.** [desgastar – zapato] abîmer;

[– camisa] user. **-4.** [relaciones, compromiso, contrato] rompre; **¡rompan filas!** rompez les rangs!; ~ **el silencio** rompre le silence. ◇ *vi* **-1.** [terminar relación] : ~ **(con alguien)** rompre (avec qqn). **-2.** [olas] se briser. **-3.** [empezar] : ~ **a hacer algo** se mettre à faire qqch; ~ **a llorar** éclater en sanglots. ◆ **romperse** *vp* **-1.** [partirse] se casser; **se ha roto una pierna** il s'est cassé une jambe; **se rompió el jarrón** le vase s'est cassé. **-2.** [desgastarse – ropa] s'user.

rompimiento *m* rupture *f*.

ron *m* rhum *m*.

roncar *vi* ronfler.

roncha *f* [en la piel] bouton *m*; [de insecto] piqûre *f*.

ronco, ca *adj* **-1.** [afónico] enroué(e); **me he quedado** ~ je me suis cassé la voix. **-2.** [bronco] rauque.

ronda *f* **-1.** [vigilancia] ronde *f*. **-2.** [calle] boulevard *m* périphérique. **-3.** *fam* [de consumiciones] tournée *f*. **-4.** [en el juego] tour *m*.

rondar ◇ *vt* **-1.** [vigilar] faire une ronde dans. **-2.** [desgracia, enfermedad etc] guetter. **-3.** [rayar en] avoisiner. **-4.** [cortejar] faire la cour à. ◇ *vi* [dar vueltas, vagar] rôder.

ronquera *f* enrouement *m*.

ronquido *m* ronflement *m*.

ronronear *vi* ronronner.

ronroneo *m* ronronnement *m*.

roña ◇ *adj & mf fam* radin(e). ◇ *f* **-1.** [suciedad] crasse *f*. **-2.** *fam* [tacañería] radinerie *f*. **-3.** [del ganado] gale *f*.

roñoso, sa ◇ *adj* **-1.** [sucio] crasseux(euse). **-2.** [tacaño] radin(e). ◇ *m, f* radin *m, -e f*.

ropa *f* vêtements *mpl*; ~ **blanca** blanc *m*, linge *m*; ~ **interior** sous-vêtements *mpl*; [femenina] dessous *mpl*; ~ **sucia** linge *m* sale; **quitarse la** ~ se déshabiller.

ropaje *m* [vestidura] tenue *f*.

ropero *m* penderie *f*.

roquero, ra = rockero.

rosa ◇ *f* [flor] rose *f*; **estar fresco como una** ~ être frais comme une rose. ◇ *adj inv* [color] rose. ◇ *m* [color] rose *m*. ◆ **rosa de los vientos** *f* rose *f* des vents.

rosado, da *adj* **-1.** [gen] rose. **-2.** → vino. ◆ **rosado** *m* rosé *m*.

rosal *m* rosier *m*.

rosario *m* **-1.** [gen] chapelet *m*; [de desgracias] suite *f*. **-2.** [rezo] rosaire *m*.

ruma

rosca f –1. [de tornillo] filet m. –2. [forma cilíndrica] anneau m. –3. CULIN couronne f. –4. loc : **pasarse de ~** fig dépasser les bornes.

rosco m couronne f (de pain, brioche etc).

roscón m brioche f en couronne; **~ de Reyes** brioche aux fruits que l'on mange pour la fête des Rois, ≃ galette f des Rois.

rosetón m rosace f.

rosquilla f gimblette f (petit gâteau sec).

rostro m visage m .

rotación f –1. [giro] rotation f. –2. [alternancia] roulement m.

rotativo, va adj rotatif(ive). ◆ **rotativo** m journal m. ◆ **rotativa** f rotative f.

roto, ta ◇ pp irreg → **romper**. ◇ adj –1. [gen] cassé(e); [tela, papel] déchiré(e). –2. fig [vida, corazón] brisé(e). –3. fig [exhausto] éreinté(e). ◇ m, f Amer homme m, femme f du peuple. ◆ **roto** m [en tela] accroc m.

rotonda f ARQUIT rotonde f; [plaza] rond-point m.

rotoso, sa adj Amer fam déguenillé(e).

rótula f rotule f.

rotulador m feutre m; [grueso] marqueur m; [fluorescente] surligneur m.

rótulo m [letrero] écriteau m; [comercial] enseigne f.

rotundo, da adj –1. [gen] catégorique. –2. [fracaso, éxito] total(e).

rotura f rupture f; [de hueso] fracture f; [en tela] déchirure f.

roulotte f caravane f.

rozadura f –1. [señal] éraflure f. –2. [herida] écorchure f.

rozamiento m –1. [fricción] frottement m. –2. fig [enfado] friction f.

rozar ◇ vt –1. [tocar] frôler. –2. [raspar] érafler. –3. fig [aproximarse a] friser. ◇ vi : **~ con** toucher; **esa cuestión roza con lo jurídico** fig cette question touche au juridique. ◆ **rozarse** vp –1. [gen] se frôler. –2. [herirse] s'écorcher. –3. fig [tener trato] : **~se con alguien** fréquenter qqn.

r.p.m. (abrev de **revoluciones por minuto**) fpl .

Rte. (abrev de **remitente**) exp.

RTVE (abrev de **Radiotelevisión Española**) f organisme public de radiodiffusion et de télévision d'Espagne.

rubeola, rubéola f rubéole f.

rubí (pl **rubís** ○ **rubíes**) m rubis m.

rubio, bia adj & m, f blond(e).

rubor m –1. [vergüenza] honte f; **causar ~** faire rougir. –2. [sonrojo] rougeur f; **el ~ encendió su rostro** son visage s'empourpra.

ruborizar vt faire rougir. ◆ **ruborizarse** vp rougir.

rúbrica f –1. [de firma] paraphe m. –2. [título] rubrique f. –3. fig [final] conclusion f; **poner ~ a algo** conclure qqch.

rubricar vt –1. [firmar] parapher. –2. fig [confirmar] confirmer. –3. fig [finalizar] conclure.

rudeza f –1. [tosquedad] rudesse f. –2. [grosería] grossièreté f.

rudimentario, ria adj rudimentaire.

rudimentos mpl rudiments mpl.

rudo, da adj –1. [tosco, brusco] rude. –2. [grosero] grossier(ère).

rueda f –1. [pieza] roue f; **~ delantera/trasera** roue avant/arrière; **~ de repuesto** roue de secours. –2. [corro] cercle m; [para bailar] ronde f. –3. [rodaja] tranche f; [de limón, salchichón] rondelle f. ◆ **rueda de prensa** f conférence f de presse. ◆ **rueda de reconocimiento** f présentation de suspects en vue d'identification.

ruedo m TAUROM arène f.

ruego m prière f (demande).

rufián m [bribón] crapule f.

rugby m rugby m.

rugido m rugissement m; fig [de persona] hurlement m.

rugir vi rugir.

rugoso, sa adj –1. [áspero] rugueux(euse). –2. [con arrugas] fripé(e).

ruido m bruit m .

ruidoso, sa adj bruyant(e); fig tapageur(euse).

ruin adj –1. [vil] vil(e). –2. [avaro] pingre.

ruina f –1. [gen] ruine f; **dejar en la ~** ruiner; **estar en la ~** être ruiné(e). –2. [perdición] : **ser la ~ de alguien** mener qqn à sa perte. –3. [desastre – persona] : **estar hecho una ~** être une loque. ◆ **ruinas** fpl [históricas] ruines fpl; [escombros] décombres mpl.

ruinoso, sa adj –1. [poco rentable] ruineux(euse). –2. [edificio] en ruine.

ruiseñor m rossignol m.

ruleta f roulette f (jeu).

ruletear vi Amer conduire un taxi.

ruletero m Amer chauffeur m de taxi.

rulo m [para el pelo] bigoudi m.

ruma f Amer tas m.

Rumanía Roumanie *f*.

rumano, na ◇ *adj* roumain(e). ◇ *m, f* Roumain *m*, -e *f*. ◆ **rumano** *m* [lengua] roumain *m*.

rumba *f* rumba *f*.

rumbo *m* -1. NÁUT cap *m*; **ir con ~ a** faire route vers. -2. *fig* [orientación] direction *f*; [de los acontecimientos] cours *m*.

rumiante ◇ *adj* ruminant(e). ◇ *m* ruminant *m*.

rumiar *vt & vi* ruminer.

rumor *m* -1. [chisme] rumeur *f*; **circula el ~ de que...** le bruit court que... -2. [ruido – de voces] brouhaha *m*; [– de agua] grondement *m*.

rumorearse *v impers* : **se rumorea que...** le bruit court que...

runrún *m* -1. [ruido] ronflement *m*. -2. [chisme] bruit *m*.

rupestre *adj* rupestre.

ruptura *f* rupture *f*.

rural *adj* rural(e); [médico, cura] de campagne.

Rusia Russie *f*.

ruso, sa ◇ *adj* russe. ◇ *m, f* Russe *mf*. ◆ **ruso** *m* [lengua] russe *m*.

rústico, ca *adj* -1. [del campo] de campagne; [finca, propiedad] rural(e); [mobiliario] rustique. -2. [tosco] fruste. ◆ **en rústica** *loc adj* broché(e).

ruta *f* route *f*; *fig* chemin *m*.

rutina *f* routine *f*.

rutinario, ria *adj* routinier(ère).

S

s¹, S *f* [letra] s *m inv*, S *m inv*.

s² (*abrev de* **segundo**) s.

s., sig. *abrev de* **siguiente**.

S (*abrev de* **san**) St.

SA (*abrev de* **sociedad anónima**) *f* SA *f*.

sábado *m* samedi *m*; **¿qué día es hoy? (es) ~** quel jour sommes-nous, aujourd'hui? (nous sommes) samedi; **cada dos ~s, un ~ sí y otro no** un samedi sur deux; **cada ~, todos los ~s** tous les samedis; **caer en ~** tomber un samedi; **te**

llamo el ~ je t'appelle samedi; **el próximo ~, el ~ que viene** samedi prochain; **el ~ pasado** samedi dernier; **el ~ por la mañana/la tarde/la noche** samedi matin/après-midi/soir; **en ~** le samedi; **nací en ~** je suis né un samedi; **este ~** [pasado] samedi dernier; [próximo] samedi prochain; **¿trabajas los ~s?** tu travailles le samedi?; **trabajar un ~** travailler un samedi; **un ~ cualquiera** n'importe quel samedi.

sábana *f* drap *m*.

sabandija *f* -1. [animal] bestiole *f*. -2. *fam fig* [persona] minable *mf*.

sabañón *m* engelure *f*.

sabático, ca *adj* sabbatique.

saber ◇ *m* savoir *m*. ◇ *vt* -1. [gen] savoir; **ya lo sé** je le sais bien; **lo supe ayer** je l'ai su hier; **~ hacer algo** savoir faire qqch; **sabe hablar inglés/montar en bici** il sait parler anglais/faire du vélo; **hacer ~ algo a alguien** faire savoir qqch à qqn; **a ~ à** savoir. -2. [entender de] s'y connaître en; **sabe mucha física** il s'y connaît en physique. -3. *loc* : **que sepa yo** que je sache; **¡vete a ~!** *fam* va savoir!; **¡y yo que sé!** je n'en sais rien, moi! ◇ *vi* -1. [tener sabor] : **~ a** avoir un goût de; **no ~ a nada** n'avoir aucun goût; **~ bien/mal** avoir bon/mauvais goût; **~ mal a alguien** *fig* [disgustar] ne pas plaire à qqn; [entristecer] faire de la peine à qqn. -2. [entender] : **~ de algo** s'y connaître en qqch. -3. [tener noticias] : **~ de alguien** avoir des nouvelles de qqn; **~ de algo** être au courant de qqch. -4. [parecer] : **eso me sabe a disculpa** j'ai l'impression que c'est une excuse. -5. *Amer fam* [soler] : **~ hacer algo** faire souvent qqch. ◆ **saberse** *vp* savoir; **me lo sé de memoria** je le sais par cœur.

sabiduría *f* -1. [conocimientos] savoir *m*. -2. [prudencia] sagesse *f*.

sabiendas ◆ **a sabiendas** *loc adv* sciemment.

sabihondo, da, sabiondo, da ◇ *adj* pédant(e). ◇ *m, f* grosse tête *f*.

sabio, bia *adj & m, f* savant(e); **una sabia decisión** une sage décision.

sabiondo, da = **sabihondo**.

sablazo *m* -1. [gen] coup *m* de sabre. -2. *fam fig* [de dinero] : **dar un ~ a alguien** taper qqn.

sable *m* sabre *m*.

sablear *vi fam* taper (*de l'argent*).

sabor *m* -1. [gusto] goût *m*; **un ~ a** un goût de. -2. *fig* [estilo] saveur *f*.

saborear *vt* savourer.

sabotaje *m* sabotage *m*.

sabotear *vt* saboter.

sabrá *etc* → saber.

sabroso, sa *adj* **-1.** [gustoso] délicieux(euse). **-2.** *fig* [propuesta, negocio] intéressant(e); [cantidad] substantiel(elle). **-3.** *fig* [malicioso] savoureux(euse).

sabueso *m lit & fig* limier *m*.

saca *f* [de correos] sac *m*.

sacacorchos *m inv* tire-bouchon *m*.

sacapuntas *m inv* taille-crayon *m*.

sacar ⋄ *vt* **-1.** [gen] sortir; [lengua, conclusión] tirer; **sacó el coche del garaje** il a sorti la voiture du garage; **nos sacó algo de comer** il nous a donné quelque chose à manger; **~ a bailar** inviter à danser; **~ adelante** [hijos] assurer l'éducation de; [negocio] faire prospérer; **~ el pecho** bomber le torse. **-2.** [quitar] enlever, retirer; **~ una muela** arracher une dent. **-3.** [obtener – buenas notas] avoir; [– premio] gagner; [– foto, billete] prendre; [– dinero] retirer; [– copia] faire; [– carné, pasaporte] se faire faire. **-4.** [sonsacar] soutirer. **-5.** [extraer – aceite, vino] tirer. **-6.** [resolver – ecuación etc] résoudre. **-7.** [deducir] déduire, conclure; **~ en claro** ⋄ **limpio** tirer au clair. **-8.** [mostrar] : **lo sacaron en televisión** il est passé à la télévision. **-9.** [prenda – de largo] rallonger; [– de ancho] élargir. **-10.** [aventajar] : **sacó tres minutos a su rival** il a pris une avance de trois minutes sur son rival. **-11.** DEP lancer; **~ de banda** remettre en touche. ⋄ *vi* DEP lancer; [con la raqueta] servir. ◆ **sacarse** *vp* [conseguir] avoir; **~se el carné (de conducir)** passer son permis (de conduire).

sacarina *f* saccharine *f*.

sacerdote, tisa *m, f* [pagano] prêtre *m*, prêtresse *f*. ◆ **sacerdote** *m* [cristiano] prêtre *m*.

saciar *vt* assouvir; [aspiraciones] répondre à; **~ la sed** étancher sa soif.

saco *m* **-1.** [gen] sac *m*; **~ de dormir** sac de couchage. **-2.** *Amer* [chaqueta] veste *f*.

sacramento *m* sacrement *m*.

sacrificar *vt* **-1.** [gen] sacrifier. **-2.** [animal] abattre. ◆ **sacrificarse** *vp* : **~se (por alguien)** se sacrifier (pour qqn).

sacrificio *m lit & fig* sacrifice *m*.

sacrilegio *m lit & fig* sacrilège *m*.

sacristán, ana *m, f* sacristain *m*, sacristine *f*.

sacristía *f* sacristie *f*.

sacro, cra *adj* [sagrado] sacré(e).

sacudida *f* secousse *f*; *fig* choc *m*.

sacudir *vt* **-1.** [gen] secouer. **-2.** *fam* [pegar] donner une rouste à. ◆ **sacudirse** *vp fig* [librarse] se débarrasser de.

sádico, ca *adj & m, f* sadique.

sadismo *m* sadisme *m*.

sadomasoquismo *m* sadomasochisme *m*.

saeta *f* **-1.** [arma] flèche *f*. **-2.** [de reloj] aiguille *f*. **-3.** MÚS *courte pièce chantée lors des processions de la semaine sainte*.

safari *m* **-1.** [expedición] safari *m*. **-2.** [parque] zoo *m* (*d'animaux sauvages*).

saga *f* saga *f*.

sagacidad *f* sagacité *f*.

sagaz *adj* sagace.

Sagitario ⋄ *m inv* [zodiaco] Sagittaire *m inv*. ⋄ *mf inv* [persona] sagittaire *m inv*.

sagrado, da *adj* sacré(e).

Sahara *m* : **el (desierto del) ~** le Sahara.

sal *f* **-1.** [gen] sel *m*. **-2.** *fig* [garbo] charme *m*; [en el habla] piquant *m*. ◆ **sales** *fpl* sels *mpl*.

sala *f* **-1.** [gen] salle *f*; **~ de audio** auditorium *m*; **~ de espera** salle d'attente; **~ de estar** salle de séjour; **~ de fiestas** salle de bal; [en ayuntamiento] salle des fêtes. **-2.** [salón] salon *m*. **-3.** [DER – lugar] salle *f* (d'audience); [– conjunto de magistrados] chambre *f*.

salado, da *adj* **-1.** [con sal] salé(e); [con demasiada sal] trop salé(e). **-2.** *fig* [gracioso] drôle. **-3.** *Amer* [desgraciado] malchanceux(euse).

salamandra *f* salamandre *f*.

salami, salame *m* salami *m*.

salar *vt* saler.

salarial *adj* salarial(e); [aumento] de salaire.

salario *m* salaire *m*; **~ mínimo (interprofesional)** ECON salaire minimum, ≃ SMIC.

salchicha *f* saucisse *f*.

salchichón *m* saucisson *m*.

saldar *vt* **-1.** [cuenta, producto] solder. **-2.** [deuda] s'acquitter de. **-3.** *fig* [diferencias, cuestión] régler. ◆ **saldarse** *vp* [acabar] : **~se con** se solder par.

saldo *m* **-1.** [de cuenta] solde *m*; [de deudas] acquittement *m*; **~ acreedor/deudor** COM solde créditeur/débiteur. **-2.** (*gen* *pl)* [restos de mercancías] soldes *mpl.* **-3.** *fig* [resultado] bilan *m.*

saledizo, za *adj* ARQUIT en saillie; **un te-** **cho ~** un auvent.

salero *m* **-1.** [recipiente] salière *f.* **-2.** *fig* [gracia] charme *m.*

salida *f* **-1.** [gen] sortie *f;* [del sol] lever *m;* **~ de emergencia ○ de incendios** sortie de secours. **-2.** [acción de partir & DEP] départ *m* . **-3.** [de carrera & COM] débouchés *mpl;* **tener mucha ~** [productos] s'écouler facilement. **-4.** [solución] issue *f.* **-5.** [pretexto] échappatoire *f.* **-6.** [ocurrencia] trait *m* d'esprit.

salido, da ◇ *adj* **-1.** [saliente] saillant(e); **tener los ojos ~s** avoir les yeux globuleux. **-2.** [animal] en chaleur. ◇ *m, f fam* [persona] obsédé *m,* -e *f.*

saliente ◇ *adj* **-1.** [que sobresale] saillant(e); *fig* principal(e). **-2.** POLÍT sortant(e). ◇ *m* ARQUIT saillie *f.*

salino, na *adj* salin(e).

salir *vi* **-1.** [gen] sortir; **salió a la calle** il sortit dans la rue; **Juan sale mucho con sus amigos** Juan sort souvent avec ses amis; **~ de** sortir de; **hoy salgo del hospital** je sors de l'hôpital aujourd'hui; **~ de la crisis** sortir de la crise. **-2.** [tren, barco] partir; [avión] décoller. **-3.** [marcharse] : **~ (de/para)** partir (de/pour). **-4.** [ser novios] : **con alguien** sortir avec qqn; **María y Pedro están saliendo** María et Pedro sortent ensemble. **-5.** [resultar] : **salió elegida mejor actriz** elle a été élue meilleure actrice; **~ bien/mal algo** réussir/ échouer; **el pastel te ha salido muy bien** il est vraiment réussi ton gâteau; **les ha salido mal el plan** leur plan a échoué; **el postre ha salido mal** j'ai raté le dessert; **~ ganando** bien s'en tirer; [con dinero] y gagner; **~ perdiendo** être désavantagé(e); [con dinero] y perdre. **-6.** [en sorteo] être tiré. **-7.** [resolver] : **el problema no me sale** je n'arrive pas à résoudre ce problème; **nunca me salen los crucigramas** je n'arrive jamais à faire les mots croisés. **-8.** [proceder] : **de la uva sale el vino** le raisin donne le vin. **-9.** [surgir – sol] se lever; [– planta, diente] pousser. **-10.** [aparecer – publicación] paraître; [– producto] sortir. **-11.** [en imagen, prensa] : **¡qué bien sales en la foto!** tu es très bien sur la photo!; **mi vecina salió en la tele** ma voisine est passée à la télé!; **la noticia sale en los periódicos** la nouvelle est dans les journaux. **-12.** [presentarse – ocasión, oportunidad] se présenter.

-13. [costar] : **~ (a ○ por)** revenir (à); **~ caro** revenir cher; *fig* coûter cher. **-14.** IN-FORM [de un programa] quitter. **-15.** [decir inesperadamente] : **nunca se sabe por dónde va a salir** on ne sait jamais ce qu'il va sortir. **-16.** [parecerse] : **~ a alguien** ressembler à qqn. **-17.** [sobresalir] ressortir. **-18.** *loc* : **~ adelante** [persona] se tirer d'affaire; [empresa] s'en sortir; [proyecto] aboutir, se réaliser. ◆ **salirse** *vp* **-1.** [marcharse] : **~se (de)** [lugar] sortir (de); [asociación] quitter. **-2.** [gas, líquido] : **~se (por)** s'échapper (par). **-3.** [rebosar] déborder; **el agua se salió de la bañera** la baignoire a débordé. **-4.** [tren en escape] fuir. **-5.** [desviarse] : **~se de** [vía] dérailler; [carretera] quitter; **~se del tema** s'écarter du sujet. **-6.** *loc* : **~se con la suya** arriver à ses fins.

salitre *m* salpêtre *m.*

saliva *f* salive *f.*

salmo *m* psaume *m.*

salmón ◇ *m* [pez] saumon *m.* ◇ *adj & m inv* [color] (rose) saumon.

salmonete *m* rouget *m.*

salmuera *f* saumure *f.*

salobre *adj* saumâtre.

salón *m* **-1.** [gen] salon *m;* **~ de belleza** salon de beauté; **~ de masaje** institut *m* de massage. **-2.** [local] salle *f;* **~ de actos** salle des fêtes; [en escuela] salle polyvalente.

salpicadera *f Amer* garde-boue *m inv.*

salpicadero *m* tableau *m* de bord.

salpicadura *f* [mancha] éclaboussure *f.*

salpicar *vt* **-1.** [rociar] éclabousser. **-2.** *fig* [diseminar] parsemer.

salpimentar *vt* saupoudrer de sel et de poivre.

salpullido = sarpullido.

salsa *f* **-1.** CULIN sauce *f;* **~ bechamel ○ besamel** sauce béchamel; **~ mayonesa ○ mahonesa** sauce mayonnaise; **~ rosa** sauce cocktail. **-2.** *fig* [interés] attrait *m.* **-3.** MÚS salsa *f.*

salsera *f* saucière *f.*

saltamontes *m inv* sauterelle *f* (verte).

saltar ◇ *vt* **-1.** [gen & DEP] sauter. **-2.** [hacer estallar] faire sauter. ◇ *vi* **-1.** [gen & DEP] sauter; [botón] tomber; **~ sobre algo/ alguien** [abalanzarse] sauter sur qqch/ qqn; **~ de un tema a otro** passer d'un sujet à l'autre. **-2.** [arrojarse, caer] : **~ de 10 metros** faire un saut de 10 mètres. **-3.** [levantarse, reaccionar bruscamente] bondir. **-4.** [desparramarse] jaillir. **-5.** [estallar] exploser. **-6.** [romperse] se casser. **-7.** [salir] : ~ **a** [terreno, pista etc] arriver sur. ◆ **saltarse** *vp* **-1.** [gen] sauter; **se me ha saltado un botón** j'ai perdu un bouton. **-2.** [no respetar] ignorer; [semáforo, stop] brûler.

salteado, da *adj* **-1.** CULIN sauté(e). **-2.** [espaciado] : **la falda tiene lunares ~s** la jupe est parsemée de pois.

salteador, ra *m, f* : ~ **(de caminos)** bandit *m* (de grand chemin).

saltear *vt* **-1.** [asaltar] attaquer. **-2.** CULIN faire sauter.

saltimbanqui *mf* saltimbanque *m*.

salto *m* **-1.** [gen & DEP] saut *m*; **dar** ○ **pegar un** ~ faire un saut; *fig* [asustarse, progresar] faire un bond; ~ **de altura/de longitud** saut en hauteur/en longueur. **-2.** [obstáculo] obstacle *m*. **-3.** *fig* [diferencia] écart *m*. **-4.** *fig* [omisión] trou *m*. **-5.** [despeñadero] précipice *m*. **-6.** *loc* : **vivir a** ~ **de mata** vivre au jour le jour. ◆ **salto de agua** *m* chute *f* d'eau.

saltón, ona *adj* [diente] en avant; **tener los ojos saltones** avoir les yeux globuleux.

salubre *adj* salubre.

salud ◇ *f* santé *f*; **estar bien/mal de** ~ être en bonne/mauvaise santé; **beber a la** ~ **de alguien** boire à la santé de qqn. ◇ *interj* : **¡~!** [para brindar] à la tienne/vôtre!; [tras estornudo] à tes/vos souhaits!

saludable *adj* **-1.** [gen] sain(e). **-2.** *fig* [provechoso] salutaire.

saludar *vt* [a una persona] saluer; **saluda a Ana de mi parte** dis bonjour à Ana de ma part; **le saluda atentamente** recevez l'expression de mes sentiments distingués. ◆ **saludarse** *vp* se saluer; **no ~se** [estar enemistados] ne plus se dire bonjour.

saludo *m* salut *m*; **Ana te manda ~s** [en cartas] je te transmets le bonjour d'Ana; [al teléfono] tu as le bonjour d'Ana; **dirigir un** ~ **a alguien** saluer qqn; **un** ~ **afectuoso** [en cartas] affectueusement.

salva *f* MIL salve *f*; **una** ~ **de aplausos** *fig* une salve d'applaudissements.

salvación *f* **-1.** [remedio] : **no tener** ~ [enfermo] être perdu(e); [enfermedad] être incurable. **-2.** [rescate] secours *m*. **-3.** RELIG salut *m*.

salvado *m* BOT son *m*.

salvador, ra ◇ *adj* salvateur(trice). ◇ *m, f* sauveur *m*.

salvadoreño, ña ◇ *adj* salvadorien(enne). ◇ *m, f* Salvadorien *m*, -enne *f*.

salvaguardar *vt* sauvegarder.

salvaje ◇ *adj* **-1.** [gen] sauvage. **-2.** [brutal] violent(e). ◇ *mf* sauvage *mf*.

salvamanteles *m inv* dessous-de-plat *m inv*.

salvamento *m* sauvetage *m*.

salvar *vt* **-1.** [gen] sauver. **-2.** [superar – obstáculo] franchir; [– dificultad] surmonter. **-3.** [exceptuar] : **salvando algunos detalles...** excepté quelques détails... **-4.** INFORM [un fichero] sauvegarder. ◆ **salvarse** *vp* **-1.** [librarse] en réchapper. **-2.** RELIG sauver son âme.

salvavidas ◇ *adj inv* de sauvetage. ◇ *m inv* bouée *f* de sauvetage.

salvedad *f* exception *f*; **con la** ~ **de los enfermos** excepté les malades.

salvia *f* sauge *f*.

salvo, va *adj* sauf(sauve); **estar a** ~ être en sûreté; **su honor está a** ~ son honneur est sauf; **poner algo a** ~ mettre qqch à l'abri. ◆ **salvo** *adv* sauf; ~ **que llueva** sauf s'il pleut; **hablaron todos, ~ él** ils ont tous parlé sauf lui.

salvoconducto *m* sauf-conduit *m*.

samba *f* samba *f*.

san *adj* saint; ~ **José** saint Joseph.

sanar ◇ *vt* guérir. ◇ *vi* guérir; **no he sanado del todo** je ne suis pas totalement guéri.

sanatorio *m* clinique *f*.

sanción *f* sanction *f*.

sancionar *vt* sanctionner.

sandalia *f* sandale *f*.

sándalo *m* santal *m*.

sandez *f* sottise *f*.

sandía *f* pastèque *f*.

sándwich (*pl* **sándwiches** ○ **sandwichs**) *m* sandwich *m* (de pain de mie).

saneamiento *m* assainissement *m*.

sanear *vt* assainir.

sangrar ◇ *vi* saigner; ~ **por la nariz** saigner du nez. ◇ *vt* **-1.** [gen] saigner. **-2.** [árbol] gemmer. **-3.** IMPRENTA renfoncer.

sangre *f* sang *m* . **llevar algo en la** ~ avoir qqch dans le sang; **no llegó la** ~ **al río** ça n'a pas été plus loin. ◆ **sangre fría** *f* sang-froid *m*.

sangría *f* **-1.** [gen] saignée *f*. **-2.** [bebida] sangria *f*. **-3.** IMPRENTA alinéa *m*.

sangriento, ta *adj* **-1.** [gen] sanglant(e). **-2.** [despiadado, cruel] sanguinaire.

sanguijuela f [gusano] sangsue f; **ser una ~ para alguien** fam fig saigner qqn à blanc.

sanguinario, ria adj sanguinaire.

sanguíneo, a adj sanguin(e).

sanidad f -1. [salubridad] hygiène f. -2. [servicio] : **trabajar en ~** travailler dans le secteur médical; **el ministerio de ~** le ministère de la Santé.

sanitario, ria ⋄ adj sanitaire. ⋄ m, f professionnel m, -elle f de la santé. ◆ **sanitarios** mpl sanitaires mpl.

San Juan San Juan.

sano, na adj -1. [gen] sain(e); **~ y salvo** sain et sauf. -2. [entero] intact(e).

San Salvador San Salvador.

Santiago de Chile Santiago (du Chili).

Santiago de Compostela Saint-Jacques-de-Compostelle.

santiamén ◆ **en un santiamén** loc adv fam en un clin d'œil.

santidad f sainteté f; **una vida de ~** une vie de saint(e).

santificar vt sanctifier.

santiguar vt faire le signe de la croix sur. ◆ **santiguarse** vp se signer.

santo, ta ⋄ adj -1. [gen] saint(e); **todo el ~ día** toute la sainte journée; **hace su santa voluntad** il fait ses quatre volontés. -2. fam [beneficioso] miraculeux(euse). ⋄ m, f lit & fig saint m, -e f. ◆ **santo** m -1. [onomástica] fête f. -2. fam fig [ilustración, foto] image f. -3. loc : **¿a ~ de qué?** en quel honneur?; **írsele a alguien el ~ al cielo** perdre le fil (de ses pensées). ◆ **santo y seña** m MIL mot m de passe.

Santo Domingo Saint-Domingue.

santoral m -1. [libro de vidas de santos] recueil sur la vie des saints. -2. [onomástica] martyrologe m.

Santo Tomé y Príncipe São Tomé et Príncipe.

santuario m sanctuaire m.

saña f -1. [furor] rage f. -2. [insistencia] acharnement m.

sapo m crapaud m .

saque m DEP coup m d'envoi; [en tenis, bádminton etc] service m .

saquear vt -1. [rapiñar] mettre à sac. -2. fam [vaciar] faire une razzia sur.

saqueo m pillage m.

sarampión m rougeole f.

sarao m [fiesta] fête f.

sarcasmo m sarcasme m.

sarcástico, ca ⋄ adj sarcastique. ⋄ m, f : **es un ~** il est sarcastique.

sarcófago m sarcophage m.

sardana f sardane f.

sardina f sardine f; **ir como ~s en canasta** ○ **en lata** fig être serrés comme des sardines.

sardónico, ca adj sardonique.

sargento ⋄ mf -1. MIL sergent m. -2. despec [persona autoritaria] gendarme m. ⋄ m [herramienta] serre-joint m.

sarna f gale f; **~ con gusto no pica** fig quand on aime ça… (on n'en voit pas les inconvénients).

sarpullido, salpullido m éruption f cutanée.

sarro m tartre m.

sarta f chapelet m (d'objets); [de desdichas] série f.

sartén f -1. [utensilio] poêle f; **tener la ~ por el mango** tenir la barre. -2. [cantidad] poêlée f.

sastre, tra m, f tailleur m, couturière f.

sastrería f : **ir a la ~** aller chez le tailleur.

Satanás m Satan m.

satélite adj & m satellite m .

satén m satin m.

satinado, da adj satiné(e).

sátira f satire f.

satírico, ca ⋄ adj satirique. ⋄ m, f persifleur m, -euse f; [escritor] satiriste mf.

satirizar vt railler, faire la satire de.

satisfacción f -1. [gen] satisfaction f; **tener cara de ~** avoir un air satisfait. -2. fig [gustazo] luxe m; **darse la ~ de** s'offrir le luxe de.

satisfacer vt -1. [gen] satisfaire. -2. [deuda] honorer. -3. [pregunta] répondre à; **~ una duda** lever un doute. -4. [requisitos] remplir.

satisfactorio, ria adj satisfaisant(e).

satisfecho, cha ⋄ pp irreg → **satisfacer**. ⋄ adj -1. [complacido] satisfait(e); [al comer] repu(e); **darse por ~** s'estimer heureux. -2. [engreído] fier(fière) de soi.

saturar vt saturer. ◆ **saturarse** vp être saturé(e); **~se de trabajo** travailler comme un fou.

sauce m saule m; **~ llorón** saule pleureur.

sauna f sauna m.

savia f -1. BOT sève f. -2. fig [de juventud, amor] fougue f.

saxofón, saxófono, saxo ◇ *m* saxophone *m*. ◇ *mf* saxophoniste *mf*.

saxofonista *mf* saxophoniste *mf*.

saxófono = saxofón.

sazón *f* –1. [madurez] maturité *f*; estar en ~ être mûr(e). –2. [sabor] goût *m*. ◆ **a la sazón** *loc adv* à ce moment-là.

sazonado, da *adj* assaisonné(e).

sazonar *vt* assaisonner.

scanner = escáner.

scout (*pl* scouts) *m* scout *m*, -e *f*.

se *pron pers* –1. [reflexivo] se, s' *(delante de vocal)*; [usted mismo, ustedes mismos] vous; ~ **pasea** il se promène; ~ **divierte** il s'amuse; ~ **están bañando, están bañándose** ils se baignent; **hay que lavar~ todos los días** il faut se laver tous les jours; **siénte~** asseyez-vous; **¡que ~ diviertan!** amusez-vous bien!. –2. [recíproco] se, s'; *(delante de vocal)* : ~ **tutean** ils se tutoient; ~ **quieren** ils s'aiment. –3. [construcción pasiva] : ~ **ha suspendido la reunión** la réunion a été suspendue. –4. [impersonal] on; '~ **habla inglés'** 'on parle anglais'; **desde aquí** ~ **ve bien** on voit bien d'ici; '~ **prohíbe fumar'** 'interdiction de fumer'. –5. *(en vez de 'le' o 'les' antes de 'lo', 'la', 'los' o 'las')* [complemento indirecto – a él, ella] lui; [– a ellos, ellas] leur; [– a usted, ustedes] vous; **cómpra~ selo** achète-le-lui; ~ **lo dije, pero no me hicieron caso** je le leur ai dit, mais ils ne m'ont pas écouté; **si usted quiere, yo ~ las mandaré** si vous voulez, je vous les enverrai.

sé –1. → saber. –2. → ser.

sebo *m* graisse *f*; [para jabón, velas] suif *m*.

secador *m* séchoir *m*; ~ **(de pelo)** sèche-cheveux *m*.

secadora *f* séchoir *m*; ~ **de ropa** sèche-linge *m*.

secante ◇ *adj* –1. [secador] siccatif(ive); **el papel** ~ le papier buvard. –2. GEOM sécant(e). ◇ *f* GEOM sécante *f*.

secar *vt* –1. [ropa, lágrimas] sécher; [planta, piel] dessécher. –2. [enjugar] essuyer. ◆ **secarse** *vp* sécher; [río, fuente] s'assécher; [planta, piel] se dessécher; ~**se el pelo** se sécher les cheveux.

sección *f* –1. [departamento – en almacén] rayon *m*; [– en empresa] service *m*. –2. MIL & GEOM section *f*. –3. [dibujo] coupe *f*.

seccionar *vt* sectionner.

secesión *f* sécession *f*.

seco, ca *adj* –1. [gen] sec(sèche). –2. [río, lago] à sec; **lavar en** ~ nettoyer à sec. ◆ **a secas** *loc adv* tout court; **se llama Juan a secas** il s'appelle Juan tout court.

secretaría *f* secrétariat *m*.

secretariado *m* –1. [gen] secrétariat *m*. –2. POLÍT secrétariat *m* d'État.

secretario, ria *m, f* secrétaire *mf*.

secreto, ta *adj* secret(ète); **en** ~ en secret. ◆ **secreto** *m* secret *m*.

secta *f* secte *f*.

sector *m* secteur *m*; [de partido] courant *m*; **un** ~ **de la opinión pública** une partie de l'opinion publique.

secuaz *mf despec* acolyte *m*.

secuela *f* séquelle *f*.

secuencia *f* séquence *f*; [de temas] série *f*.

secuestrador, ra *m, f* ravisseur *m*, -euse *f*; [de avión] pirate *m* de l'air.

secuestrar *vt* –1. [persona] enlever. –2. [barco, avión] détourner. –3. [periódico, publicación] saisir.

secuestro *m* –1. [de persona] enlèvement *m*. –2. [de avión, barco] détournement *m*. –3. [de periódico, publicación] saisie *f*.

secular ◇ *adj* –1. [seglar] séculier(ère). –2. [centenario] séculaire. ◇ *m* séculier *m*.

secundar *vt* [respaldar] appuyer, soutenir; ~ **a alguien** seconder qqn.

secundario, ria *adj* secondaire.

sed ◇ *v* → ser. ◇ *f* lit & fig soif *f*.

seda *f* soie *f*; **ir como una** ~ aller comme sur des roulettes.

sedal *m* ligne *f* (*pour pêcher*).

sedante ◇ *adj* apaisant(e); MED sédatif(ive). ◇ *m* sédatif *m*.

sede *f* siège *m* (*résidence, diocèse*). ◆ **Santa Sede** *f* : **la Santa Sede** le Saint-Siège.

sedentario, ria *adj* sédentaire.

sedición *f* sédition *f*.

sediento, ta *adj* assoiffé(e).

sedimentar *vt* déposer. ◆ **sedimentarse** *vp* se déposer.

sedimento *m* –1. [poso] dépôt *m*. –2. GEOL sédiment *m*. –3. (*gen pl*) fig [huella] traces *fpl*.

sedoso, sa *adj* soyeux(euse).

seducción *f* séduction *f*.

seducir *vt* –1. [atraer] séduire. –2. [persuadir] enjôler.

seductor, ra ◇ *adj* séduisant(e). ◇ *m, f* séducteur *m*, -trice *f*.

segador, ra *m, f* [agricultor] moissonneur *m*, -euse *f*. ◆ **segadora** *f* [máquina] moissonneuse *f*; [herramienta] faucheuse *f*.

segar *vt* **-1.** AGR [mieses] moissonner; [hierba] faucher. **-2.** *fig* [cortar – cabezas] couper; [– vidas] faucher; [– ilusiones] briser.

seglar *adj & m* laïque.

segmentar *vt* segmenter.

segmento *m* segment *m*.

Segovia Ségovie.

segregación *f* **-1.** [separación] séparation *f*. **-2.** [discriminación] ségrégation *f*. **-3.** [secreción] sécrétion *f*.

segregar *vt* **-1.** [separar] séparer. **-2.** [discriminar] discriminer. **-3.** [secretar] sécréter.

seguidilla *f* **-1.** LITER *strophe de quatre ou sept vers, utilisée dans les chansons populaires.* **-2.** MÚS séguedille *f*.

seguido, da *adj* [continuo] continu(e); [consecutivo] de suite, d'affilée; **diez años ~s** dix ans de suite; **se comió 15 pasteles ~s** il a mangé 15 gâteaux d'affilée; **tener hijos ~s** avoir des enfants rapprochés. ◆ **seguido** *adv* tout droit. ◆ **en seguida** *loc adv* tout de suite.

seguidor, ra *m, f* adepte *mf*; DEP supporter *m*.

seguimiento *m* suivi *m*.

seguir ◇ *vt* **-1.** [gen] suivre; **alguien nos seguía** quelqu'un nous suivait; **seguí tus instrucciones** j'ai suivi tes instructions; **sigue unos cursos de...** elle suit des cours de...; **la enfermedad sigue su curso** la maladie suit son cours. **-2.** [reanudar, continuar] poursuivre. ◇ *vi* **-1.** [sucederse] : **~ a algo** suivre qqch; **la primavera sigue al invierno** le printemps suit l'été. **-2.** [continuar] continuer; **sigue por este camino** continue dans cette voie; **sigue haciendo frío** il continue à faire froid. **-3.** [estar todavía] : **sigue enferma/soltera** elle est toujours malade/célibataire. ◆ **seguirse** *vp* [deducirse] s'ensuivre.

según ◇ *prep* **-1.** [una persona] selon, d'après; **~ ella, ha sido un éxito** selon elle, ça a été un succès; **~ yo/tú etc** d'après moi/toi etc. **-2.** [ley, norma etc] selon. **-3.** [dependiendo de] suivant, selon; **~ la hora que sea** suivant l'heure (qu'il sera); **~ los casos** selon les cas. ◇ *adv* **-1.** [como] comme; **todo permanecía ~ lo había dejado** tout était comme il l'avait laissé. **-2.** [a medida que] (au fur et) à me-

sure que; **~ nos acercábamos, el ruido aumentaba** à mesure que nous approchions, le bruit s'amplifiait. **-3.** [dependiendo] : **¿te gusta la música? – ~** tu aimes la musique? – ça dépend; **lo intentaré ~ esté de tiempo** j'essaierai en fonction du temps que j'aurai; **~ parece** à ce qu'il paraît.

segunda *f* → segundo.

segundero *m* trotteuse *f (d'une montre).*

segundo, da *núm* deuxième, second(e); **primos ~s** cousins au second degré; *ver también* sexto. ◆ **segundo** *m* seconde *f*. ◆ **segunda** *f* [velocidad, clase] seconde *f*. ◆ **con segundas** *loc adv* : **ir con segundas** [discurso, palabras etc] être plein(e) de sous-entendus.

seguramente *adv* probablement.

seguridad *f* **-1.** [protección] sécurité *f*; [fiabilidad] sûreté *f*; **de ~** de sûreté; **un cinturón de ~** une ceinture de sécurité. **-2.** [certidumbre, confianza] assurance *f*; **con ~** avec certitude; **tener ~ en sí mismo** être sûr(e) de soi. ◆ **Seguridad Social** *f* Sécurité *f* sociale.

seguro, ra *adj* sûr(e); **tener por ~ que** être sûr(e) ◇ certain(e) que. ◆ **seguro** ◇ *m* **-1.** [contrato] assurance *f*; **~ de vida** assurance-vie *f*. **-2.** [dispositivo] sûreté *f*; [de pistola] cran *m* de sûreté. **-3.** [Seguridad Social] Sécurité *f* sociale. **-4.** *Amer* [imperdible] épingle *f* à nourrice. ◇ *adv* sûrement.

seis ◇ *núm adj inv* six; **~ personas** six personnes; **tiene ~ años** il a six ans; **página ~** page six; **estamos a día ~** nous sommes le six. ◇ *núm m inv* six; **~ por ~** [en multiplicación] six fois six; **el ~ de agosto** le six août; **calle Mayor (número) ~** six, calle Mayor; **el ~ de diamantes** le six de carreau. ◇ *núm pron* six; **somos ~** nous sommes six; **vinieron ~** ils sont venus six; **los ~** tous les six. ◇ *núm fpl* : **las ~** six heures; **son las ~** il est six heures.

seiscientos, tas *núm adj* **-1.** [para contar] six cents; **~ hombres** six cents hommes; **~ veinte** six cent vingt. **-2.** [para ordenar] six cent; **página ~** page six cent. ◆ **seiscientos** *núm m* six cent *m inv*.

seísmo *m* séisme *m*.

selección *f* **-1.** [gen] sélection *f*; [de personal] recrutement *m*. **-2.** DEP équipe *f*.

seleccionador, ra ◇ *adj* de sélection. ◇ *m, f* DEP sélectionneur(euse).

seleccionar *vt* sélectionner.

selectividad f EDUC *examen d'entrée à l'université.*

selectivo, va *adj* sélectif(ive).

selecto, ta *adj* **-1.** [excelente] de choix. **-2.** [escogido] choisi(e); **la gente selecta** le gratin.

selfservice (*pl* **selfservices**) *m* self-service *m.*

sellar *vt* **-1.** [timbrar] timbrer. **-2.** [lacrar, precintar] sceller. **-3.** [estampar] tamponner.

sello *m* **-1.** [de correos] timbre *m.* **-2.** [tampón] tampon *m.* **-3.** [sortija] chevalière *f.* **-4.** [lacre, impresión] sceau *m.* **-5.** *fig* [carácter] : **tener un ~ personal** avoir un certain cachet; **tener el ~ de** porter la marque de.

selva f jungle *f*; [bosque] forêt *f.*

semáforo *m* [de tráfico urbano] feu *m.*

semana f semaine *f*; **entre ~** en semaine. ◆ **Semana Santa** f : **la Semana Santa** la Semaine *f* sainte.

semanal *adj* hebdomadaire.

semanario, ria *adj* hebdomadaire. ◆ **semanario** *m* [publicación semanal] hebdomadaire *m.*

semántico, ca *adj* sémantique. ◆ **semántica** f sémantique *f.*

semblante *m* visage *m.*

semblanza f [descripción] portrait *m*; [reseña] notice f biographique.

sembrada, da *adj fig* [lleno] : **~ de trampas** semé d'embûches. ◆ **sembrado** *m* semis *m.*

sembrador, ra ◇ *adj* [técnica, procedimiento] d'ensemencement; **una máquina sembradora** un semoir. ◇ *m, f* semeur *m*, -euse *f.* ◆ **sembradora** f semoir *m.*

sembrar *vt* **-1.** [gen] semer. **-2.** *fig* [llenar] : **~ (de o con)** couvrir (de).

semejante ◇ *adj* **-1.** [parecido] semblable; **dos casos ~s** deux cas semblables. **-2.** [tal] pareil(eille); **nunca ha habido ~ cola** il n'y a jamais eu une queue pareille. ◇ *m* (*gen pl*) semblable *m.*

semejanza f ressemblance *f.*

semejar *vi* ressembler. ◆ **semejarse** *vp* se ressembler.

semen *m* sperme *m.*

semental ◇ *adj* : **un toro/burro ~** un taureau/âne étalon; **un caballo ~** un étalon. ◇ *m* étalon *m.*

semestral *adj* semestriel(elle).

semestre *m* semestre *m.*

semidirecto ◇ *adj* semi-direct(e). ◇ *m* semi-direct *m.*

semifinal f demi-finale *f.*

semilla f **-1.** [simiente] graine *f.* **-2.** *fig* [motivo] : **ser la ~ de algo** être à l'origine de qqch; **ser la ~ de la discordia** semer la discorde.

seminario *m* séminaire *m.*

semita ◇ *adj* sémite. ◇ *mf* Sémite *mf.*

sémola f semoule *f.*

Sena *m* : **el ~** la Seine.

senado *m* sénat *m.* ◆ **Senado** *m* : **el Senado** le Sénat *m.*

senador, ra *m, f* sénateur *m.*

sencillez f simplicité *f.*

sencillo, lla *adj* simple. ◆ **sencillo** *m* *Amer fam* [cambio] petite monnaie *f.*

senda f **-1.** [camino] sentier *m.* **-2.** [medio, método] voie *f.*

sendero *m* sentier *m.*

sendos, das *adj* chacun un, chacun une, chacune un, chacune une; **Pedro y Juan llevaban ~ paquetes** Pedro et Juan portaient chacun un paquet.

senectud f *culto* vieillesse *f.*

Senegal : **(el) ~ (le)** Sénégal.

senil *adj* sénile.

sénior (*pl* **séniors**) ◇ *adj* **-1.** [mayor de dos] : **¿está el Señor López ~?** monsieur López père est-il là? **-2.** DEP senior. ◇ *m* senior *mf.*

seno *m* **-1.** [gen] sein *m*; **tiene grandes ~s** elle a une poitrine opulente; **en el ~ de** *fig* au sein de. **-2.** [concavidad] poche *f.* **-3.** MAT & ANAT sinus *m.*

sensación f **-1.** [física] sensation *f.* **-2.** [efecto, premonición] impression *f.*

sensacional *adj* sensationnel(elle).

sensacionalista *adj* à sensation.

sensatez f bon sens *m.*

sensato, ta *adj* sensé(e).

sensibilidad f sensibilité *f.*

sensibilizar *vt* sensibiliser.

sensible *adj* **-1.** [gen & FOT] sensible. **-2.** [delicado] délicat(e).

sensiblero, ra *adj despec* mièvre; [persona] trop sensible.

sensitivo, va *adj* sensitif(ive).

sensor *m* capteur *m.*

sensorial *adj* sensoriel(elle).

sensual *adj* sensuel(elle).

sentado, **da** *adj* [prudente] réfléchi(e); **dar algo por ~** considérer qqch comme acquis.

sentar ◇ *vt lit & fig* asseoir. ◇ *vi* **-1.** [ropa, peinado] aller; **ese vestido te sienta bien** cette robe te va bien; **el negro le sienta fatal** le noir ne lui va pas du tout. **-2.** [comida] : **~ bien/mal** a réussir/ne pas réussir à. **-3.** [vacaciones, clima] : **un descanso te sentará muy bien** ça te fera beaucoup de bien de te reposer; **el clima húmedo me sienta mal** le climat humide ne me réussit pas. **-4.** [comentario, acción] : **~ bien** plaire; **~ mal** déplaire. ◆ **sentarse** *vp* [en asiento] s'asseoir.

sentencia *f* sentence *f*.

sentenciar *vt* **-1.** DER condamner. **-2.** *fig* [juzgar de antemano] : **antes de entrar al examen ya estaba sentenciado** avant même de passer l'examen il était recalé; **estar sentenciado al fracaso** être voué à l'échec.

sentido, **da** *adj* [sentimiento] sincère. ◆ **sentido** *m* **-1.** [gen] sens *m*; **no tiene ~ que...** ça ne sert à rien de...; **de ~ único** à sens unique; **doble ~** double sens; **común** sens commun; **del humor** sens de l'humour; **sexto ~** sixième sens. **-2.** [conocimiento] connaissance *f*; **quedarse sin ~** perdre connaissance.

sentimental *adj* sentimental(e).

sentimentaloide ◇ *adj* à l'eau de rose. ◇ *mf* : **ser un ~** être fleur bleue.

sentimiento *m* (*gen pl*) **-1.** [gen] sentiment *m*. **-2.** [pena] : **acompañar a alguien en el ~** partager la douleur de qqn.

sentir ◇ *vt* **-1.** [percibir, apreciar] sentir; [ruido] entendre. **-2.** [experimentar – hambre, calor] avoir; [– cariño, lástima etc] éprouver, ressentir; **~ vergüenza** éprouver de la honte. **-3.** [lamentar] regretter; **lo siento (mucho)** je suis (vraiment) désolé(e). **-4.** [creer] penser; **te lo digo como lo siento** je te le dis comme je le pense. ◇ *m* sentiment *m*. ◆ **sentirse** *vp* se sentir; **~se cansado** se sentir fatigué; **~se superior** se croire supérieur(e); **~se forzado a hacer algo** se sentir obligé de faire qqch.

seña *f* **-1.** [gesto] signe *m*; **hacer(le) ~s (a alguien)** faire des signes (à qqn). **-2.** [contraseña] consigne *f*. ◆ **señas** *fpl* [dirección] adresse *f*; **~s personales** adresse personnelle.

señal *f* **-1.** [gen] signe *m*; **dar ~es de vida** *fig* donner signe de vie; **en ~ de** en signe de. **-2.** [aviso] signal *m*; [del teléfono] tonalité *f*; **~ sonora** signal sonore. **-3.** [huella, cicatriz] marque *f*. **-4.** [adelanto] acompte *m*. **-5.** AUTOM: **~ (de tráfico)** panneau *m* (de signalisation); **la ~ de stop** le stop.

señalado, **da** *adj* important(e); **un día ~** un grand jour.

señalar *vt* **-1.** [marcar, decir] signaler. **-2.** [apuntar] montrer; **no señales al señor con el dedo** ne montre pas le monsieur du doigt. **-3.** [indicar, anunciar] indiquer. **-4.** [determinar] fixer; **hemos señalado la fecha de...** nous avons fixé la date de...

señalización *f* signalisation *f*; **las señalizaciones son poco claras** la signalisation n'est pas très claire.

señalizar *vt* signaliser.

señor, **ra** *adj* **-1.** [refinado] distingué(e). **-2.** (*en aposición*) *fam* [gran] beau(belle). ◆ **señor** *m* **-1.** [tratamiento] monsieur *m*; **el ~ Pérez** monsieur Pérez; **el ~ presidente** monsieur le président; **¿qué desea el ~?** monsieur désire?; **Muy ~ mío** [en cartas] cher monsieur; **~es siéntense** messieurs, asseyez-vous. **-2.** [hombre] monsieur *m*. **-3.** [caballero] gentleman *m*; **es todo un ~** c'est un vrai gentleman. **-4.** [de feudo] seigneur *m*. **-5.** [amo] : **el ~ no está-** monsieur n'est pas là; **el ~ de la casa** le maître de maison. ◆ **señora** *f* **-1.** [tratamiento] madame *f*; **la señora Pérez** madame Pérez; **la señora presidenta** madame le Président; **¿qué desea la señora?** madame désire?; **¡señoras y ~es!** mesdames, mesdemoiselles, messieurs; **Estimada señora** [en cartas] chère madame; **¿señora o señorita?** madame ou mademoiselle? **-2.** [esposa] femme *f*. **-3.** [ama] : **la señora no está** madame n'est pas là; **la señora de la casa** la maîtresse de maison.

señorial *adj* **-1.** [majestuoso] majestueux(euse). **-2.** [del señorío] seigneurial(e).

señorío *m* **-1.** [dominio] autorité *f*. **-2.** [distinción] distinction *f*.

señorito, **ta** *adj despec* : **es muy ~** il aime bien se faire servir; **el ~** monsieur; **la señorita** mademoiselle. ◆ **señorito** *m* **-1.** *desus* [hijo del amo] fils de propriétaires terriens. **-2.** *fam despec* [niñato] fils *m* à papa. ◆ **señorita** *f* **-1.** [soltera] demoiselle *f*. **-2.** [tratamiento] mademoiselle *f*; **la señorita**

Pérez mademoiselle Pérez. **-3.** [maestra] : la señorita la maîtresse.

señuelo *m* **-1.** [reclamo] appeau *m*. **-2.** *fig* [trampa] leurre *m*.

sep., sept. (*abrev de* **septiembre**) sept.

sepa → **saber**.

separación *f* **-1.** [gen] séparation *f*. **-2.** [espacio] écart *m*.

separado, da ◇ *adj* **-1.** [alejado] : **estar ~ de** être loin de. **-2.** [divorciado] séparé(e). ◇ *m, f* personne *f* séparée.

separar *vt* **-1.** [gen] séparer; **los pantalones están separados por tallas** les pantalons sont rangés par taille. **-2.** [apartar] : **~ algo de** éloigner qqch de. **-3.** [reservar] mettre de côté. ◆ **separarse** *vp* : **~se (de)** [gen] se séparer (de); [apartarse] s'éloigner (de).

separatismo *m* séparatisme *m*.

separo *m Amer* cellule *f* (*de prison*).

sepelio *m* obsèques *fpl*.

sepia *f* [molusco] seiche *f*.

septentrional ◇ *adj* septentrional(e). ◇ *mf* habitant *m*, -e *f* du nord.

septiembre, setiembre *m* septembre *m*; **el 1 de ~** le 1er septembre; **uno de los ~s más lluviosos de la última década** l'un des mois de septembre les plus pluvieux de la dernière décennie; **a mediados de ~** à la mi-septembre; **a principios/finales de ~** au début/à la fin du mois de septembre; **el pasado/próximo (mes de) ~** en septembre dernier/prochain; **en pleno ~** en plein mois de septembre; **este ~ (pasado/próximo)** en septembre (dernier/prochain); **para ~** en septembre; **entrará en el colegio para ~** il fera sa rentrée scolaire en septembre; **lo quiero para ~** je le veux pour le mois de septembre.

séptimo, ma, sétimo, ma *núm* septième *m*; *ver también* **sexto**.

sepulcral *adj* **-1.** [del sepulcro] funéraire. **-2.** *fig* [voz, silencio] d'outre-tombe.

sepulcro *m* tombeau *m*.

sepultar *vt* ensevelir.

sepultura *f* **-1.** [enterramiento] inhumation *f*; **dar ~** inhumer; **recibir ~** être inhumé(e). **-2.** [fosa] sépulture *f*.

sepulturero, ra *m, f* fossoyeur *m*.

sequedad *f* sécheresse *f*.

sequía *f* sécheresse *f*.

séquito *m* **-1.** [comitiva] suite *f*. **-2.** [secuela] conséquence *f*.

ser ◇ *v aux* (*antes de participio forma la voz pasiva*) être; **fue visto por un testigo** il a été vu par un témoin. ◇ *v copulativo* **-1.** [gen] être; **es muy guapo** il est très beau; **soy abogado** je suis avocat; **es un amigo** c'est un ami; **es de la familia** il est de la famille; **él es del Consejo Superior** il est membre du Conseil supérieur. **-2.** [servir, ser adecuado] : **este trapo es para limpiar los cristales** c'est le chiffon qui sert à nettoyer les vitres; **este libro no es para niños** ce n'est pas un livre pour les enfants. **-3.** **~ de** [estar hecho de] être en; [ser originario de] être de; [pertenecer a] être à; **el reloj es de oro** la montre est en or; **yo soy de Madrid** je suis de Madrid; **es de mi hermano** c'est à mon frère. ◇ *vi* **-1.** [gen] être; **¿cuánto es?** c'est combien?; **somos tres** nous sommes trois; **lo importante es decidirse** l'important c'est de se décider; **es la tercera vez que...** c'est la troisième fois que...; **hoy es martes** aujourd'hui on est mardi; **mañana es 15 de julio** demain c'est le 15 juillet; **¿qué hora es?** quelle heure est-il?; **son las tres de la tarde** il est trois heures de l'après-midi. **-2.** [evolucionar] devenir; **¿qué es de ti?** qu'est-ce que tu deviens? **-3.** [suceder, ocurrir] être, avoir lieu; **la conferencia era esta mañana** la conférence a eu lieu ce matin; **¿cómo fue el accidente?** comment l'accident est-il arrivé?; **allí fue donde nació** c'est là qu'il est né. **-4.** MAT : **dos y dos son cuatro** deux et deux font quatre. **-5.** *loc* : **no es nada** ce n'est rien; **se ha dado un golpe, pero no es nada** il s'est cogné, mais ce n'est rien; **no es para menos** il y a de quoi; **pinchamos y por si fuera poco nos quedamos sin gasolina** nous avons crevé et comme si ça ne suffisait pas nous sommes tombés en panne d'essence. ◇ *v impers* **-1.** [expresa tiempo] : **es de día** il fait jour; **es muy tarde** il est très tard. **-2.** (*antes de infin*) [expresa necesidad, posibilidad] : **es de desear que...** il est souhaitable que...; **era de esperar** on pouvait s'y attendre; **es de suponer que...** on peut supposer que... **-3.** (*antes de 'que'*) [expresa motivo] : **es que ayer no vine porque estaba enfermo** je ne suis pas venu hier parce que j'étais malade. **-4.** *loc* : **a no ~ que** à moins que; **como sea** coûte que coûte; **de no ~ por ti me hubiera ahogado** si tu n'avais pas été là je me serais noyé. ◇ *m* [ente] être *m*.

SER (*abrev de* Sociedad Española de Radio-difusión) *f société espagnole de radiodiffusion.*

Serbia Serbie *f.*

serbio, bia ◇ *adj* serbe. ◇ *m, f* Serbe *mf.*

serenar *vt* [persona] apaiser. ◆ **serenarse** *vp* se calmer; [tiempo] s'améliorer.

serenata *f* -1. MÚS sérénade *f.* -2. [fastidio] : **dar la** ~ casser les pieds.

serenidad *f* -1. [de persona] sérénité *f.* -2. [de noche, mar etc] calme *m.*

sereno, na *adj* -1. [persona] serein(e). -2. [atmósfera, cielo] clair(e). -3. [mar] calme. ◆ **sereno** *m* [vigilante] *personne qui était chargée de surveiller les rues la nuit.*

serial *m* feuilleton *m.*

serie *f* série *f;* **fuera de** ~ hors série; **ser un fuera de** ~ être un as. ◆ **en serie** *loc adv* en série.

seriedad *f* sérieux *m;* **con** ~ sérieusement.

serio, ria *adj* -1. [gen] sérieux(euse). -2. [color] sévère; [ropa] strict(e). ◆ **en serio** *loc adv* sérieusement.

sermón *m* sermon *m.*

seropositivo, va *adj & m, f* MED séropositif(ive).

serpentear *vi* serpenter.

serpentina *f* serpentin *m.*

serpiente *f* serpent *m* .

serranía *f* région *f* montagneuse.

serrano, na ◇ *adj* -1. [de la sierra] montagnard(e); **una tierra serrana** un pays montagneux. -2. → **jamón.** ◇ *m, f* montagnard *m,* -e *f.*

serrar *vt* scier.

serrín *m* sciure *f.*

serrucho *m* scie *f* (égoïne).

servicial *adj* serviable.

servicio *m* -1. [gen, DEP & MIL] service *m;* **prestar un** ~ rendre un service; ~ **de té/de mesa** service à thé/de table; ~ **de urgencias** service des urgences; ~ **militar** service militaire; ~ **público** service public. -2. [servidumbre] domestiques *mpl* . -3. [turno] garde *f.* -4. (*gen pl*) [aseos] toilettes *fpl.*

servidor, ra ◇ *m, f* -1. [yo] : **este pastel lo ha hecho una** ~a ce gâteau c'est moi qui l'ai fait. -2. [en cartas] : **su seguro** ~ votre dévoué. ◇ *interj* : **¡~!** présent! (à l'appel). ◆ **servidor** *m* INFORM serveur *m.*

servidumbre *f* -1. [criados] domestiques *mpl.* -2. [de vicio, pasión etc] dépendance *f.*

servil *adj* servile.

servilleta *f* serviette *f* (*de table*).

servilletero *m* porte-serviettes *m inv;* [aro] rond *m* de serviette.

servir ◇ *vt* -1. [comida, bebida] servir; **sírvanos dos cervezas** deux bières s'il vous plaît; **¿te sirvo más?** je t'en ressers? -2. [ser útil a] être utile à; **¿en qué puedo** ~**le?** en quoi puis-je vous être utile? ◇ *vi* -1. [gen, DEP & MIL] servir; **una tabla le servía de mesa** une planche lui servait de table; ~ **para** servir à; **no sirve para estudiar** il n'est pas fait pour les études. -2. [como criado] être au service de. ◆ **servirse** *vp* -1. [comida, bebida] se servir; **sírvete... sers-toi...** -2. [aprovecharse] : ~**se de** se servir de. -3. [fórmula de cortesía] : **sírvase sentarse** veuillez vous asseoir.

sésamo *m* sésame *m.*

sesenta *núm* soixante; **los (años)** ~ les années soixante.

sesentavo, va *núm* soixantième.

sesera *f* -1. *fam* [cabeza] caboche *f.* -2. *fam fig* [inteligencia] jugeote *f.*

sesión *f* séance *f;* [en teatro] représentation *f;* **un cine de** ~ **continua** un cinéma permanent.

seso *m* (*gen pl*) -1. [gen & CULIN] cervelle *f.* -2. *fam* [sensatez] jugeote *f;* **sorber el** ~ ◇ **los** ~**s a alguien** *fam* tourner la tête.

sesudo, da *adj fam* **es** ~ c'est une tête.

set (*pl* **sets**) *m* DEP set *m.*

seta *f* champignon *m.*

setecientos, tas *núm* sept cents; *ver también* **seiscientos.**

setenta *núm* soixante-dix; *ver también* **sesenta.**

setentavo, va *núm* soixante-dixième; *ver también* **sexto.**

setiembre = **septiembre.**

sétimo = **séptimo.**

seto *m* haie *f* (*clôture*).

seudónimo = **pseudónimo.**

Seúl Séoul.

severidad *f* sévérité *f.*

severo, ra *adj* sévère.

Sevilla Séville.

sevillano, na ◇ *adj* sévillan(e). ◇ *m, f* Sévillan *m,* -e *f.* ◆ **sevillana** *f* danse populaire andalouse.

sex-appeal *m inv* sex-appeal *m inv.*

sexi (*pl* **sexis**), **sexy** (*pl* **sexys**) *adj* sexy.

sexista *adj & mf* sexiste.

sexo *m* sexe *m* .

sexólogo, ga *m, f* sexologue *mf*.

sex-shop (*pl* **sex-shops**) *m* sex-shop *m*.

sexteto *m* **-1.** MÚS sextuor *m*. **-2.** LITER sizain *m*.

sexto, ta *núm* sixième; **Carlos ~** Charles six; **el ~ piso** le sixième étage; **el ~ de la clase** le sixième de la classe; **llegó el ~** il est arrivé sixième.

sexual *adj* sexuel(elle).

sexualidad *f* sexualité *f*.

sexy = sexi.

sha *m* chah *m*.

shetland (*pl* **shetlands**) *m* shetland *m* inv.

shock = choc.

shorts *mpl* short *m*.

show (*pl* **shows**) *m* show *m*; **montar un ~** *fam* faire tout un cirque.

si[1] *m* (*pl* **sís**) MÚS si *m*.

si[2] *conj* **-1.** [gen] si; s' (*delante de 'i'*); **~ viene, me voy** s'il vient je m'en vais; **me pregunto ~ lo sabe** je me demande s'il le sait; **¿y ~ fuéramos a verlo?** et si on allait le voir. **-2.** [expresa insistencia]: **¡pero ~ no he hecho nada!** mais je n'ai rien fait!; **~ ya sabía yo que...** je savais bien que...

sí[1] (*pl* **síes**) *m* oui *m*; **dar el ~** donner son approbation.

sí[2] *adv* **-1.** [afirmación] oui; (*tras pregunta negativa*) si; **¿vendrás? – ~, iré** tu viendras? - oui, je viendrai; **¿no te lo dijo? – ~, acaba de hacerlo** il ne te l'a pas dit? - si, il vient de le faire; **¡claro que ~!** mais bien sûr! **-2.** [uso enfático]: **~ que me gusta** elle me plaît vraiment. **-3.** *loc* : **¡a que no lo haces! – ¡a que ~!** je parie que tu ne le fais pas! – chiche!; **¿por qué lo quieres? – porque ~** pourquoi tu le veux? – parce que; **me voy de viaje – ¡(ah) ~...!** je pars en voyage – ah bon! ◇ *pron pers* [él] lui; [ella] elle; [ellos] eux; [ellas] elles; [usted, ustedes] vous; **cuando uno piensa en ~ mismo** quand on pense à soi; **decir para ~ (mismo)** se dire; **de por ~** en soi.

siamés, esa ◇ *adj* siamois(e). ◇ *m, f* **-1.** [de Siam] Siamois *m*, -e *f*. **-2.** [gemelo] siamois *m*, -e *f*. ◆ **siamés** *m* [gato] siamois *m*.

sibarita *adj & mf* sybarite.

Siberia Sibérie *f*.

Sicilia Sicile *f*.

sicoanálisis = psicoanálisis.

sicoanalista = psicoanalista.

sicodélico = psicodélico.

sicología = psicología.

sicológico = psicológico.

sicólogo = psicólogo.

sicomotor = psicomotor.

sicópata = psicópata.

sicosis = psicosis.

sicosomático = psicosomático.

sicotécnico = psicotécnico.

sida (*abrev de* **síndrome de inmunodeficiencia adquirida**) *m* sida *m*.

sidecar *m* side-car *m*.

siderurgia *f* sidérurgie *f*.

siderúrgico, ca *adj* sidérurgique.

sidra *f* cidre *m*.

siega *f* moisson *f*.

siembra *f* semailles *fpl*.

siempre *adv* **-1.** [gen] toujours; **como/desde ~** comme/depuis toujours; **de ~** habituel(elle); **lo de ~** comme d'habitude; **somos amigos de ~** nous sommes amis depuis toujours; **para ~** pour toujours; **para ~ jamás** à jamais. **-2.** *Amer* [sin duda] vraiment. ◆ **siempre que** *loc conj* **-1.** [cada vez que] chaque fois que; **que vengo** chaque fois que je viens. **-2.** [con tal de que] pourvu que, à condition que; **que seas bueno** à condition que tu sois gentil. ◆ **siempre y cuando** *loc adv* pourvu que.

sien *f* tempe *f*.

sierra *f* **-1.** [herramienta] scie *f*. **-2.** GEOGR sierra *f*. **-3.** [región montañosa] montagne *f*; **en la ~** à la montagne.

siervo, va *m, f* **-1.** [esclavo] serf *m*, serve *f*. **-2.** RELIG serviteur *m*, servante *f*.

siesta *f* sieste *f*.

siete ◇ *núm* sept; *ver también* **seis**. ◇ *f* : **la gran ~!** *Amer fam fig* purée!; **de la gran ~** *Amer fam fig* d'enfer.

sífilis *f* syphilis *f*.

sifón *m* **-1.** [gen] siphon *m*. **-2.** [agua carbónica] eau *f* de Seltz.

sig. = s.

sigilo *m* discrétion *f*; **con mucho ~** [en secreto] en grand secret; [en silencio] très discrètement.

sigiloso, sa *adj* discret(ète).

sigla *f* sigle *m*.

siglo *m* siècle *m*; **hace ~s que no te veo** ça fait des siècles que je ne t'ai pas vu.

signatura *f* [en biblioteca] cote *f*.

significación *f* **-1.** [gen] signification *f*. **-2.** [importancia] portée *f*.

significado, da *adj* important(e). ◆ **significado** *m* [sentido] signification *f*.

significar ◇ *vt* signifier. ◇ *vi* [tener importancia] : **significa mucho para mí** cela représente beaucoup pour moi.

significativo, va *adj* **-1.** [revelador] significatif(ive); [mirada, gesto etc] éloquent(e). **-2.** [importante] important(e).

signo *m* signe *m*; ~ **de exclamación/de interrogación** point *m* d'exclamation/ d'interrogation.

siguiente ◇ *adj* suivant(e); **a la mañana** ~ le lendemain matin; **al día** ~ le lendemain. ◇ *mf* suivant *m*, -e *f*; **¡el** ~**!** au suivant!; **lo** ~ la chose suivante.

sílaba *f* syllabe *f*.

silabear ◇ *vt* épeler syllabe par syllabe; [un verso] scander. ◇ *vi* prononcer en détachant les syllabes.

silbar *vt & vi* siffler.

silbato *m* sifflet *m*.

silbido, silbo *m* **-1.** [gen] sifflement *m*. **-2.** [para abuchear] sifflet *m*. **-3.** [con silbato] coup *m* de sifflet.

silenciador *m* silencieux *m*.

silenciar *vt* passer sous silence.

silencio *m* silence *m*; **estar en** ~ être silencieux(euse); **guardar** ~ **(sobre algo)** garder le silence (sur qqch); **romper el** ~ rompre le silence.

silencioso, sa *adj* silencieux(euse).

silicona *f* silicone *f*.

silicosis *f* silicose *f*.

silla *f* **-1.** [asiento] chaise *f*; ~ **de ruedas** fauteuil *m* roulant; ~ **eléctrica** chaise électrique. **-2.** [de caballo] : ~ **(de montar)** selle *f*. **-3.** [de prelado] siège *m*.

sillín *m* selle *f (de bicyclette etc)*.

sillón *m* fauteuil *m*.

silueta *f* silhouette *f*.

silvestre *adj* sauvage *(plante etc)*.

simbólico, ca *adj* symbolique.

simbolizar *vt* symboliser.

símbolo *m* symbole *m*.

simetría *f* symétrie *f*.

simiente *f culto* semence *f*.

símil *m* similitude *f*.

similar *adj* : ~ **(a)** semblable (à).

similitud *f* similitude *f*.

simio, mia *m, f* singe *m*, guenon *f*.

simpatía *f* sympathie *f*; **tener** ○ **sentir** ~ **por** avoir de la sympathie pour.

simpático, ca *adj* sympathique.

simpatizante *adj & mf* sympathisant(e).

simpatizar *vi* sympathiser; ~ **con** [persona] sympathiser avec; [teoría etc] adhérer à; **enseguida simpaticé con ellos** nous avons tout de suite sympathisé.

simple ◇ *adj* **-1.** [gen] simple. **-2.** [bobo] simplet(ette). ◇ *mf* niais *m*, -e *f*. ◇ *m* DEP simple *m*.

simplemente *adv* simplement.

simpleza *f* bêtise *f*.

simplicidad *f* simplicité *f*.

simplificar *vt* simplifier.

simplista *adj* simpliste.

simposio, simposium *m* symposium *m*.

simulacro *m* simulacre *m*.

simulador, ra *adj* simulateur(trice). ◆ **simulador** *m* simulateur *m*.

simular *vt* simuler; ~ **hacer algo** feindre de faire qqch.

simultáneo, a *adj* simultané(e).

sin *prep* sans; ~ **sal** sans sel; ~ **parar** sans arrêt; ~ **alcohol** non alcoolisé(e); **estamos** ~ **vino** nous n'avons plus de vin; **está** ~ **terminar/hacer etc** ce n'est pas fini/fait etc; ~ **que nadie se enterara** sans que personne ne le sache. ◆ **sin embargo** *conj* cependant.

sinagoga *f* synagogue *f*.

sincerarse *vp* : ~ **(con)** se confier (à).

sinceridad *f* sincérité *f*; **con** ~ sincèrement.

sincero, ra *adj* sincère.

síncope *m* syncope *f*.

sincronía *f* **-1.** [simultaneidad] synchronisme *m*; [sincronización] synchronisation *f*. **-2.** LING synchronie *f*.

sincronización *f* synchronisation *f*.

sincronizar *vt* synchroniser.

sindical *adj* syndical(e).

sindicalismo *m* syndicalisme *m*.

sindicalista *adj & mf* syndicaliste.

sindicato *m* syndicat *m* .

síndrome *m* syndrome *m*; ~ **de abstinencia** syndrome de sevrage; ~ **de Down** trisomie *f* 21.

sinfín *m* : **un** ~ **de** une infinité de; **un** ~ **de problemas** des problèmes à n'en plus finir.

sinfonía *f* symphonie *f*.

sinfónico, ca *adj* symphonique.

Singapur Singapour.

ski

singladura f **-1.** [NÁUT & rumbo] route f;
[distancia] *parcours d'un bateau en 24 heures.*
-2. *fig* [desarrollo] : **empezar la ~ de algo**
[curso, año] entamer qqch.

single m quarante-cinq-tours m inv.

singular ◇ *adj* **-1.** [gen & GRAM] singu-
lier(ère). **-2.** [único] unique. ◇ m GRAM sin-
gulier m; **en ~** au singulier.

singularidad f singularité f; **tener la ~**
de avoir la particularité de.

singularizar vt singulariser; **no quiero ~**
je ne veux nommer personne. ◆ **singu-**
larizarse vp se singulariser.

siniestro, tra *adj* **-1.** [perverso] sinistre.
-2. [desgraciado] funeste. ◆ **siniestro** m
sinistre m.

sinnúmero m : **un ~ de** une foule de.

sino *conj* **-1.** [para contraponer] mais; **no**
es azul, ~ verde ce n'est pas bleu mais
vert; **no sólo es listo, ~ también tra-**
bajador non seulement il est intelligent,
mais en plus il est travailleur. **-2.** [para ex-
ceptuar] sauf; **nadie lo sabe ~ él** per-
sonne ne le sait sauf lui; **no podemos ha-**
cer nada ~ esperar nous ne pouvons
rien faire d'autre que d'attendre?; **no**
hace ~ hablar il ne fait que parler; **no**
quiero ~ que se haga justicia je veux
seulement que justice soit faite.

sinónimo, ma *adj* synonyme. ◆ **sinó-**
nimo m synonyme m.

sinopsis f inv résumé m; [de película] sy-
nopsis m.

sinóptico, ca *adj* synoptique.

síntesis f inv synthèse f; **en ~** en résumé.

sintético, ca *adj* synthétique.

sintetizador, ra *adj* de synthèse. ◆ **sin-**
tetizador m synthétiseur m.

sintetizar vt synthétiser.

síntoma m symptôme m.

sintonía f **-1.** [música] indicatif m. **-2.**
[de radio – ajuste] réglage m; [– estación] fré-
quence f. **-3.** *fig* [compenetración] entente
f.

sintonizar ◇ vt : **sintoniza Radio Na-**
cional mets Radio Nacional. ◇ vi **-1.** [co-
nectar] : **sintonizan con Radio Nacional**
vous écoutez Radio Nacional. **-2.** *fig*
[compenetrarse] être sur la même lon-
gueur d'onde; **~ con alguien en algo**
s'entendre avec qqn sur qqch.

sinuoso, sa *adj* **-1.** [camino etc] si-
nueux(euse). **-2.** *fig* [maniobras, conducta]
tortueux(euse).

sinvergüenza ◇ *adj* effronté(e). ◇ mf
crapule f.

sionismo m sionisme m.

siquiatra = psiquiatra.

siquiátrico, ca = psiquiátrico.

síquico, ca = psíquico.

siquiera ◇ *conj* [aunque] même si;
hazme este favor, ~ sea el último
rends-moi ce service, même si c'est le
dernier; **ven ~ por pocos días** viens ne
serait-ce que quelques jours. ◇ *adv* [por lo
menos] au moins; **dime ~ su nombre**
dis-moi au moins son nom. ◆ **ni (tan) si-**
quiera *loc conj* même pas; **ni (tan) ~ me**
saludaron ils ne m'ont même pas dit
bonjour.

sirena f sirène f.

Siria Syrie f.

sirimiri m bruine f.

sirviente, ta m, f domestique mf.

sisa f **-1.** [de dinero] : **hacer ~** grappiller.
-2. [de prenda] emmanchure f.

sisar ◇ vt **-1.** [dinero] grappiller. **-2.**
[prenda] échancrer. ◇ vi grappiller.

sisear vt & vi siffler.

siseo m [abucheo] sifflets mpl.

sísmico, ca *adj* sismique.

sistema m [gen & INFORM] système m; **pro-**
ceder/trabajar con ~ procéder/travailler
avec méthode; **~ operativo** système
d'exploitation; **~ planetario** ○ **solar** sys-
tème solaire. ◆ **por sistema** *loc adv* sys-
tématiquement.

Sistema Ibérico m : **el Sistema Ibérico**
les chaînes Ibériques.

sistemático, ca *adj* systématique.

sistematizar vt systématiser.

sitiar vt **-1.** [cercar] assiéger. **-2.** *fig* [aco-
rralar] traquer.

sitio m **-1.** [lugar] endroit m. **-2.** [asiento,
hueco] place f; **hacer ~ a alguien** faire de
la place à qqn. **-3.** [cerco] siège m.

situación f situation f.

situado, da *adj* **-1.** [ubicado] situé(e). **-2.**
[acomodado] : **estar bien ~** avoir une
bonne situation.

situar vt **-1.** [gen] situer. **-2.** [colocar] pla-
cer. ◆ **situarse** vp **-1.** [gen] se situer. **-2.**
[colocarse] se placer. **-3.** [enriquecerse] se
faire une situation.

skateboard (*pl* **skateboards**) m skate-
board m.

skay = escay.

ski = esquí.

skin head (*pl* **skin heads**) *mf* skinhead *mf*.

SL (*abrev de* **sociedad limitada**) *f* SARL *f*.

slip = eslip.

slogan = eslogan.

SME (*abrev de* **sistema monetario europeo**) *m* SME *m*.

smoking = esmoquin.

s/n *abrev de* sin número.

snack-bar *m inv* snack-bar *m*.

snob = esnob.

so ◇ *prep* : ~ **pena/pretexto de** sous peine/prétexte de. ◇ *adv fam* : ¡~ **tonto!** espèce d'idiot! ◇ *interj* : ¡~! ho! (*pour arrêter un cheval*).

sobaco *m* aisselle *f*.

sobado, da *adj* **-1.** [ropa, tejido] élimé(e). **-2.** *fig* [tema, argumento etc] rebattu(e). **-3.** CULIN [bollo] à l'huile. ◆ **sobado** *m* CULIN brioche à l'huile.

sobar ◇ *vt* **-1.** [gen] tripoter. **-2.** [ablandar – masa] pétrir ; [– pieles] fouler. ◇ *vi mfam* pioncer.

soberanía *f* souveraineté *f*.

soberano, na ◇ *adj* souverain(e); *fig* magistral(e). ◇ *m, f* souverain *m*, -e *f*.

soberbio, bia ◇ *adj* **-1.** [arrogante] prétentieux(euse). **-2.** *fig* [magnífico] superbe. **-3.** *fig* [grande] énorme. ◇ *m, f* prétentieux *m*, -euse *f*. ◆ **soberbia** *f* **-1.** [arrogancia] orgueil *m*. **-2.** [magnificencia] splendeur *f*.

sobón, ona *adj fam* collant(e).

sobornar *vt* soudoyer.

soborno *m* **-1.** [acción] subornation *f*. **-2.** [dinero, regalo] pot-de-vin *m*.

sobra *f* excédent *m*; **estar de ~** être en trop; **lo sabes de ~** tu le sais parfaitement; **tengo motivos de ~ para** je n'ai que trop de raisons de. ◆ **sobras** *fpl* restes *mpl*.

sobrado, da *adj* en trop; **tener sobrada paciencia** avoir de la patience à revendre; **tener tiempo** ~ avoir largement le temps; **andar** ◇ **estar ~ (de dinero)** être très à l'aise financièrement.

sobrante ◇ *adj* restant(e). ◇ *m* excédent *m*.

sobrar *vi* **-1.** [gen] rester; **nos sobra comida** il nous reste à manger. **-2.** [haber de más] : **sobra algo** il y a quelque chose en trop. **-3.** [estar de más] être de trop; **tu te callas porque aquí sobras** toi tais-toi parce que tu es de trop ici.

sobrasada *f* CULIN saucisson pimenté typique de Majorque.

sobre[1] *m* **-1.** [para cartas] enveloppe *f*. **-2.** [de alimentos] **sachet** *m*. **-3.** *fam* [cama] pieu *m*; **irse al** ~ se pieuter.

sobre[2] *prep* **-1.** [encima de, acerca de] sur; **el libro estaba ~ la mesa** le livre était sur la table; **una conferencia ~ el desarme** une conférence sur le désarmement; **fracaso ~ fracaso** échec sur échec. **-2.** [por encima de] au-dessus de; **el pato vuela ~ el lago** le canard vole au-dessus du lac. **-3.** [alrededor de] vers; **llegarán ~ las diez** ils arriveront vers dix heures.

sobreático *m* [piso] ≃ chambre *f* de bonne.

sobrecarga *f* surcharge *f*.

sobrecargar *vt* surcharger.

sobrecargo *m* NÁUT subrécargue *m*.

sobrecoger *vt* saisir d'effroi. ◆ **sobrecogerse** *vp* être saisi(e) d'effroi.

sobredosis *f inv* overdose *f*.

sobreentender = sobrentender.

sobremesa *f* temps passé à bavarder à table après le repas; **en la ~** après le repas.

sobrenatural *adj* surnaturel(elle).

sobrenombre *m* surnom *m*.

sobrentender *vt* sous-entendre. ◆ **sobrentenderse** *vp* être sous-entendu(e).

sobrepasar *vt* dépasser.

sobrepeso *m* excédent *m* de bagages.

sobreponer *vt* superposer; **la estantería está sobrepuesta** l'étagère n'est pas fixée; ~ **a** *fig* [anteponer] faire passer avant. ◆ **sobreponerse** *vp* : ~**se a** *fig* [dificultad etc] surmonter.

sobreproteger *vt* surprotéger.

sobrepuesto, ta *pp irreg* → sobreponer.

sobresaliente ◇ *adj* saillant(e); *fig* [destacado] remarquable. ◇ *m* mention *f* très bien.

sobresalir *vi* **-1.** [en tamaño] dépasser. **-2.** *fig* [en importancia] : ~ **(entre los demás)** se distinguer (des autres). **-3.** ARQUIT faire saillie.

sobresaltar *vt* : ~ **a alguien** faire sursauter qqn. ◆ **sobresaltarse** *vp* sursauter.

sobresalto *m* sursaut *m*.

sobrestimar *vt* surestimer.

sobresueldo *m* : sacar un ~ arrondir ses fins de mois.

sobretodo *m* pardessus *m*.

sobrevenir *vi* survenir.

sobrevivir *vi* : ~ **(a)** survivre (à).

sobrevolar *vt* survoler.

sobriedad *f* sobriété *f.*

sobrino, na *m, f* neveu *m*, nièce *f.*

sobrio, bria *adj* sobre; [comida] frugal(e).

socarrón, ona *adj* sournois(e); [cara, sonrisa] narquois(e).

socavar *vt* [excavar] creuser; *fig* [debilitar] saper.

socavón *m* [en la carretera] nid-de-poule *m.*

sociable *adj* sociable.

social *adj* social(e).

socialdemócrata *adj & mf* social-démocrate(sociale-démocrate).

socialismo *m* socialisme *m.*

socialista *adj & mf* socialiste.

sociedad *f* société *f*; de ~ mondain(e); ~ de consumo société de consommation; ~ anónima société anonyme; ~ (de responsabilidad) limitada société à responsabilité limitée.

socio, cia *m, f* **-1.** COM associé *m*, -e *f*; ~ **capitalista** commanditaire *m.* **-2.** [de club, asociación] membre *m.*

sociología *f* sociologie *f.*

sociólogo, ga *m, f* sociologue *mf.*

socorrer *vt* secourir.

socorrismo *m* secourisme *m.*

socorrista *mf* secouriste *mf.*

socorro ◇ *m* secours *m*; venir en ~ de venir au secours de. ◇ *interj* : ¡~! au secours!

soda *f* soda *m.*

sodio *m* sodium *m.*

soez *adj* grossier(ère).

sofá (*pl* **sofás**) *m* canapé *m*; ~ cama canapé-lit *m.*

sofisticación *f* sophistication *f.*

sofisticado, da *adj* sophistiqué(e).

sofocar *vt* **-1.** [gen] étouffer. **-2.** *fig* [avergonzar] faire rougir. ◆ **sofocarse** *vp* **-1.** [ahogarse] étouffer. **-2.** *fig* [avergonzarse] rougir; [irritarse] être rouge de colère.

sofoco *m* **-1.** [ahogo] étouffement *m.* **-2.** *fig* [vergüenza] honte *f.* **-3.** *fig* [disgusto] : se llevó un ~ il était vert de rage.

sofreír *vt* faire revenir.

sofrito, ta *pp irreg* → **sofreír.** ◆ **sofrito** *m* friture d'oignons et de tomates.

software *m inv* INFORM logiciel *m.*

soga *f* corde *f.*

sois → **ser.**

soja *f* soja *m.*

sol[1] *m* MÚS sol *m.*

sol[2] *m* **-1.** [gen] soleil *m*; hace ~ il fait beau; tomar el ~ prendre le soleil; de ~ a ~ du matin au soir; no dejar a alguien ni a ~ ni a sombra suivre qqn comme son ombre. **-2.** *fig* [ángel, ricura] amour *m.* **-3.** TAUROM place côté soleil dans l'arène. **-4.** [moneda] sol *m.*

solamente *adv* seulement.

solapa *f* **-1.** [de prenda] revers *m.* **-2.** [de sobre, libro] rabat *m.*

solapar *vt fig* dissimuler.

solar ◇ *adj* solaire. ◇ *m* terrain *m* (à bâtir).

solario, solárium (*pl* **solariums**) *m* solarium *m.*

solaz *m* **-1.** [recreo] distraction *f.* **-2.** [alivio] soulagement *m.*

solazar *vt* **-1.** [divertir] distraire. **-2.** [aliviar] soulager.

soldada *f* MIL solde *f.*

soldado *m* soldat *m*; ~ **raso** simple soldat.

soldador, ra *m, f* soudeur *m*, -euse *f.* ◆ **soldador** *m* fer *m* à souder.

soldar *vt* souder.

soleado, da *adj* ensoleillé(e).

soledad *f* solitude *f.*

solemne *adj* **-1.** [gen] solennel(elle). **-2.** *fig* [enorme] monumental(e).

solemnidad *f* solennité *f.*

soler *vi* : suele cenar tarde en général il dîne tard; **suele hacer mucho frío** il fait généralement très froid ici; **solíamos ir a la playa todos los días** nous allions à la plage tous les jours.

solera *f* **-1.** [tradición] cachet *m* . **-2.** [del vino] lie *f*; de ~ élevé en fût.

solfeo *m* solfège *m.*

solicitar *vt* **-1.** [pedir] demander; [por escrito] solliciter. **-2.** [persona] : estar muy solicitado être très sollicité.

solícito, ta *adj* prévenant(e).

solicitud *f* **-1.** [gen] demande *f*; [de admisión, inscripción] dossier *m.* **-2.** [atención] empressement *m.*

solidaridad *f* solidarité *f.*

solidario, ria *adj* solidaire.

solidarizarse *vp* se solidariser.

solidez *f* solidité *f.*

solidificar *vt* solidifier. ◆ **solidificarse** *vp* se solidifier.

sólido, da *adj* solide. ◆ **sólido** *m* solide *m.*

soliloquio m soliloque m.

solista adj & mf soliste.

solitario, ria adj & m, f solitaire. ◆ **solitario** m -1. [diamante] solitaire m. -2. [juego de naipes] réussite f.

sollozar vi sangloter.

sollozo m sanglot m.

solo, la adj seul(e); **lo haré yo** ~ je le ferai tout seul; **un café** ~ un café noir; **a solas** tout seul(toute seule). ◆ **solo** ◇ m MÚS solo m. ◇ adv = **sólo**.

sólo adv seulement; ~ **te pido que me ayudes** je te demande seulement de m'aider; ~ **quiere verte a ti** il ne veut voir que toi; **no** ~... **sino (también)**... non seulement... mais encore...; **quisiera ir**, ~ **que no puedo** j'aimerais y aller, seulement je ne peux pas.

solomillo m filet m (viande).

soltar vt -1. [gen] lâcher; **no sueltes la cuerda** ne lâche pas la corde; ~ **un perro** lâcher un chien; **suelta cada palabrota**... il lâche de ces gros mots...; **no suelta ni un duro** fam il ne lâche pas un centime; ~ **las amarras** lâcher les amarres. -2. [dejar libre – pájaro] libérer; [– preso] relâcher. ◆ **soltarse** vp -1. [de la mano] : **el niño se soltó de la mano de su madre** l'enfant a lâché la main de sa mère. -2. [desatarse] se détacher. -3. [adquirir habilidad] : ~**se en se débrouiller en; se va soltando en inglés** il commence à se débrouiller en anglais. -4. (antes de infin) [empezar] : ~**se a hacer algo** commencer à faire qqch.

soltero, ra adj & m, f célibataire.

solterón, ona ◇ adj : **es un viejo** ~ il est vieux garçon. ◇ m, f vieux garçon m, vieille fille f.

soltura f aisance f; **hablar con** ~ s'exprimer avec aisance.

soluble adj soluble.

solución f solution f.

solucionar vt résoudre.

solvencia f [económica] solvabilité f.

solventar vt -1. [pagar] acquitter. -2. [resolver] venir à bout de.

solvente adj [económicamente] solvable.

Somalia Somalie f.

sombra f -1. [gen] ombre f; **dar** ~ faire de l'ombre; **no hay ni** ~ **de**... fig il n'y a pas l'ombre de...; **permanecer en la** ~ fig rester dans l'ombre. -2. [suerte] : **buena** ~ chance f; **mala** ~ malchance f. -3. [genio] : **tener buena** ~ être avenant(e); te-ner mala ~ avoir mauvais esprit. -4. TAUROM place située à l'ombre dans l'arène. ◆ **sombras** fpl [inquietudes] : **sólo ve** ~**s y problemas** il ne voit que le mauvais côté des choses.

sombrero m chapeau m .

sombrilla f [grande] parasol m; **me vale** ~ Amer fig ça m'est complètement égal.

sombrío, a adj sombre.

somero, ra adj sommaire.

someter vt soumettre. ◆ **someterse** vp se soumettre.

somier (pl **somieres** ○ **somiers**) m sommier m.

somnífero, ra adj somnifère. ◆ **somnífero** m somnifère m.

somos ○ → ser.

son ◇ v → **ser**. ◇ m -1. [sonido] son m. -2. [estilo] façon f; **a su** ~ comme ça lui chante; **vengo en** ~ **de paz** fig je ne suis pas là pour me battre.

sonado, da adj -1. [éxito, escándalo] retentissant(e); **un evento muy** ~ un événement dont on a beaucoup parlé.– fam [loco] timbré(e). -2. [atontado] sonné(e).

sonajero m hochet m.

sonambulismo m somnambulisme m.

sonámbulo, la adj & m, f somnambule.

sonar[1] m sonar m .

sonar[2] ◇ vi -1. [gen] sonner; **así como suena, como suena, tal como suena** comme je vous le dis. -2. [letra] se prononcer; **tal como suena** comme ça se prononce. -3. [ser conocido] être connu(e). -4. fam [parecer] avoir l'air; **suena raro a** l'air bizarre. -5. [ser familiar] dire quelque chose; **no me suena su nombre** son nom ne me dit rien. -6. [rumorearse] : **suena por ahí que**... le bruit court que... ◇ vt [niños etc] moucher. ◆ **sonarse** vp se moucher.

sonda f sonde f .

sondear vt sonder.

sondeo m sondage m.

sonido m son m.

sonoridad f sonorité f.

sonoro, ra adj sonore.

sonreír vi sourire. ◆ **sonreírse** vp sourire; [dos personas] se sourire.

sonriente adj souriant(e).

sonrisa f sourire m.

sonrojar vt faire rougir. ◆ **sonrojarse** vp rougir.

sonrojo m honte f.

sonrosado, da *adj* [mejilla] rose.

sonsacar *vt* **-1.** [conseguir] soutirer. **-2.** [hacer decir] faire avouer.

sonso, sa, zonzo, za *adj Amer fam* crétin(e).

soñador, ra *adj & m, f* rêveur(euse).

soñar ◇ *vt* rêver; **soñé que te ibas** j'ai rêvé que tu t'en allais; **¡ni ~lo!** aucune chance! ◇ *vi :* **~ (con)** rêver (de).

soñoliento, ta *adj* somnolent(e).

sopa *f* **-1.** [guiso] soupe *f*. **-2.** [pedazo de pan en sopa] *morceau de pain que l'on trempe dans la soupe;* [en huevo] mouillette *f*. **-3.** *loc :* **encontrarse a alguien hasta en la ~** tomber sur qqn à tous les coins de rue; **estar como una ~** être trempé(e) comme une soupe.

sopapo *m fam* claque *f*.

sopero, ra *adj* **-1.** [cuchara] à soupe; [plato] creux(euse). **-2.** *fig* [persona] **: ser muy ~** aimer beaucoup la soupe. ◆ **sopero** *m* assiette *f* à soupe. ◆ **sopera** *f* soupière *f*.

sopesar *vt* **-1.** [calcular el peso de] soupeser. **-2.** *fig* [valorar] peser.

sopetón ◆ de sopetón *loc adv* brutalement; [decir, contestar] de but en blanc.

soplar ◇ *vt* **-1.** [gen] souffler. **-2.** [apartar] souffler sur. **-3.** [hinchar] gonfler. **-4.** *fam fig* [denunciar] donner. **-5.** *fam fig* [hurtar] faucher. ◇ *vi* **-1.** [gen] souffler. **-2.** [beber] s'enfiler. ◆ **soplarse** *vp fam* s'enfiler.

soplete *m* chalumeau *m*.

soplido *m* souffle *m*.

soplo *m* **-1.** [gen & MED] souffle *m*. **-2.** *fig* [instante] **: en un ~** en un instant. **-3.** *fam* [chivatazo] **: dar el ~** vendre la mèche.

soplón, ona *m, f fam* mouchard m, -e *f*.

soponcio *m fam* **le ha dado un ~** elle a eu une attaque.

sopor *m* torpeur *f*.

soporífero, ra *adj* soporifique.

soportar *vt* supporter. ◆ **soportarse** *vp* se supporter.

soporte *m* **-1.** [apoyo & INFORM] support *m*. **-2.** *fig* [persona] : soutien *m*.

soprano *mf* soprano *mf*.

sor *f* RELIG : **~ Ana** sœur Ana.

sorber *vt* **-1.** [gen] boire; **~ las palabras de alguien** *fig* boire les paroles de qqn. **-2.** [tragar] absorber.

sorbete *m* sorbet *m*.

sorbo *m* gorgée *f*; **(beber) a ~s** (boire) à petites gorgées.

sordera *f* surdité *f*.

sórdido, da *adj* sordide.

sordo, da ◇ *adj* sourd(e). ◇ *m, f* sourd *m*, -e *f*; **no hay peor ~ que el que no quiere oír** il n'est pire sourd que celui qui ne veut pas entendre.

sordomudo, da *adj. & m, f* sourd-muet(sourde-muette).

sorna *f* **: con ~** sur un ton goguenard.

sorprendente *adj* surprenant(e).

sorprender *vt* surprendre; **me sorprende que...** ça m'étonne que...; **lo sorprendimos robando** on l'a surpris en train de voler. ◆ **sorprenderse** *vp* être surpris(e); **no se sorprende con nada** elle ne s'étonne de rien.

sorpresa *f* surprise *f*; **de** ○ **por ~** par surprise.

sorpresivo, va *adj Amer* inattendu(e).

sortear *vt* **-1.** [rifar] tirer au sort. **-2.** *fig* [obstáculo] éviter; [dificultad] surmonter.

sorteo *m* tirage *m* au sort.

sortija *f* bague *f*.

sortilegio *m* sortilège *m*.

SOS *(abrev de* save our souls*) m* SOS *m*.

sosa *f* soude *f*.

sosegado, da *adj* calme.

sosegar *vt* calmer. ◆ **sosegarse** *vp* se calmer.

soseras *mf fam* godichon m, -onne *f*.

sosería *f* gaucherie *f*.

sosias *m inv* sosie *m*.

sosiego *m* calme *m*.

soslayo ◆ de soslayo *loc adv* de biais, de côté; [mirar] du coin de l'œil.

soso, sa *adj* **-1.** [sin sal] fade. **-2.** [sin gracia] insipide.

sospecha *f* soupçon *m*.

sospechar ◇ *vt :* **~ (que)** soupçonner (que); **~ algo** se douter de qqch. ◇ *vi :* **~ de alguien** soupçonner qqn.

sospechoso, sa *adj & m, f* suspect(e).

sostén *m* **-1.** [gen] soutien *m*. **-2.** [sujetador] soutien-gorge *m*.

sostener *vt* soutenir; [conversación] tenir; [familia, correspondencia] entretenir. ◆ **sostenerse** *vp* se tenir; **~se en pie** tenir debout.

sostenido, da *adj* **-1.** [persistente] soutenu(e). **-2.** MÚS dièse.

sota *f* ≃ valet *m* (carte à jouer).

sotabarba *f* double menton *m*.

sotana *f* soutane *f*.

sótano *m* [piso] sous-sol *m*; [pieza] cave *f*.

soterrar *vt lit & fig* enterrer, enfouir.

soufflé (*pl* soufflés) *m* soufflé *m*.

soviético, ca ◇ *adj* soviétique. ◇ *m, f* Soviétique *mf*.

soy → ser.

spaghetti = espagueti.

sport = esport.

spot = espot.

spray = espray.

sprint = esprint.

squash *m inv* squash *m*.

Sr. (*abrev de* señor) M.

Sra. (*abrev de* señora) Mme.

Sres. (*abrev de* señores) MM.

Srta. (*abrev de* señorita) Melle.

s.s.s. *abrev de* su seguro servidor.

Sta. (*abrev de* santa) Ste.

staff = estaf.

stand = estand.

standarizar = estandarizar.

standing = estanding.

starter = estárter.

status = estatus.

sterling = esterlina.

Sto. (*abrev de* santo) St.

stock = estoc.

stop, estop *m* stop *m*.

stress = estrés.

strip-tease *m inv* strip-tease *m*.

su (*pl* sus) *adj poses* [de él, de ella] son, sa; [de ellos, de ellas] leur; [de usted, de ustedes] votre; **~s libros** [de él, ella] ses livres; [de ellos, ellas] leurs livres; [de usted, ustedes] vos livres.

suave *adj* doux(douce).

suavidad *f* douceur *f*.

suavizante ◇ *adj* adoucissant(e). ◇ *m* [de ropa] adoucissant *m*; [de pelo] après-shampooing *m*.

suavizar *vt* adoucir.

subacuático, ca *adj* sous-marin(e).

subalquilar *vt* sous-louer.

subalterno, na *adj & m, f* subalterne.

subasta *f* -1. [venta pública] vente *f* aux enchères. -2. [contrata pública] appel *m* d'offres.

subastar *vt* vendre aux enchères.

subcampeón, ona *adj & m, f* second(e).

subconsciente ◇ *adj* subconscient(e). ◇ *m* subconscient *m*.

subcutáneo, a *adj* sous-cutané(e).

subdesarrollado, da *adj* sous-développé(e).

subdesarrollo *m* sous-développement *m*.

subdirector, ra *m, f* sous-directeur *m*, -trice *f*.

subdirectorio *m* INFORM sous-répertoire *m*.

súbdito, ta *m, f* -1. [subordinado] sujet *m*, -ette *f*. -2. [ciudadano] ressortissant *m*, -e *f*.

subdividir *vt* subdiviser. ◆ **subdividirse** *vp* se subdiviser.

subestimar *vt* sous-estimer. ◆ **subestimarse** *vp* se sous-estimer.

subido, da *adj* -1. [fuerte – sabor, olor] fort(e); [– color] vif(vive). -2. *fam* [en cantidad] : **estar de un imbécil ~** avoir de la bêtise à revendre; **tener el guapo ~** être en beauté; *irón* se croire beau(belle). -3. *fam* [atrevido] osé(e). ◆ **subida** *f* -1. [gen] montée *f*. -2. [ascensión] ascension *f*. -3. [aumento] hausse *f*.

subir ◇ *vi* -1. [gen] monter; **~ a** monter à; [montaña] faire l'ascension de; [avión, coche] monter dans. -2. [cuenta, importe] s'élever à. ◇ *vt* -1. [gen] monter; **~ el tono** hausser le ton. -2. [aumentar – precio, peso etc] augmenter. -3. [alzar, levantar] remonter. ◆ **subirse** *vp* -1. [montarse] : **~se a** [caballo, silla etc] monter sur; [árbol] grimper à; [coche, tren, avión] monter dans; **el taxi paró y me subí** le taxi s'est arrêté et je suis monté. -2. *fam* [émborrachar] monter à la tête. -3. [alzarse – calcetines, pantalones etc] remonter; [– jersey, camisa] relever.

súbito, ta *adj* soudain(e).

subjetividad *f* subjectivité *f*.

subjetivo, va *adj* subjectif(ive).

subjuntivo, va *adj* subjonctif(ive). ◆ **subjuntivo** *m* subjonctif *m*.

sublevación *f*, **sublevamiento** *m* soulèvement *m*.

sublevar *vt* -1. [amotinar] soulever. -2. [indignar] révolter. ◆ **sublevarse** *vp* [amotinarse] se soulever.

sublimación *f* sublimation *f*.

sublimar *vt* sublimer; [exaltar] encenser.

sublime *adj* sublime.

submarinismo *m* plongée *f* sous-marine.

submarinista ◇ *adj* [técnica, lenguaje] de plongée sous-marine. ◇ *mf* plongeur *m* (sous-marin), plongeuse *f* (sous-marine).

submarino, na *adj* sous-marin(e). ◆ **submarino** *m* sous-marin *m*.

subnormal *adj & mf fig & despec* débile.

suboficial *m* sous-officier *m*.

subordinado, da *adj & m, f* subordonné(e).

subordinar *vt* subordonner. ◆ **subordinarse** *vp* se subordonner.

subproducto *m* sous-produit *m*.

subrayar *vt* souligner.

subsanar *vt* -1. [solucionar] résoudre. -2. [corregir] réparer.

subscribir *vt* -1. [gen] souscrire. -2. [acuerdo, pacto] souscrire à. ◆ **subscribirse** *vp* : ~se a [publicación] s'abonner à; COM souscrire à.

subscripción *f* -1. [a publicación] abonnement *m*. -2. COM souscription *f*.

subscriptor, ra *m, f* -1. [de publicación] abonné *m*, -e *f*. -2. COM souscripteur *m*.

subsecretario, ria *m, f* -1. [de secretario] secrétaire *m* adjoint, secrétaire *f* adjointe. -2. [de ministro] sous-secrétaire *m*.

subsidiario, ria *adj* -1. [ayuda] subventionnel(elle); [medida] complémentaire. -2. DER subsidiaire.

subsidio *m* subvention *f*; [de desempleo, familiar] allocation *f*.

subsiguiente *adj* : ~ a consécutif(ive)à.

subsistencia *f* -1. [vida] subsistance *f*. -2. [conservación] survie *f*. ◆ **subsistencias** *fpl* -1. [medios] moyens *mpl* de subsistance. -2. [reservas] vivres *mpl*.

subsistir *vi* subsister.

substancia *f* substance *f*. ◆ **substancia gris** *f* matière *f* grise.

substancial *adj* substantiel(elle); [medidas, cambio] important(e).

substancioso, sa *adj* substantiel(elle).

substantivo, va *adj* GRAM nominal(e). ◆ **substantivo** *m* GRAM substantif *m*.

substitución *f* [cambio] remplacement *m*.

substituir *vt* : ~ (por) remplacer (par).

substituto, ta *m, f* remplaçant *m*, -e *f*.

substracción *f* -1. [robo] vol *m*. -2. MAT soustraction *f*.

substraer *vt* -1. [gen & MAT] soustraire. -2. [robar] voler, subtiliser. ◆ **substraerse** *vp* : ~se (a ○ de) se soustraire (à).

substrato *m* substrat *m*.

subsuelo *m* sous-sol *m*.

subterráneo, a *adj* souterrain(e). ◆ **subterráneo** *m* souterrain *m*.

subtítulo *m* (*gen pl*) sous-titre *m*.

suburbio *m* banlieue *f* (défavorisée).

subvencionar *vt* subventionner.

subversión *f* subversion *f*.

subversivo, va *adj* subversif(ive).

subyacer *vi* être sous-jacent(e).

subyugar *vt* -1. [someter] soumettre. -2. *fig* [cautivar] subjuguer.

succionar *vt* [suj : raíces] absorber; [suj : bebé] sucer.

sucedáneo, a *adj* succédané(e). ◆ **sucedáneo** *m* succédané *m*.

suceder ◇ *v impers* [ocurrir] arriver; ¿qué le sucede? qu'est-ce qu'il vous arrive? ◇ *vi* [venir después] : ~ a succéder à; **a la guerra sucedieron años terribles** des années terribles suivirent la guerre.

sucesión *f* -1. [gen] succession *f*. -2. MAT suite *f*.

sucesivamente *adv* sucessivement; **y así ~ et ainsi de suite.**

sucesivo, va *adj* successif(ive); **en lo ~** à l'avenir.

suceso *m* -1. [acontecimiento] événement *m*. -2. (*gen pl*) [hecho delictivo] fait *m* divers.

sucesor, ra *m, f* successeur *m*.

suciedad *f* saleté *f*.

sucinto *adj* -1. [explicación, relato etc] succinct(e). -2. *fam fig* [taparrabos, biquini] riquiqui.

sucio, cia *adj* -1. [gen] sale. -2. [color, trabajo] salissant(e).

suculento, ta *adj* succulent(e).

sucumbir *vi* : ~ (a) succomber (à).

sucursal *f* succursale *f*.

sudadera *f* -1. [sudor] : **le ha entrado una ~** il a pris une suée. -2. [prenda] sweat-shirt *m*.

Sudáfrica Afrique *f* du Sud.

sudafricano, na ◇ *adj* sud-africain(e), d'Afrique du Sud. ◇ *m, f* Sud-Africain *m*, -e *f*.

sudamericano, na, suramericano, na ◇ *adj* sud-américain(e), d'Amérique du Sud. ◇ *m, f* Sud-Américain *m*, -e *f*.

Sudán Soudan *m*.

sudar ◇ *vi* -1. [transpirar] suer. -2. [pared] suinter. ◇ *vt* -1. [empapar] tremper de sueur. -2. *fam* [trabajar mucho] : **para ganar esta carrera, vas a tener que ~la** tu vas en baver pour gagner cette course.

sudeste, **sureste** *adj & m* sud-est.

sudoeste, **suroeste** *adj & m* sud-ouest.

sudor *m* **-1.** [transpiración] sueur *f* . **-2.** *fam* [trabajo] : **le costó muchos ~es** il en a bavé.

sudoroso, sa *adj* en sueur.

Suecia Suède *f*.

sueco, ca ⋄ *adj* suédois(e). ⋄ *m, f* Suédois *m*, -e *f*. ◆ **sueco** *m* [lengua] suédois *m*.

suegro, gra *m, f* beau-père *m*, belle-mère *f*. ◆ **suegros** *mpl* beaux-parents *mpl*.

suela *f* semelle *f* .

sueldo *m* salaire *m*; [de funcionario] traitement *m*; **a ~** [asesino] à gages.

suelo *m* **-1.** [gen] sol *m*; **caer al ~** tomber par terre; **por el ~** par terre. **-2.** *loc* : **echar por el ~** faire tomber à l'eau; **estar por los ~s** *fam* [producto] être donné(e); [persona] avoir le moral à zéro; **poner** ○ **tirar a alguien por los ~s** traîner qqn dans la boue.

suelto, ta *adj* **-1.** [no sujeto – pelo] détaché(e); [cordones] défait(e); **andar ~** [fiera] être en liberté; [ladrón, preso] courir. **-2.** [dinero] : **¿tienes algo ~?** est-ce que tu as de la monnaie? **-3.** [separado] à l'unité, à la pièce; **la chaqueta y la falda se venden sueltas** la veste et la jupe sont vendues séparément; **tengo unos ejemplares ~s de la revista** j'ai quelques numéros de cette revue. **-4.** [no pegado] : **el arroz salió ~** le riz n'a pas collé. **-5.** [nudo] lâche. **-6.** [estilo] qui coule; [lenguaje] : **está muy ~ en el inglés** il se débrouille bien en anglais. **-7.** [con diarrea] : **tener el estómago ~** avoir la courante. ◆ **suelto** *m* [calderilla] monnaie *f* .

sueño *m* **-1.** [gen] sommeil *m*; **coger el ~** s'endormir; **tener ~** avoir sommeil. **-2.** [fantasía, ambición] rêve *m*; **en ~s** en rêve; **tener un ~** faire un rêve. **-3.** *fam* [cosa bonita] bijou *m*.

suero *m* sérum *m*; [de la leche] petit-lait *m*.

suerte *f* **-1.** [fortuna] chance *f*; **por ~** heureusement; **tener ~** avoir de la chance. **-2.** [azar] hasard *m*; **de ~** par hasard. **-3.** [destino] sort *m* . **-4.** *culto* [clase, manera] sorte *f*; **de esa ~** de la sorte; **de ~ que** de sorte que. **-5.** TAUROM *nom donné aux actions exécutées au cours des «tercios» ou étapes de la corrida.*

suéter (*pl* **suéteres**), **sweater** (*pl* **sweaters**) *m* pull *m*.

suficiencia *f* **-1.** [capacidad] aptitude *f*. **-2.** [presunción] suffisance *f*.

suficiente ⋄ *adj* suffisant(e). ⋄ *m* [nota] mention *f* passable.

sufragar *vt* [gastos] supporter; [campaña] financer.

sufragio *m* suffrage *m* .

sufrido, da *adj* **-1.** [resignado] : **hacerse el ~** faire le martyr. **-2.** [tejido] résistant(e); [color] peu salissant(e).

sufrimiento *m* souffrance *f*.

sufrir ⋄ *vt* **-1.** [padecer – enfermedad] souffrir de; [– accidente, heridas] être victime de. **-2.** [penalidades, desgracias] supporter; **tengo que ~ sus manías** je dois supporter ses manies. **-3.** [operación, pérdida] subir. ⋄ *vi* [padecer] : **~ (de)** souffrir (de); **~ del corazón** être malade du cœur.

sugerencia *f* suggestion *f*.

sugerente *adj* suggestif(ive).

sugerir *vt* suggérer.

sugestión *f* suggestion *f*.

sugestionar *vt* **-1.** [influir] persuader. **-2.** [obsesionar] faire peur à. ◆ **sugestionarse** *vp* **-1.** [obsesionarse] prendre peur. **-2.** PSICOL faire de l'autosuggestion.

sugestivo, va *adj* suggestif(ive); [atractivo] séduisant(e).

suich *m Amer* interrupteur *m*.

suicida ⋄ *adj* suicidaire; **una operación ~** une opération suicide. ⋄ *mf* suicidaire *mf*.

suicidarse *vp* se suicider.

suicidio *m* suicide *m*.

suite *f* suite *f* (*d'hôtel*).

Suiza Suisse *f*.

suizo, za ⋄ *adj* suisse. ⋄ *m, f* Suisse *mf* (*le féminin est aussi Suissesse*).

sujeción *f* **-1.** [atadura] fixation *f*. **-2.** [sometimiento] assujettissement *m*.

sujetador *m* soutien-gorge *m*.

sujetar *vt* **-1.** [gen] tenir; [sostener] retenir. **-2.** [someter] assujettir, soumettre; [dominar] maîtriser. **-3.** [atar] attacher. ◆ **sujetarse** *vp* **-1.** [agarrarse] : **~se de** ○ **a se tenir à.** **-2.** [someterse] : **~se a se** soumettre à; [dieta] s'astreindre à.

sujeto, ta *adj* **-1.** [agarrado] fixé(e). **-2.** [expuesto] : **~ a** exposé à. ◆ **sujeto** *m* **-1.** [gen & GRAM] sujet *m*. **-2.** [persona] individu *m*.

sulfamida *f* sulfamide *m*.

sulfatar *vt* sulfater.

sulfato *m* sulfate *m*.

sulfurar *vt* [encolerizar] mettre hors de soi. ◆ **sulfurarse** *vp* être hors de soi.

sulfuro *m* sulfure *m*.

sultán *m* sultan *m*.

sultana *f* sultane *f*.

suma *f* –1. [gen] somme *f*; **en ~ en** somme. –2. MAT addition *f*.

sumamente *adv* extrêmement.

sumando *m* terme *m* (*d'une addition*).

sumar *vt* –1. MAT additionner; **tres y dos suman cinco** trois plus deux font cinq. –2. [costar] s'élever à. ◆ **sumarse** *vp* –1. [añadirse] s'ajouter. –2. [incorporarse] : ~se a se joindre à.

sumario, ria *adj* sommaire. ◆ **sumario** *m* –1. DER instruction *f*. –2. [índice] sommaire *m*. –3. [resumen] résumé *m*.

sumergible *adj* submersible; [reloj, cámara] étanche.

sumergir *vt* submerger; [con fuerza] plonger. ◆ **sumergirse** *vp* –1. [hundirse] plonger. –2. *fig* [sumirse] : ~se en se plonger dans.

sumidero *m* orifice *m* d'écoulement; [de alcantarilla] bouche *f* d'égout.

suministrador, ra *adj & m, f* fournisseur(euse).

suministrar *vt* fournir.

suministro *m* fourniture *f*; [de agua, electricidad] distribution *f*.

sumir *vt* plonger. ◆ **sumirse** *vp* : ~se en se plonger dans.

sumisión *f* soumission *f*.

sumiso, sa *adj* soumis(e).

sumo, ma *adj* –1. [supremo] suprême. –2. [gran] extrême; **con ~ cuidado** avec le plus grand soin.

suntuoso, sa *adj* somptueux(euse).

supeditar *vt* faire dépendre de; **estar supeditado a** dépendre de. ◆ **supeditarse** *vp* : ~se a se soumettre à.

súper ◇ *adj fam* super. ◇ *m fam* supermarché *m*. ◇ *f* [gasolina] super *m*.

superar *vt* –1. [aventajar] surpasser. –2. [adelantar] dépasser. –3. [problema, dificultad] surmonter. ◆ **superarse** *vp* [mejorar] se surpasser; [lucirse] se dépasser.

superávit *m inv* excédent *m*.

superdotado, da *adj & m, f* surdoué(e).

superficial *adj* superficiel(elle).

superficie *f* –1. [gen & GEOM] surface *f*. –2. [extensión, apariencia] superficie *f*.

superfluo, a *adj* superflu(e).

superior, ra ◇ *adj* RELIG supérieur(e). ◇ *m, f* RELIG père supérieur *m*, mère supérieure *f*. ◆ **superior** ◇ *adj* –1. [gen] supérieur(e). –2. *fig* [excelente] de premier ordre. ◇ *m* (gen pl) [jefe] supérieur *m* (hiérarchique).

superioridad *f* supériorité *f*.

superlativo, va *adj* –1. [belleza, grado] extrême. –2. GRAM superlatif(ive).

supermercado *m* supermarché *m*.

superpoblación *f* surpeuplement *m*.

superponer *vt* superposer. ◆ **superponerse** *vp* se superposer.

superpotencia *f* superpuissance *f*.

superpuesto, ta *pp irreg* → **superponer**.

superrealismo = **surrealismo**.

supersónico, ca *adj* supersonique.

superstición *f* superstition *f*.

supersticioso, sa *adj* superstitieux(euse).

supervisar *vt* superviser; [empresa, cuentas] contrôler, inspecter.

supervisor, ra *m, f* [que supervisa] superviseur *m*; [que inspecciona] inspecteur *m*, -trice *f*.

supervivencia *f* survie *f*; [de usos y costumbres] survivance *f*.

superviviente *adj & mf* survivant(e), rescapé(e).

suplementario, ria *adj* supplémentaire.

suplemento *m* –1. [gen & PRENSA] supplément *m*. –2. [en el vestir] accessoire *m*.

suplente ◇ *adj* suppléant(e); **un jugador** ~ DEP un remplaçant. ◇ *mf* suppléant *m*, -e *f*; TEATR doublure *f*; DEP remplaçant *m*, -e *f*.

supletorio, ria *adj* supplémentaire. ◆ **supletorio** *m* [teléfono] poste *m* supplémentaire.

súplica *f* –1. [ruego] supplication *f*. –2. [escrito & DER] requête *f*.

suplicar *vt* –1. [rogar] supplier; ~ **a alguien que haga algo** supplier qqn de faire qqch. –2. DER : ~ (a un tribunal) se pourvoir (devant un tribunal).

suplicio *m lit & fig* supplice *m*; **su vida es un ~** sa vie est un calvaire.

suplir *vt* –1. [substituir] remplacer. –2. [compensar] suppléer à; **su generosidad suple su mal genio** sa générosité compense son mauvais caractère.

supo → **saber**.

suponer ◇ *vt* -**1.** [gen] supposer; **supongamos que...** supposons ○ admettons que... -**2.** [significar] représenter. -**3.** [conjeturar] imaginer; **lo suponía** je m'en doutais; **le supongo 50 años** je lui donne 50 ans. ◇ *m* : **es un ~** c'est une simple supposition. ◆ **suponerse** *vp* s'imaginer, supposer.

suposición *f* supposition *f*.

supositorio *m* suppositoire *m*.

supremacía *f* suprématie *f*.

supremo, ma *adj* -**1.** [gen] suprême. -**2.** *fig* [momento, situación etc] décisif(ive).

supresión *f* suppression *f*.

suprimir *vt* supprimer.

supuesto, ta ◇ *pp irreg* → **suponer**. ◇ *adj* prétendu(e); [culpable, asesino] présumé(e); **un nombre ~** un faux nom; **por ~ bien sûr.** ◆ **supuesto** *m* hypothèse *f*; **en el ~ de que...** en supposant ○ admettant que...

supurar *vi* suppurer.

sur ◇ *m* sud *m*; **el ~ de Europa** le Sud de l'Europe. ◇ *adj* [zona, frontera etc] sud; [viento] du sud. ◆ **Sur** *m* : **el Sur** [punto cardinal] le sud.

suramericano = sudamericano.

surcar *vt* -**1.** [recorrer] sillonner. -**2.** [tierra] creuser des sillons dans.

surco *m* -**1.** [gen & MÚS] sillon *m*. -**2.** [en camino] ornière *f*. -**3.** [en piel] ride *f*.

sureño, ña ◇ *adj* du sud. ◇ *m, f* HIST sudiste *mf*.

sureste = sudeste.

surf, surfing *m* surf *m*.

surgir *vi* -**1.** [gen] surgir. -**2.** [brotar] jaillir.

suroeste = sudoeste.

surrealismo, superrealismo *m* surréalisme *m*.

surtido, da *adj* -**1.** [abastecido] approvisionné(e); **~ en** qui offre un grand choix de. -**2.** [variado] : **unas pastas surtidas** un assortiment de petits gâteaux. ◆ **surtido** *m* [de prendas, tejidos] choix *m*; [de pastas, bombones] assortiment *m*.

surtidor *m* [de fuente] jet *m* d'eau; **~ (de gasolina)** pompe *f* (à essence).

surtir ◇ *vt* [proveer] : **~ a alguien en** fournir qqn en; **~ efecto** avoir de l'effet. ◇ *vi* jaillir. ◆ **surtirse** *vp* [proveerse] : **~se de** se fournir en.

susceptible *adj* susceptible.

suscitar *vt* susciter.

suscribir = subscribir.

suscripción = subscripción.

suscriptor = subscriptor.

susodicho, cha *adj* susdit(e).

suspender *vt* -**1.** [gen] suspendre. -**2.** EDUC : **~ a alguien en un examen** refuser qqn à un examen; **~ un examen** rater un examen.

suspense *m* suspense *m*.

suspensión *f* [gen & AUTOM] suspension *f*; **~ de empleo** mise *f* à pied.

suspenso, sa *adj* -**1.** [colgado] : **~ de** suspendu à. -**2.** [no aprobado] refusé(e). -**3.** *fig* [desconcertado] perplexe. ◆ **en suspenso** *loc adv* en suspens. ◆ **suspenso** *m* EDUC : **tener un ~** ne pas avoir la moyenne.

suspensores *mpl Amer* bretelles *fpl*.

suspicacia *f* méfiance *f*.

suspicaz *adj* méfiant(e).

suspirar *vi* soupirer; **~ por** *fig* [persona] soupirer après; [coche, viaje etc] avoir une folle envie de.

suspiro *m* -**1.** [aspiración] soupir *m* . -**2.** [instante] : **en un ~** en un clin d'œil.

sustancia = substancia.

sustancial = substancial.

sustancioso = substancioso.

sustantivo = substantivo.

sustentar *vt* -**1.** [gen] soutenir. -**2.** [persona, familia] nourrir.

sustento *m* -**1.** [alimento] nourriture *f* . -**2.** [apoyo] soutien *m*.

sustitución = substitución.

sustituir = substituir.

sustituto, ta = substituto.

susto *m* peur *f*.

sustracción = substracción.

sustraer = substraer.

sustrato = substrato.

susurrar ◇ *vt* chuchoter. ◇ *vi* *fig* [viento, agua] murmurer.

susurro *m* chuchotement *m*.

sutil *adj* subtil(e); [tejido, línea] fin(e).

sutileza *f* subtilité *f*.

sutura *f* suture *f*.

suyo, ya ◇ *adj poses* [de él] à lui; [de ella] à elle; [de ellos] à eux; [de ellas] à elles; [de usted, de ustedes] à vous; **este libro es ~** ce livre est à lui/à elle etc; **un amigo ~** un de ses/vos etc amis; **no es asunto ~** ça ne le/la etc regarde pas; **no es culpa suya** ce n'est pas (de) sa/votre etc faute; **es**

muy ~ *fam fig* il est spécial. ◇ *pron poses* **-1**. *(después de art)* : **el** ~ [de él, de ella] le sien; [de usted] le vôtre; [de ellos, de ellas] le leur; **la suya** [de él, de ella] la sienne; [de usted] la vôtre; [de ellos, de ellas] la leur. **-2**. *loc* : **de** ~ en soi; **hacer de las suyas** *fam* faire des siennes; **hacer ~/suya** faire sien/sienne; **lo** ~ **es el teatro** *fam* son truc c'est le théâtre; **los** ~**s** [su familia] les siens.

svástica = esvástica.

sweater = suéter.

T

t, T *f* [letra] t *m inv*, T *m inv*.

t -1. *(abrev de* **tonelada)** t. **-2**. *abrev de* **tomo.**

tabacalero, ra *adj* du tabac; **un establecimiento** ~ un magasin d'articles pour fumeurs. ◆ **Tabacalera** *f* régie espagnole des tabacs.

tabaco ◇ *m* **-1**. [gen] tabac *m* . **-2**. [cigarrillos] cigarettes *fpl*; **¿tienes ~?** tu as une cigarette? ◇ *adj inv* [color] tabac.

tábano *m* taon *m*.

tabarra *f fam* barbe *f*; **dar la** ~ **a alguien** tanner qqn.

taberna *f* bistrot *m*.

tabernero, ra *m*, *f* patron *m*, -onne *f* de bistrot.

tabique *m* cloison *f*.

tabla *f* **-1**. [de madera & NÁUT] planche *f*; [de metal etc] plaque *f*; [de estantería] étagère *f*; ~ **de planchar** planche à repasser. **-2**. [de falda, camisa] pli *m*. **-3**. [esquema, gráfico] tableau *m*; [lista, catálogo] table *f*; ~ **de materias** table des matières. **-4**. CULIN assiette de charcuterie ou de fromages. ◆ **tablas** *fpl* **-1**. [en ajedrez] : **quedar en** ○ **hacer** ~**s** faire partie nulle. **-2**. TEATR planches *fpl* . **-3**. TAUROM barrières *fpl*.

tablado *m* TEATR scène *f*; [de baile] plancher *m*; [tarima] estrade *f*.

tablao *m* cabaret *m* andalou.

tablero *m* **-1**. [tabla] planche *f*; ~ **de anuncios** tableau *m* d'affichage. **-2**. [de juego] : ~ **(de ajedrez)** échiquier *m*; ~ **(de**

damas) damier *m*. **-3**. DEP panneau *m*. **-4**. AVIAC & AUTOM: ~ **(de mandos)** tableau *m* de bord.

tableta *f* **-1**. [de chocolate] tablette *f*. **-2**. MED comprimé *m*.

tablón *m* planche *f*; ~ **(de anuncios)** tableau *m* d'affichage.

tabú *(pl* **tabúes** ○ **tabús)** ◇ *adj* tabou(e). ◇ *m* tabou *m*.

tabulador *m* tabulateur *m*.

tabular ◇ *vt* **-1**. [valores, cifras etc] disposer en tableau. **-2**. [texto] tabuler. ◇ *vi* [con máquina, ordenador] mettre des tabulations.

taburete *m* tabouret *m*.

tacañería *f* avarice *f*.

tacaño, ña *adj* & *m, f* avare.

tacha *f* **-1**. [defecto] défaut *m*; **sin** ~ irréprochable. **-2**. [clavo] punaise *f*.

tachar *vt* **-1**. [lo escrito] barrer; ~ **lo que no proceda** rayer la mention inutile. **-2**. *fig* [acusar] : ~ **a alguien de algo** taxer qqn de qqch.

tacho *m* Amer chaudron *m*.

tachón *m* **-1**. [tachadura] rature *f*. **-2**. [clavo] clou *m* de tapissier.

tachuela *f* punaise *f*.

tácito, ta *adj* tacite.

taciturno, na *adj* taciturne.

taco *m* **-1**. [espiche] taquet *m*. **-2**. [cuña] cale *f*. **-3**. *fam fig* [palabrota] gros mot *m*. **-4**. [de billar] queue *f*. **-5**. [de papel etc] pile *f*. **-6**. [de jamón, de queso] cube *m*. **-7**. Amer [tacón] talon *m*. ◆ **tacos** *mpl mfam* [años] : **tiene treinta** ~**s** il a trente balais.

tacón *m* talon *m de* (de chaussure).

táctico, ca ◇ *adj* tactique. ◇ *m*, *f* tacticien *m*, -enne *f*. ◆ **táctica** *f* tactique *f*.

táctil *adj* tactile.

tacto *m* **-1**. [gen] toucher *m*. **-2**. *fig* [delicadeza] tact *m*.

tafetán *m* taffetas *m*.

Tailandia Thaïlande *f*.

taimado, da *adj* rusé(e).

Taiwán Taiwan.

tajada *f* **-1**. [rodaja] tranche *f*. **-2**. *fam fig* [borrachera] cuite *f*.

tajante *adj fig* [tono, decisión etc] catégorique.

tajar *vt* couper.

tajo *m* **-1**. [corte, herida] estafilade *f*. **-2**. *fam* [trabajo] turbin *m*. **-3**. [acantilado] ravin *m*.

Tajo *m* : **el** ~ le Tage.

tal ◇ *adj* **-1.** [gen] tel, telle. **-2.** [semejante] tel, telle, pareil, pareille; **~ cosa jamás se ha visto** on n'a jamais vu une chose pareille; **~es condiciones** de telles conditions; **lo dijo con ~ seguridad que...** il l'a dit avec une telle assurance que...; **mañana a ~ hora** demain à telle heure. **-3.** [poco conocido]: **te ha llamado un ~ Pérez** un certain ◇ dénommé Pérez t'a appelé. ◇ *pron* **que si ~ que si cual, ~ y cual, ~ y ~** ceci, cela; **ser ~ para cual** être faits l'un pour l'autre; **y ~** [coletilla] et ainsi de suite. ◇ *adv* : **¿qué ~?** comment ça va?; **~ cual** tel quel(telle quelle). ◆ **con tal (de) que** *loc conj* pourvu que, du moment que; **con ~ de que volvamos pronto** pourvu qu'on revienne tôt. ◆ **tal (y) como** *loc conj* comme.

tala *f* [de árboles] élagage *m*.

taladradora *f* perceuse *f*.

taladrar *vt* percer.

taladro *m* **-1.** [taladradora] perceuse *f*. **-2.** [agujero] trou *m*.

talante *m* **-1.** [humor] humeur *f*. **-2.** [disposición] : **de buen ~** de bonne grâce.

talar *vt* [árboles] élaguer.

talco *m* talc *m*.

talego *m* **-1.** [de tela] sac *m*. **-2.** *mfam* [dinero] 1 000 pesetas. **-3.** *vulg* [cárcel] tôle *f*.

talento *m* talent *m*.

Talgo (*abrev de* **tren articulado ligero de Goicoechea Oriol**) *m* train de luxe espagnol.

talismán *m* talisman *m*.

talla *f* **-1.** [gen & ARTE] taille *f*; **¿qué ~ usas?** quelle taille fais-tu? **-2.** *fig* [importancia] envergure *f*; **dar la ~** être à la hauteur.

tallado, da *adj* [madera] sculpté(e); [piedras preciosas] taillé(e).

tallar *vt* **-1.** [esculpir – piedra] tailler; [– madera] sculpter. **-2.** [persona] mesurer.

tallarín *m* (*gen pl*) nouille *f*.

talle *m* **-1.** [cintura] taille *f*. **-2.** [figura, cuerpo] silhouette *f*.

taller *m* **-1.** [gen] atelier *m*. **-2.** AUTOM garage *m*; **llevar el coche al ~** amener la voiture au garage.

tallo *m* tige *f*; [brote] pousse *f*.

talón *m* **-1.** [gen & ANAT] talon *m*; **un zapato sin ~** une chaussure ouverte; **~ de Aquiles** *fig* talon d'Achille. **-2.** [cheque] chèque *m*; **~ bancario/conformado** chèque bancaire/certifié; **~ en blanco** chèque en blanc.

talonario *m* [de cheques] carnet *m* de chèques, chéquier *m*.

tamaño, ña *adj* [semejante] pareil(eille); **nunca he visto ~ atrevimiento** je n'ai jamais vu (une) pareille audace. ◆ **tamaño** *m* taille *f*.

tambalearse *vp* chanceler; [borracho] tituber; [barco] tanguer.

también *adv* aussi.

tambor *m* [gen] tambour *m*; [de pistola] barillet *m*.

tamiz *m* tamis *m* .

tamizar *vt* **-1.** [cribar] tamiser. **-2.** *fig* [seleccionar] trier.

tampoco *adv* non plus; **no quiere salir, yo ~** il ne veut pas sortir, moi non plus; **no quiere ir al cine ni ~ comer fuera** il ne veut ni aller au cinéma ni aller au restaurant.

tampón *m* tampon *m*.

tan *adv* **-1.** [mucho] si; **~ grande/deprisa** si grand/vite; **¡qué película ~ larga!** qu'est-ce qu'il est long ce film!; **~... que...** tellement... que...; **es ~ tonto que no se entera** il est tellement bête qu'il ne comprend rien. **-2.** [en comparaciones] : **~... como... as... que...; es ~ listo como su hermano** il est aussi intelligent que son frère. **-3.** = **tanto**. ◆ **tan sólo** *loc adv* seulement.

tanda *f* **-1.** [grupo] groupe *m*; [de trabajo] équipe *f*. **-2.** [serie] série *f*; **~ de palos** volée *f* de coups.

tándem (*pl* **tándemes**) *m* **-1.** [bicicleta] tandem *m*. **-2.** [pareja – de actores etc] duo *m*; [– de bueyes] paire *f*.

tanga *m* string *m*.

tangente ◇ *adj* tangent(e). ◇ *f* GEOM tangente *f*.

tangible *adj* tangible.

tango *m* tango *m*.

tanque *m* **-1.** MIL tank *m*. **-2.** [vehículo cisterna] citerne *f*. **-3.** [depósito] réservoir *m*.

tantear ◇ *vt* **-1.** [sopesar] évaluer; [proyectos, soluciones] examiner de près; **~ el terreno** tâter le terrain. **-2.** *fig* [persona] sonder. **-3.** [contrincante, rival] mesurer. ◇ *vi* **-1.** [andar a tientas] tâtonner. **-2.** [en juego] compter les points.

tanteo *m* **-1.** [prueba] essai *m* . **-2.** [puntuación] score *m*.

tanto, ta ◇ *adj* **-1.** [gran cantidad, cantidad indeterminada] tant de, tellement de; **¡tiene ~s libros!** il a tant de livres!; **tiene tantas ganas de verte que...** il a tellement envie de te voir que...; **nos daban tantas pesetas al día** on nous donnait tant de pesetas par jour; **y ∼s et quelques; tiene cincuenta y ∼s años** elle a cinquante ans et quelques. **-2.** [en comparaciones] : **∼... como...** autant de... que... ◇ *pron* **-1.** [gran cantidad] autant; **tienes muchos vestidos, yo no ∼s** tu as beaucoup de robes, moi je n'en ai pas autant; **había mucha gente aquí, allí no tanta** il y avait beaucoup de monde ici, il n'y en avait pas autant là-bas; **otro ∼** autant; **le ocurrió otro ∼** il lui est arrivé la même chose. **-2.** [cantidad por determinar] tant; **supongamos que vengan ∼s...** supposons qu'il en vienne tant...; **a ∼s de** [mes] le tant; **ser uno de ∼s** être un parmi tant d'autres. ◆ **tanto** ◇ *m* **-1. marcar un ∼** [punto] marquer un point; [gol] marquer un but. **-2.** *fam fig* [situación favorable] avantage *m*; **es un ∼ a su favor** c'est un avantage qu'il a; **apuntarse un ∼** (a favor) marquer des points; **márcate un ∼ y déjame salir** sois sympa et laisse-moi sortir. **-3.** [cantidad indeterminada] : **un ∼ por página** tant par page; **∼ por ciento** pourcentage *m*. **-4.** *loc* : **estar al ∼** [al corriente] être au courant; [atento] surveiller. ◇ *adv* **-1.** [gran cantidad] autant; **no me sirvas ∼** ne m'en sers pas autant; **∼ que** tant que, tellement que; **lo quiere ∼ que...** elle l'aime tant que...; **de eso hace ∼ que...** il y a si longtemps de cela que... **-2.** [en comparaciones] : **∼ como** autant que. **-3.** *loc* : **¡y ∼!** et comment! ◆ **tantas** *fpl fam* **llegar a las tantas** arriver très tard. ◆ **en tanto (que)** *loc conj* pendant que. ◆ **por (lo) tanto** *loc conj* par conséquent. ◆ **tanto (es así) que** *loc conj* tant et si bien que. ◆ **un tanto** *loc adv* quelque peu.

tañido *m* MÚS son *m*; [de campana] tintement *m*.

tapa *f* **-1.** [para cerrar] couvercle *m*. **-2.** CULIN *petite quantité d'olives, d'anchois, de «tortilla» etc servie en apéritif.* **-3.** [portada – de libro] couverture *f*. **-4.** [de tacón] talon *m*. **-5.** *Amer* [de botella] bouchon *m*.

tapadera *f* **-1.** [tapa] couvercle *m*. **fig** [para encubrir] couverture *f*.

tapar *vt* **-1.** [gen] couvrir. **-2.** [cerrar – botella, agujero] boucher; [– baúl, boca] fermer. **-3.** [no dejar ver] cacher. ◆ **taparse** *vp* se couvrir; **∼se la boca** mettre la main devant sa bouche.

taparrabos, taparrabo *m inv* cache-sexe *m*.

tapete *m* napperon *m*; [de juegos] tapis *m*.

tapia *f* mur *m* (de clôture).

tapiar *vt* **-1.** [obstruir] murer. **-2.** [cercar] clôturer.

tapicería *f* **-1.** [tela, oficio] tapisserie *f*. **-2.** [tienda] : **en la ∼** chez le tapissier. **-3.** [tapices] tapisseries *fpl*.

tapiz *m* [para la pared] tapisserie *f*; [para el suelo] tapis *m*.

tapizado *m* revêtement *m*.

tapizar *vt* **-1.** [mueble] recouvrir. **-2.** [pared] tapisser.

tapón *m* **-1.** [gen] bouchon *m* . **-2.** *fam* [persona] nabot *m*, **-e** *f*. **-3.** DEP lancer *m* tapé.

taponar *vt* boucher. ◆ **taponarse** *vp* se boucher.

tapujo *m* : **sin ∼s** sans faire de mystères.

taquicardia *f* tachycardie *f*.

taquigrafía *f* sténographie *f*.

taquilla *f* **-1.** [ventanilla] guichet *m*. **-2.** [casillero] casier *m*. **-3.** [recaudación] recette *f*.

taquillero, ra ◇ *adj* [artista, espectáculo] qui fait recette; [película] qui fait beaucoup d'entrées. ◇ *m, f* guichetier *m*, **-ère** *f*.

tara *f* tare *f*.

tarado, da ◇ *adj* **-1.** [defectuoso] défectueux(euse). **-2.** [tonto] taré(e). ◇ *m, f* taré *m*, **-e** *f*.

tarántula *f* tarentule *f*.

tararear *vt* fredonner.

tardanza *f* retard *m*.

tardar *vi* **-1.** [llevar tiempo] : **∼ en hacer algo** mettre du temps à faire qqch; **tardó un año en hacerlo** il a mis un an à le faire; **tardo dos minutos** j'en ai pour deux minutes. **-2.** [retrasarse] : **∼ en hacer algo** tarder à faire qqch; **no tardaron en venir** ils n'ont pas tardé à venir.

tarde ◇ *f* [hasta las siete] après-midi *m* o *f*; [después de las siete] soir *m*; **vendré por la ∼** [hasta las siete] je viendrai dans l'après-midi; [después de las siete] je viendrai dans la soirée. ◇ *adv* **-1.** [gen] tard; **hoy saldré ∼** aujourd'hui, je sortirai tard; **∼ o temprano** tôt ou tard. **-2.** [en demasía] trop tard; **ya es ∼ para...** il est trop tard pour... ◆ **buenas tardes** *interj* **¡buenas ∼s!** [hasta las siete] bonjour!; [después de las siete] bonsoir! ◆ **de tarde en tarde** *loc adv* de temps à autre; **muy de ∼ en ∼** très rarement.

tardío, a *adj* tardif(ive).

tarea *f* **-1.** [trabajo] travail *m*; [misión] tâche *f*; **~s domésticas** tâches ménagères. **-2.** EDUC devoirs *mpl*.

tarifa *f* tarif *m*; **~ de precios** tarif; **~ nocturna** tarif de nuit.

tarima *f* estrade *f*.

tarjeta *f* carte *f*; **~ de crédito** carte de crédit; **~ postal** carte postale.

tarot *m* tarot *m*.

Tarragona Tarragone.

tarrina *f* barquette *f*.

tarro *m* **-1.** [recipiente] pot *m*. **-2.** *mfam* [cabeza] : **estar mal del ~** disjoncter.

tarta *f* gâteau *m*; [plana] tarte *f*; **una ~ de chocolate** un gâteau au chocolat.

tartaleta *f* tartelette *f*.

tartamudear *vi* bégayer.

tartamudeo *m* bégaiement *m*.

tartamudo, da *adj & m, f* bègue.

tartana *f fam* [coche] guimbarde *f*.

tartera *f* [fiambrera] gamelle *f*.

tarugo *m* **-1.** *fam* [necio] abruti *m*. **-2.** [de madera] gros morceau *m* de bois; [de pan] quignon *m* de pain.

tarumba *adj fam* **estar ~** être dingue.

tasa *f* **-1.** [índice] taux *m*; **~ de desempleo** taux de chômage. **-2.** [precio, impuesto] taxe *f*; **~ de importación** taxe à l'importation; **~s académicas** droits *mpl* d'inscription à l'université. **-3.** [tasación] taxation *f*.

tasación *f* taxation *f*.

tasar *vt* **-1.** [valorar] estimer. **-2.** [fijar precio] taxer.

tasca *f* bistrot *m* .

tatarabuelo, la *m, f* trisaïeul *m*, -e *f*.

tatuaje *m* tatouage *m*.

tatuar *vt & vi* tatouer. ◆ **tatuarse** *vp* se faire tatouer.

taurino, na *adj* taurin(e).

Tauro ◇ *m inv* [zodiaco] Taureau *m inv*. ◇ *mf inv* [persona] taureau *m inv*.

tauromaquia *f* tauromachie *f*.

TAV (*abrev de tren de alta velocidad*) *m* train à grande vitesse espagnol, ≃ TGV *m*.

taxativo, va *adj* strict(e).

taxi *m* taxi *m*.

taxidermista *mf* taxidermiste *mf*.

taxímetro *m* compteur *m* (de taxi).

taxista *mf* chauffeur *m* de taxi.

taza *f* **-1.** [para beber] tasse *f*. **-2.** [de retrete] cuvette *f*.

tazón *m* bol *m*.

te[1] *f* [letra] t *m inv*.

te[2] *pron pers* **-1.** [gen] te, t' (delante de vocal) : **vengo a verte** je viens te voir; **~ quiero** je t'aime; **~ lo dio** il te l'a donné; **~ tiene miedo** il a peur de toi; **¡mírate!** regarde-toi!; **¡no ~ pierdas!** ne te perds pas!; **~ gusta leer** tu aimes lire; **~ crees muy listo** tu te crois très malin. **-2.** *fam* [impersonal] on; **si ~ dejas pisar, estás perdido** si on se laisse marcher sur les pieds, on est perdu.

té *m* thé *m*.

tea *f* torche *f*.

teatral *adj* théâtral(e).

teatro *m* **-1.** [gen] théâtre *m* . **-2.** [fingimiento] : **es todo ~** c'est de la comédie.

tebeo® *m* bande *f* dessinée.

techo *m* **-1.** [cara interior, tope] plafond *m*; **~ artesonado** plafond à caissons. **-2.** [tejado, hogar] toit *m*; **bajo ~** sous un toit; **~ corredizo** toit ouvrant.

techumbre *f* toiture *f*.

tecla *f* [gen & INFORM] touche *f* .

teclado *m* [gen & INFORM] clavier *m*; **~ expandido** clavier étendu; **~ numérico** pavé *m* numérique.

teclear *vi* taper (à la machine etc).

tecleo *m* [en máquina etc] frappe *f*.

técnico, ca ◇ *adj* technique. ◇ *m, f* technicien *m*, -enne *f*. ◆ **técnica** *f* technique *f*.

Tecnicolor® *m* Technicolor® *m*.

tecnócrata ◇ *adj* technocratique. ◇ *mf* technocrate *mf*.

tecnología *f* technologie *f*; **~ punta** technologie de pointe.

tecnológico, ca *adj* technologique.

tecolote *m Amer* hibou *m*.

tedio *m* ennui *m*.

tedioso, sa *adj* ennuyeux(euse).

Tegucigalpa Tegucigalpa.

Teide *m* : **el ~** le pic de Teide.

teja *f* tuile *f*.

tejado *m* toit *m*.

tejano, na *adj* [tela] en jean. ◆ **tejanos** *mpl* [pantalones] jean *m*.

tejemaneje *m fam* **-1.** [maquinación] manigance *f* . **-2.** [ajetreo] remue-ménage *m inv*.

tejer ◇ *vt* **-1.** [gen] tisser; [labor de punto] tricoter; [labor de ganchillo] faire au crochet. **-2.** [mimbre, esparto] tresser. **-3.** *fig* [idear] tramer. ◇ *vi* [hacer punto] tricoter; [hacer ganchillo] faire du crochet.

tejido m tissu m.

tejo m -1. [disco] palet m. -2. BOT if m.

tejón m ZOOL blaireau m.

tel., teléf. (abrev de teléfono) tél.

tela f -1. [gen] tissu m; ~ **metálica** grillage m. -2. [tejido basto, cuadro] toile f. -3. loc : **tener (mucha)** ~ fam [ser difícil] donner du fil à retordre; **tener** ~ **de trabajo** fam avoir du pain sur la planche; **poner en** ~ **de juicio** remettre en cause; ¡**vaya** ~! fam c'est coton!

telar m [máquina] métier m à tisser. ◆ **telares** mpl [fábrica] usine f textile.

telaraña f toile f d'araignée.

tele f fam télé f.

telearrastre m remonte-pente m.

telecabina f télécabine f.

telecomedia f sitcom m o f.

telecomunicación f télécommunication f. ◆ **telecomunicaciones** fpl télécommunications fpl.

telediario m journal m télévisé.

teledirigido, da adj téléguidé(e).

teléf. = tel.

telefax m télécopieur m.

teleférico m téléphérique m.

telefilme, telefilm (pl **telefilms**) m téléfilm m.

telefonear vi téléphoner. ◆ **telefonearse** vp s'appeler (au téléphone).

telefonía f téléphonie f.

telefónico, ca adj téléphonique.

telefonista mf standardiste mf.

teléfono m téléphone m; **colgar el** ~ raccrocher le téléphone; **hablar a alguien por** ~ avoir qqn au téléphone; **llamar por** ~ téléphoner; (~) **inalámbrico** téléphone sans fil; ~ **móvil** téléphone portable; ~ **público** téléphone public; ~ **sin manos** appareil m «mains-libres».

telegrafía f télégraphie f.

telegráfico, ca adj télégraphique.

telégrafo m télégraphe m.

telegrama m télégramme m.

telejuego m jeu m vidéo.

telele m fam **darle a alguien un** ~ [desmayarse] tourner de l'œil; [enfadarse] piquer une crise.

telemando m télécommande f.

telemática f INFORM télématique f.

telenovela f feuilleton m télévisé.

telepatía f télépathie f.

telescópico, ca adj télescopique.

telescopio m télescope m.

telesilla m télésiège m.

telespectador, ra m, f téléspectateur m, -trice f.

telesquí (pl **telesquís** o **telesquíes**) m téléski m.

teletexto m télétexte m.

teletipo m Télétype® m.

televenta f téléachat m.

televidente mf téléspectateur m, -trice f.

televisar vt téléviser.

televisión f télévision f; **ver la** ~ regarder la télévision; ~ **en color** télévision en couleurs.

televisor m téléviseur m.

télex m télex m.

telón m TEATR & CIN rideau m; ~ **de fondo** fig toile f de fond.

telonero, ra adj : **ser** ~ passer en première partie (d'un spectacle, concert).

tema m -1. [gen] sujet m . -2. MÚS thème m.

temario m EDUC programme m.

temático, ca adj thématique. ◆ **temática** f thème m.

temblar vi trembler; ~ **de frío/de miedo** trembler de froid/de peur.

tembleque m tremblement m.

temblor m tremblement m.

tembloroso, sa adj tremblant(e).

temer ◇ vt : ~ (algo/a alguien) craindre (qqch/qqn); **teme el agua/a su madre** il a peur de l'eau/de sa mère; **temo que se vaya** je crains qu'il ne s'en aille. ◇ vi avoir peur, craindre; **teme por sus hijos** il a peur pour ses enfants; **no temas** ne crains rien. ◆ **temerse** vp craindre; **me temo lo peor** je crains le pire.

temerario, ria adj téméraire; [juicio, acusación] hâtif(ive).

temeridad f -1. [valor] témérité f. -2. [insensatez] : **es una** ~ c'est de l'inconscience.

temeroso, sa adj -1. [receloso] peureux(euse). -2. [temible] effrayant(e).

temible adj redoutable.

temor m crainte f; **por** ~ **a** o **de** par crainte de.

temperamental adj -1. [con carácter] qui a du tempérament. -2. [cambiante] lunatique.

temperamento m tempérament m.

temperatura f température f; **tomar la** ~ prendre la température.

tempestad f tempête f.

tempestuoso, sa adj orageux(euse).

templado, da adj **-1.** [tibio – agua, bebida, comida] tiède. **-2.** GEOGR [clima, zona] tempéré(e). **-3.** [persona, carácter – moderado] modéré(e); [– sereno] calme.

templanza f **-1.** [moderación] tempérance f; [serenidad] : **tener ~** savoir garder son calme. **-2.** [del clima] douceur f.

templar ◇ vt **-1.** [entibiar] faire tiédir. **-2.** [calmar – ánimos, nervios] calmer. **-3.** TECNOL [metal etc] tremper. **-4.** [café, whisky etc] couper. **-5.** MÚS accorder. **-6.** [tornillo, bisagra etc] resserrer. ◇ vi [tiempo, temperatura] s'adoucir. ◆ **templarse** vp [tiempo, température] se radoucir; [líquido] tiédir.

temple **-1.** [serenidad] : **tener ~** savoir garder son calme. **-2.** ARTE détrempe f.

templete m kiosque m (à musique).

templo m temple m; [católico] église f.

temporada f **-1.** [gen] saison f; [de exámenes] période f; **de ~** [fruta] de saison; [trabajo, actividad] saisonnier(ère); **~ alta/baja** haute/basse saison; **~ media** intersaison f. **-2.** [periodo indefinido] : **una ~** un certain temps, quelque temps.

temporal ◇ adj **-1.** [gen & RELIG] temporel(elle). **-2.** [provisional] temporaire. ◇ m [tormenta] tempête f.

temporero, ra ◇ adj temporaire. ◇ m, f travailleur m temporaire, travailleuse f temporaire.

temporizador m minuterie f.

temprano, na adj précoce; **a horas tempranas** de bonne heure; **frutas/verduras tempranas** primeurs fpl. ◆ **temprano** adv tôt.

ten → tener. ◆ **ten con ten** m fam doigté m.

tenacidad f ténacité f.

tenacillas fpl pincettes fpl; [para el pelo] fer m à friser; [para el azúcar] pince f à sucre.

tenaz adj tenace.

tenaza f (gen pl) **-1.** [herramienta] tenailles fpl. **-2.** [de crustáceos] pince f.

tendedero m étendoir m.

tendencia f tendance f.

tendencioso, sa adj tendancieux(euse).

tender ◇ vt **-1.** [gen] étendre; **~ la ropa** étendre le linge. **-2.** [extender, tramar] tendre; **~ la mano** tendre la main; **~ una trampa** tendre un piège. **-3.** [puente, vía

férrea] construire. ◇ vi : **~ a** tendre à; [color] tirer sur. ◆ **tenderse** vp s'étendre.

tenderete m étalage m.

tendero, ra m, f petit commerçant m, petite commerçante f; [de comestibles] épicier m, -ère f.

tendido, da adj **-1.** [gen] étendu(e). **-2.** [extendido] tendu(e). ◆ **tendido** m **-1.** [instalación] pose f. **-2.** TAUROM gradins mpl.

tendón m tendon m.

tendrá etc → tener.

tenebroso, sa adj sombre; fig ténébreux(euse).

tenedor[1] m fourchette f.

tenedor[2]**, ra** m, f COM détenteur m, -trice f; **~ de libros** comptable m.

teneduría f COM comptabilité f.

tenencia f détention f; **~ ilícita de armas** détention d'armes.

tener ◇ v aux **-1.** (antes de participio) [haber] avoir; **teníamos pensado ir al teatro** nous avions pensé aller au théâtre; **tengo leído medio libro** j'ai lu la moitié du livre. **-2.** (antes de participio o adj) [mantener] : **me tuvo despierto** ça m'a tenu éveillé; **eso la tiene entretenida** ça l'occupe. **-3.** (antes de infin) [expresa obligación] : ~ **que** devoir; **tengo que irme** je dois partir, il faut que je parte. **-4.** [expresa propósito] : **tenemos que salir a cenar juntos** il faut que nous allions dîner ensemble. ◇ vt **-1.** [gen] avoir; **tiene mucho dinero** il a beaucoup d'argent; **tiene dolor de cabeza** il a mal à la tête; **tengo un hermano mayor** j'ai un frère aîné; **¿cuántos años tienes?** quel âge as-tu?; **tengo hambre** j'ai faim; **tiene buen corazón** il a bon cœur; **le tiene lástima** il a pitié de lui; **tendrá una sorpresa** il aura une surprise; **~ un niño** avoir un enfant; **~ huéspedes** avoir des invités; **hoy tengo clase** j'ai cours aujourd'hui; **esto tiene influencia en la temperatura** ceci a une incidence sur la température; **tiene algo que decirnos** il a quelque chose à nous dire. **-2.** [medir] faire; **la sala tiene cuatro metros de largo** le salon fait quatre mètres de long. **-3.** [sujetar, coger] tenir. **-4.** [estar] : **aquí tiene su cambio** voici votre monnaie; **aquí me tienes** me voici. **-5.** [para desear] : **¡que tengas un buen viaje!** bon voyage!; **¡que tengan unas felices Navidades** joyeux Noël! **-6.** [valorar, considerar] : **~ a alguien por** ○ **como** prendre qqn pour; **~ algo por** ○

como considérer qqch comme; **ten por seguro que lloverá** tu peux être sûr qu'il pleuvra. **-7.** *loc* : **conque ¿esas tenemos? ¿te niegas a hacerlo?** alors comme ça, tu ne veux pas le faire?; **no las tiene todas consigo** il n'en mène pas large; **no ~ donde caerse muerto** n'avoir plus que les yeux pour pleurer; **le ruego tenga a bien mandarme...** je vous prie de bien vouloir m'envoyer...; **~ lugar** avoir lieu; **~ presente algo/alguien** se souvenir de qqch/qqn; **~ que ver con algo/alguien** avoir à voir avec qqch/qqn. ◆ **tenerse** *vp* **-1.** [sostenerse] : **~se de pie** [borracho] tenir debout; [niño] se tenir debout. **-2.** [considerarse] : **~se por algo/alguien** se croire qqch/qqn.

Tenerife Tenerife, Ténériffe.

tenia *f* ténia *m*.

teniente *m* MIL lieutenant *m* .

tenis *m* tennis *m*; **~ de mesa** tennis de table.

tenista *mf* joueur *m*, -euse *f* de tennis.

tenor *m* MÚS ténor *m*. ◆ **a tenor de** *loc prep* compte tenu de.

tensar *vt* tendre.

tensión *f* tension *f*; **alta ~** haute tension; **~ (arterial)** tension (artérielle).

tenso, sa *adj* tendu(e).

tensor, ra *adj* ANAT : **los músculos tensores** les muscles tenseurs.

tentación *f* tentation *f*; **ser una ~** être tentant(e); **tener la ~ de** être tenté(e) de.

tentáculo *m* tentacule *m*.

tentador, ra *adj* tentant(e).

tentar *vt* **-1.** [gen] tenter. **-2.** [tocar] tâter.

tentativa *f* tentative *f*; DEP essai *m*; **~ de asesinato** tentative de meurtre.

tentempié *m* en-cas *m*.

tenue *adj* [lluvia, tela] fin(e); [voz] faible; [dolor] léger(ère); [hilo, luz] ténu(e).

teñir *vt* : **~ (de rojo etc)** teindre (en rouge etc). ◆ **teñirse** *vp* : **~se el pelo** se teindre les cheveux; **~se de rubio/moreno etc** se teindre en blond/brun etc.

teología *f* théologie *f* .

teólogo, ga *m, f* théologien *m*, -enne *f*.

teorema *m* théorème *m*.

teoría *f* théorie *f*; **en ~** en théorie.

teórico, ca ◇ *adj* théorique. ◇ *m, f* [persona] théoricien *m*, -enne *f*. ◆ **teórica** *f* [teoría] théorie *f*; [del examen de conducir] code *m*.

teorizar *vi* théoriser.

tequila *m* ○ *f* tequila *f*.

terapéutico, ca *adj* thérapeutique.

terapia *f* thérapie *f* .

tercer → **tercero**.

tercera *f* → **tercero**.

tercermundista *adj* du tiers-monde; [política, actitud] tiers-mondiste.

tercero, ra *núm (antes de sust masculino sg :* **tercer**) troisième; *ver también* **sexto.** ◆ **tercero** *m* **-1.** [piso] troisième *m*. **-2.** [curso – escolar] ≃ quatrième *f*; [– universitario] troisième année *f*. **-3.** [mediador] tiers *m* . ◆ **tercera** *f* AUTOM troisième *f*.

terceto *m* MÚS trio *m*.

terciar ◇ *vt* **-1.** [colocar en diagonal] mettre en travers; [arma] mettre en bandoulière. **-2.** [dividir] couper en trois. ◇ *vi* **-1.** [mediar] intervenir, s'interposer. **-2.** [participar] : **~ (en)** prendre part (à). ◆ **terciarse** *vp* se présenter; **si se tercia** si l'occasion se présente.

terciario, ria *adj* tertiaire. ◆ **terciario** *m* tertiaire *m*.

tercio *m* **-1.** [tercera parte] tiers *m*. **-2.** TAUROM *nom donné à chacune des trois étapes de la corrida.*

terciopelo *m* velours *m*.

terco, ca *adj & m, f* entêté(e).

tergal® *m* Tergal® *m*.

tergiversación *f* déformation *f (de propos).*

tergiversar *vt* [palabras, declaraciones etc] déformer.

termal *adj* thermal(e).

termas *fpl* thermes *mpl*.

termes = **termita**.

térmico, ca *adj* thermique.

terminación *f* **-1.** [finalización] achèvement *m*. **-2.** [parte final] extrémité *f*. **-3.** GRAM terminaison *f*.

terminal ◇ *adj* final(e); **en fase ~** en phase terminale. ◇ *m* INFORM terminal *m*. ◇ *f* [de aeropuerto] terminal *m*; [de autobuses] terminus *m*. ◆ **terminal videotex** *m* terminal *m* vidéotex.

terminante *adj* **-1.** [tajante] catégorique formel(elle). **-2.** [concluyente] concluant(e).

terminar ◇ *vt* terminer, finir; **~ un trabajo** terminer un travail; **~ la carrera** finir ses études. ◇ *vi* **-1.** [acabar] se terminer, finir; **las vacaciones terminan** les vacances se terminent; **~ con** en finir avec; **terminó de conserje en...** il a fini concierge dans...; ~ **de/por hacer algo** finir de/par faire qqch; ~ **en pelea** se terminer en bagarre. **-2.** [pareja] rompre. ◆ **terminarse** *vp* **-1.** [finalizarse] se terminer. **-2.** [agotarse] : **se ha terminado el butano** il n'y a plus de gaz.

término *m* **-1.** [fin] fin *f*; **poner ~ a algo** mettre un terme à qqch. **-2.** [territorio] : ~ **(municipal)** ≃ commune *f*. **-3.** [plazo] : **en el ~ de** dans un délai de; **por ~ medio** en moyenne. **-4.** [lugar, posición] plan *m*; **en primer ~** ARTE & FOT au premier plan; **en último ~** *fig* en dernier recours. **-5.** [elemento] : **considerar algo ~ por ~** étudier qqch point par point; **~ medio** juste milieu *m*. **-6.** LING & MAT terme *m*. **-7.** [de transportes] : **la estación de ~** le terminus. ◆ **términos** *mpl* termes *mpl*; **los ~s del contrato** les termes du contrat; **en ~s generales** en règle générale.

terminología *f* terminologie *f*.

termita *f*, **termes** *m inv* termite *m*.

termo *m* Thermos® *f*.

termómetro *m* thermomètre *m* .

termostato *m* thermostat *m*.

terna *f* POLÍT groupe de trois candidats.

ternasco *m* agneau *m* de lait.

ternero, ra *m, f* [animal] veau *m*, génisse *f*. ◆ **ternera** *f* [carne] veau *m*.

terno *m* **-1.** *fam* [trío] : **son el ~ infernal** c'est le trio infernal. **-2.** [traje] complet *m*.

ternura *f* tendresse *f*.

terquedad *f* entêtement *m*.

terracota *f* terre *f* cuite.

terrado *m* terrasse *f* (toit).

terral, tierral *m* Amer nuage *m* de poussière.

terraplén *m* terre-plein *m*.

terráqueo, a *adj* [globo] terrestre.

terrateniente *mf* propriétaire *m* terrien, propriétaire *f* terrienne.

terraza *f* terrasse *f*; [balcón] balcon *m*.

terremoto *m* tremblement *m* de terre.

terrenal *adj* terrestre.

terreno, na *adj* terrestre. ◆ **terreno** *m* **-1.** [gen & DEP] terrain *m*. **-2.** *fig* [ámbito] domaine *m*.

terrestre ◇ *adj* terrestre. ◇ *mf* [habitante] terrien *m*, -enne *f*.

terrible *adj* terrible.

territorial *adj* territorial(e).

territorio *m* territoire *m*.

terrón *m* **-1.** [de tierra] motte *f*. **-2.** [de azúcar] morceau *m*.

terror *m* terreur *f*; CIN horreur *f*; **dar ~** terrifier.

terrorífico, ca *adj* terrifiant(e).

terrorismo *m* terrorisme *m*.

terrorista *adj & mf* terroriste.

terroso, sa *adj* terreux(euse).

terso, sa *adj* [piel, superficie] lisse.

tersura *f* [de piel] douceur *f*.

tertulia *f* réunion informelle au cours de laquelle un thème particulier est abordé.

tesina *f* EDUC mémoire *m* (de maîtrise).

tesis *f inv* thèse *f*.

tesón *m* persévérance *f*.

tesorería *f* ECON trésorerie *f*.

tesorero, ra *m, f* trésorier *m*, -ère *f*.

tesoro *m* **-1.** [gen] trésor *m*; **~ ven aquí, ~** viens ici, mon trésor. **-2.** [persona valiosa] perle *f*. ◆ **Tesoro Público** *m* Trésor public.

test (*pl* **tests**) *m* test *m*.

testamentario, ria ◇ *adj* testamentaire. ◇ *m, f* exécuteur *m*, -trice *f* testamentaire.

testamento *m* testament *m*. ◆ **Antiguo Testamento** *m* Ancien Testament *m*. ◆ **Nuevo Testamento** *m* Nouveau Testament *m*.

testar *vi* DER faire un testament.

testarudo, da *adj & m, f* têtu(e).

testículo *m* testicule *m*.

testificar ◇ *vt* témoigner; **su contestación testifica su buena fe** sa réponse témoigne de sa bonne foi. ◇ *vi* témoigner.

testigo ◇ *mf* témoin *m*; ~ **ocular** o **presencial** témoin oculaire. ◇ *m* DEP témoin *m*.

testimonial *adj* [documento, prueba etc] faisant preuve de.

testimoniar *vt & vi* témoigner.

testimonio *m* témoignage *m*; **como ~** *fig* en témoignage de; **dar ~ de algo** témoigner de qqch.

teta *f* **-1.** *fam* [de mujer] nichon *m* . **-2.** [de hembra] tétine *f*.

tétanos *m inv* tétanos *m*.

tetera *f* théière *f*.

tetilla *f* **-1.** [de macho] mamelon *m*. **-2.** [de biberón] tétine *f*.

tetina *f* tétine *f* (de biberon).

tetrapléjico, ca *adj & m, f* tétraplégique.

tétrico, ca *adj* lugubre.

textil *adj & m* textile.

texto *m* texte *m*.

textual *adj* textuel(elle).

textura f texture f.

tez f teint m.

ti pron pers (después de prep) toi; **pienso en** ~ je pense à toi; **me acordaré de** ~ je me souviendrai de toi.

tianguis m Amer marché m.

Tibet m : **el** ~ le Tibet.

tibia f tibia m.

tibieza f tiédeur f; fig froideur f.

tibio, bia adj **-1.** [agua, infusión etc] tiède. **-2.** fig [relaciones, sentimiento etc] froid(e).

tiburón m **-1.** ZOOL requin m. **-2.** FIN raider m.

tic m tic m.

ticket = **tíquet**.

tictac m tic-tac m inv.

tiempo m **-1.** [gen] temps m; **al poco** ~ peu de temps après; **a** ~ à temps; **aún estás a** ~ **de hacerlo** tu as encore le temps de le faire; **a un** ~ en même temps; **con el** ~ avec le temps; **con** ~ à l'avance; **del** ~ [fruta] de saison; [bebida] à température; **fuera de** ~ trop tard; **ganar** ~ gagner du temps; **perder el** ~ perdre son temps; **hace buen/mal** ~ il fait beau/mauvais; **hace** ~ **que** il y a longtemps que; **tener** ~ **para** avoir le temps de; **todo el** ~ tout le temps; **tomarse alguien su** ~ prendre son temps; ~ **libre** temps libre. **-2.** [edad] âge m; **¿qué** ~ **tiene tu hijo?** quel âge a ton fils? **-3.** DEP mi-temps f.

tienda f **-1.** [establecimiento] magasin m. **-2.** [para acampar] tente f; ~ **(de campaña)** tente (de camping).

tiene → **tener.**

tierno, na adj tendre; **pan** ~ pain frais.

tierra f **-1.** [gen & ELECTR] terre f; **caer a** ~ tomber par terre; **tomar** ~ aterrir; ~ **firme** terre ferme. **-2.** [patria] pays m, terre f natale. ◆ **Tierra** f: **la Tierra** la Terre. ◆ **Tierra del Fuego** Terre de Feu f.

tierral = **terral.**

tieso, sa adj **-1.** [gen] raide. **-2.** fig [engreído] guindé(e).

tiesto m **-1.** [maceta] pot m; [con flores] pot de fleurs. **-2.** [trasto] vieillerie f.

tifoideo, a adj typhoïde.

tifón m typhon m.

tifus m inv typhus m.

tigre m tigre m.

tigresa f tigresse f.

tijera f (gen pl) ciseaux mpl; **unas** ~s une paire de ciseaux.

tijereta f **-1.** ZOOL perce-oreille m. **-2.** DEP saut m en ciseaux.

tila f [infusión] tilleul m.

tildar vt : ~ **de** taxer de.

tilde f **-1.** [signo ortográfico] tilde m. **-2.** [acento gráfico] accent m écrit.

tiliches mpl Amer attirail m.

tilín m : ~ ~ dring dring; **hacer** ~ fam fig taper dans l'œil.

tilo m BOT tilleul m.

timar vt **-1.** [estafar] : ~ **diez mil pesetas** escroquer de dix mille pesetas. **-2.** fam [engañar] rouler.

timbal m [de orquesta] timbale f.

timbrar vt timbrer.

timbre m **-1.** [aparato] sonnette f; **tocar el** ~ sonner. **-2.** [de documentos, voz] timbre m; [de impuestos] timbre m fiscal.

timidez f timidité f.

tímido, da adj m & f, m, f timide.

timo m **-1.** [estafa] escroquerie f. **-2.** fam [engaño] arnaque f.

timón m **-1.** NÁUT & AERON gouvernail m; [del piloto] manche m (à balai). **-2.** fig [gobierno] : **llevar el** ~ de diriger. **-3.** Amer [volante] volant m.

timonel, timonero m timonier m.

timorato, ta adj timoré(e).

tímpano m ANAT & ARQUIT tympan m.

tina f **-1.** [tinaja] jarre f. **-2.** [recipiente grande] bac m. **-3.** Amer [bañera] baignoire f.

tinaja f jarre f.

tinglado m **-1.** [cobertizo] hangar m. **-2.** [armazón] estrade f. **-3.** fig [lío] pagaille f; **armar un** ~ fam faire la fête.

tinieblas fpl ténèbres fpl; **estar en las** ~ être dans le noir; fig être dans le brouillard.

tino m **-1.** [puntería, abilidad] adresse f; **tener** ~ avoir l'œil. **-2.** fig [moderación] modération f; **sin** ~ sans mesure. **-3.** fig [juicio] discernement m.

tinta f encre f; ~ **china** encre de Chine. ◆ **medias tintas** fpl fig demi-mesures fpl.

tinte m **-1.** [gen] teinture f. **-2.** [tintorería] teinturerie f. **-3.** fig [tono] teinte f.

tintero m encrier m.

tintinear vi tinter.

tinto, ta adj fig [teñido] : ~ **en sangre** taché de sang. ◆ **tinto** m [vino] rouge m.

tintorera f requin m bleu.

tintorería *f* teinturerie *f*.

tiña *f* MED teigne *f*.

tío, a *m, f* **-1.** [familiar] oncle *m*, tante *f*. **-2.** *fam* [individuo] mec *m*, nana *f*; **oye, ~, ¿tienes un cigarro?** eh, t'aurais pas une cigarette?

tiovivo *m* manège *m*.

tipazo *m fam* **¡vaya ~ que tiene!** elle est sacrément bien foutue!

típico, ca *adj* typique; **el ~ español** l'Espagnol type.

tipificar *vt* **-1.** [normalizar] classer. **-2.** [simbolizar] être caractéristique de; **esa chica tipifica la mujer moderna** cette fille est le type même de la femme moderne.

tiple *mf* [cantante] soprano *mf*.

tipo, pa *m, f* **tipo** ◆ **tipo** *m* **-1.** [clase] type *m*; **todo ~ de** toute(s) sorte(s) de. **-2.** [cuerpo] : **tener buen ~** être bien fait(e). **-3.** ECON taux *m*; **~ de interés** taux d'intérêt. **-4.** IMPRENTA caractère *m*.

tipografía *f* [procedimiento] typographie *f*.

tipográfico, ca *adj* typographique.

tipógrafo, fa *m, f* typographe *mf*.

tíquet (*pl* **tíquets**), **ticket** (*pl* **tickets**) *m* ticket *m*; [de espectáculo] billet *m*.

tiquismiquis ◇ *adj & mf fam* [maniático] pinailleur(euse). ◇ *mpl* [bagatelas] brouilles *fpl*.

TIR (*abrev de* **transport international routier**) *m* TIR *m*.

tira *f* **-1.** [banda] bande *f*; [de cuero] lanière *f*. **-2.** [de viñetas] bande *f* dessinée. **-3.** *loc* : **la ~ de** *fam* une tripotée de.

tirabuzón *m* **-1.** [rizo] anglaise *f*. **-2.** [sacacorchos] tire-bouchon *m*.

tirachinas *m inv* lance-pierre *m*.

tiradero *m Amer* **-1.** [vertedero] décharge *f* publique. **-2.** *fig* [desorden] bazar *m*.

tirado, da *adj fam* **-1.** [barato] donné(e). **-2.** [fácil] fastoche. ◆ **tirada** *f* **-1.** [lanzamiento] lancer *m*. **-2.** IMPRENTA tirage *m*. **-3.** [de versos] tirade *f*. **-4.** [distancia] : **hay una tirada** ça fait un bout de chemin; **de** ○ **en una tirada** d'une (seule) traite.

tirador, ra *m, f* [persona] tireur *m*, -euse *f*. ◆ **tirador** *m* [de cajón, puerta] poignée *f*; [de campanilla] cordon *m*. ◆ **tiradores** *mpl Amer* [tirantes] bretelles *fpl*.

tiranía *f* tyrannie *f*.

tirano, na ◇ *adj* tyrannique. ◇ *m, f* tyran *m*.

tirante ◇ *adj* tendu(e); **estar ~s** [personas] être en froid. ◇ *m* **-1.** [de delantal, vestido] cordon *m*. **-2.** ARQUIT tirant *m*. ◆ **tirantes** *mpl* [de pantalones] bretelles *fpl*.

tirantez *f* tension *f*.

tirar ◇ *vt* **-1.** [gen] jeter; [lanzar] lancer; **~ papeles al suelo/a la basura** jeter des papiers par terre/à la poubelle; **~ cohetes/piedras** lancer des pétards/des pierres. **-2.** [dejar caer] faire tomber; [líquido] renverser. **-3.** [malgastar – dinero] dilapider. **-4.** [disparar, DEP & IMPRENTA] tirer; **~ un cañonazo** tirer un coup de canon. **-5.** [derribar] abattre; **~ abajo** [edificio] abattre; [puerta] enfoncer. **-6.** [atraer] attirer; **me tira la vida en el campo** j'irais bien vivre à la campagne. ◇ *vi* **-1.** [gen] tirer; **~ del pelo** tirer les cheveux; **~ de la cuerda** tirer sur la corde; **el ciclista tiraba del pelotón** le cycliste menait le peloton; **la chaqueta me tira de la manga** cette veste me serre aux manches; **el juego del tira y afloja** le marchandage. **-2.** [gustar] : **la patria/familia tira mucho** on aime toujours son pays/sa famille. **-3.** [funcionar] marcher; **el coche no tira** la voiture n'avance pas. **-4.** [dirigirse] : **~ a la derecha** prendre à droite; **tira por este camino** prends ce chemin. **-5.** *fam* [apañárselas] : **¡vamos tirando!** on fait aller! **-6.** [parecerse] : **tira a su abuela** elle ressemble à sa grand-mère; **un marrón tirando a gris** un marron qui tire sur le gris. **-7.** [tender] : **este programa tira a hortera** cette émission est un peu ringarde; **el tiempo tira a mejorar** le temps semble s'améliorer. **-8.** DEP shooter. ◆ **tirarse** *vp* **-1.** [lanzarse, arrojarse] se jeter; **~se de cabeza al agua** plonger la tête la première; **se tiró del cuarto piso** il a sauté du quatrième étage. **-2.** [tumbarse] s'étendre. **-3.** [el tiempo] passer; **se tiró el día leyendo** il a passé sa journée à lire.

tirita® *f* pansement *m*.

tiritar, titiritar *vi* grelotter.

tiritera, tiritona *f* grelottement *m*.

tiro *m* **-1.** [acción & DEP] tir *m*; **~ al blanco** tir à la cible; **pegar un ~ a alguien** tirer sur qqn. **-2.** [disparo, estampido] coup *m* de feu; **un fusil de cinco ~s** un fusil à cinq coups. **-3.** [balazo, herida] balle *f*; **un ~ en el corazón** une balle dans le cœur; **pegarse un ~** se tirer une balle. **-4.** [alcance] portée *f*; **a ~ de bala** à portée de tir. **-5.** [de chimenea] tirage *m*. **-6.** [de pantalón] entrejambe *m*. **-7.** [de caballos] attelage *m.* -8. *loc* : **ni a ~s** pour rien au monde; **vestirse** ○ **ponerse de ~s largos** se mettre sur son trente-et-un.

tiroides *m* thyroïde *f.*

tirón *m* -1. [estirón] : **dar un ~** tirer; **dar tirones** [en el pelo] tirer les cheveux. -2. [muscular] crampe *f.* -3. [robo] vol *m* à l'arraché. ◆ **de un tirón** *loc adv* d'un trait.

tirotear ○ *vt* tirer sur. ○ *vi* tirailler.

tiroteo *m* fusillade *f.*

tirria *f fam* **tenerle ~ a alguien** ne pas pouvoir blairer qqn.

tisana *f* tisane *f.*

titánico, ca *adj* [trabajo] de titan.

títere *m* -1. [marioneta] marionnette *f.* -2. *fig* [monigote] pantin *m.* ◆ **títeres** *mpl* spectacle *m* de marionnettes.

titilar, titilear *vi* -1. [temblar] trembloter. -2. [estrella, luz] scintiller.

titipuchal *m Amer fam* ribambelle *f.*

titiritar = tiritar.

titiritero, ra *m, f* -1. [de títeres] marionnettiste *mf.* -2. [de circo] acrobate *mf.*

titubeante *adj* hésitant(e).

titubear *vi* [dudar] hésiter; [al hablar] bafouiller.

titubeo *m (gen pl)* hésitation *f*; **sin ~s** sans hésiter.

titulado, da *adj & m, f* diplômé(e); **~ en** diplômé en.

titular[1] ○ *adj & mf* titulaire. ○ *m (gen pl)* PRENSA gros titres *mpl.*

titular[2] *vt* [llamar] intituler. ◆ **titularse** *vp* -1. [llamarse] s'intituler. -2. [licenciarse] ○ **~se (en)** obtenir un diplôme (de).

título *m* -1. [gen, DER & ECON] titre *m*; **a ~ de** à titre de. -2. EDUC diplôme *m*; **~ de bachillerato** ≃ baccalauréat *m.*

tiza *f* craie *f*; [de billar] bleu *m.*

tiznar *vt* tacher de noir. ◆ **tiznarse** *vp* se tacher de noir.

tizne *m* ○ *f* suie *f.*

tizón *m* tison *m.*

tlapalería *f Amer* quincaillerie *f.*

toalla *f* serviette *f (de toilette, de plage)*; [tejido] tissu *m* éponge.

toallero *m* porte-serviette *m.*

tobillera *f* chevillère *f.*

tobillo *m* cheville *f.*

tobogán *m* toboggan *m.*

toca *f* [de monja] coiffe *f.*

tocadiscos *m inv* tourne-disque *m.*

tocado, da *adj* -1. [chiflado] timbré(e). -2. [fruta] gâté(e). ◆ **tocado** *m* coiffure *f.*

tocador *m* -1. [mueble] coiffeuse *f.* -2. [habitación] cabinet *m* de toilette.

tocar ○ *vt* -1. [gen] toucher; **no toques eso** ne touche pas à ça. -2. MÚS jouer de; **toca la guitarra/el piano** il joue de la guitare/du piano. -3. [campana, hora] sonner; **el reloj tocó las doce** midi a sonné à l'horloge. -4. [caer en suerte etc] aborder. -5. *fig* [dignidad, honor] porter atteinte à; **~ el amor propio de alguien** blesser qqn dans son amour-propre. ○ *vi* -1. [estar próximo] : **~ a** ○ **con (algo)** toucher qqch. -2. [corresponder – en reparto] revenir; [– obligación] : **te tocará hacerlo** c'est à toi de le faire. -3. [concernir] : **por lo que a mí me toca** en ce qui me concerne. -4. [conseguir] gagner; **le ha tocado la lotería** il a gagné à la loterie; **le ha tocado sufrir mucho** il a beaucoup souffert. -5. [llegar el momento] : **hemos comido y ahora nos toca pagar** nous avons mangé, il faut payer. ◆ **tocarse** *vp* se toucher.

tocayo, ya *m, f* homonyme *mf.*

tocho *m* -1. [de hierro] lingot *m.* -2. *fam* [libro] pavé *m.*

tocinería *f* charcuterie *f.*

tocino *m* lard *m* . ◆ **tocino de cielo** *m* CULIN *flan riche en jaunes d'œuf.*

todavía *adv* -1. [aún] encore; **~ no** pas encore; **~ no lo sabe** il ne le sait en encore. -2. [con todo, encima] pourtant; **es malo y ~ le quiere** il est méchant et pourtant elle l'aime; **... y ~ se queja** ... et par dessus le marché, il se plaint.

todo, da ○ *adj* -1. [gen] tout(e); **~ el mundo** tout le monde; **toda España** toute l'Espagne; **~ el día** toute la journée; **~s los días/los lunes** tous les jours/les lundis; **un vestido ~ sucio** une robe toute sale; **está ~ preocupado** il est très inquiet. -2. [para enfatizar] : **es ~ un hombre** c'est un homme, un vrai; **ya es toda una mujer** c'est une vraie femme maintenant; **es ~ un éxito** c'est un vrai succès. ○ *pron* -1. [todas las cosas] tout; **lo ha vendido ~** il a tout vendu; **~ es culpa mía** c'est entièrement ma faute; **no del ~** pas tout à fait. -2. *(gen pl)* [todas las personas] tous(toutes); **han venido todas** elles sont toutes venues; **~s me lo dicen** tout le monde me le dit. ◆ **todo** ○ *m* tout *m* . ○ *adv* tout, entièrement; **~ lana** pure laine. ◆ **ante todo** *loc adv* avant tout.

◆ **con todo** *loc adv* malgré tout, néanmoins. ◆ **después de todo** *loc adv* tout compte fait. ◆ **sobre todo** *loc adv* surtout. ◆ **todo terreno** *m* véhicule *m* tout-terrain.

todopoderoso, sa *adj* tout-puissant (toute-puissante).

toga *f* –1. [gen] toge *f*. –2. [en el pelo] : **hacerse la ~** se faire un tourbillon.

Tokio Tokyo.

toldc *m* store *m*; [entoldado] bâche *f*.

Toledo Tolède.

tolerancia *f* tolérance *f*.

tolerante *adj* tolérant(e).

tolerar *vt* tolérer.

toma *f* –1. [gen] prise *f*. –2. CIN prise *f* de vues. ◆ **toma de posesión** *f* [de cargo] prise *f* de possession; [de gobierno, presidente] investiture *f*.

tomadura *f* : **es una ~ de pelo** *fam* on se fout de nous.

tomar ◇ *vt* prendre; **¿qué quieres ~?** qu'est-ce que tu prends?; **~ por imbécil** prendre pour un imbécile; **me tomó por mi hermano** il m'a pris pour mon frère; **~ cariño a alguien** prendre qqn en affection; **~ prestado** emprunter; **¡toma!** [al dar algo] tiens!; [expresa sorpresa] ah, bon!; **~la** ◇ **~las con alguien** *fam* prendre qqn en grippe. ◇ *vi* [encaminarse] : **~ a la derecha/izquierda** prendre à droite/à gauche. ◆ **tomarse** *vp* prendre; **~se una cerveza** prendre une bière.

tomate *m* –1. [fruto] tomate *f*. –2. [en calcetín] trou *m*. –3. *fam* [jaleo] pagaille *f*.

tómbola *f* tombola *f*.

tomillo *m* thym *m*.

tomo *m* [volumen] tome *m*.

ton ◆ **sin ton ni son** *loc adv* sans rime ni raison.

tonada *f* MÚS air *m*.

tonalidad *f* –1. MÚS tonalité *f*. –2. [de color] teinte *f*.

tonel *m* [recipiente] tonneau *m* .

tonelada *f* tonne *f*.

tonelaje *m* [de buque] tonnage *m*.

tónico, ca *adj* tonique. ◆ **tónico** *m* –1. [reconstituyente] fortifiant *m*. –2. [cosmético] lotion *f* tonique. ◆ **tónica** *f* –1. [tendencia] ton *m*; **marcar la tónica** donner le ton. –2. MÚS tonique *f*. –3. [bebida] ≃ Schweppes® *m*.

tonificador, ra, **tonificante** *adj* tonifiant(e).

tonificar *vt* tonifier.

tono *m* –1. [gen & MÚS] ton *m*. –2. MED tonus *m*. –3. *loc* : **darse ~** *fam* rouler les mécaniques; **fuera de ~** hors de propos.

tonsura *f* tonsure *f*.

tontear *vi* –1. [hacer el tonto] faire l'idiot(e). –2. [coquetear] : **~ (con alguien)** flirter (avec qqn).

tontería *f* –1. [estupidez] bêtise *f*; **decir cuatro ~s** dire trois mots; **hacer una ~** faire une bêtise. –2. [cosa sin valor] bricole *f*.

tonto, ta ◇ *adj* bête, idiot(e). ◇ *m, f* imbécile *mf*; **hacer el ~** faire l'idiot; **hacerse el ~** faire l'innocent; **ser un ~** être bête. ◆ **a tontas y a locas** *loc adv* à tort et à travers.

tontorrón, ona *adj & m, f* bêta(asse).

top (*pl* **tops**) *m* [prenda de vestir] haut *m*.

topacio *m* topaze *f*.

topadora *f* Amer bulldozer *m*.

topar *vi* [encontrarse] : **~ con** tomber sur.

tope ◇ *adj inv* [límite] maximal(e); **la fecha ~** la date butoir. ◇ *adv mfam* [muy] super. ◇ *m* –1. [pieza] butoir *m*. –2. [punto máximo] limite *f*. –3. [obstáculo] frein *m*; **poner ~ a algo** mettre un frein à qqch. ◆ **a tope** *loc adv* –1. [de velocidad, intensidad] à fond. –2. *fam* [lleno – lugar] plein(e) à craquer.

topetazo *m* [colisión] choc *m* .

tópico, ca *adj* –1. [manido] banal(e). –2. MED topique, à usage local. ◆ **tópico** *m* cliché *m* (*lieu commun*).

topo *m* *lit & fig* taupe *f*.

topografía *f* topographie *f*.

topógrafo, fa *m, f* topographe *mf*.

topónimo *m* toponyme *m*.

toque *m* –1. [gen] coup *m*; **~ de diana** coup de clairon; **~ de difuntos** glas *m*; **~ de queda** couvre-feu *m* inv. –2. [matiz] touche *f*; **dar los últimos ~s a algo** mettre la dernière main à qqch. –3. [aviso] mise *f* en garde; **dar un ~ a alguien** *fam* [llamar] appeler qqn; [por teléfono] passer un coup de fil à qqn; [amonestar] mettre qqn en garde.

toquetear *vt* *fam* [manosear] tripoter.

toquilla *f* châle *m*.

torácico, ca *adj* thoracique.

tórax *m* thorax *m*.

torbellino *m* tourbillon *m* .

torcedura *f* –1. [torsión] torsion *f*. –2. MED entorse *f*.

torcer ◇ vt **-1.** [doblar] tordre. **-2.** [girar] : ~ **la esquina** tourner au coin de la rue. ◇ vi [girar] tourner. ◆ **torcerse** vp **-1.** [dislocarse] se tordre; **me torcí el dedo** je me suis tordu le doigt; **me tuerzo al escribir** je n'écris pas droit. **-2.** [ir mal] mal tourner.

torcido, da adj [doblado] tordu(e); [mal colocado] de travers.

tordo, da ◇ adj pommelé(e). ◇ m, f cheval m pommelé, jument f pommelée. ◆ **tordo** m [ave] grive f.

torear ◇ vt **-1.** [lidiar] combattre. **-2.** fig [eludir – persona] éviter; [– peligro] esquiver. **-3.** fig [burlarse de] : ~ **a alguien** taquiner qqn. ◇ vi [lidiar] toréer.

toreo m [arte] tauromachie f.

torero, ra m, f [persona] torero m; **saltarse algo a la torera** fig faire fi de qqch. ◆ **torera** f [prenda] boléro m.

tormenta f orage m; **acabar en** ~ fig mal tourner.

tormento m **-1.** [congoja] tourment m. **-2.** [castigo] torture f.

tormentoso, sa adj orageux(euse).

tornado m tornade f.

tornar culto. ◇ vt [convertir] transformer. ◇ vi [regresar] : ~ **a** retourner à. ◆ **tornarse** vp [convertirse] devenir.

torneado, da adj **-1.** [cerámica] fait(e) au tour. **-2.** [forma] bien fait(e); **tener las piernas torneadas** avoir les jambes galbées. ◆ **torneado** m [de cerámica] tournage m.

torneo m tournoi m .

tornillo m vis f; **le falta un** ~ fam fig il lui manque une case.

torniquete m **-1.** MED garrot m. **-2.** [en entrada] tourniquet m.

torno m **-1.** [de alfarero] tour m. **-2.** [de carpintero] toupie f. **-3.** [de dentista] roulette f. **-4.** [para pesos] treuil m. ◆ **en torno a** loc prep **-1.** [alrededor de] autour de. **-2.** [aproximadamente] environ.

toro m taureau m . ◆ **toros** mpl [lidia] corrida f.

toronja f pamplemousse m.

torpe adj **-1.** [gen] maladroit(e). **-2.** [poco hábil] : **ser** ~ **para algo** ne pas être très doué pour qqch. **-3.** [necio] lent(e).

torpedear vt torpiller.

torpedero m torpilleur m.

torpedo m torpille f.

torpeza f **-1.** [gen] maladresse f. **-2.** [necedad] lenteur f.

torre f **-1.** [gen] tour f; [de iglesia] clocher m; ~ **de control** tour de contrôle. **-2.** [chalé] maison f de campagne.

torrefacto, ta adj torréfié(e).

torrencial adj torrentiel(elle).

torrente m torrent m; fig [de gente, palabras] flot m.

torreta f **-1.** MIL tourelle f. **-2.** ELECTR pylône m.

torrezno m lardon m.

tórrido, da adj torride.

torrija f CULIN pain m perdu.

torsión f torsion f.

torso m culto torse m.

torta f **-1.** CULIN galette f. **-2.** fam [bofetada] baffe f; **dar** ○ **pegar una** ~ **a alguien** donner une baffe à qqn. ◆ **ni torta** loc adv fam que dalle; **no veo ni** ~ j'y vois que dalle.

tortazo m fam **-1.** [bofetada] baffe f . **-2.** [golpe] : **darse** ○ **pegarse un** ~ se casser la figure.

tortícolis f inv torticolis m.

tortilla f omelette f; ~ **a la española** ○ **de patatas** omelette espagnole; ~ **a la francesa** omelette nature.

tórtola f tourterelle f.

tortolito, ta m, f **-1.** [inexperto] novice mf. **-2.** (gen pl) fam [enamorado] tourtereau m.

tortuga f tortue f.

tortuoso, sa adj tortueux(euse).

tortura f torture f.

torturar vt torturer. ◆ **torturarse** vp se tourmenter.

tos f toux f; ~ **ferina** = tosferina.

tosco, ca adj **-1.** [basto] grossier(ère). **-2.** fig [inculto] rustre.

toser vi tousser.

tosferina f coqueluche f.

tostada f → tostado.

tostado, da adj grillé(e); [color] foncé(e); [tez] hâlé(e). ◆ **tostada** f toast m.

tostador m , **tostadora** f grille-pain m.

tostar vt **-1.** [dorar, calentar] faire griller. **-2.** [broncear] brunir. ◆ **tostarse** vp se faire bronzer.

tostón m **-1.** CULIN [picatoste] croûton m frit. **-2.** fam fig [aburrimiento, rollo] plaie f.

total ◇ adj total(e). ◇ m **-1.** [suma] total m; **en** ~ au total. **-2.** [totalidad, conjunto] totalité f; **el** ~ **del grupo** la totalité du groupe. ◇ adv fam [en conclusión] bref; [de todas formas] de toute manière; ~ **que me fui** bref, je suis parti; ~ **no podemos ha-**

cer nada de toute manière, on ne peut rien y faire.

totalidad *f* totalité *f*.

totalitario, ria *adj* totalitaire.

totalizar *vt* faire le total de, totaliser.

tótem (*pl* **tótems** ○ **tótemes**) *m* totem *m*.

tóxico, ca *adj* toxique. ◆ **tóxico** *m* toxique *m*.

toxicómano, na *adj & m, f* toxicomane.

toxina *f* toxine *f*.

tozudo, da *adj & m, f* têtu(e).

traba *f fig* [estorbo] obstacle *m*; **poner ~s a alguien** mettre des bâtons dans les roues à qqn.

trabajador, ra ◇ *adj* travailleur(euse). ◇ *m, f* travailleur *m*, -euse *f*; **~ eventual/temporal** travailleur occasionnel/temporaire.

trabajar ◇ *vi* **-1.** [gen] travailler; **trabaja de** ○ **como camarero** il est garçon de café. **-2.** CIN & TEATR jouer. ◇ *vt* travailler.

trabajo *m* **-1.** [gen] travail *m*; [empleo] emploi *m*; **hacer un buen ~** faire du bon travail; **~s manuales** travaux manuels. **-2.** *fig* [esfuerzo] efforts *mpl*; **costar mucho ~** demander beaucoup d'efforts.

trabajoso, sa *adj* **-1.** [difícil] laborieux(euse). **-2.** [molesto] pénible.

trabalenguas *m inv* mot ou phrase difficile à *prononcer*.

trabar *vt* **-1.** [sujetar] attacher; [unir] assembler. **-2.** [iniciar – lucha, conversación] engager; **~ amistad con** se lier d'amitié avec. **-3.** [obstaculizar] entraver. **-4.** CULIN [salsa] lier. ◆ **trabarse** *vp* **-1.** [enredarse] s'emmêler. **-2.** *loc*: **se le trabó la lengua** sa langue a fourché.

trabazón *f fig* [conexión, enlace] enchaînement *m*.

traca *f* chapelet *m* de pétards.

tracción *f* traction *f*; **~ delantera** traction avant.

tractor, ra *adj* moteur(trice). ◆ **tractor** *m* tracteur *m*.

tradición *f* tradition *f*.

tradicional *adj* traditionnel(elle); [persona] traditionaliste.

tradicionalismo *m* traditionalisme *m*.

traducción *f* traduction *f*; **~ automática** traduction automatique.

traducir *vt* traduire; **~ (de/a)** traduire (de/en). ◆ **traducirse** *vp* [a otro idioma]: **~se (por)** se traduire (par).

traductor, ra *m, f* traducteur *m*, -trice *f*.

traer *vt* **-1.** [trasladar – cosa] apporter; [– persona] amener; [de un sitio – cosa] rapporter; [– persona] ramener. **-2.** [provocar] causer. **-3.** [incluir]: **el periódico trae un artículo interesante** il y a un article intéressant dans le journal. **-4.** [llevar puesto] porter. **-5.** *loc*: **~ algo entre manos** manigancer qqch; **~ de cabeza a alguien** mener la vie impossible à qqn. ◆ **traérselas** *fam fig* ne pas être piqué(e) des vers.

traficar *vi*: **~ (con** ○ **en algo)** faire du trafic (de qqch).

tráfico *m* **-1.** [circulación] circulation *f*. **-2.** [comercio ilegal] trafic *m*.

tragaluz *m* lucarne *f*.

traganíqueles *f inv Amer fam* → **máquina**.

tragaperras *f inv* machine *f* à sous.

tragar *vt* **-1.** [ingerir, creer] avaler. **-2.** [absorber] engloutir. **-3.** *fam fig* [soportar – cosa] se taper; [– persona]: **no (poder) ~ a alguien** ne pas pouvoir voir qqn. **-4.** *fam* [consumir mucho – coche] pomper; [– persona] avaler. ◆ **tragarse** *vp* **-1.** [ingerir, creer] avaler. **-2.** [absorber] engloutir. **-3.** *fam fig* [soportarse]: **no se tragan** ils ne peuvent pas se voir. **-4.** [orgullo, lágrimas] ravaler.

tragedia *f* tragédie *f*.

trágico, ca ◇ *adj* tragique. ◇ *m, f* [autor] tragique *m*; [actor] tragédien *m*, -enne *f*.

trago *m* **-1.** [de líquido] gorgée *f*; **de un ~** d'un trait. **-2.** *fam* [copa] verre *m*. **-3.** *fam fig* [disgusto]: **pasar un mal ~** passer un mauvais quart d'heure.

tragón, ona *adj & m, f fam* goinfre.

traición *f* trahison *f*.

traicionar *vt* trahir.

traicionero, ra *adj & m, f* traître(esse).

traidor, ra *adj & m, f* traître(esse).

trailer (*pl* **trailers**) *m* **-1.** CIN bande-annonce *f*. **-2.** AUTOM semi-remorque *m*.

traje *m* **-1.** [vestido] robe *f*. **-2.** [prenda] costume *m*, habit *m*; **~ de baño** maillot *m* de bain; **~ (de chaqueta)** [de mujer] tailleur *m*; [de hombre] costume; **~ de luces** TAUROM habit de lumière.

trajeado, da *adj* **-1.** [vestido] habillé(e). **-2.** *fam* [arreglado] sapé(e).

trajín *m fam fig* [ajetreo] remue-ménage *m*.

trajinar *vi fam fig* s'activer.

trama *f* **-1.** [de hilos, obra literaria] trame *f*. **-2.** *fig* [confabulación] machination *f*.

tramar *vt* tramer.

tramitar *vt* : ~ **algo** [pasaporte, permiso, solicitud] faire des démarches pour obtenir qqch.

trámite *m* [diligencia] démarche *f*; [papeleo] formalité *f*; **de** ~ de routine.

tramo *m* [de carretera] tronçon *m*; [de pared] pan *m*; [de escalera] volée *f*.

tramoya *f* TEATR machinerie *f*.

trampa *f* -1. [gen] piège *m*; **hacer** ~**s** tricher. -2. [en suelo] trappe *f*. -3. *fig* [deuda] dette *f*.

trampear *vi fam* -1. [estafar] magouiller. -2. [ir tirando] vivoter.

trampilla *f* trappe *f*.

trampolín *m* tremplin *m*; [de piscina] plongeoir *m*.

tramposo, sa *adj & m, f* -1. [en el juego] tricheur(euse). -2. [moroso] mauvais payeur(mauvaise payeuse).

tranca *f* -1. [de puerta, ventana] barre *f* de fer. -2. [palo] trique *f*. -3. *fam* [borrachera] cuite *f*. -4. *loc* : **a** ~**s y a barrancas** tant bien que mal.

trance *m* -1. [apuro] mauvais pas *m*; **pasar (por) un mal** ~ passer un mauvais moment. -2. [estado hipnótico] transe *f*.

tranquilidad *f* tranquillité *f*, calme *m*.

tranquilizante ◇ *adj* -1. [relajante] apaisant(e). -2. FARMACIA tranquillisant(e). ◇ *m* FARMACIA tranquillisant *m*.

tranquilizar *vt* -1. [calmar] tranquilliser, calmer. -2. [dar confianza] rassurer. ◆ **tranquilizarse** *vp* -1. [calmarse] se tranquilliser. -2. [tomar confianza] se rassurer.

tranquillo *m fam* **coger el** ~ **a algo** attraper le coup.

tranquilo, la *adj* -1. [gen] tranquille; [mar, viento, negocio] calme; **(tú)** ~ *fam* (ne) t'inquiète pas. -2. [despreocupado] insouciant(e).

transacción *f* transaction *f*.

transar *vi Amer* aboutir à un compromis.

transatlántico, ca *adj* transatlantique. ◆ **transatlántico** *m* NÁUT transatlantique *m*.

transbordador *m* -1. NÁUT ferry *m*. -2. AERON : ~ **(espacial)** navette *f* spatiale.

transbordar ◇ *vt* transborder. ◇ *vi* changer *(de train etc)*.

transbordo *m* : **hacer** ~ changer *(de train etc)*.

transcendencia *f fig* importance *f*; **tener una gran** ~ être d'une grande importance.

transcendental *adj* -1. [importante] très important(e). -2. [meditación] transcendantal(e).

transcendente *adj* très important(e).

transcender *vi* -1. [extenderse] se propager. -2. [oler] : ~ **a** exhaler une odeur de.

transcribir *vt* transcrire.

transcurrir *vi* -1. [tiempo] s'écouler. -2. [ocurrir] se passer.

transcurso *m* : **en el** ~ **de** [cena, reunión] au cours de; [día, año] dans le courant de.

transeúnte *mf* -1. [paseante] passant *m*, -e *f*. -2. [transitorio] personne *f* de passage.

transexual *adj & mf* transsexuel(elle).

transferencia *f* -1. BANCA virement *m*. -2. [cesión] transfert *m*.

transferir *vt* -1. BANCA virer. -2. [ceder] transférer.

transfigurar *vt* transfigurer.

transformación *f* transformation *f*.

transformador, ra *adj* transformateur(trice); [industria, sistema] de transformation. ◆ **transformador** *m* ELECTR transformateur *m*.

transformar *vt* : ~ **algo/alguien en** transformer qqch/qqn en. ◆ **transformarse** *vp* -1. [cambiar] se transformer. -2. [mejorar] être transformé(e).

tránsfuga *mf* transfuge *mf*.

transfusión *f* transfusion *f*.

transgredir *vt* transgresser.

transgresor, ra *m, f* contrevenant *m*, -e *f*.

transición *f* -1. [gen] transition *f*. -2. POLÍT nom donné à la période de l'histoire espagnole qui a suivi le franquisme.

transido, da *adj* [de frío] transi(e); [de dolor, pena] accablé(e).

transigente *adj* tolérant(e).

transigir *vi* : ~ **(con)** transiger (sur).

transistor *m* transistor *m*.

transitar *vi* passer; [coche] circuler.

tránsito *m* -1. [circulación] circulation *f*, passage *m* . -2. [transporte] transit *m*.

transitorio, ria *adj* transitoire.

translúcido, da *adj* translucide.

transmisible *adj* transmissible.

transmisión *f* transmission *f*.

transmisor, ra *adj* de transmission. ◆ **transmisor** *m* RADIO émetteur *m*.

transmitir *vt* transmettre. ◆ **transmitirse** *vp* se transmettre.

transoceánico, ca *adj* transocéanique.

transparencia f **-1.** [claridad] transparence f. **-2.** [para una exposición] transparent m.

transparentarse vp **-1.** [gen] être transparent(e). **-2.** fig [manifestarse] transparaître.

transparente adj **-1.** [gen] transparent(e). **-2.** fig [manifiesto, evidente] clair(e).

transpiración f transpiration f.

transpirar vi transpirer.

transplantar vt transplanter.

transplante m greffe f.

transponer vt [cambiar] déplacer. ◆ **transponerse** vp [adormecerse] s'assoupir.

transportador, ra adj [cinta] roulant(e). ◆ **transportador** m **-1.** [para transportar] transporteur m. **-2.** [para medir ángulos] rapporteur m.

transportar vt transporter. ◆ **transportarse** vp [embelesarse] : ~se (con) être transporté(e) (de).

transporte m transport m; ~ público o colectivo transports en commun.

transportista mf transporteur m.

transvase m **-1.** [de líquido] transvasement m. **-2.** [de río] dérivation f.

transversal ◇ adj transversal(e). ◇ f GEOM transversale f.

tranvía m tramway m.

trapecio m trapèze m.

trapecista mf trapéziste mf.

trapero, ra m, f chiffonnier m, -ère f.

trapío m **-1.** TAUROM fougue f. **-2.** culto [garbo] allure f.

trapisonda f fam [enredo] embrouille f.

trapo m **-1.** [gen] chiffon m; ~ (de cocina) torchon m. **-2.** TAUROM muleta f. **-3.** loc : poner a alguien como un ~ traiter qqn de tous les noms. ◆ **trapos** mpl fam [ropa] : hablar de ~s parler chiffons.

tráquea f trachée f.

traqueteo m [de tren] secousses fpl.

tras prep **-1.** [después de] après. **-2.** [detrás de, en pos de] derrière; **andar** ~ **algo** être à la recherche de qqch.

trasatlántico = transatlántico.

trasbordador = transbordador.

trasbordar = transbordar.

trasbordo = transbordo.

trascendencia = transcendencia.

trascendental = transcendental.

trascendente = transcendente.

trascender = transcender.

trascribir = transcribir.

trascurrir = transcurrir.

trascurso = transcurso.

trasegar vt **-1.** [desordenar] déranger. **-2.** [transvasar] transvaser.

trasero, ra adj de derrière; [asiento, rueda etc] arrière. ◆ **trasero** m fam derrière m.

trasferencia = transferencia.

trasferir = transferir.

trasfigurar = transfigurar.

trasfondo m [de palabras, obra] sens m profond.

trasformación = transformación.

trasformador = transformador.

trasformar = transformar.

trásfuga = tránsfuga.

trasfusión = transfusión.

trasgredir = transgredir.

trasgresor = transgresor.

trashumante adj transhumant(e).

trasiego m [movimiento] remue-ménage m.

traslación f **-1.** ASTRON translation f. **-2.** [cambio de lugar] déplacement m.

trasladar vt **-1.** [desplazar] déplacer; [viajeros, herido etc] transporter. **-2.** [empleado, funcionario] muter; [empresa, local] transférer. **-3.** [reunión, fecha] reporter. ◆ **trasladarse** vp **-1.** [desplazarse] se déplacer; [empresa, local] être transféré(e). **-2.** [mudarse] : ~se (de piso) déménager.

traslado m **-1.** [desplazamiento] déplacement m; [de viajeros, herido etc] transport m. **-2.** [mudanza] déménagement m. **-3.** [de empleado, funcionario] mutation f.

traslúcido = translúcido.

trasluz m : al ~ par transparence.

trasmisión = transmisión.

trasmisor = transmisor.

trasmitir = transmitir.

trasnochar vi passer une nuit blanche.

trasoceánico = transoceánico.

traspapelar vt égarer (papier). ◆ **traspapelarse** vp s'égarer (papier).

trasparencia = transparencia.

trasparentarse = transparentarse.

trasparente = transparente.

traspasar vt **-1.** [atravesar] transpercer. **-2.** [cruzar – camino, río] traverser; [– puerta] franchir. **-3.** [negocio] céder; 'se traspasa' 'bail à céder'. **-4.** DEP [jugador]

transférer. -5. *fig* [límite] dépasser; [ley, precepto] transgresser.

traspaso *m* **-1.** [de negocio] cession *f.* **-2.** [precio] reprise *f*; [de un comercio] pas-deporte *m* in**▼**. **-3.** DEP [de jugador] transfert *m.*

traspié *m* faux pas *m*; **dar un ~** *lit & fig* faire un faux pas.

transpiración = transpiración.

traspirar = transpirar.

trasplantar = transplantar.

trasplante = transplante.

trasponer = transponer.

trasportador = transportador.

trasportar = transportar.

trasporte = transporte.

trasportista = transportista.

trasquilar *vt* **-1.** [esquilar] tondre. **-2.** [el pelo] mal couper les cheveux de.

trastabillar *vi Amer* chanceler.

trastada *f* [faena] mauvais coup *m*; [travesura] mauvais tour *m* .

traste *m* MÚS [de guitarra] touchette *f*; **irse al ~** *fig* tomber à l'eau.

trastero *m* débarras *m.*

trastienda *f* arrière-boutique *f.*

trasto *m* **-1.** [utensilio inútil] vieillerie *f.* **-2.** *fam fig* [persona traviesa] polisson *m.* ◆ **trastos** *mpl* **-1.** [pertenencias] affaires *fpl*; **tirarse los ~s a la cabeza** *fam* s'engueuler. **-2.** [equipo] matériel *m*; [– de torero] accessoires *mpl.*

trastocar *vt* [desordenar] déranger *(papiers etc).* ◆ **trastocarse** *vp* [enloquecer] perdre la tête.

trastornado, da *adj* bouleversé(e); **tener la mente trastornada** être dérangé(e).

trastornar *vt* **-1.** [volver loco] faire perdre la tête à. **-2.** [inquietar] tourmenter; [alterar] bouleverser. **-3.** [molestar] déranger. ◆ **trastornarse** *vp* [volverse loco] perdre la tête.

trastorno *m* **-1.** [gen] trouble *m.* **-2.** [alteración] bouleversement *m.* **-3.** [molestia] dérangement *m.*

trastrocar *vt* **-1.** [cambiar de orden] mélanger. **-2.** [cambiar de sentido] déformer.

trasvase = transvase.

trasversal = transversal.

tratable *adj* aimable.

tratado *m* traité *m.*

tratamiento *m* **-1.** [gen, MED & INFORM] traitement *m*; **~ de textos** INFORM traitement de texte. **-2.** [título] titre *m* .

tratar ◇ *vt* **-1.** [gen, MED & INFORM] traiter. **-2.** [dirigirse a] : **~ a alguien de tú** tutoyer qqn; **~ a alguien de usted** vouvoyer qqn. **-3.** [discutir – convenio, acuerdo] négocier. ◇ *vi* **-1.** [versar] : **~ de** ○ **sobre** traiter de. **-2.** [tener relación] : **~ con alguien** fréquenter qqn. **-3.** [intentar] : **~ de hacer algo** essayer de faire qqch. **-4.** [utilizar] : **~ con algo** manipuler qqch. ◆ **tratarse** *vp* **-1.** [relacionarse] se fréquenter; **~se con alguien** fréquenter qqn. **-2.** [versar] : **¿de qué se trata?** de quoi s'agit-il?; **se trata de...** il s'agit de...

tratativas *fpl Amer* formalités *fpl.*

trato *m* **-1.** [comportamiento, conducta] traitement *m*; **de ~ agradable** (d'un commerce) agréable. **-2.** [relación] fréquentation *f*; **no quiero ~s con ellos** je ne veux pas avoir affaire à eux. **-3.** [acuerdo] : **cerrar** ○ **hacer un ~** conclure un marché; **¡~ hecho!** marché conclu! **-4.** [tratamiento] : **dar un ~ a alguien** s'adresser à qqn.

trauma *m* traumatisme *m.*

traumatizar *vt* traumatiser. ◆ **traumatizarse** *vp* se tourmenter.

través ◆ **a través de** *loc prep* **-1.** [de un lado a otro de] en travers de. **-2.** [por entre] à travers, au travers de. **-3.** [por medio de] par l'intermédiaire de. ◆ **de través** *loc adv* de travers.

travesaño *m* **-1.** [pieza] traverse *f.* **-2.** DEP barre *f* transversale.

travesía *f* **-1.** [viaje] traversée *f.* **-2.** [calle] passage *m.*

travestido, da, travestí *(pl* **travestís)** *mf* travesti *m.*

travesura *f* espièglerie *f.*

traviesa *f* traverse *f.*

travieso, sa *adj* espiègle.

trayecto *m* trajet *m.*

trayectoria *f* trajectoire *f.*

traza *f* **-1.** [aspecto] air *m.* **-2.** [habilidad] : **darse buenas/malas ~s (para algo)** être/ne pas être doué(e) (pour qqch).

trazado *m* tracé *m.*

trazar *vt* **-1.** [dibujar] tracer. **-2.** [indicar, describir] évoquer. **-3.** [idear] concevoir.

trazo *m* trait *m.*

trébol *m* trèfle *m.* ◆ **tréboles** *mpl* [palo de baraja] trèfle *m.*

trece *núm* treize; *ver también* **seis**.

treceavo, va *núm* treizième; *ver también* **sexto**.

trecho *m* : un buen ~ [espacio] un bon bout de chemin; [tiempo] un bon bout de temps.

tregua *f* trève *f*.

treinta *núm* trente; *ver también* **sesenta**.

tremendo, da *adj* terrible.

tremolar *vi culto* ondoyer *(drapeau).*

trémulo, la *adj* : **una luz trémula** une lumière vacillante; **una voz trémula** une voix chevrotante.

tren *m* -1. FERROC & TECNOL train *m*; ~ **de alta velocidad** train à grande vitesse; ~ **de aterrizaje** train d'aterrissage; ~ **de lavado** portique *m* de lavage automatique; ~ **expreso/semidirecto** train express/semi-direct. -2. [estilo] : ~ **(de vida)** train *m* de vie. -3. *loc* : **estar como un** ~ *mfam* être canon.

trenza *f* tresse *f*.

trenzar *vt* tresser.

trepa *mf fam* **ser un** ~ avoir les dents qui rayent le parquet.

trepador, ra ◇ *adj* : **una planta trepadora** une plante grimpante. ◇ *m, f fam* **ser un** ~ avoir les dents longues.

trepar *vi* -1. [subir] grimper; ~ **a los árboles** grimper aux arbres. -2. *fam fig* [medrar] grimper dans l'échelle sociale.

trepidar *vi* trépider.

tres *núm* trois; **ni a la de** ~ *fig* pour rien au monde; *ver también* **seis**. ◆ **tres cuartos** *m inv* [abrigo] trois-quarts *m*. ◆ **tres en raya** *m* marelle *f*.

trescientos, tas *núm* trois cents; *ver también* **seiscientos**.

tresillo *m* -1. [sofá] salon comprenant un canapé et deux fauteuils assortis. -2. MÚS triolet *m*.

treta *f* [engaño] ruse *f*.

trial *m inv* trial *m*.

triangular *adj* triangulaire.

triángulo *m* GEOM & MÚS triangle *m* .

triates *mpl Amer* triplés *mpl*.

tribu *f* -1. [de pueblos] tribu *f*. -2. *fam fig* [familia numerosa] smala *f*; ~ **urbana** faune *f*.

tribulación *f* tribulation *f*.

tribuna *f* tribune *f*.

tribunal *m* -1. [gen] tribunal *m*; [de orden superior] cour *f*; **llevar a alguien a los** ~**es** traîner qqn devant les tribunaux. -2. [de examen] jury *m*.

tributar *vt* [respeto, admiración] témoigner; ~ **un homenaje** rendre hommage.

tributo *m* -1. [impuesto] contribution *f*. -2. *fig* [contrapartida] tribut *m*. -3. [sentimiento favorable] : **dedicar un** ~ **de admiración** etc **a alguien** témoigner de l'admiration etc à qqn.

triciclo *m* tricycle *m*.

tricornio *m* tricorne *m*.

tricot *m inv* tricot *m*.

tricotar *vt & vi* tricoter.

tricotosa *f* machine *f* à tricoter.

tridimensional *adj* tridimension-nel(elle).

trifulca *f fam* bagarre *f*.

trigésimo, ma *núm* trentième; *ver también* **sexto**.

trigo *m* blé *m*.

trigonometría *f* trigonométrie *f*.

trillado, da *adj fig* rebattu(e).

trillar *vt* AGR battre.

trillizo, za *m, f* triplés *mpl*, -ées *fpl*.

trilogía *f* trilogie *f*.

trimestral *adj* trimestriel(elle).

trimestre *m* trimestre *m*.

trinar *vi* faire des trilles; **está que trina** *fig* il est fou furieux.

trincar ◇ *vt fam* [detener] pincer. ◇ *vi fam* [beber] picoler.

trincha *f* patte *f* (de vêtement).

trinchante *m* [cuchillo] couteau *m* à découper; [tenedor] fourchette *f* à découper.

trinchar *vt* découper.

trinchera *f* tranchée *f*.

trineo *m* [pequeño] luge *f*; [grande] traîneau *m*.

Trinidad *f* RELIG : **la (Santísima)** ~ la (Sainte) Trinité.

Trinidad y Tobago Trinité-et-Tobago.

trío *m* -1. [gen & MÚS] trio *m*. -2. [de naipes] brelan *m*.

tripa *f* -1. [intestino] tripes *fpl*. -2. *fam* [barriga] ventre *m* . ◆ **tripas** *fpl fig* [de máquina, objeto] intérieur *m* .

triple *adj & m* triple; **el** ~ **de gente** trois fois plus de gens.

triplicado *m* triplicata *m*; **por** ~ en triple exemplaire.

triplicar *vt* tripler. ◆ **triplicarse** *vp* tripler.

trípode *m* trépied *m*.

tríptico *m* -1. ARTE triptyque *m*. -2. [folleto] dépliant *m*.

tripulación *f* équipage *m*.

tripulante *mf* membre *m* de l'équipage.

tripular *vt* [conducir] piloter.

tris *m inv* : **estar en un ~ de** *fig* être à deux doigts de.

triste *adj* **-1.** [gen] triste. **-2.** *(antes de sust)* [humilde – persona] pauvre; [– sueldo] maigre. **-3.** [menor] : **ni un ~ regalo** même pas un malheureux cadeau.

tristeza *f* tristesse *f*.

triturador *m* [de basura] broyeur *m*; [de papeles] déchiqueteuse *f* (de bureau).

triturar *vt* broyer.

triunfador, ra ◇ *adj* victorieux(euse). ◇ *m, f* **-1.** [en competición] vainqueur *m*. **-2.** [en la vida] gagneur *m*, -euse *f*.

triunfal *adj* triomphal(e).

triunfar *vi* **-1.** [vencer] : **~ (sobre)** triompher (de). **-2.** [tener éxito] réussir.

triunfo *m* **-1.** [gen] triomphe *m*; [en encuentro, elecciones] victoire *f*; [en la vida] réussite *f*. **-2.** [en juegos de naipes] atout *m*.

trivial *adj* banal(e).

trivialidad *f* banalité *f*.

trivializar *vt* banaliser.

triza *f (gen pl)* morceau *m*; **hacer ~s** [cosa] casser en mille morceaux; [persona] mettre dans tous ses états.

trocar *vt* **-1.** [intercambiar] échanger. **-2.** [transformar] : **~ algo en algo** transformer qqch en qqch.

trocear *vt* couper en morceaux.

troche ◆ a troche y moche *loc adv* [sin orden] à tort et à travers. [en abundancia] généreusement.

trofeo *m* trophée *m*.

troglodita *mf* **-1.** [cavernícola] troglodyte *mf*. **-2.** *fam* [bárbaro, tosco] ours *m* mal léché.

trola *f fam* **meter ~s** raconter des salades.

trolebús *m* trolleybus *m*.

trolero, ra *m, f fam* menteur *m*, -euse *f*.

tromba *f* trombe *f*; **~ de agua** trombe d'eau.

trombón *m* trombone *m* .

trombosis *f* thrombose *f*.

trompa *f* **-1.** [gen, MÚS & ANAT] trompe *f* . **-2.** *fam* [borrachera] cuite *f*; **coger** ○ **pillar una ~** prendre une cuite.

trompazo *m* coup *m* .

trompear *Amer fam vt* cogner. **◆ trompearse** *vp Amer fam* se bagarrer.

trompeta *f* trompette *f*.

trompetista *mf* trompettiste *mf*.

trompicón *m* [tropezón] faux pas *m*; **a trompicones** *fig* par à-coups.

trompo *m* toupie *f*.

tronado, da *adj fam* [persona] cinglé(e); [radio, télé] pété(e). **◆ tronada** *f* coups *mpl* de tonnerre.

tronar ◇ *v impers* tonner. ◇ *vi* [resonar] tonner; [gritos] résonner. **◆ tronarse** *vp Amer fam* flinguer.

tronchar *vt* casser; *fig* briser. **◆ troncharse** *vp fam* **~se (de risa)** être plié(e) en quatre.

tronco, ca *m, f fam* pote *m*.

tronco *m* tronc *m*; **dormir como un ~**, **estar hecho un ~** dormir comme une souche.

tronera ◇ *f* **-1.** ARQUIT embrasure *f*. **-2.** [en billar] blouse *m*. ◇ *mf fam* noceur *m*, -euse *f*.

trono *m* trône *m*.

tropa *f* **-1.** MIL troupe *f*. **-2.** *fig* [multitud] armée *f*.

tropel *m* **-1.** [de personas] cohue *f*. **-2.** [de cosas] tas *m*.

tropero *m Amer* gardien *m* de vaches.

tropezar *vi* [al caminar] trébucher. **◆ tropezarse** *vp* [encontrarse] se retrouver; **~se con alguien** tomber sur qqn.

tropezón *m* faux pas *m*. **◆ tropezones** *mpl* CULIN morceaux de viande, pain, fromage etc mélangés à la soupe.

tropical *adj* tropical(e).

trópico *m* tropique *m*; **~ de Cáncer/de Capricornio** tropique du Cancer/du Capricorne.

tropiezo *m* **-1.** [tropezón, falta] faux pas *m*. **-2.** *fig* [impedimento] difficulté *f*, embûche *f*.

troquel *m* **-1.** [molde] coin *m*, étampe *f*. **-2.** [cuchilla] massicot *m*.

trotamundos *mf inv* globe-trotter *mf*.

trotar *vi* **-1.** [caballo] trotter. **-2.** *fam fig* [andar mucho] cavaler.

trote *m* **-1.** [de caballo] trot *m*. **-2.** *fam* [actividad intensa] : **ya no estoy para (esos) ~s** j'ai passé l'âge.

troupe *f* TEATR troupe *f*.

trovador *m* troubadour *f*.

trozo *m* bout *m*; **cortar algo en ~s** couper qqch en morceaux.

trucar *vt* truquer; [motor, mecanismo] trafiquer.

trucha *f* [pez] truite *f*.

truco *m* truc *m*; **coger el** ~ prendre le coup.

truculento, ta *adj* terrifiant(e).

trueno *m* METEOR tonnerre *m*; [estampido] coup *m* de tonnerre.

trueque *m* troc *m*.

trufa *f* truffe *f*.

truhán, ana *mf* truand *m*, -e *f*.

truncar *vt* -1. *fig* [carrera, ilusiones] briser; [planes] faire échouer. -2. [frase, texto etc] tronquer.

trusa *f* Amer slip *m*.

tu (*pl* **tus**) *adj poses* ton, ta; ~**s libros** tes livres.

tú *pron pers* [sujeto] tu; [predicado] toi; ~ **te llamas Juan** tu t'appelles Juan; **el culpable eres** ~ c'est toi le coupable; **de** ~ **a** ~ d'égal à égal; **hablar** ○ **tratar de** ~ **a alguien** tutoyer qqn.

tubérculo *m* tubercule *m*.

tuberculosis *f* tuberculose *f*.

tubería *f* -1. [cañerías] tuyauterie *f*. -2. [tubo] conduite *f*.

tubo *m* -1. [tubería] tuyau *m*; ~ **de escape** AUTOM pot *m* d'échappement. -2. [recipiente] tube *m*; ~ **de ensayo** tube à essai; ~ **digestivo** tube digestif.

tuerca *f* écrou *m*.

tuerto, ta *adj & m, f* borgne.

tuétano *m* -1. ANAT moelle *f*. -2. *fig* [meollo] : **hasta los** ~**s** jusqu'au fond de l'âme.

tufillo *m* mauvaise odeur *f*.

tufo *m* -1. [mal olor] puanteur *f*. -2. [emanación] relent *m*.

tugurio *m* boui-boui *m*; [vivienda] taudis *m*.

tul *m* tulle *m*.

tulipa *f* tulipe *f* (*lampe*).

tulipán *m* tulipe *f* (*fleur*).

tullido, da *adj & m, f* [viejo] impotent(e); [minusválido] infirme.

tumba *f* tombe *f*; **ser una** ~ *fig* être muet(ette) comme une tombe.

tumbar *vt* -1. [derribar] faire tomber. -2. *fam fig* [en un examen] coller. -3. *fam fig* [perturbar, atontar] faire tomber à la renverse. ◆ **tumbarse** *vp* s'allonger.

tumbo *m* cahot *m*: **dando** ~**s** *fig* cahincaha.

tumbona *f* [de colchoneta] transat *m*; [de tela] chaise *f* longue.

tumor *m* tumeur *f*.

tumulto *m* -1. [disturbio] tumulte *m*. -2. [alboroto] cohue *f*.

tumultuoso, sa *adj* -1. [conflictivo] tumultueux(euse). -2. [turbulento] houleux(euse).

tuna *f* → tuno.

tunante, ta *m, f* canaille *f*.

tunda *f fam* raclée *f*; *fig* galère *f*.

tunecino, na ◇ *adj* tunisien(enne). ◇ *m, f* Tunisien *m*, -enne *f*.

túnel *m* tunnel *m* . ◆ **túnel de lavado** *m* AUTOM station *f* de lavage automatique.

Túnez -1. [capital] Tunis. -2. [país] Tunisie *f*.

túnica *f* tunique *f*.

tuno, na *m, f* filou *m*. ◆ **tuna** *f* orchestre *m* d'étudiants.

tuntún ◆ **al (buen) tuntún** *loc adv* au petit bonheur.

tupé *m* toupet *m*; [de roquero] banane *f*.

tupido, da *adj* [bosque, follaje] touffu(e).

turba *f* -1. [carbón] tourbe *f*. -2. *despec* [muchedumbre] peuple *m*.

turbación *f* -1. [desconcierto] trouble *m*. -2. [azoramiento] embarras *m*.

turbante *m* turban *m*.

turbar *vt* troubler. ◆ **turbarse** *vp* se troubler.

turbina *f* turbine *f*.

turbio, bia *adj* -1. [gen] trouble. -2. *fig* [negocio etc] louche.

turbulencia *f* -1. [gen] turbulence *f*. -2. [alboroto] tumulte *m*.

turbulento, ta *adj* -1. [gen] turbulent(e). -2. [confuso] agité(e).

turco, ca ◇ *adj* turc(turque). ◇ *m, f* Turc *m*, Turque *f*. ◆ **turco** *m* [lengua] turc *m*.

turismo *m* tourisme *m*; AUTOM voiture *f* de tourisme.

turista *mf* touriste *mf*.

turístico, ca *adj* touristique.

turnarse *vp* se relayer.

turno *m* -1. [tanda] tour *m*. -2. [de trabajo] équipe *f*.

turquesa ◇ *f* [mineral] turquoise *f*. ◇ *adj inv* [color] turquoise. ◇ *m* [color] turquoise *m*.

Turquía Turquie *f*.

turrón *m* sucrerie de Noël semblable au nougat.

tururú *interj fam* ¡~! taratata!

tute *m* -1. [juego de naipes] jeu semblable au whist. -2. *fam fig* [trabajo] boulot *m*; **darse un** ~ donner un coup de collier.

tutear *vt* tutoyer. ◆ **tutearse** *vp* se tu-
toyer.

tutela *f* tutelle *f*; **tener la ~ de** avoir sous
sa tutelle.

tutelar ◇ *adj* tutélaire. ◇ *vt* [persona]
prendre sous sa tutelle; [obra etc] encou-
rager.

tutor, ra *m, f* **-1.** [gen & DER] tuteur *m*,
-trice *f*. **-2.** [profesor – privado] précepteur
m, -trice *f*; [– de un curso] professeur *m*
principal.

tutoría *f* tutelle *f*.

tutti frutti, tuttifrutti *m* tutti frutti *m*.

tutú (*pl* **tutús**) *m* tutu *m*.

tuviera *etc* → tener.

TV (*abrev de* **televisión**) *f* TV *f*.

TV3 (*abrev de* **Televisión de Cataluña, SA**)
f chaîne régionale de télévision catalane.

TVE (*abrev de* **Televisión Española**) *f* chaîne
de télévision publique espagnole.

TVG (*abrev de* **Televisión de Galicia**) *f*
chaîne régionale de télévision de Galice.

TVV (*abrev de* **Televisión Valenciana, SA**)
f chaîne régionale de télévision de Valence.

tuyo, ya ◇ *adj poses* à toi; **este libro es ~**
ce livre est à toi; **un amigo ~** un de tes
amis; **no es asunto ~** ça ne te regarde
pas; **no es culpa tuya** ce n'est pas (de) ta
faute ◇ *pron poses* **-1.** (*después de art*) : **el ~**
le tien; **la tuya** la tienne. **-2.** *loc* : **ésta es
la tuya** *fam* à toi de jouer; **lo ~ es el tea-
tro** *fam* ton truc c'est le théâtre; **tú a lo ~**
occupe-toi de tes affaires; **los ~** [tu fami-
lia] les tiens.

u[1] (*pl* **úes**), **U** *f* [letra] u *m inv*, U *m inv*.

u[2] *conj* ou; *ver también* **o**[2].

ubicación *f* emplacement *m*.

ubicar *vt* placer; [edificio etc] situer.
◆ **ubicarse** *vp* se situer.

ubre *f* mamelle *f*; [de vaca] pis *m*.

Ucrania Ukraine *f*.

Ud., Vd. *abrev de* usted.

Uds., Vds. *abrev de* ustedes.

UEFA (*abrev de* **Unión de Asociaciones Eu-
ropeas de Fútbol**) *f* UEFA *f*.

uf *interj* : ¡~! oh là là!

ufanarse *vp* : ~ **de** se vanter de.

ufano, na *adj* **-1.** [persona] fier(ère). **-2.**
[planta] beau(belle).

Uganda Ouganda *m*.

UGT (*abrev de* **Unión General de los Tra-
bajadores**) *f* syndicat espagnol proche du
PSOE.

ujier *m* huissier *m*.

újule *interj* Amer : ¡~! c'est malin!

UK (*abrev de* **United Kingdom**) *m* UK.

úlcera *f* ulcère *m* .

ulcerar *vt* MED ulcérer. ◆ **ulcerarse** *vp*
s'ulcérer.

ulterior *adj* ultérieur(e).

ultimador, ra *m, f* Amer assassin *m*.

ultimar *vt* **-1.** [preparativos etc] mettre la
dernière main à. **-2.** [tratado etc] conclure.
-3. Amer [matar] assassiner.

ultimátum (*pl* **ultimátums** ◇ **ultimatos**) *m*
ultimatum *m*.

último, ma ◇ *adj* dernier(ère); **su última
película** son dernier film; **el ~ piso** le
dernier étage. ◇ *m, f* : **el ~** le dernier; **la
última** la dernière; **llegar el ~** arriver der-
nier. ◆ **última** *f* : **estar en las últimas**
[muriéndose] être à l'article de la mort; [de
dinero, provisiones] ne plus avoir beau-
coup de...; **ir a la última** *fam* être à la der-
nière mode. ◆ **por último** *loc adv* enfin,
finalement.

ultra ◇ *adj* d'extrême droite. ◇ *mf* POLÍT :
es un ~ il est d'extrême droite.

ultraderecha *f* extrême droite *f*.

ultraizquierda *f* extrême gauche *f*.

ultrajar *vt* outrager.

ultraje *m* outrage *m*.

ultramar *m* : de ~ d'outre-mer.

ultramarino, na *adj* d'outre-mer. ◆ **ul-
tramarinos** *mpl* épicerie *f*.

ultranza ◆ **a ultranza** ◇ *loc adj* con-
vaincu(e). ◇ *loc adv* à outrance.

ultrarrojo = infrarrojo.

ultrasonido *m* ultrason *m*.

ultratumba *f* : de ~ d'outre-tombe.

ultravioleta *adj inv* ultraviolet(ette).

ulular *vi* [búho] ululer; [viento] hurler.

umbilical *adj* ombilical(e).

umbral *m* seuil *m*; **en el ~ ◇ los ~es de**
au seuil de.

un, **una** ◇ *art (antes de sust femenino que empiece por 'a' o 'ha' tónica* : **un**) : ~ **hombre/amor** un homme/amour; **una mujer/mesa** une femme/table; ~ **águila** un aigle; ~ **hacha** une hache. ◇ *adj* → **uno.**

unánime *adj* unanime.

unanimidad *f* unanimité *f*; **por** ~ à l'unanimité.

unción *f* onction *f*.

undécimo, **ma** *núm* onzième; *ver también* **sexto.**

UNED (*abrev de* **Universidad Nacional de Educación a Distancia**) *f* université nationale espagnole d'enseignement à distance.

Unesco (*abrev de* **United Nations Educational, Scientific and Cultural Organization**) *f* Unesco *f*.

ungüento *m* onguent *m*.

únicamente *adv* uniquement.

Unicef (*abrev de* **United Nations Children's Fund**) *m* Unicef *m*.

único, **ca** *adj* **-1.** [solo] seul(e); **es lo que deseo** c'est la seule chose que je souhaite; **es hijo** ~ il est fils unique. **-2.** [excepcional] unique.

unicornio *m* licorne *f*.

unidad *f* unité *f*; ~ **central** unité centrale; ~ **de disco** lecteur *m* de disquette.

unido, **da** *adj* uni(e).

unifamiliar *adj* [empresa] familial(e); [vivienda] individuel(elle).

unificar *vt* **-1.** [juntar] unir. **-2.** [equiparar] unifier.

uniformar *vt* **-1.** [igualar] uniformiser. **-2.** [poner un uniforme] pourvoir d'un uniforme.

uniforme *adj & m* uniforme.

uniformidad *f* uniformité *f*.

uniformizar *vt* uniformiser.

unión *f* **-1.** [gen] union *f*. **-2.** [suma, adherimiento] jonction *f*.

unir *vt* **-1.** [gen] unir. **-2.** [juntar] joindre. **-3.** [comunicar – ciudades etc] relier. **-4.** [salsa] lier. ◆ **unirse** *vp* **-1.** [gen] s'unir. **-2.** [carreteras, ríos] se rejoindre. **-3.** [amigo, invitado] : ~**se a** se joindre à.

unisexo, **unisex** *adj inv* unisexe.

unísono ◆ **al unísono** *loc adv* à l'unisson.

unitario, **ria** *adj* unitaire.

universal *adj* universel(elle).

universidad *f* université *f*.

universitario, **ria** ◇ *adj* universitaire. ◇ *m, f* [estudiante] étudiant *m*, -e *f* à l'université; [graduado] diplômé *m*, -e *f* de l'université.

universo *m* univers *m*.

unívoco, **ca** *adj* univoque.

uno, **una** ◇ *adj (antes de sust masculino sg* : **un**) **-1.** [indefinido] un, une; **un día volveré** je reviendrai un jour; **había** ~**s coches mal aparcados** il y avait des voitures mal garées; **me voy** ~**s días a Madrid** je vais passer quelques jours à Madrid; **vinieron unas 10 personas** une dizaine de personnes sont venues. **-2.** *(sólo en sg)* [numeral] un, une; **un hombre, un voto** un homme, une voix. ◇ *pron* **-1.** [indefinido] un, une; **coge** ~ prends-en un; **tienes muchas manzanas, dame unas** tu as beaucoup de pommes, donnem'en quelques-unes; ~**/una de** l'un/l'une de; ~ **de ellos** l'un d'eux; **unas son buenas, otras malas** certaines sont bonnes, d'autres mauvaises. **-2.** *fam* [cierta persona] : **ayer hablé con** ~ **que te conoce** hier j'ai parlé à un type qui te connaît; **lo sé porque me lo han contado** ~**s** je le sais parce que certaines personnes me l'ont raconté. **-3.** [yo] on; **entonces es cuando se da** ~ **cuenta de...** c'est alors qu'on se rend compte de... **-4.** *loc* : **a una** [en armonía] comme un seul homme; [a la vez] en chœur; **de** ~ **en** ~, ~ **por** ~ un par un; ~ **a** ~ un à un; **más de** ~ plus d'un; **una de dos** de deux choses l'une; ~ **a otro** l'un à l'autre; ~ **de tantos** un parmi tant d'autres; **como** ~ **más** comme tout le monde; **una que otra vez** de temps à autre; ~**s cuantos** quelques-uns; ~ **tras otro** l'un après l'autre. ◆ **uno** *núm* un *m*; *ver también* **seis.** ◆ **una** *f* : [hora] **la una** une heure.

untar *vt* **-1.** [gen] : ~ **con** [pan, tostadas etc] tartiner de; [cuerpo] enduire de. **-2.** *fam fig* [sobornar] graisser la patte à.

untuoso, **sa** *adj* **-1.** [graso] gras(grasse). **-2.** [cremoso] onctueux(euse).

uña *f* **-1.** [de persona] ongle *m*; **ser** ~ **y carne** *fig* être comme les deux doigts de la main. **-2.** [de animal] griffe *f* . **-3.** [de caballo] sabot *m*.

UPG (*abrev de* **Unión del Pueblo Gallego**) *f* parti nationaliste galicien.

UPN (*abrev de* **Unión del Pueblo Navarro**) *f* parti nationaliste navarrais.

uralita® *f* tôle ondulée de fibrociment.

uranio *m* uranium *m*.

urbanidad *f* courtoisie *f*.

urbanismo *m* urbanisme *m*.

urbanización *f* -1. [acción] urbanisation *f*. -2. [zona residencial] lotissement *m*.

urbanizar *vt* urbaniser.

urbano, na ◇ *adj* urbain(e). ◇ *m, f* agent *m* de police.

urbe *f* grande ville *f*.

urdir *vt* tramer.

urgencia *f* urgence *f*; **con** ~ d'urgence; **una** ~ **de un besoin** urgent de. ◆ **urgencias** *fpl* urgences *fpl*.

urgente *adj* urgent(e).

urgir *vi* : **urge que** il est urgent que; **me urge hacerlo** il faut que je le fasse rapidement.

urinario, ria *adj* urinaire. ◆ **urinario** *m* toilettes *fpl*.

urna *f* urne *f*; [de museo etc] vitrine *f*.

urólogo, ga *m, f* urologue *mf*.

urraca *f* pie *f*.

urticaria *f* urticaire *f*.

Uruguay : **(el)** ~ (l') Uruguay *m*.

uruguayo, ya ◇ *adj* uruguayen(enne). ◇ *m, f* Uruguayen *m*, -enne *f*.

USA (*abrev de* **United States of America**) *mpl* USA *mpl*.

usado, da *adj* -1. [utilizado] usagé(e); [coche] d'occasion; [palabra] usité(e). -2. [gastado] usé(e).

usar *vt* -1. [gen] utiliser. -2. [prenda, gafas] porter; **en invierno usa medias en** hiver elle porte des collants. ◆ **usarse** *vp* -1. [palabra, expresión etc] s'employer. -2. [prenda] se porter.

uso *m* -1. [gen & LING] usage *m* . -2. [empleo] utilisation *f* . -3. (*gen pl*) [costumbre] : ~s y costumbres les us et coutumes.

usted *pron pers* vous; **me gustaría hablar con** ~ j'aimerais vous parler; **¿cómo están** ~es? comment allez-vous?; **de** ~, **de** ~es [posesivo] à vous; **hablar** ○ **tratar de** ~ **a alguien** vouvoyer qqn.

usual *adj* habituel(elle).

usuario, ria *m, f* [de transportes, servicios etc] usager *m*; [de máquina, ordenador etc] utilisateur *m*, -trice *f*.

usufructo *m* usufruit *m*.

usufructuario, ria *adj & m, f* usufruitier(ère).

usura *f* usure *f*.

usurero, ra *m, f* usurier *m*, -ère *f*.

usurpar *vt* usurper.

utensilio *m* ustensile *m*.

útero *m* utérus *m*.

útil ◇ *adj* utile. ◇ *m* (*gen pl*) outils *mpl*.

utilidad *f* -1. [cualidad] utilité *f*. -2. [beneficio] profit *m*.

utilitario, ria *adj* AUTOM utilitaire. ◆ **utilitario** *m* AUTOM véhicule *m* utilitaire.

utilización *f* utilisation *f*.

utilizar *vt* utiliser.

utopía *f* utopie *f*.

utópico, ca *adj* utopique.

uva *f* raisin *m*; **tener mala** ~ *fig* avoir mauvais caractère. ◆ **uvas** *fpl* : ~**s de la suerte** *tradition selon laquelle avaler 12 grains de raisin au moment des 12 coups de minuit le 31 décembre porte chance*.

UVI (*abrev de* **unidad de vigilancia intensiva**) *f* unité *f* de soins intensifs.

uy *interj* : ¡~! [dolor] aïe!; [sorpresa] oh!

v, V *f* [letra] v *m inv*, V *m inv*. ◆ **v doble** *f* [letra] w *m inv*.

v. = vid.

va → **ir**.

vaca *f* -1. [animal] vache *f* . -2. [carne] bœuf *m*.

vacaciones *fpl* vacances *fpl*; **estar/irse de** ~ être/partir en vacances.

vacante ◇ *adj* vacant(e). ◇ *f* poste *m* vacant.

vaciar *vt* -1. [recipiente] vider. -2. [dejar hueco] évider.

vacilación *f* -1. [duda] hésitation *f*. -2. [oscilación, tambaleo] vacillement *m*.

vacilante *adj* -1. [que duda] hésitant(e). -2. [luz] vacillant(e); [paso] chancelant(e).

vacilar ◇ *vi* -1. [dudar] hésiter. -2. [luz] vaciller. -3. [tambalearse] chanceler. -4. *fam* [chulear] crâner. ◇ *vt fam* [tomar el pelo a] : ¡no me vaciles! ne te fiche pas de moi!

vacilón, ona *adj & m, f fam* -1. [chulo] crâneur(euse). -2. [bromista] farceur(euse). ◆ **vacilón** *m Amer* [fiesta] fête *f*.

vacío, a *adj* vide; [frase, discurso etc] creux(euse); [persona] superficiel(elle). ◆ **vacío** *m* vide *m*; **al ∼** sous vide.

vacuna *f* vaccin *m*.

vacunar *vt* vacciner. ◆ **vacunarse** *vp* se faire vacciner.

vacuno, na *adj* bovin(e). ◆ **vacuno** *m* : **el ∼** les bovins *mpl*.

vadear *vt* [río, arroyo etc] passer à gué.

vado *m* -1. [en acera] bateau *m*; '∼ **permanente**' 'sortie de garage'. -2. [de río] gué *m*.

vagabundear *vi* vagabonder; ∼ **(por)** errer (dans).

vagabundo, da *m, f* [persona] vagabond *m*, -e *f*.

vagancia *f* -1. [holgazanería] fainéantise *f*. -2. [vagabundeo] vagabondage *m*.

vagar *vi* -1. [errar] : ∼ **(por)** errer (dans). -2. [pasear] : ∼ **(por)** flâner (dans).

vagina *f* vagin *m*.

vago, ga ◇ *adj* -1. [holgazán] feignant(e). -2. [impreciso] flou(e) , vague. ◇ *m, f* [holgazán] feignant *m*, -e *f*.

vagón *m* wagon *m*.

vagoneta *f* wagonnet *m*.

vaguedad *f* -1. [imprecisión] imprécision *f*. -2. [divagación] : **responder con ∼es** rester dans le vague.

vahído *m* étourdissement *m* .

vaho *m* [vapor] vapeur *f*; [en cristales] buée *f*.

vaina *f* -1. [funda] étui *m*; [de espada, sable] fourreau *m*. -2. BOT [envoltura] cosse *f*. -3. *Amer fam* [molestia] hic *m*.

vainilla *f* -1. [planta] vanillier *m*. -2. [fruto] vanille *f*.

vaivén *m* -1. [balanceo] va-et-vient *m inv*. -2. [altibajo] : **los vaivenes** les hauts et les bas.

vajilla *f* vaisselle *f*.

vale ◇ *m* -1. [gen] bon *m*. -2. [entrada gratuita] billet *m* gratuit. -3. [comprobante] reçu *m*. ◇ *interj* → **valer**.

valedero, ra *adj* valable.

Valencia Valence.

valenciano, na ◇ *adj* valencien(enne). ◇ *m, f* Valencien *m*, -enne *f*.

valentía *f* -1. [valor] courage *m*. -2. [hazaña] haut fait *m*.

valer ◇ *vi* -1. [gen] valoir; [precio] coûter; **¿cuánto vale?** combien ça coûte?; **no vale nada** ça ne vaut rien; **este libro vale por mil** ce livre en vaut mille; **más vale que te vayas** il vaut mieux que tu t'en ailles; **hacerse ∼** se faire valoir; **es un chico que vale** c'est un garçon bien. -2. [servir, ser útil] : ∼ **para algo** servir à qqch; **¿para qué vale?** à quoi ça sert? -3. [ser válido] être valable; **eso aún vale** c'est encore valable. -4. *loc* : **¿vale?** d'accord?; **¡vale! ¡d'accord!, OK!** ◇ *vt* valoir. ◆ **valerse** *vp* -1. [servirse] : ∼**se de algo/de alguien** se servir de qqch/de qqn. -2. [desenvolverse] : ∼**se por sí mismo** se débrouiller tout seul.

valeroso, sa *adj* courageux(euse).

valía *f* valeur *f*.

validar *vt* valider.

validez *f* validité *f*; **dar ∼ a algo** valider qqch.

válido, da *adj* valable.

valiente ◇ *adj* -1. [valeroso] courageux(euse). -2. *irón* [menudo] : **¡∼ jefe!** tu parles d'un chef! ◇ *mf* [valeroso] brave *mf*.

valija *f* valise *f*; ∼ **diplomática** valise diplomatique.

valioso, sa *adj* précieux(euse).

valla *f* -1. [cerca] clôture *f*. -2. DEP haie *f*.

vallar *vt* clôturer (*un terrain*).

valle *m* vallée *f*.

valor *m* -1. [gen] valeur *f* . -2. [valentía] courage *m* . -3. *fam* [promesa] : **un joven ∼** un jeune talent. ◆ **valores** *mpl* valeurs *fpl*.

valoración *f* évaluation *f*; **proceder a la ∼ de algo** évaluer qqch.

valorar *vt* -1. [gen] évaluer; **estar valorado en** être estimé(e) à. -2. [mérito, cualidad] apprécier.

vals (*pl* **valses**) *m* valse *f*.

valuar *vt* évaluer.

válvula *f* -1. [gen & ELECTR] valve *f* . -2. AUTOM soupape *f*. ◆ **válvula de escape** *fig* soupape *f* de sécurité.

vampiresa *f fam* vamp *f*.

vampiro *m* vampire *m*.

vanagloriarse *vp* : ∼ **(de)** se vanter (de).

vandalismo *m* vandalisme *m*.

vanguardia *f* avant-garde *f*.

vanidad *f* vanité *f*.

vanidoso, sa *adj & m, f* vaniteux(euse).

vano, na *adj* -1. [gen] vain(e); **en ∼** en vain. -2. [presuntuoso] vaniteux(euse).

vapor *m* -1. [gen] vapeur *f*; **al ∼** CULIN à la vapeur; **de ∼** [máquina, barco] à vapeur; [baño] de vapeur. -2. [barco] bateau *m* à vapeur.

vaporizador *m* vaporisateur *m*.

vaporoso, sa *adj* **-1.** [fino] vaporeux(euse). **-2.** [baño etc] de vapeur.

vapulear *vt* **-1.** [azotar] flageller. **-2.** [reñir, criticar] fustiger.

vaquero, ra ◇ *adj* [ropa] en jean. ◇ *m, f* vacher *m*, -ère *f*. ◆ **vaqueros** *mpl* [pantalón] jean *m*.

vara *f* **-1.** [gen] bâton *m*. **-2.** [tallo] tige *f*. **-3.** MÚS [de trombón] coulisse *f*. **-4.** TAUROM pique *f*.

variable *adj* variable; [carácter, humor] changeant(e).

variación *f* variation *f*.

variante ◇ *adj* variable. ◇ *f* **-1.** [diferencia, versión] variante *f*. **-2.** [de carretera etc] itinéraire *m* bis. **-3.** [en quiniela] *pari sur un match nul ou sur la victoire de l'équipe adverse*.

variar ◇ *vt* **-1.** [modificar] changer. **-2.** [dar variedad] varier. ◇ *vi* [cambiar] : **para ~ irón** pour changer.

varicela *f* varicelle *f*.

varicoso, sa *adj* variqueux(euse).

variedad *f* variété *f*. ◆ **variedades** *fpl* variétés *fpl*.

varilla *f* **-1.** [barra larga] baguette *f*; AUTOM jauge *f*. **-2.** [tira larga – de paraguas, corsé] baleine *f*.

varillaje *m* [de paraguas, corsé] baleines *fpl*.

vario, ria *adj* [variado] varié(e). ◆ **varios, rias** ◇ *adj pl* **-1.** [diferente] divers(es). **-2.** [algunos] plusieurs. ◇ *pron pl* [algunos] plusieurs.

variopinto, ta *adj* bigarré(e); *fig* varié(e).

varita *f* baguette *f*; **~ mágica** baguette magique.

variz *f* (*gen pl*) varice *f*.

varón *m* [hombre] homme *m*; [chico] garçon *m*.

varonil *adj* viril(e); [prenda, colonia] pour homme.

Varsovia Varsovie.

vasallaje *m* vassalité *f*.

vasallo, lla *m, f* vassal *m*, -e *f*.

vasco, ca ◇ *adj* basque. ◇ *m, f* Basque *mf*. ◆ **vasco, vascuence** *m* [lengua] basque *m*.

vascular *adj* vasculaire.

vasectomía *f* vasectomie *f*.

vaselina *f* vaseline *f*.

vasija *f* pot *m*.

vaso *m* **-1.** [gen] verre *m*. **-2.** ANAT & BOT vaisseau *m*; **~s capilares/sanguíneos** vaisseaux capillaires/sanguins.

vástago *m* **-1.** [descendiente] rejeton *m*. **-2.** [brote] rejet *m*. **-3.** [varilla] tige *m*.

vasto, ta *adj* vaste.

váter *m* = wáter.

vaticano, na *adj* du Vatican. ◆ **Vaticano** *m* : **el Vaticano** le Vatican.

vaticinar *vt* prédire.

vatio, watio *m* watt *m*.

vaya ◇ *v* → ir. ◇ *interj* **-1.** [sorpresa] : **¡~!** ça alors! **-2.** [énfasis] : **¡~ moto!** ouah! la moto!

VB *abrev de* visto bueno.

Vd. = Ud.

Vda. (*abrev de* viuda) vve.

Vds. = Uds.

ve → ir.

véase → ver.

vecinal *adj* [relaciones, trato etc] de voisinage; **un camino ~** un chemin vicinal.

vecindad *f* voisinage *m*.

vecindario *m* **-1.** [vecindad] voisins *mpl*, voisinage *m*. **-2.** [habitantes] habitants *mpl*.

vecino, na ◇ *adj* **-1.** [gen] voisin(e). **-2.** [habitante] : **ser ~ de** être domicilié(e) à. ◇ *m, f* **-1.** [de casa, calle] voisin *m*, -e *f*. **-2.** [de barrio, localidad] habitant *m*, -e *f*.

vector *m* vecteur *m*.

vectorial *adj* vectoriel(elle).

veda *f* fermeture *f* (*de la chasse, pêche*); **levantar la ~** [de caza] déclarer l'ouverture de la chasse; [de pesca] déclarer l'ouverture de la pêche.

vedado, da *adj* interdit(e). ◆ **vedado** *m* [de caza] réserve *f* de chasse.

vedar *vt* interdire.

vedette *f* vedette *f*.

vega *f* vallée *f* fertile.

vegetación *f* végétation *f*.

vegetal ◇ *adj* végétal(e). ◇ *m* végétal *m*.

vegetar *vi* végéter.

vegetariano, na *adj & mf* végétarien(enne).

vehemencia *f* **-1.** [pasión] véhémence *f*. **-2.** [irreflexión] impulsion *f*.

vehemente *adj* **-1.** [apasionado] véhément(e). **-2.** [irreflexivo] impulsif(ive).

vehículo *m* véhicule *m*.

veinte *núm* vingt; **el siglo ~** le vingtième siècle; *ver también* **sesenta**.

veinteavo, va *núm* vingtième.

veintena *f* vingtaine *f*.

veinticinco *núm* vingt-cinq.

veinticuatro *núm* vingt-quatre.

veintidós *núm* vingt-deux.

veintinueve *núm* vingt-neuf.

veintiocho *núm* vingt-huit.

veintiséis *núm* vingt-six.

veintisiete *núm* vingt-sept.

veintitrés *núm* vingt-trois.

veintiuno, na ◇ *núm adj (antes de sust :* **veintiún**) vingt et un(e); **el siglo ~** le vingt et unième siècle. ◇ *núm m* vingt et un *m*.

vejación *f*, **vejamen** *m* humiliation *f*.

vejestorio *m despec* vieux fossile *m*.

vejez *f* vieillesse *f*.

vejiga *f* vessie *f*.

vela *f* **-1.** [para dar luz] bougie *f*. **-2.** [de barco & DEP] voile *f* . **-3.** [vigilia] veille *f*; **estar en ~** veiller; **pasar la noche en ~** passer une nuit blanche. ◆ **velas** *fpl fam* [mocos] chandelles *fpl*; **estar a dos ~s** *fig* être fauché(e).

velada *f* soirée *f*.

velado, da *adj* voilé(e).

velar ◇ *vi :* **~ (por)** veiller (sur). ◇ *vt* **-1.** [enfermo, muerto] veiller. **-2.** [ocultar & FOT] voiler. ◆ **velarse** *vp* FOT être voilé(e).

veleidad *f* **-1.** [inconstancia] inconstance *f*. **-2.** [antojo, capricho] velléité *f*.

velero, ra *adj* à voiles. ◆ **velero** *m* voilier *m*.

veleta ◇ *f* girouette *f*. ◇ *mf fam* girouette *f*.

vello *m* duvet *m*.

velloso, sa *adj* poilu(e).

velo *m* voile *m*. ◆ **velo del paladar** *m* voile *m* du palais.

velocidad *f* vitesse *f*; **~ punta** vitesse de pointe.

velódromo *m* vélodrome *m*.

veloz *adj* rapide.

ven → venir.

vena *f* veine *f*; **tener ~ de pintor** avoir des dispositions pour la peinture; **si le da la ~ lo hará** si ça lui chante, il le fera.

vencedor, ra ◇ *adj* victorieux(euse). ◇ *m, f* vainqueur *m*.

vencer ◇ *vt* **-1.** [gen] vaincre; **~ la tentación** résister à la tentation. **-2.** [aventajar] battre; **~ a alguien a algo** battre qqn à qqch. ◇ *vi* [terminar – contrato,

plazo] expirer; [– deuda, pago] arriver à échéance. ◆ **vencerse** *vp :* **~se (con el peso)** s'affaisser (sous le poids).

vencido, da ◇ *adj* **-1.** [derrotado] vaincu(e); **darse por ~** s'avouer vaincu. **-2.** [caducado] périmé(e). ◇ *m, f* vaincu *m*, -e *f*.

vencimiento *m* **-1.** [término – de contrato, plazo] expiration *f*; [– de pago, deuda] échéance *f*. **-2.** [inclinación] affaissement *f*.

venda *f* bandage *m* .

vendaje *m* bandage *m*.

vendar *vt* bander.

vendaval *m* grand vent *m*.

vendedor, ra *m, f* vendeur *m*, -euse *f*.

vender *vt* vendre. ◆ **venderse** *vp* se vendre; **'se vende'** 'à vendre'.

vendimia *f* vendanges *fpl*.

vendrá *etc* → venir.

Venecia Venise.

veneno *m* poison *m*; [de animales] venin *m*.

venenoso, sa *adj* [seta] vénéneux(euse); [serpiente] venimeux(euse).

venerable *adj* vénérable.

veneración *f* vénération *f*.

venerar *vt* vénérer.

venéreo, a *adj* vénérien(enne).

venezolano, no ◇ *adj* vénézuélien(enne). ◇ *m, f* Vénézuélien *m*, -enne *f*.

Venezuela Venezuela *m*.

venga → venir.

venganza *f* vengeance *f*.

vengar *vt* venger. ◆ **vengarse** *vp :* **~se (de)** se venger (de).

vengativo, va *adj* vindicatif(ive).

vengo → venir.

venia *f* **-1.** [permiso] autorisation *f* . **-2.** DER permission *f*.

venial *adj* [pecado] véniel(elle); [falta, delito] mineur(e).

venida *f* venue *f*.

venidero, ra *adj* à venir.

venir ◇ *vi* **-1.** [gen] venir; **vino a las doce** il est venu à midi; **esta palabra viene del latín** ce mot vient du latin; **no me vengas con historias** ne viens pas me raconter d'histoires. **-2.** [llegar] arriver; **ya vienen los turistas** les touristes arrivent. **-3.** [seguir en el tiempo] : **el año que viene** l'année prochaine. **-4.** [hallarse, estar] être; **su foto viene en primera página** sa photo est en première page; **el texto viene en inglés** le texte est en anglais. **-5.** [acometer] : **me viene sueño** je commence à avoir sommeil; **le vinieron ganas de reír** il eut envie de rire. **-6.** [ropa, zapato] : ~ **a alguien** aller à qqn; **¿qué tal te viene?** comment ça te va?; **el abrigo le viene pequeño** ce manteau est trop petit pour lui; ~ **clavado a alguien** aller comme un gant à qqn. **-7.** *(antes de adv)* [convenir] : **me viene bien/mal** ça m'arrange/ne m'arrange pas; **me viene mejor mañana** ça m'arrange mieux demain. **-8.** *(antes de infin)* [aproximarse] : **viene a ser lo mismo** ça revient au même; **nos vino a costar/salir...** ça nous est revenu à... **-9.** *loc* : **¿a qué viene esto?** qu'est-ce que c'est que ça?; ~ **al pelo** *fam* tomber à pic; ~ **a menos** [negocio] couler; [persona] déchoir; ~ **a parar en** se solder par; ~ **a ser** revenir à. ◇ *v aux* **-1.** *(antes de gerundio)* [persistir] : **las peleas vienen sucediéndose desde hace tiempo** les bagarres se succèdent depuis un certain temps déjà. **-2.** *(antes de participio)* [estar] : **los cambios vienen motivados por la presión de la oposición** les changements sont dus aux pressions exercées par l'opposition. ◆ **venirse** *vp* **-1.** [llegar] venir; **se ha venido solo** il est venu tout seul. **-2.** *loc* : ~**se abajo** [edificio] s'écrouler; [negocio] couler; [proyectos] tomber à l'eau.

venta *f* **-1.** [gen] vente *f*; **estar a la** o **en** ~ être en vente; ~ **a plazos/al contado** vente à tempérament/au comptant. **-2.** [posada] auberge *f*.

ventaja *f* avantage *m*; **llevar** ~ **a alguien** avoir de l'avance sur qqn.

ventajoso, sa *adj* avantageux(euse).

ventana *f* **-1.** [gen & INFORM] fenêtre *f*. **-2.** ANAT : **las** ~**s (de la nariz)** les narines *f*.

ventanal *m* baie *f* vitrée.

ventanilla *f* **-1.** [de tren, sobre] fenêtre *f*; [de coche] vitre *f*; [de avión] hublot *m*. **-2.** [taquilla] guichet *m*.

ventilación *f* ventilation *f*.

ventilador *m* ventilateur *m*.

ventilar *vt* **-1.** [airear] ventiler. **-2.** [resolver] tirer au clair. ◆ **ventilarse** *vp* **-1.** [airearse] être aéré(e). **-2.** *fam* [terminarse] liquider.

ventisca *f* tempête *f* de neige.

ventolera *f* [viento] vent *m* (violent).

ventosa *f* ventouse *f*.

ventosidad *f* (gen pl) vents *mpl*.

ventoso, sa *adj* venteux(euse).

ventrílocuo, cua *m, f* ventriloque *mf*.

ventura *f* **-1.** [suerte] chance *f*. **-2.** [casualidad] hasard *m*; **a la (buena)** ~ au hasard.

Venus ASTRON & MITOL Vénus.

ver ◇ *vi* voir; **¿a** ~? [mirar con interés] fais/faites voir?; **¡a** ~! [llamar la atención] allez!; [confirmación] évidemment!; **a** ~ **qué pasa** on verra bien; **dejarse** ~ se montrer; **eso está por** ~ ça reste à voir; **ya veremos** on verra. ◇ *vt* **-1.** [gen] voir; **desde casa vemos el mar** depuis chez nous on voit la mer; **¿has visto esa película?** as-tu vu ce film?; **ya va a unos amigos** il est allé voir des amis; **ya veo que estás de mal humor** je vois bien que tu es de mauvaise humeur; **ya veo lo que quieres decir** je vois ce que tu veux dire; **veo que tendré que irme sola** je vois qu'il faudra que je parte seule; **cada cual tiene su manera de** ~ **las cosas** chacun a sa façon de voir les choses; **esto lo veremos más adelante** nous verrons ça plus tard. **-2.** [televisión] regarder. **-3.** *loc* : **¡hay que** ~ **lo tonto que es!** qu'est ce qu'il peut être bête!; **no poder** ~ **algo/a alguien (ni en pintura)** *fam* ne pas pouvoir voir qqch/qqn (en peinture); **por lo visto** o **que se ve** apparemment; ~ **venir a alguien** voir venir qqn. ◇ *m* : **estar de buen** ~ avoir belle allure. ◆ **verse** *vp* **-1.** [gen] se voir; **nos vemos a veces** on se voit de temps en temps; **ya me veo haciendo su maleta** je me vois déjà en train de faire sa valise; **él ya se ve en la cumbre de su carrera** il se voit déjà au sommet de sa carrière. **-2.** [percibir, suceder] voir; **nunca se ha visto nada igual** on n'a jamais vu une chose pareille; **véase anexo 1** voir annexe 1.

vera *f* **-1.** [orilla] bord *m*. **-2.** *fig* [lado] : **a la** ~ **de** à côté de.

veracidad *f* véracité *f*.

veraneante ◇ *adj* en vacances. ◇ *mf* estivant *m*, -e *f*.

veranear *vi* : ~ **(en)** passer ses grandes vacances (à).

veraneo *m* grandes vacances *fpl*.

veraniego, ga *adj* [clima, temporada etc] estival(e); [vestido, traje] d'été.

verano *m* été *m*.

veras *fpl* : **de** ~ [verdaderamente] vraiment; [en serio] sérieusement.

veraz *adj* véridique.

verbal *adj* verbal(e).

verbena f -1. [fiesta] fête populaire nocturne; la ~ de San Juan la fête de la Saint-Jean. -2. [planta] verveine f.

verbo m verbe m.

verdad f vérité f; a decir ~, la ~ es que à vrai dire; es ~ que... c'est vrai que...; está bueno, ¿~? c'est bon, n'est-ce pas? ◆ **verdades** fpl vérité f; **cantarle** o **decirle a alguien cuatro** ~es fig dire ses quatre vérités à qqn. ◆ **de verdad** ◇ loc adv -1. [en serio] sérieusement. -2. [realmente] vraiment. ◇ loc adj [auténtico] vrai(e).

verdadero, ra adj -1. [gen] vrai(e); **un suceso** ~ un fait réel. -2. [auténtico] véritable.

verde ◇ adj -1. [gen] vert(e). -2. fig [obsceno] osé(e). -3. fig [inexperto] jeune. -4. loc : **poner** ~ **a alguien** descendre qqn (en flammes). ◇ m [color] vert m. ◆ **Verde** m : **los Verdes** [partido] les Verts mpl.

verdor m -1. [color] verdure f. -2. [vigor] verdeur f.

verdoso, sa adj verdâtre.

verdugo m -1. [gen] bourreau m. -2. [pasamontañas] cagoule f.

verdulería f : **ir a la** ~ aller chez le marchand de légumes.

verdulero, ra m, f marchand m, -e f de légumes. ◆ **verdulero** m [de nevera] bac m à légumes.

verdura f légume m.

vereda f -1. [sendero] sentier m. -2. Amer [acera] trottoir m.

veredicto m verdict m.

vergonzoso, sa ◇ adj -1. [deshonroso] honteux(euse). -2. [tímido] timide. ◇ m, f timide mf.

vergüenza f -1. [gen] honte f; **sentir** ~ **ajena** avoir honte pour qqn; ¿**no te da** ~ **hacer eso?** tu n'as pas honte de faire cela?; **me da** ~ **cantar** j'ai honte de chanter. -2. [dignidad] dignité f. ◆ **vergüenzas** fpl parties fpl honteuses.

verídico, ca adj -1. [cierto] véridique. -2. fig [verosímil] réel(elle).

verificar vt -1. [gen] vérifier. -2. [aparato, máquina etc] tester. ◆ **verificarse** vp [tener lugar] avoir lieu; [resultar cierto – predicción etc] se réaliser.

verja f grille f.

vermú (pl vermús), **vermut** (pl vermuts) m -1. [licor] vermouth m. -2. [aperitivo] apéritif m. -3. Amer CIN & TEATR matinée f.

vernáculo, la adj vernaculaire.

verosímil adj vraisemblable.

verruga f verrue f.

versado, da adj : ~ **(en)** versé(e) (dans).

versar vi : ~ **sobre** porter sur.

versátil adj -1. [persona] versatile. -2. [máquina] multifonction.

versículo m -1. RELIG verset m. -2. LITER vers m libre.

versión f version f; ~ **original** CIN version originale.

verso m -1. [género] vers m. -2. [poema] poème m. -3. [reverso] verso m.

vértebra f vertèbre f.

vertebrado, da adj vertébré(e). ◆ **vertebrados** mpl vertébrés mpl.

vertebral adj vertébral(e).

vertedero m [de basura] décharge f; [de agua, pantano] déversoir m.

verter ◇ vt -1. [derramar] renverser. -2. [vaciar] verser. -3. [traducir] : ~ **(a)** traduire (en). -4. fig [decir – ideas, pensamientos] exprimer; [– calumnias, infundios] débiter. ◇ vi : ~ **a** se jeter dans (rivière). ◆ **verterse** vp [derramarse] se renverser.

vertical ◇ adj vertical(e). ◇ f verticale f.

vértice m sommet m.

vertido m déchet m.

vertiente f -1. [de montaña] versant m; [de tejado] pente f. -2. fig [de problema etc] aspect m.

vertiginoso, sa adj vertigineux(euse).

vértigo m -1. [mareo] vertige m; **dar** ~ lit & fig donner le vertige. -2. fig [de ciudad, vida etc] rythme m effréné.

vesícula f vésicule f.

vespertino, na adj vespéral(e).

vestíbulo m -1. [de edificio, hotel] hall m. -2. [de oficina] entrée f.

vestido, da adj habillé(e). ◆ **vestido** m -1. [indumentaria] vêtement m. -2. [prenda femenina] robe f.

vestidura f (gen pl) vêtement m; RELIG habit m; **rasgarse las** ~s fam fig en faire tout un plat.

vestigio m -1. [resto, señal] vestige m. -2. fig [indicio] indice m.

vestimenta f vêtements mpl.

vestir ◇ vt -1. [gen] habiller. -2. [llevar puesto] porter. -3. fig [sentimiento, defecto] : **vestía su maldad de ingenuidad** il cachait sa méchanceté sous le masque de l'innocence. ◇ vi -1. [llevar ropa] : ~

(de) être habillé(e) (en). **-2.** [ser elegante] : ~ **mucho** faire très habillé. **-3.** *fig* [estar bien visto] faire bien. ◆ **vestirse** *vp* [gen] s'habiller.

vestuario *m* **-1.** [gen] vestiaire *m*; [de actores] loge *f*. **-2.** [vestimenta] garde-robe *f*; TEATR costumes *mpl*.

veta *f* veine *f* (*filon, marbrure*).

vetar *vt* mettre son veto à.

veteranía *f* ancienneté *f* (*d'une personne*).

veterano, na ◇ *adj* [periodista, soldado etc] vieux(vieille). ◇ *m, f* MIL & DEP vétéran *m*.

veterinario, ria *adj & m* vétérinaire. ◆ **veterinaria** *f* médecine *f* vétérinaire.

veto *m* veto *m*; **poner ~ a algo** mettre son veto à qqch.

vez *f* **-1.** [gen] fois *f*; **¿has estado allí alguna ~?** as-tu déjà été là-bas?; **a la ~ (que)** en même temps (que); **cada ~ (que)** chaque fois (que); **cada ~ más** de plus en plus; **cada ~ menos** de moins en moins; **cada ~ la veo más feliz** je la trouve de plus en plus heureuse; **de una ~** para siempre ○ **por todas** une (bonne) fois pour toutes; **muchas veces** [repetidamente] plusieurs fois; [con frecuencia] souvent; **otra ~** encore une fois; **pocas veces, rara ~** rarement; **por última ~** une dernière fois; **una ~** une fois; **una ~ más** une fois de plus; **una y otra ~** à plusieurs reprises; **érase una ~...** il était une fois... **-2.** [turno] tour *m*; **pedir la ~** demander son tour. ◆ **a veces** *loc adv* parfois. ◆ **de vez en cuando** *loc adv* de temps en temps. ◆ **en vez de** *loc prep* au lieu de. ◆ **tal vez** *loc adv* peut-être. ◆ **una vez que** *loc conj* une fois que.

VHF (*abrev de* very high frequency) *f* VHF *f*.

VHS (*abrev de* video home system) *m* VHS *m*.

vía ◇ *f* voie *f*; **por ~ aérea** par avion; **por ~ marítima** par bateau; **por ~ terrestre** par voie de terre; **~ de comunicación** voie de communication; **~ férrea** voie ferrée; **~ pública** voie publique; **~s respiratorias** voies respiratoires; **dar ~ libre** laisser le champ libre. ◇ *prep* **-1.** [pasando por] via. **-2.** [por] par; **~ fax** par fax. ◆ **Vía Láctea** *f* Voie *f* lactée. ◆ **en vías de** *loc prep* [de desarrollo, extinción] en voie de; [de negociación etc] en cours de.

viabilidad *f* viabilité *f*.

viable *adj fig* [posible] viable.

viaducto *m* viaduc *m*.

viajante *mf* voyageur *m* de commerce.

viajar *vi* voyager.

viaje *m* **-1.** [gen] voyage *m*; **¡buen ~!** bon voyage!; **ir de ~** partir en voyage; **~ de ida** aller *m*; **~ de vuelta** retour *m*; **~ de ida y vuelta** voyage aller-retour; **~ de novios** voyage de noces. **-2.** *fam fig* [golpe] beigne *f*.

viajero, ra ◇ *adj* : **una persona viajera** un grand voyageur; **un ave viajera** un oiseau migrateur. ◇ *m, f* voyageur *m*, -euse *f*; **¡~s al tren!** en voiture!

vial *adj* routier(ère).

viario, ria *adj* routier(ère).

víbora *f* vipère *f*.

vibración *f* vibration *f*.

vibrante *adj* **-1.** [oscilante] vibrant(e). **-2.** *fig* [escena, espectáculo] émouvant(e); [voz, público] ému(e).

vibrar ◇ *vt* [oscilar] vibrer. ◇ *vi* vibrer.

vibratorio, ria *adj* vibratoire.

vicaría *f* **-1.** [gen] vicariat *m*. **-2.** [residencia] presbytère *m*.

vicario *m* **-1.** [cura] curé *m*. **-2.** [substituto] vicaire *m*.

vicepresidente, ta *m, f* vice-président *m*, -e *f*.

viceversa *adv* vice versa.

viciado, da *adj* [aire, atmósfera etc] vicié(e).

viciar *vt* **-1.** [pervertir] corrompre; [niño] gâter. **-2.** *fig* [adulterar – texto, aire] vicier; [– alimento] frelater. **-3.** [deformar] déformer. ◆ **viciarse** *vp* **-1.** [habituarse] : **~se (con algo)** être dépendant(e) (de qqch). **-2.** [deformarse] se déformer.

vicio *m* **-1.** [perversión & DER] vice *m*; [mala costumbre] manie *f*. **-2.** [defecto físico] défaut *m*. **-3.** *fam fig* [mimo] : **tener mucho ~** être très gâté(e).

vicioso, sa ◇ *adj* **-1.** [defectuoso] défectueux(euse). **-2.** [pervertido] vicieux(euse). ◇ *m, f* vicieux *m*, -euse *f*.

vicisitud *f* instabilité *f*. ◆ **vicisitudes** *fpl* vicissitudes *fpl*.

víctima *f* victime *f*; **ser ~ de** être victime de.

victoria *f* victoire *f*; **cantar alguien ~** *fig* crier victoire.

victorioso, sa *adj* victorieux(euse).

vid *f* vigne *f*.

vid., *v. abrev de* véase.

vida f -1. [gen] vie f; **de por** ~ à vie; **en** ~ **de** du vivant de; **en mi** ~ **he visto cosa igual** de ma vie je n'ai vu une chose pareille; **estar con** ~ être en vie; **ganarse la** ~ gagner sa vie; **pasar a mejor** ~ quitter ce monde; **perder la** ~ perdre la vie; **¡así es la** ~! c'est la vie!; **darse** ○ **pegarse la buena** ~ mener la belle vie. -2. [duración] durée f de vie.

vidente mf voyant m, -e f.

vídeo, video ○ m -1. [técnica] vidéo f. -2. [aparato – reproductor] magnétoscope m; [– filmador] caméra f vidéo. -3. [cinta] bande f vidéo. ○ adj inv vidéo.

videocámara f Camescope® m.

videocasete m cassette f vidéo.

videoclip m vidéo-clip m.

videoclub (pl **videoclubs** ○ **videoclubes**) m vidéoclub m.

videojuego m jeu m vidéo.

videotex m INFORM vidéotex m.

videotexto, videotex m inv vidéotex m.

vidriero, ra m, f vitrier m. ◆ **vidriera** f vitrage m; [de iglesia] vitrail m.

vidrio m -1. [material] verre m. -2. [cristal] carreau m; [de coche] vitre f.

vidrioso, sa adj -1. [material, aspecto] fragile. -2. fig [tema, asunto] épineux(euse). -3. fig [ojos] vitreux(euse).

vieira f coquille f Saint-Jacques.

viejo, ja ○ adj vieux(vieille); **un hombre** ~ un vieil homme; **hacerse** ~ se faire vieux. ○ m, f -1. fam [padres]: **mis** ~**s** mes vieux. -2. [anciano] personne f âgée; ~ **verde** vieux cochon m. -3. Amer fam [amigo] pote m. ◆ **Viejo de Pascua** m Amer Père m Noël.

Viena Vienne.

viene → venir.

viento m -1. [aire] vent m; **hace** ~ il y a du vent. -2. [cuerda] câble m. -3. loc : **beber los** ~**s por** brûler de désir pour; **contra** ~ **y marea** contre vents et marées; **gritar algo a los cuatro** ~**s** crier qqch sur tous les toits; **irse** ○ **largarse con** ~ **fresco** fam débarrasser le plancher; **mis esperanzas se las llevó el** ~ mes espoirs se sont envolés; ~ **en popa** merveilleusement bien.

vientre m ventre m .

viera → ver.

viernes m inv vendredi m; ver también **sábado**. ◆ **Viernes Santo** m Vendredi m saint.

Vietnam : (el) ~ (le) Viêt-nam.

viga f poutre f .

vigencia f validité f (d'une loi etc).

vigente adj en vigueur.

vigésimo, ma núm vingtième.

vigía ○ f tour f de guet. ○ mf vigile m; NÁUT vigie f.

vigilancia f -1. [cuidado] surveillance f. -2. [servicio] service m de surveillance.

vigilante ○ mf surveillant m, -e f; ~ **nocturno** veilleur m de nuit. ○ adj vigilant(e).

vigilar ○ vt surveiller; [banco, museo etc] assurer la surveillance de. ○ vi faire attention.

vigilia f -1. [gen] veille f; **las preocupaciones lo tienen en continua** ~ les soucis l'empêchent de dormir. -2. RELIG vigile f; **comer de** ~ faire maigre.

vigor m -1. [gen] vigueur f; **en** ~ [ley etc] en vigueur. -2. [fuerza – moral] courage m; [– física] énergie f .

vigorizar vt -1. [fortalecer] fortifier. -2. fig [animar] réconforter.

vigoroso, sa adj vigoureux(euse).

vikingo, ga ○ adj viking. ○ m, f Viking mf.

vil adj -1. [despreciable] méprisable. -2. [sin valor] vil(e).

vileza f bassesse f.

villa f -1. [población] ville f. -2. [casa] villa f.

villancico m chant m de Noël.

villano, na m, f -1. [plebeyo] roturier m, -ère f. -2. [malvado] scélérat m, -e f.

vilo ◆ **en vilo** loc adv : **estar en** ~ être sur des charbons ardents; **estar en** ~ **por saber algo** mourir d'impatience de savoir qqch; **pasar la noche en** ~ ne pas fermer l'œil de la nuit.

vinagre m vinaigre m.

vinagrera f vinaigrier m (flacon). ◆ **vinagreras** fpl huilier m.

vinagreta f CULIN vinaigrette f.

vinculación f lien m.

vincular vt -1. [enlazar] lier. -2. DER rendre inaliénable. ◆ **vincularse** vp se lier.

vínculo m [lazo] lien m.

vinícola adj vinicole.

vinicultura f viniculture f.

viniera etc → venir.

vino ○ v → venir. ○ m vin m; ~ **blanco/rosado/tinto** vin blanc/rosé/rouge; ~ **dulce** vin doux.

viña f vigne f.

viñedo m vignoble m.

viñeta f -1. [de tebeo] dessin m. -2. [de libro] illustration f.

viola f viole f.

violación f -1. [de ley, derechos] violation f. -2. [abuso sexual] viol m.

violador, ra m, f violeur m, -euse f.

violar vt violer.

violencia f -1. [agresividad, fuerza] violence f. -2. [incomodidad] : **me causa ~ pedirle dinero** cela me gêne de lui demander de l'argent.

violentar vt [incomodar] gêner. ◆ **violentarse** vp [incomodarse] être gêné(e).

violento, ta adj -1. [gen] violent(e). -2. [incómodo] : **estar/sentirse ~** être/se sentir gêné ; **ser ~** être gênant.

violeta ◇ f [flor] violette f. ◇ adj inv [color] violet(ette). ◇ m [color] violet m.

violín m [instrumento] violon m.

violinista mf violoniste mf.

violón m [instrumento] contrebasse f.

violoncelista = violonchelista.

violoncelo = violonchelo.

violonchelista, violoncelista mf violoncelliste mf.

violonchelo, violoncelo m [instrumento] violoncelle m.

viperino, na adj de vipère ; [crítica, comentario] venimeux(euse).

viraje m virage m ; fig tournant m.

virar vt & vi virer.

virgen adj & f vierge. ◆ **Virgen** f : **la Virgen** la Vierge.

virginidad f virginité f.

virgo m [virginidad] virginité f. ◆ **Virgo** ◇ m inv [zodiaco] Vierge f inv. ◇ mf inv [persona] vierge f inv.

virguería f fam **ser una ~** être génial(e).

viril adj viril(e).

virilidad f virilité f.

virrey m vice-roi m.

virtual adj virtuel(elle) ; **es el ~ campeón** c'est le vainqueur assuré.

virtud f vertu f ; **tener la ~ de** [capacidad] avoir la vertu de ; [don] avoir le don de. ◆ **en virtud de** loc prep en vertu de.

virtuoso, sa ◇ adj [honrado] vertueux(euse). ◇ m, f [genio] virtuose mf.

viruela f -1. [enfermedad] variole f. -2. [pústula] pustule f.

virulé ◆ **a la virulé** loc adj [torcido] de travers ; **ojo a la ~** œil au beurre noir.

virulencia f virulence f.

virus m inv [gen & INFORM] virus m.

viruta f copeau m.

visado m visa m.

víscera f viscère m.

visceral adj viscéral(e) ; [carácter] impulsif(e).

viscoso, sa adj visqueux(euse). ◆ **viscosa** f viscose f.

visera f -1. [gen] visière f. -2. [de automóvil] pare-soleil m.

visibilidad f visibilité f.

visible adj visible.

visigodo, da ◇ adj wisigothique. ◇ m, f Wisigoth m, -e f.

visillo m (gen pl) rideau m.

visión f -1. [gen] vision f ; [de santo, Virgen etc] apparition f ; **ver visiones** avoir des visions. -2. [vista] vue f. -3. [lucidez] sens m.

visionar vt visionner.

visionario, ria adj & m, f visionnaire.

visita f -1. [gen] visite f ; **tener ~s** avoir de la visite. -2. [visitante] visiteur m. -3. [de médico] consultation f ; **pasar ~** examiner (les malades).

visitante adj & mf visiteur(euse).

visitar vt -1. [amigo, pariente etc] rendre visite à ; [cliente, lugar] visiter. -2. [suj : médico] examiner.

vislumbrar vt lit & fig entrevoir.

vislumbre m o f -1. [de luz] lueur f. -2. [indicio] signe m.

visón m vison m.

visor m viseur m.

víspera f -1. [día anterior] veille f ; **en ~s de** à la veille de. -2. (gen pl) RELIG vêpres fpl.

visto, ta ◇ pp irreg → ver. ◇ adj : **estar bien/mal ~** être bien/mal vu . ◆ **vista** f -1. [gen] vue f ; [ojos] yeux mpl ; **a primera o simple vista** à première vue ; **estar a la vista** être en vue ; **operar a alguien de la vista** opérer des yeux. -2. [mirada] regard m ; **fijar la vista en** fixer son regard sur. -3. DER audience f. -4. loc : **conocer a alguien de vista** connaître qqn de vue ; **hacer la vista gorda** fig fermer les yeux ; **¡hasta la vista!** à la prochaine! ; **perder de vista** perdre de vue ; **saltar a la vista** sauter aux yeux. ◆ **vistas** fpl [panorama] vue f ; **con vistas al mar** avec vue sur la mer. ◆ **visto bueno** m : **'~ bueno (y conforme)'** 'lu et approuvé'. ◆ **a la vista** loc adv BANCA à vue. ◆ **con vistas a** loc prep dans l'intention de ; **una reforma con**

vistas a une réforme visant à. ◆ **en vista de** *loc prep* vu, compte tenu de. ◆ **en vista de que** *loc conj* étant donné que. ◆ **por lo visto** *loc adv* apparemment. ◆ **visto que** *loc conj* puisque.

vistazo *m* coup *m* d'œil; **echar** o **dar un** ~ jeter un coup d'œil.

vistoso, sa *adj* voyant(e).

visual ◇ *adj* visuel(elle). ◇ *f* ligne *f* de mire.

visualizar *vt* **-1.** [gen & INFORM] visualiser. **-2.** [imaginar] imaginer.

vital *adj* vital(e).

vitalicio, cia *adj* [renta, pensión] viager(ère); [cargo etc] à vie. ◆ **vitalicio** *m* **-1.** [pensión] viager *m*. **-2.** [seguro de vida] assurance-vie *f*.

vitalidad *f* vitalité *f*.

vitamina *f* vitamine *f*.

vitaminado, da *adj* vitaminé(e).

vitamínico, ca *adj* : **un complejo** ~ un cocktail de vitamines.

viticultor, ra *m, f* viticulteur *m*, -trice *f*.

viticultura *f* viticulture *f*.

vitorear *vt* acclamer.

vítreo, a *adj* vitreux(euse) *(matière)*.

vitrina *f* vitrine *f* *(meuble)*.

vitro ◆ **in vitro** *loc adv* in vitro.

vituperar *vt* blâmer; [obras etc] décrier.

viudedad *f* **-1.** [viudez] veuvage *m*. **-2.** [pensión] pension *f* de veuve.

viudo, da *adj & m, f* veuf(veuve).

viva ◇ *m* vivat *m* . ◇ *interj* : ¡~ España! vive l'Espagne!

vivac = vivaque.

vivacidad *f* vivacité *f*.

vivales *mf inv* petit malin *m*, petite maligne *f*.

vivamente *adv* vivement.

vivaque, vivac *m* bivouac *m*.

vivaz *adj* **-1.** [despierto] vif(vive). **-2.** [planta] vivace.

vivencia *f* *(gen pl)* expérience *f* (vécue).

víveres *mpl* vivres *mpl*.

vivero *m* **-1.** [de plantas] pépinière *f*. **-2.** [de peces, moluscos] vivier *m*.

viveza *f* vivacité *f*.

vividor, ra *m, f despec* profiteur *m*, -euse *f*.

vivienda *f* logement *m* .

viviente *adj* vivant(e).

vivir ◇ *vt* [experimentar] vivre. ◇ *vi* **-1.** [gen] vivre. **-2.** [residir] habiter; **vivo en Barcelona** j'habite à Barcelone. **-3.** *loc* : **para ver qui vivra verra.**

vivito *adj* : **estar** ~ **y coleando** *fam fig* se porter comme un charme.

vivo, va ◇ *adj* **-1.** [gen] vif(vive); **un olor** ~ une odeur forte; **una ciudad viva** une ville pleine de vie. **-2.** [existente, expresivo] vivant(e); **estar** ~ être en vie. ◇ *m, f* *(gen pl)* vivant *m*. ◆ **en vivo** *loc adv* [en directo] en direct, sur le vif. [sin anestesia] à froid.

vizconde, desa *m, f* vicomte *m*, vicomtesse *f*.

vocablo *m* vocable *m*.

vocabulario *m* vocabulaire *m*.

vocación *f* vocation *f*.

vocacional *adj* : **ser** ~ être une vocation.

vocal ◇ *adj* vocal(e). ◇ *mf* [de junta, consejo etc] membre *m*. ◇ *f* [letra] voyelle *f*.

vocalizar *vi* **-1.** [al hablar] articuler. **-2.** MÚS faire des vocalises.

vocativo *m* vocatif *m*.

vocear ◇ *vt* **-1.** [gritar] crier; [anunciar] proclamer. **-2.** [pregonar] raconter. ◇ *vi* [gritar] crier.

vociferar *vi* vociférer.

vodka *m* o *f* vodka *f*.

vol. *(abrev de volumen)* vol.

volado, da *adj fam* **estar** ~ être dingue. ◆ **volada** *f* [de ave] vol *m*.

volador, ra *adj* volant(e).

volandas ◆ **en volandas** *loc adv* en l'air.

volante ◇ *adj* volant(e). ◇ *m* **-1.** [gen] volant *m*; **estar** o **ir al** ~ être au volant. **-2.** [del médico] lettre *f*.

volar ◇ *vt* [hacer explotar] faire sauter. ◇ *vi* **-1.** [gen] voler; ~ **a** [una altura] voler à; [un lugar] voler vers; **echar(se) a** ~ s'envoler. **-2.** *fam* [desaparecer] s'évaporer. **-3.** *fig* [correr] se dépêcher; **me voy volando** je me dépêche; **hacer algo volando** faire qqch en vitesse. ◆ **volarse** *vp* s'envoler.

volátil *adj* **-1.** [inconstante] versatile. **-2.** [que vuela] qui vole. **-3.** [que se mueve] mobile. **-4.** [que se evapora] volatil(e).

volatilizar *vt* volatiliser. ◆ **volatilizarse** *vp* se volatiliser.

vol-au-vent = volován.

volcán *m* volcan *m*.

volcánico, ca *adj* volcanique.

volcar ◇ *vt* renverser. ◇ *vi* [vehículo] se retourner. ◆ **volcarse** *vp* **-1.** [caerse] se renverser. **-2.** [esforzarse] se démener; **~se con** ○ **en** se dévouer à.

volea *f* DEP volée *f*.

voleibol *m* volley-ball *m*.

voleo *m* volée *f*; **a** ○ **al** → DEP à la volée; *fam* [arbitrariamente] au pif.

volován, **vol-au-vent** (*pl* **vol-au-vents**) *m* vol-au-vent *m*.

volquete *m* camion *m* à benne.

voltaje *m* voltage *m*.

voltear *vt* **-1.** [gen] retourner. **-2.** [campanas] sonner à toute volée. **-3.** Amer [derribar] renverser. ◆ **voltearse** *vp* Amer **-1.** [volverse] se retourner. **-2.** [volcarse] se renverser.

voltereta *f* culbute *f*; [en gimnasia] roulade; **dar ~s** faire des galipettes.

voltio *m* volt *m*.

voluble *adj* inconstant(e).

volumen *m* volume *m*; **subir/bajar el ~** monter/baisser le son; **~ de negocios** ○ **ventas** chiffre *m* d'affaires.

voluminoso, **sa** *adj* volumineux(euse).

voluntad *f* volonté *f*; **a ~** à volonté; **buena/mala ~** bonne/mauvaise volonté; **contra la ~ de alguien** contre la volonté de qqn; **por mi/tu** etc **propia ~** de mon/ton etc plein gré; **por ~ propia** selon sa volonté; **~ de hierro** volonté de fer.

voluntariado *m* volontariat *m*.

voluntario, **ria** *adj & m*, *f* volontaire. ◆ **voluntario** *m* MIL volontaire *m*.

voluntarioso, **sa** *adj* : **ser ~** avoir de la volonté.

voluptuoso, **sa** *adj* voluptueux(euse).

volver ◇ *vt* **-1.** [dar la vuelta a] retourner. **-2.** [cabeza, espalda] tourner. **-3.** [convertir] rendre; **lo volvió loco** il l'a rendu fou. ◇ *vi* **-1.** [regresar] revenir; **vuelve, no te vayas** reviens, ne t'en vas pas; **volvamos a nuestro tema** revenons à notre sujet; **~ en sí** revenir à soi. **-2.** [ir de nuevo] retourner; **no pienso ~ allí** je n'ai pas l'intention de retourner là-bas. **-3.** [hacer otra vez] : **~ a hacer/leer** etc refaire/relire etc; **vuelve a llover** il recommence à pleuvoir; **no vuelvas a pronunciar esa palabra** ne prononce plus jamais ce mot. ◆ **volverse** *vp* **-1.** [darse la vuelta] se retourner. **-2.** [ir de vuelta] : **~se a retourner** à. **-3.** [venir de vuelta] : **~se de** revenir de. **-4.** [convertirse en] devenir; **se ha vuelto muy cursi** elle est devenue très snob. **-5.**

loc : **~se atrás** [desdecirse] faire machine arrière; **~se contra** ○ **en contra de alguien** *fig* se retourner contre qqn.

vomitar *vt & vi* vomir.

vomitera *f* vomi *m*; **entrarle a alguien una ~** avoir des vomissements.

vómito *m* **-1.** [acción] vomissement *m*. **-2.** [substancia] vomi *m*.

voraz *adj* vorace.

vos ◇ *pron pers* Amer [tú] tu. ◇ *pron desus* vous.

vosotros, **tras** *pron pers* vous.

votación *f* **-1.** [acción] vote *m*; **por ~** par voie de scrutin. **-2.** [efecto] élection *f*.

votante *mf* votant *m*, -e *f*.

votar ◇ *vt* voter. ◇ *vi* voter; **~ en blanco** voter blanc; **~ por** [emitir un voto] voter pour; [estar a favor] être pour.

voto *m* **-1.** [sufragio] voix *f*; [consulta] vote *m*; **contar los ~s** faire le décompte des voix; **~ de censura/de confianza** vote *m* de censure/de confiance; **tiene mi ~ de confianza** j'ai toute confiance en lui. **-2.** [derecho a votar] droit *m* de vote. **-3.** [ruego & RELIG] vœu *m* .

voy → **ir**.

vóytelas *interj* Amer *fam* : ¡**~**! pas possible!

voz *f* **-1.** [gen & GRAM] voix *f*; **alzar** ○ **levantar la ~ a alguien** élever la voix devant qqn; **a media ~** à mi-voix; **en ~ alta/baja** à voix haute/basse; **no tener ni ~ ni voto** ne pas avoir voix au chapitre; **~ en off** voix off; **~ de la conciencia** voix de la conscience. **-2.** [grito] cri *m*; **a voces** en criant; **dar voces** pousser des cris. **-3.** [rumor] rumeur *f*; **corre la ~ de que...** le bruit court que... **-4.** [vocablo] mot *m*. **-5.** *loc* : **llevar la ~ cantante** mener la danse.

vudú *m* (*en aposición inv*) vaudou *m*.

vuelco *m* revirement *m*; **dar un ~** [coche] se retourner; **le dio un ~ el corazón** *fig* son cœur a fait un bond.

vuelo *m* **-1.** [gen & AERON] vol *m*; **al ~** [en el aire] au vol; *fig* [rápido] du premier coup; **alzar** ○ **emprender** ○ **levantar el ~** [despegar] s'envoler; *fig* [independizarse] voler de ses propres ailes; **~ chárter/regular** vol charter/régulier; **~ libre/sin motor** vol libre/sans moteur. **-2.** [de vestido] : **una falda con (mucho) ~** une jupe (très) large.

vuelta *f* **-1.** [gen & DEP] tour *m*; **dar media ~** faire demi-tour; **dar(se) la ~** se retourner; **dar una ~** faire un tour; **~ ciclista**

tour cycliste. **-2.** [regreso] retour *m*; **a la ~** au retour; **estar de ~** être de retour. **-3.** [dinero sobrante] monnaie *f*; **dar la ~** rendre la monnaie. **-4.** [curva] tournant *m*. **-5.** [cara opuesta] dos *m*; **dar la ~ a algo** retourner qqch; **darle la ~ a la página** tourner la page. **-6.** [cambio, avatar]: **las ~s de la vida** les vicissitudes de la vie. **-7.** [de pantalón etc] revers *m*. **-8.** *loc*: **a la ~ de la esquina** au coin de la rue; **a ~ de correo** par retour du courrier; **dar la ~ a la tortilla** *fam* renverser la vapeur; **darle ~s a algo** tourner et retourner qqch dans sa tête; **dar dos ~s de campana** [coche] faire deux tonneaux; **no tiene ~ de hoja** c'est comme ça et pas autrement; **poner a alguien de ~ y media** [insultar] traiter qqn de tous les noms; [reñir] sonner les cloches à qqn.

vuelto, ta ◇ *pp irreg* → **volver**. ◇ *adj* : **de cuello ~** [jersey ete] à col roulé. ◆ **vuelto** *m Amer* [vuelta] monnaie *f*.

vuestro, tra ◇ *adj poses* votre; **~s libros** vos livres; **un amigo ~** un de vos amis; **no es asunto ~** ça ne vous regarde pas; **no es culpa vuestra** ce n'est pas (de) votre faute. ◇ *pron poses* : **el ~** le vôtre; **la vuestra** la vôtre; **ésta es la vuestra** *fam* à vous de jouer; **lo ~ es el teatro** *fam* votre truc c'est le théâtre; **los ~s** [vuestra familia] les vôtres.

vulgar *adj* **-1.** [gen] vulgaire. **-2.** [común] banal(e); [día, objeto] ordinaire.

vulgaridad *f* vulgarité *f*; **decir ~es** dire des grossièretés.

vulgarizar *vt* vulgariser.

vulgo *m despec* : **el ~** [plebe] le peuple; [no expertos] le commun des mortels.

vulnerable *adj* vulnérable.

vulnerar *vt* **-1.** [nombre, reputación etc] porter atteinte à. **-2.** [ley, norma etc] violer.

vulva *f* vulve *f*.

VV *abrev de* **ustedes**.

w, W *f* [letra] w *m inv*, W *m inv*.

walkie-talkie (*pl* **walkie-talkies**) *m* talkie-walkie *m*.

walkman® (*pl* **walkmans**) *m* Walkman® *m*.

Washington Washington.

wáter (*pl* **wáteres**), **váter** (*pl* **váteres**) *m* W-C *mpl*.

waterpolo *m* water-polo *m*.

watio = **vatio**.

WC (*abrev de* **water closet**) *m* W-C *mpl*.

whisky = **güisqui**.

windsurf, **windsurfing** *m* : **hacer ~** faire de la planche à voile.

x, X *f* [letra] x *m inv*, X *m inv*. ◆ **X** *f* X *m*; **la señora X** madame X.

xenofobia *f* xénophobie *f*.

xilofón, **xilófono** *m* xylophone *m*.

y¹, Y *f* [letra] y *m inv*, Y *m inv*.

y² *conj* [gen] et; **un café y un pastel** un café et un gâteau; **sabía que no lo conseguiría y seguía intentándolo** il savait qu'il n'y parviendrait pas et pourtant il continuait à essayer; **¡hay restaurantes y restaurantes!** il y a restaurant et restaurant!; **tras horas y horas de espera** après des heures et des heures d'attente; **¿y tu mujer? ¿dónde está?** et ta femme, où est-elle?

ya ◇ *adv* **-1.** [denota pasado] déjà; **~ en 1950** en 1950, déjà; **~ me lo habías contado** tu me l'avais déjà raconté. **-2.** [ahora] maintenant; [inmediatamente] **tout de suite**; **¿nos vamos ~ o dentro de un rato?** on part tout de suite ou dans un moment?; **hay que hacer algo ~** il faut faire quelque chose tout de suite; ~ **no plus maintenant. -3.** [denota futuro] : ~ **te llamaré** je t'appellerai; ~ **nos habremos ido** nous serons déjà partis. **-4.** [finalmente] : ~ **hay que hacer algo** il est temps de faire quelque chose. **-5.** [refuerza al verbo] : ~ **entiendo** je comprends; ~ **lo sé** je sais bien; ~ **era hora** il était temps. ◇ *conj* [distributiva] : ~ **llegue tarde,** ~ **llegue temprano...** que j'arrive tôt ou que j'arrive tard... ◇ *interj* : **¡~!** [asentimiento] je sais; [es suficiente] merci; **¡~,** ~! bon, bon! ◆ **ya que** *loc conj* puisque; ~ **que has venido...** puisque tu es venu...

yacer *vi* **-1.** [estar tumbado] être étendu(e). **-2.** [estar enterrado] gésir; **aquí yace** ci-gît.

yacimiento *m* **-1.** [minero] gisement *m*. **-2.** [histórico] : ~ **(arqueológico)** site *m* archéologique.

yanqui ◇ *adj* **-1.** HIST yankee. **-2.** *fam* amerloque. ◇ *mf* **-1.** HIST Yankee *mf*. **-2.** *fam* Amerloque *mf*.

yate *m* yacht *m*.

yegua *f* jument *f*.

yema *f* **-1.** [de huevo] jaune *m*. **-2.** [de planta] bourgeon *m*. **-3.** [de dedo] bout *m*. **-4.** CULIN confiserie au jaune d'œuf et au sucre.

Yemen : **(el)** ~ (le) Yémen.

yen *m* yen *m*.

yerba = **hierba**.

yerbatero *m Amer* guérisseur *m*.

yermo, ma *adj* **-1.** [estéril] inculte. **-2.** [despoblado] désert(e).

yerno *m* gendre *m*.

yeso *m* **-1.** [mineral] gypse *m*. **-2.** [polvo, escultura] plâtre *m*.

yeyé (*pl* **yeyés**) *adj* yé-yé.

yo ◇ *pron pers* [sujeto] je, j' *(delante de vocal)*; [predicado] moi; ~ **me llamo Juan** je m'appelle Juan; **el culpable soy** ~ c'est moi le coupable; ~ **que tú/él** /etc à ta/sa/ etc place. ◇ *m* PSICOL: **el** ~ le moi.

yodo, iodo *m* iode *m*.

yoga *m* yoga *m*.

yogur, yogurt (*pl* **yogurts**) *m* yaourt *m*.

yogurtera *f* yaourtière *f*.

yonqui *mf fam* junkie *mf*.

yoquey (*pl* **yoqueys**), **jockey** (*pl* **jockeys**) *m* jockey *m*.

yoyó *m* Yo-Yo® *m inv*.

yuca *f* **-1.** [planta] yucca *m*. **-2.** [mandioca] manioc *m*.

yudo, judo *m* judo *m*.

yudoka, judoka *mf* judoka *mf*.

yugo *m* joug *m*.

Yugoslavia Yugoslavie *f*; **la ex** ~ l'ex-Yougoslavie *f*.

yugular *adj & f* jugulaire.

yunque *m* enclume *f*.

yuppie (*pl* **yuppies**) *mf* yuppie *mf*.

yuxtaponer *vt* juxtaposer.

yuxtaposición *f* juxtaposition *f*.

yuxtapuesto, ta *pp irreg* → **yuxtaponer**.

Z

z, Z *f* [letra] z *m inv*, Z *m inv*.

zafarrancho *m* NÁUT branle-bas *m inv*; ~ **de combate** MIL branle-bas de combat.

zafiro *m* saphir *m*.

zaga *f* DEP arrières *mpl*; **ir a la** ~ être à la traîne; **no irle a la** ~ **a alguien** *fig* n'avoir rien à envier à qqn.

zaguán *m* entrée *f*.

Zaire Zaïre *m*.

zalamería *f* (*gen pl*) flatterie *f*.

zalamero, ra *adj & m, f* enjôleur(euse).

zamarra *f* blouson *m* fourré.

zambo, ba *adj & m, f* cagneux(euse).

zambomba *f* MÚS *tambour percé d'une baguette.*

zambullir *vt* plonger. ◆ **zambullirse** *vp* : ~**se en** [agua] plonger dans; [actividad] se plonger dans.

zampar *vt fam* bouffer. ◆ **zamparse** *vp fam* s'enfiler.

zanahoria *f* carotte *f*.

zanca *f* [de ave] patte *f*.

zancada *f* enjambée *f*.

zancadilla *f* : **poner una** ○ **la** ~ **a alguien** [hacer tropezar] faire un croche-pied à qqn; *fig* [engañar] tendre un piège à qqn.

zancadillear *vt* : ~ **a alguien** faire un croche-pied à qqn; *fig* tirer dans les pattes de qqn.

zanco *m* échasse *f*.

zancudo, da *adj* **-1.** [persona] qui a de longues jambes. **-2.** [animal] haut(e) sur pattes; **un ave zancuda** un échassier.
◆ **zancudo** *m Amer* moustique *m*.

zángano, na *m, f fam* flemmard *m*, -e *f*.
◆ **zángano** *m* [abeja] faux bourdon *m*.

zanja *f* tranchée *f*.

zanjar *vt* [asunto, discusión] trancher; [dificultad, problema] résoudre.

zapallo *m Amer* courgette *f*.

zapata *f* **-1.** [cuña] taquet *m*. **-2.** [de freno] mâchoire *f*.

zapateado *m* danse espagnole rythmée par des coups de talon.

zapatear *vi* MÚS marquer le rythme en donnant des coups de talon.

zapatería *f* **-1.** [taller] cordonnerie *f*. **-2.** [tienda] magasin *m* de chaussures.

zapatero, ra *m, f* **-1.** [fabricante, vendedor] chausseur *m*. **-2.** [reparador] : ~ **(de viejo o remendón)** cordonnier *m*, -ère *f*.

zapatilla *f* **-1.** [gen] chausson *m*. **-2.** [de deporte] chaussure *f* de sport, tennis *m* o *f*.

zapato *m* chaussure *f*.

zapping *m inv* zapping *m*; **hacer** ~ zapper.

zar *m* tsar *m*.

zarandear *vt* [sacudir] secouer.

zarcillo *m* (gen pl) boucle *f* d'oreille.

zarina *f* tsarine *f*.

zarpa *f* patte *f* griffue.

zarpar *vi* appareiller.

zarpazo *m* coup *m* de griffe.

zarza *f* ronce *f*.

zarzal *m* ronces *fpl*.

zarzamora *f* [fruto] mûre *f*.

zarzuela *f* **-1.** MÚS zarzuela *f* (opérette espagnole). **-2.** CULIN plat de poisson et coquillages en sauce.

zas *interj* : ¡~! vlan!

zenit, cenit *m* **-1.** ASTRON zénith *m*. **-2.** *fig* [apogeo] : **en el** ~ **de** au sommet de.

zepelín *m* zeppelin *m*.

zigzag (pl **zigzags** o **zigzagues**) *m* zigzag *m*.

zigzaguear *vi* zigzaguer.

zinc = cinc.

zíngaro = cíngaro.

zíper *m Amer* fermeture *f* Éclair®.

zipizape *m fam* grabuge *m*.

zócalo *m* **-1.** [de pared] plinthe *f*. **-2.** [de pedestal] socle *m*. **-3.** [de edificio] soubassement *m*.

zoco *m* souk *m*.

zodiacal *adj* zodiacal(e).

zodiaco, zodíaco *m* zodiaque *m*.

zombi, zombie *mf lit & fig* zombie *m*.

zona *f* zone *f*; ~ **azul** AUTOM zone bleue; ~ **verde** espace *m* vert.

zonzo = sonso.

zoo *m* zoo *m*.

zoología *f* zoologie *f*.

zoológico, ca *adj* zoologique; [tratado, tema] de zoologie. ◆ **zoológico** *m* → parque.

zoólogo, ga *m, f* zoologiste *mf*.

zopenco, ca *adj & m, f* idiot(e).

zoquete ◇ *adj & mf* idiot(e). ◇ *m Amer* [calcetín] chaussette *f*.

zorro, rra ◇ *adj* : **ser** ~ être rusé comme un renard. ◇ *m, f* renard *m*, -e *f*; **un** ~ **viejo** *fig* un vieux renard. ◆ **zorro** *m* [piel] renard *m*.

zozobra *f fig* angoisse *f*.

zozobrar *vi* **-1.** NÁUT sombrer, faire naufrage. **-2.** *fig* [fracasar] échouer; [negocio] couler.

zueco *m* [zapato] sabot *m*.

zulo *m* planque *f*, cache *f*.

zulú (pl **zulúes**) ◇ *adj* zoulou(e). ◇ *mf* Zoulou *m*, -e *f*.

zumbar ◇ *vi* **-1.** [abeja] bourdonner; [motor] ronfler. **-2.** *fam fig* [correr] filer. ◇ *vt fam* [pegar] : ~ **a alguien** flanquer une raclée à qqn.

zumbido *m* [de abeja] bourdonnement; [de motor] ronflement *m*.

zumo *m* jus *m*.

zurcido *m* **-1.** [acción] reprisage *m*. **-2.** [remiendo] reprise *f*.

zurcir *vt* repriser.

zurdo, da ◇ *adj* **-1.** [mano, ojo etc] gauche. **-2.** [persona] gaucher(ère). ◇ *m, f* [persona] gaucher *m*, -ère *f*. ◆ **zurda** *f* **-1.** [mano] main *f* gauche. **-2.** [pie] pied *m* gauche.

zurra *f fam* raclée *f*.

zurrar *vt* [pegar] : ~ **a alguien** donner une raclée à qqn.

zurrón *m* gibecière *f*.

zutano, na *m, f* untel *m*, untelle *f*.

a¹, A [a] *nm inv* a f, A f; **prouver par a +
b** demostrar matemáticamente; **de a à z**
de pe a pa. ◆ **a** (*abr de* **are**) a. ◆ **A –1.** (*abr
de* **anticyclone**) A. **–2.** (*abr de* **ampère**) A.
–3. (*abr de* **autoroute**) A.

a² [a] → **avoir**.

à [a] *prép* (**au** [o], *forme contractée de* à+**le**,
aux [o], *forme contractée de* à+**les**) **-1.** [in-
troduisant un complément d'objet indi-
rect] : **parler à qqn** hablar a alguien; **pen-
ser à qqch** pensar en algo; **donner qqch
à qqn** dar algo a alguien. **-2.** [introduisant
un complément de lieu – situation] en; **il a
une maison à la campagne** tiene una
casa en el campo; **il habite à Paris** vive
en París; [– direction] a; **aller à Paris ir a
París; un voyage à Londres/aux Sey-
chelles** un viaje a Londres/a las Seychelles;
de Paris à Londres de París a Lon-
dres. **-3.** [introduisant un complément de
temps ou de manière] : **à lundi!** ¡hasta el
lunes!; **à plus tard!** ¡hasta luego!; **de 8 à
10 heures** de (las) 8 a (las) 10; **à haute
voix** en voz alta; **au petit matin** de ma-
drugada; **se promener à pied/à cheval**
pasear a pie/a caballo; **se promener à bi-
cyclette** pasear en bicicleta. **-4.** [introdui-
sant un chiffre] : **ils sont venus à dix** han
venido diez; **ils vivent à deux dans un
studio** viven dos en un estudio; **la vi-
tesse est limitée à 50 km/h** velocidad li-
mitada a 50 km/h. **-5.** [indiquant une ca-
ractéristique ou l'appartenance] de; **à moi**
mío mía; **un ami à lui** un amigo suyo. **-6.**
[introduit le but – introduisant un nom] de;
[– introduisant un verbe] para. **-7.** [indique
un passage] : **de** (+ *substantif*) **à** (+ *sus-
tantivo*) a.

AB (*abr de* **assez bien**)≃ B.

abaisser [abese] *vt* **-1.** [rideau, voile] bajar.
-2. [diminuer] reducir. **-3.** *sout* [avilir] de-
gradar. ◆ **s'abaisser** *vp* **-1.** [descendre]
bajar. **-2.** [s'humilier] rebajarse; **s' ~ à
faire qqch** rebajarse a hacer algo.

abandon [abādɔ̃] *nm* **-1.** [délaissement]
abandono m; **à l'~** abandonado(da); **~ de
poste** MIL deserción f. **-2.** [renonciation]
renuncia f. **-3.** [cession] cesión f. **-4.**
[confiance] : **avec ~** con toda confianza.

abandonné, e [abādɔne] *adj* abandona-
do(da).

abandonner [abādɔne] ◇ *vt* **-1.** [délaisser]
abandonar. **-2.** [renoncer à] renunciar a.
-3. [céder] : **~ qqch à qqn** ceder algo a
alguien. ◇ *vi* [laisser tomber] rendirse;
j'abandonne! ¡me rindo!

abasourdi, e [abazurdi] *adj* **-1.** [ahuri]
aturdido(da). **-2.** [stupéfait] atónito(ta);
être ~ quedarse atónito.

abat-jour [abaʒur] *nm inv* [en toile, en pa-
pier] pantalla f; [en verre] tulipa f.

abats [aba] *nmpl* [de volaille] menudillos
mpl; [de bétail] asaduras *fpl*.

abattement [abatmā] *nm* **-1.** [gén] abati-
miento m. **-2.** [déduction] deducción f; **~
fiscal** deducción fiscal.

abattis [abati] *nmpl* despojos *mpl*.

abattoir [abatwar] *nm* matadero m.

abattre [abatr] *vt* **-1.** [arbre] talar. **-2.** [tuer]
matar. **-3.** [avion] derribar. **-4.** [épuiser]
agotar. **-5.** [démoraliser] desmoralizar. **-6.**
[détruire] acabar con.

abbaye [abei] *nf* RELIG abadía f.

abbé [abe] *nm* RELIG [prêtre séculier] **padre**
m; [de couvent] **abad** m.

abbesse [abɛs] *nf* abadesa *f.*

abc *nm* abecé *m.*

abcès [apsɛ] *nm* absceso *m.*

abdication [abdikasjɔ̃] *nf* abdicación *f.*

abdiquer [abdike] ◇ *vt* renunciar a. ◇ *vi* -1. [roi] abdicar. -2. [abandonner] claudicar.

abdomen [abdɔmɛn] *nm* abdomen *m.*

abeille [abɛj] *nf* abeja *f.*

aberrant, e [abɛrɑ̃, ɑ̃t] *adj* aberrante.

abîme [abim] *nm* abismo *m.*

abîmer [abime] *vt* estropear. ◆ **s'abîmer** *vp* [se détériorer] estropearse.

abject, e [abʒɛkt] *adj* abyecto(ta).

abnégation [abnegasjɔ̃] *nf* abnegación *f.*

aboiement [abwamɑ̃] *nm* ladrido *m.*

abolir [abɔlir] *vt* abolir.

abominable [abɔminabl] *adj* -1. [fait] abominable. -2. [temps] horrible.

abondance [abɔ̃dɑ̃s] *nf* abundancia *f*; **en ~** en abundancia.

abondant, e [abɔ̃dɑ̃, ɑ̃t] *adj* -1. [gén] abundante. -2. [végétation] frondoso(sa).

abonder [abɔ̃de] *vi* abundar; **la région abonde en fruits** la fruta es abundante en la región; **~ dans le sens de qqn** abundar en la misma opinión que alguien.

abonné, e [abɔne] *nm, f* -1. [à un journal] suscriptor *m*, -ra *f.* -2. [à un service, à un théâtre] abonado *m*, -da *f.* -3. [à une bibliothèque] socio *m*, -cia *f.*

abonnement [abɔnmɑ̃] *nm* -1. [à un journal] suscripción *f.* -2. [à un service, un théâtre] abono *m.* -3. [à une bibliothèque] carné *m* de socio.

abonner [abɔne] *vt* : **~ qqn à qqch** [à un journal] suscribir a alguien a algo; [à un service, un théâtre] abonar a alguien a algo; [à une bibliothèque] hacer socio a alguien de algo. ◆ **s'abonner** *vp* abonarse; **s'~ à qqch** [journal] suscribirse a algo; [service, théâtre] abonarse a algo; [bibliothèque] hacerse socio de algo.

abord [abɔr] *nm* : **être d'un ~ difficile/agréable** mostrarse inaccesible/accesible. ◆ **abords** *nmpl* inmediaciones *fpl.* ◆ **d'abord** *loc adv* -1. [en premier lieu] primero. -2. [avant tout] en primer lugar, primero. ◆ **tout d'abord** *loc adv* ante todo.

abordable [abɔrdabl] *adj* -1. [gén] accesible. -2. [prix, produit] asequible.

abordage [abɔrdaʒ] *nm* abordaje *m.*

aborder [abɔrde] ◇ *vi* [arriver] atracar. ◇ *vt* -1. [personne, sujet] abordar. -2. [carrefour, virage] entrar en.

aborigène [abɔriʒɛn] *adj* aborigen.

aboutir [abutir] *vi* -1. [chemin] : **~ à** OU **dans** desembocar en. -2. [négociation] llegar a un resultado. -3. [déboucher sur] : **~ à qqch** conducir a algo.

aboyer [abwaje] *vi* -1. [chien] ladrar. -2. *fam* [personne] berrear.

abrasif, ive [abrazif, iv] *adj* abrasivo(va). ◆ **abrasif** *nm* abrasivo *m.*

abrégé, e [abreʒe] *adj* abreviado(da).

abréger [abreʒe] *vt* [durée] acortar; [longueur] resumir; [mot] abreviar.

abreuvoir [abrœvwar] *nm* abrevadero *m.*

abréviation [abrevjasjɔ̃] *nf* abreviatura *f.*

abri [abri] *nm* abrigo *m*; **être à l'~ de qqch** [des intempéries] estar al abrigo de algo; *fig* [de menaces, de soupçons] estar libre de algo; **~ antiatomique** refugio *m* atómico.

abricot [abriko] *nm* albaricoque *m.*

abricotier [abrikɔtje] *nm* albaricoquero *m.*

abriter [abrite] *vt* -1. [protéger] proteger. -2. [héberger] alojar. ◆ **s'abriter** *vp* resguardarse; **s'~ de qqch** resguardarse de algo.

abrupt, e [abrypt] *adj* -1. [raide] abrupto(ta). -2. [rude] brusco(ca).

abruti, e [abryti] *adj & nm, f fam* estúpido(da).

abrutir [abrytir] *vt* -1. [abêtir] embrutecer. -2. [étourdir] aturdir.

abrutissant, e [abrytisɑ̃, ɑ̃t] *adj* -1. [travail] agotador(ra). -2. [bruit] ensordecedor(ra). -3. [jeu, feuilleton] embrutecedor(ra).

abscisse [apsis] *nf* MATHS abscisa *f.*

absence [apsɑ̃s] *nf* -1. [de personne] ausencia *f*; **en l'~ de qqn/de qqch** en ausencia de alguien/de algo. -2. [carence] falta *f.*

absent, e [apsɑ̃, ɑ̃t] ◇ *adj* -1. [gén] ausente; **être ~ de** estar ausente de. -2. [qui manque] : **être ~** faltar. ◇ *nm, f* ausente *mf.*

absenter [apsɑ̃te] ◆ **s'absenter** *vp* : **s'~ (de)** ausentarse (de).

absinthe [apsɛ̃t] *nf* -1. [plante] ajenjo *m.* -2. [boisson] ajenjo *m*, absenta *f.*

absolu, e [apsɔly] *adj* absoluto(ta).

absolument [apsɔlymɑ̃] *adv* -1. [à tout prix] sin falta; **il faut ~ qu'il vienne** tiene que venir sin falta; **il veut ~ manger** tiene mucha hambre. -2. [totalement] totalmente; **c'est ~ vrai** es totalmente cierto; **vous avez ~ raison** tiene usted toda la razón.

absolutisme [apsɔlytism] *nm* absolutismo *m*.

absorbant, e [apsɔrbã, ãt] *adj* absorbente.

absorber [apsɔrbe] *vt* -**1**. [gén] absorber. -**2**. [manger] ingerir.

abstenir [apstənir] ◆ **s'abstenir** *vp* abstenerse; **s'~ de qqch/de faire qqch** abstenerse de algo/de hacer algo.

abstention [apstãsjɔ̃] *nf* abstención *f*.

abstentionnisme [apstãsjɔnism] *nm* abstencionismo *m*.

abstenu, e [apstəny] *pp* → **abstenir**.

abstinence [apstinãs] *nf* abstinencia *f*.

abstraction [apstraksjɔ̃] *nf* abstracción *f*.

abstrait, e [apstrɛ, ɛt] *adj* abstracto(ta).

absurde [apsyrd] ◇ *adj* absurdo(da). ◇ *nm* : **l'~** lo absurdo; **par l'~** por reducción al absurdo.

absurdité [apsyrdite] *nf* -**1**. [illogisme] absurdo *m*; **l'~ de** lo absurdo de. -**2**. [stupidité] disparate *m*.

abus [aby] *nm* abuso *m*; **~ de confiance** abuso de confianza; **~ de pouvoir** abuso de poder.

abuser [abyze] *vi* abusar; **~ de** [user] abusar de. ◆ **s'abuser** *vp* engañarse.

abusif, ive [abyzif, iv] *adj* abusivo(va).

acabit [akabi] *nm* : **de cet ~, du même ~** *péj* de esta calaña, de la misma calaña.

acacia [akasja] *nm* acacia *f*.

académicien, enne [akademisjɛ̃, ɛn] *nm, f* académico *m*, -ca *f*.

académie [akademi] *nf* -**1**. [gén] academia *f*. -**2**. UNIV *distrito universitario en Francia*.

acajou [akaʒu] *adj & nm* caoba.

acariâtre [akarjatr] *adj* desabrido(da).

acarien [akarjɛ̃] *nm* ácaro *m*.

accablant, e [akablã, ãt] *adj* abrumador(ra).

accabler [akable] *vt* -**1**. [surcharger] : **~ qqn de qqch** [de travail] agobiar a alguien de algo; [d'injures, de reproches] colmar a alguien de algo. -**2**. [confondre] confundir.

accalmie [akalmi] *nf* calma *f*.

accéder [aksede] ◆ **accéder à** *vi* acceder a.

accélérateur [akseleratœr] *nm* AUTOM acelerador *m*.

accélération [akselerasjɔ̃] *nf* -**1**. [de mécanisme] aceleración *f*. -**2**. [de projet] aceleramiento *m*.

accélérer [akselere] *vt & vi* acelerar.

accent [aksã] *nm* acento *m*; **mettre l' ~ sur** *fig* poner énfasis en.

accentuation [aksãtɥasjɔ̃] *nf* acentuación *f*.

accentuer [aksãtɥe] *vt* -**1**. [gén] acentuar. -**2**. [intensifier] aumentar. ◆ **s'accentuer** *vp* acentuarse.

acceptable [aksɛptabl] *adj* aceptable.

acceptation [aksɛptasjɔ̃] *nf* aceptación *f*.

accepter [aksɛpte] *vt* aceptar; **~ de faire qqch** aceptar hacer algo; **~ que** (+ subjonctif) consentir que (+ subjuntivo); **je n'accepte pas que tu me parles ainsi** no consiento que me hables de esta manera.

acception [aksɛpsjɔ̃] *nf* acepción *f*.

accès [aksɛ] *nm* -**1**. [entrée] entrada *f*. -**2**. [voie d'entrée] acceso *m*; **avoir ~ à qqch** tener acceso a algo; **donner ~ à qqch** dar a algo; **cette porte donne ~ au jardin** esta puerta da al jardín; **'~ interdit'** 'prohibida la entrada'. -**3**. [crise] acceso; **~ de colère** acceso de cólera.

accessible [aksesibl] *adj* -**1**. [gén] accesible. -**2**. COMM asequible.

accession [aksɛsjɔ̃] *nf* acceso *m*; **~ à qqch** acceso a algo.

accessoire [akseswar] ◇ *adj* accesorio(ria). ◇ *nm* -**1**. [de théâtre, de cinéma] attrezzo *m*. -**2**. [de machine] accesorio *m*. -**3**. [de mode] complemento *m*. -**4**. [chose peu importante] : **l'~** lo accesorio.

accident [aksidã] *nm* accidente *m*; **~ de la circulation** accidente de circulación; **~ de santé** achaque *m*; **~ du travail** accidente laboral; **~ de voiture** accidente de coche. ◆ **par accident** *loc adv* [par hasard] por casualidad.

accidenté, e [aksidãte] *adj & nm, f* accidentado(da).

accidentel, elle [aksidãtɛl] *adj* -**1**. [dû au hasard] accidental, casual. -**2**. [dû à un accident] por accidente.

acclamation [aklamasjɔ̃] *nf* aclamación *f*.

acclamer [aklame] *vt* aclamar.

acclimatation [aklimatasjɔ̃] *nf* aclimatación *f*.

acclimater [aklimate] *vt* -**1**. [animal, végétal] aclimatar. -**2**. [idée] introducir.

accolade [akɔlad] *nf* -**1**. [signe graphique] llave *f*. -**2**. [embrassade] abrazo *m*.

accommodant, e [akɔmɔdɑ̃, ɑ̃t] *adj* **-1.** [personne] complaciente. **-2.** [caractère] conciliador(ra).

accommodement [akɔmɔdmɑ̃] *nm* acomodamiento *m.*

accommoder [akɔmɔde] *vt* **-1.** [viande, poisson] preparar. **-2.** [mettre en accord] : ~ qqch à qqch adecuar algo a algo. ◆ **s'accommoder** *vp* : **s'~ à qqn/à qqch** acostumbrarse a alguien/a algo.

accompagnateur, trice [akɔ̃paɲatœr, tris] *nm, f* acompañante *mf.*

accompagnement [akɔ̃paɲmɑ̃] *nm* **-1.** MUS acompañamiento *m.* **-2.** CULIN guarnición *f.* **-3.** [escorte] escolta *f.*

accompagner [akɔ̃paɲe] *vt* acompañar; ~ **qqch de qqch** acompañar algo con algo.

accompli, e [akɔ̃pli] *adj* ideal.

accomplir [akɔ̃plir] *vt* cumplir. ◆ **s'accomplir** *vp* cumplirse.

accomplissement [akɔ̃plismɑ̃] *nm* cumplimiento *m.*

accord [akɔr] *nm* **-1.** [entente, traité] acuerdo *m.* **-2.** [sons] acorde *m.* **-3.** LING concordancia *f.* **-4.** [acceptation] aprobación *f*; **donner son ~ à qqch** dar su aprobación a algo. ◆ **d'accord** *loc adv* [marque l'aquiescement] de acuerdo; **être d'~ avec qqn/qqch** estar de acuerdo con alguien/ algo; **tomber** OU **se mettre d'~** ponerse de acuerdo.

accordéon [akɔrdeɔ̃] *nm* acordeón *m.*

accorder [akɔrde] *vt* **-1.** [donner] : ~ **qqch à qqn** conceder algo a alguien. **-2.** [attribuer] : ~ **qqch à qqch** conceder algo a algo. **-3.** [harmoniser] combinar. **-4.** GRAM : ~ **qqch avec** concordar algo con. **-5.** [instrument] afinar.

accoster [akɔste] ◇ *vt* **-1.** NAVIG atracar. **-2.** [personne] abordar. ◇ *vi* NAVIG atracar.

accotement [akɔtmɑ̃] *nm* arcén *m Esp*, acotamiento *m Amér.*

accouchement [akuʃmɑ̃] *nm* parto *m*; ~ **sans douleur** parto sin dolor.

accoucher [akuʃe] ◇ *vi* dar a luz; ~ **de** dar a luz a. ◇ *vt* asistir al parto.

accouder [akude] ◆ **s'accouder** *vp* apoyarse; **s'~ à** apoyarse en.

accoudoir [akudwar] *nm* brazo *m (de sillón).*

accouplement [akupləmɑ̃] *nm* **-1.** [d'animaux] apareamiento *m.* **-2.** MÉCANIQUE acoplamiento *m.*

accoupler [akuple] *vt* **-1.** [choses] acoplar. **-2.** [animaux] aparear, acoplar. ◆ **s'accoupler** *vp* [animaux] aparearse.

accourir [akurir] *vi* acudir.

accouru, e [akury] *pp* → **accourir.**

accoutré, e [akutre] *adj* ataviado(da).

accoutrement [akutrəmɑ̃] *nm* atavío *m.*

accoutumer [akutyme] *vt* : ~ **qqn à qqch/ à faire qqch** acostumbrar a alguien a algo/a hacer algo. ◆ **s'accoutumer** *vp* : **s'~ à qqn/à qqch** acostumbrarse a alguien/a algo.

accréditation [akreditasjɔ̃] *nf* acreditación *f.*

accréditer [akredite] *vt* acreditar; ~ **qqn auprès de** acreditar a alguien ante.

accroc [akro] *nm* **-1.** [déchirure] desgarrón *m.* **-2.** [incident] contratiempo *m.*

accrochage [akrɔʃaʒ] *nm* **-1.** [mise en place] colocación *f.* **-2.** [accident] choque *m Esp*, estrellón *m Amér.* **-3.** *fam* [dispute] agarrada *f.* **-4.** MIL escaramuza *f.*

accroche [akrɔʃ] *nf* COMM eslogan *m.*

accrocher [akrɔʃe] *vt* **-1.** [suspendre] colgar; ~ **qqch à** colgar algo en. **-2.** [déchirer] engancharse; ~ **qqch à** engancharse algo en OU con. **-3.** [heurter] chocar. **-4.** [attacher] enganchar; ~ **qqch à** enganchar algo a. **-5.** [retenir l'attention de] impactar. ◆ **s'accrocher** *vp* **-1.** [s'agripper] agarrarse; **s'~ à qqn/à qqch** agarrarse a alguien/a algo. **-2.** *fam* [se disputer] agarrarse. **-3.** *fam* [persévérer] trabajar duro.

accroissement [akrwasmɑ̃] *nm* incremento *m.*

accroître [akrwatr] *vt* incrementar. ◆ **s'accroître** *vp* incrementarse.

accroupir [akrupir] ◆ **s'accroupir** *vp* ponerse en cuclillas.

accru, e [akry] *pp* → **accroître.**

accueil [akœj] *nm* **-1.** [lieu] recepción *f.* **-2.** [action] acogida *f.*

accueillant, e [akœjɑ̃, ɑ̃t] *adj* acogedor(ra).

accueillir [akœjir] *vt* **-1.** [recevoir] acoger. **-2.** [héberger] albergar.

accumulateur [akymylatœr] *nm* ÉLECTR acumulador *m.*

accumulation [akymylasjɔ̃] *nf* acumulación *f.*

accumuler [akymyle] *vt* acumular. ◆ **s'accumuler** *vp* acumularse.

accusateur, trice [akyzatœr, tris] *adj & nm, f* acusador(ra).

accusation [akyzasjɔ̃] *nf* acusación *f.*

accusé, e [akyze] *nm, f* acusado *m*, -da *f.* ◆ **accusé de réception** *nm* acuse *m* de recibo.

accuser [akyze] *vt* **-1.** [porter une accusation contre] acusar; ~ qqn de qqch acusar a alguien de algo. **-2.** [dénoter] acusar; [accentuer] resaltar.

acerbe [asɛrb] *adj* hiriente.

acéré, e [asere] *adj* **-1.** [lame] acerado(da). **-2.** [esprit] incisivo(va).

achalandé, e [aʃalɑ̃de] *adj* **-1.** [qui a beaucoup de clients] que tiene mucha clientela. **-2.** [approvisionné] : **bien** ~ bien surtido.

acharné, e [aʃarne] *adj* **-1.** [combat] encarnizado(da). **-2.** [joueur] empedernido(da). **-3.** [travail] intenso(sa).

acharnement [aʃarnəmɑ̃] *nm* **-1.** [obstination] empeño *m*. **-2.** [rage] ensañamiento *m*.

acharner [aʃarne] ◆ **s'acharner** *vp* **-1.** [combattre opiniâtrement] : **s'**~ **contre** OU **après** OU **sur** ensañarse con. **-2.** [s'obstiner à] : **s'**~ **à** obstinarse en.

achat [aʃa] *nm* compra *f*; **faire des ~s** ir de compras.

acheminer [aʃmine] *vt* transportar. ◆ **s'acheminer** *vp* : **s'** ~ **vers** encaminarse hacia.

acheter [aʃte] *vt* **-1.** [gén] comprar; ~ **qqch à qqn** OU **pour qqn** comprar algo a OU para alguien. **-2.** [obtenir avec effort] pagar.

acheteur, euse [aʃtœr, øz] *nm, f* comprador *m*, -ra *f*.

achevé, e [aʃve] *adj sout* rematado(da).

achèvement [aʃevmɑ̃] *nm* terminación *f*.

achever [aʃve] *vt* **-1.** [terminer] acabar. **-2.** [tuer, accabler] acabar con. ◆ **s'achever** *vp* [se terminer] acabarse.

acide [asid] ◇ *adj* ácido(da). ◇ *nm* ácido *m*.

acidité [asidite] *nf* **-1.** [gén] acidez *f*. **-2.** [de propos] acritud *f*.

acidulé, e [asidyle] *adj* [saveur] acídulo(la).

acier [asje] *nm* acero *m*; ~ **inoxydable** acero inoxidable.

aciérie [asjeri] *nf* acería *f*.

acné [akne] *nf* acné *m*; ~ **juvénile** acné juvenil.

acolyte [akɔlit] *nm péj* acólito *m*.

acompte [akɔ̃t] *nm* anticipo *m*.

à-côté (*pl* **à-côtés**) *nm* **-1.** [point accessoire] pormenores *mpl*. **-2.** (*gén pl*) [gain d'appoint] extras *mpl*.

à-coup (*pl* **à-coups**) *nm* sacudida *f*; **par ~s** a trompicones.

acoustique [akustik] ◇ *adj* acústico(ca). ◇ *nf* acústica *f*.

acquéreur [akerœr] *nm* adquisidor *m*, -ra *f*.

acquérir [akerir] *vt* **-1.** [gén] adquirir. **-2.** [procurer] granjear. ◆ **s'acquérir** *vp* granjearse.

acquiescement [akjɛsmɑ̃] *nm* consentimiento *m*.

acquiescer [akjese] *vi* consentir; ~ **à** consentir en.

acquis, e [aki, iz] ◇ *pp* → **acquérir**. ◇ *adj* adquirido(da). ◆ **acquis** *nm* experiencia *f*.

acquisition [akizisjɔ̃] *nf* adquisición *f*.

acquit [aki] *nm* **-1.** [reconnaissance de paiement] recibo *m*; **pour** ~ COMM recibí. **-2.** *loc* : **par** ~ **de conscience** para mayor tranquilidad.

acquittement [akitmɑ̃] *nm* **-1.** [d'obligation] pago *m*. **-2.** [d'accusé] absolución *f*.

acquitter [akite] *vt* **-1.** [régler] pagar. **-2.** [accusé] absolver.

âcre [akr] *adj* agrio(gria).

acrobate [akrɔbat] *nmf* acróbata *mf*.

acrobatie [akrɔbasi] *nf* acrobacia *f*.

acrylique [akrilik] ◇ *nm* acrílico *m*. ◇ *adj* acrílico(ca).

acte [akt] *nm* **-1.** [action] acto *m*. **-2.** COMM escritura *f*. **-3.** JUR acta *f*; ~ **d'accusation** acta de acusación; ~ **de mariage** certificado *m* de matrimonio; ~ **de naissance** partida *f* de nacimiento; ~ **de vente** escritura de compraventa. **-4.** *loc* : **faire** ~ **de qqch** dar muestra de algo; **faire** ~ **de présence** hacer acto de presencia; **prendre** ~ **de qqch** tomar nota de algo. ◆ **actes** *nmpl* actas *fpl*.

acteur, trice [aktœr, tris] *nm, f* CIN & THÉÂTRE actor *m*, -triz *f*.

actif, ive [aktif, iv] *adj* activo(va). ◆ **actif** *nm* FIN activo *m*; **avoir qqch à son** ~ *fig* tener algo en su haber.

action [aksjɔ̃] *nf* acción *f*; **bonne/mauvaise** ~ buena/mala acción.

actionnaire [aksjɔnɛr] *nmf* FIN accionista *mf*.

actionner [aksjɔne] *vt* accionar.

activement [aktivmɑ̃] *adv* activamente.

activer [aktive] *vt* **-1.** [hâter] acelerar. **-2.** [stimuler] alentar. **-3.** [feu] avivar, atizar. ◆ **s'activer** *vp* [s'affairer] afanarse.

activiste [aktivist] *adj & nmf* activista *mf*.

activité [aktivite] *nf* actividad *f*; **en** ~ [volcan] en actividad.

actrice → **acteur**.

actualisation [aktyalizasjɔ̃] *nf* actualización *f*.

actualiser [aktyalize] *vt* actualizar. ◆ **s'actualiser** *vp* actualizarse.

actualité [aktyalite] *nf* actualidad *f*; **l'~ politique/sportive** la actualidad política/ deportiva. ◆ **actualités** *nfpl* : **les ~s** el noticiario.

actuel, elle [aktyɛl] *adj* actual.

actuellement [aktyɛlmɑ̃] *adv* actualmente, en la actualidad.

acuité [akyite] *nf* -1. [intensité] gravedad *f*. -2. [sensibilité] agudeza *f*.

acupuncture, acuponcture [akypɔ̃ktyr] *nf* acupuntura *f*.

adage [adaʒ] *nm* adagio *m*.

adaptateur, trice [adaptatœr, tris] *nm, f* [personne] adaptador *m*, -ra *f*. ◆ **adaptateur** *nm* ÉLECTR adaptador *m*.

adaptation [adaptasjɔ̃] *nf* adaptación *f*.

adapter [adapte] *vt* -1. [approprier] adaptar. -2. [ajuster – à une pièce] acoplar; **~ qqch à qqch** acoplar algo a algo; [– à une situation] adecuar; **~ qqch à qqn/à qqch** adecuar algo a alguien/a algo. -3. [accorder] adecuar. ◆ **s'adapter** *vp* adaptarse.

additif, ive [aditif, iv] *adj* aditivo(va). ◆ **additif** *nm* -1. [annexe] cláusula *f* adicional. -2. [substance] aditivo *m*.

addition [adisjɔ̃] *nf* -1. [ajout] adición *f*. -2. [calcul] suma *f*. -3. [note] cuenta *f*.

additionner [adisjɔne] *vt* -1. [calculer] sumar. -2. [ajouter] añadir; **~ d'eau** aguar.

adepte [adept] *nmf* adepto *m*, -ta *f*.

adéquat, e [adekwa, at] *adj* adecuado(da).

adéquation [adekwasjɔ̃] *nf* adecuación *f*.

adhérence [aderãs] *nf* adherencia *f*.

adhérent, e [aderã, ãt] ◇ *adj* adherente. ◇ *nm, f* [membre – d'une association] miembro *m*; [– de parti] afiliado *m*, -da *f*.

adhérer [adere] *vi* -1. [coller] : **~ à qqch** adherirse a algo; [à une association] hacerse miembro de algo; [à un parti] afiliarse a algo; [être d'accord avec] adherirse a algo. -2. [tenir la route] adherirse.

adhésif, ive [adezif, iv] *adj* adhesivo(va). ◆ **adhésif** *nm* adhesivo *m*.

adhésion [adezjɔ̃] *nf* -1. [à une idée] adhesión *f*. -2. [à un parti] afiliación *f*.

adieu [adjø] ◇ *interj* ¡adiós!; **dire ~ à qqch** despedirse de algo. ◇ *nm (gén pl)* adiós *m*; **faire ses ~x** despedirse de.

adipeux, euse [adipø, øz] *adj* adiposo(sa).

adjectif [adʒɛktif] *nm* GRAM adjetivo *m*; **~ attribut/epithète** adjetivo atributivo/ epíteto.

adjoindre [adʒwɛ̃dr] *vt* agregar; **~ qqn à qqn** asignar alguien a alguien.

adjoint, e [adʒwɛ̃, ɛ̃t] ◇ *adj* adjunto(ta). ◇ *nm, f* adjunto *m*, -ta *f*; **~ au maire** teniente *mf* de alcalde.

adjonction [adʒɔ̃ksjɔ̃] *nf* agregación *f*.

adjudant [adʒydɑ̃] *nm* MIL ≈ brigada *m*.

adjuger [adʒyʒe] *vt* -1. [aux enchères] adjudicar; **adjugé! ¡adjudicado!** -2. [décerner] : **~ qqch à qqn** otorgar algo a alguien.

admettre [admetr] *vt* -1. [accepter, recevoir] admitir. -2. [supposer] suponer; **admettons que (+ subjonctif)** supongamos que **(+ subjuntivo)**; **admettons que cela soit vrai** supongamos que sea cierto. -3. [autoriser] autorizar; **être admis à faire qqch** ADMIN tener derecho a hacer algo.

administrateur, trice [administratœr, tris] *nm, f* administrador *m*, -ra *f*.

administratif, ive [administratif, iv] *adj* administrativo(va).

administration [administrasjɔ̃] *nf* administración *f*.

administrer [administre] *vt* administrar.

admirable [admirabl] *adj* -1. [personne, comportement] admirable. -2. [paysage, spectacle] maravilloso(sa).

admiratif, ive [admiratif, iv] *adj* [regard, remarque] de admiración.

admiration [admirasjɔ̃] *nf* admiración *f*.

admirer [admire] *vt* admirar.

admis, e [admi, iz] *pp* → **admettre**.

admissible [admisibl] *adj* -1. [chose] admisible. -2. SCOL [candidat] apto para presentarse a la última parte de un examen.

admission [admisjɔ̃] *nf* admisión *f*.

admonester [admɔnɛste] *vt litt* amonestar.

ADN *(abr de* **acide désoxyribonucléique)** *nm* ADN *m*.

ado [ado] *fam abr de* **adolescent**.

adolescence [adɔlesɑ̃s] *nf* adolescencia *f*.

adolescent, e [adɔlesɑ̃, ɑ̃t] *adj & nm, f* adolescente.

adopter [adɔpte] *vt* -1. [gén] adoptar. -2. [loi] aprobar.

adoptif, ive [adɔptif, iv] *adj* adoptivo(va).

adoption [adɔpsjɔ̃] *nf* -1. [d'enfant] adopción *f*; **d'~** adoptivo(va). -2. [de loi] aprobación *f*.

adorable [adɔrabl] *adj* adorable.

adoration [adɔrasjɔ̃] *nf* adoración *f.*

adorer [adɔre] *vt* adorar; ~ qqch encantarle a uno algo.

adoucir [adusir] *vt* -1. [linge, voix] suavizar. -2. [peine] aliviar. -3. [eau] descalcificar. ◆ **s'adoucir** *vp* -1. [climat] suavizarse. -2. [personne] serenarse.

adoucissant, e [adusisɑ̃, ɑ̃t] *adj* suavizante. ◆ **adoucissant** *nm* suavizante *m.*

adoucisseur [adusisœr] ◆ **adoucisseur (d'eau)** *nm* descalcificador *m.*

adresse [adrɛs] *nf* -1. [domicile] dirección *f*; **sans laisser d'**~ sin dejar señas. -2. [habileté manuelle] maña *f.* -3. [finesse, ruse] ingenio *m.* -4. INFORM dirección *f.* -5. [requête] petición *f*, memorial *m.* -6. [destinataire] : **à l'**~ **de qqn** a la atención de alguien. -7. [mot] entrada *f.*

adresser [adrese] *vt* -1. [lettre] remitir; [parole] dirigir. -2. [envoyer] : ~ qqn à qqn mandar OU enviar alguien a alguien. ◆ **s'adresser** *vp* : **s'**~ **à qqn** [parler à qqn] dirigirse a alguien; [être destiné à] estar destinado a alguien.

adroit, e [adrwa, at] *adj* -1. [habile] diestro(tra). -2. [ingénieux] hábil.

adroitement [adrwatmɑ̃] *adv* -1. [avec dextérité] con destreza. -2. [avec finesse] con habilidad.

aduler [adyle] *vt* adular.

adulte [adylt] *adj & nmf* adulto(ta).

adultère [adyltɛr] ◇ *nm* adulterio *m.* ◇ *adj* adúltero(ra).

advenir [advənir] *vi* pasar; **qu'advient-il/qu'est-il advenu de qqn/qqch?** ¿qué es de/qué ha sido de alguien/algo?

advenu, e [advəny] *pp* → advenir.

adverbe [advɛrb] *nm* GRAM adverbio *m.*

adversaire [advɛrsɛr] *nmf* adversario *m*, -ria *f.*

adverse [advɛrs] *adj* -1. [ennemi] adverso(sa). -2. [opposé] opuesto(ta). -3. JUR → partie.

adversité [advɛrsite] *nf* adversidad *f.*

advient [advjɛ̃] → advenir.

aération [aerasjɔ̃] *nf* [de chose] aireación; [de pièce] ventilación *f.*

aérer [aere] *vt* -1. [chose] airear, orear; [pièce] ventilar. -2. *fig* [texte] airear.

aérien, enne [aerjɛ̃, ɛn] *adj* aéreo(rea).

aérobic [aerobik] *nm* aerobic *m.*

aérodrome [aerodrom] *nm* aeródromo *m.*

aérodynamique [aerodinamik] ◇ *nf* SCIENCES aerodinámica *f.* ◇ *adj* aerodinámico(ca).

aérogare [aerogar] *nf* -1. [aéroport] terminal *f.* -2. [gare] estación de autobuses con destino a un aeropuerto.

aéroglisseur [aeroglisœr] *nm* aerodeslizador *m.*

aérogramme [aerogram] *nm* aerograma *m.*

aéronautique [aeronotik] TECHNOL ◇ *nf* aeronáutica *f.* ◇ *adj* aeronáutico(ca).

aéronaval, e, aux [aeronaval, o] *adj* aeronaval.

aérophagie [aerofaʒi] *nf* MÉD aerofagia *f.*

aéroport [aeropɔr] *nm* aeropuerto *m.*

aéroporté, e [aeropɔrte] *adj* aerotransportado(da).

aérosol [aerosɔl] ◇ *nm* aerosol *m.* ◇ *adj inv* en aerosol.

aérospatial, e, aux [aerospasjal, o] *adj* TECHNOL aeroespacial. ◆ **aérospatiale** *nf* TECHNOL tecnología *f* aeroespacial.

affable [afabl] *adj* afable.

affaiblir [afeblir] *vt* debilitar. ◆ **s'affaiblir** *vp* debilitarse.

affaire [afɛr] *nf* -1. [occupation, problème] asunto *m.* -2. [question] cuestión *f.* -3. [marché avantageux] ganga *f.* -4. [entreprise] negocio *m.* -5. [procès] caso *m.* -6. *loc* : **avoir** ~ **à qqn** [entrer en relation avec qqn] tener que tratar con alguien; [menacer qqn] vérselas con alguien; **faire l'**~ bastar. ◆ **affaires** *nfpl* -1. [activités publiques et privées] asuntos *mpl.* -2. [objets personnels] cosas *fpl.* -3. COMM negocios *mpl.* ◆ **Affaires étrangères** *nfpl* : **les Affaires étrangères** Asuntos exteriores.

affairé, e [afere] *adj* atareado(da).

affairer [afere] ◆ **s'affairer** *vp* atarearse.

affairisme [aferism] *nm* mercantilismo *m.*

affaisser [afese] ◆ **s'affaisser** *vp* -1. [se creuser] hundirse. -2. [tomber] desplomarse.

affaler [afale] ◆ **s'affaler** *vp* repantigarse.

affamé, e [afame] *adj* hambriento(ta).

affecté, e [afɛkte] *adj* afectado(da).

affecter [afɛkte] *vt* -1. [consacrer] destinar. -2. [nommer] : ~ qqn à qqch destinar a alguien a algo; -3. [émouvoir] afectar. -4. [feindre] fingir; ~ **d'être heureux** fingir ser feliz.

affectif, ive [afɛktif, iv] *adj* afectivo(va).

affection [afɛksjɔ̃] *nf* -1. [sentiment] afecto *m.* -2. [maladie] afección *f.*

affectionner [afɛksjɔne] vt **-1.** [personne] encariñarse con. **-2.** [chose] ser aficionado(da)a; ~ **l'opéra** ser aficionado a la ópera.

affectueux, euse [afɛktɥø, øz] adj afectuoso(sa).

affichage [afiʃaʒ] nm **-1.** [action d'afficher] colocación f de carteles. **-2.** ÉLECTR visualización m; ~ **numérique** visualización numérica.

affiche [afiʃ] nf cartel m Esp, afiche m Amér.

afficher [afiʃe] vt **-1.** [liste, affiche] anunciar. **-2.** [laisser transparaître] hacer alarde de.

affilée [afile] ◆ **d'affilée** loc adv de un tirón.

affiler [afile] vt afilar.

affiner [afine] vt refinar.

affinité [afinite] nf afinidad f; **avoir des ~s avec qqn** tener afinidades con alguien.

affirmatif, ive [afirmatif, iv] adj **-1.** [réponse] afirmativo(va). **-2.** [personne] categórico(ca). ◆ **affirmatif** adv sí. ◆ **affirmative** nf afirmación f; **dans l'affirmative** en caso afirmativo; **répondre par l'affirmative** responder afirmativamente.

affirmation [afirmasjɔ̃] nf afirmación f.

affirmer [afirme] vt afirmar.

affleurer [aflœre] litt ◇ vt rozar. ◇ vi aflorar.

affliction [afliksjɔ̃] nf sout aflicción f.

affligé, e [afliʒe] adj **-1.** [attristé] afligido(da). **-2.** [de défaut, de maladie] : ~ **de** aquejado de.

affligeant, e [afliʒɑ̃, ɑ̃t] adj **-1.** [désolant] que causa aflicción. **-2.** [lamentable] penoso(sa).

affliger [afliʒe] vt **-1.** sout [attrister] afligir. **-2.** [maladie] : **être affligé de qqch** estar aquejado de algo. ◆ **s'affliger** vp : **s'~ de qqch** sout [s'attrister de qqch] afligirse por algo.

affluence [aflyɑ̃s] nf afluencia f.

affluent [aflyɑ̃] nm GÉOGR afluente m.

affluer [aflye] vi afluir.

afflux [afly] nm **-1.** [gén] afluencia f. **-2.** MÉD aflujo m.

affoler [afɔle] vt **-1.** [inquiéter] alarmar. **-2.** [émouvoir] turbar. ◆ **s'affoler** vp [paniquer] perder la cabeza.

affranchir [afrɑ̃ʃir] vt **-1.** [timbrer] franquear. **-2.** arg [renseigner] poner al corriente. **-3.** [esclave] libertar.

affranchissement [afrɑ̃ʃismɑ̃] nm **-1.** [timbrage] franqueo m. **-2.** [libération] liberación f.

affreux, euse [afrø, øz] adj horrible.

affriolant, e [afrijɔlɑ̃, ɑ̃t] adj provocativo(va).

affront [afrɔ̃] nm afrenta f.

affrontement [afrɔ̃tmɑ̃] nm enfrentamiento m.

affronter [afrɔ̃te] vt **-1.** [personne] enfrentarse a OU con. **-2.** [situation] afrontar.

affubler [afyble] vt péj : ~ **qqn de qqch** ataviar a alguien con algo.

affût [afy] nm **-1.** [de canon] cureña f. **-2.** CHASSE puesto m; **à l'~ (de qqch)** fig al acecho (de algo).

affûter [afyte] vt afilar.

afin [afɛ̃] ◆ **afin de** loc prép a fin de, con el fin de; **il étudie beaucoup ~ de réussir le concours** estudia mucho con el fin de sacarse las oposiciones. ◆ **afin que** loc conj a fin que, con el fin de; **efforce-toi ~ que ce travail s'améliore** esfuérzate a fin de que ese trabajo mejore.

africain, e [afrikɛ̃, ɛn] adj africano(na). ◆ **Africain, e** nm, f africano m, -na f.

Afrique [afrik] nf : **l'~** África; **l'~ noire** el África negra; **l'~ du Nord** África del Norte; **l'~ du Sud** Sudáfrica.

afro [afro] adj inv afro.

after-shave [aftœrʃɛv] ◇ nm inv aftershave m. ◇ adj inv para después del afeitado.

AG (abr de **assemblée générale**) nf J/G f.

agaçant, e [agasɑ̃, ɑ̃t] adj **-1.** [personne] irritante. **-2.** [attitude] provocador(ra).

agacer [agase] vt **-1.** [énerver] poner nervioso. **-2.** [irriter] irritar.

âge [aʒ] nm edad f; **l'~ ingrat** la edad del pavo; **prendre de l'~** hacerse mayor; **quel ~ as-tu/avez-vous?** ¿cuántos años tienes/tiene?; ~ **d'or** edad de oro; ~ **mental** edad mental; **le troisième ~** la tercera edad.

âgé, e [aʒe] adj mayor; **être ~ de 20 ans** tener 20 años.

agence [aʒɑ̃s] nf agencia f; ~ **immobilière/matrimoniale** agencia inmobiliaria/matrimonial; ~ **de publicité** COMM agencia de publicidad; ~ **de voyages** agencia de viajes.

agencer [aʒɑ̃se] vt **-1.** [pièces] montar. **-2.** [appartement] distribuir. **-3.** [parties] ordenar.

agenda [aʒɛ̃da] nm agenda f.

agenouiller [aʒnuje] ◆ **s'agenouiller** *vp* arrodillarse.

agent [aʒã] *nm* agente *mf*; ~ **de change** agente de cambio y bolsa; ~ **de police** ≃ guardia *m*, agente *m* de policia; ~ **secret** agente secreto.

agglomération [aglɔmerasjɔ̃] *nf* aglomeración *f*.

aggloméré [aglɔmere] *nm* conglomerado *m*.

agglomérer [aglɔmere] *vt* aglomerar, conglomerar.

agglutiner [aglytine] *vt* aglutinar. ◆ **s'agglutiner** *vp* aglutinarse.

aggraver [agrave] *vt* agravar. ◆ **s'aggraver** *vp* agravarse.

agile [aʒil] *adj* ágil.

agilité [aʒilite] *nf* agilidad *f*.

agir [aʒir] *vi* **-1.** [gén] actuar. **-2.** [se comporter] proceder. ◆ **s'agir** *v impers* : **il s'agit de faire qqch** se trata de hacer algo; **il s'agit de qqn/de qqch** se trata de alguien/de algo; **de quoi s'agit-il?** ¿de qué se trata?

agissements [aʒismã] *nmpl* artimañas *fpl*.

agitateur, trice [aʒitatœr, tris] *nm, f* POLIT agitador *m*, -ra *f*. ◆ **agitateur** *nm* CHIM agitador *m*.

agitation [aʒitasjɔ̃] *nf* agitación *f*.

agité, e [aʒite] *adj* **-1.** [gén] agitado(da). **-2.** [énervé] excitado(da).

agiter [aʒite] *vt* **-1.** [liquide] agitar. **-2.** [personne] excitar. **-3.** [menace] esgrimir. ◆ **s'agiter** *vp* moverse.

agneau [aɲo] *nm* **-1.** [animal, viande] cordero *m*. **-2.** [fourrure] piel *f* de cordero.

agonie [agɔni] *nf* **-1.** [de personne] agonía *f*. **-2.** *fig* [d'empire] declive *m*.

agoniser [agɔnize] *vi* agonizar.

agrafe [agraf] *nf* grapa *f* Esp, grampa *f* Amér.

agrafer [agrafe] *vt* **-1.** [attacher] abrochar. **-2.** [avec une agrafe] grapar.

agrafeuse [agraføz] *nf* grapadora *f* Esp, corchetera *f* Amér.

agraire [agrer] *adj* agrario(ria).

agrandir [agrãdir] *vt* ampliar. ◆ **s'agrandir** *vp* **-1.** [s'étendre] crecer. **-2.** [se développer] prosperar.

agrandissement [agrãdismã] *nm* ampliación *f*.

agréable [agreabl] *adj* agradable.

agréer [agree] *vt sout* [accepter] : **Veuillez ~ mes salutations distinguées** OU **l'expression de mes sentiments distingués** le saluda atentamente.

agrégation [agregasjɔ̃] *nf* oposiciones para profesores de enseñanza secundaria y superior.

agrégé, e [agreʒe] *nm, f* UNIV ≃ catedrático *m*, -ca *f*.

agrément [agremã] *nm* **-1.** [caractère agréable] encanto *m*. **-2.** *sout* [approbation] consentimiento *m*.

agrès [agrɛ] *nmpl* SPORT aparatos *mpl* de gimnasia.

agresser [agrese] *vt* agredir.

agressif, ive [agresif, iv] *adj* agresivo(va).

agression [agresjɔ̃] *nf* agresión *f*.

agressivité [agresivite] *nf* agresividad *f*.

agricole [agrikɔl] *adj* agrícola.

agriculteur, trice [agrikyltœr, tris] *nm, f* agricultor *m*, -ra *f*.

agriculture [agrikyltyr] *nf* agricultura *f*.

agripper [agripe] *vt* agarrar.

agronome [agrɔnɔm] *adj* agrónomo(ma).

agrumes [agrym] *nmpl* cítricos *mpl*.

aguets [agɛ] ◆ **aux aguets** *loc adv* al acecho; **être** OU **rester aux ~** estar al acecho.

aguicher [agiʃe] *vt* [chercher à séduire] provocar.

ahuri, e [ayri] ◇ *adj* [abasourdi] asombrado(da). ◇ *nm, f* [idiot] atolondrado *m*, -da *f*.

ahurissant, e [ayrisã, ãt] *adj* pasmoso(sa).

ai [ɛ] → avoir.

aide [ɛd] ◇ *nf* ayuda *f*; **venir en ~ à qqn** venir en ayuda de alguien; ~ **sociale** asistencia *f* social. ◇ *nmf* ayudante *mf*. ◆ **à l'aide de** *loc prép* con ayuda de. ◆ **aide familiale** *nf* asistenta social que ayuda en las tareas del hogar y a cuidar a los niños de familias de recursos moderados. ◆ **aide ménagère** *nf* asistenta social que ayuda en las tareas del hogar de personas mayores.

aide-comptable *nmf* auxiliar *mf* de contabilidad.

aide-mémoire *nm inv* cuaderno *m* de notas.

aider [ede] *vt* ayudar; ~ **à qqch** ayudar a algo; ~ **qqn à faire qqch** ayudar a alguien a hacer algo. ◆ **s'aider** *vp* **-1.** [s'assister mutuellement] ayudarse. **-2.** [avoir recours à] : **s'~ de qqch** valerse de algo.

aide-soignant, e [ɛdswaɲã, ãt] *nm, f* auxiliar *mf* de clínica.

aie, aies *etc* → avoir.

aïe [aj] *interj* **–1.** [de douleur] ¡ay! **–2.** [de désagrément] ¡vaya!

aient [ɛ] → **avoir**.

aïeul, e [ajœl] *nm, f sout* abuelo *m*, -la *f Esp*, papá grande *m*, mamá grande *f Amér*.

aïeux [ajø] *nmpl sout* antepasados *mpl*.

aigle [ɛgl] *nm* águila *f*.

aigre [ɛgr] *adj* **–1.** [saveur, propos] agrio(gria); **tourner à l'~** [fruit] agriarse; *fig* [discussion, débat] subir de tono. **–2.** [odeur] acre.

aigre-doux, aigre-douce [ɛgrədu, ɛgrədus] *adj* agridulce.

aigrelet, ette [ɛgrəlɛ, ɛt] *adj* **–1.** [vin] ligeramente agrio(gria). **–2.** [voix] agudo(da).

aigreur [ɛgrœr] *nf* **–1.** [d'aliment] agrura *f*. **–2.** [de propos] acritud *f*. ◆ **aigreurs d'estomac** *nfpl* acidez *f* de estómago.

aigri, e [egri] *adj & nm, f* amargado(da).

aigu, uë [egy] *adj* **–1.** [gén] agudo(da). **–2.** [lame] afilado(da) *Esp*, filoso(sa) *Amér*. ◆ **aigu** *nm* MUS agudo *m*.

aiguillage [egɥijaʒ] *nm* RAIL cambio *m* de agujas; **c'est une erreur d'~** *fig* se ha equivocado de camino.

aiguille [egɥij] *nf* **–1.** [gén] aguja *f*; **~ à coudre** aguja de coser; **~ à tricoter** aguja de punto. **–2.** GÉOGR pico *m*. ◆ **aiguille de pin** *nf* aguja *f* de pino.

aiguiller [egɥije] *vt litt & fig* encarrilar.

aiguilleur [egɥijœr] *nm* RAIL guardagujas *m inv*. ◆ **aiguilleur du ciel** *nm* AÉRON controlador aéreo *m*, controladora aérea *f*.

aiguiser [egize] *vt* **–1.** [outil] afilar. **–2.** [sensation] aguzar.

ail [aj] *(pl* **ails** OU **aulx** [o]*) nm* ajo *m*.

aile [ɛl] *nf* **–1.** [gén] ala *f*. **–2.** [de moulin] aspa *f*. **–3.** [de voiture] aleta *f*. ◆ **ailes du nez** *nfpl* aletas *fpl* de la nariz.

aileron [ɛlrɔ̃] *nm* **–1.** [de requin] aleta *f*. **–2.** [d'avion] alerón *m*.

ailier [elje] *nm* SPORT extremo *m*.

aille, ailles *etc* → **aller**.

ailleurs [ajœr] ◇ *adv* en otro lugar, en otra parte. ◇ *nm* otro lugar *m*. ◆ **d'ailleurs** *loc adv* **–1.** [d'un autre endroit] de otra parte. **–2.** [de plus] además; **il ne me plaît pas; d'~, il est blond** no me gusta y además es rubio. **–3.** [du reste] por cierto; **il est très compétent et très jeune d'~** es muy competente y muy joven, por cierto. ◆ **par ailleurs** *loc adv* [d'autre part] por otro lado, por otra parte.

aimable [ɛmabl] *adj* amable.

aimablement [ɛmabləmɑ̃] *adv* amablemente, con amabilidad.

aimant, e [ɛmɑ̃, ɑ̃t] *adj* cariñoso(sa). ◆ **aimant** *nm* imán *m*.

aimer [eme] *vt* **–1.** [affectionner] querer. **–2.** [apprécier] gustar; **il aime les frites** le gustan las patatas fritas; **~ faire qqch** gustarle a alguien hacer algo; **~ que** (+ *subjonctif*) gustarle a alguien que (+ *subjuntivo*); **j'aime que tu me surprennes** me gusta que me sorprendas; **~ bien qqch/ faire qqch** gustarle a alguien algo/hacer algo. **–3.** [préférer] : **~ mieux qqch/faire qqch** preferir algo/hacer algo. ◆ **s'aimer** *vp* **–1.** [s'affectionner] quererse. **–2.** [se plaire] gustarse.

aine [ɛn] *nf* ANAT ingle *f*.

aîné, e [ene] ◇ *adj* mayor. ◇ *nm, f* mayor *mf*; **elle est mon aînée de deux ans** es dos años mayor que yo.

ainsi [ɛ̃si] *adv* **–1.** [de cette manière] así; **~ soit-il** así sea. **–2.** [par conséquent] así; **~ donc** así pues; **pour ~ dire** por así decirlo. ◆ **ainsi que** *loc conj* **–1.** *litt* [comme] como. **–2.** [de même que, et] así como.

air [ɛr] *nm* **–1.** [gén] aire *m*; **avoir l'~ de qqch** parecer algo; **il a l'~ de pleurer** parece que está llorando; **être dans l'~** estar en el ambiente; **en l'~** [paroles, promesses] vano(na); **en plein ~** al aire libre; **prendre l'~** tomar el aire; **regarder en l'~** mirar hacia arriba; **~ conditionné** aire acondicionado. ◆ **airs** *nmpl* : **prendre de grands ~s** darse muchos aires.

aire [ɛr] *nf* **–1.** [gén] área *f*; **~ d'atterrissage** pista *f* de aterrizaje; **~ de jeux/de repos** área de juegos/de descanso. **–2.** [nid] *lugar donde anidan las aves de presa*.

aisance [ɛzɑ̃s] *nf* **–1.** [facilité] facilidad *f*. **–2.** [richesse] desahogo *m*; **vivre dans l'~** vivir desahogadamente.

aise [ɛz] ◇ *nf* : **être à l'~**, **être à son ~** estar cómodo(da); **mettre qqn mal à l'~** hacer que alguien se sienta a disgusto. ◇ *adj* : **bien ~** *sout* contento(ta). ◆ **aises** *nfpl* : **aimer ses ~s** ser comodón; **prendre ses ~s** instalarse a sus anchas.

aisé, e [eze] *adj* **–1.** [facile] fácil. **–2.** [riche] acomodado(da).

aisément [ezemɑ̃] *adv* fácilmente.

aisselle [ɛsɛl] *nf* axila *f*.

ait [ɛ] → **avoir**.

ajonc [aʒɔ̃] *nm* aulaga *f*.

ajourner [aʒurne] *vt* **–1.** [reporter] aplazar. **–2.** [recaler] suspender.

ajout [aʒu] *nm* añadido *m.*

ajouter [aʒute] *vt* añadir. ~ **à qqch** [augmenter] acrecentar algo; ~ **foi à qqch** *fig* dar crédito a algo. ◆ **s'ajouter** *vp* : **s'~ à qqch** sumarse a algo.

ajuster [aʒyste] *vt* **-1.** [pièce, vêtement] ajustar. **-2.** [arranger] arreglar. **-3.** [tir] apuntar. ◆ **s'ajuster** *vp* adaptarse.

ajusteur [aʒystœr] *nm* ajustador *m.*

alangui, e [alɑ̃gi] *adj* lánguido(da).

alarme [alarm] *nf* **-1.** [alerte] alarma *f*; **donner l'~** dar la alarma. **-2.** [sonnerie d'alarme] (timbre *m* de) alarma.

alarmer [alarme] *vt* alarmar. ◆ **s'alarmer** *vp* alarmarse.

Albanie [albani] *nf* : **l'** ~ Albania.

albâtre [albatr] *nm* alabastro *m.*

albatros [albatros] *nm* albatros *m inv.*

albinos [albinos] *adj inv & nmf* albino(na).

album [albɔm] *nm* álbum *m*; ~ **(de) photos** álbum de fotos.

alchimiste [alʃimist] *nmf* HIST alquimista *mf.*

alcool [alkɔl] *nm* alcohol *m*; ~ **à 90/à brûler** alcohol de 90/de quemar.

alcoolique [alkɔlik] *adj & nmf* alcohólico(ca).

alcoolisé, e [alkɔlize] *adj* alcohólico(ca).

alcoolisme [alkɔlism] *nm* alcoholismo *m.*

Alcootest®, Alcotest® [alkɔtɛst] *nm* alcohómetro *m*; **passer un** ~ pasar la prueba de alcoholemia.

aléatoire [aleatwar] *adj* aleatorio(ria).

alentour [alɑ̃tur] *adv sout* alrededor de; **je ne voyais rien** ~ no veía nada a mi alrededor. ◆ **alentours** *nmpl* [abords] alrededores *mpl*; **aux ~s de** [spatial] cerca de; [temporel] alrededor de.

alerte [alɛrt] ◇ *adj* **-1.** [gén] ágil. **-2.** [esprit] vivo(va). ◇ *nf* alarma *f*; **donner l'~** dar la alarma; ~ **à la bombe** alarma de bomba.

alerter [alɛrte] *vt* **-1.** [gén] alertar. **-2.** [police, pompiers] avisar.

algèbre [alʒɛbr] *nf* álgebra *f.*

Alger [alʒe] *n* Argel.

Algérie [alʒeri] *nf* : **l'** ~ Argelia.

algérien, enne [alʒerjɛ̃, ɛn] *adj* argelino(na). ◆ **Algérien, enne** *nm, f* argelino *m*, -na *f.*

algue [alg] *nf* alga *f Esp*, huiro *m Amér.*

alibi [alibi] *nm* coartada *f.*

aliénation [aljenasjɔ̃] *nf* **-1.** JUR enajenación *f.* **-2.** [asservissement] alienación *f*; ~ **mentale** MÉD enajenación *f* mental.

aliéné, e [aljene] ◇ *adj* **-1.** [asservi] alienado(da). **-2.** JUR & MÉD enajenado(da). ◇ *nm, f* enajenado *m*, -da *f.*

aliéner [aljene] *vt* **-1.** [asservir] alienar. **-2.** [renoncer à] renunciar a. ◆ **s'aliéner** *vp* enajenarse.

alignement [aliɲmɑ̃] *nm* [disposition] alineación *f.*

aligner [aliɲe] *vt* **-1.** [disposer en ligne] alinear. **-2.** [présenter] exponer. **-3.** [adapter] : ~ **qqch sur qqch** ajustar algo a algo. ◆ **s'aligner** *vp* **-1.** [se mettre en ligne] ponerse en fila. **-2.** POLIT : **s'~ sur qqch** alinearse con algo.

aliment [alimɑ̃] *nm* **-1.** [nourriture] alimento *m.* **-2.** *fig & sout* : **fournir un** ~ dar pábulo a.

alimentaire [alimɑ̃tɛr] *adj* **-1.** [qui sert à alimenter] alimenticio(cia). **-2.** [relatif à l'alimentation] alimentario(ria).

alimentation [alimɑ̃tasjɔ̃] *nf* **-1.** [nourriture] alimentación *f.* **-2.** [approvisionnement] abastecimiento *m*, suministro *m.*

alimenter [alimɑ̃te] *vt* **-1.** [nourrir] alimentar. **-2.** [approvisionner] : ~ **qqch en qqch** abastecer algo de algo, suministrar algo a algo. **-3.** [entretenir] dar pie.

alinéa [alinea] *nm* **-1.** [retrait de ligne] sangría *f.* **-2.** [paragraphe] párrafo *m.*

aliter [alite] *vt* : **être alité** guardar cama. ◆ **s'aliter** *vp* encamarse.

allaitement [alɛtmɑ̃] *nm* lactancia *f.*

allaiter [alɛte] *vt* amamantar.

alléchant, e [aleʃɑ̃, ɑ̃t] *adj* **-1.** [gâteau] apetitoso(sa). **-2.** [proposition] tentador(ra).

allécher [aleʃe] *vt* **-1.** [appâter] atraer. **-2.** [séduire] tentar.

allée [ale] *nf* **-1.** [de parc] paseo *m*; [de jardin] camino *m.* **-2.** [passage] pasillo *m (entre sillas o butacas).* **-3.** [trajet] : ~ **s et venues** idas y venidas.

allégé, e [aleʒe] *adj* [aliment] light; [régime] bajo(ja) en calorías.

alléger [aleʒe] *vt* **-1.** [fardeau] aligerar. **-2.** [douleur] aliviar.

allégorie [alegɔri] *nf* alegoría *f.*

allègre [alegr] *adj* vivo(va).

allégresse [alegres] *nf* júbilo *m.*

alléguer [alege] *vt* : ~ **que** alegar que.

Allemagne [almaɲ] *nf* : **l'** ~ Alemania.

allemand, e [almɑ̃, ɑ̃d] *adj* alemán(ana). ◆ **allemand** *nm* LING alemán *m*. ◆ **Allemand, e** *nm, f* alemán *m*, -ana *f*.

aller [ale] ◇ *nm* ida *f*. ◇ *vi* **-1.** [gén] ir; ~ **avec qqch** [convenir] ir con algo; ~ **faire qqch** ir a hacer algo; ~ **chercher les enfants à l'école** ir a buscar a los niños a la escuela; **allez!** [gén] ¡venga!; [football] ¡aúpa!; **allons-y!** ¡vamos!; **cette robe me va bien** este vestido me va OU sienta bien. **-2.** [indiquant un état] estar, ir; ~ **mieux** estar mejor; **ça va** [réponse] vale; **comment ça va?** ¿cómo estás?; **comment vas-tu?** ¿cómo estás?; **je vais bien** estoy bien. **-3.** *loc* : **cela va de soi** eso cae por su propio peso; **cela va sans dire** no hay ni que decirlo; **il en va de même pour...** pasa lo mismo con...; **il en va de même pour lui que pour elle** lo que vale para él vale para ella; **il y va de...** está en juego...; **il y va de votre vie** su vida está en juego. ◇ *v aux* [exprime le futur proche] : ~ **(+ infinitif)** ir a (+ infinitivo); **je vais arriver en retard** voy a llegar tarde. ◆ **s'en aller** *vp* irse; **allez-vous-en!** ¡iros!, ¡marchaos!

allergie [alɛrʒi] *nf* alergia *f*; ~ **à qqch** alergia a algo.

allergique [alɛrʒik] *adj* alérgico(ca); ~ **à qqch** alérgico a algo.

aller-retour [aleratur] *nm* ida y vuelta *f*.

alliage [aljaʒ] *nm* CHIM aleación *f*.

alliance [aljɑ̃s] *nf* **-1.** [union, anneau] alianza *f*. **-2.** [mariage] enlace *m*; **par** ~ [famille] político(ca).

allié, e [alje] *nm, f* aliado *m*, -da *f*.

allier [alje] *vt* [métaux] alear; *fig* [personne, groupe] aliar. ◆ **s'allier** *vp* [s'unir] aliarse; **s'** ~ **à** aliarse con.

alligator [aligatɔr] *nm* ZOOL aligátor *m*.

allô [alo] *interj* [en décrochant] ¿diga?; [sollicitant une réponse] ¿oiga?

allocation [alɔkasjɔ̃] *nf* subsidio *m*; **accorder/verser une** ~ conceder/dar un subsidio; ~ **(de) chômage** subsidio de desempleo; ~**s familiales** prestación *f* familiar; ~**(de) logement** *ayuda económica estatal para la vivienda*.

allocution [alɔkysjɔ̃] *nf* alocución *f*.

allonger [alɔ̃ʒe] ◇ *vt* **-1.** [rendre ou faire paraître plus long] alargar. **-2.** [étendre – membre] estirar; [– personne] tender. **-3.** *fam* [argent] apoquinar. **-4.** *fam* [coup] largar. **-5.** CULIN [sauce] aclarar. ◇ *vi* [devenir plus long] alargarse. ◆ **s'allonger** *vp* **-1.** [se déployer] extenderse. **-2.** [se

coucher] echarse. **-3.** [devenir plus long] alargarse.

allopathique [alɔpatik] *adj* MÉD alopático(ca).

allumage [alymaʒ] *nm* encendido *m*.

allume-cigares [alymsigar] *nm inv* encendedor *m* (de coche).

allume-gaz [alymgaz] *nm inv* encendedor *m* (de cocina).

allumer [alyme] *vt* **-1.** [gén] encender. **-2.** [éclairer] encender la luz. **-3.** *fam* [personne] poner caliente.

allumette [alymɛt] *nf* cerilla *f Esp*, cerillo *m Amér*.

allumeuse [alymøz] *nf fam péj* calientabraguetas *f inv*.

allure [alyr] *nf* **-1.** [vitesse] velocidad *f*; **à toute** ~ a toda marcha. **-2.** [emportement] porte *m*. **-3.** [apparence générale] aspecto *m*; **avoir de l'** ~ tener clase.

allusion [alyzjɔ̃] *nf* alusión *f*; **faire** ~ **à qqch/à qqn** referirse a algo/a alguien.

alluvions [alyvjɔ̃] *nfpl* aluviones *mpl*.

almanach [almana] *nm* almanaque *m*.

aloès [alɔɛs] *nm* áloe *m*.

aloi [alwa] *nm* : **de bon/de mauvais** ~ de buen/mal gusto.

alors [alɔr] *adv* **-1.** [gén] entonces; **et** ~ y entonces; **et** ~? ¿y qué?; **ou** ~ o si no. **-2.** [emploi expressif] bueno; **ça** ~! ¡vaya! ◆ **d'alors** *loc adv* desde entonces. ◆ **jusqu'alors** *loc adv* hasta entonces; **il n'avait rien dit jusqu'** ~ no había dicho nada hasta entonces. ◆ **alors que** *loc conj* **-1.** [exprimant le temps] (+ indicatif) cuando (+ infinitivo); **l'orage éclata** ~ **que nous étions dehors** la tormenta estalló cuando estábamos fuera. **-2.** [exprimant l'opposition] (+ indicatif) aunque (+ indicativo); **on m'accuse** ~ **que je suis innocent** me acusan aunque soy inocente.

alouette [alwɛt] *nf* ZOOL alondra *f*.

alourdir [alurdir] *vt* **-1.** [rendre plus lourd] volver pesado(da). **-2.** *fig* [appesantir] entorpecer. **-3.** *fig* [augmenter] incrementar. **-4.** [phrase, style] recargar.

aloyau, x [alwajo] *nm* CULIN solomillo *m*.

Alpes [alp] *nfpl* : **les** ~ los Alpes.

alphabet [alfabɛ] *nm* alfabeto *m*; ~ **braille** alfabeto Braille; ~ **Morse** alfabeto Morse.

alphabétique [alfabetik] *adj* alfabético(ca).

alphabétiser [alfabetize] *vt* alfabetizar.

alpin, e [alpɛ̃, in] *adj* alpino(na).

alpinisme [alpinism] *nm* alpinismo *m*.

alter ego [altɛrego] *nm inv* alter ego *m inv*.

altérer [altere] *vt* **-1.** [gén] alterar. **-2.** *sout* [donner soif] dar sed. ◆ **s'altérer** *vp* alterarse.

alternance [altɛrnãs] *nf* alternancia *f*; **en ~** alternativamente.

alternatif, ive [altɛrnatif, iv] *adj* **-1.** [périodique] alterno(na). **-2.** [parallèle] alternativo(va). ◆ **alternative** *nf* alternativa *f*.

alternativement [altɛrnativmã] *adv* alternativamente.

alterner [altɛrne] ◇ *vt* alternar; **faire ~ qqch et qqch** alternar algo con algo. ◇ *vi* [se succéder] alternarse; **~ à** [se relayer] relevarse en OU a; **~ avec qqch** alternarse con algo.

altier, ère [altje, ɛr] *adj sout* altanero(ra).

altitude [altityd] *nf* **-1.** [hauteur] altura *f*; **monter en ~** ganar altura. **-2.** [grande altitude] altitud *f*.

alto [alto] *nm* **-1.** [voix] contralto *m*. **-2.** [instrument] viola *f*.

aluminium [alyminjɔm] *nm* aluminio *m*.

alvéole [alveɔl] *nm* OU *nf* **-1.** [gén] celdilla *f*. **-2.** ANAT alvéolo *m*.

amabilité [amabilite] *nf* amabilidad *f*; **avoir l'~ de faire qqch** tener la amabilidad de hacer algo.

amadouer [amadwe] *vt* engatusar.

amaigrir [amegrir] *vt* enflaquecer.

amaigrissant, e [amegrisã, ãt] *adj* adelgazante.

amaigrissement [amegrismã] *nm* adelgazamiento *m*.

amalgame [amalgam] *nm* amalgama *f*; **il ne faut pas faire l'~ entre ces deux questions** no hay que mezclar las dos cuestiones.

amalgamer [amalgame] *vt* **-1.** [combiner] amalgamar. **-2.** *fig* [mélanger] fusionar, fundir.

amande [amãd] *nf* almendra *f*.

amandier [amãdje] *nm* almendro *m*.

amant [amã] *nm* amante *m*; **avoir un ~** tener un amante; **prendre un ~** echarse un amante.

amarre [amar] *nf* NAVIG amarra *f*.

amarrer [amare] *vt* NAVIG amarrar.

amas [ama] *nm* montón *m*.

amasser [amase] *vt* amontonar *Esp*, arrumar *Amér*.

amateur [amatœr] *nm* **-1.** [par plaisir] aficionado *m*, -da *f*; **en ~** por afición; **être ~ de qqch** ser aficionado a algo. **-2.** SPORT amateur *mf*; **en ~** amateur. **-3.** *péj* [dilettante] aficionado *m*, -da *f*.

Amazonie [amazoni] *nf* : **l' ~** la Amazonia.

amazonien, enne [amazɔnjɛ̃, ɛn] *adj* amazónico(ca).

ambassade [ãbasad] *nf* embajada *f*.

ambassadeur, drice [ãbasadœr, dris] *nm, f* embajador *m*, -ra *f*.

ambiance [ãbjãs] *nf* ambiente *m*.

ambiant, e [ãbjã, ãt] *adj* ambiente.

ambidextre [ãbidɛkstr] *adj & nmf* ambidextro(tra).

ambigu, uë [ãbigy] *adj* ambiguo(gua).

ambiguïté [ãbiguite] *nf* ambigüedad *f*.

ambitieux, euse [ãbisjø, øz] *adj & nm, f* ambicioso(sa).

ambition [ãbisjɔ̃] *nf* **-1.** [désir de réussite] ambición *f*. **-2.** [souhait] ilusión *f*; **avoir l'~ de faire qqch** tener la ilusión de hacer algo.

ambivalent, e [ãbivalã, ãt] *adj* ambivalente.

ambre [ãbr] *nm* ámbar *m*.

ambré, e [ãbre] *adj* ambarino(na).

ambulance [ãbylãs] *nf* ambulancia *f*.

ambulant, e [ãbylã, ãt] *adj* ambulante.

âme [am] *nf* alma *f*; **~ sœur** alma gemela.

amélioration [ameljɔrasjɔ̃] *nf* mejora *f*.

améliorer [ameljɔre] *vt* mejorar. ◆ **s'améliorer** *vp* mejorarse.

amen [amɛn] *adv* RELIG amén.

aménagement [amenaʒmã] *nm* **-1.** [de lieu] habilitación *f*, acondicionamiento *m*. **-2.** [de programme] planificación *f*.

aménager [amenaʒe] *vt* **-1.** [lieu] habilitar, acondicionar. **-2.** [programme] planificar.

amende [amãd] *nf* multa *f*; **mettre à l'~** imponer una sanción; **faire ~ honorable** retractarse.

amendement [amãdmã] *nm* **-1.** POLIT enmienda *f*. **-2.** AGRIC abono *m*.

amender [amãde] *vt* **-1.** POLIT enmendar. **-2.** AGRIC abonar. ◆ **s'amender** *vp* enmendarse.

amène [amɛn] *adj sout* : **peu ~** desagradable.

amener [amne] *vt* **-1.** [emmener] llevar; [faire venir avec soi] traer. **-2.** [inciter] : **~ qqn à faire qqch** inducir a alguien a hacer algo. **-3.** [occasionner] acarrear. **-4.** *fig*

[conclusion, dénouement] planificar.
◆ **s'amener** *vp fam* venirse.

aménorrhée [amenɔre] *nf* MÉD amenorrea *f*.

amenuiser [amənɥize] *vt* **-1.** [rendre plus petit] achicar. **-2.** [réduire] disminuir. ◆ **s'amenuiser** *vp* reducirse.

amer, ère [amer] *adj* **-1.** [gén] amargo(ga) *Esp*, amargoso(sa) *Amér*. **-2.** *fig* [aigri] agrio(gria).

amèrement [amɛrmã] *adv* amargamente.

américain, e [amerikɛ̃, ɛn] *adj* americano(na). ◆ **américain** *nm* LING (inglés) americano *m*. ◆ **Américain, e** *nm, f* americano *m*, -na *f*.

Amérique [amerik] *nf* : l' ~ América ; l' ~ centrale América Central, Centroamérica ; l' ~ du Nord América del Norte, Norteamérica ; l' ~ du Sud América del Sur, Sudamérica ; l' ~ latine Latinoamérica, América Latina.

amerrir [amerir] *vi* AÉRON amerizar.

amertume [amertym] *nf* **-1.** [goût] amargor *m*. **-2.** [rancœur] amargura *f*.

améthyste [ametist] *nf* amatista *f*.

ameublement [amœblǝmã] *nm* mobiliario *m*.

ameublir [amœblir] *vt* [un sol] mullir.

ameuter [amœte] *vt* alborotar.

ami, e [ami] ◇ *adj* amigo(ga) *Esp*, compa *Amér*. ◇ *nm, f* amigo *m*, -ga *f* ; ~ **d'enfance** amigo de la infancia ; **petit** ~ novio *m*. ◆ **faux ami** *nm* falso amigo *m*.

amiable [amjabl] *adj* : **à l'** ~ JUR amistoso(sa) ; **régler qqch à l'** ~ solventar algo amistosamente.

amiante [amjɑ̃t] *nm* amianto *m*.

amibe [amib] *nf* ZOOL ameba *f*.

amibien, enne [amibjɛ̃, ɛn] *adj* MÉD provocado(da) por las amebas. ◆ **amibien** *nm* ZOOL amébido *m*.

amical, e, aux [amikal, o] *adj* amistoso(sa). ◆ **amicale** *nf* asociación *f*.

amicalement [amikalmã] *adv* amistosamente.

amidon [amidɔ̃] *nm* almidón *m*.

amidonner [amidɔne] *vt* almidonar.

amincir [amɛ̃sir] ◇ *vt* [faire paraître plus mince] hacer más delgado. ◇ *vi* [devenir plus mince] adelgazar. ◆ **s'amincir** *vp fig* [diminuer] reducirse, disminuir.

amincissant, e [amɛ̃sisã, ãt] *adj* adelgazante.

amiral, aux [amiral, o] *nm* almirante *mf*.

amitié [amitje] *nf* **-1.** [rapports amicaux] amistad *f*. **-2.** [affection] afecto *m*. ◆ **amitiés** *nfpl* : **faire ses** ~**s à qqn** dar recuerdos a alguien.

ammoniac, aque [amɔnjak] *adj* CHIM amoníaco(ca). ◆ **ammoniac** *nm* [gas] amoníaco *m*. ◆ **ammoniaque** *nf* amoníaco *m*.

amnésie [amnezi] *nf* amnesia *f*.

amniocentèse [amnjɔsɛtez] *nf* MÉD amniocentesis *f inv*.

amnistie [amnisti] *nf* amnistía *f*.

amnistier [amnistje] *vt* amnistiar.

amocher [amɔʃe] *vt fam* **-1.** [abîmer] abollar. **-2.** [blesser] magullar. ◆ **s'amocher** *vp fam* magullarse.

amoindrir [amwɛ̃drir] *vt* disminuir. ◆ **s'amoindrir** *vp* reducirse.

amollir [amɔlir] *vt* ablandar. ◆ **s'amollir** *vp* **-1.** [chose] ablandarse. **-2.** [personne] volverse comodón(ona).

amonceler [amɔ̃sle] *vt* amontonar. ◆ **s'amonceler** *vp* amontonarse.

amont [amɔ̃] *nm* GÉOGR curso *m* alto ; **en** ~ **de qqch** [sur un cours d'eau] más arriba de algo ; *fig* al inicio de algo.

amoral, e, aux [amɔral, o] *adj* **-1.** [qui ignore la morale] amoral. **-2.** [débauché] inmoral.

amorce [amɔrs] *nf* **-1.** [gén] cebo *m*. **-2.** *fig* [commencement] inicio *m*.

amorcer [amɔrse] *vt* **-1.** [gén] cebar. **-2.** *fig* [commencer] iniciar. ◆ **s'amorcer** *vp* iniciarse.

amorphe [amɔrf] *adj* **-1.** PHYS [matériau] amorfo(fa). **-2.** [personne] amuermado(da).

amortir [amɔrtir] *vt* **-1.** [atténuer] amortiguar. **-2.** ÉCON amortizar.

amortissement [amɔrtismã] *nm* **-1.** [d'un choc] amortiguación *f*. **-2.** ÉCON amortización *f*.

amortisseur [amɔrtisœr] *nm* AUTOM amortiguador *m*.

amour [amur] *nm* **-1.** [gén] amor *m* ; ~ **maternel/filial** amor maternal/filial ; **pour l'** ~ **de qqch/de qqn** por amor a algo/a alguien ; **pour l'** ~ **du ciel** por el amor de Dios ; **faire l'** ~ hacer el amor ; **filer le parfait** ~ vivir una historia de amor. **-2.** [jolie chose] : **un** ~ **de qqch** una preciosidad de algo ; **j'ai acheté un** ~ **de petite table** he comprado una preciosidad de mesita. **-3.** [personne] : **un** ~ un encanto. ◆ **amours** *nfpl* : **à tes** ~**s !** *fam* ¡a tu salud !

amouracher [amuraʃe] ◆ **s'amouracher**
vp : **s'~ de qqn** encapricharse con alguien.

amourette [amurɛt] *nf* amorío *m*.

amoureusement [amurøzmɑ̃] *adv* amorosamente.

amoureux, euse [amurø, øz] ◇ *adj* **-1.**
[personne] enamorado(da); **tomber ~ de**
qqn enamorarse de alguien. **-2.** [geste]
amoroso(sa); [regard] de amor. ◇ *nm, f* : **~**
de qqch enamorado(da) de algo.
◆ **amoureux** *nm* novio *m Esp*, enamorado *m Amér.*

amour-propre [amurprɔpr] *nm* amor propio *m*.

amovible [amɔvibl] *adj* amovible.

ampère [ɑ̃pɛr] *nm* ÉLECTR amperio *m*.

amphétamine [ɑ̃fetamin] *nf* anfetamina *f*.

amphi [ɑ̃fi] *nm fam* UNIV anfiteatro *m*.

amphibie [ɑ̃fibi] ◇ *adj* anfibio(bia). ◇ *nm*
BIOL anfibio *m*.

amphithéâtre [ɑ̃fiteatr] *nm* anfiteatro *m*.

ample [ɑ̃pl] *adj* amplio(plia); **pour de**
plus ~s informations para más información.

amplement [ɑ̃pləmɑ̃] *adv* [largement] ampliamente; **~ suffisant** más que suficiente.

ampleur [ɑ̃plœr] *nf* **-1.** [de vêtement] holgura *f*. **-2.** [de mouvement] amplitud *f*. **-3.**
[de voix] potencia *f*. **-4.** *fig* [d'événement]
importancia *f*.

ampli [ɑ̃pli] *nm fam* ampli *m*.

amplificateur, trice [ɑ̃plifikatœr, tris] *adj*
amplificador(ra). ◆ **amplificateur** *nm*
amplificador *m*.

amplifier [ɑ̃plifje] *vt* **-1.** [mouvement] ampliar. **-2.** [son, grandeur] amplificar. **-3.**
[fait] aumentar. ◆ **s'amplifier** *vp* intensificarse.

amplitude [ɑ̃plityd] *nf* amplitud *f*.

ampoule [ɑ̃pul] *nf* **-1.** [de lampe] bombilla
f Esp, bombillo *m Amér.* **-2.** [de peau, de
médicament] ampolla *f*.

ampoulé, e [ɑ̃pule] *adj* ampuloso(sa).

amputation [ɑ̃pytasjɔ̃] *nf* MÉD amputación
f.

amputer [ɑ̃pyte] *vt* **-1.** MÉD amputar. **-2.**
fig [couper] recortar.

Amsterdam [amsterdam] *n* Amsterdam.

amulette [amylɛt] *nf* amuleto *m*.

amusant, e [amyzɑ̃, ɑ̃t] *adj* divertido(da).

amuse-gueule [amyzgœl] *nm inv fam* pinchito *m*.

amusement [amyzmɑ̃] *nm* diversión *f*.

amuser [amyze] *vt* **-1.** [distraire] divertir.
-2. MIL [détourner l'attention] distraer.
◆ **s'amuser** *vp* **-1.** [se distraire] divertirse; **s'~ à faire qqch** pasárselo bien haciendo algo. **-2.** [perdre son temps] distraerse.

amygdale [amidal] *nf* ANAT amígdala *f*.

an [ɑ̃] *nm* año *m*; **avoir 7 ~s** tener 7 años;
l'~ dernier/prochain el año pasado/que
viene; **le nouvel ~** el año nuevo; **le premier (jour) de l'~** el día de año nuevo;
bon ~ mal ~ un año tras otro.

anabolisant [anabɔlizɑ̃] *nm* anabolizante
m.

anachronique [anakrɔnik] *adj* **-1.** [décor]
anacrónico(ca). **-2.** *fig* [dépassé] anticuado(da).

anachronisme [anakrɔnism] *nm* anacronismo *m*.

anagramme [anagram] *nf* anagrama *m*.

anal, e, aux [anal, o] *adj* ANAT anal; **stade**
~ PSYCHANALYSE fase anal.

analgésique [analʒezik] ◇ *adj* analgésico(ca). ◇ *nm* analgésico *m*.

anallergique [analɛrʒik] *adj* hipoalérgico(ca), hipoalergénico(ca).

analogie [analɔʒi] *nf* analogía *f*.

analogique [analɔʒik] *adj* analógico(ca).

analogue [analɔg] ◇ *nm* equivalente *m*.
◇ *adj* análogo(ga).

analphabète [analfabɛt] *adj & nmf* analfabeto(ta).

analphabétisme [analfabetism] *nm* analfabetismo *m*.

analyse [analiz] *nf* **-1.** [gén] análisis *m inv*;
en dernière ~ en definitiva. **-2.** PSYCHANALYSE psicoanálisis *m inv*.

analyser [analize] *vt* **-1.** [gén] analizar. **-2.**
PSYCHANALYSE psicoanalizar. ◆ **s'analyser**
vp analizarse.

analyste [analist] *nmf* **-1.** [gén] analista *mf*.
-2. PSYCHANALYSE psicoanalista *mf*.

analyste-programmeur, euse [analistprɔgramœr, øz] *nm, f* INFORM analista programador *m*, analista programadora *f*.

analytique [analitik] *adj* **-1.** [gén] analítico(ca). **-2.** PSYCHANALYSE psicoanalítico(ca).

ananas [anana(s)] *nm* piña *f*.

anar [anar] *nmf & adj fam* anarco.

anarchie [anarʃi] *nf* anarquía *f*.

anarchique [anarʃik] *adj* anárquico(ca).

anarchiste [anarʃist] *adj & nmf* anarquista.

anathème [anatɛm] nm **-1.** RELIG [excommunication] anatema m. **-2.** fig & sout : jeter l'~ sur qqn lanzar un anatema contra alguien. **-3.** [personne excommuniée] excomulgado m, -da f.

anatomie [anatɔmi] nf anatomía f.

anatomique [anatɔmik] adj anatómico(ca).

ancestral, e, aux [ɑ̃sɛstral, o] adj ancestral.

ancêtre [ɑ̃sɛtr] nm **-1.** [aïeul] antepasado m. **-2.** fig [initiateur] precursor m.

anchois [ɑ̃ʃwa] nm [frais] boquerón m; [mariné] anchoa f.

ancien, enne [ɑ̃sjɛ̃, ɛn] adj **-1.** [gén] antiguo(gua). **-2.** [qui a de l'ancienneté] veterano(na); l'~ franc el franco antiguo. ◆ **ancien** nm [mobilier] mobiliario m antiguo; **meublé en ~** amueblado al estilo antiguo; l'~ lo antiguo. ◆ **anciens** nmpl [aînés] ancianos mpl. ◆ **Ancien Régime** nm Antiguo Régimen m.

anciennement [ɑ̃sjɛnmɑ̃] adv antiguamente.

ancienneté [ɑ̃sjɛnte] nf antigüedad f.

ancrage [ɑ̃kraʒ] nm **-1.** NAVIG anclaje m. **-2.** fig [enracinement] arraigamiento m.

ancre [ɑ̃kr] nf NAVIG ancla f; **jeter/lever l'~** echar/levar anclas.

ancrer [ɑ̃kre] vt **-1.** [bateau] anclar. **-2.** [idée] inculcar. ◆ **s'ancrer** vp **-1.** NAVIG anclar. **-2.** fig [s'enraciner] arraigarse.

Andalousie [ɑ̃daluzi] nf : l' ~ Andalucía.

Andes [ɑ̃d] nfpl : **les ~** los Andes.

Andorre [ɑ̃dɔr] nf : **(la principauté d')~** (el principado de) Andorra.

andouille [ɑ̃duj] nf **-1.** [charcuterie] embutido a base de tripas de cerdo. **-2.** fam [personne] imbécil mf Esp, huevón m, -ona f Amér.

andouillette [ɑ̃dujet] nf pequeño embutido a base de tripas de cerdo.

androgyne [ɑ̃drɔʒin] adj & nm andrógino m, -na f.

âne [an] nm **-1.** ZOOL asno m, burro m. **-2.** fam [personne] burro m.

anéantir [aneɑ̃tir] vt **-1.** [détruire] destruir. **-2.** [démoraliser] anonadar. **-3.** [ruiner] desvanecer. ◆ **s'anéantir** vp [disparaître] desvanecerse.

anéantissement [aneɑ̃tismɑ̃] nm **-1.** [destruction] destrucción f. **-2.** [abattement] abatimiento m. **-3.** [ruine] desmoronamiento m.

anecdote [anɛkdɔt] nf anécdota f.

anecdotique [anɛkdɔtik] adj anecdótico(ca).

anémie [anemi] nf **-1.** MÉD anemia f. **-2.** fig [affaiblissement] debilitamiento m.

anémier [anemje] vt **-1.** MÉD provocar anemia. **-2.** fig [affaiblir] debilitar.

anémique [anemik] adj **-1.** MÉD anémico(ca). **-2.** fig [faible] débil.

anémone [anemɔn] nf BOT anémona f.

ânerie [anri] nf fam burrada f.

ânesse [anɛs] nf asna f, burra f.

anesthésie [anɛstezi] nf MÉD anestesia f; **sous ~** bajo anestesia; ~ **locale/générale** anestesia local/general.

anesthésier [anɛstezje] vt **-1.** MÉD anestesiar. **-2.** fig [opinion publique] neutralizar.

anesthésique [anɛstezik] MÉD ◇ nm anestésico m. ◇ adj anestésico(ca).

anesthésiste [anɛstezist] nmf MÉD anestesista mf.

aneth [anɛt] nm BOT eneldo m.

anfractuosité [ɑ̃fraktyozite] nf anfractuosidad f.

ange [ɑ̃ʒ] nm ángel m; ~ **gardien** ángel de la guarda; **être aux ~s** fig estar en la gloria; **un ~ passe** fig ha pasado un ángel.

angélique [ɑ̃ʒelik] ◇ adj angelical. ◇ nf **-1.** BOT angélica f. **-2.** [confiserie] hojas de angélica confitadas.

angélus [ɑ̃ʒelys] nm ángelus m. ◆ **Angélus** nm [prière] Ángelus m.

angevin, e [ɑ̃ʒvɛ̃, in] adj & nm, f angevino(na).

angine [ɑ̃ʒin] nf MÉD angina f; ~ **de poitrine** angina de pecho.

anglais, e [ɑ̃glɛ, ɛz] adj inglés(esa). ◆ **anglais** nm LING inglés m. ◆ **Anglais, e** nm, f inglés m, -esa f. ◆ **à l'anglaise** loc adv CULIN al vapor; **filer à l'~e** despedirse a la francesa. ◆ **anglaises** nfpl [cheveux] tirabuzones mpl.

angle [ɑ̃gl] nm **-1.** [gén] ángulo m; ~ **droit/aigu/obtus** ángulo recto/agudo/obtuso; ~ **mort** ángulo muerto; ~ **de braquage** ángulo de giro; **arrondir les ~s** limar asperezas. **-2.** [coin] esquina f; **voir les choses sous un certain ~** ver las cosas desde un determinado ángulo.

Angleterre [ɑ̃glətɛr] nf : l' ~ Inglaterra.

anglican, e [ɑ̃glikɑ̃, an] adj & nm, f RELIG anglicano(na).

anglophone [ɑ̃glɔfɔn] adj & nmf anglófono(na).

anglo-saxon, onne [ãglosaksɔ̃, ɔn] *adj* anglosajón(ona). ◆ **anglo-saxon** *nm* LING anglosajón *m*. ◆ **Anglo-Saxon, onne** *nm, f* anglosajón *m*, -ona *f*.

angoissant, e [ãgwasã, ãt] *adj* angustioso(sa).

angoisse [ãgwas] *nf* angustia *f*; **c'est l'~ fam** es un agobio.

angoissé, e [ãgwase] *adj* angustiado(da).

angoisser [ãgwase] *vt* angustiar. ◆ **s'angoisser** *vp* -1. [être gagné par l'anxiété] angustiarse. -2. *fam* [s'inquiéter] agobiarse.

Angola [ãgɔla] *nm* : l' ~ Angola.

angolais, e [ãgɔlɛ, ɛz] *adj* angoleño(ña). ◆ **Angolais, e** *nm, f* angoleño *m*, -ña *f*.

angora [ãgɔra] ◇ *adj* de angora. ◇ *nm* angora *f*.

anguille [ãgij] *nf* ZOOL anguila *f*; **il y a ~ sous roche** aquí hay gato encerrado.

anguleux, euse [ãgylø, øz] *adj* [visage] anguloso(sa).

anicroche [anikrɔʃ] *nf* obstáculo *m*.

animal, e, aux [animal, o] *adj* -1. [propre à l'animal] animal. -2. *fig* [instinctif] instintivo(va). ◆ **animal** *nm* -1. [bête] animal *m*; ~ **en peluche** peluche *m*; ~ **sauvage/domestique** animal salvaje/doméstico. -2. *fam* [personne grossière] animal *mf*.

animateur, trice [animatœr, tris] *nm, f* -1. [gén] animador *m*, -ra *f*. -2. RADIO & TÉLÉ presentador *m*, -ra *f*.

animation [animasjɔ̃] *nf* -1. [entrain] entusiasmo *m*. -2. [spectacle] presentación *f*. -3. [activités] actividades *fpl*.

animatrice → **animateur**.

animé, e [anime] *adj* animado(da).

animer [anime] *vt* -1. [égayer, organiser] animar. -2. [présenter] presentar. ◆ **s'animer** *vp*, animarse.

animisme [animism] *nm* RELIG animismo *m*.

animiste [animist] *adj & nmf* RELIG animista.

animosité [animozite] *nf* animosidad *f*.

anis [ani(s)] *nm* anís *m*.

anisette [anizɛt] *nf* anisete *m*.

ankylosé, e [ãkiloze] *adj* anquilosado(da).

ankyloser [ãkiloze] ◆ **s'ankyloser** *vp* anquilosarse.

annales [anal] *nfpl* anales *mpl*; ~ **du bac** *manual que recopila anualmente temas y modelos de ejercicios del examen final del bachillerato francés*; **rester dans les ~** *fig* quedar en los anales.

anneau, x [ano] *nm* -1. [pour attacher] anilla *f*. -2. [bague, de reptile] anillo *m*. -3. [de chaîne] eslabón *m*. ◆ **anneaux** *nmpl* SPORT anillas *fpl*.

année [ane] *nf* año *m*; **d'~ en ~** año tras año; **souhaiter la bonne ~ à qqn** felicitar el año nuevo a alguien; ~ **fiscale/lumière** año fiscal/luz; ~ **scolaire** curso *m* escolar; ~ **sabatique** año sabático.

annexe [anɛks] ◇ *adj* adicional. ◇ *nf* anexo *m*.

annexer [anekse] *vt* -1. [incorporer] adjuntar; ~ **qqch à qqch** adjuntar algo a algo. -2. [pays] anexionar. ◆ **s'annexer** *vp* -1. [s'attribuer] apropiarse. -2. [s'ajouter] : ~ **à qqch** sumarse a algo.

annexion [anɛksjɔ̃] *nf* anexión *f*.

annihiler [aniile] *vt* aniquilar.

anniversaire [aniverser] ◇ *nm* [de naissance] cumpleaños *m inv*; [d'un autre événement] aniversario *m*. ◇ *adj* [de naissance] de cumpleaños; [d'un autre événement] de aniversario.

annonce [anɔ̃s] *nf* anuncio *m*; **passer une ~** escribir un anuncio; **petite ~** anuncio por palabras; ~ **commerciale** COMM anuncio (comercial).

annoncer [anɔ̃se] *vt* anunciar. ◆ **s'annoncer** *vp* -1. [se présenter] presentarse. -2. [apparaître] anunciarse.

annonceur, euse [anɔ̃sœr, øz] *nm, f* anunciante *mf*.

annonciateur, trice [anɔ̃sjatœr, tris] *adj* que presagia.

Annonciation [anɔ̃sjasjɔ̃] *nf inv* RELIG Anunciación *f*.

annoter [anɔte] *vt* anotar.

annuaire [anɥɛr] *nm* anuario *m*; ~ **téléphonique** guía *f* telefónica.

annualisation [anɥalizasjɔ̃] *nf* periodicidad *f* anual.

annuel, elle [anɥɛl] *adj* anual.

annuellement [anɥɛlmã] *adv* anualmente.

annuité [anɥite] *nf* -1. [paiement] anualidad *f*. -2. [année de service] año *m*.

annulaire [anɥlɛr] *adj & nm* ANAT anular.

annulation [anɥlasjɔ̃] *nf* anulación *f*.

annuler [anɥle] *vt* anular. ◆ **s'annuler** *vp* anularse.

anoblir [anɔblir] *vt* ennoblecer.

anode [anɔd] *nf* ÉLECTR ánodo *m*.

anodin, e [anɔdɛ̃, in] *adj* -1. [blessure] leve. -2. [personne] anodino(na).

anomalie [anɔmali] *nf* anomalía *f*.

ânon [anɔ̃] *nm* ZOOL borriquillo *m*, borriquito *m*.

ânonner [anɔne] ◇ *vi* balbucear. ◇ *vt* murmurar.

anonymat [anɔnima] *nm* anonimato *m*; **garder l'~** conservar el anonimato.

anonyme [anɔnim] *adj* **-1.** [sans nom] anónimo(ma). **-2.** [impersonnel] impersonal.

anorak [anɔrak] *nm* anorak *m*.

anorexie [anɔrɛksi] *nf* MÉD anorexia *f*.

anormal, e, aux [anɔrmal, o] ◇ *adj.* **-1.** [gén] anormal. **-2.** [intolérable] : **il est ~ que** no es normal que. ◇ *nm, f fam* anormal *mf*.

anormalement [anɔrmalmã] *adv* anormalmente.

ANPE (*abr de* **Agence nationale pour l'emploi**) *nf instituto nacional de empleo francés*, ≃ INEM *m*; **s'inscrire à l'~** ≃ darse de alta en el INEM.

anse [ɑ̃s] *nf* **-1.** [d'ustensile] asa *f (de un objeto redondo)*. **-2.** GÉOGR ensenada *f*.

antagonisme [ɑ̃tagɔnism] *nm* antagonismo *m*.

antagoniste [ɑ̃tagɔnist] *adj & nmf* antagonista.

antan [ɑ̃tɑ̃] ◆ **d'antan** *loc adj litt* [d'autrefois] de antaño.

antarctique [ɑ̃tarktik] *adj* antártico(ca). ◆ **Antarctique** *nm* : **l' Antarctique** [continent] la Antártida; [océan] e**l** Antártico.

antécédent [ɑ̃tesedɑ̃] *nm* [passé] antecedente *m*; **~s professionnels** historial *m* profesional.

antédiluvien, enne [ɑ̃tedilyvjɛ̃, ɛn] *adj* antediluviano(na).

antenne [ɑ̃tɛn] *nf* **-1.** [d'insecte, de télévision, de radio] antena *f*; **être à l'~** estar en antena; **hors ~** fuera de antena; **avoir des ~s** *fam* tener un sexto sentido. **-2.** [bâtiment] puesto *m*. **-3.** [succursale] delegación *f*.

antépénultième [ɑ̃tepenyltjɛm] ◇ *nf* LING antepenúltima sílaba *f*. ◇ *adj* antepenúltimo(ma).

antérieur, e [ɑ̃terjœr] *adj* anterior.

antérieurement [ɑ̃terjœrmɑ̃] *adv* anteriormente.

antériorité [ɑ̃terjɔrite] *nf* anterioridad *f*.

anthologie [ɑ̃tɔlɔʒi] *nf* antología *f*.

anthracite [ɑ̃trasit] ◇ *nm* [charbon] antracita *f*. ◇ *adj inv* gris antracita.

anthropologie [ɑ̃trɔpɔlɔʒi] *nf* antropología *f*.

anthropométrie [ɑ̃trɔpɔmetri] *nf* antropometría *f*.

anthropophage [ɑ̃trɔpɔfaʒ] *adj & nmf* antropófago(ga).

antiaérien, enne [ɑ̃tiaerjɛ̃, ɛn] *adj* antiaéreo(a).

anti-âge [ɑ̃tiaʒ] → **crème**.

antialcoolique [ɑ̃tialkɔlik] → **ligue**.

antibiotique [ɑ̃tibiɔtik] ◇ *nm* antibiótico *m*. ◇ *adj* antibiótico(ca).

antibrouillard [ɑ̃tibrujar] ◇ *nm* faro *m* antiniebla. ◇ *adj inv* antiniebla.

antibruit [ɑ̃tibrɥi] *adj inv* contra el ruido.

antibuée [ɑ̃tibɥe] → **dispositif**.

antichambre [ɑ̃tiʃɑ̃br] *nf* antecámara *f*; **faire ~** *fig* hacer antesala.

anticipation [ɑ̃tisipasjɔ̃] *nf* anticipación *f*; **régler** OU **payer qqch par ~** pagar algo por adelantado.

anticipé, e [ɑ̃tisipe] *adj* anticipado(da).

anticiper [ɑ̃tisipe] ◇ *vt* anticipar. ◇ *vi* : **~ (sur qqch)** anticiparse (a algo).

anticléricalisme [ɑ̃tiklerikalism] *nm* anticlericalismo *m*.

anticolonialisme [ɑ̃tikɔlɔnjalism] *nm* anticolonialismo *m*.

anticolonialiste [ɑ̃tikɔlɔnjalist] *adj & nmf* anticolonialista.

anticommunisme [ɑ̃tikɔmynism] *nm* anticomunismo *m*.

anticonformiste [ɑ̃tikɔ̃fɔrmist] *adj & nmf* anticonformista.

anticonstitutionnel, elle [ɑ̃tikɔ̃stitysjɔnɛl] *adj* anticonstitucional.

anticorps [ɑ̃tikɔr] *nm* MÉD anticuerpo *m*.

anticyclone [ɑ̃tisiklon] *nm* MÉTÉOR anticiclón *m*.

antidépresseur [ɑ̃tidepresœr] ◇ *nm* antidepresivo *m*. ◇ *adj m* antidepresivo(va).

antidérapant, e [ɑ̃tiderapɑ̃, ɑ̃t] *adj* antideslizante. ◆ **antidérapant** *nm* antideslizante *m*.

antidote [ɑ̃tidɔt] *nm* antídoto *m*.

anti-effraction [ɑ̃tiefraksjɔ̃] *adj* [dispositif] antirrobo.

antigang [ɑ̃tigɑ̃g] ◇ *adj* → **brigade**. ◇ *nf* *brigada de policía encargada de la lucha contra el crimen organizado*.

antigel [ɑ̃tiʒɛl] *adj inv & nm inv* anticongelante.

Antilles [ɑ̃tij] *nfpl* : **les ~** las Antillas.

antilope [ɑ̃tilɔp] *nf* ZOOL antílope *m*.

antimilitarisme [ãtimilitarism] *nm* anti-militarismo *m*.

antimilitariste [ãtimilitarist] *adj & nmf* antimilitarista.

antimite [ãtimit] *adj inv & nm* matapolillas.

antimoine [ãtimwan] *nm* CHIM antimonio *m*.

antinucléaire [ãtinykleɛr] *adj* antinuclear.

antiparasite [ãtiparazit] ◇ *nm* antiparásito *m*, antiparasitario *m*. ◇ *adj inv* antiparasitario(ria).

antipathie [ãtipati] *nf* antipatía *f*.

antipathique [ãtipatik] *adj* antipático(ca).

antiphrase [ãtifraz] *nf* antífrasis *f inv*.

antipode [ãtipɔd] *nm* GÉOGR antípoda *f*; **être à l'~, être aux ~s** [lieu] estar en las antípodas; *fig* [à l'opposé de] ser el polo opuesto.

antipoison [ãtipwazɔ̃] → **centre**.

antiquaire [ãtikɛr] *nmf* anticuario *m*, -ria *f*.

antique [ãtik] *adj* **-1.** [de l'Antiquité] antiguo(gua). **-2.** [vieux] del año de la nana.

antiquité [ãtikite] *nf* antigüedad *f*. ◆ **Antiquité** *nf* : **l'Antiquité** la Antigüedad.

antirabique [ãtirabik] → **vaccin**.

antirides [ãtirid] *adj* antiarrugas.

antirouille [ãtiruj] *adj inv* antioxidante.

antisémite [ãtisemit] *adj & nmf* antisemita.

antisémitisme [ãtisemitism] *nm* antisemitismo *m*.

antiseptique [ãtisɛptik] MÉD ◇ *nm* antiséptico *m*. ◇ *adj* antiséptico(ca).

antisismique [ãtisismik] *adj* antisísmico(ca).

antithèse [ãtitɛz] *nf* antítesis *f inv*.

antiviral, aux [ãtiviral, o] *nm* antiviral *m*.

antivol [ãtivɔl] *adj inv & nm* antirrobo.

antre [ãtr] *nf* **-1.** [caverne] cueva *f*. **-2.** *fig* antro *m*.

anus [anys] *nm* ANAT ano *m*.

anxiété [ãksjete] *nf* ansiedad *f*.

anxieux, euse [ãksjø, øz] ◇ *adj* ansioso(sa); **être ~ de qqch/de faire qqch** estar ansioso por algo/de hacer algo. ◇ *nm, f* ansioso *m*, -sa *f*.

aorte [aɔrt] *nf* ANAT aorta *f*.

août [u(t)] *nm* agosto *m*; *voir aussi* **septembre**.

apaisement [apɛzmã] *nm* **-1.** [moral] sosiego *m*. **-2.** [physique] alivio *m*.

apaiser [apeze] *vt* **-1.** [personne] aplacar, apaciguar. **-2.** [conscience] acallar. **-3.** [douleur] calmar. **-4.** [besoin] aplacar. **-5.** [passion] apagar. ◆ **s'apaiser** *vp* **-1.** [personne] apaciguarse. **-2.** [besoin] aplacarse. **-3.** [tempête, douleur] calmarse.

apanage [apanaʒ] *nm* *sout* patrimonio *m*; **être l'~ de qqn/de qqch** ser atributo de alguien/de algo.

aparté [aparte] *nm* aparte *m*; **prendre qqn en ~** coger a alguien aparte.

apartheid [apartɛd] *nm* apartheid *m*.

apathie [apati] *nf* apatía *f*.

apathique [apatik] *adj & nmf* apático(ca).

apatride [apatrid] *adj & nmf* apátrida.

apercevoir [apɛrsɔvwar] *vt* divisar. ◆ **s'apercevoir** *vp* : **s'~ de qqch/que** darse cuenta de algo/de que.

aperçu, e [apɛrsy] *pp* → **apercevoir**. ◆ **aperçu** *nm* idea *f* aproximada.

apéritif, ive [aperitif, iv] *adj* de aperitivo. ◆ **apéritif** *nm* aperitivo *m*; **prendre l'~** tomar el aperitivo.

apesanteur [apəsãtœr] *nf* ingravidez *f*.

à-peu-près [apøprɛ] *nm inv* aproximación *f*.

apeuré, e [apœre] *adj* atemorizado(da).

aphasie [afazi] *nf* afasia *f*.

aphone [afɔn] *adj* afónico(ca).

aphrodisiaque [afrɔdizjak] ◇ *nm* afrodisíaco *m*. ◇ *adj* afrodisíaco(ca).

aphte [aft] *nm* afta *f*.

apiculteur, trice [apikyltœr, tris] *nm, f* apicultor *m*, -ra *f*.

apiculture [apikyltyr] *nf* apicultura *f*.

apitoyer [apitwaje] *vt* inspirar compasión. ◆ **s'apitoyer** *vp* apiadarse; **s'~ sur qqch/sur qqn** apiadarse de algo/de alguien.

ap. J.-C. (*abr de* **après Jésus-Christ**) d. de JC, d. JC.

aplanir [aplanir] *vt* allanar.

aplati, e [aplati] *adj* achatado(da).

aplatir [aplatir] *vt* **-1.** [écraser] aplastar. **-2.** [couture] sentar. **-3.** [cheveux] alisar.

aplomb [aplɔ̃] *nm* **-1.** [stabilité] aplomo *m*. **-2.** [audace] desfachatez *f*. ◆ **d'aplomb** *loc adv* : **être d'~** [être stable] ser estable; [être droit] estar derecho(cha).

apocalypse [apɔkalips] *nf* apocalipsis *m inv*; **d'~** [scène] apocalíptico.

apogée [apɔʒe] *nm* apogeo *m*.

apolitique [apɔlitik] *adj* apolítico(ca).

apologie [apɔlɔʒi] *nf* apología *f*.

apoplexie [apɔplɛksi] *nf* MÉD apoplejía *f*.

apostrophe [apɔstrɔf] *nf* **-1.** [signe graphique] apóstrofo *m*. **-2.** [interpellation] apóstrofe *m* OU *f*.

apostropher [apɔstrɔfe] *vt sout* increpar.

apothéose [apɔteoz] *nf* apoteosis *f inv*.

apôtre [apotr] *nm* apóstol *m*.

apparaître [aparɛtr] ◇ *vi* **-1.** [se montrer, manifester] aparecer. **-2.** [se dévoiler] salir a la luz. ◇ *v impers* : **il apparaît que** parece ser que.

apparat [apara] *nm* aparato *m*, pompa *f*; **d'~** [dîner, habit] de gala; [discours] solemne.

appareil [aparεj] *nm* **-1.** [gén] aparato *m*. **-2.** [téléphone] teléfono *m*; **qui est à l'~?** ¿quién es? ◆ **appareil digestif** *nm* aparato digestivo *m*. ◆ **appareil photo** *nm* cámara *f* fotográfica.

appareillage [aparɛjaʒ] *nm* **-1.** [équipement] utillaje *m*. **-2.** [NAVIG – manœuvres] preparativos *mpl* para zarpar; [– départ] salida *f* (de un barco).

appareiller [aparɛje] ◇ *vt* [assortir] emparejar. ◇ *vi* NAVIG zarpar.

apparemment [aparamã] *adv* aparentemente, al parecer.

apparence [aparãs] *nf* apariencia *f*; **malgré les** OU **en dépit des ~s** a pesar de las apariencias; **sauver les ~s** guardar las apariencias. ◆ **en apparence** *loc adv* en apariencia.

apparent, e [aparã, ãt] *adj* **-1.** [perceptible, illusoire] aparente. **-2.** [visible] visible. **-3.** [couture, poutre] a la vista.

apparenté, e [aparãte] *adj* : **~ à** [personne, chose] emparentado(da) con; [affilié] afín a.

apparenter [aparãte] ◆ **s'apparenter** *vp* : **s'~ à qqch/à qqn** [ressembler à] semejarse a algo/a alguien.

appariteur [aparitœr] *nm* bedel *m* (de facultad).

apparition [aparisjõ] *nf* aparición *f*.

appart [apart] *abr de* **appartement**.

appartement [apartamã] *nm* piso *m*.

appartenir [apartənir] *vi* pertenecer; **~ à qqch/à qqn** pertenecer a algo/a alguien; **il ne m'appartient pas de faire qqch** *fig & sout* no me corresponde hacer algo.

appartenu [apartəny] *pp inv* → **appartenir**.

apparu, e [apary] *pp* → **apparaître**.

appât [apa] *nm* **-1.** [pêche] cebo *m*. **-2.** [attrait] afán *m*.

appauvrir [apovrir] *vt* empobrecer. ◆ **s'appauvrir** *vp* empobrecerse.

appel [apel] *nm* **-1.** [communication] llamada *f Esp*, llamado *m Amér*; **~ (téléphonique)** llamada (telefónica); **~ en PCV** llamada a cobro revertido; **~ à longue distance** llamada de larga distancia. **-2.** [demande] petición *f*; **faire ~ à qqn** recurrir a alguien; **faire ~ à qqch** [exiger] requerir algo. **-3.** JUR apelación *f*, recurso *m*; **faire ~** JUR apelar, recurrir; SCOL presentar un recurso; **sans ~** inapelable. **-4.** SCOL: **faire l'~** pasar lista. **-5.** [signe]: **faire un ~ de phares** dar luces. ◆ **appel d'offre** COMM licitación *f*.

appeler [aple] *vt* **-1.** [interpeller, téléphoner à, prénommer] llamar. **-2.** [faire appel à] llamar, avisar. **-3.** [exiger] reclamar. **-4.** [entraîner] llevar a. ◆ **s'appeler** *vp* llamarse.

appellation [apelasjõ] *nf* denominación *f*.

appendice [apɛ̃dis] *nm* **-1.** [de bâtiment] dependencia *f*. **-2.** ANAT [supplément] apéndice *m*.

appendicite [apɛ̃disit] *nf* MÉD apendicitis *f inv*.

appentis [apɑ̃ti] *nm* cobertizo *m*.

appert [apɛr] ◆ **il appert que** *v impers sout* JUR resulta que.

appesantir [apəzɑ̃tir] *vt* entorpecer. ◆ **s'appesantir** *vp* [bras, jambe] entumecerse; **s'~ sur qqch/sur qqn** [peser sur] pesar sobre algo/sobre alguien; **s'~ sur qqch** [insister sur] pararse en algo.

appétissant, e [apetisã, ãt] *adj* **-1.** [nourriture] apetitoso(sa). **-2.** [personne] apetecible.

appétit [apeti] *nm* apetito *m*; **~ de qqch/de faire qqch** ganas de algo/de hacer algo; **bon ~** buen provecho; **couper l'~ à qqn** quitar el apetito a alguien; **manger de bon ~** comer con mucho apetito.

applaudir [aplodir] ◇ *vt* aplaudir. ◇ *vi* : **~ à qqch** *fig* aplaudir algo.

applaudissements [aplodismã] *nmpl* aplausos *mpl*.

application [aplikasjõ] *nf* **-1.** [gén] aplicación *f*. **-2.** [pose] colocación *f*.

applique [aplik] *nf* aplique *m*.

appliquer [aplike] *vt* [étaler] aplicar; **~ qqch contre** apoyar algo contra; **~ sur/à** aplicar en. ◆ **s'appliquer** *vp* : **s'~ à faire qqch** esmerarse en hacer algo.

appoint [apwɛ̃] *nm* **-1.** [monnaie] suelto *m*; **faire l'~** dar cambio. **-2.** [aide] apoyo *m*; **salaire d'~** sobresueldo *m*; **radiateur d'~** estufa *f* adicional.

appointements [apwɛ̃təmɑ̃] *nmpl* sueldo *m*.

apport [apɔr] *nm* **-1.** FIN aportación *f*. **-2.** [flux] aporte *m*. **-3.** [contribution] contribución *f*. **-4.** JUR bienes *m* *(aportados al matrimonio)*.

apporter [apɔrte] *vt* **-1.** [porter] traer; **~ qqch à qqn** traer algo a alguien. **-2.** [donner] aportar. **-3.** [provoquer] proporcionar; **~ qqch à qqch/à qqn** provocar algo en algo/en alguien.

apposer [apoze] *vt* [affiche] fijar; [signature] firmar.

apposition [apozisjɔ̃] *nf* GRAM aposición *f*; **en ~** en aposición.

appréciable [apresjabl] *adj* **-1.** [notable, important] apreciable. **-2.** [précieux] digno(na)de aprecio.

appréciation [apresjasjɔ̃] *nf* **-1.** [estimation] apreciación *f*. **-2.** [jugement] juicio *m*. **-3.** SCOL opinión *f*.

apprécier [apresje] *vt* **-1.** [gén] apreciar. **-2.** [aimer] : **~ de faire qqch** gustarle a alguien hacer algo.

appréhender [apreɑ̃de] *vt* **-1.** [craindre] temer; **~ de faire qqch** tener miedo de hacer algo. **-2.** [arrêter] aprehender.

appréhension [apreɑ̃sjɔ̃] *nf* [crainte] aprensión *f*.

apprendre [aprɑ̃dr] *vt* **-1.** [acquérir une connaissance] aprender. **-2.** [faire connaître] : **~ qqch à qqn** informar de algo a alguien. **-3.** [être informé de] enterarse de; **~ que** enterarse de que. **-4.** [enseigner] : **~ qqch à qqn** enseñar algo a alguien; **~ à qqn à faire qqch** enseñar a alguien a hacer algo.

apprenti, e [aprɑ̃ti] *nm, f* aprendiz *m*, -za *f*.

apprentissage [aprɑ̃tisaʒ] *nm* aprendizaje *m*.

apprêter [aprete] *vt* preparar. ◆ **s'apprêter** *vp* **-1.** [être sur le point de] : **s'~ à faire qqch** disponerse a hacer algo. **-2.** [s'habiller] : **s'~ pour qqch** arreglarse para algo.

appris, e [apri, iz] *pp* → **apprendre**.

apprivoiser [aprivwaze] *vt* **-1.** [animal] domesticar. **-2.** [personne] domar.

approbateur, trice [aprɔbatœr, tris] *adj* de aprobación.

approbation [aprɔbasjɔ̃] *nf* aprobación *f*.

approche [aprɔʃ] *nf* **-1.** [d'événement] proximidad *f*; [de personne] llegada *f*; **à l'~ de** [lieu] al acercarse a; [événement] al aproximarse. **-2.** [point de vue] enfoque *m*. **-3.** [étude superficielle] aproximación *f*.

approcher [aprɔʃe] ◇ *vt* **-1.** [rapprocher] acercar. **-2.** [aborder] : **~ qqn** acercarse a alguien. ◇ *vi* acercarse; **~ de qqch** acercarse a algo. ◆ **s'approcher** *vp* acercarse; **s'~ de qqn/de qqch** acercarse a alguien/a algo.

approfondir [aprɔfɔ̃dir] *vt* **-1.** [creuser] hacer más profundo. **-2.** [développer] profundizar en.

approprié, e [aprɔprije] *adj* apropiado(da), adecuado(da); **~ à qqch** adecuado a algo.

approprier [aprɔprije] *vt* **-1.** [adapter] acomodar, adaptar. **-2.** Belg [nettoyer] limpiar. ◆ **s'approprier** *vp* [s'adjuger] apropiarse de algo.

approuver [apruve] *vt* **-1.** [être d'accord] estar de acuerdo con. **-2.** [apprécier & JUR] aprobar.

approvisionnement [aprɔvizjɔnmɑ̃] *nm* provisión *f*.

approvisionner [aprɔvizjɔne] *vt* **-1.** [compte en banque] ingresar dinero en. **-2.** [magasin] abastecer.

approximatif, ive [aprɔksimatif, iv] *adj* aproximado(da).

approximation [aprɔksimasjɔ̃] *nf* aproximación *f*.

approximativement [aprɔksimativmɑ̃] *adv* aproximadamente.

appt *abr de* **appartement**.

appui [apɥi] *nm* **-1.** [de fenêtre] antepecho *m*. **-2.** [soutien] apoyo *m*.

appui-tête [apɥitɛt] *(pl* **appuis-tête)** *nm* reposacabezas *m inv*.

appuyé, e [apɥije] *adj* **-1.** [regard] insistente. **-2.** [plaisanterie] pesado(da).

appuyer [apɥije] ◇ *vt* [adosser] apoyar. ◇ *vi* : **~ sur qqch** [reposer sur] apoyarse en algo; [presser sur] apretar algo; [insister sur] hacer hincapié en algo. ◆ **s'appuyer** *vp* **-1.** [se tenir à] : **s'~ sur** OU **contre qqch** apoyarse en OU contra algo; **s'~ contre qqn** apretarse contra alguien. **-2.** [se baser] : **s'~ sur** basarse en. **-3.** [se reposer sur] contar con. **-4.** *fam* [supporter, prendre en charge] : **s'~ qqn/qqch** apechugar con algo/con alguien.

apr. *(abr de* **après)** d.

âpre [apr] *adj* **–1.** [goût, ton] áspero(ra).
–2. [épreuve, concurrence] duro(ra). **–3.**
[combat] cruel. **–4.** [discussion] violento(ta). **–5.** [critique] severo(ra).

après [aprɛ] ◇ *prép* **–1.** [gén] después de;
~ **cela** después de eso; ~ **quoi** después
de lo cual. **–2.** [indiquant l'attachement,
l'hostilité] **soupirer** ~ **qqn** suspirar por
alguien; **aboyer** ~ **qqn** abroncar a alguien; **se fâcher** ~ **qqn** enfadarse con alguien. ◇ *adv* **–1.** [temps] después; **le mois
d'**~ el ou al mes siguiente; **un mois** ~ un
mes después. **–2.** [lieu] siguiente; **la rue d'**
~ la calle siguiente. **–3.** [dans un ordre,
dans un rang] detrás; **celui qui vient** ~ el
que viene detrás. ◆ **et après** *loc adv* **–1.**
(employée interrogativement) (questionnement sur la suite) ¿y después? **–2.** [exprime
l'indifférence] ¿y qué? ◆ **après coup** *loc
adv* después de todo. ◆ **après tout** *loc adv* después de todo. ◆ **d'après** *loc prép* según;
d'~ **lui** según él; **d'**~ **moi** en mi opinión.
◆ **après que** *loc conj* **–1.** (+ indicatif) después de que (+ subjuntivo); **je le verrai** ~
qu'il aura fini lo veré después de que termine. **–2.** (+ subjonctif) después de (+ infinitivo); ~ **qu'ils aient dîné** después de
cenar.

après-demain [aprɛdmɛ̃] *adv* pasado mañana.

après-midi [apremidi] *nm inv* ou *nf inv*
tarde *f.*

après-rasage [aprɛrazaʒ] ◇ *adj inv* para
después del afeitado. ◇ *nm* loción *f* para
después del afeitado.

après-ski [aprɛski] (*pl* **après-skis**) *nm* descansos *mpl*, après-ski *m inv.*

après-vente [aprɛvɑ̃t] → **service.**

à-propos [aprɔpo] *nm inv* sensatez *f.*

apte [apt] *adj* : ~ **à qqch/à faire qqch**
apto(ta) para algo/para hacer algo; ~ **(au
service)** MIL apto para el servicio militar.

aptitude [aptityd] *nf* aptitud *f.*

aquarelle [akwarɛl] *nf* acuarela *f.*

aquarium [akwarjɔm] *nm* acuario *m.*

aquatique [akwatik] *adj* acuático(ca).

aqueduc [akdyk] *nm* acueducto *m.*

aqueux, euse [akø, øz] *adj* acuoso(sa).

arabe [arab] *adj & nm* árabe. ◆ **Arabe** *nmf*
árabe *mf.*

arabesque [arabɛsk] *nf* arabesco *m.*

Arabie [arabi] *nf* : l' ~ Arabia; l' ~ **Saoudite** Arabia Saudí.

arachide [araʃid] *nf* cacahuete *m Esp*, maní
m Amér.

araignée [arɛɲe] *nf* araña *f.* ◆ **araignée
de mer** *nf* centolla *f*, centollo *m.*

arbalète [arbalɛt] *nf* ballesta *f.*

arbitrage [arbitraʒ] *nm* arbitraje *m.*

arbitraire [arbitrɛr] *adj* arbitrario(ria).

arbitre [arbitr] *nm* árbitro *m.*

arbitrer [arbitre] *vt* arbitrar.

arboriculture [arbɔrikyltyr] *nf* arboricultura *f.*

arbre [arbr] *nm* **–1.** [gén] árbol *m.* **–2.** [axe]
eje *m*; ~ **de transmission** AUTOM eje de
transmisión.

arbrisseau [arbriso] *nm* arbolillo *m.*

arbuste [arbyst] *nm* arbusto *m.*

arc [ark] *nm* **–1.** [arme & ARCHIT] arco *m.* **–2.**
[courbe] curva *f*; ~ **de cercle** GÉOM arco de
circunferencia.

arcade [arkad] *nf* [piliers] arcada *f*; [couloir]
soportales *mpl.* ◆ **arcade sourcilière** *nf*
(arco de la) ceja.

arc-bouter [arkbute] ◆ **s'arc-bouter** *vp*
apoyarse.

arceau [arso] *nm* **–1.** ARCHIT arco *m* de bóveda. **–2.** [objet] aro *m.*

arc-en-ciel [arkɑ̃sjɛl] (*pl* **arcs-en-ciel**) *nm*
arco iris *m inv.*

archaïque [arkaik] *adj* arcaico(ca).

archange [arkɑ̃ʒ] *nm* arcángel *m.*

arche [arʃ] *nf* ARCHIT arco *m.*

archéologie [arkeɔlɔʒi] *nf* arqueología *f.*

archéologique [arkeɔlɔʒik] *adj* arqueológico(ca).

archéologue [arkeɔlɔg] *nmf* arqueólogo *m*,
-ga *f.*

archet [arʃɛ] *nm* MUS arco *m.*

archevêque [arʃəvɛk] *nm* RELIG arzobispo
m.

archipel [arʃipɛl] *nm* archipiélago *m.*

architecte [arʃitɛkt] *nmf* arquitecto *m*, -ta *f.*

architecture [arʃitɛktyr] *nf* **–1.** ART arquitectura *f.* **–2.** *fig* [structure] estructura *f.*

archives [arʃiv] *nfpl* archivo *m Esp*, bibliorato *m Amér.*

archiviste [arʃivist] *nmf* archivero *m*, -ra *f.*

arctique [arktik] *adj* ártico(ca). ◆ **Arctique** *nm* : l'**Arctique** el Ártico.

ardemment [ardamɑ̃] *adv* ardientemente.

ardent, e [ardɑ̃, ɑ̃t] *adj* **–1.** [soleil] abrasador(ra). **–2.** [sensation] ardiente. **–3.** [couleur] encendido(da).

ardeur [ardœr] *nf* **–1.** [gén] ardor *m.* **–2.** [au
travail] dinamismo *m.*

ardoise [ardwaz] *nf* pizarra *f.*

ardu, e [ardy] *adj* **-1.** [travail, problème] arduo(dua). **-2.** [pente] escarpado(da).

are [ar] *nm* área *f*.

arène [aren] *nf* ruedo *m*. ◆ **arènes** *nfpl* plaza *f* de toros.

arête [aʀɛt] *nf* **-1.** [de poisson] espina *f*. **-2.** [de toit] caballete *m*. **-3.** [de montagne] cresta *f*. **-4.** [du nez] línea *f* de la nariz.

argent [aʀʒɑ̃] *nm* **-1.** [métal, couleur] plata *f*. **-2.** [monnaie] dinero *m*; ~ **liquide** dinero en metálico; ~ **de poche** dinero de bolsillo.

argenté, e [aʀʒɑ̃te] *adj* plateado(da).

argenterie [aʀʒɑ̃tʀi] *nf* (vajilla y cubertería de) plata *f*.

argentin, e [aʀʒɑ̃tɛ̃, in] *adj* argentino(na). ◆ **Argentin, e** *nm, f* argentino *m*, -na *f*.

Argentine [aʀʒɑ̃tin] *nf* : l' ~ (la) Argentina.

argile [aʀʒil] *nf* arcilla *f*.

argileux, euse [aʀʒilø, øz] *adj* arcilloso(sa).

argot [aʀɡo] *nm* **-1.** [jargon] jerga *f*. **-2.** [langue populaire] argot *m*.

argotique [aʀɡɔtik] *adj* de argot.

argument [aʀɡymɑ̃] *nm* argumento *m*.

argumentaire [aʀɡymɑ̃tɛʀ] *nm* COMM argumentación *f*; ~ **de vente** argumentos *mpl* (de venta).

argumentation [aʀɡymɑ̃tasjɔ̃] *nf* argumentación *f*.

argumenter [aʀɡymɑ̃te] *vi & vt* argumentar.

argus [aʀɡys] *nm* : **être coté à l'**~ *aparecer en la lista oficial de precios de los coches de ocasión.*

aride [aʀid] *adj* **-1.** [terre, travail] árido(da). **-2.** [cœur, esprit] insensible.

aridité [aʀidite] *nf* **-1.** [sécheresse, sévérité] aridez *f*. **-2.** [froideur] insensibilidad *f*.

aristocrate [aʀistɔkʀat] *nmf* aristócrata *mf*.

aristocratie [aʀistɔkʀasi] *nf* aristocracia *f*.

aristocratique [aʀistɔkʀatik] *adj* aristocrático(ca).

arithmétique [aʀitmetik] ◇ *nf* aritmética *f*. ◇ *adj* aritmético(ca).

armateur [aʀmatœʀ] *nm* NAVIG armador *m*.

armature [aʀmatyʀ] *nf* **-1.** [baguette métallique] varilla *f*. **-2.** CONSTR armazón *m*. **-3.** [base] esqueleto *m*.

arme [aʀm] *nf* arma *f*; ~ **à feu/blanche** arma de fuego/blanca. ◆ **armes** *nfpl* **-1.** [armée] milicia *f*; **faire ses premières** ~**s** *fig* [apprendre] hacer sus pinitos. **-2.** [blason] armas *fpl*.

armée [aʀme] *nf* **-1.** [troupes] ejército *m*; l'~ **de l'air/de terre** el ejército del aire/ de tierra. **-2.** [service militaire] servicio *m* militar; **être à l'**~ hacer la mili. **-3.** [unité militaire] cuerpo *m* de ejército. ◆ **Armée du Salut** *nf* Ejército *m* de Salvación.

armement [aʀməmɑ̃] *nm* **-1.** [gén] armamento *m*. **-2.** PHOT arrastre *m*.

Arménie [aʀmeni] *nf* : l' ~ Armenia.

armer [aʀme] *vt* **-1.** [personne, groupe] armar. **-2.** [fusil] cargar. **-3.** PHOT arrastrar. **-4.** *loc* : **être armé pour qqch/pour faire qqch** estar preparado para algo/para hacer algo.

armistice [aʀmistis] *nm* armisticio *m*.

armoire [aʀmwaʀ] *nf* armario *m*; **être une** ~ **à glace** *fig* [costaud] estar cuadrado(da).

armoiries [aʀmwaʀi] *nfpl* escudo *m* de armas.

armure [aʀmyʀ] *nf* armadura *f*.

armurier [aʀmyʀje] *nm* armero *m*.

arnaque [aʀnak] *nf fam* estafa *f Esp*, calote *m Amér*.

arnaquer [aʀnake] *vt fam* estafar.

aromate [aʀɔmat] *nm* CULIN especia *f*.

arôme [aʀom] *nm* **-1.** [odeur – de plat] olor *m*; [– du vin] bouquet *m*; [– de fleur] fragancia *f*. **-2.** [goût] gusto *m*.

arpège [aʀpɛʒ] *nm* MUS arpegio *m*.

arpenter [aʀpɑ̃te] *vt* **-1.** [marcher] ir y venir *(por una habitación)*. **-2.** [mesurer] apear.

arqué, e [aʀke] *adj* **-1.** [jambes, sourcils] arqueado(da). **-2.** [nez] curvo(va). **-3.** [dos] encorvado(da).

arr. *abr de* **arrondissement**.

arrache-pied [aʀaʃpje] ◆ **d'arrache-pied** *loc adv* sin descanso.

arracher [aʀaʃe] *vt* **-1.** [plante, dent] arrancar; ~ **qqch à qqn** arrancar algo a alguien. **-2.** [déchirer] desgarrar. **-3.** [soustraire] : ~ **qqn à qqch** hacer abandonar algo a alguien.

arrangeant, e [aʀɑ̃ʒɑ̃, ɑ̃t] *adj* acomodaticio(cia).

arrangement [aʀɑ̃ʒmɑ̃] *nm* **-1.** [gén] colocación *f*. **-2.** [adaptation musicale, accord] arreglo *m*.

arranger [aʀɑ̃ʒe] *vt* **-1.** [gén] arreglar. **-2.** [organiser] concertar. **-3.** [convenir de] convenir; **ça ne m'arrange pas** *fam* no me va bien. **-4.** MUS hacer arreglos. **-5.** *fam* [battre] zurrar. ◆ **s'arranger** *vp* arreglarse, ponerse de acuerdo; **s'**~ **pour faire qqch** arreglárselas para hacer algo.

arrestation [arestasjɔ̃] *nf* detención *f*; **être en état d'~** estar detenido(da).

arrêt [arɛ] *nm* **-1.** [de mouvement, station] parada *f*; **être à l'~** estar parado(da); **tomber en ~ devant qqch** quedarse parado(da) ante algo. **-2.** [interruption] interrupción *f*, suspensión *f*; **sans ~** sin cesar; **~ maladie** baja *f* por enfermedad; **~ de travail** baja *f*. **-3.** JUR fallo *m*. **-4.** [mécanisme] botón *m* de parada.

arrêté [arete] *nm* **-1.** [règlement final] liquidación *f* de deuda. **-2.** ADMIN orden *f* gubernatura.

arrêter [arete] ◇ *vt* **-1.** [stopper] parar. **-2. on n'arrête pas le progrès** el progreso es imparable. **-3.** [date, regard] fijar. **-4.** [voleur] detener. **-5.** [abandonner] dejar. **-6.** [compte, dette] liquidar. ◇ *vi* **-1.** [ne plus avancer] pararse. **-2.** [cesser] : **~ de** dejar de. ◆ **s'arrêter** *vp* pararse; **s'~ à qqch** [prêter attention à] fijarse en algo; **s'~ de faire qqch** dejar de hacer algo; **s'~ quelque part** quedarse en un sitio.

arrhes [ar] *nfpl* paga y señal *f*.

arrière [arjer] ◇ *adj inv* trasero(ra); **la marche ~** la marcha atrás; **les roues ~** las ruedas traseras. ◇ *nm* **-1.** [de véhicule] parte *f* de atrás; **à l'~** en la parte de atrás, detrás; **assurer ses ~s** protegerse las espaldas. **-2.** SPORT defensa *m*. ◆ **en arrière** *loc adv* atrás. ◆ **en arrière de** *loc prép* detrás de.

arriéré, e [arjere] *adj péj* **-1.** [personne] anticuado(da). **-2.** [pays, région] atrasado(da). ◆ **arriéré** *nm* [somme d'argent] atraso *m*.

arrière-boutique (*pl* **arrière-boutiques**) *nf* trastienda *f*.

arrière-garde (*pl* **arrière-gardes**) *nf* retaguardia *f*.

arrière-goût (*pl* **arrière-goûts**) *nm* regusto *m*.

arrière-grand-mère (*pl* **arrière-grands-mères**) *nf* bisabuela *f*.

arrière-grand-père (*pl* **arrière-grands-pères**) *nm* bisabuelo *m*.

arrière-pensée (*pl* **arrière-pensées**) *nf* segunda intención *f*; **sans ~** de buena fe.

arrière-plan (*pl* **arrière-plans**) *nm* segundo plano *m*.

arrière-saison (*pl* **arrière-saisons**) *nf* final *m* del otoño.

arrière-train (*pl* **arrière-trains**) *nm* trasero *m*.

arrimer [arime] *vt* estibar.

arrivage [arivaʒ] *nm* **-1.** [de marchandises] arribada *m*. **-2.** *iron* [de touristes] hornada *f*.

arrivée [arive] *nf* **-1.** [venue] llegada *f*. **-2.** TECHNOL entrada *f*.

arriver [arive] *vi* **-1.** [venir] : **~ de** [provenance] llegar de; **~ en** OU **par** [moyen] llegar en; [destination] llegar a; [itinéraire] llegar por. **-2.** (*emploi impersonnel*) [survenir] pasar, suceder; **il arrive à tout le monde de se tromper** todos podemos equivocarnos; **il m'est arrivé une drôle d'aventure** me ha pasado una cosa curiosa; **il arrive qu'en mai il fasse frais** puede suceder que en mayo haga frío; **quoi qu'il arrive** pase lo que pase. **-3.** [réussir] triunfar. ◆ **arriver à** *v* + *prép* **-1.** [gén] llegar a; **~ jusqu'à** llegar hasta, alcanzar. **-2.** [réussir à] : **~ à faire qqch** conseguir hacer algo.

arrivisme [arivism] *nm péj* arribismo *m*.

arrogance [arɔgɑ̃s] *nf* arrogancia *f*.

arrogant, e [arɔgɑ̃, ɑ̃t] *adj* arrogante.

arroger [arɔʒe] ◆ **s'arroger** *vp* arrogarse.

arrondi [arɔ̃di] *nm* redondeo *m*.

arrondir [arɔ̃dir] *vt* redondear.

arrondissement [arɔ̃dismɑ̃] *nm* **-1.** ADMIN distrito *m*. **-2.** [de somme] redondeo *m*.

arroser [aroze] *vt* **-1.** [jardin] regar. **-2.** [suj : rivière] bañar. **-3.** *fam* [mélanger] : **~ son café** echar unas gotas en el café. **-4.** *fam* [repas] regar. **-5.** *fam* [célébrer] remojar; **il faut ~ cela** esto hay que remojarlo. **-6.** *fam* [donner de l'argent à] untar.

arrosoir [arozwar] *nm* regadera *f*.

arsenal, aux [arsənal, o] *nm* arsenal *m*.

arsenic [arsənik] *nm* arsénico *m*.

art [ar] *nm* arte *m* OU *f*; **avoir l'~ de** *iron* tener el don de; **le septième ~** el séptimo arte; **~s et métiers** artes y oficios; **~ dramatique** arte dramático; **~s plastiques** artes plásticas.

art. (*abr de* **article**) art., arto.

artère [arter] *nf* arteria *f*; **grande ~** [rue] gran arteria *f*.

artériel, elle [arterjel] *adj* MÉD arterial.

artériosclérose [arterjɔskleroz] *nf* MÉD arteriosclerosis *f inv*.

arthrite [artrit] *nf* MÉD artritis *f inv*.

arthrose [artroz] *nf* MÉD artrosis *f inv*.

artichaut [artiʃo] *nm* alcachofa *f Esp*, alcaucil *m Amér*.

article [artikl] *nm* **–1.** [gén] artículo *m*; ~ **de fond** artículo de fondo. **–2.** INFORM registro *m*. **–3.** *loc* : à l'~ **de la mort** in articulo mortis.

articulation [artikylasjɔ̃] *nf* **–1.** [gén] articulación *f*. **–2.** JUR exposición *f*. **–3.** [démonstration] estructuración *f*.

articuler [artikyle] *vt* **–1.** [gén] articular; **articulez!** ¡vocalice! **–2.** JUR exponer.

artifice [artifis] *nm* artimaña *f*.

artificiel, elle [artifisjɛl] *adj* artificial.

artificiellement [artifisjɛlmɑ̃] *adv* de manera artificial.

artillerie [artijri] *nf* MIL artillería *f*; ~ **lourde** *iron* artillería pesada.

artilleur [artijœr] *nm* MIL artillero *m*.

artisan, e [artizɑ̃, an] *nm, f* artesano *m*, -na *f*.

artisanal, e, aux [artizanal, o] *adj* artesanal.

artisanat [artizana] *nm* **–1.** [art] artesanía *f*. **–2.** [ensemble des artisans] artesanado *m*.

artiste [artist] ◇ *nmf* artista *mf*; ~ **peintre** pintor *m*, -ra *f*. ◇ *adj* artístico(ca).

artistique [artistik] *adj* artístico(ca).

as¹ [a] → **avoir.**

as² [as] *nm* **–1.** [gén] as *m*; ~ **de pique/de trèfle/de carreau/de cœur** as de picas/de trébol/de diamantes/de corazones. **–2.** [tiercé] uno *m*.

AS *abr de* **association sportive.**

ascendant, e [asɑ̃dɑ̃, ɑ̃t] *adj* ascendente. ◆ **ascendant** *nm* ascendiente *m*.

ascenseur [asɑ̃sœr] *nm* ascensor *m Esp*, elevador *m Amér*.

ascension [asɑ̃sjɔ̃] *nf* **–1.** [montée] ascensión *f*; ~ **de qqch** ascensión a algo. **–2.** [réussite] ascenso *m*. ◆ **Ascension** *nf* RELIG : **l'Ascension** la Ascensión.

ascète [asɛt] *nmf* asceta *mf*.

aseptique [asɛptik] *adj* aséptico(ca).

aseptiser [asɛptize] *vt* aseptizar.

asiatique [azjatik] *adj* asiático(ca).

Asie [azi] *nf* : **l'** ~ Asia; **l'** ~ **centrale** Asia central; **l'** ~ **du Sud-Est** (el) Sureste asiático.

asile [azil] *nm* **–1.** [refuge] asilo *m*; **offrir un** ~ **à qqn** dar asilo a alguien. **–2.** [psychiatrique] manicomio *m*.

asocial, e, aux [asɔsjal, o] ◇ *adj* **–1.** [personne] inadaptado(da). **–2.** [attitude] antisocial. ◇ *nm, f* inadaptado *m*, -da *f*.

aspect [aspɛ] *nm* aspecto *m*; **à l'** ~ **de qqch** *sout* [vue] por el cariz de algo.

asperge [aspɛrʒ] *nf* espárrago *m*.

asperger [aspɛrʒe] *vt* : ~ **qqn de qqc**... ~ ~picar a alguien con algo.

aspérité [asperite] *nf* [du sol] aspereza *f*.

aspersion [aspɛrsjɔ̃] *nf* aspersión *f*.

asphalte [asfalt] *nm* asfalto *m*.

asphyxie [asfiksi] *nf* asfixia *f*.

asphyxier [asfiksje] *vt* asfixiar.

aspic [aspik] *nm* áspid *m*.

aspirant, e [aspirɑ̃, ɑ̃t] *adj* aspirante. ◆ **aspirant** *nm* MIL grado inmediatamente inferior al de alférez en la milicia francesa.

aspirateur [aspiratœr] *nm* aspirador *m*.

aspiration [aspirasjɔ̃] *nf* **–1.** [gén] aspiración *f*. **–2.** [inhalation] inhalación *f*. ◆ **aspirations** *nfpl* aspiraciones *fpl*.

aspirer [aspire] *vt* **–1.** [respirer, ingérer] aspirar. **–2.** [inhaler] inhalar. **–3.** [désirer] : ~ **à qqch/à faire qqch** aspirar a algo/a hacer algo.

aspirine [aspirin] *nf* aspirina® *f*.

assagir [asaʒir] *vt* **–1.** [personne] volver juicioso(sa). **–2.** [passion] moderar. ◆ **s'assagir** *vp* sentar la cabeza.

assaillant, e [asajɑ̃, ɑ̃t] *adj & nm, f* asaltante.

assaillir [asajir] *vt* asaltar; ~ **qqn de qqch** acosar a alguien con algo.

assainir [asenir] *vt* sanear.

assaisonnement [asɛzɔnmɑ̃] *nm* aliño *m*.

assaisonner [asɛzɔne] *vt* **–1.** [salade] aliñar. **–2.** [propos] amenizar; ~ **de** amenizar con. **–3.** *fam* [gronder] reñir.

assassin, e [asasɛ̃, in] *adj* provocativo(va). ◆ **assassin** *nm* asesino *m*, -na *f*.

assassinat [asasina] *nm* asesinato *m*.

assassiner [asasine] *vt* asesinar.

assaut [aso] *nm* asalto *m*; **donner l'** ~ **à** asaltar; **monter à l'** ~ **de** lanzarse al asalto de; **prendre qqch d'** ~ tomar algo por asalto.

assécher [aseʃe] *vt* **–1.** [terre] desecar. **–2.** [réserve d'eau] desaguar.

ASSEDIC, Assedic [asedik] (*abr de* **Association pour l'emploi dans l'industrie et le commerce**) *nfpl* asociación francesa que asigna los subsidios de desempleo; **toucher les** ~ cobrar el paro.

assemblage [asɑ̃blaʒ] *nm* **–1.** [ensemble d'éléments] combinación *f Esp*, fondo *m Amér*. **–2.** [montage] montaje *m*. **–3.** TECHNOL & INFORM ensamblaje *m*.

assemblée [asãble] *nf* –1. [public] reunión *f*. –2. ADMIN junta *f*. –3. POLIT asamblea *f*.
◆ **Assemblée nationale** *nf* ≃ Congreso *m* de los diputados.

assembler [asãble] *vt* –1. [monter] montar. –2. [réunir] reunir. –3. [associer] enlazar. –4. TECHNOL ensamblar. –5. [personne] convocar. ◆ **s'assembler** *vp* congregarse.

assener, asséner [asene] *vt* asestar.

assentiment [asãtimã] *nm* consentimiento *m*.

asseoir [aswar] *vt* –1. [sur un siège] sentar; **faire ~ qqn** hacer sentar a alguien. –2. [fondations] asentar. –3. [réputation] basar. –4. [impôt] establecer. ◆ **s'asseoir** *vp* sentarse; **s'~ sur qqch** sentarse en algo.

assermenté, e [asermãte] *adj* –1. [pour exercer une profession] jurado(da). –2. JUR juramentado(da).

assertion [asersjɔ̃] *nf* aserción *f*.

asservir [aservir] *vt* [soumettre] esclavizar.

assesseur [asesœr] *nm* JUR asesor *m*, -ra *f*.

assez [ase] *adv* –1. [suffisamment] suficiente; **~ de** suficiente; **~ de chaises** suficientes sillas; **~ de lait** suficiente leche; **en avoir ~ de qqch/de qqn** estar harto de algo/de alguien. –2. [plutôt] bastante; **il roule ~ vite** conduce bastante rápido.

assidu, e [asidy] *adj* –1. [personne] asiduo(dua). –2. [travail] constante.

assiduité [asidɥite] *nf* –1. [fréquence] asiduidad *f*; **avec ~** con asiduidad, asiduamente. –2. [zèle] perseverancia *f*. ◆ **assiduités** *nfpl* péj & sout atenciones *fpl*.

assiéger [asjeʒe] *vt* asediar.

assiette [asjet] *nf* –1. [gén] plato *m*; **~ anglaise** ≃ entremeses *pl* variados; **~ creuse** OU **à soupe** plato hondo OU sopero; **~ à dessert** plato de postre. –2. [stabilité] equilibrio *m*. –3. [d'impôt] base *f* imponible.

assigner [asiɲe] *vt* –1. [fonds, tâche] asignar. –2. [affecter] : **~ qqn à un poste** designar a alguien para un puesto. –3. JUR : **~ qqn en justice** citar a alguien a juicio.

assimiler [asimile] *vt* –1. [intégrer] integrar. –2. [confondre] confundir; **~ qqch à qqch** confundir algo con algo. –3. [aliment, connaissance] asimilar.

assis, e [asi, iz] ◇ *pp* → **asseoir**. ◇ *adj* sentado(da). ◆ **assise** *nf* [base] cimientos *mpl*. ◆ **assises** *nfpl* –1. JUR ≃ sala *f* de lo penal. –2. [congrès] congreso *m*.

assistance [asistãs] *nf* –1. [auditoire] concurrencia *f*. –2. [aide] ayuda *f*. –3. [secours] auxilio *m*; **prêter ~ à qqn** prestar auxilio OU socorro a alguien. ◆ **Assistance publique** *nf* Asistencia *f* social.

assistant, e [asistã, ãt] *nm, f* –1. [auxiliaire] ayudante *mf*; **~e sociale** asistenta *f* social. –2. UNIV [enseignant] ayudante *mf*.

assister [asiste] ◇ *vi* : **~ à qqch** asistir a algo. ◇ *vt* : **~ qqn** [seconder] ayudar a alguien; [porter secours à] socorrer a alguien; [être aux côtés de] estar al lado de alguien.

association [asɔsjasjɔ̃] *nf* asociación *f*.

associé, e [asɔsje] ◇ *adj* asociado(da). ◇ *nm, f* socio *m*, -cia *f*.

associer [asɔsje] *vt* –1. [personnes, idées] asociar. –2. [faire participer] : **~ qqn à qqch** hacer participar a alguien en algo. ◆ **s'associer** *vp* –1. [participer] : **s'~ à qqch** participar en algo. –2. [collaborer] : **s'~ à** OU **avec qqn** asociarse con alguien. –3. [se combiner] : **s'~ à qqch** combinarse con algo.

assoiffé, e [aswafe] *adj* [d'eau] sediento(ta); [de pouvoir, d'argent] ávido(da).

assombrir [asɔ̃brir] *vt* –1. [plonger dans l'obscurité] oscurecer. –2. *fig* [attrister] ensombrecer. ◆ **s'assombrir** *vp* –1. [devenir sombre] oscurecerse. –2. *fig* [s'attrister] ensombrecerse.

assommer [asɔme] *vt* –1. [frapper] tumbar. –2. *fam* [ennuyer] aburrir. –3. [accabler] agobiar.

Assomption [asɔ̃psjɔ̃] *nf* RELIG : **l'~** la Asunción.

assorti, e [asɔrti] *adj* –1. [coordonné] combinado(da); **~ à** combinado con; **bien/mal ~** bien/mal combinado. –2. [complémentaire] : **ce couple est bien ~** hacen buena pareja. –3. [approvisionné] surtido(da).

assortir [asɔrtir] *vt* –1. [objets] : **~ qqch à qqch** combinar algo con algo. –2. [magasin] surtir.

assoupi, e [asupi] *adj* –1. [endormi] adormilado(da). –2. *litt* & *fig* [affaibli] adormecido(da).

assoupir [asupir] *vt* adormecer, dormir. ◆ **s'assoupir** *vp* –1. [s'endormir] adormilarse. –2. *fig* [douleur] adormecerse.

assouplir [asuplir] *vt* –1. [corps] dar flexibilidad. –2. [matière] ablandar. –3. [règle] hacer flexible. –4. [caractère] suavizar.

assourdir [asurdir] *vt* **-1.** [rendre sourd] ensordecer. **-2.** [abrutir] aturdir. **-3.** [amortir] amortiguar.

assouvir [asuvir] *vt sout* **-1.** [appétit] saciar. **-2.** [passions] satisfacer.

assujettir [asyʒetir] *vt* **-1.** [asservir] someter; ~ **qqn à qqch** someter a alguien a algo. **-2.** [fixer] fijar.

assumer [asyme] *vt* asumir.

assurance [asyrɑ̃s] *nf* **-1.** [aisance, conviction] seguridad *f*. **-2.** [promesse] garantía *f*. **-3.** [contrat] seguro *m*; ~ **maladie/tous risques/vie** seguro de enfermedad/a todo riesgo/de vida.

assuré, e [asyre] *nm, f* asegurado *m*, -da *f*; ~ **social** beneficiario *m* de la Seguridad Social.

assurément [asyremɑ̃] *adv* **-1.** [sans doute] seguramente. **-2.** *sout* [oui] ciertamente.

assurer [asyre] ◇ *vt* **-1.** [protéger, affirmer] asegurar; ~ **qqch à qqn** asegurar algo a alguien; ~ **à qqn que** asegurar a alguien que. **-2.** [garantir] garantizar; ~ **qqn de qqch** garantizar algo a alguien. ◇ *vi fam* dar la talla. ◆ **s'assurer** *vp* **-1.** [gén] asegurarse; **s'~ de qqch/que** [confirmer] asegurarse de algo/de que; **s'~ qqch** [obtenir] asegurarse algo; **s'~ contre qqch** asegurarse contra algo. **-2.** [être stable] sostenerse.

astérisque [asterisk] *nm* asterisco *m*.

asthme [asm] *nm* MÉD asma *m*.

asticot [astiko] *nm* gusano *m* blanco.

astiquer [astike] *vt* sacar brillo.

astre [astr] *nm* astro *m*.

astreignant, e [astrɛɲɑ̃, ɑ̃t] *adj* [travail] duro(ra) absorbente.

astreindre [astrɛ̃dr] *vt* : ~ **qqn à qqch/à faire qqch** obligar a alguien a algo/a hacer algo.

astreint, e [astrɛ̃, ɛ̃t] *pp* → **astreindre**

astringent, e [astrɛ̃ʒɑ̃, ɑ̃t] *adj* astringente. ◆ **astringent** *nm* astringente *m*.

astrologie [astrɔlɔʒi] *nf* astrología *f*.

astrologue [astrɔlɔg] *nmf* astrólogo *m*, -ga *f*.

astronaute [astrɔnot] *nmf* astronauta *mf*.

astronautique [astrɔnotik] *nf* astronáutica *f*.

astronome [astrɔnɔm] *nmf* astrónomo *m*, -ma *f*.

astronomie [astrɔnɔmi] *nf* astronomía *f*.

astronomique [astrɔnɔmik] *adj* astronómico(ca).

astuce [astys] *nf* **-1.** [ingéniosité] astucia *f*. **-2.** [ruse] truco *m*. **-3.** [plaisanterie] broma *f*.

astucieux, euse [astysjø, øz] *adj* **-1.** [personne] astuto(ta) *Esp*, abusado(da) *Amér*. **-2.** [idée] ingenioso(sa).

asymétrique [asimetrik] *adj* asimétrico(ca).

atelier [atəlje] *nm* **-1.** [d'artisan] taller *m*. **-2.** [de peintre] estudio *m*.

athée [ate] *adj & nmf* ateo(a).

athéisme [ateism] *nm* ateísmo *m*.

Athènes [atɛn] *n* Atenas.

athlète [atlɛt] *nmf* atleta *mf*.

athlétisme [atletism] *nm* SPORT atletismo *m*.

atlantique [atlɑ̃tik] *adj* atlántico(ca). ◆ **Atlantique** *nm* : **l'Atlantique** el Atlántico.

atlas [atlas] *nm* atlas *m*.

atmosphère [atmɔsfɛr] *nf* **-1.** [enveloppe gazeuse, unité de mesure] atmósfera *f*. **-2.** [de pièce] aire *m*. **-3.** [ambiance] ambiente *m*.

atmosphérique [atmɔsferik] *adj* atmosférico(ca).

atome [atom] *nm* CHIM átomo *m*; **ne pas avoir un ~ de** *fig* no tener ni pizca de.

atomique [atɔmik] *adj* atómico(ca).

atomiseur [atɔmizœr] *nm* pulverizador *m*.

atone [atɔn] *adj* **-1.** [regard] inexpresivo(va). **-2.** MÉD [intestin] atónico(ca). **-3.** LING [voyelle] átono(na).

atours [atur] *nmpl litt* atavío *m*.

atout [atu] *nm* **-1.** [carte] triunfo *m*; ~ **cœur/pique/trèfle/carreau** triunfo de corazones/picas/trébol/diamantes. **-2.** *fig* [ressource] ventaja *f*.

âtre [atr] *nm litt* hogar *m* (chimenea).

atroce [atrɔs] *adj* **-1.** [crime] atroz. **-2.** [souffrance, temps] espantoso(sa).

atrocité [atrɔsite] *nf* **-1.** [gén] atrocidad *f*. **-2.** [calomnie] calumnia *f*.

atrophie [atrɔfi] *nf* atrofia *f*.

atrophier [atrɔfje] *vt* atrofiar. ◆ **s'atrophier** *vp* atrofiarse.

attabler [atable] ◆ **s'attabler** *vp* sentarse a la mesa.

attachant, e [ataʃɑ̃, ɑ̃t] *adj* cariñoso(sa).

attache [ataʃ] *nf* atadura *f*. ◆ **attaches** *nfpl* **-1.** [poignets, chevilles] *muñecas y tobillos*. **-2.** [parenté] lazos *m*. **-3.** [relations] vínculos *m*.

attaché, e [ataʃe] *nm, f* agregado *m*, -da *f*; ~ **culturel** agregado cultural; ~ **de presse** COMM agregado de prensa.

attaché-case [ataʃekɛz] *nm* maletín *m*.

attachement [ataʃmɑ̃] *nm* apego *m*.

attacher [ataʃe] ◇ *vt* -1. [animal, paquet] atar; ~ **qqch à qqch** [fixer] sujetar algo a algo; *fig* [associer] atribuir algo a algo. -2. [fermer] abrochar. ◇ *vi* pegarse. ◆ **s'attacher** *vp* -1. [affection]: **s'~ à qqn/à qqch** encariñarse con alguien/con algo; **s'~ qqn** ganarse la simpatía de alguien. -2. [se fermer]: **s'~ avec** OU **par qqch** abrocharse con algo. -3. [s'appliquer]: **s'~ à qqch/à faire qqch** dedicarse a algo/a hacer algo.

attaquant, e [atakɑ̃, ɑ̃t] *adj & nm, f* atacante.

attaque [atak] *nf* ataque *m*; **avoir une** ~ tener un ataque.

attaquer [atake] *vt* -1. [gén] atacar; ~ **qqn en justice** entablar una acción judicial contra alguien. -2. JUR [jugement] impugnar. ◆ **s'attaquer** *vp* -1. [combattre]: **s'~ à qqn** atreverse con alguien. -2. *fig* [chercher à résoudre]: **s'~ à qqch** enfrentarse a algo.

attardé, e [atarde] ◇ *adj* -1. [enfant] retrasado(da). -2. [anachronique] anticuado(da). ◇ *nm, f* retrasado *m*, -da *f* (mental).

attarder [atarde] ◆ **s'attarder** *vp*: **s'~ à qqch** detenerse en algo; **s'~ à faire qqch** entretenerse haciendo algo.

atteindre [atɛ̃dr] *vt* -1. [toucher, attraper] alcanzar. -2. [affecter] afectar. -3. [arriver] llegar a. -4. [joindre] contactar con.

atteint, e [atɛ̃, ɛ̃t] *adj* -1. [malade] afectado(da). -2. *fam* [fou] tocado(da). ◆ **atteinte** *nf* -1. [préjudice]: **hors d'~** fuera del alcance. -2. [effet] ataque *m*.

attelage [atlaʒ] *nm* -1. [chevaux] tiro *m*. -2. [harnachement] arreos *mpl*.

atteler [atle] *vt* -1. [animal] uncir. -2. [véhicule] enganchar.

attelle [atɛl] *nf* MÉD tablilla *f*.

attenant, e [atnɑ̃, ɑ̃t] *adj* contiguo(gua); ~ **à qqch** lindante con algo.

attendre [atɑ̃dr] ◇ *vt* esperar; ~ **que** (+ *subjonctif*) esperar que (+ *subjuntivo*); **j'attend que la pluie cesse** espero que deje de llover; ~ **qqch de qqn/de qqch** esperar algo de alguien/de algo. ◇ *vi* esperar. ◆ **s'attendre** *vp*: **s'~ à qqch** [prévoir] esperarse algo; **s'~ à ce que** (+ *subjonctif*) esperarse que (+ *subjuntivo*); **il**

s'attend à ce qu'elle le quitte se espera que ella lo deje. ◆ **en attendant** *loc adv* de todos modos.

attendrir [atɑ̃drir] *vt* -1. [viande] macerar. -2. [cœur] enternecer, ablandar. ◆ **s'attendrir** *vp* enternecerse; **s'~ sur qqn/sur qqch** enternecerse por alguien/por algo.

attendrissant, e [atɑ̃drisɑ̃, ɑ̃t] *adj* -1. [personne] enternecedor(ra). -2. [geste] conmovedor(ra).

attendu, e [atɑ̃dy] *pp* → **attendre**. ◇ *adj* esperado(da). ◆ **attendu** ◇ *nm* JUR considerando *m*. ◇ *prép* en vista de. ◆ **attendu que** *loc conj* en vista de que.

attentat [atɑ̃ta] *nm* atentado *m*; ~ **à la bombe/à la pudeur** atentado con bomba/contra la moral.

attente [atɑ̃t] *nf* -1. [action d'attendre] espera *f*. -2. [espoir] expectativa *f*; **contre toute** ~ contra todo pronóstico; **répondre à l'~ de** responder a las expectativas de.

attenter [atɑ̃te] *vi*: ~ **à qqch** atentar contra algo.

attentif, ive [atɑ̃tif, iv] *adj* atento(ta); ~ **à qqch** *litt* atento a algo.

attention [atɑ̃sjɔ̃] ◇ *nf* -1. [concentration] atención *f*; **à l'~ de** a la atención de; **faire** ~ **que** vigilar que; **faire** ~ **à qqch** [prudence] tener cuidado con algo. -2. [égards] atenciones *fpl*. -3. [soin] cuidado *m*. ◇ *interj* ¡cuidado!

attentionné, e [atɑ̃sjɔne] *adj*: ~ **avec** OU **auprès de** atento(ta)con alguien.

attentisme [atɑ̃tism] *nm actitud que consiste en no tomar partido y aplazar las decisiones en espera de los acontecimientos.*

attentivement [atɑ̃tivmɑ̃] *adv* atentamente.

atténuante [atenɥɑ̃t] → **circonstance**.

atténuation [atenɥasjɔ̃] *nf* -1. [gén] atenuación *f*. -2. [de propos] suavización *f*.

atténuer [atenɥe] *vt* -1. [gén] atenuar. -2. [propos] suavizar. ◆ **s'atténuer** *vp* atenuarse.

atterrir [aterir] *vi* aterrizar; ~ **quelque part** [avion] aterrizar en algún sitio.

atterrissage [aterisaʒ] *nm* aterrizaje *m*.

attestation [atɛstasjɔ̃] *nf* -1. [certificat] certificado *m*; ~ **de bonne conduite** certificado de antecedentes penales; ~ **médicale** certificado médico. -2. [acte] atestado *m*. -3. [preuve] prueba *f*.

attester [atɛste] *vt* -1. [confirmer] atestiguar. -2. [certifier] testificar.

attique [atik] ◇ *adj* HIST ático(ca). ◇ *nm* ARCHIT ático *m*.

attirail [atiraj] *nm fam* [équipement] trastos *mpl*.

attirance [atirãs] *nf* atracción *f*.

attirant, e [atirã, ãt] *adj* atractivo(va).

attirer [atire] *vt* **-1.** [gén] atraer; ~ qqn à OU vers soi [amener vers soi] atraer a alguien hacia sí. **-2.** [ennuis, critique] acarrear. ◆ **s'attirer** *vp* ganarse.

attiser [atize] *vt* **-1.** [feu] atizar. **-2.** *fig & sout* [sentiment] avivar.

attitré, e [atitre] *adj* **-1.** [représentant, fournisseur] acreditado(da). **-2.** [officiel] oficial. **-3.** *iron* [habituel] habitual. **-4.** [place] reservado(da).

attitude [atityd] *nf* **-1.** [posture] postura *f*. **-2.** [comportement] actitud *f*.

attouchement [atuʃmã] *nm* caricia *f*.

attractif, ive [atraktif, iv] *adj* [prix] atractivo(va).

attraction [atraksjõ] *nf* **-1.** [gén] atracción *f*. **-2.** [centre d'intérêt] (centro de) atracción.

attrait [atrɛ] *nm* atracción *f*; éprouver OU sentir un ~ pour qqn sentir atracción por alguien. ◆ **attraits** *nmpl* **-1.** *sout* [de femme] encantos *mpl*. **-2.** [de chose] atractivos *mpl*.

attrape-nigaud [atrapnigo] (*pl* attrape-nigauds) *nm* engañabobos *m inv*.

attraper [atrape] *vt* **-1.** [objet, maladie] coger. **-2.** [train, avion] coger por los pelos. **-3.** [prendre au piège] atrapar. **-4.** *fam* [gronder] reñir. **-5.** [surprendre] pillar. **-6.** [percevoir] captar. **-7.** *fam* [tromper] engañar; il m'a bien attrapé! ¡me ha engañado!

attrayant, e [atrɛjã, ãt] *adj* atrayente.

attribuer [atribɥe] *vt* **-1.** [qualité, mérite] atribuir. **-2.** [prix, privilège] otorgar. ◆ **s'attribuer** *vp* atribuirse.

attribut [atriby] *nm* atributo *m*.

attribution [atribysjõ] *nf* **-1.** [de qualités, de mérite] atribución *f*. **-2.** [de prix, de privilège] concesión *f*. **-3.** [de rôle] adjudicación *f*. ◆ **attributions** *nfpl* [fonctions] atribuciones *fpl*; ne pas entrer dans les ~s de qqn no entrar dentro de las atribuciones de alguien.

attrister [atriste] *vt* entristecer. ◆ **s'attrister** *vp* : s'~ de entristecerse por.

attroupement [atrupmã] *nm* **-1.** [de badauds] aglomeración *f*. **-2.** [de manifestants] concentración *f*.

attrouper [atrupe] ◆ **s'attrouper** *vp* aglomerarse.

au → à.

aubade [obad] *nf* alborada *f*.

aubaine [obɛn] *nf* ganga *f*.

aube [ob] *nf* alba *f*; à l'~ de madrugada; à l'~ de [au matin de] en la madrugada de; [au commencement de] en los albores de.

aubépine [obepin] *nf* espino *m* blanco.

auberge [obɛrʒ] *nf* hostal *m*; ~ de jeunesse albergue *m* juvenil.

aubergine [obɛrʒin] ◇ *nf* **-1.** BOT berenjena *f*. **-2.** *péj* [contractuelle] ≃ vigilante *f* de la zona azul. ◇ *adj inv* [couleur] berenjena *(en aposición)*.

aubergiste [obɛrʒist] *nmf* posadero *m*, -ra *f*.

auburn [obœrn] *adj inv* caoba *(en aposición)*.

aucun, e [okœ̃, yn] ◇ *adj* **-1.** [sens négatif] ninguno(na); il n'y a ~ bus dans la rue no hay ningún autobus en la calle; il n'y a aucune boutique ici no hay ninguna tienda aquí. **-2.** [sens positif] cualquier; il lit plus qu'aucun autre enfant lee más que cualquier otro niño. ◇ *pron* **-1.** [sens négatif] ninguno(na); il n'en veut ~ no quiere ninguno(na); ~ de ninguno(na) de; ~ des enfants ninguno de los niños; ~ d'entre nous ninguno de nosotros. **-2.** [sens positif] cualquiera; il parle mieux qu'~ de nous habla mejor que cualquiera de nosotros; d'~s *sout* algunos(nas).

audace [odas] *nf* **-1.** [hardiesse] audacia *f*. **-2.** [insolence] osadía *f*. **-3.** [innovation] atrevimiento *m*.

audacieux, euse [odasjø, øz] ◇ *adj* **-1.** [hardi] audaz. **-2.** [insolent] atrevido(da). ◇ *nm, f* atrevido *m*, -da *f*.

au-dedans [odədã] *loc adv* dentro, por dentro; ~ de dentro de; ~ de lui-même en su fuero interno.

au-dehors [odəɔr] *loc adv* (por) fuera; ~ de fuera de.

au-delà [odəla] ◇ *loc adv* **-1.** [plus loin] más allá. **-2.** [davantage, plus] mucho más. ◇ *nm* : l'~ RELIG el más allá. ◆ **au-delà de** *loc prép* más allá de; ~ du pont pasado el puente.

au-dessous [odsu] *loc adv* debajo. ◆ **au-dessous de** *loc prép* debajo de; ~ de zéro bajo cero.

au-dessus [odsy] *loc adv* encima. ◆ **au-dessus de** *loc prép* por encima de; ~ **de 7 ans** de más de siete años; ~ **de tout** por encima de todo; ~ **de zéro** sobre cero.

au-devant [odəvɑ̃] *loc adv* delante; **aller** ~ adelantarse. ◆ **au-devant de** *loc prép* : **aller** ~ de ir al encuentro de.

audience [odjɑ̃s] *nf* audiencia *f.*

Audimat® [odimat] *nm* TÉLÉ **-1.** [audimètre] *audímetro televisivo francés.* **-2.** [audiométrie] sondeo *m* de audiencia.

audionumérique [odjonymerik] *adj* audionumérico(ca).

audiovisuel, elle [odjovizɥel] *adj* audiovisual. ◆ **audiovisuel** *nm* medios *mpl* audiovisuales.

audit [odit] *nm* FIN auditoría *f.*

auditeur, trice [oditœr, tris] *nm, f* [gén] oyente *mf*; [de conférence] asistente *mf*; [de radio] radioyente *mf.* ◆ **auditeur** *nm* FIN auditor *m*, -ra *f.* ◆ **auditeur libre** *nm* UNIV oyente *mf.*

audition [odisjɔ̃] *nf* **-1.** [gén] audición *f*; ~ **de témoins** JUR audición de los testigos. **-2.** THÉÂTRE prueba *f.*

auditionner [odisjɔne] *vt* dar una audición.

auditoire [oditwar] *nm* auditorio *m.*

auditorium [oditɔrjɔm] *nm* auditórium *m*, auditorio *m.*

auditrice → **auditeur.**

auge [oʒ] *nf* [pour animaux] comedero *m.*

augmentation [ogmɑ̃tasjɔ̃] *nf* **-1.** [gén] aumento *m.* **-2.** [de taux] incremento *m.* **-3.** [de prix] subida *f.*

augmenter [ogmɑ̃te] *vt* **-1.** [en quantité] aumentar. **-2.** [en intensité] agravarse. **-3.** [prix, salaire] subir; ~ **qqn** conceder un aumento (de sueldo) a alguien, subirle el sueldo a alguien.

augure [ogyr] *nm* [présage] augurio *m*; **de bon/mauvais** ~ de buen/mal augurio.

auguste [ogyst] *adj litt* [noble] augusto(ta).

aujourd'hui [oʒurdɥi] *adv* **-1.** [ce jour] hoy. **-2.** [notre époque] hoy (en día).

aulx → **ail.**

aumône [omon] *nf* limosna *f*; **faire l'**~ **à qqn** dar limosna a alguien; **elle lui a fait l'**~ **d'un regard** se dignó mirarle.

auparavant [oparavɑ̃] *adv* antes.

auprès [oprɛ] ◆ **auprès de** *loc prép* **-1.** [près de] junto a; **elle est restée** ~ **du malade** se quedó junto al enfermo. **-2.** [comparé à] al lado de; **son travail n'est rien** ~ **du mien** su trabajo no es nada al

lado del mío. **-3.** [dans l'opinion de, en s'adressant à] ante; **il passe pour un idiot** ~ **de ses amis** pasa por un idiota ante sus amigos; **demande** ~ **du ministre** solicitud ante el ministro.

auquel [okɛl] → **lequel.**

aurai, auras *etc* → **avoir.**

auréole [oreɔl] *nf* aureola *f.*

auriculaire [orikylɛr] *adj* auricular.

aurons [orɔ̃] → **avoir.**

aurore [orɔr] *nf* **-1.** [aube] aurora *f.* **-2.** *fig & sout* [commencement] albores *mpl.*

ausculter [oskylte] *vt* MÉD auscultar.

auspice [ospis] *nm* (*gén pl*) **-1.** [signe] auspicio *m*; **sous les** ~**s de qqn** bajo los auspicios de alguien. **-2.** HIST agüero *m.*

aussi [osi] *adv* **-1.** [pareillement, en plus] también; **moi** ~ yo también; **il parle anglais et** ~ **espagnol** habla inglés y también español. **-2.** [dans une comparaison] : ~... **que** tan... como; **il n'est pas** ~ **intelligent que son frère** no es tan inteligente como su hermano; **je n'ai jamais rien vu d'**~ **beau** nunca he visto nada tan bonito; ~... **que** por (muy)... que; ~ **incroyable que cela paraisse** por muy increíble que parezca. **-3.** *sout* [introduisant une explication] por lo tanto. ◆ **(tout) aussi bien** *loc adv* también; **j'aurais pu (tout)** ~ **bien refuser** también habría podido negarme. ◆ **aussi bien... que** *loc conj* tanto... como, tan... como; **cela peut être** ~ **bien lui qu'elle** puede ser tanto él como ella; **tu le sais** ~ **bien que moi** lo sabes tan bien como yo; **on n'est jamais** ~ **bien servi que par soi-même** nunca se está tan bien servido como por uno mismo.

aussitôt [osito] *adv* en seguida. ◆ **aussitôt que** *loc conj* tan pronto como.

austère [ostɛr] *adj* austero(ra).

austérité [osterite] *nf* austeridad *f.*

austral, e [ostral] (*pl* **australs** OU **austraux** [ostro]) *adj* austral.

Australie [ostrali] *nf* : **l'** ~ Australia.

australien, enne [ostraljɛ̃, ɛn] *adj* australiano(na). ◆ **Australien, enne** *nm, f* australiano *m*, -na *f.*

autant [otɑ̃] *adv* **-1.** [comparatif] : ~ **que** tanto como; **je l'aime** ~ **que toi** lo quiero tanto como tú; ~ **de ... que** tanto... como; **il y a** ~ **de femmes que d'hommes** hay tantas mujeres como hombres. **-2.** [à un tel point, en si grande quantité] tanto(ta); **je ne pensais pas qu'ils seraient** ~ no pensaba que fueran tantos; ~ **d'hommes,** ~ **d'avis** tantos hombres, tantas opiniones; ~ **de** tanto(ta); ~ **de patience** tanta paciencia; **en dire** ~ decir lo mismo; **en faire** ~ hacer igual. **-3.** [il vaut mieux] mejor; ~ **dire la vérité** mejor decir la verdad. ◆ **autant que** *loc conj* : ~ **que possible** en la medida de lo posible; **(pour)** ~ **que je sache** que yo sepa. ◆ **d'autant** *loc adv* otro tanto; **cela augmente d'**~ **nos intérêts** esto aumenta nuestros intereses otro tanto. ◆ **d'autant que** *loc conj* más aún cuando; **d'**~ **moins que/plus que** menos/más aún cuando. ◆ **d'autant mieux** *loc adv* mucho mejor; **d'**~ **mieux que** tanto más cuanto que. ◆ **pour autant** *loc adv* sin embargo.

autarcie [otarsi] *nf* autarquía *f*.

autel [otɛl] *nm* altar *m*.

auteur [otœr] *nm* autor *m*, -ra *f*.

authentique [otɑ̃tik] *adj* **-1.** [document, œuvre] auténtico(ca). **-2.** [sentiment] verdadero(ra). **-3.** [événement] real; **c'est une histoire** ~ es una historia real.

autisme [otism] *nm* autismo *m*.

autistique [otistik] *adj* autista.

auto [oto] *nf* coche *m Esp*, carro *m Amér*.

autobiographie [otobjɔgrafi] *nf* autobiografía *f*.

autobronzant, e [otobrɔ̃zɑ̃, ɑ̃t] *adj* autobronceador(ra). ◆ **autobronzant** *nm* autobronceador *m*.

autobus [otobys] *nm* autobús *m Esp*, camión *m Amér*.

autocar [otokar] *nm* autocar *m*, autobús *m* (de línea regular).

autochtone [otokton] *adj & nmf* autóctono(na).

autocollant, e [otokɔlɑ̃, ɑ̃t] *adj* adhesivo(va). ◆ **autocollant** *nm* pegatina *f*.

autocouchettes [otokuʃɛt] *adj inv* → **train**.

autocritique [otokritik] *nf* autocrítica.

autocuiseur [otokɥizœr] *nm* olla *f* a presión.

autodéfense [otodefɑ̃s] *nf* autodefensa *f*.

autodétruire [otodetrɥir] ◆ **s'autodétruire** *vp* autodestruirse.

autodidacte [otodidakt] *adj & nmf* autodidacta.

auto-école [otoekɔl] *(pl* **auto-écoles)** *nf* autoescuela *f*.

autofinancement [otofinɑ̃smɑ̃] *nm* autofinanciación *f*.

autofocus [otofɔkys] ◇ *adj* autofocus. ◇ *nm* [appareil] autofocus *m*.

autogestion [otoʒɛstjɔ̃] *nf* autogestión *f*.

autographe [otograf] ◇ *adj* autógrafo(fa). ◇ *nm* autógrafo *m*.

automate [otomat] *nm* [robot] robot *m*.

automatique [otomatik] ◇ *adj* automático(ca). ◇ *nm* (pistola) automática *f*.

automatisation [otomatizasjɔ̃] *nf* automatización *f*.

automatiser [otomatize] *vt* automatizar.

automatisme [otomatism] *nm* **-1.** [de machine] automatismo *m*. **-2.** *fig* [réflexe] reflejo *m*.

automne [otɔn] *nm* otoño *m*.

automobile [otomobil] *adj & nf* automóvil.

automobiliste [otomobilist] *nmf* automovilista *f*.

autonettoyant, e [otonɛtwajɑ̃, ɑ̃t] *adj* autolimpiable.

autonome [otonɔm] *adj* [gén] autónomo(ma); [personne] independiente.

autonomie [otonɔmi] *nf* autonomía *f*.

autonomiste [otonɔmist] *adj & nmf* POLIT autonomista.

autopropulsé, e [otoprɔpylse] *adj* TECHNOL autopropulsado(da).

autopsie [otopsi] *nf* autopsia *f*.

autoradio [otoradjo] *nm* autorradio *f*.

autorail [otoraj] *nm* autovía *f (tren)*.

auto-reverse [otorivœrs] *adj* auto-reverse, autoreverse.

autorisation [otorizasjɔ̃] *nf* autorización *f*; **avoir l'**~ **de faire qqch** tener la autorización para hacer algo.

autorisé, e [otorize] *adj* autorizado(da).

autoriser [otorize] *vt* **-1.** [donner la permission à] : ~ **qqn à faire qqch** autorizar a alguien a hacer algo. **-2.** [selon un règlement] autorizar.

autoritaire [otoritɛr] *adj & nmf* autoritario(ria).

autorité [otorite] *nf* autoridad *f*; **faire** ~ sentar cátedra; ~ **parentale** patria potestad *f*.

autoroute [otorut] *nf* autopista *f*.

auto-stop [otostɔp] *nm* autostop *m*, autoestop *m*; **faire de l'**~ hacer autostop.

auto-stoppeur, euse [otostɔpœr, øz] *nm, f* autostopista *mf*, autoestopista *mf*.

autour [otur] *adv* alrededor. ◆ **autour de** *loc prép* **-1.** [sens spatial] en torno a. **-2.** [sens temporel] alrededor de.

autre [otr] ◇ *adj indéf* otro(tra); **un** ~ **homme** otro hombre; **l'un et l'**~ **projets** uno y otro proyecto; **ni l'une ni l'**~ **mai-**

son ni una casa ni la otra; **c'est un (tout) ~ homme que son père** es un hombre totalmente distinto a su padre. ◇ *pron indéf* el otro, la otra; **ce livre ou l'~** este libro o el otro; **l'un et l'~ sont venus** han venido uno y otro; **nul ~** nadie más; **quelqu'un d'~** otra persona; **rien d'~** nada más. ◆ **entre autres** *loc adv* entre otras cosas.

autrefois [otrəfwa] *adv* en otro tiempo, antes.

autrement [otrəmã] *adv* **-1.** [différemment] de otro modo; **je n'ai pas pu faire ~ que d'y aller** no tuve más remedio que ir; **~ dit** dicho de otro modo. **-2.** [sinon] si no. **-3.** *sout* [beaucoup plus] mucho más; **pas ~** en absoluto.

Autriche [otriʃ] *nf* : **l'~** Austria.

autrichien, enne [otriʃjɛ̃, ɛn] *adj* austríaco(ca). ◆ **Autrichien, enne** *nm, f* austríaco *m*, -ca *f*.

autruche [otryʃ] *nf* ZOOL avestruz *m*.

autrui [otrɥi] *pron* el prójimo; **d'~** ajeno(na).

auvent [ovã] *nm* [en toile] toldo *m*; [en dur] tejadillo *m*.

aux → **à**.

auxiliaire [oksiljɛr] ◇ *adj* **-1.** [qui aide] auxiliar. **-2.** [qui est secondaire] secundario(ria). ◇ *nmf* [assistant] ayudante *mf*. ◇ *nm* GRAM auxiliar *m*.

auxquelles [okɛl] → **lequel**.

auxquels [okɛl] → **lequel**.

av. (*abr de* avenue) Avda.

avachi, e [avaʃi] *adj* **-1.** [vêtement, chaussure] deformado(da). **-2.** *fam* [personne] molido(da).

avais, avait [avɛ] → **avoir**.

aval [aval] *nm inv* GÉOGR río *m* abajo; **en ~ de qqch** [au-dessous de] más abajo de algo; **être en ~ de** *fig* venir después de. ◆ **aval, als** *nm* aval *m*; **donner son ~ à qqn/à qqch** avalar a alguien/a algo.

avalanche [avalãʃ] *nf* **-1.** GÉOL alud *m*. **-2.** *fig* [profusion] : **~ de qqch** avalancha de algo.

avaler [avale] *vt* **-1.** [manger] engullir. **-2.** *fam* [croire] tragarse. **-3.** *fam* [supporter] tragar.

avance [avãs] *nf* **-1.** [progression] avance *m*. **-2.** [distance – dans l'espace] ventaja *m*; [– dans le temps] adelanto *m*. **-3.** [somme d'argent] adelanto *m*, anticipo *m*. ◆ **avances** *nfpl* : **faire des ~s à qqn** hacer proposiciones a alguien. ◆ **à**

l'avance *loc adv* por adelantado; **une heure à l'~** una hora antes. ◆ **d'avance** *loc adv* **-1.** [avant le temps] de adelanto; **une heure d'~** una hora de adelanto; **payer d'~** pagar por adelantado. **-2.** [distance – dans l'espace] de ventaja; **3 km d'~** 3 km por delante. ◆ **en avance** *loc adv* : **être en ~** [heure] ir adelantado; **être en ~ sur qqch** ir adelantado respecto a ou de algo. ◆ **par avance** *loc adv* *sout* de antemano.

avancement [avãsmã] *nm* **-1.** [développement] progreso *m*. **-2.** [promotion] ascenso *m*.

avancer [avãse] ◇ *vt* **-1.** [espace, temps] adelantar. **-2.** [tête, main] alargar. **-3.** [faire progresser] avanzar. **-4.** [argent] : **~ qqch à qqn** adelantar algo a alguien. ◇ *vi* **-1.** [progresser] avanzar. **-2.** [être placé en avant] sobresalir; **~ dans/sur qqch** adentrarse en algo. **-3.** [montre, horloge] adelantar. **-4.** [servir] : **ça ne t'avance à rien** con eso no adelantas nada. ◆ **s'avancer** *vp* **-1.** [s'approcher] acercarse; **s'~ vers qqn/vers qqch** acercarse a alguien/a algo. **-2.** [prendre de l'avance] adelantarse. **-3.** [s'engager] comprometerse.

avanies [avani] *nfpl* *sout* vejaciones *fpl*.

avant [avã] ◇ *prép* antes de, antes que; **~ les vacances** antes de las vacaciones; **~ moi** antes que yo. ◇ *adv* antes; **d'~** anterior; **la semaine d'~** la semana anterior; **bien ~** mucho antes. ◇ *adj inv* delantero(ra); **les roues ~** las ruedas delanteras. ◇ *nm* **-1.** [véhicule] delantera *f*. **-2.** SPORT delantero *m*. ◆ **avant de** *loc prép* : **~ de faire qqch** antes de hacer algo. ◆ **avant que** *loc conj* : **~ que** (+ *subjonctif*) antes de (+ *infinitif*), antes de que (+ *subjonctif*). ◆ **en avant** *loc adv* hacia adelante. ◆ **en avant de** *loc prép* por delante de. ◆ **avant tout** *loc adv* ante todo.

avantage [avãtaʒ] *nm* **-1.** [gén] ventaja *f*; **se montrer à son ~** mostrarse en su mejor aspecto. **-2.** [privilège] beneficio *m*.

avantager [avãtaʒe] *vt* favorecer.

avantageux, euse [avãtaʒø, øz] *adj* **-1.** [offre, affaire] ventajoso(sa). **-2.** [économique] económico(ca). **-3.** [éclairage, couleur] favorecedor(ra). **-4.** *sout* [ton] presuntuoso(sa).

avant-bras *nm inv* antebrazo *m*.

avant-centre *nm* SPORT delantero centro *m*.

avant-coureur → **signe**.

avant-dernier, **ère** (*mpl* **avant-derniers**, *fpl* **avant-dernières**) *adj* penúltimo(ma).

avant-garde (*pl* **avant-gardes**) *nf* vanguardia f; **d'~** [technique] de vanguardia; [idée] vanguardista.

avant-goût (*pl* **avant-goûts**) *nm* anticipo *m*.

avant-hier [avɑ̃tjɛr] *adv* anteayer.

avant-première (*pl* **avant-premières**) *nf* preestreno *m*.

avant-projet (*pl* **avant-projets**) *nm* anteproyecto *m*.

avant-propos *nm inv* prólogo *m*.

avant-veille (*pl* **avant-veilles**) *nf* antevíspera *f*.

avare [avar] ◇ *adj* **-1.** [pingre] avaro(ra). **-2.** [peu prodigue en] : **être ~ de qqch** ser parco en algo. ◇ *nmf* avaro *m*, -ra *f*.

avarice [avaris] *nf* avaricia *f*.

avarie [avari] *nf* avería *f*.

avatar [avatar] *nm* [transformation] avatar *m*. ◆ **avatars** *nmpl* avatares *mpl*.

Ave (Maria) [ave (marja)] *nm inv* RELIG Avemaría *m*.

avec [avɛk] ◇ *prép* con. ◇ *adv* con él/ella etc; **tiens mon sac, je ne peux pas courir ~** toma mi bolso, no puedo correr con él.

avenant, **e** [avnɑ̃, ɑ̃t] *adj* **-1.** *sout* [personne] afable. **-2.** [comportement] agradable. **-3.** [maison] bonito(ta). ◆ **avenant** *nm* JUR cláusula *f* adicional. ◆ **à l'avenant** *loc adv* acorde.

avènement [avɛnmɑ̃] *nm* **-1.** [de roi] llegada *f* al trono. **-2.** *fig* RELIG advenimiento *m*.

avenir [avnir] *nm* **-1.** [temps à venir] futuro *m*. **-2.** [de personne] porvenir *m*. ◆ **à l'avenir** *loc adv* en lo sucesivo.

avent [avɑ̃] *nm* RELIG adviento *m*.

aventure [avɑ̃tyr] *nf* aventura *f*.

aventureux, **euse** [avɑ̃tyrø, øz] *adj* **-1.** [personne, caractère] aventurado(da). **-2.** [projet] arriesgado(da). **-3.** [vie] azaroso(sa).

aventurier, **ère** [avɑ̃tyrje, ɛr] *nm*, *f* aventurero(ra).

avenu, **e** [avny] *adj* : **nul et non ~** JUR nulo y sin valor.

avenue [avny] *nf* avenida *f*.

avéré, **e** [avere] *adj* probado(da).

avérer [avere] ◆ **s'avérer** *vp* [se révéler] revelarse; **cette affirmation s'est avérée fausse/vraie** la afirmación resultó falsa/verdadera.

averse [avɛrs] *nf* chaparrón *m*.

aversion [avɛrsjɔ̃] *nf* aversión *f*.

averti, **e** [avɛrti] *adj* **-1.** [personne, critique] sagaz. **-2.** [public] iniciado(da); **être ~ de qqch** [être au courant de] estar al corriente de algo.

avertir [avɛrtir] *vt* **-1.** [mettre en garde] advertir. **-2.** [prévenir] avisar; **~ qqn de qqch** avisar a alguien de algo.

avertissement [avɛrtismɑ̃] *nm* **-1.** [conseil] consejo *m*. **-2.** [signe] advertencia *f*. **-3.** [menace de sanction – au cours d'un match] amonestación *f*; [– à l'école] aviso *m*. **-4.** [préambule] preámbulo *m*. **-5.** [avis] aviso *m*.

avertisseur, **euse** [avɛrtisœr, øz] *adj* de aviso. ◆ **avertisseur** *nm* claxon *m*. ◆ **avertisseur d'incendie** *nm* alarma *f* de incendios.

aveu, **x** [avø] *nm* [de crime] confesión *f*; **de l'~ de** según el testimonio de; **faire un ~ à qqn** [confier] confesarle algo a alguien.

aveugle [avœgl] *adj & nmf* ciego(ga).

aveuglement [avœgləmɑ̃] *nm fig* obcecación *f*.

aveuglément [avœglemɑ̃] *adv* ciegamente.

aveugler [avœgle] *vt* **-1.** [personne, fenêtre] cegar. **-2.** [éblouir] deslumbrar. **-3.** *fig* [troubler] ofuscar.

aveuglette [avœglɛt] ◆ **à l'aveuglette** *loc adv* a ciegas.

avez [ave] → **avoir**.

aviateur, **trice** [avjatœr, tris] *nm*, *f* aviador *m*, -ra *f*.

aviation [avjasjɔ̃] *nf* aviación *f*.

avide [avid] *adj* ávido(da); **~ de qqch** ávido de algo; **~ de faire qqch** ansioso por hacer algo.

avidité [avidite] *nf* avidez *f*.

avilir [avilir] *vt* **-1.** [personne] envilecer. **-2.** [monnaie, marchandise] depreciar. ◆ **s'avilir** *vp* **-1.** [personne] envilecerse. **-2.** [monnaie, marchandise] depreciarse.

aviné, **e** [avine] *adj* **-1.** *sout* [personne] achispado(da). **-2.** [haleine] que huele a vino.

avion [avjɔ̃] *nm* avión *m*; **en ~** en avión; **par ~** [courrier] por vía aérea; **~ à réaction** avión a reacción, reactor *m*.

aviron [avirɔ̃] *nm* remo *m*.

avis [avi] *nm* **-1.** [opinion] opinión *f*, parecer *m*; **changer d'~** cambiar de opinión; **donner un ~ défavorable** no dar la aprobación; **donner un ~ favorable** dar el visto bueno; **être d'~ que** ser del parecer OU de la opinión que; **à mon ~** a mi parecer, en mi opinión. **-2.** [annonce, message] aviso *m*; **sauf ~ contraire** salvo objeciones; **~ de décès** notificación *f* de defunción; **~ de virement** aviso *m* de transferencia.

avisé, e [avize] *adj* prudente; **être bien/mal ~ de faire qqch** hacer mal/bien en hacer algo.

aviser [avize] ◇ *vt* : **~ qqn de qqch** informar a alguien de algo. ◇ *vi* decidir. ◆ **s'aviser** *vp* **-1.** *sout* [s'apercevoir] : **s'~ de qqch** percatarse de algo; **s'~ que** percatarse de que. **-2.** [oser] : **s'~ de faire qqch** atreverse a hacer algo; **ne t'avise pas de rentrer tard** no se te ocurra volver tarde.

aviver [avive] *vt* avivar.

av. J.-C. (*abr de* **avant Jésus-Christ**) a. de JC, a. JC.

avocat, e [avɔka, at] *nm, f* **-1.** JUR abogado *m*, -da *f*; **~ d'affaires/de la défense** abogado de empresa/de la defensa; **~ général** ≃ fiscal *mf* del Tribunal Supremo. **-2.** [défenseur] defensor *m*, -ra *f*. ◆ **avocat** *nm* [fruit] aguacate *m Esp*, palta *f Amér*.

avoine [avwan] *nf* BOT avena *f*.

avoir [avwar] ◇ *nm* haber. ◇ *v aux* haber. ◇ *vt* **-1.** [gén] tener; **il a deux enfants/une belle maison** tiene dos hijos/una bonita casa; **elle a vingt ans** tiene veinte años. **-2.** [éprouver] sentir; **~ du chagrin/de la sympathie** sentir dolor/simpatía; **~ faim** tener hambre. **-3.** [obtenir] obtener; **~ son permis de conduire** sacarse el carnet de conducir; **~ sa licence** licenciarse. **-4.** *loc* : **en ~ après qqn** tener algo contra alguien; **j'en ai pour cinq minutes** sólo serán cinco minutos; **se faire ~** *fam* dejarse engañar; **tu n'as qu'à y aller toi-même** ve tú mismo. ◆ **avoir à** *v* + *prép* [devoir] tener que; **tu n'avais pas à lui parler sur ce ton** no tenías que haberle hablado en este tono; **tu n'avais qu'à me le demander** no tenías más que preguntármelo. ◆ **il y a** *v impers* **-1.** [présentatif] hay; **il y a des problèmes** hay problemas; **qu'est qu'il y a?** ¿qué pasa? **-2.** [temporel] hace; **il y a dix ans** hace diez años.

avoisinant, e [avwazinã, ãt] *adj* **-1.** [lieu, maison] próximo(ma). **-2.** [sens, couleur] parecido(da).

avortement [avɔrtəmã] *nm* **-1.** MÉD aborto *m*. **-2.** [de projet] fracaso *m*.

avorter [avɔrte] *vi* **-1.** MÉD abortar. **-2.** [échouer] fracasar.

avorton [avɔrtɔ̃] *nm* **-1.** *péj* [nabot] engendro *m*. **-2.** [animal, plante] abortón *m*.

avouer [avwe] *vt* **-1.** [confesser] confesar. **-2.** [admettre, reconnaître] reconocer, admitir.

avril [avril] *nm* abril *m*; *voir aussi* **septembre**.

axe [aks] *nm* **-1.** [gén] eje *m*; **dans l'~ [prolongement]** en la misma línea de/que. **-2.** [de politique] línea *f*.

axer [akse] *vt* **-1.** [orienter] orientar; **~ qqch sur qqch** orientar algo hacia algo. **-2.** *fig* [fonder] centrar; **~ qqch sur/autour de qqch** centrar algo en algo.

axiome [aksjom] *nm* axioma *m*.

ayant [ɛjã] → **avoir**.

ayant droit [ɛjãdrwa] (*pl* **ayants droit**) *nm* JUR derechohabiente *m*.

ayez [ɛje] → **avoir**.

ayons [ɛjɔ̃] → **avoir**.

azalée [azale] *nf* BOT azalea *f*.

azimut [azimyt] *nm* ASTRON acimut *m*, azimut *m*. ◆ **tous azimuts** *loc adv fam* en todos los frentes, a todos los niveles.

azote [azɔt] *nm* nitrógeno *m*.

aztèque [aztɛk] *adj* azteca. ◆ **Aztèque** *nmf* azteca *mf*.

azur [azyr] *nm* azur *m*.

B

b, B [be] *nm inv* b *f*, B *f*. ◆ **B** (*abr de* **bien**)≃ N.

BA *fam abr de* **bonne action**.

babiller [babije] *vi* [enfant] balbucear.

babines [babin] *nfpl* belfos *mpl*.

bâbord [babɔr] *nm* babor *m*; **à ~** a babor.

babouin [babwɛ̃] *nm* ZOOL zambo *m* (mono).

baby-sitter [bebisitœr] (*pl* **baby-sitters**) *nmf* canguro *mf*.

baby-sitting [bebisitiŋ] (*pl* **baby-sittings**) *nm* : faire du ~ hacer de canguro.

bac [bak] *nm* **-1.** *fam abr de* **baccalauréat**. **-2.** [bateau] transbordador *m.* **-3.** [de réfrigérateur] bandeja *f;* ~ **à glace** bandeja para los cubitos de hielo; ~ **à légumes** verdulero *m.* **-4.** [d'évier] pila *f.*

baccalauréat [bakalɔrea] *nm* examen y/o título de enseñanza secundaria que permite el acceso a los estudios superiores.

bâche [baʃ] *nf* cubierta *f* de lona.

bachelier, ère [baʃəlje, ɛr] *nm, f* persona que ha aprobado el examen de enseñanza secundaria.

bachot [baʃo] *nm vieilli abr de* **baccalauréat**.

bacille [basil] *nm* bacilo *m.*

bâcler [bakle] *vt* hacer deprisa y corriendo; c'est du travail bâclé es una chapuza.

bactérie [bakteri] *nf* bacteria *f.*

badaud, e [bado, od] *nm, f* curioso *m,* -sa *f,* mirón *m,* -ona *f.*

badge [badʒ] *nm* **-1.** MIL insignia *f.* **-2.** [de fantaisie] chapa *f.* **-3.** [d'identification] tarjeta *f.*

badigeonner [badiʒɔne] *vt* **-1.** [mur] enlucir. **-2.** [plaie] cubrir. **-3.** [tarte, pain] recubrir.

badiner [badine] *vi sout* bromear; ne pas ~ avec qqch no bromear con algo.

badminton [badmintɔn] *nm* bádminton *m.*

BAFA, Bafa [bafa] (*abr de* **brevet d'aptitude aux fonctions d'animation**) *nm* diploma que da acceso a la función de animador.

baffe [baf] *nf fam* torta *f (bofetada).*

baffle [bafl] *nm* bafle *m.*

bafouiller [bafuje] *vi & vt* farfullar.

bâfrer [bafre] *fam* ◇ *vi* engullir. ◇ *vt* zamparse.

bagage [bagaʒ] *nm* **-1.** [valise, sac] equipaje *m;* ~ **à main** equipaje de mano. **-2.** [connaissances] bagaje *m;* ~ **intellectuel/culturel** bagaje intelectual/cultural.

bagagiste [bagaʒist] *nmf* [à la gare] mozo *m* de equipajes.

bagarre [bagar] *nf* pelea *f.*

bagarrer [bagare] *vi* pelear. ◆ **se bagarrer** *vp* pelearse.

bagatelle [bagatɛl] *nf* **-1.** [objet sans valeur] bagatela *f.* **-2.** [petite somme d'argent] cuatro perras *fpl;* **la** ~ **de X FF** *iron* [grosse somme d'argent] la friolera de X pesetas. **-3.** *fig* [chose futile] tontería *f.*

bagnard [baɲar] *nm* presidiario *m.*

bagne [baɲ] *nm* **-1.** [prison] presidio *m.* **-2.** *fig* [situation] muermo *m.*

bagnole [baɲɔl] *nf fam* coche *m.*

bague [bag] *nf* **-1.** [bijou, anneau] anillo *m,* sortija *f;* ~ **de fiançailles** sortija de compromiso. **-2.** [de cigare] vitola *f.* **-3.** TECHNOL manguito *m.* **-4.** [d'oiseau] anilla *f.*

baguer [bage] *vt* anillar.

baguette [bagɛt] *nf* **-1.** [pain] barra *f* (de pan). **-2.** [petit bâton] varilla *f;* ~ **magique** varita *f* mágica. **-3.** [pour manger] palillo *m.* **-4.** [de chef d'orchestre] batuta *f.*

bahut [bay] *nm* **-1.** [buffet] aparador *m.* **-2.** [coffre] arca *f.* **-3.** *arg scol* [lycée] instituto *m.*

baie [bɛ] *nf* **-1.** [fruit] baya *f.* **-2.** GÉOGR bahía *f.* ◆ **baie vitrée** *nf* ventanal *m.*

baignade [bɛɲad] *nf* **-1.** [action] baño *m;* '~ **interdite**' 'prohibido bañarse'. **-2.** [lieu] lugar donde uno puede bañarse.

baigner [beɲe] ◇ *vt* **-1.** [gén] bañar. **-2.** [remplir] : ~ **qqch de qqch** inundar algo de algo. ◇ *vi* [être immergé dans] nadar. ◆ **se baigner** *vp* bañarse.

baigneur, euse [beɲœr, øz] *nm, f* bañista *mf.* ◆ **baigneur** *nm* muñeco *m.*

baignoire [beɲwar] *nf* **-1.** [de salle de bains] bañera *f Esp,* tina *f Amér.* **-2.** THÉÂTRE palco *m* de platea.

bail [baj] (*pl* **baux** [bo]) *nm* JUR arrendamiento *m;* ça fait un ~ que *fam fig* hace un siglo que.

bâillement [bajmã] *nm* bostezo *m.*

bâiller [baje] *vi* **-1.** [personne] bostezar. **-2.** [vêtement] entreabrirse.

bailleur, eresse [bajœr, bajrɛs] *nm, f* JUR arrendador *m,* -ra *f.* ◆ **bailleur de fonds** *nm* socio *m* capitalista.

bâillon [bajɔ̃] *nm* mordaza *f.*

bâillonner [bajɔne] *vt* **-1.** [mettre un bâillon] amordazar. **-2.** *fig* [réduire au silence] acallar.

bain [bɛ̃] *nm* baño *m;* **prendre un** ~ tomar un baño, bañarse; ~ **moussant** baño de espuma; ~ **de mer** baño de mar; **prendre un** ~ **de soleil** tomar el sol.

bain-marie [bɛ̃mari] (*pl* **bains-marie**) *nm* baño María *m;* **au** ~ al baño María.

baïonnette [bajɔnɛt] *nf* bayoneta *f.*

baisemain [bɛzmɛ̃] *nm* besamanos *m inv.*

baiser [beze] ◇ *nm* beso *m.* ◇ *vt* **-1.** [embrasser] besar. **-2.** *vulg* [avoir des relations sexuelles avec] follar. **-3.** *tfam* [tromper] timar. ◇ *vi vulg* follar.

baisse [bɛs] *nf* **-1.** [gén] bajada *f*; **à la ~** a la baja; **en ~** en baja. **-2.** [température] descenso *m*.

baisser [bese] ◇ *vt* [descendre, diminuer] bajar. ◇ *vi* **-1.** [température] descender. **-2.** [s'affaiblir] debilitarse; **le jour baisse** anochece. ◆ **se baisser** *vp* agacharse.

bajoue [baʒu] *nf* **-1.** [d'animal] carrillada *f*. **-2.** *péj* [de personne] moflete *m*.

bal [bal] *nm* baile *m*; **~ populaire** OU **musette** baile popular; **~ masqué** OU **costumé** baile de máscaras OU de disfraces.

balade [balad] *nf fam* paseo *m*.

balader [balade] *vt* **-1.** *fam* [traîner avec soi] cargar con. **-2.** [emmener en promenade] pasear. ◆ **se balader** *vp fam* [se promener] darse una vuelta.

baladeur, euse [baladœr, øz] *adj* paseante. ◆ **baladeur** *nm* walkman *m*.

balafre [balafr] *nf* cuchillada *f (en la cara)*.

balafré, e [balafre] *adj* marcado(da).

balai [balɛ] *nm* **-1.** [de nettoyage] escoba *f*. **-2.** [d'essuie-glace] limpiaparabrisas *m inv*. **-3.** *fam* [an] taco *m*; **il a cinquante ~s** tiene cincuenta tacos.

balai-brosse *nm* cepillo *m (para fregar)*.

balance [balɑ̃s] *nf* **-1.** [gén] balanza *f*. **-2.** [état d'équilibre] equilibrio *m*. **-3.** *Arg* [dénonciation] chivatazo *m*. ◆ **Balance** *nf* AS-TROL Libra *f*.

balancer [balɑ̃se] ◇ *vt* **-1.** [bouger] balancear. **-2.** [lancer] tirar. **-3.** [jeter] tirar a la basura. **-4.** *Arg* [dénoncer] chivar. ◇ *vi sout* **-1.** [hésiter] vacilar. **-2.** [osciller] oscilar. ◆ **se balancer** *vp* **-1.** [se mouvoir] balancearse. **-2.** [sur une balançoire] columpiarse. **-3.** *fam*: **se ~ de qqch** [se ficher] importarle a uno un bledo algo.

balancier [balɑ̃sje] *nm* **-1.** [de pendule] péndulo *m*. **-2.** [de funambule] balancín *m*.

balançoire [balɑ̃swar] *nf* columpio *m*.

balayer [baleje] *vt* **-1.** [nettoyer] barrer. **-2.** [souci, objection] desechar.

balayette [balɛjɛt] *nf* escobilla *f*.

balayeur, euse [balɛjœr, øz] *nm, f* barrendero *m*, -ra *f*. ◆ **balayeuse** *nf* barredora *f*.

balayures [balɛjyr] *nfpl* basuras *fpl*.

balbutier [balbysje] ◇ *vi* **-1.** [bafouiller] balbucear. **-2.** *fig* [débuter] estar en sus primeros balbuceos. ◇ *vt* [bafouiller] balbucear.

balcon [balkɔ̃] *nm* **-1.** [de maison] balcón *m*. **-2.** [de théâtre] palco *m*. **-3.** [de cinéma] anfiteatro *m*.

baldaquin [baldakɛ̃] *nm* baldaquino *m*.

Baléares [balear] *nfpl* : **les ~** (las) Baleares; **aux ~** [direction] a (las) Baleares; [situation] en (las) Baleares.

baleine [balɛn] *nf* ballena *f*.

balise [baliz] *nf* **-1.** [marque, dispositif] baliza *f*. **-2.** INFORM etiqueta *f*.

baliser [balize] ◇ *vt* balizar. ◇ *vi fam* [avoir peur] tener canguelo.

balivern e [balivɛrn] *nf (gén pl)* pamplina *f*.

Balkans [balkɑ̃] *nmpl* : **les ~** los Balcanes.

ballade [balad] *nf* balada *f*.

ballant, e [balɑ̃, ɑ̃t] *adj* : **les bras ~s** con los brazos colgando. ◆ **ballant** *nm* balanceo *m*.

ballast [balast] *nm* **-1.** [chemin de fer] balasto *m*. **-2.** NAVIG lastre *m*.

balle [bal] *nf* **-1.** [d'arme, de marchandises] bala *f*; **~ perdue** bala perdida. **-2.** [de jeu, de sport] pelota *f*. **-3.** *fam* [franc] ≈ pela *f*. **-4.** *loc* : **la ~ est dans ton camp** *fig* te toca a ti.

ballerine [balrin] *nf* **-1.** [danseuse] bailarina *f*. **-2.** [chaussure] zapatilla *f* de ballet.

ballet [balɛ] *nm* **-1.** [gén] ballet *m*. **-2.** *fig* [activité intense] baile *m*.

ballon [balɔ̃] *nm* **-1.** [pour le jeu, le sport] balón *m*; **~ de football/de basket/de rugby** balón de fútbol/de baloncesto/de rugby; **~ d'oxygène** [réservoir] botella *f* de oxígeno; [fig] balón m de oxígeno. **-2.** [jouet, montgolfière] globo *m*. **-3.** *fam* [verre de vin] vaso *m*.

ballonné, e [balɔne] *adj* hinchado(da); **avoir le ventre ~** tener el vientre hinchado.

ballot [balo] *nm* **-1.** [de marchandises] fardo *m*. **-2.** *vieilli* [imbécile] memo *m*, -ma *f*.

ballottage [balɔtaʒ] *nm* POLIT empate entre candidatos en la primera vuelta de una votación; **en ~** que no ha obtenido la mayoría.

ballotter [balɔte] ◇ *vt* sacudir. ◇ *vi* traquetear.

balluchon [balyʃɔ̃] = **baluchon**.

balnéaire [balneɛr] *adj* balneario(ria).

balourd, e [balur, urd] *adj & nm, f* palurdo(da).

balte [balt] *adj* báltico(ca). ◆ **Balte** *nmf* báltico *m*, -ca *f*.

Baltique [baltik] *nf* : **la ~** el Báltico.

baluchon, balluchon [balyʃɔ̃] *nm* petate *m*; **faire son ~** *fam* [partir] liar el petate.

balustrade [balystrad] *nf* **-1.** ARCHIT balaustrada *f*. **-2.** [rambarde] barandilla *f*.

bambin [bãbɛ̃] *nm* chiquillo *m*, -lla *f*.
bambou [bãbu] *nm* bambú *m*.
ban [bã] *nm* **-1.** HIST nobleza *f* feudal. **-2.** [applaudissements] aplauso *m*. **-3.** *loc* : **mettre qqn au ~ (de la société)** marginar a alguien (de la sociedad). **-4.** [applaudissements] aplauso *m*. ◆ **bans** *nmpl* amonestaciones *fpl*; **publier** OU **afficher les ~s** publicar las amonestaciones.
banal, e, als [banal] *adj* **-1.** [ordinaire] trivial; **c'est pas ~!** ¡es extraordinario! **-2.** [sans originalité] corriente.
banaliser [banalize] *vt* trivializar.
banalité [banalite] *nf* **-1.** [caractère] trivialidad *f*. **-2.** [lieu commun] tópico *m*.
banane [banan] *nf* **-1.** [fruit] plátano *m*. **-2.** [sac] riñonera *f*. **-3.** [coiffure] tupé *m*.
bananier, ère [bananje, ɛr] *adj* bananero(ra). ◆ **bananier** *nm* **-1.** [arbre] plátano *m*. **-2.** [cargo] bananero *m*.
banc [bã] *nm* banco *m*; **le ~ des accusés** JUR el banquillo de los acusados. ◆ **banc d'essai** *nm* banco *m* de pruebas. ◆ **banc de poissons** *nm* banco *m* de peces. ◆ **banc de sable** *nm* banco *m* de arena.
bancaire [bãkɛr] *adj* bancario(ria).
bancal, e, als [bãkal] *adj* **-1.** [personne] patituerto(ta). **-2.** [meuble] cojo(ja). **-3.** *fig* [raisonnement, idée] errado(da). **-4.** *fig* [phrase] mal estructurado *m*, mal estructurada *f*.
bandage [bãdaʒ] *nm* **-1.** [de blessé] vendaje *m*. **-2.** [de roue] llanta *f*.
bande® [bãd] *nf* **-1.** [de tissu, de papier] tira *f*. **-2.** [de film, d'enregistrement] cinta *f*; **~ magnétique/vidéo** cinta magnética/de vídeo. **-3.** [bandage] venda *f*; **~ Velpeau®** venda *f*. **-4.** [groupe] pandilla *f*; **en ~** en pandilla. **-5.** NAVIG escora *f*. **-6.** [RADIO, de billard] banda *f*; **~ de fréquence** banda de frecuencia. ◆ **bande dessinée** *nf* cómic *f*. ◆ **bande d'arrêt d'urgence** *nf* carril *m* de emergencia.
bande-annonce *nf* trailer *m*.
bandeau [bãdo] *nm* **-1.** [sur les yeux] venda *f*; **avoir un ~ sur les yeux** tener una venda en los ojos. **-2.** [dans les cheveux] cinta *f*.
bander [bãde] ◇ *vt* **-1.** [plaie] vendar; **~ les yeux de qqn** vendar los ojos a alguien. **-2.** [arc] tensar. ◇ *vi* *vulg* [avoir une érection] empalmarse.
banderole [bãdrɔl] *nf* banderola *f*.
bande-son [bãdsɔ̃] (*pl* **bandes-son**) *nf* banda *f* sonora.

bandit [bãdi] *nm* **-1.** [voleur] bandido *m*, -da *f*. **-2.** [personne sans scrupules] estafador *m*, -ra *f*.
bandoulière [bãduljɛr] *nf* bandolera *f*; **en ~** en bandolera.
banlieue [bãljø] *nf* extrarradio *m*, afueras *fpl*; **la proche ~** municipios adjuntos a una ciudad.
banlieusard, e [bãljøzar, ard] *nm, f* habitante de las afueras de París.
bannière [banjɛr] *nf* estandarte *m*.
bannir [banir] *vt* desterrar.
banque [bãk] *nf* **-1.** [établissement, fonds] banco *m*; **~ d'affaires** banco de negocios; **~ d'organes/du sang/du sperme** MÉD banco de órganos/de sangre/de esperma. **-2.** [commerce, somme au jeu] banca *f*. ◆ **banque de données** *nf* INFORM base *m* de datos.
banqueroute [bãkrut] *nf* FIN [faillite] bancarrota *f*; **faire ~** quebrar.
banquet [bãkɛ] *nm* banquete *m*.
banquette [bãkɛt] *nf* [siège] banqueta *f*.
banquier, ère [bãkje, ɛr] *nm, f* **-1.** FIN banquero *m*, -ra *f*. **-2.** [au jeu] banca *f*.
banquise [bãkiz] *nf* banco *m* de hielo.
baptême [batɛm] *nm* bautismo *m*; **~ de l'air** *fig* bautismo del aire.
baptiser [batize] *vt* bautizar.
baquet [bakɛ] *nm* cubeta *f*.
bar [bar] *nm* **-1.** [débit de boissons] bar *m*. **-2.** [poisson] lubina *f*. **-3.** MÉTÉOR bar *m*.
baraque [barak] *nf* **-1.** [cabane] barraca *f*. **-2.** *fam* [maison] casa *f*.
baraqué, e [barake] *adj fam* : **être ~** estar cachas.
baraquement [barakmã] *nm* zona *f* de barracas.
baratin [baratɛ̃] *nm fam* charlatanería *f*.
baratiner [baratine] *fam* ◇ *vt* [personne] camelar. ◇ *vi* [raconter des boniments] contar cuentos.
barbare [barbar] ◇ *adj* **-1.** *péj* [peuplade] bárbaro(ra). **-2.** [crime, mœurs] salvaje. ◇ *nm* bárbaro *m*, -ra *f*.
barbarie [barbari] *nf* barbarie *f*.
barbe [barb] *nf* barba *f*; **quelle** OU **la ~!** *fam fig* ¡qué lata!; **faire qqch au nez et à la ~ de qqn** *fig* hacer algo en las barbas de alguien. ◆ **barbe à papa** *nf* [friandise] algodón *m* (de azúcar).
barbelé, e [barbəle] *adj* espinoso(sa). ◆ **barbelé** *nm* alambrada *f* de espino.
barbiche [barbiʃ] *nf* perilla *f*.

barbiturique [barbityrik] *nm* barbitúrico *m*.

barboter [barbɔte] ◇ *vi* chapotear. ◇ *vt fam* [voler] birlar.

barboteuse [barbɔtøz] *nf* pelele *m*.

barbouiller [barbuje] *vt* **-1.** [salir] embadurnar. **-2.** *péj* [peindre, écrire] pintarrajear. **-3.** [donner la nausée à] revolver el estómago.

barbu, e [barby] *adj* barbudo(da). ◆ **barbu** *nm* barbudo *m*.

barder [barde] ◇ *vt* CULIN enalbardar; **être bardé de qqch** *fig* [être couvert de] estar cargado de algo. ◇ *vi fam* : **ça va ~** se va a armar (una).

barème [barɛm] *nm* baremo *m*.

baril [baril] *nm* barril *m*.

bariolé, e [barjɔle] *adj* abigarrado(da).

barmaid [barmɛd] *nf* camarera *f Esp*, moza *f Amér*.

barman [barman] (*pl* **barmans** OU **barmen** [barmɛn]) *nm* camarero *m Esp*, barman *m Esp*, mozo *m Amér*.

baromètre [barɔmɛtr] *nm* barómetro *m*.

baron, onne [barɔ̃, ɔn] *nm, f* barón *m*, -onesa *f*.

baroque [barɔk] *adj* **-1.** [style] barroco(ca). **-2.** [idée] extravagante.

barque [bark] *nf* barca *f*.

barquette [barkɛt] *nf* **-1.** [de crème glacée] tartaleta *f*. **-2.** [de fruits] cestita *f*. **-3.** [de plats cuisinés] bandeja *f*.

barrage [baraʒ] *nm* **-1.** [de rue] barrera *f*; **~ de police** cordón *m* policial. **-2.** CONSTR presa *f*, represa *f Amér*.

barre [bar] *nf* **-1.** [morceau – bois] vara *f*; [– de métal, chocolat] barra *f*; **~ fixe** GYM barra fija; **~s parallèles** GYM (barras) paralelas. **-2.** [gouvernail] timón *m*; **être à la ~** NAVIG estar al timón; *fig* [diriger] llevar la batuta. **-3.** [trait] raya *f*; **la ~ du t** el palote de la t. **-4.** JUR barandilla *f*; **appeler à la ~** llamar a declarar. ◆ **barre d'espacement** *nf* INFORM barra *f* de espaciado.

barreau [baro] *nm* **-1.** [de métal, de bois] barrote *m*. **-2.** [profession d'avocat] abogacía *f*.

barrer [bare] *vt* **-1.** [rue, route] cortar. **-2.** [mot, phrase] tachar. **-3.** [chèque] barrar. **-4.** [bateau] llevar el timón de. ◆ **se barrer** *vp fam* [se sauver] abrirse.

barrette [barɛt] *nf* [pince à cheveux] pasador *m*.

barreur, euse [barœr, øz] *nm, f* timonel *mf*.

barricade [barikad] *nf* barricada *f*.

barrière [barjɛr] *nf* barrera *f*; **~ douanière** barrera arancelaria.

barrique [barik] *nf* barrica *f*; **être gros comme une ~** *fig* estar gordo como un tonel.

bar-tabac *nm* bar con estanco.

baryton [baritɔ̃] *nm* MUS barítono *m*.

bas, basse [ba, bas] *adj* bajo(ja). ◆ **bas** ◇ *nm* **-1.** [partie inférieure] parte *f* de abajo, parte *f* inferior. **-2.** [vêtement] media *f*. ◇ *adv* **-1.** [à faible niveau, intensité] bajo; **parler ~** hablar bajo. **-2.** *loc* : **mettre ~** [animal] parir. ◆ **à bas** *loc interj* : **à ~ la dictature!** ¡abajo la dictadura! ◆ **en bas de** *loc prép* abajo; **il l'attend en ~ de chez elle** la espera abajo. ◆ **en bas** *loc adv* abajo; **la voiture est en ~** el coche está abajo.

basalte [bazalt] *nm* basalto *m*.

basané, e [bazane] *adj* moreno(na).

bas-côté *nm* [de route] arcén *m Esp*, acotamiento *m Amér*.

bascule [baskyl] *nf* **-1.** [balance] báscula *f*. **-2.** [balançoire] balancín *m*. **-3.** INFORM biestable *m*.

basculer [baskyle] ◇ *vi* **-1.** [tomber à la renverse] volcar *Amér*, voltear *Amér*. **-2.** *fig* [personne] : **~ dans qqch** caer en algo. ◇ *vt* tumbar.

base [baz] *nf* **-1.** [gén] base; **de ~** básico(ca); **à ~ de qqch** a base de algo; **sur la ~ de 80 F l'heure** a 80 francos la hora. **-2.** [de colonne] basa *f*. ◆ **base de données** *nf* INFORM base *f* de datos.

baser [baze] *vt* MIL : **être basé à** estar destacado en. ◆ **se baser** *vp* : **se ~ sur qqch** basarse en algo.

bas-fond *nm* [de l'océan] bajío *m*, bajo *m*. ◆ **bas-fonds** *nmpl* **-1.** [de société] bajos fondos *mpl*. **-2.** [quartiers pauvres] barrios bajos *mpl*.

basilic [bazilik] *nm* **-1.** [plante] albahaca *f*. **-2.** [animal] basilisco *m*.

basilique [bazilik] *nf* basílica *f*.

basique [bazik] *adj* básico(ca).

basket [baskɛt] *nf* zapatilla *f* de deporte; **lâche-moi les ~s!** *fam fig* ¡déjame en paz!

basket-ball [baskɛtbol] *nm* baloncesto *m*.

basque [bask] ◇ *adj* [du Pays basque] vasco(ca). ◇ *nm* [langue] vasco *m*, euskera *m*. ◇ *nf* [vêtement] faldón *m*; **être toujours pendu aux ~s de qqn** *fam* estar siempre pegado a las faldas de alguien. ◆ **Basque** *nmf* INFORM vasco *m*, -ca *f*.

bas-relief *nm* bajorrelieve *m*.

basse [bas] ◇ *adj* → **bas**. ◇ *nf* [MUS – personne, voix] bajo *m*; [– instrument] contrabajo *m*.

basse-cour *nf* **-1.** [volaille] aves *fpl* de corral. **-2.** [partie de ferme] corral *m*.

bassement [basmã] *adv* vilmente.

bassin [basɛ̃] *nm* **-1.** [cuvette] barreño *m*. **-2.** [pièce d'eau] estanque *m*. **-3.** [de piscine] piscina *f* *Esp*, pileta *f* *Amér*; **grand ~** piscina para adultos; **petit ~** piscina para niños. **-4.** ANAT pelvis *f inv*. **-5.** GÉOL cuenca *f*. **-6.** NAVIG dársena *f*. ◆ **Bassin parisien** *nm* depresión *f* parisina.

bassine [basin] *nf* barreño *m*.

bassiste [basist] *nmf* **-1.** [contrebassiste] contrabajo *m*. **-2.** [de rock ou de jazz] bajo *m*.

basson [basɔ̃] *nm* [MUS – instrument] bajón *m*, fagot *m*; [– personne] bajonista *mf*.

bastingage [bastɛ̃gaʒ] *nm* borda *f*.

bastion [bastjɔ̃] *nm* bastión *m*.

baston [bastɔ̃] *nf fam* palos *mpl*.

bas-ventre *nm* bajo vientre *m*.

bât [ba] *nm* albarda *f*; **c'est là que le ~ blesse** *fig* ese es su punto débil.

bataille [bataj] *nf* **-1.** MIL batalla *f*; **en ~** *fig* [cheveux] desgreñado *m*, -da *f*. **-2.** [bagarre] riña *f*. **-3.** [jeu de cartes] ≃ guerrilla *f*.

bataillon [batajɔ̃] *nm* batallón *m*; **~ disciplinaire** batallón disciplinario.

bâtard, e [batar, ard] ◇ *adj* **-1.** [gén] bastardo(da). **-2.** *péj* [hybride] híbrido(da). ◇ *nm, f péj* [enfant illégitime] bastardo *m*, -da *f*. ◆ **bâtard** *nm* **-1.** [pain] ≃ barra *f* de cuarto corta. **-2.** [chien] chucho *m*.

bateau [bato] *nm* **-1.** [embarcation – petite] barca *f*; [– grande] barco *m*; **~ à voile** barco de vela; **~ à moteur** [petit] barca a motor; [grand] barco a motor; **~ de pêche** [petit] barca de pesca; [grand] (barco) pesquero *m*; **mener qqn en ~** *fam fig* quedarse con alguien. **-2.** [de trottoir] vado *m*. **-3.** *(en apposition inv)* [encolure] barco *m*. **-4.** [sujet, thème] trillado(da).

bâti, e [bati] *adj* edificado(da); **bien/mal ~** [personne] bien/mal proporcionado *m*, -da *f*. ◆ **bâti** *nm* **-1.** COUT hilván *m*. **-2.** CONSTR armazón *mf*.

batifoler [batifɔle] *vi* retozar.

bâtiment [batimã] *nm* **-1.** [édifice] edificio; **il est** OU **travaille dans le ~** trabaja en la construcción. **-2.** NAVIG navío *m*.

bâtir [batir] *vt* **-1.** [construire] construir. **-2.** COUT hilvanar. **-3.** [théorie] elaborar; [fortune] labrarse.

bâtisse [batis] *nf* **-1.** [bâtiment] nave *f*. **-2.** CONSTR obra *f* (de albañilería).

bâton [batɔ̃] *nm* **-1.** [canne] bastón *m*. **-2.** [morceau – de bois] palo *m*; [– d'autres matériaux] barra *f*; **~ de réglisse** barra de regaliz; **mettre des ~s dans les roues à qqn** poner trabas a alguien; **à ~s rompus** sin orden ni concierto. **-3.** *fam fig* [million de centimes] suma de dinero equivalente a diez mil francos.

bâtonnet [batɔnɛ] *nm* bastoncillo *m*.

batracien [batrasjɛ̃] *nm* batracio *m*.

battant, e [batã, ãt] ◇ *adj* que bate, que golpea; **sous une pluie ~e** bajo un chaparrón; **le cœur ~** con el corazón palpitante. ◇ *nm, f* [personne] hombre emprendedor *m*, mujer emprendedora *f*. ◆ **battant** *nm* **-1.** [de porte, de fenêtre] batiente *m*. **-2.** [de cloche] badajo *m*.

battement [batmã] *nm* **-1.** [mouvement, bruit] golpeteo *m*; **~ d'ailes** aleteo *m*; **~ de cils** OU **de paupières** parpadeo *m*; **~ de cœur** latido *m*; **~ de tambour** redoble *m* de tambor. **-2.** [intervalle de temps] descanso *m*; **une heure de ~** una hora de descanso.

batterie [batri] *nf* batería *f*; **~ de cuisine** batería de cocina; **recharger ses ~s** *fig* cargar las pilas.

batteur, euse [batœr, øz] *nm, f* **-1.** MUS [personne] batería *mf*. **-2.** AGRIC trillador *m*, -ra *f*. **-3.** SPORT bateador *m*, -ra *f*. ◆ **batteur** *nm* CULIN batidora *f*. ◆ **batteuse** *nf* AGRIC trilladora *f*.

battre [batr] ◇ *vt* **-1.** [frapper – personne] pegar; [– chose] sacudir. **-2.** [remuer, parcourir] batir; **~ en neige** batir a punto de nieve. **-3.** [vaincre – SPORT] ganar [– POLIT] derrotar. **-4.** [cartes] barajar. ◇ *vi* **-1.** [cœur, pouls] latir. **-2.** [frapper, heurter] golpetear; **~ de l'aile** ir OU andar de capa caída; **~ son plein** estar en su apogeo; **~ en retraite** batirse en retirada. **-3.** [tambour] redoblar. ◆ **se battre** *vp* **-1.** [combattre] pelearse; **se ~ contre qqn** pelearse con alguien. **-2.** [s'acharner] luchar; **se ~ pour qqch** luchar por algo; **se ~ contre qqch** luchar contra algo.

battu, e [baty] *pp* → **battre**.

battue [baty] *nf* batida *f*.

baume [bom] *nm* bálsamo *m*; **mettre du ~ au cœur de qqn** *fig* ser (como) un bálsamo para las penas de alguien.

baux → **bail**.

bavard, e [bavar, ard] *adj & nm, f* charlatán(ana).

bavardage [bavardaʒ] *nm* **-1.** [papotage] charloteo *m*; **puni pour ~** castigado por hablar. **-2.** *(gén pl)* [raconter] habladuría *f*.

bavarder [bavarde] *vi* **-1.** [parler] charlar. **-2.** [jaser] cotillear.

bave [bav] *nf* baba *f*.

baver [bave] *vi* **-1.** [personne, animal] babear; **en ~** *fam fig* pasarlas canutas. **-2.** [stylo] chorrear.

bavette [bavɛt] *nf* **-1.** [bavoir] babero *m*. **-2.** [de tablier] peto *m*. **-3.** [viande] *parte inferior del solomillo*. **-4.** *loc fam* : **tailler une ~ (avec qqn)** pegar la hebra (con alguien), estar de palique (con alguien).

baveux, euse [bavø, øz] *adj* **-1.** [qui bave] baboso(sa). **-2.** [peu cuit] : **une omelette baveuse** una tortilla poco hecha.

bavoir [bavwar] *nm* babero *m*.

bavure [bavyr] *nf* **-1.** [tache] tinta *f* corrida. **-2.** [erreur] error *m*.

bazar [bazar] *nm* **-1.** [boutique] bazar *m*. **-2.** *fam* [attirail] bártulos *mpl*. **-3.** *loc* : **quel ~!** ¡vaya leonera!

bazarder [bazarde] *vt* (*se débarrasser de*) deshacerse de.

BCBG *abr de* **bon chic bon genre**.

BCG (*abr de* **bacille Calmette-Guérin**) *nm* BCG *f*.

bcp *abr de* **beaucoup**.

bd *abr de* **boulevard**.

BD, bédé [bede] (*abr de* **bande dessinée**) *nf* : **une ~** un tebeo OU cómic; **la ~** el cómic.

béant, e [beã, ãt] *adj* [plaie, gouffre] muy abierto(ta).

béat, e [bea, at] *adj* **-1.** [content de soi] plácido(da). **-2.** [niaisement heureux] beatífico(ca).

beau, belle, beaux [bo, bɛl] *adj* (**bel** [bɛl] *devant voyelle ou h muet*) **-1.** [esthétique – objet] hermoso(sa); [– personne] guapo(pa). **-2.** [joli] bonito(ta). **-3.** [important] imponente. **-4.** [noble] admirable. **-5.** *iron* [mauvais] menudo(da); **j'ai attrapé une belle grippe!** ¡menuda gripe he pillado! **-6.** [à valeur indéfinie] : **un ~ jour** un buen día; **un ~ matin/soir** una buena mañana/noche. **-7.** *loc* : **avoir ~ jeu de faire qqch** resultarle a alguien fácil hacer algo; **c'est la belle vie!** ¡esto es vida! ◆ **beau** ◇ *adv* : **il fait ~** hace buen tiempo; **avoir ~ faire qqch** por más que;

j'ai ~ essayé, je n'y arrive pas por más que lo intento, no lo consigo. ◇ *nm* : **le ~** lo hermoso; **être/rester au ~ fixe** [temps] mantenerse; *fig* [conjoncture] estar en un buen momento; **faire le ~** [chien] ponerse a cuatro patas; [paon, personne] pavonearse. ◆ **belle** *nf* **-1.** [femme] amada *f*. **-2.** [dans un jeu] desempate *m*. **-3.** *loc* : **se faire la belle** tomar las de Villadiego. ◆ **de plus belle** *loc adv* con más fuerza que antes; **je lui ai dit de se taire, mais il a recommencé à crier de plus belle** le he dicho que se callara, pero ha vuelto a gritar con más fuerza que antes.

beaucoup [boku] ◇ *adv* **-1.** [grand nombre, grande quantité] : **~ de mucho(cha); ~ de gens** mucha gente; **il n'a pas ~ de temps** no tiene mucho tiempo; **~ d'accidents** muchos accidentes. **-2.** [modifiant un verbe, un adjectif comparatif] mucho; **il boit ~** bebe mucho; **c'est ~ mieux** mucho mejor. ◇ *pron inv* muchos(chas); **nous sommes ~ à penser que** somos muchos los que pensamos. ◆ **de beaucoup** *loc adv* con diferencia.

beauf [bof] *nm péj* **-1.** [français moyen] ciudadano medio, conservador y sin amplitud de miras. **-2.** *fam* [beau-frère] cuñado *m*.

beau-fils *nm* **-1.** [gendre] yerno *m*. **-2.** [de remariage] hijastro *m*.

beau-frère *nm* cuñado *m*.

beau-père *nm* **-1.** [père du conjoint] suegro *m*. **-2.** [par remariage] padrastro *m*.

beauté [bote] *nf* belleza *f*; **de toute ~** bellísimo; **en ~** [magnifiquement] triunfalmente; **être en ~** estar guapísima; **se faire une ~** arreglarse.

beaux-arts [bozar] *nmpl* bellas artes *fpl*.

beaux-parents *nmpl* suegros *mpl*.

bébé [bebe] ◇ *nm* **-1.** [enfant] bebé *m*. **-2.** [animal – des mammifères] cachorro *m*; [– des oiseaux] polluelo *m*. **-3.** [personne immature] crío *m*, -a *f*. ◇ *adj inv* crío(a)(en aposición).

bébé-éprouvette (*pl* **bébés-éprouvette**) *nm* bebé probeta *m*.

bec [bɛk] *nm* **-1.** [d'oiseau] pico *m*; **ouvrir le ~** *fam* abrir el pico; **clouer le ~ à qqn** *fam* [faire taire] cerrar el pico a alguien. **-2.** [d'instrument de musique] boquilla *f*. **-3.** [d'objet] pitorro *m*; **~ verseur** pitorro *m*. **-4.** GÉOGR lengua *f* de tierra. ◆ **bec de gaz** *nm* farol *m* de gas.

bécane [bekan] *nf fam* **-1.** [bicyclette] bici *f.* **-2.** [machine] máquina *f.* **-3.** [moto] moto *f.* **-4.** [ordinateur] ordenador *m.*

bécarre [bekar] *nm* becuadro *m.*

bécasse [bekas] *nf* **-1.** [oiseau] becada *f.* **-2.** *fam* [femme sotte] pava *f.*

bec-de-lièvre [bɛkdəljɛvr] (*pl* **becs-de-lièvre**) *nm* labio *m* leporino.

bêche [bɛʃ] *nf* laya *f.*

bêcher [beʃe] ⋄ *vt* [terrain] layar. ⋄ *vi fam* [personne] fardar.

bécoter [bekɔte] *vt fam* [embrasser] besuquear. **◆ se bécoter** *vp* [s'embrasser] besuquearse.

becquée [beke] *nf* bocado *m*; **donner la ~** dar de comer.

becqueter, béqueter [bɛkte] *vt* picotear.

bedaine [bədɛn] *nf fam* [gros ventre] barrigón *m.*

bédé = BD.

bedonnant, e [bədɔnɑ̃, ɑ̃t] *adj* barrigón(ona).

bée [be] → **bouche**.

bégayer [begeje] ⋄ *vi* tartamudear. ⋄ *vt* [excuses] mascullar.

bègue [bɛg] *adj & nmf* tartamudo(da).

béguin [begɛ̃] *nm fam* : **avoir le ~ pour qqn/pour qqch** estar encaprichado(da) con alguien/con algo.

beige [bɛʒ] *adj & nm* beige.

beignet [bɛɲɛ] *nm* CULIN buñuelo *m.*

bel → **beau**.

bêler [bele] *vi* balar.

belette [bəlɛt] *nf* comadreja *f.*

belge [bɛlʒ] *adj* belga. **◆ Belge** *nmf* belga *mf.*

Belgique [bɛlʒik] *nf* : **la ~** Bélgica.

Belgrade [bɛlgrad] *n* Belgrado.

bélier [belje] *nm* **-1.** [animal] carnero *m.* **-2.** ASTROL Aries *m.* **-3.** [poutre] ariete *m.*

belle → **beau**.

belle-famille *nf* familia *f* política.

belle-fille *nf* **-1.** [épouse du fils] nuera *f.* **-2.** [de remariage] hijastra *f.*

belle-mère *nf* **-1.** [mère du conjoint] suegra *f.* **-2.** [de remariage] madrastra *f.*

belle-sœur *nf* cuñada *f.*

belligérant, e [beliʒerɑ̃, ɑ̃t] *adj & nm, f* beligerante.

belliqueux, euse [belikø, øz] *adj* belicoso(sa).

belvédère [bɛlvedɛr] *nm* mirador *m.*

bémol [bemɔl] *adj & nm* MUS bemol.

bénédiction [benediksjɔ̃] *nf* **-1.** RELIG bendición *f.* **-2.** [assentiment] beneplácito *m.*

bénéfice [benefis] *nm* beneficio *m*; **au ~ de** [au profit de] a beneficio de.

bénéficiaire [benefisjɛr] ⋄ *adj* [marge] de beneficio. ⋄ *nmf* [personne] beneficiario *m*, -ria *f.*

bénéficier [benefisje] *vt* : **~ de qqch** [profiter de] beneficiarse de algo.

bénéfique [benefik] *adj* beneficioso(sa).

Benelux [benelyks] *nm* : **le ~** el Benelux.

benêt [bənɛ] *nm & adj* bendito.

bénévole [benevɔl] ⋄ *adj* benévolo(la), benevolente. ⋄ *nmf* [personne] voluntario *m*, -ria *f.*

bénin, igne [benɛ̃, iɲ] *adj* **-1.** [maladie, accident] leve. **-2.** [tumeur] benigno(na). **-3.** *sout* [bienveillant] apacible.

bénir [benir] *vt* bendecir.

bénitier [benitje] *nm* pila *f* (del agua bendita).

benjamin, e [bɛ̃ʒamɛ̃, in] *nm, f* benjamín *m*, -ina *f.*

benne [bɛn] *nf* **-1.** [de camion] volquete *m.* **-2.** [de grue] pala *f.* **-3.** [cabine] cabina *f.* **-4.** [wagonnet] vagoneta *f.*

benzine [bɛ̃zin] *nf* bencina *f.*

BEP, Bep (*abr de* **brevet d'études professionnelles**) *nm diploma de estudios profesionales.*

BEPC, Bepc (*abr de* **brevet d'études du premier cycle**) *nm diploma que antiguamente se concedía tras los cuatro primeros años de estudios secundarios.*

béqueter = **becqueter**.

béquille [bekij] *nf* **-1.** [pour marcher] muleta *f.* **-2.** [de deux-roues] patilla *f.*

berceau, x [bɛrso] *nm* **-1.** [lit d'enfant, lieu d'origine] cuna *f.* **-2.** ARCHIT bóveda *f* de cañón.

bercer [bɛrse] *vt* **-1.** [bébé] acunar; *fig* [barque] mecer. **-2.** *fig* [douleur] aliviar.

berceuse [bɛrsøz] *nf* **-1.** [MUS – chanson] nana *f*, canción *f* de cuna; [– morceau de musique] nana *f.* **-2.** *Can* [fauteuil] mecedora *f.*

béret [berɛ] *nm* boina *f.*

berge [bɛrʒ] *nf* **-1.** [bord] orilla *f.* **-2.** *fam* [année d'âge] taco *m.*

berger, ère [bɛrʒe, ɛr] *nm, f* [personne] pastor *m*, -ra *f.* **◆ bergère** *nf* [canapé] poltrona *f.* **◆ berger allemand** *nm* pastor *m* alemán.

bergerie [bɛrʒəri] *nf* [lieu] aprisco *m.*

Berlin [bɛrlɛ̃] n Berlín.

berline [bɛrlin] nf berlina f.

berlingot [bɛrlɛ̃go] nm **-1.** [bonbon] caramelo en forma de rombo. **-2.** [emballage] bolsa f.

berlinois, e [bɛrlinwa, az] adj berlinés(esa). ◆ **Berlinois, e,** nm, f berlinés m, -esa f.

berlue [bɛrly] nf : **avoir la ~** ver visiones.

bermuda [bɛrmyda] nm bermudas fpl.

berne [bɛrn] nf : **en ~** a media asta.

berner [bɛrne] vt engañar.

besogne [bəzɔɲ] nf trabajo m.

besoin [bəzwɛ̃] nm **-1.** [gén] necesidad; **avoir ~ de qqch** necesitar algo; **avoir ~ de faire qqch** necesitar hacer algo; **au ~** en caso de necesidad. **-2.** [dénuement] : **être dans le ~** estar en la indigencia.

bestial, e, aux [bɛstjal, o] adj bestial.

bestiole [bɛstjɔl] nf bicho m.

bétail [betaj] nm ganado m.

bête [bɛt] ◇ adj **-1.** [stupide] tonto(ta). **-2.** [simple] **c'est tout ~** es muy sencillo. **-3.** [regrettable] : **c'est ~** [zut]! ¡qué tonto!, ¡qué tontería! ◇ nf bestia f.

bêtise [betiz] nf **-1.** [gén] tontería f Esp, babosada f Amér. **-2.** [de personne] necedad f.

béton [betɔ̃] nm hormigón m; **~ armé** hormigón armado.

betterave [bɛtrav] nf remolacha f; **~ fourragère** remolacha forrajera; **~ sucrière** OU **à sucre** remolacha azucarera.

beugler [bøgle] vi **-1.** [bovin] mugir. **-2.** fam [personne, radio] berrear.

beurre [bœr] nm mantequilla f; **au ~ noir** [œil] morado(da).

beurrer [bœre] vt untar con mantequilla.

beuverie [bœvri] nf cogorza f.

bévue [bevy] nf metedura f de pata.

biais [bjɛ] nm **-1.** [ligne oblique] sesgo m; **de** OU **en ~** [de manière oblique] en diagonal; **regarder de ~** mirar de reojo. **-2.** COUT **bies** m. **-3.** [aspect] ángulo m. **-4.** [moyen détourné] truco m. ◆ **par le biais de** loc prép [par l'intermédiaire de] por medio de; **il a obtenu cette promotion par le ~ d'un ami** ha conseguido el ascenso por medio de un amigo.

biaiser [bjeze] vi **-1.** [changer de cap] virar. **-2.** [être de travers] estar sesgado(da). **-3.** [agir, parler indirectement] andarse con rodeos.

bibelot [biblo] nm bibelot m.

biberon [bibrɔ̃] nm biberón m Esp, mamadera f Amér.

bibi [bibi] pron fam el menda(la menda); **et qui c'est qui a fait la vaisselle? c'est ~!** fig ¿y quién ha lavado los platos? ¡el menda!

bible [bibl] nf biblia f. ◆ **Bible** nf : **la Bible** la Biblia.

bibliographie [biblijɔgrafi] nf bibliografía f.

bibliothécaire [biblijotekɛr] nmf bibliotecario m, -ria f.

bibliothèque [biblijotɛk] nf **-1.** [meuble] librería f, biblioteca f. **-2.** [édifice, collection] biblioteca f.

biblique [biblik] adj bíblico(ca).

bicarbonate [bikarbɔnat] nm CHIM bicarbonato m; **~ de soude** bicarbonato sódico.

biceps [bisɛps] nm bíceps m inv.

biche [biʃ] nf ZOOL cierva f.

bicolore [bikɔlɔr] adj bicolor.

bicoque [bikɔk] nf fam casa f.

bicyclette [bisiklɛt] nf bicicleta f.

bide [bid] nm fam **-1.** [ventre] barriga f. **-2.** [échec] fracaso m.

bidet [bidɛ] nm **-1.** [sanitaire] bidé m. **-2.** hum [cheval] jamelgo m.

bidon [bidɔ̃] nm **-1.** [récipient] bidón m. **-2.** fam [ventre] barriga f. **-3.** (en apposition inv) [faux] fam falso(a).

bidonville [bidɔ̃vil] nm barrio m de chabolas.

bielle [bjɛl] nf biela f.

Biélorussie [bjelɔrysi] nf : **la ~** Bielorrusia.

bien [bjɛ̃] ◇ adj inv bien; **il est ~ ce bureau** está bien este despacho; **il est ~ comme prof** es buen profesor. ◇ nm bien m; **le ~ et le mal** el bien y el mal; **dire du ~ de qqn/de qqch** hablar bien de alguien/de algo; **en tout ~ tout honneur** con buenas intenciones; **faire du ~** ir bien. ◇ adv **-1.** [de manière satisfaisante] bien; **on mange ~ ici** se come bien aquí; **c'est ~ fait** te lo has merecido. **-2.** [sens intensif] muy, mucho; **~ de mucho(cha)**; **il a ~ de la chance** tiene mucha suerte; **~ souvent** muy a menudo; **elle est ~ jolie** es muy bonita; **en es-tu ~ sûr?** ¿estás completamente seguro?; **on a ~ ri** nos hemos reído mucho. **-3.** [au moins] : **il y a ~ trois heures que j'attends** hace por lo menos tres horas que espero. **-4.** [renforçant un comparatif] mucho; **il est parti ~ plus tard** se fue mucho más tarde; **il**

était ~ aussi gentil que... fue tan amable como... **-5.** [servant à conclure ou à introduire] : **~, c'est fini pour aujourd'hui** bueno, se acabó por hoy; **~, je t'écoute** bien OU bueno, te escucho; **très ~, je vais avec toi** muy bien, voy contigo. **-6.** [en effet] : **c'est ~ lui** efectivamente es él; **c'est ~ ce que je disais** es justo lo que decía. ◇ *interj* : **eh ~!** ¡(muy) bien!; **eh ~, qu'en penses-tu?** y bien, ¿tú qué opinas? ◆ **biens** *nmpl* bienes *mpl*. ◆ **bien de, bien des** *loc adj* mucho(cha); **il y a ~ du monde** hay mucha gente. ◆ **bien entendu** *loc adv* desde luego, por supuesto. ◆ **bien mieux** *loc adv* es más. ◆ **bien que** *loc conj* (+ subjonctif) aunque (+ subjuntivo); **~ qu'il ait terminé son travail, il ne sortira pas** aunque termine su trabajo, no saldrá. ◆ **bien sûr** *loc adv* desde luego, por supuesto.

bien-aimé, e [bjɛneme] (*mpl* **bien-aimés**, *fpl* **bien-aimées**) ◇ *adj* querido(da). ◇ *nm, f* amado *m*, -da *f*.

bien-être [bjɛnɛtr] *nm inv* bienestar *m*.

bienfaisance [bjɛfəzɑ̃s] *nf* beneficencia *f*.

bienfaisant, e [bjɛfəzɑ̃, ɑ̃t] *adj* beneficioso(sa).

bienfait [bjɛfɛ] *nm* **-1.** [faveur] favor *m*. **-2.** [effet bénéfique] efecto *m*.

bienfaiteur, trice [bjɛfɛtœr, tris] *nm, f* benefactor *m*, -ra *f*.

bien-fondé [bjɛfɔ̃de] (*pl* **bien-fondés**) *nm* pertinencia *f*.

bienheureux, euse [bjɛnørø, øz] ◇ *adj* **-1.** RELIG bienaventurado(da). **-2.** [heureux] dichoso(sa). ◇ *nm, f* RELIG bienaventurado *m*, -da *f*.

bientôt [bjɛto] *adv* pronto; **à ~** hasta pronto.

bienveillance [bjɛvɛjɑ̃s] *nf* bondad *f*.

bienveillant, e [bjɛvɛjɑ̃, ɑ̃t] *adj* bondadoso(sa).

bienvenu, e [bjɛvəny] ◇ *adj* [qui arrive à propos] oportuno(na). ◇ *nm, f* : **un café serait le ~** un café sería bienvenido; **soyez la ~e** sea usted bienvenida. ◆ **bienvenue** *nf* bienvenida *f*; **souhaiter la ~e à qqn** dar la bienvenida a alguien.

bière [bjɛr] *nf* **-1.** [boisson] cerveza *f*; **blonde/brune** cerveza rubia/negra; **~ pression** cerveza de barril. **-2.** [cercueil] ataúd *m*.

bifteck [biftɛk] *nm* bistec *m*.

bifurcation [bifyrkasjɔ̃] *nf* **-1.** [de route, voie ferrée] bifurcación *f*. **-2.** *fig* [nouvelle orientation] giro *m*.

bifurquer [bifyrke] *vi* **-1.** [route, voie ferrée] bifurcarse. **-2.** [tourner] girar. **-3.** [personne] orientarse hacia.

bigamie [bigami] *nf* bigamia *f*.

bigarré, e [bigare] *adj* abigarrado(da).

bigoudi [bigudi] *nm* bigudí *m*.

bijou, x [biʒu] *nm* joya *f*.

bijouterie [biʒutri] *nf* joyería *f*.

bijoutier, ère [biʒutje, ɛr] *nm, f* joyero *m*, -ra *f*.

bikini [bikini] *nm* bikini *m*.

bilan [bilɑ̃] *nm* balance *m*; **déposer son ~** declararse en quiebra; **faire le ~ de qqch** hacer balance de algo.

bilatéral, e, aux [bilateral, o] *adj* **-1.** [gén] bilateral. **-2.** [stationnement] a ambos lados *(de la calzada)*.

bile [bil] *nf* bilis *f inv*.

biliaire [biljɛr] *adj* biliar.

bilingue [bilɛ̃g] *adj & nmf* bilingüe.

billard [bijar] *nm* **-1.** [jeu] billar *m*. **-2.** [table de jeu] mesa *f* de billar.

bille [bij] *nf* **-1.** [d'enfant] canica *f Esp*, bolita *f Amér*. **-2.** [de billard] bola *f*. **-3.** *fam* [tête] careto *m*. **-4.** [pièce de bois] madero *m*.

billet [bije] *nm* billete *m*; **~ d'avion/de train** billete de avión/de tren; **~ (de banque)** billete (de banco); **~ de loterie** billete de lotería.

billetterie [bijetri] *nf* **-1.** BANQUE cajero *m* automático. **-2.** [à la gare, au théâtre] taquilla *f Esp*, boletería *f Amér*.

billion [biljɔ̃] *nm* [million de millions] billón *m*.

bimensuel, elle [bimɑ̃sɥɛl] *adj* bimensual. ◆ **bimensuel** *nm* bimensual.

bimoteur [bimɔtœr] *adj & nm* bimotor.

binaire [binɛr] *adj* binario(ria).

biner [bine] *vt* binar.

binocle [binɔkl] *nm* quevedos *mpl*. ◆ **binocles** *nmpl fam* lentes *fpl*.

binôme [binom] *nm* **-1.** MATHS binomio *m*. **-2.** UNIV compañero *m* de estudios.

bio [bjo] *adj inv* natural.

biocarburant [bjɔkarbyrɑ̃] *nm* biocarburante *m*.

biochimie [bjɔʃimi] *nf* bioquímica *f*.

biodégradable [bjɔdegradabl] *adj* biodegradable.

biographie [bjɔgrafi] *nf* biografía *f*.

biologie [bjɔlɔʒi] *nf* biología *f.*

biologique [bjɔlɔʒik] *adj* biológico(ca).

biomasse [bjɔmas] *nf* biomasa *f.*

biopsie [bjɔpsi] *nf* MÉD biopsia *f.*

biorythme [bjɔritm] *nm* biorritmo *m.*

biréacteur [bireaktœr] *nm* birreactor *m.*

bis¹, e [bi, biz] *adj* -1. [toile] bazo(za). -2. [pain, teint] moreno(na).

bis² [bis] ◇ *adv* -1. [numéro] bis. -2. [à la fin d'un spectacle] : **crier ~** gritar ¡otra!; **~! ~!** ¡otra! ¡otra! ◇ *nm* [répétition] bis *m.*

bisannuel, elle [bizanɥel] *adj* bienal.

biscornu, e [biskɔrny] *adj* -1. [difforme] de forma irregular. -2. [bizarre] retorcido(da).

biscotte [biskɔt] *nf* biscote *m.*

biscuit [biskɥi] *nm* -1. [gâteau sec] galleta *f.* -2. [pour animaux] pienso *m.* -3. [porcelaine] porcelana *f* sin esmaltar.

bise [biz] *nf* -1. [vent] cierzo *m.* -2. *fam* [baiser] beso *m.*

biseau, x [bizo] *nm* bisel *m*; **en ~** [obliquement] biselado(da), de bisel.

bison [bizɔ̃] *nm* bisonte *m.*

bisou [bizu] *nm fam* [baiser] besito *m*; **gros ~** [formule d'adieu] un beso muy grande.

bistouri [bisturi] *nm* MÉD bisturí *m.*

bistrot, bistro [bistro] *nm fam* [café] bar *m*; [restaurant] restaurante *m.*

bit [bit] *nm* INFORM bit *m.*

bivouac [bivwak] *nm* MIL vivaque *m.*

bivouaquer [bivwake] *vi* acampar.

bizarre [bizar] *adj* -1. [étrange] extraño(ña). -2. [excentrique] estrafalario(ria).

bizutage [bizytaʒ] *nm* novatada *f.*

black-out [blakaut] *nm* -1. [panne de courant] apagón *m.* -2. *fig* : **faire le ~** correr un tupido velo.

blafard, e [blafar, ard] *adj* pálido(da).

blague [blag] *nf* -1. [plaisanterie] chiste *m.* -2. [farce] broma *f.* -3. [maladresse] metedura *f* de pata.

blaguer [blage] *fam* ◇ *vi* [plaisanter] bromear. ◇ *vt* [taquiner] burlarse de.

blagueur, euse [blagœr, øz] *adj & nm, f fam* bromista.

blaireau, x [blɛro] *nm* -1. [animal] tejón *m.* -2. [pour le rasage] brocha *f* de afeitar.

blâme [blam] *nm* -1. [désapprobation] censura *f.* -2. [sanction] sanción *f.*

blâmer [blame] *vt* -1. [désapprouver] censurar. -2. [infliger un blâme] sancionar.

blanc, blanche [blɑ̃, blɑ̃ʃ] *adj* -1. [gén] blanco(ca). -2. [page, nuit] en blanco. ◆ **blanc** *nm* -1. [couleur, linge] blanco *m.* -2. [sur une page] espacio *m* en blanco. -3. [dans une conversation] silencio *m.* -4. [de volaille] pechuga *f*; [d'œuf] clara *f.* -5. *loc* : **à ~** [chauffer] al rojo blanco; [tirer] al blanco; **en ~** [couleur, chèque] en blanco. ◆ **blanche** *nf* MUS blanca *f.*

blanc-bec *nm péj & vieilli* mocoso *m.*

blanche → **blanc.**

blancheur [blɑ̃ʃœr] *nf* blancura *f.*

blanchir [blɑ̃ʃir] ◇ *vt* -1. [mur, tissu, argent] blanquear. -2. [linge] lavar. -3. [légumes] escaldar. -4. *fig* [accusé] exculpar. ◇ *vi* -1. [personne] envejecer. -2. [cheveux] encanecer.

blanchissage [blɑ̃ʃisaʒ] *nm* -1. [du linge] lavado *m.* -2. TECHNOL [du sucre] refinado *m (del azúcar).*

blanchisserie [blɑ̃ʃisri] *nf* lavandería *f.*

blanchisseur, euse [blɑ̃ʃisœr, øz] *nm, f* lavandero *m, -ra f.*

blasé, e [blaze] ◇ *adj* hastiado(da). ◇ *nm, f* desganado *m*, desganada *f*; **faire le ~** hacerse el desganado.

blason [blazɔ̃] *nm* [armoiries] blasón *m.*

blasphème [blasfɛm] *nm* blasfemia *f.*

blasphémer [blasfeme] ◇ *vt* blasfemar contra. ◇ *vi* blasfemar.

blatte [blat] *nf* cucaracha *f.*

blazer [blazer] *nm* blazer *m*, americana *f Esp*, saco *m Amér.*

blé [ble] *nm* -1. [céréale] trigo *m*; **~ en herbe** trigo en ciernes. -2. *fam* [argent] pasta *f.*

blême [blɛm] *adj* pálido(da).

blennorragie [blenɔraʒi] *nf* MÉD blenorragia *f*, blenorrea *f.*

blessant, e [blesɑ̃, ɑ̃t] *adj* hiriente.

blessé, e [blese] *nm, f* herido *m, -da f.*

blesser [blese] *vt* -1. [infliger une blessure] herir; **être blessé au bras** ser herido en el brazo. -2. [faire mal] hacer daño. -3. [vexer] ofender.

blessure [blesyr] *nf* herida *f.*

blet, blette [blɛ, blɛt] *adj* pasado(da).

bleu, e [blø] *adj* -1. [couleur] azul. -2. CULIN poco hecho(cha). ◆ **bleu** *nm* -1. [couleur] azul *m.* -2. [meurtrissure] cardenal *m*, morado *m.* -3. [colorant] azulete *m.* -4. [novice] recluta *m.* -5. [fromage] queso *m* azul. ◆ **bleu de travail** *nm* mono *m* de trabajo.

bleuet [bløɛ] *nm* aciano *m*.

bleuir [bløir] ◇ *vt* **-1.** [chose] azular. **-2.** [partie du corps] amoratarse. ◇ *vi* [devenir bleu] volverse azul.

bleuté, e [bløte] *adj* azulado(da) *Esp*, azuloso(sa) *Amér*.

blindé, e [blɛ̃de] *adj* **-1.** [véhicule, porte] blindado(da). **-2.** *fam fig* [personne] curtido(da). ◆ **blindé** *nm* MIL vehículo *m* blindado.

blinder [blɛ̃de] *vt* **-1.** [véhicule, porte] blindar. **-2.** *fam fig* [personne] curtir.

blizzard [blizar] *nm* ventisca en América del Norte.

bloc [blɔk] *nm* **-1.** [masse] bloque *m*; ~ **d'habitations** bloque de viviendas. **-2.** [groupe] coalición *f*; **en ~** [en totalité] en bloque. **-3.** [assemblage] módulo *m*; ~ **d'alimentation** INFORM bloque de alimentación; ~ **opératoire** quirófano *m*.

blocage [blɔkaʒ] *nm* **-1.** CONSTR cascote *m* inv. **-2.** ÉCON congelación *f*. **-3.** PSYCHOL bloqueo *m* (mental). **-4.** [de roue] bloqueo *m*.

blockhaus [blɔkos] *nm* MIL blocao *m*.

bloc-moteur *nm* AUTOM bloque *m* del motor.

bloc-notes [blɔknɔt] *nm* bloc *m* de notas.

blocus [blɔkys] *nm* bloqueo *m*.

blond, e [blɔ̃, blɔ̃d] ◇ *adj* **-1.** [cheveux, personne] rubio(bia) *Esp*, güero(ra) *Amér*. **-2.** [bois] claro(ra). **-3.** [baguette] poco hecho(poco hecha). ◇ *nm, f* [personne] rubio *m*, -bia *f Esp*, güero *m*, -ra *f Amér*. ◆ **blond** *nm* rubio *m*; ~ **cendré/vénitien/platine** rubio ceniza/bermejo/platino.

blondeur [blɔ̃dœr] *nf* rubio *m*.

bloquer [blɔke] *vt* **-1.** [gén] bloquear. **-2.** ÉCON congelar. **-3.** [regrouper] juntar. ◆ **se bloquer** *vp* bloquearse.

blottir [blɔtir] ◆ **se blottir** *vp* acurrucarse.

blouse [bluz] *nf* **-1.** [de travail, d'écolier] bata *f*. **-2.** [chemisier] blusa *f*.

blouson [bluzɔ̃] *nm* cazadora *f Esp*, campera *f Amér*.

blue-jean [bludʒin] (*pl* **blue-jeans** [bludʒins]) *nm* vaqueros *mpl*.

blues [bluz] *nm inv* **-1.** MUS blues *m inv*. **-2.** *fam* [mélancolie] depre *f*.

bluff [blœf] *nm* fantasmada *f*.

bluffer [blœfe] *fam* ◇ *vi* tirarse un farol. ◇ *vt* embaucar.

blush [blœʃ] *nm* colorete *m*.

boa [bɔa] *nm* boa *f*; ~ **constricteur** boa constrictor.

boat people [botpipœl] *nmpl* boat people *mpl*.

bobard [bɔbar] *nm fam* trola *f*.

bobine [bɔbin] *nf* **-1.** [de fil] bobina *f*; [de ruban] carrete *m*. **-2.** *fam vieilli* [visage] jeta *f*.

bobonne [bɔbɔn] *nf péj* maruja *f*.

bocage [bɔkaʒ] *nm* **-1.** [bois] bosquecillo *m*. **-2.** GÉOGR dehesa *f*.

bocal, aux [bɔkal, o] *nm* tarro *m*.

body-building [bɔdibɥildiŋ] *nm* body-building *m*.

bœuf [bœf, *pl* bø] *nm* **-1.** [animal] buey *m*. **-2.** [viande] vaca *f*.

bof [bɔf] *interj fam* ¡bah!

bohème [bɔɛm] *adj & nmf* bohemio(mia).

bohémien, enne [bɔemjɛ̃, ɛn] ◇ *adj* bohemio(mia)(de la Bohemia). ◇ *nm, f* [gitan] gitano *m*, -na *f*.

boire [bwar] *vt* **-1.** [s'abreuver, être alcoolique] beber. **-2.** [absorber] chupar.

bois [bwa] ◇ *nm* **-1.** [forêt] bosque *m*. **-2.** [matériau = construction] madera *f*; **en ~ de madera**; [= de chauffage] leña *f*. ◇ *nmpl* **-1.** MUS instrumentos *mpl* de viento. **-2.** [cornes] cornamenta *f*.

boisé, e [bwaze] *adj* poblado(da)de árboles.

boiserie [bwazri] *nf* carpintería *f*.

boisson [bwasɔ̃] *nf* bebida; ~ **alcoolisée** bebida alcohólica; **s'adonner à la ~** darse a la bebida.

boîte [bwat] *nf* **-1.** [récipient] caja *f*; **en ~** [en conserve] en lata; ~ **de conserves** lata *f* de conservas; ~ **à musique/de vitesses** caja de música/de cambios; ~ **à gants** [de voiture] guantera *f*; ~ **aux lettres** buzón *m*; ~ **postale** apartado *m* de correos. **-2.** *fam* [entreprise] empresa *f*; [discothèque] discoteca *f*.

boîter [bwate] *vi* cojear.

boiteux, euse [bwatø, øz] *adj & nm, f* cojo(ja).

boîtier [bwatje] *nm* **-1.** [gén] caja *f*. **-2.** [d'appareil photographique] cuerpo *m*.

bol [bɔl] *nm* [récipient, contenu] tazón *m*, bol *m*; ~ **alimentaire** bolo *m* alimenticio; **prendre un ~ d'air** tomar el aire.

bolet [bɔlɛ] *nm* boleto *m* (seta).

bolide [bɔlid] *nm* bólido *m*.

Bolivie [bɔlivi] *nf* : **la ~** Bolivia.

bolivien, enne [bɔlivjɛ̃, ɛn] *adj* boliviano(na). ◆ **Bolivien, enne** *nm, f* boliviano *m*, -na *f*.

bombance [bɔ̃bɑ̃s] *nf* : **faire ~** ir de francachela OU de cuchipanda.

bombardement [bɔ̃bardəmɑ̃] *nm* bombardeo *m*.

bombarder [bɔ̃barde] *vt* **-1.** MIL bombardear; **~ qqn/qqch de qqch** [lancer sur] bombardear a alguien/algo con algo. **-2.** *fam fig* [accabler de] : **~ qqn de qqch** bombardear a alguien de algo. **-3.** *fam fig* [nommer] nombrar de sopetón (*para un cargo*).

bombardier [bɔ̃bardje] *nm* bombardero *m*.

bombe [bɔ̃b] *nf* **-1.** [projectile, scandale] bomba *f*; **~ atomique/incendiaire/à retardement** bomba atómica/incendiaria/de efecto retardado. **-2.** [de cavalier] gorra *f* (*de jinete*). **-3.** [atomiseur] espray *m*.

bombé, e [bɔ̃be] *adj* abombado(da).

bon, bonne [bɔ̃, bɔn] (*compar & superl* **meilleur**) *adj* **-1.** [gén] bueno(na). **-2.** [dans l'expression d'un souhait] feliz; **~ anniversaire!** ¡feliz cumpleaños!; **bonne année!** ¡feliz año nuevo! **-3.** [sens intensif] largo(ga); **une bonne heure** una hora larga. **-4.** [réponse, solution, etc] correcto(ta). **-5.** *loc* : **être ~ à servir para**; **être ~ pour qqch/pour faire qqch** *fam* no escaparse de algo/de hacer algo. ◆ **bon** ◇ *adv* : **il fait ~** hace buen tiempo; **sentir ~** oler bien; **tenir ~** aguantar. ◇ *interj* [marque de satisfaction] bueno. ◇ *nm* **-1.** [constatant un droit] bono *m*; **~ de commande** COMM nota *f* de pedido, orden *f*; **~ du Trésor** FIN bono del Tesoro. **-2.** (*gén pl*) [personne] los buenos; **les ~s et les méchants** los buenos y los malos.

bonasse [bɔnas] *adj* bonachón(ona).

bonbon [bɔ̃bɔ̃] *nm* **-1.** [friandise] caramelo *m*. **-2.** *Belg* [gâteau sec] galleta *f*.

bonbonne [bɔ̃bɔn] *nf* bombona *f*.

bonbonnière [bɔ̃bɔnjɛr] *nf* bombonera *f*.

bond [bɔ̃] *nm* [saut] brinco *m*; **faire un ~** [bondir] dar un brinco; [progresser] dar un salto.

bonde [bɔ̃d] *nf* **-1.** [d'évier] desagüe *m*. **-2.** [trou] piquera *f*. **-3.** [bouchon] tapón *m*.

bondé, e [bɔ̃de] *adj* abarrotado(da).

bondir [bɔ̃dir] *vi* **-1.** [sauter] brincar; **~ sur qqch/sur algo** saltar sobre algo/sobre alguien. **-2.** [s'élancer] abalanzarse. **-3.** *fig* [réagir violemment] saltar.

bonheur [bɔnœr] *nm* **-1.** [félicité] felicidad *f*; **faire le ~ de qqn** [rendre heureux] hacer feliz a alguien; [se rendre utile] resolver la papeleta a alguien. **-2.** [chance] suerte *f*; **par ~** [heureusement] por suerte; **porter ~** dar suerte.

bonhomme [bɔnɔm] (*pl* **bonshommes**) ◇ *adj* bonachón(ona). ◇ *nm* **-1.** *fam péj* [homme] tío *m*. **-2.** [petit garçon] hombrecito *m*. **-3.** [représentation] muñeco *m*; **~ de neige** muñeco de nieve.

bonification [bɔnifikasjɔ̃] *nf* **-1.** [de la terre, du vin] mejora *f*. **-2.** SPORT prima *f*.

bonjour [bɔ̃ʒur] *nm* **-1.** [le matin] buenos días *m Esp*, buen día *m Amér*. **-2.** [salut] ¡hola!; **dire ~** saludar.

bonne [bɔn] ◇ *adj* → **bon**. ◇ *nf* criada *f Esp*, mucama *f Amér*.

bonnement [bɔnmɑ̃] *adv* : **tout ~** [tout simplement] lisa y llanamente.

bonnet [bɔnɛ] *nm* **-1.** [coiffure] gorro *m*; **~ de bain** gorro de baño. **-2.** [de soutien-gorge] copa *f*.

bonneterie [bɔnetri] *nf* **-1.** [industrie] industria *f* de géneros de punto. **-2.** [marchandise] géneros *mpl* de punto. **-3.** [magasin] tienda *f* de géneros de punto, mercería *f*.

bonsoir [bɔ̃swar] *nm* [dans l'après-midi] buenas tardes *fpl*; [de nuit] buenas noches *fpl*.

bonté [bɔ̃te] *nf* **-1.** [bienveillance] bondad *f*; **avoir la ~ de faire qqch** *sout* tener la bondad de hacer algo. **-2.** (*gén pl*) [acte d'amabilité] atención *f*.

bonus [bɔnys] *nm* **-1.** [assurance automobile] bonificación *f*. **-2.** [supplément] plus *m*.

bord [bɔr] *nm* **-1.** [extrémité, côté] borde *m*; **à ras ~s** hasta el borde; **au ~ de** [très près de] al borde de; [sur le point de] a punto de. **-2.** [rivage] orilla *f*; **au ~ de mer** en la playa, en la costa. **-3.** [lisière] lindero *m*. **-4.** [bordure – de vêtement] ribete *m*; [– de chapeau] ala *f*. **-5.** [de moyen de transport] : **à ~ de qqch** a bordo de algo; **de ~** a bordo; **passer par-dessus ~** [tomber à la mer] caer por la borda.

bordeaux [bɔrdo] ◇ *adj inv* [couleur] burdeos (*en aposición*). ◇ *nm* [vin] burdeos *m inv*.

bordel [bɔrdɛl] *nm tfam* **-1.** [maison close] burdel *m*. **-2.** [désordre] caos *m*.

bordélique [bɔrdelik] *adj fam* caótico(ca).

border [bɔrde] *vt* **–1.** [vêtement] : ~ qqch de qqch ribetear algo de algo. **–2.** [être en bordure] bordear. **–3.** NAVIG costear. **–4.** [lit] remeter. **–5.** [personne] arropar.

bordereau [bɔrdəro] *nm* **–1.** [liste] relación *f* detallada. **–2.** [facture] factura *f*.

bordure [bɔrdyr] *nf* **–1.** [bord] borde *m*; en ~ de qqch al borde de algo. **–2.** [de fleurs] bordura *f*. **–3.** [de vêtement] ribete *m*; à ~ de con un ribete de, ribeteado(da)de.

borgne [bɔrɲ] ◇ *adj* **–1.** [personne] tuerto(ta). **–2.** *fig* [sordide] de mala muerte. ◇ *nmf* [personne] tuerto *m*, -ta *f*.

borne [bɔrn] *nf* **–1.** [marque] mojón *m*. **–2.** *fam* [kilomètre] kilómetro *m*. **–3.** *fig* [limite] límite *m*; dépasser les ~s pasarse de la raya; sans ~s sin límites.

borné, e [bɔrne] *adj* **–1.** [restreint] limitado(da). **–2.** [obtus] corto(ta)de alcances.

borner [bɔrne] *vt* limitar. ◆ **se borner** *vp* : se ~ à faire qqch [se contenter de] limitarse a hacer algo; se ~ à qqch [se limiter à] limitarse a algo.

bosniaque [bɔsnjak] *adj* bosnio(nia). ◆ **Bosniaque** *nm, f* bosnio *m*, -nia *f*.

Bosnie [bɔsni] *nf* : la ~ Bosnia.

bosquet [bɔskɛ] *nm* bosquecillo *m*.

bosse [bɔs] *nf* **–1.** [enflure] chichón *m*. **–2.** [de bossu] joroba *f*. **–3.** ANAT [du crâne] protuberancia *f*. **–4.** [de chameau, de dromadaire] giba *f*, joroba *f*. **–5.** [de terrain] montículo *m*.

bosser [bɔse] *vi fam* currar.

bossu, e [bɔsy] *adj & nm, f* jorobado(da).

botanique [bɔtanik] ◇ *adj* botánico(ca). ◇ *nf* botánica *f*.

botte [bɔt] *nf* **–1.** [chaussure] bota *f*; ~ de caoutchouc bota de goma. **–2.** [de légumes] manojo *m*. **–3.** [d'escrime] estocada *f*.

botter [bɔte] *vt* **–1.** [chausser] calzar. **–2.** *fam* [donner un coup de pied] dar una patada en. **–3.** *fam vieilli* [plaire à] chiflar.

bottier [bɔtje] *nm* zapatero *m*.

Bottin® [bɔtɛ̃] *nm fam* listín *m* (de teléfonos).

bottine [bɔtin] *nf* botín *m*.

bouc [buk] *nm* **–1.** [animal] macho cabrío *m*; ~ émissaire *fig* chivo *m* expiatorio. **–2.** [barbe] perilla *f*.

boucan [bukɑ̃] *nm fam* jaleo *m*.

bouche [buʃ] *nf* boca *f*; faire du ~ à ~ à qqn hacerle el boca a boca a alguien; rester ~ bée quedarse boquiabierto(ta); ~ d'incendie/de métro boca de incendios/de metro.

bouché, e [buʃe] *adj* **–1.** [obstrué] atascado(da). **–2.** [en bouteille] embotellado(da). **–3.** *fam fig* [personne] duro(ra)de mollera.

bouchée [buʃe] *nf* bocado *m*.

boucher[1] [buʃe] *vt* **–1.** [bouteille, trou] tapar. **–2.** [obstruer – passage] interceptar; [– la vue] tapar.

boucher[2]**, ère** [buʃe, ɛr] *nm, f* carnicero *m*, -ra *f*.

boucherie [buʃri] *nf* carnicería *f*.

bouche-trou [buʃtru] *nm* (*pl* **bouche-trous**) **–1.** [personne] figurante *m*, -ta *f*. **–2.** [objet] relleno *m*.

bouchon [buʃɔ̃] *nm* **–1.** [de bouteille, de flacon] tapón *m* Esp, tapa *f* Amér. **–2.** [de canne à pêche] flotador *m*. **–3.** [embouteillage] atasco *m* Esp, atorón *m* Amér.

boucle [bukl] *nf* **–1.** [de ceinture, de soulier] hebilla *f*. **–2.** [de cheveux, looping] rizo *m*. **–3.** [de fleuve] meandro *m*. ◆ **boucle d'oreille** *nf* pendiente *m* Esp, aro *m* Amér.

bouclé, e [bukle] *adj* **–1.** [cheveux] rizado(da). **–2.** [personne] que tiene el pelo rizado.

boucler [bukle] *vt* **–1.** [attacher] abrocharse. **–2.** *fam* [fermer] cerrar; boucle-la! ¡cierra el pico! **–3.** *fam* [enfermer] encerrar. **–4.** [encercler] acordonar. **–5.** [cheveux] rizar Esp, enchinar Amér. **–6.** *fam* [terminer] acabar.

bouclier [buklije] *nm* escudo *m*; se faire un ~ de qqch *fig* escudarse en algo.

bouddhiste [budist] *adj & nmf* RELIG budista.

bouder [bude] ◇ *vi* [être renfrogné] enfurruñarse. ◇ *vt* [personne] esquivar; [chose] pasar de.

bouderie [budri] *nf* enfurruñamiento *m*.

boudeur, euse [budœr, øz] ◇ *adj* [personne, attitude] enfurruñado(da). ◇ *nm, f* [personne] gruñón *m*, -ona *f*.

boudin [budɛ̃] *nm* **–1.** CULIN morcilla *f*. **–2.** *fam péj* [personne] feto *m*.

boue [bu] *nf* **–1.** [terre] barro *m*. **–2.** *fig* [fange] lodo *m*.

bouée [bwe] *nf* boya *f*; ~ de sauvetage salvavidas *m inv*.

boueux, euse [buø, øz] *adj* fangoso(sa).

bouffe [buf] *nf fam* manduca *f*.

bouffée [bufe] *nf* **–1.** [souffle] bocanada *f*; [odeur] vaharada *f*. **–2.** [aspiration] calada *f*. **–3.** [accès] arrebato *m*.

bouffer [bufe] ◇ *vi* ahuecarse. ◇ *vt fam* papear.

bouffi, e [bufi] *adj* [gonflé] abotargado(da).

bouffon [bufɔ̃] *nm* **-1.** HIST bufón *m.* **-2.** [pitre] payaso *m.*

bouge [buʒ] *nm* **-1.** [taudis] cuchitril *m.* **-2.** [café mal famé] antro *m.*

bougeoir [buʒwar] *nm* palmatoria *f.*

bougeotte [buʒɔt] *nf* : avoir la ~ *fam* ser (un) culo de mal asiento.

bouger [buʒe] ◇ *vt* [déplacer] mover. ◇ *vi* **-1.** [remuer, sortir] moverse. **-2.** [s'altérer] alterarse, cambiar. **-3.** [s'agiter] agitarse.

bougie [buʒi] *nf* **-1.** [chandelle] vela *f Esp,* veladora *f Amér.* **-2.** [de moteur] bujía *f.*

bougon, onne [bugɔ̃, ɔn] *adj & nm, f* gruñón(ona).

bougonner [bugɔne] *vi fam* refunfuñar.

bouillant, e [bujɑ̃, ɑ̃t] *adj* **-1.** [eau, café] hirviendo, hirviente. **-2.** *fig* [tempérament, personne] ardiente.

bouillir [bujir] *vi* **-1.** [liquide] hervir; faire ~ qqch hervir. **-2.** *fig* [personne] : il bout está que arde.

bouilloire [bujwar] *nf* hervidora *f.*

bouillon [bujɔ̃] *nm* **-1.** [bouillonnement] borbotón *m.* **-2.** [soupe] caldo *m.*

bouillonner [bujɔne] *vi* **-1.** [liquide, torrent] borbotear, borbollar. **-2.** *fig* [s'agiter] hervir.

bouillotte [bujɔt] *nf* bolsa *f* de agua caliente.

boul. *abr de* **boulevard.**

boulanger, ère [bulɑ̃ʒe, ɛr] *adj & nm, f* panadero(ra).

boulangerie [bulɑ̃ʒri] *nf* panadería *f.*

boule [bul] *nf* [de billard, de pétanque] bola *f*; [de loto] ficha *f*; se rouler en ~ enroscarse; ~ de neige bola de nieve; faire ~ de neige *fig* hacerse una bola de nieve.

bouleau [bulo] *nm* BOT abedul *m.*

bouledogue [buldɔg] *nm* buldog *m.*

boulet [bulɛ] *nm* **-1.** [de canon] bala *f.* **-2.** [de forçat] grillete *m.* **-3.** *fig* [fardeau] cruz *f.*

boulette [bulɛt] *nf* **-1.** [petite boule] bolita *f.* **-2.** [de viande] albóndiga *f.*

boulevard [bulvar] *nm* **-1.** [rue] bulevar *m.* **-2.** THÉÂTRE comedia *f* ligera.

bouleversant, e [bulversɑ̃, ɑ̃t] *adj* conmovedor(ra).

bouleversé, e [bulverse] *adj* [en désordre] revuelto(ta); [personne] emocionado(da).

bouleversement [bulversəmɑ̃] *nm* conmoción *f*; ~ de qqch alteración de algo.

bouleverser [bulverse] *vt* **-1.** [mettre en désordre] revolver. **-2.** [modifier] conmocionar. **-3.** [personne] emocionar.

boulier [bulje] *nm* ábaco *m.*

boulimie [bulimi] *nf* bulimia *f.*

boulon [bulɔ̃] *nm* perno *m.*

boulonner [bulɔne] ◇ *vt* empernar. ◇ *vi fam* currar.

boulot [bulo] *nm fam* curro *m.*

bouquet [bukɛ] *nm* **-1.** [de fleurs] ramo *m.* **-2.** [crevette] camarón *m.* **-3.** [du vin] buqué *m.* **-4.** [de feu d'artifice] castillo *m (de fuegos artificiales).*

bouquin [bukɛ̃] *nm fam* libro *m.*

bouquiner [bukine] *vt & vi fam* leer.

bouquiniste [bukinist] *nmf librero de viejo en los muelles del Sena.*

bourbier [burbje] *nm* **-1.** [lieu] barrizal *m.* **-2.** *fig* [situation] lodazal *m.*

bourde [burd] *nf* **-1.** [baliverne] bola *f (mentira).* **-2.** *fam* [erreur] : faire une ~ meter la pata.

bourdon [burdɔ̃] *nm* **-1.** [insecte] abejorro *m.* **-2.** [cloche] campana *f* mayor. **-3.** [ton grave] bordón *m.* **-4.** *loc* : avoir le ~ *fam* [avoir le cafard] tener morriña.

bourdonnement [burdɔnmɑ̃] *nm* **-1.** [d'insecte, de moteur] zumbido *m.* **-2.** [de voix] murmullo *m.*

bourdonner [burdɔne] *vi* zumbar.

bourgeois, e [burʒwa, az] ◇ *adj* **-1.** [gén] burgués(esa). **-2.** [cuisine] casero(ra). ◇ *nm, f* burgués *m,* -esa *f.*

bourgeoisie [burʒwazi] *nf* burguesía *f.*

bourgeon [burʒɔ̃] *nm* yema *f.*

bourlinguer [burlɛ̃ge] *vi fam fig* correr mundo.

bourrade [burad] *nf* empujón *m.*

bourrage [buraʒ] *nm* [de coussin] relleno *m.*

bourrasque [burask] *nf* borrasca *f.*

bourratif, ive [buratif, iv] *adj fam* pesado(da).

bourreau [buro] *nm* verdugo *m*; ~ des cœurs rompecorazones *m inv.*

bourrelet [burlɛ] *nm* **-1.** [de porte] burlete *m.* **-2.** [coussinet] rodete *m.* **-3.** [de graisse] michelín *m.*

bourrer [bure] *vt* **-1.** [garnir de bourre] rellenar. **-2.** [valise] abarrotar; [fusil, pipe] cargar. **-3.** *fam* [gaver] atiborrar. **-4.** *fam* [caler – estomac] llenar.

bourrique [burik] *nf* –1. [ânesse] burra *f*. –2. *fam* [personne] burro *m*, -rra *f*.

bourru, e [bury] *adj fig* [peu aimable] huraño(ña).

bourse [burs] *nf* –1. [porte-monnaie] monedero *m*. –2. [d'études] beca *f*. –3. ANAT bolsa *f*. ◆ **Bourse** *nf* FIN Bolsa *f*; **Bourse de commerce** COMM lonja *f*; **Bourse des valeurs** COMM bolsa de valores.

boursier, ère [bursje, ɛr] ◇ *adj* –1. [élève] becario(ria). –2. FIN [opération] bursátil. ◇ *nm, f* –1. [étudiant] becario *m*, -ria *f*. –2. FIN [professionnel de la Bourse] bolsista *mf*.

boursouflé, e [bursufle] *adj* –1. [visage] abotargado(da). –2. *fig* [style] ampuloso(sa).

boursoufler [bursufle] *vt* abotargar.

bousculade [buskylad] *nf* –1. [cohue] avalancha *f*. –2. [hâte] prisa *f*.

bousculer [buskyle] *vt* –1. [pousser] empujar, dar un empujón. –2. [faire tomber] tirar, hacer caer. –3. [presser] meter prisa.

bouse [buz] *nf* : ~ **(de vache)** *nf* boñiga *f* de vaca.

bousiller [buzije] *vt fam* –1. [bâcler] chapucear. –2. [abîmer] cargarse.

boussole [busɔl] *nf* brújula *f*.

bout [bu] *nm* –1. [extrémité] punta *f*; ~ **filtre** [de cigarette] boquilla *f*. –2. [fin] final *m*; **au ~ de qqch** al cabo de algo; **d'un ~ à l'autre** de punta a punta, de cabo a rabo. –3. [morceau] trozo *m*. –4. *loc* : **être à ~ d'arguments** quedarse sin argumentos; **pousser qqn à ~** sacar a alguien de sus casillas; **venir à ~ de** acabar con.

boutade [butad] *nf* broma *f*.

boute-en-train [butɑ̃trɛ̃] *nm inv* alma *f*; **le ~ de la soirée** el alma de la fiesta.

bouteille [butɛj] *nf* botella *f*.

boutique [butik] *nf* tienda *f*.

bouton [butɔ̃] *nm* –1. COUT & ÉLECTR botón *m*; ~ **de manchette** gemelo *m*. –2. [bourgeon] botón *m*, yema *f*. –3. [sur la peau] grano *m*. –4. [de porte] tirador *m*.

bouton-d'or [butɔ̃dɔr] (*pl* **boutons-d'or**) *nm* BOT botón *m* de oro.

boutonner [butɔne] *vt* abotonar.

boutonneux, euse [butɔnø, øz] *adj* lleno(na) de granos.

boutonnière [butɔnjɛr] *nf* ojal *m*.

bouton-pression (*pl* **boutons-pression**) *nm* COUT cierre *m*, presilla *f*.

bouture [butyr] *nf* BOT esqueje *m*.

bovin, e [bɔvɛ̃, in] *adj* –1. [animal] bovino(na), vacuno(na). –2. *fig* [regard] bovino(na). ◆ **bovin** *nm* bovino *m*.

bowling [buliŋ] *nm* –1. [jeu] bolos *mpl*. –2. [lieu] bolera *f*.

box [bɔks] (*pl* **boxes**) *nm* box *m*; **le ~ des accusés** [au tribunal] el banquillo de los acusados.

boxe [bɔks] *nf* SPORT boxeo *m Esp*, box *m Amér*.

boxer[1] [bɔkse] ◇ *vi* boxear. ◇ *vt* dar puñetazos.

boxer[2] [bɔksɛr] *nm* bóxer *m*.

boxeur [bɔksœr] *nm* boxeador *m*.

boyau [bwajo] *nm* –1. [intestins] tripas *fpl*. –2. [de pneu] neumático *(para bicicletas de carreras)*. –3. [corde] cuerda *f (de tripa)*. –4. [galerie] galería *f* estrecha.

boycotter [bɔjkɔte] *vt* boicotear.

BP (*abr de* **boîte postale**) *nf* Apdo.

bracelet [braslɛ] *nm* –1. [bijou] pulsera *f*. –2. [courroie de montre] correa *f*.

bracelet-montre *nm* reloj *m* de pulsera.

braconner [brakɔne] *vi* [chasser] practicar la caza furtiva; [pêcher] practicar la pesca furtiva.

braconnier, ère [brakɔnje, ɛr] *nm* –1. [chasseur] cazador furtivo *m*, cazadora furtiva *f*. –2. [pêcheur] pescador furtivo *m*, pescadora furtiva *f*.

brader [brade] *vt* –1. [solder] liquidar. –2. [vendre à un prix dérisoire] malvender.

braderie [bradri] *nf* liquidación *f*.

braguette [bragɛt] *nf* bragueta *f*.

braille [braj] *nm* braille *m*.

braillement [brajmɑ̃] *nm péj* berrido *m*.

brailler [braje] ◇ *vi* berrear. ◇ *vt* cantar a grito pelado.

braire [brɛr] *vi* –1. [âne] rebuznar. –2. *fam* [brailler] berrear.

braise [brez] *nf* brasa *f*.

bramer [brame] *vi* bramar.

brancard [brɑ̃kar] *nm* –1. [civière] camilla *f*. –2. [de charrette] varal *m*.

brancardier [brɑ̃kardje] *nm, f* camillero *m*, -ra *f*.

branchage [brɑ̃ʃaʒ] *nm* ramaje *m*.

branche [brɑ̃ʃ] *nf* –1. [d'arbre] rama *f*; **en ~s** en rama. –2. [pièce – de lunettes] patilla *f*; [– de compas] pierna *f*. –3. [de chemin] ramal *m*. –4. [de nerfs] ramificación *f*. –5. [secteur, discipline] ramo *m*.

branché, e [brɑ̃ʃe] *adj* –1. ÉLECTR enchufado(da). –2. *fam* [à la mode] moderno(na).

branchement [brãʃmã] *nm* [raccordement] conexión *f*; ~ **de voie** [aiguillage] empalme *m* de vías.

brancher [brãʃe] *vt* **-1.** ÉLECTR & INFORM conectar; ~ **qqch sur qqch** ÉLECTR enchufar algo a algo; *fig* [conversation] encarrilar algo hacia algo. **-2.** *fam* [orienter] : ~ **qqn sur qqch** orientar a alguien hacia algo. **-3.** *fam* [plaire] molar.

branchies [brãʃi] *nfpl* [de poisson] branquias *fpl*.

brandir [brãdir] *vt* blandir.

branlant, e [brãlã, ãt] *adj* [meuble] cojo(ja).

branle-bas [brãlba] *nm inv* [agitation] trajín *m*.

braquage [brakaʒ] *nm* **-1.** AUTOM giro *m* (del volante). **-2.** *fam* [attaque] atraco *m*.

braquer [brake] ◇ *vt* **-1.** [diriger] : ~ **qqch sur qqch/sur qqn** [arme] apuntar a algo/a alguien con algo; [lorgnette] dirigir algo hacia algo/a alguien; [regard] fijar algo en algo/en alguien. **-2.** [contrarier] llevar la contraria a. **-3.** *fam* [attaquer] atracar. ◇ *vi* girar. ◆ **se braquer** *vp* [personne] rebotarse.

bras [bra] *nm* brazo *m*; ~ **de mer** brazo de mar; ~ **droit** brazo derecho, mano *f* derecha; ~ **de fer** [jeu] pulso *m*; **à ~ ouverts** con los brazos abiertos; **avoir le ~ long** [avoir de l'influence] tener mucha influencia.

brasier [brazje] *nm* hoguera *f*.

bras-le-corps [bralkɔr] ◆ **à bras-le-corps** *loc adv* por la cintura.

brassage [brasaʒ] *nm* **-1.** [de bière] braceado *m*. **-2.** *fig* [mélange] mezcla *f*.

brassard [brasar] *nm* brazalete *m*.

brasse [bras] *nf* [nage] braza *f*; ~ **coulée** braza *f*; ~ **papillon** mariposa *f*.

brassée [brase] *nf* brazada *f*.

brasser [brase] *vt* **-1.** [bière] elaborar cerveza. **-2.** [mélanger – gén] remover; [– des cartes] barajar. **-3.** [manier] manejar.

brasserie [brasri] *nf* **-1.** [usine de bière] cervecería *f*. **-2.** [industrie de la bière] industria *f* cervecera. **-3.** [café-restaurant] café-restaurante *m*.

brasseur, euse [brasœr, øz] *nm, f* **-1.** [de bière] cervecero *m*, -ra *f*. **-2.** [nageur] bracista *mf*. ◆ **brasseur d'affaires** *nm* hombre de negocios *m*.

brassière [brasjɛr] *nf* **-1.** [de bébé] camisita *f*. **-2.** [gilet de sauvetage] chaleco *m* salvavidas. **-3.** Can [soutien-gorge] sujetador *m*.

bravade [bravad] *nf* bravata *f*.

brave [brav] ◇ *adj* **-1.** [courageux] valiente. **-2.** [honnête et bon] bueno(na). ◇ *nm* : **mon ~** amigo mío.

braver [brave] *vt* **-1.** [gén] desafiar. **-2.** [mépriser] afrontar.

bravo [bravo] ◇ *interj* [approbation] ¡bravo! ◇ *nm* [applaudissement] bravo *m*.

bravoure [bravur] *nf* valentía *f*.

break [brɛk] *nm* break *m*.

brebis [brəbi] *nf* oveja *f*; ~ **galeuse** *fig* oveja negra.

brèche [brɛʃ] *nf* brecha *f*.

bredouille [brəduj] *adj* : **être/rentrer ~** tener/volver con las manos vacías.

bredouiller [brəduje] *vi & vt* balbucear.

bref, brève [brɛf, brɛv] *adj* **-1.** [gén] breve. **-2.** [sec] cortante. ◆ **bref** *adv* resumiendo, en resumen; **en ~** en pocas palabras. ◆ **brève** *nf* **-1.** MUS breve *f*. **-2.** PRESSE noticia *f* breve.

brème [brɛm] *nf* **-1.** [poisson] brema *f*. **-2.** *fam* [carte à jouer] naipe *m*.

Brésil [brezil] *nm* : **le ~** (el) Brasil; **au ~** [direction] a Brasil; [situation] en Brasil.

brésilien, enne [breziljɛ̃, ɛn] *adj* brasileño(ña) *Esp*, brasilero(ra) *Amér*. ◆ **Brésilien, enne** *nm, f* brasileño *m*, -ña *f Esp*, brasilero *m*, -ra *f Amér*.

Bretagne [brətaɲ] *nf* : **la ~** (la) Bretaña.

bretelle [brətɛl] *nf* **-1.** [d'autoroute] enlace *m*. **-2.** [de fusil] bandolera *f*. **-3.** (gén pl) [de vêtement] tirante *m Esp*, breteles *mpl Amér*.

breton, onne [brətɔ̃, ɔn] *adj* bretón(ona). ◆ **breton** *nm* LING bretón *m*. ◆ **Breton, onne** *nm, f* bretón *m*, -ona *f*.

breuvage [brœvaʒ] *nm* **-1.** [boisson médicinale] pócima *f*. **-2.** [boisson mauvaise] brebaje *m*.

brève → bref.

brevet [brəvɛ] *nm* **-1.** [certificat, diplôme] diploma *m*; ~ **de technicien** diploma técnico. **-2.** [d'invention] patente *f*. **-3.** *fig* [garantie] garantía *f*.

breveter [brəvte] *vt* patentar.

bréviaire [brevjɛr] *nm* RELIG breviario *m*.

bribe [brib] *nf* **-1.** [fragment de conversation] fragmento *m*. **-2.** (gén pl) [restes d'un repas] sobras *fpl*.

bric-à-brac [brikabrak] *nm inv* batiburrillo *m*.

bricolage [brikɔlaʒ] *nm* **-1.** [travaux] bricolaje *m*. **-2.** [réparation provisoire] chapuza *f*.

bricole [brikɔl] *nf* **-1.** [babiole] fruslería *f*. **-2.** [chose insignifiante] menudencia *f*.

bricoler [brikɔle] *vi* **-1.** [faire des travaux] hacer bricolaje. **-2.** [faire toutes espèces de métiers] hacer un poco de todo. ◇ *vt* **-1.** [réparer] arreglar. **-2.** [fabriquer] hacer.

bricoleur, euse [brikɔlœr, øz] ◇ *adj* mañoso(sa). ◇ *nm, f* manitas *mf*.

bride [brid] *nf* **-1.** [de cheval] brida *f*. **-2.** [de chapeau] cinta *f*. **-3.** COUT [boutonnière] presilla *f*. **-4.** TECHNOL brida *f*.

brider [bride] *vt* **-1.** [cheval] embridar. **-2.** *fig* [contenir] refrenar.

bridge [bridʒ] *nm* **-1.** [jeu de cartes] bridge *m*. **-2.** [prothèse dentaire] puente *m*.

briefer [brife] *vt* informar.

briefing [brifiŋ] *nm* briefing *m*.

brièvement [brijɛvmɑ̃] *adv* brevemente.

brièveté [brijɛvte] *nf* brevedad *f*.

brigade [brigad] *nf* **-1.** [gén] brigada *f*. **-2.** [détachement] destacamento *m*; ~ **antigang** unidad de policía encargada de la lucha contra el crimen organizado.

brigand [brigɑ̃] *nm* **-1.** [bandit] bandolero *m*. **-2.** [homme malhonnête] sinvergüenza *mf*.

brillamment [brijamɑ̃] *adv* brillantemente.

brillant, e [brijɑ̃, ɑ̃t] *adj* brillante *Esp*, brilloso(sa) *Amér*. ◆ **brillant** *nm* **-1.** [diamant] brillante *m*. **-2.** [éclat] brillo *m*.

briller [brije] *vi* brillar.

brimer [brime] *vt* humillar.

brin [brɛ̃] *nm* **-1.** [tige, petite quantité] brizna *f*; ~ **d'herbe** brizna de hierba; **faire un ~ de toilette** lavarse un poco por encima; **ne pas avoir un ~ de jugeotte** no tener dos dedos de frente. **-2.** [fil] hilo *m*.

brindille [brɛ̃dij] *nf* ramita *f*.

bringuebaler, brinquebaler [brɛ̃gbale] *vi* [voiture] bambolearse.

brio [brijo] *nm* **-1.** MUS brío *m*. **-2.** [talent] **avec** ~ con vivacidad.

brioche [brijɔʃ] *nf* **-1.** [pâtisserie] bollo *m*. **-2.** *fam* [gros ventre] barriga *f*.

brioché, e [brijɔʃe] *adj* parecido al bollo.

brique [brik] ◇ *adj inv* [couleur] teja *(en aposición)*. ◇ *nf* **-1.** [pierre] ladrillo *m*. **-2.** [emballage] tetrabrik *m*. **-3.** *fam* [un million de centimes] 10.000 francos.

briquer [brike] *vt* dar lustre, sacar brillo.

briquet [brike] *nm* encendedor *m*, mechero *m*.

brisant [brizɑ̃] *nm* [écueil] rompiente *m*. ◆ **brisants** *nmpl* [récif] espuma que se forma en los rompientes.

brise [briz] *nf* brisa *f*.

brise-glace, brise-glaces [brizglas] *nm inv* **-1.** [navire] rompehielos *m inv*. **-2.** [de pont] espolón *m*, tajamar *m*.

brise-jet [brizʒɛ] *nm inv* alcachofa *f (de ducha)*.

brise-lames [brizlam] *nm inv* rompeolas *m inv*.

briser [brize] *vt* **-1.** [objet, grève] romper. **-2.** [carrière, espoir] destrozar. **-3.** *sout* [interrompre] cortar. **-4.** [vaincre] vencer. ◆ **se briser** *vp* **-1.** [gén] romperse. **-2.** [espoir] venirse abajo. **-3.** [effort] fracasar.

briseur, euse [brizœr, øz] *nm, f* ~ **de grève** esquirol *m*.

bristol [bristɔl] *nm* **-1.** [papier] bristol *m*. **-2.** *vieilli* [carte de visite] tarjeta *f (de visita)*.

britannique [britanik] *adj* británico(ca). ◆ **Britannique** *nmf* británico *m*, -ca *f*.

broc [bro] *nm* jarra *f*.

brocante [brɔkɑ̃t] *nf* antigüedades *fpl*.

brocanteur, euse [brɔkɑ̃tœr, øz] *nm, f* anticuario *m*, -ria *f*.

broche [brɔʃ] *nf* **-1.** [bijou] broche *m*. **-2.** CULIN pincho *m*; **cuire à la ~** asar en el espetón. **-3.** CHIRURGIE clavo *m*. **-4.** ÉLECTR enchufe *m* macho. **-5.** [de métier à filer] broca *f*.

broché, e [brɔʃe] *adj* **-1.** [tissu] briscado(da). **-2.** [livre] en rústica.

brochet [brɔʃɛ] *nm* lucio *m*.

brochette [brɔʃɛt] *nf* **-1.** [ustensile, couvert] pincho *m*. **-2.** *fam fig* [groupe] ramillete *m*.

brochure [brɔʃyr] *nf* **-1.** [imprimé] folleto *m*. **-2.** [de livre] encuadernación *f (en rústica)*. **-3.** [de tissu] briscado *m*.

broder [brɔde] ◇ *vt* **-1.** [tissu] bordar. **-2.** *fig* [histoire] adornar. ◇ *vi fig* [exagérer] exagerar.

broderie [brɔdri] *nf* bordado *m*.

bromure [brɔmyr] *nm* CHIM bromuro *m*.

bronche [brɔ̃ʃ] *nf* ANAT bronquio *m*.

broncher [brɔ̃ʃe] vi resistirse; **sans ~** sin rechistar.

bronchite [brɔ̃ʃit] nf bronquitis f inv.

bronzage [brɔ̃zaʒ] nm bronceado m.

bronze [brɔ̃z] nm bronce m.

bronzé, e [brɔ̃ze] adj bronceado(da), moreno(na).

bronzer [brɔ̃ze] vi broncearse.

brosse [brɔs] nf **-1.** [ustensile] cepillo m Esp, escobilla f Amér; **~ à cheveux/à dents/à habits** cepillo para el pelo/de dientes/para la ropa; **en ~** [coiffure] al cepillo. **-2.** [pinceau] brocha f.

brosser [brɔse] vt **-1.** [cheveux, habits] cepillar. **-2.** [paysage, portrait] bosquejar. ◆ **se brosser** vp [vêtement] cepillarse; **se ~ les cheveux/les dents** cepillarse el pelo/los dientes.

brouette [bruɛt] nf carretilla f.

brouhaha [bruaa] nm guirigay m.

brouillard [brujar] nm niebla f; **être dans le ~** fig estar a oscuras.

brouille [bruj] nf desavenencia f.

brouillé, e [bruje] adj **-1.** [fâché] : **~ avec qqn/avec qqch** reñido(da)con alguien/con algo. **-2.** [altéré] turbado(da).

brouiller [bruje] vt **-1.** [désunir] separar; **~ qqn avec qqch** hacer odiar a alguien algo; **~ qqn avec qqn** enfrentar a alguien con alguien. **-2.** [troubler – sens] nublar; [– teint] turbar. **-3.** [cartes] barajar. **-4.** [émission] interferir. **-5.** [idées] confundir. ◆ **se brouiller** vp **-1.** [se fâcher] pelearse; **se ~ avec qqn** pelearse con alguien. **-2.** [sens] nublarse. **-3.** [idées] confundirse. **-4.** [temps] estropearse.

brouillon, onne [brujɔ̃, ɔn] adj **-1.** [élève] desordenado(da). **-2.** [travail] sucio(cia). ◆ **brouillon** nm borrador m; **au ~** en sucio.

broussaille [brusaj] nf maleza f; **en ~** [cheveux] enmarañado(da).

brousse [brus] nf GÉOGR sabana f.

brouter [brute] ◇ vt [herbe] pacer. ◇ vi **-1.** [animal] pacer. **-2.** [frein, embrayage] vibrar.

broutille [brutij] nf tontería f.

broyer [brwaje] vt moler.

bru [bry] nf sout nuera f.

brugnon [bryɲɔ̃] nm nectarina f.

bruine [bruin] nf llovizna f Esp, garúa f Amér.

bruissement [bruismã] nm murmullo m, susurro m.

bruit [brui] nm **-1.** [son, vacarme] ruido m; **~ de fond** ruido de fondo; **faire du ~** hacer ruido; **sans ~** sin hacer ruido. **-2.** TECHNOL sonido m. **-3.** [rumeur] rumor m. **-4.** [retentissement] revuelo m.

bruitage [bruitaʒ] nm THÉÂTRE, CIN & RADIO efectos mpl de sonido.

brûlant, e [brylã, ãt] adj **-1.** [objet] ardiendo; [soleil] abrasador(ra). **-2.** [main, front] que arde. **-3.** [amour] ardiente. **-4.** [question] candente.

brûle-pourpoint [brylpurpwɛ̃] ◆ **à brûle-pourpoint** loc adv a quemarropa.

brûler [bryle] ◇ vt **-1.** [détruire, altérer par le feu] quemar. **-2.** [suj : soleil] abrasar. **-3.** [donner une sensation de brûlure] irritar. **-4.** [griller] tostar. **-5.** [passer sans s'arrêter – feu rouge] saltarse; [– étape] quemar. ◇ vi **-1.** [se consumer, flamber] arder; **~ de** [désir, etc] arder de. **-2.** [être détruit par le feu, par la chaleur] quemarse. **-3.** loc : **~ de faire qqch** arder en deseos de hacer algo. ◆ **se brûler** vp quemarse.

brûlure [brylyr] nf **-1.** [lésion, marque] quemadura f; **~ au premier/troisième degré** quemadura de primer/de tercer grado. **-2.** [sensation] ardor m; **avoir des ~s d'estomac** tener ardor de estómago.

brume [brym] nf bruma f.

brumeux, euse [brymø, øz] adj **-1.** [temps] nuboso(sa). **-2.** fig [pensée] sombrío(a).

brun, e [brœ̃, bryn] ◇ adj **-1.** [cheveux] moreno(na) Esp, morocho(cha) Amér. **-2.** [bière, tabac] negro(gra). ◇ nm, f [personne] moreno m, -na f. ◆ **brun** nm [couleur] castaño m. ◆ **brune** nf **-1.** [cigarette] cigarrillo m negro. **-2.** [bière] cerveza f negra.

brunir [brynir] ◇ vt **-1.** [peau] tostar. **-2.** [métal] bruñir. ◇ vi [cheveux] oscurecerse; [personne] tostarse.

brushing [brœʃiŋ] nm brushing m.

brusque [brysk] adj **-1.** [gén] brusco(ca). **-2.** [départ] precipitado(da).

brusquement [bryskamã] adv **-1.** [avec brusquerie] bruscamente. **-2.** [soudainement] precipitadamente.

brusquer [bryske] vt **-1.** [presser] precipitar. **-2.** [traiter sans ménagement] ser duro(ra)con.

brusquerie [bryskəri] nf brusquedad f.

brut, e [bryt] adj **-1.** [pétrole, toile] crudo(da). **-2.** [pierre, minerai] en bruto. **-3.** fig [donnée, fait] desnudo(da). **-4.** ÉCON bruto(ta). **-5.** ◆ **brute** *nf* [personne violente] animal *mf*.

brutal, e, aux [brytal, o] *adj* **-1.** [violent] brutal, violento(ta); **être ~ avec qqn** comportarse como un animal con alguien. **-2.** [soudain] repentino(na). **-3.** [sans ménagement] brutal.

brutaliser [brytalize] *vt* maltratar.

brutalité [brytalite] *nf* **-1.** [violence] brutalidad *f*. **-2.** [caractère soudain] brusquedad *f*.

Bruxelles [brysɛl] *n* Bruselas.

bruyamment [brɥijamɑ̃] *adv* ruidosamente.

bruyant, e [brɥijɑ̃, ɑ̃t] *adj* ruidoso(sa).

bruyère [brɥijɛr] *nf* **-1.** [plante] brezo *m*. **-2.** [lande] brezal *m*.

BT *abr de* **brevet de technicien**.

BTP (*abr de* **bâtiments et travaux publics**) *nmpl* sector de la construcción y obras públicas.

BTS (*abr de* **brevet de technicien supérieur**) *nm* diploma de técnico superior que sanciona dos años de estudios después del bachillerato.

bu, e [by] → **boire**.

BU (*abr de* **bibliothèque universitaire**) *nf* biblioteca *f* universitaria.

buanderie [bɥɑ̃dri] *nf* lavandería *f*.

Bucarest [bykarɛst] *n* Bucarest.

buccal, e, aux [bykal, o] *adj* [cavité] bucal; [voie] oral.

bûche [byʃ] *nf* **-1.** [bois] tronco *m*. **-2.** *fam* [chute] : **prendre** OU **ramasser une ~** pegarse un batacazo. **-3.** *fam* [personne apathique] pasmarote *m*, muermo *m*. ◆ **bûche de Noël** *nf* dulce en forma de tronco hecho especialmente para las fiestas de Navidad.

bûcher[1] [byʃe] *nm* **-1.** [supplice] hoguera *f*. **-2.** [funéraire] pira *f*.

bûcher[2] [byʃe] *vt & vi* empollar.

bûcheron, onne [byʃrɔ̃, ɔn] *nm, f* leñador *m*, -ra *f*.

bûcheur, euse [byʃœr, øz] *adj & nm, f* empollón(ona).

bucolique [bykɔlik] ◇ *adj* bucólico(ca). ◇ *nf* poesía *f* bucólica.

Budapest [bydapɛst] *n* Budapest.

budget [bydʒɛ] *nm* presupuesto *m*.

budgétaire [bydʒetɛr] *adj* presupuestario(ria).

buée [bɥe] *nf* vaho *m*.

Buenos Aires [bɥenozɛr] *n* Buenos Aires.

buffet [byfɛ] *nm* **-1.** [meuble] aparador *m*. **-2.** [réception] bufé *m*. **-3.** [café-restaurant] bar-restaurante *m*; **~ de gare** bar-restaurante de estación.

buffle [byfl] *nm* búfalo *m*.

buis [bɥi] *nm* boj *m*.

buisson [bɥisɔ̃] *nm* matorral *m*.

buissonnière [bɥisɔnjɛr] → **école**.

bulbe [bylb] *nm* BOT & ANAT bulbo *m*.

bulgare [bylgar] ◇ *adj* búlgaro(ra). ◇ *nm* LING búlgaro *m*. ◆ **Bulgare** *nmf* búlgaro *m*, -ra *f*.

Bulgarie [bylgari] *nf* : **la ~** Bulgaria.

bulldozer [byldozer] *nm* CONSTR bulldozer *m Esp*, topadora *f Amér*.

bulle [byl] *nf* **-1.** [d'air, espace stérilisé] burbuja *m*; **~ de savon** pompa *f* de jabón. **-2.** [dans du verre soufflé] sopladura *f*. **-3.** [de bande dessinée] bocadillo *m*. **-4.** RELIG bula *f*.

bulletin [byltɛ̃] *nm* **-1.** [gén] boletín *m*; **~ (de la) météo/de santé** parte *m* meteorológico/médico. **-2.** [certificat] recibo *m*; **~ de naissance** partida *f* de nacimiento; **~ de salaire** OU **de paie** nómina *f*. ◆ **bulletin de vote** *nm* papeleta *f*.

bulletin-réponse (*pl* **bulletins-réponse**) *nm* cupón *m* de respuesta.

buraliste [byralist] *nmf* estanquero *m*, -ra *f*.

bureau, x [byro] *nm* **-1.** [meuble] mesa *f* de despacho. **-2.** [pièce] despacho *m*. **-3.** [office, lieu de travail] oficina *f*; **~ d'aide sociale** centro *m* de asistencia social; **~ de poste** oficina de correos; **~ de vote** colegio *m* electoral. **-4.** [comité] comité *m*. ◆ **bureau d'études** *nm* gabinete *m* de estudios. ◆ **bureau de tabac** *nm* estanco *m*.

bureaucrate [byrokrat] *nmf péj* burócrata *mf*.

bureaucratie [byrokrasi] *nf* burocracia *f*.

bureaucratique [byrokratik] *adj péj* burocrático(ca).

bureautique [byrotik] *nf* TECHNOL ofimática *f*.

burette [byrɛt] *nf* **-1.** [petit flacon] aceitera *f*. **-2.** [de chimiste] bureta *f*. **-3.** [de mécanicien] aceitera *f*.

burin [byrɛ̃] *nm* **-1.** [de graveur] buril *m*. **-2.** [gravure] grabado *m* con buril.

buriné, e [byrine] *adj* **-1.** [gravé au burin] grabado(da) con buril. **-2.** *fig* surcado(da) por las arrugas.

burlesque [byrlɛsk] ◇ adj **-1.** [comique, ridicule] grotesco(ca). **-2.** THÉÂTRE burlesco(ca). ◇ nm : **le ~** el género burlesco.

bus [bys] nm bus m.

buste [byst] nm busto m.

bustier [bystje] nm sujetador m largo.

but [byt] nm **-1.** [gén] objetivo m, meta f; **à ~ non lucratif** con fines no lucrativos; **aller droit au ~** ir directo al grano; **toucher au ~** alcanzar la meta. **-2.** [destination] destino m. **-3.** [intention] fin m; **dans le ~ de faire qqch** con el fin de hacer algo. **-4.** SPORT gol m; **marquer un ~** marcar OU meter un gol. **-5.** loc : **de ~ en blanc** de golpe y porrazo.

butane [bytan] nm butano m.

buté, e [byte] adj **-1.** [attitude, air] obstinado(da). **-2.** [personne] terco(ca).

buter [byte] ◇ vi **-1.** [se heurter à] : **~ sur** OU **contre qqch** tropezar con algo; fig [difficulté] encallarse en algo. **-2.** SPORT marcar un gol. ◇ vt **-1.** [étayer] apuntalar. **-2.** [braquer] contrariar. **-3.** tfam [tuer] cargarse a.

butin [bytɛ̃] nm botín m.

butiner [bytine] ◇ vi libar. ◇ vt **-1.** [suj : abeille] libar. **-2.** fig recoger.

butte [byt] nf **-1.** [colline] loma f. **-2.** loc : **être en ~ à qqch** ser el blanco de algo. ◆ **butte de tir** nf espaldón m de tiro.

buvard [byvar] nm **-1.** [papier] papel m secante. **-2.** [sous-main] secafirmas m inv.

buvette [byvɛt] nf **-1.** [dans gare, théâtre] bar m. **-2.** [de station thermale] fuente f de aguas termales.

buveur, euse [byvœr, øz] nm, f bebedor m, -ra f.

C

c, C [se] nm inv c f, C f. ◆ **c'** → **ce.** ◆ **c** (abr de centime) cent. ◆ **C -1.** (abr de celsius, centigrade) C. **-2.** (abr de coulomb) C. **-3.** (abr de code) cód.

ça [sa] pron dém **-1.** [pour désigner] esto; [plus près] eso. **-2.** [sujet indéterminé] : **~ ira comme ~** así está bien; **~ y est** ya está; **~ vaut mieux** más vale; **c'est ~** eso

es; **comment ~ va?** ¿qué tal? **-3.** [renforcement expressif] : **où ~?** ¿dónde?; **quand ~?** ¿cuándo?; **qui ~?** ¿quién? ◆ **ça et là** loc adv aquí y allá.

cabale [kabal] nf **-1.** [science, intrigue] cábala f. **-2.** [groupe] camarilla f.

caban [kabā] nm **-1.** [de marin] impermeable m. **-2.** [longue veste] chaquetón m.

cabane [kaban] nf **-1.** [abri] cabaña f Esp, bohío m Amér. **-2.** fam [prison] chirona f. **-3.** [pour les animaux] conejera f. **-4.** [remise] caseta f.

cabanon [kabanɔ̃] nm **-1.** [maison de campagne] casa de piedra en Provenza. **-2.** [chalet de plage] chalé m en la playa. **-3.** fam [asile psychiatrique] manicomio m. **-4.** [de rangement] caseta f.

cabaret [kabarɛ] nm cabaret m.

cabas [kaba] nm capacho m.

cabillaud [kabijo] nm bacalao m fresco.

cabine [kabin] nf **-1.** [de navire] camarote m. **-2.** [d'avion, spatiale] cabina f. **-3.** [de véhicule] habitáculo m. **-4.** [petit réduit] caseta f; **~ d'essayage** probador m; **~ téléphonique** cabina f telefónica.

cabinet [kabinɛ] nm **-1.** [petite pièce] gabinete m; **~ de toilette** cuarto m de baño; **~ de travail** despacho m. **-2.** [toilettes] retrete m Esp, excusado m Amér. **-3.** [local professionnel] consultorio m; **~ dentaire/médical** consultorio del dentista/del médico; **~ d'avocat** bufete m (de abogado). **-4.** ADMIN despacho m.

câble [kabl] nm cable m.

câblé, e [kable] adj TÉLÉ que dispone de televisión por cable.

câbler [kable] vt TÉLÉCOM & TÉLÉ conectar por cable.

cabosser [kabɔse] vt abollar.

cabotage [kabɔtaʒ] nm cabotaje m.

caboteur [kabɔtœr] nm barco m de cabotaje.

cabrer [kabre] ◆ **se cabrer** vp **-1.** [cheval, avion] encabritarse. **-2.** fig [s'irriter] saltar.

cabri [kabri] nm cabrito m.

cabriole [kabrijɔl] nf cabriola f; **faire des ~s** hacer cabriolas.

cabriolet [kabrijɔlɛ] nm cabriolé m.

caca2 [kaka] nm fam caca f; **faire ~** hacer caca.

cacahuète [kakaɥɛt], **cacahouète** [kakawɛt] nf cacahuete m Esp, maní m Amér.

cacao [kakao] nm cacao m.

cachalot [kaʃalo] nm cachalote m.

cache [kaʃ] ◇ *nf* [cachette] escondite *m.* ◇ *nm* **-1.** [masque] *protector de una superficie sobre la que se pinta.* **-2.** CIN ocultador *m.* **-3.** PHOT palomita *f.*

cache-cache *nm inv* : **jouer à ~** jugar al escondite.

cachemire [kaʃmir] *nm* cachemira *f.*

cache-nez *nm inv* bufanda *f.*

cache-pot *nm inv* cubretiestos *mpl.*

cacher [kaʃe] *vt* **-1.** [dissimuler, garder secret] esconder; **je ne vous cache pas que** no le niego que. **-2.** [masquer] tapar. ◆ **se cacher** *vp* esconderse; **ne pas se ~ de qqch** no ocultar algo.

cachet [kaʃɛ] *nm* **-1.** [sceau, style] sello *m*; **avoir du ~** tener clase; **~ de la poste** matasellos *m inv.* **-2.** [rétribution] cachet *m.* **-3.** [comprimé] tableta *f.*

cacheter [kaʃte] *vt* **-1.** [enveloppe] cerrar. **-2.** [bouteille] precintar.

cachette [kaʃɛt] *nf* escondite *m*; **en ~ (de qqn)** a escondidas (de alguien).

cachot [kaʃo] *nm* **-1.** [cellule] calabozo *m.* **-2.** [punition] celda *f* de castigo.

cachotterie [kaʃɔtri] *nf* tapujo *m*; **faire des ~s (à qqn)** andarse con tapujos (con alguien).

cachottier, ère [kaʃɔtje, ɛr] ◇ *adj* que anda con tapujos. ◇ *nm, f* persona que anda con tapujos.

cactus [kaktys] *nm* cactus *m.*

c.-à-d. *(abr de c'est-à-dire)* v. g., v. gr.

cadastre [kadastr] *nm* catastro *m.*

cadavérique [kadaverik] *adj* cadavérico(ca).

cadavre [kadavr] *nm* cadáver *m.*

cadeau, x [kado] ◇ *nm* regalo *m*; **faire ~ de qqch à qqn** regalar algo a alguien. ◇ *adj inv* de regalo.

cadenas [kadna] *nm* candado *m.*

cadenasser [kadnase] *vt* cerrar con candado.

cadence [kadɑ̃s] *nf* **-1.** [rythme musical] cadencia *f*; **en ~** al compás. **-2.** [de travail] ritmo *m.*

cadencé, e [kadɑ̃se] *adj* acompasado(da).

cadet, ette [kadɛ, ɛt] ◇ *adj* menor. ◇ *nm, f* **-1.** [plus jeune] menor *mf*; **être le ~ de qqn** ser más joven que alguien; **il est de deux ans mon ~** tiene dos años menos que yo. **-2.** SPORT juvenil *mf.*

cadran [kadrɑ̃] *nm* **-1.** [de montre, de baromètre] esfera *f*; **~ solaire** reloj *m* de sol. **-2.** [de téléphone] disco *m.* **-3.** [de compteur] frontal *m* de datos y lectura.

cadre [kadr] *nm* **-1.** [bordure, contexte] marco *m.* **-2.** [décor, milieu] ambiente *m.* **-3.** [responsable] ejecutivo *m*; **~ moyen** cargo *m* intermedio; **~ supérieur** ejecutivo. **-4.** [sur un formulaire] recuadro *m.* **-5.** *loc* : **être rayé des ~s** ser despedido(da).

cadrer [kadre] ◇ *vi* [concorder] concordar; **ne pas ~ avec qqch** no concordar con algo. ◇ *vt* PHOT, CIN & TÉLÉ encuadrar.

caduc, caduque [kadyk] *adj* **-1.** [feuille] caduco(ca). **-2.** [qui n'a plus cours] obsoleto(ta).

CAF *abr de* Caisse d'allocations familiales.

cafard [kafar] *nm* **-1.** [insecte] cucaracha *f.* **-2.** *fig* [mélancolie] : **avoir le ~** estar deprimido(da).

café [kafe] ◇ *nm* **-1.** [plante, boisson] café *m*; **~ crème** cortado; **~ en grains/moulu** café en grano/molido; **~ au lait/noir** café con leche/solo; **~ en poudre/soluble** café molido/soluble. **-2.** [lieu] cafetería *f*, bar *m* *Esp*, confitería *f* *Amér.* ◇ *adj inv* [couleur] café *(en aposición).*

caféine [kafein] *nf* cafeína *f.*

cafetière [kaftjɛr] *nf* cafetera *f.*

cafouiller [kafuje] *vi* *fam* **-1.** [s'embrouiller] no dar pie con bola. **-2.** [moteur] fallar.

cage [kaʒ] *nf* **-1.** [pour animaux] jaula *f*; **mettre en ~** enjaular. **-2.** [de maison] casco *m*; **~ d'escalier** hueco *m* de la escalera. ◆ **cage thoracique** *nf* caja *f* torácica.

cageot [kaʒo] *nm* **-1.** [caisse] banasta *f.* **-2.** *péj* [femme] retaco *m.*

cagibi [kaʒibi] *nm* cuartito *m.*

cagneux, euse [kaɲø, øz] *adj* **-1.** [personne, cheval] patizambo(ba). **-2.** [jambes, genoux] torcido(da).

cagnotte [kaɲɔt] *nf* [économies] bote *m.*

cagoule [kagul] *nf* **-1.** [passe-montagne] pasamontañas *m inv.* **-2.** [de moine] capuchón *m.* **-3.** [de pénitent] capirote *m.* **-4.** [de voleur] verdugo *m.*

cahier [kaje] *nm* cuaderno *m*; **~ de brouillon** borrador *m*; **~ de textes** cuaderno de ejercicios. ◆ **cahier des charges** *nm* pliego *m* de cargos.

cahin-caha [kaɛ̃kaa] *adv* : **aller ~** ir tirando.

cahot [kao] *nm* bache *m.*

cahoter [kaɔte] ◇ *vi* renquear. ◇ *vt* **–1.** [secouer] sacudir *Esp*, remecer *Amér.* **-2.** *fig* [malmener] vapulear.

cahute [kayt] *nf* choza *f Esp*, mediagua *f Amér.*

caille [kaj] *nf* codorniz *f.*

caillé, e [kaje] *adj* **–1.** [lait] cuajado(da). **-2.** [sang] coagulado(da). ◆ **caillé** *nm* CULIN requesón *m.*

caillot [kajo] *nm* coágulo *m.*

caillou, x [kaju] *nm* **–1.** [gén] piedra *f.* **-2.** *fam* [crâne] coco *m.*

caillouteux, euse [kajutø, øz] *adj* pedregoso(sa).

caïman [kaimã] *nm* caimán *m.*

caisse [kɛs] *nf* **–1.** [gén] caja *f;* ~ **enregistreuse** caja registradora; ~ **d'épargne/de retraite** caja de ahorros/de pensiones; ~ **à outils** caja de herramientas. **-2.** MUS caja *f.* **-3.** [organisme] : ~ **d'allocations familiales** organismo francés encargado de las ayudas familiares; ~ **primaire d'assurance maladie** organismo francés de gestión de la Seguridad Social.

caissier, ère [kesje, ɛr] *nm, f* **–1.** [de banque, de magasin] cajero *m,* -ra *f.* **-2.** [au cinéma] taquillero *m,* -ra *f Esp*, boletero *m,* -ra *f Amér.*

caisson [kɛsɔ̃] *nm* **–1.** TECHNOL campana *f.* **-2.** ARCHIT artesón *m.* **-3.** MIL [de munitions] caja *f.*

cajoler [kaʒɔle] *vt* mimar *Esp*, apapachar *Amér.*

cajou [kaʒu] → **noix.**

cake [kɛk] *nm* bizcocho *m.*

cal[1] [kal] *nm* callo *m.*

cal[2] (*abr de* calorie) cal.

calamar [kalamar], **calmar** [kalmar] *nm* calamar *m.*

calaminé, e [kalamine] *adj* calaminado(da).

calamité [kalamite] *nf* **–1.** [fléau] catástrofe *f.* **-2.** [malheur] desgracia *f.*

calandre [kalɑ̃dr] *nf* calandria *f.*

calanque [kalɑ̃k] *nf* cala *f.*

calcaire [kalkɛr] ◇ *adj* calcáreo(a). ◇ *nm* caliza *f.*

calciner [kalsine] *vt* **–1.** [brûler] calcinar. **-2.** [soumettre à haute température – bois, charbon] quemar; [– métal] fundir.

calcium [kalsjɔm] *nm* calcio *m.*

calcul [kalkyl] *nm* **–1.** [gén] cálculo *m;* ~ **mental** cálculo mental. **-2.** [plan] intenciones *fpl;* **par** ~ intencionadamente. ◆ **calcul rénal** *nm* MÉD cálculo *m* renal.

calculateur, trice [kalkylatœr, tris] *adj & nm, f* calculador(ra). ◆ **calculateur** INFORM ordenador *m.* ◆ **calculatrice** *nf* calculadora *f;* **calculatrice de poche** calculadora de bolsillo.

calculer [kalkyle] ◇ *vt* calcular; **mal/bien** ~ **qqch** calcular mal/bien algo. ◇ *vi* **–1.** [faire des calculs] calcular. **-2.** [dépenser avec parcimonie] llevar las cuentas.

calculette [kalkylɛt] *nf* minicalculadora *f.*

cale [kal] *nf* **–1.** [de navire] cala *f;* ~ **sèche** dique *m* seco. **-2.** [pour immobiliser] taco *m.* **-3.** [pour mettre d'aplomb] cuña *f.*

calé, e [kale] *adj fam* **–1.** [personne] fuerte. **-2.** [problème] difícil.

caleçon [kalsɔ̃] *nm* calzoncillos *mpl Esp*, interiores *mpl Amér.*

calembour [kalɑ̃bur] *nm* retruécano *m;* **faire** OU **dire des** ~**s** hacer juegos de palabras.

calendrier [kalɑ̃drije] *nm* **–1.** [système de division du temps] calendario *m.* **-2.** [emploi du temps] agenda *f.* **-3.** [agenda – de poche] agenda *f;* [– à accrocher] almanaque *m.*

cale-pied [kalpje] (*pl* **cale-pieds**) *nm* calapiés *m inv.*

calepin [kalpɛ̃] *nm* bloc *m* de notas.

caler [kale] ◇ *vt* **–1.** [avec une cale] calzar. **-2.** [stabiliser] reposar. **-3.** [mettre] colocar. **-4.** *fam* [estomac] llenar. ◇ *vi* **–1.** [moteur, véhicule] calarse. **-2.** *fam* [ne pas pouvoir] pasar. **-3.** *fam* [ne plus avoir faim] estar lleno(na).

calfeutrer [kalføtre] *vt* [porte, fenêtre] tapar con burletes.

calibre [kalibr] *nm* **–1.** [diamètre, importance] calibre *m.* **-2.** [instrument] calibrador *m.* **-3.** [acabit] calaña *f;* **du même** ~ de la misma calaña.

calibrer [kalibre] *vt* **–1.** [balle, arme] calibrar. **-2.** [classer] clasificar.

califourchon [kalifurʃɔ̃] ◆ **à califourchon** *loc adv* a horcajadas; **à** ~ **sur qqch** a horcajadas en OU sobre algo.

câlin, e [kalɛ̃, in] *adj* **–1.** [personne] mimoso(sa). **-2.** [regard, ton] acariciador(ra). ◆ **câlin** *nm* mimo *m.*

câliner [kaline] *vt* mimar.

calleux, euse [kalø, øz] *adj* calloso(sa).

call-girl [kɔlgœrl] (*pl* **call-girls**) *nf prostituta con quien se concierta una cita por teléfono.*

calligraphie [kaligrafi] *nf* caligrafía *f.*

calmant, e [kalmã, ãt] *adj* -**1.** [infusion] tranquilizante; [piqûre] calmante. -**2.** [paroles] tranquilizador(ra). ◆ **calmant** *nm* [pour la douleur] calmante *m*; [pour l'anxiété] tranquilizante *m.*

calmar = **calamar.**

calme [kalm] ◇ *adj* tranquilo(la). ◇ *nm* -**1.** [absence d'agitation, immobilité] calma *f.* -**2.** [placidité, silence] tranquilidad *f.* -**3.** [immobilité] calma *f.*

calmer [kalme] *vt* calmar. ◆ **se calmer** *vp* -**1.** [gén] calmarse. -**2.** [s'immobiliser – mer] calmarse; [– vent] amainar.

calomnie [kalɔmni] *nf* calumnia *f.*

calomnier [kalɔmnje] *vt* calumniar.

calorie [kalɔri] *nf* caloría *f.*

calorique [kalɔrik] *adj* calórico(ca).

calot [kalo] *nm* -**1.** [de militaire] gorra *f* militar. -**2.** [bille] canica *f* grande.

calotte [kalɔt] *nf* -**1.** [bonnet] bonete *m.* -**2.** *fam* [gifle] torta *f.* ◆ **calotte crânienne** *nf* bóveda *f* craneal. ◆ **calotte glaciaire** *nf* casquete *m* glaciar.

calque [kalk] *nm* -**1.** [copie] calco *m.* -**2.** [papier] papel *m* de calco. -**3.** [imitation] copia *f*; **il est le ~ de son père** es calcado OU clavado a su padre.

calquer [kalke] *vt* -**1.** [dessin] calcar. -**2.** [imiter] copiar; **~ qqch sur qqch** imitar a alguien en algo.

calvaire [kalver] *nm* calvario *m.*

calvitie [kalvisi] *nf* calvicie *f.*

camaïeu [kamajø] *nm* técnica de pintura monocroma con varios tonos.

camarade [kamarad] *nmf* -**1.** [ami] compañero *m*, -ra *f*; **~ d'école** OU **de classe** compañero de escuela OU de clase. -**2.** POLIT camarada *mf.*

camaraderie [kamaradri] *nf* -**1.** [familiarité, entente] camaradería *f.* -**2.** [solidarité] compañerismo *m.*

Cambodge [kɑ̃bɔdʒ] *nm* : **le ~** Camboya; **au ~** [direction] a Camboya; [situation] en Camboya.

cambouis [kɑ̃bwi] *nm* grasa *f* de coche.

cambré, e [kɑ̃bre] *adj* [dos, reins] arqueado(da); [pieds] con mucho puente.

cambriolage [kɑ̃brijɔlaʒ] *nm* robo *m.*

cambrioler [kɑ̃brijɔle] *vt* [appartement] robar; **être cambriolé** robar en casa de alguien; desvalijarle la casa a alguien

cambrioleur, euse [kɑ̃brijɔlœr, øz] *nm, f* ladrón *m*, -ona *f.*

camée [kame] *nm* camafeo *m.*

caméléon [kameleɔ̃] *nm* camaleón *m.*

camélia [kamelja] *nm* camelia *f.*

camelote [kamlɔt] *nf péj* [marchandise de mauvaise qualité] baratija *f.*

caméra [kamera] *nf* CIN & TÉLÉ cámara *f.*

cameraman [kameraman] (*pl* **cameramen** [kameramɛn] OU **cameramans**) *nm* cámara *m.*

Camescope® [kameskɔp] *nm* cámara *f* de vídeo, videocámara *f.*

camion [kamjɔ̃] *nm* camión *m*; **~ de déménagement** camión de mudanzas.

camion-citerne *nm* camión *m* cisterna.

camionnage [kamjɔnaʒ] *nm* camionaje *m.*

camionnette [kamjɔnɛt] *nf* camioneta *f.*

camionneur [kamjɔnœr] *nm* -**1.** [conducteur] camionero *m*, -ra *f.* -**2.** [entrepreneur] transportista *mf.*

camisole [kamizɔl] *nf* : **~ de force** camisa *f* de fuerza.

camomille [kamɔmij] *nf* manzanilla *f.*

camouflage [kamuflaʒ] *nm* -**1.** MIL camuflaje *m.* -**2.** [déguisement] disimulo *m.* -**3.** [de faute, d'intentions] ocultación *f.*

camoufler [kamufle] *vt* -**1.** MIL camuflar. -**2.** [déguiser] disimular; **~ un crime en suicide** hacer que un asesinato parezca un suicidio. -**3.** [dissimuler] ocultar.

camp [kɑ̃] *nm* -**1.** [lieu où l'on campe] campamento *m.* -**2.** [lieu d'internement] campo *m* de prisioneros; **~ de concentration** campo *m* de concentración. -**3.** SPORT campo *m.* -**4.** [parti] bando *m.*

campagnard, e [kɑ̃paɲar, ard] ◇ *adj* -**1.** [de la campagne] campesino(na). -**2.** [rustique] del campo. ◇ *nm, f* campesino *m*, -na *f.*

campagne [kɑ̃paɲ] *nf* -**1.** [régions rurales] campo *m*; **à la ~** [direction] al campo; [situation] en el campo. -**2.** COMM & POLIT campaña *f*; **faire ~ pour qqch** hacer campaña a favor de algo; **~ d'affichage** COMM campaña de publicidad exterior; **~ de presse** COMM campaña de prensa; **~ de vente** COMM campaña de ventas; **~ électorale/publicitaire** campaña electoral/publicitaria.

campement [kɑ̃pmɑ̃] *nm* campamento *m.*

camper [kɑ̃pe] ◇ *vi* -**1.** [faire du camping] hacer camping. -**2.** *fig* [s'installer provisoirement] estarse, parar. ◇ *vt* -**1.** [poser solidement] plantar. **-2.** *fig* [personnage, scène] describir.

campeur, euse [kɑ̃pœr, øz] *nm, f* campista *mf*.

camphre [kɑ̃fr] *nm* alcanfor *m*.

camping [kɑ̃piŋ] *nm* camping *m*; **faire du ~** hacer camping.

Canada [kanada] *nm* : **le ~** (el) Canadá; **au ~** [direction] al Canadá; [situation] en (el) Canadá.

canadien, enne [kanadjɛ̃, ɛn] *adj* canadiense. ◆ **canadienne** *nf* [veste] chaqueta forrada de piel. ◆ **Canadien, enne** *nm, f* canadiense *mf*.

canaille [kanaj] ◇ *adj* **-1.** [coquin] pícaro(ra). **-2.** [vulgaire] hortera. ◇ *nf* [personne malhonnête] canalla *m*.

canal, aux [kanal, o] *nm* **-1.** [gén] canal *m*. **-2.** *loc* : **par le ~ de qqn** *fig* por medio de alguien.

Canal + *n* ≃ Canal +.

canalisation [kanalizasjɔ̃] *nf* **-1.** [gén] canalización *f*. **-2.** *fig* [orientation] encauzamiento *m*.

canaliser [kanalize] *vt* **-1.** [gén] canalizar. **-2.** *fig* [orienter] encauzar.

canapé [kanape] *nm* **-1.** [siège] sofá *m*. **-2.** CULIN canapé *m*; **sur ~** sobre una tostada.

canapé-lit *nm* sofá-cama *m*.

canard [kanar] *nm* **-1.** [oiseau] pato *m*; **~ laqué** CULIN pato recubierto de una salsa agridulce. **-2.** *fam* [journal] periodicucho *m*.

canari [kanari] ◇ *nm* canario *m*. ◇ *adj inv* [jaune] canario (en aposición).

Canaries *nfpl* **les ~** (las) Canarias.

cancan [kɑ̃kɑ̃] *nm* cotilleo *m*; **dire des ~s sur qqn** contar cotilleos de alguien. ◆ **(French) cancan** *nm* cancán *m*.

cancer [kɑ̃sɛr] *nm* cáncer *m*.

cancéreux, euse [kɑ̃serø, øz] *adj & nm, f* canceroso(sa).

cancérigène [kɑ̃seriʒɛn] *adj* cancerígeno(na).

cancérologue [kɑ̃serɔlɔg] *nmf* cancerólogo *m*, -ga *f*.

cancre [kɑ̃kr] *nm* *fam* mal estudiante *m*, mala estudiante *f*.

cancrelat [kɑ̃krəla] *nm* cucaracha *f*.

candélabre [kɑ̃delabr] *nm* candelabro *m*.

candeur [kɑ̃dœr] *nf* candor *m*.

candidat, e [kɑ̃dida, at] *nm, f* candidato *m*, -ta *f*.

candidature [kɑ̃didatyr] *nf* candidatura *f*; **poser sa ~ pour qqch** presentar una candidatura para algo.

candide [kɑ̃did] *adj* cándido(da).

cane [kan] *nf* pata *f* (hembra del pato).

caneton [kantɔ̃] *nm* anadón *m*.

canette [kanɛt] *nf* **-1.** [de machine à coudre] canilla *f*. **-2.** [petite cane] anadina *f*. **-3.** [petite bouteille] botellín *m*.

canevas [kanva] *nm* **-1.** COUT cañamazo *m*. **-2.** [plan] esquema *m*.

caniche [kaniʃ] *nm* caniche *m*.

canicule [kanikyl] *nf* canícula *f*.

canif [kanif] *nm* navaja *f*.

canin, e [kanɛ̃, in] *adj* canino(na).

canine *nf* canino *m*.

caniveau [kanivo] *nm* alcantarilla *f*.

canne [kan] *nf* **-1.** [bâton] bastón *m*; **~ à pêche** caña *f* de pescar. **-2.** *fam* [jambe] pata *f*. ◆ **canne à sucre** *nf* caña *f* de azúcar.

canné, e [kane] *adj* de rejilla.

cannelle [kanɛl] ◇ *nf* **-1.** [aromate] canela *f*. **-2.** [robinet] canilla *f*. ◇ *adj inv* [couleur] canela (en aposición).

cannelure [kanlyr] *nf* [de colonne] acanaladura *f*.

cannibale [kanibal] *adj & nmf* caníbal.

canoë [kanɔe] *nm* canoa *f*.

canoë-kayak *nm* kayak *m*.

canon [kanɔ̃] *nm* **-1.** [obusier, d'arme] cañón *m*. **-2.** *fam* [verre de vin] : **boire un ~** tomar un chato. **-3.** [règle & MUS] canon *m*.

canoniser [kanɔnize] *vt* RELIG canonizar.

canot [kano] *nm* bote *m*, lancha *f*; **~ pneumatique** bote neumático, lancha neumática; **~ de sauvetage** bote salvavidas, lancha salvavidas.

cantatrice [kɑ̃tatris] *nf* cantante *mf* (de ópera).

cantine [kɑ̃tin] *nf* **-1.** [réfectoire] comedor *m*. **-2.** [malle] baúl *m*.

cantique [kɑ̃tik] *nm* RELIG cántico *m*.

canton [kɑ̃tɔ̃] *nm* **-1.** [en France] división administrativa de un distrito, en Francia. **-2.** [en Suisse] cantón *m*.

cantonade [kɑ̃tɔnad] ◆ **à la cantonade** *loc adv* al foro.

cantonnier [kɑ̃tɔnje] *nm* peón *m* caminero.

canular [kanylar] *nm* broma *f*; **monter un ~** gastar una broma.

caoutchouc [kautʃu] *nm* **–1.** [plante, substance] caucho *m.* **–2.** [matériau] goma *f.* ◆ **caoutchoucs** *mpl* zapatos *mpl* de goma.

cap [kap] *nm* **–1.** GÉOGR cabo *m*; **passer le ~ de qqch** *fig* pasar el umbral de algo. **–2.** [direction] rumbo *m*; **mettre le ~ sur** NAVIG poner rumbo a; **changer de ~** *fig* cambiar de rumbo.

CAP (*abr de* certificat d'aptitude professionnelle) *nm* diploma obtenido tras dos años de estudios de formación profesional.

capable [kapabl] *adj* **–1.** [compétent] competente. **–2.** [apte à] : **~ de faire qqch** capaz de hacer algo; **il est ~ de gentillesse** puede ser amable. **–3.** [susceptible de] capaz.

capacité [kapasite] *nf* capacidad *f*; **~ intellectuelle** capacidad intelectual. ◆ **capacité en droit** *nf* [diplôme] diploma universitario de derecho al que pueden acceder los estudiantes que no aprobaron el examen final del bachillerato.

cape [kap] *nf* capa *f*; **rire sous ~** *fig* reír para sus adentros.

CAPES, Capes (*abr de* Certificat d'aptitude au professorat de l'enseignement du second degré) *nm* título de profesor de enseñanza secundaria obtenido tras un examen del mismo nombre.

capharnaüm [kafarnaɔm] *nm* leonera *f.*

capillaire [kapilɛr] ◇ *adj* capilar. ◇ *nm* **–1.** BOT [fougère] culantrillo *m.* **–2.** ANAT [vaisseau capillaire] capilar *m.*

capillarité [kapilarite] *nf* PHYS capilaridad *f.*

capitaine [kapitɛn] *nm* capitán *m.*

capitainerie [kapitɛnri] *nf* capitanía *f.*

capital, e, aux [kapital, o] *adj* capital. ◆ **capital** *nm* capital *m*; **~ social** [d'une société] capital social. ◆ **capitaux** *nmpl* capital *m.* ◆ **capitale** *nf* **–1.** [ville] capital *f.* **–2.** [lettre majuscule] mayúscula *f.*

capitaliser [kapitalize] ◇ *vt* **–1.** FIN capitalizar. **–2.** *fig* [accumuler] adquirir. ◇ *vi* [thésauriser] capitalizar.

capitalisme [kapitalism] *nm* capitalismo *m.*

capitaliste [kapitalist] *adj & nmf* capitalista.

capiteux, euse [kapitø, øz] *adj* **–1.** [vin, parfum] embriagador(ra). **–2.** [sensualité, femme] seductor(ra).

capitonner [kapitɔne] *vt* acolchar.

capituler [kapityle] *vi* capitular; **~ devant qqn/devant qqch** capitular ante algo/ante alguien.

caporal, aux [kapɔral, o] *nm* **–1.** MIL cabo *m.* **–2.** [tabac] tabaco *m.*

capot [kapo] *nm* **–1.** [de voiture] capó *m.* **–2.** [de machine] tapa *f.*

capote [kapɔt] *nf* **–1.** [de voiture, chapeau de femme] capota *f.* **–2.** [manteau] capote *m.* ◆ **capote anglaise** *nf fam* condón *m.*

câpre [kapr] *nf* alcaparra *f.*

caprice [kapris] *nm* capricho *m.*

capricieux, euse [kaprisjø, øz] ◇ *adj* **–1.** [personne] caprichoso(sa). **–2.** *fig* [chose] inestable. ◇ *nm, f* caprichoso *m*, -sa *f.*

capricorne [kaprikɔrn] *nm* ZOOL algavaro *m.* ◆ **Capricorne** *nm* ASTROL Capricornio *m.*

capsule [kapsyl] *nf* **–1.** [gén] cápsula *f.* **–2.** [de bouteille] chapa *f.*

capter [kapte] *vt* captar.

captif, ive [kaptif, iv] ◇ *adj* **–1.** [personne, animal] cautivo(va). **–2.** [chose] sujeto(ta). ◇ *nm, f* prisionero *m*, -ra *f.*

captivant, e [kaptivã, ãt] *adj* cautivador(ra).

captiver [kaptive] *vt* cautivar.

captivité [kaptivite] *nf* cautividad *f*; **en ~** en cautividad.

capture [kaptyr] *nf* **–1.** [action de capturer] captura *f.* **–2.** [prise] presa *f.*

capturer [kaptyre] *vt* capturar.

capuche [kapyʃ] *nf* capucha *f.*

capuchon [kapyʃɔ̃] *nm* capuchón *m.*

capucine [kapysin] *nf* capuchina *f.*

caquet [kakɛ] *nm* **–1.** [de poule] cacareo *m.* **–2.** *péj* [bavardage] parloteo *m*; **rabattre le ~ à** OU **de qqn** cerrarle el pico a alguien.

caqueter [kakte] *vi* **–1.** [poule] cacarear. **–2.** *péj* [personne] chismorrear.

car¹ [kar] *nm* autocar *m.*

car² [kar] *conj* ya que.

carabine [karabin] *nf* carabina *f.*

Caracas [karakas] *n* Caracas.

caractère [karaktɛr] *nm* **–1.** [tempérament, aspect] carácter *m*; **avoir du ~** tener carácter; **avoir mauvais ~** tener mal carácter OU mal genio. **–2.** [cachet] estilo *m.* **–3.** [caractéristique] rasgo *m.* **–4.** [écriture] carácter *m*, letra *f*; **en petits ~s** en letra pequeña; **en gros ~s** en grandes letras; **~ d'imprimerie** letra de imprenta.

caractériel, elle [karakterjɛl] PSYCHOL ◇ *adj* caracterial, del carácter. ◇ *nm, f* caracterópata *mf*.

caractérisé, e [karakterize] *adj* evidente.

caractériser [karakterize] *vt* caracterizar.
◆ **se caractériser** *vp* : **se ~ par qqch** caracterizarse por algo.

caractéristique [karakteristik] ◇ *adj* característico(ca); ~ **de qqch** característico de algo. ◇ *nf* característica *f*.

carafe [karaf] *nf* [récipient] jarra *f*.

Caraïbes [karaib] *nfpl* : **les ~** el Caribe; **dans les ~** [direction] al Caribe; [situation] en el Caribe.

carambolage [karɑ̃bɔlaʒ] *nm* colisión *f* en cadena.

caramel [karamɛl] *nm* **-1.** [sucre fondu] caramelo *m* (líquido). **-2.** [bonbon] caramelo *m* (golosina).

carapace [karapas] *nf* caparazón *m*.

carat [kara] *nm* quilate *m*; **à 18 ~s** de dieciocho quilates.

caravane [karavan] *nf* **-1.** [du camping, du désert] caravana *f*. **-2.** [cortège] comitiva *f*.

caravaning [karavanin] *nm* caravaning *m*; **faire du ~** hacer caravaning.

caravelle [karavɛl] *nf* **-1.** [bateau] carabela *f*. **-2.** [avion] caravelle *m*.

carbone [karbɔn] *nm* CHIM carbono *m*; **(papier) ~** papel *m* carbón.

carbonique [karbɔnik] *adj* CHIM carbónico(ca).

carboniser [karbɔnize] *vt* carbonizar.

carburant [karbyrɑ̃] *adj & nm* carburante.

carburateur [karbyratœr] *nm* carburador *m*.

carcan [karkɑ̃] *nm* **-1.** [collier de fer] argolla *f*. **-2.** *fig* [ce qui entrave la liberté] cortapisa *f*.

carcasse [karkas] *nf* **-1.** [d'animal] osamenta *f*. **-2.** [épave] esqueleto *m*; **sauver sa ~** *fam fig* salvar el pellejo.

carder [karde] *vt* cardar.

cardiaque [kardjak] ◇ *adj* **-1.** [crise] cardíaco(ca). **-2.** [personne] enfermo(ma) del corazón. ◇ *nmf* enfermo *m*, -ma *f* del corazón.

cardigan [kardigɑ̃] *nm* chaqueta *f* de punto, cárdigan *m*.

cardinal, e, aux [kardinal, o] *adj* **-1.** [nombre, point] cardinal. **-2.** [principal] fundamental. ◆ **cardinal** *nm* **-1.** RELIG cardenal *m*. **-2.** [nombre] cardinal *m*.

cardiologue [kardjɔlɔg] *nmf* cardiólogo *m*, -ga *f*.

cardio-vasculaire [kardjovaskylɛr] (*pl* **cardio-vasculaires**) *adj* cardiovascular.

carême [karɛm] *nm* : **faire ~** hacer ayuno.
◆ **Carême** *nm* RELIG Cuaresma *f*.

carence [karɑ̃s] *nf* **-1.** [de débiteu] insolvencia *f*. **-2.** [de personne, de gouvernement] incompetencia *f*. **-3.** [manque] carencia *f*; **~ en qqch** carencia de algo.

carène [karɛn] *nf* carena *f*.

caressant, e [karɛsɑ̃, ɑ̃t] *adj* **-1.** [personne] cariñoso(sa). **-2.** *fig* [voix, regard] acariciador(ra).

caresse [karɛs] *nf* caricia *f Esp*, apapachos *mpl Amér*.

caresser [karese] *vt* acariciar.

cargaison [kargɛzɔ̃] *nf* **-1.** TRANSPORT carga *f*. **-2.** *fam* [grande quantité] tropa *f*.

cargo [kargo] *nm* carguero *m*.

caricature [karikatyr] *nf* caricatura *f*.

carie [kari] *nf* MÉD caries *f inv*.

carié, e [karje] *adj* cariado(da).

carillon [karijɔ̃] *nm* **-1.** [de cloche] repique *m*. **-2.** [d'horloge] toque *m*. **-3.** [de porte] timbre *m*.

carlingue [karlɛ̃g] *nf* **-1.** [d'avion] carlinga *f*. **-2.** [de navire] sobrequilla *f*.

carmin [karmɛ̃] *adj inv & nm* carmín.

carnage [karnaʒ] *nm* matanza *f*, masacre *f*.

carnassier [karnasje] *nm* carnívoro *m*.

carnaval [karnaval] *nm* carnaval *m*.

carnet [karnɛ] *nm* **-1.** [petit cahier] cuadernillo *m*, libreta *f*; **~ d'adresses** agenda *f* de direcciones; **~ de notes** boletín *m* (escolar). **-2.** [bloc de feuilles] bloc *m*; **~ de chèques** talonario *m* de cheques; **~ de tickets** bono *m* de metro.

carnivore [karnivɔr] ◇ *adj* carnívoro(ra). ◇ *nm* carnívoro *m*.

carotte [karɔt] ◇ *nf* zanahoria *f*. ◇ *adj inv* [couleur] zanahoria (*en aposición*).

carpe [karp] ◇ *nf* [poisson] carpa *f*. ◇ *nm* ANAT carpo *m*.

carpette [karpɛt] *nf* **-1.** [petit tapis] alfombrilla *f*. **-2.** *fam fig* [personne servile] gusano *m*.

carquois [karkwa] *nm* aljaba *f*.

carré, e [kare] *adj* **-1.** [gén] cuadrado(da). **-2.** [franc] sincero(ra); **être ~ en affaires** ser honesto en los negocios. ◆ **carré** *nm* **-1.** [quadrilatère] cuadrado *m*; **élever un nombre au ~** MATHS elevar un número al cuadrado; **~ blanc** *cuadrado blanco que* *aparece en la parte inferior de la pantalla del televisor para indicar que una película no está autorizada para todos los públicos.* **-2.** [sur un navire] comedor m de oficiales. **-3.** [cartes] póker m. **-4.** CULIN cubo m. **-5.** [petit terrain] parcela f.

carreau [karo] nm **-1.** [carrelage] azulejo m. **-2.** [sol] baldosa f. **-3.** [vitre] cristal m. **-4.** [motif carré] cuadro m; **à ~x** a cuadros. **-5.** [dans un jeu de cartes] diamante m.

carrefour [karfur] nm **-1.** [de plusieurs routes] cruce m. **-2.** [forum] encuentro m. **-3.** fig [situation charnière] encrucijada f.

carrelage [karlaʒ] nm **-1.** [action de carreler] embaldosado m. **-2.** [surface carrelée – sur un mur] azulejos mpl; [– par terre] baldosas fpl.

carrément [karemã] adv **-1.** fam [franchement] claramente. **-2.** [complètement] totalmente.

carrière [karjɛr] nf **-1.** [de pierre, de marbre] cantera f. **-2.** [profession] carrera f; **faire ~ dans qqch** hacer carrera en algo.

carriériste [karjerist] nmf péj arribista mf.

carriole [karjɔl] nf **-1.** [petite charrette] carreta f. **-2.** Can [traîneau] trineo m.

carrossable [karɔsabl] adj abierto(ta) al tránsito rodado.

carrosse [karɔs] nm carroza f.

carrosserie [karɔsri] nf carrocería f.

carrossier [karɔsje] nm carrocero m, -ra f.

carrure [karyr] nf **-1.** [de personne] anchura f de espaldas. **-2.** [vêtement] anchura f de hombros. **-3.** fig [envergure] envergadura f.

cartable [kartabl] nm cartera f.

carte [kart] nf **-1.** [de jeu] carta f, naipe m; **brouiller les ~s** fig : **jouer ~s sur table** poner las cartas boca arriba; **tirer les ~s à qqn** CARTOMANCIE echar las cartas a alguien. **-2.** [au restaurant] carta f; **à la ~** a la carta; **~ des vins** carta de vinos. **-3.** [document] tarjeta f, carné m; **à mémoire** OU **à puce** tarjeta inteligente; **~ bancaire/de crédit** tarjeta bancaria/de crédito; **~ d'étudiant** carné de estudiante; **~ grise/de séjour** permiso m de circulación/de residencia; **~ d'identité** carné de identidad, documento m nacional de identidad; **~ graphique** INFORM tarjeta gráfica; **~ mère** INFORM placa f madre; **~ orange** abono mensual para los transportes públicos de París; **~ postale** (tarjeta) postal; **~ privative** tarjeta personal; **~ vermeil** en Francia, carné con el que las personas de la tercera edad obtienen reducciones en el transporte público, los cines, etc; **donner ~ blanche à qqn** dar carta blanca a alguien.

cartilage [kartilaʒ] nm cartílago m.

cartomancien, enne [kartɔmãsjɛ̃, ɛn] nm, f echador m, -ra f de cartas.

carton [kartɔ̃] nm **-1.** [matière] cartón m. **-2.** [emballage] caja f de cartón; **~ à chapeaux** sombrerera f; **~ à dessin** carpeta f de dibujos. **-3.** [cible] blanco m; **faire un ~** fam [tirer sur une cible en carton] tirar al blanco; fig [réussir] sacar muy buena nota en un examen. **-4.** [d'invitation, de sanction] tarjeta f.

cartonné, e [kartɔne] adj [gén] de cartón; [livre] cartoné.

carton-pâte nm cartón m piedra; **de** OU **en ~** de cartón piedra.

cartouche [kartuʃ] nf **-1.** [de fusil, de dynamite] cartucho m. **-2.** [de style, de briquet] recambio m. **-3.** [de cigarettes] cartón m.

cas [ka] nm caso m; **au ~ où** por si acaso; **au ~ où** (+ conditionnel) por si (+ presente indicativo); **prends un parapluie, au ~ où il pleuvrait** llévate un paraguas, por si llueve; **en aucun ~** en ningún caso; **en ~** por si las moscas; **en ~ de qqch** en caso de algo; **en ~ de besoin** en caso de necesidad; **en tout ~** en todo caso; **le ~ échéant** llegado el caso; **~ de conscience** caso de conciencia; **~ social** persona que vive en un entorno psicológicamente o socialmente desfavorable.

casanier, ère [kazanje, ɛr] adj & nm, f hogareño(ña), casero(ra).

casaque [kazak] nf casaca f.

cascade [kaskad] nf **-1.** cascada f. **-2.** CIN escena f de riesgo.

cascadeur, euse [kaskadœr, øz] nm, f **-1.** [au cirque] acróbata mf. **-2.** CIN doble mf, especialista mf.

case [kaz] nf **-1.** [habitation] cabaña f. **-2.** [compartiment] compartimento m. **-3.** [division] casilla f; **retourner à la ~ départ** fig estar como al principio; **il lui manque une ~** fig le falta un tornillo.

caser [kaze] vt **-1.** fam [placer] poner. **-2.** [loger] alojar. **-3.** fam [trouver un emploi] colocar. **-4.** fam [marier] casar. ◆ **se caser** vp fam **-1.** [se placer, trouver un emploi] colocarse. **-2.** [se marier] casarse. **-3.** [se loger] alojarse.

caserne [kazɛrn] nf MIL cuartel m.

cash [kaʃ] ◇ *adv* al contado; **payer** ~ pagar al contado. ◇ *nm* dinero *m* en metálico.

casier [kazje] *nm* **-1.** [meuble de rangement] estantería *f Esp*, librero *m Amér.* **-2.** [meuble de bureau] casillero *m.* **-3.** [pour la pêche] nasa *f.* ◆ **casier judiciaire** *nm* JUR (certificado *m* de) antecedentes penales; **avoir un ~ judiciaire vierge** no tener antecedentes penales.

casino [kazino] *nm* casino *m.*

casque [kask] *nm* **-1.** [de protection, à écouteurs] casco *m.* **-2.** [de cheveux] secador *m.*

casquette [kasket] *nf* gorra *f.*

cassant, e [kasɑ̃, ɑ̃t] *adj* **-1.** [matière] quebradizo(za). **-2.** [voix, ton] tajante.

cassation [kasasjɔ̃] → **cour.**

casse [kas] ◇ *nm fam* [cambriolage] robo *m* (en un establecimiento). ◇ *nf* **-1.** [action de casser] destrozos *mpl.* **-2.** *fam* [violence] : **il va y avoir de la ~** va a armarse la gorda OU la marimorena. **-3.** [de voitures] desguace *m.* **-4.** TYPOGRAPHIE caja *f.*

casse-cou *nm inv fam* atrevido *m* -da *f.*

casse-croûte *nm inv fam* tentempié *m.*

casse-noisettes *nm inv* cascanueces *m inv.*

casse-pieds *adj & nmf inv* peñazo *m.*

casser [kase] ◇ *vt* **-1.** [gén] romper; **ça ne casse rien** *fam* no mola. **-2.** JUR anular. ◇ *vi* romperse.

casserole [kasrɔl] *nf* CULIN cazo *m.*

casse-tête *nm inv* **-1.** [bruit assourdissant] estruendo *m.* **-2.** [problème] quebradero *m* de cabeza. **-3.** [jeu] rompecabezas *m inv.*

cassette [kaset] *nf* **-1.** [de magnétophone, magnétoscope] casete *m.* **-2.** [coffret] cofrecillo *m.* ◆ **cassette audionumérique** *nf* INFORM casete *f* digital, DAT.

cassis [kasis] *nm* **-1.** [arbuste] casis *m.* **-2.** [fruit] grosella *f* negra. **-3.** [liqueur] licor *m* de casis. **-4.** [sur la route] bache *m.*

cassure [kasyr] *nf* **-1.** [brisure] rotura *f.* **-2.** GÉOGR falla *f.* **-3.** *fig* [rupture] ruptura *f.*

caste [kast] *nf* casta *f.*

casting [kastiŋ] *nm* CIN & TÉLÉ casting *m*; THÉÂTRE audición *f*; **aller à un ~** presentarse a un casting/a una audición.

castor [kastɔr] *nm* castor *m.*

castrer [kastre] *vt* castrar.

cataclysme [kataklism] *nm* cataclismo *m.*

catalan, ane [katalɑ̃, an] *adj* catalán(ana).

Catalogne [katalɔɲ] *nf* : **la ~** Cataluña.

catalogue [katalɔg] *nm* catálogo *m.*

cataloguer [kataloge] *vt* catalogar; ~ **comme** *péj* catalogar de.

catalyseur [katalizœr] *nm* catalizador *m.*

catalytique [katalitik] → **pot.**

catamaran [katamarɑ̃] *nm* catamarán *m.*

cataplasme [kataplasm] *nm* MÉD cataplasma *f.*

catapulter [katapylte] *vt* catapultar.

cataracte [katarakt] *nf* **-1.** [chute d'eau & MÉD] catarata *f.* **-2.** *fig* [pluie] tromba *f* de agua.

catarrhe [katar] *nm* MÉD catarro *m.*

catastrophe [katastrɔf] *nf* catástrofe *f.*

catastrophé, e [katastrɔfe] *adj* destrozado(da).

catastrophique [katastrɔfik] *adj* **-1.** [effroyable] catastrófico(ca). **-2.** [très mauvais, dangereux] desastroso(sa).

catch [katʃ] *nm* lucha *f* libre.

catéchisme [kateʃism] *nm* RELIG catecismo *m.*

catégorie [kategɔri] *nf* categoría *f*; ~ **socio-professionnelle** ÉCON categoría socioprofesional.

catégorique [kategɔrik] *adj* categórico(ca).

cathédrale [katedral] *nf* catedral *f.*

cathode [katɔd] *nf* cátodo *m.*

catholicisme [katɔlisism] *nm* RELIG catolicismo *m.*

catholique [katɔlik] *adj* RELIG católico(ca).

catimini [katimini] ◆ **en catimini** *loc adv* a escondidas, a hurtadillas.

cauchemar [koʃmar] *nm* pesadilla *f.*

cauchemardesque [koʃmardesk] *adj* de pesadilla.

cause [koz] *nf* causa *f*; **être en ~** estar en tela de juicio; **pour ~ de qqch** por algo; **remettre en ~** cuestionar. ◆ **à cause de** *loc prép* a causa de.

causer [koze] *vt* **-1.** [provoquer, occasionner] causar. **-2.** *fam* [cancaner] murmurar.

causerie [kozri] *nf* charla *f Esp*, conversada *f Amér.*

caustique [kostik] ◇ *adj* cáustico(ca). ◇ *nm* sustancia *f* cáustica.

cautériser [koterize] *vt* cauterizar.

caution [kosjɔ̃] *nf* **-1.** [somme servant de garantie] paga y señal *f*; **verser une ~** dejar paga y señal; **sous ~** en garantía. **-2.** [personne] fiador *m*, -ra *f*; **se porter ~ pour qqn** salir fiador de alguien. **-3.** [garantie morale] garantía *f.* **-4.** [soutien] aval *m.*

cautionner [kosjɔne] *vt* **-1.** JUR [se porter garant] salir fiador(ra) de. **-2.** *fig* [appuyer] avalar.

cavalcade [kavalkad] *nf* **-1.** [de cavaliers] cabalgada *f*. **-2.** [course bruyante] tropel *m*.

cavalerie [kavalri] *nf* **-1.** MIL caballería *f*. **-2.** [au cirque] cuadra *f*.

cavalier [kavalje] *nm* **-1.** [aux échecs] caballo *m*. **-2.** MIL soldado *m* de caballería. **-3.** [pièce] grapa *f* (clavo).

cavalièrement [kavaljermɑ̃] *adv* con insolencia.

cave [kav] ◇ *adj* **-1.** [yeux, joues] hundido(da). **-2.** ANAT [veine] cava. ◇ *nf* **-1.** [local souterrain] sótano *m*. **-2.** [réserve de vins] bodega *f*. **-3.** [cabaret] cabaret *m*. ◇ *nm arg* primo *m*, -ma *f* (ingenuo).

caveau [kavo] *nm* **-1.** [petite cave] bodeguilla *f*. **-2.** [cabaret] cabaret *m*. **-3.** [sépulture] panteón *m*.

caverne [kavern] *nf* caverna *f*.

caviar [kavjar] *nm* caviar *m*.

cavité [kavite] *nf* cavidad *f*.

CB (*abr de* **citizen's band, canaux banalisés**) *nf* CB *f*.

cc -1. *abr de* **cuillère à café. -2.** *abr de* **charges comprises.**

CCP (*abr de* **compte chèque postal, compte courant postal**) *nm* CCP *f*.

CD *nm* **-1.** (*abr de* **chemin départemental**) carretera *f* comarcal. **-2.** (*abr de* **compact disc**) CD *m*. **-3.** (*abr de* **comité directeur**) comité *m* directivo. **-4.** (*abr de* **corps diplomatique**) CD *m*.

CDD *abr de* **contrat à durée déterminée.**

CDI *nm* **-1.** (*abr de* **centre de documentation et d'information**) *biblioteca de un centro de enseñanza secundaria.* **-2.** *abr de* **contrat à durée indéterminée.**

ce [sə] ◇ *adj dém* (**cet** [sɛt] *devant voyelle ou h muet,* **f cette** [sɛt], *pl* **ces** [se]) este(ta), ese(sa); ~ **mois-ci** este mes; **cette année-là** aquel año. ◇ *pron dém* (c' *devant voyelle*) : **c'est vrai**; ~ **sont** son; **c'est mon bureau** es mi despacho; ~ **sont mes enfants** son mis hijos; **qui est-ce?** ¿quién es?; ~ **à quoi** a lo que; **tu sais** ~ **à quoi je pense** ya sabes en lo que pienso; ~ **dont aquello de lo que**; ~ **dont je me souviens** aquello de lo que me acuerdo; ~ **pour quoi** aquello por lo que; **faites** ~ **pour quoi on vous paye** haga aquello por lo que le pagan; ~ **que/qui** lo que; **ils ont obtenu** ~ **qui leur revenait** han obtenido lo que les correspondía; ~ **qui**

m'inquiète lo que me preocupa; ~ **qui est étonnant** lo asombroso. ◆ **n'est-ce pas?** *loc adv* ¿verdad?; **elle est jolie n'est-**~ **pas?** es bonita ¿verdad?; **n'est-**~ **pas qu'il fait froid?** ¿verdad que hace frío?

CE ◇ *nm* **-1.** *abr de* **comité d'entreprise. -2.** (*abr de* **cours élémentaire**) : **CE1** ≃ 2° de EGB; **CE2** ≃ 3° de EGB. ◇ *nf* (*abr de* **Communauté européenne**) CE *f*.

ceci [səsi] *pron dém* esto; ~ **(étant) dit** dicho esto; **à** ~ **près** excepto que.

cécité [sesite] *nf* ceguera *f*.

céder [sede] ◇ *vt* **-1.** [donner] ceder; ~ **qqch à qqn** [laisser] ceder algo a alguien; [vendre] vender algo a alguien. **-2.** [revendre] traspasar. ◇ *vi* **-1.** [se soumettre, se rompre] ceder; ~ **à qqch** [accepter] ceder a OU ante; [succomber à la tentation] caer en algo; [– à la colère] dejarse llevar por algo. **-2.** [s'abandonner] : ~ **à qqn** entregarse a alguien.

CEDEX, Cedex (*abr de* **courrier d'entreprise à distribution exceptionnelle**) *nm* correo de empresa con reparto especial.

cédille [sedij] *nf* cedilla *f*.

cèdre [sɛdr] *nm* cedro *m*.

CEE (*abr de* **Communauté économique européenne**) *nf* CEE *f*.

CEI (*abr de* **Communauté des États Indépendants**) *nf* CEI *f*.

ceinture [sɛ̃tyr] *nf* **-1.** ANAT & COUT cintura *f*. **-2.** [bande & SPORT] cinturón *m*; ~ **à enrouleur** cinturón de seguridad retráctil; ~ **de sécurité** cinturón de seguridad.

ceinturer [sɛ̃tyre] *vt* **-1.** [adversaire] inmovilizar agarrando por la cintura. **-2.** [espace, lieu] rodear.

ceinturon [sɛ̃tyrɔ̃] *nm* cinto *m*.

cela [səla] *pron dém* [servant à désigner un objet éloigné] eso, aquello; **il y a des années de** ~ hace años de aquello; **prenez** ~ coja eso; **après** ~ después de eso; ~ **dit...** dicho esto; **malgré** ~ a pesar de eso.

célèbre [selɛbr] *adj* célebre.

célébrer [selebre] *vt* **-1.** [gén] celebrar. **-2.** [faire la louange de] alabar.

célébrité [selebrite] *nf* **-1.** [renommée] fama *f*. **-2.** [personne] celebridad *f*.

céleri [sɛlri] *nm* apio *m*; ~ **(branche)** apio; ~ **rave** apio-nabo (raíz).

célérité [selerite] *nf* celeridad *f*.

céleste [selɛst] *adj* **-1.** [corps] celeste. **-2.** [beauté, musique] celestial.

célibat [seliba] *nm* celibato *m*.

célibataire [selibatɛr] *adj & nmf* soltero(ra).

celle → celui-.

celle-ci → celui-ci.

celle-là → celui-là.

celles → celui.

celles-ci → celui-ci.

celles-là → celui-là.

cellier [selje] *nm* bodega *f*.

Cellophane® [selɔfan] *nf* celofán® *m*.

cellulaire [selylɛr] *adj* celular.

cellule [selyl] *nf* -1. [de prisonnier, de moine] celda *f*. -2. SCIENCES & POLIT célula *f*. -3. [réunion] comisión *f*. ◆ **cellule familiale** *nf* unidad *f* familiar.

cellulite [selylit] *nf* celulitis *f inv*.

celui [səlɥi] (*f* **celle** [sɛl], *mpl* **ceux** [sø], *fpl* **celles** [sɛl]) *pron dém* -1. [suivi d'un complément prépositionnel] el de, la de; **celle de devant** la de delante; **ceux d'entre nous** aquellos de entre nosotros. -2. [suivi d'un pronom relatif] el que, la que; ~ **que vous voyez** el que usted ve; **c'est celle qui te va le mieux** es la que mejor te sienta; **ceux que je connais** los que conozco. -3. [suivi d'un adjectif, d'un participe] el, la; **celle peinte en rose** la pintada de rosa.

celui-ci [səlɥisi] (*f* **celle-ci** [sɛlsi], *mpl* **ceux-ci** [søsi], *fpl* **celles-ci** [sɛlsi]) *pron dém* éste(ta) ésta (*mpl* éstos); ◆ **et celui-là** éste y aquél.

celui-là [səlɥila] (*f* **celle-là** [sɛlla], *mpl* **ceux-là** [søla], *fpl* **celles-là** [sɛlla]) *pron dém* ése(sa), aquél(lla).

cendre [sɑ̃dr] *nf* ceniza *f*. ◆ **cendres** *nfpl* [restes des morts] cenizas *fpl*; **renaître de ses ~s** *fig* renacer de sus cenizas. ◆ **Cendres** *nfpl* RELIG : **les Cendres** ceniza *f* (*del Miércoles de Ceniza*).

cendré, e [sɑ̃dre] *adj* ceniciento(ta).

cendrier [sɑ̃drije] *nm* cenicero *m*.

Cène [sɛn] *nf* RELIG Última Cena *f*; **la ~** [peinture biblique] la Última Cena.

censé, e [sɑ̃se] *adj* : **il est ~ faire qqch** se supone que hace algo; **il est ~ être à Paris** se supone que está en París; **elle n'est pas ~e le savoir** no tiene por qué saberlo.

censeur [sɑ̃sœr] *nm* -1. [gén] censor *m*, -ra *f*. -2. [de lycée] ≃ jefe *mf* de estudios.

censure [sɑ̃syr] *nf* censura *f*.

censurer [sɑ̃syre] *vt* censurar.

cent[1] [sɑ̃] ◇ *adj num* cien, ciento; ~ **francs** cien francos; ~**-deux francs** ciento dos francos. ◇ *adj inv* [centième] :

quatre ~ cuatrocientos(tas). ◇ *nm* [chiffre] **cien** *m*; *voir aussi* **six**.

cent[2] [sɑ̃] *nm* [monnaie du Canada et des USA] centavo *m*.

centaine [sɑ̃tɛn] *nf* centena *f*.

centenaire [sɑ̃tnɛr] ◇ *adj & nmf* centenario(ria). ◇ *nm* [centième anniversaire] centenario *m*.

centième [sɑ̃tjɛm] ◇ *adj* centésimo(ma). ◇ *nm* centésima parte *f*. ◇ *nf* THÉÂTRE centésima representación *f*.

centigrade [sɑ̃tigrad] → **degré**.

centigramme [sɑ̃tigram] *nm* centígramo *m*.

centilitre [sɑ̃tilitr] *nm* centilitro *m*.

centime [sɑ̃tim] *nm* céntimo *m*.

centimètre [sɑ̃timɛtr] *nm* -1. [mesure] centímetro *m*. -2. [ruban, règle] cinta *f* métrica.

central, e, aux [sɑ̃tral, o] *adj* -1. [au centre – de la terre] central; [– quartier] céntrico(ca). -2. [principal] central. ◆ **central** *nm* -1. [tennis] pista *f* central. -2. [de réseau] central *f*; ~ **téléphonique** central telefónica. ◆ **centrale** *nf* -1. [usine] central *f*; **centrale hydroélectrique/nucléaire** central hidroeléctrica/nuclear; **centrale d'achat** COMM central de compras. -2. [syndicale] central *f* sindical.

centraliser [sɑ̃tralize] *vt* centralizar.

centre [sɑ̃tr] *nm* -1. [gén] centro *m*; ~ **aéré** [pour écoliers] *centro de esparcimiento infantil, gestionado por los Ayuntamientos*; ~ **antipoison** servicio de información toxicológica; ~ **commercial/culturel** centro comercial/cultural; ~ **de gravité** centro de gravedad; ~ **hospitalier régional** centro hospitalario provincial; ~ **hospitalo-universitaire** centro hospitalario universitario. -2. *fig* quid *m*.

centrer [sɑ̃tre] *vt* centrar.

centre-ville *nm* centro *m* urbano.

centrifugeuse [sɑ̃trifyʒøz] *nf* -1. TECHNOL centrifugadora *f*. -2. CULIN licuadora *f*.

centuple [sɑ̃typl] *nm* [cent fois plus] céntuplo *m*; **au ~** [beaucoup plus] centuplicado(da).

cep [sɛp] *nm* cepa *f*.

cèpe [sɛp] *nm* BOT seta *f* comestible.

cependant [səpɑ̃dɑ̃] *conj* sin embargo.

céramique [seramik] *nf* cerámica *f*.

cerceau [sɛrso] *nm* **-1.** [de tonneau] cerco *m*. **-2.** [jouet] aro *m*. **-3.** [de robe] polisón *m*.

cercle [sɛrkl] *nm* **-1.** [gén] círculo *m*. **-2.** [disposition en cercle] corro *m*. ◆ **cercle vicieux** *nm* círculo *m* vicioso.

cercueil [sɛrkœj] *nm* ataúd *m*.

céréale [sereal] *nf* cereal *m*.

cérémonial, als [seremɔnjal] *nm* ceremonial *m*.

cérémonie [seremɔni] *nf* **-1.** [gén] ceremonia *f*. **-2.** [politesse exagérée] cumplido *m*; **faire des** ~**s** hacer cumplidos.

cérémonieux, euse [seremɔnjø, øz] *adj* ceremonioso(sa).

cerf [sɛr] *nm* ciervo *m*.

cerfeuil [sɛrfœj] *nm* perifollo *m*.

cerf-volant [sɛrvɔlɑ̃] *nm* **-1.** [jouet] cometa *f*. **-2.** [insecte] ciervo *m* volante.

cerise [səriz] ◇ *nf* cereza *f*. ◇ *adj inv* [couleur] cereza *(en aposición)*.

cerisier [sərisje] *nm* cerezo *m*.

cerne [sɛrn] *nm* **-1.** [sous les yeux] ojera *f*. **-2.** [d'arbre] anillo *m*.

cerner [sɛrne] *vt* **-1.** [encercler] rodear. **-2.** [entourer d'un trait] rodear con un círculo. **-3.** *fig* [problème, question] delimitar, acotar.

certain, e [sɛrtɛ̃, ɛn] ◇ *adj* seguro(ra); **c'est sûr et** ~ segurísimo; **être** ~ **de** estar seguro de; **être** ~ **que** estar seguro de que. ◇ *adj indéf (avant n)* **-1.** cierto(ta); **dans** ~**s cas** en ciertos casos; **un** ~ **temps** algún tiempo; **d'un** ~ **âge** de cierta edad. **-2.** [devant nom de personne] tal; **un** ~ **Jean** un tal Juan. ◆ **certains** *(fpl certaines) pron indéf pl* algunos(nas).

certainement [sɛrtɛnmɑ̃] *adv* **-1.** [oui renforcé] por supuesto. **-2.** [assurément] sin duda; **mais** ~ pues claro.

certes [sɛrt] *adv* **-1.** [indique une concession] en efecto, claro. **-2.** [en vérité] desde luego.

certificat [sɛrtifika] *nm* **-1.** [attestation] certificado *m*. **-2.** [référence] referencias *fpl*. **-3.** [diplôme] diploma *m*; ~ **d'études** SCOL certificado de estudios primarios.

certifier [sɛrtifje] *vt* **-1.** [assurer] : ~ **qqch à qqn** asegurar algo a alguien. **-2.** [document] compulsar.

certitude [sɛrtityd] *nf* **-1.** [évidence] evidencia *f*. **-2.** [conviction] certeza *f*; **avoir la** ~ **que** tener la certeza de que.

cerveau [sɛrvo] *nm* cerebro *m*.

cervelle [sɛrvɛl] *nf* **-1.** ANAT & CULIN sesos *mpl*. **-2.** [facultés mentales] cerebro *m*.

cervical, e, aux [sɛrvikal, o] *adj* ANAT cervical.

ces → **ce**.

CES (*abr de* **collège d'enseignement secondaire**) *nm* antiguo nombre de los centros de enseñanza secundaria de primer ciclo.

césarienne [sezarjɛn] *nf* MÉD cesárea *f*.

césium [sezjɔm] *nm* cesio *m*.

cesse [sɛs] *nf* : **n'avoir de** ~ **que** (+ subjonctif) sout no descansar hasta que (+ subjuntivo); **je n'aurai de** ~ **qu'il n'admette qu'il a tort** no descansaré hasta que admita que se ha equivocado. ◆ **sans cesse** *loc adv* sin cesar, sin parar.

cesser [sese] ◇ *vi* cesar, terminar; **ne pas** ~ **de faire qqch** [continuer à] no parar de hacer algo. ◇ *vt* suspender.

cessez-le-feu [seselfø] *nm inv* alto el fuego *m*.

cession [sɛsjɔ̃] *nf* cesión *f*.

c'est-à-dire [setadir] *conj* **-1.** [en d'autres termes] o sea, es decir. **-2.** [introduit une restriction, précision, réponse] (la cosa) es que; **tu es libre ce soir?** ~ **que je suis déjà invitée ailleurs** ¿tienes la noche libre? (la cosa) es que ya me han invitado.

cet → **ce**.

cétacé [setase] *nm* cetáceo *m*.

cette → **ce**.

ceux → **celui**.

ceux-ci → **celui-ci**.

ceux-là → **celui-là**.

cf. (*abr de* **confer**) cf.

CFDT (*abr de* **Confédération française démocratique du travail**) *nf* organización sindical francesa de orientación socialdemócrata.

CFTC (*abr de* **Confédération française des travailleurs chrétiens**) *nf* organización sindical que defiende los principios de la doctrina social cristiana.

CGC (*abr de* **Confédération générale des cadres**) *nf* organización sindical francesa de directivos.

CGT (*abr de* **Confédération générale du travail**) *nf* organización sindical francesa de orientación marxista.

chacun, e [ʃakœ̃, yn] *pron indéf* cada uno, cada una; ~ **de nous/de vous/d'eux** cada uno de nosotros/de vosotros/de ellos; ~ **pour soi** cada cual a lo suyo; **tout un** ~ todos y cada uno.

chagrin, e [ʃagrɛ̃, in] *adj* triste. ◆ **chagrin** *nm* pena *f*; **avoir du ~** ponerse triste.

chagriner [ʃagrine] *vt* apenar.

chahut [ʃay] *nm* jaleo *m*; **faire du ~** armar jaleo.

chahuter [ʃayte] ◇ *vi* armar jaleo. ◇ *vt* **-1.** [importuner] abuchear. **-2.** [bousculer] incordiar.

chaîne [ʃɛn] *nf* **-1.** [gén] cadena *f*; **à la ~ en** cadena; **~ de montagnes** cadena montañosa, cordillera *f*. **-2.** [appareil] equipo *m*, cadena *f*; **hi-fi/stéréo** equipo de alta fidelidad/estéreo. ◆ **chaînes** *nfpl* **-1.** [pour pneus] cadenas *fpl*. **-2.** [servitude] cadenas *fpl*; [liens d'affection] lazos *mpl*.

chaînon [ʃɛnɔ̃] *nm* **-1.** [maillon] eslabón *m*; **~ manquant** eslabón perdido. **-2.** *fig* [élément] paso *m*.

chair [ʃɛr] ◇ *nf* **-1.** [d'homme & CULIN] carne *f*; **avoir la ~ de poule** [de froid] tener la piel de gallina. **-2.** [pulpe] pulpa *f*. ◇ *adj inv* [couleur] carne *(en aposición)*.

chaire [ʃɛr] *nf* **-1.** [estrade – de prédicateur] púlpito *m*; [– de professeur] tarima *f*. **-2.** UNIV [poste de professeur] cátedra *f*.

chaise [ʃɛz] *nf* silla *f*; **~ électrique** silla eléctrica; **~ longue** tumbona *f*.

châle [ʃal] *nm* chal *m*, mantón *m*.

chalet [ʃalɛ] *nm* **-1.** [de montagne] chalet *m*, chalé *m*. **-2.** *Can* [maison de campagne] casa *f* de campo.

chaleur [ʃalœr] *nf* **-1.** [température] calor *m*. **-2.** [d'animal] celo *m*. **-3.** *fig* [ardeur] fervor *m*.

chaleureux, euse [ʃalœrø, øz] *adj* caluroso(sa).

chaloupe [ʃalup] *nf* bote *m*, chalupa *f*.

chalumeau, x [ʃalymo] *nm* **-1.** TECHNOL soplete *m*. **-2.** [pour boire] paja *f Esp*, popote *m Amér*.

chalut [ʃaly] *nm* [filet] traína *f*; **au ~** [pêche] de arrastre.

chalutier [ʃalytje] *nm* **-1.** [bateau] trainera *f*. **-2.** [pêcheur] pescador *m*, -ra *f* de trainera.

chamailler [ʃamaje] ◆ **se chamailler** *vp fam* pelearse.

chambranle [ʃɑ̃brɑ̃l] *nm* [de porte, de fenêtre] marco *m*; [de cheminée] faldón *m*.

chambre [ʃɑ̃br] *nf* **-1.** [où l'on dort] cuarto *m*, habitación *f*; **~ d'amis** cuarto de invitados; **~ à coucher** dormitorio *m*. **-2.** [pièce pour un usage précis] cámara *f*; **~ à**

gaz cámara de gas; **~ forte** cámara acorazada; **~ froide/noire** cámara frigorífica/oscura; **~ à air/de combustion** cámara de aire/de combustión. **-3.** JUR sala *f*.

chambrée [ʃɑ̃bre] *nf* **-1.** [occupants] ocupantes *mpl* de un dormitorio colectivo. **-2.** [pièce] dormitorio *m* colectivo.

chambrer [ʃɑ̃bre] *vt* **-1.** [vin] poner una botella de vino a la temperatura ambiente. **-2.** *fam* [se moquer] cachondearse de.

chameau, x [ʃamo] *nm* **-1.** [mammifère] camello *m*. **-2.** *fam péj* [personne] mal bicho *m*.

chamois [ʃamwa] ◇ *nm* gamuza *f*. ◇ *adj inv* [couleur] gamuzado(da).

champ [ʃɑ̃] *nm* campo *m*; **~ de bataille** campo de batalla; **~ de courses** hipódromo *m*.

champagne [ʃɑ̃paɲ] *nm* champán *m* francés.

champêtre [ʃɑ̃pɛtr] *adj* campestre.

champignon [ʃɑ̃piɲɔ̃] *nm* **-1.** [végétal] seta *f*. **-2.** MÉD hongo *m*. **-3.** *fam* [accélérateur] acelerador *m*. ◆ **champignon atomique** *nm* hongo *m* atómico.

champion, onne [ʃɑ̃pjɔ̃, ɔn] *nm, f* **-1.** SPORT campeón *m*, -ona *f*. **-2.** [défenseur] paladín *m*. ◆ **champion** *adj inv fam* [personne] campeón(ona).

championnat [ʃɑ̃pjɔna] *nm* campeonato *m*.

chance [ʃɑ̃s] *nf* **-1.** [sort] suerte *f*; **avoir/ne pas avoir de ~** tener/no tener suerte; **porter ~** traer suerte, dar (buena) suerte. **-2.** [probabilité, possibilité] posibilidad *f*, probabilidad *f*; **avoir des ~s de faire qqch** tener probabilidades de hacer algo.

chanceler [ʃɑ̃sle] *vi* **-1.** [personne, gouvernement] tambalearse. **-2.** [être bancal] cojear.

chancelier [ʃɑ̃səlje] *nm* canciller *m*.

chanceux, euse [ʃɑ̃sø, øz] *adj* afortunado(da).

chancre [ʃɑ̃kr] *nm* **-1.** MÉD chancro *m*. **-2.** BOT cancro *m*.

chandail [ʃɑ̃daj] *nm* jersey *m*.

Chandeleur [ʃɑ̃dlœr] *nf* Candelaria *f*.

chandelier [ʃɑ̃dəlje] *nm* candelabro *m*.

chandelle [ʃɑ̃dɛl] *nf* [bougie] vela *f Esp*, veladora *f Amér*; **dîner aux ~s** cenar a la luz de las velas.

change [ʃɑ̃ʒ] *nm* **-1.** FIN cambio *m*. **-2.** [troc] trueque *m*. **-3.** [couche de bébé] pañal *m*.

changeant, e [ʃɑ̃ʒɑ̃, ɑ̃t] *adj* –1. [variable – temps] **variable**; [– humeur] **cambiante. –2.** [couleur, étoffe] **tornasolado(da).**

changement [ʃɑ̃ʒmɑ̃] *nm* –1. [gén] **cambio** *m*. **–2.** TRANSPORT [correspondance] **transbordo** *m*, **trasbordo** *m*.

changer [ʃɑ̃ʒe] ◇ *vt* –1. [gén] **cambiar;** ~ **qqch en qqch** [monnaie] **cambiar algo en algo;** ~ **qqch contre qqch cambiar algo por algo. –2.** [transformer, muer] **convertir. –3.** [de poste, de bureau] **trasladar.** ◇ *vi* –1. [gén] **cambiar. –2.** [apporter un changement] **variar; pour** ~ *iron* [comme toujours] **para variar.**

changeur [ʃɑ̃ʒœr] *nm* FIN [personne] **cambista** *mf*.

chanson [ʃɑ̃sɔ̃] *nf* MUS **canción** *f*; **c'est toujours la même** ~ *fig* **siempre la misma canción** OU **historia.**

chansonnier, ère [ʃɑ̃sɔnje, ɛr] *nm, f* **humorista** *mf*.

chant [ʃɑ̃] *nm* –1. [gén] **canto** *m*; **apprendre le** ~ **estudiar canto. –2.** [chanson] **canción** *f*, **canto** *m*.

chantage [ʃɑ̃taʒ] *nm* **chantaje** *m*; **faire du** ~ [extorquer de l'argent] **hacer chantaje;** *fig* [comédie] **hacer comedia, echar teatro.**

chanter [ʃɑ̃te] ◇ *vt* –1. [gén] **cantar. –2.** *fam* [raconter] **contar.** ◇ *vi* –1. [gén] **cantar. –2.** *loc* : **faire** ~ **qqn hacerle chantaje a alguien.**

chanteur, euse [ʃɑ̃tœr, øz] *nm, f* **cantante** *mf*.

chantier [ʃɑ̃tje] *nm* –1. CONSTR **obra** *f*; ~ **naval astillero** *m*. **–2.** *fam* [désordre] **leonera** *f*.

chantonner [ʃɑ̃tɔne] ◇ *vt* [air] **tararear.** ◇ *vi* [personne] **canturrear.**

chanvre [ʃɑ̃vr] *nm* **cáñamo** *m*.

chaos [kao] *nm* **caos** *m*.

chap. (*abr de* chapitre) C.

chaparder [ʃaparde] *vt* **sisar.**

chapeau, x [ʃapo] *nm* –1. [coiffure] **sombrero** *m*. **–2.** [texte bref] **encabezamiento** *m*.

chapeauter [ʃapote] *vt* **controlar.**

chapelet [ʃaplɛ] *nm* –1. RELIG **rosario** *m*. **–2.** [ensemble – d'aliments] **ristra** *f*; [– d'injures, d'insultes] **retahíla** *f*.

chapelle [ʃapɛl] *nf* –1. RELIG **capilla** *f*. **–2.** [clan] **camarilla** *f*.

chapelure [ʃaplyr] *nf* CULIN **pan** *m* **rallado.**

chapiteau, x [ʃapito] *nm* –1. [de colonne] **capitel** *m*. **–2.** [de cirque] **carpa** *f*.

chapitre [ʃapitr] *nm* –1. [de livre] **capítulo** *m*. **–2.** [de budget] **partida** *f*, **asiento** *m*. **–3.** RELIG **cabildo** *m*. **–4.** [sujet] **tema** *m*.

chaque [ʃak] *adj indéf* **cada;** ~ **personne cada persona.**

char [ʃar] *nm* –1. [voiture à deux roues, tank] **carro** *m*; ~ **d'assaut carro de combate. –2.** [de carnaval] **carroza** *f*. **–3.** *Can* [voiture] **coche** *m*.

charabia [ʃarabja] *nm* **galimatías** *m inv*.

charade [ʃarad] *nf* **charada** *f*.

charbon [ʃarbɔ̃] *nm* –1. [combustible] **carbón** *m*; ~ **de bois carbón de leña. –2.** [fusain] **carboncillo** *m*. **–3.** [maladie] **carbunco** *m*.

charcuterie [ʃarkytri] *nf* –1. [magasin] **charcutería** *f*, **tienda** *f* **de embutidos. –2.** [produits] **embutidos** *mpl*.

charcutier, ère [ʃarkytje, ɛr] *nm, f* **charcutero** *m*, **-ra** *f*.

chardon [ʃardɔ̃] *nm* –1. [plante] **cardo** *m*. **–2.** [sur un mur] **púas** *fpl* **de hierro.**

charge [ʃarʒ] *nf* –1. [fardeau, attaque] **carga** *f*. **–2.** [fonction, accusation, obligation] **cargo** *m*; **être à la** ~ **de qqn** [devant être payé par] **correr a cargo de alguien;** [dépendre matériellement de qqn] **estar a cargo de alguien; prendre qqch en** ~ [payer, s'occuper de] **hacerse cargo de algo; prendre qqn en** ~ **hacerse cargo de alguien.** ◆ **charges** *nfpl* –1. [d'appartement] **gastos** *mpl* **de comunidad. –2.** ÉCON **costes** *mpl*; ~**s sociales cargas** *fpl* **sociales.**

chargé, e [ʃarʒe] ◇ *adj* –1. [personne, véhicule] **cargado(da). –2.** [responsable] **encargado(da). –3.** [occupé] **ocupado(da).** ◇ *nm, f* **encargado** *m*, **-da** *f*; ~ **d'affaires encargado de negocios;** ~ **de mission** ≃ **profesor** *m* **asociado.**

chargement [ʃarʒəmɑ̃] *nm* –1. [de marchandises] **cargamento** *m*. **–2.** [d'arme, d'appareil photo] **carga** *f*.

charger [ʃarʒe] *vt* –1. [remplir, emporter] **cargar. –2.** [recouvrir, alourdir] **llenar. –3.** [attaquer] **cargar contra. –4.** [donner une mission] : ~ **qqn de qqch/de faire qqch encargar a alguien de algo/que haga algo. –5.** JUR [déposer contre] **declarar en contra de. –6.** [exagérer] **exagerar. –7.** INFORM **cargar.** ◆ **se charger** *vp* –1. [porter une charge] **cargarse. –2.** [s'occuper de qqn] : **se** ~ **de qqn/de qqch ocuparse de alguien/de algo; se** ~ **de faire qqch encargarse de hacer algo.**

chargeur [ʃarʒœr] *nm* **-1.** [personne] cargador *m*, -ra *f*. **-2.** [de dispositif] cargador *m*.

chariot [ʃarjo] *nm* **-1.** [charrette] carretilla *f*. **-2.** [table roulante] carrito *m*. **-3.** [de machine à écrire] carro *m*.

charisme [karism] *nm* carisma *m*.

charitable [ʃaritabl] *adj* caritativo(va).

charité [ʃarite] *nf* **-1.** [aumône & RELIG] caridad *f*. **-2.** [bonté] bondad *f*.

charlatan [ʃarlatɑ̃] *nm péj* charlatán *m*, -ana *f*.

charmant, e [ʃarmɑ̃, ɑ̃t] *adj* **-1.** [séduisant, ravissant] encantador(ra). **-2.** [agréable] agradable; **c'est ~!** *iron* [désagréable] ¡muy bonito!

charme [ʃarm] *nm* **-1.** [attrait – de chose] atracción *f*; [– de personne] encanto *m*. **-2.** [enchantement] hechizo *m*. **-3.** [beauté] atractivo *m*, encanto *m*. **-4.** [arbre] carpe *m*.

charmer [ʃarme] *vt* cautivar; **être charmé de faire qqch** [être heureux de] estar encantado de hacer algo.

charmeur, euse [ʃarmœr, øz] ◇ *adj* encantador(ra). ◇ *nm, f* seductor *m*, -ra *f*. ◆ **charmeur de serpents** *nm* encantador *m* de serpientes.

charnel, elle [ʃarnɛl] *adj* carnal.

charnier [ʃarnje] *nm* osario *m*.

charnière [ʃarnjɛr] ◇ *nf* bisagra *f*. ◇ *adj inv* decisivo(va).

charnu, e [ʃarny] *adj* carnoso(sa).

charogne [ʃarɔɲ] *nf* **-1.** [d'animal] carroña *f*. **-2.** *tfam* [crapule] crápula *f*.

charpente [ʃarpɑ̃t] *nf* **-1.** [de bâtiment] armazón *m*. **-2.** [structure] estructura *f*; **avoir une solide ~** *hum* [personne] tener una buena osamenta.

charpentier [ʃarpɑ̃tje] *nm* carpintero *m*, -ra *f* de obra, carpintero *m*, -ra *f* de blanco.

charretier, ère [ʃartje, ɛr] ◇ *adj* [chemin] de carro. ◇ *nm, f* carretero *m*, -ra *f*.

charrette [ʃarɛt] *nf* carreta *f*.

charrier [ʃarje] ◇ *vt* **-1.** [entraîner] arrastrar. **-2.** [transporter] acarrear. **-3.** *fam* [se moquer de] pitorrearse de, choterase de. ◇ *vi fam* [exagérer] pasarse.

charrue [ʃary] *nf* AGRIC arado *m*.

charte [ʃart] *nf* [règle fondamentale] carta *f*.

charter [ʃartɛr] *nm* chárter *m*.

chas [ʃa] *nm* ojo *m* (*de aguja*).

chasse [ʃas] *nf* **-1.** [action] caza *f*; **~ à courre** montería *f*. **-2.** [période] temporada *f* de caza. **-3.** [poursuite] caza *f*, persecución *m*; **faire la ~ à qqch** [poursuivre] dar caza a algo; **prendre qqn en ~** [poursuivre] perseguir. **-4.** [des cabinets] cadena *f*; **tirer la ~** tirar de la cadena; **~ d'eau** cisterna *f*. ◆ **chasse gardée** *nf* **-1.** [terrain] coto *m* privado de caza. **-2.** [sujet réservé] terreno *m* reservado.

chassé-croisé [ʃasekrwaze] *nm* cruce *m*.

chasse-neige *nm inv* **-1.** [véhicule] quitanieves *m inv*. **-2.** [position des skis] cuña *f*.

chasser [ʃase] ◇ *vt* **-1.** [animal] cazar. **-2.** [troupeau] guiar. **-3.** [faire partir] expulsar. **-4.** [employé] despedir. **-5.** [idées noires, souci] desechar. ◇ *vi* **-1.** [aller à la chasse] cazar. **-2.** [roue] patinar. **-3.** [ancre] garrear.

chasseur, euse [ʃasœr, øz] *nm, f* cazador *m*, -ra *f*. ◆ **chasseur** *nm* **-1.** [d'hôtel] botones *mf inv*. **-2.** [avion de chasse] avión *m* de caza. ◆ **chasseur alpin** *nm* MIL cazador *m* de montaña.

châssis [ʃasi] *nm* **-1.** [de fenêtre, de porte] contramarco *m*. **-2.** [de tableau, de machine] bastidor *m*. **-3.** [de véhicule] chasis *m*.

chaste [ʃast] *adj* casto(ta).

chasteté [ʃastəte] *nf* castidad *f*.

chasuble [ʃazybl] *nf* RELIG casulla *f*.

chat, chatte [ʃa, ʃat] *nm, f* gato *m*, -ta *f*.

châtaigne [ʃatɛɲ] *nf* castaña *f*.

châtaignier [ʃatɛɲe] *nm* castaño *m*.

châtain [ʃatɛ̃] ◇ *adj* [couleur] castaño(ña). ◇ *nm* castaño *m*.

château, x [ʃato] *nm* **-1.** [forteresse] castillo *m*; **~ fort** fortaleza *f*. **-2.** [résidence seigneuriale] palacio *m*; **~ de sable** [sur la plage] castillo de arena. **-3.** [vignobles] viñedo *m*. ◆ **château d'eau** *nm* torre *f* de agua.

châtiment [ʃatimɑ̃] *nm* castigo *m*.

chaton [ʃatɔ̃] *nm* **-1.** [petit chat] gatito *m*. **-2.** BOT amento *m*, candelilla *f*. **-3.** [de bague] engaste *m*. **-4.** [pierre] chatón *m*. **-5.** [de poussière] borreguillo *m*.

chatouiller [ʃatuje] *vt* **-1.** [faire des chatouilles à] hacer cosquillas. **-2.** *fig* [titiller] cosquillear.

chatoyant, e [ʃatwajɑ̃, ɑ̃t] *adj* tornasolado(da).

châtrer [ʃatre] *vt* castrar, capar.

chatte → **chat**.

chaud, e [ʃo, ʃod] *adj* **-1.** [chose] caliente; [temps, voix] cálido(da); **avoir ~** tener calor; **il fait ~** hace calor. **-2.** [enthousiaste] entusiasta; **ne pas être très ~ pour** *(+ infinitif)* no tener ánimos para *(+ infinitivo)*; **je ne suis pas très ~ pour sortir ce soir** no tengo ánimos para salir esta noche. **-3.** [tempérament] ardiente. **-4.** *fig* [animé] caliente. **◆ chaud** *nm* [chaleur] calor *m.*

chaudement [ʃodmã] *adv* **-1.** [pour avoir chaud] : **être vêtu ~** vestirse con ropa de abrigo. **-2.** [chaleureusement] calurosamente.

chaudière [ʃodjɛr] *nf* caldera *f.*

chaudron [ʃodrɔ̃] *nm* caldero *m.*

chauffage [ʃofaʒ] *nm* **-1.** [appareil] calefacción *f;* **~ central** calefacción central. **-2.** [action de chauffer] calentamiento *m.*

chauffant, e [ʃofã, ãt] *adj* que calienta.

chauffard [ʃofar] *nm péj* dominguero *m, -* ra *f (conductor).*

chauffe-eau [ʃofo] *nm inv* calentador *m* de agua.

chauffer [ʃofe] ◇ *vt* calentar. ◇ *vi* **-1.** [devenir chaud, s'échauffer] calentarse. **-2.** [produire de la chaleur] calentar. **-3.** *fam* [barder] armarse una buena.

chauffeur [ʃofœr] *nm* conductor *m, -*ra *f Esp,* motorista *mf Amér.*

chaume [ʃom] *nm* paja *f.*

chaumière [ʃomjɛr] *nf* choza *f Esp,* media-gua *f Amér.*

chaussée [ʃose] *nf* calzada *f.*

chausse-pied [ʃospje] *(pl* **chausse-pieds)** *nm* calzador *m.*

chausser [ʃose] *vt* **-1.** [chaussures] calzarse. **-2.** [lunettes] calarse. **-3.** [personne, voiture] calzar. **-4.** [aller bien ou mal à – chaussures] : **~ bien/mal/large** irle bien/pequeño/grande. **◆ se chausser** *vp* calzarse.

chaussette [ʃosɛt] *nf* calcetín *m.*

chausseur [ʃosœr] *nm* zapatero *m, -*ra *f.*

chausson [ʃosɔ̃] *nm* **-1.** [pantoufle, chaussure de danse] zapatilla *f.* **-2.** [de bébé] peúco *m.* **-3.** CULIN [pâtisserie] ≃ empanadilla *f;* **~ aux pommes** ≃ empanadilla de manzana.

chaussure [ʃosyr] *nf* **-1.** [soulier] zapato *m;* **~ basse** zapato plano; **~ montante** botín *m;* **~ de marche** calzado *m* de marcha; **~ de ski** bota *f* de esquí. **-2.** [industrie] industria *f* del calzado.

chauve [ʃov] *adj & nmf* calvo(va).

chauve-souris *nf* murciélago *m.*

chauvin, e [ʃovɛ̃, in] *adj & nm, f* chauvinista.

chauvinisme [ʃovinism] *nm* chovinismo *m.*

chaux [ʃo] *nf* cal *f;* **blanchi à la ~** encalado(da).

chavirer [ʃavire] ◇ *vi* **-1.** [gén] irse a pique. **-2.** *fig* [tourner] dar vueltas. ◇ *vt* **-1.** [bateau] hundir. **-2.** [meuble] poner patas arriba.

chef [ʃɛf] *nm* **-1.** [celui qui dirige] jefe *m, -* ra *f;* **en ~** [gén] jefe; MIL en jefe; **~ d'entreprise** empresario *m;* **~ de famille** cabeza *mf* de familia; **~ de file** [de parti] jefe de filas; **~ de gare** jefe de estación; **~ d'orchestre** director *m, -*ra *f* de orquesta; **~ de service** ADMIN ≃ director *m, -*ra *f* de departamento; [d'hôpital] director *m, -*ra *f* de servicio. **-2.** [cuisinier] jefe *m* de cocina, chef *m.* **-3.** [personne remarquable] autoridad *f.* **◆ chef d'accusation** *nm* JUR cargo *m.*

chef-d'œuvre [ʃedœvr] *(pl* **chefs-d'œuvre)** *nm* obra *f* maestra.

chef-lieu [ʃefljø] *nm* ADMIN ≃ capital *f* (de provincia).

chemin [ʃəmɛ̃] *nm* camino *m;* **en ~** [en cours de route] en el camino; **se frayer un ~** abrirse camino OU paso; **~ battu** camino trillado; **faire du ~** [progresser] progresar. **◆ chemin de fer** *nm* ferrocarril *m.*

cheminée [ʃəmine] *nf* **-1.** [gén] chimenea *f.* **-2.** ALPINISME paso estrecho entre dos peñascos.

cheminement [ʃəminmã] *nm* **-1.** [progression – de marcheurs] marcha *f;* [– d'eau] flujo *m.* **-2.** *fig* [d'idée, de pensée] evolución *f.*

cheminer [ʃəmine] *vi* **-1.** [personne] caminar. **-2.** *fig* [idée, pensée] abrirse camino.

cheminot [ʃəmino] *nm* ferroviario *m.*

chemise [ʃəmiz] *nf* **-1.** [vêtement] camisa *f;* **~ de nuit** camisón *m.* **-2.** [dossier] portafolios *m inv.*

chemisette [ʃəmizɛt] *nf* **-1.** [d'homme] camiseta *f.* **-2.** [d'enfant] camisita *f,* camisola *f.*

chemisier [ʃəmizje] *nm* **-1.** [de femme] blusa *f.* **-2.** [marchand, fabricant] camisero *m.*

chenal, aux [ʃənal, o] *nm* canal *m.*

chêne [ʃɛn] *nm* roble *m.*

chenet [ʃənɛ] *nm* morillo *m.*

chenil [ʃənil] *nm* **-1.** [pour chiens] perrera *f.* **-2.** *Helv* [désordre] leonera *f.*

chenille [ʃənij] *nf* [gén] oruga *f;* [passementerie] felpilla *f.*

chèque [ʃɛk] *nm* FIN cheque *m,* talón *m;* ~ **bancaire** cheque OU talón bancario; ~ **barré** cheque OU talón barrado; ~ **au porteur** cheque OU talón al portador; ~ **postal/de voyage** cheque postal/de viaje; ~ **sans provision** cheque OU talón sin fondos.

chèque-restaurant (*pl* **chèques-restaurant**) *nm* ticket-restaurante *m.*

chéquier [ʃekje] *nm* talonario *m* de cheques *Esp,* chequera *f Amér.*

cher, chère [ʃɛr] ◇ *adj* **-1.** [aimé] querido(da). **-2.** [coûteux] caro(ra). **-3.** [dans une lettre] estimado(da), querido(da). ◇ *nm, f* : **mon** ~ querido; **ma chère** querida. ◆ **cher** *adv* [à haut prix] caro(ra).

chercher [ʃerʃe] ◇ *vt* [gén] buscar; **aller** ~ **qqn/qqch** ir a buscar a alguien/algo; **venir** ~ **qqn/qqch** venir a buscar a alguien/algo. ◇ *vi* : ~ **à faire qqch** [s'efforcer de] procurar hacer algo. ◆ **se chercher** *vp* buscarse.

chercheur, euse [ʃerʃœr, øz] ◇ *adj* **-1.** [esprit] curioso(sa). **-2.** TECHNOL [tête] buscador(ra). ◇ *nm, f* [personne] investigador *m,* -ra *f.* ◆ **chercheur d'or** *nm* buscador *m* de oro.

chéri, e [ʃeri] ◇ *adj* [aimé] querido(da). ◇ *nm, f* **-1.** [terme d'affection] : **mon** ~, **ma chérie** cariño *mf.* **-2.** [chouchou] preferido *m,* -da *f.*

chérir [ʃerir] *vt* **-1.** [aimer tendrement] querer. **-2.** [être attaché à] amar.

chétif, ive [ʃetif, iv] *adj* **-1.** [enfant] enclenque. **-2.** [arbre] raquítico(ca).

cheval, aux [ʃəval, o] *nm* **-1.** [animal] caballo *m;* **être à** ~ **sur qqch** [être assis à califourchon] sentarse a horcajadas en algo; [tenir à] ser estricto(ta)con respecto a OU en algo; **être à** ~ (**sur**) **deux choses** *fig* [être à l'intersection de] estar a caballo entre dos cosas. **-2.** [équitation] equitación *f;* **faire du** ~ hacer equitación, practicar la equitación. ◆ **cheval d'arçon** *nm* potro *m.*

chevalerie [ʃəvalri] *nf* caballería *f.*

chevalet [ʃəvalɛ] *nm* **-1.** [de peintre] caballete *m.* **-2.** [de violon] puente *m.* **-3.** [de tisserand] bastidor *m.* **-4.** [de menuisier] banco *m.*

chevalier [ʃəvalje] *nm* **-1.** [gén] caballero *m.* **-2.** [oiseau] chorlito *m.*

chevalière [ʃəvaljɛr] *nf* sello *m* (*sortija*).

cheval-vapeur *nm* AUTOM caballo *m* de vapor.

chevauchée [ʃəvoʃe] *nf* cabalgada *f.*

chevaucher [ʃəvoʃe] *vt* sentarse a horcajadas en. ◆ **se chevaucher** *vp* [tuiles, dents] encabalgarse, solaparse.

chevelu, e [ʃəvly] *adj* de mucho cabello.

chevelure [ʃəvlyr] *nf* **-1.** [cheveux] cabellera *f.* **-2.** [de comète] cola *f.*

chevet [ʃəvɛ] *nm* cabecera *f;* **être au** ~ **de qqn** estar a la cabecera de alguien.

cheveu, x [ʃəvø] *nm* pelo *m,* cabello *m.*

cheville [ʃəvij] *nf* **-1.** ANAT tobillo *m.* **-2.** [pour fixer une vis] clavija *f.* **-3.** *fig* [agent principal] cabecilla *mf.*

chèvre [ʃɛvr] ◇ *nf* cabra *f.* ◇ *nm* queso *m* de cabra.

chevreau [ʃəvro] *nm* **-1.** [animal] cabrito *m.* **-2.** [peau] cabritilla *f.*

chèvrefeuille [ʃɛvrəfœj] *nm* madreselva *f.*

chevreuil [ʃəvrœj] *nm* **-1.** [animal] corzo *m.* **-2.** CULIN ciervo *m.*

chevronné, e [ʃəvrɔne] *adj* [expérimenté] veterano(na).

chevrotine [ʃəvrɔtin] *nf* posta *f.*

chewing-gum [ʃwiŋɡɔm] (*pl* **chewing-gums**) *nm* chicle *m.*

chez [ʃe] *prép* **-1.** [dans la demeure de] en casa de; ~ **lui** [situation] en su casa; [direction] a su casa. **-2.** [en ce qui concerne] : ~ **les Anglais** en Inglaterra. **-3.** [au temps de] en la época de; ~ **les Grecs** en la época de los griegos. **-4.** [dans les œuvres de] en la obra de; ~ **Proust** en la obra de Proust. **-5.** [dans la mentalité, le caractère de] : ~ **lui** en él.

chez-soi [ʃeswa] *nm inv* hogar *m.*

chic [ʃik] ◇ *adj* (*inv en genre*) **-1.** [élégant] elegante *Esp,* elegantoso(sa) *Amér.* **-2.** [serviable] amable. ◇ *nm* [élégance, bon goût] : **avoir du** ~ tener estilo. ◇ *interj* : ~ (**alors**)! [exprimant le plaisir] ¡qué bien!

chicorée [ʃikɔre] *nf* **-1.** [racine, boisson] achicoria *f.* **-2.** [salade] escarola *f.*

chien, chienne [ʃjɛ̃, ʃjɛn] *nm, f* **-1.** [animal] perro *m,* -rra *f;* ~ **de chasse/garde** perro de caza/guardián. **-2.** [d'arme à feu] gatillo *m;* **en** ~ **de fusil** acurrucado(da).

chiendent [ʃjɛ̃dɑ̃] *nm* grama *f.*

chien-loup *nm* perro lobo *m.*

chienne → **chien.**

chiffon [ʃifɔ̃] *nm* trapo *m.* ◆ **chiffons** *nmpl fam* [vêtements] trapos *mpl.*

chiffonné, e [ʃifɔne] *adj* **-1.** [tissu] arrugado(da). **-2.** [air] preocupado(da). **-3.** [mine] cansado(da).

chiffre [ʃifr] *nm* **-1.** [caractère] cifra *m*; ~**s arabes/romains** números *mpl* árabes/romanos. **-2.** [montant] importe *m*; ~ **rond** número *m* redondo. **-3.** [code secret] clave *f.* **-4.** [combinaison] combinación *f.* ◆ **chiffre d'affaires** *nm* volumen *m* de negocios.

chiffrer [ʃifre] ◇ *vt* **-1.** [page] numerar. **-2.** [dépenses] calcular. **-3.** [message] cifrar. **-4.** [linge, couverts] marcar con las iniciales. ◇ *vi* [atteindre un montant important] subir.

chignole [ʃiɲɔl] *nf* taladradora *f.*

chignon [ʃiɲɔ̃] *nm* moño *m Esp*, chongo *m Amér.*

Chili [ʃili] *nm* : **le** ~ Chile; **au** ~ [direction] a Chile; [situation] en Chile.

chilien, enne [ʃiljɛ̃, ɛn] *adj* chileno(na). ◆ **Chilien, enne** *nm, f* chileno *m*, -na *f.*

chimère [ʃimer] *nf* quimera *f.*

chimie [ʃimi] *nf* química *f.*

chimiothérapie [ʃimjɔterapi] *nf* MÉD quimioterapia *f.*

chimique [ʃimik] *adj* químico(ca).

chimiste [ʃimist] *nmf* químico *m*, -ca *f.*

chimpanzé [ʃɛ̃pɑ̃ze] *nm* chimpancé *m.*

Chine [ʃin] *nf* : **la** ~ China.

chiné, e [ʃine] *adj* de mezclilla.

chiner [ʃine] *vi* buscar gangas.

chinois, e [ʃinwa, az] *adj* chino(na). ◆ **chinois** *nm* LING chino *m.* ◆ **Chinois, e** *nm, f* chino *m*, -na *f.*

chiot [ʃjo] *nm* cachorro *m.*

chipie [ʃipi] *nf fam* arpía *f.*

chips [ʃips] *nfpl* CULIN patatas fritas *fpl.*

chiquenaude [ʃiknod] *nf* capirotazo *m.*

chiquer [ʃike] *vt* mascar tabaco.

chirurgical, e, aux [ʃiryrʒikal, o] *adj* quirúrgico(ca).

chirurgie [ʃiryrʒi] *nf* cirugía *f.*

chirurgien [ʃiryrʒjɛ̃] *nm* cirujano *m*, -na *f.*

chiure [ʃjyr] *nf* : ~ **de mouche** cagada *f* de mosca.

ch.-l. *abr de* chef-lieu.

chlore [klɔr] *nm* CHIM cloro *m.*

chloroforme [klɔrɔfɔrm] *nm* cloroformo *m.*

chlorophylle [klɔrɔfil] *nf* clorofila *f.*

choc [ʃɔk] *nm* **-1.** [coup, conflit] choque *m.* **-2.** *(en apposition)* [prix, mesure] de choque.

chocolat [ʃɔkɔla] ◇ *nm* **-1.** [en tablette] chocolate *m*; ~ **chaud** chocolate a la taza. **-2.** [glace] : ~ **glacé** helado *m* de chocolate. **-3.** [bonbon] bombón *m.* ◇ *adj inv* [couleur] chocolate *(en aposición).*

chœur [kœr] *nm* **-1.** [gén] coro *m.* **-2.** [groupe de personnes] grupo *m*; **en** ~ [ensemble] a coro.

choisi, e [ʃwazi] *adj* **-1.** [morceau, œuvre] escogido(da). **-2.** [langage, style] rebuscado(da). **-3.** [société] selecto(ta).

choisir [ʃwazir] ◇ *vt* elegir, escoger. ◇ *vi* **-1.** [se prononcer pour] elegir, escoger. **-2.** [décider de] : ~ **de faire qqch** decidir hacer algo.

choix [ʃwa] *nm* **-1.** [décision] elección *f*; **avoir le** ~ poder elegir; **au** ~ a elegir; **laisser le** ~ dejar escoger. **-2.** [d'articles] selección *f.* **-3.** [qualité] : **de premier/second** ~ de primera/segunda calidad.

choléra [kɔlera] *nm* cólera *m.*

cholestérol [kɔlesterɔl] *nm* colesterol *m.*

chômage [ʃomaʒ] *nm* paro *m*, desempleo *m Esp*, cesantía *f Amér.*

chômer [ʃome] ◇ *vt* festejar, celebrar. ◇ *vi* **-1.** [être sans travail] estar en paro. **-2.** [être inactif] descansar.

chômeur, euse [ʃomœr, øz] *nm, f* parado *m*, -da *f.*

chope [ʃɔp] *nf* jarra *f.*

choper [ʃɔpe] *vt fam* **-1.** [voleur, rhume] pescar; **il s'est fait choper** lo han pescado. **-2.** [voler] mangar, chorizar.

choquant, e [ʃɔkɑ̃, ɑ̃t] *adj* chocante.

choquer [ʃɔke] *vt* **-1.** [scandaliser] chocar. **-2.** [traumatiser] afectar. **-3.** [verres] entrechocar, chocar.

choral, e [kɔral] *(pl* chorals OU choraux [kɔro]) *adj* coral. ◆ **choral, als** *nm* [chant liturgique] coral *f.* ◆ **chorale** *nf* coral *f.*

chorégraphie [kɔregrafi] *nf* coreografía *f.*

choriste [kɔrist] *nmf* corista *mf.*

chose [ʃoz] *nf* [gén] cosa *f*; **c'est (bien) peu de** ~ es poca cosa; **de deux** ~**s l'une** una de dos. ◆ **quelque chose** *pron indéf* algo.

chou¹, x [ʃu] *nm* **-1.** [légume] col *f.* **-2.** [pâtisserie] ≃ buñuelo *m*; ~ **à la crème** ≃ buñuelo de crema. ◆ **chou** *adj inv* [mignon] mono(na).

chou², choute [ʃu, ʃut] *nm, f* [mot de tendresse] : **mon** ~ cielito mío.

chouchou, oute [ʃuʃu, ut] *nm, f* [favori] ojito *m* derecho.

choucroute [ʃukrut] *nf* CULIN choucroute *f.*

chouette [ʃwɛt] ◇ nf [oiseau] lechuza f. ◇ adj fam **-1.** [personne] majo(ja). **-2.** [choses] guapo(pa). ◇ interj ¡(qué) guai!

chou-fleur nm coliflor f.

chou-rave nm colinabo m.

choyer [ʃwaje] vt sout mimar.

CHR abr de **centre hospitalier régional.**

chrétien, enne [kretjɛ̃, ɛn] adj & nm, f cristiano(na).

chrétienté [kretjɛ̃te] nf RELIG cristiandad f.

christ [krist] nm [crucifix] cristo m. ◆ **Christ** nm [Jésus] Cristo m.

christianisme [kristjanism] nm cristianismo m.

chrome [krom] nm CHIM cromo m. ◆ **chromes** nmpl cromado m.

chromé, e [krome] adj cromado(da).

chromosome [krɔmozom] nm BIOL cromosoma m.

chronique [krɔnik] ◇ adj crónico(ca). ◇ nf crónica f.

chronologie [krɔnɔlɔʒi] nf cronología f.

chronomètre [krɔnɔmɛtr] nm cronómetro m.

chronométrer [krɔnɔmetre] vt cronometrar.

chrysalide [krizalid] nf crisálida f; **sortir de sa ~** fig salir de su concha.

chrysanthème [krizɑ̃tɛm] nm crisantemo m.

chuchotement [ʃyʃɔtmɑ̃] nm cuchicheo m.

chuchoter [ʃyʃɔte] vt & vi cuchichear.

chut [ʃyt] interj ¡chitón!

chute [ʃyt] nf **-1.** [action de tomber, ruine, dévaluation] caída f; **~ de neige** precipitación f (en forma) de nieve. **-2.** [cascade] catarata f; **~ d'eau** salto m de agua. **-3.** [de température, de tension] bajada f. **-4.** [de toit] vertiente f. **-5.** [de tissu] jirón m.

Chypre [ʃipr] n Chipre; **à ~** [direction] a Chipre; [situation] en Chipre.

ci [si] adv (après un nom) : **cet homme-~** este hombre.

CIA (abr de **Central Intelligence Agency**) nf CIA f.

ci-après loc adv [plus loin] siguiente.

cible [sibl] nf **-1.** [de tir, personne] blanco m. **-2.** [publicité] objetivo m; **groupe ~** target group m.

ciblé [sible] adj COMM dirigido a un sector de población restringido.

cicatrice [sikatris] nf cicatriz f.

cicatriser [sikatrize] vt cicatrizar.

ci-contre loc adv [tout à côté] contiguo(gua).

ci-dessous loc adv más abajo.

ci-dessus loc adv más arriba.

CIDJ (abr de **centre d'information et de documentation de la jeunesse**) nm centro de información y documentación para los jóvenes.

cidre [sidr] nm sidra f.

Cie (abr de **compagnie**) Cª.

ciel, cieux [sjɛl, sjø] nm cielo m; **à ~ ouvert** al aire libre. ◆ **cieux** nmpl [paradis] cielos mpl.

cierge [sjɛrʒ] nm cirio m.

cigale [sigal] nf cigarra f.

cigare [sigar] nm (cigarro) puro m.

cigarette [sigarɛt] nf cigarrillo m.

ci-gît [siʒi] loc adv aquí yace.

cigogne [sigɔɲ] nf cigüeña f.

ciguë [sigy] nf cicuta f.

ci-inclus, e adj adjunto(ta). ◆ **ci-inclus** loc adv adjunto.

ci-joint, e adj adjunto(ta). ◆ **ci-joint** loc adv : **veuillez trouver ~ le** adjunto.

cil [sil] nm ANAT pestaña f. ◆ **cils vibratiles** nmpl cilios mpl vibrátiles.

ciller [sije] vi pestañear.

cime [sim] nf [sommet – d'arbre,] copa f; [– de montagne] cima f.

ciment [simɑ̃] nm **-1.** [matériau] cemento m. **-2.** fig [ce qui lie] cimientos mpl.

cimenter [simɑ̃te] vt **-1.** [avec du ciment] cimentar. **-2.** fig [consolider] consolidar.

cimetière [simtjɛr] nm cementerio m.

ciné [sine] nm fam cine m.

cinéaste [sineast] nmf cineasta mf.

ciné-club (pl **ciné-clubs**) nm cine-club m.

cinéma [sinema] nm cine m.

cinémathèque [sinematɛk] nf cinemateca f. ◆ **Cinémathèque** nf : **la Cinémathèque française** la filmoteca francesa.

cinématographique [sinematɔɡrafik] adj cinematográfico(ca).

cinéphile [sinefil] nmf cinéfilo m, -la f.

cinglé, e [sɛ̃gle] adj & nm, f fam chiflado(da).

cingler [sɛ̃gle] ◇ vt **-1.** [cheval] fustigar, azotar. **-2.** fig [suj : pluie, vent] azotar. ◇ vi sout [naviguer] navegar con.

cinq [sɛ̃k] adj num inv & nm inv cinco; voir aussi **six.**

cinquantaine [sɛ̃kɑ̃tɛn] nf **-1.** [nombre] cincuentena f. **-2.** [âge] : **la ~** los cincuenta (años).

cinquante [sɛ̃kɑ̃t] *adj num inv & nm inv* cincuenta; *voir aussi* **soixante**.

cinquantième [sɛ̃kɑ̃tjɛm] *adj num & nmf* quincuagésimo(ma); *voir aussi* **sixième**.

cinquième [sɛ̃kjɛm] ◇ *adj num & nmf* quinto(ta). ◇ *nf* SCOL ≃ séptimo *m* de EGB. ◇ *nm* quinta parte *f*; *voir aussi* **sixième**.

cintre [sɛ̃tr] *nm* -1. [pour les vêtements] percha *f*. -2. ARCHIT cimbra *f*. -3. [de théâtre] telar *m*.

cintré, e [sɛ̃tre] *adj* -1. COUT entallado(da). -2. ARCHIT cimbrado(da).

cirage [siraʒ] *nm* -1. [action de cirer] encerado *m*. -2. [produit] betún *m*.

circoncis, e [sirkɔ̃si, iz] *adj* circunciso(sa).

circoncision [sirkɔ̃sizjɔ̃] *nf* circuncisión *f*.

circonférence [sirkɔ̃ferɑ̃s] *nf* -1. GÉOM circunferencia *f*. -2. [pourtour] circunvalación *f*.

circonscription [sirkɔ̃skripsjɔ̃] *nf* ADMIN circunscripción *f*.

circonscrire [sirkɔ̃skrir] *vt* -1. GÉOM circunscribir. -2. [incendier, épidémie] localizar. -3. [sujet] delimitar. ◆ **se circonscrire** *vp* circunscribirse.

circonspect, e [sirkɔ̃spɛ, ɛkt] *adj* circunspecto(ta).

circonstance [sirkɔ̃stɑ̃s] *nf* circunstancia *f*; ~**s atténuantes** JUR circunstancias atenuantes.

circonstancié, e [sirkɔ̃stɑ̃sje] *adj* detallado(da).

circonstanciel, elle [sirkɔ̃stɑ̃sjɛl] *adj* circunstancial.

circuit [sirkɥi] *nm* -1. [gén] circuito *m*; ~ **d'alimentation** circuito de alimentación. -2. [parcours touristique] ruta *f*; **en** ~ **fermé** [en revenant à son point de départ] en circuito cerrado; *fig* [en restant confiné] a puerta cerrada. -3. ÉCON canal *m*; ~ **de distribution** canal de distribución.

circulaire [sirkyler] *adj & nf* circular.

circulation [sirkylasjɔ̃] *nf* -1. [gén] circulación *f*; **mettre en** ~ poner en circulación. -2. [trafic] circulación *f*, tráfico *m*.

circuler [sirkyle] *vi* circular.

cire [sir] *nf* cera *f*.

ciré, e [sire] *adj* [parquet] encerado(da). ◆ **ciré** *nm* impermeable *m*.

cirer [sire] *vt* -1. [meuble, parquet] encerar. -2. [chaussures] embetunar.

cirque [sirk] *nm* -1. [gén] circo *m*. -2. *fam fig* [désordre, chahut] campo *m* de batalla.

cirrhose [siroz] *nf* MÉD cirrosis *f inv*.

cisaille [sizaj] *nf* -1. [à métaux] cizalla *f*. -2. [de jardinier] podadora *f*, podadera *f*.

cisailler [sizaje] *vt* -1. [métal] cizallar. -2. [branches] podar.

ciseau, x [sizo] *nm* cincel *m*. ◆ **ciseaux** *nmpl* -1. [instrument] tijeras *fpl*. -2. SPORT : **faire des** ~**x** [gymnastique] hacer tijeretas; **sauter en** ~**x** [en hauteur] saltar de tijeras.

ciseler [sizle] *vt* -1. [pierre, métal] cincelar. -2. [bijou] tallar. -3. *fig* [parfaire] pulir.

citadelle [sitadɛl] *nf* -1. [forteresse] ciudadela *f*. -2. *fig* [bastion] baluarte *m*.

citadin, e [sitadɛ̃, in] ◇ *adj* urbano(na). ◇ *nm, f* habitante *m* de una ciudad.

citation [sitasjɔ̃] *nf* -1. [d'écrit, de propos] cita *f*. -2. JUR & MIL citación *f*.

cité [site] *nf* -1. [ville] ciudad *f*. -2. [lotissement] barrio *m*; ~ **universitaire** [pour étudiants] ciudad *f* universitaria.

citer [site] *vt* JUR & MIL citar.

citerne [sitɛrn] *nf* -1. [réservoir d'eau] cisterna *f*, aljibe *m*. -2. [cuve] cuba *f*.

cité U [sitey] *fam abr de* **cité universitaire**.

citoyen, enne [sitwajɛ̃, ɛn] *nm, f* ciudadano *m*, -na *f*.

citoyenneté [sitwajɛnte] *nf* ciudadanía *f*.

citron [sitrɔ̃] ◇ *nm* limón *m*; ~ **pressé** zumo *m* de limón natural; ~ **vert** limón verde. ◇ *adj inv* [couleur] amarillo limón *m*, amarilla limón *f*.

citronnade [sitrɔnad] *nf* limonada *f*.

citronnier [sitrɔnje] *nm* limonero *m*.

citrouille [sitruj] *nf* calabaza *f*.

civet [sive] *nm* CULIN encebollado *m*.

civière [sivjɛr] *nf* camilla *f*.

civil, e [sivil] ◇ *adj* civil *mf*; **en** ~ **de** paisano. ◇ *nm, f* civil *mf*; **dans le** ~ en la vida civil.

civilisation [sivilizasjɔ̃] *nf* civilización *f*.

civilisé, e [sivilize] *adj* civilizado(da).

civiliser [sivilize] *vt* civilizar.

civique [sivik] *adj* cívico(ca).

civisme [sivism] *nm* civismo *m*.

cl (*abr de* **centilitre**) cl.

clair, e [klɛr] *adj* -1. [gén] claro(ra); **c'est** ~ **et net** está bien claro. -2. [temps] : **il fait** ~ está despejado. ◆ **clair** *adv* : **en** ~ TÉLÉ no codificado(da); **voir** ~ ver claro; **tirer qqch au** ~ sacar algo en claro. ◆ **clair de lune** (*pl* **clairs de lune**) *nm* claro *m* de luna.

clairement [klɛrmɑ̃] *adv* claramente.

claire-voie [klɛrvwa] ◆ **à claire-voie** *loc adj* [persienne, volet] que deja pasar la luz.

clairière [klɛrjɛr] *nf* claro *m*.

clairon [klɛrɔ̃] *nm* corneta *f*, clarín *m*.

claironner [klɛrɔne] ◇ *vi* tocar la corneta, tocar el clarín. ◇ *vt fig* [nouvelle] pregonar.

clairsemé, e [klɛrsəme] *adj* **-1.** [épars – cheveux] ralo(la); [– arbre] poco frondoso(sa). **-2.** *fig* [population] escaso(sa).

clairvoyant, e [klɛrvwajɑ̃, ɑ̃t] *adj* clarividente.

clamer [klame] *vt* proclamar.

clameur [klamœr] *nf* clamor.

clan [klɑ̃] *nm* clan *m*.

clandestin, e [klɑ̃dɛstɛ̃, in] ◇ *adj* clandestino(na). ◇ *nm, f* [résident] ilegal *mf*; [passager] polizón *m*.

clapier [klapje] *nm* conejera *f*.

clapoter [klapɔte] *vi* chapotear.

claquage [klakaʒ] *nm* MÉD distensión *f*.

claque [klak] *nf* **-1.** [gifle] bofetada *f Esp*, cachetada *f Amér*. **-2.** THÉÂTRE claque *f*.

claquer [klake] ◇ *vt* **-1.** [fermer brusquement] cerrar de un golpe; **~ la porte** dar un portazo; **~ la porte au nez** dar con la puerta en las narices. **-2.** [provoquer un claquement] : **~ ses doigts** chasquear los dedos; **faire ~ sa langue** chasquear la lengua. **-3.** *fam* [gifler] pegar. **-4.** *fam* [dépenser] pulirse. **-5.** *fam* [fatiguer] reventar. ◇ *vi* **-1.** [porte, volet, fouet] restallar. **-2.** *fam* [mourir] palmarla.

claquettes [klakɛt] *nfpl* claqué *m*.

clarifier [klarifje] *vt* clarificar.

clarinette [klarinɛt] *nf* clarinete *m*.

clarté [klarte] *nf* **-1.** [lumière] luz *f*. **-2.** [transparence] transparencia *f*. **-3.** [netteté] claridad *f*.

classe [klas] *nf* **-1.** [gén] clase *f*; **aller en ~** ir a clase; **de deuxième ~** [soldat] raso; **de première ~** [soldat] de primera; **~ verte** *colonia escolar en el campo*; **~ de neige** *colonia escolar en la montaña*; **première/seconde ~** [train, métro] primera/segunda clase. **-2.** [qualité] categoría *f*. **-3.** MIL [contingent] reemplazo *m*; **faire ses ~s** hacer la instrucción militar.

classement [klasmɑ̃] *nm* **-1.** [rangement, classification] clasificación *f*. **-2.** [liste] lista *f*.

classer [klase] *vt* **-1.** [ranger, classifier] clasificar. **-2.** [monument, site] : **~ qqch** declarar algo monumento nacional.

classeur [klasœr] *nm* **-1.** [meuble] archivador *m*. **-2.** [portefeuille compartimenté] carpeta *f (con separadores)*. **-3.** [d'écolier] carpeta *f* de anillas.

classification [klasifikasjɔ̃] *nf* clasificación *f*.

classique [klasik] ◇ *nm* clásico *m*. ◇ *adj* clásico(ca).

claudication [klodikasjɔ̃] *nf* claudicación *f*.

clause [kloz] *nf* JUR cláusula *f*.

claustrophobie [klostrɔfɔbi] *nf* claustrofobia *f*.

clavecin [klavsɛ̃] *nm* MUS clavicordio *m*.

clavicule [klavikyl] *nf* ANAT clavícula *f*.

clavier [klavje] *nm* teclado *m*.

clé, clef [kle] *nf* **-1.** [de porte, instrument] llave *f*; **mettre qqn sous ~** encerrar a alguien en la cárcel; **sous ~** bajo llave; **~ anglaise** OU **à molette** llave inglesa; **~ de contact** AUTOM llave de contacto. **-2.** MUS clave *f*; **~ de sol/de fa** clave de sol/de fa. ◆ **clé de voûte** *nf* clave *f* de bóveda.

clémence [klemɑ̃s] *nf* **-1.** *sout* [indulgence] clemencia *f*. **-2.** *fig* [de climat, de saison] suavidad *f*.

clément, e [klemɑ̃, ɑ̃t] *adj* **-1.** [indulgent] clemente. **-2.** *fig* [climat, saison] suave.

clémentine [klemɑ̃tin] *nf* clementina *f*.

cleptomane = **kleptomane**.

clerc [klɛr] *nm* **-1.** RELIG clérigo *m*. **-2.** [assistant dans une étude] pasante *m*; **~ de notaire** pasante de notario.

clergé [klɛrʒe] *nm* clero *m*.

cliché [kliʃe] *nm* **-1.** PHOT negativo *m*, cliché *m*. **-2.** *fig* [lieu commun] cliché *m*.

client, e [kliɑ̃, ɑ̃t] *nm, f* cliente *mf*.

clientèle [kliɑ̃tɛl] *nf* clientela *f*.

cligner [kliɲe] *vi* : **~ de l'œil** guiñar el ojo.

clignotant, e [kliɲɔtɑ̃, ɑ̃t] *adj* [lumière] parpadeante. ◆ **clignotant** *nm* **-1.** [de voiture] intermitente *m Esp*, direccional *m Amér*. **-2.** [signal de danger & ÉCON] señal *f* de alarma.

clignoter [kliɲɔte] *vi* parpadear.

climat [klima] *nm* clima *m*.

climatisation [klimatizasjɔ̃] *nf* climatización *f*.

climatisé, e [klimatize] *adj* climatizado(da).

clin [klɛ̃] ◆ **clin d'œil** *nm* : **faire un ~ d'œil (à qqn)** hacer un guiño (a alguien), guiñar el ojo (a alguien). ◆ **en un clin d'œil** *loc adv* en un abrir y cerrar de ojos.

clinique [klinik] ◇ *nf* clínica *f*. ◇ *adj* clínico(ca).

clip [klip] *nm* **-1.** [vidéo] (video) clip *m*. **-2.** [bijou] broche *m*; [boucle d'oreille] pendiente *m* de clip.

cliquer [klike] *vi* INFORM pulsar.

cliqueter [klikte] *vi* tintinear.

clitoris [klitɔris] *nm* ANAT clítoris *m inv*.

clivage [klivaʒ] *nm* **-1.** GÉOL [fracture] hendidura *f*. **-2.** *fig* [division] división *f*.

clochard, e [klɔʃar, ard] *nm, f* vagabundo *m*, -da *f*.

cloche [klɔʃ] ◇ *nf* **-1.** [d'église] campana *f*. **-2.** [couvercle] tapadera *f*. **-3.** *fam* [personne stupide] idiota *mf*. **-4.** *(en apposition)* [jupe] abombado(da); [chapeau] de campana. ◇ *adj fam* [idiot] idiota.

cloche-pied ◆ **à cloche-pied** *loc adv* a la pata coja.

clocher [klɔʃe] ◇ *nm* campanario *m*. ◇ *vi* [être bancal] cojear.

clochette [klɔʃet] *nf* campanilla *f*.

cloison [klwazɔ̃] *nf* tabique *m*.

cloisonner [klwazɔne] *vt* **-1.** [pièce, maison] tabicar, separar con tabiques. **-2.** *fig* [compartimenter] compartimentar.

cloître [klwatr] *nm* claustro *m*.

clope [klɔp] *nf fam* pito *m (cigarrillo)*.

cloporte [klɔpɔrt] *nm* cochinilla *f*.

cloque [klɔk] *nf* **-1.** [ampoule – sur la peau] ampolla *f*; [– de peinture] vejiga *f*; **être en ~** *fam* estar preñada. **-2.** BOT herrumbre *f*.

clore [klɔr] *vt* **-1.** [gén] cerrar. **-2.** [entourer] cercar.

clos, e [klo, kloz] *adj* cerrado(da). ◆ **clos** *nm* **-1.** [terrain] cercado *m*. **-2.** [vignoble] viñedo *m*.

clôture [klotyr] *nf* **-1.** [enceinte – haie] valla *f*; [– en fil de fer] alambrada *f*. **-2.** [fermeture – de scrutin] cierre *m*; [– de compte] liquidación *f*. **-3.** [de débat] clausura *f*.

clôturer [klotyre] *vt* **-1.** [enclore] cercar. **-2.** [débat] clausurar.

clou [klu] *nm* **-1.** [pointe] clavo *m*; **~ de girofle** CULIN clavo de especia. **-2.** [de spectacle, de fête] atracción *f* principal.

clouer [klue] *vt* clavar; **cloué sur place** *fig* [stupéfait] clavado en el sitio.

clouté, e [klute] *adj* de clavos.

clown [klun] *nm* payaso *m*; **faire le ~** *fig* hacer el payaso.

club [klœb] *nm* **-1.** [gén] club *m*. **-2.** [de golf] palo *m*.

cm *(abr de* **centimètre)** cm.

CM *(abr de* **cours moyen)** *nm* : **~1** ≃ 4° de EGB; **~2** ≃ 5° de EGB.

CNRS *(abr de* **Centre national de la recherche scientifique)** *nm centro nacional de investigación científica,* ≃ CSIC *m*.

co-actionnaire [kɔaksjɔnɛr] *nmf* accionista *mf*.

coaguler [kɔagyle] ◇ *vt* **-1.** [sang] coagular. **-2.** [lait] cuajar. ◇ *vi* **-1.** [sang] coagularse. **-2.** [lait] cuajarse. ◆ **se coaguler** *vp* **-1.** [sang] coagularse. **-2.** [lait] cuajarse.

coaliser [kɔalize] *vt* aliarse. ◆ **se coaliser** *vp* **-1.** [s'allier] aliarse. **-2.** [s'unir] unirse.

coalition [kɔalisjɔ̃] *nf* **-1.** MIL alianza *f*. **-2.** POLIT coalición *f*.

coasser [kɔase] *vi* croar.

cobaye [kɔbaj] *nm* **-1.** [animal] cobaya *f*, conejillo *m* de Indias. **-2.** *fig* [sujet d'expérience – personne] conejillo *m* de Indias.

cobra [kɔbra] *nm* ZOOL cobra *f*.

cocaïne [kɔkain] *nf* cocaína *f*.

cocaïnomane [kɔkainɔman] *nmf* cocainómano *m*, -na *f*.

cocarde [kɔkard] *nf* **-1.** [sur un avion, une voiture] divisa *f*. **-2.** [sur un vêtement] escarapela *f*.

cocardier, ère [kɔkardje, ɛr] ◇ *adj* [propos] chauvinista. ◇ *nm, f* [personne] patriotero *m*, -ra *f*.

cocasse [kɔkas] *adj fam* gracioso(sa).

coccinelle [kɔksinɛl] *nf* **-1.** [insecte] mariquita *f*. **-2.** [voiture] escarabajo *m*.

coccyx [kɔksis] *nm* ANAT coxis *finv*.

cocher[1] [kɔʃe] *nm* HIST cochero *m*.

cocher[2] [kɔʃe] *vt* marcar con una cruz.

cochon, onne [kɔʃɔ̃, ɔn] ◇ *adj* [obscène] guarro(rra). ◇ *nm, f* **-1.** [personne sale] cerdo *m*, -da *f* marrano *m* -na *f*. **-2.** [personne déloyale] cerdo *m* -da *f*. ◆ **cochon** *nm* cerdo *m*.

cochonnerie [kɔʃɔnri] *nf fam* **-1.** [gén] porquería *f*, guarrería *f*. **-2.** [obscénité] guarrada *f*.

cochonnet [kɔʃɔnɛ] *nm* **-1.** [petit cochon] cochinillo *m*. **-2.** [au jeu de boules] boliche *m*.

cocktail [kɔktɛl] *nm* cóctel *m*.

coco [koko] *nm* **-1.** → **noix**. **-2.** *fam péj* [individu] tipejo *m*. **-3.** *péj* [communiste] rojo *m*.

cocon [kɔkɔ̃] *nm* ZOOL capullo *m (de gusano)*; *fig* caparazón *f*.

cocorico [kɔkɔriko] *nm* quiquiriquí *m*.

cocotier [kɔkɔtje] *nm* cocotero *m*.

cocotte [kɔkɔt] *nf* –**1.** [marmite] olla *f*. –**2.** [poule] **gallina** *f*. –**3.** *péj* [courtisane] **mujer** *f* galante.

Cocotte-minute® *nf* olla *f* a presión.

cocu, e [kɔky] *adj & nm, f fam* cornudo *m*, -da *f*.

code [kɔd] *nm* código *m*; ~ **barres** código de barras; ~ **postal** código postal; ~ **de la route** código de circulación; ~ **secret** código secreto. ◆ **codes** *nmpl* AUTOM luces *fpl* de cruce.

coder [kɔde] *vt* codificar.

coefficient [kɔefisjɑ̃] *nm* –**1.** MATHS coeficiente *m*. –**2.** SCOL *coeficiente por el que se multiplica la nota de cada examen de bachillerato francés según la asignatura de que se trate.*

cœur [kœr] *nm* –**1.** [gén] corazón *m*; **au ~ de** en medio de; **avoir bon ~** tener buen corazón. –**2.** *loc* : **apprendre/savoir qqch par ~** aprender/saber algo de memoria; **avoir mal au ~** estar mareado(da); **faire qqch de bon ~** hacer algo de buena gana. ◆ **cœur de palmier** *nm* palmito *m*.

coexister [kɔɛgziste] *vi* coexistir.

coffre [kɔfr] *nm* –**1.** [meuble] baúl *m*. –**2.** [de voiture] maletero *m Esp*, cajuela *f Amér*. –**3.** [coffre-fort] caja *f* fuerte.

coffre-fort *nm* caja *f* fuerte.

coffret [kɔfrɛ] *nm* –**1.** [petit coffre] cofrecito *m*; ~ **à bijoux** joyero *m*. –**2.** [boîte] estuche *m*.

cogner [kɔɲe] ◇ *vt fam* [battre] sacudir. ◇ *vi* –**1.** [frapper – suj : personne] llamar; [– suj : chose] golpear contra. –**2.** [donner des coups] sacudir. –**3.** *fam* [soleil] : **ça cogne** (el sol) pica. ◆ **se cogner** *vp* –**1.** [se heurter] darse contra; **se ~ à** OU **contre qqch** darse un golpe contra algo. –**2.** *fam* [se battre] sacudirse.

cohabiter [kɔabite] *vi* –**1.** [habiter ensemble] convivir. –**2.** POLIT cohabitar.

cohérence [kɔerɑ̃s] *nf* coherencia *f*.

cohérent, e [kɔerɑ̃, ɑ̃t] *adj* coherente.

cohésion [kɔezjɔ̃] *nf* cohesión *f*.

cohorte [kɔɔrt] *nf* cohorte *f*.

cohue [kɔy] *nf* –**1.** [foule] tropel *m*. –**2.** [bousculade] barullo *m*.

coi, coite [kwa, kwat] *adj* : **rester ~** *litt* no decir esta boca es mía.

coiffe [kwaf] *nf* [coiffure – régionale] cofia *f*; [– de religieuse] toca *f*.

coiffer [kwafe] *vt* –**1.** [arranger les cheveux] peinar. –**2.** [mettre sur la tête] : **~ qqn de qqch** poner algo en la cabeza de alguien. –**3.** *sout* [recouvrir] cubrir. –**4.** [diriger] di-

rigir. ◆ **se coiffer** *vp* –**1.** [arranger ses cheveux] peinarse. –**2.** [mettre sur sa tête] : **se ~ de qqch** tocarse con algo.

coiffeur, euse [kwafœr, øz] *nm, f* peluquero *m*, -ra *f*; **aller chez le ~** ir a la peluquería. ◆ **coiffeuse** *nf* [meuble] tocador *m*.

coiffure [kwafyr] *nf* –**1.** [arrangement des cheveux] peinado *m*. –**2.** [chapeau] sombrero *m*. –**3.** [profession] peluquería *f*.

coin [kwɛ̃] *nm* –**1.** [angle – rentrant] rincón *m*; [– saillant] esquina *f*; **au ~ du feu** junto al fuego. –**2.** [commissure] comisura *f*; ~ **de l'œil** rabillo *m* del ojo. –**3.** [parcelle] trozo *m*. –**4.** [endroit retiré, recoin] rincón *m*; **le petit ~** *fam* [les toilettes] el retrete. –**5.** [outil – pour caler] calzo *m*; [– pour fendre] cuña *f*. –**6.** [matrice] troquel *m*.

coincer [kwɛ̃se] *vt* –**1.** [bloquer] atrancar. –**2.** *fam* [mettre en difficulté, retenir] acorralar.

coïncidence [kɔɛ̃sidɑ̃s] *nf* coincidencia *f*.

coïncider [kɔɛ̃side] *vi* coincidir.

coing [kwɛ̃] *nm* [fruit] membrillo *m*.

coït [kɔit] *nm* coito *m*.

coite → **coi**.

col [kɔl] *nm* –**1.** [gén] cuello *m*; ~ **du fémur/de l'utérus** ANAT cuello del fémur/del útero; ~ **roulé** [de pull] cuello vuelto. –**2.** GÉOGR puerto *m*.

coléoptère [kɔleɔptɛr] *nm* coleóptero *m*.

colère [kɔlɛr] *nf* –**1.** [irritation] cólera *f*, ira *f*; **être/se mettre en ~** estar/ponerse furioso(sa). –**2.** [accès d'humeur] rabieta *f*; **piquer une ~** coger una rabieta.

coléreux, euse [kɔlerø, øz], **colérique** [kɔlerik] *adj* colérico(ca).

colimaçon [kɔlimasɔ̃] ◆ **en colimaçon** *loc adv* de caracol.

colin [kɔlɛ̃] *nm* merluza *f*.

colique [kɔlik] *nf* cólico *m*; **avoir la ~** tener un cólico.

colis [kɔli] *nm* paquete *m Esp*, encomienda *f Amér*.

collaborateur, trice [kɔlabɔratœr, tris] *nm, f* –**1.** [gén] colaborador *m*, -ra *f*. –**2.** HIST [sous l'Occupation] colaboracionista *mf*.

collaboration [kɔlabɔrasjɔ̃] *nf* –**1.** [gén] colaboración *f*. –**2.** HIST [sous l'Occupation] colaboracionismo *m*.

collaborer [kɔlabɔre] *vi* colaborar; ~ **à qqch** colaborar en algo.

collant, e [kɔlɑ̃, ɑ̃t] *adj* –**1.** [étiquette] adhesivo(va). –**2.** [vêtement] ceñido(da). –**3.** *fam* [personne] pesado(da). ◆ **collant** *nm*

-1. [vêtement] malla *f.* **-2.** [sous-vêtement féminin] **panty** *m Esp*, **pantymedias** *fpl Amér.*

colle [kɔl] *nf* **-1.** [substance] cola *f*, pegamento *m.* **-2.** [question difficile] pregunta *f* difícil. **-3.** SCOL [interrogation] examen *m.* **-4.** SCOL [retenue] castigo *m.*

collecte [kɔlɛkt] *nf* colecta *f*; ~ **de vêtement** recogida *f* de ropa.

collectif, ive [kɔlɛktif, iv] *adj* colectivo(va). ◆ **collectif** *nm* colectivo *m.* ◆ **collectif budgétaire** *nm* diposiciones *fpl* presupuestarias.

collection [kɔlɛksjɔ̃] *nf* colección *f.*

collectionner [kɔlɛksjɔne] *vt* coleccionar.

collectionneur, euse [kɔlɛksjɔnœr, øz] *nm, f* coleccionista *mf.*

collectivité [kɔlɛktivite] *nf* comunidad *f*; **les ~s locales** ADMIN *las administraciones locales y regionales en Francia.*

collège [kɔlɛʒ] *nm* **-1.** [gén] colegio *m.* **-2.** [établissement scolaire] *colegio donde se imparten los cursos equivalentes a la segunda etapa de EGB.*

collégien, enne [kɔleʒjɛ̃, ɛn] *nm, f* SCOL colegial *m*, -la *f.*

collègue [kɔlɛg] *nmf* colega *mf.*

coller [kɔle] ◇ *vt* **-1.** [fixer avec de la colle, appuyer contre] pegar; ~ **qqch sur qqch** pegar algo en algo. **-2.** *fam* [mettre] aparcar. **-3.** SCOL [punir] castigar. **-4.** [à un examen] : **être collé** à suspender. **-5.** [avec une question] pillar. **-6.** *fam* [suivre partout] : ~ **qqn** pegarse a alguien. **-7.** *fam fig* [donner] : ~ **qqch à qqn** [gifle] soltar algo a alguien. ◇ *vi* **-1.** [adhérer, suivre de près] pegarse. **-2.** [être ajusté] : ~ **à qqch** [robe] ceñirse a algo; [être adapté] adecuarse a algo. **-3.** *fam* [bien se passer] ir bien. ◆ **se coller** *vp* **-1.** *fam* [subir] cargar con. **-2.** [se plaquer] : **se ~ contre qqch/contre qqn** arrimarse a algo/a alguien.

collerette [kɔlrɛt] *nf* **-1.** [de vêtement] cuello *m.* **-2.** [de tuyau] brida *f.*

collet [kɔlɛ] *nm* **-1.** [de vêtement] cuello *m*; **être ~ monté** [affecté, guindé] ser estirado(da). **-2.** [en boucherie] pescuezo *m.* **-3.** [piège] lazo *m.*

collier [kɔlje] *nm* **-1.** [bijou, de chien] collar *m.* **-2.** [barbe] sotabarba *f.*

colline [kɔlin] *nf* colina *f.*

collision [kɔlizjɔ̃] *nf* colisión *f*; **entrer en ~ avec qqch/avec qqn** chocar contra algo/contra alguien.

colloque [kɔlɔk] *nm* coloquio *m.*

colmater [kɔlmate] *vt* **-1.** [fuite] taponar. **-2.** [brèche] tapar.

colombe [kɔlɔ̃b] *nf* paloma *f.*

Colombie [kɔlɔ̃bi] *nf* : **la ~** Colombia.

colombien, enne [kɔlɔ̃bjɛ̃, ɛn] *adj* colombiano(na). ◆ **Colombien, enne** *nm, f* colombiano *m*, -na *f.*

colon [kɔlɔ̃] *nm* colono *m.*

côlon [kolɔ̃] *nm* colon *m.*

colonel [kɔlɔnɛl] *nm* coronel *m.*

colonelle [kɔlɔnɛl] *nf* coronela *f (esposa de coronel).*

colonial, e, aux [kɔlɔnjal, o] *adj* colonial.

colonialisme [kɔlɔnjalism] *nm* colonialismo *m.*

colonie [kɔlɔni] *nf* colonia *f.* ◆ **colonie de vacances** *nf* colonia *f* de vacaciones.

colonisation [kɔlɔnizasjɔ̃] *nf* colonización *f.*

coloniser [kɔlɔnize] *vt* **-1.** [occuper] colonizar. **-2.** *fig* [envahir] invadir.

colonne [kɔlɔn] *nf* **-1.** [gén] columna *f.* **-2.** [file] fila *f*; **en ~** en fila. ◆ **colonne vertébrale** *nf* columna *f* vertebral.

colorant, e [kɔlɔrɑ̃, ɑ̃t] *adj* colorante. ◆ **colorant** *nm* colorante *m.*

colorer [kɔlɔre] *vt* teñir; ~ **de qqch** teñir de algo.

colorier [kɔlɔrje] *vt* colorear.

coloris [kɔlɔri] *nm* colorido *m.*

colorisation [kɔlɔrizasjɔ̃] *nf* CIN coloración *f.*

coloriser [kɔlɔrize] *vt* CIN colorear.

colossal, e, aux [kɔlɔsal, o] *adj* colosal.

colporter [kɔlpɔrte] *vt* **-1.** [marchandises] vender *(de manera ambulante).* **-2.** [information] divulgar.

coma [kɔma] *nm* coma *m*; **être dans le ~** estar en coma.

comateux, euse [kɔmatø, øz] ◇ *adj* comatoso(sa). ◇ *nm, f* persona en coma.

combat [kɔ̃ba] *nm* **-1.** [bataille] combate *m*; ~ **de boxe** combate de boxeo. **-2.** [lutte] lucha *f*; **engager le ~ contre qqch** emprender la lucha contra algo.

combatif, ive [kɔ̃batif, iv] ◇ *adj* combativo(va). ◇ *nm, f* luchador *m*, -ra *f.*

combattant, e [kɔ̃batɑ̃, ɑ̃t] ◇ *adj* combatiente. ◇ *nm, f* combatiente *mf*; **ancien ~** ex combatiente.

combattre [kɔ̃batr] ◇ *vt* **-1.** [adversaire] combatir (contra), combatir (con). **-2.** [chose, idée] combatir. ◇ *vi* combatir, luchar. ◆ **se combattre** *vp* vencerse.

combattu, e [kɔbaty] *pp* → **combattre**.

combien [kɔ̃bjɛ̃] ◇ *adv* **-1.** [sens exclamatif] cuánto; **~ cela a changé!** ¡cuánto ha cambiado!; **~ il est généreux!** ¡cuán generoso es! **-2.** [sens quantitatif] cuánto; **~ coûte ce livre?** ¿cuánto cuesta este libro?; **~ de cuánto(ta)**; **~ de temps vous faut-il?** ¿cuánto tiempo necesita?; **~ de pilules prenez-vous?** ¿cuántas pastillas toma? ◇ *nm inv* : **le ~?** [jour] ¿qué día?; **le ~ sommes nous?** ¿a qué día estamos?; **tous les ~?** ¿cada cuánto?

combinaison [kɔ̃binɛzɔ̃] *nf* **-1.** [d'éléments] combinación *f* **-2.** [vêtement] **~ vêtement féminin** combinación *f Esp*, fustán *m Amér.* **-3.** [vêtement] mono *m*; **~ de ski** mono de esquí; **~ de plongée sous-marine** traje *m* de submarinismo. **-4.** [manœuvre] manejo *m*.

combine [kɔ̃bin] *nf fam* chanchullo *m*.

combiné [kɔ̃bine] *nm* **-1.** [de téléphone] microteléfono *m*. **-2.** [sous-vêtement] conjunto *m* de camisola y calzón. **-3.** [au ski] combinado *m*.

combiner [kɔ̃bine] *vt* combinar. ◆ **se combiner** *vp fam* resolverse.

comble [kɔ̃bl] ◇ *nm* colmo *m*. ◇ *adj* [très plein] abarrotado(da), atestado(da). ◆ **combles** *nmpl* [sous le toit] desván *m*, buhardilla *f*.

combler [kɔ̃ble] *vt* **-1.** [personne] colmar; **~ qqn de qqch** colmar a alguien de algo. **-2.** [trou, fossé] llenar. **-3.** [déficit, lacune] subsanar.

combustible [kɔ̃bystibl] *adj & nm* combustible.

combustion [kɔ̃bystjɔ̃] *nf* combustión *f*.

comédie [kɔmedi] *nf* THÉÂTRE & CIN comedia *f*; **~ musicale** comedia musical.

comédien, enne [kɔmedjɛ̃, ɛn] *adj & nm, f* comediante(ta).

comestible [kɔmɛstibl] *adj* comestible. ◆ **comestibles** *nmpl* comestibles *mpl*.

comète [kɔmɛt] *nf* ASTRON cometa *m*.

comique [kɔmik] ◇ *nm* [acteur] cómico *m*, -ca *f*. ◇ *adj* cómico(ca).

comité [kɔmite] *nm* comité *m*; **~ d'entreprise** comité de empresa.

commandant [kɔmɑ̃dɑ̃] *nm* MIL [dans les armées de terre et de l'air] comandante *m*; [dans la marine] capitán *m*.

commande [kɔmɑ̃d] *nf* **-1.** [de marchandises] pedido *m*; **passer une ~** pasar un pedido; **sur ~** por encargo. **-2.** [de machine] mando *m*; **prendre les ~s de qqch**

tomar las riendas de algo; **~ à distance** mando a distancia. **-3.** INFORM orden *f*, comando *f*; **~ numérique** orden numérica, comando numérico.

commander [kɔmɑ̃de] ◇ *vt* **-1.** [donner des ordres à] mandar; **~ qqn** dar órdenes a alguien. **-2.** [marchandises] pedir. **-3.** [opération] dirigir. **-4.** [contrôler] controlar. **-5.** [livre] encargar. ◇ *vi* [décider] mandar; **~ à qqn de faire qqch** mandar a alguien que haga algo.

commanditaire [kɔmɑ̃ditɛr] *adj & nm* JUR comanditario(ria).

commando [kɔmɑ̃do] *nm* comando *m*.

comme [kɔm] ◇ *conj* **-1.** [introduisant une comparaison] como; **il est médecin ~ son père** es médico como su padre. **-2.** [exprimant la manière] como; **fais ~ il te plaira** haz como te plazca, haz lo que te plazca; **il était ~ fou** estaba como loco; **~ prévu/convenu** como se había acordado/previsto. **-3.** [tel que] como; **les arbres ~ le châtaignier** los árboles como el castaño. **-4.** [en tant que] como; **~ père** como padre. **-5.** [ainsi que] como; **les filles ~ les garçons jouent au foot** (tanto) las chicas como los chicos juegan al fútbol. **-6.** [introduisant une clause] como; **~ il pleuvait nous sommes rentrés** como llovía, hemos vuelto. ◇ *adv* [marquant l'intensité] cómo, qué; **~ c'est long!** ¡qué largo es!; **~ il nage bien!** ¡qué bien nada!; **~ tu as grandi!** ¡cómo has crecido!

commémoration [kɔmemɔrasjɔ̃] *nf* conmemoración *f*.

commémorer [kɔmemɔre] *vt* conmemorar.

commencement [kɔmɑ̃smɑ̃] *nm* principio *m*.

commencer [kɔmɑ̃se] ◇ *vt* empezar, comenzar. ◇ *vi* empezar, comenzar; **~ à faire qqch** empezar OU comenzar a hacer algo; **ça commence bien!** ¡empezamos bien!; **~ mal/bien** empezar mal/bien.

comment [kɔmɑ̃] *adv* cómo; **~ cela?** ¿cómo es eso?; **~ vas-tu?** ¿cómo estás?

commentaire [kɔmɑ̃tɛr] *nm* comentario *m*. ◆ **commentaires** *nmpl* [commérages] comentarios *mpl*.

commentateur, trice [kɔmɑ̃tatœr, tris] *nm, f* comentarista *mf*.

commenter [kɔmɑ̃te] *vt* comentar.

commérage [kɔmeraʒ] *nm* comadreo *m*, cotilleo *m*.

commerçant, e [kɔmɛrsɑ̃, ɑ̃t] ◇ *adj* comercial. ◇ *nm, f* comerciante *mf*.

commerce [kɔmɛrs] *nm* **-1.** [activité, magasin] comercio *m*. **-2.** [fréquentation] trato *m*.

commercial, e, aux [kɔmɛrsjal, o] *adj & nm, f* comercial.

commercialiser [kɔmɛrsjalize] *vt* comercializar.

commère [kɔmɛr] *nf péj* cotilla *f*.

commettre [kɔmɛtr] *vt* cometer.

commis, e [kɔmi, iz] *pp* → **commettre**. ◆ **commis** *nm* dependiente *m*; ~ **voyageur** viajante *m* (de comercio).

commisération [kɔmizerasjɔ̃] *nf sout* conmiseración *f*.

commissaire [kɔmisɛr] *nm* comisario *m*.

commissaire-priseur [kɔmisɛrprizœr] *nm* (perito) tasador *m*, (perita) tasadora *f*.

commissariat [kɔmisarja] *nm* comisaría *f*.

commission [kɔmisjɔ̃] *nf* **-1.** [délégation, rémunération] comisión *f*; **travailler à la** ~ trabajar a comisión. **-2.** [message] recado *m*. ◆ **commissions** *nfpl* [achats] compra *f*; **faire les** ~**s** hacer la compra.

commissionnaire [kɔmisjɔnɛr] *nm* comisionista *mf*.

commissure [kɔmisyr] *nf* comisura *f*; ~ **des lèvres** comisura de los labios.

commode [kɔmɔd] ◇ *adj* **-1.** [gén] cómodo(da). **-2.** [personne] amable; ~ **à vivre** fácil de llevar; **il n'est pas** ~ no es nada agradable. ◇ *nf* cómoda *f*.

commodité [kɔmɔdite] *nf* comodidad *f*.

commotion [kɔmɔsjɔ̃] *nf* conmoción *f*; ~ **cérébrale** conmoción cerebral.

commun, e [kɔmœ̃, yn] *adj* **-1.** [collectif, semblable] común; **en** ~ [collectivement] en grupo; **mettre en** ~ poner en común. **-2.** [répandu] corriente. **-3.** *péj* [banal] vulgar. **-4.** *péj* [vulgaire] basto(ta). ◆ **commune** *nf* municipio *m*.

communal, e, aux [kɔmynal, o] *adj* municipal.

communauté [kɔmynote] *nf* **-1.** [gén] comunidad *f*; ~ **de bien** comunidad de bienes; ~ **réduite aux acquets** bienes *mpl* gananciales. **-2.** [accord] afinidad *f*. ◆ **Communauté** *nf*: **la Communauté européenne** la Comunidad europea.

communément [kɔmynemɑ̃] *adv* comúnmente.

communiant, e [kɔmynjɑ̃, ɑ̃t] *nm, f* RELIG comulgante *mf*; **premier** ~ niño que hace la *primera comunión*.

communication [kɔmynikasjɔ̃] *nf* **-1.** [gén] comunicación *f*; ~ **d'entreprise** imagen *f* corporativa. **-2.** [message] noticia *f*; **avoir** ~ **de qqch** tener noticia de algo. **-3.** TÉLÉCOM llamada *f Esp*, llamado *m Amér*; **être en** ~ **avec qqn** estar hablando con alguien por teléfono; **recevoir/prendre une** ~ recibir/aceptar una llamada; ~ **locale** llamada local.

communier [kɔmynje] *vi* **-1.** RELIG comulgar. **-2.** [s'accorder] : ~ **dans qqch** compartir algo.

communion [kɔmynjɔ̃] *nf* comunión *f*; **première** ~ primera comunión; ~ **solennelle** comunión solemne; **être en** ~ **avec qqn** estar en comunión con alguien.

communiqué [kɔmynike] *nm* comunicado *m*; ~ **de presse** comunicado de prensa.

communiquer [kɔmynike] *vt* [gén] comunicar; [chaleur] transmitir; [maladie, sentiment] contagiar.

communisme [kɔmynism] *nm* comunismo *m*.

communiste [kɔmynist] *adj & nmf* comunista.

commutateur [kɔmytatœr] *nm* conmutador *m*.

compact, e [kɔ̃pakt] *adj* compacto(ta). ◆ **compact** *nm* disco *m* compacto, compact *m*.

compagne → **compagnon**.

compagnie [kɔ̃paɲi] *nf* **-1.** [gén] compañía *f*; **en** ~ **de qqn** en compañía de alguien; **tenir** ~ **à qqn** hacer compañía a alguien. **-2.** [assemblée] concurrencia *f*.

compagnon [kɔ̃paɲɔ̃], **compagne** [kɔ̃paɲ] *nm, f* compañero *m*, -ra *f*; ~ **d'infortune** compañero de fatigas. ◆ **compagnon** *nm* [artisan] oficial *m*.

comparable [kɔ̃parabl] *adj* comparable.

comparaison [kɔ̃parezɔ̃] *nf* comparación *f*; **en** ~ **de qqch** en comparación con algo; **par** ~ **avec qqch** en comparación con algo.

comparaître [kɔ̃parɛtr] *vi* JUR comparecer.

comparatif, ive [kɔ̃paratif, iv] *adj* comparativo(va). ◆ **comparatif** *nm* GRAM comparativo *m*.

comparé, e [kɔ̃pare] *adj* comparado(da).

comparer [kɔ̃pare] *vt* comparar; ~ **qqn avec qqn** comparar a alguien con alguien; ~ **qqch avec qqch** comparar algo con algo; ~ **qqn à qqn** [assimiler] comparar a alguien con alguien; ~ **qqch à qqch** [assimiler] comparar algo con algo.

comparse [kɔ̃pars] *nmf péj* compinche *mf.*

compartiment [kɔ̃partimɑ̃] *nm* compartimento *m.*

comparution [kɔ̃parysjɔ̃] *nf* JUR comparecencia *f.*

compas [kɔ̃pa] *nm* compás *m*; **avoir le ~ dans l'œil** *fig* tener buen ojo.

compassion [kɔ̃pasjɔ̃] *nf* compasión *f*; **avoir de la ~ pour qqn** sentir compasión por alguien.

compatible [kɔ̃patibl] *adj* compatible; **~ avec qqch** compatible con algo.

compatir [kɔ̃patir] *vt* compadecer; **~ à la douleur de qqn** *iron* compadecer a alguien.

compatriote [kɔ̃patrijɔt] *nmf* compatriota *mf.*

compensation [kɔ̃pɑ̃sasjɔ̃] *nf* compensación *f*; **par ~** en compensación.

compensé, e [kɔ̃pɑ̃se] *adj* compensado(da).

compenser [kɔ̃pɑ̃se] *vt* compensar.

compère [kɔ̃per] *nm* compinche *m.*

compétence [kɔ̃petɑ̃s] *nf* competencia *f.*

compétent, e [kɔ̃petɑ̃, ɑ̃t] *adj* competente.

compétitif, ive [kɔ̃petitif, iv] *adj* competitivo(va).

compétition [kɔ̃petisjɔ̃] *nf* SPORT competición *f*; **être en ~** competir.

complainte [kɔ̃plɛ̃t] *nf* endecha *f.*

complaisant, e [kɔ̃plɛzɑ̃, ɑ̃t] *adj* complaciente.

complément [kɔ̃plemɑ̃] *nm* complemento *m*; **~ d'agent** GRAM complemento agente; **~ d'objet direct/indirect** GRAM complemento directo/indirecto.

complémentaire [kɔ̃plemɑ̃ter] *adj* **-1.** [caractère, couleur] complementario(ria). **-2.** [clause, mesure] suplementario(ria).

complet, ète [kɔ̃plɛ, ɛt] *adj* **-1.** [rapport, personne, artiste] completo(ta). **-2.** [hôtel, théâtre] lleno(na). ◆ **complet** *nm* traje *m.*

compléter [kɔ̃plete] *vt* completar. ◆ **se compléter** *vp* complementarse.

complexe [kɔ̃plɛks] ◇ *nm* complejo *m*; **~ d'Œdipe** complejo de Edipo; **~ hospitalier/scolaire/sportif** complejo hospitalario/escolar/deportivo. ◇ *adj* complejo(ja).

complexé, e [kɔ̃plɛkse] *adj* acomplejado(da).

complexification [kɔ̃plɛksifikasjɔ̃] *nf* complicación *f.*

complexifier [kɔ̃plɛksifje] *vt* complicar.

complexité [kɔ̃plɛksite] *nf* complejidad *f.*

complication [kɔ̃plikasjɔ̃] *nf* **-1.** [complexité] complejidad *f.* **-2.** [aggravation] complicación *f.*

complice [kɔ̃plis] *adj & nmf* cómplice.

complicité [kɔ̃plisite] *nf* complicidad *f.*

compliment [kɔ̃plimɑ̃] *nm* [louange] cumplido *m*; **faire ses ~s à qqn** [féliciter] felicitar a alguien.

complimenter [kɔ̃plimɑ̃te] *vt* : **~ qqn sur qqch** felicitar a alguien por algo.

compliqué, e [kɔ̃plike] *adj* complicado(da).

compliquer [kɔ̃plike] *vt* complicar.

complot [kɔ̃plo] *nm* complot *m.*

comploter [kɔ̃plɔte] ◇ *vt* [manigancer] tramar. ◇ *vi* **-1.** [conspirer] conspirar. **-2.** *fig* maquinar.

comportement [kɔ̃pɔrtəmɑ̃] *nm* comportamiento *m.*

comportemental, e, aux [kɔ̃pɔrtəmɑ̃tal, o] *adj* de conducta.

comporter [kɔ̃pɔrte] *vt* **-1.** [inclure] conllevar. **-2.** [être composé] constar de. ◆ **se comporter** *vp* **-1.** [se conduire] comportarse. **-2.** [fonctionner] funcionar.

composant, e [kɔ̃pozɑ̃, ɑ̃t] *adj* componente. ◆ **composant** *nm* componente *m.* ◆ **composante** *nf* componente *f.*

composé, e [kɔ̃poze] *adj* compuesto(ta). ◆ **composé** *nm* **-1.** [mélange] mezcla *f.* **-2.** CHIM & LING compuesto *m.*

composer [kɔ̃poze] ◇ *vt* **-1.** [gén] componer, formar. **-2.** [numéro de téléphone] marcar *Esp*, discar *Amér.* ◇ *vi* [trouver un compromis] transigir. ◆ **se composer** *vp* [être constitué de] : **se ~ de** componerse de, constar de.

composite [kɔ̃pozit] ◇ *nm* compuesto *m.* ◇ *adj* **-1.** [disparate] heterogéneo(nea). **-2.** [matériau] compuesto(ta).

compositeur, trice [kɔ̃pozitœr, tris] *nm, f* **-1.** MUS compositor *m*, -ra *f.* **-2.** TYPOGRAPHIE cajista *mf.*

composition [kɔ̃pozisjɔ̃] *nf* **-1.** [gén] composición *f*; **être de bonne ~** [personne] ser de buena pasta. **-2.** SCOL redacción *f.*

composter [kɔ̃pɔste] *vt* [billet de train] marcar.

compote [kɔ̃pɔt] *nf* CULIN compota *f.*

compréhensible [kɔ̃preɑ̃sibl] *adj* comprensible.

compréhensif, ive [kɔ̃preɑ̃sif, iv] *adj* comprensivo(va).

compréhension [kɔ̃preɑ̃sjɔ̃] nf comprensión f.

comprendre [kɔ̃prɑ̃dr] ◇ vt **-1.** [gén] comprender, entender. **-2.** [comporter, inclure] comprender. ◇ vi comprender, entender.

compresse [kɔ̃pres] nf compresa f.

compresseur [kɔ̃presœr] → **rouleau**.

compression [kɔ̃presjɔ̃] nf **-1.** [de l'air] compresión f. **-2.** fig [réduction] reducción f; ~ **de personnel** reducción de plantilla.

comprimé, e [kɔ̃prime] adj comprimido(da). ◆ **comprimé** nm comprimido m; ~ **effervescent** comprimido efervescente.

comprimer [kɔ̃prime] vt **-1.** [gaz] comprimir. **-2.** fig [dépenses] reducir. **-3.** [serrer] apretar. **-4.** [réprimer] contener.

compris, e [kɔ̃pri, iz] ◇ pp → **comprendre**. ◇ adj **-1.** [situé] comprendido(da). **-2.** [inclus] incluido(da); **y** ~ incluido(da); **y** ~ **les enfants** incluidos los niños.

compromettre [kɔ̃prɔmetr] vt comprometer.

compromis, e [kɔ̃prɔmi, iz] pp → **compromettre**. ◆ **compromis** nm compromiso m (acuerdo).

compromission [kɔ̃prɔmisjɔ̃] nf compromiso m.

comptabilité [kɔ̃tabilite] nf **-1.** [technique] contabilidad f. **-2.** [département] departamento m de contabilidad.

comptable [kɔ̃tabl] ◇ nmf contable mf Esp, contador m, -ra f Amér. ◇ adj : **être** ~ **de qqch** ser responsable de algo.

comptant [kɔ̃tɑ̃] ◇ adj inv al contado. ◇ adv : **payer** OU **régler** ~ pagar OU abonar al contado. ◇ nm : **au** ~ al contado.

compte [kɔ̃t] nm **-1.** [gén] cuenta f; **être/ se mettre à son** ~ [devenir indépendant] trabajar/establecerse por su cuenta OU por cuenta propia; **faire le** ~ **de qqch** hacer el recuento de algo; **ouvrir un** ~ abrir una cuenta; ~ **bancaire** OU **en banque** cuenta bancaria; ~ **postal** cuenta de la caja postal; ~ **courant/d'épargne** cuenta corriente/de ahorro; ~ **créditeur/débiteur** cuenta acreedora/deudora; ~ **de dépôt** FIN cuenta de depósito; ~ **d'exploitation** FIN cuenta de explotación; ~ **à rebours** cuenta atrás. **-2.** loc : **prendre qqch en** ~ OU **tenir** ~ **de qqch** tener en cuenta algo; **rendre** ~ **de qqch** dar cuenta de algo; **se rendre** ~ **de qqch/ que** darse cuenta de algo/de que.

◆ **comptes** nmpl [comptabilité] cuentas fpl; **faire ses** ~s hacer sus cuentas.

compte-chèques nm cuenta corriente con talonario.

compte-gouttes nm inv cuentagotas m inv.

compter [kɔ̃te] ◇ vt **-1.** [dénombrer] contar. **-2.** [avoir l'intention] pensar; **je compte m'installer à Paris** pienso instalarme en París. ◇ vi contar; ~ **sur qqn/ sur qqch** contar con alguien/con algo.

compte-rendu nm **-1.** [gén] informe m; [de livre, de spectacle] reseña f; [de séance] acta f.

compte-tours nm inv cuentarrevoluciones m inv.

compteur [kɔ̃tœr] nm contador m.

comptine [kɔ̃tin] nf canción que cantan los niños en algunos juegos para decidir quién la lleva.

comptoir [kɔ̃twar] nm **-1.** [de bar] barra f. **-2.** [commercial] mostrador m. **-3.** Helv [foire] feria f de muestras.

comte [kɔ̃t], **comtesse** [kɔ̃tes] nm, f conde m, -sa f.

con, conne [kɔ̃, kɔn] tfam péj ◇ adj [personne] gilipollas Esp, gil(la) Amér; [chose] tonto(ta). ◇ nm, f gilipollas mf inv.

concave [kɔ̃kav] adj cóncavo(va).

concéder [kɔ̃sede] vt **-1.** [droit] conceder. **-2.** sout : ~ **qqch à qqn** admitir algo ante alguien.

concentration [kɔ̃sɑ̃trasjɔ̃] nf concentración f.

concentré, e [kɔ̃sɑ̃tre] adj **-1.** [gén] concentrado(da). **-2.** [esprit, personne] reconcentrado(da). **-3.** ◆ **concentré** nm concentrado m.

concentrer [kɔ̃sɑ̃tre] vt concentrar.

concentrique [kɔ̃sɑ̃trik] adj concéntrico(ca).

concept [kɔ̃sept] nm concepto m.

conception [kɔ̃sepsjɔ̃] nf concepción f; ~ **assistée par ordinateur** diseño m asistido por ordenador.

concerner [kɔ̃serne] vt concernir; **être concerné par qqch** concernirle algo a uno; **se sentir concerné par qqch** afectarle algo a uno; **en ce qui concerne** en lo que se refiere a, en lo que concierne a.

concert [kɔ̃ser] nm concierto m.

concertation [kɔ̃sertasjɔ̃] nf concertación f.

concerter [kɔ̃sɛrte] vt concertar. ◆ **se concerter** vp ponerse de acuerdo.

concerto [kɔ̃sɛrto] nm MUS concerto m.

concession [kɔ̃sesjɔ̃] nf concesión f. ◆ **concession à perpétuité** nf concesión f a perpetuidad.

concessionnaire [kɔ̃sesjɔnɛr] ◇ nm **-1.** AUTOM concesionario m, -ria f. **-2.** [qui possède une franchise] franquiciado m, -da f. ◇ adj concesionario(ria).

concevable [kɔ̃səvabl] adj concebible; **cela n'est pas ~** es inconcebible.

concevoir [kɔ̃səvwar] vt concebir.

concierge [kɔ̃sjɛrʒ] nmf portero m, -ra f.

conciliateur, trice [kɔ̃siljatœr, tris] nm, f conciliador m, -ra f.

conciliation [kɔ̃siljasjɔ̃] nf conciliación f.

concilier [kɔ̃silje] vt **-1.** [mettre d'accord] conciliar. **-2.** [trouver un équilibre] : ~ **qqch et** OU **avec qqch** compaginar algo y OU con algo. **-3.** [gagner à sa cause] : ~ **qqn à qqch** granjear a alguien algo; ~ **qqn à qqn** granjear a alguien el apoyo de alguien.

concis, e [kɔ̃si, iz] adj conciso m, -sa f.

concision [kɔ̃sizjɔ̃] nf concisión f.

concitoyen, enne [kɔ̃sitwajɛ̃, ɛn] nm, f conciudadano m, -na f.

conclu, e [kɔ̃kly] pp → conclure.

concluant, e [kɔ̃klyā, āt] adj concluyente.

conclure [kɔ̃klyr] ◇ vt **-1.** [affaire, marché] cerrar. **-2.** [discours, écrit] concluir. **-3.** [déduire] : **en ~ que** deducir que. ◇ vi : ~ **à qqch** [aboutir à une conclusion] pronunciarse por algo; JUR decidirse por algo.

conclusion [kɔ̃klyzjɔ̃] nf **-1.** [signature] firma f. **-2.** [fin, conséquence] conclusión f; **en ~** en conclusión. **-3.** [dénouement] desenlace m.

concombre [kɔ̃kɔ̃br] nm pepino m.

concordance [kɔ̃kɔrdās] nf concordancia f; ~ **des temps** GRAM concordancia de tiempos.

concorde [kɔ̃kɔrd] nf concordia f.

concorder [kɔ̃kɔrde] vi **-1.** [coïncider] concordar; ~ **avec qqch** [être en accord] concordar con algo. **-2.** [avoir un même but] concurrir.

concourir [kɔ̃kurir] vi **-1.** [contribuer] : ~ **à qqch** contribuir a algo. **-2.** [à un concours] presentarse.

concours [kɔ̃kur] nm **-1.** [pour un poste de fonctionnaire] oposición f. **-2.** [pour l'entrée dans une école] examen m de selección. **-3.** [compétition] concurso m; ~ **hip-**

pique concurso hípico. **-4.** [collaboration] colaboración m. ◆ **concours de circonstances** nm cúmulo m de circunstancias.

concret, ète [kɔ̃kre, ɛt] adj concreto(ta).

concrétiser [kɔ̃kretize] vt materializar. ◆ **se concrétiser** vp materializarse.

concubinage [kɔ̃kybinaʒ] nm concubinato m.

concupiscent, e [kɔ̃kypisā, āt] adj concupiscente.

concurremment [kɔ̃kyramā] adv conjuntamente.

concurrence [kɔ̃kyrās] nf [gén] competencia f.

concurrent, e [kɔ̃kyrā, āt] adj & nm, f competidor(ra).

concurrentiel, elle [kɔ̃kyrāsjɛl] adj competitivo(va).

condamnation [kɔ̃danasjɔ̃] nf **-1.** JUR [décision de justice] condena f. **-2.** fig [blâme, dénonciation] denuncia f.

condamné, e [kɔ̃dane] ◇ adj **-1.** JUR condenado(da). **-2.** [malade inguérissable] desahuciado(da). ◇ nm, f JUR condenado m, -da f.

condamner [kɔ̃dane] vt **-1.** JUR condenar; ~ **qqn à qqch** condenar a alguien a algo. **-2.** [malade] desahuciar. **-3.** [interdire] prohibir. **-4.** [blâmer, dénoncer] denunciar, condenar. **-5.** [fermer définitivement] condenar, tapiar.

condensateur [kɔ̃dāsatœr] nm ÉLECTR condensador m.

condensation [kɔ̃dāsasjɔ̃] nf condensación f.

condensé, e [kɔ̃dāse] adj condensado(da). ◆ **condensé** nm resumen m.

condenser [kɔ̃dāse] vt **-1.** [gaz] condensar. **-2.** [récit, pensé] resumir.

condiment [kɔ̃dimā] nm condimento m.

condisciple [kɔ̃disipl] nmf condiscípulo m, -la f.

condition [kɔ̃disjɔ̃] nf **-1.** [gén] condición f; **sans ~** sin condiciones. **-2.** [état physique] condiciones fpl físicas; **être en bonne/mauvaise ~** estar en buenas/malas condiciones físicas. ◆ **conditions** nfpl condiciones fpl; ~**s de vie** condiciones de vida; ~**s atmosphériques** condiciones atmosféricas. ◆ **à condition que** loc conj a condición de que. ◆ **à condition de** loc prép con la condición de, a condición de que.

conditionné, e [kɔ̃disjɔne] *adj* **-1.** [produit] envasado(da). **-2.** → **air**.

conditionnel, elle [kɔ̃disjɔnɛl] *adj* condicional. ◆ **conditionnel** *nm* GRAM condicional *m*.

conditionnement [kɔ̃disjɔnmɑ̃] *nm* **-1.** [emballage] envase *m*. **-2.** [opérations d'emballage] envasado *m*. **-3.** PSYCHOL condicionamiento *m*.

conditionner [kɔ̃disjɔne] *vt* **-1.** [influencier & PSYCHOL] condicionar. **-2.** [produit] envasar. **-3.** [local] acondicionar.

condoléances [kɔ̃dɔleɑ̃s] *nfpl* pésame *m*; présenter ses ~ à qqn dar el pésame a alguien.

conducteur, trice [kɔ̃dyktœr, tris] ◇ *adj* ÉLECTR conductor(ra). ◇ *nm, f* [chauffeur] conductor *m*, -ra *f Esp*, motorista *mf Amér*. ◆ **conducteur** *nm* ÉLECTR conductor *m*.

conduire [kɔ̃dɥir] ◇ *vt* **-1.** [gén] conducir. **-2.** [emmener en voiture] llevar en coche. ◇ *vi* : ~ à qqch conducir OU llevar a algo. ◆ **se conduire** *vp* conducirse.

conduit, e [kɔ̃dɥi, it] *pp* → **conduire**. ◆ **conduit** *nm* conducto *m*.

conduite [kɔ̃dɥit] *nf* **-1.** [de véhicule] conducción *f*. **-2.** [façon de diriger] dirección *f*. **-3.** [comportement] conducta *f*. ◆ **conduite d'eau** *nf* conducto *m* de agua. ◆ **conduite de gaz** *nf* conducto *m* de gas.

cône [kon] *nm* GÉOM cono *m*.

confection [kɔ̃fɛksjɔ̃] *nf* confección *f*.

confectionner [kɔ̃fɛksjɔne] *vt* confeccionar.

confédération [kɔ̃federasjɔ̃] *nf* confederación *f*.

conférence [kɔ̃ferɑ̃s] *nf* conferencia *f*; ~ de presse rueda *f* de prensa.

conférencier, ère [kɔ̃ferɑ̃sje, ɛr] *nm, f* conferenciante *mf*.

conférer [kɔ̃fere] *vt* : ~ qqch à qqn conferir algo a alguien.

confesser [kɔ̃fese] *vt* confesar. ◆ **se confesser** *vp* RELIG confesarse.

confession [kɔ̃fesjɔ̃] *nf* confesión *f*.

confessionnal, aux [kɔ̃fesjɔnal, o] *nm* confesionario *m*.

confetti [kɔ̃feti] *nm* confeti *m*.

confiance [kɔ̃fjɑ̃s] *nf* confianza *f*; **avoir** ~ **en qqn/en qqch** tener confianza en alguien/en algo, confiar en alguien/en algo; **avoir** ~ **en soi** tener confianza en uno mismo; **faire** ~ **à qqn/à qqch** fiarse de alguien/de algo.

confiant, e [kɔ̃fjɑ̃, ɑ̃t] *adj* confiado(da).

confidence [kɔ̃fidɑ̃s] *nf* confidencia *f*.

confident, e [kɔ̃fidɑ̃, ɑ̃t] *nm, f* confidente *mf*.

confidentiel, elle [kɔ̃fidɑ̃sjɛl] *adj* confidencial.

confier [kɔ̃fje] *vt* : ~ qqn/qqch à qqn [donner à garder] confiar a alguien/algo a alguien; ~ qqch à qqn [dire en secret] confiar algo a alguien. ◆ **se confier** *vp* : se ~ à qqn confiarse a alguien.

confins [kɔ̃fɛ̃] ◆ **aux confins de** *loc prép* en los confines de.

confirmation [kɔ̃firmasjɔ̃] *nf* confirmación *f*.

confirmer [kɔ̃firme] *vt* confirmar; ~ **que** confirmar que; ~ **qqn dans qqch** confirmar a alguien en algo. ◆ **se confirmer** *vp* confirmarse.

confiserie [kɔ̃fizri] *nf* **-1.** [activité, magasin] confitería *f*. **-2.** [sucrerie] dulce *m*.

confiseur, euse [kɔ̃fizœr, øz] *nm, f* confitero *m*, -ra *f*.

confisquer [kɔ̃fiske] *vt* **-1.** [biens] confiscar, decomisar. **-2.** [objet] quitar.

confiture [kɔ̃fityr] *nf* mermelada *f*.

conflit [kɔ̃fli] *nm* conflicto *m*.

confondre [kɔ̃fɔ̃dr] *vt* confundir.

confondu, e [kɔ̃fɔ̃dy] *pp* → **confondre**.

conformation [kɔ̃fɔrmasjɔ̃] *nf* conformación *f*.

conforme [kɔ̃fɔrm] *adj* : ~ **à qqch** conforme a OU con algo.

conformément [kɔ̃fɔrmemɑ̃] *adv* : ~ **à qqch** conforme a algo.

conformer [kɔ̃fɔrme] *vt* : ~ **qqch à qqch** ajustar algo a algo. ◆ **se conformer** *vp* : se ~ **à qqch** [s'adapter] adaptarse a algo; [obéir] someterse a algo.

conformiste [kɔ̃fɔrmist] *adj & nmf* conformista.

conformité [kɔ̃fɔrmite] *nf* **être en** ~ **avec qqch** [accord] estar en conformidad con algo.

confort [kɔ̃fɔr] *nm* comodidad *f*; **tout** ~ con todas las comodidades.

confortable [kɔ̃fɔrtabl] *adj* **-1.** [fauteuil] cómodo(da), confortable. **-2.** [vie] desahogado(da). **-3.** [avance] cómodo(da).

confrère [kɔ̃frɛr], **consœur** [kɔ̃sœr] *nm, f* colega *mf*.

confrontation [kɔ̃frɔ̃tasjɔ̃] *nf* **-1.** [face à face] careo *m*. **-2.** [comparaison] confrontación *f*, cotejo *m*.

confronter [kɔ̃frɔ̃te] vt **-1.** [mettre face à face] carear. **-2.** [comparer] confrontar, cotejar. **-3.** [devoir faire face à] : **être confronté à qqch** enfrentarse a algo.

confus, e [kɔ̃fy, yz] adj **-1.** [gén] confuso(sa). **-2.** sout [désolé] avergonzado(da); **être ~ de qqch** [honteux] estar avergonzado de algo; [gêné] estar confundido con algo.

confusion [kɔ̃fyzjɔ̃] nf confusión f.

congé [kɔ̃ʒe] nm **-1.** [arrêt de travail] permiso m de ausencia; **~ (de) maladie/de maternité** baja f por enfermedad/por maternidad. **-2.** [vacances] vacaciones fpl; **en ~ de vacaciones. -3.** [renvoi] despido m; **donner son ~ à qqn** despedir a alguien; **prendre ~** despedirse.

congédier [kɔ̃ʒedje] vt sout despedir Esp, cesantear Amér.

congé-formation nm permiso concedido a un empleado para seguir un curso de formación a cargo de la empresa.

congélateur [kɔ̃ʒelatœr] nm congelador m.

congeler [kɔ̃ʒle] vt congelar.

congénital, e, aux [kɔ̃ʒenital, o] adj congénito(ta).

congère [kɔ̃ʒɛr] nf nieve amontonada por el viento.

congestion [kɔ̃ʒestjɔ̃] nf MÉD congestión f; **~ pulmonaire** congestión pulmonar.

Congo [kɔ̃go] nm : **le ~** el Congo; **au ~** [direction] al Congo; [situation] en el Congo.

congratuler [kɔ̃gratyle] vt sout congratular.

congrégation [kɔ̃gregasjɔ̃] nf RELIG congregación f.

congrès [kɔ̃grɛ] nm congreso m.

conifère [kɔnifɛr] nm BOT conífera f.

conjecture [kɔ̃ʒɛktyr] nf conjetura f.

conjecturer [kɔ̃ʒɛktyre] vt : **~ qqch** hacer conjeturas sobre algo.

conjoint, e [kɔ̃ʒwɛ̃, ɛt] ◇ adj **-1.** [note] adjunto(ta). **-2.** [demande] conjunto(ta). ◇ nm, f cónyuge mf.

conjonctif, ive [kɔ̃ʒɔ̃ktif, iv] adj GRAM conjuntivo(va).

conjonction [kɔ̃ʒɔ̃ksjɔ̃] nf conjunción f.

conjonctivite [kɔ̃ʒɔ̃ktivit] nf MÉD conjuntivitis f inv.

conjoncture [kɔ̃ʒɔ̃ktyr] nf ÉCON coyuntura f.

conjugaison [kɔ̃ʒygɛzɔ̃] nf conjugación f.

conjugal, e, aux [kɔ̃ʒygal, o] adj conyugal.

conjuguer [kɔ̃ʒyge] vt conjugar.

conjuration [kɔ̃ʒyrasjɔ̃] nf **-1.** [conspiration] conjura f. **-2.** [exorcisme] conjuro m.

connaissance [kɔnɛsɑ̃s] nf **-1.** [savoir, conscience] conocimiento m; **à ma ~** que yo sepa; **en ~ de cause** con conocimiento de causa; **perdre/reprendre ~** perder/recobrar el conocimiento; **prendre ~ de qqch** enterarse de algo. **-2.** [personne] conocido m, -da f; **faire ~ (avec qqn)** conocerse (con alguien).

connaisseur, euse [kɔnɛsœr, øz] adj & nm, f entendido(da).

connaître [kɔnɛtr] vt conocer.

connecter [kɔnɛkte] vt ÉLECTR conectar.

connexion [kɔnɛksjɔ̃] nf conexión f.

connu, e [kɔny] ◇ pp → **connaître.** ◇ adj conocido(da).

conquérant, e [kɔ̃kerɑ̃, ɑ̃t] ◇ adj **-1.** [vainqueur, séducteur] conquistador(ra). **-2.** [imposant, prétentieux] triunfador(ra). ◇ nm, f conquistador m, -ra f.

conquérir [kɔ̃kerir] vt conquistar.

conquête [kɔ̃kɛt] nf conquista f.

conquis, e [kɔ̃ki, iz] pp → **conquérir.**

consacrer [kɔ̃sakre] vt **-1.** [église] consagrar. **-2.** [employer] : **~ qqch à qqch** dedicar algo a algo. ◆ **se consacrer** vp : **se ~ à** [se vouer à] consagrarse a; [s'occuper de] dedicarse a.

consanguin, e [kɔ̃sɑ̃gɛ̃, in] adj & nm, f consanguíneo(a).

conscience [kɔ̃sjɑ̃s] nf **-1.** [gén] conciencia f; **avoir bonne ~** tener la conciencia tranquila; **avoir ~ de qqch** tener conciencia de algo, ser consciente de algo; **avoir mauvaise ~** tener mala conciencia; **~ professionnelle** ética f profesional. **-2.** [connaissance] : **perdre/reprendre ~** perder/recobrar el conocimiento.

consciencieux, euse [kɔ̃sjɑ̃sjø, øz] adj concienzudo(da).

conscient, e [kɔ̃sjɑ̃, ɑ̃t] adj consciente; **~ de qqch** consciente de algo.

conscription [kɔ̃skripsjɔ̃] nf MIL reclutamiento m.

conscrit [kɔ̃skri] nm recluta m.

consécration [kɔ̃sekrasjɔ̃] nf consagración f.

consécutif, ive [kɔ̃sekytif, iv] adj **-1.** [successif & GRAM] consecutivo(va). **-2.** [résultant] : **~ à qqch** provocado(da) por algo.

conseil [kɔ̃sɛj] nm **-1.** [avis, assemblée] consejo m; **donner un ~ des ~s** dar un consejo OU (unos) consejos; **~ d'admi-**

nistration JUR consejo de administración; ~ **de classe** ≃ junta f de evaluación; ~ **de discipline** consejo de disciplina; ~ **des ministres** consejo de ministros. **-2.** [consultant] asesor m, -ra f.

conseiller, ère [kɔ̃seje, ɛr] nm, f consejero(ra); ~ **matrimonial** consejero matrimonial. ◆ **conseiller municipal** nm concejal m, -la f.

consensuel, elle [kɔ̃sɑ̃sɥɛl] adj [contrat] consensual; [politique] consensuado(da).

consentement [kɔ̃sɑ̃tmɑ̃] nm consentimiento m.

consentir [kɔ̃sɑ̃tir] vi [accepter] : ~ **à qqch** consentir algo.

conséquence [kɔ̃sekɑ̃s] nf consecuencia f; **ne pas tirer à** ~ no tener importancia.

conservateur, trice [kɔ̃sɛrvatœr, tris] adj & nm, f conservador(ra). ◆ **conservateur** nm conservante m.

conservation [kɔ̃sɛrvasjɔ̃] nf conservación f.

conservatoire [kɔ̃sɛrvatwar] nm conservatorio m; ~ **d'art dramatique** escuela f de arte dramático; ~ **de musique** conservatorio (de música).

conserve [kɔ̃sɛrv] nf [d'aliments] conserva f; **en** ~ en conserva.

conserver [kɔ̃sɛrve] vt [préserver, entretenir] conservar.

considérable [kɔ̃siderabl] adj considerable.

considération [kɔ̃siderasjɔ̃] nf consideración f; **en** ~ **de qqch** en consideración a algo; **prendre qqch en** ~ tomar algo en consideración. ◆ **considérations** nfpl : **se perdre en** ~**s** perderse en consideraciones.

considérer [kɔ̃sidere] vt **-1.** [examiner] considerar. **-2.** [observer] mirar. **-3.** [estimer] : ~ **que** (+ indicatif) considerar que (+ indicativo); **il considère qu'il est trop jeune pour se marier** considera que es demasiado joven para casarse. **-4.** [personne] apreciar.

consigne [kɔ̃siɲ] nf **-1.** (gén pl) [ordre] consigna f. **-2.** [entrepôt de bagages] consigna f. **-3.** [somme d'argent] importe del casco de una botella pagado en depósito. **-4.** vieilli SCOL castigo m.

consigner [kɔ̃siɲe] vt **-1.** [bagage] dejar en consigna. **-2.** [bouteille] cobrar el importe del casco de una botella. **-3.** sout [relater] anotar. **-4.** MIL [interdire de sortir] acuartelar. **-5.** vieilli SCOL castigar.

consistance [kɔ̃sistɑ̃s] nf consistencia f.

consistant, e [kɔ̃sistɑ̃, ɑ̃t] adj consistente.

consister [kɔ̃siste] vi **-1.** [se composer de] : ~ **en qqch** constar de algo; [inclure] consistir en algo. **-2.** [comporter] : ~ **à faire qqch** consistir en hacer algo.

consœur → **confrère**.

consolation [kɔ̃sɔlasjɔ̃] nf consuelo m.

console [kɔ̃sɔl] nf **-1.** [table & INFORM] consola f. **-2.** ARCHIT ménsula f.

consoler [kɔ̃sɔle] vt **-1.** [réconforter] : ~ **qqn de qqch** consolar a alguien de algo. **-2.** [sentiment douloureux] aliviar.

consolider [kɔ̃sɔlide] vt consolidar.

consommateur, trice [kɔ̃sɔmatœr, tris] nm, f **-1.** [acheteur] consumidor m, -ra f. **-2.** [client] cliente m, -ta f.

consommation [kɔ̃sɔmasjɔ̃] nf **-1.** [utilisation, consummation] consumo m. **-2.** [boisson] consumición f. **-3.** [accomplissement] consumación f.

consommé, e [kɔ̃sɔme] adj sout consumado(da). ◆ **consommé** nm consomé m, caldo m (de carne).

consommer [kɔ̃sɔme] ◇ vt **-1.** [gén] consumir. **-2.** [accomplir] consumar. ◇ vi consumir.

consonance [kɔ̃sɔnɑ̃s] nf **-1.** [rime & MUS] consonancia f. **-2.** [ensemble de sons] resonancia f, sonido m.

consonne [kɔ̃sɔn] nf consonante f.

conspirateur, trice [kɔ̃spiratœr, tris] nm, f conspirador m, -ra f.

conspiration [kɔ̃spirasjɔ̃] nf conspiración f.

conspirer [kɔ̃spire] ◇ vt maquinar. ◇ vi conspirar; ~ **contre qqn/contre qqch** conspirar contra alguien/contra algo.

constamment [kɔ̃stamɑ̃] adv constantemente.

constant, e [kɔ̃stɑ̃, ɑ̃t] adj constante.

constat [kɔ̃sta] nm **-1.** [procès-verbal] atestado m. **-2.** [entre automobilistes] parte m. **-3.** JUR acta f. **-4.** [constatation] constatación f.

constatation [kɔ̃statasjɔ̃] nf constatación f.

constater [kɔ̃state] vt **-1.** [se rendre compte] constatar. **-2.** [consigner] hacer constar.

constellation [kɔ̃stelasjɔ̃] nf constelación f.

constellé, e [kɔ̃stele] adj : ~ **de** [parsemé de] salpicado(da) de; [maculé de] cubierto(ta) de.

consternation [kɔ̃stɛrnasjɔ̃] *nf* consternación *f*.

consterner [kɔ̃stɛrne] *vt* consternar.

constipation [kɔ̃stipasjɔ̃] *nf* estreñimiento *m*.

constipé, e [kɔ̃stipe] *adj* estreñido(da); **avoir l'air** ~ *fig* tener pinta de estreñido.

constituer [kɔ̃stitɥe] *vt* constituir.

constitution [kɔ̃stitusjɔ̃] *nf* constitución *f*.

constructeur, trice [kɔ̃stryktœr, tris] *nm, f* **-1.** [fabricant] fabricante *mf*. **-2.** [bâtisseur] constructor *m*, -ra *f*.

construction [kɔ̃stryksjɔ̃] *nf* **-1.** [gén] construcción *f*. **-2.** [de roman] creación *f*.

construire [kɔ̃strɥir] *vt* **-1.** [gén] construir. **-2.** [roman] crear.

construit, e [kɔ̃strɥit, it] *pp* → **construire**.

consul [kɔ̃syl] *nm* cónsul *m*.

consultation [kɔ̃syltasjɔ̃] *nf* consulta *f*.

consulter [kɔ̃sylte] ◇ *vt* **-1.** [gén] consultar. **-2.** [rendre visite à un spécialiste – médecin] consultar a; [– avocat] consultar con. ◇ *vi* [médecin] tener consulta, visitar.

contact [kɔ̃takt] *nm* **-1.** [relation, intermédiaire] contacto *m*. **-2.** [toucher] tacto *m*. **-3.** ÉLECTR contacto *m*. **-4.** [abord] trato *m*.

contacter [kɔ̃takte] *vt* ponerse en contacto con, contactar con.

contagieux, euse [kɔ̃taʒjø, øz] ◇ *adj* contagioso(sa). ◇ *nm, f* enfermo contagioso *m*, enferma contagiosa *f*.

contagion [kɔ̃taʒjɔ̃] *nf* contagio *m*.

contaminer [kɔ̃tamine] *vt* **-1.** [infecter] contaminar. **-2.** *fig* [gagner] contagiar.

conte [kɔ̃t] *nm* cuento *m*; ~ **de fées** cuento de hadas.

contemplation [kɔ̃tãplasjɔ̃] *nf* contemplación *f*.

contempler [kɔ̃tãple] *vt* contemplar.

contemporain, e [kɔ̃tãpɔrɛ̃, ɛn] *adj & nm, f* contemporáneo(a).

contenance [kɔ̃tnãs] *nf* **-1.** [capacité volumique] capacidad *f*. **-2.** [attitude] compostura *f*; **perdre** ~ perder la compostura.

contenir [kɔ̃tnir] *vt* **-1.** [avoir une capacité de] tener (una) capacidad para. **-2.** [comporter, retenir] contener. ◆ **se contenir** *vp* contenerse.

content, e [kɔ̃tã, ãt] *adj* contento(ta); ~ **de qqn/de qqch/de faire qqch** contento con alguien/con algo/de hacer algo.

contentèment [kɔ̃tãtmã] *nm* contento *m*.

contenter [kɔ̃tãte] *vt* **-1.** [clientèle] contentar. **-2.** [caprice, besoin] satisfacer. ◆ **se contenter** *vp*: **se** ~ **de qqch/de faire qqch** contentarse con algo/con hacer algo.

contentieux [kɔ̃tãsjø] *nm* contencioso *m*.

contenu, e [kɔ̃tny] *pp* → **contenir**. ◆ **contenu** *nm* contenido.

conter [kɔ̃te] *vt* contar.

contestable [kɔ̃tɛstabl] *adj* discutible.

contestation [kɔ̃tɛstasjɔ̃] *nf* contestación *f*.

conteste [kɔ̃tɛst] ◆ **sans conteste** *loc adv* sin lugar a dudas.

contester [kɔ̃tɛste] ◇ *vt* discutir. ◇ *vi* protestar.

conteur, euse [kɔ̃tœr, øz] *nm, f* narrador *m*, -ra *f*.

contexte [kɔ̃tɛkst] *nm* contexto *m*.

contigu, uë [kɔ̃tigy] *adj* contiguo(güa); ~ **à qqch** contiguo a algo.

continent [kɔ̃tinã] *nm* continente *m*.

continental, e, aux [kɔ̃tinãtal, o] *adj* continental.

contingence [kɔ̃tɛ̃ʒãs] *nf* (*gén pl*) contingencia *f*.

contingent [kɔ̃tɛ̃ʒã] *nm* **-1.** MIL contingente *m*. **-2.** [lot] cupo *m*, contingente *m*.

continu, e [kɔ̃tiny] *adj* continuo(nua).

continuation [kɔ̃tinɥasjɔ̃] *nf* continuación *f*; **bonne** ~! ¡que la cosa siga bien!

continuel, elle [kɔ̃tinɥɛl] *adj* continuo(nua).

continuer [kɔ̃tinɥe] ◇ *vt* continuar. ◇ *vi* continuar, seguir; ~ **à** OU **de faire qqch** continuar OU seguir haciendo algo. ◆ **se continuer** *vp* seguir.

continuité [kɔ̃tinɥite] *nf* continuidad *f*.

contorsionner [kɔ̃tɔrsjɔne] ◆ **se contorsionner** *vp* contorsionarse.

contour [kɔ̃tur] *nm* **-1.** [limite, silhouette] contorno *m*. **-2.** (*gén pl*) [de route] curva *f*; [de cours d'eau] meandro *m*.

contourner [kɔ̃turne] *vt* **-1.** [obstacle] rodear, salvar. **-2.** *fig* [difficulté] salvar, esquivar.

contraceptif, ive [kɔ̃trasɛptif, iv] *adj* anticonceptivo(va). ◆ **contraceptif** *nm* anticonceptivo *m*.

contraception [kɔ̃trasɛpsjɔ̃] *nf* anticoncepción *f*, contracepción *f*.

contracter [kɔ̃trakte] *vt* contraer.

contraction [kɔ̃traksjɔ̃] *nf* [de muscle] contracción *f*.

contradiction [kɔ̃tradiksjɔ̃] nf contradicción f.

contradictoire [kɔ̃tradiktwar] adj **-1.** [idées] contradictorio(ria). **-2.** [débat] polémico(ca).

contraignant, e [kɔ̃trɛɲɑ̃, ɑ̃t] adj [devoir, travail] apremiante; [horaire] exigente.

contraindre [kɔ̃trɛ̃dr] vt : ~ qqn à faire qqch/à qqch obligar a alguien a algo/a hacer algo.

contraint, e [kɔ̃trɛ̃, ɛ̃t] pp → **contraindre**. ◆ **contrainte** nf **-1.** [violence] coacción f; [obligation] **obligación** f. **-2.** [embarras] fastidio m. **-3.** [effort exercé sur un corps] tensión f.

contraire [kɔ̃trɛr] ◇ nm contrario m. ◇ adj **-1.** [gén] contrario(ria); ~ à qqch contrario a algo. **-2.** [nuisible] : ~ à qqch/à qqn perjudicial para algo/para alguien. ◆ **au contraire** loc adv al contrario. ◆ **au contraire de** loc prép al contrario de.

contrairement [kɔ̃trɛrmɑ̃] ◆ **contrairement à** loc prép contrariamente a.

contrarier [kɔ̃trarje] vt **-1.** [ennuyer] contrariar. **-2.** [contrecarrer] oponerse a. **-3.** [fâcher, énerver] poner furioso(sa).

contrariété [kɔ̃trarjete] nf contrariedad f.

contraste [kɔ̃trast] nm contraste m.

contraster [kɔ̃traste] ◇ vt hacer contrastar. ◇ vi contrastar; ~ avec qqn/avec qqch contrastar con alguien/con algo.

contrat [kɔ̃tra] nm **-1.** [gén] contrato m; **être sous** ~ estar bajo contrato; ~ **à durée déterminée/indéterminée** contrato temporal/indefinido. **-2.** [promesse] trato m.

contravention [kɔ̃travɑ̃sjɔ̃] nf multa f.

contre [kɔ̃tr] ◇ prép **-1.** [gén] contra; **élu à 15 voix ~ 9** elegido por 15 votos a favor y 9 en contra. **-2.** [comparaison] frente a. **-3.** [échange] por; **troquer une bille ~ une gomme** cambiar una canica por una goma. ◇ adv **-1.** [juxtaposition] en. **-2.** [opposition] contra. ◆ **par contre** loc adv por el contrario.

contre-attaque [kɔ̃tratak] (pl **contre-attaques**) nf contraataque m.

contrebalancer [kɔ̃trəbalɑ̃se] vt sout contrarrestar.

contrebande [kɔ̃trəbɑ̃d] nf contrabando m.

contrebandier, ère [kɔ̃trebɑ̃dje, ɛr] nm, f contrabandista mf.

contrebas [kɔ̃trəba] ◆ **en contrebas** loc adv más abajo. ◆ **en contrebas de** loc prép más abajo de.

contrebasse [kɔ̃trəbas] nf contrabajo m.

contrecarrer [kɔ̃trəkare] vt oponerse a.

contrecœur [kɔ̃trəkœr] ◆ **à contrecœur** loc adv a regañadientes.

contrecoup [kɔ̃trəku] nm consecuencia f.

contre-courant [kɔ̃trəkurɑ̃] ◆ **à contre-courant** loc adv a contracorriente. ◆ **à contre-courant de** loc prép a contracorriente de.

contredire [kɔ̃trədir] vt contradecir. ◆ **se contredire** vp contradecirse.

contrée [kɔ̃tre] nf comarca f.

contre-espionnage [kɔ̃trɛspjɔnaʒ] (pl **contre-espionnages**) nm contraespionaje m.

contre-exemple [kɔ̃trɛgzɑ̃pl] (pl **contre-exemples**) nm excepción f a la regla.

contre-expertise [kɔ̃trɛkspɛrtiz] (pl **contre-expertises**) nf peritaje m de comprobación.

contrefaçon [kɔ̃trəfasɔ̃] nf **-1.** COMM imitación f. **-2.** [de billets, de signature] falsificación f.

contrefort [kɔ̃trəfɔr] nm contrafuerte m.

contre-indication [kɔ̃trɛ̃dikasjɔ̃] (pl **contre-indications**) nf contraindicación f.

contre-jour [kɔ̃trəʒur] (pl **contre-jours**) nm contraluz f. ◆ **à contre-jour** loc adv a contraluz.

contremaître [kɔ̃trəmɛtr] nm capataz m.

contremarque [kɔ̃trəmark] nf **-1.** COMM contramarca f, contraseña f. **-2.** THÉÂTRE & CIN contraseña f (tiquet).

contre-offensive [kɔ̃trɔfɑ̃siv] (pl **contre-offensives**) nf contraofensiva f.

contrepartie [kɔ̃trəparti] nf **-1.** [échange, compensation] **contrapartida** f. **-2.** [contraire] : **la** ~ lo contrario. ◆ **en contrepartie** loc adv en contrapartida.

contre-performance [kɔ̃trəpɛrfɔrmɑ̃s] (pl **contre-performances**) nf derrota f inesperada.

contrepèterie [kɔ̃trəpetri] nf retruécano m.

contre-pied [kɔ̃trəpje] nm inv : **prendre le** ~ **de qqch** defender lo contrario de algo.

contreplaqué [kɔ̃trəplake] nm contrachapado m.

contre-plongée [kɔ̃trəplɔ̃ʒe] (pl **contre-plongées**) nf CIN & PHOT contrapicado m.

contrepoids [kɔ̃trəpwa] nm contrapeso m.

contre-pouvoir [kɔ̃trəpuvwar] (*pl* **contre-pouvoirs**) *nm* contrapoder *m*.

contrer [kɔ̃tre] ◇ *vt* **-1.** [s'opposer] oponerse a. **-2.** [au jeu] doblar. ◇ *vi* [au jeu] jugar a la contra.

contresens [kɔ̃trəsɑ̃s] *nm* contrasentido *m*.

contresigner [kɔ̃trəsiɲe] *vt* refrendar.

contretemps [kɔ̃trətɑ̃] *nm* contratiempo *m*. ◆ **à contretemps** *loc adv* a destiempo.

contrevenir [kɔ̃trəvnir] *vi* : ~ **à qqch** contravenir algo.

contribuable [kɔ̃tribɥabl] *nmf* contribuyente *mf*.

contribuer [kɔ̃tribɥe] *vi* : ~ **à qqch/à faire qqch** contribuir en algo/a hacer algo.

contribution [kɔ̃tribysjɔ̃] *nf* **-1.** [somme d'argent] contribución *f*. **-2.** (*gén pl*) [impôt] impuesto *m*; ~**s directes/indirectes** impuestos directos/indirectos. **-3.** [collaboration, participation] colaboración *f*, contribución *f*; ~ **à qqch** contribución a algo; **mettre qqn à** ~ recurrir a alguien, echar mano de alguien.

contrit, e [kɔ̃tri, it] *adj sout* contrito(ta).

contrôle [kɔ̃trol] *nm* control *m*; **perdre le** ~ **de qqch** perder el control de algo; ~ **d'identité** control de identidad; ~ **des naissances** control de natalidad.

contrôler [kɔ̃trole] *vt* **-1.** [gén] controlar. **-2.** [vérifier] comprobar.

contrôleur, euse [kɔ̃trolœr, øz] *nm, f* interventor *m*, -ra *f*. ◆ **contrôleur aérien** *nm* controlador *m* aéreo.

contrordre [kɔ̃trɔrdr] *nm* contraorden *f*; **sauf** ~ salvo contraorden.

controverse [kɔ̃trɔvɛrs] *nf* controversia *f*.

controversé, e [kɔ̃trɔvɛrse] *adj* controvertido(da).

contumace [kɔ̃tymas] *nf* JUR : **condamné par** ~ condenado en rebeldía.

contusion [kɔ̃tyzjɔ̃] *nf* contusión *f*.

convaincre [kɔ̃vɛ̃kr] *vt* **-1.** [persuader] : ~ **qqn de qqch/de faire qqch** convencer a alguien de algo/de que haga algo. **-2.** JUR probar la culpabilidad de.

convaincu, e [kɔ̃vɛ̃ky] ◇ *pp* → **convaincre**. ◇ *adj* [fervent] convencido(da); ~ **de qqch** JUR convicto(ta) de algo.

convalescence [kɔ̃valesɑ̃s] *nf* convalecencia *f*; **être en** ~ estar en período de convalecencia.

convalescent, e [kɔ̃valesɑ̃, ɑ̃t] *adj & nm, f* convaleciente.

convenable [kɔ̃vnabl] *adj* **-1.** [approprié] conveniente. **-2.** [tenue] decente. **-3.** [acceptable, normal] aceptable.

convenance [kɔ̃vnɑ̃s] *nf* **-1.** [de goût, de mœurs] conveniencia *f*; **à ma/à sa** ~ a mi/a su conveniencia. **-2.** [affinité] afinidad *f*. ◆ **convenances** *nfpl* reglas *fpl* de urbanidad.

convenir [kɔ̃vnir] *vi* **-1.** [se mettre d'accord] : ~ **de qqch/de faire qqch** convenir en algo/en hacer algo. **-2.** [satisfaire] : ~ **à qqn** convenir a alguien. **-3.** [être approprié] : ~ **à** OU **pour qqch** ser adecuado(da) para algo. **-4.** *sout* [admettre] : ~ **de qqch** admitir OU reconocer algo; ~ **que** admitir OU reconocer que. **-5.** [être nécessaire] : **il convient de faire qqch** hay que hacer algo.

convention [kɔ̃vɑ̃sjɔ̃] *nf* **-1.** [accord] convenio *m*; ~ **collective/réciproque** convenio colectivo/bilateral. **-2.** [assemblée] convención *f*. ◆ **conventions** *nfpl* convencionalismos *mpl*; **les** ~**s sociales** los convencionalismos sociales.

conventionné, e [kɔ̃vɑ̃sjɔne] *adj* [médecin] que aplica la tarifa establecida por la Seguridad Social en Francia.

conventionnel, elle [kɔ̃vɑ̃sjɔnɛl] *adj* convencional.

convenu, e [kɔ̃vny] *adj* **-1.** [décidé] convenido(da); **comme** ~ según lo acordado. **-2.** *péj* [stéréotypé] convencional.

convergent, e [kɔ̃vɛrʒɑ̃, ɑ̃t] *adj* convergente.

converger [kɔ̃vɛrʒe] *vi* converger.

conversation [kɔ̃vɛrsasjɔ̃] *nf* conversación *f*.

converser [kɔ̃vɛrse] *vi sout* conversar; ~ **avec qqn** conversar con alguien.

conversion [kɔ̃vɛrsjɔ̃] *nf* **-1.** [gén] conversión *f*; ~ **de qqch en qqch** conversión de algo en algo. **-2.** ASTRON rotación *f*. **-3.** SPORT [demi-tour] medio giro *m*.

converti, e [kɔ̃vɛrti] *nm, f* converso *m*, -sa *f*.

convertir [kɔ̃vɛrtir] *vt* **-1.** [gén] convertir; ~ **qqch en qqch** convertir algo en algo; ~ **qqn à qqch** convertir a alguien a algo. **-2.** [MATHS & mesures] : ~ **qqch en qqch** convertir algo en algo. ◆ **se convertir** *vp* : **se** ~ **à qqch** convertirse a algo.

convexe [kɔ̃vɛks] *adj* convexo(xa).

conviction [kɔ̃viksjɔ̃] *nf* convicción *f*. ◆ **convictions** *nfpl* convicciones *fpl*.

convier [kɔ̃vje] *vt* : ~ qqn à qqch [inviter] convidar a alguien a algo; *fig & sout* [inciter] invitar a alguien a algo.

convive [kɔ̃viv] *nmf* comensal *mf*.

convivial, e, aux [kɔ̃vivjal, o] *adj* **-1.** [réunion, assemblée] distendido(da). **-2.** INFORM de fácil manejo.

convocation [kɔ̃vɔkasjɔ̃] *nf* convocatoria *f*.

convoi [kɔ̃vwa] *nm* **-1.** [de véhicules, de train] convoy *m*. **-2.** [cortège funèbre] cortejo *m*.

convoiter [kɔ̃vwate] *vt* codiciar.

convoitise [kɔ̃vwatiz] *nf* codicia *f*.

convoquer [kɔ̃vɔke] *vt* convocar.

convoyer [kɔ̃vwaje] *vt* escoltar.

convoyeur, euse [kɔ̃vwajœr, øz] ◇ *adj* de escolta. ◇ *nm, f* escolta *mf*; ~ **de fonds** guardia *mf* de seguridad.

convulsé, e [kɔ̃vylse] *adj* [visage] convulso(sa).

convulsion [kɔ̃vylsjɔ̃] *nf* convulsión *f*.

coopération [kɔɔperasjɔ̃] *nf* cooperación *f*.

coopérer [kɔɔpere] *vi* : ~ à qqch cooperar en algo.

coordination [kɔɔrdinasjɔ̃] *nf* coordinación *f*.

coordonnée [kɔɔrdɔne] *nf* **-1.** LING coordinada *f*. **-2.** MATHS coordenada *f*. ◆ **coordonnées** *nfpl* **-1.** GÉOGR coordenadas *fpl*. **-2.** [adresse] señas *fpl*.

coordonner [kɔɔrdɔne] *vt* coordinar.

copain [kɔpɛ̃], **copine** [kɔpin] ◇ *adj* amigo(ga). ◇ *nm, f fam* colega *mf Esp*, viejo *m*, -ja *f Amér*.

copeau, x [kɔpo] *nm* viruta *f*.

Copenhague [kɔpenag] *n* Copenhague *f*.

copie [kɔpi] *nf* **-1.** [gén] copia *f*. **-2.** SCOL ejercicio *m*; **rendre** ~ **blanche** entregar la hoja en blanco.

copier [kɔpje] ◇ *vt* copiar. ◇ *vi* : ~ **sur** qqn copiar de alguien.

copieux, euse [kɔpjø, øz] *adj* copioso(sa).

copilote [kɔpilɔt] *nmf* copiloto *m*.

copine → copain.

coproducteur [kɔprɔdyktœr] *nmf* coproductor *m*, -ra *f*.

coproduction [kɔprɔdyksjɔ̃] *nf* coproducción *f*.

copropriété [kɔprɔprijete] *nf* copropiedad *f*.

copulation [kɔpylasjɔ̃] *nf* cópula *f*.

coq [kɔk] *nm* **-1.** [mâle de la poule] gallo *m*. **-2.** CULIN pollo *m Esp*, ave *f Amér*.

coq-à-l'âne [kɔkalan] *nm* : **sauter** OU **passer du** ~ saltar de un tema a otro.

coque [kɔk] *nf* **-1.** [de fruits, d'œuf] cáscara *f*. **-2.** [de navire] casco *m*. **-3.** ZOOL berberecho *m*.

coquelicot [kɔkliko] *nm* [fleur] amapola *f*.

coqueluche [kɔklyʃ] *nf* tos *f* ferina.

coquet, ette [kɔkɛ, ɛt] *adj* **-1.** [élégant] coqueto(ta). **-2.** (avant le nom) hum [important] bonito(ta). ◆ **coquette** *nf* mantenida *f*.

coquetier [kɔktje] *nm* huevera *f*.

coquetterie [kɔketri] *nf* coquetería *f*.

coquillage [kɔkijaʒ] *nm* **-1.** [mollusque] marisco *m* (que tiene concha). **-2.** [coquille] concha *f*.

coquille [kɔkij] *nf* **-1.** [du mollusque] concha *f*. **-2.** [d'œuf, de fruit] cáscara *f*. **-3.** [typographique] gazapo *m*, errata *f*. ◆ **coquille de noix** *nf* cascarón *m* (embarcación).

coquin, e [kɔkɛ̃, in] ◇ *adj* pícaro(ra). ◇ *nm, f* **-1.** [personne malicieuse] pícaro *m*, -ra *f*. **-2.** [vaurien] tunante *m*, -ta *f*.

cor [kɔr] *nm* **-1.** [instrument] trompa *f*. **-2.** [au pied] callo *m*. ◆ **à cor et à cri** *loc adv* a voz en grito.

corail, aux [kɔraj, o] *nm* **-1.** [animal, calcaire] coral *m*. **-2.** [couleur] color *m* coral. ◆ **corail** *adj inv* **-1.** [couleur] de color coral. **-2.** RAIL [train] estrella *f* (en aposición).

Coran [kɔrɑ̃] *nm* Corán *m*.

corbeau, x [kɔrbo] *nm* **-1.** [oiseau] cuervo *m*. **-2.** [délateur] autor *m*, -ra *f* de anónimos.

corbeille [kɔrbɛj] *nf* **-1.** [panier] cesta *f*. **-2.** THÉÂTRE [balcon] palco *m*. **-3.** FIN [bourse] corro *m*.

corbillard [kɔrbijar] *nm* coche *m* fúnebre.

cordage [kɔrdaʒ] *nm* **-1.** [de bateau] jarcias *fpl*, cordaje *m*. **-2.** [de raquette] cordaje *m*.

corde [kɔrd] *nf* cuerda *f*; ~**s vocales** ANAT cuerdas vocales; **être sur la** ~ **raide** estar en la cuerda floja; **toucher la** ~ **sensible** tocar la fibra sensible; [histoire] sobado.

cordée [kɔrde] *nf* **-1.** [alpinisme] cordada *f*. **-2.** [pêche] espinel *m*.

cordial, e, aux [kɔrdjal, o] *adj* cordial. ◆ **cordial, aux** *nm vieilli* cordial *m* (bebida).

cordillère [kɔrdijer] *nf* : **la** ~ **des Andes** la cordillera de los Andes.

cordon [kɔrdɔ̃] *nm* **-1.** [lien] cordón *m*; ~ **ombilical** cordón umbilical; ~ **de police** cordón policial. **-2.** [insigne] banda *f*.

cordon-bleu *nm* cocinero *m*, -ra *f* excelente.

cordonnerie [kɔrdɔnri] *nf* zapatería *f*.

cordonnier, ère [kɔrdɔnje, ɛr] *nm, f* zapatero *m*, -ra *f*.

Cordoue [kɔrdu] *n* Córdoba.

Corée [kɔre] *nf* Corea; **la ~ du Nord/du Sud** Corea del Norte/del Sur.

coriace [kɔrjas] *adj* **-1.** [viande] correoso(sa). **-2.** *fig* [caractère] tenaz.

cormoran [kɔrmɔrã] *nm* cormorán *m*.

corne [kɔrn] *nf* **-1.** [gén] cuerno *m*. **-2.** [matière] asta *f*. **-3.** [callosité] callosidad *f*, dureza *f*.

cornée [kɔrne] *nf* MÉD córnea *f*.

corneille [kɔrnɛj] *nf* corneja *f*.

cornemuse [kɔrnəmyz] *nf* gaita *f*.

corner[1] [kɔrne] ◇ *vi* tocar la bocina. ◇ *vt* **-1.** [page] doblar. **-2.** [crier] vocear.

corner[2] [kɔrnɛr] *nm* SPORT córner *m*.

cornet [kɔrne] *nm* cucurucho *m*; **~ à dés** cubilete *m*.

corniche [kɔrniʃ] *nf* cornisa *f*.

cornichon [kɔrniʃɔ̃] *nm* **-1.** [condiment] pepinillo *m*. **-2.** *fam péj* [imbécile] burro *m*, -rra *f*.

corollaire [kɔrɔlɛr] *nm* corolario *m*.

corolle [kɔrɔl] *nf* corola *f*.

coron [kɔrɔ̃] *nm grupo de viviendas para mineros.*

corporation [kɔrpɔrasjɔ̃] *nf* gremio *m*.

corporel, elle [kɔrpɔrel] *adj* **-1.** [physique] corporal. **-2.** JUR material.

corps [kɔr] *nm* cuerpo *m*; **~ d'armée** cuerpo de ejército; **~ diplomatique/enseignant/expéditionnaire** cuerpo diplomático/docente/expedicionario; **faire ~ avec** [faire bloc avec] formar cuerpo con.

corpulent, e [kɔrpylã, ãt] *adj* corpulento(ta).

correct, e [kɔrekt] *adj* correcto(ta).

correcteur, trice [kɔrektœr, tris] *adj & nm, f* corrector(ra).

correction [kɔreksjɔ̃] *nf* **-1.** [gén] corrección *f*. **-2.** [punition] correctivo *m*.

corrélation [kɔrelasjɔ̃] *nf* correlación *f*.

correspondance [kɔrespɔ̃dãs] *nf* **-1.** [accord, échange de lettres] correspondencia *f*; **lire sa ~** leer la correspondencia; **par ~** por correo. **-2.** TRANSPORT enlace *m*.

correspondant, e [kɔrespɔ̃dã, ãt] ◇ *adj* [qui s'accorde] correspondiente. ◇ *nm, f* **-1.** [par lettres] correspondiente *mf*. **-2.**

[par téléphone] interlocutor *m*, -ra *f*. **-3.** PRESSE corresponsal *mf*.

correspondre [kɔrespɔ̃dr] *vi* **-1.** [être conforme] : **~ à qqch** corresponder a algo. **-2.** [communiquer] comunicarse. **-3.** [par lettres] cartearse; **~ avec qqn** cartearse con alguien.

correspondu, e [kɔrespɔ̃dy] *pp* → **correspondre.**

corridor [kɔridɔr] *nm* **-1.** [couloir] pasillo *m*, corredor *m*. **-2.** GÉOGR corredor *m*.

corrigé [kɔriʒe] *nm* corrección *f*.

corriger [kɔriʒe] *vt* corregir; **~ qqn de qqch** corregir algo a alguien.

corroborer [kɔrɔbɔre] *vt* corroborar.

corroder [kɔrɔde] *vt* corroer.

corrompre [kɔrɔ̃pr] *vt* corromper.

corrompu, e [kɔrɔ̃py] ◇ *pp* → **corrompre.** ◇ *adj* corrupto(ta).

corrosion [kɔrozjɔ̃] *nf* **-1.** [des métaux] corrosión *f*. **-2.** [des sols] erosión *f*.

corruption [kɔrypsjɔ̃] *nf* corrupción *f*.

corsage [kɔrsaʒ] *nm* **-1.** [chemisier] blusa *f*. **-2.** [de robe] cuerpo *f*.

corsaire [kɔrsɛr] *nm* **-1.** [marin] corsario *m*. **-2.** HIST [navire] barco *m* corsario. **-3.** [pantalon] pantalón *m* (de) pirata.

corse [kɔrs] ◇ *adj* corso(sa). ◇ *nm* LING corso *m*. ◆ **Corse** ◇ *nmf* corso(sa). ◇ *nf* : **la ~** Córcega; **en ~** [direction] a Córcega; [situation] en Córcega.

corsé, e [kɔrse] *adj* fuerte.

corset [kɔrse] *nm* corsé *m*.

cortège [kɔrtɛʒ] *nm* **-1.** [défilé] cortejo *m*, séquito *m*. **-2.** *fig* [suite] séquito *m*.

corvée [kɔrve] *nf* faena *f*.

cosmétique [kɔsmetik] ◇ *nm* cosmético *m*. ◇ *adj* cosmético(ca).

cosmique [kɔsmik] *adj* cósmico(ca).

cosmonaute [kɔsmɔnot] *nmf* cosmonauta *mf*.

cosmopolite [kɔsmɔpɔlit] *adj* cosmopolita.

cosmos [kɔsmos] *nm* cosmos *m*.

cossu, e [kɔsy] *adj* **-1.** [personne] acomodado(da). **-2.** [maison, intérieur] señorial.

Costa Rica [kɔstarika] *nm* : **le ~** Costa Rica; **au ~** [direction] a Costa Rica; [situation] en Costa Rica.

costaud [kɔsto] (*f inv* OU **costaude** [kɔsto]) *adj fam* **-1.** [personne] forzudo(da). **-2.** [chose] recio(cia). ◆ **costaud** *nm* forzudo *m*.

costume [kɔstym] *nm* **-1.** [tenue, vêtement d'homme] traje *m*. **-2.** THÉÂTRE vestuario *m*.

cotation [kɔtasjɔ̃] *nf* FIN cotización *f*.

cote [kɔt] *nf* **-1.** [de livres] signatura *f*. **-2.** FIN cotización *f*. **-3.** [de voiture] valoración *f*. **-4.** [de cheval] apuesta. **-5.** [de niveau, degré d'estime] cota *f*, nivel *m*; ~ **d'alerte** [de cours d'eau] nivel OU cota de alerta; *fig* [de situation] punto *m* crítico; ~ **de popularité** cota OU nivel de popularidad.

coté, e [kɔte] *adj* **-1.** [estimé] cotizado(da). **-2.** FIN: **être ~ en bourse** cotizar en Bolsa.

côte [kot] *nf* **-1.** ANAT costilla *f*; ~ **à ~** [l'un à côté de l'autre] uno al lado del otro. **-2.** [en boucherie – de bœuf] costilla *f*; [– d'agneau, de porc] chuleta *f*. **-3.** [pente] cuesta *f*. **-4.** [littoral] costa *f*.

côté [kote] *nm* lado *m*; [partie du corps, du véhicule] costado *m*, lado *m*; **sur le ~ de** costado OU de lado; **de l'autre ~ de qqch** al otro lado de algo; ~ **opposé** lado opuesto OU contrario; **être aux ~s de qqn** estar al lado de alguien; **les bons/ mauvais ~s de qqn** el lado bueno/malo de alguien; **les bons/mauvais ~s de qqch** el lado bueno/malo de algo.

coteau [kɔto] *nm* **-1.** [petite colline] cerro *m*. **-2.** [versant] ladera *f*.

Côte-d'Ivoire [kotdivwar] *nf*: **la ~** Costa de Marfil.

côtelé, e [kotle] *adj* acanalado(da).

côtelette [kotlɛt] *nf* CULIN chuleta *f*.

coter [kɔte] *vt* **-1.** [livres] numerar, poner la signatura. **-2.** [copie, devoir] poner nota a, calificar. **-3.** FIN cotizar. **-4.** [plan, carte] acotar.

côtier, ère [kotje, ɛr] *adj* costero(ra).

cotisation [kɔtizasjɔ̃] *nf* **-1.** [quote-part – à un club, un parti] cuota *f*; [– à la Securité sociale] cotización *f*. **-2.** [collecte d'argent] colecta *f*.

cotiser [kɔtize] *vi* **-1.** [payer une cotisation – à un club, un parti] pagar una cuota; [– à la Sécurité sociale] cotizar. **-2.** [participer] : ~ **pour qqch** dar dinero para. ◆ **se cotiser** *vp* hacer una colecta.

coton [kɔtɔ̃] *nm* algodón *m*; ~ **à démaquiller** algodón para desmaquillar; ~ **hydrophile** algodón hidrófilo.

Coton-Tige® [kɔtɔ̃tiʒ] *nm* bastoncillo *m* de algodón.

côtoyer [kotwaje] *vt* **-1.** [marcher à côté de] ir junto a. **-2.** [longer] bordear. **-3.** [fréquenter] frecuentar.

cou [ku] *nm* cuello *m*.

couchant, e [kuʃɑ̃, ɑ̃t] *adj* → **soleil**. ◆ **couchant** *nm* poniente *m*.

couche [kuʃ] *nf* **-1.** [de peinture, atmosphérique] capa *f*. **-2.** [de bébé] pañal *m*. **-3.** [classe sociale] clase *f*. ◆ **fausse couche** *nf* aborto *m* natural, aborto *m* espontáneo. ◆ **couches** *nfpl* parto *m*; **être en ~s** ir de parto.

couche-culotte *nf* braga *f* pañal, pañal *m*.

coucher [kuʃe] ◇ *vt* **-1.** [enfant] acostar. **-2.** [objet] tumbar. **-3.** [blessé] tender. **-4.** [sur un testament] incluir. ◇ *vi* **-1.** [dormir, passer la nuit] dormir. **-2.** *fam* [avoir des rapports sexuels] : ~ **avec qqn** acostarse con alguien. ◆ **se coucher** *vp* **-1.** [s'allonger] tumbarse. **-2.** [se mettre au lit] acostarse. **-3.** [se courber] inclinarse. **-4.** [soleil] ponerse.

coucher[2] [kuʃe] *nm* puesta *f*; ~ **de soleil** puesta de sol.

couchette [kuʃɛt] *nf* litera *f*.

coucou [kuku] ◇ *nm* **-1.** [oiseau] cuco *m*, cuclillo *m*. **-2.** [fleur] primavera *f* silvestre. **-3.** [pendule] cucú *m*, reloj *m* de cuco. ◇ *interj* ¡cucú!

coude [kud] *nm* **-1.** [gén] codo *m*. **-2.** [angle – d'objet] codo *m*; [– de chemin, de rivière] recodo *m*.

cou-de-pied [kudpje] (*pl* **cous-de-pied**) *nm* empeine *m*.

coudre [kudr] *vt & vi* coser.

couette [kwɛt] *nf* **-1.** [édredon] funda *f* nórdica, plumón *m*. **-2.** [coiffure] coleta *f*.

couffin [kufɛ̃] *nm* **-1.** [cabas en paille] serón *m*. **-2.** [berceau] cuco *m*, capacho *m*.

couille [kuj] *nf tfam* cojón *m*, huevo *m*.

couiner [kwine] *vi* **-1.** [animal] chillar. **-2.** *péj* [personne] lloriquear. **-3.** [porte, fenêtre] rechinar.

coulant, e [kulɑ̃, ɑ̃t] *adj* **-1.** [matière, style] fluido(da). **-2.** *fam* [personne] : **être ~ (avec qqn)** enrollarse bien (con alguien).

coulée [kule] *nf* **-1.** [de lave, de boue] río *m*. **-2.** [de métal] colada *f*.

couler [kule] ◇ *vt* **-1.** [verser – pâte, liquide] verter; [– métal] vaciar, colar. **-2.** [navire, entreprise, personne] hundir. ◇ *vi* **-1.** [liquide] correr. **-2.** [beurre, cire] derretirse. **-3.** [fuir] gotear. **-4.** [bateau, personne] hundir; ~ **à pic** irse a pique. **-5.** [temps] transcurrir.

couleur [kulœr] *nf* **-1.** [gén] color *m*; **en ~s** en color. **-2.** [linge] ropa *f* de color. **-3.** [aux cartes] palo *m*.

couleuvre [kulœvr] *nf* culebra *f.*

coulisse [kulis] *nf* **-1.** [glissière] riel *m.* **-2.** COUT jareta *f.* ◆ **coulisses** *nfpl* **-1.** THÉÂTRE bastidores *mpl.* **-2.** *fig* [dessous] entresijos *mpl.*

coulisser [kulise] ◇ *vt* **-1.** [tiroir, porte] correr. **-2.** COUT enjaretar. ◇ *vi* [porte, tiroir, rideau] correr.

couloir [kulwar] *nm* **-1.** [corridor, passage] pasillo *m.* **-2.** GÉOGR corredor *m.* **-3.** SPORT calle *f.*

coup [ku] *nm* **-1.** [choc, mouvement] golpe; ~ **de coude** codazo *m*; ~ **dur** duro golpe; ~ **franc** SPORT golpe franco; ~ **de marteau** martillazo *m*; ~ **de pied** patada *f*, puntapié *m*; ~ **de poing** puñetazo *m*; **avoir un** ~ **dans l'aile** estar un poco tocado; **à** ~**s redoublés** con violencia; **donner un** ~ **de main à qqn** echar una mano a alguien; **tenir le** ~ aguantar (el tipo). **-2.** [d'instrument, d'arme] : **passer un** ~ **de balai** pasar la escoba; ~ **de ciseaux** tijeretazo *m*; ~ **de crayon** trazo *m*; ~ **de feu** disparo *m*; ~ **de fouet** latigazo *m*; *fig* empujón *m*; ~ **de tonnerre** trueno *m.* **-3.** [fois] vez *f.* **-4.** [manifestation soudaine] acceso *m.* **-5.** [action] jugada *f*; **beau** ~ buena jugada; **sale** ~ golpe bajo; **valoir le** ~ valer la pena. ◆ **après coup** *loc adv* después. ◆ **du coup** *loc adv* de resultas. ◆ **coup sur coup** *loc adv* uno tras otro, una tras otra. ◆ **du premier coup** *loc adv* a la primera. ◆ **tout à coup** *loc adv* de repente. ◆ **à coup sûr** *loc adv* seguro; **il l'aura oublié, à** ~ **sûr** se le habrá olvidado, seguro. ◆ **sous le coup de** *loc prép* **-1.** [sous l'action de] bajo el peso de. **-2.** [sous l'effet de] bajo el efecto de. ◆ **coup d'État** *nm* golpe *m* de Estado. ◆ **coup de fil** *nm* llamada *f*; **passer un** ~ **de fil** dar un telefonazo. ◆ **coup de foudre** *nm* flechazo *m.* ◆ **coup de grâce** *nm* golpe *m* de gracia. ◆ **coup de téléphone** *nm* llamada *f* (telefónica) *Esp*, llamado *m Amér*; **donner** OU **passer un** ~ **de téléphone** llamar por teléfono. ◆ **coup de théâtre** *nm* golpe *m* de efecto.

coupable [kupabl] ◇ *adj* **-1.** [personne] culpable. **-2.** [action, pensée] censurable. ◇ *nmf* culpable *mf.*

coupant, e [kupã, ãt] *adj* cortante.

coupe [kup] *nf* **-1.** [SPORT & verre] copa *f.* **-2.** [COUT & coiffure] corte *m.* **-3.** [d'arbres] tala *f.* **-4.** [plan] sección *f.* **-5.** [aux cartes] acción de cortar la baraja. **-6.** [de phrase] cesura *f.* **-7.** [réduction] recorte *m.*

coupé, e [kupe] *adj* cortado(da). ◆ **coupé** *nm* cupé *m.*

coupe-ongles [kupɔ̃gl] *nm inv* cortauñas *m inv.*

coupe-papier [kuppapje] (*pl* **coupe-papiers** OU *inv*) *nm* abrecartas *m inv.*

couper [kupe] ◇ *vt* **-1.** [gén] cortar. **-2.** [blé, herbe] segar. **-3.** [traverser] cruzar. **-4.** [vin] aguar. **-5.** [aux cartes] matar. **-6.** [au tennis] dar con efecto. ◇ *vi* [gén] cortar.

couperet [kuprɛ] *nm* cuchilla *f.*

couperose [kuproz] *nf* acné *f* rosácea.

couple [kupl] *nm* **-1.** [gén] pareja *f.* **-2.** PHYS & MATHS par *m.*

coupler [kuple] *vt* TECHNOL acoplar.

couplet [kuplɛ] *nm* estrofa *f.*

coupole [kupɔl] *nf* ARCHIT cúpula *f.*

coupon [kupɔ̃] *nm* **-1.** [de tissu] retal *m.* **-2.** [FIN & billet] cupón *m.*

coupon-réponse (*pl* **coupons-réponse**) *nm* cupón *m* de respuesta.

coupure [kupyr] *nf* **-1.** [blessure, suppression] corte *m*; ~ **de courant** ÉLECTR apagón *m*; INFORM corte de corriente. **-2.** [extrait de journal] recorte *m.* **-3.** [billet de banque] billete *m*; **grosses/petites** ~**s** billetes grandes/pequeños. **-4.** [rupture] interrupción *f.*

cour [kur] *nf* **-1.** [espace découvert] patio *m.* **-2.** [entourage du roi, cercle d'admirateurs] corte *f*; **faire la** ~ **à qqn** hacer la pelota a alguien. **-3.** [tribunal] tribunal *m*; ~ **d'assises** ≃ Sala de lo Penal; ~ **martiale** tribunal militar. ◆ **Cour de cassation** *nf* ≃ Tribunal *m* Supremo.

courage [kuraʒ] *nm* **-1.** [bravoure] valor *m*, valentía *f.* **-2.** [énergie] ánimo *m.*

courageux, euse [kuraʒø, øz] *adj* **-1.** [brave] valiente. **-2.** [qui a de l'énergie] animoso(sa). **-3.** [audacieux] audaz.

courant, e [kurã, ãt] *adj* corriente. ◆ **courant** *nm* **-1.** [gén] corriente *f*; ~ **d'air** corriente de aire; ~ **de pensée** corriente de pensamiento. **-2.** [de personnes] movimiento *m.* ◆ **au courant** *loc adv* : **être au** ~ **(de qqch)** estar al corriente (de algo); **mettre/tenir qqn au** ~ **(de qqch)** poner/ mantener a alguien al corriente (de algo); **se mettre/se tenir au** ~ **(de qqch)** ponerse/mantenerse al corriente (de algo).

courbature [kurbatyr] *nf* agujetas *fpl.*

courbaturé, e [kurbatyre] *adj* : **être** ~ tener agujetas.

courbe [kurb] ◇ *nf* curva *f*; ~ **de niveau** [sur une carte] curva de nivel. ◇ *adj* curvo(va).

courber [kurbe] ◇ *vt* **-1.** [plier] curvar. **-2.** [pencher] inclinar. ◇ *vi* [ployer] encorvarse. ◆ **se courber** *vp* **-1.** [devenir courbe] curvarse. **-2.** [se baisser] inclinarse.

courbette [kurbɛt] *nf* zalema *f*; **faire des** ~**s à** OU **devant qqn** *fig* hacer zalemas a OU ante alguien.

coureur, euse [kurœr, øz] *nm, f* corredor *m*, -ra *f*; ~ **cycliste** ciclista *mf*.

courge [kurʒ] *nf* **-1.** [légume] calabaza *f*. **-2.** *fam* [imbécile] cabeza hueca *mf*.

courgette [kurʒɛt] *nf* calabacín *m*.

courir [kurir] ◇ *vt* **-1.** [course, risque] correr. **-2.** [parcourir] recorrer. **-3.** [rechercher] buscar. **-4.** [fréquenter] frecuentar. ◇ *vi* correr; ~ **après qqn** correr tras alguien.

couronne [kurɔn] *nf* **-1.** [gén] corona *f*. **-2.** [pain] rosco *m*.

couronnement [kurɔnmã] *nm* coronación *f*.

couronner [kurɔne] *vt* coronar.

courre [kur] → **chasse**.

courrier [kurje] *nm* correo *m*; ~ **du cœur** consultorio *m* sentimental; ~ **électronique** INFORM correo electrónico.

courroie [kurwa] *nf* correa *f*; ~ **de transmission** TECHNOL correa de transmisión.

courroucé, e [kuruse] *adj sout* enfurecido(da).

courroucer [kuruse] *vt sout* enojar.

cours [kur] *nm* **-1.** [de fleuve, d'astre, du temps] curso *m*; ~ **d'eau** [grand] río *m*; [petit] riachuelo *m*; **en** ~ [année] en curso; [affaire] pendiente; **en** ~ **de route** por el camino; **avoir** ~ [monnaie] tener curso legal; [être utilisé] utilizarse; **donner** OU **laisser libre** ~ **à** *fig* dar rienda suelta a. **-2.** [prix] cotización *f*. **-3.** [leçon] clase *f*; ~ **préparatoire** SCOL ≃ primero de EGB; ~ **élémentaire 1** SCOL ≃ segundo de EGB; ~ **élémentaire 2** SCOL ≃ tercero de EGB; ~ **moyen 1** SCOL ≃ cuarto de EGB; ~ **moyen 2** SCOL ≃ quinto de EGB. **-4.** [établissement] academia *f*. **-5.** [notes de cours] apuntes *mpl*. **-6.** [avenue] paseo *m*.

course [kurs] *nf* **-1.** [action de courir, de circuler, compétition] carrera *f*; ~ **contre la montre** carrera contrarreloj. **-2.** [de projectile] trayectoria *f*. **-3.** [achat] compra *f*; **faire les** ~**s** hacer la compra.

coursier, ère [kursje, ɛr] *nm, f* mensajero(ra).

court, e [kur, kurt] *adj* corto(ta). ◆ **court** *adv* : **être à** ~ **d'argent/d'idées/d'arguments** *fig* andar corto(ta) de dinero/de ideas/de argumentos; **prendre de** ~ *fig* pillar desprevenido(da); **tourner** ~ *fig* interrumpirse bruscamente.

court-bouillon *nm* CULIN caldo a base de agua, vino blanco, especias y cebolla.

court-circuit *nm* ÉLECTR cortocircuito *m*.

courtier, ère [kurtje, ɛr] *nm, f* intermediario.

courtisan, e [kurtizã, an] *nm, f* **-1.** HIST cortesano *m*, -na *f*. **-2.** *fig* [flatteur] adulador *m*, -ra *f*.

courtiser [kurtize] *vt* [flatter] adular; *vieilli* OU *hum* [femme] cortejar.

court-métrage *nm* CIN cortometraje *m*.

courtois, e [kurtwa, az] *adj* cortés.

courtoisie [kurtwazi] *nf* cortesía *f*.

couru, e [kury] ◇ *pp* → **courir**. ◇ *adj* concurrido(da).

cousin, e [kuzɛ̃, in] *nm, f* primo *m*, -ma *f*.

coussin [kusɛ̃] *nm* [de siège] cojín *m*.

cousu, e [kuzy] ◇ *pp* → **coudre**. ◇ *adj* COUT cosido(da).

coût [ku] *nm* coste *m*; ~**s de distribution** COMM costes de distribución.

coûtant, e [kutã] → **prix**.

couteau, x [kuto] *nm* **-1.** [pour couper] cuchillo *m*; ~ **à cran d'arrêt** navaja *f* de muelle. **-2.** [outil] espátula *f*. **-3.** [coquillage] navaja *f*.

coûter [kute] ◇ *vi* costar. ◇ *vt* costar; **ça côute combien?** ¿cuánto cuesta?, ¿cuánto es? ◆ **coûte que coûte** *loc adv* cueste lo que cueste.

coûteux, euse [kutø, øz] *adj* costoso(sa).

coutume [kutym] *nf* costumbre *f*.

couture [kutyr] *nf* costura *f*.

couturier, ère [kutyrje, ɛr] *nm, f* modisto *m*, -ta *f*.

couvée [kuve] *nf* nidada *f*.

couvent [kuvã] *nm* convento *m*.

couver [kuve] ◇ *vt* **-1.** [œuf, maladie] incubar. **-2.** [enfant] mimar *Esp*, papachar *Amér.* ◇ *vi* **-1.** [complot] cocerse. **-2.** [feu] quedar rescoldos.

couvercle [kuvɛrkl] *nm* tapadera *f*.

couvert, e [kuver, ɛrt] ◇ *pp* → **couvrir**. ◇ *adj* **-1.** [habillé] abrigado(da). **-2.** [ciel, temps] nublado(da). **-3.** [plein] : ~ **de qqch** lleno de algo. ◆ **couvert** *nm* **-1.**

[abri] refugio *m*, abrigo *m*; **se mettre à ~** ponerse a cubierto. **-2.** [à table] cubierto *m*; **mettre** OU **dresser le ~** poner la mesa. ◆ **couverts** *nmpl* cubiertos *mpl*.

couverture [kuvɛrtyr] *nf* **-1.** [de lit] manta *f Esp*, cobija *f Amér*; **~ chauffante** manta eléctrica. **-2.** [de livre] encuadernación *f*, cubierta *f*; [de magazine] portada *f*. **-3.** [d'activité secrète] tapadera. **-4.** PRESSE cobertura *f*. **-5.** [toit] cubierta *f*.

couveuse [kuvøz] *nf* **-1.** [pour œuf, bébé] incubadora *f*. **-2.** [poule] clueca *f*.

couvre-chef [kuvrəʃɛf] (*pl* **couvre-chefs**) *nm* sombrero *m*.

couvre-feu [kuvrəfø] (*pl* **couvre-feux**) *nm* toque *m* de queda.

couvreur [kuvrœr] *nm* techador *m*.

couvrir [kuvrir] *vt* **-1.** [gén & PRESSE] cubrir; **~ qqn de qqch** [combler de] cubrir a alguien de algo. **-2.** [personne] abrigar. **-3.** [livre] forrar. **-4.** [récipient, bruit] tapar. **-5.** [recouvrir] : **~ qqch de qqch** llenar algo de algo. ◆ **se couvrir** *vp* **-1.** [gén] cubrirse. **-2.** [se vêtir] abrigarse.

CP (*abr de* **cours préparatoire**) *nm* ≃ 1º de EGB.

CPAM (*abr de* **caisse primaire d'assurances maladie**) *nf* institución pública que reembolsa los gastos médicos del ciudadano, ≃ INSALUD *m*.

cpt *abr de* comptant.

crabe [krab] *nm* cangrejo *m*.

crachat [kraʃa] *nm* escupitajo *m*.

cracher [kraʃe] ◇ *vi* **-1.** [personne] escupir; **ne pas ~ sur qqch** *fam fig* no hacer ascos a algo. **-2.** [crépiter] chisporrotear. ◇ *vt* escupir.

crachin [kraʃɛ̃] *nm* calabobos *mpl*.

crachoir [kraʃwar] *nm* escupidera *f Esp*, salivadera *f Amér*.

craie [krɛ] *nf* **-1.** [roche] creta *f*. **-2.** [pour écrire] tiza *f Esp*, gis *m Amér*.

craindre [krɛ̃dr] *vt* **-1.** [redouter] temer, tener miedo de; **~ de** (+ *infinitif*) temer (+ *infinitivo*), tener miedo de (+ *infinitivo*); **elle craint de prendre froid** teme pasar frío, tiene miedo de pasar frío; **~ que** (+ *subjonctif*) temer que (+ *subjuntivo*), tener miedo de que (+ *subjuntivo*); **elle craint que vous (n')ayez oublié quelque chose** teme que os hayáis olvidado algo, tiene miedo de que os hayáis olvidado algo. **-2.** [être sensible à] alterarse con.

craint, e [krɛ̃, ɛ̃t] *pp* → craindre.

crainte [krɛ̃t] *nf* temor *m*. ◆ **de crainte de** *loc prép* por temor a. ◆ **de crainte que** *loc conj* (+ *subjonctif*) por temor a que (+ *subjuntivo*); **de ~ qu'il (ne) parte** por temor a que se vaya.

craintif, ive [krɛ̃tif, iv] *adj* temeroso(sa).

cramoisi, e [kramwazi] *adj* [teint, peau] rojo(ja).

crampe [krɑ̃p] *nf* calambre *m*; **~ d'estomac** retortijón *m* de estómago.

crampon [krɑ̃pɔ̃] *nm* **-1.** [crochet] gancho *m*. **-2.** [de chaussures] taco *m*. **-3.** *fam* [personne] lapa *f*.

cramponner [krɑ̃pɔne] ◆ **se cramponner** *vp* **-1.** [s'agripper] : **se ~ (à qqch/à qqn)** agarrarse (a algo/a alguien). **-2.** *fig* aferrarse; **se ~ à qqch** aferrarse a algo.

cran [krɑ̃] *nm* **-1.** [de ceinture] agujero *m*. **-2.** [entaille] muesca *f*; **~ d'arrêt** muelle *m*; **~ de sûreté** seguro *m*. **-3.** *fig* [degré] : **baisser/monter d'un ~** bajar/subir un punto. **-4.** *fam* [audace] agallas *fpl*.

crâne [kran] *nm* cráneo *m*.

crâner [krane] *vi fam* fardar.

crânien, enne [kranjɛ̃, ɛn] *adj* craneano(na), craneal.

crapaud [krapo] *nm* sapo *m*.

crapule [krapyl] *nf* crápula *f*.

craquelure [kraklyr] *nf* grieta *f*.

craquement [krakmɑ̃] *nm* crujido *m*.

craquer [krake] ◇ *vi* **-1.** [produire un bruit sec] crujir. **-2.** [se déchirer] reventar. **-3.** [personne] hundirse. **-4.** [être séduit] : **~ pour qqch/pour qqn** encantar algo/alguien. **-5.** [perdre le contrôle de soi] darle algo a alguien; **il n'en peut plus, il va ~** no puede más, le va a dar algo. ◇ *vt* **-1.** [allumette] frotar. **-2.** [déchirer] desgarrar, romper.

crasse [kras] ◇ *nf* **-1.** [saleté] mugre *m*. **-2.** *fam* [mauvais tour] jugarreta *f*. ◇ *adj* [bêtise, ignorance] craso(sa).

crasseux, euse [krasø, øz] *adj* mugriento(ta).

cratère [kratɛr] *nm* cráter *m*.

cravache [kravaʃ] *nf* fusta *f*.

cravate [kravat] *nf* corbata *f*.

crawl [krol] *nm* SPORT crol *m*.

crayon [krejɔ̃] *nm* lápiz *m*; **~ à bille** bolígrafo *m*; **~ de couleur** lápiz de color.

créancier, ère [kreɑ̃sje, ɛr] *nm, f* acreedor *m*, -ra *f*.

créateur, trice [kreatœr, tris] *adj & nm, f* creador(ra).

créatif, ive [kreatif, iv] *adj* creativo(va).
◆ **créatif** *nm* creativo *m*, -va *f*.

création [kreasjɔ̃] *nf* creación *f*.

créativité [kreativite] *nf* creatividad *f*.

créatrice [kreatris] → **créateur**.

créature [kreatyr] *nf* criatura *f*.

crécelle [kresɛl] *nf* carraca *f*, matraca *f*.

crèche [krɛʃ] *nf* -1. [garderie] guardería *f* infantil. -2. [de Noël] belén *m*.

crédibiliser [kredibilize] *vt* dar credibilidad a.

crédit [kredi] *nm* crédito *m*; **faire ~ à qqn** dar crédito a alguien; **acheter/vendre (qqch) à ~** comprar/vender (algo) a crédito.

crédit-bail *nm* leasing *m*.

créditeur, trice [kreditœr, tris] *adj & nm, f* acreedor(ra).

crédule [kredyl] *adj* crédulo(la).

crédulité [kredylite] *nf* credulidad *f*.

créer [kree] *vt* [gén] crear; ~ **des ennuis à qqn** [causer] crear problemas a alguien.

crémaillère [kremajɛr] *nf* -1. [de cheminée] llares *fpl*; **pendre la ~** *fig* inaugurar la casa con una fiesta. -2. TECHNOL [tige dentée] cremallera *f*.

crémation [kremasjɔ̃] *nf* cremación *f*.

crème [krɛm] ◇ *nf* -1. [du lait] nata *f*; ~ **fouettée** nata batida; ~ **fraîche** nata *f*. -2. [entremet, liqueur, cosmétique] crema *f*; ~ **anglaise** crema inglesa; ~ **anti-âge** crema *f* anti-edad OU anti-envejecimiento; ~ **hydratante** crema hidratante; ~ **à raser** espuma *f* de afeitar. ◇ *adj inv* [couleur] crema *(en aposición)*.

crémerie [kremri] *nf* mantequería *f*.

crémier, ère [kremje, ɛr] *nm, f* mantequero *m*, -ra *f*.

créneau, x [kreno] *nm* -1. [pour se garer] aparcamiento *m* (en cordón); **faire un ~** aparcar (en cordón). -2. [horaire] hueco *m*. -3. COMM nicho *m* de mercado. -4. [de fortification] almena *f*.

créole [kreɔl] ◇ *nm* LING criollo *m*. ◇ *adj* criollo(lla).

crêpe [krɛp] ◇ *nf* crepe *f*. ◇ *nm* -1. [tissu] crespón *m*. -2. [caoutchouc] crepé *m*.

crêperie [krɛpri] *nf* crepería *f*.

crépi [krepi] *nm* enlucido *m*.

crépir [krepir] *vt* enlucir.

crépiter [krepite] *vi* crepitar.

crépon [krepɔ̃] *nm* crespón *m*.

crépu, e [krepy] *adj* crespo(pa).

crépuscule [krepyskyl] *nm* -1. [tombée du jour] anochecer *m*. -2. *fig & sout* [fin] crepúsculo *m*.

crescendo [kreʃendo, kreʃɛ̃do] ◇ *adv* crescendo; **aller ~** ir in crescendo. ◇ *nm inv* crescendo *m*.

cresson [kresɔ̃] *nm* berro *m*.

Crète [krɛt] *nf* : **la ~** Creta.

crête [krɛt] *nf* cresta *f*.

crétin, e [kretɛ̃, in] *adj & nm, f fam* cretino(na).

creuse → **creux**.

creuser [krøze] ◇ *vt* -1. [trou, sol, tunnel] cavar. -2. [sujet, idée] profundizar en, ahondar en. -3. [amaigrir] afilar. -4. [front, visage] : **creusé de rides** lleno de arrugas. ◇ *vi* [donner faim] : **ça creuse!** *fam fig* ¡esto da un hambre de lobo!

creuset [krøze] *nm* crisol *m*.

creux, euse [krø, krøz] *adj* -1. [vide] hueco(ca). -2. [assiette] hondo(da). -3. [période] de poca actividad. -4. [raisonnement] vacío(cía). ◆ **creux** *nm* hueco *m*.

crevaison [krəvɛzɔ̃] *nf* pinchazo *m*.

crevasse [krəvas] *nf* grieta *f*.

crève-cœur [krɛvkœr] *nm inv* desconsuelo *m*.

crever [krəve] ◇ *vi* -1. [éclater] reventar. -2. *fam* [mourir] palmarla; ~ **de qqch** [de jalousie, de rage] reventar de algo. ◇ *vt* reventar. ◆ **se crever** *vp fam* reventarse.

crevette [krəvɛt] *nf* camarón *m*.

cri [kri] *nm* -1. [gén] grito *m*; **pousser un ~** dar OU pegar un grito; **le dernier ~** *fig* el último grito. -2. [appel] voz *f*.

criant, e [krijɑ̃, ɑ̃t] *adj* [injustice, vérité] patente, flagrante.

criard, e [krijar, ard] *adj* chillón(ona).

crible [kribl] *nm* criba *f*; **passer qqch au ~** *fig* pasar algo por la criba.

criblé, e [krible] *adj* : ~ **de** [troué de] acribillado de; [parsemé de] picado de; **être ~ de dettes** estar acribillado de deudas.

cric [krik] *nm* gato *m (herramienta)*.

crier [krije] ◇ *vi* -1. [hurler] gritar. -2. [protester] clamar; ~ **contre** OU **après qqn** clamar contra alguien. ◇ *vt* gritar.

crime [krim] *nm* [homicide, faute blâmable] crimen *m*; JUR [infraction à la loi] delito *m*.

criminalité [kriminalite] *nf* criminalidad *f*.

criminel, elle [kriminɛl] ◇ *adj* criminal. ◇ *nm, f* criminal *mf*; ~ **de guerre** criminal de guerra.

crin [krɛ̃] *nm* crin *f*; **à tous ~s** *fig* de tomo y lomo.

crinière [krinjɛr] *nf* **-1.** [de lion, de personne] melena *f*. **-2.** [de cheval] crines *fpl*.

crique [krik] *nf* cala *f*.

criquet [krikɛ] *nm* [petit] saltamontes *m Esp*, chapulín *m Amér*; [grand] langosta *f Esp*, chapulín *m Amér*.

crise [kriz] *nf* **-1.** [manifestation émotive & MÉD] ataque *m*, crisis *f inv*; **~ cardiaque/ de foie** ataque cardíaco/hepático, crisis cardíaca/hepática; **~ de nerfs** ataque de nervios. **-2.** [phase critique] crisis *f inv*.

crispation [krispasjɔ̃] *nf* crispación *f*.

crisper [krispe] *vt* **-1.** [visage] crispar. **-2.** [personne] crisparle los nervios a. ◆ **se crisper** *vp* crisparse.

crisser [krise] *vi* rechinar.

cristal, aux [kristal, o] *nm* cristal *m*; **~ de roche** cristal de roca.

cristallin, e [kristalɛ̃, in] *adj* cristalino(na). ◆ **cristallin** *nm* ANAT cristalino *m*.

critère [kritɛr] *nm* criterio *m*.

critique [kritik] ◇ *nmf* crítico(ca). ◇ *nf* crítica *f*. ◇ *adj* crítico(ca).

critiquer [kritike] *vt* **-1.** [film, livre] hacer la crítica de. **-2.** [voisin, action] criticar.

croasser [krɔase] *vi* graznar.

croate [krɔat] *adj* croata. ◆ **Croate** *nmf* croata *mf*.

Croatie [krɔasi] *nf* : **la ~** Croacia.

croc [kro] *nm* **-1.** [crochet] gancho *m*. **-2.** [canine de chien] colmillo *m*.

croche [krɔʃ] *nf* MUS corchea *f*.

croche-pied [krɔʃpje] (*pl* **croche-pieds**) *nm* zancadilla *f*; **faire un ~ à qqn** poner la zancadilla a alguien.

crochet [krɔʃɛ] *nm* **-1.** [pièce de métal & BOXE] gancho *m*; **vivre aux ~s de qqn** vivir a expensas de alguien. **-2.** [ouvrage de tricot] ganchillo *m*. **-3.** [signe graphique] corchete *m*. **-4.** [détour] rodeo *m*.

crochu, e [krɔʃy] *adj* [doigts, nez, bec] ganchudo(da); [ongle] curvado(da).

crocodile [krɔkɔdil] *nm* cocodrilo *m*.

croire [krwar] ◇ *vt* [gén] creer; **~ que** [penser] creer que; **je le crois honnête** [estimer] creo que es honrado; **j'ai cru l'apercevoir hier** me pareció verle ayer. ◇ *vi* creer; **~ à qqch** creer en algo; **~ en qqn** creer en alguien.

croisade [krwazad] *nf* HIST cruzada *f*.

croisé, e [krwaze] *adj* **-1.** [veste] cruzado(da). **-2.** [rime] alterno(na). ◆ **croisé** *nm* HIST cruzado *m*. ◆ **croisée** *nf* **-1.** [fenêtre] ventana *f*. **-2.** *loc* : **à la ~e des chemins** en la encrucijada.

croisement [krwazmɑ̃] *nm* cruce *m*.

croiser [krwaze] ◇ *vt* **-1.** [jambes, bras] cruzar. **-2.** [couper] atravesar. **-3.** [passer à côté de] cruzarse con. **-4.** BIOL cruzar. ◇ *vi* NAVIG patrullar. ◆ **se croiser** *vp* cruzarse.

croisière [krwazjɛr] *nf* crucero *m*; **faire une ~** hacer un crucero.

croisillons [krwazijɔ̃] *nmpl* celosía *f*; **à ~** de celosía.

croissance [krwasɑ̃s] *nf* crecimiento *m*; **~ économique** crecimiento económico.

croissant, e [krwasɑ̃, ɑ̃t] *adj* creciente. ◆ **croissant** *nm* **-1.** [lune] media luna *f*. **-2.** CULIN croissant *m*.

croître [krwatr] *vi* crecer; **ne faire que ~ et embellir** *fig & iron* ir de mal en peor.

croix [krwa] *nf* **-1.** [gén] cruz *f*; **~ de guerre** ≃ medalla *f* al mérito militar. **-2.** [signe graphique] cruz *m*, aspa *f*; **en ~** en cruz. ◆ **Croix Rouge** *nf* : **la Croix Rouge** la Cruz Roja.

croquant, e [krɔkɑ̃, ɑ̃t] *adj* crujiente. ◆ **croquant** *nm* *vieilli* cateto *m*, paleto *m*.

croque-mitaine [krɔkmitɛn] (*pl* **croque-mitaines**) *nm* coco *m* [para asustar].

croque-monsieur [krɔkməsjø] *nm inv* sandwich caliente de jamón y queso; ≃ sandwich mixto.

croque-mort [krɔkmɔr] (*pl* **croque-morts**) *nm fam* enterrador *m*.

croquer [krɔke] ◇ *vt* **-1.** [manger] comer a mordiscos. **-2.** [dessiner] bosquejar. ◇ *vi* crujir.

croquette [krɔkɛt] *nf* croqueta *f*.

croquis [krɔki] *nm* croquis *minv*.

cross [krɔs] *nm* SPORT cross *m*.

crotte [krɔt] *nf* caca *f*.

crottin [krɔtɛ̃] *nm* [de cheval] estiércol *m*.

crouler [krule] *vi* venirse abajo; **~ sous qqch** [sous un poids] hundirse por algo; *fig* [personne] estar agobiado(da) por algo.

croupe [krup] *nf* grupa *f*; **monter en ~** ir de paquete.

croupier [krupje] *nm* croupier *m*, crupier *m*.

croupir [krupir] *vi* **-1.** [eaux] estancarse. **-2.** *fig* [personne] pudrirse.

croustillant, e [krustijɑ̃, ɑ̃t] *adj* **-1.** [biscuit, pain] crujiente. **-2.** [détail] picante.

croustiller [krustije] *vi* crujir.

croûte [krut] *nf* **-1.** [de pain, de fromage] corteza *f*. **-2.** CULIN pastel hojaldrado. **-3.** MÉD costra *f*. **-4.** *fam péj* [tableau] mamarracho *m*. ◆ **croûte terrestre** *nf* corteza *f* terrestre.

croûton [krutɔ̃] *nm* **-1.** [bout du pain] pico *m*. **-2.** [pain frit] picatoste. **-3.** *fam* [personne bornée] bobo *m*, -ba *f*.

croyance [krwajɑ̃s] *nf* creencia *f*.

croyant, e [krwajɑ̃, ɑ̃t] *adj & nm, f* creyente.

CRS (*abr de* **Compagnie républicaine de sécurité**) *nm* ≃ antidisturbios *mpl*; **on a fait appel aux ~** ≃ llamaron a los antidisturbios.

cru, e [kry] ◇ *pp* → **croire**. ◇ *adj* **-1.** [aliment] crudo(da). **-2.** [lumière, couleur] vivo(va). **-3.** [réponse] directo(ta). **-4.** [histoire] verde. ◆ **à cru** *loc adv* : **monter à ~** montar a pelo.

crû, e [kry] *pp* → **croître**.

cruauté [kryote] *nf* crueldad *f*.

cruche [kryʃ] *nf* **-1.** [objet] cántaro *m*. **-2.** *fam* [personne niaise] zoquete *m*.

crucial, e, aux [krysjal, o] *adj* crucial.

crucifix [krysifi] *nm* RELIG crucifijo *m*.

crudités [krydite] *nfpl* crudités *fpl*.

crue [kry] *nf* crecida *f*.

cruel, elle [kryɛl] *adj* cruel.

crûment [krymɑ̃] *adv* crudamente.

crustacé [krystase] *nm* crustáceo *m*.

cs *abr de* **cuillère à soupe**.

Cuba [kyba] *n* Cuba, **à ~** [direction] a Cuba; [situation] en Cuba.

cubain, e [kybɛ̃, ɛn] *adj* cubano(na). ◆ **Cubain, e** *nm, f* cubano *m*, -na *f*.

cube [kyb] ◇ *nm* cubo *m*. ◇ *adj* cúbico(ca).

cueillette [kœjɛt] *nf* cosecha *f*.

cueillir [kœjir] *vt* **-1.** [fruits, fleurs] coger. **-2.** *fam* [personne] pillar.

cuillère, cuiller [kɥijɛr] *nf* cuchara *f*; **~ à café** cucharilla *f* de café; **~ à dessert** cuchara de postre; **~ à soupe** cuchara sopera; **petite ~** cucharilla *f*.

cuillerée [kɥijere] *nf* cucharada *f*.

cuir [kɥir] *nm* cuero *m*. ◆ **cuir chevelu** *nm* cuero *m* cabelludo.

cuirasse [kɥiras] *nf* coraza *f*.

cuirassé [kɥirase] *nm* NAVIG acorazado *m*.

cuire [kɥir] ◇ *vt* cocer. ◇ *vi* **-1.** [aliment] cocer. **-2.** [personne] asarse.

cuisine [kɥizin] *nf* **-1.** [gén] cocina *f*; **faire la ~** cocinar. **-2.** *fam* [combine] artimaña *f*.

cuisiné, e [kɥizine] *adj* cocinado(da).

cuisiner [kɥizine] ◇ *vt* **-1.** [des aliments] cocinar. **-2.** *fam* [personne] tirar de la lengua a. ◇ *vi* cocinar.

cuisinier, ère [kɥizinje, ɛr] *nm, f* cocinero *m*, -ra *f*. ◆ **cuisinière** *nf* [appareil] cocina *f*; **cuisinière électrique/à gaz** cocina eléctrica/de gas.

cuisse [kɥis] *nf* muslo *m*.

cuisson [kɥisɔ̃] *nf* cocción *f*.

cuit, e [kɥi, kɥit] ◇ *pp* → **cuire**. ◇ *adj* cocido(da); **bien ~** muy hecho(muy hecha).

cuivre [kɥivr] *nm* cobre *m*.

cuivré, e [kɥivre] *adj* cobrizo(za).

cul [ky] *nm* *fam* culo *m*.

culbute [kylbyt] *nf* **-1.** [saut] voltereta *f*. **-2.** [chute] costalada.

cul-de-sac [kydsak] (*pl* **culs-de-sac**) *nm* callejón *m* sin salida.

culinaire [kylinɛr] *adj* culinario(ria).

culminant [kylminɑ̃] → **point**.

culminer [kylmine] *vi* [surplomber] culminar; [atteindre] alcanzar.

culot [kylo] *nm* **-1.** [fond] casquillo *m*. **-2.** [dépôt] residuo *m*. **-3.** *fam* [toupet] morro *m*; **avoir du ~** tener morro.

culotte [kylɔt] *nf* **-1.** [vêtement d'enfant] pantalón *m*, pantalones *mpl*. **-2.** [sous-vêtement féminin] bragas *fpl*.

culotté, e [kylɔte] *adj* **-1.** *fam* [personne] : **être ~** tener jeta. **-2.** [pipe] ennegrecido(da).

culpabilité [kylpabilite] *nf* culpabilidad *f*.

culte [kylt] *nm* culto *m*.

cultivateur, trice [kyltivatœr, tris] *nm, f* labrador *m*, -ra *f*.

cultivé, e [kyltive] *adj* **-1.** [plante, terre] cultivado(da). **-2.** [personne] culto(ta), cultivado(da).

cultiver [kyltive] *vt* cultivar.

culture [kyltyr] *nf* **-1.** AGRIC cultivo *m*. **-2.** [savoir, civilisation] cultura *f*. ◆ **culture physique** *nf* cultura *f* física.

culturel, elle [kyltyrɛl] *adj* cultural.

culturisme [kyltyrism] *nm* culturismo *m*.

cumin [kymɛ̃] *nm* comino *m*.

cumuler [kymyle] *vt* acumular.

cupide [kypid] *adj* codicioso(sa).

cure [kyr] *nf* MÉD cura *f*; ~ **de désintoxi-cation/de sommeil** cura de desintoxicación/de sueño; ~ **thermale** cura termal; **faire une** ~ **de qqch** *fig* darse un hartón de algo.

curé [kyre] *nm* cura *m*.

cure-dents [kyrdã] *nm inv* mondadientes *m inv*, palillo *m* (de dientes).

curée [kyre] *nf fig* [lutte] arrebatiña *f*.

curer [kyre] *vt* **-1.** [puits] mondar. **-2.** [pipe] limpiar.

curieux, euse [kyrjø, øz] ◇ *adj* curioso(sa); **être** ~ **de qqch/de faire qqch** tener curiosidad por algo/por hacer algo. ◇ *nm, f* curioso *m*, -sa *f*.

curiosité [kyrjozite] *nf* curiosidad.

curriculum vitae [kyrikylɔmvite] *nm inv* curriculum *m* vitae.

curry [kyri], **carry** [kari], **cari** [kari] *nm* curry *m*.

curseur [kyrsœr] *nm* INFORM cursor *m*.

cutané, e [kytane] *adj* cutáneo(a).

cuti-réaction [kytireaksjɔ̃] *nf* MÉD cutirreacción *f*, dermorreacción *f*.

cuve [kyv] *nf* cuba *f*.

cuvée [kyve] *nf* **-1.** [contenu d'une cuve] cuba *f*. **-2.** [récolte de vin] cosecha *f*.

cuvette [kyvɛt] *nf* **-1.** [récipient] palangana *f*. **-2.** [partie creuse – de lavabo] lavabo *m*; [– de WC] taza *f*. **-3.** GÉOGR depresión *f*.

CV *nm* **-1.** (*abr de* **curriculum vitae**) CV *m*. **-2.** (*abr de* **cheval-vapeur**) [puissance fiscale] CV *m*.

cyanure [sjanyr] *nm* cianuro *m*.

cyclable [siklabl] → **piste**.

cycle [sikl] *nm* ciclo *m*; **premier** ~ SCOL ≃ segunda etapa *f* de EGB; UNIV ≃ primer ciclo *m*; **second** ~ SCOL ≃ BUP *m*; UNIV ≃ segundo ciclo *m*; **troisième** ~ UNIV ≃ tercer ciclo *m*.

cyclique [siklik] *adj* cíclico(ca).

cyclisme [siklism] *nm* SPORT ciclismo *m*.

cycliste [siklist] *adj & nmf* ciclista.

cyclone [siklon] *nm* ciclón *m*.

cygne [siɲ] *nm* cisne *m*.

cylindre [silɛ̃dr] *nm* cilindro *m*.

cymbale [sɛ̃bal] *nf* MUS címbalo *m*, platillo *m*.

cynique [sinik] *adj & nmf* cínico(ca).

cynisme [sinism] *nm* cinismo *m*.

cyprès [siprɛ] *nm* ciprés *m*.

cyrillique [sirilik] *adj* cirílico(ca).

D

d, D [de] *nm inv* d *f*, D. ◆ **d** (*abr de* **déci**) d.

d' → **de**.

dactylo [daktilo] ◇ *nmf* [personne] mecanógrafo *m*, -fa *f*. ◇ *nf* [procédé] mecanografía *f*.

dactylographier [daktilɔgrafje] *vt* mecanografiar.

dada [dada] *nm* **-1.** [cheval] caballito *m*. **-2.** *fam* [occupation favorite] hobby *m*. **-3.** *fam* [idée favorite] tema *m* predilecto. **-4.** ART dadaísmo *m*.

daigner [deɲe] *vi sout*: ~ **faire qqch** dignarse a hacer algo.

daim [dɛ̃] *nm* **-1.** [animal] gamo *m*. **-2.** [peau] ante *m*.

dallage [dalaʒ] *nm* embaldosado *m*.

dalle [dal] *nf* losa *f*.

daltonien, enne [daltɔnjɛ̃, ɛn] *adj & nm, f* daltónico(ca).

dame [dam] *nf* **-1.** [femme] señora *f*. **-2.** [de jeu de cartes] reina *f*.

damier [damje] *nm* **-1.** [de jeu de dames] tablero *m* de damas, damero *m*. **-2.** [motif] : **à** ~ **de cuadros**.

damné, e [dane] ◇ *adj fam* [satané] condenado(da). ◇ *nm, f* RELIG condenado *m*, -da *f*.

damner [dane] *vt* RELIG condenar.

dancing [dãsiŋ] *nm* sala *f* de baile.

dandiner [dãdine] ◆ **se dandiner** *vp* **-1.** [canard] balancearse. **-2.** *péj* [personne] contonearse.

Danemark [danmark] *nm* : **le** ~ Dinamarca; **au** ~ [direction] a Dinamarca; [situation] en Dinamarca.

danger [dãʒe] *nm* peligro *m*; **en** ~ en peligro.

dangereux, euse [dãʒrø, øz] *adj* peligroso(sa).

danois, e [danwa, az] *adj* danés(esa). ◆ **danois** *nm* LING danés *m*. ◆ **Danois, e** *nm, f* danés *m*, -esa *f*.

dans [dã] *prép* **-1.** [dans l'espace] en; ~ **un mois** dentro de un mes. **-2.** [dans l'espace] en; ~ **la chambre** en la habitación. **-3.** [indiquant l'état, la manière] en; **vivre** ~ **la**

débaucher

misère vivir en la miseria; ~ **une mau-**
vaise posture en una mala posición; **il**
est ~ le commerce se dedica al comer-
cio. **-4.** [environ] unos(nas); **ça coûte ~**
les 100 francs cuesta unos 100 francos.

dansant, e [dãsã, ãt] *adj* **-1.** [musique, air]
para bailar, bailable. **-2.** [soirée, thé] con
baile, dansant. **-3.** [chœur] de baile.

danse [dãs] *nf* baile *m*.

danser [dãse] *vi & vt* bailar.

danseur, euse [dãsœr, øz] *nm, f* bailarín *m*,
-ina *f*.

dard [dar] *nm* aguijón *m*.

date [dat] *nf* fecha; **à quelle ~?** ¿qué día?;
en ~ du con fecha de; **~ de naissance**
fecha de nacimiento.

dater [date] ◇ *vt* **-1.** [mettre la date] fe-
char. **-2.** [attribuer une date] datar. ◇ *vi*
-1. [remonter à] : **~ de** datar de. **-2.** [mar-
quer] ser un hito. **-3.** [être démodé] estar
anticuado(da). ◆ **à dater de** *loc prép* a
partir de.

datte [dat] *nf* dátil *m*.

dattier [datje] *nm* palmera *f* datilera.

dauphin [dofɛ̃] *nm* delfín *m*.

daurade, dorade [dɔrad] *nf* dorada *f*.

davantage [davãtaʒ] *adv* más; **nous n'at-**
tendrons pas ~ no esperaremos más.

DDASS, Ddass [das] (*abr de* **direction dé-**
partementale de l'Action sanitaire et so-
ciale) *nf* organismo que se encarga de la política
sanitaria y social provincial y de la protección
de la infancia; **un enfant de la ~** *un niño*
abandonado o maltratado recogido por la
DDASS.

de [də], **d'** *(devant voyelle ou h muet)* (contrac-
tion de de+le = **du** [dy], *contraction de*
de+les = **des** [de]) ◇ *prép* **-1.** [prove-
nance – dans l'espace] de; **il est sorti ~ la**
maison ha salido de casa; **revenir ~ Pa-**
ris volver de París; [– dans le temps] desde
hace; **il n'a pas mangé ~ trois jours** no
come desde hace tres días. **-2.** [avec à] :
~... à de... a; **d'une ville à l'autre** de una
ciudad a otra; **du début à la fin** de princi-
pio a fin. **-3.** [appartenance] de; **la porte**
du salon la puerta del salón. **-4.** [indique
la détermination, la qualité] de; **un verre**
d'eau un vaso de agua; **une ville ~**
500 000 habitants una ciudad de
500.000 habitantes. ◇ *art partitif* **-1.** [dans
une phrase affirmative] : **je voudrais du**
vin quiero vino; **boire ~ l'eau** beber
agua. **-2.** [dans une phrase négative ou in-
terrogative] : **ils n'ont pas d'enfants** no

tienen hijos; **avez-vous du pain?** ¿tiene
pan?

DE *abr de* **diplômé d'État.**

dé [de] *nm* dado *m*. ◆ **dé à coudre** *nm*
COUT & *fig* dedal *m*.

DEA (*abr de* **diplôme d'études approfon-**
dies) *nm diploma de tercer ciclo universitario,* ≃
diploma m de postgrado.

dealer[1] [dile] *vi* hacer de camello.

dealer[2] [dilœr] *nm* camello *m (de droga).*

déambuler [deãbyle] *vi* deambular.

débâcle [debakl] *nf* **-1.** [débandade] des-
bandada *f.* **-2.** *fig* [ruine] debacle *f.*

déballer [debale] *vt* **-1.** [marchandises] de-
sembalar. **-2.** *fam fig* [suj : personne] de-
sembuchar.

débandade [debãdad] *nf* desbandada *f.*

débarbouiller [debarbuje] *vt* lavar la cara
a. ◆ **se débarbouiller** *vp* lavarse la cara.

débarcadère [debarkadɛr] *nm* desembar-
cadero *m.*

débardeur [debardœr] *nm* **-1.** [ouvrier]
descargador *m.* **-2.** [vêtement] camiseta *f*
de tirantes.

débarquement [debarkəmã] *nm* desem-
barco *m.*

débarquer [debarke] ◇ *vt* **-1.** [marchan-
dise, passager] desembarcar. **-2.** *fam* [em-
ployé] despachar, echar. ◇ *vi* **-1.** [gén] de-
sembarcar. **-2.** *fam fig* [ne pas être au
courant] estar en babia.

débarras [debara] *nm* trastero *m.*

débarrasser [debarase] *vt* **-1.** [endroit]
despejar; [table] quitar. **-2.** [de vêtement] :
~ qqn de qqch ayudar a alguien a qui-
tarse algo. ◆ **se débarrasser** *vp* : **se ~ de**
qqn/de qqch deshacerse de alguien/de
algo.

débat [deba] *nm* debate *m.* ◆ **débats** *nmpl*
POLIT debate *m.*

débattre [debatr] ◇ *vt* discutir. ◇ *vi* : **~**
de qqch discutir sobre algo. ◆ **se dé-**
battre *vp* debatirse; **se ~ avec** OU **contre**
qqch *fig* luchar contra algo.

débattu, e [debaty] *pp* → **débattre.**

débauche [deboʃ] *nf* [vice] desenfreno *m.*

débauché, e [deboʃe] *adj & nm, f* liber-
tino(na).

débaucher [deboʃe] *vt* **-1.** [corrompre] co-
rromper, pervertir. **-2.** [licencier] despe-
dir. **-3.** *fam* [détourner de son travail] dis-
traer.

débile [debil] ◇ *nmf* **-1.** MÉD retrasado *m*, -da *f*; ~ **mental** débil *mf* mental. **-2.** *fam* [idiot] subnormal *mf*. ◇ *adj fam péj* [personne] subnormal; [film] para subnormales.

débit [debi] *nm* **-1.** [de marchandises] salida *f*. **-2.** [débitage] corte *m*. **-3.** [volume de liquide écoulé] caudal *m*. **-4.** [élocution] modo *m* de hablar. **-5.** [de compte bancaire] débito *m*.

débiter [debite] *vt* **-1.** [marchandises] despachar. **-2.** [couper] cortar. **-3.** [laisser s'écouler] tener un caudal de. **-4.** *fig & péj* [prononcer] soltar. **-5.** [compte bancaire] debitar.

débiteur, trice [debitœr, tris] *adj & nm, f* deudor(ra).

déblaiement [deblɛmɑ̃], **déblayage** [deblɛjaʒ] *nm* [de décombres] desescombro *m*; [des obstacles] retirada *f*.

déblayer [debleje] *vt* **-1.** [passage, route] despejar; [décombres] desescombrar; ~ **le terrain** *fig* despejar el terreno. **-2.** [terrain & TECHNOL] nivelar.

débloquer [debloke] ◇ *vt* **-1.** [gén] desbloquear. **-2.** [salaire, prix] descongelar. ◇ *vi fam* [perdre la tête] delirar.

déboires [debwar] *nmpl* **-1.** [déception, échec] desengaños *mpl*. **-2.** [ennui] sinsabores *mpl*.

déboiser [debwaze] *vt* talar.

déboîter [debwate] ◇ *vt* **-1.** [porte] desencajar. **-2.** [épaule] dislocar. ◇ *vi* desviarse. ◆ **se déboîter** *vp* **-1.** [porte] desencajarse. **-2.** [épaule] dislocarse.

débonnaire [debɔnɛr] *adj* bonachón(ona).

déborder [debɔrde] *vi* **-1.** [gén] desbordarse. **-2.** *fig* [être plein de] : ~ **de qqch** rebosar de algo.

débouché [debuʃe] *nm* **-1.** [issue – de vallée] desembocadura *f*; [– de rue] salida *f*. **-2.** *(gén pl)* [COMM & de carrière] salida *f*.

déboucher [debuʃe] ◇ *vt* **-1.** [bouteille] destapar, abrir. **-2.** [lavabo, conduite] desatascar. **-3.** [nez] despejar. ◇ *vi* desembocar; ~ **sur qqch** desembocar en algo.

débourser [deburse] *vt* desembolsar.

debout [dəbu] ◇ *adv* **-1.** [position verticale] de pie. **-2.** *loc* : **tenir** ~ [être intact] mantenerse en pie; [cohérent] tener fundamento; **ne pas tenir** ~ no tenerse en pie. ◇ *interj* : ~! ¡arriba!

déboutonner [debutɔne] *vt* desabotonar.

débraillé, e [debraje] *adj* descamisado(da).

débrayage [debrɛjaʒ] *nm* **-1.** AUTOM desembrague *m*. **-2.** [du travail] paro *m* (huelga).

débrayer [debreje] *vi* **-1.** AUTOM desembragar. **-2.** [cesser le travail] hacer un paro.

débris [debri] *nm* **-1.** [fragment] pedazo *m*. **-2.** *sout* [de repas, de plat] restos *mpl*. **-3.** *fig* [d'État, d'armée] vestigios *mpl*.

débrouillard, e [debrujar, ard] *adj & nm, f* espabilado(da).

débrouiller [debruje] *vt* **-1.** [fils, cheveux] desenredar. **-2.** [affaire, mystère] esclarecer. ◆ **se débrouiller** *vp fam* **-1.** [réussir] defenderse, espabilarse. **-2.** [se tirer d'affaire] *fam* arreglárselas; **se** ~ **pour** arreglárselas para.

débroussailler [debrusaje] *vt* **-1.** [terrain] desbrozar. **-2.** *fig* [sujet, problème] preparar.

début [deby] *nm* comienzo *m*, principio *m*. ◆ **au début de** *loc prép* [gén] al principio de; [d'année, de mois, de semaine] a principios de.

débutant, e [debytɑ̃, ɑ̃t] *adj & nm, f* debutante.

débuter [debyte] *vi* **-1.** [commencer] empezar, comenzar; ~ **par qqch** comenzar OU empezar con algo. **-2.** [faire ses débuts – dans une activité] dar lo primeros pasos; [– dans une carrière] debutar.

deçà [dəsa] ◆ **en deçà de** *loc prép* de este lado de.

décacheter [dekaʃte] *vt* abrir.

décadence [dekadɑ̃s] *nf* decadencia *f*.

décadent, e [dekadɑ̃, ɑ̃t] *adj* decadente.

décaféiné, e [dekafeine] *adj* descafeinado(da). ◆ **décaféiné** *nm* descafeinado *m*.

décalage [dekalaʒ] *nm* **-1.** [spatial] desajuste *m*. **-2.** [temporel] desfase *f*; ~ **horaire** diferencia *f* horaria. **-3.** *fig* [différence] distancia *f*.

décaler [dekale] *vt* **-1.** [dans le temps] aplazar. **-2.** [dans l'espace] desplazar; ~ **qqch d'un mètre** desplazar algo un metro.

décalitre [dekalitr] *nm* decalitro *m*.

décalquer [dekalke] *vt* calcar.

décamper [dekɑ̃pe] *vi* salir corriendo.

décapant, e [dekapɑ̃, ɑ̃t] *adj* **-1.** [gén] decapante. **-2.** *fig* [texte, humour] corrosivo(va). ◆ **décapant** *nm* decapante *m*.

décaper [dekape] *vt* decapar.

décapiter [dekapite] *vt* **-1.** [gén] decapitar. **-2.** [arbre] desmochar.

décapotable [dekapɔtabl] *nf & adj* desca-
potable.

décapsuler [dekapsyle] *vt* [bouteille] abrir.

décapsuleur [dekapsylœr] *nm* abrebote-
llas *m inv*, abridor *m* (de botellas).

décati, e [dekati] *adj* decrépito(ta).

décédé, e [desede] *adj* fallecido(da).

décéder [desede] *vi* fallecer.

déceler [desle] *vt* **-1.** [repérer] descubrir.
-2. [révéler] revelar.

décembre [desãbr] *nm* diciembre *m*; *voir
aussi* **septembre**.

décemment [desamã] *adv* **-1.** [convena-
blement] decentemente; [correctement]
correctamente. **-2.** [raisonnablement] ra-
zonablemente.

décence [desãs] *nf* decencia *f*.

décennie [deseni] *nf* decenio *m*.

décent, e [desã, ãt] *adj* **-1.** [gén] decente.
-2. [poli] correcto(ta).

décentralisation [desãtralizasjɔ̃] *nf* des-
centralización *f*.

décentraliser [desãtralize] *vt* descentrali-
zar.

décentrer [desãtre] *vt* descentrar.

déception [desɛpsjɔ̃] *nf* decepción *f*.

décerner [desɛrne] *vt* conceder.

décès [desɛ] *nm* fallecimiento *m*; JUR defun-
ción *f*.

décevant, e [desəvã, ãt] *adj* decepcio-
nante.

décevoir [desəvwar] *vt* **-1.** [personne] de-
cepcionar. **-2.** [confiance, espérance] frus-
trar.

déchaîné, e [deʃene] *adj* desatado(da).

déchaîner [deʃene] *vt* desatar. ◆ **se dé-
chaîner** *vp* **-1.** [tempête, cyclone etc] de-
satarse. **-2.** [personne] enfurecerse *Esp*,
enchilarse *Amér*; **se ~ contre qqn/contre
qqch** ensañarse con alguien/con algo.

déchanter [deʃãte] *vi* desilusionarse.

décharge [deʃarʒ] *nf* **-1.** [d'arme à feu &
ÉLECTR] descarga *f*. **-2.** [JUR [action] retirada de
una acusación. **-3.** [dépotoir] vertedero *m*.

déchargement [deʃarʒəmã] *nm* descarga *f*.

décharger [deʃarʒe] *vt* descargar; [arme]
disparar; **~ qqn de qqch** descargar OU
eximir a alguien de algo.

déchaussé, e [deʃose] *adj* [dent] descar-
nado(da).

déchausser [deʃose] *vt* descalzar. ◆ **se
déchausser** *vp* **-1.** [personne] descal-
zarse. **-2.** [dent] descarnarse.

déchéance [deʃeãs] *nf* **-1.** [déclin] deca-
dencia *f*. **-2.** [de souverain] destrona-
miento *m*. **-3.** [JUR [perte d'un droit] priva-
ción *f*.

déchet [deʃɛ] *nm* **-1.** [perte] pérdida *f*. **-2.**
fig & péj [personne] escoria *f*. ◆ **déchets**
nmpl restos *mpl*, residuos *mpl*.

déchiffrer [deʃifre] *vt* **-1.** [gén] descifrar.
-2. MUS repentizar.

déchiqueter [deʃikte] *vt* [gén] desmenu-
zar; [viande] despedazar.

déchirant, e [deʃirã, ãt] *adj* desgarra-
dor(ra).

déchirement [deʃirmã] *nm* **-1.** [trouble]
desgarramiento *m*. **-2.** [souffrance morale]
amargura *f*, dolor *m*.

déchirer [deʃire] *vt* **-1.** [mettre en mor-
ceaux – tissu] desgarrar; [– papier] rasgar.
-2. [silence] romper. **-3.** [diviser] dividir.
-4. [causer une douleur à – physique] des-
garrar; [– morale] destrozar. ◆ **se déchi-
rer** *vp* **-1.** [s'affronter sans cesse] enfren-
tarse continuamente. **-2.** [emploi passif]
rasgarse. **-3.** MÉD desgarrarse.

déchirure [deʃiryr] *nf* **-1.** [gén] desgarrón
m. **-2.** *fig* [douleur] dolor *m*.

déchu, e [deʃy] *adj* [ange] caído(da); [sou-
verain] destronado(da).

décibel [desibɛl] *nm* decibelio *m*.

décidé, e [deside] *adj* decidido(da).

décidément [desidemã] *adv* decidida-
mente.

décider [deside] ◇ *vt* **-1.** [gén] decidir; **~
que** decidir que. **-2.** [convaincre] : **~ qqn
à faire qqch** convencer a alguien para
que haga algo. ◇ *vi* **-1.** [prendre une dé-
cision] decidir; **~ de faire qqch** decidir
hacer algo. **-2.** [se prononcer] : **~ de qqch**
determinar algo. **-3.** [être la cause] : **~ de
qqch** decidir algo. ◆ **se décider** *vp* de-
cidirse; **se ~ à faire qqch** decidirse a ha-
cer algo; **se ~ pour qqch** decidirse por
algo.

décigramme [desigram] *nm* decigramo *m*.

décilitre [desilitr] *nm* decilitro *m*.

décimal, e, aux [desimal, o] *adj* decimal.
◆ **décimale** *nf* decimal *m*.

décimer [desime] *vt* diezmar.

décimètre [desimɛtr] *nm* **-1.** [dixième de
mètre] decímetro *m*. **-2.** [règle] regla *f*;
double ~ *regla de veinte centímetros*.

décisif, ive [desizif, iv] *adj* decisivo(va).

décision [desizjɔ̃] *nf* decisión *f*.

décisionnaire [desizjɔner] *nmf persona que
toma decisiones*.

déclamer [deklame] vt **-1.** [texte, vers] declamar. **-2.** péj [dire] soltar.

déclaration [deklarasjɔ̃] nf declaración f; ~ **de guerre** declaración de guerra; ~ **d'impôts** declaración de la renta.

déclarer [deklare] vt **-1.** [gén] declarar; ~ **que** declarar que. **-2.** [vol, perte] denunciar. ◆ **se déclarer** vp declararse; **se ~ pour/contre qqch** declararse a favor de/en contra de algo.

déclenchement [deklɑ̃ʃmɑ̃] nm [de mécanisme] activación f; [d'événement, de phénomène] desencadenamiento m.

déclencher [deklɑ̃ʃe] vt [mécanisme] activar; [conflit, crise, grève] desencadenar. ◆ **se déclencher** vp [mécanisme] activarse; [conflit, crise] desencadenarse.

déclic [deklik] nm **-1.** [mécanisme] disparador m. **-2.** [bruit] clic m.

déclin [deklɛ̃] nm **-1.** [de pays] decadencia f. **-2.** [de population] descenso m. **-3.** [de jour, d'âge] ocaso m.

déclinaison [deklinɛzɔ̃] nf GRAM declinación f.

décliner [dekline] ◇ vi **-1.** [pays] estar en decadencia. **-2.** [santé] debilitarse. **-3.** [jour] declinar. ◇ vt **-1.** [gén] declinar. **-2.** [énoncer] decir claramente.

déclouer [deklue] vt desclavar.

décoction [dekɔksjɔ̃] nf decocción f.

décoder [dekɔde] vt descodificar.

décoiffer [dekwafe] vt despeinar.

décoincer [dekwɛ̃se] vt **-1.** [mécanisme] desbloquear. **-2.** fam fig [personne] relajar.

décollage [dekɔlaʒ] nm despegue m.

décollé, e [dekɔle] adj despegado(da).

décoller [dekɔle] vt & vi despegar.

décolleté, e [dekɔlte] adj escotado(da). ◆ **décolleté** nm escote m.

décolonisation [dekɔlɔnizasjɔ̃] nf descolonización f.

décoloration [dekɔlɔrasjɔ̃] nf decoloración f.

décolorer [dekɔlɔre] vt descolorar.

décombres [dekɔ̃br] nmpl escombros m.

décommander [dekɔmɑ̃de] vt cancelar. ◆ **se décommander** vp cancelar una cita.

décomposé, e [dekɔ̃poze] adj descompuesto(ta).

décomposer [dekɔ̃poze] vt **-1.** [gén] descomponer. **-2.** [raisonnement, problème] analizar. ◆ **se décomposer** vp **-1.** [gén]

descomponerse. **-2.** [se diviser] : **se ~ en** dividirse en.

décomposition [dekɔ̃pozisjɔ̃] nf **-1.** [gén] descomposición f. **-2.** [de raisonnement, de problème] análisis m inv.

décompresser [dekɔ̃prese] ◇ vt descomprimir. ◇ vi fam relajarse.

décompression [dekɔ̃presjɔ̃] nf descompresión f.

décompte [dekɔ̃t] nm descuento m.

déconcentrer [dekɔ̃sɑ̃tre] vt desconcentrar. ◆ **se déconcentrer** vp desconcentrarse.

déconcerter [dekɔ̃sɛrte] vt desconcertar.

déconfiture [dekɔ̃fityr] nf fam descalabro m.

décongélation [dekɔ̃ʒelasjɔ̃] nf descongelación f.

décongeler [dekɔ̃ʒle] vt descongelar.

décongestionner [dekɔ̃ʒɛstjɔne] vt descongestionar.

déconnecter [dekɔnɛkte] vt desconectar. ◆ **se déconnecter** INFORM desconectarse.

déconseiller [dekɔ̃seje] vt desaconsejar; ~ **à qqn de faire qqch** desaconsejar a alguien que haga algo.

déconsidérer [dekɔ̃sidere] vt desacreditar.

décontenancer [dekɔ̃tnɑ̃se] vt confundir.

décontracté, e [dekɔ̃trakte] adj **-1.** [muscle] relajado(da). **-2.** [détendu – personne] tranquilo(la); [– allure, ambiance] distendido(da).

décontracter [dekɔ̃trakte] vt relajar. ◆ **se décontracter** vp relajarse.

déconvenue [dekɔ̃vny] nf desengaño m.

décor [dekɔr] nm **-1.** [cadre] marco m (fondo). **-2.** [ornement] decoración f. **-3.** CIN & THÉÂTRE decorado m.

décorateur, trice [dekɔratœr, tris] nm, f decorador m, -ra f.

décoratif, ive [dekɔratif, iv] adj decorativo(va).

décoration [dekɔrasjɔ̃] nf **-1.** [gén] decoración f. **-2.** [insigne] condecoración f.

décorer [dekɔre] vt **-1.** [pièce] decorar. **-2.** [personne] condecorar.

décortiquer [dekɔrtike] vt **-1.** [fruit] pelar. **-2.** fig [texte] desmenuzar.

découcher [dekuʃe] vi dormir fuera de casa.

découdre [dekudr] vt COUT descoser.

découler [dekule] vi : ~ **de qqch** derivarse de algo.

découpage [dekupaʒ] *nm* **-1.** [action de découper] recorte *m.* **-2.** [jeu d'enfants] recortable *m.* **-3.** CIN guión *m* técnico. ◆ **découpage électoral** *nm* ADMIN división en circunscripciones electorales.

découper [dekupe] *vt* **-1.** [gén] cortar. **-2.** [article, texte] recortar.

découpure [dekupyr] *nf* festón *m.*

découragement [dekuraʒmã] *nm* desaliento *m*, desánimo *m.*

décourager [dekuraʒe] *vt* **-1.** [démoraliser] desalentar, desanimar. **-2.** [dissuader] disuadir; ~ qqn de qqch/de faire qqch disuadir a alguien de algo/de hacer algo. ◆ **se décourager** *vp* desanimarse.

décousu, e [dekuzy] *adj* **-1.** COUT descosido(da). **-2.** *fig* [conversation] deshilvanado(da).

découvert, e [dekuver, ert] ◇ *pp* → découvrir. ◇ *adj* descubierto(ta). ◆ **découvert** *nm* BANQUE descubierto *m*; **être à** ~ **(de)** tener un descubierto (de). ◆ **découverte** *nf* descubrimiento *m.*

découvrir [dekuvrir] *vt* **-1.** [trouver, laisser apparent] descubrir. **-2.** [plat] destapar. **-3.** [apercevoir] divisar. **-4.** [projet, plat] revelar.

décrasser [dekrase] *vt fam* quitar la roña a.

décrépitude [dekrepityd] *nf* decrepitud *f.*

décret [dekre] *nm* decreto *m*; ~ ministériel decreto ministerial.

décréter [dekrete] *vt* **-1.** ADMIN decretar. **-2.** [décider] : ~ que decidir que.

décrire [dekrir] *vt* describir.

décrocher [dekrɔʃe] ◇ *vt* **-1.** [détacher] desenganchar. **-2.** [tableau, téléphone] descolgar. **-3.** *fam* [travail] conseguir. ◇ *vi fam* desconectar.

décroître [dekrwatr] *vi* decrecer.

décru, e [dekry] *pp* → décroître.

décrypter [dekripte] *vt* descifrar.

déçu, e [desy] ◇ *pp* → décevoir. ◇ *adj* **-1.** [personne] decepcionado(da). **-2.** [espoir] frustrado(da).

déculotter [dekylɔte] *vt* : ~ qqn quitar los pantalones a alguien.

dédaigner [dedeɲe] ◇ *vt* [mépriser] desdeñar. ◇ *vi* [refuser] : ~ de faire qqch *sout* no dignarse hacer algo; **ne pas** ~ **de faire qqch** no hacerle ascos a hacer algo.

dédaigneux, euse [dedeɲø, øz] *adj* desdeñoso(sa).

dédain [dedɛ̃] *nm* desdén *m.*

dédale [dedal] *nm* laberinto *m.*

dedans [dədã] ◇ *adv* dentro. ◇ *nm* interior *m.* ◆ **de dedans** *loc adv* de dentro. ◆ **en dedans** *loc adv* por dentro. ◆ **en dedans de** *loc prép* : **en** ~ **de lui-même** en su fuero interno.

dédicace [dedikas] *nf* dedicatoria *f.*

dédicacer [dedikase] *vt* [livre, photo] dedicar.

dédier [dedje] *vt* dedicar.

dédire [dedir] ◆ **se dédire** *vp* desdecirse.

dédommagement [dedɔmaʒmã] *nm* **-1.** [indemnité] indemnización *f.* **-2.** [compensation] compensación *f.*

dédommager [dedɔmaʒe] *vt* **-1.** [indemniser] indemnizar. **-2.** [remercier] compensar.

dédouanement [dedwanmã], **dédouanage** [dedwanaʒ] *nm* despacho *m* de aduanas.

dédoubler [deduble] *vt* desdoblar. ◆ **se dédoubler** *vp* **-1.** PSYCHOL desdoblarse. **-2.** *hum* [être partout] estar en todas partes.

déduction [dedyksjɔ̃] *nf* deducción *f.*

déduire [dedɥir] *vt* deducir.

déduit, e [dedɥi, it] *pp* → déduire.

déesse [dees] *nf* diosa *f.*

défaillance [defajɑ̃s] *nf* **-1.** [incapacité] fallo *m.* **-2.** [malaise] desfallecimiento *m.*

défaillir [defajir] *vi* **-1.** [mémoire] fallar. **-2.** *sout* [s'évanouir] desfallecer.

défaire [defɛr] *vt* **-1.** [gén] deshacer. **-2.** [vaincre] derrotar. ◆ **se défaire** *vp* deshacerse; **se** ~ **de qqn/de qqch** deshacerse de alguien/de algo.

défait, e [defɛ, ɛt] ◇ *pp* → défaire. ◇ *adj* [lit, draps] deshecho(cha); [armée] derrotado(da); [air, mine] descompuesto(ta). ◆ **défaite** *nf* derrota *f.*

défaitiste [defetist] *adj & nmf* derrotista *mf.*

défaut [defo] *nm* **-1.** [imperfection] defecto *m.* **-2.** [manque] falta *f*; **à** ~ **de** a falta de; **faire (cruellement)** ~ hacer (mucha) falta; **par** ~ por defecto.

défaveur [defavœr] *nf* : **être/tomber en** ~ estar/caer en desgracia.

défavorable [defavɔrabl] *adj* desfavorable.

défavoriser [defavɔrize] *vt* desfavorecer.

défection [defeksjɔ̃] *nf* deserción *f.*

défectueux, euse [defektɥø, øz] *adj* **-1.** [machine, produit] defectuoso(sa). **-2.** *fig* [raisonnement, démonstration] incompleto(ta).

défendre [defãdr] vt **-1.** [personne, opinion, accusé] defender. **-2.** [interdire] prohibir; ~ qqch à qqn prohibir algo a alguien; ~ à qqn de faire qqch prohibir a alguien que haga algo; ~ que prohibir que. ◆ **se défendre** vp **-1.** [gén] defenderse; **se** ~ **de** negar que; **il se défend d'être avare** niega que sea avaro. **-2.** [thèse] sostenerse; **ça se défend** parece lógico.

défendu, e [defãdy] pp → **défendre**.

défenestrer [defənestre] vt defenestrar.

défense [defãs] nf **-1.** [protection & JUR] defensa f; **prendre la** ~ **de qqn/de qqch** defender a alguien/algo; **légitime** ~ JUR legítima defensa. **-2.** [d'éléphant] colmillo m. **-3.** [interdiction] prohibición f.

défenseur [defãsœr] nm defensor m, -ra f.

défensif, ive [defãsif, iv] adj defensivo(va). ◆ **défensive** nf : **être sur la défensive** estar a la defensiva.

déférence [deferãs] nf deferencia f.

déferlante [defɛrlãt] → **vague**.

déferlement [defɛrləmã] nm **-1.** [des vagues] rompimiento m. **-2.** fig [d'enthousiasme, de colère] explosión f; [de gens] invasión f.

déferler [defɛrle] vi **-1.** [vagues] romperse. **-2.** fig [personnes] invadir.

défi [defi] nm desafío m, reto m.

défiance [defjãs] nf desconfianza f.

déficit [defisit] nm déficit m; **être en** ~ tener déficit.

déficitaire [defisitɛr] adj FIN deficitario(ria).

défier [defje] vt **-1.** [gén] desafiar, retar; ~ qqn de faire qqch desafiar OU retar a alguien a que haga algo. **-2.** [résister à la comparaison] desafiar. ◆ **se défier** vp sout : **se** ~ **de qqn/de qqch** desconfiar de alguien/de algo.

défigurer [defigyre] vt **-1.** [blesser] desfigurar. **-2.** [enlaidir] afear. **-3.** [fait, vérité] deformar.

défilé [defile] nm **-1.** GÉOL desfiladero m. **-2.** [parade] desfile m.

défiler [defile] vi desfilar. ◆ **se défiler** vp fam largarse.

défini, e [defini] adj definido(da).

définir [definir] vt definir.

définitif, ive [definitif, iv] adj definitivo(va). ◆ **en définitive** loc adv en definitiva.

définition [definisjɔ̃] nf definición f; **haute** ~ alta definición.

définitivement [definitivmã] adv definitivamente.

défiscaliser [defiskalize] vt eximir de impuestos.

déflation [deflasjɔ̃] nf ÉCON deflación f.

déflationniste [deflasjɔnist] adj deflacionista.

déflecteur [deflektœr] nm AUTOM deflector m.

déflorer [deflɔre] vt desflorar.

défoncer [defɔ̃se] vt [sommier, fauteuil] desfondar; [route, porte] hundir.

déformation [defɔrmasjɔ̃] nf deformación f; ~ **professionnelle** fig deformación profesional.

déformer [defɔrme] vt deformar. ◆ **se déformer** vp deformarse.

défraîchi, e [defreʃi] adj ajado(da).

défrayer [defreje] vt **-1.** [payer] : ~ qqn de qqch costearle a alguien algo. **-2.** loc : ~ **la chronique** ser noticia.

défunt, e [defœ̃, œ̃t] ◇ adj **-1.** [personne] difunto(ta). **-2.** sout [amour] pasado(da). ◇ nm, f difunto m, -ta f.

dégagé, e [degaʒe] adj **-1.** [ciel, nuque] despejado(da). **-2.** [ton, air] desenvuelto(ta).

dégager [degaʒe] ◇ vt **-1.** [odeur] desprender, soltar. **-2.** [crédits] liberar. **-3.** [idée, blessé] sacar. **-4.** [partie du corps] dejar libre. **-5.** [pièce, vue] despejar. **-6.** [libérer] : ~ qqn de qqch liberar a alguien de algo. ◇ vi fam largarse. ◆ **se dégager** vp **-1.** [se libérer] : **se** ~ **de qqch** liberarse de algo. **-2.** [ciel, nez] despejarse. **-3.** [odeur, idée] desprenderse.

dégât [dega] nm daño m, estrago m; **faire des** ~s causar estragos.

dégel [deʒɛl] nm **-1.** [fonte des glaces] deshielo m. **-2.** ÉCON & POLIT desbloqueo m.

dégeler [deʒle] ◇ vt **-1.** [produit surgelé, compte] descongelar. **-2.** [atmosphère] caldear. ◇ vi descongelarse.

dégénéré, e [deʒenere] adj & nm, f degenerado(da).

dégénérer [deʒenere] vi degenerar; ~ **en qqch** degenerar en algo.

dégivrer [deʒivre] vt descongelar.

dégivreur [deʒivrœr] nm [de voiture] luneta f térmica; [de réfrigérateur] descongelador m.

déglutir [deglytir] vi deglutir.

dégonfler [degɔ̃fle] ◇ vt desinflar. ◇ vi desinflarse; **faire ~ qqch** deshinchar algo. ◆ **se dégonfler** vp **-1.** [objet] desinflarse. **-2.** fam [personne] rajarse.

dégouliner [deguline] vi gotear.

dégoupiller [degupije] vt [grenade] quitar el pasador a.

dégourdi, e [degurdi] adj & nm, f despabilado(da).

dégoût [degu] nm **-1.** [gén] asco m; **~ pour qqch** asco por algo; **ravaler son ~** reprimir su asco. **-2.** [lassitude] hastío m; **le ~ de la vie** el hastío de la vida.

dégoûtant, e [degutã, ãt] ◇ adj **-1.** [sale] asqueroso(sa). **-2.** [révoltant, grossier] repugnante. ◇ nm, f asqueroso m, -sa f; **un vieux ~** un viejo verde.

dégoûter [degute] vt dar asco; **~ qqn de qqch** hacer aborrecer a alguien algo.

dégoutter [degute] vi gotear.

dégrader [degrade] vt **-1.** [officier, situation, personne] degradar. **-2.** [édifice] deteriorar. **-3.** [sol] agotar. ◆ **se dégrader** vp **-1.** [situation, personne] degradarse. **-2.** [empirer] empeorar.

dégrafer [degrafe] vt desabrochar.

dégraisser [degrese] ◇ vt **-1.** [nettoyer] limpiar (las manchas de grasa). **-2.** CULIN retirar la capa de grasa. ◇ vi fam [réduire les effectifs] hacer reducción de personal.

degré [dəgre] nm **-1.** [gén] grado m; **~ centigrade** OU **Celsius** grado centígrado OU Celsius; **prendre qqch au premier ~** interpretar algo al pie de la letra. **-2.** sout [marche] peldaño m.

dégressif, ive [degresif, iv] adj decreciente.

dégringoler [degrɛ̃gɔle] fam ◇ vt [escalier] bajar corriendo. ◇ vi **-1.** [personne] caer rodando. **-2.** fig [actions] hundirse.

déguenillé, e [degnije] adj andrajoso(sa).

déguerpir [degerpir] vi salir corriendo.

dégueulasse [degœlas] tfam ◇ adj guarro(rra); **c'est ~, ce qu'il t'a fait** ¡vaya putada te ha hecho! ◇ nmf guarro m, -rra f.

dégueuler [degœle] vi tfam echar las papas.

déguisement [degizmã] nm disfraz m.

déguiser [degize] vt **-1.** [personne] disfrazar. **-2.** [voix, écriture] disimular. ◆ **se déguiser** vp : **se ~ en** disfrazarse de.

dégustation [degystasjɔ̃] nf [de mets] degustación f; [de vin] cata f.

déguster [degyste] vt **-1.** [savourer – mets] saborear; [– vin] catar. **-2.** fam [subir] esperar; **qu'est-ce que je vais ~ si je rentre tard!** ¡la que me espera si vuelvo tarde!

déhancher [deɑ̃ʃe] ◆ **se déhancher** vp contonearse.

dehors [dəɔr] ◇ adv fuera; **jeter** OU **mettre qqn ~** echar a alguien. ◇ nm exterior m. ◇ nmpl : **les ~** las apariencias; **les ~ sont souvent trompeurs** las apariencias engañan. ◆ **en dehors** loc adv hacia fuera; **se pencher en ~** asomarse. ◆ **en dehors de** loc prép aparte de.

déjà [deʒa] adv **-1.** [gén] ya. **-2.** [au fait] : **comment tu t'appelles ~?** ¿cómo me has dicho que te llamas?

déjeuner [deʒœne] ◇ vi **-1.** [le matin] desayunar. **-2.** [à midi] comer, almorzar. ◇ nm **-1.** [repas du midi] comida f, almuerzo m. **-2.** Can [dîner] cena f.

déjouer [deʒwe] vt desbaratar.

delà [dəla] ◆ **par-delà** loc prép al otro lado de, más allá de.

délabré, e [delabre] adj ruinoso(sa).

délacer [delase] vt desatar.

délai [delɛ] nm **-1.** [temps accordé] plazo m; **sans ~** sin demora; **~ de livraison** plazo de entrega. **-2.** [sursis] prórroga f.

délaisser [delese] vt abandonar.

délassant, e [delasã, ãt] adj relajante.

délasser [delase] vt relajar. ◆ **se délasser** vp relajarse.

délation [delasjɔ̃] nf delación f.

délavé, e [delave] adj descolorido(da).

délayer [deleje] vt **-1.** [diluer] desleír, diluir. **-2.** fig [exposer longuement] diluir.

délecter [delɛkte] ◆ **se délecter** vp : **se ~ de qqch** deleitarse con algo.

délégation [delegasjɔ̃] nf delegación f.

délégué, e [delege] ◇ adj delegado(da). ◇ nm, f delegado m, -da f.

déléguer [delege] vt delegar.

délester [delɛste] vt **-1.** [navire] deslastrar. **-2.** [circulation] descongestionar. **-3.** fig & hum [voler] : **~ qqn de qqch** aligerar a alguien de algo.

délibération [deliberasjɔ̃] nf [de jury] deliberación f. ◆ **délibérations** nfpl deliberaciones fpl.

délibéré, e [delibere] adj **-1.** [acte, volonté] deliberado(da). **-2.** [air] resuelto(ta).

délibérer [delibere] vi deliberar.

délicat, e [delika, at] adj delicado(da).

délicatement [delikatmɑ̃] *adv* delicada-
mente, con delicadeza.

délicatesse [delikatɛs] *nf* delicadeza *f.*

délice [delis] *nm* delicia *f.*

délicieux, euse [delisjø, øz] *adj* deli-
cioso(sa).

délié, e [delje] *adj* **–1.** [écriture] me-
nudo(da). **–2.** [doigts] ágil.

délier [delje] *vt* [gén] desatar.

délimiter [delimite] *vt* delimitar.

délinquance [delɛ̃kɑ̃s] *nf* delincuencia *f*; ~
juvénile delincuencia juvenil.

délinquant, e [delɛ̃kɑ̃, ɑ̃t] ◇ *adj* delin-
cuente. ◇ *nm, f* delincuente *mf.*

délirant, e [delirɑ̃, ɑ̃t] *adj* delirante.

délire [delir] *nm* delirio *m*; **en** ~ delirante;
c'est dú ~ *fig* ¡es una locura!

délirer [delire] *vi* delirar.

délit [deli] *nm* JUR delito *m*; **en flagrant** ~
in fraganti.

délivrance [delivrɑ̃s] *nf* **–1.** [de prisonnier]
liberación *f.* **–2.** [soulagement] alivio *m.*
–3. [de passeport, de certificat] expedición
f.

délivrer [delivre] *vt* **–1.** [prisonnier, pays]
liberar; ~ **de** [relâcher] liberar de; *fig* [dé-
barrasser] librar de. **–2.** [certificat, passe-
port] expedir. **–3.** [marchandise] entregar.

déloger [delɔʒe] *vt* desalojar.

déloyal, e, aux [delwajal, o] *adj* desleal.

delta [delta] *nm* GÉOGR delta *m.*

delta-plane (*pl* **delta-planes**), **delta-
plane** [dɛltaplan] *nm* ala *f* delta.

déluge [delyʒ] *nm* diluvio *m.* ◆ **Déluge**
nm : **le Déluge** RELIG el Diluvio.

déluré, e [delyre] *adj* **–1.** [malin] avis-
pado(da). **–2.** *péj* [dévergondé] desvergon-
zado(da).

démagogie [demagɔʒi] *nf* demagogia *f.*

démagogique [demagɔʒik] *adj* demagó-
gico(ca).

démagogue [demagɔg] *nmf* demagogo *m*,
-ga *f.*

demain [dəmɛ̃] ◇ *adv* mañana. ◇ *nm* **–1.**
[jour suivant] mañana *m*; **à** ~ ! ¡hasta ma-
ñana! **–2.** [avenir] el día de mañana.

demande [dəmɑ̃d] *nf* **–1.** [souhait] peti-
ción *f.* **–2.** [démarche, candidature] solici-
tud *f*; ~ **en mariage** petición de mano; ~
d'emploi solicitud de empleo. **–3.**
[commande] encargo *m.* **–4.** ÉCON & JUR de-
manda *f.*

demandé, e [dəmɑ̃de] *adj* solicitado(da);
très ~ muy solicitado.

demander [dəmɑ̃de] ◇ *vt* **–1.** [gén] pedir;
ne pas ~ **mieux** no desear otra cosa. **–2.**
[appeler] llamar. **–3.** [interroger] preguntar.
–4. [nécessiter] requerir. **–5.** [chercher]
buscar. ◇ *vi* **–1.** [réclamer] : ~ **à qqn de
faire qqch** pedir a alguien que haga algo;
ne ~ **qu'à** sólo pedir que. **–2.** [nécessiter] :
~ **à** requerir. ◆ **se demander** *vp* : **se** ~
(qqch) preguntarse (algo); **se** ~ **si** pre-
guntarse si.

demandeur¹, euse [dəmɑ̃dœr, øz] *nm, f*
solicitante *mf*; ~ **d'asile/d'emploi** solici-
tante de asilo/de empleo.

demandeur², eresse [dəmɑ̃dœr, drɛs] *nm,
f* demandante *mf.*

démangeaison [demɑ̃ʒɛzɔ̃] *nf* **–1.** [irrita-
tion] picor *f.* **–2.** *fig* [grande envie] ganas *fpl.*

démanger [demɑ̃ʒe] *vt* **–1.** [gratter] picar.
–2. *fig* [avoir envie] : **ça me démange de**
tengo unas ganas de.

démanteler [demɑ̃tle] *vt* desmantelar.

démaquillant, e [demakijɑ̃, ɑ̃t] *adj* des-
maquillador(ra), desmaquillante. ◆ **dé-
maquillant** *nm* desmaquillador *m*, des-
maquillante *m.*

démaquiller [demakije] *vt* desmaquillar.
◆ **se démaquiller** *vp* desmaquillarse.

démarchage [demarʃaʒ] *nm* venta *f* a do-
micilio.

démarche [demarʃ] *nf* **–1.** [manière de mar-
cher] andares *mpl.* **–2.** [raisonnement] en-
foque *m.* **–3.** [requête] gestión *f*, trámite *m*
Esp, tratativas *fpl* *Amér.*

démarcheur, euse [demarʃœr, øz] *nm, f*
vendedor *m*, -ra *f* a domicilio.

démarque [demark] *nf* rebaja *f.*

démarquer [demarke] *vt* **–1.** [solder] cam-
biar o quitar la marca de un artículo para ven-
derlo más barato. **–2.** [enlever la marque de]
quitar la marca de. **–3.** SPORT desmarcar.
◆ **se démarquer** *vp* SPORT desmarcarse;
se ~ **(de)** [se distinguer] desmarcarse (de).

démarrage [demaraʒ] *nm* arranque *m*; ~
en côte arranque en una cuesta.

démarrer [demare] ◇ *vi* **–1.** [gén] arran-
car; **faire** ~ arrancar. **–2.** NAVIG zarpar.
◇ *vt* **–1.** [voiture] arrancar. **–2.** [affaire,
projet] poner en marcha.

démarreur [demarœr] *nm* arranque *m (me-
canismo).*

démasquer [demaske] *vt* desenmascarar.

démêlant, e [demelɑ̃, ɑ̃t] *adj* suavizante.

démêlé [demele] *nm* altercado *m*; **avoir
des** ~**s avec la justice** tener líos con la
justicia.

démêler [demele] vt -1. [gén] desenredar. -2. *fig* [affaire, mystère] desembrollar. ◆ **se démêler** *vp* : se ~ de qqch desembarazarse de algo.

déménagement [demenaʒmã] *nm* mudanza f.

déménager [demenaʒe] ◇ vt [meuble] trasladar. ◇ vi [changer d'appartement] mudarse.

déménageur [demenaʒœr] *nm* [entrepreneur] empresa f de mudanzas; [employé] mozo m de mudanzas.

démence [demãs] *nf* -1. MÉD [folie] demencia f. -2. [bêtise] locura f.

démener [demne] ◆ **se démener** *vp* -1. [se débattre] forcejear. -2. *fig* [se dépenser] moverse.

dément, e [demã, ãt] ◇ adj -1. MÉD demente. -2. *fam* [incroyable, extravagant] alucinante. ◇ *nm, f* MÉD demente *mf*.

démenti [demãti] *nm* mentís *m inv*.

démentiel, elle [demãsjɛl] adj demencial.

démentir [demãtir] vt -1. [réfuter] desmentir. -2. [contredire] contradecir.

démesure [demzyr] *nf* [excès] desmesura f.

démesuré, e [demzyre] adj -1. [excessif] desmesurado(da). -2. [énorme] desmesurado(da).

démettre [demetr] vt -1. MÉD dislocar. -2. [destituer] : ~ de destituir de; JUR desestimar; ~ qqn de sa demande desestimar la demanda de alguien. ◆ **se démettre** *vp* -1. MÉD dislocarse. -2. [démissionner de] : se ~ de ses fonctions dimitir (de) su cargo.

demeurant [demœrã] ◆ **au demeurant** *loc adv* por lo demás.

demeure [demœr] *nf* -1. *sout* [domicile] residencia f. -2. [belle habitation] mansión f. ◆ **à demeure** *loc adv* [definitivement] para siempre.

demeuré, e [demœre] adj & nm, f retrasado(da) mental.

demeurer [demœre] vi -1. *(aux avoir)* [habiter] residir. -2. *(aux être)*. [rester] quedarse, permanecer.

demi, e [dmi] adj -1. [qui est la moitié de] medio(dia); et ~ y media. -2. [incomplet] : un ~-succès un éxito a medias. ◆ **demi** *nm* -1. [bière] caña f (de cerveza). -2. SPORT medio *m*. ◆ **demie** *nf* -1. [demi-heure] media f; à la ~e a la media, a y media. -2. [une demi-bouteille] botella f de medio. ◆ **à demi** *loc adv* -1. [a moitié] me-

dio; à ~ **nu** medio desnudo. -2. [en partie] a medias; **faire les choses à ~** hacer las cosas a medias.

demi-cercle (*pl* demi-cercles) *nm* semicírculo *m*; en ~ en semicírculo.

demi-douzaine (*pl* demi-douzaines) *nf* media docena f.

demi-finale (*pl* demi-finales) *nf* SPORT semifinal f.

demi-frère (*pl* demi-frères) *nm* hermanastro *m*.

demi-heure (*pl* demi-heures) *nf* media hora f.

demi-journée (*pl* demi-journées) *nf* media jornada f.

démilitariser [demilitarize] vt desmilitarizar.

demi-litre (*pl* demi-litres) *nm* medio litro *m*.

demi-mesure (*pl* demi-mesures) *nf* -1. [quantité] media medida f. -2. [chose incomplète] parche *m*.

demi-mot [dəmimo] ◆ **à demi-mot** *loc adv* : comprendre à ~ entender sin necesidad de palabras.

déminer [demine] vt retirar las minas de.

demi-pension (*pl* demi-pensions) *nf* media pensión f.

demi-pensionnaire (*pl* demi-pensionnaires) *nmf* medio pensionista *mf*.

démis, e [demi, iz] *pp* → **démettre**.

demi-saison (*pl* demi-saisons) *nf* entretiempo.

demi-sœur (*pl* demi-sœurs) *nf* hermanastra f.

démission [demisjɔ̃] *nf* dimisión f.

démissionner [demisjɔne] ◇ vi dimitir. ◇ vt *hum* [renvoyer] dimitir.

demi-tarif (*pl* demi-tarifs) *nm* medio billete *m*.

demi-tour (*pl* demi-tours) *nm* media vuelta f; faire ~ dar media vuelta.

démocrate [demɔkrat] adj & *nmf* demócrata.

démocratie [demɔkrasi] *nf* democracia f.

démocratique [demɔkratik] adj democrático(ca).

démocratiser [demɔkratize] vt democratizar.

démodé, e [demɔde] adj -1. [vêtement] pasado(da) de moda. -2. [technique, théorie] anticuado(da).

démographie [demɔgrafi] *nf* demografía f.

démographique [demɔgrafik] *adj* demográfico(ca).

demoiselle [dəmwazɛl] *nf* -1. [jeune fille] señorita *f*; ~ **d'honneur** dama *f* de honor. -2. [libellule] libélula *f*.

démolir [demɔliʀ] *vt* -1. [édifice] demoler. -2. [casser] destrozar. -3. *fam* [personne] moler a palos. -4. *fig* [projet, réputation] arruinar.

démolition [demɔlisjɔ̃] *nf* demolición *f*.

démon [demɔ̃] *nm* -1. [diable & MYTH] demonio *m*. -2. [enfant] diablo *m*.

démoniaque [demɔnjak] *adj* -1. [diabolique] demoníaco(ca). -2. [possédé du démon] endemoniado(da).

démonstrateur, trice [demɔ̃stratœr, tris] *nm, f* demostrador *m*, -ra *f*.

démonstratif, ive [demɔ̃stratif, iv] *adj* demostrativo(va). ◆ **démonstratif** *nm* GRAM demostrativo *m*.

démonstration [demɔ̃strasjɔ̃] *nf* demostración *f*.

démonter [demɔ̃te] *vt* -1. [appareil] desmontar. -2. [troubler] desmoronar.

démontrer [demɔ̃tre] *vt* demostrar.

démoralisant, e [demɔralizã, ãt] *adj* desmoralizador(ra).

démoraliser [demɔralize] *vt* desmoralizar.

démordre [demɔrdr] *vi* : **ne pas** ~ **de qqch** no dar su brazo a torcer en algo.

démordu [demɔrdy] *pp inv* → **démordre**.

démotiver [demɔtive] *vt* desmotivar.

démouler [demule] *vt* [statue] vaciar; [gâteau, pâté] desmoldar.

démunir [demynir] *vt* despojar. ◆ **se démunir** *vp* : **se** ~ **de qqch** despojarse de algo.

démythifier [demitifje] *vt* desmitificar.

dénationaliser [denasjɔnalize] *vt* ÉCON reprivatizar.

dénaturer [denatyre] *vt* -1. TECHNOL desnaturalizar. -2. [goût] alterar. -3. [paroles] deformar.

dénégation [denegasjɔ̃] *nf* -1. [négation & PSYCHOL] negación *f*. -2. JUR denegación *f*.

dénicher [denife] *vt* -1. [trouver] topar con. -2. [faire sortir de sa cachette] encontrar.

dénigrer [denigre] *vt* denigrar.

dénivellation [denivɛlasjɔ̃] *nf* -1. [de route] desnivel *m*. -2. [de montagne] pendiente *f*.

dénombrer [denɔ̃bre] *vt* [compter] contar; [recenser] censar.

dénominateur [denɔminatœr] *nm* MATHS denominador *m*; ~ **commun** denominador común.

dénomination [denɔminasjɔ̃] *nf* denominación *f*.

dénoncer [denɔ̃se] *vt* -1. [gén] denunciar. -2. *fig* [trahir] revelar.

dénonciation [denɔ̃sjasjɔ̃] *nf* denuncia *f*.

dénoter [denɔte] *vt* denotar.

dénouement [denumã] *nm* desenlace *m*.

dénouer [denwe] *vt* -1. [nœud] desanudar. -2. *fig* [affaire] desenmarañar.

dénoyauter [denwajote] *vt* [fruit] deshuesar.

denrée [dãre] *nf* comestible *m*; ~**s** alimentaires productos *mpl* alimenticios.

dense [dãs] *adj* denso(sa).

densité [dãsite] *nf* densidad *f*, **double/ haute** ~ INFORM doble/alta densidad.

dent [dã] *nf* -1. [gén] diente *m*; ~ **de lait** diente de leche; ~ **de sagesse** muela *f* del juicio. -2. GÉOGR pico *m*.

dentaire [dãter] *adj* dental.

dentelé, e [dãtle] *adj* dentado(da).

dentelle [dãtɛl] *nf* encaje *m*.

dentier [dãtje] *nm* dentadura *f* postiza.

dentifrice [dãtifris] *nm* dentífrico *m*.

dentiste [dãtist] *nmf* dentista *mf*.

dentition [dãtisjɔ̃] *nf* -1. [ensemble des dents] dentadura *f*. -2. [croissance des dents] dentición *f*.

dénuder [denyde] *vt* -1. [partie du corps] dejar al descubierto. -2. [fil électrique] pelar.

dénué, e [denɥe] *adj* : ~ **de** desprovisto(ta) de.

dénuement [denymã] *nm* indigencia *f*.

déodorant, e [deɔdɔrã, ãt] *adj* desodorante. ◆ **déodorant** *nm* desodorante *m*.

déontologie [deɔ̃tɔlɔʒi] *nf* deontología *f*.

dép. *abr de* **départ, département**.

dépannage [depanaʒ] *nm* reparación *f*.

dépanner [depane] *vt* -1. [réparer] reparar *Esp*, refaccionar *Amér*. -2. *fam fig* [aider] echar una mano a.

dépareillé, e [depareje] *adj* -1. [service] incompleto(ta). -2. [chaussettes, gants] desparejado(da).

départ [depar] *nm* -1. [de personne] partida *f*. -2. [de train, d'avion, de course] salida *f*. -3. [d'employé] marcha *f*. -4. [début] punto *m* de partida.

départager [departaʒe] *vt* –1. [concurrents, candidats] desempatar. –2. [opinions] terciar. –3. [séparer] dividir.

département [departəmɑ̃] *nm* –1. [territoire] *división territorial en Francia*; ~ **d'outre-mer** *provincia francesa de ultramar.* –2. ADMIN departamento *m.*

dépassé, e [depase] *adj* –1. [méthode] anticuado(da). –2. [personne] desbordado(da).

dépassement [depasmɑ̃] *nm* –1. [en voiture] adelantamiento *m.* –2. FIN rebasamiento *m.*

dépasser [depase] ◇ *vt* –1. [voiture] adelantar. –2. [surpasser – en hauteur, importance, temps] sobrepasar; [– en longueur] sobresalir entre; [– en qualité] superar. –3. [prévision, attente] superar. –4. [limite, cap] rebasar, sobrepasar. ◇ *vi* sobresalir; ~ **de** sobresalir de.

dépaysement [depeizmɑ̃] *nm* cambio *m* de aires.

dépayser [depeize] *vt* –1. [désorienter] desorientar. –2. [changer agréablement] cambiar para mejor.

dépecer [depəse] *vt* –1. [volaille] descuartizar. –2. [proie] despedazar.

dépêche [depeʃ] *nf* –1. [message diplomatique] despacho *m.* –2. [d'agence de presse] comunicado *m*; ~ **d'agence** comunicado de agencia.

dépêcher [depeʃe] *vt litt* [envoyer] mandar. ◆ **se dépêcher** *vp* darse prisa; se ~ de faire qqch apresurarse a hacer algo.

dépendance [depɑ̃dɑ̃s] *nf* dependencia *f.* ◆ **dépendances** *nfpl* dependencias *fpl.*

dépendre [depɑ̃dr] ◇ *vi* ~ **de** depender de. ◇ *vt* [décrocher] descolgar.

dépendu, e [depɑ̃dy] *pp* → **dépendre.**

dépens [depɑ̃] *nmpl* JUR costas *fpl*; **aux** ~ **de qqn** a costa de alguien; **à mes** ~ a mi costa.

dépense [depɑ̃s] *nf* gasto *m*; **les** ~**s publiques** el gasto público.

dépenser [depɑ̃se] *vt* –1. [argent] gastar. –2. [temps, efforts] dedicar. ◆ **se dépenser** *vp* –1. [se fatiguer] cansarse. –2. *fig* [s'investir] desvivirse.

dépensier, ère [depɑ̃sje, ɛr] *adj* despilfarrador(ra).

déperdition [deperdisjɔ̃] *nf* pérdida *f.*

dépérir [deperir] *vi* –1. [personne] debilitarse. –2. [santé, affaire] decaer. –3. [plante] marchitarse.

déphasé, e [defaze] *adj* desfasado(da).

dépilatoire [depilatwar] *adj* depilatorio(ria).

dépistage [depistaʒ] *nm* –1. [de maladie] detección *f.* –2. [de gibier] rastreo *m.*

dépister [depiste] *vt* –1. [maladie] detectar. –2. [voleur] descubrir el rastro de. –3. [gibier] rastrear. –4. [déjouer] despistar.

dépit [depi] *nm* despecho *m.* ◆ **en dépit de** *loc prép* a pesar de.

dépité, e [depite] *adj* disgustado(da).

déplacé, e [deplase] *adj* –1. [personne] desplazado(da). –2. [remarque, attitude, présence] fuera de lugar.

déplacement [deplasmɑ̃] *nm* –1. [d'objet] desplazamiento *m.* –2. [voyage] desplazamiento *m*, viaje *m.*

déplacer [deplase] *vt* –1. [objet, meuble] desplazar. –2. [problème] desviar. –3. [fonctionnaire] trasladar. ◆ **se déplacer** *vp* desplazarse.

déplaire [depler] *vi* –1. [ne pas plaire] desagradar. –2. [irriter] disgustar.

déplaisant, e [deplezɑ̃, ɑ̃t] *adj* desagradable.

dépliant [deplijɑ̃] *nm* prospecto *m*, folleto *m.*

déplier [deplije] *vt* desplegar, abrir.

déploiement [deplwamɑ̃] *nm* despliegue *m.*

déplorer [deplɔre] *vt sout* deplorar.

déployer [deplwaje] *vt* –1. [carte, ailes, journal] desplegar, abrir. –2. [énergie, efforts, troupes] desplegar. –3. [courage] dar muestra de.

déportation [depɔrtasjɔ̃] *nf* deportación *f.*

déporté, e [depɔrte] *nm, f* deportado *m*, -da *f.*

déporter [depɔrte] *vt* –1. [personne] deportar. –2. [dévier] desviar.

déposé, e [depoze] *adj* [marque] registrado(da); [modèle] patentado(da).

déposer [depoze] ◇ *vt* –1. [personne, objet] dejar en. –2. [argent, sédiments] depositar. –3. [marque] registrar. –4. JUR [plainte] presentar; ~ **son bilan** FIN presentar el expediente de suspensión de pagos. –5. [monarque] destituir. ◇ *vi* –1. JUR deponer. –2. [liquide] depositar. ◆ **se déposer** *vp* depositarse.

dépositaire [depozitɛr] *nm* –1. [gén] depositario *m.* –2. COMM concesionario *m.*

déposition [depozisjɔ̃] *nf* –1. JUR declaración *f.* –2. [de monarque] deposición *f.* –3. RELIG & ART descendimiento *m* de la Cruz.

déposséder [deposede] *vt* : ~ **qqn de qqch** desposeer a alguien de algo.

dépôt [depo] *nm* **-1.** [gén] depósito *m*; ~ **de garantie** FIN depósito en garantía; ~ **légal** depósito legal; ~ **d'ordures** vertedero *m*. **-2.** [prison] calabozo *m*.

dépotoir [depotwar] *nm* **-1.** [décharge] vertedero *m*. **-2.** *péj* [lieu en désordre] leonera *f*. **-3.** TECHNOL [usine] planta *f* de transformación de residuos.

dépouille [depuj] *nf* piel *f*. ◆ **dépouille mortelle** *nf* restos *mpl* mortales.

dépouillement [depujmã] *nm* **-1.** [sobriété] austeridad *f*. **-2.** [examen minutieux] escrutinio *m*.

dépouiller [depuje] *vt* **-1.** [enlever] : ~ **qqn/qqch de qqch** despojar a alguien/ algo de algo. **-2.** [examiner] escrutar.

dépourvu, e [depurvy] *adj* : ~ **de** desprovisto(ta)de. ◆ **au dépourvu** *loc adv* : **prendre qqn au** ~ pillar a alguien desprevenido(da).

dépoussiérer [depusjere] *vt* **-1.** [nettoyer] limpiar el polvo. **-2.** *fig* [rajeunir] renovar.

dépravation [depravasjõ] *nf* depravación *f*.

dépréciation [depresjasjõ] *nf* depreciación *f*.

dépressif, ive [depresif, iv] *adj & nm, f* depresivo(va).

dépression [depresjõ] *nf* depresión *f*; ~ **nerveuse** depresión nerviosa.

déprimant, e [deprimã, ãt] *adj* deprimente.

déprime [deprim] *nf fam* depre *f*; **faire une** ~ tener una depre.

déprimé, e [deprime] *adj* deprimido(da).

déprimer [deprime] ◇ *vt* **-1.** [personne] deprimir. **-2.** FIN hundir. ◇ *vi fam* estar depre.

déprogrammer [deprograme] *vt* desprogramar.

dépuceler [depysle] *vt fam* desvirgar.

depuis [dəpɥi] ◇ *prép* **-1.** [exprimant l'origine temporelle OU spatiale] desde; ~... **jusqu'à** desde... hasta; ~ **une fenêtre** desde una ventana; **il est parti** ~ **hier** se marchó ayer. **-2.** [exprimant la durée] desde hace; ~ **10 ans** desde hace 10 años; ~ **longtemps** desde hace tiempo; ~ **toujours** desde siempre. ◇ *adv* desde entonces; ~, **nous ne l'avons pas vu** desde entonces no lo hemos visto. ◆ **depuis que** *loc conj* desde que.

député [depyte] *nm* **-1.** [au Parlement] diputado *m*, -da *f*; ~ **européen** europarlamentario *m*, -ria *f*. **-2.** [délégué] delegado *m*, -da *f*.

déraciner [derasine] *vt* **-1.** [arbre] arrancar de cuajo, arrancar de raíz. **-2.** [personne] desarraigar.

déraillement [derajmã] *nm* descarrilamiento *m*.

dérailler [deraje] *vi* **-1.** [train] descarrilar. **-2.** *fam* [montre] funcionar mal. **-3.** *fam* [personne] desvariar.

dérailleur [derajœr] *nm* cambio *m* de marchas *(de bicicleta)*.

déraisonnable [derezonabl] *adj sout* poco razonable.

dérangement [derãʒmã] *nm* **-1.** [gêne] trastorno *m*. **-2.** [déplacement] viaje *m*; **en** ~ averiado(da).

déranger [derãʒe] ◇ *vt* **-1.** [mettre en désordre] desordenar. **-2.** [personne] : **ça vous dérange si...?** le molesta si...? **-3.** [esprit] perturbar. ◇ *vi* molestar. ◆ **se déranger** *vp* **-1.** [se déplacer] moverse. **-2.** [se gêner] molestarse.

dérapage [derapaʒ] *nm* **-1.** [de voiture] derrapaje *m*. **-2.** *fig* [en parlant] patinazo *m*.

déraper [derape] *vi* **-1.** [voiture] derrapar. **-2.** *fig* [économie, prix] descontrolarse.

déréglé, e [deregle] *adj* [vie, mœurs] desordenado(da).

déréglementer [dereglǝmãte] *vt* desregular, liberalizar.

dérégler [deregle] *vt* **-1.** [mécanisme] estropear. **-2.** [pouls, esprit] alterar. ◆ **se dérégler** *vp* **-1.** [mécanisme] estropearse. **-2.** *fig* [esprit] alterarse.

dérision [derizjõ] *nf* escarnio *m*; **tourner qqch en** ~ hacer escarnio de algo.

dérisoire [derizwar] *adj* irrisorio(ria).

dérivatif, ive [derivatif, iv] *adj* LING derivativo(va). ◆ **dérivatif** *nm* : ~ **(à qqch)** distracción (para algo).

dérive [deriv] *nf* **-1.** [de bateau] orza *f*. **-2.** [mouvement] deriva *f*; **aller** OU **être à la** ~ *fig* ir a la deriva.

dérivé [derive] *nm* derivado *m*.

dériver [derive] ◇ *vt* **-1.** [fleuve, rivière] derivar. **-2.** LING derivar. ◇ *vi* **-1.** [découler] : ~ **de qqch** derivar OU provenir de algo. **-2.** [aller à la dérive] derivar.

dermatologie [dermatolɔʒi] *nf* dermatología *f*.

dermatologue [dɛrmatɔlɔg], **dermatologiste** [dɛrmatɔlɔʒist] *nmf* dermatólogo *m*, -ga *f*.

dernier, ère [dɛrnje, ɛr] ◇ *adj* -1. [gén] último(ma). -2. [jour, semaine, année etc] pasado(da). ◇ *nm, f* -1. [dans une série] último *m*, -ma *f*; **ce** ~ [reprend un énoncé] éste, este último. -2. [benjamin] pequeño *m*, -ña *f*. ◆ **en dernier** *loc adv* en último lugar.

dernièrement [dɛrnjɛrmɑ̃] *adv* últimamente.

dernier-né, dernière-née *nm, f* -1. [bébé] hijo *m* menor, hija *f* menor. -2. [dernier modèle] último modelo *m*.

dérobade [derɔbad] *nf* espantada *f*.

dérobé, e [derobe] *adj* [escalier, porte] secreto(ta).

dérober [derobe] *vt sout* hurtar. ◆ **se dérober** *vp* [sol] hundirse.

dérogation [derɔgasjɔ̃] *nf* derogación *f*.

déroulement [derulmɑ̃] *nm* -1. [de bobine] desenrollamiento *m*. -2. [d'événement] desarrollo *m*.

dérouler [derule] *vt* desenrollar. ◆ **se dérouler** *vp* [événement] desarrollarse.

déroute [derut] *nf* -1. [fuite] espantada *f*; **mettre en** ~ poner en fuga. -2. *fig* [débâcle] desastre *m*.

dérouter [derute] *vt* -1. [personne] desconcertar. -2. [avion, navire] desviar.

derrière [dɛrjɛr] ◇ *prép* -1. [en arrière de] detrás de. -2. [au-delà de] más allá de, detrás de. ◇ *nm* -1. [partie arrière] parte *f* de atrás. -2. [partie du corps] trasero *m*.

des [de] ◇ *art indéf* → **un**. ◇ *prép* → **de**.

dès [dɛ] *prép* -1. [depuis] desde; ~ **l'enfance** desde niño; ~ **maintenant** desde ahora, a partir de ahora; ~ **demain** a partir de mañana. -2. [aussitôt que] en cuanto; ~ **mon retour, j'irai te voir** en cuanto vuelva, iré a verte. ◆ **dès lors** *loc adv* desde entonces. ◆ **dès lors que** *loc conj* ya que. ◆ **dès que** *loc conj* en cuanto; ~ **que j'arriverai, je l'informerai** en cuanto llegue, le pondré al corriente; ~ **que possible** cuanto antes.

désabusé, e [dezabyze] *adj* desengañado(da).

désaccord [dezakɔr] *nm* desacuerdo *m*, discrepancia *f*.

désaccordé, e [dezakɔrde] *adj* desafinado(da).

désaffecté, e [dezafɛkte] *adj* abandonado(da).

désaffection [dezafɛksjɔ̃] *nf* desafecto *m*.

désagréable [dezagreabl] *adj* desagradable.

désagrément [dezagremɑ̃] *nm* disgusto *m*.

désaltérant, e [dezalterɑ̃, ɑ̃t] *adj* que quita la sed.

désaltérer [dezaltere] *vt & vi* quitar la sed. ◆ **se désaltérer** *vp* beber.

désamorcer [dezamɔrse] *vt* -1. [arme] descebar. -2. *fig* [complot] desarticular.

désappointer [dezapwɛ̃te] *vt* decepcionar.

désapprobation [dezaprɔbasjɔ̃] *nf* desaprobación *f*.

désapprouver [dezapruve] ◇ *vt* desaprobar. ◇ *vi* protestar.

désarmement [dezarmɑ̃mɑ̃] *nm* desarme *m*.

désarmer [dezarme] ◇ *vt* -1. [gén] desarmar. -2. [fusil] desmontar. ◇ *vi* -1. [pays] desarmarse. -2. *fig* [tenir bon – personne] rendirse; [– haine] ceder.

désarroi [dezarwa] *nm* angustia *f*.

désarticulé, e [dezartikyle] *adj* -1. [pantin] desarticulado(da). -2. [corps] descoyuntado(da).

désastre [dezastr] *nm* desastre *m*.

désastreux, euse [dezastrø, øz] *adj* desastroso(sa).

désavantage [dezavɑ̃taʒ] *nm* desventaja *f*.

désavantager [dezavɑ̃taʒe] *vt* perjudicar.

désavantageux, euse [dezavɑ̃taʒø, øz] *adj* desventajoso(sa).

désavouer [dezavue] *vt* -1. [renier] negar. -2. [désapprouver] desaprobar.

désaxé, e [dezakse] *adj & nm, f* desequilibrado(da).

désaxer [dezakse] *vt* descentrar.

descendance [desɑ̃dɑ̃s] *nf* descendencia *f*.

descendant, e [desɑ̃dɑ̃, ɑ̃t] ◇ *adj* [lignée] descendente. ◇ *nm, f* [héritier] descendiente *mf*.

descendre [desɑ̃dr] ◇ *vt (aux avoir)* -1. [gén] bajar. -2. *fam* [abattre – homme] liquidar; [– avion] derribar. -3. [cours d'eau] bajar por. ◇ *vi (aux être)* -1. [être en pente] ser empinado(da), estar en cuesta. -2. [aller de haut en bas] bajar. -3. [de véhicule] bajarse, apearse *Esp*, desembarcarse *Amér*. -4. [séjourner] parar, dormir. -5. [être issu] : ~ **de** descender de.

descendu, e [desɑ̃dy] *pp* → **descendre**.

descente [desɑ̃t] *nf* -1. [action de descendre] descenso *m*, bajada *f*. -2. [au ski] descenso *m*. -3. [irruption] irrupción *f*.

◆ **descente de lit** *nf* alfombrilla *f* de cama.

descriptif, ive [dɛskriptif, iv] *adj* descriptivo(va). ◆ **descriptif** *nm* documento que contiene una descripción detallada, planos, esquemas, etc.

description [dɛskripsjɔ̃] *nf* descripción *f*.

désemparé, e [dezãpare] *adj* desamparado(da).

désenchanté, e [dezãʃãte] *adj* desencantado(da).

désendettement [dezãdɛtmã] *nm* reducción *f* de una deuda.

désenfler [dezãfle] *vi* deshincharse, desinflarse.

désensibiliser [desãsibilize] *vt* insensibilizar.

déséquilibre [dezekilibr] *nm* desequilibrio *m*.

déséquilibré, e [dezekilibre] *nm, f* desequilibrado *m*, -da *f*.

déséquilibrer [dezekilibre] *vt* desequilibrar.

désert, e [dezer, ɛrt] *adj* desierto(ta). ◆ **désert** *nm* desierto *m*.

déserter [dezɛrte] ◇ *vt* **-1.** [endroit] abandonar. **-2.** *fig* [cause] desertar de. ◇ *vi* MIL desertar.

déserteur [dezɛrtœr] *nm* desertor *m*.

désertion [dezɛrsjɔ̃] *nf* deserción *f*.

désertique [dezertik] *adj* desértico(ca).

désespéré, e [dezɛspere] ◇ *adj* **-1.** [regard] de desesperación. **-2.** [situation, tentative] desesperado(da). ◇ *nm, f* sout desesperado *m*, -da *f*.

désespérément [dezɛsperemã] *adv* **-1.** [sans espoir] con desesperación, desesperadamente. **-2.** [avec acharnement] desesperadamente.

désespérer [dezɛspere] ◇ *vt* desesperar; ~ **que qqch arrive** desesperar de que algo pase. ◇ *vi* perder la esperanza; ~ **de qqn/qqch** sout perder toda esperanza en alguien/en algo; ~ **de faire qqch** perder toda esperanza de hacer algo. ◆ **se désespérer** *vp* desesperarse.

désespoir [dezɛspwar] *nm* desesperación *f*; **faire le** ~ **de qqn** ser la desesperación de alguien; **en** ~ **de cause** en último extremo.

déshabillé [dezabije] *nm* deshabillé *m*, salto *m* de cama.

déshabiller [dezabije] *vt* desnudar. ◆ **se déshabiller** *vp* desnudarse.

déshabituer [dezabitɥe] *vt* : ~ **qqn de qqch/de faire qqch** hacer perder a alguien la costumbre de algo/de hacer algo.

désherbant, e [dezɛrbã, ãt] *adj* herbicida. ◆ **désherbant** *nm* herbicida *m*.

déshérité, e [dezerite] *adj & nm, f* desheredado(da).

déshériter [dezerite] *vt* desheredar.

déshonneur [dezɔnœr] *nm* deshonor *m*, deshonra *f*.

déshonorer [dezɔnɔre] *vt* deshonrar.

déshydrater [dezidrate] *vt* deshidratar. ◆ **se déshydrater** *vp* deshidratarse.

designer [dizajnœr] *nm* diseñador *m*, -ra *f*.

désigner [deziɲe] *vt* **-1.** [choisir] designar, nombrar. **-2.** [signaler] señalar. **-3.** [signifier] significar.

désillusion [dezilyzjɔ̃] *nf* desilusión *f*.

désincarné, e [dezɛ̃karne] *adj* desencarnado(da).

désindustrialisation [dezɛ̃dystrijalizasjɔ̃] *nf* desindustrialización *f*.

désinfectant, e [dezɛ̃fɛktã, ãt] *adj* desinfectante. ◆ **désinfectant** *nm* desinfectante *m*.

désinfecter [dezɛ̃fɛkte] *vt* desinfectar.

désinflation [dezɛ̃flasjɔ̃] *nf* deflación *f*.

désintégrer [dezɛ̃tegre] *vt* desintegrar. ◆ **se désintégrer** *vp* desintegrarse.

désintéressé, e [dezɛ̃terese] *adj* desinteresado(da).

désintéresser [dezɛ̃terese] ◆ **se désintéresser** *vp* : **se** ~ **de qqch/de qqn** desentenderse de algo/de alguien.

désintoxication [dezɛ̃tɔksikasjɔ̃] *nf* desintoxicación *f*.

désintoxiquer [dezɛ̃tɔksike] *vt* desintoxicar.

désinvolte [dezɛ̃vɔlt] *adj* **-1.** [à l'aise] desenvuelto(ta). **-2.** *péj* [sans gêne] atrevido(da).

désinvolture [dezɛ̃vɔltyr] *nf* atrevimiento *m*.

désir [dezir] *nm* deseo *m*.

désirable [dezirabl] *adj* **-1.** [chose] apetecible. **-2.** [personne] deseable.

désirer [dezire] *vt* desear; **vous désirez?** [dans un magasin] ¿en qué puedo servirle?

désistement [dezistəmã] *nm* renuncia *f*.

désister [deziste] ◆ **se désister** *vp* : **se** ~ **de qqch** JUR [renoncer] renunciar a algo; [se retirer] retirarse de algo.

désobéir [dezɔbeir] *vi* desobedecer; ~ **à qqch/à qqn** desobedecer algo/a alguien

désobéissance [dezɔbeisɑ̃s] nf desobediencia f.

désobéissant, e [dezɔbeisɑ̃, ɑ̃t] adj desobediente.

désobligeant, e [dezɔbliʒɑ̃, ɑ̃t] adj sout descortés.

désodorisant, e [dezɔdɔrizɑ̃, ɑ̃t] adj desodorante. ◆ **désodorisant** nm desodorante m.

désœuvré, e [dezœvre] adj ocioso(sa).

désœuvrement [dezœvrəmɑ̃] nm ociosidad f.

désolation [dezɔlasjɔ̃] nf desolación f.

désolé, e [dezɔle] adj **-1.** [contrarié] : être ~ sentirlo (mucho); **je suis ~, mais je dois m'en aller** lo siento (mucho) pero tengo que irme. **-2.** [personne] desconsolado(da). **-3.** [terre, paysage] desolado(da).

désopilant, e [dezɔpilɑ̃, ɑ̃t] adj desternillante.

désordonné, e [dezɔrdɔne] adj desordenado(da).

désordre [dezɔrdr] nm **-1.** [fouillis] desorden m; **en ~** desordenado(da). **-2.** [confusion] confusión f. **-3.** (gén pl) [trouble] disturbio m, desorden m.

désorganiser [dezɔrganize] vt desorganizar.

désorienté, e [dezɔrjɑ̃te] adj desorientado(da).

désormais [dezɔrmɛ] adv a partir de ahora.

désosser [dezɔse] vt **-1.** [viande] deshuesar. **-2.** [mécanisme] desguazar.

despote [dɛspɔt] adj & nm déspota.

despotique [dɛspɔtik] adj despótico(ca).

despotisme [dɛspɔtism] nm despotismo m.

desquels, desquelles [dekɛl] → lequel.

dessaler [desale] ◇ vt **-1.** [poisson] desalar. **-2.** fam [personne] espabilar. ◇ vi fam NAVIG [chavirer] irse a pique.

dessécher [deseʃe] vt **-1.** [peau] resecar. **-2.** fig [cœur] endurecer. ◆ **se dessécher** vp **-1.** [peau] resecarse. **-2.** [maigrir] secarse. **-3.** fig [s'endurcir] endurecerse.

desserrer [desere] vt aflojar.

dessert [desɛr] nm postre m.

desserte [desɛrt] nf **-1.** [service] servicio m de transporte. **-2.** [meuble] mesa f auxiliar.

desservir [desɛrvir] vt **-1.** [lieu] comunicar. **-2.** [table] quitar. **-3.** [désavantager] perjudicar.

dessin [desɛ̃] nm **-1.** [graphique] dibujo m; ~ **animé** dibujo animado. **-2.** fig [contour – de chose] contorno m; [– de visage] perfil m.

dessinateur, trice [desinatœr, tris] nm, f dibujante mf.

dessiner [desine] ◇ vt **-1.** [gén] dibujar. **-2.** [souligner] resaltar. ◇ vi dibujar.

dessous [dəsu] ◇ adv debajo. ◇ prép debajo de; ~ **qqch** debajo de algo. ◇ nm **-1.** [partie inférieure] parte f de abajo. **-2.** [envers – de tissu] revés m; [– de feuille] envés. ◇ nmpl [sous-vêtements féminins] ropa f interior femenina; **les ~ de qqch** fig los entresijos de algo. ◆ **en dessous** loc adv abajo; **agir par en ~** actuar de manera subrepticia; **regarder qqn par en ~** mirar a alguien de soslayo OU por el rabillo del ojo. ◆ **en dessous de** loc prép debajo de; **en ~ de zéro** bajo cero; **vous êtes très en ~ de la vérité** está usted muy lejos de la verdad.

dessous-de-plat [dəsudpla] nm inv salvamantel m.

dessus [dəsy] ◇ adv encima, arriba; **marcher ~** pisar. ◇ nm **-1.** [partie supérieure] parte f de encima. **-2.** [étage supérieur] piso m de arriba; **les voisins du ~** los vecinos de arriba. **-3.** loc : **avoir le ~** ganar; **reprendre le ~** recuperarse. ◆ **en dessus** loc adv encima, arriba.

dessus-de-lit [dəsydli] nm inv colcha f, cubrecama m.

déstabilisateur, trice [destabilizatœr, tris] adj desestabilizador(ra).

déstabilisation [destabilizasjɔ̃] nf desestabilización f.

destin [dɛstɛ̃] nm destino m.

destinataire [dɛstinatɛr] nmf destinatario m, -ria f.

destination [dɛstinasjɔ̃] nf destino m; **à ~ de** con destino a.

destinée [dɛstine] nf destino m.

destiner [dɛstine] vt : ~ **qqch à qqn/à qqch** destinar algo a alguien/a algo; ~ **qqn à qqch** destinar a alguien a algo.

destituer [dɛstitɥe] vt destituir.

destructeur, trice [dɛstryktœr, tris] adj & nm, f destructor(ra).

destruction [dɛstryksjɔ̃] nf destrucción f.

déstructuration [destryktyrasjɔ̃] nf desestructuración f.

désuet, ète [dezɥɛ, ɛt] adj anticuado(da).

désuni, e [dezyni] adj desunido(da).

détachable [detaʃabl] adj recortable.

détachant, e [detaʃɑ̃, ɑ̃t] *adj* quitamanchas. ◆ **détachant** *nm* quitamanchas *m inv.*

détaché, e [detaʃe] *adj* **-1.** [feuille] suelto(ta). **-2.** [air] indiferente.

détachement [detaʃmɑ̃] *nm* **-1.** [indifférence] indiferencia *f.* **-2.** [mission] destino; **en ~ auprès de qqn** destinado(da)al servicio de alguien. **-3.** MIL destacamento *m.*

détacher [detaʃe] *vt* **-1.** [découper] recortar. **-2.** [tissu, vêtement] quitar las manchas de. **-3.** [cheveux, chien] soltar. **-4.** *fig* [éloigner] : **~ qqn de qqch** apartar a alguien de algo. **-5.** ADMIN [fonctionnaire] destinar provisionalmente. ◆ **se détacher** *vp* **-1.** [se libérer] librarse; **se ~ de** librarse de. **-2.** [ressortir] : **se ~ sur** recortarse en. **-3.** [se désintéresser] : **se ~ de qqn** alejarse de alguien.

détail [detaj] *nm* detalle *m.* ◆ **en détail** *loc adv* con todo detalle. ◆ **au détail** *loc adv* [vente] al por menor, al detalle.

détaillant, e [detajɑ̃, ɑ̃t] ◇ *adj* al por menor, al detalle. ◇ *nm, f* minorista *mf*, detallista *mf.*

détaillé, e [detaje] *adj* [récit, facture] detallado(da).

détailler [detaje] *vt* **-1.** [récit, facture] detallar. **-2.** [vendre au détail] vender al por menor, vender al detalle.

détaler [detale] *vi* **-1.** [personne] salir pitando, irse por piernas. **-2.** [animal] huir velozmente.

détartrant, e [detartrɑ̃, ɑ̃t] *adj* antical. ◆ **détartrant** *nm* antical *m.*

détaxe [detaks] *nf* desgravación *f.*

détecter [detɛkte] *vt* detectar.

détecteur, trice [detɛktœr, tris] *adj* detector(ra). ◆ **détecteur** *nm* detector *m.*

détection [detɛksjɔ̃] *nf* detección *f.*

détective [detɛktiv] *nm* detective *mf*; **~ privé** detective privado.

déteint, e [detɛ̃, ɛ̃t] *pp* → **déteindre.**

déteindre [detɛ̃dr] ◇ *vt* desteñir. ◇ *vi* **-1.** [changer de couleur] desteñir. **-2.** [influencer] contagiar.

détendu, e [detɑ̃dy] *adj* **-1.** [corde, ressort] flojo(ja). **-2.** [personne] relajado(da).

détenir [detnir] *vt* **-1.** [objet, record] poseer. **-2.** [secret] guardar. **-3.** [garder en captivité] retener *(en prisión).*

détente [detɑ̃t] *nf* **-1.** [de ressort & POLIT] distensión *f.* **-2.** [repos] descanso *m.* **-3.** [d'athlète] estiramiento *m.*

détenteur, trice [detɑ̃tœr, tris] *nm, f* poseedor *m,* -ra *f.*

détention [detɑ̃sjɔ̃] *nf* **-1.** [possession] posesión *f.* **-2.** [emprisonnement] detención *m.*

détenu, e [detny] ◇ *pp* → **détenir.** ◇ *adj & nm, f* detenido(da).

détergent, e [detɛrʒɑ̃, ɑ̃t] *adj* detergente. ◆ **détergent** *nm* detergente *m.*

détérioration [deterjɔrasjɔ̃] *nf* deterioro *m.*

détériorer [deterjɔre] *vt* estropear. ◆ **se détériorer** *vp* deteriorarse.

déterminant, e [detɛrminɑ̃, ɑ̃t] *adj* determinante. ◆ **déterminant** *nm* determinante *m.*

détermination [detɛrminasjɔ̃] *nf* **-1.** [définition] determinación *f.* **-2.** [résolution, fermeté] determinación *f,* decisión *f.*

déterminé, e [detɛrmine] *adj* **-1.** [quantité, poids] determinado(da). **-2.** [expression, air] determinado(da), decidido(da).

déterminer [detɛrmine] *vt* [gén] determinar. ◆ **se déterminer** *vp* : **se ~ à faire qqch** decidirse a hacer algo.

déterrer [detere] *vt* desenterrar.

détestable [detɛstabl] *adj* odioso(sa), detestable.

détester [detɛste] *vt* odiar, detestar.

détonateur [detɔnatœr] *nm* **-1.** TECHNOL detonador *m.* **-2.** *fig* [de crise] detonante *m.*

détonation [detɔnasjɔ̃] *nf* detonación *f.*

détonner [detɔne] *vi* desentonar.

détour [detur] *nm* **-1.** [déviation] rodeo *m;* **sans ~** sin rodeos. **-2.** [méandre] recodo *m.*

détourné, e [deturne] *adj* indirecto(ta).

détournement [deturnəmɑ̃] *nm* [de circulation] desvío *m;* **~ d'avion** secuestro *m* aéreo; **~ de fonds** malversación *f;* **~ de mineur** corrupción *f* de menores.

détourner [deturne] *vt* **-1.** [fleuve, circulation] desviar. **-2.** [avion] secuestrar. **-3.** [écarter] : **~ qqn de** distraer a alguien de. **-4.** [regard] desviar; [tête] volver. **-5.** [fonds] malversar. ◆ **se détourner** *vp* **-1.** [se tourner ailleurs] apartar la vista. **-2.** *fig* : **se ~ de qqn/de qqch** apartarse de alguien/de algo.

détraquer [detrake] *vt* estropear. ◆ **se détraquer** *vp fam* [machine, temps] estropearse *Esp,* descomponerse *Amér.*

détrempe [detrɑ̃p] *nf* **-1.** [de l'acier] destemple *m.* **-2.** ART temple *m.*

détresse [detrɛs] *nf* **-1.** [sentiment] desamparo *m.* **-2.** [situation] miseria *f.*

détriment [detrimã] ◆ **au détriment de** *loc prép* en detrimento de.

détritus [detrity(s)] *nm* detritus *m inv*.

détroit [detrwa] *nm* estrecho *m*.

détromper [detrɔpe] *vt* **-1.** [personne] sacar del error. **-2.** [préjugé, idée] echar por tierra.

détrôner [detrone] *vt* destronar.

détruire [detrɥir] *vt* destruir. ◆ **se détruire** *vp* destrozarse.

détruit, e [detrɥi, it] *pp* → **détruire**.

dette [dɛt] *nf* deuda *f*.

DEUG, Deug [dœg] (*abr de* **diplôme d'études universitaires générales**) *nm* diploma *que se obtiene tras dos años de estudios universitarios generales.*

deuil [dœj] *nm* **-1.** [douleur] duelo *m*. **-2.** [vêtement, période] luto *m*; **en ~ de** luto; **porter le ~** llevar luto. **-3.** [mort] deceso *m*.

DEUST, Deust [dœst] (*abr de* **diplôme d'études universitaires scientifiques et techniques**) *nm* diploma *que se obtiene tras cursar dos años de estudios técnicos universitarios.*

deux [dø] ◇ *adj num* dos; **tous les ~ jours** cada dos días. ◇ *nm* dos *m*; *voir aussi* **six**.

deuxième [døzjɛm] *adj & nmf* segundo(da); *voir aussi* **sixième**.

deux-pièces [døpjɛs] *nm inv* **-1.** [vêtement] dos piezas *m*. **-2.** [appartement] piso *m* con un dormitorio y salón.

deux-roues [døru] *nm inv* vehículo *m* de dos ruedas.

dévaler [devale] ◇ *vt* **-1.** [pente] rodar por. **-2.** [escalier] bajar corriendo por. ◇ *vi* bajar rodando.

dévaliser [devalize] *vt* **-1.** [cambrioler] desvalijar. **-2.** *fig* [prendre d'assaut] saquear.

dévaloriser [devalɔrize] *vt* **-1.** [gén] desvalorizar. **-2.** [personne] menospreciar. ◆ **se dévaloriser** *vp* **-1.** [monnaie] desvalorizarse. **-2.** [personne] menospreciarse.

dévaluation [devalɥasjɔ̃] *nf* devaluación *f*.

dévaluer [devalɥe] ◇ *vt* devaluar. ◇ *vi* devaluar la moneda. ◆ **se dévaluer** *vp* devaluarse.

devancer [dəvɑ̃se] *vt* **-1.** [précéder] adelantar. **-2.** [surpasser] aventajar. **-3.** [anticiper] anticiparse a.

devancier, ère [dəvɑ̃sje, ɛr] *nm, f* antecesor *m*, -ra *f*.

devant [dəvɑ̃] ◇ *prép* **-1.** [en face de, en avant de] delante de; **~ qqch** delante de algo; **~ moi/toi** delante de mí/de ti. **-2.** [en présence de, face à] ante. ◇ *adv* delante. ◇ *nm* parte *f* de delante, delantera *f*; **prendre les ~s** tomar la delantera, adelantarse. ◆ **de devant** *loc adj* [pattes, roues] de delante.

devanture [dəvɑ̃tyr] *nf* escaparate *m*.

dévaster [devaste] *vt* devastar.

développement [devlɔpmɑ̃] *nm* **-1.** [gén] desarrollo *m*. **-2.** PHOT revelado *m*. **-3.** [exposé détaillé] exposición *f*. ◆ **développements** *nmpl* consecuencias *fpl*.

développer [devlɔpe] *vt* **-1.** [gén] desarrollar. **-2.** PHOT revelar. ◆ **se développer** *vp* **-1.** [s'épanouir] desarrollarse. **-2.** ÉCON crecer.

devenir [dəvnir] *vi* [changer d'état – sans volonté propre] volverse; **il est devenu sourd** se ha vuelto sordo; [– après des efforts] llegar a ser; **il est devenu président** ha llegado a ser presidente; **que devient-elle?** *fig* ¿qué es de ella?, ¿qué ha sido de ella?

devenu, e [dəvny] *pp* → **devenir**.

dévergondé, e [devergɔ̃de] *adj & nm, f* desvergonzado(da).

déverser [deverse] *vt* **-1.** [eaux] verter. **-2.** *fig* [sentiment, humeur] desahogar. **-3.** [ordures, bombes] tirar.

déviation [devjasjɔ̃] *nf* **-1.** [de trajectoire] desviación *f*. **-2.** [de circulation] desvío *m*. **-3.** [de doctrine] desviacionismo *m*.

dévier [devje] ◇ *vi* : **~ de** [s'écarter de] desviarse de; *fig* apartarse de. ◇ *vt* [détourner] desviar.

devin, devineresse [dəvɛ̃, dəvinrɛs] *nm, f* adivino *m*, -na *f*.

deviner [dəvine] *vt* adivinar.

devinette [dəvinɛt] *nf* adivinanza *f*, acertijo *m*.

devis [dəvi] *nm* presupuesto *m*; **faire un ~** hacer un presupuesto.

dévisager [devizaʒe] *vt* mirar de hito en hito.

devise [dəviz] *nf* divisa *f*.

dévisser [devise] ◇ *vt* desatornillar, destornillar. ◇ *vi* ALPINISME despeñarse.

dévitaliser [devitalize] *vt* desvitalizar.

dévoiler [devwale] *vt* **-1.** [complot] desvelar. **-2.** [secret, intentions] revelar.

devoir [dəvwar] ◇ *nm* deber *m*. ◇ *vt* **-1.** [argent, respect] deber; **~ qqch à qqn** deber algo a alguien. **-2.** [être obligé de] de-

ber, tener que. **-3.** [marque la probabilité]
deber de; **ça doit coûter cher** esto debe
(de) costar caro. **-4.** [marque l'intention]
haber de, tener que. **-5.** [marque le futur] :
il doit commencer bientôt empezará
dentro de poco.

dévolu, e [devɔly] *adj sout* correspondiente por derecho. ◆ **dévolu** *nm* : **jeter
son ~ sur qqn/sur qqch** echar el ojo a
alguien/a algo.

dévorer [devɔre] *vt* devorar.

dévotion [devɔsjɔ̃] *nf* devoción *f*.

dévoué, e [devwe] *adj* abnegado(da).

dévouement [devumã] *nm* abnegación *f*.

dévouer [devwe] ◆ **se dévouer** *vp* **-1.** [se
consacrer] : **se ~ à** consagrarse a. **-2.** *fig*
[se sacrifier] sacrificarse.

dévoyé, e [devwaje] *adj & nm, f* descarriado(da).

devrai, devras *etc* → **devoir**.

dextérité [dɛksterite] *nf* **-1.** [manuelle] destreza *f*, habilidad *f*. **-2.** [de l'esprit] soltura *f*.

dg (*abr de* **décigramme**) dg.

DGSE (*abr de* **Direction générale de la sécurité extérieure**) *nf servicio de inteligencia encargado de la seguridad del territorio francés,* ≈ CESID *m*.

diabète [djabɛt] *nm* diabetes *f inv*.

diabétique [djabetik] *adj & nmf* diabético(ca).

diable [djabl] *nm* **-1.** [démon, enfant turbulent] diablo *m*. **-2.** [outil] carretilla *f*.

diabolique [djabɔlik] *adj* diabólico(ca).

diadème [djadɛm] *nm* diadema *f*.

diagnostic [djagnɔstik] *nm* diagnóstico *m*.

diagnostiquer [djagnɔstike] *vt* diagnosticar.

diagonal, e, aux [djagɔnal, o] *adj* diagonal.
◆ **diagonale** *nf* diagonal *f*; **en ~e** en diagonal.

dialecte [djalɛkt] *nm* dialecto *m*.

dialogue [djalɔg] *nm* diálogo *m*.

dialoguer [djalɔge] *vi* dialogar.

diamant [djamã] *nm* **-1.** [pierre] diamante
m. **-2.** [de tête de lecture] aguja *f*.

diamètre [djametr] *nm* diámetro *m*.

diapason [djapazɔ̃] *nm* diapasón *m*.

diapositive [djapozitiv] *nf* diapositiva *f*.

diapré, e [djapre] *adj sout* tornasolado(da).

diarrhée [djare] *nf* diarrea *f*.

dictateur [diktatœr] *nm* dictador *m*.

dictature [diktatyr] *nf* dictadura *f*.

dictée [dikte] *nf* dictado *m*.

dicter [dikte] *vt* dictar.

diction [diksjɔ̃] *nf* dicción *f*.

dictionnaire [diksjɔnɛr] *nm* diccionario *m*.

dicton [diktɔ̃] *nm* dicho *m*, refrán *m*.

dièse [djɛz] ◇ *adj* sostenido(da). ◇ *nm*
sostenido *m*.

diesel [djezɛl] *adj inv & nm* diesel.

diète [djɛt] *nf* dieta *f*; **être à la ~** estar a
dieta.

diététicien, enne [djetetisjɛ̃, ɛn] *nm, f* dietista *mf*.

diététique [djetetik] *nf* dietética *f*.

dieu, x [djø] *nm* dios *m*. ◆ **Dieu** *nm* Dios
m.

diffamation [difamasjɔ̃] *nf* difamación *f*.

diffamer [difame] *vt* difamar.

différé, e [difere] *adj* diferido(da). ◆ **différé** *nm* TÉLÉ programa *m* en diferido; **en ~**
en diferido.

différence [diferãs] *nf* diferencia *f*.

différencier [diferãsje] *vt* : **~ qqch de
qqch** diferenciar algo de algo. ◆ **se différencier** *vp* : **se ~ de qqn** diferenciarse
de alguien.

différend [diferã] *nm* diferencia *f (desacuerdo)*; **avoir un ~ avec qqn** tener diferencias con alguien.

différent, e [diferã, ãt] *adj* **-1.** [distinct] diferente. **-2.** [divers] vario(ria).

différer [difere] ◇ *vt* [retarder] aplazar.
◇ *vi* **-1.** [être différent]. **-2.** [varier] variar.
-3. [ne pas être d'accord] : **~ sur** discrepar
en.

difficile [difisil] ◇ *adj* difícil. ◇ *nmf* : **faire
le/la ~** hacerse el/la difícil.

difficilement [difisilmã] *adv* difícilmente.

difficulté [difikylte] *nf* dificultad *f*; **en ~** en
dificultades, en apuros.

difforme [difɔrm] *adj* deforme.

diffuser [difyze] *vt* **-1.** [gén] difundir. **-2.**
[émission] emitir.

diffuseur [difyzœr] *nm* difusor *m*.

diffusion [difyzjɔ̃] *nf* **-1.** [gén] difusión *f*.
-2. [d'émission] emisión *f*.

digérer [diʒere] *vi* digerir.

digestif, ive [diʒɛstif, iv] *adj* digestivo(va).
◆ **digestif** *nm* digestivo *m*.

digestion [diʒɛstjɔ̃] *nf* digestión *f*.

digital, e, aux [diʒital, o] *adj* **-1.** [code, affichage] numérique. **-2.** → **empreinte**.

digne [diɲ] *adj* digno(na); **~ de qqn/de
qqch** digno de alguien/de algo.

dignité [diɲite] *nf* dignidad *f.*

digression [digʀesjɔ̃] *nf* digresión *f.*

dilapider [dilapide] *vt* dilapidar.

dilater [dilate] *vt* dilatar.

dilemme [dilɛm] *nm* dilema *m.*

diligence [diliʒɑ̃s] *nf* diligencia *f.*

diluant [dilɥɑ̃] *nm* diluyente *m.*

diluer [dilɥe] *vt* diluir. ◆ **se diluer** *vp* diluirse.

diluvien, enne [dilyvjɛ̃, ɛn] *adj* diluviano(na).

dimanche [dimɑ̃ʃ] *nm* domingo; *voir aussi* **samedi**.

dîme [dim] *nf* HIST diezmo *m.*

dimension [dimɑ̃sjɔ̃] *nf* **-1.** [taille] dimensión *f.* **-2.** [mesure] medida *f;* **prendre les ~s de** tomar las medidas de. **-3.** [importance] magnitud *f.* **-4.** [aspect, composante] aspecto *m.*

diminuer [diminɥe] *vt* reducir. ◇ *vi* disminuir. ◆ **se diminuer** *vp* rebajarse.

diminutif, ive [diminytif, iv] *adj* LING diminutivo(va). ◆ **diminutif** *nm* diminutivo *m.*

diminution [diminysjɔ̃] *nf* disminución *f.*

dinde [dɛ̃d] *nf* [animal, femme sotte] pava *f.*

dindon [dɛ̃dɔ̃] *nm* pavo *m Esp,* guajolote *m Amér.*

dîner [dine] ◇ *vi* cenar. ◇ *nm* cena *f.*

dingue [dɛ̃g] *fam* ◇ *adj* **-1.** [fou] chalado(da), chiflado(da). **-2.** [incroyable] de locos. ◇ *nmf* chalado *m,* -da *f,* chiflado *m,* -da *f.*

dinosaure [dinozɔʀ] *nm* dinosaurio *m.*

diphtongue [diftɔ̃g] *nf* diptongo *m.*

diplomate [diplɔmat] ◇ *adj* diplomático(ca). ◇ *nmf* [ambassadeur] diplomático *m,* -ca *f.* ◇ *nm* [gâteau] pudding *a base de bizcochos con licor, frutas confitadas, mermelada y crema inglesa.*

diplomatique [diplɔmatik] *adj* diplomático(ca).

diplôme [diplom] *nm* diploma *m.*

diplômé, e [diplome] ◇ *adj* diplomado(da). ◇ *nm, f :* **~ (d'État)** diplomado *m,* -da *f.*

dire [diʀ] *vt* **-1.** [exprimer oralement ou par écrit] decir; **~ qqch à qqn** decir algo a alguien; **~ à qqn de** (+ *infinitif*) decirle a alguien que (+ *subjuntivo*); **dis-lui de venir** dile que venga; **on dirait que** parece que; **on dit que** se dice que, dicen que; **que dirais-tu de** (+ *infinitif*)? ¿qué me dices de

(+ *infinitivo*)?; **que dirais-tu de déjeuner à la campagne?** ¿qué me dices de una comida en el campo?; **qu'en dis-tu?** ¿qué te parece? **-2.** [signifier] expresar; **vouloir ~** querer decir. **-3.** [plaire] : **ça te dit/dirait de...?** te apetece...?; **ça ne me dit rien** no me apetece nada. **-4.** [rappeler] sonar; **ça te dit qqch?** ¿te suena de algo? ◆ **se dire** *vp* decirse. ◆ **au dire de** *loc prép* al decir de. ◆ **cela dit** *loc adv* dicho esto. ◆ **pour ainsi dire** *loc adv* por así decirlo. ◆ **proprement dit** *loc adj* propiamente dicho. ◆ **à vrai dire** *loc adv* a decir verdad.

direct, e [diʀɛkt] *adj* directo(ta). ◆ **direct** *nm* SPORT & TÉLÉ directo *m;* **en ~** en directo.

directement [diʀɛktəmɑ̃] *adv* directamente.

directeur, trice [diʀɛktœʀ, tʀis] ◇ *adj* **-1.** [comité] director(ra). **-2.** [ligne, roue] director(triz). ◇ *nm, f* [responsable] director *m,* -ra *f;* **~ de thèse** UNIV director de tesis.

direction [diʀɛksjɔ̃] *nf* [gestion, orientation] dirección *f;* **en ~ de** [train] con destino a; **dans la ~ de** en dirección de; **sous la ~ de** bajo la dirección de; **~ des ressources humaines** dirección *f* de recursos humanos.

directive [diʀɛktiv] *nf* directriz *f.*

dirigeable [diʀiʒabl] *adj* & *nm* dirigible.

dirigeant, e [diʀiʒɑ̃, ɑ̃t] ◇ *adj* dirigente. ◇ *nm, f* directivo *m,* -va *f.*

diriger [diʀiʒe] *vt* **-1.** [entreprise, regard] dirigir. **-2.** [véhicule] conducir. ◆ **se diriger** *vp* [s'orienter] : **se ~ vers** dirigirse hacia.

dis *etc* → **dire**.

disais *etc* → **dire**.

discernement [disɛʀnəmɑ̃] *nm* discernimiento *m.*

discerner [disɛʀne] *vt* **-1.** [distinguer] discernir. **-2.** [deviner] distinguir.

disciple [disipl] *nm* discípulo *m,* -la *f.*

disciplinaire [disiplinɛʀ] *adj* disciplinario(ria).

discipline [disiplin] *nf* disciplina *f.*

discipliner [disipline] *vt* disciplinar.

discontinu, e [diskɔ̃tiny] *adj* discontinuo(nua).

discordance [diskɔʀdɑ̃s] *nf* discordancia *f.*

discorde [diskɔʀd] *nf* discordia *f.*

discothèque [diskɔtɛk] *nf* discoteca *f.*

discourir [diskuʀiʀ] *vi* extenderse (*hablando*); **~ sur qqch** extenderse sobre algo.

discours [diskuʀ] *nm* discurso *m.*

discréditer [diskredite] vt desacreditar.

discret, ète [diskrɛ, ɛt] adj discreto(ta).

discrètement [diskrɛtmā] adv discretamente, con discreción.

discrétion [diskresjɔ̃] nf discreción f.

discrimination [diskriminasjɔ̃] nf discriminación f.

discriminatoire [diskriminatwar] adj discriminatorio(ria).

disculper [diskylpe] vt probar la inocencia de. ◆ **se disculper** vp probar su inocencia.

discussion [diskysjɔ̃] nf -1. [conversation] conversación f. -2. [débat] debate m. -3. [contestation, altercation] discusión f.

discutable [diskytabl] adj discutible.

discuté, e [diskyte] adj discutido(da).

discuter [diskyte] ◇ vt -1. [projet de loi, problème] debatir. -2. [ordre] discutir. ◇ vi -1. [converser] hablar; ~ **de qqch** hablar de algo. -2. [contester] discutir.

disgrâce [disgras] nf desgracia f (*pérdida de favor*).

disgracieux, euse [disgrasjø, øz] adj -1. [geste, démarche] falto(ta)de gracia. -2. [visage] poco agraciado(da).

disjoncteur [disʒɔ̃ktœr] nm ÉLECTR disyuntor m.

disloquer [disloke] vt -1. MÉD dislocar. -2. [famille, empire] desmembrar.

disparaître [disparetr] vi desaparecer; **faire** ~ [gén] hacer desaparecer; [difficulté, obstacle] salvar.

disparate [disparat] adj discordante.

disparité [disparite] nf disparidad f; [d'éléments, de couleurs] discordancia f.

disparition [disparisjɔ̃] nf desaparición f.

disparu, e [dispary] nm, f difunto m, -ta f.

dispatcher [dispatʃe] vt repartir, distribuir.

dispensaire [dispāser] nm dispensario m.

dispense [dispās] nf dispensa f.

dispenser [dispāse] vt -1. sout [soin] dispensar. -2. [exempter de] : ~ **qqn de qqch** dispensar a alguien de algo; **je te dispense de tes réflexions** puedes ahorrarte tus comentarios.

disperser [disperse] vt dispersar. ◆ **se disperser** vp dispersarse.

dispersion [dispersjɔ̃] nf dispersión f.

disponibilité [disponibilite] nf -1. [de choses, d'esprit] disponibilidad f. -2. [de fonctionnaire] excedencia f.

disponible [disponibl] adj -1. [qui a du temps] disponible. -2. [fonctionnaire] en excedencia, excedente.

disposé, e [dispoze] adj dispuesto(ta); **être** ~ **à estar dispuesto a; être bien** ~ **envers qqn** tener buena disposición hacia alguien, estar bien dispuesto hacia alguien.

disposer [dispoze] ◇ vt [arranger] disponer, poner. ◇ vi disponer; ~ **de qqch/de qqn** disponer de algo/de alguien.

dispositif [dispozitif] nm dispositivo m; ~ **antibuée** dispositivo antivaho; ~ **d'alarme** dispositivo de alarma.

disposition [dispozisjɔ̃] nf -1. [arrangement] distribución f, disposición f. -2. [disponibilité] : **à la** ~ **de** a la disposición de. -3. JUR disposición f.

disproportionné, e [disproporsjɔne] adj desproporcionado(da).

dispute [dispyt] nf disputa f, discusión f.

disputer [dispyte] vt disputar; ~ **qqch à qqn** disputar algo a alguien. ◆ **se disputer** vp -1. [se quereller] pelearse. -2. SPORT disputarse. -3. [lutter pour] : **se** ~ **qqch** disputarse algo.

disquaire [disker] nm vendedor m, -ra f de discos.

disqualification [diskalifikasjɔ̃] nf SPORT descalificación f.

disqualifier [diskalifje] vt descalificar.

disque [disk] nm disco m; ~ **compact** compact disc m, disco compacto; ~ **dur** INFORM disco duro; ~ **laser** disco láser.

disquette [disket] nf INFORM disquete m; ~ **système** disco m de sistema.

dissection [diseksjɔ̃] nf disección f.

dissemblable [disāblabl] adj diferente.

disséminer [disemine] vt diseminar.

disséquer [diseke] vt -1. [cadavre, animal] disecar. -2. [ouvrage] analizar.

dissertation [disertasjɔ̃] nf SCOL disertación f.

dissident, e [disidā, āt] adj & nm, f disidente.

dissimulateur, trice [disimylatœr, tris] adj disimulador(ra).

dissimulation [disimylasjɔ̃] nf -1. [de la vérité] ocultación f. -2. [hypocrisie] disimulo m.

dissimuler [disimyle] vt -1. [tenir caché, masquer] disimular. -2. [taire] ocultar. ◆ **se dissimuler** vp -1. [se cacher] ocultarse, esconderse. -2. [refuser de voir] cerrar los ojos a.

dissipation [disipasjɔ̃] *nf* -1. [gén] disipación *f*. -2. [d'élève, de classe] alboroto *m*.

dissiper [disipe] *vt* -1. [gén] disipar. -2. [distraire] distraer. ◆ **se dissiper** *vp* -1. [brouillard, doute] disiparse. -2. [être inattentif] distraerse.

dissocier [disɔsje] *vt* disociar.

dissolution [disɔlysjɔ̃] *nf* disolución *f*.

dissolvant, e [disɔlvɑ̃, ɑ̃t] *adj* disolvente. ◆ **dissolvant** *nm* [à ongles] quitaesmalte *m*.

dissoudre [disudr] *vt* disolver. ◆ **se dissoudre** *vp* disolverse.

dissous, oute [disu, ut] *pp* → **dissoudre**.

dissuader [disɥade] *vt* : ~ **qqn de faire qqch** disuadir a alguien de hacer algo.

dissuasion [disɥazjɔ̃] *nf* disuasión *f*.

distance [distɑ̃s] *nf* distancia *f*; **à ~** [de loin] a distancia; *fig* [avec du recul] con cierta distancia.

distancer [distɑ̃se] *vt* -1. [personne, véhicule] adelantar. -2. *fig* [concurrence] dejar atrás.

distant, e [distɑ̃, ɑ̃t] *adj* distante.

distillation [distilasjɔ̃] *nf* destilación *f*.

distillé, e [distile] *adj* destilado(da).

distiller [distile] *vt* destilar.

distinct, e [distɛ̃, ɛ̃kt] *adj* -1. [séparé] distinto(ta). -2. [forme, voix] claro(ra).

distinctement [distɛ̃ktəmɑ̃] *adv* con claridad.

distinctif, ive [distɛ̃ktif, iv] *adj* distintivo(va).

distinction [distɛ̃ksjɔ̃] *nf* distinción *f*.

distingué, e [distɛ̃ge] *adj* distinguido(da).

distinguer [distɛ̃ge] *vt* distinguir. ◆ **se distinguer** *vp* distinguirse.

distraction [distraksjɔ̃] *nf* distracción *f*.

distraire [distrɛr] *vt* distraer. ◆ **se distraire** *vp* distraerse *(divertirse)*.

distrait, e [distrɛ, ɛt] ◇ *pp* → **distraire**. ◇ *adj* distraído(da).

distribuer [distribɥe] *vt* -1. [gén] repartir, distribuir. -2. [eau, gaz] suministrar. -3. [produit, film] distribuir.

distributeur, trice [distribytœr, tris] *nm, f* repartidor *m*, -ra *f*. ◆ **distributeur** *nm* -1. COMM distribuidor *m*, -ra *f*. -2. [machine] máquina *f* expendedora; ~ **automatique** distribuidor automático.

distribution [distribysjɔ̃] *nf* -1. [répartition, CIN & THÉÂTRE] reparto *m*. -2. [d'eau, gaz] suministro *m*. -3. [disposition & COMM] distribución *f*.

district [distrikt] *nm* distrito *m*.

dit, e [di, dit] ◇ *pp* → **dire**. ◇ *adj* -1. [appelé] llamado(da). -2. JUR [dont on vient de parler] dicho(cha). -3. [heure, jour] previsto(ta).

divagation [divagasjɔ̃] *nf* divagación *f*. ◆ **divagations** *nfpl* desvaríos *mpl*, delirio *m*.

divaguer [divage] *vi* divagar.

divan [divɑ̃] *nm* diván *m*.

divergence [divɛrʒɑ̃s] *nf* divergencia *f*, discrepancia *f*.

diverger [divɛrʒe] *vi* -1. [lignes, rayons] divergir. -2. *fig* [opinions] divergir, discrepar.

divers, e [divɛr, ɛrs] *adj* -1. [différent] diverso(sa). -2. [varié] variopinto(ta). -3. [plusieurs] diversos(sas).

diversifier [divɛrsifje] *vt* diversificar. ◆ **se diversifier** *vp* -1. [varier] variar. -2. COMM diversificarse.

diversion [divɛrsjɔ̃] *nf* diversión *f*; **créer une** OU **faire ~** crear un divertimiento.

diversité [divɛrsite] *nf* diversidad *f*.

divertir [divɛrtir] *vt* divertir. ◆ **se divertir** *vp* divertirse.

divertissement [divɛrtismɑ̃] *nm* -1. [passe-temps] diversión *f*. -2. MUS intermedio *m*.

divin, e [divɛ̃, in] *adj* divino(na).

divinité [divinite] *nf* divinidad *f*.

diviser [divize] *vt* dividir.

division [divizjɔ̃] *nf* división *f*; ~ **blindée** división blindada.

divorce [divɔrs] *nm* divorcio *m*.

divorcé, e [divɔrse] *adj & nm, f* divorciado(da).

divorcer [divɔrse] *vi* divorciarse.

divulguer [divylge] *vt* divulgar.

dix ([dis] *en fin de phrase*, [di] *devant consonne ou h aspiré*, [diz] *devant voyelle ou h muet*) ◇ *adj num* -1. [pour compter] diez. -2. [nombre indéterminé] cien; **je te l'ai répété dix fois!** ¡te lo he repetido cien veces! ◇ *nm* diez *m*; *voir aussi* **six**.

dixième [dizjɛm] ◇ *adj num & nm, f* décimo(ma). ◇ *nm* décimo *m*, décima parte *f*; *voir aussi* **sixième**.

dizaine [dizɛn] *nf* -1. MATHS [dix] decena *f*. -2. [environ dix] unos diez *m*, unas diez *f*.

dm (*abr de* **décimètre**) dm.

DM *abr de* **deutschemark**.

do [do] *nm inv* MUS do *m inv*.

doc *abr de* **documentation**.

doc. (*abr de* **document**) doc.; docum.

docile [dɔsil] *adj* dócil.

dock [dɔk] *nm* **-1.** [bassin] dársena *f*. **-2.** [hangar] almacén *m*, depósito *m*.

docker [dɔkɛr] *nm* descargador *m* de muelle.

docteur [dɔktœr] *nm* doctor *m*, -ra *f*.

doctorat [dɔktɔra] *nm* **-1.** [grade de docteur] doctorado *m*. **-2.** [épreuve] ≃ licenciatura *f* en medicina.

doctrine [dɔktrin] *nf* doctrina *f*.

document [dɔkymã] *nm* documento *m*.

documentaire [dɔkymãtɛr] *adj & nm* documental.

documentation [dɔkymãtasjɔ̃] *nf* **-1.** [gén] documentación *f*. **-2.** [documents] papeles *mpl*.

documenter [dɔkymãte] *vt* documentar. ◆ **se documenter** *vp* documentarse.

dodo [dodo] *nm* [lit] camita *f*; **faire ~** [dormir] mimir.

dodu, e [dɔdy] *adj* **-1.** [animal] cebado(da). **-2.** *fam* [enfant, bras] regordete(ta).

dogme [dɔgm] *nm* dogma *m*.

dogue [dɔg] *nm* dogo *m*.

doigt [dwa] *nm* dedo *m*; **un ~ de** [quantité] un dedo de; **~ de pied** [orteil] dedo del pie; **à deux ~s de** [presque] a un paso de; **avoir les ~s crochus** *fam fig* [être voleur] ser largo(ga) de manos.

dois, doit *etc* → **devoir**.

doive, doives *etc* → **devoir**.

dollar [dɔlar] *nm* dólar *m*.

domaine [dɔmɛn] *nm* **-1.** [propriété] dominio *m*. **-2.** [secteur] campo *m*. **-3.** [compétence] competencia *f*.

dôme [dom] *nm* **-1.** ARCHIT cúpula *f*. **-2.** GÉOGR cerro *m*.

domestique [dɔmɛstik] ◇ *adj* doméstico(ca). ◇ *nmf* criado *m*, -da *f Esp*, mucamo *m*, -ma *f Amér*.

domestiquer [dɔmɛstike] *vt* **-1.** [animal] domesticar. **-2.** [vent, marées] dominar.

domicile [dɔmisil] *nm* domicilio *m*; **à ~ a** domicilio.

domiciliation [dɔmisiljasjɔ̃] *nf* domiciliación *f*; **~ bancaire** domiciliación bancaria.

domicilié, e [dɔmisilje] *adj* domiciliado(da).

dominant, e [dɔminã, ãt] *adj* dominante.

domination [dɔminasjɔ̃] *nf* **-1.** [autorité] dominación *f*. **-2.** [influence] dominio *m*.

dominer [dɔmine] ◇ *vt* dominar. ◇ *vi* **-1.** [régner] dominar. **-2.** [prédominer] predominar. **-3.** [triompher] ganar.

domino [dɔmino] *nm* dominó *m*.

dommage [dɔmaʒ] *nm* **-1.** [préjudice] daño *m*; **~s et intérêts** daños y perjuicios. **-2.** [dégâts] daño *m*, desperfecto *m*.

dompter [dɔ̃te] *vt* **-1.** [animal] domar. **-2.** [éléments] domeñar. **-3.** *sout* [colère] dominar.

dompteur, euse [dɔ̃tœr, øz] *nm, f* domador *m*, -ra *f*.

DOM-TOM [dɔmtɔm] (*abr de* **départements d'outre-mer et territoires d'outre-mer**) *nmpl* provincias y territorios franceses de ultramar.

don [dɔ̃] *nm* **-1.** [cadeau] donación *f*. **-2.** [talent, aptitude] don *m*.

donateur, trice [dɔnatœr, tris] *nm, f* donante *mf*.

donation [dɔnasjɔ̃] *nf* JUR donación *f*.

donc [dɔ̃k] *conj* **-1.** [marque la conséquence] así pues, así que. **-2.** [après une digression, pour renforcer] pues.

donjon [dɔ̃ʒɔ̃] *nm* HIST torreón *m*.

donné, e [dɔne] *adj* **-1.** [lieu, date, distance] dado(da). **-2.** [qui a été donné] donado(da). ◆ **étant donné que** *loc conj* dado que.

donner [dɔne] ◇ *vt* **-1.** [gén] dar; **~ qqch à** (+ *infinitif*) dar algo a alguien para que (+ *subjuntivo*); **j'ai donné mes lunettes à réparer à l'opticien** he dado mis gafas al óptico para que las repare; **ça ~ a rien donné** no ha dado resultado. **-2.** [attribuer – nom] poner; [– âge] echar. **-3.** *fam* [complice] delatar. **-4.** [transmettre] : **~ qqch à qqn** contagiar algo a alguien. ◇ *vi* **-1.** [produire] dar fruto. **-2.** [inciter] : **~ à** dar que. **-3.** [avoir le goût de] : **~ dans** qqch darse a algo.

donneur, euse [dɔnœr, øz] *nm, f* **-1.** [de cartes] repartidor *m*, -ra *f*. **-2.** [d'organe, de sang] donante *mf*.

dont [dɔ̃] *pron rel* **-1.** [complément de verbe ou d'adjectif – relatif à un objet] del que(de la que); **l'accident ~ il est responsable** el accidente que es responsable; **les corvées ~ il a été dispensé** las faenas de las que se ha liberado; [– relatif à une personne] de quien; **c'est quelqu'un ~ on dit le plus grand bien** es una persona de quien se dicen muchas cosas buenas. **-2.** [complément de nom ou de pronom] cuyo(ya); **un meuble ~ le bois est vermoulu** un mueble cuya madera está car-

comida; **c'est quelqu'un ~ j'apprécie
l'honnêteté** es alguien cuya honradez
admiro; **celui ~ les parents sont di-
vorcés** aquel cuyos padres están divor-
ciados. **-3.** [indiquant la partie d'un tout]
de los cuales, de las cuales; **j'ai vu plu-
sieurs films ~, deux étaient intéres-
sants** he visto varias películas, dos de las
cuales eran interesantes. **-4.** [parmi eux]
uno de ellos(una de ellas); **plusieurs per-
sonnes ont téléphoné, ~ ton frère** han
llamado varias personas, una de ellas
(era) tu hermano.

dopage [dɔpaʒ] *nm* doping *m*.

doper [dɔpe] *vt* dopar. ◆ **se doper** *vp* do-
parse.

dorade = **daurade**.

doré, e [dɔre] *adj* dorado(da). ◆ **doré** *nm*
dorados *mpl*.

dorénavant [dɔrenavɑ̃] *adv* en adelante,
en lo sucesivo.

dorer [dɔre] *vt* dorar.

dorloter [dɔrlɔte] *vt* mimar *Esp*, papachar
Amér.

dormeur, euse [dɔrmœr, øz] *nm, f* dor-
milón *m*, -ona *f*.

dormir [dɔrmir] *vi* dormir.

dortoir [dɔrtwar] *nm* dormitorio *m* común.

dorure [dɔryr] *nf* **-1.** [action] doradura *f*,
dorado *m*. **-2.** [couche d'or, objet doré] do-
rados *mpl*.

dos [do] *nm* **-1.** [d'homme, de vêtement]
espalda *f*; **de ~ por detrás; tourner le ~
à** dar la espalda a. **-2.** [de siège] respaldo
m. **-3.** [de livre, d'animal] lomo *m*. **-4.**
[verso] dorso *m*; **voir au ~** véase al dorso.

DOS, Dos [dɔs] (*abr de* **Disc Operating
System**) *nm* DOS *m*.

dosage [dozaʒ] *nm* dosificación *f*.

dos-d'âne [dodan] *nm* badén *m*.

dose [doz] *nf* **-1.** [de médicament] dosis *f
inv*. **-2.** *fam fig* ración *f*, dosis *f inv*.

doser [doze] *vt* dosificar.

dossard [dosar] *nm* SPORT dorsal *m*.

dossier [dosje] *nm* **-1.** [de fauteuil] res-
paldo *m*. **-2.** [documents] dossier *m*. **-3.**
[classeur] carpeta *f*.

dot [dɔt] *nf* dote *f*.

doté, e [dɔte] *adj*: **~ de** dotado(da)de.

doter [dɔte] *vt* dotar.

douane [dwan] *nf* aduana *f*.

douanier, ère [dwanje, ɛr] *adj & nm, f*
aduanero(ra).

doublage [dublaʒ] *nm* **-1.** [de vêtement, de
paroi] forro *m*. **-2.** CIN doblaje *m*. **-3.**
THÉÂTRE & CIN [d'acteur] substitución *f*.

double [dubl] ◇ *adj* doble. ◇ *adv* doble.
◇ *nm* **-1.** [gén] doble *m*. **-2.** [copie] copia
f.

doublé, e [duble] *adj* **-1.** [vêtement] fo-
rrado(da). **-2.** [film] doblado(da). **-3.**
[consonne, lettre] doble. ◆ **doublé** *nm* **-1.**
[orfèvrerie] chapado *m*. **-2.** [réussite
double] doble triunfo *m*. **-3.** [à la chasse]
doblete *m*.

doublement [dubləmɑ̃] ◇ *adv* doble-
mente. ◇ *nm* [de consonne] duplicación *f*.

doubler [duble] ◇ *vt* **-1.** [somme, acteur,
film] doblar. **-2.** [vêtement, sac] forrar. **-3.**
[véhicule] adelantar. **-4.** *fam* [trahir] en-
gañar. **-5.** [augmenter] redoblar. ◇ *vi* **-1.**
[véhicule] adelantar. **-2.** [être multiplié par
deux] duplicarse.

doublure [dublyr] *nf* **-1.** [de vêtement, de
sac] forro *m*. **-2.** THÉÂTRE & CIN [acteur] doble
mf.

douce → **deux**.

doucement [dusmɑ̃] *adv* **-1.** [modéré-
ment] con suavidad. **-2.** [avec douceur]
con dulzura. **-3.** [bas] bajo. **-4.** [lentement]
lentamente.

douceur [dusœr] *nf* **-1.** [gén] suavidad *f*.
-2. [au goût] dulzor *m*. **-3.** [de caractère]
dulzura *f*. **-4.** [de vivre, du soir] placeres
mpl. ◆ **douceurs** *nfpl* [friandises] dulces
mpl.

douche [duʃ] *nf* ducha *f Esp*, regadera *f
Amér*.

doucher [duʃe] *vt* duchar, dar una ducha
a. ◆ **se doucher** *vp* ducharse.

doué, e [dwe] *adj* dotado(da); **être ~ pour
qqch** estar dotado para algo.

douillet, ette [dujɛ, ɛt] ◇ *adj* **-1.** [lit, ca-
napé] mullido(da). **-2.** [personne] deli-
cado(da). ◇ *nm, f* delicado *m*, -da *f*.

douleur [dulœr] *nf* dolor *m*.

douloureux, euse [dulurø, øz] *adj* **-1.**
[blessure, événement] doloroso(sa). **-2.**
[partie du corps] dolorido(da). **-3.** [regard,
expression] dolorido(da), doliente.

doute [dut] *nm* duda *f*; **sans aucun ~** sin
duda alguna, sin ninguna duda. ◆ **sans
doute** *loc adv* seguramente.

douter [dute] *vi* dudar; **~ de qqch/de
qqn** dudar de algo/de alguien; **~ que** du-
dar que.

douteux, euse [dutø, øz] *adj* **-1.** [gén] du-
doso(sa). **-2.** [sale] sucio(cia).

doux, douce [du, dus] *adj* –1. [gén] suave.
–2. [souvenir] grato(ta). –3. [personne, caractère] dulce.

douzaine [duzɛn] *nf* –1. [douze] docena *f*.
–2. [environ douze] unos doce(unas doce).

douze [duz] *adj num & nm* doce; *voir aussi* **six**.

douzième [duzjɛm] ⋄ *adj num* doceavo(va), duodécimo(ma). ⋄ *nmf* doceavo *m*, duodécima parte *f*; *voir aussi* **sixième**.

doyen, enne [dwajɛ̃, ɛn] *nm, f* decano *m*, -na *f*.

Dr (*abr de* **docteur**) Dr. *m*, Dra. *f*.

draconien, enne [drakɔnjɛ̃, ɛn] *adj* draconiano(na).

dragée [draʒe] *nf* –1. [confiserie] peladilla *f*. –2. [comprimé] gragea *f*.

dragon [dragɔ̃] *nm* –1. [monstre] dragón *m*.
–2. *péj* [personne autoritaire] sargento *mf*.

draguer [drage] *vt* –1. *fam* [personne] ligar con. –2. [lac, fleuve] dragar.

dragueur, euse [dragœr, øz] *nm, f fam* [personne] ligón *m*, -ona *f*. ◆ **dragueur de mines** *nm* dragador *m*.

drainage [drɛnaʒ] *nm* drenaje *m*.

drainer [drene] *vt* –1. [terrain, plaie, abcès] drenar. –2. *fig* [attirer] absorber.

dramatique [dramatik] ⋄ *adj* dramático(ca). ⋄ *nf* TÉLÉ dramático *m*.

dramatiser [dramatize] *vt* dramatizar.

dramaturge [dramatyrʒ] *nmf* dramaturgo *m*, -ga *f*.

drame [dram] *nm* drama *m*.

drap [dra] *nm* –1. [de lit] sábana *f*. –2. [étoffe] paño *m*. ◆ **drap de bain** *nm* toalla *f* de baño.

drapeau, x [drapo] *nm* bandera *f*; **être sous les ~x** *fig* servir a la bandera.

draper [drape] *vt* –1. [couvrir] cubrir (con un paño). –2. [tissu] drapear.

draperie [drapri] *nf* –1. [tenture] colgaduras *fpl*. –2. [industrie] fábrica *f* de paños.

drapier, ère [drapje, ɛr] ⋄ *adj* pañero(ra). ⋄ *nm, f* –1. [fabricant] fabricante *mf* de paños. –2. [marchand] pañero *m*, -ra *f*.

dresser [drese] *vt* –1. [tête, échelle, tente] levantar. –2. [liste, procès-verbal] elaborar. –3. *sout* [statue, monument] erigir. –4. [animal, personne] adiestrar; **être bien dressé** estar bien enseñado(da). –5. [opposer] : **~ qqn contre qqn** enfrentar a alguien en contra de alguien. ◆ **se dresser** *vp* –1. [se mettre debout] levantarse *Esp*, pararse *Amér*. –2. [s'élever] erguirse. –3. [apparaître] surgir. –4. *loc* : **se ~ contre qqch** [s'insurger] levantarse contra algo.

dresseur, euse [drɛsœr, øz] *nm, f* domador *m*, -ra *f*.

dribbler [drible] *vt & vi* SPORT regatear, driblar.

drogue [drɔg] *nf* droga *f*.

drogué, e [drɔge] ⋄ *adj* drogado(da). ⋄ *nm, f* drogadicto *m*, -ta *f*.

droguer [drɔge] *vt* drogar. ◆ **se droguer** *vp* drogarse.

droguerie [drɔgri] *nf* droguería *f*.

droguiste [drɔgist] *nmf* droguero *m*, -ra *f*.

droit, e [drwa, drwat] *adj* –1. [situé du côté droit, vertical] derecho(cha). –2. [rectiligne, honnête] recto(ta). ◆ **droit** ⋄ *adv* –1. [selon une ligne droite] recto; **tout ~** todo recto. –2. [directement] derecho, directo. ⋄ *nm* derecho; **avoir ~ à** tener derecho a; **de ~** común de derecho común; **être dans son ~** estar en su derecho; **être en ~ de** estar en el derecho de; **~ de vote** derecho al voto. ◆ **droite** *nf* derecha *f*.

droitier, ère [drwatje, ɛr] *adj & nm, f* diestro(tra)(*que usa la mano derecha*).

drôle [drol] *adj* –1. [amusant] divertido(da). –2. [bizarre] raro(ra). –3. *fam* [remarquable] menudo(da); **elle a fait de ~s de progrès!** ¡menudos progresos ha hecho!

dromadaire [drɔmadɛr] *nm* dromedario *m*.

dru, e [dry] *adj* abundante.

drugstore [drœgstɔr] *nm* drugstore *m*.

D.T.COQ. [detekɔk] (*abr de* **diphtérie, tétanos, coqueluche**) *nm* vacuna *f* triple.

du → **de**.

dû, due [dy] ⋄ *pp* → **devoir**. ⋄ *adj* debido(da). ◆ **dû** *nm* lo que se debe.

Dublin [dyblɛ̃] *n* Dublín.

duc [dyk] *nm* duque *m*.

duchesse [dyʃes] *nf* duquesa *f*.

duel [dɥɛl] *nm* duelo *m*.

dûment [dymɑ̃] *adv* debidamente.

dumping [dœmpiŋ] *nm* dumping *m*.

dune [dyn] *nf* duna *f*.

duo [dyo] *nm* dúo *m*.

dupe [dyp] ⋄ *adj* engañado(da). ⋄ *nf* : **être la ~ de qqn** ser víctima de alguien.

duper [dype] *vt sout* embancar.

duplex [dyplɛks] *nm* dúplex *m*.

duplicata [dyplikata] *nm inv* duplicado *m*.

duplicité [dyplisite] *nf* duplicidad *f*.

dupliquer [dyplike] *vt* duplicar.

duquel [dykɛl] → **lequel**.

dur, e [dyr] ◇ adj **-1.** [gén] duro(ra). **-2.** [difficile] difícil. ◇ nm, f duro m, -ra f. ◆ **dur** adv **-1.** [avec force] fuerte. **-2.** [avec ténacité] duro.

durable [dyrabl] adj duradero(ra).

durant [dyrã] prép durante.

durcir [dyrsir] ◇ vt endurecer. ◇ vi endurecerse. ◆ **se durcir** vp endurecerse.

durée [dyre] nf duración f.

durement [dyrmã] adv **-1.** [violemment] con fuerza. **-2.** [péniblement] con rigor, con crudeza. **-3.** [sévèrement] duramente.

durer [dyre] vi durar.

dureté [dyrte] nf **-1.** [gén] dureza f. **-2.** [d'un exercice] dificultad f.

dus, dut etc → **devoir**.

DUT (abr de **diplôme universitaire de technologie**) nm diploma técnico universitario obtenido tras dos años de estudios.

duvet [dyvɛ] nm **-1.** [plumes] plumón m. **-2.** [sac de couchage] saco m de dormir (de plumón). **-3.** [poils fins] bozo m.

dynamique [dinamik] ◇ adj dinámico(ca). ◇ nf dinámica f.

dynamisme [dynamism] nm dinamismo m.

dynamite [dinamit] nf dinamita f.

dynamiter [dinamite] vt dinamitar.

dynastie [dinasti] nf dinastía f.

E

e, E [ə] nm inv e f, E f. ◆ **E** (abr de **est**) E.

eau, x [o] nf agua f; ~ **de Cologne** agua de Colonia; ~ **douce/de mer** agua dulce/salada; ~ **gazeuse/plate** agua con gas/sin gas; ~ **minérale** agua mineral; ~ **de toilette** eau f de toilette; **tomber à l'**~ irse a pique.

eau-de-vie [odvi] (pl **eaux-de-vie**) nf aguardiente m.

ébahi, e [ebai] adj boquiabierto(ta).

ébats [eba] nmpl sout retozos mpl.

ébauche [eboʃ] nf **-1.** [esquisse] boceto m. **-2.** fig [commencement] esbozo m.

ébaucher [eboʃe] vt **-1.** [œuvre, plan] bosquejar. **-2.** fig [geste, sourire] esbozar.

ébène [ebɛn] nf ébano m.

ébéniste [ebenist] nm ebanista mf.

éberlué, e [eberlɥe] adj atónito(ta).

éblouir [ebluir] vt deslumbrar.

éblouissement [ebluismã] nm **-1.** [gén] deslumbramiento m. **-2.** [vertige] mareo m.

éborgner [ebɔrɲe] vt dejar tuerto(ta).

éboueur [ebwœr] nm basurero m, -ra f.

ébouillanter [ebujãte] vt escaldar.

éboulement [ebulmã] nm desprendimiento m.

éboulis [ebuli] nm material m de desprendimiento.

ébouriffer [eburife] vt [cheveux] desordenar.

ébranler [ebrãle] vt **-1.** [faire trembler] estremecer, sacudir. **-2.** [santé, moral] quebrantar. **-3.** [gouvernement] hacer tambalear. **-4.** [opinion, conviction] hacer temblar.

ébrécher [ebreʃe] vt **-1.** [verre, assiette] desportillar; [lame, couteau] mellar. **-2.** fam [fortune] mermar.

ébriété [ebrijete] nf embriaguez f.

ébruiter [ebrɥite] vt divulgar.

ébullition [ebylisjɔ̃] nf ebullición f; **en** ~ [en effervescence] en plena ebullición.

écaille [ekaj] nf **-1.** [de poisson, de reptile] escama f. **-2.** [de plâtre, peinture, vernis] desconchón m. **-3.** [matière] concha f; **en** ~ **de concha**.

écailler [ekaje] vt **-1.** [poisson] escamar. **-2.** [huîtres] abrir. ◆ **s'écailler** vp [peinture] desconcharse.

écarlate [ekarlat] adj & nf escarlata.

écarquiller [ekarkije] vt : ◆ **les yeux** abrir los ojos de par en par.

écart [ekar] nm **-1.** [dans l'espace] distancia f, separación f. **-2.** [dans le temps] intervalo m. **-3.** [différence] diferencia f. **-4.** [déviation] desvío m. **-5.** [de cheval] extraño.

écarteler [ekartəle] vt **-1.** [torturer] descuartizar. **-2.** fig [tirailler] dividir.

écartement [ekartəmã] nm [gén] distancia f; [des rails] ancho m.

écarter [ekarte] vt **-1.** [bras, jambes, rideaux] abrir. **-2.** [obstacle, danger] eliminar; [solution] desechar. ◆ **s'écarter** vp apartarse.

ecchymose [ekimoz] nf equimosis f inv.

ecclésiastique [eklezjastik] ◇ *adj* eclesiástico(ca). ◇ *nm* eclesiástico *m*.

écervelé, e [esɛrvəle] *adj & nm, f* atolondrado(da).

échafaud [eʃafo] *nm* cadalso *m*.

échafaudage [eʃafodaʒ] *nm* -1. CONSTR andamio *m*, andamiaje *m*. -2. [amas] montón *m*, pila *f*. -3. *fig* [de plan] elaboración *f*.

échalote [eʃalɔt] *nf* chalote *m*.

échancrure [eʃãkryr] *nf* -1. [de robe] escote *m*. -2. [de côte] ensenada *f*.

échange [eʃãʒ] *nm* intercambio *m*; **en ~ (de)** a cambio (de). ◆ **échanges** *nmpl* ÉCON intercambios *mpl*.

échanger [eʃãʒe] *vt* -1. [troquer] : ~ **qqch contre qqch** cambiar algo por algo. -2. [sourire, lettres, impressions] intercambiar.

échangisme [eʃãʒism] *nm* -1. [de partenaire sexuel] intercambio *m* de parejas. -2. ÉCON librecambio *m*.

échantillon [eʃãtijɔ̃] *nm* muestra *f*.

échappatoire [eʃapatwar] *nf* escapatoria *f*.

échappement [eʃapmã] *nm* -1. AUTOM escape *m*. -2. → **pot**. -3. [d'horloge] rueda *f* catalina.

échapper [eʃape] *vi* [gén] : ~ **à** escapar OU escaparse de; [détail, nom] escapársele; **laisser ~** [occasion] dejar escapar; [mot] soltar; [erreur, faute] escapársele. ◆ **s'échapper** *vp* : ~ **(de)** escaparse (de), escapar (de).

écharde [eʃard] *nf* astilla *f*.

écharpe [eʃarp] *nf* bufanda *f*; **en ~** [bras, poignet] en cabestrillo.

écharper [eʃarpe] *vt* despedazar.

échasse [eʃas] *nf* -1. [pour marcher] zanco *m*. -2. [oiseau] zancuda *f*.

échassier [eʃasje] *nm* zancuda *f (ave)*.

échauffement [eʃofmã] *nm* -1. [de moteur & SPORT] calentamiento *m*. -2. [surexcitation] caldeamiento *m*.

échauffer [eʃofe] *vt* -1. [gén] calentar. -2. [énerver] irritar. ◆ **s'échauffer** *vp* calentarse.

échéance [eʃeãs] *nf* -1. [délai] plazo *m*; **à longue ~** a largo plazo. -2. [date de paiement] vencimiento *m*; **arriver à ~** vencer un plazo. -3. [somme d'argent due] desembolso *m*; **faire face à une lourde ~** hacer frente a un fuerte desembolso.

échéant [eʃeã] → **cas**.

échec [eʃɛk] *nm* fracaso *m*. ◆ **échecs** *nmpl* ajedrez *m*; ~ **et mat** jaque mate.

échelle [eʃɛl] *nf* -1. [objet] escalera *f*. -2. [ordre de grandeur, hiérarchie] escala *f*.

échelon [eʃlɔ̃] *nm* -1. [barreau] escalón *m*, peldaño *m*. -2. *fig* [niveau] grado *m*.

échelonner [eʃlɔne] *vt* escalonar.

écheveau, x [eʃvo] *nm* madeja *f*.

échevelé, e [eʃəvle] *adj* -1. [cheveux] despeinado(da). -2. [course, rythme] desenfrenado(da).

échine [eʃin] *nf* ANAT espinazo *m*.

échiquier [eʃikje] *nm* -1. [jeu] tablero *m* de ajedrez. -2. *fig* [scène] tablero *m*.

écho [eko] *nm* eco *m*.

échographie [ekografi] *nf* ecografía *f*.

échoir [eʃwar] *vi* -1. [être dévolu] : ~ **à qqn** tocarle a alguien. -2. [terme] vencer.

échoppe [eʃɔp] *nf* puesto *m*, tenderete *m*.

échouer [eʃwe] *vi* -1. [ne pas réussir] fracasar; ~ **à qqch** [examen] suspender algo. -2. [navire] encallar. -3. *fam fig* [aboutir] ir a parar.

échu, e [eʃy] *pp* → **échoir**.

éclabousser [eklabuse] *vt* salpicar.

éclair [eklɛr] ◇ *nm* -1. [lumière] relámpago *m Esp*, refusilo *m Amér*. -2. [bref instant] chispa *f*. -3. [gâteau] pastelito alargado relleno de crema de chocolate o de café. ◇ *adj inv* [visite] de médico; [guerre] relámpago *(en aposición)*.

éclairage [eklɛraʒ] *nm* -1. [lumière – des rues] alumbrado *m*; [– de local] iluminación *f*. -2. *fig* [point de vue] enfoque *m*.

éclairagiste [eklɛraʒist] *nmf* CIN ingeniero *m*, -ra *f* de luces.

éclaircie [eklɛrsi] *nf* claro *m (entre nubes)*.

éclaircir [eklɛrsir] *vt* aclarar. ◆ **s'éclaircir** *vp* -1. [gén] aclararse. -2. [cheveux] enrarecer.

éclaircissement [eklɛrsismã] *nm* aclaración *f*.

éclairer [eklere] *vt* -1. [illuminer] alumbrar, iluminar. -2. [expliquer, renseigner] explicar. ◆ **s'éclairer** *vp* -1. [avec de la lumière] alumbrarse. -2. *fig* [visage] iluminarse. -3. [situation, idées] aclararse.

éclaireur, euse [eklɛrœr, øz] *nm, f* explorador *m*, -ra *f*.

éclat [ekla] *nm* -1. [de lumière] resplandor *m*. -2. [de couleur, des yeux] brillo *m*. -3. [de verre, d'os] esquirla *f*. -4. [faste] esplendor *m*. -5. [bruit] estampido *m*; ~s **de voix** gritos *mpl*; ~ **de rire** carcajada *f*; **rire aux ~s** reír a carcajadas.

éclatant, e [eklatã, ãt] *adj* **–1.** [lumière, couleur, succès] brillante. **–2.** [beauté] resplandeciente. **–3.** [rire, voix etc] estridente.

éclater [eklate] *vi* **–1.** [bombe, pneu] estallar, explotar; **faire ~ qqch** hacer estallar algo. **–2.** [incendie, guerre] estallar; **laisser ~ qqch** dar rienda suelta a algo. **–3.** [bijou] brillar. ◆ **s'éclater** *vp fam* pasárselo de miedo.

éclectique [eklektik] *adj & nmf* ecléctico(ca).

éclipse [eklips] *nf* eclipse *m*; **~ de Lune/ Soleil** eclipse lunar/solar.

éclipser [eklipse] *vt* eclipsar. ◆ **s'éclipser** *vp fam* eclipsarse.

éclopé, e [eklope] *adj & nm, f* cojo(ja).

éclore [eklɔr] *vi* [fleur, œuf] hacer eclosión; [jour] nacer; **faire ~ qqch** [œuf, fleur] provocar la eclosión de algo; *fig* [vocation] despertar algo.

éclos, e [eklo, oz] *pp* → **éclore**.

écluse [eklyz] *nf* NAVIG esclusa *f*.

écœurant, e [ekœrã, ãt] *adj* **–1.** [gén] repugnante, asqueroso(sa). **–2.** [démoralisant] asqueroso(sa).

écœurer [ekœre] *vt* **–1.** [dégoûter, indigner] dar asco. **–2.** [décourager] desmoralizar.

école [ekɔl] *nf* **–1.** [gén] escuela *f*, colegio *m*; **~ maternelle** parvulario *m*; **École nationale d'administration** escuela nacional de administración en Francia; **École nationale de la magistrature** escuela nacional de la magistratura en Francia, ≃ escuela universitaria de magisterio; **École normale supérieure** institución de enseñanza superior especializada en humanidades; **~ primaire** ≃ escuela de EGB; **faire ~** hacer OU crear escuela; **faire l'~ buissonnière** hacer novillos. **–2.** [éducation] enseñanza *f*; **~ privée** enseñanza privada.

écolier, ère [ekɔlje, ɛr] *nm, f* **–1.** [élève] escolar *m*, colegial *m*, -la *f*. **–2.** *fig* [novice] principiante *mf*.

écolo [ekɔlɔ] *nmf fam* ecologista; **les ~s** los verdes.

écologie [ekɔlɔʒi] *nf* ecología *f*.

écologiste [ekɔlɔʒist] *nmf* ecologista *mf*.

éconduire [ekɔ̃dɥir] *vt* [demande, visiteur] rechazar.

économat [ekɔnɔma] *nm* economato *m*.

économe [ekɔnɔm] ◇ *adj* [parcimonieux] ahorrador(ra); **être ~ de qqch** ahorrarse algo. ◇ *nmf* ecónomo *m*, -ma *f*.

économie [ekɔnɔmi] *nf* **–1.** [science & POLIT] economía *f*. **–2.** *fig* [épargne] ahorro *m*; **faire des ~s** ahorrar. **–3.** [pécule] ahorros *mpl*.

économique [ekɔnɔmik] *adj* económico(ca).

économiser [ekɔnɔmize] *vt* ahorrar.

économiste [ekɔnɔmist] *nmf* economista *mf*.

écoper [ekɔpe] ◇ *vt* **–1.** NAVIG achicar. **–2.** *fam* [sanction] : **~ de qqch** cargar con algo. ◇ *vi fam* [recevoir] pagar el pato.

écoproduit [ekɔprɔdɥi] *nm* ecoproducto *m*.

écorce [ekɔrs] *nf* corteza *f*. ◆ **écorce terrestre** *nf* corteza *f* terrestre.

écorché [ekɔrʃe] *nm* **–1.** ANAT figura humana o animal sin piel para el estudio de la anatomía. **–2.** [schéma] corte *m*, sección *f*.

écorcher [ekɔrʃe] *vt* **–1.** [lapin] despellejar. **–2.** [égratigner] arañar. **–3.** [langue, nom] destrozar.

écorchure [ekɔrʃyr] *nf* arañazo *m*.

écossais, e [ekɔsɛ, ɛz] *adj* escocés(esa). ◆ **écossais** *nm* **–1.** LING escocés *m*. **–2.** [tissu] tela *f* escocesa. ◆ **Écossais, e** *nm, f* escocés *m*, -esa *f*.

Écosse [ekɔs] *nf* : **l' ~** Escocia.

écosser [ekɔse] *vt* desgranar.

écosystème [ekɔsistɛm] *nm* ecosistema *m*.

écot [eko] *nm* escote *m*.

écouler [ekule] *vt* deshacerse de. ◆ **s'écouler** *vp* **–1.** [liquide] escurrirse. **–2.** [temps] pasar. **–3.** [foule] circular.

écourter [ekurte] *vt* [durée] acortar.

écouter [ekute] *vt* escuchar.

écouteur [ekutœr] *nm* auricular *m*.

écoutille [ekutij] *nf* NAVIG escotilla *f*.

écran [ekrã] *nm* pantalla *f*; **le petit ~** la pequeña pantalla.

écrasant, e [ekrazã, ãt] *adj* aplastante.

écraser [ekraze] ◇ *vt* **–1.** [comprimer, vaincre] aplastar. **–2.** [accabler] agobiar, abrumar. **–3.** [piétiner, marcher sur] pisar. **–4.** [renverser] atropellar; **il s'est fait ~ par une voiture** lo ha atropellado un coche. ◇ *vi* **écrase!** *fam* ¡cállate ya! ◆ **s'écraser** *vp* **–1.** [avion, véhicule] estrellarse. **–2.** [foule] apiñarse, amontonarse. **–3.** *fam* [personne] morderse la lengua.

écrémer [ekreme] *vt* **–1.** [lait] descremar. **–2.** *fig* [prendre le meilleur] escoger lo mejor de.

écrevisse [ekʀəvis] *nf* cangrejo *m* de río; ~s à la nage CULIN *caldo de cangrejo de río con nata*; **rouge comme une ~** rojo como una gamba.

écrier [ekʀije] ◆ **s'écrier** *vp* exclamar.

écrin [ekʀɛ̃] *nm* joyero *m (estuche)*.

écrire [ekʀiʀ] *vt* escribir.

écrit, e [ekʀi, it] ◇ *pp* → **écrire**. ◇ *adj* escrito(ta). ◆ **écrit** *nm* **-1.** [ouvrage, document] escrito *m*. **-2.** [examen] examen *m* escrito. ◆ **par écrit** *loc adv* por escrito.

écriteau, x [ekʀito] *nm* letrero *m*, cartel *m* Esp, afiche *m* Amér.

écriture [ekʀityʀ] *nf* **-1.** [système de signes] escritura *f*. **-2.** [de personne] letra *f*. **-3.** sout [style] estilo *m*. ◆ **écritures** *nfpl* COMM: **tenir les ~s** llevar los libros.

écrivain [ekʀivɛ̃] *nm* escritor *m*, -ra *f*.

écrou [ekʀu] *nm* TECHNOL tuerca *f*.

écrouer [ekʀue] *vt* encarcelar.

écrouler [ekʀule] ◆ **s'écrouler** *vp* derrumbarse, desplomarse.

écru, e [ekʀy] *adj* crudo(da).

ecstasy [ɛkstazi] *nm* éxtasis *m inv (droga)*.

ECU, écu [eky] *(abr de European currency unit) nm* ECU *m*, ecu *m*.

écu [eky] *nm* **-1.** [gén] escudo *m*. **-2.** = ECU.

écueil [ekœj] *nm* escollo *m*.

écuelle [ekɥɛl] *nf* escudilla *f*.

éculé, e [ekyle] *adj* gastado(da).

écume [ekym] *nf* **-1.** [de mer, de bière] espuma *f*. **-2.** [de personne, d'animal] baba *f*, espumarajo *m*. **-3.** *fig* [rebut] escoria *f*.

écumoire [ekymwaʀ] *nf* espumadera *f*.

écureuil [ekyʀœj] *nm* ardilla *f*.

écurie [ekyʀi] *nf* **-1.** [bâtiment] cuadra *f*, caballeriza *f*. **-2.** *fig* [chevaux de courses] cuadra *f*.

écusson [ekysɔ̃] *nm* **-1.** [d'armoiries] escudo *m*. **-2.** MIL [tissu] distintivo *m (del cuerpo del ejército)*.

écuyer, ère [ekɥije, ɛʀ] *nm, f* [de cirque] caballista *mf*. ◆ **écuyer** *nm* [de chevalier] escudero *m*.

eczéma [ɛgzema] *nm* eczema *m*.

éden [edɛn] *nm* edén *m*.

édenté, e [edãte] *adj* desdentado(da).

EDF, Édf *(abr de Électricité de France) nf* empresa nacional de electricidad francesa.

édifice [edifis] *nm* **-1.** [construction] edificio *m*. **-2.** *fig* [ensemble organisé] entramado *m*.

édifier [edifje] *vt* **-1.** [bâtiment] construir, edificar. **-2.** [théorie] elaborar. **-3.** [personne] *iron* edificar.

Edimbourg [edɛ̃buʀ] *n* Edimburgo.

éditer [edite] *vt* editar.

éditeur, trice [editœʀ, tʀis] *nm, f* editor *m*, -ra *f*.

édition [edisjɔ̃] *nf* edición *f*.

éditorial, aux [editɔʀjal, o] *nm* editorial *m*.

édredon [edʀədɔ̃] *nm* edredón *m*.

éducateur, trice [edykatœʀ, tʀis] ◇ *adj* educador(ra). ◇ *nm, f* educador *m*, -ra *f*; ~ **spécialisé** profesor en *educación especial*.

éducatif, ive [edykatif, iv] *adj* educativo(va).

éducation [edykasjɔ̃] *nf* educación *f*. ◆ **Éducation nationale** *nf* ≃ Educación *f* Nacional.

édulcorant [edylkɔʀã] *nm* edulcorante *m*; ~ **de synthèse** edulcorante sintético.

édulcorer [edylkɔʀe] *vt* **-1.** *sout* [sucrer] endulzar, edulcorar. **-2.** *fig* [adoucir] suavizar.

éduquer [edyke] *vt* educar.

effacé, e [efase] *adj* **-1.** [personne, rôle] discreto(ta). **-2.** [teinte] apagado(da).

effacer [efase] *vt* **-1.** [gén & INFORM] borrar. **-2.** [réussite] eclipsar. ◆ **s'effacer** *vp* **-1.** [s'estomper] borrarse. **-2.** *sout* [s'écarter] apartarse. **-3.** *fig* [s'incliner] inclinarse *(en señal de respeto)*.

effarant, e [efaʀã, ãt] *adj* espantoso(sa).

effarer [efaʀe] *vt* espantar, asustar.

effaroucher [efaʀuʃe] *vt* asustar.

effectif, ive [efɛktif, iv] *adj* efectivo(va). ◆ **effectif** *nm* **-1.** MIL efectivos *mpl*. **-2.** SCOL alumnado *m*.

effectivement [efɛktivmã] *adv* **-1.** [réellement] realmente. **-2.** [pour confirmer] efectivamente.

effectuer [efɛktɥe] *vt* efectuar.

efféminé, e [efemine] *adj* afeminado(da).

effervescent, e [efɛʀvesã, ãt] *adj* efervescente.

effet [efɛ] *nm* **-1.** [gén] efecto *m*; **sous l'~ de** bajo el efecto de; ~ **de serre** efecto (de) invernadero. **-2.** [impression produite] efecto *m*, impresión *f*. ◆ **en effet** *loc adv* en efecto, efectivamente.

effeuiller [efœje] *vt* deshojar.

efficace [efikas] *adj* **-1.** [remède, mesure] eficaz. **-2.** [personne] eficaz, eficiente.

efficacité [efikasite] *nf* eficacia *f*.

effigie [efiʒi] *nf* efigie *f*.

effiler [efile] vt **-1.** [tissu] deshilachar. **-2.** [lame, couteau] afilar. **-3.** [cheveux] atusar.

effilocher [efiloʃe] vt deshilachar. ◆ **s'effilocher** vp deshilacharse.

efflanqué, e [eflɑ̃ke] adj flaco(ca).

effleurer [eflœre] vt **-1.** [surface, visage] rozar. **-2.** [problème, affaire] tratar superficialmente. **-3.** [suj : idée, pensée] ocurrirse; **cette pensée ne l'a jamais effleuré** nunca se le ha ocurrido esta idea.

effluves [eflyv] nmpl efluvios mpl.

effondrement [efɔ̃drəmɑ̃] nm **-1.** [de mur, de toit, de projet] hundimiento m, desmoronamiento m. **-2.** [de personne] desfondamiento m.

effondrer [efɔ̃dre] vt **-1.** [coffre] desfondar. **-2.** fig [personne] hundir, desmoronar. ◆ **s'effondrer** vp hundirse, desmoronarse.

efforcer [eforse] ◆ **s'efforcer** vp : ~ **de faire qqch** esforzarse en hacer algo.

effort [efor] nm **-1.** [de personne] esfuerzo m. **-2.** PHYS fuerza f.

effraction [efraksjɔ̃] nf JUR fractura f.

effrayant, e [efrɛjɑ̃, ɑ̃t] adj espantoso(sa).

effrayer [efreje] vt asustar. ◆ **s'effrayer** vp asustarse.

effréné, e [efrene] adj desenfrenado(da).

effriter [efrite] vt pulverizar. ◆ **s'effriter** vp **-1.** [mur, pierre] reducirse a polvo. **-2.** fig [majorité] desmoronarse.

effroi [efrwa] nm pavor m.

effronté, e [efrɔ̃te] adj & nm, f descarado(da).

effronterie [efrɔ̃tri] nf descaro m.

effroyable [efrwajabl] adj espantoso(sa).

effusion [efyzjɔ̃] nf **-1.** [de sang] derramamiento m. **-2.** [de sentiments] efusión f; **avec** ~ efusivamente.

égal, e, aux [egal, o] ◇ adj **-1.** [équivalent] igual. **-2.** [régulier] regular. ◇ nm, f igual mf.

également [egalmɑ̃] adv **-1.** [avec égalité] con igualdad. **-2.** [aussi] también.

égaler [egale] vt **-1.** MATHS ser, dar. **-2.** [être à la hauteur de] igualar.

égaliser [egalize] vt **-1.** [rendre égal] igualar. **-2.** SPORT empatar, igualar.

égalité [egalite] nf **-1.** [gén] igualdad f. **-2.** [d'humeur] regularidad f.

égard [egar] nm respeto m. ◆ **à l'égard de** loc adv respecto a.

égarement [egarmɑ̃] nm extravío m.

égarer [egare] vt **-1.** [gén] extraviar. **-2.** fig & sout [personne] perder. ◆ **s'égarer** vp **-1.** [objet, personne] extraviarse. **-2.** [discussion] desviarse. **-3.** fig & sout [sortir du bon sens] divagar.

égayer [egeje] vt alegrar, animar.

égide [eʒid] nf égida f; **sous l'**~ **de** bajo la égida de, bajo los auspicios de.

églantine [eglɑ̃tin] nf gavanza f.

église [egliz] nf iglesia f.

égocentrique [egosɑ̃trik] adj & nmf egocéntrico(ca).

égoïsme [egɔism] nm egoísmo m.

égoïste [egɔist] adj & nmf egoísta.

égorger [egorʒe] vt **-1.** [animal, personne] degollar. **-2.** fam [faire payer cher] despellejar.

égosiller [egozije] ◆ **s'égosiller** vp desgañitarse.

égout [egu] nm alcantarilla f.

égoutter [egute] vt **-1.** [linge, vaisselle, légumes] escurrir. **-2.** [fromage] desuerar. ◆ **s'égoutter** vp escurrirse.

égouttoir [egutwar] nm **-1.** [à légumes] escurridor m. **-2.** [à vaisselle] escurridor m, escurreplatos m inv.

égratigner [egratiɲe] vt **-1.** [érafler] arañar. **-2.** fig [blesser] afectar. ◆ **s'égratigner** vp [s'érafler] arañarse.

égratignure [egratiɲyr] nf **-1.** [éraflure] arañazo m, rasguño m. **-2.** fig [blessure] rasguño m.

égrener [egrəne] vt desgranar.

égrillard, e [egrijar, ard] adj chocarrero(ra).

Égypte [eʒipt] nf : l' ~ Egipto.

égyptien, enne [eʒipsjɛ̃, ɛn] adj egipcio(cia). ◆ **égyptien** nm LING egipcio m. ◆ **Égyptien, enne** nm, f egipcio m, -cia f.

égyptologie [eʒiptɔlɔʒi] nf egiptología f.

eh [e] interj eh; ~ **bien** bueno.

éhonté, e [eɔ̃te] adj & nm, f sinvergüenza.

éjaculation [eʒakylasjɔ̃] nf eyaculación f; ~ **précoce** eyaculación precoz.

éjectable [eʒɛktabl] adj eyectable.

éjecter [eʒɛkte] vt **-1.** [rejeter] eyectar. **-2.** fam [personne] echar; **il s'est fait** ~ lo han echado.

élaboration [elabɔrasjɔ̃] nf elaboración f.

élaboré, e [elabɔre] adj elaborado(da) (sofisticado).

élaborer [elabɔre] vt elaborar.

élaguer [elage] vt **-1.** [arbre] podar. **-2.** fig [texte, exposé] recortar, expurgar.

élan [elã] *nm* **-1.** ZOOL alce *m.* **-2.** [mouvement physique] impulso *m;* **prendre son ~** coger impulso. **-3.** *fig* [de joie, de générosité] arrebato *m.*

élancé, e [elãse] *adj* esbelto(ta).

élancer [elãse] *vi* MÉD dar punzadas. ◆ **s'élancer** *vp* **-1.** [se précipiter] lanzarse. **-2.** [prendre de l'élan] coger impulso.

élargir [elarʒir] *vt* **-1.** [route, jupe] ensanchar. **-2.** [connaissances] ampliar. ◆ **s'élargir** *vp* **-1.** [route] ensancharse. **-2.** *fam* [personne] engordar. **-3.** *fig* [idées, connaissances] ampliar

élasticité [elastisite] *nf* elasticidad *f.*

élastique [elastik] ◇ *adj* elástico(ca). ◇ *nm* elástico *m,* goma *f.*

électeur, trice [elɛktœr, tris] *nm, f* elector *m,* -ra *f.*

élection [elɛksjɔ̃] *nf* elección *f;* **d'~** de elección; **~s municipales** elecciones municipales; **~ présidentielle** elecciones presidenciales.

électoral, e, aux [elɛktɔral, o] *adj* electoral.

électricien, enne [elɛktrisjɛ̃, ɛn] *nm, f* electricista *mf.*

électricité [elɛktrisite] *nf* PHYS electricidad *f.*

électrifier [elɛktrifje] *vt* electrificar.

électrique [elɛktrik] *adj* **-1.** PHYS eléctrico(ca). **-2.** *fig* [impression] electrizante.

électroaimant [elɛktroemã] *nm* electroimán *m.*

électrocardiogramme [elɛktrokardjogram] *nm* electrocardiograma *m.*

électrochoc [elɛktrofɔk] *nm* electrochoque *m.*

électrocuter [elɛktrɔkyte] *vt* electrocutar.

électrode [elɛktrɔd] *nf* electrodo *m.*

électroencéphalogramme [elɛktroãsefalɔgram] *nm* MÉD electroencefalograma *m.*

électrogène [elɛktrɔʒɛn] *adj* electrógeno(na).

électrolyse [elɛktrɔliz] *nf* electrólisis *f inv.*

électromagnétique [elɛktromaɲetik] *adj* electromagnético(ca).

électron [elɛktrɔ̃] *nm* electrón *m.*

électronicien, enne [elɛktrɔnisjɛ̃, ɛn] *nm, f* especialista *mf* en electrónica.

électronique [elɛktrɔnik] ◇ *adj* electrónico(ca). ◇ *nf* electrónica *f.*

élégance [elegãs] *nf* elegancia *f.*

élégant, e [elegã, ãt] *adj* elegante *Esp,* elegantoso(sa) *Amér.*

élément [elemã] *nm* elemento *m;* **les bons/mauvais ~s** los buenos/malos elementos; **les quatre ~s** los cuatro elementos; **être dans son ~** *fig* estar en su elemento.

élémentaire [elemãtɛr] *adj* elemental.

éléphant [elefã] *nm* elefante *m.*

éléphanteau, x [elefãto] *nm* cría *f* de elefante.

élevage [ɛlvaʒ] *nm* [action] cría *f;* [exploitation] criadero *m.*

élévateur, trice [elevatœr, tris] *adj* elevador(ra).

élève [elɛv] *nmf* **-1.** [gén] alumno *m,* -na *f.* **-2.** MIL [candidat] ≃ cadete *mf.*

élever [ɛlve] *vt* **-1.** [statue, protestations] levantar. **-2.** [à un rang supérieur] ascender. **-3.** [esprit] elevar. **-4.** [prix] subir. **-5.** [enfant] educar. **-6.** [poulets, lapins] criar. ◆ **s'élever** *vp* **-1.** [gén] elevarse. **-2.** [protester] : **s'~ contre qqn/contre qqch** levantarse contra alguien/contra algo.

éleveur, euse [ɛlvœr, øz] *nm, f* criador *m,* -ra *f.*

elfe [ɛlf] *nm* elfo *m.*

éligible [eliʒibl] *adj* POLIT elegible.

élimination [eliminasjɔ̃] *nf* eliminación *f;* **procéder par ~** proceder por eliminación.

éliminer [elimine] *vt* eliminar.

élire [elir] *vt* elegir.

élite [elit] *nf* elite *f;* **d'~** de elite.

élitiste [elitist] *nmf* elitista.

elle [ɛl] *pron pers* ella; **il a fait ça pour ~** lo ha hecho por ella; **~ est jolie, Marie** es guapa, María; **c'est à ~** es suyo/suya. ◆ **elle-même** *pron pers* ella misma.

ellipse [elips] *nf* **-1.** GÉOM elipse *f.* **-2.** LING elipsis *f inv.*

élocution [elɔkysjɔ̃] *nf* elocución *f.*

éloge [elɔʒ] *nm* elogio *m;* **couvrir qqn d'~s** deshacerse en elogios con alguien; **faire l'~ de qqn/de qqch** elogiar a alguien/algo.

élogieux, euse [elɔʒjø, øz] *adj* elogioso(sa).

éloignement [elwaɲmã] *nm* **-1.** [gén] alejamiento *m.* **-2.** [dans le temps] distanciamiento *m.*

éloigner [elwaɲe] *vt* alejar. ◆ **s'éloigner** *vp* alejarse.

élongation [elɔ̃gasjɔ̃] *nf* MÉD elongación *f.*

éloquence [elɔkãs] *nf* elocuencia *f.*

éloquent, e [elɔkã, ãt] *adj* elocuente.

élu, e [ely] ◇ *pp* → **élire**. ◇ *adj* POLIT electo(ta). ◇ *nm, f* POLIT & RELIG elegido *m*, -da *f*; **l'~ de son cœur** *sout* OU *hum* su media naranja.

élucider [elyside] *vt* dilucidar.

éluder [elyde] *vt* eludir.

Élysée [elize] *n* : **l'~** el Elíseo *(residencia oficial del presidente de la República Francesa)*.

émacié, e [emasje] *adj sout* demacrado(da).

émail, aux [emaj, emo] *nm* esmalte *m*; **en ~** esmaltado(da).

émaillé, e [emaje] *adj* : **~ de** salpicado(da) de.

émanation [emanasjɔ̃] *nf* emanación *f*.

émancipé, e [emɑ̃sipe] *adj* emancipado(da).

émanciper [emɑ̃sipe] *vt* emancipar. ◆ **s'émanciper** *vp* -1. [se libérer] emanciparse. -2. *fam* [se dévergonder] espabilarse.

émaner [emane] *vi* emanar.

émarger [emarʒe] *vt* firmar en el margen.

émasculer [emaskyle] *vt* emascular.

emballage [ɑ̃balaʒ] *nm* embalaje *m*.

emballer [ɑ̃bale] *vt* -1. [objet, moteur] embalar. -2. *fam* [plaire] entusiasmar. ◆ **s'emballer** *vp* -1. [personne, moteur] embalarse. -2. [cheval] desbocarse.

embarcadère [ɑ̃barkadɛr] *nm* embarcadero *m*.

embarcation [ɑ̃barkasjɔ̃] *nf* embarcación *f*.

embardée [ɑ̃barde] *nf* bandazo *m*; **faire une ~** dar un bandazo.

embargo [ɑ̃bargo] *nm* embargo *m*.

embarquement [ɑ̃barkəmɑ̃] *nm* -1. [de marchandises] embarque *m*. -2. [de passagers] embarco *m*; **~ immédiat** embarco inmediato.

embarquer [ɑ̃barke] ◇ *vt* -1. [marchandises, passagers] embarcar. -2. *fam* [malfaiteur] trincar. -3. *fam* [emmener] llevarse. -4. *loc* : **~ qqn dans qqch** [engager] *fam* embarcar a alguien en algo. ◇ *vi* : **~ pour** embarcarse para. ◆ **s'embarquer** *vp* embarcarse; **s'~ dans** *fam fig* embarcarse en.

embarras [ɑ̃bara] *nm* -1. [incertitude, situation difficile] aprieto *m*, apuro *m*; **avoir l'~ du choix** tener mucho donde escoger; **être dans l'~** estar en un aprieto OU apuro; **mettre qqn dans l'~** poner a alguien en un compromiso; **tirer qqn d'~** sacar a alguien de un aprieto OU apuro. -2. [souci] problema *m*. -3. [gêne] molestia *f*.

embarrassé, e [ɑ̃barase] *adj* -1. [chargé] cargado(da). -2. [perplexe] apurado(da). -3. [timide] apocado(da). -4. [confus] confuso(sa).

embarrasser [ɑ̃barase] *vt* -1. [encombrer] atestar. -2. [gêner] estorbar. -3. [déconcerter] poner en un compromiso, poner en un aprieto. ◆ **s'embarrasser** *vp* -1. [s'encombrer] : **s'~ de qqch** cargar con algo; *fig* [tenir compte de] tener en cuenta algo. -2. *fig* [s'empêtrer] : **s'~ dans** liarse con.

embauche [ɑ̃boʃ] *nf* contratación *f*.

embaucher [ɑ̃boʃe] *vt* -1. [employer] contratar. -2. *fam* [occuper] reclutar.

embaumer [ɑ̃bome] ◇ *vt* embalsamar. ◇ *vi* desprender un olor a.

embellir [ɑ̃belir] ◇ *vt* -1. [agrémenter] embellecer. -2. *fig* [enjoliver] adornar. ◇ *vi* embellecerse.

embellissement [ɑ̃belismɑ̃] *nm* embellecimiento *m*.

embêtant, e [ɑ̃bɛtɑ̃, ɑ̃t] *adj fam* cargante.

embêtement [ɑ̃bɛtmɑ̃] *nm fam* complicación *f*.

embêter [ɑ̃bɛte] *vt fam* -1. [embarrasser] : **être bien embêté pour tenerlo** difícil para. -2. [importuner, contrarier] molestar. ◆ **s'embêter** *vp fam* aburrirse.

emblée [ɑ̃ble] ◆ **d'emblée** *loc adv* en seguida.

emblème [ɑ̃blɛm] *nm* emblema *m*.

emboîter [ɑ̃bwate] *vt* : **~ qqch dans qqch** encajar algo en algo. ◆ **s'emboîter** *vp* encajar.

embonpoint [ɑ̃bɔ̃pwɛ̃] *nm* gordura *f*.

embouché, e [ɑ̃buʃe] *adj* **mal ~** *fam* grosero(ra).

embouchure [ɑ̃buʃyr] *nf* -1. [de fleuve] desembocadura *f*. -2. [d'instrument] boquilla *f*, embocadura *f*.

embourber [ɑ̃burbe] *vt* encenagar. ◆ **s'embourber** *vp* -1. [s'enliser] encenagarse. -2. *fig* liarse.

embourgeoiser [ɑ̃burʒwaze] *vt* aburguesar. ◆ **s'embourgeoiser** *vp* aburguesarse.

embout [ɑ̃bu] *nm* contera *f*.

embouteillage [ɑ̃butɛjaʒ] *nm* -1. [de véhicules] atasco *m*, embotellamiento *m Esp*, atorón *m Amér*. -2. [mise en bouteille] embotellado *m*.

emboutir [ɑ̃butir] *vt* -1. [voiture] embestir. -2. TECHNOL embutir.

embranchement [ɑ̄brɑ̄ʃmɑ̄] *nm* **-1.** [de chemins] cruce *m*. **-2.** [d'arbre] ramificación *f*.

embraser [ɑ̄braze] *vt* **-1.** [incendier] abrasar. **-2.** [éclairer] incendiar. **-3.** *fig* [d'amour] inflamar. ◆ **s'embraser** *vp* **-1.** [prendre feu] abrasarse. **-2.** *sout* [s'éclairer] incendiarse. **-3.** *fig & sout* [d'amour] inflamarse.

embrassade [ɑ̄brasad] *nf* abrazo *m*.

embrasser [ɑ̄brase] *vt* **-1.** [donner un baiser à] besar. **-2.** *vieilli* [prendre dans ses bras] abrazar. **-3.** *fig* [du regard] abarcar. **-4.** [religion, carrière] abrazar. ◆ **s'embrasser** *vp* besarse.

embrasure [ɑ̄brazyr] *nf* [de fenêtre] vano *m*; [de porte] marco *m*.

embrayage [ɑ̄brɛjaʒ] *nm* embrague *m*.

embrayer [ɑ̄brɛje] *vi* AUTOM embragar.

embrocher [ɑ̄brɔʃe] *vt* ensartar.

embrouillamini [ɑ̄brujamini] *nm fam* maraña *f*, embrollo *m*.

embrouiller [ɑ̄bruje] *vt* embrollar.

embruns [ɑ̄brœ̃] *nmpl* salpicaduras *fpl (de las olas)*.

embryon [ɑ̄brijɔ̃] *nm* embrión *m*.

embûches [ɑ̄byʃ] *nfpl* obstáculos *mpl*.

embué, e [ɑ̄bɥe] *adj* empañado(da).

embuer [ɑ̄bɥe] *vt* empañar.

embuscade [ɑ̄byskad] *nf* emboscada *f*; **tomber dans une ~** caer en una emboscada.

embusquer [ɑ̄byske] *vt* MIL emboscar. ◆ **s'embusquer** *vp* emboscarse.

éméché, e [emeʃe] *adj fam* piripi.

émeraude [emrod] *nf* esmeralda *f*.

émerger [emɛrʒe] *vi* **-1.** [sortir de l'eau] emerger. **-2.** *fig* [sortir] surgir. **-3.** *fig* [dépasser] sobresalir. **-4.** *fam* [se réveiller] despertarse.

émérite [emerit] *adj* emérito(ta).

émerveiller [emɛrveje] *vt* maravillar.

émetteur, trice [emetœr, tris] *adj* emisor(ra). ◆ **émetteur** *nm* emisor *m*.

émettre [emɛtr] *vt* emitir.

émeute [emøt] *nf* motín *m*.

émietter [emjete] *vt* **-1.** [pain] desmigar. **-2.** *fig* [attention, efforts] dispersar.

émigrant, e [emigrɑ̄, ɑ̄t] *adj & nm, f* emigrante.

émigré, e [emigre] *adj & nm, f* emigrado(da).

émigrer [emigre] *vi* emigrar.

émincé, e [emɛ̃se] *adj* [viande] en lonchas, en lonjas; [légumes] en láminas. ◆ **émincé** *nm* CULIN lonchas de carne asada o hervida, cubiertas de salsa.

éminemment [eminamɑ̄] *adv* eminentemente.

éminence [eminɑ̄s] *nf* eminencia *f*.

éminent, e [eminɑ̄, ɑ̄t] *adj* eminente.

émir [emir] *nm* emir *m*.

émirat [emira] *nm* emirato *m*. ◆ **Émirat** *nm* : **les Émirats arabes unis** la Unión de Emiratos Árabes, los Emiratos Árabes Unidos.

émis, e [emi, iz] *pp* → **émettre**.

émissaire [emiser] ◇ *nm* emisario *m*, -ria *f*. ◇ *adj* → **bouc**.

émission [emisjɔ̃] *nf* **-1.** [gén] emisión *f*. **-2.** [programme] programa *m*.

emmagasiner [ɑ̄magazine] *vt* almacenar.

emmailloter [ɑ̄majɔte] *vt* **-1.** [bébé] poner los pañales a. **-2.** [membre blessé] vendar.

emmanchure [ɑ̄mɑ̄ʃyr] *nf* sisa *f*.

emmêler [ɑ̄mele] *vt* **-1.** [fils] enredar. **-2.** *fig* [idées, affaire] embrollar.

emménagement [ɑ̄menaʒmɑ̄] *nm* mudanza *f*.

emménager [ɑ̄menaʒe] *vi* mudarse.

emmener [ɑ̄mne] *vt* llevar; **~ qqn à llevar** a alguien a; **~ qqch** llevarse algo; **~ qqch à llevar** algo a.

emmerder [ɑ̄mɛrde] *vt tfam* joder *(molestar)*. ◆ **s'emmerder** *vp tfam* aburrirse como una ostra.

emmitoufler [ɑ̄mitufle] *vt* abrigar. ◆ **s'emmitoufler** *vp* abrigarse.

émoi [emwa] *nm* **-1.** *sout* [agitation] conmoción *f*. **-2.** *vieilli* [émotion] emoción *f*.

émoluments [emɔlymɑ̄] *nmpl* emolumentos *mpl*.

émotif, ive [emɔtif, iv] *adj & nm, f* emotivo(va).

émotion [emosjɔ̃] *nf* emoción *f*.

émotionnel, elle [emosjɔnel] *adj* emocional.

émousser [emuse] *vt* embotar.

émouvant, e [emuvɑ̄, ɑ̄t] *adj* emocionante.

émouvoir [emuvwar] *vt* **-1.** [troubler] emocionar. **-2.** [susciter la sympathie de] conmover. ◆ **s'émouvoir** *vp* conmoverse, emocionarse.

empailler [ɑ̄paje] *vt* **-1.** [animal] disecar. **-2.** [chaise] empajar.

empaler [ɑ̄pale] *vt* : **~ sur** empalar en.

empaqueter [ɑ̃pakte] *vt* empaquetar.

empâter [ɑ̃pate] *vt* **-1.** [visage, traits] abotargar. **-2.** [bouche, langue] ponerse pastoso(sa). ◆ **s'empâter** *vp* engordar.

empêchement [ɑ̃pɛʃmɑ̃] *nm* impedimento *m.*

empêcher [ɑ̃peʃe] *vt* impedir; ~ **que** (+ *subjonctif*) impedir que (+ *subjuntivo*); **j'empêcherai qu'elle sorte** le impediré que salga; ~ **qqn de faire qqch** impedir a alguien que haga algo; ~ **qqch de faire qqch** impedir que algo haga algo; **(il) n'**~ **que** eso no impide que.

empereur [ɑ̃prœr] *nm* emperador *m.*

empesé, e [ɑ̃pəze] *adj* **-1.** [linge] almidonado(da). **-2.** *fig* [style] afectado(da).

empester [ɑ̃peste] *vt & vi* apestar.

empêtrer [ɑ̃petre] *vt* liar. ◆ **s'empêtrer** *vp* liarse.

emphase [ɑ̃faz] *nf péj* énfasis *m inv.*

empiéter [ɑ̃pjete] *vi* : ~ **sur qqch** [déborder] invadir algo; *fig* [usurper] usurpar algo.

empiffrer [ɑ̃pifre] ◆ **s'empiffrer** *vp fam* atiborrarse.

empiler [ɑ̃pile] *vt* **-1.** [objets] apilar. **-2.** *fam* [personne] timar.

empire [ɑ̃pir] *nm* **-1.** [gén] imperio *m.* **-2.** *sout* [contrôle, emprise] dominio *m.*

empirer [ɑ̃pire] *vi* empeorar.

emplacement [ɑ̃plasmɑ̃] *nm* situación *f (localización).*

emplâtre [ɑ̃platr] *nm* **-1.** [pommade] emplasto *m.* **-2.** *fam péj* [incapable] pasmarote *m.*

emplette [ɑ̃plɛt] *nf (gén pl)* compra *f.*

emplir [ɑ̃plir] *vt* llenar; ~ **qqch de** llenar algo de; ~ **qqn de** *fig* [de sentiments] llenar a alguien de.

emploi [ɑ̃plwa] *nm* empleo *m;* ~ **du temps** horario *m.*

employé, e [ɑ̃plwaje] ◇ *adj* empleado(da). ◇ *nm, f* empleado *m,* -da *f;* ~ **de bureau** oficinista *mf.*

employer [ɑ̃plwaje] *vt* **-1.** [utiliser] emplear. **-2.** [salarier] dar empleo, emplear.

employeur, euse [ɑ̃plwajœr, øz] *nm, f* patrono *m,* -na *f.*

empocher [ɑ̃pɔʃe] *vt fam* embolsarse.

empoignade [ɑ̃pwaɲad] *nf fam* agarrada *f.*

empoigner [ɑ̃pwaɲe] *vt* **-1.** [outil] empuñar. **-2.** *fig* [public, audience] meter en un puño. ◆ **s'empoigner** *vp* **-1.** [se battre]

llegar a las manos. **-2.** [se quereller] discutir.

empoisonnement [ɑ̃pwazɔnmɑ̃] *nm* **-1.** [intoxication] envenenamiento *m.* **-2.** *fam fig* [souci] pega *f.*

empoisonner [ɑ̃pwazɔne] *vt* **-1.** [intoxiquer, dégrader] envenenar. **-2.** [empuantir] apestar. **-3.** *fam* [ennuyer] dar la lata.

emporté, e [ɑ̃pɔrte] *adj* iracundo(da).

emportement [ɑ̃pɔrtəmɑ̃] *nm* arrebato *m.*

emporter [ɑ̃pɔrte] *vt* **-1.** [gén] llevarse; **à** ~ [plats] para llevar. **-2.** [entraîner] arrastrar. **-3.** [surpasser] : **l'**~ **sur** superar a; *fig* prevalecer sobre. ◆ **s'emporter** *vp* dejarse llevar.

empoté, e [ɑ̃pɔte] *adj & nm, f fam* zoquete.

empreint, e [ɑ̃prɛ̃, ɛ̃t] *adj* : ~ **de** impregnado(da) de.

empreinte [ɑ̃prɛ̃t] *nf* huella *f;* ~**s digitales** huellas digitales OU dactilares.

empressement [ɑ̃prɛsmɑ̃] *nm* **-1.** [zèle] diligencia *f.* **-2.** [enthousiasme] alborozo *m.*

empresser [ɑ̃prese] ◆ **s'empresser** *vp* : **s'**~ **de faire qqch** apresurarse a hacer algo; **s'**~ **auprès de qqn** mostrarse atento con alguien.

emprise [ɑ̃priz] *nf* influencia *f;* **sous l'**~ **de** bajo la influencia de.

emprisonnement [ɑ̃prizɔnmɑ̃] *nm* encarcelamiento *m.*

emprisonner [ɑ̃prizɔne] *vt* **-1.** [voleur] encarcelar. **-2.** [partie du corps] aprisionar.

emprunt [ɑ̃prœ̃] *nm* **-1.** [gén & ÉCON] préstamo *m.* **-2.** *fig* [imitation] copia *f,* imitación *f;* ~ **à qqn** copia de alguien.

emprunté, e [ɑ̃prœ̃te] *adj* [gauche] torpe; [artificiel] artificioso(sa).

emprunter [ɑ̃prœ̃te] *vt* **-1.** [objet, argent] pedir prestado(da); ~ **qqch à qqn** [argent] pedir prestado algo a alguien; *fig* [expression] tomar algo de alguien. **-2.** [route] coger, tomar. **-3.** LING : ~ **qqch à** [mot] tomar algo de.

ému, e [emy] ◇ *pp* → **émouvoir.** ◇ *adj* emocionado(da).

émulation [emylasjɔ̃] *nf* emulación *f.*

émule [emyl] *nmf* émulo *m,* -la *f.*

émulsion [emylsjɔ̃] *nf* emulsión *f.*

en [ɑ̃] ◇ *prép* **-1.** [temps, lieu] en; ~ **1992** en 1992. **-2.** [état, forme, manière] : **arbres** ~ **fleur** árboles en flor; **sucre** ~ **morceaux** azúcar en terrones; **lait** ~ **poudre** leche en polvo; **dire qqch** ~ **anglais** decir algo en inglés; ~ **vacances** de vacaciones;

agir ~ **traître** actuar a traición; **il parle ~ expert** habla como experto; **je la préfère ~ vert** la prefiero (en) verde. **-3.** [moyen] : **~ avion/bateau/train** en avión/barco/tren. **-4.** [mesure] : **une robe ~ 38** un vestido del 38; **compter ~ dollars** contar en dólares. **-5.** [matière] de; **~ métal de metal; une théière ~ argent** una tetera de plata. **-6.** [devant un participe présent] : **~ arrivant à Paris** al llegar a París; **~ mangeant** mientras comía; **~ faisant un effort** haciendo un esfuerzo; **elle repondit ~ souriant** respondió con una sonrisa. ◇ pron adv **-1.** [complément de verbe, de nom, d'adjectif] : **nous ~ avons déjà parlé** ya hemos hablado (de ello); **j'ai du chocolat, tu ~ veux?** tengo chocolate, ¿quieres? **-2.** [provenance] de allí; **j'~ viens à l'instant** acabo de llegar de allí.

ENA, Ena [ena] abr de **École nationale d'administration.**

encablure [ɑ̃kablyr] nf NAVIG cable m (medida).

encadrement [ɑ̃kadrəmɑ̃] nm **-1.** [de tableau, de porte] marco m. **-2.** [responsables – d'entreprise] directivos mpl; [– de groupe] responsables mpl. **-3.** ÉCON [des prix] contención f.

encadrer [ɑ̃kadre] vt **-1.** [photo, visage] enmarcar. **-2.** [équipe, groupe] dirigir. **-3.** MIL [soldats] encuadrar. **-4.** [détenu] flanquear. **-5.** loc : **ne pas pouvoir ~ qqn** fam no tragar a alguien.

encaissé, e [ɑ̃kese] adj encajonado(da).

encaisser [ɑ̃kese] vt **-1.** [de l'argent] cobrar; **~ un chèque** FIN cobrar OU hacer efectivo un cheque. **-2.** fam [critique, coup] encajar.

encanailler [ɑ̃kanaje] ◆ **s'encanailler** vp encanallarse.

encart [ɑ̃kar] nm encarte m.

encastrer [ɑ̃kastre] vt empotrar, encajar. ◆ **s'encastrer** vp empotrarse.

encaustique [ɑ̃kostik] nf **-1.** [cire] encáustico m. **-2.** [peinture] encausto m, encauste m.

enceinte [ɑ̃sɛ̃t] ◇ adj embarazada. ◇ nf **-1.** [muraille] muralla f. **-2.** [salle] recinto m. ◆ **enceinte acoustique** nf pantalla acústica f.

encens [ɑ̃sɑ̃] nm incienso m.

encenser [ɑ̃sɑ̃se] vt incensar.

encensoir [ɑ̃sɑ̃swar] nm incensario m.

encercler [ɑ̃sɛrkle] vt **-1.** [lieu] rodear. **-2.** [avec un stylo] : **~ qqch** rodear algo con un círculo.

enchaînement [ɑ̃ʃɛnmɑ̃] nm **-1.** [gén] encadenamiento m. **-2.** [liaison] enlace m.

enchaîner [ɑ̃ʃene] ◇ vt **-1.** [gén] encadenar. **-2.** [idées] enlazar. ◇ vi : **~ sur qqch** proseguir con algo. ◆ **s'enchaîner** vp enlazarse.

enchanté, e [ɑ̃ʃɑ̃te] adj encantado(da); **~ (de faire votre connaissance)** encantado (de conocerle).

enchantement [ɑ̃ʃɑ̃tmɑ̃] nm **-1.** [sortilège] encantamiento m; **comme par ~** como por arte de magia. **-2.** sout [ravissement] encanto m. **-3.** [merveille] maravilla f.

enchanter [ɑ̃ʃɑ̃te] vt encantar.

enchâsser [ɑ̃ʃase] vt engarzar.

enchère [ɑ̃ʃɛr] nf **-1.** [offre] puja f. **-2.** [au jeu] apuesta f.

enchevêtrer [ɑ̃ʃəvɛtre] vt [emmêler] enredar.

enclave [ɑ̃klav] nf enclave m.

enclencher [ɑ̃klɑ̃ʃe] vt poner en marcha. ◆ **s'enclencher** vp **-1.** TECHNOL engranar. **-2.** fig [affaire] empezar.

enclin, e [ɑ̃klɛ̃, in] adj : **~ à qqch/à faire qqch** proclive a algo/a hacer algo.

enclore [ɑ̃klɔr] vt cercar.

enclos, e [ɑ̃klo, oz] pp → enclore. ◆ **enclos** nm cercado m.

enclume [ɑ̃klym] nf yunque m.

encoche [ɑ̃kɔʃ] nf muesca f.

encoignure [ɑ̃kɔɲyr, ɑ̃kwaɲyr] nf **-1.** [coin] rincón m. **-2.** [meuble] rinconera f.

encolure [ɑ̃kɔlyr] nf **-1.** [gén] cuello m. **-2.** [de vêtement] escote m.

encombrant, e [ɑ̃kɔ̃brɑ̃, ɑ̃t] adj **-1.** [colis] voluminoso(sa). **-2.** fig [personne] cargante Esp, cargoso(sa) Amér.

encombre [ɑ̃kɔ̃br] ◆ **sans encombre** loc adv sin tropiezos.

encombré, e [ɑ̃kɔ̃bre] adj atestado(da).

encombrement [ɑ̃kɔ̃brəmɑ̃] nm **-1.** [d'une pièce] recargamiento m. **-2.** [de véhicules] atasco m, embotellamiento m. **-3.** [volume] volumen m. **-4.** fig [de marché] saturación f.

encombrer [ɑ̃kɔ̃bre] vt **-1.** [couloir, passage] obstruir. **-2.** [mémoire] : **~ de qqch** sobrecargar con algo.

encontre [ɑ̃kɔ̃tr] ◆ **à l'encontre de** loc prép en contra de.

encore [ɑ̃kɔr] adv **-1.** [toujours] todavía, aún; **~ un mois un mes más; pas ~** todavía no, aún no. **-2.** [de nouveau] : **tu manges ~!** ¡–estás comiendo otra vez!;

il m'a menti ~ ha vuelto a mentirme!; **l'ascenseur est** ~ **en panne!** ¡otra vez está el ascensor estropeado!; ~ **une fois** una vez más. **-3.** [marque le renforcement] todavía más, aún más; **réduisez-le** ~ redúzcalo aún más; ~ **mieux/pire** aún mejor/peor. **-4.** [marque une restriction, opposition] : **il ne suffit pas d'être beau,** ~ **faut-il être intelligent** no basta con ser guapo, además hay que ser inteligente. ◆ **et encore** loc adv y gracias. ◆ **mais encore?** loc adv ¿y qué más? ◆ **si encore** loc adv si al menos. ◆ **encore que** loc conj aunque.

encouragement [ākuraʒmā] nm **-1.** [parole] palabras mpl de aliento. **-2.** [action] aliento m, apoyo m.

encourager [ākuraʒe] vt **-1.** [personne] alentar, animar; ~ **qqn à faire qqch** alentar a alguien a hacer algo OU a que haga algo, animar a alguien a hacer algo OU a que haga algo. **-2.** [activité] fomentar.

encourir [ākurir] vt sout incurrir en.

encouru, e [ākury] pp → encourir.

encrasser [ākrase] vt **-1.** [appareil] atascarse. **-2.** fam [salir] ensuciar Esp, enchastrar Amér.

encre [ākr] nf tinta f.

encrer [ākre] vt entintar.

encrier [ākrije] nm tintero m.

encroûter [ākrute] vt encostrar. ◆ **s'encroûter** vp fig anquilosarse.

encyclique [āsiklik] nf RELIG encíclica f.

encyclopédie [āsiklɔpedi] nf enciclopedia f.

encyclopédique [āsiklɔpedik] adj enciclopédico(ca).

endémique [ādemik] adj endémico(ca).

endetter [ādete] vt endeudar. ◆ **s'endetter** vp endeudarse.

endeuiller [ādœje] vt enlutar.

endiablé, e [ādjable] adj endiablado(da).

endiguer [ādige] vt poner un dique a.

endimancher [ādimāʃe] ◆ **s'endimancher** vp endomingarse.

endive [ādiv] nf endibia f, endivia f.

endoctriner [ādɔktrine] vt adoctrinar.

endolori, e [ādɔlɔri] adj dolorido(da).

endommager [ādɔmaʒe] vt dañar, deteriorar.

endormi, e [ādɔrmi] adj **-1.** [gén] dormido(da). **-2.** sout [paysage] silente.

endormir [ādɔrmir] vt **-1.** [gén] dormir. **-2.** [ennuyer, affaiblir] adormecer. ◆ **s'endormir** vp **-1.** [gén] dormirse; **s'**~ **sur qqch** [se contenter de] dormirse en algo. **-2.** [s'affaiblir] adormecerse.

endosser [ādose] vt **-1.** [vêtement] ponerse. **-2.** JUR & BANQUE endosar; ~ **un chèque** FIN endosar un cheque.

endroit [ādrwa] nm **-1.** [lieu, point] sitio m; **à quel** ~ ¿dónde? **-2.** [côté] derecho m; **mettre à l'**~ poner del derecho. ◆ **à l'endroit de** loc prép sout para con, respecto a.

enduire [ādɥir] vt untar; ~ **qqch de** untar algo con. ◆ **s'enduire** vp : **s'**~ **de** untarse con.

enduit, e [ādɥi, it] pp → enduire. ◆ **enduit** nm [de peinture] capa f, mano f.

endurance [ādyrās] nf **-1.** [physique] resistencia f. **-2.** [morale] resistencia f, aguante m.

endurcir [ādyrsir] vt **-1.** [rendre dur, moins sensible] curtir. **-2.** [aguerrir] : ~ **qqn à** volver resistente a. ◆ **s'endurcir** vp : **s'**~ **(à)** volverse insensible (a).

endurer [ādyre] vt aguantar.

énergie [enerʒi] nf energía f; ~ **éolienne/nucléaire/solaire** energía eólica/nuclear/solar.

énergique [enerʒik] adj enérgico(ca).

énergumène [energymɛn] nmf energúmeno m, -na f.

énerver [enerve] vt poner nervioso(sa). ◆ **s'énerver** vp ponerse nervioso(sa).

enfance [āfās] nf **-1.** [âge] infancia f, niñez f. **-2.** [enfants] niños mpl. **-3.** fig [débuts] infancia f.

enfant [āfā] nmf **-1.** [personne à l'âge de l'enfance] niño m, -ña f; **attendre un** ~ esperar un hijo. **-2.** [fils ou fille] hijo m, -ja f.

enfanter [āfāte] vt **-1.** sout [accoucher] alumbrar, dar a luz. **-2.** fig [produire] alumbrar.

enfantin, e [āfātɛ̃, in] adj **-1.** [qui se rapporte à l'enfance] infantil. **-2.** [facile] para niños.

enfer [āfɛr] nm RELIG infierno m. ◆ **Enfers** nmpl MYTH infiernos mpl.

enfermer [āfɛrme] vt **-1.** [gén] encerrar. **-2.** [ranger] guardar. ◆ **s'enfermer** vp encerrarse.

enfilade [āfilad] nf fila f, hilera f.

enfiler [ãfile] *vt* -1. [aiguille] enhebrar; [perles] ensartar. -2. *fam* [vêtement] ponerse. ◆ **s'enfiler** *vp fam* echarse entre pecho y espalda.

enfin [ãfɛ̃] *adv* -1. [dans une liste] finalmente, por último; [en dernier lieu] por fin, al fin. -2. [pour récapituler] en fin. -3. [pour introduire une rectification] en fin, bueno.

enflammer [ãflame] *vt* -1. [bois] incendiar. -2. *fig* [cœur, esprit] encender. ◆ **s'enflammer** *vp* -1. [bois] incendiarse. -2. *fig* [cœur, esprit] encenderse.

enflé, e [ãfle] *adj* hinchado(da).

enfler [ãfle] ◇ *vi* hincharse, inflarse ◇ *vt* -1. [gén] hinchar, inflar. -2. [cours d'eau] hacer crecer.

enfoncer [ãfɔ̃se] *vt* -1. [faire pénétrer] : ~ qqch (dans) clavar algo (en). -2. [enfouir] : ~ qqch dans hundir algo en. -3. [défoncer] derribar. -4. *fam fig* [humilier] hundir. ◆ **s'enfoncer** *vp* -1. [entrer] : s' ~ dans [eau, boue] hundirse en; [forêt, ville] adentrarse en; [clou] clavarse en. -2. [céder] hundirse. -3. *fig* [s'enferrer] enredarse.

enfouir [ãfwir] *vt* -1. [mettre] meter. -2. [mettre en terre] sepultar, enterrar.

enfourcher [ãfurʃe] *vt* montar (a horcajadas) en.

enfourner [ãfurne] *vt* -1. [pain] hornear. -2. *fam* [avaler] zamparse.

enfreindre [ãfrɛ̃dr] *vt* infringir.

enfreint, e [ãfrɛ̃, ɛ̃t] *pp* → enfreindre.

enfuir [ãfɥir] ◆ **s'enfuir** *vp* -1. [fuir] huir. -2. *fig* [temps] pasar.

enfumer [ãfyme] *vt* llenar de humo.

engageant, e [ãgaʒã, ãt] *adj* atractivo(va).

engagement [ãgaʒmã] *nm* -1. [promesse, conscience politique] compromiso *m*. -2. MIL alistamiento *m*. -3. SPORT saque *m*. -4. [entrée] entrada *f*.

engager [ãgaʒe] ◇ *vt* -1. [parole] comprometer. -2. [employé] contratar. -3. [faire entrer] meter. -4. [capitaux] invertir. -5. [négociation] entablar. -6. [inciter] : ~ qqn à invitar a alguien a. -7. [encourager] : ~ qqn à faire qqch animar a alguien a hacer algo. ◇ *vi* SPORT sacar. ◆ **s'engager** *vp* -1. [promettre] : ~ à qqch/à faire qqch comprometerse a algo/a hacer algo. -2. MIL : s' ~ dans alistarse en. -3. [pénétrer] s' ~ dans entrar en. -4. [commencer] emprender. -5. [en politique] comprometerse.

engelure [ãʒlyr] *nf* sabañón *m*.

engendrer [ãʒãdre] *vt sout* engendrar.

engin [ãʒɛ̃] *nm* -1. [machine] máquina *f*, aparato *m*. -2. MIL [projectile] misil *m*. -3. *péj* [objet] trasto *m*.

englober [ãglɔbe] *vt* englobar.

engloutir [ãglutir] *vt* -1. [gén] engullir. -2. [argent] enterrar.

engoncé, e [ãgɔ̃se] *adj* : ~ dans embutido(da) en.

engorger [ãgɔrʒe] *vt* -1. [obstruer] atascar. -2. MÉD obstruir. ◆ **s'engorger** *vp* [s'obstruer] atascarse.

engouement [ãgumã] *nm* -1. [enthousiasme] entusiasmo *m*. -2. [hernie] estrangulación *f*.

engouffrer [ãgufre] *vt* -1. [enfourner] echar. -2. *fam* [dévorer] devorar. ◆ **s'engouffrer** *vp* : s' ~ dans meterse en.

engourdi, e [ãgurdi] *adj* -1. [membre] entumecido(da). -2. [esprit] aletargado(da).

engourdir [ãgurdir] *vt* -1. [membre] entumecer. -2. *fig* [esprit] aletargar. ◆ **s'engourdir** *vp* entumecerse.

engrais [ãgrɛ] *nm* abono *m*.

engraisser [ãgrɛse] ◇ *vt* -1. [animal] cebar. -2. [terre] abonar. ◇ *vi* engordar.

engrenage [ãgrənaʒ] *nm* engranaje *m*.

engueulade [ãgœlad] *nf fam* bronca *f*.

engueuler [ãgœle] *vt fam* echar una bronca; si je rentre tard, je vais me faire ~ par ma mère si vuelvo tarde, mi madre me echará una bronca. ◆ **s'engueuler** *vp fam* abroncarse.

enhardir [ãardir] *vt* animar. ◆ **s'enhardir** *vp* : s' ~ à faire qqch atreverse a hacer algo.

énième [enjɛm], **nième** [njɛm] *adj* enésimo(ma); la ~ fois *fam* la enésima vez.

énigmatique [enigmatik] *adj* enigmático(ca).

énigme [enigm] *nf* -1. [mystère] enigma *f*. -2. [jeu] adivinanza *f*.

enivrant, e [ãnivrã, ãt] *adj* embriagador(ra).

enivrer [ãnivre] *vt* embriagar. ◆ **s'enivrer** *vp* -1. [en buvant] embriagarse. -2. *fig* : s' ~ de embriagarse con.

enjambée [ãʒãbe] *nf* zancada *f*.

enjamber [ãʒãbe] *vt* -1. [obstacle] pasar por encima de. -2. *fig* [vallée, cours d'eau] atravesar.

enjeu [ãʒø] *nm* -1. [but] lo que está en juego. -2. [mise] apuesta *f*.

enjoindre [ɑ̃ʒwɛ̃dr] *vt sout* : ~ à qqn de faire qqch ordenar a alguien que haga algo.

enjoint [ɑ̃ʒwɛ̃] *pp inv* → enjoindre.

enjôler [ɑ̃ʒole] *vt* engatusar.

enjoliver [ɑ̃ʒɔlive] *vt* adornar.

enjoliveur [ɑ̃ʒɔlivœr] *nm* embellecedor *m*.

enjoué, e [ɑ̃ʒwe] *adj* festivo(va) *(alegre)*.

enlacer [ɑ̃lase] *vt* abrazar. ◆ **s'enlacer** *vp* **-1.** [s'entrelacer] enlazarse. **-2.** [s'embrasser] abrazarse.

enlaidir [ɑ̃ledir] *vt* afear.

enlèvement [ɑ̃lɛvmɑ̃] *nm* **-1.** [rapt] rapto *m*. **-2.** [action d'enlever] recogida *f*.

enlever [ɑ̃lve] *vt* **-1.** [ôter, supprimer] quitar; ~ qqch à qqn llevarse algo de alguien. **-2.** [emporter – gén] llevarse; [– ordures] recoger. **-3.** [kidnapper] raptar.

enliser [ɑ̃lize] *vt* atascar. ◆ **s'enliser** *vp* **-1.** [s'enfoncer] hundirse. **-2.** *fig* [stagner] estancarse. **-3.** *fig* [s'embarrasser] enredarse.

enluminure [ɑ̃lyminyr] *nf* iluminación *f*.

enneigement [ɑ̃nɛʒmɑ̃] *nm* : **bulletin d'**~ estado *m* de la nieve.

ennemi, e [ɛnmi] ◇ *adj* enemigo(ga). ◇ *nm, f* enemigo *m*, -ga *f*.

ennui [ɑ̃nɥi] *nm* **-1.** [lassitude] aburrimiento *m*. **-2.** [problème] problema *m*; **avoir des** ~s tener problemas; **créer des** ~s à qqn crear problemas a alguien; **l'**~ **c'est que...** el problema es que...

ennuyé, e [ɑ̃nɥije] *adj* molesto(ta).

ennuyer [ɑ̃nɥije] *vt* **-1.** [agacer, lasser] aburrir. **-2.** [contrarier] fastidiar *Esp*, embromar *Amér*. **-3.** [inquiéter] preocupar. ◆ **s'ennuyer** *vp* aburrirse.

ennuyeux, euse [ɑ̃nɥijø, øz] *adj* **-1.** [lassant] aburrido(da). **-2.** [gênant] fastidioso(sa).

énoncé [enɔ̃se] *nm* **-1.** [gén] enunciado *m*. **-2.** [de jugement] lectura *f*.

énoncer [enɔ̃se] *vt* **-1.** [proposition, théorème] enunciar. **-2.** [jugement] leer.

enorgueillir [ɑ̃nɔrgœjir] *vt* enorgullecer.

énorme [enɔrm] *adj* **-1.** [immense] enorme. **-2.** *fig* [incroyable] exagerado(da).

énormément [enɔrmemɑ̃] *adv* muchísimo; ~ de muchísimo(ma); ~ de gens muchísima gente.

énormité [enɔrmite] *nf* **-1.** [gigantisme] enormidad *f*. **-2.** [absurdité] barbaridad *f*.

enquête [ɑ̃kɛt] *nf* **-1.** [de police, recherche] investigación *f*. **-2.** [sondage] encuesta *f*.

enquêter [ɑ̃kete] *vi* **-1.** [police, chercheur] investigar. **-2.** [sonder] encuestar.

enragé, e [ɑ̃raʒe] *adj* **-1.** [chien] rabioso(sa). **-2.** *fig* [joueur] empedernido(da).

enrager [ɑ̃raʒe] *vi* : ~ de faire qqch dar rabia hacer algo; **faire** ~ qqn hacer rabiar a alguien.

enrayer [ɑ̃reje] *vt* **-1.** [épidémie] detener. **-2.** [évolution, crise] frenar. ◆ **s'enrayer** *vp* [arme] encasquillarse.

enregistrement [ɑ̃rəʒistrəmɑ̃] *nm* **-1.** [de son, d'images] grabación *f*. **-2.** [à l'aéroport] facturación *f*; ~ **des bagages** facturación de equipajes. **-3.** [ADMIN – formalité] inscripción *f*; [– lieu] registro *m*. **-4.** [consignation] anotación *f*.

enregistrer [ɑ̃rəʒistre] *vt* **-1.** [son, images, information] grabar. **-2.** INFORM grabar. **-3.** [constater & ADMIN] registrar. **-4.** [bagage] facturar.

enregistreur, euse [ɑ̃rəʒistrœr, øz] *adj* registrador(ra).

enrhumé, e [ɑ̃ryme] *adj* resfriado(da).

enrhumer [ɑ̃ryme] *vt* resfriar. ◆ **s'enrhumer** *vp* resfriarse.

enrichir [ɑ̃riʃir] *vt* enriquecer. ◆ **s'enrichir** *vp* enriquecerse.

enrobé, e [ɑ̃rɔbe] *adj* **-1.** [bonbon] : ~ de bañado(da) de. **-2.** *fam* [personne] rellenito(ta).

enrober [ɑ̃rɔbe] *vt* **-1.** [recouvrir] : ~ de bañar con. **-2.** *fig* [déguiser] disimular. ◆ **s'enrober** *vp* [grossir] ensancharse.

enrôler [ɑ̃role] *vt* **-1.** [dans l'armée] alistar. **-2.** [dans un groupe, un parti] afiliarse. ◆ **s'enrôler** *vp* alistarse.

enroué, e [ɑ̃rwe] *adj* ronco(ca).

enrouer [ɑ̃rwe] *vt* enronquecer; **être enroué** estar ronco(ca). ◆ **s'enrouer** *vp* enronquecerse.

enrouler [ɑ̃rule] *vt* enrollar; ~ qqch autour de qqch enrollar algo alrededor de algo. ◆ **s'enrouler** *vp* [entourer] : **s'**~ sur/autour de qqch enrollarse en/alrededor de algo. **-2.** [se pelotonner] : ~ **dans** qqch envolverse en algo.

ensabler [ɑ̃sable] *vt* encallar. ◆ **s'ensabler** *vp* encallar.

enseignant, e [ɑ̃sɛɲɑ̃, ɑ̃t] *nm, f* enseñante *mf*.

enseigne [ɑ̃sɛɲ] *nf* **-1.** [de commerce] letrero *m*. **-2.** MIL bandera *f*, estandarte *m*.

enseignement [āsεɲmā] *nm* **-1.** [gén] enseñanza *f*; ~ **primaire/secondaire** enseñanza primaria/secundaria. **-2.** [leçon] lección *f*.

enseigner [āsεɲe] ◇ *vt* enseñar; ~ **qqch à qqn** enseñar algo a alguien. ◇ *vi* enseñar.

ensemble [āsābl] ◇ *adv* **-1.** [en collaboration] juntos(tas). **-2.** [en même temps] a la vez. **-3.** [en harmonie] : **aller** ~ ir bien, pegar. ◇ *nm* **-1.** [gén] conjunto *m*; **dans l'~** en conjunto. **-2.** [harmonie] : **avec un bel** ~ al unísono.

ensemblier [āsāblije] *nm* **-1.** [décorateur] decorador *m*, -ra *f*. **-2.** CIN & TÉLÉ ayudante *mf* de decoración.

ensemencer [āəmāse] *vt* **-1.** [terre] sembrar. **-2.** [rivière] repoblar.

enserrer [āsere] *vt* **-1.** [entourer] ceñir. **-2.** *fig* [personne] aprisionar.

ensevelir [āsəvlir] *vt litt & fig* sepultar.

ensoleillé, e [āsɔleje] *adj* soleado(da).

ensoleillement [āsɔlεjmā] *nm* insolación *f (horas de sol)*.

ensommeillé, e [āsɔmeje] *adj* soñoliento(ta).

ensorceler [āsɔrsəle] *vt* hechizar.

ensuite [āsɥit] *adv* **-1.** [après, plus tard] después. **-2.** [plus loin] a continuación. **-3.** [en second lieu] y además.

ensuivre [āsɥivr] ◆ **s'ensuivre** *vp* : **il s'en est suivi** ha provocado; **il s'ensuit que** se deduce que.

entaille [ātaj] *nf* **-1.** [encoche] muesca *f*. **-2.** [blessure] corte *m*.

entailler [ātaje] *vt* cortar.

entamer [ātame] *vt* **-1.** [consommer, commencer] empezar. **-2.** [réduire, nuire] mermar. **-3.** [couper] cortar. **-4.** [commencer – conversation] entablar; [– travail, rédaction] empezar, comenzar.

entartrer [ātartre] *vt* cubrir de sarro. ◆ **s'entartrer** *vp* cubrirse de sarro.

entassement [ātasmā] *nm* amontonamiento *m*.

entasser [ātase] *vt* **-1.** [objets] amontonar. **-2.** [personnes] apiñar. **-3.** [arguments, citations] acumular. ◆ **s'entasser** *vp* **-1.** [objets] amontonarse. **-2.** [personnes] apiñarse.

entendement [ātādmā] *nm* PHILOSOPHIE raciocinio *m*.

entendre [ātādr] *vt* **-1.** [percevoir] oír; ~ **parler de qqch** oír hablar de algo; **laisser** ~ **que** dar a entender que. **-2.** [écouter]

escuchar. ◆ **s'entendre** *vp* **-1.** [sympathiser] : **s'**~ **avec qqn** entenderse con alguien, llevarse bien con alguien. **-2.** [s'accorder] ponerse de acuerdo. **-3.** [prix, tarifs] incluir.

entendu, e [ātādy] ◇ *pp* → **entendre**. ◇ *adj* **-1.** [compris] claro(ra). **-2.** [sourire, air] cómplice *(en aposición)*.

entente [ātāt] *nf* **-1.** [harmonie] entente *f*. **-2.** [accord] acuerdo *m*.

entériner [āterine] *vt* ratificar.

enterrement [ātεrmā] *nm* entierro *m*.

enterrer [ātere] *vt* enterrar.

en-tête [ātεt] *(pl* **en-têtes)** *nm* membrete *m*.

entêté, e [ātete] ◇ *adj* terco(ca). ◇ *nm, f* cabezota *mf*.

entêter [ātete] ◆ **s'entêter** *vp* empeñarse; **s'**~ **à** empeñarse en.

enthousiasme [ātuzjasm] *nm* entusiasmo *m*.

enthousiasmer [ātuzjasme] *vt* entusiasmar. ◆ **s'enthousiasmer** *vp* : **s'**~ **pour** entusiasmarse por.

enticher [ātiʃe] ◆ **s'enticher** *vp* : **s'**~ **de qqch/de qqn** encapricharse por algo/por alguien.

entier, ère [ātje, εr] *adj* entero(ra). ◆ **en entier** *loc adv* en su totalidad.

entièrement [ātjεrmā] *adv* **-1.** [complètement] en su totalidad. **-2.** [pleinement] totalmente.

entité [ātite] *nf* entidad *f*.

entonner [ātɔne] *vt* **-1.** [chant] entonar. **-2.** *fig* [éloge] cantar.

entonnoir [ātɔnwar] *nm* **-1.** [instrument] embudo *m*. **-2.** [cavité] hoyo *m*.

entorse [ātɔrs] *nf* MÉD esguince *m*.

entortiller [ātɔrtije] *vt* enredar.

entourage [āturaʒ] *nm* **-1.** [clôture] cerca *f*, cercado *m*. **-2.** *fig* [milieu – gén] entorno *m*; [– famille] entorno *m* familiar.

entourer [āture] *vt* **-1.** [gén] rodear. **-2.** *fig* [soutenir] apoyar, acompañar.

entourloupette [āturlupεt] *nf fam* jugarreta *f*.

entracte [ātrakt] *nm* entreacto *m*.

entraide [ātrεd] *nf* ayuda *f* mutua.

entrailles [ātraj] *nfpl* entrañas *fpl*.

entrain [ātrɛ̃] *nm* ánimo *m*, animación *f*.

entraînement [ātrεnmā] *nm* **-1.** [mécanisme] arrastre *m*. **-2.** SPORT entrenamiento *m*. **-3.** [préparation] práctica *f*.

entraîner [ātrene] *vt* **-1.** [emmener & TECH-NOL] arrastrar. **-2.** [susciter] comportar. **-3.** SPORT entrenar. ◆ **s'entraîner** *vp* **-1.** SPORT entrenarse. **-2.** [se préparer] practicar; **s'~ à faire qqch** practicar algo.

entraîneur [ātrenœr] *nm* SPORT entrenador *m*, -ra *f*.

entrave [ātrav] *nf* traba *f*.

entraver [ātrave] *vt* **-1.** [animal] trabar. **-2.** [action] poner trabas a.

entre [ātr] *prép* entre; **~ nous** entre nosotros.

entrechoquer [ātrəʃɔke] *vt* entrechocar. ◆ **s'entrechoquer** *vp* entrechocarse.

entrecôte [ātrəkot] *nf* entrecot *m*.

entrecouper [ātrəkupe] *vt* entrecortar.

entrecroiser [ātrəkrwaze] *vt* entrecruzar. ◆ **s'entrecroiser** *vp* entrecruzarse.

entre-deux [ātrədø] *nm inv* hueco *m*.

entrée [ātre] *nf* **-1.** [gén] entrada *f*; '~ libre/interdite' 'entrada libre/prohibida'. **-2.** [plat] entrante *m*, primer plato *m*. **-3.** [début] principio *m*.

entrefaites [ātrəfɛt] *nfpl* : **sur ces ~** en esto, en estas.

entrefilet [ātrəfilɛ] *nm* PRESSE suelto.

entrejambe [ātrəʒāb] *nm* entrepierna *f*.

entrelacer [ātrəlase] *vt* entrelazar. ◆ **s'entrelacer** *vp* entrelazarse.

entrelarder [ātrəlarde] *vt* : **~ de** mezclar con.

entremêler [ātrəmele] *vt* entremezclar, mezclar *Esp*, entreverar *Amér*; **~ de** mezclar con.

entremets [ātrəmɛ] *nm* postre *m*.

entremetteur, euse [ātrəmɛtœr, øz] *nm, f* intermediario *m*, -ria *f*.

entremettre [ātrəmɛtr] ◆ **s'entremettre** *vp* intervenir.

entremis, e [ātrəmi, iz] *pp* → entremettre.

entremise [ātrəmiz] *nf* mediación *f*; **par l'~ de** por mediación de.

entrepont [ātrəpɔ̃] *nm* NAVIG entrepuente *m*.

entreposer [ātrəpoze] *vt* depositar.

entrepôt [ātrəpo] *nm* almacén *m*.

entreprendre [ātrəprādr] *vt* emprender; **~ de faire qqch** proponerse hacer algo.

entrepreneur, euse [ātrəprənœr, øz] *nm, f* **-1.** [de services] contratista *mf*. **-2.** [patron] empresario *m*, -ria *f*.

entrepris, e [ātrəpri, iz] *pp* → emprender.

entreprise [ātrəpriz] *nf* empresa *f*.

entrer [ātre] ◇ *vi* **-1.** [pénétrer] entrar; **~ dans** [gén] entrar en; [bain] meterse en; **~ par** entrar por. **-2.** [être admis, devenir membre] : **~ à** [club, parti] entrar en, ingresar en; [affaires, l'enseignement] meterse en. ◇ *vt* introducir; **faire ~ qqch** introducir algo; **faire ~ qqn** hacer entrar a alguien.

entresol [ātrəsɔl] *nm* entresuelo *m*.

entre-temps [ātrətā] *adv* mientras tanto.

entretenir [ātrətnir] *vt* **-1.** [faire durer – paix] mantener; [– feu] alimentar; [– amitié, relation] cultivar. **-2.** [soigner – maison, jardin, etc] mantener; **~ qqn** [personne, famille] mantener a alguien. **-3.** [parler] : **~ qqn de qqch** hablar a alguien de algo. ◆ **s'entretenir** *vp* **-1.** [se parler] : **s'~ (avec qqn)** hablar (con alguien). **-2.** [prendre soin de soi] cuidarse.

entretenu, e [ātrətny] *pp* → entretenir.

entretien [ātrətjɛ̃] *nm* **-1.** [soins] cuidado *m*, mantenimiento *m*. **-2.** [conversation] conversación *f*.

entre-tuer [ātrətɥe] ◆ **s'entre-tuer** *vp* matarse (unos a otros).

entrevoir [ātrəvwar] *vt* entrever. ◆ **s'entrevoir** *vp* entreverse.

entrevu, e [ātrəvy] *pp* → entrevoir.

entrevue [ātrəvy] *nf* entrevista *f*.

entrouvert, e [ātruver, ɛrt] ◇ *pp* → entrouvrir. ◇ *adj* entreabierto(ta).

entrouvrir [ātruvrir] *vt* entreabrir. ◆ **s'entrouvrir** *vp* entreabrirse.

énumération [enymerasjɔ̃] *nf* enumeración *f*.

énumérer [enymere] *vt* enumerar.

env. *abr de* environ.

envahir [āvair] *vt* **-1.** [gén] invadir. **-2.** [accaparer] absorber.

envahissant, e [āvaisā, āt] *adj* **-1.** [herbes] invasor(ra). **-2.** *fam* [personne] pesado(da).

envahisseur [āvaisœr] *nm* invasor *m*.

enveloppe [āvlɔp] *nf* **-1.** [de lettre] sobre *m*. **-2.** [d'emballage] envoltura *f*. **-3.** [de grains] vaina *f*. **-4.** [budget] suma *f* (de dinero).

envelopper [āvlɔpe] *vt* envolver. ◆ **s'envelopper** *vp* : **s'~ dans** envolverse en.

envenimer [āvnime] *vt* **-1.** [blessure] infectar. **-2.** *fig* [querelle] enconar. ◆ **s'envenimer** *vp* **-1.** [blessure] infectarse. **-2.** *fig* [atmosphère, relations] emponzoñarse.

envergure [āvɛrgyr] *nf* envergadura *f*.

envers[1] [ãvɛʀ] *prép* [à l'égard de] (para) con; ~ **et contre tout** contra viento y marea.

envers[2] [ãvɛʀ] *nm* -1. [de vêtement] revés *m*. -2. [face cachée] cara *f* oculta. ◆ **à l'envers** *loc adv* al revés, del revés.

envi [ãvi] ◆ **à l'envi** *loc adv sout* a porfía.

envie [ãvi] *nf* -1. [désir] ganas *fpl*; **avoir** ~ **de qqch/de faire qqch** tener ganas de algo/de hacer algo. -2. [jalousie] envidia *f*; faire ~ à qqn apetecer a alguien.

envier [ãvje] *vt* envidiar.

envieux, euse [ãvjø, øz] *adj & nm, f* envidioso(sa).

environ [ãviʀɔ̃] *adv* aproximadamente, alrededor de.

environnement [ãviʀɔnmã] *nm* -1. [milieu] medio ambiente *m*. -2. [entourage] entorno *m*.

environs [ãviʀɔ̃] *nmpl* alrededores *mpl*; **aux** ~ **de** [lieu] en los alrededores de; [époque] alrededor de, por; [heure] a eso de.

envisager [ãvizaʒe] *vt* -1. [considérer] considerar. -2. [projeter] proyectar; ~ **de faire qqch** tener previsto hacer algo.

envoi [ãvwa] *nm* envío *m*.

envol [ãvɔl] *nm* -1. [d'oiseau] vuelo *m*; **prendre son** ~ levantar el vuelo. -2. [d'avion] despegue *m*. -3. *fig* [essor] desarrollo *m*; **prendre son** ~ empezar a desarrollarse.

envolée [ãvɔle] *nf* vuelo *m*.

envoler [ãvɔle] ◆ **s'envoler** *vp* -1. [oiseau] echar a volar, levantar el vuelo. -2. [avion] despegar. -3. *fam* [disparaître].

envoûter [ãvute] *vt* embrujar, hechizar.

envoyé, e [ãvwaje] ◇ *adj fam* [remarque] : **bien** ~ bien dirigido. ◇ *nm, f* enviado *m*, -da *f*.

envoyer [ãvwaje] *vt* -1. [chose] enviar; ~ **qqch à qqn** enviar algo a alguien. -2. [personne] : ~ **qqn faire qqch** mandar a alguien a hacer algo. ◆ **s'envoyer** *vp fam* -1. [boire] : **s'**~ **qqch** meterse algo entre pecho y espalda. -2. [se charger de] cargar con.

épagneul [epaɲœl] *nm* perro *m* de aguas.

épais, aisse [epɛ, ɛs] *adj* -1. [chose, personne, plaisanterie] grueso(sa). -2. [brouillard, sauce] espeso(sa).

épaisseur [epɛsœʀ] *nf* -1. [de chose] grosor *m*. -2. [de feuillage, du brouillard] espesura *f*. -3. *fig* [consistance] profundidad *f*.

épaissir [epesiʀ] ◇ *vt* espesar. ◇ *vi* -1. [sauce] espesarse. -2. [taille] ensanchar. ◆ **s'épaissir** *vp* -1. [liquide, brouillard] espesarse. -2. [taille] engordar. -3. [mystère] oscurecerse.

épanchement [epãʃmã] *nm* -1. [effusion] desahogo *m*. -2. MÉD derrame *m*.

épancher [epãʃe] *vt* -1. [sentiment] dar rienda suelta a. -2. [cœur] desahogar. ◆ **s'épancher** *vp* desahogarse.

épanoui, e [epanwi] *adj* -1. [fleur] abierto(ta). -2. [expression] risueño(ña), alegre. -3. [corps] generoso(sa).

épanouir [epanwiʀ] *vt* -1. [fleur] abrir. -2. [personne] hacer feliz. ◆ **s'épanouir** *vp* -1. [fleur] abrirse. -2. [visage] : s'~ **de joie** iluminarse de alegría. -3. [corps] desarrollarse. -4. [personnalité] realizarse. -5. [objet] ensancharse.

épanouissement [epanwismã] *nm* -1. [de fleur] florecimiento *m*. -2. [de visage] felicidad *f*. -3. [de corps, de personnalité] plenitud *f*.

épargnant, e [epaʀɲã, ãt] ◇ *adj* ahorrativo(va), ahorrador(ra). ◇ *nm, f* ahorrador *m*, -ra *f*.

épargne [epaʀɲ] *nf* ahorro *m*.

épargner [epaʀɲe] *vt* -1. [argent, explications] ahorrar; ~ **qqch à qqn** ahorrar algo a alguien. -2. [personne] perdonar la vida. -3. [ne pas détruire] respetar.

éparpiller [epaʀpije] *vt* dispersar. ◆ **s'éparpiller** *vp* dispersarse.

épars, e [epaʀ, aʀs] *adj sout* disperso(sa).

épatant, e [epatã, ãt] *adj fam* estupendo(da) *Esp*, padre *Amér*.

épaté, e [epate] *adj* -1. [nez] chato(ta) *Esp*, ñato(ta) *Amér*. -2. *fam* [personne] pasmado(da).

épater [epate] *vt fam* dejar pasmado(da).

épaule [epol] *nm* -1. ANAT hombro *m*. -2. CULIN paletilla *f*.

épauler [epole] *vt* -1. [fusil] encararse. -2. CONSTR contener. -3. [personne] respaldar.

épaulette [epolɛt] *nf* -1. MIL charretera *f*. -2. [rembourrage] hombrera *f*.

épave [epav] *nf* -1. [de navire] restos *mpl*. -2. [voiture] chatarra *f*. -3. *fig* [personne] ruina *f*. -4. JUR bien *m* mostrenco.

épée [epe] *nf* espada *f*.

épeler [eple] *vt* deletrear.

éperdu, e [epɛʀdy] *adj* [sentiment] loco(ca); **être** ~ **de** [personne] estar loco(ca) de.

éperon [eprɔ̃] *nm* -1. [gén] espolón *m*. -2. [de cavalier] espuela *f*.

éperonner [eprɔne] vt espolear.

épervier [epɛrvje] nm gavilán m.

éphèbe [efɛb] nm efebo m.

éphémère [efemɛr] ◇ adj efímero(ra). ◇ nm ZOOL efímera f.

éphéméride [efemerid] nf efeméride f.

épi [epi] nm -1. BOT espiga f. -2. [de cheveux] remolino m.

épice [epis] nf especia f.

épicé, e [epise] adj -1. [plat] sazonado(da). -2. [récit] picante.

épicéa [episea] nm picea f.

épicer [epise] vt -1. [plat] sazonar. -2. [récit] salpimentar.

épicerie [episri] nf -1. [magasin] tienda f de comestibles Esp, abarrotería f Amér. -2. [denrées] comestibles mpl.

épidémie [epidemi] nf epidemia f.

épiderme [epidɛrm] nm epidermis f inv.

épier [epje] vt -1. [espionner] espiar. -2. [observer] atisbar.

épieu [epjø] nm -1. [de guerre] chuzo m. -2. [de chasse] venablo m.

épilation [epilasjɔ̃] nf depilación f.

épilepsie [epilɛpsi] nf epilepsia f.

épiler [epile] vt depilar. ◆ **s'épiler** vp depilarse.

épilogue [epilɔg] nm epílogo m.

épiloguer [epilɔge] vi : ~ **sur** hacer comentarios sobre.

épinard [epinar] nm espinaca f.

épine [epin] nf -1. [arbrisseau] espino m. -2. [piquant] espina f.

épineux, euse [epinø, øz] adj espinoso(sa).

épingle [epɛ̃gl] nf [gén] alfiler m.

épingler [epɛ̃gle] vt -1. [fixer] prender con alfileres. -2. fam fig [arrêter] pescar; **il s'est fait ~ par la police** lo ha pescado la policía.

épinière [epinjɛr] → **moelle**.

Épiphanie [epifani] nf Epifanía f.

épique [epik] adj épico(ca).

épiscopal, e, aux [episkɔpal, o] adj RELIG episcopal.

épisode [epizɔd] nm -1. [de film] capítulo m. -2. [événement] episodio m.

épisodique [epizɔdik] adj episódico(ca).

épistolaire [epistɔlɛr] adj epistolar.

épitaphe [epitaf] nf epitafio m.

épithète [epitɛt] adj & nf epíteto.

épître [epitr] nf RELIG epístola f.

éploré, e [eplɔre] adj -1. [personne] desconsolado(da). -2. [visage, air, voix] afligido(da).

épluche-légumes [eplyʃlegym] nm inv pelador m.

éplucher [eplyʃe] vt -1. [légumes] pelar. -2. [étoffe] desmontar. -3. [texte, comptes] espulgar.

épluchure [eplyʃyr] nf mondadura f.

éponge [epɔ̃ʒ] nf esponja f.

éponger [epɔ̃ʒe] vt enjugar.

épopée [epɔpe] nf epopeya f.

époque [epɔk] nf época f.

épouiller [epuje] vt despiojar.

époumoner [epumɔne] ◆ **s'époumoner** vp desgañitarse.

épouse → **époux**.

épouser [epuze] vt -1. [se marier avec] casarse con. -2. [suivre] seguir. -3. [suj : vêtement] adaptarse. -4. fig [idées, principes] abrazar.

épousseter [epuste] vt quitar el polvo de.

époustouflant, e [epustuflɑ̃, ɑ̃t] adj fam pasmoso(sa).

épouvantable [epuvɑ̃tabl] adj espantoso(sa).

épouvantail [epuvɑ̃taj] nm -1. [mannequin, personne] espantajo m. -2. fig [chose destinée à faire peur] coco m.

épouvante [epuvɑ̃t] nf terror m.

épouvanter [epuvɑ̃te] vt aterrorizar.

époux, épouse [epu, epuz] nm, f esposo m, -sa f.

éprendre [eprɑ̃dr] ◆ **s'éprendre** vp : s'~ **de qqn/de qqch** prendarse de alguien/de algo.

épreuve [eprœv] nf prueba f; **à l'~ de** a prueba de; **faire l'~ de qqch** probar algo; **~ de force** fig prueba de fuerza.

épris, e [epri, iz] ◇ pp → **éprendre**. ◇ adj : ~ **de** [amoureux] prendado(da) de; [passionné] apasionado(da) por.

éprouver [epruve] vt -1. [tester] probar. -2. [faire souffrir] afectar; **être éprouvé par** estar afectado(da) por. -3. [ressentir] sentir. -4. [difficulté, problème] sufrir.

éprouvette [epruvet] nf probeta f.

EPS (abr de éducation physique et sportive) nf educación física.

épuisé, e [epɥize] adj agotado(da); ~ **de** agotado de.

épuisement [epɥizmɑ̃] nm agotamiento m.

épuiser [epɥize] vt agotar.

épuisette [epɥizɛt] *nf* salabre *m*, sacadera *f*.

épurer [epyre] *vt* depurar.

équarrir [ekarir] *vt* **-1.** [animal] descuartizar. **-2.** [poutre] escuadrar.

équateur [ekwatœr] *nm* ecuador *m*.

Equateur [ekwatœr] *nm* : **l'** ~ Ecuador.

équation [ekwasjɔ̃] *nf* MATHS ecuación *f*; ~ **du premier/second degré** ecuación de primer/segundo grado.

équatorial, e, aux [ekwatɔrjal, o] *adj* ecuatorial.

équerre [ekɛr] *nf* escuadra *f*.

équestre [ekɛstr] *adj* ecuestre.

équidistant, e [ekɥidistɑ̃, ɑ̃t] *adj* equidistante.

équilatéral, e, aux [ekɥilateral, o] *adj* equilátero(ra).

équilibre [ekilibr] *nm* **-1.** [gén] equilibrio *m*. **-2.** [de situation] balance *m*.

équilibré, e [ekilibre] *adj* equilibrado(da).

équilibrer [ekilibre] *vt* equilibrar. ◆ **s'équilibrer** *vp* equilibrarse.

équilibriste [ekilibrist] *nmf* equilibrista *mf*.

équipage [ekipaʒ] *nm* tripulación *f*.

équipe [ekip] *nf* equipo *m*.

équipé, e [ekipe] *adj* equipado(da). ◆ **équipée** *nf* **-1.** [aventure] aventura *f*. **-2.** *iron* [promenade] escapada *f*.

équipement [ekipmɑ̃] *nm* **-1.** [matériel] equipo *m*. **-2.** [aménagement] equipamiento *m*; ~**s sportifs/scolaires** equipamiento deportivo/escolar.

équiper [ekipe] *vt* equipar; ~ **qqch de qqch** equipar algo con algo. ◆ **s'équiper** *vp* equiparse; **s'**~ **de** equiparse con.

équipier, ère [ekipje, ɛr] *nm, f* SPORT compañero *m*, -ra *f* de equipo.

équitable [ekitabl] *adj* equitativo(va).

équitation [ekitasjɔ̃] *nf* equitación *f*.

équité [ekite] *nf* equidad *f*.

équivalent, e [ekivalɑ̃, ɑ̃t] *adj* equivalente. ◆ **équivalent** *nm* equivalente *m*.

équivaloir [ekivalwar] *vt* equivaler.

équivalu [ekivaly] *pp inv* → **équivaloir**.

équivoque [ekivɔk] ◇ *adj* equívoco(ca). ◇ *nf* [ambiguité] equívoco *m*; **sans** ~ inequívoco(ca).

érable [erabl] *nm* arce *m*.

éradiquer [eradike] *vt* erradicar.

érafler [erafle] *vt* arañar. ◆ **s'érafler** *vp* arañarse.

éraflure [eraflyr] *nf* arañazo *m*.

éraillé, e [eraje] *adj* **-1.** [voix] cascado(da). **-2.** [œil] enrojecido(da).

ère [ɛr] *nf* era *f*.

érection [erɛksjɔ̃] *nf* erección *f*.

éreintant, e [erɛ̃tɑ̃, ɑ̃t] *adj* extenuante.

éreinté, e [erɛ̃te] *adj* extenuado(da).

éreinter [erɛ̃te] *vt* **-1.** [fatiguer] extenuar. **-2.** [critiquer] vapulear.

ergonomique [ɛrgɔnɔmik] *adj* ergonómico(ca).

ergot [ɛrgo] *nm* **-1.** [de coq, de chien] espolón *m*. **-2.** AGRIC [de blé] tizón *m*.

ériger [eriʒe] *vt* **-1.** [monument] erigir. **-2.** *fig* [tribunal] constituir. **-3.** *fig* [élever] : ~ **qqn en** elevar a alguien a la categoría de.

ermite [ɛrmit] *nm* ermitaño *m*, -ña *f*.

éroder [erɔde] *vt* erosionar.

érogène [erɔʒɛn] *adj* erógeno(na).

érosion [erozjɔ̃] *nf* erosión *f*.

érotique [erɔtik] *adj* erótico(ca).

érotisme [erɔtism] *nm* erotismo *m*.

errance [erɑ̃s] *nf* vagabundeo *m*.

erratum [eratɔm] (*pl* **errata** [erata]) *nm* errata *f*. ◆ **errata** *nm inv* fe *f* de erratas.

errer [ɛre] *vi* errar, vagar.

erreur [ɛrœr] *nf* error *m*, equivocación *f*; **induire en** ~ inducir a error; **par** ~ por error.

erroné, e [ɛrɔne] *adj* erróneo(a).

ersatz [ɛrzats] *nm* sucedáneo *m*.

éructer [erykte] ◇ *vi* eructar. ◇ *vt fig* [injures] proferir.

érudit, e [erydi, it] *adj & nm, f* erudito(ta).

éruption [erypsjɔ̃] *nf* **-1.** [gén] erupción *f*. **-2.** [manifestation] acceso *m*.

es [ɛ] → **être**.

ès [ɛs] *prép* en.

escabeau, x [ɛskabo] *nm* **-1.** [marchepied] escabel *m*. **-2.** [échelle] escalera *f*.

escadre [ɛskadr] *nf* MIL escuadra *f*.

escadrille [ɛskadrij] *nf* MIL escuadrilla *f*.

escadron [ɛskadrɔ̃] *nm* MIL escuadrón *m*.

escalade [ɛskalad] *nf* escalada *f*.

escalader [ɛskalade] *vt* escalar.

escale [ɛskal] *nf* escala *f*; **faire** ~ **à** hacer escala en.

escalier [ɛskalje] *nm* escalera *f*; ~ **roulant** OU **mécanique** escalera mecánica.

escalope [ɛskalɔp] *nf* CULIN filete *m Esp*, bife *m Amér*.

escamotable [ɛskamɔtabl] *adj* plegable.

escamoter [ɛskamɔte] vt -1. [gén] escamotear. -2. AÉRON replegar. -3. [mot, son] comerse.

escapade [ɛskapad] nf escapada f.

escargot [ɛskargo] nm caracol m.

escarmouche [ɛskarmuʃ] nf escaramuza f.

escarpé, e [ɛskarpe] adj escarpado(da).

escarpement [ɛskarpəmã] nm escarpamiento m.

escarpin [ɛskarpɛ̃] nm escarpín m.

escarre [ɛskar] nf MÉD escara f.

escient [ɛsjã] nm : **à bon** ~ oportunamente; **à mauvais** ~ inoportunamente.

esclaffer [ɛsklafe] ◆ **s'esclaffer** vp partirse de risa.

esclandre [ɛsklãdr] nm sout escándalo m.

esclavage [ɛsklavaʒ] nm esclavitud f.

esclave [ɛsklav] adj & nmf esclavo(va).

escompte [ɛskɔ̃t] nm descuento m.

escompter [ɛskɔ̃te] vt -1. [prévoir] contar con. -2. BANQUE descontar.

escorte [ɛskɔrt] nf escolta f.

escorter [ɛskɔrte] vt escoltar.

escouade [ɛskwad] nf -1. MIL escuadra f. -2. [groupe] cuadrilla f.

escrime [ɛskrim] nf SPORT esgrima f.

escrimer [ɛskrime] ◆ **s'escrimer** vp : s'~ **à** empeñarse en.

escroc [ɛskro] nm estafador m.

escroquer [ɛskrɔke] vt -1. [personne] estafar. -2. [extorquer] : ~ **qqch à qqn** sacar algo a alguien.

escroquerie [ɛskrɔkri] nf estafa f.

eskimo = esquimau.

espace [ɛspas] nm espacio m; ~ **aérien** espacio aéreo; ~ **vert** zona f verde.

espacer [ɛspase] vt espaciar.

espadon [ɛspadɔ̃] nm -1. [poisson] pez m espada. -2. [épée] espadón m.

espadrille [ɛspadrij] nf alpargata f.

Espagne [ɛspaɲ] nf : l' ~ España.

espagnol, e [ɛspaɲɔl] adj español(la). ◆ **espagnol** nm LING español m. ◆ **Espagnol, e** nm, f español m, -la f.

espèce [ɛspɛs] nf -1. [minérale, animale, d'arbre] especie f. -2. [sorte] clase f; ~ **d'idiot!** péj ¡so imbécil!, ¡pedazo de imbécil!; **une** ~ **de** una especie de. ◆ **espèces** nfpl FIN : **payer en** ~s pagar en efectivo OU en metálico.

espérance [ɛsperãs] nf esperanza f; ~ **de vie** esperanza de vida.

espérer [ɛspere] ◇ vt [souhaiter] esperar; ~ **faire qqch** esperar hacer algo; ~ **que** esperar que. ◇ vi tener confianza; ~ **en qqn/en qqch** confiar en alguien/en algo.

espiègle [ɛspjɛgl] adj & nmf travieso(sa).

espion, onne [ɛspjɔ̃, ɔn] nm, f espía mf.

espionner [ɛspjɔne] vt espiar.

esplanade [ɛsplanad] nf esplanada f.

espoir [ɛspwar] nm -1. [gén] esperanza f. -2. [personne] promesa f.

esprit [ɛspri] nm -1. [aptitude, sens, fantôme] espíritu m; ~ **de compétition** espíritu de competición; ~ **critique** espíritu crítico. -2. [entendement, personne] mente f; **reprendre ses** ~s volver en sí. -3. [humour] ingenio m.

esquimau, aude [ɛskimo, od], **eskimo** [ɛskimo] adj esquimal. ◆ **esquimau, eskimo** nm LING esquimal m. ◆ **Esquimau, aude, x** nm, f, **Eskimo** nmf esquimal mf. **Esquimau®** [ɛskimo] nm [glace] polo m.

esquinter [ɛskɛ̃te] vt fam -1. [voiture] escacharrar. -2. [auteur, film] poner de vuelta y media. -3. [adversaire] dejar molido(da). ◆ **s'esquinter** vp fam [se fatiguer] matarse; s'~ **à faire qqch** matarse haciendo algo.

esquisse [ɛskis] nf -1. [croquis] apunte m, bosquejo m. -2. [projet] esbozo m. -3. fig [de geste, de sourire] esbozo m, amago m.

esquiver [ɛskive] vt esquivar. ◆ **s'esquiver** vp escabullirse.

essai [ɛsɛ] nm -1. [vérification] prueba f; **à l'** ~ a prueba. -2. [tentative, effort] intento m. -3. [étude & SPORT] ensayo m.

essaim [ɛsɛ̃] nm enjambre m.

essayage [ɛsejaʒ] nm prueba f.

essayer [ɛseje] vt -1. [éprouver, utiliser pour la première fois] probar. -2. [tenter] probar (con); ~ **de faire qqch** intentar hacer algo, tratar de hacer algo. -3. [vêtement] probarse.

essence [ɛsãs] nf -1. [nature, extrait concentré] esencia f; **par** ~ sout por definición. -2. [pour voiture] gasolina f Esp, nafta f Amér. -3. [d'arbre] especie f.

essentiel, elle [ɛsãsjɛl] adj esencial. ◆ **essentiel** nm : l'~ lo esencial.

esseulé, e [ɛsœle] adj sout abandonado(da).

essieu [ɛsjø] nm eje m.

essor [ɛsɔr] nm -1. [développement] desarrollo m; **prendre son** ~ desarrollarse. -2. [envol] vuelo m; **prendre son** ~ levantar el vuelo.

essorer [esɔre] vt [manuellement] escurrir; [à la machine] centrifugar.

essoreuse [esɔrøz] nf secadora f.

essoufler [esufle] vi dejar sin aliento. ◆ **s'essoufler** vp **-1.** [être hors d'haleine] perder el aliento. **-2.** fig [artiste] perder la inspiración; [industrie, économie] debilitarse.

essuie-glace [esɥiglas] (pl **essuie-glaces**) nm limpiaparabrisas m inv.

essuie-mains [esɥimɛ̃] nm inv toalla f.

essuie-tout [esɥitu] nm inv bayeta f.

essuyer [esɥije] vt **-1.** [vaisselle, mains] secar. **-2.** [poussière] limpiar. **-3.** [échec] sufrir. ◆ **s'essuyer** vp secarse.

est[1] [est] ◇ adj inv este. ◇ nm inv este m; à l'~ en el este; à l'~ de al este de. ◆ **Est** nm : l'Est el Este.

est[2] [ɛ] → être.

estafette [estafet] nf **-1.** [gén] estafeta f. **-2.** MIL oficial de enlace encargado de enviar los despachos.

estafilade [estafilad] nf chirlo m.

estampe [estɑ̃p] nf estampa f.

estampille [estɑ̃pij] nf estampilla f.

est-ce que [ɛskə] loc adv interr : ~ **tu viens?** ¿vienes?; **où** ~ **tu es?** ¿dónde estás?

esthète [ɛstɛt] adj & nmf esteta.

esthétique [ɛstetik] ◇ adj estético(ca). ◇ nf estética f.

estimation [ɛstimasjɔ̃] nf estimación f.

estime [ɛstim] nf estima f.

estimer [ɛstime] vt **-1.** [objet d'art] valorar. **-2.** [nombre] calcular. **-3.** [respecter] apreciar. **-4.** [penser] considerar; ~ **que** considerar que.

estivant, e [ɛstivɑ̃, ɑ̃t] nm, f veraneante mf.

estomac [ɛstɔma] nm estómago m.

estomaqué, e [ɛstɔmake] adj pasmado(da).

estomper [ɛstɔ̃pe] vt **-1.** [contour] difuminar. **-2.** [douleur] atenuar. ◆ **s'estomper** vp **-1.** [contour] difuminarse. **-2.** [douleur] atenuarse.

Estonie [ɛstɔni] nf : l' ~ Estonia.

estrade [ɛstrad] nf estrado m, tarima f.

estragon [ɛstragɔ̃] nm estragón m.

estropié, e [ɛstrɔpje] adj & nm, f lisiado(da).

estuaire [ɛstɥer] nm estuario m.

esturgeon [ɛstyrʒɔ̃] nm esturión m.

et [e] conj y, e (delante de 'i' átona); ~ **moi?** ¿y yo?.

ét. abr de **étage**.

ETA (abr de **Euskadi Ta Askatasuna**) nf ETA f.

étable [etabl] nf establo m.

établi [etabli] nm [table de travail] banco m.

établir [etablir] vt **-1.** [installer, fonder, inicier] establecer. **-2.** [dresser] fijar. **-3.** [faire régner] imponer. **-4.** [asseoir] asentar. ◆ **s'établir** vp establecerse.

établissement [etablismɑ̃] nm establecimiento m; ~ **hospitalier/public/scolaire** establecimiento hospitalario/público/escolar.

étage [etaʒ] nm **-1.** [de bâtiment] piso m; **au premier/troisième** ~ en el primer/tercer piso. **-2.** [de fusée] cuerpo m. **-3.** [de terrain] estrato m, piso m.

étagère [etaʒer] nf **-1.** [meuble] estantería f Esp, librero m Amér. **-2.** [rayon] estante m.

étain [etɛ̃] nm **-1.** [métal] estaño m. **-2.** [objet] objeto m de estaño.

étais, était etc → être.

étal [etal] (pl **étals** OU **étaux** [eto]) nm **-1.** [éventaire] escalaparate m. **-2.** [table de boucher] tabla f de carnicero.

étalage [etalaʒ] nm **-1.** [marchandises exposées] muestrario m. **-2.** [devanture] escaparate m. **-3.** [ostentation] alarde m; **faire** ~ **de qqch** hacer alarde de algo.

étalagiste [etalaʒist] nmf escaparatista mf.

étale [etal] adj quieto(ta).

étaler [etale] vt **-1.** [marchandises] exponer. **-2.** [papiers, journal] desplegar. **-3.** [peinture] extender. **-4.** [exhiber] ostentar. **-5.** [échelonner] escalonar. **-6.** fam [faire tomber] tirar al suelo. ◆ **s'étaler** vp **-1.** [peinture, beurre] extenderse. **-2.** [s'étendre dans le temps] escalonarse. **-3.** fam [s'avachir] tumbarse. **-4.** fam [tomber] caerse al suelo. **-5.** fam [échouer] catear.

étalon [etalɔ̃] nm **-1.** [cheval] semental m. **-2.** [mesure] patrón m.

étamine [etamin] nf **-1.** [de fleur] estambre m. **-2.** [tissu] estameña f. **-3.** [filtre] cedazo m.

étanche [etɑ̃ʃ] adj [cloison] estanco(ca); [toiture] impermeable; [montre] sumergible.

étancher [etɑ̃ʃe] vt **-1.** [arrêter – cours d'eau] estancar; [– écoulement de sang] restañar. **-2.** [tonneau] cerrar herméticamente. **-3.** [soif] apagar.

étang [etɑ̃] nm estanque m.

étape [etap] nf **-1.** [distance, phase] etapa f. **-2.** [halte] parada f; **faire** ~ **à** parar en.

état [eta] *nm* **–1.** [gén] estado *m*; **en bon/ mauvais ~** en buen/mal estado; **être en ~/hors d'~ de faire qqch** estar/no estar en condiciones de hacer algo; **~ civil** AD-MIN estado civil; **~ d'esprit** talante *m*; **~ des lieux** *en Francia, descripción del estado en que se encuentran los locales en el momento de arrendarlos.* **–2.** *sout* [condition sociale] condición *f*. ◆ **État** *nm* Estado *m*. ◆ **en tout état de cause** *loc adv* en todo caso.

état-major [etamaʒɔr] *nm* estado *m* mayor.

États-Unis [etazyni] *nmpl* : **les ~ (d'Amérique)** Estados Unidos (de América); **aux ~** [direction] a Estados Unidos; [situation] en Estados Unidos.

étau, x [eto] *nm* torno *m*.

étayer [eteje] *vt* **–1.** [mur, plafond] apuntalar. **–2.** *fig* [demonstration] apoyar.

etc. (*abr de* et cætera) etc.

été [ete] ◇ *pp inv* → être. ◇ *nm* verano *m*.

éteindre [etɛ̃dr] *vt* **–1.** [gén] apagar. **–2.** JUR [annuler – droit] anular; [– dette] liquidar. ◆ **s'éteindre** *vp* **–1.** [feu, appareil] apagarse. **–2.** *litt* [bruit, souvenir] extinguirse. **–3.** [mourir] apagarse.

éteint, e [etɛ̃, ɛ̃t] *pp* → éteindre.

étendard [etɑ̃dar] *nm* estandarte *m*.

étendre [etɑ̃dr] *vt* **–1.** [bras, aile, enduit] extender. **–2.** [linge, blessé] tender. **–3.** *fam fig* [élève] catear. **–4.** [influence, vocabulaire, pouvoir] extender, ampliar. **–5.** [diluer] diluir. ◆ **s'étendre** *vp* **–1.** [personne] tenderse. **–2.** [plaine, paysage, épidemie] extenderse. **–3.** [s'attarder] : **s'~ sur qqch** extenderse sobre algo (*hablando*).

étendu, e [etɑ̃dy] ◇ *pp* → étendre. ◇ *adj* **–1.** [bras, aile] extendido(da). **–2.** [plaine, paysage] extenso(sa). **–3.** [personne] tendido(da). ◆ **étendue** *nf* extensión *f*.

éternel, elle [etɛrnɛl] *adj* eterno(na).

éterniser [etɛrnize] *vt* eternizar. ◆ **s'éterniser** *vp* eternizarse.

éternité [etɛrnite] *nf* eternidad *f*.

éternuer [etɛrnɥe] *vi* estornudar.

êtes [ɛt] → être.

étêter [etete] *vt* [arbre] desmochar; [clou, poisson] descabezar.

éther [etɛr] *nm* éter *m*.

Éthiopie [etjɔpi] *nf* : l' ~ Etiopía.

éthique [etik] ◇ *nf* ética *f*. ◇ *adj* ético(ca).

ethnie [ɛtni] *nf* etnia *f*.

ethnique [ɛtnik] *adj* étnico(ca).

ethnologie [ɛtnɔlɔʒi] *nf* etnología *f*.

éthylisme [etilism] *nm* MÉD etilismo *m*.

étiez [etje], **étions** [etjɔ̃] → être.

étincelant, e [etɛ̃slɑ̃, ɑ̃t] *adj* **–1.** [couleur] relumbrante. **–2.** [esprit] brillante.

étinceler [etɛ̃sle] *vi* **–1.** [étoile] relumbrar. **–2.** *sout* [yeux, conversation] brillar.

étincelle [etɛ̃sɛl] *nf* **–1.** [gén] chispa *f*. **–2.** *fig* [de regard, d'intelligence] destello *m*.

étioler [etjɔle] *vt* [plante] marchitar; [personne, faculté] debilitar. ◆ **s'étioler** *vp* **–1.** [plante] marchitarse. **–2.** [personne, faculté] debilitarse.

étique [etik] *adj sout* hético(ca) (*débil*).

étiqueter [etikte] *vt* etiquetar.

étiquette [etikɛt] *nf* etiqueta *f*.

étirer [etire] *vt* estirar. ◆ **s'étirer** *vp* estirarse.

étoffe [etɔf] *nf* **–1.** [tissu] tela *f*. **–2.** [personnalité] : **avoir l'~ de** tener madera de.

étoffer [etɔfe] *vt* dar cuerpo a.

étoile [etwal] *nf* estrella *f*; **~ filante** estrella fugaz; **à la belle ~** al raso. ◆ **étoile de mer** *nf* estrella *f* de mar.

étoilé, e [etwale] *adj* estrellado(da).

étole [etɔl] *nf* estola *f*.

étonnant, e [etɔnɑ̃, ɑ̃t] *adj* asombroso(sa).

étonnement [etɔnmɑ̃] *nm* asombro *m*.

étonner [etɔne] *vt* : **~ qqn** asombrar a alguien. ◆ **s'étonner** *vp* asombrarse; **s'~ que** (+ *subjonctif*) extrañarse que (+ *subjuntivo*); **ça m'étonne qu'elle soit venue** me extraña que haya venido; **rien ne m'étonne** nada me sorprende.

étouffant, e [etufɑ̃, ɑ̃t] *adj* sofocante.

étouffée [etufe] ◆ **à l'étouffée** *loc adv* estofado(da).

étouffer [etufe] ◇ *vt* **–1.** [asphyxier] ahogar. **–2.** [oppresser, éteindre] sofocar. **–3.** [assourdir] amortiguar. **–4.** [faire taire] acallar. **–5.** *fig* [enterrer – affaire] enterrar; [– scandale, révolte] sofocar. ◇ *vi* **–1.** [suffoquer] sofocar. **–2.** [être mal à l'aise] ahogarse. ◆ **s'étouffer** *vp* [s'étrangler] atragantarse.

étourderie [eturdəri] *nf* despiste *m*.

étourdi, e [eturdi] *adj & nm, f* despistado(da).

étourdir [eturdir] *vt* **–1.** [assommer] aturdir. **–2.** [fatiguer] atontar.

étourdissement [eturdismɑ̃] *nm* mareo *m*.

étourneau, x [eturno] *nm* ZOOL estornino *m*.

étrange [etrɑ̃ʒ] *adj* extraño(ña).

étranger, ère [etrãʒe, εr] ◇ adj **-1.** [personne, langue] extranjero(ra). **-2.** [affaires, politique] exterior. **-3.** [différent, isolé] extraño(ña); **être ~ à qqn** ser desconocido (da) para alguien; **être ~ à qqch** [insensible à] ser insensible a algo; [extérieur à] ser ajeno(na) a algo. ◇ nm, f **-1.** [de nationalité autre] extranjero m, -ra f. **-2.** [inconnu] desconocido m, -da f. ◆ **étranger** nm : **à l'~** en el extranjero.

étrangeté [etrãʒte] nf extrañeza f.

étranglé, e [etrãgle] adj sofocado(da).

étranglement [etrãgləmã] nm **-1.** [strangulation] estrangulación f. **-2.** [rétrécissement] estrechamiento m. **-3.** sout [étouffement] atropello m.

étrangler [etrãgle] vt **-1.** [stranguler, comprimer] estrangular. **-2.** [émouvoir, ruiner] ahogar. **-3.** [presse] amordazar. **-4.** [libertés] atropellar. ◆ **s'étrangler** vp **-1.** [s'étouffer] atragantarse. **-2.** [se coincer] quebrarse.

étrave [etrav] nf estrave m.

être [εtr] ◇ nm ser; **les ~s vivants/humains** los seres vivos/humanos. ◇ v aux **-1.** [pour les temps composés] haber. **-2.** [pour le passif] ser. ◇ v attr **-1.** [indique l'état] ser; **il est grand/heureux** es alto/feliz; **il est médecin** es médico; **sois sage!** ¡pórtate bien! [appartenir] : **~ à qqn** ser de alguien; **c'est à vous, cette voiture?** ¿es vuestro este coche? ◇ v impers **-1.** [exprimant le temps] ser; **quelle heure est-il?** ¿qué hora es?; **il est dix heures dix** son las diez y diez. **-2.** [suivi d'un adjectif] ser; **il est inutile de... es** inútil...; **il serait bon de** (+ infinitif) sería conveniente (+ infinitivo); **il serait bon que** (+ subjonctif) sería conveniente que (+ subjuntivo). ◇ vi **-1.** [exister] ser; **il n'est plus** sout dejar de existir. **-2.** [indique une situation, un état] estar; **il est à Paris** está en París; **nous sommes au printemps/en été** estamos en primavera/en verano; **je suis bien ici** estoy bien aquí. **-3.** [indiquant l'origine] ser; **il est de Paris** es de París. ◆ **être à** v + prép **-1.** [indique une obligation] : **c'est à verifier** hay que comprobarlo; **cette chemise est à laver** esta camisa es para lavar; **c'est à voir** habrá que verlo. **-2.** [indique une continuité] : **il est toujours à ne rien faire** está todo el día sin hacer nada.

étreindre [etrɛ̃dr] vt **-1.** [serrer, embrasser] abrazar. **-2.** fig [tenailler] oprimir, atenazar. ◆ **s'étreindre** vp abrazarse.

étreinte [etrɛ̃t] nf **-1.** [enlacement] abrazo m. **-2.** [pression] asedio m.

étrenner [etrene] ◇ vt estrenar. ◇ vi ser el que paga el pato.

étrier [etrije] nm estribo m.

étriller [etrije] vt **-1.** [cheval] almohazar. **-2.** [adversaire, film] criticar duramente.

étriper [etripe] vt destripar. ◆ **s'étriper** vp fam destriparse.

étriqué, e [etrike] adj [vêtement] apretado(da); [local] exiguo(gua); [esprit] limitado(da).

étroit, e [etrwa, at] adj **-1.** [rue, chaussures, amitié] estrecho(cha). **-2.** [sens] estricto(ta). **-3.** péj [esprit, vues] limitado(da). **-4.** [nœud] apretado(da); **à l'~** apretado(da).

étroitesse [etrwatεs] nf estrechez f.

étude [etyd] nf **-1.** [gén] estudio m; **à l'~** en estudio; **~ de marché** estudio de mercado. **-2.** [local, charge du notaire] notaría f. ◆ **études** nfpl estudios mpl inv; **faire des ~s** estudiar.

étudiant, e [etydjã, ãt] adj & nm, f estudiante.

étudié, e [etydje] adj estudiado(da).

étudier [etydje] vt estudiar.

étui [etɥi] nm estuche m; **~ à cigarettes** pitillera f; **~ à lunettes** estuche de gafas.

étuve [etyv] nf **-1.** [local] sauna f. **-2.** [appareil] estufa f.

étuvée [etyve] ◆ **à l'étuvée** loc adv estofado(da).

étymologie [etimɔlɔʒi] nf etimología f.

eu, e [y] pp → avoir.

E-U, E-U A (abr de États-Unis (d'Amérique)) nmpl EUA mpl, EE UU mpl.

eucalyptus [økaliptys] nm eucalipto m.

euh [ø] interj pues; **viendras-tu demain? —~, je ne sais pas** ¿vendrás mañana? —pues no lo sé.

eûmes [ym] → avoir.

eunuque [ønyk] nm eunuco m.

euphémisme [øfemism] nm eufemismo m.

euphorie [øfɔri] nf euforia f.

eurasien, enne [ørazjε̃, εn] adj eurasiático(ca). ◆ **Eurasien, enne** nm, f eurasiático m, -ca f.

eurent [yr] → avoir.

eurodevise [ørɔdəviz] nf eurodivisa f.

eurodollar [ørɔdɔlar] nm eurodólar m.

euromissile [ørɔmisil] nm euromisil m.

Europe [ørɔp] nf : **l' ~** Europa.

européen, enne [ørɔpeɛ̃, ɛn] *adj* europeo(a). ◆ **Européen, enne** *nm, f* europeo *m*, -a *f*.

eus, eut *etc* → avoir.

eusse, eussions *etc* → avoir.

eût [y] → avoir.

eûtes [yt] → avoir.

euthanasie [øtanazi] *nf* eutanasia *f*.

eux [ø] *pron pers* **-1.** [sujet] ellos; **ce sont** ~ **qui me l'ont dit** me lo han dicho ellos. **-2.** [complément] : **je veux les voir,** ~ quiero verlos. ◆ **eux-mêmes** *pron pers* ellos mismos.

évacuer [evakɥe] *vt* **-1.** [eau] verter. **-2.** [endroit] despejar. **-3.** MÉD [éliminer] eliminar.

évadé, e [evade] *nm, f* evadido *m*, -da *f*.

évader [evade] ◆ **s'évader** *vp* : s'~ **(de)** evadirse (de).

évaluation [evalyasjɔ̃] *nf* evaluación *f*.

évaluer [evalɥe] *vt* **-1.** [distance, risque] evaluar. **-2.** [objet d'art] valorar, evaluar.

évangélique [evɑ̃ʒelik] *adj* evangélico(ca).

évangéliser [evɑ̃ʒelize] *vt* evangelizar.

évangile [evɑ̃ʒil] *nm* evangelio *m*.

évanouir [evanwir] ◆ **s'évanouir** *vp* desvanecerse.

évanouissement [evanwismɑ̃] *nm* desvanecimiento *m*.

évaporer [evapɔre] ◆ **s'évaporer** *vp* **-1.** [liquide] evaporarse. **-2.** [disparaître] evaporarse, esfumarse.

évasé, e [evaze] *adj* [vase] de boca ancha; [vêtement] acampanado(da).

évaser [evaze] *vt* ensanchar. ◆ **s'évaser** *vp* ensancharse.

évasif, ive [evazif, iv] *adj* evasivo(va).

évasion [evazjɔ̃] *nf* evasión *f*.

évêché [eveʃe] *nm* obispado *m*.

éveil [evɛj] *nm* despertar *m*; **en** ~ en vilo.

éveillé, e [eveje] *adj* **-1.** [qui ne dort pas] desvelado(da). **-2.** [esprit, enfant] despierto(ta).

éveiller [eveje] *vt* **-1.** [gén] despertar. **-2.** *sout* [tirer du sommeil] desvelar. ◆ **s'éveiller** *vp* **-1.** [gén] despertarse. **-2.** *sout* [s'ouvrir à] : ~ **à qqch** despertar a algo.

événement [evɛnmɑ̃] *nm* acontecimiento *m*.

événementiel [evɛnmɑ̃sjɛl] *adj* cronológico(ca).

éventail [evɑ̃taj] *nm* abanico *m*; **en** ~ en abanico.

éventaire [evɑ̃tɛr] *nm* **-1.** [étalage] puesto *m*. **-2.** [corbeille] cesta *f* de los vendedores ambulantes.

éventer [evɑ̃te] *vt* **-1.** [personne] abanicar. **-2.** [secret] airear. ◆ **s'éventer** *vp* **-1.** [personne] abanicarse. **-2.** [parfum] desvanecerse.

éventrer [evɑ̃tre] *vt* destripar.

éventualité [evɑ̃tɥalite] *nf* eventualidad *f*.

éventuel, elle [evɑ̃tɥɛl] *adj* eventual.

éventuellement [evɑ̃tɥɛlmɑ̃] *adv* eventualmente.

évêque [evɛk] *nm* obispo *m*.

évertuer [evɛrtɥe] ◆ **s'évertuer** *vp* : ~ **à faire qqch** esforzarse en hacer algo.

évidemment [evidamɑ̃] *adv* evidentemente.

évidence [evidɑ̃s] *nf* evidencia *f*; **mettre en** ~ poner en evidencia.

évident, e [evidɑ̃, ɑ̃t] *adj* evidente.

évider [evide] *vt* [gén] vaciar; [arbre] recortar; [fruit] quitar el corazón a.

évier [evje] *nm* fregadero *m*.

évincer [evɛ̃se] *vt* : ~ **qqn (de qqch)** excluir a alguien (de algo).

évocateur, trice [evɔkatœr, tris] *adj* evocador(ra).

évocation [evɔkasjɔ̃] *nf* evocación *f*.

évolué, e [evɔlɥe] *adj* **-1.** [société, pays] evolucionado(da). **-2.** [personne] amplio(plia) de miras.

évoluer [evɔlɥe] *vi* **-1.** [se transformer, exécuter des mouvements] evolucionar. **-2.** [personne] cambiar.

évolution [evɔlysjɔ̃] *nf* evolución *f*. ◆ **évolutions** *nfpl* evoluciones *fpl*.

évoquer [evɔke] *vt* evocar.

ex [ɛks] *nmf fam* ex *mf*.

exacerber [ɛgzasɛrbe] *vt* exacerbar.

exact, e [ɛgzakt] *adj* **-1.** [gén] exacto(ta). **-2.** [ponctuel] puntual.

exactement [ɛgzaktəmɑ̃] *adv* exactamente.

exaction [ɛgzaksjɔ̃] *nf* exacción *f*.

exactitude [ɛgzaktityd] *nf* **-1.** [gén] exactitud *f*. **-2.** [ponctualité] puntualidad *f*.

ex aequo [ɛgzeko] *adj inv & adv* ex aequo.

exagération [ɛgzaʒerasjɔ̃] *nf* exageración *f*.

exagéré, e [ɛgzaʒere] *adj* exagerado(da).

exagérer [ɛgzaʒere] *vt & vi* exagerar.

exalté, e [ɛgzalte] *adj & nm, f* exaltado(da).

exalter [ɛgzalte] *vt* exaltar. ◆ **s'exalter** *vp* exaltarse.

examen [ɛgzamɛ̃] *nm* examen *m*; ~ **médical** examen *m* OU reconocimiento *m* médico.

examinateur, trice [ɛgzaminatœr, tris] *nm, f* examinador *m*, -ra *f*.

examiner [ɛgzamine] *vt* examinar.

exaspération [ɛgzasperasjɔ̃] *nf* exasperación *f*.

exaspérer [ɛgzaspere] *vt* exasperar.

exaucer [ɛgzose] *vt* [personne] oír; [vœu, demande] atender.

excédent [ɛksedã] *nm* **-1.** [surplus] exceso *m*; **en** ~ en exceso. **-2.** ÉCON superávit *m*.

excéder [ɛksede] *vt* **-1.** [dépasser] exceder a. **-2.** [autorité, pouvoir] excederse en. **-3.** [exaspérer] exasperar.

excellence [ɛkselãs] *nf* excelencia *f*; **par** ~ por excelencia.

excellent, e [ɛkselã, ãt] *adj* excelente.

exceller [ɛksele] *vi* : ~ **en** OU **dans qqch** destacar en algo; ~ **à faire qqch** ser muy bueno(na) haciendo algo.

excentré [ɛksãtre] *adj* : **c'est très** ~ queda muy a desmano.

excentrique [ɛksãtrik] ◇ *adj* **-1.** [gén] excéntrico(ca). **-2.** [quartier] periférico(ca). ◇ *nmf* excéntrico *m*, -ca *f*.

excepté, e [ɛksepte] *adj* exceptuado(da). ◆ **excepté** *prép* excepto.

exception [ɛksepsjɔ̃] *nf* excepción *f*; **faire** ~ ser una excepción; **à l'**~ **de** con OU a excepción de.

exceptionnel, elle [ɛksepsjɔnɛl] *adj* excepcional.

excès [ɛksɛ] ◇ *nm* exceso *m*; ~ **de vitesse** exceso de velocidad. ◇ *nmpl* excesos *mpl*.

excessif, ive [ɛksesif, iv] *adj* [prix, rigueur] excesivo(va); [personne, caractère] exagerado(da).

excitant, e [ɛksitã, ãt] *adj* excitante. ◆ **excitant** *nm* excitante *m*.

excitation [ɛksitasjɔ̃] *nf* excitación *f*.

excité, e [ɛksite] ◇ *adj* excitado(da). ◇ *nm, f* exaltado *m*, -da *f*.

exciter [ɛksite] *vt* **-1.** [gén] excitar; [chien] azuzar. **-2.** [inciter à] : ~ **qqn à qqch/ à faire qqch** incitar a alguien a algo/a hacer algo.

exclamation [ɛksklamasjɔ̃] *nf* exclamación *f*.

exclamer [ɛksklame] ◆ **s'exclamer** *vp* exclamar; **s'**~ **devant qqch** exclamar ante algo.

exclu, e [ɛkskly] ◇ *adj* excluido(da); **c'est** ~! ¡ni hablar!; **il n'est pas** ~ **que...** es posible que... ◇ *nm, f* marginado *m*, -da *f*.

exclure [ɛksklyr] *vt* **-1.** [expulser, être incompatible avec] excluir; ~ **qqn (de qqch)** excluir a alguien (de algo). **-2.** [rejeter] excluir, descartar.

exclusion [ɛksklyzjɔ̃] *nf* exclusión *f*; **à l'**~ **de** con exclusión de.

exclusivement [ɛksklyzivmã] *adv* **-1.** [uniquement] exclusivamente. **-2.** [non inclus] exclusive.

exclusivité [ɛksklyzivite] *nf* **-1.** [gén] exclusiva *f*; **en** ~ en exclusiva. **-2.** [de sentiment] exclusividad *f*.

excommunier [ɛkskɔmynje] *vt* RELIG excomulgar.

excrément [ɛkskremã] *nm* (*gén pl*) excremento *m*.

excroissance [ɛkskrwasãs] *nf* excrecencia *f*.

excursion [ɛkskyrsjɔ̃] *nf* excursión *f*.

excursionniste [ɛkskyrsjɔnist] *nmf* excursionista *mf*.

excuse [ɛkskyz] *nf* excusa *f*.

excuser [ɛkskyze] *vt* **-1.** [gén] disculpar, excusar; **excusez-moi** discúlpeme, perdone. **-2.** [dispenser] excusar. ◆ **s'excuser** *vp* disculparse, excusarse; **s**~ **de qqch/de faire qqch** disculparse por algo/por hacer algo.

exécrable [ɛgzekrabl] *adj* **-1.** [humeur, temps] terrible. **-2.** [crime] execrable.

exécrer [ɛgzekre] *vt* execrar.

exécutant, e [ɛgzekytã, ãt] *nm, f* **-1.** [personne] mandado *m*, -da *f*. **-2.** MUS ejecutante *mf*.

exécuter [ɛgzekyte] *vt* **-1.** [projet] llevar a cabo; [tableau] pintar. **-2.** [mettre à mort & MUS] ejecutar. ◆ **s'exécuter** *vp* obedecer.

exécutif, ive [ɛgzekytif, iv] *adj* ejecutivo(va). ◆ **exécutif** *nm* ejecutivo *m*.

exécution [ɛgzekysjɔ̃] *nf* [gén] ejecución *f*; [de promesse] cumplimiento *m*.

exemplaire [ɛgzãplɛr] ◇ *adj* ejemplar. ◇ *nm* ejemplar *m*; **en trois** ~s por triplicado.

exemple [ɛgzãpl] *nm* ejemplo *m*; **par** ~ por ejemplo.

exempté, e [ɛgzã(p)te] *adj* exento(ta); **être** ~ **de qqch** estar exento de algo.

exempter [ɛgzã(p)te] *vt* : ~ **qqn de** eximir a alguien de.

exercer [ɛgzɛrse] *vt* **-1.** [gén] ejercitar. **-2.** [métier, activité] ejercer. ◆ **s'exercer** *vp* **-1.** [s'entraîner] ejercitarse; **s'~ à qqch** ejercitarse en algo; **s'~ à faire qqch** ejercitar algo. **-2.** [se manifester] ejercerse.

exercice [ɛgzɛrsis] *nm* ejercicio *m*; **en ~** en ejercicio.

exhaler [ɛgzale] *vt* **-1.** [odeur, soupir] exhalar; [plainte] proferir. **-2.** [sentiment] desahogar. ◆ **s'exhaler** *vp* [odeur] desprenderse; **s'~ de** *sout* [soupir] desprenderse de.

exhaustif, ive [ɛgzostif, iv] *adj* exhaustivo(va).

exhiber [ɛgzibe] *vt* exhibir. ◆ **s'exhiber** *vp* exhibirse.

exhibitionniste [ɛgzibisjɔnist] *nm, f* exhibicionista *mf*.

exhumer [ɛgzyme] *vt* **-1.** [déterrer – cadavre] exhumar; [– trésor] desenterrar. **-2.** *fig* [passé] desenterrar.

exigeant, e [ɛgziʒã, ãt] *adj* exigente.

exigence [ɛgziʒãs] *nf* exigencia *f*.

exiger [ɛgziʒe] *vt* exigir; **~ que** (+ *subjonctif*) exigir que (+ *subjuntivo*); **j'exige que tu rentres tôt** exijo que vuelvas temprano; **~ qqch de qqn** exigir algo de alguien.

exigible [ɛgziʒibl] *adj* exigible.

exigu, ë [ɛgzigy] *adj* exiguo(gua).

exil [ɛgzil] *nm* exilio *m*; **en ~** en el exilio.

exilé, e [ɛgzile] *nm, f* exiliado *m*, -da *f*.

exiler [ɛgzile] *vt* exilar. ◆ **s'exiler** *vp* **-1.** POLIT exiliarse. **-2.** *fig* [partir] retirarse.

existence [ɛgzistãs] *nf* existencia *f*.

exister [ɛgziste] *vi* existir.

exode [ɛgzɔd] *nm* éxodo *m*.

exonération [ɛgzɔnerasjɔ̃] *nf* exoneración *f*; **~ d'impôts** exención *f* tributaria.

exorbitant, e [ɛgzɔrbitã, ãt] *adj* exorbitante.

exorciser [ɛgzɔrsize] *vt* exorcizar.

exorde [ɛgzɔrd] *nm* exordio *m*.

exotique [ɛgzɔtik] *adj* exótico(ca).

exotisme [ɛgzɔtism] *nm* exotismo *m*.

expansif, ive [ɛkspãsif, iv] *adj* expansivo(va).

expansion [ɛkspãsjɔ̃] *nf* expansión *f*.

expansionniste [ɛkspãsjɔnist] *adj & nmf* expansionista.

expatrié, e [ɛkspatrije] *adj & nm, f* expatriado(da).

expatrier [ɛkspatrije] *vt* expatriar. ◆ **s'expatrier** *vp* expatriarse.

expédier [ɛkspedje] *vt* **-1.** [lettre, marchandise, bagage] expedir. **-2.** [personne] librarse de. **-3.** [travail, affaire] despachar.

expéditeur, trice [ɛkspeditœr, tris] ◇ *adj* expedidor(ra). ◇ *nm, f* [de lettre] remitente *mf*.

expéditif, ive [ɛkspeditif, iv] *adj* expeditivo(va).

expédition [ɛkspedisjɔ̃] *nf* expedición *f*.

expérience [ɛksperjãs] *nf* **-1.** [gén] experiencia *f*; **avoir de l'~** tener experiencia. **-2.** [essai & SCIENCES] experimento *m*.

expérimental, e, aux [ɛksperimãtal, o] *adj* experimental.

expérimenté, e [ɛksperimãte] *adj* experimentado(da).

expert, e [ɛkspɛr, ɛrt] *adj* experto(ta). ◆ **expert** *nm* perito *m*.

expert-comptable *nm* ≃ censor *m* jurado de cuentas.

expertise [ɛkspɛrtiz] *nf* peritaje *m*.

expertiser [ɛkspɛrtize] *vt* peritar.

expier [ɛkspje] *vt* expiar.

expiration [ɛkspirasjɔ̃] *nf* **-1.** [d'air] espiración *f*. **-2.** [de contrat, de bail] expiración *f*.

expirer [ɛkspire] ◇ *vt* espirar. ◇ *vi* expirar.

explicatif, ive [ɛksplikatif, iv] *adj* explicativo(va).

explication [ɛksplikasjɔ̃] *nf* **-1.** [gén] explicación *f*. **-2.** [commentaire] comentario *m*: **~ de texte** comentario de texto.

explicite [ɛksplisit] *adj* explícito(ta).

expliciter [ɛksplisite] *vt* explicitar.

expliquer [ɛksplike] *vt* **-1.** [gén] explicar. **-2.** [texte] comentar. ◆ **s'expliquer** *vp* **-1.** [gén] explicarse. **-2.** [devenir compréhensible] explicarse, aclararse.

exploit [ɛksplwa] *nm* hazaña *f*.

exploitant, e [ɛksplwatã, ãt] *nm, f* explotador *m*, -ra *f*.

exploitation [ɛksplwatasjɔ̃] *nf* explotación *f*; **~ agricole** explotación agrícola.

exploiter [ɛksplwate] *vt* explotar.

explorateur, trice [ɛksplɔratœr, tris] *nm, f* explorador *m*, -ra *f*.

exploration [ɛksplɔrasjɔ̃] *nf* exploración *f*.

explorer [ɛksplɔre] *vt* explorar.

exploser [ɛksploze] *vi* **-1.** [bombe, personne] explotar. **-2.** [colère, mécontentement] estallar.

explosif, ive [ɛksplozif, iv] *adj* explosivo(va). ◆ **explosif** *nm* explosivo *m*.

explosion [ɛksplozjɔ̃] *nf* [de bombe] explosión *f*.

exportateur, trice [ɛkspɔrtatœr, tris] *adj & nm, f* exportador(ra).

exportation [ɛkspɔrtasjɔ̃] *nf* exportación *f*.

exporter [ɛkspɔrte] *vt* exportar.

exposé, e [ɛkspoze] *adj* –1. [orienté] solanero(ra). –2. [vulnérable] expuesto(ta). ◆ **exposé** *nm* –1. [compte-rendu] informe *m*. –2. SCOL exposición *f*.

exposer [ɛkspoze] *vt* –1. [gén] exponer. –2. [façade] estar orientado(da) a, dar a. ◆ **s'exposer** *vp* exponerse; s'~ à qqch exponerse a algo.

exposition [ɛkspozisjɔ̃] *nf* –1. [de peinture, récit] exposición *f*. –2. [au soleil, à l'est etc] orientación *f*.

exprès[1], esse [ɛksprɛs, ɛs] *adj* expreso(sa). ◆ **exprès** *adj inv* urgente.

exprès[2] *adv* [ɛksprɛ] [à dessein] expresamente; faire qqch ~ hacer algo a propósito OU a posta.

express [ɛksprɛs] ◇ *adj inv* [train, voie] exprés. ◇ *nm inv* [train, café] expreso *m*.

expressément [ɛkspresemɑ̃] *adv* expresamente.

expressif, ive [ɛkspresif, iv] *adj* expresivo(va).

expression [ɛkspresjɔ̃] *nf* expresión *f*.

exprimer [ɛksprime] *vt* expresar. ◆ **s'exprimer** *vp* expresarse.

expropriation [ɛksprɔprijasjɔ̃] *nf* expropiación *f*.

exproprier [ɛksprɔprije] *vt* expropiar.

expulser [ɛkspylse] *vt* [gén] expulsar; [locataire] desahuciar; ~ qqn (de qqch) expulsar a alguien (de algo).

expulsion [ɛkspylsjɔ̃] *nf* [gén] expulsión *f*; [de local] desahucio *m*.

expurger [ɛkspyrʒe] *vt* expurgar.

exquis, e [ɛkski, iz] *adj* –1. [gén] exquisito(ta). –2. [journée] delicioso(sa).

exsangue [ɛksɑ̃g] *adj* exangüe.

extase [ɛkstaz] *nf* éxtasis *m inv*.

extasier [ɛkstazje] ◆ **s'extasier** *vp* extasiarse; s'~ devant qqn/devant qqch extasiarse ante alguien/ante algo.

extensible [ɛkstɑ̃sibl] *adj* extensible.

extension [ɛkstɑ̃sjɔ̃] *nf* extensión *f*; par ~ por extensión; ~ de nom de fichier IN-FORM extensión del nombre del fichero.

exténuer [ɛkstenɥe] *vt* extenuar.

extérieur, e [ɛksterjœr] *adj* –1. [gén] exterior. –2. [apparent] aparente. ◆ **extérieur** *nm* [dehors] exterior *m*; à l'~ de qqch por fuera de algo.

extérieurement [ɛksterjœrmɑ̃] *adv* –1. [à l'extérieur] exteriormente. –2. [en apparence] en apariencia.

extérioriser [ɛksterjɔrize] *vt* exteriorizar.

exterminer [ɛkstɛrmine] *vt* exterminar.

externat [ɛkstɛrna] *nm* –1. [lycée pour élèves externes] externado *m*. –2. [des étudiants en médecine] rotatorio *m*.

externe [ɛkstɛrn] ◇ *adj* [du dehors] externo(na). ◇ *nmf* –1. [élève] externo *m*, -na *f*. –2. [étudiant en médecine] rotatorio *m*, -ria *f*.

extincteur *nm* [ɛkstɛ̃ktœr] extintor *m*.

extinction [ɛkstɛ̃ksjɔ̃] *nf* extinción *f*. ◆ **extinction de voix** *nf* afonía *f*.

extirper [ɛkstirpe] *vt* –1. [plante, secret] arrancar. –2. [erreur, préjugé] eliminar. –3. MÉD extirpar. –4. [sortir avec difficulté] : ~ qqn/qqch de qqch sacar a alguien/algo de algo.

extorquer [ɛkstɔrke] *vt* : ~ qqch à qqn sacar algo a alguien.

extra [ɛkstra] ◇ *adj inv* –1. [de qualité supérieure] extra. –2. *fam* [génial] súper. ◇ *nm* –1. [service occasionnel] trabajito *m*. –2. [chose inhabituelle] extra *m*.

extraction [ɛkstraksjɔ̃] *nf* extracción *f*.

extrader [ɛkstrade] *vt* extraditar.

extradition [ɛkstradisjɔ̃] *nf* extradición *f*.

extraire [ɛkstrɛr] *vt* extraer.

extrait [ɛkstrɛ] *nm* extracto *m*; ~ de naissance partida *f* de nacimiento.

extraordinaire [ɛkstraɔrdinɛr] *adj* extraordinario.

extrapoler [ɛkstrapɔle] *vt & vi* extrapolar.

extraterrestre [ɛkstratɛrɛstr] *adj & nmf* extraterrestre.

extravagance [ɛkstravagɑ̃s] *nf* extravagancia *f*.

extravagant, e [ɛkstravagɑ̃, ɑ̃t] *adj* –1. [idée, propos] extravagante. –2. [prix, exigence] desorbitado(da).

extraverti, e [ɛkstravɛrti] *adj & nm, f* extrovertido(da), extravertido(da).

extrême [ɛkstrɛm] ◇ *adj* –1. [gén] extremo(ma). –2. [solution, opinion] extremado(da). ◇ *nm* extremo *m*; d'un ~ à l'autre de un extremo al otro.

extrêmement [ɛkstrɛmmɑ̃] *adv* extremadamente.

extrême-onction *nf* extremaunción *f*.
Extrême-Orient [ɛkstrɛmɔrjɑ̃] *nm* : **l'** ~ el Extremo oriente.
extrémiste [ɛkstremist] *adj & nmf* extremista.
extrémité [ɛkstremite] *nf* **-1.** [bout] extremidad *f*. **-2.** [situation critique] extremo *m*.
exubérant, e [ɛgzyberɑ̃, ɑ̃t] *adj* exuberante.
exulter [ɛgzylte] *vi* exultar.
eye-liner [ajlajnœr] (*pl* **eye-liners**) *nm* perfilador *m* de ojos.

F

f, F [ɛf] *nm inv* f *f*, F *f*. ◆ **F -1.** (*abr de femme*) M. **-2.** (*abr de féminin*) f. **-3.** (*abr de Fahrenheit*) F. **-4.** (*abr de franc*) F.
fa [fa] *nm inv* MUS fa *m*.
fable [fabl] *nf* fábula *f*.
fabricant, e [fabrikɑ̃, ɑ̃t] *nm, f* fabricante *mf*.
fabrication [fabrikasjɔ̃] *nf* fabricación *f*.
fabrique [fabrik] *nf* fábrica *f*.
fabriquer [fabrike] *vt* **-1.** [confectionner] fabricar. **-2.** [aspect] aspecto *m*. **-3.** [inventer] inventar.
fabulation [fabylasjɔ̃] *nf* invención *f*.
fabuleux, euse [fabylø, øz] *adj* fabuloso(sa).
fac [fak] *nf fam* facu *f*.
façade [fasad] *nf* fachada *f*.
face [fas] *nf* **-1.** [de personne, d'objet] cara *f*. **-2.** [aspect] aspecto *m*. **-3.** *loc* : **de** ~ de frente; **d'en** ~ de enfrente; **en** ~ **de qqn/de qqch** frente a alguien/a algo; ~ **à** ~ cara a cara; **faire** ~ **à qqch** [être situé du côté de] dar a algo; [affronter] hacer frente a algo.
face-à-face *nm inv* debate *m* cara a cara.
facétie [fasesi] *nf* gracia *f* (*broma*).
facette [fasɛt] *nf* faceta *f*.
fâché, e [faʃe] *adj* **-1.** [gén] enfadado(da). **-2.** [contrarié] disgustado(da).
fâcher [faʃe] *vt* enfadar. ◆ **se fâcher** *vp* enfadarse; **se** ~ **avec** OU **contre qqn** enfadarse con alguien.

fâcheusement [faʃøzmɑ̃] *adv* desagradablemente.
fâcheux, euse [faʃø, øz] *adj* enojoso(sa).
facial, e, aux [fasjal, o] *adj* facial.
faciès [fasjɛs] *nm péj* fisonomía *f*.
facile [fasil] *adj* fácil.
facilement [fasilmɑ̃] *adv* **-1.** [avec facilité] fácilmente. **-2.** [pour le moins] tranquilamente.
facilité [fasilite] *nf* facilidad *f*; **avoir de la** ~ **pour qqch** tener facilidad para algo. ◆ **facilités** *nfpl* [de transport] servicio *m*; ~**s de caisse** FIN crédito *m*; ~**s de paiement** COMM facilidades *fpl* de pago.
faciliter [fasilite] *vt* facilitar.
façon [fasɔ̃] *nf* **-1.** [manière] manera *f*. **-2.** [travail] trabajo *m*. **-3.** [imitation] imitación *f*. ◆ **de façon à** *loc prép* con el fin de. ◆ **de façon à ce que** *loc conj* con el fin de que. ◆ **de toute façon** *loc adv* de todos modos.
fac-similé [faksimile] (*pl* **fac-similés**) *nm* facsímil *m*, facsímile *m*.
facteur [faktœr] *nm* **-1.** [gén] factor *m*; **le** ~ **chance/temps** el factor suerte/tiempo. **-2.** [des postes] cartero *m*, -ra *f*.
factice [faktis] *adj* facticio(cia).
faction [faksjɔ̃] *nf* **-1.** [groupe] facción *f*. **-2.** MIL : **être en** OU **de** ~ estar de guardia.
factotum [faktɔtɔm] *nm* factótum *m*.
facture [faktyr] *nf* factura *f*.
facturer [faktyre] *vt* facturar.
facultatif, ive [fakyltatif, iv] *adj* facultativo(va).
faculté [fakylte] *nf* facultad *f*; ~ **de lettres/de droit/de médecine** facultad de letras/de derecho/de medicina.
fadaises [fadɛz] *nfpl* sandeces *fpl*.
fade [fad] *adj* soso(sa).
fagot [fago] *nm* [de bois] gavilla *f*.
fagoté, e [fagɔte] *adj* mal vestido(da).
faible [fɛbl] ◇ *adj* **-1.** [gén] débil. **-2.** [élève] flojo(ja). **-3.** [quantité] pequeño(ña). ◇ *nmf* débil *mf*; ~ **d'esprit** simple *mf*. ◇ *nm* [préférence] debilidad *f*.
faiblement [fɛbləmɑ̃] *adv* débilmente.
faiblesse [fɛblɛs] *nf* **-1.** [gén] debilidad *f*. **-2.** [petitesse] escasez *f*.
faiblir [feblir] *vi* **-1.** [personne, forces] debilitarse. **-2.** [vent] amainar. **-3.** [monnaie] bajar.
faïence [fajɑ̃s] *nf* loza *f*.
faignant = **feignant**.

faille [faj] v ◇ → **falloir**. ◇ nf -1. GÉOL falla f. -2. [défaut] fallo m.

faillir [fajir] vi -1. [manquer] : ~ **à qqch** faltar a algo. -2. [avoir été sur le point de] estar a punto de.

faillite [fajit] nf -1. FIN quiebra f; **en** ~ en quiebra; **faire** ~ quebrar. -2. [échec] fracaso m.

faim [fɛ̃] nf -1. [besoin de manger] hambre m; **avoir** ~ tener hambre. -2. [désir] ganas fpl.

fainéant, e [feneɑ̃, ɑ̃t] adj & nm, f holgazán(ana).

faire [fɛr] ◇ vt -1. [fabriquer, préparer, effectuer] hacer; ~ **une maison** hacer una casa; ~ **un gâteau/du café/un film** hacer un pastel/café/una película; ~ **qqch de qqch** hacer algo de algo; ~ **qqch de qqn** fig hacer algo de alguien; **il veut en** ~ **un avocat** quiere hacer de él un abogado; ~ **le ménage** hacer la limpieza; ~ **la lessive** hacer la colada; ~ **la cuisine** cocinar. -2. [s'occuper à] hacer; **que fais-tu dimanche?** ¿qué haces este domingo?; **qu'est-ce qu'il fait dans la vie?** ¿a qué se dedica? -3. [entreprendre] hacer; **qu'est-ce que je peux** ~ **pour t'aider?** ¿qué puedo hacer para ayudarte? -4. [étudier] hacer; ~ **son droit/de l'anglais/des maths** hacer derecho/inglés/matemáticas. -5. [pratiquer – sport] jugar; [– musique] tocar. -6. [occasionner] : ~ **de la peine** apenar; ~ **du mal à qqn** hacer daño a alguien; ~ **mal** [suj : blessure] doler; ~ **du bruit** hacer ruido; ~ **plaisir** complacer; **ça ne fait rien** no importa. -7. [tenir le rôle de] hacer de. -8. [imiter] hacerse; ~ **le sourd/l'innocent** hacerse el sordo/el inocente. -9. [calcul, mesure] : **un et un font deux** uno y uno son dos; **ça fait combien de kilomètres jusqu'à la mer?** ¿cuántos kilómetros hay hasta el mar?; **la table fait 2 mètres de long** la mesa hace 2 metros de largo. -10. loc : **ne** ~ **que** [faire sans cesse] no parar de; [faire juste] no hacer más que; **je ne faisais que jeter un coup d'œil** sólo estaba echando un vistazo. ◇ vi [agir] : **tu ferais bien d'aller voir ce qui se passe** harías bien en ir a ver qué pasa. ◇ v attr [avoir l'air] hacer; **ça fait jeune/vulgaire** hace joven/vulgar. ◇ v substitutif : **je lui ai dit de prendre une échelle mais il ne l'a pas fait** le he dicho que cogiera una escalera pero no lo ha hecho. ◇ v impers -1. [climat, temps] : **il fait beau/froid** hace buen tiempo/frío; **il fait jour/nuit** es de día/de

noche; **il fait 20 degrés** estamos a 20 grados. -2. [exprime la durée, la distance] : **ça fait six mois que...** hace seis meses que...; **ça fait 30 kilomètres que...** hace 30 kilómetros que... ◇ v aux -1. [à l'actif] hacer; ~ **démarrer une voiture** hacer arrancar un coche; ~ **tomber qqch** hacer caer algo; ~ **travailler qqn** hacer trabajar a alguien. -2. [au passif] hacer; ~ **réparer sa voiture** hacerse arreglar el coche; ~ **nettoyer ses vitres** hacerse limpiar los cristales. ◆ **se faire** vp -1. [avoir lieu] hacerse. -2. [être à la mode] llevarse. -3. [devenir] : **se** ~ **vieux** hacerse viejo. -4. [se causer] (+ nom) : **se** ~ **mal** hacerse daño; **se** ~ **des amis** hacerse amigos; **se** ~ **une idée sur qqch** hacerse una idea de algo. -5. (+ infinitif) : **il s'est fait écraser** lo han atropellado; **elle s'est fait opérer** la han operado. ◆ **se faire à** vp + prép acostumbrarse a.

faire-part nm inv participación f.

fais, fait etc → faire.

faisable [fəzabl] adj factible.

faisais, faisions etc → faire.

faisan [fəzɑ̃, an] nm, f faisán m.

faisandé, e [fəzɑ̃de] adj [viande] manido(da).

faisceau, x [fɛso] nm -1. [fagot] manojo m. -2. [rayon] haz m. -3. MIL pabellón m.

faisons [fəzɔ̃] → faire.

fait, e [fɛ, fɛt] ◇ pp → faire. ◇ adj hecho(cha); **bien/mal** ~ bien/mal hecho; **être** ~ **pour** estar hecho para. ◆ **fait** nm [gén] hecho m; **le** ~ **de faire qqch** el hecho de hacer algo; **être au** ~ **de qqch** estar al corriente de algo; **prendre qqn sur le** ~ coger a alguien in fraganti, coger a alguien con las manos en la masa; ~**s et gestes** gestos mpl; ~**s divers** varios mpl, miscelanía f. ◆ **au fait** loc adv a propósito. ◆ **en fait** loc adv de hecho. ◆ **en fait de** loc prép en materia de. ◆ **tout à fait** loc adv totalmente, completamente.

faîte [fɛt] nm -1. [de toit] techumbre f. -2. [d'arbre] copa f. -3. fig [sommet] cima f.

faites [fɛt] → faire.

fait-tout nm inv, **faitout** [fɛtu] nm olla f.

fakir [fakir] nm faquir m, fakir m.

falaise [falɛz] nf GÉOL acantilado m.

fallacieux, euse [falasjø, øz] adj falaz.

falloir [falwar] v impers -1. [exprime une nécessité, obligation] hacer falta, necesitar; **il me faut du temps** necesito tiempo; **il te faut un peu de repos** te hace falta un poco de descanso; **il faut que** *(+ subjonctif)* tener que *(+ infinitivo)*; **il faut que tu partes** tienes que irte; **il faut** *(+ infinitif)* hay que *(+ infinitivo)*; **s'il le faut** si no queda más remedio. **-2.** [exprime une supposition] : **il faut que** *(+ subjonctif)* deber de *(+ infinitivo)*; **il n'est pas venu? il faut qu'il soit malade!** ¿no ha venido? ¡debe de estar enfermo! ◆ **s'en falloir** *v impers* : **il s'en faut de peu pour qu'il puisse acheter cette maison** no puede comprarse la casa por poco; **il s'en faut de 20 cm pour que cette armoire tienne dans le coin** el armario no cabe en este rincón por 20 centímetros; **il s'en faut de beaucoup pour qu'il puisse passer son examen** le falta mucho para poder aprobar este examen; **peut s'en est fallu qu'il démissionne** ha estado a punto de dimitir.

fallu [faly] *pp inv* → **falloir.**

fallut [faly] → **falloir.**

falot, e [falo, ɔt] *adj* insulso(sa). ◆ **falot** *nm* farol *m.*

falsifier [falsifje] *vt* **-1.** [document, comptes] falsificar. **-2.** [fait, pensée] falsear.

famé, e [fame] *adj* : **mal ~** de mala fama.

famélique [famelik] *adj* [maigre] famélico(ca).

fameux, euse [famø, øz] *adj* **-1.** [personne] famoso(sa). **-2.** *fam* [bon] estupendo(da) *Esp*, padre *Amér.* **-3.** *fam* [remarquable] bestial.

familial, e, aux [familjal, o] *adj* familiar.

familiariser [familjarize] *vt* : **~ qqn avec qqch** familiarizar a alguien con algo.

familiarité [familjarite] *nf* **-1.** [intimité] intimidad *f.* **-2.** [désinvolture] familiaridad *f.* ◆ **familiarités** *nfpl* familiaridades *fpl.*

familier, ère [familje, ɛr] *adj* familiar. ◆ **familier** *nm* parroquiano *m.*

famille [famij] *nf* familia *f.*

famine [famin] *nf* hambruna *f.*

fan [fan] *nmf fam* fan *mf.*

fanal, aux [fanal, o] *nm* **-1.** [de phare] faro *m.* **-2.** [de train, lanterne] farol *m.*

fanatique [fanatik] *adj & nmf* fanático(ca).

fanatisme [fanatism] *nm* fanatismo *m.*

faner [fane] ◇ *vi* **-1.** [fleur] marchitarse. **-2.** [personne] ajarse. ◇ *vt* [décolorer] ajar. ◆ **se faner** *vp* **-1.** [gén] marchitarse. **-2.** [couleur] ajarse.

fanfare [fɑ̃far] *nf* fanfarria *f.*

fanfaron, onne [fɑ̃farɔ̃, ɔn] *adj* fanfarrón(ona).

fange [fɑ̃ʒ] *nf sout* fango *m.*

fanion [fanjɔ̃] *nm* banderín *m.*

fantaisie [fɑ̃tezi] *nf* **-1.** [gén] fantasía *f.* **-2.** [extravagance] extravagancia *f.* **-3.** [goût] antojo *m.*

fantaisiste [fɑ̃tezist] *adj & nmf* fantasioso(sa).

fantasme, phantasme [fɑ̃tasm] *nm* fantasía *f (ilusión).*

fantasque [fɑ̃task] *adj* **-1.** [personne] lunático(ca). **-2.** [humeur] caprichoso(sa).

fantassin [fɑ̃tasɛ̃] *nm* MIL infante *m*, soldado *m* de infantería.

fantastique [fɑ̃tastik] ◇ *adj* [surnaturel] fantástico(ca). ◇ *nm* : **le ~** [ce qui est irréel] lo fantástico; [genre artistique] el fantástico.

fantoche [fɑ̃tɔʃ] ◇ *adj* POLIT títere. ◇ *nm* fantoche *mf.*

fantôme [fɑ̃tom] *adj & nm* fantasma.

FAO *(abr de Food and Agricultural Organisation)* *nf* FAO *f.*

faon [fɑ̃] *nm* [de cerf] cervatillo *m*; [de daim] gamezno *m*; [de chevreuil] corcino *m.*

farce [fars] *nf* **-1.** CULIN relleno *m.* **-2.** [blague] broma *f*; **~s et attrapes** artículos *mpl* de broma. **-3.** [genre littéraire] farsa *f.*

farceur, euse [farsœr, øz] *nm, f* bromista *mf.*

farci, e [farsi] *adj* **-1.** CULIN relleno(na). **-2.** *fig* [plein] atiborrado(da).

farcir [farsir] *vt* **-1.** CULIN rellenar. **-2.** [remplir] : **~ qqch de** atiborrar algo de.

fard [far] *nm* maquillaje *m*; **~ à paupières** sombra *f* de ojos.

fardeau, x [fardo] *nm* carga *f.*

farder [farde] *vt* **-1.** [visage] maquillar. **-2.** [vérité] disfrazar. ◆ **se farder** *vp* maquillarse.

farfelu, e [farfəly] *adj* estrafalario(ria).

farfouiller [farfuje] *vi fam* revolver.

farine [farin] *nf* harina *f.*

farouche [faruʃ] *adj* [animal] salvaje; [personne] arisco(ca).

fart [fart] *nm* cera *f (para los esquíes).*

farter [farte] *vt* encerar *(los esquíes).*

fascicule [fasikyl] *nm* fascículo *m.*

fascination [fasinasjɔ̃] *nf* fascinación *f.*

fasciner [fasine] *vt* fascinar.

fascisme [faʃism] *nm* fascismo *m.*

fasciste [faʃist] *adj & nmf* fascista.

fasse, fasses *etc* → **faire.**

fassent [fas] → faire.

fassiez [fasje], **fassions** [fasjɔ̃] → faire.

faste [fast] ◇ *nm* fasto *m*, fastuosidad *f*. ◇ *adj* [jour] de suerte.

fastidieux, euse [fastidjø, øz] *adj* fastidioso(sa).

fastueux, euse [fastɥø, øz] *adj* fastuoso(sa).

fatal, e [fatal] *adj* **-1.** [coup, erreur] fatal. **-2.** [inévitable] inevitable.

fataliste [fatalist] *adj & nmf* fatalista.

fatalité [fatalite] *nf* fatalidad *f*.

fatigant, e [fatigɑ̃, ɑ̃t] *adj* [activité] cansado(da); [personne] cansino(na).

fatigue [fatig] *nf* cansancio *m*, fatiga *f*.

fatigué, e [fatige] *adj* **-1.** [personne] cansado(da) *Esp*, fané *Amér*; être ~ **de qqch** [las de] estar cansado de algo. **-2.** [vue] cansado(da). **-3.** [vêtement] gastado(da).

fatiguer [fatige] ◇ *vt* cansar. ◇ *vi* [moteur] resentirse. ◆ **se fatiguer** *vp* cansarse; se ~ **de qqch** cansarse de algo; se ~ **à faire qqch** cansarse haciendo algo.

fatras [fatra] *nm* fárrago *m*.

fatuité [fatɥite] *nf* fatuidad *f*.

faubourg [fobur] *nm* barrio *m* periférico.

fauché, e [foʃe] *adj fam* pelado(da).

faucher [foʃe] *vt* **-1.** [couper] segar. **-2.** *fam* [voler] : ~ **qqch à qqn** birlar algo a alguien. **-3.** [renverser] arrollar. **-4.** [atteindre par balle] abatir.

faucille [fosij] *nf* hoz *f*.

faucon [fokɔ̃] *nm* ZOOL halcón *m*.

faudra [fodra] → falloir.

faufiler [fofile] *vt* COUT hilvanar. ◆ **se faufiler** *vp* **-1.** [entrer discrètement, passer à travers] colarse. **-2.** [se frayer un chemin] : se ~ **entre** deslizarse entre.

faune [fon] ◇ *nf litt & péj* fauna *f*. ◇ *nm* fauno *m*.

faussaire [foser] *nm* falsificador *m*, -ra *f*.

fausse → faux.

faussement [fosmɑ̃] *adv* **-1.** [à tort, de façon erronée] erróneamente. **-2.** [affecté] falsamente.

fausser [fose] *vt* **-1.** [objet] torcer. **-2.** [résultat, calcul] falsear. ◆ **se fausser** *vp* [voix, instrument] destemplarse.

fausseté [foste] *nf* falsedad *f*.

faut [fo] → falloir.

faute [fot] *nf* **-1.** [erreur] falta *f*, error *m*; ~ **de calcul/de frappe** error de cálculo/de máquina; ~ **d'orthographe** falta de ortografía. **-2.** [méfait, infraction] falta *f*;

prendre en ~ coger en falta; ~ **professionnelle** falta profesional. **-3.** [responsabilité] culpa *f*; **c'est de sa** ~ es culpa suya; **par la** ~ **de qqn** por culpa de alguien. ◆ **faute de** *loc prép* por falta de. ◆ **faute de mieux** *loc adv* a falta de algo mejor. ◆ **sans faute** *loc adv* sin falta.

fauteuil [fotœj] *nm* **-1.** [siège] sillón *m*, butaca *f*; ~ **roulant** silla *f* de ruedas. **-2.** [de théâtre] butaca *f*; ~ **d'orchestre** butaca de patio OU de platea. **-3.** [d'académicien] silla *f*; ~ **de président** presidencia *f*.

fautif, ive [fotif, iv] ◇ *adj* **-1.** [coupable] culpable. **-2.** [erronée] erróneo(a), equivocado(da). **-3.** [défectueux] defectuoso(sa). ◇ *nm, f* culpable *mf*.

fauve [fov] ◇ *nm* **-1.** [animal] fiera *f*. **-2.** [couleur] leonado *m*. **-3.** ART [peintre] fauvista *mf*. ◇ *adj* **-1.** [cheveux] leonado(da). **-2.** ART fauvista.

fauvette [fovet] *nf* curruca *f*.

faux, fausse [fo, fos] *adj* **-1.** [gén] falso(sa). **-2.** [barbe, dent] postizo(za). ◆ **faux** ◇ *adv* : **chanter** ~ desafinar. ◇ *nm* **-1.** [ce qui est faux] falso *m*. **-2.** [contrefaçon, imitation] falsificación *f*. ◇ *nf* [outil] guadaña *f*.

faux-filet *nm* solomillo bajo *m*.

faux-fuyant *nm* evasiva *f*.

faux-monnayeur [fomɔnejœr] *nm* falsificador *m* (de dinero).

faux-sens *nm inv* error *m* de interpretación *(en un texto)*.

faveur [favœr] *nf* favor *m*; **avoir la** ~ **du public** gozar del favor del público. ◆ **en faveur de** *loc prép* a favor de. ◆ **à la faveur de** *loc prép* [grâce à] aprovechando.

favorable [favɔrabl] *adj* **-1.** [gén] favorable. **-2.** [personne] : être ~ **(à)** estar en favor (de).

favori, ite [favɔri, it] *adj & nm, f* favorito(ta). ◆ **favori** *nm* HIST valido *m*, privado *m*.

favoriser [favɔrize] *vt* favorecer.

faxer [fakse] *vt* enviar por fax.

FBI [ɛfbiaj] *(abr de Federal Bureau of Investigation) nm* FBI *m*.

fébrile [febril] *adj* febril.

fécond, e [fekɔ̃, ɔ̃d] *adj* fecundo(da).

fécondation [fekɔ̃dasjɔ̃] *nf* BIOL fecundación *f*; ~ **in vitro** fecundación in vitro.

féconder [fekɔ̃de] *vt* fecundar.

fécondité [fekɔ̃dite] *nf* fecundidad *f*.

fécule [fekyl] *nf* fécula *f*.

féculent, e [fekylã, ãt] *adj* feculento(ta).
◆ **féculent** *nm* alimento *m* feculento.

fédéral, e, aux [federal, o] *adj* federal.

fédération [federasjɔ̃] *nf* federación *f*.

fée [fe] *nf* hada *f*.

féerie [fe(e)ri] *nf* -**1**. THÉÂTRE comedia *f* fantástica. -**2**. [d'un lieu] magia *f*.

féerique [fe(e)rik] *adj* mágico(ca).

feignant, e, faignant, e [fɛɲã, ãt] *nm, f fam* gandul *m*, -la *f*.

feindre [fɛ̃dr] ◇ *vt* fingir. ◇ *vi* fingir; ~ **de faire qqch** fingir hacer algo.

feint, e [fɛ̃, fɛ̃t] *pp* → feindre.

feinte [fɛ̃t] *nf* finta *f*.

fêlé, e [fele] ◇ *adj* -**1**. [assiette] resquebrajado(da). -**2**. *fam* [personne] chiflado(da). ◇ *nm, f fam* chiflado *m*, -da *f*.

fêler [fele] *vt* resquebrajar.

félicitations [felisitasjɔ̃] *nfpl* felicitaciones *fpl*.

féliciter [felisite] *vt* felicitar. ◆ **se féliciter** *vp* : **se ~ de qqch** alegrarse de algo.

félin, e [felɛ̃, in] *adj* felino(na). ◆ **félin** *nm* ZOOL felino *m*.

félon, onne [felɔ̃, ɔn] *adj & nm, f sout* felón(ona).

fêlure [felyr] *nf* raja *f*.

femelle [fəmɛl] ◇ *adj* -**1**. [animal & TECHNOL] hembra *(en aposición)*. -**2**. BOT femenina. ◇ *nf* ZOOL hembra *f*.

féminin, e [feminɛ̃, in] *adj* femenino(na). ◆ **féminin** *nm* GRAM femenino *m*.

féminisme [feminism] *nm* feminismo *m*.

féministe [feminist] *adj & nmf* feminista.

féminité [feminite] *nf* feminidad *f*.

femme [fam] *nf* mujer *f*; ~ **d'affaires** mujer de negocios; ~ **de chambre** doncella *f*; ~ **de ménage** asistenta *f*.

fémur [femyr] *nm* fémur *m*.

FEN *(abr de* Fédération de l'Éducation nationale) *nf* organización sindical francesa de los profesores y maestros de la enseñanza pública.

fenaison [fənɛzɔ̃] *nf* siega *f* del heno.

fendre [fãdr] *vt* -**1**. [bois] partir. -**2**. [terre] agrietar. -**3**. *fig* [traverser – foule] abrirse paso entre; [– flots, air] surcar. ◆ **se fendre** *vp* [se fêler] agrietarse.

fendu, e [fãdy] *pp* → fendre.

fenêtre [fənɛtr] *nf* [gén & INFORM] ventana *f*; ~ **borgne** claraboya *f*.

fenouil [fənuj] *nm* hinojo *m*.

fente [fãt] *nf* -**1**. [fissure] grieta *f*. -**2**. [interstice] ranura *f*. -**3**. [de vêtement] abertura *f*.

féodal, e, aux [feɔdal, o] *adj* feudal. ◆ **féodal, aux** *nm* señor *m* feudal.

féodalité [feɔdalite] *nf* feudalismo *m*.

fer [fɛr] *nm* [métal] hierro *m*; ~ **à cheval** herradura *f*; ~ **forgé** hierro forjado; ~ **à repasser** plancha *f (para la ropa)*; ~ **à souder** soldador *m*.

ferai, feras *etc* → faire.

fer-blanc *nm* hojalata *f*.

ferblanterie [fɛrblãtri] *nf* -**1**. [commerce] hojalatería *f*. -**2**. [ustensiles] objetos *mpl* de hojalata.

férié, e [ferje] *adj* [jour] festivo(va).

ferme[1] [fɛrm] ◇ *adj* -**1**. [gén] firme. -**2**. [consistant] duro(ra). -**3**. [stable] seguro(ra). -**4**. [achat, vente] en firme. ◇ *adv* -**1**. [beaucoup] mucho. -**2**. [définitivement] en firme.

ferme[2] [fɛrm] *nf* granja *f Esp*, chacra *f Amér*.

ferment [fɛrmã] *nm* -**1**. [levure] fermento *m*. -**2**. [germe] germen *m*.

fermentation [fɛrmãtasjɔ̃] *nf* -**1**. CHIM fermentación *f*. -**2**. *fig* [agitation] efervescencia *f*.

fermer [fɛrme] ◇ *vt* -**1**. [gén] cerrar; [rideau] correr; ~ **qqch à qqn** *fig* cerrar las puertas de algo a alguien. -**2**. [vêtement] abrocharse. -**3**. [télévision, radio] apagar. ◇ *vi* -**1**. [gén] cerrar. -**2**. [vêtement] abrocharse. ◆ **se fermer** *vp* -**1**. [gén] cerrarse. -**2**. [vêtement] abrocharse.

fermeté [fɛrməte] *nf* -**1**. [solidité] consistencia *f*, dureza *f*. -**2**. [force, autorité] firmeza *f*.

fermeture [fɛrmətyr] *nf* cierre *m*; '~ **annuelle'** 'cerrado por vacaciones'; ~ **Éclair**® cremallera *f*; ~ **hebdomadaire** cierre semanal.

fermier, ère [fɛrmje, ɛr] ◇ *nm, f* granjero *m*, -ra *f Esp*, chacarero *m*, -ra *f Amér*. ◇ *adj* de granja.

fermoir [fɛrmwar] *nm* cierre *m*.

féroce [ferɔs] *adj* -**1**. [animal] feroz, fiero(ra). -**2**. [personne, appétit, désir] feroz.

ferraille [fɛraj] *nf* -**1**. [vieux morceaux de fer] chatarra *f Esp*, grisalla *f Amér*; **bon à mettre à la** ~ servir sólo para chatarra. -**2**. *fam* [petite monnaie] calderilla *f Esp*, sencillo *m Amér*.

ferronnerie [ferɔnri] *nf* **-1.** [objet] objeto *m* de hierro forjado. **-2.** [métier] fabricación *f* de objetos de hierro forjado. **-3.** [atelier] fábrica *f* de objetos de hierro forjado.

ferroviaire [ferɔvjɛr] *adj* ferroviario(ria).

ferry-boat [feribot] (*pl* **ferry-boats**) *nm* transbordador *m*, ferry *m*.

fertile [fɛrtil] *adj* **-1.** [gén] fértil. **-2.** *fig* [esprit, imagination] fecundo(da), fértil; ~ **en** qqch rico en algo.

fertiliser [fɛrtilize] *vt* fertilizar.

fertilité [fɛrtilite] *nf* fertilidad *f*.

féru, e [fery] *adj sout* : **être** ~ **de qqch** ser un apasionado de algo.

fervent, e [fɛrvɑ̃, ɑ̃t] ◇ *adj* ferviente. ◇ *nm, f* entusiasta *mf*.

ferveur [fɛrvœr] *nf* fervor *m*.

fesse [fɛs] *nf* nalga *f*.

fessée [fese] *nf* zurra *f*.

festin [fɛstɛ̃] *nm* festín *m*.

festival [fɛstival] *nm* festival *m*.

festivités [fɛstivite] *nfpl* fiestas *fpl*.

feston [fɛstɔ̃] *nm* festón *m*.

festoyer [fɛstwaje] *vi* ir de parranda.

fêtard, e [fɛtar, ard] *nm, f* juerguista *mf*.

fête [fɛt] *nf* **-1.** [gén] fiesta *f*; ~ **nationale** fiesta nacional; **les** ~**s (de fin d'année)** las vacaciones de Navidad. **-2.** [kermesse] verbena *f*, fiesta popular; ~ **foraine** feria *f*. **-3.** [jour du saint] santo *m*. **-4.** *loc* : **faire** ~ **à qqn** hacerle fiestas a alguien; **faire la** ~ ir de juerga.

fêter [fete] *vt* **-1.** [événement] celebrar. **-2.** [personne] festejar.

fétiche [fetiʃ] *nm* **-1.** [objet de culte] fetiche *m*. **-2.** [mascotte] mascota *f*.

fétichisme [fetiʃism] *nm* fetichismo *m*.

fétide [fetid] *adj* fétido(da).

fétu [fety] *nm* : ~ **(de paille)** brizna *f* de paja.

feu¹, e [fø] *adj* : ~ **M. X** el difunto señor X.

feu², x [fø] *nm* **-1.** [flammes, décharges] fuego *m* Esp, candela *f* Amér; **à** ~ **doux/vif** a fuego lento/vivo; **à petit** ~ a fuego lento; **au** ~! ¡fuego!; **avez-vous du** ~? ¿tiene fuego?; **être en** ~ estar ardiendo; **faire** ~ abrir fuego; **mettre le** ~ **à qqch** prender fuego a algo; **prendre** ~ prenderse; ~ **de camp** fuego de campamento; ~ **de cheminée** lumbre *f*. **-2.** [signal lumineux] semáforo *m*; ~ **rouge/vert** luz *f* roja/verde; ~**x de position/de croise-** ment luces *fpl* de posición/de cruce; ~**x de route/de stationnement** luces *fpl* de carretera/de emergencia. **-3.** CIN & THÉÂTRE candilejas *fpl*. **-4.** *loc* : **le** ~ **couve sous la cendre** aún quedan rescoldos; **ne pas faire long** ~ no durar mucho.

feuillage [fœjaʒ] *nm* follaje *m*.

feuille [fœj] *nf* hoja *f*; ~ **de soins** impreso para solicitar a la Seguridad Social el reembolso de gastos médicos; ~ **morte** hoja seca; ~ **de papier/de vigne** hoja de papel/de parra.

feuillet [fœjɛ] *nm* hoja *f*.

feuilleté, e [fœjte] *adj* **-1.** CULIN [pâte] de hojaldre. **-2.** GÉOL [roche] estratificado(da).

feuilleter [fœjte] *vt* hojear.

feuilleton [fœjtɔ̃] *nm* **-1.** RADIO serial *m*. **-2.** [dans un journal] folletín *m*.

feutre [føtr] *nm* **-1.** [crayon] rotulador *m*. **-2.** [étoffe] fieltro *m*. **-3.** [chapeau] sombrero *m* de fieltro.

feutré, e [føtre] *adj* **-1.** [garni de feutre] cubierto(ta) con fieltro. **-2.** [qui a l'aspect du feutre] apelmazado(da). **-3.** [bruit, pas] quedo(da), sordo(da).

feutrine [føtrin] *nf* muletón *m*.

fève [fɛv] *nf* haba *f*.

février [fevrije] *nm* febrero *m*; *voir aussi* **septembre**.

fg *abr de* **faubourg**.

fi [fi] *interj sout* : **faire** ~ **de** desdeñar.

fiable [fjabl] *adj* fiable.

fiacre [fjakr] *nm* simón *m*, coche *m* de punto.

fiançailles [fijɑ̃saj] *nfpl* esponsales *mpl*.

fiancé, e [fijɑ̃se] *nm, f* novio *m*, -via *f*.

fiancer [fijɑ̃se] *vt* conceder la mano de. ◆ **se fiancer** *vp* prometerse.

fibre [fibr] *nf* fibra *f*; ~ **de verre** fibra de vidrio.

ficeler [fisle] *vt* atar.

ficelle [fisɛl] *nf* **-1.** [fil] cordel *m*. **-2.** [pain] barra de pan muy delgada de 125 gramos. **-3.** (*gén pl*) [truc] truco *m*.

fiche [fiʃ] *nf* **-1.** [carte] ficha *f*. **-2.** ÉLECTR enchufe *m*. ◆ **fiche de paie** *nf* nómina *f* (*documento*).

ficher [fiʃe] *vt* (*pp sens 1 et 2* fiché, *pp sens 3, 4, et 5* fichu) **-1.** [enfoncer] clavar. **-2.** [inscrire] fichar. **-3.** *fam* [faire] hacer; **ne rien** ~ no dar golpe. **-4.** *fam* [mettre] meter. **-5.** *fam* [donner] dar. ◆ **se ficher** *vp* (*pp sens 1* fiché, *pp sens 2* fichu) **-1.** [s'enfoncer] clavarse. **-2.** [se moquer de] **se** ~ **de qqn** burlarse de alguien; [ne pas tenir compte de] **importarle un pepino a alguien**.

fichier [fiʃje] *nm* fichero *m*.

fichu, e [fiʃy] *adj fam* **-1**. [cassé, détruit] escacharrado(da). **-2.** *(avant le nom)* [désagréable] puñetero(ra). **-3.** *loc* : **être mal ~** estar pachucho; **ne pas être ~ de faire qqch** no ser capaz de hacer algo. ◆ **fichu** *nm* pañoleta *f*.

fictif, ive [fiktif, iv] *adj* ficticio(cia).

fiction [fiksjɔ̃] *nf* **-1.** LITTÉRATURE ficción *f*. **-2.** [monde imaginaire] mundo *m* de ficción.

fidèle [fidɛl] ◇ *adj* **-1.** [gén] fiel; **~ à qqch/à qqn** fiel a algo/a alguien. **-2.** [client] asiduo(dua). ◇ *nmf* **-1.** RELIG fiel *mf*. **-2.** [adepte] incondicional *mf*.

fidéliser [fidelize] *vt* [clientèle, public] saber conservar.

fidélité [fidelite] *nf* fidelidad *f*.

fief [fjɛf] *nm* feudo *m*.

fiel [fjɛl] *nm* hiel *f*.

fier¹, fière [fjɛr] *adj* **-1.** [orgueilleux] orgulloso(sa); **~ de qqch/de qqn/de faire qqch** orgulloso de algo/de alguien/de hacer algo. **-2.** [allure, âme] noble.

fier² [fje] ◆ **se fier** *vp* : **se ~ à qqn/à qqch** fiarse de alguien/de algo.

fierté [fjɛrte] *nf* **-1.** [dignité] dignidad *f*. **-2.** [arrogance] arrogancia *f*. **-3.** [satisfaction] orgullo *m*.

fièvre [fjɛvr] *nf* **-1.** [température, maladie] fiebre *f*; **avoir 40 de ~** tener 40 de fiebre, estar a 40 de fiebre. **-2.** *fig* [excitation] excitación *f*.

fiévreux, euse [fjevrø, øz] *adj* febril.

fig. *abr de* **figure**.

figer [fiʒe] *vt* paralizar. ◆ **se figer** *vp* **-1.** [s'immobiliser] helarse. **-2.** [se solidifier] cuajarse.

fignoler [fiɲɔle] *vt* perfilar.

figue [fig] *nf* higo *m*; **~ de Barbarie** higo chumbo.

figuier [figje] *nm* higuera *f*.

figurant, e [figyrɑ̃, ɑ̃t] *nm, f* CIN extra *mf*; THÉÂTRE figurante *m*, comparsa *mf*.

figuratif, ive [figyratif, iv] *adj* figurativo(va).

figuration [figyrasjɔ̃] *nf* **-1.** ART figuración *f*. **-2.** CIN extras *mpl*. **-3.** THÉÂTRE figurantes *mpl*, comparsa *f*.

figure [figyr] *nf* **-1.** [gén] figura *f*. **-2.** [visage] cara *f*; **faire ~ de** [avoir l'air de] pasar por.

figuré, e [figyre] *adj* **-1.** [art, plan] figurativo(va). **-2.** [sens] figurado(da). ◆ **figuré** *nm* : **au ~** en sentido figurado.

figurer [figyre] ◇ *vt* representar. ◇ *vi* : **~ dans** figurar en; **~ parmi** figurar entre.

figurine [figyrin] *nf* figurilla *f*.

fil [fil] *nm* **-1.** [brin, enchaînement] hilo *m*; **~ de fer** alambre *m*; **~ de fer barbelé** alambre *m* de espino; **~ à plomb** plomada *f*; **perdre le ~ (de qqch)** perder el hilo de algo. **-2.** [cours] curso *m*; **au ~ de** a lo largo de.

filament [filamɑ̃] *nm* **-1.** [gén] filamento *m*. **-2.** [de bave, de colle] rebaba *f*.

filandreux, euse [filɑ̃drø, øz] *adj* [viande] fibroso(sa).

filasse [filas] ◇ *adj inv* de estopa. ◇ *nf* estopa *f*.

filature [filatyr] *nf* **-1.** [usine] fábrica *f* de hilados, hilatura *f*. **-2.** [fabrication] hilado *m*. **-3.** [poursuite] vigilancia *f (de la policía)*.

file [fil] *nf* fila *f*, hilera *f*; **à la ~** en fila; **~ d'attente** cola *f*.

filer [file] ◇ *vt* **-1.** [matière textile] hilar; [métal] tirar; [toile d'araignée] tejer. **-2.** [personne] seguir la pista de. **-3.** *fam* [donner] : **~ qqch à qqn** pasar algo a alguien. ◇ *vi* **-1.** [bas] hacerse una carrera. **-2.** [aller vite – voiture] correr mucho; [– oiseau] volar. **-3.** [temps] pasar volando. **-4.** *fam* [partir] salir pitando. **-5.** [sirop, miel] fluir. **-6.** *loc* : **~ doux** decir amén.

filet [file] *nm* **-1.** [tissu à larges mailles] red *f*; **~ à cheveux** redecilla *f*; **~ de pêche** red de pesca; **~ à provisions** bolsa *f* de malla. **-2.** *fig* [piège] trampa *f*. **-3.** CULIN & TYPOGRAPHIE filete *m*. **-4.** [petite quantité - de liquide] chorrito *m*; [- de lumière] rayito *m*. **-5.** [nervure – de feuille] nervio *m*; [– de langue] frenillo *m*. **-6.** [de vis] filete *m*, rosca *f*.

filial, e, aux [filjal, o] *adj* filial. ◆ **filiale** *nf* ÉCON filial *f*.

filiation [filjasjɔ̃] *nf* **-1.** [lien de parenté] filiación *f*. **-2.** *fig* [enchaînement] ilación *f*.

filière [filjɛr] *nf* **-1.** [procédure] trámites *mpl*; **passer par la ~** seguir el escalafón. **-2.** [de trafiquants etc] red *f*. **-3.** SCOL carrera *f*.

filiforme [filifɔrm] *adj* como un palillo.

filigrane [filigran] *nm* filigrana *f*; **en ~** *fig* con un fondo de; **lire en ~** *fig* leer entre líneas.

filin [filɛ̃] *nm* cabo *m*.

fille [fij] nf -**1.** [enfant] hija f; ~ **adoptive** hija adoptiva. -**2.** [femme] chica f; ~ **mère** madre f soltera; **jeune** ~ chica (joven), muchacha f; **petite** ~ niña f; **vieille** ~ solterona f.

fillette [fijɛt] nf chiquilla f Esp, chamaca f Amér.

filleul, e [fijœl] nm, f ahijado m, -da f.

film [film] nm -**1.** [gén] película f; ~ **culte** película f de culto. -**2.** fig [déroulement] transcurso m; ~ **catastrophe** película de catástrofes.

filmer [filme] vt filmar.

filmographie [filmɔgrafi] nf filmografía f.

filon [filɔ̃] nm -**1.** [de cuivre, d'argent] filón m. -**2.** fam [situation lucrative] chollo m.

fils [fis] nm hijo m; ~ **cadet** hijo menor; ~ **de famille** niño m bien.

filtrant, e [filtrã, ãt] adj filtrante.

filtre [filtr] nm filtro m; ~ **à air/à café** filtro de aire/de café.

filtrer [filtre] ◇ vt filtrar. ◇ vi -**1.** [gén] filtrarse. -**2.** [vérité] triunfar.

fin, fine [fɛ̃, fin] adj -**1.** [gén] fino(na). -**2.** [vin, épicerie] selecto(ta). -**3.** [esprit, personne] agudo(da). -**4.** (avant le nom) [connaisseur] gran; [gourmet] fino(na). ◆ **fin** ◇ adv finamente; **être** ~ **prêt** estar listo. ◇ nf -**1.** [terme] fin m, final m; **mettre** ~ **à qqch** poner fin a algo; **prendre** ~ acabar; **tirer** ~ **toucher à sa** ~ tocar a su fin; **au** ~ **fond de** en lo más recóndito de. -**2.** [but] fin m; **arriver** OU **parvenir à ses** ~**s** cumplir sus propósitos. ◆ **fin de série** nf restos mpl de serie. ◆ **à la fin** loc adv al fin, por fin. ◆ **à la fin de** loc prép [gén] al final de; [mois, année] a finales de. ◆ **en fin de** loc prép al final de. ◆ **sans fin** loc adj sin fin.

final, e [final] (pl **finals** OU **finaux**) adj final. ◆ **final** nm [d'opéra] final m. ◆ **finale** nf -**1.** [dernière épreuve] final f. -**2.** [de mot] sílaba f final.

finalement [finalmã] adv finalmente.

finaliste [finalist] ◇ adj PHILOSOPHIE finalista. ◇ nmf SPORT finalista mf.

finalité [finalite] nf finalidad f.

finance [finãs] nf finanzas fpl. ◆ **finances** nfpl -**1.** [ressources pécuniaires] fondos mpl. -**2.** fam [situation financière] finanzas fpl.

financer [finãse] vt financiar.

financier, ère [finãsje, ɛr] adj financiero(ra). ◆ **financier** nm financiero m Esp, financista m Amér.

finaud, e [fino, od] adj ladino(na).

finesse [fines] nf -**1.** [délicatesse, minceur, légèreté] finura f. -**2.** [perspicacité] agudeza f. -**3.** [subtilité] sutileza f, sutilidad f.

fini, e [fini] adj -**1.** péj [menteur] rematado(da). -**2.** fam [acteur, politicien] de pies a cabeza. -**3.** MATHS finito(ta). ◆ **fini** nm -**1.** [d'œuvre] acabado m. -**2.** [ce qui est limité] finito m.

finir [finir] ◇ vt -**1.** [gén] acabar. -**2.** [assiette, verre] acabarse. ◇ vi -**1.** [gén] acabarse, acabar; **mal** ~ acabar mal; **en** ~ **(avec qqch)** acabar de una vez (con algo). -**2.** [arrêter] : ~ **de faire qqch** dejar de hacer algo. -**3.** [parvenir] : ~ **par faire qqch** acabar OU terminar por hacer algo.

finition [finisjɔ̃] nf -**1.** [action] último toque m. -**2.** [résultat] acabado m.

Finlande [fɛ̃lãd] nf : **la** ~ Finlandia.

fiole [fjɔl] nf frasco m.

fioriture [fjɔrityr] nf floritura f.

fioul [fjul] nm inv fuel m.

firent [fir] → **faire**.

firmament [firmamã] nm sout firmamento m.

firme [firm] nf firma f (empresa).

fis, fit etc → **faire**.

fisc [fisk] nm fisco m.

fiscal, e, aux [fiskal, o] adj fiscal.

fiscalité [fiskalite] nf fiscalidad f.

fissure [fisyr] nf fisura f.

fissurer [fisyre] vt -**1.** [fendre] agrietar. -**2.** fig [groupe] dividir. ◆ **se fissurer** vp agrietarse.

fiston [fistɔ̃] nm fam crío m.

fit etc → **faire**.

fixation [fiksasjɔ̃] nf fijación f.

fixe [fiks] adj fijo(ja). ◆ **fixe** nm sueldo m fijo.

fixement [fiksəmã] adv fijamente.

fixer [fikse] vt -**1.** [volet] clavar; [tableau] colgar. -**2.** [date] fijar; ~ **son choix sur qqch** decidirse por algo. -**3.** [regarder] : ~ **qqn/qqch** mirar fijamente a alguien/algo. -**4.** [prix, règle, couleur] fijar. -**5.** [renseigner] : ~ **qqn sur qqch** informar a alguien de algo; **être fixé sur** tener las ideas claras sobre algo. -**6.** [écrire] : ~ **qqch sur papier** poner por escrito. ◆ **se fixer** vp -**1.** [s'arrêter] : **se** ~ **sur qqn/sur qqch** [choix] decidirse por alguien/por algo; [regard] detenerse en alguien/en algo. -**2.** [s'installer] establecerse.

fjord [fjɔrd] nm fiordo m.

flacon [flakɔ̃] *nm* frasco *m*.

flageller [flaʒɛle] *vt* **-1.** [fouetter] azotar. **-2.** *fig* [fustiger] castigar.

flageoler [flaʒɔle] *vi* flaquear.

flageolet [flaʒɔle] *nm* **-1.** [haricot] judía *f* blanca. **-2.** MUS flautín *m*.

flagrant, e [flagrã, ãt] *adj* flagrante; → délit.

flair [flɛr] *nm* olfato *m*.

flairer [flɛre] *vt* **-1.** [odeur] oler. **-2.** *fig* [mensonge] olerse.

flamant [flamã] *nm* ZOOL flamenco *m*; ~ **rose** flamenco rosa.

flambant, e [flãbã, ãt] *adj* : ~ **neuf** flamante.

flambé, e [flãbe] *adj* CULIN flameado(da).

flambeau, x [flãbo] *nm* antorcha *f*.

flamber [flãbe] ◇ *vi* **-1.** [brûler] arder. **-2.** *fam* [dépenser] pulirse. ◇ *vt* **-1.** [crêpe] flamear. **-2.** [volaille] soflamar.

flamboyant, e [flãbwajã, ãt] *adj* **-1.** [brillant, étincelant] brillante *Esp*, brilloso(sa) *Amér*. **-2.** ARCHIT flamígero(ra).

flamboyer [flãbwaje] *vi* **-1.** [incendie] arder. **-2.** *fig* [regard] brillar.

flamingant, e [flamɛ̃gã, ãt] ◇ *adj* **-1.** [de langue] de habla flamenca. **-2.** [nationaliste] nacionalista flamenco(nacionalista flamenca). ◇ *nm, f* **-1.** [de langue] *persona de habla flamenca*. **-2.** [nationaliste] nacionalista flamenco *m*, nacionalista flamenca *f*.

flamme [flam] *nf* **-1.** [de bougie] llama *f*. **-2.** *fig* [ardeur] ardor *m*. **-3.** *iron & vieilli* [amour] pasión *f*. ◆ **flammes** *nfpl* llamas *fpl*.

flan [flã] *nm* CULIN flan *m*.

flanc [flã] *nm* **-1.** [de personne, d'animal] costado *m*. **-2.** [de navire] flanco *m*. **-3.** [de montagne] ladera *f*, falda *f*.

flancher [flãʃe] *vi fam* flaquear.

flanelle [flanɛl] *nf* franela *f*.

flâner [flane] *vi* **-1.** [se promener] callejear. **-2.** [perdre son temps] perder el tiempo.

flâneur, euse [flɑnœr, øz] *nm, f* paseante *mf*.

flanquer [flãke] *vt* **-1.** *fam* [lancer, jeter] tirar *Esp*, botar *Amér*; ~ **qqn dehors** largar a alguien. **-2.** *fam* [donner - gifle, coup] soltar, arrear; [- frousse] meter. **-3.** [accompagner] flanquear; **être flanqué de qqn** ir flanqueado(da) por alguien; **être flanqué de qqch** estar flanqueado(da) por algo.

flapi, e [flapi] *adj fam* reventado(da).

flaque [flak] *nf* charco *m*.

flash [flaʃ] *nm* **-1.** PHOT flash *m*. **-2.** [publicité] cuña *f*; ~ **d'information** flash *m* informativo.

flash-back [flaʃbak] *nm inv* CIN flash-back *m*.

flasher [flaʃe] *vi* : ~ **sur qqch/sur qqn** flipar con alguien/con algo; **faire** ~ **qqn** alucinar a alguien.

flasque [flask] ◇ *adj* fláccido(da). ◇ *nf* petaca *f*.

flatter [flate] *vt* **-1.** [caresser] acariciar. **-2.** [complimenter, faire plaisir à] halagar. **-3.** *sout* [encourager] fomentar. ◆ **se flatter** *vp* vanagloriarse; **se** ~ **de faire qqch** vanagloriarse de hacer algo.

flatterie [flatri] *nf* halago *m*.

flatteur, euse [flatœr, øz] ◇ *adj* **-1.** [compliment, comparaison] halagüeño(ña). **-2.** [portrait] favorecedor(ra). ◇ *nm, f* adulador *m*, -ra *f*.

fléau, x [fleo] *nm* **-1.** [calamité, personne] plaga *f*. **-2.** [de balance] astil *m*. **-3.** AGRIC mayal *m*.

flèche [flɛʃ] *nf* **-1.** [arme, signe graphique] flecha *f*. **-2.** *fig* [critique] dardo *m*. **-3.** [d'église] aguja *f*.

fléchette [fleʃet] *nf* dardo *m*. ◆ **fléchettes** *nfpl* [jeu] dardos *mpl*.

fléchir [fleʃir] ◇ *vt* **-1.** [membre, articulation] doblar. **-2.** *fig* [personne] ablandar. ◇ *vi* **-1.** [branche, membre] doblarse. **-2.** *fig* [détermination] flaquear, aflojar. **-3.** [Bourse] bajar.

fléchissement [fleʃismã] *nm* **-1.** [de membre] flexión *m*. **-2.** [affaiblissement] aflojamiento *m*. **-3.** [baisse] baja *f*. **-4.** [en Bourse] baja *f*.

flegmatique [flɛgmatik] *adj & nmf* flemático(ca).

flegme [flɛgm] *nm* flema *f*.

flemmard, e [flemar, ard] *adj & nm, f fam* vago(ga) *Esp*, atorrante *Amér*.

flemme [flɛm] *nf fam* vagancia *f*, pereza *f*; **avoir la** ~ **de faire qqch** darle pereza a alguien hacer algo.

flétrir [fletrir] *vt* **-1.** [fleur] marchitar. **-2.** *fig* [critiquer] censurar. ◆ **se flétrir** *vp* **-1.** [fleur] marchitarse. **-2.** *fig* [visage] ajarse.

fleur [flœr] *nf* flor *f*; **à** ~**s** de flores; **en** ~, **en** ~**s** en flor.

fleuret [flœrɛ] *nm* florete *m*.

fleuri, e [flœri] *adj* **–1.** [jardin, pré, style] florido(da); [vase] con flores. **–2.** [tissu] floreado(da), de flores. **–3.** [table, appartement] adornado(da) con flores.

fleurir [flœrir] ◇ *vi* **–1.** [arbre] florecer. **–2.** *fig* [se multiplier] proliferar. ◇ *vt* adornar con flores.

fleuriste [flœrist] *nmf* florista *mf*.

fleuron [flœrɔ̃] *nm* florón *m*.

fleuve [flœv] *nm* río *m*.

flexible [flɛksibl] *adj* flexible.

flexion [flɛksjɔ̃] *nf* flexión *f*.

flibustier [flibystje] *nm* filibustero *m*.

flic [flik] *nm fam* madero *m*; **les ~s** la pasma, los maderos.

flinguer [flɛ̃ge] *vt fam* freír a tiros. ◆ **se flinguer** *vp fam* pegarse un tiro.

flirter [flœrte] *vi* flirtear; **~ avec qqn** flirtear con alguien; **~ avec qqch** *fig* coquetear con algo.

flocon [flɔkɔ̃] *nm* copo *m*.

flonflons [flɔ̃flɔ̃] *nmpl* tachín tachín *m*.

flop [flɔp] *nm* [échec] fracaso *m*.

floraison [flɔrɛzɔ̃] *nf* **–1.** [éclosion] floración *f*. **–2.** *fig* [prolifération] proliferación *f*.

floral, e, aux [flɔral, o] *adj* floral.

flore [flɔr] *nf* flora *f*.

Florence [flɔrɑ̃s] *n* Florencia.

florissant, e [flɔrisɑ̃, ɑ̃t] *adj* **–1.** [santé] espléndido(da). **–2.** [économie] floreciente.

flot [flo] *nm* **–1.** *(gén pl)* [vagues] oleaje *m*; **être à ~** estar a flote. **–2.** *sout* [mer] mar *f*. **–3.** [afflux] raudal *m*; **~ de gens** multitud *f* de gente.

flottage [flɔtaʒ] *nm* armadía *f*.

flottaison [flɔtɛzɔ̃] *nf* flotación *f*.

flottant, e [flɔtɑ̃, ɑ̃t] *adj* **–1.** [objet, capitaux, dette] flotante. **–2.** [cheveux] ondeante. **–3.** [robe] con vuelo. **–4.** [esprit] fluctuante.

flotte [flɔt] *nf* **–1.** AÉRON & NAVIG flota *f*. **–2.** *fam* [eau] agua *f*. **–3.** *fam* [pluie] lluvia *f*.

flottement [flɔtmɑ̃] *nm* **–1.** [de drapeau] ondeo *m*. **–2.** [relâchement] aflojamiento *m*. **–3.** [indécision] vacilación *f*. **–4.** ÉCON [de monnaie] fluctuación *f*.

flotter [flɔte] *vi* **–1.** [sur l'eau, dans un lieu] flotar; **~ sur qqch** flotar en algo. **–2.** [drapeau] ondear. **–3.** [dans un vêtement] bailar. **–4.** *fam* [pleuvoir] llover.

flotteur [flɔtœr] *nm* **–1.** [de ligne de pêche] corcho *m*. **–2.** [d'hydravion] flotador *m*. **–3.** [de chasse d'eau] boya *f*.

flou, e [flu] *adj* **–1.** [photo] borroso(sa), desenfocado(da). **–2.** [pensée] confuso(sa), impreciso(sa). ◆ **flou** *nm* imprecisión *f*.

flouer [flue] *vt* timar.

fluctuer [flyktɥe] *vi* fluctuar.

fluet, ette [flɥɛ, ɛt] *adj* **–1.** [personne] endeble. **–2.** [voix] débil.

fluide [flɥid] ◇ *adj* **–1.** [gén] fluido(da). **–2.** [matière] elástico(ca). ◇ *nm* fluido *m*.

fluidifier [flɥidifje] *vt* [trafic] dar fluidez.

fluidité [flɥidite] *nf* fluidez *f*.

fluor [flyɔr] *nm* flúor *m*.

fluorescent, e [flyɔrɛsɑ̃, ɑ̃t] *adj* fluorescente.

flûte [flyt] ◇ *nf* **–1.** MUS flauta *f*. **–2.** [verre] copa *f* alta. **–3.** [pain] flauta *f*. ◇ *interj fam* ¡jolines!

flûtiste [flytist] *nmf* flautista *mf*.

fluvial, e, aux [flyvjal, o] *adj* fluvial.

flux [fly] *nm* flujo *m*.

fluxion [flyksjɔ̃] *nf* MÉD fluxión *f*.

FM (*abr de* **frequency modulation**) *nf* FM *f*.

FMI (*abr de* **Fonds monétaire international**) *nm* FMI *m*.

FN (*abr de* **Front national**) *nm partido francés a la extrema derecha del espectro político.*

FO (*abr de* **Force ouvrière**) *nf sindicato obrero francés.*

foc [fɔk] *nm* foque *m*.

focal, e, aux [fɔkal, o] *adj* focal.

fœtal, e, aux [fetal, o] *adj* fetal.

fœtus [fetys] *nm* feto *m*.

foi [fwa] *nf* fe *f*; **avoir ~ en qqn/en qqch** tener fe en alguien/en algo; **être de bonne/mauvaise ~** ser de buena/mala fe.

foie [fwa] *nm* [gén] hígado *m*.

foin [fwɛ̃] *nm* heno *m*.

foire [fwar] *nf* **–1.** [gén] feria *f*. **–2.** *fam* [agitation] guirigay *m*.

fois [fwa] *nf* **–1.** [marque la réitération] vez *f*; **cette ~** esta vez; **il était une ~** érase una vez; **une autre ~** otra vez. **–2.** [marque la multiplication] por; **deux ~ trois** dos por tres. ◆ **à la fois** *loc adv* a la vez. ◆ **une fois que** *loc conj* una vez que.

foison [fwazɔ̃] ◆ **à foison** *loc adv* en abundancia.

foisonner [fwazɔne] *vi* abundar; **~ en** abundar en.

folâtre [fɔlatr] *adj* alegre, festivo(va).

folâtrer [fɔlatre] *vi* juguetear.

folie [fɔli] *nf* locura *f*.

folklore [fɔlklɔr] *nm* [de pays] folklore *m*.

folklorique [fɔlklɔrik] *adj* folklórico(ca).

folle → **fou**.

follement [fɔlmɑ̃] *adv* **-1.** [de manière déraisonnable] alocadamente. **-2.** [extrêmement] muy.

fomenter [fɔmɑ̃te] *vt* fomentar.

foncé, e [fɔ̃se] *adj* oscuro(ra).

foncer [fɔ̃se] ◇ *vt* oscurecer. ◇ *vi* **-1.** [teinte] oscurecerse. **-2.** [se ruer] : ~ **sur qqch/sur qqn** arremeter contra algo/contra alguien. **-3.** *fam* [se dépêcher] darle caña.

foncier, ère [fɔ̃sje, ɛr] *adj* **-1.** [impôt] territorial; [crédit] hipotecario(ria). **-2.** [fondamental] innato(ta).

foncièrement [fɔ̃sjɛrmɑ̃] *adv* en el fondo.

fonction [fɔ̃ksjɔ̃] *nf* **-1.** [rôle] función *f*; **faire** ~ **de** hacer las veces de. **-2.** [profession] cargo *m*; **entrer en** ~ tomar posesión de un cargo. ◆ **en fonction de** *loc prép* con arreglo a.

fonctionnaire [fɔ̃ksjɔnɛr] *nmf* funcionario *m*, -ria *f*.

fonctionnel, elle [fɔ̃ksjɔnɛl] *adj* funcional.

fonctionnement [fɔ̃ksjɔnmɑ̃] *nm* funcionamiento *m*.

fonctionner [fɔ̃ksjɔne] *vi* funcionar.

fond [fɔ̃] *nm* [gén] fondo *m*. ◆ **au fond de** *loc prép* en el fondo de. ◆ **à fond** *loc adv* a fondo. ◆ **au fond** *loc adv* en el fondo. ◆ **dans le fond** *loc adv* en el fondo. ◆ **fond d'artichaut** *nm* corazón *m* de alcachofa. ◆ **fond de teint** *nm* (crema *f* de) base *f*.

fondamental, e, aux [fɔ̃damɑ̃tal, o] *adj* fundamental.

fondant, e [fɔ̃dɑ̃, ɑ̃t] *adj* que se derrite. ◆ **fondant** *nm* [bonbon] caramelo *m*.

fondateur, trice [fɔ̃datœr, tris] *nm, f* fundador *m*, -ra *f*.

fondation [fɔ̃dasjɔ̃] *nf* fundación *f*. ◆ **fondations** *nfpl* cimientos *mpl*.

fondé, e [fɔ̃de] *adj* [justifié] fundado(da); **non** ~ infundado(da). ◆ **fondé de pouvoir** *nm* apoderado *m*.

fondement [fɔ̃dmɑ̃] *nm* **-1.** [base] cimientos *mpl*. **-2.** [motif] fundamento *m*; **sans** ~ sin fundamento.

fonder [fɔ̃de] *vt* **-1.** [créer] fundar. **-2.** [baser] basar, cimentar; ~ **qqch sur qqch** basar algo en algo; ~ **des espoirs sur qqn** fundar esperanzas en alguien. ◆ **se fonder** *vp* : **se** ~ **sur qqch** basarse en algo.

fonderie [fɔ̃dri] *nf* [usine] fundición *f*.

fondre [fɔ̃dr] ◇ *vt* **-1.** [métaux] fundir; **faire** ~ [neige, beurre] derretir; [sucre, sel] disolver. **-2.** [couleurs] mezclar. ◇ *vi* **-1.** [neige, beurre] derretirse; [sucre, sel] disolverse. **-2.** [s'attendrir] derretirse. **-3.** [maigrir] adelgazar. **-4.** [argent] irse de las manos. **-5.** [se ruer] : ~ **sur qqch** abatirse sobre algo.

fonds [fɔ̃] ◇ *nm* **-1.** [bien immobilier] finca *f*; ~ **de commerce** comercio *m*. **-2.** [capital placé, ressources] fondo *m*. ◇ *nmpl* fondos *mpl*.

fondu, e [fɔ̃dy] *pp* → **fondre**. ◆ **fondue** *nf* fondue *f*.

font [fɔ̃] → **faire**.

fontaine [fɔ̃tɛn] *nf* fuente *f*.

fonte [fɔ̃t] *nf* **-1.** [de neige] deshielo *m*. **-2.** [de métal] fundición *f*. **-3.** [de statue] vaciado *m*. **-4.** [alliage] hierro *m* colado, fundición *f*.

foot [fut] *nm fam* fútbol *m*.

football [futbol] *nm* fútbol *m*.

footballeur, euse [futbolœr, øz] *nm, f* futbolista *mf*.

footing [futiŋ] *nm* footing *m*.

for [fɔr] *nm* : **dans mon** ~ **intérieur** en mi fuero interno.

forage [fɔraʒ] *nm* perforación *f*.

forain, e [fɔrɛ̃, ɛn] *adj* → **fête**. ◆ **forain** *nm* feriante *m*.

forçat [fɔrsa] *nm* presidiario condenado a trabajos forzados.

force [fɔrs] *nf* fuerza *f*; **avoir** ~ **de loi** tener fuerza de ley; **dans toute la** ~ **du terme** en toda la extensión de la palabra; **de toutes mes** ~**s** con todas mis fuerzas; **être de** ~ **à** ser capaz de; ~ **de vente** fuerza *f* de venta. ◆ **à force de** *loc prép* a fuerza de.

forcément [fɔrsemɑ̃] *adv* forzosamente.

forceps [fɔrsɛps] *nm* fórceps *m inv*.

forcer [fɔrse] ◇ *vt* **-1.** [gén] forzar; ~ **qqn à qqch/à faire qqch** forzar a alguien a algo/a hacer algo. **-2.** *fig* [admiration] inspirar. ◇ *vi* **-1.** *fam* [abuser] : ~ **sur qqch** pasarse con algo. **-2.** [insister] forzarse. ◆ **se forcer** *vp* : **se** ~ **à faire qqch** forzarse a hacer algo.

forcir [fɔrsir] *vi* engordar.

forer [fɔre] *vt* perforar.

forestier, ère [fɔrɛstje, ɛr] *adj* forestal. ◆ **forestier** *nm* guarda *mf* forestal.

foret [fɔrɛ] *nm* TECHNOL broca *f*.

forêt [fɔrɛ] *nf* bosque *m*; **la ~ amazonienne** la selva amazónica; **~ vierge** selva *f* virgen; **une ~ de** *fig* un bosque de.

forfait [fɔrfɛ] *nm* -**1.** [prix fixe] tanto *m* alzado. -**2.** *sout* [crime] crimen *m* atroz. -**3.** SPORT : **déclarer ~** abandonar.

forge [fɔrʒ] *nf* fragua *m*.

forger [fɔrʒe] *vt* -**1.** [métal, caractère, plan] forjar. -**2.** [excuse] inventar. ◆ **se forger** *vp* [réputation, idéal] forjarse.

forgeron [fɔrʒərɔ̃] *nm* herrero *m*.

formaliser [fɔrmalize] *vt* formalizar. ◆ **se formaliser** *vp* : **se ~ (de qqch)** ofenderse (por algo).

formaliste [fɔrmalist] *adj* formalista.

formalité [fɔrmalite] *nf* -**1.** ADMIN trámite *m*, formalidad *f*. -**2.** [convention] formalidad *f*.

format [fɔrma] *nm* formato *m*.

formatage [fɔrmataʒ] *nm* INFORM formateado *m*.

formater [fɔrmate] *vt* INFORM formatear.

formateur, trice [fɔrmatœr, tris] ◇ *adj* formativo(va). ◇ *nm, f* formador *m*, -ra *f*.

formation [fɔrmasjɔ̃] *nf* formación *f*.

forme [fɔrm] *nf* forma *f*; **en ~** en forma; **en ~ de** en forma de. ◆ **formes** *nfpl* formas *fpl*.

formel, elle [fɔrmɛl] *adj* -**1.** [refus] categórico(ca). -**2.** [amabilité, politesse] formal.

former [fɔrme] *vt* -**1.** [fonder, composer, instruire] formar. -**2.** [plan, projet] concebir. -**3.** [goût, sensibilité] cultivar. ◆ **se former** *vp* formarse.

Formica® [fɔrmika] *nm* formica® *f*.

formidable [fɔrmidabl] *adj* -**1.** [épatant] formidable, estupendo(da) *Esp*, chévere *Amér*. -**2.** [incroyable] increíble.

formol [fɔrmɔl] *nm* formol *m*.

formulaire [fɔrmylɛr] *nm* formulario *m Esp*, planilla *f Amér*; **remplir un ~** ADMIN rellenar un formulario.

formule [fɔrmyl] *nf* fórmula *f*; **~ de politesse** fórmula de cortesía.

formuler [fɔrmyle] *vt* formular.

fort, e [fɔr, fɔrt] *adj* -**1.** [gén] fuerte; **être ~ en qqch** estar fuerte en algo. -**2.** [corpulent] grueso(sa). -**3.** [grand] gran. ◆ **fort** ◇ *nm* -**1.** [château] fuerte *m*. -**2.** [personne] forzudo *m*. ◇ *adv* -**1.** [avec force, avec intensité] fuerte. -**2.** *sout* [très] muy. -**3.** *sout* [beaucoup] mucho.

forteresse [fɔrtərɛs] *nf* fortaleza *f*.

fortifiant, e [fɔrtifjɑ̃, ɑ̃t] *adj* reconstituyente. ◆ **fortifiant** *nm* reconstituyente *m*.

fortification [fɔrtifikasjɔ̃] *nf* fortificación *f*.

fortifier [fɔrtifje] *vt* -**1.** [physiquement] fortalecer. -**2.** [opinion] : **~ qqn dans qqch** reafirmar a alguien en algo. -**3.** [ville] fortificar.

fortiori [fɔrsjɔri] ◆ **a fortiori** *loc adv* con más razón.

fortuit, e [fɔrtɥi, it] *adj* fortuito(ta).

fortune [fɔrtyn] *nf* fortuna *f*.

fortuné, e [fɔrtyne] *adj* -**1.** [riche] adinerado(da). -**2.** [chanceux] afortunado(da).

forum [fɔrɔm] *nm* foro *m*.

fosse [fos] *nf* fosa *f*.

fossé [fose] *nm* -**1.** [ravin] cuneta *f*. -**2.** *fig* [écart] abismo *m*.

fossette [fosɛt] *nf* hoyuelo *m*.

fossile [fosil] *adj* & *nm* fósil *m*.

fossoyeur, euse [foswajœr, øz] *nm, f* sepulturero *m*, -ra *f*.

fou, folle [fu, fɔl] ◇ *adj* (**fol** *devant voyelle ou* h *muet*) -**1.** [gén] loco(ca). -**2.** [succès, charme] tremendo(da). ◇ *nm, f* [malade] loco *m*, -ca *f*.

foudre [fudr] *nf* rayo *m*.

foudroyant, e [fudrwajɑ̃, ɑ̃t] *adj* fulminante.

foudroyer [fudrwaje] *vt* fulminar.

fouet [fwɛ] *nm* -**1.** [en cuir] látigo *m*. -**2.** CULIN batidor *m*.

fouetter [fwete] *vt* -**1.** [gén] azotar; [cheval] fustigar. -**2.** [stimuler] estimular.

fougère [fuʒɛr] *nf* helecho *m*.

fougue [fug] *nf* fogosidad *f*.

fougueux, euse [fugø, øz] *adj* fogoso(sa).

fouille [fuj] *nf* -**1.** [de personne] cacheo *m*; [de maison] registro *m*. -**2.** [du sol] excavación *f*. -**3.** *fam* [poche] bolsillo *m*.

fouiller [fuje] ◇ *vt* -**1.** [maison, bagage] registrar; [personne] cachear, registrar. -**2.** [lieu] excavar, hacer excavaciones en. -**3.** *fig* [description] detallar. ◇ *vi* : **~ dans qqch** hurgar en algo.

fouillis [fuji] *nm* batiborrillo *m*.

fouine [fwin] *nf* garduña *f*.

fouiner [fwine] *vi* husmear.

foulard [fular] *nm* pañuelo *m*, fular *m*.

foule [ful] *nf* -**1.** [de gens] multitud *f*. -**2.** *péj* [peuple] masa *f*.

foulée [fule] *nf* [de coureur] zancada *f*.

fouler [fule] *vt* [raisin] prensar; [sol] pisar. ◆ **se fouler** *vp* MÉD : **se ~ qqch** torcerse algo.

foulure [fulyr] *nf* esguince *m.*

four [fur] *nm* **-1.** [de cuisson] horno *m*; **~ électrique/à micro-ondes** horno eléctrico/microondas. **-2.** [échec] fracaso *m.*

fourbe [furb] *adj & nmf sout* bribón(ona).

fourbu, e [furby] *adj* rendido(da).

fourche [fur∫] *nf* **-1.** [outil, pièce de vélo] horquilla *f.* **-2.** [de route] bifurcación *f.* **-3.** [de cheveux] punta *f* abierta. **-4.** *Belg* SCOL [temps libre] hora *f* libre.

fourchette [fur∫ɛt] *nf* **-1.** [couvert] tenedor *m.* **-2.** *fig* [écart] horquilla *f.* **-3.** [de prix] gama *f.*

fourgon [furgɔ̃] *nm* furgón *m.*

fourgonnette [furgɔnɛt] *nf* furgoneta *f Esp*, guayín *Amér.*

fourmi [furmi] *nf* [insecte] hormiga *f.*

fourmilière [furmiljɛr] *nf* hormigueo *m.*

fourmiller [furmije] *vi* **-1.** [pulluler] pulular. **-2.** *fig* [être nombreux] abundar. **-3.** [être plein] : **~ de qqch** rebosar de algo.

fournaise [furnɛz] *nf* **-1.** [feu] hoguera *f.* **-2.** *fig* [endroit] horno *m.*

fourneau, x [furno] *nm* **-1.** [cuisinière, de fonderie] horno *m*; **haut ~** alto horno. **-2.** [de mine] hornillo *m.* **-3.** [de pipe] cazoleta *f.*

fournée [furne] *nf* hornada *f.*

fourni, e [furni] *adj* **-1.** [barbe, chevelure] poblado(da). **-2.** [magasin] surtido(da).

fournil [furnil] *nm* amasadero *m.*

fournir [furnir] ◇ *vt* **-1.** [procurer] : **~ qqch à qqn** proporcionar algo a alguien. **-2.** [effort] realizar. **-3.** [commerçant, magasin] proveer. ◇ *vi* [subvenir] : **~ à qqch** [besoins] satisfacer algo.

fournisseur, euse [furnisœr, øz] *nm, f* proveedor *m*, -ra *f.*

fourniture [furnityr] *nf* **-1.** [approvisionnement] suministro *m.* **-2.** *(gén pl)* [matériel] material *m.*

fourrage [fura3] *nm* forraje *m.*

fourrager, ère [fura3e, ɛr] *adj* forrajero(ra).

fourré [fure] *nm* espesura *f (de arbustos).*

fourreau, x [furo] *nm* **-1.** [de parapluie] funda *f*; [d'épée] vaina *f.* **-2.** *fig* [robe] vestido tubo *m.*

fourrer [fure] *vt* **-1.** CULIN rellenar. **-2.** *fam* [mettre] meter. ◆ **se fourrer** *vp* meterse.

fourre-tout [furtu] *nm inv* **-1.** [pièce] trastero *m.* **-2.** [sac] bolso *m.* **-3.** *fig & péj* [d'idées] cajón *m* de sastre.

fourreur, euse [furœr, øz] *nm, f* peletero *m*, -ra *f.*

fourrière [furjɛr] *nf* **-1.** [pour chiens] perrera *f.* **-2.** [pour voitures] depósito *m.*

fourrure [furyr] *nf* piel *f.*

fourvoyer [furvwaje] ◆ **se fourvoyer** *vp sout* **-1.** [s'égarer] : **se ~ dans qqch** extraviarse en algo. **-2.** [se tromper] equivocarse.

foutre [futr] *vt* **-1.** *tfam* [faire] : **ne rien ~** no pegar golpe; **en avoir rien à ~ de qqch** importar un carajo algo; **qu'est-ce que tu veux que ça me foute?** y a mí, ¿qué? **-2.** *tfam* [mettre] poner. **-3.** *fam* [donner – baffe] dar; [– trouille] meter. **-4.** *loc* : **va te faire ~!** *vulg* ¡vete a la mierda!; **ça la fout mal** *tfam* queda fatal.

foyer [fwaje] *nm* **-1.** [cheminée, maison] hogar *m.* **-2.** [résidence] residencia *f.* **-3.** [point central] foco *m.*

fracas [fraka] *nm* estrépito *m.*

fracasser [frakase] *vt* estrellar.

fraction [fraksjɔ̃] *nf* fracción *f.*

fractionner [fraksjɔne] *vt* fraccionar.

fracture [fraktyr] *nf* MÉD fractura *f.*

fracturer [fraktyre] *vt* **-1.** MÉD fracturar. **-2.** [serrure] forzar.

fragile [fra3il] *adj* frágil.

fragiliser [fra3ilize] *vt* debilitar.

fragilité [fra3ilite] *nf* fragilidad *f.*

fragment [fragmã] *nm* fragmento *m.*

fragmenter [fragmãte] *vt* fragmentar.

fraîche → **frais.**

fraîcheur [frɛ∫œr] *nf* **-1.** [d'air] frescor *m.* **-2.** *fig* [d'accueil] frialdad *f.* **-3.** [de teint, d'aliment] frescura *f.*

frais, fraîche [frɛ, frɛ∫] *adj* **-1.** [gén] fresco(ca). **-2.** *fig* [accueil] frío(a). **-3.** [teint, couleur] vivo(va). ◆ **frais** ◇ *nm* : **mettre qqch au ~** poner algo al fresco. ◇ *nmpl* gastos *fpl*; **faire des ~** tener muchos gastos.

fraise [frɛz] *nf* **-1.** [petite] fresa *f Esp*, frutilla *f Amér*; [grande] fresón *m Esp*, frutilla *f Amér.* **-2.** [outil – de dentiste] torno *m*; [– de menuisier] lengüeta *f.*

fraiser [freze] *vt* fresar.

fraiseuse [frezøz] *nf* fresadora *f.*

fraisier [frezje] *nm* **-1.** [plante] fresera *f.* **-2.** [gâteau] *bizcocho de dos capas empapadas en kirsch y separadas por crema y fresas.*

framboise [frãbwaz] *nf* frambuesa *f.*

framboisier [frãbwazje] *nm* -1. [plante] frambueso *m.* -2. [gâteau] *bizcocho de dos capas empapadas en kirsch y separadas por crema y frambuesas.*

franc, franche [frã, frãʃ] *adj* franco(ca). ◆ **franc** *nm* franco *m.*

français, e [frãsɛ, ɛz] *adj* francés(esa). ◆ **français** *nm* LING francés *m.* ◆ **Français, e** *nm, f* francés *m,* -esa *f.*

France [frãs] *nf* : **la ~** Francia.

France 2 *n cadena televisiva pública francesa.*

France 3 *n cadena televisiva pública francesa.*

franche → **franc.**

franchement [frãʃmã] *adv* -1. [gén] francamente. -2. [carrément] con decisión.

franchir [frãʃir] *vt* -1. [gén] salvar. -2. [porte] atravesar.

franchise [frãʃiz] *nf* -1. [gén] franquicia *f.* -2. [sincérité] franqueza *f.*

franciscain, e [frãsiskɛ̃, ɛn] *adj & nm, f* franciscano(na).

franciser [frãsize] *vt* afrancesar.

franc-jeu *nm* : **jouer ~** jugar limpio.

franc-maçon, onne *adj* masónico(ca). ◆ **franc-maçon** *nm* masón *m,* francmasón *m.*

franc-maçonnerie (*pl* **franc-maçonneries**) *nf* -1. [association] masonería *f,* francmasonería *f.* -2. [solidarité] compañerismo *m.*

franco [frãko] *adv* COMM franco; **~ de port** franco de porte.

francophone [frãkɔfɔn] *adj & nmf* francófono(na).

francophonie [frãkɔfɔni] *nf* francofonía *f.*

franc-parler *nm* : **avoir son ~** hablar sin rodeos.

franc-tireur *nm* francotirador *m.*

frange [frãʒ] *nf* -1. [de cheveux] flequillo *m Esp,* cerquillo *m Amér.* -2. [de vêtement] fleco *m.* -3. [bordure, limite] franja *f.*

frangipane [frãʒipan] *nf* crema *f* de almendras.

franglais [frãglɛ] *nm* lengua francesa que incluye gran cantidad de palabras y construcciones de origen inglés.

franquette [frãkɛt] ◆ **à la bonne franquette** *loc adv* sin ceremonia.

frappant, e [frapã, ãt] *adj* impresionante.

frappe [frap] *nf* -1. [de monnaie] acuñación *f.* -2. [à la machine] tecleo *m.* -3. SPORT [de boxeur] golpe *m.* -4. *péj* [voyou] golfo *m,* -fa *f.*

frapper [frape] ◇ *vt* -1. [cogner] golpear. -2. [toucher] afectar. -3. [impressionner] impresionar. -4. [boisson] enfriar. -5. [monnaie] acuñar. ◇ *vi* llamar.

frasques [frask] *nfpl* locuras *fpl.*

fraternel, elle [fratɛrnɛl] *adj* fraternal.

fraterniser [fratɛrnize] *vi* : **~ avec qqn** fraternizar con alguien.

fraternité [fratɛrnite] *nf* fraternidad *f.*

fratricide [fratrisid] *adj & nmf* fratricida.

fraude [frod] *nf* fraude *m.*

frauder [frode] ◇ *vt* defraudar. ◇ *vi* cometer fraude.

frauduleux, euse [frodylø, øz] *adj* fraudulento(ta).

frayer [freje] *vi* : **~ avec qqn** *litt* [le fréquenter] relacionarse con alguien. ◆ **se frayer** *vp* : **se ~ un chemin (à travers)** abrirse camino (a través).

frayeur [frejœr] *nf* espanto *m.*

fredaines [frədɛn] *nfpl* locuras *fpl.*

fredonner [frədɔne] ◇ *vt* tararear. ◇ *vi* canturrear.

freezer [frizœr] *nm* congelador *m.*

frégate [fregat] *nf* fragata *f.*

frein [frɛ̃] *nm* freno *m.*

freinage [frɛnaʒ] *nm* frenado *m.*

freiner [frene] *vt & vi* frenar.

frelaté, e [frəlate] *adj* -1. [vin] adulterado(da). -2. *fig* [personne] corrompido(da).

frêle [frɛl] *adj* -1. [construction] frágil. -2. [personne] endeble. -3. *fig* [espoir, voix] débil.

frelon [frəlɔ̃] *nm* abejorro *m.*

frémir [fremir] *vi* -1. [personne] estremecerse. -2. [eau chaude] romper a hervir.

frémissement [fremismã] *nm* -1. [de personne] estremecimiento *m.* -2. [des lèvres] temblor *m.* -3. [d'eau chaude] borboteo *m.*

frêne [frɛn] *nm* fresno *m.*

frénésie [frenezi] *nf* frenesí *m.*

frénétique [frenetik] *adj* frenético(ca).

fréquence [frekãs] *nf* frecuencia *f.*

fréquent, e [frekã, ãt] *adj* frecuente.

fréquentation [frekãtasjɔ̃] *nf* -1. [d'endroit] frecuentación *f.* -2. [de personne] trato *m.* ◆ **fréquentations** *nfpl* relaciones *fpl.*

fréquenté, e [frekɑ̃te] *adj* frecuentado(da); **mal ~ de** mala fama; **peu/très ~** poco/muy frecuentado.

fréquenter [frekɑ̃te] *vt* frecuentar.

frère [fʀɛʀ] ◇ *nm* hermano *m*; **~s siamois** hermanos siameses. ◇ *adj* [parti, peuple] hermano.

fresque [fʀɛsk] *nf* fresco *m (pintura)*.

fret [fʀɛ(t)] *nm* flete *m*.

frétiller [fʀetije] *vi* -**1.** [poisson] colear. -**2.** *fig* [personne] : **~ de** qqch [joie etc] bullir de algo [alegría etc].

fretin [fʀətɛ̃] *nm* : **le menu ~** los peces pequeños.

friable [fʀijabl] *adj* desmenuzable.

friand, e [fʀijɑ̃, ɑ̃d] *adj* : **être ~ de** qqch ser un apasionado de algo. ◆ **friand** *nm* CULIN empanada hecha con masa de hojaldre.

friandise [fʀijɑ̃diz] *nf* golosina *f*.

fric [fʀik] *nm* fam pasta *f*, pelas *fpl*.

fric-frac [fʀikfʀak] *nm inv* fam robo *m* (con fractura).

friche [fʀiʃ] *nf* baldío *m*; **en ~** [champ] baldío(a); *fig* [intelligence, capacités] sin cultivar.

friction [fʀiksjɔ̃] *nf* -**1.** [massage] friega *f*. -**2.** PHYS fricción *f*. -**3.** *fig* [désaccord] roce *m*, fricción *f*.

frictionner [fʀiksjɔne] *vt* friccionar.

Frigidaire® [fʀiʒidɛʀ] *nm* nevera *f*.

frigide [fʀiʒid] *adj* frígido(da).

frigidité [fʀiʒidite] *nf* frigidez *f*.

frigo [fʀigo] *nm* fam nevera *f*.

frigorifié, e [fʀigɔʀifje] *adj* fam helado(da).

frileux, euse [fʀilø, øz] *adj* [craignant le froid] friolero(ra) *Esp*, friolento(ta) *Amér*; [prudent] timorato(ta).

frimas [fʀima] *nm sout* escarcha *f*.

frimeur, euse [fʀimœʀ, øz] *nm, f* chulo *m*, -la *f*, vacilón *m*, -ona *f*.

frimousse [fʀimus] *nf fam* carita *f*.

fringale [fʀɛ̃gal] *nf fam* hambre *f* canina.

fringant, e [fʀɛ̃gɑ̃, ɑ̃t] *adj* -**1.** [cheval] fogoso(sa). -**2.** [personne] apuesto(ta).

fripes [fʀip] *nfpl* ropa *f* usada.

fripon, onne [fʀipɔ̃, ɔn] ◇ *nm, f fam* bribón *m*, -ona *f*. ◇ *adj* pícaro(ra).

fripouille [fʀipuj] *nf péj* golfo *m*, -fa *f*.

frire [fʀiʀ] ◇ *vt* freír. ◇ *vi* freírse.

frise [fʀiz] *nf* ARCHIT friso *m*.

friser [fʀize] ◇ *vt* -**1.** [cheveux] rizar *Esp*, enchinar *Amér*. -**2.** [frôler] rozar. ◇ *vi* rizarse.

frisson [fʀisɔ̃] *nm* -**1.** [gén] estremecimiento *m*. -**2.** [de fièvre] escalofrío *m*.

frissonner [fʀisɔne] *vi* -**1.** [gén] estremecerse. -**2.** [de fièvre] tener escalofríos. -**3.** [surface de l'eau] agitarse.

frit, e [fʀi, fʀit] *pp* → **frire**.

frite [fʀit] *nf* patata *f* frita.

friteuse [fʀitøz] *nf* freidora *f*.

friture [fʀityʀ] *nf* -**1.** CULIN [à l'huile] fritura *f*. -**2.** [poisson] pescado *m* frito. -**3.** *fam* RADIO [interférences] interferencia *f*.

frivole [fʀivɔl] *adj* frívolo(la).

frivolité [fʀivɔlite] *nf* frivolidad *f*.

froid, e [fʀwa, fʀwad] *adj* frío(a). ◆ **froid** ◇ *nm* -**1.** [température] frío *m*; **avoir ~** tener frío; **prendre ~** coger frío. -**2.** [dans les relations] distanciamiento *m*. ◇ *adv* frío.

froidement [fʀwadmɑ̃] *adv* -**1.** [gén] fríamente. -**2.** [sans aucune pitié] a sangre fría.

froisser [fʀwase] *vt* -**1.** [tissu] arrugar. -**2.** *fig* [personne] herir. ◆ **se froisser** *vp* -**1.** [tissu] arrugarse. -**2.** *fig* [muscle] lesionarse. -**3.** *fig* [personne] ofenderse.

frôler [fʀole] *vt* rozar.

fromage [fʀɔmaʒ] *nm* queso *m*.

fromager, ère [fʀɔmaʒe, ɛʀ] *adj & nm, f* quesero(ra).

fromagerie [fʀɔmaʒʀi] *nf* [local] quesería *f*; [industrie] industria *f* quesera.

froment [fʀɔmɑ̃] *nm* trigo *m* candeal.

froncer [fʀɔ̃se] *vt* fruncir.

frondaison [fʀɔ̃dɛzɔ̃] *nf* -**1.** [période] época de aparición de las hojas. -**2.** [feuillage] frondosidad *f*.

fronde [fʀɔ̃d] *nf* -**1.** [arme] honda *f*. -**2.** [lance-pierres] tirador *m*. -**3.** [révolte] revuelta *f*.

front [fʀɔ̃] *nm* -**1.** [gén] frente *m*. -**2.** ANAT frente *f*. -**3.** *fig* [audace] cara *f*.

frontal, aux [fʀɔ̃tal, o] *adj* frontal.

frontalier, ère [fʀɔ̃talje, ɛʀ] ◇ *adj* -**1.** [zone] fronterizo(za). -**2.** [travailleur] que trabaja al otro lado de la frontera. ◇ *nm, f* persona que trabaja al otro lado de la frontera.

frontière [fʀɔ̃tjɛʀ] ◇ *adj* fronterizo(za). ◇ *nf* frontera *f*.

fronton [fʀɔ̃tɔ̃] *nm* frontón *m*.

frottement [fʀɔtmɑ̃] *nm* -**1.** [contact] fricción *f*. -**2.** *fig* [difficulté] roce *m*.

frotter [frɔte] ◇ vt **-1.** [mettre en contact] frotar. **-2.** [astiquer, enduire] restregar; ~ **qqch de qqch** restregar algo con algo. ◇ vi rozar.

frottis [frɔti] nm **-1.** MÉD frotis m inv; ~ **vaginal** frotis vaginal. **-2.** ART pincelada f.

fructifier [fryktifje] vi fructificar.

fructueux, euse [fryktɥø, øz] adj fructífero(ra).

frugal, e, aux [frygal, o] adj frugal.

fruit [frɥi] nm **-1.** [d'arbre] fruta f. **-2.** [résultat, profit] fruto m. ◆ **fruits de mer** nmpl marisco m.

fruité, e [frɥite] adj afrutado(da).

fruitier, ère [frɥitje, ɛr] ◇ adj [arbre] frutal. ◇ nm, f frutero m, -ra f. ◆ **fruitier** nm **-1.** [local] frutería f. **-2.** Helv [personne] quesero m, -ra f.

fruste [fryst] adj basto(ta).

frustration [frystrasjɔ̃] nf PSYCHOL frustación f.

frustrer [frystre] vt **-1.** [décevoir] frustrar. **-2.** [priver] : ~ **qqn de qqch** privar a alguien de algo.

fuchsia [fyʃja] nm fucsia f.

fugace [fygas] adj fugaz.

fugitif, ive [fyʒitif, iv] ◇ adj fugaz. ◇ nm, f fugitivo m, -va f.

fugue [fyg] nf fuga f.

fui [fɥi] pp inv → **fuir**.

fuir [fɥir] vi **-1.** [personne] huir. **-2.** fig [temps] irse. **-3.** [gaz, eau] escaparse.

fuite [fɥit] nf **-1.** [de personne] huida f. **-2.** [de gaz, d'eau] escape m. **-3.** fig [indiscrétion] filtración f.

fulgurant, e [fylgyrɑ̃, ɑ̃t] adj fulgurante.

fulminer [fylmine] ◇ vi **-1.** [personne] estallar; ~ **contre qqn** revolverse contra alguien. **-2.** CHIM explotar. ◇ vt espetar.

fumé, e [fyme] adj ahumado(da).

fumée [fyme] nf humo m.

fumer [fyme] ◇ vi **-1.** [cheminée, bouilloire, etc] humear. **-2.** fam [personne] echar humo. ◇ vt **-1.** [cigarette] fumar. **-2.** [saumon] ahumar. **-3.** AGRIC abonar.

fûmes [fym] → **être**.

fumeur, euse [fymœr, øz] nm, f fumador m, -ra f.

fumier [fymje] nm **-1.** AGRIC estiércol m. **-2.** vulg [salaud] cabrón m Esp, concha de su madre m Amér.

fumiste [fymist] nmf fam cuentista mf.

fumisterie [fymistəri] nf fam camelo m.

fumoir [fymwar] nm **-1.** [pour poisson] ahumadero m. **-2.** [pièce] fumadero m.

funambule [fynɑ̃byl] nmf funámbulo m, -la f.

funèbre [fynɛbr] adj fúnebre.

funérailles [fyneraj] nfpl funerales mpl.

funéraire [fynerɛr] adj funerario(ria).

funeste [fynɛst] adj funesto(ta).

funiculaire [fynikylɛr] nm funicular m.

fur [fyr] ◆ **au fur et à mesure** loc adv poco a poco. ◆ **au fur et à mesure que** loc conj a medida que, conforme.

furent [fyr] → **être**.

furet [fyrɛ] nm **-1.** [animal] hurón m. **-2.** [personne] fisgón m. **-3.** [jeu] anillito m.

fureter [fyrte] vi **-1.** [fouiller] fisgonear. **-2.** [chasser] huronear.

fureur [fyrœr] nf furor m.

furibond, e [fyribɔ̃, ɔ̃d] adj furibundo(da).

furie [fyri] nf **-1.** [gén] furia f; **mettre qqn en** ~ enfurecer a alguien; **en** ~ enfurecido(da). **-2.** fig [femme] harpía f.

furieux, euse [fyrjø, øz] **-1.** [personne, acte, air] furioso(sa). **-2.** [haine, appétit] terrible.

furoncle [fyrɔ̃kl] nm forúnculo m.

furtif, ive [fyrtif, iv] adj furtivo(va).

fus, fut [fy] → **être**.

fusain [fyzɛ̃] nm **-1.** [arbre] bonetero m. **-2.** [crayon] carboncillo m. **-3.** [dessin] dibujo m al carbón.

fuseau, x [fyzo] nm **-1.** [outil] huso m. **-2.** [vêtement] fuseau m. ◆ **fuseau horaire** nm huso m horario.

fusée [fyze] nf **-1.** [gén] cohete m. **-2.** [d'un essieu] mangueta f, manga f.

fuselage [fyzlaʒ] nm fuselaje m.

fuselé, e [fyzle] adj fino(na).

fuser [fyze] vi **-1.** [bougie, cire] derretirse. **-2.** [poudre] deflagar. **-3.** [rires, applaudissements] surgir.

fusible [fyzibl] nm ÉLECTR fusible m.

fusil [fyzi] nm **-1.** [arme – gén] fusil m; [– de chasse] escopeta f. **-2.** [tireur] tirador m, -ra f. **-3.** [outil] máquina f afiladora.

fusillade [fyzijad] nf **-1.** [combat] tiroteo m Esp, balacera f Amér. **-2.** [exécution] fusilamiento m.

fusiller [fyzije] vt **-1.** [exécuter] fusilar. **-2.** fam [abîmer] cargarse.

fusion [fyzjɔ̃] nf **-1.** [gén & ÉCON] fusión f. **-2.** [de races, de peuples] mezcla f.

galop

fusionner [fyzjɔne] ◇ vt **-1.** ÉCON fusionar. **-2.** POLIT coaligar. ◇ vi **-1.** ÉCON : ~ **(avec qqch)** fusionarse (con algo). **-2.** POLIT coaligarse.

fustiger [fystiʒe] vt sout fustigar.

fût [fy] ◇ v → **être.** ◇ nm **-1.** [d'arbre] tronco m. **-2.** [tonneau] tonel m. **-3.** [d'arme] caja f. **-4.** [de colonne] fuste m.

futaie [fytɛ] nf monte m alto.

fûtes [fyt] → **être.**

futile [fytil] adj **-1.** [insignifiant] fútil. **-2.** [frivole] frívolo.

futon [fytɔ̃] nm futón m.

futur, e [fytyr] ◇ adj futuro(ra). ◇ nm, f [fiancé] futuro m, -ra f. ◆ **futur** nm futuro m.

futuriste [fytyrist] adj & nmf futurista.

fuyant, e [fɥijɑ̃, ɑ̃t] adj **-1.** [perspective] lejano(na); [lignes] de fuga. **-2.** [front, menton] deprimido(da). **-3.** [regard] huidizo(za).

fuyard, e [fɥijar, ard] nm, f fugitivo m, -va f.

G

g, G [ʒe] nm inv g f, G f. ◆ **g -1.** (abr de gauche) izda., izqda. **-2.** (abr de gramme) g. ◆ **G -1.** (abr de gauss) G. **-2.** (abr de giga) G.

gabardine [gabardin] nf gabardina f.

gabarit [gabari] nm **-1.** [modèle] gálibo m. **-2.** fam [acabit] calaña f.

Gabon [gabɔ̃] nm : **le ~** Gabón; **au ~** [direction] a Gabón; [situation] en Gabón.

gâcher [gaʃe] vt **-1.** [gaspiller – argent, talent] malgastar; [– vie] arruinar; [– occasion] perder. **-2.** [plaisir] estropear. **-3.** [plâtre, mortier] amasar.

gâchette [gaʃɛt] nf gatillo m.

gâchis [gaʃi] nm **-1.** [gaspillage] derroche m. **-2.** [désordre] desastre m. **-3.** CONSTR mortero m.

gadget [gadʒɛt] nm gadget m.

gadoue [gadu] nf fam [boue] barro m.

gaffe [gaf] nf **-1.** [outil] bichero m. **-2.** fam [maladresse] plancha f.

gaffer [gafe] ◇ vt aferrar con el bichero. ◇ vi fam meter la pata.

gag [gag] nm CIN & THÉÂTRE gag m.

gage [gaʒ] nm **-1.** [dépôt] prenda; **mettre qqch en ~** empeñar algo. **-2.** [assurance, preuve] testimonio m, prueba f. **-3.** [au jeu] prenda f.

gager [gaʒe] vt : ~ **que** apostar que.

gageure [gaʒyr] nf fam apuesta f.

gagnant, e [gaɲɑ̃, ɑ̃t] adj & nm, f ganador(ra).

gagne-pain [gaɲpɛ̃] nm inv sustento m.

gagner [gaɲe] ◇ vt **-1.** [gén] ganar. **-2.** [estime] ganarse. ◇ vi **-1.** [s'améliorer] : ~ **à** ganar al; **ce vin gagne à vieillir** este vino gana al envejecer; ~ **de se reposer** ganarse el descanso; ~ **en** ganar en. **-2.** [feu] extenderse.

gai, e [gɛ] adj alegre.

gaieté [gete] nf alegría f.

gaillard, e [gajar, ard] ◇ adj **-1.** [vieillard] ágil. **-2.** [geste] atrevido(da). ◇ nm, f buen mozo m buena moza f. ◆ **gaillard** nm NAVIG castillo m.

gain [gɛ̃] nm **-1.** [gén] ganancia f. **-2.** [économie] ahorro m.

gaine [gɛn] nf **-1.** [gén] funda f. **-2.** [sousvêtement] faja f.

gaine-culotte nf faja-pantalón f.

gainer [gene] vt enfundar.

gala [gala] nm gala f.

galant, e [galɑ̃, ɑ̃t] adj galante. ◆ **galant** nm vieilli & hum galán m.

galanterie [galɑ̃tri] nf galantería f.

galaxie [galaksi] nf galaxia f.

galbe [galb] nm línea f (perfil).

gale [gal] nf MÉD sarna f.

galère [galɛr] nf **-1.** NAVIG galera f. **-2.** fam fig [situation désagréable] berenjenal m; **quelle ~!** ¡qué rollo!

galerie [galri] nf **-1.** [gén] galería f. **-2.** [porte-bagages] baca f.

galet [galɛ] nm **-1.** [caillou] canto m rodado, guijarro m. **-2.** [petite roue] ruedecilla f.

galette [galɛt] nf **-1.** CULIN [crêpe] crepe f salada. **-2.** fam [argent] pasta f, pelas fpl.

galipette [galipɛt] nf fam voltereta f.

Galles [gal] → **pays.**

gallicisme [galisism] nm galicismo m.

galon [galɔ̃] nm **-1.** COUT pasamano m. **-2.** MIL galón m.

galop [galo] nm [allure] galope m; **au ~** [cheval] al galope; fig rápido.

galoper [galɔpe] *vi* **-1.** [gén] galopar. **-2.** [personne] trotar.

galopin [galɔpɛ̃] *nm fam* galopín *m*, pilluelo *m*.

galvaniser [galvanize] *vt* galvanizar.

galvauder [galvode] *vt* **-1.** [nom, gloire, réputation] manchar. **-2.** [talent, dons] prostituir.

gambader [gɑ̃bade] *vi* saltar.

gamelle [gamɛl] *nf* [plat] escudilla *f*.

gamin, e [gamɛ̃, in] ◇ *adj* **-1.** [espiègle] travieso(sa). **-2.** [enfant] crío(a). ◇ *nm, f* **-1.** *fam* [enfant] crío *m*, -a *f*. **-2.** [des rues] pilluelo *m*, -la *f*.

gamme [gam] *nf* **-1.** MUS escala *f*, gama *f*. **-2.** [série] gama *f*; ~ **de produits** COMM gama de artículos.

gang [gɑ̃g] *nm* banda *f*.

ganglion [gɑ̃glijɔ̃] *nm* ganglio *m*.

gangrène [gɑ̃grɛn] *nf* gangrena *f*.

gangue [gɑ̃g] *nf* **-1.** [de minerai] ganga *f*. **-2.** *fig* [carcan] tenaza *f*.

gant [gɑ̃] *nm* guante *m*.

garage [garaʒ] *nm* **-1.** [abri] garage *m*. **-2.** [atelier] taller *m Esp*, refaccionaria *f Amér*.

garagiste [garaʒist] *nmf* **-1.** [propriétaire] propietario *m*, -ria *f* de un garage. **-2.** [réparateur] mecánico *m*.

garant, e [garɑ̃, ɑ̃t] *nm, f* **-1.** JUR [responsable] garante *mf*; **se porter** ~ **de qqn/de qqch** responder de alguien/de algo. **-2.** ÉCON [de dette] avalador *m*, -ra *f*; **se porter** ~ **de qqn** avalar a alguien. ◆ **garant** *nm* garantía *f*.

garantie [garɑ̃ti] *nf* garantía *f*.

garantir [garɑ̃tir] *vt* **-1.** [gén] garantizar; ~ **à qqn que** garantizar a alguien que. **-2.** [protéger] proteger; ~ **qqch de qqch** proteger algo de algo.

garçon [garsɔ̃] *nm* **-1.** [jeune de sexe masculin] chico *m*, muchacho *m*. **-2.** [assistant] dependiente *m*; ~ **boucher/boulanger** dependiente de carnicería/de panadería. **-3.** [serveur] camarero *m Esp*, mozo *m Amér*.

garçonnet [garsɔnɛ] *nm* niñito *m*.

garçonnière [garsɔnjɛr] *nf* apartamento *m* de soltero.

garde [gard] ◇ *nf* **-1.** [gén] guardia *f*; **monter la** ~ montar guardia; **être/se tenir sur ses** ~**s** estar sobre aviso; **mettre qqn en** ~ **contre qqch** poner a alguien en guardia contra algo. **-2.** JUR [charge] custodia *f*. ◇ *nm* [gardien] guarda *mf*.

garde-à-vous [gardavu] *nm inv* posición *f* de firmes; **se mettre au** ~ ponerse firme.

garde-boue [gardəbu] *nm inv* guardabarros *m inv Esp*, salpicadera *f Amér*.

garde-chasse [gardəʃas] (*pl* **gardes-chasse** OU **gardes-chasses**) *nm* guarda *m* de caza.

garde-fou [gardəfu] (*pl* **garde-fous**) *nm* pretil *m*.

garde-malade [gardmalad] *nmf* enfermero *m*, -ra *f*.

garde-manger [gardəmɑ̃ʒe] *nm inv* despensa *f*.

garde-meuble [gardəmœbl] (*pl* **garde-meubles**) *nm* guardamuebles *m*.

garde-pêche [gardəpɛʃ] (*pl* **gardes-pêche**) *nm* [personne] guarda *m* de pesca. ◆ **garde-pêche** *nm inv* [bateau] guardapesca *m*.

garder [garde] *vt* **-1.** [ne pas divulguer, observer, réserver] guardar. **-2.** [enfant, entrée, porte] vigilar. **-3.** [prisonnier] detener. **-4.** [protéger contre] : ~ **qqn de qqch** guardar a alguien de algo. **-5.** [conserver - denrées] conservar; [- pour soi, sur soi] quedarse con. **-6.** [retenir] retener. **-7.** [tenir] mantener. ◆ **se garder** *vp* **-1.** [se conserver] conservarse. **-2.** [s'abstenir] : **se** ~ **de faire qqch** guardarse de hacer algo. **-3.** [se méfier] : **se** ~ **de qqch/de qqn** guardarse de algo/de alguien.

garderie [gardəri] *nf* guardería *f*.

garde-robe [gardərɔb] (*pl* **garde-robes**) *nf* **-1.** [armoire] ropero *m*. **-2.** [vêtements] guardarropa *m*, vestuario *m*.

gardien, enne [gardjɛ̃, ɛn] *nm, f* guardián *m*, -na *f*.

gare[1] [gar] *nf* estación *f*.

gare[2] [gar] *interj* **-1.** [attention] ¡cuidado!; ~ **à qqch** cuidado con algo. **-2.** [menace] ¡ya verás!

garer [gare] *vt* aparcar *Esp*, parquear *Amér*. ◆ **se garer** *vp* **-1.** [automobiliste] aparcar. **-2.** [se ranger de côté] apartarse. **-3.** [éviter] : **se** ~ **(de qqch)** protegerse (de algo).

gargariser [gargarize] ◆ **se gargariser** *vp* **-1.** [se rincer] hacer gárgaras. **-2.** *péj* [se délecter] : **se** ~ **de qqch** regodearse en algo.

gargouiller [garguje] *vi* **-1.** [eau] gorgotear. **-2.** [intestins] hacer ruido.

garnement [garnəmɑ̃] *nm* diablillo *m*.

garnir [garnir] *vt* **-1.** [équiper] equipar. **-2.** [couvrir] : ~ **qqch de cubrir** algo de. **-3.** [orner] : ~ **qqch de** guarnecer algo con. **-4.** [approvisionner, remplir] llenar.

garnison [garnizɔ̃] *nf* guarnición *f.*

garniture [garnityr] *nf* **-1.** [de lit] juego *m.* **-2.** CULIN guarnición *f.* **-3.** AUTOM accesorios *mpl.*

garrigue [garig] *nf* garriga *f.*

garrot [garo] *nm* **-1.** [de cheval] cruz *m.* **-2.** MÉD torniquete *m.* **-3.** [de torture] garrote *m.*

gars [ga] *nm fam* tipo *m.*

Gascogne [gaskɔɲ] → **golfe.**

gas-oil [gazɔjl, gazwal], **gazole** [gazɔl] *nm* gasoil *m.*

gaspillage [gaspijaʒ] *nm* despilfarro *m.*

gaspiller [gaspije] *vt* despilfarrar.

gastrique [gastrik] *adj* gástrico(ca).

gastro-entérite [gastroɑ̃terit] (*pl* **gastro-entérites**) *nf* gastroenteritis *f inv.*

gastronome [gastrɔnɔm] *nmf* gastrónomo *m,* -ma *f.*

gastronomie [gastrɔnɔmi] *nf* gastronomía *f.*

gâteau, x [gato] *nm* **-1.** [gén] pastel *m;* ~ **marbré** *pastel de aspecto jaspeado por el contraste entre el chocolate y el bizcocho.* **-2.** AGRIC panal *m.*

gâter [gate] *vt* **-1.** [avarier, gâcher] estropear. **-2.** [affaire] arruinar. **-3.** *iron* [combler] : **on est gâté!** ¡lo que faltaba! **-4.** [enfant] mimar *Esp,* papachar *Amér.* ◆ **se gâter** *vp* **-1.** [gén] estropearse. **-2.** [situation] ponerse feo(a).

gâteux, euse [gatø, øz] ◇ *adj* [vieillard] chocho(cha); ~ **de qqch/de qqn** [fou de] chocho por alguien/por algo. ◇ *nm, f* viejo chocho *m,* vieja chocha *f.*

gauche [goʃ] ◇ *adj* **-1.** [côté] izquierdo(da). **-2.** [personne] torpe. ◇ *nm* OU *nf* SPORT izquierda *f.* ◇ *nf* izquierda *f.*

gaucher, ère [goʃe, ɛr] *adj & nm, f* zurdo(da).

gauchiste [goʃist] *adj & nmf* izquierdista.

gaufre [gofr] *nf* gofre *m.*

gaufrer [gofre] *vt* gofrar.

gaufrette [gofrɛt] *nf* gofre *m* pequeño.

gaule [gol] *nf* **-1.** [perche] vara *f.* **-2.** [canne à pêche] caña *f* (de pescar).

gauler [gole] *vt* varear.

gaulliste [golist] *adj & nmf* gaullista.

gaulois, e [golwa, az] *adj* **-1.** [de Gaule] galo(la). **-2.** [osé] ribald. ◆ **Gaulois, e** *nm, f* galo *m,* -la *f.*

gausser [gose] ◆ **se gausser** *vp sout* : se ~ **de qqn/de qqch** mofarse de alguien/de algo.

gaver [gave] *vt* cebar.

gay [gɛ] *adj inv & nm* gay.

gaz [gaz] *nm inv* gas *m.*

gaze [gaz] *nf* gasa *f.*

gazelle [gazɛl] *nf* gacela *f.*

gazer [gaze] *vt* gasear.

gazette [gazɛt] *nf* gaceta *f.*

gazeux, euse [gazø, øz] *adj* **-1.** CHIM gaseoso(sa). **-2.** [boisson] con gas.

gazoduc [gazɔdyk] *nm* gasoducto *m,* gaseoducto *m.*

gazole = **gas-oil.**

gazon [gazɔ̃] *nm* césped *m;* **sur** ~ SPORT sobre hierba.

gazouiller [gazuje] *vi* **-1.** [oiseau] trinar, gorjear. **-2.** [bébé] balbucear.

GB, G-B (*abr de* **Grande-Bretagne**) *nf* GB *f.*

gd (*abr de* **grand**) g.

geai [ʒɛ] *nm* arrendajo *m.*

géant, e [ʒeɑ̃, ɑ̃t] ◇ *adj* gigante, gigantesco(ca). ◇ *nm, f* gigante *m,* -ta *f.*

geindre [ʒɛ̃dr] *vi* gemir.

gel [ʒɛl] *nm* **-1.** MÉTÉOR helada *f.* **-2.** [arrêt] congelación *f.* **-3.** [cosmétique] gel *m.*

gélatine [ʒelatin] *nf* gelatina *f.*

gelée [ʒəle] *nf* **-1.** MÉTÉOR helada *f.* **-2.** CULIN [de viandes] gelatina *f;* [de fruits] jalea *f,* gelatina *f.*

geler [ʒəle] ◇ *vt* **-1.** [gén] helar. **-2.** [projet] congelar. ◇ *vi* helarse.

gélule [ʒelyl] *nf* cápsula *f* (medicamento).

Gémeaux [ʒemo] *nmpl* ASTROL Géminis *m inv.*

gémir [ʒemir] *vi* gemir.

gémissement [ʒemismɑ̃] *nm* gemido *m.*

gemme [ʒɛm] *nf* gema *f.*

gênant, e [ʒenɑ̃, ɑ̃t] *adj* molesto(ta).

gencive [ʒɑ̃siv] *nf* encía *f.*

gendarme [ʒɑ̃darm] *nm* gendarme *m (policía francés).*

gendarmerie [ʒɑ̃darməri] *nf* gendarmería *f (comisaría francesa).*

gendre [ʒɑ̃dr] *nm* yerno *m.*

gène [ʒɛn] *nm* gen *m.*

gêne [ʒɛn] *nf* [physique, psychologique] molestia *f;* **éprouver de la** ~ **à faire qqch** costarle a uno hacer algo; **mettre qqn dans la** ~ molestar a alguien.

généalogie [ʒenealɔʒi] *nf* genealogía *f.*

généalogique [ʒenealɔʒik] *adj* genealógico(ca).

gêner [ʒene] vt **-1.** [embarrasser, incommoder] molestar. **-2.** [encombrer, entraver] molestar, estorbar.

général, e, aux [ʒeneral, o] adj general; en ~ en general. ◆ **général** nm MIL general m. ◆ **générale** nf **-1.** THÉÂTRE ensayo m general. **-2.** MIL generala f.

généralisation [ʒeneralizasjɔ̃] nf generalización f.

généraliser [ʒeneralize] vt generalizar. ◆ **se généraliser** vp generalizarse.

généraliste [ʒeneralist] ◇ adj de medicina general. ◇ nmf médico m, -ca f de medicina general.

généralité [ʒeneralite] nf generalidad f. ◆ **généralités** nfpl generalidades fpl.

générateur, trice [ʒeneratœr, tris] adj generador(ra). ◆ **générateur** nm TECHNOL generador m. ◆ **génératrice** nf ÉLECTR generador m.

génération [ʒenerasjɔ̃] nf generación f; ~ spontanée SCIENCES generación espontánea.

générer [ʒenere] vt generar.

généreux, euse [ʒenerø, øz] adj generoso(sa).

générique [ʒenerik] ◇ adj LING genérico(ca). ◇ nm títulos mpl de crédito.

générosité [ʒenerozite] nf generosidad f.

genèse [ʒənɛz] nf génesis f inv. ◆ **Genèse** nf : la Genèse BIBLE el Génesis.

genêt [ʒənɛ] nm retama f.

génétique [ʒenetik] ◇ adj genético(ca). ◇ nf genética f.

Genève [ʒənɛv] n Ginebra f.

génial, e, aux [ʒenjal, o] adj genial.

génie [ʒeni] nm **-1.** [gén] genio m. **-2.** TECHNOL ingeniería f. **-3.** MIL [corps] cuerpo m de ingenieros militares.

genièvre [ʒənjɛvr] nm enebro m.

génisse [ʒenis] nf becerra f.

génital, e, aux [ʒenital, o] adj genital.

génitif [ʒenitif] nm LING genitivo m.

génocide [ʒenɔsid] nm genocidio m.

genou, x [ʒənu] nm ANAT rodilla f; se mettre à ~x arrodillarse.

genouillère [ʒənujɛr] nf rodillera f.

genre [ʒɑ̃r] nm **-1.** [gén] género m. **-2.** [de personne] estilo m.

gens [ʒɑ̃] nmpl gente f.

gentiane [ʒɑ̃sjan] nf genciana f.

gentil, ille [ʒɑ̃ti, ij] adj **-1.** [agréable] bueno(na). **-2.** [aimable] amable.

gentillesse [ʒɑ̃tijɛs] nf **-1.** [qualité] amabilidad f. **-2.** [action] atención f.

gentiment [ʒɑ̃timɑ̃] adv **-1.** [gén] tranquilamente. **-2.** [aimablement] amablemente. **-3.** Helv [tranquillement] tranquilamente.

génuflexion [ʒenyflɛksjɔ̃] nf RELIG genuflexión f.

géographe [ʒeɔgraf] nmf geógrafo m, -fa f.

géographie [ʒeɔgrafi] nf geografía f.

geôlier, ère [ʒolje, ɛr] nm, f sout carcelero m, -ra f.

géologie [ʒeɔlɔʒi] nf geología f.

géologue [ʒeɔlɔg] nmf geólogo m, -ga f.

géomètre [ʒeɔmɛtr] nmf **-1.** [spécialiste de géométrie] geómetra mf. **-2.** [technicien] topógrafo m, -fa f.

géométrie [ʒeɔmetri] nf geometría f.

géosphère [ʒeɔsfɛr] nf geosfera f.

gérance [ʒerɑ̃s] nf gerencia f.

géranium [ʒeranjɔm] nm geranio m.

gérant, e [ʒerɑ̃, ɑ̃t] nm, f gerente mf.

gerbe [ʒɛrb] nf **-1.** [de fleurs] ramo m; [de blé] gavilla f, haz m. **-2.** [d'étincelles] haz m. **-3.** [d'eau] chorro m.

gercé, e [ʒerse] adj cortado(da).

gerçure [ʒersyr] nf grieta f.

gérer [ʒere] vt administrar.

gériatrie [ʒerjatri] nf geriatría f.

germain, e [ʒermɛ̃, ɛn] adj [cousin] hermano(na).

germanique [ʒermanik] adj germánico(ca).

germe [ʒɛrm] nm germen m.

germer [ʒɛrme] vi germinar.

gésier [ʒezje] nm molleja f.

gésir [ʒezir] vi sout yacer.

gestation [ʒɛstasjɔ̃] nf gestación f.

geste [ʒɛst] nm gesto m; dans un ~ d'abandon con un gesto de abandono.

gesticuler [ʒɛstikyle] vi gesticular.

gestion [ʒɛstjɔ̃] nf administración f, gestión f.

geyser [ʒezɛr] nm GÉOL géiser m.

Ghana [gana] nm : le ~ Ghana.

ghetto [gɛto] nm gueto m.

ghettoïsation [gɛtoizasjɔ̃] nf confinamiento en ghettos.

gibet [ʒibɛ] nm horca f.

gibier [ʒibje] nm caza f.

giboulée [ʒibule] nf chubasco m.

Gibraltar [ʒibraltar] *n* Gibraltar; **à ~** [direction] a Gibraltar; [situation] en Gibraltar.

gicler [ʒikle] *vi* salpicar con fuerza.

gifle [ʒifl] *nf* bofetada *f Esp*, cachetada *f Amér.*

gifler [ʒifle] *vt* -1. [suj : personne] dar una bofetada. -2. *fig* [suj : vent, pluie] golpear.

gigantesque [ʒigɑ̃tɛsk] *adj* gigantesco(ca).

GIGN (*abr de* Groupe d'intervention de la gendarmerie nationale) *nm cuerpo de elite de la gendarmería francesa,* ≃ GEO *mpl.*

gigolo [ʒigɔlo] *nm* gigoló *m.*

gigot [ʒigo] *nm* CULIN pierna *f.*

gigoter [ʒigɔte] *vi* patalear.

gilet [ʒile] *nm* -1. [cardigan] chaqueta *f* de punto. -2. [vêtement sans manches] chaleco *m.*

gin [dʒin] *nm* ginebra *f.*

gingembre [ʒɛ̃ʒɑ̃br] *nm* jengibre *m.*

girafe [ʒiraf] *nf* jirafa *f.*

giratoire [ʒiratwar] *adj* giratorio(ria).

girofle [ʒirɔfl] → clou.

girouette [ʒirwɛt] *nf* veleta *f.*

gisement [ʒizmɑ̃] *nm* yacimiento *m.*

gît [ʒi] → gésir.

gitan, e [ʒitɑ̃, an] *adj & nm, f* gitano(na). ◆ **Gitane®** *nf* [cigarette] *marca francesa de cigarrillos.*

gîte [ʒit] *nm* -1. [du lièvre] madriguera *f.* -2. [du bœuf] codillo *m.*

givre [ʒivr] *nm* escarcha *f.*

glabre [glabr] *adj* lampiño(ña).

glace [glas] *nf* -1. [eau congelée] hielo *m.* -2. [crème glacée] helado *m.* -3. [plaque de verre] luna *f.* -4. [de voiture – avant et arrière] luna *f*; [– de côté] ventanilla *f.* -5. [miroir] espejo *m.*

glacé, e [glase] *adj* -1. [gén] helado(da). -2. CULIN glaseado(da).

glacer [glase] *vt* -1. [gén] helar. -2. CULIN glasear.

glacial, e, aux [glasjal, o] *adj* glacial.

glacier [glasje] *nm* -1. GÉOGR glaciar *m.* -2. [marchand de glaces] vendedor *m* de helados.

glaçon [glasɔ̃] *nm* -1. [glace naturelle] témpano *m* (de hielo). -2. [cube de glace] cubito *m* de hielo. -3. *fig* [personne] témpano *m.*

gladiateur [gladjatœr] *nm* HIST gladiador *m.*

glaïeul [glajœl] *nm* gladiolo *m.*

glaire [glɛr] *nf* flema *f.*

glaise [glɛz] *nf* arcilla *f.*

glaive [glɛv] *nm* espada *f.*

gland [glɑ̃] *nm* -1. [fruit du chêne] bellota *f.* -2. [ornement] borla *f.* -3. ANAT glande *f.*

glande [glɑ̃d] *nf* ANAT glándula *f.*

glaner [glane] *vt* espigar.

glapir [glapir] *vi* gañir.

glas [gla] *nm* doble *m.*

glauque [glok] *adj* -1. [eau, yeux] glauco(ca). -2. [regard, air] lúgubre. -3. [ambiance] sórdido(da).

glissade [glisad] *nf* deslizamiento *m.*

glissant, e [glisɑ̃, ɑ̃t] *adj* -1. [route, chaussée] resbaladizo(za). -2. [savon] escurridizo(za).

glissement [glismɑ̃] *nm* -1. [action de glisser] deslizamiento *m.* -2. *fig* [déplacement] desplazamiento *m*; **~ de sens** LING desplazamiento semántico.

glisser [glise] ◇ *vi* -1. [patineur, skieur] deslizarse; **~ sur qqch** [se déplacer] deslizarse sobre algo; [déraper] resbalar sobre algo; *fig* [passer rapidement] tratar por encima OU superficialmente algo. -2. [surface] resbalar. -3. *fig* [progresser vers] desplazarse hacia; **~ dans qqch** dejarse llevar por algo; **~ vers qqch** desplazarse hacia algo. ◇ *vt* -1. [introduire] deslizar. -2. [donner] pasar; **~ qqch à qqn** pasar algo a alguien. -3. [regard] lanzar; [quelques mots] susurrar. ◆ **se glisser** *vp* [se faufiler] colarse; **se ~ dans qqch** [lit] deslizarse en algo.

glissière [glisjɛr] *nf* corredera *f.*

global, e, aux [glɔbal, o] *adj* global.

globalement [glɔbalmɑ̃] *adv* globalmente.

globalisation [glɔbalizasjɔ̃] *nf* [de marché] globalización *f*, internacionalización *f.*

globe [glɔb] *nm* globo *m.*

globule [glɔbyl] *nm* glóbulo *m*; **~ blanc/rouge** glóbulo blanco/rojo.

gloire [glwar] *nf* -1. [renommée] gloria *f.* -2. [mérite] mérito *m.* -3. [fierté] orgullo *m.*

glorieux, euse [glɔrjø, øz] *adj* glorioso(sa).

glossaire [glɔsɛr] *nm* glosario *m.*

glousser [gluse] *vi* -1. [poule] cloquear. -2. *péj* [personne] reír ahogadamente.

glouton, onne [glutɔ̃, ɔn] *nm, f* glotón *m*, -ona *f.*

glu [gly] *nf* liga *f* (cola).

gluant, e [glyɑ̃, ɑ̃t] *adj* pegajoso(sa).

glucide [glysid] *nm* glúcido *m.*

glycémie [glisemi] *nf* glucemia *f.*

glycine [glisin] *nf* glicina *f.*

GMT (*abr de* **Greenwich Mean Time**) GMT.

go [go] ◆ **tout de go** *loc adv* directamente.

goal [gol] *nm* portero *m* (*en fútbol*).

gobelet [gɔblɛ] *nm* cubilete *m*.

gober [gɔbe] *vt* **-1.** [avaler] sorber. **-2.** *fam* [croire] tragarse.

godet [gɔdɛ] *nm* **-1.** [récipient] cortadillo *m*. **-2.** COUT pliegue *m*; **à ~s** plegado(da).

godiller [gɔdije] *vi* **-1.** [embarcation] cinglar. **-2.** [skieur] hacer bédel.

goéland [gɔelɑ̃] *nm* gaviota *f*.

goélette [gɔelɛt] *nf* goleta *f*.

goguenard, e [gɔgnar, ard] *adj* guasón(ona), burlón(ona).

goinfre [gwɛ̃fr] *nmf fam* tragón *m*, -ona *f*, tragaldabas *mf inv*.

goitre [gwatr] *nm* MÉD bocio *m*.

golf [gɔlf] *nm* golf *m*.

golfe [gɔlf] *nm* golfo *m*; **le ~ de Gascogne** el golfo de Vizcaya; **le ~ Persique** el golfo Pérsico.

gomme [gɔm] *nf* **-1.** [substance, pour effacer] goma *f*. **-2.** [bonbon] pastilla *f* de goma, gominola *f*.

gommer [gɔme] *vt* **-1.** [gén] borrar. **-2.** [enduire] engomar.

gond [gɔ̃] *nm* gozne *m*.

gondole [gɔ̃dɔl] *nf* góndola *f*.

gondoler [gɔ̃dɔle] *vi* combarse.

gonflé, e [gɔ̃fle] *adj* **-1.** [déformé] hinchado(da). **-2.** *fam* [culotté] : **être ~** tener morro.

gonfler [gɔ̃fle] ◇ *vt* **-1.** [distendre] hinchar, inflar. **-2.** [faire augmenter le volume de] hinchar. ◇ *vi* hincharse.

gonflette [gɔ̃flɛt] *nf* : **faire de la ~** *fam* sacar bola.

gong [gɔ̃g] *nm* gong *m*.

gorge [gɔrʒ] *nf* **-1.** [gosier] garganta *f*. **-2.** [cou] cuello *m*. **-3.** *sout* [de femme] pecho *m*. **-4.** [vallée étroite] garganta *f*.

gorgée [gɔrʒe] *nf* trago *m*.

gorger [gɔrʒe] *vt* : **~ qqn de qqch** [gaver] cebar a alguien con algo; [combler] colmar a alguien de algo; **~ qqch de qqch** saturar algo de algo.

gorille [gɔrij] *nm* gorila *m*.

gosier [gozje] *nm* gaznate *m*.

gosse [gɔs] *nmf fam* chaval *m*, -la *f Esp*, chamaco *m*, -ca *f Amér*.

gothique [gɔtik] *adj* gótico(ca).

gouache [gwaʃ] *nf* guache *m*, aguada *f*.

goudron [gudrɔ̃] *nm* alquitrán *m*.

goudronner [gudrɔne] *vt* alquitranar.

gouffre [gufr] *nm* **-1.** [gén] abismo *m*. **-2.** [ruine] pozo *m* sin fondo.

goujat [guʒa] *nm* patán *m*.

goulet [gulɛ] *nm* bocana *f*.

goulot [gulo] *nm* gollete *m*.

goulu, e [guly] *adj & nm*, *f* tragón(ona).

goupillon [gupijɔ̃] *nm* **-1.** RELIG hisopo *m*. **-2.** [à bouteille] escobilla *f* (*para limpiar botellas*).

gourd, e [gur, gurd] *adj* entumecido(da).

gourde [gurd] ◇ *adj fam* zoquete. ◇ *nf* **-1.** *fam* [personne] zoquete *mf*. **-2.** [récipient] cantimplora *f*.

gourdin [gurdɛ̃] *nm* porra *f*.

gourmand, e [gurmɑ̃, ɑ̃d] ◇ *adj* goloso(sa). ◇ *nm*, *f* goloso *m*, -sa *f*.

gourmandise [gurmɑ̃diz] *nf* **-1.** [caractère] glotonería *f*. **-2.** [sucrerie] golosina *f*.

gourmet [gurmɛ] *nm* gourmet *m*.

gourmette [gurmɛt] *nf* pulsera *f*.

gousse [gus] *nf* vaina *f*.

goût [gu] *nm* **-1.** [sens, jugement esthétique] gusto *m*. **-2.** [saveur] gusto *m*, sabor *m*. **-3.** [style] estilo *m*. **-4.** [penchant] afición *f*, inclinación *f*.

goûter [gute] ◇ *vt* **-1.** [aliment, boisson] probar. **-2.** [musique, sensation] disfrutar de. **-3.** *sout* [auteur, plaisanterie] apreciar. ◇ *vi* **-1.** [gén] probar. **-2.** [prendre une collation] merendar. **-3.** [faire l'expérience] : **~ à** OU **de qqch** probar algo. ◇ *nm* [de quatre heures] merienda *f*.

goutte [gut] ◇ *nf* **-1.** [gén] gota *f*. **-2.** *fam* [alcool] chupito *m*. ◇ *adv* (*de négation*) *sout* ni gota. ◆ **gouttes** *nfpl* MÉD gotas *fpl*.

goutte-à-goutte [gutagut] *nm inv* gota a gota *m*.

gouttelette [gutlɛt] *nf* gotita *f*.

gouttière [gutjɛr] *nf* **-1.** CONSTR canalón *m*. **-2.** MÉD entablillado *m*.

gouvernail [guvɛrnaj] *nm* timón *m*.

gouvernante [guvɛrnɑ̃t] *nf* **-1.** [d'enfants] aya *f*. **-2.** [de compagnie] ama *f* de llaves, gobernanta *f*.

gouvernement [guvɛrnəmɑ̃] *nm* gobierno *m*.

gouverner [guvɛrne] *vt* **-1.** [gén] gobernar. **-2.** GRAM regir.

gouverneur [guvɛrnœr] *nm* gobernador *m*.

grâce [gras] *nf* **-1.** [gén] gracia *f*. **-2.** [gré] grado *m*. ◆ **grâce à** *loc prép* gracias a.

gracier [grasje] *vt* indultar.

gracieusement [grasjøzmã] *adv* **-1.** [avec grâce] con gracia. **-2.** [gratuitement] graciosamente.

gracieux, euse [grasjø, øz] *adj* gracioso(sa).

gradation [gradasjɔ̃] *nf* gradación *f*.

grade [grad] *nm* grado *m*.

gradé, e [grade] *adj & nm, f* suboficial.

gradin [gradɛ̃] *nm* **-1.** [d'amphithéâtre] grada *f*. **-2.** [de terrain] escalón *m*.

graduation [graduasjɔ̃] *nf* graduación *f*.

graduel, elle [graduɛl] *adj* gradual.

graduer [gradɥe] *vt* graduar.

graffiti [grafiti] *nm inv* graffiti *m*.

grain [grɛ̃] *nm* **-1.** [gén] grano *m*. **-2.** [averse] chaparrón *m*.

graine [grɛn] *nf* semilla *f*, simiente *f*.

graisse [grɛs] *nf* **-1.** [gén] grasa *f*. **-2.** [pour cuisiner] manteca *f*.

graisser [grese] *vt* **-1.** [machine] engrasar. **-2.** [salir] manchar de grasa.

grammaire [gramer] *nf* gramática *f*.

grammatical, e, aux [gramatikal, o] *adj* gramatical.

gramme [gram] *nm* [unité de poids] gramo *m*.

grand, e [grã, grãd] ◇ *adj* **-1.** [gén] grande, gran; **un ~ volume** un volumen grande, un gran volumen; **~ âge** edad avanzada; **~s mots** palabras mayores; **prendre de ~s airs** adoptar aires de grandeza. **-2.** [en taille] alto(ta). **-3.** [âgé] mayor. ◇ *nm, f* **-1.** [adulte] persona *f* mayor. **-2.** [personnage] gran figura *f*. **-3.** [terme d'affection] grandullón *m*, -ona *f*.

grand-angle [grãtãgl], **grand-angulaire** [grãtãgyler] *nm* gran angular *m*.

grand-chose *pron indéf* : **c'est pas ~** no es gran cosa, es poca cosa.

Grande-Bretagne [grãdbrətaɲ] *nf* : **la ~** Gran Bretaña.

grandeur [grãdœr] *nf* **-1.** [dimensions] tamaño *m*. **-2.** [apogée] grandeza *f*. **-3.** *fig* [morale] grandeza *f*, magnitud *f*.

grandir [grãdir] ◇ *vt* **-1.** [rehausser] hacer (parecer) más alto. **-2.** *fig* engrandecer. ◇ *vi* crecer.

grand-mère (*pl* **grand-mères** OU **grands-mères**) *nf* abuela *f*.

grand-père *nm* abuelo *m* *Esp*, papá grande *m* *Amér*.

grands-parents [grãparã] *nmpl* abuelos *mpl*.

grange [grãʒ] *nf* granero *m*.

granite, granit [granit] *nm* granito *m*.

granuleux, euse [granylø, øz] *adj* granuloso(sa).

graphique [grafik] ◇ *adj* gráfico(ca). ◇ *nm* gráfico *m*, gráfica *f*.

graphisme [grafism] *nm* grafismo *m*.

graphologie [grafɔlɔʒi] *nf* grafología *f*.

grappe [grap] *nf* racimo *m*.

grappiller [grapije] ◇ *vt* **-1.** [fruits] recoger. **-2.** *fig* [renseignements, argent] sacar. ◇ *vi fig* rebuscar.

grappin [grapɛ̃] *nm* rezón *m*.

gras, grasse [gra, gras] *adj* **-1.** [corps, aliment] graso(sa). **-2.** [sol] húmedo(da). **-3.** [crayon, toux] blando(da). **-4.** [personne, animal] gordo(da). **-5.** [plaisanterie] grosero(ra). **-6.** [rire] cazalloso(sa). **-7.** [plante] carnoso(sa). ◆ **gras** ◇ *nm* **-1.** [du jambon] gordo *m*. **-2.** [de la jambe] pantorrilla *f*. **-3.** TYPOGRAPHIE negrita *f*, negrilla *f*. ◇ *adv* **-1.** [viande] : **manger ~** comer carne. **-2.** [personne] : **tousser ~** tener la tos blanda.

grassement [grasmã] *adv* **-1.** [sans clarté] : **parler/rire ~** hablar/reír con la voz aguardentosa. **-2.** [largement] generosamente.

gratifier [gratifje] *vt* gratificar; **~ qqn de qqch** [récompenser] gratificar a alguien con algo; *iron* obsequiar a alguien con algo.

gratin [gratɛ̃] *nm* **-1.** [plat] gratén *m*, gratinado *m*; [fond] pegado *m*. **-2.** *fam fig* [haute société] flor y nata *f*.

gratiné, e [gratine] *adj* **-1.** CULIN gratinado(da). **-2.** *fam* [épreuve, examen] de aúpa *Esp*, de la gran siete *Amér*. **-3.** *fam* [plaisanterie, histoire] fuerte.

gratis [gratis] *adv* gratis.

gratitude [gratityd] *nf* gratitud *f*, agradecimiento *m*.

gratte-ciel [gratsjɛl] *nm inv* rascacielos *m inv*.

grattement [gratmã] *nm* rascadura *f*.

gratter [grate] ◇ *vt* **-1.** [surface, tâche, peinture] rascar. **-2.** [suj : vêtement] picar. **-3.** *fam* [argent] sacar. **-4.** *fam* [concurrent] ganar. ◇ *vi* **-1.** *fam* [écrire] garrapatear. **-2.** *fam* [travailler] currar. **-3.** [frapper] llamar suavemente. **-4.** [laine] picar. **-5.** *fam* [instrument] rasgar. ◆ **se gratter** *vp* rascarse.

gratuit, e [gratɥi, it] *adj* gratuito(ta).

gratuitement [gratɥitmɑ̃] *adv* **-1.** [sans payer] gratis, gratuitamente. **-2.** [sans raison] gratuitamente.

gravats [grava] *nmpl* escombros *mpl*, cascotes *mpl*.

grave [grav] *adj & nm* grave.

gravement [gravmɑ̃] *adv* **-1.** [parler] con gravedad. **-2.** [blesser] de gravedad, gravemente.

graver [grave] *vt* **-1.** [gén] grabar. **-2.** [papier] imprimir.

gravier [gravje] *nm* grava *f Esp*, pedregullo *m Amér*.

gravillon [gravijɔ̃] *nm* gravilla *f*.

gravir [gravir] *vt* subir dificultosamente.

gravité [gravite] *nf* gravedad *f*.

graviter [gravite] *vi* **-1.** [astre] gravitar. **-2.** [évoluer dans]: ~ **autour de qqn/de qqch** girar alrededor de alguien/de algo.

gravure [gravyr] *nf* grabado *m*.

gré [gre] *nm* [consentement]: **contre mon ~ en** contra de mi voluntad; **de ~ ou de force** por las buenas o por las malas.

grec, grecque [grɛk] *adj* griego(ga). ◆ **grec** *nm* LING griego *m*. ◆ **Grec, Grecque** *nm, f* griego *m*, -ga *f*.

Grèce [grɛs] *nf*: **la ~** Grecia.

gréement [gremɑ̃] *nm* NAVIG aparejo *m*.

greffe [grɛf] ◇ *nf* **-1.** MÉD trasplante *m*. **-2.** BOT injerto *m*. ◇ *nm* JUR ≃ secretaría *f* del juzgado.

greffer [grefe] *vt* **-1.** [organe] trasplantar; ~ **qqch à qqn** trasplantar algo a alguien. **-2.** BOT injertar. ◆ **se greffer** *vp*: **se ~ sur qqch** sumarse a algo.

greffier [grefje] *nm* JUR ≃ secretario *m*, -ria *f* judicial.

grégaire [gregɛr] *adj* gregario(ria).

grêle [grɛl] ◇ *adj* **-1.** [jambe] delgaducho(cha). **-2.** [son] agudo(da). ◇ *nf* **-1.** [précipitation] granizo *m*. **-2.** *fig* [grande quantité] lluvia *f*.

grêler [grele] ◇ *v impers* granizar; **il grêle** está granizando. ◇ *vt* [suj: orage] dañar.

grêlon [grɛlɔ̃] *nm* granizo *m*.

grelot [grəlo] *nm* cascabel *m*.

grelotter [grələte] *vi* tiritar; ~ **de** tiritar de.

grenade [grənad] *nf* granada *f*.

Grenade [grənad] *nf* [ville] Granada.

grenadier [grənadje] *nm* **-1.** [arbre] granado *m*. **-2.** MIL [soldat] granadero *m*.

grenat [grəna] *adj & nm* granate.

grenier [grənje] *nm* **-1.** [de maison] desván *m*. **-2.** [à foin, région fertile] granero *m*.

grenouille [grənuj] *nf* ZOOL rana *f*.

grès [grɛ] *nm* **-1.** [roche] arenisca *f*. **-2.** [poterie] gres *m*.

grésiller [grezije] *vi* chisporrotear; [grillon] cantar.

grève [grɛv] *nf* **-1.** [protestation] huelga *f*; **faire (la) ~** hacer huelga. **-2.** [rivage] arenal *m*.

grever [grəve] *vt* gravar; ~ **qqch de qqch** gravar algo con algo.

gréviste [grevist] *adj & nmf* huelguista.

gribouiller [gribuje] *vt* **-1.** [écrire] garabatear. **-2.** [dessiner] garabatear, pintarrajear.

grief [grijɛf] *nm* queja *f*; **faire ~ de qqch à qqn** echar en cara algo a alguien.

grièvement [grijɛvmɑ̃] *adv* gravemente.

griffe [grif] *nf* **-1.** [d'animal] garra *f*, zarpa *f*. **-2.** *Belg* [éraflure] arañazo *m*.

griffé, e [grife] *adj* [vêtement] de marca.

griffer [grife] *vt* **-1.** [suj: chat] arañar. **-2.** [suj: créateur] firmar.

grignoter [griɲɔte] ◇ *vt* **-1.** [manger] mordisquear. **-2.** *fam fig* [capital, fortune] pulirse. **-3.** *fam* [avantages, argent] sacar. ◇ *vi* **-1.** [manger] comisquear. **-2.** [salaires, libertés]: ~ **sur qqch** recortar algo.

gril [gril] *nm* parrilla *f*.

grillade [grijad] *nf* CULIN parrillada *f*.

grillage [grijaʒ] *nm* **-1.** [de porte, de fenêtre] rejilla *f*. **-2.** [clôture] alambrada *f*.

grille [grij] *nf* **-1.** [portail] cancela *f*. **-2.** [de fenêtre, d'orifice] reja *f*. **-3.** [de guichet] rejilla *f*. **-4.** [de mots croisés, de loto] encasillado *m*. **-5.** [tableau] cuadro *m*.

grille-pain [grijpɛ̃] *nm inv* tostadora *f*, tostador *m*.

griller [grije] ◇ *vt* **-1.** [viande, marron] asar. **-2.** [pain, café, amande] tostar. **-3.** [végétation, personne, moteur] quemar. **-4.** [ampoule] fundir. **-5.** [fenêtre] enrejar. **-6.** *fam* [cigarette] fumarse. **-7.** *fam* [feu rouge, étape] saltarse. **-8.** *fam* [concurrents] pasar delante de. **-9.** [compromettre] quemar. ◇ *vi* [viande] asarse.

grillon [grijɔ̃] *nm* grillo *m*.

grimace [grimas] *nf* mueca *f*.

grimer [grime] *vt* caracterizar *(maquillar)*. ◆ **se grimer** *vp* caracterizarse *(maquillarse)*.

grimper [grɛ̃pe] ◇ *vt* trepar a. ◇ *vi* **-1.** [personne, animal, plante] trepar; ~ **à/sur qqch** trepar a algo. **-2.** [côte] estar en cuesta. **-3.** *fig* [prix] subir.

grincement [grɛ̃smɑ̃] *nm* chirrido *m*.

grincer [grɛ̃se] *vi* rechinar, chirriar.

grincheux, euse [grɛ̃ʃø, øz] *adj & nm, f* gruñón(ona).

grippe [grip] *nf* MÉD gripe *f Esp*, gripa *f Amér*.

grippé, e [gripe] *adj* griposo(sa).

gripper [gripe] *vi* atrancarse.

gris, e [gri, griz] *adj* -1. [gén] gris. -2. [saoul] achispado(da). ◆ **gris** *nm* -1. [couleur] gris *m*. -2. [tabac] *tabaco picado fuerte que se vende envuelto en un papel de color gris*.

grisaille [grizaj] *nf* -1. [du ciel] tono *m* gris. -2. *fig* [de vie] monotonía *f*.

grisant, e [grizɑ̃, ɑ̃t] *adj* embriagador(ra).

griser [grize] *vt* embriagar.

grisonner [grizɔne] *vi* encanecerse.

grisou [grizu] *nm* grisú *m*.

grive [griv] *nf* tordo *m*.

grivois, e [grivwa, az] *adj* verde *(picante)*.

Groenland [grɔɛnlɑ̃d] *nm* : le ~ Groenlandia; **au** ~ [direction] a Groenlandia; [situation] en Groenlandia.

grog [grɔg] *nm* grog *m*.

grognement [grɔɲmɑ̃] *nm* gruñido *m*.

grogner [grɔɲe] *vi* gruñir.

groin [grwɛ̃] *nm* morro *m* (del cerdo).

grommeler [grɔmle] *vt & vi* mascullar.

grondement [grɔ̃dmɑ̃] *nm* -1. [de tonerre, de torrent] rugido *m*. -2. [d'animal] gruñido *m*.

gronder [grɔ̃de] ◇ *vi* -1. [canon, tonnerre] rugir. -2. [animal] gruñir. ◇ *vt* regañar.

gros, grosse [gro, gros] ◇ *adj (avant le nom)* -1. [volumineux, important, grand] gran. -2. *(avant ou après le nom)* [corpulent] gordo(da). -3. [grossier] grueso(sa). -4. [fort, sonore] fuerte. ◇ *nm, f* -1. [personne corpulente] gordo *m*, -da *f*. -2. [personnage important] peź *m* gordo. ◆ **gros** ◇ *adv* [beaucoup] mucho. ◇ *nm* COMM venta *f* al por mayor *Esp*, mayoreo *m Amér*. ◆ **grosse** *nf* [douze douzaines] gruesa *f*.

groseille [grozɛj] ◇ *nf* grosella *f*. ◇ *adj inv* [couleur] grosella *(en aposición)*.

grosse → **gros**.

grossesse [grosɛs] *nf* embarazo *m*.

grosseur [grosœr] *nf* -1. [grandeur, corpulence] tamaño *m*. -2. [épaisseur] grosor *m*. -3. MÉD bulto *m*.

grossier, ère [grosje, ɛr] *adj* -1. [gén] grosero(ra). -2. [matière] basto(ta). -3. [sommaire] tosco(ca).

grossièrement [grosjɛrmɑ̃] *adv* groseramente.

grossir [grosir] ◇ *vi* -1. [prendre du poids] engordar. -2. [augmenter, s'intensifier] crecer. ◇ *vt* -1. [suj : microscope, verre] agrandar. -2. [suj : vêtement] hacer parecer más gordo(da). -3. [importance, danger] exagerar. -4. [cours d'eau] hacer crecer.

grossissant, e [grosisɑ̃, ɑ̃t] *adj* [verre, lentille] de aumento.

grossiste [grosist] *nmf* COMM mayorista *mf*.

grosso modo [grosomɔdo] *adv* grosso modo.

grotte [grɔt] *nf* gruta *f*.

grouiller [gruje] *vi* hormiguear; ~ de hervir de.

groupe [grup] *nm* grupo *m*. ◆ **groupe sanguin** *nm* grupo *m* sanguíneo.

groupement [grupmɑ̃] *nm* agrupación *f*, agrupamiento *m*.

grouper [grupe] *vt* agrupar. ◆ **se grouper** *vp* agruparse.

grue [gry] *nf* -1. [appareil de levage] grúa *f*. -2. ZOOL grulla *f*. -3. *péj* [prostituée] zorra *f*.

grumeau, x [grymo] *nm* grumo *m*.

Guadeloupe [gwadlup] *nf* : la ~ Guadalupe; **à la** ~ [direction] a Guadalupe; [situation] en Guadalupe.

Guatemala [gwatemala] *nm* : le ~ Guatemala; **au** ~ [direction] a Guatemala; [situation] en Guatemala.

gué [ge] *nm* vado *m*; **traverser à** ~ vadear.

guenille [gənij] *nf* andrajo *m*.

guenon [gənɔ̃] *nf* mona *f*.

guépard [gepar] *nm* guepardo *m*.

guêpe [gɛp] *nf* avispa *f*.

guêpier [gepje] *nm* avispero *m*.

guère [gɛr] *adv* [peu] no mucho; **ne** (+ *verbe*) ~ [peu] no (+ *verbo*) mucho; **elle ne l'aime** ~ no le gusta mucho; **elle n'est** ~ **anxieuse** no está muy preocupada.

guéridon [geridɔ̃] *nm* velador *m*.

guérilla [gerija] *nf* guerrilla *f*.

guérir [gerir] ◇ *vt* curar. ◇ *vi* curarse.

guérison [gerizɔ̃] *nf* curación *f*.

guerre [gɛr] *nf* guerra *f*.

guerrier, ère [gerje, ɛr] *adj* guerrero(ra). ◆ **guerrier** *nm* guerrero *m*.

guet-apens [gɛtapɑ̃] *nm* -1. [piège] emboscada *f*. -2. *fig* [machination] encerrona *f*.

guêtre [gɛtr] *nf* polaina *f*.

guetter [gete] *vt* acechar *Esp*, aguaitar *Amér*.

gueulard, e [gœlar, ard] *adj & nm, f fam* gritón(ona).

gueule [gœl] *nf* **-1.** [bouche des animaux, ouverture] boca *f.* **-2.** *tfam* [bouche de l'homme] pico *m.* **-3.** *fam* [visage] careto *m.*

gueuleton [gœltɔ̃] *nm fam* comilona *f.*

gui [gi] *nm* BOT muérdago *m.*

guichet [giʃɛ] *nm* taquilla *f Esp,* boletería *f Amér.* ◆ **guichet automatique** *nm* cajero *m* automático.

guichetier, ère [giʃtje, ɛr] *nm, f* taquillero *m,* -ra *f.*

guide [gid] ◇ *nm* **-1.** [personne] guía *mf.* **-2.** *fig* [livre] guía *f.* ◇ *nf* [scoutisme] guía *f.*

guider [gide] *vt* guiar.

guidon [gidɔ̃] *nm* manillar *m.*

guignol [giɲɔl] *nm* **-1.** [marionnette] títere *m.* **-2.** [théâtre] guiñol *m.*

guillemet [gijmɛ] *nm* comilla *f.*

guilleret, ette [gijrɛ, ɛt] *adj* vivaracho(cha).

guillotine [gijɔtin] *nf* guillotina *f.*

guindé, e [gɛ̃de] *adj* **-1.** [attitude, personne] estirado(da). **-2.** [style] ampuloso(sa).

Guinée [gine] *nf* : **la ~** Guinea.

guirlande [girlɑ̃d] *nf* guirnalda *f.*

guise [giz] *nf* : **à ma ~** [selon mon goût] a mi manera.

guitare [gitar] *nf* guitarra *f.*

guitariste [gitarist] *nmf* guitarrista *mf.*

guttural, e, aux [gytyral, o] *adj* gutural.

Guyane [gɥijan] *nf* Guayana.

gymnastique [ʒimnastik] *nf* gimnasia *f.*

gynéco [ʒineko] *nmf fam* ginecólogo *m,* -ga *f.*

gynécologie [ʒinekɔlɔʒi] *nf* ginecología *f.*

gynécologue [ʒinekɔlɔg] *nmf* ginecólogo *m,* -ga *f.*

H

h, H [aʃ] *nm inv* h *f,* H *f.* ◆ **h -1.** (*abr de* heure) h. **-2.** (*abr de* hecto) h. ◆ **H -1.** (*abr de* homme) H. **-2.** (*abr de* hydrogène) H.

ha (*abr de* hectare) ha.

hab. (*abr de* habitant) hab.

habile [abil] *adj* hábil.

habileté [abilte] *nf* habilidad *f.*

habiller [abije] *vt* **-1.** [gén] vestir; **~ qqn de qqch** vestir a alguien de algo. **-2.** [fauteuil] poner una funda a. ◆ **s'habiller** *vp* vestirse.

habit [abi] *nm* **-1.** [costume] traje *m.* **-2.** RELIG hábito *m.* ◆ **habits** *nmpl* ropa *f.*

habitacle [abitakl] *nm* cabina *f (de avión).*

habitant, e [abitɑ̃, ɑ̃t] *nm, f* **-1.** [gén] habitante *mf.* **-2.** *Can* [paysan] campesino *m,* -na *f.*

habitation [abitasjɔ̃] *nf* vivienda *f.*

habité, e [abite] *adj* habitado(da).

habiter [abite] ◇ *vt* **-1.** [suj : personne] vivir en. **-2.** [suj : passion, sentiment] embargar. ◇ *vi* vivir.

habitude [abityd] *nf* costumbre *f*; **avoir l'~ de qqch/de faire qqch** tener la costumbre de algo/de hacer algo.

habituel, elle [abitɥɛl] *adj* habitual.

habituer [abitɥe] *vt* : **~ qqn à qqch/à faire qqch** acostumbrar a alguien a algo/a hacer algo. ◆ **s'habituer** *vp* : **s'~ à qqch/à faire qqch** acostumbrarse a algo/a hacer algo.

hache [ʼaʃ] *nf* hacha *f.*

hacher [ʼaʃe] *vt* **-1.** [viande] picar. **-2.** *fig* [style, discours] entrecortar.

hachisch, haschich, haschisch [ʼaʃiʃ] *nm* hachís *m.*

hachoir [ʼaʃwar] *nm* **-1.** [appareil] picadora *f.* **-2.** [couteau] tajadera *f.* **-3.** [planche] tabla *f* de picar.

hachure [ʼaʃyr] *nf (gén pl)* plumeado *m.*

hagard, e [ʼagar, ard] *adj* azorado(da).

haï, e [ʼai] *pp* → **haïr.**

haie [ʼɛ] *nf* **-1.** [d'arbustes] seto *m.* **-2.** [de personnes] fila *f.* **-3.** SPORT [obstacle] obstáculo *m.*

haine [ʼɛn] *nf* odio *m.*

haïr [ʼair] *vt* odiar.

Haïti [aiti] *n* Haití *f*; **à ~** [direction] a Haití; [situation] en Haití.

hâle [ʼal] *nm* tostado *m.*

hâlé, e [ʼale] *adj* tostado(da).

haleine [alɛn] *nf* [souffle] aliento *m.*

haleter [ʼalte] *vi* jadear.

hall [ʼol] *nm* vestíbulo *m,* hall *m.*

halle [ʼal] *nf* mercado *m.*

hallucination [alysinasjɔ̃] *nf* alucinación *f.*

halo [ʼalo] *nm* halo *m.*

halogène [alɔʒɛn] ◇ *adj* halógeno(na). ◇ *nm* CHIM halógeno *m*.

halte [alt] *nf* -1. [pause] alto *m*. -2. [étape] meta *f*.

halte-garderie [altəgardəri] *nf* guardería *f* infantil.

haltère [altɛr] *nm* haltera *f*.

haltérophile [alterɔfil] *adj & nmf* halteró-filo(la).

hamac [ʹamak] *nm* hamaca *f*.

hamburger [ʹãburgœr] *nm* hamburguesa *f*.

hameau, x [ʹamo] *nm* aldea *f*.

hameçon [amsɔ̃] *nm* anzuelo *m*.

hamster [ʹamstɛr] *nm* hámster *m*.

hanche [ʹãʃ] *nf* cadera *f*.

handball [ʹãdbal] *nm* balonmano *m*.

handicap [ʹãdikap] *nm* -1. [infirmité] mi-nusvalía *f*. -2. *fig* SPORT handicap *m*.

handicapé, e [ʹãdikape] ◇ *adj* [physique] minusválido(da). ◇ *nm, f* minusválido *m*, -da *f*.

handicaper [ʹãdikape] *vt* -1. [désavanta-ger] dificultar. -2. SPORT handicapar.

hangar [ʹãgar] *nm* hangar *m*.

hanneton [ʹantɔ̃] *nm* abejorro *m*.

hanter [ʹãte] *vt* -1. [suj : fantôme] apare-cerse en. -2. *fam* [bar, quartier] frecuentar. -3. [obséder] acosar.

happer [ʹape] *vt* -1. [saisir] atrapar de un bocado. -2. [accrocher] arrollar.

haranguer [ʹarãge] *vt* arengar.

haras [ʹara] *nm* acaballadero *m*.

harassant, e [ʹarasã, ãt] *adj* agotador(ra).

harceler [ʹarsəle] *vt* -1. [gén] acosar. -2. [ne pas cesser d'importuner] : ~ qqn de qqch acribillar a alguien a algo.

hardes [ʹard] *nfpl* harapos *mpl*.

hardi, e [ʹardi] *adj* audaz.

hardware [ʹardwɛr] *nm* hardware *m*.

harem [ʹarɛm] *nm* harén *m*.

hareng [ʹarã] *nm* arenque *m*.

hargne [ʹarɲ] *nf* hosquedad *f*.

haricot [ʹariko] *nm* judía *f Esp*, ejote *m Amér*.

harmonica [armɔnika] *nm* armónica *f*.

harmonie [armɔni] *nf* -1. [gén] armonía *f*. -2. MUS [fanfare] banda *f*.

harmonieux, euse [armɔnjø, øz] *adj* ar-monioso(sa).

harmoniser [armɔnize] *vt* armonizar.

harnacher [ʹarnaʃe] *vt* [cheval] enjaezar.

harnais [ʹarnɛ] *nm* -1. [de cheval] arneses *mpl*, arreos *mpl*. -2. SPORT equipo *m*. -3. TECHNOL tren *m* de engranajes.

harpe [ʹarp] *nf* MUS arpa *f*.

harpon [ʹarpɔ̃] *nm* arpón *m*.

harponner [ʹarpɔne] *vt* -1. [poisson] ar-ponear. -2. *fam* [personne] echar el guante.

hasard [ʹazar] *nm* -1. [événement imprévu] casualidad *f*. -2. [cause imprévisible] azar *m*; **au** ~ al azar.

hasarder [ʹazarde] *vt* -1. *sout* [vie, réputa-tion] arriesgar. -2. [conseil] aventurar. ◆ **se hasarder** *vp* : se ~ à faire qqch aventurarse a hacer algo.

haschich, haschisch = hachisch.

hâte [ʹat] *nf* prisa *f*.

hâter [ʹate] *vt* -1. [pas] apresurar. -2. [avancer] adelantar. ◆ **se hâter** *vp* [se dé-pêcher] darse prisa; **se** ~ **de faire qqch** darse prisa en hacer algo.

hausse [ʹos] *nf* alza *f*; ~ **des températu-res** subida *f* de las temperaturas.

hausser [ʹose] *vt* -1. [mur, voix, ton] alzar. -2. [épaules] encoger; [sourcils] enarcar.

haut, e [ʹo, ʹot] *adj* alto(ta). ◆ **haut** ◇ *adv* alto; **parler** ~ hablar alto. ◇ *nm* -1. [hau-teur] alto *m*; **cette pièce fait deux mètres de** ~ esta habitación tiene dos metros de alto. -2. [sommet] : **le** ~ **de qqch** lo alto de algo. -3. [vêtement] cuerpo *m*. ◆ **de haut en bas** *loc adv* de arriba abajo. ◆ **du haut de** *loc prép* desde lo alto de. ◆ **en haut de** *loc prép* en lo alto de.

hautain, e [ʹotɛ̃, ɛn] *adj* altivo(va), alta-nero(ra).

hautbois [ʹobwa] *nm* oboe *m*.

haute-fidélité *nf* alta fidelidad *f*.

hautement [ʹotmã] *adv* altamente.

hauteur [ʹotœr] *nf* -1. [gén] altura *f*. -2. [colline] elevación *f*.

Haute-Volta [otvɔlta] *nf* : **la** ~ el Alto Volta.

haut-fourneau *nm* alto horno *m*.

haut-parleur [ʹoparlœr] (*pl* **haut-parleurs**) *nm* altavoz *m Esp*, altoparlante *m Amér*.

havre [ʹavr] *nm sout* remanso *m*.

hayon [ʹajɔ̃] *nm* puerta *f* del maletero.

hebdomadaire [ɛbdɔmadɛr] ◇ *adj* sema-nal. ◇ *nm* semanario *m*, revista *f* semanal.

héberger [ebɛrʒe] *vt* alojar, hospedar.

hébété, e [ebete] *adj* alelado(da).

hébraïque [ebraik] *adj* hebraico(ca).

hécatombe [ekatɔ̃b] *nf* **-1.** [massacre] hecatombe *f.* **-2.** *fig* [à un examen] escabechina *f.*

hectare [ɛktar] *nm* hectárea *f.*

hectolitre [ɛktɔlitr] *nm* hectolitro *m.*

hégémonie [eʒemɔni] *nf* hegemonía *f.*

hein [ʼɛ̃] *interj fam* **-1.** [indiquant la surprise] ¿qué? **-2.** [indiquant l'incompréhension] ¿eh?, ¿cómo? **-3.** [pour susciter l'approbation] ¿eh?, ¿verdad?

hélas [ʼelas] *interj sout* desgraciadamente.

héler [ʼele] *vt* [taxi, personne] llamar.

hélice [elis] *nf* hélice *f.*

hélicoptère [elikɔptɛr] *nm* helicóptero *m.*

héliport [elipɔr] *nm* helipuerto *m.*

hélium [eljɔm] *nm* helio *m.*

Helsinki [ʼɛlsinki] *n* Helsinki.

hématome [ematom] *nm* MÉD hematoma *m.*

hémicycle [emisikl] *nm* hemiciclo *m;* l'~ POLIT el hemiciclo.

hémisphère [emisfɛr] *nm* hemisferio *m.*

hémophile [emɔfil] *adj & nmf* hemofílico(ca).

hémophilie [emɔfili] *nf* MÉD hemofilia *f.*

hémorragie [emɔraʒi] *nf* **-1.** MÉD hemorragia *f.* **-2.** *fig* [des capitaux] fuga *f.*

hémorroïdes [emɔrɔid] *nfpl* hemorroides *fpl.*

hennir [ʼenir] *vi* relinchar.

hépatite [epatit] *nf* MÉD hepatitis *f inv;* ~ A hepatitis A.

herbe [ɛrb] *nf* **-1.** [gén] hierba *f.* **-2.** *fam* [marijuana] hierba *f.*

herbicide [ɛrbisid] *adj & nm* herbicida.

herboriste [ɛrbɔrist] *nmf* herborista *mf.*

héréditaire [ereditɛr] *adj* hereditario(ria).

hérédité [eredite] *nf* herencia *f.*

hérésie [erezi] *nf* herejía *f.*

hérisser [ʼerise] *vt* **-1.** [poil] erizar. **-2.** [personne] indignar.

hérisson [ʼerisɔ̃] *nm* erizo *m.*

héritage [eritaʒ] *nm* herencia *f.*

hériter [erite] *vi* heredar; ~ **de qqch** heredar algo. *vt:* ~ **qqch de qqn** heredar algo de alguien.

héritier, ère [eritje, ɛr] *nm, f* heredero *m,* -ra *f.*

hermétique [ɛrmetik] *adj* hermético(ca).

hermine [ɛrmin] *nf* armiño *m.*

hernie [ʼɛrni] *nf* MÉD hernia *f.*

héroïne [erɔin] *nf* [personne, drogue] heroína *f.*

héroïque [erɔik] *adj* heroico(ca).

héroïsme [erɔism] *nm* heroísmo *m.*

héron [ʼerɔ̃] *nm* garza *f.*

héros [ʼero] *nm* héroe *m;* ~ **national** héroe nacional.

herse [ʼɛrs] *nf* **-1.** AGRIC rastra *f.* **-2.** [grille] rastrillo *m.*

hésitant, e [ezitɑ̃, ɑ̃t] *adj* indeciso(sa).

hésitation [ezitasjɔ̃] *nf* indecisión *f.*

hésiter [ezite] *vi* vacilar, dudar; ~ **sur qqch/entre qqch et qqch** [ne pouvoir choisir] dudar sobre algo/entre algo y algo; ~ **à faire qqch** [craindre de] dudar si hacer algo.

hétéroclite [eterɔklit] *adj* heteróclito(ta).

hétérogène [eterɔʒɛn] *adj* heterogéneo(a).

hétérosexuel, elle [eterɔsɛksɥɛl] *adj & nm, f* heterosexual.

hêtre [ʼɛtr] *nm* haya *f.*

heure [œr] *nf* hora *f;* **c'est l'**~ es la hora; **être à l'**~ llegar a la hora OU puntual; **faire des** ~**s supplémentaires** hacer horas extraordinarias; **il est une** ~ es la una; **il est deux** ~**s** son las dos; **quelle** ~ **est-il?** ¿qué hora es?; **tout à l'**~ luego; ~**s de bureau** horas OU horario de oficina; ~ **de fermeture** hora de cierre.

heureusement [œrøzmɑ̃] *adv* **-1.** [favorablement] felizmente. **-2.** [par chance] afortunadamente.

heureux, euse [œrø, øz] *adj* [gén] feliz; **être** ~ **de faire qqch** estar contento(ta) de hacer algo; ~ **de faire votre connaissance** encantado(da) de conocerle.

heurt [ʼœr] *nm* **-1.** [choc] choque *m,* golpe *m.* **-2.** [désaccord, friction] choque *m.*

heurté, e [ʼœrte] *adj* entrecortado(da).

heurter [ʼœrte] ◇ *vt* **-1.** [rentrer dans] tropezar con. **-2.** [sentiments, sensibilité] herir. **-3.** [bon sens] ofender; [convenances] desafiar. ◇ *vi:* ~ **contre qqch** chocar contra algo. ◆ **se heurter** *vp* **-1.** [s'accrocher] chocar. **-2.** [se cogner à] : **se** ~ **contre qqch** chocar contra algo. **-3.** [rencontrer] : **se** ~ **à qqch** enfrentarse a algo.

hexagonal, e, aux [ɛgzagɔnal, o] *adj* [français] francés(esa).

hexagone [ɛgzagɔn] *nm* GÉOM hexágono *m.*

hiatus [jatys] *nm* LING hiato *m.*

hiberner [ibɛrne] *vi* hibernar.

hibou, x [ʼibu] *nm* búho *m Esp,* tecolote *m Amér.*

hideux, euse [ʼidø, øz] *adj* repugnante.

hier [ijɛr] *adv* ayer.

hiérarchie [ˈjerarʃi] *nf* jerarquía *f.*

hiéroglyphe [jerɔglif] *nm* jeroglífico *m.*

hilare [ilar] *adj* risueño(ña).

hindou, e [ɛ̃du] *adj* hindú.

hippie, hippy [ˈipi] (*pl* **hippies**) *adj & nmf* hippy.

hippique [ipik] *adj* hípico(ca).

hippodrome [ipɔdrom] *nm* hipódromo *m.*

hippopotame [ipopɔtam] *nm* hipopótamo *m.*

hippy = hippie.

hirondelle [irɔ̃dɛl] *nf* golondrina *f.*

hirsute [irsyt] *adj* hirsuto(ta).

hispanique [ispanik] *adj* **-1.** [gén] hispánico(ca). **-2.** [aux États-Unis] hispano(na). ◆ **Hispanique** *nmf* [aux États-Unis] hispano *m*, -na *f.*

hisser [ˈise] *vt* **-1.** [drapeau, voile] izar. **-2.** [personne] subir. ◆ **se hisser** *vp* **-1.** [grimper] : se ~ (sur qqch) subirse (a algo). **-2.** *fig* [s'élever] : se ~ à qqch ascender a algo.

histoire [istwar] *nf* historia *f.* ◆ **histoires** *nfpl* [ennuis] historias *fpl*, malos rollos *mpl.*

historique [istɔrik] *adj* histórico(ca).

hiver [iver] *nm* invierno *m.*

hl (*abr de* **hectolitre**) hl.

HLM (*abr de* **habitation à loyer modéré**) *nm ou nf* ≈ vivienda *f* de protección oficial, ≈ VPO *f.*

hochet [ˈɔʃɛ] *nm* sonajero *m.*

hockey [ˈɔkɛ] *nm* SPORT hockey *m.*

holding [ˈɔldiŋ] *nm ou nf* holding *m.*

hold-up [ˈɔldœp] *nm inv* atraco *m* a mano armada.

Hollande [ˈɔlɑ̃d] *nf* : la ~ Holanda; en ~ [direction] a Holanda; [situation] en Holanda.

holocauste [ɔlokost] *nm* holocausto *m.*

homard [ˈɔmar] *nm* bogavante *m.*

homéopathe [ɔmeɔpat] ◇ *nmf* homeópata *mf.* ◇ *adj* homeopático(ca).

homéopathie [ɔmeɔpati] *nf* homeopatía *f.*

homicide [ɔmisid] ◇ *nm* homicidio *m.* ◇ *adj* homicida.

hommage [ɔmaʒ] *nm* homenaje *m*; rendre ~ à qqn/à qqch rendir homenaje a alguien/a algo.

homme [ɔm] *nm* hombre *m*; ~ d'affaires hombre de negocios; ~ de plume hombre de letras; ~ lige vasallo *m.*

homme-grenouille *nm* hombre rana *m.*

homogène [ɔmɔʒɛn] *adj* homogéneo(a).

homologue [ɔmɔlɔg] *adj & nm* homólogo(ga).

homonyme [ɔmɔnim] *nm* homónimo *m.*

homosexualité [ɔmɔsɛksɥalite] *nf* homosexualidad *f.*

homosexuel, elle [ɔmɔsɛksɥɛl] *adj & nm, f* homosexual.

Honduras [ˈɔ̃dyras] *nm* : le ~ Honduras; au ~ [direction] a Honduras; [situation] en Honduras.

hondurien, enne [ˈɔ̃dyrjɛ̃, ɛn] *adj* hondureño(ña).

Hongkong, Hong Kong [ˈɔ̃gkɔ̃g] *n* Hong Kong.

Hongrie [ˈɔ̃gri] *nf* : la ~ Hungría.

honnête [ɔnɛt] *adj* **-1.** [gén] honesto(ta). **-2.** [résultat] satisfactorio(ria).

honnêtement [ɔnɛtmɑ̃] *adv* **-1.** [loyalement] honestamente. **-2.** [convenablement] satisfactoriamente. **-3.** [franchement] sinceramente.

honnêteté [ɔnɛtte] *nf* honestidad *f.*

honneur [ɔnœr] *nm* **-1.** [gén] honor *m*; à qui ai-je l'~ ? *sout* ¿con quién tengo el honor? **-2.** [dignité, fierté] honor *m*, honra *f*; faire ~ à qqch/à qqn hacer honor a algo/a alguien; faire ~ à qqch [apprécier] hacer los honores a algo.

honorable [ɔnɔrabl] *adj* **-1.** [personne, profession] honorable. **-2.** [somme] razonable.

honorablement [ɔnɔrabləmɑ̃] *adv* honradamente.

honoraire [ɔnɔrer] *adj* honorario(ria). ◆ **honoraires** *nmpl* honorarios *mpl.*

honorer [ɔnɔre] *vt* **-1.** [gén] honrar. **-2.** [dette] liquidar; [chèque, paiement] hacer efectivo.

honte [ˈɔ̃t] *nf* vergüenza *f Esp*, pena *f Amér*; avoir ~ de qqch/de faire qqch tener vergüenza ou avergonzarse de algo/de hacer algo; avoir ~ de qqn avergonzarse de alguien.

hôpital, aux [ɔpital, o] *nm* hospital *m.*

hoquet [ˈɔkɛ] *nm* hipo *m.*

horaire [ɔrer] ◇ *nm* horario *m.* ◇ *adj* [prix] por horas.

horizon [ɔrizɔ̃] *nm* horizonte *m.*

horizontal, e, aux [ɔrizɔ̃tal, o] *adj* horizontal. ◆ **horizontale** *nf* MATHS horizontal *f.*

horloge [ɔrlɔʒ] *nf* reloj *m.*

horloger, ère [ɔrlɔʒe, ɛr] *adj & nm, f* relojero(ra).

hormis [ɔrmi] *prép sout* menos, excepto.

hormone [ɔrmɔn] *nf* hormona *f.*

horodateur [ɔrodatœr] *nm* parquímetro *m.*

horoscope [ɔrɔskɔp] *nm* horóscopo *m.*

horreur [ɔrœr] *nf* horror *m*; **avoir ~ de qqch/de qqn/de faire qqch** dar horror algo/alguien/hacer algo. ◆ **horreurs** *nfpl* horrores *mpl.*

horrible [ɔribl] *adj* **–1.** [affreux] horrible. **–2.** *fig* [terrible] terrible.

horrifier [ɔrifje] *vt* horrorizar.

horripiler [ɔripile] *vt* horripilar.

hors [ɔr] ◆ **hors de** *loc prép* [à l'extérieur de] fuera de.

hors-bord *nm inv* fueraborda *m.*

hors-d'œuvre *nm inv* entremés *m.*

hors-jeu *nm inv* fuera de juego *m.*

hors-la-loi *nm inv* fuera de la ley *m*, forajido *m.*

hors-piste, hors-pistes *nm inv* esquí *m* fuera de pista.

hortensia [ɔrtɑ̃sja] *nm* hortensia *f.*

horticulture [ɔrtikyltyr] *nf* horticultura *f.*

hospice [ɔspis] *nm* hospicio *m.*

hospitalier, ère [ɔspitalje, ɛr] *adj* hospitalario(ria).

hospitalisation [ɔspitalizasjɔ̃] *nf* hospitalización *f.*

hospitaliser [ɔspitalize] *vt* hospitalizar *f.*

hospitalité [ɔspitalite] *nf* hospitalidad *f.*

hostie [ɔsti] *nf* RELIG hostia *f.*

hostile [ɔstil] *adj* hostil; **~ à qqn/à qqch** hostil a alguien/a algo.

hostilité [ɔstilite] *nf* hostilidad *f.* ◆ **hostilités** *nfpl* hostilidades *fpl.*

hôte, hôtesse [ot, otɛs] *nm, f* anfitrión *m*, -ona *f.* ◆ **hôte** *nmf* huésped *mf.* ◆ **hôtesse (de l'air)** *nf* azafata *f.*

hôtel [otɛl] *nm* **–1.** [hébergement] hotel *m.* **–2.** [demeure] palacete *m.*

hôtelier, ère [otəlje, ɛr] *adj & nm, f* hotelero(ra).

hotte [ɔt] *nf* **–1.** [panier] cuévano *m.* **–2.** [d'aération] campana *f.*

houblon [ublɔ̃] *nm* lúpulo *m.*

houille [uj] *nf* hulla *f.*

houiller, ère [uje, ɛr] *adj* hullero(ra). ◆ **houillère** *nf* yacimiento *m* de hulla.

houle [ul] *nf* marejadilla *f.*

houlette [ulɛt] *nf sout* : **sous la ~ de qqn** bajo la dirección de alguien.

houppe [up] *nf* **–1.** [à poudre] borla *f.* **–2.** [de cheveux] tupé *m.*

hourra, hurrah [ura] ◇ *nm* hurra *m.* ◇ *interj* ¡hurra!

houspiller [uspije] *vt* reprender.

housse [us] *nf* funda *f.*

houx [u] *nm* acebo *m.*

HS *abr de* hors service.

HT ◇ *adj* (*abr de* hors taxe) IVA no incluido, sin IVA; **300F ~** 300 F, sin IVA. ◇ *nf* (*abr de* haute tension) AT.

hublot [yblo] *nm* **–1.** [de bateau] ojo *m* de buey; [d'avion] ventanilla *f.* **–2.** [de four] puerta *f.*

huche [yʃ] *nf* arca *f.*

huées [ɥe] *nfpl* abucheo *m.*

huer [ɥe] *vt* abuchear.

huile [ɥil] *nf* **–1.** [gén] aceite *m.* **–2.** [peinture] óleo *m.* **–3.** *fam* [personnalité] pez *m* gordo.

huis [ɥi] *nm* : **à ~ clos** a puerta cerrada.

huissier [ɥisje] *nm* **–1.** [appariteur] bedel *m.* **–2.** JUR *de* alguacil *m* judicial.

huit [ɥit] ◇ *adj num* ocho. ◇ *nm* ocho *m*; *voir aussi* **six**.

huitième [ɥitjɛm] ◇ *adj num & nmf* octavo(va). ◇ *nm* octavo *m*, octava parte *f.* ◇ *nf* **–1.** [championnat] : **~ de finale** octavos *mpl* de final. **–2.** [classe] ≃ cuarto de EGB.; *voir aussi* **sixième**.

huître [ɥitr] *nf* ostra *f.*

humain, e [ymɛ̃, ɛn] *adj* humano(na). ◆ **humain** *nm* humano *m.*

humanitaire [ymanitɛr] *adj* humanitario(ria).

humanité [ymanite] *nf* humanidad *f.*

humble [œ̃bl] *adj* humilde.

humecter [ymɛkte] *vt* humedecer. ◆ **s'humecter** *vp* humedecerse.

humer [yme] *vt* aspirar (*oler*).

humérus [ymerys] *nm* ANAT húmero *m.*

humeur [ymœr] *nf* **–1.** [caractère, disposition] humor *m*; **être d'~ à faire qqch** estar de humor para hacer algo. **–2.** [irritation] mal humor *m.*

humide [ymid] *adj* húmedo(da).

humidité [ymidite] *nf* humedad *f.*

humiliation [ymiljasjɔ̃] *nf* humillación *f.*

humilier [ymilje] *vt* humillar. ◆ **s'humilier** *vp* : **s'~ devant qqn** humillarse ante alguien.

humilité [ymilite] *nf* humildad *f.*

humoristique [ymɔristik] *adj* humorístico(ca).

humour [ymur] *nm* humor *m.*

humus [ymys] *nm* humus *m*, mantillo *m*.

huppé, e ['ype] *adj* de alto copete.

hurlement ['yrləmã] *nm* alarido *m*, aullido *m*.

hurler ['yrle] *vi* **-1.** [crier] aullar. **-2.** [couleurs] darse bofetadas.

hurrah = **hourra**.

hutte ['yt] *nf* choza *f Esp*, mediagua *f Amér*.

hybride [ibrid] *adj & nmf* híbrido(da).

hydratant, e [idratã, ãt] *adj* hidratante.

hydrater [idrate] *vt* hidratar.

hydraulique [idrolik] <> *adj* hidráulico(ca). <> *nf* SCIENCES hidráulica *f*.

hydravion [idravjɔ̃] *nm* hidroavión *m*.

hydrocarbure [idrokarbyr] *nm* hidrocarburo *m*.

hydrocution [idrokysjɔ̃] *nf* MÉD hidrocución *f*.

hydroélectrique [idroelɛktrik] *adj* hidroeléctrico(ca).

hydrogène [idroʒɛn] *nm* hidrógeno *m*.

hydroglisseur [idrogliscœr] *nm* hidroplano *m*.

hydrophile [idrofil] *adj* [absorbant] hidrófilo(la).

hyène [jɛn] *nf* hiena *f*.

hygiène [iʒjɛn] *nf* higiene *f*.

hygiénique [iʒjenik] *adj* higiénico(ca).

hymen [imɛn] *nm* **-1.** ANAT himen *m*. **-2.** *sout* [mariage] himeneo *m*.

hymne [imn] *nm* himno *m*.

hypermarché [ipɛrmarʃe] *nm* hipermercado *m*.

hypermétrope [ipɛrmetrɔp] *adj & nmf* hipermétrope.

hypernerveux, euse [ipɛrnɛrvø, øz] *adj & nm, f* hipernervioso(sa).

hypertendu, e [ipɛrtãdy] *adj & nm, f* hipertenso(sa).

hypertension [ipɛrtãsjɔ̃] *nf* MÉD hipertensión *f*.

hypertrophié, e [ipɛrtrɔfje] *adj* hipertrofiado(da).

hypnotiser [ipnɔtize] *vt* hipnotizar; **être hypnotisé par qqch** estar hipnotizado por algo.

hypocondriaque [ipokɔ̃drijak] *adj & nmf* hipocondríaco(ca).

hypocrisie [ipokrizi] *nf* hipocresía *f*.

hypocrite [ipokrit] *adj & nmf* hipócrita.

hypoglycémie [ipɔglisemi] *nf* hipoglucemia *f*.

hypophyse [ipofiz] *nf* ANAT hipófisis *f inv*.

hypotension [ipotãsjɔ̃] *nf* MÉD hipotensión *f*.

hypothèque [ipotɛk] *nf* JUR hipoteca *f*.

hypothéquer [ipɔteke] *vt* hipotecar.

hypothèse [ipɔtɛz] *nf* hipótesis *f inv*.

hystérie [isteri] *nf* histeria *f*.

hystérique [isterik] *adj & nmf* histérico(ca).

I

i, I [i] *nm inv* i *f*, I *f*.

iceberg [ajsbɛrg] *nm* iceberg *m*.

ici [isi] *adv* **-1.** [lieu, temps] aquí; **d'~ là** para entonces; **il sera revenu d'~ là** para entonces ya habrá vuelto; **par ~** por aquí. **-2.** [au téléphone] : **~ Charles** soy Charles.

icône [ikon] *nf* INFORM & RELIG icono *m*.

iconographie [ikɔnografi] *nf* iconografía *f*.

idéal, e [ideal] (*pl* **idéals** OU **idéaux** [ideo]) *adj* ideal. **◆ idéal** *nm* ideal *m*.

idéalisme [idealism] *nm* idealismo *m*.

idée [ide] *nf* idea *f*.

identification [idãtifikasjɔ̃] *nf* identificación *f*; **~ à qqn/à qqch** PSYCHOL identificación con alguien/con algo.

identifier [idãtifje] *vt* **-1.** [gén] identificar. **-2.** [assimiler] : **~ qqn à qqch/à qqn** identificar a alguien con algo/con alguien. **◆ s'identifier** *vp* : **s'~ à qqn/à qqch** identificarse con alguien/con algo.

identique [idãtik] *adj* idéntico(ca); **~ à qqch/à qqn** idéntico a algo/a alguien.

identité [idãtite] *nf* [gén] identidad *f*.

idéologie [ideɔlɔʒi] *nf* ideología *f*.

idiomatique [idjɔmatik] *adj* LING idiomático(ca).

idiot, e [idjo, ɔt] <> *nm, f* idiota *mf*, tonto *m*, -ta *f Esp*, sonso *m*, -sa *f Amér*. <> *adj* **-1.** [chose] tonto(ta). **-2.** [personne] idiota, tonto(ta) *Esp*, sonso(sa) *Amér*. **-3.** MÉD idiota.

idiotie [idjɔsi] *nf* **-1.** [stupidité & MÉD] idiotez *f*. **-2.** [action, parole] idiotez *f*, tontería *f*.

idolâtrer [idɔlatre] *vt* idolatrar.

idole [idɔl] *nf* ídolo *m*.

idylle [idil] *nf* idilio *m*.

idyllique [idilik] *adj* idílico(ca).

if [if] *nm* tejo *m*.

igloo, iglou [iglu] *nm* iglú *m*.

ignare [iɲar] *adj & nmf* ignorante.

ignoble [iɲɔbl] *adj* -1. [abject] innoble. -2. [hideux] inmundo(da).

ignominie [iɲɔmini] *nf* -1. [gén] ignominia *f*. -2. [chose ignoble] infamia *f*.

ignorance [iɲɔrɑ̃s] *nf* [inculture] ignorancia *f*.

ignorant, e [iɲɔrɑ̃, ɑ̃t] <> *nm, f* ignorante *mf*. <> *adj* [inculte] ignorante.

ignorer [iɲɔre] *vt* ignorar; ~ **que** ignorar que.

il [il] *pron pers* -1. [représentant une personne OU une chose] él *(n'est pas toujours exprimé)*; ~ **n'est jamais chez lui** nunca está en casa; ~ **voyage beaucoup** viaja mucho. -2. [sujet d'un verbe impersonnel] : ~ **pleut** llueve; ~ **fait beau** hace buen tiempo.

île [il] *nf* isla *f*.

illégal, e, aux [ilegal, o] *adj* ilegal.

illégalité [ilegalite] *nf* -1. [fait d'être illégal] ilegalidad *f*. -2. [action illégale] : **c'est une** ~ es ilegal.

illégitime [ileʒitim] *adj* -1. [union, enfant] ilegítimo(ma). -2. [crainte, prétention] infundado(da).

illettré, e [iletre] *adj & nm, f* iletrado(da).

illicite [ilisit] *adj* ilícito(ta).

illimité, e [ilimite] *adj* -1. [sans limite] ilimitado(da). -2. [indéterminé] indeterminado(da).

illisible [ilizibl] *adj* ilegible.

illogique [ilɔʒik] *adj* ilógico(ca).

illumination [ilyminasjɔ̃] *nf* -1. [gén] iluminación *f*. -2. [idée soudaine] inspiración *f*.

illuminer [ilymine] *vt* iluminar. ◆ **s'illuminer** *vp* : **s'~ de qqch** iluminarse de algo.

illusion [ilyzjɔ̃] *nf* ilusión *f*.

illusoire [ilyzwar] *adj* ilusorio(ria).

illustration [ilystrasjɔ̃] *nf* ilustración *f*.

illustre [ilystr] *adj* ilustre.

illustré, e [ilystre] *adj* ilustrado(da). ◆ **illustré** *nm* revista *f* ilustrada.

illustrer [ilystre] *vt* -1. [gén] ilustrar. -2. [rendre célèbre] hacer ilustre. ◆ **s'illustrer** *vp* destacar.

ilôt [ilo] *nm* -1. [petite île] islote *m*. -2. [de maisons] manzana *f Esp*, cuadra *f Amér*. -3. *fig* [lieu isolé] oasis *m inv*. -4. *fig* [groupe isolé] foco *m*.

image [imaʒ] *nf* -1. [gén] imagen *f*. -2. [reproduction] estampa *f*.

imaginaire [imaʒinɛr] <> *adj* imaginario(ria). <> *nm* imaginario *m*.

imagination [imaʒinasjɔ̃] *nf* -1. [gén] imaginación *f*. -2. *(gén pl)* sout [chimère] capricho *m*.

imaginer [imaʒine] *vt* -1. [gén] imaginar. -2. [trouver] idear. ◆ **s'imaginer** *vp* imaginarse.

imam [imam] *nm* RELIG imán *m*.

imbattable [ɛ̃batabl] *adj* -1. [champion] invencible. -2. [record, prix] insuperable.

imbécile [ɛ̃besil] *adj & nmf* imbécil.

imberbe [ɛ̃bɛrb] *adj* imberbe.

imbiber [ɛ̃bibe] *vt* : ~ **qqch de qqch** empapar algo en algo; **être imbibé** *fam* estar como una cuba.

imbriqué, e [ɛ̃brike] *adj* imbricado(da).

imbroglio [ɛ̃brɔglijo] *nm* enredo *m*.

imbu, e [ɛ̃by] *adj* : **être ~ de qqch** [de préjugés] estar lleno(na) de algo; [de sa supériorité] estar convencido(da) de algo; **être ~ de soi-même** estar pagado de sí mismo.

imbuvable [ɛ̃byvabl] *adj* -1. [eau] no potable. -2. *fam* [personne] insoportable.

imitateur, trice [imitatœr, tris] *nm, f* imitador *m*, -ra *f*.

imitation [imitasjɔ̃] *nf* imitación *f*.

imiter [imite] *vt* -1. [style, conduite] imitar. -2. [signature] falsificar.

immaculé, e [imakyle] *adj* inmaculado(da).

immangeable [ɛ̃mɑ̃ʒabl] *adj* incomible.

immanquable [ɛ̃mɑ̃kabl] *adj* infalible.

immatriculation [imatrikylasjɔ̃] *nf* -1. [de personne] matriculación *f*. -2. [de véhicule] matrícula *f*.

immédiat, e [imedja, at] *adj* -1. [dans le temps] inmediato(ta). -2. [dans l'espace] más cercano(na).

immédiatement [imedjatmɑ̃] *adv* inmediatamente.

immense [imɑ̃s] *adj* inmenso(sa).

immerger [imɛrʒe] *vt* sumergir. ◆ **s'immerger** *vp* sumergirse.

immérité, e [imerite] *adj* inmerecido(da).

immeuble [imœbl] *adj & nm* inmueble.

immigration [imigrasjɔ̃] *nf* inmigración *f*.

immigré, e [imigre] *adj & nm, f* inmigrado(da).

immigrer [imigre] *vi* inmigrar.

imminent, e [iminã, ãt] *adj* inminente.

immiscer [imise] ◆ **s'immiscer** *vp* : **s'~ dans qqch** inmiscuirse en algo.

immobile [imɔbil] *adj* **-1.** [personne, mécanisme] inmóvil; [visage] imperturbable. **-2.** *fig* [tradition, institution] arraigado(da).

immobilier, ère [imɔbilje, ɛr] *adj* **-1.** JUR [bien] inmueble. **-2.** [transaction, agent] inmobiliario(ria).

immobiliser [imɔbilize] *vt* inmovilizar. ◆ **s'immobiliser** *vp* **-1.** [personne] quedarse inmóvil. **-2.** [mécanisme] inmovilizarse.

immobilité [imɔbilite] *nf* **-1.** [gén] inmovilidad *f.* **-2.** [de paysage] quietud *f.*

immodéré, e [imɔdere] *adj* **-1.** [dépense] desmesurado(da). **-2.** [désir] desmedido(da).

immoler [im(m)ɔle] *vt* **-1.** RELIG inmolar. **-2.** *sout* [sacrifier] : ~ **qqch à qqn/à qqch** sacrificar algo por alguien/por algo. **-3.** [tuer] : ~ **qqn à qqch** inmolar a alguien en aras de algo. ◆ **s'immoler** *vp* inmolarse.

immonde [im(m)ɔd] *adj* inmundo(da).

immondices [im(m)ɔdis] *nfpl* inmundicias *fpl.*

immoral, e, aux [imɔral, o] *adj* inmoral.

immortaliser [imɔrtalize] *vt* inmortalizar.

immortel, elle [imɔrtɛl] *adj* inmortal.

immuable [im(m)ɥabl] *adj* **-1.** [loi] inmutable. **-2.** [personne, attitude] inflexible.

immuniser [im(m)ynize] *vt* inmunizar; ~ **qqn contre qqch** inmunizar a alguien contra algo.

immunité [im(m)ynite] *nf* inmunidad *f;* ~ **diplomatique/parlementaire** inmunidad diplomática/parlamentaria.

impact [ɛpakt] *nm* [gén & COMM] impacto *m;* **avoir de l'~ sur qqch** tener (un) impacto sobre algo.

impair, e [ɛpɛr] *adj* impar. ◆ **impair** *nm* [faux-pas] : **commettre un ~** cometer una torpeza.

imparable [ɛparabl] *adj* **-1.** [coup] imparable. **-2.** [argument] irrefutable.

impardonnable [ɛpardɔnabl] *adj* imperdonable.

imparfait, e [ɛparfɛ, ɛt] *adj* imperfecto(ta). ◆ **imparfait** *nm* GRAM pretérito *m* imperfecto.

impartial, e, aux [ɛparsjal, o] *adj* imparcial.

impartir [ɛpartir] *vt* conceder; ~ **qqch à qqn** conceder algo a alguien.

impasse [ɛpas] *nf* **-1.** [rue, difficulté] callejón *m* sin salida. **-2.** SCOL & UNIV *temas que un alumno no ha estudiado de un temario.* **-3.** [aux cartes] impasse *m.*

impassible [ɛpasibl] *adj* impasible.

impatience [ɛpasjãs] *nf* impaciencia *f.*

impatient, e [ɛpasjã, ãt] *adj* impaciente.

impatienter [ɛpasjãte] *vt* impacientar. ◆ **s'impatienter** *vp* impacientarse.

impayé, e [ɛpeje] *adj* impagado(da). ◆ **impayé** *nm* impagado *m.*

impeccable [ɛpekabl] *adj* impecable.

impénétrable [ɛpenetrabl] *adj* impenetrable.

impensable [ɛpãsabl] *adj* impensable.

impératif, ive [ɛperatif, iv] *adj* imperativo(va). ◆ **impératif** *nm* imperativo *m.*

impératrice [ɛperatris] *nf* emperatriz *f.*

imperceptible [ɛpɛrsɛptibl] *adj* imperceptible.

imperfection [ɛpɛrfɛksjɔ] *nf* imperfección *f.*

impérialisme [ɛperjalism] *nm* **-1.** POLIT imperialismo *m.* **-2.** *fig* [domination] imperio *m.*

impérieux, euse [ɛperjø, øz] *adj* imperioso(sa).

impérissable [ɛperisabl] *adj* imperecedero(ra).

imperméabiliser [ɛpɛrmeabilize] *vt* impermeabilizar.

imperméable [ɛpɛrmeabl] ◇ *adj* [étanche] impermeable; **être ~ à qqch** *fig* [personne] ser insensible a algo. ◇ *nm* impermeable *m.*

impersonnel, elle [ɛpɛrsɔnɛl] *adj* impersonal.

impertinence [ɛpɛrtinãs] *nf* impertinencia *f.*

impertinent, e [ɛpɛrtinã, ãt] *adj & nm, f* impertinente.

imperturbable [ɛpɛrtyrbabl] *adj* imperturbable.

impétueux, euse [ɛpetɥø, øz] *adj* impetuoso(sa).

impie [ɛpi] *adj & nmf* *sout & vieilli* impío(a).

impitoyable [ɛpitwajabl] *adj* despiadado(da).

implacable [ɛplakabl] *adj* implacable.

implanter [ɛ̃plɑ̃te] vt implantar. ◆ **s'implanter** vp [personne] establecerse; [usine, entreprise] implantarse.

implication [ɛ̃plikasjɔ̃] nf implicación f.

implicite [ɛ̃plisit] adj implícito(ta).

impliquer [ɛ̃plike] vt implicar; ~ **qqn dans qqch** implicar a alguien en algo. ◆ **s'impliquer** vp : **s'~ dans qqch** implicarse en algo.

implorer [ɛ̃plɔre] vt sout implorar.

implosion [ɛ̃plozjɔ̃] nf implosión f.

impoli, e [ɛ̃pɔli] adj -1. [personne] mal educado(mal educada). -2. [remarque, attitude] descortés.

impopulaire [ɛ̃pɔpylɛr] adj impopular.

impopularité [ɛ̃pɔpylarite] nf impopularidad f.

importance [ɛ̃pɔrtãs] nf importancia f; **se donner de l'~** darse importancia.

important, e [ɛ̃pɔrtã, ãt] adj importante.

importation [ɛ̃pɔrtasjɔ̃] nf importación f.

importer [ɛ̃pɔrte] ◇ vt importar. ◇ vi importar; **il importe de** es importante; **il importe que** (+ subjonctif) es importante que (+ subjuntivo); **il importe qu'il parle espagnol** es importante que hable español; ~ **à** qqn importar a alguien; **n'importe qui** cualquiera; **n'importe quoi** cualquier cosa; **peu importe!** ¡importa poco!, ¡da igual!; **qu'importe!** ¡no importa!, ¡da igual!; **qu'importe que** qué importa que, da igual que.

import-export nm importación f y exportación.

importuner [ɛ̃pɔrtyne] vt importunar.

imposable [ɛ̃pozabl] adj imponible.

imposant, e [ɛ̃pozã, ãt] adj -1. [gén] imponente. -2. [somme] considerable.

imposé, e [ɛ̃poze] ◇ adj -1. [revenu] impuesto. -2. SPORT [figure, exercice] obligatorio(ria). ◇ nm, f [contribuable] contribuyente mf.

imposer [ɛ̃poze] ◇ vt -1. [gén] imponer; ~ **qqch à qqn** imponer algo a alguien. -2. [taxer] gravar. ◇ vi : **en ~ à qqn** [l'impressioner] imponer a alguien. ◆ **s'imposer** vp -1. [gén] imponerse. -2. [règle] : **s'~ de faire qqch** obligarse a hacer algo.

impossibilité [ɛ̃pɔsibilite] nf -1. [incapacité] imposibilidad f; **être dans l'~ de** encontrarse en la imposibilidad de. -2. [chose impossible] imposible m.

impossible [ɛ̃pɔsibl] ◇ adj imposible. ◇ nm : **l'~** lo imposible; **tenter l'~** intentar lo imposible.

imposteur [ɛ̃pɔstœr] nm impostor m, -ra f.

impôt [ɛ̃po] nm impuesto m; ~ **sur le revenu** impuesto sobre la renta.

impotent, e [ɛ̃pɔtã, ãt] adj impedido(da).

impraticable [ɛ̃pratikabl] adj impracticable.

imprécation [ɛ̃prekasjɔ̃] nf sout imprecación f.

imprécis, e [ɛ̃presi, iz] adj impreciso(sa).

imprégner [ɛ̃preɲe] vt impregnar; ~ **qqch de qqch** [imbiber] impregnar algo de algo; ~ **qqn de qqch** fig impregnar a alguien de algo. ◆ **s'imprégner** vp : **s'~ de qqch** fig [s'imbiber] impregnarse de algo.

imprenable [ɛ̃prənabl] adj [forteresse] inexpugnable.

imprésario, impresario [ɛ̃presarjo] nm agente m (de un artista).

impression [ɛ̃presjɔ̃] nf -1. [gén] impresión f; **avoir l'~ que** tener la impresión de que; **faire ~** causar impresión. -2. [de livre] impresión f; [d'étoffe] estampado m.

impressionner [ɛ̃presjɔne] vt impresionar.

impressionnisme [ɛ̃presjɔnism] nm ART impresionismo m.

imprévisible [ɛ̃previzibl] adj imprevisible.

imprévu, e [ɛ̃prevy] adj imprevisto(ta). ◆ **imprévu** nm imprevisto m.

imprimante [ɛ̃primãt] nf impresora f.

imprimer [ɛ̃prime] vt -1. [gén] imprimir. -2. [tissu] estampar. -3. sout [sentiment] infundir.

imprimerie [ɛ̃primri] nf imprenta f.

improbable [ɛ̃prɔbabl] adj improbable.

improductif, ive [ɛ̃prɔdyktif, iv] adj & nm, f improductivo(va).

impromptu, e [ɛ̃prɔ̃pty] adj improvisado(da).

impropre [ɛ̃prɔpr] adj -1. GRAM [mot, tournure] impropio(pia). -2. [inadapté] : ~ **à qqch** no apto(ta) para algo.

improvisé, e [ɛ̃prɔvize] adj improvisado(da).

improviser [ɛ̃prɔvize] vt improvisar. ◆ **s'improviser** vp -1. [s'organiser] improvisarse. -2. [devenir] hacer las veces de.

improviste [ɛ̃prɔvist] ◆ **à l'improviste** loc adv de improviso.

imprudence [ɛ̃prydãs] nf imprudencia f.

imprudent, e [ɛ̃prydã, ãt] adj & nm, f imprudente.

impubère [ɛ̃pybɛr] adj & nmf impúber.

impudent, e [ɛ̃pydɑ̃, ɑ̃t] *adj & nm, f* impudente.

impudique [ɛ̃pydik] *adj* impúdico(ca).

impuissant, e [ɛ̃pɥisɑ̃, ɑ̃t] *adj* **-1.** [gén] impotente. **-2.** [incapable de] : ~ **à faire qqch** incapaz de hacer algo. ◆ **impuissant** *nm* impotente *m*.

impulsif, ive [ɛ̃pylsif, iv] *adj & nm, f* impulsivo(va).

impulsion [ɛ̃pylsjɔ̃] *nf* impulso *m*; **sous l'**~ **de qqch/de qqn** bajo el impulso de algo/de alguien.

impunément [ɛ̃pynemɑ̃] *adv* impunemente.

impunité [ɛ̃pynite] *nf* impunidad *f*; **en toute** ~ con toda impunidad.

impur, e [ɛ̃pyr] *adj* impuro(ra).

impureté [ɛ̃pyrte] *nf* impureza *f*.

imputer [ɛ̃pyte] *vt* : ~ **qqch à qqn** [accuser] imputar algo a alguien; ~ **qqch à qqch** [expliquer par] imputar algo a algo.

imputrescible [ɛ̃pytresibl] *adj* imputrescible.

inabordable [inabɔrdabl] *adj* **-1.** [prix] prohibitivo(va). **-2.** [côte, île, personne] inaccesible, inabordable.

inacceptable [inaksɛptabl] *adj* inaceptable.

inaccessible [inaksesibl] *adj* **-1.** [gén] inaccesible; ~ **à qqn** inaccesible a alguien. **-2.** [insensible] : ~ **à qqch** insensible a algo.

inaccoutumé, e [inakutyme] *adj* inusual.

inaction [inaksjɔ̃] *nf* inacción *f*.

inactivité [inaktivite] *nf* **-1.** [oisiveté] inactividad *f*. **-2.** ADMIN [congé] excedencia *f*.

inadapté, e [inadapte] ◇ *adj* **-1.** [non propice, inadéquat] : ~ **à qqch** inadecuado(da) para algo. **-2.** [personne] inadaptado(da). ◇ *nm, f* inadaptado *m*, -da *f*.

inadmissible [inadmisibl] *adj* inadmisible.

inadvertance [inadvɛrtɑ̃s] *nf sout* inadvertencia; **par** ~ por inadvertencia.

inaliénable [inaljenabl] *adj* JUR inalienable.

inaltérable [inalterabl] *adj* inalterable.

inamovible [inamɔvibl] *adj* fijo(ja).

inanimé, e [inanime] *adj* inanimado(da).

inanité [inanite] *nf* inanidad *f*.

inanition [inanisjɔ̃] *nf* : **tomber/mourir d'**~ desfallecer/morirse de inanición.

inaperçu, e [inapɛrsy] *adj* inadvertido(da).

inappliqué, e [inaplike] *adj* **-1.** [élève] desaplicado(da). **-2.** [méthode] no aplicado(no aplicada).

inappréciable [inapresjabl] *adj* inapreciable.

inapprochable [inaproʃabl] *adj* : **il est vraiment** ~ **en ce moment** lleva unos días verdaderamente insoportable.

inapte [inapt] *adj* **-1.** [incapable] : ~ **à qqch/à faire qqch** inepto(ta) para algo/para hacer algo. **-2.** MIL [réformé] inútil.

inattaquable [inatakabl] *adj* **-1.** [forteresse] inatacable. **-2.** [réputation] irreprochable. **-3.** [argument, preuve] irrefutable.

inattendu, e [inatɑ̃dy] *adj* inesperado(da).

inattention [inatɑ̃sjɔ̃] *nf* falta *f* de atención.

inaudible [inodibl] *adj* inaudible.

inauguration [inogyrasjɔ̃] *nf* inauguración *f*.

inaugurer [inogyre] *vt* inaugurar.

inavouable [inavwabl] *adj* **-1.** [intention] inconfesable. **-2.** [avantage] vergonzoso(sa).

inca [ɛ̃ka] *adj* inca.

incalculable [ɛ̃kalkylabl] *adj* incalculable.

incandescence [ɛ̃kɑ̃desɑ̃s] *nf* incandescencia *f*.

incantation [ɛ̃kɑ̃tasjɔ̃] *nf* encantamiento *m*.

incapable [ɛ̃kapabl] ◇ *adj* : ~ **de faire qqch** incapaz de hacer algo. ◇ *nmf* incapaz *mf*.

incapacité [ɛ̃kapasite] *nf* incapacidad *f*; ~ **à/de faire qqch** incapacidad para/de hacer algo.

incarcération [ɛ̃karserasjɔ̃] *nf* encarcelamiento *m*.

incarner [ɛ̃karne] *vt* encarnar.

incartade [ɛ̃kartad] *nf* extravagancia *f*.

incassable [ɛ̃kasabl] *adj* irrompible.

incendie [ɛ̃sɑ̃di] *nm* [feu] incendio *m*.

incendier [ɛ̃sɑ̃dje] *vt* **-1.** [mettre le feu à] incendiar. **-2.** *sout* [faire rougir] sonrojar. **-3.** *fam* [réprimander] abroncar.

incertain, e [ɛ̃sɛrtɛ̃, ɛn] *adj* **-1.** [pronostic, réussite, durée] incierto(ta). **-2.** [personne] inseguro(ra). **-3.** [temps] inestable. **-4.** [lumière, contour] borroso(sa).

incertitude [ɛ̃sɛrtityd] *nf* **-1.** [gén] incertidumbre *f*. **-2.** MATHS & PHYS indeterminación *f*.

incessamment [ɛ̃sesamɑ̃] *adv* inmediatamente.

incessant, e [ɛ̃sesɑ̃, ɑ̃t] *adj* incesante.

inceste [ɛ̃sɛst] *nm* incesto *m*.

inchangé, e [ɛ̃ʃɑ̃ʒe] *adj* igual *(sin cambiar)*.

incidence [ɛsidɑ̃s] *nf* incidencia *f.*

incident, e [ɛsidɑ̃, ɑ̃t] *adj* **-1.** [gén] incidental. **-2.** PHYS incidente. ◆ **incident** *nm* incidente *m.*

incinérer [ɛsinere] *vt* incinerar.

inciser [ɛsize] *vt* hacer una incisión en.

incisif, ive [ɛsizif, iv] *adj* incisivo(va). ◆ **incisive** *nf* incisivo *m.*

inciter [ɛsite] *vt* : ~ **qqn à qqch/à faire qqch** incitar a alguien a algo/a hacer algo.

inclassable [ɛklasabl] *adj* inclasificable.

inclinable [ɛklinabl] *adj* abatible.

inclinaison [ɛklinɛzɔ̃] *nf* inclinación *f.*

inclination [ɛklinasjɔ̃] *nf* inclinación *f.*

incliner [ɛkline] *vt* [pencher] inclinar. ◆ **s'incliner** *vp* [se pencher] inclinarse; **s'~ devant qqch** [respecter, céder] inclinarse ante algo; **s'~ devant qqn** [se soumettre] inclinarse ante alguien.

inclure [ɛklyr] *vt* incluir; ~ **qqch dans qqch** incluir algo en algo.

inclus, e [ɛkly, yz] *pp* → **inclure**.

incoercible [ɛkɔɛrsibl] *adj sout* incoercible.

incognito [ɛkɔɲito] ◇ *adv* de incógnito. ◇ *nm* incógnito *m.*

incohérence [ɛkɔerɑ̃s] *nf* incoherencia *f.*

incohérent, e [ɛkɔerɑ̃, ɑ̃t] *adj* incoherente.

incollable [ɛkɔlabl] *adj* **-1.** [riz] que no se pega. **-2.** *fam* [personne] que tiene respuesta para todo.

incolore [ɛkɔlɔr] *adj* incoloro(ra).

incomber [ɛkɔ̃be] *vi* : ~ **à qqn** incumbir a alguien.

incombustible [ɛkɔ̃bystibl] *adj* incombustible.

incommensurable [ɛkɔmɑ̃syrabl] *adj* [immense] inconmensurable.

incommodant, e [ɛkɔmɔdɑ̃, ɑ̃t] *adj* incómodo(da).

incommoder [ɛkɔmɔde] *vt sout* incomodar.

incomparable [ɛkɔ̃parabl] *adj* **-1.** [sans pareil] incomparable. **-2.** [différent] distinto(ta).

incompatible [ɛkɔ̃patibl] *adj* incompatible.

incompétent, e [ɛkɔ̃petɑ̃, ɑ̃t] *adj* incompetente.

incomplet, ète [ɛkɔ̃plɛ, ɛt] *adj* incompleto(ta).

incompréhensible [ɛkɔ̃preɑ̃sibl] *adj* incomprensible.

incompréhensif, ive [ɛkɔ̃preɑ̃sif, iv] *adj* poco comprensivo(poco comprensiva).

incompris, e [ɛkɔ̃pri, iz] *adj & nm, f* incomprendido(da).

inconcevable [ɛkɔ̃s(ə)vabl] *adj* inconcebible.

inconciliable [ɛkɔ̃siljabl] *adj* irreconciliable.

inconditionnel, elle [ɛkɔ̃disjɔnɛl] ◇ *adj* **-1.** [gén] incondicional. **-2.** BIOL no condicionado(no condicionada). ◇ *nm, f* [personne] incondicional *mf.*

inconfortable [ɛkɔ̃fɔrtabl] *adj* incómodo(da).

incongru, e [ɛkɔ̃gry] *adj* incongruente.

inconnu, e [ɛkɔny] ◇ *adj* desconocido(da); ~ **de qqn** desconocido para alguien. ◇ *nm, f* desconocido *m*, -da *f.* ◆ **inconnue** *nf fig* MATHS incógnita *f.*

inconsciemment [ɛkɔ̃sjamɑ̃] *adv* inconscientemente.

inconscient, e [ɛkɔ̃sjɑ̃, ɑ̃t] *adj & nm, f* inconsciente. ◆ **inconscient** *nm* PSYCHANALYSE inconsciente *m.*

inconsidéré, e [ɛkɔ̃sidere] *adj* desconsiderado(da).

inconsistant, e [ɛkɔ̃sistɑ̃, ɑ̃t] *adj* inconsistente.

inconsolable [ɛkɔ̃sɔlabl] *adj* inconsolable.

incontestable [ɛkɔ̃tɛstabl] *adj* incontestable.

incontinent, e [ɛkɔ̃tinɑ̃, ɑ̃t] *adj & nm, f* incontinente.

incontournable [ɛkɔ̃turnabl] *adj* ineludible; **ce film est** ~ esta película hay que verla.

incontrôlable [ɛkɔ̃trolabl] *adj* incontrolable.

inconvenant, e [ɛkɔ̃vnɑ̃, ɑ̃t] *adj* inconveniente.

inconvénient [ɛkɔ̃venjɑ̃] *nm* inconveniente *m.*

incorporé, e [ɛkɔrpɔre] *adj* incorporado(da).

incorporer [ɛkɔrpɔre] *vt* : ~ **qqch à qqch** [mêler] incorporar algo a algo; ~ **qqch dans qqch** [insérer] incorporar algo a algo.

incorrect, e [ɛkɔrɛkt] *adj* incorrecto(ta).

incorrectement [ɛkɔrɛktəmɑ̃] *adv* incorrectamente.

incorrection [ɛkɔrɛksjɔ̃] *nf* incorrección *f.*

incorrigible [ɛkɔriʒibl] *adj* incorregible.

incorruptible [ɛkɔryptibl] *adj* incorruptible.

incrédule [ɛ̃kredyl] *adj & nmf* incrédulo(la).

increvable [ɛ̃krəvabl] *adj* **-1.** [ballon, pneu] que no se pincha. **-2.** *fam fig* [mécanisme] a prueba de bomba. **-3.** *fam fig* [personne] duro(ra) como una roca.

incriminer [ɛ̃krimine] *vt* incriminar.

incroyable [ɛ̃krwajabl] *adj* increíble.

incroyant, e [ɛ̃krwajã, ãt] *adj & nm, f* no creyente.

incruster [ɛ̃kryste] *vt* : ~ qqch dans qqch incrustar algo en algo. ◆ **s'incruster** *vp* **-1.** [gén] : s'~ dans qqch incrustarse en algo. **-2.** *fam péj* [personne] pegarse.

incubation [ɛ̃kybasjɔ̃] *nf* incubación *f.*

inculpation [ɛ̃kylpasjɔ̃] *nf* inculpación *f*; **sous l'~ de qqch** bajo acusación de algo.

inculpé, e [ɛ̃kylpe] *nm, f* inculpado *m*, -da *f.*

inculper [ɛ̃kylpe] *vt* inculpar; ~ qqn de qqch inculpar a alguien de algo.

inculquer [ɛ̃kylke] *vt* : ~ qqch à qqn inculcar algo a alguien.

inculte [ɛ̃kylt] *adj* **-1.** [terre, personne] inculto(ta). **-2.** [barbe] descuidado(da).

incurable [ɛ̃kyrabl] ◇ *adj* incurable. ◇ *nmf* desahuciado *m*, -da *f.*

incursion [ɛ̃kyrsjɔ̃] *nf* incursión *f.*

incurvé, e [ɛ̃kyrve] *adj* curvado(da).

Inde [ɛ̃d] *nf* : l' ~ la India.

indéboulonnable [ɛ̃debulonabl] *adj* : **il est ~ de** ahí no hay quien lo saque.

indécent, e [ɛ̃desã, ãt] *adj* indecente.

indéchiffrable [ɛ̃deʃifrabl] *adj* indescifrable.

indécis, e [ɛ̃desi, iz] ◇ *adj* **-1.** [gén] indeciso(sa). **-2.** [résultat] incierto(ta). ◇ *nm, f* indeciso *m*, -sa *f.*

indécision [ɛ̃desizjɔ̃] *nf* indecisión *f.*

indécrottable [ɛ̃dekrɔtabl] *adj fam* de tomo y lomo.

indéfendable [ɛ̃defãdabl] *adj* indefendible.

indéfini, e [ɛ̃defini] *adj* indefinido(da).

indéfinissable [ɛ̃definisabl] *adj* indefinible.

indéformable [ɛ̃defɔrmabl] *adj* indeformable.

indélébile [ɛ̃delebil] *adj* indeleble.

indélicat, e [ɛ̃delika, at] *adj* poco delicado(poco delicada).

indemne [ɛ̃dɛmn] *adj* indemne.

indemniser [ɛ̃dɛmnize] *vt* : ~ qqn de qqch indemnizar a alguien por algo.

indemnité [ɛ̃dɛmnite] *nf* indemnización *f.*

indémodable [ɛ̃demɔdabl] *adj* que no pasa de moda; **c'est un style qui est ~** es un estilo que nunca pasará de moda.

indéniable [ɛ̃denjabl] *adj* innegable.

indépendance [ɛ̃depãdãs] *nf* independencia *f.*

indépendant, e [ɛ̃depãdã, ãt] *adj* **-1.** [gén] independiente; ~ **de qqch** [sans rapport] independiente de algo. **-2.** [travailleur] autónomo(ma).

indéracinable [ɛ̃derasinabl] *adj* que no se puede desarraigar.

indescriptible [ɛ̃dɛskriptibl] *adj* indescriptible.

indestructible [ɛ̃dɛstryktibl] *adj* indestructible.

indéterminé, e [ɛ̃detɛrmine] *adj* indeterminado(da).

indétrônable [ɛ̃detronabl] *adj* inamovible.

index [ɛ̃dɛks] *nm* índice *m.*

indexer [ɛ̃dɛkse] *vt* **-1.** [livre] indexar, indizar. **-2.** ÉCON : ~ qqch sur qqch ajustar algo a algo.

indicatif, ive [ɛ̃dikatif, iv] *adj* indicativo(va). ◆ **indicatif** *nm* **-1.** RADIO & TÉLÉ sintonía *f.* **-2.** [code] prefijo *m.*

indication [ɛ̃dikasjɔ̃] *nf* indicación *f.*

indice [ɛ̃dis] *nm* **-1.** [gén] índice *m.* **-2.** [signe] indicio *m.*

indicible [ɛ̃disibl] *adj sout* indecible.

indien, enne [ɛ̃djɛ̃, ɛn] *adj* indio(dia). ◆ **Indien, enne** *nm, f* indio *m*, -dia *f*; **Indien d'Amérique** indio de América OU americano.

indifféremment [ɛ̃diferamã] *adv* **-1.** [avec froideur] con indiferencia. **-2.** [sans faire de différence] sin distinción.

indifférent, e [ɛ̃diferã, ãt] ◇ *adj* : ~ **à qqch** indiferente a algo. ◇ *nm, f* indiferente *mf.*

indigence [ɛ̃diʒãs] *nf* **-1.** [pauvreté] indigencia *f.* **-2.** *fig* [faiblesse] pobreza *f.*

indigène [ɛ̃diʒɛn] *adj & nmf* indígena.

indigent, e [ɛ̃diʒã, ãt] ◇ *adj* **-1.** [pauvre] indigente. **-2.** *fig* [intellectuellement] pobre. ◇ *nm, f* indigente *mf.*

indigeste [ɛ̃diʒɛst] *adj* indigesto(ta).

indigestion [ɛ̃diʒɛstjɔ̃] *nf* indigestión *f.*

indignation [ɛ̃dinasjɔ̃] *nf* indignación *f.*

indigne [ɛ̃diɲ] *adj* indigno(na).

indigné, e [ɛ̃diɲe] *adj* indignado(da).

indigner [ɛ̃diɲe] vt indignar. ◆ **s'indigner** vp : **s'~ de** OU **contre qqch** indignarse por algo; **s'~ que** (+ subjonctif) indignar que (+ subjuntivo); **il s'indigne qu'on le fasse tant travailler** le indigna que le hagan trabajar tanto.

indigo [ɛ̃digo] adj & nm índigo.

indiquer [ɛ̃dike] vt indicar, señalar; **~ qqch à qqn** [recommander, dénoter] indicar algo a alguien.

indirect, e [ɛ̃dirɛkt] adj indirecto(ta).

indiscipliné, e [ɛ̃disipline] adj **-1.** [écolier, soldat] indisciplinado(da). **-2.** fig [cheveux] rebelde.

indiscret, ète [ɛ̃diskrɛ, ɛt] adj & nm, f indiscreto(ta).

indiscrétion [ɛ̃diskresjɔ̃] nf indiscreción f.

indiscutable [ɛ̃diskytabl] adj indiscutible.

indispensable [ɛ̃dispãsabl] adj indispensable, imprescindible; **~ à qqch/à qqn** indispensable OU imprescindible para algo/para alguien; **il est ~ de faire qqch** es indispensable OU imprescindible hacer algo.

indisponible [ɛ̃dispɔnibl] adj que no está disponible.

indisposer [ɛ̃dispoze] vt indisponer.

indistinct, e [ɛ̃distɛ̃(kt), ɛ̃kt] adj confuso(sa).

individu [ɛ̃dividy] nm individuo m.

individualisme [ɛ̃dividɥalism] nm individualismo m.

individuel, elle [ɛ̃dividɥɛl] adj individual.

indivisible [ɛ̃divizibl] adj indivisible.

indolent, e [ɛ̃dɔlã, ãt] adj indolente.

indolore [ɛ̃dɔlɔr] adj indoloro(ra).

indomptable [ɛ̃dɔ̃tabl] adj indomable.

Indonésie [ɛ̃dɔnezi] nf : **l'~** Indonesia.

indu, e [ɛ̃dy] adj indebido(da).

indubitable [ɛ̃dybitabl] adj indudable; **il est ~ que** es indudable que.

induire [ɛ̃dɥir] vt **-1.** [gén] inducir; **en ~ que** inducir (de ello) que. **-2.** [entraîner] comportar.

induit, e [ɛ̃dɥi, it] pp → induire.

indulgence [ɛ̃dylʒãs] nf indulgencia f.

indulgent, e [ɛ̃dylʒã, ãt] adj indulgente; **~ pour** OU **envers** indulgente con.

indûment [ɛ̃dymã] adv indebidamente.

industrialiser [ɛ̃dystrijalize] vt industrializar. ◆ **s'industrialiser** vp industrializarse.

industrie [ɛ̃dystri] nf industria f.

industriel, elle [ɛ̃dystrijɛl] adj industrial. ◆ **industriel** nm industrial m.

inébranlable [inebrãlabl] adj inquebrantable.

inédit, e [inedi, it] adj inédito(ta). ◆ **inédit** nm texto m inédito.

ineffable [inefabl] adj inefable.

ineffaçable [inefasabl] adj imborrable.

inefficace [inefikas] adj ineficaz.

inefficacité [inefikasite] nf ineficacia f.

inégal, e, aux [inegal, o] adj **-1.** [gén] desigual. **-2.** [surface, rythme] irregular.

inégalé, e [inegale] adj inigualado(da).

inégalité [inegalite] nf **-1.** [différence] desigualdad f. **-2.** [de terrain, de rythme] irregularidad f.

inélégant, e [inelegã, ãt] adj poco elegante.

inéluctable [inelyktabl] adj ineluctable.

inénarrable [inenarabl] adj inenarrable.

inepte [inɛpt] adj **-1.** [personne] inepto(ta). **-2.** [théorie] estúpido(da).

ineptie [inɛpsi] nf estupidez f.

inépuisable [inepɥizabl] adj **-1.** [gén] inagotable. **-2.** [personne] infatigable.

inerte [inɛrt] adj inerte.

inertie [inɛrsi] nf inercia f.

inespéré, e [inɛspere] adj inesperado(da) Esp, sorpresivo(va) Amér.

inesthétique [inɛstetik] adj antiestético(ca).

inestimable [inɛstimabl] adj **-1.** [valeur] incalculable. **-2.** fig [soutien] inestimable.

inévitable [inevitabl] adj inevitable.

inexact, e [inɛgza(kt), akt] adj **-1.** [faux, incomplet] inexacto(ta). **-2.** [en retard] impuntual.

inexactitude [inɛgzaktityd] nf **-1.** [erreur, imprécision] inexactitud f. **-2.** [retard] impuntualidad f.

inexcusable [inɛkskyzabl] adj inexcusable.

inexistant, e [inɛgzistã, ãt] adj inexistente.

inexorable [inɛgzɔrabl] adj inexorable.

inexpérience [inɛksperjãs] nf inexperiencia f.

inexplicable [inɛksplikabl] adj inexplicable.

inexpliqué, e [inɛksplike] adj inexplicado(da).

inexpressif, ive [inɛkspresif, iv] adj inexpresivo(va).

inexprimable [inɛksprimabl] *adj* inexpresable.

inexprimé, e [inɛksprime] *adj* inexpresado(da).

inextensible [inɛkstɑ̃sibl] *adj* inextensible.

in extremis [inɛkstremis] *loc adv* [de justesse] in extremis.

inextricable [inɛkstrikabl] *adj* inextricable.

infaillible [ɛ̃fajibl] *adj* infalible.

infâme [ɛ̃fam] *adj* infame.

infanterie [ɛ̃fɑ̃tri] *nf* MIL infantería *f*.

infanticide [ɛ̃fɑ̃tisid] ◇ *adj & nmf* infanticida. ◇ *nm* infanticidio *m*.

infantile [ɛ̃fɑ̃til] *adj* infantil.

infarctus [ɛ̃farktys] *nm* MÉD infarto *m*; ~ **du myocarde** infarto de miocardio.

infatigable [ɛ̃fatigabl] *adj* infatigable, incansable.

infect, e [ɛ̃fɛkt] *adj* infecto(ta).

infectieux, euse [ɛ̃fɛksjø, øz] *adj* infeccioso(sa).

infection [ɛ̃fɛksjɔ̃] *nf* **-1.** MÉD infección *f*. **-2.** *péj* [puanteur] peste *f*.

inféoder [ɛ̃feɔde] *vt* **-1.** *fig* [soumettre] : **être inféodé à qqn/à qqch** estar sometido(da) a algo/a alguien. **-2.** [adhérer] : **être inféodé à qqch** adherirse a algo.

inférer [ɛ̃fere] *vt sout* : ~ **qqch de qqch** inferir algo de algo.

inférieur, e [ɛ̃ferjœr] ◇ *adj* inferior; ~ **à qqch** inferior a algo. ◇ *nm, f* inferior *mf*.

infériorité [ɛ̃ferjɔrite] *nf* inferioridad *f*.

infernal, e, aux [ɛ̃fɛrnal, o] *adj* infernal.

infester [ɛ̃fɛste] *vt* infestar; **être infesté de qqch** estar infestado(da) de algo.

infidèle [ɛ̃fidɛl] ◇ *adj* infiel; ~ **à qqn** infiel a alguien. ◇ *nmf vieilli* RELIG infiel *mf*.

infidélité [ɛ̃fidelite] *nf* infidelidad *f*.

infiltration [ɛ̃filtrasjɔ̃] *nf* infiltración *f*.

infiltrer [ɛ̃filtre] *vt* infiltrar. ◆ **s'infiltrer** *vp* : **s'~ par/dans qqch** infiltrarse por/en algo.

infime [ɛ̃fim] *adj* ínfimo(ma).

infini, e [ɛ̃fini] *adj* infinito(ta). ◆ **infini** *nm* infinito *m*. ◆ **à l'infini** *loc adv* **-1.** MATHS al infinito. **-2.** [indéfiniment, à perte de vue] hasta el infinito.

infiniment [ɛ̃finimɑ̃] *adv* infinitamente.

infinité [ɛ̃finite] *nf* : ~ **de** infinidad de.

infinitif, ive [ɛ̃finitif, iv] *adj* [GRAM – mode] infinitivo(va); [– construction] en infinitivo; [– proposition] de infinitivo. ◆ **infinitif** *nm* infinitivo *m*.

infirme [ɛ̃firm] ◇ *adj* inválido(da). ◇ *nmf* inválido *m*, **-da** *f*.

infirmer [ɛ̃firme] *vt* invalidar.

infirmerie [ɛ̃firməri] *nf* enfermería *f*.

infirmier, ère [ɛ̃firmje, ɛr] *nm, f* enfermero *m*, **-ra** *f*.

infirmité [ɛ̃firmite] *nf* invalidez *f*.

inflammable [ɛ̃flamabl] *adj* inflamable.

inflammation [ɛ̃flamasjɔ̃] *nf* MÉD inflamación *f*.

inflation [ɛ̃flasjɔ̃] *nf* inflación *f*.

inflationniste [ɛ̃flasjɔnist] *adj* ÉCON inflacionista.

infléchir [ɛ̃fleʃir] *vt* *fig* [politique] modificar.

inflexible [ɛ̃flɛksibl] *adj* inflexible.

inflexion [ɛ̃flɛksjɔ̃] *nf* inflexión *f*.

infliger [ɛ̃fliʒe] *vt* : ~ **qqch à qqn** [défaite, punition] infligir algo a alguien; [présence] imponer algo a alguien.

influençable [ɛ̃flyɑ̃sabl] *adj* influenciable.

influence [ɛ̃flyɑ̃s] *nf* influencia *f*.

influencer [ɛ̃flyɑ̃se] *vt* influir en, influenciar.

influer [ɛ̃flye] *vi* : ~ **sur qqch** influir en algo.

infographie [ɛ̃fografi] *nf* infografía *f*.

informaticien, enne [ɛ̃fɔrmatisjɛ̃, ɛn] *nm, f* informático *m*, **-ca** *f*.

information [ɛ̃fɔrmasjɔ̃] *nf* **-1.** [gén] información *f*. **-2.** [nouvelle] noticia *f*. ◆ **informations** *nfpl* TÉLÉ informativo *m*.

informatique [ɛ̃fɔrmatik] ◇ *adj* informático(ca). ◇ *nf* informática *f*.

informatiser [ɛ̃fɔrmatize] *vt* informatizar.

informe [ɛ̃fɔrm] *adj* **-1.** [sans forme] informe. **-2.** [projet] sin pies ni cabeza.

informé, e [ɛ̃fɔrme] *adj* informado(da).

informel, elle [ɛ̃fɔrmɛl] *adj* informal.

informer [ɛ̃fɔrme] ◇ *vt* informar; ~ **qqn** que informar a alguien de que; ~ **qqn de** OU **sur qqch** informar a alguien de OU sobre algo. ◇ *vi* JUR : ~ **sur/contre qqch** abrir una instrucción sobre/contra algo. ◆ **s'informer** *vp* informarse; **s'~ de** OU **sur qqch** informarse de OU sobre algo.

infortune [ɛ̃fɔrtyn] *nf* infortunio *m*.

infos [ɛ̃fo] *fam abr de* **informations**.

infraction [ɛ̃fraksjɔ̃] *nf* : **être en** ~ cometer una infracción.

infranchissable [ɛ̃frɑ̃ʃisabl] *adj* infranqueable.

infrarouge [ɛ̃fraruʒ] ◇ *adj* infrarrojo(ja). ◇ *nm* infrarrojo *m*.

infrastructure [ɛ̃frastryktyr] *nf* infraestructura *f*.

infroissable [ɛ̃frwasabl] *adj* inarrugable.

infructueux, euse [ɛ̃fryktɥø, øz] *adj* infructuoso(sa).

infuser [ɛ̃fyze] *vt* hacer una infusión de.

infusion [ɛ̃fyzjɔ̃] *nf* infusión *f*.

ingénier [ɛ̃ʒenje] ◆ **s'ingénier** *vp* : **s'~ à faire qqch** ingeniárselas para hacer algo.

ingénieur [ɛ̃ʒenjœr] *nm* ingeniero *m*, -ra *f*.

ingénieux, euse [ɛ̃ʒenjø, øz] *adj* ingenioso(sa).

ingéniosité [ɛ̃ʒenjozite] *nf* ingeniosidad *f*.

ingénu, e [ɛ̃ʒeny] ◇ *adj* ingenuo(a). ◇ *nm, f* ingenuo *m*, -nua *f*.

ingérable [ɛ̃ʒerabl] *adj* imposible de administrar.

ingrat, e [ɛ̃gra, at] ◇ *adj* -1. [personne] ingrato(ta), desagradecido(da). -2. [métier, sol] ingrato(ta). -3. [physique] ingrato(ta), poco agraciado(poco agraciada). ◇ *nm, f* ingrato *m*, -ta *f*.

ingratitude [ɛ̃gratityd] *nf* ingratitud *f*.

ingrédient [ɛ̃gredjã] *nm* ingrediente *m*.

inguérissable [ɛ̃gerisabl] *adj* incurable.

ingurgiter [ɛ̃gyrʒite] *vt* engullir.

inhabitable [inabitabl] *adj* inhabitable.

inhabité, e [inabite] *adj* deshabitado(da), inhabitado(da).

inhabituel, elle [inabitɥɛl] *adj* raro(ra).

inhalateur, trice [inalatœr, tris] *adj* inhalador(ra). ◆ **inhalateur** *nm* inhalador *m*.

inhalation [inalasjɔ̃] *nf* inhalación *f*.

inhaler [inale] *vt* inhalar.

inhérent, e [inerã, ãt] *adj* : **~ à qqch** inherente a algo.

inhibition [inibisjɔ̃] *nf* inhibición *f*.

inhospitalier, ère [inɔspitalje, ɛr] *adj* -1. [personne] poco hospitalario(poco hospitalaria). -2. [lieu] inhóspito(ta).

inhumain, e [inymɛ̃, ɛn] *adj* inhumano(na).

inhumation [inymasjɔ̃] *nf* inhumación *f*.

inhumer [inyme] *vt* inhumar.

inimaginable [inimaʒinabl] *adj* inimaginable.

inimitable [inimitabl] *adj* inimitable.

ininflammable [inɛ̃flamabl] *adj* ininflamable.

inintelligible [inɛ̃teliʒibl] *adj* ininteligible.

inintéressant, e [inɛ̃teresã, ãt] *adj* sin interés.

ininterrompu, e [inɛ̃tɛrɔ̃py] *adj* ininterrumpido(da).

inique [inik] *adj sout* inicuo(cua).

initial, e, aux [inisjal, o] *adj* inicial. ◆ **initiale** *nf* inicial *f*.

initiateur, trice [inisjatœr, tris] *adj & nm, f* iniciador(ra).

initiation [inisjasjɔ̃] *nf* iniciación; **~ à qqch** iniciación a algo.

initiative [inisjativ] *nf* iniciativa *f*; **prendre l'~ de qqch/de faire qqch** tomar la iniciativa de algo/de hacer algo.

initié, e [inisje] *adj & nm, f* iniciado(da).

initier [inisje] *vt* : **~ qqn à qqch** iniciar a alguien en algo.

injecté, e [ɛ̃ʒɛkte] *adj* inyectado(da).

injecter [ɛ̃ʒɛkte] *vt* inyectar.

injection [ɛ̃ʒɛksjɔ̃] *nf* inyección *f*.

injoignable [ɛ̃ʒwaɲabl] *adj* ilocalizable.

injonction [ɛ̃ʒɔ̃ksjɔ̃] *nf* conminación *f*.

injure [ɛ̃ʒyr] *nf* -1. [mot] insulto *m*. -2. [affront] afrenta *f*.

injurier [ɛ̃ʒyrje] *vt* insultar.

injurieux, euse [ɛ̃ʒyrjø, øz] *adj* insultante.

injuste [ɛ̃ʒyst] *adj* injusto(ta); **~ envers qqn** injusto con alguien.

injustice [ɛ̃ʒystis] *nf* injusticia *f*.

inlassable [ɛ̃lasabl] *adj* -1. [patience] infinito(ta). -2. [personne] incansable.

inlassablement [ɛ̃lasabləmã] *adv* incansablemente.

inné, e [ine] *adj* innato(ta).

innocence [inɔsãs] *nf* inocencia *f*.

innocent, e [inɔsã, ãt] ◇ *adj* inocente. ◇ *nm, f* -1. [gén] inocente *mf*. -2. *vieilli* [idiot] tonto *m*, -ta *f Esp*, sonso *m*, -sa *f Amér*.

innocenter [inɔsãte] *vt* -1. JUR [disculper] declarar inocente. -2. *fig* [excuser] justificar.

innombrable [inɔ̃brabl] *adj* innumerable.

innover [inɔve] *vi* innovar.

inobservation [inɔpsɛrvasjɔ̃] *nf* incumplimiento *m*.

inoccupé, e [inɔkype] *adj* desocupado(da).

inoculer [inɔkyle] *vt* inocular.

inodore [inɔdɔr] *adj* inodoro(ra).

inoffensif, ive [inɔfãsif, iv] *adj* inofensivo(va).

inondable [inɔ̃dabl] *adj* inundable.

inondation [inɔ̃dasjɔ̃] *nf* -1. [gén] inundación *f*. -2. [de marché] invasión *f*.

inonder [inɔ̃de] *vt* [gén] inundar; ~ **qqch de qqch** [envahir] inundar algo de algo.

inopérable [inɔperabl] *adj* inoperable.

inopérant, e [inɔperɑ̃, ɑ̃t] *adj* **-1.** [mesure, méthode] inoperante. **-2.** [médicament] ineficaz.

inopiné, e [inɔpine] *adj* inopinado(da).

inopportun, e [inɔpɔrtœ̃, yn] *adj* inoportuno(na).

inoubliable [inublijabl] *adj* inolvidable.

inouï, e [inwi] *adj* increíble.

inoxydable [inɔksidabl] ◇ *adj* inoxidable. ◇ *nm* acero *m* inoxidable.

inqualifiable [ɛ̃kalifjabl] *adj* incalificable.

inquiet, ète [ɛ̃kjɛ, ɛt] ◇ *adj* **-1.** [préoccupé] preocupado(da); ~ **pour qqn/pour qqch** preocupado por alguien/por algo. **-2.** [anxieux de nature] inquieto(ta). **-3.** [amour] atormentado(da). ◇ *nm, f* inquieto *m*, -ta *f*.

inquiéter [ɛ̃kjete] *vt* **-1.** [alarmer] inquietar, preocupar. **-2.** [tourmenter] acosar. ◆ **s'inquiéter** *vp* preocuparse; **s'~ de qqch** [s'intéresser] preocuparse por algo; [se soucier de] preocuparse de algo.

inquiétude [ɛ̃kjetyd] *nf* inquietud *f*, preocupación *f*.

insaisissable [ɛ̃sezisabl] *adj* **-1.** JUR [biens] inembargable. **-2.** [nuance, différence] imperceptible. **-3.** [caractère] huidizo(za).

insalubre [ɛ̃salybr] *adj* insalubre.

insanité [ɛ̃sanite] *nf* [déraison, acte] locura *f*.

insatiable [ɛ̃sasjabl] *adj* insaciable.

insatisfait, e [ɛ̃satisfɛ, ɛt] *adj & nm, f* insatisfecho(cha).

inscription [ɛ̃skripsjɔ̃] *nf* **-1.** [gén] inscripción *f*. **-2.** [à un cours] matriculación *f*.

inscrire [ɛ̃skrir] *vt* **-1.** [noter] apuntar. **-2.** [graver] inscribir. **-3.** [personne] : ~ **qqn sur** OU **dans qqch** [sur une liste, dans un registre] inscribir a alguien en algo; ~ **qqn à qqch** [cours] matricular a alguien en algo. **-4.** [dépenses] asentar. ◆ **s'inscrire** *vp* [gén] : **s'~ sur** OU **dans qqch** inscribirse en algo.

insecte [ɛ̃sɛkt] *nm* insecto *m*.

insecticide [ɛ̃sɛktisid] *adj & nm* insecticida.

insécurité [ɛ̃sekyrite] *nf* inseguridad *f*.

insémination [ɛ̃seminasjɔ̃] *nf* inseminación *f*; ~ **artificielle** inseminación artificial.

insensé, e [ɛ̃sɑ̃se] *adj* **-1.** [personne, propos] insensato(ta). **-2.** [rêve, désir] imposible. **-3.** [incroyable, immense] increíble. **-4.** [architecture, décoration] delirante.

insensibiliser [ɛ̃sɑ̃sibilize] *vt* insensibilizar; ~ **qqn à qqch** insensibilizar a alguien a OU contra algo.

insensible [ɛ̃sɑ̃sibl] *adj* **-1.** [gén] insensible. **-2.** [progrès] imperceptible.

inséparable [ɛ̃separabl] *adj* inseparable; ~ **de qqch/de qqn** inseparable de algo/de alguien.

insérer [ɛ̃sere] *vt* : ~ **qqch dans qqch** insertar algo en algo. ◆ **s'insérer** *vp* : **s'~ dans qqch** [se situer] inscribirse dentro de algo.

insidieusement [ɛ̃sidjøzmɑ̃] *adv* insidiosamente.

insidieux, euse [ɛ̃sidjø, øz] *adj* insidioso(sa).

insigne [ɛ̃siɲ] ◇ *adj* insigne. ◇ *nm* insignia *f*.

insignifiant, e [ɛ̃siɲifjɑ̃, ɑ̃t] *adj*. insignificante.

insinuation [ɛ̃sinɥasjɔ̃] *nf* insinuación *f*.

insinuer [ɛ̃sinɥe] *vt* insinuar. ◆ **s'insinuer** *vp* : **s'~ dans qqch** [eau, humidité] penetrar en algo; *fig* [personne] insinuarse con algo.

insipide [ɛ̃sipid] *adj* insípido(da).

insistance [ɛ̃sistɑ̃s] *nf* insistencia *f*.

insister [ɛ̃siste] *vi* insistir; ~ **sur qqch** insistir en OU sobre algo; ~ **pour faire qqch** insistir en hacer algo.

insolation [ɛ̃sɔlasjɔ̃] *nf* insolación *f*.

insolence [ɛ̃sɔlɑ̃s] *nf* insolencia *f*.

insolent, e [ɛ̃sɔlɑ̃, ɑ̃t] *adj & nm, f* insolente.

insolite [ɛ̃sɔlit] *adj* insólito(ta).

insoluble [ɛ̃sɔlybl] *adj* insoluble.

insolvable [ɛ̃sɔlvabl] *adj & nmf* insolvente.

insomnie [ɛ̃sɔmni] *nf* insomnio *m*.

insondable [ɛ̃sɔ̃dabl] *adj* insondable.

insonore [ɛ̃sɔnɔr] *adj* insonoro(ra).

insonoriser [ɛ̃sɔnɔrize] *vt* insonorizar.

insouciance [ɛ̃susjɑ̃s] *nf* despreocupación *f*.

insouciant, e [ɛ̃susjɑ̃, ɑ̃t] *adj* despreocupado(da).

insoumis, e [ɛ̃sumi, iz] *adj* insumiso(sa).

insoumission [ɛ̃sumisjɔ̃] *nf* **-1.** [gén] insumisión *f*. **-2.** [d'enfant] desobediencia *f*.

insoupçonné, e [ɛ̃supsɔne] *adj* insospechado(da).

insoutenable [ɛ̃sutnabl] *adj* **–1.** [gén] insostenible. **-2.** [douleur, violence] insufrible.

inspecter [ɛ̃spɛkte] *vt* inspeccionar.

inspecteur, trice [ɛ̃spɛktœr, tris] *nm, f* inspector *m*, -ra *f*.

inspection [ɛ̃spɛksjɔ̃] *nf* inspección *f*.

inspiration [ɛ̃spirasjɔ̃] *nf* inspiración *f*; **avoir de l'**~ tener inspiración.

inspiré, e [ɛ̃spire] *adj* inspirado(da).

inspirer [ɛ̃spire] *vt* **–1.** [gén] inspirar; ~ **qqch à qqn** inspirar algo a alguien. **-2.** *hum* [plaire à] emocionar. ◆ **s'inspirer** *vp* : **s'**~ **de qqch/de qqn** inspirarse en algo/en alguien.

instable [ɛ̃stabl] *adj & nmf* inestable.

installation [ɛ̃stalasjɔ̃] *nf* **–1.** [gén] instalación *f*. **-2.** [dans une fonction] toma *f* de posesión.

installer [ɛ̃stale] *vt* **–1.** [gén] instalar. **-2.** [fonctionnaire, magistrat] dar posesión. ◆ **s'installer** *vp* **–1.** [gén] instalarse. **-2.** [médecin, commerçant] establecerse. **-3.** [maladie, routine] : **s'**~ **dans qqch** instalarse en algo.

instamment [ɛ̃stamã] *adv* encarecidamente.

instance [ɛ̃stãs] *nf* instancia *f*. ◆ **en instance de** *loc adv* pendiente de.

instant, e [ɛ̃stã, ãt] *adj sout* apremiante. ◆ **instant** *nm* instante *m*; **à l'**~ [il y a peu de temps] hace un momento; [tout de suite] al instante; **à tout** ~ [en permanence] en todo momento; [d'un moment à l'autre] en cualquier momento; **pour l'**~ por el momento, de momento.

instantané, e [ɛ̃stãtane] *adj* instantáneo(a). ◆ **instantané** *nm* instantánea *f*.

instar [ɛ̃star] ◆ **à l'instar de** *loc prép* a semejanza de.

instaurer [ɛ̃stɔre] *vt* instaurar.

instigateur, trice [ɛ̃stigatœr, tris] *nm, f* instigador *m*, -ra *f*.

instigation [ɛ̃stigasjɔ̃] *nf* instigación *f*. ◆ **à l'instigation de** *loc prép* a instigación de.

instinct [ɛ̃stɛ̃] *nm* instinto *m*; ~ **maternel** instinto maternal.

instinctif, ive [ɛ̃stɛ̃ktif, iv] *adj & nm, f* instintivo(va).

instituer [ɛ̃stitɥe] *vt* instituir.

institut [ɛ̃stity] *nm* instituto *m*.

instituteur, trice [ɛ̃stitytœr, tris] *nm, f* ≃ profesor *m*, -ra *f* de EGB.

institution [ɛ̃stitysjɔ̃] *nf* institución *f*. ◆ **institutions** *nfpl* POLIT instituciones *fpl*.

instructif, ive [ɛ̃stryktif, iv] *adj* instructivo(va).

instruction [ɛ̃stryksjɔ̃] *nf* **–1.** [gén] instrucción *f*. **-2.** [enseignement] enseñanza *f*. **-3.** [directive] orden *f*. ◆ **instructions** *nfpl* instrucciones *fpl*.

instruit, e [ɛ̃strɥi, it] *adj* instruido(da).

instrument [ɛ̃strymã] *nm* instrumento *m*; ~ **de musique** instrumento musical.

insu [ɛ̃sy] ◆ **à l'insu de** *loc prép* a espaldas de; **à mon/son** ~ *sout* a mis/a sus espaldas.

insubmersible [ɛ̃sybmɛrsibl] *adj* insumergible.

insubordination [ɛ̃sybɔrdinasjɔ̃] *nf* insubordinación *f*.

insuccès [ɛ̃syksɛ] *nm* fracaso *m*.

insuffisance [ɛ̃syfizãs] *nf* insuficiencia *f*.

insuffisant, e [ɛ̃syfizã, ãt] *adj* insuficiente.

insuffler [ɛ̃syfle] *vt* **–1.** MÉD [air] insuflar. **-2.** *fig* [sentiment] : ~ **qqch à qqn** infundir algo a alguien.

insulaire [ɛ̃sylɛr] ◇ *adj* insular, isleño(ña). ◇ *nmf* isleño *m*, -ña *f*.

insuline [ɛ̃sylin] *nf* insulina *f*.

insulte [ɛ̃sylt] *nf* insulto *m*.

insulter [ɛ̃sylte] *vt* insultar.

insupportable [ɛ̃sypɔrtabl] *adj* insoportable, inaguantable.

insurgé, e [ɛ̃syrʒe] ◇ *adj* insurrecto(ta), insurgente. ◇ *nm, f* insurrecto *m*, -ta *f*.

insurger [ɛ̃syrʒe] ◆ **s'insurger** *vp* sublevarse; **s'**~ **contre qqn/contre qqch** sublevarse contra alguien/contra algo.

insurmontable [ɛ̃syrmɔ̃tabl] *adj* **–1.** [difficulté, obstacle] insalvable. **-2.** [peur, répulsion] invencible.

insurrection [ɛ̃syrɛksjɔ̃] *nf* insurrección *f*.

intact, e [ɛ̃takt] *adj* **–1.** [objet] intacto(ta). **-2.** [réputation] intachable.

intangible [ɛ̃tãʒibl] *adj* **–1.** *litt* [impalpable] intangible. **-2.** [secret, principe] inviolable.

intarissable [ɛ̃tarisabl] *adj* inagotable.

intégral, e, aux [ɛ̃tegral, o] *adj* **–1.** [paiement, texte] íntegro(gra). **-2.** [calcul, bronzage] integral.

intégralement [ɛ̃tegralmã] *adv* íntegramente.

intégrant, e [ɛ̃tegrã, ãt] → **partie**.

intègre [ɛ̃tegr] *adj* **–1.** [personne] íntegro(gra). **-2.** [vie] recto(ta).

intégré, e [ɛ̃tegre] *adj* integrado(da).

intégrer [ɛ̃tegre] *vt* **-1.** [incorporer & MATHS] integrar; ~ **qqch à** OU **dans qqch** integrar algo en algo; ~ **qqn dans qqch** integrar a alguien en algo. **-2.** [grande école] ingresar en. ◆ **s'intégrer** *vp* integrarse; **s'** ~ **dans** OU **à qqch** integrarse en algo.

intégrisme [ɛ̃tegrism] *nm* integrismo *m*.

intégriste [ɛ̃tegrist] *adj & nmf* integrista.

intégrité [ɛ̃tegrite] *nf* **-1.** [honnêteté] integridad *f*. **-2.** [totalité] totalidad *f*.

intellectuel, elle [ɛ̃telɛktɥɛl] *adj & nm, f* intelectual.

intelligence [ɛ̃teliʒɑ̃s] *nf* **-1.** [entendement] inteligencia *f*; ~ **artificielle** inteligencia artificial. **-2.** [personne] cerebro *m*. **-3.** [complicité, harmonie] armonía *f*; **vivre en bonne** ~ vivir en armonía; **vivre en mauvaise** ~ vivir en mala armonía. ◆ **intelligences** *nfpl* inteligencia *f*.

intelligent, e [ɛ̃teliʒɑ̃, ɑ̃t] *adj* inteligente.

intelligible [ɛ̃teliʒibl] *adj* inteligible.

intello [ɛ̃telo] *adj péj* intelectualoide.

intempérie [ɛ̃tɑ̃peri] *nf* intemperie *f*.

intempestif, ive [ɛ̃tɑ̃pɛstif, iv] *adj* intempestivo(va).

intenable [ɛ̃tənabl] *adj* **-1.** [chaleur] insoportable. **-2.** [personne] imposible. **-3.** MIL [position] insostenible.

intendance [ɛ̃tɑ̃dɑ̃s] *nf* intendencia *f*.

intendant, e [ɛ̃tɑ̃dɑ̃, ɑ̃t] *nm, f* administrador *m*, -ra *f*. ◆ **intendant** *nm* MIL intendente *m*.

intense [ɛ̃tɑ̃s] *adj* intenso(sa).

intensif, ive [ɛ̃tɑ̃sif, iv] *adj* intensivo(va).

intensité [ɛ̃tɑ̃site] *nf* intensidad *f*.

intenter [ɛ̃tɑ̃te] *vt* : ~ **qqch contre** OU **à qqn** JUR entablar algo contra alguien.

intention [ɛ̃tɑ̃sjɔ̃] *nf* intención *f*; **avoir l'**~ **de faire qqch** tener la intención de hacer algo; **à l'**~ **de** en honor a.

intentionné, e [ɛ̃tɑ̃sjɔne] *adj* : **bien/mal** ~ bien/mal intencionado(da).

interactif, ive [ɛ̃teraktif, iv] *adj* interactivo(va).

intercalaire [ɛ̃tɛrkalɛr] ◇ *adj* **-1.** [feuillet] separador(ra). **-2.** [jour] intercalar. ◇ *nm* [feuillet] separata *f*.

intercaler [ɛ̃tɛrkale] *vt* : ~ **qqch dans qqch** intercalar algo en algo.

intercéder [ɛ̃tɛrsede] *vi* : ~ **pour** OU **en faveur de qqn** interceder en favor de alguien.

intercepter [ɛ̃tɛrsɛpte] *vt* interceptar.

interchangeable [ɛ̃tɛrʃɑ̃ʒabl] *adj* intercambiable.

interclasse [ɛ̃tɛrklas] *nm* *intervalo que separa dos horas de clase.*

interconnexion [ɛ̃tɛrkɔnɛksjɔ̃] *nf* INFORM interconexión *f*.

interdiction [ɛ̃tɛrdiksjɔ̃] *nf* **-1.** [défense] prohibición *f*; '~ **de fumer**' 'prohibido fumar'. **-2.** [de fonctionnaire, de prêtre] suspensión *f*.

interdire [ɛ̃tɛrdir] *vt* **-1.** [défendre, prohiber] prohibir; ~ **qqch à qqn** prohibir algo a alguien; ~ **à qqn de faire qqch** prohibir a alguien hacer algo. **-2.** [empêcher, proscrire] impedir. **-3.** [fonctionnaire, prêtre] suspender.

interdit, e [ɛ̃tɛrdi, it] ◇ *pp* → **interdire**. ◇ *adj* [défendu] prohibido(da).

intéressant, e [ɛ̃terɛsɑ̃, ɑ̃t] *adj* interesante.

intéressé, e [ɛ̃terese] ◇ *adj* interesado(da). ◇ *nm, f* interesado *m*, -da *f*.

intéresser [ɛ̃terese] *vt* interesar; ~ **qqn à qqch** interesar a alguien en OU por algo. ◆ **s'intéresser** *vp* : **s'** ~ **à qqn/à qqch** interesarse por alguien/por algo.

intérêt [ɛ̃terɛ] *nm* interés *m*; ~ **pour qqn/pour qqch** interés por alguien/por algo; **avoir** ~ **à faire qqch** tener interés en hacer algo. ◆ **intérêts** *nmpl* FIN intereses *mpl*.

interface [ɛ̃tɛrfas] *nf* **-1.** INFORM interfaz *f*, interface *f*; ~ **graphique** interfaz gráfica. **-2.** [intermédiaire] intermediario *m*, -ria *f*.

interférer [ɛ̃tɛrfere] *vi* interferir; ~ **avec** interferir en.

intérieur, e [ɛ̃terjœr] *adj* interior. ◆ **intérieur** *nm* **-1.** [gén] interior *m*; **à l'**~ **(de qqch)** dentro (de algo), en el interior (de algo). **-2.** [foyer] hogar *m*.

intérim [ɛ̃terim] *nm* [travail temporaire] trabajo *m* temporal, trabajo *m* eventual.

intérimaire [ɛ̃terimɛr] ◇ *adj* **-1.** [ministre, directeur] en funciones. **-2.** [employé] temporal. **-3.** [fonction] interino(na). ◇ *nmf* **-1.** [ministre, directeur] interino *m*, -na *f*. **-2.** [employé] substituto *m*, -ta *f*.

intérioriser [ɛ̃terjɔrize] *vt* interiorizar.

interjection [ɛ̃terʒɛksjɔ̃] *nf* **-1.** LING interjección *f*. **-2.** JUR ≈ interposición *f* de un recurso de apelación.

interligne [ɛ̃terliɲ] *nm* interlineado *m*.

interlocuteur, trice [ɛ̃terlɔkytœr, tris] *nm, f* interlocutor *m*, -ra *f*.

interloquer [ɛ̃terlɔke] *vt* desconcertar.

interlude [ɛ̃tɛrlyd] *nm* **-1.** MUS interludio *m*. **-2.** TÉLÉ intermedio *m*.

intermède [ɛ̃tɛrmɛd] *nm* **-1.** THÉÂTRE entremés *m*. **-2.** [interruption] intermedio *m*.

intermédiaire [ɛ̃tɛrmedjɛr] ◇ *nmf* [personne] intermediario *m*, -ria *f*. ◇ *adj* intermedio(dia). ◇ *nm* [entremise] : **par l'~ de qqn/de qqch** a través de alguien/de algo.

interminable [ɛ̃tɛrminabl] *adj* interminable.

intermittence [ɛ̃tɛrmitɑ̃s] *nf* intermitencia *f*; **par ~** con intermitencias.

intermittent, e [ɛ̃tɛrmitɑ̃, ɑ̃t] *adj* intermitente.

internat [ɛ̃tɛrna] *nm* **-1.** [établissement scolaire, système] internado *f*. **-2.** UNIV [concours] ≃ MIR. **-3.** [période de stage à] MÉD] internado *m*.

international, e, aux [ɛ̃tɛrnasjɔnal, o] ◇ *adj* internacional. ◇ *nm, f* SPORT internacional *mf*.

interne [ɛ̃tɛrn] ◇ *adj* interno(na). ◇ *nmf* interno *m*, -na *f*.

interner [ɛ̃tɛrne] *vt* **-1.** [dans une prison, un camp] recluir. **-2.** [dans un hôpital psychiatrique] internar.

interpeller [ɛ̃tɛrpəle] *vt* **-1.** [apostropher, interroger] interpelar. **-2.** [susciter l'intérêt de] reclamar.

interphone [ɛ̃tɛrfɔn] *nm* interfono *m*.

interposer [ɛ̃tɛrpoze] *vt* **-1.** [placer entre] : **~ qqch entre qqch et qqch** interponer algo entre algo y algo. **-2.** *fig* [faire intervenir] interponer, hacer valer. ◆ **s'interposer** *vp* [intervenir] : **s'~ dans qqch** interponerse en algo; **s'~ entre qqn et qqn** interponerse entre alguien y alguien.

interprétation [ɛ̃tɛrpretasjɔ̃] *nf* interpretación *f*; **~ simultanée** interpretación simultánea.

interprète [ɛ̃tɛrprɛt] *nmf* **-1.** [gén] intérprete *mf*. **-2.** [porte-parole] portavoz *mf*.

interpréter [ɛ̃tɛrprete] *vt* interpretar.

interrogatif, ive [ɛ̃tɛrɔgatif, iv] *adj* interrogativo(va).

interrogation [ɛ̃tɛrɔgasjɔ̃] *nf* **-1.** [pour questionner] interrogación *f*. **-2.** [examen scolaire] examen *m*. **-3.** GRAM oración *f* interrogativa. **-4.** INFORM consulta *f*.

interrogatoire [ɛ̃tɛrɔgatwar] *nm* interrogatorio *m*.

interrogeable [ɛ̃tɛrɔʒabl] → **répondeur**.

interroger [ɛ̃tɛrɔʒe] *vt* **-1.** [témoin, candidat] interrogar; **~ qqn sur qqch** interrogar a alguien sobre algo. **-2.** INFORM [base de données] consultar. **-3.** [conscience, faits] examinar. ◆ **s'interroger** *vp* : **s'~ sur qqch** preguntarse sobre algo.

interrompre [ɛ̃tɛrɔ̃pr] *vt* interrumpir; **~ qqn dans qqch** interrumpir a alguien en algo. ◆ **s'interrompre** *vp* interrumpirse; **s'~ de faire qqch** dejar de hacer algo.

interrompu, e [ɛ̃tɛrɔ̃py] *pp* → **interrompre**.

interruption [ɛ̃tɛrypsjɔ̃] *nf* interrupción *f*; **~ volontaire de grossesse** interrupción *f* voluntaria del embarazo.

intersection [ɛ̃tɛrseksjɔ̃] *nf* intersección *f*.

interstice [ɛ̃tɛrstis] *nm* intersticio *m*.

intervalle [ɛ̃tɛrval] *nm* intervalo *m*.

intervenant, e [ɛ̃tɛrvənɑ̃, ɑ̃t] *nm, f* **-1.** [orateur] conferenciante *mf*. **-2.** JUR parte *f* interesada.

intervenir [ɛ̃tɛrvənir] *vi* **-1.** [gén] intervenir; **~ dans qqch** intervenir en algo; **faire ~ qqn** hacer intervenir a alguien. **-2.** [se produire] ocurrir.

intervention [ɛ̃tɛrvɑ̃sjɔ̃] *nf* intervención *f*.

interventionnisme [ɛ̃tɛrvɑ̃sjɔnism] *nm* intervencionismo *m*.

intervenu, e [ɛ̃tɛrvəny] *pp* → **intervenir**.

intervertir [ɛ̃tɛrvertir] *vt* invertir.

interview [ɛ̃tɛrvju] *nf* entrevista *f*.

interviewer[1] [ɛ̃tɛrvjuve] *vt* entrevistar.

interviewer[2] [ɛ̃tɛrvjuvœr] *nm* entrevistador *m*, -ra *f*.

intestinal, e, aux [ɛ̃tɛstinal, o] *adj* intestinal.

intime [ɛ̃tim] *adj & nmf* íntimo(ma).

intimider [ɛ̃timide] *vt* intimidar.

intimiste [ɛ̃timist] *adj* intimista.

intimité [ɛ̃timite] *nf* intimidad *f*.

intitulé [ɛ̃tityle] *nm* título *m*.

intituler [ɛ̃tityle] *vt* titular. ◆ **s'intituler** *vp* titularse.

intolérable [ɛ̃tɔlerabl] *adj* intolerable.

intolérance [ɛ̃tɔlerɑ̃s] *nf* [gén] intolerancia *f*.

intolérant, e [ɛ̃tɔlerɑ̃, ɑ̃t] *adj* intolerante.

intonation [ɛ̃tɔnasjɔ̃] *nf* LING & MUS entonación *f*.

intouchable [ɛ̃tuʃabl] *adj & nmf* intocable.

intoxication [ɛ̃tɔksikasjɔ̃] *nf* **-1.** MÉD [empoisonnement] intoxicación *f*. **-2.** *fig* [propagande] bombardeo *m*.

intoxiquer [ɛ̃tɔksike] *vt* intoxicar. ◆ **s'intoxiquer** *vp* **-1.** MÉD [s'empoisonner] intoxicarse. **-2.** *fig* [de télévision, de publicité] : **s'~ de qqch** dejarse bombardear por algo.

intraduisible [ɛ̃tradɥizibl] adj **-1**. [texte] intraducible. **-2**. [sentiment] inexplicable.

intraitable [ɛ̃trɛtabl] adj inflexible; être ~ sur qqch ser inflexible en algo.

intransigeance [ɛ̃trãziʒãs] nf intransigencia f.

intransigeant, e [ɛ̃trãziʒã, ãt] adj intransigente.

intransitif, ive [ɛ̃trãzitif, iv] adj GRAM intransitivo(va).

intransportable [ɛ̃trãspɔrtabl] adj intransportable.

intraveineux, euse [ɛ̃travɛnø, øz] adj MÉD intravenoso(sa).

intrépide [ɛ̃trepid] adj **-1**. [soldat] intrépido(da). **-2**. [menteur, bavard] incorregible.

intrigue [ɛ̃trig] nf **-1**. [gén] intriga f. **-2**. sout [liaison amoureuse] aventura f.

intriguer [ɛ̃trige] vt & vi intrigar.

introduction [ɛ̃trɔdyksjɔ̃] nf [gén] introducción f; ~ à qqch [préparation] introducción a algo.

introduire [ɛ̃trɔdɥir] vt introducir. ◆ **s'introduire** vp introducirse.

introduit, e [ɛ̃trɔdɥi, it] pp → introduire.

introspection [ɛ̃trɔspɛksjɔ̃] nf PSYCHOL introspección f.

introuvable [ɛ̃truvabl] adj **-1**. [personne] en paradero desconocido; [objet] perdido(da). **-2**. [rare] imposible de encontrar.

introverti, e [ɛ̃trɔvɛrti] adj & nm, f PSYCHOL introvertido(da).

intrus, e [ɛ̃try, yz] adj & nm, f intruso(sa).

intrusion [ɛ̃tryzjɔ̃] nf intrusión f.

intuitif, ive [ɛ̃tɥitif, iv] adj & nm, f intuitivo(va).

intuition [ɛ̃tɥisjɔ̃] nf intuición f.

inusable [inyzabl] adj indestructible.

inusité, e [inyzite] adj inusitado(da).

inutile [inytil] adj inútil.

inutilisable [inytilizabl] adj inservible.

inutilité [inytilite] nf inutilidad f.

inv. (abr de **invariable**) inv., invar.

invaincu, e [ɛ̃vɛ̃ky] adj **-1**. [peuple] imbatido(da). **-2**. SPORT invicto(ta).

invalide [ɛ̃valid] ◇ adj MÉD inválido(da). ◇ nmf inválido m, -da f.

invalidité [ɛ̃validite] nf **-1**. JUR nulidad f. **-2**. MÉD invalidez f.

invariable [ɛ̃varjabl] adj invariable.

invasion [ɛ̃vazjɔ̃] nf invasión f.

invendable [ɛ̃vãdabl] adj invendible.

invendu, e [ɛ̃vãdy] adj sin vender. ◆ **invendu** nm artículo m sin vender.

inventaire [ɛ̃vãtɛr] nm inventario m.

inventer [ɛ̃vãte] vt **-1**. [découvrir] inventar. **-2**. [imaginer] inventarse.

invention [ɛ̃vãsjɔ̃] nf **-1**. [découverte, mensonge] invención f. **-2**. [imagination] inventiva f.

inventorier [ɛ̃vãtɔrje] vt inventariar.

inverse [ɛ̃vɛrs] ◇ adj inverso(sa). ◇ nm : l'~ lo contrario.

inversement [ɛ̃vɛrsəmã] adv **-1**. [gén] a la inversa. **-2**. MATHS inversamente.

inverser [ɛ̃vɛrse] vt invertir.

invertébré, e [ɛ̃vɛrtebre] adj invertebrado(da). ◆ **invertébré** nm invertebrado m.

investigation [ɛ̃vɛstigasjɔ̃] nf investigación f.

investir [ɛ̃vɛstir] vt **-1**. MIL [ville, position militaire] sitiar. **-2**. [fonctionnaire, evêque] investir. **-3**. [argent, efforts] invertir; ~ qqch dans qqch invertir algo en algo.

investissement [ɛ̃vɛstismã] nm **-1**. MIL sitio m. **-2**. FIN inversión f.

investiture [ɛ̃vɛstityr] nf investidura f.

invétéré, e [ɛ̃vetere] adj empedernido(da).

invincible [ɛ̃vɛ̃sibl] adj **-1**. [gén] invencible. **-2**. [argument] irrefutable.

inviolable [ɛ̃vjɔlabl] adj **-1**. [gén] inviolable. **-2**. [citadelle] inexpugnable.

invisible [ɛ̃vizibl] adj **-1**. [impossible à voir] invisible. **-2**. [qui se dérobe] oculto(ta).

invitation [ɛ̃vitasjɔ̃] nf invitación f.

invité, e [ɛ̃vite] adj & nm, f invitado(da).

inviter [ɛ̃vite] vt [gén] invitar; ~ qqn à qqch/à faire qqch [inciter] invitar a alguien a algo/a hacer algo.

in vitro [invitro] → fécondation.

invivable [ɛ̃vivabl] adj **-1**. [personne, situation] insoportable. **-2**. [lieu] inhabitable.

involontaire [ɛ̃vɔlɔ̃tɛr] adj involuntario(ria).

invoquer [ɛ̃vɔke] vt **-1**. [gén] invocar. **-2**. [excuse] alegar.

invraisemblance [ɛ̃vrɛsãblãs] nf inverosimilitud f.

invulnérable [ɛ̃vylnerabl] adj invulnerable.

iode [jɔd] nm yodo m.

ion [jɔ̃] nm PHYS ion m.

IRA (*abr de* **Irish Republican Army**) *nf* IRA *m*.

irai, iras *etc* → **aller**.

Irak, Iraq [irak] *nm* : l' ~ Irak, Iraq.

Iran [irã] *nm* : l' ~ Irán.

Iraq = Irak.

irascible [irasibl] *adj* irascible.

iris [iris] *nm* -1. BOT lirio *m*. -2. ANAT iris *m*.

Irlande [irlãd] *nf* : l' ~ Irlanda; l' ~ **du Nord** Irlanda del Norte; l'~ **du Sud** República de Irlanda.

ironie [ironi] *nf* ironía *f*.

ironique [ironik] *adj* irónico(ca).

ironiser [ironize] *vi* : ~ **sur qqch** ironizar sobre algo.

irradier [iradje] ◇ *vi* -1. [se propager] irradiar. -2. *fig* [se repandre] manifestarse. ◇ *vt* irradiar.

irraisonné, e [irezone] *adj* [crainte] infundado(da); [geste] automático(ca).

irrationnel, elle [irasjonɛl] *adj* irracional.

irréalisable [irealizabl] *adj* irrealizable.

irrécupérable [irekyperabl] *adj* irrecuperable.

irrécusable [irekyzabl] *adj* JUR irrecusable.

irréductible [iredyktibl] *adj & nmf* irreductible.

irréel, elle [ireɛl] *adj* irreal.

irréfléchi, e [irefleʃi] *adj* irreflexivo(va).

irréfutable [irefytabl] *adj* irrefutable.

irrégularité [iregylarite] *nf* irregularidad *f*.

irrégulier, ère [iregylje, ɛr] *adj* irregular.

irrémédiable [iremedjabl] *adj* irremediable.

irremplaçable [irãplasabl] *adj* irremplazable, insustituible.

irréparable [ireparabl] *adj* irreparable.

irrépressible [irepresibl] *adj sout* irreprimible.

irréprochable [ireproʃabl] *adj* intachable, irreprochable.

irrésistible [irezistibl] *adj* -1. [gén] irresistible. -2. [amusant] desternillante.

irrésolu, e [irezoly] *adj* [personne] irresoluto(ta); [problème] sin resolver.

irrespirable [irɛspirabl] *adj* irrespirable.

irresponsable [irɛspɔ̃sabl] ◇ *adj* -1. [gén] irresponsable. -2. [non fautif] no responsable. -3. JUR no responsable ante la ley. ◇ *nmf* irresponsable *mf*.

irréversible [irevɛrsibl] *adj* irreversible.

irrévocable [irevɔkabl] *adj* irrevocable.

irrigation [irigasjɔ̃] *nf* AGRIC & MÉD irrigación *f*.

irriguer [irige] *vt* AGRIC & MÉD irrigar.

irritation [iritasjɔ̃] *nf* irritación *f*.

irriter [irite] *vt* irritar. ◆ **s'irriter** *vp* irritarse; s'~ **contre qqn** enfadarse con alguien; s'~ **de qqch** irritarse por algo.

irruption [irypsjɔ̃] *nf* -1. [invasion, entrée] irrupción *f*. -2. [débordement] desbordamiento *m*.

islam [islam] *nm* islam *m*. ◆ **Islam** *nm* : l'Islam el Islam.

islamique [islamik] *adj* islámico(ca).

Islande [islãd] *nf* : l' ~ Islandia.

isocèle [izosɛl] *adj* MATHS isósceles.

isolant, e [izolã, ãt] *adj* ÉLECTR & CONSTR aislante. ◆ **isolant** *nm* aislante *m*.

isolation [izolasjɔ̃] *nf* ÉLECTR & CONSTR aislamiento *m*.

isolé, e [izole] *adj* aislado(da).

isolément [izolemã] *adv* aisladamente.

isoler [izole] *vt* aislar; ~ **qqch de qqch** aislar algo de algo. ◆ **s'isoler** *vp* aislarse; s'~ **de qqch** aislarse de algo.

isoloir [izolwar] *nm* cabina *f* electoral.

isotherme [izotɛrm] ◇ *adj* isotermo(ma). ◇ *nf* MÉTÉOR isoterma *f*.

Israël [israɛl] *n* Israel.

israélite [israelit] *adj* israelita. ◆ **Israélite** *nmf* israelita *mf*.

issu, e [isy] *adj* : ~ **de qqch** [résultat] resultante de algo; [personne] descendiente de algo. ◆ **issue** *nf* -1. [sortie] salida *f*; ~**e de secours** salida de emergencia. -2. [résultat] resultado *m*; **heureuse** ~**e** desenlace *m* feliz; ~**e fatale** desenlace *m* fatal. -3. [terme] final *m*.

Istanbul [istãbul] *n* Estanbul.

isthme [ism] *nm* istmo *m*.

Italie [itali] *nf* : l' ~ Italia.

italien, enne [italjɛ̃, ɛn] *adj* italiano(na). ◆ **italien** *nm* LING italiano *m*. ◆ **Italien, enne** *nm, f* italiano *m*, -na *f*.

italique [italik] *nm* [caractère d'imprimerie] cursiva *f*.

itinéraire [itinerer] *nm* itinerario *m*.

itinérant, e [itinerã, ãt] *adj* -1. [spectacle, troupe] itinerante. -2. [ambassadeur] ambulante.

IUFM (*abr de* **institut universitaire de formation des maîtres**) *nm* escuela de prácticas para la formación de profesores.

IUP (*abr de* **institut universitaire profes-sionnel**) *nm escuela universitaria de formación profesional a la cual se accede tras haber cur-sado un año universitario.*

IUT (*abr de* **institut universitaire de tech-nologie**) *nm escuela técnica universitaria.*

IVG *abr de* **interruption volontaire de gros-sesse**.

ivoire [ivwar] *nm* **-1.** [gén] marfil *m*. **-2.** [objeto] objeto *m* de marfil.

ivre [ivr] *adj* borracho(cha).

ivresse [ivrɛs] *nf* embriaguez *f*.

ivrogne [ivrɔɲ] *adj & nmf* borracho(cha).

J

j, J [ʒi] *nm inv* j *f*, J *f*. ◆ **J -1.** (*abr de* **joule**) J. **-2.** (*abr de* **jour**) d.

j' → je.

jabot [ʒabo] *nm* **-1.** [d'oiseau] buche *m*. **-2.** [de chemise] chorrera *f*, pechera *f*.

jacasser [ʒakase] *vi* **-1.** [pie] chirriar. **-2.** *péj* [personne] cotorrear.

jacinthe [ʒasɛ̃t] *nf* jacinto *m*.

jacquard [ʒakar] *nm* jacquard *m*.

Jacuzzi® [ʒakuzi] *nm* jacuzzi® *m*.

jade [ʒad] *nm* jade *m*.

jadis [ʒadis] *adv* en otro tiempo, antigua-mente.

jaguar [ʒagwar] *nm* jaguar *m*.

jaillir [ʒajir] *vi* : ~ **de** [gén] surgir de; [li-quide] brotar de.

jais [ʒɛ] *nm* azabache *m*.

jalon [ʒalɔ̃] *nm* jalón *m*.

jalonner [ʒalɔne] *vt* [chemin, route] jalo-nar, amojonar.

jalousie [ʒaluzi] *nf* **-1.** [envie] envidia *f*. **-2.** [en amour] celos *mpl*. **-3.** [store] celosía *f*.

jaloux, ouse [ʒalu, uz] *adj* ~ **(de)** [envieux] envidioso(sa) (de); [en amour, attaché] ce-loso(sa) (de).

jamais [ʒamɛ] *adv* **-1.** [sens négatif] nunca; ne... ~ no... nunca; je ne reviendrai ~ no volveré nunca; ~... ne nunca...; ~ je ne reviendrai nunca volveré; ne... plus ~ no... nunca más; je ne reviendrai plus

~ no volveré nunca más; ~ plus... ne nunca más...; ~ plus je ne viendrai nunca más vendré; plus ~! ¡nunca más!; sans ~ (+ *infinitif*) sin (+ *infinitivo*); il tra-vaille sans ~ s'arrêter trabaja sin parar. **-2.** [sens positif] alguna vez; as-tu ~ rien vu de pareil? ¿has visto alguna vez una cosa igual?; je doute de ~ y parvenir dudo que lo consiga alguna vez; si ~ si alguna vez; si ~ tu le vois si llegas a verlo. ◆ **à jamais** *loc adv sout* para siem-pre. ◆ **pour jamais** *loc adv sout* para siempre.

jambage [ʒɑ̃baʒ] *nm* palo *m* (*de una letra*).

jambe [ʒɑ̃b] *nf* pierna *f Esp*, canilla *f Amér*.

jambières [ʒɑ̃bjɛr] *nfpl* espinilleras *fpl*.

jambon [ʒɑ̃bɔ̃] *nm* jamón *m*.

jante [ʒɑ̃t] *nf* llanta *f*.

janvier [ʒɑ̃vje] *nm* enero *m*; *voir auss.* **sep-tembre**.

japper [ʒape] *vi* ladrar.

jaquette [ʒakɛt] *nf* **-1.** [vêtement – d'homme] chaqué *m*; [– de femme] cha-queta *f Esp*, saco *m Amér*. **-2.** [de livre] so-brecubierta *f*.

jardin [ʒardɛ̃] *nm* jardín *m*; ~ **d'agrément** jardín.

jardinage [ʒardinaʒ] *nm* jardinería *f*.

jardinier, ère [ʒardinje, er] *nm, f* jardinero *m*, -ra *f*. ◆ **jardinière** *nf* [bac à fleurs] jar-dinera *f*. ◆ **jardinière de légumes** *nf* ≃ menestra *f* de verduras.

jargon [ʒargɔ̃] *nm* jerga *f*.

jarret [ʒarɛ] *nm* **-1.** ANAT corva *f*. **-2.** CULIN jarrete *m*.

jarretelle [ʒartɛl] *nf* liga *m*.

jarretière [ʒartjɛr] *nf* liga *f*.

jars [ʒar] *nm* ganso *m*.

jaser [ʒaze] *vi* cotillear.

jasmin [ʒasmɛ̃] *nm* jazmín *m*.

jaspé, e [ʒaspe] *adj* jaspeado(da).

jatte [ʒat] *nf* cuenco *m*.

jauge [ʒoʒ] *nf* indicador *m*.

jauger [ʒoʒe] *vt* juzgar.

jaune [ʒon] ◇ *adj* amarillo(lla). ◇ *nm* **-1.** [couleur] amarillo *m*. **-2.** *péj* [briseur de grève] esquirol *m*. ◆ **jaune d'œuf** *nm* yema *f* de huevo.

jaunir [ʒonir] ◇ *vi* amarillear. ◇ *vt* poner amarillo.

jaunisse [ʒonis] *nf* MÉD ictericia *f*.

java [ʒava] *nf* [danse] java *f*.

javelot [ʒavlo] *nm* jabalina *f*.

jazz [dʒaz] *nm* jazz *m*.

J.-C. (*abr de* **Jésus-Christ**) J.C., JC.

je [ʒə], **j'** (*devant voyelle ou h muet*) *pron pers* yo; ~ **viendrai demain** vendré mañana; **que dois-~ faire?** ¿qué debo hacer?

jean [dʒin], **jeans** [dʒins] *nm* vaqueros *mpl*, tejanos *mpl*.

Jeep® [dʒip] *nf* jeep® *m*.

jérémiades [ʒeremjad] *nfpl* jeremiadas *fpl*.

jerrycan, **jerrican** [ʒerikan] *nm* jerrycan *m*.

jersey [ʒɛrzɛ] *nm* punto *m* (tela).

Jérusalem [ʒeryzalɛm] *n* Jerusalén.

jésuite [ʒezɥit] ◇ *nm* **-1.** RELIG jesuita *m*. **-2.** *péj* [hypocrite] hipócrita *m*. ◇ *adj* RELIG jesuita.

Jésus-Christ [ʒezykri] *nm* Jesucristo *m*.

jet¹ [ʒɛ] *nm* **-1.** [dè javelot] lanzamiento *m*. **-2.** [de vapeur, d'eau] chorro *m*.

jet² [dʒɛt] *nm* jet *m*.

jeté [ʒəte] ◆ **jeté de lit** *nm* colcha *f*. ◆ **jeté de table** *nm* tapete *m*.

jetée [ʒəte] *nf* espigón *m*.

jeter [ʒəte] *vt* **-1.** [gén] tirar; ~ **qqch à qqn** tirar algo a alguien. **-2.** [mettre rapidement] echar. ◆ **se jeter** *vp* **-1.** [se précipiter] : **se ~ sur qqn/sur qqch** lanzarse sobre alguien/sobre algo. **-2.** **se ~ dans** [suj : rivière] desembocar en; [suj : personne] echarse en.

jeton [ʒətɔ̃] *nm* [de jeu, de téléphone] ficha *f*.

jeu, **x** [ʒø] *nm* **-1.** [gén] juego *m*; **par ~** para divertirse; ~ **de cartes** [divertissement] juego de cartas OU naipes; [paquet] baraja *f*; ~ **de hasard/de l'oie/de société** juego de azar/de la oca/de sociedad; ~ **vidéo** videojuego *m*; **jouer le ~** respetar las reglas. **-2.** MUS ejecución *f*; THÉÂTRE actuación *f*, interpretación *f*.

jeudi [ʒødi] *nm* jueves *m*; *voir aussi* **samedi**.

jeun [ʒœ̃] ◆ **à jeun** *loc adv* en ayunas.

jeune [ʒœn] ◇ *adj* joven. ◇ *nm* joven *m*.

jeûne [ʒøn] *nm* ayuno *m*.

jeunesse [ʒœnɛs] *nf* juventud *f*.

JF, **jf** (*abr de* **jeune fille**) Srta.

JH *abr de* **jeune homme**.

jingle [dʒingəl] *nm* jingle *m*.

JO (*abr de* **Journal officiel**) *nm* ≃ BOE.

joaillier, **ère** [ʒɔaje, ɛr] *nm*, *f* joyero *m*, -ra *f*.

job [dʒɔb] *nm fam* curro *m*.

jockey [ʒɔkɛ] *nm* jockey *m*.

jogging [dʒɔgin] *nm* **-1.** [activité] jogging *m*, footing *m*. **-2.** [vêtement] chándal *m* *Esp*, buzo *m* *Amér*.

joie [ʒwa] *nf* alegría *f*.

joindre [jwɛ̃dr] *vt* **-1.** [rapprocher] juntar. **-2.** [adjoindre] adjuntar. **-3.** [par téléphone] localizar. ◆ **se joindre** *vp* : **se ~ à qqn** unirse a alguien.

joli, **e** [ʒɔli] *adj* **-1.** [gén] bonito(ta). **-2.** [enviable] bueno(na).

joliment [ʒɔlimɑ̃] *adv* **-1.** [bien] muy bien. **-2.** *iron* [emploi expressif] : **elle les a eus!** ¡qué bien los ha engañado!. **-3.** *fam* [beaucoup] maravillosamente.

jonc [ʒɔ̃] *nm* junco *m*.

joncher [ʒɔ̃ʃe] *vt* cubrir; **être jonché de** estar cubierto(ta) de.

jonction [ʒɔ̃ksjɔ̃] *nf* [de routes] confluencia *f*.

jongler [ʒɔ̃gle] *vi* **-1.** [avec des balles] hacer malabarismos. **-2.** *fig* [manier avec adresse] : ~ **avec qqch** reírse de algo.

jongleur, **euse** [ʒɔ̃glœr, øz] *nm*, *f* malabarista *mf*.

jonquille [ʒɔ̃kij] *nf* junquillo *m*.

joue [ʒu] *nf* mejilla *f* *Esp*, cachete *m* *Amér*.

jouer [ʒwe] ◇ *vi* **-1.** [s'amuser] jugar; ~ **à qqch** jugar a algo; ~ **avec qqn/avec qqch** jugar con alguien/con algo. **-2.** CIN & THÉÂTRE actuar. **-3.** MUS tocar; ~ **de qqch** [instrument] tocar algo. ◇ *vt* **-1.** [carte] jugar. **-2.** [hasarder, risquer] : ~ **qqch** jugarse algo. **-3.** [personnage, rôle] representar; *fig* hacer el papel de. **-4.** THÉÂTRE representar; CIN dar, poner. ◆ **se jouer** *vp* : **se ~ de qqch/de qqn** reírse de algo/de alguien.

jouet [ʒwɛ] *nm* juguete *m*; **être le ~ de qqn** *fig* ser el juguete de alguien.

joueur, **euse** [ʒwœr, øz] *nm* jugador *m*, -ra *f*.

joufflu, **e** [ʒufly] *adj* mofletudo(da).

joug [ʒu] *nm* yugo *m*.

jouir [ʒwir] *vi* **-1.** [apprécier, bénéficier] : ~ **de qqch** disfrutar de algo. **-2.** [sexuellement] gozar.

jouissance [ʒwisɑ̃s] *nf* **-1.** JUR [de bien] disfrute *m*. **-2.** [sexuelle] goce *m*.

joujou, **x** [ʒuʒu] *nm* juguete *m*.

jour [ʒur] *nm* día *m*; **au petit ~** al amanecer; **de ~ en ~** de día en día; ~ **après** ~ día tras día; ~ **et nuit** día y noche; **le ~ décline** anochece; **le ~ de l'an** el día de Año Nuevo; ~ **de congé/de fête** día de permiso/de fiesta; ~ **férié** día festivo;

de nos ~s hoy en día; **être à ~** estar al día; **mettre qqch à ~** poner algo al día.

journal, aux [ʒurnal, o] *nm* **-1.** [publication] periódico *m*. **-2.** TÉLÉ telediario *m*; **~ télévisé** telediario. **-3.** [écrit] diario *m*; **~ intime** diario íntimo.

journalier, ère [ʒurnalje, ɛr] *adj* diario(ria).

journalisme [ʒurnalism] *nm* periodismo *m*.

journaliste [ʒurnalist] *nmf* periodista *mf*.

journée [ʒurne] *nf* día *f*.

joute [ʒut] *nf* justa *f*.

jovial, e, aux [ʒɔvjal, o] *adj* jovial.

joyau, x [ʒwajo] *nm* joya *f*.

joyeux, euse [ʒwajø, øz] *adj* alegre.

jubilé [ʒybile] *nm* RELIG jubileo *m*.

jubiler [ʒybile] *vi fam* entusiasmarse.

jucher [ʒyʃe] *vt* : **~ qqn sur qqch** encaramar a alguien a algo. ◆ **se jucher** *vp* : **se ~ sur qqch** encaramarse sobre algo.

judaïque [ʒydaik] *adj* judaico(ca).

judaïsme [ʒydaism] *nm* judaísmo *m*.

judas [ʒyda] *nm* mirilla *f*.

judéo-chrétien, enne [ʒydeɔkretjɛ̃, ɛn] (*mpl* **judéo-chrétiens**, *fpl* **judéo-chrétiennes**) *adj* judeocristiano(na).

judiciaire [ʒydisjɛr] *adj* judicial.

judicieux, euse [ʒydisjø, øz] *adj* juicioso(sa).

judo [ʒydo] *nm* judo *m*.

juge [ʒyʒ] *nm* juez *m*, jueza *f*; **~ d'instruction/de paix** JUR juez de instrucción/de paz.

jugé [ʒyʒe] ◆ **au jugé** *loc adv* a ojo de buen cubero.

jugement [ʒyʒmɑ̃] *nm* juicio *m*.

jugeote [ʒyʒɔt] *nf fam* coco *m*.

juger [ʒyʒe] ◇ *vt* [gén] juzgar; **~ que** juzgar que; **~ qqch inutile/indispensable** [estimer] juzgar algo inútil/indispensable. ◇ *vi* : **~ de qqch** considerar algo.

juif, juive [ʒɥif, ʒɥiv] *adj* judío(a). ◆ **Juif, Juive** *nm, f* judío *m*, -a *f*.

juillet [ʒɥijɛ] *nm* julio *m*; **la fête du 14 Juillet** fiestas del 14 de julio, día de la República que celebra la Toma de la Bastilla; *voir aussi* **septembre**.

juin [ʒɥɛ̃] *nm* junio *m*; *voir aussi* **septembre**.

juive → **juif**.

juke-box [dʒukbɔks] *nm inv* juke-box *m*.

jumeau, elle, x [ʒymo, el] ◇ *adj* gemelo(la). ◇ *nm, f* gemelo *m*, -la *f*. ◆ **jumelles** *nfpl* [optique] gemelos *mpl*.

jumelage [ʒymlaʒ] *nm* [de villes] hermanamiento *m*.

jumelé, e [ʒymle] *adj* **-1.** [villes] hermanado(da). **-2.** [roues] acoplado(da).

jumeler [ʒymle] *vt* [villes] hermanar.

jumelle → **jumeau**.

jument [ʒymɑ̃] *nf* yegua *f*.

jungle [ʒœgl] *nf* jungla *f*.

junior [ʒynjɔr] *adj inv* SPORT júnior.

junte [ʒœ̃t] *nf* junta *f (asamblea)*.

jupe [ʒyp] *nf* falda *f Esp*, pollera *f Amér*.

jupe-culotte *nf* falda *f* pantalón.

jupon [ʒypɔ̃] *nm* enagua *f*.

juré[1] [ʒyre] *nm* JUR jurado *m (individuo)*.

juré[2]**, e** [ʒyre] *adj* [ennemi] jurado(da).

jurer [ʒyre] ◇ *vt* jurar; **~ (à qqn) que...** jurar (a alguien) que...; **~ qqch à qqn** jurar algo a alguien; **~ de faire qqch** jurar hacer algo; **je le jure** lo juro; **je vous jure!** *fam* ¡se lo juro! ◇ *vi* **-1.** [blasphémer] jurar. **-2.** [couleurs] no pegar; **~ avec qqch** no pegar con algo. ◆ **se jurer** *vp* : **se ~ qqch** jurarse algo.

juridiction [ʒyridiksjɔ̃] *nf* jurisdicción *f*.

juridique [ʒyridik] *adj* jurídico(ca).

jurisprudence [ʒyrisprydɑ̃s] *nf* jurisprudencia *f*.

juriste [ʒyrist] *nmf* jurista *mf*.

juron [ʒyrɔ̃] *nm* juramento *m*.

jury [ʒyri] *nm* **-1.** JUR jurado *m (asamblea)*. **-2.** SCOL tribunal *m*.

jus [ʒy] *nm* **-1.** [de fruits] zumo *m*; **~ de raisin** mosto *m*. **-2.** [de légumes, de viande] caldo *m*.

jusque, jusqu' *(devant voyelle ou h muet)* [ʒysk(ə)] ◆ **jusqu'à** *loc prép* **-1.** [sens temporel] hasta; **jusqu'à nouvel ordre** hasta nueva orden; **jusqu'à présent** hasta ahora. **-2.** [sens spatial] hasta; **jusqu'au bout** hasta el final. **-3.** [même] hasta, incluso. ◆ **jusqu'à ce que** *loc conj* hasta que. ◆ **jusqu'en** *loc prép* hasta. ◆ **jusqu'ici** *loc adv* [lieu] hasta aquí; [temps] hasta ahora. ◆ **jusque-là** *loc adv* [lieu] hasta allí; [temps] hasta aquel momento.

justaucorps [ʒystokɔr] *nm* body *m*.

juste [ʒyst] *adj* **-1.** [gén] justo(ta). **-2.** [calcul] exacto(ta).

justement [ʒystəmɑ̃] *adv* **-1.** [gén] precisamente. **-2.** [avec raison] con razón.

justesse [ʒystɛs] *nf* precisión *f*. ◆ **de justesse** *loc adv* por poco.

justice [ʒystis] *nf* justicia *f*; **déferer** OU **poursuivre qqn en** ~ llevar a alguien ante la justicia OU a los tribunales; **passer en** ~ ir a juicio.

justicier, ère [ʒystisje, ɛr] *nm, f* justiciero *m*, -ra *f*.

justifiable [ʒystifjabl] *adj* justificable.

justificatif, ive [ʒystifikatif, iv] *adj* justificativo(va), justificante. ◆ **justificatif** *nm* justificante *m*.

justification [ʒystifikasjɔ̃] *nf* justificación *f*.

justifier [ʒystifje] *vt* justificar. ◆ **se justifier** *vp* justificarse.

jute [ʒyt] *nm* yute *m*.

juter [ʒyte] *vi* [fruit] dar jugo.

juteux, euse [ʒytø, øz] *adj* jugoso(sa).

juvénile [ʒyvenil] *adj* juvenil.

juxtaposer [ʒykstapoze] *vt* yuxtaponer.

K

k, K [ka] *nm inv* k *f*, K *f*.

K7 [kasɛt] *nf abr de* **cassette**.

kaki [kaki] *adj inv & nm* caqui, kaki.

kaléidoscope [kaleidɔskɔp] *nm* calidoscopio *m*.

kamikaze [kamikaz] *nm* kamikaze *m*.

kangourou [kãguru] *nm* canguro *m*.

Karaoké® [karaɔke] *nm* karaoke® *m*.

karaté [karate] *nm* kárate *m*.

karting [kartiŋ] *nm* karting *m*.

kas(c)her, cascher [kaʃɛr] *adj inv* permitido por la religión judía (alimento).

kayak [kajak] *nm* kayac *m*.

Kenya [kenja] *nm* : **le** ~ Kenia, Kenya; **au** ~ [direction] a Kenia; [situation] en Kenia.

képi [kepi] *nm* quepis *m inv*.

kératine [keratin] *nf* queratina *f*.

kermesse [kɛrmɛs] *nf* kermesse *f*.

kérosène [kerɔzɛn] *nm* keroseno *m*.

ketchup [kɛtʃœp] *nm* ketchup *m*.

kg (*abr de* **kilogramme**) kg.

KGB (*abr de* **Komitet Gossoudarstvennoï Bezopasnosti**) *nm* KGB *m*.

kibboutz [kibuts] *nm inv* kibutz *m inv*.

kidnapper [kidnape] *vt* secuestrar *Esp*, plagiar *Amér*.

kilo [kilo] *nm* kilo *m*.

kilogramme [kilɔgram] *nm* kilogramo *m*.

kilométrage [kilɔmetraʒ] *nm* kilometraje *m*.

kilomètre [kilɔmetr] *nm* kilómetro *m*.

kilowatt [kilowat] *nm* kilovatio *m*.

kilt [kilt] *nm* kilt *m*, falda *f* escocesa.

kimono [kimɔno] ◇ *nm* kimono *m*. ◇ *adj inv* japonés(esa).

kinésithérapeute [keneziterapøt] *nmf* kinesiterapeuta *mf*.

kiosque [kjɔsk] *nm* -**1**. [gén] kiosco *m*. -**2**. [de navire] caseta *f*, casetón *m*.

kirsch [kirʃ] *nm* kirsch *m*.

kitchenette [kitʃənɛt] *nf* kitchenette *f*.

kitsch [kitʃ] *adj inv* kitsch.

kiwi [kiwi] *nm* kiwi *m*.

Klaxon® [klaksɔn] *nm* claxon *m*, bocina *f*.

klaxonner [klaksɔne] *vi* pitar, tocar el claxon.

kleptomane, cleptomane [klɛptɔman] *adj & nmf* cleptómano(na).

km (*abr de* **kilomètre**) km.

km/h (*abr de* **kilomètre/heure**) km/h.

K.-O. *abr de* **knocked out**.

Koweït [kɔwet] *nm* : **le** ~ Kuwait; **au** ~ [direction] a Kuwait; [situation] en Kuwait.

krach [krak] *nm* crac *m*; ~ **boursier** crac bursátil.

kung-fu [kuŋfu] *nm* kung-fu *m*.

kyrielle [kirjɛl] *nf* sarta *f*.

kyste [kist] *nm* MÉD quiste *m*.

L

l, L [ɛl] *nm inv* l *f*, L *f*. ◆ **1** (*abr de* **litre**) l.

la¹ [la] *art déf & pron déf* → **le**.

la² [la] *nm inv* la *m*.

là [la] *adv* -**1**. [lieu] allí, ahí; **c'est** ~ **que je travaille** ahí es donde trabajo; **passe par** ~ pasa por allí. -**2**. [temps] entonces; ~, **il a allumé une cigarette** entonces encendió un cigarrillo. -**3**. [dans cela] : ~

est le vrai problème ahí está el verdadero problema.

là-bas [laba] *adv* allí.

label [label] *nm* **-1.** [étiquette] etiqueta *f.* **-2.** [commerce] marca *f* de fábrica.

labeur [labœr] *nm sout* labor *f.*

labo [labo] *fam abr de* **laboratoire.**

laborantin, e [labɔrɑ̃tɛ̃, in] *nm, f* auxiliar *mf* de laboratorio.

laboratoire [labɔratwar] *nm* laboratorio *m.*

laborieux, euse [labɔrjø, øz] *adj* **-1.** [travail] laborioso(sa). **-2.** [travailleur] trabajador(ra).

labourer [labure] *vt* **-1.** AGRIC [terre] arar, labrar. **-2.** [sillonner] hacer surcos en. **-3.** *fig* [partie du corps] señalar.

laboureur [laburœr] *nm* labrador *m.*

labyrinthe [labirɛ̃t] *nm* laberinto *m.*

lac [lak] *nm* lago *m*; **le ~ Léman** el lago Leman; **le ~ Majeur** el lago Mayor.

lacer [lase] *vt* atar.

lacérer [lasere] *vt* **-1.** [papier, vêtement] desgarrar. **-2.** [corps] arañar.

lacet [lase] *nm* **-1.** [cordon] cordón *m.* **-2.** [de route] zigzag *m.* **-3.** [piège] lazo *m.*

lâche [laʃ] ⬦ *adj* **-1.** [nœud] flojo(ja). **-2.** [personne] cobarde. **-3.** [action] vil. ⬦ *nmf* cobarde *mf.*

lâcher [laʃe] ⬦ *vt* **-1.** [laisser échapper] soltar. **-2.** [détendre] aflojar. **-3.** [laisser tomber] lanzar; **~ qqch sur qqch** lanzar algo sobre algo. **-4.** *fam* [plaquer] plantar. ⬦ *vi* aflojarse.

lâcheté [laʃte] *nf* **-1.** [couardise] cobardía *f.* **-2.** [acte indigne] villanía *f.*

lacis [lasi] *nm* **-1.** ANAT plexo *m.* **-2.** *sout* [labyrinthe] laberinto *m.*

laconique [lakɔnik] *adj* lacónico(ca).

lacrymogène [lakrimɔʒɛn] *adj* lacrimógeno(na).

lacté, e [lakte] *adj* **-1.** [régime, fièvre] lácteo(a). **-2.** [farine] lacteado(da). **-3.** [suc] lechoso(sa).

lacune [lakyn] *nf* **-1.** [manque] laguna *f.* **-2.** BIOL cavidad *f.*

lacustre [lakystr] *adj* lacustre.

lad [lad] *nm* mozo *m* de cuadras.

là-dedans [ladədɑ̃] *adv* **-1.** [gén] ahí dentro. **-2.** [d'affaire] en todo esto.

là-dessous [ladsu] *adv* **-1.** [de lieu] ahí abajo. **-2.** [au delà de sens] detrás de esto.

là-dessus [ladsy] *adv* **-1.** [sur ce] en eso, después de eso; **~, il partit** después de eso, se fue. **-2.** [sur cela] sobre esto; **~, je**

n'ai rien à dire sobre esto no tengo nada que decir.

ladite → **ledit.**

lagon [lagɔ̃] *nm* lago *m.*

lagune [lagyn] *nf* laguna *f.*

là-haut [lao] *adv* allí arriba.

La Havane [laavan] *n* La Habana.

La Haye [laɛ] *n* La Haya.

laïc, laïque [laik] *adj & nm, f* laico(ca).

laid, e [lɛ, lɛd] *adj* feo(a).

laideron [lɛdrɔ̃] *nm* callo *m (mujer fea).*

laideur [lɛdœr] *nf* fealdad *f.*

laie [lɛ] *nf* **-1.** ZOOL jabalina *f.* **-2.** [sentier] vereda *f.*

lainage [lɛnaʒ] *nm* **-1.** [étoffe] lana *f.* **-2.** [vêtement] prenda *f* de lana.

laine [lɛn] *nf* lana *f.*

laineux, euse [lɛnø, øz] *adj* **-1.** [étoffe] lanudo(da). **-2.** [cheveux, plante] lanoso(sa).

laïque → **laïc.**

laisse [lɛs] *nf* **-1.** [corde] correa *f.* **-2.** GÉOGR *espacio que el mar deja a descubrir en cada marea.*

laisser [lese] ⬦ *v aux (+ infinitif)* dejar; **~ faire (qqch)** [ne pas intervenir] dejar hacer (algo); **~ faire qqn** [laisser agir] dejar hacer a alguien; **~ tomber qqch** dejar caer algo; **laisse tomber!** *fam* ¡déjalo! ⬦ *vt* [gén] dejar; **~ qqch à qqn** [confier, léguer] dejar algo a alguien; **~ qqn à qqn** [confier] dejar a alguien con alguien. ◆ **se laisser** *vp* : **se ~ aller** [se relâcher] dejarse ir; **se ~ aller dans qqch** abandonarse a; **se ~ faire** dejarse manejar.

laisser-aller *nm inv* dejadez *f.*

laisser-faire, laissez-faire *nm inv* ÉCON laisser-faire *m*, laissez-faire *m.*

laissez-passer [lesepase] *nm inv* pase *m.*

lait [lɛ] *nm* leche *f*; **~ entier/écrémé/maternel** leche entera/descremada/materna. ◆ **lait de poule** *nm* CULIN yema *f* mejida.

laitage [lɛtaʒ] *nm* producto *m* lácteo.

laiterie [lɛtri] *nf* **-1.** [usine] central *f* lechera. **-2.** [magasin] lechería *f.*

laitier, ère [lɛtje, ɛr] ⬦ *adj* **-1.** [produit] lácteo(a). **-2.** [vache] lechero(ra). ⬦ *nm, f* [commerçant] lechero *m*, -ra *f.*

laiton [lɛtɔ̃] *nm* latón *m.*

laitue [lɛty] *nf* lechuga *f.*

laïus [lajys] *nm fam* rollo *m (discurso)*; **faire un ~** soltar un rollo.

lambeau, x [lɑ̃bo] *nm* **-1.** [morceau] pedazo *m.* **-2.** *fig* [fragment] fragmento *m.*

lambris [lãbri] *nm* artesonado *m*.

lame [lam] *nf* **-1.** [de métal] lámina *f*, plancha *f*; [de parquet] tabla *f*. **-2.** [d'épée, de couteau] hoja *f*; ~ **de rasoir** hoja ou cuchilla de afeitar. **-3.** [vague] ola *f*.

lamé, e [lame] *adj* laminado(da). ◆ **lamé** *nm* lamé *m*.

La Mecque [lamɛk] *n* La Meca.

lamelle [lamɛl] *nf* **-1.** [de métal, de plastique, de champignon] lámina. **-2.** [de microscope] cubreobjetos *m*.

lamentable [lamãtabl] *adj* lamentable.

lamentation [lamãtasjɔ̃] *nf* lamentación *f*, lamento *m*.

lamenter [lamãte] ◆ **se lamenter** *vp* lamentarse; **se ~ de** (+ *infinitif*) lamentarse de (+ *infinitivo*); **se ~ d'avoir perdu** lamentarse de haber perdido.

laminer [lamine] *vt* **-1.** [métal] laminar. **-2.** *fig* [santé, espoir, revenus] mermar.

lampadaire [lãpadɛr] *nm* **-1.** [d'intérieur] lámpara *f* de pie. **-2.** [de rue] farola *f* Esp, foco *m* Amér.

lampe [lãp] *nf* **-1.** [d'éclairage] lámpara *f*; ~ **de chevet** lámpara de mesa; ~ **halogène** lámpara halógena; ~ **de poche** linterna *f*. **-2.** [ampoule] bombilla *f*.

lampion [lãpjɔ̃] *nm* farolillo *m*.

lampiste [lãpist] *nm fam* [employé] último mono *m*.

lance [lãs] *nf* **-1.** [arme] lanza *f*. **-2.** [de tuyau] lanza *f*; ~ **à eau** manga de riego; ~ **d'incendie** manga *f* de incendio.

lance-flammes [lãsflam] *nm inv* lanzallamas *m inv*.

lancement [lãsmã] *nm* **-1.** [gén & COMM] lanzamiento *m*. **-2.** [de navire] botadura *m*.

lance-pierres [lãspjɛr] *nm inv* tirachinas *m inv*.

lancer [lãse] ◇ *vt* **-1.** [gén] lanzar; ~ **qqch à qqn** lanzar ou tirar algo a alguien. **-2.** [boutades, cri] soltar. **-3.** [moteur] poner en marcha; INFORM [programme] arrancar. **-4.** [bras, jambes] echar. **-5.** [navire] botar. **-6.** [faire connaître] : ~ **qqn dans qqch** meter a alguien en algo. **-7.** [inciter à parler] : ~ **qqn (sur qqch)** darle pie a alguien (para que hable de algo). ◇ *nm* **-1.** [pêche] : **au** ~ al lanzado. **-2.** SPORT lanzamiento *m*. ◆ **se lancer** *vp* **-1.** [se précipiter] lanzarse. **-2.** [s'engager] meterse.

lancinant, e [lãsinã, ãt] *adj* **-1.** [douleur, souvenir] lancinante. **-2.** [refrain, musique] cargante.

landau [lãdo] *nm* cochecito *m* (de bebé).

lande [lãd] *nf* landa *f*.

langage [lãgaʒ] *nm* lenguaje *m*.

lange [lãʒ] *nm* mantilla *f*.

langer [lãʒe] *vt* envolver en una mantilla.

langoureux, euse [lãgurø, øz] *adj* lánguido(da).

langouste [lãgust] *nf* langosta *f*.

langoustine [lãgustin] *nf* cigala *f*.

langue [lãg] *nf* **-1.** [gén] lengua *f*; ~ **maternelle/morte/vivante** lengua materna/muerta/viva. **-2.** [style] lenguaje *m*.

langue-de-chat [lãgdəʃa] (*pl* **langues-de-chat**) *nf* lengua *f* de gato.

languette [lãgɛt] *nf* lengüeta *f*.

langueur [lãgœr] *nf* languidez *f*.

languir [lãgir] *vi* **-1.** *sout* [manquer d'énergie] languidecer; ~ **de qqch** languidecer de algo. **-2.** [attendre] : **faire ~ qqn** tener en suspenso.

lanière [lanjɛr] *nf* correa *f*.

lanterne [lãtɛrn] *nf* **-1.** [d'éclairage] farolillo *m*. **-2.** [de voiture] faro *m* Esp, foco *m* Amér. **-3.** [de projection & ARCHIT] linterna *f*.

Laos [laos] *nm* : **le ~** Laos; **au ~** [direction] a Laos; [situation] en Laos.

La Paz [lapaz] *n* La Paz.

laper [lape] *vt & vi* beber a lengüetadas.

lapider [lapide] *vt* **-1.** [gén] lapidar. **-2.** *fig* [critiquer sévèrement] vapulear.

lapin, e [lapɛ̃, in] *nm, f* [animal] conejo *m*, -ja *f*. ◆ **lapin** *nm fam* [personne] : **mon ~!** ¡mi vida!

lapsus [lapsys] *nm* lapsus *m*.

laquais [lakɛ] *nm* lacayo *m*.

laque [lak] *nf & nm* laca *f*.

laqué, e [lake] *adj* **-1.** [meuble] lacado(da). **-2.** [cheveux] con laca.

laquelle → **lequel**.

larbin [larbɛ̃] *nm fam péj* **-1.** [domestique] criado *m*. **-2.** [personne servile] esclavo *m*.

larcin [larsɛ̃] *nm* **-1.** *sout* [vol] hurto *m*. **-2.** [butin] botín *m*.

lard [lar] *nm* **-1.** [graisse de porc] tocino *m*. **-2.** [viande] panceta *f*. **-3.** *fam* [graisse de l'homme] : **(se) faire du ~** echar barriga.

lardon [lardɔ̃] *nm* **-1.** CULIN mecha *f* de tocino. **-2.** *fam* [enfant] mocoso *m*.

large [larʒ] ◇ *adj* **-1.** [de mensuration] ancho(cha); ~ **de qqch** ancho de algo. **-2.** [vêtement] holgado(da). **-3.** [étendu, important, non borné] amplio(plia). **-4.** [généreux] espléndido(da). ◇ *nm* **-1.** [largeur]

ancho *m*. **-2.** [mer] : **le ~ alta mar** *m*; **au ~ de la côte** cerca de la costa. ◇ *adv* [amplement] de sobra.

largement [larʒəmā] *adv* **-1.** [gén] ampliamente; [ouvrir] de par en par. **-2.** [généreusement] generosamente. **-3.** [au moins] con mucho. **-4.** [amplement] de sobra.

largeur [larʒœr] *nf* **-1.** [dimension] anchura *f*. **-2.** *fig* [ouverture] amplitud *f*.

larguer [large] *vt* **-1.** NAVIG [amarres, voile] largar. **-2.** [bombe, parachutiste] tirar. **-3.** *fam fig* [personne] plantar.

larme [larm] *nf* **-1.** [pleur] lágrima *f*; **être en ~s** llorar; **les ~s lui montèrent aux yeux** se le humedecieron los ojos. **-2.** [de liquide] gota *f*.

larmoyant, e [larmwajā, āt] *adj* **-1.** [personne] lloroso(sa). **-2.** [ton, histoire] lacrimógeno(na).

larron [larɔ̃] *nm* **-1.** *vieilli* [voleur] ladrón *m*, -ona *f*. **-2.** *fam* [compère] : **le troisième ~** el tercero en discordia.

larve [larv] *nf* **-1.** ZOOL larva *f*. **-2.** *péj* [être inférieur] desecho. **-3.** *fam* [personne molle] muermo *m*.

laryngite [larēʒit] *nf* MÉD laringitis *f inv*.

larynx [larēks] *nm* ANAT laringe *f*.

las, lasse [lɑ, las] *adj* **-1.** *sout* [fatigué] fatigado(da). **-2.** *sout* [dégoûté, ennuyé] hastiado(da); **~ de qqch/de faire qqch** harto de algo/de hacer algo.

lascar [laskar] *nm* **-1.** [homme rusé] zorro *m*. **-2.** *fam* [enfant] golfillo *m*.

lascif, ive [lasif, iv] *adj* lascivo(va).

laser [lazɛr] ◇ *nm* láser *m*. ◇ *adj inv* láser *(en aposición)*.

lasse → **las**.

lasser [lɑse] *vt sout* **-1.** [gén] fatigar. **-2.** [patience] colmar. **◆ se lasser** *vp sout* fatigarse.

lassitude [lɑsityd] *nf sout* **-1.** [fatigue] lasitud *f*. **-2.** [découragement] hastío *m*.

lasso [lɑso] *nm* lazo *m*.

latent, e [latɑ̃, ɑ̃t] *adj* latente.

latéral, e, aux [lateral, o] *adj* lateral.

latex [latɛks] *nm inv* látex *m inv*.

latin, e [latɛ̃, in] ◇ *adj* latino(na). ◇ *nm, f* latino *m*, -na *f*. **◆ latin** *nm* LING latín *m*.

latiniste [latinist] *nmf* latinista *mf*.

latitude [latityd] *nf* **-1.** GÉOGR latitud *f*. **-2.** [liberté] libertad *f*.

latrines [latrin] *nfpl* letrinas *fpl*.

latte [lat] *nf* CONSTR listón *m*.

lauréat, e [lɔrea, at] *adj & nm, f* galardonado(da).

laurier [lɔrje] *nm* BOT laurel *m*. **◆ lauriers** *nmpl* laureles *mpl*.

lavable [lavabl] *adj* lavable.

lavabo [lavabo] *nm* lavabo *m*. **◆ lavabos** *nmpl* lavabo *m*.

lavage [lavaʒ] *nm* [nettoyage – gén] lavado *m*; [– des vitres] limpieza *f*.

lavande [lavɑ̃d] ◇ *nf* lavanda *f*. ◇ *adj inv* lavanda *(en aposición)*.

lave [lav] *nf* lava *f*.

lave-glace [lavglas] *(pl* **lave-glaces)** *nm* AUTOM limpiaparabrisas *m inv*.

lave-linge [lavlēʒ] *nm inv* lavadora *f*.

laver [lave] ◇ *vt* **-1.** [nettoyer – personne, linge] lavar; [– vaisselle] fregar; [– vitres] limpiar. **-2.** *fig* [disculper] : **~ qqn d'une accusation** desagraviar a alguien. ◇ *vi* lavar. **◆ se laver** *vp* lavarse; **se ~ les mains** lavarse las manos.

laverie [lavri] *nf* lavandería *f*; **~ automatique** lavandería automática.

lavette [lavɛt] *nf* **-1.** [tissu éponge] bayeta *f*. **-2.** [brosse] cepillo *m*. **-3.** *fam* [homme lâche] pelele *m*.

laveur, euse [lavœr, øz] *nm, f* limpiador *m*, -ra *f*; **~ de carreaux** limpiacristales *m*; **~ de voitures** limpiacoches *m*.

lave-vaisselle [lavvesɛl] *nm inv* lavavajillas *m inv*, lavaplatos *m inv*.

lavoir [lavwar] *nm* **-1.** [lieu] lavadero *m*. **-2.** [bac] pilón *m*.

laxatif, ive [laksatif, iv] *adj* laxante. **◆ laxatif** *nm* laxante *m*.

laxisme [laksism] *nm* laxismo *m*.

laxiste [laksist] *adj & nmf* laxista.

layette [lɛjɛt] *nf* canastilla *f* (ropa de bebé).

le [lə], **l'** *(devant voyelle ou h muet) (f* **la** [la]*, pl* **les** [le]*)* ◇ *art déf* **-1.** [gén] el(la); **~ lac** el lago; **la fenêtre** la ventana; **l'amour** el amor; **les enfants** los niños. **-2.** [devant les noms géographiques] el(la); **la Seine** el Sena; **la France** Francia. **-3.** [temps] : **15 janvier 1993** [date] el 15 de enero de 1993; [dans une lettre] a 15 de enero de 1993. **-4.** [distributif] el(la); **10 francs ~ mètre** a 10 francos el metro. ◇ *pron pers* **-1.** [personne, animal, chose] lo(la); **je ~/ la/les connais bien** lo/la/los/las conozco bien; **tu dois avoir la clé, donne-la moi** debes de tener la llave, dámela. **-2.** [représente une proposition] lo; **je ~ sais bien** lo sé; **je te l'avais bien dit!** ¡te lo había dicho!

LEA (*abr de* **langues étrangères appliquées**) *nfpl carrera en la que se compagina el estudio de dos lenguas extranjeras con su aplicación en el campo comercial o de la traducción.*

leader [lidœr] *nm* líder *m.*

leadership [lidœrʃip] *nm* liderazgo *m.*

lèche-bottes [lɛʃbɔt] *nm inv fam* pelota *mf.*

lécher [leʃe] *vt* -1. [gén] lamer. -2. *fam* [fignoler] repulir.

leçon [ləsɔ̃] *nf* -1. [gén] lección *f*; ~**s particulières** clases particulares. -2. [cours] clase *f*; **faire la ~ à qqn** sermonear a alguien.

lecteur, trice [lɛktœr, tris] *nm, f* [de livres & UNIV] lector *m*, -ra *f.* ◆ **lecteur** *nm* lector *m*; ~ **de cassettes/de CD** lector de casetes/de CD; ~ **laser universel** lector *m* láser.

lecture [lɛktyr] *nf* lectura *f.*

ledit, ladite, [lədi, ladit] (*mpl* **lesdits** [ledi], *fpl* **lesdites** [ledit]) *adj* el susodicho(la susodicha).

légal, e, aux [legal, o] *adj* legal; [monnaie] de curso legal.

légalement [legalmɑ̃] *adv* legalmente.

légaliser [legalize] *vt* legalizar.

légalité [legalite] *nf* legalidad *f.*

légataire [legatɛr] *nmf* legatario *m*, -ria *f.*

légendaire [leʒɑ̃dɛr] *adj* legendario(ria).

légende [leʒɑ̃d] *nf* -1. [fable, explication] leyenda *f.* -2. *péj* [invention] cuento *m.*

léger, ère [leʒe, ɛr] *adj* -1. [gén] ligero(ra); **à la légère** a la ligera. -2. [tabac, alcool] suave. -3. [anecdote, histoire] picante.

légèrement [leʒɛrmɑ̃] *adv* -1. [peu, délicatement] ligeramente. -2. [avec agilité] con ligereza. -3. [inconsidérément] a la ligera. -4. [sans gravité] levemente.

légèreté [leʒɛrte] *nf* -1. [gén] ligereza *f.* -2. [de vin, de tabac] suavidad *f.* -3. [de blessures, de coup] levedad *f.*

légiférer [leʒifere] *vi* legislar.

légion [leʒjɔ̃] *nf* -1. MIL legión *f.* -2. *sout* [grande nombre] batallón *m.*

légionnaire [leʒjɔnɛr] *nm* legionario *m.*

législatif, ive [leʒislatif, iv] *adj* legislativo(va). ◆ **législatif** *nm* legislativo *m.* ◆ **législatives** *nfpl* : **les législatives** las legislativas.

législation [leʒislasjɔ̃] *nf* legislación *f.*

légiste [leʒist] ◇ *nm* legista *m.* ◇ *adj →* **médecin.**

légitime [leʒitim] *adj* legítimo(ma).

légitimité [leʒitimite] *nf* legitimidad *f.*

legs [lɛg] *nm* legado *m.*

léguer [lege] *vt* : ~ **qqch à qqn** legar algo a alguien.

légume [legym] *nm* verdura *f*; ~ **sec** legumbre *f.*

leitmotiv [lajtmɔtif, lɛtmɔtiv] *nm* leitmotiv *m.*

Léman [lemɑ̃] → **lac.**

lendemain [lɑ̃dmɛ̃] *nm* -1. [jour qui suit] el día siguiente; **le ~ de** el día siguiente a. -2. [avenir] futuro *m.*

lénifiant, e [lenifjɑ̃, ɑ̃t] *adj* lenitivo(va).

lent, e [lɑ̃, ɑ̃t] *adj* lento(ta). ◆ **lente** *nf* ZOOL liendre *f.*

lenteur [lɑ̃tœr] *nf* lentitud *f.*

lentille [lɑ̃tij] *nf* -1. BOT & CULIN lenteja *f.* -2. [d'optique] lentilla *f*; ~**s de contact** lentes de contacto.

léopard [leɔpar] *nm* leopardo *m.*

LEP, Lep (*abr de* **lycée d'enseignement professionnel**) *nm antiguo nombre de los institutos de formación profesional.*

lèpre [lɛpr] *nf* -1. MÉD lepra *f.* -2. *fig* [mal] plaga *f.*

lequel [ləkɛl] (*f* **laquelle** [lakɛl], *mpl* **lesquels** [lekɛl], *fpl* **lesquelles** [lekɛl]) (*contraction de à + lequel =* **auquel**, *de + lequel =* **duquel**, *à + lesquels/lesquelles =* **auxquels/auxquelles**, *de + lesquels/lesquelles =* **desquels/desquelles**) ◇ *pron relatif* -1. [complément] el cual(la cual). -2. [sujet – personne] el cual(la cual), quien; [– chose] el cual(la cual). ◇ *pron interr* cuál.

les → **le.**

lesbienne [lɛsbjɛn] *nf* lesbiana *f.*

léser [leze] *vt* lesionar.

lésiner [lezine] *vi* escatimar; **ne pas ~ sur qqch** no escatimar algo.

lésion [lezjɔ̃] *nf* lesión *f.*

lesquelles → **lequel.**

lesquels → **lequel.**

lessive [lesiv] *nf* -1. [produit] detergente *m.* -2. [nettoyage] limpieza. -3. [linge] colada *f*; **faire la ~** lavar la colada.

lessivé, e [lesive] *adj* hecho(cha) polvo.

lest [lɛst] *nm* lastre *m.*

leste [lɛst] *adj* -1. [personne, mouvement] ligero(ra). -2. [histoire, propos] picante.

lester [lɛste] *vt* -1. [garnir de lest] lastrar. -2. [charger] atiborrar.

léthargie [letarʒi] *nf* letargo *m.*

léthargique [letarʒik] *adj* -1. [état, sommeil] letárgico(ca). -2. *fig* [personne] alelado(da).

Lettonie [lɛtɔni] *nf* : **la ~** Letonia.

lettre [lɛtr] *nf* **-1.** [caractère] letra *f*; **en toutes ~s** con todas las OU sus letras. **-2.** [sens strict] : **à la ~** al pie de la letra. **-3.** carta *f*; **~ d'amour** carta de amor. ◆ **lettres** *nfpl* letras *fpl*; **~s classiques/modernes** letras clásicas/modernas.

lettré, e [lɛtre] *adj & nm, f* letrado(da).

leucémie [løsemi] *nf* leucemia *f*.

leucocyte [løkɔsit] *nm* leucocito *m*.

leur [lœr] *pron pers inv* les; **je ~ ai donné la lettre** les he dado la carta; **je voudrais ~ parler** desearía hablar con ellos. ◆ **leur** (*pl* **leurs**) *adj poss* su; **ils ont vendu ~ maison** han vendido su casa; **ce sont ~s enfants** son sus hijos. ◆ **le leur** (*f* **la leur**, *pl* **les leurs**) el suyo(la suya); **c'est notre problème, pas le ~** es nuestro problema, no el suyo; **il faudra qu'ils y mettent du ~** tendrán que poner algo de su parte; **être un des ~s** ser uno de los suyos.

leurrer [lœre] *vt* engañar, embaucar. ◆ **se leurrer** *vp* engañarse.

leurs → **leur**.

levain [ləvɛ̃] *nm* CULIN levadura *f*.

levant [ləvɑ̃] ◇ *nm* levante *m*. ◇ *adj* → **soleil**.

lever [ləve] ◇ *vt* **-1.** [gén] levantar *Esp*, parar *Amér*. **-2.** [tirer vers le haut – gén] subir; [– ancre] levar. **-3.** [troupes, armée] reclutar. **-4.** [impôts, taxes] recaudar. ◇ *vi* [fermenter] subir. ◇ *nm* **-1.** [d'astre] salida *f*; **~ de soleil** salida del sol. **-2.** [de personne] : **au ~** a la hora de levantarse. ◆ **se lever** *vp* **-1.** [gén] levantarse *Esp*, pararse *Amér*. **-2.** [astre] salir.

lève-tard [lɛvtar] *nmf inv* dormilón *m*, -ona *f*.

lève-tôt [lɛvto] *nmf inv* madrugador *m*, -ra *f*.

levier [ləvje] *nm* palanca *f*; **~ de vitesses** palanca de cambios.

lévitation [levitasjɔ̃] *nf* levitación *f*.

lèvre [lɛvr] *nf* **-1.** [gén] labio *m*. **-2.** GÉOGR [de faille] pared *f*.

lévrier, levrette [levrije, ləvrɛt] *nm, f* galgo *m*, -ga *f*.

levure [ləvyr] *nf* levadura *f*; **~ de bière** levadura de cerveza; **~ chimique** CULIN levadura química.

lexicographie [lɛksikɔgrafi] *nf* lexicografía *f*.

lexique [lɛksik] *nm* léxico *m*.

lézard [lezar] *nm* lagarto *m*.

lézarder [lezarde] *vt* **-1.** [fissurer] agrietar. **-2.** *fam* [paresser] gandulear. ◆ **se lézarder** *vp* agrietarse.

liaison [ljɛzɔ̃] *nf* **-1.** [jonction] conexión *f*. **-2.** LING *en la lengua francesa, acción de pronunciar la consonante final de una palabra unida a la vocal inicial de la palabra siguiente.* **-3.** [communication] contacto *m*. **-4.** [d'idées] ilación *f*. **-5.** [relation] relación *f*; **être/entrer en ~ avec qqn** estar en/establecer contacto con alguien. **-6.** [transport] enlace *m*.

liane [ljan] *nf* liana *f*, bejuco *m*.

liant, e [ljɑ̃, ɑ̃t] *adj* comunicativo(va). ◆ **liant** *nm* argamasa *f*.

Liban [libɑ̃] *nm* : **le ~** (el) Líbano; **au ~** [direction] al Líbano; [situation] en el Líbano.

libeller [libele] *vt* **-1.** [chèque] extender. **-2.** [lettre] redactar. **-3.** JUR redactar, formular.

libellule [libelyl] *nf* libélula *f*.

libéral, e, aux [liberal, o] *adj & nm, f* liberal.

libéraliser [liberalize] *vt* liberalizar.

libéralisme [liberalism] *nm* liberalismo *m*.

libération [liberasjɔ̃] *nf* **-1.** [gén] liberación *f*. **-2.** [d'engagement] exención *f*. **-3.** ÉCON [des prix] liberalización *f*.

libérer [libere] *vt* **-1.** [relâcher, délivrer] liberar, libertar; **~ qqn de qqch** liberar OU libertar a alguien de algo. **-2.** [passage] dejar libre. **-3.** [femmes, gaz, passion] liberar. **-4.** [mettre à disposition de] librar. **-5.** [d'engagement, de dette] liberar, librar. ◆ **se libérer** *vp* **-1.** [se rendre disponible] escaparse. **-2.** [se dégager] : **se ~ de qqch** librarse de algo. **-3.** [gaz] liberarse.

liberté [liberte] *nf* **-1.** [gén] libertad *f*; **en ~** en libertad; **~ d'expression/d'opinion** libertad de expresión/de opinión. **-2.** [loisir] tiempo *m* libre.

libertin, e [libertɛ̃, in] *adj & nm, f* libertino(na).

libidineux, euse [libidinø, øz] *adj* libidinoso(sa).

libido [libido] *nf* libido *f*.

libraire [librɛr] *nmf* librero *m*, -ra *f*.

librairie [librɛri] *nf* librería *f*.

libre [libr] *adj* **-1.** [gén] libre; **être ~ de qqch/de faire qqch** ser libre de algo/de hacer algo. **-2.** [école, secteur] privado(da).

libre-échange *nm* librecambio *m*, libre cambio *m*.

librement [librəmɑ̃] *adv* libremente.

libre-service [librəsɛrvis] *(pl* **libres-services)** *nm* autoservicio *m.*

Libye [libi] *nf* : **la ~** Libia.

licence [lisɑ̃s] *nf* **-1.** [gén] licencia *f.* **-2.** UNIV *diploma universitario que se concede a los alumnos que han aprobado los tres primeros cursos de una carrera universitaria;* **~ ès lettres/en droit** *diploma universitario que se concede a los alumnos de letras/de derecho que han superado los tres primeros años de la carrera.*

licencié, e [lisɑ̃sje] ◇ *adj* **-1.** UNIV *que ha superado los exámenes correspondientes al tercer curso de una carrera universitaria.* **-2.** SPORT [autorisé] **federado(da).** ◇ *nm, f* **-1.** UNIV *persona que ha superado los exámenes correspondientes al tercer curso de una carrera universitaria.* **-2.** SPORT [personne autorisée] federado *m,* -da *f.*

licenciement [lisɑ̃simɑ̃] *nm* despido *m.*

licencier [lisɑ̃sje] *vt* ÉCON despedir *Esp,* cesantear *Amér.*

lichen [likɛn] *nm* liquen *m.*

licite [lisit] *adj* lícito(ta).

licorne [likɔrn] *nf* unicornio *m.*

lie [li] *nf* **-1.** [de vin] hez *f,* heces *fpl.* **-2.** *fig & sout* hez *m.*

lié, e [lje] *adj* unido(da); **être ~ par** estar ligado por.

lie-de-vin [lidvɛ̃] *adj inv* [couleur] burdeos *(en aposición).*

liège [ljɛʒ] *nm* corcho *m.*

lien [ljɛ̃] *nm* **-1.** [sangle] atadura *f.* **-2.** [relation] lazo *m,* vínculo *m;* **~ de parenté** lazo de parentesco. **-3.** [rapport] relación *f.*

lier [lje] *vt* **-1.** [attacher] atar; **~ qqch/qqn à qqch** atar algo/a alguien a algo. **-2.** [joindre, `unir] unir. **-3.** CULIN [sauce] ligar. **-4.** [relier] relacionar; **~ qqch à qqch** relacionar algo con algo. **-5.** [commencer] entablar. **-6.** [astreindre] comprometer; **~ qqch/qqn par qqch** comprometer algo/a alguien por algo. ◆ **se lier** *vp* **-1.** [s'attacher] atarse; **se ~ avec qqn** relacionarse con alguien. **-2.** [s'astreindre] ligarse; **se ~ par qqch** ligarse por algo.

lierre [ljɛr] *nm* hiedra *f,* yedra *f.*

liesse [ljɛs] *nf* : **en ~** alborozado(da).

lieu, x [ljø] *nm* lugar *m,* sitio *m;* **en ~ sûr** en lugar OU sitio seguro; **~ de naissance** lugar de nacimiento; **en premier/second/dernier lieu** en primer/segundo/último lugar; **au ~ de qqch/de faire qqch** en lugar de algo/de hacer algo;

avoir ~ tener lugar. ◆ **lieux** *nmpl* lugar *m;* **sur les ~x de qqch** al lugar de algo. ◆ **lieu commun** *nm* lugar *m* común.

lieu-dit [ljødi] *nm* lugar *m.*

lieue [ljø] *nf* [mesure] legua *f.*

lieutenant [ljøtenɑ̃] *nm* MIL ≃ teniente *m.*

lièvre [ljɛvr] *nm* liebre *f.*

lifter [lifte] *vt* [au tennis] liftar.

lifting [liftiŋ] *nm* lifting *m.*

ligament [ligamɑ̃] *nm* ligamento *m.*

ligaturer [ligatyre] *vt* MÉD ligar.

light [lajt] *adj* light.

ligne [liɲ] *nf* **-1.** [gén] línea *f;* **à la ~** punto y aparte; **en ~ droite** en línea recta; **~ aérienne** línea aérea; **~ d'arrivée/de conduite/de démarcation** línea de llegada/de conducta/de demarcación; **~ de commande** INFORM línea de mandato; **~ de départ/de flottaison** línea de salida/de flotación; **~s de la main** líneas de la mano; **dans les grandes ~s** a grandes rasgos; **entrer en ~ de compte** ser tenido(da) en cuenta; **garder la ~** guardar la línea; **surveiller sa ~** vigilar la línea. **-2.** [de pêche] caña *f;* **pêcher à la ~** pescar con caña. **-3.** [file] fila *f,* hilera *f;* **en ~** [personnes] en fila; INFORM en línea.

lignée [liɲe] *nf* linaje *m.*

ligoter [ligɔte] *vt* atar; **~ qqn à qqch** atar a alguien a algo.

ligue [lig] *nf* liga *f;* **~ antialcoolique** liga antialcohólica.

lilas [lila] ◇ *nm* BOT lila *f.* ◇ *adj inv* [couleur] lila *(en aposición).*

limace [limas] *nf* ZOOL babosa *f.*

limaille [limaj] *nf* limaduras *fpl.*

limande [limɑ̃d] *nf* gallo *m (pez).*

lime [lim] *nf* lima *f;* **~ à ongles** lima de uñas.

limer [lime] *vt* limar.

limier [limje] *nm* sabueso *m.*

liminaire [liminɛr] *adj* preliminar, liminar.

limitation [limitasjɔ̃] *nf* limitación *f,* límite *m;* **~ de vitesse** limitación OU límite de velocidad.

limite [limit] ◇ *nf* **-1.** [gén] límite *m.* **-2.** [terme, échéance] fecha *f* límite; **~ d'âge** límite de edad. ◇ *adj inv* límite *(en aposición).* ◆ **à la limite** *loc adv* en última instancia, en el peor de los casos.

limiter [limite] *vt* limitar. ◆ **se limiter** *vp* **-1.** [se restreindre] : **se ~ à qqch/faire qqch** limitarse a algo/a hacer algo. **-2.**

[avoir pour limites] : **se ~ à qqch/à qqn** limitarse a algo/a alguien.

limitrophe [limitʀɔf] *adj* **-1.** [pays] limítrofe; **être ~ de** limítrofe de OU con. **-2.** [maison, terre] colindante.

limoger [limɔʒe] *vt* destituir.

limon [limɔ̃] *nm* **-1.** GÉOL limo *m*. **-2.** [citron] limón *m*. **-3.** CONSTR limón *m*.

limonade [limɔnad] *nf* gaseosa *f*.

limpide [lɛ̃pid] *adj* **-1.** [eau, ciel, regard] límpido(da). **-2.** [explication, style] nítido(da).

lin [lɛ̃] *nm* lino *m*.

linceul [lɛ̃sœl] *nm* sudario *m*, mortaja *f*.

linéaire [lineɛʀ] *adj* lineal.

linge [lɛ̃ʒ] *nm* **-1.** [de maison] ropa *f* blanca. **-2.** [sous-vêtements] lencería *f*, ropa *f* interior. **-3.** [lessive] colada *f*. **-4.** [morceau de tissu] trapo *m*.

lingerie [lɛ̃ʒʀi] *nf* **-1.** [local] lavandería *f*. **-2.** [sous-vêtements féminins] lencería *f*.

lingot [lɛ̃go] *nm* lingote *m*; **~ d'or** lingote de oro.

linguistique [lɛ̃gɥistik] ◇ *adj* lingüístico(ca). ◇ *nf* lingüística *f*.

linoléum [linɔleɔm] *nm* linóleo *m*.

lion, lionne [ljɔ̃, ljɔn] *nm, f* ZOOL león *m*, -ona *f*.

lionceau, x [ljɔ̃so] *nm* cachorro *m* de león.

lipide [lipid] *nm* lípido *m*.

liquéfier [likefje] *vt* licuar, licuefacer. ◆ **se liquéfier** *vp* **-1.** [gaz] licuarse. **-2.** *fig* [personne] morirse de miedo.

liqueur [likœʀ] *nf* licor *m*.

liquidation [likidasjɔ̃] *nf* liquidación *f*.

liquide [likid] ◇ *adj* líquido(da). ◇ *nm* **-1.** [substance] líquido *m*. **-2.** [argent] dinero *m* en efectivo, efectivo *m*; **en ~** en efectivo; **retirer du ~** sacar dinero. ◇ *nf* LING líquida *f*.

liquider [likide] *vt* **-1.** [gén] liquidar. **-2.** *fam* [se débarrasser de] deshacerse de.

liquidité [likidite] *nf* liquidez *f*. ◆ **liquidités** *nfpl* BANQUE liquidez *f*.

lire[1] [liʀ] *vt* leer; **lu et approuvé** ADMIN conforme.

lire[2] [liʀ] *nf* lira *f*.

lis, lys [lis] *nm* BOT lirio *m* blanco, azucena *f*.

Lisbonne [lizbɔn] *n* Lisboa.

liseré [lizʀe], **liséré** [lizeʀe] *nm* ribete *m*.

liseron [lizʀɔ̃] *nm* correhuela *f*.

liseuse [lizøz] *nf* **-1.** [vêtement] mañanita *f*. **-2.** [lampe] lámpara *f* de lectura.

lisible [lizibl] *adj* legible.

lisière [lizjɛʀ] *nf* **-1.** [limite] linde *m*, lindero *m*. **-2.** COUT orilla *f*, orillo *m*.

lisse [lis] *adj* liso(sa).

lisser [lise] *vt* alisar.

liste [list] *nf* lista *f*; **~ électorale** lista electoral; **~ de mariage** lista de boda; **~ rouge** lista de números secretos.

lister [liste] *vt* **-1.** [faire une liste de] hacer una lista de. **-2.** INFORM listar.

listing [listiŋ] *nm* INFORM listado *m*.

lit [li] *nm* **-1.** [meuble] cama *f*; **faire son ~** hacerse la cama; **se mettre au ~** meterse en la cama; **~ de camp** cama de campaña OU de tijera; **~ d'enfant** cama de niño. **-2.** JUR [mariage] matrimonio *m*. **-3.** [couche, cours d'eau] lecho *m*.

litanie [litani] *nf* letanía *f*.

literie [litʀi] *nf* somier, colchón y ropa de cama.

lithographie [litɔgʀafi] *nf* litografía *f*.

litière [litjɛʀ] *nf* **-1.** [paille] jergón *m*. **-2.** [pour chat] lecho *m*. **-3.** HIST [palanquin] litera *f*.

litige [litiʒ] *nm* litigio *m*.

litigieux, euse [litiʒjø, øz] *adj* litigioso(sa).

litre [litʀ] *nm* **-1.** [mesure, contenu] litro *m*. **-2.** [bouteille] botella *f* de litro.

littéraire [liteʀɛʀ] ◇ *adj* literario(ria). ◇ *nmf* hombre de letras *m*, mujer de letras *f*.

littéral, e, aux [literal, o] *adj* literal.

littérature [literatyr] *nf* literatura *f*.

littoral, e, aux [litɔʀal, o] *adj* litoral. ◆ **littoral** *nm* litoral *m*.

Lituanie [litɥani] *nf* : **la ~** Lituania.

liturgie [lityʀʒi] *nf* RELIG liturgia *f*.

livide [livid] *adj* lívido(da).

livraison [livʀɛzɔ̃] *nf* entrega *f*; **~ à domicile** entrega a domicilio.

livre [livʀ] ◇ *nm* libro *m*; **~ de bord** libro de a bordo; **~ de cuisine** libro de cocina; **~ d'images** álbum *m*; **~ d'or/de poche** libro de oro/de bolsillo; **à ~ ouvert** de corrido. ◇ *nf* libra *f*.

livré, e [livʀe] *adj* : **être ~ à** estar entregado(da) a; **être ~ à soi-même** [abandonné] verse abandonado(da) a su suerte.

livre-cassette [livʀəkasɛt] *nm* libro-cassette *m*.

livrée [livʀe] *nf* librea *f*.

livrer [livʀe] *vt* **-1.** [gén] entregar; **~ qqch à qqn** [donner, confier] entregar algo a alguien; **~ qqn à qqn** [dénoncer] entregar alguien a alguien. **-2.** [abandonner] : **~**

qqch à qqch librar algo a algo. ◆ **se li-**
vrer *vp* [gén] entregarse; **se ~ à qqn** [se
rendre, se donner] entregarse a alguien; [se
confier à] confiarse a alguien; **se ~ à qqch**
[se consacrer] entregarse a algo.

livret [livʀɛ] *nm* **-1.** [carnet] libreta *f*, car-
tilla *f*; **~ de caisse d'épargne** libreta ou
cartilla de ahorros; **~ de famille** libro *m*
de familia; **~ scolaire** libro de escolari-
dad. **-2.** [catalogue] catálogo *m*. **-3.** MUS li-
breto *m*.

livreur, euse [livʀœʀ, øz] *nm, f* repartidor
m, -ra *f*.

lobby [lɔbi] (*pl* **lobbies**) *nm* lobby *m*, grupo
m de presión.

lobe [lɔb] *nm* ANAT & BOT lóbulo *m*.

lober [lɔbe] *vt* [tennis] hacer un lob.

local, e, aux [lɔkal, o] *adj* local. ◆ **local** *nm*
local *m*. ◆ **locaux** *nmpl* [bureaux] locales
mpl.

localiser [lɔkalize] *vt* localizar.

localité [lɔkalite] *nf* localidad *f*.

locataire [lɔkatɛʀ] *nmf* inquilino *m*, -na *f*.

location [lɔkasjɔ̃] *nf* **-1.** [gén] alquiler *m*; **~**
de voitures/de vélos alquiler de coches/
de bicicletas. **-2.** [maison] casa *f* de alqui-
ler; [appartement] piso *m* de alquiler. **-3.**
[réservation] reserva *f*.

location-vente *nf* alquiler *m* con opción
a compra.

locomotion [lɔkɔmɔsjɔ̃] *nf* locomoción *f*.

locomotive [lɔkɔmɔtiv] *nf* locomotora *f*.

locution [lɔkysjɔ̃] *nf* locución *f*.

loft [lɔft] *nm* antiguo almacén o taller conver-
tido en vivienda.

logarithme [lɔgaritm] *nm* logaritmo *m*.

loge [lɔʒ] *nf* **-1.** [de concierge] portería *f*.
-2. [d'acteur] camerino *m*. **-3.** [de spec-
tacle] palco *m*. **-4.** [d'écurie] box *m*. **-5.** [de
francs-maçons & ARCHIT] logia *f*.

logement [lɔʒmã] *nm* vivienda *f*; **~ de**
fonction *vivienda proporcionada por la ad-*
ministración o por las grandes empresas a sus
ejecutivos.

loger [lɔʒe] ◇ *vi* alojarse. ◇ *vt* **-1.** [suj :
personne] alojar. **-2.** [introduire] meter.
-3. [suj : salle, hôtel] albergar. ◆ **se loger**
vp **-1.** [trouver un logement] encontrar vi-
vienda. **-2.** [balle, ballon] ir a parar.

logiciel [lɔʒisjɛl] *nm* INFORM programa *f*; **~**
intégré programa integrado.

logique [lɔʒik] ◇ *adj* lógico(ca). ◇ *nf* ló-
gica *f*.

logiquement [lɔʒikmã] *adv* lógicamente.

logis [lɔʒi] *nm* vivienda *f*.

logistique [lɔʒistik] ◇ *adj* logístico(ca).
◇ *nf* logística *f*.

logo [logo] *nm* logo *m*.

loi [lwa] *nf* ley *f*; **nul n'est censé ignorer**
la ~ la ignorancia de la ley no excusa su
cumplimiento; **~ de l'offre et de la de-**
mande ÉCON ley de la oferta y de la de-
manda.

loin [lwɛ̃] *adv* [dans le temps, l'espace] le-
jos; **aller ~** [exagérer] ir lejos; [progresser,
réussir] llegar lejos. ◆ **au loin** *loc adv* a lo
lejos. ◆ **de loin** *loc adv* **-1.** [depuis une
grande distance] de lejos. **-2.** [assez peu]
poco. **-3.** [de beaucoup] con mucho.
◆ **loin de** *loc prép* [gén] lejos de; **~ de là**
¡ni mucho menos!; **être ~ du compte** es-
tar muy lejos de la realidad.

lointain, e [lwɛ̃tɛ̃, ɛn] *adj* lejano(na).
◆ **lointain** *nm* : **au ~** a lo lejos.

loir [lwaʀ] *nm* lirón *m*.

Loire [lwaʀ] *nf* : **la ~** el Loira.

loisir [lwaziʀ] *nm* ocio *m*. ◆ **loisirs** *nmpl*
distracciones *fpl*.

lombago = **lumbago**.

Londres [lɔ̃dʀ] *n* Londres.

long, longue [lɔ̃, lɔ̃g] *adj* **-1.** [gén]
largo(ga). **-2.** [lent] lento(ta); **être ~ à**
faire qqch ser lento haciendo algo.
◆ **long** *nm* **-1.** [longueur] : **de ~** de
largo; **(tout) le ~ de qqch** [espace] a lo
largo de algo; [temps] durante todo algo;
(tout) le ~ du jour durante todo el día.
-2. [vêtements longs] : **le ~** los vestidos
largos. ◇ *adv* [beaucoup] mucho; **en dire**
~ sur qqch decir mucho de algo. ◆ **à la**
longue *loc adv* a la larga. ◆ **de long en**
large *loc adv* de un lado a otro. ◆ **en long**
en large et en travers *loc adv* con pelos
y señales.

longe [lɔ̃ʒ] *nf* **-1.** [courroie] cabestro *m*. **-2.**
[viande] lomo *m*.

longer [lɔ̃ʒe] *vt* bordear.

longévité [lɔ̃ʒevite] *nf* longevidad *f*.

longiligne [lɔ̃ʒiliɲ] *adj* longilíneo(a).

longitude [lɔ̃ʒitud] *nf* longitud *f*.

longtemps [lɔ̃tã] *adv* [longuement] mucho
tiempo; **depuis ~** desde hace mucho
(tiempo); **il y a ~ que** hace mucho
(tiempo) que.

longue → **long**.

longueur [lɔ̃gœʀ] *nf* **-1.** [étendue] longitud
f, largo *m*; **en ~** de largo. **-2.** [durée] du-
ración *f*; **à ~ de** durante todo(da); **à ~**
d'année durante todo el año; **à ~ de**

temps continuamente. **-3.** SPORT largo *m*.
◆ **longueurs** *nfpl* lentitud *f*.

longue-vue [lɔ̃gvy] *nf* catalejo *m*.

look [luk] *nm* look *m*; **changer de** ~ cambiar de look.

looping [lupiŋ] *nm* looping *m*, rizo *m*.

lopin [lɔpɛ̃] *nm* pedazo *m*; ~ **de terre** parcela *f*.

loquace [lɔkas] *adj* locuaz; **peu** ~ poco locuaz.

loque [lɔk] *nf* andrajo *m*; ~ **humaine** *fig* andrajo humano..

loquet [lɔkɛ] *nm* picaporte *m*.

lorgner [lɔrɲe] *vt fam* **-1.** [observer] mirar de reojo. **-2.** [convoiter] echar el ojo a.

lors [lɔr] *adv* : ~ **de** durante; **pour** ~ de momento, por ahora; **depuis** ~ desde entonces.

lorsque [lɔrsk(ə)] *conj* cuando.

losange [lɔzɑ̃ʒ] *nm* rombo *m*.

lot [lo] *nm* **-1.** [part, stock] lote *m*. **-2.** [prix] premio *m*. **-3.** *fig* [destin] destino *m*.

loterie [lɔtri] *nf* lotería *f*.

loti, e [lɔti] *adj* : **être bien/mal** ~ [par le sort] verse favorecido/desfavorecido.

lotion [lɔsjɔ̃] *nf* loción *f*.

lotir [lɔtir] *vt* parcelar; ~ **qqn de qqch** dotar a alguien de algo.

lotissement [lɔtismɑ̃] *nm* **-1.** [division] parcelación *f*. **-2.** [d'habitations] urbanización *f*.

loto [lɔto] *nm* **-1.** [jeu de société] bingo *m*. **-2.** [loterie] primitiva *f*.

lotte [lɔt] *nf* rape *m*.

lotus [lɔtys] *nm* loto *m*.

louange [lwɑ̃ʒ] *nf* alabanza *f*.

louche [luʃ] ◇ *adj* **-1.** [acte] turbio(bia). **-2.** [individu] sospechoso(sa). ◇ *nf* cucharón *m*.

loucher [luʃe] *vi* **-1.** [être atteint de strabisme] bizquear. **-2.** *fig* [lorgner] : ~ **sur qqch/sur qqn** tener echado el ojo a algo/a alguien.

louer [lwe] *vt* **-1.** [maison, appartement] alquilar *Esp*, rentar *Amér*; ~ **qqch à qqn** alquilar algo a alguien; à ~ en alquiler. **-2.** [place] reservar. **-3.** [glorifier] alabar. ◆ **se louer** *vp* **-1.** [maison, appartement] alquilarse. **-2.** *sout* [se féliciter] : **se** ~ **de qqch/de faire qqch** congratularse de algo/de hacer algo.

loufoque [lufɔk] *adj & nm fam* guillado(da).

loup [lu] *nm* **-1.** [mammifère] lobo *m*. **-2.** [poisson] lubina *f*, róbalo *m*. **-3.** [masque] antifaz *m*, máscara *f*.

loupe [lup] *nf* **-1.** [optique] lupa *f*. **-2.** MÉD lupia *f*. **-3.** BOT nudo *m*.

louper [lupe] *vt fam* **-1.** [travail] hacer mal; [examen] catear. **-2.** [train, avion] perder.

loup-garou [lugaru] *nm* hombre *m* lobo.

lourd, e [lur, lurd] *adj* **-1.** [pesant, maladroit] pesado(da). **-2.** [rempli] : ~ **de** cargado(da) de. **-3.** [parfum] fuerte. **-4.** [faute] grave. **-5.** [temps] bochornoso(sa). ◆ **lourd** *adv* : **peser** ~ pesar mucho; **il n'en fait pas** ~ fam no hace gran cosa.

loutre [lutr] *nf* nutria *f*.

louve [luv] *nf* loba *f*.

louveteau, x [luvto] *nm* **-1.** ZOOL lobezno *m*. **-2.** [scout] lobato *m*.

louvoyer [luvwaje] *vi* **-1.** NAVIG bordear. **-2.** *fig* [biaiser] andar con rodeos.

loyal, e, aux [lwajal, o] *adj* leal.

loyauté [lwajote] *nf* lealtad *f*.

loyer [lwaje] *nm* alquiler *m*.

LP *abr de* **lycée professionnel**.

LSD (*abr de* **Lysergic acid diethylanide**) *nm* LSD *m*.

lu, e [ly] *pp* → **lire**.

lubie [lybi] *nf* antojo *m*.

lubrifier [lybrifje] *vt* lubrificar, lubricar.

lubrique [lybrik] *adj* lúbrico(ca).

lucarne [lykarn] *nf* **-1.** [fenêtre] tragaluz *m*. **-2.** FOOTBALL escuadra *f*.

lucide [lysid] *adj* lúcido(da).

lucidité [lysidite] *nf* lucidez *f*.

lucratif, ive [lykratif, iv] *adj* lucrativo(va).

ludique [lydik] *adj* lúdico(ca).

lueur [lɥœr] *nf* **-1.** [lumière] luz *f*, resplandor *m*; **à la** ~ **de** a la luz de. **-2.** *fig* [éclat] chispa *f*; ~ **d'espoir** rayo *m* de esperanza.

luge [lyʒ] *nf* luge *m*; **faire de la** ~ hacer luge.

lugubre [lygybr] *adj* lúgubre.

lui[1] [lɥi] *pp inv* → **luire**.

lui[2] [lɥi] *pron pers* **-1.** [complément d'objet indirect] le; **je** ~ **ai parlé** le he hablado; **qui le** ~ **a dit?** ¿quién se lo ha dicho? **-2.** [sujet] él. **-3.** [complément d'objet direct] : **elle est plus jeune que** ~ ella es más joven que él. **-4.** [après une préposition] él; **sans/avec** ~ sin/con él. **-5.** [remplaçant soi en fonction de pronom réfléchi] sí mismo; **il est content de** ~ está contento de sí mismo. ◆ **lui-même** *pron pers* él mismo.

luire [lɥir] vi -1. [soleil, espoir] brillar. -2. [objet] relucir.

lumbago [lɛ̃bago], **lombago** [lɔ̃bago] nm lumbago m.

lumière [lymjɛr] nf -1. [éclairage] luz f. -2. TECHNOL [ouverture] orificio m. -3. [personne] lumbrera f.

lumineux, euse [lyminø, øz] adj -1. [gén] luminoso(sa). -2. [visage, regard] resplandeciente.

luminosité [lyminozite] nf luminosidad f.

lump [lœp] nm lumpo m.

lunaire [lynɛr] adj -1. [gén] lunar. -2. fig [visage] mofletudo(da).

lunatique [lynatik] adj & nmf lunático(ca).

lunch [lœntʃ] nm lunch m.

lundi [lœdi] nm lunes m inv; voir aussi **samedi**.

lune [lyn] nf ASTRON luna f; pleine ~ luna llena; ~ **de miel** luna de miel.

lunette [lynɛt] nf -1. [ouverture] agujero m. -2. [fenêtre] ventanilla f. -3. ASTRON anteojo m. -4. ARCHIT luneta f. ◆ **lunettes** nfpl gafas fpl; ~**s de vue** gafas graduadas.

lurette [lyrɛt] nf : **il y a belle ~ que** hace un siglo que.

luron, onne [lyrɔ̃, ɔn] nm, f fam : **un joyeux ~** un vivalavirgen, un vivales.

lustre [lystr] nm -1. [éclat, distinction] lustre m. -2. [luminaire] araña f Esp, candil m Amér.

lustrer [lystre] vt -1. [faire briller] dar brillo a. -2. [user] deslucir.

luth [lyt] nm laúd m.

lutin [lytɛ̃] nm duende m.

lutte [lyt] nf lucha f; ~ **des classes** lucha de clases.

lutter [lyte] vi luchar; ~ **avec qqch/avec qqn** luchar contra algo/contra alguien; ~ **contre qqch/qqn** luchar contra algo/alguien; ~ **pour qqch/pour qqn** luchar por algo/por alguien.

lutteur, euse [lytœr, øz] nm, f luchador m, -ra f.

luxation [lyksasjɔ̃] nf luxación f.

luxe [lyks] nm lujo m; **de** ~ de lujo; **s'offrir** OU **se payer le** ~ **de** permitirse el lujo de.

Luxembourg [lyksãbur] nm -1. [pays] : **le** ~ Luxemburgo; **au** ~ [direction] a Luxemburgo; [situation] en Luxemburgo. -2. [ville] : **à** ~ [direction] a Luxemburgo; [situation] en Luxemburgo.

luxueux, euse [lyksɥø, øz] adj lujoso(sa).

luxure [lyksyr] nf lujuria f.

luzerne [lyzɛrn] nf alfalfa f.

lycée [lise] nm instituto m; ~ **technique/ professionnel** instituto de enseñanza técnica/profesional.

lycéen, enne [liseɛ̃, ɛn] nm, f alumno m, -na f (de instituto).

Lycra® [likra] nm lycra® f.

lymphatique [lɛ̃fatik] adj linfático(ca).

lyncher [lɛ̃ʃe] vt linchar.

lynx [lɛ̃ks] nm lince m.

lyophilisé, e [ljofilize] adj liofilizado(da).

lyre [lir] nf MUS lira f.

lyrique [lirik] adj -1. [gén] lírico(ca). -2. [enthousiaste] emocionado(da).

lys = **lis**.

m, M [ɛm] nm inv m f, M f. ◆ **m** -1. (abr de **mètre**) m. -2. (abr de **milli**) m. ◆ **M** -1. (abr de **maxwell**) Mx. -2. (abr de **mile** (marin)) m. -3. (abr de **méga**) M. -4. (abr de **Major**) M. -5. (abr de **Monsieur**) Sr. -6. (abr de **million**) M. -7. (abr de **masculin**) m.

m' → **me**.

m² (abr de **mètre carré**) m².

m³ (abr de **mètre cube**) m³.

ma → **mon**.

macabre [makabr] adj macabro(bra).

macadam [makadam] nm macadán m, macadam m.

macaron [makarɔ̃] nm -1. [pâtisserie] ≃ macarrón m. -2. [coiffure] rodete m. -3. [autocollant] pegatina oficial que se pega en el parabrisas del coche.

macaroni [makarɔni] nmpl CULIN macarrones mpl.

macédoine [masedwan] nf CULIN macedonia f.

macérer [masere] ◇ vt macerar. ◇ vi macerar; **faire** ~ macerar.

mâche [maʃ] nf milamores fpl.

mâcher [maʃe] vt masticar, mascar.

machiavélique [makjavelik] adj maquiavélico(ca).

machinal, e, aux [maʃinal, o] adj mecánico(ca), maquinal.

machination [maʃinasjɔ̃] nf maquinación f.

machine [maʃin] nf máquina f; ~ à coudre/à écrire máquina de coser/de escribir; ~ à laver lavadora f.

machine-outil nf máquina f herramienta.

machiniste [maʃinist] nm **-1.** THÉÂTRE tramoyista mf. **-2.** CIN & TRANSPORT maquinista mf.

machisme [matʃism] nm péj machismo m.

mâchoire [maʃwar] nf **-1.** ANAT mandíbula f. **-2.** [d'étau] mordaza f; [de pinces, de tenailles] boca f.

mâchonner [maʃɔne] vt **-1.** [mâcher lentement] mascar. **-2.** [mordiller] mordisquear. **-3.** fig [marmonner] mascullar.

maçon [masɔ̃] nm **-1.** [ouvrier] albañil m. **-2.** [franc-maçon] masón m.

maçonnerie [masɔnri] nf **-1.** [travaux] albañilería f. **-2.** [construction] obra f. **-3.** [franc-maçonnerie] masonería f.

macramé [makrame] nm macramé m.

macrobiotique [makrɔbjɔtik] ◇ adj macrobiótico(ca). ◇ nf macrobiótica f.

macroéconomie [makrɔekɔnɔmi] nf macroeconomía f.

maculer [makyle] vt manchar.

madame [madam] (pl **mesdames** [medam]) nf señora f. ◆ **Madame** nf [titre respectueux] : **Madame la Directrice** la señora directora.

madeleine [madlɛn] nf [gâteau] magdalena f.

mademoiselle [madmwazɛl] (pl **mesdemoiselles** [medmwazɛl]) nf señorita f.

madère [madɛr] nm madeira m.

madone [madɔn] nf madona f.

Madrid [madrid] n Madrid.

madrier [madrije] nm madero m.

madrilène [madrilɛn] adj madrileño(ña). ◆ **Madrilène** nmf madrileño m, -ña f.

maestria [maestrija] nf maestría f; avec ~ con maestría.

mafia, maffia [mafja] nf mafia f.

magasin [magazɛ̃] nm **-1.** [boutique] tienda f; faire les ~s ir de tiendas; grand ~ gran almacén m. **-2.** [entrepôt] almacén m. **-3.** [d'arme à feu] recámara f. **-4.** [de machine] almacén m. **-5.** [d'appareil photo] carga f.

magazine [magazin] nm **-1.** [revue] revista f. **-2.** TÉLÉ & RADIO magazine m.

mage [maʒ] nm mago m.

magicien, enne [maʒisjɛ̃, ɛn] nm, f mago m, -ga f.

magie [maʒi] nf magia f.

magique [maʒik] adj mágico(ca).

magistral, e, aux [maʒistral, o] adj magistral.

magistrat [maʒistra] nm magistrado m.

magistrature [maʒistratyr] nf magistratura f; ~ **assise** ≃ jueces y magistrados mpl; ~ **debout** ≃ fiscalía f.

magma [magma] nm magma m.

magnanime [maɲanim] adj sout magnánimo(ma).

magnat [maɲa] nm magnate m.

magnésium [maɲezjɔm] nm magnesio m.

magnétique [maɲetik] adj magnético(ca).

magnétisme [maɲetism] nm magnetismo m.

magnéto [maɲeto] fam abr de **magnéto-phone**.

magnétocassette [maɲetɔkasɛt] nm casete m (aparato).

magnétophone [maɲetɔfɔn] nm magnetófono m.

magnétoscope [maɲetɔskɔp] nm vídeo m.

magnificence [maɲifisɑ̃s] nf magnificencia f.

magnifique [maɲifik] adj magnífico(ca).

magnum [magnɔm] nm magnum m.

magot [mago] nm fam ahorros mpl.

mai [me] nm mayo m; voir aussi **septembre**.

maigre [mɛgr] ◇ nmf flaco m, -ca f. ◇ adj **-1.** [personne, animal] flaco(ca). **-2.** [non gras – laitages] sin grasa; [– viandes] magro(gra). **-3.** [repas, végétation] escaso(sa). **-4.** [salaire, récolte, consolation] pobre.

maigreur [mɛgrœr] nf delgadez f.

maigrichon, onne [megriʃɔ̃, ɔn] adj flacucho(cha).

maigrir [megrir] vi adelgazar.

mailing [meliŋ] nm mailing m.

maille [maj] nf **-1.** [de tricot] punto m. **-2.** [de filet] malla f.

maillet [majɛ] nm mazo m.

maillon [majɔ̃] nm eslabón m.

maillot [majo] nm [de sport] maillot m; ~ **de bain** bañador m, traje m de baño; ~ **de corps** camiseta f (prenda interior).

main [mɛ̃] nf mano f; à ~ **armée** a mano armada; à la ~ a mano; **donner la ~ à** qqn dar la mano a alguien; **haut les ~s!** ¡manos arriba!; **tomber sous la ~ de qqn** fig ir a parar a manos de alguien. ◆ **main courante** nf pasamanos m inv.

main-d'œuvre [mɛ̃dœvr] (*pl* **mains-d'œuvre**) *nf* mano *f* de obra.

mainmise [mɛ̃miz] *nf* dominio *m*.

maint, e [mɛ̃, mɛ̃t] *adj sout* : **maintes fois** muchas veces.

maintenance [mɛ̃tnãs] *nf* mantenimiento *m*.

maintenant [mɛ̃tnã] *adv* ahora. ◆ **maintenant que** *loc conj* ahora que.

maintenir [mɛ̃tnir] *vt* mantener; ~ **que** mantener que. ◆ **se maintenir** *vp* mantenerse.

maintenu, e [mɛ̃tny] *pp* → **maintenir**.

maintien [mɛ̃tjɛ̃] *nm* **-1.** [conservation] mantenimiento *m*. **-2.** [tenue] porte *m*.

maire [mɛr] *nm* alcalde *m*, -sa *f Esp*, regente *m Amér*.

mairie [meri] *nf* **-1.** [bâtiment, administration] ayuntamiento *m*. **-2.** [poste] alcaldía *f*.

mais [mɛ] ◇ *conj* **-1.** [introduisant une opposition] sino. **-2.** [introduisant une objection, une précision, une restriction] pero; ~ **non!** ¡claro que no!; **non ~!** ¡pero bueno! **-3.** [introduisant une transition] : ~ **alors** pero (bueno); ~ **alors, tu l'as vu ou non?** pero (bueno) ¿lo has visto o no? **-4.** [servant à intensifier] : **il a pleuré, ~ pleuré** lloró y de qué manera. **-5.** [exprimant la colère, l'indignation, la joie] : ~ **c'est génial!** ¡pero si es genial!; ~ **je vais me fâcher, moi!** ¡ya está bien! ¡me voy a enfadar!; ~ **tu saignes!** ¡pero si estás sangrando! ◇ *adv* : **vous êtes prêts? – ~ bien sûr!** ¿estáis listos? – ¡pues claro!; ~ **aussi** pero también. ◇ *nm* pero *m*.

maïs [mais] *nm* maíz *m Esp*, choclo *m Amér*.

maison [mɛzɔ̃] *nf* **-1.** casa *f*; **être à la** ~ estar en casa. **-2.** (*en apposition*) [artisanal] de la casa.

Maison-Blanche [mɛzɔ̃blɑ̃ʃ] *nf* : **la** ~ la Casa Blanca.

maisonnée [mɛzɔne] *nf* habitantes *mpl* (de una casa).

maisonnette [mɛzɔnɛt] *nf* casita *f*.

maître, maîtresse [mɛtr, mɛtrɛs] *nm, f* **-1.** [professeur] maestro *m*, -tra *f*, profesor *m*, -ra *f*; ~ **auxiliaire** SCOL profesor auxiliar; ~ **de conférence** UNIV ≈ profesor universitario; ~ **d'école** maestro de escuela; ~ **nageur** profesor de natación. **-2.** [modèle, artiste] maestro *m*, -tra *f*. **-3.** [d'animal] dueño *m*, -ña *f*. **-4.** [personne qui a du pouvoir, de l'autorité] dueño y señor *m*, dueña y señora *f*; ~ **de maison** amo *m* de

la casa; **être** ~ **de soi** ser dueño de sí mismo. **-5.** (*en apposition*) [principal, essentiel] maestro *m*, -tra *f*. **-6.** [chef] jefe *m*; ~ **d'hôtel** [au restaurant] jefe de comedor, maître *m*. ◆ **Maître** *nm* [titre] letrado *m*. ◆ **maîtresse** *nf* amante *f*.

maître-assistant, e [mɛtrasistã, ãt] *nm, f* ≈ profesor universitario *m*, profesora universitaria *f*.

maître-autel *nm* altar *m* mayor.

maîtresse → **maître**.

maîtrise [mɛtriz] *nf* **-1.** [contrôle, connaissance] dominio *m*. **-2.** [habileté] habilidad *f*. **-3.** UNIV diploma obtenido al final del segundo ciclo universitario. **-4.** [de contremaître] conjunto de maestros de obra.

maîtriser [mɛtrize] *vt* dominar; [dépenses] controlar. ◆ **se maîtriser** *vp* dominarse.

majesté [maʒɛste] *nf* **-1.** [dignité] majestad. **-2.** [splendeur] majestuosidad *f*. ◆ **Majesté** *nf* : **Sa/Votre Majesté** Su/Vuestra Majestad.

majestueux, euse [maʒɛstɥø, øz] *adj* majestuoso(sa).

majeur, e [maʒœr] *adj* **-1.** [personne] mayor de edad. **-2.** [principal & MUS] mayor. **-3.** [important] importante. ◆ **majeur** *nm* dedo *m* medio, dedo *m* del corazón.

Majeur [maʒœr] → **lac**.

major [maʒɔr] *nm* **-1.** MIL mayor *m*. **-2.** SCOL primero *m*, -ra *f* de la clase.

majordome [maʒɔrdɔm] *nm* mayordomo *m*.

majorer [maʒɔre] *vt* recargar.

majorette [maʒɔrɛt] *nf* majorette *f*.

majoritaire [maʒɔritɛr] *adj* mayoritario(ria); **être** ~ estar en mayoría, ser mayoría.

majorité [maʒɔrite] *nf* **-1.** [âge] mayoría *f* de edad. **-2.** [majeure partie & POLIT] mayoría *f*; **en (grande)** ~ mayoritariamente; ~ **absolue/relative** mayoría absoluta/relativa.

Majorque [maʒɔrk] *n* Mallorca *f*; **à** ~ [direction] a Mallorca; [situation] en Mallorca.

majuscule [maʒyskyl] ◇ *adj* mayúsculo(la). ◇ *nf* mayúscula *f*.

mal, maux [mal, mo] *nm* **-1.** [ce qui est amoral, douleur morale] mal *m*; **être en** ~ **de qqch** faltarle a uno algo; **faire du** ~ **(à qqn)** hacer daño (a alguien). **-2.** [souffrance physique] dolor *m*; **avoir** ~ **à la tête** OU **des maux de tête** tener dolor de cabeza; **avoir le** ~ **de mer** estar mareado(da); faire ~ à qqn hacerle daño a alguien; se faire ~ hacerse daño. **-3.** [effort, difficulté] trabajo *m*. ◆ **mal** *adv* mal; **aller** ~ ir mal; **c'est pas** ~ no está mal; **c'est pas** ~ **du tout** no está nada mal; **de** ~ **en pis** de mal en peor; **être au plus** ~ estar fatal; ~ **prendre qqch** tomar algo a mal; ~ **tourner** acabar mal; **pas** ~ **de** bastante; **pas** ~ **de choses** bastantes cosas; **se sentir** ~ encontrarse mal.

malade [malad] ◇ *adj* enfermo(ma). ◇ *nmf* enfermo *m*, -ma *f*; ~ **mental** enfermo mental.

maladie [maladi] *nf* **-1.** MÉD enfermedad *f*. **-2.** [passion, manie] obsesión *f*.

maladresse [maladrɛs] *nf* torpeza *f*.

maladroit, e [maladrwa, at] *adj & nm, f* torpe.

malaise [malɛz] *nm* malestar *m*.

malaisé, e [maleze] *adj* difícil.

Malaisie [malɛzi] *nf* : **la** ~ Malasia; **en** ~ [direction] a Malasia; [situation] en Malasia.

malappris, e [malapri, iz] *adj & nm, f* maleducado(maleducada).

malaria [malarja] *nf* malaria *f*.

malavisé, e [malavize] *adj* imprudente.

malaxer [malakse] *vt* amasar.

malchance [malʃɑ̃s] *nf* **-1.** [mauvaise chance] mala suerte *f*. **-2.** [mésaventure] desgracia *f*.

malchanceux, euse [malʃɑ̃sø, øz] *adj & nm, f* desafortunado(da).

malcommode [malkɔmɔd] *adj* incómodo(da).

mâle [mal] ◇ *adj* **-1.** [masculin – enfant] varón; [– fleur, animal] macho; [– hormone] masculino(na). **-2.** [voix, assurance] varonil, viril. **-3.** TECHNOL [prise] macho. ◇ *nm* [homme, enfant] varón *m*; [animal, végétal] macho *m*.

malédiction [malediksjɔ̃] *nf* maldición *f*.

maléfique [malefik] *adj sout* maléfico(ca).

malencontreux, euse [malɑ̃kɔ̃trø, øz] *adj* poco afortunado(poco afortunada), desafortunado(da).

malentendant, e [malɑ̃tɑ̃dɑ̃, ɑ̃t] *adj & nm, f* sordo(da).

malentendu [malɑ̃tɑ̃dy] *nm* malentendido *m*.

malfaçon [malfasɔ̃] *nf* tara *f*.

malfaiteur, trice [malfetœr, tris] *nm, f* malhechor *m*, -ra *f*.

malfamé, e, mal famé, e [malfame] *adj* de mala fama.

malformation [malfɔrmasjɔ̃] *nf* malformación *f*.

malfrat [malfra] *nm fam* maleante *m*.

malgré [malgre] *prép* a pesar de; ~ **moi/ toi/lui** a pesar mío/tuyo/suyo; ~ **tout** a pesar de todo.

malhabile [malabil] *adj* inhábil.

malheur [malœr] *nm* **-1.** [événement pénible, adversité] desgracia *f*; **avoir des** ~**s** tener desgracias. **-2.** [malchance] : **par** ~ por desgracia; **porter** ~ **à qqn** traer mala suerte a alguien.

malheureusement [malœrøzmɑ̃] *adv* desgraciadamente.

malheureux, euse [malœrø, øz] ◇ *adj* **-1.** [vie, amour, victime] desgraciado(da). **-2.** [air, mine] desdichado(da). **-3.** [rencontre, réaction, mot] desafortunado(da); **c'est bien** ~! ¡qué lástima! **-4.** (*avant le nom*) [sans valeur] mísero(ra). ◇ *nm, f* desgraciado *m*, -da *f*.

malhonnête [malɔnɛt] *adj & nmf* deshonesto(ta).

malhonnêteté [malɔnɛtte] *nf* deshonestidad *f*.

Mali [mali] *nm* : **le** ~ Malí; **au** ~ [direction] a Malí; [situation] en Malí.

malice [malis] *nf* malicia *f*.

malicieux, euse [malisjø, øz] *adj & nm, f* malicioso(sa).

malin, igne [malɛ̃, iɲ] ◇ *adj* **-1.** [personne] astuto(ta) *Esp*, abusado(da) *Amér*. **-2.** [regard, sourire] malicioso(sa). **-3.** [plaisir] malévolo(la). **-4.** [difficile] difícil *Esp*, embromado(da) *Amér*. **-5.** MÉD [tumeur] maligno(na). ◇ *nm, f* astuto *m*, -ta *f*.

malingre [malɛ̃gr] *adj* enclenque.

malle [mal] *nf* **-1.** [coffre] baúl *m*. **-2.** [de voiture] maletero *m Esp*, baúl *m Amér*.

malléable [maleabl] *adj* maleable.

mallette [malet] *nf* maletín *m*.

mal-logé, e [mallɔʒe] (*mpl* **mal-logés**, *fpl* **mal-logées**) *nm, f* persona que ocupa un alojamiento precario.

malmener [malmøne] *vt* **-1.** [brutaliser] maltratar. **-2.** [adversaire] poner en apuros.

malnutrition [malnytrisjɔ̃] *nf* desnutrición *f*.

malodorant, e [malɔdɔrɑ̃, ɑ̃t] *adj* maloliente.

malotru, e [malɔtry] *nm, f* grosero *m*, -ra *f Esp*, guarango *m*, -ga *f Amér*.

malpoli, e [malpɔli] *adj & nm, f* maledu-cado(da).

malpropre [malprɔpr] *adj* **-1.** [gén] su-cio(cia). **-2.** [conduite] indecente.

malsain, e [malsɛ̃, ɛn] *adj* malsano(na).

malt [malt] *nm* malta *f*.

Malte [malt] *n* Malta; **à ~** [direction] a Malta; [situation] en Malta.

maltraiter [maltrete] *vt* maltratar.

malus [malys] *nm* malus *m inv*.

malveillant, e [malvɛjɑ̃, ɑ̃t] *adj* malé-volo(la).

malversation [malvɛrsasjɔ̃] *nf* malversa-ción *f*.

malvoyant, e [malvwajɑ̃, ɑ̃t] *adj & nm, f* in-vidente.

maman [mamɑ̃] *nf* mamá *f*.

mamelle [mamɛl] *nf* [de femme] mama *f*; [de vache] ubre *f*.

mamelon [mamlɔ̃] *nm* **-1.** [du sein] pezón *m*. **-2.** [colline] cerro *m*.

mamie, mamy [mami] *nf* abuelita *f Esp*, mamá grande *f Amér*.

mammifère [mamifɛr] *nm* mamífero *m*.

mammographie [mamɔgrafi] *nf* mamo-grafía *f*.

mammouth [mamut] *nm* mamut *m*.

mamy = mamie.

management [manadʒmɛnt] *nm* manage-ment *m*.

manager[1] [manadʒœr] *nm* **-1.** [de chan-teur] mánager *mf*. **-2.** [d'entreprise] direc-tivo *m*, -va *f*, mánager *mf*.

manager[2] [manadʒe] *vt* gestionar.

Managua [managwa] *n* Managua.

manche [mɑ̃ʃ] ◇ *nf* manga *f*; **~s courtes/longues** mangas cortas/largas. ◇ *nm* **-1.** [d'outil] mango *m*; **~ à balai** palo de es-coba. **-2.** [d'instrument de musique] mástil *m*.

Manche [mɑ̃ʃ] *nf* **-1.** [en Normandie, en Espagne] : **la ~** la Mancha. **-2.** [mer] el ca-nal de la Mancha.

manchette [mɑ̃ʃɛt] *nf* **-1.** [de chemise] puño *m*. **-2.** [de boxe] *golpe dado con el an-tebrazo*. **-3.** [de journal] titular *m*.

manchon [mɑ̃ʃɔ̃] *nm* manguito *m*.

manchot, e [mɑ̃ʃo, ɔt] *adj & nm, f* manco(ca). ◆ **manchot** *nm* ZOOL pájaro *m* bobo.

mandarine [mɑ̃darin] *nf* mandarina *f*.

mandat [mɑ̃da] *nm* **-1.** [procuration] poder *m*, procuración *f*. **-2.** POLIT mandato *m*. **-3.** JUR orden *f*; **~ d'amener/d'arrêt/de per-**quisition orden de comparecencia/de arresto/de registro. **-4.** [titre postal] giro *m*; **~ postal** giro postal.

mandataire [mɑ̃datɛr] *nmf* mandatario *m*, -ria *f*.

mandibule [mɑ̃dibyl] *nf* mandíbula *f*.

mandoline [mɑ̃dɔlin] *nf* mandolina *f*.

manège [manɛʒ] *nm* **-1.** [attraction foraine] tiovivo *m*, caballitos *mpl Esp*, calesitas *fpl Amér*. **-2.** [exercices de chevaux] doma *f*. **-3.** [lieu de dressage des chevaux] picadero *m*. **-4.** *fig* [manœuvre] tejemaneje *m*.

manette [manɛt] *nf* manecilla *f*.

manganèse [mɑ̃ganɛz] *nm* manganeso *m*.

mangeable [mɑ̃ʒabl] *adj* comestible.

mangeoire [mɑ̃ʒwar] *nf* [pour volaille] co-medero *m*; [pour bétail] pesebre *m*.

manger [mɑ̃ʒe] ◇ *vt* **-1.** [nourriture] co-mer. **-2.** [suj : mite, rouille] carcomer, co-mer. **-3.** [fortune] dilapidar. ◇ *vi* comer.

mangue [mɑ̃g] *nf* mango *m*.

maniable [manjabl] *adj* manejable.

maniaque [manjak] *adj & nmf* **-1.** [fou] maníaco(ca). **-2.** [méticuleux] maniá-tico(ca).

manie [mani] *nf* manía *f*; **avoir la ~ de qqch/de faire qqch** tener la manía de algo/de hacer algo.

maniement [manimɑ̃] *nm* manejo *m*.

manier [manje] *vt* manejar.

manière [manjɛr] *nf* manera *f*; **à la ~ de qqn** a la manera de alguien; **de toute ~** de todas maneras; **d'une ~ générale** en general. ◆ **manières** *nfpl* [façon d'agir en société] modales *mpl*. ◆ **de manière à** *loc prép* para. ◆ **de manière à ce que** *loc conj* de modo (que). ◆ **de manière que** *loc conj* de modo que. ◆ **de telle manière que** *loc conj* de tal modo que, de modo que.

maniéré, e [manjere] *adj* amanerado(da).

manif [manif] *nf fam* mani *f*.

manifestant, e [manifɛstɑ̃, ɑ̃t] *nm, f* ma-nifestante *mf*.

manifestation [manifɛstasjɔ̃] *nf* manifes-tación *f*.

manifester [manifɛste] ◇ *vt* manifestar. ◇ *vi* manifestarse. ◆ **se manifester** *vp* manifestarse.

manigancer [manigɑ̃se] *vt fam* maquinar.

manioc [manjɔk] *nm* mandioca *f*.

manipuler [manipyle] *vt* manipular.

manivelle [manivɛl] *nf* manivela *f*.

manne [man] *nf* **-1.** RELIG maná *m.* **-2.** *fig & sout* & *sout* agua *f* de mayo.

mannequin [mankɛ̃] *nm* **-1.** [personne] modelo *mf.* **-2.** [de vitrine] maniquí *m.*

manœuvre [manœvr] ◇ *nf* **-1.** [d'appareil] manejo *m;* [de véhicule] maniobra *f.* **-2.** [exercice militaire, machination] maniobra *f.* ◇ *nm* peón *m.*

manœuvrer [manœvre] ◇ *vi* maniobrar. ◇ *vt* manejar.

manoir [manwar] *nm* casa *f* solariega.

manomètre [manɔmɛtr] *nm* manómetro *m.*

manquant, e [mãkã, ãt] *adj* que falta.

manque [mãk] *nm* **-1.** [absence] falta *f;* [insuffisance] carencia *f.* **-2.** [du toxicomane] abstinencia *f.* **-3.** [lacune] laguna *f.*

manquer [mãke] ◇ *vi* **-1.** [gén] faltar; ~ à qqch [ne pas respecter] faltar a algo; ~ à qqn [être insuffisant] faltar a alguien; [regretter] echar de menos a alguien; ~ de qqch carecer de algo, faltarle a uno algo; ~ de faire qqch [faillir] faltarle (a alguien) poco para hacer algo. **-2.** [échouer] fallar. ◇ *vt* **-1.** [ne pas réussir, ne pas atteindre] fallar. **-2.** [personne] no encontrar. **-3.** [transport] perder. **-4.** [occasion] perderse. **-5.** [cours, école] faltar a.

mansarde [mãsard] *nf* buhardilla *f.*

mansardé, e [mãsarde] *adj* abuhardillado(da).

mansuétude [mãsɥetyd] *nf sout* mansedumbre *f.*

mante [mãt] *nf* **-1.** ZOOL mantis *m;* ~ religieuse mantis religiosa, santateresa *f.* **-2.** HIST [manteau de femme] manto *m.*

manteau, x [mãto] *nm* abrigo *m* Esp, tapado *m* Amér.

manucure [manykyr] *nmf* manicuro *m,* -ra *f.*

manuel, elle [manɥɛl] ◇ *adj* manual. ◇ *nm, f* trabajador *m,* -ra *f* manual. ◆ **manuel** *nm* manual *m (libro).*

manufacture [manyfaktyr] *nf* manufactura *f.*

manufacturé, e [manyfaktyre] *adj* manufacturado(da).

manuscrit, e [manyskri, it] *adj* manuscrito(ta). ◆ **manuscrit** *nm* manuscrito *m.*

manutention [manytãsjɔ̃] *nf* logística *f (de almacenaje).*

manutentionnaire [manytãsjɔnɛr] *nmf* encargado *m,* -da *f* de logística.

mappemonde [mapmɔ̃d] *nf* **-1.** [carte] mapamundi *m.* **-2.** [sphère] globo *m* terráqueo.

maquereau, x [makro] *nm* **-1.** ZOOL caballa *f.* **-2.** *fam* macarra *f.*

maquerelle [makrɛl] *nf fam* madame *f.*

maquette [makɛt] *nf* maqueta *f.*

maquignon [makiɲɔ̃] *nm* chalán *m,* -ana *f.*

maquillage [makijaʒ] *nm* maquillaje *m.*

maquiller [makije] *vt* **-1.** [personne] maquillar. **-2.** [voiture volée] maquillar, camuflar; [passeport] falsificar; [chiffres] falsear; [vérité] disfrazar. ◆ **se maquiller** *vp* maquillarse.

maquis [maki] *nm* **-1.** [végétation] monte *m* bajo. **-2.** HIST maquis *m.*

marabout [marabu] *nm* **-1.** ZOOL marabú *m.* **-2.** [guérisseur] morabito *m.*

maraîcher, ère [mareʃe, er] ◇ *adj* relativo al cultivo intensivo de hortalizas. ◇ *nm, f* horticultor *m,* -ra *f.*

marais [marɛ] *nm* pantano *m.*

marasme [marasm] *nm* marasmo *m.*

marathon [maratɔ̃] *nm* maratón *m o f.*

marâtre [maratr] *nf* madrastra *f.*

marbre [marbr] *nm* mármol *m.*

marc [mar] *nm* ≃ orujo *m.* ◆ **marc de café** *nm* poso *m* de café.

marcassin [markasɛ̃] *nm* jabato *m.*

marchand, e [marʃã, ãd] ◇ *adj* mercantil; [marine] mercante; [galerie, valeur] comercial. ◇ *nm, f* vendedor *m,* -ra *f;* ~ **forain** feriante *m;* ~ **de journaux** vendedor de periódicos.

marchander [marʃãde] *vt & vi* regatear.

marchandise [marʃãdiz] *nf* mercancía *f.*

marche [marʃ] *nf* **-1.** [gén] marcha *f;* **en** ~ en marcha; **en** ~ **arrière** marcha atrás; **(faire)** ~ **arrière** (dar) marcha atrás; **se mettre en** ~ ponerse en marcha; ~ **à pied** marcha (a pie). **-2.** [d'astre] movimiento *m;* [du temps] paso *m.* **-3.** [degré d'escalier] peldaño *m,* escalón *m.* **-4.** *fig* [procédé]: **c'est la** ~ **à suivre** éstos son los pasos que hay que seguir.

marché [marʃe] *nm* **-1.** [gén] mercado *m;* **faire son** ~ ir a la compra; **le** ~ **du travail** el mercado de trabajo; ~ **noir** mercado negro. **-2.** [contrat] trato *m;* **être bon** ~ ser barato(ta). ◆ **Marché commun** *nm* : **le Marché commun** el Mercado Común.

marchepied [marʃəpje] *nm* estribo *m.*

marcher [maʁʃe] *vi* **-1.** [aller à pied] andar. **-2.** [poser le pied] pisar; ~ **sur qqch** pisar algo. **-3.** [avancer vers un but] : ~ **sur qqch/sur qqn** marchar sobre algo/hacia alguien. **-4.** [fonctionner, réussir] funcionar. **-5.** *fam* [accepter] conformarse. **-6.** *loc* : **faire** ~ **qqn** *fam* tomar el pelo a alguien.

mardi [maʁdi] *nm* martes *m inv*; ~ **gras** martes de carnaval; *voir aussi* **samedi**.

mare [maʁ] *nf* charco *m*.

marécage [maʁekaʒ] *nm* pantano *m*.

marécageux, euse [maʁekaʒø, øz] *adj* **-1.** [terrain] pantanoso(sa). **-2.** [plante] palustre.

maréchal, aux [maʁeʃal, o] *nm* mariscal *m*.

marée [maʁe] *nf* **-1.** [mouvement de la mer] marea *f*; (à) ~ **basse/haute** (con) marea baja/alta. **-2.** [poissons, fruits de mer frais] *pescado y marisco fresco*. ◆ **marée noire** *nf* marea *f* negra.

marelle [maʁɛl] *nf* rayuela *f*.

margarine [maʁɡaʁin] *nf* margarina *f*.

marge [maʁʒ] *nf* margen *m*; ~ **d'erreur/ de sécurité** margen de error/de seguridad; **vivre en** ~ **de la société** vivir al margen de la sociedad.

margelle [maʁʒɛl] *nf* brocal *m*.

marginal, e, aux [maʁʒinal, o] ◇ *adj* marginal. ◇ *nm, f* marginado *m*, -da *f*.

marginalisation [maʁʒinalizasjɔ̃] *nf* marginación *f*.

marguerite [maʁɡəʁit] *nf* margarita *f*.

mari [maʁi] *nm* marido *m*.

mariage [maʁjaʒ] *nm* **-1.** [union, institution] matrimonio *m*; ~ **blanc/civil/religieux** matrimonio blanco/civil/religioso. **-2.** [cérémonie] boda *f*. **-3.** *fig* [association de choses] combinación *f*.

Marianne [maʁjan] *n personificación de la República Francesa.*

marié, e [maʁje] ◇ *adj* casado(da). ◇ *nm, f* novio *m*, -via *f*.

marier [maʁje] *vt* casar. ◆ **se marier** *vp* **-1.** [personnes] casarse. **-2.** *fig* [couleurs] casar.

marihuana [maʁiʁwana], **marijuana** [maʁiʒɥana] *nf* marihuana *f*.

marin, e [maʁɛ̃, in] *adj* **-1.** [gén] marino(na). **-2.** [carte] de navegación. ◆ **marin** *nm* marino *m*; ~ **pêcheur** pescador *m*. ◆ **marine** ◇ *adj inv* [bleu] marino(na). ◇ *nf* **-1.** [art de la navigation] marina *f*, náutica *f*. **-2.** [ensemble de navires, peinture] marina *f*; **marine marchande/na-**tionale marina mercante/nacional. ◇ *nm* **-1.** MIL marine *m*. **-2.** [couleur] azul *m* marino.

marinier, ère [maʁinje, ɛʁ] *adj* marinero(ra). ◆ **marinier** *nm* marinero *m*.

marionnette [maʁjɔnɛt] *nf* marioneta *f*, títere *m*.

marital, e, aux [maʁital, o] *adj* marital.

maritime [maʁitim] *adj* marítimo(ma).

mark [maʁk] *nm* marco *m*.

marketing [maʁketiŋ] *nm* marketing *m*; ~ **téléphonique** COMM marketing telefónico.

marmaille [maʁmaj] *nf fam* chiquillería *f*.

marmelade [maʁməlad] *nf* mermelada *f*.

marmite [maʁmit] *nf* olla *f*.

marmonner [maʁmɔne] *vt & vi* farfullar, mascullar.

marmot [maʁmo] *nm* chiquillo *m*, -lla *f Esp*, chamaco *m*, -ca *f Amér*.

marmotte [maʁmɔt] *nf* marmota *f*.

Maroc [maʁɔk] *nm* : **le** ~ Marruecos; **au** ~ [direction] a Marruecos; [situation] en Marruecos.

maroquinerie [maʁɔkinʁi] *nf* marroquinería *f*.

marotte [maʁɔt] *nf* **-1.** [sceptre] cetro *m* de bufón. **-2.** [dada] monomanía *f*.

marquant, e [maʁkɑ̃, ɑ̃t] *adj* notable.

marque [maʁk] *nf* **-1.** [gén] marca *f*; ~ **déposée/de fabrique** marca registrada/de fábrica; **a vos** ~**s, prêts, partez!** ¡preparados, listos, ya!; **de** ~ de marca. **-2.** [signe de reconnaissance] marca *f*, señal *f*. **-3.** [témoignage] señal *f*.

marqué, e [maʁke] *adj* **-1.** [différence, visage] marcado(da). **-2.** [nez] pronunciado(da).

marquer [maʁke] ◇ *vt* **-1.** [gén] marcar, señalar. **-2.** [noter] apuntar. ◇ *vi* marcar.

marqueur [maʁkœʁ] *nm* **-1.** SPORT marcador *m*. **-2.** [crayon] rotulador *m* de punta gruesa.

marquis, e [maʁki, iz] *nm, f* marqués *m*, -esa *f*. ◆ **marquise** *nf* marquesina *f*.

marraine [maʁɛn] *nf* madrina *f*.

marrant, e [maʁɑ̃, ɑ̃t] *adj fam* **-1.** [drôle] divertido(da). **-2.** [bizarre] gracioso(sa).

marre [maʁ] *adv* : **en avoir** ~ **(de qqch/ de qqn)** *fam* estar harto(ta) (de algo/de alguien).

marrer [maʁe] ◆ **se marrer** *vp fam* desternillarse.

marron, onne [marɔ̃, ɔn] *adj péj* clandestino(na). ◆ **marron** ◇ *nm* **-1.** [fruit] castaña *f.* **-2.** [couleur] marrón *m.* **-3.** *fam* [coup de poing] castaña *f.* ◇ *adj inv* marrón; [cheveux, yeux] castaño(ña).

marronnier [marɔnje] *nm* castaño *m* de Indias.

mars [mars] *nm* marzo; *voir aussi* **septembre.** ◆ **Mars** *n* ASTRON & MYTH Marte.

marsouin [marswɛ̃] *nm* marsopa *f.*

marteau, x [marto] *nm* **-1.** [outil & SPORT] martillo *m.* **-2.** MUS macillo *m*, martinete *m.* **-3.** [heurtoir] aldabón *m.* ◆ **marteau** *adj inv fam* chiflado(da).

martèlement [martɛlmɑ̃] *nm* martilleo *m.*

marteler [martəle] *vt* **-1.** [avec marteau] martillear, martillar. **-2.** [frapper fort] golpear. **-3.** [phrase] recalcar.

martial, e, aux [marsjal, o] *adj* marcial.

martien, enne [marsjɛ̃, ɛn] *adj & nm, f* marciano(na).

martinet [martinɛ] *nm* **-1.** ZOOL vencejo *m.* **-2.** [fouet] látigo *m* de varios ramales.

martingale [martɛ̃gal] *nf* martingala *f.*

Martini® [martini] *nm* martini® *m.*

martyr, e [martir] *adj & nm, f* mártir. ◆ **martyre** *nm* martirio *m.*

martyriser [martirize] *vt* martirizar.

marxisme [marksism] *nm* marxismo *m.*

mascarade [maskarad] *nf* mascarada *f.*

mascotte [maskɔt] *nf* mascota *f.*

masculin, e [maskylɛ̃, in] *adj* masculino(na). ◆ **masculin** *nm* GRAM masculino *m.*

maso [mazo] *adj & nmf fam* masoca.

masochisme [mazɔʃism] *nm* masoquismo *m.*

masque [mask] *nm* **-1.** [gén] máscara *f*; ~ à gaz máscara antigás; ~ de plongée gafas *fpl* de submarinismo. **-2.** [crème] mascarilla *f.*

masquer [maske] *vt* **-1.** [dissimuler] disfrazar. **-2.** [cacher à la vue] esconder, tapar.

massacre [masakr] *nm* **-1.** [tuerie] masacre *f.* **-2.** *fig* [travail très mal exécuté] estropicio *m.*

massacrer [masakre] *vt* **-1.** [tuer] masacrar. **-2.** [abîmer, mal interpréter] destrozar.

massage [masaʒ] *nm* masaje *m.*

masse [mas] *nf* **-1.** [gén] masa *f*; ~ monétaire FIN masa monetaria; ~ salariale masa salarial. **-2.** [quantité] : une ~ de un montón de; en ~ [en bloc] en masa; [en

grande quantité] a lo grande. **-3.** [maillet] mazo *m.*

masser [mase] *vt* **-1.** [assembler] concentrar. **-2.** [frotter] masajear. ◆ **se masser** *vp* **-1.** [s'assembler] concentrarse. **-2.** [se frotter] masajearse.

masseur, euse [masœr, øz] *nm, f* masajista *mf.* ◆ **masseur** *nm* aparato *m* de hacer masajes.

massicot [masiko] *nm* guillotina *f.*

massif, ive [masif, iv] *adj* **-1.** [gén] macizo(za). **-2.** [en masse] masivo(va). ◆ **massif** *nm* macizo *m.*

massue [masy] ◇ *adj inv* contundente. ◇ *nf* maza *f.*

mastic [mastik] *nm* masilla *f.*

mastiquer [mastike] *vt* **-1.** [mâcher] masticar. **-2.** [coller avec du mastic] pegar con masilla.

masturbation [mastyrbasjɔ̃] *nf* masturbación *f.*

masturber [mastyrbe] ◆ **se masturber** *vp* masturbarse.

masure [mazyr] *nf* casa *f* en ruinas.

mat, e [mat] *adj* mate. ◆ **mat** *adj inv* [aux échecs] en posición de (jaque) mate.

mât [ma] *nm* **-1.** NAVIG mástil *m*, palo *m.* **-2.** [poteau] poste *m.*

match [matʃ] (*pl* **matches** OU **matchs**) *nm* SPORT partido *m*; **faire** ~ **nul** empatar; ~ **nul** empate *m*; ~ **aller/retour** partido de ida/de vuelta.

matelas [matla] *nm inv* colchón *m.*

matelot [matlo] *nm* marinero *m.*

mater [mate] *vt* **-1.** [dompter] domar. **-2.** [révolte] reprimir. **-3.** *fam* [regarder] echar el ojo a.

matérialiser [materjalize] *vt* materializar. ◆ **se matérialiser** *vp* materializarse.

matérialiste [materjalist] *adj & nmf* materialista.

matériau, x [materjo] *nm* material *m.* ◆ **matériaux** *nmpl* **-1.** CONSTR materiales *mpl*; ~x **de construction** materiales de construcción. **-2.** [éléments constitutifs] material *m.*

matériel, elle [materjɛl] *adj* **-1.** [gén] material. **-2.** [prosaïque] materialista. ◆ **matériel** *nm* **-1.** [équipement] material *m*, equipamiento *m.* **-2.** INFORM hardware *m.* **-3.** [de sport, de pêche] material *m*, equipo *m.*

maternel, elle [matɛrnɛl] *adj* **-1.** [lait, grand-mère, langue] materno(na). **-2.** [amour, instinct] matérnal. ◆ **maternelle** *nf* parvulario *m*.

maternité [matɛrnite] *nf* maternidad *f*.

mathématicien, enne [matematisjẽ, ɛn] *nm, f* matemático *m*, -ca *f*.

mathématique [matematik] *adj* matemático(ca). ◆ **mathématiques** *nfpl* matemáticas *fpl*.

maths [mat] *nfpl fam* mates *fpl*.

matière [matjɛr] *nf* **-1.** [substance, produit, sujet] materia *f*; **en ~ de** en materia de; **~ grasse** materia grasa; **~ grise/plastique** materia gris/plástica; **~s premières** materias primas. **-2.** [discipline] asignatura *f*. **-3.** [motif] pretexto *m*, motivo *m*.

matin [matẽ] *nm* mañana *f*; **le ~** por la mañana; **ce ~** esta mañana; **du ~ au soir** de la mañana a la noche.

matinal, e, aux [matinal, o] *adj* **-1.** [du matin] matinal, matutino(na). **-2.** [personne] madrugador(ra).

matinée [matine] *nf* **-1.** [partie de la journée] mañana *f*. **-2.** [spectacle] matinée *f*.

matou [matu] *nm* gato *m* [no castrado].

matraque [matrak] *nf* porra *f*.

matraquer [matrake] *vt* **-1.** [frapper] aporrear. **-2.** [intoxiquer] bombardear.

matriarcat [matrijarka] *nm* matriarcado *m*.

matrice [matris] *nf* matriz *f*.

matricule [matrikyl] ◇ *nm* número *m* (de registro). ◇ *nf* registro *m*.

matrimonial, e, aux [matrimɔnjal, o] *adj* matrimonial.

matrone [matrɔn] *nf péj* verdulera *f*.

mature [matyr] *adj* maduro(ra).

mâture [matyr] *nf* NAVIG arboladura *f*.

maturité [matyrite] *nf* madurez *f*.

maudire [modir] *vt* maldecir.

maudit, e [modi, it] ◇ *pp* → **maudire**. ◇ *adj & nm, f* maldito(ta).

maugréer [mogree] ◇ *vt* mascullar. ◇ *vi* refunfuñar; **~ contre qqn/contre qqch** echar pestes contra alguien/contra algo.

maure [mor] *adj* moro(ra). ◆ **Maure** *nmf* moro *m*, -ra *f*.

Mauritanie [moritani] *nf*: **la ~** Mauritania.

mausolée [mozɔle] *nm* mausoleo *m*.

maussade [mosad] *adj* **-1.** [personne] alicaído(da). **-2.** [temps] desapacible.

mauvais, e [movɛ, ɛz] *adj* malo(la), mal *(delante de substantivo masculino)*. ◆ **mauvais** *adv*: **il fait ~** hace mal tiempo; **sentir ~** oler mal.

mauve [mov] *nm & adj* malva.

mauviette [movjɛt] *nf fam* **-1.** [personne faible physiquement] alfeñique *m*. **-2.** [poltron] gallina *m*.

maux → **mal**.

max [maks] *(abr de* **maximum***) nm fam*: **un ~ de fric** una pasta.

maxillaire [maksilɛr] *nm* maxilar *m*.

maxime [maksim] *nf* máxima *f*.

maximum [maksimɔm] *(pl* **maxima** [maksima]*)* ◇ *adj* máximo(ma). ◇ *nm*: **le ~ de qqch/de personnes** el máximo de algo/de personas; **au ~** como máximo.

mayonnaise [majɔnɛz] *nf* mayonesa *f*.

mazout [mazut] *nm* fuel-oil *m*.

me [mə], **m'** *(devant voyelle ou h muet) pron pers* **-1.** [gén] me. **-2.** [avec un présentatif]: **~ voici/voilà** aquí estoy; **~ voici prêt** ya estoy listo.

méandre [meãdr] *nm* **-1.** [de rivière] meandro *m*. **-2.** *fig* [détours sinueux] entresijos *mpl*.

mec [mɛk] *nm fam* tío *m*.

mécanicien, enne [mekanisjẽ, ɛn] ◇ *adj* mecánico(ca). ◇ *nm, f* **-1.** [de garage] mecánico *mf*. **-2.** [conducteur de train] maquinista *mf*.

mécanique [mekanik] ◇ *adj* mecánico(ca). ◇ *nf* **-1.** [gén] mecánica *f*. **-2.** [mécanisme] maquinaria *f*.

mécanisme [mekanism] *nm* mecanismo *m*.

mécène [mesɛn] *nm* mecenas *m inv*.

méchanceté [meʃãste] *nf* **-1.** [attitude] maldad *f*. **-2.** [rosserie]: **se dire des ~s** decirse cosas desagradables.

méchant, e [meʃã, ãt] *adj* **-1.** [malveillant, cruel – personne] malo(la); [– animal] peligroso(sa); [– attitude] malévolo(la). **-2.** [désobéissant] malo(la). ◇ *nm, f* malo *m*, -la *f*.

mèche [mɛʃ] *nf* **-1.** [de bougie] mecha *f*, pábilo *m*. **-2.** [de cheveux] mechón *m*. **-3.** [d'arme à feu] mecha *f*. **-4.** [de perceuse] broca *f*.

méchoui [meʃwi] *nm* mechuí *m*.

méconnaissable [mekɔnɛsabl] *adj* irreconocible.

méconnu, e [mekɔny] *adj* desconocido(da).

mécontent, e [mekɔ̃tɑ̃, ɑ̃t] *adj & nm, f* descontento(ta).

mécontenter [mekɔ̃tɑ̃te] *vt* disgustar.

mécréant, e [mekreɑ̃, ɑ̃t] *nm, f* infiel *mf*.

médaille [medaj] *nf* medalla *f*.

médaillon [medajɔ̃] *nm* [bijou & CULIN] medallón *m*.

médecin [medsɛ̃] *nm* médico *m*; ~ **de garde** médico de guardia; ~ **traitant** OU **de famille** médico de cabecera; ~ **légiste** médico forense.

médecine [medsin] *nf* medicina *f*; ~ **générale** medicina general.

média [medja] *nm* : **les** ~**s** medios *mpl* de comunicación, mass-media *mpl*.

médian, e [medjɑ̃, an] *adj* mediano(na). ◆ **médiane** *nf* -1. [ligne] mediana *f*. -2. [valeur statistique] media *f*.

médiateur, trice [medjatœr, tris] *adj & nm, f* mediador(ra). ◆ **médiateur** *nm* ADMIN ≃ defensor *m* del pueblo. ◆ **médiatrice** *nf* GÉOM mediatriz *f*.

médiathèque [medjatɛk] *nf* mediateca *f*.

médiatique [medjatik] *adj* [personnage] popular.

médiatiser [medjatize] *vt* mediatizar.

médical, e, aux [medikal, o] *adj* médico(ca).

médicament [medikamɑ̃] *nm* medicamento *m*.

médicinal, e, aux [medisinal, o] *adj* medicinal.

médico-légal, e, aux [medikɔlegal, o] *adj* médico legal.

médiéval, e, aux [medjeval, o] *adj* medieval.

médiocre [medjɔkr] ◇ *adj* -1. [gén] mediocre. -2. [ressources, résultats] escaso(sa). ◇ *nmf* mediocre *mf*.

médiocrité [medjɔkrite] *nf* mediocridad *f*.

médire [medir] *vi* hablar mal; ~ **de qqn** hablar mal de alguien.

médisant, e [medizɑ̃, ɑ̃t] ◇ *adj* murmurador(ra). ◇ *nm, f* mala lengua *mf*.

médit [medi] *pp inv* → **médire**.

méditation [meditasjɔ̃] *nf* meditación *f*.

méditer [medite] ◇ *vt* [approfondir] meditar; ~ **qqch/de faire qqch** [projeter] meditar/hacer algo. ◇ *vi* meditar; ~ **sur qqch** meditar sobre algo.

Méditerranée [mediterane] *nf* : **la** ~ el Mediterráneo.

médium [medjɔm] *nm* -1. [personne] médium *mf*. -2. MUS registro *m* intermedio de la voz.

médius [medjys] *nm* dedo *m* corazón, dedo *m* medio.

méduse [medyz] *nf* medusa *f*.

méduser [medyze] *vt* dejar pasmado(da).

meeting [mitiŋ] *nm* -1. [réunion politique] mitin *m*. -2. [réunion sportive] encuentro *m*.

méfait [mefɛ] *nm* -1. [acte] mala acción *f*. -2. *fig* [conséquence] perjuicio *m*.

méfiance [mefjɑ̃s] *nf* recelo *m*.

méfiant, e [mefjɑ̃, ɑ̃t] *adj* receloso(sa).

méfier [mefje] ◆ **se méfier** *vp* desconfiar; **se** ~ **de qqn/de qqch** desconfiar de algo/de alguien; **méfie-toi!** ¡ten cuidado!, ¡no te fíes!

méga- [mega] *adv* super-.

mégalo [megalo] *adj & nmf fam* : **il est complètement** ~ es un creído.

mégalomane [megalɔman] *adj & nmf* megalómano *m*, -na *f*.

mégapole [megapɔl] *nf* megápolis *f*.

mégarde [megard] ◆ **par mégarde** *loc adv* por descuido.

mégère [meʒɛr] *nf* harpía *f*.

mégot [mego] *nm fam* colilla *f Esp*, pucho *m Amér*.

meilleur, e [mɛjœr] ◇ *adj* mejor. ◇ *nm, f* mejor *mf*. ◆ **meilleur** *nm* : **le** ~ lo mejor; **pour le** ~ **et pour le pire** en lo bueno y en lo malo.

méjuger [meʒyʒe] ◇ *vt* juzgar mal. ◇ *vi* : ~ **de qqn/de qqch** subvalorar a alguien/algo.

mélancolie [melɑ̃kɔli] *nf* melancolía *f*.

mélancolique [melɑ̃kɔlik] *adj* melancólico(ca).

mélange [melɑ̃ʒ] *nm* mezcla *f*.

mélanger [melɑ̃ʒe] *vt* mezclar *Esp*, entreverar *Amér*. ◆ **se mélanger** *vp* mezclarse *Esp*, entreverarse *Amér*.

mêlée [mele] *nf* -1. [combat] pelea *f*. -2. SPORT [rugby] melé *f*.

mêler [mele] *vt* -1. [mélanger] mezclar *Esp*, entreverar *Amér*. -2. [embrouiller] enredar. -3. [impliquer] : ~ **qqn à qqch** meter a alguien en algo. -4. [joindre] : ~ **qqch à qqch** unir algo a algo. ◆ **se mêler** *vp* -1. [se joindre] : **se** ~ **à** [groupe] unirse a; [foule] confundirse con. -2. [s'ingérer] : **se** ~ **de qqch** meterse en algo.

mélèze [melɛz] *nm* alerce *m*.

mélo [melo] *nm fam* dramón *m.*

mélodie [melɔdi] *nf* melodía *f.*

mélodieux, euse [melɔdjø, øz] *adj* melodioso(sa).

mélodrame [melɔdram] *nm* melodrama *m.*

mélomane [melɔman] *adj & nmf* melómano(na).

melon [məlɔ̃] *nm* **-1.** BOT melón *m.* **-2.** [chapeau] sombrero *m* hongo, bombín *m.*

melting-pot [mɛltiŋpɔt] *nm* amalgama *f.*

membrane [mɑ̃bran] *nf* membrana *f.*

membre [mɑ̃br] *nm* **-1.** [de corps, d'organisation] miembro *m;* ~s antérieurs/postérieurs [des animaux] extremidades anteriores/posteriores; ~s supérieurs/inférieurs [de l'homme] extremidades superiores/inferiores. **-2.** [partie] elemento *m.*

même [mɛm] ◇ *adj indéf* **-1.** [gén] mismo(ma). **-2.** [sert à souligner] : **ce sont ses paroles** ~s son sus propias palabras; **elle est la bonté** ~ es la bondad personificada. ◇ *pron indéf* : **le/la** ~ el mismo/la misma. ◇ *adv* **-1.** [positif] incluso; **elle est** ~ **riche!** ¡incluso es rica! **-2.** [négatif] : ~ **pas** ni siquiera. ◆ **à même** *loc adv* : **s'asseoir à** ~ **le sol** sentarse en el mismo suelo. ◆ **de même** *loc adv* del mismo modo; **il en va de** ~ **pour lui** lo mismo le ocurre a él. ◆ **de même que** *loc conj* igual que. ◆ **même quand** *loc conj* incluso cuando. ◆ **même si** *loc conj* aunque.

mémento [memɛ̃to] *nm* **-1.** [agenda] agenda *f.* **-2.** [ouvrage] compendio *m.*

mémoire [memwar] ◇ *nf* [gén & INFORM] memoria *f;* **avoir bonne/mauvaise** ~ tener buena/mala memoria; **de** ~ de memoria; **perdre la** ~ perder la memoria; ~ **tampon** INFORM búfer *m;* ~ **virtuelle** INFORM memoria virtual; ~ **vive** INFORM memoria RAM OU volátil; **à la** ~ **de** en memoria de. ◇ *nm* **-1.** [écrit] memoria *f.* **-2.** UNIV [dissertation] tesina *f.* ◆ **Mémoires** *nmpl* memorias *f.*

mémorable [memɔrabl] *adj* memorable.

mémorandum [memɔrɑ̃dɔm] *nm* memorándum *m.*

mémorial, aux [memɔrjal, o] *nm* monumento *m* funerario.

mémorisable [memɔrizabl] *adj* INFORM memorizable.

menaçant, e [mənasɑ̃, ɑ̃t] *adj* amenazador(ra).

menace [mənas] *nf* amenaza *f.*

menacer [mənase] ◇ *vt* [faire peser une menace sur] amenazar; ~ **qqn de qqch/de faire qqch** amenazar a alguien con algo/con hacer algo. ◇ *vi* : **la pluie menace** está a punto de llover, va a llover.

ménage [menaʒ] *nm* **-1.** [nettoyage] limpieza *f (de la casa);* **faire le** ~ hacer la limpieza. **-2.** [couple] pareja *f.* **-3.** ÉCON unidad *f* familiar.

ménagement [menaʒmɑ̃] *nm* miramientos *mpl;* **sans** ~ sin miramientos.

ménager[1], ère [menaʒe, ɛr] *adj* doméstico(ca). ◆ **ménagère** *nf* **-1.** [femme] ama *f* de casa. **-2.** [service d'argenterie] cubertería *f* de plata.

ménager[2] [menaʒe] *vt* **-1.** [bien traiter – personne] tratar con consideración; [– susceptibilités] no herir. **-2.** [utiliser avec modération – gén] emplear bien; [– santé] cuidar de. **-3.** [surprise] preparar. ◆ **se ménager** *vp* cuidarse.

ménagerie [menaʒri] *nf* casa *f* de fieras.

mendiant, e [mɑ̃djɑ̃, ɑ̃t] *nm, f* mendigo *m,* -ga *f.*

mendier [mɑ̃dje] *vt* mendigar.

mener [məne] ◇ *vt* **-1.** [emmener, conduire] llevar. **-2.** [diriger, être en tête de] dirigir. ◇ *vi* ir ganando.

meneur, euse [mənœr, øz] *nm, f* cabecilla *m;* ~ **d'hommes** líder *mf.*

menhir [menir] *nm* menhir *m.*

méningite [menɛ̃ʒit] *nf* meningitis *f inv.*

ménisque [menisk] *nm* ANAT menisco *m.*

ménopause [menopoz] *nf* menopausia *f.*

menotte [mənɔt] *nf* manita *f.* ◆ **menottes** *nfpl* esposas *fpl;* **passer les** ~**s à** **qqn** poner las esposas a alguien.

mensonge [mɑ̃sɔ̃ʒ] *nm* mentira *f.*

menstruel, elle [mɑ̃stryɛl] *adj* menstrual.

mensualiser [mɑ̃sɥalize] *vt* **-1.** [salarié] pagar mensualmente. **-2.** [paiement] mensualizar.

mensualité [mɑ̃sɥalite] *nf* mensualidad *f.*

mensuel, elle [mɑ̃sɥɛl] ◇ *adj* mensual. ◇ *nm, f* asalariado que cobra un sueldo mensual. ◆ **mensuel** *nm* publicación *f* mensual.

mensuration [mɑ̃syrasjɔ̃] *nf* medida *f.*

mental, e, aux [mɑ̃tal, o] *adj* mental.

mentalité [mɑ̃talite] *nf* mentalidad *f.*

menteur, euse [mɑ̃tœr, øz] *adj & nm, f* mentiroso(sa).

menthe [mɑ̃t] *nf* menta *f.*

menti [mɑ̃ti] *pp inv* → **mentir.**

mention [māsjɔ̃] nf -1. [citation] mención f; **faire ~ de qqch** hacer mención de algo. -2. [note] dato m. -3. SCOL & UNIV: **avec ~** con nota.

mentionner [māsjɔne] vt mencionar.

mentir [mātir] vi mentir; **~ à qqn** mentirle a alguien.

menton [mātɔ̃] nm ANAT barbilla f, mentón m.

menu, e [məny] adj menudo(da). ◆ **menu** nm [gén & INFORM] menú m.

menuiserie [mənɥizri] nf carpintería f.

menuisier [mənɥizje] nm carpintero m.

méprendre [meprādr] ◆ **se méprendre** vp sout : **se ~ sur qqch/sur qqn** confundirse respecto a algo/a alguien.

mépris, e [mepri, iz] pp → **méprendre**. ◆ **mépris** nm -1. [dédain] desprecio m; **~ pour qqn/pour qqch** desprecio por alguien/por algo. -2. [indifférence] : **~ de qqch** desprecio de algo. ◆ **au mépris de** loc prép sin tener en cuenta.

méprisable [meprizabl] adj despreciable.

méprisant, e [meprizā, āt] adj despectivo(va).

mépriser [meprize] vt despreciar.

mer [mɛr] nf mar mf; **la ~ Baltique** el mar Báltico; **la ~ Méditerranée** el mar Mediterráneo; **prendre la ~** hacerse a la mar; **haute** OU **pleine ~** marea f alta, pleamar f.

mercantile [mɛrkātil] adj péj mercantil.

mercenaire [mɛrsənɛr] ◇ adj mercenario(ria). ◇ nm mercenario m.

mercerie [mɛrsəri] nf mercería f.

merci [mɛrsi] ◇ interj gracias; **~ beaucoup** muchas gracias. ◇ nm gracias fpl; **dire ~ à qqn** darle las gracias a alguien.

mercier, ère [mɛrsje, ɛr] nm, f mercero m, -ra f.

mercredi [mɛrkrədi] nm miércoles m; voir aussi **samedi**.

mercure [mɛrkyr] nm mercurio m.

merde [mɛrd] nf tfam mierda f.

mer du Nord [mɛrdynɔr] nf : **la ~** el mar del Norte.

mère [mɛr] nf madre f; **~ de famille** madre de familia.

merguez [mɛrgɛz] nf inv salchicha de carne de buey o cordero, adobada con pimentón, que acompaña al cuscús.

méridien, enne [meridjɛ̃, ɛn] adj meridiano(na). ◆ **méridien** nm meridiano m. ◆ **méridienne** nf tumbona f Esp, reposera f Amér.

méridional, e, aux [meridjɔnal, o] adj -1. [du Sud] meridional. -2. [du Sud de la France] del sur de Francia.

meringue [mərɛ̃g] nf merengue m.

merisier [mərizje] nm cerezo m silvestre.

mérite [merit] nm mérito m; **avoir du ~ (à faire qqch)** tener mérito (hacer algo).

mériter [merite] vt merecer Esp, ameritar Amér.

merlan [mɛrlā] nm pescadilla f.

merle [mɛrl] nm mirlo m.

mer Morte [mɛrmɔrt] nf : **la ~** el mar Muerto.

mer Noire [mɛrnwar] nf : **la ~** el mar Negro.

merveille [mɛrvɛj] nf maravilla f; **à ~ de** maravilla.

merveilleux, euse [mɛrvɛjø, øz] adj maravilloso(sa). ◆ **merveilleux** nm : **le ~** lo maravilloso.

mes → **mon**.

mésalliance [mezaljās] nf mal casamiento m.

mésange [mezāʒ] nf ZOOL paro m.

mésaventure [mezavātyr] nf desventura f.

mesdemoiselles → **mademoiselle**.

mésentente [mezātāt] nf desacuerdo m.

mesquin, e [mɛskɛ̃, in] adj mezquino(na).

mesquinerie [mɛskinri] nf mezquindad f.

mess [mɛs] nm comedor m (de oficiales y suboficiales).

message [mesaʒ] nm mensaje m; **laisser un ~ à qqn** dejarle un mensaje a alguien; **~ publicitaire** COMM mensaje publicitario.

messager, ère [mesaʒe, ɛr] nm, f mensajero m, -ra f.

messagerie [mesaʒri] nf -1. [transport de marchandises] mensajería f. -2. INFORM mensajería f electrónica.

messe [mɛs] nf RELIG & MUS misa f; **aller à la ~** ir a misa.

messie [mesi] nm mesías m inv. ◆ **Messie** nm : **le Messie** el Mesías.

messieurs → **monsieur**.

mesure [məzyr] nf -1. [gén] medida f; **prendre des ~s** tomar medidas; **prendre les ~s de qqch/de qqn** tomarle las medidas a algo/a alguien; **~ disciplinaire** medida disciplinaria. -2. MUS compás m; **~**

à deux temps compás *m* de dos por cuatro. **-3.** [modération] mesura *f*, medida *f*. **-4.** *loc* : **à la ~ de** a la medida de; **dans la ~ du possible** en la medida de lo posible; **être en ~ de** estar en condiciones de; **outre ~** sin medida, desmesurado(da); **sur ~** a medida. ◆ **à mesure que** *loc conj* a medida que.

mesurer [məzyre] *vt* **-1.** [gén] medir. **-2.** [temps, argent] escatimar. **-3.** [proportionner] : **~ qqch à qqch** ajustar algo a algo. ◆ **se mesurer** *vp* : **se ~ avec** OU **à qqn** medirse con alguien.

métabolisme [metabɔlism] *nm* metabolismo *m*.

métal, aux [metal, o] *nm* metal *m*.

métallique [metalik] *adj* metálico(ca).

métallisé, e [metalize] *adj* metalizado(da).

métallurgie [metalyrʒi] *nf* metalurgia *f*.

métamorphose [metamɔrfoz] *nf* metamorfosis *f inv*.

métaphore [metafɔr] *nf* metáfora *f*.

métaphysique [metafizik] PHILOSOPHIE ◇ *adj* metafísico(ca). ◇ *nf* metafísica *f*.

métastase [metastaz] *nf* metástasis *f inv*.

métayer, ère [meteje, ɛr] *nm, f* aparcero *m*, -ra *f*.

météo [meteo] *nf* : **la ~** el tiempo.

météore [meteɔr] *nm* ASTRON meteoro *m*.

météorologie [meteɔrɔlɔʒi] *nf* meteorología *f*.

météorologique [meteɔrɔlɔʒik] *adj* meteorológico(ca).

météorologue [meteɔrɔlɔg], **météorologiste** [meteɔrɔlɔʒist] *nmf* meteorólogo *m*, -ga *f*, meteorologista *mf*.

méthane [metan] *nm* metano *m*.

méthode [metɔd] *nf* método *m*.

méthodologie [metɔdɔlɔʒi] *nf* metodología *f*.

méthylène [metilɛn] *nm* metileno *m*.

méticuleux, euse [metikylø, øz] *adj* meticuloso(sa).

métier [metje] *nm* **-1.** [profession] oficio *m*; **avoir du ~** [expérience] tener oficio; **de son ~** de profesión; **être du ~** ser del oficio. **-2.** [machine] bastidor *m*.

métis, isse [metis] *adj & nm, f* mestizo(za). ◆ **métis** *nm* [tissu] mezcla *f*.

métrage [metraʒ] *nm* **-1.** [mesure] medición *f*. **-2.** COUT [coupon] metros *mpl*; **quel ~ vous faut-il?** ¿cuántos metros necesita? **-3.** CIN metraje *m*; **court ~** corto-

metraje *m*; **long ~** largometraje *m*; **moyen ~** mediometraje *m*.

mètre [mɛtr] *nm* metro *m*; **~ carré/cube** metro cuadrado/cúbico.

métro [metro] *nm* metro *m*.

métronome [metrɔnɔm] *nm* metrónomo *m*.

métropole [metrɔpɔl] *nf* metrópoli *f*.

métropolitain, e [metrɔpɔlitɛ̃, ɛn] *adj* ADMIN metropolitano(na).

mets [mɛ] *nm sout* CULIN plato *m*.

metteur [metœr] ◆ **metteur en scène** *nm* THÉÂTRE & CIN director *m*, -ra *f*.

mettre [mɛtr] *vt* **-1.** [gén] poner; **~ qqch à** (+ *infinitif*) poner a (+ *infinitif*); **~ un plat à gratiner** poner un plato a gratinar; **faire ~ qqch** hacer instalar algo; **faire ~ l'électricité** hacer instalar la electricidad. **-2.** [vêtement, lunettes] ponerse. **-3.** [temps, argent, énergie] emplear. ◆ **se mettre** *vp* [se placer] ponerse; **se ~ à faire qqch** [commencer à] ponerse a hacer algo; **se ~ d'accord** ponerse de acuerdo; **s'y ~** ponerse a ello.

meuble [mœbl] ◇ *nm* mueble *m*. ◇ *adj* **-1.** AGRIC & GÉOL blando(da). **-2.** JUR mueble.

meublé, e [mœble] *adj* amueblado(da). ◆ **meublé** *nm* piso *m* amueblado.

meubler [mœble] ◇ *vt* **-1.** [gén] amueblar. **-2.** *fig* [occuper – temps, loisirs] llenar; [– conversation] entretener. ◇ *vi* [orner] adornar, ser decorativo(va). ◆ **se meubler** *vp* poner los muebles.

meugler [møgle] *vi* mugir.

meule [møl] *nf* **-1.** [à moudre, à aiguiser] muela *f*. **-2.** CULIN rueda *f*. **-3.** AGRIC hacina *f*.

meunier, ère [mønje, ɛr] *adj & nm, f* molinero(ra).

meurtre [mœrtr] *nm* asesinato *m*.

meurtrier, ère [mœrtrije, ɛr] ◇ *adj* mortal. ◇ *nm, f* asesino *m*, -na *f*.

meurtrir [mœrtrir] *vt* **-1.** [physiquement] magullar. **-2.** *fig* [moralement] herir.

meute [møt] *nf* jauría *f*.

mexicain, e [mɛksikɛ̃, ɛn] *adj* mejicano(na). ◆ **Mexicain, e** *nm, f* mejicano *m*, -na *f*.

Mexico [mɛksiko] *n* Méjico, México.

Mexique [mɛksik] *nm* : **le ~** Méjico, México; **au ~** [direction] a Méjico; [situation] en Méjico.

mezzanine [mɛdzanin] *nf* **-1.** THÉÂTRE principal *m* [palco]. **-2.** ARCHIT tragaluz *m*.

mezzo-soprano [mɛdzosɔprano] (*pl* **mezzo-sopranos**) *nm* OU *nf* mezzo-soprano *mf*.

mg (*abr de* milligramme) mg.

Mgr (*abr de* **Monseigneur**) Mons.

mi [mi] *nm* MUS mi *m*.

mi- [mi] ◇ *adj inv* medio(dia); **à la ~jan-vier** a mediados de enero. ◇ *adv* medio; **~mort** medio muerto(ta).

miasme [mjasm] *nm* miasma *m*.

miaulement [mjolmɑ̃] *nm* maullido *m*.

miauler [mjole] *vi* maullar.

mi-bas *nm inv* calcetín *m* de media.

mi-carême *nf* RELIG *tercer jueves de cuaresma que se celebra con fiestas.*

mi-chemin ✦ à mi-chemin *loc adv* a medio camino, a mitad de camino.

mi-clos, e *adj* entornado(da).

micro [mikro] *nm fam* **-1.** [microphone] micro *m.* **-2.** [micro-ordinateur] microordenador *m*.

microbe [mikrɔb] *nm* microbio *m*.

microbiologie [mikrɔbjɔlɔʒi] *nf* microbiología *f*.

microclimat [mikrɔklima] *nm* microclima *m*.

microcosme [mikrɔkɔsm] *nm* microcosmos *m*.

microfiche [mikrɔfiʃ] *nf* microficha *f*.

microfilm [mikrɔfilm] *nm* microfilm *m*.

micro-ondes [mikrɔɔ̃d] *nm inv* microondas *m inv*.

micro-ordinateur (*pl* **micro-ordinateurs**) *nm* microordenador *m*.

microphone [mikrɔfɔn] *nm* micrófono *m*.

microprocesseur [mikrɔprɔsesœr] *nm* microprocesador *m*.

microscope [mikrɔskɔp] *nm* microscopio *m;* **~ électronique** microscopio electrónico.

midi [midi] *nm* **-1.** [période du déjeuner] mediodía *m.* **-2.** [heure] : **il est ~** son las doce *(de la mañana).* **-3.** [sud] sur *m,* mediodía *m*.

mie [mi] *nf* miga *f*.

miel [mjɛl] *nm* miel *f*.

mielleux, euse [mjɛlø, øz] *adj* meloso(sa).

mien [mjɛ̃] ✦ **le mien** (*f* **la mienne** [lamjɛn], *mpl* **les miens** [lemjɛ̃], *fpl* **les miennes** [lemjɛn]) *pron poss* el mío(la mía); **j'y mets du ~** yo hago todo (todo) lo que puedo.

miette [mjɛt] *nf* migaja *f;* **faire des ~s** hacer migas.

mieux [mjø] ◇ *adv* **-1.** [comparatif] mejor; **elle pourrait ~ faire** podría hacerlo mejor; **faire ~ de faire qqch** ser mejor hacer algo, más vale hacer algo; **il ferait ~ de travailler** sería mejor que trabajara, más le valdría trabajar. **-2.** [superlatif] : **il est le ~ payé du service** es el mejor pagado del departamento; **le ~ qu'il peut** lo mejor que puede. ◇ *adj* mejor. ◇ *nm* **-1.** *(sans déterminant)* algo mejor; **j'attendais ~** esperaba algo mejor. **-2.** *(avec déterminant)* : **il y a du** OU **un ~** va mejor; **il fait de son ~** hace (todo) lo mejor que puede. ✦ **au mieux** *loc adv* en el mejor de los casos. ✦ **de mieux en mieux** *loc adv* cada vez mejor. ✦ **pour le mieux** *loc adv* a pedir de boca. ✦ **tant mieux** *loc adv* tanto mejor.

mièvre [mjɛvr] *adj* remilgado(da).

mignon, onne [miɲɔ̃, ɔn] ◇ *adj* **-1.** [charmant] mono(na). **-2.** [gentil] bueno(na), amable. ◇ *nm, f* monada *f*. ✦ **mignon** *nm* HIST favorito *m*.

migraine [migrɛn] *nf* jaqueca *f,* migraña *f*.

migrant, e [migrɑ̃, ɑ̃t] *adj & nm, f* emigrante.

migrateur, trice [migratœr, tris] *adj* migratorio(ria). ✦ **migrateur** *nm* ave *f* migratoria.

migration [migrasjɔ̃] *nf* migración *f*.

mijoter [miʒɔte] ◇ *vt* **-1.** CULIN guisar. **-2.** [tramer] tramar. ◇ *vi* cocer a fuego lento.

mi-journée *nf* : **les informations de la ~** las noticias de mediodía.

mil¹ [mil] *nm* mijo *m*.

mil² = mille.

milan [milɑ̃] *nm* milano *m*.

milice [milis] *nf* milicia *f*.

milicien, enne [milisjɛ̃, ɛn] *nm, f* miliciano *m,* -na *f*.

milieu, x [miljø] *nm* **-1.** [centre spatial] centro *m.* **-2.** [centre temporel] mitad *f.* **-3.** [intermédiaire] término *m* medio. **-4.** [environnement, groupe social] medio *m.* **-5.** [pègre] : **le ~** el hampa. ✦ **au milieu de** *loc prép* **-1.** [spatial] en medio de. **-2.** [temporel] en mitad de. **-3.** [parmi] entre. ✦ **en plein milieu de** *loc prép* **-1.** [spatial] justo en medio. **-2.** [temporel] en pleno(na); **en plein ~ de la réunion** en plena reunión; **en plein ~ du débat** en pleno debate.

militaire [militɛr] *adj & nm* militar.

militant, e [milità, àt] *adj & nm, f* militante.

militer [milite] *vi* [dans un parti] militar; ~ **pour/contre qqch** *fig* [influer] militar a favor/en contra de algo.

milk-shake [milkʃɛk] (*pl* **milk-shakes**) *nm* batido *m*.

mille, mil [mil] *adj inv* mil. ✦ **mille** *nm inv* **-1.** [unité] millar *m*. **-2.** [de cible] blanco *m*; **dans le ~** en el blanco. **-3.** NAVIG milla *f*; **un ~ marin** una milla marina. **-4.** Can [unité de mesure] milla *f*.

mille-feuille (*pl* **mille-feuilles**) ◇ *nm* CULIN milhojas *m*. ◇ *nf* BOT milenrama *f*.

millénaire [milenɛr] ◇ *adj* milenario(ria). ◇ *nm* milenario *m*.

mille-pattes [milpat] *nm inv* ciempiés *m*.

millésime [milezim] *nm* **-1.** [de pièce] fecha *f* de acuñación. **-2.** [de vin] añada *f*.

millésimé, e [milezime] *adj* que lleva marcada la añada.

millet [mijɛ] *nm* mijo *m*.

milliard [miljar] *nm* [mille millions] : **un ~ de** [chiffre] mil millones de; [grand nombre] un millar de.

milliardaire [miljardɛr] *adj & nmf* millonario(ria).

millier [milje] *nm* millar *m*; **par ~s** a millares OU miles; **un ~ de** un millar de.

milligramme [miligram] *nm* miligramo *m*.

millilitre [mililitr] *nm* mililitro *m*.

millimètre [milimɛtr] *nm* milímetro *m*.

millimétré, e [milimetre] *adj* milimetrado(da).

million [miljɔ̃] *nm* millón *m*; **un ~ de** un millón de.

millionnaire [miljɔnɛr] *adj & nmf* millonario(ria).

mime [mim] ◇ *nm* [spectacle] mimo *m*. ◇ *nmf* [acteur] mimo *mf*.

mimer [mime] *vt* **-1.** [exprimer sans parler] expresar con mímica. **-2.** [imiter] imitar.

mimétisme [mimetism] *nm* mimetismo *m*.

mimique [mimik] *nf* **-1.** [grimace] mueca *f*. **-2.** [expression] mímica *f*.

mimosa [mimɔza] *nm* mimosa *f*.

min. (*abr de* **minimum**) mín.

minable [minabl] *adj* miserable, lamentable.

minaret [minarɛ] *nm* minarete *m*, alminar *m*.

minauder [minode] *vi* hacer melindres.

mince [mɛ̃s] *adj* **-1.** [gén] delgado(da). **-2.** *fig* [preuve, revenu] insuficiente.

minceur [mɛ̃sœr] *nf* **-1.** [gén] delgadez *f*. **-2.** *fig* [insuffisance] insuficiencia *f*.

mincir [mɛ̃sir] *vi* adelgazar.

mine [min] *nf* **-1.** [physionomie] cara *f*; **avoir bonne/mauvaise ~** tener buena/ mala cara; **avoir une ~ boudeuse** poner cara larga. **-2.** [apparence] aspecto *m*. **-3.** [de crayon & GÉOL] mina *f*; **~ de charbon** mina de carbón; **être une ~ de** ser una mina de.

miner [mine] *vt* minar.

minerai [minrɛ] *nm* mineral *m*.

minéral, e, aux [mineral, o] *adj* mineral. ✦ **minéral** *nm* mineral *m*.

minéralogie [mineralɔʒi] *nf* mineralogía *f*.

minet, ette [minɛ, ɛt] *nm, f* **-1.** [chat] minino *m*, -na *f*. **-2.** [personne] bollito *m*, -ta *f*.

mineur, e [minœr] *adj & nm, f* menor. ✦ **mineur** *nm* minero *m*; **~ de fond** minero de extracción.

mini *abr de* minimum.

miniature [minjatyr] ◇ *nf* ART miniatura *f*. ◇ *adj* miniatura *(en aposición)*.

miniaturiser [minjatyrize] *vt* miniaturizar.

minibus [minibys] *nm* minibús *m*.

Minicassette® [minikasɛt] *nf & nm* minicasete *mf*.

minichaîne [miniʃɛn] *nf* minicadena *f*.

minier, ère [minje, ɛr] *adj* minero(ra).

mini-golf [minigɔlf] *nm* minigolf *m*.

minijupe [miniʒyp] *nf* minifalda *f*.

minimal, e, aux [minimal, o] *adj* mínimo(ma).

minimaliste [minimalist] *adj* [réforme, mesure] superficial.

minime [minim] ◇ *nmf* SPORT infantil *mf*. ◇ *adj* mínimo(ma).

minimiser [minimize] *vt* minimizar.

minimum [minimɔm] (*pl* **minimums** OU **minima** [minima]) ◇ *adj* mínimo(ma). ◇ *nm* mínimo *m*; **au ~** como mínimo; **le strict ~** lo mínimo.

ministère [ministɛr] *nm* ministerio *m*.

ministériel, elle [ministerjɛl] *adj* ministerial.

ministre [ministr] *nm* ministro *m*, -tra *f*; **~ délégué à qqch** ministro delegado de algo; **~ d'État** ≃ ministro sin cartera; **Premier ~** Primer ministro.

Minitel® [minitel] *nm pequeña terminal de consulta de bancos de datos videotex muy difundida en Francia.*

minitéliste [minitelist] *nmf* usuario *m*, -ria *f* del Minitel®.

minois [minwa] *nm* carita *f*.

minoritaire [minɔritɛr] *adj & nmf* minoritario(ria).

minorité [minɔrite] *nf* minoría *f*; **une** OU la ~ **de qqch** una OU la minoría de algo; **en** ~ **en** minoría.

Minorque [minɔrk] *n* Menorca; **à** ~ [direction] a Menorca; [situation] en Menorca.

minuit [minɥi] *nm* medianoche *m*.

minuscule [minyskyl] ◇ *adj* minúsculo(la). ◇ *nf* minúscula *f*.

minute [minyt] ◇ *nf* -1. [gén] minuto *m*; **dans une** ~ dentro de un minuto; **d'une** ~ **à l'autre** de un momento a otro. -2. JUR original *m*. ◇ *interj fam* ¡un minuto!

minuter [minyte] *vt* minutar *(cronometrar)*.

minuterie [minytri] *nf* -1. [d'horloge] minutero *m*. -2. [d'éclairage] interruptor *m* con temporizador.

minuteur [minytœr] *nm* minutero *m*, avisador *m*.

minutie [minysi] *nf* minuciosidad *f*; **avec** ~ minuciosamente.

minutieux, euse [minysjø, øz] *adj* minucioso(sa).

mioche [mjɔʃ] *nmf fam* crío *m*, -a *f*.

mirabelle [mirabɛl] *nf* -1. [fruit] ciruela *f* mirabel. -2. [alcool] aguardiente *m* de ciruela mirabel.

miracle [mirakl] *nm* milagro *m*; **croire aux** ~s creer en milagros; **par** ~ de milagro.

miraculeux, euse [mirakylø, øz] *adj* milagroso(sa).

mirador [miradɔr] *nm* -1. ARCHIT mirador *m*. -2. MIL torre *f* de observación.

mirage [miraʒ] *nm* espejismo *m*.

mire [mir] *nf* -1. TÉLÉ carta *f* de ajuste. -2. [de nivellement] mira *f*.

mirer [mire] ◆ **se mirer** *vp sout* -1. [se regarder] contemplarse. -2. [se réfléter] reflejarse.

mirifique [mirifik] *adj hum* grandioso(sa).

mirobolant, e [mirɔbɔlã, ãt] *adj hum* fantasioso(sa).

miroir [mirwar] *nm* espejo *m*.

miroiter [mirwate] *vi* espejear; **faire** ~ **qqch** *à qqn fig* tentar a alguien con algo.

mis, e [mi, miz] *pp* → **mettre**.

misanthrope [mizãtrɔp] *adj & nmf* misántropo(pa).

mise [miz] *nf* -1. [action de mettre] puesta *f*; ~ **à jour** puesta al día; ~ **en page** compaginación *f*; ~ **au point** PHOT enfoque *m*; TECHNOL puesta a punto; *fig* [rectification] aclaración *f*; ~ **en scène** CIN & THÉÂTRE dirección *f*; *fig* [d'événement] escenificación *f*. -2. [d'argent] apuesta *f*. -3. *sout* [tenue] vestimenta *f*.

miser [mize] *vt* -1. [parier] apostar. -2. [compter sur] : ~ **sur qqch/sur qqn** contar con algo/con alguien.

misérable [mizerabl] *adj & nmf* miserable.

misère [mizɛr] *nf* -1. [gén] miseria *f*. -2. *fig* [bagatelle] tontería *f*.

miséricorde [mizerikɔrd] ◇ *nf* misericordia *f*. ◇ *interj* ¡piedad!

misogyne [mizɔʒin] *adj & nmf* misógino(na).

missel [misɛl] *nm* misal *m*.

missile [misil] *nm* misil *m*.

mission [misjɔ̃] *nf* misión *f*; **en** ~ en misión.

missionnaire [misjɔnɛr] *adj & nmf* misionero(ra).

missive [misiv] *nf* misiva *f*.

mitaine [mitɛn] *nf* mitón *m*.

mite [mit] *nf* polilla *f*.

mité, e [mite] *adj* apolillado(da).

mi-temps ◇ *nf inv* [SPORT – période] tiempo *m*; **première/seconde** ~ primer/segundo tiempo; [– pause] descanso *m*. ◇ *nm* trabajo *m* a media jornada. ◆ **à mi-temps** ◇ *loc adv* : **travailler à** ~ trabajar media jornada. ◇ *loc adj* : **travail à** ~ trabajo de media jornada.

miteux, euse [mitø, øz] *adj & nm, f fam* miserable.

mitigé, e [mitiʒe] *adj* -1. [tempéré] moderado(da). -2. [mélangé] mezclado(da).

mitonner [mitɔne] ◇ *vt* -1. CULIN cocer a fuego lento. -2. *fig* [affaire] madurar. ◇ *vi* CULIN cocer a fuego lento.

mitoyen, enne [mitwajɛ̃, ɛn] *adj* medianero(ra).

mitrailler [mitraje] *vt* -1. MIL ametrallar. -2. *fam* [photographier] acribillar con los flashes. -3. *fig* [assaillir] acosar; ~ **qqn de qqch** acribillar a alguien con algo.

mitraillette [mitrajɛt] *nf* metralleta *f*.

mitre [mitr] *nf* RELIG mitra *f*.

mi-voix ◆ **à mi-voix** *loc adv* a media voz.

mixage [miksaʒ] *nm* CIN & RADIO mezcla *f*.

mixer[1] [mikse] *vt* **-1.** [gén] mezclar. **-2.**
CULIN [mélanger, broyer] triturar.
mixer[2], **mixeur** [miksœr] *nm* CULIN bati-
dora *f.*
mixte [mikst] *adj* mixto(ta).
mixture [mikstyr] *nf* mixtura *f.*
MJC (*abr de* **maison des jeunes et de la
culture**) *nf* casa de la juventud y la cultura.
ml (*abr de* **millilitre**) ml.
Mlle (*abr de* **Mademoiselle**) Srta.
mm (*abr de* **millimètre**) mm.
MM (*abr de* **Messieurs**) Sres., Srs.
Mme (*abr de* **Madame**) Sra.
mn (*abr de* **minute**) min.
mnémotechnique [mnemotɛknik] *adj*
mnemotécnico(ca).
mobile [mɔbil] ◇ *adj* **-1.** [gén] móvil. **-2.**
[visage, regard] vivaz. ◇ *nm* móvil *m.*
mobilier, ère [mɔbilje, ɛr] *adj* JUR mobilia-
rio(ria). ◆ **mobilier** *nm* mobiliario *m.*
mobilisation [mɔbilizasjɔ̃] *nf* movilización
f.
mobiliser [mɔbilize] *vt* movilizar. ◆ **se
mobiliser** *vp* movilizarse.
mobilité [mɔbilite] *nf* **-1.** [aptitude à se dé-
placer] movilidad *f.* **-2.** [vivacité] expresi-
vidad *f.*
Mobylette® [mɔbilɛt] *nf* mobylette® *f.*
mocassin [mɔkasɛ̃] *nm* **-1.** [gén] mocasín
m. **-2.** [de femme] zapato *m* de salón.
moche [mɔʃ] *adj fam* **-1.** [laid] feucho(cha).
-2. [dégoûtant] chungo(ga).
modalité [mɔdalite] *nf* **-1.** [convention &
JUR] modalidad *f;* **~s de paiement** mo-
dalidades *fpl* de pago. **-2.** GRAM modo *m.*
mode [mɔd] ◇ *nf* **-1.** [gén] moda *f;* **à la ~**
de moda; **lancer une ~** lanzar OU sacar
una moda. **-2.** [coutume] : **à la ~ de a la
manera.** ◇ *nm* **-1.** [gén] modo *m;* **~ de vie**
modo de vida; **~ majeur/mineur** MUS
modo mayor/menor. **-2.** [méthode] mé-
todo *m;* **~ d'emploi** modo de empleo.
modèle [mɔdɛl] *nm* modelo *m;* **sur le ~ de
qqch/de qqn** según el modelo de algo/de
alguien; **~ déposé** modelo registrado.
modeler [mɔdle] *vt* [gén] modelar; **~ qqch
sur qqch** *fig* amoldar algo a algo.
modélisme [mɔdelism] *nm* modelismo *m.*
modem [mɔdɛm] *nm* INFORM modem *m.*
modération [mɔderasjɔ̃] *nf* moderación *f.*
modéré, e [mɔdere] *adj & nm, f* mode-
rado(da).
modérer [mɔdere] *vt* moderar. ◆ **se mo-
dérer** *vp* moderarse.

moderne [mɔdɛrn] *adj* moderno(na).
moderniser [mɔdɛrnize] *vt* modernizar.
◆ **se moderniser** *vp* modernizarse.
modeste [mɔdɛst] *adj* **-1.** [gén] mo-
desto(ta). **-2.** [simple] sencillo(lla).
modestement [mɔdɛstəmã] *adv* con mo-
destia, modestamente.
modestie [mɔdɛsti] *nf* modestia *f;* **fausse
~** falsa modestia.
modification [mɔdifikasjɔ̃] *nf* modifica-
ción *f.*
modifier [mɔdifje] *vt* modificar. ◆ **se mo-
difier** *vp* modificarse.
modique [mɔdik] *adj* módico(ca).
modiste [mɔdist] *nf* sombrerera *f.*
modulation [mɔdylasjɔ̃] *nf* modulación *f.*
module [mɔdyl] *nm* módulo *m.*
moduler [mɔdyle] *vt* **-1.** [chanter & RADIO]
modular. **-2.** [adapter] adaptar.
modus vivendi [mɔdysvivɛ̃di] *nm inv* mo-
dus vivendi *m inv.*
moelle [mwal] *nf* ANAT médula *f;* **~ os-
seuse** médula ósea; **~ épinière** médula
espinal.
moelleux, euse [mwalø, øz] *adj* **-1.** [lit, ca-
napé] blando(da), mullido(da). **-2.** [vin,
fromage, voix] suave.
moellon [mwalɔ̃] *nm* morrillo *m.*
mœurs [mœr(s)] *nfpl* **-1.** [usages, habi-
tudes] costumbres *fpl;* **de ~ légères** de
costumbres ligeras. **-2.** [morale] morali-
dad *f.* **-3.** ZOOL [mode de vie] comporta-
miento *m.*
mohair [mɔɛr] *nm* mohair *m.*
moi [mwa] ◇ *pron pers* **-1.** [avec impératif]
me; **aide-~** ayúdame; **donne-le-~** dá-
melo. **-2.** [sujet, pour renforcer, dans un
comparatif] yo; **c'est ~ !** ¡soy yo!; **~ aussi/
non plus** yo también/tampoco; **plus âgé
que ~** mayor que yo. **-3.** [complément
d'objet, après une préposition] mí; **avec ~**
conmigo; **après ~** después de mí; **pour ~**
para mí; **il me l'a dit, à ~** me lo dijo a mí.
-4. [possessif] : **à ~** mío(mía). ◇ *nm*
PHILOSOPHIE: **le ~** el yo. ◆ **moi-même**
pron pers yo mismo.
moignon [mwaɲɔ̃] *nm* **-1.** [d'homme,
d'animal] muñón *m.* **-2.** [d'arbre] garrón *m.*
moindre [mwɛ̃dr] ◇ *adj superl* : **la/le ~** la/
el menor. ◇ *adj comparat* menor.
moine [mwan] *nm* monje *m,* fraile *m.*
moineau, x [mwano] *nm* gorrión *m.*

moins [mwɛ̃] ◇ *adv* **–1.** [quantité] menos; ~ **de menos** (de); ~ **de 300 calories** menos de 300 calorías; ~ **de travail/de verres** menos trabajo/vasos. **–2.** [comparatif] : ~ **que menos** que; ~ **il mange,** ~ **il travaille** cuanto menos come, menos trabaja. **–3.** [superlatif] : **le** ~ **el** menos; **le restaurant le** ~ **cher** el restaurante menos caro; **le** ~ **possible** lo menos posible. ◇ *prép* menos. ◇ *nm* **–1.** [signe] signo *m* menos. **–2.** *loc* : **le** ~ **qu'on puisse dire, c'est que...** lo menos que se puede decir es que... ◆ **à moins de** *loc prép* a no ser que, a menos que. ◆ **à moins que** *loc conj* (+ *subjonctif*) a no ser que (+ *subjuntivo*), a menos que (+ *subjuntivo*). ◆ **au moins** *loc adv* por lo menos. ◆ **de moins en moins** *loc adv* cada vez menos. ◆ **du moins** *loc adv* por lo menos, al menos. ◆ **en moins** *loc adv* (de) menos. ◆ **en moins de** *loc prép* en menos de. ◆ **on ne peut moins** *loc adv* : **être on ne peu** ~ no poder estar menos. ◆ **pour le moins** *loc adv* por lo menos. ◆ **tout au moins** *loc adv* por lo menos, al menos.

moiré, e [mware] *adj* **–1.** [tissu] de moaré, de muaré. **–2.** [aspect] tornasolado(da).

mois [mwa] *nm* **–1.** [gén] mes *m*; ~ **du blanc** COMM mes blanco. **–2.** [salaire] mensualidad *f*.

moisi, e [mwazi] *adj* mohoso(sa), enmohecido(da). ◆ **moisi** *nm* moho *m*.

moisir [mwazir] *vi* **–1.** [fruit, bois] enmohecerse. **–2.** *fam* [personne] pudrirse. **–3.** *fam* [argent, fortune] cubrirse de moho.

moisissure [mwazisyr] *nf* moho *m*.

moisson [mwasɔ̃] *nf* **–1.** [récolte] siega *f*. **–2.** [travail] : **faire la** ~ OU **les** ~**s** segar. **–3.** *fig* cosecha *f*.

moissonner [mwasɔne] *vt* segar.

moissonneuse-batteuse [mwasɔnøzbatøz] *nf* AGRIC cosechadora *f*.

moite [mwat] *adj* húmedo(da).

moiteur [mwatœr] *nf* humedad *f*.

moitié [mwatje] *nf* [gén] mitad *f*; **à** ~ **fou** *fig* medio loco; **faire qqch à** ~ hacer algo a medias.

moka [mɔka] *nm* **–1.** [café] moka *m*, moca *m*. **–2.** [gâteau] pastel *m* de moka.

mol → **mou**.

molaire [mɔlɛr] *nf* molar *m*.

molécule [mɔlekyl] *nf* molécula *f*.

molester [mɔlɛste] *vt* *sout* maltratar.

molle → **mou**.

mollement [mɔlmã] *adv* **–1.** [faiblement] débilmente. **–2.** [paresseusement] indolentemente.

mollesse [mɔlɛs] *nf* **–1.** [de chose] blandura *f*. **–2.** [de personne] molicie *f*.

mollet [mɔlɛ] ◇ *nm* pantorrilla *f*. ◇ *adj* → **œuf**.

mollir [mɔlir] *vi* **–1.** [physiquement] flojear. **–2.** [matière] reblandecerse. **–3.** NAVIG amainar. **–4.** [moralement] debilitarse.

mollusque [mɔlysk] *nm* molusco *m*.

molosse [mɔlɔs] *nm* [chien] moloso *m*.

môme [mom] *fam* ◇ *nmf* [enfant] crío *m*, -a *f*. ◇ *nf* [jeune fille] chavala.

moment [mɔmã] *nm* **–1.** [gén] momento *m*; **à tout** ~ en cualquier momento; **au** ~ **de/où** en el momento de/en que; **à un** ~ **donné** en un momento dado; **ce n'est pas le** ~ **(de faire qqch)** no es el momento (de hacer algo); **dans un** ~ en OU dentro de un momento; **d'un** ~ **à l'autre** de un momento a otro; **en ce** ~ en este momento; **n'avoir pas un** ~ **à soi** no tener ni un momento libre; **par** ~**s** de vez en cuando, a veces; **pour le** ~ de momento, por el momento. **–2.** [durée] rato *m*; **passer un mauvais** ~ pasar un mal rato.

momentané, e [mɔmãtane] *adj* momentáneo(a).

momentanément [mɔmãtanemã] *adv* momentáneamente.

momie [mɔmi] *nf* momia *f*.

mon [mɔ̃] (*f* **ma** [ma], *pl* **mes** [me]) *adj poss* mi.

monacal, e, aux [mɔnakal, o] *adj* monacal.

Monaco [mɔnako] *n* : **(la principauté de)** ~ (el principado de) Mónaco.

monarchie [mɔnarʃi] *nf* monarquía *f*; ~ **absolue/constitutionnelle** monarquía absoluta/constitucional.

monarque [mɔnark] *nm* monarca *m*.

monastère [mɔnastɛr] *nm* monasterio *m*.

monceau, x [mɔ̃so] *nm* montón *m* Esp, ruma *f* Amér.

mondain, e [mɔ̃dɛ̃, ɛn] ◇ *adj* mundano(na). ◇ *nm, f* hombre *m* de mundo, mujer *f* de mundo.

mondanités [mɔ̃danite] *nfpl* **–1.** [événements mondains] ecos *mpl* de sociedad. **–2.** [comportements, paroles] convencionalismos *mpl*.

monde [mɔ̃d] *nm* **–1.** [gén] mundo *m*; **l'autre** ~ RELIG el otro mundo; **le/la plus** (+ *adjectif*) **au** OU **du** ~ el/la más (+ *adje-*

tivo) del mundo; **le plus beau au** ou **du ~** el más guapo del mundo; **mettre un enfant au ~** traer al mundo un niño; **pour rien au ~** por nada del mundo; **venir au ~** venir al mundo; **quart ~** cuarto mundo *m.* **-2.** [gens] gente *f*; **beaucoup/peu de ~** mucha/poca gente; **tout le ~** todo el mundo, todos. **-3.** [milieu social] mundillo *m.* **-4.** *loc* : **c'est un ~!** ¡es el colmo!; **noir de ~** abarrotado(da); **se faire un ~ de qqch** hacer una montaña de algo.

mondial, e, aux [mɔ̃djal, o] *adj* mundial.

mondialement [mɔ̃djalmɑ̃] *adv* mundialmente.

mondialisation [mɔ̃djalizasjɔ̃] *nf* universalización *f*.

monétaire [mɔnetɛr] *adj* monetario(ria).

Monétique® [mɔnetik] *nf conjunto de medios informáticos y electrónicos para automatizar las transacciones bancarias.*

mongolien, enne [mɔ̃gɔljɛ̃, ɛn] *adj & nm, f* MÉD mongólico(ca).

mongolisme [mɔ̃gɔlism] *nm* MÉD mongolismo *m*.

moniteur, trice [mɔnitœr, tris] *nm, f* monitor *m*, -ra *f*; **~ d'auto-école** profesor *m*, -ra *f* de auto-escuela.

monitorat [mɔnitɔra] *nm* UNIV **-1.** [formation] formación *f* de monitor. **-2.** [fonction] puesto *m* de monitor.

monnaie [mɔnɛ] *nf* **-1.** [argent, devise] moneda *f*; **fausse ~** moneda falsa. **-2.** [ferraille] suelto *m Esp*, morralla *f Amér*; **avoir de la ~** tener suelto. **-3.** [appoint, petite unité] cambio *m*; **avoir la ~** tener cambio; **faire (de) la ~** cambiar; **rendre la ~ à qqn** dar el cambio a alguien.

monnayer [mɔneje] *vt* **-1.** [changer en argent] amonedar. **-2.** [vendre] sacar dinero de. **-3.** *fig* [acheter] comprar.

monochrome [mɔnokrom] *adj* monocromo(ma).

monocle [mɔnɔkl] *nm* monóculo *m*.

monocoque [mɔnɔkɔk] *adj & nm* monocasco.

monocorde [mɔnɔkɔrd] *adj* monocorde.

monoculture [mɔnokyltyr] *nf* monocultivo *m*.

monologue [mɔnɔlɔg] *nm* monólogo *m*.

monôme [mɔnom] *nm* monomio *m*.

monoparental, e, aux [mɔnɔparɑ̃tal, o] *adj* monoparental.

monoplace [mɔnoplas] *adj & nm* ou *nf* monoplaza.

monopole [mɔnɔpɔl] *nm* monopolio *m*; **avoir le ~ de qqch** tener el monopolio de algo; **~ d'État** monopolio del Estado.

monopoliser [mɔnɔpɔlize] *vt* monopolizar.

monoski [mɔnoski] *nm* **-1.** [objet] monoesquí *m.* **-2.** SPORT *esquí acuático con un solo esquí.*

monosyllabe [mɔnosilab] ◇ *adj* monosílabo(ba). ◇ *nm* monosílabo *m*.

monotone [mɔnɔtɔn] *adj* monótono(na).

monotonie [mɔnɔtɔni] *nf* monotonía *f*.

monseigneur [mɔ̃sɛɲœr] *(pl* **messeigneurs** [mɛsɛɲœr]*) nm* monseñor *m*.

monsieur [məsjø] *(pl* **messieurs** [mesjø]*) nm* señor *m*.

monstre [mɔ̃str] ◇ *nm* monstruo *m.* ◇ *adj fam* [énorme] bárbaro(ra).

monstrueux, euse [mɔ̃stryø, øz] *adj* monstruoso(sa).

monstruosité [mɔ̃stryozite] *nf* **-1.** [sauvagerie] monstruosidad *f.* **-2.** [énormité] barbaridad *f*.

mont [mɔ̃] *nm* monte *m*.

montage [mɔ̃taʒ] *nm* montaje *m*.

montagnard, e [mɔ̃taɲar, ard] *adj & nm, f* montañés(esa).

montagne [mɔ̃taɲ] *nf* montaña *f*; **en/la haute ~** en alta montaña; **faire de la haute ~** hacer alta montaña; **vivre à la ~** vivir en la montaña.

montant, e [mɔ̃tɑ̃, ɑ̃t] *adj* **-1.** [mouvement] creciente; *fig* [phase] creciente, ascendente. **-2.** [col] cerrado(da). ◆ **montant** *nm* **-1.** [d'échelle, de porte] montante *m.* **-2.** [somme] importe *m*.

mont-de-piété [mɔ̃dpjete] *(pl* **monts-de-piété)** *nm* monte *m* de piedad.

monte-charge [mɔ̃tʃarʒ] *nm inv* montacargas *m inv*.

montée [mɔ̃te] *nf* **-1.** [gén] subida *f.* **-2.** [intensification] aumento *m*.

monte-plats [mɔ̃tpla] *nm inv* montaplatos *m inv*.

monter [mɔ̃te] ◇ *vi (gén auxiliaire être)* **-1.** [gén] subir; **~ à** ou **dans** ou **en qqch** subir a algo; **~ sur qqch** [grimper] subirse a algo. **-2.** [chevaucher] montar; **~ à cheval** montar a caballo. **-3.** *fam* [se déplacer] subir. **-4.** [augmenter en intensité] crecer. ◇ *vt (auxiliaire avoir)* **-1.** [gén] montar. **-2.** [gravir, élever, porter] subir. ◆ **se monter** *vp* **-1.** [s'assembler] montarse. **-2.** [atteindre] : **se ~ à** ascender a.

monteur, euse [mɔ̃tœr, øz] *nm, f* montador *m*, -ra *f*.

Montevideo [mɔ̃tevideo] *n* Montevideo.

monticule [mɔ̃tikyl] *nm* montículo *m*.

montre [mɔ̃tr] *nf* reloj *m*; ~ **à quartz** reloj de cuarzo; **contre la** ~ SPORT contra reloj *f*, contrarreloj *f*; ~ **en main** reloj en mano.

montre-bracelet [mɔ̃trəbraslɛ] *nf* reloj *m* de pulsera.

montrer [mɔ̃tre] *vt* **-1.** [exhiber, expliquer, enseigner] enseñar; ~ **qqch à qqn** enseñar algo a alguien. **-2.** [démontrer, désigner] mostrar; ~ **du doigt** señalar con el dedo. **-3.** [représenter] reflejar. **-4.** [manifester] demostrar. ◆ **se montrer** *vp* **-1.** [se faire voir] dejarse ver. **-2.** [se présenter, se révéler] mostrarse.

monture [mɔ̃tyr] *nf* **-1.** [gén] montura. **-2.** [de bijou] engaste *m*.

monument [mɔnymɑ̃] *nm* monumento *m*; ~ **à qqch/à qqn** monumento a algo/a alguien; ~ **aux morts** *monumento a los soldados muertos durante la Primera y Segunda Guerra Mundial.*

monumental, e, aux [mɔnymɑ̃tal, o] *adj* **-1.** [gén] monumental. **-2.** *fig* [impressionnant] impresionante.

moquer [mɔke] ◆ **se moquer** *vp* **-1.** [railler, plaisanter] burlarse; **se** ~ **de qqch/de qqn** burlarse de algo/de alguien. **-2.** [ne pas se soucier] dar igual, traer sin cuidado; **je m'en moque** me da igual.

moquerie [mɔkri] *nf* **-1.** [ironie] guasa *f*. **-2.** *sout* [raillerie] broma *f*, mofa *f*.

moquette [mɔkɛt] *nf* moqueta *f*.

moquetter [mɔkete] *vt* enmoquetar.

moqueur, euse [mɔkœr, øz] *adj* burlón(ona).

moral, e, aux [mɔral, o] *adj* **-1.** [gén] moral. **-2.** [honnête] ético(ca). ◆ **moral** *nm* moral *f*; **avoir bon** ~ tener la moral alta; **avoir mauvais** ~ tener la moral baja; **avoir/ne pas avoir le** ~ tener/no tener ánimos; **remonter le** ~ **(à qqn)** levantar la moral ou el ánimo (a alguien). ◆ **morale** *nf* **-1.** [gén] moral *f*. **-2.** [leçon] moraleja *f*; **faire la** ~**e à qqn** echar un sermón a alguien.

moralisateur, trice [mɔralizatœr, tris] *adj & nm, f* moralizador(ra).

moralité [mɔralite] *nf* **-1.** [gén] moralidad *f*. **-2.** [leçon] moraleja *f*.

moratoire [mɔratwar] ◇ *adj* moratorio(ria). ◇ *nm* moratoria *f*.

morbide [mɔrbid] *adj* morboso(sa).

morceau, x [mɔrso] *nm* **-1.** [gén] trozo *m*. **-2.** [de poème, de musique] fragmento *m*.

morceler [mɔrsəle] *vt* parcelar. ◆ **se morceler** *vp* dividirse.

mordant, e [mɔrdɑ̃, ɑ̃t] *adj* **-1.** [froid] cortante. **-2.** *fig* [ironie] mordaz. ◆ **mordant** *nm* mordacidad *f*.

mordiller [mɔrdije] *vt* mordisquear.

mordoré, e [mɔrdɔre] *adj* doradillo(lla).

mordre [mɔrdr] ◇ *vt* **-1.** [suj : animal, personne] morder. **-2.** *fig* [suj : froid] cortar. **-3.** *fig* [suj : rouille] corroer. ◇ *vi* **-1.** [croquer] : ~ **dans qqch** dar un mordisco a algo. **-2.** [poisson] picar; ~ **à l'hameçon** morder el anzuelo. **-3.** SPORT : ~ **sur qqch** [ligne] pisar algo.

mordu, e [mɔrdy] ◇ *pp* → **mordre**. ◇ *adj* [amoureux] prendado(da). ◇ *nm, f* [passionné] forofo *m*, -fa *f*.

morfondre [mɔrfɔ̃dr] ◆ **se morfondre** *vp* morirse de aburrimiento.

morgue [mɔrg] *nf* **-1.** [attitude] altivez *f*. **-2.** [lieu] morgue *f*, depósito *m* de cadáveres.

moribond, e [mɔribɔ̃, ɔ̃d] *adj & nm, f* moribundo(da).

morille [mɔrij] *nf* morilla *f*, colmenilla *f*.

morne [mɔrn] *adj* **-1.** [personne] taciturno(na), mohíno(na). **-2.** [style, ville] apagado(da).

morose [mɔroz] *adj* sombrío(a).

morphine [mɔrfin] *nf* morfina *f*.

morphologie [mɔrfɔlɔʒi] *nf* morfología *f*.

mors [mɔr] *nm* bocado *m*.

morse [mɔrs] *nm* **-1.** ZOOL morsa *f*. **-2.** [code] morse *m*.

morsure [mɔrsyr] *nf* mordedura *f*.

mort, e [mɔ, mɔrt] ◇ *pp* → **mourir**. ◇ *adj* **-1.** [gén] muerto(ta); ~ **de peur/de fatigue** muerto de miedo/de cansancio. **-2.** *fam* [pile] gastado(da). ◇ *nm, f* muerto *m*, -ta *f*. ◆ **mort** ◇ *nm* [aux cartes] muerto *m*. ◇ *nf* muerte *f*; **condamner qqn à** ~ JUR condenar a alguien a muerte; **se donner la** ~ acabar con su vida.

mortadelle [mɔrtadɛl] *nf* mortadela *f*.

mortalité [mɔrtalite] *nf* mortalidad *f*.

mort-aux-rats [mɔrora] *nf inv* matarratas *m inv*.

mortel, elle [mɔrtɛl] *adj & nm, f* mortal.

morte-saison *nf* temporada *f* baja.

mortier [mɔrtje] *nm* mortero *m Esp*, molcajete *m Amér*.

mortification [mɔrtifikasjɔ̃] *nf* mortificación *f*.

mortuaire [mɔrtɥɛr] *adj* mortuorio(ria).

morue [mɔry] *nf* **-1.** ZOOL bacalao *m*. **-2.** *péj* [prostituée] zorra *f*.

mosaïque [mɔzaik] *nf* mosaico *m*.

Moscou [mɔsku] *n* Moscú.

mosquée [mɔske] *nf* mezquita *f*.

mot [mo] *nm* **-1.** LING palabra *f*; **faire du ~ à ~** traducir literalmente. **-2.** [court énoncé] palabras *fpl*; **dire un ~ à qqn** decirle dos palabras a alguien; **~ de passe** [gén] contraseña *f*, santo y seña *m*; INFORM password *f*, código *m* de acceso. **-3.** [message] nota *f*. **-4.** *loc* : **en un ~** en una palabra.

motard [mɔtar] *nm* **-1.** [motocycliste] motorista *mf*. **-2.** [policier] motorista *mf* (de la policía).

motel [mɔtɛl] *nm* motel *m*.

moteur, trice [mɔtœr, tʀis] *adj* motor(triz). ◆ **moteur** *nm* motor *m*.

motif [mɔtif] *nm* motivo *m*.

motion [mɔsjɔ̃] *nf* POLIT moción *f*; **~ de censure** moción de censura.

motivation [mɔtivasjɔ̃] *nf* motivación *f*.

motiver [mɔtive] *vt* motivar.

moto [mɔto] *nf* moto *f*.

motocross [mɔtɔkʀɔs] *nm* motocross *m*.

motoculteur [mɔtɔkyltœr] *nm* motocultor.

motocycliste [mɔtɔsiklist] *nmf* motociclista *mf*.

motoneige [mɔtɔnɛʒ] *nf* moto *f* de nieve.

motorisé, e [mɔtɔrize] *adj* motorizado(da); **être ~** *fam* ir motorizado.

motrice → moteur.

motricité [mɔtrisite] *nf* motricidad *f*.

mou, molle [mu, mɔl] *adj* (**mol** [mɔl] *devant voyelle ou h muet*) **-1.** [pâte, beurre] blando(da). **-2.** [chapeau, col] flexible. **-3.** [jambes, personne] flojo(ja). **-4.** *fam* [sans caractère] blandengue. ◆ **mou** *nm* **-1.** *fam* [personne] blandengue *m*. **-2.** [poumon de bétail] bofe *m*.

mouchard, e [muʃar, ard] *nm, f fam* chivato *m*, -ta *f*. ◆ **mouchard** *nm* [appareil] chivato *m*.

mouche [muʃ] *nf* **-1.** ZOOL mosca *f*; **~ tsé-tsé** mosca tsé-tsé. **-2.** [accessoire féminin] lunar *m* postizo.

moucher [muʃe] *vt* **-1.** [nez, enfant] sonar. **-2.** [chandelle] despabilar, espabilar. **-3.** *fam fig* [réprimander] dar una lección a. ◆ **se moucher** *vp* sonarse.

moucheron [muʃrɔ̃] *nm* mosquilla *f*.

moucheté, e [muʃte] *adj* moteado(da).

mouchoir [muʃwar] *nm* pañuelo *m*.

moudre [mudr] *vt* moler.

moue [mu] *nf* mohín *m* de disgusto; **faire la ~** poner mala cara.

mouette [mwɛt] *nf* gaviota *f*.

moufle [mufl] *nf* manopla *f*.

mouflon [muflɔ̃] *nm* muflón *m*.

mouillage [mujaʒ] *nm* **-1.** [NAVIG – emplacement] fondeadero *m*; [– manœuvre] fondeo *m*. **-2.** [coupage] aguaje *m*.

mouiller [muje] ◇ *vt* **-1.** [humidifier] mojar; **se faire ~** mojarse. **-2.** [vin, lait] aguar. **-3.** CULIN : **~ qqch avec qqch** añadir algo a algo. **-4.** NAVIG [ancre] echar. **-5.** LING palatalizar. ◇ *vi* NAVIG fondear. ◆ **se mouiller** *vp* mojarse.

moulage [mulaʒ] *nm* **-1.** [action] moldeado *m*. **-2.** [objet] molde *m*.

moule [mul] ◇ *nm* molde *m*; **~ à gâteau/ à gaufre/à tarte** molde para pastel/para gofre/para tarta. ◇ *nf* ZOOL mejillón *m*.

mouler [mule] *vt* moldear.

moulin [mulɛ̃] *nm* **-1.** [appareil] molinillo *m*; **~ à café/à poivre** molinillo de café/de pimienta. **-2.** [bâtiment] molino *m*.

moulinet [muline] *nm* **-1.** PÊCHE carrete *m*. **-2.** [mouvement] : **faire des ~s** hacer molinetes.

Moulinette® [mulinɛt] *nf* minipimer® *m*; **passer qqch à la ~** pasar algo por el minipimer.

moulu, e [muly] ◇ *pp* → moudre. ◇ *adj* molido(da).

moulure [mulyr] *nf* moldura *f*.

mourant, e [murã, ãt] ◇ *adj* **-1.** [personne] moribundo(da). **-2.** *fig* [voix, lumière] languideciente. ◇ *nm, f* moribundo *m*, -da *f*.

mourir [murir] *vi* morir, morirse.

mousquetaire [muskətɛr] *nm* mosquetero *m*.

moussant, e [musã, ãt] *adj* espumoso(sa).

mousse [mus] ◇ *nf* **-1.** BOT musgo *m*. **-2.** [de bière, de matelas] espuma *f*; **~ à raser** espuma de afeitar. **-3.** CULIN mousse *f*. ◇ *nm* NAVIG grumete *m*.

mousseline [muslin] *nf* muselina *f*.

mousser [muse] *vi* hacer espuma.

mousseux, euse [musø, øz] *adj* [vin, cidre] espumoso(sa). ◆ **mousseux** *nm* (vino) espumoso *m*.

mousson [musɔ̃] *nf* monzón *m*.

moussu, e [musy] *adj* musgoso(sa).

moustache [mustaʃ] *nf* bigote *m*.

moustiquaire [mustikɛr] *nf* mosquitera *f*.

moustique [mustik] *nm* mosquito *m Esp*, zancudo *m Amér*.

moutarde [mutard] <> *nf* mostaza *f*. <> *adj inv* mostaza *(en aposición)*.

mouton [mutɔ̃] *nm* **-1.** ZOOL carnero *m*. **-2.** [viande] cordero *m*. **-3.** *fam* [personne] corderito *m*. **-4.** *fam* [flocon de poussière] pelotilla *f*. **-5.** [vague d'écume] cabrilla *f*.

mouture [mutyr] *nf* **-1.** [de céréales, de café] molienda *f*, moltura *f*. **-2.** [de thème, d'œuvre] refrito *m*.

mouvance [muvɑ̃s] *nf* : **dans la ~ du parti** en la esfera de influencia de un partido.

mouvant, e [muvɑ̃, ɑ̃t] *adj* **-1.** [sable] movedizo(za). **-2.** [situation] inestable.

mouvement [muvmɑ̃] *nm* **-1.** [gén] movimiento; **en ~** en movimiento. **-2.** [de colère, de joie] arrebato *m*. **-3.** [d'horloge] mecanismo *m*.

mouvementé, e [muvmɑ̃te] *adj* agitado(da).

mouvoir [muvwar] *vt* mover. ◆ **se mouvoir** *vp* moverse.

moyen, enne [mwajɛ̃, ɛn] *adj* **-1.** [gén] medio(dia). **-2.** [médiocre] mediano(na). ◆ **moyen** *nm* [procédé] medio *m*; **au ~ de** por medio de, mediante; **~ de communication/d'expression** medio de comunicación/de expresión; **~ de locomotion/de transport** medio de locomoción/de transporte. ◆ **moyens** *nmpl* **-1.** [ressources] medios *mpl*. **-2.** [capacités] fuerzas *fpl*. ◆ **moyenne** *nf* media *f*; **en moyenne** por término medio, un promedio de; **la moyenne d'âge** la media de edad.

Moyen Âge [mwajɛnaʒ] *nm* : **le ~** la Edad Media.

Moyen-Orient [mwajɛnɔrjɑ̃] *nm* : **le ~** el Oriente medio; **au ~** [direction] al Oriente medio; [situation] en el Oriente medio.

MST *nf* **-1.** (*abr de* maladie sexuellement transmissible) ETS. **-2.** (*abr de* maîtrise de sciences et techniques) licenciatura de carreras universitarias técnicas y de ciencias.

mû, e [my] *pp* → mouvoir.

mue [my] *nf* muda *f*.

muer [mɥe] *vi* mudar.

muet, ette [mɥe, ɛt] <> *adj* mudo(da); **~ de** mudo de. <> *nm, f* mudo *m*, -da *f*.

mufle [myfl] *nm* **-1.** [d'animal] morro *m*, hocico *m*. **-2.** *fig* [goujat] zafio *m*, -fia *f*.

muflerie [myfləri] *nf* zafiedad *f*.

mugir [myʒir] *vi* **-1.** [bovidé] mugir. **-2.** [vent, sirène] bramar.

muguet [mygɛ] *nm* muguete *m*.

mule [myl] *nf* **-1.** [animal] mula *f*. **-2.** [pantoufle] chinela *f*.

mulet [mylɛ] *nm* ZOOL **-1.** [âne] mulo *m*. **-2.** [poisson] mújol *m*.

mulot [mylo] *nm* ratón *m* de campo.

multicolore [myltikɔlɔr] *adj* multicolor.

multifonction [myltifɔ̃ksjɔ̃] *adj inv* multifunción.

multilatéral, e, aux [myltilateral, o] *adj* multilateral.

multinational, e, aux [myltinasjɔnal, o] *adj* multinacional. ◆ **multinationale** *nf* multinacional *f*.

multiple [myltipl] <> *nm* múltiplo *m*. <> *adj* múltiple.

multiplication [myltiplikasjɔ̃] *nf* multiplicación *f*.

multiplier [myltiplije] *vt* multiplicar; **X multiplié par Y égale Z** MATHS X multiplicado por Y igual a Z. ◆ **se multiplier** *vp* multiplicarse.

multiracial, e, aux [myltirasjal, o] *adj* multirracial.

multirisque [myltirisk] *adj* multirriesgo.

multitude [myltityd] *nf* [foule] multitud *f*; **~ de** [gran nombre de] multitud de.

municipal, e, aux [mynisipal, o] *adj* municipal. ◆ **municipales** *nfpl* : **les ~es** elecciones municipales francesas.

municipalité [mynisipalite] *nf* municipio *m*.

munir [mynir] *vt* : **~ qqch de qqch** equipar algo con algo; **~ qqn de qqch** proveer a alguien de algo. ◆ **se munir** *vp* : **se ~ de qqch** proveerse de algo.

munitions [mynisjɔ̃] *nfpl* municiones *fpl*.

muqueuse [mykøz] *nf* mucosa *f*.

mur [myr] *nm* **-1.** [cloison] pared *f*. **-2.** *fig* [obstacle] muro *m*. ◆ **mur du son** *nm* AÉRON barrera *f* del sonido.

mûr, e [myr] *adj* maduro(ra).

muraille [myraj] *nf* muralla *f*.

mûre → mûr.

murène [myrɛn] *nf* morena *f*.

murer [myre] *vt* **-1.** [porte, fenêtre] tapiar. **-2.** [personne] dejar encerrado(da). ◆ **se murer** *vp* [s'enfermer] encerrarse; **se ~ dans qqch** *fig* encerrarse en algo.

muret [myrɛ] *nm* murete *m*.

mûrier [myrje] *nm* morera *f*.

mûrir [myrir] *vi* madurar.

murmure [myrmyr] *nm* murmullo *m*, susurro *m*.

murmurer [myrmyre] *vt & vi* murmurar, susurrar.

musaraigne [myzarɛɲ] *nf* musaraña *f*.

musarder [myzarde] *vi fam* callejear.

muscade [myskad] *nf* nuez *f* moscada.

muscadet [myskade] *nm* vino blanco seco de la región de Nantes.

muscat [myska] *nm* moscatel *m*.

muscle [myskl] *nm* músculo *m*.

musclé, e [myskle] *adj* **-1.** [personne] musculoso(sa). **-2.** *fig* [intervention, mesure] enérgico(ca).

muscler [myskle] *vt* desarrollar los músculos de. ◆ **se muscler** *vp* desarrollar los músculos de.

muse [myz] *nf* musa *f*. ◆ **Muse** *nf* MYTH Musa *f*.

museau, x [myzo] *nm* morro *m*, hocico *m*.

musée [myze] *nm* museo *m*.

museler [myzle] *vt* **-1.** [animal] poner un bozal a. **-2.** *fig* [presse, personne] amordazar.

muselière [myzəljer] *nf* bozal *m*.

musette [myzɛt] *nf* morral *m*.

musical, e, aux [myzikal, o] *adj* musical.

music-hall [myzikol] (*pl* **music-halls**) *nm* [établissement] music-hall *m*.

musicien, enne [myzisjɛ̃, ɛn] *adj & nm, f* músico(ca).

musique [myzik] *nf* **-1.** ART música *f*; ~ **de chambre/de film** música de cámara/de película; **connaître la** ~ *fam* saberse la canción. **-2.** [harmonie] musicalidad *f*.

musulman, e [myzylmɑ̃, an] *adj & nm, f* musulmán(ana).

mutant, e [mytɑ̃, ɑ̃t] *adj* mutante. ◆ **mutant** *nm* mutante *m*.

mutation [mytasjɔ̃] *nf* **-1.** BIOL mutación *f*. **-2.** *fig* [changement] transformación *f*. **-3.** [déplacement] traslado *m*.

muter [myte] *vt* trasladar.

mutilation [mytilasjɔ̃] *nf* mutilación *f*.

mutilé, e [mytile] *nm, f* mutilado *m*, -da *f*.

mutiler [mytile] *vt* **-1.** [membre, organe] amputar; ~ **qqn de qqch** amputar algo a alguien. **-2.** [statue, texte, vérité] mutilar.

mutin, e [mytɛ̃, in] *adj sout* travieso(sa). ◆ **mutin** *nm* HIST amotinado *m*.

mutiner [mytine] ◆ **se mutiner** *vp* amotinarse.

mutinerie [mytinri] *nf* motín *m*.

mutisme [mytism] *nm* mutismo *m*.

mutualité [mytɥalite] *nf* mutualidad *f*.

mutuel, elle [mytɥel] *adj* mutuo(tua). ◆ **mutuelle** *nf* mutua *f*.

mycose [mikoz] *nf* micosis *f inv*.

myocarde [mjɔkard] *nm* miocardio *m*.

myopathie [mjɔpati] *nf* miopatía *f*.

myope [mjɔp] *adj & nmf* miope.

myosotis [mjɔzɔtis] *nm* miosota *f*.

myrtille [mirtij] *nf* arándano *m*.

mystère [mister] *nm* misterio *m*. ◆ **Mystère®** *nm* CULIN helado cubierto de merengue y praliné.

mystérieux, euse [misterjø, øz] *adj* misterioso(sa).

mysticisme [mistisism] *nm* misticismo *m*.

mystification [mistifikasjɔ̃] *nf* mistificación *f*.

mystifier [mistifje] *vt* mistificar.

mystique [mistik] *adj & nmf* místico(ca).

mythe [mit] *nm* mito *m*.

mythique [mitik] *adj* mítico(ca).

mytho [mito] *fam abr de* **mythomane**.

mythologie [mitɔlɔʒi] *nf* mitología *f*.

mythomane [mitɔman] *adj & nmf* mitómano(na).

N

n, N [ɛn] *nm inv* n *f*, N *f*. ◆ **n** (*abr de* **nano**) n. ◆ **N -1.** (*abr de* **newton**) N. **-2.** (*abr de* **nord**) N.

n' → ne.

nacelle [nasɛl] *nf* [de montgolfière] barquilla *f*.

nacre [nakr] *nf* nácar *m*.

nage [naʒ] *nf* [natation – action] natación *f*; [– façon] estilo *m* (de natación); **à la** ~ a nado; **être en** ~ estar empapado(da) en sudor.

nageoire [naʒwar] *nf* aleta *f*.

nager [naʒe] ⬦ *vi* **-1.** [se déplacer dans l'eau, flotter] nadar. **-2.** *fig* : ~ **dans qqch** [opulence] nadar en algo; [joie] rebosar de algo; *fam* [vêtements] nadar en algo; **je nage** *fam* no me entero de nada. ◇ *vt* nadar.

naguère [nagɛr] *adv sout* hace poco.

naïf, ïve [naif, iv] ◇ *adj* **-1.** [personne, air, remarque] ingenuo(nua). **-2.** ART naif. ◇ *nm, f* **-1.** [niais] ingenuo *m*, -nua *f*. **-2.** [peintre] pintor *m* naif, pintora *f* naif.

nain, e [nɛ̃, nɛn] *adj & nm, f* enano(na).

naissance [nɛsɑ̃s] *nf* nacimiento *m*; **donner ~ à qqch** dar origen a algo.

naissant, e [nɛsɑ̃, ɑ̃t] *adj* naciente.

naître [nɛtr] *vi* **-1.** [enfant] nacer. **-2.** [commencer] : **faire ~ qqch** engendrar algo; **~ de qqch** nacer de algo.

naïve → **naïf**.

naïveté [naivte] *nf* ingenuidad *f*.

nana [nana] *nf fam* [jeune fille] tía *f*.

nanti, e [nɑ̃ti] ◇ *adj* pudiente. ◇ *nm, f* pudiente *mf*.

nantir [nɑ̃tir] *vt sout* : **~ qqn de qqch** proveer a alguien de algo.

nappe [nap] *nf* **-1.** [de table] mantel *m*. **-2.** [étendue, couche] capa *f*.

napper [nape] *vt* CULIN cubrir.

napperon [naprɔ̃] *nm* tapete *m*.

naquis, naquit *etc* → **naître**.

narcisse [narsis] *nm* narciso *m*.

narcissisme [narsisism] *nm* narcisismo *m*.

narcodollars [narkodɔlar] *nmpl* narcodólares *mpl*.

narcotique [narkɔtik] ◇ *adj* narcótico(ca). ◇ *nm* narcótico *m*.

narguer [narge] *vt* burlarse de.

narine [narin] *nf* ventana *f* nasal.

narquois, e [narkwa, az] *adj* socarrón(ona).

narrateur, trice [naratœr, tris] *nm, f* narrador *m*, -ra *f*.

narrer [nare] *vt* narrar.

NASA, Nasa [naza] (*abr de* National Aeronautics and Space Administration) *nf* NASA *f*.

nasal, e, aux [nazal, o] *adj* nasal.

naseau, x [nazo] *nm* ollar *m*, ventana *f* (de la nariz).

nasiller [nazije] *vi* ganguear.

nasse [nas] *nf* nasa *f*.

natal, e [natal] *adj* natal.

natalité [natalite] *nf* natalidad *f*.

natation [natasjɔ̃] *nf* natación *f*.

natif, ive [natif, iv] ◇ *adj* **-1.** [originaire] nativo(va), natural; **~ de** natural de. **-2.** *sout* [inné] innato(ta). ◇ *nm, f* nativo *m*, -va *f*.

nation [nasjɔ̃] *nf* nación *f*.

national, e, aux [nasjɔnal, o] *adj* nacional. ◆ **nationale** *nf* nacional *f*.

nationaliser [nasjɔnalize] *vt* nacionalizar.

nationalisme [nasjɔnalism] *nm* nacionalismo *m*.

nationalité [nasjɔnalite] *nf* nacionalidad *f*; **de ~** de nacionalidad.

nativité [nativite] *nf* ART natividad *f*.

natte [nat] *nf* **-1.** [tresse] trenza *f*. **-2.** [tapis] estera *f*.

naturaliser [natyralize] *vt* **-1.** [rendre citoyen, acclimater] naturalizar. **-2.** [animal] disecar.

naturaliste [natyralist] ◇ *adj* naturalista. ◇ *nmf* **-1.** [zoologiste, romancier] naturalista *mf*. **-2.** [empailleur] disecador *m*, -ra *f*.

nature [natyr] ◇ *nf* naturaleza *f*. ◇ *adj inv* **-1.** [personne] natural. **-2.** [café] solo(la).

naturel, elle [natyrɛl] *adj* natural. ◆ **naturel** *nm* **-1.** [tempérament] naturaleza *f*, natural *m*; **être d'un ~** OU **avoir un ~** ser de OU tener una naturaleza, ser de natural. **-2.** [aisance, simplicité] naturalidad *f*.

naturellement [natyrɛlmɑ̃] *adv* **-1.** [gén] naturalmente. **-2.** [de façon innée] por naturaleza.

naturisme [natyrism] *nm* naturismo *m*.

naturiste [natyrist] *adj & nmf* naturista.

naufrage [nofraʒ] *nm* **-1.** [de navire] naufragio *m*; **faire ~** naufragar. **-2.** *fig* [d'entreprise] hundimiento *m*.

naufragé, e [nofraʒe] *adj & nm, f* náufrago(ga).

nauséabond, e [nozeabɔ̃, ɔ̃d] *adj* nauseabundo(da).

nausée [noze] *nf* náusea *f*; **avoir la ~** tener náuseas.

nautique [notik] *adj* náutico(ca); [ski, sport] acuático(ca).

naval, e [naval] *adj* naval.

navet [navɛ] *nm* **-1.** BOT nabo *m*. **-2.** *péj* [œuvre] birria *f*, churro *m*.

navette [navɛt] *nf* **-1.** TRANSPORT lanzadera *f*; **~ spatiale** AÉRON lanzadera espacial. **-2.** *loc* : **faire la ~** ir y venir.

navigable [navigabl] *adj* navegable.

navigateur, trice [navigatœr, tris] *nm, f* navegante *mf*.

navigation [navigasjɔ̃] *nf* **–1.** [voyage] navegación *f.* **–2.** [science du pilotage] náutica *f*, navegación *f.*

naviguer [navige] *vi* **–1.** [en bateau] navegar. **–2.** [en avion] volar.

navire [navir] *nm* buque *m*, navío *m.*

navrant, e [navrɑ̃, ɑ̃t] *adj* lamentable.

navrer [navre] *vt* afligir; **être navré de qqch/de faire qqch** sentir mucho algo/hacer algo.

nazi, e [nazi] *adj & nm, f* nazi.

nazisme [nazism] *nm* nazismo *m.*

NB (*abr de* Nota Bene) NB.

nbreuses *abr de* **nombreuses**.

nbrx *abr de* **nombreux**.

NDLR (*abr de* note de la rédaction) NDLR.

ne [nə], **n'** (*devant voyelle ou h muet*) *adv* **–1.** [négation] no; **il ~ veut pas** no quiere. **–2.** [négation implicite] : **il se porte mieux que je ~ (le) croyais** se porta mejor de lo que (yo) creía. **–3.** [avec verbes ou expressions marquant le doute, la crainte etc] : **je crains qu'il n' oublie** temo que se olvide.

né, e [ne] ◇ *pp* → **naître**. ◇ *adj* **–1.** [venu au monde] nacido(da); **~ le 6 février** nacido el 6 de febrero; **Mme X, ~e Y** la señora X, de soltera Y. **–2.** *fig* [de naissance] nato(ta).

néanmoins [neɑ̃mwɛ̃] *adv* sin embargo.

néant [neɑ̃] *nm* **–1.** [absence de valeur] nulidad *f.* **–2.** [ce qui n'est pas] nada *f*; **réduire à ~** reducir a nada.

nébuleux, euse [nebylø, øz] *adj* nebuloso(sa).

nécessaire [nesesɛr] ◇ *adj* necesario(ria); **~ à qqch** necesario para algo; **il est ~ de faire qqch** es necesario hacer algo; **il est ~ que** (+ *subjonctif*) es necesario que (+ *subjuntivo*); **il est ~ qu'elle aille la voir** es necesario que vaya a verla. ◇ *nm* **–1.** [biens indispensables] : **le ~** lo necesario; **le strict ~** lo estrictamente necesario; **faire le ~** hacer lo necesario. **–2.** [trousse] bolsa *f* de aseo, neceser *m.*

nécessité [nesesite] *nf* necesidad *f*; **être dans la ~ de faire qqch** verse en la necesidad de hacer algo.

nécessiter [nesesite] *vt* exigir.

nec plus ultra [nɛkplysyltra] *nm inv* non plus ultra *m inv.*

nécrologique [nekrɔlɔʒik] *adj* necrológico(ca).

nectar [nɛktar] *nm* néctar *m.*

nectarine [nɛktarin] *nf* nectarina *f.*

nef [nɛf] *nf* **–1.** [d'église] nave *f.* **–2.** *sout* [bateau] nao *f.*

néfaste [nefast] *adj* nefasto(ta).

négatif, ive [negatif, iv] *adj* negativo(va). ◆ **négatif** *nm* PHOT negativo *m.* ◆ **négative** *nf* negativa *f*; **dans la négative** en caso negativo; **répondre par la négative** responder negativamente.

négation [negasjɔ̃] *nf* negación *f.*

négligé, e [negliʒe] *adj* **–1.** [tenue, personne, jardin] descuidado(da), dejado(da). **–2.** [enfant] desatendido(da).

négligeable [negliʒabl] *adj* despreciable.

négligence [negliʒɑ̃s] *nf* negligencia *f*; **par ~** por negligencia.

négliger [negliʒe] *vt* **–1.** [avertissement] desatender. **–2.** [oublier] : **~ de faire qqch** olvidar hacer algo. **–3.** [amis, enfant] desatender. **–4.** [jardin, tenue] descuidar. ◆ **se négliger** *vp* [personne] descuidarse, abandonarse.

négoce [negɔs] *nm* negocio *m.*

négociant, e [negɔsjɑ̃, ɑ̃t] *nm, f* negociante *mf.*

négociateur, trice [negɔsjatœr, tris] *nm, f* negociador *m*, -ra *f.*

négociation [negɔsjasjɔ̃] *nf* negociación *f*; **~s de paix** negociaciones de paz.

négocier [negɔsje] *vt* **–1.** [gén] negociar. **–2.** [virage] tomar bien.

nègre, négresse [nɛgr, negrɛs] *adj & nm, f péj* [noir] negro *m*, -gra *f.* ◆ **nègre** *nm fam* [écrivain anonyme] negro *m*, -gra *f.*

neige [nɛʒ] *nf* nieve *f.*

neiger [neʒe] *vi* nevar; **il neige** nieva, está nevando.

neigeux, euse [nɛʒø, øz] *adj* **–1.** [lieu] nevado(da). **–2.** [temps] nevoso(sa). **–3.** [mousse] espumoso(sa).

nénuphar [nenyfar] *nm* nenúfar *m.*

néologisme [neɔlɔʒism] *nm* LING neologismo *m.*

néon [neɔ̃] *nm* neón *m.*

néophyte [neɔfit] *adj & nmf* neófito(ta).

Népal [nepal] *nm* : **le ~** Nepal; **au ~** [direction] a Nepal; [situation] en Nepal.

nerf [nɛr] *nm* nervio *m.* ◆ **nerfs** *nmpl* nervios *mpl.*

nerveux, euse [nɛrvø, øz] ◇ *adj* **–1.** [gén] nervioso(sa). **–2.** [voiture] con nervio. ◇ *nm, f* nervioso *m*, -sa *f.*

nervosité [nɛrvozite] *nf* nerviosismo *m.*

nervure [nɛrvyr] *nf* nervadura *f.*

n'est-ce pas [nɛspa] *adv* ¿verdad?; **delicieux, ~?** delicioso ¿verdad?; **~ que verdad que; ~ que vous vous êtes bien amusés?** ¿verdad que os habéis divertido?

net, nette [nɛt] *adj* **-1.** [propre, rangé, pur] limpio(pia). **-2.** COMM & FIN neto(ta); **~ d'impôt** libre de impuestos. **-3.** [image, idée] nítido(da). **-4.** [réponse, terme, différence] claro(ra). ◆ **net** *adv* **-1.** [brutalement] : **s'arrêter ~** parar en seco. **-2.** [franchement] **refuser ~** negarse tajantemente.

nettement [nɛtmã] *adv* **-1.** [clairement] netamente. **-2.** [incontestablement] mucho; **~ plus/moins** mucho más/menos.

netteté [nɛtte] *nf* **-1.** [propreté] limpieza *f*. **-2.** [précision] nitidez *f*.

nettoyage [nɛtwajaʒ] *nm* limpieza *f Esp*, limpia *f Amér*; **~ à sec** limpieza en seco.

nettoyer [nɛtwaje] *vt* limpiar.

neuf[1]**, neuve** [nœf, nœv] *adj* nuevo(va). ◆ **neuf** *nm* : **vêtu de ~** con vestido nuevo; **quoi de ~?** ¿qué hay de nuevo?; **remettre à ~** renovar; **rien de ~** nada nuevo.

neuf[2] [nœf] *adj num & nm inv* nueve; *voir aussi* **six.**

neurasthénique [nørastenik] *adj & nmf* neurasténico(ca).

neurologie [nørɔlɔʒi] *nf* neurología *f*.

neutraliser [nøtralize] *vt* neutralizar.

neutralité [nøtralite] *nf* neutralidad *f*.

neutre [nøtr] ◇ *adj* **-1.** [gén] neutro(tra). **-2.** [non belligérant] neutral. ◇ *nm* GRAM neutro *m*.

neutron [nøtrɔ̃] *nm* neutrón *m*.

neuve → **neuf.**

neuvième [nœvjɛm] ◇ *adj num & nmf* noveno(na). ◇ *nm* noveno *m*, novena parte *f*. ◇ *nf* SCOL ≃ tercero *m* de EGB.

névé [neve] *nm* nevero *m*, ventisquero *m*.

neveu [nəvø] *nm* sobrino *m*.

névralgie [nevralʒi] *nf* neuralgia *f*.

névrose [nevroz] *nf* neurosis *f inv*.

névrosé, e [nevroze] *adj & nm, f* neurótico(ca).

New York [nujɔrk] *n* Nueva York.

new-yorkais, e [nujɔrkɛ, ɛz] *adj* neoyorquino(na). ◆ **New-Yorkais, e** *nm, f* neoyorquino *m*, -na *f*.

nez [ne] *nm* **-1.** ANAT nariz *f*; **saigner du ~** sangrar de la nariz. **-2.** [odorat] olfato *m*. **-3.** [d'avion, de fusée] morro *m*. **-4.** *loc* : **~ à ~** cara a cara.

ni [ni] *conj* ni; **je ne peux ~ ne veux venir** no puedo ni quiero venir. ◆ **ni... ni** *loc corrélative* ni... ni; **~ lui ~ moi** ni él ni yo; **~ l'un ~ l'autre** ni el uno ni el otro; **~ plus ~ moins** ni más ni menos.

niais, e [njɛ, njɛz] *adj & nm, f* bobo(ba).

Nicaragua [nikaragwa] *nm* : **le ~** Nicaragua; **au ~** [direction] a Nicaragua; [situation] en Nicaragua.

nicaraguayen, enne [nikaragwajɛ̃, ɛn] *adj* nicaragüense. ◆ **Nicaraguayen, enne** *nm, f* nicaragüense *mf*.

niche [niʃ] *nf* **-1.** [de chien] caseta *f*. **-2.** [de statue] hornacina *f*, nicho *m*. **-3.** *fam* [farce] diablura *f*.

nicher [niʃe] *vi* **-1.** [oiseau] anidar. **-2.** *fam* [personne] vivir. ◆ **se nicher** *vp* meterse.

nickel [nikɛl] ◇ *nm* níquel *m*. ◇ *adj inv fam* impecable.

nicotine [nikɔtin] *nf* nicotina *f*.

nid [ni] *nm* nido *m*.

nid-d'abeilles [nidabɛj] *nm* nido de abeja.

nid-de-poule [nidpul] *nm* bache *m*.

nièce [njɛs] *nf* sobrina *f*.

nième = **énième.**

nier [nje] *vt* negar.

nigaud, e [nigo, od] *adj & nm, f* atontado(da).

Nigeria [niʒerja] *nm* : **le ~** Nigeria; **au ~** [direction] a Nigeria; [situation] en Nigeria.

Nil [nil] *nm* : **le ~** el Nilo.

nippon, one [nipɔ̃, ɔn] *adj* nipón(ona). ◆ **Nippon, one** *nm, f* nipón *m*, -ona *f*.

nirvana [nirvana] *nm* nirvana *m*.

nitrate [nitrat] *nm* nitrato *m*.

nitroglycérine [nitrɔgliserin] *nf* nitroglicerina *f*.

niveau [nivo] *nm* **-1.** [gén] nivel *m*; **au ~ de qqch** al nivel de algo; **de même ~** del mismo nivel; **le ~ de la mer** el nivel del mar; **~ scolaire/de vie** nivel académico/de vida. **-2.** [étage] piso *m*.

niveler [nivle] *vt* nivelar.

n° (*abr de* **numéro**) n°.

noble [nɔbl] *adj & nmf* noble.

noblesse [nɔblɛs] *nf* nobleza *f*.

noce [nɔs] *nf* **-1.** [gén] boda *f*. **-2.** *fam fig* [amusement] juerga *f*. ◆ **noces** *nfpl* bodas *fpl*; **~s d'argent/d'or** bodas de plata/de oro.

nocif, ive [nɔsif, iv] *adj* nocivo(va).

noctambule [nɔktãbyl] *adj & nmf* noctámbulo(la).

nocturne [nɔktyrn] ◇ *adj* nocturno(na). ◇ *nm* **-1.** MUS nocturno *m.* **-2.** ZOOL [rapace] ave *f* nocturna. ◇ *nf* [de magasin] apertura *f* nocturna.

Noël [nɔel] *nm* Navidad *f.*

nœud [nø] *nm* **-1.** [gén] nudo *m*; **filer à X ~s** navegar a X nudos; **double ~** doble nudo. **-2.** [ornement, attachement] lazo *m*; **~ de cravate** nudo de corbata; **~ papillon** pajarita *f.* **-3.** ASTRON nodo *m.* **-4.** ANAT nódulo *m.*

noir, e [nwar] *adj* **-1.** [gén] negro(gra); **~ (de qqch)** [sale] negro (de algo). **-2.** [intention, regard] pérfido(da). **-3.** *fam* *fig* [ivre] ciego(ga). ◆ **Noir, e** *nm, f* negro *m*, -gra *f.* ◆ **noir** *nm* **-1.** [gén] negro *m*; **en ~ et blanc** en blanco y negro; **travailler au ~** trabajar de negro; **~ sur blanc** por escrito. **-2.** [obscurité] oscuridad *f.* ◆ **noire** *nf* MUS negra *f.*

noirceur [nwarsœr] *nf* **-1.** *sout* [couleur] negrura *f.* **-2.** *fig* [méchanceté] perfidia *f.*

noircir [nwarsir] ◇ *vi* ennegrecerse. ◇ *vt* **-1.** [foncer] ennegrecer. **-2.** *sout* [réputation] manchar.

noisetier [nwaztje] *nm* avellano *m.*

noisette [nwazɛt] ◇ *nf* **-1.** [fruit] avellana *f.* **-2.** [petite quantité] nuez *f.* ◇ *adj inv* avellana *(en aposición).*

noix [nwa] *nf* **-1.** [fruit] nuez *f*; **~ de cajou** anacardo *m*; **~ de coco** nuez de coco; **~ de muscade** nuez moscada; **à la ~** de tres al cuarto. **-2.** *fam* [imbécile] papanatas *mf.*

nom [nɔ̃] *nm* **-1.** [gén] nombre *m*; **~ propre/commun** nombre propio/común. **-2.** [patronyme] apellido *m*; **~ de famille** apellido; **~ de jeune fille** apellido de soltera.

nomade [nɔmad] *adj & nmf* nómada.

nombre [nɔ̃br] *nm* número *m*; **~ pair/impair** número par/impar.

nombreux, euse [nɔ̃brø, øz] *adj* numeroso(sa).

nombril [nɔ̃bril] *nm* ombligo *m.*

nomenclature [nɔmɑ̃klatyr] *nf* nomenclatura *f.*

nominal, e, aux [nɔminal, o] *adj* nominal.

nomination [nɔminasjɔ̃] *nf* nombramiento *m.*

nommé, e [nɔme] ◇ *adj* **-1.** [désigné par son nom] nombrado(da). **-2.** [choisi] designado(da). ◇ *nm, f* mencionado *m*, -da *f.*

nommément [nɔmemɑ̃] *adv* por el nombre.

nommer [nɔme] *vt* **-1.** [appeler, qualifier] llamar. **-2.** [désigner, promouvoir] nombrar. **-3.** [dénoncer] dar el nombre de, decir el nombre de. ◆ **se nommer** *vp* **-1.** [s'appeler] llamarse. **-2.** [se désigner] decir su nombre.

non [nɔ̃] *adv & nm inv* no. ◆ **non (pas)... mais** *loc corrélative* no... sino. ◆ **non (pas) que... mais** *loc corrélative* no es que... sino que. ◆ **non plus** *loc adv* tampoco. ◆ **non plus... mais** *loc corrélative* ya no... sino. ◆ **non sans** *loc adv & loc conj* no sin; **~ sans mal** no sin dificultad.

nonagénaire [nɔnaʒenɛr] *adj & nmf* nonagenario(ria).

non-agression [nɔnagresjɔ̃] *nf* no agresión *f.*

non-assistance [nɔnasistɑ̃s] *nf* : **~ à personne en danger** omisión de socorro a persona en peligro.

nonchalance [nɔ̃ʃalɑ̃s] *nf* dejadez *f*, indolencia *f.*

non-fumeur, euse *nm, f* no fumador *m*, no fumadora *f.*

non-lieu (*pl* **non-lieux**) *nm* JUR sobreseimiento *m*; **rendre un ~** dictar un auto de sobreseimiento.

nonne [nɔn] *nf* monja *f.*

non-sens *nm inv* **-1.** [absurdité] disparate *m*, absurdo *m.* **-2.** [contresens] contrasentido *m.*

non-violence *nf* no violencia *f.*

non-voyant, e [nɔ̃vwajɑ̃, ɑ̃t] *nm, f* invidente *mf.*

nord [nɔr] ◇ *adj inv* norte. ◇ *nm inv* norte *m.* ◆ **Nord** *nm* norte *m*; **le grand Nord** los países del mar del Norte.

nord-est [nɔrɛst] *adj inv & nm inv* nordeste, noreste.

nordique [nɔrdik] *adj* nórdico(ca). ◆ **Nordique** *nmf* **-1.** [du Nord] nórdico *m*, -ca *f.* **-2.** Can del norte de Canadá.

nord-ouest [nɔrwɛst] *adj inv & nm inv* noroeste.

normal, e, aux [nɔrmal, o] *adj* normal. ◆ **normale** *nf* : **la ~e** lo normal.

normalement [nɔrmalmɑ̃] *adv* **-1.** [habituellement] normalmente. **-2.** [selon les prévisions] en circunstancias normales.

normalisation [nɔrmalizasjɔ̃] *nf* normalización *f.*

normaliser [nɔrmalize] *vt* normalizar. ◆ **se normaliser** *vp* normalizarse.

normand, e [nɔrmɑ̃, ɑ̃d] *adj* normando(da).

Normandie [nɔrmãdi] *nf* : **la** ∼ Normandía.

norme [nɔrm] *nf* norma *f.*

Norvège [nɔrvɛʒ] *nf* : **la** ∼ Noruega.

nos → notre.

nostalgie [nɔstalʒi] *nf* **-1.** [mélancolie] nostalgia *f.* **-2.** [mal du pays] morriña *f.*

notable [nɔtabl] *adj & nm* notable.

notaire [nɔtɛr] *nm* notario *m*, -ria *f.*

notamment [nɔtamã] *adv* especialmente, particularmente.

note [nɔt] *nf* **-1.** [gén] nota *f*; **avoir une bonne/mauvaise** ∼ tener una buena/mala nota; **prendre des** ∼**s** tomar apuntes. **-2.** [facture] cuenta *f*, nota *f.*

noté, e [nɔte] *adj* : **être bien/mal** ∼ estar bien/mal considerado.

noter [nɔte] *vt* **-1.** [marquer] señalar. **-2.** [écrire] anotar, apuntar. **-3.** [constater] notar. **-4.** SCOL & UNIV calificar. **-5.** MUS escribir.

notice [nɔtis] *nf* reseña *f.*

notifier [nɔtifje] *vt* : ∼ **qqch à qqn** notificar algo a alguien.

notion [nɔsjɔ̃] *nf* noción *f.*

notoire [nɔtwar] *adj* notorio(ria).

notre [nɔtr] (*pl* **nos** [no]) *adj poss* nuestro(tra).

nôtre [notr] ◆ **le nôtre** (*f* **la nôtre**, *pl* **les nôtres**) *pron poss* el nuestro, la nuestra; **serez-vous des** ∼**s demain?** ¿podemos contar con vosotros para mañana?

nouer [nwe] ◇ *vt* **-1.** [corde, lacets] anudar. **-2.** [bouquet] atar. **-3.** *fig* [gorge] hacer un nudo. **-4.** *sout* [alliance, amitié, liens] trabar, entablar. **-5.** [intrigue] tramar, urdir. ◇ *vi* BOT cuajar. ◆ **se nouer** *vp* **-1.** [gorge] hacerse un nudo. **-2.** [alliance, amitié] entablarse. **-3.** [intrigue] tramarse.

noueux, euse [nwø, øz] *adj* **-1.** [bois] nudoso(sa). **-2.** [main, doigt] sarmentoso(sa).

nougat [nuga] *nm* ≈ turrón *m* duro.

nouille [nuj] ◇ *nf* **-1.** [pâte] tallarín *m.* **-2.** *fam* [imbécile] lelo *m*, -la *f.* ◇ *adj* [art-déco] modernista.

nourri, e [nuri] *adj* **-1.** [gén] graneado(da). **-2.** [tir] alimentado(da).

nourrice [nuris] *nf* **-1.** [qui allaite] nodriza *f*, ama *f* de cría. **-2.** [garde d'enfant] niñera *f.* **-3.** [réservoir] nodriza *f.*

nourrir [nurir] *vt* **-1.** [gén] alimentar. **-2.** [projet] acariciar. **-3.** [style, récit, esprit] enriquecer. ◆ **se nourrir** *vp* alimentarse; **se** ∼ **de qqch** alimentarse de algo.

nourrissant, e [nurisã, ãt] *adj* nutritivo(va).

nourrisson [nurisɔ̃] *nm* niño *m* de pecho.

nourriture [nurityr] *nf* alimento *m.*

nous [nu] *pron pers* **-1.** [gén] nosotros(tras). **-2.** [complément d'objet direct, de verbe pronominal] nos; **dépêchons-**∼**!** ¡démonos prisa!; **il** ∼ **l'a donné** nos lo ha dado; ∼ **devons** ∼ **occuper de lui** tenemos que ocuparnos de él. **-3.** [possessif] : **à** ∼ nuestro(tra). ◆ **nous-mêmes** *pron pers* nosotros mismos, nosotras mismas.

nouveau, elle, x [nuvo, ɛl] (**nouvel** [nuvɛl] *devant voyelle ou h muet*) ◇ *adj* **-1.** [gén] nuevo(va). **-2.** [récent] recién; **le** ∼ **venu** el recién llegado; **les** ∼**x mariés** los recién casados. ◇ *nm, f* nuevo *m*, -va *f.* ◆ **nouveau** *nm* novedad *f.* ◆ **nouvelles** *nfpl* noticias *fpl*; **donner de ses nouvelles** dar noticias; **les nouvelles** el telediario, las noticias. ◆ **à nouveau** *loc adv* de nuevo. ◆ **de nouveau** *loc adv* de nuevo.

nouveau-né, e [nuvone] (*mpl* **nouveau-nés**, *fpl* **nouveau-nées**) *adj & nm, f* recién nacido(da).

nouveauté [nuvote] *nf* novedad *f.*

nouvelle → nouveau.

Nouvelle-Calédonie [nuvɛlkaledɔni] *nf* : **la** ∼ Nueva Caledonia.

Nouvelle-Guinée [nuvɛlgine] *nf* : **la** ∼ Nueva Guinea.

Nouvelle-Zélande [nuvɛlzelãd] *nf* : **la** ∼ Nueva Zelanda.

novateur, trice [nɔvatœr, tris] *adj & nm, f* innovador(ra).

novembre [nɔvãbr] *nm* noviembre *m*; *voir aussi* **septembre**.

novice [nɔvis] ◇ *adj* novato(ta). ◇ *nmf* **-1.** [débutant] novato *m*, -ta *f.* **-2.** RELIG novicio *m*, -cia *f.*

noyade [nwajad] *nf* ahogamiento *m.*

noyau [nwajo] *nm* **-1.** [gén] núcleo *m.* **-2.** [de fruit] hueso *m Esp*, carozo *m Amér.* ◆ **noyau dur** *nm* los duros *mpl* (*dentro de un grupo*).

noyauter [nwajote] *vt* POLIT infiltrar.

noyé, e [nwaje] ◇ *adj* **-1.** [personne] ahogado(da). **-2.** [inondé] anegado(da); ∼ **de qqch** *fig* [yeux] anegado de algo. ◇ *nm, f* ahogado *m*, -da *f.*

noyer [nwaje] *vt* **-1.** [personne, sentiment, moteur] ahogar. **-2.** [terrain] anegar. **-3.** [recouvrir] sumergir. **-4.** [estomper, diluer] difuminar. ◆ **se noyer** *vp* **-1.** [personne] ahogarse. **–2.** [être submergé, se perdre] perderse.

nu, e [ny] adj **–1.** [gén] desnudo(da). **–2.** [arbre, paysage, région] yermo(ma). **–3.** [style] escueto(ta). ◆ **nu** nm desnudo m. ◆ **à nu** loc adv [à découvert] : **mettre à ~** dejar al descubierto; **se mettre à ~** fig mostrarse al desnudo.

nuage [nɥaʒ] nm [gén] nube f.

nuageux, euse [nɥaʒø, øz] adj **–1.** [temps, ciel] nublado(da). **–2.** fig [esprit] confuso(sa).

nuance [nɥɑ̃s] nf matiz m.

nuancé, e [nɥɑ̃se] adj matizado(da).

nubile [nybil] adj núbil.

nucléaire [nykleɛr] ◇ adj nuclear. ◇ nm energía f nuclear.

nudisme [nydism] nm nudismo m.

nudité [nydite] nf desnudez f.

nue [ny] nf (gén pl) : **tomber des ~s** quedarse pasmado(da).

nuée [nɥe] nf **–1.** [multitude] : **une ~ de** una nube de. **–2.** [gros nuage] nubarrón m.

nui [nɥi] pp inv ► **nuire**.

nuire [nɥir] vi : **~ à qqch/à qqn** perjudicar algo/a alguien.

nuisible [nɥizibl] ◇ adj dañino(na). ◇ nm animal m dañino.

nuit [nɥi] nf noche f; **de ~** de noche; **la ~ des temps** fig la noche de los tiempos.

nuitée [nɥite] nf noche f (de hotel).

nul, nulle [nyl] ◇ adj indéf (avant nom) sout ninguno(na); **nulle part** en ninguna parte. ◇ adj (après nom) [gén] nulo(la); **match ~** SPORT empate m; [boxe] combate nulo; **être ~ en qqch** fam fig ser negado para algo. ◇ nm, f péj inútil mf, desastre m. ◇ pron indéf sout nadie.

nullement [nylmɑ̃] adv en absoluto.

nullité [nylite] nf nulidad f.

numéraire [nymerɛr] ◇ adj numerario(ria). ◇ nm numerario m.

numération [nymerasjɔ̃] nf **–1.** MATHS numeración f. **–2.** INFORM recuento m.

numérique [nymerik] adj **–1.** [gén] numérico(ca). **–2.** INFORM digital.

numériser [nymerize] vt INFORM digitalizar.

numéro [nymero] nm **–1.** [gén] número m; **composer un ~** marcar un número; **faux ~** número equivocado; **~ vert** número telefónico gratuito, en Francia, ≃ 900. **–2.** fam [personne] : **c'est un sacré ~!** ¡es una buena pieza!

numéroter [nymerɔte] vt numerar.

nu-pieds nm inv sandalia f.

nuptial, e, aux [nypsjal, o] adj nupcial.

nuque [nyk] nf nuca f.

nurse [nœrs] nf nurse f.

nutritif, ive [nytritif, iv] adj nutritivo(va).

nutritionniste [nytrisjɔnist] adj & nmf dietista.

Nylon® [nilɔ̃] nm nylon® m, nailon® m.

nymphe [nɛ̃f] nf ninfa f.

nymphomane [nɛ̃fɔman] ◇ adj ninfómano(na). ◇ nf ninfómana f.

o, O [o] nm inv o f, O f. ◆ **O** (abr de **Ouest**) O.

ô [o] interj sout ¡oh!

oasis [ɔazis] nf oasis m inv.

obéir [ɔbeir] vi : **~ à qqn/à qqch** obedecer a alguien/a algo.

obéissance [ɔbeisɑ̃s] nf obediencia f; **devoir ~ à qqn** deber obediencia a alguien.

obélisque [ɔbelisk] nm obelisco m.

obèse [ɔbɛz] adj & nmf obeso(sa).

obésité [ɔbezite] nf obesidad f.

objecteur [ɔbʒɛktœr] nm objetor m; **~ de conscience** objetor de conciencia.

objectif, ive [ɔbʒɛktif, iv] adj objetivo(va). ◆ **objectif** nm objetivo m.

objection [ɔbʒɛksjɔ̃] nf objeción f; **faire ~ à qqch/à qqn** poner objeciones a algo/a alguien.

objectivité [ɔbʒɛktivite] nf objetividad f.

objet [ɔbʒɛ] nm objeto m; **~ d'art** objeto de arte.

obligation [ɔbligasjɔ̃] nf [gén & FIN] obligación f; **être dans l'~ de faire qqch** estar en la obligación de hacer algo. ◆ **obligations** nfpl obligaciones fpl; **avoir des ~s** tener obligaciones.

obligatoire [ɔbligatwar] adj **–1.** [imposé] obligatorio(ria). **–2.** [inéluctable] inevitable.

obligé, e [ɔbliʒe] ◇ adj sout agradecido(da). ◇ nm, f servidor m, -ra f.

obligeance [ɔbliʒɑ̃s] *nf sout* bondad *f*;
avoir l'~ de faire qqch tener la bondad
de hacer algo.

obliger [ɔbliʒe] *vt* **-1.** [forcer] : **~ qqn à
qqch/à faire qqch** obligar a alguien a
algo/a hacer algo; **être obligé de faire
qqch** tener que hacer algo. **-2.** JUR [lier]
obligar. **-3.** *sout* [rendre service] compla-
cer. **◆ s'obliger** *vp* : **s' ~ à qqch/à faire
qqch** obligarse a algo/a hacer algo.

oblique [ɔblik] ◇ *adj* [gén] oblicuo(cua);
[regard] de soslayo. ◇ *nf* GÉOM oblicua *f*.

obliquer [ɔblike] *vi* torcer.

oblitérer [ɔblitere] *vt* **-1.** [billet] sellar;
[timbre] obliterar. **-2.** MÉD obliterar. **-3.**
sout [effacer] borrar.

obnubiler [ɔbnybile] *vt* obnubilar; **être
obnubilé par qqch/par qqn** estar ob-
nubilado por algo/por alguien.

obole [ɔbɔl] *nf* óbolo *m*.

obscène [ɔpsɛn] *adj* obsceno(na).

obscénité [ɔpsenite] *nf* obscenidad *f*.

obscur, e [ɔpskyr] *adj* oscuro(ra), obs-
curo(ra).

obscurantisme [ɔpskyrɑ̃tism] *nm* oscu-
rantismo *m*, obscurantismo *m*.

obscurcir [ɔpskyrsir] *vt* oscurecer, obscu-
recer. **◆ s'obscurcir** *vp* oscurecerse,
obscurecerse.

obscurité [ɔpskyrite] *nf* oscuridad *f*, obs-
curidad *f*.

obsédé, e [ɔpsede] ◇ *adj* obsesionado(da).
◇ *nm, f* ohseso *m*, -sa *f*.

obséder [ɔpsede] *vt* obsesionar.

obsèques [ɔpsɛk] *nfpl* funerales *mpl*, exe-
quias *fpl*.

obséquieux, euse [ɔpsekjø, øz] *adj* servil.

observateur, trice [ɔpsɛrvatœr, tris] *adj &
nm, f* observador(ra).

observation [ɔpsɛrvasjɔ̃] *nf* **-1.** [gén] ob-
servación *f*; **être en ~** estar en observa-
ción. **-2.** [conformité] observancia *f*.

observatoire [ɔpsɛrvatwar] *nm* observa-
torio *m*.

observer [ɔpsɛrve] *vt* **-1.** [gén] observar; **~
que** observar que; **faire ~ qqch à qqn**
advertir algo a alguien. **-2.** [adopter] guar-
dar.

obsession [ɔpsesjɔ̃] *nf* obsesión *f*.

obsolète [ɔpsɔlɛt] *adj* obsoleto(ta).

obstacle [ɔpstakl] *nm* obstáculo *m*; **faire ~
à qqch/à qqn** obstaculizar algo/a al-
guien; **rencontrer un ~** encontrar un
obstáculo.

obstétrique [ɔpstetrik] *nf* obstetricia *f*.

obstination [ɔpstinasjɔ̃] *nf* obstinación *f*.

obstiné, e [ɔpstine] *adj & nm, f* obsti-
nado(da).

obstiner [ɔpstine] **◆ s'obstiner** *vp* obs-
tinarse; **s' ~ à faire qqch** obstinarse en
hacer algo; **s' ~ dans qqch** obstinarse en
algo.

obstruction [ɔpstryksjɔ̃] *nf* obstrucción *f*.

obstruer [ɔpstrye] *vt* obstruir. **◆ s'obs-
truer** *vp* obstruirse.

obtempérer [ɔptɑ̃pere] *vi* : **~ à qqch** obe-
decer algo.

obtenir [ɔptənir] *vt* obtener, conseguir; **~
qqch de qqn** obtener OU conseguir algo
de alguien; **~ qqch à** OU **pour qqn** con-
seguir algo a/para alguien.

obtention [ɔptɑ̃sjɔ̃] *nf* obtención *f*, con-
secución *f*.

obtenu, e [ɔptəny] *pp* → **obtenir**.

obturer [ɔptyre] *vt* obturar.

obtus, e [ɔpty, yz] *adj* obtuso(sa).

obus [ɔby] *nm* obús *m*.

occasion [ɔkazjɔ̃] *nf* **-1.** [possibilité,
chance] ocasión *f*, oportunidad *f*; **à l'~** en
cualquier momento; **rater une ~ de faire
qqch** perder la ocasión de hacer algo; **sai-
sir l'~ (de faire qqch)** aprovechar la oca-
sión (de hacer algo). **-2.** [circonstance, mo-
tif] ocasión *f*; **à la première ~** en la
primera ocasión; **à l'~ de qqch** con oca-
sión de algo. **-3.** [seconde main] : **d'~** de
ocasión.

occasionnel, elle [ɔkazjɔnɛl] *adj* ocasio-
nal.

occasionner [ɔkazjɔne] *vt* ocasionar.

occident [ɔksidɑ̃] *nm* [point cardinal] occi-
dente *m*. **◆ Occident** *nm* : **l'Occident** (el)
Occidente.

occidental, e, aux [ɔksidɑ̃tal, o] *adj* occi-
dental. **◆ Occidental, e, aux** *nm, f* occi-
dental *mf*.

occiput [ɔksipyt] *nm* occipucio *m*.

occlusion [ɔklyzjɔ̃] *nf* oclusión *f*.

occulte [ɔkylt] *adj* oculto(ta).

occulter [ɔkylte] *vt* ocultar.

occupation [ɔkypasjɔ̃] *nf* ocupación *f*.

occupé, e [ɔkype] *adj* ocupado(da); **être ~
à qqch** estar ocupado en algo; **c'est ~**
[téléphone] está comunicando, comunica.

occuper [ɔkype] *vt* ocupar. **◆ s'occuper**
vp ocuparse; **s' ~ à qqch/à faire qqch**
ocuparse de algo/de hacer algo; **s' ~ de**

qqch/de qqn ocuparse de algo/de alguien.

occurrence [ɔkyrɑ̃s] *nf* **-1.** [circonstance] caso *m*; **en l'~** en esta ocasión, en este caso. **-2.** LING ocurrencia *f*.

OCDE (*abr de* **Organisation de coopération et de développement économique**) *nf* OCDE *f*.

océan [ɔseɑ̃] *nm* océano *m*; **un ~ de qqch** *fig* un mar de algo; **l'~ Antarctique** el océano (glacial) Antártico; **l'~ Arctique** el océano (glacial) Ártico; **l'~ Atlantique** el océano Atlántico; **l'~ Indien** el océano Índico; **l'~ Pacifique** el océano Pacífico.

Océanie [ɔseani] *nf* : **l'** ~ Oceanía.

océanique [ɔseanik] *adj* oceánico(ca).

océanographie [ɔseanɔgrafi] *nf* oceanografía *f*.

ocre [ɔkr] *adj inv* & *nf* ocre.

octave [ɔktav] *nf* **-1.** MUS & RELIG octava *f*. **-2.** ESCRIME octava *f*, posición *f* octava.

octet [ɔktɛ] *nm* INFORM byte *m*, octeto *m*.

octobre [ɔktɔbr] *nm* octubre *m*; *voir aussi* **septembre**.

octogénaire [ɔktɔʒenɛr] *adj* & *nmf* octogenario(ria).

octogone [ɔktɔgɔn] *nm* octógono *m*.

octroyer [ɔktrwaje] *vt* conceder; **~ qqch à qqn** conceder algo a alguien. **◆ s'octroyer** *vp* concederse.

oculaire [ɔkylɛr] *nm* & *adj* ocular.

oculiste [ɔkylist] *nmf* oculista *mf*.

ode [ɔd] *nf* oda *f*.

odeur [ɔdœr] *nf* olor *f*.

odieux, euse [ɔdjø, øz] *adj* odioso(sa).

odorant, e [ɔdɔrɑ̃, ɑ̃t] *adj* oloroso(sa).

odorat [ɔdɔra] *nm* olfato *m*.

œdème [edɛm] *nm* edema *m*.

œil [œj] (*pl* **yeux** [jø]) *nm* ojo *m*; **baisser/lever les yeux** bajar/alzar la vista; **écarquiller les yeux** poner unos ojos como platos.

œillade [œjad] *nf* guiño *m*; **lancer une ~ à qqn** guiñar el ojo a alguien.

œillère [œjɛr] *nf* **-1.** [de cheval] anteojera *f*. **-2.** MÉD lavaojos *m inv*.

œillet [œjɛ] *nm* **-1.** BOT clavel *m*. **-2.** COUT ojete *m*.

œnologue [enɔlɔg] *nmf* enólogo *m*, -ga *f*.

œsophage [ezɔfaʒ] *nm* esófago *m*.

œuf [œf] *nm* huevo *m*; **~ à la coque** huevo pasado por agua (3 minutos); **~ dur** huevo duro; **~ mollet** huevo pasado por agua (4

minutos); **~ au plat** huevo frito; **~ poché** huevo escalfado.

œuvre [œvr] *nf* obra *f*; **mettre tout en ~ pour** poner todos los medios para; **~ d'art** obra de arte.

off [ɔf] *adj inv* CIN en off.

offense [ɔfɑ̃s] *nf* ofensa *f*.

offenser [ɔfɑ̃se] *vt* ofender. **◆ s'offenser** *vp* : **s'~ de qqch** ofenderse por algo.

offensif, ive [ɔfɑ̃sif, iv] *adj* ofensivo(va). **◆ offensive** *nf* **-1.** MIL ofensiva *f*; **passer à l'offensive** pasar a la ofensiva; **prendre l'offensive** tomar la ofensiva. **-2.** *loc* : **l'offensive de l'hiver** los primeros fríos.

offert, e [ɔfɛr, ɛrt] *pp* → **offrir**.

office [ɔfis] *nm* **-1.** [bureau] oficina *f*; **~ du tourisme** oficina de turismo. **-2.** RELIG oficio *m*. **◆ d'office** *loc adv* de oficio; **commis d'~** JUR [avocat] nombrado de oficio.

officialiser [ɔfisjalize] *vt* oficializar, dar carácter oficial.

officiel, elle [ɔfisjɛl] *adj* oficial. **◆ officiel** *nm* : **les ~s** las autoridades.

officier¹ [ɔfisje] *vi* oficiar.

officier² [ɔfisje] *nm* MIL oficial *m*.

officieux, euse [ɔfisjø, øz] *adj* oficioso(sa).

offrande [ɔfrɑ̃d] *nf* ofrenda *f*.

offre [ɔfr] *nf* **-1.** [gén & COMM] oferta *f*; **la loi de l'~ et la demande** la ley de la oferta y la demanda; **~ d'emploi** oferta de empleo; **~ d'essai** COMM oferta de prueba. **-2.** POLIT [de paix] propuesta *f*.

offrir [ɔfrir] *vt* **-1.** [donner] : **~ qqch à qqn** regalar algo a alguien. **-2.** [présenter] ofrecer un aspecto. **◆ s'offrir** *vp* **-1.** [se proposer] ofrecerse. **-2.** [se faire un cadeau] regalarse.

offusquer [ɔfyske] *vt* ofender. **◆ s'offusquer** *vp* ofenderse; **s'~ de qqch** ofenderse por algo.

ogre [ɔgr] *nm* ogro *m*.

oh [o] *interj* oh.

ohé [ɔe] *interj* ¡eh!

oie [wa] *nf* **-1.** ZOOL oca *f*. **-2.** *fam péj* [niaise] gansa *f*.

oignon [ɔɲɔ̃] *nm* **-1.** [plante, bulbe] cebolla *f*. **-2.** MÉD juanete *m*.

oiseau, x [wazo] *nm* **-1.** ZOOL ave *f*, pájaro *m*; **~ de proie** ave de rapiña. **-2.** *fam péj* [individu] : **un drôle d'~** ¡un buen pájaro!; **un ~** rare un bicho raro.

oisellerie [wazɛlri] *nf* pajarería *f*.

oisif, ive [wazif, iv] *adj* & *nm*, *f* ocioso(sa).

oisillon [wazijɔ̃] *nm* cría *f* de pájaro.

oisiveté [wazivte] *nf* ociosidad *f*.

O.K. [ɔke] *interj fam* ¡vale!

oléagineux, euse [ɔleaʒinø, øz] *adj* oleaginoso(sa). ◆ **oléagineux** *nm* planta *f* oleaginosa.

oléoduc [ɔleɔdyk] *nm* oleoducto *m*.

olfactif, ive [ɔlfaktif, iv] *adj* olfativo(va).

oligarchie [ɔligarʃi] *nf* oligarquía *f*.

olive [ɔliv] ◇ *nf* aceituna *f*, oliva *f*. ◇ *adj inv* de color verde oliva.

olivier [ɔlivje] *nm* olivo *m*.

OLP (*abr de* **Organisation de libération de la Palestine**) *nf* OLP *f*.

olympique [ɔlɛ̃pik] *adj* olímpico(ca).

ombilical, e, aux [ɔ̃bilikal, o] *adj* umbilical.

ombrage [ɔ̃braʒ] *nm* enramada *f*.

ombragé, e [ɔ̃braʒe] *adj* umbrío(a).

ombrageux, euse [ɔ̃braʒø, øz] *adj* **-1.** [caractère, esprit] desconfiado(da), receloso(sa). **-2.** [cheval] espantadizo(za).

ombre [ɔ̃br] *nf* sombra *f*; **à l'~ de** [arbre] a la sombra de; *fig* [personne] al amparo de.

ombrelle [ɔ̃brɛl] *nf* sombrilla *f*.

omelette [ɔmlɛt] *nf* tortilla *f*.

omettre [ɔmɛtr] *vt* omitir; **~ de faire qqch** olvidarse de hacer algo.

omis, e [ɔmi, iz] *pp* → omettre.

omission [ɔmisjɔ̃] *nf* **-1.** [action] omisión *f*; **par ~** por omisión. **-2.** [oubli] olvido *m*.

omnibus [ɔmnibys] *nm* ómnibus *m*.

omniprésent, e [ɔmniprezã, ãt] *adj* omnipresente.

omnivore [ɔmnivɔr] ◇ *adj* omnívoro(ra). ◇ *nm* omnívoro *m*.

omoplate [ɔmɔplat] *nf* omóplato *m*, omoplato *m*.

OMS (*abr de* **Organisation mondiale de la santé**) *nf* OMS *f*.

on [ɔ̃] *pron pers indéf* **-1.** [sujet indeterminé] se; **~ n'a pas le droit de fumer ici** aquí no se puede fumar; **~ ne sait jamais** nunca se sabe. **-2.** [les gens, l'espèce humaine, groupe de personnes] : **en Espagne ~ se couche tard** en España, la gente se acuesta tarde; **~ raconte/dit que...** dicen que... **-3.** [quelqu'un] : **~ vous a appelé au téléphone ce matin** te ha llamado alguien esta mañana, esta mañana te han llamado; **est-ce qu'~ t'a vu?** ¿te han visto? **-4.** *fam* [nous] nosotros, nosotras; **~ s'en va** nos vamos; **~ se voit demain** ¡nos vemos mañana!, ¡hasta mañana!

oncle [ɔ̃kl] *nm* tío *m*.

onctueux, euse [ɔ̃ktɥø, øz] *adj* untuoso(sa).

onde [ɔ̃d] *nf* **-1.** PHYS onda *f*. **-2.** *sout* [eau] agua *f*. ◆ **ondes** *nfpl* [radio] ondas *fpl*.

ondée [ɔ̃de] *nf* chaparrón *m*, aguacero *m*.

ondoyant, e [ɔ̃dwajã, ãt] *adj* **-1.** [blés, démarche] ondulante. **-2.** *sout* [caractère, personne] voluble.

ondoyer [ɔ̃dwaje] ◇ *vi* ondear. ◇ *vt* RELIG dar el agua de socorro.

ondulation [ɔ̃dylasjɔ̃] *nf* **-1.** [mouvement] ondulación *f*. **-2.** [coiffure] ondulado *m*.

onduler [ɔ̃dyle] ◇ *vi* ondear. ◇ *vt* ondular.

ongle [ɔ̃gl] *nm* **-1.** [de personne] uña *f*; **se faire les ~s** arreglarse OU hacerse las uñas; **se ronger les ~s** comerse las uñas. **-2.** [d'animal] garra *f*.

onglet [ɔ̃glɛ] *nm* **-1.** [reliure] cartivana *f*. **-2.** [de lame] muesca *f*. **-3.** BOT uña *f*. **-4.** TECHNOL inglete *m*. **-5.** CULIN carne de buey de primera categoría.

onguent [ɔ̃gã] *nm* *sout* ungüento *m*.

ont [ɔ̃] → avoir.

ONU, Onu [ɔny] (*abr de* **Organisation des Nations unies**) *nf* ONU *f*.

onusien, enne [ɔnyzjɛ̃, ɛn] *adj* de la ONU.

onyx [ɔniks] *nm* ónice *m*.

onze [ɔ̃z] *adj num & nm inv* once; *voir aussi* **six**.

onzième [ɔ̃zjɛm] ◇ *adj num & nmf* undécimo(ma). ◇ *nm* onceavo *m*, onceava *f* parte. ◇ *nf* [classe] ≃ primero *m* de EGB; *voir aussi* **sixième**.

OPA (*abr de* **offre publique d'achat**) *nf* OPA *f*.

opacité [ɔpasite] *nf* opacidad *f*.

opale [ɔpal] ◇ *adj inv* opalino(na). ◇ *nf* ópalo *m*.

opaline [ɔpalin] *nf* opalina *f*.

opaque [ɔpak] *adj* opaco(ca).

OPEP, Opep [ɔpɛp] (*abr de* **Organisation des pays exportateurs de pétrole**) *nf* OPEP *f*.

opéra [ɔpera] *nm* MUS ópera.

opéra-comique *nm* ópera *f* cómica.

opérateur, trice [ɔperatœr, tris] *nm, f* operador *m*, -ra *f*.

opération [ɔperasjɔ̃] *nf* operación *f*.

opérationnel, elle [ɔperasjɔnɛl] *adj* **-1.** [gén] operativo(va). **-2.** MIL [base] operacional.

opérer [ɔpere] *vt* **-1.** [gén] operar. **-2.** [choix] efectuar. ◆ **s'opérer** *vp* [se produire] operarse.

opérette [ɔperɛt] *nf* opereta *f.*

ophtalmologie [ɔftalmɔlɔʒi] *nf* oftalmología *f.*

ophtalmologiste [ɔftalmɔlɔʒist] *nmf* oftalmólogo *m,* -ga *f.*

Opinel® [ɔpinɛl] *nm* navaja con empuñadura de madera.

opiniâtre [ɔpinjatr] *adj* **-1.** [caractère, personne] pertinaz; [travail] oneroso(sa). **-2.** [fièvre, toux] rebelde.

opinion [ɔpinjɔ̃] *nf* opinión *f*; **avoir une bonne/mauvaise ~ de qqch/de qqn** tener (una) buena/mala opinión de algo/de alguien; **donner son ~ sur qqch/sur qqn** dar su opinión sobre algo/sobre alguien; **l'~ publique** la opinión pública.

opium [ɔpjɔm] *nm* opio *m.*

opportun, e [ɔpɔrtœ̃, yn] *adj* oportuno(na).

opportuniste [ɔpɔrtynist] *adj & nmf* oportunista.

opportunité [ɔpɔrtynite] *nf* oportunidad *f.*

opposant, e [ɔposɑ̃, ɑ̃t] ◇ *adj* de la oposición, opositor(ra). ◇ *nm, f* opositor *m,* -ra *f*; **~ à qqch** opositor a algo.

opposé, e [ɔpoze] *adj* **-1.** [gén] opuesto(ta). **-2.** [hostile] : **~ à qqch/à qqn** contrario a algo/a alguien. ◆ **opposé** *nm* [contraire] opuesto *m*; **à l'~ de** [du côté opposé] en el lado opuesto; [contrairement à] al contrario de.

opposer [ɔpoze] *vt* **-1.** [objecter] objetar. **-2.** [diviser] separar. **-3.** [faire obstacle à] oponer. **-4.** [confronter] contraponer. **-5.** [faire s'affronter] enfrentar. ◆ **s'opposer** *vp* **-1.** [faire obstacle, être le contraire] : **s'~ à qqch/à qqn** oponerse a algo/a alguien **-2.** [se dresser contre] enfrentarse. **-3.** [contraster] contrastar.

opposition [ɔpozisjɔ̃] *nf* **-1.** [gén] oposición *f*; **faire ~ à qqch** oponerse a algo; **~ à qqch** oposición a algo. **-2.** [conflit] enfrentamiento *m.* **-3.** [contraste] contraste *m*; **par ~ à qqch** en contraste con algo.

oppresser [ɔprese] *vt* [douleur, remords] oprimir; [chaleur] asfixiar.

oppresseur [ɔpresœr] ◇ *adj* opresor(ra). ◇ *nm* opresor *m.*

oppression [ɔpresjɔ̃] *nf* **-1.** [asservissement] opresión *f.* **-2.** [malaise] ahogo *m.*

opprimé, e [ɔprime] *adj & nm, f* oprimido(da).

opprimer [ɔprime] *vt* **-1.** [peuple] oprimir. **-2.** [conscience] ahogar. **-3.** [suj : chaleur] asfixiar.

opter [ɔpte] *vi* : **~ pour qqch/pour qqn** optar por algo/por alguien.

opticien, enne [ɔptisjɛ̃, ɛn] *nm, f* óptico(ca).

optimal, e, aux [ɔptimal, o] *adj* óptimo(ma).

optimisation [ɔptimizasjɔ̃] *nf* optimización *f,* optimación *f.*

optimisme [ɔptimism] *nm* optimismo *m.*

optimiste [ɔptimist] *adj & nmf* optimista *m.*

option [ɔpsjɔ̃] *nf* **-1.** [gén] opción *f*; **prendre une ~ sur qqch** FIN tomar una opción sobre algo; **être en ~** ser opcional. **-2.** UNIV optativa *f (asignatura).*

optionnel, elle [ɔpsjɔnɛl] *adj* opcional.

optique [ɔptik] ◇ *adj* óptico(ca). ◇ *nf* óptica *f.*

opulence [ɔpylɑ̃s] *nf* opulencia *f.*

opulent, e [ɔpylɑ̃, ɑ̃t] *adj* opulento(ta).

or¹ [ɔr] *nm* **-1.** [gén] oro *m*; **en ~** de oro; **~ blanc/massif** oro blanco/macizo; **être en ~** [personne] ser una joya. **-2.** [dorure] dorado *m.*

or² [ɔr] *conj* ahora bien.

oracle [ɔrakl] *nm* oráculo *m.*

orage [ɔraʒ] *nm* **-1.** [gén] tormenta *f.* **-2.** *fig* [de la vie, de l'amour] tormenta *f.*

orageux, euse [ɔraʒø, øz] *adj* **-1.** [ciel] de tormenta; [saison, région] de tormentas. **-2.** *fig* [vie, époque, séance] tormentoso(sa), tempestuoso(sa).

oraison [ɔrezɔ̃] *nf* oración *f*; **~ funèbre** oración fúnebre.

oral, e, aux [ɔral, o] *adj* oral. ◆ **oral** *nm* oral *m (examen)*; **~ de rattrapage** oral de repesca; **par ~** oralmente.

oralement [ɔralmã] *adv* oralmente.

orange [ɔrɑ̃ʒ] ◇ *adj inv* naranja *(en aposición).* ◇ *nf* [fruit] naranja *f.* ◇ *nm* [couleur] naranja *m.*

orangé, e [ɔrɑ̃ʒe] *adj* anaranjado(da).

orangeade [ɔrɑ̃ʒad] *nf* naranjada *f.*

oranger [ɔrɑ̃ʒe] *nm* naranjo *m.*

orang-outan, orang-outang [ɔrɑ̃utɑ̃] *nm* orangután *m.*

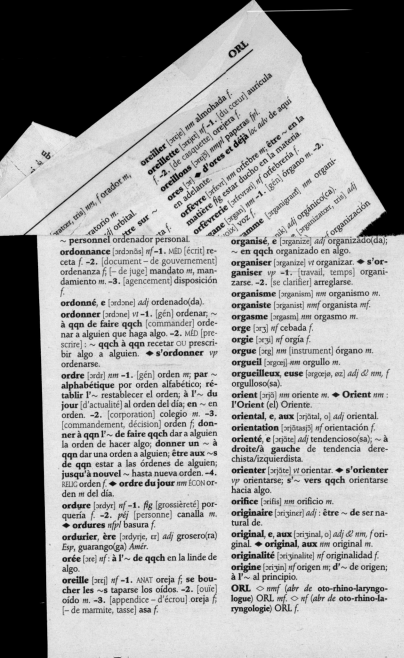

~ **personnel** ordenador personal.

ordonnance [ɔrdɔnɑ̃s] *nf* **-1.** MÉD [écrit] receta *f*. **-2.** [document – de gouvernement] ordenanza *f*; [– de juge] mandato *m*, mandamiento *m*. **-3.** [agencement] disposición *f*.

ordonné, e [ɔrdɔne] *adj* ordenado(da).

ordonner [ɔrdɔne] *vt* **-1.** [gén] ordenar; ~ **à qqn de faire qqch** [commander] ordenar a alguien que haga algo. **-2.** MÉD [prescrire] : ~ **qqch à qqn** recetar OU prescribir algo a alguien. ◆ **s'ordonner** *vp* ordenarse.

ordre [ɔrdr] *nm* **-1.** [gén] orden *m*; **par ~ alphabétique** por orden alfabético; **rétablir l'~** restablecer el orden; **à l'~ du jour** [d'actualité] al orden del día; **en ~** en orden. **-2.** [corporation] colegio *m*. **-3.** [commandement, décision] orden *f*; **donner à qqn l'~ de faire qqch** dar a alguien la orden de hacer algo; **donner un ~ à qqn** dar una orden a alguien; **être aux ~s de qqn** estar a las órdenes de alguien; **jusqu'à nouvel ~** hasta nueva orden. **-4.** RELIG orden *f*. ◆ **ordre du jour** *nm* ÉCON orden *m* del día.

ordure [ɔrdyr] *nf* **-1.** *fig* [grossièreté] porquería *f*. **-2.** *péj* [personne] canalla *m*. ◆ **ordures** *nfpl* basura *f*.

ordurier, ère [ɔrdyrje, ɛr] *adj* grosero(ra) *Esp*, guarango(ga) *Amér*.

orée [ɔre] *nf* : **à l'~ de qqch** en la linde de algo.

oreille [ɔrɛj] *nf* **-1.** ANAT oreja *f*; **se boucher les ~s** taparse los oídos. **-2.** [ouïe] oído *m*. **-3.** [appendice – d'écrou] oreja *f*; [– de marmite, tasse] asa *f*.

organisé, e [ɔrganize] *adj* organizado(da); ~ **en qqch** organizado en algo.

organiser [ɔrganize] *vt* organizar. ◆ **s'organiser** *vp* **-1.** [travail, temps] organizarse. **-2.** [se clarifier] arreglarse.

organisme [ɔrganism] *nm* organismo *m*.

organiste [ɔrganist] *nmf* organista *mf*.

orgasme [ɔrgasm] *nm* orgasmo *m*.

orge [ɔrʒ] *nf* cebada *f*.

orgie [ɔrʒi] *nf* orgía *f*.

orgue [ɔrg] *nm* [instrument] órgano *m*.

orgueil [ɔrgœj] *nm* orgullo *m*.

orgueilleux, euse [ɔrgœjø, øz] *adj & nm, f* orgulloso(sa).

orient [ɔrjɑ̃] *nm* oriente *m*. ◆ **Orient** *nm* : **l'Orient** (el) Oriente.

oriental, e, aux [ɔrjɑ̃tal, o] *adj* oriental.

orientation [ɔrjɑ̃tasjɔ̃] *nf* orientación *f*.

orienté, e [ɔrjɑ̃te] *adj* tendencioso(sa); ~ **à droite/à gauche** de tendencia derechista/izquierdista.

orienter [ɔrjɑ̃te] *vt* orientar. ◆ **s'orienter** *vp* orientarse; **s'~ vers qqch** orientarse hacia algo.

orifice [ɔrifis] *nm* orificio *m*.

originaire [ɔriʒinɛr] *adj* : **être ~ de** ser natural de.

original, e, aux [ɔriʒinal, o] *adj & nm, f* original. ◆ **original, aux** *nm* original *m*.

originalité [ɔriʒinalite] *nf* originalidad *f*.

origine [ɔriʒin] *nf* origen *m*; **d'~** de origen; **à l'~** al principio.

ORL ◇ *nmf* (*abr de* oto-rhino-laryngologue) ORL *mf*. ◇ *nf* (*abr de* oto-rhino-laryngologie) ORL *f*.

orateur, trice [ɔratœr, tris] *nm, f* orador *m*, -ra *f*.

oratoire [ɔratwar] *nm* oratorio *m*.

orbital, e, aux [ɔrbital, o] *adj* orbital.

orbite [ɔrbit] *nf* órbita *f*; **mettre sur ~** AÉRON *& fig* poner en órbita.

orchestre [ɔrkɛstr] *nm* -1. MUS orquesta *f*. -2. CIN & THÉÂTRE patio *m* de butacas.

orchestrer [ɔrkɛstre] *vt* orquestar.

orchidée [ɔrkide] *nf* orquídea *f*.

ordinaire [ɔrdinɛr] ◇ *adj* ordinario(ria). ◇ ~ *nm* -1. [moyenne] media *f*. -2. [alimentation] comida *f* de todos los días. ◆ **d'ordinaire** *loc adv* generalmente, habitualmente.

ordinal, e, aux [ɔrdinal, o] *adj* ordinal. ◆ **ordinal** *nm* ordinal *m*.

ordinateur [ɔrdinatœr] *nm* ordenador *m*; ~ **personnel** ordenador personal.

ordonnance [ɔrdɔnɑ̃s] *nf* -1. MÉD [écrit] receta *f*. -2. [document – de gouvernement] ordenanza *f*; [– de juge] mandato *m*, mandamiento *m*. -3. [agencement] disposición *f*.

ordonné, e [ɔrdɔne] *adj* ordenado(da).

ordonner [ɔrdɔne] *vt* -1. [gén] ordenar; ~ **à qqn de faire qqch** [commander] ordenar a alguien que haga algo. -2. MÉD [prescrire] : ~ **qqch à qqn** recetar OU prescribir algo a alguien. ◆ **s'ordonner** *vp* ordenarse.

ordre [ɔrdr] *nm* -1. [gén] orden *m*; **par ~ alphabétique** por orden alfabético; **rétablir l'~** restablecer el orden; **à l'~ du jour** [d'actualité] al orden del día; **en ~** en orden. -2. [corporation] colegio *m*. -3. [commandement, décision] orden *f*; **donner à qqn l'~ de faire qqch** dar a alguien la orden de hacer algo; **donner un ~ à qqn** dar una orden a alguien; **être aux ~s de qqn** estar a las órdenes de alguien; **jusqu'à nouvel ~** hasta nueva orden. -4. RELIG orden *f*. ◆ **ordre du jour** *nm* ÉCON orden *m* del día.

ordure [ɔrdyr] *nf* -1. *fig* [grossièreté] porquería *f*. -2. *péj* [personne] canalla *m*. ◆ **ordures** *nfpl* basura *f*.

ordurier, ère [ɔrdyrje, ɛr] *adj* grosero(ra) *Esp*, guarango(ga) *Amér*.

orée [ɔre] *nf* : **à l'~ de qqch** en la linde de algo.

oreille [ɔrɛj] *nf* -1. ANAT oreja *f*; **se boucher les ~s** taparse los oídos. -2. [ouïe] oído *m*. -3. [appendice – d'écrou] oreja *f*; [– de marmite, tasse] asa *f*.

oreiller [ɔreje] *nm* almohada *f*.

oreillette [ɔrejet] *nf* -1. [du cœur] aurícula *f*. -2. [de casquette] orejera *f*.

oreillons [ɔrejɔ̃] *nmpl* paperas *fpl*.

ores [ɔr] ◆ **d'ores et déjà** *loc adv* de aquí en adelante.

orfèvre [ɔrfɛvr] *nm* orfebre *m*; **être ~ en la matière** *fig* estar ducho en la materia.

orfèvrerie [ɔrfɛvrəri] *nf* orfebrería *f*.

organe [ɔrgan] *nm* -1. [gén] órgano *m*. -2. *sout* [voix] voz *f*.

organigramme [ɔrganigram] *nm* organigrama *m*.

organique [ɔrganik] *adj* orgánico(ca).

organisateur, trice [ɔrganizatœr, tris] *adj & nm, f* organizador(ra).

organisation [ɔrganizasjɔ̃] *nf* organización *f*.

organisé, e [ɔrganize] *adj* organizado(da); ~ **en qqch** organizado en algo.

organiser [ɔrganize] *vt* organizar. ◆ **s'organiser** *vp* -1. [travail, temps] organizarse. -2. [se clarifier] arreglarse.

organisme [ɔrganism] *nm* organismo *m*.

organiste [ɔrganist] *nmf* organista *mf*.

orgasme [ɔrgasm] *nm* orgasmo *m*.

orge [ɔrʒ] *nf* cebada *f*.

orgie [ɔrʒi] *nf* orgía *f*.

orgue [ɔrg] *nm* [instrument] órgano *m*.

orgueil [ɔrgœj] *nm* orgullo *m*.

orgueilleux, euse [ɔrgœjø, øz] *adj & nm, f* orgulloso(sa).

orient [ɔrjɑ̃] *nm* oriente *m*. ◆ **Orient** : **l'Orient** (el) Oriente.

oriental, e, aux [ɔrjɑ̃tal, o] *adj* oriental.

orientation [ɔrjɑ̃tasjɔ̃] *nf* orientación *f*.

orienté, e [ɔrjɑ̃te] *adj* tendencioso(sa); ~ **à droite/à gauche** de tendencia derechista/izquierdista.

orienter [ɔrjɑ̃te] *vt* orientar. ◆ **s'orienter** *vp* orientarse; **s'~ vers qqch** orientarse hacia algo.

orifice [ɔrifis] *nm* orificio *m*.

originaire [ɔriʒinɛr] *adj* : **être ~ de** ser natural de.

original, e, aux [ɔriʒinal, o] *adj & nm, f* original. ◆ **original, aux** *nm* original *m*.

originalité [ɔriʒinalite] *nf* originalidad *f*.

origine [ɔriʒin] *nf* origen *m*; **d'~** de origen; **à l'~** al principio.

ORL ◇ *nmf* (*abr de* **oto-rhino-laryngologue**) ORL *mf*. ◇ *nf* (*abr de* **oto-rhino-laryngologie**) ORL *f*.

ouragan [uragã] *nm* **–1.** MÉTÉOR huracán *m*. **–2.** *fig* [tempête] tormenta *f*; **arriver comme un ~** *fig* llegar en tromba.

ourlet [urlɛ] *nm* **–1.** COUT dobladillo *m*. **–2.** [de gouttière] bordillo *m*. **–3.** [d'oreille] hélice *f*.

ours [urs] *nm* **–1.** [peluche & ZOOL] oso *m*. **–2.** *péj* [misanthrope] hurón *m*.

ourse [urs] *nf* ZOOL osa *f*.

oursin [ursɛ̃] *nm* erizo *m* de mar.

ourson [ursõ] *nm* osezno *m*.

outil [uti] *nm* **–1.** [instrument] herramienta *f*, útil *m*. **–2.** *fig* [aide] instrumento *m*.

outillage [utijaʒ] *nm* **–1.** [équipement] utillaje *m*. **–2.** [service de fabrication] *departamento de una empresa encargada del utillaje.*

outrage [utraʒ] *nm* [gén] ultraje *m*; **~ à magistrat** JUR desacato *m* a un magistrado.

outrager [utraʒe] *vt* **–1.** [offenser] ultrajar. **–2.** [contrevenir] atentar contra.

outrance [utrãs] *nf* exageración *f*; **à ~** en exceso.

outrancier, ère [utrãsje, ɛr] *adj* excesivo(va).

outre[1] [utr] *nf* odre *m*, pellejo *m*.

outre[2] [utr] *prép* además de. ◇ *adv*: **passer ~** [aller plus loin] ir más allá; *fig* pasar por alto. ◆ **en outre** *loc adv* además.

outré, e [utre] *adj* **–1.** [offusqué] indignado(da). **–2.** [exagéré] exagerado(da).

outre-Atlantique *loc adv* al otro lado del Atlántico.

outre-Manche [utrəmãʃ] *loc adv* más allá de la Mancha.

outremer [utrəmɛr] ◇ *adj inv* [bleu] ultramar. ◇ *nm* [pierre] lapislázuli *m*; [couleur] azul *m* ultramar.

outre-mer [utrəmɛr] *adv* en ultramar.

outrepasser [utrəpase] *vt* extralimitarse en.

outrer [utre] *vt* **–1.** [vérité] exagerar. **–2.** [personne] indignar.

outre-Rhin [utrərɛ̃] *loc adv* más allá del Rin.

outsider [awtsajdœr] *nm* outsider *m*.

ouvert, e [uvɛr, ɛrt] ◇ *pp* → **ouvrir**. ◇ *adj* **–1.** [gén] abierto(ta); **grand ~** abierto de par en par. **–2.** [visage] franco(ca).

ouvertement [uvɛrtəmã] *adv* abiertamente.

ouverture [uvɛrtyr] *nf* **–1.** [action & PHOT] abertura *f*. **–2.** [de local, de débat, de relations] apertura *f*. **–3.** [de bâtiment, grotte,

puits] boca *f*. **–4.** MUS obertura *f*. **–5.** [dans un jeu – aux cartes] salida *f*; [– aux échecs] apertura *f*. **–6.** SPORT [rugby] apertura *f*. **–7.** MIL comienzo *m*. **–8.** *fig* [sortie] puerta *f*. ◆ **ouverture d'esprit** *nf* amplitud *f* de miras. ◆ **ouvertures** *nfpl* POLIT propuestas *fpl*.

ouvrable [uvrabl] *adj* laborable.

ouvrage [uvraʒ] *nm* **–1.** [gén] labor *f*. **–2.** *sout* [travail] trabajo *m*; **se mettre à l'~** ponerse manos a la obra. **–3.** [livre] obra *f*; **~ de référence** obra de referencia.

ouvre-boîtes [uvrəbwat] *nm inv* abrelatas *m inv*.

ouvre-bouteilles [uvrəbutɛj] *nm inv* abrebotellas *m inv*.

ouvreuse [uvrøz] *nf* acomodadora *f*.

ouvrier, ère [uvrije, ɛr] ◇ *adj* obrero(ra). ◇ *nm, f* obrero *m*, -ra *f Esp*, roto *m*, -ta *f Amér*; **~ qualifié/spécialisé** obrero cualificado/especializado. ◆ **ouvrière** *nf* ZOOL obrera *f*.

ouvrir [uvrir] ◇ *vt* **–1.** [gén] abrir; **~ qqch à qqn** *fig* abrir algo a alguien. **–2.** *fam* [radio, télé] poner; [électricité] dar. ◇ *vi* **–1.** [donner accès] : **~ sur qqch** abrirse a. **–2.** [être ouvert] abrir. **–3.** [commencer] : **~ par** empezar por. **–4.** [aux cartes] : **~ à** abrir con. ◆ **s'ouvrir** *vp* [gén] abrirse; **s'~ à qqn** [se confier] abrirse a OU con alguien; **s'~ à qqch** [se sensibiliser] abrirse a algo.

ovaire [ovɛr] *nm* ovario *m*.

ovale [oval] ◇ *adj* oval, ovalado(da). ◇ *nm* óvalo *m*.

ovation [ovasjõ] *nf* ovación *f*; **faire une ~ à qqn** ovacionar a alguien.

ovationner [ovasjone] *vt* ovacionar.

overdose [ovœrdoz] *nf* sobredosis *f inv*; **~ de qqch** *fam fig* sobredosis de algo.

OVNI, Ovni [ovni] *(abr de* objet volant non identifié*) nm* OVNI *m*.

ovulation [ovylasjõ] *nf* ovulación *f*.

oxydation [oksidasjõ] *nf* oxidación *f*.

oxyde [oksid] *nm* óxido *m*; **~ de carbone** óxido de carbono.

oxygène [oksiʒɛn] *nm* oxígeno *m*.

oxygéné, e [oksiʒene] *adj* oxigenado(da).

ozone [ozon] *nm* ozono *m*.

P

p, P [pe] *nm inv* p *f*, P *f*. ◆ **p –1.** (*abr de pico*) p. **–2.** (*abr de page*) p. **–3.** (*abr de passable*) S, Suf. **–4.** (*abr de pièce*) h., hab.

pacage [pakaʒ] *nm* pastoreo *m*.

pacemaker [pɛsmekœr] *nm* marcapasos *m inv*.

pacha [paʃa] *nm* **–1.** HIST [gouverneur] pachá *m*; **mener une vie de ~** *fam* vivir como un pachá. **–2.** *arg* MIL [commandant de navire] palabra de jerga militar para referirse al comandante de un buque.

pachyderme [paʃidɛrm] *nm* paquidermo *m*.

pacifier [pasifje] *vt* **–1.** [pays, peuple] pacificar. **–2.** *fig* [esprit] apaciguar.

pacifique [pasifik] *adj* pacífico(ca). ◆ **Pacifique** *nm* GÉOGR : **le Pacifique** el Pacífico.

pacifiste [pasifist] *adj & nmf* pacifista.

pack [pak] *nm* **–1.** [lot de bouteilles] pack *m*. **–2.** SPORT [rugby] delantera *f*.

packaging [pakadʒiŋ] *nm* embalaje *m*.

pacotille [pakɔtij] *nf* pacotilla *f*; **de ~** de pacotilla.

pacte [pakt] *nm* pacto *m*.

pactiser [paktize] *vi* : **~ avec qqch/qqn** pactar con algo/con alguien.

pactole [paktɔl] *nm* mina *f* (*de dinero*).

pagaie [pagɛ] *nf* zagual *m*.

pagaille, pagaye, pagaïe [pagaj] *nf fam* [désordre] desbarajuste *m*; **en ~** [quantité] a porrillo; **être en ~** [chambre] estar manga por hombro.

pagayer [pageje] *vi* remar con zagual.

page [paʒ] ◇ *nf* página *f*; **être à la ~** *fig* estar al día. ◇ *nm* HIST paje *m*.

pagne [paɲ] *nm* taparrabos *m inv*.

pagode [pagɔd] *nf* pagoda *f*.

paie, paye [pɛ] *nf* paga *f*.

paiement, payement [pɛmɑ̃] *nm* pago *m*.

païen, enne [pajɛ̃, ɛn] *adj & nm, f* pagano(na).

paillard, e [pajar, ard] ◇ *adj* verde (*obscenɔ*). ◇ *nm, f* vividor *m*, -ra *f*.

paillasse [pajas] ◇ *nf* **–1.** [matelas] jergón *m*. **–2.** [d'évier] escurridero *m*. ◇ *nm* payaso *m*.

paillasson [pajasɔ̃] *nm* **–1.** [gén] felpudo *m*. **–2.** AGRIC pajote *m*.

paille [paj] *nf* paja *f*; **être sur la ~** *fam fig* estar sin un duro. ◆ **paille de fer** *nf* estropajo *m* metálico.

pailleté, e [pajte] *adj* de lentejuelas.

paillette [pajɛt] *nf* **–1.** [pour vêtements] lentejuela *f*. **–2.** [d'or] chispa *f*. **–3.** [de lessive, de savon] escama *f*.

pain [pɛ̃] *nm* **–1.** [aliment] pan *m*; **~ au lait** bollo *m* de leche; **~ d'épice** ≃ alajú *m*; **~ de mie** pan de molde. **–2.** [masse moulée – gâteau] pudín *m*; [– de poisson, de légumes] pastel *m*; [– de cire] librillo *m*; [– de savon] pastilla *f*. **–3.** [coup] puñetazo *m*. ◆ **Pain de sucre** *nm* GÉOGR Pan *m* de Azúcar.

pair, e [pɛr] *adj* par. ◆ **pair** *nm* igual *m*. ◆ **paire** *nf* **–1.** [de choses] par *m*. **–2.** [d'animaux – gén] pareja *f*; [– de bœufs] yunta *f*. ◆ **au pair** *loc adv* : **travailler au ~** trabajar de au pair. ◆ **de pair** *loc adv* : **aller de ~ avec** ir acompañado(da) de.

paisible [pezibl] *adj* apacible.

paître [pɛtr] ◇ *vt* pacer, pastar. ◇ *vi* : **faire ~** apacentar.

paix [pɛ] *nf* paz *f*; **en ~** en paz; **avoir la ~** estar tranquilo(la); **faire la ~ avec qqn** hacer las paces con alguien.

Pakistan [pakistɑ̃] *nm* : **le ~** (el) Pakistán; **au ~** [direction] a Pakistán.

palace [palas] *nm* hotel *m* de lujo.

palais [palɛ] *nm* **–1.** [gén] palacio *m*. **–2.** ANAT paladar *m*.

palan [palɑ̃] *nm* TECHNOL aparejo *m*.

pale [pal] *nf* **–1.** [d'hélice] pala *f*, aspa *f*. **–2.** [de rame] pala *f*.

pâle [pal] *adj* pálido(da).

paléontologie [paleɔ̃tɔlɔʒi] *nf* paleontología *f*.

Palestine [palɛstin] *nf* : **la ~** Palestina.

palestinien, enne [palɛstinjɛ̃, ɛn] *adj* palestino(na). ◆ **Palestinien, enne** *nm, f* palestino *m*, -na *f*.

palet [palɛ] *nm* tejo *m*.

paletot [palto] *nm* gabán *m*.

palette [palɛt] *nf* **–1.** [de peintre, de chariot élévateur] paleta *f*. **–2.** CULIN [de mouton] paletilla *f*.

pâleur [palœr] *nf* palidez *f*.

palier [palje] *nm* **–1.** [d'escalier] rellano *m*. **–2.** [niveau] escalón *m*. **–3.** TECHNOL [de transmission] palier *m*.

pâlir [palir] ◇ *vt sout* hacer palidecer. ◇ *vi* palidecer.

palissade [palisad] *nf* empalizada *f.*

palissandre [palisɑ̃dr] *nm* palisandro *m.*

palliatif, ive [paljatif, iv] *adj* paliativo(va). ◆ **palliatif** *nm* paliativo *m.*

pallier [palje] *vt* paliar.

Palma [palma] *n* : ~ **(de Majorque)** Palma (de Mallorca).

palmarès [palmarɛs] *nm* palmarés *m inv.*

palme [palm] *nf* -1. [feuille, insigne] palma *f.* -2. [de nageur] aleta *f.*

palmé, e [palme] *adj* palmeado(da).

palmeraie [palmərɛ] *nf* palmar *m,* palmeral *m.*

palmier [palmje] *nm* palmera *f.*

palmipède [palmiped] ◇ *adj* palmípedo(da). ◇ *nm* palmípedo *m.*

palombe [palɔ̃b] *nf* paloma *f* torcaz.

pâlot, otte [palo, ɔt] *adj fam* paliducho(cha).

palourde [palurd] *nf* almeja *f.*

palper [palpe] *vt* -1. [toucher] palpar. -2. *fam* [argent] embolsarse.

palpitant, e [palpitɑ̃, ɑ̃t] *adj* palpitante.

palpitation [palpitasjɔ̃] *nf* palpitación *f.*

palpiter [palpite] *vi* -1. [cœur] palpitar. -2. *sout* [flamme] chisporrotear.

paludisme [palydism] *nm* paludismo *m.*

pâmer [pame] ◆ **se pâmer** *vp sout* [s'évanouir] desfallecer.

pamphlet [pɑ̃flɛ] *nm* panfleto *m.*

pamplemousse [pɑ̃pləmus] *nm* pomelo *m.*

pan [pɑ̃] ◇ *nm* -1. [de vêtement] faldón *m.* -2. [morceau] trozo *m;* ~ **de mur** trozo de pared. -3. [face] cara *f.* ◇ *interj* ¡pum!

panache [panaʃ] *nm* -1. [de plumes] penacho *m.* -2. [de fumée] bocanada *f.* -3. [éclat] brillo *m;* **avoir du** ~ estar radiante.

panaché, e [panaʃe] *adj* -1. [de couleurs différentes] abigarrado(da). -2. [fruits, glace] variado(da). ◆ **panaché** *nm* [bière] clara *f.*

Panama [panama] *nm* [pays] : **le** ~ Panamá; **au** ~ [direction] a Panamá; [situation] en Panamá.

panaris [panari] *nm* panadizo *m,* uñero *m.*

pancarte [pɑ̃kart] *nf* -1. [de manifestant] pancarta *f.* -2. [panneau de signalisation] letrero *m.*

pancréas [pɑ̃kreas] *nm* páncreas *m inv.*

pané, e [pane] *adj* CULIN empanado(da).

paner [pane] *vt* CULIN empanar.

panier [panje] *nm* -1. [gén] cesta *f;* ~ **à provisions** cesta de la compra. -2. [poubelle] : **mettre au** ~ tirar a la basura; **mettre dans le même** ~ *fig* meter en el mismo saco.

panique [panik] ◇ *adj* : **être pris d'une peur** ~ sentir pánico. ◇ *nf* pánico *m.*

paniquer [panike] ◇ *vt* aterrorizar. ◇ *vi* estar aterrorizado(da).

panne [pan] *nf* avería *f Esp,* descompostura *f Amér;* **avoir une** ~ **d'essence** quedarse sin gasolina; **tomber en** ~ tener una avería; ~ **de courant** OU **d'électricité** apagón *m.*

panneau, x [pano] *nm* -1. [pancarte] cartel *m Esp,* afiche *m Amér;* ~ **indicateur** señal *f* indicadora; ~ **publicitaire** valla *f* publicitaria. -2. [élément] tablero *m.*

panoplie [panɔpli] *nf* -1. [jouet] disfraz *m* de niño. -2. [d'armes, de mesures] panoplia *f.*

panorama [panɔrama] *nm* -1. [vue] panorama *m.* -2. *fig* [rétrospective] panorámica *f.*

panoramique [panɔramik] ◇ *adj* panorámico(ca). ◇ *nm* CIN panorámica *f.*

panse [pɑ̃s] *nf* panza *f.*

pansement [pɑ̃smɑ̃] *nm* -1. [compresse] venda *f;* ~ **(adhésif)** tirita® *f.* -2. [sur une carie dentaire] empaste *m Esp,* emplomadura *f Amér.*

panser [pɑ̃se] *vt* -1. [plaie] vendar. -2. [cheval] almohazar.

pantalon [pɑ̃talɔ̃] *nm* pantalón *m,* pantalones *mpl.*

pantelant, e [pɑ̃tlɑ̃, ɑ̃t] *adj* palpitante.

panthère [pɑ̃tɛr] *nf* ZOOL pantera *f.*

pantin [pɑ̃tɛ̃] *nm* títere *m.*

pantomime [pɑ̃tɔmim] *nf* pantomima *f.*

pantouflard, e [pɑ̃tuflar, ard] *fam* ◇ *adj* casero(ra). ◇ *nm, f persona* casera.

pantoufle [pɑ̃tufl] *nf* zapatilla *f,* pantufla *f.*

panure [panyr] *nf* CULIN pan *m* rallado.

paon [pɑ̃] *nm* pavo *m* real.

papa [papa] *nm* papá *m.*

papauté [papote] *nf* papado *m.*

pape [pap] *nm* papa *m.*

paperasse [papras] *nf* -1. [papier sans importance] papelote *m.* -2. *péj* [papiers administratifs] papeleo *m.*

papeterie [papetri] *nf* -1. [magasin] papelería *f.* -2. [fabrique] papelera *f.*

papetier, ère [paptje, ɛr] *nm, f* papelero *m,* -ra *f.*

papier [papje] *nm* **-1.** [gén] papel *m*; ~ **alu(minium)** papel de aluminio; ~ **glacé/toilette** papel glaseado/higiénico; ~ **à lettres** papel de cartas; ~ **peint** papel pintado. **-2.** [article de journal] artículo *m*.

papier-calque (*pl* **papiers-calque**) *nm* papel *m* de calco.

papille [papij] *nf* papila *f*; ~**s gustatives** papilas gustativas.

papillon [papijɔ̃] ◇ *adj inv* mariposa (*en aposición*). ◇ *nm* **-1.** [insecte, écrou] mariposa *f*. **-2.** [contravention] multa *f*.

papillonner [papijɔne] *vi* mariposear.

papillote [papijɔt] *nf* **-1.** [bonbon] *caramelo envuelto en papel rizado*. **-2.** [pour cheveux] papillote *f*. **-3.** CULIN : **en** ~ a la papillote.

papilloter [papijɔte] *vi* **-1.** [personne, yeux] pestañear, parpadear. **-2.** [lumière] parpadear.

papotage [papɔtaʒ] *nm fam* parloteo *m*.

papoter [papɔte] *vi fam* parlotear.

paprika [paprika] *nm* paprika *f*.

Pâque [pak] *nf* [fête juive] Pascua *f*.

paquebot [pakbo] *nm* paquebote *m*.

pâquerette [pakrɛt] *nf* maya *f*.

Pâques [pak] ◇ *nm* [fête chrétienne] Pascua *f*. ◇ *nfpl* Pascuas *fpl*.

paquet [pakɛ] *nm* paquete *m*. ◆ **paquet-cadeau** *nm* paquete *m* envuelto para regalo.

paquetage [paktaʒ] *nm* impedimenta *f*.

par [par] *prép* **-1.** [spatial] por; ~ **derrière/devant/ici/là** por detrás/delante/aquí/allí. **-2.** [temporel] : ~ **un beau jour d'été** en un bonito día de verano. **-3.** [moyen, manière] con; ~ **la douceur** con dulzura. **-4.** [transport] en; ~ **avion/**~ **bateau** en avión/en barco. **-5.** [cause, origine] por; ~ **accident** por accidente. **-6.** [introduisant le complément d'agent] por; **faire faire qqch** ~ **qqn** hacer hacer algo por alguien. **-7.** [sens distributif] : **deux** ~ **deux** de dos en dos; **une heure** ~ **jour** una hora al día. **-8.** [indique motivation] por. ◆ **de par** *loc prép* : **de** ~ **la loi** por ley. ◆ **par-ci par-là** *loc adv* por aquí por allá.

parabole [parabɔl] *nf* parábola *f*.

parabolique [parabɔlik] *adj* parabólico(ca).

parachever [paraʃve] *vt* dar el último toque a.

parachute [paraʃyt] *nm* paracaídas *m inv*.

parachutiste [paraʃytist] *nmf* paracaidista *mf*.

parade [parad] *nf* **-1.** [gén] parada *f*. **-2.** [étalage] ostentación *f*. **-3.** [spectacle] desfile *m*.

paradis [paradi] *nm* paraíso *m*.

paradoxal, e, aux [paradɔksal, o] *adj* paradójico(ca).

paradoxe [paradɔks] *nm* paradoja *f*.

parafe, paraphe [paraf] *nm* rúbrica *f*.

parafer, parapher [parafe] *vt* rubricar.

paraffine [parafin] *nf* parafina *f*.

parages [paraʒ] *nmpl* NAVIG aguas *fpl*.

paragraphe [paragraf] *nm* párrafo *m* *Esp*, acápite *m* *Amér*.

Paraguay [paragwɛ] *nm* : **le** ~ Paraguay; **au** ~ [direction] a Paraguay; [situation] en Paraguay.

paraître [parɛtr] *vi* **-1.** [apparaître, se montrer, être publié] aparecer. **-2.** [personne] aparentar. **-3.** [sentiment] manifestarse. **-4.** *loc* : **il paraît** OU **paraîtrait que** parece ser que.

parallèle [paralɛl] ◇ *adj* paralelo(la). ◇ *nm* paralelo *m*. ◇ *nf* MATHS paralela *f*.

parallélépipède [paralelepiped] *nm* paralelepípedo *m*.

parallélisme [paralelism] *nm* paralelismo *m*.

parallélogramme [paralelɔgram] *nm* paralelogramo *m*.

paralyser [paralize] *vt* paralizar.

paralysie [paralizi] *nf* parálisis *f inv*.

paramédical, e, aux [paramedikal, o] *adj* paramédico(ca).

paramètre [parametr] *nm* parámetro *m*.

parano [parano] *fam abr de* **paranoïaque**.

paranoïa [paranɔja] *nf* paranoia *f*.

paranoïaque [paranɔjak] *adj & nmf* paranoico(ca).

parapente [parapɑ̃t] *nm* parapente *m*.

parapet [parapɛ] *nm* parapeto *m*.

paraphe = **parafe**.

parapher = **parafer**.

paraphrase [parafraz] *nf* paráfrasis *f inv*.

paraplégique [parapleʒik] *adj & nmf* parapléjico(ca).

parapluie [paraplɥi] *nm* paraguas *m inv*.

parasite [parazit] ◇ *adj* parásito(ta). ◇ *nm* parásito *m*. ◆ **parasites** *nmpl* RADIO parásitos *m inv*.

parasol [parasɔl] *nm* sombrilla *f*, parasol *m*.

paratonnerre [paratɔnɛr] *nm* pararrayos *m inv*.

paravent [paravɑ̃] *nm* biombo *m*.

parc [park] *nm* **–1.** [gén] parque *m*; ~ **aquatique** parque acuático; ~ **d'attraction** parque de atracciones; ~ **national** parque nacional. **–2.** [pour l'élevage] redil *m*. **–3.** [parking] aparcamiento *m Esp*, parqueadero *m Amér*.

parcelle [parsɛl] *nf* **–1.** [terrain] parcela *f*. **–2.** [petite partie] ápice *f*.

parce que [parskə] *loc conj* porque.

parchemin [parʃəmɛ̃] *nm* pergamino *m*.

parcimonie [parsimɔni] *nf* parsimonia *f*.

parcimonieux, euse [parsimɔnjø, øz] *adj* parsimonioso(sa).

parcmètre [parkmɛtr] *nm* parquímetro *m*.

parcourir [parkurir] *vt* **–1.** [région, ville] recorrer. **–2.** [journal] hojear.

parcours [parkur] *nm* **–1.** [itinéraire & SPORT] recorrido *m*. **–2.** *fig* [trajectoire individuelle] trayectoria *f*.

parcouru, e [parkury] *pp* → **parcourir**.

par-dedans *adv* por dentro.

par-dehors *adv* por fuera.

par-derrière *adv* **–1.** [par l'arrière] por detrás. **–2.** [en cachette] a espaldas de uno.

par-dessous ◇ *adv* por debajo. ◇ *prép* por debajo de.

pardessus [pardəsy] *nm* sobretodo *m*.

par-dessus ◇ *adv* por encima. ◇ *prép* por encima de.

par-devant ◇ *adv* por delante. ◇ *prép* por delante de.

pardi [pardi] *interj fam* ¡pues claro!

pardon [pardɔ̃] ◇ *nm* perdón *m*; demander ~ pedir perdón. ◇ *interj* ¡perdón!

pardonner [pardɔne] *vt* perdonar; ~ qqch à qqn perdonar algo a alguien; ~ à qqn perdonar a alguien.

pare-balles [parbal] ◇ *adj inv* antibalas. ◇ *nm inv* chaleco *m* antibalas.

pare-boue [parbu] *nm inv* guardabarros *m inv*.

pare-brise [parbriz] *nm inv* parabrisas *m inv*.

pare-chocs [parʃɔk] *nm inv* parachoques *m inv*.

pareil, eille [parɛj] ◇ *adj* **–1.** [semblable] : ~ à qqch igual a algo; je n'ai jamais vu une insolence pareille nunca he visto insolencia igual. **–2.** [tel] semejante. ◇ *nm, f* [semblable] : ne pas avoir son ~ no tener igual. ◆ **pareil** *adv fam* igual.

parent, e [parɑ̃, ɑ̃t] ◇ *adj* [animal, langue] de la misma familia. ◇ *nm, f* pariente *mf*. ◆ **parents** *nmpl* **–1.** [père et mère] padres *mpl*. **–2.** *sout* [ancêtres] antepasados *mpl*.

parenté [parɑ̃te] *nf* **–1.** [lien familial, ressemblance] parentesco *m*. **–2.** [ensemble de la famille] parentela *f*.

parenthèse [parɑ̃tɛz] *nf* paréntesis *m inv*; entre ~s entre paréntesis; ouvrir/fermer la ~ cerrar/abrir el paréntesis.

parer [pare] ◇ *vt* **–1.** *sout* [orner] engalanar. **–2.** [vêtir avec recherche] : ~ qqn de qqch ataviar a alguien con algo; *fig* [attribuer] atribuir a alguien algo. **–3.** [coup] parar. **–4.** NAVIG aparejar. ◇ *vi* [faire face] : ~ à qqch precaverse contra algo; ~ au plus pressé solucionar lo más urgente. ◆ **se parer** *vp* [se vêtir] ataviarse.

pare-soleil [parsɔlɛj] *nm inv* parasol *m*.

paresse [parɛs] *nf* pereza *f*.

paresser [parɛse] *vi* holgazanear.

paresseux, euse [parɛsø, øz] *adj & nm, f* perezoso(sa). ◆ **paresseux** *nm* ZOOL perezoso *m*.

parfaire [parfɛr] *vt* perfeccionar.

parfait, e [parfɛ, ɛt] *adj* **–1.** [gén] perfecto(ta). **–2.** [calme] absoluto(ta). ◆ **parfait** *nm* **–1.** CULIN [crème glacée] helado *m*. **–2.** GRAM pretérito *m* perfecto.

parfaitement [parfɛtmɑ̃] *adv* **–1.** [admirablement] perfectamente. **–2.** [totalement] completamente. **–3.** [certainement] seguro.

parfois [parfwa] *adv* a veces.

parfum [parfœ̃] *nm* **–1.** [gén] perfume *m*. **–2.** [goût aromatisé] gusto *m*, sabor *m*.

parfumé, e [parfyme] *adj* **–1.** [gén] perfumado(da). **–2.** [aromatisé] : ~ à con sabor a.

parfumer [parfyme] *vt* **–1.** [gén] perfumar. **–2.** CULIN aromatizar. ◆ **se parfumer** *vp* perfumarse.

parfumerie [parfymri] *nf* perfumería *f*.

pari [pari] *nm* apuesta *f*.

paria [parja] *nm* paria *m*.

parier [parje] *vt* apostar; je l'aurais parié [j'en étais sûr] lo habría jurado.

parieur [parjœr] *nm* apostante *mf*.

Paris [pari] *n* París.

parisien, enne [parizjɛ̃, ɛn] *adj* parisino(na). ◆ **Parisien, enne** *nm, f* parisino *m*, -na *f*.

parité [parite] *nf* paridad *f*.

parjure [parʒyr] ◇ *adj & nmf* perjuro(ra). ◇ *nm* perjurio *m*.

parjurer [parʒyre] ◆ **se parjurer** *vp* perjurar.

parka [parka] *nm* OU *nf* parka *f*.

parking [parkiŋ] *nm* parking *m*.

parlant, e [parlɑ̃, ɑ̃t] *adj* -**1.** [qui parle – horloge, armes] parlante; [– cinéma] sonoro(ra). -**2.** *fig* [chiffre, donnée] elocuente. -**3.** [portrait] vívido(da).

parlé, e [parle] *adj* hablado(da).

parlement [parləmɑ̃] *nm* POLIT parlamento *m*. ◆ **Parlement** *nm* : **le Parlement européen** el Parlamento europeo.

parlementaire [parləmɑ̃tɛr] *adj & nmf* parlamentario(ria).

parlementer [parləmɑ̃te] *vi* parlamentar.

parler [parle] ◇ *vi* hablar; ~ **à** OU **avec qqn** hablar con alguien OU a alguien; ~ **de faire qqch** hablar de hacer algo; ~ **de qqch/qqn à qqn** hablar de algo/de alguien a alguien; **sans** ~ **de** sin hablar de, amén de; **n'en parlons plus!** ¡no se hable más!; ~ **pour ne rien dire** hablar por hablar, hablar por no estar callado; **tu parles!** *fam* ¡qué va! ◇ *vt* -**1.** [langue] hablar. -**2.** [discuter de] hablar de. ◇ *nm* -**1.** [manière de parler] manera *f* de hablar. -**2.** LING [patois] habla *m*. ◆ **à proprement parler** *loc adv* propiamente dicho.

parloir [parlwar] *nm* locutorio *m*.

parmi [parmi] *prép* entre; ~ **d'autres** entre otros(entre otras).

parodie [parɔdi] *nf* parodia *f*.

parodier [parɔdje] *vt* parodiar.

paroi [parwa] *nf* -**1.** [cloison, mur] pared *f*. -**2.** [de récipient & GÉOL] pared *f*; ~ **rocheuse** pared rocosa.

paroisse [parwas] *nf* parroquia *f*.

paroissial, e, aux [parwasjal, o] *adj* parroquial.

paroissien, enne [parwasjɛ̃, ɛn] *nm, f* parroquiano *m*, -na *f*, feligrés *m*, -esa *f*.

parole [parɔl] *nf* -**1.** [faculté de parler] habla *m*. -**2.** [propos, discours] palabra *f*; **adresser la** ~ **à qqn** dirigir la palabra a alguien; **couper la** ~ **à qqn** cortar a alguien; **prendre la** ~ tomar la palabra, hacer uso de la palabra. ◆ **paroles** *nfpl* [de chanson] letra *f*.

paroxysme [parɔksism] *nm* paroxismo *m*.

parquer [parke] *vt* -**1.** [animal] encerrar (*en un redil*). -**2.** [prisonniers] hacinar. -**3.** [voiture] aparcar *Esp*, parquear *Amér*.

parquet [parkɛ] *nm* -**1.** [plancher] parquet *m*, parqué *m*. -**2.** JUR ≃ ministerio *m* fiscal.

parqueter [parkəte] *vt* poner parquet.

parrain [parɛ̃] *nm* padrino *m*.

parrainer [parɛne] *vt* apadrinar.

par.icide [parisid] ◇ *adj* parricida. ◇ *nm* [meurtre] parricidio *m*. ◇ *nmf* [assassin] parricida *mf*.

parsemer [parsəme] *vt* -**1.** [terrain] sembrar. -**2.** *sout* [consteller – ciel] constelar; [– texte] salpicar.

part [par] *nf* parte; **c'est de la** ~ **de qui?** ¿de parte de quién?; **faire** ~ **à qqn de qqch** hacer partícipe a alguien de algo; **pour ma** ~ por mi parte; **prendre** ~ **à qqch** tomar parte en algo. ◆ **à part** *adv* aparte. ◆ **autre part** *loc adv* [sans mouvement] en otra parte; [avec mouvement] a otra parte. ◆ **d'autre part** *loc adv* por otra parte. ◆ **de part et d'autre** *loc adv* de una y otra parte. ◆ **d'une part..., d'autre part** *loc corrélative* por una parte..., por otra. ◆ **nulle part** *loc adv* [sans mouvement] en ninguna parte; [avec mouvement] a ninguna parte. ◆ **quelque part** *loc adv* [sans mouvement] en alguna parte; [avec mouvement] a alguna parte.

part. (*abr de* **particulier**) part.

partage [partaʒ] *nm* -**1.** [action] reparto *m*, repartición *f*. -**2.** JUR partición *f*.

partagé, e [partaʒe] *adj* dividido(da); **être** ~ **sur** estar dividido sobre.

partager [partaʒe] *vt* -**1.** [héritage] partir. -**2.** *fig* [opinions] dividir; [temps] repartir. -**3.** [pouvoir, joie, repas] : ~ **qqch avec qqn** compartir algo con alguien. ◆ **se partager** *vp* -**1.** [gén] repartirse. -**2.** [personne, groupe] dividirse.

partance [partɑ̃s] *nf* : **en** ~ **pour** con destino a.

partant, e [partɑ̃, ɑ̃t] *adj* : **être** ~ **pour** estar dispuesto a OU para. ◆ **partant** *nm* SPORT participante *mf*.

partenaire [partənɛr] *nmf* -**1.** [gén] pareja *f*. -**2.** COMM país *m* socio.

partenariat [partənarja] *nm* cooperación *f*.

parterre [partɛr] *nm* -**1.** [de fleurs] parterre *m*. -**2.** THÉÂTRE patio *m* de butacas.

parti, e [parti] *pp* → **partir**. ◇ *adj fam* [ivre] piripi. ◆ **parti** *nm* -**1.** POLIT partido *m*. -**2.** *sout* [choix, décision] opción *f*. -**3.** *loc* : **être de** ~ **pris** tener prejuicio, estar tomar partido; **avoir un** ~ **pris favorable/défavorable à** tener una opinión favorable/desfavorable a; **prendre le** ~ **de** tomar la decisión de; **tirer ~ de** sacar partido de. ◆ **partie** nf **-1.** [élément, portion & JUR] parte f; **en grande/majeure ~e** en gran/su mayor parte; **faire ~e (intégrante) de qqch** formar parte de algo; **la ~e adverse** la parte contraria. **-2.** [domaine d'activité] especialidad f. **-3.** SPORT partido m. **-4.** [cartes] partida f. **-5.** loc : **prendre qqn à ~e** tomarla con uno. ◆ **en partie** loc adv en parte.

partial, e, aux [parsjal, o] adj parcial.

partialité [parsjalite] nf parcialidad f.

participant, e [partisipã, ãt] ◇ adj participante. ◇ nm, f **-1.** SPORT [concurrent] participante mf. **-2.** [adhérent] miembro m.

participation [partisipasjɔ̃] nf participación f.

participe [partisip] nm LING participio m; **~ passé/présent** participio pasado/presente.

participer [partisipe] vt : **~ à qqch** [réunion, fête] asistir a algo; [bénéfices] participar en algo; [frais] compartir algo.

particularisme [partikylarism] nm particularismo m.

particularité [partikylarite] nf particularidad f.

particule [partikyl] nf partícula f.

particulier, ère [partikylje, ɛr] adj **-1.** [gén] particular; **~ à qqn** característico de alguien. **-2.** [qualité] excepcional. **-3.** [soin] especial. ◆ **en particulier** loc adv **-1.** [gén] en particular. **-2.** [seul à seul] a solas.

particulièrement [partikyljɛrmɑ̃] adv **-1.** [surtout] en particular. **-2.** [spécialement] particularmente; **tout ~** muy particularmente.

partie → **parti**.

partiel, elle [parsjɛl] adj parcial. ◆ **partiel** nm UNIV parcial m.

partir [partir] vi **-1.** [personne, tache] marcharse. **-2.** [se mettre en marche – voiture] arrancar; [– train, avion] salir. **-3.** [commencer] partir. **-4.** [bouchon] saltar. **-5.** [coup de feu, éclat de rire] estallar. **-6.** [prendre son point de départ] : **~ de** partir de. ◆ **à partir de** loc prép a partir de.

partisan, e [partizã, an] adj partidista. ◆ **partisan** nm **-1.** POLIT partidario m, -ria f. **-2.** [combattant] guerrillero m.

partition [partisjɔ̃] nf **-1.** [séparation] división f. **-2.** MUS partitura f.

partout [partu] adv en todas partes.

paru, e [pary] pp → **paraître**.

parure [paryr] nf **-1.** [de bijoux] aderezo m. **-2.** [de linge] juego m de ropa interior femenina.

parution [parysjɔ̃] nf publicación f.

parvenir [parvənir] vi [réussir] : **~ à qqch/à faire qqch** conseguir algo/hacer algo.

parvenu, e [parvəny] ◇ pp → **parvenir**. ◇ nm, f péj nuevo rico m, nueva rica f.

pas[1] [pa] nm **-1.** [gén] paso m; **avancer d'un ~** avanzar un paso; **faire un ~ en avant** dar un paso adelante; **allonger le ~** alargar el paso; **au ~ cadencé** marcando el paso; **le ~ de l'oie** el paso de la oca. **-2.** loc : **à ~ de loup** OU **feutrés de** puntillas; **c'est à deux ~ (d'ici)** está a dos pasos (de aquí); **emboîter le ~ à qqn** ir tras los pasos de alguien; **faire le premier ~** dar el primer paso; **faire les cent ~** pasear arriba y abajo; **faire un faux ~** dar un paso en falso; **~ à ~** paso a paso; **rouler au ~** circular con precaución; **sauter le ~** dar el paso; **tirer qqn d'un mauvais ~** sacar a alguien de un apuro. ◆ **pas de vis** nm paso de rosca.

pas[2] [pa] adv no; **ne... ~** no; **il ne mange ~** no come; **absolument/vraiment ~** en absoluto; **~ assez (+ adjectif)** no lo suficientemente (+ adjetivo); **~ bien** no lo bastante (+ adjetivo); **~ encore** todavía no; **~ un** de ninguno de; **~ (+ adjectif)** nada (+ adjetivo); **~ drôle** nada divertido.

pascal, e [paskal] (pl **pascals** OU **pascaux** [pasko]) adj pascual, de Pascua. ◆ **pascal, als** nm PHYS pascal m.

pas-de-porte [padpɔrt] nm inv traspaso m.

passable [pasabl] adj pasable, aceptable.

passage [pasaʒ] nm **-1.** [gén] paso m; **de ~** de paso; **saisir qqch au ~** coger algo al vuelo; **~ à niveau** paso a nivel; **~ clouté** paso de cebra; **~ protégé** cruce m con prioridad; **~ souterrain** paso subterráneo. **-2.** [de texte, de musique] pasaje m.

passager, ère [pasaʒe, ɛr] ◇ adj **-1.** [sentiment] pasajero(ra). **-2.** [hôte] de paso. ◇ nm, f pasajero m, -ra f.

passant, e [pasã, ãt] ◇ adj concurrido(da). ◇ nm, f transeúnte mf. ◆ **passant** nm presilla f.

passe [pas] nf **-1.** ESCRIME pase m, finta f. **-2.** SPORT pase m. **-3.** NAVIG [chenal] pasaje m. **-4.** [col de montagne] paso m. **-5.** fam [de prostituée] casa f de citas. **-6.** loc : **être en ~ de faire qqch** [sur le point de] estar a punto de hacer algo.

passé, e [pase] *adj* pasado(da). ◆ **passé** ◇ *nm* pasado *m*; **~ antérieur/composé/simple** GRAM pretérito anterior/perfecto/indefinido. ◇ *prép* pasado(da).

passe-droit [pasdrwa] (*pl* **passe-droits**) *nm* favor *m* ilícito.

passe-montagne [pasmɔ̃taɲ] (*pl* **passe-montagnes**) *nm* pasamontañas *m inv*.

passe-partout [paspartu] *nm inv* **-1.** [clé] llave *f* maestra. **-2.** *(en apposition)* [phrase, mot, réponse] comodín *m*. **-3.** [cadre] orla *f*.

passeport [paspɔr] *nm* pasaporte *m*.

passer [pase] ◇ *vi* **-1.** [gén] pasar; [changer d'activité] : **~ de qqch à qqch** cambiar de algo a algo; **~ sur qqch** [se taire] pasar por alto algo; **~ pour** pasar por; **se faire ~ pour qqn** hacerse pasar por alguien. **-2.** [aller] : **~ chez qqn** pasar por. **-3.** [être acceptable] : **~ bien/mal** caer bien/mal; **~ difficilement** ser difícil de aceptar; **passons...** dejémoslo... **-4.** [perdre son éclat] irse. **-5.** TÉLÉ & CIN dar, poner; **qu'est-ce qui passe, ce soir?** ¿qué dan OU ponen esta noche? ◇ *vt* **-1.** [obstacle, moment, objet] pasar; **~ qqch à qqn** pasar algo a alguien. **-2.** [mot, ligne] saltar. **-3.** [caprice] : **~ qqch à qqn** consentir algo a alguien. **-4.** [couche de peinture] dar. **-5.** [café] colar. **-6.** [film, disque] poner. **-7.** [vêtement] ponerse. **-8.** [vitesses] poner, meter. **-9.** [contrat] otorgar. **-10.** [examen] hacer. ◆ **se passer** *vp* **-1.** [gén] pasar; se **~ de qqch/de faire qqch** pasar sin algo/sin hacer algo. **-2.** THÉÂTRE [scène] transcurrir. **-3.** [se mettre] ponerse. ◆ **en passant** *loc adv* **-1.** [au passage] al pasar. **-2.** *fig* [par la même occasion] de paso.

passerelle [pasrɛl] *nf* **-1.** [gén] pasarela *f*. **-2.** [de bateau] puente *m* de mando.

passe-temps [pastɑ̃] *nm inv* pasatiempo *m*.

passif, ive [pasif, iv] *adj* pasivo(va). ◆ **passif** *nm* **-1.** GRAM pasiva *f*, voz *f* pasiva. **-2.** FIN pasivo *m*.

passion [pasjɔ̃] *nf* pasión *f*; **avoir la ~ de qqch** tener pasión por algo. ◆ **Passion** *nf* MUS Pasión *f*.

passionné, e [pasjɔne] ◇ *adj* apasionado(da). ◇ *nm, f* [amoureux] pasional *mf*.

passionnel, elle [pasjɔnɛl] *adj* pasional.

passionner [pasjɔne] *vt* **-1.** [personne] apasionar. **-2.** [débat] animar, dar un tono apasionado a. ◆ **se passionner** *vp* : **se ~ pour qqch** apasionarse por algo.

passivité [pasivite] *nf* pasividad *f*.

passoire [paswar] *nf* colador *m*.

pastel [pastɛl] ◇ *nm* [crayon] pastel *m*. ◇ *adj inv* pastel *(en aposición)*.

pastèque [pastɛk] *nf* sandía *f*.

pasteur [pastœr] *nm* pastor *m*.

pasteuriser [pastœrize] *vt* pasteurizar.

pastille [pastij] *nf* **-1.** [bonbon – médicament] pastilla *f*; [– confiserie] caramelo *m*. **-2.** [motif] lunar *m*.

pastis [pastis] *nm* anís *m (bebida)*.

patate [patat] *nf fam* **-1.** [pomme de terre] patata *f Esp*, papa *f Amér*; **~ douce** boniato *m*, batata *f*. **-2.** [imbécile] burro *m*, -rra *f*.

patauger [patoʒe] *vi* **-1.** [barboter] chapotear. **-2.** *fam fig* [en parlant] hacerse un taco.

pâte [pat] *nf* **-1.** CULIN masa *f*; **~ à pain/à tarte** masa de pan/de tarta; **~ brisée** masa quebrada; **~ d'amandes** mazapán *m*; **~ de coings** carne *f* de membrillo; **~ de fruit** dulce *m* de frutas; **~ feuilletée** masa de hojaldre. **-2.** [mélange] pasta *f*; **~ dentifrice** pasta dentífrica. ◆ **pâtes** *nfpl* pasta *f*.

pâté [pate] *nm* **-1.** CULIN paté *m*; **~ de campagne** paté de campagne; **~ de foie** paté de hígado; **~ en croûte** paté envuelto en hojaldre. **-2.** [tache] borrón *m*.

patelin [patlɛ̃] *nm fam* pueblucho *m*.

patente [patɑ̃t] *nf* COMM patente *f*.

patère [patɛr] *nf* colgador *m*.

paternalisme [paternalism] *nm* paternalismo *m*.

paternel, elle [patɛrnɛl] *adj* **-1.** [gén] paternal. **-2.** [autorité, ligne] paterno(na).

paternité [patɛrnite] *nf* paternidad *f*.

pâteux, euse [patø, øz] *adj* **-1.** [aliment] pastoso(sa). **-2.** [style] pesado(da).

pathétique [patetik] ◇ *adj* patético(ca). ◇ *nm* patético *m*.

pathologie [patɔlɔʒi] *nf* patología *f*.

patibulaire [patibylɛr] *adj péj* patibulario(ria).

patience [pasjɑ̃s] *nf* **-1.** [gén] paciencia *f*. **-2.** [jeu de cartes] solitario *m*.

patient, e [pasjɑ̃, ɑ̃t] ◇ *adj* paciente. ◇ *nm, f* MÉD [client] paciente *mf*.

patienter [pasjɑ̃te] *vi* esperar (pacientemente).

patin [patɛ̃] *nm* patín *m*; **~ à glace** patín de cuchilla; **~ à roulettes** patín de ruedas.

patinage [patinaʒ] *nm* SPORT patinaje *m*; ~ **artistique/de vitesse** patinaje artístico/de velocidad.

patiner [patine] ◇ *vi* patinar. ◇ *vt* dar patina a. ◆ **se patiner** *vp* cubrirse de pátina.

patinoire [patinwar] *nf* pista *f* de patinaje.

pâtisserie [patisri] *nf* -1. [gâteau] pastel *m*. -2. [art, métier, industrie] pastelería *f*, repostería *f*. -3. [commerce] pastelería *f*.

pâtissier, ère [patisje, ɛr] *adj & nm, f* pastelero(ra).

patois [patwa] *nm* dialecto *m*.

patriarche [patrijarʃ] *nm* patriarca *m*.

patrie [patri] *nf* patria *f*.

patrimoine [patrimwan] *nm* patrimonio *m*.

patriote [patrijɔt] *adj & nmf* patriota.

patriotique [patrijɔtik] *adj* patriótico(ca).

patron, onne [patrɔ̃, ɔn] *nm, f* -1. [chef d'entreprise] patrón *m*, -ona *f*. -2. [chef] jefe *m*. -3. RELIG patrón *m*, -ona *f*. ◆ **patron** *nm* COUT patrón *m*.

patronage [patronaʒ] *nm* -1. [gén] patronato *m*. -2. COMM patrocinio *m*.

patronal, e, aux [patronal, o] *adj* patronal.

patronat [patrona] *nm* patronal *f*.

patronyme [patronim] *nm sout* patronímico *m*.

patrouille [patruj] *nf* patrulla *f*.

patte [pat] *nf* -1. [d'animal] pata *f*; **se mettre à quatre ~s devant qqn** *fig* doblegarse ante alguien. -2. *fam* [jambe, pied] pata *f* [main] mano *f*. -4. COUT [languette d'étoffe, attache] lengüeta *f*. -5. [favori] patilla *f*.

pâturage [patyraʒ] *nm* pasto *m*.

pâture [patyr] *nf* pasto *m*.

paume [pom] *nf* -1. [intérieur de la main] palma *f*. -2. [jeu] pelota *f* vasca.

paumé, e [pome] *fam* ◇ *adj* perdido(da) (desorientado). ◇ *nm, f* colgado *m*, -da *f*.

paumer [pome] *vt fam* perder. ◆ **se paumer** *vp fam* perderse.

paupière [popjɛr] *nf* párpado *m*.

pause [poz] *nf* pausa *f*.

pauvre [povr] ◇ *adj* [gén] pobre; ~ **en qqch** [insuffisant] pobre en algo. ◇ *nmf* pobre *mf*.

pauvreté [povrəte] *nf* pobreza *f*.

pavaner [pavane] ◆ **se pavaner** *vp* pavonearse.

pavé, e [pave] *adj* pavimentado(da). ◆ **pavé** *nm* -1. [chaussée] adoquinado *m*; **être sur le ~** *fig* estar en la calle. -2. [bloc de pierre] adoquín *m*; **jeter un ~ dans la mare** *fig* caer como una bomba. -3. *fam* [gros livre] tocho *m*. -4. CULIN [bifteck] entrecot *m*. -5. PRESSE recuadro *m*. ◆ **pavé numérique** *nm* INFORM teclado *m* numérico.

pavillon [pavijɔ̃] *nm* -1. [gén] pabellón *m*. -2. [drapeau] bandera *f*.

pavot [pavo] *nm* adormidera *f*.

payant, e [pɛjɑ̃, ɑ̃t] *adj* -1. [hôte, spectacle] de pago. -2. *fam* [effort] provechoso(sa).

paye = **paie**.

payement = **paiement**.

payer [peje] ◇ *vt* pagar; ~ **qqch à qqn** pagar algo a alguien. ◇ *vi* compensar.

pays [pei] *nm* -1. [gén] país *m*. -2. [région, province] región *f*; [terre natale] tierra *f*. -3. [village] pueblo *m*. ◆ **pays Baltes** *nmpl* : **les ~ Baltes** los países bálticos. ◆ **pays de Galles** *nm* : **le ~ de Galles** (País de) Gales; **au ~ de Galles** [direction] a Gales; [situation] en Gales.

paysage [peizaʒ] *nm* paisaje *m*.

paysagiste [peizaʒist] *adj & nmf* paisajista.

paysan, anne [peizɑ̃, an] *adj & nm, f* campesino(na).

Pays-Bas [peiba] *nmpl* : **les ~** los Países Bajos; **aux ~** [direction] a los Países Bajos; [situation] en los Países Bajos.

Pays basque [peibask] *nm* : **le ~** el País Vasco; **au ~** [direction] al País Vasco; [situation] en el País Vasco.

PC *nm* -1. (*abr de* Parti communiste) PC *m*. -2. (*abr de* personal computer) PC *m*. -3. (*abr de* prêt conventionné) préstamo concertado que en general favorece al deudor. -4. (*abr de* poste de commandement) PM *m*. -5. (*abr de* Petite Ceinture) línea de autobuses de circunvalación de París.

péage [peaʒ] *nm* peaje *m*.

peau [po] *nf* -1. [gén] piel *f*; ~ **d'orange** MÉD piel de naranja; ~ **de chamois** piel de gamuza; ~ **de vache** *fam fig* hueso *m* (persona dura). -2. [de lait] nata *f*.

peccadille [pekadij] *nf sout* pequeñez *m*.

péché [peʃe] *nm* pecado *m*.

pêche [pɛʃ] *nf* -1. [fruit] melocotón *m*. -2. [activité, poissons pêchés] pesca *f*; ~ **à la ligne/sous-marine** pesca con caña/submarina.

pécher [peʃe] *vi* pecar.

pêcher¹ [peʃe] *vt* pescar.

pêcher[2] [peʃe] *nm* melocotonero *m*.

pécheur, eresse [peʃœr, peʃrɛs] *adj & nm, f* pecador(ra).

pêcheur, euse [peʃœr, øz] *nm, f* pescador *m*, -ra *f*.

pectoraux [pɛktɔro] *nmpl* pectorales *mpl*.

pécule [pekyl] *nm* peculio *m*.

pécuniaire [pekynjɛr] *adj* pecuniario(ria).

pédagogie [pedagɔʒi] *nf* pedagogía *f*.

pédagogue [pedagɔg] *adj & nmf* pedagogo(ga).

pédale [pedal] *nf* -1. [gén] pedal *m*. -2. *vulg péj* [homosexuel] marica *m Esp*, joto *m Amér*.

pédaler [pedale] *vi* -1. [à bicyclette] pedalear. -2. *fam* [ne rien comprendre] : ~ **dans la choucroute** *fig* no entender ni papa.

pédalo [pedalo] *nm* patín *m* (*de pedales*).

pédant, e [pedã, ãt] *adj & nm, f* pedante.

pédéraste [pederast] *nm* pederasta *m*.

pédestre [pedɛstr] *adj* pedestre.

pédiatre [pedjatr] *nmf* pediatra *mf*.

pédiatrie [pedjatri] *nf* pediatría *f*.

pédicure [pedikyr] *nmf* pedicuro *m*, -ra *f*, callista *mf*.

pègre [pɛgr] *nf* hampa *f*.

peigne [pɛɲ] *nm* -1. [pour cheveux] peine *m*. -2. [barrette] peineta *f*. -3. [instrument de tissage] carda *f*, rastrillo *m*.

peigner [peɲe] *vt* -1. [cheveux] peinar. -2. [fibres textiles] cardar.

peignoir [pɛɲwar] *nm* -1. [sortie de bain] albornoz *m*. -2. [déshabillé] bata *f*.

peindre [pɛ̃dr] *vt* pintar.

peine [pɛn] *nf* -1. [châtiment, tristesse] pena *f*; **avoir de la ~** estar triste; **faire de la ~ à qqn** entristecer a alguien; **sous ~ de qqch** bajo pena de algo; ~ **capitale** OU **de mort** pena capital OU de muerte; ~ **incompressible** *condena sin remisión posible*. -2. [effort] esfuerzo *m*; **se donner de la ~** esforzarse; **prendre la ~ de faire qqch** tomarse la molestia de hacer algo. -3. [difficulté] trabajo *m*; **à grand-~** a duras penas; **sans ~** sin esfuerzo. ◆ **à peine** *loc adv* apenas.

peint, e [pɛ̃, pɛ̃t] *pp* → **peindre**.

peintre [pɛ̃tr] *nm* pintor *m*, -ra *f*.

peinture [pɛ̃tyr] *nf* pintura *f*; ~ **murale** ART mural *m*.

péjoratif, ive [peʒɔratif, iv] *adj* peyorativo(va).

Pékin [pekɛ̃] *n* Pekín.

pelage [pəlaʒ] *nm* pelaje *m*.

pêle-mêle [pɛlmɛl] *adv* en desorden.

peler [pəle] *vt & vi* pelar.

pèlerin [pɛlrɛ̃] *nm* peregrino *m*, -na *f*.

pèlerinage [pɛlrinaʒ] *nm* peregrinación *f*, peregrinaje *m*.

pélican [pelikã] *nm* pelícano *m*.

pelle [pɛl] *nf* pala *f*.

pelleter [pɛlte] *vt* remover con la pala.

pellicule [pelikyl] *nf* película *f*. ◆ **pellicules** *nfpl* caspa *f*.

pelote [pəlɔt] *nf* -1. [boule de fils] ovillo *m*; ~ **de laine** ovillo de lana. -2. COUT [coussinet] acerico *m*. ◆ **pelote basque** *nf* pelota *f* vasca.

peloton [plɔtɔ̃] *nm* -1. [de soldats, de concurrents] pelotón *m*; ~ **d'exécution** pelotón de ejecución. -2. [de ficelle] ovillejo *m*.

pelotonner [pəlɔtɔne] ◆ **se pelotonner** *vp* arrebujarse, acurrucarse; **se ~ contre qqch/contre qqn** acurrucarse contra algo/contra alguien.

pelouse [pəluz] *nf* -1. [de jardin] césped *m*. -2. [de champ de courses] entrada *f*.

peluche [pəlyʃ] *nf* -1. [gén] peluche *m*. -2. (*gén pl*) [d'étoffe] bola *f*.

pelure [pəlyr] *nf* -1. [de fruit, légume] monda *f*, peladura *f*. -2. *fam* [habit] abrigo *m Esp*, tapado *m Amér*.

pénal, e, aux [penal, o] *adj* penal. ◆ **pénal** *nm* JUR penal *m*.

pénaliser [penalize] *vt* penalizar.

penalty [penalti] (*pl* **penaltys** OU **penalties**) *nm* penalty *m*.

penaud, e [pəno, od] *adj* avergonzado(da) *Esp*, apenado(da) *Amér*.

penchant [pɑ̃ʃɑ̃] *nm* inclinación *f*; ~ **pour qqch/pour qqn** [attirance] inclinación por algo/por alguien.

penché, e [pɑ̃ʃe] *adj* inclinado(da).

pencher [pɑ̃ʃe] ◇ *vi* -1. [être incliné] estar inclinado(da). -2. [préférer] : ~ **pour** inclinarse por. ◇ *vt* inclinar. ◆ **se pencher** *vp* : **se ~ sur** OU **vers qqn/qqch** [s'approcher] inclinarse hacia algo/alguien.

pendaison [pɑ̃dɛzɔ̃] *nf* ahorcamiento *m*.

pendant[1], **e** [pɑ̃dɑ̃, ɑ̃t] *adj* -1. [bras] colgando; **les bras ~s** con los brazos colgando. -2. [à préciser] pendiente. ◆ **pendant** *nm* -1. [bijou] colgante *m*. -2. [de paire] : **il est le ~ de sa sœur** él y su hermana son tal para cual. -3. *fig* [équivalent] equivalente *mf*.

pendant[2] [pɑ̃dɑ̃] *prép* durante. ◆ **pendant que** *loc conj* mientras que; ~ **que j'y suis,...** ya que estoy aquí,...

pendentif [pɑ̃dɑ̃tif] *nm* colgante *m*.

penderie [pɑ̃dri] *nf* ropero *m*.

pendre [pɑ̃dr] ◇ *vi* **-1.** [être fixé par le haut] colgar. **-2.** [descendre trop bas] caer. ◇ *vt* **-1.** [rideau, tableau] colgar. **-2.** [personne] ahorcar, colgar. ◆ **se pendre** *vp* **-1.** [s'accrocher] : **se ~ à qqch** colgarse de algo. **-2.** [se suicider] ahorcarse, colgarse.

pendule [pɑ̃dyl] ◇ *nm* péndulo *m*. ◇ *nf* reloj *m* de péndulo.

pendulette [pɑ̃dylɛt] *nf* reloj *m* pequeño.

pénétrer [penetre] ◇ *vi* **-1.** [chose] penetrar. **-2.** [personne] entrar. ◇ *vt* **-1.** [suj : pluie] calar; [suj : vent] penetrar. **-2.** [mystère, intentions, secret] descubrir. **-3.** [cœur, âme] llegar a.

pénible [penibl] *adj* **-1.** [gén] penoso(sa). **-2.** *fam* [personne] pesado(da).

péniblement [peniblǝmɑ̃] *adv* **-1.** [avec difficulté] con dificultad. **-2.** [cruellement] gravemente. **-3.** [à peine] apenas.

péniche [peniʃ] *nf* chalana *f*.

pénicilline [penisilin] *nf* penicilina *f*.

péninsule [penɛ̃syl] *nf* península *f*.

pénis [penis] *nm* pene *m*.

pénitence [penitɑ̃s] *nf* penitencia *f*.

pénitencier [penitɑ̃sje] *nm* penitenciaría *f*.

pénombre [penɔ̃br] *nf* penumbra *f*.

pensant, e [pɑ̃sɑ̃, ɑ̃t] *adj* pensante.

pense-bête [pɑ̃sbɛt] (*pl* **pense-bêtes**) *nm* señal *f* (*recordatorio*).

pensée [pɑ̃se] *nf* **-1.** [gén] pensamiento *m*; **en** OU **par la ~** con el pensamiento. **-2.** [opinion] parecer *m*. **-3.** [idée] idea *f*.

penser [pɑ̃se] ◇ *vi* pensar; **faire ~ à qqch/à qqn** hacer pensar en algo/en alguien; ~ **à faire qqch/à qqch/à qqn** pensar en hacer algo/en algo/en alguien; **n'y pensons plus!** ¡olvidemos eso! ◇ *vt* pensar; ~ **faire qqch** pensar hacer algo; **il n'en pense pas moins** en realidad lo piensa; **pensez-vous!** ¡qué va!

pensif, ive [pɑ̃sif, iv] *adj* pensativo(va).

pension [pɑ̃sjɔ̃] *nf* **-1.** [allocation, hébergement] pensión *f*; ~ **alimentaire** pensión alimenticia; ~ **de famille** casa *f* de huéspedes. **-2.** [internat] internado *m*.

pensionnat [pɑ̃sjɔna] *nm* internado *m*.

pentagone [pɛ̃tagɔn] *nm* pentágono *m*.

pente [pɑ̃t] *nf* pendiente *f*; **en ~** en pendiente.

Pentecôte [pɑ̃tkot] *nf* Pentecostés *m*.

pénurie [penyri] *nf* penuria *f*.

pépier [pepje] *vi* piar.

pépin [pepɛ̃] *nm* **-1.** [graine] pepita *f*. **-2.** *fam* [ennui] follón *m*. **-3.** *fam* [parapluie] paraguas *minv*.

pépinière [pepinjɛr] *nf* vivero *m*.

pépite [pepit] *nf* pepita *f*.

perçant, e [pɛrsɑ̃, ɑ̃t] *adj* **-1.** [vue, regard, froid] penetrante. **-2.** [son] taladrante.

perce-neige [pɛrsǝnɛʒ] *nm* OU *nf inv* narciso *m* de las nieves.

percepteur [pɛrsɛptœr] *nm* inspector *m*, inspectora *f* de Hacienda.

perception [pɛrsɛpsjɔ̃] *nf* **-1.** [action, emploi, bureau] inspección *f*. **-2.** [sensation] percepción *f*.

percer [pɛrse] ◇ *vt* **-1.** [mur, planche] taladrar. **-2.** *sout* [blesser] : ~ **qqn de coups** llenar a alguien de golpes. **-3.** [cœur] traspasar. **-4.** [fenêtre, tunnel, rue] abrir. **-5.** [vêtement] calar; [oule, armée ennemie] atravesar. **-6.** [secret, complot] descubrir. ◇ *vi* **-1.** [soleil, abcès] aparecer; [dent] salir. **-2.** [secret, conversation] filtrarse. **-3.** [réussir] calar.

perceuse [pɛrsøz] *nf* taladradora *f*.

percevoir [pɛrsǝvwar] *vt* **-1.** [intention, nuance, argent] percibir. **-2.** [impôts] recaudar.

perche [pɛrʃ] *nf* **-1.** [poisson] perca *f*. **-2.** [pièce] pértiga *f*.

percher [pɛrʃe] ◇ *vi* **-1.** [oiseaux] posarse. **-2.** *fam* [personne] vivir. ◇ *vt* encaramar. ◆ **se percher** *vp* posarse.

perchoir [pɛrʃwar] *nm* **-1.** [d'oiseau] palo *m*. **-2.** *fam* [lieu] pedestal *m*. **-3.** [du président de l'Assemblée] *sillón del presidente de la Asamblea Nacional francesa*.

perclus, e [pɛrkly, yz] *adj* : ~ **de qqch** [rhumatisme] baldado de algo; *fig* [crainte] paralizado por algo.

percolateur [pɛrkɔlatœr] *nm* percolador *m*.

perçu, e [pɛrsy] *pp* → **percevoir**.

percussion [pɛrkysjɔ̃] *nf* percusión *f*.

percutant, e [pɛrkytɑ̃, ɑ̃t] *adj* **-1.** [obus] percutiente. **-2.** *fig* [argument] contundente.

percuter [pɛrkyte] ◇ *vt* chocar contra. ◇ *vi* : ~ **contre qqch** chocar contra algo.

perdant, e [pɛrdɑ̃, ɑ̃t] *adj & nm, f* perdedor(ra).

perdition [pɛrdisjɔ̃] *nf* **-1.** [ruine morale] perdición *f.* **-2.** [détresse] : **en ~** en peligro.

perdre [pɛrdr] ◇ *vt* perder. ◇ *vi* perder. ◆ **se perdre** *vp* **-1.** [gén] perderse. **-2.** [fruit] echarse a perder.

perdrix [pɛrdri] *nf* perdiz *f.*

perdu, e [pɛrdy] ◇ *pp* → **perdre.** ◇ *adj* **-1.** [gén] perdido(da). **-2.** [malade] desahuciado(da).

perdurer [pɛrdyre] *vi sout* perdurar.

père [pɛr] *nm* **-1.** [gén] padre *m*; **~ de famille** padre de familia; **de ~ en fils** de padre a hijo. **-2.** *fam* [homme mûr] viejo *m.* ◆ **pères** *nmpl sout* [ancêtres] padres *mpl.* ◆ **père Noël** *nm* Papá Noel *m*; **croire au ~ Noël** creer en Papá Noel.

pérégrination [peregrinasjɔ̃] *nf (gén pl)* peregrinación *f.*

péremptoire [perãptwar] *adj* perentorio(ria).

pérennité [perenite] *nf* perennidad *f.*

péréquation [perekwasjɔ̃] *nf* perecuación *f.*

perfection [pɛrfɛksjɔ̃] *nf* perfección *f.*

perfectionné, e [pɛrfɛksjɔne] *adj* perfeccionado(da).

perfectionner [pɛrfɛksjɔne] *vt* perfeccionar.

perfide [pɛrfid] *adj* pérfido(da).

perfidie [pɛrfidi] *nf sout* **-1.** [caractère] perfidia *f.* **-2.** [action, propos] maldad *f.*

perforation [pɛrfɔrasjɔ̃] *nf* perforación *f.*

perforer [pɛrfɔre] *vt* perforar.

perforeuse [pɛrfɔrøz] *nf* perforadora *f.*

performance [pɛrfɔrmãs] *nf* **-1.** [résultat] resultado *m.* **-2.** [exploit] hazaña *f.* **-3.** [possibilités] prestación *f.*

performant, e [pɛrfɔrmã, ãt] *adj* **-1.** [personne] competitivo(va). **-2.** [machine] con buenas prestaciones.

perfusion [pɛrfyzjɔ̃] *nf* perfusión *f.*

péridural, e, aux [peridyral, o] *adj* peridural. ◆ **péridurale** *nf* peridural *f.*

péril [peril] *nm sout* peligro *m.*

périlleux, euse [perijø, øz] *adj* peligroso(sa).

périmé, e [perime] *adj* **-1.** [passeport] caducado(da). **-2.** *fig* [idée] caduco(ca).

périmètre [perimɛtr] *nm* perímetro *m.*

période [perjɔd] *nf* período *m*, periodo *m.*

périodique [perjɔdik] ◇ *adj* periódico(ca). ◇ *nm* periódico *m.*

péripétie [peripesi] *nf (gén pl)* peripecia *f.*

périphérie [periferi] *nf* periferia *f.*

périphrase [perifraz] *nf* perífrasis *f inv.*

périple [peripl] *nm* periplo *m.*

périr [perir] *vi sout* **-1.** [mourir] perecer. **-2.** [disparaître] desaparecer. **-3.** [couler] naufragar.

périssable [perisabl] *adj* perecedero(ra).

péritonite [peritɔnit] *nf* MÉD peritonitis *f inv.*

perle [pɛrl] *nf* **-1.** [bille de nacre, goutte] perla *f.* **-2.** [enfiler] cuenta *f.* **-3.** [personne parfaite] perla *f*, joya *f.* **-4.** *fam* [erreur] gazapo *m.*

perlé, e [pɛrle] *adj* **-1.** [tissu] adornado(da) con perlas. **-2.** *fig* [travail] primoroso(sa).

perler [pɛrle] *vi* [suinter] perlar.

permanence [pɛrmanãs] *nf* permanencia *f*; **en ~** permanentemente; **garantir la ~** responsabilizarse de un servicio de guardia.

permanent, e [pɛrmanã, ãt] ◇ *adj* [gén] permanente; [cinéma] de sesión continua. ◇ *nm, f* (miembro) liberado *m*, -da *f.* ◆ **permanente** *nf* [coiffure] permanente *f.*

perméable [pɛrmeabl] *adj* permeable; **~ à qqch** permeable a algo.

permettre [pɛrmɛtr] *vt* permitir; **~ à qqn de faire qqch** permitir a alguien que haga algo ou hacer algo. ◆ **se permettre** *vp* permitirse; **se ~ de faire qqch** permitirse hacer algo.

permis, e [pɛrmi, iz] *pp* → **permettre.** ◆ **permis** *nm* permiso *m*; **avoir son ~** *fam* sacarse el carné (de conducir); **~ de conduire** carné ou permiso de conducir.

permission [pɛrmisjɔ̃] *nf* permiso *m*; **avoir la ~ de faire qqch** tener permiso para hacer algo.

permuter [pɛrmyte] ◇ *vt* cambiar el orden. ◇ *vi* hacer un cambio.

pernicieux, euse [pɛrnisjø, øz] *adj* pernicioso(sa).

pérorer [perɔre] *vi péj* perorar.

Pérou [peru] *nm* : **le ~** (el) Perú *m*; **au ~** [direction] a Perú; [situation] en Perú; **c'est pas le ~** *fam fig* no es nada del otro jueves.

perpendiculaire [pɛrpãdikylɛr] ◇ *adj* perpendicular. ◇ *nf* perpendicular *f.*

perpète, perpette [pɛrpɛt] ◆ **à perpète** *loc adv fam* [loin] en el quinto pino; [longtemps] toda la vida.

perpétrer [pɛrpetre] *vt* perpetrar.

perpette = perpète.

perpétuel, elle [pɛrpetɥɛl] *adj* perpetuo(tua).

perpétuer [pɛrpetɥe] *vt* perpetuar. ◆ **se perpétuer** *vp* perpetuarse.

perpétuité [pɛrpetɥite] *nf sout* perpetuidad *f*; **à ~** [pour toujours] a perpetuidad; [condamner] a cadena perpetua.

perplexe [pɛrplɛks] *adj* perplejo(ja).

perquisition [pɛrkizisjɔ̃] *nf* registro *m*.

perron [pɛrɔ̃] *nm* escalera *f* de entrada.

perroquet [pɛrɔkɛ] *nm* **-1.** [animal] loro *m*, papagayo *m*. **-2.** NAVIG [voile] juanete *m*.

perruche [peryʃ] *nf* cotorra *f*.

perruque [peryk] *nf* peluca *f*.

persécuter [pɛrsekyte] *vt* perseguir.

persécution [pɛrsekysjɔ̃] *nf* persecución *f*; **de ~** PSYCHOL persecutorio(ria).

persévérant, e [pɛrseverã, ãt] *adj* perseverante.

persévérer [pɛrsevere] *vi* perseverar.

persienne [pɛrsjɛn] *nf* persiana *f*.

persiflage [pɛrsiflaʒ] *nm* mofa *f*.

persifler [pɛrsifle] *vt sout* mofarse.

persil [pɛrsi] *nm* perejil *m*.

Persique [pɛrsik] → **golfe**.

persistant, e [pɛrsistã, ãt] *adj* **-1.** [fièvre, odeur] persistente. **-2.** BOT perenne.

persister [pɛrsiste] *vi* persistir; **~ à faire qqch** persistir en hacer algo.

personnage [pɛrsɔnaʒ] *nm* **-1.** [gén] personaje *m*. **-2.** [personnalité] imagen *f*.

personnaliser [pɛrsɔnalize] *vt* personalizar.

personnalité [pɛrsɔnalite] *nf* personalidad *f*.

personne [pɛrsɔn] ◇ *nf* persona *f*; **en ~** [en chair et en os] en persona; [incarné] personificado(da); **par ~ interposée** a través de un intermediario; **~ âgée** persona *f* mayor, mayor *m*; **~ morale** JUR persona jurídica. ◇ *pron indéf* **-1.** [quelqu'un] alguien. **-2.** [aucune personne] nadie.

personnel, elle [pɛrsɔnɛl] *adj* **-1.** [gén] GRAM personal. **-2.** [personne] egoista. ◆ **personnel** *nm* personal *m*; **~ navigant** tripulación *f*.

personnellement [pɛrsɔnɛlmã] *adv* personalmente.

personnifier [pɛrsɔnifje] *vt* personificar.

perspective [pɛrspɛktiv] *nf* perspectiva *f*; **en ~** en perspectiva.

perspicace [pɛrspikas] *adj* perspicaz.

persuader [pɛrsɥade] *vt* : **~ qqn de qqch/de faire qqch** persuadir a alguien de algo/de que haga algo. ◆ **se persuader** *vp* : **se ~ de qqch** persuadirse de algo; **se ~ que** persuadirse de que.

persuasif, ive [pɛrsɥazif, iv] *adj* persuasivo(va).

persuasion [pɛrsɥazjɔ̃] *nf* persuasión *f*.

perte [pɛrt] *nf* **-1.** [gén & COMM] pérdida *f*. **-2.** [ruine, déchéance] : **à ~ de vue** hasta el horizonte, hasta donde abarca la vista. ◆ **pertes** *nfpl* MIL bajas *fpl*.

pertinent, e [pɛrtinã, ãt] *adj* pertinente.

perturber [pɛrtyrbe] *vt* perturbar.

pervenche [pɛrvãʃ] ◇ *adj inv* [bleu] malva (en aposición). ◇ *nf* **-1.** BOT vincapervinca *f*. **-2.** *fam* [contractuelle] ≃ vigilante *f* de la zona azul.

pervers, e [pɛrver, ɛrs] ◇ *adj* **-1.** [acte, goût] perverso(sa). **-2.** [effet] contrario(ria). ◇ *nm, f* perverso *m*, -sa *f*.

perversion [pɛrversjɔ̃] *nf* perversión *f*.

perversité [pɛrversite] *nf* perversité *f*.

pervertir [pɛrvertir] *vt* pervertir.

pesage [pəzaʒ] *nm* **-1.** [pesée] peso *m*. **-2.** [de jockeys] pesaje *m*.

pesamment [pəzamã] *adv* [lourdement] pesadamente; [gauchement] torpemente.

pesant, e [pəzã, ãt] *adj* pesado(da). ◆ **pesant** *nm* : **valoir son ~ d'or** *fig* valer su peso en oro.

pesanteur [pəzãtœr] *nf* **-1.** PHYS gravedad *f*. **-2.** [lenteur, lourdeur] lentitud *f*.

pèse-bébé [pɛzbebe] (*pl inv* OU **pèse-bébés**) *nm* pesabebés *m inv*.

pesée [pəze] *nf* **-1.** [opération] pesaje *m*. **-2.** [pression] presión *f*.

pèse-lettre [pɛzlɛtr] (*pl inv* OU **pèse-lettres**) *nm* pesacartas *m inv*.

pèse-personne [pɛzpɛrsɔn] (*pl inv* OU **pèse-personnes**) *nm* báscula *f* (para pesar personas).

peser [pəze] ◇ *vt* **-1.** [mesurer le poids] pesar. **-2.** [considérer, examiner] sopesar. ◇ *vi* **-1.** [avoir un certain poids] pesar. **-2.** [appuyer] : **~ sur qqch** hacer fuerza sobre algo.

peseta [pezeta] *nf* peseta *f*.

pessimisme [pesimism] *nm* pesimismo *m*.

pessimiste [pesimist] *adj & nmf* pesimista.

peste [pɛst] *nf* peste *f*; **fuir qqch/qqn comme la ~** huir de algo/de alguien como de la peste; **craindre qqch/qqn**

comme la ~ temer algo/a alguien como la peste.

pester [pɛste] *vi* echar pestes; **~ contre qqch/contre qqn** echar pestes contra algo/contra alguien.

pestiféré, e [pɛstifere] *adj & nm, f* apestado(da).

pestilentiel, elle [pɛstilɑ̃sjɛl] *adj sout* pestilente.

pet [pɛ] *nm fam* pedo *m*.

pétale [petal] *nm* pétalo *m*.

pétanque [petɑ̃k] *nf* petanca *f*.

pétarader [petarade] *vi* pedorrear.

pétard [petar] *nm* **-1.** [petit explosif] petardo *m*. **-2.** *fam* [bruit] jaleo *m Esp*, despiole *m Amér*. **-3.** *fam* [revolver] pipa *f*. **-4.** *fam* [postérieur] trasero *m*. **-5.** *fam* [cigarette de haschich] petardo *m*.

péter [pete] ◇ *vi tfam* **-1.** [faire un pet] tirarse un pedo. **-2.** [se rompre brusquement] reventar. ◇ *vt fam* cargarse.

pète-sec [pɛtsɛk] *nm* ◇ *adj* mandón(ona). ◇ *nmf* sargento *m*.

pétiller [petije] *vi* **-1.** [feu] chisporrotear. **-2.** [liquide] burbujear. **-3.** [yeux] chispear, brillar.

petit, e [pəti, it] ◇ *adj* **-1.** [jeune, réduit, peu important] pequeño(ña); **une ~e maison** una casita, una casa pequeña. **-2.** [pluie] débil. **-3.** [médiocre – esprit] pobre; [– artiste] de segunda fila. **-4.** [gens] modesto(ta). **-5.** *fam péj* [exprime la familiarité] : **mon ~** monsieur mi querido señor; **~ crétin!** ¡cretino! ◇ *nm, f* pequeño *m*, -ña *f*. ◆ **petit** ◇ *nm* **-1.** [gén] pequeño *m*. **-2.** [jeune animal] cachorro *m*. ◇ *adv* : **en ~** en pequeño.

petit-beurre [p(ə)tibœr] (*pl* **petits-beurre**) *nm* galleta *f* de mantequilla.

petit-bourgeois, petite-bourgeoise [p(ə)tiburʒwa, p(ə)titburʒwaz] (*mpl* **petits-bourgeois**, *fpl* **petites-bourgeoises**) *adj & nm, f* pequeñoburgués(esa).

petit déjeuner [p(ə)tideʒœne] (*pl* **petits déjeuners**) *nm* desayuno *m*.

petite-fille [p(ə)titfij] (*pl* **petites-filles**) *nf* nieta *f*.

petitement [p(ə)titmã] *adv* **-1.** [à l'étroit] : **être ~ logé** vivir apretados. **-2.** [chichement] con estrecheces. **-3.** [mesquinement] con mezquindad, mezquinamente.

petitesse [p(ə)titɛs] *nf* **-1.** [taille] pequeñez *f*. **-2.** [modicité] escasez *f*. **-3.** [mesquinerie] : **~ d'esprit** estrechez *f* de miras.

petit-fils [p(ə)tifis] (*pl* **petits-fils**) *nm* nie... *m*.

petit-four [p(ə)tifur] (*pl* **petits-four**) *nm* g... lletita *f*.

pétition [petisjɔ̃] *nf* petición *f*.

petit-lait [p(ə)tilɛ] (*pl* **petits-laits**) *nm* sue... *m* de la leche.

petit-nègre [p(ə)tinɛgr] *nm inv fam* franc... *m* macarrónico.

petits-enfants [p(ə)tizɑ̃fɑ̃] *nmpl* niete... *mpl*.

petit-suisse [p(ə)tisɥis] (*pl* **petits-suisse**... *nm* petit suisse® *m*.

pétri, e [petri] *adj* : **~ de qqch** hi... chado(da) de algo.

pétrifier [petrifje] *vt* **-1.** *fig* [méduser] dej... de piedra. **-2.** [changer en pierre] petrifica...

pétrin [petrɛ̃] *nm* **-1.** [du boulanger] artes... *f*. **-2.** *fam* [situation difficile] berenjenal... **se fourrer/être dans le ~** *fig* meterse/e... tar en un berenjenal.

pétrir [petrir] *vt* **-1.** [pâte] amasar; [muscl... masajear. **-2.** *fig & sout* [façonner] mo... dear.

pétrole [petrɔl] *nm* petróleo *m*.

pétrolier, ère [petrɔlje, ɛr] *adj* petro... lero(ra). ◆ **pétrolier** *nm* petrolero *m*.

pétrolifère [petrɔlifɛr] *adj* petrolífero(ra)...

P et T (*abr de* postes et télécommunic... tions) *nfpl* ≃ CTT *mpl*.

pétulant, e [petylɑ̃, ɑ̃t] *adj* impetuoso(sa...

peu [pø] ◇ *adv* poco; **~ de** poco(ca); **~ d...** travail poco trabajo; **~ d'élèves** poco... alumnos, **~ souvent** de tarde en tarde... ◇ *nm* : **le ~ de qqch** los pocos algo; **le ~** de connaissances que j'ai los pocos co... nocimientos que tengo; **le ~ que** lo po... que; **un ~** un poco; **un (tout) petit ~ u...** poquito. ◆ **avant peu** *loc adv* dentro d... poco. ◆ **de peu** *loc adv* por poco. ◆ **de...** puis peu *loc adv* desde hace poco. ◆ **pe...** à peu *loc adv* poco a poco. ◆ **pour peu...** que *loc conj* (+ subjonctif) a poco que (... subjuntivo); **pour ~ qu'il mange, il gros...** sit a poco que coma, engorda. ◆ **pou...** un peu *loc adv* casi. ◆ **sous peu** *loc a...** dentro de poco. ◆ **un tant soit peu** *lo... adv* un poquito.

peuplade [pœplad] *nf* tribu *f*.

peuple [pœpl] *nm* **-1.** [gén] pueblo *m*. **-2...** *fam* [multitude] mogollón *m* de gente.

peuplement [pœpləmɑ̃] *nm* población *f*.

peupler [pœple] *vt* poblar. ◆ **se peuple...** *vp* llenarse de gente.

peuplier [pœplije] *nm* álamo *m*.

peur [pœr] *nf* miedo *m*; **avoir ~ de faire qqch/de qqn/de qqn** tener miedo de hacer algo/de algo/de alguien; **avoir ~ que** *(+ subjonctif)* tener miedo de que *(+ subjuntivo)*; **j'ai ~ qu'il ne pleuve** tengo miedo de que llueva; **de** OU **par ~ de qqch** por miedo a OU de algo; **de** OU **par ~ que** *(+ subjonctif)* por miedo a que *(+ subjuntivo)*; **de** OU **par ~ qu'on (ne) le punisse** por miedo a que le castiguen;... **à faire ~**... que asusta; **il est laid à faire ~** es de un feo que asusta.

peureux, euse [pœrø, øz] *adj & nm, f* miedoso(sa).

peut-être [pøtɛtr] *adv* **-1.** [gén] quizás, quizá; **~ que** quizás, quizá; **~ qu'elle ne viendra pas, elle ne viendra pas ~** quizás no venga; **~ qu'il est malade** quizás está enfermo. **-2.** [alors] acaso; **et moi, je ne suis pas beau, ~?** ¿y yo? ¿acaso no soy guapo?

peux, peut *etc* → **pouvoir.**

P. ex. (*abr de* **par exemple**) p. ej.

pH (*abr de* **potential of hydrogen**) *nm* pH *m*.

phalange [falɑ̃ʒ] *nf* falange *f*.

phallocrate [falɔkrat] *adj & nm* falócrata.

phallus [falys] *nm* falo *m*.

phantasme = fantasme.

pharaon [faraɔ̃] *nm* faraón *m*.

phare [far] ◇ *nm* faro *m*; **~ antibrouillard** faro antiniebla. ◇ *adj* emblemático(ca); **une industrie ~** una industria puntera.

pharmaceutique [farmasøtik] *adj* farmacéutico(ca).

pharmacie [farmasi] *nf* **-1.** [science, magasin] farmacia *f*. **-2.** [armoire, trousse] botiquín *m*.

pharmacien, enne [farmasjɛ̃, ɛn] *nm, f* farmacéutico *m*, -ca *f*.

pharynx [farɛks] *nm* faringe *f*.

phase [faz] *nf* **-1.** [gén] fase *f*. **-2.** *loc* : **être en ~ avec qqn** estar en la misma onda con alguien.

phénoménal, e, aux [fenɔmenal, o] *adj* fenomenal.

phénomène [fenɔmɛn] *nm* fenómeno *m*.

philanthropie [filɑ̃trɔpi] *nf* filantropía.

philatélie [filateli] *nf* filatelia *f*.

philatéliste [filatelist] *nmf* filatélico *m*, -ca *f*, filatelista *mf*.

philharmonique [filarmɔnik] *adj* filarmónico(ca).

philologie [filɔlɔʒi] *nf* filología *f*.

philosophe [filɔzɔf] *adj & nmf* filósofo *m*, -fa *f*.

philosophie [filɔzɔfi] *nf* filosofía *f*.

phobie [fɔbi] *nf* fobia *f*.

phonétique [fɔnetik] ◇ *adj* fonético(ca). ◇ *nf* fonética *f*.

phonographe [fɔnɔgraf] *nm* fonógrafo *m*.

phoque [fɔk] *nm* foca *f*.

phosphate [fɔsfat] *nm* fosfato *m*.

phosphore [fɔsfɔr] *nm* fósforo *m*.

phosphorescent, e [fɔsfɔresɑ̃, ɑ̃t] *adj* fosforescente.

photo [fɔto] ◇ *adj inv* fotográfico(ca). ◇ *nf* **-1.** [technique] fotografía *f*. **-2.** [image] foto *f*; **~ d'identité** foto (de tamaño) carné.

photocomposition [fɔtokɔ̃pozisjɔ̃] *nf* fotocomposición *f*.

photocopie [fɔtokɔpi] *nf* fotocopia *f*.

photocopier [fɔtokɔpje] *vt* fotocopiar.

photocopieur [fɔtokɔpjœr] *nm* fotocopiadora *f*.

photocopieuse [fɔtokɔpjøz] *nf* fotocopiadora *f*.

photoélectrique [fɔtoelɛktrik] *adj* fotoeléctrico(ca).

photogénique [fɔtoʒenik] *adj* fotogénico(ca).

photographe [fɔtɔgraf] *nmf* fotógrafo *m*, -fa *f*.

photographie [fɔtɔgrafi] *nf* fotografía *f*.

photographier [fɔtɔgrafje] *vt* fotografiar.

Photomaton® [fɔtɔmatɔ̃] *nm* fotomatón *m*.

photoreportage [fɔtɔrəpɔrtaʒ] *nm* reportaje *m* fotográfico.

phrase [fraz] *nf* frase *f*.

physicien, enne [fizisjɛ̃, ɛn] *nm, f* físico *m*, -ca *f*.

physiologie [fizjɔlɔʒi] *nf* fisiología *f*.

physiologique [fizjɔlɔʒik] *adj* fisiológico(ca).

physionomie [fizjɔnɔmi] *nf* fisonomía *f*.

physionomiste [fizjɔnɔmist] *adj & nmf* fisonomista.

physique [fizik] ◇ *adj* físico(ca). ◇ *nf* SCIENCES física *f*. ◇ *nm* [constitution] físico *m*.

physiquement [fizikmɑ̃] *adv* físicamente.

piaffer [pjafe] *vi* **-1.** [cheval] piafar. **-2.** [personne] saltar.

piailler [pjaje] *vi* **-1.** [oiseaux] piar. **-2.** *fam* [enfant] chillar.

pianiste [pjanist] *nmf* pianista *mf*.

piano [pjano] ◇ *nm* piano *m*. ◇ *adv* piano.

pianoter [pjanɔte] *vi* **-1.** [jouer du piano] aporrear el piano. **-2.** [tapoter] tamborilear.

piaule [pjol] *nf fam* cuartucho *m*.

PIB (*abr de* **produit intérieur brut**) *nm* PIB *m*.

pic [pik] *nm* **-1.** [oiseau] pájaro *m* carpintero. **-2.** [outil, montagne] pico *m*. ◆ **à pic** *loc adv* **-1.** [verticalement] en picado; **couler à ~** irse a pique. **-2.** *fam fig* [à point nommé] : **arriver à ~** llegar en el momento justo; **tomber à ~** *fig* venir de perilla.

pichenette [piʃnɛt] *nf fam* golpecito *m* (*con un dedo*).

pichet [piʃe] *nm* jarra *f*.

pickpocket [pikpɔkɛt] *nm* carterista *mf*.

pick-up [pikœp] *nm inv* **-1.** *vieilli* [tournedisque] pick-up *m*. **-2.** AUTOM [camionnette] camioneta *f* descubierta.

picorer [pikɔre] *vt & vi* picotear, picar.

picotement [pikɔtmã] *nm* picor *m*.

pie [pi] ◇ *adj inv* [cheval] pío(a). ◇ *nf* **-1.** [oiseau] urraca *f*. **-2.** *péj* [bavard] loro *m*, cotorra *f*.

pièce [pjɛs] *nf* **-1.** [élément] pieza *f*; **en ~s détachées** desarmado(da); **~ détachée** pieza de recambio. **-2.** [unité] unidad *f*; **acheter/vendre qqch à la ~** comprar/vender algo por unidades; **quinze francs ~** quince francos la pieza. **-3.** [document] documento *m*; **juger sur ~s** no hacer juicios precipitados; **~ d'identité** documento de identidad. **-4.** [œuvre littéraire ou musicale] obra *f*; **~ de théâtre** obra de teatro. **-5.** [argent] moneda *f*; **~ de monnaie** moneda. **-6.** [couture] remiendo *m*, pieza *f*.

pied [pje] *nm* **-1.** [gén] pie *m*; **à ~** a pie; **avoir ~** hacer pie; **faire du ~ à qqn** rozar con el pie; **sur ~** en pie. **-2.** [de mouton, de veau] pata *f*.

pied-à-terre [pjetatɛr] *nm inv* apeadero *m* (*alojamiento de paso*).

pied-de-biche [pjedbiʃ] (*pl* **pieds-de-biche**) *nm* **-1.** [outil] desclavador *m*, sacaclavos *m inv*. **-2.** COUT prensatelas *f inv*.

piédestal, aux [pjedɛstal, o] *nm* pedestal *m*; **mettre qqn sur un ~** *fig* poner a alguien en un pedestal.

piedmont = **piémont**.

pied-noir, e [pjenwar] (*mpl* **pieds-noirs**, *fpl* **pieds-noires**) *nm, f* francés que vivía en Argelia antes de su independencia.

piège [pjɛʒ] *nm* trampa *f*.

piéger [pjeʒe] *vt* **-1.** [animal, personne] pillar OU coger en la trampa; **se trouver piégé dans qqch** estar entrampado en algo. **-2.** [doter d'un explosif] poner un explosivo en.

piémont, piedmont [pjemɔ̃] *nm* GÉOGR llanura *f*.

pierraille [pjeraj] *nf* grava *f Esp*, pedregullo *m Amér*.

pierre [pjɛr] *nf* piedra *f*.

pierreries [pjɛrri] *nfpl* pedrería *f*.

piété [pjete] *nf* **-1.** RELIG piedad *f*. **-2.** *vieilli* [filiale] amor *m*.

piétiner [pjetine] ◇ *vi* estancarse. ◇ *vt* pisotear.

piéton, onne [pjetɔ̃, ɔn] ◇ *adj* peatonal. ◇ *nm, f* peatón *m*, -ona *f*.

piétonnier, ère [pjetɔnje, ɛr] *adj* peatonal.

piètre [pjɛtr] *adj* (*avant le nom*) pobre.

pieu, x [pjø] *nm* **-1.** [poteau] estaca *f*. **-2.** *fam* [lit] sobre *m*.

pieuvre [pjœvr] *nf* pulpo *m*.

pieux, euse [pjø, øz] *adj* **-1.** [personne, livre] piadoso(sa). **-2.** [soins] devoto(ta). **-3.** [silence] respetuoso(sa).

pif [pif] *nm fam* napia *f*, napias *fpl*; **au ~** *fig* al tuntún.

pigeon [piʒɔ̃] *nm* **-1.** [oiseau] paloma *f*. **-2.** *fam péj* [dupe] primo *m*.

pigeonnier [piʒɔnje] *nm* **-1.** [pour les pigeons] palomar *m*. **-2.** *fig & vieilli* [petit logement] nido *m*.

pigment [pigmã] *nm* pigmento *m*.

pile [pil] ◇ *nf* **-1.** [gén] montón *m*, pila *f Esp*, ruma *f Amér*. **-2.** [électrique] pila *f*. **-3.** [de pièce] cruz *f*; **~ ou face** cara o cruz. ◇ *adv fam* [heure] en punto; **il est 7 h ~** son las 7 en punto; **tomber** OU **arriver ~** [personne] llegar al pelo; [chose] venir al pelo.

piler [pile] ◇ *vt* **-1.** [amandes] machacar. **-2.** *fam fig* [battre] machacar. ◇ *vi fam* frenar en seco.

pileux, euse [pilø, øz] *adj* piloso(sa).

pilier [pilje] *nm* **-1.** [de construction] pilar *m*. **-2.** [soutien & RUGBY] pilar *m*. **-3.** *fig* [habitué] habitual *mf*, asiduo *m*, -dua *f*.

pillard, e [pijar, ard] *adj & nm, f* saqueador(ra).

piller [pije] *vt* **-1.** [ville, magasin] saquear. **-2.** *fig* [ouvrage, auteur] plagiar.

pilon [pilɔ̃] *nm* –1. [de mortier] maja *f.* –2. [de poulet] pata *f.* –3. [jambe de bois] pata *f* de palo.

pilonner [pilɔne] *vt* –1. [écraser] machacar. –2. [livre] destruir la edición de. –3. MIL [bombarder] bombardear.

pilori [pilɔri] *nm* picota *f*; **clouer** OU **mettre qqn au ~** *fig* poner a alguien en la picota.

pilotage [pilɔtaʒ] *nm* pilotaje *m*; **~ automatique** pilotaje automático.

pilote [pilɔt] ◇ *nm* –1. [conducteur] piloto *m*; **~ de chasse/de course/d'essai** piloto de caza/de carreras/de pruebas; **~ de ligne** piloto civil. –2. [poisson] pez *m* piloto. ◇ *adj* piloto *(en aposición)*.

piloter [pilɔte] *vt* –1. [véhicule, avion] pilotar. –2. [personne] guiar.

pilotis [pilɔti] *nm* pilote *m*; **sur ~** sobre pilotes.

pilule [pilyl] *nf* [gén] píldora *f*; **prendre la ~** [contraceptif] tomar la píldora.

piment [pimã] *nm* –1. [plante] pimiento *m Esp*, ají *m Amér*; **~ rouge** guindilla *f.* –2. *fig* [piquant] sabor *m*.

pimpant, e [pɛ̃pã, ãt] *adj* peripuesto(ta).

pin [pɛ̃] *nm* pino *m*; **~ parasol** pino piñonero.

pince [pɛ̃s] *nf* –1. [outil, instrument] pinzas *fpl*; **~ à cheveux** pinza del pelo; **~ à épiler** pinzas de depilar; **~ à linge** pinza (de la ropa). –2. [de crabe & COUT] pinza *f.* –3. *fam* [main] zarpa *f.*

pinceau [pɛ̃so] *nm* –1. [pour peindre] pincel *m.* –2. *fam* [jambe, pied] pata *f.*

pincée [pɛ̃se] *nf* pellizco *m*; **une ~ de sel** un pellizco de sal.

pincer [pɛ̃se] ◇ *vt* –1. [entre les doigts] pellizcar; [cordes d'instrument] puntear. –2. [lèvres] fruncir. –3. *fam fig* [arrêter] pillar; **il s'est fait ~** lo han pillado. –4. [froid] azotar. ◇ *vi fam* : **ça pince drôlement aujourd'hui** [faire froid] hoy hace un frío que pela.

pincettes [pɛ̃sɛt] *nfpl* tenazas *fpl.*

pingouin [pɛ̃gwɛ̃] *nm* pingüino *m.*

ping-pong [piŋpɔ̃g] *(pl* **ping-pongs)** *nm* ping pong *m.*

pinson [pɛ̃sɔ̃] *nm* pinzón *m.*

pintade [pɛ̃tad] *nf* pintada *f.*

pin-up [pinœp] *nf inv* pin-up *f.*

pioche [pjɔʃ] *nf* pico *m.*

piocher [pjɔʃe] ◇ *vt* –1. [terre] cavar. –2. [au jeu] robar. –3. [choisir au hasard] coger al azar. ◇ *vi* –1. [creuser] cavar. –2. [au jeu] robar. –3. [choisir] : **~ dans qqch** rebuscar en algo; [prendre] echar mano de algo.

pion, pionne [pjɔ̃, pjɔn] *nm, f* SCOL *persona encargada de la disciplina en un colegio.* ◆ **pion** *nm* –1. [aux échecs] peón *m.* –2. *péj* [personne] peón *m.*

pionnier, ère [pjɔnje, ɛr] *nm, f* pionero *m*, -ra *f.*

pipe [pip] *nf* pipa *f (para fumar).*

pipeline, pipe-line [pajplajn, piplin] *(pl* **pipe-lines)** *nm* [de pétrole] oleoducto *m*; [de gaz] gasoducto *m.*

pipi [pipi] *nm fam* pipí *m*; **faire ~** hacer pipí.

piquant, e [pikã, ãt] *adj* –1. [barbe] rasposo(sa). –2. [sauce, détail] picante. –3. [froid] penetrante. ◆ **piquant** *nm* –1. [d'animal] pincho *m*; [de vegetal] pincho *m*, espina *f* [d' histoire] gracia *f.*

pique [pik] ◇ *nf* –1. [arme] pica *f.* –2. *fig* [mot blessant] puya *f*; **lancer des ~s à qqn** *fig* soltar puyas a alguien. ◇ *nm* [aux cartes] picas *fpl.*

piqué, e [pike] *adj* –1. [gén] picado(da). –2. *fam* [personne] tocado(da) del ala.

pique-assiette [pikasjɛt] *(pl* **pique-assiettes)** *nmf péj* gorrón *m*, -ona *f*, gorrero *m*, -ra *f.*

pique-nique [piknik] *(pl* **pique-niques)** *nm* picnic *m.*

piquer [pike] ◇ *vt* –1. [suj : animal, froid, fumée] picar; [suj : barbe, tissu] rascar, picar. –2. [suj : aiguille, épine] pinchar. –3. [accrocher] prender. –4. COUT coser. –5. *fam* [voler] birlar, levantar. –6. [curiosité] picar. –7. *fam* [attraper] pillar. ◇ *vi* –1. [plante] pinchar. –2. [suj : animal, aliment pimenté] picar. –3. COUT coser a máquina. –4. *fam* [voler] levantar. –5. [avion] bajar en picado.

piquet [pike] *nm* –1. [petit pieu] estaca *f.* –2. [jeu de cartes] ≃ chinchón *m.*

piqûre [pikyr] *nf* –1. [d'insecte, de plante] picadura *f.* –2. [injection] pinchazo *m*; **faire une ~ de qqch à qqn** poner una inyección de algo a alguien. –3. COUT pespunte *m.*

piratage [pirataʒ] *nm* –1. [gén] piratería *f.* –2. INFORM pirateo *m.*

pirate [pirat] ◇ *adj* pirata. ◇ *nm* pirata *m*; **~ de l'air** pirata del aire.

pire [pir] ◇ *adj* peor; **c'est ~ que jamais** es peor que nunca. ◇ *nm* : **le ~** lo peor.

pirogue [pirɔg] *nf* piragua *f.*

pirouette [pirwɛt] *nf* **-1.** [gén] pirueta *f.* **-2.** [faux-fuyant] salida *f* por peteneras.

pis [pi] ◇ *adj* peor. ◇ *adv* peor; **de mal en ~, de ~ en ~** de mal en peor. ◇ *nm* [de vache] ubre *f.*

pis-aller [pizale] *nm inv* mal *m* menor.

pisciculture [pisikyltyr] *nf* piscicultura *f.*

piscine [pisin] *nf* piscina *f Esp*, alberca *f Amér*; **~ couverte/découverte/olympique** piscina cubierta/descubierta/olímpica.

pissenlit [pisɑ̃li] *nm* diente *m* de león.

pisser [pise] *tfam* ◇ *vt* **-1.** [suj : personne] mear. **-2.** [suj : plaie] : **~ le sang** sangrar (abundantemente). ◇ *vi* mear.

pissotière [pisɔtjɛr] *nf fam* meadero *m.*

pistache [pistaʃ] ◇ *adj inv* [couleur] pistacho *(en aposición)*. ◇ *nf* [fruit] pistacho *m.*

piste [pist] *nf* pista *f.*; **~ d'atterrissage** pista de aterrizaje; **~ cyclable** carril *m* de bicicletas.

pistil [pistil] *nm* pistilo *m.*

pistolet [pistɔlɛ] *nm* **-1.** [gén] pistola *f.* **-2.** *fam* [urinal] orinal *m Esp*, bacinica *f Amér.*

piston [pistɔ̃] *nm* **-1.** [de moteur, d'instrument] pistón *m.* **-2.** *fig* [appui] enchufe *m Esp*, cuña *f Amér.*

pistonner [pistɔne] *vt fam* enchufar; **se faire ~** *fig* conseguir un enchufe.

pitance [pitɑ̃s] *nf vieilli & péj* pitanza *f.*

piteux, euse [pitø, øz] *adj* penoso(sa).

pitié [pitje] *nf* lástima *f*, piedad *f*; **avoir ~ de qqn** sentir lástima por alguien.

piton [pitɔ̃] *nm* **-1.** [de montagne] pico *m.* **-2.** [à anneau] cáncamo *m*; [de crochet] alcayata *f.*

pitoyable [pitwajabl] *adj* penoso(sa).

pitre [pitr] *nm* payaso *m*, indio *m.*

pitrerie [pitrəri] *nf (gén pl)* payasada *f.*

pittoresque [pitɔrɛsk] *adj* pintoresco(ca).

pivot [pivo] *nm* **-1.** [de dent] pivote *m.* **-2.** SPORT [au basket] pívot *mf.* **-3.** *fig* [élément principal] motor *m.*

pivoter [pivɔte] *vi* girar.

pixel [piksɛl] *nm* INFORM píxel *m.*

pizza [pidza] *nf* pizza *f.*

Pl., pl. *(abr de* place*)* Pza.

placage [plakaʒ] *nm* chapeado *m*, chapado *m.*

placard [plakar] *nm* **-1.** [armoire] armario *m* empotrado; **mettre au ~** *fig* dejar de lado. **-2.** [affiche] cartel *m Esp*, afiche *m Amér.*

placarder [plakarde] *vt* fijar carteles.

place [plas] *nf* **-1.** [espace] sitio *m*; **prendre de la ~** coger OU ocupar mucho sitio; **faire ~ à qqch** dar paso a algo. **-2.** [emplacement, position] lugar *m*, sitio *m*; **à la ~ de qqn** en lugar de alguien; **à ta place** en tu lugar; **changer qqch de ~** cambiar algo de sitio; **prendre la ~ de qqn** coger el sitio de alguien. **-3.** THÉÂTRE localidad *f*, asiento *m*; **~ assise** plaza *f* sentada. **-4.** [dans un classement] plaza *f*, lugar *f.* **-5.** [de ville, MIL & COMM] plaza *f*; **~ forte** MIL plaza *f* fuerte. **-6.** [emploi] colocación *f.*

placement [plasmɑ̃] *nm* **-1.** [d'argent] inversión *f.* **-2.** [d'employé] empleo *m*, colocación *f.* **-3.** [de malade] internamiento *m.*

placenta [plasɛ̃ta] *nm* ANAT placenta *f.*

placer [plase] *vt* **-1.** [personne] situar, colocar. **-2.** *fig* [dans une situation, chose] poner. **-3.** [situer – gén] poner; [– dans une histoire] situar. **-4.** [mot, plaisanterie] decir. **-5.** [argent] colocar, invertir. ◆ **se placer** *vp* situarse, colocarse.

placide [plasid] *adj* plácido(da).

plafond [plafɔ̃] *nm* techo *m*; **faux ~** falso techo.

plafonner [plafɔne] ◇ *vt* techar. ◇ *vi* [prix, salaire] alcanzar el techo.

plage [plaʒ] *nf* **-1.** [de sable] playa *f.* **-2.** [ville balnéaire] pueblo *m* de la costa. **-3.** [d'ombre] zona *f*; [de prix] gama *f.* **-4.** [de disque] surco *m.* **-5.** [fig] [horaire] franja *f.* ◆ **plage arrière** *nf* AUTOM bandeja *f.*

plagiat [plaʒja] *nm* plagio *m.*

plagier [plaʒje] *vt* plagiar.

plaider [plede] ◇ *vt* JUR [défendre oralement] informar. ◇ *vi* JUR defender; **~ contre qqn** pleitear OU litigar contra alguien; **~ pour qqn** [défendre] defender a alguien; *fig* disculpar a alguien.

plaidoirie [pledwari] *nf* **-1.** JUR [exposé] informe *m.* **-2.** *fig* [art de plaider] alegato *m.*

plaidoyer [pledwaje] *nm* **-1.** JUR informe *m.* **-2.** *fig* [défense] alegato *m.*

plaie [plɛ] *nf* **-1.** [blessure] herida *f.* **-2.** *fig* [morale] llaga *f.* **-3.** *fam* [calamité] murga *f.*

plaindre [plɛ̃dr] *vt* compadecer. ◆ **se plaindre** *vp* quejarse; **se ~ de qqch/de qqn** quejarse de algo/de alguien.

plaine [plɛn] *nf* planicie *f*, llanura *f.*

plain-pied [plɛ̃pje] ◆ **de plain-pied** *loc adv* **-1.** [pièce] a la misma altura. **-2.** *fig* [directement] de lleno. **-3.** *fig* [sur le même plan] al mismo nivel.

plaint, e [plɛ̃, plɛ̃t] *pp* → plaindre.

plainte [plɛ̃t] *nf* **-1.** [gémissement] quejido *m*. **-2.** [grief] queja *f*. **-3.** JUR [en justice] denuncia *f*; **porter ~** denunciar; **~ contre X** denuncia contra persona o personas desconocidas.

plaintif, ive [plɛ̃tif, iv] *adj* quejumbroso(sa).

plaire [plɛr] *vi* : **~ à qqn** gustarle a alguien; **ça te plairait d'y aller?** ¿te gustaría ir?; **il me plaît** me gusta; **il plaît beaucoup** gusta mucho; **s'il vous/te plaît** por favor.

plaisance [plɛzɑ̃s] ◆ **de plaisance** *loc adj* [bâteau, navigation, port] deportivo(va).

plaisancier, ère [plɛzɑ̃sje, ɛr] *nm, f* aficionado *m*, -da *f* a la navegación.

plaisant, e [plɛzɑ̃, ɑ̃t] *adj* agradable.

plaisanter [plɛzɑ̃te] *vi* **-1.** [gén] bromear; **~ de tout** reírse de todo; **tu plaisantes?** ¿estás de broma?, ¿bromeas?; **~ avec** OU **sur qqch** jugar con algo. ◇ *vt sout* tomar el pelo a.

plaisanterie [plɛzɑ̃tri] *nf* **-1.** [gén] broma *f*. **-2.** [raillerie] bromas *fpl*; **c'était une ~** [bagatelle] era muy fácil.

plaisantin [plɛzɑ̃tɛ̃] *nm* bromista *mf*.

plaisir [plɛzir] *nm* **-1.** [joie] placer *m*, gusto *m*; **avoir du ~ à faire qqch** hacer algo con gusto; **avec ~** con (mucho) gusto; **faire ~ à qqn** complacer a alguien; **j'ai le ~ de vous annoncer qqch/que...** tengo el placer de anunciaros algo/que...; **prendre du ~ à faire qqch** cogerle el gusto a hacer algo. **-2.** [de la chair] placer *m*. **-3.** *(gén pl)* [distractions] placeres *mpl*.

plan, e [plɑ̃, plan] *adj* plano(na). ◆ **plan** *nm* **-1.** [dessin & CIN] plano *m*; **à l'arrière ~** en el fondo; **en premier/second ~** en primer/segundo plano OU término; **gros ~** CIN primer plano. **-2.** [projet] plan *m*; **faire des ~s** hacer planes; **avoir un ~** tener un plan; **sur tous les ~s** en todos los aspectos. **-4.** [point de vue] : **sur le ~ de** desde el punto de vista de. **-5.** [niveau] : **sur le même ~** al mismo nivel. ◆ **plan d'eau** *nm* estanque *m*. ◆ **plan de travail** *nm* encimera *f*. ◆ **de tout premier plan** *loc adj* excepcional. ◆ **en plan** *loc adv* : **laisser qqn en ~** dejar a alguien en la estacada; **laisser qqch en ~** dejar algo colgado.

planche [plɑ̃ʃ] *nf* **-1.** [en bois] tabla *f*; **~ à dessin** tablero *m* de dibujo; **~ à repasser** tabla de planchar; **faire la ~** hacer el muerto *(en el agua)*. **-2.** [d'illustration] lámina *f*. ◆ **planches** *nfpl* **-1.** *fig* [théâtre] tablas *fpl*. **-2.** [skis] esquís *mpl*.

plancher[1] [plɑ̃ʃe] *nm* **-1.** [de maison, de voiture] suelo *m*. **-2.** *fig* [limite] nivel *m* mínimo.

plancher[2] [plɑ̃ʃe] *vt & vi* : **~ sur qqch** *fam* [bûcher] currarse algo.

plancton [plɑ̃ktɔ̃] *nm* plancton *m*.

planer [plane] *vi* **-1.** [voler – avion, oiseau] planear; [– feuille] volar. **-2.** [fumée, vapeur] flotar. **-3.** *fig* [danger, mystère] rondar. **-4.** *fam fig* [être dans la lune] estar en las nubes.

planétaire [planetɛr] *adj* planetario(ria).

planétarium [planetarjɔm] *nm* planetario *m*, planetarium *m*.

planète [planɛt] *nf* planeta *m*.

planeur [planœr] *nm* planeador *m*.

planification [planifikasjɔ̃] *nf* ÉCON planificación *f*.

planifier [planifje] *vt* ÉCON planificar.

planning [planiŋ] *nm* **-1.** [d'entreprise] planning *m*, plan *m* de trabajo. **-2.** [de personnel] plan *m*; **~ familial** planificación *f* familiar.

planque [plɑ̃k] *nf fam* **-1.** [cachette] escondrijo *m*, escondite *m*. **-2.** *fig* [situation privilégiée] chollo *m*.

plant [plɑ̃] *nm* **-1.** [jeune plante] plantón *m*. **-2.** [culture] plantación *f*, plantío *m*.

plantaire [plɑ̃tɛr] *adj* plantar.

plantation [plɑ̃tasjɔ̃] *nf* plantación *f*.

plante [plɑ̃t] *nf* planta *f*; **~ d'appartement** OU **d'intérieur** OU **verte** planta de interior.

planter [plɑ̃te] *vt* **-1.** [arbre, tente] plantar. **-2.** [clou, couteau, regard] clavar. **-3.** *fig* [décor] situar. **-4.** *fig* [chapeau] plantarse.

plantureux, euse [plɑ̃tyrø, øz] *adj* [repas] copioso(sa); [femme, poitrine] generoso(sa).

plaque [plak] *nf* placa *f*; **~ chauffante** OU **de cuisson** encimera *f*; **~ de chocolat** tableta *f* de chocolate; **~ d'immatriculation** OU **minéralogique** matrícula *f (de coche)*; **être à côté de la ~** *fam* no enterarse (de nada).

plaquer [plake] *vt* **-1.** [bijou] chapar. **-2.** [meuble] contrachapar. **-3.** [cheveux] alisar; **~ qqch/qqn contre qqch** aplastar algo/a alguien contra algo. **-4.** [au rugby] hacer un placaje a. **-5.** MUS [accord] *tocar simultáneamente.* **-6.** *fam* [abandonner] dejar colgado.

plaquette [plakɛt] *nf* **-1.** [petite plaque] placa *f.* **-2.** CULIN [de beurre, de chocolat] pastilla *f.* **-3.** PHARMACIE [comprimés] blister *m.* **-4.** (*gén pl*) [sanguines] plaqueta *f.* **-5.** [petit livre] folleto *m.*

plasma [plasma] *nm* plasma *m.*

plastifié, e [plastifje] *adj* plastificado(da).

plastique [plastik] ◇ *adj* plástico(ca). ◇ *nf* **-1.** [en sculpture] plástica *f.* **-2.** [beauté] belleza *f.* ◇ *nm* plástico *m.*

plastiquer [plastike] *vt* volar *(con explosivo plástico).*

plat, e [pla, plat] *adj* **-1.** [relief, terrain, toit] plano(na). **-2.** [assiette] llano(na). **-3.** *fig* [style] soso(sa). ◆ **plat** *nm* **-1.** [de la main] palma *f.* **-2.** [récipient] fuente *f.* **-3.** [mets] plato *m.*; ~ **du jour** plato del día; ~ **de résistance** plato fuerte. **-4.** [plongeon] panzada *f.* ◆ **à plat** ◇ *loc adj* **-1.** [pneu, roue] desinflado(da). **-2.** *fam* [personne] reventado(da). ◇ *loc adv* [horizontalement] plano.

platane [platan] *nm* plátano *m (árbol).*

plateau, x [plato] *nm* **-1.** [de cuisine] bandeja *f* *Esp*, charola *f* *Amér*; ~ **de fromages** tabla *f* de quesos. **-2.** [de balance] platillo *m.* **-3.** GÉOGR meseta *f.* **-4.** [de théâtre] escenario *m*; [de télévision] plató *m.* **-5.** [de vélo] plato *m.*

plateau-repas [platorəpa] *nm* bandeja *f* de comida preparada.

plate-bande [platbãd] *nf* arriate *m*; **marcher sur les plates-bandes de qqn** meterse en el terreno de alguien.

platée [plate] *nf* **-1.** [contenu d'un plat] plato *m.* **-2.** *fam* [bonne portion] platazo *m.*

plate-forme [platfɔrm] *nf* plataforma *f*; ~ **de forage** plataforma de perforación; ~ **pétrolière** plataforma petrolífera.

platine [platin] ◇ *adj* inv [couleur] platino *(en aposición).* ◇ *nm* [métal] platino *m.* ◇ *nf* [électrophone] platina *f*; [de tourne-disque] plato *m*; ~ **laser** reproductor *m* de disco compacto.

platonique [platɔnik] *adj* **-1.** [amour, relation] platónico(ca). **-2.** *sout* [protestation, lutte] inútil.

plâtras [platra] *nm* cascote *m.*

plâtre [platr] *nm* **-1.** [de construction] yeso *m.* **-2.** *péj* [nourriture indigeste] bazofia *f.* **-3.** [sculpture, de chirurgie] escayola *f.*

plâtrer [platre] *vt* **-1.** [mur] enyesar. **-2.** MÉD escayolar.

plausible [plozibl] *adj* plausible.

play-back [plɛbak] *nm inv* play-back *m.*

play-boy [plɛbɔj] (*pl* play-boys) *nm* play-boy *m.*

plébiscite [plebisit] *nm* plebiscito *m.*

plein, e [plɛ̃, plɛn] *adj* **-1.** [rempli] lleno(na); **un panier** ~, **un** ~ **panier** una cesta llena; ~ **de qqch** lleno de algo. **-2.** [journée] apretado(da). **-3.** [confiance] total. **-4.** [femelle] preñada. **-5.** [non creux] macizo(za). **-6.** *fam* [ivre] cargado(da). **-7.** [intensif] pleno(na); **en** ~... [au milieu de] en pleno... ◆ **plein** *nm* [d'essence] lleno *m*; **le** ~, **svp** lleno, por favor; **faire le** ~ THÉÂTRE llenar, llenarse. ◇ *adv fam* **elle a de l'encre** ~ **les doigts** tiene los dedos llenos de tinta. ◆ **en plein dans** *loc adv* de lleno en, de pleno en. ◆ **en plein sur** *loc adv* de lleno sobre, de pleno sobre.

plein-temps [plɛ̃tã] *nm* jornada *f* completa. ◆ **à plein-temps** *loc adj* [poste, emploi, employé] a jornada completa.

plénitude [plenityd] *nf sout* plenitud *f.*

pléonasme [pleɔnasm] *nm* pleonasmo *m.*

pleur [plœr] *nm sout* (*gén pl*) llanto *m*; **être en** ~s estar llorando.

pleurer [plœre] ◇ *vi* llorar; ~ **de qqch** llorar de algo; ~ **sur qqch/sur qqn** llorar por algo/por alguien. ◇ *vt* llorar.

pleuvoir [pløvwar] ◇ *v impers* llover; **il pleut** llueve. ◇ *vi* [coups, insultes, invitations] llover.

Plexiglas® [plɛksiglas] *nm* Plexiglás® *m.*

plexus [plɛksys] *nm* ANAT plexo *m*; ~ **solaire** plexo solar.

pli [pli] *nm* **-1.** COUT [de tissu] pliegue *m*; [de jupe] tabla *f*, pliegue *m*; [de pantalon] raya *f*; **faux** ~ arruga *f.* **-2.** [marque, ride] arruga *f.* **-3.** [forme] caída *f.* **-4.** *fig* [habitude] costumbre *f.* **-5.** [lettre] sobre *m.* **-6.** [aux cartes] baza *f.*

pliant, e [plijã, ãt] *adj* plegable.

plier [plije] ◇ *vt* **-1.** [papier, tissu, vêtement] doblar. **-2.** [chaise, lit, tente] plegar. ◇ *vi* **-1.** [lit, table] doblarse. **-2.** *fig* [personne] doblegarse. ◆ **se plier** *vp* **-1.** [lit, table] plegarse. **-2.** [personne] : **se** ~ **à qqch** doblegarse a algo.

plinthe [plɛ̃t] *nf* zócalo *m.*

plissé, e [plise] *adj* **-1.** [jupe] plisado(da). **-2.** [peau] arrugado(da). **-3.** [terrain] plegado(da).

plissement [plismã] *nm* **-1.** [du front, des yeux] frunce *m*. **-2.** GÉOL plegamiento *m*.

plisser [plise] ◇ *vt* **-1.** COUT [jupe] plisar, tablear. **-2.** [front, yeux, lèvres] fruncir. ◇ *vi* [étoffe] arrugar.

plomb [plɔ̃] *nm* **-1.** [métal] plomo *m*. **-2.** [de chasse] perdigón *m*; **ne pas avoir de ~ dans la tête** *fig* tener cabeza de chorlito. **-3.** *(gén pl)* ÉLECTR : **les ~s** los plomos. **-4.** [de pêche] escandallo *m*. **-5.** ART [de vitrail] emplomado *m*.

plombage [plɔ̃baʒ] *nm* **-1.** [garnissage en plomb] emplomado *m*. **-2.** [scellement] precinto *m*. **-3.** *fam* [de dent] empaste *m*.

plomber [plɔ̃be] *vt* **-1.** [ligne] emplomar. **-2.** [sceller] precintar. **-3.** [dent] empastar *Esp*, emplomar *Amér*.

plombier [plɔ̃bje] *nm* fontanero *m Esp*, plombero *m Amér*.

plonge [plɔ̃ʒ] *nf* : **faire la ~** fregar los platos *(en un restaurante)*.

plongeant, e [plɔ̃ʒã, ãt] *adj* **-1.** [vue] desde lo alto. **-2.** [décolleté] escotado(da).

plongée [plɔ̃ʒe] *nf* **-1.** [immersion] zambullida *f*. **-2.** PHOT & CIN picado *m*.

plongeoir [plɔ̃ʒwar] *nm* trampolín *m (de piscina)*.

plongeon [plɔ̃ʒɔ̃] *nm* **-1.** [dans l'eau] zambullida *f*. **-2.** [chute] caída *f*. **-3.** SPORT [au football] estirón *m*.

plonger [plɔ̃ʒe] ◇ *vt* **-1.** [immerger] sumergir. **-2.** [enfoncer] hundir. **-3.** [regard] fijar. ◇ *vi* **-1.** [dans l'eau] zambullirse. **-2.** SPORT [gardien de but] lanzarse. **-3.** *fam fig* [couler] caer. ◆ **se plonger** *vp* **-1.** [s'immerger] sumergirse. **-2.** *fig* [s'adonner à] : **se ~ dans qqch** sumirse en algo.

plongeur, euse [plɔ̃ʒœr, øz] *nm, f* **-1.** SPORT submarinista *mf*. **-2.** [dans un restaurant] lavaplatos *mf*.

ployer [plwaje] ◇ *vt sout* **-1.** [genoux] doblar. **-2.** *fig* [résistance] doblegar. ◇ *vi* **-1.** *sout* [genoux] doblarse. **-2.** *fig & sout* [céder] doblegarse.

plu [ply] *pp inv* → plaire, pleuvoir.

pluie [plɥi] *nf* lluvia *f*; **une ~ battante** una lluvia recia; **~s acides** lluvia ácida.

plume [plym] ◇ *nf* pluma *f*. ◇ *nm fam* piltra *f*.

plumeau [plymo] *nm* plumero *m*.

plumer [plyme] *vt* desplumar.

plumier [plymje] *nm* plumier *m*, estuche *f* de lápices.

plupart [plypar] *nf* : **pour la ~** la mayoría; **la ~ de qqch** la mayoría de algo; **la ~ du temps** la mayoría de las veces.

pluriel, elle [plyrjɛl] *adj* **-1.** LING plural. **-2.** [société] pluralista, plural. ◆ **pluriel** *nm* LING plural *m*.

plus [ply(s)] ◇ *adv* **-1.** [quantité] más; **je ne peux pas vous en dire ~** no puedo deciros más; **beaucoup/un peu ~** mucho/un poco más; **il y a (un peu) ~ de 15 ans** hace (poco) más de 15 años; **~ j'y pense, ~ je me dis que...** cuanto más lo pienso, más creo que... **-2.** [comparatif] más; **c'est ~ court par là** es más corto por allí; **viens ~ souvent** ven más a menudo; **~... que más... que; il est ~ jeune que moi** es más joven que yo; **c'est ~ simple qu'on ne le croit** es más sencillo de lo que se piensa. **-3.** [superlatif] : **le ~** el más; **c'est lui qui travaille le ~** el que más trabaja es él; **un de ses tableaux les ~ connus** uno de sus cuadros más conocidos; **le ~ loin possible** lo más lejos posible. **-4.** [négation] no más; **~ un mot!** ¡ni una palabra más!; **ne... ~** ya no; **il n'y a ~ personne** ya no hay nadie; **il n'a ~ d'amis** ya no tiene amigos. ◇ *nm* **-1.** [signe] más. **-2.** *fig* [atout] punto *m* (a favor). ◇ *prép* más; **trois ~ trois font six** tres más tres igual a seis. ◆ **au plus** *loc adv* como mucho; **tout au ~** como máximo. ◆ **de plus** *loc adv* **-1.** [en supplément, en trop] de más; **elle a cinq ans de ~ que moi** tiene cinco años más que yo. **-2.** [en outre] además. ◆ **de plus en plus** *loc adv* cada vez más. ◆ **en plus de** *loc prép* además de. ◆ **ni plus ni moins** *loc adv* ni más ni menos. ◆ **sans plus** *loc adv* sin más.

plusieurs [plyzjœr] *adj indéf pl & pron indéf mfpl* varios(rias).

plus-que-parfait [plyskəparfɛ] *nm* GRAM pluscuamperfecto *m*.

plus-value [plyvaly] *nf* **-1.** ÉCON [gén] plusvalía *f*. **-2.** FIN [excédent] superávit *m*.

plutôt [plyto] *adv* **-1.** [de préférence, plus exactement] más bien; **~ (+ infinitif)** antes (+ infinitivo); **~ mourir que céder** antes morir que ceder. **-2.** [au lieu de] : **~ que** de en vez de; **ou ~** o mejor dicho. **-3.** [assez] bastante.

pluvieux, euse [plyvjø, øz] *adj* lluvioso(sa).

PME (*abr de* petite et moyenne entreprise) *nf* PYME *f*.

PMI *nf* **-1.** (*abr de* petite et moyenne industrie) PMI *f.* **-2.** (*abr de* protection maternelle et infantile)*servicio de protección a la infancia.*

PMU (*abr de* Pari mutuel urbain) *nm quiniela hípica en Francia,* ≃ QH.

pneu [pnø] *nm* **-1.** [de véhicule] neumático *m;* ~ **avant/arrière** rueda delantera/trasera. **-2.** *vieilli* [message] *misiva enviada a través de un tubo de aire comprimido.*

pneumatique [pnømatik] ◇ *adj* neumático(ca). ◇ *nm* **-1.** [de véhicule] neumático *m.* **-2.** *vieilli* [message] *misiva enviada a través de un tubo de aire comprimido.*

pneumonie [pnømɔni] *nf* neumonía *f,* pulmonía *f.*

poche [pɔʃ] *nf* **-1.** [de vêtement, de sac] bolsillo *m.* **-2.** [sac, cavité, déformation] bolsa *f.* ◆ **de poche** *loc adj* de bolsillo.

poché, e [pɔʃe] *adj* CULIN escalfado(da).

pocher [pɔʃe] *vt* CULIN escalfar.

pochette [pɔʃɛt] *nf* **-1.** [d'allumettes] caja *f.* **-2.** [de disque] funda *f.* **-3.** [mouchoir] pañuelo *m* (*para adornar un traje*).

pochoir [pɔʃwar] *nm* plantilla *f* de estarcir.

podium [pɔdjɔm] *nm* podio *m.*

poêle [pwal] ◇ *nf* sartén *f Esp,* paila *f Amér;* ~ **à frire** sartén. ◇ *nm* estufa *f.*

poème [pɔɛm] *nm* poema *m.*

poésie [pɔezi] *nf* poesía *f.*

poète [pɔɛt] *adj & nm* poeta.

pogrom, pogrome [pɔgrɔm] *nm* pogrom *m,* pogromo *m.*

poids [pwa] *nm* **-1.** [gén] peso *m;* **perdre/prendre du** ~ perder/ganar peso; ~ **lourd** [boxe] peso pesado; [camion] vehículo *m* pesado; **de** ~ [important] de peso. **-2.** [pour peser quelque chose] pesa *f.*

poignant, e [pwaɲɑ̃, ɑ̃t] *adj* desgarrador(ra).

poignard [pwaɲar] *nm* puñal *m.*

poigne [pwaɲ] *nf* **-1.** [force du poignet] fuerza *f* del puño; ~ **de fer** mano *f* de hierro. **-2.** *fig* [autorité] mano *f* férrea.

poignée [pwaɲe] *nf* **-1.** [contenu de la main, petit nombre] puñado *m.* **-2.** [manche – d'épée, de sabre] puño *m;* [– de valise, de couvercle, de tiroir] asa *f;* [– de porte, de fenêtre] picaporte *m.* ◆ **poignée de main** *nf* apretón *m* de manos.

poignet [pwaɲɛ] *nm* puño *m.*

poil [pwal] *nm* pelo *m;* **à** ~ *fam* [tout nu] en pelotas.

poilu, e [pwaly] *adj* peludo(da).

poinçon [pwɛ̃sɔ̃] *nm* **-1.** [outil] punzón *m.* **-2.** [sceau] contraste *m.*

poinçonner [pwɛ̃sɔne] *vt* **-1.** [bijou] contrastar. **-2.** [billet] picar. **-3.** [tôle] perforar.

poing [pwɛ̃] *nm* puño *m.*

point [pwɛ̃] ◇ *nm* [gén] punto *m;* **à** ~ [cuisson] a punto; **au** ~ **mort** AUTOM en punto muerto; **être sur le** ~ **de faire qqch** estar a punto de hacer algo; **marquer un** ~ SPORT marcar un tanto; **mettre qqch au** ~ poner algo a punto; ~ **d'appui** punto de apoyo; ~ **de chute** sitio *m* donde parar; ~ **de côté** punzada *f* en el costado; ~ **culminant** [de montagne] cumbre *f; fig* punto culminante; ~ **faible** punto débil; ~ **final** punto final; ~ **d'exclamation/d'interrogation** signo *m* de exclamación/de interrogación; ~ **noir** [sur la peau] espinilla *f,* punto negro *m; fig* [problème] punto negro; ~ **de non-retour** punto sin retorno; ~ **de repère** punto de referencia; ~**s de suspension** puntos suspensivos; ~**s de suture** MÉD puntos de sutura; ~ **de vente** COMM punto de venta; ~ **de vue** punto de vista; **à ce** ~ (+ *adjectif*) hasta tal punto; **il se sent à ce** ~ **honteux qu'il ne m'appelle plus** se siente avergonzado hasta tal punto que ya no me llama; **à tel** ~ **que, au** ~ ~ **que** hasta el punto de que; **au** ~ **de faire qqch** hasta el punto de hacer algo; **avoir un** ~ **commun avec qqn** tener algo en común con alguien. ◇ *adv vieilli* [pas] : **il n'a** ~ **d'argent** no tiene dinero; **ne vous en faites** ~ no se preocupe. ◆ **à tel point que** *loc conj* hasta tal punto que. ◆ **points cardinaux** *nmpl* puntos *mpl* cardinales.

pointe [pwɛ̃t] *nf* **-1.** [gén] punta *f;* **en** ~ en punta; **faire des** ~s bailar de puntas; **se hausser sur la** ~ **des pieds** ponerse de puntillas; ~ **d'asperge** punta OU cabeza de espárrago; ~ **d'ironie** *fig* punto *m* de ironía. **-2.** [de relief] pico *m;* **à la** ~ **de qqch** a la vanguardia de algo. ◆ **de pointe** *loc àdj* punta (*en aposición*).

pointer [pwɛ̃te] ◇ *vt* **-1.** [gén] apuntar. **-2.** [employés] hacer recuento de. **-3.** [arme] : ~ **qqch vers/sur** apuntar a/hacia; [doigt] señalar a/hacia. ◇ *vi* **-1.** [à l'usine] fichar. **-2.** [être en pointe] ser puntiagudo(da). **-3.** [jour] despuntar. **-4.** [sentiment] asomarse. **-5.** [à la pétanque] tirar.

pointillé [pwɛ̃tije] *nm* **-1.** [trait discontinu] punteado *m;* **en** ~ [ligne] de puntos; [par sous-entendus] de manera velada. **-2.** [perforations] línea *f* de puntos.

pommade

pointilleux, euse [pwɛtijø, øz] *adj* puntilloso(sa).

pointu, e [pwɛty] *adj* **-1.** [chose] puntiagudo(da); [nez] afilado(da). **-2.** [voix, ton] agudo(da). **-3.** [très poussé – analyse] detallado(da); [– formation] muy especializado(da). **-4.** [sujet, opération] peliagudo(da).

pointure [pwɛtyr] *nf* [de zapatos, de guantes] número *m*.

point-virgule [pwɛvirgyl] (*pl* **points-virgules**) *nm* punto y coma *m*.

poire [pwar] *nf* **-1.** [fruit] pera *f*. **-2.** *fam* [tête] jeta *f*. **-3.** *fam* [naïf] primo *m*, -ma *f*.

poireau, x [pwaro] *nm* puerro *m*.

poirier [pwarje] *nm* [arbre] peral *m*.

pois [pwa] *nm* **-1.** [gén] guisante *m Esp*, arveja *f Amér*; **petit ~** guisante; **~ chiche** garbanzo *m*. **-2.** *fig* [motif] lunar *m*; **à ~ de** lunares.

poison [pwazɔ̃] *nm* veneno *m*; *fig* peste *f*.

poisse [pwas] *nf fam* mala pata *f*; **porter la ~** gafar, ser gafe.

poisseux, euse [pwasø, øz] *adj* pegajoso(sa).

poisson [pwasɔ̃] *nm* [animal] pez *m*; [mets] pescado *m*; **~ rouge** ciprino *m*; **~ d'avril** *fig* [poisson en papier] figura de papel que representa un pez, ≃ monigote; [calembour] broma tradicional francesa que se hace el 1 de abril, ≃ inocentada; **~ d'avril!** ≃ ¡inocente! ◆ **Poissons** *nmpl* ASTROL Piscis *m inv*.

poissonnerie [pwasɔnri] *nf* **-1.** [boutique] pescadería *f*. **-2.** [métier] pesca *f*.

poissonnier, ère [pwasɔnje, ɛr] *nm, f* pescadero *m*, -ra *f*.

poitrine [pwatrin] *nf* **-1.** [gén] pecho *m*. **-2.** [viande] magro *m*.

poivre [pwavr] *nm* pimienta *f*; **~ blanc/gris/noir** pimienta blanca/gris/negra.

poivron [pwavrɔ̃] *nm* pimiento *m Esp*, ají *m Amér*; **~ rouge/vert** pimiento rojo/verde.

poker [pɔkɛr] *nm* póker *m*, póquer *m*.

polaire [pɔlɛr] *adj* polar.

pôle [pol] *nm* polo *m*; **le ~ Nord** el polo norte; **le ~ Sud** el polo sur.

polémique [pɔlemik] ◇ *adj* polémico(ca). ◇ *nf* polémica *f*.

poli, e [pɔli] *adj* **-1.** [personne] educado(da). **-2.** [surface, marbre] pulido(da). ◆ **poli** *nm* [aspect] pulimento *m*.

police [pɔlis] *nf* **-1.** [force publique] policía *f*; **être de** OU **dans la ~** estar en la policía; **~ secours** policía encargada de socorrer a los accidentados y enfermos de gravedad. **-2.** [assurance] póliza *f*. **-3.** TYPOGRAPHIE [fonte] fuente.

polichinelle [pɔliʃinɛl] *nm* polichinela *m*.

policier, ère [pɔlisje, ɛr] *adj* **-1.** [régime, mesure] policial. **-2.** [roman, film] policíaco(ca), policiaco(ca). ◆ **policier** *nm* policía *m*.

poliomyélite [pɔljɔmjelit] *nf* poliomielitis *f inv*.

polir [pɔlir] *vt* pulir.

polisson, onne [pɔlisɔ̃, ɔn] ◇ *adj* pícaro(ra). ◇ *nm, f* pillo *m*, -lla *f*.

politesse [pɔlitɛs] *nf* **-1.** [courtoisie] cortesía *f*. **-2.** [action] cumplido *m*.

politicien, enne [pɔlitisjɛ̃, ɛn] ◇ *adj* [politique] profesional. ◇ *nm, f* político *m*, -ca *f*.

politique [pɔlitik] ◇ *adj* **-1.** [pouvoir, doctrine, théorie] político(ca). **-2.** [personne] diplomático(ca). ◇ *nf* política *f*. ◇ *nm* político *m*.

politiser [pɔlitize] *vt* politizar.

pollen [pɔlɛn] *nm* polen *m*.

polluer [pɔlɥe] *vt* contaminar.

pollution [pɔlysjɔ̃] *nf* contaminación *f*, polución *f*.

polo [pɔlo] *nm* [vêtement & SPORT] polo *m* (deporte, camisa).

Pologne [pɔlɔɲ] *nf* : **la ~** Polonia.

poltron, onne [pɔltrɔ̃, ɔn] *adj & nm, f* cobarde.

polychrome [pɔlikrom] *adj* policromo(ma), policromo(ma).

polyclinique [pɔliklinik] *nf* policlínica *f*.

polycopier [pɔlikɔpje] *vt* policopiar, multicopiar.

polyester [pɔliɛstɛr] *nm* poliéster *m*.

polygamie [pɔligami] *nf* poligamia *f*.

polyglotte [pɔliglɔt] *adj & nmf* políglota, poliglota.

polygone [pɔligɔn] *nm* polígono *m*.

polymère [pɔlimɛr] ◇ *adj* polímero(ra). ◇ *nm* polímero *m*.

Polynésie [pɔlinezi] *nf* : **la ~** Polinesia; **la ~ française** la Polinesia francesa.

polysémique [pɔlisemik] *adj* polisémico(ca).

polystyrène [pɔlistirɛn] *nm* poliestireno *m*.

polytechnicien, enne [pɔlitɛknisjɛ̃, ɛn] *nm, f* alumno de la Escuela Politécnica de París.

polyvalent, e [pɔlivalɑ̃, ɑ̃t] *adj* polivalente.

pommade [pɔmad] *nf* pomada *f*.

pomme [pɔm] *nf* **-1.** [fruit] manzana *f*; ~ **de pin** piña *f*. **-2.** [pomme de terre] : ~**s allumettes/vapeur** patatas *fpl* paja/al vapor. **-3.** *fam* [tête] : **ma ~/ta ~ mi menda/ tu menda.** ◆ **pomme d'Adam** *nf* nuez *f* de Adán.

pomme de terre [pɔmdətɛr] (*pl* **pommes de terre**) *nf* patata *f Esp*, papa *f Amér*; **pommes de terre frites** patatas fritas.

pommette [pɔmɛt] *nf* pómulo *m*.

pommier [pɔmje] *nm* manzano *m*.

pompe [pɔ̃p] *nf* **-1.** [appareil] bomba *f*; ~ **à essence** surtidor *m* de gasolina. **-2.** [magnificence] pompa *f*. **-3.** *fam* [chaussure] zapato *m*.

pomper [pɔ̃pe] *vt* **-1.** [air, eau] bombear. **-2.** [avec éponge, buvard] chupar. **-3.** *fam* [boire] trincar.

pompeux, euse [pɔ̃pø, øz] *adj* pomposo(sa).

pompiste [pɔ̃pist] *nmf* trabajador *m*, -ra *f* de una gasolinera.

pompon [pɔ̃pɔ̃] *nm* pompón *m*.

poncer [pɔ̃se] *vt* lijar.

ponceuse [pɔ̃søz] *nf* lijadora *f*.

ponction [pɔ̃ksjɔ̃] *nf* **-1.** MÉD punción *f*. **-2.** *fig* [prélèvement] sangría *f*.

ponctualité [pɔ̃ktɥalite] *nf* puntualidad *f*.

ponctuation [pɔ̃ktɥasjɔ̃] *nf* puntuación *f*.

ponctuel, elle [pɔ̃ktɥel] *adj* puntual.

pondéré, e [pɔ̃dere] *adj* ponderado(da).

pondérer [pɔ̃dere] *vt* ponderar.

pondre [pɔ̃dr] *vt* **-1.** [œuf] poner. **-2.** *fam* [projet, texte] gestar.

pondu, e [pɔ̃dy] *pp* → **pondre**.

poney [pɔnɛ] *nm* poney *m*.

pont [pɔ̃] *nm* puente *m*; ~ **aérien** puente aéreo; ~**s et chaussées** ADMIN ≃ MOPU *m*.

ponte [pɔ̃t] ◇ *nf* puesta *f (de huevos)*. ◇ *nm* **-1.** [au jeu] punto *m (contra la banca)*. **-2.** *fam* [autorité] eminencia *f*; [de la mafia, du crime] capo *m*.

pont-levis [pɔ̃ləvi] *nm* puente *m* levadizo.

ponton [pɔ̃tɔ̃] *nm* pontón *m*.

pop [pɔp] *adj & nm* pop.

pop-corn [pɔpkɔrn] *nm inv* palomita *f* (de maíz).

populace [pɔpylas] *nf péj* populacho *m*.

populaire [pɔpylɛr] *adj* popular.

populariser [pɔpylarize] *vt* popularizar.

popularité [pɔpylarite] *nf* popularidad *f*.

population [pɔpylasjɔ̃] *nf* población *f*; ~ **active** población activa.

porc [pɔr] *nm* **-1.** [animal, viande] cerdo *m Esp*, chancho *m Amér*. **-2.** *inj* [personne] cochino *m*. **-3.** [peau] piel *f* de cerdo.

porcelaine [pɔrsəlɛn] *nf* **-1.** [matière, objet] porcelana *f*. **-2.** [mollusque] margarita *f*.

porc-épic [pɔrkepik] *nm* puerco *m* espín.

porche [pɔrʃ] *nm* porche *m*.

porcherie [pɔrʃəri] *nf* pocilga *f*.

porcin, e [pɔrsɛ̃, in] *adj* **-1.** [élevage, race] porcino(na). **-2.** [regard, yeux] de cerdo degollado. ◆ **porcin** *nm* porcino *m*.

pore [pɔr] *nm* poro *m*.

poreux, euse [pɔrø, øz] *adj* poroso(sa).

porno [pɔrno] *adj & nm* porno.

pornographie [pɔrnɔgrafi] *nf* pornografía *f*.

port [pɔr] *nm* **-1.** [lieu] puerto *m*; ~ **de commerce/de pêche** puerto comercial/ pesquero. **-2.** [transport, allure] porte *m*; ~ **d'armes** tenencia *f* de armas.

portable [pɔrtabl] ◇ *adj* **-1.** [vêtement] llevable. **-2.** [machine à écrire, ordinateur] portátil. ◇ *nm* INFORM portátil *m*.

portail [pɔrtaj] *nm* pórtico *m*.

portant, e [pɔrtɑ̃, ɑ̃t] *adj* : **être bien/mal ~** estar en buen/en mal estado de salud. ◆ **portant** *nm* **-1.** THÉÂTRE bastidor *m*. **-2.** [d'ouverture] soporte *m*.

portatif, ive [pɔrtatif, iv] *adj* portátil.

porte [pɔrt] *nf* puerta *f*; **écouter aux ~s** escuchar detrás de las puertas; **mettre qqn à la ~** poner a alguien de patitas en la calle; ~ **de communication** puerta comunicante; ~ **d'entrée/de secours** puerta de entrada/de emergencia.

porte-à-faux [pɔrtafo] *nm inv* voladizo *m*; **en ~** CONSTR en falso; *fig* a contracorriente.

porte-à-porte [pɔrtapɔrt] *nm inv* puerta a puerta *m*; **faire du ~** hacer el puerta a puerta.

porte-avions [pɔrtavjɔ̃] *nm inv* portaviones *m inv*, portaaviones *m inv*.

porte-bagages [pɔrtbagaʒ] *nm inv* portaequipajes *m inv*.

porte-bonheur [pɔrtbɔnœr] *nm inv* amuleto *m*.

porte-clefs, porte-clés [pɔrtəkle] *nm inv* llavero *m*.

porte-documents [pɔrtdɔkymɑ̃] *nm inv* portadocumentos *m inv*.

portée [pɔrte] *nf* **-1.** [distance, importance] alcance *m*; **à ~ de qqch** al alcance de algo; **à la ~ de qqn** al alcance de alguien. **-2.** MUS pentagrama *m.* **-3.** [de chiots, chatons] camada *f.*

porte-fenêtre [pɔrtfənɛtr] *nf* puerta *f* vidriera.

portefeuille [pɔrtəfœj] *nm* cartera *f.*

porte-jarretelles [pɔrtʒartɛl] *nm inv* liguero *m.*

portemanteau, x [pɔrtmãto] *nm* perchero *m.*

porte-monnaie [pɔrtmɔnɛ] *nm inv* monedero *m.*

porte-parole [pɔrtparɔl] *nm inv* portavoz *mf.*

porter [pɔrte] ◇ *vt* **-1.** [gén] llevar. **-2.** [soutenir] sostener. **-3.** [inscrire] asentar. **porté disparu** dado por desaparecido. **-4.** [présenter] presentar. **-5.** [diriger] dirigir. ◇ *vi* **-1.** [s'appuyer] : **~ sur qqch** apoyarse en algo. **-2.** [avoir un effet] surtir efecto. **-3.** [voix, tir] alcanzar. ◆ **se porter** *vp* **-1.** [personne] encontrarse; **bien/mal se ~** encontrarse bien/mal. **-2.** [vêtement] llevarse. **-3.** [se présenter] presentarse.

porte-savon [pɔrtsavɔ̃] (*pl inv* OU **porte-savons**) *nm* jabonera *f.*

porte-serviettes [pɔrtsɛrvjɛt] *nm inv* toallero *m.*

porteur, euse [pɔrtœr, øz] ◇ *adj* **-1.** [gén] portador(ra). **-2.** [marché, créneau] con salida. ◇ *nm, f* **-1.** [de maladie] portador *m* portadora *f.* **-2.** [d'actions] tenedor *m*, -ra *f.* **-3.** FIN : **au ~** al portador. ◆ **porteur** *nm* mozo *m* de equipajes.

portier, ère [pɔrtje, ɛr] *nm, f* portero *m*, -ra *f.*

portière [pɔrtjɛr] *nf* [de voiture] portezuela *f;* [de train] puerta *f.*

portion [pɔrsjɔ̃] *nf* **-1.** [partie] porción *f.* **-2.** [ration] ración *f.*

portique [pɔrtik] *nm* pórtico *m.*

porto [pɔrto] *nm* oporto *m.*

Porto Rico, [pɔrtoriko], **Puerto Rico** [pyɛrtoriko] *nm* : **le ~** Puerto Rico; **au ~** [direction] a Puerto Rico; [situation] en Puerto Rico.

portrait [pɔrtrɛ] *nm* retrato *m.*

portraitiste [pɔrtretist] *nmf* retratista *mf.*

portrait-robot [pɔrtrɛrɔbo] *nm* retrato-robot *m.*

portuaire [pɔrtɥɛr] *adj* portuario(ria).

Portugal [pɔrtygal] *nm* : **le ~** Portugal; **au ~** [direction] a Portugal; [situation] en Portugal.

pose [poz] *nf* **-1.** [mise en place] colocación *f.* **-2.** [attitude] pose *f.* **-3.** PHOT exposición *f.*

posé, e [poze] *adj* pausado(da).

poser [poze] ◇ *vt* **-1.** [objet] poner. **-2.** *fig* [principe, hypothèse, problème] plantear. **-3.** [question] hacer, plantear. ◇ *vi* **-1.** [modèle] posar. **-2.** *fig* [avoir une attitude affectée] presumir. ◆ **se poser** *vp* **-1.** [oiseau, avion] posarse. **-2.** [objet, main] colocarse. **-3.** [problème] plantearse; [question] hacerse.

poseur, euse [pozœr, øz] *adj & nm, f* presumido(da).

positif, ive [pozitif, iv] *adj* positivo(va). ◆ **positif** *nm* positivo *m.*

position [pozisjɔ̃] *nf* **-1.** [gén] posición *f;* **prendre ~** tomar partido. **-2.** [du corps] postura *f;* **~ commune** postura común.

posologie [pozɔlɔʒi] *nf* posología *f.*

posséder [pɔsede] *vt* **-1.** [gén] poseer. **-2.** [langue, art] dominar. **-3.** *fam* [duper] : **il s'est fait ~** le han dado gato por liebre.

possesseur [pɔsesœr] *nm* poseedor *m*, -ra *f.*

possessif, ive [pɔsesif, iv] *adj* posesivo(va). ◆ **possessif** *nm* GRAM posesivo *m.*

possession [pɔsesjɔ̃] *nf* **-1.** [gén] posesión *f;* **être en ma ~** estar en mi posesión. **-2.** [de soi, de langue] dominio *m.*

possibilité [pɔsibilite] *nf* posibilidad *f.*

possible [pɔsibl] ◇ *adj* **-1.** [gén] posible; **c'est/ce n'est pas ~** es/no es posible. **-2.** *fam* [supportable] soportable; **ce n'est plus ~** es insoportable. ◇ *nm* posible *m.* ◆ **au possible** *loc adv* a más no poder.

postal, e, aux [pɔstal, o] *adj* postal.

poste [pɔst] ◇ *nf* correos *m inv;* **envoyer/recevoir par la ~** enviar/recibir por correo; **~ restante** lista *f* de correos. ◇ *nm* **-1.** [emplacement, emploi] puesto; **~ de police/de secours** puesto de policía/de socorro. **-2.** [appareil] aparato *m*; **~ de radio/de télévision** aparato de radio/de televisión.

poster [pɔste] *vt* **-1.** [lettre] echar al correo. **-2.** [sentinelle] apostar. ◆ **se poster** *vp* apostarse.

postérieur, e [pɔsterjœr] *adj* posterior. ◆ **postérieur** *nm fam* trasero *m.*

posteriori [pɔsterjɔri] ◆ **a posteriori** *loc adv* a posteriori.

postérité [pɔsterite] *nf* posteridad *f*.

posthume [pɔstym] *adj* póstumo(ma).

postiche [pɔstiʃ] ◇ *adj* **-1.** [cheveux, mèche] postizo(za). **-2.** [talent] ficticio(cia). ◇ *nm* postizo *m*.

postier, ère [pɔstje, ɛr] *nm, f* empleado *m*, -da *f* de correos.

postillonner [pɔstijɔne] *vi* echar perdigones.

postmoderne [pɔstmɔdɛrn] *adj* posmoderno(na).

post-scriptum [pɔstskriptɔm] *nm inv* post scriptum *m*, postdata *f*.

postulant, e [pɔstylɑ̃, ɑ̃t] *nm, f* postulante *mf*.

postuler [pɔstyle] ◇ *vi* : ~ à qqch solicitar algo. ◇ *vt* postular.

posture [pɔstyr] *nf* [position] postura *f*; être OU se trouver en mauvaise ~ *fig* estar OU hallarse en una mala situación.

pot [po] *nm* **-1.** [récipient] bote *m*; ~ de chambre orinal *m*; ~ de fleurs maceta *f*. **-2.** *fam* [boisson] copa *f*. **-3.** *fam* [chance] potra *f*; avoir du ~ *fam* tener chorra. ◆ **pot catalytique** *nm* AUTOM catalizador *m*. ◆ **pot d'échappement** *nm* AUTOM silenciador *m*.

potable [pɔtabl] *adj* potable.

potache [pɔtaʃ] *nm fam* colegial *m*.

potage [pɔtaʒ] *nm* CULIN sopa *f*.

potager [pɔtaʒe] *nm* huerta *f*, huerto *m*.

potasser [pɔtase] *vt fam* empollar.

potassium [pɔtasjɔm] *nm* potasio *m*.

pot-au-feu [pɔtofø] *nm inv* **-1.** [plat] ≃ cocido *m Esp*, ajiaco *m Amér*. **-2.** [viande] carne *f* del cocido.

pot-de-vin [podvɛ̃] (*pl* **pots-de-vins**) *nm* unto *m*, soborno *m Esp*, mordida *f Amér*.

poteau, x [pɔto] *nm* poste *m*; ~ indicateur poste indicador.

potelé, e [pɔtle] *adj* regordete(ta).

potence [pɔtɑ̃s] *nf* **-1.** CONSTR jabalcón *m*. **-2.** [pendaison] horca *m*.

potentiellement [pɔtɑ̃sjɛlmɑ̃] *adv* potencialmente.

poterie [pɔtri] *nf* **-1.** [art] alfarería *f*, cerámica *f*. **-2.** [objet] cerámica *f*, objeto *m* de alfarería.

potiche [pɔtiʃ] *nf* **-1.** [vase] jarrón *m* de porcelana. **-2.** *fam* [personne] hombre *m* de paja.

potier, ère [pɔtje, ɛr] *nm, f* alfarero *m*, -ra *f*.

potin [pɔtɛ̃] *nm fam* **-1.** [bruit] jaleo *m*, alboroto *m Esp*, mitote *m Amér*; faire du ~ armar jaleo. **-2.** *(gén pl)* [ragots] chisme *m*, cotilleo *m*.

potion [posjɔ̃] *nf* poción *f*, pócima *f*.

potiron [pɔtirɔ̃] *nm* calabaza *f Esp*, guacal *m Amér*.

pot-pourri [popuri] *nm* **-1.** MUS popurrí *m*. **-2.** [mélange odorant] saquito *m* de olor.

pou, x [pu] *nm* piojo *m*.

poubelle [pubɛl] *nf* cubo *m* de la basura; mettre à la ~ tirar a la basura.

pouce [pus] ◇ *nm* **-1.** [doigt] pulgar. **-2.** [mesure] pulgada *f*. ◇ *interj* [dans jeu] ≃ no vale!

poudre [pudr] *nf* **-1.** [poussière] polvo *m*. **-2.** [explosif] pólvora *f*. **-3.** [fard] polvos *mpl*.

poudreux, euse [pudrø, øz] *adj* en polvo. ◆ **poudreuse** *nf* nieve *f* en polvo.

poudrier [pudrije] *nm* **-1.** [boîte] polvera *f*. **-2.** [fabricant] fabricante *mf* de pólvora.

poudrière [pudrijɛr] *nf* polvorín *m*.

pouf [puf] ◇ *nm* puf *m*. ◇ *interj* ¡paf!

pouffer [pufe] *vi* : ~ de rire reventar de risa.

pouilleux, euse [pujø, øz] ◇ *adj* **-1.** [qui a des poux] piojoso(sa). **-2.** [habitation, vêtement] asqueroso(sa). ◇ *nm, f* piojoso *m*, -sa *f*.

poulailler [pulaje] *nm* gallinero *m*.

poulain [pulɛ̃] *nm* **-1.** ZOOL potro *m*. **-2.** *fig* [débutant] pupilo *m*.

poule [pul] *nf* **-1.** ZOOL gallina *f*. **-2.** *fam péj* [femme] fulana *f*. **-3.** SPORT liga *f*.

poulet [pulɛ] *nm* **-1.** [animal, viande] pollo *m Esp*, ave *f Amér*. **-2.** *fam* [policier] madero *m*.

pouliche [puliʃ] *nf* potranca *f*.

poulie [puli] *nf* polea *f*.

poulpe [pulp] *nm* pulpo *m*.

pouls [pu] *nm* pulso *m*; tâter le ~ tomar el pulso.

poumon [pumɔ̃] *nm* ANAT pulmón *m*.

poupe [pup] *nf* popa *f*; avoir le vent en ~ ir viento en popa.

poupée [pupe] *nf* **-1.** [jouet] muñeca *f*. **-2.** [pansement] dedil *m*.

poupon [pupɔ̃] *nm* **-1.** [jouet] pepona *f*. **-2.** [bébé] bebé *m*.

pouponnière [pupɔnjɛr] *nf* guardería *f*.

pour [pur] ◇ *prép* **-1.** [indique le but, la durée, un rapport] para; **acheter un cadeau ~ qqn** comprar un regalo para alguien; **partir ~ dix jours** irse para diez días; **il faudra finir ce travail ~ lundi** habrá que terminar este trabajo para el lunes; **~ ce qui est de** en lo que se refiere a. **-2.** [indique l'intention] : **~** (+ *infinitif*) para (+ *infinitivo*); **j'ai pris le métro ~ aller plus vite** he cogido el metro para ir más deprisa. **-3.** [indique la cause, l'équivalence] por; **il est tombé malade ~ avoir mangé trop d'huîtres** se puso enfermo por haber comido demasiadas ostras; **voyager ~ son plaisir** viajar por placer. **-4.** [à l'égard de] por, hacia; **son amour ~ lui** su amor hacia él. ◇ *adv* a favor; **je suis ~** estoy a favor; **n'être ni ~ ni contre** no estar ni a favor ni en contra. ◇ *nm* : **le ~ et le contre** los pros y los contras. ◆ **pour que** *loc conj* (+ *subjonctif*) para que (+ *subjuntivo*).

pourboire [purbwar] *nm* propina *f*.

pourcentage [pursãtaʒ] *nm* porcentaje *m*.

pourchasser [purʃase] *vt* perseguir.

pourlécher [purleʃe] ◆ **se pourlécher** *vp* relamerse.

pourparlers [purparle] *nmpl* conversaciones *fpl*, negociaciones *fpl*.

pourpre [purpr] *adj & nmf* púrpura.

pourquoi [purkwa] ◇ *adv* **-1.** [en début de phrase] por qué; **~ es-tu venu?** ¿por qué has venido?; **~ pas?** ¿por qué no? **-2.** [en milieu de phrase] porque; **je ne comprends pas ~** il est venu no entiendo por qué ha venido; **c'est ~...** por eso... ◇ *nm inv* **-1.** [raison] : **le ~ (de)** el porqué (de). **-2.** [questions] : **les ~** las preguntas.

pourri, e [puri] *adj* **-1.** [fruit, personne, milieu] podrido(da). **-2.** [enfant] mimado(da).

pourrir [purir] ◇ *vt* **-1.** [matière, aliment] pudrir. **-2.** [enfant] mimar. ◇ *vi* pudrirse.

pourrissement [purismã] *nm* podredumbre *f*.

pourriture [purityr] *nf* **-1.** [gén] podredumbre *f*. **-2.** *péj* [personne] canalla *m*.

poursuite [pursɥit] *nf* [de personne] persecución *f*; [d'argent, de vérité] afán *m*. ◆ **poursuites** *nfpl* JUR diligencias *fpl*.

poursuivi, e [pursɥivi] *pp* → **poursuivre**.

poursuivre [pursɥivr] *vt* **-1.** [gén] perseguir; **~ qqn de** [menaces, assiduités] acosar a uno con. **-2.** [enquête, travail] proseguir; **poursuivez, je vous écoute!** prosiga, ¡le escucho!

pourtant [purtã] *adv* sin embargo.

pourtour [purtur] *nm* perímetro *m*.

pourvoi [purvwa] *nm* JUR recurso *m*; **~ en cassation** recurso de casación.

pourvoir [purvwar] *vt* (munir) : **~qqch/qqn de qqch** dotar algo/a alguien de algo.

pourvu, e [purvy] *pp* → **pourvoir**. ◆ **pourvu que** *loc conj* (+ *subjonctif*) **-1.** [condition] siempre que, con tal que. **-2.** [souhait] ojalá.

pousse [pus] *nf* **-1.** [croissance] crecimiento *m*. **-2.** [bourgeon] brote *m*.

pousse-café [puskafe] *nm inv fam* copa *f* (*después del café*).

poussée [puse] *nf* **-1.** [pression] empuje *m*. **-2.** [de fièvre, de maladie] acceso *m*. **-3.** [de parti politique] subida *f*, ascenso *m*.

pousse-pousse [puspus] *nm inv* **-1.** [voiture] culí *m*. **-2.** *Helv* [poussette] cochecito *m* de niño.

pousser [puse] ◇ *vt* **-1.** [personne, objet] empujar; **~ qqn à faire qqch/à qqch** empujar a alguien a hacer algo/a algo. **-2.** [moteur, voiture] forzar. **-3.** [recherche, étude] proseguir. **-4.** [cri, soupir] dar, lanzar. ◇ *vi* **-1.** [cheveux, plante, enfant] crecer. **-2.** [poursuivre son chemin] : **~ jusqu'à/jusqu'en** llegar hasta. **-3.** *fam* [exagérer] pasarse. ◆ **se pousser** *vp* **-1.** [laisser la place] echarse a un lado, apartarse. **-2.** [se donner des coups] empujarse.

poussette [puset] *nf* cochecito *m* de niño.

poussière [pusjɛr] *nf* polvo *m*; **avoir une ~ dans l'œil** tener una mota en el ojo.

poussiéreux, euse [pusjɛrø, øz] *adj* **-1.** [gén] polvoriento(ta). **-2.** [teint] terroso(sa).

poussif, ive [pusif, iv] *adj* **-1.** [personne] que se ahoga con facilidad. **-2.** [moteur] que se ahoga.

poussin [pusɛ̃] *nm* **-1.** ZOOL polluelo *m*. **-2.** SPORT alevín *m*.

poutre [putr] *nf* **-1.** CONSTR viga *f*. **-2.** SPORT potro *m*.

poutrelle [putrel] *nf* vigueta *f*.

pouvoir [puvwar] ◇ *nm* poder *m*; **~ d'achat** COMM poder adquisitivo. ◇ *vt* poder; **pouvez-vous/peux-tu faire qqch?** ¿puede/puedes hacer algo?; **je n'en peux plus** no puedo más; **il est on ne peut plus sûr de lui** no puede estar más seguro de sí mismo. ◆ **se pouvoir** *v impers* : **il se peut que** (+ *subjonctif*) puede que (+

subjuntivo); **il se peut qu'il arrive en retard** puede que llegue tarde.

PQ ◇ *nm fam (abr de papier-cul)* papel *m* de wáter. ◇ **-1.** *(abr de province de Québec)* provincia *f* de Quebec. **-2.** *(abr de premier quartier (de lune))* cuarto *m* creciente.

PR ◇ *nm (abr de Parti républicain) partido político francés a la derecha del espectro político.* ◇ *abr de* **poste restante**.

pragmatique [pragmatik] *adj* pragmático(ca).

Prague [prag] *n* Praga.

prairie [preri] *nf* prado *m*, pradera *f*.

praliné [praline] *nm* praliné *m*.

praticable [pratikabl] ◇ *adj* practicable. ◇ *nm* **-1.** THÉÂTRE practicable *m*. **-2.** CIN grúa *f* móvil.

praticien, enne [pratisjɛ̃, ɛn] *nm, f* médico *mf*.

pratiquant, e [pratikɑ̃, ɑ̃t] *adj & nm, f* practicante.

pratique [pratik] ◇ *adj* práctico(ca). ◇ *nf* práctica *f*; **mettre qqch en ~** poner algo en práctica.

pratiquement [pratikmɑ̃] *adv* **-1.** [en fait] en la práctica. **-2.** [quasiment] prácticamente.

pratiquer [pratike] *vt* practicar.

pré [pre] *nm* prado *m*.

préado [preado] *nmf fam* preadolescente *mf*.

préalable [prealabl] ◇ *adj* previo(via). ◇ *nm* condición previa. ◆ **au préalable** *loc adv* previamente.

préambule [preɑ̃byl] *nm* **-1.** [introduction, propos] preámbulo *m*. **-2.** *fig* [prélude] preludio *m*.

préau, x [preo] *nm* patio *m*.

préavis [preavi] *nm* preaviso *m*.

précaire [prekɛr] *adj* precario(ria).

précaution [prekosjɔ̃] *nf* precaución *f*.

précédent, e [presedɑ̃, ɑ̃t] *adj* anterior. ◆ **précédent** *nm* JUR precedente *m*; **sans ~** sin precedente.

précéder [presede] *vt* **-1.** [gén] preceder. **-2.** [arriver avant] adelantarse.

précepte [presɛpt] *nm* precepto *m*.

précepteur, trice [preseptœr, tris] *nm, f* precepto *m*, -ra *f*.

prêcher [preʃe] ◇ *vt* RELIG predicar. ◇ *vi* predicar.

précieux, euse [presjø, øz] *adj* **-1.** [objet, pierre, métal] precioso(sa). **-2.** [collaborateur] preciado(da). **-3.** [style] afectado(da). **-4.** LITTÉRATURE preciosista.

précipice [presipis] *nm* precipicio *m*.

précipitation [presipitasjɔ̃] *nf* precipitación *f*. ◆ **précipitations** *nfpl* MÉTÉOR precipitaciones *fpl*.

précipité [presipite] *nm* CHIM precipitado *m*.

précipiter [presipite] *vt* precipitar; **~ qqch/qqn du haut de** precipitar algo/a alguien desde lo alto de. ◆ **se précipiter** *vp* [gén] precipitarse.

précis, e [presi, iz] *adj* **-1.** [rapport, mesure] preciso(sa). **-2.** [heure] fijo(ja); **à 6 heures précises** a las seis en punto. ◆ **précis** *nm* compendio *m*.

précisément [presizemɑ̃] *adv* **-1.** [avec précision] con precisión. **-2.** [exactement] exactamente. **-3.** [justement] precisamente.

préciser [presize] *vt* precisar. ◆ **se préciser** *vp* precisarse, concretarse.

précision [presizjɔ̃] *nf* **-1.** [de style, d'explication] precisión *f*. **-2.** [détail] detalle *m*.

précoce [prekɔs] *adj* **-1.** [plante, fruit] precoz, temprano(na). **-2.** [enfant] precoz.

préconçu, e [prekɔ̃sy] *adj* preconcebido(da).

préconiser [prekɔnize] *vt* preconizar; **il préconise que vous pratiquiez un sport** él le aconseja que practique un deporte.

précurseur [prekyrsœr] ◇ *adj m* precursor(ra). ◇ *nm* precursor *m*.

prédateur, trice [predatœr, tris] *adj* depredador(ra), predador(ra). ◆ **prédateur** *nm* depredador *m*.

prédécesseur [predesesœr] *nm* predecesor *m*, antecesor *m*.

prédestination [predɛstinasjɔ̃] *nf* RELIG predestinación *f*.

prédestiner [predɛstine] *vt* predestinar; **être prédestiné à faire qqch/à qqch** estar predestinado a hacer algo/a algo.

prédicateur, trice [predikatœr, tris] *nm, f* predicador *m*, -ra *f*.

prédiction [prediksjɔ̃] *nf* predicción *f*.

prédilection [predilɛksjɔ̃] *nf* predilección *f*; **avoir une ~ pour qqch/pour qqn** tener predilección por algo/por alguien.

prédire [predir] *vt* predecir.

prédisposition [predispozisjɔ̃] *nf* : **~ qqch** predisposición a algo.

prédit, e [predi, it] *pp* → **prédire**.

prédominer [predɔmine] *vt* predominar.

pré-encollé, e [preãkɔle] *adj* engomado(da).

préfabriqué, e [prefabrike] *adj* **-1.** [maison, immeuble] prefabricado(da). **-2.** [accusation] amañado(da). ◆ **préfabriqué** *nm* construcción *f* prefabricada.

préface [prefas] *nf* prefacio *m*.

préfacer [prefase] *vt* prologar.

préfectoral, e, aux [prefɛktɔral, o] *adj* de la prefectura.

préfecture [prefɛktyr] *nf* prefectura *f*.

préférable [preferabl] *adj* preferible.

préféré, e [prefere] *adj & nm, f* preferido(da).

préférence [preferãs] *nf* **-1.** [prédilection] preferencia *f*; **de ~** preferentemente, de preferencia. **-2.** [choix] elección *f*.

préférentiel, elle [preferãsjɛl] *adj* preferente.

préférer [prefere] *vt* preferir; **~ qqch/qqn** preferir algo/a alguien; **~ qqch/qqn à qqch/qqn** preferir algo/a alguien a algo/a alguien; **je préfère ça!** ¡eso está mejor!

préfet [prefɛ] *nm* prefecto *m*.

préfixe [prefiks] *nm* prefijo *m*.

préhistoire [preistwar] *nf* prehistoria *f*.

préhistorique [preistɔrik] *adj* prehistórico(ca).

préinscription [preɛ̃skripsjɔ̃] *nf* preinscripción *f*.

préjudice [preʒydis] *nm* perjuicio *m*; **porter ~ à qqn** perjudicar a alguien.

préjugé [preʒyʒe] *nm* prejuicio *m*; **~ contre** OU **sur qqch/contre** OU **sur qqn** prejuicio contra algo/contra alguien.

préjuger [preʒyʒe] *vt* : **~ de qqch** *sout* prejuzgar algo.

prélasser [prelase] ◆ **se prélasser** *vp* repantigarse.

prélat [prela] *nm* prelado *m*.

prélavage [prelavaʒ] *nm* prelavado *m*.

prélèvement [prelɛvmã] *nm* **-1.** MÉD extracción *f*. **-2.** BANQUE [opération] retención *f*; **~ mensuel/automatique** transferencia *f* mensual/automática. ◆ **prélèvements obligatoires** *nmpl* retenciones *fpl* fiscales.

prélever [prelve] *vt* **-1.** BANQUE retener; **~ qqch sur qqch** retener algo de algo. **-2.** MÉD extraer.

préliminaire [preliminɛr] *adj* preliminar. ◆ **préliminaires** *nmpl* preliminares *mpl*.

prélude [prelyd] *nm* preludio *m*.

prématuré, e [prematyre] *adj & nm, f* prematuro(ra).

préméditation [premeditasjɔ̃] *nf* premeditación *f*; **avec ~** con premeditación.

prémices [premis] *nfpl* *sout* primicias *fpl*.

premier, ère [prəmje, ɛr] ◇ *adj* primero(ra), primer *(delante de substantivo masculino)*. ◇ *nm, f* : **le ~** [le meilleur] el primero; **jeune ~** THÉÂTRE & CIN galán *m* joven. ◆ **premier** *nm* **-1.** [étage] primero *m*. **-2.** [arrondissement] distrito *1* de París. ◆ **première** *nf* **-1.** THÉÂTRE estreno *m*. **-2.** [exploit] innovación *f*. **-3.** [classe, vitesse] primera *f*. **-4.** SCOL ≃ tercero *m* de BUP. ◆ **en premier** *loc adv* en primer lugar.

premièrement [prəmjɛrmã] *adv* primero.

prémisse [premis] *nf* premisa *f*.

prémonition [premɔnisjɔ̃] *nf* premonición *f*.

prémunir [premynir] ◆ **se prémunir** *vp* prevenirse; **se ~ contre qqch** prevenirse contra algo.

prénatal, e [prenatal] *(pl* **prénatals** OU **prénataux** [prenato]*) adj* prenatal.

prendre [prãdr] ◇ *vt* **-1.** [gén] coger *Esp*, agarrar *Amér*; **il s'est fait ~** lo han cogido. **-2.** [aliment, décision, mesure] tomar; **vous prendrez qqch?** ¿tomará algo? **-3.** [temps] llevar; **ce travail a pris une semaine** este trabajo nos ha llevado una semana. **-4.** [aller chercher] recoger. **-5.** [responsabilité] asumir. **-6.** *fam* [se faire réprimender] : **qu'est-ce que j'ai pris quand...** la que me ha caído encima cuando... **-7.** [personne] : **~ qqn par qqch** ganarse a alguien con algo. **-8.** [problème, question] plantear. **-9.** [interpréter] tomarse. ◇ *vi* **-1.** [sauce, gelée] espesarse; [ciment, plâtre] endurecer. **-2.** [sentiment, habitude] calar. **-3.** [feu] prender.

prénom [prenɔ̃] *nm* nombre *m*.

prénuptial, e, aux [prenypsjal, o] *adj* prenupcial.

préoccupation [preɔkypasjɔ̃] *nf* preocupación *f*.

préoccuper [preɔkype] *vt* preocupar. ◆ **se préoccuper** *vp* : **se ~ de qqch/de qqn** preocuparse por algo/por alguien.

préparatifs [preparatif] *nmpl* preparativos *mpl*.

préparation [preparasjɔ̃] *nf* **-1.** [activités préparatoires, formation] preparación *f*. **-2.** CHIM preparado *m*. **-3.** [préparatifs] preparativos *mpl*.

préparatoire [preparatwar] *adj* preparatorio(ria).

préparer [prepare] *vt* preparar; ~ **qqn à qqch** preparar a alguien para algo. ◆ **se préparer** *vp* prepararse; **se ~ à faire qqch/à qqch** prepararse para hacer algo/para algo.

prépondérant, e [prepɔ̃derɑ̃, ɑ̃t] *adj* preponderante.

préposé, e [prepoze] *nm, f* encargado *m*, -da *f*.

préposition [prepozisjɔ̃] *nf* preposición *f*.

préréglé, e [preregle] *adj* presintonizado(da), memorizado(da).

préretraite [preratret] *nf* jubilación *f* anticipada.

prérogative [prerɔgativ] *nf* prerrogativa *f*.

près [prɛ] *adv* cerca. ◆ **de près** *loc adv* de cerca; **regarder qqch de ~** [à petite distance] mirar algo de cerca; [avec attention] mirar algo detenidamente; **de plus/très ~** [regarder] de más/de muy cerca. ◆ **près de** *loc prép* -**1.** [dans l'espace, dans le temps] cerca de; **être ~ de qqn** estar junto a alguien. -**2.** [sur le point de] a punto de. -**3.** [presque] casi; **il y ~ d'une heure** hace casi una hora. ◆ **à peu près** *loc adv* aproximadamente, poco más o menos. ◆ **à peu de chose(s) près** *loc adv* aproximadamente, poco más o menos. ◆ **à ceci près que, à cela près que** *loc conj* excepto por (el hecho que).

présage [prezaʒ] *nm* presagio *m*.

présager [prezaʒe] *vt* presagiar.

presbyte [prɛsbit] *adj & nmf* présbita, présbite.

presbytère [prɛsbitɛr] *nm* casa *f* parroquial, rectoral *m*.

prescription [prɛskripsjɔ̃] *nf* prescripción *f*.

prescrire [prɛskrir] *vt* -**1.** [mesures, conditions] prescribir. -**2.** MÉD recetar, prescribir.

préséance [preseɑ̃s] *nf* prelación *f*.

présélection [preseleksjɔ̃] *nf* preselección *f*.

présence [prezɑ̃s] *nf* -**1.** [gén] presencia *f*; **en ~** presente; **en sa ~** en su presencia; **se trouver en ~ de qqch** encontrarse ante OU con algo; **en ~ de qqn** en presencia de alguien. -**2.** [compagnie] compañía *f*. -**3.** [assiduité] asistencia *f*. ◆ **présence d'esprit** *nf* presencia *f* de ánimo.

présent, e [prezɑ̃, ɑ̃t] *adj* presente; ~! [lors d'un appel] ¡presente! ◆ **présent** *nm* presente *m*; **à ~ (que)** ahora (que); **dès à ~** desde ahora; **jusqu'à ~** hasta ahora, hasta el momento; **le ~** GRAM el presente.

présentable [prezɑ̃tabl] *adj* presentable.

présentateur, trice [prezɑ̃tatœr, tris] *nm, f* presentador *m*, -ra *f*.

présentation [prezɑ̃tasjɔ̃] *nf* -**1.** [gén] presentación *f*; **faire les ~s** hacer las presentaciones; **sur ~ de qqch** [document, facture] al presentar algo. -**2.** [aspect extérieur] presencia *f*.

présentement [prezɑ̃tmɑ̃] *adv* actualmente.

présenter [prezɑ̃te] *vt* -**1.** [gén] presentar; ~ **qqch à qqn** [soumettre] presentar algo a alguien. -**2.** [félicitations, condoléances] : ~ **qqch à qqn** dar algo a alguien. -**3.** [avantages] presentar algo para alguien. ◆ **se présenter** *vp* presentarse; **se ~ à qqn** [se faire connaître] presentarse a alguien; **se ~ à qqch** [être candidat] presentarse a algo; **se ~ bien/mal** [s'annoncer] presentarse bien/mal.

présentoir [prezɑ̃twar] *nm* expositor *m* (objeto).

préservatif [prezɛrvatif] *nm* preservativo *m*.

préserver [prezɛrve] *vt* preservar. ◆ **se préserver** *vp* : **se ~ de qqch** preservarse de algo.

présidence [prezidɑ̃s] *nf* presidencia *f*.

président, e [prezidɑ̃, ɑ̃t] *nm, f* presidente *m*, -ta *f*. ◆ **présidente** *nf* presidenta *f*, presidente *f*. ◆ **Président de la République** *nm* Presidente *m* de la República (francesa).

présidentiable [prezidɑ̃sjabl] *adj* presidenciable.

présider [prezide] ◇ *vt* presidir. ◇ *vi* : ~ **à qqch** [diriger] dirigir algo; *fig* [régner sur] presidir algo.

présomption [prezɔ̃psjɔ̃] *nf* presunción *f*.

présomptueux, euse [prezɔ̃ptɥø, øz] *adj & nm, f* presuntuoso(sa).

presque [prɛsk] *adv* casi.

presqu'île [prɛskil] *nf* península *f*.

pressant, e [presɑ̃, ɑ̃t] *adj* apremiante.

presse [prɛs] *nf* prensa *f*.

pressé, e [prese] *adj* -**1.** [citron] exprimido(da). -**2.** [urgent] urgente; **être ~** tener prisa; **être ~ de faire qqch** tener prisa por hacer algo

pressentiment [presɑ̃timɑ̃] *nm* presentimiento *m*, corazonada *f*.

pressentir [presɑ̃tir] *vt* **-1.** [événement] presentir. **-2.** [personne] sondear.

presse-papiers [prɛspapje] *nm inv* pisapapeles *m inv*.

presser [prese] *vt* **-1.** [écraser – agrumes] exprimir; [– olives, raisin, etc] prensar. **-2.** [dans ses bras] apretar. **-3.** [bouton] apretar, pulsar. **-4.** [accélérer – opération] apresurar; [– pas] apretar. **-5.** [disque] prensar. ◆ **se presser** *vp* **-1.** [se dépêcher] darse prisa, apresurarse; **pressons!** ¡deprisa! **-2.** [s'agglutiner, se serrer] apretujarse.

pressing [presiŋ] *nm* tintorería *f*.

pression [presjɔ̃] *nf* **-1.** [gén] presión *f*; **exercer une ~ sur qqch** ejercer una presión sobre algo; **sous ~** bajo presión; **exercer une ~ sur qqn** ejercer una presión sobre alguien. **-2.** [bouton] automático *m*. **-3.** [bière] cerveza *f* de barril, cerveza *f* a presión.

pressoir [preswar] *nm* lagar *m*.

pressurer [presyre] *vt* **-1.** [objet] prensar. **-2.** *fig* [contribuable] ahogar.

pressurisé, e [presyrize] *adj* presurizado(da).

prestance [prestɑ̃s] *nf* prestancia *f*; **avoir de la ~** tener prestancia.

prestataire [prestatɛr] *nmf* suministrador *m*, -ra *f*; **~ de service** suministrador de servicios.

prestation [prestasjɔ̃] *nf* **-1.** [gén] prestación *f*; **~ de service** prestación de servicios. **-2.** [d'appartement] equipamiento *m*. ◆ **prestation de serment** *nf* juramento *m*, jura *f*.

preste [prɛst] *adj sout* presto(ta), pronto(ta).

prestidigitateur, trice [prɛstidiʒitatœr, tris] *nm, f* prestidigitador *m*, -ra *f*.

prestige [prɛstiʒ] *nm* prestigio *m*.

prestigieux, euse [prɛstiʒjø, øz] *adj* prestigioso(sa).

présumer [prezyme] ◇ *vt* suponer; **être présumé coupable/innocent** ser presunto culpable/inocente. ◇ *vi*: **~ de qqch** presumir de algo.

prêt [prɛ, prɛt] *adj* listo(ta), preparado(da); **~ à faire qqch** dispuesto a hacer algo, preparado para hacer algo; **être ~ estar listo; ~s? partez!** ¿listos? ¡ya! ◆ **prêt** *nm* : **accorder un ~** FIN conceder un préstamo.

prêt-à-porter [prɛtapɔrte] (*pl* **prêts-à-porter**) *nm* prêt-à-porter *m inv*.

prétendre [pretɑ̃dr] ◇ *vt* **-1.** [affecter] presumir; **toi qui prétends tout connaître** tú que presumes de saberlo todo. **-2.** [affirmer] : **~ que** asegurar que. **-3.** [exiger] : **~ faire qqch** querer hacer algo. ◇ *vi* : **~ à qqch** [aspirer à] pretender algo.

prétendu, e [pretɑ̃dy] ◇ *pp* → **prétendre**. ◇ *adj (avant le nom)* supuesto(ta).

prête-nom [prɛtnɔ̃] (*pl* **prête-noms**) *nm* testaferro *m*.

prétentieux, euse [pretɑ̃sjø, øz] *adj & nm, f* pretencioso(sa).

prétention [pretɑ̃sjɔ̃] *nf* pretensión *f*; **avoir la ~ de faire qqch** tener la pretensión de hacer algo.

prêter [prete] *vt* : **~ qqch à qqn** [gén] prestar algo a alguien; [attribuer] atribuir algo a alguien. ◆ **se prêter** *vp* : **se ~ à qqch** prestarse a algo.

prétérit [preterit] *nm* GRAM pretérito *m*.

prêteur, euse [prɛtœr, øz] *adj* generoso(sa). ◆ **prêteur sur gages** *nm* prestamista *mf*.

prétexte [pretɛkst] *nm* pretexto *m*; **sous ~ de faire qqch/que** con el OU so pretexto de hacer algo/de que; **sous aucun ~** bajo ningún pretexto.

prétexter [pretɛkste] *vt* pretextar.

prêtre [prɛtr] *nm* sacerdote *m*.

preuve [prœv] *nf* prueba *f*; **faire ~ de qqch** dar prueba de algo.

prévaloir [prevalwar] *vi sout* prevalecer; **~ sur qqch** prevalecer sobre algo. ◆ **se prévaloir** *vp* : **se ~ de** valerse de.

prévalu [prevaly] *pp inv* → **prévaloir**.

prévenance [prevnɑ̃s] *nf* **-1.** [attitude] atención *f (amabilidad)*. **-2.** [action] deferencia *f*.

prévenant, e [prevnɑ̃, ɑ̃t] *adj* atento(ta).

prévenir [prevnir] *vt* **-1.** [personne] prevenir, advertir. **-2.** [police] avisar. **-3.** [danger, maladie] prevenir. **-4.** [désirs] adelantarse a.

préventif, ive [prevɑ̃tif, iv] *adj* preventivo(va).

prévention [prevɑ̃sjɔ̃] *nf* **-1.** [protection] prevención *f*. **-2.** JUR [emprisonnement] prisión *f* preventiva.

prévenu, e [prevny] ◇ *pp* → **prévenir**. ◇ *nm, f* JUR acusado *m*, -da *f*.

prévision [previzjɔ̃] *nf* [gén & FIN] previsión *f*; **les ~s météorologiques** las previsiones meteorológicas. ◆ **en prévision de** *loc prép* en previsión de.

prévoir [prevwar] *vt* prever; **comme prévu** (tal) como estaba previsto.

prévoyant, e [prevwajɑ̃, ɑ̃t] *adj* previsor(ra).

prévu, e [prevy] *pp* → **prévoir**.

prier [prije] ◇ *vt* -1. RELIG [Dieu] rezar a; [ciel] rogar a. -2. [implorer, demander] rogar; ~ **qqn de faire qqch** *sout* rogar a alguien que haga algo; **(ne pas) se faire ~ (pour faire qqch)** (no) hacerse de rogar (para hacer algo). ◇ *vi* RELIG rezar, orar.

prière [prijer] *nf* -1. RELIG [recueillement, formule] oración. -2. [demande] ruego *m*; ~ **de faire qqch** se ruega hacer algo.

primaire [primer] *adj* -1. [gén] primario(ria). -2. SCOL [école] ≃ de EGB.

prime [prim] ◇ *nf* prima *f*; ~ **d'intéressement** prima de participación en los beneficios; ~ **d'objectif** prima de objetivo. ◇ *adj* -1. MATHS primo(ma). -2. [jeunesse] tierno(na); **de ~ abord** a primera vista.

primer [prime] ◇ *vi* primar; ~ **sur qqch** primar sobre algo. ◇ *vt* -1. [être supérieur à] primar. -2. [récompenser] premiar.

primevère [primver] *nf* primavera *f*, prímula *f*.

primitif, ive [primitif, iv] ◇ *adj* primitivo(va). ◇ *nm, f* hombre primitivo *m*, mujer primitiva *f*. ◆ **primitif** *nm* ART primitivo *m*.

primordial, e, aux [primɔrdjal, o] *adj* primordial.

prince [prɛ̃s] *nm* príncipe *m*.

princesse [prɛ̃sɛs] *nf* princesa *f*.

princier, ère [prɛ̃sje, ɛr] *adj* principesco(ca).

principal, e, aux [prɛ̃sipal, o] ◇ *adj* principal. ◇ *nm, f* SCOL director *m*, -ra *f*. ◆ **principal** *nm* [l'important] : **le ~** lo principal.

principauté [prɛ̃sipote] *nf* principado *m*.

principe [prɛ̃sip] *nm* principio *m*; **par ~** por principio. ◆ **en principe** *loc adv* en principio.

printanier, ère [prɛ̃tanje, ɛr] *adj* primaveral.

printemps [prɛ̃tɑ̃] *nm* primavera *f*.

priori [prijɔri] ◆ **a priori** ◇ *loc adv & loc adj inv* a priori. ◇ *nm inv* primera impresión *f*.

prioritaire [prijɔriter] *adj* prioritario(ria).

priorité [prijɔrite] *nf* prioridad *f*, preferencia *f*; ~ **à droite** prioridad a la derecha. ◆ **en priorité** *loc adv* en primer lugar; **venir en ~** tener prioridad.

pris, e [pri, priz] ◇ *pp* → **prendre**. ◇ *adj* -1. [personne, place] ocupado(da). -2. [envahi] : ~ **de qqch** presa de algo. -3. [nez] tapado(da); [gorge] tomado(da). ◆ **prise** *nf* -1. [saisie] aguarre *m*; **lâcher ~e** soltar; *fig* ceder. -2. [de médicament, de victoire] toma *f*. -3. SPORT llave *f*. -4. [ce qui permet de saisir] asidero *m*. -5. [pêche] presa *f*. ÉLECTR enchufe *m*; ~**e mâle/femelle** enchufe macho/hembra; ~**e multiple** ladrón *m*; ~**e de courant** enchufe *m*; ~**e de terre** toma *f* de tierra; ~**e Péritel** euroconector *m*. ◆ **prise de conscience** *nf* toma *f* de conciencia. ◆ **prise d'otages** *nf* toma *f* de rehenes. ◆ **prise de sang** *nf* extracción *f* de sangre. ◆ **prise de son** *nf* toma *f* de sonido. ◆ **prise de vues** *nf* CIN toma *f* de vistas.

prisme [prism] *nm* prisma *m*.

prison [prizɔ̃] *nf* cárcel *f*, prisión *f*.

prisonnier, ère [prizɔnje, ɛr] ◇ *adj* prisionero(ra). ◇ *nm, f* -1. [détenu] : **faire qqn ~** detener a alguien. -2. [captif] prisionero *m*, -ra *f*.

privation [privasjɔ̃] *nf* JUR privación *f*. ◆ **privations** *nfpl* privaciones *fpl*.

privatisation [privatizasjɔ̃] *nf* privatización *f*.

privatiser [privatize] *vt* privatizar.

privé, e [prive] *adj* privado(da). ◆ **privé** *nm* -1. ÉCON sector *m* privado; **dans le ~** en el sector privado, en la privada. -2. [detective] detective *m* privado. ◆ **en privé** *loc adv* en privado.

priver [prive] *vt* : ~ **qqn de qqch** [démunir, déposséder de] privar a alguien de algo; [lui interdire de] castigar a alguien sin algo.

privilège [privilɛʒ] *nm* privilegio *m*.

privilégié, e [privileʒje] *adj & nm, f* [gén] privilegiado(da).

privilégier [privileʒje] *vt* privilegiar.

prix [pri] *nm* -1. [coût] precio *m*; **à moitié ~** a mitad de precio; **au ~ fort** al precio normal; **hors de ~** muy caro(muy cara); ~ **d'achat** COMM precio de compra; ~ **de gros** precio al por mayor; ~ **libre** precio libre; ~ **net** precio neto; ~ **de revient** OU **coûtant** precio de coste. -2. [importance] valor *m*; **à aucun ~** a ningún precio; **à tout ~** a cualquier precio; **au ~ de** a costa de. -3. [récompense, championnat, lauréat] premio *m*; ~ **de consolation** premio de consolación.

pro [pro] *fam abr de* **professionnel**.

probabilité [prɔbabilite] *nf* probabilidad *f*.

probable [prɔbabl] *adj* probable; **il est** ~ **que** es probable que.

probant, e [prɔbã, ãt] **–1.** [argument] concluyente, convincente. **–2.** JUR [pièce] concluyente.

probité [prɔbite] *nf* probidad *f*.

problème [prɔblɛm] *nm* problema *m*; **(il n'y a) pas de** ~ *fam* no hay (ningún) problema; **est-ce que cela pose un** ~ **si je passe chez toi vers 22 heures?** ¿hay algún problema si paso por tu casa hacia las 10?

procédé [prɔsede] *nm* **–1.** [méthode] proceso *m*. **–2.** [conduite] modo *m*. **–3.** *péj* [recette] truco *m*.

procéder [prɔsede] *vi* proceder; ~ **à qqch** [se livrer à] proceder a algo.

procédure [prɔsedyr] *nf* ADMIN & JUR procedimiento *m*.

procès [prɔsɛ] *nm* JUR & LING proceso *m*; **intenter un** ~ **à qqn** emprender un proceso contra alguien; **faire le** ~ **de qqn** *fig* sentar a alguien en el banquillo; **faire le** ~ **de qqch** *fig* juzgar algo.

processeur [prɔsesœr] *nm* INFORM procesador *m*.

procession [prɔsesjɔ̃] *nf* RELIG procesión *f*; **en** ~ en procesión.

processus [prɔsesys] *nm* proceso *m*.

procès-verbal *nm* **–1.** [contravention] multa *f*. **–2.** [compte rendu] acta *f*.

prochain, e [prɔʃɛ̃, ɛn] *adj* **–1.** [imminent] próximo(ma), cercano(na). **–2.** [suivant] próximo(ma), que viene; **à la** ~**e!** *fam* ¡hasta otra!, ¡hasta la próxima! ◆ **prochain** *nm sout* prójimo *m*.

prochainement [prɔʃɛnmã] *adv* próximamente.

proche [prɔʃ] *adj* **–1.** [gén] próximo(ma), cercano(na). **–2.** [intime] unido(da). **–3.** [semblable] parecido(da). ◆ **proches** *nmpl* : **les** ~**s** los parientes cercanos. ◆ **de proche en proche** *loc adv sout* poco a poco.

Proche-Orient [prɔʃɔrjã] *nm* : **le** ~ el Próximo Oriente.

proclamation [prɔklamasjɔ̃] *nf* **–1.** [action] proclamación *f*. **–2.** [discours] proclama *f*.

proclamer [prɔklame] *vt* proclamar.

procréer [prɔkree] *vt* procrear.

procuration [prɔkyrasjɔ̃] *nf* procuración *f*, poder *m*; **par** ~ por poderes OU procuración.

procurer [prɔkyre] *vt* : ~ **qqch à qqn** proporcionar algo a alguien. ◆ **se procurer** *vp* procurarse.

procureur [prɔkyrœr] ◆ **procureur général** *nm* ≃ fiscal *mf* del Tribunal Supremo. ◆ **procureur de la République** *nm* ≃ fiscal *mf*.

prodige [prɔdiʒ] *nm* prodigio *m*.

prodigieux, euse [prɔdiʒjø, øz] *adj* prodigioso(sa).

prodigue [prɔdig] *adj* pródigo(ga).

prodiguer [prɔdige] *vt* prodigar; ~ **qqch à qqn** prodigar algo a alguien.

producteur, trice [prɔdyktœr, tris] *adj & nm, f* productor(ra).

productif, ive [prɔdyktif, iv] *adj* productivo(va).

production [prɔdyksjɔ̃] *nf* **–1.** [gén] producción *f*. **–2.** [action de montrer] presentación *f*.

productivité [prɔdyktivite] *nf* ÉCON productividad *f*.

produire [prɔdɥir] *vt* **–1.** [gén] producir. **–2.** [montrer] presentar. ◆ **se produire** *vp* **–1.** [événement] producirse. **–2.** [artiste] actuar.

produit, e [prɔdɥi, it] *pp* → **produire**. ◆ **produit** *nm* producto *m*; ~ **cartésien** producto cartesiano; ~ **de beauté** producto de belleza; ~ **de consommation** ÉCON producto de consumo; ~ **de grande consommation** ÉCON producto de gran consumo; ~ **industriel** ÉCON producto industrial; ~**s chimiques** productos químicos; ~**s d'entretien** productos de limpieza.

proéminent, e [prɔeminã, ãt] *adj* prominente.

profane [prɔfan] ◇ *adj* **–1.** [laïc] profano(na). **–2.** [ignorant] profano(na), lego(ga). ◇ *nmf* profano *m*, -na *f*.

profaner [prɔfane] *vt* profanar.

proférer [prɔfere] *vt* proferir.

professeur [prɔfesœr] *nm* profesor *m*, -ra *f*.

profession [prɔfesjɔ̃] *nf* profesión *f*; **de** ~ de profesión.

professionnel, elle [prɔfesjɔnɛl] ◇ *adj* **–1.** [gén] profesional. **–2.** [lycée] de formación profesional. ◇ *nm, f* profesional *mf Esp*, profesionista *mf Amér*.

professorat [prɔfesɔra] *nm* profesorado *m*.

profil [prɔfil] *nm* perfil *m*; **de** ~ de perfil.

profit [prɔfi] *nm* –1. [avantage] provecho *m*; **au ~ de qqch** en beneficio de algo; **tirer ~ de qqch** sacar provecho de algo. –2. ÉCON [gain] beneficio *m*.

profitable [prɔfitabl] *adj* provechoso(sa); **être ~ à qqn** ser provechoso para alguien.

profiter [prɔfite] *vi* : **~ de qqch** [jouir de] aprovechar algo; **~ de qqn** [abuser de] aprovecharse de alguien; **~ de qqch pour faire qqch** [utiliser] aprovechar algo para hacer algo; **en ~** [tirer parti] sacar partido.

profond, e [prɔfɔ̃, ɔ̃d] *adj* profundo(da). ◆ **profond** ◇ *nm* : **au plus ~ de** en lo más profundo de. ◇ *adv* en la profundidad de.

profondeur [prɔfɔ̃dœr] *nf* profundidad *f*; **en ~** en profundidad. ◆ **profondeur de champ** *nf* PHOT & CIN profundidad *f* de campo.

profusion [prɔfyzjɔ̃] *nf* : **une ~ de qqch** una gran profusión de algo; **qqch à ~** (gran) profusión de algo.

progéniture [prɔʒenityr] *nf* prole *f*.

programmable [prɔgramabl] *adj* programable.

programmation [prɔgramasjɔ̃] *nf* TÉLÉ & INFORM programación *f*.

programme [prɔgram] *nm* TÉLÉ & INFORM programa *m*.

programmer [prɔgrame] *vt & vi* TÉLÉ & INFORM programar.

programmeur, euse [prɔgramœr, øz] *nm, f* INFORM programador *m*, -ra *f*.

progrès [prɔgrɛ] *nm* progreso *m*; **faire des ~** hacer progresos, progresar.

progresser [prɔgrese] *vi* –1. [avancer] avanzar. –2. [se développer, s'améliorer] progresar.

progressif, ive [prɔgresif, iv] *adj* progresivo(va).

progression [prɔgresjɔ̃] *nf* –1. [gén] progresión *f*. –2. [avancée & MIL] avance *m*.

prohiber [prɔibe] *vt* prohibir.

proie [prwa] *nf* presa *f*; **être en ~ à qqch** [sentiment] ser presa de algo; **être la ~ de qqch** *fig* [des flammes] ser pasto de algo.

projecteur [prɔʒɛktœr] *nm* proyector *m*.

projectile [prɔʒɛktil] *nm* proyectil *m*.

projection [prɔʒɛksjɔ̃] *nf* proyección *f*.

projectionniste [prɔʒɛksjɔnist] *nmf* proyeccionista *mf*.

projet [prɔʒɛ] *nm* proyecto *m*.

projeter [prɔʃte] *vt* [gén] proyectar; **~ qqch/de faire qqch** [envisager] proyectar OU planear algo/hacer algo.

prolétaire [prɔletɛr] *adj & nmf* proletario(ria).

prolétariat [prɔletarja] *nm* proletariado *m*.

proliférer [prɔlifere] *vi* proliferar.

prolifique [prɔlifik] *adj* prolífico(ca).

prologue [prɔlɔg] *nm* prólogo *m*.

prolongation [prɔlɔ̃gasjɔ̃] *nf* –1. [continuation] prolongación *f*. –2. SPORT prórroga *f*.

prolongement [prɔlɔ̃ʒmã] *nm* –1. [allongement] prolongación *f*; **dans le ~ de qqch** en la prolongación de algo. –2. *(gén pl)* [conséquence] repercusión *f*.

prolonger [prɔlɔ̃ʒe] *vt* prolongar; **~ ses vacances d'une semaine** prolongar sus vacaciones una semana.

promenade [prɔmnad] *nf* –1. [balade] paseo *m*; **faire une ~** dar un paseo. –2. *fig* [parcours] recorrido *m*.

promener [prɔmne] *vt* pasear. ◆ **se promener** *vp* pasear, pasearse.

promesse [prɔmɛs] *nf* –1. [gén] promesa *f*; **faire une ~** hacer una promesa; **tenir sa ~** cumplir su promesa. –2. [engagement] compromiso *m*; **~ d'achat/de vente** JUR compromiso de compra/de venta.

prometteur, euse [prɔmɛtœr, øz] *adj* prometedor(ra).

promettre [prɔmɛtr] *vt* [s'engager] prometer; **~ qqch à qqn** prometer algo a alguien; **~ à qqn de faire qqch** prometer a alguien hacer algo; **~ à qqn que** [assurer, affirmer] prometer a alguien que; **ça promet!** *iron* ¡empezamos bien!

promis, e [prɔmi, iz] ◇ *pp* → **promettre**. ◇ *adj* prometido(da); **~ à qqch** [voué] estar destinado a algo. ◇ *nm, f hum* prometido *m*, -da *f*.

promiscuité [prɔmiskɥite] *nf* promiscuidad *f*.

promontoire [prɔmɔ̃twar] *nm* promontorio *m*.

promoteur, trice [prɔmɔtœr, tris] *nm, f* promotor *m*, -ra *f*.

promotion [prɔmɔsjɔ̃] *nf* promoción *f*; **en ~** en oferta.

promouvoir [prɔmuvwar] *vt* promover.

prompt, e [prɔ̃, prɔ̃t] *adj* rápido(da); **~ à faire qqch** rápido en hacer algo.

promu, e [prɔmy] *pp* → **promouvoir**.

promulguer [prɔmylge] *vt* JUR promulgar.

prôner [prone] *vt* *sout* preconizar.

pronom [prɔnɔ̃] nm GRAM pronombre m; ~ **personnel/possessif/relatif** pronombre personal/posesivo/relativo.

pronominal, e, aux [prɔnɔminal, o] adj GRAM pronominal.

prononcé, e [prɔnɔ̃se] adj marcado(da).

prononcer [prɔnɔ̃se] vt pronunciar. ◆ **se prononcer** vp pronunciarse.

prononciation [prɔnɔ̃sjasjɔ̃] nf **-1.** LING pronunciación f. **-2.** JUR lectura f.

pronostic [prɔnɔstik] nm pronóstico m.

propagande [prɔpagɑ̃d] nf propaganda f.

propane [prɔpan] nm propano m.

prophète [prɔfɛt], **prophétesse** [prɔfetɛs] nm, f profeta mf.

prophétie [prɔfesi] nf profecía f.

prophétiser [prɔfetize] vt profetizar.

propice [prɔpis] adj propicio(cia).

proportion [prɔpɔrsjɔ̃] nf proporción f. ◆ **proportions** nfpl proporciones fpl; **toutes ~s gardées** salvando las distancias.

proportionné, e [prɔpɔrsjɔne] adj proporcionado(da); **bien/mal ~** bien/mal proporcionado.

proportionnel, elle [prɔpɔrsjɔnɛl] adj proporcional; ~ **à qqch** proporcional a algo. ◆ **proportionnelle** nf : **la proportionnelle** POLIT el sistema de representación proporcional.

propos [prɔpo] nm **-1.** (gén pl) [parole] palabra f. **-2.** [but] propósito m; **c'est à quel ~?** ¿de qué se trata?; **hors de ~** fuera de lugar. ◆ **à propos** loc adv [opportunément] oportunamente; [au fait] por cierto. ◆ **à propos de** loc prép a propósito de, con respecto a.

proposer [prɔpoze] vt **-1.** [gén] proponer; ~ **qqch à qqn** proponer algo a alguien; ~ **à qqn de faire qqch** proponer a alguien hacer algo. **-2.** [offrir] ofrecer.

proposition [prɔpozisjɔ̃] nf **-1.** [offre, suggestion] propuesta f, proposición f. **-2.** GRAM proposición f.

propre [prɔpr] ◇ adj **-1.** [gén] limpio(pia). **-2.** fig & hum : **nous voilà ~s!** ¡estamos listos! **-3.** [personnel] propio(pia); ~ **à qqn** propio de alguien. **-4.** [mot] apropiado(da). ◇ nm **-1.** [propreté] limpieza f; **au ~** [net] a limpio. **-2.** [sens] sentido m literal.

proprement [prɔprəmɑ̃] adv **-1.** [convenablement] decentemente. **-2.** [véritablement] verdaderamente; **à ~ parler** pro-

piamente dicho; ~ **dit** propiamente dicho. **-3.** [exclusivement] propiamente.

propreté [prɔprəte] nf limpieza f.

propriétaire [prɔprijetɛr] nmf propietario m, -ria f, dueño m, -ña f; ~ **foncier** propietario de bienes inmuebles; ~ **terrien** terrateniente m.

propriété [prɔprijete] nf **-1.** [gén] propiedad f. **-2.** [domaine, exploitation] finca f Esp, campito m Amér; ~ **privée** propiedad privada.

propulser [prɔpylse] vt **-1.** [gén] propulsar. **-2.** fig [jeter] lanzar. ◆ **se propulser** vp propulsarse.

prorata [prɔrata] ◆ **au prorata de** loc prép a prorrata de.

prosaïque [prozaik] adj prosaico(ca).

proscrit, e [prɔskri, it] adj & nm, f proscrito(ta).

prose [proz] nf prosa f; **en ~** en prosa.

prospecter [prɔspɛkte] vt GÉOL & COMM prospectar.

prospection [prɔspɛksjɔ̃] nf GÉOL & COMM prospección f.

prospectus [prɔspɛktys] nm prospecto m.

prospère [prɔspɛr] adj **-1.** [commerce] próspero(ra). **-2.** [santé] floreciente.

prospérité [prɔsperite] nf prosperidad f.

prostate [prɔstat] nf ANAT próstata f.

prosterner [prɔstɛrne] ◆ **se prosterner** vp prosternarse; **se ~ devant qqch/devant qqn** prosternarse ante algo/ante alguien.

prostitué, e [prɔstitɥe] nm, f prostituta f.

prostitution [prɔstitysjɔ̃] nf prostitución f.

prostré, e [prɔstre] adj postrado(da).

protagoniste [prɔtagɔnist] nmf protagonista mf.

protecteur, trice [prɔtɛktœr, tris] ◇ adj **-1.** [gén] protector(ra). **-2.** ÉCON proteccionista. ◇ nm, f protector m, -ra f.

protection [prɔtɛksjɔ̃] nf protección f; **prendre qqn sous sa ~** tomar a alguien bajo su protección; **se mettre sous la ~ de qqn** ponerse bajo la protección de alguien.

protectionnisme [prɔtɛksjɔnism] nm ÉCON proteccionismo m.

protégé, e [prɔteʒe] adj & nm, f protegido(da).

protège-cahier [prɔtɛʒkaje] (pl **protège-cahiers**) nm forro m.

protéger [prɔteʒe] vt proteger.

protège-slip [prɔtɛʒslip] (*pl* **protège-slips**) *nm* salvaeslips *m inv*.

protéine [prɔtein] *nf* proteína *f*.

protestant, e [prɔtɛstã, ãt] *adj & nm, f* RELIG protestante.

protestation [prɔtɛstasjɔ̃] *nf* protesta *f*.

protester [prɔtɛste] *vi* protestar; ~ **contre qqch** protestar contra algo.

prothèse [prɔtɛz] *nf* prótesis *f inv*; ~ **dentaire** prótesis dental.

protide [prɔtid] *nm* BIOL prótido *m*.

protocolaire [prɔtɔkɔlɛr] *adj* protocolario(ria).

protocole [prɔtɔkɔl] *nm* protocolo *m*.

proton [prɔtɔ̃] *nm* PHYS protón *m*.

prototype [prɔtɔtip] *nm* COMM prototipo *m*.

protubérance [prɔtyberãs] *nf* protuberancia *f*.

proue [pru] *nf* proa *f*.

prouesse [prues] *nf* proeza *f*.

prouver [pruve] *vt* **-1.** [établir, témoigner] demostrar, probar. **-2.** [reconnaissance] demostrar.

provenance [prɔvnãs] *nf* procedencia *f*; **en ~ de** procedente de.

provenir [prɔvnir] *vi* : ~ **de** proceder de.

provenu, e [prɔvny] *pp* → **provenir**.

proverbe [prɔvɛrb] *nm* proverbio *m*.

proverbial, e, aux [prɔvɛrbjal, o] *adj* proverbial.

providence [prɔvidãs] *nf* providencia *f*.

providentiel, elle [prɔvidãsjɛl] *adj* providencial.

province [prɔvɛ̃s] *nf* **-1.** [gén] provincia *f*. **-2.** *péj* [campagne] pueblo *m*. **-3.** Can estado federado dotado de un gobierno propio. **-4.** Belg unidad territorial dirigida por un gobernador nombrado por el rey.

provincial, e, aux [prɔvɛ̃sjal, o] ◇ *adj* **-1.** [personne, vie] de provincias; [administration] provincial. **-2.** *péj* [de la campagne] provinciano(na). ◇ *nm, f* provinciano *m*, -na *f*.

proviseur [prɔvizœr] *nm* director *m*, -ra *f* (de un instituto).

provision [prɔvizjɔ̃] *nf* **-1.** [réserve] provisión *f*. **-2.** BANQUE: **sans ~** sin fondos.
◆ **provisions** *nfpl* [ravitaillement] provisiones *fpl*; **faire ses ~s** [achats] hacer la compra.

provisoire [prɔvizwar] ◇ *adj* provisional. ◇ *nm* : **le ~** lo provisional; **vivre dans le ~** vivir provisionalmente; **c'est du ~** es provisional.

provocant, e [prɔvɔkã, ãt] *adj* provocador(ra).

provocation [prɔvɔkasjɔ̃] *nf* provocación *f*.

provoquer [prɔvɔke] *vt* provocar.

proxénète [prɔksenɛt] *nmf* proxeneta *mf*.

proximité [prɔksimite] *nf* proximidad *f*.
◆ **à proximité de** *loc prép* cerca de.

prude [pryd] *adj & nf* mojigato(ta).

prudence [prydãs] *nf* prudencia *f*.

prudent, e [prydã, ãt] *adj* prudente.

prune [pryn] ◇ *adj inv* [couleur] ciruela (en aposición). ◇ *nf* **-1.** [fruit] ciruela *f*. **-2.** *fam* [contravention] multa *f*.

pruneau, x [pryno] *nm* **-1.** [fruit] ciruela *f* pasa. **-2.** *arg* bala *f*.

prunelle [prynɛl] *nf* ANAT pupila *f*, niña *f*.

prunier [prynje] *nm* ciruelo *m*.

PS[1] (*abr de* **Parti socialiste**) *nm* partido político francés a la izquierda del espectro político.

PS[2]**, P-S** (*abr de* **post-scriptum**) *nm* PD *f*, PS *m*.

psalmodier [psalmɔdje] *vt & vi* salmodiar.

psaume [psom] *nm* salmo *m*.

pseudonyme [psødɔnim] *nm* seudónimo *m*, pseudónimo *m*.

psy [psi] *fam abr de* **psychiatre**.

psychanalyse [psikanaliz] *nf* psicoanálisis *m inv*.

psychanalyste [psikanalist] *nmf* psicoanalista *mf*.

psychédélique [psikedelik] *adj* psicodélico(ca).

psychiatre [psikjatr] *nmf* psiquiatra *mf*.

psychiatrie [psikjatri] *nf* psiquiatría *f*.

psychique [psiʃik] *adj* psíquico(ca).

psychologie [psikɔlɔʒi] *nf* psicología *f*.

psychologique [psikɔlɔʒik] *adj* psicológico(ca).

psychologue [psikɔlɔg] ◇ *adj* [compréhensif] inteligente. ◇ *nmf* psicólogo *m*, -ga *f*.

psychose [psikoz] *nf* psicosis *f inv*.

psychosomatique [psikosɔmatik] *adj* psicosomático(ca).

psychothérapie [psikoterapi] *nf* psicoterapia *f*.

PTA (*abr de* **peseta**) Pta.

Pte -1. (*abr de* **porte**) pta. **-2.** *abr de* **pointe**.

pu [py] *pp inv* → **pouvoir**.

puant, e [pɥã, ãt] *adj* **-1.** [odeur] fétido(da). **-2.** *fam fig* [personne] fantasma.

puanteur [pɥãtœr] *nf* peste *f*.

pub [pyb] *nf fam* anuncio *m*; **la** ~ los anuncios.

pubère [pybɛr] *adj sout* púber.

puberté [pybɛrte] *nf* pubertad *f*.

pubis [pybis] *nm* pubis *m inv*.

public, ique [pyblik] *adj* público(ca). ◆ **public** *nm* público *m*; **en** ~ en público; **être bon** ~ ser (un) buen público.

publication [pyblikasjɔ̃] *nf* publicación *f*; ~ **des bans** amonestaciones *fpl* (matrimoniales).

publiciste [pyblisist] *nmf* publicista *mf*.

publicitaire [pyblisitɛr] *adj & nmf* publicitario(ria).

publicité [pyblisite] *nf* **-1.** [gén] publicidad *f*; ~ **comparative** COMM publicidad comparativa; ~ **institutionnelle** COMM publicidad institucional; ~ **mensongère** COMM publicidad engañosa; ~ **excessive** COMM publicidad excesiva; ~ **sur le lieu de vente** COMM publicidad en (el) punto de venta. **-2.** [spot] anuncio *m*.

publier [pyblije] *vt* publicar.

publireportage [pyblirəpɔrtaʒ] *nm* publirreportaje *m*.

puce [pys] *nf* **-1.** [animal] pulga *f*. **-2.** INFORM chip *m*. **-3.** [terme affectueux] enano(na).

puceau, x [pyso] *adj m & nm fam* [garçon] virgen.

pucelle [pysɛl] *adj f & nf fam* [fille] virgen.

pudeur [pydœr] *nf* pudor *m*.

pudibond, e [pydibɔ̃, ɔ̃d] *adj sout* pudibundo(da).

pudique [pydik] *adj* púdico(ca).

puer [pɥe] *tfam* ◇ *vi* apestar. ◇ *vt* apestar a.

puériculture [pɥerikyltris] *nf* puericultora *f*.

puériculture [pɥerikyltyr] *nf* puericultura *f*.

puéril, e [pɥeril] *adj* pueril.

Puerto Rico = Porto Rico.

pugilat [pyʒila] *nm* pugilato *m*.

puis¹ [pɥi] → **pouvoir**.

puis² [pɥi] *adv* después; **et** ~ y además.

puiser [pɥize] *vt* **-1.** [liquide] sacar. **-2.** *fig* : ~ **qqch dans qqch** [emprunter] sacar algo de algo; [se servir] coger algo de algo.

puisque [pɥiskə], **puisqu'** (*devant voyelle ou h muet*) *conj* **-1.** [gén] ya que. **-2.** [renforce une affirmation] : **mais** ~ **je te dis que je ne veux pas!** ¡ya te he dicho que no quiero!; **tu vas vraiment y aller? –** ~

je te le dis! ¿de veras vas a ir? – ¡no te lo estoy diciendo!

puissance [pɥisɑ̃s] *nf* **-1.** [gén] potencia *f*. **-2.** [pouvoir, force morale] poder *m*. ◆ **en puissance** *loc adv* en potencia.

puissant, e [pɥisɑ̃, ɑ̃t] *adj* **-1.** [gén] poderoso(sa). **-2.** [machine, ordinateur] potente. ◆ **puissant** *nm* : **les** ~**s** los poderosos.

puits [pɥi] *nm* pozo *m*.

pull [pyl], **pull-over** [pylɔvɛr] (*pl* **pull-overs**) *nm* jersey *m*.

pulluler [pylyle] *vi* **-1.** [proliférer] pulular. **-2.** *péj* [grouiller] : ~ **de** estar plagado(da) de.

pulmonaire [pylmɔnɛr] *adj* pulmonar.

pulpe [pylp] *nf* pulpa *f*.

pulsation [pylsasjɔ̃] *nf* pulsación *f*.

pulsion [pylsjɔ̃] *nf* pulsión *f*.

pulvérisation [pylverizasjɔ̃] *nf* pulverización.

pulvériser [pylverize] *vt* pulverizar.

puma [pyma] *nm* puma·*m*.

punaise [pynɛz] *nf* **-1.** [insecte] chinche *m*. **-2.** [clou] chincheta *f*.

punch¹ [pɔ̃ʃ] *nm* [boisson] ponche *m*.

punch² [pœnʃ] *nm inv fam* [énergie] marcha *f*.

punching-ball [pœnʃinbol] (*pl* **punching-balls**) *nm* punching-ball *m*.

puni, e [pyni] *adj* castigado(da).

punir [pynir] *vt* [crime, personne] castigar; ~ **qqn de qqch** [criminel] condenar a alguien a algo.

punition [pynisjɔ̃] *nf* castigo *m*.

pupille [pypij] ◇ *nf* ANAT pupila *f*. ◇ *nmf* pupilo *m*, -la *f*; ~ **de la Nation** huérfano *m*, -na *f* de guerra.

pupitre [pypitr] *nm* **-1.** [support] atril *m*. **-2.** TECHNOL consola *f*. **-3.** SCOL [bureau] pupitre *m*.

pur, e [pyr] *adj* puro(ra); ~ **coton** puro algodón; ~**e laine** pura lana; ~ **et simple** puro y duro.

purée [pyre] *nf* puré *m*; ~ **de pommes de terre** puré de patatas.

purement [pyrmɑ̃] *adv* puramente; ~ **et simplement** pura y simplemente.

pureté [pyrte] *nf* pureza *f*.

purgatif, ive [pyrgatif, iv] *adj* purgante. ◆ **purgatif** *nm* purgante *m*, purga *f*.

purgatoire [pyrgatwar] *nm* RELIG purgatorio *m*; *fig* [endroit] infierno *m*.

purge [pyrʒ] *nf* purga *f*.

purger [pyrʒe] *vt* purgar.

purifier [pyrifje] *vt* purificar.

purin [pyrɛ̃] *nm* purín *m*.

puritain, e [pyritɛ̃, ɛn] *adj & nm, f* puritano(na).

puritanisme [pyritanism] *nm* puritanismo *m*.

pur-sang [pyrsɑ̃] *nm inv* pura sangre *m inv*.

purulent, e [pyrylɑ̃, ɑ̃t] *adj* purulento(ta).

pus[1], **put** [py] → **pouvoir**.

pus[2] [py] *nm* pus *m*.

pusillanime [pyzilanim] *adj sout* pusilánime.

putain [pytɛ̃] *nf vulg péj* puta *f*.

putréfier [pytrefje] ◆ **se putréfier** *vp* pudrirse.

putsch [putʃ] *nm* golpe *m* de estado.

puzzle [pœzl] *nm* **-1.** [jeu] puzzle *m*. **-2.** *fig* [problème] rompecabezas *m inv*.

pygmée [pigme] *adj* pigmeo. ◆ **Pygmée** *nmf* pigmeo *m*, -mea *f*.

pyjama [piʒama] *nm* pijama *m*.

pylône [pilon] *nm* poste *m*.

pyramide [piramid] *nf* **-1.** GÉOM & ARCHIT pirámide *f*. **-2.** [tas] pila *f*, montón *m Esp*, ruma *f Amér*.

Pyrénées [pirene] *nfpl* : **les ~** los Pirineos.

Pyrex® [pirɛks] *nm* pírex® *m*.

pyromane [piromane] *nmf* pirómano *m*, -na *f*.

python [pitɔ̃] *nm* pitón *m*.

q[1], **Q** [ky] *nm inv* q *f*, Q *f*.

q[2] (*abr de* quintal) q.

QCM (*abr de* questionnaire à choix multiple) *nm* examen *m* de tipo test.

QG (*abr de* quartier général) *nm* CG *m*.

QI (*abr de* quotient intellectuel) *nm* CI *m*.

qqch *abr de* quelque chose.

qqn *abr de* quelqu'un.

quadragénaire [kwadraʒenɛr] *adj & nmf* cuadragenario(ria).

quadrangulaire [kwadrɑ̃gylɛr] *adj* cuadrangular.

quadrichromie [kwadrikrɔmi] *nf* cuatricromía *f*.

quadrilatère [kwadrilatɛr] *nm* cuadrilátero *m*.

quadrillage [kadrijaʒ] *nm* **-1.** [de papier, de tissu] cuadriculado *m*. **-2.** [policier] peinado *m*.

quadriller [kadrije] *vt* **-1.** [papier] cuadricular. **-2.** [ville] peinar.

quadrimoteur [kwadrimɔtœr] *adj & nm* cuatrimotor, tetramotor.

quadrupède [k(w)adrypɛd] ◇ *adj* cuadrúpedo(da). ◇ *nm* cuadrúpedo *m*.

quadrupler [k(w)adryple] *vt & vi* cuadruplicar.

quadruplés, ées [k(w)adryple] *nm, f pl* cuatrillizos *mpl*, -zas *fpl*.

quai [kɛ] *nm* **-1.** [de port, de rivière] **muelle** *m*; **être à ~** estar atracado(da). **-2.** [de gare] andén *m*.

qualificatif, ive [kalifikatif, iv] *adj* **-1.** GRAM calificativo(va). **-2.** SPORT [épreuve] puntuable. ◆ **qualificatif** *nm* calificativo *m*.

qualification [kalifikasjɔ̃] *nf* **-1.** [titre, GRAM & SPORT] calificación *f*. **-2.** [compétence] cualificación *f*.

qualifier [kalifje] *vt* **-1.** [caractériser] calificar; **~ qqch/qqn de qqch** calificar algo/a alguien de algo. **-2.** [donner compétences] : **être qualifié pour faire qqch/pour qqch** estar cualificado(da) para hacer algo/para algo. ◆ **se qualifier** *vp* SPORT calificarse.

qualitatif, ive [kalitatif, iv] *adj* cualitativo(va).

qualité [kalite] *nf* **-1.** [gén] calidad *f*; **de bonne/mauvaise ~** de buena/de mala calidad; **~ de la vie** calidad de vida. **-2.** [caractéristique, vertu] cualidad *f*.

quand [kɑ̃] ◆ *conj* **-1.** [lorsque, alors que] cuando; **pourquoi rester ici ~ on pourrait partir en week-end?** ¿por qué quedarse aquí cuando podríamos irnos de fin de semana? **-2.** *sout* [introduit une hypothèse] aun cuando. ◇ *adv interr* cuándo. ◆ **quand même** ◇ *loc adv* a pesar de todo; **c'était ~ même bien** a pesar de todo estuvo bien; **tu pourrais faire attention ~ même!** ¡podrías tener más cuidado! (¿no?). ◇ *interj* [ça suffit] ¡por favor!; **~ même, à son âge!** ¡a su edad! ◆ **quand bien même** *loc conj sout* aun cuando. ◆ **n'importe quand** *loc adv* : **tu**

peux venir n'importe ~ puedes venir cuando quieras.

quant [kã] ◆ **quant à** *loc prép* en cuanto a, por lo que se refiere a; ~ **à moi/toi** en cuanto a mí/ti se refiere.

quantifier [kãtifje] *vt* cuantificar.

quantitatif, ive [kãtitatif, iv] *adj* cuantitativo(va). ◆ **quantitatif** *nm* cuantitativo *m*.

quantité [kãtite] *nf* **-1.** [mesure, SCIENCES & LING] cantidad *f*. **-2.** [abondance] : **(une) ~ de** (una) gran cantidad de; **en ~** en cantidad.

quarantaine [karãten] *nf* **-1.** [nombre] unos cuarenta; **une ~ de personnes** unas cuarenta personas. **-2.** [âge] : **avoir la ~** estar en los cuarenta. **-3.** [isolement] cuarentena *f*.

quarante [karãt] *adj num & nm inv* cuarenta; *voir aussi* **six**.

quarantième [karãtjem] ◇ *adj num & nmf* cuadragésimo(ma). ◇ *nm* cuadragésimo *m*, cuadragésima parte *f*; *voir aussi* **sixième**.

quart [kar] ◇ *adj num* cuarto(ta). ◇ *nm* **-1.** [fraction] cuarto *m*, cuarta parte *f*; **un ~ d'heure** un cuarto de hora; **un ~ de qqch** una cuarta parte de algo; **moins le ~** menos cuarto; **~ de soupir** MUS silencio *m* de semicorchea. **-2.** NAVIG [veille] cuarto *m*. **-3.** [gobelet] tanque *m*.

quartier [kartje] *nm* **-1.** [de ville] barrio *m* Esp, colonia *f* Amér; **de ~** de barrio. **-2.** [de viande] trozo *m*; [de fruit] gajo *m*. **-3.** ASTRON cuarto *m*. **-4.** [héraldique & MIL] cuartel *m*. **-5.** Belg estudio *m*.

quartier-maître *nm* NAVIG ≃ cabo *m* de la marina.

quartz [kwarts] *nm* cuarzo *m*; **à ~** de cuarzo.

quasi [kazi] ◇ *adv* cuasi. ◇ *nm* [de veau] trozo *m* de pierna.

quasiment [kazimã] *adv fam* casi.

quaternaire [kwaterner] ◇ *adj* GÉOL cuaternario(ria). ◇ *nm* : **le ~** el cuaternario.

quatorze [katɔrz] *adj num & nm inv* catorce; *voir aussi* **six**.

quatrain [katrɛ̃] *nm* [strophe] ≃ cuarteto *m*.

quatre [katr] ◇ *adj num* cuatro; ~ **à** ~ de cuatro en cuatro; **se mettre en ~** *fig* desvivirse por alguien. ◇ *nm inv* cuatro *m*; *voir aussi* **six**.

quatre-vingt, quatre-vingts [katrəvɛ̃] *adj num & nm inv* ochenta; *voir aussi* **six**.

quatre-vingt-dix [katrəvɛ̃dis] *adj num & nm inv* noventa; *voir aussi* **six**.

quatrième [katrijem] ◇ *adj num & nm, f* cuarto(ta). ◇ *nf* **-1.** SCOL ≃ octavo de EGB. **-2.** [danse] cuarta *f*. ◇ *nm* cuarto *m*, cuarta parte *f*; *voir aussi* **sixième**.

quatuor [kwatyɔr] *nm* cuarteto *m*.

que [kə] ◇ *conj* **-1.** [introduit une subordonnée] que; **je sais ~... ** sé que...; **je ne tiens pas à ce ~ tout le monde le sache** no quiero que todo el mundo se entere. **-2.** [introduisant une hypothèse] tanto si; ~ **vous le vouliez ou non** tanto si quieres como si no. **-3.** [reprend une autre conjonction] : **s'il fait beau et ~ nous avons le temps** si hace bueno y tenemos tiempo. **-4.** [indique un ordre, un souhait] que; **qu'il entre!** ¡que entre! **-5.** [avec un présentatif] **voilà/voici ~ ça recommence!** ¡ya empieza otra vez! ◇ *pron relatif* [chose, animal] que; [personne] al que, a la que; **la femme ~ j'aime** la mujer a la que quiero; **ce ~** lo que. ◇ *pron interr* qué. ◇ *adv exclamatif* qué; ~ **de** cuánto(ta); ~ **de monde!** ¡cuánta gente! ◆ **c'est que** *loc conj* es que; **si je vais me coucher, c'est ~ j'ai sommeil** si me acuesto es que tengo sueño. ◆ **qu'est-ce que** *pron interr* qué; **qu'est-ce ~ tu veux** ¿qué quieres? ◆ **qu'est-ce qui** *pron interr* qué; **qu'est-ce qui se passe?** ¿qué pasa?

Québec [kebɛk] *nm* **-1.** [province] : **le ~** (el) Quebec; **au ~** [direction] al Quebec; [situation] en (el) Quebec. **-2.** [ville] Quebec; **à ~** [direction] a Quebec; [situation] en Quebec.

québécois, e [kebekwa, az] *adj* quebequés(esa). ◆ **québécois** *nm* LING quebequés *m*. ◆ **Québécois, e** *nm, f* quebequés *m*, -esa *f*.

quel [kɛl] (*f* **quelle**, *mpl* **quels**, *fpl* **quelles**) ◇ *adj interr* que; **quelle heure est-il?** ¿qué hora es?; ~ **homme?** ¿qué hombre? ◇ *adj exclamatif* qué; ~ **dommage!** ¡qué pena! ◇ *adj indéf* : **il se baigne, ~ que soit le temps** se baña haga el tiempo que haga; **il refuse de voir les nouveaux arrivants, ~s qu'ils soient** se niega a ver a los recién llegados, sean quienes sean. ◇ *pron interr* [chose] cuál; [personne] quién.

quelconque [kɛlkɔ̃k] ◇ *adj indéf* **-1.** (*après le nom*) cualquiera. **-2.** (*avant le nom*) : **un/une ~** algún(una). ◇ *adj (après le nom)* *péj* [ordinaire] del montón.

quelque [kɛlk(ə)] ◇ *adj indéf sout* [un certain, un peu de] algún(una); ~ **peu** algo de; **à ~ distance de là** a poca distancia de allí; **il est allé voir ~ ami du club** ha ido a ver algún amigo del club; ~ **chemin que je prenne** tome el camino que tome. ◇ *adv* [environ] unos(as); ~ **200 francs** unos 200 francos; **il est midi et ~** son las doce y algo; **et ~** *fam* y pico. ◆ **quelques** *adj indéf pl* unos cuantos(unas cuantas); **j'ai ~s lettres à écrire** tengo que escribir unas cuantas OU algunas cartas; **tu n'as pas ~s photos à me montrer?** ¿no tienes fotos que enseñarme?, ¿no tienes ninguna foto que enseñarme?; **les ~s fois** las pocas veces que; **et ~s** y pico. ◆ **quelque... que** *loc adv sout* [concessif] por muy (+ *adjectif*) que, por mucho(cha) (+ *nom*) que; ~ **amitié qu'il y eut** por mucha amistad que hubiera; ~ **solide que fût notre amitié** por muy sólida que fuera nuestra amistad.

quelque chose [kɛlkəʃoz] *pron indéf* algo.

quelquefois [kɛlkəfwa] *adv* a veces.

quelques-uns, **quelques-unes** [kɛlkəzœ̃, yn] *pron indéf* algunos(nas); ~ **de** algunos de; ~ **de ces spectateurs** algunos de estos espectadores.

quelqu'un [kɛlkœ̃] *pron indéf m* alguien; ~ **de** (+ *adjectif*) alguien (+ *adjetivo*); **c'est ~ d'intelligent** es alguien inteligente.

quémander [kemɑ̃de] *vt* mendigar.

qu'en-dira-t-on [kɑ̃diratɔ̃] *nm inv fam* el qué dirán; **se moquer/se soucier/avoir peur du ~** burlarse/preocuparse/tener miedo del qué dirán.

quenelle [kənɛl] *nf* especie de croqueta grande de ternera o lucio.

querelle [kərɛl] *nf* pelea f.

querelleur, **euse** [kərɛlœr, øz] *adj & nm, f* pendenciero(ra).

question [kɛstjɔ̃] *nf* **-1.** [interrogation] pregunta f; **poser une ~ à qqn** hacer una pregunta a alguien; ~ **subsidiaire** pregunta de desempate. **-2.** [sujet de discussion] cuestión f; **il est ~ de faire qqch** es cuestión de hacer algo; **il n'en est pas ~!** ¡ni hablar!; **mettre qqch/qqn en ~** poner algo/a alguien en cuestión. **-3.** HIST [torture] tormento m.

questionnaire [kɛstjɔnɛr] *nm* cuestionario m.

questionner [kɛstjɔne] *vt* interrogar.

quête [kɛt] *nf* **-1.** *sout* [recherche] búsqueda f; **se mettre en ~ de qqch/de qqn** ir en busca de algo/de alguien. **-2.** [d'aumône] colecta f.

quêter [kete] ◇ *vi* colectar. ◇ *vt fig* mendigar.

queue [kø] *nf* **-1.** [d'animal] cola f; [des quadrupèdes] rabo m. **-2.** [de fruit] rabillo m. **-3.** [d'objet] mango m. **-4.** [de groupe] cola f; **à la ~ leu leu** en fila india; **être à la ~** SCOL estar a la cola; **faire la ~** hacer cola. **-5.** *vulg* [sexe masculin] rabo m.

queue-de-cheval [kødʃəval] (*pl* **queues-de-cheval**) *nf* cola f de caballo.

queue-de-pie [kødpi] (*pl* **queues-de-pie**) *nf* chaqué m.

qui [ki] ◇ *pron rel* **-1.** [sujet] que; **la maison ~ est là** la casa que está allí; **je l'ai vu ~ passait** lo vi pasar; ~ **plus est** lo que es más. **-2.** [complément d'objet direct] quien; **invite ~ tu veux** invita a quien quieras. **-3.** [avec une préposition]: **à ~** a quien; **avec ~** con quien. **-4.** [indéfini] quienquiera; ~ **que ce soit** ~ quienquiera que sea el que OU quien. ◇ *pron interr* **-1.** [sujet] quién; ~ **es-tu?** ¿quién eres? **-2.** [complément d'objet direct, après une préposition] quién; ~ **préfères-tu?** ¿a quién prefieres?; **à ~?** ¿a quién?; **avec ~?** ¿con quién? **-3.** [remplace **que**] **ce ~** lo que, qué; **je ne sais plus ce ~ est arrivé** no sé qué pasó. ◆ **qui est-ce qui** *pron interr* quién. ◆ **qui est-ce que** *pron interr* quién. ◆ **n'importe qui** *pron indéf* cualquiera; **ce n'est pas n'importe ~** ¡no es un cualquiera!

quiche [kiʃ] *nf* quiche f.

quiconque [kikɔ̃k] ◇ *pron indéf* cualquiera; **sans en avertir ~** sin avisar a nadie. ◇ *pron relatif indéf* quienquiera que; **pour ~** (+ *indicatif*) para quienquiera que (+ *subjonctif*); **pour ~ a l'habitude de lire** para quienquiera que tenga costumbre de leer.

quidam [kidam] *nm fam* quídam m.

quiétude [kjetyd] *nf sout* quietud f.

quignon [kiɲɔ̃] *nm fam* mendrugo m.

quille [kij] *nf* **-1.** [de bateau] quilla f. **-2.** [jeu] bolo m. ◆ **quilles** *nfpl fam* zancas fpl.

quincaillerie [kɛ̃kajri] *nf* **-1.** [ustensiles] quincalla f. **-2.** [industrie, commerce, magasin] ferretería f. **-3.** *fam fig* [bijoux] quincalla f.

quinconce [kɛ̃kɔ̃s] ◆ **en quinconce** *loc adj & loc adv* al tresbolillo.

quinine [kinin] *nf* quinina *f.*

quinquagénaire [kɛ̃kaʒenɛr] *adj & nmf* quincuagenario(ria).

quinquennal, e, aux [kɛ̃kenal, o] *adj* quinquenal.

quintal, aux [kɛ̃tal, o] *nm* quintal *m.*

quinte [kɛ̃t] *nf* **-1.** MUS quinta *f.* **-2.** [jeu] escalera *f.* ◆ **quinte de toux** *nf* ataque *m* de tos.

quintuple [kɛ̃typl] ◇ *adj* quíntuplo(pla). ◇ *nm* quíntuplo *m.*

quinzaine [kɛ̃zɛn] *nf* **-1.** [nombre] quincena *f.*; **une ~ de** unos quince. **-2.** [deux semaines] dos semanas *fpl.*

quinze [kɛ̃z] ◇ *adj num* quince; **dans ~ jours** dentro de quince días OU dos semanas. ◇ *nm inv* [chiffre] quince *m; voir aussi* **six.**

quiproquo [kiprɔko] *nm* quid pro quo *m.*

quittance [kitɑ̃s] *nf* recibo *m*; **~ d'électricité/de loyer** recibo de la luz/del alquiler.

quitte [kit] *adj* : **être ~ (envers qqn)** estar en paz (con alguien); **en être ~ pour faire qqch/pour qqch** librarse con hacer algo/con algo; **il en a été ~ pour une bonne peur** no ha sido más que el susto; **~ à faire qqch** a riesgo de hacer algo.

quitter [kite] *vt* **-1.** [renoncer, abandonner] dejar, abandonar; **'ne quittez pas!'** [au téléphone] 'no cuelgue'. **-2.** [partir de] irse de, marcharse de. **-3.** [vêtement] quitarse. ◆ **se quitter** *vp* separarse.

qui-vive [kiviv] *nm inv* : **être sur le ~** estar sobre aviso.

quoi [kwa] ◇ *pron relatif (après une préposition)* : **ce à ~ je me suis intéressée** aquello por lo que me interesé; **c'est en ~ tu as tort** ahí es donde te equivocas; **après ~** después de lo cual; **avoir de ~ vivre** tener de qué vivir; **avez-vous de ~ écrire?** ¿tiene con qué escribir?; **merci – il n'y a pas de ~** gracias – no hay de qué, gracias – de nada. ◇ *pron interr* qué; **à ~ bon?** ¿para qué?; **à ~ penses-tu?** ¿en qué piensas?; **je ne sais pas ~ dire** no sé qué decir; **~ de neuf?** ¿alguna novedad?; **~? ** *fam* ¿qué?;... **ou ~?** *fam* ¿... o qué?; **tu viens ou ~?** *fam* ¿vienes o no?; **décide-toi, ~!** *fam* ¡te decides o qué?, ¿te decides o no? ◆ **quoi que** *loc conj* (+ *subjonctif*) : **~ qu'il arrive** pase lo que pase; **~ qu'il dise** diga lo que diga; **~ qu'il en soit** sea como sea. ◆ **n'importe quoi** *pron indéf* cualquier cosa, lo que sea.

quoique [kwak] *conj* aunque.

quolibet [kɔlibɛ] *nm sout* pulla *f.*

quota [kgwɔta] *nm* [gén] cuota *f*; [d'importation] cupo *m.*

quotidien, enne [kɔtidjɛ̃, ɛn] *adj* diario(ria). ◆ **quotidien** *nm* **-1.** [vie quotidienne] cotidiano *m.* **-2.** [journal] diario *m.*

quotient [kɔsjã] *nm* cociente *m*; **~ intellectuel** coeficiente intelectual OU de inteligencia.

R

r¹, R [ɛr] *nm inv* r *f*, R *f.*

r² (*abr de* **rue**) C/.

rabâcher [rabaʃe] *fam* ◇ *vi* machacar; **tu rabâches!** ¡no seas machacón! ◇ *vt* machacar.

rabais [rabɛ] *nm* descuento *m*, rebaja *f.* ◆ **au rabais** ◇ *loc adj* de pacotilla. ◇ *loc adv* por poco dinero.

rabaisser [rabɛse] *vt* rebajar. ◆ **se rabaisser** *vp* rebajarse; **se ~ à faire qqch** rebajarse a hacer algo.

rabat [raba] *nm* **-1.** [col – de magistrat] golilla *f*; [– d'ecclésiastique] alzacuello *m.* **-2.** [partie rabattue] carterilla *f.*

rabat-joie [rabaʒwa] *adj inv & nm inv* aguafiestas.

rabatteur, euse [rabatœr, øz] *nm, f* **-1.** [de gibier] ojeador *m*, -ra *f.* **-2.** *fig & péj* [de clientèle] gancho *m.*

rabattre [rabatr] *vt* **-1.** [somme] rebajar. **-2.** [vers le bas] abatir. **-3.** [col de veste] doblar; [couvercle] cerrar. **-4.** [gibier] ojear. **-5.** [client] captar. ◆ **se rabattre** *vp* **-1.** [siège] abatirse. **-2.** [voiture] cerrarse. **-3.** [se contenter de : **se ~ sur qqch/sur qqn** conformarse con algo/con alguien.

rabattu, e [rabaty] *pp* ▶ **rabattre.**

rabbin [rabɛ̃] *nm* rabino *m.*

râble [rabl] *nm* **-1.** [outil] hurgón *m*, paleta *f* de fundidor. **-2.** [de lapin] rabadilla *f.*

râblé, e [rable] *adj* fornido(da).

rabot [rabo] *nm* cepillo *m* (*de carpintería*).

raboter [rabɔte] *vt* cepillar.

rabougri, e [rabugri] *adj* **-1.** [plante] desmedrado(da). **-2.** [personne] canijo(ja).

rabrouer [rabrue] *vt* desairar.

raccommodage [rakɔmɔdaʒ] *nm* compostura *f*.

raccommoder [rakɔmɔde] *vt* **-1.** [vêtement] zurcir. **-2.** *fam* [personnes] : ~ qqn avec qqn hacer que alguien haga las paces con alguien.

raccompagner [rakɔ̃paɲe] *vt* acompañar.

raccord [rakɔr] *nm* **-1.** [liaison] retoque *m*. **-2.** CIN ajuste *m*. **-3.** [pièce] empalme *m*.

raccordement [rakɔrdəmã] *nm* empalme *m*.

raccorder [rakɔrde] *vt* empalmar; ~ qqch à qqch empalmar algo a algo. ◆ se raccorder *vp* : se ~ à qqch [être relié] conectar con algo.

raccourci [rakursi] *nm* atajo *m*; prendre un ~ coger un atajo; en ~ *fig* en síntesis.

raccourcir [rakursir] ◇ *vt* [gén] acortar; [texte] abreviar. ◇ *vi* [jour] menguar.

raccrocher [rakrɔʃe] ◇ *vt* volver a colgar. ◇ *vi* **-1.** [au téléphone] colgar. **-2.** *fam* [abandonner] colgar la toalla. ◆ se raccrocher *vp* : se ~ à qqch/à qqn *fig* aferrarse a algo/a alguien.

race [ras] *nf* **-1.** [humaine, animale] raza *f*; de ~ de raza. **-2.** *fig* [catégorie] raza *f*, casta *f*.

racé, e [rase] *adj* **-1.** [animal] de raza. **-2.** [voiture] con clase.

rachat [raʃa] *nm* **-1.** [de biens] nueva compra *f*. **-2.** *fig* [de péchés] redención *f*. **-3.** [de prisonniers] rescate *m*.

racheter [raʃte] *vt* **-1.** [acheter à nouveau] volver a comprar. **-2.** [acheter d'occasion] comprar. **-3.** [péché, faute] redimir; [défaut, lapsus] compensar. **-4.** [prisonnier, candidat] rescatar. ◆ se racheter *vp* rehabilitarse.

rachitique [raʃitik] *adj* raquítico(ca).

racial, e, aux [rasjal, o] *adj* racial.

racine [rasin] *nf* raíz *f*; prendre ~ echar raíces.

racisme [rasism] *nm* racismo *m*.

raciste [rasist] *adj & nmf* racista.

racket [raket] *nm* extorsión *f*.

raclée [rakle] *nf* tunda *f*, paliza *f* *Esp*, golpiza *f* *Amér*.

raclement [rakləmã] *nm* carraspeo *m*.

racler [rakle] *vt* rascar. ◆ se racler *vp* : se ~ la gorge rascarse la garganta.

racoler [rakɔle] *vt* *péj* captar.

racoleur, euse [rakɔlœr, øz] *adj péj* [publicité] facilón(ona); [sourire] baboso(sa). ◆ racoleur *nm fam* [de clients] gancho *m*. ◆ racoleuse *nf fam péj* buscona *f*.

racontar [rakɔ̃tar] *nm (gén pl)* chisme *m*.

raconter [rakɔ̃te] *vt* contar; ~ qqch à qqn contar algo a alguien.

racorni, e [rakɔrni] *adj* [gén] reseco(ca); [papier] acartonado(da).

radar [radar] *nm* radar *m*.

rade [rad] *nf* rada *f*.

radeau, x [rado] *nm* **-1.** [embarcation] balsa *f*. **-2.** [train de bois] armadía *f*.

radial, e, aux [radjal, o] *adj* radial.

radiateur [radjatœr] *nm* radiador *m*; ~ électrique/à gaz radiador eléctrico/de gas.

radiation [radjasjɔ̃] *nf* **-1.** [rayonnement] radiación *f*. **-2.** [élimination] expulsión *f*.

radical, e, aux [radikal, o] *adj* radical. ◆ radical *nm* radical *m*.

radicaliser [radikalize] *vt* radicalizar. ◆ se radicaliser *vp* radicalizarse.

radier [radje] *vt* [exclure] excluir; [d'une profession] expulsar.

radieux, euse [radjø, øz] *adj* radiante.

radin, e [radɛ̃, in] *adj & nm, f fam péj* rácano(na).

radio [radjo] ◇ *nf* **-1.** [diffusion, transistor] radio *f*; allumer/éteindre/mettre la ~ encender/apagar/poner la radio. **-2.** [rayons X] : passer une ~ hacerse una radiografía. ◇ *nm* radio *m*.

radioactif, ive [radjɔaktif, iv] *adj* radiactivo(va), radioactivo(va).

radioactivité [radjɔaktivite] *nf* radiactividad *f*, radioactividad *f*.

radiocassette [radjɔkaset] *nm* radiocasete *m*.

radiodiffuser [radjɔdifyze] *vt* radiar.

radiographie [radjɔgrafi] *nf* radiografía *f*.

radiologue [radjɔlɔg], **radiologiste** [radjɔlɔʒist] *nmf* radiólogo *m*, -ga *f*.

radioréveil (*pl* radioréveils), **radio-réveil** (*pl* radios-réveils) [radjɔrevɛj] *nm* radiodespertador *m*.

radiotélévisé, e [radjɔtelevize] *adj* radiotelevisado(da).

radis [radi] *nm* rábano *m*.

radium [radjɔm] *nm* radio *m* (*elemento radiactivo*).

radius [radjys] *nm* radio *m* (*hueso*).

radoucissement [radusismã] *nm* mejoramiento *m* (*del tiempo, la temperatura*).

rafale [rafal] *nf* **-1.** [de vent] ráfaga *f*, racha *f*; **souffler en ~** rachear. **-2.** [de coups de feu] ráfaga *f*. **-3.** *fig* [d'applaudissements] salva *f*.

raffinage [rafinaʒ] *nm* refinado *m*.

raffiné, e [rafine] *adj* refinado(da).

raffinement [rafinmã] *nm* refinamiento *m*.

raffiner [rafine] ◇ *vt* refinar. ◇ *vi* : **~ sur** qqch cuidar algo.

raffinerie [rafinri] *nf* refinería *f*.

raffoler [rafɔle] *vi* : **~ de qqch/de qqn** volverse loco(ca) por algo/por alguien.

raffut [rafy] *nm fam* jaleo *m Esp*, despiole *m Amér*; **faire du ~** *fig* armar jaleo.

rafistoler [rafistɔle] *vt fam* remendar.

rafle [rafl] *nf* **-1.** [vol] robo *m*. **-2.** [de police] redada *f*.

rafler [rafle] *vt fam.* **-1.** [s'emparer de] arramblar con. **-2.** [piller, voler] birlar.

rafraîchir [rafreʃir] ◇ *vt* **-1.** [nourriture, vin] enfriar. **-2.** [vêtement, appartement] reformar; [tableau] restaurar; [cheveux] igualar. **-3.** *fig* [mémoire] refrescar. ◇ *vi* enfriar. ◆ **se rafraîchir** *vp* **-1.** [temps] refrescar. **-2.** [personne] refrescarse.

rafraîchissant, e [rafreʃisã, ãt] *adj* refrescante.

rafraîchissement [rafreʃismã] *nm* **-1.** [de climat] enfriamiento *m*. **-2.** [boisson] refresco *m*; **prendre un ~** tomar un refresco. **-3.** [de vêtement, d'appartement] reforma *f*; [de tableau] restauración *f*.

raft [raft], **rafting** [raftiŋ] *nm* rafting *m*.

ragaillardir [ragajardir] *vt fam* entonar.

rage [raʒ] *nf* **-1.** [fureur, maladie] rabia *f*. **-2.** [manie, passion] pasión *f*. **-3.** *loc* : **faire ~** [tempête] causar estragos. ◆ **rage de dents** *nf* dolor *m* de muelas.

rager [raʒe] *vi fam* **~ contre qqch/contre qqn** echar pestes contra algo/contra alguien; **ça me fait ~** me da mucha rabia.

rageur, euse [raʒœr, øz] *adj* **-1.** *fam* [enfant] con malas pulgas. **-2.** [ton] rabioso(sa).

raglan [raglã] ◇ *nm* prenda *f* con mangas raglán. ◇ *adj inv* raglán.

ragot [rago] *nm* jabato *m (de dos a tres años)*.

ragoût [ragu] *nm* ragú *m*.

rai [rɛ] *nm sout* [de lumière] rayo *m*.

raid [rɛd] *nm* **-1.** MIL & SPORT raid *m*. **-2.** AÉRON incursión *f*, raid *m*; **~ aérien** incursión aérea, raid aéreo. **-3.** BOURSE adquisición *f* hostil.

raide [rɛd] ◇ *adj* **-1.** [cheveux] lacio(cia). **-2.** [membre] rígido(da), tieso(sa). **-3.** [pente, escalier] empinado(da). **-4.** [attitude] envarado(da). **-5.** [personne] rígido(da). **-6.** *fam* [incroyable] : **elle est ~** ! ¡eso pasa de castaño oscuro! **-7.** *fam* [chanson, propos] verde. **-8.** *fam* [pauvre] : **être ~** estar pelado(da). ◇ *adv* [abruptement] : **grimper ~** ser empinado(da).

raideur [rɛdœr] *nf* **-1.** [physique] rigidez *f*; **~ cadavérique** rigor *m* mortis. **-2.** [morale] rigidez *f*, inflexibilidad *f*.

raidir [redir] *vt* estibar. ◆ **se raidir** [de froid] quedarse tieso(sa).

raie [rɛ] *nf* **-1.** [gén] raya *f*. **-2.** [des fesses] raja *f*.

rail [raj] *nm* **-1.** [de voie ferrée] riel *m*, raíl *m*. **-2.** [chemin de fer] ferrocarril *m*.

railler [raje] *vt sout* burlarse de.

railleur, euse [rajœr, øz] *adj & nm, f sout* burlón(ona).

rainure [renyr] *nf* ranura *f*.

raisin [rezɛ̃] *nm* uva *f*.

raison [rezɔ̃] *nf* **-1.** [faculté de raisonner, sagesse] razón *f*. **-2.** [justesse] : **avoir ~** tener razón; **avoir ~ de faire qqch** hacer bien en hacer algo; **donner ~ à qqn** dar la razón a alguien; **ramener qqn à la ~** hacer entrar en razón a alguien. **-3.** [santé mentale] juicio *m*. **-4.** [rationalité] raciocinio *m*. **-5.** [motif] razón *f*, motivo *m*; **à plus forte ~ quand** con mayor motivo cuando, máxime cuando; **en ~ de qqch** debido a algo; **de plus** razón de más. **-6.** [excuse, fondement] razón *f*, excusa *f*; **~ de vivre** razón de vivir. ◆ **à raison de** *loc prép* a razón de. ◆ **raison sociale** *nf* razón *f* social. ◆ **raison d'État** *nf* razón *f* de Estado.

raisonnable [rezonabl] *adj* **-1.** [animal] racional. **-2.** [décision, prix] razonable.

raisonné, e [rezone] *adj* razonado(da).

raisonnement [rezonmã] *nm* **-1.** [faculté] raciocinio *m*. **-2.** [argumentation] razonamiento *m*.

raisonner [rezone] ◇ *vi* **-1.** [penser] pensar. **-2.** [discuter] razonar. ◇ *vt* hacer entrar en razón a.

rajeunir [raʒœnir] ◇ *vt* **-1.** [suj : couleur, vêtement, coiffure] rejuvenecer, hacer más joven. **-2.** [suj : personne] echar menos años; **~ qqn de trois ans** echar a alguien tres años menos. **-3.** [décoration, canapé] remozar. **-4.** [population, profession] rebajar la media de edad de. ◇ *vi* rejuvenecer, rejuvenecerse.

rajouter [raʒute] *vt* volver a añadir; **en ~** *fam fig* [exagérer] cargar las tintas.

rajuster [raʒyste], **réajuster** [reaʒyste] *vt* **-1.** [salaire, prix, tir] reajustar. **-2.** [cravate] retocar. ◆ **se rajuster** *vp* retocarse.

râle [ral] *nm* estertor *m*.

ralenti, e [ralɑ̃ti] *adj* ralentizado(da). ◆ **ralenti** *nm* ralentí *m*; **au ~** *fig* al ralentí.

ralentir [ralɑ̃tir] ◇ *vt* [allure, expansion, rythme] reducir; [pas] aminorar. ◇ *vi* reducir la velocidad.

ralentissement [ralɑ̃tismɑ̃] *nm* **-1.** [freinage] disminución *f* de la velocidad. **-2.** [embouteillage] retención *f*. **-3.** [diminution] disminución *f*. **-4.** PHYS reducción *f* de velocidad.

râler [rale] *vi* **-1.** [malade] tener estertores. **-2.** *fam* [grogner] refunfuñar.

ralliement [ralimɑ̃] *nm* **-1.** MIL concentración *f*. **-2.** [adhésion] adhesión *f*.

rallier [ralje] *vt* **-1.** [hommes] concentrar. **-2.** [troupe] incorporarse a; [parti] adscribirse a; [majorité] sumarse a. **-3.** [suffrages] agrupar. ◆ **se rallier** *vp* **-1.** [troupes, hommes] concentrarse. **-2.** [parti] **se ~ à qqch** adscribirse a algo; [avis, cause] sumarse a.

rallonge [ralɔ̃ʒ] *nf* **-1.** [de table] larguero *m*. **-2.** [électrique] prolongador *m*, alargo *m*. **-3.** *fam* [de crédit] plus *m*.

rallonger [ralɔ̃ʒe] ◇ *vt* alargar. ◇ *vi* alargarse.

rallumer [ralyme] *vt* **-1.** [feu, lampe, cigarette] volver a encender. **-2.** *fig* [querelle] reavivar.

rallye [rali] *nm* rallye *m*.

RAM, ram [ram] (*abr de* **random access memory**) *nf* RAM *m*.

ramadan [ramadɑ̃] *nm* RELIG ramadán *m*.

ramassage [ramasaʒ] *nm* recogida *f*; **~ scolaire** transporte *m* escolar.

ramasser [ramase] *vt* **-1.** [gén] recoger. **-2.** [forces] reunir, aunar. **-3.** [champignons, fleurs, etc] coger. **-4.** [personne] levantar del suelo. **-5.** *fam* [voleur, criminel] echar el guante a. **-6.** *fig* [pensée] condensar, resumir. **-7.** *fam* [claque] llevarse. ◆ **se ramasser** *vp* **-1.** [se replier] encogerse. **-2.** *fam* [tomber] medir el suelo. **-3.** *fam fig* [échouer] catear.

rambarde [rɑ̃bard] *nf* barandilla *f*.

rame [ram] *nf* **-1.** [d'embarcation] remo *m*. **-2.** [de train] tren *m*. **-3.** [de papier] resma *f*. **-4.** [de haricots, de pois] rodrigón *m*.

rameau, x [ramo] *nm* **-1.** [d'arbre, de végétal] ramo *m*. **-2.** [d'un ensemble] rama *f*. **-3.** ANAT ramificación *f*. ◆ **Rameaux** *nmpl* : **les Rameaux** domingo *m* de Ramos.

ramener [ramne] *vt* **-1.** [reconduire] acompañar. **-2.** [amener de nouveau] volver a llevar. **-3.** [rapporter] traer. **-4.** [faire revenir] volver a traer, hacer volver; **~ qqn à qqch** hacer volver a alguien a algo. **-5.** [faire réapparaître – paix, ordre] restablecer; [– inquiétudes, gaieté] hacer renacer. **-6.** [réduire] : **~ qqch à qqch** reducir algo a algo.

ramer [rame] *vi* **-1.** [rameur] remar. **-2.** *fam fig* [peiner] bregar.

rameur, euse [ramœr, øz] *nm, f* remero *m*, -ra *f*.

ramifications [ramifikasjɔ̃] *nfpl* ramificaciones *fpl*.

ramifier [ramifje] ◆ **se ramifier** *vp* ramificarse.

ramolli, e [ramɔli] ◇ *adj* **-1.** [beurre] reblandecido(da). **-2.** *fam fig* [cerveau] seco (ca). ◇ *nm, f fam fig* flojucho *m*, -cha *f*.

ramollir [ramɔlir] ◇ *vt* **-1.** [matière] reblandecer, ablandar. **-2.** *fam fig* [personne] acabar con. ◇ *vi* reblandecerse, ablandarse. ◆ **se ramollir -1.** [matière] reblandecerse, ablandarse. **-2.** *fam fig* [personne] : **il s'est ramolli** se le ha secado el cerebro.

ramoner [ramɔne] *vt* deshollinar.

ramoneur [ramɔnœr] *nm* deshollinador *m*.

rampant, e [rɑ̃pɑ̃, ɑ̃t] *adj* **-1.** [animal, plante] rastrero(ra). **-2.** ARCHIT [arc] por tranquil, rampante. **-3.** *fig* [attitude, caractère] servil.

rampe [rɑ̃p] *nf* **-1.** [d'escalier] baranda *f*, barandilla *f*. **-2.** [d'accès] rampa *f*; **~ d'accès** rampa de acceso; **~ de lancement** rampa OU plataforma *f* de lanzamiento. **-3.** THÉÂTRE candilejas *fpl*.

ramper [rɑ̃pe] *vi* **-1.** [animal, personne] reptar. **-2.** [plante] trepar.

rance [rɑ̃s] ◇ *adj* rancio(cia). ◇ *nm* rancio *m*; **ça sent le ~** huele a rancio.

rancir [rɑ̃sir] *vi* volverse rancio(cia), enranciarse.

rancœur [rɑ̃kœr] *nf* rencor *m*.

rançon [rɑ̃sɔ̃] *nf* **-1.** [somme d'argent] rescate *m*. **-2.** *fig* [compensation, contrepartie] tributo *m*.

rancune [rãkyn] *nf* rencor *m*; **garder** OU **tenir** ~ **à qqn de qqch** guardar rencor a alguien por algo; **sans** ~! ¡sin rencores!

rancunier, ère [rãkynje, ɛr] *adj & nm, f* rencoroso(sa).

randonnée [rãdɔne] *nf* **-1.** [à pied] marcha *f*, caminata *f*. **-2.** [à bicyclette] paseo *m*, excursión *f*.

randonneur, euse [rãdɔnœr, øz] *nm, f* excursionista *mf*.

rang [rã] *nm* **-1.** [d'objets, de personnes & MIL] fila *f*; **se mettre en** ~ **par deux** ponerse en fila de a dos; **se mettre sur les** ~**s** *fig* presentar su candidatura. **-2.** [de perles, de tricot] **vuelta** *f*. **-3.** [ordre] puesto *m*. **-4.** [hiérarchie, classe sociale] rango *m*. **-5.** *Can* [peuplement rural] *población rural dispersa con explotaciones agrícolas.* **-6.** *Can* [chemin] *camino que comunica las explotaciones agrícolas de una población rural dispersa.*

rangé, e [rãʒe] *adj* [personne] formal; [vie] ordenado(da).

rangée [rãʒe] *nf* : **une** ~ **de qqch** una hilera de algo.

rangement [rãʒmã] *nm* **-1.** [gén] orden *m*; **faire du** ~ poner orden. **-2.** [placard] alacena *f*.

ranger [rãʒe] *vt* **-1.** [élèves, soldats] poner en fila. **-2.** [chambre, objets] ordenar. **-3.** *fig* [livre, auteur] : ~ **parmi** colocar entre. ◆ **se ranger** *vp* **-1.** [élèves, soldats] ponerse en fila; **se** ~ **par deux** ponerse en fila de a dos. **-2.** [voiture] echarse a un lado. **-3.** [piéton] apartarse, dejar paso. **-4.** *fig* [devenir sage] sentar la cabeza. **-5.** *fig* [se placer] : **se** ~ **parmi** situarse entre. **-6.** *fig* [se soumettre, se rallier] : **se** ~ **à** plegarse a.

ranimer [ranime] *vt* **-1.** [personne] reanimar. **-2.** [feu] avivar. **-3.** *fig* [sentiment] despertar.

rapace [rapas] ◇ *adj* codicioso(sa). ◇ *nm* rapaz *m*, ave *f* rapaz.

rapatrier [rapatrije] *vt* repatriar.

râpe [rap] *nf* **-1.** [de cuisine] rallador *m*. **-2.** [de menuisier] escofina *f*. **-3.** *Helv fam* [avare] rácano *m*, -na *f*.

râpé, e [rape] *adj* **-1.** CULIN rallado(da). **-2.** [vêtement] raído(da). **-3.** *fam* [raté] : **c'est** ~! ¡se acabó!, ¡olvídate!

râper [rape] *vt* **-1.** CULIN rallar. **-2.** [bois, métal] limar. **-3.** *fig* [gorge] raspar.

rapide [rapid] ◇ *adj* **-1.** [gén] rápido(da). **-2.** [intelligence] ágil. ◇ *nm* rápido *m*.

rapidement [rapidmã] *adv* rápidamente.

rapidité [rapidite] *nf* [de processus] rapidez *f*; [de véhicule] velocidad *f*.

rapiécer [rapjese] *vt* remendar.

rappel [rapɛl] *nm* **-1.** [de réserviste] retirada *f*. **-2.** [souvenir, vaccin] recuerdo *m*; **à l'ordre** llamada *f* al orden. **-3.** [de paiement] advertencia *f*. **-4.** [au spectacle] llamada *f* a escena. **-5.** SPORT rápel *m*, rappel *m*.

rappeler [raple] *vt* **-1.** [appeler de nouveau] volver a llamar. **-2.** [faire penser à] recordar; ~ **qqch à qqn** recordar algo a alguien. **-3.** [ressembler] recordar a. **-4.** [réservistes] retirar. **-5.** [ambassadeur] llamar. **-6.** [acteurs] llamar a escena. **-7.** *fig* [à la vie] : ~ **qqn à qqch** hacer volver a alguien a algo. ◆ **se rappeler** *vp* acordarse.

rapport [rapɔr] *nm* **-1.** [corrélation] relación *f* Esp, atingencia *f* Amér. **-2.** (*gén pl*) [relation] relación *f*. **-3.** [compte rendu] informe *m*. **-4.** [profit] rendimiento *m*. **-5.** [ratio] razón *f*. ◆ **par rapport à** *loc prép* en relación a, con respecto a.

rapporter [rapɔrte] *vt* **-1.** [apporter avec soi] traer; ~ **qqch à qqn** traer algo a alguien. **-2.** [apporter de nouveau] volver a traer. **-3.** [rendre] devolver. **-4.** [argent] reportar. **-5.** [fait] relatar, contar. ◇ *vi* **-1.** [être rentable] rendir. **-2.** [enfant] chivarse. ◆ **se rapporter** *vp* : **se** ~ **à** referirse a.

rapporteur, euse [rapɔrtœr, øz] *adj & nm, f* chivato(ta). ◆ **rapporteur** *nm* **-1.** [de commission] ponente *m*. **-2.** GÉOM transportador *m*.

rapproché, e [raprɔʃe] *adj* **-1.** [dans l'espace] cercano(na). **-2.** [dans le temps] seguido(da).

rapprochement [raprɔʃmã] *nm* **-1.** [gén] acercamiento *m*. **-2.** [comparaison] relación *f*.

rapprocher [raprɔʃe] *vt* **-1.** [mettre plus près] : ~ **qqch/qqn de qqch** acercar algo/ a alguien a algo. **-2.** *fig* [unir] unir. **-3.** [comparer] cotejar. ◆ **se rapprocher** *vp* **-1.** [gén] : **se** ~ **de qqch/de qqn** acercarse a algo/a alguien. **-2.** [se ressembler] parecerse.

rapt [rapt] *nm* rapto *m*.

raquette [rakɛt] *nf* raqueta *f*.

rare [rar] *adj* **-1.** [peu commun, surprenant] raro(ra). **-2.** [peu fréquent] contado(da). **-3.** [peu nombreux] contado(da), escaso (sa). **-4.** [peu dense] ralo(la).

raréfier [rarefje] *vt* enrarecer. ◆ **se raréfier** *vp* enrarecerse.

rarement [rarmã] *adv* raramente.

rareté [rarte] *nf* -1. [gén] rareza *f*. -2. [pénurie] escasez *f*.

ras, e [ra, raz] *adj* -1. [herbe, poil, barbe] corto(ta). -2. [cheveux] al rape. -3. [mesure] raso(sa). ◆ **ras** *adv* al rape. ◆ **à ras de, au ras de** *loc prép* a ras de.

RAS (*abr de* **rien à signaler**) sin novedad.

rasade [razad] *nf* vaso *m* lleno, copa *f* llena.

rasage [razaʒ] *nm* afeitado *m*.

rasant, e [razã, ãt] *adj* -1. [tir, lumière] rasante. -2. *fam* [livre, film, discours] latoso(sa).

rasé, e [raze] *adj* : ~ **de frais** recién afeitado(da); ~ **de près** rapado(da).

raser [raze] *vt* -1. [barbe] afeitar; [cheveux] rapar. -2. [mur, sol] pasar rozando. -3. [village] arrasar. -4. *fam* [personne] ser un rollo para. ◆ **se raser** *vp* -1. [barbe] afeitarse. -2. *fam* [s'ennuyer] aburrirse.

ras-le-bol [ralbɔl] *nm inv fam* : **en avoir** ~ estar/hasta las narices OU hasta el moño.

rasoir [razwar] ◇ *nm* navaja *f* de afeitar; ~ **électrique/mécanique** maquinilla *f* eléctrica/mecánica. ◇ *adj inv fam* [ennuyeux] rollo *m*; **qu'est-ce qu'il est** ~, **ce film!** ¡qué rollo de película!

rassasier [rasazje] *vt* hartar, saciar.

rassemblement [rasãbləmã] *nm* -1. [d'objets] recolección *f*. -2. [de personnes] concentración *f*, aglomeración *f*. -3. [union, parti] agrupación *f*. -4. MIL formación *f*.

rassembler [rasãble] *vt* -1. [gén] reunir. -2. [idées] poner en orden. -3. [courage] hacer acopio de. ◆ **se rassembler** *vp* -1. [manifestants] concentrarse. -2. [famille] reunirse.

rasseoir [raswar] ◆ **se rasseoir** *vp* volver a sentarse.

rasséréner [raserene] *vt sout* devolver la tranquilidad a.

rassis, e [rasi, iz] *adj* -1. [pain] duro(ra). -2. *sout* [esprit] sereno(na).

rassurant, e [rasyrã, ãt] *adj* tranquilizador(ra).

rassuré, e [rasyre] *adj* tranquilo(la); **ne pas être** ~ no estar tranquilo.

rassurer [rasyre] *vt* tranquilizar.

rat [ra] ◇ *nm* rata *f*; **petit** ~ joven bailarina de la escuela de danza de la Ópera de París. ◇ *adj fam* [avare] rata.

ratatiné, e [ratatine] *adj* -1. [fruit, personne] arrugado(da). -2. *fam* [vélo, voiture] hecho polvo, hecha polvo.

rate [rat] *nf* -1. [animal] rata *f*. -2. [organe] bazo *m*.

raté, e [rate] *adj & nm, f* fracasado(da). ◆ **raté** *nm* -1. (*gén pl*) AUTOM sacudida *f*. -2. [difficulté] tropiezo *m*.

râteau, x [rato] *nm* rastrillo *m*.

rater [rate] ◇ *vt* -1. [manquer – train, occasion] perder; [– cible] errar; [– gibier] dejar escapar. -2. [ne pas réussir – vie] malograr; [– examen] suspender; [– plat] : **j'ai raté le gâteau** me ha salido mal el pastel. ◇ *vi* fracasar.

ratification [ratifikasjõ] *nf* ratificación *f*.

ratifier [ratifje] *vt* ratificar.

ration [rasjõ] *nf* ración *f*; ~ **alimentaire** ración alimenticia.

rationaliser [rasjɔnalize] *vt* racionalizar.

rationnel, elle [rasjɔnɛl] *adj* racional.

rationnement [rasjɔnmã] *nm* racionamiento *m*.

rationner [rasjɔne] *vt* -1. [aliment] racionar. -2. [personne] racionar la comida de, racionarle la comida a.

ratissage [ratisaʒ] *nm* -1. [de jardin] rastrillado *m*. -2. [de zone, de quartier] rastreo *m*.

ratisser [ratise] *vt* -1. [jardin] rastrillar. -2. [zone, quartier] rastrear. -3. *fam* [au jeu] dejar limpio(pia).

raton [ratõ] *nm* ratita *f*; ~ **laveur** mapache *m*.

ratonnade, ratonade [ratɔnad] *nf* brutalidad ejercida contra magrebíes.

RATP (*abr de* **Régie autonome des transports parisiens**) *nf* empresa pública autónoma de transportes públicos parisinos, ≈ EMT *f*.

rattachement [rataʃmã] *nm* incorporación *f*.

rattacher [rataʃe] *vt* -1. [attacher de nouveau] volver a atar. -2. [relier] : ~ **qqch à qqch** incorporar algo a algo; *fig* relacionar algo con algo. -3. [unir] : ~ **qqn à qqch** unir a alguien a algo. ◆ **se rattacher** *vp* : **se** ~ **à qqch** relacionarse con algo.

rattrapage [ratrapaʒ] *nm* -1. SCOL recuperación *f*. -2. [de salaires, de prix] reajuste *m*.

rattraper [ratrape] *vt* -1. [animal, prisonnier] coger. -2. *fig* [temps] recuperar. -3. [bus] alcanzar. -4. [personne qui tombe] agarrar. -5. [erreur, malfaçon] reparar. ◆ **se rattraper** *vp* -1. [se retenir] : **se** ~ **à qqch/qqn** agarrarse a algo/a alguien. -2. [compenser une insuffisance] ponerse al nivel. -3. [réparer une erreur] corregirse.

rature [ratyr] *nf* tachadura *f*.

raturer [ratyre] *vt* tachar.

rauque [rok] *adj* ronco(ca).

ravage [ravaʒ] *nm* estrago *m*.

ravagé, e [ravaʒe] *adj* **-1.** [gén] desfigurado(da). **-2.** *fam* [fou] : **être ravagé** estar chalado(da).

ravager [ravaʒe] *vt* asolar.

ravalement [ravalmā] *nm* revoque *m*.

ravaler [ravale] *vt* **-1.** [façade, immeuble] revocar. **-2.** [salive] tragar. **-3.** *fig* [larmes, colère] tragarse. **-4.** [personne] rebajar.

ravauder [ravode] *vt* remendar, zurcir.

rave [rav] *nf* naba *f*.

ravi, e [ravi] *adj* [personne] encantado(da); [air] radiante; ~ **de vous connaître** encantado de conocerle.

ravier [ravje] *nm* fuente *f* (*para entremeses*).

ravigotant, e [ravigɔtā, āt] *adj fam* que entona.

ravigoter [ravigɔte] *vt fam* entonar.

ravin [ravē] *nm* barranco *m*.

ravioli [ravjɔli] *nm* ravioli *m*.

ravir [ravir] *vt* **-1.** [charmer] encantar; à ~ [admirablement] a las mil maravillas, que ni pintado(da); **être ravi de qqch/de** (+ *infinitif*)**/que** (+ *subjonctif*) estar encantado con algo/de (+ *infinitivo*)/de que (+ *subjuntivo*); **être ravi de partir** estar encantado de marcharse; **je suis ravie que tu puisses venir** estoy encantada de que puedas venir. **-2.** *sout* [arracher] : ~ **qqch à qqn** arrebatar algo a alguien.

raviser [ravize] ◆ **se raviser** *vp* echarse atrás.

ravissant, e [ravisā, āt] *adj* encantador(ra).

ravissement [ravismā] *nm* **-1.** [enchantement] maravilla *f*. **-2.** *sout* [rapt] rapto *m*.

ravisseur, euse [ravisœr, øz] *nm, f* secuestrador *m*, -ra *f*.

ravitaillement [ravitajmā] *nm* abastecimiento *m*.

ravitailler [ravitaje] *vt* **-1.** [en denrées] abastecer. **-2.** [en carburant] repostar.

raviver [ravive] *vt* reavivar.

ravoir [ravwar] *vt* recuperar.

rayé, e [rɛje] *adj* **-1.** [tissu] a rayas. **-2.** [disque, vitre] rayado(da). **-3.** [strié] estriado(da).

rayer [rɛje] *vt* **-1.** [disque, vitre] rayar. **-2.** [nom, mot] tachar.

rayon [rɛjɔ̃] *nm* **-1.** [de lumière, radiation] rayo *m*; ~ **laser** rayo láser; ~**s X** rayos X. **-2.** *fig* [d'espoir] viso *m*, resquicio *m*. **-3.** [de roue, de cercle] radio *m*; **dans un** ~ **de** en un radio de; ~ **de braquage** radio de giro. **-4.** [de ruche] panal *m*. **-5.** [étagère] estante *m*. **-6.** [dans un magasin] sección *f*.

rayonnage [rɛjɔnaʒ] *nm* estantería *f*.

rayonnant, e [rɛjɔnā, āt] *adj* radiante; ~ **de qqch** radiante de algo.

rayonne [rɛjɔn] *nf* rayón *m*.

rayonnement [rɛjɔnmā] *nm* **-1.** [gén] radiación *f*. **-2.** *fig* [éclat] resplandor *m*. **-3.** *fig* [de bonheur] brillo *m*.

rayonner [rɛjɔne] *vi* **-1.** [chaleur] irradiar; [soleil] brillar. **-2.** [culture, visage] resplandecer. **-3.** [avenues, rues] tener una estructura radial.

rayure [rɛjyr] *nf* **-1.** [sur étoffe] raya *f*. **-2.** [sur disque, sur meuble] rayadura *f*. **-3.** [de fusil] estría *f*.

raz [ra] ◆ **raz de marée** *nm* **-1.** [vague] maremoto *m*. **-2.** *fig* [phénomène massif] epidemia *f*, plaga *f*.

razzia [razja] *nf* razia *f*; **faire une** ~ **sur qqch** *fam* arramplar con algo.

RdC (*abr de* **rez-de-chaussée**) B.

ré [re] *nm inv* MUS re *m*.

réabonnement [reabɔnmā] *nm* renovación *f* de suscripción.

réac [reak] *adj & nmf fam* facha.

réacteur [reaktœr] *nm* [moteur] reactor *m*; ~ **nucléaire** reactor nuclear.

réactif, ive [reaktif, iv] *adj* reactivo(va). ◆ **réactif** *nm* CHIM reactivo *m*.

réaction [reaksjɔ̃] *nf* reacción; **en** ~ **contre** como reacción contra; ~ **en chaîne** reacción en cadena.

réactionnaire [reaksjɔnɛr] *adj & nmf péj* reaccionario(ria).

réactiver [reaktive] *vt* reactivar.

réactualisation [reaktɥalizasjɔ̃] *nf* actualización *f*.

réactualiser [reaktɥalize] *vt* actualizar.

réadaptation [readaptasjɔ̃] *nf* readaptación *f*.

réadapter [readapte] *vt* **-1.** [adapter de nouveau] readaptar. **-2.** [rééduquer] reeducar. ◆ **se réadapter** *vp* : **se** ~ **à qqch** readaptarse de nuevo a algo.

réaffirmer [reafirme] *vt* ratificar, reafirmar.

réagir [reaʒir] *vi* reaccionar; ~ **à qqch** [médicament] reaccionar a algo; *fig* [à la critique] reaccionar en contra de algo; ~ **contre qqch** reaccionar contra algo; ~ **sur qqch** repercutir en algo.

réajustement [reaʒystəmɑ̃] *nm* reajuste *m*.
réajuster = rajuster.
réalisable [realizabl] *adj* realizable.
réalisateur, trice [realizatœr, tris] *nm, f* realizador *m*, -ra *f*.
réalisation [realizasjɔ̃] *nf* realización *f*.
réaliser [realize] *vt* **-1.** [effectuer, TÉLÉ & CIN] realizar. **-2.** [rêve] cumplir. **-3.** [se rendre compte de] darse cuenta de. ◆ **se réaliser** *vp* realizarse.
réaliste [realist] *adj & nmf* realista.
réalité [realite] *nf* realidad *f*; **en ~** en realidad.
réaménagement [reamenaʒmɑ̃] *nm* **-1.** [projet] reordenación *f* territorial. **-2.** [de taux d'intérêt] reajuste *m*.
réamorcer [reamɔrse] *vt* reactivar.
réanimation [reanimasjɔ̃] *nf* reanimación *f*; **en ~** en reanimación.
réanimer [reanime] *vt* reanimar.
réapparaître [reaparetr] *vi* reaparecer.
réassort [reasɔr] *nm* **-1.** [action] renovación *f* de existencias. **-2.** [resultat] mercancía *f* repuesta.
réassortiment [reasɔrtimɑ̃] *nm* COMM renovación *f* de existencias.
rébarbatif, ive [rebarbatif, iv] *adj* **-1.** [aspect, personne] poco atractivo, poco atractiva. **-2.** [travail] ingrato(ta).
rebâtir [rəbatir] *vt* reedificar.
rebattu, e [rəbaty] *adj* trillado(da).
rebelle [rəbɛl] *adj* rebelde.
rebeller [rəbele] ◆ **se rebeller** *vp* rebelarse; **se ~ contre qqn** rebelarse contra alguien.
rébellion [rebeljɔ̃] *nf* rebelión *f*.
rebiffer [rəbife] ◆ **se rebiffer** *vp* resistirse.
reboiser [rəbwaze] *vt* repoblar *(con árboles)*.
rebond [rəbɔ̃] *nm* rebote *m*.
rebondir [rəbɔ̃dir] *vi* **-1.** [objet] rebotar. **-2.** *fig* [affaire] volver a cobrar actualidad.
rebondissement [rəbɔ̃dismɑ̃] *nm* [de crise, d'affaire] resurgimiento *m*.
rebord [rəbɔr] *nm* reborde *m*.
reboucher [rəbuʃe] *vt* volver a tapar.
rebours [rəbur] ◆ **à rebours** ◇ *loc adj* [brossage, caresse] a contrapelo; [compte] atrás. ◇ *loc adv* a contracorriente.
reboutonner [rəbutɔne] *vt* volver a abrochar.
rebrousse-poil [rəbruspwal] ◆ **à rebrousse-poil** *loc adv* a contrapelo.

rebrousser [rəbruse] *vt* cepillar a contrapelo.
rébus [rebys] *nm* jeroglífico *m (juego)*.
rebut [rəby] *nm* desecho *m*; **mettre qqc au ~** deshacerse de algo.
rebuter [rəbyte] *vt* repeler.
récalcitrant, e [rekalsitrɑ̃, ɑ̃t] *adj & nm,* recalcitrante.
recaler [rəkale] *vt fam* catear.
récapituler [rekapityle] *vt* recapitular.
recel [rəsɛl] *nm* [d'objet volé] receptación [de personne] encubrimiento *m*.
receleur, euse [rəsəlœr, øz] *nm, f* [d'objet volé] receptador *m*, -ra *f*; [de personne] encubridor *m*, -ra *f*.
récemment [resamɑ̃] *adv* recientemente
recensement [rəsɑ̃smɑ̃] *nm* **-1.** [de population] censo *m*. **-2.** [de biens] inventari *m*.
recenser [rəsɑ̃se] *vt* **-1.** [population] censar. **-2.** [biens] inventariar.
récent, e [resɑ̃, ɑ̃t] *adj* reciente.
recentrer [rəsɑ̃tre] *vt* recentrar.
récépissé [resepise] *nm* resguardo *m*, recibo *m*.
récepteur, trice [reseptœr, tris] *adj* receptor(ra). ◆ **récepteur** *nm* receptor *m*.
réception [resepsjɔ̃] *nf* **-1.** [gén] recepción *f*; **donner une ~** dar una recepción. **-2.** [dans un cercle, une société] ingreso *m*.
réceptionner [resepsjɔne] *vt* **-1.** [marchandises] verificar. **-2.** SPORT recibir.
réceptionniste [resepsjɔnist] *nmf* recepcionista *mf*.
récession [resesjɔ̃] *nf* ÉCON recesión *f*.
recette [rəsɛt] *nf* **-1.** ÉCON ingresos *mpl*. **-2.** CIN & THÉÂTRE taquilla *f Esp*, boletería *f Amér* **-3.** [méthode & CULIN] receta *f*.
recevable [rəsəvabl] *adj* **-1.** [offre, excuse] admisible. **-2.** JUR [plainte] admisible, válido(da).
receveur, euse [rəsəvœr, øz] *nm, f* **-1.** ADMIN inspector *m*, -ra *f*; **~ des impôts** ≈ inspector de Hacienda; **~ des postes** administrador *m* de correos, jefe *m* de correos. **-2.** [des transports] cobrador *m*, -ra *f*. **-3.** MÉD [de greffe, de sang] receptor *m*, -ra *f*; **~ universel** receptor universal.
recevoir [rəsəvwar] *vt* **-1.** [gén] recibir. **-2.** [à un examen]: **être reçu à qqch** aprobar algo. ◆ **se recevoir** *vp* caer.
rechange [rəʃɑ̃ʒ] ◆ **de rechange** *loc adj* de recambio, de repuesto.

réchapper [reʃape] *vi* : ~ **de qqch** escapar de algo.

recharge [rəʃarʒ] *nf* recarga *f*.

rechargeable [rəərʒabl] *adj* recargable.

réchaud [reʃo] *nm* hornillo *m*, infiernillo *m*.

réchauffé, e [reʃofe] *adj* recalentado(da). ◆ **réchauffé** *nm* refrito *m*.

réchauffement [reʃofmã] *nm* recalentamiento *m*.

réchauffer [reʃofe] *vt* **-1**. [nourriture] recalentar. **-2**. [personne] hacer entrar en calor. ◆ **se réchauffer** *vp* **-1**. [personne] entrar en calor. **-2**. [climat, terre] recalentarse.

rèche [reʃ] *adj* áspero(ra).

recherche [rəʃerʃ] *nf* **-1**. [quête] búsqueda *f*; **être à la ~ de qqch/de qqn** estar buscando algo/a alguien; **partir à la ~ de qqch/de qqn** ir en busca de algo/de alguien; **se mettre à la ~ de qqch/de qqn** ponerse a buscar algo/a alguien. **-2**. [de police & SCIENCES] investigación *f*; **faire** OU **effectuer des ~s** hacer OU efectuar investigaciones; ~ **fondamentale** investigación básica; **faire de la ~** dedicarse a la investigación. **-3**. [raffinement] refinamiento *m*.

recherché, e [rəʃerʃe] *adj* [ouvrage] muy buscado, muy buscada.

rechercher [rəʃerʃe] *vt* buscar.

rechigner [rəʃiɲe] *vi* : ~ **à faire qqch** hacer algo a regañadientes.

rechute [rəʃyt] *nf* recaída *f*.

récidive [residiv] *nf* **-1**. JUR reincidencia *f*. **-2**. MÉD recaída *f*.

récidiver [residive] *vi* **-1**. JUR reincidir. **-2**. MÉD reaparecer.

récif [resif] *nm* arrecife *m*.

récipient [resipjã] *nm* recipiente *m*.

réciproque [resiprɔk] ◇ *adj* recíproco(ca). ◇ *nf* : **la ~** lo contrario; **rendre la ~** *fig* pagar con la misma moneda.

réciproquement [resiprɔkmã] *adv* [mutuellement] recíprocamente; **et ~** [et inversement] y viceversa.

récit [resi] *nm* relato *m*.

récital, als [resital] *nm* recital *m*.

récitation [resitasjɔ̃] *nf* poesía *f*.

réciter [resite] *vt* recitar.

réclamation [reklamasjɔ̃] *nf* reclamación *f*; **faire une ~** hacer una reclamación.

réclame [reklam] *nf* propaganda *f*; **faire de la ~ pour qqch** hacer propaganda de algo; **être en ~** estar de oferta.

réclamer [reklame] *vt* **-1**. [gén] reclamar; ~ **qqch à qqn** reclamar algo a alguien. **-2**. [nécessiter] exigir, requerir.

reclasser [rəklase] *vt* **-1**. [dossiers, fiches] volver a clasificar. **-2**. [chômeur] reciclar. **-3**. [fonctionnaire] recalificar.

réclusion [reklyzjɔ̃] *nf* reclusión *f*; ~ **à perpétuité** JUR reclusión *f* a perpetuidad.

recoiffer [rəkwafe] *vt* repeinar. ◆ **se recoiffer** *vp* repeinarse.

recoin [rəkwɛ̃] *nm* rincón *m*.

recoller [rəkɔle] *vt* volver a pegar.

récolte [rekɔlt] *nf* cosecha *f*.

récolter [rekɔlte] *vt* **-1**. AGRIC cosechar. **-2**. *fam fig* [recueillir – renseignement, gain, ennui] cosechar; [– punition, gifle] ganarse.

recommandable [rəkɔmãdabl] *adj* recomendable; **peu ~** poco recomendable.

recommandation [rəkɔmãdasjɔ̃] *nf* recomendación *f*.

recommandé, e [rəkɔmãde] *adj* **-1**. [envoi] certificado(da); **envoyer qqch en ~** enviar algo certificado. **-2**. [conseillé] aconsejado(da).

recommander [rəkɔmãde] *vt* recomendar; ~ **à qqn de faire qqch** recomendar a alguien que haga algo; ~ **qqn à qqn** recomendar alguien a alguien.

recommencer [rəkɔmãse] ◇ *vt* **-1**. [refaire] volver a empezar. **-2**. [reprendre] retomar, remprender; ~ **à faire qqch** volver a hacer algo. **-3**. [répéter] repetir. ◇ *vi* **-1**. [récidiver] volver a hacerlo. **-2**. [se produire de nouveau] empezar de nuevo.

récompense [rekɔ̃pãs] *nf* recompensa *f*.

récompenser [rekɔ̃pãse] *vt* recompensar.

recompter [rəkɔ̃te] *vt* volver a contar.

réconciliation [rekɔ̃siljasjɔ̃] *nf* reconciliación *f*.

réconcilier [rekɔ̃silje] *vt* reconciliar.

reconduire [rəkɔ̃dɥir] *vt* **-1**. [personne] acompañar. **-2**. [budget, politique] seguir con. **-3**. JUR reconducir.

reconduit, e [rəkɔ̃dɥi, it] *pp* → **reconduire**.

réconfort [rekɔ̃fɔr] *nm* consuelo *m*.

réconfortant, e [rekɔ̃fɔrtã, ãt] *adj* reconfortante *Esp*, papachador(ra) *Amér*.

réconforter [rekɔ̃fɔrte] *vt* reconfortar.

reconnaissable [rəkɔnɛsabl] *adj* reconocible.

reconnaissance [rəkɔnɛsãs] *nf* **-1**. [gén] reconocimiento *m*; **aller** OU **partir en ~** ir a reconocer el terreno. **-2**. [gratitude] agradecimiento *m*; **exprimer sa ~ à qqn** expresar su agradecimiento a alguien.

reconnaissant, e [rəkɔnɛsɑ̃, ɑ̃t] *adj* agradecido(da); **je vous serais ~ de faire qqch** le agradecería que hiciese algo.

reconnaître [rəkɔnɛtr] *vt* reconocer; **~ qqn/qqch à** reconocer a alguien/algo por.

reconnecter [rəkɔnɛkte] **◆ se reconnecter** *vp* volver a conectar.

reconnu, e [rəkɔny] ◇ *pp* → **reconnaître.** ◇ *adj* reconocido(da).

reconquête [rəkɔ̃kɛt] *nf* reconquista *f*.

reconsidérer [rəkɔ̃sidere] *vt* reconsiderar.

reconstituer [rəkɔ̃stitɥe] *vt* reconstruir.

reconstitution [rəkɔ̃stitysjɔ̃] *nf* reconstrucción *f*.

reconstruction [rəkɔ̃stryksjɔ̃] *nf* reconstrucción *f*.

reconstruire [rəkɔ̃strɥir] *vt* [gén] reconstruir; [fortune] rehacer.

reconstruit, e [rəkɔ̃strɥi, it] *pp* → **reconstruire.**

reconversion [rəkɔ̃vɛrsjɔ̃] *nf* reconversión *f*; **~ économique/technique** reconversión económica/técnica.

reconvertir [rəkɔ̃vɛrtir] *vt* [économie] reconvertir; [employé] reciclar. **◆ se reconvertir** *vp* reciclarse.

recopier [rəkɔpje] *vt* [texte] copiar; [brouillon] pasar a limpio.

record [rəkɔr] ◇ *adj inv* récord *(en aposición)*. ◇ *nm* récord *m*; **battre/détenir un ~** batir/detentar un récord.

recoudre [rəkudr] *vt* recoser.

recoupement [rəkupmɑ̃] *nm* cotejo *m*; **par ~** atando cabos.

recouper [rəkupe] ◇ *vt* [couper de nouveau] volver a cortar; [coïncider avec] coincidir con. ◇ *vi* [aux cartes] cortar. **◆ se recouper** *vp* -1. [ligne, cercle] recortarse. -2. [coïncider] coincidir.

recourir [rəkurir] *vi* : **~ à qqch/à qqn** recurrir a algo/a alguien.

recours [rəkur] *nm* recurso *m*; **avoir ~ à qqch/à qqn** recurrir a algo/a alguien; **en dernier ~** como último recurso.

recouru [rəkury] *pp inv* → **recourir.**

recouvert, e [rəkuvɛr, ɛrt] *pp* → **recouvrir.**

recouvrir [rəkuvrir] *vt* -1. [couvrir à nouveau] volver a tapar. -2. [s'appliquer à] abarcar. -3. [surface] recubrir, cubrir; **~ de qqch** recubrir de algo. -4. [siège] tapizar; [livre] forrar. -5. *fig* [masquer] esconder. **◆ se recouvrir** *vp* -1. [tuiles] superponerse. -2. [surface] recubrirse, cubrirse.

recracher [rəkraʃe] *vt* escupir.

récréatif, ive [rekreatif, iv] *adj* recreativo(va).

récréation [rekreasjɔ̃] *nf* -1. [à l'école] recreo *m*. -2. [détente] recreación *f*.

recréer [rəkree] *vt* recrear.

récrimination [rekriminasjɔ̃] *nf* recriminación *f*.

récrire [rekrir], **réécrire** [reekrir] *vt* reescribir.

recroqueviller [rəkrɔkvije] **◆ se recroqueviller** *vp* -1. [se replier] : **se ~ sur soi-même** acurrucarse; [s'enfermer] encerrarse en sí mismo. -2. [chose] retorcerse.

recrudescence [rəkrydesɑ̃s] *nf* recrudecimiento *m*.

recrutement [rəkrytmɑ̃] *nm* -1. MIL reclutamiento *m*. -2. [de personnel] contratación *f*.

recruter [rəkryte] *vt* -1. MIL reclutar. -2. [personnel] contratar.

rectal, e, aux [rɛktal, o] *adj* rectal.

rectangle [rɛktɑ̃gl] *nm* rectángulo *m*.

rectangulaire [rɛktɑ̃gylɛr] *adj* rectangular.

recteur [rɛktœr] *nm* rector *m (de un distrito universitario)*.

rectificatif, ive [rɛktifikatif, iv] *adj* rectificativo(va). **◆ rectificatif** *nm* rectificativo *m*.

rectification [rɛktifikasjɔ̃] *nf* rectificación *f*.

rectifier [rɛktifje] *vt* rectificar.

rectiligne [rɛktiliɲ] *adj* rectilíneo(a).

recto [rɛkto] *nm* cara *f (de un folio)*, anverso *m*; **~ verso** por las dos caras.

rectorat [rɛktɔra] *nm* rectorado *m*.

rectum [rɛktɔm] *nm* recto *m*.

reçu, e [rəsy] *pp* → **recevoir.** **◆ reçu** *nm* COMM recibo *m*.

recueil [rəkœj] *nm* selección *f*.

recueillement [rəkœjmɑ̃] *nm* recogimiento *m*.

recueilli, e [rəkœji] ◇ *pp* → **recueillir.** ◇ *adj* recogido(da).

recueillir [rəkœjir] *vt* -1. [dons, fonds, enfant] recoger. -2. [suffrages] obtener. **◆ se recueillir** *vp* recogerse.

recul [rəkyl] *nm* -1. [gén] retroceso *m*. -2. *fig* [distance] distancia *f*.

reculé, e [rəkyle] *adj* -1. [endroit] recóndito(ta). -2. [époque, temps] remoto(ta).

reculer [rəkyle] ◇ *vt* **-1.** [véhicule] mover hacia atrás. **-2.** [date] retrasar. ◇ *vi* retroceder.

reculons [rəkylɔ̃] ◆ **à reculons** *loc adv* andando hacia atrás.

récupération [rekyperasjɔ̃] *nf* recuperación *f*.

récupérer [rekypere] ◇ *vt* recuperar. ◇ *vi* recuperarse.

récurer [rekyre] *vt* restregar.

récuser [rekyze] *vt* recusar.

recyclage [rəsiklaʒ] *nm* reciclaje *m*.

recycler [rəsikle] *vt* reciclar. ◆ **se recycler** *vp* reciclarse.

rédacteur, trice [redaktœr, tris] *nm, f* redactor *m*, -ra *f*; ~ **en chef** redactor jefe.

rédaction [redaksjɔ̃] *nf* redacción *f*.

redécouvrir [rədekuvrir] *vt* redescubrir.

redéfinir [rədefinir] *vt* redefinir.

redéfinition [rədefinisjɔ̃] *nf* redefinición *f*.

redemander [rədəmɑ̃de] *vt* volver a pedir.

rédemption [redɑ̃psjɔ̃] *nf* redención *f*.

redescendre [rədesɑ̃dr] *vt & vi* volver a bajar.

redevable [rədəvabl] *adj* : **être** ~ **de qqch à qqn** deber algo a alguien.

redevance [rədəvɑ̃s] *nf* **-1.** [taxe] impuesto *m*. **-2.** [rente] renta *f*.

rédhibitoire [redibitwar] *adj* [prix] prohibitivo(va).

rediffusion [rədifyzjɔ̃] *nf* TÉLÉ repetición *f*.

rédiger [rediʒe] *vt* redactar.

redire [rədir] *vt* repetir; **avoir** OU **trouver à redire à qqch** tener algo que decir sobre algo.

redistribuer [rədistribɥe] *vt* redistribuir.

redit, e [rədi, it] *pp* → **redire**.

redite [rədit] *nf* repetición *f*.

redondance [rədɔ̃dɑ̃s] *nf* redundancia *f*.

redoublant, e [rədublɑ̃, ɑ̃t] *nm, f* repetidor *m*, -ra *f* (alumno).

redoubler [rəduble] ◇ *vt* **-1.** [répéter & SCOL] repetir. **-2.** [efforts] redoblar. ◇ *vi* [augmenter] aumentar; [tempête] arreciar.

redoutable [rədutabl] *adj* temible.

redouter [rədute] *vt* temer.

redoux [rədu] *nm* templanza *f*.

redressement [rədresmɑ̃] *nm* recuperación *f*. ◆ **redressement fiscal** *nm* rectificación *f* fiscal.

redresser [rədrese] *vt* **-1.** [gén] enderezar. **-2.** [pays, économie] recuperar, enderezar. ◆ **se redresser** *vp* **-1.** [personne] enderezarse; [dans son lit] incorporarse. **-2.** [pays, économie] recuperarse.

réducteur, trice [redyktœr, tris] *adj* **-1.** CHIM reductor(ra). **-2.** [limitatif] simplista.

réduction [redyksjɔ̃] *nf* **-1.** [gén & MÉD] reducción *f*. **-2.** [rabais] reducción *f*, rebaja *f*.

réduire [redɥir] ◇ *vt* **-1.** [gén & CULIN] reducir. **-2.** *Helv* [ranger] colocar. ◇ *vi* CULIN reducirse.

réduit, e [redɥi, ɥit] ◇ *pp* → **réduire**. ◇ *adj* reducido(da). ◆ **réduit** *nm* **-1.** [local exigu] cuchitril *m*. **-2.** [renfoncement] rincón *m*.

rééchelonner [reeʃlone] *vt* [dette] volver a espaciar el tiempo de pago de.

réécrire = **récrire**.

réédition [reedisjɔ̃] *nf* reedición *f*.

rééducation [reedykasjɔ̃] *nf* rehabilitación *f*.

réel, elle [reɛl] *adj* real.

réélection [reelɛksjɔ̃] *nf* reelección *f*.

réellement [reɛlmɑ̃] *adv* realmente.

rééquilibrer [reekilibre] *vt* reequilibrar.

réévaluer [reevalɥe] *vt* revaluar.

réexaminer [reegzamine] *vt* reexaminar.

réf. (*abr de* **référence**) ref.

refaire [rəfɛr] *vt* rehacer.

refait, e [rəfɛ, ɛt] *pp* → **refaire**.

réfection [refɛksjɔ̃] *nf* reparación *f* Esp, refacción *f* Amér.

réfectoire [refɛktwar] *nm* refectorio *m*.

référence [referɑ̃s] *nf* referencia *f*; **faire** ~ **à qqch/à qqn** hacer referencia a algo/a alguien.

référendum [referɛ̃dɔm] *nm* referéndum *m*.

référer [refere] *vi* : **en** ~ **à qqn** consultarlo con alguien.

refermer [rəfɛrme] *vt* volver a cerrar.

réfléchi, e [refleʃi] *adj* [gén] reflexivo(va); [action] pensado(da); **c'est tout** ~ [c'est décidé] está decidido.

réfléchir [refleʃir] ◇ *vt* reflejar. ◇ *vi* **-1.** [méditer] reflexionar. **-2.** [examiner] : ~ **à qqch** pensar en algo; ~ **sur qqch** reflexionar sobre algo. ◆ **se réfléchir** *vp* reflejarse.

reflet [rəflɛ] *nm* reflejo *m*.

refléter [rəflete] *vt* reflejar. ◆ **se refléter** *vp* reflejarse.

refleurir [rəflœrir] *vi* volver a florecer.

réflexe [reflɛks] ◇ *adj* reflejo(ja). ◇ *nm* reflejo *m*.

réflexion [refleksjɔ̃] nf **-1.** [gén] reflexión f. **-2.** [remarque] observación f Esp, atingencia f Amér.

refluer [rəflye] vi **-1.** [liquide] refluir. **-2.** [foule] retroceder.

reflux [rəfly] nm reflujo m.

refonte [rəfɔ̃t] nf refundición f.

reforestation [rəfɔrɛstasjɔ̃] nf repoblación f forestal.

réformateur, trice [refɔrmatœr, tris] adj & nm, f reformador(ra).

réforme [refɔrm] nf reforma f.

réformé, e [refɔrme] ◇ adj **-1.** RELIG reformado(da). **-2.** MIL no apto (para el servicio militar). ◇ nm, f RELIG reformado m, -da f. ◆ **réformé** nm MIL inútil m.

réformer [refɔrme] vt **-1.** [améliorer, corriger] reformar. **-2.** MIL declarar inútil.

refoulé, e [rəfule] adj & nm, f reprimido(da).

refouler [rəfule] vt **-1.** [envahisseur] rechazar. **-2.** [sentiment] reprimir.

réfractaire [refraktɛr] adj [gén] refractario(ria).

réfraction [refraksjɔ̃] nf PHYS refracción f.

refrain [rəfrɛ̃] nm **-1.** MUS estribillo m. **-2.** fig [rengaine] canción f.

réfréner [refrene] vt refrenar. ◆ **se réfréner** vp refrenarse.

réfrigérant, e [refriʒerã, ãt] adj **-1.** [liquide, fluide] refrigerante. **-2.** fig [accueil] glacial.

réfrigérateur [refriʒeratœr] nm frigorífico m.

refroidir [rəfrwadir] ◇ vt **-1.** [rendre froid, décourager] enfriar. **-2.** arg [tuer] cargarse. ◇ vi enfriar.

refroidissement [rəfrwadismã] nm enfriamiento m.

refuge [rəfyʒ] nm refugio m.

réfugié, e [refyʒje] adj & nm, f refugiado(da).

réfugier [refyʒje] ◆ **se réfugier** vp [gén] refugiarse; **se ~ dans qqch** fig [s'enfermer] refugiarse en algo.

refus [rəfy] nm inv rechazo m.

refuser [rəfyze] vt **-1.** [repousser] rechazar. **-2.** [contester] : ~ **qqch à qqn** negar algo a alguien. **-3.** [client, spectateur] dejar fuera. **-4.** [dire non] decir que no; ~ **de faire qqch** negarse a hacer algo. **-5.** [candidat] : **être refusé** suspender.

réfuter [refyte] vt refutar.

regagner [rəgaɲe] vt **-1.** [reprendre] recuperar, recobrar. **-2.** [revenir à un endroit] volver a Esp, regresarse a Amér.

regain [rəgɛ̃] nm **-1.** [retour] : ~ **d'énergie** recuperación de energía. **-2.** [herbe] hierba f de segunda siega.

régal, als [regal] nm **-1.** [mets] delicia f. **-2.** [plaisir] regalo m.

régalade [regalad] ◆ **à la régalade** adv : **boire à la ~** beber a chorro.

régaler [regale] vt obsequiar con (una comida); **c'est moi qui régale!** ¡invito yo! ◆ **se régaler** vp **-1.** [manger] relamerse. **-2.** [s'amuser] disfrutar mucho.

regard [rəgar] nm mirada f.

regardant, e [rəgardã, ãt] adj mirado(da) con el dinero; **être très/peu ~ sur qqch** ser muy/poco mirado con algo.

regarder [rəgarde] vt **-1.** [gén] mirar; ~ **qqch/qqn faire qqch** mirar algo/a alguien hacer algo. **-2.** [concerner] concernir, importar.

régate [regat] nf (gén pl) regata f.

régénérer [reʒenere] vt regenerar. ◆ **se régénérer** vp regenerarse.

régent, e [reʒã, ãt] nm, f regente mf.

régenter [reʒãte] vt péj dirigir.

reggae [rege] adj & nm reggae.

régie [reʒi] nf **-1.** [entreprise nationalisée] concesión f administrativa; ~ **des tabacs** compañía f arrendataria de tabacos. **-2.** [de spectacle, de radio, de télévision] servicio m de producción.

regimber [rəʒɛ̃be] vi **-1.** [cheval, âne] respingar. **-2.** fig [personne] : ~ **contre** rezongar contra.

régime [reʒim] nm **-1.** [gén] régimen m; ~ **carcéral** régimen carcelario; ~ **de Sécurité sociale** régimen de la Seguridad Social. **-2.** [alimentaire] régimen m, dieta f; **se mettre au/suivre un ~** ponerse a/seguir un régimen OU una dieta. **-3.** [de bananes, de dattes] racimo m.

régiment [reʒimã] nm MIL regimiento m; **un ~ de qqch** fam un regimiento de algo.

région [reʒjɔ̃] nf **-1.** [gén] región f. **-2.** [division administrative] ≃ provincia f.

régional, e, aux [reʒjɔnal, o] adj regional.

régir [reʒir] vt regir.

régisseur [reʒisœr] nm regidor m, -ra f.

registre [rəʒistr] nm registro m.

réglable [reglabl] adj **-1.** [siège] regulable. **-2.** [payable] abonable.

réglage [reglaʒ] nm regulación f.

règle [rɛgl] *nf* regla *f;* **être/se mettre en** ~ **règle** estar/ponerse en regla; **dans les** ~s **de l'art** con todas las de la ley. ◆ **en règle générale** *loc adv* por regla general. ◆ **règles** *nfpl* [menstruations] regla *f.*

réglé, e [regle] *adj* **-1.** [vie] ordenado(da). **-2.** [papier] pautado(da).

règlement [rɛglǝmɑ̃] *nm* **-1.** [d'affaire, de conflit] arreglo *m;* ~ **de comptes** ajuste *m* de cuentas. **-2.** [règle] reglamento *m.* **-3.** [paiement] pago *m.*

réglementaire [rɛglǝmɑ̃tɛr] *adj* reglamentario(ria).

réglementation [rɛglǝmɑ̃tasjɔ̃] *nf* reglamentación *f.*

régler [regle] *vt* **-1.** [détails, question, problème] arreglar. **-2.** [mécanisme, machine] regular. **-3.** [note, commerçant] pagar.

réglisse [reglis] *nf* regaliz *m.*

règne [rɛɲ] *nm* reinado *m;* **sous le** ~ **de** bajo el reinado de.

régner [reɲe] *vi* reinar.

regonfler [rǝgɔ̃fle] *vt* **-1.** [ballon, pneu] volver a hinchar. **-2.** *fam* [personne] levantar el ánimo a.

regorger [rǝgɔrʒe] *vi* : ~ **de qqch** rebosar (de) algo.

régresser [regrese] *vi* experimentar una regresión.

régression [regresjɔ̃] *nf* regresión *f.*

regret [rǝgrɛ] *nm* **-1.** [nostalgie] añoranza *f;* **à** ~ a disgusto; **sans** ~s sin (ningún) pesar. **-2.** [remords] arrepentimiento *m.* **-3.** [chagrin] pena *f,* tristeza *f.* **-4.** [excuse] : **tous mes** ~s sintiéndolo mucho.

regrettable [rǝgrɛtabl] *adj* **-1.** [incident] lamentable. **-2.** [dommage] : **c'est** ~ **que...** es una pena que...

regretter [rǝgrɛte] *vt* **-1.** [passé] añorar. **-2.** [se repentir de] arrepentirse de. **-3.** [déplorer] sentir, lamentar; ~ **que** (+ *subjonctif*) sentir OU lamentar que (+ *subjuntivo*); **il regrette que vous n'ayez pas pu vous rencontrer** siente mucho que no os hayáis podido conocer; ~ **de faire qqch** sentir OU lamentar hacer algo.

regrouper [rǝgrupe] *vt* **-1.** [grouper à nouveau] reagrupar. **-2.** [réunir] agrupar. ◆ **se regrouper** *vp* agruparse.

régulariser [regylarize] *vt* **-1.** [situation, documents] regularizar. **-2.** [circulation, fonctionnement] regular.

régularité [regylarite] *nf* **-1.** [gén] regularidad *f.* **-2.** [harmonie] proporción *f.*

réguler [regyle] *vt* regular.

régulier, ère [regylje, ɛr] *adj* **-1.** [gén] regular. **-2.** [visage, traits] bien proporcionado, bien proporcionada. **-3.** *fam* [personne] decente.

régulièrement [regyljɛrmɑ̃] *adv* **-1.** [légalement] de forma regular. **-2.** [uniformément, souvent] con regularidad.

réhabilitation [reabilitasjɔ̃] *nf* rehabilitación *f (de una acusación).*

réhabiliter [reabilite] *vt* rehabilitar.

rehausser [rǝose] *vt* **-1.** [gén] levantar. **-2.** [mettre en valeur] realzar.

rein [rɛ̃] *nm* ANAT riñón *m;* ~ **artificiel** riñón artificial. ◆ **reins** *nmpl* riñones *mpl.*

réincarnation [reɛ̃karnasjɔ̃] *nf* reencarnación *f.*

reine [rɛn] *nf* reina *f.*

réinsertion [reɛ̃sɛrsjɔ̃] *nf* reinserción *f.*

réintégrer [reɛ̃tegre] *vt* **-1.** [rejoindre] volver a *Esp*, regresarse a *Amér.* **-2.** JUR reintegrar.

rejaillir [rǝʒajir] *vi* salpicar.

rejet [rǝʒɛ] *nm* **-1.** [refus & MÉD] rechazo *m.* **-2.** BOT [jeune pousse] retoño *m.*

rejeter [rǝʒte] *vt* **-1.** [balle] volver a lanzar. **-2.** MÉD [expulser] volver a echar. **-3.** *fig* [faire retomber] : ~ **qqch sur qqn** hacer recaer algo sobre alguien. **-4.** [offre, personne, organ] rechazar.

rejeton [rǝʒtɔ̃] *nm* retoño *m.*

rejoindre [rǝʒwɛ̃dr] *vt* **-1.** [retrouver] reunirse con. **-2.** [regagner] volver a, regresar a *Esp*, regresarse a *Amér.* **-3.** [s'ajouter à] unirse a. **-4.** [concorder avec] confirmar. **-5.** [rattraper – personne] alcanzar; [– route, sentier] llegar a. ◆ **se rejoindre** *vp* **-1.** [personnes] reunirse, encontrarse. **-2.** [routes, chemins] encontrarse. **-3.** [opinions] coincidir.

rejoint, e [rǝʒwɛ̃, ɛt] *pp* → **rejoindre**.

réjoui, e [reʒwi] *adj* alegre.

réjouir [reʒwir] *vt sout* alegrar. ◆ **se réjouir** *vp* alegrarse; **se** ~ **de qqch** alegrarse de algo.

relâche [rǝlaʃ] *nf* descanso *m;* **faire** ~ descansar; **sans** ~ sin descanso.

relâchement [rǝlaʃmɑ̃] *nm* relajación *f,* relajamiento *m.*

relâcher [rǝlaʃe] *vt* **-1.** [étreinte, attention, efforts] relajar; [muscle] aflojar. **-2.** [prisonnier, animal] soltar. ◆ **se relâcher** *vp* **-1.** [corde, muscle] aflojarse. **-2.** [discipline, personne] relajarse.

relais [rəlɛ] *nm* **-1.** [auberge] albergue *m*. **-2.** SPORT relevo *m*. **-3.** TÉLÉ repetidor *m*; **par ~ satellite** vía satélite.

relance [rəlɑ̃s] *nf* **-1.** [reprise] recuperación *f*. **-2.** [au jeu] envite *m*.

relancer [rəlɑ̃se] *vt* **-1.** [balle] volver a lanzar. **-2.** [économie, projet] reactivar. **-3.** [personne] acosar. **-4.** [au jeu] hacer un envite a.

relater [rəlate] *vt sout* relatar.

relatif, ive [rəlatif, iv] *adj* relativo(va); **~ à qqch** relativo a algo; **tout est ~** todo es relativo. ◆ **relative** *nf* GRAM relativa *f*.

relation [rəlasjɔ̃] *nf* relación *f*; **mettre qqn en ~ avec qqn** poner en contacto a alguien con alguien. ◆ **relations** *nfpl* relaciones *fpl*; **avoir des ~s** tener relaciones.

relationnel [rəlasjɔnɛl] *adj* relacional.

relativement [rəlativmɑ̃] *adv* **-1.** [par comparaison] : **~ à** en relación con. **-2.** [de façon relative] relativamente.

relativiser [rəlativize] *vt* relativizar.

relativité [rəlativite] *nf* relatividad *f*.

relax, relaxe [rəlaks] *adj fam* tranqui.

relaxant, e [rəlaksɑ̃, ɑ̃t] *adj* relajante.

relaxation [rəlaksasjɔ̃] *nf* relajación *f*.

relaxe = relax.

relaxer [rəlakse] *vt* **-1.** [gén] relajar. **-2.** [prévenu] poner en libertad. ◆ **se relaxer** *vp* relajarse.

relayer [rəleje] *vt* relevar. ◆ **se relayer** *vp* turnarse.

relecture [rəlɛktyr] *nf* relectura *f*.

reléguer [rəlege] *vt* relegar.

relent [rəlɑ̃] *nm* tufo *m*.

relevé, e [rəlve] *adj* [sauce] picante *Esp*, picoso(sa) *Amér*. ◆ **relevé** *nm* [de compteur] lectura *f*; **~ de compte** FIN extracto *m* de cuenta; **~ d'identité bancaire** *certificado del banco donde se especifica el número de cuenta, código de sucursal, etc, del cliente.*

relève [rəlɛv] *nf* relevo *m*; **prendre la ~** coger OU tomar el relevo.

relever [rəlve] ◇ *vt* **-1.** [gén] levantar. **-2.** [remettre debout] poner de pie. **-3.** [store, prix, salaire] subir. **-4.** [cahiers, copies] recoger. **-5.** CULIN [mettre en valeur] realzar; [pimenter] sazonar. **-6.** [adresse, recette] anotar, apuntar; [erreur] señalar. **-7.** [compteur] leer. **-8.** [sentinelle, vigile] relevar; **~ qqn de** [de fonctions] relevar a alguien de. ◇ *vi* **-1.** [se rétablir] : **~ de** restablecerse OU recuperarse de algo. **-2.** [être du domaine] : **~ de qqch** atañer OU concernir a algo. ◆ **se relever** *vp* [gén] le-

vantarse; [enfant] ponerse de pie *Esp*, pararse *Amér*.

relief [rəljɛf] *nm* relieve *m*; **mettre qqch en ~** hacer resaltar algo.

relier [rəlje] *vt* **-1.** [livre] encuadernar. **-2.** [attacher, joindre] unir; **~ qqch à qqch** unir algo a algo. **-3.** *fig* [associer] relacionar.

religieux, euse [rəliʒjø, øz] *adj & nm, f* religioso(sa). ◆ **religieuse** *nf* RELIG religiosa *f*.

religion [rəliʒjɔ̃] *nf* religión *f*.

relique [rəlik] *nf* (*gén pl*) reliquia *f*.

relire [rəlir] *vt* releer. ◆ **se relire** *vp* releer (*lo que uno ha escrito*).

reliure [rəljyr] *nf* encuadernación *f*.

reloger [rələʒe] *vt* alojar.

relu, e [rəly] *pp* → relire.

reluire [rəlɥir] *vi* relucir.

reluisant, e [rəlɥizɑ̃, ɑ̃t] *adj* [gén] reluciente; **peu** OU **pas très ~** *fig* [avenir, acte] poco OU no muy brillante.

reluquer [r(ə)lyke] *vt fam* echar el ojo a.

remake [rimɛk] *nm* CIN remake *m*.

remaniement [rəmanimɑ̃] *nm* remodelación *f*; **~ ministériel** remodelación ministerial.

remanier [rəmanje] *vt* remodelar.

remarier [rəmarje] ◆ **se remarier** *vp* volver a casarse.

remarquable [rəmarkabl] *adj* notable.

remarque [rəmark] *nf* observación *f*, comentario *m Esp*, atingencia *f Amér*; **faire une ~ à qqn** hacer una observación a alguien.

remarquer [rəmarke] *vt* **-1.** [noter] notar; **~ que** notar que. **-2.** [signaler] señalar. **-3.** [sauter aux yeux] notar, fijarse en; **se faire ~** *péj* hacerse notar. ◆ **se remarquer** *vp* notarse.

rembarrer [rɑ̃bare] *vt fam* [personne] cortar.

remblai [rɑ̃blɛ] *nm* **-1.** [action] terraplenado *m*. **-2.** [masse de terre] terraplén *m*.

rembobiner [rɑ̃bɔbine] *vt* rebobinar.

rembourrage [rɑ̃buraʒ] *nm* relleno *m*.

remboursement [rɑ̃bursəmɑ̃] *nm* reembolso *m*.

rembourser [rɑ̃burse] *vt* **-1.** [dette] pagar; [montant] reembolsar. **-2.** [personne] pagar a, devolver el dinero a; **~ qqn de qqch** reembolsar algo a alguien.

rembrunir [rɑ̃brynir] ◆ **se rembrunir** *vp* ensombrecerse (*entristecerse*).

remède [rəmɛd] *nm* remedio *m*.

remédier [rəmedje] *vi* : ~ **à qqch** remediar algo.

remembrement [rəmãbrəmã] *nm* concentración *f* parcelaria.

remerciement [rəmɛrsimã] *nm* agradecimiento *m*; **avec tous mes** ~**s** con todo mi agradecimiento.

remercier [rəmɛrsje] *vt* **-1.** [exprimer sa gratitude] dar las gracias a, agradecer; ~ **qqn de** OU **pour qqch** agradecer a alguien algo, dar las gracias a alguien por algo; **non, je vous remercie** no, gracias. **-2.** [employé] despedir *Esp*, cesantear *Amér*.

remettre [rəmɛtr] *vt* **-1.** [replacer] volver a poner; ~ **qqch/qqn à** volver a poner algo/a alguien en. **-2.** [vêtement, accessoire] volver a ponerse. **-3.** [ordre] restablecer; [lumière] volver a encender. **-4.** [donner] : ~ **qqch à qqn** entregar algo a alguien. **-5.** [réunion, rendez-vous] : ~ **qqch à** aplazar algo hasta. **-6.** *fam* [connaître] situar. **-7.** [malade] reponer. ◆ **se remettre** *vp* **-1.** [recommencer] : ~ **à qqch/à faire qqch** volver a algo/a hacer algo. **-2.** [se rétablir] : **se** ~ **(de qqch)** reponerse (de algo). **-3.** [se mettre à nouveau] volver a ponerse.

réminiscence [reminisãs] *nf sout* reminiscencia *f*.

remis, e [rəmi, iz] *pp* → remettre.

remise [rəmiz] *nf* **-1.** [réduction] rebaja *f*; ~ **de peine** remisión *f* de condena. **-2.** [de lettre, de colis] entrega *f*. **-3.** [action de remettre] : ~ **en jeu** saque *m*; ~ **en état** revisión *f*, arreglo *m*; ~ **en question** OU **cause** replanteamiento *m*. **-4.** [hangar] cobertizo *m Esp*, galpón *m Amér*.

rémission [remisjõ] *nf* remisión *f*; **sans** ~ irrevocable.

remodeler [rəmɔdle] *vt* remodelar.

remonte-pente [rəmõtpãt] (*pl* **remonte-pentes**) *nm* telearrastre *m*.

remonter [rəmõte] ◇ *vt* **-1.** [escalier, étage, objet] volver a subir. **-2.** [meuble, machine] volver a montar. **-3.** [relever – vitre, store] subir; [– col, chaussettes] subirse. **-4.** [groupe, équipe] rehacer; [garde-robe, ménage] renovar. **-5.** [horloge, montre] dar cuerda a. **-6.** [malade, déprimé] reanimar. ◇ *vi* **-1.** [gén] subir. **-2.** [dater] remontarse; ~ **à** remontarse a.

remontoir [rəmõtwar] *nm* [de montre] corona *f*.

remontrer [rəmõtre] *vt* volver a mostrar, volver a enseñar.

remords [rəmɔr] *nm inv* remordimiento *m*.

remorque [rəmɔrk] *nf* remolque *m*.

remorquer [rəmɔrke] *vt* remolcar.

remorqueur [rəmɔrkœr] *nm* remolcador *m*.

remous [rəmu] *nm* **-1.** [tourbillon] remolino *m*. **-2.** *fig* [bouleversement] agitación *f*.

rempailler [rãpaje] *vt* remozar la paja de.

rempart [rãpar] *nm* (*gén pl*) muralla *f*.

rempiler [rãpile] ◇ *vt* volver a apilar. ◇ *vi fam* MIL reengancharse.

remplaçant, e [rãplasã, ãt] *nm, f* sustituto *m*, -ta *f*.

remplacement [rãplasmã] *nm* sustitución *f*; **faire un** ~/**des** ~**s** hacer una sustitución/sustituciones.

remplacer [rãplase] *vt* **-1.** [gén] sustituir; ~ **qqch/qqn** sustituir algo/a alguien. **-2.** [renouveler] reemplazar, remplazar.

rempli, e [rãpli] *adj* ocupado(da).

remplir [rãplir] *vt* **-1.** [gén] llenar; ~ **qqch de qqch** llenar algo de algo; ~ **qqn de qqch** [de sentiment] llenar a alguien de algo. **-2.** [questionnaire] rellenar, completar. **-3.** [fonction, promesse, condition] cumplir (con).

remplissage [rãplisaʒ] *nm* **-1.** [de récipient] llenado *m*. **-2.** *fig & péj* [texte] : **faire du** ~ meter paja.

rempocher [rãpɔʃe] *vt* volver a embolsar.

remporter [rãpɔrte] *vt* [prix, coupe] ganar, llevarse; [succès, victoire] conseguir.

remuant, e [rəmyã, ãt] *adj* inquieto(ta).

remue-ménage [rəmymenaʒ] *nm inv* trajín *m*.

remuer [rəmye] ◇ *vt* **-1.** [meuble, bras, jambes] mover. **-2.** [terre, café, salade] remover. **-3.** [personne] afectar. ◇ *vi* **-1.** [gesticuler] moverse. **-2.** [bouger] mover. ◆ **se remuer** *vp* moverse.

rémunérer [remynere] *vt* remunerar.

renâcler [rənakle] *vi* refunfuñar; ~ **devant** OU **à qqch** refunfuñar ante OU por algo.

renaissance [rənɛsãs] *nf* renacimiento *m*.

renaître [rənɛtr] *vi* [gén] renacer.

rénal, e, aux [renal, o] *adj* renal.

renard, e [rənar, ard] *nm, f* zorro *m*, -rra *f*.

renchérir [rãʃerir] *vi* **-1.** [surenchérir] : ~ **sur qqch** encarecer algo. **-2.** *sout* [prix] encarecerse.

rencontre [rãkɔ̃tr] *nf* encuentro *m*; **aller/ marcher/venir à la ~ de qqn** ir/andar/ venir al encuentro de alguien.

rencontrer [rãkɔ̃tre] *vt* **-1.** [tomber sur] encontrarse con, encontrar. **-2.** [voir] reunirse con. **-3.** [faire la connaissance] conocer. **-4.** [heurter] dar contra; *fig* [obstacle, opposition] tropezar con. ◆ **se rencontrer** *vp* **-1.** [se voir] encontrarse. **-2.** [se réunir] reunirse. **-3.** [faire la connaissance de] conocerse. **-4.** [regards, opinions] coincidir.

rendement [rãdmã] *nm* rendimiento *m*.

rendez-vous [rãdevu] *nm inv* **-1.** [rencontre – entre amis, amoureux] cita *f*; [– chez le coiffeur, le médecin] hora *f*; **prendre ~** pedir hora. **-2.** [lieu] lugar *m* de encuentro.

rendormir [rãdɔrmir] *vt* volver a dormir. ◆ **se rendormir** *vp* volver a dormirse.

rendre [rãdr] ◇ *vt* **-1.** [restituer, donner en retour] : **~ qqch à qqn** devolver algo a alguien; [honneurs, hommage] rendir algo a alguien. **-2.** JUR pronunciar. **-3.** (+ *adjectif*) [faire devenir] volver; **~ heureux** hacer feliz; **il me rendra folle** va a volverme loca. **-4.** [exprimer, reproduire] reflejar. **-5.** [regorger de] rebosar; *fig* [produire] aportar. **-6.** [vomir] devolver. **-7.** MIL [céder] rendir. ◇ *vi* **-1.** [produire] rendir. **-2.** [vomir] devolver. ◆ **se rendre** *vp* **-1.** [obéir, capituler] rendirse. **-2.** [aller] : **se ~ à** acudir a; [à l'étranger] irse a. **-3.** (+ *adjectif*) [se faire tel] hacerse; [utile] ser; *fig* [malade, fou] volverse.

rêne [rɛn] *nf (gén pl)* rienda *f*.

renégat, e [rɛnega, at] *nm, f sout* renegado *m*, -da *f*.

renégocier [rɛnegɔsje] *vt* renegociar.

renfermé, e [rãferme] *adj* cerrado(da). ◆ **renfermé** *nm* : **ca sent le ~** huele a cerrado.

renfermer [rãferme] *vt* **-1.** [contenir] encerrar. **-2.** [dissimuler] esconder. **-3.** *vieilli* [ranger] guardar. ◆ **se renfermer** *vp* [s'isoler] encerrarse.

renflé, e [rãfle] *adj* [colonne] con éntasis.

renflouer [rãflue] *vt* **-1.** [bateau] desencallar. **-2.** *fig* [entreprise, personne] sacar a flote.

renfoncement [rãfɔ̃smã] *nm* hueco *m*.

renforcer [rãfɔrse] *vt* **-1.** [mur, équipe, armée] reforzar. **-2.** [paix, soupçon] fortalecer. **-3.** [couleur, expression, politique] intensificar.

renfort [rãfɔr] *nm* MIL & TECHNOL refuerzo *m*; **en ~ de** refuerzo.

renfrogner [rãfrɔɲe] ◆ **se renfrogner** *vp* enfurruñarse.

rengaine [rãgɛn] *nf* **-1.** [formule répétée] : **toujours la même ~!** ¡siempre la misma canción! **-2.** [refrain populaire] cancioncilla *f*.

rengorger [rãgɔrʒe] ◆ **se rengorger** *vp* pavonearse.

renier [rãnje] *vt* renegar de.

renifler [rãnifle] ◇ *vi* sorberse los mocos. ◇ *vt* olfatear.

renne [rɛn] *nm* reno *m*.

renom [rãnɔ̃] *nm* renombre *m*; **de grand ~** de gran renombre.

renommé, e [rãnɔme] *adj* reputado(da); **~ pour qqch** reputado por algo. ◆ **renommée** *nf* renombre *m*.

renoncement [rãnɔ̃smã] *nm* renuncia *f*; **~ à qqch** renuncia a algo.

renoncer [rãnɔ̃se] ◇ *vt* renunciar; **~ à qqch/à faire qqch** renunciar a algo/a hacer algo. ◇ *vi* renunciar.

renouer [rãnwe] ◇ *vt* **-1.** [cravate, lacet] volver a anudar. **-2.** [conversation, liaison] reanudar. ◇ *vi* : **~ avec qqch** restablecer algo; **~ avec qqn** reconciliarse con alguien.

renouveau, x [rãnuvo] *nm* **-1.** [transformation] renovación *f*. **-2.** [regain] rebrote *m*.

renouvelable [rãnuvlabl] *adj* renovable.

renouveler [rãnuvle] *vt* **-1.** [gén] renovar. **-2.** [demande] reiterar. ◆ **se renouveler** *vp* **-1.** [gén] renovarse. **-2.** [recommencer] repetirse.

renouvellement [rãnuvɛlmã] *nm* renovación *f*.

rénovation [renɔvasjɔ̃] *nf* reforma *f*.

rénover [renɔve] *vt* reformar.

renseignement [rãsɛɲəmã] *nm* información *f*; **demander un ~** informarse. ◆ **renseignements** *nmpl* **-1.** [service d'information] información *f*. **-2.** [sécurité] servicios *mpl* secretos.

renseigner [rãsɛɲe] *vt* informar; **~ qqn sur qqch** informar a alguien sobre algo. ◆ **se renseigner** *vp* informarse.

rentabiliser [rãtabilize] *vt* rentabilizar.

rentabilité [rãtabilite] *nf* rentabilidad *f*.

rentable [rãtabl] *adj* **-1.** ÉCON rentable. **-2.** *fam* [payant] productivo(va).

rente [rɑ̃t] *nf* -**1.** [gén] renta *f*; **vivre de ses ~s** vivir de renta. -**2.** [emprunt d'État] renta *f* de la deuda pública.

rentier, ère [rɑ̃tje, er] *nm, f* rentista *mf*.

rentrée [rɑ̃tre] *nf* -**1.** [fait de rentrer] vuelta *f*. -**2.** [reprise des activités] reanudación *f*; **la ~ parlementaire** la reanudación de las tareas parlamentarias; **la ~ des classes** la vuelta al colegio. -**3.** [retour à la scène] reaparición *f*. -**4.** [mise à l'abri] recogida *f*. -**5.** COMM [recette] entrada *f*.

rentrer [rɑ̃tre] ◇ *vi* -**1.** [entrer, pénétrer, être perçu] entrar; **~ dans qqch** : [être compris dans] entrar en algo; [s'emboîter] entrar dentro de algo. -**2.** [revenir] : **~ (à/de)** volver (a/de); **~ (chez soi)** volver (a su casa). -**3.** [élève] reanudar las clases; [employé] volver a trabajar; [tribunal] reanudar las sesiones. -**4.** [frais, droits] : **~ dans qqch** recuperar algo. -**5.** [voiture] : **~ dans qqch/dans qqn** estrellarse contra algo/contra alguien. ◇ *vt* -**1.** [mettre à l'abri] entrar; [foins] recoger. -**2.** [griffes] meter. -**3.** [larmes, colère] tragarse.

renversant, e [rɑ̃vɛrsɑ̃, ɑ̃t] *adj* asombroso(sa).

renverse [rɑ̃vɛrs] *nf* **♦ à la renverse** *loc adv* de espaldas.

renversement [rɑ̃vɛrsəmɑ̃] *nm* -**1.** [action de mettre à l'envers, changement complet] inversión *f*. -**2.** [de régime] derrocamiento *m*.

renverser [rɑ̃vɛrse] *vt* -**1.** [mettre à l'envers, inverser] invertir. -**2.** [faire tomber – objet] volcar *Esp*, voltear *Amér*; [– piéton] atropellar. -**3.** [liquide] derramar. -**4.** [éliminer – chose] derribar *Esp*, voltear *Amér*; [– personne] destituir; [– régime] derrocar. -**5.** [tête] echar hacia atrás. -**6.** [étonner] asombrar. **♦ se renverser** *vp* -**1.** [incliner le corps en arrière] echarse hacia atrás. -**2.** [objet] volcar *Esp*, voltearse *Amér*. -**3.** [liquide] derramarse.

renvoi [rɑ̃vwa] *nm* -**1.** [licenciement] despido *m*. -**2.** [retour] devolución *f*. -**3.** [ajournement] aplazamiento *m*. -**4.** [référence] llamada *f*. -**5.** JUR revisión *f*. -**6.** [éructation] : **il a eu des ~s** le ha repetido.

renvoyer [rɑ̃vwaje] *vt* -**1.** [faire retourner qqn] hacer volver. -**2.** [employé] despedir *Esp*, cesantear *Amér*. -**3.** [paquet, balle] devolver. -**4.** [lumière] reflejar. -**5.** [procès] aplazar. -**6.** [référer] : **~ à qqch/à qqn** remitir a algo/a alguien.

réorganisation [reɔrganizasjɔ̃] *nf* reorganización *f*.

réorganiser [reɔrganize] *vt* reorganizar.

réorienter [reɔrjɑ̃te] *vt* reorientar.

réouverture [reuvertyr] *nf* reapertura *f*.

repaire [rəpɛr] *nm* guarida *f*.

répandre [repɑ̃dr] *vt* -**1.** [liquide, larmes] derramar; [graines, substance] esparcir. -**2.** [odeur, chaleur] despedir. -**3.** [bienfaits] prodigar. -**4.** [panique, effroi, terreur] sembrar. -**5.** [mode, doctrine, nouvelle] difundir.

répandu, e [repɑ̃dy] ◇ *pp* → **répandre**. ◇ *adj* extendido(da).

réparable [reparabl] *adj* reparable.

réparateur, trice [reparatœr, tris] *adj & nm, f* reparador(ra).

réparation [reparasjɔ̃] *nf* -**1.** [gén] reparación *f*. -**2.** SPORT [au football] castigo *m*.

réparer [repare] *vt* reparar *Esp*, refaccionar *Amér*.

reparler [rəparle] *vi* [aborder un sujet à nouveau] : **~ de qqch/de qqn** volver a hablar de algo/de alguien.

repartie [rəparti, reparti] *nf* réplica *f*; **avoir de la ~** tener respuesta para todo.

répartir [repartir] *vt* -**1.** [gén] repartir, distribuir. -**2.** [somme] repartir. **♦ se répartir** *vp* repartirse.

répartition [repartisjɔ̃] *nf* -**1.** [partage] repartición *f*. -**2.** [dans un espace] distribución *f*.

repas [rəpa] *nm* comida *f*; **prendre son ~** comer; **~ d'affaires** comida de negocios.

repassage [rəpasaʒ] *nm* planchado *m*.

repasser [rəpase] ◇ *vi* -**1.** [passer à nouveau] volver a pasar. -**2.** [film] volver a emitirse. ◇ *vt* -**1.** [linge] planchar. -**2.** [leçon] repasar. -**3.** [examen] volver a pasar.

repêchage [rəpeʃaʒ] *nm* -**1.** [de l'eau] rescate *m*. -**2.** *fig* [épreuve de rattrapage] repesca *f*.

repêcher [rəpeʃe] *vt* -**1.** [retirer de l'eau] rescatar. -**2.** *fig* [personne] repescar.

repeindre [rəpɛ̃dr] *vt* repintar.

repeint, e [rəpɛ̃, ɛ̃t] *pp* → **repeindre**.

repenser [rəpɑ̃se] *vt* replantearse.

repentir [rəpɑ̃tir] *nm* arrepentimiento *m*. **♦ se repentir** *vp* arrepentirse; **se ~ de qqch/d'avoir fait qqch** arrepentirse de algo/de haber hecho algo.

répercussion [repɛrkysjɔ̃] *nf* repercusión *f*; **~ de qqch sur qqch** repercusión de algo en algo.

répercuter [repɛrkyte] *vt* **-1.** [voix, taxe] repercutir; **~ qqch sur qqch** FIN repercutir algo en algo. **-2.** [ordre] transmitir. ◆ **se répercuter** *vp* **-1.** [gén] repercutir; **se ~ sur qqch** repercutir en algo. **-2.** [image, reflet] : **se ~ sur qqch** repetirse en algo.

repère [rəpɛr] *nm* referencia *f*.

repérer [rəpere] *vt* **-1.** [situer] señalar. **-2.** [sous-marin, bateau] localizar. **-3.** *fam* [apercevoir, remarquer] localizar; **on va se faire ~** *fam* nos van a calar.

répertoire [repɛrtwar] *nm* **-1.** [gén] repertorio *m*. **-2.** [agenda] agenda *f*. **-3.** INFORM directorio *m*.

répertorier [repɛrtɔrje] *vt* inscribir en un repertorio.

répéter [repete] *vt* **-1.** [gén] repetir; **~ que** repetir que. **-2.** THÉÂTRE ensayar. ◆ **se répéter** *vp* repetirse.

répétitif, ive [repetitif, iv] *adj* repetitivo(va).

répétition [repetisjɔ̃] *nf* **-1.** [gén] repetición *f*. **-2.** THÉÂTRE ensayo *m*; **~ générale** ensayo general.

repeupler [rəpœple] *vt* **-1.** [gén] repoblar. **-2.** [forêt] reforestar.

répit [repi] *nm* respiro *m*; **sans ~** sin parar.

replacer [rəplase] *vt* **-1.** [remettre en place] volver a colocar. **-2.** [situer] situar.

replet, ète [rəplɛ, ɛt] *adj* rechoncho(cha).

repli [rəpli] *nm* **-1.** [gén] repliegue *m*. **-2.** *(gén pl)* sout [partie dissimulée] recoveco *m*.

réplique [replik] *nf* **-1.** [gén] réplica *f*; **sans ~** sin rechistar. **-2.** THÉÂTRE entrada *f*; **donner la ~ à qqn** dar la entrada a alguien.

répliquer [replike] ◇ *vt* replicar; **~ qqch à qqn** replicar algo a alguien. ◇ *vi* replicar.

replonger [rəplɔ̃ʒe] ◇ *vt* : **~ qqch/qqn dans qqch** [plonger à nouveau] volver a sumergir algo/a alguien en algo; *fig* volver a sumir algo/a alguien en algo. ◇ *vi* volver a sumergirse. ◆ **se replonger** *vp* : **se ~ dans qqch** *fig* volver a sumergirse en algo.

répondeur [repɔ̃dœr] *nm* contestador *m*; **~ téléphonique** OU **automatique** contestador automático; **~ interrogeable à distance** contestador *m* con telecomando.

répondeur-enregistreur *nm* contestador *m* automático.

répondre [repɔ̃dr] ◇ *vi* [gén] contestar, responder; **~ à qqch** [faire écho, correspondre] responder a algo; **~ à qqch/à qqn** [donner une réponse] contestar OU responder (a) algo/a alguien; **~ à qqch (par qqch)** [répliquer à] responder a algo (con algo); **~ de qqch/de qqn** [se porter garant] responder de OU por algo/de OU por alguien. ◇ *vt* contestar, responder; **~ qqch à qqch** contestar OU responder con algo a algo; **~ qqch à qqn** contestar OU responder algo a alguien.

répondu, e [repɔ̃dy] *pp* → **répondre**.

réponse [repɔ̃s] *nf* **-1.** [action de répondre] respuesta *f*, contestación *f*; **en ~ à votre lettre...** en respuesta a su carta... **-2.** [solution, réaction] respuesta *f*. **-3.** [réfutation, riposte] réplica *f*.

report [rəpɔr] *nm* **-1.** [renvoi] : **~ de qqch (à qqch)** aplazamiento de algo (para algo). **-2.** [transcription] transcripción *f*. **-3.** BOURSE prórroga *f*.

reportage [rəpɔrtaʒ] *nm* reportaje *m Esp*, reporte *m Amér*; **débuter dans le ~** empezar como reportero(ra).

reporter[1] [rəpɔrtɛr] *nm* reportero *m*, -ra *f*.

reporter[2] [rəpɔrte] *vt* **-1.** [rapporter] volver a llevar. **-2.** [réunion, cérémonie] aplazar; **~ qqch à** aplazar algo hasta. **-3.** [reproduire, transférer] : **~ qqch sur qqch/sur qqn** trasladar algo a algo. ◆ **se reporter** *vp* : **se ~ à qqch** remitirse a algo.

repos [rəpo] *nm* **-1.** [gén] descanso *m*. **-2.** [immobilité, sommeil] reposo *m*.

reposé, e [rəpoze] *adj* descansado(da); **à tête ~e** con calma.

reposer [rəpoze] ◇ *vt* **-1.** [poser à nouveau] volver a poner. **-2.** [remettre en place] volver a colocar. **-3.** [question] volver a plantear. **-4.** [appuyer sur] : **~ qqch sur qqch** apoyar algo sobre algo. **-5.** [délasser] descansar. ◇ *vi* **-1.** [gén] descansar. **-2.** CULIN reposar. ◆ **se reposer** *vp* **-1.** [se délasser] descansar. **-2.** [compter sur] : **se ~ sur qqn** contar con alguien.

repoussant, e [rəpusɑ̃, ɑ̃t] *adj* repulsivo(va).

repoussé, e [rəpuse] *adj* repujado(da).

repousser [rəpuse] ◇ *vi* [barbe, poil] volver a crecer; [végétal] volver a brotar. ◇ *vt* **-1.** [chaise] empujar. **-2.** [dégoûter] repeler. **-3.** [personne, offre, ennemi] rechazar. **-4.** [date] aplazar.

répréhensible [repreɑ̃sibl] *adj* reprensible.

reprendre [rəprɑ̃dr] ◇ *vt* **-1.** [chose] volver a coger; [ce qu'on avait donné] volver a llevarse. **-2.** [revenir chercher] recoger. **-3.** COMM [marchandise] devolver. **-4.** [se resservir, répéter] repetir; ~ **de qqch** repetir de algo. **-5.** [travail, route, lutte] retomar. **-6.** [vêtement] arreglar. **-7.** [corriger] reprender; **on ne l'y reprendra plus** no lo volverá a hacer. **-8.** [haleine, courage, souffle] recobrar. ◇ *vi* **-1.** [retrouver la vie, vigueur] recuperarse. **-2.** [recommencer] reanudarse.

représailles [rəprezaj] *nfpl* represalias *fpl*.

représentant, e [rəprezɑ̃tɑ̃, ɑ̃t] *nm, f* representante *mf*.

représentatif, ive [rəprezɑ̃tatif, iv] *adj* representativo(va); ~ **de qqch** representativo de algo.

représentation [rəprezɑ̃tasjɔ̃] *nf* representación *f*; **donner une** ~ dar una representación.

représentativité [rəprezɑ̃tativite] *nf* representatividad *f*.

représenter [rəprezɑ̃te] *vt* representar. ◆ **se représenter** *vp* **-1.** [s'imaginer] imaginarse. **-2.** [occasion] volver a presentarse. **-3.** [aux élections] : **se** ~ **à qqch** volver a presentarse a algo.

répression [represjɔ̃] *nf* represión *f*.

réprimande [reprimɑ̃d] *nf* reprimenda *f*.

réprimander [reprimɑ̃de] *vt* reprender.

réprimer [reprime] *vt* reprimir.

repris, e [rəpri, iz] *pp* → **reprendre**. ◆ **repris de justice** *nm* reincidente *mf*.

reprise [rəpriz] *nf* **-1.** [recommencement] reanudación *f*. **-2.** [action de reprendre] recogida *f*. **-3.** SPORT asalto *m*. **-4.** [accélération] reprís *m*. **-5.** [raccommodage & COUT] zurcido *m*. **-6.** [des fonds de commerce] traspaso *m*. ◆ **à plusieurs reprises** *loc adv* repetidas veces.

repriser [rəprize] *vt* zurcir.

réprobateur, trice [reprobatœr, tris] *adj* reprobador(ra).

réprobation [reprobasjɔ̃] *nf* reprobación *f*.

reproche [rəprɔʃ] *nm* reproche *m*.

reprocher [rəprɔʃe] *vt* : ~ **qqch à qqn** reprochar algo a alguien. ◆ **se reprocher** *vp* : **se** ~ **qqch** reprocharse algo.

reproducteur, trice [rəprɔdyktœr, tris] *adj* reproductor(ra).

reproduction [rəprɔdyksjɔ̃] *nf* reproducción *f*; '~ **interdite**' 'prohibida la reproducción'.

reproduire [rəprɔdɥir] *vt* reproducir. ◆ **se reproduire** *vp* reproducirse.

reproduit, e [rəprɔdɥi, it] *pp* → **reproduire**.

réprouver [repruve] *vt* reprobar.

reptile [rɛptil] *nm* reptil *m*.

repu, e [rəpy] *adj* harto(ta).

républicain, e [repyblikɛ̃, ɛn] *adj & nm, f* republicano(na).

république [repyblik] *nf* república *f*. ◆ **République tchèque** *nf* República Checa *f*.

répudier [repydje] *vt* repudiar.

répugnance [repynɑ̃s] *nf* **-1.** [répulsion, horreur] repugnancia *f*. **-2.** [manque d'enthousiasme] desgana *f*.

répugnant, e [repynɑ̃, ɑ̃t] *adj* repugnante.

répugner [repyne] *vi* : ~ **à qqn** repugnarle a alguien; ~ **à qqch/à faire qqch** *sout* odiar algo/hacer algo.

répulsion [repylsjɔ̃] *nf* repulsión *f*.

réputation [repytasjɔ̃] *nf* reputación *f*; **avoir une** ~ **de** tener reputación de; **avoir bonne/mauvaise** ~ tener buena/mala reputación.

réputé, e [repyte] *adj* reputado(da).

requérir [rekerir] *vt* **-1.** [gén] requerir. **-2.** JUR [peine] solicitar.

requête [rəkɛt] *nf* **-1.** *sout* [prière] petición *f*. **-2.** JUR requerimiento *m*.

requiem [rekɥijɛm] *nm inv* réquiem *m*.

requin [rəkɛ̃] *nm* tiburón *m*.

requis, e [rəki, iz] ◇ *pp* → **requérir**. ◇ *adj* requerido(da).

réquisition [rekizisjɔ̃] *nf* **-1.** [ADMIN – de personnes] movilización *f*; [– de biens] requisa *f*. **-2.** JUR requerimiento *m*.

réquisitionner [rekizisjɔne] *vt* **-1.** [ADMIN – de personnes] movilizar; [– biens] requisar. **-2.** *fam* [embaucher] reclutar.

réquisitoire [rekizitwar] *nm* requisitoria *f*.

RER (*abr de réseau express régional*) *nm* red de trenes de cercanías en París.

rescapé, e [rɛskape] *adj & nm, f* superviviente.

rescousse [rɛskus] ◆ **à la rescousse** *loc adv* en ayuda de; **appeler qqn à la** ~ pedir socorro a alguien.

réseau, x [rezo] *nm* red *f*; ~ **ferroviaire** red ferroviaria; ~ **routier** red de carreteras.

réservation [rezɛrvasjɔ̃] *nf* reserva *f*.

réserve [rezɛrv] *nf* **-1.** [gén] reserva *f*; **en** ~ en reserva; **se tenir sur la** ~ estar sobre aviso; **sans** ~ sin reserva; **sous** ~ **de qqch** reservándose el derecho de algo; ~ **indienne/naturelle** reserva india/natural. **-2.** [local] depósito *m*; [garde-manger] despensa *f*.

réservé, e [rezɛrve] *adj* reservado(da); ~ **à qqch/à qqn** reservado a algo/a alguien.

réserver [rezɛrve] *vt* [gén] reservar; ~ **qqch à qqn** [affecter, destiner] reservar algo a alguien; [marchandise] apartar algo para alguien. ◆ **se réserver** *vp* reservarse; **se** ~ **le droit de faire qqch** reservarse el derecho a hacer algo.

réservoir [rezɛrvwar] *nm* **-1.** [d'eau] reserva *f*; [d'essence] depósito *m*. **-2.** *fig* [réceptacle] cantera *f*.

résidence [rezidãs] *nf* **-1.** [habitation] residencia *f*; ~ **principale** vivienda *f* habitual; ~ **secondaire** segunda residencia. **-2.** [groupe d'habitations] conjunto *m* residencial.

résident, e [rezidã, ãt] *nm, f* residente *mf*.

résidentiel, elle [rezidãsjɛl] *adj* residencial.

résider [rezide] *vi* [habiter] residir.

résidu [rezidy] *nm* [reste] residuo *m*.

résignation [reziɲasjã] *nf* resignación *f*.

résigné, e [reziɲe] *adj & nm, f* resignado(da).

résigner [reziɲe] *vt sout* renunciar a. ◆ **se résigner** *vp* resignarse; **se** ~ **à qqch/à faire qqch** resignarse a algo/a hacer algo.

résilier [rezilje] *vt* rescindir.

résine [rezin] *nf* resina *f*.

résineux, euse [rezinø, øz] *adj* resinoso(sa). ◆ **résineux** *nm* resinífero *m*.

résistance [rezistãs] *nf* resistencia *f*; ~ **à qqch** resistencia a algo; **opposer une** ~ oponer resistencia.

résistant, e [rezistã, ãt] *adj & nm, f* POLIT resistente.

résister [reziste] *vi* resistir; ~ **à qqch** [ne pas s'altérer, supporter] resistir algo; [lutter contre, s'opposer] resistirse a algo.

résolu, e [rezɔly] ◇ *pp* → **résoudre**. ◇ *adj* resuelto(ta); **être bien** ~ **à faire qqch** estar resuelto a hacer algo.

résolument [rezɔlymã] *adv* decididamente.

résolution [rezɔlysjã] *nf* resolución *f*; **prendre de bonnes** ~s tener buenos propósitos; **prendre la** ~ **de faire qqch** tomar la resolución de hacer algo.

résonance [rezɔnãs] *nf* resonancia *f*.

résonner [rezɔne] *vi* resonar.

résorber [rezɔrbe] *vt* **-1.** [déficit, chômage] reabsorber. **-2.** MÉD [épanchement, abcès] resorber. ◆ **se résorber** *vp* **-1.** [déficit, chômage] desaparecer. **-2.** MÉD [épanchement, abcès] resorberse.

résoudre [rezudr] ◇ *vt* [solutionner] resolver. ◇ *vi* : ~ **de faire qqch** decidir hacer algo. ◆ **se résoudre** *vp* : **se** ~ **à faire qqch** decidirse a hacer algo.

respect [rɛspɛ] *nm* respeto *m*; ~ **de qqch** respeto de algo; **avoir du** ~ **pour qqch/pour qqn** tener respeto por algo/por alguien; **avec tout le** ~ **que je vous dois** con todo el respeto que le debo.

respectable [rɛspɛktabl] *adj* respetable.

respecter [rɛspɛkte] *vt* respetar.

respectif, ive [rɛspɛktif, iv] *adj* respectivo(va).

respectivement [rɛspɛktivmã] *adv* respectivamente.

respectueux, euse [rɛspɛktɥø, øz] *adj* respetuoso(sa); ~ **de qqch** respetuoso con algo.

respiration [rɛspirasjã] *nf* respiración *f*; ~ **artificielle** respiración artificial.

respiratoire [rɛspiratwar] *adj* respiratorio(ria).

respirer [rɛspire] *vt & vi* respirar.

resplendissant, e [rɛsplãdisã, ãt] *adj* resplandeciente; ~ **de qqch** resplandeciente de algo.

responsabilisation [rɛspãsabilizasjã] *nf* responsabilización *f*.

responsabiliser [rɛspãsabilize] *vt* responsabilizar.

responsabilité [rɛspãsabilite] *nf* responsabilidad *f*; **assumer toute la** ~ **de qqch** asumir toda la responsabilidad de algo; **avoir la** ~ **de qqch/de faire qqch** tener la responsabilidad de algo/de hacer algo; **rejeter la** ~ **sur qqn** achacar la responsabilidad a alguien.

responsable [rɛspãsabl] ◇ *adj* responsable; ~ **de qqch** responsable de algo. ◇ *nmf* responsable *mf*.

resquiller [rɛskije] *vi fam* colarse.

resquilleur, euse [rɛskijœr, øz] *nm, f fam* colón *m*, -ona *f (que se cuela)*.

ressac [rəsak] *nm* resaca *f*.

ressaisir [rəsezir] ◆ **se ressaisir** *vp* dominarse.

ressasser [rəsase] *vt* **-1.** [répéter] machacar. **-2.** [remâcher] dar vueltas a.

ressemblance [rəsãblãs] *nf* parecido *m*.

ressemblant, e [rəsãblã, ãt] *adj* parecido(da).

ressembler [rəsãble] *vi* : ~ **à qqch/à qqn** [gén] parecerse a algo/a alguien; [être conforme à] ser digno(na) de algo/de alguien; **cela ne lui ressemble pas** eso no es normal en él.

ressemeler [rəsəmle] *vt* poner suelas nuevas a.

ressentiment [rəsɑ̃timɑ̃] *nm* resentimiento *m*.

ressentir [rəsɑ̃tir] *vt* sentir, experimentar.

resserrer [rəsere] *vt* **-1.** [ceinture, nœud] apretar. **-2.** *fig* [liens] estrechar. ◆ **se resserrer** *vp* **-1.** [route, chemin, liens] estrecharse. **-2.** [nœud, étreinte] apretarse.

resservir [rəservir] ◇ *vt* **-1.** [plat] volver a servir. **-2.** *fig* [histoire] sacar a colación. ◇ *vi* volver a servir. ◆ **se resservir** *vp* : **se ~ de qqch** [ustensile] volver a usar OU utilizar algo; [plat] servirse más; **se ~ de viande/de légumes** servirse más carne/más verdura.

ressort [rəsɔr] *nm* **-1.** [mécanisme] resorte *m*, muelle *m*. **-2.** [énergie] energía *f*. **-3.** (*gén pl*) *sout* [cause] resorte *m*. **-4.** [compétence] incumbencia *f*. **-5.** *loc* : **en dernier ~** en última instancia.

ressortir [rəsɔrtir] ◇ *vi* **-1.** [sortir à nouveau] volver a salir. **-2.** *fig* [se détacher] resaltar, destacar. **-3.** [résulter] : **~ de qqch** resultar OU desprenderse de algo, desprenderse de algo. ◇ *vt* volver a sacar.

ressortissant, e [rəsɔrtisɑ̃, ɑ̃t] *nm, f* residente *mf* (*extranjero*).

ressource [rəsurs] *nf* [recours] recurso *m*. ◆ **ressources** *nfpl* recursos *mpl*; **~s naturelles** recursos naturales.

ressusciter [resysite] *vt & vi* resucitar.

restant, e [rɛstɑ̃, ɑ̃t] *adj* restante; → **poste**.

restaurant [rɛstɔrɑ̃] *nm* restaurante *m*; **~ d'entreprise** comedor *m* de empresa.

restaurateur, trice [rɛstɔratœr, tris] *nm, f* CULIN & ART restaurador *m*, -ra *f*.

restauration [rɛstɔrasjɔ̃] *nf* restauración *f*.

restaurer [rɛstɔre] *vt* ART & POLIT restaurar; [quartier] remodelar. ◆ **se restaurer** *vp* comer.

reste [rɛst] *nm* **-1.** [de lait, de temps] resto *m*. **-2.** MATHS resta *f*. **-3.** *loc* : **au** OU **du ~** por lo demás. ◆ **restes** *nmpl* **-1.** [de repas] sobras *fpl*. **-2.** [de mort] restos *mpl* mortales.

rester [rɛste] *vi* **-1.** [dans un lieu] quedarse; **en ~ à qqch** [s'arrêter] quedarse en algo; **en ~ là** dejarlo; **y ~** *fam* [mourir] quedarse en el sitio. **-2.** [dans un état] permanecer. **-3.** [durer, subsister] quedar. **-4.** *loc* : **il reste que, il n'en reste pas moins que…** eso no impide que.

restituer [rɛstitɥe] *vt* restituir.

restreindre [rɛstrɛ̃dr] *vt* restringir. ◆ **se restreindre** *vp* restringirse; **se ~ dans qqch** [dépenses] restringir algo.

restrictif, ive [rɛstriktif, iv] *adj* restrictivo(va).

restriction [rɛstriksjɔ̃] *nf* **-1.** [limitation] restricción *f*. **-2.** [condition] condición *f*; **faire des ~s** poner condiciones; **sans ~** sin condiciones. ◆ **restrictions** *nfpl* restricciones *fpl*.

restructuration [rəstryktyrasjɔ̃] *nf* reestructuración *f*.

restructurer [rəstryktyre] *vt* reestructurar.

résultat [rezylta] *nm* resultado *m*.

résulter [rezylte] *vi* : **il en résulte que** se deduce que.

résumé [rezyme] *nm* resumen *m*; **en ~** en resumen, resumiendo.

résumer [rezyme] *vt* resumir. ◆ **se résumer** *vp* **-1.** [personne] resumirse. **-2.** [se réduire] : **se ~ à (faire) qqch** reducirse a (hacer) algo.

résurgence [rezyrʒɑ̃s] *nf* **-1.** GÉOL resurgencia *f*. **-2.** *fig* [de doctrine] resurgimiento *m*.

résurrection [rezyrɛksjɔ̃] *nf* resurrección *f*.

rétablir [retablir] *vt* [gén] restablecer; [texte] restituir. ◆ **se rétablir** *vp* **-1.** [gén] restablecerse. **-2.** [gymnaste] recuperar el equilibrio.

rétablissement [retablismɑ̃] *nm* restablecimiento *m*.

retard [rətar] *nm* **-1.** [gén] retraso *m*; **être en ~** [sur une heure] llegar tarde; *fig* [sur l'échéance] llevar retraso; **prendre du ~** atrasarse. **-2.** [retardement] demora *f*; **sans ~** sin demora.

retardataire [rətardatɛr] ◇ *adj* que llega tarde. ◇ *nmf* tardón *m*, -ona *f*.

retardement [rətardəmɑ̃] *nm* : **à ~** de efectos retardados; **comprendre à ~** ser de efectos retardados.

retarder [rətarde] ◇ *vt* **-1.** [gén] retrasar. **-2.** [montre] atrasar. ◇ *vi* **-1.** [horloge, montre] atrasar, atrasarse. **-2.** *fam* [ne pas être au courant] no estar al loro. **-3.** [être en décalage] : **~ (sur) qqch** no vivir con algo.

retenir [rətənir] *vt* **-1.** [gén] retener. **-2.** [objet] sujetar. **-3.** [montant, impôt] deducir, retener. **-4.** [chambre, table] reservar. **-5.** [projet, idée] aceptar. **-6.** MATHS llevar, llevarse. **-7.** [cri, souffle, larmes] contener, reprimir. **-8.** [attention, regard, chaleur] mantener. **-9.** [personne] detener; ~ **qqn de faire qqch** impedir a alguien que haga algo. ◆ **se retenir** *vp* **-1.** [s'accrocher] : **se ~ à qqch/à qqn** agarrarse a algo/a alguien. **-2.** [se contenir] aguantarse, contenerse; **se ~ de faire qqch** contenerse de hacer algo.

rétention [retɑ̃sjɔ̃] *nf* MÉD retención *f*.

retentir [rətɑ̃tir] *vi* **-1.** [son] resonar. **-2.** [fatigue, blessure] : ~ **sur qqch** repercutir en algo.

retentissant, e [rətɑ̃tisɑ̃, ɑ̃t] *adj* **-1.** [sonore] sonoro(ra). **-2.** [déclaration, succès] rotundo(da); [échec] estrepitoso(sa).

retentissement [rətɑ̃tismɑ̃] *nm* **-1.** [de mesures] repercusión *f*. **-2.** [de spectacle] resonancia *f*.

rete... [rətny] *nf* **-1.** [prélèvement] deducción *f*; ~ **à la source** retención *f* en origen OU en fuente. **-2.** MATHS cantidad *f* que se lleva; **j'ai oublié ma ~** he olvidado la que me llevo. **-3.** SCOL [punition] castigo *m (sin salir).* **-4.** *fig* [réserve] discreción *f*, reserva *f*; **sans ~** sin reservas.

réticence [retisɑ̃s] *nf* [hésitation] reticencia *f*; **avec/sans ~** con/sin reticencias.

²**réticent, e** [retisɑ̃, ɑ̃t] *adj* reticente.

rétine [retin] *nf* retina *f*.

retiré, e [rətire] *adj* retirado(da).

retirer [rətire] *vt* **-1.** [gén] sacar; [métal] extraer; ~ **qqch/qqn (de qqch)** sacar algo/a alguien (de algo). **-2.** [argent] quitar; ~ **qqch (de qqch)** quitar algo (de algo). **-3.** [vêtement] quitarse. **-4.** [permis, candidature, parole] retirar; ~ **qqch à qqn** retirar algo a alguien. ◆ **se retirer** *vp* retirarse; **se ~ de qqch** retirarse de algo.

retombées [rətɔ̃be] *nfpl* consecuencias *fpl*.

retomber [rətɔ̃be] *vi* **-1.** [tomber de nouveau] volver a caer. **-2.** *fig* [rechuter] recaer; ~ **dans qqch** volver a caer en; ~ **sur qqch** recaer sobre alguien. **-3.** [redescendre, pendre] caer. **-4.** *fig* [colère] aplacarse.

rétorquer [retɔrke] *vt* replicar; ~ **à qqn que** replicar OU contestar a alguien que.

retors, e [rətɔr, ɔrs] *adj* retorcido(da).

rétorsion [retɔrsjɔ̃] *nf* represalia *f*.

retouche [rətuʃ] *nf* retoque *m*.

retoucher [rətuʃe] *vt* retocar.

retour [rətur] *nm* **-1.** [gén] vuelta *f*; ~ **à qqch** [état habituel, antérieur] vuelta a algo; **à mon ~** a mi regreso; **être de ~ (de)** estar de vuelta (de); ~ **en arrière** *fig* mirada *f* retrospectiva. **-2.** [mouvement

inverse] retorno *m*. **-3.** [trajet] viaje *m* de vuelta. **-4.** [réexpédition] devolución *f*. **-5.** *loc* : **en ~** a cambio.

retourner [rəturne] ◇ *vt* **-1.** [matelas, carte] dar la vuelta a. **-2.** [terre] remover. **-3.** [poche, pull] volver del revés. **-4.** [compliment, objet prêté, lettre] devolver. **-5.** *fig* [personne] trastornar. ◇ *vi* volver; ~ **à** [lieu] volver a; ~ **faire qqch** volver para hacer algo; ~ **à qqch** [état antérieur] volver a algo; ~ **à qqn** [être restitué] volver a alguien. ◆ **se retourner** *vp* **-1.** [voiture] volcar *Esp*, voltear *Amér*. **-2.** [personne] volverse; **s'en ~** [rentrer] volverse. **-3.** [s'opposer à] : **se ~ contre qqch/qqn** volverse contra algo/contra alguien. **-4.** *fam* [s'adapter] acomodarse.

retracer [rətrase] *vt* **-1.** [ligne] volver a trazar. **-2.** [événement] reconstituir.

rétracter [retrakte] *vt* **-1.** [contracter] retraer. **-2.** *sout* [nier] : ~ **qqch** retractarse de algo. ◆ **se rétracter** *vp* **-1.** [se contracter] retraerse. **-2.** [se dédire] retractarse.

retrait [rətrɛ] *nm* [gén] retirada *f*; [d'argent] reintegro *m*; [de bagages] recuperación *f*. ◆ **en retrait** ◇ *loc adv* [en arrière] hacia atrás; **rester en ~** *fig* quedarse en la retaguardia. ◇ *loc adj* [en arrière] retranqueado(da).

retraite [rətrɛt] *nf* **-1.** [cessation d'activité] jubilación *f*, retiro *m*; **être à la ~** estar jubilado(da) OU retirado(da). **-2.** [revenu] pensión *f*. **-3.** [fuite] retirada *f*. **-4.** RELIG retiro *m*.

retraité, e [rətrɛte] ◇ *adj* **-1.** [personne] jubilado(da), retirado(da). **-2.** TECHNOL [déchets] reciclado(da). ◇ *nm, f* jubilado *m*, -da *f*, retirado *m*, -da *f*.

retraitement [rətrɛtmɑ̃] *nm* TECHNOL recuperación *f*.

retrancher [rətrɑ̃ʃe] *vt* **-1.** [enlever] suprimir. **-2.** [montant] restar. ◆ **se retrancher** *vp* atrincherarse; **se ~ derrière qqch/derrière qqn** *fig* parapetarse tras algo/tras alguien.

retranscrire [rətrɑ̃skrir] *vt* transcribir.

retransmission [rətrɑ̃smisjɔ̃] *nf* retransmisión *f*.

retravailler [rətravaje] *vt & vi* volver a trabajar.

rétrécir [retresir] ◇ *vt* estrechar. ◇ *vi* encoger. ◆ **se rétrécir** *vp* estrecharse.

rétrécissement [retresismɑ̃] *nm* **-1.** [de vêtement] estrechamiento *m*; [de tissu] encogimiento *m*. **-2.** MÉD constricción *f*.

rétribution [retribysjɔ̃] *nf* retribución *f*.

rétroactif, ive [retrɔaktif, iv] *adj* retroactivo(va).

rétrograde [retrɔgrad] *adj* péj retrógrado(da).

rétrograder [retrɔgrade] ◇ *vt* degradar. ◇ *vi* -1. [gén] retroceder. -2. AUTOM reducir la marcha; ~ **de troisième en seconde** reducir de tercera a segunda.

rétroprojecteur [retrɔprɔʒɛktœr] *nm* retroproyector *m.*

rétrospective [retrɔspɛktiv] *nf* retrospectiva *f.*

rétrospectivement [retrɔspɛktivmã] *adv* a posteriori.

retrousser [rətruse] *vt* arremangar, remangar.

retrouvailles [rətruvaj] *nfpl* reencuentro *m.*

retrouver [rətruve] *vt* -1. [gén] encontrar. -2. [appétit] recobrar. -3. [avoir de nouveau] volver a tener. -4. [reconnaître] reconocer. -5. [ami] : ~ **qqn** encontrarse con alguien. ◆ **se retrouver** *vp* -1. [se trouver de nouveau] reencontrarse. -2. [être de nouveau] volver a encontrarse. -3. [se rejoindre] encontrarse. -4. [s'orienter] orientarse. -5. [financièrement] : **s'y** ~ *fam* recuperarse.

rétroviseur [retrɔvizœr] *nm* retrovisor *m.*

réunification [reynifikasjɔ̃] *nf* reunificación *f.*

réunifier [reynifje] *vt* reunificar.

réunion [reynjɔ̃] *nf* -1. [gén] reunión *f.* -2. [jonction] unión *f.*

réunir [reynir] *vt* -1. [gén] reunir. -2. [joindre] unir. ◆ **se réunir** *vp* -1. [gén] reunirse. -2. [se joindre] juntarse.

réussi, e [reysi] *adj* logrado(da) *Esp*, exitoso(sa) *Amér*; **c'est ~!** *iron* ¡muy logrado!

réussir [reysir] ◇ *vi* -1. [affaire] salir bien. -2. [personne] salir adelante; ~ **à faire qqch** conseguir hacer algo; ~ **à qqch** [examen, test] aprobar algo. -3. [climat] : ~ **à qqn** sentar bien a alguien. ◇ *vt* -1. [portrait, plat] : ~ **qqch** salirle bien a uno algo. -2. [examen] aprobar.

réussite [reysit] *nf* -1. [succès] éxito *m.* -2. [jeu de cartes] solitario *m.*

réutiliser [reytilize] *vt* reutilizar.

revaloriser [rəvalɔrize] *vt* -1. [monnaie, salaires] revaluar. -2. *fig* [idée, doctrine] revalorizar.

revanche [rəvãʃ] *nf* revancha *f;* **prendre sa** ~ tomarse la revancha. ◆ **en revanche** *loc adv* en cambio.

rêvasser [rɛvase] *vi* soñar despierto(ta).

rêve [rɛv] *nm* sueño *m;* **de** ~ de ensueño; **faire un** ~ tener un sueño.

rêvé, e [rɛve] *adj* ideal.

revêche [rəvɛʃ] *adj* arisco(ca).

réveil [revɛj] *nm* -1. [de personne, animal, volcan] despertar *m.* -2. [pendule] despertador *m.* -3. *fig* [retour à la réalité] vuelta *f* a la realidad.

réveiller [reveje] *vt* -1. [gén] despertar. -2. [courage, cupidité] estimular. ◆ **se réveiller** *vp* despertarse.

réveillon [revɛjɔ̃] *nm* -1. [du 24 décembre] cena *f* de Nochebuena. -2. [de la Saint-Sylvestre] cena *f* de Nochevieja.

réveillonner [revɛjɔne] *vi* cenar el día de Nochebuena o el de Nochevieja.

révélateur, trice [revelatœr, tris] *adj* revelador(ra). ◆ **révélateur** *nm* -1. PHOT revelador *m.* -2. *fig* [ce qui révèle] dato *m* revelador.

révélation [revelasjɔ̃] *nf* -1. [gén] revelación *f.* -2. [prise de conscience] conciencia *f.*

révéler [revele] *vt* -1. [gén] revelar. -2. [artiste] dar a conocer. ◆ **se révéler** *vp* -1. [apparaître] revelarse. -2. [s'avérer] resultar.

revenant, e [rəvnã, ãt] *nm, f* -1. [fantôme] aparecido *m.* -2. *fam* [personne] resucitado *m,* -da *f.*

revendeur, euse [rəvãdœr, øz] *nm, f* revendedor *m,* -ra *f.*

revendication [rəvãdikasjɔ̃] *nf* reivindicación *f.*

revendiquer [rəvãdike] *vt* [gén] reivindicar; [responsabilité] asumir.

revendre [rəvãdr] *vt* revender; **avoir qqch à** ~ *fig* tener algo para dar y tomar.

revenir [rəvnir] *vi* -1. [gén] volver; ~ **à qqch** volver a algo; ~ **à qqn** volver con alguien; ~ **sur qqch** volver sobre algo. -2. [mot, sujet] salir. -3. [à l'esprit] : **ça ne me revient pas** no me acuerdo. -4. [être rapporté] : ~ **à qqn** llegar a alguien. -5. [coûter] : ~ **à salir por. -6.** [être équivalent] : **cela revient au même** eso viene a ser lo mismo. -7. [honneur, tâche] : ~ **à qqn** corresponder a alguien. -8. *fam* [plaire] : ~ **à qqn** caer bien a alguien.

revente [rəvãt] *nf* reventa *f.*

revenu [rəvny] *nm* renta *f.* ◆ **revenus** *nmpl* ingresos *mpl.*

rêver [rɛve] ◇ *vi* **-1.** [gén] soñar; ~ à OU de qqch soñar con algo; ~ de qqn soñar con alguien; ~ de qqch/de faire qqch soñar con algo/con hacer algo; ~ que soñar que. **-2.** [rêvasser] soñar despierto(ta). ◇ *vt* soñar.

réverbération [reverberasjɔ̃] *nf* reverberación *f*.

réverbère [reverbɛr] *nm* farola *f*.

révérence [reverɑ̃s] *nf* reverencia *f*.

révérer [revere] *vt sout* reverenciar.

rêverie [rɛvri] *nf* fantasía *f*, ensueño *m*.

revers [rəver] *nm* **-1.** [de main] dorso *m*. **-2.** [de pièce] reverso *m*. **-3.** [de vêtement] solapa *f*. **-4.** *fig* [de fortune & TENNIS] revés *m*.

reverser [rəverse] *vt* **-1.** [liquide] volver a verter. **-2.** FIN transferir.

réversible [reversibl] *adj* reversible.

revêtement [rəvɛtmɑ̃] *nm* [de paroi, sol] revestimiento *m*; [de route] firme *m*.

revêtir [rəvɛtir] *vt* **-1.** [vêtement] vestir. **-2.** [mur, surface, caractère] revestir; ~ qqch de qqch revestir algo con algo.

rêveur, euse [rɛvœr, øz] *adj & nm, f* soñador(ra).

revient [rəvjɛ̃] → **prix**.

revigorer [rəvigɔre] *vt* tonificar.

revirement [rəvirmɑ̃] *nm* viraje *m*.

réviser [revize] *vt* **-1.** [gén] revisar. **-2.** SCOL & UNIV repasar.

révision [revizjɔ̃] *nf* **-1.** [gén] revisión *f*. **-2.** SCOL & UNIV repaso *m*.

révisionnisme [revizjɔnism] *nm* revisionismo *m*.

revisser [rəvise] *vt* volver a atornillar.

revivre [rəvivr] ◇ *vi* revivir; **faire ~ qqch à qqn** hacer revivir algo a alguien. ◇ *vt* volver a vivir.

revoici [rəvwasi] *prép* : **me ~!** ¡aquí estoy otra vez!

revoir [rəvwar] *vt* **-1.** [voir à nouveau] volver a ver. **-2.** [réviser] repasar. ◆ **se revoir** *vp* volver a verse. ◆ **au revoir** *interj* ¡adiós!

révoltant, e [revɔltɑ̃, ɑ̃t] *adj* indignante.

révolte [revɔlt] *nf* revuelta *f*.

révolter [revɔlte] *vt* sublevar. ◆ **se révolter** *vp* **-1.** [se soulever] rebelarse, sublevarse; **se ~ contre qqch/contre qqn** rebelarse OU sublevarse contra algo/contra alguien. **-2.** [s'indigner] sublevarse.

révolu, e [revɔly] *adj* **-1.** [époque] pasado(da). **-2.** [ans] cumplido(da).

révolution [revɔlysjɔ̃] *nf* revolución *f*.

révolutionnaire [revɔlysjɔner] *adj & nmf* revolucionario(ria).

révolutionner [revɔlysjɔne] *vt* revolucionar.

revolver [revɔlver] *nm* revólver *m*.

révoquer [revɔke] *vt* revocar.

revue [rəvy] *nf* **-1.** [gén] revista *f*; **passer qqch en ~** pasar revista a algo; ~ **de presse** revista de prensa. **-2.** [défilé] desfile *m*.

révulsé, e [revylse] *adj* [yeux] en blanco.

rez-de-chaussée [retʃose] *nm inv* planta *f* baja.

rez-de-jardin [redʒardɛ̃] *nm inv* planta *f* baja con jardín.

rhabiller [rabije] *vt* vestir de nuevo. ◆ **se rhabiller** *vp* vestirse de nuevo.

rhésus [rezys] *nm* MÉD Rh *m*; ~ **positif/négatif** Rh positivo/negativo.

rhétorique [retɔrik] *nf* retórica *f*.

Rhin [rɛ̃] *nm* : **le ~** el Rin.

rhinocéros [rinɔserɔs] *nm* rinoceronte *m*.

rhino-pharyngite [rinɔfarɛ̃ʒit] (*pl* **rhino-pharyngites**) *nf* rinofaringitis *f inv*.

Rhône [ron] *nm* : **le ~** el Ródano.

rhubarbe [rybarb] *nf* ruibarbo *m*.

rhum [rɔm] *nm* ron *m*.

rhumatisme [rymatism] *nm* reumatismo *m*.

rhume [rym] *nm* catarro *m*, resfriado *m Esp*, resfrío *m Amér*; **attraper un ~** coger un catarro OU resfriado; ~ **des foins** fiebre *f* del heno.

riant, e [rijɑ̃, ɑ̃t] *adj* risueño(ña).

RIB, rib [rib] (*abr de* **relevé d'identité bancaire**) *nm* certificado de identificación bancaria que incluye el número de cuenta, la sucursal, etc.

ribambelle [ribɑ̃bɛl] *nf* : ~ **de qqch** retahíla de algo.

ricaner [rikane] *vi* reír sarcásticamente.

riche [riʃ] ◇ *adj* rico(ca). ◇ *nmf* rico *m*, -ca *f*.

richesse [riʃes] *nf* riqueza *f*; ~ **en qqch** riqueza en algo. ◆ **richesses** *nfpl* **-1.** [de personne] riquezas *fpl*. **-2.** [de pays] riqueza *f*.

ricochet [rikɔʃɛ] *nm* rebote *m*; **faire des ~s** tirar piedras; **par** ~ *fig* por carambola.

rictus [riktys] *nm* rictus *m*.

ride [rid] *nf* **-1.** [de peau] arruga *f*. **-2.** [de surface d'eau] onda *f*.

rideau, x [rido] *nm* **-1.** [gén] cortina *f*. **-2.** THÉÂTRE telón *m*.

rider [ride] vt **-1.** [peau] arrugar. **-2.** [surface] rizar. ◆ **se rider** vp arrugarse.

ridicule [ridikyl] ◇ adj ridículo(la). ◇ nm : **se couvrir de** ~ hacer el ridículo; **tourner qqch/qqn en** ~ poner algo/a alguien en ridículo.

ridiculiser [ridikylize] vt ridiculizar. ◆ **se ridiculiser** vp hacer el ridículo.

rien [rjɛ̃] ◇ pron indéf nada; **ne... ~** no... nada; **il n'y a ~** no hay nada; **je n'en sais ~** no sé nada; **ça ne sert à ~** no sirve para nada; **c'est ça ou ~!** o eso o nada; **de ~!** ¡de nada!; ~ **à dire!** ¡no hay nada que decir!; ~ **à faire!** ¡no hay nada que hacer!; ~ **d'autre** nada más; ~ **de nouveau** nada nuevo, ninguna novedad; **sans** ~ **dire** sin decir nada; **tout ou** ~ todo o nada; **plus** ~ nada más; **pour** ~ para nada. ◇ nm : **pour un** ~ [se fâcher, pleurer] por nada, por una tontería; **en un** ~ **de temps** en un santiamén. ◆ **rien que** loc adv sólo; ~ **que l'idée des vacances le rend heureux** sólo con pensar en las vacaciones ya es feliz; **la vérité,** ~ **que la vérité** la verdad y nada más que la verdad.

rieur, euse [rijœr, øz] adj risueño(ña).

rigide [riʒid] adj rígido(da).

rigidité [riʒidite] nf rigidez f.

rigole [rigɔl] nf acequia f.

rigoler [rigɔle] vi fam **-1.** [rire] reírse; ~ **de qqch** reírse de algo. **-2.** [plaisanter] bromear.

rigolo, ote [rigɔlo, ɔt] fam ◇ adj **-1.** [drôle] cachondo(da). **-2.** [curieux] rarillo(lla). ◇ nm, f cachondo m, -da f (guasón).

rigoureux, euse [rigurø, øz] adj riguroso(sa).

rigueur [rigœr] nf rigor m. ◆ **à la rigueur** loc adv en última instancia.

rime [rim] nf rima f.

rimer [rime] vi rimar; ~ **avec qqch** rimar con algo.

rinçage [rɛ̃saʒ] nm [de vaisselle] enjuague m; [de linge, de cheveux] aclarado m.

rincer [rɛ̃se] vt [vaisselle] enjuagar; [cheveux, linge] aclarar.

ring [riŋ] nm **-1.** [de boxe] ring m. **-2.** Belg circunvalación f.

riposte [ripɔst] nf **-1.** [réponse] réplica f. **-2.** [contre-attaque] respuesta f.

riposter [ripɔste] ◇ vt [répondre] : ~ **que** replicar que. ◇ vi **-1.** [répondre] replicar. **-2.** [contre-attaquer] responder.

rire [rir] ◇ nm risa f; **éclater de** ~ echarse a reír; **c'est à mourir de** ~ fig es para morirse de risa. ◇ vi **-1.** [s'esclaffer] reír; ~ **de qqch/qqn** [se moquer] reírse de algo/de alguien. **-2.** [plaisanter] : **pour** ~ fam en broma.

risée [rize] nf burla f; **être la** ~ **de** ser el hazmerreír de.

risible [rizibl] adj risible.

risque [risk] nm [danger] riesgo m; **à tes ~s et périls** por tu cuenta y riesgo; **prendre des** OU **tous les ~s** arriesgarse.

risqué, e [riske] adj **-1.** [entreprise, expédition] arriesgado(da). **-2.** [plaisanterie] atrevido(da).

risquer [riske] vt **-1.** [gén] arriesgar; ~ **qqch** arriesgarse a algo; ~ **de faire qqch** correr el riesgo de hacer algo. **-2.** [tenter] aventurar. ◆ **se risquer** vp arriesgarse; **se** ~ **à (faire) qqch** arriesgarse a (hacer) algo.

rite [rit] nm rito m.

rituel, elle [rityɛl] adj ritual. ◆ **rituel** nm ritual.

rivage [rivaʒ] nm orilla f, ribera f.

rival, e, aux [rival, o] adj & nm, f rival.

rivaliser [rivalize] vi : ~ **avec qqch/avec qqn** rivalizar OU competir con algo/con alguien.

rivalité [rivalite] nf rivalidad f.

rive [riv] nf orilla f, ribera f.

river [rive] vt **-1.** [rivet] remachar. **-2.** [fixer] : **être rivé à qqch** fig estar pegado(da) a algo.

riverain, e [rivrɛ̃, ɛn] adj & nm, f [de rivière] ribereño(ña); [de rue, de route] vecino(na).

rivet [rivɛ] nm remache m.

rivière [rivjɛr] nf río m.

rixe [riks] nf riña f.

riz [ri] nm arroz m.

rizière [rizjɛr] nf arrozal m.

RMI (abr de **revenu minimum d'insertion**) nm ayuda estatal para la inserción social de personas sin ingresos.

RMiste [eremist] nmf persona que cobra el RMI.

RN (abr de **route nationale**) N.

robe [rɔb] nf **-1.** [de femme] vestido m. **-2.** [de magistrat] toga f. **-3.** [de cheval] pelaje m. **-4.** [de vin] color m.

robinet [rɔbinɛ] nm **-1.** [d'eau] grifo m Esp, canilla f Amér; ~ **mélangeur** grifo monomando. **-2.** [vanne d'eau, de gaz] llave f.

robinetterie [rɔbinɛtri] nf grifería f.

robot [rɔbo] *nm* robot *m*.

robotique [rɔbɔtik] *nf* robótica *f*.

robotisation [rɔbɔtizasjɔ̃] *nf* robotización *f*.

robuste [rɔbyst] *adj* robusto(ta).

robustesse [rɔbystɛs] *nf* robustez *f*.

roc [rɔk] *nm* roca *f*.

rocade [rɔkad] *nf* desvío *m*.

rocaille [rɔkaj] *nf* **-1.** [cailloux] guijarros *mpl*; [terrain] pedregal *m*. **-2.** [dans un jardin] rocalla *f*. **-3.** [style] estilo *Luis XV*.

rocailleux, euse [rɔkajø, øz] *adj* **-1.** [terrain] pedregoso(sa). **-2.** *fig* [voix] ronco(ca).

rocambolesque [rɔkãbɔlɛsk] *adj* rocambolesco(ca).

roche [rɔʃ] *nf* roca *f*.

rocher [rɔʃe] *nm* **-1.** [bloc] peñasco *m*; [de Gibraltar] peñón *m*. **-2.** [matière] roca *f*. **-3.** *fig* [confiserie] golosina con forma de roca.

rocheux, euse [rɔʃø, øz] *adj* rocoso(sa).

rock [rɔk] *adj & nm* rock.

rodage [rɔdaʒ] *nm* rodaje *m*; **en ~** en rodaje.

rodé, e [rɔde] *adj* rodado(da).

rodéo [rɔdeo] *nm* **-1.** [jeu] rodeo *m*. **-2.** *fig & iron* [chose difficile] odisea *f*.

rôder [rode] *vi* merodear, rondar.

rôdeur, euse [rodœr, øz] *nm, f* merodeador *m*, -ra *f*.

rogne [rɔɲ] *nf fam* cabreo *m*; **être en ~** estar cabreado(da); **se mettre en ~** cabrearse.

rogner [rɔɲe] *vt* **-1.** [livre, ongles] cortar. **-2.** [montant] recortar; **~ sur qqch** recortar algo.

roi [rwa] *nm* rey *m*; **tirer les ~s** comer el roscón de reyes el 6 de enero.

rôle [rol] *nm* papel *m* (personaje, función).

rôle-titre *nm* papel *m* protagonista.

ROM, Rom [rɔm] (*abr de* read only memory) *nf* ROM *m*.

roman, e [rɔmã, an] *adj* románico(ca). ◆ **roman** *nm* [gén] novela *f*.

romance [rɔmãs] *nf* romanza *f*.

romancier, ère [rɔmãsje, ɛr] *nm, f* novelista *mf*.

romanesque [rɔmanɛsk] *adj* novelesco(ca).

roman-feuilleton *nm* folletín *m*.

roman-photo *nm* fotonovela *f*.

romantique [rɔmãtik] *adj & nmf* romántico(ca).

romantisme [rɔmãtism] *nm* romanticismo *m*.

romarin [rɔmarɛ̃] *nm* romero *m*.

Rome [rɔm] *n* Roma.

rompre [rɔ̃pr] ◇ *vt sout* [gén] romper; [pain] partir. ◇ *vi* **-1.** [casser] romperse. **-2.** *fig* [se séparer de] : **~ avec qqn** romper con alguien. ◆ **se rompre** *vp* romperse; **se ~ qqch** romperse algo.

rompu, e [rɔ̃py] *pp* → **rompre**.

ronce [rɔ̃s] *nf* **-1.** [arbuste] zarza *f*. **-2.** [ébenisterie] veta *f*.

rond, e [rɔ̃, rɔ̃d] *adj* **-1.** [gén] redondo(da). **-2.** *fam* [ivre] trompa. ◆ **rond** *nm* **-1.** [cercle] círculo *m*. **-2.** [anneau] aro *m*. **-3.** *fam* [argent] : **ne pas avoir un ~** no tener un duro.

ronde [rɔ̃d] *nf* **-1.** [de surveillance] ronda *f*. **-2.** [danse] corro *m*. **-3.** MUS [note] redonda *f*. ◆ **à la ronde** *loc adv* a la redonda.

rondelle [rɔ̃dɛl] *nf* **-1.** [de saucisson] rodaja *f*. **-2.** [de métal] arandela *f*.

rondement [rɔ̃dmã] *adv* eficazmente.

rondeur [rɔ̃dœr] *nf* **-1.** [forme] redondez *f*. **-2.** [partie charnue] curva *f*. **-3.** [de caractère] franqueza *f*.

rond-point *nm* glorieta *f*.

ronflant, e [rɔ̃flã, ãt] *adj péj* rimbombante.

ronflement [rɔ̃fləmã] *nm* **-1.** [de dormeur] ronquido *m*. **-2.** [de poêle, de moteur] zumbido *m*.

ronfler [rɔ̃fle] *vi* **-1.** [personne] roncar. **-2.** [poêle, moteur] zumbar.

ronger [rɔ̃ʒe] *vt* **-1.** [os] roer; [bois] carcomer. **-2.** [détruire peu à peu, miner] corroer. ◆ **se ronger** *vp* : **se ~ les ongles** morderse las uñas.

ronronner [rɔ̃rɔne] *vi* **-1.** [chat] ronronear. **-2.** [moteur] zumbar.

rosace [rozas] *nf* rosetón *m*.

rose [roz] ◇ *nf* [fleur] rosa *f*. ◇ *nm* [couleur] rosa *m*. ◇ *adj* rosa.

rosé, e [roze] *adj* rosado(da). ◆ **rosé** *nm* [vin] rosado *m*. ◆ **rosée** *nf* rocío *m*.

roseau, x [rozo] *nm* caña *f* (planta).

rosier [rozje] *nm* rosal *m*.

rosir [rozir] ◇ *vt* sonrosar. ◇ *vi* sonrosarse.

rosser [rose] *vt* vapulear.

rossignol [rɔsiɲɔl] *nm* **-1.** [oiseau] ruiseñor *m*. **-2.** [passe-partout] ganzúa *f*.

rot [ro] *nm* eructo *m*.

rotatif, ive [rɔtatif, iv] *adj* rotativo(va).

rotation [rɔtasjɔ̃] *nf* rotación *f*.

royal

roter [rɔtɛ] vi fam eructar.

rôti, e [roti] adj CULIN asado(da). ◆ **rôti** nm CULIN asado m.

rotin [rɔtɛ̃] nm mimbre m.

rôtir [rotir] ◇ vt CULIN asar. ◇ vi asarse.

rôtisserie [rotisri] nf asador m (establecimiento).

rotonde [rɔtɔ̃d] nf rotonda f.

rotule [rɔtyl] nf rótula f.

rouage [rwaʒ] nm rueda f. ◆ **rouages** nmpl engranajes mpl.

rouble [rubl] nm rublo m.

roucouler [rukule] ◇ vt tararear. ◇ vi arrullarse.

roue [ru] nf -1. [gén] rueda f; **un deux-~s** un dos ruedas; **~ de secours** rueda de repuesto. -2. [de loterie] ruleta f.

rouer [rwe] vt : **~ qqn de qqch** moler a alguien a algo.

rouge [ruʒ] ◇ adj rojo(ja). ◇ nm -1. [couleur] rojo m. -2. [émotion] : **le ~ lui monta aux joues** se puso colorado(da). -3. fam [vin] tinto m. -4. [fard] colorete m; **~ à joues** colorete; **~ à lèvres** barra f OU lápiz m de labios. ◇ nmf vieilli [communiste] rojo m, -ja f.

rougeâtre [ruʒatr] adj rojizo(za).

rouge-gorge [ruʒgɔrʒ] nm petirrojo m.

rougeole [ruʒɔl] nf sarampión m.

rougeoyer [ruʒwaje] vi enrojecer.

rougeur [ruʒœr] nf [gén] rojez f; [de honte] rubor m.

rougir [ruʒir] ◇ vt enrojecer. ◇ vi -1. [arbre, feuille, ciel] enrojecer. -2. [personne] : **~ de qqch** ruborizarse por algo.

rougissant, e [ruʒisɑ̃, ɑ̃t] adj [gén] enrojecido(da); [de honte] ruborizado(da).

rouille [ruj] ◇ nf -1. [oxyde] herrumbre f, óxido m. -2. CULIN alioli con pimientos rojos que acompaña la sopa de pescado y la bullabesa. ◇ adj inv [couleur] rojizo(za).

rouiller [ruje] ◇ vt oxidar. ◇ vi oxidarse. ◆ **se rouiller** vp oxidarse.

roulade [rulad] nf -1. [galipette] voltereta f. -2. CULIN rollo m de carne.

roulé, e [rule] adj -1. [col] vuelto(ta). -2. LING vibrante.

rouleau, x [rulo] nm -1. [cylindre] rollo m; [de monnaie] cartucho m. -2. [de peintre, de pâtissier] rodillo m. -3. [bigoudi] rulo m. -4. [brisant] rompiente f. ◆ **rouleau compresseur** nm apisonadora f.

roulement [rulmɑ̃] nm -1. [gén] rodamiento m. -2. [de personnel, de hanches] rotación f. -3. [de tambour] redoble m. -4. FIN [circulation] circulación f. ◆ **roulement de tonnerre** nm trueno m.

rouler [rule] ◇ vt -1. [tonneau] rodar. -2. [tapis] enrollar; [cigarette] liar. -3. LING hacer vibrar. -4. fig [projets, pensées] darle vueltas a. -5. fam [duper] timar. ◇ vi -1. [ballon] rodar. -2. [véhicule, argent] circular. -3. [automobiliste] conducir Esp, manejar Amér. -4. [bateau] balancearse. -5. [tonnerre] resonar. -6. [conversation] : **~ sur qqch/sur qqn** girar sobre algo/sobre alguien. ◆ **se rouler** vp revolcarse.

roulette [rulɛt] nf -1. [petite roue] ruedecilla f. -2. [de dentiste] torno m. -3. [jeu] ruleta f.

roulis [ruli] nm balanceo m.

roulotte [rulɔt] nf -1. [de gitan] caravana f. -2. [de tourisme] roulotte f, caravana f.

roumain, e [rumɛ̃, ɛn] adj rumano(na). ◆ **roumain** nm LING rumano m. ◆ **Roumain, e** nm, f rumano m, -na f.

rouquin, e [rukɛ̃, in] adj & nm, f fam pelirrojo(ja).

rouspéter [ruspete] vi fam refunfuñar.

rousseur [rusœr] nf rubicundez f (del pelo).

routage [rutaʒ] nm [de journaux] envío m, expedición f.

route [rut] nf -1. [gén] carretera Esp, carretero m Amér. -2. [des épices, de la soie] ruta f. -3. [itinéraire] camino m. -4. NAVIG rumbo m. -5. loc : **en ~!** ¡en marcha!; **mettre en ~** poner en marcha; fig tenerse en pie.

routier, ère [rutje, ɛr] adj [carte, relais] de carreteras; [circulation] por carretera, viario(a). ◆ **routier** nm -1. [chauffeur] camionero m, -ra f. -2. [restaurant] restaurante m de camioneros.

routine [rutin] nf rutina f.

routinier, ère [rutinje, ɛr] adj rutinario(ria).

rouvrir [ruvrir] vt [porte] volver a abrir; [débat] reabrir. ◆ **se rouvrir** vp volverse a abrir.

roux, rousse [ru, rus] ◇ adj -1. [cheveux] pelirrojo(ja). -2. [feuille] rojizo(ja). -3. [sucre] moreno(na). ◇ nm, f [personne] pelirrojo m, -ja f. ◆ **roux** nm -1. [couleur] rojizo m. -2. CULIN salsa a base de harina y mantequilla muy cocida.

royal, e, aux [rwajal, o] adj -1. [de roi] real. -2. [magnifique] regio(gia).

royaliste [rwajalist] *adj & nmf* monár-quico(ca).

royaume [rwajom] *nm* **–1.** [gén] reino *m*. **-2.** *fig* [domaine] reino *m* personal.

Royaume-Uni [rwajomyni] *n* : **le** ~ **el** Reino Unido.

royauté [rwajote] *nf* **–1.** [fonction] realeza *f*. **-2.** [régime] monarquía *f*.

RPR (*abr de* Rassemblement pour la République) *nm* partido político francés a la derecha del espectro político.

RSVP (*abr de* répondez s'il vous plaît) SRC.

rte (*abr de* route) C.

ruade [rɥad] *nf* coz *f*.

ruban [rybɑ̃] *nm* **–1.** [gén] cinta *f*. **-2.** [décoration] condecoración *f*.

rubéole [rybeɔl] *nf* MÉD rubéola *f*.

rubis [rybi] ◇ *adj inv* [couleur] rubí (*en aposición*). ◇ *nm* [gén] rubí *m*.

rubrique [rybrik] *nf* **–1.** [chronique] sección *f*. **-2.** [dans un classement] rúbrica *f*.

ruche [ryʃ] *nf* **–1.** [d'abeilles] colmena *f*. **-2.** *fig* [endroit animé] hormiguero *m*.

rude [ryd] *adj* **–1.** [étoffe, surface] basto(ta). **-2.** [voix, son] bronco(ca). **-3.** [personne, mot, manières] brusco(ca). **-4.** [hiver, épreuve, traits] duro(ra). **-5.** [appétit] imponente.

rudesse [rydɛs] *nf* rudeza *f*.

rudimentaire [rydimɑ̃tɛr] *adj* rudimentario(ria).

rudoyer [rydwaje] *vt* tratar rudamente.

rue [ry] *nf* calle *f*.

ruée [rɥe] *nf* estampida *f* (*carrera*).

ruelle [rɥɛl] *nf* callejón *m*, callejuela *f*.

ruer [rɥe] *vi* cocear. ◆ **se ruer** *vp* : **se ~ sur qqch/sur qqn** abalanzarse sobre algo/sobre alguien.

rugby [rygbi] *nm* rugby *m*.

rugir [ryʒir] ◇ *vi* rugir. ◇ *vt* proferir.

rugissement [ryʒismɑ̃] *nm* rugido *m*.

rugosité [rygozite] *nf* rugosidad *f*.

rugueux, euse [rygø, øz] *adj* rugoso(sa).

ruine [rɥin] *nf* ruina *f*.

ruiner [rɥine] *vt* arruinar. ◆ **se ruiner** *vp* arruinarse.

ruineux, euse [rɥinø, øz] *adj* ruinoso(sa).

ruisseau, x [rɥiso] *nm* **–1.** [cours d'eau] arroyo *m* *Esp*, quebrada *f* *Amér.* **-2.** *sout* [de larmes] río *m*.

ruisseler [rɥisle] *vi* chorrear.

rumeur [rymœr] *nf* rumor *m* *Esp*, bola *f* *Amér.* ~ **publique** rumor general.

ruminer [rymine] *vt* **–1.** [suj : animal] rumiar. **-2.** [projet, souvenirs] dar vueltas a.

rupture [ryptyr] *nf* **–1.** [cassure, panne] rotura *f*. **-2.** *fig* [changement, annulation, brouille] ruptura *f*.

rural, e, aux [ryral, o] ◇ *adj* rural. ◇ *nm, f* campesino *m*, -na *f*.

ruse [ryz] *nf* **–1.** [habileté sournoise] astucia *f*. **-2.** [subterfuge] ardid *m*.

rusé, e [ryze] *adj & nm, f* astuto(ta) *Esp*, abusado(da) *Amér.*

Russie [rysi] *nf* : **la** ~ Rusia.

Rustine® [rystin] *nf* parche *m* (*para cámara de aire de bicicleta*).

rustique [rystik] ◇ *adj* rústico(ca). ◇ *nm* estilo *m* rústico.

rustre [rystr] *adj & nmf* *péj* patán(ana).

rutilant, e [rytilɑ̃, ɑ̃t] *adj* rutilante.

R-V *abr de* rendez-vous.

rythme [ritm] *nm* ritmo *m*; **en** ~ con ritmo.

rythmique [ritmik] ◇ *adj* rítmico(ca). ◇ *nf* LITTÉRATURE rítmica *f*.

S

s¹, S [ɛs] *nm* **–1.** [lettre] s *f*, S *f*. **-2.** [forme] : **en** ~ en forma de S. ◆ **S** (*abr de* sud) S.

s² (*abr de* seconde) s.

s' → se.

SA (*abr de* société anonyme) *nf* SA *f*.

sabbatique [sabatik] *adj* sabático(ca).

sable [sabl] ◇ *nm* arena *f*; ~**s mouvants** arenas movedizas. ◇ *adj inv* [couleur] arena (*en aposición*).

sablé, e [sable] *adj* **–1.** [route] enarenado(da), arenado(da). **-2.** CULIN de textura arenosa. ◆ **sablé** *nm* CULIN ≃ polvorón *m*.

sabler [sable] *vt* **–1.** [route] enarenar, arenar. **-2.** [façade] arenar.

sablier [sablije] *nm* reloj *m* de arena.

sabot [sabo] *nm* **–1.** [chaussure] zueco *m*. **-2.** [d'animal – gén] pezuña *f*; [– de cheval] casco *m*. **-3.** AUTOM cepo *m*.

sabotage [sabɔtaʒ] *nm* **-1.** [destruction volontaire] sabotaje *m.* **-2.** *fig* [bâclage] chapuza *f.*

saboter [sabɔte] *vt* **-1.** [faire échouer] sabotear. **-2.** *fig* [bâcler] chapucear.

saboteur, euse [sabɔtœr, øz] *nm, f* **-1.** MIL saboteador *m*, -ra *f.* **-2.** [bâcleur] chapucero *m*, -ra *f.*

sabre [sabr] *nm* sable *m.*

sac [sak] *nm* **-1.** [gén] saco *m*; [en papier, en plastique] bolsa *f*; ~ **à main** bolso *m* de mano. **-2.** *fam* [dix francs] diez francos *mpl.* **-3.** *sout* [pillage] saqueo *m.* ◆ **sac de couchage** *nm* saco *m* de dormir *Esp*, bolsa *f Amér.*

saccade [sakad] *nf* sacudida *f.*

saccadé, e [sakade] *adj* [respiration, bruit] entrecortado(da); [geste] brusco(ca).

saccage [sakaʒ] *nm* saqueo *m.*

saccager [sakaʒe] *vt* **-1.** [piller] saquear. **-2.** [dévaster] destrozar.

sacerdoce [saserdɔs] *nm* sacerdocio *m.*

sachet [saʃɛ] *nm* [de bonbons, de thé] bolsita *f*; [de lavande] saquito *m.*

sacoche [sakɔʃ] *nf* **-1.** [d'écolier] cartera *f*; [de médecin] maletín *m.* **-2.** [de cycliste] serón *m.*

sac-poubelle (*pl* **sacs-poubelle**) *nm* bolsa *f* de basura.

sacre [sakr] *nm* **-1.** [de roi, d'empereur] coronación *f.* **-2.** RELIG [d'évêque] consagración *f.*

sacré, e [sakre] *adj* **-1.** [gén] sagrado(da). **-2.** RELIG [art] sacro(cra). **-3.** *fam* [maudit] dichoso(sa).

sacrement [sakrəmɑ̃] *nm* RELIG sacramento *m.*

sacrer [sakre] *vt* **-1.** [roi] coronar. **-2.** [évêque] consagrar. **-3.** *fig* [déclarer] proclamar.

sacrifice [sakrifis] *nm* sacrificio *m*; **faire un** ~/**des** ~**s** hacer un sacrificio/sacrificios.

sacrifié, e [sakrifje] *adj* sacrificado(da).

sacrifier [sakrifje] *vt* sacrificar; ~ **qqch pour faire qqch** sacrificar algo para hacer algo; ~ **qqch/qqn à qqch/à qqn** sacrificar algo/a alguien a algo/a alguien. ◆ **se sacrifier** *vp* : **se** ~ **à** OU **pour qqch** sacrificarse por algo; **se** ~ **pour qqn** sacrificarse por alguien.

sacrilège [sakrilɛʒ] ◇ *adj & nmf* sacrílego(ga). ◇ *nm* sacrilegio *m.*

sacristain [sakristɛ̃] *nm* sacristán *m.*

sacristie [sakristi] *nf* sacristía *f.*

sadique [sadik] *adj & nmf* sádico(ca).

sadisme [sadism] *nm* sadismo *m.*

safari [safari] *nm* safari *m.*

safari-photo *nm* safari *m* fotográfico.

safran [safrɑ̃] ◇ *nm* azafrán *m.* ◇ *adj inv* [couleur] azafrán (*en aposición*).

saga [saga] *nf* saga *f.*

sage [saʒ] ◇ *adj* **-1.** [avisé] prudente, sensato(ta). **-2.** [docile] tranquilo(la); **sois** ~! ¡pórtate bien! **-3.** [chaste] decente. **-4.** [discret] sensato(ta). ◇ *nm* sabio *m*, -bia *f.*

sage-femme *nf* comadrona *f.*

sagesse [saʒɛs] *nf* **-1.** [bon sens] sensatez *f.* **-2.** [docilité] tranquilidad *f.* **-3.** [connaissance] sabiduría *f.*

Sagittaire [saʒitɛr] *nm* ASTROL Sagitario *m*; **être** ~ ser Sagitario; **être né sous le signe du** ~ haber nacido bajo el signo de Sagitario.

Sahara [saara] *nm* : **le** ~ el Sáhara; **au** ~ [direction] al Sáhara; [situation] en el Sáhara; **le** ~ **occidental** el Sáhara Occidental.

saignant, e [sɛɲɑ̃, ɑ̃t] *adj* **-1.** [blessure] sanguinoliento(ta). **-2.** CULIN [viande] poco hecho(cha). **-3.** *fam fig* [critique, discussion] sangriento(ta).

saignement [sɛɲmɑ̃] *nm* hemorragia *f.*

saigner [sɛɲe] ◇ *vt* **-1.** [financièrement & MÉD] sangrar. **-2.** [animal] degollar. ◇ *vi* sangrar.

saillant, e [sajɑ̃, ɑ̃t] *adj* **-1.** [muscle] prominente; [yeux] saltón(ona). **-2.** *fig* [événement] destacado(da).

sain, e [sɛ̃, sɛn] *adj* sano(na); ~ **et sauf** sano y salvo.

saint, e [sɛ̃, sɛ̃t] ◇ *adj* **-1.** [gén] santo(ta). **-2.** [extrême] imponente, fabuloso(sa). ◇ *nm, f* santo *m*, -ta *f.* ◆ **Sainte Famille** *nf* : **la Sainte Famille** la Sagrada Familia.

sainteté [sɛ̃tte] *nf* santidad *f.*

Saint-Jacques-de-Compostelle [sɛ̃ʒakdəkɔ̃pɔstɛl] *n* Santiago de Compostela.

Saint-Père [sɛ̃pɛr] *nm* RELIG Santo Padre *m.*

Saint-Pétersbourg [sɛ̃petɛrsbur] *n* San Petersburgo.

saisie [sezi] *nf* **-1.** JUR embargo *m.* **-2.** [de journal] secuestro *m.* **-3.** INFORM grabación *f*, mecanografía *f*; **erreur de** ~ error de mecanografía.

saisir [sezir] *vt* **-1.** [outil, personne] coger. **-2.** *fig* [occasion, prétexte] agarrarse a. **-3.** JUR embargar. **-4.** [journal] secuestrar. **-5.** INFORM grabar. **-6.** [comprendre] captar. **-7.** *sout* [suj : sensation, émotion] invadir. **-8.**

[surprendre] sorprender. **-9.** CULIN cocinar a fuego vivo. ◆ **se saisir** *vp* [prendre] : **se ~ de qqch/de qqn** coger algo/a alguien.

saisissant, e [sɛzisɑ̃, ɑ̃t] *adj* **-1.** [spectacle, ressemblance] sobrecogedor(ra). **-2.** [froid] penetrante.

saison [sɛzɔ̃] *nf* **-1.** [division de l'année] estación *f.* **-2.** [époque] temporada *f*; **hors ~** fuera de temporada; **la basse ~** OU **morte ~** la temporada baja OU de calma; **la haute ~** la temporada alta.

saisonnalité [sɛzɔnalite] *nf* estacionalidad *f.*

saisonnier, ère [sɛzɔnje, ɛr] ◇ *adj* de temporada. ◇ *nm, f* temporero *m*, -ra *f.*

salace [salas] *adj sout* salaz.

salade [salad] *nf* **-1.** [plante] lechuga *f.* **-2.** [plat froid] ensalada *f.* **-3.** *fam* [affaire confuse] follón *m.* **-4.** *fam* [mensonge] bola *f.*

saladier [saladje] *nm* ensaladera *f.*

salaire [salɛr] *nm* **-1.** [rémunération] sueldo *m*, salario *m*; **~ de base** sueldo OU salario base; **~ brut/net** salario bruto/neto. **-2.** [récompense] recompensa *f*, premio *m.*

salant [salɑ̃] *adj m* salino(na).

salarial, e, aux [salarjal, o] *adj* salarial.

salarié, e [salarje] ◇ *adj* **-1.** [personne] asalariado(da). **-2.** [travail] remunerado(da). ◇ *nm, f* asalariado *m*, -da *f.*

salaud [salo] *vulg* ◇ *nm péj* cabrón *m Esp*, concha de su madre *m Amér.* ◇ *adj m* : **c'est ~** es una putada.

sale [sal] *adj* **-1.** [gén] sucio(cia). **-2.** [déplaisant] desagradable. **-3.** *péj* [maudit] dichoso(sa), maldito(ta) *Esp*, pinche *Amér.* **-4.** *fam* [détestable] cacho; **un ~ coup** un cacho golpe.

salé, e [sale] *adj* **-1.** [gén] salado(da). **-2.** [histoire] picante. **-3.** *fam* [addition, note] hinchado(da).

saler [sale] *vt* **-1.** [aliment, plat] salar. **-2.** [route] echar sal a. **-3.** *fam* [addition, note] cargar la mano en.

saleté [salte] *nf* **-1.** [gén] porquería *f*; **faire des ~** dejarlo todo hecho una porquería. **-2.** [malpropreté] suciedad *f.* **-3.** [action vile] perrería *f*; **faire une ~ à qqn** hacer una perrería a alguien. **-4.** *fam péj* [salopard] puerco *m*, -ca *f.*

salir [salir] *vt* **-1.** [souiller] ensuciar *Esp*, enchastrar *Amér.* **-2.** *fig* [réputation, honneur, personne] ensuciar, manchar.

salissant, e [salisɑ̃, ɑ̃t] *adj* sucio(cia).

salive [saliv] *nf* saliva *f.*

saliver [salive] *vi* salivar; **il salive d'avance** se le hace la boca agua.

salle [sal] *nf* sala *f*; **~ d'attente** sala de espera; **~ de bains** OU **d'eau** cuarto *m* de baño OU de aseo; **~ de cinéma** sala de cine; **~ d'embarquement** sala de embarque; **~ d'opération** quirófano *m*, sala de operaciones; **~ non-fumeur** sala para no fumadores.

salon [salɔ̃] *nm* salón *m.*

salope [salɔp] *nf vulg péj* guarra *f.*

saloperie [salɔpri] *nf tfam* guarrada *f.*

salopette [salɔpɛt] *nf* [vêtement] (pantalón de) peto *m*; [de travail] mono *m.*

saltimbanque [saltɛ̃bɑ̃k] *nmf* saltimbanqui *mf.*

salubre [salybr] *adj* salubre.

salubrité [salybrite] *nf* salubridad *f.*

saluer [salɥe] *vt* saludar. ◆ **se saluer** *vp* saludarse.

salut [saly] ◇ *nm* **-1.** [geste, révérence] saludo *m.* **-2.** [sauvegarde & RELIG] salvación *f.* ◇ *interj fam* [bonjour] ¡hola!; [au revoir] ¡adiós!

salutaire [salytɛr] *adj* saludable.

salutation [salytasjɔ̃] *nf* RELIG saludo *m.* ◆ **salutations** *nfpl* [formule de politesse] : **veuillez agréer mes ~s distinguées** le saluda atentamente.

Salvador [salvadɔr] *nm* : **le ~** El Salvador.

salvadorien, enne [salvadɔrjɛ̃, ɛn] *adj* salvadoreño(ña). ◆ **Salvadorien, enne** *nm, f* salvadoreño *m*, -ña *f.*

salve [salv] *nf* salva *f.*

samedi [samdi] *nm* [jour] sábado *m*; **~ dernier** el sábado pasado; **~ prochain** el sábado que viene, el próximo sábado.

SAMU, Samu [samy] (*abr de* **Service d'aide médicale d'urgence**) *nm* servicio móvil de urgencias médicas.

sanatorium [sanatɔrjɔm] *nm* sanatorio *m* antituberculoso.

sanctifier [sɑ̃ktifje] *vt* santificar.

sanction [sɑ̃ksjɔ̃] *nf* **-1.** [gén] sanción *f*; **prendre des ~s contre qqn** sancionar a alguien. **-2.** *fig* [conséquence] castigo *m.*

sanctionner [sɑ̃ksjɔne] *vt* sancionar.

sanctuaire [sɑ̃ktɥɛr] *nm* santuario *m.*

sandale [sɑ̃dal] *nf* sandalia *f.*

sandalette [sɑ̃dalɛt] *nf* sandalia *f.*

sandwich [sɑ̃dwitʃ] (*pl* **sandwiches** OU **sandwichs**) *nm* [gén] bocadillo *m*; [de pain de mie] sandwich *m.*

sang [sɑ̃] *nm* [gén] sangre *f*.

sang-froid *nm inv* sangre fría; **de ~ a sangre fría; conserver** OU **garder son ~** conservar la calma; **perdre son ~** perder los estribos OU la calma.

sanglant, e [sɑ̃glɑ̃, ɑ̃t] *adj* **-1.** [épée, surface] ensangrentado(da). **-2.** [meurtrier, affront] sangriento(ta).

sangle [sɑ̃gl] *nf* [de selle] cincha *f*; [de parachutiste, de siège, de lit] correa *f*.

sangler [sɑ̃gle] *vt* [cheval] cinchar; [colis] atar.

sanglier [sɑ̃glije] *nm* jabalí *m*.

sanglot [sɑ̃glo] *nm* sollozo *m*; **éclater en ~s** romper OU prorrumpir en sollozos.

sangloter [sɑ̃glɔte] *vi* sollozar.

sangsue [sɑ̃sy] *nf* **-1.** ZOOL & *fig* sanguijuela *f*. **-2.** *fam fig* [personne importune] lapa *f*.

sanguin, e [sɑ̃gɛ̃, in] *adj* **-1.** [tempérament & ANAT] sanguíneo(a). **-2.** [visage] colorado(da). **-3.** [orange] sanguino(na).

sanguinaire [sɑ̃ginɛr] *adj* sanguinario(ria).

Sanisette® [sanizet] *nf fam* aseos públicos automáticos.

sanitaire [sanitɛr] *adj* sanitario(ria). ◆ **sanitaires** *nmpl* servicios *mpl*.

sans [sɑ̃] ◇ *prép* sin; **être ~...** no tener ningún(ninguna)...; **elle est ~ charme** no tiene ningún encanto; **~** (+ *infinitif*) sin (+ *infinitivo*); **~ faire un effort** sin hacer ningún esfuerzo. ◇ *adv* : **passe-moi mon manteau, je ne peux pas sortir ~** dame mi abrigo, no puedo salir sin él. ◆ **sans plus** *loc adv* sin más. ◆ **sans quoi** *loc adv* : **prête-moi de l'argent, ~ quoi je ne pourrai pas payer** préstame dinero, si no no podré pagar. ◆ **sans que** *loc conj* : **~ que tu le saches** sin que lo sepas.

sans-abri [sɑ̃zabri] *nmf inv* : **les ~** los sin techo OU hogar.

San Salvador [sɑ̃salvadɔr] *n* San Salvador.

sans-emploi [sɑ̃zɑ̃plwa] *nmf inv* parado *m*, -da *f*.

sans-gêne ◇ *adj inv & nmf inv* descarado(da). ◇ *nm inv* descaro *m inv*; **il est d'un ~!** ¡tiene una cara!

santé [sɑ̃te] *nf* **-1.** [gén] salud *f*; **à ta ~!** ¡a tu salud! **-2.** ADMIN sanidad *f*.

santon [sɑ̃tɔ̃] *nm* figurita *f* del belén.

saoul = **soûl**.

saouler = **soûler**.

sapeur-pompier [sapœrpɔ̃pje] *nm* bombero *m*.

saphir [safir] *nm* **-1.** [pierre] zafiro *m*. **-2.** [aiguille de tourne-disque] aguja *f*.

sapin [sapɛ̃] *nm* **-1.** [arbre] abeto *m*; **~ de Noël** árbol de Navidad. **-2.** [bois] pino *m*.

sarabande [sarabɑ̃d] *nf* **-1.** [danse & MUS] zarabanda *f*. **-2.** *fam* [vacarme] estrépito *m*.

sarcasme [sarkasm] *nm* sarcasmo *m*.

sarcastique [sarkastik] *adj* sarcástico(ca).

sarcler [sarkle] *vt* escardar, sachar.

sarcophage [sarkɔfaʒ] *nm* sarcófago *m*.

Sardaigne [sardɛɲ] *nf* : **la ~** Cerdeña *m*.

sardine [sardin] *nf* sardina *f*.

SARL, Sarl (*abr de* société à responsabilité limitée) *nf* SL *f*; **Leduc, ~** Leduc, SL.

sarment [sarmɑ̃] *nm* **-1.** [de vigne] sarmiento *m*. **-2.** [tige] zarcillo *m*.

sas [sas] *nm* **-1.** NAVIG & AÉRON compartimiento *m* estanco. **-2.** [d'écluse] cámara *f*. **-3.** [tamis] cedazo *m*, tamiz *m*.

satanique [satanik] *adj* satánico(ca).

satelliser [satelize] *vt* satelizar.

satellite [satelit] *nm* satélite *m*; **par ~** vía satélite.

satiété [sasjete] *nf* : **à ~** hasta la saciedad.

satin [satɛ̃] *nm* satén *m*, raso *m*.

satiné, e [satine] *adj* [tissu] satinado(da), de raso; [peau] terso(sa). ◆ **satiné** *nm* tersura *f*.

satire [satir] *nf* sátira *f*.

satirique [satirik] *adj* satírico(ca).

satisfaction [satisfaksjɔ̃] *nf* satisfacción *f*.

satisfaire [satisfɛr] *vt* satisfacer. ◆ **se satisfaire** *vp* : **~ de qqch** contentarse con algo.

satisfaisant, e [satisfəzɑ̃, ɑ̃t] *adj* satisfactorio(ria).

satisfait, e [satisfɛ, ɛt] *adj* satisfecho(cha); **être ~ de qqch** [être content de] estar satisfecho de algo; [se contenter de] estar satisfecho con algo.

saturation [satyrasjɔ̃] *nf* saturación *f*.

saturé, e [satyre] *adj* saturado(da).

satyre [satir] *nm* sátiro *m*.

sauce [sos] *nf* salsa *f*; **en ~** con salsa, en salsa.

saucisse [sosis] *nf* CULIN salchicha *f*.

saucisson [sosisɔ̃] *nm* CULIN salchichón *m*.

sauf[1], **sauve** [sof, sov] *adj* **-1.** [personne] ileso(sa). **-2.** *fig* [honneur] intacto(ta).

sauf[2] [sof] *prép* **-1.** [à l'exclusion de] salvo, excepto. **-2.** [sous réserve] salvo; **~ que** salvo OU excepto que.

sauf-conduit (*pl* **sauf-conduits**) *nm* salvoconducto *m*.

sauge [soʒ] *nf* **-1.** CULIN salvia *f*. **-2.** BOT [plante ornementale] salvia *f* de jardín.

saugrenu, e [sogrəny] *adj* descabellado(da).

saule [sol] *nm* sauce *m*; ~ **pleureur** sauce llorón.

saumon [somɔ̃] ◇ *nm* ZOOL salmón *m*. ◇ *adj inv* [couleur] salmón (*en aposición*).

saumoné, e [somɔne] *adj* asalmonado(da), salmonado(da).

sauna [sona] *nm* sauna *f*.

saupoudrer [sopudre] *vt* : ~ **qqch de qqch** CULIN espolvorear algo con algo; *fig* [discours] salpicar algo con algo.

saut [so] *nm* salto *m*.

sauté, e [sote] *adj* CULIN salteado(da).

saute-mouton [sotmutɔ̃] *nm inv* : **jouer à** ~ jugar al potro.

sauter [sote] ◇ *vi* **-1.** [personne, plombs, bouchon] saltar. **-2.** [se précipiter – au cou] : **tirarse**; [– dans les bras] echarse. **-3.** [exploser] saltar, estallar. **-4.** [chaîne de vélo] salirse. **-5.** *fam* [employé] saltar. **-6.** [être annulé] suspenderse. ◇ *vt* **-1.** [fossé, obstacle] saltar. **-2.** [page, repas, classe] saltarse.

sauterelle [sotrɛl] *nf* [grande] langosta *f Esp*, chapulín *m Amér*; [petite] saltamonte *m Esp*, chapulín *m Amér*.

sauteur, euse [sotœr, øz] ◇ *adj* [insecte] saltador(ra). ◇ *nm, f* [athlète] saltador *m*, -ra *f Esp*, clavadista *mf Amér*. ◆ **sauteur** *nm* [cheval] caballo *m* de saltos.

sautiller [sotije] *vi* dar saltitos.

sautoir [sotwar] *nm* **-1.** [bijou] collar *m* muy largo. **-2.** SPORT zona *f* de salto.

sauvage [sovaʒ] ◇ *adj* [gén] salvaje; [plante, fleur, fruit] agreste. ◇ *nmf* salvaje *mf*.

sauvagerie [sovaʒri] *nf* **-1.** [férocité] salvajismo *m*. **-2.** [insociabilité] huraña *f*. **-3.** [action] salvajada *f*.

sauve → **sauf**.

sauvegarde [sovgard] *nf* **-1.** [protection] salvaguardia *f*, salvaguarda *f*. **-2.** INFORM copia *f* de seguridad.

sauvegarder [sovgarde] *vt* **-1.** [protéger] salvaguardar. **-2.** INFORM salvar.

sauve-qui-peut [sovkipø] *nm inv* [débandade] desbandada *f*.

sauver [sove] *vt* **-1.** [gén] salvar; ~ **qqch/ qqn de qqch** salvar algo/a alguien de algo. **-2.** [racheter] compensar. ◆ **se sau-**

ver *vp* [fuir] escaparse; **se** ~ **de qqch** [s'échapper] escaparse de algo.

sauvetage [sovtaʒ] *nm* rescate *m*, salvamento *m*; **de** ~ salvavidas.

sauveteur [sovtœr] *nm* salvador *m*.

sauvette [sovɛt] ◆ **à la sauvette** ◇ *loc adv* [à la hâte] deprisa y corriendo. ◇ *loc adj* [vente] callejero(ra).

savamment [savamɑ̃] *adv* **-1.** [avec érudition] sabiamente. **-2.** [avec habileté] hábilmente.

savane [savan] *nf* sabana *f*.

savant, e [savɑ̃, ɑ̃t] *adj* **-1.** [personne] erudito(ta), sabio(bia); [livre] erudito(ta). **-2.** [manœuvre] hábil. **-3.** [animal] amaestrado(da). ◆ **savant** *nm* científico *m*.

saveur [savœr] *nf* sabor *m*.

savoir [savwar] ◇ *vt* **-1.** [gén] saber; **faire** ~ **qqch à qqn** hacer saber algo a alguien; **si j'avais su** si lo hubiera sabido, de haberlo sabido; ~ (+ *infinitif*) [avoir le don, la force de] saber (+ *infinitivo*); **elle sait se faire respecter** sabe hacerse respetar. **-2.** [avoir en mémoire] saberse. **-3.** *loc* : **en** ~ **long sur qqn/sur qqch** saber un rato de alguien/de algo. ◇ *nm* saber *m*. ◆ **à savoir** *loc adv* a saber.

savoir-faire *nm inv* destreza *f*.

savoir-vivre *nm inv* mundo *m*, mundología *f*.

savon [savɔ̃] *nm* **-1.** [matière] jabón *m*. **-2.** [pain] pastilla *f* de jabón. **-3.** *fam* [réprimande] rapapolvo *m*.

savonnette [savɔnɛt] *nf* jaboncillo *m*.

savourer [savure] *vt* saborear.

savoureux, euse [savurø, øz] *adj* sabroso(sa).

saxophone [saksɔfɔn] *nm* saxofón *m*.

saxophoniste [saksɔfɔnist] *nmf* saxofonista *mf*.

scabreux, euse [skabrø, øz] *adj* escabroso(sa).

scalpel [skalpɛl] *nm* escalpelo *m*.

scalper [skalpe] *vt* escalpar.

scandale [skɑ̃dal] *nm* escándalo *m*; **faire du** ~ armar (un) escándalo.

scandaleux, euse [skɑ̃dalø, øz] *adj* escandaloso(sa).

scandaliser [skɑ̃dalize] *vt* escandalizar. ◆ **se scandaliser** *vp* escandalizarse.

scander [skɑ̃de] *vt* [vers] escandir; [slogan] gritar.

scandinave [skãdinav] *adj* escandinavo(va). ◆ **Scandinave** *nmf* escandinavo *m*, -va *f*.

Scandinavie [skãdinavi] *nf* : **la ~** Escandinavia.

scanner[1] [skanɛr] *nm* escáner *m*.

scanner[2] [skane] *vt* **-1.** MÉD hacer un escáner a. **-2.** INFORM escanear.

scaphandre [skafãdr] *nm* escafandra *f*.

scarabée [skarabe] *nm* escarabajo *m*.

scatologique [skatɔlɔʒik] *adj* escatológico(ca).

sceau, x [so] *nm* sello *m*.

scélérat, e [selera, at] ◇ *adj vieilli* canallesco(ca). ◇ *nm, f* villano *m*, -na *f*.

sceller [sele] *vt* **-1.** CONSTR empotrar. **-2.** [acte, promesse] sellar. **-3.** JUR precintar. **-4.** [lettre] lacrar.

scénario [senarjo] *nm* **-1.** CIN, THÉÂTRE & LITTÉRATURE argumento *m*. **-2.** CIN [script] guión *m Esp*, libreto *m Amér*. **-3.** *fig* [déroulement prévu] ritual *m*.

scénariste [senarist] *nmf* guionista *mf*.

scène [sɛn] *nf* **-1.** [gén] escena *f*. **-2.** [estrade, décor de théâtre] escenario *m*; **~ de ménage** riña *f* conyugal.

scepticisme [sɛptisism] *nm* escepticismo *m*.

sceptique [sɛptik] *adj & nmf* escéptico(ca).

sceptre [sɛptr] *nm* cetro *m*.

schéma [ʃema] *nm* esquema *m*.

schématique [ʃematik] *adj* esquemático(ca).

schématiser [ʃematize] *vt* **-1.** [faire un schéma] hacer un esquema. **-2.** *péj* [généraliser] esquematizar.

schisme [ʃism] *nm* cisma *m*.

schizophrène [skizɔfrɛn] *adj & nmf* esquizofrénico(ca).

schizophrénie [skizɔfreni] *nf* esquizofrenia *f*.

sciatique [sjatik] ◇ *adj* ciático(ca). ◇ *nf* ciática *f*.

scie [si] *nf* **-1.** [outil] sierra *f*. **-2.** [rengaine] cantinela *f*.

sciemment [sjamã] *adv* a sabiendas, conscientemente.

science [sjãs] *nf* ciencia *f*; **~s humaines/sociales** UNIV ciencias humanas/sociales.

science-fiction *nf* ciencia *f* ficción.

scientifique [sjãtifik] *adj & nmf* científico(ca).

scier [sje] *vt* **-1.** [couper] aserrar, serrar. **-2.** *fam* [stupéfier] dejar de una pieza.

scierie [siri] *nf* aserradero *m*, serrería *f*.

scinder [sɛde] *vt* dividir. ◆ **se scinder** *vp* escindirse.

scintillement [sɛtijmã] *nm* centelleo *m*.

scintiller [sɛtije] *vi* centellear.

scission [sisjɔ̃] *nf* escisión *f*.

sciure [sjyr] *nf* serrín *m*.

sclérose [skleroz] *nf* esclerosis *f inv*; **~ en plaques** esclerosis múltiple OU en placas.

sclérosé, e [skleroze] *adj* **-1.** MÉD esclerótico(ca). **-2.** *fig* [administration] esclerotizado(da).

scléroser [skleroze] ◆ **se scléroser** *vp* **-1.** MÉD esclerosarse. **-2.** *fig* anquilosarse.

scolaire [skɔlɛr] *adj* escolar.

scolarisable [skɔlarizabl] *adj* en edad escolar.

scolarité [skɔlarite] *nf* **-1.** [études] estudios *mpl*. **-2.** [durée] escolaridad *f*.

scooter [skutœr] *nm* scooter *m Esp*, motoreta *f Amér*.

score [skɔr] *nm* SPORT & POLIT resultado *m*.

scorpion [skɔrpjɔ̃] *nm* ZOOL escorpión *m*, alacrán *m*. ◆ **Scorpion** *nm* Escorpión *m*.

scotch [skɔtʃ] *nm* whisky *m* escocés.

Scotch® [skɔtʃ] *nm* celo *m*.

scotcher [skɔtʃe] *vt* pegar con celo.

scout, e [skut] *adj* scout. ◆ **scout** *nm* scout *nm*.

Scrabble® [skrabl] *nm* scrabble® *m*.

scribe [skrib] *nm* **-1.** HIST escriba *m*. **-2.** *péj* [employé] chupatintas *m inv*.

script [skript] *nm* **-1.** [typo] letra *f* de imprenta. **-2.** CIN [scénario] guión *m Esp*, libreto *m Amér*.

scripte [skript] *nmf* CIN & TÉLÉ script *mf*.

scrupule [skrypyl] *nm* **-1.** [cas de conscience] escrúpulo *m*; **sans ~s** sin escrúpulos. **-2.** [conscience] escrupulosidad *f*.

scrupuleux, euse [skrypylø, øz] *adj* escrupuloso(sa).

scrutateur, trice [skrytatœr, tris] *adj & nm, f* escrutador(ra).

scruter [skryte] *vt* **-1.** [horizon, pénombre] escrutar. **-2.** [motif, intention] indagar.

scrutin [skrytɛ̃] *nm* **-1.** [vote] escrutinio *m*. **-2.** [modalité] sistema *m* de votación; **~ majoritaire/proportionnel** sistema mayoritario/(de representación) proporcional.

sculpter [skylte] *vt* esculpir.

sculpteur [skyltœr] *nm* escultor *m*.

sculpture [skyltyr] *nf* escultura *f*.

se [sə], **s'** *(devant voyelle ou h muet) pron pers réfléchi* se; ~ **couper** cortarse.

séance [seɑ̃s] *nf* -**1.** [gén] sesión *f*. -**2.** *fam* [scène] escena *f*.

seau, x [so] *nm* cubo *m Esp*, tacho *m Amér*; ~ **à champagne** champañera *f*.

sec, sèche [sɛk, sɛʃ] *adj* -**1.** [gén] seco(ca). -**2.** [raisin, figue] paso(sa). -**3.** [personne] enjuto(ta). ◆ **sec** *nm* [endroit sans humidité] : **tenir au** ~ guardar en un sitio seco; **être à** ~ [sans eau] estar seco(ca); *fam* [sans argent] estar pelado(da).

sécable [sekabl] *adj* divisible.

sécateur [sekatœr] *nm* tijeras *fpl* de podar, podadera *f*.

sécession [sesesjɔ̃] *nf* secesión *f*; **faire** ~ separarse.

sèche [sɛʃ] ◇ *adj* → **sec.** ◇ *nf fam* pitillo *m*.

sèche-cheveux [sɛʃʃəvø] *nm inv* secador *m*.

sèche-mains [sɛʃmɛ̃] *nm inv* secamanos *m inv* automático.

sèchement [sɛʃmɑ̃] *adv* secamente.

sécher [seʃe] ◇ *vt* -**1.** [gén] secar. -**2.** SCOL [cours] fumarse. ◇ *vi* -**1.** [gén] secarse. -**2.** SCOL [ne pas savoir répondre] estar pez.

sécheresse [sɛʃrɛs] *nf* -**1.** [gén] sequedad *f*. -**2.** [absence de pluie] sequía *f*.

séchoir [seʃwar] *nm* -**1.** [local] secadero *m*. -**2.** [appareil - tringles] tendedero *m*; [- électrique] secadora *f*; ~ **à cheveux** secador *m* de pelo.

second, e [səgɔ̃, ɔ̃d] *adj num & nm, f* segundo(da). ◆ **seconde** *nf* -**1.** [temps] segundo *m*. -**2.** SCOL [classe] ≃ segundo *m* de BUP. -**3.** [classe de transport & vitesse] segunda *f*.

secondaire [səgɔ̃dɛr] ◇ *adj* secundario(ria). ◇ *nm* : **le** ~ GÉOL & ÉCON el secundario; SCOL la (enseñanza) secundaria.

seconder [səgɔ̃de] *vt* secundar.

secouer [səkwe] *vt* [gén] sacudir *Esp*, remecer *Amér*; [flacon, bouteille] agitar. ◆ **se secouer** *vp fam* : **secoue-toi!** ¡espabila!, ¡muévete!

secourable [səkurabl] *adj* caritativo(va).

secourir [səkurir] *vt* socorrer.

secourisme [səkurism] *nm* socorrismo *m*.

secouriste [səkurist] *nmf* socorrista *mf*.

secours [səkur] *nm* -**1.** [aide] socorro *m*, auxilio *m*; **appeler au** ~ pedir socorro OU auxilio; **au** ~! ¡socorro!, ¡auxilio! -**2.** [dons, renforts, soins] socorro *m*; **les premiers** ~ los primeros auxilios. ◆ **de se-**

cours *loc adj* [poste] de socorro; [issue, sortie, porte] de emergencia; [roue] de recambio.

secouru, e [səkury] *pp* → **secourir**.

secousse [səkus] *nf* sacudida *f*.

secret, ète [səkrɛ, ɛt] *adj* secreto(ta). ◆ **secret** *nm* -**1.** [gén] secreto *m*; **dont il a le** ~ cuyo secreto sólo él conoce; **dans le plus grand** ~ con el más absoluto secreto. -**2.** [prisonnier] : **mettre au** ~ incomunicar.

secrétaire [səkretɛr] ◇ *nmf* [personne] secretario *m*, -ria *f*. ◇ *nm* [meuble] escritorio *m*, secreter *m*.

secrétariat [səkretarja] *nm* -**1.** [fonction] secretariado *m*, secretaría *f*. -**2.** [bureau, personnel] secretaría *f*. -**3.** [métier] secretariado *m*.

sécréter [sekrete] *vt* -**1.** [substance] secretar, segregar. -**2.** *fig* [ennui] rezumar.

sécrétion [sekresjɔ̃] *nf* secreción *f*.

sectaire [sɛktɛr] *adj & nmf* sectario(ria).

secte [sɛkt] *nf* secta *f*.

secteur [sɛktœr] *nm* -**1.** [gén] sector *m*; **sur** ~ ÉLECTR conectado(da) a la red; ~ **privé/public** ÉCON sector privado/público; ~ **primaire/secondaire/tertiaire** ÉCON sector primario/secundario/terciario. -**2.** *fam* [endroit] zona *f*. -**3.** ADMIN distrito *m*.

section [sɛksjɔ̃] *nf* -**1.** [gén] sección *f*. -**2.** [électorale] distrito *m*.

sectionner [sɛksjone] *vt* -**1.** [trancher] seccionar. -**2.** *fig* [diviser] dividir.

Sécu [seky] *fam abr de* **Sécurité sociale**.

séculaire [sekyler] *adj* secular.

sécuriser [sekyrize] *vt* tranquilizar.

sécurité [sekyrite] *nf* seguridad *f*; **en toute** ~ con toda tranquilidad; **la** ~ **routière** la seguridad vial. ◆ **Sécurité sociale** *nf* ≃ Seguridad *f* Social.

sédatif [sedatif] *nm* MÉD sedante *m*.

sédentaire [sedɑ̃tɛr] *adj & nmf* sedentario(ria).

sédentariser [sedɑ̃tarize] ◆ **se sédentariser** *vp* volverse sedentario(ria).

sédiment [sedimɑ̃] *nm* sedimento *m*.

sédition [sedisjɔ̃] *nf sout* sedición *f*.

séduction [sedyksjɔ̃] *nf* seducción *f*.

séduire [seduir] *vt* seducir.

séduisant, e [seduizɑ̃, ɑ̃t] *adj* seductor(ra).

séduit, e [sedui, it] *pp* → **séduire**.

segment [sɛgmɑ̃] *nm* segmento *m*.

segmenter [sɛgmɑ̃te] *vt* segmentar.

ségrégation [segregasjɔ̃] *nf* segregación *f*.

seigle [sɛgl] *nm* centeno *m*.

seigneur [sɛɲœr] *nm* HIST señor *m*. ◆ **Seigneur** *nm* : **le Seigneur** el Señor.

sein [sɛ̃] *nm* -1. [mamelle] seno *m*, pecho *m*; **donner le ~** dar el pecho. -2. [poitrine, milieu] seno *m*. ◆ **au sein de** *loc prép* en el seno de.

Seine [sɛn] *nf* : **la ~** el Sena.

séisme [seism] *nm* seísmo *m*.

seize [sɛz] *adj num & nm inv* dieciséis; *voir aussi* **six**.

séjour [seʒur] *nm* -1. [durée] estancia *f*; **interdit de ~** ≃ desterrado(da); **~ linguistique** estancia en el extranjero *(para aprender una lengua)*. -2. [pièce] sala *f* de estar.

séjourner [seʒurne] *vi* pasar una temporada.

sel [sɛl] *nm* sal *f*.

sélection [selɛksjɔ̃] *nf* -1. [gén] selección *f*. -2. SPORT : **de ~** de clasificación.

sélectionner [selɛksjone] *vt* seleccionar.

self-service [sɛlfsɛrvis] *(pl* **self-services)** *nm* selfservice *m*, autoservicio *m*.

selle [sɛl] *nf* -1. [de cheval] silla *f*. -2. [de bicyclette] sillín *m*. -3. CULIN cuarto *m* trasero.

seller [sele] *vt* ensillar.

selon [səlɔ̃] *prép* -1. [gén] según. -2. *loc* : **c'est ~** *fam* depende. ◆ **selon que** *loc conj* según, depende de si.

semaine [səmɛn] *nf* -1. [période] semana *f*; **à la ~** semanalmente. -2. [salaire] semana *f*, paga *f* semanal.

sémantique [semãtik] ◇ *adj* semántico(ca). ◇ *nf* semántica *f*.

semblable [sãblabl] ◇ *adj* -1. [analogue] semejante, parecido(da); **~ à** semejante OU parecido a. -2. [tel] semejante. ◇ *nm* -1. [de même caractère] igual *m*. -2. [prochain] semejante *m*.

semblant [sãblã] *nm* : **faire ~ de** faire qqch fingir OU simular hacer algo.

sembler [sãble] ◇ *vi* parecer. ◇ *v impers* : **il semble (que)** parece (que); **il me/te semble que** me/te parece que.

semelle [səmɛl] *nf* -1. [sous la chaussure] suela *f*. -2. [à l'intérieur de la chaussure] plantilla *f*. -3. CONSTR solera *f*.

semence [səmãs] *nf* -1. [graine] semilla *f*. -2. [sperme] semen *m*.

semer [səme] *vt* -1. [gén] sembrar. -2. *fam* [se débarrasser de] dar esquinazo. -3. *fam* [perdre] perder.

semestre [səmɛstr] *nm* semestre *m*.

semestriel, elle [səmɛstrijɛl] *adj* semestral.

séminaire [seminɛr] *nm* seminario *m*.

séminariste [seminarist] *nm* seminarista *m*.

semi-remorque [səmir(ə)mɔrk] *(pl* **semi-remorques)** *nm* camión *m* articulado.

semis [səmi] *nm* -1. [plant] semillero *m*. -2. [méthode] siembra *f*. -3. [terrain] sembrado *m*.

semoule [səmul] *nf* sémola *f*.

sempiternel, elle [sãpitɛrnɛl] *adj* eterno(na).

sénat [sena] *nm* senado *m*. ◆ **Sénat** *nm* -1. [en France] senado *m* (francés). -2. [aux USA] senado *m* (de los Estados Unidos). -3. HIST senado *m* (de Roma).

sénateur [senatœr] *nm* senador *m*, -ra *f*.

Sénégal [senegal] *nm* : **le ~** Senegal; **au ~** [direction] a Senegal; [situation] en Senegal.

sénile [senil] *adj* -1. MÉD senil. -2. *péj* chocho(cha).

sénilité [senilite] *nf* senilidad *f*.

sens [sãs] ◇ *nm* [gén] sentido *m*; **~ figuré/propio** sentido figurado/propio, **~ interdit** OU **unique** dirección *f* prohibida OU única; **bon ~** sentido común. ◇ *nmpl* sentidos *mpl*.

sensass [sãsas] *adj inv fam* [fantastique] guay.

sensation [sãsasjɔ̃] *nf* sensación *f*; [film] efectista.

sensationnel, elle [sãsasjɔnɛl] *adj* sensacional. ◆ **sensationnel** *nm* : **le ~** las sensaciones fuertes.

sensé, e [sãse] *adj* sensato(ta).

sensibiliser [sãsibilize] *vt* sensibilizar.

sensibilité [sãsibilite] *nf* sensibilidad *f*.

sensible [sãsibl] *adj* [gén] sensible; **~ à** qqch [qui ressent facilement] sensible a algo; [perceptible] perceptible a algo.

sensiblement [sãsibləmã] *adv* -1. [quasiment] casi. -2. [notablement] sensiblemente.

sensoriel, elle [sãsɔrjel] *adj* sensorial.

sensualité [sãsɥalite] *nf* sensualidad *f*.

sensuel, elle [sãsɥel] *adj* sensual.

sentence [sãtãs] *nf* sentencia *f*.

sentencieux, euse [sãtãsjø, øz] *adj péj* sentencioso(sa).

senteur [sãtœr] *nf* sout fragancia *f*.

sentier [sãtje] *nm* sendero *m*, senda *f*; **~ de grande randonnée** sendero *m* largo.

sentiment [sātimā] *nm* -1. [affection, penchant] sentimiento *m*. -2. [opinion] sentir *m*. -3. [impression] impresión *f*.

sentimental, e, aux [sātimātal, o] *adj & nm, f* sentimental.

sentinelle [sātinɛl] *nf* centinela *m*.

sentir [sātir] ⋄ *vt* -1. [par l'odorat] oler; [par le goût, par le toucher] notar. -2. [exhaler] oler a. -3. [percevoir, pressentir] sentir; **faire ~ qqch à qqn** hacer entender algo a alguien. -4. [apprécier] apreciar. ⋄ *vi* oler; ~ **bon/mauvais** oler bien/mal. ◆ **se sentir** ⋄ *vp* -1. [être perceptible] notarse; **se faire ~** [avoir des effets] notarse, hacerse sentir; **ça se sent!** ¡se nota! -2. *loc* : **ne pas pouvoir se ~** *fam* no poder (ni) verse. ⋄ *v attr* sentirse; **se ~ fatigué/malade/mal** sentirse cansado/enfermo/mal; **se ~ la force/le courage de** sentirse con fuerzas/con ánimos para.

séparation [separasjɔ̃] *nf* separación *f*.

séparatiste [separatist] *nmf* separatista *mf*.

séparé, e [separe] *adj* -1. [distinct] distinto(ta); **des intérêts ~s** distintos intereses. -2. JUR [couple] separado(da).

séparer [separe] *vt* -1. [gén] separar; ~ **qqch de qqch** separar algo de algo; ~ **qqn de qqn** separar a alguien de alguien. -2. [espace, lieu] dividir. ◆ **se séparer** *vp* -1. [gén] : **se ~ de qqch** separarse de algo; **se ~ de qqn** [quitter] separarse de alguien. -2. [route, fleuve] dividirse.

sept [sɛt] *adj num & nm inv* siete; *voir aussi* **six**.

septembre [sɛptɑ̃br] *nm* setiembre *m*, septiembre *m*; **au mois de** OU **en ~ en** (el mes de) septiembre OU setiembre.

septennat [sɛptena] *nm periodo de siete años correspondiente al mandato de un presidente en Francia.*

septicémie [sɛptisemi] *nf* MÉD septicemia *f*.

sépulcre [sepylkr] *nm sout* sepulcro *m*.

sépulture [sepyltyr] *nf* sepultura *f*.

séquelle [sekɛl] *nf (gén pl)* secuela *f*.

séquence [sekɑ̃s] *nf* -1. CIN, TÉLÉ & SCIENCES secuencia *f*. -2. [série de cartes] escalera *f*.

séquestrer [sekɛstre] *vt* -1. [personne] secuestrar *Esp*, plagiar *Amér*. -2. JUR [bien] depositar.

Serbie [sɛrbi] *nf* : **la ~** Serbia.

serein, e [sɔrɛ̃, ɛn] *adj* sereno(na).

sérénade [serenad] *nf* serenata *f*.

sérénité [serenite] *nf* serenidad *f*.

serf, serve [sɛr(f), sɛrv] HIST ⋄ *adj* de servidumbre. ⋄ *nm, f* siervo *m*, -va *f*.

sergent [sɛrʒɑ̃] *nm* MIL sargento *m*.

série [seri] *nf* -1. [gén] serie *f*; **hors ~ fuera de serie**; ~ **noire** *fig* sucesión *f* de catástrofes; [littérature] serie *f* negra. -2. SPORT categoría *f*. ◆ **en série** *loc adv & loc adj* en serie.

sérieusement [serjøzmɑ̃] *adv* -1. [sans plaisanter, avec application] seriamente, en serio. -2. [gravement] seriamente.

sérieux, euse [serjø, øz] *adj* serio(ria). ◆ **sérieux** *nm* seriedad *f*; **garder son ~** mantener la seriedad; **prendre qqch/qqn au ~** tomarse algo/a alguien en serio.

serin, e [sɔrɛ̃, in] *nm, f* -1. [oiseau] canario *m*. -2. *fam* [niais] merluzo *m*, -za *f*.

seringue [sɔrɛ̃g] *nf* jeringuilla *f*.

serment [sɛrmɑ̃] *nm* juramento *m*; **faire le ~ de** jurar que; **sous ~** bajo juramento; ~ **d'Hippocrate** MÉD juramento de Hipócrates.

sermon [sɛrmɔ̃] *nm* sermón *m*.

séronégatif, ive [seronegatif, iv] *adj* MÉD seronegativo(va).

séropositif, ive [seropozitif, iv] *adj* MÉD seropositivo(va).

séropositivité [seropozitivite] *nf carácter de seropositivo.*

serpe [sɛrp] *nf* podadera *f*.

serpent [sɛrpɑ̃] *nm* serpiente *f*.

serpenter [sɛrpɑ̃te] *vi* serpentear.

serpillière [sɛrpijɛr] *nf* bayeta *f*.

serre [sɛr] *nf* invernadero *m*. ◆ **serres** *nfpl* ZOOL garras *fpl*.

serré, e [sere] *adj* -1. [masse, tissu, forêt] tupido(da). -2. [style] conciso(sa). -3. [vêtement, chaussures] ceñido(da). -4. [discussion, match] reñido(da). -5. [nœud, poing] apretado(da). -6. [café] cargado(da).

serrer [sere] ⋄ *vt* -1. [personne, main, rangs] estrechar. -2. [poing, lèvres, vis] apretar; *fig* [cœur] encoger. -3. [suj : vêtement] apretar. -4. [se tenir très près de] pegarse a. ⋄ *vi* AUTOM mantenerse. ◆ **se serrer** *vp* [cœur] encogerse.

serre-tête [sɛrtɛt] *nm inv* diadema *f*.

serrure [seryr] *nf* cerradura *f Esp*, chapa *f Amér*.

serrurier [seryrje] *nm* cerrajero *m*.

sertir [sɛrtir] *vt* engastar.

sérum [serɔm] *nm* suero *m*.

servage [sɛrvaʒ] *nm* servidumbre *f*.

servante [sɛrvɑ̃t] *nf* sirvienta *f*.

erve → serf.

erveur, euse [sɛrvœr, øz] *nm, f* **-1.** [employé] camarero *m*, -ra *f Esp*, mozo *m*, -za *Amér*. **-2.** [aux cartes] jugador *m*, -ra *f* que eparte las cartas. **-3.** SPORT servidor *m*, -ra **◆ serveur** *nm* INFORM servidor *m*.

ervi, e [sɛrvi] *pp* → servir.

erviable [sɛrvjabl] *adj* servicial.

ervice [sɛrvis] *nm* **-1.** [gén] servicio *m*; **être au ~** *fam* estar en la mili; **être en ~** estar en servicio; **être hors ~** estar fuera de servicio; **~ compris** servicio incluido; **~ après-vente** COMM servicio posventa; **~ militaire/public** servicio militar/público. **-2.** [département] departamento *m*. **-3.** aide] favor *m*; **que puis-je faire pour votre ~?** ¿puedo ayudarle en algo?; **rendre un ~ à qqn** hacer un favor a alguien. **-4.** [à café, de porcelaine] juego *m*. **-5.** RELIG oficio *m*.

erviette [sɛrvjɛt] *nf* **-1.** [de table] servilleta *f*. **-2.** [de toilette] toalla *f*. **-3.** [portedocuments] cartera *f*. **◆ serviette hygiénique** *nf* compresa *f*.

erviette-éponge *nf* toalla *f* de rizo.

ervile [sɛrvil] *adj* **-1.** [gén] servil. **-2.** [traduction] literal.

servir [sɛrvir] ◇ *vt* **-1.** [gén] servir; [client] atender; **~ qqch à qqn** servir algo a alguien. **-2.** [aider, travailler pour] servir a; [suj : circonstances] favorecer. ◇ *vi* servir; **~ à faire qqch** servir para hacer algo; **~ de servir de; ça peut toujours ~** aún puede servir; **cela ne sert à rien** no sirve de OU para nada. **◆ se servir** *vp* servirse; **se ~ de qqch/qqn** servirse de algo/de alguien.

serviteur [sɛrvitœr] *nm* servidor *m*, -ra *f*.

servitude [sɛrvityd] *nf* servidumbre *f*.

session [sesjɔ̃] *nf* **-1.** [assemblée] sesión *f*. **-2.** UNIV [examen] convocatoria *f*.

set [sɛt] *nm* **-1.** SPORT set *m*. **-2.** [napperon] mantel *m* individual; **~ de table** juego *m* de manteles individuales. **-3.** CIN set *m*, plató *m*.

seuil [sœj] *nm* umbral *m*.

seul, e [sœl] *adj* **-1.** [isolé] solo(la); **~ à ~** a solas. **-2.** [unique] : **le ~, la seule** el único, la única; **un ~, une seule** un solo, una sola. **◆ seul** *adv* **-1.** [sans compagnie] solo. **-2.** [sans aide] : **(tout) ~** por sí solo.

seulement [sœlmã] *adv* **-1.** [pas davantage, exclusivement] solamente, sólo; **non ~... mais (encore)** no sólo... sino (también). **-2.** [toutefois] sólo que. **-3.** [pas plus tôt que] : **elle est arrivée ~ hier** no llegó

hasta ayer; **il vient ~ d'arriver** acaba de llegar ahora. **-4.** [même] ni siquiera.

sève [sɛv] *nf* savia *f*.

sévère [sever] *adj* **-1.** [gén] severo(ra). **-2.** [décor, tenue] sobrio(bria).

sévérité [severite] *nf* severidad *f*.

sévices [sevis] *nmpl* sevicia *f*.

Séville [sevij] *n* Sevilla.

sévir [sevir] *vi* **-1.** [punir] castigar duramente; **~ contre qqn** castigar duramente a alguien. **-2.** [exercer des ravages] hacer estragos.

sevrer [səvre] *vt* **-1.** [enfant, animal] destetar. **-2.** *fig* [priver de] : **~ qqn de qqch** privar a alguien de algo.

sexe [sɛks] *nm* sexo *m*.

sexiste [sɛksist] *adj & nmf* sexista.

sexologue [sɛksɔlɔg] *nmf* sexólogo(ga).

sex-shop [sɛksʃɔp] (*pl* **sex-shops**) *nm* sexshop *m*.

sextant [sɛkstã] *nm* NAVIG sextante *m*.

sexualité [sɛksɥalite] *nf* sexualidad *f*.

sexué, e [sɛksɥe] *adj* sexuado(da).

sexuel, elle [sɛksɥɛl] *adj* sexual.

sexy [sɛksi] *adj inv fam* sexy.

seyant, e [sɛjã, ãt] *adj* favorecedor(ra).

shampooing, shampoing [ʃãpwɛ̃] *nm* **-1.** [savon] champú *m*. **-2.** [lavage] : **faire un ~ à qqn** lavarle la cabeza a alguien.

shérif [ʃerif] *nm* shérif *m*.

shopping [ʃɔpiŋ] *nm* : **faire du ~** ir de tiendas OU de compras.

short [ʃɔrt] *nm* shorts *mpl*.

show-business [ʃobiznɛs] *nm inv* showbusiness *m*.

si [si] ◇ *adv* **-1.** [gén] tan; **elle est ~ belle** es tan guapa; **elle était ~ émue qu'elle s'est évanouie** estaba tan emocionada que se desmayó; **ce n'est pas ~ facile (que ça)** no es tan fácil (como parece). **-2.** [oui] sí; **tu n'aimes pas sa maison? – ~** ¿no te gusta su casa? – sí. ◇ *conj* si; **tu veux, on y va** si quieres, vamos; **je ne sais pas s'il est parti** no sé si se ha ido; **~ seulement** si al menos, si por lo menos. ◇ *nm inv* : **il y a toujours des ~ et des mais** siempre hay peros. **◆ si bien que** *loc conj* de modo que. **◆ si ce n'est** *loc prép* **-1.** [sinon] sino. **-2.** [sauf] excepto. **◆ si ce n'est que** *loc conj* excepto que. **◆ si peu que** *loc conj* por poco que, a poco que. **◆ si tant est que** *loc conj* si es que.

siamois, e [sjamwa, az] *adj* siamés(esa).

Sibérie [siberi] *nf* : **la** ~ Siberia.

sibyllin, e [sibilɛ̃, in] *adj* sibilino(na).

Sicile [sisil] *nf* : **la** ~ Sicilia.

SIDA, sida [sida] (*abr de* **syndrome immuno-déficitaire acquis**) *nm* sida *m*.

side-car [sidkar] (*pl* **side-cars**) *nm* sidecar *m*.

sidéré, e [sidere] *adj* pasmado(da).

sidérer [sidere] *vt* dejar pasmado(da).

sidérurgie [sideryrʒi] *nf* siderurgia *f*.

siècle [sjɛkl] *nm* siglo *m*; **la découverte du** ~ el descubrimiento del siglo; **ça fait des** ~**s que...** hace siglos que...

siège [sjɛʒ] *nm* **-1.** [meuble] asiento *m*; ~ **arrière/avant/éjectable** asiento trasero/delantero/eyectable. **-2.** [d'élu] escaño *m*. **-3.** MIL sitio *m*. **-4.** [résidence principale] sede *f*; ~ **social** ÉCON domicilio *m* social. **-5.** [centre] foco *m*. **-6.** MÉD [postérieur] nalgas *fpl*; **se présenter par le** ~ [bébé] venir de nalgas.

siéger [sjeʒe] *vi* **-1.** [faire partie d'une assemblée] ocupar un escaño. **-2.** [tenir séance] reunirse. **-3.** [se situer] tener la sede. **-4.** [résider] residir.

sien [sjɛ̃] ◆ **le sien** (*f* **la sienne** [lasjɛn], *mpl* **les siens** [lesjɛ̃], *fpl* **les siennes** [lesjɛn]) *pron poss* el suyo(la suya); **les** ~**s** [sa famille] los suyos.

sieste [sjɛst] *nf* siesta *f*.

sifflement [sifləmɑ̃] *nm* **-1.** [gén] silbido *m* *Esp*, chiflido *m* *Amér*. **-2.** [d'oiseau] canto *m*.

siffler [sifle] ◇ *vi* **-1.** [gén] silbar *Esp*, chiflar *Amér*; [avec un instrument] pitar. **-2.** [oiseau] cantar. ◇ *vt* **-1.** [air, chanson] silbar *Esp*, chiflar *Amér*. **-2.** [chien] llamar con un silbido. **-3.** *fam* [verre] soplarse.

sifflet [siflɛ] *nm* **-1.** [instrument] silbato *m*, pito *m*. **-2.** [son] silbido *m*, pitido *m* *Esp*, chiflido *m* *Amér*. ◆ **sifflets** *nmpl* silbidos *mpl*, abucheos *mpl*.

siffloter [siflɔte] *vt & vi* silbar *Esp*, chiflar *Amér*.

sigle [sigl] *nm* sigla *f*.

signal, aux [sinal, o] *nm* **-1.** [gén] señal *f*; **donner le** ~ **(de qqch)** dar la señal (de algo); ~ **d'alarme** señal de alarma. **-2.** [geste] seña *f*.

signalement [sinalmɑ̃] *nm* descripción *f*.

signaler [sinale] *vt* **-1.** [gén] señalar. **-2.** [à la police] denunciar.

signalétique [sinaletik] *adj* descriptivo(va).

signalisation [sinalizasjɔ̃] *nf* señalización *f*.

signataire [sinatɛr] *nmf* firmante *mf*, signatario *m*, -ria *f*.

signature [sinatyr] *nf* firma *f*.

signe [sin] *nm* **-1.** [indice] señal *f*. **-2.** [geste, trait, signal] seña *f*; ~**s particuliers** señas particulares. **-3.** SCIENCES & ASTROL signo *m*.

signer [sine] *vt* firmar. ◆ **se signer** *vp* RELIG persignarse.

signet [sine] *nm* punto *m* (de libro).

significatif, ive [sinifikatif, iv] *adj* significativo(va).

signification [sinifikasjɔ̃] *nf* **-1.** [sens] significado *m*. **-2.** JUR notificación *f*.

signifier [sinifje] *vt* **-1.** [avoir le sens de] significar. **-2.** [faire connaître & JUR] notificar.

silence [silɑ̃s] *nm* silencio *m*.

silencieux, euse [silɑ̃sjø, øz] *adj* silencioso(sa). ◆ **silencieux** *nm* silenciador *m*.

silex [silɛks] *nm inv* sílex *m inv*.

silhouette [silwɛt] *nf* silueta *f*.

sillage [sijaʒ] *nm* estela *f*; **laisser qqch dans son** ~ *fig* dejar tras de sí una estela de algo.

sillon [sijɔ̃] *nm* surco *m*.

sillonner [sijɔne] *vt* surcar.

silo [silo] *nm* silo *m*.

simagrées [simagre] *nfpl* *péj* melindres *mpl*.

similaire [similɛr] *adj* similar.

similarité [similarite] *nf* similitud *f*.

similicuir [similikɥir] *nm* polipiel *m*.

similitude [similityd] *nf* **-1.** [analogie] similitud *f*. **-2.** GÉOM semejanza *f*.

simple [sɛ̃pl] ◇ *adj* **-1.** [gén] sencillo(lla), simple; **c'est** ~ **comme bonjour** es coser y cantar. **-2.** CHIM simple. ◇ *nm* simple *m*.

simplicité [sɛ̃plisite] *nf* **-1.** [facilité] sencillez *f*, simplicidad *f*. **-2.** *fig* [modestie, sobriété] sencillez *f*. **-3.** [naïveté] simplicidad *f*.

simplifier [sɛ̃plifje] *vt* simplificar.

simpliste [sɛ̃plist] *adj & nmf* *péj* simplista.

simulacre [simylakr] *nm* simulacro *m*.

simulateur, trice [simylatœr, tris] *nm, f* farsante *mf*. ◆ **simulateur** *nm* TECHNOL simulador *m*.

simulation [simylasjɔ̃] *nf* simulación *f*.

simuler [simyle] *vt* **-1.** [feindre] simular, fingir. **-2.** TECHNOL simular.

simultané, e [simyltane] *adj* simultáneo(nea).

sincère [sɛ̃sɛr] *adj* sincero(ra).

sincèrement [sɛ̃sɛrmã] *adv* sinceramente.

sincérité [sɛ̃serite] *nf* sinceridad *f*.

sine qua non [sinekwanɔn] *adj* sine qua non.

Singapour [sɛ̃gapur] *n* Singapur; **à ~** [direction] a Singapur; [situation] en Singapur.

singe [sɛ̃ʒ] *nm* mono *m*, -na *f*.

singer [sɛ̃ʒe] *vt* **-1.** [imiter] remedar. **-2.** [feindre] fingir, simular.

singerie [sɛ̃ʒri] *nf* **-1.** *(gén pl)* [grimace] mueca *f*. **-2.** [cage] jaula *f* de los monos.

singulariser [sɛ̃gylarize] *vt* singularizar.
◆ **se singulariser** *vp* singularizarse.

singularité [sɛ̃gylarite] *nf* singularidad *f*.

singulier, ère [sɛ̃gylje, ɛr] *adj* singular.
◆ **singulier** *nm* GRAM singular *m*.

singulièrement [sɛ̃gyljɛrmã] *adv* **-1.** [bizarrement] de forma singular. **-2.** [beaucoup] extraordinariamente. **-3.** [notamment] especialmente.

sinistre [sinistr] ◇ *adj* **-1.** [gén] siniestro(tra). **-2.** [stupide] triste. ◇ *nm* **-1.** [catastrofe] siniestro *m*. **-2.** JUR daño *m*.

sinistré, e [sinistre] *adj & nm, f* siniestrado(da).

sinon [sinɔ̃] *conj* **-1.** [autrement, si ce n'est] si no; **obéis, ~ je me fâche** obedece, si no me enfado. **-2.** [sauf] sino; **je ne sens rien, ~ une légère courbature** no siento sino unas ligeras agujetas.

sinueux, euse [sinɥø, øz] *adj* sinuoso(sa).

sinuosité [sinɥozite] *nf* sinuosidad *f*.

sinus [sinys] *nm* ANAT & MATHS seno *m*.

sinusite [sinyzit] *nf* sinusitis *f inv*.

sionisme [sjɔnism] *nm* sionismo *m*.

siphon [sifɔ̃] *nm* sifón *m*.

siphonner [sifɔne] *vt* trasegar con un sifón.

sirène [sirɛn] *nf* sirena *f*.

sirop [siro] *nm* jarabe *m*; **au ~** en almíbar; **~ d'érable** jarabe de arce; **~ de grenadine** granadina *f*; **~ de menthe** jarabe de menta.

siroter [sirɔte] *vt fam* beber a sorbitos.

sismique [sismik] *adj* sísmico(ca).

sitcom [sitkɔm] *nf* telecomedia *f*.

site [sit] *nm* **-1.** [emplacement] emplazamiento *m*; **~ archéologique/historique/naturel** emplazamiento arqueológico/

histórico/natural. **-2.** [paysage pittoresque] paraje *m*.

sitôt [sito] *adv* tan pronto como, en cuanto; **~ dit, ~ fait** dicho y hecho; **~ après** inmediatamente después; **il ne reviendra pas de ~** tardará en volver.
◆ **sitôt que** *loc conj* tan pronto como, en cuanto; **je le lui dirai ~ qu'il reviendra** se lo diré tan pronto como OU en cuanto vuelva.

situation [sitɥasjɔ̃] *nf* **-1.** [gén] situación *f*; **~ de famille** estado *m* civil. **-2.** [emploi] puesto *m*.

situé, e [sitɥe] *adj* : **bien/mal ~** bien/mal situado(da).

situer [sitɥe] *vt* situar.

six [sis] *(en fin de phrase* [si] *devant consonne ou h aspiré* [siz] *devant voyelle ou h muet)*
◇ *adj* **-1.** [gén] seis; **il a ~ ans** tiene seis años; **il est ~ heures** son las seis; **le ~ janvier** el seis de enero. **-2.** [roi, pape] sexto(ta). ◇ *nm inv* [gén] seis *m*; **elle habite (au) ~ rue de Valois** vive en el (número) seis de la calle Valois. ◇ *pron* seis; **~ par ~** de seis en seis; **venir à ~** venir seis.

sixième [sizjɛm] ◇ *adj* [gén] sexto(ta); [siècle] seis; **arriver/se classer ~** llegar/clasificarse en sexto lugar OU el sexto. ◇ *nmf* sexto *m*, -ta *f*. ◇ *nf* SCOL [classe] ≈ sexto *m* de EGB; **entrer en ~** ≈ pasar a sexto de EGB; **être en ~** ≈ estar en sexto de EGB. ◇ *nm* **-1.** [part] : **le** OU **un ~ de qqch** el OU un sexto de algo, la OU una sexta parte de algo. **-2.** [arrondissement d'une ville] distrito *m* sexto, sexto distrito *m*. **-3.** [étage] sexto *m*.

skateboard [skɛtbɔrd] *nm* monopatín *m*, skateboard *m*.

sketch [skɛtʃ] *(pl* **sketchs** OU **sketches**) *nm* esquech *m*, sketch *m*.

ski [ski] *nm* esquí *m*; **~ acrobatique/alpin/nautique** esquí acrobático/alpino/náutico; **~ de fond** esquí de fondo.

skier [sk(i)je] *vi* esquiar.

skieur, euse [sk(i)jœr, øz] *nm, f* esquiador *m*, -ra *f*.

skinhead [skinɛd] *nm* skin head *mf*, cabeza rapada *m*.

skipper [skipœr] *nm* NAVIG **-1.** [de yacht] patrón *m*, capitán *m*. **-2.** [barreur] timonel *m*.

slalom [slalɔm] *nm* **-1.** [de ski] eslálom *m*. **-2.** [virage] zigzag *m*.

slave [slav] *adj* eslavo(va). ◆ **Slave** *nmf* eslavo *m*, -va *f*.

slip [slip] *nm* [d'homme] eslip *m*; [de femme] bragas *fpl Esp*, calzones *mpl Amér*.

slogan [slɔgã] *nm* eslogan *m*.

Slovaquie [slɔvaki] *nf* : **la** ~ Eslovaquia.

Slovénie [slɔveni] *nf* : **la** ~ Eslovenia.

slow [slo] *nm* lenta *f (canción)*.

smala, smalah [smala] *nf* **-1.** [de chef arabe] *conjunto formado por la familia, las tiendas, los servidores y el ganado de un jefe árabe*. **-2.** *fam* [famille nombreuse] tropa *f*.

smasher [smaʃe] *vi* dar un mate.

SME (*abr de* **système monétaire européen**) *nm* SME *m*.

SMIC, Smic [smik] (*abr de* **salaire minimum interprofessionnel de croissance**) *nm salario mínimo interprofesional en Francia,* ≃ SMI *m*.

smoking [smɔkiŋ] *nm* esmoquin *m*, smoking *m*.

snack-bar [snakbar] (*pl* **snack-bars**), **snack** [snak] *nm* snack-bar *m*.

SNCF (*abr de* **Société nationale des chemins de fer français**) *nf* compañía nacional de ferrocarriles franceses, ≃ RENFE *f*.

snob [snɔb] *adj & nmf* esnob.

snober [snɔbe] *vt* mirar por encima del hombro.

snobisme [snɔbism] *nm* esnobismo *m*.

sobre [sɔbr] *adj* sobrio(bria).

sobriété [sɔbrijete] *nf* sobriedad *f*.

sobriquet [sɔbrike] *nm* apodo *m*.

soc [sɔk] *nm* reja *f (del arado)*.

sociable [sɔsjabl] *adj* sociable.

social, e, aux [sɔsjal, o] ◇ *adj* social. ◇ *nm* : **le** ~ el ámbito social.

socialisme [sɔsjalism] *nm* socialismo *m*.

socialiste [sɔsjalist] *adj & nmf* socialista.

sociétaire [sɔsjetɛr] ◇ *adj* asociado(da). ◇ *nmf* socio *m*, -cia *f*.

société [sɔsjete] *nf* sociedad *f*; **en** ~ en sociedad.

sociologie [sɔsjɔlɔʒi] *nf* sociología *f*.

sociologue [sɔsjɔlɔg] *nmf* sociólogo *m*, -ga *f*.

socioprofessionnel, elle [sɔsjɔprɔfesjɔnɛl] *adj* socioprofesional.

socle [sɔkl] *nm* ARCHIT zócalo *m*.

socquette [sɔket] *nf* calcetín *m* corto.

soda [sɔda] *nm* soda *f*.

sodium [sɔdjɔm] *nm* sodio *m*.

sodomiser [sɔdɔmize] *vt* sodomizar.

sœur [sœr] *nf* hermana *f*; **grande/petite** ~ hermana mayor/pequeña; ~**s** siamoises hermanas siamesas.

sofa [sɔfa] *nm* sofá *m*.

SOFRES [sɔfrɛs] (*abr de* **Société française d'enquêtes par sondages**) *nf* : **la** ~ *empresa francesa que realiza encuestas y sondeos*.

software [sɔftwɛr] *nm* INFORM software *m*.

soi [swa] *pron pers* sí mismo(ma), uno mismo(una misma); **parler de** ~ hablar de sí mismo; **être content de** ~ estar contento con uno mismo; **revenir à** ~ volver en sí; **cela va de** ~ **(que)** ni que decir tiene (que). ◆ **soi-même** *pron pers* uno mismo(una misma).

soi-disant [swadizã] ◇ *adj inv* supuesto(ta). ◇ *adv fam* se supone que.

soie [swa] *nf* **-1.** [textile] seda *f*. **-2.** [poil] cerda *f*.

soierie [swari] *nf* **-1.** (*gén pl*) [textile] sedas *fpl*. **-2.** [industrie] sedería *f*.

soif [swaf] *nf* sed *f*; **avoir** ~ tener sed.

soigné, e [swaɲe] *adj* **-1.** [gén] cuidado(da). **-2.** *fam* [important] : **on a pris une raclée, quelque chose de** ~! ¡nos han dado una paliza de cuidado!

soigner [swaɲe] *vt* **-1.** [blessure, malade] curar. **-2.** [travail, jardin, invités] cuidar. ◆ **se soigner** *vp* **-1.** [malade] curarse. **-2.** [célibataire, vieillard] cuidarse.

soigneur [swaɲœr] *nm* SPORT cuidador *m*.

soigneusement [swaɲøzmã] *adv* cuidadosamente.

soigneux, euse [swaɲø, øz] *adj* cuidadoso(sa).

soin [swɛ̃] *nm* **-1.** [application] esmero *m*; **avoir** OU **prendre le** ~ **de** tener el cuidado de; **faire qqch avec** ~ hacer algo con cuidado OU cuidadosamente; **faire qqch sans** ~ hacer algo de cualquier manera. **-2.** [sollicitude] cuidado *m*; **prendre** ~ **de qqch/de qqn** cuidar de algo/de alguien. ◆ **soins** *nmpl* asistencia *f* médica; **être aux petits** ~**s de qqn** colmar de atenciones a alguien.

soir [swar] *nm* [déclin du jour] tarde *f*; [nuit] noche *f*; **le** ~ [au déclin du jour] por la tarde; [la nuit] por la noche.

soirée [sware] *nf* **-1.** [soir] noche *f*; [avec des amis] velada *f*. **-2.** [réception] recepción *f*; **de** ~ de noche. **-3.** [spectacle] función *f* de noche; ~ **de gala** función de gala; **en** ~ por la noche.

sois, soit *etc* → **être**.

soit[1] [swa] *conj* **-1.** [c'est à dire] o sea, es decir. **-2.** MATHS [étant donné] dado(da); ~ **une droite AB** dada una recta AB. **-3.** *loc* : ~ **dit en passant** dicho sea de paso. ◆ **soit... soit** *loc corrélative* o... o. ◆ **soit que... soit que** *loc corrélative (+ subjonctif)* tanto si... como si; *(+ subjuntivo)* : ~ **que tu viennes chez moi,** ~ **que j'aille chez toi...** tanto si tu vienes a mi casa como si yo voy a la tuya...

soit[2] [swat] *adv sout* de acuerdo.

soixante [swasɑ̃t] *adj num & nm inv* sesenta; *voir aussi* **six**.

soixante-dix [swasɑ̃tdis] *adj num & nm inv* setenta; *voir aussi* **six**.

soixante-dixième [swasɑ̃tdizjɛm] ◇ *adj & nmf* septuagésimo(ma). ◇ *nm* setentavo *m*, setentava parte *f*.

soixantième [swasɑ̃tjɛm] ◇ *adj num & nmf* sexagésimo(ma). ◇ *nm* sesentavo *m*, sesentava parte *f*.

soja [sɔʒa] *nm* soja *f*.

sol [sɔl] ◇ *nm* suelo *m*. ◇ *nm inv* MUS sol *m*.

solaire [sɔlɛr] *adj* solar.

solarium [sɔlarjɔm] *nm* solárium *m*.

soldat [sɔlda] *nm* **-1.** [militaire] soldado *m*; **le** ~ **inconnu** el soldado desconocido; **simple** ~ soldado raso. **-2.** [jouet] soldadito *m*.

solde [sɔld] ◇ *nm* **-1.** BANQUE [de compte, facture] saldo *m*; ~ **créditeur/débiteur** FIN saldo acreedor/deudor. **-2.** COMM [rabais] : **être en** ~ estar rebajado(da). ◇ *nf* MIL sueldo *m*. ◆ **soldes** *nmpl* COMM rebajas *fpl*.

solder [sɔlde] *vt* saldar. ◆ **se solder** *vp* : **se** ~ **par qqch** BOURSE saldarse con algo; *fig* [aboutir] acabar en algo.

sole [sɔl] *nf* lenguado *m*.

soleil [sɔlɛj] *nm* **-1.** [gén] sol *m*; **au** ~ **al sol**; **en plein** ~ a pleno sol; ~ **couchant/levant** sol poniente/naciente. **-2.** BOT [tournesol] girasol *m*. **-3.** SPORT giro *m* de apoyo libre.

solennel, elle [sɔlanɛl] *adj* solemne.

solennité [sɔlanite] *nf* solemnidad *f*.

solfège [sɔlfɛʒ] *nm* solfeo *m*.

solidaire [sɔlidɛr] *adj* solidario(ria); **être** ~ **de qqn** ser solidario con alguien.

solidarité [sɔlidarite] *nf* solidaridad *f*; **par** ~ **avec** en solidaridad con.

solide [sɔlid] ◇ *adj* **-1.** [gén] sólido(da). **-2.** [personne] robusto(ta); **ne pas être** ~ **sur ses jambes** no tenerse en pie. **-3.** [couple, relation] estable, sólido(da). ◇ *nm*

-1. PHYS sólido *m*. **-2.** *fig* [concret] : **c'est du** ~ es algo tangible.

solidité [sɔlidite] *nf* solidez *f*.

soliloque [sɔlilɔk] *nm sout* soliloquio *m*.

soliste [sɔlist] *nmf* solista *mf*.

solitaire [sɔlitɛr] ◇ *adj & nmf* solitario(ria). ◇ *nm* solitario *m*.

solitude [sɔlityd] *nf* soledad *f*.

sollicitation [sɔlisitasjɔ̃] *nf (gén pl)* súplica *f*.

solliciter [sɔlisite] *vt* **-1.** [audience, entretien] solicitar; ~ **qqch de qqn** solicitar algo de alguien. **-2.** [personne] : ~ **qqn pour faire qqch** reclamar a alguien para hacer algo.

sollicitude [sɔlisityd] *nf* solicitud *f (atención, amabilidad)*.

solo [sɔlo] *nm* MUS solo *m*; **en** ~ en solitario.

solstice [sɔlstis] *nm* solsticio *m*.

soluble [sɔlybl] *adj* **-1.** [matière] soluble. **-2.** *fig* [problème] : **être** ~ poder resolverse.

solution [sɔlysjɔ̃] *nf* solución *f*; **chercher/ trouver la** ~ buscar/encontrar la solución.

solvable [sɔlvabl] *adj* solvente.

solvant [sɔlvɑ̃] *nm* disolvente *m*.

Somalie [sɔmali] *nf* : **la** ~ Somalia.

sombre [sɔ̃br] *adj* **-1.** [gén] oscuro(ra). **-2.** [avenir, air, pensées] sombrío(a).

sombrer [sɔ̃bre] *vi* **-1.** [bateau] zozobrar. **-2.** *fig* [personne] : ~ **dans qqch** [folie, oubli, alcoolisme] hundirse en algo; [sommeil] sumergirse en algo.

sommaire [sɔmɛr] ◇ *adj* **-1.** [explication] somero(ra). **-2.** [exécution] sumario(ria). **-3.** [installation] sencillo(lla). ◇ *nm* [de livre] índice *m*.

sommation [sɔmasjɔ̃] *nf* **-1.** JUR [assignation] intimación *f*, requerimiento *m*. **-2.** [ordre] orden *f*; **rendez-vous! dernière** ~! ¡ríndanse! ¡último aviso!

somme [sɔm] ◇ *nf* suma *f*. ◇ *nm* siesta *f*; **faire un petit** ~ echar una cabezada. ◆ **en somme** *loc adv* en suma. ◆ **somme toute** *loc adv* después de todo.

sommeil [sɔmɛj] *nm* sueño *m*; **avoir** ~ tener sueño.

sommeiller [sɔmeje] *vi* **-1.** *sout* [personne] dormitar. **-2.** *fig* [sentiment, qualité] latir, estar latente.

sommelier, ère [sɔmǝlje, ɛr] *nm, f* sumiller *mf*, sommelier *mf*.

sommes [sɔm] → être.

sommet [sɔmɛ] *nm* **-1.** [gén] cumbre *f*; **au ~ de** en la cumbre de. **-2.** GÉOM vértice *m*.

sommier [sɔmje] *nm* somier *m*.

sommité [sɔmite] *nf* eminencia *f*.

somnambule [sɔmnɑ̃byl] *adj & nmf* sonámbulo(la).

somnifère [sɔmnifɛr] *nm* somnífero *m*.

somnolent, e [sɔmnɔlɑ̃, ɑ̃t] *adj* **-1.** [personne] soñoliento(ta), somnoliento(ta). **-2.** *fig* [économie] aletargado(da).

somnoler [sɔmnɔle] *vi* dormitar.

somptueux, euse [sɔ̃ptɥø, øz] *adj* suntuoso(sa).

somptuosité [sɔ̃ptɥozite] *nf* suntuosidad *f*.

son[1] [sɔ̃] (*f* **sa** [sa], *pl* **ses** [se]) *adj poss* su.

son[2] [sɔ̃] *nm* sonido *m*; **au ~ de** al son de.

son[3] [sɔ̃] *nm* salvado *m*.

sonate [sɔnat] *nf* sonata *f*.

sondage [sɔ̃daʒ] *nm* sondeo *m*; **~ d'opinion** sondeo de opinión.

sonde [sɔ̃d] *nf* sonda *f*.

sondé, e [sɔ̃de] *nm, f* encuestado *m*, -da *f*.

sonder [sɔ̃de] *vt* **-1.** [gén] sondear. **-2.** MÉD sondar.

songe [sɔ̃ʒ] *nm sout* sueño *m*.

songer [sɔ̃ʒe] ◇ *vt* : **~ que** pensar que. ◇ *vi* : **~ à qqch** pensar en algo; **~ à faire qqch** pensar en hacer algo.

songeur, euse [sɔ̃ʒœr, øz] *adj* pensativo(va).

sonnant, e [sɔnɑ̃, ɑ̃t] *adj* en punto.

sonné, e [sɔne] *adj* **-1.** [heure] pasado(da) *Esp*. **-2.** *fam* [ans] cumplido(da). **-3.** [étourdi] atontado(da), ahuevado(da) *Amér*. **-4.** *fam* [fou] sonado(da).

sonner [sɔne] ◇ *vt* **-1.** [cloche, retraite, angélus] tocar. **-2.** [alarme] dar. **-3.** [domestique, infirmière] llamar. **-4.** *fam* [siffler] : **je ne t'ai pas sonné** ¡a ti nadie te ha dicho nada! ◇ *vi* **-1.** [cloche, réveil, téléphone] sonar. **-2.** [personne] llamar.

sonnerie [sɔnri] *nf* **-1.** [de téléphone, de réveil] timbre *m*. **-2.** [de cloche] repique *m*. **-3.** [de clairon] toque *m*.

sonnet [sɔnɛ] *nm* soneto *m*.

sonnette [sɔnɛt] *nf* **-1.** [électrique] timbre *m*; **appuyer sur la ~** pulsar el timbre. **-2.** [clochette] campanilla *f*.

sono [sɔno] *nf fam* sonorización *f*.

sonore [sɔnɔr] *adj* sonoro(ra).

sonorisation [sɔnɔrizasjɔ̃] *nf* sonorización *f*.

sonoriser [sɔnɔrize] *vt* sonorizar.

sonorité [sɔnɔrite] *nf* sonoridad *f*.

sophistiqué, e [sɔfistike] *adj* sofisticado(da).

soporifique [sɔpɔrifik] ◇ *adj* soporífero(ra), soporífico(ca). ◇ *nm* soporífero *m*.

soprano [sɔprano] *nm & nmf* soprano.

sorbet [sɔrbɛ] *nm* sorbete *m*; **~ à la fraise/au citron** sorbete de fresa/de limón.

Sorbonne [sɔrbɔn] *nf* : **la ~** la Sorbona (*universidad*).

sorcellerie [sɔrsɛlri] *nf* brujería *f*, hechicería *f*.

sorcier, ère [sɔrsje, ɛr] *nm, f* brujo *m*, -ja *f*, hechicero *m*, -ra *f*. ◆ **sorcier** *nm* [guérisseur] brujo *m*. ◆ **sorcière** *nf fam fig* bruja *f*.

sordide [sɔrdid] *adj* sórdido(da).

sornettes [sɔrnɛt] *nfpl* sandeces *fpl*.

sort [sɔr] *nm* **-1.** [maléfice] maldición *f*; **jeter un ~ (à qqn)** echar una maldición (sobre alguien). **-2.** [destinée] destino *m*. **-3.** [condition, hasard] suerte *f*; **tirer au ~** echar a suertes.

sortant, e [sɔrtɑ̃, ɑ̃t] *adj* **-1.** [numéro] premiado(da). **-2.** POLIT saliente.

sorte [sɔrt] *nf* clase *f*; **toute(s) ~(s) de** toda clase de; **une ~ de** una especie de. ◆ **de telle sorte que** *loc conj* de manera que, de modo que.

sortie [sɔrti] *nf* **-1.** [gén] salida *f*; **à la ~ a** la salida; **être de ~** salir; **faire une petite ~** salir un poco; **~ de secours** salida de emergencia. **-2.** [de livre] publicación *f*; [de film] estreno *m*. **-3.** INFORM [impression] impresión *f*; **~ papier/imprimante** impresión *f*.

sortilège [sɔrtileʒ] *nm* sortilegio *m*.

sortir [sɔrtir] ◇ *vi* **-1.** [gén] salir; **~ de** [d'un endroit] salir de; [table] levantarse de; [famille] venir de; [de la tête] irse de; [de l'ordinaire, de la norme, du commun] salirse de, estar fuera de; **sortez!** ¡marchaos!; **sorti de fuera** de; **sorti du football il ne connaît plus rien** fuera del fútbol no sabe nada. **-2.** [livre] publicarse; [film] estrenarse; [disque] aparecer. ◇ *vt* **-1.** [gén] sacar; *fam* [jeter dehors] echar (fuera). **-2.** [livre] publicar; [film] estrenar; [disque] editar. **-3.** *fam* [dire] soltar. ◆ **se sortir** *vp* [se tirer] salir; **s'en ~** librarse; **ne pas s'en ~** no dar abasto.

S.O.S. (*abr de save our souls*) *nm* S.O.S. *m*; **lancer un ~** lanzar un S.O.S.

sosie [sɔzi] *nm* sosia *m*.

sot, sotte [so, sɔt] *adj & nm, f* tonto(ta) *Esp*, sonso(sa) *Amér.*

sottise [sɔtiz] *nf* tontería *f Esp*, babosada *f Amér.*

sou [su] *nm fam* perra *f (dinero).* ◆ **sous** *nmpl fam* perras *fpl (dinero).*

soubassement [subasmã] *nm* CONSTR basamento *m.*

soubresaut [subrəso] *nm* -1. [saccade] sacudida *f.* -2. [tressaillement] sobresalto *m.*

souche [suʃ] *nf* -1. [d'arbre] tocón *m.* -2. [de famille, langue, mot] tronco *m.* -3. [talon] matriz *f.*

souci [susi] *nm* -1. [tracas, préoccupation] preocupación *f*; **se faire du ~** preocuparse. -2. [fleur] caléndula *f*, maravilla *f.*

soucier [susje] ◆ **se soucier** *vp* : **se ~ de qqch/de qqn** preocuparse por algo/por alguien.

soucieux, euse [susjø, øz] *adj* preocupado(da); **être ~ de qqch/faire qqch** preocuparse por algo/por hacer algo.

soucoupe [sukup] *nf* platillo *m.* ◆ **soucoupe volante** *nf* platillo *m* volante.

soudain, e [sudɛ̃, ɛn] *adj* repentino(na). ◆ **soudain** *adv* de repente.

Soudan [sudã] *nm* : **le ~** (el) Sudán; **au ~** [direction] a Sudán; [situation] en Sudán.

soude [sud] *nf* CHIM sosa *f.*

souder [sude] *vt* -1. TECHNOL & MÉD soldar. -2. *fig* [personnes] unir.

soudoyer [sudwaje] *vt* sobornar.

soudure [sudyr] *nf* TECHNOL & MÉD soldadura *f.*

souffle [sufl] *nm* -1. [respiration] respiración *f*; **avoir le ~ coupé** quedarse sin aliento. -2. [expiration] soplido *m*, soplo *m.* -3. [inspiration] inspiración *f.* -4. [de vent & MÉD] soplo *m.* -5. [explosion] onda *f* expansiva. -6. TECHNOL interferencia *f.*

souffler [sufle] ◇ *vt* -1. [bougie, verre] soplar. -2. [vitre, fenêtre] pulverizar. -3. [chuchoter] : **~ qqch à qqn** susurrar algo a alguien. -4. SCOL : **~ qqch à qqn** soplar algo a alguien. -5. [au jeu de dames] comer. ◇ *vi* -1. [gén] soplar. -2. [respirer] respirar.

soufflet [sufle] *nm* -1. [gén] fuelle *m.* -2. *vieilli* [claque] bofetada *f Esp*, cachetada *f Amér.*

souffleur, euse [suflœr, øz] *nm, f* THÉÂTRE apuntador *m*, -ra *f.* ◆ **souffleur** *nm* soplador *m.*

souffrance [sufrãs] *nf* sufrimiento *m.*

souffrant, e [sufrã, ãt] *adj* indispuesto(ta).

souffre-douleur [sufrədulœr] *nm inv* cabeza de turco *mf.*

souffrir [sufrir] ◇ *vi* sufrir; **~ de qqch** [physiquement] sufrir, OU padecer (de) algo; [psychologiquement] sufrir por algo; [économiquement] sufrir de algo. ◇ *vt* -1. [ressentir, supporter] sufrir. -2. *fam fig* [personne] aguantar, sufrir. ◆ **se souffrir** *vp* sufrirse.

soufre [sufr] *nm* azufre *m.*

souhait [swɛ] *nm* deseo *m*; **à tes/vos ~s!** ¡Jesús!, ¡salud! ◆ **à souhait** *loc adv* a pedir de boca.

souhaiter [swete] ◇ *vt* desear; **~ qqch/ faire qqch** desear algo/hacer algo; **~ qqch à qqn** desear algo a alguien. ◇ *vi* : **~ à qqn de faire qqch** desear a alguien que haga algo.

souiller [suje] *vt* -1. *sout* [salir] manchar. -2. *fig* [mémoire] mancillar.

souillon [sujɔ̃] *nf péj* fregona *f.*

soûl, e, saoul, e [su, sul] *adj* borracho(cha); **être ~ de qqch** *fig* estar borracho de algo. ◆ **soûl** *nm* : **tout mon/son ~** *fig* cuanto me/le dio la gana.

soulagement [sulaʒmã] *nm* alivio *m.*

soulager [sulaʒe] *vt* -1. [gén] aliviar. -2. *iron & fig* [voler] sustraer.

soûler, saouler [sule] *vt fam* -1. [gén] emborrachar; **~ qqn de qqch** *fig* emborrachar a alguien con algo. -2. *fig* [ennuyer] tener harto(ta). ◆ **se soûler** *vp fam* emborracharse; **se ~ de qqch** emborracharse con algo.

soulèvement [sulɛvmã] *nm* levantamiento *m.*

soulever [sulve] *vt* -1. [gén] levantar. -2. [question] plantear. -3. [foule] : **~ qqn contre qqch/contre qqn** sublevar OU levantar a alguien contra algo/contra alguien. -4. [exalter] animar. ◆ **se soulever** *vp* -1. [s'élever] levantarse. -2. [se révolter] sublevarse, levantarse.

soulier [sulje] *nm* zapato *m.*

souligner [suliɲe] *vt* -1. [par un trait] subrayar. -2. [mettre l'accent] subrayar, recalcar. -3. [mettre en valeur] realzar.

soumettre [sumɛtr] *vt* someter; **~ qqch/ qqn à qqch/à qqn** someter algo/a alguien a algo/a alguien. ◆ **se soumettre** someterse; **se ~ à qqch** someterse a algo.

soumis, e [sumi, iz] *adj* sumiso(sa).

soumission [sumisjɔ̃] *nf* -1. [obéissance, subordination] sumisión *f.* -2. [défaite] rendición *f.*

soupape [supap] *nf* válvula *f*; ~ **de sûreté** TECHNOL válvula de seguridad; *fig* [échappatoire] escapatoria *f*.

soupçon [supsɔ̃] *nm* [gén] sospecha *f*.

soupçonner [supsɔne] *vt* sospechar; ~ **qqn de qqch** sospechar algo de alguien; ~ **qqn de faire qqch** sospechar de alguien que haya hecho algo; ~ **que** sospechar que.

soupçonneux, euse [supsɔnø, øz] *adj* suspicaz.

soupe [sup] *nf* **-1.** [plat] sopa *f*. **-2.** *fam fig* [neige fondue] caldo *m*. ◆ **soupe populaire** *nf* comedor de beneficencia.

souper [supe] ◇ *nm* cena *f*. ◇ *vi* cenar.

soupeser [supəze] *vt* sopesar.

soupière [supjɛr] *nf* sopera *f*.

soupir [supir] *nm* suspiro *m*; **pousser un** ~ lanzar OU dar un suspiro.

soupirail, aux [supiraj, o] *nm* tragaluz *m*, respiradero *m*.

soupirant [supirã] *nm* pretendiente *m*.

soupirer [supire] ◇ *vi* suspirar. ◇ *vt* replicar suspirando.

souple [supl] *adj* **-1.** [gén] flexible; [cheveux] con volumen. **-2.** [pas, démarche] ligero(ra). **-3.** [consistance, emballage] blando(da).

souplesse [suplɛs] *nf* **-1.** [agilité, flexibilité] flexibilidad *f*; **faire qqch tout en** ~ hacer algo con mucha soltura. **-2.** [habileté] tacto *m*.

source [surs] *nf* **-1.** [gén] fuente *f*. **-2.** [d'eau] fuente *f*, manantial *m Esp*, vertiente *f Amér*; **prendre sa** ~ **à** nacer en.

sourcil [sursi(l)] *nm* ceja *f*; **froncer les** ~**s** fruncir el ceño.

sourciller [sursije] *vi* pestañear; **sans** ~ sin pestañear.

sourcilleux, euse [sursijø, øz] *adj* puntilloso(sa).

sourd, e [sur, surd] ◇ *adj* sordo(da). ◇ *nm, f* sordo *m*, -da *f*.

sourdine [surdin] *nf* sordina *f*; **en** ~ en sordina.

sourd-muet [surmɥɛt], **sourde-muette** [surdmɥɛt] *adj & nm, f* sordomudo(da).

sourdre [surdr] *vi* **-1.** *sout* [eau] manar, brotar. **-2.** *fig* [haine] brotar.

souriant, e [surjã, ãt] *adj* sonriente.

souricière [surisjɛr] *nf* ratonera *f*.

sourire [surir] *vi* sonreír; ~ **à qqn** [personne, futur] sonreír a alguien; *fig* [plaire] ilusionar a alguien. ◇ *nm* sonrisa *f*.

souris [suri] *nf* **-1.** [animal & INFORM] ratón *m*; ~ **blanche/grise** ratón blanco/gris. **-2.** [viande] *parte de una pierna de cordero.* **-3.** *fam fig* [fille] chavala *f*.

sournois, e [surnwa, az] ◇ *adj* **-1.** [personne] solapado(da). **-2.** *fig* [maladie, catastrophe] imprevisible. ◇ *nm, f* hipócrita *mf*.

sous [su] *prép* **-1.** [gén] bajo; **nager** ~ **l'eau** nadar bajo el agua; ~ **la pluie** bajo la lluvia; ~ **la responsabilité/les ordres de** bajo la responsabilidad/las órdenes de; ~ **Louis XV** bajo Luis XV. **-2.** [dans un délai de] dentro de. **-3.** [marque la manière] : ~ **cet aspect** OU **angle** desde este punto de vista.

sous-alimenté, e [suzalimãte] *adj* subalimentado(da).

sous-bois [subwa] *nm* monte *m* bajo.

souscription [suskripsjɔ̃] *nf* subscripción *f*, suscripción *f*.

souscrire [suskrir] ◇ *vt* subscribir, suscribir. ◇ *vi* : ~ **à** subscribirse a, suscribirse a.

sous-développé, e [sudevlɔpe] *adj* ÉCON subdesarrollado(da).

sous-directeur, trice [sudirɛktœr, tris] *nm, f* ADMIN subdirector *m*, -ra *f*.

sous-ensemble [suzãsãbl] *nm* subconjunto *m*.

sous-entendu [suzãtãdy] *nm* sobreentendido *m*, sobrentendido *m*.

sous-équipé, e [suzekipe] *adj* ÉCON mal equipado *m*, mal equipada *f*.

sous-estimer [suzɛstime] *vt* subestimar.

sous-évaluer [suzevalye] *vt* infravalorar.

sous-jacent, e [suʒasã, ãt] *adj* subyacente.

sous-louer [sulwe] *vt* realquilar.

sous-marin, e [sumarɛ̃, in] *adj* submarino(na). ◆ **sous-marin** *nm* submarino *m*.

sous-officier [suzɔfisje] *nm* MIL suboficial *m*.

sous-préfecture [suprefɛktyr] *nf* ADMIN subprefectura *f*.

soussigné, e [susiɲe] ◇ *adj* : **je**, ~ yo, el abajo firmante; **nous**, ~**s** nosotros, los abajo firmantes. ◇ *nm, f* : **le** ~ el abajo firmante *m*, la abajo firmante *f*.

sous-sol [susɔl] *nm* **-1.** [naturel] subsuelo *m*. **-2.** [de bâtiment] sótano *m*.

sous-tasse [sutas] *nf* platillo *m*.

sous-titre [sutitr] *nm* subtítulo *m*.

soustraction [sustraksjɔ̃] *nf* MATHS substracción *f*, sustracción *f*.

soustraire [sustrɛr] *vt* substraer, sustraer; MATHS restar; [protéger] : ~ **qqch/qqn à qqch/à qqn** substraer OU sustraer algo/a alguien de algo/de alguien. ◆ **se soustraire** *vp* : **se** ~ **à** substraerse OU sustraerse de OU a.

soustrait, e [sustrɛ, ɛt] *pp* → soustraire.

sous-traitance [sutrɛtɑ̃s] *nf* ÉCON subcontratación *f*.

sous-traitant, e [sutrɛtɑ̃, ɑ̃t] *adj* ÉCON subcontratante. ◆ **sous-traitant** *nm* subcontratista *m*.

sous-verre [suvɛr] *nm inv* posavasos *m inv*.

sous-vêtement [suvɛtmɑ̃] *nm* prenda *f* interior; **les** ~**s** la ropa interior.

soutane [sutan] *nf* sotana *f*.

soute [sut] *nf* [d'avion] compartimento *m* de equipajes; [de bateau] pañol *m*; ~ **à bagages** bodega *f*.

soutenance [sutnɑ̃s] *nf* UNIV defensa *f (de una tesis)*.

souteneur [sutnœr] *nm* chulo *m*.

soutenir [sutnir] *vt* **-1.** [immeuble, poutre, infirme] sostener; ~ **que** [affirmer] sostener que. **-2.** *fig* [personne & POLIT] apoyar. **-3.** [effort, intérêt, opinion] mantener. **-4.** UNIV [thèse] defender. **-5.** [regard, assaut] aguantar.

soutenu, e [sutny] *adj* **-1.** [style, langage] elevado(da). **-2.** [attention, rythme] sostenido(da). **-3.** [couleur] subido(da).

souterrain, e [sutɛrɛ̃, ɛn] *adj* **-1.** [sous terre] subterráneo(nea). **-2.** *fig* [organisation] secreto(ta). ◆ **souterrain** *nm* subterráneo *m*.

soutien [sutjɛ̃] *nm* **-1.** [appui] apoyo *m*; **apporter son** ~ **à qqch/à qqn** apoyar OU dar apoyo a algo/a alguien. **-2.** [support, aide] sostén *m*.

soutien-gorge [sutjɛ̃gɔrʒ] *(pl* **soutiens-gorge)** *nm* sujetador *m*, sostén *m Esp*, brasiers *mpl Amér*.

soutirer [sutire] *vt* **-1.** [argent, information] : ~ **qqch à qqn** sonsacar algo a alguien. **-2.** [liquide] trasegar.

souvenir [suvnir] *nm* recuerdo *m*; **en** ~ **de** [pour se rappeler] como recuerdo; **perdre le** ~ **de qqch** olvidar algo. ◆ **se souvenir** *vp* : **se** ~ **de qqch/de qqn** acordarse de algo/de alguien; **se** ~ **que** acordarse que; **je me souviens que c'était en été**

me acuerdo que era en verano; **je m'en souviendrai!** ¡no se me olvidará!

souvent [suvɑ̃] *adv* a menudo, con frecuencia.

souverain, e [suvrɛ̃, ɛn] *adj & nm, f* soberano(na).

souveraineté [suvrɛnte] *nf* soberanía *f*.

soyeux, euse [swajø, øz] *adj* sedoso(sa).

SPA *(abr de Société protectrice des animaux) nf* sociedad *f* protectora de animales.

spacieux, euse [spasjø, øz] *adj* espacioso(sa).

spaghetti [spageti] *nm* espagueti *m*.

sparadrap [sparadra] *nm* esparadrapo *m*.

spartiate [sparsjat] *adj* espartano(na).

spasme [spasm] *nm* espasmo *m*.

spasmodique [spasmɔdik] *adj* espasmódico(ca).

spatial, e, aux [spasjal, o] *adj* espacial.

spatule [spatyl] *nf* **-1.** CULIN paleta *f*. **-2.** SPORT *punta curvada de un esquí*. **-3.** MÉD espátula *f*.

speaker, speakerine [spikœr, spikrin] *nm, f* locutor *m*, -ra *f*.

spécial, e, aux [spesjal, o] *adj* especial.

spécialiser [spesjalize] *vt* especializar. ◆ **se spécialiser** *vp* especializarse; **se** ~ **dans qqch** especializarse en algo.

spécialiste [spesjalist] *nmf* especialista *mf*.

spécialité [spesjalite] *nf* especialidad *f*.

spécificité [spesifisite] *nf* especificidad *f*.

spécifier [spesifje] *vt* especificar.

spécifique [spesifik] *adj* específico(ca).

spécimen [spesimɛn] *nm* espécimen *m*.

spectacle [spɛktakl] *nm* espectáculo *m*.

spectaculaire [spɛktakylɛr] *adj* espectacular.

spectateur, trice [spɛktatœr, tris] *nm, f* espectador *m*, -ra *f*.

spectre [spɛktr] *nm* espectro *m*.

spéculateur, trice [spekylatœr, tris] *nm, f* especulador *m*, -ra *f*.

spéculation [spekylasjɔ̃] *nf* especulación *f*.

spéculer [spekyle] *vi* : ~ **sur qqch** FIN especular con algo; *fig* [miser] especular sobre algo.

speech [spitʃ] *(pl* **speechs** OU **speeches)** *nm* discurso *m*.

spéléologie [speleɔlɔʒi] *nf* espeleología *f*.

spermatozoïde [spermatozɔid] *nm* espermatozoide *m*.

sperme [spɛrm] *nm* esperma *m*.

spermicide [spɛrmisid] *adj & nm* espermicida *m*.

sphère [sfɛr] *nf* esfera *f*.

sphérique [sferik] *adj* esférico(ca).

spirale [spiral] *nf* espiral *f*; **en ~** en espiral.

spiritualité [spiritɥalite] *nf* espiritualidad *f*.

spirituel, elle [spiritɥel] *adj* **-1.** [vie, pouvoir] espiritual. **-2.** [personne] ingenioso(sa).

splendeur [splãdœr] *nf* **-1.** [gén] esplendor *m*. **-2.** [merveille] : **être une ~** ser una maravilla.

splendide [splãdid] *adj* espléndido(da).

spongieux, euse [spɔ̃ʒjø, øz] *adj* esponjoso(sa).

sponsor [spɔ̃sɔr] *nm* esponsor *m*, patrocinador *m*.

sponsorisation [spɔ̃sɔrizasjɔ̃] *nf* esponsorización *f*, patrocinio *m*.

sponsoriser [spɔ̃sɔrize] *vt* esponsorizar, patrocinar.

spontané, e [spɔ̃tane] *adj* espontáneo(a).

spontanéité [spɔ̃taneite] *nf* espontaneidad *f*.

sporadique [spɔradik] *adj* esporádico(ca).

sport [spɔr] ◇ *nm* deporte *m*; **~s d'hiver** deportes de invierno. ◇ *adj inv* **-1.** [vêtement] de sport; [voiture] deportivo(va). **-2.** [personne] : **être ~** ser deportivo(va).

sportif, ive [spɔrtif, iv] ◇ *adj* **-1.** [gén] deportivo(va). **-2.** [personne] deportista. ◇ *nm, f* deportista *mf*.

spot [spɔt] *nm* **-1.** [lampe] foco *m*. **-2.** [film publicitaire] spot *m*, anuncio *m*; **~ publicitaire** spot publicitario.

sprint [sprint] *nm* esprint *m*.

square [skwar] *nm* plaza *f* ajardinada.

squash [skwaʃ] *nm* squash *m*.

squatter[1] [skwatɛr] *nm* okupa *mf*.

squatter[2] [skwate] *vt* ocupar *(un local vacío).*

squelette [skəlɛt] *nm* esqueleto *m*.

squelettique [skəletik] *adj* **-1.** [corps] esquelético(ca). **-2.** [schématique] escueto(ta). **-3.** *fig* [matériel] escaso(sa).

St *(abr de saint)* S., Sto.

stabiliser [stabilize] *vt* estabilizar. ◆ **se stabiliser** *vp* estabilizarse.

stabilité [stabilite] *nf* estabilidad *f*.

stable [stabl] *adj* estable.

stade [stad] *nm* **-1.** [terrain] estadio *m*. **-2.** [étape] fase *f*; **en être au ~ de** (+ *infinitif*) llegar al punto de (+ *infinitivo*); **il en est au ~ de refuser toute visite** ha llegado al punto de rechazar cualquier visita; **en être au ~ où** llegar a un punto en el que; **~ anal/oral** PSYCHOL fase anal/oral.

stage [staʒ] *nm* **-1.** [études pratiques] período *m* de prácticas. **-2.** [d'avocat] pasantía *f*.

stagiaire [staʒjɛr] ◇ *nmf* **-1.** [en classes pratiques] estudiante *mf* en prácticas. **-2.** [en droit] pasante *mf*. **-3.** [en formation intensive] cursillista *mf*. ◇ *adj* **-1.** [en classes pratiques] en prácticas. **-2.** [en formation intensive] cursillista.

stagnant, e [stagnã, ãt] *adj* estancado(da).

stagner [stagne] *vi* estancarse.

stalactite [stalaktit] *nf* estalactita *f*.

stalagmite [stalagmit] *nf* estalagmita *f*.

stand [stãd] *nm* **-1.** [d'exposition] estand *m*, caseta *f*. **-2.** [de fête] barraca *f*.

standard [stãdar] ◇ *adj inv* estándar. ◇ *nm* **-1.** [téléphonique] centralita *f Esp*, conmutador *m Amér*. **-2.** [norme] : **le ~** el estándar.

standardiste [stãdardist] *nmf* telefonista *mf*.

standing [stãdiŋ] *nm* estanding *m*.

star [star] *nf* estrella *f* de cine, star.

starter [starter] *nm* AUTOM estárter *m*, stárter *m*.

starting-block [startiŋblɔk] *(pl* **starting-blocks)** *nm* SPORT taco *m* de salida.

station [stasjɔ̃] *nf* **-1.** [gén] estación *f*; [d'autobus, de taxi] parada *f Esp*, paradero *m Amér*; **~ balnéaire** pueblo *m* de playa; **~ d'épuration** estación de depuración; **~ de ski** OU **de sports d'hiver** estación de esquí OU de deportes de invierno; **~ de travail** INFORM estación de trabajo; **~ thermale** balneario *m*. **-2.** [halte] parada *f*, alto *m*.

stationnaire [stasjɔnɛr] *adj* estacionario(ria).

stationnement [stasjɔnmã] *nm* estacionamiento *m*; '**~ interdit**' 'prohibido aparcar'.

stationner [stasjɔne] *vi* **-1.** [voiture] estacionar. **-2.** [troupe] permanecer.

station-service [stasjɔ̃sɛrvis] *(pl* **stations-service)** *nf* estación *f* de servicio.

statique [statik] *adj* estático(ca).

statisticien, enne [statistisjɛ̃, ɛn] *nm, f* estadista *mf*.

statistique [statistik] ◇ *adj* estadístico(ca). ◇ *nf* estadística *f*.

statue [staty] *nf* estatua *f*.

statuer [statɥe] *vi* : ~ **(sur qqch)** decidir sobre algo.

statuette [statɥɛt] *nf* estatuilla *f*.

statu quo [statykwo] *nm inv* statu quo *m*.

stature [statyʀ] *nf* **-1.** [taille] estatura *f*. **-2.** *fig* [valeur] talla *f*.

statut [staty] *nm* **-1.** [position] estatus *m*. **-2.** JUR estatuto *m*. ◆ **statuts** *nmpl* estatutos *mpl*.

statutaire [statytɛʀ] *adj* estatutario(ria).

Ste (*abr de* sainte) Sta.

Sté (*abr de* société) Sdad.

steak [stɛk] *nm* bistec *m*.

stèle [stɛl] *nf* estela *f*.

sténo- [steno] *fam abr de* **sténographie**.

sténodactylo [stenɔdaktilo] *nmf* taquimecanógrafo *m*, -fa *f*.

sténodactylographie [stenɔdaktilɔgrafi] *nf* taquimecanografía *f*.

sténographie [stenɔgrafi] *nf* taquigrafía *f*, estenografía *f*.

steppe [stɛp] *nf* estepa *f*.

stéréo [stereo] ◇ *adj inv* estéreo. ◇ *nf* estereofonía *f*; **en** ~ en estéreo.

stéréotypé, e [stereɔtipe] *adj* estereotipado(da).

stérile [steril] *adj* estéril.

stérilet [sterilɛ] *nm* DIU *m*, dispositivo *m* intrauterino.

stériliser [sterilize] *vt* esterilizar.

stérilité [sterilite] *nf* esterilidad *f*.

sternum [stɛʀnɔm] *nm* esternón *m*.

stéthoscope [stetɔskɔp] *nm* estetoscopio *m*.

steward [stiwart] *nm* [d'avion] auxiliar *m* de vuelo; [de bateau] camarero *m*.

stigmates [stigmat] *nmpl* RELIG estigmas *mpl*.

stigmatiser [stigmatize] *vt* estigmatizar.

stimulant, e [stimylɑ̃, ɑ̃t] *adj* estimulante. ◆ **stimulant** *nm* **-1.** [remontant] estimulante *m*. **-2.** [motivation] estímulo *m*.

stimulation [stimylasjɔ̃] *nf* **-1.** [encouragement] estímulo *m*. **-2.** BIOL [excitation] estimulación *f*.

stimuler [stimyle] *vt* estimular.

stipuler [stipyle] *vt* : ~ **qqch/que** estipular algo/que.

stock [stɔk] *nm* **-1.** COMM [de marchandises] estoc *m*, existencias *fpl*; **en** ~ en estoc, en depósito. **-2.** [en entreprise] estoc *m*. **-3.** *fig* [réserve] reserva *f*.

stocker [stɔke] *vt* almacenar.

stoïque [stɔik] ◇ *adj & nmf* estoico(ca).

stomacal, e, aux [stɔmakal, o] *adj* estomacal.

stop [stɔp] ◇ *interj* ¡alto!; **dis-moi** ~ [en servant qqch] dime basta OU estop. ◇ *nm* **-1.** [feux] luz *f* de freno. **-2.** [panneau, signe télégraphique] estop *m*. **-3.** [autostop] autoestop *m*.

stopper [stɔpe] ◇ *vt* detener. ◇ *vi* detenerse.

store [stɔʀ] *nm* **-1.** [de fenêtre] persiana *f*. **-2.** [de magasin] toldo *m*.

strabisme [strabism] *nm* estrabismo *m*.

strangulation [strɑ̃gylasjɔ̃] *nf* estrangulación *f*.

strapontin [strapɔ̃tɛ̃] *nm* **-1.** [siège] asiento *m* plegable. **-2.** *fig* [position] lugar *m* secundario.

strass [stras] *nm* estrás *m*.

stratagème [strataʒɛm] *nm* estratagema *f*.

stratège [strataʒ] *nm* estratega *m*.

stratégie [strateʒi] *nf* estrategia *f*.

stratégique [strateʒik] *adj* estratégico(ca).

stress [strɛs] *nm* estrés *m*.

stressé, e [strese] *adj* estresado(da).

stretching [strɛtʃiŋ] *nm* stretching *m*.

strict, e [strikt] *adj* estricto(ta).

strident, e [stridɑ̃, ɑ̃t] *adj* estridente.

strie [stri] *nf* (*gén pl*) **-1.** [relief] estría *f*. **-2.** [rayures] raya *f*.

strier [strije] *vt* dibujar rayas en.

strip-tease [striptiz] (*pl* **strip-teases**) *nf* strip-tease *m*.

strophe [strɔf] *nf* LITTÉRATURE estrofa *f*.

structure [stryktyr] *nf* estructura *f*.

structurer [stryktyre] *vt* estructurar.

studieux, euse [stydjø, øz] *adj* **-1.** [personne] estudioso(sa). **-2.** [vacances] dedicado(da) a estudiar.

studio [stydjo] *nm* estudio *m*.

stupéfaction [stypefaksjɔ̃] *nf* estupefacción *f*.

stupéfait, e [stypefɛ, ɛt] *adj* estupefacto(ta), asombrado(da).

stupéfiant, e [stypefjɑ̃, ɑ̃t] *adj* asombroso(sa). ◆ **stupéfiant** *nm* estupefaciente *m*.

stupeur [stypœr] *nf* estupor *m*, asombro *m*.

stupide [stypid] *adj* estúpido(da).

stupidité [stypidite] *nf* estupidez *f*.

style [stil] *nm* estilo *m*; ~ **direct/indirect** estilo directo/indirecto.

styliste [stilist] *nmf* estilista *mf*.

stylo [stilo] *nm* boli *m*; ~ **plume** pluma *f*.

stylo-feutre [stiloføtr] *nm* rotulador *m*.

su, e [sy] *pp* → **savoir**.

suave [sɥav] *adj* suave.

subalterne [sybaltɛrn] *adj & nmf* subalterno(na).

subconscient [sybkɔ̃sjɑ̃] *nm* subconsciente *m*.

subdiviser [sybdivize] *vt* subdividir.

subir [sybir] *vt* -1. [gén] sufrir. -2. [examen] pasar. -3. [personne] soportar.

subit, e [sybi, it] *adj* súbito(ta).

subitement [sybitmɑ̃] *adv* súbitamente.

subjectif, ive [sybʒɛktif, iv] *adj* subjetivo(va).

subjonctif [sybʒɔ̃ktif, iv] *nm* subjuntivo *m*.

subjuguer [sybʒyge] *vt* subyugar.

sublime [syblim] ◇ *adj* sublime. ◇ *nm* : **le ~** lo sublime.

submergé, e [sybmɛrʒe] *adj* : ~ **de** *fig* inundado de.

submerger [sybmɛrʒe] *vt* -1. [inonder] sumergir. -2. [déborder] desbordar. -3. [envahir] invadir.

subordination [sybɔrdinasjɔ̃] *nf* subordinación *f*.

subordonné, e [sybɔrdɔne] ◇ *adj* GRAM subordinado(da). ◇ *nm, f* subordinado *m*, -da *f*. ◆ **subordonnée** *nf* GRAM subordinada *f*.

subornation [sybɔrnasjɔ̃] *nf* JUR soborno *m*.

subrepticement [sybrɛptismɑ̃] *adv* subrepticiamente.

subsidiaire [sybzidjɛr] *adj* subsidiario(ria).

subsistance [sybzistɑ̃s] *nf* subsistencia *f*.

subsister [sybziste] *vt* subsistir.

substance [sypstɑ̃s] *nf* sustancia *f*, substancia *f*.

substantiel, elle [sypstɑ̃sjɛl] *adj* -1. [repas] substancioso(sa). -2. [avantage] substancioso(sa), substancial. -3. [essentiel] substancial.

substantif, ive [sypstɑ̃tif, iv] *adj* substantivo(va). ◆ **substantif** *nm* substantivo *m*.

substituer [sypstitɥe] *vt* : ~ **A à B** substituir B por A. ◆ **se substituer** *vp* : se ~ **à qqch/à qqn** substituir algo/a alguien.

substitut [sypstity] *nm* JUR ≃ teniente *mf* fiscal.

substitution [sypstitysjɔ̃] *nf* sustitución *f*, substitución *f*.

subterfuge [syptɛrfyʒ] *nm* subterfugio *m*.

subtil, e [syptil] *adj* sutil.

subtiliser [syptilize] *vt* sustraer.

subtilité [syptilite] *nf* sutileza *f*, sutilidad *f*.

subvenir [sybvənir] *vi* : ~ **aux besoins de qqn** satisfacer las necesidades de alguien.

subvention [sybvɑ̃sjɔ̃] *nf* subvención *f*.

subventionner [sybvɑ̃sjɔne] *vt* subvencionar.

subversif, ive [sybvɛrsif, iv] *adj* subversivo(va).

succédané [syksedane] *nm* sucedáneo *m*.

succéder [syksede] *vi* : ~ **à qqch** [suivre] suceder algo a algo; ~ **à qqn à qqch** [remplacer] suceder a alguien en algo. ◆ **se succéder** *vp* sucederse.

succès [syksɛ] *nm* -1. [réussite, triomphe] éxito *m*; **avec/sans ~** con/sin éxito; **avoir du ~** tener éxito. -2. [conquête] conquista *f*.

successeur [syksesœr] *nm* sucesor *m*.

successif, ive [syksesif, iv] *adj* sucesivo(va).

succession [syksesjɔ̃] *nf* [suite & JUR] sucesión *f*; **prendre la ~ (de)** suceder (a).

succinct, e [syksɛ̃, ɛ̃t] *adj* -1. [résumé] sucinto(ta). -2. [repas] poco abundante.

succion [sysjɔ̃, syksjɔ̃] *nf* succión *f*.

succomber [sykɔ̃be] *vi* sucumbir; ~ **à qqch** sucumbir a algo.

succulent, e [sykylɑ̃, ɑ̃t] *adj* -1. [repas] suculento(ta). -2. *fig* [récit] sabroso(sa).

succursale [sykyrsal] *nf* ÉCON sucursal *f*.

sucer [syse] *vt* chupar.

sucette [sysɛt] *nf* piruli *m*.

sucre [sykr] *nm* [saccharose] azúcar *m* OU *f*; ~ **en morceaux/en poudre** azúcar en terrones/én polvo.

sucrer [sykre] *vt* -1. [café, thé] azucarar, echar azúcar en. -2. *fam* [supprimer] cargarse.

sucrerie [sykrəri] *nf* -1. [friandise] dulces *mpl*. -2. [usine] azucarera *f*.

sucrette [sykrɛt] *nf* sacarina *f*; (en pastillas).

sucrier [sykrije] *nm* azucarero *m*.

sud [syd] *adj inv & nm inv* sur. ◆ **Sud** *nm* Sur *m*.

sudation [sydasjɔ̃] *nf* sudación *f*.

sud-est [sydɛst] *adj inv & nm inv* sudeste, sureste.

sud-ouest [sydwɛst] *adj inv & nm inv* sudoeste, suroeste.

Suède [sɥɛd] *nf* : **la ~** Suecia.

suer [sɥe] ◇ *vi* [transpirer] sudar. ◇ *vt sout* rezumar, destilar.

sueur [sɥœr] *nf* sudor *m*; **avoir des ~s froides** *fig* tener sudores fríos.

Suez [sɥɛz] *n* : **le canal de ~** el canal de Suez.

suffire [syfir] *vi* bastar; **~ à qqch/à qqn** [satisfaire] bastar a algo/a alguien; **~ pour qqch/pour faire qqch** [être assez] bastar para algo/para hacer algo. ◆ **se suffire** *vp* : **se ~ à soi-même** bastarse a sí mismo.

suffisamment [syfizamɑ̃] *adv* suficientemente; **avoir ~ pour** tener (lo) suficiente para; **~ de livres** suficientes libros.

suffisant, e [syfizɑ̃, ɑ̃t] *adj* **-1.** [quantité, somme] suficiente. **-2.** *péj* [air, ton] de suficiencia.

suffixe [syfiks] *nm* sufijo *m*.

suffocation [syfɔkasjɔ̃] *nf* sofocación *f*, sofoco *m*.

suffoquer [syfɔke] ◇ *vt* **-1.** [suj : chaleur] sofocar. **-2.** [suj : colère] dejar sin respiración. ◇ *vi* **-1.** MÉD asfixiarse. **-2.** *fig* [de colère, d'indignation] : **~ de** encenderse de.

suffrage [syfraʒ] *nm* **-1.** [élection] sufragio *m*; **au ~ indirect/universel** por sufragio indirecto/universal. **-2.** [voix] voto *m*.

suggérer [syɡʒere] *vt* sugerir; **~ de** (+ *infinitif*) sugerir que (+ *subjuntivo*); **je te suggère d'agir rapidement** te sugiero que actúes con rapidez; **~ qqch à qqn** sugerir algo a alguien.

suggestif, ive [syɡʒɛstif, iv] *adj* sugestivo(va), sugerente.

suggestion [syɡʒɛstjɔ̃] *nf* **-1.** [conseil] sugerencia *f*. **-2.** PSYCHOL sugestión *f*.

suicidaire [sɥisidɛr] *adj* suicida.

suicide [sɥisid] ◇ *nm* suicidio *m*. ◇ *adj* suicida.

suicider [sɥiside] ◆ **se suicider** *vp* suicidarse.

suie [sɥi] *nf* hollín *m*.

suinter [sɥɛ̃te] *vi* rezumar; [plaie] supurar.

suis[1] [sɥi] → **être**.

suis[2], **suit** [sɥi] → **suivre**.

suite [sɥit] *nf* **-1.** [ce qui vient après] continuación *f*. **-2.** [série] serie *f*, sucesión *f*; **à la ~ de** después de; **~ à** [gén] como consecuencia de; [lettre] en contestación a. **-3.** [escorte] séquito *m*. **-4.** [appartement & MÚS] suite *f*. ◆ **suites** *nfpl* consecuencias *fpl*. ◆ **par suite de** *loc prép* a consecuencia de; **par ~ des chutes de neige** a consecuencia de las precipitaciones de nieve.

suivant, e [sɥivɑ̃, ɑ̃t] ◇ *adj* siguiente. ◇ *nm, f* siguiente *mf*; **au ~!** ¡el siguiente!

suivi, e [sɥivi] ◇ *pp* → **suivre**. ◇ *adj* **-1.** [travail, qualité, relation] constante; [visite] regular. **-2.** [raisonnement] estructurado(da). ◆ **suivi** *nm* seguimiento *m*.

suivre [sɥivr] ◇ *vt* **-1.** [gén] seguir; **faire ~** [lettre] remítase a la nueva dirección. **-2.** [succéder à] suceder a; **à ~** [dans un feuilleton] continuará. **-3.** [fleuve, frontière] bordear. **-4.** [malade] atender, llevar. **-5.** [discours, conversation] escuchar; [match] mirar. ◇ *vi* seguir. ◆ **se suivre** *vp* [se succéder – logiquement] seguirse; [– dans le temps] sucederse.

sujet, ette [syʒe, ɛt] *nm, f* súbdito *m*, -ta *f*. ◆ **sujet** *nm* **-1.** [question, thème] tema *m*; **à ce ~** al respecto; **au ~ de** a propósito de; **c'est à quel ~?** ¿de qué se trata?; **~ de conversation** tema de conversación. **-2.** [cobaye & GRAM] sujeto *m*.

sulfate [sylfat] *nm* sulfato *m*.

sulfurique [sylfyrik] *adj* sulfúrico(ca).

superbe [syperb] ◇ *adj* **-1.** [femme] despampanante. **-2.** [temps, situation, position] magnífico(ca). ◇ *nf sout* soberbia *f*.

supercherie [syperʃəri] *nf* superchería *f*.

supérette [syperet] *nf* supermercado *m* (*entre 200 y 400 metros cuadrados*).

superficie [syperfisi] *nf* superficie *f*; **en ~** aparentemente.

superficiel, elle [syperfisjɛl] *adj* superficial.

superflu, e [syperfly] *adj* superfluo(flua). ◆ **superflu** *nm* : **le ~** lo superfluo.

supérieur, e [syperjœr] ◇ *adj* **-1.** [gén] superior. **-2.** [air] de superioridad. ◇ *nm, f* superior *m*, -ra *f*.

supériorité [syperjɔrite] *nf* superioridad *f*.

superlatif [syperlatif] *nm* superlativo *m*.

supermarché [sypermarʃe] *nm* supermercado *m*.

superposer [syperpoze] *vt* superponer. ◆ **se superposer** *vp* superponerse.

superproduction [syperprɔdyksjɔ̃] *nf* superproducción *f*.

superpuissance [syperpɥisɑ̃s] *nf* superpotencia *f*.

supersonique [sypersɔnik] *adj* supersónico(ca).

superstitieux, euse [syperstisjø, øz] *adj & nm, f* supersticioso(sa).

superstition [syperstisjɔ̃] *nf* **-1.** [croyance] superstición *f*. **-2.** [obsession] obsesión *f*.

superviser [sypervize] *vt* supervisar.

supplanter [syplɑ̃te] vt **-1.** [personne] : ~ qqn suplantar a alguien. **-2.** [chose] : ~ qqch substituir a algo.

suppléant, e [sypleɑ̃, ɑ̃t] adj & nm, f suplente.

suppléer [syplee] vt : ~ qqch/qqn suplir algo/a alguien.

supplément [syplemɑ̃] nm suplemento m.

supplémentaire [syplemɑ̃tɛr] adj suplementario(ria); [train] especial; [heure] extraordinario(ria).

supplication [syplikasjɔ̃] nf súplica f.

supplice [syplis] nm suplicio m.

supplier [syplije] vt : ~ qqn de faire qqch suplicar a alguien que haga algo; **je t'en/vous en supplie** te/se lo suplico.

support [sypɔr] nm soporte m; ~ **publicitaire** soporte publicitario.

supportable [sypɔrtabl] adj soportable.

supporter[1] [sypɔrte] vt **-1.** [gén] soportar; ~ **que** soportar OU aguantar que. **-2.** [soutenir] sostener, soportar que. **-3.** [encourager] apoyar. ◆ **se supporter** vp soportarse.

supporter[2] [sypɔrter] nm SPORT hincha mf.

supposer [sypoze] vt suponer; ~ **qqch/que** suponer algo/que; **en supposant que** suponiendo que; **à ~ que** en el supuesto de que.

supposition [sypozisjɔ̃] nf suposición f.

suppositoire [sypozitwɑr] nm supositorio m.

suppression [sypresjɔ̃] nf supresión f.

supprimer [syprime] vt **-1.** [gén] suprimir. **-2.** [douleur, document] eliminar. **-3.** [permis] : ~ **qqch à qqn** retirar algo a alguien.

suprématie [sypremasi] nf supremacía f.

suprême [syprɛm] ◇ adj supremo(ma). ◇ nm CULIN suprema f.

sur [syr] prép **-1.** [position] en; [au-dessus de] encima de, sobre; **il est assis ~ une chaise** está sentado en una silla; ~ **la table** en OU encima de la mesa. **-2.** [dans la direction de] a, hacia; ~ **la droite/gauche** a la derecha/izquierda. **-3.** [distance] en; ~ **10 kilomètres** 10 kilómetros. **-4.** [temps] : ~ **le tard** bastante tarde. **-5.** [d'après] por; **juger qqn ~ les apparences** juzgar a alguien por las apariencias. **-6.** [grâce à] de; **il vit ~ les revenus de ses parents** vive del dinero de sus padres. **-7.** [au sujet de] sobre; **débat ~ la drogue** debate sobre la droga. **-8.** [proportion] : ~ **douze invités, six sont venus** de doce invitados han venido seis;

un mètre ~ deux un metro por dos; **une fois ~ deux** una de cada dos veces. ◆ **sur ce** loc adv en esto.

sûr, e [syr] adj **-1.** [gén] seguro(ra); [goût, instinct] bueno(na); **être ~ de qqch/que** estar seguro de algo/que; **être ~ et certain de qqch** estar convencido(da) de algo; ~ **et certain!** ¡segurísimo! **-2.** [personne] de confianza.

surcharge [syrʃarʒ] nf **-1.** [excès de poids – de camion] sobrecarga f; [– de bagage] exceso m, sobrepeso m. **-2.** [de travail, de décoration] exceso m. **-3.** [rature] enmienda f.

surcharger [syrʃarʒe] vt **-1.** [véhicule] sobrecargar. **-2.** [d'impôts, de travail] abrumar. **-3.** [texte] enmendar.

surchauffé, e [syrʃofe] adj fig excitado(da).

surcroît [syrkrwa] nm aumento m.

surdité [syrdite] nf sordera f.

surdoué, e [syrdwe] adj superdotado(da).

sureffectif [syrefɛktif] nm exceso m de efectivos.

surélever [syrelve] vt sobrealzar.

sûrement [syrmɑ̃] adv **-1.** [certainement, sans doute] seguramente; ~ **pas!** fam ¡ni hablar! **-2.** [en sûreté] con seguridad.

surenchère [syrɑ̃ʃɛr] nf **-1.** JUR sobrepuja f. **-2.** fig [électorale] demagogia f.

surenchérir [syrɑ̃ʃerir] vi **-1.** COMM sobrepujar. **-2.** [renchérir] prometer más que nadie.

surendetté, e [syrɑ̃dete] adj sobreendeudado(da).

surendettement [syrɑ̃dɛtmɑ̃] nm sobreendeudamiento m.

surestimer [syrɛstime] vt sobreestimar. ◆ **se surestimer** vp sobreestimarse.

sûreté [syrte] nf **-1.** [gén] seguridad f; **de ~ de seguridad; en ~** a salvo. **-2.** [d'amitié, de renseignement] fiabilidad f.

surexposer [syrɛkspoze] vt PHOT sobreexponer.

surf [sœrf] nm surf m.

surface [syrfas] nf superficie f; **refaire ~** fig [réapparaître] reaparecer; [se remettre] salir a flote; **grande ~** [magasin] hipermercado m.

surfait, e [syrfɛ, ɛt] adj sobreestimado(da).

surfer [sœrfe] vt hacer surf.

surgelé, e [syrʒəle] adj congelado(da). ◆ **surgelé** nm congelado m.

surgir [syrʒir] vi surgir.

surhomme [syrɔm] nm superhombre m.

surhumain, **e** [syrymɛ̃, ɛn] *adj* sobrehumano(na).

surimpression [syrɛ̃presjɔ̃] *nf* sobreimpresión *f*.

sur-le-champ [syrləʃɑ̃] *loc adv* en el acto.

surlendemain [syrlɑ̃dmɛ̃] *nm* dos días después, a los dos días.

surligner [syrliɲe] *vt* marcar con rotulador fluorescente.

surligneur [syrliɲœr] *nm* marcador *m*, subrayador *m*.

surmenage [syrmənaʒ] *nm* agotamiento *m*, surmenaje *m*.

surmené, **e** [syrmane] *adj* agotado(da).

surmener [syrməne] *vt* agotar. ◆ **se surmener** *vp* trabajar demasiado.

surmonter [syrmɔ̃te] *vt* -1. [être placé au-dessus de] coronar. -2. [obstacle, peur, colère] superar.

surnager [syrnaʒe] *vi* -1. [flotter] sobrenadar. -2. *fig* [subsister] perdurar, pervivir.

surnaturel, **elle** [syrnatyrɛl] *adj* -1. [phénomène, pouvoir, vie] sobrenatural. -2. [talent] prodigioso(sa). ◆ **surnaturel** *nm* : **le** ~ lo sobrenatural.

surnom [syrnɔ̃] *nm* sobrenombre *m*, apodo *m*.

surnombre [syrnɔ̃br] ◆ **en surnombre** *loc adv* de más.

surpasser [syrpase] *vt* superar. ◆ **se surpasser** *vp* superarse.

surpeuplé, **e** [syrpœple] *adj* superpoblado(da).

surplomb [syrplɔ̃] *nm* desplome *m*; **en** ~ voladizo(za), salidizo(za).

surplomber [syrplɔ̃be] ◇ *vt* dominar. ◇ *vi* desaplomarse.

surplus [syrply] *nm* -1. [excédent] excedente *m*. -2. [magasin] *tienda de ropa americana de importación*.

surprenant, **e** [syrprənɑ̃, ɑ̃t] *adj* sorprendente.

surprendre [syrprɑ̃dr] *vt* -1. [gén] sorprender. -2. [secret] descubrir.

surpris, **e** [syrpri, iz] *pp* → surprendre.

surprise, **e** [syrpriz] *nf* sorpresa *f*; **faire une** ~ **à qqn** dar una sorpresa a alguien; **par** ~ por sorpresa.

surproduction [syrprɔdyksjɔ̃] *nf* superproducción *f*.

surréalisme [syrrealism] *nm* surrealismo *m*.

sursaut [syrso] *nm* -1. [mouvement brusque] sobresalto *m*; **en** ~ sobresaltado(da). -2. [d'énergie] arranque *m*.

sursauter [syrsote] *vi* sobresaltarse.

sursis [syrsi] *nm* -1. [délai] aplazamiento *m*. -2. JUR ≃ condena *f* condicional; **6 mois avec** ~ pena de 6 meses con remisión condicional.

sursitaire [syrsitɛr] JUR ◇ *nmf* reo en situación de condena condicional. ◇ *adj* en situación de condena condicional.

surtaxe [syrtaks] *nf* sobretasa *f*.

surtout [syrtu] *adv* sobre todo. ◆ **surtout que** *loc conj fam* sobre todo porque.

survécu, **e** [syrveky] *pp* → survivre.

surveillance [syrvejɑ̃s] *nf* vigilancia *f*; ~ **médicale** observación *f* médica.

surveillant, **e** [syrvejɑ̃, ɑ̃t] *nm, f* -1. [gardien] vigilante *m* Esp, guachimán *m* Amér. -2. SCOL *persona encargada de la disciplina en un centro escolar*.

surveiller [syrveje] *vt* -1. [enfant, santé, suspect] vigilar. -2. [études, travaux] supervisar. -3. [langage, ligne] cuidar. ◆ **se surveiller** *vp* cuidarse.

survenir [syrvənir] *vi* sobrevenir.

survenu, **e** [syrvəny] → survenir.

survêtement [syrvɛtmɑ̃] *nm* chandal *m*.

survie [syrvi] *nf* -1. [de malade] vida *f*. -2. [d'âme] supervivencia *f*.

survivant, **e** [syrvivɑ̃, ɑ̃t] *adj & nm, f* superviviente.

survivre [syrvivr] *vi* [continuer à vivre] sobrevivir; ~ **à qqch/à qqn** sobrevivir a algo/a alguien.

survol [syrvɔl] *nm* -1. [de territoire] vuelo *m* sobre. -2. [de texte] : **faire un** ~ **de qqch** echar un vistazo a algo.

survoler [syrvɔle] *vt* -1. [territoire] sobrevolar. -2. [texte] echar un vistazo a.

survolté, **e** [syrvɔlte] *adj* sobreexcitado(da).

sus [sy(s)] *adv* : **en** ~ **(de)** además (de).

susceptibilité [syseptibilite] *nf* susceptibilidad *f*.

susceptible [syseptibl] *adj* -1. [ombrageux] susceptible. -2. [capable] : ~ **de qqch/de faire qqch** susceptible de algo/ de hacer algo.

susciter [sysite] *vt* suscitar.

suspect, **e** [syspe, ɛkt] ◇ *adj* -1. [personne] sospechoso(sa); ~ **de qqch** sospechoso de algo. -2. [douteux] dudoso(sa). ◇ *nm, f* sospechoso *m*, -sa *f*.

suspecter [syspɛkte] *vt* : sospechar; ~ **qqn de qqch** sospechar algo de alguien; ~ **qqn de faire qqch** sospechar que alguien hace algo.

suspendre [syspɑ̃dr] *vt* **-1.** [gén] suspender. **-2.** [accrocher] colgar.

suspendu, e [syspɑ̃dy] ◇ *pp* → **suspendre**. ◇ *adj* [tableau, lampe] suspendido(da); [véhicule] : **bien/mal** ~ con buena/mala suspensión.

suspens [syspɑ̃] ◆ **en suspens** *loc adv* pendiente.

suspense [syspɑ̃s, syspɛns] *nm* suspense *m*.

suspension [syspɑ̃sjɔ̃] *nf* **-1.** [gén] suspensión *f*; **en** ~ **en** suspensión. **-2.** [lustre] lámpara *f* de techo.

suspicion [syspisjɔ̃] *nf* suspicacia *f*.

susurrer [sysyre] *vt & vi* susurrar.

suture [sytyr] *nf* sutura *f*.

svelte [zvɛlt] *adj* esbelto(ta).

SVP *abr de* **s'il vous plaît**.

sweat-shirt [switʃœrt] (*pl* **sweat-shirts**) *nm* sudadera *f*.

syllabe [silab] *nf* sílaba *f*.

symbole [sɛ̃bɔl] *nm* **-1.** [représentation & CHIM] símbolo *m*. **-2.** [personnification] : **être le** ~ **de qqch** ser la viva imagen de algo.

symbolique [sɛ̃bɔlik] ◇ *adj* simbólico(ca). ◇ *nf* simbología *f*.

symboliser [sɛ̃bɔlize] *vt* simbolizar.

symétrie [simetri] *nf* simetría *f*.

symétrique [simetrik] *adj* simétrico(ca).

sympa [sɛ̃pa] *adj inv fam* majo(ja).

sympathie [sɛ̃pati] *nf* **-1.** [entente, amitié] simpatía *f*. **-2.** [bonne disposition] agrado *m*. **-3.** [condoléance] : **témoigner sa** ~ **à qqn** dar el pésame a alguien.

sympathique [sɛ̃patik] *adj* [agréable – personne] simpático(ca); [– soirée, moment] agradable; [– maison, lieu] acogedor(ra).

sympathiser [sɛ̃patize] *vi* simpatizar; ~ **avec qqn** simpatizar con alguien.

symphonie [sɛ̃fɔni] *nf* sinfonía *f*.

symphonique [sɛ̃fɔnik] *adj* sinfónico(ca).

symptomatique [sɛ̃ptɔmatik] *adj* sintomático(ca).

symptôme [sɛ̃ptom] *nm* síntoma *m*.

synagogue [sinagɔg] *nf* sinagoga *f*.

synchroniser [sɛ̃krɔnize] *vt* sincronizar.

syncope [sɛ̃kɔp] *nf* **-1.** [évanouissement] síncope *m*. **-2.** MUS síncopa *f*.

syndic [sɛ̃dik] *nm* ≃ presidente *mf* de la comunidad de propietarios.

syndicaliste [sɛ̃dikalist] *adj & nmf* sindicalista.

syndicat [sɛ̃dika] *nm* sindicato *m*. ◆ **syndicat de communes** *nm* ≃ mancomunidad *f* de municipios. ◆ **syndicat d'initiative** *nm* ≃ oficina *f* de turismo. ◆ **syndicat de copropriétaires** *nm* ≃ comunidad *f* de propietarios.

syndiqué, e [sɛ̃dike] *adj & nm, f* sindicado(da).

syndrome [sɛ̃drom] *nm* síndrome *m*.

synergie [sinɛrʒi] *nf* sinergia *f*.

synonyme [sinɔnim] ◇ *adj* sinónimo(ma). ◇ *nm* sinónimo *m*.

syntaxe [sɛ̃taks] *nf* sintaxis *f inv*.

synthé [sɛ̃te] (*abr de* **synthétiseur**) *nm fam* sintetizador *m*.

synthèse [sɛ̃tɛz] *nf* síntesis *f inv*.

synthétique [sɛ̃tetik] *adj* sintético(ca).

synthétiseur [sɛ̃tetizœr] *nm* sintetizador *m*.

syphilis [sifilis] *nf* sífilis *f inv*.

Syrie [siri] *nf* : **la** ~ Siria.

systématique [sistematik] *adj* sistemático(ca).

systématiser [sistematize] ◇ *vt* sistematizar. ◇ *vi* generalizar.

système [sistɛm] *nm* sistema *m*; ~ **bureautique** INFORM ofimática *f*; ~ **clé en main** INFORM sistema llave en mano; ~ **de conception et de fabrication** INFORM sistema de concepción y de fabricación; ~ **d'exploitation** INFORM sistema de explotación; ~ **de traitement transactionnel** INFORM sistema de transacciones; ~ **expert** INFORM sistema experto; ~ **intégré** INFORM sistema integrado; ~ **intégré de gestion** INFORM sistema integrado de gestión; ~ **nerveux** ANAT sistema nervioso.

T

t, T [te] *nm inv* [lettre] t *f*, T *f*. ◆ **t** (*abr de* **tonne**) t.

ta → **ton**.

tabac [taba] *nm* **-1.** [plante] tabaco *m*; ~ **blond/brun/gris** tabaco rubio/negro/barato; ~ **à priser** rapé *m*. **-2.** [magasin] estanco *m*.

tabagisme [tabaʒism] *nm* tabaquismo *m*.

tabernacle [tabɛrnakl] *nm* tabernáculo *m*.

table [tabl] *nf* [meuble] mesa *f*; **à** ~ ¡a la mesa!; **mettre la** ~ poner la mesa; **se mettre à** ~ sentarse a la mesa; ~ **d'opération/de travail** mesa de operaciones/de trabajo. ◆ **table ronde** *nf* mesa *f* redonda. ◆ **table des matières** *nf* índice *m*. ◆ **table de multiplication** *nf* tabla *f* de multiplicar.

tableau [tablo] *nm* **-1.** [gén] cuadro *m*; **noircir le** ~ *fig* pintarlo todo negro. **-2.** [d'école] pizarra *f*, encerado *m*; ~ **noir** pizarra *f*. **-3.** [panneau] tablón *m*, tablero *m*; ~ **d'affichage** [gén] tablón de anuncios; SPORT marcador *m*. ◆ **tableau de bord** *nm* [de voiture] salpicadero *m*; [d'avion] cuadro *m* de instrumentos.

tabler [table] *vi* : ~ **sur qqch** contar con algo.

tablette [tablɛt] *nf* **-1.** [étagère] tabla *f*; [de cheminée, de radiateur, de salle de bains] repisa *f*. **-2.** [de chewing-gum, de chocolat] tableta *f*.

tableur [tablœr] *nm* INFORM hoja *f* de cálculo.

tablier [tablije] *nm* **-1.** [de cuisinière] delantal *m*, mandil *m*. **-2.** [d'écolier] bata *f*; **rendre son** ~ despedirse. **-3.** [de cheminée] pantalla *f*; [de magasin] persiana *f* (metálica). **-4.** CONSTR [de pont] piso *m*.

tabloïde [tabloid] *nm* tabloide *m*.

tabou, e [tabu] *adj* tabú. ◆ **tabou** *nm* tabú *m*.

tabouret [taburɛ] *nm* taburete *m*.

tabulateur [tabylatœr] *nm* tabulador *m*.

tac [tak] *nm* : **répondre/riposter du** ~ **au** ~ devolver la pelota.

tache [taʃ] *nf* **-1.** [gén] mancha *f*; ~**s de rousseur** OU **de son** pecas *fpl*. **-2.** *sout* [souillure morale] tacha *f*.

tâche [taʃ] *nf* tarea *f*, labor *f*; **faciliter la** ~ **de qqn** ponérselo fácil a alguien.

tacher [taʃe] *vt* manchar.

tâcher [taʃe] ◇ *vi* : ~ **de faire qqch** procurar hacer algo. ◇ *vt* : **tâche que ça ne se reproduise plus** procura que no vuelva a ocurrir.

tacheté, e [taʃte] *adj* : ~ **de** moteado de.

tacheter [taʃte] *vt* motear.

tacite [tasit] *adj* tácito(ta).

taciturne [tasityrn] *adj* taciturno(na).

tact [takt] *nm* tacto *m*; **avoir du/manquer de** ~ tener/no tener tacto; **c'est manquer de** ~ es una falta de tacto.

tactique [taktik] ◇ *adj* táctico(ca). ◇ *nf* táctica *f*.

tag [tag] *nm* tag *m*, graffitti *m*.

tagger[1]**, euse** [tagœr, øz] *nm, f* tagger *mf*, grafitero *m*, -ra *f*.

tagger[2] [tage] *vt* hacer tags, hacer grafitis.

taie [tɛ] *nf* **-1.** [enveloppe] funda *f*; ~ **d'oreiller** funda de almohada. **-2.** MÉD nube *f* (*en la córnea*).

taille [taj] *nf* **-1.** [de pierre, de bois] talla *f*; [d'arbres] tala *f*. **-2.** [de personne] estatura *f*, **quelle est ta** ~? ¿cuánto mides? **-3.** [de vêtement] talla *f*; **à ma** ~ de mi talla. **-4.** [d'objet] tamaño *m*; **de** ~ [erreur] de bulto. **-5.** [milieu du corps] talle *m*.

taillé, e [taje] *adj* **-1.** [coupé] cortado(da). **-2.** [fait pour] : **être** ~ **pour** estar hecho(cha) para.

taille-crayon [tajkrɛjɔ̃] (*pl* **taille-crayons**) *nm* sacapuntas *m inv*.

tailler [taje] *vt* **-1.** [pierre, bois] tallar; [arbres] talar; [crayon] afilar. **-2.** [vêtement] cortar.

tailleur [tajœr] *nm* **-1.** [couturier] sastre *m*. **-2.** [vêtement] traje *m* sastre, traje *m* de chaqueta.

taillis [taji] *nm* monte *m* bajo, bosquecillo *m*.

tain [tɛ̃] *nm* azogue *m*.

taire [tɛr] *vt* callar. ◆ **se taire** *vp* **-1.** [ne pas parler] callarse; **tais-toi!** ¡cállate! **-2.** [bruit, son] dejar de oírse, cesar; [orchestre] dejar de tocar.

Taiwan [tajwan] *n* Taiwan; **à** ~ [direction] a Taiwan; [situation] en Taiwan.

talc [talk] *nm* talco *m*.

talent [talɑ̃] *nm* talento *m*; **avoir du** ~ tener talento.

talentueux, euse [talɑ̃tɥø, øz] *adj* talentoso(sa); **être très** ~ tener mucho talento.

talisman [talismɑ̃] *nm* talismán *m*.

talkie-walkie [tɔkiwɔki] *nm* walkie-talkie *m*.

talon [talɔ̃] *nm* **-1.** [du pied, de chaussette] talón *m*. **-2.** [de chaussure] tacón *m Esp*, taco *m Amér*; ~**s hauts/plats/aiguilles** tacones altos/planos/de aguja. **-3.** [de jambon, de fromage] punta *f*. **-4.** [de chèque] matriz *f*. **-5.** [de jeu de cartes] montón *m*.

talonner [talɔne] *vt* **-1.** [suivre de très près] pisar los talones a. **-2.** [harceler] acosar.

talonnette [talɔnɛt] *nf* talonera *f*.

talquer [talke] *vt* espolvorear con talco.

talus [taly] *nm* talud *m*.

tambour [tābur] *nm* -1. [de machine à laver & MUS] tambor *m*; **battre le ~** tocar el tambor. -2. [d'église, d'hôtel] cancel *m*. -3. COUT [pour broder] tambor *m*, bastidor *m*.

tambourin [tāburɛ̃] *nm* MUS -1. [cerceau à grelots] pandereta *f*. -2. [tambour] tamboril *m*.

tambouriner [tāburine] ◇ *vt* MUS : **~ qqch** tocar algo con el tambor. ◇ *vi* : **~ sur** OU **contre qqch** repiquetear en OU sobre algo.

tamis [tami] *nm* -1. [crible] tamiz *m*; **passer au ~** pasar por el tamiz. -2. [de raquette de tennis] cordaje *m*.

tamisé, e [tamize] *adj* [lumière] tamizado(da).

tamiser [tamize] *vt* tamizar.

tampon [tāpɔ̃] *nm* -1. [masse de tissu] bayeta *f*, paño *m*; **~ à récurer** estropajo *m*. -2. [cachet] sello *m*, tampón *m*. -3. [bouchon] tapón *m Esp*, tapa *f Amér*. -4. [cheville] taco *m*. -5. [de locomotive] tope *m*. -6. *fig* [médiateur] : **servir de ~ fig** servir de colchón. ◆ **tampon hygiénique** OU **périodique** *nm* tampón *m* (higiénico).

tamponner [tāpɔne] *vt* -1. [surface] frotar con un paño. -2. [plaie] limpiar. -3. [facture] sellar. -4. [mur] topar con.

tam-tam [tamtam] (*pl* **tam-tams**) *nm* tam-tam *m*.

tandem [tādɛm] *nm* tándem *m*; **en ~** en grupos de dos.

tandis [tādi] ◆ **tandis que** *loc conj* mientras que.

tangage [tāgaʒ] *nm* cabeceo *m*.

tangent, e [tāʒā, āt] *adj* -1. MATHS tangente. -2. [qui se fait de justesse] : **c'était ~** (fue) por los pelos. ◆ **tangente** *nf* MATHS tangente *f*.

tangible [tāʒibl] *adj* tangible.

tango [tāgo] *nm* tango *m*.

tanguer [tāge] *vi* [navire, avion] cabecear.

tanière [tanjɛr] *nf* -1. [de bête sauvage] guarida *f*, cubil *m*. -2. *fig* [de personne] guarida *f*.

tank [tāk] *nm* tanque *m*.

tanner [tane] *vt* -1. [peau] curtir. -2. *fam* [personne] dar la tabarra a.

tant [tā] *adv* -1. [quantité] : **~ de** tanto(ta); **~ d'élèves** tantos alumnos. -2. [tellement] tanto; **il l'aime ~** la quiere tanto. -3. [quantité indéfinie] : **~ de** tanto(ta); **~**

de grammes tantos gramos. -4. [valeur indéfinie] tanto; **ça coute ~** esto cuesta tanto. -5. [jour indéfini] : **le ~** tal día. -6. [comparatif] : **~... que** tanto... como. -7. [valeur temporelle] : **~ que** mientras. ◆ **en tant que** *loc conj* como. ◆ **tant bien que mal** *loc adv* más o menos bien, mal que bien. ◆ **tant pis** *loc adv* qué se le va a hacer; **~ pis pour lui** peor para él. ◆ **tant et plus** *loc adv* muchísimo. ◆ **tant qu'à** *loc conj* si, ya que.

tante [tāt] *nf* -1. [parente] tía *f*. -2. *vulg péj* [homosexuel] maricón *m*.

tantinet [tātinɛ] *nm* : **un ~ radin** un poco tacaño; **un ~ trop long** demasiado largo.

tantôt [tāto] *adv* -1. [notion d'alternance] : **~... ~** unas veces... otras; **~ il me déteste, ~ il m'adore** unas veces me odia, otras me adora. -2. *vieilli* [après-midi] por la tarde.

tapage [tapaʒ] *nm* -1. [bruit] escándalo *m*, alboroto *m*. -2. *fig* [battage] : **faire du ~** dar que hablar.

tapageur, euse [tapaʒœr, øz] *adj* -1. [hôte, enfant] escandaloso(sa), alborotador(ra). -2. [luxe, liaison, publicité] escandaloso(sa).

tape [tap] *nf* cachete *m*.

tape-à-l'œil [tapalœj] ◇ *adj inv* llamativo(va). ◇ *nm inv* fachada *f* (apariencia); **ça ce n'est que du ~** es todo pura fachada.

taper [tape] ◇ *vt* -1. [donner un coup à] golpear; [à la porte] llamar. -2. [texte] pasar a máquina. ◇ *vi* -1. [donner un coup] golpear. -2. [à la machine] escribir a máquina. -3. *fam* [soleil] pegar; [vin] subir. -4. *fig* [dire du mal de] : **~ sur qqn** poner como un trapo a alguien.

tapis [tapi] *nm* -1. [pour le sol] alfombra *f*; **~ de bain** alfombra de baño. -2. [de mur] tapiz *m*. -3. [de meuble] tapete *m*; **~ vert** tapete verde. ◆ **tapis roulant** *nm* [de marchandises] cinta *f* transportadora; [de voyageurs] tapiz *m* deslizante.

tapisser [tapise] *vt* -1. [couvrir – meuble] tapizar; [– mur] empapelar. -2. *fig* [recouvrir] cubrir.

tapisserie [tapisri] *nf* -1. [tenture] colgadura *f*. -2. [papier peint] empapelado *m*. -3. ART [ouvrage] tapiz *m*.

tapissier, ère [tapisje, ɛr] *nm, f* -1. [artiste, commerçant] tapicero *m*, -ra *f*. -2. [ouvrier] empapelador *m*, -ra *f*.

tapotement [tapɔtmā] *nm* [petite tape] golpeteo *m*.

tapoter [tapɔte] ◇ *vt* dar golpecitos en. ◇ *vi* : ~ **sur qqch** [donner des petits coups] dar golpecitos en algo; [pianoter] aporrear algo.

taquin, e [takɛ̃, in] *adj & nm, f* guasón(ona).

taquiner [takine] *vt* pinchar.

tarabuster [tarabyste] *vt* **-1.** [suj : personne] dar la tabarra. **-2.** [suj : idée] rondar.

tard [tar] *adv* tarde; **au plus ~** a más tardar; **plus ~** más tarde; **sur le ~** [en fin de journée] al anochecer; [vers la fin de sa vie] demasiado tarde.

tarder [tarde] *vi* : ~ **à faire qqch** tardar en hacer algo; **il me tarde de** (+ *infinitif*), **il me tarde que** (+ *subjonctif*) estoy impaciente por (+ *infinitivo*); **il me tarde de te revoir** estoy impaciente por verte.

tardif, ive [tardif, iv] *adj* tardío(a).

tare [tar] *nf* tara *f*.

tarif [tarif] *nm* **-1.** [prix, tableau des prix] tarifa *f*; ~ **syndical** tarifa fijada por un sindicato. **-2.** [douanier] arancel *m*.

tarir [tarir] ◇ *vt* **-1.** [source, ressource] agotar. **-2.** *fig* [larmes] enjugar. ◇ *vi* **-1.** [source, ressource] agotarse. **-2.** *fig* [larmes] enjugarse. **-3.** *fig* [personne] : **ne pas ~ d'éloges sur qqch/sur qqn** hacerse lenguas de algo/de alguien. ◆ **se tarir** *vp* agotarse.

tarot [taro] *nm* tarot *m*. ◆ **tarots** *nmpl* : **tirer les ~s** echar las cartas OU el tarot.

tartare [tartar] *adj* tártaro(ra).

tarte [tart] ◇ *nf* **-1.** [gâteau] tarta *f*. **-2.** *fam* [gifle] torta *f*. ◇ *adj fam* [idiot] estúpido(da).

tartine [tartin] *nf* **-1.** [de pain] rebanada *f* de pan con mantequilla. **-2.** *fam fig* [laïus] rollo *m*.

tartiner [tartine] *vt* **-1.** [du pain] untar. **-2.** *fam fig* [pages] llenar.

tartre [tartr] *nm* [du vin, de chaudière, des canalisations] tártaro *m*; [des dents] sarro *m*.

tas [ta] *nm* montón *m Esp*, ruma *f Amér*; **un ~ de** un montón de.

tasse [tas] *nf* taza *f*; ~ **à café/à thé** taza de café/de té; ~ **de café/de thé** taza de café/de té.

tassé, e [tase] *adj* : **bien ~** [fort] bien cargado(da); [âge, ans] **bien ~** bien puesto, bien puesta.

tasseau, x [taso] *nm* CONSTR codal *m*.

tasser [tase] *vt* **-1.** [neige, terre] apisonar. **-2.** [choses, personnes] apretujar. ◆ **se tasser** *vp* **-1.** [mur, terrain] hundirse. **-2.** *fig* [vieillard] achaparrarse. **-3.** [personnes] apiñarse, apretujarse. **-4.** *fig* [s'arranger] arreglarse.

tâter [tate] *vt* **-1.** [toucher] tentar. **-2.** *fig* [sonder] tantear. ◆ **se tâter** *vp fam fig* [hésiter] pensarlo.

tatillon, onne [tatijɔ̃, ɔn] *adj & nm, f* puntilloso(sa).

tâtonnement [tatɔnmã] *nm* **-1.** [action] marcha *f* a tientas. **-2.** (*gén pl*) [tentative] tanteo *m*.

tâtonner [tatɔne] *vi* **-1.** [pour se diriger] tantear. **-2.** *fig* [chercher] dar palos de ciego.

tâtons [tatɔ̃] ◆ **à tâtons** *loc adv* a tientas.

tatouage [tatwaʒ] *nm* tatuaje *m*.

tatouer [tatwe] *vt* tatuar.

taudis [todi] *nm* **-1.** [logement misérable] tugurio *m*, cuchitril *m*. **-2.** *fig & péj* [maison ou pièce mal tenue] leonera *f*.

taupe [top] *nf* [animal, espion] topo *m*.

taureau, x [tɔro] *nm* [animal] toro *m*. ◆ **Taureau** *nm* ASTROL Tauro *m*; **être Taureau** ser Tauro; **être né sous le signe du Taureau** haber nacido bajo el signo de Tauro.

tauromachie [tɔrɔmaʃi] *nf* tauromaquia *f*.

taux [to] *nm* **-1.** [cours] tasa *f*; ~ **de change/d'escompte** FIN tipo *m* de cambio/de descuento; ~ **d'inflation** tasa de inflación; ~ **d'intérêt** FIN tipo *m* de interés. **-2.** [de cholestérol, d'alcool] índice *m*; ~ **de natalité/de mortalité** índice de natalidad/de mortalidad.

taverne [tavɛrn] *nf* **-1.** [auberge, bar à bière] taberna *f*. **-2.** [restaurant rustique] hostería *f*. **-3.** *Can* [café réservé aux hommes] *café reservado a los hombres*.

taxe [taks] *nf* impuesto *m*, contribución *f*; **hors ~** impuestos no incluidos.

taxer [takse] *vt* **-1.** [produit] tasar. **-2.** [importations] gravar.

taxi [taksi] *nm* **-1.** [voiture] taxi *m*. **-2.** [chauffeur] taxista *mf Esp*, ruletero *m Amér*.

TB, tb (*abr de* **très bien**) ≃ Sob.

Tchad [tʃad] *nm* : **le ~** (el) Chad; **au ~** [direction] al Chad; [situation] en el Chad.

tchadien, enne [tʃadjɛ̃, ɛn] *adj* chadiano(na). ◆ **tchadien** *nm* LING chadiano *m*. ◆ **Tchadien, enne** *nm, f* chadiano *m*, -na *f*.

tchécoslovaque [tʃekɔslɔvak] *adj* checoslovaco(ca). ◆ **Tchécoslovaque** *nmf* checoslovaco *m*, -ca *f*.

tchèque [tʃɛk] ◇ *adj* checo(ca). ◇ *nm* LING checo *m*. ◆ **Tchèque** *nmf* checo *m*, -ca *f*.

te [tə], **t'** *(devant voyelle ou h muet) pron pers* **-1.** [gén] te. **-2.** [avec un présentatif] : ~ **voici/voilà** aquí estás; ~ **voici prêt** ya estás listo.

technicien, enne [tɛknisjɛ̃, ɛn] *nm, f* **-1.** [professionnel] técnico *mf*. **-2.** [spécialiste] especialista *mf*.

technico-commercial, e [tɛknikokɔmɛrsjal, o] *(mpl* **technico-commerciaux,** *fpl* **technico-commerciales)** *adj & nm, f* técnico comercial.

technique [tɛknik] ◇ *adj* técnico(ca). ◇ *nf* técnica *f*.

technocrate [tɛknɔkrat] *nm péj* tecnócrata *mf*.

technologie [tɛknɔlɔʒi] *nf* tecnología *f*.

technologique [tɛknɔlɔʒik] *adj* tecnológico(ca).

teckel [tekɛl] *nm* teckel *m*.

tee-shirt *(pl* **tee-shirts),** **T-shirt** *(pl* **T-shirts)** [tiʃœrt] *nm* camiseta *f Esp*, remera *f Amér*.

teigne [tɛɲ] *nf* **-1.** [mite] polilla *f*. **-2.** [du cuir chevelu] tiña *f*. **-3.** *fam* [personne] (mal) bicho *m*.

teindre [tɛ̃dr] *vt* [colorer] teñir.

teint, e [tɛ̃, tɛ̃t] ◇ *pp* → **teindre**. ◇ *adj* [cheveux] teñido(da). ◆ **teint** *nm* tez *f*. ◆ **teinte** *nf* color *m*.

teinté, e [tɛ̃te] *adj* tintado(da); ~ **de** *fig* teñido(da) de.

teinter [tɛ̃te] *vt* teñir.

teinture [tɛ̃tyr] *nf* **-1.** [action de teindre & BIOL] tintura *f*; ~ **d'iode** [préparation] tintura de yodo. **-2.** [produit] tinte *m*.

teinturerie [tɛ̃tyrri] *nf* tintorería *f*, tinte *m*.

teinturier, ère [tɛ̃tyrje, ɛr] *nm, f* tintorero *m*, -ra *f*.

tel [tɛl] *(f* **telle,** *mpl* **tels,** *fpl* **telles)** ◇ *adj* **-1.** [valeur indéterminée] tal; ~ **ou** ~ tal o cual. **-2.** [semblable] semejante; **de telles personnes semblables personas; je n'ai rien dit de** ~ no he dicho nada semejante; **un** ~ **homme** un hombre semejante; **une telle ocasion** una oportunidad semejante. **-3.** [reprend ce qui a été énoncé] éste(ta); **telle fut l'histoire qu'il nous raconta** ésta fue la historia que nos contó. **-4.** [valeur emphatique ou intensive] tal; **un** ~ **bonheur** una felicidad tal. **-5.**

[introduit un exemple ou une énumération] : ~ **(que)** como; **des métaux** ~**s que le cuivre** metales como el cobre. **-6.** [introduit une comparaison] cual; **il grondait** ~ **un lion** rugía como un león; ~ **que tal** (y) como; **il est** ~ **que je l'avais toujours rêvé** es tal (y) como siempre lo soñé; ~ **quel** tal cual; **tout est resté** ~ **quel depuis son départ** todo ha permanecido tal cual desde que se marchó. ◇ *pron indéf* **-1.** [personnes ou choses indéterminées] : ~**... ~ autre** uno... otro; ~ **veut travailler et** ~ **autre veut dormir** uno quiere trabajar y otro dormir. **-2.** [une personne] : **un** ~ fulano.

tél. *(abr de téléphone)* tel., teléf.

télé [tele] *nf fam* tele *f*.

téléachat [teleaʃa] *nm* telecompra *f*.

télécommande [telekɔmɑ̃d] *nf* mando *m* a distancia, telemando *m*.

télécommunication [telekɔmynikasjɔ̃] *nf* telecomunicación *f*.

téléconférence [telekɔ̃ferɑ̃s] *nf* teleconferencia *f*.

télécopie [telekɔpi] *nf* fax *m (documento)*.

télécopieur [telekɔpjœr] *nm* INFORM fax *m (aparato)*.

télédétection [teledetɛksjɔ̃] *nf* teledetección *f*.

téléfilm [telefilm] *nm* TÉLÉ telefilm *m*, telefilme *m*.

télégramme [telegram] *nm* telegrama *m*.

télégraphe [telegraf] *nm* telégrafo *m*.

télégraphier [telegrafje] *vt* telegrafiar.

téléguider [telegide] *vt* teledirigir.

télématique [telematik] INFORM ◇ *adj* telemático(ca). ◇ *nf* telemática *f*.

téléobjectif [teleɔbʒɛktif] *nm* teleobjetivo *m*.

télépathie [telepati] *nf* telepatía *f*.

téléphérique [teleferik] *nm* teleférico *m*.

téléphone [telefɔn] *nm* teléfono *m*; ~ **à cellules** teléfono celular; ~ **sans fil** teléfono inalámbrico.

téléphoner [telefɔne] ◇ *vt* decir por teléfono. ◇ *vi* llamar (por teléfono); ~ **à qqn** llamar (por teléfono) a alguien.

téléphonique [telefɔnik] *adj* telefónico(ca).

télescope [teleskɔp] *nm* telescopio *m*.

télescopique [teleskɔpik] *adj* telescópico(ca).

téléscripteur [teleskriptœr] *nm* teletipo *m*.

télésiège [telesjɛʒ] *nm* telesilla *m*.

téléski [teleski] *nm* telesquí *m*.

téléspectateur, trice [telespɛktatœr, tris] *nm, f* telespectador *m*, -ra *f*.

télétraitement [teletrɛtmã] *nm* teleproceso *m*.

télétransmission [teletrãsmisjõ] *nf* teletransmisión.

téléviser [televize] *vt* televisar.

téléviseur [televizœr] *nm* televisor *m*.

télévision [televizjõ] *nf* televisión *f*.

télex [telɛks] *nm* télex *m inv*.

tellement [tɛlmã] *adv* **-1.** [si] tan; **elle est ~ gentille!** ¡es tan simpática!; **~ mieux** mucho mejor. **-2.** [tant de] : **~ de** tanto(ta); **j'ai ~ de choses à faire!** ¡tengo tantas cosas que hacer!; **veux-tu un biscuit? – non, j'ai mangé ~** ¿quieres una galleta? – ¡no, ya he comido tantas! **-3.** [tant] tanto; **elle a ~ changé!** ¡ha cambiado tanto!; **je ne comprends rien ~ il parle vite** habla tan de prisa que no entiendo nada; **~... que** tanto... que.

téméraire [temerɛr] *adj & nmf* temerario(ria).

témérité [temerite] *nf* temeridad *f*.

témoignage [temwaɲaʒ] *nm* **-1.** [récit & JUR] testimonio *m*. **-2.** [gage] muestra *f*, prueba *f*; **en ~ de** como muestra OU prueba de.

témoigner [temwaɲe] ◇ *vt* **-1.** [sentiment] mostrar, manifestar. **-2.** [révéler] demostrar; **~ que** demostrar que. **-3.** [attester] : **~ que** declarar que. ◇ *vi* JUR declarar, testificar; **~ en faveur de/contre qqn** declarar a favor/en contra de alguien.

témoin [temwɛ̃] ◇ *nm* testigo *mf*; **être ~ de qqch** ser testigo de algo. ◇ *adj* [appartement] muestra *(en aposición)*, piloto.

tempe [tãp] *nf* sien *f*.

tempérament [tãperamã] *nm* temperamento *m*.

température [tãperatyr] *nf* **-1.** [gén] temperatura *f*. **-2.** [fièvre] fiebre *f*; **avoir de la ~** tener fiebre; **prendre sa ~** tomar la temperatura.

tempéré, e [tãpere] *adj* **-1.** [climat] templado(da). **-2.** [caractère, personne] temperado(da).

tempérer [tãpere] *vt* temperar.

tempête [tãpɛt] *nf* **-1.** MÉTÉOR tormenta *f*; **~ de neige/de sable** tormenta de nieve/de arena. **-2.** [agitation, déchaînement] tempestad *f*.

tempêter [tãpete] *vi* vociferar.

temple [tãpl] *nm* templo *m*.

tempo [tɛmpo] *nm* tempo *m*.

temporaire [tãpɔrɛr] *adj* temporal.

temporairement [tãpɔrɛrmã] *adv* temporalmente.

temporel, elle [tãpɔrɛl] *adj* temporal.

temps [tã] *nm* **-1.** [gén] tiempo *m*; **à mi-~** a media jornada; **à plein ~** a jornada completa; **avoir le ~ de faire qqch** tener tiempo de hacer algo; **ces ~-ci** hoy en día; **ces derniers ~** en estos últimos tiempos; **de mon ~** en mis tiempos OU mi época; **en son ~** en su época; **faire qqch en un ~ record** hacer algo en un tiempo récord; **perdre son ~** perder el tiempo; **un certain ~** un cierto tiempo; **au** OU **du ~ où** en el tiempo en el que; **~ libre** tiempo libre; **avoir tout son ~** tener todo el tiempo del mundo. **-2.** [saison] época *f*. **-3.** [moment] momento *m*. ◆ **à temps** *loc adv* a tiempo. ◆ **de temps à autre** *loc adv* de vez en cuando. ◆ **de temps en temps** *loc adv* de vez en cuando. ◆ **en même temps** *loc adv* al mismo tiempo. ◆ **tout le temps** *loc adv* todo el tiempo, todo el rato.

tenable [tənabl] *adj* : **ce n'est pas ~** es insoportable; **ce n'est plus ~** ya es insoportable.

tenace [tənas] *adj* tenaz.

ténacité [tenasite] *nf* tenacidad *f*.

tenailler [tənaje] *vt* atenazar.

tenailles [tənaj] *nfpl* tenazas *fpl*.

tenancier, ère [tənãsje, ɛr] *nm, f* encargado *m*, -da *f*.

tendance [tãdãs] *nf* tendencia *f*; **avoir ~ à qqch/à faire qqch** tener tendencia a algo/a hacer algo.

tendancieux, euse [tãdãsjø, øz] *adj péj* tendencioso(sa).

tendeur [tãdœr] *nm* **-1.** [appareil] tensor *m*. **-2.** [courroie élastique] pulpo *m*. **-3.** [de tente] viento *m*.

tendinite [tãdinit] *nf* tendinitis *f inv*.

tendon [tãdõ] *nm* tendón *m*.

tendre[1] [tãdr] ◇ *adj* **-1.** [aliment, personne] tierno(na). **-2.** [bois] blando(da). **-3.** [couleur] suave. **-4.** [parole] cariñoso(sa). ◇ *nmf* persona *f* tierna.

tendre[2] [tãdr] *vt* **-1.** [corde] tensar. **-2.** [étendre] tender; **~ qqch à qqn** [donner] tender algo a alguien. ◆ **se tendre** *vp* tensarse.

tendresse [tãdrɛs] *nf* **-1.** [sentiment] ternura *f*, cariño *m*. **-2.** (*gén pl*) [expression] caricia *f Esp*, apapacho *m Amér*. **-3.** [indulgence] simpatía *f*.

tendu, e [tãdy] ◇ *pp* → tendre. ◇ *adj* **-1.** [fil, corde] tenso(sa), tirante. **-2.** [pièce] : ~ de [velours] tapizado(da) de; [de papier] empapelado(da) con. **-3.** [personne, atmosphère, rapports] tenso(sa). **-4.** [main] tendido(da).

ténèbres [tenebr] *nfpl* tinieblas *fpl*.

ténébreux, euse [tenebrø, øz] *adj* tenebroso(sa).

teneur [tənœr] *nf* **-1.** [de lettre, d'article] contenido *m*. **-2.** [pourcentage] proporción *f*, cantidad *f*; ~ **en** proporción OU cantidad de.

tenir [tənir] ◇ *vt* **-1.** [gén] tener. **-2.** [retenir] sujetar. **-3.** [promesse, engagement] cumplir. **-4.** [hôtel, commerce, restaurant] llevar. **-5.** [apprendre] : ~ **qqch de qqn** saber algo por alguien. ◇ *vi* **-1.** [être solide] aguantar, resistir. **-2.** [durer] durar; [neige] cuajar; [colle] agarrarse; [couleur] ser sólido(da). **-3.** [pouvoir être contenu] caber. **-4.** [personne] : ~ **à** apreciar a; [privilèges] apegarse a; [vouloir absolument] querer; [avoir pour cause] deberse a. **-5.** [ressembler à] : ~ **de** salir a; [relever de] parecer. **-6.** *loc* : **tiens!** [prends] ¡toma!; [justement] ¡por cierto!; [pour attirer l'attention] ¡mira!; **je n'y tiens pas** no me apetece. ◆ **se tenir** *vp* **-1.** [se trouver] estar; [avoir lieu] tener lugar. **-2.** [se prendre] cogerse. **-3.** [être cohérent] sostenerse. **-4.** [se conduire] portarse, comportarse. **-5.** [s'accrocher] agarrarse. **-6.** [se borner] : **s'en** ~ **à qqch** atenerse a algo; **je m'en tiendrai là** *fig* no iré más allá.

tennis [tenis] ◇ *nm* **-1.** [sport] tenis *m*. **-2.** [terrain] pista *f* de tenis. ◇ *nfpl* zapatillas *fpl* de deporte.

ténor [tenɔr] ◇ *adj* [instrument] tenor. ◇ *nm* **-1.** [chanteur] tenor *m*. **-2.** *fig* [vedette] figura *f*.

tension [tãsjɔ̃] *nf* **-1.** [contraction, MÉD & ÉLECTR] tensión *f*; **avoir de la** ~ tener la tensión alta; **basse/haute** ~ baja/alta tensión; ~ **artérielle** tensión arterial. **-2.** [concentration] concentración *f*; ~ **d'esprit** esfuerzo *m* mental. **-3.** [désaccord] tensión *f*, tirantez *f*.

tentaculaire [tãtakyler] *adj* **-1.** ZOOL tentacular. **-2.** *fig* [ville, firme] en expansión.

tentant, e [tãtã, ãt] *adj* **-1.** [alléchant] tentador(ra). **-2.** [situation] envidiable.

tentation [tãtasjɔ̃] *nf* tentación *f*; **résister à la** ~ resistir la tentación.

tentative [tãtativ] *nf* intento *m*, tentativa *f*; ~ **d'homicide** tentativa de homicidio; ~ **de suicide** intento de suicidio.

tente [tãt] *nf* [de camping] tienda *f* de campaña; [de cirque] carpa *f*. ◆ **tente à oxygène** *nf* cámara *f* de oxígeno.

tenter [tãte] *vt* [attirer] tentar; **être tenté de faire qqch** estar tentado de hacer algo; **être tenté par qqch/par qqn** estar tentado por algo/por alguien.

tenture [tãtyr] *nf* colgadura *f*.

tenu, e [təny] *adj* [en ordre] : **bien/mal** ~ bien/mal atendido(da).

ténu, e [teny] *adj* tenue.

tenue [təny] *nf* **-1.** [entretien – d'école, d'établissement] dirección *f*; [– de maison] cuidado *m*; [– de comptabilité] teneduría *f*. **-2.** [manières] modales *mpl*; **un peu de** ~! ¡compórtate! **-3.** [rigueur] rigor *m*. **-4.** [maintien du corps] postura *f*. **-5.** [séance] sesión *f*. **-6.** [habillement] vestimenta *f*; MIL uniforme *m*. ◆ **tenue de route** *nf* AUTOM adherencia *f* (a la carretera).

ter [ter] ◇ *adj* ter. ◇ *adv* MUS tres veces.

Tergal® [tergal] *nm* tergal® *m*.

tergiverser [terʒiverse] *vi* vacilar; **sans** ~ sin vacilar.

terme [term] *nm* **-1.** [fin, mot, élément] término *m*; **mettre un** ~ **à qqch** [arrêter] poner término a algo. **-2.** [de grossesse] : **arriver à** ~ salir de cuentas. **-3.** [délai] plazo *m*; COMM vencimiento *m*; **à** ~ ÉCON a plazos; **à court/moyen/long** ~ a corto/medio/largo plazo. **-4.** [de loyer] : **à** ~ **échu** a plazo vencido. ◆ **termes** *nmpl* [expression, formule] términos *mpl*.

terminaison [terminezɔ̃] *nf* GRAM terminación *f*.

terminal, e, aux [terminal, o] *adj* terminal. ◆ **terminal, aux** *nm* **-1.** INFORM terminal *m*. **-2.** [dock, aérogare] terminal *f*. ◆ **terminale** *nf* SCOL ≃ COU *m*.

terminer [termine] *vt* terminar, acabar. ◆ **se terminer** *vp* terminarse, acabarse; **se** ~ **par qqch** terminarse OU acabarse con algo.

terminologie [terminɔlɔʒi] *nf* terminología *f*.

terminus [terminys] *nm* término *m*, final *m* (de línea).

termite [termit] *nf* termita *f*.

terne [tɛrn] *adj* **-1.** [couleur, regard] apagado(da). **-2.** [vie, journée, conversation] monótono(r a). **-3.** [gens, personne] insignificante.

ternir [tɛrnir] *vt* empañar.

terrain [tɛrɛ̃] *nm* **-1.** [gén] terreno *m*; **être sur son ~** *fig* estar en su elemento; **~ à bâtir** solar *m*. **-2.** [de foot, d'aviation] campo *m*; [de camping] terreno *m*. **-3.** MIL campo *m* de batalla.

terrasse [tɛras] *nf* **-1.** [gén] terraza *f*. **-2.** [toit] terraza *f*, azotea *f*.

terrassement [tɛrasmã] *nm* excavación *f*.

terrasser [tɛrase] *vt* **-1.** [adversaire] vencer. **-2.** [suj : maladie] abatir.

terre [tɛr] *nf* **-1.** [gén] tierra *f*; **avoir les pieds sur ~** *fig* tener los pies en el suelo. **-2.** [sol] tierra *f*, suelo *m*; **par ~** [sans mouvement] en el suelo; [avec mouvement] al suelo; **~ battue** tierra batida.

terreau [tɛro] *nm* mantillo *m*.

terre-plein [tɛrplɛ̃] (*pl* **terre-pleins**) *nm* terraplén *m*.

terrer [tɛre] ◆ **se terrer** *vp* esconderse.

terrestre [tɛrɛstr] *adj* **-1.** [gén] terrestre; [globe] terráqueo(a). **-2.** [plaisir, paradis, vertu] terrenal.

terreur [tɛrœr] *nf* terror *m*.

terrible [tɛribl] *adj* **-1.** [gén] terrible. **-2.** [appétit, travail] tremendo(da). **-3.** *fam* [étonnant, excellent] bestial.

terriblement [tɛribləmã] *adv* terriblemente.

terrien, enne [tɛrjɛ̃, ɛn] ◇ *adj* rural. ◇ *nm, f* **-1.** [qui vit à l'intérieur des terres] persona *f* de tierra adentro. **-2.** [habitant de la Terre] terrícola *mf*.

terrier [tɛrje] *nm* **-1.** [de lapin] madriguera *f*. **-2.** [chien] terrier *m*.

terrifier [tɛrifje] *vt* aterrorizar.

terrine [tɛrin] *nf* **-1.** [récipient] cazuela *f* de barro. **-2.** CULIN [de pâté] terrina *f*.

territoire [tɛritwar] *nm* territorio *m*.

territorial, e, aux [tɛritɔrjal, o] *adj* **-1.** [intégrité] territorial; [eaux] jurisdiccional. **-2.** MIL [armée] de reserva.

terroir [tɛrwar] *nm* región *f*.

terroriser [tɛrɔrize] *vt* aterrorizar.

terrorisme [tɛrɔrism] *nm* terrorismo *m*.

terroriste [tɛrɔrist] *adj & nmf* terrorista.

tertiaire [tɛrsjɛr] ◇ *adj* terciario(ria). ◇ *nm* sector *m* terciario.

tes → **ton**.

tesson [tɛsɔ̃] *nm* casco *m*; **~ de bouteille** casco de botella.

test [tɛst] *nm* test *m*; **~ de grossesse** test OU prueba *f* de embarazo.

testament [tɛstamã] *nm* testamento *m*.

tester [tɛste] ◇ *vt* someter a un test. ◇ *vi* JUR testar.

testicule [tɛstikyl] *nm* testículo *m*.

tétaniser [tetanize] *vt* **-1.** [muscle] tetanizar. **-2.** *fig* [personne, groupe] paralizar.

tétanos [tetanos] *nm* tétanos *m inv*.

têtard [tɛtar] *nm* renacuajo *m*.

tête [tɛt] *nf* **-1.** [gén] cabeza *f*; [d'arbre] copa *f*; [de phrase, de liste] principio *m*; **de la ~ aux pieds** de la cabeza a los pies; **la ~ la première** de cabeza; **de ~** mentalmente; **~ de lit** cabecera *f*; **~ de marteau** cotillo *m*. **-2.** [visage] cara *f*. **-3.** [chef] cabecilla *f*.

tête-à-queue [tɛtakø] *nm inv* tornillazo *m*.

tête-à-tête [tɛtatɛt] *nm inv* [entrevue] mano a mano *m*.

tête-bêche [tɛtbɛʃ] *loc adv* pies contra cabeza.

tétée [tete] *nf* mamada *f*.

tétine [tetin] *nf* **-1.** [du biberon] tetina *f*. **-2.** [sucette] chupete *m*. **-3.** [mamelle] teta *f*.

tétraplégique [tetrapleʒik] *adj* tetraplégico(ca).

têtu, e [tety] *adj* testarudo(da).

texte [tɛkst] *nm* texto *m*.

textile [tɛkstil] ◇ *adj* textil. ◇ *nm* **-1.** [matière] tejido *m*. **-2.** [industrie] textil *m*.

textuel, elle [tɛkstɥɛl] *adj* textual.

texture [tɛkstyr] *nf* textura *f*.

TF1 (*abr de* Télévision française 1) *nf* antigua cadena de televisión pública francesa, actualmente cadena privada.

TGV (*abr de* train à grande vitesse) *nm* tren de alta velocidad francés, ≃ AVE *m*.

Thaïlande [tajlãd] *nf* : **la ~** Tailandia.

thalassothérapie [talasɔterapi] *nf* talasoterapia *f*.

thé [te] *nm* té *m*.

théâtral, e, aux [teatral, o] *adj* teatral.

théâtre [teatr] *nm* teatro *m*.

théière [tejɛr] *nf* tetera *f*.

thématique [tematik] ◇ *adj* temático(ca). ◇ *nf* temática *f*.

thème [tɛm] *nm* **-1.** [sujet & MUS] tema *f*. **-2.** [traduction] traducción *f* inversa; **~ grec** traducción inversa al griego.

théologie [teɔlɔʒi] *nf* teología *f*.

théorème [teɔʀɛm] *nm* teorema *m*.

théoricien, enne [teɔʀisjɛ̃, ɛn] *nm, f* teórico *m*, -ca *f*.

théorie [teɔʀi] *nf* teoría *f*; **en ~** en teoría, teóricamente.

théorique [teɔʀik] *adj* teórico(ca).

théoriser [teɔʀize] *vt & vi* teorizar.

thérapeutique [teʀapøtik] ◇ *adj* terapéutico(ca). ◇ *nf* terapéutica *f*.

thérapie [teʀapi] *nf* terapia *f*.

thermal, e, aux [tɛʀmal, o] *adj* termal.

thermes [tɛʀm] *nmpl* termas *fpl*.

thermique [tɛʀmik] *adj* térmico(ca).

thermomètre [tɛʀmɔmɛtʀ] *nm* termómetro *m*.

Thermos® [tɛʀmos] *nm* OU *nf* termo *m*.

thermostat [tɛʀmɔsta] *nm* termostato *m*.

thèse [tɛz] *nf* tesis *f inv*; **~ de doctorat** tesis doctoral.

thon [tɔ̃] *nm* atún *m*.

thorax [tɔʀaks] *nm* tórax *m inv*.

thym [tɛ̃] *nm* tomillo *m*.

thyroïde [tiʀɔid] *nf* tiroides *m inv*.

Tibet [tibɛ] *nm* : **le ~** el Tíbet; **au ~** al Tíbet; [situation] en el Tíbet.

tibia [tibja] *nm* tibia *f*.

tic [tik] *nm* tic *m*.

ticket [tikɛ] *nm* [de métro, de bus, etc] billete *m*.

ticket-repas [tikɛʀəpa] *nm* tiquet-restaurante *m*.

tic-tac [tiktak] *nm inv* tictac *m inv*.

tiède [tjɛd] ◇ *adj* **-1.** [boisson, eau] templado(da), tibio(bia). **-2.** [vent] templado(da). **-3.** *fig* [amour, militant] tibio(bia). ◇ *adv* : **boire ~** beber cosas templadas OU tibias.

tiédir [tjediʀ] ◇ *vt* templar, entibiar. ◇ *vi* templar; **faire ~ qqch** templar algo.

tien [tjɛ̃] ◆ **le tien** (*f* **la tienne** [latjɛn], *mpl* **les tiens** [letjɛ], *fpl* **les tiennes** [letjɛn]) *pron poss* el tuyo, la tuya; **à la tienne!** ¡(a tu) salud!

tienne[1] → tien.

tienne[2]**, tiennes** *etc* → tenir.

tiens, tient *etc* → tenir.

tierce [tjɛʀs] ◇ *nf* **-1.** [à l'escrime & MUS] tercera *f*. **-2.** [aux cartes] escalerilla *f*. **-3.** IMPRIMERIE **última** prueba *f*. **-4.** RELIG tercia *f*. ◇ *adj* → **tiers**.

tiercé [tjɛʀse] *nm apuesta a los tres caballos ganadores de una carrera*.

tiers, tierce [tjɛʀ, tjɛʀs] *adj* : **une tierce personne** una tercera persona. ◆ **tiers** *nm* **-1.** [personne] tercero *m*. **-2.** [troisième partie] tercio *m*, tercera parte *f*; **le ~ provisionnel** ≃ pago *m* fraccionado.

tiers-monde [tjɛʀmɔ̃d] *nm* tercer mundo *m*.

tiers-mondisation [tjɛʀmɔ̃dizasjɔ̃] *nf* tercermundización *f*.

tige [tiʒ] *nf* **-1.** [de plante] tallo *m*. **-2.** [d'arbre] tronco *m*. **-3.** [de métal] varilla *f*.

tignasse [tiɲas] *nf fam* pelambrera *f*.

tigre, esse [tigʀ, ɛs] *nm, f* [félin] tigre *m*, -esa *f*. ◆ **tigresse** *nf* [femme jalouse] fiera *f*.

tilleul [tijœl] *nm* [arbre] tilo *m*; [infusion] tila *f*.

timbale [tɛ̃bal] *nf* **-1.** [gobelet] cubilete *m*. **-2.** CULIN [mets] timbal *m*.

timbre [tɛ̃bʀ] *nm* **-1.** [de la poste, tampon] sello *m*; ADMIN sello *m*, timbre *m*. **-2.** [d'instrument, de voix, de bicyclette] timbre *m*.

timbré, e [tɛ̃bʀe] ◇ *adj* **-1.** [papier, voix] timbrado(da). **-2.** [lettre] sellado(da). **-3.** *fam* [personne] chalado(da). ◇ *nm, f fam* chalado(da).

timbrer [tɛ̃bʀe] *vt* **-1.** [document] timbrar, sellar. **-2.** [lettre] sellar.

timide [timid] *adj & nmf* tímido(da).

timidité [timidite] *nf* timidez *f*.

timing [tajmiŋ] *nm* timing *m*.

timoré, e [timɔʀe] *adj* timorato(ta).

tins, tint *etc* → tenir.

tintamarre [tɛ̃tamaʀ] *nm fam* guirigay *m*.

tintement [tɛ̃tmã] *nm* **-1.** [de cloche] tañido *m*; [de clochette] campanilleo *m*. **-2.** [de métal] tintineo *m*.

tinter [tɛ̃te] *vi* **-1.** [cloche] tañer; [horloge, sonnette] sonar. **-2.** [métal] tintinear.

tir [tiʀ] *nm* **-1.** [gén] tiro *m*. **-2.** [salve] disparo *m*.

tirage [tiʀaʒ] *nm* **-1.** [impression] tirada *f*; **à grand ~** de gran tirada. **-2.** PHOT positivado *m*. **-3.** [du loto] sorteo *m*; **~ au sort** sorteo. **-4.** [de cheminée] tiro *m*. **-5.** TECHNOL [de soie] devanado *m*; [de métal] estirado *m*.

tiraillement [tiʀajmã] *nm* **-1.** [d'estomac] retortijón *m*. **-2.** *fig* [conflit] tirantez *f*.

tirailler [tiʀaje] ◇ *vt* [tirer] tirar de; **être tiraillé entre** debatirse entre. ◇ *vi* [faire feu] tirotear.

tiré, e [tiʀe] *adj* [traits] cansado(da).

tire-bouchon [tirbuʃɔ̃] *(pl* **tire-bouchons)** *nm* sacacorchos *m inv.* ◆ **en tire-bouchon** *loc adj* rizado(da).

tirelire [tirlir] *nf* hucha *f.*

tirer [tire] ◇ *vt* **-1.** [charrette, remorque] tirar de; [porte, tiroir] **abrir;** [courroie] **estirar;** [rideaux] **correr. -2.** [plan, trait] **trazar. -3.** [revue, livre] **editar. -4.** [avec une arme, cartes] **tirar. -5.** [faire sortir – langue, de la poche] **sacar;** [– numéro] **sacar, extraer. -6.** [obtenir – argent, avantage] **obtener;** [– profit, conclusion] **sacar;** [– leçon] **aprender. -7.** [chèque] **hacer.** ◇ *vi* **-1.** [gén] : ~ **sur qqch** [corde] tirar de algo; [couleur] tirar a algo. **-2.** [cheminée] **tirar. -3.** [avec une arme] **disparar.** ◆ **se tirer** *vp* **-1.** *fam* [s'en aller] **abrirse. -2.** *fam* [prendre fin] : **ça se tire!** ¡esto se acaba! **-3.** [se sortir de] : **se ~ de qqch** salir (bien) de algo; **s'en ~ avec** *fam* salir adelante.

tiret [tire] *nm* guión *m.*

tireur, euse [tirœr, øz] *nm, f* tirador *m,* -ra *f;* ~ **d'élite** tirador de élite.

tiroir [tirwar] *nm* cajón *m.*

tiroir-caisse [tirwarkεs] *nm* caja *f* registradora.

tisane [tizan] *nf* tisana *f.*

tisonnier [tizɔnje] *nm* atizador *m.*

tissage [tisaʒ] *nm* tejido *m (acción).*

tisser [tise] *vt* tejer.

tissu [tisy] *nm* [étoffe & BIOL] tejido *m.*

titiller [titije] *vt* cosquillear.

titre [titr] *nm* **-1.** [gén] título *m.* **-2.** [de presse] titular *m;* **gros ~** gran titular. **-3.** [de monnaie] ley *f.* ◆ **à titre de** *loc prép* a título de. ◆ **titre de transport** *nm* título *m* de transporte.

tituber [titybe] *vi* tambalearse.

titulaire [tityler] ◇ *adj* [professeur] titular; ~ **de qqch** [possesseur] titular de algo. ◇ *nmf* [de poste, de chaire] titular *mf.*

titulariser [titylarize] *vt* titularizar.

toast [tost] *nm* **-1.** [pain grillé] tostada *f.* **-2.** [discours] brindis *m;* **porter un ~ à qqch/à qqn** brindar por algo/por alguien.

toboggan [tɔbɔgɑ̃] *nm* tobogán *m.*

toc [tɔk] ◇ *interj* : **et ~!** ¡punto! ◇ *nm fam* bisutería *f;* **en ~** de bisutería.

toi [twa] *pron pers* **-1.** [avec impératif] te; **réveille-~!** ¡despiértate! **-2.** [sujet, pour renforcer, dans un comparatif] tú; **c'est ~?** ¿eres tú?; **tu t'amuses bien, ~!** ¡tú sí que te diviertes! **-3.** [complément d'objet, après une préposition] ti; **avec ~** contigo; **après ~** después de ti; **pour ~** para ti; **il**
vous a invités, Pierre et ~ os invitó a Pierre y a ti; **qui te l'a dit, à ~?** ¿quién te lo ha dicho a ti? **-4.** [possessif] : **à ~** tuyo(ya). ◆ **toi-même** *pron pers* tú mismo(misma).

toile [twal] *nf* **-1.** [étoffe] tela *f;* [de lin] hilo *m;* [de bâche] lona *f.* **-2.** [tableau] **lienzo** *m.* **-3.** NAVIG [voilure] **lonas** *fpl.* **-4.** *fam* [film] **peli** *f.* ◆ **toile d'araignée** *nf* telaraña *f.*

toilette [twalεt] *nf* **-1.** [soins de propreté] aseo *m;* **faire sa ~** lavarse. **-2.** [parure, vêtements] traje *m.* **-3.** [de monument] restauración *f.* **-4.** [meuble] tocador *m.* ◆ **toilettes** *nfpl* servicios *mpl.*

toise [twaz] *nf* talla *f,* marca *f.*

toiser [twaze] *vt* mirar de arriba abajo.

toison [twazɔ̃] *nf* **-1.** [pelage] vellón *m.* **-2.** [chevelure] melena *f.*

toit [twa] *nm* **-1.** [toiture] tejado *m.* **-2.** *fig* [maison] techo *m.* ◆ **toit ouvrant** *nm* AUTOM luneta *f* solar.

toiture [twatyr] *nf* techumbre *f,* techado *m.*

Tokyo [tɔkjo] *n* Tokio.

tôle [tol] *nf* chapa *f;* ~ **ondulée** chapa ondulada.

tolérable [tɔlerabl] *adj* tolerable.

tolérance [tɔlerɑ̃s] *nf* tolerancia *f.*

tolérant, e [tɔlerɑ̃, ɑ̃t] *adj* tolerante.

tolérer [tɔlere] *vt* tolerar; ~ **que** tolerar que. ◆ **se tolérer** *vp* tolerarse.

tollé [tɔle] *nm* clamor *m* de protesta.

tomate [tɔmat] *nf* [fruit] tomate *m;* [plante] tomatera *f.*

tombant, e [tɔ̃bɑ̃, ɑ̃t] *adj* [moustaches, épaules] caído(da).

tombe [tɔ̃b] *nf* tumba *f.*

tombeau, x [tɔ̃bo] *nm* tumba *f.*

tombée [tɔ̃be] *nf* : **à la ~ du jour** al atardecer; **à la ~ de la nuit** a la caída de la noche.

tomber [tɔ̃be] ◇ *vi* **-1.** [gén] caer; ~ **sur qqn** [attaquer] caer encima de alguien; **avoir les épaules qui tombent** tener los hombros caídos; [flocons, grêlons] caer; ~ **bien/mal** [fait] venir bien/mal; [personne] caer bien/mal. **-2.** [choir] caer, caerse; **faire ~ qqn** hacer caer OU tirar a alguien; ~ **de qqch** [de sommeil, de fatigue] caerse de algo. **-3.** [décliner – colère, enthousiasme] decaer; [– vent] amainar; [– fièvre] bajar. **-4.** [déboucher] : ~ **sur qqch** dar a algo. **-5.** [rencontrer] : ~ **sur qqch/sur qqn** encontrarse con algo/con alguien. **-6.** [malade] ponerse; ~ **amoureux** enamorarse. ◇ vt fam **-1.** [femme] conquistar. **-2.** [veste] quitarse.

tombola [tɔ̃bɔla] nf tómbola f.

tome [tɔm] nm tomo m.

tommette [tɔmɛt] nf baldosa f hexagonal.

ton[1] [tɔ̃] nm tono m.

ton[2] [tɔ̃] (f **ta** [ta], pl **tes** [te]) adj poss tu.

tonalité [tɔnalite] nf **-1.** MUS tonalidad f. **-2.** [impression, au téléphone] tono m.

tondeuse [tɔ̃døz] nf **-1.** [pour gazon] cortacéspedes m inv. **-2.** [pour cheveux] maquinilla f. **-3.** [pour animaux] esquiladora f.

tondre [tɔ̃dr] vt **-1.** [gazon] cortar. **-2.** [cheveux] rapar. **-3.** [animal] esquilar.

tondu, e [tɔ̃dy] adj **-1.** [gazon] cortado(da). **-2.** [animal] esquilado(da). **-3.** [cheveux] rapado(da).

tonicité [tɔnisite] nf tonicidad f.

tonifier [tɔnifje] vt tonificar.

tonique [tɔnik] ◇ adj tónico(ca). ◇ nm MÉD tónico m. ◇ nf MUS tónica f.

tonitruant, e [tɔnitryɑ̃, ɑ̃t] adj atronador(ra), estruendoso(sa).

tonnage [tɔnaʒ] nm tonelaje m, arqueo m.

tonnant, e [tɔnɑ̃, ɑ̃t] adj [voix] de trueno.

tonne [tɔn] nf **-1.** [gén] tonelada f. **-2.** [tonneau] cuba f.

tonneau, x [tɔno] nm **-1.** [de vin, acrobatie] tonel m. **-2.** [accident] vuelta f de campana. **-3.** [de navire] tonelaje m.

tonnelle [tɔnɛl] nf cenador m.

tonner [tɔne] vi **-1.** [orage] tronar. **-2.** [canon] retumbar. **-3.** [personne] : ~ **contre qqn** tronar contra alguien.

tonnerre [tɔnɛr] nm trueno m.

tonte [tɔ̃t] nf [d'animal] esquileo m; [des cheveux] rapadura f; [du gazon] corte m.

tonus [tɔnys] nm tono m.

top [tɔp] nm señal f.

topographie [tɔpɔgrafi] nf topografía f.

toque [tɔk] nf **-1.** [coiffure] gorro m; [de magistrat] birrete m, bonete m. **-2.** [cuisinier] cocinero m, -ra f.

torche [tɔrʃ] nf antorcha f, tea f; ~ **électrique** linterna f.

torcher [tɔrʃe] vt fam **-1.** [essuyer - avec linge, papier] limpiar; [- assiette] rebañar. **-2.** [travail] chapucear. **-3.** [bouteille] apurar.

torchon [tɔrʃɔ̃] nm **-1.** [serviette] trapo m, paño m. **-2.** péj [texte] churro m. **-3.** péj [journal] periodicucho m.

tordre [tɔrdr] vt **-1.** [gén] retorcer. **-2.** [barre de fer] torcer. **-3.** [visage] desfigurar.

tordu, e [tɔrdy] ◇ pp → tordre. ◇ adj fam [esprit, idée] retorcido(da). ◇ nm, f péj chalado m, -da f.

torero [tɔrero] nm torero m.

tornade [tɔrnad] nf tornado m.

torpeur [tɔrpœr] nf torpeza f.

torpille [tɔrpij] nf torpedo m.

torpiller [tɔrpije] vt torpedear.

torréfaction [tɔrefaksjɔ̃] nf torrefacción f.

torrent [tɔrɑ̃] nm torrente m; ~**s de** fig [de lumière] chorros de; [de larmes] ríos de; [d'injures] lluvia de.

torrentiel, elle [tɔrɑ̃sjɛl] adj torrencial.

torride [tɔrid] adj tórrido(da).

tors, e [tɔr, tɔrs] adj **-1.** [jambes] torcido(da). **-2.** ARCHIT [colonne] salomónico(ca).

torsade [tɔrsad] nf **-1.** [de cheveux] trenzado m. **-2.** ARCHIT : à ~**s** [colonne] salomónico(ca).

torsader [tɔrsade] vt retorcer.

torse [tɔrs] nm torso m.

torsion [tɔrsjɔ̃] nf [action] torsión f; [résultat] retorcimiento m.

tort [tɔr] nm **-1.** [erreur] fallo m; **avoir** ~ no tener razón; **avoir** ~ **de faire qqch** equivocarse al hacer algo; à ~ sin razón; **être dans son** ~ OU **en** ~ tener la culpa. **-2.** [préjudice] perjuicio m, daño m.

torticolis [tɔrtikɔli] nm tortícolis m inv.

tortillement [tɔrtijmɑ̃] nm retorcimiento m; ~ **des hanches** contoneo m.

tortiller [tɔrtije] vt retorcer. ◆ **se tortiller** vp retorcerse.

tortionnaire [tɔrsjɔnɛr] adj & nmf torturador(ra).

tortue [tɔrty] nf tortuga f.

tortueux, euse [tɔrtɥø, øz] adj tortuoso(sa).

torture [tɔrtyr] nf tortura f, tormento m.

torturer [tɔrtyre] vt torturar, atormentar.

tôt [to] adv **-1.** [de bonne heure] temprano. **-2.** [vite] pronto, temprano. ◆ **au plus tôt** loc adv como muy pronto.

total, e, aux [tɔtal, o] adj total. ◆ **total, aux** nm total m. ◆ **total** adv fam total.

totalement [tɔtalmɑ̃] adv totalmente.

totaliser [tɔtalize] vt totalizar.

totalitaire [tɔtalitɛr] adj totalitario(ria).

totalitarisme [tɔtalitarism] nm totalitarismo m.

totalité [tɔtalite] *nf* totalidad *f*; **en ~** en total.

totem [tɔtɛm] *nm* tótem *m*.

toubib [tubib] *nmf fam* matasanos *mf*.

touchant, e [tuʃã, ãt] *adj* conmovedor(ra).

touche [tuʃ] *nf* **-1.** [de clavier] tecla *f*; **~ alphanumérique** INFORM tecla alfanumérica; **~ de fonction** INFORM tecla de función. **-2.** [de peinture] pincelada *f*. **-3.** *fig* [note] : **une ~ de qqch** un toque de algo. **-4.** *fam* [allure] pinta *f*, facha *f*. **-5.** [à la pêche] picada *f*. **-6.** [au football] banda *f*; [en escrime] toque *m*.

toucher [tuʃe] *vt* **-1.** [gén] tocar. **-2.** [cible, but] dar en. **-3.** [chèque, argent] cobrar. **-4.** [gros lot, tiercé] ganar. **-5.** [personne] emocionar. ◆ **toucher à** *vi* **-1.** [gén] tocar. **-2.** [être proche de] rozar algo. **-3.** [être contigu à] lindar con.

touffe [tuf] *nf* **-1.** [d'herbe] mata *f*. **-2.** [de cheveux] mechón *m*. **-3.** [de fleurs] manojo *m*.

touffu, e [tufy] *adj* **-1.** [barbe, forêt] tupido(da); [arbre] frondoso(sa). **-2.** *fig* [roman, discours] denso(sa).

toujours [tuʒur] *adv* **-1.** [continuité, répétition] siempre; **ils s'aimeront ~** se querrán siempre; **vous êtes ~ en retard** siempre llegáis tarde; **~ moins/plus** cada vez menos/más. **-2.** [encore] todavía; **il n'est ~ pas arrivé** todavía no ha llegado. **-3.** [de toute façon] siempre; **tu peux ~ lui écrire** siempre puedes escribirle. ◆ **de toujours** *loc adj* de siempre. ◆ **pour toujours** *loc adv* para siempre. ◆ **toujours est-il que** *loc conj* pero la verdad es que.

toupet [tupɛ] *nm* **-1.** [de cheveux] tupé *m*. **-2.** *fam fig* [aplomb] caradura *f Esp*, patas *fpl Amér*; **avoir du** OU **ne pas manquer de ~** *fam* tener cara.

toupie [tupi] *nf* peonza *f*, trompo *m*.

tour [tur] ◇ *nm* **-1.** [périmètre] contorno *m*; **faire le ~ de qqch** [lieu] dar la vuelta a algo; [question, problème] darle vueltas a algo. **-2.** [promenade] paseo *m*; **faire un ~** dar una vuelta. **-3.** [rotation] vuelta *f*; **fermer qqch à double ~** cerrar algo con doble vuelta OU con dos vueltas. **-4.** [attraction, plaisanterie] número *m*; **~ de force** hazaña *f*, proeza *f*. **-5.** [succession, rang] turno *m*, vez *f*; **~ à ~** por turno; **à ~ de rôle** por turno. **-6.** [des événements] giro *m*. **-7.** [machine-outil] torno *m*. **-8.** AUTOM revolución *f*. ◇ *nf* torre *f*; **~ de**

contrôle AÉRON torre de control; **~ de guet** atalaya *f*.

tourbe [turb] *nf* turba *f*.

tourbillon [turbijɔ̃] *nm* **-1.** [gén] torbellino *m*; **~ de poussière** polvareda *f*. **-2.** [d'eau] remolino *m*.

tourbillonner [turbijɔne] *vi* arremolinarse.

tourelle [turɛl] *nf* [gén] torrecilla *f*; [de char] torreta *f*; [de bateau de guerre] torre *f*.

tourisme [turism] *nm* turismo *m*; **faire du ~** hacer turismo.

touriste [turist] ◇ *adj inv* turista *(en aposición)*. ◇ *nmf* turista *mf*.

touristique [turistik] *adj* turístico(ca).

tourment [turmã] *nm sout* tormento *m*.

tourmente [turmãt] *nf* tormenta *f*.

tourmenté, e [turmãte] *adj* **-1.** [personne] angustiado(da), atormentado(da). **-2.** [mer, période] agitado(da).

tourmenter [turmãte] *vt* atormentar. ◆ **se tourmenter** *vp* atormentarse.

tournage [turnaʒ] *nm* CIN rodaje *m*.

tournant, e [turnã, ãt] *adj* **-1.** [porte, fauteuil] giratorio(ria). **-2.** [mouvement & MIL] envolvente. **-3.** [rue] sinuoso(sa). ◆ **tournant** *nm* **-1.** [virage] curva *f*. **-2.** *fig* [moment décisif] momento *m* crucial.

tourne-disque [turnədisk] *(pl* **tourne-disques)** *nm* tocadiscos *m inv*.

tournée [turne] *nf* **-1.** [d'inspecteur] viaje *m* de inspección; [de représentant] viaje *m* de negocios; [de facteur] ronda *f*; [d'artiste] gira *f*. **-2.** *fam* [consommations] ronda *f*.

tournemain [turnəmɛ̃] ◆ **en un tournemain** *loc adv* en un santiamén.

tourner [turne] ◇ *vt* **-1.** [clé, manivelle, poignée] girar, dar vueltas a; [pages d'un livre] pasar; **'tournez, s'il vous plaît'** 'véase al dorso'. **-2.** [dos, tête] volver *Esp*, voltear *Amér*. **-3.** [pas, pensées] dirigir. **-4.** [transformer] : **~ qqch en** convertir algo en. **-5.** [obstacle] rodear; *fig* [loi] eludir. **-6.** CIN [scène, film] rodar. **-7.** [pièce de bois, ivoire] tornear. ◇ *vi* **-1.** [terre, roue] girar, dar vueltas; [heure] avanzar; **~ autour de qqch** girar alrededor de algo; **~ autour de qqn** *fig* rondar a alguien. **-2.** [chemin, route] torcer, doblar; [vent] cambiar. **-3.** [lait, crème] cortarse; [vin] avinagrarse. **-4.** *fam* [entreprise] marchar.

tournesol [turnəsɔl] *nm* **-1.** [plante] girasol *m*. **-2.** [colorant] tornasol *m*.

tournevis [turnəvis] *nm* destornillador *m Esp*, desarmador *m Amér*.

tourniquet [turnikɛ] *nm* torniquete *m*.

tournis [turni] *nm* -1. *fam* [vertige] : **avoir le ~** tener vértigo. -2. [maladie] modorra *f*.

tournoi [turnwa] *nm* torneo *m*.

tournoyer [turnwaje] *vi* arremolinarse.

tournure [turnyr] *nf* -1. [apparence] cariz *m*, sesgo *m*; **prendre mauvaise ~** tomar mal cariz. -2. [formulation] giro *m*.

tourteau, x [turto] *nm* -1. [crabe] buey *m* de mar. -2. [pour bétail] torta *f* de orujo.

tourterelle [turtərɛl] *nf* tórtola *f*.

tous → **tout**.

Toussaint [tusɛ̃] *nf* : **la ~** la Fiesta de Todos los Santos.

tousser [tuse] *vi* toser.

toussotement [tusɔtmɑ̃] *nm* tosiguera *f*.

toussoter [tusɔte] *vi* toser.

tout (*f* **toute** [tut], *mpl* **tous** [tus], *fpl* **toutes** [tut]) ◇ *adj qualificatif* [avec substantif singulier déterminé] todo(da); **~e la journée** todo el día. ◇ *adj indéf* -1. [exprime la totalité] todos(das); **tous les hommes** todos los hombres; **tous les trois** los tres. -2. [chaque] **tous les jours** cada día, todos los días. -3. [n'importe quel] cualquier; **à ~e heure** a cualquier hora; **~ autre** cualquier otro; **~ autre que lui** cualquier otro en su lugar. ◇ *pron indéf* [gén] todo; [personnes] todos(das); **je t'ai ~ dit** te lo he dicho todo; **ils voulaient tous la voir** todos querían verla; **c'est ~ (esto) es todo; ~ est là** todo está ahí. ◇ *adv* -1. [entièrement, tout à fait] muy; **~ jeune/petit/triste** muy joven/pequeño/triste; **~ nu** completamente desnudo; **~ seuls** completamente solos; **~ au début** al principio; **~ en haut** arriba de todo; **~ près** muy cerca; **~ contre** muy ou completamente pegado(da) a. -2. [avec un gérondif] : **ils parlaient ~ en marchant** [pendant] hablaban mientras andaban; **en reconnaissant son ignorance, il me contredit** [bien que] aunque reconoce su ignorancia, me contradice. ◇ *nm* : **un ~** un todo. ◆ **du tout au tout** *loc adv* completamente, de cabo a rabo. ◆ **pas du tout** *loc adv* en absoluto; **je n'ai pas du ~ peur** no tengo ningún miedo; **il ne fait pas du ~ froid** no hace nada de frío. ◆ **tout à fait** *loc adv* -1. [complètement] completamente, totalmente. -2. [exactement] exactamente. ◆ **tout à l'heure** *loc adv* -1. [futur] ahora mismo, dentro de un

momento; **à ~ à l'heure!** ¡hasta luego! -2. [passé] ahora mismo, hace un momento. ◆ **tout de même** *loc adv* de todos modos. ◆ **tout de suite** *loc adv* enseguida, inmediatamente.

tout-à-l'égout [tutalegu] *nm inv* sumidero *m*.

toutefois [tutfwa] *adv* sin embargo, no obstante; **si ~** (+ *imparfait*) si (es que) (+ *presente*); **si ~ tu changeais d'avis** si (es que) cambias de idea.

tout-petit [tup(ə)ti] (*pl* **tout-petits**) *nm* chiquitín *m*, -ina *f*, pequeñín *m*, -ina *f*.

tout-puissant, toute-puissante [tupɥisɑ̃, tutpɥisɑ̃t] *adj* todopoderoso(sa).

toux [tu] *nf* tos *f*.

toxicité [tɔksisite] *nf* toxicidad *f*.

toxicomane [tɔksikɔman] *nmf* toxicómano *m*, -na *f*.

toxine [tɔksin] *nf* toxina *f*.

toxique [tɔksik] *adj* tóxico(ca).

tps (*abr de* **temps**) t.

trac [trak] *nm* miedo *m* (*antes de examinarse o salir a escena*).

tracas [traka] *nm* preocupación *f*.

tracasserie [trakasri] *nf* molestia *f Esp*, vaina *f Amér*.

trace [tras] *nf* -1. [empreinte] huella *f*, rastro *m*; **marcher sur les ~s de qqn** *fig* seguir las huellas de alguien. -2. [marque] huella *f*. -3. (*gén pl*) [vestige] huella *f*. -4. [très petite quantité] huella *f*, traza *f*.

tracé [trase] *nm* trazado *m*.

tracer [trase] ◇ *vt* trazar. ◇ *vi fam* ir a todo gas.

trachéite [trakeit] *nf* traqueítis *f inv*.

tract [trakt] *nm* octavilla *f*.

tractation [traktasjɔ̃] *nf* (*gén pl*) trato *m*.

tracter [trakte] *vt* remolcar.

tracteur [traktœr] *nm* tractor *m*.

traction [traksjɔ̃] *nf* tracción *f*; **~ avant/arrière** AUTOM tracción delantera/trasera.

tradition [tradisjɔ̃] *nf* tradición *f*.

traditionnel, elle [tradisjɔnɛl] *adj* tradicional.

traducteur, trice [tradyktœr, tris] *nm, f* traductor *m*, -ra *f*. ◆ **traducteur** *nm* INFORM traductor *m*.

traduction [tradyksjɔ̃] *nf* traducción *f*.

traduire [tradɥir] *vt* -1. [gén] traducir; **~ en** traducir al. -2. JUR : **~ qqn en justice** llevar a alguien a los tribunales.

trafic [trafik] *nm* tráfico *m*.

trafiquant, e [trafikã, ãt] *nm, f* traficante *mf.*

trafiquer [trafike] ◇ *vt* -1. [falsifier] falsear; [moteur] trucar. -2. *fam* [manigancer] tramar. ◇ *vi* traficar.

tragédie [traʒedi] *nf* tragedia *f.*

tragi-comédie [traʒikɔmedi] (*pl* **tragi-comédies**) *nf* tragicomedia *f.*

tragique [traʒik] ◇ *adj* trágico(ca). ◇ *nm* [auteur tragique] trágico *m*, -ca *f.*

tragiquement [traʒikmã] *adv* trágicamente.

trahir [trair] *vt* traicionar. ◆ **se trahir** *vp* traicionarse.

trahison [traizɔ̃] *nf* traición *f.*

train [trɛ̃] *nm* -1. [chemin de fer & TECHNOL] tren *m*; ~ **autocouchettes** tren con literas y transporte de coches; ~ **avant/arrière** tren delantero/trasero; ~ **de pneus** juego *m* de neumáticos; ~ **d'atterrissage** tren de aterrizaje. -2. [allure] marcha *f*, paso *m.* -3. *fam* [postérieur] trasero *m Esp*, traste *m Amér.* -4. *loc* : **aller bon** ~ *fig* ir a buen paso; **être en** ~ *fig* estar en forma; **mettre qqch en** ~ *fig* poner algo en marcha. ◆ **en train** *loc adv nm* tren *m* de vida. ◆ **en train de** *loc prép* : **être en** ~ **de** (+ *infinitif*) estar (+ *gerundio*); **je suis en** ~ **de lire** estoy leyendo.

traînant, e [trɛnã, ãt] *adj* -1. [robe] que arrastra. -2. [voix] cansino(na), lánguido(da).

traîne [trɛn] *nf* -1. [de robe] cola *f.* -2. [de pêche] traíña *f*; **être à la** ~ [en retard] ir rezagado(da).

traîneau, x [trɛno] *nm* trineo *m.*

traînée [trene] *nf* -1. [trace] reguero *m*; [de comète] estela *f.* -2. *tfam péj* [prostituée] zorra *f.*

traîner [trene] ◇ *vt* -1. [gén] arrastrar. -2. [forcer à aller] llevar a rastras. ◇ *vi* -1. [s'attarder] rezagarse. -2. [errer] callejear, vagabundear. -3. [maladie, affaire] ir para largo; **ça n'a pas traîné!** ¡no ha tardado mucho! -4. [durer] : **faire** ~ **qqch** dar largas a algo. -5. [manteau, cheveux] colgar. -6. [vêtements, livres] estar tirado(da). ◆ **se traîner** *vp* -1. [marcher avec peine] arrastrarse. -2. [durer] hacerse largo(ga).

train-train [trɛ̃trɛ̃] *nm fam* rutina *f.*

traire [trɛr] *vt* ordeñar.

trait [trɛ] *nm* -1. [ligne] trazo *m*; **à grands** ~**s** a grandes rasgos; ~ **d'union** guión *m.* -2. [caractéristique, acte révélateur] rasgo *m*; ~ **d'esprit** agudeza *f.* -3. [flèche] saeta

f; **partir comme un** ~ *fig* salir como una flecha. ◆ **traits** *nmpl* [du visage] rasgos *mpl*, facciones *fpl*; **avoir les** ~**s tirés** tener la cara cansada.

traitant, e [trɛtã, ãt] *adj* -1. [shampooing, crème] tratante. -2. [médecin] de cabecera.

traite [trɛt] *nf* -1. [de vache] ordeño *m.* -2. COMM letra *f* de cambio. -3. [de personnes] trata *f.* ◆ **d'une seule traite** *loc adv* de un tirón, de una tirada.

traité [trete] *nm* tratado *m.*

traitement [trɛtmã] *nm* -1. [gén] tratamiento *m*; ~ **de l'information** INFORM proceso *m* de datos; ~ **de texte** INFORM tratamiento de texto. -2. [envers quelqu'un] trato *m.* -3. [rémunération] paga *f.*

traiter [trete] ◇ *vt* -1. [gén] tratar; ~ **qqn de** [qualifier] tratar a alguien de; **bien/mal** ~ **qqn** tratar bien/mal a alguien. -2. INFORM [données] procesar. ◇ *vi* : ~ **avec/de** tratar con/de.

traiteur [trɛtœr] *nm* cocinero que vende comidas y platos listos para servir.

traître, esse [trɛtr, ɛs] ◇ *adj* traidor(ra). ◇ *nm, f* traidor *m*, -ra *f*; **en** ~ a traición.

traîtrise [trɛtriz] *nf sout* traición *f.*

trajectoire [traʒɛktwar] *nf* trayectoria *f.*

trajet [traʒɛ] *nm* trayecto *m.*

tralala [tralala] *nm péj* parafernalia *f.*

trame [tram] *nf* trama *f.*

tramer [trame] *vt sout* tramar. ◆ **se tramer** *vp* tramarse.

trampoline [trãpɔlin] *nm* cama *f* elástica.

tramway [tramwɛ] *nm* tranvía *m.*

tranchant, e [trãʃã, ãt] *adj* -1. [instrument] cortante, afilado(da) *Esp*, filoso(sa) *Amér.* -2. [personne] cortante. -3. [ton] tajante. -4. [couleur] que contrasta. ◆ **tranchant** *nm* filo *m.*

tranche [trãʃ] *nf* -1. [de pain] rebanada *f*; [de jambon] loncha *f*, lonja *f*; [de saucisson] rodaja *f.* -2. [de livre, de pièce] canto *m.* -3. [de loterie] sorteo *m.* -4. [période] tramo *m.* -5. [partie] serie *f.*

trancher [trãʃe] ◇ *vt* -1. [gén] cortar. -2. [pain] rebanar. -3. *fig* [question, difficulté] zanjar. ◇ *vi* -1. *fig* [décider] decidirse. -2. [contraster] : ~ **sur** resaltar sobre.

tranquille [trãkil] *adj* tranquilo(la); **laisser qqch/qqn** ~ dejar algo/a alguien tranquilo en paz; **rester** OU **se tenir** ~ quedarse OU estarse tranquilo(la).

tranquillement [trãkilmã] *adv* tranquilamente.

tranquillisant, **e** [trākilizā, āt] *adj* –1.
[nouvelle] tranquilizador(ra). –2. [médica-
ment] tranquilizante. ◆ **tranquillisant**
nm tranquilizante *m*.

tranquilliser [trākilize] *vt* tranquilizar.
◆ **se tranquilliser** *vp* tranquilizarse.

tranquillité [trākilite] *nf* tranquilidad *f*; **en
toute** ~ con toda tranquilidad.

transaction [trāzaksjō] *nf* transacción *f*.

transat [trāzat] ◇ *nm* tumbona *f Esp*, re-
posera *f Amér*. ◇ *nf* regata *f* transatlántica.

transatlantique [trāzatlātik] ◇ *adj* tran-
satlántico(ca). ◇ *nm* transatlántico *m*.
◇ *nf* regata *f* transatlántica.

transcription [trāskripsjō] *nf* transcrip-
ción *f*.

transcrire [trāskrir] *vt* transcribir.

transcrit, **e** [trāskri, it] *pp* → **transcrire**.

transe [trās] *nf sout* ansia *f*; **être en** ~ *fig*
estar fuera de sí.

transférer [trāsfere] *vt* –1. [bureaux] trans-
ferir. –2. [prisonnier, inculpé] trasladar.

transfert [trāsfer] *nm* –1. [de prisonnier,
de population] traslado *m*. –2. [de fonds, de
marchandises] **transferencia** *f*. –3. [de
fonds de commerce] traspaso *m*. –4. JUR
[de biens immobiliers] transmisión *f*.
–5. [de personnalité] transferencia *f*.

transfigurer [trāsfigyre] *vt* transfigurar.

transformateur, **trice** [trāsfɔrmatœr, tris]
adj transformador(ra). ◆ **transforma-
teur** *nm* transformador *m*.

transformation [trāsfɔrmasjō] *nf* –1.
[changement, conversion] transformación
f. –2. RUGBY transformación *f* (de ensayo).

transformer [trāsfɔrme] *vt* : ~ **qqch en
qqch** transformar algo en algo. ◆ **se
transformer** *vp* : **se** ~ **en** transformarse
en.

transfuge [trāsfyʒ] *nmf* tránsfuga *mf*.

transfuser [trāsfyze] *vt* [du sang] hacer
una transfusión.

transfusion [trāsfyzjō] *nf* transfusión *f*; ~
sanguine transfusión de sangre.

transgresser [trāsgrese] *vt* transgredir,
quebrantar.

transhumance [trāzymās] *nf* trashuman-
cia *f*.

transi, **e** [trāzi] *adj* : **être** ~ **de** [froid] estar
aterido(da) de; [peur] estar transido(da)
de.

transistor [trāzistɔr] *nm* transistor *m*.

transit [trāzit] *nm* tránsito *m*; **en** ~ en
tránsito.

transiter [trāzite] ◇ *vt* llevar en tránsito.
◇ *vi* estar en tránsito.

transitif, **ive** [trāzitif, iv] *adj* transitivo(va).

transition [trāzisjō] *nf* transición *f*; **sans** ~
sin transición.

transitivité [trāzitivite] *nf* transitividad *f*.

transitoire [trāzitwar] *adj* transitorio(ria).

translucide [trāslysid] *adj* translúcido(da).

transmettre [trāsmetr] *vt* : ~ **qqch à
qqch/à qqn** transmitir algo a algo/a al-
guien. ◆ **se transmettre** *vp* transmitirse.

transmis, **e** [trāsmi, iz] *pp* → **transmettre**.

transmissible [trāsmisibl] *adj* transmisi-
ble.

transmission [trāsmisjō] *nf* transmisión *f*.

transparaître [trāsparetr] *vi* transparen-
tarse.

transparence [trāsparās] *nf* transparencia
f.

transparent, **e** [trāsparā, āt] *adj* transpa-
rente. ◆ **transparent** *nm* transparencia *f*.

transpercer [trāsperse] *vt* traspasar.

transpiration [trāspirasjō] *nf* transpira-
ción *f*.

transpirer [trāspire] *vi* transpirar.

transplanter [trāsplāte] *vt* –1. [arbre, or-
gane] transplantar. –2. *fig* [population,
usine] trasladar.

transport [trāspɔr] *nm* [gén] transporte *m*;
[de personnes] traslado *m*; ~**s en
commun** transportes públicos.

transportable [trāspɔrtabl] *adj* –1. [mar-
chandise] transportable. –2. [blessé] tras-
ladable.

transporter [trāspɔrte] *vt* –1. [gén] trans-
portar. –2. [personne] trasladar. ◆ **se
transporter** *vp* trasladarse.

transporteur [trāspɔrtœr] *nm* –1. [per-
sonne] transportista *mf*; ~ **routier** trans-
portista *(camionero)*. –2. [machine] trans-
portador *m*.

transposer [trāspoze] *vt* –1. [mots] transpo-
ner. –2. [situation, intrigue] trasladar.
–3. [à l'écran] llevar. –4. MUS transportar.

transposition [trāspozisjō] *nf* –1. [de
mots] transposición *f*. –2. [de situation,
d'intrigue] traslado *m*. –3. [adaptation à
l'écran] adaptación *f*. –4. MUS transporte *m*.

transsexuel, **elle** [trāsseksɥel] *adj & nm*, *f*
transexual.

transvaser [trāsvaze] *vt* transvasar, trase-
gar.

transversal, **e**, **aux** [trāsversal, o] *adj*
transversal.

trapèze [trapɛz] *nm* trapecio *m*.

trapéziste [trapezist] *nmf* trapecista *mf*.

trappe [trap] *nf* -1. [ouverture] trampa *f*, trampilla *f*. -2. [piège] trampa *f*.

trapu, e [trapy] *adj* -1. [personne] achaparrado(da). -2. [édifice] macizo(za).

traquenard [traknar] *nm* trampa *f*.

traquer [trake] *vt* -1. [animal] acorralar. -2. [personne] acosar. -3. *fig* [rechercher, être à l'affût de] ir a la busca y captura de.

traumatisant, e [tromatizã, ãt] *adj* traumatizante.

traumatiser [tromatize] *vt* traumatizar.

traumatisme [tromatism] *nm* -1. [psychique] trauma *m*. -2. [physique] traumatismo *m*.

travail [travaj] *nm* -1. [gén] trabajo *m*; demander du ~ [projet] dar trabajo; se mettre au ~ ponerse a trabajar; ~ à la chaîne producción *f* en cadena; ~ intellectuel trabajo intelectual; ~ intérimaire ÉCON trabajo interino; ~ précaire trabajo precario. -2. [de la mémoire, du souvenir] mecanismo *m*. -3. [du temps, de la fermentation, etc] obra *f*. ◆ **travaux** *nmpl* -1. [gén] trabajos *mpl*; **travaux des champs** faenas *fpl* del campo. -2. [d'aménagement] obras *fpl*; **travaux publics** obras públicas.

travaillé, e [travaje] *adj* -1. [matériau, style] trabajado(da). -2. [tourmenté] : être ~ par estar minado(da) por.

travailler [travaje] ◇ *vi* -1. [gén] trabajar; ~ chez OU dans trabajar en; ~ sur OU à qqch trabajar en algo. -2. [métal, bois] alabearse. -3. [vin] fermentar. ◇ *vt* -1. [gén] trabajar. -2. [tracasser] atormentar.

travailleur, euse [travajœr, øz] ◇ *adj* trabajador(ra). ◇ *nm, f* trabajador *m*, -ra *f*; ~ émigré/indépendant trabajador emigrante/autónomo.

travelling [travliŋ] *nm* CIN travelling *m*.

travers [travɛr] *nm* defecto *m*. ◆ **à travers** ◇ *loc adv* a través. ◇ *loc prép* : **à ~ qqch** a través de algo. ◆ **au travers** *loc adv* a través. ◆ **au travers de** *loc prép* a través de. ◆ **de travers** *loc adv* -1. [marcher de travers. -2. [placer] torcido(da). -3. [se garer] atravesado(da). -4. [comprendre] al revés. -5. *loc* : **aller de ~** ir al revés; **avaler de ~** atragantarse; **faire tout de ~** no hacer nada a derechas; **regarder qqn de ~** mirar a alguien con malos ojos. ◆ **en travers** *loc adv* de través. ◆ **en travers de** *loc prép* : **être en ~ de** estar atravesado(da) en.

traverse [travɛrs] *nf* -1. [petit chemin] atajo *m*. -2. [traversine] travesaño *m*, larguero *m*; [de chemin de fer] traviesa *f*.

traversée [travɛrse] *nf* travesía *f*.

traverser [travɛrse] *vt* [gén] atravesar; [rue] cruzar.

traversin [travɛrsɛ̃] *nm* travesaño *m* (almohada).

travestir [travɛstir] *vt* disfrazar. ◆ **se travestir** *vp* -1. [pour un bal] disfrazarse. -2. [en femme] travestirse.

trébucher [trebyʃe] *vi* -1. [tomber] tropezar, dar un traspié; ~ **sur** OU **contre qqch** tropezar con OU contra algo. -2. *fig* [buter sur] : ~ **sur qqch** tropezar con algo.

trèfle [trɛfl] *nm* trébol *m*; ~ **à quatre feuilles** trébol de cuatro hojas.

treille [trɛj] *nf* -1. [de vigne] parra *f*. -2. [tonnelle] emparrado *m*.

treillis [trɛji] *nm* -1. [clôture] enrejado *m*. -2. [toile] arpillera *f*. -3. MIL [tenue de combat] traje *m* de faena.

treize [trɛz] *adj num & nm* trece; *voir aussi* **six**.

trekking [trekiŋ] *nm* trekking *m*.

tréma [trema] *nm* diéresis *f inv*.

tremblant, e [trãblã, ãt] *adj* tembloroso(sa).

tremblement [trãbləmã] *nm* temblor *m*; ~ **de terre** terremoto *m*; **et tout le ~** *fam fig* y toda la pesca.

trembler [trãble] *vi* -1. [gén] temblar. -2. *fig* [avoir peur] : ~ **pour qqch/pour qqn** temblar por algo/por alguien; ~ **de faire qqch** temer hacer algo.

trembloter [trãblɔte] *vi* -1. [personne] temblequear. -2. [voix, lumière] temblar.

trémousser [tremuse] ◆ **se trémousser** *vp* menearse.

trempe [trãp] *nf* -1. [caractère] temple *m*; **de cette/sa ~** de esta/su temple. -2. *fam* [coups] paliza *f Esp*, golpiza *f Amér*.

trempé, e [trãpe] *adj* [mouillé] calado(da); ~ **jusqu'aux os** calado hasta los huesos.

tremper [trãpe] ◇ *vt* -1. [mouiller] mojar. -2. [plonger] : ~ **qqch dans** remojar algo en. -3. [métal] templar. ◇ *vi* [linge] estar en remojo, remojarse; **faire** ~ poner en remojo.

tremplin [trãplɛ̃] *nm* trampolín *m*.

trentaine [trãtɛn] *nf* -1. [nombre] : **une ~** de una treintena de. -2. [âge] : **avoir la ~** tener los treinta.

trente [trãt] ◇ *adj num* treinta. ◇ *nm* treinta *m*; *voir aussi* **six**.

trentième [tʁɑ̃tjɛm] ◇ *adj num & nmf* trigésimo(ma). ◇ *nm* treintavo *m*, treintava parte *f*; *voir aussi* **sixième**.

trépasser [tʁepase] *vi sout* fallecer.

trépidant, e [tʁepidɑ̃, ɑ̃t] *adj* trepidante.

trépied [tʁepje] *nm* trípode *m*.

trépigner [tʁepiɲe] *vi* patalear.

très [tʁɛ] *adv* mucho(cha) *(delante de substantivo)*, muy *(delante de adjetivo, adverbio)*; ~ **malade** muy enfermo; ~ **bien** muy bien; ~ **en retard** muy tarde; ~ **à l'aise** muy a gusto; ~ **envie** muchas ganas; avoir ~ **peur/faim** tener mucho miedo/mucha hambre.

trésor [tʁezɔʁ] *nm* tesoro *m*. ◆ **Trésor** *nm* : **le Trésor public** el Tesoro Público.

trésorerie [tʁezɔʁʁi] *nf* tesorería *f*.

trésorier, ère [tʁezɔʁje, ɛʁ] *nm, f* tesorero *m*, -ra *f*.

tressaillement [tʁesajmɑ̃] *nm* estremecimiento *m*.

tressaillir [tʁesajiʁ] *vi* estremecerse.

tressauter [tʁesote] *vi* **-1.** [sursauter] sobresaltarse. **-2.** [bringuebaler] bambolearse.

tresse [tʁɛs] *nf* trenza *f*.

tresser [tʁese] *vt* trenzar.

tréteau, x [tʁeto] *nm* caballete *m*.

treuil [tʁœj] *nm* torno *m* elevador.

trêve [tʁɛv] *nf* tregua *f*; ~ **de plaisanteries/de sottises** basta de bromas/de tonterías. ◆ **sans trêve** *loc adv* sin tregua.

tri [tʁi] *nm* [de lettres] clasificación *f*; [de candidats] selección *f*; **faire le** ~ **dans qqch** *fig* poner orden en algo.

triage [tʁijaʒ] *nm* [de lettres] clasificación *f*; [de candidats] selección.

triangle [tʁijɑ̃gl] *nm* triángulo *m*.

triangulaire [tʁijɑ̃gylɛʁ] *adj* triangular.

triathlon [tʁijatlɔ̃] *nm* triatlón *m*.

tribal, e, aux [tʁibal, o] *adj* tribal.

tribord [tʁibɔʁ] *nm* estribor *m*; **à** ~ a estribor.

tribu [tʁiby] *nf* tribu *f*.

tribulations [tʁibylasjɔ̃] *nfpl* tribulaciones *fpl*.

tribunal, aux [tʁibynal, o] *nm* tribunal *m*; ~ **correctionnel** ≃ sala *f* de lo penal; ~ **de grande instance** audiencia *f* provincial o regional.

tribune [tʁibyn] *nf* tribuna *f*.

tribut [tʁiby] *nm sout* tributo *m*.

tributaire [tʁibytɛʁ] *adj* : **être** ~ **de qqch/de qqn** depender de algo/de alguien.

tricher [tʁiʃe] *vi* **-1.** [au jeu] hacer trampas. **-2.** [à un examen] copiar. **-3.** [mentir] : ~ **sur qqch** engañar sobre algo.

tricherie [tʁiʃʁi] *nf* **-1.** [gén] trampa *f*. **-2.** [tromperie] engaño *m*.

tricheur, euse [tʁiʃœʁ, øz] *nm, f* **-1.** [au jeu] tramposo *m*, -sa *f*. **-2.** [à un examen] copión *m*, -ona *f*.

tricolore [tʁikɔlɔʁ] *adj* tricolor.

tricot [tʁiko] *nm* **-1.** [étoffe] punto *m*; **faire du** ~ hacer punto. **-2.** [vêtement] jersey *m*.

tricoter [tʁikɔte] ◇ *vt* : ~ **qqch** hacer algo de punto, tejer algo. ◇ *vi* hacer punto, tejer.

tricycle [tʁisikl] *nm* triciclo *m*.

trier [tʁije] *vt* **-1.** [classer] clasificar. **-2.** [sélectionner] seleccionar.

trigonométrie [tʁigɔnɔmetʁi] *nf* trigonometría *f*.

trilingue [tʁilɛ̃g] *adj & nmf* trilingüe.

trimestre [tʁimɛstʁ] *nm* trimestre *m*.

trimestriel, elle [tʁimɛstʁijɛl] *adj* trimestral.

tringle [tʁɛ̃gl] *nf* varilla *f*; ~ **à rideaux** barra *f* de cortinas.

Trinité [tʁinite] *nf* Trinidad *f*.

trinquer [tʁɛ̃ke] *vi* **-1.** [boire] brindar; ~ **à** [à la santé] beber a. **-2.** *fam* [personne, voiture] pagar el pato.

trio [tʁijo] *nm* trío *m*.

triomphal, e, aux [tʁijɔ̃fal, o] *adj* triunfal.

triomphant, e [tʁijɔ̃fɑ̃, ɑ̃t] *adj* triunfante.

triomphe [tʁijɔ̃f] *nm* triunfo *m*; **porter qqn en** ~ llevar a alguien a hombros.

triompher [tʁijɔ̃fe] *vi* **-1.** [gén] triunfar; ~ **de qqch/de qqn** triunfar sobre algo/sobre alguien. **-2.** [crier victoire] cantar victoria.

tripes [tʁip] *nfpl* **-1.** [d'animal] tripas *fpl*. **-2.** CULIN [plat] callos *mpl*. **-3.** *fam* [de personne] agallas *fpl*; **rendre** ~**s et boyaux** echar las tripas.

triple [tʁipl] *adj & nm* triple.

triplé [tʁiple] *nm* **-1.** [au turf] *combinación de los tres caballos ganadores*. **-2.** SPORT triplete *m*. ◆ **triplés** *nmpl* trillizos *mpl*, -zas *fpl* Esp, triates *mpl* Amér.

triste [tʁist] *adj* triste; **être** ~ **de qqch/de faire qqch** estar triste por algo/por hacer algo.

tristesse [tʁistɛs] *nf* tristeza *f*.

triturer [tʁityʁe] *vt* triturar.

trivial, e, aux [trivjal, o] *adj* **-1.** [banal] trivial. **-2.** *péj* [expression] grosero(ra) *Esp*, guarango(ga) *Amér.*

troc [trɔk] *nm* trueque *m.*

trois [trwa] ◇ *adj num* [gén] tres, tercero(ra). ◇ *nm* tres *m*; *voir aussi* **six.**

troisième [trwazjɛm] ◇ *adj & nmf* tercero(ra). ◇ *nm* tercero *m*, tercera parte *f.* ◇ *nf* **-1.** [classe] ≃ primero de BUP. **-2.** [vitesse] tercera *f*; *voir aussi* **sixième.**

trombe [trɔ̃b] *nf* tromba *f.*

trombone [trɔ̃bɔn] *nm* **-1.** [agrafe] clip *m.* **-2.** MUS trombón *m.*

trompe [trɔ̃p] *nf* trompa *f.*

trompe-l'œil [trɔ̃plœj] *nm inv* **-1.** [peinture] trampantojo *m*; **en ~ de** trampantojo. **-2.** [apparence trompeuse] engañifa *f.*

tromper [trɔ̃pe] *vt* **-1.** [gén] engañar. **-2.** [vigilance] burlar. **-3.** *sout* [espoir] frustrar. ◆ **se tromper** *vp* equivocarse; **se ~ de qqch** equivocarse de algo.

tromperie [trɔ̃pri] *nf* engaño *m*, engañifa *f.*

trompette [trɔ̃pɛt] *nf* trompeta *f.*

trompettiste [trɔ̃petist] *nmf* trompetista *mf.*

trompeur, euse [trɔ̃pœr, øz] ◇ *adj* **-1.** [personne] embustero(ra). **-2.** [chose] engañoso(sa); **être ~** engañar. ◇ *nm, f* embustero *m*, -ra *f.*

tronc [trɔ̃] *nm* **-1.** [gén] tronco *m.* **-2.** [d'église] cepillo *m.* ◆ **tronc commun** *nm* tronco *m* común.

tronche [trɔ̃ʃ] *nf fam péj* pinta *f.*

tronçon [trɔ̃sɔ̃] *nm* **-1.** [morceau] trozo *m.* **-2.** [de route, de ligne de chemin de fer] tramo *m.*

tronçonneuse [trɔ̃sɔnøz] *nf* tronzador *m.*

trône [tron] *nm* trono *m*; **monter sur le ~** subir al trono.

trôner [trone] *vi* **-1.** [gén] reinar. **-2.** *hum* [faire l'important] pavonearse.

trop [tro] *adv* **-1.** *(avec adjectif, adverbe et verbe)* demasiado; **~ loin/vieux** demasiado lejos/viejo. **-2.** *(devant un nom)* demasiado(da); **avoir ~ chaud** tener demasiado calor; **avoir ~ faim** tener demasiada hambre. **-3.** *(avec complément)* : **~ de qqch** demasiado(da) algo; **~ d'argent** demasiado dinero; **~ de tristesse** demasiada tristeza. **-4.** *(dans une négation)* : **pas ~** no mucho, no demasiado; **sans ~ savoir pourquoi** sin saber muy bien por qué. ◆ **de trop, en trop** *loc adv*

de más; **être de ~** estar de más. ◆ **par trop** *loc adv sout* en demasía, demasiado.

trophée [trɔfe] *nm* trofeo *m.*

tropical, e, aux [trɔpikal, o] *adj* tropical.

tropique [trɔpik] *nm* trópico *m.* ◆ **tropiques** *nmpl* trópicos *mpl.*

trop-plein *(pl* **trop-pleins)** *nm* **-1.** [de récipient] sobrante *m.* **-2.** [de barrage] rebosadero *m.* **-3.** [d'énergie] exceso *m.*

troquer [trɔke] *vt* : **~ qqch contre qqch** trocar algo por algo.

trot [tro] *nm* trote *m.*

trotter [trɔte] *vi* trotar.

trotteuse [trɔtøz] *nf* [de montre] segundero *m.*

trottiner [trɔtine] *vi* **-1.** [cheval] trotar corto. **-2.** [enfant] trotar.

trottoir [trɔtwar] *nm* acera *f Esp*, vereda *f Amér.*

trou [tru] *nm* **-1.** [gén] agujero *m*; [dans le sol] hoyo *m*; **~ d'air** bolsa *f* de aire; **boire comme un ~** beber como una esponja. **-2.** [temps libre] hueco *m*; **~ de mémoire** laguna *f.* **-3.** *fam* [prison] trullo *m.*

troublant, e [trublɑ̃, ɑ̃t] *adj* **-1.** [ressemblance, coïncidence] inquietante. **-2.** [femme] turbador(ra).

trouble [trubl] ◇ *adj* turbio(bia). ◇ *nm* **-1.** [désordre] confusión *f.* **-2.** [émotion] turbación *m*, confusión *f.* **-3.** [dérèglement] trastorno *m.* ◆ **troubles** *nmpl* disturbios *mpl.*

trouble-fête [trublfɛt] *nm inv* aguafiestas *m.*

troubler [truble] *vt* **-1.** [gén] turbar. **-2.** [eau] enturbiar. **-3.** [vue] nublar. ◆ **se troubler** *vp* **-1.** [eau] enturbiarse. **-2.** [personne] turbarse.

trouée [true] *nf* **-1.** [large ouverture] boquete *m.* **-2.** MIL & GÉOGR brecha *f.*

trouer [true] *vt* **-1.** [percer] agujerear. **-2.** [faire une trouée dans] horadar. **-3.** MIL abrir una brecha en.

troupe [trup] *nf* **-1.** MIL tropa *f.* **-2.** [d'amis] pandilla *f.* **-3.** THÉÂTRE compañía *f*, troupe *f.*

troupeau, x [trupo] *nm* **-1.** [d'animaux domestiques] rebaño *m*, manada *f*; [de porcs] piara *f.* **-2.** [d'animaux sauvages] manada *f.* **-3.** *péj* [groupe de personnes] manada *f Esp*, titipuchal *m Amér.*

trousse [trus] *nf* estuche *m*; **~ de secours** botiquín *m* de primeros auxilios; **~ de toilette** bolsa *f* de aseo.

trousseau, x [truso] *nm* **-1.** [de mariée] ajuar *m.* **-2.** [de clefs] manojo *m.* **-3.** [de collégien] equipo *m.*

trouvaille [truvaj] *nf* hallazgo *m.*

trouvé, e [truve] *adj* : **bien ~** acertado(da); **tout ~** fácil.

trouver [truve] *vt* encontrar; **~ bon/mauvais que** encontrar mal/bien que; **~ qqch à encontrar algo que; il trouve toujours qqch à dire** siempre encuentra algo que decir; **~ qqch à qqn** encontrarle algo a alguien; **~ que** creer que. **◆ se trouver** ◇ *vp* [gén] encontrarse. ◇ *v impers* : **il se trouve que** resulta que.

truand [tryɑ̃] *nm* mafioso *m.*

truc [tryk] *nm fam* **-1.** [combine] truco *m.* **-2.** [chose] chisme *m Esp*, coso *m Amér.*

trucage = truquage.

truculent, e [trykylɑ̃, ɑ̃t] *adj* exuberante.

truelle [tryɛl] *nf* llana *f.*

truffe [tryf] *nf* **-1.** [champignon] trufa *f.* **-2.** [museau] morro *m.*

truffer [tryfe] *vt* trufar; **~ qqch de** trufar algo de.

truie [trɥi] *nf* cerda *f*, marrana *f.*

truite [trɥit] *nf* trucha *f.*

truquage, trucage [trykaʒ] *nm* [de dés & CIN] trucaje *m*; [d'élections] amaño *m.*

truquer [tryke] *vt* [dés & CIN] trucar; [élections] amañar.

trust [trœst] *nm* trust *m.*

tsar, tzar [tzar] *nm* zar *m.*

tsé-tsé [tsetse] *nm* **→ mouche.**

tsigane = tzigane.

tu[1], e [ty] *pp* **→ taire.**

tu[2] [ty] *pron pers* tú; **dire ~ à qqn** tratarse de tú con alguien, tutear a alguien.

tuba [tyba] *nm* **-1.** MUS tuba *f.* **-2.** [tube respiratoire] tubo *m.*

tube [tyb] *nm* **-1.** [gén] tubo *m*; **~ à essai** tubo de ensayo; **~ cathodique** tubo catódico. **-2.** *fam* [chanson] éxito *m.* **◆ tube digestif** *nm* tubo *m* digestivo.

tubercule [tybɛrkyl] *nm* tubérculo *m.*

tuberculose [tybɛrkyloz] *nf* tuberculosis *f inv.*

tuciste [tysist] *nmf persona que realiza un trabajo de utilidad pública.*

tue-mouches [tymuʃ] *adj inv* matamoscas.

tuer [tɥe] *vt* matar.

tuerie [tyri] *nf* matanza *f.*

tue-tête [tytɛt] **◆ à tue-tête** *loc adv* [chanter] a voz en grito; [crier] hasta desgañitarse.

tueur, euse [tɥœr, øz] *nm, f* **-1.** [personne] asesino *m*, -na *f.* **-2.** [dans abattoir] matarife *m.*

tuile [tɥil] *nf* **-1.** [sur toit] teja *f.* **-2.** *fam* [désagrément] marrón *m.*

tulipe [tylip] *nf* **-1.** BOT tulipán *m.* **-2.** [lampe] tulipa *f.*

tulle [tyl] *nm* tul *m.*

tuméfié, e [tymefje] *adj* tumefacto(ta).

tumeur [tymœr] *nf* tumor *m.*

tumulte [tymylt] *nm* tumulto *m.*

tunique [tynik] *nf* túnica *f.*

Tunisie [tynizi] *nf* : **la ~** Tunicia.

tunnel [tynɛl] *nm* túnel *m.*

turban [tyrbɑ̃] *nm* turbante *m.*

turbine [tyrbin] *nf* turbina *f.*

turbo [tyrbo] *nm* turbo *m.*

turbulence [tyrbylɑ̃s] *nf* turbulencia *f.*

turbulent, e [tyrbylɑ̃, ɑ̃t] *adj* turbulento(ta).

turnover [tœrnɔvœr] *nm* rotación *f* de la mano de obra.

Turquie [tyrki] *nf* : **la ~** Turquía.

turquoise [tyrkwaz] ◇ *nf* [pierre] turquesa *f.* ◇ *adj inv* [couleur] turquesa *(en aposición).*

tutelle [tytɛl] *nf* tutela *f.*

tuteur, trice [tytœr, tris] *nm, f* tutor *m*, -ra *f.* **◆ tuteur** *nm* tutor *m*, rodrigón *m.*

tutoyer [tytwaje] *vt* tutear.

tuyau, x [tɥijo] *nm* **-1.** [conduit] tubo *m*; [de plume, de manga, d'orgue] cañón *m*; **~ d'arrosage** manga *f* OU manguera *f* de riego; **~ d'échappement** tubo de escape. **-2.** *fam* [renseignement] soplo *m.*

tuyauterie [tɥijotri] *nf* tubería *f*, cañería *f.*

TV (*abr de* **télévision**) *nf* TV *f.*

TVA (*abr de* **taxe sur la valeur ajoutée**) *nf* IVA *m.*

tweed [twid] *nm* tweed *m.*

tympan [tɛ̃pɑ̃] *nm* ANAT & ARCHIT tímpano *m.*

type [tip] *nm* tipo *m*; **un chic/sale ~** un tipo estupendo/asqueroso.

typhoïde [tifɔid] *nf* tifoidea *f.*

typhon [tifɔ̃] *nm* tifón *m.*

typhus [tifys] *nm* tifus *m.*

typique [tipik] *adj* típico(ca).

typographie [tipɔgrafi] *nf* tipografía *f.*

tyran [tirɑ̃] *nm* tirano *m*, -na *f.*

tyrannie [tirani] *nf* tiranía *f.*

tyrannique [tiranik] *adj* tiránico(ca).

tyranniser [tiranize] *vt* tiranizar.

tzar = tsar.

tzigane, tsigane [tsigan] *adj* zíngaro(ra).
◆ **Tzigane, Tsigane** *nmf* gitano *m*, -na *f*.

u, U [y] *nm inv* u *f*, U *f*.

UDF (*abr de* Union pour la démocratie française) *nf partido político francés a la derecha del espectro político*.

UER (*abr de* unité d'enseignement et de recherche) *nf denominación de las facultades, institutos y departamentos franceses hasta 1985*.

Ukraine [ykrɛn] *nf* : l'∼ Ucrania.

ulcère [ylsɛr] *nm* úlcera *f*.

ulcérer [ylsere] *vt* **-1.** MÉD ulcerar. **-2.** *fig* [blesser] afectar.

ULM (*abr de* ultraléger motorisé) *nm* ultraligero *m*.

Ulster [ylstɛr] *n* : l'∼ el Ulster.

ultérieur, e [ylterjœr] *adj* ulterior.

ultérieurement [ylterjœrmã] *adv* más tarde.

ultimatum [yltimatɔm] *nm* ultimátum *m*.

ultime [yltim] *adj* último(ma).

ultramoderne [yltramɔdɛrn] *adj* ultramoderno(na).

ultrasensible [yltrasãsibl] *adj* ultrasensible.

ultrason [yltrasɔ̃] *nm* ultrasonido *m*.

ultraviolet [yltravjɔlɛ] *nm* ultravioleta *m*.

ululement [ylylmã] *nm* ululación *f*.

un [œ̃] (*f* **une** [yn]) ◇ *art indéf* un(a). ◇ *pron indéf* : l'∼ l'autre el uno al otro; l'∼... l'autre (el) uno... (el) otro; l'∼ et/ou l'autre y/o otro. ◇ *adj num* un(a). ◆ **un** *nm* uno *m*; *voir aussi* **six**.

unanime [ynanim] *adj* unánime.

unanimité [ynanimite] *nf* unanimidad *f*; à l'∼ por unanimidad.

UNESCO, Unesco [ynɛsko] (*abr de* United Nations Educational, Scientific and Cultural Organization) *nf* UNESCO *f*.

unetelle → untel.

uni, e [yni] *adj* **-1.** [personnes, famille, couple] unido(da). **-2.** [surface, mer, route] llano(na). **-3.** [de couleur] liso(sa). **-4.** *sout* [vie] monótono(na).

UNICEF, Unicef [ynisɛf] (*abr de* United Nations International Children's Emergency Fund) *nf* UNICEF *f*.

unifier [ynifje] *vt* unificar.

uniforme [yniform] ◇ *adj* uniforme. ◇ *nm* uniforme *m*; endosser l'∼ *fig* abrazar la carrera de las armas.

uniformiser [yniformize] *vt* uniformar.

unijambiste [yniʒãbist] ◇ *adj* con una sola pierna. ◇ *nmf* persona *f* con una sola pierna.

unilatéral, e, aux [ynilateral, o] *adj* unilateral.

union [ynjɔ̃] *nf* unión *f*; l'∼ fait la force la unión hace la fuerza; ∼ conjugale/libre unión conyugal/libre.

unique [ynik] *adj* único(ca).

uniquement [ynikmã] *adv* **-1.** [exclusivement] únicamente. **-2.** [seulement] sólo.

unir [ynir] *vt* unir; ∼ qqch à qqch unir algo a algo. ◆ **s'unir** *vp* unirse.

unitaire [yniter] *adj* unitario(ria).

unité [ynite] *nf* unidad *f*. ◆ **unité centrale** *nf* INFORM unidad *f* central.

univers [yniver] *nm* **-1.** [gén] universo *m*. **-2.** *fig* [milieu] mundo *m*, universo *m*.

universel, elle [yniversɛl] *adj* universal.

universitaire [yniversiter] ◇ *adj* universitario(ria). ◇ *nmf* profesor *m*, -ra *f* de universidad.

université [yniversite] *nf* universidad *f*.

untel, unetelle [œ̃tɛl, yntɛl] *nm, f* fulano *m*, -na *f*.

uranium [yranjɔm] *nm* uranio *m*.

urbain, e [yrbɛ̃, ɛn] *adj* **-1.** [de la ville] urbano(na). **-2.** *sout* [personne] cortés.

urbaniser [yrbanize] *vt* urbanizar.

urbanisme [yrbanism] *nm* urbanismo *m*.

urbaniste [yrbanist] *nmf* urbanista *mf*.

urgence [yrʒãs] *nf* urgencia *f*; les ∼s MÉD urgencias. ◆ **d'urgence** *loc adv* urgentemente.

urgent, e [yrʒã, ãt] *adj* urgente.

urine [yrin] *nf* orina *f*.

uriner [yrine] *vi* orinar.

urinoir [yrinwar] *nm* urinario *m*.

urne [yrn] *nf* urna *f*.

URSSAF, Urssaf [yrsaf] (*abr de* Union pour le recouvrement des cotisations de la Sécurité sociale et des Allocations familiales) *nf* organismo encargado de la recaudación de las cotizaciones a la Seguridad Social y los subsidios familiares.

urticaire [yrtikɛr] *nf* urticaria *f*.

Uruguay [yrygwɛ] *nm* : **l'~** Uruguay.

USA (*abr de* United States of America) *nmpl* USA *mpl*.

usage [yzaʒ] *nm* uso *m*; **à ~ externe** MÉD de uso tópico; **à ~ interne** MÉD vía oral; **faire de l'~** durar mucho; **hors d'~** inservible.

usagé, e [yzaʒe] *adj* usado(da).

usager [yzaʒe] *nm* usuario *m*, -ria *f*.

usé, e [yze] *adj* **-1.** [vêtement] usado(da); [eaux] residual. **-2.** [personne] estropeado(da). **-3.** [plaisanterie] manido(da).

user [yze] *vt* **-1.** [vêtement, santé, force] gastar. **-2.** [personne] estropear. ◆ **s'user** *vp* **-1.** [chaussures, vêtement] gastarse. **-2.** [personne] agotarse. **-3.** [amour] debilitarse.

usine [yzin] *nf* fábrica *f*.

usiner [yzine] *vt* **-1.** [façonner] mecanizar. **-2.** [fabriquer] fabricar.

usité, e [yzite] *adj* usado(da); **très/peu ~** muy/poco usado.

ustensile [ystɑ̃sil] *nm* utensilio *m*.

usufruit [yzyfrɥi] *nm* usufructo *m*.

usure [yzyr] *nf* **-1.** [détérioration, affaiblissement] desgaste *m*. **-2.** [intérêt de taux excessif] usura *f*.

usurier, ère [yzyrje, ɛr] *nm, f* usurero *m*, -ra *f*.

usurpateur, trice [yzyrpatœr, tris] *adj & nm, f* usurpador(ra).

usurper [yzyrpe] *vt* usurpar.

ut [yt] *nm inv* ut *m*.

utérus [yterys] *nm* útero *m*.

utile [ytil] *adj* útil; **être ~ à qqch/à qqn** ser útil para algo/a alguien.

utilisateur, trice [ytilizatœr, tris] *nm, f* usuario *m*, -ria *f*.

utiliser [ytilize] *vt* **-1.** [employer] utilizar. **-2.** [tirer parti de] aprovechar.

utilitaire [ytiliter] *adj* utilitario(ria).

utilité [ytilite] *nf* **-1.** [usage] utilidad *f*. **-2.** [intérêt] interés *m*; **d'~ publique** de interés público, de utilidad pública.

utopie [ytɔpi] *nf* utopía *f*.

utopiste [ytɔpist] *nmf* utópico *m*, -ca *f*, utopista *mf*.

UV ◇ *nf* (*abr de* unité de valeur) ≈ asignatura *f*. ◇ *nm* (*abr de* ultraviolet) UVA *m*.

v, V [ve] *nm inv* v *f*, V *f*; **col en V** cuello de pico.

v.[1] **-1.** (*abr de* vers) LITT v. **-2.** (*abr de* verset) v.

v.[2] **, V.** (*abr de* voir) V, v.

va[1]**, vas** [va] → aller.

va[2] [va] *interj* ¡venga! *Esp*, ¡ándele! *Amér*; **~ pour cette fois** por esta vez pase.

vacance [vakɑ̃s] *nf* **-1.** [de poste] vacante *f*. **-2.** [du pouvoir] vacío *m*. ◆ **vacances** *nfpl* vacaciones *fpl*; **être en ~s** estar de vacaciones; **les grandes ~s** las vacaciones de verano.

vacancier, ère [vakɑ̃sje, ɛr] ◇ *adj* vacacional, de vacaciones. ◇ *nm, f* persona *f* de vacaciones.

vacant, e [vakɑ̃, ɑ̃t] *adj* **-1.** [poste, emploi] vacante. **-2.** [logement] desocupado(da), vacío(a).

vacarme [vakarm] *nm* jaleo *m*, estrépito *m* *Esp*, despidole *m* *Amér*.

vacataire [vakatɛr] *adj & nmf* substituto(ta).

vacation [vakasjɔ̃] *nf* **-1.** [période] diligencia *f*. **-2.** [honoraires] dietas *fpl*.

vaccin [vaksɛ̃] *nm* MÉD vacuna *f*; **~ antirabique** vacuna antirrábica.

vaccination [vaksinasjɔ̃] *nf* vacunación *f*.

vacciner [vaksine] *vt* vacunar.

vache [vaʃ] ◇ *nf* **-1.** ZOOL vaca *f*; **manger de la ~ enragée** *fig* pasar las de Caín; **~s grasses/maigres** *fig* vacas gordas/flacas. **-2.** *fam* [personne méchante] hueso *m*. ◇ *adj fam* **-1.** [personne] : **être ~** ser un hueso. **-2.** [événement] duro(ra). ◆ **vache à eau** *nf* bolsa *f* de agua.

vachement [vaʃmɑ̃] *adv fam* tope.

vaciller [vasije] *vi* vacilar.

vadrouiller [vadruje] *vi* *fam* vagar.

va-et-vient [vaevjɛ̃] *nm inv* **-1.** [gén] vaivén *m*. **-2.** [charnière] muelle *m*.

vagabond, e [vagabɔ̃, ɔ̃d] ◇ *adj* **-1.** [chien, personne] vagabundo(da); [vie] errante. **-2.** [humeur, imagination] errabundo(da). ◇ *nm, f* vagabundo *m*, -da *f*.

vagabondage [vagabɔ̃daʒ] *nm* vagabundeo *m*.

vagin [vaʒɛ̃] *nm* vagina *f*.

vagissement [vaʒismã] *nm* **-1.** [de nouveau-né] vagido *m*. **-2.** [d'animal] chillido *m*.

vague [vag] ◇ *adj* **-1.** [idée, promesse] vago(ga). **-2.** [vêtement] amplio(plia). **-3.** *(avant le nom)* [cousin] lejano(na). ◇ *nf* **-1.** [gén] ola *f*; ~ **déferlante** ola rompiente. **-2.** [surface ondulée] onda *f*.

vaguement [vagmã] *adv* vagamente.

vaillant, e [vajã, ãt] *adj* **-1.** [vigoureux] fuerte. **-2.** *sout* [plein de bravoure] valeroso(sa).

vaille, vailles *etc* → valoir.

vain, e [vɛ̃, vɛn] *adj* vano(na); **en** ~ en vano.

vaincre [vɛ̃kr] *vt* vencer.

vaincu, e [vɛ̃ky] ◇ *pp* → **vaincre**. ◇ *adj* vencido(da). ◇ *nm, f* vencido *m*, -da *f*.

vainement [vɛnmã] *adv* vanamente.

vainqueur [vɛ̃kœr] ◇ *nm* vencedor *m*, -ra *f*. ◇ *adj m* [air] triunfante.

vais [vɛ] → aller.

vaisseau, x [vɛso] *nm* **-1.** NAVIG & ARCHIT nave *f*; ~ **spatial** nave *f* espacial; **brûler ses** ~**x** *fig* quemar sus naves. **-2.** ANAT vaso *m*.

vaisselle [vɛsɛl] *nf* vajilla *f*; **faire la** ~ fregar los platos.

val [val] *(pl* **vals**~OU **vaux** [vo]*) nm* valle *m*.

valable [valabl] *adj* **-1.** [carte, excuse, raison] válido(da). **-2.** [œuvre] de valor.

valet [valɛ] *nm* **-1.** [serviteur] sirviente *m*; ~ **d'écurie** mozo *m* de cuadra; ~ **de ferme** gañán *m*. **-2.** *fig* [homme servile] lacayo *m*. **-3.** [aux cartes] ≃ sota *f*. **-4.** [de menuisier] barrilete *m*, siete *m*. ◆ **valet de nuit** *nm* galán *m* de noche.

valeur [valœr] *nf* valor *m*; **de (grande)** ~ de (gran) valor; **(muy)** valioso(sa); **mettre en** ~ [faire ressortir] poner de relieve.

valide [valid] *adj* válido(da).

valider [valide] *vt* validar.

validité [validite] *nf* validez *f*.

valise [valiz] *nf* maleta *f Esp*, petaca *f Amér*.

vallée [vale] *nf* valle *m*.

vallon [valɔ̃] *nm* pequeño valle *m*.

vallonné, e [valɔne] *adj* ondulado(da).

valoir [valwar] ◇ *vi* **-1.** [gén] valer; **à** ~ **sur** COMM a cuenta de; **faire** ~ [faire ressortir] hacer resaltar; [faire produire] beneficiar; [faire état de] hacer valer; **ne rien** ~ no valer nada. **-2.** [equivaloir] equivaler a. ◇ *v impers* : **il vaut mieux que** (+ *subjonctif*) más vale que (+ *subjuntivo*). ◆ **se valoir** *vp* ser tal para cual.

valse [vals] *nf* **-1.** [danse & MUS] vals *m*. **-2.** *fam* [mouvement de personnel] baile *m*.

valser [valse] *vi* **-1.** [danser] valsear. **-2.** *fam* [être projeté] ir a parar.

valu [valy] *pp inv* → **valoir**.

valus, valut [valy] *etc* → **valoir**.

valve [valv] *nf* **-1.** [gén] válvula *f*. **-2.** ZOOL [de mollusque] valva *f*.

vampire [vãpir] *nm* vampiro *m*.

vandalisme [vãdalism] *nm* vandalismo *m*.

vanille [vanij] *nf* vainilla *f*.

vanité [vanite] *nf* vanidad *f*.

vaniteux, euse [vanitø, øz] *adj & nm, f* vanidoso(sa).

vanne [van] *nf* **-1.** [d'écluse] compuerta *f*. **-2.** *fam* [remarque] pulla *f*.

vannerie [vanri] *nf* cestería *f*.

vantard, e [vãtar, ard] *adj & nm, f* jactancioso(sa).

vanter [vãte] *vt* alabar. ◆ **se vanter** *vp* jactarse *Esp*, compadrear *Amér*; **se** ~ **de qqch/de faire qqch** jactarse de algo/de hacer algo.

va-nu-pieds [vanypje] *nmf inv fam* descamisado *m*, -da *f*.

vapeur [vapœr] ◇ *nf* vapor *m*; **à la** ~ CULIN al vapor; **à toute** ~ *fig* a toda máquina. ◇ *nm* NAVIG vapor *m*.

vapocuiseur [vapokɥizœr] *nm* olla *f* a presión.

vaporisateur [vaporizatœr] *nm* vaporizador *m*.

vaporiser [vaporize] *vt* vaporizar.

vaquer [vake] *vi* : ~ **à qqch** ocuparse de algo.

variable [varjabl] *adj & nf* variable.

variante [varjãt] *nf* variante *f*.

variateur [varjatœr] *nm* variador *m*.

variation [varjasjɔ̃] *nf* variación *f*.

varice [varis] *nf* variz *f*.

varicelle [varisɛl] *nf* varicela *f*.

varié, e [varje] *adj* variado(da).

varier [varje] *vt & vi* variar.

variété [varjete] *nf* variedad *f*. ◆ **variétés** *nfpl* variedades *fpl*.

variole [varjɔl] *nf* viruela *f*, viruelas *fpl*.

Varsovie [vaʀsɔvi] *n* Varsovia.

vase [vaz] ◇ *nm* florero *m*, jarrón *m*. ◇ *nf* cieno *m*.

vaseline [vazlin] *nf* vaselina *f*.

vaste [vast] *adj* vasto(ta).

Vatican [vatikɑ̃] *nm* : **le ~** el Vaticano; **l'État de la cité du ~** la ciudad del Vaticano; **le premier/deuxième concile du ~** el Concilio Vaticano I/II.

vaudrai, vaudrons *etc* → **valoir**.

vaut [vo] → **valoir**.

vautour [votuʀ] *nm* buitre *m*.

vaux [vo] → **valoir**.

veau, x [vo] *nm* **-1.** [animal] ternero *m*, becerro *m*; **tuer le ~ gras** *fig* tirar la casa por la ventana. **-2.** [viande] ternera *f*. **-3.** [peau] becerro *m*. **-4.** *fam péj* [personne] zángano *m*; [voiture] cacharro *m*.

vecteur [vɛktœʀ] *nm* vector.

vécu, e [veky] ◇ *pp* → **vivre**. ◇ *adj* vivido(da).

vedette [vədɛt] *nf* **-1.** NAVIG lancha *f* motora. **-2.** [star] estrella *f*, vedette *f*.

végétal, e, aux [veʒetal, o] *adj* vegetal.

végétarien, enne [veʒetaʀjɛ̃, ɛn] *adj & nm, f* vegetariano(na).

végétation [veʒetasjɔ̃] *nf* BOT vegetación *f*. ◆ **végétations** *nfpl* MÉD vegetaciones *fpl*.

végéter [veʒete] *vi péj & fig* vegetar.

véhémence [veemɑ̃s] *nf* vehemencia *f*.

véhément, e [veemɑ̃, ɑ̃t] *adj* vehemente.

véhicule [veikyl] *nm* vehículo *m*.

veille [vɛj] *nf* **-1.** [jour précédent] víspera *f*. **-2.** [éveil, privation de sommeil] vigilia *f*. **-3.** MIL [garde de nuit] imaginaria *f*.

veillée [veje] *nf* **-1.** [soirée] velada *f*. **-2.** [des morts] velatorio *m*.

veiller [veje] *vi* **-1.** [rester éveillé] velar. **-2.** [être de garde] estar de guardia. **-3.** [rester vigilant] : **~ à qqch** cuidar de algo; **~ à faire qqch** procurar hacer algo; **~ sur qqch/sur qqn** cuidar de algo/de alguien.

veilleur [vejœʀ] *nm* vigilante *m* nocturno *Esp*, nochero *m Amér*.

veilleuse [vejøz] *nf* **-1.** [lampe] lamparilla *f*, mariposa *f*. **-2.** [d'allumage] piloto *m*. ◆ **veilleuses** *nfpl* AUTOM luces *fpl* de posición.

veinard, e [vɛnaʀ, aʀd] *adj fam* : **il est ~** tiene potra.

veine [vɛn] *nf* **-1.** [inspiration & ANAT] vena *f*. **-2.** [marque – du bois] vena *f*; [– des pierres] vena *f*, veta *f*. **-3.** *fam* [chance] potra *f*.

veineux, euse [venø, øz] *adj* **-1.** ANAT venoso(sa). **-2.** [bois] veteado(da).

véliplanchiste [veliplɑ̃ʃist] *nmf* windsurfista *mf*.

velléité [veleite] *nf* veleidad *f*.

vélo [velo] *nm fam* bici *f*.

vélocité [velɔsite] *nf* velocidad *f*.

vélodrome [velɔdrom] *nm* velódromo *m*.

vélomoteur [velɔmɔtœʀ] *nm* velomotor *m*.

velours [vəluʀ] *nm* terciopelo *m*; **~ côtelé** pana *f*.

velouté, e [vəlute] *adj* [papier, peau, lumière] aterciopelado(da); [vin] suave; [crème] untuoso(sa). ◆ **velouté** *nm* **-1.** [douceur] terciopelo *m*. **-2.** [potage] crema *f*.

velu, e [vəly] *adj* velludo(da).

vénal, e, aux [venal, o] *adj* venal.

vendange [vɑ̃dɑ̃ʒ] *nf* vendimia *f*.

vendanger [vɑ̃dɑ̃ʒe] *vt & vi* vendimiar.

vendeur, euse [vɑ̃dœʀ, øz] *nm, f* [gén] vendedor *m*, -ra *f*; [employé] dependiente *m*, -ta *f*.

vendre [vɑ̃dʀ] *vt* vender.

vendredi [vɑ̃dʀədi] *nm* viernes *m*; *voir aussi* **samedi**.

vendu, e [vɑ̃dy] ◇ *pp* → **vendre**. ◇ *adj & nm, f* vendido(da).

vénéneux, euse [venenø, øz] *adj* venenoso(sa).

vénérable [veneʀabl] *adj* venerable.

vénération [veneʀasjɔ̃] *nf* veneración *f*.

vénérer [veneʀe] *vt* venerar.

vénérien, enne [veneʀjɛ̃, ɛn] *adj* venéreo(a).

Venezuela [venezɥela] *nm* : **le ~** Venezuela.

vengeance [vɑ̃ʒɑ̃s] *nf* venganza *f*; **crier ~** clamar venganza.

venger [vɑ̃ʒe] *vt* vengar. ◆ **se venger** *vp* vengarse; **se ~ de qqch/de qqn** vengarse de algo/de alguien.

vengeur, eresse [vɑ̃ʒœʀ, vɑ̃ʒʀɛs] *adj & nm, f* vengador(ra).

venimeux, euse [vənimø, øz] *adj* venenoso(sa).

venin [vənɛ̃] *nm* veneno *m*.

venir [vəniʀ] *vi* **-1.** [gén] venir; [arriver] llegar; **à ~** venidero(ra); **en ~ à qqch** [aux insultes, aux mains] llegar a algo; **si elle venait à mourir...** si ella llegara a morir...; **~ de** [tenir son origine, se devoir à] venir de; **~ de faire qqch** acabar de hacer algo; **elle vient d'arriver** acaba de llegar;

où veux-tu en ~? ¿dónde quieres ir a parar? **-2.** [plante, arbre] crecer, desarrollarse. **-3.** *fig* [idée] : ~ **(à qqn)** ocurrírsele a alguien.

Venise [vəniz] *n* Venecia.

vent [vã] *nm* **-1.** [air] viento *m*; **bon ~!** ¡buen viaje!; **quel bon ~ vous amène?** ¿qué le trae por aquí? **-2.** [gaz intestinal] ventosidad *f*, gas *m*.

vente [vãt] *nf* venta *f*; **en ~ (libre)** [médicament] sin receta médica.

venteux, euse [vãtø, øz] *adj* ventoso(sa).

ventilateur [vãtilatœr] *nm* ventilador *m*.

ventilation [vãtilasjɔ̃] *nf* **-1.** [de pièce] ventilación *f*. **-2.** FIN desglose *m*.

ventouse [vãtuz] *nf* **-1.** [gén] ventosa *f*. **-2.** TECHNOL [aération] respiradero *m*.

ventre [vãtr] *nm* **-1.** [abdomen] estómago *m*, barriga *f*; ANAT vientre *m*; **à plat ~** boca abajo; **avoir/prendre du ~** tener/echar barriga; **avoir mal au ~** tener dolor de estómago. **-2.** [de bouteille, de cruche] panza *f*.

ventriloque [vãtrilɔk] *adj & nmf* ventrílocuo(cua).

venu, e [vəny] *pp* → venir. ◆ **venue** *nf* llegada *f*.

Vénus [venys] *n* ASTRON & MYTH Venus.

vêpres [vɛpr] *nfpl* vísperas *fpl*.

ver [vɛr] *nm* gusano *m*; ~ **solitaire** MÉD solitaria *f*; ~**s intestinaux** MÉD lombrices *fpl* intestinales.

véracité [verasite] *nf* veracidad *f*.

véranda [verãda] *nf* veranda *f*.

verbal, e, aux [vɛrbal, o] *adj* verbal.

verbaliser [vɛrbalize] ◇ *vt* verbalizar. ◇ *vi* multar.

verbe [vɛrb] *nm* verbo *m*.

verdâtre [vɛrdatr] *adj* verdoso(sa).

verdeur [vɛrdœr] *nf* **-1.** [de fruit, de bois] verdor *m*; [de personne] vigor *m*. **-2.** [crudité] : **la ~** lo verde. **-3.** [du vin] acidez *f*.

verdict [vɛrdikt] *nm* **-1.** JUR sentencia *f*. **-2.** *fig* [jugement] veredicto *m*.

verdir [vɛrdir] ◇ *vt* pintar de verde. ◇ *vi* verdear.

verdoyant, e [vɛrdwajã, ãt] *adj* que verdece.

verdure [vɛrdyr] *nf* **-1.** [végétation, couleur] verdor *m*. **-2.** [plantes potagères] verdura *f*.

véreux, euse [verø, øz] *adj* **-1.** [fruit] agusanado(da). **-2.** *fig* [affaire] sospechoso(sa). **-3.** *fig* [personne] podrido(da).

verge [vɛrʒ] *nf* **-1.** ANAT verga *f*. **-2.** *sout* [baguette] fusta *f*.

verger [vɛrʒe] *nm* vergel *m*.

vergetures [vɛrʒətyr] *nfpl* estrías *fpl*.

verglas [vɛrgla] *nm* hielo *m (en la calzada)*.

véridique [veridik] *adj* **-1.** [témoignage, récit] verídico(ca). **-2.** *sout* [personne] veraz.

vérification [verifikasjɔ̃] *nf* comprobación *f*, verificación *f*.

vérifier [verifje] *vt* comprobar, verificar.

véritable [veritabl] *adj* **-1.** [gén] verdadero(ra). **-2.** [or, perle] auténtico(ca).

véritablement [veritabləmã] *adv* verdaderamente.

vérité [verite] *nf* **-1.** [gén] verdad *f*. **-2.** [ressemblance – de reproduction] parecido *m*; [– de personnage] credibilidad *f*. ◆ **en vérité** *loc adv* en verdad.

vermeil, eille [vɛrmɛj] *adj* bermejo(ja). ◆ **vermeil** *nm* corladura *f*.

vermicelle [vɛrmisɛl] *nm* fideo *m*; **soupe au ~** sopa de fideos.

vermine [vɛrmin] *nf* **-1.** [parasites] miseria *f*. **-2.** *fig* [canaille] chusma *f*.

vermoulu, e [vɛrmuly] *adj* carcomido(da).

verni, e [vɛrni] *adj fam* : **être ~** tener chiripa.

vernir [vɛrnir] *vt* [gén] barnizar; [cuir] charolar.

vernis [vɛrni] *nm* [gén] barniz *m*; [pour cuir] charol *m*; ~ **à ongles** esmalte *m* de uñas.

vernissage [vɛrnisaʒ] *nm* **-1.** [action de vernir] barnizado *m*. **-2.** [d'exposition] vernissage *m*.

vérole [verɔl] *nf* sífilis *f inv*.

verrai, verrons *etc* → **voir**.

verre [vɛr] *nm* **-1.** [matériel] vidrio *m*. **-2.** [récipient, dose] vaso *m*. **-3.** [de vue] cristal *m*; ~**s de contact** lentes *mpl* OU *fpl* de contacto. **-4.** [boisson alcoolisée] copa *f*; **boire** OU **prendre un ~** tomar una copa.

verrière [vɛrjer] *nf* **-1.** [baie vitrée & ARCHIT] vidriera *f*. **-2.** AÉRON cristalera *f*.

verrou [veru] *nm* cerrojo *m*; **être sous les ~s** estar en la cárcel; **mettre qqn sous les ~s** encerrar a alguien (en la cárcel).

verrouillage [verujaʒ] *nm* cierre *m* automático.

verrouiller [veruje] *vt* **-1.** [porte] cerrar con cerrojo. **-2.** [prisonnier] encerrar.

verrue [very] *nf* verruga *f*.

vers[1] [vɛr] *nm* verso *m*.

vers[2] [vɛr] *prép* **-1.** [dans la direction de] a, hacia. **-2.** [aux environs de – temporel] hacia, sobre; [– spatial] hacia.

Versailles [vɛrsaj] *n* Versalles; **le château de ~** el palacio de Versalles.

versant [vɛrsã] *nm* vertiente *f.*

versatile [vɛrsatil] *adj* versátil.

verse [vɛrs] ◆ **à verse** *loc adv* : **pleuvoir à ~** llover a cántaros.

Verseau [vɛrso] *nm* ASTROL Acuario *m*; **être ~** ser Acuario; **être né sous le signe du ~** haber nacido bajo el signo de Acuario.

versement [vɛrsəmã] *nm* pago *m*; **~s échelonnés** FIN pago a plazos OU fraccionado.

verser [vɛrse] ◇ *vt* **-1.** [eau, sang, larmes] derramar. **-2.** [vin] echar. **-3.** [payer] pagar. ◇ *vi* volcar *Esp*, voltearse *Amér.*

verset [vɛrse] *nm* versículo *m.*

verseur [vɛrsœr] *adj m* vertedor.

version [vɛrsjõ] *nf* **-1.** [traduction] traducción *f* (directa). **-2.** [interprétation, variante] versión *f*; **~ française/originale** versión francesa/original.

verso [vɛrso] *nm* [de feuille] verso *m.*

vert, e [vɛr, vɛrt] *adj* **-1.** [gén] verde; [vin] agraz, verde. **-2.** [vieillard] lozano(na). **-3.** *(avant le nom)* [réprimande] severo(ra).

vertébral, e, aux [vɛrtebral, o] *adj* vertebral.

vertèbre [vɛrtɛbr] *nf* vértebra *f.*

vertébré, e [vɛrtebre] *adj* vertebrado(da).

vertement [vɛrtəmã] *adv* severamente.

vertical, e, aux [vɛrtikal, o] *adj* vertical. ◆ **verticale** *nf* vertical *f*; **à la ~e** en vertical.

vertige [vɛrtiʒ] *nm* vértigo *m*; **avoir des ~s** tener vértigo; **donner le ~** dar vértigo.

vertigineux, euse [vɛrtiʒinø, øz] *adj* vertiginoso(sa).

vertu [vɛrty] *nf* virtud *f.*

vertueux, euse [vɛrtɥø, øz] *adj* virtuoso(sa).

verve [vɛrv] *nf* elocuencia *f.*

vésicule [vezikyl] *nf* vesícula *f*; **~ biliaire** vesícula biliar.

vessie [vesi] *nf* vejiga *f.*

veste [vɛst] *nf* chaqueta *f* *Esp*, saco *m* *Amér*; **~ croisée/droite** chaqueta cruzada/recta.

vestiaire [vɛstjɛr] *nm* **-1.** [gén] guardarropa *m.* **-2.** *(gén pl)* SPORT vestuario *m.*

vestibule [vɛstibyl] *nm* vestíbulo *m.*

vestige [vɛstiʒ] *nm* *(gén pl)* vestigio *m.*

vestimentaire [vɛstimãter] *adj* indumentario(ria).

veston [vɛstõ] *nm* chaqueta *f* *(de hombre)* *Esp*, saco *m* *Amér.*

vêtement [vɛtmã] *nm* prenda *f*, vestido *m*; **les ~s** la ropa.

vétéran [veterã] *nm* veterano *m.*

vétérinaire [veteriner] *adj & nmf* veterinario(ria).

vêtir [vetir] *vt* vestir. ◆ **se vêtir** *vp* vestirse.

veto [veto] *nm* POLIT veto *m*; **mettre son ~ à qqch** vetar algo.

vêtu, e [vety] ◇ *pp* → **vêtir.** ◇ *adj* vestido(da); **chaudement ~** bien abrigado.

vétuste [vetyst] *adj* vetusto(ta).

veuf, veuve [vœf, vœv] *adj & nm, f* viudo(da).

veuille, veuilles *etc* → **vouloir.**

veut [vø] → **vouloir.**

veuvage [vœvaʒ] *nm* viudez *f.*

veuve → **veuf.**

veux [vø] → **vouloir.**

vexation [vɛksasjõ] *nf* vejación *f.*

vexer [vɛkse] *vt* herir. ◆ **se vexer** *vp* molestarse.

VF *abr de* **version française.**

via [vja] *prép* vía.

viabiliser [vjabilize] *vt* [entreprise] hacer viable; [terrain] acondicionar.

viable [vjabl] *adj* viable.

viaduc [vjadyk] *nm* viaducto *m.*

viager, ère [vjaʒe, ɛr] *adj* vitalicio(cia). ◆ **viager** *nm* vitalicio *m*; **vendre qqch en ~** ≃ constituir un censo vitalicio.

viande [vjãd] *nf* carne *f.*

vibration [vibrasjõ] *nf* vibración *f.*

vibrer [vibre] *vi* vibrar.

vice [vis] *nm* vicio *m.*

vice-président, e [visprezidã, ãt] *(mpl* **vice-présidents,** *fpl* **vice-présidentes)** *nm, f* vicepresidente *m*, **-ta** *f.*

vice versa [visversa] *loc adv* viceversa.

vicié, e [visje] *adj* viciado(da).

vicieux, euse [visjø, øz] *adj* **-1.** [personne, conduite, regard] vicioso(sa). **-2.** [animal] resabiado(da). **-3.** [attaque] traicionero(ra).

victime [viktim] *nf* víctima *f*; **être ~ de** ser víctima de.

victoire [viktwar] *nf* victoria *f.*

victorieux, euse [viktɔrjø, øz] *adj* **-1.** [gén] victorioso(sa). **-2.** [mine, air] triunfante.

victuailles [viktɥaj] *nfpl* vituallas *fpl*.

vidange [vidãʒ] *nf* -1. TECHNOL vaciado *m*. -2. AUTOM cambio *m* de aceite. -3. [contenu] materia *f* fecal. -4. [mécanisme] desagüe *m*.

vidanger [vidãʒe] *vt* vaciar.

vide [vid] ◇ *adj* vacío(a). ◇ *nm* vacío *m*; **sous ~** al vacío.

vidé, e [vide] *adj* reventado(da).

vidéo [video] ◇ *nf* vídeo *m*. ◇ *adj inv* [signal, jeux] de vídeo.

vidéocassette [videɔkasɛt] *nf* cinta *f* de vídeo, videocasete *m*.

vidéoclub [videɔklœb] *nm* videoclub *m*.

vidéodisque [videɔdisk] *nm* videodisco *m*.

vide-ordures [vidɔrdyr] *nm inv* vertedero *m* de basuras *Esp*, tiradero *m Amér*.

vidéothèque [videɔtɛk] *nf* videoteca *f*.

vidéotransmission [videɔtrãsmisjɔ̃] *nf* videotransmisión *f*.

vide-poches [vidpɔʃ] *nm inv* -1. [chez soi] bandeja *f (para depositar objetos menudos)*. -2. [de voiture] guantera *f*.

vider [vide] *vt* -1. [sac, poche, verre] vaciar. -2. [lieu] abandonar. -3. [salle, maison] desalojar. -4. CULIN [poulet, poisson] limpiar. -5. *fam* [personne - épuiser] agotar; [- expulser] echar *Esp*, botar *Amér*. ◆ **se vider** *vp* -1. [gén] vaciarse. -2. [eaux] evacuarse.

vie [vi] *nf* vida *f*; **avoir la ~ sauve** salir ileso(sa); **être en ~** estar vivo(va); **gagner sa ~** ganarse la vida; **avoir la ~ dure** *fig* tener siete vidas como los gatos.

vieil → **vieux**.

vieillard [vjejar] *nm* anciano *m*.

vieille → **vieux**.

vieillerie [vjɛjri] *nf* antigualla *f*.

vieillesse [vjɛjɛs] *nf* -1. [période de la vie] vejez *f*. -2. [vieillards] tercera edad *f*.

vieillir [vjejir] ◇ *vi* -1. [personne] envejecer. -2. [vin] envejecer; [fromage] curarse. -3. [tradition, idée, mot] quedarse anticuado(da). ◇ *vt* envejecer.

vieillissement [vjejismã] *nm* -1. [de personne] envejecimiento *m*. -2. [de vin] envejecimiento *m*; [de fromage] curación *f*. -3. [de mot, d'idée, de tradition] caída *f* en desuso.

viendrai, viendrons *etc* → **venir**.

vienne, viennes *etc* → **venir**.

viens, vient *etc* → **venir**.

vierge [vjɛrʒ] ◇ *nf* virgen *m*. ◇ *adj* virgen; [page] en blanco; [casier judiciaire] limpio(pia). ◆ **Vierge** *nf* ASTROL Virgo *m*; **être Vierge** ser Virgo; **être né sous le signe de la Vierge** haber nacido bajo el signo de Virgo.

Viêt-nam [vjetnam] *nm* : **le ~** Vietnam; **au ~** [direction] a Vietnam; [situation] en Vietnam.

vieux, vieille [vjø, vjɛj] ◇ *adj (au masculin* **vieil** [vjɛj] *devant une voyelle ou h muet)* -1. [gén] viejo(ja); [vin] añejo(ja). -2. [habitué, client, connaissance] de toda la vida. -3. [meuble, maison, histoire] antiguo(gua). ◇ *nm, f* -1. [personne âgée] viejo *m*, -ja *f*. -2. *tfam* [parents] viejo *m*, -ja *f*.

vif, vive [vif, viv] *adj* -1. [gén] vivo(va); [froid] intenso(sa). -2. [reproche, discussion] violento(ta). -3. [sensation, émotion] fuerte. ◆ **vif** *nm* -1. JUR vivo *m*. -2. PÊCHE cebo *m* vivo. -3. *loc* : **à ~** [blessure, plaie] en carne viva; *fig* [nerfs] a flor de piel.

vigie [viʒi] *nf* -1. NAVIG [personne] vigía *m*; [poste] atalaya *f*. -2. [de chemin de fer] garita *f*.

vigilance [viʒilãs] *nf* vigilancia *f*.

vigilant, e [viʒilã, ãt] *adj* vigilante.

vigile [viʒil] *nm* [veilleur] vigilante *m*; [policier privé] guardia *m* jurado.

vigne [viɲ] *nf* -1. [plante] vid *f*. -2. [vignoble] viña *f*; **être dans les ~s du Seigneur** estar borracho(cha) como una cuba. ◆ **vigne vierge** *nf* viña *f* virgen.

vigneron, onne [viɲrɔ̃, ɔn] *nm, f* viñador *m*, -ra *f*.

vignette [viɲɛt] *nf* -1. ART [motif] viñeta *f*. -2. [de médicament] etiqueta *f*. -3. [d'automobile] *adhesivo que se coloca en el parabrisas para probar que se ha pagado el impuesto de circulación*.

vignoble [viɲɔbl] *nm* viñedo *m*.

vigoureux, euse [vigurø, øz] *adj* vigoroso(sa).

vigueur [vigœr] *nf* vigor *m*. ◆ **en vigueur** *loc adj* en vigor; **être en ~** estar en vigor, estar vigente.

vilain, e [vilɛ̃, ɛn] *adj* -1. [mauvais, grossier] malo(la). -2. [laid, grave] feo(a).

vilebrequin [vilbrəkɛ̃] *nm* -1. [outil] berbiquí *m*. -2. AUTOM cigüeñal *m*.

villa [vila] *nf* villa *f*.

village [vilaʒ] *nm* pueblo *m*.

villageois, e [vilaʒwa, az] *adj & nm, f* aldeano(na), lugareño(ña).

ville [vil] *nf* ciudad *f*; ~ **champignon** ciudad hongo; ~ **dortoir** ciudad dormitorio.

villégiature [vileʒjatyr] *nf* veraneo *m*; **aller en ~** ir de veraneo.

vin [vɛ̃] *nm* **-1.** [de raisin] vino *m*; **cuver son ~** *fig* dormir la mona; **être entre deux ~s** *fig* estar achispado(da). **-2.** [liqueur] licor *m*. ◆ **vin d'honneur** *nm* vino *m* de honor.

vinaigre [vinɛgr] *nm* vinagre *m*.

vinaigrette [vinɛgrɛt] *nf* vinagreta *f*.

vindicatif, ive [vɛ̃dikatif, iv] *adj* vindicativo(va).

vingt [vɛ̃] *adj num & nm* veinte; *voir aussi* **six**.

vingtaine [vɛ̃tɛn] *nf* veintena *f*.

vingtième [vɛ̃tjɛm] ◇ *adj num & nmf* vigésimo(ma). ◇ *nm* vigésimo *m*, veinteava parte *f*; *voir aussi* **sixième**.

vinicole [vinikɔl] *adj* vinícola.

vinification [vinifikasjɔ̃] *nf* vinificación *f*.

vinyle [vinil] *nm* vinilo *m*.

viol [vjɔl] *nm* violación *f*.

violacé, e [vjɔlase] *adj* violáceo(a).

violation [vjɔlasjɔ̃] *nf* violación *f*.

violence [vjɔlɑ̃s] *nf* violencia *f*; **se faire ~** contenerse.

violent, e [vjɔlɑ̃, ɑ̃t] *adj* violento(ta).

violer [vjɔle] *vt* violar.

violet, ette [vjɔlɛ, ɛt] *adj* violeta. ◆ **violet** *nm* [couleur] violeta *m*.

violette [vjɔlɛt] *nf* violeta *f*.

violeur [vjɔlœr] *nm* violador *m*.

violon [vjɔlɔ̃] *nm* **-1.** MUS violín *m*. **-2.** *arg* [prison] talego *m*.

violoncelle [vjɔlɔ̃sɛl] *nm* violoncelo *m*, violonchelo *m*.

violoniste [vjɔlɔnist] *nmf* violinista *mf*.

vipère [vipɛr] *nf* víbora *f*.

virage [viraʒ] *nm* **-1.** [sur route] curva *f*; '~ dangereux' 'curva peligrosa'. **-2.** [changement de direction] viraje *m*. **-3.** MÉD reacción *f* positiva.

viral, e, aux [viral, o] *adj* viral.

virée [vire] *nf fam* vuelta *f*.

virement [virmɑ̃] *nm* **-1.** FIN transferencia *f*; ~ **bancaire** transferencia bancaria; ~ **postal** giro *m* postal. **-2.** NAVIG virada *f*.

virer [vire] ◇ *vi* **-1.** [véhicule] : ~ **de bord** NAVIG virar de bordo. **-2.** [étoffe] cambiar de color. **-3.** PHOT virar. ◇ *vt* **-1.** FIN transferir. **-2.** *fam* [renvoyer] echar *Esp*, botar *Amér*.

virevolter [virvɔlte] *vi* **-1.** [danseuse] hacer piruetas; [cheval] hacer escarceos. **-2.** [papillonner] revolotear.

virginité [virʒinite] *nf* virginidad *f*.

virgule [virgyl] *nf* coma *f*.

viril, e [viril] *adj* viril, varonil.

virilité [virilite] *nf* virilidad *f*.

virtuel, elle [virtɥɛl] *adj* virtual.

virtuose [virtɥoz] *nmf* virtuoso *m*, -sa *f*.

virulence [virylɑ̃s] *nf* virulencia *f*.

virulent, e [virylɑ̃, ɑ̃t] *adj* virulento(ta).

virus [virys] *nm* INFORM & MÉD virus *m inv*.

vis[1]**, vit** [vi] ~ **vivre**.

vis[2] [vis] *nf* tornillo *m*; ~ **sans fin** tornillo sin fin.

visa [viza] *nm* [cachet] visado *m*; *fig* [approbation] visto *m* bueno.

visage [vizaʒ] *nm* rostro *m*.

vis-à-vis [vizavi] ◇ *prép* : ~ **de qqch/de qqn** [en face de] enfrente de algo/de alguien; [en comparaison de] en comparación con algo/con alguien; [à l'égard de] con respecto a algo/a alguien. ◇ *nm* **-1.** [personne] vecino *m*, -na *f* de enfrente. **-2.** [tête-à-tête] mano a mano *m*. **-3.** [immeuble] : **sans ~** sin nada enfrente.

viscéral, e, aux [viseral, o] *adj* visceral.

viscère [visɛr] *nm* (*gén pl*) víscera *f*.

viscose [viskoz] *nf* viscosa *f*.

visé, e [vize] *adj* **-1.** [personne] aludido(da). **-2.** [objectif] pretendido(da).

visée [vize] *nf* **-1.** [avec arme] puntería *f*. **-2.** (*gén pl*) *fig* [intention, dessein] intención *f*; **avoir de hautes ~s** picar muy alto.

viser [vize] ◇ *vt* **-1.** [cible] apuntar a. **-2.** *fig* [poste] aspirar a; [personne] concernir a. **-3.** *fam* [fille, voiture] echar el ojo a. **-4.** [document] visar. ◇ *vi* **-1.** [pour tirer] apuntar; ~ **à** [arme] apuntar a; [avoir pour but] pretender. **-2.** [avoir des ambitions] : ~ **haut** apuntar alto.

viseur [vizœr] *nm* visor *m*.

visibilité [vizibilite] *nf* visibilidad *f*.

visible [vizibl] *adj* **-1.** [gén] visible. **-2.** [sentiment] patente.

visiblement [vizibləmɑ̃] *adv* visiblemente.

visière [vizjɛr] *nf* visera *f*.

vision [vizjɔ̃] *nf* visión *f*.

visionnaire [vizjɔnɛr] *adj & nmf* visionario(ria).

visionner [vizjɔne] *vt* visionar.

visite [vizit] *nf* **-1.** [gén] visita *f*; ~ **de politesse** visita de cumplido. **-2.** [d'expert, de douane] inspección *f*. ◆ **visite médicale** *nf* MÉD visita *f* médica.

visiter [vizite] *vt* visitar.

visiteur, euse [vizitœr, øz] *nm, f* visitante *mf*.

vison [vizɔ̃] *nm* visón *m*.

visqueux, euse [viskø, øz] *adj* **-1.** [liquide, surface] viscoso(sa). **-2.** *péj* [personne, manières] repulsivo(va).

visser [vise] *vt* **-1.** [avec vis] atornillar. **-2.** [couvercle] apretar. **-3.** *fam* [enfant] apretar los tornillos a.

visu [vizy] ◆ **de visu** *loc adv* con mis/tus/etc propios ojos.

visualiser [vizɥalize] *vt* visualizar.

visuel, elle [vizɥɛl] *adj* visual.

vital, e, aux [vital, o] *adj* vital.

vitalité [vitalite] *nf* vitalidad *f*.

vitamine [vitamin] *nf* vitamina *f*.

vitaminé, e [vitamine] *adj* vitaminado(da).

vite [vit] *adv* **-1.** [rapidement] de prisa, deprisa; **faire** ~ apresurarse; ~! ¡de prisa! **-2.** [tôt] pronto.

vitesse [vites] *nf* **-1.** [gén] velocidad *f*; **à toute** ~ a toda velocidad; **être en perte de** ~ perder velocidad. **-2.** [hâte] rapidez *f*. **-3.** AUTOM: **changer de** ~ cambiar de marcha.

viticole [vitikɔl] *adj* vitícola.

viticulteur, trice [vitikyltœr, tris] *nm, f* viticultor *m*, -ra *f*.

viticulture [vitikyltyr] *nf* viticultura *f*.

vitrail, aux [vitraj, o] *nm* vidriera *f (de iglesia)*.

vitre [vitr] *nf* **-1.** [carreau] cristal *m*. **-2.** [glace – de voiture] luna *f*; [– de train] ventanilla *f*.

vitreux, euse [vitrø, øz] *adj* **-1.** [vitré] vítreo(a). **-2.** *fig* [œil, regard] vidrioso(sa). ◆ **vitrifier** [vitrifje] *vt* vitrificar.

vitrifier [vitrifje] *vt* vitrificar.

vitrine [vitrin] *nf* **-1.** [de boutique] escaparate *m*. **-2.** [meuble] vitrina *f*.

vivable [vivabl] *adj* [appartement] habitable; [situation] soportable.

vivace [vivas] *adj* vivaz.

vivacité [vivasite] *nf* **-1.** [d'esprit, d'enfant] vivacidad *f*. **-2.** [de coloris, de teint] viveza *f*. **-3.** [de propos] violencia *f*.

vivant, e [vivɑ̃, ɑ̃t] *adj* **-1.** [gén] vivo(va). **-2.** [ville, quartier, rue] animado(da). ◆ **vivant** *nm* **-1.** [vie]: **du** ~ **de qqn** en vida de alguien. **-2.** [personne] vivo *m*.

vive[1] [viv] *nf* peje *m* araña.

vive[2] [viv] *interj* viva.

vivement [vivmɑ̃] ◇ *adv* **-1.** [agir] con presteza. **-2.** [répondre, affecter] vivamente. ◇ *interj* [exprimant un souhait]: ~ **qqch!** ¡que llegue pronto algo!; ~ **que** (+ *subjonctif*) *fam* que (+ subjuntivo) ya; ~ **qu'il s'en aille!** ¡que se vaya ya!

vivifiant, e [vivifjɑ̃, ɑ̃t] *adj* vivificante.

vivisection [viviseksjɔ̃] *nf* vivisección *f*.

vivre [vivr] ◇ *vi* vivir; **qui vive?** MIL ¿quién vive? ◇ *vt* vivir. ◇ *nm* : **avoir le** ~ **et le couvert** tener casa y comida. ◆ **vivres** *nmpl* víveres *mpl*.

vizir [vizir] *nm* visir *m*.

VO (*abr de* version originale) *nf* VO *f*.

vocable [vɔkabl] *nm* **-1.** LING vocablo *m*. **-2.** RELIG advocación *f*.

vocabulaire [vɔkabylɛr] *nm* vocabulario *m*.

vocal, e [vɔkal] → **corde**.

vocation [vɔkasjɔ̃] *nf* vocación *f*.

vociférations [vɔsiferasjɔ̃] *nfpl* griterío *m*.

vociférer [vɔsifere] ◇ *vi* vociferar; ~ **contre qqn** vociferar contra alguien. ◇ *vt* vociferar.

vodka [vɔtka] *nf* vodka *m*.

vœu, x [vø] *nm* **-1.** [promesse & RELIG] voto *m*. **-2.** [souhait] deseo *m*; **former des** ~**x pour** hacer votos por. **-3.** [requête] petición *f*. ◆ **vœux** *nmpl* felicidades *fpl*.

vogue [vɔg] *nf* fama *f*; **en** ~ en boga.

voguer [vɔge] *vi sout* bogar.

voici [vwasi] *prép* **-1.** [pour désigner, introduire] : **le** ~ aquí está; ~ **mon père** éste es mi padre; **le** ~ **qui arrive** míralo, ahora OU aquí llega; **vous cherchiez des allumettes?, en** ~ ¿buscabais cerillas?, aquí hay; **vous vouliez les clefs, les** ~ queríais las llaves, aquí están. **-2.** [introduit ce dont on va parler] he aquí, estos es; ~ **ce qui s'est passé** he aquí lo que pasó, esto es lo que pasó. **-3.** [il y a] hace; ~ **trois mois/quelques années** hace tres meses/varios años.

voie [vwa] *nf* **-1.** [gén] vía *f*; **par** ~ **bucale/rectale** MÉD por vía oral/rectal; ~ **d'eau** NAVIG vía de agua; ~ **ferrée** vía férrea; ~ **de garage** vía muerta; ~ **maritime/navigable** [fleuve, canal] vía marítima/navegable; ~ **respiratoire** vía respiratoria; ~**s de fait** JUR vías de hecho. **-2.** [route] carril *m*; **à plusieurs** ~**s** de varios carriles; **la** ~ **publique** la vía pública. **-3.** [chemin] camino *m*; **mettre qqn sur la** ~ encaminar a alguien. **-4.** [filière, moyen] medio *m*; **par la ~ hiérarchique** por el conducto reglamentario. ◆ **en voie de** *loc prép* en vías de; **en ~ de développement** en vías de desarrollo. ◆ **Voie lactée** *nf* ASTRON Vía *f* Láctea.

voilà [vwala] *prép* **-1.** [pour désigner] : **le ~** ahí está; **vous cherchiez de l'encre?, en ~** ¿buscabais tinta?, ahí hay; **vous vouliez les clefs, les ~** ahí están las llaves, ahí están. **-2.** [temporel] ya; **le ~ endormi** ya se ha dormido; **nous ~ arrivés** ya hemos llegado. **-3.** [reprend ce dont on a parlé] esto; [introduit ce dont on va parler] he ahí, esto; **~ ce qui s'est passé** esto es lo que pasó. **-4.** [il y a] hace; **~ trois mois/quelques années** hace tres meses/varios años.

voile [vwal] ◇ *nf* **-1.** [de bateau] vela *f*; **mettre à la ~** hacerse a la vela; **toutes ~s dehors** a toda vela. **-2.** SPORT [de planeur] aleta *f*. ◇ *nm* **-1.** [tissu, coiffure] velo *m*; **jeter un ~** correr un tupido velo sobre; **prendre le ~** RELIG tomar el velo. **-2.** [brume] manto *m*. **-3.** PHOT veladura *f*. **-4.** MÉD [au poumon] mancha *f*. ◆ **voile du palais** ANAT velo *m* del paladar.

voilé, e [vwale] *adj* **-1.** [femme, statue] con velo. **-2.** [allusion, regard, photo] velado(da). **-3.** [ciel] brumoso(sa). **-4.** [métal] torcido(da); [bois] alabeado(da). **-5.** [son, voix] tomado(da).

voiler [vwale] *vt* **-1.** [avec voile] tapar con un velo. **-2.** [vérité, regard, photo] velar. **-3.** [métal] torcer; [bois] alabear. ◆ **se voiler** *vp* **-1.** [femme] ponerse un velo. **-2.** [yeux, voix, astre] velarse. **-3.** [métal] torcerse; [bois] alabearse.

voilier [vwalje] *nm* velero *m*.

voilure [vwalyr] *nf* **-1.** [de bateau] velamen *m*. **-2.** [d'avion] planos *mpl* de sustentación. **-3.** [de parachute] tela *f*. **-4.** [de métal] torcedura *f*; [de bois] alabeo *m*.

voir [vwar] ◇ *vt* ver; **aller ~ qqn** [lui rendre visite] ir a ver a alguien; **faire ~ (qqch à qqn)** [montrer] mostrar OU enseñar (algo a alguien); **je ne la vois pas en secrétaire** no la veo como secretaria; **laisser ~ qqch** dejar ver algo; **page... véase** página...; **avoir assez vu qqn** *fam* haber visto bastante a alguien. ◇ *vi* ver; **il faudrait ~ à se presser un peu** habría que apurarse. ◆ **se voir** *vp* verse.

voire [vwar] *adv* (e) incluso.

voirie [vwari] *nf* **-1.** ADMIN ≃ ministerio *m* de transportes. **-2.** [décharge] servicios *mpl* municipales de limpieza.

vois, voit [vwa] → **voir.**

voisin, e [vwazɛ̃, in] ◇ *adj* **-1.** [pays, ville, maison] vecino(na). **-2.** [idées] parecido(da). ◇ *nm, f* vecino *m*, -na *f*.

voisinage [vwazinaʒ] *nm* **-1.** [entourage] vecindario *m*. **-2.** [relations] vecindad *f*. **-3.** [environs] cercanía *f*.

voiture [vwatyr] *nf* coche *m* *Esp*, carro *m* *Amér*; **~ banalisée** coche camuflado; **~ de dépannage** grúa *f*; **~ de fonction** coche de servicio; **~ de location/d'occasion** coche de alquiler/de segunda mano; **~ de sport** coche deportivo.

voix [vwa] *nf* **-1.** [gén & GRAM] voz *f*; **à mi-~** a media voz; **à ~ basse/haute** en voz baja/alta; **de vive ~** de viva voz. **-2.** [suffrage] voto *m*; **mettre aux ~** poner a votación.

vol [vɔl] *nm* **-1.** [d'oiseau, d'avion] vuelo *m*; **au ~** al vuelo; **à ~ d'oiseau** en línea recta; **en plein ~** en pleno vuelo. **-2.** [groupe d'oiseaux] bandada *f*. **-3.** [délit] robo *m*; **~ à main armée** robo con intimidación.

vol. (*abr de* volume) vol.

volage [vɔlaʒ] *adj* *sout* voluble, veleidoso(sa).

volaille [vɔlaj] *nf* **-1.** [collectif] aves *fpl* de corral. **-2.** [volatile] ave *f* de corral.

volant, e [vɔlɑ̃, ɑ̃t] *adj* **-1.** [animal, machine] volador(ra). **-2.** [brigade, pont, escalier] volante. **-3.** [page] suelto(ta). ◆ **volant** *nm* volante *m* *Esp*, timón *m* *Amér*.

volatil, e [vɔlatil] *adj* volátil.

volatiliser [vɔlatilize] *vt* volatilizar. ◆ **se volatiliser** *vp* volatilizarse.

volcan [vɔlkɑ̃] *nm* volcán *m*.

volcanique [vɔlkanik] *adj* volcánico(ca).

volée [vɔle] *nf* **-1.** [d'oiseau] vuelo *m*; **prendre sa ~** alzar el vuelo; **de haute ~** de altos vuelos. **-2.** [de flèches] ráfaga *f*. **-3.** SPORT volea *f*; **à la ~** a voleo. **-4.** [de coups] paliza *f* *Esp*, golpiza *f* *Amér*; *fam* [gifle] torta *f*. **-5.** [de cloches] campanada *f*. **-6.** [d'escalier] tramo *m*. **-7.** [de graines] : **semer à la ~** sembrar a voleo.

voler [vɔle] ◇ *vi* **-1.** [oiseau, insecte, avion] volar. **-2.** [personne] correr. ◇ *vt* robar.

volet [vɔle] *nm* **-1.** [de maison] postigo *m*. **-2.** [de dépliant] hoja *f*; [d'émission] episodio *m*. **-3.** [d'avion] flap *m*.

voleur, euse [vɔlœr, øz] ◇ *adj* ladrón(ona). ◇ *nm, f* ladrón *m*, -ona *f*; **~ à la tire** carterista *m*; **~ de grand chemin** salteador *m* de caminos.

volière [vɔljɛr] *nf* pajarera *f*.

volley-ball [vɔlebol] (*pl* **volley-balls**) *nm* balonvolea *m*.

volontaire [vɔlɔ̃tɛr] ◇ *nmf* voluntario *m*, -ria *f*. ◇ *adj* **-1.** [activité, omission] voluntario(ria). **-2.** [enfant] voluntarioso(sa).

volontariat [vɔlɔ̃tarja] *nm* voluntariado *m*.

volonté [vɔlɔ̃te] *nf* voluntad *f*; à ~ a voluntad; **bonne/mauvaise** ~ [disposition] buena/mala voluntad.

volontiers [vɔlɔ̃tje] *adv* **-1.** [avec plaisir] con mucho gusto. **-2.** [naturellement, ordinairement] fácilmente.

volt [vɔlt] *nm* voltio *m*.

voltage [vɔltaʒ] *nm* voltaje *m*.

volte-face [vɔltafas] *nf inv* **-1.** [demi-tour] media vuelta *f*; **faire** ~ dar media vuelta. **-2.** *fig* [revirement] giro *m*.

voltige [vɔltiʒ] *nf* **-1.** [au trapèze] acrobacia *f*; **haute** ~ acrobacia *f*. **-2.** *fam fig* malabarismo *m*. **-3.** [à cheval] volteo *m*. **-4.** [en avion] acrobacia *f* aérea.

voltiger [vɔltiʒe] *vi* **-1.** [acrobate] hacer acrobacias. **-2.** [insectes, oiseaux] revolotear. **-3.** [flotter] flotar.

volubile [vɔlybil] *adj* locuaz.

volume [vɔlym] *nm* volumen *m*.

volumineux, euse [vɔlyminø, øz] *adj* voluminoso(sa).

volupté [vɔlypte] *nf* voluptuosidad *f*.

voluptueux, euse [vɔlyptɥø, øz] *adj & nm*, *f* voluptuoso(sa).

volute [vɔlyt] *nf* voluta *f*.

vomi [vɔmi] *nm fam* vomitona *f*.

vomir [vɔmir] *vi & vt* vomitar.

vomitif [vomitif] *nm* [médicament] vomitivo *m*.

vorace [vɔras] *adj* voraz.

voracité [vɔrasite] *nf* **-1.** [gloutonnerie] voracidad *f*. **-2.** *fig* [avidité] codicia *f*.

vos → **votre**.

vote [vɔt] *nm* **-1.** [suffrage, voix] voto *m*; ~ **par correspondance** voto por correo. **-2.** [élection] votación *f*.

voter [vɔte] *vi & vt* votar.

votre [vɔtr] (*pl* **vos** [vo]) *adj poss* vuestro(tra).

vôtre [votr] ◆ **le vôtre** (*f* **la vôtre**, *pl* **les vôtres**) *pron poss* el vuestro(la vuestra).

voudrai, voudrons *etc* → **vouloir**.

vouer [vwe] *vt* **-1.** [promettre, jurer] : ~ **qqch à qqn** profesar algo a alguien. **-2.** [employer, consacrer] : ~ **qqch à qqch/à qqn** consagrar algo a algo/a alguien. **-3.**

[condamner] : **être voué à** estar condenado(da) a.

vouloir [vulwar] ◇ *vt* **-1.** [gén] querer; **je veux qu'il parte maintenant** quiero que se vaya ahora; **faire qqch sans le** ~ hacer algo sin querer; ~ **qqch (de qqch/de qqn)** querer algo (de algo/de alguien); **Dieu le veuille!** ¡Dios lo quiera! **-2.** [souhaiter] : ~ **qqch à qqn** desearle algo a alguien. **-3.** [marque la résignation] : **que voulez-vous!** ¡qué le vamos a hacer! **-4.** *loc* : **en** ~ **à qqn** estar resentido(da) contra alguien. ◇ *vi* : **ne pas** ~ **de qqch/de qqn** no querer algo/a alguien. ◆ **se vouloir** *vp* : **s'en** ~ **de qqch/de faire qqch** estar avergonzado(da) por algo/de hacer algo. ◆ **bon vouloir** *nm* buena voluntad *f*.

voulu, e [vuly] ◇ *pp* → **vouloir**. ◇ *adj* **-1.** [requis] debido(da). **-2.** [délibéré] deseado(da).

voulus, voulut *etc* → **vouloir**.

vous [vu] *pron pers* **-1.** [plusieurs personnes – gén] vosotros(tras); [– complément d'objet direct, de verbe pronominal] os; **dépêchez-~!** ¡daos prisa!; **il a** ~ **l'a donné** os lo ha dado; **je** ~ **aime** os quiero; ~ **devez** ~ **occuper de lui** debéis ocuparos de él; **à** ~ [possessif] vuestro(tra). **-2.** [une seule personne – gén] usted; [– complément d'objet direct] le(la); [– de verbe pronominal] se; **dépêchez-~!** ¡dese prisa!; **il** ~ **l'a donné** se lo ha dado; **je** ~ **aime** la amo; ~ **devez** ~ **occuper de lui** debe ocuparse de él; **à** ~ [possessif] suyo(ya). ◆ **vous-même** *pron pers* usted mismo(usted misma). ◆ **vous-mêmes** *pron pers* vosotros mismos(vosotras mismas).

voûte [vut] *nf* bóveda *f*; ~ **plantaire** bóveda plantar.

voûter [vute] *vt* abovedar. ◆ **se voûter** *vp* encorvarse.

vouvoyer [vuvwaje] *vt* tratar de usted.

voyage [vwajaʒ] *nm* viaje *m*; ~ **d'affaires/ organisé/de noces** viaje de negocios/organizado/de novios.

voyager [vwajaʒe] *vi* **-1.** [gén] viajar. **-2.** [marchandise] : ~ **bien/mal** viajar bien/mal.

voyageur, euse [vwajaʒœr, øz] *nm*, *f* viajero *m*, -ra *f*; ~ **de commerce** viajante *mf* (de comercio).

voyais, voyions *etc* → **voir**.

voyance [vwajãs] *nf* violencia *f*.

voyant, e [vwajã, ãt] ◇ *adj* vistoso(sa). ◇ *nm, f* vidente *mf*. ◆ **voyant** *nm* piloto *m*, indicador *m* luminoso; ~ **d'essence/d'huile** indicador de nivel de gasolina/de aceite.

voyelle [vwajɛl] *nf* vocal *f*.

voyeur, euse [vwajœr, øz] *nm, f* mirón *m*, -ona *f*, voyeur *mf*.

voyou [vwaju] *nm* golfo *m*.

vrac [vrak] ◆ **en vrac** *loc adv* **-1.** [sans emballage, au poids] a granel. **-2.** [en désordre] en desorden.

vrai, e [vrɛ] *adj* **-1.** [gén] verdadero(ra); **c'est** OU **il est** ~ **que** es verdad que. **-2.** [réel] auténtico(ca). **-3.** [naturel] natural. ◆ **vrai** *nm* : **à** ~ **dire**, à dire ~ a decir verdad.

vraiment [vrɛmã] *adv* **-1.** [véritablement] verdaderamente. **-2.** [franchement] realmente.

vraisemblable [vrɛsãblabl] *adj* verosímil.

vraisemblance [vrɛsãblãs] *nf* verosimilitud *f*.

vrille [vrij] *nf* **-1.** BOT tijereta *f*, zarcillo *m*. **-2.** [outil & AÉRON] barrena *f*. **-3.** [spirale] caracol *m*.

vrombir [vrɔ̃bir] *vi* zumbar.

vrombissement [vrɔ̃bismã] *nm* zumbido *m*.

VTT (*abr de* **vélo tout-terrain**) *nm* BTT *f*.

vu, e [vy] ◇ *pp* → **voir**. ◇ *adj* **-1.** [gén] visto(ta). **-2.** [compris] : **c'est bien** ~? ¿lo has captado? ◆ **vu** *prép* [en considérant] en vista de. ◆ **vue** *nf* **-1.** [sens] vista *f*; **de** ~**e** de vista; **à première** ~**e** a primera vista. **-2.** → **prise. -3.** [idée] visión *f*. ◆ **vu que** *loc conj* dado que. ◆ **en vue de** *loc prép* con vistas a.

vulgaire [vylgɛr] *adj* vulgar.

vulgarisation [vylgarizasjɔ̃] *nf* vulgarización *f*.

vulgariser [vylgarize] *vt* vulgarizar.

vulgarité [vylgarite] *nf* vulgaridad *f*.

vulnérable [vylnerabl] *adj* vulnerable.

vulve [vylv] *nf* vulva *f*.

w, W [dublǝvǝ] *nm inv* w *f*, W *f*.

wagon [vagɔ̃] *nm* vagón *m*; ~ **fumeurs/non-fumeurs** vagón de fumadores/de no fumadores; ~ **de première/de seconde classe** vagón de primera/de segunda clase.

wagon-citerne [vagɔ̃sitɛrn] *nm* vagón *m* cisterna.

wagon-lit [vagɔ̃li] *nm* coche *m* cama *Esp*, carro *m* dormitorio *Amér*.

wagon-restaurant [vagɔ̃rɛstɔrã] *nm* vagón *m* restaurante.

Walkman® [wɔkman] *nm* walkman *m*.

Washington [waʃiŋtɔn] *n* Washington.

water-polo [watɛrpolo] *nm* waterpolo *m*.

watt [wat] *nm* vatio *m*.

W.-C. [vese] (*abr de* **water closet**) *nmpl* WC *m*.

week-end [wikɛnd] (*pl* **week-ends**) *nm* fin *m* de semana.

western [wɛstɛrn] *nm* western *m*, película *f* de vaqueros.

whisky [wiski] (*pl* **whiskys** OU **whiskies**) *nm* whisky *m*.

white-spirit [wajtspirit] (*pl* **white-spirits**) *nm* aguarrás *m*.

WYSIWYG [wiziwig] (*abr de* **what you see is what you get**) WYSIWYG.

x, X [iks] *nm inv* x *f*, X *f*. ◆ **X** *nf* : **l'X** [École polytechnique] la Escuela Politécnica de París.

xénophobie [gzenɔfɔbi] *nf* xenofobia *f*.

xérès [gzerɛs] *nm* jerez *m*.

xylophone [ksilɔfɔn] *nm* xilófono *m*.

Y

y¹, **Y** [igrek] *nm inv* y f, Y f.

y² [i] ◇ *adv* [lieu] : **j'y vais demain** iré mañana; **mets-y du sel** pon ou ponle sal; **va voir sur la table si les clefs y sont** ve a ver si las llaves están encima de la mesa; **on ne peut pas couper cet arbre, des oiseaux et y font leur nid** no podemos talar este árbol porque algunos pájaros anidan en él; **ils ont ramené des vases anciens et y ont fait pousser des fleurs exotiques** trajeron vasijas antiguas y plantaron flores exóticas (en ellas). ◇ *pron (la traduction varie selon la préposition utilisée avec le verbe)* : **pensez-y** piénseselo, piense en ello; **n'y compte pas** no cuentes con ello; **j'y suis!** ¡ya lo tengo!

yacht [jɔt] *nm* yate m.

yaourt [jaurt], **yogourt**, **yoghourt** [jɔgurt] *nm* jogurt m.

yard [jard] *nm* yarda f.

yen [jɛn] *nm* yen m.

yeux → œil.

yiddish [jidiʃ] ◇ *adj inv* judeoalemán(ana). ◇ *nm inv* yiddish m.

yoga [jɔga] *nm* yoga m.

yogourt, **yoghourt** = yaourt.

Yougoslavie [jugɔslavi] *nf* : **la ∼** Yugoslavia; **l'ex-∼** la ex Yugoslavia.

Z

z, **Z** [zɛd] *nm inv* z f, Z f.

Zaïre [zair] *nm* : **le ∼** (el) Zaire; **au ∼** [direction] al Zaire; [situation] en el Zaire.

zapper [zape] *vi* hacer zapping.

zapping [zapiŋ] *nm* zapping m.

zèbre [zɛbr] *nm* **-1.** [animal] cebra f. **-2.** *fam* [individu] elemento mf.

zébré, e [zebre] *adj* rayado(da).

zébrure [zebryr] *nf* **-1.** [de pelage] rayado m. **-2.** [marque] varazo m.

zébu [zeby] *nm* cebú m.

zèle [zɛl] *nm* celo m; **faire du ∼** *péj & fig* hacer méritos.

zélé, e [zele] *adj* celoso(sa) *(trabajador)*.

zen [zɛn] *adj & nm* zen.

zénith [zenit] *nm* cénit m.

zéro [zero] ◇ *nm* **-1.** [gén] cero m; **au-dessus/au-dessous de ∼** sobre/bajo cero; **deux buts à ∼** dos goles a cero; **à ∼** [moral] por los suelos; **repartir à** ou **de ∼** volver a empezar desde cero. **-2.** *fam* [nul] cero m a la izquierda. ◇ *adj* cero m *(en aposición)*.

zeste [zɛst] *nm* piel f, cáscara f *(de cítricos)*; **∼ de citron** piel de limón.

zézayer [zezeje] *vi* cecear.

zigzag [zigzag] *nm* zigzag m; **en ∼** en zigzag.

zigzaguer [zigzage] *vi* zigzaguear.

zinc [zɛ̃g] *nm* **-1.** [matière] cinc m, zinc m. **-2.** *fam* [comptoir] mostrador m. **-3.** *fam vieilli* [avion] cacharro m.

zizi [zizi] *nm fam* [de garçon] pajarito m.

zodiaque [zɔdjak] *nm* zodíaco m.

zona [zona] *nm* MÉD zona f.

zone [zon] *nf* **-1.** [région] zona f. **-2.** *fam* [faubourg] barriada f; **c'est la ∼!** ¡es un barrio chungo!

zoo [zo(o)] *nm* zoo m.

zoologie [zɔ(ɔ)lɔʒi] *nf* zoología f.

zoom [zum] *nm* zoom m.

zoophile [zɔ(ɔ)fil] *adj & nmf* zoófilo(la).

zut [zyt] *interj fam* ¡jolín!

zygomatique [zigɔmatik] *adj* zigomático(ca).

Esta obra se terminó de imprimir y encuadernar en septiembre de 2000
en Editorial Offset, S. A. de C. V., Durazno núm. 1 Esq. Ejido
Col. Las Peritas, Tepepan, Xochimilco, México 16010, D. F.

La edición consta de 25 000 ejemplares